日本歯科新聞

縮刷版

株式会社 日本歯科新聞社

目次

1月

2月

6日付（57～68頁）

■診療報酬改定で歯科も賃金改善の評価新設へ
■石川県ＪＤＡＴが珠洲市に臨時歯科診療所
■能登半島地震で日歯が義援金4783万7062円を送金
■ＩＣＴ活用の歯科診療等で厚労省が指針案を提示
■令和5年12月分歯科のオン資利用は1209万5千件
■マイナ保険証で6割がトラブル経験
■都道府県歯会長に聞く2024年に注力する会務・事業
■令和5年10月の歯科医療費
■日歯医学会が歯学の発展目指し「集い」
■福岡医療短期大学が歯科衛生士の復職支援事業

13日付（69～78頁）

■次期参院選に向け「ひがなつみ後援会」が設立
■厚労省が歯科医12人に行政処分
■能登半島地震でＪＤＡＴの派遣は151チームに
■診療報酬改定へのパブコメ総数は553件、歯科が約半数
■ＦＤＩが口腔保健の重要性をＷＨＯ理事会で強調
■日医学会連合が健康・医療ビッグデータ活用の提言まとめる
■インタビュー「石川県歯の活動と被災状況」飯利邦洋氏（石川県歯会長）
■ルポ「能登半島地震1カ月後の現地を回って」
■インタビュー「カニエ・ウェストさんの歯にゴールド系補綴物」製作者の一人、林直樹氏（歯科技工士）

20日付（79～90頁）

■中医協で診療報酬の新点数等を答申
■2023年に倒産した歯科医院は15件
■中医協答申受け日歯が臨時会見
■金パラ告示価格が4月から2909円に
■令和6年度診療報酬改定歯科点数表
■中部日本デンタルショーに8121人来場

27日付（91～98頁）

■日歯が会員医院のネット検索上位目指しプラットフォーム整備へ
■日歯の高橋会長「会員1千人増やす」と宣言
■九地連が佐賀で協議会
■ＭｙＷａｙ「勤務医限定の経営学校を運営」佐野泰喜氏（ＨＡＭＩＧＡＫＩ社長）
■デジタル歯科学会の末瀬理事長に聞く「診療報酬改定」
■九州歯科大学の理事長に粟野氏
■洗口液でのうがいで糖尿病の病態改善
■日歯医学会が第112回評議員会

3月

5日付（99～104頁）

■厚労省が賃上げ計算の支援ツール作成
■スポーツデンティスト認定者数は728人
■令和5年11月の歯科医療費
■令和5年12月の歯科診療所数
■インタビュー「広告可能となった補綴歯科専門医制度の仕組みと展望」窪木拓男氏（日本補綴歯科学会理事長）
■全国シニア「噛む力」ランキング1位は「高知県」

12日付（105～114頁）

■オンライン請求歯科診療所の半数が「窓口でマイナ保険証利用の声掛け」
■令和6年度診療報酬改定の各種通知を厚労省が発出
■自民党政治資金問題で日歯連盟の太田会長が見解
■全歯連総会で事業計画など全議案を可決
■都歯の執行部が終身会員の会費増を提案
■大阪府歯代議員会で事業計画など承認
■著者に聞く『大森、田舎で歯医者やってるってよ。』大森翔英氏（大森歯科・口腔外科院長）
■横浜で歯科医の審美眼「エミール・ガレとガラス芸術」展
■保険適用（2月1日付）

19日付（115～126頁）

■第117回歯科国試の合格率は66・1％
■技工士問題で熊谷日歯代議員が法改正の必要性強調
■日歯臨時代議員会で事業計画など可決
■日歯代議員会の会期、「1日希望」が53・4％
■令和6年度診療報酬改定のポイントを解説
■インタビュー「東京デンタルスクール代表・塾長に聞く歯科国試の出題傾向と方向性」
■日歯の令和6年度事業計画（重点項目）
■基本診療料の施設基準等（厚労省資料抜粋）
■2024年度「健康経営優良法人」に歯科関連企業

21社が認定

26日付（127～136頁）

■歯科のない病院が歯科診療所に期待すること、「摂食機能等の口腔管理」がトップ
■歯科技工士問題で日歯「3団体の意見集約待つ段階」
■日学歯が臨時代議員会で全3議案を可決
■インタビュー「令和6年度診療報酬改定で抑えておきたい歯科訪問診療のポイント」前田実男氏（日本訪問歯科協会理事）
■国民皆歯科健診のモデル事業をNTTデータが報告
■令和5年度日歯会員有功章で6人の功績称える
■日歯第202回臨時代議員会「地区代表質疑応答」
■特掲診療料の施設基準㊤（厚労省資料抜粋）

4月

2日付（137～150頁）

■歯科医師数がここ40年で初めて減少
■歯科技工士国家試験で799人が合格
■歯科衛生士国試で7346人が合格
■日歯の高橋会長が診療報酬改定内容周知の重要性を強調
■日歯連盟評議員会で事業計画など可決
■医療機能評価機構が歯科ヒヤリ・ハット事例の第1回報告書を発行
■国際口腔保健シンポでWHO専門官が講演
■神奈川県歯代議員会で全11議案を承認
■都歯連盟評議員会で事業計画など可決
■令和6年1月の歯科診療所数
■令和5年12月の歯科医療費
■日歯第202回臨時代議員会「個人質疑応答①」
■保健所・市区町村の常勤の歯科医師は128人、歯科衛生士は725人
■歯周疾患検診を実施している市区町村は全体の81・6％
■令和6年度診療報酬改定疑義解釈の第一弾
■45カ国の歯磨剤調査
■保険適用（4月1日付）

9日付（151～160頁）

■老年3学会がオーラルフレイルの新チェック項目発表
■ここ1年で口腔インプラント学会の会員数が530人増
■政治資金問題で山田議員に戒告
■歯科技工所の管理番号、7月めどに一覧公表へ
■8020財団がパイロット研究で口腔機能含め実態把握へ
■日医の会員が1年で2千人以上増加
■日歯第202回臨時代議員会「個人質疑応答②」
■著者に聞く『集客する野立て看板ブランディングボード』高橋由樹氏、田中真樹氏
■インタビュー「神奈川歯科大学が新キャンパスセンター開設」鹿島勇理事長
■歯数や口腔乾燥など認知症との関連示す
■アルツハイマー病に歯の喪失が影響

16日付（161～168頁）

■オーラルフレイル事業の実施は36都道府県
■歯科のマイナ保険証利用率、3月は10・27％
■東京都女性歯科医師の会が15周年記念で講演・祝賀会
■日歯第202回臨時代議員会「個人質疑応答③」
■医科歯科大と東工大が統合見据え医工連携を推進
■インタビュー「注目の臨床研究：薬用マウスウォッシュうがいで糖尿病が改善」仲野大阪大学教授
■新社長インタビュー「株式会社近畿レントゲン工業社」勝部祐一氏

23日付（169～178頁）

■子ども食堂で食育、カレーで口腔意識アップ
■歯科議連で日歯が次年度に向けて制度・予算要望
■四国地震でタイル剥がれの被害報告が1件
■歯科医で写真家・石原氏が作品展
■岐阜県美濃加茂市で「市民皆歯科健診」4月からスタート
■診療報酬改定の疑義解釈第二弾
■MyWay「カフェ・ジム併設の歯科医院」山本千博氏（アンデルト歯科・矯正歯科渋谷道玄坂通）
■歯周炎治療が心房細動の再発を抑制
■29歯科大学・歯学部教員人事

5月

7日付（179～188頁）

■小児歯科学会が女児死亡事故の報道内容に抗議
■春の叙勲で歯科関係59人が受章
■石川九大教授に紫綬褒章
■ガム咀嚼で介護費年52億円を抑制とロッテらが推計

■診療報酬の〝地域別単価〟等で日歯「断じて受け入れられない」
■能登半島地震に伴う日歯義援金の総額9710万円に
■インタビュー「能登半島地震ＪＤＡＴ活動が終了、現状と課題は」
■令和6年2月の歯科診療所数
■新型コロナ流行下で歯科受診率が低下
■投稿「日本がん口腔支持療法学会からの提言①」
■令和6年1月の歯科医療費

14日付（189〜196頁）

■国民生活センターへの歯科相談、治療での危害10年で3千件
■2023年度の歯科医院の休廃業・解散は過去最多の110件
■著者に聞く『悩めるクリニック経営者のためのもうイラつかないスタッフとの関係づくり』永野光氏
■特集「2024年度診療報酬改定」日本歯科技工士会に聞く
■特集「2024年度診療報酬改定」日本歯科衛生士会に聞く
■保険適用（5月1日付）
■ジーシーの中尾潔貴氏が社長辞任

21日付（197〜206頁）

■口唇口蓋裂治療、医療費補助の年齢制限見直しに向け検討始まる
■妊産婦等の支援で厚労省が検討会を設置へ
■厚労省がマイナ保険証推進で歯科医師会など表彰へ
■「医療・福祉」職場での相談、パワハラは73・8％
■ＦＤＩが新ガイドラインで正しい歯みがき法を推奨
■歯科用セメントの残留が歯周炎引き起こす機序解明
■歯磨類全体の出荷金額が17年連続で過去最高
■特集「ＩＴ導入補助金2024を解説」

28日付（207〜214頁）

■歯科介入の認知症進行予防効果、ヒトで検証へ
■日歯が「会員増強タスクチーム」を設置
■日歯が18年ぶりにアジア太平洋歯科大会へ復帰
■インタビュー「岐阜県美濃加茂市『市民皆歯科健診』スタート」
■特集「口腔の大切さ伝える健口大使・アンバサダー」
■ＭｙＷａｙ「医科や定食屋、靴屋も運営」メディスタイル（徳永淳二理事長）
■昭和大学歯学部同窓会が創立40周年祝う
■デンタルショー関連で入場システム統一へ

6月

4日付（215〜222頁）

■成人肺炎診療ガイドライン改訂で、肺炎予防に「口腔ケア」が明記
■歯科技工3団体が日歯に技工料などへの配慮求める
■能登半島地震でのＪＤＡＴ派遣数や被害など日歯が報告
■山田議員が厚労委員会で病院歯科の必要性を強調
■5月31日は「世界禁煙デー」
■令和6年3月の歯科診療所数
■令和6年2月の歯科医療費
■九州デンタルショーに1万3575人が来場
■日本歯科商工協会の新会長に山中一剛氏

11日付（223〜230頁）

■「歯周病に有効」と謳える世界初の医療機器が登場
■歯と口の健康週間全国各地でイベント
■日歯連盟が未入会対策で医院を直接訪問
■インタビュー「都歯が会員に『国民皆歯科健診』の意識調査」
■著者に聞く『大人女子のためのデンタルケア事典』伊勢海信宏氏
■88％の患者が医院のＳＮＳ発信に期待
■卸組合と輸入協会が合同研修会で薬機法等のルーツ学ぶ
■日本歯学図書出版協会の会長に白石氏を再任
■保険適用（5月1日付）

18日付（231〜238頁）

■「骨太の方針」原案に「歯科医師の適切な配置」追記
■日技社員総会で初めて日歯会長が来賓あいさつ
■日歯の定時代議員会で全3議案を可決
■日衛の定時代議員会で全5議案を承認
■インタビュー「共用試験（ＣＢＴ・ＯＳＣＥ）公的化の概要と歯科医師養成への影響は」斎藤隆史氏（ＣＡＴＯ理事）
■インタビュー「ホワイト企業認定を取得」ウィズ歯科クリニック（千葉県）
■インタビュー「Googleマップ口コミ集団訴訟の原告に参加した歯科医師」
■新社長インタビュー「株式会社オムニコ」高橋森生氏

25日付（239～248頁）

■８０２０財団が海外展開視野に定款を一部改正
■Ｅ—ライン・ビューティフル大賞に玉田志織さん
■日学歯の令和５年度決算が赤字に
■都歯代議員会で終身会員の会費引き上げ協議
■日本医師会役員選挙で松本会長が再選
■日技会長に森野隆氏が再任
■日歯第２０３回定時代議員会地区代表質疑応答
■ＭｙＷａｙ「認可保育園・カフェを併設」安部秀弘氏（ｉｘｉグループ理事長）
■特集「歯科医院で求められる管理栄養士の活躍」
■日商連の通常総会で8議案可決
■企業協の次期会長に吉田一郎氏

7月

2日付（249～258頁）

■神奈川県歯が大学教員の一括会員化の準備進める
■令和５年診療行為別統計
■マイナ保険証の５月の利用率
■日歯連盟評議員会で太田会長「次の執行部に向けて準備」
■令和６年３月の歯科医療費
■中国に歯科衛生士制度が発足
■日歯第２０３回定時代議員会「個人質疑応答①」
■２０２４オープンキャンパス特集「大学広報を盛り上げる公認キャラクター」
■石福金属興業に聞く「パラジウムの相場動向」

9日付（259～270頁）

■ＡＩで口腔がんを検出、スマホで診断支援へ
■新千円札で日医コメント
■日歯第２０３回定時代議員会「個人質疑応答②」
■令和５年施設基準届出
■兵庫県歯が会長予備選挙を郵送投票方式に変更
■東京都品川歯が創立１００周年で記念式典・祝賀会
■令和６年４月の歯科診療所数
■インタビュー「石福金属興業に聞く金の相場動向」

23日付（271～288頁）

■「医療ＤＸ推進体制整備加算」にマイナ保険証利用実績反映へ
■厚労省歯科保健課長に小嶺祐子氏が就任
■金パラ告示価格が9月から３０４５円に
■日歯第２０３回定時代議員会「個人質疑応答③」
■鳥取県内での歯科技工士養成の存続求める
■暑中名刺広告
■インタビュー「長崎国際大学学長に歯科医師の中村誠司氏」
■インタビュー「日本障害者歯科学会『摂食機能療法の手引き』『行動調整ガイドライン』の目的とは」田村文誉氏
■特集「うがい・顔トレで口腔ケアの大切さ伝える」
■新社長インタビュー「株式会社グッピーズ」石崎洋輔氏

30日付（289～296頁）

■歯科衛生士の浸潤麻酔で日歯「現時点で十分な研修ない」
■歯科医師4人に行政処分
■来年の参院選で比嘉奈津美氏が自民党から公認
■山形・秋田豪雨で歯科医院4軒の雨漏りを確認
■能登半島地震に伴うＪＤＡＴ活動の意見を抽出
■ＭｙＷａｙ「歯科医院のＭ＆Ａを支援」水谷友春氏（日本歯科医療投資代表）
■岐阜県女性歯科医師の会が創立20周年祝う
■新社長インタビュー「松風バイオフィックス株式会社」菅原順一氏

8月

6日付（297～302頁）

■セルフホワイトニングのトラブルが増加
■国家資格がオンライン・デジタル化へ
■平均寿命は男性81・09歳、女性87・14歳
■令和６年５月の歯科診療所数
■マイナ保険証利用、支援の対象期間を8月まで延長
■令和６年４月の歯科医療費
■山口県の歯科技工士養成で県技らが県に要望書
■新社長インタビュー「和田精密歯研株式会社」戸澤康孝氏
■北海道デンタルショーに約4千人が来場

13日付（303～312頁）

■「保存」「矯正」の専門医、今年度に広告可能か
■次期の日歯会長予備選挙、現職の高橋英登氏が立候補の意思を表明
■ＳＣＲＰ日本選抜大会で日大松戸2年生のアイデンさんが優勝

■宮崎県日向灘地震の最大震度6弱で歯科診療所の一部損壊など確認
■厚労省イベントで日歯が子供らに歯科の魅力伝える
■令和7年度制度・予算で日歯が厚労省や内閣府などに要望
■南海トラフに備える警察歯科医会全国大会
■沖縄で九地連協議会
■著者に聞く『悩んでも迷っても道はひとつ―マリ共和国の女性たちと共に生きた自立活動三〇年の軌跡』村上一枝氏
■インタビュー「10月に東京科学大学が誕生、歯学教育、研究、臨床への影響は」依田哲也氏
■特集「口腔内スキャナーの現状と今後について」末瀬一彦氏（日本デジタル歯科学会理事長）に聞く
■インタビュー「『歯のキャラ』がフィギュアに」

27日付（313～318頁）

■歯科のホームページ違反は１９５９件
■台風5・7号で歯科診療所の被害報告なし
■ＭｙＷａｙ「『特別休暇制度』を積極的に導入」角谷瞳氏（とやま駅前みわ矯正歯科医院）
■広告可能な専門医、広告ガイドラインに「矯正」「保存」追加
■次期日歯会長予備選挙で北海道歯が現職の高橋氏を推薦
■連載「男性歯科衛生士の今」①
■イノベーションジャパン２０２４で口腔関連も展示
■広告特集：歯科医院Ｍ＆Ａ担当（株式会社ストライク）・浅見雄人氏に聞く歯科医院のＭ＆Ａ最前線

9月

3日付（319～326頁）

■令和7年度予算歯科の概算要求で新たに「歯科専門職の普及事業」1億5千万円計上
■ベースアップ評価料の届出は全体の約2割
■日歯が大学勤務の会員増強目指す
■日歯会長予備選挙で近北地区歯が現職の高橋英登会長を推薦
■短期連載「男性歯科衛生士の今」②
■令和4年国民健康・栄養調査
■防災週間特集「歯科の役割」
■日歯大新潟短大、技工学科の設置を文科省が認可へ

10日付（327～336頁）

■令和5年度歯科医療費は概算で3兆２９２５億円
■保健文化賞を神奈川開業の高熊氏が受賞
■医療ＤＸ加算で厚労省が疑義解釈を通知
■令和6年6月の歯科診療所数
■マイナ保険証7月の利用率
■インタビュー「長崎県歯が骨粗しょう症スクリーニング推奨事業」
■短期連載「男性歯科衛生士の今」③
■東京医科歯科大学歯科同窓会が創立90周年祝う
■著者に聞く「若手歯科医師を応援する2冊を4月、6月に発行」渡部讓治氏
■東北デンタルショー、2年ぶりに開催
■保険適用（8月1日付）
■広告特集「オステムミーティング２０２４東京～オステムインプラント学術シンポジウム開かれる」

17日付（337～342頁）

■糖尿病治療で歯周病が改善
■自民党総裁選で山田議員は高市氏、比嘉議員は加藤氏を推薦
■２０２４年は8月末までに歯科医院の倒産22件
■インタビュー「台湾企業ＴＳＭＣ熊本進出の影響は」熊本県歯の伊藤会長に聞く
■短期連載「男性歯科衛生士の今」④
■医療訴訟の発生率第一位は東京都
■保険適用（9月1日付）

24日付（343～350頁）

■ＦＤＩ委員に鶴田氏と平野氏が選出
■歯技協会員歯科技工所の5年以内の離職率は27・9%
■日歯が小林製薬の推薦取り消し、商品回収などの経緯を説明
■台風10号で床上浸水など日歯会員の診療所・自宅の被害57件
■短期連載「男性歯科衛生士の今」⑤
■ＭｙＷａｙ「多職種で『食べる』を支える」猪原「食べる」総合歯科医療クリニック
■口唇・口腔・咽頭がんで８５８７人が死亡
■4万７８８８人に百歳高齢者表彰
■負担軽減のためベースアップ評価料の届出様式を改訂
■「矯正」「保存」の専門医が広告可能に／医療広告ガイドライン改正

10月

1日付（351～358頁）

■「歯薬連携のオーラルフレイル予防」が日薬学術大会で最優秀賞を受賞
■日歯会長予備選挙、関東地区の会長名で高橋英登氏に推薦状
■石破内閣で厚労相は福岡氏、文科相は阿部氏
■日歯と厚労省が社保指導者研修会
■保険証廃止の撤回や診療報酬増などいのちまもる集会で要望
■口管強の届出は1万4177軒、医療DXは1万3788軒
■能登豪雨で歯科診療所の床上浸水など確認
■インタビュー「『日本でいちばん大切にしたい会社大賞』厚生労働大臣賞を受賞」わく歯科医院
■令和6年6月の歯科医療費

8日付（359～370頁）

■東京科学大学が誕生
■宮城県が災害医療コーディネーターとして歯科医師も起用へ
■令和6年学校保健及び学校安全表彰に歯科医師50人
■岐阜県歯が後期高齢者歯科健診のデータ化で今後の可能性を討議
■対談『2024年版歯科業界ハンドブック』出版の意義」
■事前座談会「第54回日本口腔インプラント学会学術大会」

22日付（371～384頁）

■全国学校歯科保健研究大会のシンポジウムで未来図を語る
■衆院選に歯科医師7人が立候補
■有志が歯科技工の法的整備を要望
■令和6年7月の歯科診療所数
■インタビュー「児童虐待の早期発見のために歯科ができること」香西克之氏（日本子ども虐待防止歯科研究会会長）
■薬事功労者厚労大臣表彰を渡邉氏（器械組合理事長）が受賞
■ポートピアデンタルショーに8103人来場

29日付（385～396頁）

■サルコペニアと咬筋容積が関連
■内処方している歯科医療機関の7割が医薬品の入手困難
■衆院選で歯科医師2人が当選
■歯科保健事業功労者58人と8団体に厚労大臣表彰
■令和6年度の歯科技工委託料は個人立11％、法人20％増
■日歯会長予備選挙で東海信越地区歯が高橋英登氏に推薦状
■自民党の公約に「皆歯科健診」明記
■事前鼎談「日本臨床歯科CADCAM学会が第10回記念学術大会」
■MyWay「歯を削って体調・滑舌を改善」安藤正之氏（安藤歯科クリニック）
■グッドデザイン賞2024に歯科・口腔関連12点
■事前インタビュー「東京デンタルショー2024の見どころ」杉山実行委員長

11月

5日付（397～408頁）

■口腔状態が悪い人は要介護・死亡リスクが増加
■秋の叙勲で堀憲郎元日歯会長に旭日重光章
■皆歯科健診で国民の6割が費用に不安
■四国連合歯役員連絡協が日歯会長予備選挙で現職の高橋氏を推薦
■令和6年7月の歯科医療費
■「歯科技工士の未来！再発見！」東京シンポジウム
■インタビュー「ジルコニアの対合歯は摩耗するのか」伴清治氏
■カマンベールチーズの常食で認知機能が高まる可能性
■大阪万博への出展を日歯医学会の住友会長が報告
■特集「AIが拓く歯科の未来」日本歯科人工知能研究会の勝又明敏代表理事に聞く
■インタビュー「フリーランス保護新法が施行、歯科医院で求められる配慮・対応は」小畑真氏（小畑法律事務所）
■医機連が40周年記念シンポ
■保険適用（10月1日付）

12日付（409～418頁）

■日歯が啓発プロジェクトを開始
■ベストスマイル・オブ・ザ・イヤーを岡田さんと高杉さんが受賞
■費用かけてもメンテするところで、「口・歯」は「髪」に及ばず

■令和6年8月の歯科診療所数
■インタビュー「日本初、耳が聞こえない歯科医師大学教育のサポートは」
■著者に聞く『歯科「閉院」作法明日、院長やめます。』橋本守氏
■保険適用（11月1日付）

19日付（419〜426頁）
■12月2日以降の〝資格確認〟について中医協で答申
■日歯が歯科医師の需給と偏在のタスクチーム設置
■第2次石破内閣で厚労と文科とも大臣は再任
■日歯都道府県歯専務理事連絡協で会員増強に向けて準会員の会費など見直しを協議
■歯科衛生士の浸潤麻酔で日歯らが厚労省に要望書
■東京デンタルショーに1万4137人が来場
■新社長インタビュー「ネオ製薬工業株式会社」木瀬俊彦氏

26日付（427〜432頁）
■肥満・歯周病で認知機能が低下
■国民医療を守るための総決起大会で適切な財源確保を要望
■神奈川県歯と吉本興業が「笑える歯」テーマにコラボ動画
■ＭｙＷａｙ「言語聴覚士が『食べる・話す』を支援」こじまデンタルクリニック
■厚労省歯科保健課の小嶺課長が歯科技工の現状と取り組みを紹介

12月

3日付（433〜440頁）
■2023年の歯科診療所数、前年より937施設の減
■歯科医師4人らの行政処分を発表
■歯や口のトラブルでパフォーマンス低下、4割超の人が経験
■日歯「歯科医師の需給・偏在に関するタスクチーム」が郡市区の現状調査へ
■12歳の1人当たり永久歯のむし歯0・55本
■「光学印象」届出は8983施設
■1年間で6割が歯科検診を受診
■第44回全国アビリンピックの歯科技工分野で土持氏が金賞
■医学教育等関係業務功労者、歯科関係で8人受賞
■令和6年8月の歯科医療費
■幻の貨幣「陶貨」50万枚、松風の工場跡地で見つかる
■ＣＰ協会の新会長に浅野氏

10日付（441〜448頁）
■令和6年度補正予算案の賃上げ支援、ベア評価料の算定が条件
■鳥取県で「九州」「中国・四国」地区歯役員連絡協議会
■カムカムスワローが健康寿命アワード・生活習慣病予防分野で優良賞
■インタビュー「静岡県『歯科医療従事者人材バンク運営事業』の背景や狙い」平野明弘氏（県歯会長）
■著者に聞く『THINK SCIENTIFIC TOOTH PREPARATION 頭で削る支台歯形成』錦織淳氏
■令和6年9月の歯科診療所数
■保険適用（12月1日付）

17日付（449〜456頁）
■咀嚼機能・習慣の悪い高齢者、身体機能が低下
■歯科技工士の業務のあり方等検討会でスケジュール案を提示
■注目ニュース2024
■細菌を物理破壊するチタンナノ表面を開発
■石福金属に聞く「金の相場動向」
■ＡＤＩ．Ｇが東京地裁に民事再生手続き申し立て

日本歯科新聞

2024年(令和6年) 1月1日

<発行所>
日本歯科新聞社
厚生労働省記者クラブ加盟社

〒101-0061
東京都千代田区神田三崎町2-15-2
電話 03(3234)2475
FAX 03(3234)2477
www.dentalnews.co.jp
jdn@dentalnews.co.jp

■ 年間購読料 23,760円(送料込)(本体 21,600円+税)
■ 月4回、火曜日発行
■ 郵便口座番号 00120-5-130369

謹賀新年

AI画像生成機能で作成した「国民皆歯科健診が実現後の世界で、100歳の女性が幸せそうに好きなものを食べているイラスト」。使用した画像編集サイトは「Fotor」

人生100年時代への貢献

ご挨拶

コロナ禍を経て、社会的にDX化が推進されています。歯科医院や企業も、活用の仕方によっては業務を大きく改善でき得る一方で、歯科医療・処置はAIの介入を受けにくい分野とも言われています。人の手を介する部分と効率化を目指す部分のバランスを模索することが、より良い歯科医療につながるのかもしれません。

ちなみに表紙の画像は、「国民皆歯科健診が実現した後の世界で、100歳の女性が幸せそうに好きなものを食べている」というイメージをAIで作成したものです。国民の多くが定期的に歯科健診を受診するようになれば、非現実的な世界ではないでしょう。

国民の歯科への関心や知識は以前に比べて確実に増しています。しかし、各種歯科健診に行く人はまだ少ないと言われています。

歯科健診の受診率向上のためにも、これからは日本経済団体連合会、経済同友会、日本商工会議所など経済団体へのアプローチが一層重要になってくると思われます。経済団体から企業家仲間、部下、一般社員などに理解を得るための動きが広がっていくからです。

歯と口の健康が従業員の健康度を上げ、結果的に企業の負担が減ることが分かれば、ビジネス感覚の鋭い企業人なら、歯と口の健康向上を目指すでしょう。

6月に実施される次期診療報酬改定の改定率が決まりました。具体的な施策や点数はこれから明らかになっていくと思いますが、昨年から光熱費、材料費や外注技工料をはじめあらゆるモノ、サービスの価格が上昇しており、歯科医療機関の経営努力が求められる状況は続くでしょう。

今年も課題の多い歯科医療界となりそうですが、昨年から本格的に稼働した本紙デジタル版を含め、読者の皆様方に役立つ情報発信に努めてまいります。どうぞよろしくお願い申し上げます。

日本歯科新聞社社長　水野 純治

12月26日・1月2日合併号

次号は1月16日に発行します

歯科看板 特集

あるブランドを周知するためには、テレビやラジオ、雑誌広告のほか、現在はインターネットや動画を通して認知度を上げる必要がある。例えば、大塚製薬のポカリスエットはダンス動画を募り、優秀作品をCMに起用する戦略を若い世代に向けて展開した。SNSでハッシュタグキャンペーンを打つなど若年層へアプローチし、成功を収めたという。老舗ブランドでありながらも、若年層に絞ることでブランドとしての若返りを果たした。これは全国の消費者をターゲットとしているが、広告の数だけ戦略があると言っても過言ではない。この特集では、編集部が選んだ個性的な五つの歯科看板について、取材を通して深堀りしたものだ。看板を設置したきっかけや反響などを知ることで、なにかの一助になればと思う。

【質問リスト】

① 看板を設置した理由・経緯
② 設置期間や設置コスト
③ 設置後の反応

(東京都杉並区)　道家 輝恵 院長

すしお　アニメ制作会社・トリガー所属のアニメーター。「天元突破グレンラガン」や「キルラキル」などの人気作品を手掛けている。ももいろクローバーZのファンとしても知られ、数多くのファンイラストを制作している。

鹿が「わはは」、笑う鹿で元気に

アイル歯科クリニック(宮崎県宮崎市)　大久保 篤 院長

1　交通量が多い場所なので、見込み患者さんを作りたいという狙いがありました。営業に来られた看板業者さんに「キャッチなデザインで」とお願いし、何度かやり取りをした結果、笑っている鹿の看板を出すことになりました。

2　設置期間は2年契約、いまは約1年使用しています。コストは設置費5万6200円、月額3万2千円(汚れやキズの修理費用込み)です。

3　正直、「歯医者」という形で出していないので、この看板を見て来院した新規の患者さんはいないですが、話題にはなったので世間的に周知はされたと思います。私としては、飲み会などで話題になってくれたらいいなと考えています。

こうの歯科医院(東京都杉並区)　河野 吉旭 院長

サブカル意識でわっと注目集める

1　開業当時(10年前)は、診療所の名前と電話番号などシンプルな看板でした。しかし、当院は駅前とはいえ、診療室は雑居ビルの3階にあり、道すがら目に入るのは、「主に当院に入るビルの集合看板だろう」と考えるようになりました。ところが集合看板の一つということもあって、とにかく目立たなかったのです。ならば、目立たせようとの思いで2019年6月に現在の看板にリニューアルしました。

また、高円寺といえば、サブカルタウンとして有名ですが、それにちなんで「ポップなデザインにしてみたらどうだろう」と「遊び心は持たせつつも、ふざけていない?」がコンセプトです。イラストの顔は私(河野吉旭院長)がモデルです。

2　制作は興和サインさんに頼み、制作費は約13万円(うちデザイン費が8万円)。

3　まず、既存の患者さんから「看板のイラストが先生によく似てる」「面白いね」とまずまずの反応でした。(看板の)遊び心もあってか、近所にお住まいの患者さんが多い当院の特徴にも合っていると思います。次第に周りにある集合看板の中でも目立つようになり、集客効果についても良くなったと感じますね。

新春 個性的な看板がいっぱい 気になる

あきる野Beauty歯科（東京都あきる野市）　田村 明規 院長

元V系バンド、思わず二度見!?

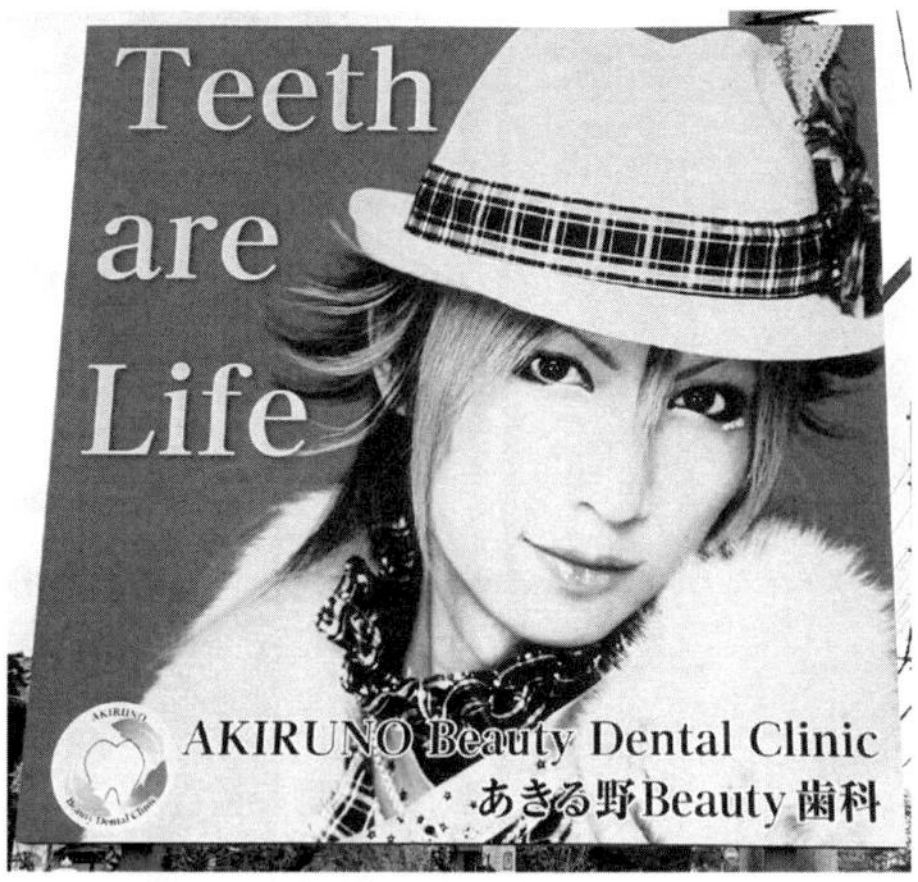

1 インパクト重視で、注目を引くという意味はありますが、それは実は表向きの話であります。世に出すものである以上、私自身多くの葛藤がありましたが、最終的な決断に至ったのは私の過去、そして歯科に対する決意の表れです。

2 設置期間は、令和5年3月から令和7年2月まで（延長の可能性もあり）。初期投資でおよそ看板1枚につき約10万円（月額料金は別）ほど掛かりました。

3 ＳＮＳのプチバズりが開業前にもありました。私自身、多少話題になるとは思っていましたが、想像以上に注目されて、ついにはテレビ出演までさせていただけて、広報活動という意味でとても良かったと感じています。

桃井デンタルクリニック

人気アニメーターが描く ポップなアニメ看板

1 すしおさんというアニメーターの方が当院の患者で、色紙をいただいたことがあるんです。その色紙を見ていたら…「すしおさんに描いてもらった絵を看板に出したい！」と思い、実際に頼んでみたところ、看板のイラストを描いてくれたという経緯です！

2 設置期間は約4年半。私が看板のオーナーでしたが、いまは看板自体を撤去しています。
※設置コストは非公開

3 すしおさんがTwitter（現・X）でツイートしてくれたのをきっかけに、海外やアニメファンからのお問い合わせのほか、実際に看板を見に訪れる人が増えましたね。本当にすごい反響がありました…！

久世歯科医院（神奈川県川崎市）　久世 哲也 院長

看板通じて地域に根差す

1 地域に根差した医院なので、まずは近隣に認知していただくための野立て看板をいくつも設置しました。歩行者、車どちらの導線にも当てはまる箇所に人の目を惹くデザインで設置しました。

また、医院脇の看板（左写真）は、知人の伝手で片岡鶴太郎先生と知り合うことができて、医院の理念等をお話したところ、看板の文字を書いていただけることになりました。歯科医院にしては珍しく和のテイストの看板になったかと思います。

2 2013年9月より設置して、今年で10年目になります。コストはご想像にお任せいたします。

3 患者様やスタッフの友人、知人からも多くの反響をいただいております。ただでさえ目立つ看板な上、片岡鶴太郎先生に書いていただいたということで写真を撮って帰られる方も多いです。

解説 タツの歯

龍の正体は「象」!?

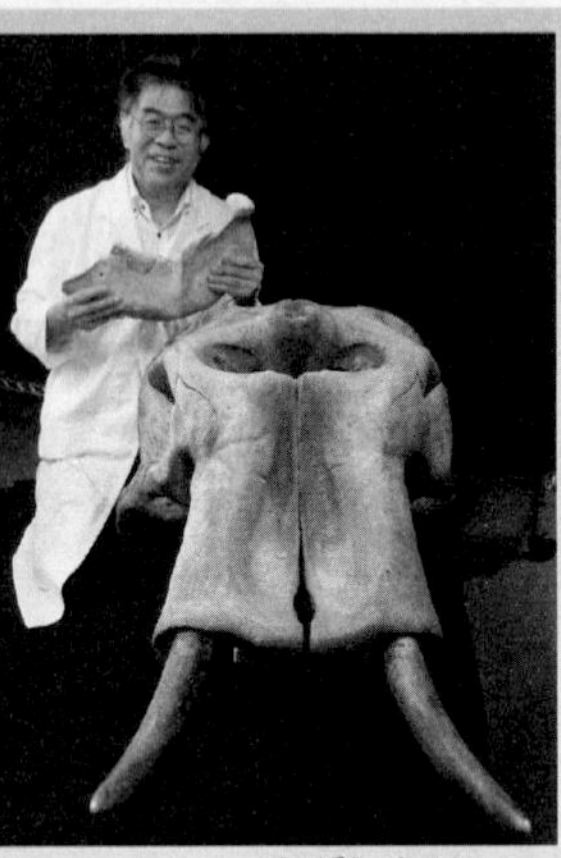

東京医科歯科大学 大学院准教授 田畑（たばた） 純（まこと） 氏

1985年に九州大学理学部生物学科卒。広島大学大学院総合科学部で博士。大阪大学歯学部、ヘルシンキ大学、鹿児島大学歯学部を経て、2007年より現職。教育では組織学と口腔組織発生学を担当。研究では「歯の発生と進化」をテーマとしており、鱗の研究でシーラカンスや宇宙実験も手がける。近著に『口腔の発生と組織 第4版』南山堂（2019）、『新・十二歯考』医歯薬出版（2020）、『鱗の博物誌』グラフィック社（2020）、『口腔の機能と解剖』南山堂（2021）、『バーチャルスライド口腔組織学』羊土社（2021）。TV出演も多数。

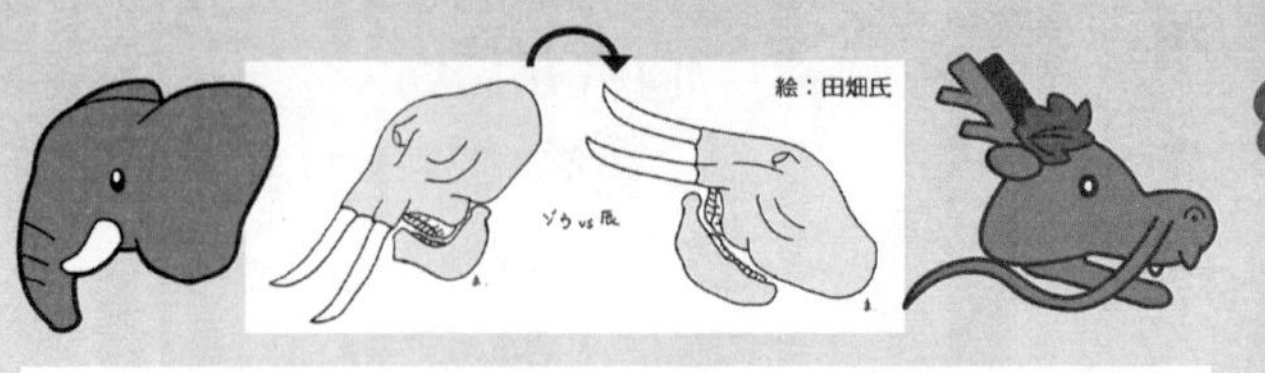

今年の干支は辰だが、辰は架空の動物！今回、このコーナーは「１回休みか？」と慌てて動物の歯に詳しい、東京医科歯科大学大学院の田畑純准教授に聞くと、「龍の正体は象ですよ。中国では地中から出てきた大型哺乳類の骨の化石を『龍骨』と呼ぶのですが、多くは象の骨です。ちなみに磨り潰したものは漢方薬になります。なぜ、象が龍になったのかというと、状態のよい象の頭蓋骨が龍の頭蓋骨に見えるからです。上図のように頭蓋骨の向きを変えると、長い牙が角、後頭部が顔と、龍の横顔にも見えます。昔の人はこれを見て、本当に龍がいたと考えたのでしょう。なお、江戸時代に琵琶湖西岸で見つかった龍骨もトウヨウゾウの化石でした」という。「象の歯は特徴も多く面白い」とのことで、今回は象の歯を取り上げることにした。

※骨標本はいずれも「東京医科歯科大学歯学部収蔵品」

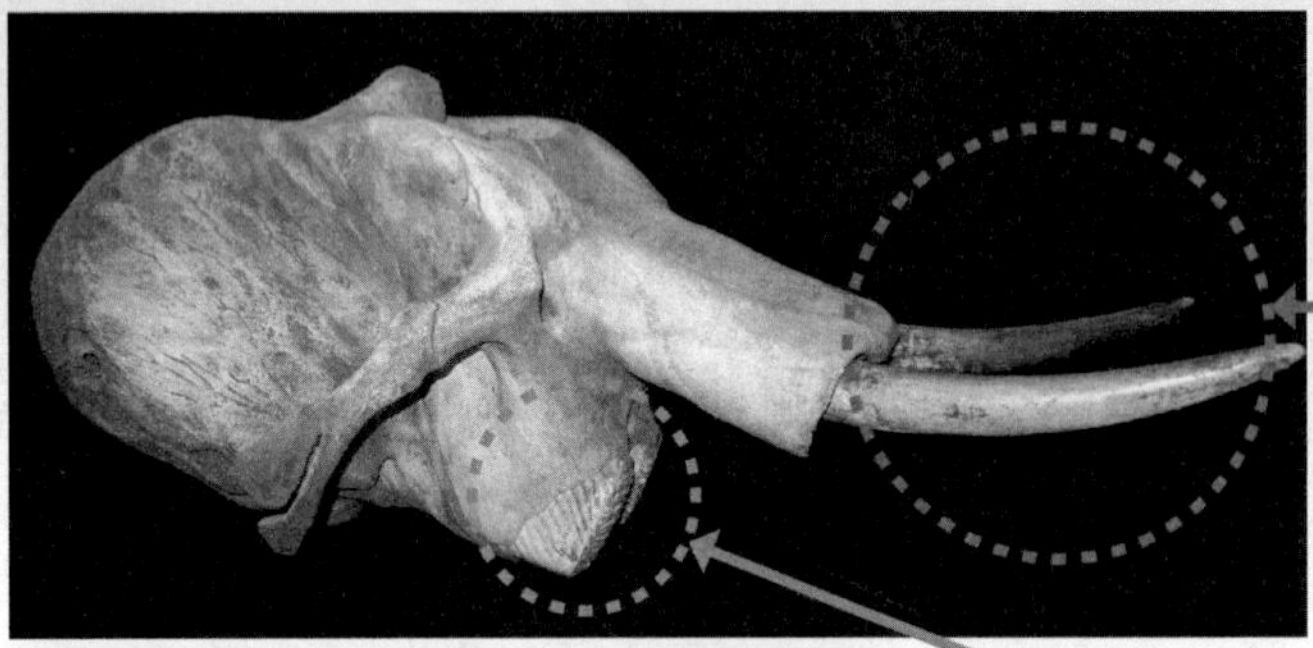

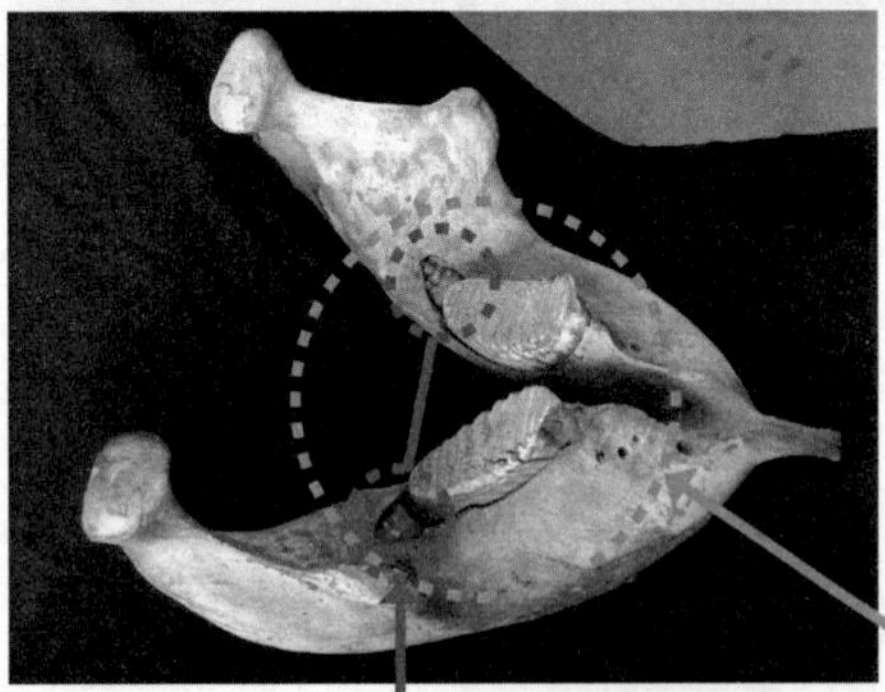

上顎臼歯の表面

歯は何本？

■ 象の歯は人間より26本少ない計６本。上顎の切歯（＝牙）２本と上下左右の臼歯計４本で、臼歯は５回、生え変わります。

■ 象は哺乳綱長鼻目に属する動物で、現生種にはアジアゾウ、アフリカゾウ、マルミミゾウの３種類がいます。とりわけアフリカゾウは大きく、体長7.5ｍ、体高４ｍ、体重10トンにも達します。

■ 現生の象の牙は上顎側切歯が伸びたものですが、かつてはその形や数もバリエーションがあり、上顎だけでなく、下顎からも長く牙が伸びる、つまり４本の牙を持つ象などもいました。

■ 長鼻目の動物は身体が大きい上に頭でっかちでもあるので、その頭骨は巨大です。しかも、頭や顎の形は特殊で、耳や鼻には骨がなく、歯が歯と思えないほど独特な形をしていることから、良い状態の骨が出てきて、実際の象の姿を知っていても、元の姿を想像するのが難しいほど、その輪郭はかけ離れて見えます。

人間の歯との違いや特徴は？

■ 人間は、乳歯から永久歯に１回だけ生え変わりますが、象の切歯は生え変わることなく一生伸び続け、臼歯は５回も生え変わります。

■ 歯の生え変わり方も大分異なり、人間は、先行歯の下から後継歯が上がってきて置き換わる「垂直交換」様式ですが、象の臼歯は「水平交換」様式です。先行歯の後方から後継歯が出てきて咬合面を徐々に増やす形で先行歯の位置までスライドし、先行歯がその場所を譲るかのように前方にずれながら、やがて脱落します。ちなみに、ジュゴン、マナティーなどの歯も水平交換です。

■ 象の臼歯が水平交換になったのは、鮮新世（約500万年前から約258万年前）に現れたステゴドンやエレファス（＝現生の象の祖先）から。それ以前は人間と同じ垂直交換で、しかも臼歯は片顎片側１本ではなく複数本あり、歯の形も人間の大臼歯などに近い丘状型でした。臼歯が極端な進化を遂げたメカニズムは不明な点が多く、謎のままです。

■ 象は生涯、身体が成長し続けるので、顎も徐々に大きくなり、それに合わせて生え変わる臼歯も大きくなります。

前歯（切歯）

生涯伸び続け、「手」の役割を果たす

前歯は上顎に生える牙（左右で２本）のみ。生涯伸び続ける「常生歯」。アフリカゾウでは、長さ3.5ｍに達することもあるという。

長くて器用に動く鼻を使って、木の上の果物や足元の草を握って巻き取り、引きちぎって口の中に放り込むので、鼻が前歯の代わりを十分に果たしており、前歯自体は食事にはほぼ使われない。地面を掘り起こしたり、木をなぎ倒したりする時の「手」の役割を果たす。

ネズミやウサギの前歯も常生歯だが、硬いものを食べるために咬耗するので伸び過ぎることはない。象の前歯は咬耗しないので、先端は尖ったまま伸び続ける。

牙の主成分は象牙質。エナメル質は先端のみで、他はセメント質が表面を覆う。

後　歯

スライドして生え変わる!!

後歯は次々と歯が入れ替わる「水平交換」様式。アジアゾウの場合、最初の乳歯は生後３カ月で萌出して、次が２歳、３番目が５歳、４番目から永久歯となり９～10歳で咬合に加わって、５番目が20歳、６番目が30～40歳で咬合に加わり死ぬまで使われる。

ちなみに象の寿命は60～70年と言われている。

複数の板（稜板）が並んだような歯を「稜縁歯」といって、稜板の数に応じて二稜歯、三稜歯、多稜歯という。象は極端な多稜歯。

稜縁型の歯は、咬合によって稜板の断面が現れ、洗濯板のような凸凹となる。個々の稜板を囲む長楕円の白色の凸部がエナメル質で、エナメル輪ともいう。内側の黄色い凹部は象牙質。稜板と稜板の間の黄色い凹部は歯冠セメント質。

後継歯が出る

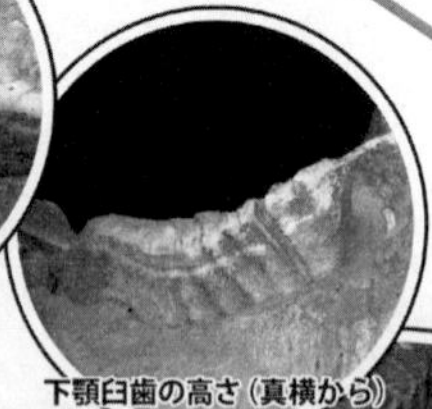

下顎臼歯の高さ（真横から）

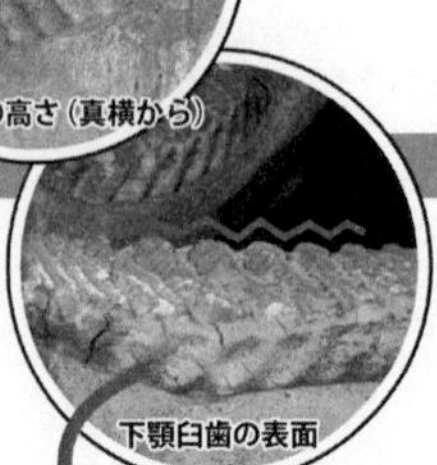

下顎臼歯の表面

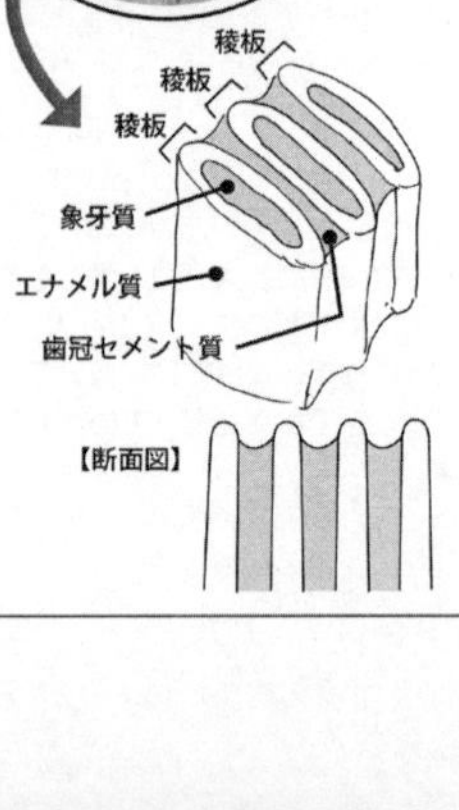

【断面図】

歯のデータ

栄養状態や成長過程により個体差はあるが、写真の象の頭蓋骨の長さは129cm、幅は66cm、高さは58cm。

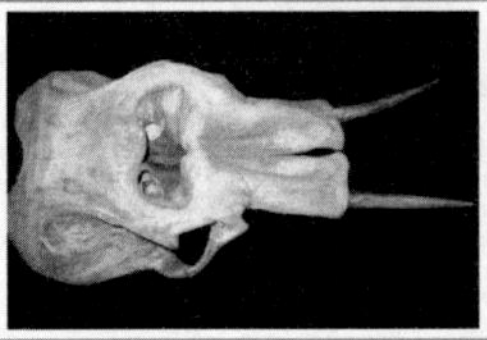

		歯冠 近遠幅径	歯冠 頬舌幅径	歯冠高
上顎	切歯	6 cm	5 cm	37 cm
	臼歯	16 cm	7 cm	8 cm
下顎	臼歯	18 cm	6.5 cm	1.5～2.5 cm

	長さ	幅	高さ
下顎の骨（片側）	42 cm	42 cm	44 cm

重さ比べ（下顎の骨＋歯）

重↑↓軽

象：19.35kg
子象：6.5 kg
馬：1.30kg
虎：0.4 kg
人間：0.2 kg

年頭所感 2024年

歯科界を物心とも「豊か」に

日本歯科医師会会長　高橋 英登

謹んで新春のごあいさつを申し上げます。皆様におかれましては、健やかに新年をお迎えになられたこととお慶び申し上げます。

昨年6月に新執行部が発足して、早半年が過ぎました。「骨太の方針2023」に「生涯を通じた歯科健診(いわゆる国民皆歯科健診)に向けた取組の推進」が示され、会務を運営する中で、その実現への期待が各方面から寄せられていることを実感しています。日本歯科医師会ではタスクチームを設置し、より普及しやすい方法の検討を進めています。

日本歯科医師会の活動目的は、国民の健康増進であり、それにより国民を幸せにすることだと考えます。人生の最期の日まで「自分の口でおいしく食べることができるようにすること」に取り組み、健康な高齢者が増えれば「健康長寿社会の実現」に貢献できるだけでなく、医療費適正化にもつながります。これに欠かすことのできないわが国の国民皆保険制度を維持、また持続可能なものとすべく、より一層、国や医療関係団体等との協力関係を深化させます。地域包括ケアシステム構築の観点からも、多職種との緊密な連携は重要です。

近年、定員割れする私立の歯科大学・大学歯学部の増加、また後継者問題等で歯科医療機関が減少しており、特にその傾向は地方で顕著です。喫緊の課題として大変危惧していますが、問題解決には「歯科界全体をいかに豊かにするか」を考える必要があります。経済的な「豊か」はもちろん、いわゆるマインドや社会的な評価も含めて向上させるためにも、歯科がいかに国民の生活に資する仕事であるということをこれまで以上にPRしていきます。

歯科医師法の第1条には「歯科医師は歯科医療及び保健指導を掌ることによって公衆衛生の向上及び増進に寄与し、もって国民の健康な生活を確保するものとする」と明記されています。歯科医師は日々の歯科診療だけでなく、公衆衛生活動に取り組まなければいけませんが、個人で担うことは至難の業であり、それ故、日本歯科医師会や地域の歯科医師会があるわけです。

現在の歯科医師国家試験の合格率を考慮すると近い将来、歯科医師が不足するのは明白です。会員の平均年齢は62歳を超え、歯科医師の働き方も多様化しており、日本歯科医師会もそれに合わせた組織体制の整備が求められています。組織力が低下すれば診療報酬改定や医療制度改革に立ち向かっていけません。また、日本歯科医師連盟が中心となって立法府を構成している国会議員へのロビー活動を行わなければ、歯科医療現場の声を届け適正な評価を得るための環境整備ができません。新型コロナウイルス感染症感染拡大防止継続支援補助金は成果の一つです。

会長就任時に申し上げた通り、日本歯科医師連盟での経験を活かして要望等を主張していく「物言う歯科医師会」、現場の開業医として会員と同じ立場で考える「身近な歯科医師会」であるというスタンスを忘れずに、今後も決意を持って前進していく所存です。

本年の診療報酬・介護報酬・障害福祉サービス等報酬のトリプル改定、急激な物価高騰や人件費の上昇、さらに国が進める「全国医療情報プラットフォーム」「電子カルテ情報の標準化」「診療報酬改定DX」の三つの柱によるシステム導入や運用による負担増への支援体制の構築、運用の見直し等、政府与党や財界と医療関係団体が一丸となって対話を進め、歯科が適正な評価を得られるように、そして会員が歯科医療に傾注できる環境を創生すべく全力を尽くします。私に託された想いを実現し歯科界の明るい未来を切り拓くため、粉骨砕身の覚悟で大胆な改革に取り組んでまいります。

最後に、関係者のご活躍とご健勝を心よりご祈念申し上げますとともに、本年が希望多き年となるよう、停滞感の打破に向けて全力を尽くすことをお誓い申し上げ、新年のごあいさつに代えさせていただきます。

行政に歯科医師の配置を

日本歯科医師連盟会長　太田 謙司

新年あけましておめでとうございます。

皆様には、新春を新たな気持ちでお迎えのこととお慶び申し上げます。また日頃より、日本歯科医師連盟の会務運営にご理解とご協力を賜り心より感謝申し上げます。

昨年は歯科界にとって前進と言える成果を得た一年となりました。「骨太の方針」における歯科に関する文言は年々充実され、2023年では「いわゆる国民皆歯科健診」については、「取組の推進」と一歩進んだ表現になり、今や国の既定路線になっています。

コロナが5類に移行した中、今度は物価の高騰と賃上げ圧力が問題になっています。国民の皆様に安心して歯科診療を受けていただけるために、診療報酬改定には、日歯と協調し最後まで働き掛けを行ってまいります。

さて本年は、歯科界の中長期的な課題に対して行動を起こしたいと考えています。中央と全ての地方自治体の行政に歯科医師を配置し、歯科医師の活躍の場の拡充を図ることで、歯科医療界全体の活性化につなげたいと思います。また、医科では労働安全衛生法によりさまざまな健診ができますが、歯科にはそれがなく是正が必要です。

これらの具現化は一朝一夕に成し得るものではありませんが、将来振り返った時に本年がターニングポイントであったと思えるように、種をまいていく所存です。

歯科界が山積する課題に向かう中、次期参議院選挙の組織代表候補者に決定した比嘉奈津美議員への支持を確固たるものにしなければなりません。昨年11月には、大阪において歯科医師連盟、歯科技工士連盟、歯科衛生士連盟の合同デンタルミーティングも開催いたしました。本年も全国各地で、山田宏議員と共にデンタルミーティングを開催したいと考えております。われわれ執行部も歯科医療界全体の発展のため全力で努めてまいりますので、ご理解とご協力をお願い申し上げます。

結びにあたり、本年が皆様にとって幸多く、そして歯科界にとって実り多い年であることを祈念し年頭のごあいさつといたします。

リンドウ(竜胆)

タツノオトシゴ

デジタル時代こそ人間関係を大切に

日本学校歯科医会会長　柘植 紳平

令和6年の輝かしい新春を寿ぎ、謹んで年頭のごあいさつを申し上げます。皆様方にはお健やかに新春をお迎えのこととお慶び申し上げますとともに、旧年中に賜りました多くのご厚誼に心より感謝申し上げます。

医療DXは、私たちの想像をはるかに超えたスピードで普及が進んでおり、AIが代わりを務めることができる事柄が、ますます多くなっています。10年後に、AIによって代替され得ると予想される職業リストもネット上を賑わしています。しかし、私たち学校歯科医(教育者)は、10年後も社会から必要とされ続ける、そう確信しております。これは多くの有識者の見解と私の強い願いとのまさに一致点です。なぜなら学校歯科医の仕事は、AIやロボットによる画一的な作業には不向きだといえるからです。日々、私たち学校歯科医は、さまざまなタイプの子供たちと接することになります。当然のように、一人一人個性や感性が違います。自分の興味関心があること、得意なことがそれぞれ皆異なるわけですから、私たち学校歯科医は、それぞれの子供に合った対応をすることができます。そして人間関係の構築や、それに伴うコミュニケーション、ケアの部分まで細心の注意を払うことができます。これはAIではできないことであり、学校歯科医が社会から信頼されるために必要なことでもあるのです。

キャッシュレス化、ペーパーレス化、AI化などの合理化が今後いかに進んでいこうとも、実際に対面で子供の目を見て話す、聞く、そして笑顔になる。これが学校歯科保健の醍醐味の一つです。ツールがデジタル化した現代こそ、むしろコミュニケーションのアナログ力をもっと大事にし、私たち日本学校歯科医会は急速に変化する時代において不易と改革を意識してDX改革を推進し、前に進んでまいる所存でございます。

辰年となる今年が、皆様にとって昇り龍のごとく、さらに良い年となり、ご健勝にてご活躍されることを心より祈念いたします。

翌年の万博に向け細部にわたり準備

日本歯科医学会会長　住友 雅人

2024年の幕開けである。日本歯科医学会会長としてみなさまへ新年のごあいさつを申し上げる。

日本歯科医学会は昨年6月に新体制を組織された日本歯科医師会執行部と歩調を合わせて事業活動を推進している。法人格を有する日本歯科医学会連合が2016年4月に創設され、そこでの事業内容が軌道に乗ってきたことから、学会としての事業項目の整理ができてきている。

まずは日本歯科医学会が発刊している英文誌JDSRの昨年のIFは6・6と、世界の歯科医学誌としては大変高いものとなっている。今期、学会から日本歯科医師会に申し出をして、共同名義を開始する。これにより学術団体としての日本歯科医師会の存在が国際的に広く示されることになる。

今年の診療報酬改定は、介護、障害福祉サービス、医療のトリプル改定となる。学会は分科会からの医療技術評価提案を昨年の6月に取りまとめて厚生労働省に提出した。

常々お話ししているように、とりわけ医療技術の収載はその時点で終わりではなく、そこから、検査、診断、治療技術などの多様なイノベーションが展開する。

日本歯科医学会は2018年に各分科会から集めた開発目標を整理し、「2040年にむけての歯科イノベーションロードマップ」として、2021年9月の第24回日本歯科医学会学術大会で大々的に発出した。このロードマップの内容はオープンイノベーションとなっていてどなたもが活用できる。多くの分野から積極的な参入を期待している。

2025年に半年間にわたって開催される大阪関西万博は、焦点がはっきりしていないような印象があるが、まさに健康寿命の延伸を目的としている。日本が持つこの分野のイノベーションを世界に広めるよい機会である。歯科界もこの万博を利用しない手はない。ちょうどその年の9月に日本歯科医学会の第25回学術大会が開催される。偶然とはいえ歯科が目指すイノベーションを広める大きなチャンスでもある。今年はそれに向けて、細部にわたる準備を進めておく。

良い年であることを願う。

予防・重症化予防に注力

厚生労働省保険局長　伊原 和人

新年を迎え、謹んでお慶び申し上げます。

令和6年の年頭に当たり、医療保険行政に対する日頃のご理解およびご協力に心からの感謝を申し上げるとともに、私の所信の一端を申し述べます。

わが国は、国民皆保険制度等を基盤として、世界最高水準の長寿社会を実現し、健康寿命の延伸など国民の健康の維持・増進を実現してまいりました。一方、急速な人口減少や少子高齢化など、医療を取り巻く状況が大きく変化する中、医療保険制度の持続可能性を確保し、全ての国民に良質で効率的な医療が提供されるよう、不断の取り組みを続けていく必要があります。

とりわけ、団塊世代が75歳以上の後期高齢者となる中で、現役世代の負担上昇の抑制を図りつつ、負担能力に応じて、全ての世代で、増加する医療費を公平に支え合う仕組みが強く求められており、昨年の健康保険法等の改正では、出産育児一時金を全ての世代で負担する仕組みに改めたほか、後期高齢者の保険料と現役世代からの支援金の伸びを合わせる見直しを行うなど、全世代型社会保障を構築するための改革を行いました。施行に向けて着実に取り組むとともに、高齢化がピークを迎える2040年頃に向けて、持続可能な制度とするための方策について、引き続き検討してまいります。

令和6年度は、6年に一度の「診療報酬」「介護報酬」「障害福祉サービス等報酬」の同時改定が行われる節目の年であります。昨年末には、三十年来経験したことのない物価高騰・賃上げといった経済状況の中で、医療従事者の賃上げを中心とする改定率が決定されました。

今後、診療報酬改定DXの観点から、6月へと後ろ倒しとなった施行に向けて、賃上げ対応のほか、ポスト2025を見据えた地域包括ケアシステムの深化・推進、医療DXを含めた医療機能の分化・強化、連携の推進、さらには安心・安全で質の高い医療の推進、効率化・適正化を通じた医療保険制度の安定性・持続可能性の向上に向けた具体化を図ってまいります。

また、人生100年時代を迎える中、予防・重症化予防・健康づくりの推進も重要です。保険者における予防・重症化予防・健康づくりの取組を促すことを目的として、保険者インセンティブ制度において、引き続き保険者の取組を支援するとともに、高齢者の保健事業と介護予防の一体的実施についても、取り組みを充実してまいります。

令和6年度からの第4期特定健診・特定保健指導におけるアウトカム評価の導入やICT活用の推進などの実施状況の把握を行い、円滑な実施に向けた取り組みを進めてまいります。

医療DXの基盤となるマイナ保険証については、多くの国民の皆様にご利用いただき、健康・医療情報に基づくより良い医療が受けられるなどのメリットを実感していただきたいと考えています。令和5年度補正予算では、マイナ保険証の利用率の増加に応じた医療機関等への支援金や顔認証付きカードリーダーの増設支援等の経費も計上しており、医療機関・薬局の取組を支援するとともに、公的医療機関や保険者にも、利用率の目標を設定していただき、達成に向けて取り組んでいただくこととしています。

現行の健康保険証の発行は、今年12月に終了することとしています。その後、最大1年間は現行の健康保険証が使用可能であるほか、マイナ保険証を保有しない方には、申請によらず、資格確認書を交付することとしており、アナログからデジタルへの円滑な移行に向けて万全の対応を図ってまいります。

医療保険行政に対するご理解とご協力を心からお願い申し上げるとともに、皆様のご多幸を祈念しまして、新年のごあいさつといたします。

国民のため医療界一丸に

日本医師会会長　松本 吉郎

明けましておめでとうございます。皆様におかれましては、健やかに新年をお迎えになられたこととお慶び申し上げます。

本年夏頃に新紙幣が発行される予定ですが、新千円札の肖像には、日本医師会初代会長の北里柴三郎先生が採用されました。近代日本医学の礎を築いた北里先生は予防医学の重要性を説かれておりますが、われわれもこの北里先生の志を受け継ぎ、治療を中心とした医療のみならず、予防・健康づくりにも引き続き貢献してまいります。

日本医師会の組織強化につきましては、令和5年度より実施した医学部卒後5年目までの会費減免の他、本会常勤役員による都道府県医師会役員の訪問・面会など、本会が実施するさまざまな取り組みに対し、各地域医師会の多大なるご理解とご協力を得る中で、その活動を深化してまいりました。こうした取り組みの結果、会員数も増加し、昨年8月には初めて17万5千人を超えるに至りました。より多くの先生方と共にわが国のより良い医療を実現するため、引き続き組織強化に向けた活動を展開してまいります。

また、患者さんの受ける診療・治療は一連のものであり、医療は各団体の連携によって支えられています。日本医師会、日本歯科医師会、日本薬剤師会の三師会、さらに、日本病院会、全日本病院協会、日本医療法人協会、日本精神科病院協会の四病院団体協議会などの各種医療関係団体と共に、医療界は一体・一丸となって、これからも国民の生命と健康を守ってまいります。

令和6年度診療報酬改定につきましては、診療報酬改定DXの推進に向け、医療機関・薬局等やベンダーの集中的な業務負荷を平準化するため、今回より施行時期が変更されます。その際には医療機関の負担軽減や効率化をするための取り組みも必要ですので、施行時期の後ろ倒しに伴う課題解決に向けて取り組んでまいります。

一方、本年4月からは医師の働き方改革の新制度が施行され、医師の時間外労働の上限規制が開始されます。

新型コロナウイルス感染症は、昨年5月に感染症法上の位置付けが5類感染症に変更されました。わが国は、国際的に見ても、コロナによる人口当たり死亡者数や陽性者の致死率の低さなど、相当の医療実績を積み上げてきました。これは全国の医師を始めとした医療従事者による懸命な対応の賜物と考えております。深く感謝申し上げます。

昨年11月には、厚生労働省と本会を含め八つの医療関係団体と共に「ポストコロナ医療体制充実宣言」を公表し、次の感染症拡大への備えを先手先手で実施するため、新興感染症対応と医療DXの推進を集中的に進めることを表明いたしました。

また、本年4月より、改正感染症法に基づく、医療措置協定が施行されるとともに、第8次医療計画が開始されます。日本医師会といたしましても、診療所の新興感染症への対応力を一層高めることを目的に、地域医師会のためのモデル研修を本年3月に実施予定です。

さらに、医療DXは、日本医師会が目指す「国民・患者の皆様への安心・安全でより質の高い医療提供」と「医療現場の負担軽減」の実現に資するものでなければなりません。また政府に対しては、サイバーセキュリティー対策も含めた、医療DXに掛かるコストに対する公的支援の拡充、ならびに現場の負担軽減に向けた取り組みと情報発信を引き続き求めてまいります。

新しい年が皆様にとって充実した幸多き年となりますことを祈念申し上げ、年頭に当たってのごあいさつといたします。

本年もどうぞよろしくお願い申し上げます。

関連団体と人材確保を推進

日本歯科技工士会会長　森野 隆

新年明けましておめでとうございます。皆様方におかれましては、ご家族やお仲間と和やかな新春をお迎えのこととお慶び申し上げます。

私事でございますが、会長就任後、2回目の新年を迎えました。

今日まで変わらず日本歯科技工士会をご支援いただいておりますことに、心から感謝と御礼を申し上げます。

さて、皆様もご承知の通り、内閣府の「経済財政運営と改革の基本方針(骨太方針)」に2021年より歯科技工士(歯科技工)に関する内容が明示されております。また、「歯科技工士」に関し、厚生労働省主体で数多くの事業が行われております。その中の一つとして「歯科技工士の人材確保対策事業」がございますが、この事業には多くの団体がご協力いただき現在も進められております。

18歳人口が年々減少し、2022年の112万人から、2023年には100万人を割るとも推計されている現状では、どの業界でも人材確保は喫緊の課題であり、われわれ歯科技工業界も「いかに歯科技工士を目指す方を増やすか」について、関連団体で協力し推し進めてまいります。幸い関係各位のご理解・ご協力もあり、会長就任時より申し上げてきた日本歯科医師会を中心とする歯科関連団体との協調、歯科技工関連団体との団結は順調に進んでおりますので、本年はさらに協力体制を強固なものにしていきたいと考えております。

社会も組織もまた然りで、体制を維持しながら、これまでの積み重ねの中から必要なものと社会環境の変化に不釣合いのものを峻別し、今は何をすべきか、長期的将来を見据えて、積極的に活動をしていかなければならないと思っております。

皆様方には引き続いてのご支援をお願い申し上げ、歯科界に生きる全ての人々が明るく元気にこの一年を過ごせますよう祈念し、新年のごあいさつといたします。

全国的な新人研修制度を準備

日本歯科衛生士会会長　吉田 直美

謹んで新春のご祝詞を申し上げます。

平素より、歯科医療保健に関する最新情報をお届けいただき感謝申し上げます。昨年は本会が実施した在宅や施設で歯科衛生士が実施する口腔健康管理に要する時間についての調査論文を一面で大きく紹介していただき、歯科衛生士の地域における活動の実際への認知を拡げる上で、力となっていただきました。

歯科医療をめぐる状況もコロナ禍前に戻りつつある中で、活気ある新年を迎えることが出来ました。本会でも、昨年の学術大会は4年ぶりに1600名近くの現地参加者を得て、対面での討論、交流を楽しむことができました。都道府県歯科衛生士会における研修活動等も回復状況にあり、今年はさらに活発になることと期待しております。

本会が今年も取り組むべき重要課題の一つが人材確保です。歯科衛生士の常態的人材不足の要因として離職率の高さと潜在歯科衛生士の多さが指摘されおり、近年顕著となっているのがリアリティショックによる新人の早期離職です。その対策として、本会では全国的な新人研修制度の導入を厚生労働省に要望しており、研修プログラムの具体的検討を進めつつあります。結婚・育児等で離職した歯科衛生士への復職支援、ならびに就労継続への支援の取組みと合わせて、人材確保を図っていきたいと考えております。

歯科医療提供体制等に関する検討会の中間報告では、在宅歯科医療、口腔機能向上への取り組みの重要性と、在宅歯科医療における歯科衛生士の口腔管理への一層の関わりへの期待が述べられています。

本会では、在宅療養指導・口腔機能管理等の認定コースを設けて専門的臨床力の向上を図っており、今後、地域や医科歯科連携の場で活躍できる、より高度な専門歯科衛生士の認定制度を設置することを企画しております。

本年も、人々への口腔健康支援を通して、健康寿命延伸、QOLの維持向上に貢献していく所存ですので、本会へのより一層の御理解と御支援を賜りますよう、よろしくお願い申し上げます。

持続可能な業界を目指して

日本歯科商工協会会長　中尾 潔貴

新年明けましておめでとうございます。健やかな新年を迎えられたこととお慶び申し上げます。

本年の「十干十二支(干支)」は甲辰(きのえ・たつ)です。「甲」は第1位、優勢であること、生命や物事の始まりとの意味、「辰」は架空の生き物である龍(竜)を意味します。水や海の神として祀られてきた龍(竜)は、力強く権力の象徴ともされている動物、大自然の躍動を象徴し「龍が現れるとめでたいことが起こる」との言い伝えがあり、この組み合わせから「成功という芽が成長していき姿を整えていく」「力溢れる年になる」と言われております。「甲辰」が示すよう、歯科業界にとっても成功・成長が芽吹き、力溢れる年となるよう願っております。

日本の総人口(2023年11月1日現在概算値)は前年比で60万人減少した一方、65歳以上人口はほぼ横ばい(3627万人)で推移しており、総人口に占める割合も29・1%と日本は名実ともに高齢社会の世界最先端を進んでおります。

2023年6月に閣議決定された「骨太の方針2023」では、歯科に関する記述が一段と具体的になりました。歯科医療に対する期待と関心はますます高まっているものと思われ、特に「生涯を通じた歯科健診(いわゆる国民皆歯科検診)」に関して、歯科産業界としても大きく期待しております。

世間の話題に目を向けますと、本年4月から「物流の2024年問題」と呼ばれる運送業における「働き方改革関連法」の適用が始まります。労働時間短縮による輸送能力が不足し、物流コストの増加だけでなく配送にかかる日数や時間指定など、従来は「当たり前」だったサービスも変わってくると予測されます。われわれ歯科産業界においても「働き方改革」に各社で取り組んでおり、今後も歯科医療の一端を担っているという誇りと共に〝持続可能〟な業界を目指してまいります。

本年も日本歯科商工協会へより一層のご支援をお願いすると共に、皆様方の御健勝と御多幸を祈念して、新年のごあいさつとさせていただきます。

年頭所感

2024年

足元固め、明日を拓く年に

参議院議員　山田　宏

明けましておめでとうございます。

今年は「甲辰（きのえ・たつ）」の年。「甲」は植物の芽が殻を被って芽吹く象形文字で、「辰」は手偏をつけると「振」、雨冠をつけると「震」。つまり今年は激動の中に新しい時代の芽がそこかしこに芽吹く年であり、激動に翻弄されないよう「足元を固めつつ」、新たなチャンスに挑んで果敢に「明日を拓く」年にしたいと思います。

昨年は物価高騰や賃金上昇で、コロナ禍で苦労を重ねてきた歯科界がさらに厳しい状況に置かれました。そして今年も民間ではさらなる賃上げや物価高が予想されています。その分は4月からの診療報酬改定でしっかりと見ていかなければなりませんが、歯科は他の医療分野に比べて材料費の占める割合も高く、また看護師や介護士などへの国の対応と比べ、歯科衛生士・歯科技工士等の歯科の人材確保のための待遇改善はまだまだ不十分であり、引き続き全力で取り組んでまいります。

昨年初めて予算化された「国民皆歯科健診」推進事業は、今年も引き続き簡易な検査方法の開発を進めつつ、その検査結果が確実に治療につながる制度を合わせて検討していきます。

そして、その新しい検査方法による歯科健診のモデル事業を、来年から職場、地域、施設等の一部で開始できればと考えています。

その後は暫時モデル事業を拡大しつつ、口腔の健康が全身の健康や医療費に与える影響等に関するナショナルデータを蓄積し、「国民皆歯科健診」実現の本格実施に向けての労働安全衛生法等の改正につなげていきたいと思います。

私は昨年11月に厚生労働委員会で質問に立ち、厚労大臣に今年のマイナ保険証への移行と従来の保険証の廃止方針に対しての現場の不安と危惧を強く訴えました。武見大臣からは「令和6年の秋以降も一年間は紙の保険証を併用していく」との方針を引き出すこともできました。

今年も「歯科の明日を拓くことが、健康長寿の日本を創る」との信念で頑張り抜きます。

皆さまの今年一年が幸多い一年となりますよう心よりご祈念申し上げます。

研修施設への補助拡充図る

参議院議員　関口　昌一

あけましておめでとうございます。皆様におかれましては令和6年の新春を爽やかにお迎えのこととお慶び申し上げます。

近年、全身疾患と口腔疾患との関連性が明確となり、先般の「骨太の方針2023」においても生涯を通じた歯科健診（国民皆歯科健診）に向けた取組の推進が明記されるに至っております。

国民の健康増進のためには、ライフステージに応じた切れ目のない歯科健診の実現が求められますが、特に若年層から罹患率が高い歯周疾患予防対策の充実は不可欠です。

加えて、適切に口腔健康管理を提供し、国民の健康増進に寄与するためには、病院等における歯科機能の充実や、医療介護・障害福祉サービスの同時改定での適切な評価が図られるよう努める必要があり、全力で取り組んでまいります。

マイナ保険証の導入については、口座の紐付けの漏れ等でご心配をおかけしていますが、医歯薬連携して国民の健康増進を図るためには、診療情報の共有は避けて通れません。アレルギー疾患に対する適切な対処、過剰投薬による弊害を防ぐためにも医師・歯科医師・薬剤師の情報の共通化を進めていかなければなりません。ただ、病歴などの個人情報の保護は厳格に守られなければならず、厳格な守秘義務によってプライバシーに配慮するべきであると考えます。

さらに、国民によって信頼される歯科医療の提供のために臨床研修歯科医を含め、歯科診療所や病院等で従事する歯科医師が研修を受ける施設に対する補助を拡充させるよう働き掛けてまいります。

安全安心な歯科医療提供を確保するための、歯科大学・歯学部における教育体制の充実およびそのための予算措置が講じられるよう取り組んでまいります。

少子化の進行に伴い、質の高い歯科衛生士、歯科技工士の養成が喫緊の課題となっています。

厚生労働省が取り組んでいる医療スタッフの「雇用の質」の向上に資するよう、歯科スタッフの待遇改善への十分な配慮と養成校への予算措置を講じる必要があると考えます。

本年も、歯科医療をはじめとする内外の諸課題に真摯に取り組んでまいります。皆様方のご健勝でのご活躍を心から祈念しております。

タツノオトシゴ

ティラノサウルス（恐竜）

生涯通じた歯科口腔保健の実現に注力

衆議院議員　渡辺　孝一

新年明けましておめでとうございます。

皆様方におかれましては、健やかに新春をお迎えのこととお慶び申し上げます。また、平素から厚生労働行政に格別のご支援、ご協力を賜り厚く御礼申し上げます。

心身ともに健康な生活を送るためには、口腔の健康は重要であり、歯科医師の皆様方におかれましては、歯科保健医療の提供にご尽力いただいておりますことに深く敬意を表します。

さて、わが国では、高齢化の進展に伴い、歯科疾患等の予防や口腔機能の維持・回復に対するニーズが高まる中、地域における歯科医療提供体制を構築することが求められるようになり、歯科医師の果たす役割がますます大きくなってきています。近年は、口腔の健康と全身の健康との関係が注目されており、健康寿命の延伸を図る上で、歯と口腔の健康づくりを進めていくことが重要であると考えております。

政府の「骨太の方針」においても、2017年以来、毎年にわたって歯科保健医療に関する内容が盛り込まれており、現在、歯科保健医療提供体制の構築と強化に係る自治体の取り組み等の支援等を行っていると承知しております。

そのような中、今年4月からは、「歯科口腔保健の推進に関する法律」に基づく、「歯・口腔の健康づくりプラン」（第2次歯科口腔保健の推進に関する基本的事項）がスタートします。全ての国民にとって健康で質の高い生活を営む基盤となる生涯を通じた歯科口腔保健を実現するため、歯科保健医療に携わる関係者が一丸となって取り組みを進めていくことが重要と考えておりますので、皆様のご協力を賜りますようお願い申し上げます。

結びに、私自身、歯科関係職種の資質向上等、歯科界の発展のため、本年も全力で取り組んでまいりますので、今後とも、一層のご指導をいただきますようお願い申し上げるとともに、辰年にあやかって飛躍の年となりますよう、皆様方の益々のご活躍を祈念申し上げ、私のあいさつとさせていただきます。

皆歯科健診を進めより良い歯科界に

参議院議員　比嘉　奈津美

謹んで新春のお慶びを申し上げます。

日本歯科新聞をご購読の皆様におかれましては輝かしい新年をお迎えのことと存じます。

歯科を取り巻く環境は未だ厳しい状態となっております。ご承知のとおり、医療業界は国が定めている公定価格で成り立っており、物価高騰に伴い医療費を上げることもできません。そこで疲弊している歯科界のため、多くの国会議員と連携をし、自民党内で開催される部会内での問題提起や、私が事務局長を務めております「国民歯科問題議員連盟」の所属議員とともに、財務大臣、厚生労働大臣などへ申し入れを行うなど、歯科医療環境を向上させるべく日々奮闘をしております。

人生100年時代、口腔の健康と全身の健康の関連性が明確となり、今後ますます健康寿命の延伸に向け医科歯科連携が重要となります。超高齢社会において、口腔機能の低下は全身の健康や生活の質に大きな影響を及ぼし、摂食嚥下障害は、栄養不足や誤嚥性肺炎などのリスクを高めます。これらの問題を防ぐためにも歯科医師・歯科衛生士が口腔内の衛生、機能管理を行った上で、医師や看護師による全身の状況把握、適切な介入などが必要です。医科歯科連携の重要性について積極的に発信をしてまいります。

また、国民皆歯科健診の実現に向け、妊婦健診や妊娠期の口腔内環境が胎児に与える影響などを理解していただき、歯周疾患検診や唾液検査キットの活用を広め、最終的には多くの国民が定期的に歯科医院を受診することを目標とします。

沖縄の久米島で歯科医師の第一歩を踏み出し、なつみ歯科医院の院長として25年、離島診療やカンボジアでの単独歯科ボランティアなどを経験してきたからこそ、全国津々浦々の診療所が抱えるご苦労などが理解できると確信しております。歯科医師の私だからできること、歯科界をより良い方向に導くため、獲得している歯科関係予算の有効活用を含め、全力を尽くしてまいります。本年もよろしくお願い申し上げます。

新春のお慶びを申し上げます

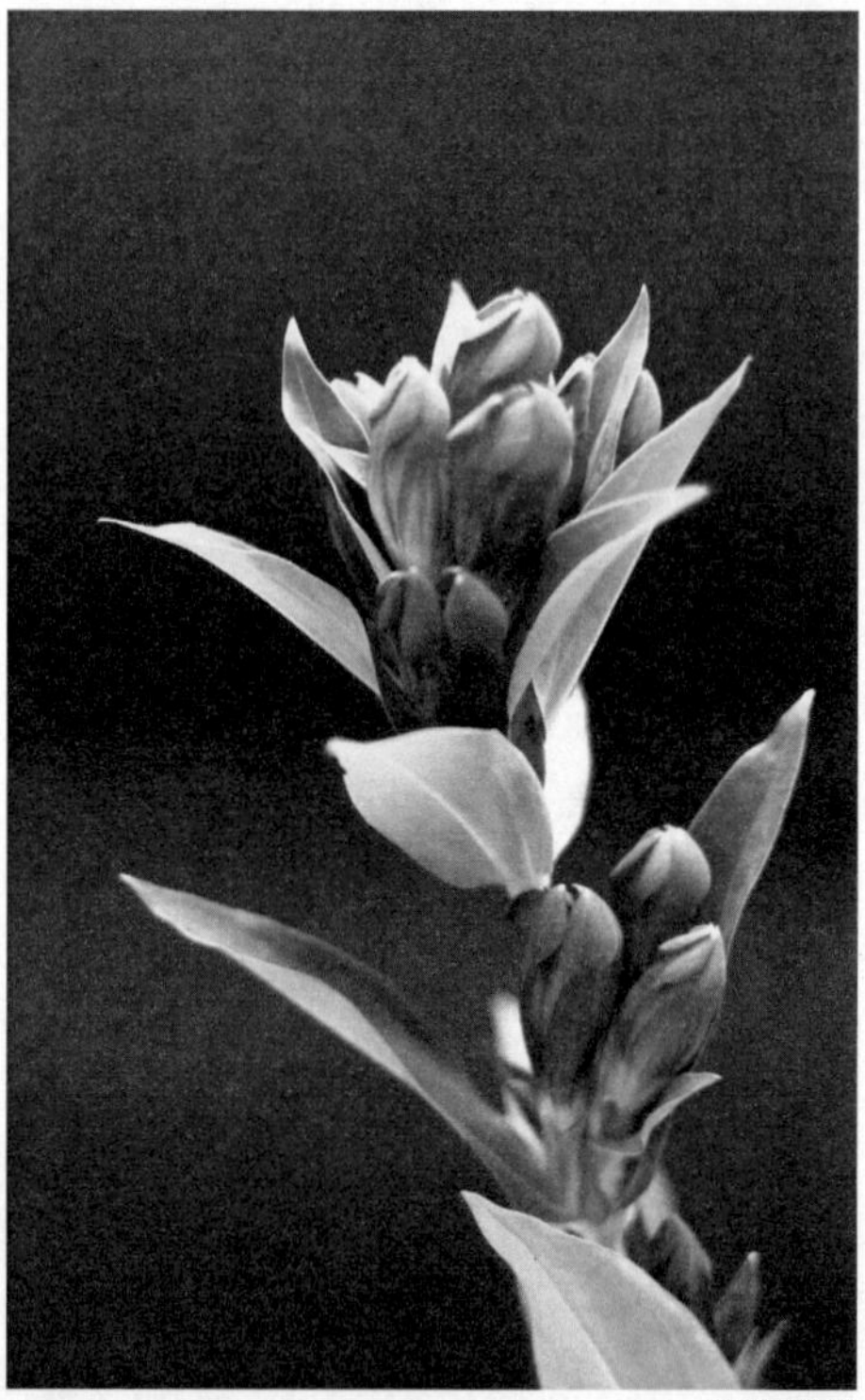

リンドウ（竜胆）

公益社団法人
日本歯科医師会

会長　高橋英登
副会長　蓮池芳浩
副会長　藤田一雄
副会長　林正純
専務理事　瀬古口精良
常務理事　末瀬一彦
常務理事　松尾健
常務理事　野村圭介
常務理事　寺島多実子
常務理事　大杉和司
常務理事　山本秀樹
常務理事　伊藤明彦
常務理事　小野寺哲夫
常務理事　伊藤智加
理事　小野沢真一
理事　守屋義雄
理事　髙瀬裕志
理事　佐藤真奈美
理事　伊藤正明
理事　飯利邦洋
理事　西岡信治
理事　米須敦子
理事　福士賢治
理事　坂田香里
常務監事　細谷仁憲
監事　渡邉儀一郎
監事　伊地知博史

日本歯科医師連盟

会長　太田謙司
副会長　村上恵一
副会長　村岡宜明
副会長　大越壽和
理事長　浦田健二
副理事長　家田隆弘
副理事長　神田晋爾
常任理事　髙橋雅一
常任理事　武田良一
常任理事　森川麗子
常任理事　西澤均
常任理事　小西尚
常任理事　近藤晴彦
常任理事　門司達也
理事　早坂暢洋
理事　中野玲子
理事　石島弘己
理事　長瀬好和
理事　上田晴三
理事　山崎健次
理事　渋谷昌史
理事　田中秀享
常任監事　樋口壽一郎
監事　村山利之
監事　大山茂

公益社団法人
日本歯科技工士会
会長　森野隆
他役員一同
〒162-0846 東京都新宿区市谷左内町二一－五
TEL 〇三（三二六七）八六八一
FAX 〇三（三二六七）八六五〇

日本歯科技工士連盟
会長　奥村英世
他役員一同
〒162-0846 東京都新宿区市谷左内町二一－五
歯科技工士会館内
TEL 〇三（五二二七）三三二二
FAX 〇三（五二二七）三三二三

公益社団法人
日本歯科衛生士会
会長　吉田直美
他役員一同
〒169-0072 東京都新宿区大久保二－一一－九
電話 〇三（三二〇九）八〇二〇

日本歯科衛生士連盟
会長　澤千秋
他役員一同
東京都新宿区大久保二－十一－十九
TEL 〇三（三二〇九）八〇二六
FAX 〇三（三二〇九）八〇三一

公益社団法人
日本学校歯科医会
会長　柘植紳平
他役員一同
東京都千代田区九段北四－一－二〇
歯科医師会館四階

一般社団法人
日本私立歯科大学協会
会長　羽村章
〒102-0073 東京都千代田区九段北四－二－九
私学会館別館第二ビル二階
電話 〇三（三二六五）九〇六八

公益社団法人
東京都学校歯科医会
会長　鈴木博
他役員一同

一般社団法人
日本歯科商工協会
会長　中尾潔貴
他役員一同
〒111-0056 東京都台東区小島二－一六－一四
日本歯科器械会館一階
電話 〇三（三八五一）〇三二四
FAX 〇三（三八五一）〇三二五

公益社団法人
日本歯科医師会
会長　高橋英登

公益社団法人
日本歯科医師会
副会長　林正純

公益社団法人
日本歯科医師会
専務理事　瀬古口精良

公益社団法人
日本歯科医師会
常務理事　末瀬一彦

公益社団法人
日本歯科医師会
常務理事　大杉和司

公益社団法人
日本歯科医師会
常務理事　山本秀樹

公益社団法人
日本歯科医師会
常務理事　伊藤明彦

公益社団法人
日本歯科医師会
常務理事　小野寺哲夫

公益社団法人
日本歯科医師会
常務理事　伊藤智加

日本歯科医師連盟
会長　太田謙司

日本歯科医師連盟
副会長　村上恵一

日本歯科医師連盟
副会長　村岡宜明

日本歯科医師連盟
理事長　浦田健二

日本歯科医師連盟
副理事長　家田隆弘

日本歯科医師連盟
副理事長　神田晋爾

北海道医療大学歯学部同窓会
会長　蓑輪隆宏
他役員一同
北海道札幌市北区北六条西六－二－十一
第三山崎ビル四階
電話 〇一一（二九九）九〇六九

岩手医科大学歯学部同窓会
役員一同
〒〇二〇－八五〇五
盛岡市中央通一－三－二七
電話 〇一九（六一三）六一一一

明海大学歯学部同窓会
会長　中村睦夫
他役員一同
〒三五〇－〇二八三
埼玉県坂戸市けやき台一－一
電話 〇四九－二八五－七〇三四
FAX 〇四九－二八七－三一七四

昭和大学歯学部同窓会
会長　小原希生
他役員一同
〒142-0064 東京都品川区旗の台一－一－一五
昭和大学五十年記念館内
電話 〇三（三七八四）八〇七七
FAX 〇三（三七八四）四〇二九

一般社団法人
東京医科歯科大学歯科同窓会
会長　浅野正樹
他役員一同

東京歯科大学同窓会
会長　冨山雅史
他役員一同
〒一〇一－〇〇六一
東京都千代田区神田三崎町二－九－一八
電話 〇三（六二六一）六六三一
FAX 〇三（三二六四）四八五九

日本大学歯学部同窓会
会長　横江順
役員一同
〒101-8310 東京都千代田区神田駿河台一－八－一三
日本大学歯学部本館七階
TEL 〇三（三二九四）二七八七
FAX 〇三（三二九四）二八〇〇

日本大学松戸歯学部同窓会
会長　古谷由美子
他役員一同
〒271-8587 千葉県松戸市栄町西二－八七〇－一
電話 〇四七－三六六－二八三四
FAX 〇四七－三六二－七二七二

日本歯科大学校友会
会長　渡邉儀一郎
他役員一同
〒102-8159 東京都千代田区富士見一－九－二〇
TEL 〇三－三二六一－八九七一
FAX 〇三－三二六四－八七四五

神奈川歯科大学同窓会
会長　大舘満
他役員一同
〒二三八－八五八〇
神奈川県横須賀市稲岡町八二
電話 〇四六（八二五）〇五二四
FAX 〇四六（八二三）〇五一〇

鶴見大学歯学部同窓会
会長　竹内千惠
他役員一同
〒二三〇－八五〇一
横浜市鶴見区鶴見二－一－三
電話 〇四五（五八一）一〇八〇

松本歯科大学校友会
会頭 会長 矢ヶ﨑　雅
他役員一同
399-0781 長野県塩尻市広丘郷原一七八〇
電話〇二六三（五四）一四三二（直）

愛知学院大学歯学部同窓会
会長 池山正仁
他役員一同
〒四六四—八六五〇 名古屋市千種区楠元町一—一〇〇
電話 〇五二—七六三—一八七七
FAX 〇五二—七六三—一七七七

朝日大学歯学部同窓会
会長 中嶋正人
他役員一同
〒五〇一—〇二九六 岐阜県瑞穂市穂積一八五一
電話 〇五八（三二七）一九八四
FAX 〇五八（三二五）八〇二〇

大阪歯科大学歯学部同窓会
会長 生駒　等
他役員一同
〒540-0008 大阪市中央区大手前一—五—一七
TEL 〇六—六九一〇—一〇六一
FAX 〇六—六九四三—一三八九

九州歯科大学同窓会
会長 森　章
他役員一同
〒803-8580 北九州市小倉北区真鶴二—六—一
電話 〇九三（五六一）五〇七七

一般社団法人 **北海道歯科医師会**
北海道歯科医師連盟
会長 藤田一雄
他役員一同
〒060-0031 札幌市中央区北一条東九—一一
TEL 〇一一（二三一）〇九四五
FAX 〇一一（二七一）七五一四

一般社団法人 **秋田県歯科医師会**
会長 藤原元幸
他役員一同
秋田市川尻町字大川反一七〇—一〇二
電話 〇一八（八六五）八〇二〇

一般社団法人 **岩手県歯科医師会**
会長 佐藤　保
他役員一同
盛岡市盛岡駅西通二—五—二五
電話 〇一九（六二一）八〇二〇

一般社団法人 **宮城県歯科医師会**
会長 細谷仁憲
他役員一同
〒980-0803 仙台市青葉区国分町一—五—一
電話 〇二二（二二二）五九六〇
FAX 〇二二（二二五）四八四三

一般社団法人 **栃木県歯科医師会**
会長 大野克夫
役員一同

一般社団法人 **千葉県歯科医師会**
会長 大河原伸浩
他役員一同
〒261-0002 千葉県千葉市美浜区新港三二—一七
電話 〇四三（二四一）六四七一
FAX 〇四三（二四八）二九七七

コモドドラゴン

一般社団法人 **埼玉県歯科医師会**
会長 大島修一
他役員一同
〒330-0075 さいたま市浦和区針ケ谷四—二—六五
（彩の国すこやかプラザ内）
TEL 〇四八—八二九—二三二三

公益社団法人 **東京都歯科医師会**
会長 井上惠司
他役員一同
〒102-8241 東京都千代田区九段北四—一—二〇
TEL 〇三（三二六二）一一四六
FAX 〇三（三二六二）四一九九

公益社団法人 **神奈川県歯科医師会**
会長 守屋義雄
他役員一同
〒二三一—〇〇一三 横浜市中区住吉町六—六八
TEL 〇四五（六八一）二一七二
FAX 〇四五（六八一）二四二六

一般社団法人 **山梨県歯科医師会**
会長 吉田英二
他役員一同

一般社団法人 **長野県歯科医師会**
会長 伊藤正明
他役員一同
〒380-8583 長野市稲葉二二四一
TEL 〇二六（二二二）八〇二〇
FAX 〇二六（二二二）三〇六〇

一般社団法人 **新潟県歯科医師会**
会長 松﨑正樹
他役員一同

一般社団法人 **石川県歯科医師会**
会長 飯利邦洋
他役員一同

一般社団法人 **静岡県歯科医師会**
会長 平野明弘
他役員一同
〒422-8006 静岡市駿河区曲金三—三—一〇
TEL 〇五四（二八三）二五九一
FAX 〇五四（二八三）三五九〇

一般社団法人 **愛知県歯科医師会**
愛知県歯科医師連盟
会長 内堀典保
役員一同
名古屋市中区丸の内三—五—一八
電話 〇五二（九六二）八〇二〇

公益社団法人 **岐阜県歯科医師会**
会長 阿部義和
他役員一同
〒500-8486 岐阜市加納城南通一—一八
TEL 〇五八（二七四）六一一六
FAX 〇五八（二七六）一七二二

公益社団法人 **三重県歯科医師会**
会長 稲本良則
他役員一同
〒514-0003 三重県津市桜橋二—一二〇—二
電話 〇五九（二二七）六四八八
FAX 〇五九（二二七）〇五一〇

一般社団法人 **京都府歯科医師会**
会長 安岡良介
他役員一同
〒604-8418 京都市中京区西ノ京東栂尾町一
TEL 〇七五（八一二）八〇二〇
FAX 〇七五（八一二）八八一二

一般社団法人 **大阪府歯科医師会**
会長 深田拓司
他役員一同

一般社団法人 **奈良県歯科医師会**
奈良県歯科医師連盟
会長 末瀬一彦
他役員一同
〒630-8002 奈良県奈良市二条町二—九—二
TEL 〇七四二（三三）〇八六一
FAX 〇七四二（三四）一二七九

一般社団法人 **兵庫県歯科医師会**
会長 橋本芳紀
他役員一同

公益社団法人 **山口県歯科医師会**
会長 小山茂幸
他役員一同
山口市吉敷下東一—四—一
電話 〇八三（九二八）八〇二〇

モグラ（土竜）

公益社団法人 **香川県歯科医師会**
会長 豊嶋健治
他役員一同
〒760-0020 高松市錦町二—八—三八
電話 〇八七（八五一）四九六五

一般社団法人 **徳島県歯科医師会**
会長 松本　侯
他役員一同

一般社団法人 **愛媛県歯科医師会**
会長 橋本成人
他役員一同

一般社団法人 **高知県歯科医師会**
会長 野村和男
他役員一同
高知市丸ノ内一—七—四五
電話 〇八八（八二四）三四〇〇

公益社団法人 **福岡県歯科医師会**
会長 江里能成
他役員一同

一般社団法人 **熊本県歯科医師会**
会長 伊藤明彦
他役員一同
熊本市中央区坪井二—四—一五

一般社団法人 **佐賀県歯科医師会**
会長 門司達也
他役員一同
佐賀市西田代二—五—二四

一般社団法人 **長崎県歯科医師会**
会長 渋谷昌史
他役員一同

一般社団法人 **大分県歯科医師会**
会長 脇田晴彦
他役員一同
大分市王子新町六—一
電話 〇九七（五四五）三一五一

一般社団法人 **宮崎県歯科医師会**
会長 上窪高志
他役員一同

公益社団法人 **鹿児島県歯科医師会**
会長 伊地知博史
他役員一同
鹿児島市照国町一三—一五
電話 〇九九（二二六）五二九一（代）

千葉県歯科医師連盟
会長 尾﨑俊郎
他役員一同
〒261-0002 千葉市美浜区新港三二—一七
TEL 〇四三（二四二）一二七〇
FAX 〇四三（二四一）一二七一

東京都歯科医師連盟
会長 石島弘己
他役員一同
〒102-0073 千代田区九段北四—一—二〇
TEL 〇三（三二六二）一八〇〇
FAX 〇三（三二二二）六七四五

神奈川県歯科医師連盟
会長 鶴岡裕亮
他役員一同
〒231-0013 横浜市中区住吉町六—六八
TEL 〇四五（三〇七）六五五五
FAX 〇四五（六八一）二四二六

岐阜県歯科医師連盟
会長 長瀬好和
他役員一同
〒500-8486 岐阜市加納城南通一—一八
TEL 〇五八（二七四）六一一九
FAX 〇五八（二七六）一七四四

石川県歯科医師連盟
会長 飯利邦洋
他役員一同

京都府歯科医師連盟
会長 寺本武史
他役員一同
〒604-8418 京都市中京区西ノ京東栂尾町一
TEL 〇七五（八一二）八四九七
FAX 〇七五（八一二）八八一二

新春のお慶びを申し上げます

大阪府歯科医師連盟
会長 太田謙司
他役員一同
〒543-0033 大阪市天王寺区堂ヶ芝一—三—二七
TEL 〇六（六七七二）八三二六
FAX 〇六（六七七二）九七一七

兵庫県歯科医師連盟
会長 中川泰彰
他役員一同
〒650-0003 神戸市中央区山本通五—七—一八
TEL 〇七八（三五一）四一八一
FAX 〇七八（三五一）六六五五

鹿児島県歯科医師連盟
会長 堀川清一
他役員一同
〒892-0841 鹿児島市照国町一三—一五
TEL 〇九九（八〇五）〇三三四
FAX 〇九九（二二七）〇〇二二

公益社団法人 **東京都台東区歯科医師会**
会長 山口幸一
他役員一同
〒110-0003 東京都台東区根岸四—一—二八
電話 〇三（三八七四）六四三三・六四三四
FAX 〇三（三八七一）三〇二三

公益社団法人
葛飾区歯科医師会
役員一同
東京都葛飾区青戸七—一—二〇
電話〇三（三六〇二）〇六四八
FAX〇三（三六九〇）四七〇〇

公益社団法人 **浅草歯科医師会**
会長 鬼久保至彦
他役員一同
東京都台東区寿一—二—三 ATビル四階
電話 〇三（三八四一）五一五四
FAX 〇三（三八四一）四四三八

一般社団法人 **横浜市歯科医師会**
横浜市歯科保健医療センター
会長 吉田直人
他役員一同
〒231-0012 横浜市中区相生町六—一〇七
電話〇四五（六八一）一五五三
〇四五（二〇一）七七三七
FAX〇四五（二一二）四六一八

歯科医師国民年金基金
理事長 冨山雅史
他役員一同
〒102-0076 東京都千代田区五番町一二—一 泉館五番町ビル二F
電話 〇三（三二六二）九二九四
FAX 〇三（三二六二）九二九八

一般社団法人 **東京都歯科技工士会**
会長 石川功和
他役員一同
〒170-0004 豊島区北大塚二—二—一〇 ヴィップ大塚香川ビル四階
TEL 〇三（三五七六）五六一一
FAX 〇三（三五七六）五六一五

一般社団法人 **神奈川県歯科技工士会**
会長 田島雅夫
他役員一同
〒220-0023 横浜市西区平沼一—四〇—一七 モンテベルデ横浜二〇一
TEL 〇四五（五四八）五八八九
FAX 〇四五（五四八）五八九九
http://www.kdta.or.jp/

ディノニクス（恐竜）

一般社団法人 **埼玉県歯科技工士会**
会長 野島正美
他役員一同
〒330-0061 さいたま市浦和区常盤3—1—1
TEL 048—835—7610
FAX 048—835—7611

一般社団法人 **愛知県歯科技工士会**
会長 鈴木正隆
他役員一同
〒461-0040 名古屋市東区矢田二—一三—一五 一般社団法人愛知県歯科技工士会館
TEL 〇五二（七二三）〇五二一
FAX 〇五二（七二三）〇五二二

一般社団法人 **大阪府歯科技工士会**
会長 前川清和
他役員一同
〒558-0014 大阪市住吉区我孫子五—一四—七
TEL 〇六（六六九九）四四〇〇
FAX 〇六（六六九七）四一〇〇

日本歯科器械工業協同組合
理事長 渡辺啓介
他役員一同
東京都台東区小島二—一六—一四
日本歯科器械会館
電話 〇三（三八五一）六一二三

日本歯科材料工業協同組合
理事長 横江浩司
他役員一同
東京都台東区小島二—一六—一四
日本歯科器械会館
電話 〇三（三八五一）七二一七

日本歯材同友会
会長 原良祐
〒113-0033 東京都文京区本郷一—二五—二五 NSRビル内
電話 〇三（三八一四）一六五一
FAX 〇三（三八一八）七八五九

日本歯科コンピュータ協会
会長 山中一剛
〈事務局〉日本歯科新聞社内

日本歯学図書出版協会
会員一同

近畿歯科用品商協同組合
理事長 岡村隆明
他役員一同
〒五四〇—〇〇一二 大阪市中央区谷町五—六—九—二〇一
電話 〇六（六七六八）六二二〇
FAX 〇六（六七六八）六二二一

公益社団法人 **日本口腔インプラント学会**
理事長 細川隆司
〒108-0014 東京都港区芝四—三—五 ファースト岡田ビル八階
電話 〇三（五七六五）五五一〇（代）
FAX 〇三（五七六五）五五一六

一般財団法人 **日本口腔保健協会**
理事長 伊藤公一
東京都文京区本郷一—二八—三 山越ビル
電話 〇三（三八一八）四一五八

一般社団法人
日本デジタル歯科学会
末瀬一彦
宮﨑隆
http://www.jaddent.jp/

一般社団法人 **日本歯科技工学会**
会長 石川功和
〒170-0003 東京都豊島区駒込一—四三—九駒込TSビル
（一財）口腔保健協会内（一社）日本歯科技工学会事務局
電話 〇三（三九四七）八八九一
FAX 〇三（三九四七）八三四一

一般社団法人
全国歯科技工士学校協会
理事長 篠田晃
事務局
〒220-0011 神奈川県横浜市西区高島一—二—一五 横浜歯科医療専門学校内
TEL 〇四五（二二二）八六六六
FAX 〇四五（二二二）八六六七

日本アンチエイジング歯科学会
JSDA Japan Society for Dental Anti-Aging
会長 松尾通
東京都渋谷区円山町五—四—二〇一
TEL/FAX 〇三（三四七七）一〇八五

一般社団法人
国際歯科学士会（ICD）日本部会
ICD
会長 鏡宣昭
東京都新宿区下落合二—六—二二 一世出版株式会社社内
電話 〇三（三九五二）五一五五
FAX 〇三（五九八二）七七五一
https://www.icd-japan.gr.jp/

国際マイオドンティクス学会アジア会
会長 渡辺剛
〒490-1211 愛知県あま市篠田北長無二五—四 しのだ歯科医院
TEL 〇五二（四四四）九九一二
FAX 〇五二（四四四）九九二二
nabe55@kvp.biglobe.ne.jp

公益社団法人 **日本歯科先端技術研究所**
JIAD JAPAN INSTITUTE FOR ADVANCED DENTISTRY
会長 野本秀材
〒105-0014 東京都港区芝一—八—二五 芝TKビル4F
TEL 〇三（五四七六）二〇〇四
FAX 〇三（五四七六）二〇〇六

新春のお慶びを申し上げます
歯列育形成研究会
（五十音順）
理事 禹木秀司
理事 大木淳子
理事 片瀬純
理事 神谷誠
理事 久保寺司
理事 阪本美紀
理事 島田朝晴
理事 島田昌也
理事 鈴木倭子
理事 高橋力
理事 中村雅子
理事 平岡富美子
本部 ジャーミイデント歯科
FAX 〇三—三二四〇六—五七〇五
事務局 東京都大田区西蒲田五—一九—九 島田ビル二〇七
TEL 〇三—五四八〇—八七三八
FAX 〇三—五四八〇—八七三九

一般社団法人 **日本床矯正研究会**
理事長 花田真也
会長 鈴木設矢
〒162-0843 東京都新宿区市谷田町三丁目十四 市ヶ谷ガーデンテラス二階
FAX 〇三—四四九六—四四一八

一般社団法人
健康促進開発機構
理事長 今井義博
〒162-0041 東京都新宿区早稲田鶴巻町一一〇 アークアイズペントハウス
mail@imai-yoshihiro.com

一般社団法人 **日本訪問歯科協会**
理事長 守口憲三
〒101-0037 東京都千代田区神田西福田町四 ONEST神田西福田町ビル8階
TEL 〇一二〇（二九九）五〇五
FAX 〇一二〇（一九九）五〇五

株式会社 **デジタルクリエイト**
DC DIGITAL CREATE
代表取締役社長 前田実男
〒101-0037 東京都千代田区神田西福田町四 ONEST神田西福田町ビル8階
TEL 〇三（五二九四）一一五一
FAX 〇三（五二九四）一一五〇

医療法人社団 **厚誠会**
有馬嗣雄
本部 〒243-0014 神奈川県厚木市旭町二丁目八番二一号
電話 （〇四六）二二九—二四〇五番
http://www.koseikai.com/

医療法人社団 光揚会
ラデントグループ
津田歯科医院
ワールドシティデンタルクリニック
シティタワーズ豊洲津田デンタルクリニック
DEUX・TOURS津田デンタルクリニック
歯学博士
理事長　津田忠政
〒107-0062 東京都港区南青山二―一二―一二
電話・FAX 〇三（三四〇一）三三七一

（公社）日本口腔インプラント学会認定施設
認定再生医療等委員会
一般社団法人 東京形成歯科研究会
施設長　奥寺元
会長　月岡庸之
副会長　礒邉和重
渡辺泰典
奥寺俊允
川端秀男

一般社団法人
日本歯科技工所協会
理事長　木村正
専務理事　宗村裕之
常務理事　松本聖武
総務理事　陸誠
会計理事　堀内光彦
経営理事　島隆寛
学術理事　南郷谷亨
広報理事　山田裕由
監事　土田康夫
監事　太田茂幹
相談役　松浦賢治
東支部長　木村健二
中支部長　鈴木恒子
西支部長　北井正勝
〒101-0041 東京都千代田区神田須田町一―一六―七 ISアルプスビル五階
電話 〇三（五二五六）一六六八
FAX 〇三（五二五六）一六六七
URL http://www.jdla.gr.jp/

神奈川県歯科技工業協同組合
理事長　土田康夫
他役員一同
横浜市南区永田東一―六―三〇 朝日井土ヶ谷マンション二一二
電話 〇四五（七三二）九三八一
FAX 〇四五（七三二）九三八三

東京デンタルスクール
東京デンタルスクール
博士（歯学）歯科医師
岡田 優一郎
日本アンチエイジング歯科学会 理事
International College of Dentists fellow
秋葉原教室
〒101-0023 東京都千代田区
神田松永町7 ヤマリビル7F
TEL 03-6802-5260

厚生労働大臣指定・専門学校
学校法人 東京滋慶学園
新東京歯科技工士学校
新東京歯科衛生士学校（昼・夜間部）
理事長　中村道雄
学校長　福原達郎
東京都大田区大森北 1-18-2
電話 03（3763）2211（技）
電話 03（3763）2200（衛）
http://www.ntdent.ac.jp

太陽歯科衛生士専門学校
昼間部・夜間部（共学・定員各80名）
校長　佐藤亨
〒116-0013 東京都荒川区西日暮里二―二二―一
（日暮里駅前）ステーションプラザタワー6F・7F
電話 〇三（五八一〇）八〇二〇

学校法人 大阪滋慶学園
東洋医療専門学校
学校長　太田宗夫
理事長　浮舟邦彦
〒532-0004 大阪市淀川区西宮原一―五―三五
TEL 〇六（六三九八）二二五五

奈良歯科衛生士専門学校
理事長　末瀬一彦
校長　細山勝道
〒630-8002 奈良市二条町二―九―二
TEL 〇七四二（三三）六四七四
FAX 〇七四二（三三）一八六〇

学校法人 石川学園
専門学校 大育　歯科衛生士科
校長　石川正一
沖縄県那覇市大道八八―五
電話 〇九八（八八五）五三三〇

エア・ウォーターグループ
株式会社 札幌デンタル・ラボラトリー
代表取締役社長　山本規博
本社 北海道札幌市北区北二四条西二丁目三―二六
電話 〇一一（七四七）三三三六

KDL
Kamikanda Dental Laboratory Co., Ltd.
代表取締役
上神田 竹夫
Takeo Kamikanda
株式会社 上神田歯研
〒024-0051 岩手県北上市相去町山田2-24
Tel: 0197-67-4720　Fax: 0197-67-2510
E-mail: info@kamikanda-dl.jp

ASHIKAGA CERAMIC LABORATORIES, INC.
（株）足利セラミックラボラトリー
代表取締役会長　宗村裕之
代表取締役社長　宗村政明
〒373-0015 群馬県太田市東新町七一四
〇二七六―二〇―五六七〇
東京／ハワイ／茨城／モンゴル／仙台／山形／大宮／郡山
acl-jp.com

株式会社 日本デント
代表取締役　渋澤大輔
本社 〒三七二―〇〇二二 群馬県伊勢崎市日乃出町九四八―七
TEL 〇二七〇（二五）四六六三
http://www.ndent.co.jp/

SHINWA SHIKEN
株式会社シンワ歯研
代表取締役社長
石澤亮一
〒950-2032
新潟市西区的場流通1-3-17
TEL:025-268-7505
FAX:025-268-7506
info@shinwa-shiken.co.jp
http://www.shinwa-shiken.co.jp/

（株）協和デンタルラボラトリー新松戸
取締役社長　三輪武人
会長　木村健二
千葉県松戸市新松戸3-260-1
TEL:047-343-2670 FAX:047-343-2658
http://kyowa-dental.co.jp
KYOWA DENTAL LABORATORY Co.Ltd

歯科技工・技術共同体
株式会社 テクニカルセンター
代表取締役社長　野島正美
〒339-0037 さいたま市岩槻区浮谷1000番地
電話 048-791-1231
FAX 048-798-8931

一般社団法人 日本補綴構造設計士協会
会長　川島哲
副会長　片岡均
中野進也
専務理事　斉藤篤史
P.S.D
〒三五〇―一一三一 埼玉県川越市脇田新町五―十三
TEL 〇四九―二四四―五三〇〇
FAX 〇四九―二四四―一〇三三
E-mail: tetsu108@orion.ocn.ne.jp
URL: http://kawashima-world.com
P.S.D HP: http://www.psd-denture.org

歯科医院様の自費率向上・増患・生産性向上
経営力強化向上に貢献いたします。

株式会社 中央歯科補綴研究所
CENTRAL DENTISTRY PROSTHETIC LABORATORY
代表取締役　木村正
〒152-0033 東京都目黒区大岡山一―三五―二二 ニッカンビル2F
電話 〇三（三七二五）一九九五
FAX 〇三（三七二五）一七六九

歯科治療提案書生成ソフト
ハノアス
株式会社 miracle
代表取締役
木村　正
〒152-0033
東京都目黒区大岡山1丁目35番22号
ニッカンビル2階
Tel：03-6421-2195
Fax：03-6421-2861

株式会社 MDJ
MDJ Miyazaki Dental Japan
代表取締役　宮﨑宏輝
東京都品川区大井四―四―六 クリスタルビル5F、6F
電話 〇三（五七一八）五五一〇
FAX 〇三（三七七六）五五六五
mdj-tokyo@wing.ocn.ne.jp
URL https://mdj-lab.co.jp

ケン・デンタリックス株式会社
代表取締役　松下浩之
〒113-0033 東京都文京区本郷四―一―一デンタビル
TEL 〇三（六八〇二）八一九四
FAX 〇三（六八〇二）八一九五
http://www.ken-dentalx.com

Let's make the smiling society!
TRUST
株式会社
横浜トラスト歯科技工研究所
代表取締役
藤田耕介
〒221-0834
横浜市神奈川区台町14-15栄ビル2F
TEL(045)313-2618　FAX(045)313-2617
info@yokohama-trust.co.jp
http://www.yokohama-trust.co.jp

ロトサウルス（恐竜）

株式会社 AuBe
AuBe DENTAL LABORATORY
代表取締役　金子洋
〒162-0801 東京都新宿区山吹町三四七 藤和江戸川橋ビル五階
電話 〇三（六二六五）〇九八一
FAX 〇三（六二六五）〇九九六

株式会社 中田デンタル・センター
代表取締役社長　中田茂樹
本社 〒179-0081 東京都練馬区北町七―七―七
電話 〇三（五九四五）三三三一（代）
FAX 〇三（五九四五）三三三三
仙台支社 〒984-0051 宮城県仙台市若林区新寺三―三―二四
電話 〇二二（三八五）七三〇八
FAX 〇二二（三八五）七三〇九

valplast 日本総代理店
株式会社 ユニバル
代表取締役　堤　義明
〒178-0063
東京都練馬区東大泉3-31-11
TEL. 03-3923-4186
FAX. 03-3867-6612

FDA
代表取締役
舩越　泉
株式会社 FDA
〒182-0034　東京都調布市下石原1-6-2
Tel: 042-443-8133
Fax: 042-443-8585
http://www.2754.co.jp

代表取締役
陸　誠
Core dental
株式会社コアデンタルラボ横浜
〒233-0007
神奈川県横浜市港南区大久保1-5-26
Tel 045-840-0811
Fax 045-840-0813
www.core-dental.co.jp

ZOO LABO
DENTAL LABORATORY
代表取締役社長
岡田　和典
Okada　Kazunori
〒214-0031 川崎市多摩区東生田 1-27-2
Tel 044-922-8521　Fax 044-922-8574
URL:https://www.zoolabo.jp

株式会社 横浜歯研
代表取締役社長
土田康夫
〒251-0015
藤沢市川名2丁目3番10号
電話 0466-27-8771（代）
FAX 0466-27-8788

株式会社 コスミック恵歯研
代表取締役会長　畠中實
代表取締役社長　大前年之
〒395-0155 長野県飯田市三日市場一七七七―三
TEL 〇二六五（二五）〇〇〇一
FAX 〇二六五（二五）〇〇〇二
メールアドレス cosmic@ruby.ocn.ne.jp
http://www.cosmicmegumi.jp/

あけましておめでとうございます
全国に55拠点
和田精密歯研株式会社
当社のホームページ アクセスはこちらから どうぞ！
Instagram
Facebook
YouTube

Johnny's Factory
代表取締役社長
武田 航
株式会社 Johnny's Factory
〒541-0053
大阪府大阪市中央区本町 2-3-4
アソルティ本町 7F
TEL 06-6266-3700
FAX 06-6266-3701
Instagram

謹賀新年
株式会社 デンタルスタジオ
株式会社 デンタルタイコニウム
代表取締役
石田政子
〒547-0006
大阪府大阪市平野区加美正覚寺1-6-4
本社（大阪）TEL 06-6794-7530（代）
営業所（大阪）TEL 06-6791-3020（代）
（東京）TEL 03-3865-1746（代）
（名古屋）TEL 080-5161-5736（代）
（長野）TEL 080-3208-0559（代）
（姫路）TEL 079-225-7671（代）

信頼と技術で結ぶ真心サービス
株式会社ナショナルデンタルラボラトリー
National Dental Laboratory Co., Ltd.
代表取締役　庄慶彦
会長　郷上勲
〒564-0051 大阪府吹田市豊津町五―六（KDSビル）
TEL 〇六（六三八五）一三三二（代）
FAX 〇六（六三三〇）六四一一
E-mail: ndl@n-dentallabo.co.jp
http://www.n-dentallabo.co.jp
人生は出会いによって始まる、出会いを大切にしたい！

株式会社 カロス
KALOS
代表取締役　増田長次郎
〒672-8064 兵庫県姫路市飾磨区細江一二〇
電話 〇七九（二四三）一一八二
FAX 〇七九（二四三）一一八一
info@kalos.jp　https://www.kalos.jp/

株式会社 エクセル歯科研究所
EXCEL DENTAL INSTITUTE INC.
代表取締役　井内孝次
徳島市川内町米津七〇―五
電話 〇八八（六六六）〇〇八八
FAX 〇八八（六六六）〇〇八九

ニューデンタルリサーチ株式会社
NEW DENTAL RESEARCH
代表取締役　太田茂幹
〒761-0705 香川県木田郡三木町井上五四五―一
電話 〇八七（八四〇）二三〇一
FAX 〇八七（八四〇）二三〇二

共に成長できる歯科技工所
シケン SHIKEN
代表取締役社長　島　隆寛
株式会社シケン
〒773-0009
徳島県小松島市芝生町字西高輪55番地1
TEL 0885(32)2000
FAX 0885(32)8634
www.shiken-jp.com

総合歯科技工社
株式会社 アイ・エス・ディー
取締役会長　平田詔治
代表取締役　中村嘉寿史
本社／〒794-0009 愛媛県今治市クリエイティブヒルズ4番地4
TEL 〇八九八―三五―〇〇二二
FAX 〇八九八―三五―〇〇四八
https://www.isd-dental.co.jp

株式会社 ギコウ
代表取締役　松本聖武
福岡県大野城市御笠川二―八―一
電話 〇九二（五八〇）八〇二一
FAX 〇九二（五八〇）八〇三〇

株式会社 モリタ
代表取締役社長　森田晴夫
大阪本社
大阪府吹田市垂水町三丁目三三番一八号
〒564-8650
電話 〇六（六三八〇）二五二五
東京本社
東京都台東区上野二丁目一一番一五号
〒110-8513
電話 〇三（三八三四）六一六一

株式会社 モリタ製作所
代表取締役社長　田中博
京都市伏見区東浜南町六八〇番地
〒612-8533
電話 〇七五（六一一）二一四一

株式会社 モリタ東京製作所
代表取締役社長　中山真一
埼玉県北足立郡伊奈町小室七一二九番地
〒362-0806
電話 〇四八（七二三）二一六二
MORITA

Imaging new visions.
ASAHIROENTGEN
代表取締役社長
今岡 俊成
朝日レントゲン工業株式会社
〒601-8203
京都市南区久世築山町 376番地の3
TEL:075-921-4330
http://www.asahi-xray.co.jp

新春のお慶びを申し上げます

長田電機工業株式会社
代表取締役社長　長田吉弘
OSADA
本社　〒一四一―八五一七　東京都品川区西五反田五―一七―五
電話　〇三（三四九二）七六五一

株式会社　近畿レントゲン工業社
代表取締役　勝部憲二
KRK
〒602-0029　京都市上京区室町通上立売上る　頭町二五九
電話　〇七五（四四一）三二三四

タカラベルモント株式会社
代表取締役会長兼社長　吉川秀隆
美しい人生を、かなえよう。
〒五四二―〇〇八三　大阪市中央区東心斎橋二―一―一
電話　〇六（六二一二）三六一九
〒一〇七―〇〇五二　東京都港区赤坂七―一―一九
電話　〇三（三四〇五）六八七七

株式会社　タスク
代表取締役　塩田信吾
TASK SINCE 1968
〒112-0001　東京都文京区白山二―三八―一四　白山CTビル五階
TEL　〇三―五六一五―八八二七
FAX　〇三―五六一五―八八三七

デンケン・ハイデンタル株式会社
代表取締役社長　奥野裕志
エアウォーターグループ
〒601-8356
住所：京都市南区吉祥院石原京道町24番地3
代表電話：075（672）2101
代表FAX：075（672）2116
西日本支店電話：075（672）2118
西日本支店FAX：075（672）2120

日本アイ・エス・ケイ株式会社　デンタル事業部
KING
代表取締役社長　曽根栄二
〒三〇〇―四二九七　茨城県つくば市寺具一三九五―一
電話〇二九―八六九―一二〇〇一

学校法人　広沢学園
hirosawa group
理事長　廣澤清
つくば歯科福祉専門学校
〒三〇八―〇八一一　茨城県筑西市ザ・ヒロサワ・シティ
電話〇二九六―二三―一二二〇
取手歯科衛生専門学校
〒三〇二―〇〇一三　茨城県取手市台宿二丁目三―三六―八
電話〇二九七―七七―一二二〇

マニー株式会社
代表執行役社長　齊藤雅彦
MANI
〒321-3231　栃木県宇都宮市清原工業団地八―三
TEL　〇二八―六六七―八五九一
FAX　〇二八―六六七―八五九三

株式会社　吉田製作所
代表取締役社長　山中通三
他役員一同
〒130-8516　東京都墨田区江東橋一―三―六
TEL　〇三（三六三一）二一九一（代）
FAX　〇三（三六三五）六九〇八

株式会社ミクロン
代表取締役　八野桃子
本社・研究所　東京都大田区東雪谷一―三四―一四
電話　〇三（三七二六）〇三九六
池上工場　東京都大田区池上二―一七―七
電話　〇三（三七五五）〇三九六

トンボ（Dragonfly）

株式会社　YDM
代表取締役　山浦元裕
〒114-0014　東京都北区田端六丁目五番二十号
TEL　〇三―三八二八―三一六一
FAX　〇三―三八二七―八九九一
URL http://www.ydm.co.jp/

株式会社インプラテックス
IMPLATEX ITX　いつも、となりに
代表取締役社長　川合保成
本社
〒116-0013
東京都荒川区西日暮里2-33-19
YDM日暮里ビル
TEL.03-5850-8555
FAX.03-5850-8505
www.itx.co.jp

美しい歯ならびをクリエイトする
BIODENT CORPORATION
代表取締役社長　藤巻広道
株式会社バイオデント
〒116-0013
東京都荒川区西日暮里 2-33-19
YDM 日暮里ビル
TEL 03-5604-0980
FAX 03-3801-7560

株式会社デンテック
代表取締役　木村太輔
他役職員一同
東京都板橋区清水町五三―五
TEL　03（3962）5621
FAX　03（3962）5624

石福金属興業株式会社
代表取締役社長執行役員　古宮基成
本社〒101-0047　東京都千代田区内神田三丁目二〇番七号
電話（〇三）三二五二―三一三一
ファックス（〇三）三二五四―六二八五
http://www.ishifuku-kinzoku.co.jp/

株式会社　オムニコ
omnico
代表取締役社長　高橋森生
東京都中央区京橋二―一一―六　京橋彌生ビル九階
電話　〇三（三五六四）〇九四二
FAX　〇三（三五六四）〇二二六

株式会社　クエスト
代表取締役社長　島隆寛
本社　徳島県小松島市芝生町字西居屋敷五三―一
TEL〇八八五（三八）九七七七・FAX〇八八五（三八）九八八八
愛知物流センター　愛知県半田市横山町一五七―一
TEL〇五六九（二七）七〇一七・FAX〇五六九（二七）五九九八

kuraray Noritake
クラレノリタケデンタル株式会社
代表取締役社長　山口里志
〒100-0004
東京都千代田区大手町2-6-4
常盤橋タワー
TEL 03-6701-1700　FAX 03-6701-1805

サンエス石膏株式会社
代表取締役社長　宮竹二郎
〒564-0063　吹田市江坂町一―二三―一〇一（大同生命江坂ビル十三階）
電話　〇六（六三三九）〇八七〇（代表）
FAX　〇六（六三三九）〇八七一

サンメディカル株式会社
代表取締役社長　中島祥行
本社　滋賀県守山市古高町五七―二
電話　〇七七（五八二）九九八一
東京オフィス　東京都文京区本郷四―八―一三
電話　〇三（三八三〇）七七一一

株式会社松風
代表取締役社長　髙見哲夫
本社／京都市東山区福稲上高松町11
電話／〇七五（五六一）一一一二代表

株式会社　JM Ortho
JM ORTHO
代表取締役社長　佐藤雅彦
〒101-0062　東京都千代田区神田駿河台二―一二　御茶ノ水杏雲ビル十四階
電話　〇三（五二八二）四七一一
FAX　〇三（五二八二）四七一六

城北冶金工業株式会社
代表取締役　宇山慶昌
埼玉県朝霞市膝折町二―一一―六八
電話　〇四八（四六一）七五七六（代）

Tokuyama
代表取締役　風間秀樹
新たな価値と感動を
株式会社トクヤマデンタル
〒110-0016
東京都台東区台東1-38-9
イトーピア清洲橋通ビル7階
TEL. 03-3835-7201
FAX. 03-3835-7224

TOMY
矯正材料の総合メーカー
トミー株式会社
代表取締役　川口展
東京都府中市緑町三―一六―七
電話　〇四二（三六三）一一五一
http://www.tomyinc.co.jp

株式会社　トミーインターナショナル
取締役会長　御代川和寿
代表取締役社長　松島三広
〒101-0047　東京都千代田区内神田三―十一―七
電話　〇三（三二五八）三一三一
FAX　〇三（三二五八）三三三五

新見化学工業株式会社
代表取締役社長　新見直広
〒376-0055　群馬県桐生市横山町四―十三
電話　〇二七七（二二）二三五四
FAX　〇二七七（四三）五四一一

株式会社ニッシン
NISSIN
代表取締役社長　横江浩司
〒621-0001　京都府亀岡市旭町樋ノ口八八
TEL　〇七七一（二二）五五三四
FAX　〇七七一（二二）四九二六
URL:http://nissin-dental.jp

株式会社　アイキャスト
i-CAST
代表取締役社長　横江浩司
〒601-8469　京都市南区唐橋平垣町８
TEL　〇七五（六八一）五七七〇
FAX　〇七五（六八一）五七七一

株式会社　ブレーンベース
BBC BrainBase Corporation
代表取締役　佐宗隆正
〒140-0014　東京都品川区大井一―四九―十五　YK―17ビル6F
TEL　〇三（三七七八）〇七四五
FAX　〇三（三七七八）四九一〇

睦化学工業株式会社
MUTSUMI
代表取締役社長　滝本永次郎
本社　〒五一〇―〇八〇四　三重県四日市市万古町八―九
電話　〇五九（三三一）二三五四
FAX　〇五九（三三一）一〇四四

YAMAKIN株式会社
YAMAKIN
代表取締役社長　山本樹育
〒七八一―五四五一　高知県香南市香我美町上分一〇九〇番地三
電話　〇八八七―五五―〇一一〇
https://www.yamakin-gold.co.jp

RUBY
株式会社ルビー
代表取締役　前田眞理
〒582-0005 大阪府柏原市法善寺1-13-1
TEL.072-972-0961　FAX.072-972-0985
E-mail:rubymail@kawachi.zaq.ne.jp
https://www.ruby-dental.jp

太平化学産業株式会社
代表取締役社長　松田信之
〒五四〇―〇〇二九　大阪市中央区東高麗橋一―一九
電話　〇六（六九四二）七二四一
FAX　〇六（六九四二）二五一四

日本歯科薬品株式会社
NISHIKA
代表取締役社長　松尾守
山口県下関市西入江町二―五
電話　〇八三―二二二―二二二一（代）
［ホームページ］https://www.nishika.co.jp/

camlog
株式会社アルタデント
代表取締役社長　黒田和彦
本社
〒530-0012　大阪市北区芝田2-8-31
第三東洋ビル2F
TEL:06-6377-2221　FAX:06-6377-2223
フリーダイヤル:0120-194-576
東京支社
〒106-0047　東京都港区南麻布2-14-19
オキノビル3F
TEL:03-5420-2290　FAX:03-5420-4790
福岡営業所
〒812-0013　福岡市博多区博多駅東1-9-29
ローズモント・フレア博多駅東1003
http://www.alta-dent.com

ivoclar
代表取締役　犬飼清
Ivoclar Vivadent 株式会社
〒113-0033
東京都文京区本郷 1-28-24
TEL 03-6801-1301
FAX 03-5844-3657
ivoclar.com

ULTRADENT JAPAN株式会社
ULTRADENT JAPAN
代表取締役社長　鍜地裕司
〒151-0061　東京都渋谷区初台一―三四―一四　初台TNビル三階
TEL　〇三―五三六五―一七六〇
FAX　〇三―五三六五―一七五九

エンビスタジャパン株式会社
代表取締役社長　坂野弘太郎
〒一四〇―〇〇〇一　東京都品川区北品川四―七―三五　御殿山トラストタワー13F
Envista
DEXIS　Kerr　Ormco

「歯を守る」口腔ケア推進のパートナー
Oral Care
代表取締役社長　大竹琢也
Takuya Ohtake
株式会社オーラルケア
〒116-0013 東京都荒川区西日暮里2-32-9
0120-500-418　0120-500-518
https://www.oralcare.co.jp/

ストローマン・ジャパン株式会社
straumann
代表取締役社長　北本優子
〒108-0014　東京都港区芝五―三六―七　三田ベルジュビル6階
電話　〇三（六八五八）一一八八
FAX　〇三（六八五八）四九四五

大信貿易株式会社
DAISHIN
代表取締役　中島賢
〒592-8346　大阪府堺市西区浜寺公園町三―二三一―三
TEL　〇七二―二六〇―三八二一―八
FAX　〇七二―二六〇―〇八九―一一八
http://www.daishintrading.co.jp

デンツプライシロナ株式会社
代表取締役社長 佐伯 広幸
〒104-0061 東京都中央区銀座八-二一-一 住友不動産汐留浜離宮ビル五階
電話 〇三(五一四八)七七七七

松風バイオフィックス株式会社
代表取締役社長 奥山 勉
本社／東京都文京区湯島3丁目16-2
電話／〇三(六八八〇)二二一八代表

株式会社 東京歯材社
代表取締役社長 吉田 一郎
〒110-0001 東京都台東区谷中二-五-二〇
電話 〇三(三八二三)七五〇一
FAX 〇三(三八二三)七五一六

カボプランメカジャパン株式会社
代表取締役社長 細川 稔晃
〒140-0001 東京都品川区北品川四-七-三五 御殿山トラストタワー15F
KAVO PLANMECA

ノーベル・バイオケア・ジャパン株式会社
代表取締役社長 坂野 弘太郎
〒140-0001 東京都品川区北品川四-七-三五 御殿山トラストタワー十三階
TEL 〇三-六四〇八-四一八二
nobelbiocare.com
Envista Nobel Biocare

ペントロン ジャパン株式会社
PENTRON JAPAN INC.
代表取締役 薄井 邦昭
〒140-0014 東京都品川区大井四-一三-一七 五階・六階
TEL 〇三(五七四六)〇三一六
FAX 〇三(五七四六)〇三一〇
http://www.j-pentron.com/

大榮歯科産業株式会社
代表取締役社長 大石 哲也
本社 〒550-0003 大阪市西区京町堀一-一〇-一七
電話 〇六(六四四一)三三三二
FAX 〇六(六四四五)一二七六
toshi@daiei-dental.jp

ササキ株式会社
代表取締役社長 佐々木 伸五
〈本社〉豊橋市八町通五丁目七番地 電話 〇五三二(五五)六八一一
〈東京本部〉文京区本郷三-二六-四 電話 〇三(三八一三)六〇五一

株式会社 シラネ
代表取締役社長 榊原 利一郎
本社 〒460-0012 名古屋市中区千代田二-四-一八
電話 〇五二(二六一)四六三六(代)

アイ・ティー・エス・エス株式会社
ITS'S
代表取締役社長 佐々田 伸一
本社 東京都渋谷区恵比寿三-二五-十一 TOKYU REIT恵比寿ビル3F TEL 03-6418-0701
長崎支店 TEL 095-832-2778
沖縄支店 TEL 098-860-0190

株式会社 アイデンス
ID
代表取締役社長 中田 和哉
〒540-0036 大阪市中央区船越町一-六-六 ODC天満橋ビル
TEL 〇六(六九一〇)九八七〇
FAX 〇六(六九一〇)九八七二
http://www.hanonet.co.jp
大阪本社 札幌支店 仙台支店 東京支店 名古屋支店 大阪支店 広島支店 福岡支店 長野営業所 金沢営業所 岡山営業所 長崎営業所

株式会社 アキラックス
代表取締役社長 森野 國男
東京都豊島区南池袋二-二九-九 損保ジャパン南池袋ビル
電話 〇三(五九九二)〇七九〇
FAX 〇三(五九九二)〇七九二

リンドウ(竜胆)

株式会社 ウィルアンドデンターフェイス
W&D
代表取締役社長 浅野 誠司
〒169-0072 東京都新宿区大久保2-4-12 新宿ラムダックスビル 2F
TEL 03-5273-6791
FAX 03-5273-6127

NNG
代表取締役 新井 広幸 梅木 博幸
株式会社NNG
〒162-0053 東京都新宿区原町3-21-1
http://nng-j.com

国内承認取得
ライトタッチレーザー
硬組織・軟組織 両用 Er:YAGレーザー
株式会社 NDC
〒190-0003 東京都立川市栄町 4-42-1 NDCビル
TEL 042-536-8880
FAX 042-536-8778
http://www.ndc-net.com
Create Difference

OEC株式会社
代表取締役社長 佐藤 俊治
本社 岡山市北区本町六番三六号 第一セントラルビル九階
東京支社 港区芝五丁目十三番十八号 電話 〇三-三四五七-六六六六
大阪支社 大阪市中央区北浜三丁目五番二三号 電話 〇六-六二二九-三六六七

株式会社 三電社
SANDEN
代表取締役 松本 登雄
〒661-0001 兵庫県尼崎市塚口本町三-二一-一八
電話 〇六(六四二一)七四三九
FAX 〇六(六四二九)三三二五

(株)ジェニシス
歯科予約管理・経営支援システム・デントネット(DentNet)
代表取締役 萩原 哲也
〒221-0835 神奈川県横浜市神奈川区鶴屋町三-二九-一 第6安田ビル3階
TEL 〇四五(三一九)一七八五
Dent 〇四五(三一七)二七〇八

stransa
西島 彰一
代表取締役
株式会社ストランザ
〒105-0004 東京都港区新橋6-17-21 住友不動産御成門駅前ビル3F
TEL 03-6403-4880
FAX 03-6403-4881

株式会社 ソフトテックス
代表取締役 森 剛
本社 〒八八〇-〇九一二 宮崎市大字赤江六三〇七番地一
電話 〇九八五(六三)一四五六
大阪支社 福岡営業所 鹿児島営業所 北陸出張所
https://softteks.com

デジタルプロセス株式会社
DIPRO
執行役員常務 永嶋 寿人
〒243-0018 神奈川県厚木市中町二-一九-六 厚木会田ビル
電話 〇四六(二二五)三九二九
FAX 〇四六(二〇五)四七三六
https://www.dipro.co.jp/

東和ハイシステム株式会社
代表取締役 石井 滋久
〒700-0971 岡山市北区野田三丁目一二-三三
電話(〇八六)二四三-三〇〇三(代)
FAX(〇八六)二四三-一六八三八

東和ハイシステム株式会社
取締役 社長執行役員 歯科DX推進COO
飯塚 正也
〒700-0971 岡山市北区野田三丁目一二-三三
電話(〇八六)二四三-三〇〇三(代)
FAX(〇八六)二四三-一六八三八

株式会社ノーザ
NHOSA
代表取締役社長 石濱 人樹
〒164-0011 東京都中野区中央一-二一-四 ノーザビル
TEL 〇三-五三四八-一八八一
FAX 〇三-五三四八-一八八五
https://www.nhosa.com

MIC
もっと、人と医療のそばへ。
代表取締役社長 大谷 純一
Junichi Otani
株式会社ミック
〒277-0871 千葉県柏市若柴226番地44 中央141街区1 KOIL TERRACE 5F
tel:04-7130-9003
fax:04-7130-9002
https://www.mic.jp

アスパラガス(竜鬚菜)

東証グロース上場
株式会社メディカルネット
代表取締役会長CEO 平川 大
〒151-0072 東京都渋谷区幡ヶ谷一-三四-一四 宝ビル3階
電話 〇三(五七九〇)五二六一
FAX 〇三(五七九〇)五二六二
http://www.medical-net.com

東証グロース上場
株式会社メディカルネット
代表取締役社長COO 平川 裕司
〒151-0072 東京都渋谷区幡ヶ谷一-三四-一四 宝ビル3階
電話 〇三(五七九〇)五二六一
FAX 〇三(五七九〇)五二六二
http://www.medical-net.com

invisalign Japan
代表取締役 松本 貴嗣
インビザライン・ジャパン株式会社
〒141-0021 東京都品川区上大崎3-1-1 JR東急目黒ビル
TEL 0120-944-187
https://www.invisalign.co.jp

DOF
江渡 貴弘
代表取締役
President of Japan Office
T. 075 741 6542
F. 075 741 6543
E. info@doflab.com
株式会社 DOF JAPAN
〒600-8405 京都市下京区万寿寺通高倉西入万寿寺中之町78
doflab.com

明日に繋がる育成&スタッフマネージメントをサポートいたします
株式会社 Tomorrow Link
代表取締役 濱田 智恵子
〒130-0023 東京都墨田区立川3-9-1
info@tomorrow-link.com
https://www.tomorrow-link.com/

有限会社 ベイス神戸
C:Love:R クローバー 歯科金属 分析・精錬
代表取締役 坂本 悟
SATORU SAKAMOTO
〒654-0044 神戸市須磨区稲葉町2-1-6
電話番号 078-731-9601
ファックス 078-731-9602
URL: kin-clover.com/pallad.php
金パラ クローバー 検索

株式会社 ケアラポール
感染予防清掃サービス
歯科綺麗
代表取締役 田中 耕一
〒190-0004 東京都立川市柏町三-二八-一 YUTAKA328 1B
電話 〇四二(五一二)四五七六
FAX 〇四二(八四九)二五六九
http://www.shikakirei.com

ADJ
株式会社オール・デンタル・ジャパン
代表取締役 木下 英明
〒111-0052 東京都台東区柳橋2-5-6
https://all-dental-japan.com

dental sign
代表取締役 原 裕司
歯科業界専門看板会社
株式会社 Dental Sign
〒194-0013 町田市原町田6-21-18 町田アネックスビル
Tel. 042-850-8477
http://www.dentalsign.co.jp

株式会社ユーデント
YOUDENT
代表取締役会長 北川 博美
代表取締役社長 北川 晴美
〒261-0025 本社 千葉県千葉市美浜区浜田二-一-二五 幕張新都心工場
電話 〇四三(二一一)八一五一
FAX 〇四三(二一一)八一五二

歯科金属、金パラ買取専門サイト
シカキン
www.shikakin.net
代表取締役 新崎 哲雄
株式会社エスアールシー
シカキン
〒659-0065 兵庫県芦屋市公光町4-31 Ghost Castle Ashiya BLDG
TEL 0797-62-8188 FAX 0797-78-6106

チームエムズは誰かの夢を具体化して叶えるお手伝いをし続けます。
H・M's collection
有限会社エイチ・エムズコレクション (Since1994)
代表取締役 濵田 真理子
副社長 奥田 弘美
本社 〒130-0026 東京都墨田区両国4-27-12-2F TEL：03-3846-7611
大阪オフィス 〒566-0011 大阪府摂津市千里丘東3-8-12-1F TEL：0120-014-418

株式会社 ジャパンデンタル
代表取締役 今井 範嗣
〒一六〇-〇〇二三 新宿区西新宿一-一三-一八
電話 〇三(三三四四)五三三一
FAX 〇三(三三四四)五三四〇

株式会社 M&D医業経営研究所
M&D
代表取締役 木村 泰久
〒227-0063 横浜市青葉区榎が丘四-七 アクティブ青葉台二〇三号
電話 〇四五(九八九)一〇〇一
FAX 〇四五(九八九)一〇〇二
URL http://www.md-management.jp

OSSTEM IMPLANT
代表取締役 朴(パク) 正守(ジョンス)
株式会社 OSSTEM JAPAN
〒141-0021 東京都品川区上大崎4-5-37 本多電機ビル4F
TEL. 03-5747-9441
FAX. 03-5747-9442
hiossen.jp

Ci
株式会社 歯愛メディカル
代表取締役社長 清水 清人
新本社 〒929-0112 石川県能美市福島町に一五二
電話 〇七六(二七)〇七七七
FAX 〇七六(二七)〇七八七

東京臨床出版株式会社
代表取締役社長 佐藤 祐子
月刊「矯正臨床ジャーナル」月刊「小児歯科臨床」
〒五四一-〇〇五三 大阪市中央区本町一-一-三
月刊雑誌編集部 電話 〇六-六二六四-七一三六
書籍企画販売部 電話 〇六-六二六四-三九七七
https://torin.co.jp

株式会社 ディー・ピー・エス
代表 齋藤 忠
〒167-0051 東京都杉並区荻窪五-三〇-一二-六〇五
TEL 〇三(三三九二)七二一一
FAX 〇三(三三九二)七二〇一

歯科医科広告代理店
有限会社 佐々木広告社
S:A SASAKI ADVERTISING AGENCY
代表取締役 佐々木 敦史
〒113-0021 東京都文京区本駒込一-二一-五
電話 〇三(三九四四)一九九一
FAX 〇三(三九四四)一九八二
http://www.sasaki-ad.co.jp

株式会社 マーケティングインターナショナル
代表取締役 今田 健一朗
東京都新宿区若葉一-一〇成毛ビル
電話 〇三(三三五七)七七〇七

JPX STANDARD TOKYO
［4172］

東証上場3周年迎え

Digital Transformation

歯科DX〝夢〟実現へ

～日立AI 音声認識技術活用～
音声テキスト化 Recwareと連携

新発売

AI・音声電子カルテ

「会話録音・文章化」診療トラブル防止!!

国際基準 WHO FDI方式

＼夢のシステム誕生／

一元管理・生産性向上
大幅時間短縮

AI・音声歯周病検査システム
Perio chart Pro.Voice

歯周病検査・記録 一人で完結

- 専門的検査項目
- 検査値自動算出機能
- 症例報告作成に活用

・アタッチメントレベル
・角化歯肉幅（MGJ）
・付着歯肉　・予後
・根分岐部病変

THS TOWA Hi SYSTEM CO.,LTD. 東和ハイシステム

AI・音声お問い合わせ先 0120-108-588

東和ハイシス 検索

※Hi Dental Spirit およびTHSのロゴマークは当社登録商標です。※HiRDBは㈱日立製作所の登録商標です。※㈱日立製作所のデジタル対話サービス音声認識ソフトウエアを使用しています。※iPadはApple Inc.の商標です。
※Recwareは㈱日立情報通信エンジニアリングの登録商標です。※その他記載の会社名・製品名は、それぞれの会社の商標もしくは登録商標です。※当社製品は医療機器に該当しません。

新春特集

今年の運勢

風水心理カウンセラーの美樹柚華氏（本名・大澤優子氏）は、本業の歯科医師としてだけでなく「九星気学」という占術を用いる占い師としても、多くの人をサポートしている。美樹氏によると2024年は「成長と発展がキーワード」という。今年がどのような年になるのか占ってもらった。

「デンタル小町が通る」第16代執筆者

美樹（みき） 柚華（ゆか） 氏

本名　大澤優子
歯科医師、青森県・大澤歯科医院副院長。
風水心理カウンセラー・ＦＳＣＡ認定青森本校講師。
個性心理學認定講師。
2020年「歯科衛生士のトリセツ（かざひの文庫）」
2021年「歯科医のトリセツ（かざひの文庫）」を出版。
大澤優子HP：http://osawayuko.com

2024年は……

甲辰（きのえたつ）、三碧木星が中宮（真ん中）に回座する年です。「甲」は十干の最初で種が芽生えるエネルギーを持ち、スタートする、動き出すという意味があります。「辰」は十二支の中で唯一実在しない生物で、上昇する龍のように躍動し、現実には想像できないような世界に駆け上がるイメージです。

「三碧木星」の象意（しょうい）（それぞれの九星が持つ意味や現象、性質）は「雷」で、スピードや素早い行動を意味します。

ここ数年で価値観、常識、行動様式が全て破壊され、新しい世界へ飛び出した私たちですが、想像もしなかった新しい世界で「成長と発展」がキーワードの一年になるでしょう。自分自身を成長させ、運を発展させるためにスピード感を持って動くことを意識してみましょう。

るあなたの運勢は?

四緑木星（しろくもくせい）

目上の人に助けられる。運気は好調だが、ケガや事故に注意！

①「歳破（さいは）」が掛かっているため物事が思った通りに運ばないこともありますが、昨年からの好調が続き、今までの成果が現れる年です。目上の人に助けられ、さらなる飛躍が期待できます。

自信過剰や自己主張のしすぎは物事が滞る原因になるので、分をわきまえて活躍のチャンスを逃さないようにしましょう。

②目上の人とご縁があり、協力や援助を受けられるでしょう。昇進や栄転による収入増も期待できます。好調で忙しい日が続き、注意力が散漫になるのでケガや事故には気を付けましょう。好調な時ほど頑張り過ぎは禁物です。

「歳破（さいは）」破壊や破滅を意味し、物事が全て滞る。
自分が原因の場合と自分以外が原因の場合の両方がある。

五黄土星（ごおうどせい）

「収穫の年」で楽しいことが多いが、仕事のミスと軽率な発言に注意！

①今までの行動が成果となって現れ「収穫」を手にすることができるでしょう。その反面、楽しいことに気を取られて緊張感に欠け、仕事上のミスが増えそうです。公私混同には注意して気を緩めないように過ごしましょう。来年以降運気は下降傾向になるので、将来を見据えた計画を今から立てておきましょう。

②新しい人脈が広がり充実した人間関係を築くことができますが、親しき中にも礼儀あり。「口は災いの元」とならないように軽率な発言には気を付けましょう。交際運が活発になり、外食が増えるため栄養バランスに気を付けた食事をとりましょう。

八白土星（はっぱくどせい）

「厄年」で運気低迷も対人関係は良好。自暴自棄にならず節度ある行動を

①俗に言う「厄年」に当たります。運気が停滞して次々に問題が生じる苦しい時期ですが、自暴自棄にならずに何事も控えめを心掛けてください。来年以降に訪れる幸運期にチャンスをものにできるよう「学習」によるスキルアップで力を蓄えておきましょう。

②運勢は弱い一年ですが、対人関係には恵まれるでしょう。新しい人脈を広げることが再出発のきっかけになります。恋愛運や結婚運もありますが、幸運期に入ってからトラブルに発展してしまう可能性があるため、不倫や三角関係などに深入りしないよう節度ある行動を。健康、特に体の冷えに注意が必要です。

九紫火星（きゅうしかせい）

〝幸運期〟の準備期間に突入。裏方に徹して調和と協調を心掛ける！

①昨年の停滞した運気から一転し、来年に訪れる幸運期の準備期間に突入します。何事も独断で行うのではなく、裏方に徹して調和と協調を心掛けることが仕事上の良い結果に結び付くでしょう。俗に言う「後厄」のため、年の前半は運勢に勢いがありませんが、後半に向けて運気が上昇。それまでに先送りしていた問題の解決に努めましょう。

②自分が前に出るより誰かをサポートすることで評価を得られます。一歩下がって指示に従っても、消極的になり過ぎないように。運気の好転に伴う活動で体調を崩さないように健康面で気になることはチェックしておきましょう。

風水心理カウンセラー

美樹柚華氏が占う

「九星気学」から分か

【占いの方法】

4	9	2
3	5	7
8	1	6

「九星気学」とは万物は「木・火・土・金・水」の５種類の元素からなるという考え方の五行と、七色「白・黒・碧・緑・黄・赤・紫」の色を組み合わせて九星（一白水星・二黒土星・三碧木星・四緑木星・五黄土星・六白金星・七赤金星・八白土星・九紫火星）を配置した占術（統計学）。縦横斜めの数字を足すと全て15になる３×３の魔法陣に九星を配置した「後天定位盤」によってその年の運気をみる。

【本命星早見表】

一白水星	二黒土星	三碧木星	四緑木星	五黄土星	六白金星	七赤金星	八白土星	九紫火星
大正 7年	大正 6年	大正 5年	大正 4年	大正 3年	大正 2年	大正10年	大正 9年	大正 8年
昭和 2年	昭和元年	大正14年	大正13年	大正12年	大正11年	昭和 5年	昭和 4年	昭和 3年
昭和11年	昭和10年	昭和 9年	昭和 8年	昭和 7年	昭和 6年	昭和14年	昭和13年	昭和12年
昭和20年	昭和19年	昭和18年	昭和17年	昭和16年	昭和15年	昭和23年	昭和22年	昭和21年
昭和29年	昭和28年	昭和27年	昭和26年	昭和25年	昭和24年	昭和32年	昭和31年	昭和30年
昭和38年	昭和37年	昭和36年	昭和35年	昭和34年	昭和33年	昭和41年	昭和40年	昭和39年
昭和47年	昭和46年	昭和45年	昭和44年	昭和43年	昭和42年	昭和50年	昭和49年	昭和48年
昭和56年	昭和55年	昭和54年	昭和53年	昭和52年	昭和51年	昭和59年	昭和58年	昭和57年
平成 2年	平成元年	昭和63年	昭和62年	昭和60年	昭和62年	平成 5年	平成 4年	平成 3年
平成11年	平成10年	平成 9年	平成 8年	平成 7年	平成 6年	平成14年	平成13年	平成12年
平成20年	平成19年	平成18年	平成17年	平成16年	平成15年	平成23年	平成22年	平成21年
平成29年	平成28年	平成27年	平成26年	平成25年	平成24年	―――	平成31年	平成30年
―――	―――	令和 6年	令和 5年	令和 4年	令和 3年	令和 2年	令和元年	―――

元日から節分までに生まれた人は、生まれ年の前年が本命星になる

占いの見方

①全体運・仕事運　②対人運・健康運

一白水星（いっぱくすいせい）

運気上昇！９年に一度の「飛躍の年」も〝暗剣殺〟が掛かるため慎重、堅実に！

①運気の上昇期を迎え９年に一度巡ってくる飛躍の年となります。積極的な行動を心掛け、諦めることなく最後まで粘ることで成功と成果を得られるでしょう。

ただし「暗剣殺」が掛かるので予期せぬトラブルに振り回されて出費が増える可能性があります。堅実に過ごしましょう。

②人との良い出会いや恋愛運も期待できそうですが、常に「石橋を叩いて渡る」慎重さを心掛け、調子に乗った強引な行動や軽率な発言は慎みましょう。やる気に満ちて頑張り過ぎてしまい過労気味になるので、睡眠と休息を十分とるよう心掛けましょう。

「暗剣殺」自分以外の原因（他動的）で突発的なアクシデントが起こる。

二黒土星（じこくどせい）

〝チャンスの神様〟到来で運気絶好調！仕事で家庭を犠牲にしない

①昨年から上がり始めた運気が絶好調に達し、あらゆることが整う幸運に満ちた一年になります。スローペースな一面がありますが、今年は目標に向かって迷わず突き進みましょう。社会的な信用も高まり、成果が収入に結び付きます。

仕事に忙殺されるので家族や家庭を犠牲にすることがないように気を付けましょう。

②ステキな出会いや一生付き合える人との人脈に恵まれます。「チャンスの神様」が次々と目の前に現れて忙しく飛び回る年になりそうです。健康面も心配ありませんが、好調な時ほど生活習慣を見直しましょう。無理は禁物です。

三碧木星（さんぺきもくせい）

強運に恵まれるが、謙虚な態度を忘れずに。健康面も過信しない

①強運に恵まれ、これまでの生き方の結果が現れる一年になるでしょう。強引なことや無理なことは裏目に出てしまうので何事も慎重に。仕事が評価され、周囲からの注目も集まり中心的な存在になりますが、自信過剰は反発を招くので謙虚な態度を。収入は増えますが、支出も増えるのでお金に対しても慎重に。

②行動力があり白黒はっきりさせないと気が済まない性格ですが、今年は特に運気に勢いがあるので何事も行き過ぎる傾向になりがち。直球勝負は周囲の人との対立につながるので冷静な言動を心掛けましょう。健康運も波があるので過信しすぎないように。

六白金星（ろっぱくきんせい）

「変化」がキーワードの年。柔軟な対応を心掛け、持病にも気を付ける

①「変化」がキーワードの年です。順調に進んでいたことが行き詰まり方向転換が必要となって不安になることがあるかもしれませんが、焦って強引に物事を進めても良い結果には結び付きません。冷静に、時には「待つ姿勢」も大切。頑固にならず目の前の問題に柔軟に対処しましょう。

②指導者として活躍するタイプですが、必要以上の自己主張や頑固さは裏目に出て対立を招いてしまいます。急いで実現するよりもゆっくり考えてから行動に移しましょう。環境の変化に伴い、心労が蓄積するのでストレスをため込まないように。持病の悪化にも注意が必要です。

七赤金星（しちせききんせい）

活気ある華やかな運勢だが、気苦労の多い年。目の病気に注意！

①活気のある運勢で華やかに見えますが、気苦労が重なり、内面が満たされず感情的になってしまう場面も。仕事運は好調で、今まで善行を重ねてきた人はその努力が報われますが、逆のケースだった場合、反省し、素早く丁寧に誠意を持って対応しましょう。

②親しかった人との決別や新たな交流など離合集散が繰り返されるでしょう。不要な人間関係や物をリセットするのに絶好の年です。自己顕示欲の高まりで、些細なことから口論にならないように注意が必要です。ストレスをためないように適度な運動を心掛け、首から上の病気、特に目の病気には注意しましょう。

新春特集

歯科医院での働き方改革を考える

少子高齢化が進み、社会的に人材確保が難しくなっている中、歯科医院でも働きやすい環境を整える重要性が増している。働き方改革を実践し、ママスタッフ優遇制度を導入している森歯科クリニック（京都府）院長の森昭氏と同クリニックCOOでフリーランス歯科衛生士やスタッフ育成研修講師としても活躍している吉岡沙樹氏、さらにスタッフ満足度の上昇が患者満足度にもつながっているという猪原［食べる］総合歯科医療クリニック（広島県）院長の猪原健氏に取り組みや、歯科界の課題などについて聞いた。

猪原［食べる］総合歯科医療クリニック（広島県）

突き詰めると「経営改革」が重要

—先生のクリニックは、従業員が50人近くいると聞きました。初めから大規模なクリニックだったのでしょうか。

猪原　ここのクリニックは1947年12月1日に祖父が開業して、私が3代目になります。大学院生時代の外勤日で実家を手伝っていた頃は歯科医師の父1人と、常勤歯科衛生士2人、非常勤歯科衛生士が1人、常勤歯科技工士が1人で、母が受付をしているくらいの規模でした。

研修や結婚、留学を経て、歯科医師の妻と一緒に実家に帰ることになり、一気に歯科医師が3人に増え、チェア数も限られる状況の中で訪問診療を始めることを決めました。

当然、歯科衛生士の人数も必要となり、そこからスタッフが増えていきます。

—その頃は、スタッフの勤務体制などで工夫はしていたのでしょうか。

猪原　訪問に従事できるベテランの歯科衛生士を雇ったので、子供がいるスタッフも多くなり、また私たちの子供も小さいこともあり、スタッフも自分たちも突然休まなくてはいけないケースが多々ありました。

突然休んでも大丈夫なように多めに人員を確保していくうちに、スタッフは増えて、子育て世代のスタッフが多く集まるようになりました。

ただ、ちょうどその頃、経営のことが分かっていなかったので、保険点数が毎月増えているにも関わらず、現金がなくなるという状況が起きて、とても悩みました。

知人に相談に乗ってもらった結果、経営を学んだ方が良いとの結論に至り、グロービス経営大学院に通ってMBAを取得しました。

グロービスで一番に教わるのが志の大切さで、「良い経営者は、従業員スタッフとその家族を幸せにします。悪い経営者はその反対です。良い経営者になってください」ということでした。

雇う側も雇われる側も幸せになるための働き方改革というのは、突き詰めると経営改革だったのです。

院長 猪原 健 氏

—歯科医院の経営は、どのような視点が大切になってくるのでしょうか。

猪原　経営資源は、「ヒト・モノ・カネ（＋情報）」と言われており、「経営の8割は、ヒトの問題と向き合うこと」と言っても過言ではありません。スタッフの満足度こそが、そのクリニックの価値の源になるのです。

「敢えて、覚悟を持って、いばらの道を選ぶ」の精神で、百人百通りの働き方を準備する気持ちでいます。復帰組はとにかく能力も高く、短時間でもハイパフォーマンスが出せるので、環境整備にかかる費用はコストではなく、将来への投資と捉えています。

—具体的にはどのような取り組みをしたのでしょうか。

猪原　当院では、組織力向上プラットフォーム「wevox」というサービスを活用しています。毎月給料日に合わせてスマートフォンで回答できる15項目ほどのアンケートをスタッフ全員に実施して、医院との関係性などを表すエンゲージメントが数値で把握できます。その変化を見て組織全体や個人個人の問題に気が付くきっかけにもなっています。

—全ての従業員の状況を先生が把握しているのでしょうか。

猪原　当院の経営・運営の方向性などは私だけでなく役員5人で会議によって決めています。その中でも役割分担があって、人事担当の先生がエンゲージメントの把握もして、会議の時に報告してくれています。

—シフトの調整なども大変だと思うのですが、何かノウハウのようなものはありますか。

猪原　気持ちよく休める雰囲気づくりは大切だと思います。自分が気持ちよく休ませてもらったから、誰かが急に休んだ時にピンチヒッターで頑張ろうと思ってくれるなど、お互い様の精神でフォローし合えるようになっていると思います。

連絡手段としてはLINEWORKSを使用して、子供の調子が悪かったら夜や早朝でも良いので情報共有してもらいます。非番のスタッフが代打を申し出てくれる場合もありますし、代わりのスタッフがいない場合には、患者さんの調整を担当スタッフが行うことになっています。

—突然休んでも大丈夫な環境が当たり前になっているのですね。

猪原　環境と共にその人自身の意識というのもすごく大切です。例えば、子供が熱を出して学校や保育園を休まなくてはいけなくなった時に、夫は当たり前のように仕事に行き、女性側が休みます。なぜなのでしょうか。夫婦とも歯科医師だとしても、その傾向は強いと思います。

なので、当院では保育園の緊急連絡の第一に旦那さんの会社の番号、2番目に旦那さんの携帯番号、3番目に自分の携帯番号を書いてもらっています。結果的には多くの場合、母親側が対応することになりますが、父親が状況を知りもしないで当たり前のように仕事をしているのは違うと思います。

—働き方改革のためには、ある程度のクリニックの規模は必要でしょうか。

猪原　私の答えとしては、大規模化は必要だと思っています。お陰様で私は、昨年の夏休みも2週間ほど取って、かつての留学先であるカナダ・アルバータ大学に行くことができましたし、従業員の中には年末にホノルルマラソンに行くために1週間休む者がいました。皆「すごい、頑張って」と応援してくれるような職場になりました。

—大変な面はありますか。

猪原　しっかりと計画に基づいた経営をする必要があります。大規模だからといって私の懐が潤っているわけでは決してありません。

従業員の数も多いですが、ボーナス月に、その時だけ都合よく診療報酬が高いわけではないので、銀行からお金を借ります。年間での収支はある程度計画が立てられるので、銀行とも密に相談をしながら借金と返済を上手にしていく必要があります。

冒頭でも話したように、経営はヒトの問題と向き合う事なので、歯科医師としての仕事よりも、いろいろな人の話ばかりを聞いているなと感じる時もあります。もしかしたら技術者としてスペシャリストを目指したい先生には酷なポジションなのかもしれません。

—スペシャリストの先生は、猪原先生のようなクリニックで経営のことを気にせずに働くのも一つの選択肢になるのでしょうか。

猪原　スペシャリストの先生がクリニックで活躍してくれるのはありがたいことだと思います。

専門医が働きやすいように勤務できる多機能型（1・5次）歯科診療所という考え方がありますが、そのようなところが増えれば、スペシャリストの勤務医としてのキャリアパスも一般的になるかもしれませんね。

森歯科クリニック（京都府）

「ママスタッフ優遇制度」を実践

—歯科医院の勤務体制を見直したきっかけはありますか。

森　18年ほど前、医院の目標達成のお祝いを兼ねて、スタッフたちと旅行へ行く機会があったのですが、たまたま台風が医院を直撃して、私だけ帰るということがありました。医院が洪水で床上浸水して、今にもつぶれそうな状況を目の当たりにした時に、「今いるスタッフとずっと働きたいな」という思いが強く湧き上がってきたのがきっかけです。

その頃は、スタッフ全員が独身でしたが、子育てをしながら働けるような環境ではなかったので、子育てをしながらでも働ける環境を今のうちに考えてほしいとお願いしたのがスタートでした。

幹部がスタッフ全員にアンケートを実施し、スタッフは皆イメージが湧かないながらも、子供がいる友達や家族にヒアリングをして一生懸命考えてくれました。

—何から着手したのでしょうか。

森　一番変わったのは時短ですね。保育園に迎えに行くためには17時30分には医院を出ないといけないので、もともと19時30分までだった診療時間を17時30分までにして、子育てスタッフの勤務時間は17時までにしました。

振り返って見ると、この時間変更をした時が一番大変でした。多くのスタッフの子育てが始まった時にサポートスタッフとして入社した吉岡がその苦労を実感していると思います。

院長 森 昭 氏

—どのようなところが一番大変でしたか。

吉岡　時短が始まった当初は、全国的にもモデルケースがなかったので仕組みづくり全てが試行錯誤でした。

一番大変だったのは、17時で子育てスタッフが退勤して、その後に残った勤続3年以下の経験が浅いスタッフだけで忙しい夕方の診療に従事することでした。

また、アポイントもどの程度減らしたら良いか分からず、時短導入によって収入が減ってしまうのを避けるために、アポイント数はそのままで勤務スタッフ数を半分に減らして、それこそ野戦病院のような忙しい状態になったこともありました。

ドクターが一人で治療をしてアシストに誰もつけない状態も経験しながら、ちょっとずつスタッフを採用したり、アポイントを少し減らしたり、いろいろ調整をしていきました。

—過渡期を経て、今の状態になるまで、役立ったツールやシステムなどはありますか。

吉岡　忙しさは何とかなったのですが、突き詰めると一番問題になったのが人間関係だったと思います。

当初は忙しい時間帯に帰るスタッフと残るスタッフの間に不公平感が生じて、人間関係がギクシャクすることもありました。

ただ、そのために良いツールやシステムがあったというわけではなく、2年ほど月日が流れて新しい体制が当たり前になった時にスタッフ全員が不平不満を抱かない環境ができたと感じています。

◆◇◆

—子育て中のスタッフが働きやすい「ママスタッフ優遇制度」について具体的に教えてください。

吉岡　この制度は、その時にいるスタッフの実情に合わせて臨機応変に変動させるので、常に同じことをしているわけではないです。

これまで、未就学児の子供がいるスタッフは17時で退勤できたり、妊婦健診や産後の予防接種は出勤扱いで勤務時間中に行くことができたり、土曜に出勤してもらう時に預かってくれるおじいちゃん、おばあちゃんへの手当てを出したり、病児保育代をクリニックが負担したり、いろいろと取り組んでいます。

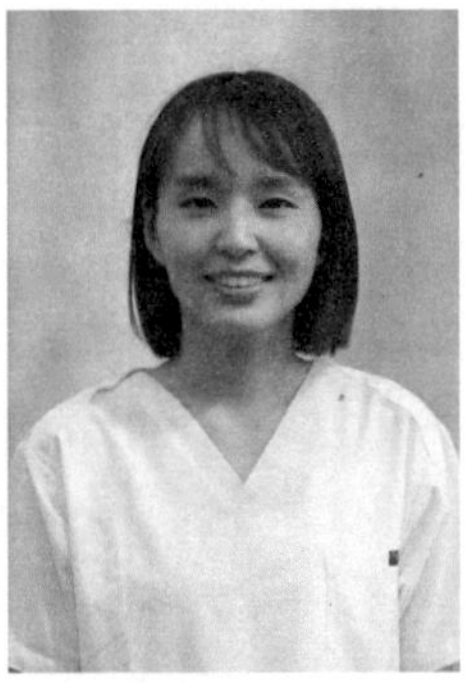

COO 吉岡 沙樹 氏

—子育て中に働きやすいという点は、求人効果にもつながりそうですね。

吉岡　私も3歳の息子がいるので、これから歯科診療所で働くとすれば「診療時間が短い」「保育園の延長保育にならない時間に迎えにいける」「休みが比較的取りやすい」「運動会や参観日に行くことができる」など、給与だけでなくプライベートや自分、家族との時間を取れるようなところを探すと思います。

実際に、医院研修で全国たくさんの診療所を回らせていただいていますが、「17時台に退勤できないと求人をしても応募がない」という状態で、特に都市から離れていけばいくほど、その傾向は強いです。

働きやすい環境を整えて採用面で唯一のデメリットと思えるのは、仕事への熱意が高い人ばかりが集まるわけではない点ですね。

—森先生は、「最高の職場づくり実践会」というセミナーも行っていると伺いました。どのようなことを教えているのでしょうか。

森　スタッフが離職する理由で一番多いのが、院長との人間関係と言われています。特にオーバーワークで心身共に疲れている時には、感情のコントロールも難しくなり、スタッフにきつく当たったり、当たらなくても態度に表れてしまったり、スタッフが気を使いながら働くという歯科医院も少なくないと思います。

私自身も以前はイライラが前面に出ていましたが、自分のイライラを出さずに、「スタッフが伸び伸びと働ける環境」となるように心掛けています。

セミナーでは、院長の感情のコントロールや、医院の雰囲気づくりを主体にして「俺様院長卒業」を目指してもらっています。

吉岡　今、運営している会社「Conpath.」の予防歯科推進部主催で、自立型予防歯科を目指す「Climbing Camp」（クラキャン）というセミナーを開いています。森が隊長、私がキャプテンを務め、先ほどの感情のコントロールも含めて、求人方法、環境づくりのお手伝いをさせていただいています。

—今後の展望などを教えてください。

吉岡　労働生産人口が減ってきて、私たちのクリニックでも人材確保は難しくなっていくと考えていますので、働きやすい環境づくりは今後も模索していきたいと思っています。

一番大切なことは、制度や金銭面以上に、「みんなで支え合わないといけない」とチームとして理解し、お互いに感謝することだと思っています。

森　クリニックとしては、訪問診療に力を入れており、短時間でも訪問診療に従事できるスタッフの数が増えると考えています。

自分の働ける時間を活用して、自分の能力を発揮することで、結果的にこのクリニックで長く働いてもらえたらと思っています。

舞台「う蝕」2月に公開

インタビュー

歯科医師らによる「不条理劇」

被災地での身元確認がテーマ

「歯科医師による災害時の身元確認」という、歯科関係者なら気になってしまうテーマの舞台「う蝕」が2月10日から東京都世田谷区のシアタートラムで公開される。劇作を手掛けるのは、立場や事情の異なる人々の葛藤を、対話を中心に描き出す作風に定評があるという劇作家・演出家の横山拓也氏。「男性6名の実力派キャストによる会話に特化した不条理劇」を謳う、同作品の見どころや、楽しみ方を横山氏に聞いた。

劇作家・演出家
横山 拓也 氏

――「う蝕」ができるまでの経緯を教えてください。

横山　台本を書く際に、新聞だったりテレビだったり、さまざまな資料を参考にするのですが、東日本大震災の後に歯科医師がデンタルチャートを取って遺体の身元確認をする作業に関わっている記事を目にしたのがきっかけです。そのほかにも『泥だらけのカルテ』というドキュメンタリー本を読み、そこから話をいろいろ広げていきました。また作品上に多くは登場しませんが、法医学や検死の流れなども一通り調べました。現在、大枠のストーリーについては完成していて、舞台稽古に向けてブラッシュアップを重ねている段階です。公演を観に来てくださるお客様も一緒に作品を盛り上げてくれることを思い描きながら、楽しんで制作を続けています。

「う蝕」という単語は、パッと耳にしてすぐに意味が分かるような単語ではないように感じています。馴染みのない単語だけど、どこかで見たり聞いたりしたように感じて、文字面からもイメージが膨らむような印象から決めました。最初は仮タイトルのつもりだったのですが、関係者はすぐに気に入ってくれて正式なタイトルになりました。

私にとってむし歯は、口の中にあるのかないのか分からない、不確定なもののような印象を持っています。神様や記憶など、分かってはいるんだけど実際に存在するかどうかは分からないものに、人間が翻弄されることはよくあると思います。そういったイメージも「う蝕」には込めています。

――どういった内容のものでしょうか。

横山　大きな災害が起きてしまった島に、デンタルチャートを行うために派遣された歯科医師たちが登場する話です。現場で身動きが取れないままどこに向かっているのか分からない会話が続いていきます。不条理劇というジャンルや、チラシもどこか不穏で暗い印象があるかもしれないですが、軽妙で面白い会話のやり取りが展開していくので、普段テレビなどでは味わえないような感覚の作品になっていると思います。

また劇中で沈丁花という花が登場します。この花は昔、歯痛に効く薬として利用されていたこともあって、お話の中で役割を持っています。

――歯科関係者に向けて作品の楽しみ方などのコメントをお願いします。

横山　歯科に関する詳細な事柄が多く出てくるわけではないので、素直にリラックスした状態で楽しんでもらえればと思います。俳優さんたちも今をときめく若手俳優から、ベテランの方、テレビでも活躍されているような方たちなので、彼らのやり取りを楽しんでもらいたいと思います。

とはいえ、基本としては歯医者の人たちのお話ですから、その中の誰かに自分を投影するということはしてもらえるのではないでしょうか。普段の歯科医師の仕事と、遺体の判別をするということはそんなに近い所にはないのかもしれませんが、もし自分が身元確認に携わったらどうなるか、という想像はできると思います。もしくは、そういった経験がある知り合いなどからイメージを膨らませることもできるかもしれません。

演劇というフィクションとはいえ、私たちが生きる現実社会とはどこかで地続きになっていたり、鏡になっているものですから、ハッとするような瞬間を舞台の中から感じ取ってくれればうれしいです。

不条理劇　人生の不合理性や無意味さをテーマとする演劇

う蝕

【作】横山拓也　【演出】瀬戸山美咲
【出演】（写真左上から時計回り）
相島一之　坂東龍汰　正名僕蔵　綱啓永　近藤公園　新納慎也

2024年2月10日(土)～3月3日(日)　シアタートラム(東京)
2024年3月 9日(土)・3月10日(日)　兵庫県立芸術文化センター 阪急 中ホール
2024年3月16日(土)　Niterra 日本特殊陶業市民会館 ビレッジホール(愛知)

撮影：阪野貴也

あらすじ

土砂に埋もれた島に集められた歯科医師たち
歪んだ会話、不確かな時空の中で彼らの現在地がぼやけていく

「う蝕(しょく)」とは虫歯のこと。
沈丁花が見事に咲き誇るコノ島を襲った天変地異。たくさんの人が地中に埋もれてしまった。歯科治療のカルテを使って遺体の照合をするために、本土から集められた歯科医師と役人。今すぐにでも動き出したいのに、土砂を掘り起こす土木作業員が待てど暮らせどやってこない。荒廃したこの地で、それぞれが言い知れぬ恐怖と不安を抱える中、一人の男が発言する。
「この中に、ここにいるべきではない人間が混ざっている」

コラムニストに聞く

私が推す!!
仕事サポートアイテム

最新のデジタル機器やお役立ちアイテムを使ってみて、手放せなくなるという経験は、誰もがあるのではないだろうか。さらに、ちょっとした休憩時間に体の凝りをほぐしたり、お気に入りのＢＧＭによって仕事がはかどったり、自分の心身の状態が仕事効率に影響することもある。本紙のコラムニストに「私が推す!! 仕事サポートアイテム」を教えてもらった。

交流

松尾 通　歯科情報学

私が担当している「歯科情報学」は、タイトルの文字通り、情報のキャッチが大切です。そのため、常にアンテナを立て行動するように心掛けています。学会や研究会、セミナーなどへの参加はもちろんのこと、社会の変革が激しいので、仕事のアイテムとして異業種の人たちとの交流は欠かせません。

自分で会を作り、異業種の人たちに来てもらうことも行っています。夏冬会（医業種交流会）、ニューヨーク・コネクション、国際スマイリスト協会などがその例で、「スマイル・グリップ・スウィング」がキーワードです。

新春「十勝川の朝陽と白鳥飛来」

オフタイムを大切に!

柳井 智恵　デンタル小町が通る

昨今、働き改革が進められていますが、私は以前から「オフタイム」を大切にしています。休日は家族や友人と過ごし、旅行や映画鑑賞など趣味に没頭することで、心身ともに癒すことができます。ワークライフバランスの維持がクリエイティブな思考を生み出し、仕事の効率を向上させます。皆様、良いお正月休みをお過ごしでしょうか。

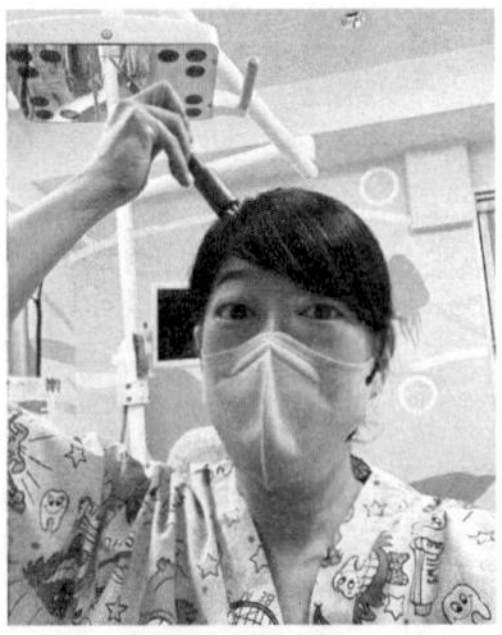

ペン型美顔器

伊藤 織恵　デンタル小町が通る

診療の合間に「コアフィット　フェイスポインター」を愛用しています。診療中は目を酷使し、姿勢も悪くなりがちなので、顔首頭のコリをできる限りほぐし、筋膜リリースすることを心掛けています。

マスクたるみが使用のきっかけでしたが、使い始めてからむくみやコリが解消されるようになり、手放せないグッズとなっています。

スマートフォン

前田 実男　訪問歯科超実践術

三条大橋に到着し、スマホで撮った一枚

どれだけモノを持たずに仕事ができるのでしょうか。2022年３月。私は東京日本橋から京都三条大橋まで、東海道53次を連続21日かけて歩いて旅しました。毎日Facebookで配信していたので、遊んでばかりと思われていたようですが、仕事はいつもと同じようにやっていました。このとき携帯した仕事道具はiPhoneだけ。すごい時代になりました。

スタッフと考案した院内記録用紙

岩崎 由美　デンタル小町が通る

スタッフ間で効率よく情報共有するために改良を重ねて使いやすくした各種記録用紙を活用しています。

記録用紙を見ることで進捗状況や今後の工程を把握でき、治療後は補綴の情報やメンテナンスにおけるチェック項目、患者さんへのお渡し資料などのテンプレートを作製し、誰が見てもすぐ把握できる状態にすることで、効率化を図っています。

フレーバーコーヒーとフルーツティー

中村 喜美恵　デンタル小町が通る

疲れた時や気分転換したい時の最強のアイテムです。

コーヒーにしようか、フルーツティーにしようかと、迷っている時からもうすでに楽しんでいます。どちらかに決めた後も、その中のどれにしようかと迷う中で、テンションがさらに上がります。それを口にした時は、とっても幸せな気分になります。どちらも香りと甘みが感じられ、私には最高のご褒美なのです。

ハンドクリーム

竹内 智美　DHのモヤっと解決隊

私の大好きな香りのハンドクリーム「SHIRO　ホワイトリリーハンド美容液」です。

香りの心理効果には緊張をほぐしたり、リラックスを得られたりするといわれています。

講師としてLIVEオンラインセミナーを行うのですが、何度行っても毎回緊張します。そんな時にたっぷり手に塗ると緊張を和らげてくれる私の推しアイテムです。

書斎、手帳、ノート

日吉 国宏　安心経営の羅針盤

「本棚付きデスク」：ある本で、男は書斎を持て！と書いてあったので。

「高橋書店リベルデュオ」：とにかく薄い手帳を探して、たどり着いた最適解。

「目標達成ノート STAR PLANNER」：人生や仕事を、より主体的にできないかと思って始めました。大谷選手の活躍でご存じの方も多いと思います。スケジュール管理は手書きを推します！

咬合器

鰐淵 正機　さじかげん【番外編】

私の仕事、歯科技工の相棒である「マスティキュレーターⅡ型咬合器」です。

長年所属している学会で臨床生理咬合を学んで以降、補綴技工の際には必ずこの咬合器を使用し、咀嚼運動を確認しています。

デジタル技術の進歩で歯科技工も大きく変化していますが、補綴技工の目的は、しっかり咬めて、食べられることです。このことを忘れずに日々作業をしています。

令和6年度 診療報酬改定

歯科の改定率 プラス0.57%

令和6年度診療報酬改定について、「診療報酬」を国費の800億円程度に当たる0・88%引き上げることで、武見敬三厚労相と鈴木俊一財務相が昨年12月20日に合意した。0・88%のうち、医科・歯科・調剤に充てる改定分はプラス0・46%で、各科の改定率は医科プラス0・52%、歯科プラス0・57%、調剤プラス0・16%。一方で薬価は国費1200億円程度に当たる0・97%、材料価格は国費の20億円程度に当たる0・02%の計約1%の引き下げとなる。

医科・歯科・調剤分の中には、40歳未満の勤務医師・勤務歯科医師・薬局の勤務薬剤師、事務職員、歯科技工所等で従事する者の賃上げに資する措置分(プラス0・28%程度)を含む。

診療報酬0・88%のうち、医科・歯科・調剤以外は、看護職員、病院薬剤師その他の医療関係職種の基本給水準を令和6年度2・5%、7年度2・0%増やすための対応としてプラス0・61%、入院時の食費基準の引き上げ対応のプラス0・06%など。

予算の大臣折衝後に会見を開いた武見厚労相は、概要を説明した上で、「各分野や関係職員の賃上げを実現できる水準を確保できたと考えている。今後は、これらの改定率を前提に賃上げや処遇改善につながる仕組みの構築に向けて、関係審議会等で具体的な議論を深めていく」と述べた。

武見厚労大臣

武見厚労大臣(左)と鈴木財務大臣

令和6年度 介護報酬改定 1・59%引き上げへ

令和6年度介護報酬改定について、国費の432億円に当たる1・59%を引き上げることで武見敬三厚労相と鈴木俊一財務相が昨年12月20日に合意した。介護現場で働く人の処遇改善を着実に行い、サービス毎の経営状況の違いも踏まえたメリハリのある対応を行うとしている。

また、障害福祉サービス等報酬改定では、分野の人材確保のための処遇改善などを行うとして、改定率は国費の162億円に当たる1・12%引き上げとなっている。

日歯 「財政難の中で一定の評価」 改定率受け日歯連盟と見解

日本歯科医師会(高橋英登会長)は昨年12月21日、東京都千代田区の歯科医師会館で会見を開き、「令和6年度診療報酬改定率に対する日本歯科医師会並びに日本歯科医師連盟の見解」を公表した。厳しい財政状況の中での一定の財源確保を評価する一方で、物価高騰・賃金上昇に対する恒常的な取り組みを進めるためには十分とは言えない結果との考えを示している。

会見で高橋会長は、三師会を始めとする医療関係団体が一体となって改定の要望を続けてきたと振り返り、一定の評価ができる結果になったと言及した。そして、歯科の経営状況が厳しい点を説明し、「総額が0・88%引き上げということが決定された段階で、これからどうなるか不明な点が多い。一定の評価はするが、これからが大切ということも強調させていただく」と貼り付け作業等が重要になってくるとした。

林正純副会長は、診療報酬改定のスケジュールについて触れ、年明けに入院・外来医療等の調査・評価分科会で処遇改善の議論を行った後、中医協答申に至ると解説。歯科の改定率プラス0・57%(200億円程度)について、前回の2倍以上となるとし、「今後、財源貼付に関して、実りある改定になるように努力したい」と意気込みを語った。

日歯・連盟の見解は日刊「歯科通信」(12月22日・6682号)に掲載。

林副会長

高橋会長

「改定率は医療界が団結した結果」 三師会会見で松本日医会長

武見敬三厚労大臣と鈴木俊一財務大臣が診療報酬改定の改定率などについて合意したことを受け、日本医師会(松本吉郎会長)、日本歯科医師会(高橋英登会長)、日本薬剤師会(山本信夫会長)の三師会は昨年12月20日、東京都文京区の日本医師会館で合同記者会見を開いた。松本会長は、診療報酬本体のプラス改定に感謝した上で、医療界が一体となって対応した結果と強調し、高橋会長も「十分とは言えないまでも一定の評価はできる」との考えを示した。

日医の松本会長は、「賃金上昇分や物価高騰、さらには日進月歩する医療の高度化への対応に理解と尽力をいただいた」と述べた。改定率の内訳を振り返りながら、「診療報酬のネット(全体)ではマイナス改定になるので、国民の負担は減少する」とし、三師会や四病院団体協議会、国民医療推進協議会など医療界が一丸となって取り組んだ成果と強調。「必ずしも満足できるものではないが、率直に評価をさせていただきたい」とコメントした。

さらに賃上げ対応分のプラス0・61%については、「基本診療料を中心とする診療報酬引き上げでの対応が望ましいと考えている」とした。また、6年度税制改正大綱で、税制上も賃上げを促進する措置が取られたと評価。

「今後、厚労省の社会保障審議会医療部会及び医療保険部会での議論を経て決定された改定の基本的視点と具体的方向性を踏まえて、中医協での具体的な配分の議論に移る」とし、診療報酬だけではなく、税制、補助金支援金などあらゆる手段をフル活用する必要があると述べた。

日歯の高橋会長は、「診療報酬改定は国民の命と健康、そして世界に冠たる皆保険制度を維持し、持続可能なものにするための作業と思っている」と話した。医療や介護等に関わる全ての組織が一丸になった結果とし、改定率の結果に一定の評価ができると発言。「国民が安心して医療を受けられるシステムを崩壊させないよう三師会を中心にこれからも力を合わせて頑張ってまいる」と語った。

右から日歯の高橋会長、日医の松本会長、日薬の山本会長

診療報酬改定に向け 歯科医療を議論 中医協

中医協の第573回総会が昨年12月15日に開かれ、令和6年度診療報酬改定に向けて歯科医療に関する3回目の議論をした。論点は「かかりつけ歯科医機能に係る評価」「院内感染防止対策に係る評価」「歯科疾患の重症化予防に係る評価」「電話や情報通信機器を用いた歯科診療に係る評価」「歯科固有の技術等に係る評価」の五つ(左の「歯科医療の論点」を参照)。

◇◆◇

「かかりつけ歯科医機能に係る評価」で、日本歯科医師会副会長の林正純委員は、かかりつけ歯科医機能強化型歯科診療所(か強診)の名称が患者から分かりにくいとして、名称も含めて整理を要望。「全てのライフステージを通じて歯科医療を提供できることが基本と考えており、小児の発育過程を踏まえた歯科診療を行うことは重要と認識しているが、か強診の施設基準を届出している歯科診療所にとって過度な負担になることのないようお願いしたい」とした上で、事務局の施設基準への研修等の追加、クラウン・ブリッジ維持管理料の要件削除の見直し案に賛同した。

小児期からの長期的な口腔機能管理の評価については、「う蝕や歯周病と共に、口腔機能の管理が進むように診療報酬上の評価を要望する」とした。

◆◇◆

「院内感染防止対策に係る評価」で林委員は、厚労省の「歯科外来診療環境体制加算について、院内感染対策に係る評価と医療安全に係る評価の内容が混在している現状を踏まえ、それぞれ別々の評価として整理、見直しを行う」などの提案に賛同。「ただし本施設基準は院内感染対策や医療安全に係る体制を評価してきたものであり、現在の評価でも十分とは言えないため、より安全・安心な歯科医療提供体制の維持に支障を来すことがないよう、見直し・整理後も継続した応分の評価をお願いしたい」と述べた。

さらに、平時から新興感染症等患者を一定程度受け入れられる歯科医療機関の確保や、新興感染症等の患者の歯科治療を行った際の適切な評価が重要として、地域での感染症患者受け入れ体制構築の推進を求めた。

◆◇◆

「歯科疾患の重症化予防に係る評価」では、歯科訪問診療のう蝕多発傾向者へのフッ化物歯面塗布処置の評価などの案が示された。林委員は、「う蝕多発傾向者、エナメル質初期う蝕、初期の根面う蝕について、必要な患者さんに適切な管理と処置が提供できるよう事務局提案に賛同する」と発言。また、歯周病重症化予防処置および歯周病安定期治療について、「糖尿病患者への評価をぜひお願いしたい」とした。

歯科衛生士による実地指導の評価では、機能面の評価を組み込む点について賛同。一方で、文書提供や15分以上とする時間要件の廃止も求めた。

◆◇◆

「電話や情報通信機器を用いた歯科診療に係る評価」では、「今後活用可能と考えられる好事例、例えば口腔機能の指導管理等に対するオンライン診療や、専門医とかかりつけ医・歯科医の連携の遠隔医療については、適切な実施体制を確保した上で、診療報酬の評価も要望する」とした。

◆◇◆

「歯科固有の技術等に係る評価」では、論点の記載内容に概ね賛同。支払側委員から「クラウン・ブリッジ維持管理料」を廃止すべきとの意見が出て、林委員は「全て廃止する前に現状に見合った仕組みの検討は必要」との考えを示した。

◆◇◆

日本歯科大学口腔リハビリテーション多摩クリニック教授の田村文誉専門委員は、歯科訪問診療の患者へのフッ化物歯面塗布が基本的に初期の根面う蝕だけ対象となっており、小児に多い咬合面や隣接面のう蝕に対応できていない現状を指摘。歯科訪問診療が必要な小児も対象となるように検討を求めた。

情報通信機器を用いた歯科診療では、安全上の配慮を前提とした上で、「小児の口腔機能発達不全症や高齢者の口腔機能低下症の指導管理において指導や訓練の経過を見る等での活用も有効」と述べた。

口腔バイオフィルム感染症については、現在、在宅等で療養する患者と歯科診療特別対応加算を算定する患者のみが検査対象であり、処置も手術、基本治療での算定であるため、歯を有する患者しか算定できないとの課題を示した。その上で「歯がなくても、要介護状態では口腔内細菌数が多いことが報告されており、歯の付着とは別の細菌の存在が肺炎のリスク因子となっている」と説明。「口腔バイオフィルムの除去が必要な患者さんに、検査や処置が適切に実施できるよう検討をお願いしたい」と述べた。

非経口摂取患者口腔粘膜処置では、わずかでも経口摂取が可能な場合は算定できないとして、嚥下訓練開始前に剥離上皮膜を除去できるよう、要件の再検討を求めた。

中医協 歯科医療の論点

①かかりつけ歯科医機能に係る評価

○現在、「かかりつけ歯科医機能強化型歯科診療所」の施設基準を届け出ている歯科診療所は、エナメル質初期う蝕管理や歯周病安定期治療、地域保健活動、在宅医療・介護連携の取組等を実施している割合が高く、さらに継続的・定期的な管理(歯科疾患の重症化予防等に関する継続的な管理)を行っている患者の割合も高い。一方で、患者の多くは「かかりつけ歯科医機能強化型歯科診療所」の施設基準の届出の有無に関わらず、自身が通院中の歯科診療所を「かかりつけの歯科診療所」であると考えている現状を踏まえ、かかりつけ歯科医機能の評価のあり方について、施設基準の名称も含め、どのように考えるか。

○かかりつけ歯科医機能の評価のための施設基準として、小児期から高齢期までのライフコースを通じた口腔の管理をさらに推進し、また在宅療養支援歯科診療所の役割との違いを明確にする観点から、現行のかかりつけ歯科医機能強化型歯科診療所の施設基準に加え、

▼継続的・定期的な管理を実施していることの実績の評価

▼小児に求められるかかりつけ歯科医の役割を踏まえた研修

▼在宅医療を専門に行う歯科医療機関でないことの届出

▼歯科訪問診療の依頼がない施設においては地域の在宅歯科医療の連携窓口等との連携による歯科訪問診療の体制確保

等を追加してはどうか。

○現在のかかりつけ歯科医機能強化型歯科診療所の施設基準に含まれているクラウン・ブリッジ維持管理料について、約98%の歯科医療機関で届出が行われていることを踏まえ、かかりつけ歯科医機能の評価としては施設基準の要件から削除してはどうか。

○かかりつけ歯科医による口腔機能管理を推進する観点から、継続的・定期的な口腔の管理を行っている歯科医療機関による小児口腔機能管理料や口腔機能管理料の診療報酬上の評価についてどのように考えるか。

②院内感染防止対策に係る評価

○歯科外来診療の特性を踏まえ、患者にとってより安全で安心できる環境の体制整備を評価した歯科外来診療環境体制加算について、院内感染対策に係る評価と医療安全に係る評価の内容が混在している現状を踏まえ、それぞれ別々の評価として整理、見直しを行うことについてどのように考えるか。また、その際に、それぞれの施設基準の要件についてどのように考えるか。

○今後、新興感染症等が発生・まん延した場合の歯科医療提供体制の構築を進める観点から、

▼新興感染症等に罹患した患者の歯科治療に対応可能な体制整備の評価

▼実際に、新興感染症等に罹患した患者の歯科治療を行う場合の評価

等についてどのように考えるか。

③歯科疾患の重症化予防に係る評価

○う蝕の重症化予防について、

▼歯科訪問診療を行うう蝕多発傾向者に対するフッ化物歯面塗布処置の評価

▼歯科疾患管理料エナメル質初期う蝕管理加算とフッ化物歯面塗布処置にわかれていることを踏まえ、管理及び処置の評価の見直し

▼中年期から高齢期に多発する初期の根面う蝕の管理・処置の非切削による管理の評価

等についてどのように考えるか。

○歯周病の重症化予防に関する評価である歯周病重症化予防処置及び歯周病安定期治療について、

▼糖尿病患者の歯周病安定期治療に関する実施間隔や評価

▼歯周病安定期治療から歯周病重症化予防に移行する場合の評価のあり方

等についてどのように考えるか。

○歯科衛生士による実地指導の評価について、口腔機能に関する指導等が実施されている実態を踏まえて、歯科衛生実地指導料の評価のあり方についてどのように考えるか。

④電話や情報通信機器を用いた歯科診療に係る評価

○新型コロナウイルスの感染拡大時の臨時的な取扱いにおける実施状況等を踏まえ、電話や情報通信機器を用いた歯科診療の評価やかかりつけ歯科医と連携した遠隔医療の評価について、どのように考えるか。

⑤歯科固有の技術等に係る評価

○小児の外傷歯に対して外傷後の安全管理、重症化予防等の観点から、小児における外傷歯の保護を目的とした口腔内装置の評価をどのように考えるか。

○舌接触補助床について、舌の筋力や運動機能の低下等がみられる口腔機能低下症の患者を対象とすることについてどのように考えるか。

○口腔バイオフィルム感染症の診断および処置について、入院中の摂食嚥下障害患者等で誤嚥性肺炎のリスクが高い患者等に対する口腔細菌定量検査や非経口摂取患者口腔粘膜処置の対象患者等についてどのように考えるか。

○医科点数表の処置の部で評価されている技術の一部のうち、歯科口腔外科領域でも実際に行われているものについて、実態を踏まえて当該技術の評価をおこなってはどうか。

○より質の高い歯科医療の提供を推進する観点から、ICTの活用を含む歯科技工士と歯科医師の連携の評価についてどのように考えるか。

○ハイブリッドレジンによる大臼歯CAD/CAM冠の適用範囲を拡大することについてどのように考えるか。

○クラウン・ブリッジ維持管理料について、当該管理料の対象についてどのように考えるか。

○歯科矯正治療について、学校歯科健診で不正咬合の疑いがあると判断されて受診した患者の検査・診断等の評価についてどのように考えるか。

○歯科麻酔の技術料及び薬剤料が包括されている処置等の技術における歯科用麻酔薬の薬剤料の算定方法についてどのように考えるか。

令和６年度 介護報酬改定に関する審議報告（抜粋）

社保審 介護給付費分科会

審議報告 取りまとめ

社会保障審議会介護給付費分科会が取りまとめた「令和６年度介護報酬改定に関する審議報告」が昨年12月19日に公表された。①「地域包括ケアシステムの深化・推進」、②「自立支援・重度化防止に向けた対応」、③「良質な介護サービスの効率的な提供に向けた働きやすい職場づくり」、④「制度の安定性・持続可能性の確保」を基本的な視点として改定を実施するとしており、②では「リハビリテーション・機能訓練、口腔、栄養の一体的な取り組み」について取り上げられている。

審議報告の抜粋は次の通り。

歯科衛生士の居宅療養管理指導を充実

令和６年度介護報酬改定に係る基本的な考え方

1. 総論

令和６年度から始まる第９期介護保険事業計画期間は、その計画期間中にいわゆる団塊の世代がすべて75歳以上となる２０２５年を迎えることとなる。これまで累次の介護報酬改定や制度改正により、地域包括ケアシステムの推進を図ってきたが、今後、高齢者人口がピークを迎える２０４０年頃に向けて、85歳以上人口割合の増加や生産年齢人口の急減といった更なる人口構造の変化やそれに伴う社会環境の変化が見込まれており、引き続き、不断の見直しが必要である。

また、生産年齢人口の減少が顕著となり、介護を含む各分野における人材不足が更に大きな課題となることが見込まれるとともに、特に近年、物価高騰や全産業における賃金の引上げが進む中で、サービス提供体制の確保の観点から、介護人材の確保と介護事業所の健全な経営環境を確保することが重要な課題である。これに相まってＤＸ等の事業環境の変化が生じ、生産性の向上も課題となっている。こうした経済状況の新たな変化を踏まえた課題への対応も求められ、令和５年度補正予算においても緊急的な対応が講じられている。

これらを踏まえ、今回の介護報酬改定に向けた基本的な視点は、次のように整理できると考える。

2. 改定に当たっての基本的認識

（1）地域包括ケアシステムの深化・推進が求められる中での改定

（略）

（2）自立支援・重度化防止に向けた対応が求められる中での改定

（略）

（3）良質なサービスの効率的な提供に向けた働きやすい職場づくりが求められる中での改定

（略）

（4）制度の安定性・持続可能性の確保が求められる中での改定

（略）

3. 今回の介護報酬改定に向けた基本的な視点

（略）

令和６年度介護報酬改定の対応

1. 地域包括ケアシステムの深化・推進

（略）

2. 自立支援・重度化防止に向けた対応

（1）リハビリテーション・機能訓練、口腔、栄養の一体的取組等

〈リハビリテーション・機能訓練、口腔、栄養の一体的取組〉

①訪問・通所リハビリテーションにおけるリハビリテーション、口腔、栄養の一体的取組の推進

【訪問リハビリテーション、通所リハビリテーション】

リハビリテーション・口腔・栄養を一体的に推進し、自立支援・重度化防止を効果的に進める観点から、通所リハビリテーションにおけるリハビリテーションマネジメント加算について、以下の要件を満たす場合を評価する新たな区分を設ける。

ア 口腔アセスメント及び栄養アセスメントを行っていること。

イ リハビリテーション計画等の内容について、リハビリテーション・口腔・栄養の情報を関係職種の間で一体的に共有すること。その際、必要に応じてＬＩＦＥに提出した情報を活用していること。

ウ 共有した情報を踏まえ、リハビリテーション計画について必要な見直しを行い、見直しの内容について関係職種に対し共有していること。

また、報酬体系の簡素化の観点から、通所リハビリテーション、訪問リハビリテーションのリハビリテーションマネジメント加算（Ｂ）の要件について新規区分とし、加算区分を整理する。

②介護保険施設におけるリハビリテーション・機能訓練、口腔、栄養の一体的取組の推進

【介護老人福祉施設、地域密着型介護老人福祉施設入所者生活介護、介護老人保健施設、介護医療院】

リハビリテーション・機能訓練、口腔、栄養を一体的に推進し、自立支援・重度化防止を効果的に進める観点から、介護老人保健施設におけるリハビリテーションマネジメント計画書情報加算、介護医療院における理学療法、作業療法及び言語聴覚療法並びに介護老人福祉施設等における個別機能訓練加算（Ⅱ）について、以下の要件を満たす場合について評価する新たな区分を設ける。

ア 口腔衛生管理加算（Ⅱ）及び栄養マネジメント強化加算を算定していること。

イ リハビリテーション実施計画等の内容について、リハビリテーション・機能訓練、口腔、栄養の情報を関係職種の間で一体的に共有すること。その際、必要に応じてＬＩＦＥに提出した情報を活用していること。

ウ 共有した情報を踏まえ、リハビリテーション実施計画又は個別機能訓練計画について必要な見直しを行い、見直しの内容について関係職種に対し共有していること。

③リハビリテーション・個別機能訓練、口腔管理、栄養管理に係る一体的計画書の見直し

【通所介護、通所リハビリテーション、地域密着型通所介護、認知症対応型通所介護、介護老人福祉施設、地域密着型介護老人福祉施設入所者生活介護、介護老人保健施設、介護医療院】

リハビリテーション・機能訓練、口腔、栄養を一体的に推進する観点から、リハビリテーション・個別機能訓練、口腔管理、栄養管理に係る一体的計画書の見直しを行う。

〈リハビリテーション〉

（略）

〈口腔〉

⑭居宅療養管理指導における管理栄養士及び歯科衛生士等の通所サービス利用者に対する介入の充実

【居宅療養管理指導】

居宅療養管理指導費について、通所サービス利用者に対する管理栄養士による栄養食事指導及び歯科衛生士等による歯科衛生指導を充実させる観点から、算定対象を通院又は通所が困難な者から通院困難な者に見直す。

⑮訪問系サービス及び短期入所系サービスにおける口腔管理に係る連携の強化

【訪問介護、訪問看護、訪問リハビリテーション、短期入所生活介護、短期入所療養介護、定期巡回・随時対応型訪問介護看護】

訪問介護、訪問看護、訪問リハビリテーション、短期入所生活介護、短期入所療養介護及び定期巡回・随時対応型訪問介護看護において、職員による利用者の口腔の状態の確認によって、歯科専門職による適切な口腔管理の実施につなげる観点から、事業所と歯科専門職の連携の下、介護職員等による口腔衛生状態及び口腔機能の評価の実施並びに利用者の同意の下の歯科医療機関及び介護支援専門員への情報提供を評価する新たな加算を設ける。

⑯居宅療養管理指導におけるがん末期の者に対する歯科衛生士等の介入の充実

【居宅療養管理指導】

居宅療養管理指導について、全身状態の悪化とともに口腔衛生管理の頻度が増加する終末期がん患者の歯科衛生士等による歯科衛生指導を充実させる観点から、終末期がん患者の利用者について居宅療養管理指導（歯科衛生士等が行う場合）の算定回数上限を緩和する。

⑰特定施設入居者生活介護における口腔衛生管理の強化

【特定施設入居者生活介護】

全ての特定施設入居者生活介護において口腔衛生管理体制を確保するよう促すとともに、入居者の状態に応じた適切な口腔衛生管理を求める観点から、特定施設入居者生活介護等における口腔衛生管理体制加算を廃止し、同加算の算定要件の取組を一定緩和した上で、基本サービスとして行うこととする。その際、３年の経過措置期間を設けることとする。

⑱介護保険施設における口腔衛生管理の強化

【介護老人福祉施設、地域密着型介護老人福祉施設入所者生活介護、介護老人保健施設、介護医療院】

介護保険施設において、事業所の職員による適切な口腔管理等の実施と、歯科専門職による適切な口腔管理につなげる観点から、事業者に利用者の入所時及び入所後の定期的な口腔衛生状態・口腔機能の評価の実施を義務付ける。

〈栄養〉

（略）

3. 良質なサービスの効率的な提供に向けた働きやすい職場づくり

（略）

今後の課題

○令和６年度介護報酬改定の基本的考え方や各サービスの報酬・基準の見直しの方向については以上のとおりである。

今後、85歳以上人口割合の増加や生産年齢人口の急減といった更なる人口構造の変化やそれに伴う社会環境の変化が見込まれていることから、２０４０年頃に向けて、引き続き、良質なサービスが利用者の状態に応じて、適切かつ安定的に提供されるよう、不断の見直しを行うことが必要である。

○このため、今回の介護報酬改定の影響を把握するとともに、次期介護報酬改定に向けて、見直すべき事項がないか、検討を進めるべきである。特に、次期介護報酬改定までに検討を進めるべきと考えられる事項について、以下のとおりまとめたので、厚生労働省において着実に対応することを求めたい。

なお、検討に当たっては、データに基づく検討を行うことが必要であり、ＬＩＦＥ等のデータや、介護報酬改定の効果検証及び調査研究、介護事業経営実態調査などの各種の調査・研究等の収集・分析を通じて、実態をしっかりと把握することが必要である。

1. 地域包括ケアシステムの深化・推進

（略）

2. 自立支援・重度化防止に向けた対応

【リハビリテーション・機能訓練、口腔、栄養の一体的取組】

○今回の介護報酬改定において、リハビリテーション・機能訓練、口腔、栄養の一体的取組を更に推進することとしたが、今回の改定を踏まえ、その取組状況や効果を把握し、必要な対応について引き続き検討していくべきである。

【リハビリテーションにおけるアウトカム評価の在り方】

○生活期のリハビリテーションにおけるアウトカムは、心身機能、活動、参加に関する能力の改善だけでなく、非悪化や維持についても評価をすべきであるとの指摘があることから、具体的な評価方法について引き続き検討した上で、ＬＩＦＥの活用も含め、報酬上の評価について検討していくべきである。

【診療未実施減算に係る検証】

○訪問リハビリテーションにおける診療未実施減算について、今回の介護報酬改定で事業所外の医師に求められる「適切な研修等」の適用猶予期間を延長するとともに、研修の受講状況の確認を義務付けることとしたが、その結果を踏まえつつ、事業所医師の診察が困難な理由等について検証し、必要な対応を検討していくべきである。

【口腔】

○訪問サービスや居宅サービスにおける口腔の連携強化に対する評価の新設について適切な効果検証等を実施し、介護事業者と歯科医療機関の効果的な連携の在り方について引き続き検討していくべきである。

○運営基準における口腔衛生の管理体制の実施について適切な効果検証等を実施し、口腔管理に係る歯科専門職を含めた効果的な多職種連携の在り方について引き続き検討していくべきである。

【介護老人保健施設の在宅復帰・在宅療養支援機能の促進】

○介護老人保健施設における在宅復帰・在宅療養支援機能の評価の充実として、今回の介護報酬改定で入所前後訪問指導割合及び退所前後訪問指導割合に係る基準の引上げ等を行うこととしたが、取組状況を把握し、在宅復帰・在宅療養支援機能の促進に向け、引き続き検討していくべきである。

○また、今回の介護報酬改定において、入院日から一定期間内に医療機関を退院した者を受け入れた場合の評価を充実する等、介護老人保健施設と医療機関の連携を強化するための見直しを行うこととした。こうした見直しを踏まえ、介護老人保健施設による在宅復帰・在宅療養支援が必要な者に対し、必要なサービスがより適切に提供されるよう、医療機関との連携の実態を把握した上で、引き続き検討していくべきである。

【ＬＩＦＥを活用した質の高い介護】

○今回の介護報酬改定において、科学的介護の推進に向けた入力項目の見直し等を行ったが、項目の見直しに際しては、介入に係る情報を充実させるべきであるという指摘等も踏まえ、介護現場及び学術的観点から提案される情報を、専門家等による活用可能性等の検討を経て、介護給付費分科会へ提案するサイクルの構築に向けて検討していくべきである。

○また、介護情報基盤の整備に向けて、ＬＩＦＥについては関係者間で共有される情報の１つとして検討が進められていることも踏まえ、引き続き、入力項目やフィードバックについて検討していくべきである。

○今回の介護報酬改定において、事業所フィードバックにおいては自事業所と平均要介護度が同じ事業所との比較や、利用者別フィードバックにおいては同じ要介護度の方との比較、全国集計値だけでなく地域別等のより詳細な層別化、複数の項目をクロス集計するなど、フィードバックの充実に取り組むこととしたが、科学的介護のさらなる推進に資するフィードバックとなるよう、引き続き介護事業所における活用状況等を踏まえ検討していくべきである。

○今回の介護報酬改定において、褥瘡マネジメントや排せつ支援等においてアウトカム評価の充実に向けた見直しを行ったが、ＬＩＦＥで蓄積されたデータも活用し、介護保険制度におけるアウトカムについて引き続き検討していくべきである。

○特に、ＡＤＬ維持等加算については、ＡＤＬ利得をアウトカムとして評価を行っているが、生活期におけるアウトカムとして妥当ではないという指摘も踏まえ、より適切なアウトカムについて検討し、それに応じて当該加算の算定要件等の見直しについても検討していくべきである。

【ＬＩＦＥ関連加算の対象となるサービスの範囲】

○今回の介護報酬改定においては、ＬＩＦＥの入力項目の見直しや負担軽減、フィードバックの改善等に取り組むこととし、対象サービスは拡大しないこととしたが、ＬＩＦＥのさらなる推進に向けて、訪問系サービスや居宅介護支援等の評価の対象となっていないサービスに適した評価項目や、同一の利用者に複数の事業所がサービスを提供していることを踏まえ、各サービスをどのように評価すべきか等の課題について、引き続き検討していくべきである。

【ユニットケアの質向上・普及促進】

（略）

3. 良質なサービスの効率的な提供に向けた働きやすい職場づくり

（略）

4. 制度の安定性・持続可能性の確保

（略）

5. その他

【中山間地域等に対する加算の在り方】

○離島・中山間地域・豪雪地帯等に対する加算の対象サービス・対象地域等については、サービス類型ごとに、利用者数・移動距離・移動手段・移動時間といったサービス提供状況や、令和６年度から施行する経営情報データベース等を活用しつつ詳細な収支状況の実態を把握した上で、介護報酬上の評価の在り方を含め必要な方策を引き続き検討していくべきである。

【地域区分】

（略）

【改定を受けた円滑な取組】

（略）

【国による事故情報の一元的な収集・分析・活用】

（略）

【物価高騰への対応】

○足下の物価高騰が事業所に様々な影響を及ぼしているとの指摘があることを踏まえ、引き続き、物価高騰が居住費・食費に及ぼす影響を適切に把握し、必要な対応を行うべきである。

各サービスの改定事項

（略）

月例会500回を記念 歯科医史学会が講演会

日本歯科医史学会（渋谷鑛理事長）は昨年12月15日、1967年から続けている月例会の500回記念講演会を日本歯科大学生命歯学部九段ホール（東京都千代田区）で開催した。講演は二題で、ともに座長は中原泉日本歯科大理事長。演者は、日本歯科医学会会長の住友雅人氏と渋谷理事長がそれぞれ務めた。中原氏は、「日本歯科医学会の専門分科会のうち、月例会を開催しているのは歯科医史学会だけ。長く、上野のモリタの施設で続けてきた」と、長期にわたって月例会を継続している意義を示した。

記念講演として登壇した住友氏は、「日本歯科医学会会長、6期目の重さと軽さ」と題して、これまでのイベントでの協力など、歯科医学会の中での歯科医史学会の活動の意義について言及。歯科における未発掘の事柄に継続的に取り組んできたことが歯科医史学会の根幹であり、今後、若手の育成などの課題にどう向き合うのか、方向性を示唆した。その一つとして、歯科医師として活躍しつつ、別の分野でも実績を残してきた先達も多いことから、「ダブルキャリア」という在り方にも注目できるのではないかと述べた。

また、2024年から日本歯科医師会と共同運営される日歯医学会の機関誌がインパクトファクター6・6となっている点を指摘。歯科医師会と学会が連携して、学術団体としての価値をさらに高めていきたいとの方向性を示した。

月例会のこれまでを解説する渋谷理事長

渋谷氏は、「日本歯科医史学会月例会500回の軌跡」と題して、1967年に発足した歯学史集談会から、73年に学会として日歯医学会の第13分科会となり、現在に至るまでの過程を解説。500回の月例会の記録をまとめた資料を発表した。

講演によると、発足時に中心的な役割を果たしたのは、歯科医師で、医歯薬出版の創業者でもある今田見信氏であり、今田氏の呼びかけで山崎清氏、山田平太氏、高木圭二郎氏、榊原悠紀太郎氏、瀬戸俊一氏、杉本茂春氏らが集まり、歯科医学史の資料整理、研究の活動が始まった。このうち、山田氏は当時の歯科医史学の課題として「日本では、歯科の歴史資料が散逸したのではなく、先駆者たちが残さなかった」という背景を挙げており、一次史料をもとに歯科医学史を研究することの困難が伴っていたという。

歯科医史学の研究者のほとんどが歯科医師としての本業を持っている。渋谷氏は、歴史の専門家の中から歯科医史学の研究者が生まれることへの期待もあったと指摘し、今後の可能性に期待を示した。

口腔細菌叢の土台 1歳6カ月に形成

九大の研究で判明

1歳6カ月児において、既に成人の口腔細菌叢の土台が形成されていることが分かった。九州大学大学院歯学研究院口腔予防医学分野の影山伸哉助教、竹下徹教授、山下喜久名誉教授らの研究によるもの。離乳期の口腔細菌叢の制御に基づく新たな予防歯科医療の確立につながる可能性がある。

同研究は、福岡市東区で行われた1歳6カ月健診に訪れた216人の乳児を対象に、口腔細菌叢を高精度に同定。その結果1歳6カ月児の口腔細菌叢は自身の生後4カ月時よりも母親の細菌叢に、より類似していることが分かった。このことから、口腔細菌叢バランスがこの1年2カ月の間に急激に成人に近づくことが示唆された。

また、一部の1歳6カ月児においては成人で観察されるバランス異常の兆候が見られた。特に、「甘味飲料やお菓子の摂取が多い」「フルーツの摂取が少ない」「離乳が完了していない」「親と食器を共有している」幼児で多く観察された。この結果によって、離乳期や離乳完了直後の食習慣の管理によって口腔細菌叢を健康なバランスに制御できる可能性が示唆された。

一方で研究グループは、1歳6カ月時点の口腔細菌叢バランスがそのまま維持されるのかは分かっておらず、バランス異常が実際にその後の疾患発症に関わるかは不明だと言及。現在は、同対象者の3歳時点での解析を進めているという。

My Way

待合室活かしデンタルIQ向上

栄昂会 中原維浩 理事長

2016年秋に医院経営を引き継いだ5カ月後、自身のバイト経験を活かし待合室で工夫を重ねたことでセルフケアグッズの売り上げが月額100万円を超えた――。そう話すのは、栄昂会理事長の中原維浩氏。「待合室マーケティング」という独自メソッドを提唱し、歯科医院の物販活動を加速させ、患者さんのデンタルIQを高めている。オーラルセルフケアグッズ紹介や食生活のアドバイスなどを取り入れながら、オーダーメイド型の歯科医療を提供する同氏に、待合室マーケティングに至った経緯や実際にフロアのディスプレイやPOP作成をする際のポイントなどを聞いた。

ポイント1：売りたいグッズは「目に入りやすい位置に」「興味を惹くPOP」などを意識する。中原氏いわく、「POPKIT」というPOP作成ツールも便利だという

物販は医院カラーに合わせて

――待合室マーケティングに至った経緯をお教えください。

中原　2016年に父の代から歯科医院を継承することになったのですが、やはり30年前に開業した歯科医院でしたので、改装する際には僕なりのカラーを出したいなと思っていました。そして、既存の治療メニューを変えようと思い、顎関節や噛み合わせなど差別化を図っていたのですが、それですとターゲット層が狭まってしまう可能性がありました。

そこで考えたのが、待合室の改善でした。待合室に焦点を当てたのは、東京歯科大学に通いながら靴の小売店であるABC-MARTで約6年間、フロアのディスプレイやPOP作りなどをした経験が活かされています。診療室の中で生産性を上げられるのは当たり前ですが、待合室という空間もうまく活用すれば生産性が上がるのではと思い、実際に試してみました。父の代では、物販の売り上げが月約8千円でしたが、引き継いだ5カ月後には、月100万円の売り上げを達成することができましたね。

ポイント2：商品をフック掛けすることで、患者さんは手に取りやすく、スタッフは在庫管理がしやすいメリットがある

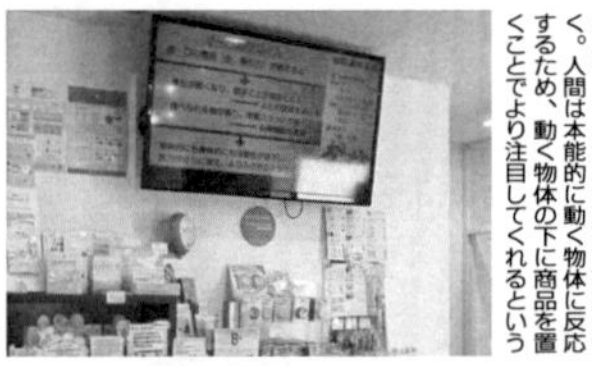

ポイント3：テレビの下に商品を置く。人間は本能的に動く物体に反応するため、動く物体の下に商品を置くことでより注目してくれるという

――スウェーデン留学時での出来事も活かされているそうですが。

中原　そうですね。まず、日本の歯科衛生士と比べて同じ60分の治療時間でも、「お話する割合：施術する割合」が、話す方が多く感じました。日本のセルフケアに関する相談が10分で終わるところを、スウェーデンは40分取ってしっかり話すなど、歯科医療の在り方が全く違いました。

日本では診療報酬制度の仕組みから「医療」を優先しがちですが、スウェーデンはキュア&ケア（キュアは医師が行う治療、ケアは治療以外に患者さんをケアすること）というように「患者さんに寄り添う」医療を提供しているのが特徴です。

また、日本では歯ブラシの動かし方や当て方を指導しますが、スウェーデンでは適切なツール選びに注力しています。例えば、歯間ブラシといっても数多くのサイズがあるので、適切なサイズを選ばないとスカスカで磨くことができません。

スウェーデンの歯科医療を学ぶにつれて、セルフケアの重要性を身に染みて実感するようになりました。

――実際にフロアのディスプレイやPOP作りをする際のポイントなどはありますか。

中原　歯科医院のカラーや特徴、置きたい商品や家具の配置にもよるのですが、ディスプレイにおける七つの法則があります。法則1「売りたい商品の陳列面（フェイス）を増やす」、法則2「売りたい商品を『ゴールドライン』に陳列する」、法則3「重さあるいは価格帯で陳列の上下位置を決定する」、法則4「購買率をあげたい商品は中央もしくは右側に配置」、法則5「売り上げの弱い商品は強い商品の間、もしくは両サイドに陳列」、法則6「集視ポイントをつくる」、法則7「会計時の受付横に少額アイテムを置く」というポイントを挙げています。

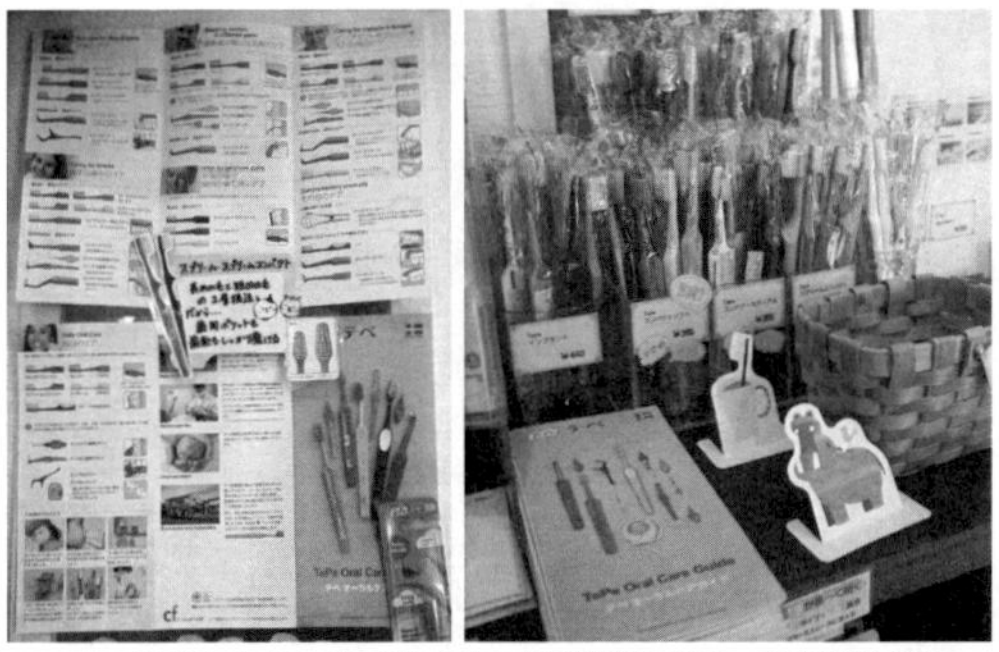

ポイント4：各メーカーのリーフレットを併用することで、どんな商品なのか、患者さんも一目で分かる

例えば、当院（細田歯科医院）は雑貨屋みたいな雰囲気で、「患者さんが選ぶ楽しさ」に注力していまして、ウィンドウショッピング（陳列されている品物を見ながら歩いて買い物を楽しむこと）のようにうろちょろして、受付との会話もしながら商品を選んでいくのがポイントです。

一方で、横浜にあるクリニック（戸塚駅前トリコ歯科）では、整理整頓されたドラッグストアのような陳列になっています。

ポイント5：患者さんに商品をアピールするためには、歯磨剤や歯ブラシ等のセルフケアグッズは実際に使用感や味を確かめることも大切

どんなスタイルでやるのか、医院のカラーに合わせて考えていく必要がありますね。

――今後の展望をお聞かせください。

中原　現在、私がやっているオンラインサロンを通じてセルフケアグッズに関する知識を日本の歯科医療従事者のうち、10万人に伝えられたらいいなと考えています。歯磨剤のパッケージの後ろには、「歯科医師、歯科衛生士の相談のもと」と書かれているにも関わらず、歯磨剤に関する授業は歯科衛生士学校では3年間の中で2時間程度、歯科医師は6年間ある中でたった1時間程度しかありません。正直、私たちはもっと商品知識を付けるべきだと思っています。

そして、名称は変わるかもしれませんが、もし国民皆歯科健診が実現すれば、今まで来なかった方々が通院するようになり、次第にセルフケアのニーズが増えると思います。その際、軽症の場合は、セルフケアグッズで救えるケースもあるかと思いますので、全国民が、全歯科医院がセルフケアグッズに関する知識を知ることが必須項目になってくるかもしれないのです。

私は「医療物販」が保険診療、自由診療と並ぶ3本目の収益の柱になり得ると考えています。

もし、興味を持ってくれた方がいましたら、医療物販学LABO（オンラインサロン）に参加していただければ、よりセルフケアグッズに関する知識を深めることができるかと思います。

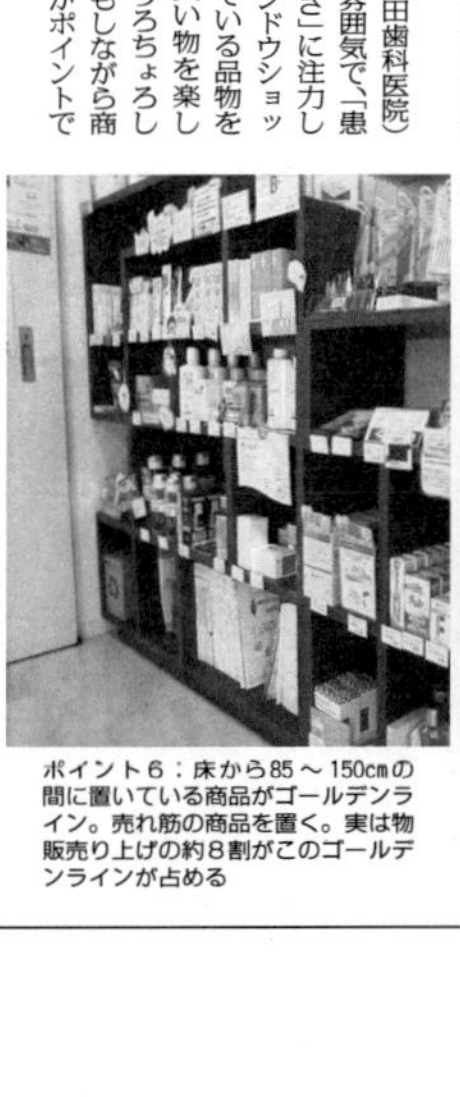

ポイント6：床から85～150㎝の間に置いている商品がゴールデンライン。売れ筋の商品を置く。実は物販売り上げの約8割がこのゴールデンラインが占める

ポイント7：受付横に少額アイテムを置くことで、「これもついでに」と手に取ってくれるという

石福金属に聞く

パラジウムの相場動向

2023年は、前年から続くあらゆる物価の高騰に賃上げを切望しつつも、新型コロナウイルスの感染症類型が5類に引き下げられ、マスクなしでのイベント参加などコロナ禍前の生活を取り戻す1年となった。貴金属価格も影響を受けていることから、「パラジウム価格の相場動向と今後の価格変動の見通し」を、貴金属総合メーカーの石福金属興業に聞いた。

——パラジウムの2023年後半（6～11月）の動向は。

石福　6月以降も下落傾向は変わらず、11月末にかけて徐々にレンジを切り下げていく展開となりました。

——主な市場の動きは。

石福　1370ドル台でスタートした6月のパラジウム相場は、6月上旬に発表されたPGM（白金族）の主要な需要国である中国の貿易統計が市場予想を上回る落ち込みとなったことで、一時1300ドル台を割り込みました。

その後、買い戻しの動きなどから1400ドル台まで回復するも、米長期金利の上昇や南アフリカの大手電力会社であるEskom社と労働組合との賃金交渉がまとまり、電力供給の不安定化によるPGM供給懸念が一部後退したことなどから9月上旬まで概ね1200～1300ドル台での推移が続きました。

その後も下落の流れは止まらず、9月上旬に発表された8月の中国の貿易統計も輸出は前年比で4カ月連続のマイナス、輸入に関しても7・3％のマイナスをつけるなど、中国の景気不振が改めて示される格好となったことで一時1200ドルを割り込み、産業用メタルであるパラジウムに対する下押し圧力が継続する中で徐々にレンジを切り下げていきました。

10月に入ると上述の下押しリスクに加え、米長期金利やドルの上昇を眺めながらレンジを1100、1200ドル台に切り下げて推移する展開となりました。11月上旬には10月の中国CPI（消費者物価指数）が市場予想を下回ったことに反応し、一時1千ドルを割り込み5年ぶりに安値を更新する等、下落基調に歯止めがかからず、11月末には1千ドル台を付けてこの月の取引を終了しました。

金、パラジウムの価格推移

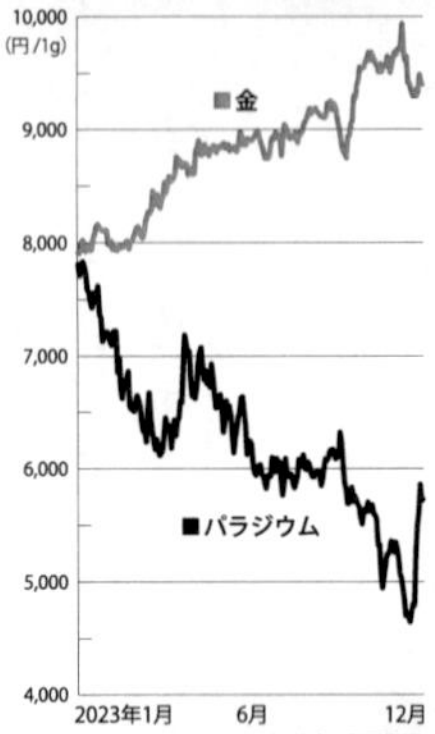

（石福金属興業提供）

今後の見通しは――――

——今後の見通しは。

石福　主な下落要因として、主たる需要国である中国景気の不振に加え、昨年のロシアによるウクライナ侵攻の際にリスクヘッジとして各社が確保したパラジウムがここにきて放出されているとの話もあり、12月に入っても価格は低調に推移しています。

一方、パラジウムやロジウムの価格低下を受け南アフリカの鉱山会社を中心に業績が急速に悪化しており一部減産の発表も見られる中では、上値は重いと思われるものの需要に回復の兆しが見えた中では上昇する局面もあると想定します。

予約電話に自動応答

AI活用の受付サービス

ストランザ

ストランザ（本社・東京都港区、西島彰一社長）とAI Shift（本社・東京都渋谷区、米山結人社長）は、電話自動受付サービス「電話がらくだ」の提供を開始している。

同サービスは、ストランザの歯科医院専用のクラウド型業務管理システム「Apotool&Box」と、AI ShiftのAI音声自動対話サービス「AI Messenger Voicebot（＝AIボイスボット）」が連携し、電話対応の他、新規予約、予約の変更・キャンセルを自動で行うもの。

予約を希望する患者が同サービスに電話をかけると、Apotool&Boxが予約情報や患者情報から予約可能日時を提案し、ボイスボットが患者の来院希望日等から適切な予約枠を音声案内する。確定した予約はApotool&Boxに反映され、患者には来院案内のSMSが送付される。同サービスは24時間365日対応でき、電話発信者やその家族の予約も可能。診療時間内であれば医院への電話転送も行う。ボイスボットの対応ログも確認できる。

利用料は、初期導入費用が11万円、月額5万5千円～。利用にはApotool&Boxの契約とアナログ回線またはデジタル回線が必要。

問い合わせはTEL03（6403）4880まで。

旧本社跡地にマンション建設

和田精密歯研

和田精密歯研（本社・大阪市、和田主実社長）は、同社が所有し、新社屋への拠点の集約に伴い閉鎖された旧ギコービル跡地（大阪市）に建設予定のマンションの地鎮祭を昨年11月28日に実施した。竣工は2025年3月の予定。

完成イメージ

式典には、同社と建設を請け負う積水ハウス（本社・大阪市、仲井嘉浩社長兼CEO）、運営管理を行う積水ハウス不動産関西（本社・大阪市、澤田康志社長）の関係者が出席。くわ入れ等が行われ、工事の安全と守護が祈念された。

建設予定のマンションの敷地面積は1074・58平方㍍、延床面積は3454・97平方㍍。地上10階建て。

同社がオーナーとなり、1LDKが19戸、2LDKが27戸の一般の人が利用できる賃貸マンションとして建設。セキュリティシステムにはダブルロックシステムを採用。自動二輪1台、原付3台、駐輪場48台のスペースに加え、駐車場14台と電気自動車用の充電器も完備。JR東淀川駅まで徒歩9分、阪急淡路駅まで徒歩15分の立地で、部屋によっては淀川花火大会が見える可能性もあるという。

支払い期限を繰延

医院用決済サービス

SCOら

スマートチェックアウト（＝SCO、本社・東京都千代田区、玉井雄介社長）とデジタルガレージ（本社・東京都渋谷区、林郁社長）は、歯科医院などが銀行振込の請求書をカードでの支払いに切り替えできるB2B決済サービス「DGFT請求書カード払い」の提供を昨年12月13日に始めた。

同サービスは、銀行振込の請求書の支払いをJCB、Visa、Mastercard、ダイナースクラブのカード（JCBブランドで発行されたプリペイドカードを除く）での支払いに切り替えて、実質的な支払い期日を最大60日程度繰延できる。取引先がカード決済に未対応の場合でも利用可能。

「だ液がんリスク検査」

特別賞を受賞

日本ニュービジネス協議会連合会（池田弘会長）が主催する「第18回ニッポン新事業創出大賞」に、サリバテック（本社・山形県鶴岡市、砂村眞琴社長）の唾液で現在のがんの罹患リスクを評価する「サリバチェッカー」が「アントレプレナー部門」の「特別賞」を受賞した。賞は、日本の経済社会・地域の活性化を目的として革新的な商品やサービスを提供する企業等を表彰するもの。「アントレプレナー部門」と「支援部門」から成り、最優秀賞と優秀賞、特別賞、地方創生賞に九つの企業や個人が表彰された。

サリバチェッカーは、唾液中の代謝物の濃度からがんの異常値を示す物質の濃度をAI等で解析し、男性は肺がん、胃がん、大腸がん、膵がん、口腔がんの5種類、女性は乳がんを加えた6種類のがんのリスクを一回で検査できる。自宅で唾液を採取し、同社に郵送するだけで検査でき、がんの早期発見と早期介入に役立つことが期待される。

週間 金・パラ価格動向　税抜価格（1g、円）

	金	パラジウム（参考価格）
12月18日（月）	9,295	5,505
12月19日（火）	9,335	5,615
12月20日（水）	9,487	5,860
12月21日（木）	9,426	5,715
12月22日（金）	9,401	5,730

提供 石福金属興業

訂正　昨年12月19日付（2278号）6面の「金・パラ価格動向」の記事で、日付の「13～16日」は誤りで、正しくは「12～15日」でした。お詫びして訂正します。

人事

（敬称略）

■東和ハイシステム
▼代表取締役　石井滋久
▼社外取締役　猪木健二▼取締役社長執行役員　飯塚正也【新任】

2024年のオススメ製品

（価格は税別、五十音順）

Opt.one3

株式会社オプテック　☎ 03-4570-4181

<AI特許取得済>業界初、AI搭載の電子カルテシステムが登場。Opt.one3なら驚異的な速さでカルテ作成可能！AIが学習した膨大な事例を瞬時に提示し、誰でも簡単に、充実したカルテ作成が可能です。また、初診時にその場で治療の流れを説明できるため、患者さんとの繋がりを強化。続々登場予定のAI機能で皆さまを強力に支援します。

価格＝電カル/POSカル　190万円～

自動受付精算機「PS-3 plus」

株式会社 NNG　☎ 03-6380-3818

高額紙幣対応・紙幣一括投入可能な「PS-3plus」は、受付業務の効率化、非接触業務にも繋がる自動受付精算機が歯科医院のDX化を強力サポートいたします。2画面タイプの自動受付精算機で、モニター下部でお会計画面を、上部は医院様のHP、治療内容のご説明等ご自由にお使いいただけます。【IT補助金ご活用いただけます】

価格＝お問い合わせください

新型NオーRオー持針器

有限会社アイ・デント　☎ 043-227-6039

【新型NオーRオー持針器】
親指でロックを外さない持針器
最後まで握りしめるとロックが外れる新機構。
一般の持針器では、ロックを親指で外す時、針先が3mm程ブレ、歯肉を切ってしまうことがある。薄い歯肉を縫合する場合でも針先がブレず、歯肉を切ることが無い。

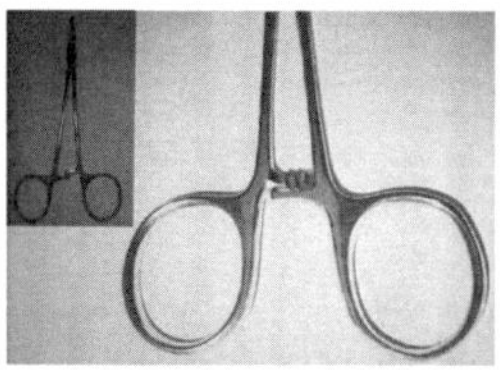

価格＝32,500円

口腔細菌検出装置orcoa

株式会社オルコア　☎ 072-993-7877

チェアーサイドで歯周病に関連性が高いレッドコンプレックス（Pg菌・Td菌・Tf菌）をPCRの原理で検出・数値化可能に！

「orcoa」は、簡単操作で約45分後に結果がでますので、当日中に患者様へ結果をお伝えいただけます。

検査を通じて、歯周病治療に欠かせない「患者様参加型治療」の実現に貢献いたします！

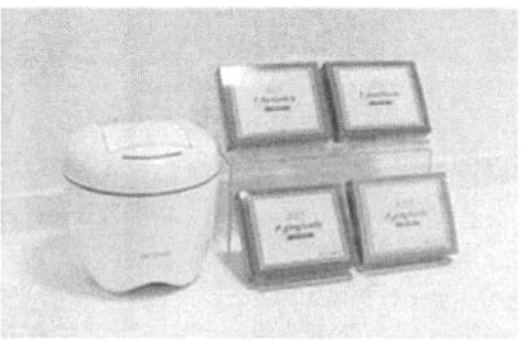

価格＝40万円

エルビウム・ヤグレーザ　「ライトタッチ」

株式会社 NDC　☎ 042-536-8880

硬組織・軟組織両用　レーザーの発振体がハンドピースに直接連結された、伝送ファイバーを使わない進化したEr:YAGレーザーです。

水中プラズマによるラジカル酸素種が生成されていることが証明されました。

（その他特徴）
■耐久性があるサファイアチップ
■各種診療報酬項目のレーザー加算がすべて適用

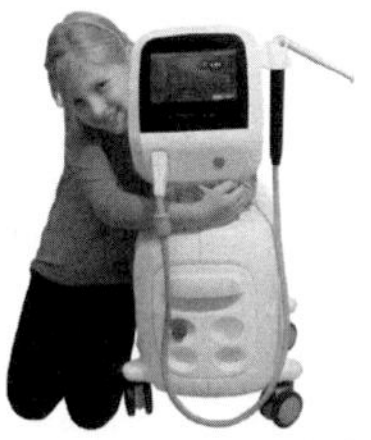

価格＝オープン

ディアプラック（歯垢染出し液）

有限会社アイ・デント　☎ 043-227-6039

【ディアプラック（歯垢染出液）】
発癌物質を含まない染出し
製品は最初から特殊綿球に染出し液を染み込ませてある。1ボトル200個入り。当社の製品は、ADA規格の赤色3号使用。
＊発癌物質とは、赤色102号・104号・106号・黄色4号・青色1号等（ADA調べ）。

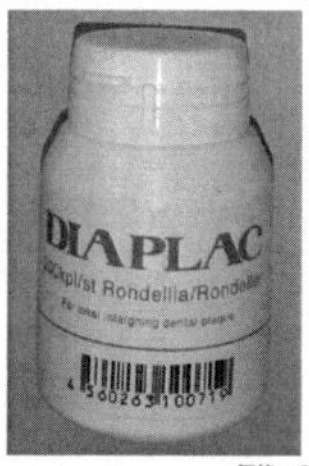

価格＝3,000円

レプリカトレー

亀水化学工業株式会社　☎ 00-0000-0000

歯科印象トレー用レジン"レプリカトレー"は旧義歯を印象採得し、旧義歯の貴重な情報を反映した個人トレーを作製できます。

患者様の口腔内印象が不要。石膏模型の作製も不要。作業ステップの短縮になります。

フローが良く、レジンの重合収縮を抑え、硬化時間は約10分。色調がピンク・アイボリー・クリアの3色。

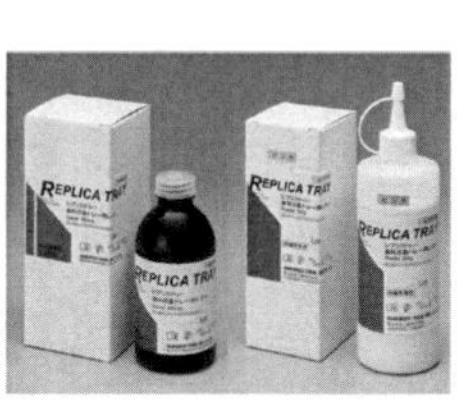

価格＝専用粉250g（9,000円）専用液200mL（5,000円）

PLASMA　POIC®　WATER

株式会社エピオス　☎ 03-5245-4160

純度の高い塩と純水を電気分解して生成されるので安心安全で、しかもプラークやバイオフィルム等のタンパク汚れを容易に取り除き、根管治療やPの洗浄にも効果を期待でき、器具洗浄までもご使用になれます。患者様のホームケアでも治療の一環としてオススメ致します。

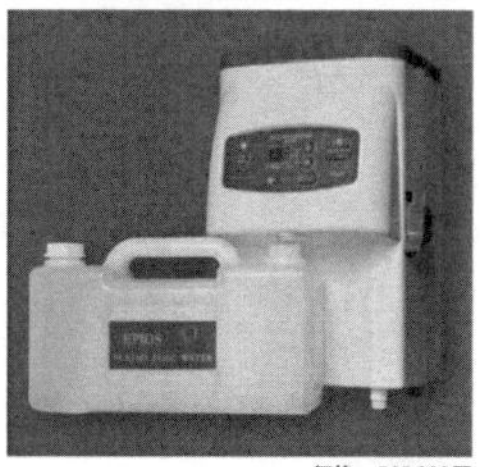

価格＝545,000円

クリニックシールド

あおぞら少額短期保険株式会社　☎ 03-4500-2773

「クリニックシールド」は、患者さんから思いがけないクレームを受けたときに、先生とスタッフの味方である歯科医療専門弁護士へ相談して的確な助言を受けられるサービス（保険）です。弁護士相談により誠意と自信をもって回答できるので、患者さんの不安不信ばかりでなく先生やスタッフのストレスも解消が期待できます。

クリニックシールド
Clinic Shield

価格＝5,000円/月あたり

インプラント手術器具「トルクラチェットレンチプラス」

京都機械工具株式会社　☎ 0774-46-3804

インプラント埋入の初期固定から補綴の締結まで、スムースな動きと正確な計測が可能な工具メーカー製のトルクラチェットレンチ。ピーク値に置き針を残す設計で、読み取り時のミスを防ぎます。トルク測定範囲は20～100N・cm。レンチアダプタ（別売）を使用することで他社製品のCAバーが接続可能です。

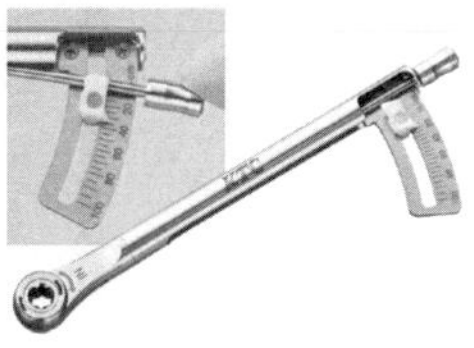

価格＝お問い合わせください

EPARK歯科

エンパワーヘルスケア　株式会社　☎ 0120-981-354

「EPARK歯科」は、サービス開始から10年の節目を迎え、延べ25,000以上の医院様にご活用頂いております。

「広告を検討中」「業務効率を上げたい」「紙の台帳から切り替えたい」などでお悩みの医院様に対し、これまでの運用実績から、医院様に寄り添ったご提案をさせて頂きます。

ぜひご相談お待ちしております。

価格＝月額¥15,000～、システム利用料¥2,000/1件

SRサクラール

Ivoclar Vivadent 株式会社　☎ 03-6801-1303

「保険にも審美を追求できる時代に」をコンセプトに日本人のために開発された人工歯「SRサクラール」です。高い品質基準でより自然な形態・表面性状再現が可能です。シェードも3種類あり様々な症例に対応が可能です。

審美性と健康保険制度の基準をクリアする強度を兼ね備えた人工歯です。

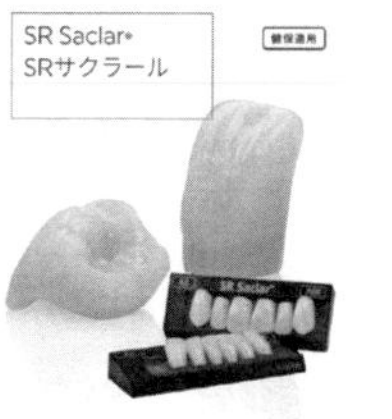

価格＝前歯6歯　780円、臼歯8歯　1040円

ピュアPMMAディスク（マルチレイヤー色）

クエスト　☎ 0885-38-9777

6層3色構造で美しいグラデーションを表現しました。

Φ98×20mmで色調はMLA2,MLA3,MLA3.5の3色をラインナップしており、プロビジョナルレストレーションにご使用頂けます。高い研磨性で、艶出しも容易なCAD/CAM切削加工用レジンディスクです。

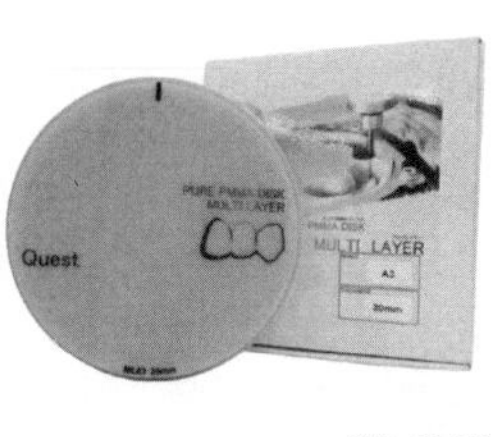

価格＝9,000円

カリエール モーション

有限会社オーソデントラム　☎ 03-5652-3322

カリエールは、ブラケットやアライナー治療の前準備として使用する装置です。

全ての歯を動かす前に、犬歯から奥歯までを正しい位置関係にする事で効率的な治療が可能になります。

また、同様の効果をもつ他の装置に比べて構造がシンプルなため、違和感が少ない事も特徴です。

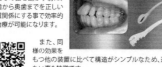

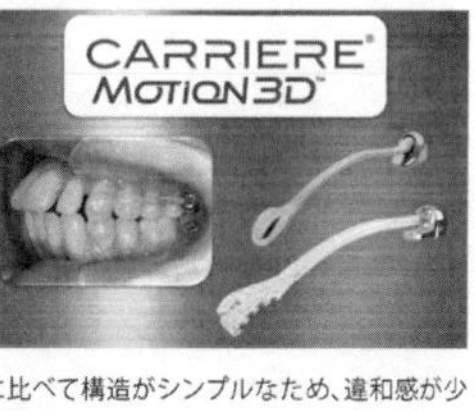

価格＝クリア22,000円/1本　メタル17,000円/1本

電子カルテ「FLEX e-Karte」

株式会社ウィルアンドデンターフェイス　☎ 03-5273-6791

FLEXシリーズから電子カルテ『FLEX e-Karte』が登場。クラウドバックアップ『FLEX Drive』と組み合わせることでカルテのペーパーレス化を実現します。医院が抱えるカルテ保管スペースの確保、ハードウェアの故障、データ損失、自然災害のリスク等の課題を解決します。

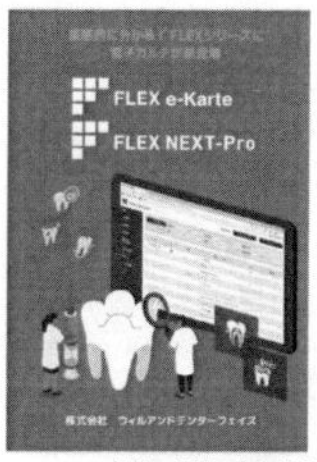

価格＝お問い合わせください

2024年のオススメ製品

(価格は税別、五十音順)

エンゼルシリコンポイント

大榮歯科産業株式会社　☎06-6441-3332

お!? いつものと なんかちがう

お客様の声から、よく削れて長く使えるシリコンポイントをコンセプトに HP専用として開発。低価格帯でありながら、研磨砥粒を含んだ高い研削力と耐久性を兼ね備えており、いつもと違う感覚を体感していただけるはずです。形態は一般的な砲弾型から極薄/極厚タイプの円盤型2種類の計4種類をご用意いたしました。

砲弾型(DM-13,DM-13S/10本入)＝1,280円
ラボパック(60本入)＝6,880円
円盤型(DM-10,DM-11/8本入)＝1,280円
ラボパック(50本入)＝6,880円

サリースモールマルチアジャスター／サリーベース

タカチホメディカル株式会社　☎042-498-1911

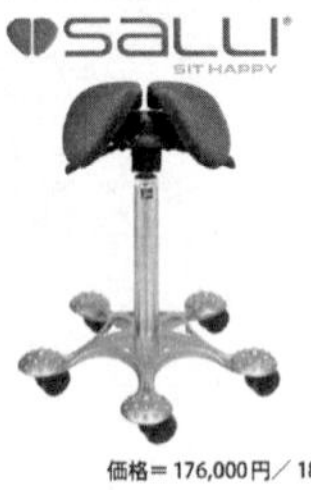

サリーチェアは、人間工学に基づいた姿勢を改善する先進的なサドルチェアで、歯科診療においてはマストアイテムになります。

本製品は一般オフィスや学校、眼科医やさまざまな医療従事者に販売していますが、歯科医師、歯科衛生士、歯科技工士にもっとも多く利用され、好評を得ています。

価格＝176,000円／18,600円

今日から始めるミュージアムクリニック(絵画)

株式会社シエン社　☎03-3816-7818

ロサンゼルスの版画工房「STUDIO ART FLAG」で制作されたミュシャやゴッホなど有名作家の復刻リトグラフや、現代ヨーロッパの巨匠作家のオリジナルリトグラフを歯科医院に飾ってみませんか? それぞれの絵に合わせて額装された絵画が、いつもの診療室や待合室を、楽しく充実した文化的空間に早変わりさせてくれるはずです。

価格＝例：ミュシャ「ゾディアック」15万円

歯科用レントゲン装置のサブスクサービス「krix(クリックス)」

株式会社クリックス　☎050-5896-3865

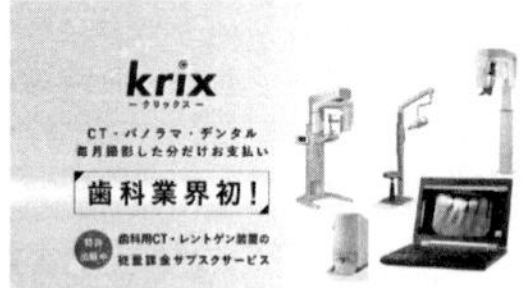

歯科業界初! 毎月のレントゲン撮影枚数に応じて料金をお支払い頂く従量課金型サブスクサービスです。

一括購入やリース、ローンに代わる新しいレントゲンの導入方法です。

装置はCT・パノラマ・デンタルの3種類をご用意。メンテナンス費用や保険料など全て含んだ安心料金。使わなくなったら3年以降から解約も可能。特許出願中。

価格＝お問い合わせください

ブリングミーシリーズ

株式会社チームフォーチューン　☎03-5327-4100

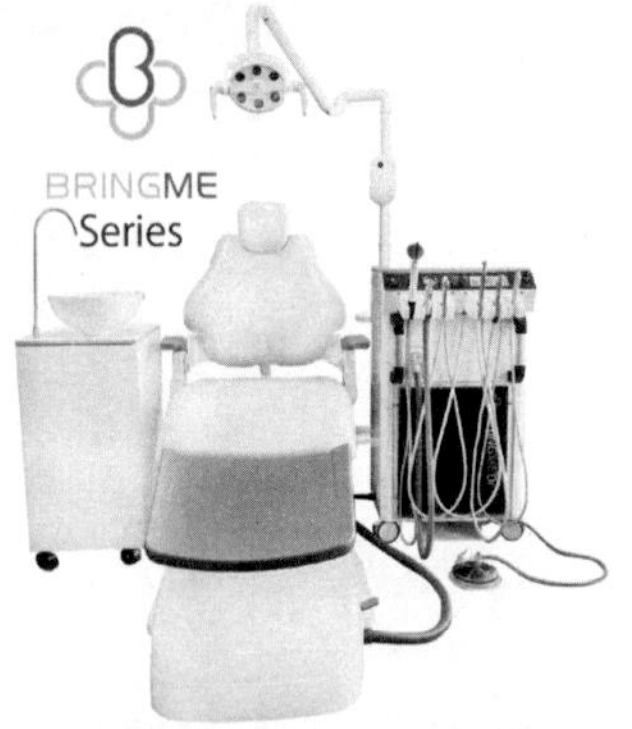

「コンセントにつなげばそこが診療所」配管工事不要ですぐに診療ができる!

ユニットの入れ替えや新規開業を考えているが、コストを抑えたい...そんな夢を叶えてくれるのが、無配管で設置可能なブリングミーシリーズです。

シリーズの内のひとつである、可搬式歯科用ユニット「ブリングミードクター」はコンプレッサー、バキュームモーター、給水タンク、排水タンクが搭載されたオールインワンの歯科用ユニットです。タービン回路は光付きのISO4ホールを採用。対応カップリングを装着することで各社タービンを使用することができます。

価格＝お問い合わせください

ビューティリンクSA

株式会社松風　☎075-778-5482

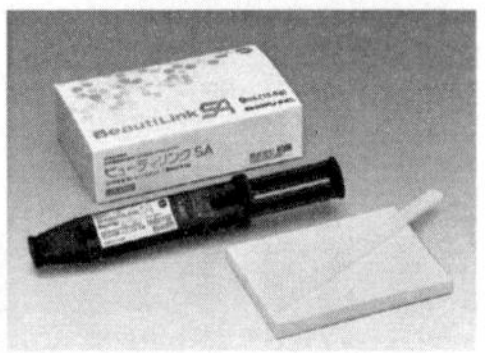

1本で各種補綴装置に対応可能な自己接着性レジンセメントです。

「高い初期接着強さ」及び「接着強さを更に高める前処理材ビューティボンド Xtreme※」により、CAD/CAM冠の脱離リスク低減が可能です。色調はクリア・アイボリー・オペークの3色で、特にオペークは遮蔽性が高く金属や変色歯におすすめです。

※ビューティボンドXtremeはPEEK材の前処理には使用できません。

価格＝12,000円

vhf ミリングマシンE5

コアフロント株式会社　☎03-5579-8710

E5は本体重量わずか43kgの5軸乾式ミリングマシン。コンプレッサー不要で設置場所を選ばず、イニシャルコストをおさえることができる。CAMソフトウェア「Dental CAM8」が付属されているので、すぐに加工を開始することができる。ワークフローのデジタル化を実現するデジタル化導入機種としておすすめ。

価格＝490万円

歯科医院ほぼ無人化計画

ストランザ　☎03-6403-4880

「人がやらなくても良い業務はシステムにお任せしよう」というプロジェクトを「歯科医院ほぼ無人化計画」と呼んでいます。予約電話から会計処理まで、患者様の流れにおける全ての場面で歯科専用のクラウド型システムApotool & Boxの力を借り、受付業務をほぼ無人化させることで業務を大幅に効率化していきましょう。

価格＝お問い合わせください

Buddycom(バディコム)

株式会社サイエンスアーツ　https://www.buddycom.net/

Buddycom(バディコム)は、次世代インカムアプリとして歯科医院から、JALや全国の新幹線まで、様々な企業で利用されています。

クリアな音声で異なるフロアでも音声が途切れません。

また、会話の文字起こしや翻訳、映像配信機能も備わっている優れもの。

まずは無料でお試しを!

価格＝660円〜

DWX-53DC

DGSHAPE株式会社　☎0120-118-233(DGSHAPEコールセンター)

DGSHAPEの最新ディスクチェンジャー機「DWX-53DC」は、発売以来多くの歯科技工所様に導入され、高剛性のフレームがもたらす品質や信頼性の高さに加えて、業務効率化の面からも高い評価を得ています。

デジタルデンチャーソリューション関連のオプションも充実。歯科技工のデジタル化推進をサポートします。

価格＝450万円

スマホ、タブレット専用：口腔内撮影用照明装置『クリアファイバー・スマートPix』

株式会社セルフメディカル　☎03-3625-3111　(㈱日本歯科商社)

iPhoneなどのスマートフォン、iPad、iPad miniに「スマートPix」を装着するだけで、本格的な口腔内撮影が可能。

一般高演色LEDとは一線を画す、太陽光LEDを採用したことで、色の再現性が高く、独自設計により、光の拡散性能を最適化し、斑のない、均一な発光を実現。

リング・ツイン・上下と多彩な発光パターンを備え、歯科専用設計ならではの使い勝手を実現。

価格＝12万5,000円

あなたも人生を変える出版を

サンライズパブリッシング株式会社　☎03-5843-4341

弊社は「出版でビジネスを成長させる」をコンセプトにしている出版社です。

すでに20以上の歯科医・開業医の方をプロデュースしており、集患・採用など多方面に大きな効果があります。

出版マーケティングのあなた自身・あなたのクリニックのブランディングを格段とあげませんか?

価格＝要問い合わせ

デンタルプロおやこでなかよしフロス50本入り

デンタルプロ株式会社　☎0120-68-1182

デンタルプロおやこでなかよしフロスは、3才〜12才を中心とした小児とその保護者のための、おやこで一緒にケアをコンセプトにした商品となります。フロスの素材は超高分子量ポリエチレンを採用し、「歯間隣接面に入りやすく」「歯肉にやさしく」「しっかりプラーク除去できる」お子様にもやさしいハンドル付きフロスです。

価格＝300円

歯科ユニット給水ライン・クリーンシステム『ポセイドン』

株式会社セルフメディカル　☎075-744-0874

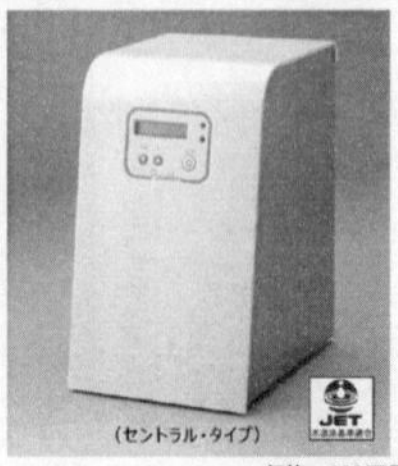

(セントラル・タイプ)

歯科ユニット給水ラインを衛生的に保つには残留塩素が必要。

ポセイドンは、特許技術により水道水のみを電気分解し、生成された中性電解水(次亜塩素酸、次亜塩素酸イオン)の働きで歯科ユニット給水ラインの微生物増殖抑制が期待できる。また、添加物は不要でヒューマンエラーの心配もない。

第三者機関にて給水器具等の認証を取得済み。

価格＝190万円

歯科予約システム「DentNet(デントネット)」

株式会社ジェニシス　☎045-317-2708

豊富な予約制御に基づくウェブ予約にウェブ問診も組み合わせる事で、増収増患と業務効率の両立を実現します。リライトカードとスマホ診察券の選べる2つの診察券、PDCAサイクルを回しやすい中断管理、リコール強化による定期的に来院する仕組みづくりなど経営課題の解決に資する機能群が特徴です。充実した導入支援も喜ばれています。

価格＝要相談

フラミンゴWi-Fi Full HDカメラ（ライト付）

株式会社マイクロテック　☎03-5827-1380

フラミンゴWi-Fi Full HDカメラは、LEDライトが一体化した口腔内撮影用ビデオカメラである。

専用ソフトウェアで動画編集が可能。治療内容の記録保存等に最適。

約8時間使用可能なバッテリー2個付。（カメラ/ライトどちらか使用時）

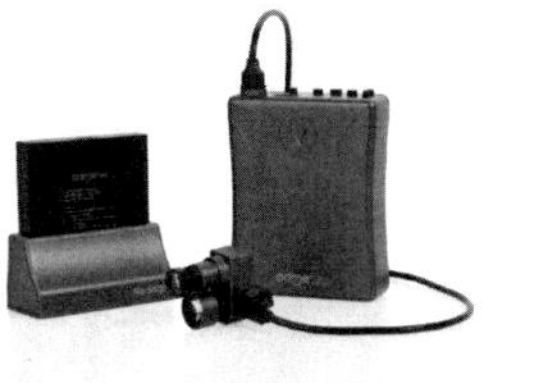

価格＝98万円

ニシカキャナルシーラー BG multi

日本歯科薬品株式会社　☎0120-8020-96

BioactiveGlassを配合したバイオセラミックス系の多用途（マルチ）製材です。ペーストにパウダーを加えてお好みの性状に調整でき、根管充填から覆髄まで幅広く使用できます。別売のBGフィル併用により、シーラー注入後にマスターポイントを1本挿入するシンプル操作のシングルポイント根管充填も可能です。

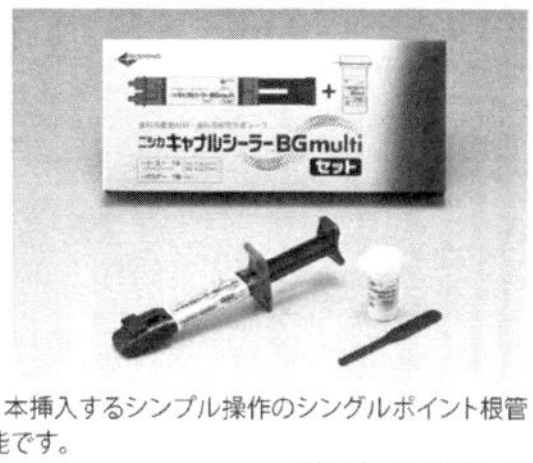

価格＝21,000円（セット）

ToothTooth MANUAL『broccoli』

株式会社ToothTooth　☎050-8881-1810

ToothTooth MANUAL『broccoli』は、歯科医院で働くスタッフ向けに開発されたマニュアルアプリです。日本歯周病学会認定歯科衛生士の動画で学習したり、直感的な操作で業務マニュアルを作成することもできます。これにより、スタッフ全員が同じ理解を持つことができ、医院のサービス向上につながります。

価格＝初期費用:10万円、月額費用:1.5万円

Web問診票

株式会社ミック　info@mic.jp

インターネット上の問診票サイトから、来院前に患者さんが問診票の入力を行えるサービスです。問診の内容は、情報提供用文書や診療内容などと紐づけできるため、再入力の手間を省き院内業務の効率化に。患者さんにとっても来院後の待ち時間が軽減され、スムーズな診療体験をしていただくことで、満足度の向上が期待できます。

価格＝月額800円

（別途プラットフォーム利用の申し込みが必要となります）

1/2減速ファイリングコントラ「キツツキコントラW」

ノイシュタットジャパン株式会社　☎050-3647-4188

2分の1減速コントラによる上級者向けプロフェッショナルファイリングコントラとして、【Kitsutsuki2 OJM】（Wパワー版）を2023年に発売開始いたしました。

多くの臨床医の実績を元に、振動と音も従来品のキツツキコントラより小さくなり、毎分2万回ファイリングが可能になりました。是非セミナーにて実機をお試しください。

価格＝32万円

AI・音声歯周病検査システム Perio chart Pro.Voice

東和ハイシステム株式会社　☎086-243-3003

〝夢〟実現！

1人で完結、

AI・音声歯周病検査システム誕生！

国際基準FDI方式に対応、

一元管理・生産性向上！

DX革新的ソリューションを

ぜひ、ご体感ください。

価格＝お問い合わせください

歯科医院向けデジタルノート「MetaMoJi Dental eNote®」

株式会社MetaMoJi　info_direct@metamoji.com

超高齢化と医療資源の逼迫が極まる2025年・2040年問題を前に、歯科医療現場では治療だけでなく院内業務も効率化しながら訪問診療等に取り組むことが求められます。Dental eNoteは、タブレットやスマホで使える診療サブノートアプリです。手書きやスマホ入力した患者情報を院内でライブ共有しながらクラウド上に情報基盤が構築されます。

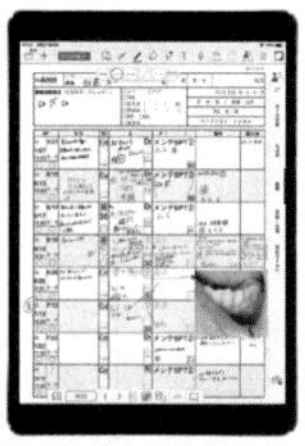

価格＝月額3,000円/1ライセンス（最小5ライセンス）

採用マッチングアプリ「dentalseek」

株式会社ノーザ　dentalseek_info@nhosa.co.jp

マッチングアプリ形式で、歯科採用活動が行えるスマホアプリです。お互いのイメージの齟齬が無いように事前にやり取りをしてから、面接に進むことが可能です。

歯科医院側から、スキルマッチングなどで登録されているスタッフに採用募集が行えるため、より求めている人材と出会うことが可能になります。

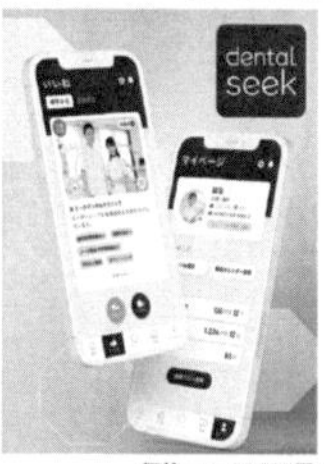

価格＝～16,500円／月

オムニクロマフローバルク

株式会社トクヤマデンタル　☎0120-54-1182

構造色を応用したシェードのないコンポジットレジン「オムニクロマ」シリーズに、バルクフィルタイプの「オムニクロマフローバルク」が加わりました。1本でVITA16色に色調適合する特長はそのままに、ハイフロー相当のフロー性と低重合収縮率を両立することで辺縁漏洩の不安を低減し、より深い窩洞にも一括充填が可能になりました。

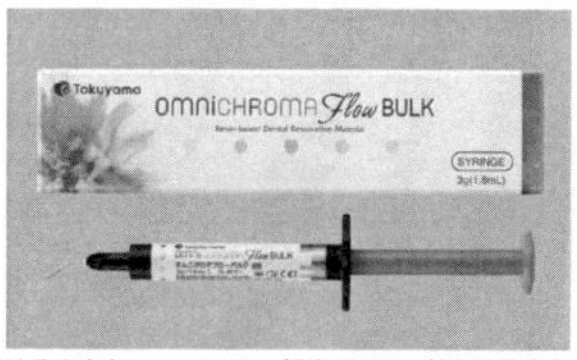

価格＝4,900円／1本

MONET　レーザーキュアリングライト

株式会社モリムラ　☎03-5808-9350

照射時間1秒の歯科重合用レーザー光照射器です。レーザー光照射器は、距離が離れていても光が分散したりせず、深い窩洞や根管内などにも一貫した光を到達させることができます。照射範囲を各2mm、4mm、6mmに絞るアタッチメントと、照射強度を50％減少させる減衰フィルターの計4種類のアタッチメントを標準装備しています。

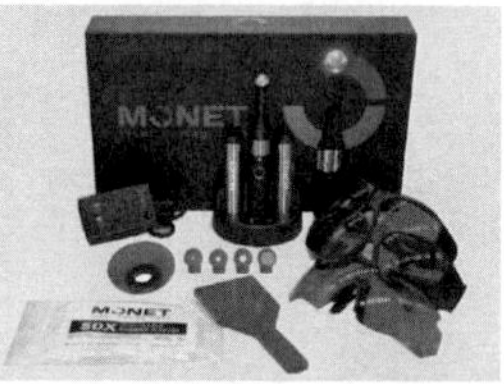

価格＝オープン

クラスⅡコレクター『パワーバー』

株式会社バイオデント　☎0120-49-0980

パワーバーはクラスⅡ症例を早期に効率的にクラスⅠへ改善させる装置です。パワーバーのフックにエラスティックを掛けることで大臼歯を遠心にローテーションさせ、前歯部のスペースを確保します。また、パワーバーは左右兼用のため在庫管理が容易です。

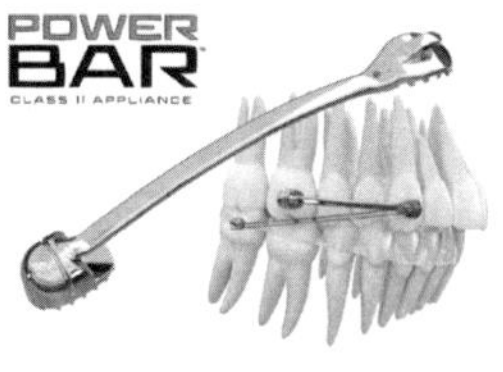

価格＝25,000円（2入）

MEDIT i700

株式会社トクヤマデンタル　☎0120-54-1182

本体わずか245gと軽量コンパクトな口腔内スキャナ「MEDIT i700」は、パソコンにケーブル1本で接続ですぐに使用でき、リモートコントロール機能を搭載しているので、パソコンに触れることなく画面の操作もできます。便利なアプリケーションや多彩なスキャンサポート機能も豊富で、さまざまなシーンに対応可能です。

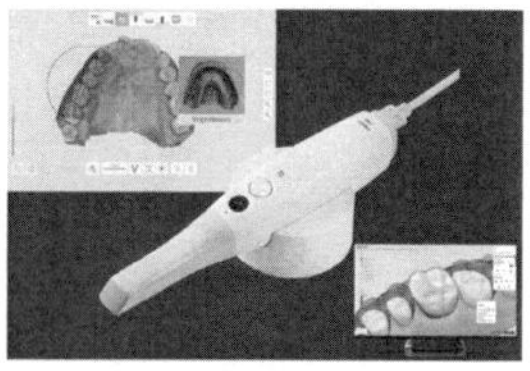

価格＝250万円／セット

クラプロックス　BE YOU

株式会社ヨシダ　☎0800-170-5541（コンタクトセンター）

毎日新鮮、フレッシュな6つのフルーツミックスペースト『BE YOU』発売

BE YOUは、ピーチ＋アプリコット、オレンジ、ピンクグレープフルーツ＋ベルガモット、ウォーターメロン、ブルーベリー＋リコリス、アップル＋アロエの6つのフレーバーがあり、その時の気分で自由に楽しく選べる歯磨きペーストです。

患者参考価格＝1セット1,600円

アーム型X線CT診断装置「X-マインドPRIME」

白水貿易株式会社　☎06-6396-4400

X-マインドPRIMEは、CT-パノラマ-セファロが一体となったオールインワン型のX線診断装置です。新しい壁付タイプをラインナップに加えたコンパクトモデルでありながら12x10cmのFOVサイズを有するCT機能や最小72.5μmのボクセルサイズなど妥協を許さない高画質でパワフルな仕様となっています。

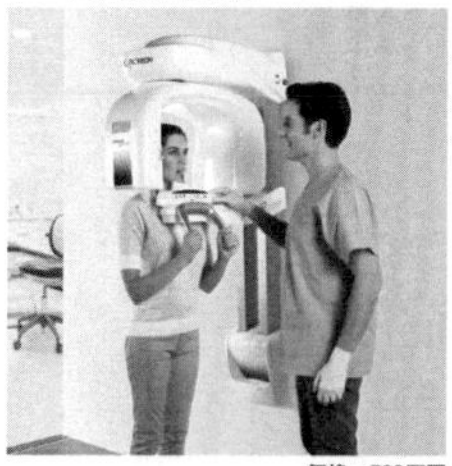

価格＝780万円

かれんEZ

日本アイ・エス・ケイ株式会社　☎029-869-2001

ポータブルユニット「かれんシリーズ」の最新機種。完全オールインワン設計ですぐに使えて片付け簡単、さらに500g軽量化した8.3kgを実現。

バキューム吸引力は弊社同クラス機種比75％アップ。バッテリー使用でコードレスにも対応。シリーズ開発で培ったノウハウを集約した製品です。

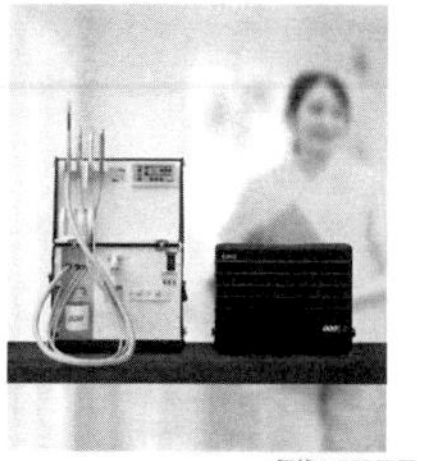

価格＝105万円

One-shot 3D顔貌スキャナー

株式会社RAY JAPAN　☎03-5829-9935

RAYFaceは、0.5秒の速さで顔貌のスキャンを行い、高品質の3D顔貌データを構築します。

また、口腔内スキャンデータやCTデータ等を重ね合わせる事でデジタルアバターを構築し、患者様とのより良いコミュニケーションと治療への理解を促進します。

顔貌の特徴に合わせた包括的な診療・治療計画立案に活用可能です。

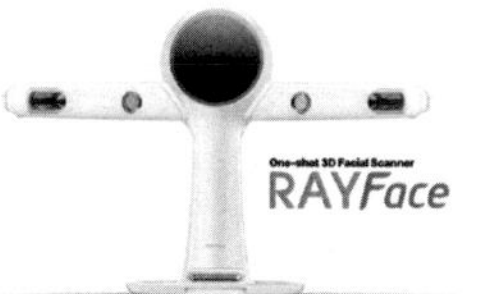

価格＝250万円

歯科医を自由にするレセコン「Julea（ジュレア）」

ピクオス株式会社　☎03-6277-1860

〝クラウド〟でレセコンは使いやすく自由に。

導入実績1000件以上！予約管理や経営分析、介護請求機能を標準搭載！

クラウドだからできるいつでもどこでもリアルタイムな情報共有で業務効率を向上。

これからの医院経営で大切になってくるDXへの新たな試みをサポートします。

※オンライン資格確認端末連携対応

価格＝18,000円

歯科医師・歯科技工士のための総義歯臨床（YouTube連動版）

株式会社日本歯科新聞社　☎03-3234-2475

「患者さんに、痛い！うまくかめない！と訴えられても、対処の仕方が分からない…」という先生に最適な本です。

YouTube連動型のため、理論と動画の両面から分かりやすく学べます。

総義歯が分かると、部分床義歯や顎関節症などの「咬合治療・管理の実力」までアップする利点があるため、すべての臨床家にお勧めです。

白石一男 著／B5判／144p

←立ち読みは…

価格＝8,800円

日本歯科新聞

2024年（令和6年）
1月16日

＜発行所＞
日本歯科新聞社
厚生労働省記者クラブ加盟社

〒101-0061
東京都千代田区神田三崎町2-15-2
電　話　03（3234）2475
FAX　03（3234）2477
www.dentalnews.co.jp
jdn@dentalnews.co.jp

■年間購読料 23,760円（送料込）（本体 21,600円＋税）
■月4回、火曜日発行
■郵便口座番号 00120-5-130369

今週号の主な内容

能登半島地震
歯科診療所 全壊2軒
JDATに派遣依頼

最大震度7を観測した能登半島地震の発災から2週間が過ぎた。14日時点で死者は221人、安否不明者は24人、避難者は2万35人に上る。特に被害の甚大な石川県では、歯科医師会会員の安否確認は完了して人的被害はなかったものの、歯科診療所の全壊が2軒、半壊が6軒などの被害がすでに報告されている。厚労省資料によると13日には、県からの要請を受け、日本歯科医師会にJDAT（日本災害歯科支援チーム）等の歯科医療従事者の派遣協力が依頼された。石川県歯科医師会では既に災害歯科支援チームによる避難所での活動が行われており、震災関連死を防ぐためにも歯科関係者の活躍が期待されている。

石川県歯によると12日時点で、少なくとも会員の自宅の全壊2軒、半壊3軒、歯科診療所の全壊2軒、半壊6軒などの被害を確認。今後詳細な被害データを公表予定とのこと。

歯科保健医療活動では、県からの災害派遣要請を受けて災害歯科支援チームを立ち上げ、7、8の両日に七尾市と志賀町、中能登町の避難所を巡回し、歯科口腔保健アセスメントと口腔健康管理の啓発、口腔ケアグッズの提供を行ったとしている。

富山県歯によると、会員の自宅の全壊1軒、一部損壊1軒、一部破損12軒、歯科診療所の一部損壊3軒、一部破損17軒との情報が上がってきている。

歯科保健医療活動は県内で対応可能とし、日本歯科医師会を通じて、歯ブラシやマスク等の支援物資を要請している。

新潟県と福井県の歯科医師会には、現時点で被害報告は上がってきていない。

◇◆◇

日本歯科技工士会は被災者や地域組織（県技）に送る義援金の募金口座を開設。ゆうちょ銀行（〇〇八店）普通預金6863532、名義「シャ）ニホンシカギコウシカイ」。手数料は各自負担。

石川県歯科技工士会によると、物的被害はあると聞いているものの、全壊もしくは一部損壊なのか詳細が把握できない状況。

新潟県歯科技工士会には、会員から人的・物的被害の報告はない。

◆◇◆

ジーシーやヨシダ、モリタ、歯愛メディカルのほか、佐波、別田は営業所・従業員ともに大きな被害は確認されておらず、タカラベルモント含め、各所から被害状況等の情報を集めている。

ADI・Gは金沢本社のほか、北陸の支店で地震による被害を受けたが、5日に全店の営業を開始したとのこと。

多くのメディアで被害が報じられている

日歯　対策本部を設置
高橋会長は現地視察
義援金を受付
アドバイザーに中久木氏

日本歯科医師会（高橋英登会長）は、発災の1日に「令和6年能登半島地震災害対策本部」を設置した。2日に第1回対策本部を開催し、会員被害状況や支援物資等の対応について協議した。

本部長を務める高橋会長は、4日には厚労省の能登半島地震医療関係団体等緊急連絡会議に参加し、被災地の医療提供体制の確保などに向けた連携強化の必要性を確認。5日には、富山県歯科医師会から支援物資の要請があり、「大規模災害発生時等における歯科医療に係る支援物資協力協定書」に基づいて、日本歯科商工協会に支援物資を要請した。

支援物資については、石川県歯からも要請があり、手配を進めているが、交通インフラが復旧するまで県歯会館に留まる状況とのこと。

さらに、高橋会長は8日に石川県七尾市を視察。後に公の場で、厳しい状況を確認し、復興に向けて尽力する気持ちを固めたと明かしている。

9日公表の資料によると、東京医科歯科大学大学院医歯学総合研究科救急災害医学分野非常勤講師の中久木康一氏を日歯アドバイザーとして、石川県歯に派遣。

また、石川県歯からの要請を受けて、岐阜県、愛知県、福井県の歯科医師会に歯科診療車の貸与を依頼しているという。

12日には、義援金の受付をスタート。第1次の受付期間は今月31日まで。

三菱UFJ銀行市ヶ谷支店の普通預金0161631、口座名義は「シャ）ニホンシカイシカイ ギエンキングチ」。手数料は各自負担で、税務上の控除対象にはならない。受領証が必要な場合は日歯会計部門（kaikei9324.jda@jda.or.jp）に要申請。

プリズム
災害関連死を防ぐために

元日に、日本を揺るがす能登半島地震が発生した。マグニチュードは7・6、東日本大震災に匹敵する震度7という非常に大きな揺れを観測している。日を増すごとに被害の大きさが明らかになっており、ただただ驚くしかできない。

今のところは歯科医療従事者、歯科企業関係者での人的被害は出ていないと聞いているが、「家族の安否が分からない」「親が（被災した）家から離れてくれない」「従業員が孤立地域にいる」といった話は多く入っている。また、歯科医院や社屋、家屋の被害は多く、震源地から離れたところでも地盤の液状化に伴う被害も多いという。

歯科的活動は、2016年の熊本地震と同様、誤嚥性肺炎等の予防としての口腔健康管理が中心となるだろう。遺体の身元確認や歯科治療は、地域の対応で何とかなるかもしれない。ただ、避難所で生活する人は、石川県だけでも3万人近いと言われている。避難所生活者は、寒さと栄養が十分とは思えない食料など、慣れない環境下での生活、さまざまなストレス、さらに平時と同じ口腔ケアができない状況が予想される。また避難所でのインフルエンザや新型コロナの感染者が増えている中、災害関連死の増加は最小限にしなければならない。石川県歯科医師会の災害歯科支援チームやJDAT等の歯科医療従事者の活躍を願いつつ、引き続き情報収集・発信に努めたい。

中医協の議論整理

ＩＣＴでの口腔機能管理など評価へ

中医協の第５７８回総会が12日に開かれ、10日に引き続いて「令和６年度診療報酬改定に係るこれまでの議論の整理」案について協議した。10日に別途議論した賃上げ対応の内容も盛り込まれ、歯科関係では、医療ＤＸの推進として、継続的な口腔機能管理に情報通信機器を使う場合や、口腔がんなど専門性の高いケースの遠隔診療などで新たな評価が設けられる見込み。リハビリテーション、栄養管理及び口腔管理の連携・推進では、回復期リハビリテーション病棟等に入院する患者への口腔機能管理及び口腔衛生管理について、新たな評価を設けるとしている。

その他、周術期等口腔機能管理の評価の見直しや、フッ化物歯面塗布処置の対象者の拡大、歯周病安定期治療の評価の見直しなども行われる。

議論の整理案の抜粋は次の通り。

中医協

令和６年度診療報酬改定「議論の整理」（歯科抜粋）

目次

歯科関係抜粋

Ⅰ-1 医療従事者の人材確保や賃上げに向けた取組

(1) 看護職員、病院薬剤師その他の医療関係職種について、賃上げを実施していくため、新たな評価を行う。

(4) 歯科診療にかかる評価について、標準的な感染防止対策を日常的に講じることが必要となっていること、医療機関の職員や歯科技工所で従事する者の賃上げを実施すること等の観点から、初再診料や歯冠修復及び欠損補綴物の製作に係る項目について評価を見直す。

Ⅱ-1 医療ＤＸの推進による医療情報の有効活用、遠隔医療の推進

(7) これまでの情報通信機器を用いた歯科診療の実態も踏まえ、継続的な口腔機能管理を行う患者及び新興感染症等に罹患している患者で歯科疾患による急性症状等を有する者に対する情報通信機器を用いた歯科診療を行う場合について、新たな評価を行う。

(8) 口腔がんの経過観察等、専門性の観点等から近隣の医療機関では対応が困難な場合において、近隣の歯科医療機関の歯科医師と連携して遠隔地の歯科医師が情報通信機器を用いた歯科診療を行う場合について、新たな評価を行う。

Ⅱ-3 リハビリテ-ション、栄養管理及び口腔管理の連携・推進

(8) 回復期医療・慢性期医療を担う病院における歯科の機能を評価し、リハビリテ-ション、栄養管理及び口腔管理の一体的な取組を推進する観点から、以下の評価を行う。

①回復期リハビリテ-ション病棟等に入院する患者に対する歯科医師及び歯科衛生士による口腔機能管理及び口腔衛生管理について、新たな評価を行う。

②回復期等の患者に対する口腔機能管理の実績を評価する観点から、地域歯科診療支援病院歯科初診料について要件を見直す。

Ⅱ-6 新興感染症等に対応できる地域における医療提供体制の構築に向けた取組

(5) 新興感染症が発生・まん延した場合に対応できる歯科医療提供体制の構築を進める観点から、以下の評価を行う。

①歯科外来診療環境体制加算について、院内感染防止対策及び医療安全確保の観点から、名称及び要件を見直すとともに、新興感染症等の患者に対応可能な体制の整備について、新たな評価を行う。

②歯科診療特別対応加算について、患者の状態像を踏まえ評価体系を見直すとともに、新興感染症等の患者への治療について新たな評価を行う。

③歯科治療時医療管理料等について、新興感染症等を含む呼吸器疾患の患者を対象患者に追加する。

Ⅱ-7 かかりつけ医、かかりつけ歯科医、かかりつけ薬剤師の機能の評価

(4) 地域における連携体制を確保しつつ、ライフコ-スを通じた継続的・定期的な口腔管理による歯科疾患の重症化予防の取組みを推進する観点から、かかりつけ歯科医機能強化型歯科診療所について、名称、要件及び評価を見直す。これを踏まえつつ、小児期及び高齢期のライフステ-ジに応じた口腔機能管理を推進する観点から、小児口腔機能管理料及び口腔機能管理料について、新たな評価を行う。

Ⅱ-8 質の高い在宅医療・訪問看護の確保

(4) 在宅での療養を行っている患者に対して、医師・歯科医師が計画的な医学管理を行う際に当該患者の医療・ケアに携わる関係職種がＩＣＴを用いて記録した診療情報等を活用した場合について、新たな評価を行う。

(24) 質の高い在宅歯科医療の提供を推進する観点から、以下の見直しを行う。

①歯科訪問診療の実態を踏まえ、かかりつけ歯科医による歯科訪問診療を推進する観点から、歯科訪問診療1の20分未満の場合等の歯科訪問診療料の評価を見直す。

②歯科訪問診療の後方支援を行う病院や地域の歯科診療所と連携して口腔機能評価等を含む歯科訪問診療を行う病院について、新たな評価を行う。

(25) 在宅患者等の訪問歯科衛生指導を推進する観点から、訪問歯科衛生指導料について、以下の見直しを行う。

①終末期のがん患者等に対して、患者の状態に応じた口腔管理を行う観点から、要件を見直す。

②患者の状態等により歯科衛生士が複数名で患家を訪問する必要がある場合について、新たに評価を行う。

③訪問歯科衛生指導の実態を踏まえ、訪問歯科衛生指導料の評価を見直す。

(26) 医療的ケア児等をはじめとした小児に対する歯科訪問診療を推進する観点から、歯科診療特別対応加算及び初診時歯科診療導入加算について名称及び要件を見直す。

(27) 歯科の標榜がない病院の入院患者や介護保険施設等の入所者、在宅で療養する患者の栄養管理への歯科専門職の参画を推進する観点から、栄養サポ-トチ-ム等連携加算の評価を見直す。

Ⅲ-2 患者にとって安心・安全に医療を受けられるための体制の評価

(12) 患者・利用者から見て分かりやすい医療を実現する観点から、令和6年6月より、指定訪問看護事業者による明細書の無料発行を義務化するとともに、診療所（医科・歯科）における明細書無料発行の義務の免除規定について、全ての医療機関において発行可能な環境を整備した上で、廃止する。

(13) 歯科外来診療環境体制加算について、院内感染防止対策を推進するとともに、安心・安全な歯科医療を受けられるための体制の整備をさらに進め、医療安全を確保する観点から、名称及び要件を見直すとともに、新興感染症等の患者の歯科医療に対応可能な体制の整備について、新たな評価を行う。（Ⅱ-6 (5) ①再掲）

Ⅲ-4-4 認知症の者に対する適切な医療の評価

(4) 認知症患者について、かかりつけ歯科医と医師をはじめとした関係者との情報共有・連携による歯科医療を推進する観点から、歯科疾患管理料総合医療管理加算の対象患者を見直す。（Ⅲ-4-4 (4) 再掲）

Ⅲ-6 口腔疾患の重症化予防、口腔機能低下への対応の充実、生活の質に配慮した歯科医療の推進

(1) 医科歯科連携を推進する観点から、周術期等口腔機能管理について以下の見直しを行う。

①手術を行わない急性期脳梗塞患者等の診療実態を踏まえ、周術期等口腔機能管理の対象患者を見直すとともに、周術期等口腔機能管理料（Ⅲ）について評価を見直す。

②終末期がん患者等については、頻回に歯科専門職の介入が必要となる場合があることを踏まえ、周術期等口腔機能管理料（Ⅲ）及び周術期等専門的口腔衛生処置の要件を見直す。

(2) 回復期医療・慢性期医療を担う病院における歯科の機能を評価し、リハビリテ-ション、栄養管理及び口腔管理の一体的な取組を推進する観点から、以下の評価を行う。

①回復期リハビリテ-ション病棟等に入院する患者に対する歯科医師及び歯科衛生士による口腔機能管理及び口腔衛生管理について、新たな評価を行う。

②回復期等の患者に対する口腔機能管理の実績を評価する観点から、地域歯科診療支援病院歯科初診料について要件を見直す。（Ⅱ-3 (8) 再掲）

(3) 入院前から外来診療において歯科疾患について口腔管理を受けていて、当該疾患に係る予定された手術を行う患者に対する周術期等口腔機能管理について、対象患者及び評価を見直す。

(4) 医歯薬連携を推進する観点から、医科からの依頼に基づく歯科診療情報の提供や患者の服薬状況等に関する歯科医療機関と薬局との情報連携・共有が可能となるよう、診療情報連携共有料について要件を見直す。

(5) ライフステ-ジに応じた口腔機能管理を推進する観点から、口腔機能管理料及び小児口腔機能管理料について、指導訓練が実施されるようになってきた診療実態を踏まえて、評価の在り方を見直すとともに、指導訓練に係る評価を新設する。

(6) 客観的な評価に基づく歯科医療や口腔機能管理を推進する観点から、口腔機能の評価に関する検査について、要件を見直す。

(7) 認知症患者について、医師をはじめとした関係者との情報共有・連携による歯科医療を推進する観点から、歯科疾患管理料総合医療管理加算の対象患者を見直す。

(8) 医療的ケア児が安心して安全に学校等に通うことができるよう、かかりつけ歯科医と学校関係者等の連携を促進する観点から、診療情報提供料（Ⅰ）の情報提供先を見直す。

(9) 強度行動障害を含む歯科治療環境への適応が困難な患者の歯科診療時に特別な対応が必要な患者に対して、歯科治療環境への円滑な導入を支援するとともに、患者の状態に応じた評価となるよう、初診時歯科診療導入加算及び歯科診療特別対応加算について、名称及び要件を見直す。

(10) う蝕の重症化予防を推進する観点から、以下の見直しを行う。

①フッ化物歯面塗布処置について、う蝕多発傾向者に、歯科訪問診療を行う医療的ケア児等を追加するとともに、初期の根面う蝕に罹患している65歳以上の患者とエナメル質初期う蝕に罹患している患者に、歯科特定疾患療養管理料を算定している患者を追加する。

②かかりつけ歯科医機能強化型歯科診療所の場合とそれ以外の歯科医療機関の場合で算定する項目が異なる実態を踏まえ、エナメル質初期う蝕管理加算とフッ化物歯面塗布処置の評価体系を見直す。

③初期の根面う蝕に対する非切削による指導管理について、評価体系を見直す。

(11) 歯周病の重症化予防を推進する観点から、以下の見直しを行う。

①糖尿病患者の歯周病安定期治療について、評価を見直す。

②歯周病安定期治療から歯周病重症化予防治療に移行する場合について、歯周病重症化予防治療の要件を見直す。

(12) 歯科衛生士による実地指導を推進する観点から、歯科衛生士が口腔機能に関する指導を実施した場合について、新たに評価を行う。

(13) これまでの情報通信機器を用いた歯科診療の実態も踏まえ、継続的な口腔機能管理を行う患者及び新興感染症等に罹患している患者で歯科疾患による急性症状等を有する者に対する情報通信機器を用いた歯科診療を行う場合について、新たな評価を行う。（Ⅱ-1 (7) 再掲）

(14) 口腔がんの経過観察等、専門性の観点等から近隣の医療機関では対応が困難な場合において、近隣の歯科医療機関の歯科医師と連携して遠隔地の歯科医師が情報通信機器を用いた診療を行う場合について、新たな評価を行う。（Ⅱ-1 (8) 再掲）

(15) 歯科固有の技術について、以下の見直しを行う。

①小児の外傷歯に対して外傷後の安全管理、重症化予防等を推進する観点から、歯・歯列の保護を目的とした口腔内装置の要件について見直しを行う。

②舌接触補助床について、口腔機能の回復を推進する観点から、舌の筋力や運動機能の低下等がみられる口腔機能低下症の患者を対象患者に追加する。

③誤嚥性肺炎の発症や重症化リスクとなる口腔バイオフィルム感染症の患者に対して必要な検査や処置を実施できるよう、口腔細菌定量検査や非経口摂取患者口腔粘膜処置等について、要件を見直す。

④医科点数表において評価されている処置のうち、歯科領域でも行われているものについて、診療実態を踏まえて歯科点数表において新たな評価を行う。

⑤歯科医師と歯科技工士の連携を更に推進する観点から、補綴物の製作にあたり、ＩＣＴの活用を含め歯科医師と歯科技工士が連携して色調採得等を行った場合について、新たな評価を行う。

⑥CAD/CAM冠用材料（Ⅲ）による大臼歯 CAD/CAM冠について、要件を見直す。

⑦クラウン・ブリッジ維持管理料について、対象となる歯冠補綴物を見直す。

⑧学校歯科健診で不正咬合の疑いがあると判断され歯科医療機関を受診した患者に対して、歯科矯正治療の保険適用の可否を判断するために必要な検査・診断等を行う場合について、新たな評価を行う。

⑨歯科麻酔の技術料及び薬剤料が包括されている技術における歯科用麻酔薬の薬剤料について、評価を見直す。

⑩その他、歯科医療の推進に資する技術については、医療技術評価分科会等の検討を踏まえつつ、口腔疾患の重症化予防、口腔機能の低下への対応及び生活の質に配慮した歯科医療の推進の観点から適切な評価を行う。

歯周疾患検診に「20・30歳」追加へ

厚労省 令和6年度 歯科関係予算案

厚労省医政局歯科保健課は昨年12月22日、歯周疾患検診の対象に20歳、30歳を追加する「健康増進事業」や、「就労世代の歯科健康診査等推進事業」の拡充などを盛り込んだ「令和6年度予算案―歯科保健医療施策の概要」を公表した＝右表。

健康寿命の延伸に向けた歯科口腔保健の推進では、「都道府県等口腔保健推進事業」が前年度予算より6551万6千円増の10億3514万5千円、「歯科口腔保健支援事業」が954万8千円増の4058万円、「就労世代の歯科健康診査等推進事業」が2437万8千円増の3億6514万1千円。拡充を要求していた「歯科口腔保健医療情報収集・分析等推進事業」は前年度予算額と同様の6596万8千円だが、5年度補正予算で「歯科保健医療情報サイト構築事業費」1528万9千円が付いている。

歯科保健医療体制の推進では、「歯科医療提供体制構築推進事業」は要求通りの拡充で1387万7千円増の2億7060万2千円、「医療提供体制施設整備交付金」は拡充を要求していたが、前年度予算と同額の1千万円。

シームレスな歯科医師の養成では、「歯科OSCEの在り方・評価者養成に係る調査・実証事業」は6736万9千円増の1億3489万5千円、新規として「共用試験公的化に係る体制整備事業」3316万7千円を盛り込んでいる。

歯科医療従事者の確保及び資質向上の推進では、新規で計上していた「歯科専門職の業務の普及啓発事業」は5年度補正予算で2761万3千円を確保。「歯科衛生士の人材確保実証事業」は1493万5千円減の7286万4千円、「歯科技工士の人材確保対策事業」は前年同額の4079万2千円となった。

日歯

「随所に工夫見られる内容」

歯科保健課予算を評価

日本歯科医師会（高橋英登会長）は昨年12月25日、22日に閣議決定された令和6年度予算案について、厚労省医政局全体の予算が対前年度比プラス1・0%の中で、歯科に関わる歯科保健課予算が41億9500万円と6・9%増額、「歯科口腔保健・歯科保健医療の充実・強化」が対前年度比10・4%増額したとして、「喫緊の課題や将来に向けた課題に対応すべく、随所に工夫の見られる内容」との見解を示した。

見解では、骨太方針2023の記載通り、「歯科口腔保健の充実」「歯科保健医療提供体制の構築と強化」に取り組む姿勢が示されているとし、「特に、生涯を通じた歯科健診（いわゆる国民皆歯科健診）に向けた取組の推進として、歯周疾患検診の対象年齢拡大のための予算措置が行われており、20歳と30歳が対象に加えられたことは評価する」としている。

さらに「生涯を通じた歯科健診（いわゆる国民皆歯科健診）推進事業の拡充、歯周病等スクリーニングツール開発に係る事業の継続、地域間の健康格差是正に重要な8020運動・口腔保健推進事業のメニューの一部拡充なども評価したい」との考えを示している。

なお、口腔保健推進事業では、都道府県等にも予算面での負担が生じるとして、自治体への働き掛けを関係者に呼び掛けている。

また、「歯科保健医療提供体制の構築と強化」では、「地域の実情を踏まえた都道府県の取り組みの実施に必要な財政支援である歯科医療提供体制構築推進事業の継続と合わせ、病院歯科への設備整備の支援が追加事業として認められたことに期待する」としている。

一方、歯科衛生士の人材確保事業に関する予算が大きく減少している点について、「歯科衛生士の人材確保は大きな課題であり、次年度以降の予算獲得については、復職支援のための研修のみならず、人材バンク登録などのシステム構築等、新たな事業も組み込んだ形での事業の在り方の検討を含め、歯科保健課に申し入れを行った」と説明。

その上で、「歯科保健課予算は、次年度以降、確保された予算の有効活用、個々の事業の運用面での見直しを含めたさらなる充実と、計画的でかつ迅速な執行をお願いしているところ」と、積極的な提言と協力をしていくとの姿勢を見せている。

歯科情報学

松尾　通

「危機管理」

2024年の日本は年明けから能登半島地震に羽田空港での日航機と海保機の衝突事故、小倉商店街の大規模火災と3日連続の災害が続き、暗く重い気持ちになった。最大震度7を観測した能登半島地震は、半島特有の地形もあり全容がなかなか見えないし、甚大な被害の発生に死亡者の数も増え、悲惨な状況に置かれている。

羽田の日航機衝突事故は海保機の管制官の指示見落としが原因ではないかと言われている。奇跡的に日航機の乗客、乗員は全員脱出できたが、海保機の方は5名死亡という悲劇となった。この海保機は能登半島地震の被災者に物資を運ぶ役割だったと聞き、5名の海保職員の殉職に残念の言葉しかない。

日航機の方は沈着冷静な乗務員の指示に乗客もパニックにならずに行動をし、18分の間に全員が脱出、機長は安全を見届けた後、最後に地上に降り立ったという。世界の航空関係者からは称賛が殺到していて、日ごろからの訓練の賜物が発揮できて何よりだった。こうした突然発生する事故、災害に備え、自分の身は自分で守るという心構えは常に必要だろうし、職場や家庭でもそうした準備を最小限でも行わねばならない。

◇

2016年5月27日午後0時30分ごろ、私は羽田発の大韓航空機2708便の機中にいた。韓国ソウルで国際会議があり、その出席のため、この飛行機に搭乗し現地に向かおうとした。乗客は318人、満席であった。離陸のためC滑走路を走行中に左側のエンジンから出火、機はC滑走路北側付近で緊急停止した。私の席はビジネスクラスの前から7列目、窓からは白煙と炎が噴き出す様子が見えた。日本人CAは1人だけ、乗客の大多数は日本人なのにと思った。機内放送はあったが言葉は分からず、シューターからの緊急脱出が始まった。

おかしいと思ったのは左側のエンジン火災なのにまず左側のシューターが開いたことだった。その後、右側のシューターも開き、結局は右側から滑り降りた。同行した家内共々、人生初のシューターからの脱出体験である。

脱出後、滑走路脇に避難したが、5月とはいえ海のそばで気温は低い。約40分後にやっと来たバスで国際線ターミナルに戻った。この事故は国交省から重大インシデントに認定されている。最も気になったのは乗客が避難する際の大韓航空機側の不手際である。

私の友人に元ANA CAの荒川泰子さんがいて、この事故の対応を逐一相談した。彼女の指示は「時系列にメモを取れ」であった。この体験から、歯科医院でも危機管理（リスクマネジメント）の重要性を認識し、日本歯科TC協会の教育カリキュラムに入れた。今回の日航機事故を見て、あらためてその思いを強くした。（東京都開業）

2024.1.16

厚労省 令和6年度予算案

総額 33兆8191億円

厚労省は、総額33兆8191億円の令和6年度一般会計予算案を昨年12月22日に発表した。前年度当初予算に比べて6782億円の増加。社会保障関係費は2・1%増の33兆5046億円で、内訳は年金13兆3237億円、医療12兆3532億円、介護3兆7288億円、福祉等3兆9484億円、雇用1505億円。

◇◆◇

「今後の人口動態・経済社会の変化を見据えた保健・医療・介護の構築」では、「医療・介護のイノベーションに向けたDXの推進」に30億円、「地域医療構想等の推進」に884億円、「地域包括ケアシステムの構築」に372億円を確保。「健康づくり・予防・重症化予防、認知症施策の推進等」では、「健康づくり・予防・重症化予防の推進」58億円で、高齢者の保健事業と介護予防の一体的な実施を推進する。「認知症施策の総合的な推進」134億円や「がん対策、循環器対策等の推進」406億円、「歯科保健医療の推進」は33億円となっている。

歯科国試にチャレンジ

2023年（第116回）より

切削・研削工具の材質で硬さが最も小さいのはどれか。1つ選べ。

a　アルミナ
b　スチール
c　ダイヤモンド
d　カーボランダム
e　タングステンカーバイド

答えは本紙のどこかに！

〈令和6年度予算案―歯科保健医療施策の概要―〉

※（　）内は前年度予算額（令和5年度補正予算で措置した事業の予算額を含む）

1. 歯科口腔保健・歯科保健医療の充実・強化　22億9千万円（20億7,500万円）

《健康寿命の延伸に向けた歯科口腔保健の推進》

◆8020運動・口腔保健推進事業【拡充】　12億490万5千円（11億2,984万1千円）

①8020運動推進特別事業　1億2,918万円（1億2,918万円）

8020運動及び歯科口腔保健の推進のため、都道府県において歯・口腔の健康の保持等を目的として実施される検討評価委員会の設置や歯科口腔保健の推進に携わる人材研修事業、人材の確保に関する事業等、歯科保健医療事業（都道府県等口腔保健推進事業に掲げる事業を除く。）に必要な財政支援を行う。

②都道府県等口腔保健推進事業【拡充】　10億3,514万5千円（9億6,962万9千円）

都道府県・市町村に対し、地域の実情に応じた総合的な歯科保健医療施策を進めるための体制確保、歯科疾患予防、歯科健診、歯科保健医療サービスの提供が困難な障害者・高齢者等への対応やそれを担う人材の育成、食育・口腔機能の維持向上の推進等に対する財政支援を行う。なお、一部の事業については、人口規模に応じて都道府県・保健所設置市等の補助単価の見直しを行う等、取組を強化する。

③歯科口腔保健支援事業【拡充】　4,058万円（3,103万2千円）

歯科口腔保健の更なる推進に向けて、マスメディア、各種広報ツールを活用した国民に対する歯科口腔保健の普及啓発やセミナー、シンポジウムの開催等をライフステージ別に効果的に実施する。

◆生涯を通じた歯科健診（いわゆる国民皆歯科健診）推進事業【拡充】　5億6,739万3千円（5億4,301万5千円）

・就労世代の歯科健康診査等推進事業【拡充】　3億6,514万1千円（3億4,076万3千円）

就労世代の歯科口腔保健の向上に向け、効果的な歯科健診・受診勧奨の方法等について検討を行うため、歯科健診実施や機会の拡大等を検討する自治体や事業所等において、歯科健診や受診勧奨等の実施の支援を行うモデル事業を実施し、コストも含めた実施体制等の検証等を行う。また、歯科健診の有効性（口腔と全身の健康の関係、医療費適正化効果等）について、中長期なレセプトデータ等を活用した検証を行う。

・歯周病等スクリーニングツール開発支援事業　2億225万2千円（2億225万2千円）

自治体や職域等において、簡易に歯周病等の歯科疾患のリスク評価が可能なスクリーニングツール（簡易検査キットや診断アプリ等）の開発を行う企業等に対して、研究・開発を支援する。

◆歯科口腔保健医療情報収集・分析等推進事業　6,596万8千円（6,596万8千円）

歯科保健医療に関する各種データの情報収集を行い、それらを精査・分析等の上、歯科保健医療データブックを作成するとともに、自治体における歯科口腔保健の取組の好事例等を掲載する歯科保健医療情報提供サイトの本格運用を開始すること等により、都道府県等における効果的・効率的な歯科保健医療施策の企画・立案を推進する。

（令和5年度補正予算）**◆歯科保健医療情報サイト構築事業費**　1,528万9千円（―）

◆ライフステージに応じた歯科口腔保健推進事業　2,336万円（2,336万円）

歯科健診の結果を踏まえ、ライフステージに応じた適切な歯科保健指導を行うためのマニュアル作成に向け、歯科疾患の予防に資する行動変容につながる効果的な歯科保健指導の方法等に関する知見の収集・整理やICTを活用した歯科保健指導の方法について検証を行う。

◆歯科疾患実態調査【新規】　8,631万1千円（―）

我が国の歯科保健状況を把握し、「歯科口腔保健の推進に関する基本的事項」や「健康日本21（第三次）」等の各基本計画の評価等、今後の歯科保健医療対策の推進に必要な基礎資料を得ることを目的とし、令和6年調査では、地域間における健康格差を評価する観点から、対象地区を拡大して調査を行う。

《歯科保健医療体制の推進》

◆歯科医療提供体制構築推進事業【拡充】　2億7,060万2千円（2億5,672万5千円）

各地域の実情を踏まえた歯科医療施策が実効的に進められるよう、歯科医療提供体制の構築に向けて協議・検討を行う検討委員会の設置やNDBやKDB等を活用した地域の歯科保健医療提供状況に関する分析及び分析結果に基づく歯科医療提供体制（医科歯科連携体制の構築等を含む）の検討、病院歯科と歯科診療所の機能分化や役割分担、障害児者への歯科医療提供体制や災害時・新興感染症発生時等の歯科医療提供体制の構築に向け、都道府県の取組の実施に必要な財政支援を行う。

◆地域拠点病院・地域拠点歯科診療所施設整備事業（医療提供体制施設整備交付金）　1,000万円（1,000万円）

医科歯科連携体制を推進する観点から、周術期の口腔機能管理が特に求められる地域がん診療拠点病院等への歯科の設置を促進し、必要な整備を図るとともに、各地域で必要とされる歯科医療を提供するため、口腔保健センター等の障害者の歯科診療に対応した拠点診療所の整備を図り、継続した障害者など診療に困難を伴う患者への歯科医療を確保する。

◆歯科技工所業務形態改善等調査検証事業　1,515万7千円（1,515万7千円）

歯科技工所の生産性を向上させる等の様々な角度から歯科技工士の労働環境等の改善に資する取組が必要なことから、業務形態（労働環境や収益等）の改善計画を実施する歯科技工所を公募・選定し、その結果を検証する。

◆ICTを活用した医科歯科連携の検証事業　3,105万7千円（3,105万7千円）

歯科標榜のない病院や介護施設等において、ICTを活用した口腔機能管理等に関するモデル事業を実施し、効果的・効率的な歯科専門職の介入方法について検証する。また、地域の状況等に応じて、ICTを活用した診療を実施し、適切な運用・活用方法等を検証する。

2. 歯科医師臨床研修等関係費　16億3,400万円（15億8,100万円）（括弧内には令和4年度二次補正予算で措置した事業の予算額を含む）

《シームレスな歯科医師の養成》

◆歯科OSCEの在り方・評価者養成に係る調査・実証事業【拡充】　1億3,489万5千円（6,752万6千円）

卒前・卒後の一貫性のある歯科医師養成を推進する観点から、実践的かつ総合的な診療能力を早期に習得できるよう、歯科医師法が改正され、令和6年4月からは共用試験（OSCE、CBT）に合格した歯学生が臨床実習において歯科医業を行えることが明確化された。臨床実習を開始する前の歯学生の態度・技能を客観的に評価するOSCE（客観的臨床能力試験）の実施状況を勘案しつつ、評価者や模擬患者の養成等に係る経費を支援することにより、OSCEの更なる精緻化、均てん化を図る。

◆共用試験公的化に係る体制整備事業【新規】　3,316万7千円（―）

令和3年の歯科医師法改正により令和6年4月から公的化される共用試験（OSCE・CBT）のCBTにおいて、診療参加型臨床実習に参加する歯学生の知識及び技能を担保するとともに、試験の公正性や受験者間の公平性を確保する観点から、良質な問題作成に必要な体制整備のための支援を行う。

◆歯科医師臨床研修関係費　14億6,360万7千円（14億6,892万8千円）

①歯科医師臨床研修費　14億2,432万8千円（14億2,432万8千円）

②歯科医師臨床研修指導医講習会（プログラム責任者講習会）　644万7千円（644万7千円）

③臨床研修活性化推進特別事業　1,383万2千円（1,383万2千円）

④歯科医師臨床研修プログラム検索サイト（D-REIS）【デジタル庁一括計上】　1,900万円（2,432万1千円）

◆歯科医療の専門性の在り方に関する検証事業　234万3千円（234万3千円）

歯科医療の専門性や専門医制度について、今後変化する歯科提供体制に合わせた具体的な歯科医療の展開方策を検討するために、関係者主体で協議・検証を行う。

3. 歯科医療従事者等の資質向上　1億6,300万円（1億5,000万円）

《歯科医療従事者の確保及び資質向上の推進》

◆歯科衛生士の人材確保実証事業　7,286万4千円（8,779万9千円）

歯科衛生士の離職防止や復職支援を推進するため、指導者に対する研修の実施や技術修練を行う教育機関に対し、運営に係る費用を支援するとともに、就業支援の推進を図るため、雇用主として求人を行う歯科医療機関の就業に係る知識・意識を高めることを目的とした研修会を行う。なお、5年間としていた支援期間を延長し、情報収集の強化並びに実施機関及び受講者の負担軽減を図る。

◆歯科技工士の人材確保対策事業　4,079万2千円（4,079万2千円）

歯科技工士の離職防止及び資質向上を目的として、卒後早期の歯科技工士等に対して歯科医療機関等における臨床に即した研修を実施する。なお、新たに、歯科技工士養成施設の指導者及び地域で中核を担う研修指導者を対象としたCAD/CAM等のデジタル技術指導のための研修を実施する。

（令和5年度補正予算）**◆歯科専門職の業務の普及啓発事業【新規】**　2,761万3千円（―）

高齢化の進展等により、在宅や施設等、歯科専門職の活躍の場が広がる一方で、教育機関の入学者が減少する等、将来の歯科保健医療を担う人材の確保や資質向上が課題となっていることから、人材確保に必要な情報を収集するため、歯科専門職の勤務先や働き方等の実態調査を行うとともに、業務のやりがいや魅力を国民に伝えるための効果的な普及啓発の方策について検討を行う。

◆歯科医療関係者感染症予防講習会　785万3千円（785万3千円）

歯科医療関係者に対して、従来行ってきたHIV、肝炎等の感染予防に関する講習内容に、新型コロナウイルス感染症の5類移行後の対応等、新興感染症を踏まえた感染予防に関する内容を追加した講習会を開催する。また、新型コロナウイルス感染症の5類移行後の対応等、新興感染症に関する基礎知識及び特性を踏まえた感染予防について、e-ラーニングによる講習を実施する。

◆災害派遣医療チーム養成支援事業（歯科分野）　543万3千円（543万3千円）

被災地の医療機能が回復するまでの間、避難所等において歯科保健医療支援等を担うチームに所属する歯科医療関係者（歯科医師、歯科衛生士等）の養成（研修）に必要な経費を支援する。

◆予防・在宅歯科医療等対応教員養成講習会　292万8千円（292万8千円）

◆歯科補てつ物製作過程等の情報提供推進事業　538万1千円（538万1千円）

4. 歯科医療安全の確保・向上　3,500万円（4,500万円）

◆歯科ヒヤリ・ハット事例収集等事業　3,456万5千円（4,478万円）

歯科医療の安全性を資することを目的とし、歯科医療事故の発生予防・再発防止のため、歯科医療機関からヒヤリ・ハット事例等を収集するシステムを構築の運用を行う。

5. 歯科医療分野における情報化の推進　1,500万円（1,500万円）

◆歯科情報のデータベース構築に係る検証事業　1,533万9千円（1,533万9千円）

歯科情報の標準化に資する実証事業の成果として策定された「口腔診査情報標準コード仕様」を活用し、大規模災害時の身元確認に歯科情報を活用するためのデータベース構築に向けた具体的な方法等、歯科情報の利活用を検討する。

6. へき地等における歯科医療の確保

【医政局所管補助対象事業】

◆へき地歯科巡回診療車運営費　無歯科医地区及び無歯科医地区に準ずる地区に対し、歯科巡回診療を行う。

◆離島歯科診療班派遣運営費　離島に歯科診療班を派遣し、地域住民の歯科医療を確保する。

7. その他

【地域医療介護総合確保基金による医療・介護提供体制改革】　732億9,900万円の内数（750億7,700万円の内数）

地域における医療及び介護の総合的な確保のための事業を支援するため、都道府県に設置される医療介護総合確保促進法に基づく基金（地域医療介護総合確保基金（医療分））の財源を確保する。

＜事業例（歯科関係）＞

①病床の機能分化・連携	地域医療支援病院やがん診療連携拠点病院等の患者に対する歯科保健医療の推進
②在宅医療（歯科・薬局を含む）の推進	在宅歯科医療の実施に係る拠点・支援体制の整備 在宅歯科医療連携室と在宅医療連携拠点や地域包括支援センター等との連携の推進 在宅歯科医療を実施するための人材の確保支援　等
③医療従事者等の確保・養成	医科・歯科連携に資する人材養成のための研修の実施　等

【保険局所管歯科保健関連事業】　◆後期高齢者医療の被保険者に係る歯科健診事業　7億8,055万6千円（6億9,504万7千円）

後期高齢者医療広域連合が実施する高齢者の特性を踏まえた歯科健診について支援を行う。（事業所管：高齢者医療課）

【健康・生活衛生局所管歯科保健関連事業】　◆健康増進事業（歯周疾患検診の対象年齢拡大）

健康増進法に基づいて市町村等が実施する健康増進事業のうち、現在、歯周疾患検診の対象となっていない20歳・30歳を対象に加えることにより、生涯を通じた歯科健診（検診）の機会を確保し、歯・口腔の健康の保持・増進を図る。（事業所管：健康課）

賃上げ対応

初診に10点増必要か

中医協でシミュレーション結果

中医協の第577回総会が10日に開かれ、関係職種の賃上げ2・3%増を目指すための、初・再診料等のシミュレーション結果が示された。同結果では、歯科初診料の賃上げ必要点数分布の中央値が10点、再診料等の賃上げ必要点数分布の中央値が2点、歯科訪問診療料1の同値が41点、歯科訪問診療料2、3の同値が10点となっている。日本歯科医師会副会長の林正純委員は、シミュレーションによる賃上げ必要点数設定に概ね賛同するとした上で「補填不足となる医療機関への対応も必要」と、全ての医療機関で適切な賃上げが実施できるよう検討を求めた。

令和6年度診療報酬改定では、賃上げ対応として6年度にベア2・5%増、7年度にベア2・0%増の実現を目指すとして、2年間に均したベア3・5%のうち報酬改定(プラス0・61%分)による加算措置でベア2・3%分をカバーする考えが示されている。

賃上げの対象職種には、歯科衛生士と歯科技工士だけでなく、歯科業務補助者も記載されており、シミュレーションでは賃上げの必要点数として「初再診料」「訪問診療料」などを算出した。

評価に当たっては、賃上げ計画の届出と実績報告を求めるとしており、林委員は「小規模で事務職員数が少ない歯科診療所でも無理なく必要な書類作成ができるような様式にしてほしい」と要望。さらにベースアップの周知について、対象職種の区分や基本的な考え方を提示して、現場に混乱が生じないような対応を求めた。

40歳未満の勤務歯科医師や、事務職員、歯科技工所等で従事する者の賃上げでは、複数の場所での勤務が考えられるため、「広く算定されている診療報酬の項目で評価することが妥当」との考えを示した。

賃上げ状況の把握については、「詳細の把握は難しいところもあり、柔軟な対応を検討してほしい」と発言。届出や報告内容など賃上げの仕組みが複雑にならないよう要望した。

大阪府歯・連盟新年会

深田会長「情報交換の場を設立」 太田会長「復旧に政治の力必要」

大阪府歯科医師会(深田拓司会長)と歯科医師連盟(太田謙司会長)の令和6年新年互礼会が6日、大阪市のリーガロイヤルホテル大阪で開かれた。

深田会長は冒頭あいさつで、「歯科が国民の健康寿命延伸と疾病重症化予防にさらに貢献するという、根拠のある夢を正夢にしなければならない」と述べ、毎月の会長会議を原点とした大阪三師会の連携と結束、大阪府歯科技工士会、歯科衛生士会とフラットに連携し情報交換を行うデンタルファミリーの設立など、多くの団体との連携から得られる情報をもとに、状況を客観的に捉え、国民の生きる力を支える行動をしていくとした。そして、「信じがたいスピードで変化する時代に対応する覚悟を持って役員一同、大阪府歯科医師会という泰山を、会員と手を取り、来年迎える100周年に向けて、新しい時代に合った夢を持てるさらなる大きな山にしていく会務執行をしていきたい」と抱負を述べ、指導と協力を求めた。

そして太田会長は、能登半島地震での対応で、「政治の力がなければ一刻も早い復旧はできない。政治と行政が一体となり、この国を復旧させ、平時に戻り、新しい発展をしていく」と、連盟の力を発揮して復旧を支えていく考えを示した。

来賓は府の行政、歯科関係団体、歯科関連企業関係者や、地元選出国会議員、府議、市議など多くが出席し、代表して吉村洋文府知事(渡邉茂樹副知事代読)、横山英幸大阪市長(山本剛史副市長代読)、高井康之府医師会会長、加納繁照日本医療法人協会長、谷川とむ自由民主党府支部連合会長、石川博崇公明党府本部代表、馬場伸幸日本維新の会代表、森山浩行立憲民主党大阪府総支部連合会代表、野田義和府後期高齢者医療広域連合長(東大阪市長)があいさつ。

乾英夫府薬剤師会会長による乾杯の発声で祝宴に入り、途中、出席した国会議員、府議、市議の紹介が行われた。

会場には多くの関係者が集まった

太田会長

深田会長

大阪府歯

関係役員や地区代表者と会議

大阪府歯科医師会は昨年12月14日、大阪市のシェラトン都ホテル大阪で関係役員・地区代表者合同会議を開いた。府歯、連盟、国民健康保険組合、附属歯科衛生士学校、歯科医師青色申告会連合会、歯科医師協同組合の各会による会務中間報告が行われ、日本歯科医師会副会長も務める林正純府歯副会長から、オンラインでの日歯会務報告が行われた。

冒頭あいさつした深田会長は、「先行きが不透明、将来予測が困難というVUCA(ブーカ)と呼ばれる時代の中でも、国民の健康寿命延伸、疾病の重症化予防に貢献するため、歯科が生き残っていなかければならない」と述べた。その上で、①大阪から中央に出ている日本歯科医師連盟会長の太田謙司府歯連盟会長、日歯専務理事の林副会長、日歯専務理事の瀬古口精良氏の尽力への協力、②府民の歯科健診受診率向上への取り組み、③府と大阪市でそれぞれ3万円ずつ支給される医療機関への支援金申請の働き掛けを求めた。②では、健康寿命延伸につながるデータヘルスに寄与するため、歯周健診で約5%、後期高齢者歯科健診では15～17%の府内の受診率を向上させる必要性を強調。府民の理解を得るためのツールとして府歯が作成した歯周病、オーラルフレイルと口腔機能低下症、摂食嚥下関連などの動画の活用を勧めた。

続いて府歯連盟の太田会長は、主に日歯連盟会長としての報告を行い、指導方法の是正や、診療報酬の評価適正化の必要性を強調。診療報酬については、「今の抜歯や抜髄、根管治療の点数にはびっくりする。自分たちのしている歯科治療に誇りが持てない点数だと思っている。これを10年20年の間に、当たり前の点数に近付けなくてはならない」と話した。

自民党のパーティー券キックバック問題では、「晴天の霹靂。先生方の中には自民党離れ、連盟離れが出てくるかもしれない。自民党の改革は必要だと思う。数カ月の間に日本医師連盟等と一緒に提言を行うなど改革に取り組んでいきたい」と話した。

「不動産の入居始まった」

都歯 新年会で井上会長

東京都歯科医師会(井上惠司会長)は10日、東京都千代田区の東京會舘で新春懇談会を開いた。

井上会長はあいさつで、能登半島地震の被災者へのお見舞いを述べ、物事が大きく成長し形が整う年とも言われる辰年に、2期目となる執行部が培ってきた事業をしっかりと地に付けたいと強調した。そして、130周年を迎えたとし、「日本最古の歯科医師会として先人たちの伝統と文化を継承していることに改めて身の引き締まる責任を感じる」と述べた。

さらに歯科衛生専門学校の跡地に竣工した収益不動産フォーサイト神田多町の本格的入居が始まったと報告。会員限定で学術動画や会誌の閲覧、イベント・研修会の申し込みなどができるアプリの配信、都内大学での歯科健診の実施、明治安田生命保険への歯科保健研修・モデル歯科健診などの取り組みを紹介した。

来賓では、日本歯科医師会の高橋英登会長、小池百合子都知事、東京都議会の宇田川聡史議長、東京都医師会の尾﨑治夫会長があいさつ。

高橋会長は、「状況把握をしないと舵が切れない」として石川県七尾市に視察へ行ってきたと報告。避難所にトイレが不足し、これまで訪れた熊本地震や東日本大震災と比べても厳しい状況にあるとの感想を述べた。

そして、地元の歯科医師が自身の診療所がダメージを受けている中で口腔健康管理に専念しているとして「本当に頭の下がる思いで、どうにか復興に協力しなきゃいけないという意を強くした」と強調した。

㊤会場には多くの関係者が参加㊦あいさつする井上会長

薬剤師会と警察と協定

横浜市青葉区歯

(左から)橋谷田裕樹青葉警察署長、鳥居会長、関永会長

横浜市青葉区歯科医師会(鳥居浩一郎会長)は横浜市青葉区薬剤師会(関水康成会長)および神奈川県青葉警察署と地域安全に関する三者協定を締結した。締結式が昨年12月21日に、青葉警察署で行われた。

同協定は各種犯罪の被害防止を図るため、三者が相互連携と協働による活動を推進し、安心して暮らせる地域社会の実現に努めることを目的とするもの。青葉区歯および薬剤師会は「各種犯罪の未然防止に関する取組」「各種犯罪の未然防止に関する情報発信、広報啓発活動」「『子供110番の家』の活動として、『こども110番のはいしゃさん』『こども110番のおくすりやさん』を運用し、児童の緊急時に各マニュアルに準じた活動を行う」について、業務に支障のない範囲で青葉警察署に協力をする。

有効期間は協定締結の日から1年間(申し立てがなければ1年更新)。

愛知県歯 ウエルネス8020

中日ドラゴンズの立浪監督がトーク

愛知県歯科医師会(内堀典保会長)は昨年11月26日、8020運動に伴う健康フェスティバル「ウエルネス8020」を名古屋市のナゴヤドームとウェブ上でハイブリッド開催した。2016年に「お口の健康県民講座」としてスタートしてから今年で17回目の開催となり、現地133人、ウェブ52人が参加。各種講演や、中日ドラゴンズ監督の立浪和義氏によるトークショーなどが行われた。

講演「ロッテにおける『噛むこと』取り組みについて」ではロッテ(本社・東京都新宿区、牛膓栄一社長)コーポレートコミュニケーション部渉外課主査の清水成家氏が登壇。同社の創業以来から製造してきたガムについて、噛むことによる記憶力の向上に加え、毛髪のボリューム増加にも寄与している可能性があると報告した。さらに、口腔機能低下予防のためのエクササイズを実演した。

トークショー「愛知県歯科医師会8020県民健口大使として伝えたい『歯と口の健康管理』」では立浪氏が登壇。中日ドラゴンズ選手に対して愛知県歯が行った歯科健診や、チームが2年連続最下位となった事に言及。「悔しい思いをしているので見返します」とコメントした。

そのほか、ライオン歯科衛生研究所(濱逸夫理事長)の歯科衛生士の湯之上志保氏による講演や、抽選会では立浪氏のサインボール・色紙、日本歯科医師会のマスコットキャラクター「よ坊さん」のぬいぐるみなどが景品として並んだ。

抽選会には立浪監督も参加し、会場を盛り上げた

山口県歯ら

フロス習慣化図る

小学生向けプログラム

山口県歯科医師会(小山茂幸会長)はライオン(本社・東京都台東区、竹森征之社長)と、デンタルフロス使用の習慣化を通し口腔健康の実現を目指す「おうちでフロスチャレンジ」を11月から実施している=写真。「健口スマイル推進事業の展開に関する連携協定」の一環で2021年に開始。第3弾は6月開催の「全国小学生歯みがき大会」に参加した小学校のうち、16校の5年生625人が参加した。

同取り組みは児童自身が「フロスマスター」となり保護者を巻き込みながら「おうちで毎日フロス！」にチャレンジするというもの。Y字フロス、説明用DVDのほか、実行できたか世界地図を使い周遊感覚で楽しく確認できるチェックシートやフロスマスター認定証などを用意。最初の1カ月は児童のみ、次の1カ月は親子で一緒に取り組むプログラムとなっている。

新潟県歯

警察歯科医会で身元確認研修会

新潟県歯科医師会(松﨑正樹会長)は昨年12月10日、新潟市の県歯会館で「令和5年度新潟県警察歯科医会身元確認研修会」を開いた。神奈川歯科大学の山田良広教授と山本伊佐夫講師がそれぞれ「歯科身元確認の重要性」「デンタルチャート作成」の講義を行い、遺体マネキンを使った実習も行われた=写真。

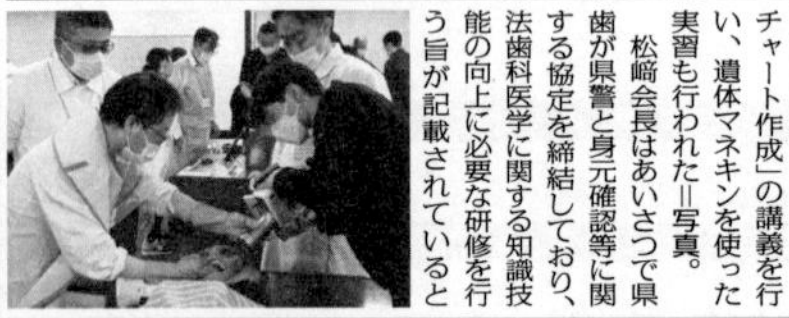

松﨑会長はあいさつで県歯が県警と身元確認等に関する協定を締結しており、法歯科医学に関する知識技能の向上に必要な研修を行う旨が記載されていると説明。「令和3年6月の死因究明等推進計画の中で歯科診療情報を身元確認へ活用するための大規模データベースの構築や、歯科医師と警察の関係が明確化されるなど、警察歯科医会の責任と役割はより大きくなりつつある」と強調した。

そして、新潟で起きた中越地震、中越沖地震にも触れ、「間違いなく災害はやってくる。予想される大規模災害や孤独死の増加など社会状況の変化に伴い、歯科医師が法医学分野に携わる機会は増えていく」と研修会の意義についても語った。

講義で山田教授は、「遺体の身元が顔貌や所持品で特定できない場合、遺体の状態に応じて、身元確認の三大手段である指紋・歯の所見・DNAのうち最善の手段を選択する」とし、それぞれの特徴や使い分けについて説明した。

医療経営士合格者

1級の二次試験 16人が合格

日本医療経営実践協会(吉原健二代表理事)は昨年12月22日、「第11回医療経営士1級」(第二次試験)の合格者を発表した。

医療経営士1級の第二次試験は、20人が受験し、16人が合格した。合格率は80%となった。医療経営士は、医療機関をマネジメントするのに必要な医療および経営に関する知識と、経営課題を解決する実践的な経営能力を備えた人材。

次回試験は、第一次試験が2024年9月8日、第二次試験が12月8日に実施される。

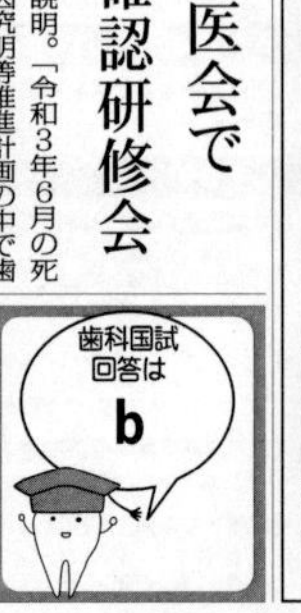

就業歯科衛生士・歯科技工士及び歯科技工所数の年次推移

（各年末現在）

	平成24年（2012）	26年（'14）	28年（'16）	30年（'18）	令和2年（'20）	4年（'22）	対令和2年 増減数	対令和2年 増減率
歯科衛生士（人）	108,123	116,299	123,831	132,629	142,760	145,183	2,423	1.7％
歯科技工士（人）	34,613	34,495	34,640	34,468	34,826	32,942	-1,884	-5.4％
歯科技工所（か所）	19,706	20,166	20,906	21,004	20,879	20,841	-38	-0.2％

年齢階級別にみた就業歯科衛生士・歯科技工士

（令和4年末現在）

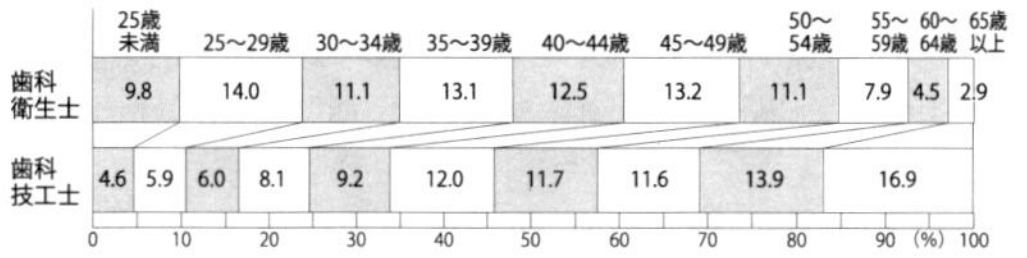

都道府県別　就業歯科衛生士・歯科技工士・歯科技工所数

令和4年末現在

	歯科衛生士（人）	歯科技工士（人）	歯科技工所（か所）
全国	145,183	32,942	20,841
北海道	6,501	1,787	1,214
青森	916	447	210
岩手	1,104	474	202
宮城	2,286	682	353
秋田	1,067	369	153
山形	1,221	417	162
福島	1,660	659	446
茨城	2,603	631	469
栃木	1,992	400	436
群馬	2,351	569	371
埼玉	4,438	708	1,096
千葉	5,,931	946	823
東京	15,832	3,435	1,838
神奈川	9,453	1,830	1,319
新潟	2,840	821	392
富山	1,177	403	153
石川	1,154	389	169
福井	734	243	113
山梨	1,089	255	194
長野	2,725	614	406
岐阜	3,139	560	472
静岡	4,326	941	679
愛知	7,794	1,752	1,268
三重	2,187	467	281
滋賀	1,,519	370	235
京都	2603	525	436
大阪	10,699	2,364	1,245
兵庫	6,841	1,219	897
奈良	1,675	272	243
和歌山	1,044	258	181
鳥取	844	241	75
島根	928	240	77
岡山	2,961	570	358
広島	4,051	960	484
山口	1,651	450	205
徳島	1,315	396	144
香川	1,711	549	172
愛媛	1,678	380	251
高知	1,014	225	125
福岡	7,255	1,353	1,027
佐賀	1,300	226	127
長崎	2,284	404	245
熊本	2,677	560	305
大分	1,620	604	169
宮崎	1,529	344	165
鹿児島	2,060	407	299
沖縄	1,404	226	157

就業歯科技工士1884人減少

―歯科衛生士2423人増加

2022年末現在の就業歯科衛生士数は14万5183人で、前回調査20年末時点よりも2423人増えた。就業歯科技工士は前回比1884人減の3万2942人。厚労省が昨年12月に公表した「衛生行政報告例の概況」によるもの。

就業場所別に見ると、歯科衛生士は「診療所」が90・1％（13万806人）で、「病院」5・1％（7460人）、「市区町村」1・4％（1987人）、「歯科衛生士学校・養成所」1・2％（1768人）、「介護保険施設等」0・9％（1370人）、「保健所」0・5％（707人）、「事業所」0・2％（309人）、「都道府県」0・1％（91人）など。

歯科技工士は「歯科技工所」が72・9％（2万4012人）、「病院・診療所」24・8となっている。

年齢階級別では、歯科衛生士は「45〜49歳」、歯科技工士は「65歳以上」が16最多となっている。

全技協 大島会長

「日歯・日技が同意すれば法改正、否定しない」

全国歯科技工士教育協議会の大島克郎会長は、業務拡大に向けた歯科技工士法の法改正について「日本歯科医師会と日本歯科技工士会が同意を示せば、否定しない」と発言した。千葉県歯科医師会が令和5年度厚労省補助事業「歯科技工士の人材確保対策事業」の一環として、県歯科医師会館で昨年12月17日に開催した新春座談会「新潟宣言を受けて〜『歯科技工士の未来！再発見！』」＝写真＝で意見を述べた。

同座談会では、全技協の大島会長、東京歯科大学歯科医療政策学の田口円裕教授、東京医科歯科大学の鈴木哲也名誉教授、千葉県歯科医師会歯科技工士プロジェクトチームの砂川稔委員長が参加。歯科技工士の働き方改革、昨年11月5日に開催された新潟シンポジウムでの新潟宣言を踏まえた議論が行われた。

議題は、「歯科技工士の医療人としての地位確立と今後の方向性について（DX化と超高齢社会における業務拡大とは）」「教育カリキュラムの具体的方向性と『余力』について」「『新潟宣言』と法令改正の具体的な検討について」。

大島会長は、教育カリキュラムの具体的方向性と「余力」で、「全技協として絶対に譲れない条件が、修業年限の問題。現在、歯科技工士学校養成所は修業年限2年以上だが、これを3年制にした方がいいという考えもある。ただ、3年制にすると、今の養成校は経営体力的に耐えられない。閉校という道を選ぶ学校も出てくるため、今の修業年限を延長するというのは現実的ではない。もし仮に法改正後、業務内容の拡大があるなら具体的な業務ありきではないかと思う」と述べた。

また、法改正を前提に考えた場合、具体的に歯科技工士が行える歯科医療行為を選定する必要があるとして、「日本歯科医師会、日本歯科技工士会が具体的な行為に関して、合意形成をしていただく必要がある」との意見があった。

さらに、大島会長は歯科技工士法第20条に触れ、同条例によって歯科技工士がチェアサイド業務を行えない根拠になっているとし、「法改正自体はその業務を所管する日本歯科医師会と日本歯科技工士会が同意していれば、あとは教育の立場からすると、具体的にどうやって教育ができるかを考えるだけで、そのステップがあれば、法改正自体は全く否定するものではないと思っている」と示唆した。

なお、座談会終了後に四つの提言が示された。

1. 医療連携に携わる医療人としての地位の確立
2. 歯科技工の口腔機能管理を含めた業務拡大の推進と教育カリキュラムの具体的検討
3. 法令改正の検討
4. 歯科技工の公定（公益）価格の積算根拠の検証

金賞 村上さん「練習の成果が出た」

全国アビリンピック 受賞を報告

第43回全国障害者技能競技大会の歯科技工部門で金賞を受賞した村上祐太郎氏は、千葉県内の同大会受賞者と「第61回技能五輪全国大会」の受賞者とともに昨年12月15日、千葉県庁を訪れて入賞報告を行った。両大会は11月17〜19日まで愛知県で開かれ、千葉県では技能五輪9人、アビリンピック5人が入賞した。

本紙の取材で、村上氏は「アビリンピックにリベンジするつもりでデジタルカービング等の練習をして成果が出たおかげなのか、今回、金賞を受賞することができたと思います。次の国際大会があれば、ぜひ出場したいと考えています」と意気込みを語った。

村上さん（左）と千葉県のご当地キャラ・チーバくん

千葉県副知事の黒野嘉之氏は、各選手からの入賞結果を称えた上で、「それぞれ超えるべき課題や考えるべき戦略もさまざまであり、この素晴らしい結果に至ったことに感銘を受けた。今後も習得された技術を仕事に活かしつつも、千葉県およびわが国の産業の中心的な担い手として、ご尽力をお願いしたい」と述べた。

◆◇◆

昨年11月7日に高齢・障害・求職者雇用支援機構のHPで発表された資料によれば、村上氏は銅賞を受賞しているが、同機構が「受賞選考にあたって（採点結果の）資料作成ミスが発生した」とのことで、改めて歯科技工部門の採点チェックがなされた。変更後の受賞者（歯科技工部門）は以下の通り。（敬称略）

金賞：村上 祐太郎（千葉県）
銀賞：吉見 朗（鹿児島県）
銅賞：河野 仁志（北海道）
努力賞：該当者なし（授賞規程による）

都技 石川会長

「人材育成は大きな責務」

石川会長

東京都歯科技工士会（石川功和会長）は8日、東京都文京区のホテル東京ガーデンパレスで新年祝賀会を開いた。テーマは、「技術の伝承と革新 新たな時代への覚醒—至誠と創造 未来を考え 今を築く」。

森野隆日本歯科技工士会会長は冒頭あいさつで能登半島地震による技工所の状況を伝えた

石川会長は、能登半島地震で被害に遭った人たちへのお見舞いなどを述べた後、「歯科技工業界のデジタル化」「従来のアナログ技術」「次世代の歯科技工士」などの各テーマに沿って話した。

歯科技工業界について、「技工業界は大きな転換期を迎えている。CAD/CAMシステム、3Dプリンティング、デジタルインプレッションなどの最新技術が日々進化している。また、次世代の歯科技工士を育成することは私たちの大きな責任。彼らがこの急速に変化する業界に融合できるように支援する必要がある」と述べた。

さらに、「技術研修会はもちろんのこと、それぞれの人生が豊かに送れるような催事も企画したいと思っている」と語った。

来賓祝辞では、東京都歯科医師会の湯澤伸好副会長、東京都歯科衛生士会の藤山美里会長、日本歯科技工所協会の木村正理事長、大東京歯科用品商協同組合の杉山勝人理事長が歯科技工業界におけるさらなる発展を願った。

大阪府技 前川会長

「次世代への継承会全体で進めたい」

大阪府歯科技工士会（前川清和会長）の令和6年新年互礼会が7日、大阪市のホテル日航大阪で開催された。

㊧前川会長
㊤知事や日技副会長など多くの関係者が訪れた

前川会長はあいさつで、昨年11月開催の第2回近畿デンタルサミットでは、府歯科医師会の深田（拓司）会長の計らいで実現した加藤前厚生労働大臣の講演などで、1千人以上が参加したと報告。「歯科技工士会だけでは不可能なことでもデンタルファミリーである歯科医師会、歯科衛生士会の力を借りれば大きな事業ができると実感できた」とし、参加者や講師、関係者に謝辞を述べた。その上で、サミットのテーマでもあった次世代への継承は、「今後は会全体で取り組むテーマにし、技工所、各支部役員、執行部などさまざまな点で次世代への継承を進めていきたい」と話した。

多くの来賓の中で吉村洋文府知事（渡邉繁樹副知事代読）、深田府歯会長、下江宰司日本歯科技工士会副会長、谷川とむ自民党府支部連合会会長、石川博崇公明党府本部会長があいさつ。

深田会長は、府の歯科技工士会、歯科衛生士会とのフラットな付き合いを目的とした「デンタルファミリー」を創設し、まずはそろいのTシャツを作成中であることを明かし「夢のある歯科界を目指して進んでいきたい」と話した。

山口千里府歯科衛生士会会長による乾杯の発声で宴となった。

今月のBookコーナー

歯科雑誌をよむ 1月号

歯界展望 / 日本歯科評論 / Quintessence / DENTAL DIAMOND / アポロニア21

VISTAデザインの可能性

『ザ・クインテッセンス』は特集2で、大阪府開業の増田英人氏による「VISTAテクニックのペリオ・インプラント治療への臨床応用の可能性を探る」を掲載。

2011年に報告されたVISTAテクニックは、可動粘膜内縦切開から形成する全層弁のフラップデザインを含む一連の根面被覆術で、簡便かつ低侵襲、審美性にも優れているとされる。中でも、下顎複数歯重度歯肉退縮への対応に優位性を持つという。

記事では、VISTAテクニックについて、実際の症例をもとに臨床応用の手順、留意点などを解説。硬組織、軟組織に同時にアプローチでき、歯間乳頭保存型のフラップデザインであるのが利点と強調した。

コロナワクチンによる薬剤性肝障害

『デンタルダイヤモンド』は寄稿で、大阪歯科大学口腔外科学第一講座の吉田博昭氏らによる「新型コロナウイルスワクチンによる薬剤性肝障害と考えられた一例」を掲載。

新型コロナウイルスワクチン接種後の翌々日に全身麻酔の術前検査で薬剤性肝障害と考えられた40歳代女性の症例を解説。咬合不全を主訴として顎変形症の治療のため受診。全身麻酔下での治療を希望したため術前検査したところ、採血で肝機能異常が判明したもの。ワクチン接種で、慢性肝疾患の経過中に急性増悪として発症したか、薬剤性肝障害が急性発症したかの可能性が想定されるという。ワクチン接種後、2〜4週は間を空けて歯科の小手術を行うことが副作用、トラブル回避につながると指摘した。

スウェーデンの歯科医療

『歯界展望』は新連載「北欧モデル　スウェーデン歯科医療のホントのところ1」で、スウェーデン政府社会庁上級医系技官のElisabeth Warnberg GERDIN氏らによる「スウェーデンの歯科医療について」を掲載。スウェーデンの歯科医療制度の歴史から全体像を解説する内容。

スウェーデンの歯科医療制度の歴史は古いが、長らく漂泊する外国人に担われてきたという。1663年に王立医学会が法的規制を公布したが、最初のスウェーデン人歯科医師に診療許可が下りたのは1883年のことだった。

記事では、どのような年齢層のどのような症例について、何の制度が適用されるか、歯科医療への助成がどの程度の金額かなど、具体的な全体像を示している。

歯科国試に実技がなくなった経緯

『日本歯科評論』は新連載コラム「素朴なQへの概略A」で、東京歯科大学の石井拓男氏による「歯科医師国家試験から実技試験がなくなった理由とその後の教育改革について」を掲載。

一般に「実技試験」と言われるものは、1833年の医術開業試験規則にある「実地試験」で、歯科医師としての知識、技能、態度を評価するものだったという。記事では、明治から戦後の改革を経て、現在に至る歯科医師国家試験の歴史を振り返り、歯学部病院での臨床実習と国試での実地試験の変遷を解説。

2024年から実施する臨床実習前の共用試験で、実技試験を導入するなど、新たな体系が開始されるとのことで、信頼される歯科医師育成に期待を示した。

院長のイメージ変えるユニフォーム

『アポロニア21』は特別企画で、ファッションコンサルタントの堀口桂子氏が、同誌連載中の坂本光徳氏、山本達也氏をモデルに、ユニフォームの刷新でイメージを変えられるのを実証。堀口氏は事前にクライアントの趣味・嗜好を把握、分析し最適なファッションを提案している。2人の院長からも資料を提出してもらい、個性に合った色味やデザインを提案。医院の個性を決定付ける院長の場合、似合う色や骨格等の見た目だけでなく、内面もユニフォームの選択に重要だという。

特集『歯科衛生士力』の可能性」では、ウメオ大学のアンナ・ボグレン氏らによる対談で、スウェーデンのチーム医療やキャンセル料の扱いなど歯科衛生士が活躍する国のリアルな話題を取り上げた。

著者に聞く

辞めない 採めない 理念が根づく「クリニック人材育成」の教科書

女性スタッフ全員が起こした「クーデター」を機に歯科医院の改革に臨んだ年名淳氏（としな歯科医院院長）。著書『辞めない　採めない　理念が根づく「クリニック人材育成」の教科書』（セルバ出版）に、実体験を基に開発したメソッドや、スモールビジネスを運営する考え方を詰めこんだと同氏は語る。執筆に至った経緯や、クレド（行動指針）の重要性、人材確保の心構えなどについて聞いた。

としな歯科医院
院長 年名 淳 氏

——同書を執筆した経緯を教えてください。

年名　院内で歯科診療のみを考えた時には、職人的な歯科医師と指示されるアシスタント（スタッフ）と上下関係で付き合う構図で良いのかもしれません。しかし、消費者に価値を提供するビジネスモデルとして医院の組織運営を考えた時には、スタッフは大事なメンバーですし、チーム編成をはじめ、組織内部をどのようにするのかが重要になってきます。

要

内部がしっかりとしていなければ、人材も集まってきませんし、雇用したとしても早期の離職につながってしまいます。この経営的な分野については大

人材確保・育成は「組織内部」構築が重

学歯学部の教育では学ばないと言っても過言ではなく、多くの先生が悩んでいるテーマではないでしょうか。

実は私も女性スタッフ全員から「私たちのことをちゃんと考えてほしい」と迫られた経験があり、それをきっかけにスタッフとの関わり方などを改革していき、願う成果につながりました。

全国に6万8千軒弱ある歯科医院は、ライバルと捉えることもできますが、本来望ましい「全日本人のメンテナンスによる利用」に対応するならば絶対に足りない数です。そのような中でライバル争いをするのではなく、国民に通ってもらえる歯科医院が増えることによって、歯科医療サービスの社会的価値もより高まっていくと思います。

そして、私は30代、40代の若いリーダーに向けて、伝承したいとの想いから、コーチングやコンサルティングのような活動もしているのですが、今回の書籍もその一環で参考書のような意味合いがあります。

患者数獲得に追われ、最新の知識や技術を習得しなければならないという偏った思考で焦っている院長も少なくないように思います。まずは、自院の組織内部を整えることで良い循環が生まれることに気付いてもらいたいという願いから、執筆に至りました。

――この書籍で先生の実際の経営的な取り組みを学べるということでしょうか。

年名　実体験に基づいた考え方やメソッドをお伝えするものですが、「私のやり方を真似してください」ということではなく、「情報のいいとこ取り」をしていただいて、それぞれ自分の置かれた状況に応じてアレンジしてもらえたらと思っています。

本書では、特に重要なクレド（行動指針）の作成およびスタッフへのアナウンス、クレドにコミットする人材確保のための採用ステップについて書かせていただきました。

――クレドを作ることは具体的にどのような意義があるのでしょうか。

年名　クレド作成は「覚悟」ができている院長で3～6カ月程度じっくり臨むことが肝要なので、簡単な作業ではありませんが、各院長が望む組織を理想の状態に近付ける最短ルートなのではないかと思っています。

クレドはリーダーの思い通りにスタッフが自発的に働いてくれる道標のような役割を果たし、それはリーダーへの貢献と同時に患者さんへの貢献度アップにもつながってきます。

また、クレドが無い環境での注意と、クレドに沿った忠告では、スタッフの感情に与える影響も異なり、院内でのコミュニケーショントラブルも減ると思います。

そして、クレドを作った当初には、クレドに沿わないスタッフは辞めてしまう可能性は否めませんが、結果的にはクレドを共有できるスタッフが仲間として働くことで、より働きやすい環境が整い、採用、育成がうまくいき、離職率の減少にもつながります。

――少子高齢化が著しい現代において、人材の確保は誰もが悩んでいる問題ですね。

年名　世の中が「完全な売り手市場」という雰囲気で、多くの歯科医院が「歯科衛生士の確保は大変」と思ってしまっていることも大きな問題だと感じています。

毎年何人もの人材を採用しなくてはならない大企業ならそうかもしれませんが、私たちのような小さな事業所では、1年に2～3人程度でしょう。採用や育成の努力を惜しまなければ、適正な人材に出会えるのではないでしょうか。

――努力というのは、給与や福利厚生などの待遇面への配慮ですか。

年名　もちろん、給与や福利厚生など分かりやすい顕在意識的な条件も大切ですが、スモールビジネスにおいては、個人のパフォーマンスが組織に与える影響、貢献度をスタッフ自らも測れる方が、職場に対するエンゲージメントや仕事へのモチベーションを高められると思います。

そのためにも、歯科医院でクレドをしっかりと整えて、それに完全にコミットする人材を妥協なく探すことが重要になってきます。不安と焦りとは常に背中合わせですが、孤高に向き合うのがリーダーのミッションであり、やり甲斐です。そして、クレドがあることでリーダー自身の「心の安定」が得られることが大きなベネフィットの一つです。

幸いにも私の歯科医院では、クレドを基にスタッフたちが自発的に働く風土が出来上がりました。

特に「男性経営者一人、女性スタッフが複数」で理想の組織作りに困っている次代を担う院長や経営者の人達の参考にしていただけたら、この上ない喜びです。

『辞めない　揉めない　理念が根づく「クリニック人材育成」の教科書』
年名 淳 著/B6判/144ページ/1,650円/セルバ出版

書籍

（価格は税込）

「歯医者が怖いあなた」はまったく悪くない！

歯科心理カウンセラーで歯科医師でもある著者が、歯科恐怖症への対応や歯科心理カウンセラーの仕事・役割、患者さんへの接し方などを、エピソードとともに紹介する書。歯科恐怖症の原因や特徴、克服をサポートするカウンセリングについて紹介している。

歯も心もハッピーになる歯科医院は、患者さんにとっても歯科業界にとっても「笑顔」を生み出す存在であることを気付かせてくれる。

おぎはら聡美　著/四六判/202ページ/1,650円/サンライズパブリッシング

もうイラつかないスタッフとの関係づくり

医療ソーシャルワーカーとして働き、クリニックのサポート事業を行う著者が、人材育成に関する事例を基に、スタッフにイラついた時、困った時に、どのような対処や対策が効果的かを伝授する事例検討集。

新人教育や業務への態度など、30のケースは現場でよくある内容で、孤独に悩む院長や院長夫人を助けてくれる。時代の変化に合わせた学びの多い内容は、頑張る人たちの助けになる。

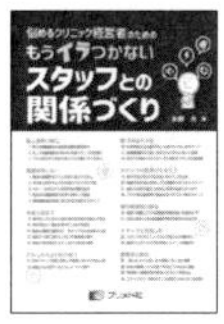

永野　光　著/A5判/128ページ/2,200円/プリメド社

コピーデンチャーズQ＆A

複製義歯（コピーデンチャー）に関する質問や疑問に答える書。診療・診断、製作、使用上の注意点などをQ＆A形式で解説している。

全50問がそれぞれ1～3ページで完結している。写真や画像を多用し、解説文も簡潔なため、臨床で何か疑問が浮かんだ時に開けば、すぐに解消できる。治療の引き出しを増やし、知識や技術を深められる。

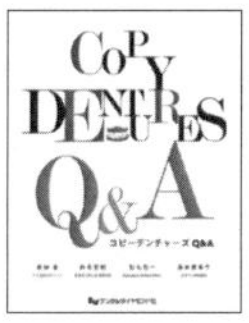

前畑　香、鈴木宏樹、松丸悠一、湯田亜希子　著/AB判/104ページ/8,800円/デンタルダイヤモンド社

キャンピングカーのたび

軽自動車を改造して作ったキャンピングカー「のろのろ号」に乗って旅に出る親子。キャンプ場で他の家族が乗ってきた別のタイプのキャンピングカーにもお邪魔して、中の構造を紹介する展開。

帯には「車の中で暮らせるなんて、まるで秘密基地みたい！」とある。コロナ禍で公共交通機関での旅行が難しかった時期、注目を集めたキャンピングカーは、こんなにワクワクするものだったのかと、あらためて感じられる。

みねおみつ　作・絵/26×27cm/32ページ/1,650円/福音館書店

もふもふライリーとちいさなエリザベス

歩けない、話すこともできない、自分で動くこともできないエリザベスと、彼女の元にやって来た、もふもふ犬のライリー。もふもふ犬ライリーが来たことで、家族みんなが温かく癒やされてエリザベスを支えていたが、入院の頻度が上がり、やがて……。

先天性トキソプラズマ＆サイトメガロウイルス感染症患者会「トーチの会」が、一般の人々への啓発・予防教育を促すために制作したもの。

病気そのものの説明はあえて避けており、広く読まれるのに適している。

ナカイサヤカ　文/うよ高山　絵/リサ・ソーンダース　原作/21×29.7cm/32ページ/2,090円/サウザンブックス社

新刊・近刊 〈12月〉

ちょっと深堀り！予防の科学 -う蝕・酸蝕・歯石と歯周疾患-
中嶋省志【著】
医歯薬出版　定価5,280円

補綴と矯正
高井基普【編】
医歯薬出版　定価13,200円

接着の科学 -補綴装置装着のエビデンス＆テクニック-
Giacomo Derchi・Umberto Campaner【著】　宮崎真至【監訳】
医歯薬出版　定価17,600円

歯科医療安全管理マニュアル
（一社）日本有病者歯科医療学会・今井裕・栗田浩【編集】
医歯薬出版　定価6,160円

口腔組織・発生学<第3版>
前田健康・網塚憲生・中村浩彰【編】
医歯薬出版　定価13,200円

現代歯科薬理学<第7版>
鈴木邦明【監修】／戸苅彰史・青木和広・兼松隆・筑波隆幸・八田光世【編】
医歯薬出版　定価11,000円

歯科衛生学シリーズ
疾病の成り立ち及び回復過程の促進 2　微生物学<第2版>
（一社）全国歯科衛生士教育協議会【監修】
医歯薬出版　定価3,740円

「デンタルハイジーン」別冊
評価・治療・メインテナンスに役立つ！資料のとり方・活かし方
浅賀庸平【編著】
医歯薬出版　定価3,850円

「歯科技工」別冊 **人生100年時代のパーシャルデンチャー**
-Brush up Removable Partial Denture Techniques-
亀田行雄・遊亀裕一【編集】
医歯薬出版　定価6,600円

漏洩ゼロをめざすラバーダム防湿パーフェクトテクニック<第2版>
辻本真規【著】
インターアクション　定価8,580円

スタンダード歯科医学史<第2版>
石井拓男・石橋肇・佐藤利英・渋谷鑛・西巻明彦・平田創一郎【著】
学建書院　定価3,850円

加速矯正による治療期間短縮のコンセプト
-スピード矯正研究会ケースブック-
北村敦・深澤真一【監著】
クインテッセンス出版　定価24,200円

顎顔面成長の基本原理 -Fundamentals of Craniofacial Growth-
Andrew D.Dixon・David A.N.Hoyte・Olli Ronning【編】　宮下邦彦【訳】
クインテッセンス出版　定価35,200円

「ザ・クインテッセンス」別冊 **YEARBOOK 2024　患者説明にも自信がつく　今はこうする・こう考える　義歯のケア**
村田比呂司【監著】
クインテッセンス出版　定価7,700円

どっちがいいの？　ヒトの歯・サメの歯
-何度も生えかわるサメの歯のひみつ-
岡崎好秀【著】
少年写真新聞社　定価1,980円

狭窄歯列弓に1日8時間で対応できるSH療法
-今すぐ取り組むための完全マニュアル-
星岡才賢【著者代表】
第一歯科出版　定価22,000円

スリーステップ秋山メソッドBASIC
-最低倍率でも大きなメリットがある顕微鏡テクニック-
秋山勝彦【著】
デンタルダイヤモンド社　定価33,000円

はじめての"歯科"インスタグラム活用術
-集患・採用に結びつくSNSの教科書-
簗瀬真優花・山本達也【著】
デンタルダイヤモンド社　定価5,940円

予防歯科イノベーション -健康の新しい道標-
安藤壮吾・長谷川雄一・関善弘【著】
デンタルダイヤモンド社　定価9,350円

解剖学を学ぶための必須演習　全身骨学　学習サイドノート
阿部伸一【著】
わかば出版　定価4,400円

協力：シエン社　TEL03（3816）7818　〈http://www.shien.co.jp〉

オススメ書籍の投稿を募集

診療や経営に参考になる書籍、ちょっとした人生の潤滑油となっている「オススメ書籍」の投稿を募集しています。200～1200字程度。

送り先は日本歯科新聞編集部まで。

能登半島地震 事務連絡

昨年12月分は概算請求可に

厚労省は、令和6年能登半島地震に伴い「被保険者証等の提示等（1日付）」「保険診療関係等及び診療報酬の取扱い（2日付）」「診療報酬等の請求の取扱い（4日付）」についての事務連絡を発出している。

被保険者証については、紛失や家庭に残したままでの避難を考慮して、氏名や住所など必要な情報を申し立てることによって受診できる取り扱いとなっている。

また、保険医療機関が全半壊し、仮設建物等で診療した場合、場所や体制などの継続性が認められる場合には保険診療として取り扱えるとしている。

請求については、診療録やレセプトコンピュータ等の滅失、汚損・棄損をした場合、令和5年12月診療分については、過去の実績に基づいた概算請求が可能としている。

診療報酬の取扱いQ&A（抜粋）は次の通り。

◆◇◆

問 被災地の保健医療機関の医師等が、各避難所等を自発的に巡回し、診療を行った場合、保険診療として取り扱うのか。

答 保険診療として取り扱うことはできない。（災害救助法の適用となる医療については、県市町村に費用を請求する。なお、当該費用の請求方法については、県市町村に確認されたい）

問 被災地の保険医療機関の医師等が、避難所に居住する疾病、傷病のために通院による療養が困難な患者に対して、当該患者が避難所にある程度継続して居住している場合に、定期的な診療が必要と判断され、患者の同意を得て継続的に避難所を訪問して診察を行った場合に、訪問診療料（歯科診療にあっては、歯科訪問診療料）は算定できるか。

答 算定できる。

なお、疾病、傷病から通院による療養が可能と判断される患者に対して訪問診療料（歯科訪問診療料）は算定できない。

問 前問で、同じ避難所等に居住する複数人に同一日に訪問診療を行う場合、「同一建物居住者」の取扱いとするか、「同一建物居住者以外」の取扱いとするか。同様に同じ避難所等に居住する複数人に同一日に同じ訪問看護ステーションから訪問看護を行う場合はどうか。

答 いずれも、同一建物居住者の取扱いとする。

なお、医科の場合にあっては、避難所等において、同一世帯の複数の患者に診察をした場合は、「同一建物居住者」の取扱いではなく、1人目は「同一建物居住者以外の場合」を算定し、2人目以降の患者については、初診料又は再診料若しくは外来診療料及び特掲診療料のみを算定すること。

また、歯科の場合にあっては、同一日に診療を行う人数により、歯科訪問診療1（1人のみの場合）、歯科訪問診療2（2人以上9人以下の場合）又は歯科訪問診療3（10人以上の場合）のいずれかにより算定する。

問 被災地の保険医療機関において、通常外来診察を行っている患者に訪問診療を行った場合に、訪問診療料（歯科診療にあっては、歯科訪問診療料）は算定できるか。

答 居宅で療養を行っており、疾病、傷病のために通院による療養が困難なものに対しては訪問診療料（歯科訪問診療料）を算定できるが、疾病、傷病から通院による療養が可能と判断されるものに対しては、訪問診療料（歯科訪問診療料）の算定はできない。（通常の訪問診療料等の規定のとおり）

問 被災地以外の都道府県で登録した保険医が、被災地の保険医療機関で診療を行った場合、保険請求可能か。

答 被災地以外の都道府県で登録した保険医が被災地の保険医療機関で行った場合には、被災地において、当該保険医が保険診療に従事する被災地の保険医療機関から診療報酬の請求が行われることになる。

問 新たに有床義歯を製作する場合については、遠隔地への転居のため通院が不能になった場合、急性歯科疾患のため喪失歯数が異なった場合等の特別な場合を除いて原則として前回有床義歯を製作した際の印象採得を算定した日から起算して6カ月以降とする取扱いであるが、今般の令和6年能登半島地震による被災に伴い有床義歯を滅失又は破損した場合も該当するのか。

答 該当する。なお、この場合において、有床義歯を再製作するに当たっては、診療録及び診療報酬明細書「摘要」欄に令和6年能登半島地震による被災に伴う6カ月未満の有床義歯の再製作である旨を記載すること。

令和5年10月 歯科診療所数

6万7137軒

厚労省の施設動態調査による令和5年10月末現在の歯科診療所数は全国で6万7137施設で、前月より45減少した。

埼玉、東京の7、神奈川の6、北海道、宮城の4など28都道府県で65減少し、沖縄の5、京都の3など12府県で20増加した。

開設者別歯科診療所数の個人は前月より159減少して4万9770施設、医療法人は45増加の1万6737施設だった。

開設者別歯科診療所数の個人は減少傾向が続き、2021年3月以降、31カ月連続で減少。医療法人は2018年9月以降、61カ月連続増加している。

前年同月比の全国の歯科診療所数の動向では、586施設減少した。開設者別歯科診療所数の個人は1032減少、医療法人は437増加となっている。

都道府県別歯科診療所数

令和5年10月

	歯科診療所	前月比増減数
全国	67,137	-45
北海道	2,759	-4
青森	483	-3
岩手	541	-2
宮城	1,036	-4
秋田	408	1
山形	454	0
福島	815	1
茨城	1,347	-1
栃木	946	-1
群馬	975	-1
埼玉	3,522	-7
千葉	3,216	1
東京	10,661	-7
神奈川	4,944	-6
新潟	1,101	2
富山	435	1
石川	470	-3
福井	289	-1
山梨	417	-1
長野	978	1
岐阜	938	-1
静岡	1,717	-1
愛知	3,694	-2
三重	789	-2
滋賀	562	0
京都	1,263	3
大阪	5,446	-3
兵庫	2,928	-3
奈良	681	1
和歌山	513	-2
鳥取	256	0
島根	252	1
岡山	987	2
広島	1,478	-1
山口	625	0
徳島	412	-1
香川	468	0
愛媛	637	0
高知	340	-1
福岡	3,049	-2
佐賀	395	-2
長崎	689	-1
熊本	831	0
大分	519	1
宮崎	482	-1
鹿児島	777	-1
沖縄	612	5

令和5年9月の歯科医療費

社保 件数5・6%増 点数5・5%増

社会保険診療報酬支払基金による令和5年9月診療分の総計確定件数は1億616万6千件、点数1778億8833万6千点で前年同月に比べ件数は6・0%、点数は5・9%それぞれ増加した。

9月の稼働日数は25・0日（うち土曜日4・0日）で、対前年同月比で増減はない。

歯科の件数は1356万7千件、点数は164億3858万3千点で、前年同月に比べ件数は5・6%増加、点数は5・5%増加した。

医療費全体に占める構成割合は前月に比べ、件数は0・6ポイント下がって12・8%、点数は0・1ポイント上がって9・2%。

歯科の診療報酬諸率は1件当たり点数1211・7点、1日当たり点数821・7点、1件当たり日数1・47日で、前年同月に比べ、1件当たり点数は0・1%減、1日当たり点数は1・4%増、1件当たり日数は1・5%減少した。

医科の入院と入院外の合計は件数5514万5千件、点数1218億9987万9千点で、件数は前年同月に比べ0・9%増加、点数は2・1%増加。

入院外は件数5432万5千件、点数7565億1548万1千点で、前年同月に比べ件数は1・3%増、点数は1・1%増加した。

調剤は件数が3718万1千件、点数が3954億9874万4千点で、前年同月に比べ件数は14・8%、点数は20・1%それぞれ増加している。

国保 市町村の金額 3・2%減少

国保中央会がまとめた令和5年9月診療分の総医療費は市町村国保と国保組合、後期高齢者を合わせて2兆3931億円で、うち後期高齢者分は1兆5345億円だった。

9月の稼働日数は22・0日（平日20・0日、土曜日2・0日）で、対前年同月比で増減はない。

歯科医療費は市町村が550億円で、対前年同月比で3・2%減少。組合は48億円で0・3%増加。後期高齢者は606億円で2・5%増加した。

件数は市町村が416万件で2・1%減。組合は38万件で0・8%増。後期高齢者は428万件で5・5%増となっている。

市町村の歯科1人当たり医療費は2313円で2・2%増、1人当たり日数は0・28日で1・4%増、1日当たり医療費は8142円で0・8%増。

組合の歯科1人当たり医療費は1833円で2・8%増、1人当たり日数は0・22日で1・5%増、1日当たり医療費は8243円で1・3%増加した。

後期高齢者の歯科1人当たり医療費は3115円で0・9%減、1人当たり日数は0・38日で0・3%減、1日当たり医療費は8263円で0・6%減少している。

また市町村国保と国保組合を合わせた医療費の入院は3095億円（対前年同月比0・4%減）、入院外3100億円（3・2%減）、調剤1537億円（0・2%減）、後期高齢者分は入院7371億円（7・2%増）、入院外4473億円（2・4%増）、調剤2350億円（2・4%増）だった。

〈社保〉診療種別支払確定件数及び点数

（令和5年9月診療分）

診療種別		件数 千件	対前年同月比 %	構成割合 %	点数 千点	対前年同月比 %	構成割合 %
総計		106,166	106.0	100.0	177,888,336	105.9	100.0
医科	計	55,145	100.9	51.9	121,899,879	102.1	68.5
	入院	820	78.9	0.8	46,284,398	103.7	26.0
	入院外	54,325	101.3	51.2	75,615,481	101.1	42.5
歯科		13,567	105.6	12.8	16,438,583	105.5	9.2
調剤		37,181	114.8	35.0	39,549,874	120.1	22.2
食事・生活療養費		651	101.4	0.6	−	−	−
訪問看護療養費		272	114.7	0.3	−	−	−

（注）件数の総計は、食事・生活療養費を除く数値。点数の総計は、食事・生活療養費、訪問看護療養費を除く数値。社会保険診療報酬支払基金の統計月報を基に本紙で集計したもの。数値は四捨五入

〈社保〉歯科診療報酬諸率

（令和5年9月診療分）

区分		1件当たり点数（点）	1日当たり点数（点）	1件当たり日数（日）
合計		1,211.7 (99.9)	821.7 (101.4)	1.47 (98.5)
医療保険	計	1,223.8 (100.0)	819.5 (101.4)	1.49 (98.6)
	被保険者（65歳未満）	1,282.7 (99.7)	827.4 (101.1)	1.55 (98.6)
	被扶養者65歳未満（未就学者を除く）	1,138.3 (100.1)	811.2 (102.1)	1.40 (98.1)
	被扶養者（未就学者）	929.9 (101.3)	803.3 (102.6)	1.16 (98.7)
	被保険者 65歳以上70歳未満	1,308.0 (98.3)	802.4 (100.0)	1.63 (98.3)
	被扶養者 65歳以上70歳未満	1,277.1 (98.5)	795.8 (100.5)	1.60 (97.9)
	高齢者7割	1,283.0 (100.0)	791.0 (101.4)	1.62 (98.6)
	高齢者一般	1,350.4 (97.8)	812.8 (99.5)	1.66 (98.3)

数値は四捨五入。カッコ内は対前年同月比（%）

〈社保〉支部別歯科診療報酬等支払確定状況

（令和5年9月診療分）

支部別	件数（件）	日数（日）	点数（千点）	金額（千円）
令和5年7月	14,492,506	21,561,996	17,609,122	117,844,856
令和5年8月	13,769,913	19,879,403	16,364,961	108,998,354
令和5年9月	13,567,038	20,006,591	16,438,583	110,965,461
北海道	466,746	752,953	646,096	4,441,514
青森	100,097	155,847	125,484	843,504
岩手	90,330	138,399	115,280	822,327
宮城	229,902	330,606	264,542	1,834,949
秋田	81,247	120,662	105,023	701,216
山形	94,386	130,946	108,248	773,071
福島	163,517	247,760	190,154	1,329,770
茨城	285,521	419,023	325,779	2,106,095
栃木	209,990	311,270	225,663	1,490,622
群馬	172,289	265,435	193,556	1,383,979
埼玉	811,763	1,182,738	878,511	5,807,453
千葉	705,965	1,010,964	819,224	5,390,210
東京	1,827,356	2,666,649	2,153,291	14,451,435
神奈川	1,047,992	1,541,947	1,300,281	8,631,503
新潟	213,603	309,611	253,902	1,649,276
富山	111,555	155,579	120,551	785,062
石川	106,346	156,364	124,073	815,540
福井	71,802	103,606	83,946	550,496
山梨	84,705	123,479	95,161	628,256
長野	197,599	277,672	222,481	1,467,013
岐阜	207,808	290,138	237,289	1,691,500
静岡	323,961	477,292	371,487	2,637,951
愛知	854,824	1,208,187	1,047,629	7,489,620
三重	182,247	251,050	203,631	1,389,565
滋賀	155,140	218,966	172,958	1,131,959
京都	228,347	338,141	293,927	2,094,699
大阪	1,144,508	1,731,867	1,561,436	10,412,631
兵庫	630,004	905,957	788,852	5,228,570
奈良	119,662	174,692	137,975	958,223
和歌山	89,485	132,523	108,136	704,485
鳥取	55,382	81,713	65,452	426,597
島根	52,377	75,072	64,110	462,939
岡山	220,494	307,434	280,542	1,829,228
広島	298,112	436,877	369,228	2,465,986
山口	115,994	175,535	141,987	1,017,146
徳島	81,722	120,431	99,629	634,022
香川	117,059	167,237	143,769	920,521
愛媛	115,495	174,352	133,264	958,317
高知	56,352	84,634	67,685	476,136
福岡	607,368	964,654	780,954	5,143,534
佐賀	86,841	133,626	99,875	658,135
長崎	126,929	185,571	153,634	1,033,083
熊本	167,628	254,286	203,532	1,406,537
大分	96,810	151,387	121,462	808,250
宮崎	100,182	154,272	122,341	803,149
鹿児島	138,758	222,301	163,942	1,174,273
沖縄	120,838	186,886	152,609	1,105,115

歯科治療費払えない理由

最多は「収入少ない」

我慢・放置する人も

歯科治療費が払えない主な理由が、「収入が少ない」ことだと分かった。ビズヒッツ（本社・三重県鈴鹿市、伊藤陽介社長）が、昨年10月13～27日に10～60代の、歯科医院に行く資金がなかった男女386人（女性226人、男性160人）にインターネットで調査した。

歯科治療費が払えない理由（複数回答）には、「収入が少なく余裕がなかった」163人が最多で、「娯楽・趣味に使いすぎた」50人、「無職だった」45人が続いた。その他、「歯科治療の優先順位が低かった」「治療が高額になると思った」などの理由があった。

また、治療費が払えない時の対処法（複数回答）についての質問には、「家族・親戚に借りる」110人、「とりあえず我慢・放置する」76人、「市販薬で対処する」67人の回答があった。さらに、「お金ができてから歯医者に行く」61人、「歯磨きで対処する」24人などがあった。

補綴歯科学会

PEEK冠の診療指針 公表

CAD/CAM冠との相違点など

日本補綴歯科学会(窪木拓男理事長)は昨年12月11日、12月にPEEK冠が保険導入されたことを受け、「PEEK冠に関する基本的な考え方(第1報)」を公表した。CAD/CAM冠とは異なる対応が求められるため、急遽、保険診療における診療ガイドラインを作成したとのこと。PEEK冠の特徴や保険診療におけるPEEK冠の定義、適応症のほか、PEEK冠とCAD/CAM冠の相違点などを明記している。

概要では、PEEKは生体安全性が高く、高強度で破折リスクが少ない材料であり、臨床的に高い適合精度を有することが判明している。医科分野では医療機器やカテーテル、体内インプラントなど生体埋入の実績もある材料である。金属の使用が敬遠される場合や金属アレルギーのある患者にも適用でき、非金属材料の歯冠修復による治療の選択肢が広がると記載されている。

さらに、適応症については「PEEKは歯冠色にすることはできるが、光透過性を付与することが困難な材料であることから、PEEK冠用のブロックも、現行のCAD/CAM冠に相当するような審美性は有していない。そのため、破折リスクが少ないというメリットが生かせる大臼歯が適応症となる」としている。そして、「製作にあたっては、従来のCAD/CAMシステムを有する技工所であれば製作することが可能である」と明記した。

大臼歯CAD/CAM冠が適用できない最後臼歯、第2大臼歯が欠損している場合も第1大臼歯に使用可能になったが、PEEK材はプラスチック特有の物性から研磨性や強度、耐摩耗性などいくつかの問題点も懸念される。物性が良いとは断言できないため、使う場面を考える必要がある。

なお、同指針は今後も必要に応じて更新される予定。詳細は公式ホームページまで。

私大授業料の平均

歯科大は低下 全体で過去最高

令和5年度の私立大学の初年度授業料の平均が過去最高になった一方で、歯学部は低下したことが分かった。文科省の調査によるもの。

私立大学全体(600校)の初年度授業料は前回調査(令和3年度、597校)より3%増加の95万9205円。歯学部は同1・5%減の321万8227円だった。鶴見大学が令和4年度から学費を350万円から195万円に減額したほか、令和6年度から明海大学と朝日大学が初年度授業料を半額の95万円に、日本歯科大学新潟生命歯学部が毎年の授業料を380万円から240万円に減額する。

そのほか前回調査より減少している学部は、医学部が0・5%減、文科系の神・仏教学部が0・2%減だった。

なお入学料、施設設備費、実験実習料などを含めた総計は全体で0・4%減となっていて、歯学部は2・4%減だった。文科省によると「全体的に授業料が上がる一方、学生確保のために入学料、建設設備費、実験実習料などを下げる動きが見られる」という。

ミュータンス菌 がん転移を増加

北大研究で判明

う蝕の原因菌である「ミュータンス菌」によって肺の血栓形成が誘導され、がん転移が増加することが分かった。北海道大学大学院歯学研究院の樋田京子教授、間石奈湖助教、長谷部晃教授、北川善政教授、ユ・リ博士研究員、藤田医科大学の樋田泰浩教授らの研究グループが解明した。

近年、ミュータンス菌がさまざまな臓器に影響を及ぼすことが報告されているが、ミュータンス菌が血栓形成やがんの転移にどのような影響を与えるのか不明だった。そこで研究グループは、乳がん血行性転移モデルを用いて、ミュータンス菌が血栓形成やがん転移に影響を与えるのか検証した。

その結果、ミュータンス菌によって肺血管炎症と血小板、好中球の活性化で血栓形成が促進され、がん細胞の血管への接着を増やすことが明らかとなった。

また、マウスを用いた転移モデルで、ミュータンス菌が血中に循環している状態では、肺の血栓増加を介して血中循環がん細胞の肺転移が高まることが示された。

今後は、同研究成果を基にがん患者の口腔衛生管理は誤嚥性肺炎の予防、がん関連血栓症の発症や転移の抑制など、がん患者の生存率の向上につながると期待がかかっている。

同研究成果は、国際科学誌『Cancer Science』(昨年12月14日)に掲載された。

デンタル 小町が通る

(医) YUMI DENTAL OFFICE 理事長 (鹿児島県)

岩崎由美 ⑨

オンライン英会話に挑戦

〝朝活〟ならぬ〝昼活〟—、私の昼休みは貴重なプライベート活動時間です。週に1、2回ですが、診療所の向かいにあるトレーニングジム通いも気付けば4年目に突入。トレーニングだけでは全く痩せないことを痛感しつつも、子供と走り回れる筋力だけは維持したいとぼちぼち継続しています。

そして昨年末から、ふとしたきっかけでオンライン英会話も始めることに! 毎日英語に触れていた幼稚園時代と違い、小学校入学後、英語の授業は週1回に減ってしまった息子。短時間でも毎日英語に触れてほしいと思い、同じ境遇でオンライン英会話を始めたお友達のママからのアドバイスを夫に話したところ、感化された夫は4年後に控えた国際小児歯科学会の日本開催に備えて、自分の英会話のお試し体験を始めました。これがなかなか良いよと勧められ、肝心の息子は後回しに親が先にスタート(笑)。

1回50分のレッスンを週5で受講することを目標に、フィリピンの優しいサポーターの先生たちと発音、トランスレーション、10秒間写真を見て英語で伝えるピクチャーフラッシュ、そしてフリートークをし、あっという間に時間は過ぎてしまいます。

息子の「小学生のための英検4級」のテキストとほぼ同じレベルの内容ながら、日本語を英語に訳す反復練習の日々は意外と楽しく、このペースでまずは1年続けてみたいと思います。

フィリピンは小学校から大学まで授業は全部英語で、公用語の一つとして日常で使用する機会も多く、国民の9割が英語を話せるそうです。文化面でもアメリカの影響を強く受けていて、そういえばオンラインで接するサポーターも矯正のブラケットを装着している人がとても多いです。

日々の生活の中で、いかに無理せず楽しみながら知識をアップデートできるか、という子供の学びに便乗して、アラフィフ世代もついでに成長できたらと思う2024年です!

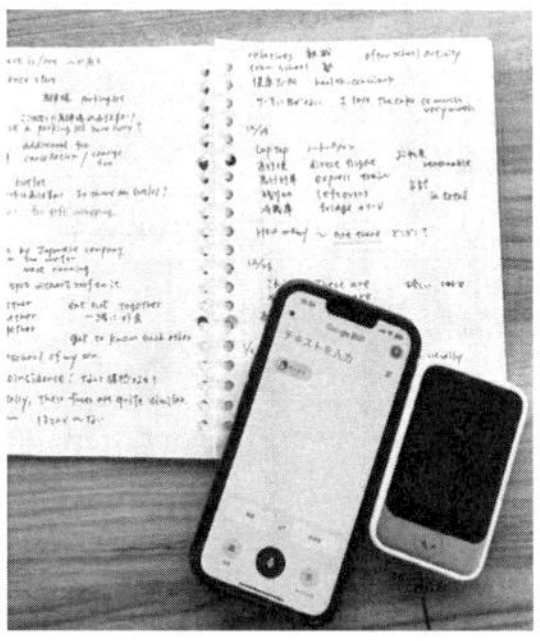

スマホやPOKETALKを使えば簡単に外国語を翻訳できる時代だが、やはりマスターしたい英会話! 昭和世代にはおなじみのアナログな手書きノートで学習中(笑)

HIV患者への開業医の対応促す

THDNの鈴木代表

「HIV陽性の患者の多くは地元の歯科医院で治療を受けたい。開業医の受け入れ拡充が必要」。長年、HIV陽性者への歯科医療に取り組んできた東京HIVデンタルネットワーク(THDN)の鈴木治仁代表(東京都品川区開業)が、7日にオンラインで開催された第25回日本HIV歯科医療研究会総会の特別講演で訴えた。

「東京HIVデンタルネットワークの歩み 立ち上がれ歯科開業医よ!」と題する講演では、1995年から現在までのTHDNの活動の経緯と意義について振り返るとともに、実際の症例や、学術報告されたデータも交え、日本におけるHIV陽性者への歯科医療の課題を示唆した。

鈴木氏は日本大学歯学部卒業後、母校の病院勤務を経て離島診療などに従事。「診療拒否はできない」という環境のもとで、「いつでも、どこでも、どなたでも健全な歯科医療を提供する」という姿勢を身に付けた。これが、その後のHIV歯科医療につながったという。

歯科開業医がHIV陽性者の対応にハードルとなる項目として、①知識の不足、②コストの問題、③スタッフの同意などを挙げ、最も重要なのは正しい知識と心構えだと指摘。HIVの病態を正しく把握するために必要なCD4とウイルス量に関連し、一定期間、ウイルス量が所定の数値を下回っていれば感染リスクはないという「U=Uの法則」を解説した。

スタッフの合意形成については、「感染の有無に関わらず、あらゆる体液、血液を感染源として扱う」というスタンダードプリコーションの考え方など、正しい知識の周知で、不安感が軽減することをアンケート調査から示した。

その上で、拠点病院の多くは口腔外科中心のため、長期的な口腔ケアを提供するには適していないなど、医療提供体制の中で、歯科開業医がHIV陽性者を診療するニーズが大きいことを挙げ、一次医療機関での受け皿の拡充が重要だと強調した。

CD4 ヘルパーT細胞の発現と活性化に関連する。200/nlを下回るとさまざまな症状が現れるリスクが高いとされる。

ウイルス量 感染リスクの高い急性期には数百万コピーとなるが、200コピー/ml以下では感染リスクは低下するとされる。

歯数と嚥下機能

栄養状態に影響

岡山大

歯数が多く、嚥下機能が良好な高齢者は、2年後の栄養状態が良いことが分かった。岡山大学病院歯科・予防歯科部門の澤田ななみ医員、同大学術研究院医歯薬学域予防歯科学の江國大輔教授らの研究グループによるもの。

同研究は、同大歯科・予防歯科部門を受診した60歳以上の患者を対象に、年齢、性別、全身疾患、歯数、歯周状態、口腔機能、栄養状態、精神的健康状態および喫煙習慣を調査・分析した。その結果、年齢による影響はあるものの、現在歯数が多く嚥下機能が良好であると、2年後の栄養状態が良いことが分かった。

同研究成果は、学術誌『Gerodontology』(2023年10月17日付)にオンライン掲載された。

医科歯科大

海外の歯科医向け 学術動画を提供

東京医科歯科大学(田中雄二郎学長)は、Doctorbook(本社・東京都千代田区、相馬理人社長)の海外の歯科医療従事者向け動画公開サービス「Doctorbook global academy」で、共同開発による動画コンテンツの提供を開始した。

同サービスは英語でのプレゼンテーション・症例発表動画を公開しており、共同開発の初回の動画は同大医歯学総合研究科口腔デジタルプロセス学分野の金澤学教授のインプラントオーバーデンチャーについて。

同大によると、共同開発動画を提供することで、国際的に知識と技術の共有が促進され、医療のグローバルスタンダードの向上が期待できるとのこと。

鏡会長「地域医療に貢献を」

ICD日本部会 年末集会

ICD(国際歯科学士会)日本部会の2023年度年末集会が昨年12月17日、東京・日比谷の帝国ホテル東京で開催され、特別講演と懇親会が行われた。

鏡宣昭会長は、新型コロナウイルスの感染症分類が5類になってから6月以降の事業は対面で行い、10月には台湾部会、11月には韓国部会の認証式にそれぞれ出席し、特に韓国部会では、日台韓三国合同の認証式が行われたと報告。そして「まずはこの会に元気に参加してもらったことが朗報。私たちICDフェローは世界の選ばれた人たちと一緒になって共に地域の医療に貢献している。そのためにわれわれの持っている専門性を十分に発揮して、これからも元気で活躍していただきたい」とまとめた。

多くの来賓を代表してジーシー常務取締役の鳥居勝実氏があいさつし、第25代会長の齋藤毅フェローによる乾杯のあいさつで祝宴となった。

なお、懇親会に先立ち行われた特別講演会では、高橋英登日本歯科医師会会長が、「歯科界にルネッサンスを起こそう!~低迷期からの脱却を目指して」で話した。

対面式での開催を喜ぶ鏡会長

【予告】

国際歯科医療安全機構が学術大会

21日に長野で

国際歯科医療安全機構(瀬戸晥一理事長)は第8回総会・学術大会(栗原祐史大会長)を21日、長野県塩尻市の松本歯科大学とウェブ上で開く。テーマは「地域医療から取り組む医療安全の発展を目指して」。

大会長講演「松本歯科大学病院が取り組む感染制御の現状と対策」や、瀬戸理事長による企画講演「アジアの口腔癌撲滅を目指して」をはじめ、特別講演では「診療における放射線安全利用のために」「全身偶発症を防止するための歯科治療時の医療安全管理」「歯性炎症により発症した耳鼻咽喉科疾患の臨床」「歯科衛生士が行う院内感染対策」「医療安全として感染管理活動~コロナ禍を通じて見えてきた平素からの感染対策の重要性」などが取り上げられる。

問い合わせは、主催の松本歯科大学歯学部口腔顎顔面外科学講座TEL0263(51)2066まで。

●●●●● 石福金属に聞く ●●●●●

金の相場動向

イスラエルへの攻撃で一転

前号(2024年1月1日付2279号・24面)で取り上げた、パラジウムの価格動向に続き、「金の相場動向と今後の価格変動の見通し」を、貴金属総合メーカーの石福金属興業に聞いた。

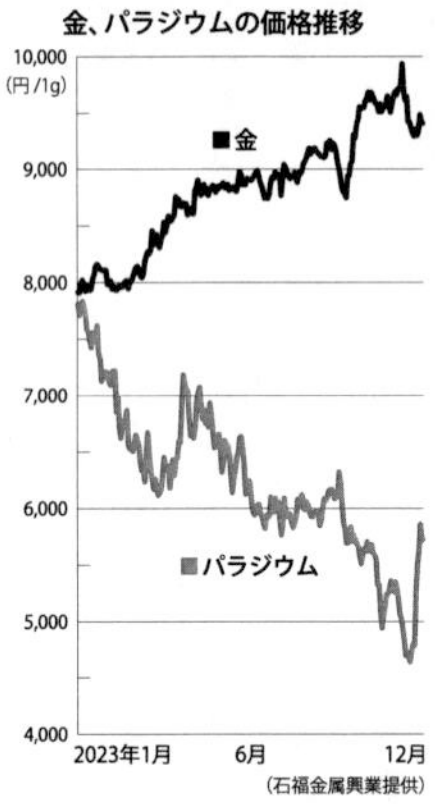

(石福金属興業提供)

――金の昨年後半(6～11月)の動向は。

石福　10月7日に発生したイスラム組織ハマスによるイスラエル領内への大量のロケット弾による攻撃で、5月から続いた金の下落基調の流れが変わり、10月末にかけて金価格は急上昇しますが、下落、再び上昇に転じ現在の推移となっています。

――6～8月の主な市場の動きは。

石福　上値の重い展開が続き、6月中旬にかけての金価格は概ね1950～1960㌦台での推移が続きました。その後、6月下旬に発表された米住宅着工・許可件数の予想外の上昇を受けて1930㌦台まで下落すると、米FRB(米連邦準備制度理事会：米国の中央銀行)の利上げ姿勢に加えて欧米各国の利上げが相次ぐ中で月末にかけては1910㌦を割り込む場面がみられ、7月上旬まで1900～1920㌦台での推移が続きました。

7月上旬から中旬にかけて発表された6月の雇用統計やCPI(消費者物価指数)が市場予想よりも低い数値となり、インフレ後退懸念による米長期金利の下落から7月中旬に1970㌦台まで上伸。7下旬まで1940～1970㌦台で推移するも、その後発表された米GDP(国内総生産)などの経済指標が米経済の堅調さを示す内容であったことを受けて、長期金利の上昇と共に金価格は下落し、8月中旬にかけて1900㌦を割り込む展開となります。

――9～10月の主な市場の動きは。

石福　9月中旬にかけては米経済指標や長期金利を眺めながら1910～1930㌦台での推移が続きますが、9月中旬のFOMC(連邦公開市場委員会：米国の金融政策を決定する会合)の結果とその後のパウエルFRB議長の会見を受けてさらに下落する展開に。

9月の連邦公開市場委員会では、大方の予想通り政策金利の据え置きが決定されたものの、その後のパウエルFRB議長の会見ではインフレの高止まりや経済活動の堅調さを指摘した上で、適切であればさらなる利上げを行うことを示唆。この発言がタカ派的と市場に受け止められます。

これを受けて米長期金利が反応。約16年ぶりの水準となる4・5%台まで上昇したことで金は大きく売られる展開となったことに加え、米政府の予算協議が難航などのリスク要因も重なり、10月上旬には1810㌦台まで下落する展開となりました。

◇◆◇

5月から続く金の下落基調の流れが変わったのは10月7日に発生したイスラム組織ハマスによるイスラエル領内への大量のロケット弾による攻撃です。直近で発表された米雇用統計は市場予想を大きく上振れし過去8カ月で最大の伸びとなり、米長期金利が高止まりしているにも関わらず、緊迫する中東情勢を背景とした地政学リスクの高まりを受けて金は買われる展開に。

10月中旬に1900㌦台に回復すると、日々緊張が高まっている中東情勢の先行き懸念から10月末にかけて一時2千㌦を突破する上昇を見せます。

その後は、中東情勢悪化に伴う地政学リスクが市場に織り込まれ、利益確定の売りなどから一時1930㌦台まで下落。しかし、11月中旬に発表された米消費者物価指数をはじめとした一連の米経済指標が市場予想を下回り、インフレの鈍化を示す内容であったことから米長期金利の低下を眺め再び上昇します。

11月下旬にかけてはFRB高官らによる利上げに対するハト派的な見解が、米利上げのサイクルの終了や早期の利下げ期待を喚起し、24日に2千㌦を回復すると、月末には2030㌦台まで上伸しこの月の取引を終了しました。

――今後の見通しは。

石福　当面は今年度と同様に連邦公開市場委員会による政策金利の利上げ停止・利下げ開始時期を意識した米長期金利、ドルの動きに価格が左右される展開が続くと想定されますが、これだけ長期金利が高止まりしている中で価格を維持していることや各国の中央銀行による金買いを鑑みると、今後も金価格は底堅く推移すると思われます。

令和4年生産金額

医療機器2兆5829億円

「歯科金属」1032億円

令和4年の医療機器全体の生産金額は2兆5829億円で、前年に比べ0・8%(214億円)減少した。歯科のトップは「歯科用金属」1032億3800万円で、前年に比べ3・8%(41億1600万円)減少した。2位の「歯科用接着充填材料」は427億3100万円で、前年に比べ6・8%(27億1700万円)増、3位の「歯科用ユニット」は226億7500万円で、前年に比べ9・6%(19億7700万円)増加した＝表1。

◇◆◇

厚労省がまとめた「令和4年薬事工業生産動態統計年報」によるもので、昨年12月22日に公表している。医薬部外品全体の生産金額は1兆4072億円で、前年に比べ2・6%(366億円)増加した。うち薬用歯みがき剤は1399億3700万円で前年に比べ5・0%(74億4千万円)減、口中清涼剤は203億5700万円で前年に比べ1・1%(2億3400万円)減少した＝表2。

表1　医療機器類別　名称別　生産金額(令和4年の年報より歯科のみ抜粋)

	生産金額		対前年増減	
	令和4年 万円	令和3年 万円	増減額 万円	比率 %
歯科用金属	1,032億3,800	1,073億5,400	-41億1,600	-3.8
歯科用接着充填材料	427億3,100	400億1,400	27億1,700	6.8
歯科用ユニット	226億7,500	206億9,800	19億7,700	9.6
歯冠材料	198億3,900	172億1,000	26億2,900	15.3
歯科用ハンドピース	167億2,900	166億6,300	6,600	0.4
歯科用研削材料	68億0,200	57億8,400	10億1,800	17.6
歯科用印象材料	59億5,800	56億3,600	3億2,200	5.7
歯科用切削器	47億3,700	47億9,500	-5,800	-1.2
歯科用エンジン	45億8,000	55億2,600	-9億4,600	-17.1
歯科用石こう及び石こう製品	30億8,900	29億5,800	1億3,100	4.4
義歯床材料	30億7,900	29億2,700	1億5,200	5.2
歯科用根管充填材料	19億6,800	17億1,600	2億5,200	14.7
歯科用鋳造器	10億9,900	11億0,500	-600	-0.5
歯科用蒸和器及び重合器	7億5,400	8億2,200	-6,800	-8.3
歯科用充填器	5億3,200	4億7,800	5,400	11.3
印象採得又は咬合採得用器具	4億6,500	4億8,000	-1,500	-3.1
歯科用ワックス	4億1,400	3億9,700	1,700	4.3
歯科用練成器	3億2,500	4億0,200	-7,700	-19.2
歯科用ブローチ	3億1,200	2億9,200	2,000	6.8
歯科用防湿器	2億8,800	3億3,700	-4,900	-14.5
歯科用探針	1億7,200	1億4,900	2,300	15.4

※金額は百万円で四捨五入

表2　医薬部外品 薬効分類別 生産金額

	生産金額		対前年増減	
	令和4年 万円	令和3年 万円	増減額 万円	比率 %
薬用歯みがき剤	1,399億3,700	1,473億7,700	-74億4,000	-5.0
口中清涼剤	203億5,700	205億9,100	-2億3,400	-1.1

(令和4年の年報より歯科のみ抜粋)※金額は百万円で四捨五入

☰ 保険適用 ☰

(1月1日付)

【区分 A2】

▼ **朝日レントゲン工業**＝「スキャン X デュオタッチ」歯科エックス線撮影デジタル映像化処理装置

〈製品(販売)名・製品コードに変更・追加があったもの〉

▼ **エンビスタジャパン**＝「オルソパントモグラフ OP 3D」歯科CT撮影装置、パノラマ断層撮影装置、歯科パノラマ断層撮影デジタル映像化処理装置、歯科部分パノラマ断層撮影装置、歯科部分パノラマ断層撮影デジタル映像化処理装置

【区分 B1】

▼ **YAMAKIN**＝「KZR-CAD　ピークブロック」058 CAD/CAM 冠用材料 (5) CAD/CAM 冠用材料(V)

〈製品(販売)名・製品コードに変更・追加があったもの〉

▼ **クルツァージャパン**＝「パラプレスバリオ」044 義歯床用アクリリック即時硬化樹脂(液)

▼ **山八歯材工業**＝「ヤマハチ　ファイバーポスト」059 ファイバーポスト 支台築造用

▼ **松風**＝「バイオフィックス iD」024 インプラント体 (2) 標準型(II)

▼ **ヨシダ**＝「デントクラフト ハイブリッドレジンブロック ストロング」058 CAD/CAM 冠用材料 (3) CAD/CAM 冠用材料(III)

▼ **YAMAKIN**＝「ア・ウーノ」049 歯科充填用材料 I (1)複合レジン系

▼ **トクヤマデンタル**＝「オムニクロマフローバルク」049 歯科充填用材料 I (1)複合レジン系

▼ **ビー・エス・エーサクライ**＝「Z1-CAD ブロック」058 CAD/CAM 冠用材料 (2) CAD/CAM 冠用材料(II)

クラレノリタケ

26年に生産能力増強

ジルコニア等拡販へ

クラレノリタケデンタル(＝クラレノリタケ、本社・東京都千代田区、山口里志社長)は、歯科材料の事業拡大を進めるため、ジルコニアや陶材などの無機系歯科材料を生産する愛知県みよし市の三好工場に設備投資し、生産能力を増強すると昨年12月18日に発表した。稼働時期は2026年の予定。設備投資額は約22億円。総床面積は約1万2千平方㍍。

歯科用のCAD/CAM材料は、切削加工機の普及が進む北米を中心に市場が拡大しているという。同社は審美性や強度が高く、短時間で作製できるジルコニアなどを主力製品として開発・製造・販売しており、ジルコニアブロックの発売以降、年率60%増で拡販中という。今回の設備投資により生産量は年産60㌧増加し、総生産能力は年産300㌧となる。将来のさらなる増強投資も視野に入れており、現在の生産能力と比較して年産250㌧増加でき、最大で年産490㌧に拡大できるという。

使用済み歯ブラシ等コースターにアップサイクル

アップサイクルされたコースター

東急ホテルズ&リゾーツ

東急ホテルズ&リゾーツ(本社・東京都渋谷区、村井淳社長)とアサヒユウアス(本社・東京都墨田区、高森志文社長)は、東急ホテルズ&リゾーツのアメニティで使用した歯ブラシとヘアブラシをアップサイクル(元の製品の素材を生かし、新しい製品を生み出す)したコースターを開発し、昨年12月12日に川崎キングスカイフロント東急REIホテルの客室や同ホテル内のカフェでの同製品の使用を開始した。

同取り組みは、カネカ(本社・東京都港区、田中稔社長)が開発したカネカ生分解性バイオポリマー「Green Planet」使用の歯ブラシの柄やヘアブラシをアサヒユウアスの技術でアップサイクルするもので、新大阪江坂東急REIホテルでの靴べらのアップサイクルに続く第2弾。

同ホテルに使用済みのGreen Planetアメニティ専用の回収ボックスを設置し、宿泊客のチェックアウト後に清掃係または宿泊客本人がGreen Planetのアメニティのみを回収ボックスに投入してアップサイクルする。

週間 金・パラ価格動向

税抜価格(1g,円)

	金	パラジウム(参考価格)
12月25日(月)	9,451	5,750
1月4日(木)	9,432	5,115
1月5日(金)	9,552	5,040
1月9日(火)	9,472	4,860
1月10日(水)	9,485	4,760
1月11日(木)	9,537	4,880
1月12日(金)	9,533	4,825

提供 石福金属興業

高齢者の噛む力が向上

ガム咀嚼トレーニングで

ロッテら

ロッテ(本社・東京都新宿区、牛膓栄一社長)と東京医科歯科大学老化制御学講座高齢者歯科学教授の水口俊介氏、同大口腔デジタルプロセス学分野教授の金澤学氏らは、ガム咀嚼トレーニングにより高齢者の噛む力(最大咬合力)が向上したとの研究結果を発表した。

口腔機能は健康寿命との関連性が高く、簡便で効果的なトレーニング法の開発が求められていることから高齢者のガム咀嚼トレーニングによる口腔機能への影響を検証。65～82歳の噛む力の衰えを自覚する高齢者211人を対象者とし、無作為化二重盲検並行群間比較試験を実施した。

ガム咀嚼(ガム群：107人)または顆粒食品摂取(顆粒群：104人)介入を1日3セット、2カ月間実施し、介入前後に口腔機能測定を行った結果、ガム咀嚼トレーニングにより介入後の噛む力は顆粒群より有意に高く、ガム群は介入前後で噛む力が向上したことが分かった。これにより、ガム咀嚼トレーニングが口腔機能低下を改善する可能性が高いことが示唆された。

同研究成果は、国際科学誌「Journal of Clinical Medicine(2023年12巻20号)」に掲載された。

歯科用デジタルハンドブック

PEEK冠で号外

ヤマキン学術文化振興財団

ヤマキン学術文化振興財団(山本裕久理事長)は、歯科のデジタル技術情報を収録した「歯科用デジタルハンドブック」(号外)＝写真＝を博士号取得者で構成する集団「ヤマキン博士会」監修の基、昨年12月5日に発行している。

昨年12月の診療報酬改定において、CAD/CAM冠用材料に新しい機能区分「CAD/CAM冠用材料(V)」が設けられ、PEEK製クラウンが大臼歯部へ保険適用されたことを受けて、PEEKの基礎知識、加工・接着のポイント、臨床研究などを取り上げている。

A4版。本文132ページ。

価格は1100円。

投稿／募集

800字以内。郵送またはFAX、メールで。

日本歯科新聞社

商工協会　賀詞交歓会

若手集めや海外進出を後押し

会長の中尾氏が抱負

日本歯科商工協会（中尾潔貴会長）は9日、令和6年新年賀詞交歓会を東京都港区の明治記念館で開いた。1日に発生した能登半島地震を受け、冒頭、黙とうから始まった。

あいさつする中尾氏

中尾会長はあいさつで、救援物資を現地に届ける手配を進めている旨を述べた上で、「コロナ禍を経て開催された各地のデンタルショーでは、対面でのコミュニケーションの良さを改めて実感し、対話をビジネスにつなげていくためのアイデア出しや、若い人が歯科界に集まるためにまずはデンタルショーの活性化をしていきたい」と呼び掛けた。

また、「『IDS』だけでなく、今年4月にシンガポールで開催の歯科の展示会「IDEM2024」においても合同出展形式のパビリオンを出すことが決まった。単独出展が難しくても、パビリオンの1社として参加してもらうことで、企業の海外進出を後押ししたい」と話した。

来賓を代表して高橋英登日本歯科医師会会長、武見敬三厚労大臣、山田宏参議院議員、比嘉奈津美参議院議員、鶴田真也厚労省医政局医薬産業振興・医療情報企画課医療機器政策室長、渡辺信彦経産省商務情報政策局ヘルスケア産業課医療・福祉機器産業室長、住友雅人日本歯科医学会会長、森野隆日本歯科技工士会会長、山田美樹衆議院議員、吉田直美日本歯科衛生士会会長があいさつした＝表（※一部抜粋。※武見氏は欠席のため代読）。

次に、長年にわたり歯科界に貢献した人を称える表彰式が行われ、会長表彰に東京技研の芝野寿氏、齋藤デンタル工業の齋藤浩明氏、ジーシーの渡辺清氏、園田秀一氏、滋賀松風の畑山博行氏、モリタの目黒博樹氏、ヨシダの山関昭徳氏、ユーケイデンタルの慶田隆氏が登壇し、代表して慶田氏が中尾会長から表彰状を受け取った。また、昨年開催の各デンタルショーの運営団体を代表して日本歯科用品商協同組合連合会会長の後藤忠久氏に感謝状が贈られた。その後、井上惠司東京都歯科医師会会長の発声で祝宴に移った。

商工協会賀詞交歓会　来賓あいさつ

一部抜粋（※左側から登壇順）

高橋英登 日歯会長

財務省が全国の約1万軒の医療機関を対象にした調査では、院長の年収は3千万円超で、内部留保分を従業員の給与の上積みの原資にできるという提案であったが、医療界一丸となり2024年の診療報酬「本体（人件費等）」の0.88%プラス引き上げを確保した。とはいえ日本は世界に比べて1～2桁少ない医療費で歯科治療を行っている。人が集まり非常時にも歯科治療ができる環境を作れるよう財源の確保に引き続き取り組む。

武見敬三 厚労大臣

活力ある健康長寿社会を目指す我が国では、高齢化の進展に伴い豊かな生活を送る上で「食べる」「話す」といった口腔機能の維持・向上を図ることは大変重要。昨年6月に閣議決定された「骨太の方針2023」では、歯科保健医療に関する内容が政府の基本方針に取り込まれるなど、生涯を通じて国民の歯・口腔の健康作りに取り組むことが重要との考えの基、歯科保健医療の推進に日々ご尽力する関係各位に感謝申し上げる。

山田宏 参議院議員

昨年12月22日に閣議決定された令和6年度の歯科保健医療施策関係予算案は、厚労省医政局全体の予算が前年比101%の中、歯科は約107%だった。歯科界に大きな期待を寄せられていると理解いただきたい。長く元気でいられる環境を作れるのが歯科関係者。歯科関係者の頑張りが日本の元気に、歯科界の発展が日本の発展につながる。国民皆歯科健診の実施を控え、われわれは大事な時期にいる。

比嘉奈津美 参議院議員

歯科界が盛り上がるために大事なのは診療報酬の改定ではないか。2024年の診療報酬「本体」は0.88%のプラス改定、令和6年度の歯科保健医療施策関係予算案は、前年比約7%増となった。調べると、未使用の予算があることが分かったので、都道府県市区町村に歯科医師を配置して、予算を有効活用するという流れを作っていきたい。国とも連携することで、歯科材料を含む日本の素晴らしい技術を世界に発信できると思う。

鶴田真也 厚労省医政局医薬産業振興・医療情報企画課医療機器政策室長

臨床現場のニーズを把握した上で製品開発をしていくことが優れた医療機器を作る一番の近道。病院、大学、企業に対してしっかりとサポートすることでイノベーションの促進につなげたい。コロナ禍も含め、一部の医療機器の出荷ができなくなるという事態が発生した時は、企業同士の協力により現場に物資が届けられている。供給不安が起こった際に企業が安心して届けられる枠組みを国としても整備していきたい。

渡辺信彦 経産省商務情報政策局ヘルスケア産業課医療・福祉機器産業室長

経産省では、昨年5月から「医療機器産業ビジョン研究会」を開き、医療機器産業を巡る諸課題に対応するための検討を行ってきた。わが国の医療機器産業の国際競争力を確かなものとするために、本年度中に今後の医療機器政策の方向性をまとめた報告書を公表予定。令和6年度も医工連携での医療ニーズに応える医療機器の開発支援を行う予定のほか、令和5年度補正予算に次世代ヘルステック・スタートアップ育成支援事業を盛り込んでいる。

住友雅人 日歯医学会会長

2025年開催の「大阪・関西万博」の基本構想案は「人類の健康・長寿への挑戦」で、「いのちを救う」ことが説かれている。当会では、万博の基本構想案を意識して「歯科イノベーションロードマップ」を作成して動き始めている。当会の「食べることは生きること」の活動にもご協力いただきたい。

森野隆 日技会長

昨年12月21日に厚労省から「令和4年衛生行政報告例」が発表され、就業歯科技工士数は2年前に比べ約2千人減って約3万3千人だった。年齢構成割合は50歳以上が約54%で数値からも高齢化が進んでいるのが明らかになった。少子高齢化でどの業界も人材の確保が課題。昨年からの日歯との歯科界の人材確保の協議をさらに進めたい。日本の人口減少が避けて通れない道ならばポジティブな考え方で課題に取り組んでいきたい。

山田美樹 衆議院議員

やっとコロナ禍が収束し、今年は経済を底上げしなければならない年であるが、大変な物価・資源高などで、全国の医療機関において手持ちの器材を更新できない、あるいはメンテナンスにこれまで以上に費用が掛かり思うように進まないという声を聞いており、これに対する対策を実行していかなければならない。円安は日本の製品を海外に輸出するチャンスだと思う。国内外両面で皆さまのご活躍を期待している。

吉田直美 日衛会長

厚労省の「令和4年衛生行政報告例」では国内の就業歯科衛生士数は14万5183人。毎年約7千人の国家試験合格者がいるものの2年前と比較すると就業者数は2423人しか増えていない。コロナ禍で幼子を持つ30・40代が働けなくなり、20代は早期離職が多い。離職防止に関する取り組みをさらに強化したい。一方で、在宅歯科衛生士の認定制度をさらに充実させ、地域や医科歯科連携でも活躍する人数を増やしたい。

「対面販売の充実図る」

新年会で岡村理事長　近畿歯科用品商

近畿歯科用品商協同組合（岡村隆明理事長）は6日、大阪市のホテルモントレグラスミア大阪で新年会を開催した。

岡村理事長

岡村理事長は、「新型コロナウイルスが5類に移行して以来、日本経済も復活基調で、各地でデンタルショーが盛大に開催され、イベント活動を行えるようになったことは誠に喜ばしい。一方、地球温暖化に伴う気候変動の影響で、想定外の自然災害が発生するものと思われる。地域協組としても、今後とも安心安全、対面販売のより一層の充実を図りたい」と述べた。また、今年は10月19、20日に神戸国際展示場で開催される「ポートピアデンタルショー2024」を近畿一丸となり盛り上げていくとの意向を示した上で、次回の近畿デンタルショーを来年4月12、13の両日、インテックス大阪で開催する予定を伝えた。

来賓は近畿地区の歯科医師会、歯科技工士会、歯科衛生士会役員、歯科商工関連団体関係者ら多数が出席する中、日本歯科医師会の末瀬一彦常務理事（奈良県歯科医師会会長）、大阪府歯科医師会の河村達也常務理事、日本歯科商工協会の中尾潔貴会長（渡邉啓介専務理事代読）らがあいさつ。日本歯科用品商協同組合連合会の後藤忠久会長による乾杯の発声で祝宴となった。

なお、新年会に先立ち、元阪神タイガースの岡崎太一氏による新春講演トークショー「グラウンドから見た世間・プロの厚い壁から学んだコト」が行われた。

能登半島地震

5社が寄付

赤十字社など通じて

1日に発生した能登半島地震での救援活動および復旧・復興支援のため、歯科関連企業が寄付金、義援金の提供を発表している。発表企業は、次の通り（12日11時時点：本紙調べ）。

◇◇◇

■ナカニシ（本社・栃木県鹿沼市、中西英一社長）は、日本赤十字社を通じて1千万円の寄付を9日に発表した。

■京セラ（本社・京都市、谷本秀夫社長）は、日本赤十字社を通じて2千万円の寄付を10日に発表した。

■スマートチェックアウト（本社・東京都千代田区、玉井雄介社長）は、日本赤十字社を通じて100万円の寄付を10日に発表した。

■マニー（本社・宇都宮市、齊藤雅彦社長）は、日本赤十字社を通じて1千万円の寄付を10日に発表した。

■東和ハイシステム（本社・岡山市、飯塚正也社長）は、山陽新聞と山陽新聞社会事業団を通じ、1千万円の寄付を11日に発表した。

AIが受付電話に対応

会話から予約も記録　スマートチェックアウト

スマートチェックアウト（本社・東京都千代田区、玉井雄介社長）は、歯科医院向けのAI電話受付対応サービス「ペイたんコール」を昨年12月18日に開始した。

同サービスは、歯科医院の電話受付業務をAIが音声自動対話で24時間365日対応するもの。患者からの電話をAIがヒアリングし、予約リクエストや治療の要望などを文字に自動で起こし、患者ページに自動で記録。診療時間外でも受電でき、予約時に電話がつながらないなどのトラブルを減らせる他、クレームなどの患者対応はAIから人につないでスムーズに連携できるという。

3種類のプランを用意し、利用料は月額2万7500円～。初期費用は不要で、設置完了後すぐに使用できる。詳細はホームページまで。

人事

（敬称略）

■オムニコ

▼代表取締役会長の高橋勝美は、健康上の理由から同社を退職した。

■白水貿易

▼代表取締役会長　中山茂男▼代表取締役社長　中山充悟▼取締役　佐渡山博之、玉野賢司▼監査役　谷千寿【新任】

なお、監査役の大西寛は定時株主総会で退任した。

移転

■オプテック

同社は移転した。本社の新住所は〒103－0025東京都中央区日本橋茅場町2－16－12トータスビル。電話番号は03（4570）4181。FAXは03（3527）2524。

本部の新住所は〒103－0025東京都中央区日本橋茅場町2－16－1K&Mビル5階。

ソリューションセンターの新住所は103－0025東京都中央区日本橋茅場町2－3－6宗和ビル8階。

■「PEANUTS」コラボスクラブ／クラシコ

クラシコは、医療用ユニフォーム「Scrub Canvas Club」シリーズから、スヌーピーと仲間たち「PEANUTS」をデザインしたスクラブのトップスとパンツを昨年12月14日に発売した。色はオフホワイト、ブルー、グレーの3種類。サイズはXXS、XS、S、M、L、XLを用意。同社のオンラインストア等で販売。価格はオープン。

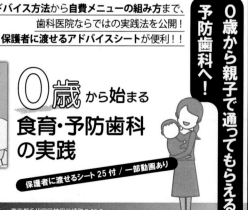

遅ればせながら
ジェルコートFのフッ化物濃度を1450ppmFに変更いたしました。

この度、ジェルコートFに含まれる有効成分「フッ化ナトリウム」の配合濃度を
950ppmFから1450ppmFに変更いたしました。
ジェルコートFは、薬用成分を最大限発揮させるため、滞留性の良いジェル設計が特長の歯磨剤です。
より強化されたジェルコートFをお試しくださいませ。

フッ素コート歯みがきジェル ジェルコートF
参考患者価格:1,100円（税込）

weltec

ウエルテック株式会社　531-0072 大阪市北区豊崎3-19-3　www.weltecnet.co.jp　0120-17-8049

日本歯科新聞

2024年（令和6年）
1月23日

＜発行所＞
日本歯科新聞社
厚生労働省記者クラブ加盟社
〒101-0061
東京都千代田区神田三崎町2-15-2
電　話　03（3234）2475
ＦＡＸ　03（3234）2477
www.dentalnews.co.jp
jdn@dentalnews.co.jp

■年間購読料 23,760円（送料込）（本体 21,600円＋税）
■月４回、火曜日発行
■郵便口座番号 00120-5-130369

今週号の主な内容

次期診療報酬改定

CAD/CAMの「光学印象」導入か

優先度の高い医療技術　歯科は27件

「PISA」は対象外に

診療報酬改定に伴って対応する優先度が高い医療技術は177件で、「CAD／CAMインレー修復に対する光学印象法」や「通信機器を用いた歯科オンライン連携診療」など歯科では評価対象だった98件のうち、27件が対象となった。一方で、「PISA（歯周炎症表面積）検査」や「塞性睡眠時無呼吸症候群に対する気道確保のための歯科タイトレーション法」などは対象外だった。

16日に開催された厚労省の令和5年度第2回診療報酬調査専門組織・医療技術評価分科会で、各学会から提案があった医療技術の評価について報告。これを踏まえ、近く中医協総会で最終的な検討が行われる予定だ。

◆◇◆

技術評価提案書の「CAD／CAMインレー修復に対する光学印象法」は、保険収載の理由として、保険導入されている関接法と比べて直接口腔内で光学印象ができるCAD装置によるインレー体の製作寸法精度に有意差がなく、光学印象を用いて咬合採得も可能なため、CAD／CAMインレー修復に対する光学印象法は口腔内からの感染症の波及を防ぎ有益な技術であると記載している。

希望の点数は、90点（1歯につき）とし、口腔内スキャナーの購入費用および使用に熟練を要するために、CAD特殊印象として試算し提案するとの根拠が示されている。

「通信情報機器を用いた歯科オンライン連携診療」では、口腔がんや薬剤関連顎骨壊死などの難治性疾患で継続通院に対応できる高次医療機関が少ないことから、高次医療機関と地域医療機関がICTを介して特定の歯科口腔疾患の治療にあたる技術の必要性を訴えた。すでに医科で保険収載されている遠隔連携診療料の算定（1：750点、2：500点）を希望し、対面診療する医療機関と遠隔診療する高次医療機関の両方での算定を求めた。

「結合組織移植術」は、口蓋側の上皮下から結合組織を採取し、根面露出部を被覆し角化歯肉幅の拡大を目的として行う手術法。歯根露出の存在により知覚過敏やプラーク沈着の増加、根面う蝕が生じやすくなるのを防ぐために、結合組織移植術の必要性について強調。歯周露出を改善することでプラーク沈着の抑制、歯ブラシ時の疼痛の緩和、歯周ポケットの深化を防げるほか、供給側の口蓋が閉鎖創となるために、術後の出血や疼痛が少ないだけでなく審美性にも優れているという。

希望点数は840点で、難易度の高い外科処置を同時に行う手術法のため、GTR法（歯周組織再生誘導法）の一次手術と同じ840点とした。

◆◇◆

なお、2018年に日本歯周病学会が新たな指標を設けた生活性歯周病の診断「PISA（歯周炎症表面積）検査」のほか、閉塞性睡眠時無呼吸症（OSA）に対し、適切なタイトレーションに基づいた口腔内装置による治療を行う「塞性睡眠時無呼吸症候群に対する気道確保のための歯科タイトレーション法」（日本睡眠歯科学会）等は評価の対象にはならなかった。

◆◇◆

医療技術評価分科会における評価の対象となる技術について、学会等から医療技術評価分科会における医療技術評価分科会に提出された技術（890件）のうち、次期改定において対応する優先度が高い技術は177件（新規56件、既存121件）で、次期改定では対応を行わない技術は597件（新規技術250件、既存技術347件）だった。

（優先度の高い医療技術27件は5面に掲載）

（優先度の高い医療技術27件は5面に掲載）

令和6年能登半島地震 災害歯科支援チーム（JDAT）派遣状況

派遣期間：1/18（木）～28（日）

	チーム数	人数	歯科医師	歯科衛生士	その他	派遣予定地域と期間
青森	1	4	1	2	その他1	輪島市（門前地区）：1/25～26
福島	1	3	2		事務職1	輪島市（市街地）方面：1/18～21
新潟	1	3	3			輪島市（市街地）：1/22～28
長野	1	3	3			七尾方面：1/18
	1	3	3			穴水方面：1/21
	1	3	3			穴水町：1/22
	1	3	3			穴水町：1/27
	1	4	4			穴水町：1/28
	1	4	4			志賀町：1/24
	1	4	4			志賀町：1/25
富山	1	4	1	2	事務職1	輪島市（門前地区）：1/18～19、七尾・穴水方面：20～21
石川	1	4	3	1		輪島市（門前地区）：1/28
	1	4	3	1		穴水町：1/25
岐阜	1	4	1	2	事務職1	珠洲市：1/22～24
愛知	1	3	2		事務職1	輪島市（市街地）方面：1/18～21
	1	4	2	2		志賀町：1/25～28
福井	1	4	1	2	事務職1	能登町方面：1/18～21
滋賀	1	4	3		事務職1	能登町：1/25～28
京都	1	4	2	1	歯科技工士1	能登町：1/25～27
兵庫	1	3	3			輪島市（市街地）：1/26～28
奈良	1	4	2	1	歯科技工士1	輪島市（門前地区）：1/22～25
和歌山	1	3	3			珠洲市：1/26～28
島根	1	3	3			輪島市（門前地区）：1/26～28
広島	1	3	3			珠洲市：1/25～28
計	24	85	62	14		

JDAT全国から

能登半島地震　28日まで計24チーム

能登半島地震で初めて派遣要請があったJDAT（Japan Dental Alliance Team：日本災害歯科支援チーム）の第1陣として、18日から21日にかけて6チームの計20人、さらに22日から28日にかけて18チームの計65人が派遣されることが分かった＝上表。日本歯科医師会が17日と19日に公表したもので、これ以降も適宜派遣を予定しているとのこと。

なお、石川県歯科医師会によると、JDAT石川は7日に志賀町10施設、8日に中能登町4施設、七尾市8施設、14日に穴水町8施設を訪問。「歯科口腔保健アセスメント」として、避難所の規模や滞在人数、歯磨き用の水や歯磨きの場所等の口腔清掃環境、歯ブラシ、義歯洗浄剤などの口腔清掃用具の確保の状態、痛みや義歯に問題のある人の状態などを確認しているとのこと。

また、施設管理者や避難者全体への啓発として、啓発用ポスターの掲示、支援物資の配布と使用方法の説明、個別相談、応急診療なども実施している。

歯科は2億8063万円

指導・監査の返戻金

指導・監査で令和4年度に歯科医療機関が国に返還した金額は2億8063万円で、前年度より1億3489万8千円減少した。厚労省の「保険医療機関の指導・監査の実施状況」によるもので、内訳は「指導」が2億5946万5千円(前年比9018万1千円増)、「適時調査」が246万1千円(同159万6千円増)、「監査」が1870万4千円(同2億2667万5千円減)。

歯科の指導実施状況は、個別指導が533件で1525人、新規個別指導が1663件で2074人、集団的個別指導が5168件、適時調査9件、監査29件で44人となっている。返還金は令和4年度に確定した額で以前の案件も含まれる。

また、歯科の保険医療機関等の指定取消は2件、指定取消相当7件、保険医等の登録取消は6人、登録取消相当は2人だった。

なお、医科歯科調剤を合わせた返還金額は19億7261万円(前年比28億6790万円減)で、指導分が10億1632万円、適時調査分が8億345万円、監査分が1億5283万円となっている。

保険医療機関等の指導・監査等の実施状況等

		保険医療機関等 (単位:件)						保険医等 (単位:人)				
		30年度	1年度	2年度	3年度	4年度		30年度	1年度	2年度	3年度	4年度
個別指導	医科	1,653	1,639	530	307	545	医師	9,210	9,601	688	439	1,584
	歯科	1,332	1,348	525	372	533	歯科医師	2,993	2,480	621	521	1,525
新規個別指導	医科	2,355	2,199	982	1,524	2,490	医師	3,640	2,476	1,120	1,807	3,437
	歯科	1,533	1,500	781	1,084	1,663	歯科医師	1,853	1,900	918	1,303	2,074
集団的個別指導	医科	4,505	4,443	0	6,579	5,626	医師					
	歯科	4,705	4,707	0	5,235	5,168	歯科医師					
適時調査	医科	3,623	3,519	3	18	2,289	医師					
	歯科	11	10	0	1	9	歯科医師					
監査	医科	16	18	16	20	20	医師	36	63	25	51	31
	歯科	28	28	23	24	29	歯科医師	48	45	36	36	44
取消	医科	9	7	4	8	7	医師	5	6	4	3	5
	歯科	12	11	15	14	9	歯科医師	12	9	14	13	8

都道府県別　保険医療機関等の指導・監査等の実施状況

	個別指導		新規個別指導		集団的個別指導		適時調査		監査	
	医科	歯科	医科	歯科	医科	歯科	医科	歯科	医科	歯科
北海道	28	22	94	40	228	213	112	0	0	1
青森	5	3	5	2	54	42	39	0	0	0
岩手	0	1	5	3	45	45	0	0	0	1
宮城	7	16	62	17	82	85	17	0	0	1
秋田	1	5	8	4	41	36	3	0	0	0
山形	5	0	13	7	36	38	27	0	0	0
福島	5	8	16	11	61	70	24	0	0	1
茨城	8	6	28	17	87	107	57	0	1	0
栃木	13	4	16	10	71	73	42	0	0	0
群馬	6	7	18	17	73	77	33	0	0	1
埼玉	53	86	144	86	240	263	79	0	0	2
千葉	22	35	130	63	195	246	79	1	3	2
東京	107	105	419	453	647	785	184	1	7	3
神奈川	45	42	275	95	365	385	73	0	1	2
新潟	2	7	14	15	69	87	63	0	0	2
山梨	3	4	10	10	37	30	32	1	0	0
長野	6	6	31	13	84	82	59	0	0	0
富山	7	4	13	4	37	35	40	0	0	0
石川	7	4	20	6	41	38	53	0	0	0
岐阜	20	7	42	14	68	74	50	0	0	0
静岡	13	0	43	29	146	138	43	0	0	0
愛知	35	20	144	85	269	288	82	0	0	1
三重	4	6	27	13	64	64	38	0	1	1
福井	1	0	3	4	33	25	32	0	0	0
滋賀	2	3	20	11	46	36	23	0	0	1
京都	6	5	70	39	162	104	40	0	0	1
大阪	28	26	282	172	575	427	51	0	2	1
兵庫	23	19	144	96	310	234	66	0	0	1
奈良	4	2	13	15	65	42	30	0	0	0
和歌山	5	1	15	6	63	42	39	0	0	0
鳥取	2	2	6	6	23	19	21	0	0	0
島根	1	0	7	5	35	18	32	0	0	0
岡山	3	3	21	15	91	0	51	1	1	0
広島	13	14	42	21	149	119	45	0	2	1
山口	12	4	8	4	64	50	49	0	0	0
徳島	0	2	7	7	37	31	50	0	0	0
香川	1	0	12	8	48	37	39	0	0	0
愛媛	3	9	15	6	75	54	50	4	0	0
高知	7	2	4	4	39	29	43	0	0	1
福岡	11	16	132	153	295	246	26	0	0	1
佐賀	0	1	8	5	39	33	70	0	0	0
長崎	0	6	8	6	83	58	45	0	1	0
熊本	2	1	21	20	83	68	39	0	0	1
大分	1	4	12	9	66	41	70	1	0	0
宮崎	3	4	13	9	61	39	69	0	0	1
鹿児島	10	8	17	10	84	66	72	0	0	0
沖縄	5	3	33	18	60	49	8	0	1	2
合計	545	533	2,490	1,663	5,626	5,168	2,289	9	20	29

日歯連盟 太田会長

被災地支援「できること模索」

パーティー券問題「われわれに責任ない」

日本歯科医師連盟(太田謙司会長)は17日、東京都千代田区の歯科医師会館で今年初の記者会見を開いた。太田会長=写真=は「生まれて73年、これほどまで、お正月におめでとうと言うことが非常に憚られる年は初めて」と前置きし、現地に迷惑をかけずに連盟としてできることを検討していると明かした。

太田会長は、「個人的には近畿北陸地区の出身であり、能登半島地震に本当に心を痛めている」と述べ、日本歯科医師会と連携しながらできることを検討していると報告した。

さらに、自民党の政治パーティーの問題についても言及。顧問の山田宏参議院議員や比嘉奈津美参議院議員から「近日中に東京地検から総括的な話が出てくるだろうと聞いている。それを受けて自民党は刷新本部で(対応する)。日歯連盟としては、例えば自民党の記載の変更等で、関係するパーティー券があれば、それに従って変更するということで、われわれ側には何の責任はない」との報告を受けていると話した。

なお、記者からの震災関係の質問に際して、石川県歯の会館が被害を受けており、日歯からの義援金は会員等へ支給されるため、建物の補修にも使えるように日歯連盟から石川県歯連盟への寄付も検討している旨が浦田健二理事長から報告された。

比嘉議員

改定率を受けて「貼り付けに尽力」

比嘉奈津美参議院議員=写真=は、17日の日歯連盟の記者会見で令和6年度診療報酬改定の改定率について、「『あれだけの数字』と言われればそれまでだが、マイナス改定と言われていたものをここまで引っ張ってこられたのは、日本歯科医師会と日本歯科医師連盟、そして多くの国会議員の先生方の力添えがあったもの」と一定程度の評価を示した。

比嘉議員は、「物価高騰の中で賃上げをするという流れを作るには、もう少し欲しいところではあるが、これから行われる貼り付けの問題に関しては初再診料に充てたいという話が出ている。使い勝手の良いところに貼り付けしていただくよう取り組んでいく」と発言した。

歯科国試にチャレンジ

376　2023年(第116回)より

咀嚼機能を評価するための間接的検査法はどれか。3つ選べ。

a　篩分法

b　咬合力測定

c　下顎運動記録

d　咬合接触検査

e　グルコース溶出量測定

116-A021

答えは本紙のどこかに!

訪問歯科 超実践術 (430)

前田実男
(日本訪問歯科協会 理事)

介護保険請求を間違えた場合

今回は、介護レセプトを提出した後に間違いに気付いた場合の対応方法と、返戻の対応方法について整理する。介護保険請求内容に誤り等があり、請求を取り下げる場合には、「介護給付費過誤申立書」を提出する。これには、「通常過誤」と「同月過誤」の申立書がある。

「通常過誤」は、審査を通過し支払いが完了したものが対象だ。市区町村と協議の上で取り下げ、過誤申請が認められた後に再請求(通常過誤申請)を行う。この場合、再請求を行った翌月の支払額から、過誤額を差し引いた金額が支払われる。

「同月過誤」は、毎月の介護報酬請求の締切日より前に提出したものを取り下げるもの。締切日までに内容を修正して再請求(同月過誤申請)を行う。

返戻の場合は、「請求明細書・給付管理票返戻(保留)一覧表」が送られてくる。提出したレセプトに記入ミスが1カ所でもあれば、参照する全ての欄の数値がエラーとなるため、一覧表には複数行にわたりエラーが表示される。この場合は、エラー部分を修正した正しいレセプトで再請求すればよい。なお、再請求分は当月分とは別束にする。

次に挙げるエラー記号は、よく発生するところなので確認しておきたい。

■12PA：被保険者が要介護の認定・変更申請(更新申請中も含む)をしている場合のエラーコード。受給者台帳の要介護状態区分が確定した後でないと審査ができないために返戻となる。新しい被保険者証が届いていても、保険者による受給者情報の登録は毎月5日頃に行われるため、審査月に台帳登録が決定済みとなっていない場合には返戻となる。

■12SA：給付率の記入漏れや記入ミス。介護保険負担割合証の確認漏れで生じやすい。

■ASSA：保険単位数の合計、保険請求額、保険利用者負担額の誤り。

■ABB3：生年月日、認定有効期間、開始年月日が空欄であるか、誤り。

■ATTM：サービス実日数が「0」か、空欄の場合。

日本訪問歯科協会　https://www.houmonshika.org

マウスガード推進の請願書

山形県議会で採択

山形県歯科医師会の請願書「スポーツ活動に励む児童・生徒へのマウスガード推進について」が、昨年12月に同県議会に採択されていたことが分かった。1月17日の日本歯科医師連盟の記者会見で浦田健二理事長=写真=が報告したもの。

請願内容は、「小、中、高等学校の児童・生徒のスポーツ外傷の予防を目的としたマウスガードの普及促進及びスポーツ歯科の教育や啓発の機会の拡充」「県内のスポーツデンティストがそれぞれ学校、競技クラブ、また各種スポーツ競技会等において活動できるための場の提供についての協力」を求めるの二つ。

また、浦田理事長による理事会報告では、都道府県・市区町村議会からの国民皆歯科健診の実現を求める意見書が33件に上ったことも紹介された。

その他、3月28日の第151回評議員会、2月9日の政治セミナーの開催、日歯連盟褒賞受賞者として高桑雅宣氏(70歳・新潟)、斎藤一人氏(73歳・東京)、菱川清太郎氏(75歳・岐阜)、岡田太郎氏(79歳・兵庫)、小宮山章二氏(70歳・大阪)、細谷仁憲氏(76歳・宮城)が決定したことなどが伝えられた。

日学歯 新年会見

柘植会長「連携とDXを推進」

臨時委員会の進捗も報告

日本学校歯科医師会（柘植紳平会長）は17日、東京都千代田区の歯科医師会館で令和6年新年記者会見を開いた。

冒頭あいさつで、柘植会長は「情報の共有」「人材の育成」「柔軟な施策」をまとめた通称「Jプロジェクト」について、加盟団体との関係性をより深め、DX推進の一環として発刊してきた日学歯の書籍、加盟団体の情報等をデータ化するほか、生涯研修制度を時代に沿った内容にするとの意向を示した。

会見では、各副会長から新たに設立した三つの臨時委員会の進捗について報告があった。第一臨時委員会では、平瀬久義副会長が生涯にわたる健康づくりには、小学校、中学校や高等学校での歯科保健教育の充実が必要とし、「学童期において急増しているう蝕に対して、適切な歯科保健活動の推進が鍵となる。う蝕や歯周病に加えて、歯科疾患の影響や健康格差などの問題を理解した上で、エビデンスに基づいた歯科保健教育の内容を検討していきたい」と話した。

平瀬副会長

柘植会長

齋藤副会長

山田副会長

第二臨時委員会では、山田尚副会長が地域の実情を知るために、北海道や沖縄、福島、佐賀、大分の五つの地域に絞り、小学校に属する学校歯科医を対象としたアンケート調査を行うとの方向性を示した。「分析結果を踏まえ、より効率的かつ有効な学校歯科保健の推進に関する検討ができればと思っている」と述べた。

第三臨時委員会では、齋藤秀子副会長が報告。国民皆歯科健診の推進に伴って大学生への健康診断や健康教育にどのように関わるべきかを検討しているとして、「現状では、大学生の健康診断の意義について検討中。今後の目標や活動については、3月までに東京歯科大学の田口円裕教授から意見書が届くため、それに基づきながら今年度中にできることを行っていく」との考えを伝えた。

能登半島地震で加盟団体に見舞金

日学歯

日本学校歯科医会（柘植紳平会長）は、能登半島地震への対応として、2日に対策本部を立ち上げ、既に石川と富山、福井、新潟の各県加盟団体に見舞金を送金していることが分かった。17日に東京都千代田区の歯科医師会館で開かれた日学歯の新年記者会見で柘植会長と長沼善美専務理事が報告したもの。

報告によると、1日の発災後から情報収集に努め、2日に開かれた日本歯科医師会の災害対策本部に山田尚副会長が出席。同会議後に日学歯の災害対策本部を立ち上げた。5日にウェブ上で三役と常務理事による第1回会議を開き、被災地の4加盟団体への見舞金の送付を決定。石川に50万円、富山、福井、新潟に各20万円を送金した。

11日の日歯の災害対策本部会議で、さまざまな情報が飛び交うことを鑑みて、会員の人的被害等の情報収集を石川県歯に任せること、義援金に関しては日歯に一本化して送ることなどを決定したという。

長沼専務理事は、「会員のことは日歯にお任せして、避難所になっている学校で児童生徒のケアが必要になってくると思う。まずは状況を把握した上で学校の児童生徒への今後の影響を十分に加味して対応を考える必要があると思っている」と説明。

柘植会長も「今後については、日歯とも連携しながら、情報を共有して、被災地に寄り添っていけるような形で援助をしていきたい」と述べた。

能登半島地震で飲料水など寄贈

大阪府歯

大阪府歯科医師会は、令和6年能登半島地震被災地支援のため、6日に飲料水（500ミリリットル）1200本、食料（アルファ米）400食分を現地へ寄贈した。さらに同11日には、一般ゴミ（可燃ごみ）として焼却が可能な炭酸カルシウム歯ブラシ8千本を大阪府に寄贈し、石川県輪島市の避難所に運ばれることが決まっている。

東京・浅草歯と台東区歯

合同で新年賀詞交歓会

浅草歯科医師会（鬼久保至彦会長）と台東区歯科医師会（山口幸一会長）は16日、令和6年新年賀詞交歓会を東京都台東区の浅草ビューホテルで開催した。

鬼久保会長

山口会長

鬼久保会長と山口会長が冒頭であいさつ。鬼久保会長は、1日に発生した能登半島地震の被災者にお見舞いを伝えた上で、国民同士が復興に向けて団結することの重要性に言及。両会でも連携を強化していく構えを見せた。山口会長は能登半島地震のお見舞いの言葉に加え、浅草歯、台東区と共に、歯科啓発のさらなる推進を進める姿勢を見せた。

来賓では服部征夫台東区区長、湯澤伸好東京都歯科医師会副会長、佐藤剛東京都歯科医師連盟副会長、堀浩一朗浅草医師会会長、高森喜美子台東区議会議長から祝辞が送られた。

そのほか、ダンサーを交えた余興が催され、盛り上がりを見せた。

ピックアップニュース

■誤嚥性肺炎、能登の病院で例年の3倍　歯科医師「できるケアを」（朝日新聞DIGITAL/1月19日）

■重症コロナ肺炎で入院した患者がレジオネラ肺炎で死亡　新潟市民病院《新潟》（テレビ新潟/1月19日）

■【広島】新人8選手が歯科検診受診　咬合力は育成3位の杉原望来が最高値記録（日刊スポーツ/1月17日）

■高田明さん、欧州駐在で充実の日々だったが24歳で突然の帰国命令…理由は「虫歯」（読売新聞オンライン/1月17日）

■「水もったいない」でおろそかに　被災後こそ口腔ケアを　肺炎・感染症から命を守る（産経新聞/1月18日）

■歯周病検診に20歳、30歳追加　4月以降、若年患者増加で厚労省（KYODO/1月18日）

■50代から意識したい　健康長寿のかむ力・飲み込む力（日本経済新聞/1月18日）

■Dental Prediction、楽天系とAI歯科相談　24年春から（日本経済新聞/1月17日）

■子どもの「お口ポカン」、風邪や口臭の原因に　フーセンガムで防げ（朝日新聞DIGITAL/1月13日）

DHのモヤっと解決隊 22

通勤時間重視の転職を後悔しています

歯科衛生士
Vさん（38歳）

歯科衛生士18年目です。前職の歯科医院は通勤が長距離だったので体力的につらくなり、今年、家から近い歯科医院に再就職しました。

歯科医院の理念や診療の方針で決めたのではなく、通勤しやすさで決めました。今の歯科医院は院長先生もスタッフも良い方です。しかし、転職後すぐに即戦力として患者さんに携わることになったのですが、今までと診療のやり方が違い、分からないことばかりで緊張してミスをしてしまいます。毎日、本来の自分が出せていないなと思い、転職したことを後悔しています。

転職時は戸惑うもの。まずは現状の理解から

東京歯科医学教育舎 代表
竹内 智美
歯科衛生士　産業カウンセラー
ファイナンシャルプランナー

通勤のしやすさで再就職したところ、本来の自分が出せず後悔しているのですね。

しかし、Vさんは「今までの診療のやり方が違い、分からないことばっかりで緊張してミスをしてしまう」と、きちんとご自身で問題を把握されていらっしゃいます。

歯科医院が変わると、同じ材料でも呼び方が違ったり、使う材料や器材が違ったり、患者さんとの携わり方が違ったり、先生へのアシストの仕方が違ったりするので戸惑いますね。

歯科衛生士歴の長さに関係なく、転職時には戸惑うものです。新人と同じですし、慣れるまで時間はかかります。そこは割り切っても良いと思います。

しかし、歯科医院側は歯科衛生士歴18年のVさんの経験を考慮し、あえて新人扱いをしていない可能性もあります。

Vさんの中で、どこが今までの診療と違うのか、どこが分からないのかをご自身で一度まとめてみてください。そして分からないところは院長先生やスタッフに聞いてみてください。

やり方を理解し、分からないことが減ってくると、緊張も和らぎ、本来の自分を出せるようになると思います。

歯技協の木村理事長

「厳しい環境はチャンス」

東支部との合同新年会で

日本歯科技工所協会の本部・東支部合同新年会が12日、東京都目黒区のホテル雅叙園東京で開催された。

東支部長の木村健二氏の開会の辞に続き、開会あいさつした本部理事長の木村正氏は、物価高騰など経営に負荷がかかっていることに触れた上で、「何かのせいにしていたのでは、われわれの本当の目指す道は開かれてこないものと確信している」と強調。「厳しい環境だからこそチャンスと捉え、これから何ができるのか皆と一緒に考えながら他団体の人達と連携し、いかに国民に良質な歯科医療を提供できるか、歯科技工士の立場からその一翼を担い、皆に喜んでいただける事業を推進していきたい」と意気込みを語った。

木村理事長

来賓は日本歯科医師会常務理事の寺島多実子、日本歯科医師連盟副会長の村上恵一、日本歯科技工士会会長の森野隆、日本歯科技工士連盟会長の奥村英世、参議院議員の山田宏の各氏があいさつ。

本部専務理事の宗村裕之氏による乾杯の発声で祝宴に入った。

奥村日技連盟会長は、「厚労省がようやく昨年暮れに通知を出して、各保健所に歯科技工士に番号をつけなさい、という内容のものが出た」と報告。「今年6月までどういう状況になるかを厚労省はチェックし、その内容に従い、また次の一歩を踏み出してもらえるのではないかと私は考えている」と述べ、将来的にマイナンバーと歯科技工士番号や歯科技工所番号との紐づけによって、トレーサビリティが確保できるとの考えを示した。

山田議員は、診療報酬改定について「200億円ちょっとの財源でも貼り付け方が腕の見せ所」と発言。「歯科技工士の委託料も考慮するのが今回の改定なので、歯科技工士の給料、委託料にしっかり手当てをするように対応していただきたい」と述べた。

訂正

1月16日付（2280号）5面の就業歯科衛生士・歯科技工士数の記事で、「年齢階級別では、歯科衛生士は『45～49歳』、歯科技工士は『65歳以上』が16最多となっている」とありますが、正しくは「歯科衛生士は『25～29歳』、歯科技工士は『65歳以上』が最多となっている」です。お詫びして訂正します。

自費診療の動向 市場変化への対応示す

M&D新春セミナー

M&D医業経営研究所（横浜市青葉区、木村泰久社長）は14日、東京都新宿区の飯田橋レインボービルで新春セミナーを開催した。講師は木村社長＝写真＝が務め、2024年度診療報酬改定での重要な論点、急速な人口減が進む中での医院経営の課題などを話した。

このうち、コロナ禍の影響から中小零細企業の倒産が増加していることに言及。高額な自費診療をデンタルローンで借り入れした患者の勤め先が倒産し、ローン会社の未収金が医院側の負担となった例もあるとして、事前の振り込みにするなどの対策が必要だとした。

また、コロナ禍でのゼロゼロ融資の返済がきっかけとなる「コロナ倒産」は歯科でも起こり得ると注意喚起するとともに、インプラントの普及と宣伝競争の激化によって「インプラントセンター」の経営環境が悪化していることや、格安のアライナー矯正の収益率が低いことから、アライナー矯正で低価格競争をしている歯科医院や法人の倒産が始まっていることを指摘。「低価格をアピールする医院でも、運営を維持するためには高い人件費が必要。価格競争のビジネスモデルは生き残れない」と警鐘を鳴らした。

歯科医院の経営環境が大きく変化しており、歯科医院の淘汰が進むとともに、地域での拠点機能を備えた1・5次医療機関の設置が広がると予測。最終的には、大型医院と多院展開型法人に集約していく可能性を示唆した。

■東京歯科保険医協調べ■

小中学生の口腔崩壊 自己負担の有無で差

東京歯科保険医協会（坪田有史会長）は12日、メディア懇談会を開催。同会副会長の早坂美都氏（世田谷区開業）が、都内小中学校への「学校歯科治療調査」や、全国的に実施されているマイナ保険証に関連するトラブル報告、能登半島地震の被害実態などについて報告、話題提供した。

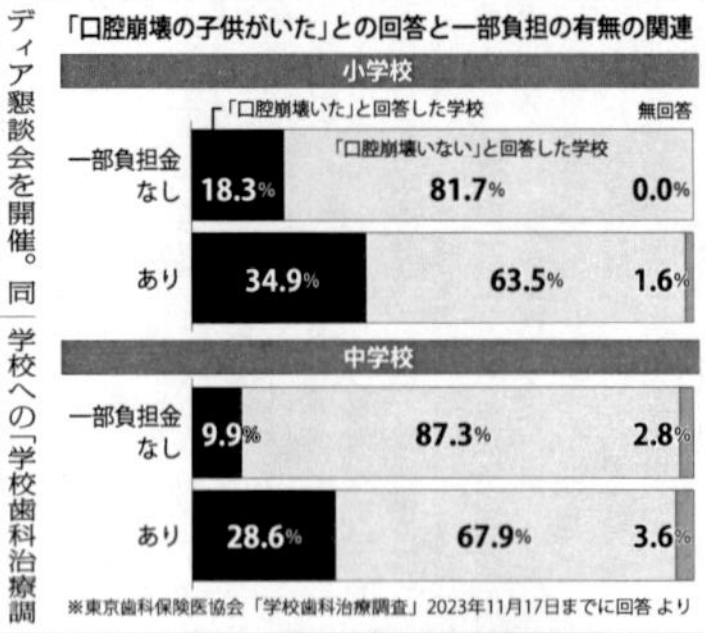

※東京歯科保険医協会「学校歯科治療調査」2023年11月17日までに回答 より

診療現場の実情を説明する早坂副会長

学校歯科治療調査（2023年11月17日回答締め切り）は6年前にも実施。東京都は、小児期の医療について自己負担が免除される23区と、一部負担を求めている多摩地域などに分かれており、小児の口腔の健康状態にも関連があることが示唆されている。

今回も、小学校、中学校ともに、一部負担がない地域に比べて、一部負担のある地域の方が、多数歯う蝕が放置された「口腔崩壊」の状態の子供がいた、とする学校の数が多い傾向にあった＝上図。

このような結果について早坂氏は、「一部負担のない世田谷区でも多数歯う蝕が放置されている子供はいる。経済的な困窮が原因というより、口腔の健康に関心が薄い親によるネグレクトも背景にある」と指摘。そうした家庭では、食生活の乱れも認められるため、事態の改善には保護者への動機付けが重要だと述べた。

マイナ保険証について早坂氏は、「当院は区内でもいち早くマイナンバーカードの読み取り装置を導入してきたが、昨年の1年間で使用したのは5人のみだった」と、患者側の利用意欲が低いと指摘。「高速道路のETCのように、利用者にとって良いものであれば普及する。システムそのものに魅力がないのではないか」と話した。

診療報酬改定で 武見大臣に要望

東京歯科保険医協会（坪田有史会長）は昨年12月27日、2024年度診療報酬改定に関連して、武見敬三厚生労働大臣に要望書を提出した。

中央社会保険医療協議会（中医協）で議論がなされている内容について7項目、それ以外で4項目を要望。中医協で議論されているものは7項目で、内容は次の通り。その他、抗菌薬の事前投与など4項目を求めた。

①かかりつけ歯科医機能：小児期に関する要件を加えるのであれば、必須要件ではなく選択要件にしてほしい。

②院内感染防止対策：新たな器材の設置などが必須となるのであれば、基本診療料での評価や補助金で対応してほしい。

③歯科疾患の重症化予防：乳歯列期の患者に対するP重防の管理を可能にしてほしい。感染性心内膜炎や1型糖尿病の小児患者をP重防で管理する場合、3カ月に1回の算定要件の緩和を求める。

④歯科固有の技術など：クラウン・ブリッジ維持管理料について、再製作できないという制限のみ残ることは避けてほしい。メタルフリー材料の保険導入が増加する中、金属材料による歯冠修復も残してほしい。

⑤医科歯科連携：糖尿病や金属アレルギー、感染性心内膜炎など、医科から診療情報の照会があった際、歯科から返書した場合の評価をしてほしい。

⑥ライフステージに応じた口腔機能の管理：（略）

⑦在宅歯科医療：（略）

保団連

能登半島地震で 大臣に緊急要望書

全国保険医団体連合会（住江憲勇会長）は12日、「令和6年能登半島地震における被災者医療と医療提供体制確保に関する緊急要望書」を発表し、岸田文雄内閣総理大臣と武見敬三厚生労働大臣に送付した。

被災者の医療費一部負担金や入院時の食事一部負担金の免除、各保険料の軽減措置などを要望。さらに、被災地の在宅医療確保のために、医師、歯科医師、看護師等の証明ができれば駐車許可証がなくても駐車禁止区域での駐車を許可することや、医療施設等災害復旧費補助金の対象を全ての民間医療機関（病院、有床診療所、無床診療所、歯科診療所、歯科技工所等）に拡大することなどを求めている。

また、中小企業等「グループ補助金」等について、医療機関への周知の徹底、申請方法の簡素化なども要望している。

医歯薬出版

震災関連の論文 ウェブに無料公開

医歯薬出版（白石泰夫社長）は、能登半島地震の被災地で活動する医療者を支援するため、関連論文を無償で公開する震災特設ページをホームページ上に設置した。

公開予定期間は3月31日までで、1月23日時点で計16の論文が読める。

歯科とカレー㊤

歯科治療でも活用?!

1月22日は「カレー」、2月12日は「レトルトカレー」、2月22日は「カツカレー」とカレー関連の日が続く。「カレー月間特別企画」として、「歯科矯正治療中でも色がつかないレトルトカレー」の開発・販売を行うMM歯科・矯正歯科院長の真下貴之氏（群馬県開業）に歯科とカレーに関する小話（上・下）を投稿していただいた。

■「カレーは日本の国民食」

カレーのルーツはインドではなくイギリス

カレーの発祥の地はインド。しかし、インドにカレーという名の料理は元々存在しない。諸説あるが、複数のスパイスを使用した汁物料理をタミール語で「kari（カリ）」と呼んでいて、当時、インドを植民地としていたイギリスが自国に持ち帰り「カレー」として広まったという説が有名。

その後、イギリスでは独自にスパイスが配合され、世界で初めてカレー粉が作られた。そのカレー粉と小麦粉を使ったイギリスのカレーが鎖国を解いた明治初期の日本に伝来した。よって日本のカレーのルーツはインドではなく、まさかのイギリスにあったのである。よくカレー屋さんで見かける「欧風カレー」はここに由来するわけだ。

そんなカレーは日本独自の進化を遂げ、戦前は軍隊食、戦後は食卓の味として、ついには学校給食に抜擢されるほどまで広まっていった。

ある調べによると現代の日本人は1人当たり年間60食カレーを食べているそうだ。つまりは週1～2回はカレーを食べているという計算。そんな国民食カレーを矯正中でも食べられるようにする、それが私の歯科医師としてのカレー活動の理由だ。

■「実は身近なスパイスたち」

スパイスと聞くと一部のマニアが扱うとっつきにくいイメージはないだろうか。「カレー、ラーメン、ハンバーグ」。これらの定番料理にもさまざまなスパイスが使われていて、実は意外にも身近なものだ。

ラーメンに使われるしょうがも、にんにくも広義の意味ではスパイス。後がけする胡椒もブラックペッパーという立派なスパイス。

古代ローマではその希少価値から金と同じ値段で取り引きされていたり、大航海時代には胡椒を中心に貿易が行われていたり、とてもキーとなるスパイスだ。

スパイスの一種であるクローブは、甘く濃厚な香り。茶褐色で釘のような形をしている

ハンバーグのレシピでよく「ナツメグ」の表記がある。挽肉と混ぜて火を通すことで、肉の臭味消しになるというスパイス。ナツメグはもともと種子状のスパイスで中身を粉にしたものだが、外皮は「メース」と呼ばれる固形のスパイスで、カレーのスタータースパイス（香りづけのために最初に入れるスパイス）として使うことがある。ちなみにナツメグの薬効には口臭予防があり、歯科との関連もある。

■「歯科診療で活躍するスパイス」

口臭予防のナツメグだけでなくお口に関わるスパイスとして、カルダモン、シナモンなどがある。中でも私が一番好きなのはクローブだ。

クローブは蕾を乾燥させた茶褐色の釘のような形のスパイスで、甘く濃厚な香りが特徴。薬効としては鎮痛作用がある。

「今治水」をご存じだろうか？　薬局で売っている昔ながらの歯の痛み止めで、この薬を浸した綿を齲窩に詰めておけば痛みが楽になるという代物。この薬の成分はチョウジ油といわれるクローブの成分が使われている。また歯科材料でおなじみ「ネオダイン」の成分であるユージノールも、実はクローブに由来している。われわれは普段の診療でクローブの鎮痛作用を利用しているのだ。歯科診療で活躍するクローブは私にとってスター選手的なスパイスだ。

入院時の口腔状態不良で入院期間が長期化

医科歯科大が調査

高齢誤嚥性肺炎患者において、入院時の口腔健康状態が不良なほど、入院日数が長くなることが分かった。東京医科歯科大学医歯学総合研究科摂食嚥下リハビリテーション学分野の戸原玄教授と山口浩平講師、順天堂大学総合診療科の内藤俊夫教授、宮上泰樹助教らの研究グループによるもので、入院時の口腔・嚥下評価の重要性が示唆された。

同研究は2021年4月から2022年3月の間に順天堂大学医学部附属順天堂東京江東高齢者医療センターに入院し、誤嚥性肺炎と診断された65歳以上の患者89人（平均年齢84・8±7・9歳、男性58・4％）を対象とした。期間中に特定の歯科医師が週に1度、口腔内の評価、口腔ケアに加え、看護師など多職種への口腔衛生管理指導を実施。口腔健康状態、嚥下機能のほか、基本情報として年齢、性別、肺炎重症度、臨床的虚弱度を記録した。

入院時の口腔健康状態について高評価群と低評価群に分類したところ、低評価群が占める割合は入院時に52・8％で、3週間後には60％となり、長期入院の患者は低評価群に多い傾向があった。

対象者のうち75人が退院し、それぞれの入院日数を分析したところ、年齢、性別、肺炎重症度などを調整しても入院時の口腔健康状態が不良なほど、入院期間が長くなることが分かった。

同様に、入院時の嚥下機能が良好なほど、退院時の嚥下機能が良好なことが分かった。

同研究成果は科学誌『European Gariatrics Medicine』（1月12日付）にオンライン掲載された。

朝日大

創立50周年記念誌を発行

朝日大学（大友克之学長）は2021年に創立50周年を迎え、記念誌＝写真＝を昨年8月に発行した。同大は歯学部、法学部、経営学部、保健医療学部のほか、歯科衛生士専門学校を擁する。

同誌は同大の歴史を辿った写真集から始まり、理事長、前理事長による記事では1971年に岐阜歯科大学として開設されてから現在までの同大の歴史を振り返ると共に、今後、同大が目指すものなどを語っている。

また、地方創生と大学の役割についてや、地域連携についての対談が掲載。創立から続く岐阜県および岐阜県歯との強いつながりを、地域歯科医療へ活かすことを確認している。学生たちの座談会では、歯科衛生士や看護師をめざしたきっかけ、目指す将来像などが語られており、各学部・部門、部活動の紹介では、フェンシング部で東京オリンピックに出場した学生選手のインタビューが掲載されている。そのほか、交流のある海外大学からの祝辞、同窓会からのメッセージ、年表・各種資料などが掲載されている。

デンタル小町が通る

日本歯科大学附属病院
口腔インプラント診療科教授
柳井智恵 ⑩

海外留学のチャンス到来

昨年4月、文部科学省第6回教育未来創造会議が開催されました。第二次提言として「未来を創造する若者の留学促進イニシアティブ」の概要公表とコロナ後のグローバル社会に向けた人的投資に関する新たな留学生派遣・受け入れ方策、留学生の卒業後の活躍に向けた環境整備や教育の国際化の推進が表明されました。

翌5月には戦略的な留学生交流の推進に関する検討会も開催され、グローバル人材の育成や獲得、学びの環境整備などの具体的方策がまとめられ、多様性を活かした質の高い海外留学や人材交流の促進が示されました。

◇

20年前、筆者もスイス・ベルン大学医学部附属病院に留学の機会を得ました。振り返ると大変なこともありましたが、異文化に触れることで国際的な視野が広がり、異なる価値観や習慣を理解できました。留学時に研鑽した口腔機能再建が、現在の専門分野であるインプラント治療につながっています。

その時に知り合えた先生方は私にとって大切な宝物で、交流を通じて語学のスキルアップやコミュニケーション力の養成、国際的なネットワークの構築を高めているほか、学術の情報交換も楽しみです。

海外留学の経験がキャリア形成にプラスの影響を与えてくれ、ご指導くださったベルン大学の飯塚建行教授、Daniel Buser教授、留学の機会を提供してくれた大学に感謝しています。こうした自身の経験から、次世代の先生方にも海外留学を勧めたいと思います。

◇

筆者が所属する日本歯科医学会連合の国際活動委員会は、歯学領域における国際的に活躍する人材の育成を目的に、若手の歯科医師や歯学研究者に向けた海外留学を後押しし、より有意義なものに導くための情報を提供しています。コロナ禍の4年間、海外留学を躊躇していた先生方にとって、昨年5月にコロナが5類に移行したことは朗報であり、今こそが海外留学のチャンスです。

日本歯科医学会連合では、若手歯科医師のために、2月21日に「『翔（とびたて）』！ニューノーマル時代の海外留学」をテーマとしてフォーラムを開催します。これから海外留学をお考えの先生方はぜひご参加ください。

留学時、スイス・ベルン大学医学部頭蓋顎顔面外科学講座の医局スタッフと（中央が筆者）

次期診療報酬改定で優先度の高い医療技術　オンライン連携診療など27項目

（1面関連）

診療報酬改定において対応する優先度が高い技術①のうち、学会等から医療技術評価分科会に提案のあったもの

申請技術名	申請団体名
広範囲顎骨支持型装置埋入手術・適応イ	日本顎顔面インプラント学会
広範囲顎骨支持型装置埋入手術・適応ニ	
広範囲顎骨支持型補綴	
広範囲顎骨支持型装置における歯科疾患管理料等	
歯科口腔リハビリテーション料1項目2（算定制限の見直し）	日本顎顔面補綴学会
顎変形症患者を対象とした咀嚼能力検査	日本顎変形症学会
厚生労働大臣が定める疾患に起因した咬合異常に係る適応症の拡大	
通信情報機器を用いた歯科オンライン連携診療	日本口腔外科学会
口腔細菌定量検査	日本口腔リハビリテーション学会
歯周病安定期治療（2月1回算定）に対する糖尿病患者の治療間隔短縮症例（毎月算定）への位置づけ明確化	日本歯科医療管理学会
歯科部分パノラマ断層撮影	日本歯科放射線学会
CAD/CAM インレー修復に対する光学印象法	日本歯科保存学会
重度要介護高齢者等に対する充填処置加算	
結合組織移植術	日本歯周病学会
NiTi ロータリーファイルによる根管形成加算の施設基準の見直し	日本歯内療法学会
超重症児等在宅歯科医療管理加算	日本障害者歯科学会
障害児における幼保・学校への情報提供料	
咬傷防止装置（口腔内装置3）の調整料・修理料の算定	
小児の舌圧検査	日本小児歯科学会
小児保隙装置	
エナメル質初期う蝕管理加算（小児かかりつけ歯科医機能強化型歯科診療所）	
接着カンチレバー装置	日本補綴歯科学会
顎堤吸収が高度に進行した下顎総義歯の仮床製作のためのフレンジテクニック	
大臼歯 CAD/CAM 冠（エンドクラウン）	
ブリッジの支台装置としての第二小臼歯レジン前装冠	
口腔機能低下症における口腔衛生状態不良の検査	日本老年歯科医学会
総合医療管理加算（歯科疾患管理料）対象疾患の追加（筋萎縮性側索硬化症）	

明海大学

千葉県木更津市と連携協定を締結

明海大学（中嶌裕学長）は千葉県木更津市と包括連携協定を締結し、9日に締結式を木更津市役所で行った。地域社会の発展と人材育成への寄与を目指す。

協定事項は以下の通り

中心市街地等の活性化、空地・空き家の利活用など「地域の課題研究に関すること」「知的・人的・物的資源の相互活用に関すること」、私有財産の利活用、都市計画や未開発エリアにおけるプランの提案など「都市整備・公共施設整備に関すること」「移住・定住に関すること」、明海大学から市へ通訳等の学生ボランティア派遣など「国際交流に関すること」「その他両者が協議し、必要と認めること」

中嶌学長（左）と渡辺芳邦市長

健口アプリでクラファン

アイキャット

大阪大学歯学部発のベンチャーとして起業したアイキャット（本社・大阪市、西願雅也CEO、十河基文CTO）は18日、「健口トレーニング・プロジェクト」の一環でゲームを通して遊びながら口の健康管理ができるスマホアプリ「PaTaKaRUSH（パタカラッシュ）」のクラウドファンディングを開始した。新規開発費用のほか、無料提供を目指した費用およびサーバーの維持費や管理費などの資金用途が目的。

同アプリは音声認識とスマホのカメラ機能を使ったゲームで、自分の顔を画面上に映しながら、スマホに搭載された音声機能を活用して「パタカラ体操」「滑舌検査」を同時に行えるもの。トレーニング結果の履歴を保存・管理することも可能で、1週間に最低1～2回アプリの利用をスマホから促すため、長期間触れていない場合は注意喚起をしてくれるという。また、滑舌回数が一定値を下回った際は歯科医院への受診も促すなどの機能が搭載されている。

今後は、オーラルフレイルに有効なさまざまなトレーニングメニューをシリーズ化して、オーラルフレイル予防や改善につなげるとしている。同アプリは今年度中を目途にリリースされる予定だ。

クラファンの詳細はアイキャットHPから。

災害歯科医療はどうあるべきか

東日本大震災の教訓と提言

「今回の報道に触れるたびに東日本大震災を思い出し胸が痛くなる思いです」と編集部に一通のメールが届いた。本紙で東日本大震災発災４カ月後の2011年７月から12年３月まで連載「復興日記～宮城県南三陸町から」を執筆していただいた南三陸病院口腔外科部長の斎藤政二氏からだった。東日本大震災では、斎藤氏の勤める５階建ての「公立志津川病院」は４階まで津波に襲われ、甚大な被害に遭った。当時を振り返り、自身の投稿や原稿を読み直す中で見つけたのが『東日本大震災　寄せられた手記』(仙台歯科医師会2013年発行)に執筆した内容だ。「DDATがJDATという形で実現するなど、この10年で災害歯科医療でも進化発展した内容もあるが、今だからこそ参考になることがあるのでは」との思いに編集部も共感し、斎藤氏の「災害歯科医療はどうあるべきか」を掲載させていただく。

南三陸病院　歯科口腔外科部長
斎藤 政二 氏

はじめに

仙台から北東へ約90kmの所に位置する南三陸町では、東日本大震災の津波により、すべての医療ならびに歯科医療施設を失った。町は壊滅状態で、多くの町民が絶望感と喪失感に包まれている中、災害医療は待ったなしで展開していき、その活動には目を見張るものがあった。いっぽう災害歯科医療は、その活動場所を確保するのも困難で、迷いもあり、未熟さを露呈したと言わざるを得ない。そこで、南三陸町での経験から災害歯科医療はどうあるべきかを検討した。

災害歯科医療の目的

まず、目的を明確にしなければならない。これは、医療と共通であるが、改めて歯科医療として挙げていく。

①災害による歯科疾患(急性期歯科疾患)の治療
②慢性歯科疾患の継続治療
③誤嚥性肺炎による災害関連死を防ぐ
④被災者でもある疲弊した被災地歯科医師に休息を与える
⑤災害時以前の歯科医療レベルに戻す
⑥被災地の地域歯科医療の自立

災害歯科医療で配慮すべきこと

これも目的と同様に医療と共通のことである。多くの被災者は家や職を失い、絶望感や喪失感、あるいは身内の死に直面し、悲嘆に包まれている。そのような背景を察して、寄り添うような歯科医療が必要である。

すなわち、理想を描いて押しつけるような通り一遍の歯科医療ではなく、場合によっては、その人その人に合ったカスタムメイドの対応が必要である。そのためには、まずは患者さまよりは被災者に対する会話から始まり、話だけで終わるようなこともある。本震災では被災者の真情に触れるたび、それもまた、心に白衣を纏った歯科医師としての重要な役割だと実感するとともに、犠牲者遺族に対するグリーフケア(grief care)の必要性も認識した。

被災地医療統括本部への参入

前述したように、南三陸町ではすべての医療施設を一瞬にして失ったが、医療の灯火は消えることはなかった。各避難所では、そこに避難した医師や看護師を中心に、聴診器や薬剤などの医療器材がない中、自然発生的に救護所ができあがっていった。津波被害が甚大で孤立状態になった南三陸町に、外部からの支援医師が入ってきたのは、５日目の３月15日のことであった。そして、それ以降続々と、医療支援チームが入ってくるようになり、最大の避難所であったベイサイドアリーナに医療統括本部が立ち上がった。

医療統括本部では、国内外からの医療支援チームやNPO団体に支えられながら災害医療を展開していった。すなわち、医療統括本部の指揮のもとに、およそ50カ所の避難所すべてに医療支援チームがもれなく割り当てられた。さらに、全医療チームが一同に会する朝のミーティングと夕方の報告会を毎日繰り返し、情報の一元化管理を行っていた。それによって、刻々と変化する避難所状況を把握し、情報の錯綜はなかった。また、医療統括本部内の、サーベイランス担当、医療物資担当、事務全般担当には、非医療人員が充足しており見事に機能していた。そして、公衆衛生部門の保健師チームとも協調しており、同じ屋根の下に存在する災害対策本部や救急隊とのコミュニケーションもスムーズであった。

このような医療統括本部に歯科医療チームも積極的に参入することによって、マンパワーや情報、そして医療物資を共有するのがよい。そして、地域の医療と歯科医療は、ともに再生に向かい災害時活動をバランスよく進めるべきである。そのためにも、今後は災害拠点病院における歯科併設の整備が必要である。

災害歯科医療の初動のタイミング

フェーズ０から１において、被災当事者となった歯科医師は、医療人として自分と患者の安全を同時に考えて行動しなければならない。すなわち、患者とともに安全な場所に移動し、場合によってはそこで救助を待たなければならない。

いっぽう、歯科医療支援チームにおいては、災害発生直後に被害状況をマスコミ報道やインターネットなどにより可及的に調べる。被災直後は、被災地との連絡は取りにくい、そして打撃の大きい地域ほど情報発信ができず、孤立している可能性が高いことも念頭におき、災害の特徴をつかむことから始める。そして、先遣隊は迷いなく速やかに被災現地に入るようにする。災害と同時に避難所はできる。すでにフェーズ２が始まり、少なくともその段階から口腔ケアは必要で、口腔ケア活動を通して被災現地の状況を直接調査し、情報発信する。そのようにしながら、次の支援チームにつなげるのがよい。

今回、南三陸町に外部からの歯科医師が支援活動に入ってきたのは、10日目の３月20日であった。その時、訪問診療車を提供してくれたため、地元被災歯科医師を中心に災害歯科医療を行うようになった。それ以降も継続して歯科支援チームが交代で入るようになったが、その数がピークを迎えたのは、避難所が縮小していった５月のゴールデンウィーク時期であった。この頃は、もはや地域医療の自立に目途が立ったことから医療統括本部の解散が決定し、医療支援チームは徐々に退散していく、フェーズ３への移行期であった。

災害歯科医療においても、マンパワーが一番必要とされた時期は、被災直後であったと振り返る。

災害派遣歯科医療チームの構成

本震災で南三陸町に支援に来られた歯科医療チームは、１チーム歯科医師３～４人という構成が多かった。災害派遣医療チーム(Disaster Medical Assistance Team:DMAT)が医師、看護師、業務調整員(薬剤師、事務職員など)で構成されているように、災害派遣歯科医療チーム(Disaster Dental Assistance Team:以下、DDATとする)も歯科医師、歯科衛生士、業務調整員(歯科技工士、事務職員など)の方が機動性や専門性からもよいと考える。

４人の歯科医師が１週間被災地に行こうとすると、４つの歯科医院が同時に１週間休まなければならないが、歯科医師、歯科衛生士、業務調整員の構成だと、１つの歯科医院で組めるので、４つの歯科医院で１週間毎に交代すれば、計４週間支援できる。また、DDATは最小単位のユニットでありながら、その中ですでに指揮命令系統が確立しており、活動内容的にも歯科衛生士や歯科技工士がいたほうがバランスがよい。

DDATの食事・宿泊

被災地に入ると宿泊できるところは、避難所か車だけである。食べ物を購入するところもない。まともな宿に泊まろうとすれば、大崎市、栗原市、一関市などから南三陸町に入って来るしかなかった。車で90分程かかるが、災害時には止むを得ないことである。遠方より、「もっと近い宿泊施設はないのか？」という問い合わせの電話もあったが、そういった電話による安易な質問すら、被災地の業務を増やすことになっていることを理解していただきたい。

可能であれば、避難所に泊まり、被災者と同じ食事をとるのがよい。そういった体験は貴重であり、避難所や被災者の状況をさらに詳細に知ることができる。

DDATの活動内容

被災地に入る前に具体的な活動を決めないと、持参するものを用意できないが、時間とともに変化する避難所の状況に応じて、いかようにも柔軟に対応するための準備が必要である。そういった前提で、歯科診療のできる訪問診療車で被災地に入り、その時のニーズに合った臨機応変な歯科医療を行う。ここで注意したいのは車の大きさで、大きいと災害で荒れた道路を通行できない可能性があるので、できるだけコンパクトな方がよい。活動内容は、口腔ケアだけの場合もあれば、自己完結型の治療が必要とされる場合もある。また、遠方から来たにもかかわらず、ほとんど何もすることがなく、空振りに終わることもあるかもしれない。しかしながら、どういった活動であっても、被災者と接することと温度差のある各避難所の状況を報告してもらうことによって、決して無駄にはならない。

歯科医療支援を検討している先生から、電話で「ニーズはありますか？」という質問をされたことが何度もあった。「あまり無いかもしれません」と曖昧な表現で返答したこともあったが、実際には被災地で毎日活動している私でさえ、日々状況の変化する50カ所にもおよぶ避難所のニーズを、的確に把握することはできなかった。「ニーズはありますか？」という質問に、「そのニーズがあるかどうか、避難所を巡回して調査していただきたい。そして、掘り起こしたニーズに対しては、その場で対応して避難所の状況報告をしていただきたい」と適切にお願いすべきであったと反省している。

災害歯科医療は、すべての避難所を巡回することから始めなければならない。

歯科医療物資の確保

震災直後は、「何か必要なものはありますか？」という質問に、すぐに返答することができなかった。それは、津波によりすべてを失ったため、具体的な品目が頭に浮かばなかったのだ。おかしな表現だが、無いものが有りすぎた。「施設と設備が必要です」と言いたかったが、そんな非現実的で魔法使いにものを頼むようなことはできなかった。しかしながら、被災者のニーズに応じて少しずつでも、その都度、歯科医療物資の確保が必要であった。必要なものは、災害後の流れの中で時間と伴に変化するもので、それに対してタイムリーに供給されなければ意味がない。そのためには、被災地に物資担当を専門とする要員が必要である。南三陸町に医療支援のためやってきたイスラエル国防軍医療部隊55名の内訳は、医師が14名、看護師などコメディカルが14名、そしてロジスティック担当要員が半数程の27名であった。国際的にも災害医療の経験豊富なイスラエル医療団の人員構成からも、物資担当要員の重要性がうかがわれる。災害ですべてを失った場合、活動の場所と必要物資の確保がどれだけ大変で重要であるかを本震災では思い知らされた。

災害時には、有能で融通の利く歯科医療物資担当要員の被災地派遣が必要である。そして、県災害対策本部のみならず、直接、歯科器材メーカーなどの歯科医療物資供給元と交渉できるようになれば、スピーディーで無駄のない物資確保が可能となり、より効果的な災害歯科医療ができる。

災害歯科医療で求められるノンテクニカルスキル

職務を遂行するうえでの専門的知識や業務処理能力をテクニカルスキル(technical skill)というのに対し、それ以外の能力はノンテクニカルスキル(non-technical skill:NOTS)と呼ばれている。NOTSは、状況認識、意思決定、コミュニケーション、チームワーク、リーダーシップ、ストレス管理、疲労対策などを包含する総称であり、様々な人間性の要因が含まれている。チーム医療の安全や質の確保に必要とされているが、近年では医療界のみならず様々な業界で注目され、その重要性や必要性が指摘されている。

本震災を経験し、自然災害は人知を越えるものであり、想定外のことは当然のように起こるということがわかった。周到な災害対策マニュアルを準備していても、その通りにいかないことの連続である。場合によっては、マニュアル自体が障害となることもある。そうなった場合に何もできないではすまされず、思考停止することなく臨機応変に目の前の壁を乗り越えていかなければならない。しかしながら、物質的に全てを失った状況で、個人の力や既存の組織力だけで災害に立ち向かうことはできない。全国から集結した歯科医療支援チームや、多種多様な業種の方々と協力しながら災害歯科医療を展開するには、状況認識、意思決定、コミュニケーション、チームワーク、リーダーシップが必要不可欠であった。また、被害が甚大で活動が長期におよんだことから、ストレス管理、疲労対策も重要であった。いいかえれば、NOTSがなければテクニカルスキルをいかすこともできず災害歯科医療は成立しなかった、といっても過言ではない。

私は本震災に打ちのめされた傷心の中で、常々自分自身に言い聞かせてきたことがある。それは「歯科医師としての志を決して失うことなく、どんな状況の中でも諦めず、どのような形でも歯科医療を継続する」ということである。今になって振り返ると、この精神こそが災害時における究極のNOTSであったに違いない。

おわりに

東日本大震災の津波被害を南三陸町で体験し、その後の災害歯科医療で感じたことを検討し報告した。すでに震災後２年以上が経過したが、むしろ冷静に振り返ることができたと思う。あたたかい支援をいただきながら苦言を呈するような所もあったが、問題となった点を明確に示さなければ今後の災害歯科医療の発展はあり得ない、という理念から忌憚なく書かせていただいた。御理解をいただければ幸いである。

東日本大震災は「千年に一度」とも言われていたが、最近では南海トラフ巨大地震の被害想定もされており、大規模災害はそう遠からぬうちにやってくるに違いない。東日本大震災における南三陸町での経験と反省が、災害歯科医療の発展に寄与されんことを切に願う。

能登半島地震に伴う現地情報

各社に聞く（1〜19日時点）

1日に発生した能登半島地震の現地情報、各社の取り組みをまとめた。なお、支援物資の協力要請などは日本歯科医師会が窓口となり、対応について各社に振り分けているという。

復旧・復興に向けて

ADI・G

（5日時点）

▼発生後から顧客に状況確認。

▼3日、物流各社が石川県宛の発送を停止、製品供給が本年始業までに復旧するか見通しが立っていない状況。本社、北陸支店も被害を受けている。自宅の断水および液状化などのため、一部の社員も避難所にいる。陥没や地割れによる交通規制や通行が不可能な地域も多く、水やガソリンなどの物資が入って来ずに大幅に不足している状況。

▼5日、営業を開始。

▼令和6年能登半島地震災害対策本部を立ち上げる。一般車両が殺到することにより、人命救助の機材や特殊車両が到着しにくいという事態が発生しているため、顧客への支援に関しては「人命救済を最優先」とする行政の方針と指示に従い、妨げにならないように状況を判断。

▼歯科医院が正常稼働するための支援を行えるよう、停電や断水後の機械稼働時の注意事項を担当者から連絡するとともに同社サイトにも公開。

▼交通事情等により、支援物資を届けることが難しい状況にある中、温かい言葉や励ましのメッセージが、何よりも力となっている。

ジーシー

（19日時点）

▼1日、発生直後から地元歯科ディーラーの安否・被災状況を確認した上で連携し、歯科医院をはじめとした歯科医療関係者の安否・被災状況に関する情報収集を被災地に配慮しながら開始。併せて製品の安定供給のため各取引先、同社社員の安否・被災状況を確認。20時、初動対応に関する会合を行い、被害状況を確認する。

▼2日、緊急対策会議の開催を決め、継続して被害状況を確認。

▼3日、9時半より第一回緊急対策会議を開き、被災地支援およびBCPに関して協議。

▼4日、同社機器納入医院では、石川県七尾市、輪島市、羽咋市、能登町、穴水町を中心に半壊や室内の散乱等が確認され、断水による影響が多く見られた。

▼5日〜、地元歯科ディーラー等と情報共有しつつ、納入医院を中心に被災状況や要望に応じて、飲料水・タオルや簡易トイレ等を準備して支援活動を開始。支援活動については余震が続いているため社員の安全確保を目的に、2人以上のチーム単位で行う。また「地震や水害による医療機器の取り扱いに関する確認及び注意事項」を被災エリアの関係者に展開し、適切な対応を呼びかける。

▼11日、被災地支援のため、地元歯科医師会や日本歯科医師会からの要請に基づく支援物資（製品）を発送。また、義援金による支援を決める。

㊤道路の状況㊦止まったままの列車　提供元：ジーシー

歯愛メディカル

（10日時点）

▼石川県内に事業拠点を構えているが能登半島から離れており、本社ロジスティクスセンターおよび本社事務所等の建物および設備への被害は少なく、予定通り4日から稼働し、通常通り全国へ商品を発送。

▼1日には本社を一次避難所として地域住民など約700人に開放。歯ブラシ、除菌ウエットティッシュ、洗口液等必要な物資を無償提供し、地元の歯科医師会を通じて被災地に提供。

▼5日・6日には、社長および役員等が、石川県内の能登半島地域の通行可能エリアや富山県氷見市近郊エリアにおいて、歯科医院、福祉介護施設等に対して義援金と支援物資として飲料水、歯ブラシ、除菌ウエットティッシュ、洗口液、マスク、紙コップ等を直接手渡し。

モリタ

（19日時点）

▼新潟営業所の人的、物損被害はなし。新潟・福井県エリアのユーザー、ディーラーの人的、大きな物損被害の確認はなし。

▼金沢営業所の人的、石川県エリアの物損被害はなし。ユーザー、ディーラーにおいては、奥能登方面が復旧作業のため入れず、現地の状況確認は不十分。それ以外の地域では人的、物損被害はなし。金沢医科大学は通常通り診療中。

▼富山県のユーザー、ディーラーにおいては、氷見方面、高岡・射水の海側にて液状化が激しく、状況を確認中。それ以外の地域では人的、物損被害はなし。

▼次の事項は要請に応じて間接的に支援。

【訪問診療車の点検】都道府県歯科医師会が現地搬送にあたり車両の点検依頼への対応。

・和歌山県歯科医師会の所有車　全体的に点検を行い、1月中を目途に現地へ搬送予定。

・愛知県歯科医師会の所有車　点検対応済み。現地へ搬送される予定。

【日歯からの支援物資に関する要請依頼】

・石川県、富山県に対して、日本歯科商工協会を通じて避難生活での口腔ケアグッズ、現地診療活動での診療器材の物資を支援。

ヨシダ

（18日時点）

▼発生から20分後に災害対策連絡室を本社に立ち上げ、当該地域の営業所社員の安否確認および被災情報の収集を行うと共に、歯科ディーラー各社と被災情報の共有、協力要請を確認。

▼2日、災害対策対応会議を開く。能登地区は道路の寸断などにより現地調査は不可能と判断。同社製機器を使用中の石川、福井、富山、新潟地区の医院のうち、奥能登地区の4医院に倒壊等の情報があり、安否確認に努める。金沢市内では小機械のズレや、地区により断水情報はあるものの、復旧支援要請はなし。

▼3日、被災地域が広範囲におよび被災歯科医院軒数が多数あることが予測されるため、本社より先遣隊として本部長、部長の金沢営業所への派遣を決め、翌日派遣した。

▼5日、同社製機器使用の金沢地区の歯科医院に電話で被災状況を確認。損害・修理要請はなし。能登半島地域の被災地域へのアクセスが不可能なため待機しつつ、石川県歯科医師会および地域歯科ディーラーを訪問。地震や水害による医療機器の取り扱いに関する注意事項」（日本歯科器械工業協同組合発行）、「災害対策マニュアル」「実例に基づく災害対策資料」（同社作成）を基に災害対策復旧作業の注意点等の情報共有を行った。新潟地区では同社製のレントゲン・パノラマの転倒による復旧支援要請を1件受け、直ちに対応。

▼9日、本社では、断水用資機材（渇水ボトル）およびポリタンクを金沢営業所に発送。災害復旧用緊急車両の給油（厚生労働省発行）について確認し、引き続き被災状況の確認を行う。現地での即座の対応に備えるため、復旧部隊の人員を増やす。

▼12日、七尾地区では被害のなかった歯科医院が診療を再開。しかし断水状況が続いていることを受け、水道とは別回路で水を供給できる簡易装置を取り付け予定。

▼長期断水が予測されるため簡易装置の取り付け（渇水ボトル）供給などについて、日歯と石川県歯と情報共有。また日本歯科商工協会経由で要望のあった断水地域での口腔ケア用品、水で口をゆすぐ必要のない歯磨剤「オーラルピース」4800個を、石川県歯宛てに発送。

▼12〜15日、七尾地域の同社ユーザー17軒の被害状況を確認。断水が継続している16軒に対しての渇水ボトルの設置および後日設置要請に対応。加えて、パノラマモニター画面破損1件に対応。中能登地区での同社ユーザーからの支援要請はなし。

▼16日〜、七尾地域の一部断水は、復旧までに2カ月ほどかかる可能性があるとのことだが、断水以外には歯科医院に大きな被害はなく、患者も来院しているため、診療再開に向けて渇水ボトルを設置。

▼18日〜、輪島市内でも断水以外の大きな被害は確認されていないため、診療再開希望の医院に対しての渇水ボトル設置を主な支援活動として予定。

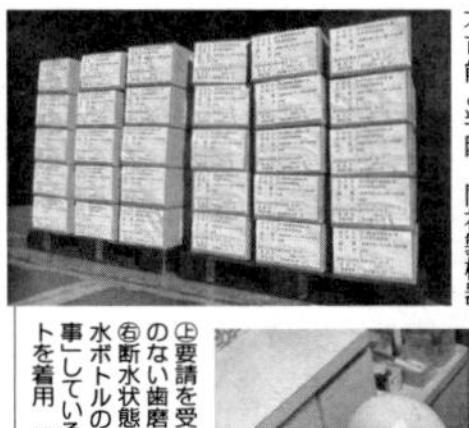

㊤要請を受け、石川県歯宛てに発送した、水で口をゆすぐ必要のない歯磨剤「オーラルピース」4800個　㊦断水状態が続く中、診療再開へ向け、ユニット1台ずつに渇水ボトルの設置を行う活動を継続。「歯科医院の復旧作業に従事」していることを近隣住民に明示するため「医療復興」のベストを着用　提供元：ヨシダ

第一稀元素化学工業

（4日時点）

▼福井市に生産事業所「福井事業所」があり、地震により生産設備等の一部に被害を受けたが、設備点検および復旧作業を実施し、生産への影響は軽微。

▼4日から稼働を開始。

タカラベルモント

（16日時点）

▼5日にデンタル事業部はじめ、各事業部が「災害対応認定」とする。

▼5日と12日には、滋賀事業所から保存食・保存水・カイロを金沢営業所に運ぶ。

▼10日以降、アフターサービスを行うグループ企業のベルモントコミュニケーションズからの応援部隊も災害車両とともに現地入りし、営業担当者とともに被災した歯科医院やサロンを訪問。点検および修理の受付を実施。

▼10日時点で連絡が取れた歯科医院については、機械室の配管破損、レントゲンの位置ズレなどの情報が数件入っている。液状化や道路陥没で、院内が確認できないところもあった模様。

▼珠洲市では診療の再開が不可能な歯科医院も確認済み。

上場3周年祝う

東和ハイシステム

石井代表

飯塚社長

東和ハイシステム（本社・岡山市、飯塚正也社長）は、「東証上場3周年感謝の集い」を16日、同社本社で開いた。同社は、2020年12月に東京証券取引所JASDAQスタンダード（現スタンダード）に株式を上場。石井代表は、創立時からのエピソードを紹介。『着眼大局着手小局』を座右の銘とし『経営は継泳、売上なくして経営なし、利益なくして事業なし、人生もロマン経営もロマン、無限の可能性に挑戦』と自らに言い聞かせ、顔が見え心が触れ合うとの商いの原点を真理とし、人に支えられて今日に至ることができた。創立46年、齢78歳だが、中期経営計画を完遂し、社会貢献をしていきたい」と話した。

閉会あいさつをした飯塚正也社長は、「AI・音声電子カルテ、AI・音声歯周病検査システムを切り口に導入歯科医院を増やしたい」とまとめた。

来賓代表で日立情報通信エンジニアリングの中野俊夫社長、みずほフィナンシャルグループの福家尚文理事、日立製作所中部支社の丸谷雅彦支社長があいさつし、石井代表の強い熱意と、社員一丸で歯科のソリューションに長年取り組んだ同社の功績を評価した。山陽新聞社の越宗孝昌相談役による乾杯の発声で祝宴に入り、途中岡山の若手バイオリニストの福田廉之介氏によるサプライズ演奏が行われた。

週間 金・パラ価格動向

税抜価格（1g、円）

	金	パラジウム（参考価格）
1月15日（月）	9,601	4,755
1月16日（火）	9,661	4,730
1月17日（水）	9,654	4,625
1月18日（木）	9,620	4,550
1月19日（金）	9,672	4,670

提供 石福金属興業

歯科医院向け経営情報サイトを開設

スマートチェックアウト

スマートチェックアウト（本社・東京都千代田区、玉井雄介社長）は、歯科医院向けの経営情報サイト「Pay Light Academy」を昨年12月13日に開設した。

歯科医院向けの「経営」「DX」「業務効率化」などのカテゴリーの記事や「歯科医師の成功ドキュメンタリー」として物語から学べるコンテンツ、動画、著名な歯科医師・歯科衛生士のインタビュー記事などを随時配信する予定。

詳細はホームページまで。

大東京の新年会で 杉山理事長

「IT化の加速を目指す」

大東京歯科用品商協同組合（杉山勝人理事長）は18日、東京都千代田区の九段会館テラスで新春講演会・新年懇親会を開いた。

4年ぶりの新春講演会では、栄昂会の中原維浩理事長が「未来の歯科業界の救世主：待合室マーケティングが生み出した『医療物販学のもたらす効果とは』〜4200億円のマーケットを我々専門家の手に」をテーマに待合室でのデンタルIQを上げる方法や物販のノウハウについて講演。

杉山氏

懇親会で杉山理事長は、能登半島地震の被災者へのお見舞いを述べ、一日も早い復興を祈念した。「今年の目標の一つにIT化の加速を掲げている。大東京におけるDX化についてははっきりとした答えは見つかっていないが、日々の業務をIT化していく中で、大東京のDX化の答えを見つけていくことが日商連の掲げる『歯科ディーラーのDX化』に近付ける」との思いを語った。

来賓あいさつでは、日本歯科医師会の高橋英登会長が8日に視察した石川県七尾市の状況を報告。「東日本大震災、新潟や熊本も現地に赴いたが、今回は一番悲惨で厳しい状況だった。当会も必死になって救援活動に乗り出している」とし、支援への協力を要請した。

来賓ではその他、東京都歯科医師会の寺田仁志理事、日本歯科医師連盟の家田隆弘副理事長、東京都歯科医師連盟の横川明弘専務理事、東京都歯科技工士会の石川功和会長、東京都歯科衛生士会の藤山美里会長、日本歯科用品商協同組合連合会の後藤忠久会長があいさつした。

創業50周年記念でスローガン等制定

サンギ

サンギ（本社・東京都中央区、ロズリン・ヘイマン社長）は、創立50周年を記念してコーポレートスローガン「あなたと輝く毎日へ」と、ロゴ＝写真＝を制定したと16日に発表した。

スローガンは「皆様一人ひとりに寄り添い続け、共に歩んでいきたい」「毎日が素敵に輝くような価値ある商品を提供していく」との思いで制定。ロゴは「ハイドロキシアパタイト」をイメージした六角形を同社の企業ロゴの3本線になぞらえ「これからも大きく成長していきたい」という思い、右上の光は「これからも真摯に歩み続け、未来に向かって輝き続けたい」という希望を表現している。

50th Anniversary SANGI

嚥下チェックアプリを発売

太平洋工業

自動車部品メーカーの太平洋工業（本社・岐阜県大垣市、小川哲史社長）は、オーラルフレイルチェックを手軽に行える嚥下チェッカー「ゴック音」を16日に発売した。

同製品は、咽喉マイクを首に装着し、30秒間の唾液の飲み込み回数を計測するもの。咽喉マイクをパソコンに接続し、専用アプリをインストールするだけで利用できる。

計測結果から嚥下回数や嚥下波形を表示でき、保存した計測結果から過去の記録との比較、嚥下音の聞き直しも可能。嚥下回数判定の閾値は所定のレベルから患者に適応した値を選択できる。タブレットでも利用可能。対応OSはWindows10、またはWindows11。

詳細は同社ホームページまで。価格はオープン。

製品紹介

（価格は税込）（新製品情報をお寄せください）

歯科用ルーペ

シャドーレスルーペⅡ

名南歯科貿易　☎052(799)4075

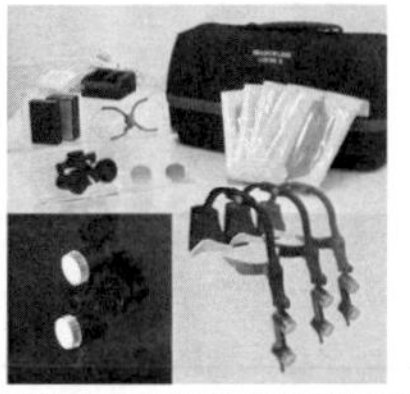

2つのLEDライトでインスツルメントの影を減らす歯科用ルーペ。可変倍率テレスコープと低倍率ルーペを標準装備。コードレスかつ軽量で使用しやすい。訪問診療や保管にも便利な専用バッグも用意。

価格＝23万9,800円

歯磨剤

アパシールドホームケア

オーラルケア　☎03(3801)0151

知覚過敏を防ぐ歯磨剤。薬用ハイドロキシアパタイトを配合し、歯垢の吸着除去や歯面のミクロの傷の修復、初期う蝕を再石灰化してう蝕を予防する。硝酸カリウムが歯髄への刺激を防ぐ。研磨成分無配合。

価格＝1,038円(50g)

2023年 年間 売れ筋ランキング

日本歯科新聞社の書籍

ヒントは
ネットじゃなくて、
本にあるかも

1位

歯科医師・歯科技工士のための 総義歯臨床 保険でも！ここまで咬める！ YouTube連動版

白石一男 著 /B5 判 /144 p
【定価】**8,800 円**（税込）

詳しい目次や立ち読みは…

SNS対策をがんばり続けても、定着率に限界があると感じていませんか……。**「入れ歯がうまい歯医者さん！」**という口コミは、患者さんの心を強くつかみます！
あらためて「歯科医師としての腕に自信をつけたい」と考えたとき、理論と動画から学べる最適なガイドです。

2位

認知症グレーゾーンの歯科診療と地域連携 Q&A

黒澤俊夫 著、工藤純夫 監修 /A5 判 /144p
【定価】**6,600 円**（税込）

詳しい目次や立ち読みは…

「あれ、この患者さん？」と、ちょっと気になる言動が見られやすいのは、受付。そんなときの、**スタッフの対応や、地域連携の方法**が、一冊で分かる本です。

3位

多職種連携、必要器具から算定まで 歯科訪問診療〔2022年改定対応〕

2024年春に改訂版発行予定

前田実男著 /A5 判 /296p
【定価】**5,500 円**（税込）

詳しい目次や立ち読みは…

「外来に来られなくなった患者さんから訪問を頼まれることが増えてきた」。そんなとき、**診療体制から必要な道具、保険算定まで**、まるごと分かる本です。

4位

歯科医院のための 採用マニュアル・ツール集〔2022年改訂〕

伊藤祐子 著 /A4 判 /80 p
【定価】**5,500 円**（税込）

詳しい目次や立ち読みは…

「スタッフを募集しても、応募がない」「採用した後、連絡が取れなくなった」などは、今や経営者共通の悩み。
院長やチーフが、**採用を成功させる手順**が学べます。

5位

歯科医院のための 成長評価シートとスタッフ面談術

濵田真理子 著 /A4判 /96p
【定価】**6,600 円**（税込）

詳しい目次や立ち読みは…

いつの間にか、歯科医院にも、人事評価が求められる時代に……。**スタッフのモチベーションが上がる評価シート**が付いて、スムーズな導入の手助けとなる書です。

ご注文は お出入りの歯科商店、シエン社、日本歯科新聞社（オンラインストア）からご注文いただけます。

日本歯科新聞社　東京都千代田区神田三崎町 2-15-2
TEL 03-3234-2475 ／ FAX 03-3234-2477

日本歯科新聞

2024年（令和6年）
1月30日

＜発行所＞
日本歯科新聞社
厚生労働省記者クラブ加盟社
〒101-0061
東京都千代田区神田三崎町2-15-2
電　話　03（3234）2475
ＦＡＸ　03（3234）2477
www.dentalnews.co.jp
jdn@dentalnews.co.jp

■ 年間購読料 23,760円（送料込）（本体 21,600円＋税）
■ 月4回、火曜日発行
■ 郵便口座番号 00120-5-130369

今週号の主な内容

能登半島地震

「災害関連死 防ぐ」

日歯が状況報告

石川県歯科医師会の元会長でもある日本歯科医師会の蓮池芳浩副会長は、24日までいた現地について、過酷な状況が続いているとして、「とにかく行政との事前打ち合わせをしっかり取り、災害関連死を防ぐために介護施設など被災者がいる場所に向かうような形を徹底して石川県歯は行っている」と話した。25日に東京都千代田区の歯科医師会館で開かれた日歯の定例会見で、被害状況および石川県歯と日歯との連携体制について報告した。（3面に関連）

指揮系統について、石川県歯と日歯の共同で行っており、日歯は石川県歯の要望をくみ取ったり、頻繁に情報交換をしたりなど緊密な連携体制を築いているという。蓮池副会長は「やはり石川県歯だけだと全国の歯科医師会に対してマッチングが弱いところがあるので、日歯と協力しながら行っている」と述べた。

さらに、DMATの活動期間は本来であれば発災から3日程度とされているが、3週間経っても活動している状況を説明。「それほど今回は過酷。二次災害の問題もあるため、JDATに参加している先生のことを思うと心配で、『無事に帰ってきてくれ』と祈るような気持ち」との思いを語った。

◆◇◆

また、高橋英登会長は現地視察した際の状況を踏まえ、「災害関連死を防ぐことを第一目標に全力投球している」とし、現地の被災者から「本当は行きつけの歯科医に診てほしい」との声があったと報告。しかし、深刻な水不足によって歯科治療が行えない歯科医院が多いため、水の供給体制について日本歯科商工協会に迅速な対応を求めている最中としている。

◆◇◆

瀬古口精良専務理事は、現地の状況について「石川県歯は事務局の人数にも限りがあり、朝から晩まで対応している。日歯も今週の月・火曜日（22、23日）に石川県に赴き、しっかり情報交換をするという体制で臨んでいる」と付け加えた。

記者団から東日本大震災などの災害を経て今回の震災でも活かされた部分があるかとの質問に対し、蓮池副会長が「研修会などで専門の先生方を育ててきたことが、（今回の震災で）各都道府県から来られる先生の中に非常に大きく作用している」と期待感を表わした。

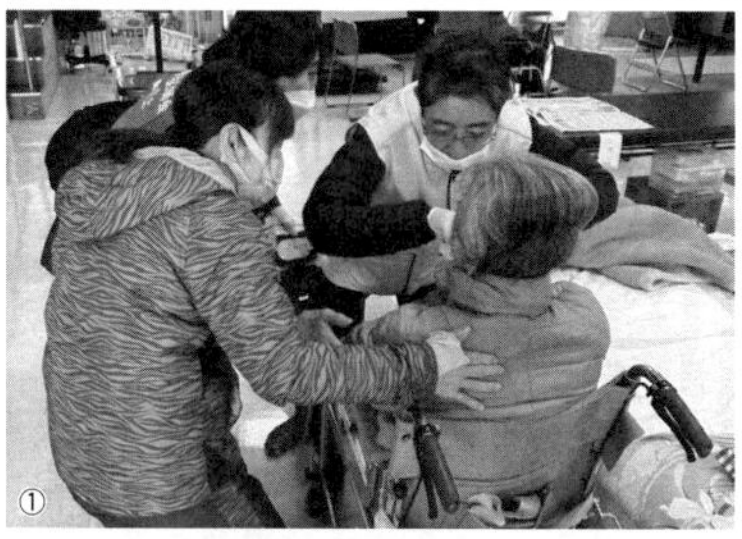

①②JDAT石川の施設での活動と打ち合わせの様子（石川県歯提供）
③蓮池副会長は会見で写真を見せながら現地の状況を説明した

歯科診療所 全壊3軒に

石川で 大規模半壊3軒、半壊6軒

能登半島地震による23日時点での被害で、少なくとも歯科診療所3軒が全壊、大規模半壊3軒、半壊6軒、一部損壊21軒などの被害が確認された。25日の日本歯科医師会の記者会見で瀬古口精良専務理事が報告した。

石川県では、会員の自宅で全壊4軒、半壊5軒。歯科診療所では全壊3軒、大規模半壊3軒、半壊6軒、一部損壊4軒、停電・断水による5営業日を超える休診（物的被害による休診除く）は停電1軒、断水56軒のほか、人的被害の軽傷2件と甚大な被害があった。

富山県では、会員の自宅で全壊1軒、一部損壊1軒、一部破損12軒。歯科診療所では一部損壊3軒、一部破損17軒だった。

新潟県と福井県歯科医師会は、現時点で具体的な被害報告は上がってきていない。

なお、災害歯科支援チーム（JDAT）の登録状況について登録都道府県数は34件、登録チーム数は107件にも上る＝表。

令和6年能登半島地震
災害歯科支援チーム（JDAT）登録状況
1月24日16時時点

青　森	1	福　井	2
宮　城	4	滋　賀	2
山　形	1	和歌山	1
福　島	1	奈　良	1
群　馬	1	京　都	5
千　葉	3	大　阪	3
埼　玉	2	兵　庫	6
東　京	2	岡　山	1
神奈川	1	広　島	3
山　梨	2	島　根	1
長　野	14	香　川	1
新　潟	1	愛　媛	2
静　岡	2	高　知	1
愛　知	13	福　岡	6
三　重	8	佐　賀	2
岐　阜	1	沖　縄	3
富　山	6	計	107
石　川	4		

プリズム

共産党の新リーダーと歯科医療

日本共産党の新たな党首（委員長）に選出された田村智子参議院議員を、約10年前、国会議員になったばかりの頃に、『アポロニア21』で取材したことがある。

小児う蝕が全体的に減少している一方で、社会的、経済的な困難を抱えた家庭の子供に集中してう蝕が深刻化していたり、不安定な雇用によって安定して歯科受診できず、症状が悪化する人が増えていたりすることなどについて、全日本民主医療機関連合会（民医連）がまとめた報告書『歯科酷書』をもとに問題提起する内容だった（『アポロニア21』2012年2月号）。

その中で、歯科疾患は生活習慣病の側面が強く、特に重症化のケースでは、糖尿病やうつ病などの重大疾患が背景にある、と強調。孤立している人が歯科受診しやすくするよう訴えていた。

インタビュー中は親しみのある雰囲気で、議員会館で取材していることを忘れてしまうほどだったため、その後、「桜を見る会」の問題を追求する国会論戦とのギャップに驚いた記憶がある。

当時、歯科口腔保健法が制定された直後だったが、日本は、その頃の社会課題を解決できたとは言い難い。同党も組織運営の課題は多いだろうが、彼らから歯科への再びのメッセージに注目したい。

診療報酬改定

初再診や補綴など評価増へ

中医協で"短冊"が提示

中医協の第581回総会が26日に開かれ、令和6年度診療報酬改定の個別項目（短冊）が示された。点数は伏せられているものの、歯科の初再診料、メタルコアやファイバーポストを使った支台築造、金属歯冠修復、有床義歯、磁性アタッチメントなどの評価の引き上げが明示されている。

短冊で示された評価を引き上げる歯冠修復・欠損補綴物に係る項目は、支台築造の間接法の「メタルコアを用いた場合（大臼歯、小臼歯及び前歯）」「ファイバーポストを用いた場合（同）」や、金属歯冠修復の「インレー（単純なもの、複雑なもの）」「4分の3冠（前歯）」「5分の4冠（小臼歯）」「全部金属冠（小臼歯及び大臼歯）」、歯根被覆の「根面板によるもの」、高強度硬質レジンブリッジ、有床義歯（局部義歯、総義歯）、鋳造鉤、線鉤、コンビネーション鉤、磁性アタッチメントのキーパー付き根面板を用いる場合。

◇◆◇

同評価については、標準的な感染防止対策を日常的に講じる必要がある点、医療機関の職員や歯科技工所従事者の賃上げを実施する観点から見直すとしている。

支払側委員からは感染対策への引き上げは認めない旨の発言があり、日本歯科医師会副会長の林正純委員はそれに対し、「平時からの感染対策と新興感染症発生時においても歯科医療提供が滞ることのないよう連携体制構築の必要性について何度も意見を述べている」と強調。「感染対策に係る評価は、前回の改定で一定の評価を得たが、施設基準の要件や既存技術の廃止により対応されたもので、昨今の物価、人件費や医療廃棄物の処理コストの高騰を見ればとても十分とは言えない」と、適切な評価を要望した。

医療DX整備やICT関係など新設

診療報酬改定の短冊では、「医療DX推進体制整備加算（歯科初診料・地域歯科診療支援病院歯科初診料）」や「在宅医療DX情報活用加算（歯科訪問診療料）」、情報通信機器を用いた場合の初診料・再診料、「歯科遠隔連携診療料」など新設される項目も目立つ。

医療DX推進体制整備加算は、施設基準で「電子資格確認を行う体制を有していること」「電子資格確認を利用して取得した診療情報を、診療を行う診察室、手術室又は処置室等において、閲覧又は活用できる体制を有していること」「マイナンバーカードの健康保険証利用について、実績を一定程度有していること」などが設けられる。

「初診料（情報通信機器を用いた場合）」等は、情報通信機器を用いた歯科診療を行うことが必要と認められる者に対して診療した場合に算定するもの。

「歯科遠隔連携診療料」は、口腔がんの術後の経過観察等の専門的な医療を必要とする者や、口腔軟組織の疾患や薬剤関連顎骨壊死の経過観察等の専門的な医療を必要とする者が対象で、専門的な歯科医師が遠隔地から、患者の近隣の歯科医師と連携して診療した場合に評価する。

◇◆◇

訪問歯科衛生指導の推進では、終末期の患者に対して算定回数制限を見直すこと、同指導が困難な場合、複数の歯科衛生士が訪問する場合の評価の新設などが行われる。

◆◇◆

糖尿病患者に歯周病安定期治療を行う場合の評価の新設、歯科衛生士が口腔機能についての実地指導を行う場合の評価の新設、学校歯科健診で不正咬合の疑いがあると診断された場合に歯科矯正治療の保険適用の可否を判断するために必要な検査・診断等を行う評価の新設なども行われる。

「衛生士の実地指導」評価や「か強診」要件の見直し要望

中医協公聴会で歯科医の森本氏

次期診療報酬改定の審議に国民の声を反映させるための中医協公聴会（第580回総会）が19日に開かれた。健康保険組合や病院、診療所、患者、行政、薬局などそれぞれの立場で選出された10人が意見を発表し、歯科医師の森本進氏＝写真＝は「かかりつけ歯科医機能強化型歯科診療所（か強診）の要件」「院内感染防止対策の施設基準の要件と評価」「歯科衛生士の実地指導の評価」「歯科の基本的技術料の評価」の見直しを求めた。

森本氏は、健康寿命の延伸のために歯科医療の果たす役割は大きいとして、歯周病などの重症化予防、口腔機能の維持・向上、生活の質を高める歯科医療をかかりつけ歯科医が地域で切れ目なく提供する重要性を強調。「今回の同時改定では、リハビリテーション、栄養管理、口腔管理の一体的な取り組みが推進されるように要望する」と訴えた。

さらに「平成24年から診療報酬で評価されている周術期等口腔機能管理は重要性が一定程度理解されるようになってきたが、回復期医療や慢性期医療を担う病院での口腔管理はまだまだ不十分」と指摘。「これらの取り組みが進むように、かかりつけ歯科医を含めた医療・多職種・地域連携がより強化される体制整備が必要だと考える」と述べた。

その上で、現場の声として4点について意見を発言した。

◇◆◇

か強診では、「施設基準を届け出ている診療所は全体の2割にも届いていない」と言及し、理由で多いのが「過去1年間の歯科訪問診療の実績」「依頼に関する項目」と説明。「施設基準では複数名の歯科医師または歯科衛生士1人以上の配置が要件とされているが、歯科診療所は小規模なところが多く、人的要件を満たせない診療所では対応できず、外来を閉じて診療所をたびたび離れることは困難」とし、「施設基準は現状に沿ったものであるべきと考えるので、訪問診療に対応できる体制や連携体制を整えていることに留め、算定実績による縛りを見直し、取り組みやすくなるよう検討をお願いする」と話した。

◆◇◆

院内感染防止対策では、コロナ禍でも大きな感染事例が報告されていない背景として、従来から肝炎やHIVなどの感染症を念頭に標準予防策を行っていることがあると説明。「前改定で初再診の評価が見直されたが、コロナ禍以降は従来の標準予防策をさらに強化して費用は増加し、物価高騰も相まって全く足りないと感じている」とし、施設基準要件も含めて評価の見直しを要望した。

◇◆◇

歯科衛生士の実地指導の評価では、「現状ではプラークの付着状況の指摘、患者さんのブラッシング観察などを15分以上行い、指導内容を文書提供した場合に算定できるが、実際には口腔機能の評価や指導、生活習慣への助言、義歯の清掃等の説明など多岐にわたり、15分以上はかかっている」と強調。「加えて指導後の文書や業務記録の作成にもかなりの時間を費やしているが、約30年にわたり評価が見直されておらず、極めて低い」と評価の見直し、実施時間や文書提供の要件撤廃などの検討を求めた。

◆◇◆

歯科の基本的技術料では、低い評価のまま据え置かれているものや、実際に行っても点数としての評価がない項目もあると指摘。麻酔の技術料や薬剤料が処置等に含まれていることを例に挙げ、「発行する明細書には麻酔を行ったことは記載されない。しかも医療機関がオンライン資格確認システムの診療情報で確認できないほか、患者さんがマイナポータルで確認することもできず、信頼関係にも問題が生じるのではないかと懸念している」と改善を求めた。

歯科情報学

俳句への誘い（いざない）

松尾 通

10年位前から俳句を始めた。師匠は現代俳句の巨匠鈴木明（1935～2021）である。定形、花鳥風月を詠む伝統俳句が主流の俳句界で、闊達自在を旨とする現代俳句は自由性があり、自分の思いに合致することから門を叩いた。鈴木明は俳人楠本憲吉の弟子で、平成11年第53回の現代俳句協会賞を受賞している。

師の5句を紹介する。

・しぐれて二人月面にいるようじゃないか
・天涯の至純至白の滝の壺
・原爆忌少女のようなお婆さん
・卑弥呼失踪きりきり朝かぜ麻の葉
・夜霧よ楡よわが白想の朋垣よ

2句目の至白、5句目の白想という言葉だが、「白」という漢字のルーツに触れ、軽やかな白、純粋無垢な白を大切にされている。先生からは「歯の白」についても、とても大切という言葉をたびたびいただいた。

◇

紙一枚、筆記用具1本あればできる俳句は、簡単に誰もが始められる趣味として根強い人気がある。鈴木先生の俳句に対する助言がある。

①物事をよく見て発想する。
②言葉の選択が大切である。まず自分で言葉を選び、さらに推敲をする。
③独りよがりの言葉は使わない。難解な言葉を使い過ぎない。
④俳句は短いが、ポエム＝「詩」であることを忘れない。
⑤季語を大切にする。
⑥5・7・5＝17文字が基本だが、字余りは構わない。7・7・5や5・8・5などもある。ただし下句は5で止めるのが納まりがよい。
⑦季節の移ろい、暮らしの習慣や諸事に対する目を養う。
⑧スケッチ、絵画、彫刻、音楽、小説などから連想し、短い言葉のなかに凝縮させる訓練をする、などである。

◇

歯科医で俳句をする人は少なくない。有名な俳人もいる。代表的な俳人は西東三鬼（1900～62）である。岡山県出身。日本歯科医専卒業、伝統的な俳句の世界から離れた新興俳句運動の中心人物として活躍した。

・水枕ガバリと寒い海がある
・おそるべき君等の乳房夏来る
・緑蔭に三人の老婆わらへりき
・算術の少年しのび泣けり夏
・中年や遠くみのれる夜の桃

いずれも俳壇の歴史に残る優れた俳句である。鈴木先生も三鬼のことを高く評価していて自分の句作にも影響を与えていると述べていた。

◇

終わりに自句5句を挙げる。

・冬ざれて暗闇坂にカフカあり
・寂聴逝く圭角の恋帰り花
・匿顔のかたちを探るマスク越し
・秋祭り五寸釘のやうな男居て
・勝ち負けは無用の日々よ芋を焼く

日常の診療の合間に俳句を作ってみませんか。

（東京都開業）

2024.1.30

歯科国試にチャレンジ

377　2023年（第116回）より

食生活指針で正しいのはどれか。2つ選べ。

a　食事を楽しむことが含まれる。
b　適正体重の維持が示されている。
c　専門家向けのガイドラインである。
d　地域保健法で策定が規定されている。
e　年齢区分別に栄養素の指標が設定されている。

116-A026

答えは本紙のどこかに！

ピックアップニュース

■フレイル予防弁当、スーパーと開発　高齢化進む茨城・常陸太田市（毎日新聞/1月25日）
■見取り図・盛山晋太郎「両奥歯がない」　進行形でインプラント治療中「芸能人は歯が命」（ORICON NEWS/1月25日）
■医療機関半数以上で不具合、大分　マイナ保険証、調査結果を公表（KYODO/1月25日）
■【能登半島地震】続く断水　できない歯磨き　医師が心配"危険"な「肺炎」（テレビ金沢/1月25日）
■補助金3億円超を詐取か　コロナ無料検査事業で検査数水増しの疑い　歯科医師ら再逮捕（mBS NEWS/1月26日）
■歯はみがいてはいけない!?　「いい歯医者・悪い歯医者」の見分け方（現代ビジネス/1月27日）
■糖尿病患者さんは『歯科検診』が必要！　「糖尿病と歯周病の関係」や注意点を歯科医師が解説（Medical DOC/1月28日）
■歯科医師の"長生き朝食"を拝見！身体とメンタルを整え、骨の健康を考えた「こだわり食材」（週刊女性PRIME/1月28日）

JDAT石川 被災地での活動

1面関連
石川県歯提供

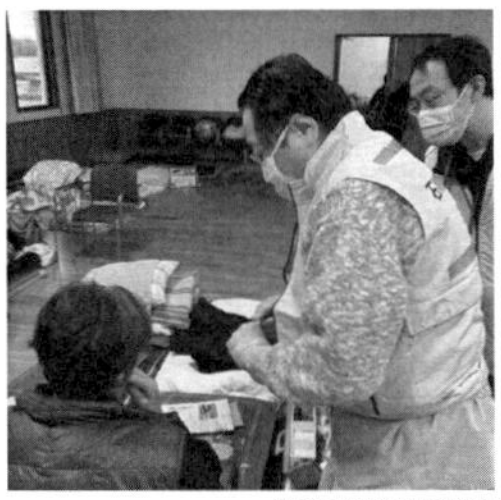
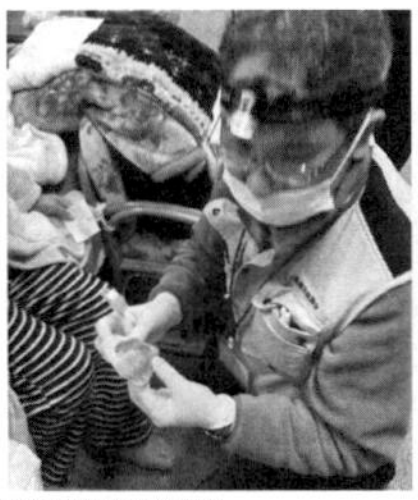

施設では義歯調整など簡単な治療にも対応

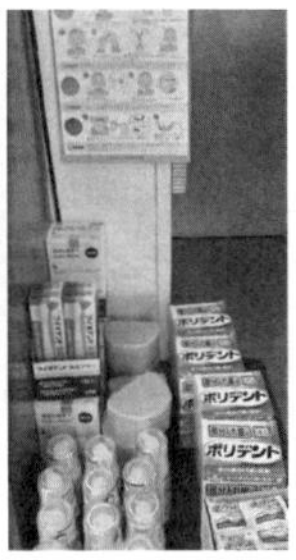

義歯洗浄剤や義歯ケースの需要が高かったという

信頼のためにも行政等との事前打ち合わせが重要という

日本歯科医師会の蓮池芳浩副会長によると、マンホールは3時間前に通った時には突出していなかったとのことで、「被災地ではマンホールの上に車を停めないように」と注意を呼び掛けた

自衛隊の炊き出しの様子

歯石除去費用

米国3万1200円

日歯が海外と歯科医療費を比較

アメリカの歯石除去費用は3万1200円、抜歯費用は4万8500円で、日本の歯石除去費用は1480円、抜歯費用は2700円と極めて低い状況にあることが分かった。25日の日本歯科医師会の定例会見で末瀬一彦常務理事が報告した。

歯科医療費の比較　（単位：円）

	日本	アメリカ	イギリス	ドイツ	フランス	韓国
歯石除去	1,480	31,200	4,800	12,700	4,700	4,500
抜歯	2,700	48,500	132,00	3,000	6,500	2,900
Cr充填	3,150	28,500	132,00	2,900～15,800	4,800～11,300	11,200
総義歯	35,700	286,600	57,300	189,600	178,600～357,200	224,000

全て2023年11月17日時点のレート。日本の治療は診療報酬点数表から換算

世界歯科連盟（FDI）2023の出席をきっかけに海外の歯科治療費について各国歯科医師会の協力を得て調査したもので、日本の歯科治療は保険診療における診療報酬点数表から換算している。アメリカの為替レートは149・33円（2023年11月17日時点）。

海外では公的医療保険は小児や高齢者、障害者、低所得者などを対象とするケースが多く、社会を担うとされる生産者世代（15～65歳未満）は、民間の医療保険に加入し、公的保険と民間保険の構造によって成立している。また、公的保険の加入も任意であり、治療費を個人が支払った後日、公的保険から払い戻すシステムを導入している国もあるという。しかし、日本と海外諸国では、国の財政状況や診療時間、一人当たりの日当など異なることから、単純に比較できないが、末瀬氏は同調査を踏まえて「日本の歯科医療費は、先進諸国と比較しても極めて低い状況を改めて認識できた」としている。

日本のように全ての国民に対して、ほぼ全ての疾病治療がきめ細やかに制定されている国はないとし、「例えば、保険診療に関して一番違うのが総義歯。日本は3万5700円だが、フランスは35万7000円と約10倍。あるいは代替の診療において5倍から10倍ぐらい違っている」と問題提起した。

今後は、各国から海外と日本の保険制度の仕組みについてのコメント、自費診療に関する表作成など情報更新を進めていく予定。

新年会

2期目のスタート報告

東歯大同窓会東京 中西会長

東京歯科大学同窓会東京地域支部連合会（中西國人会長）は20日、東京都千代田区のホテルメトロポリタンエドモントで令和6年度新年交歓会を開いた。

中西会長＝写真＝はあいさつで、能登半島地震の被災者にお見舞いの言葉を述べた上で、診療報酬改定について言及。「昨年の暮れには財務省がマイナス改定だといろいろなニュース等でアナウンスしていたが、何とかプラス0・88％という形に落ち着いた。これも日本歯科医師会や日本歯科医師連盟の先生の尽力あってのものと感謝している」と話した。

そして、昨年12月の総会で会長として2期目を務めることが決まったと報告。「会員の先生方の知恵と力を借りて運営していくことになると思う」と協力を願った。

◆◇◆

来賓では、東歯大の井出吉信理事長、一戸達也学長、東京都歯科医師会の北村晃副会長、東京都学校歯科医会の鈴木博会長、東京都歯科医師連盟の佐藤剛副会長、東歯大同窓会の冨山雅史会長がそれぞれあいさつ。

一戸学長は、昨年360人程度の志願者が300人程度に減ったと報告。「50人程度の募集なのでふるいにはかけられる倍率と思っている」とする一方で、入試成績が良くない学生の教育の重要性も話した。

交歓会では、5年度受章（賞）者の顕彰として、旭日双光章の小林俊春氏、瑞宝双光章の遠藤隆一氏、厚生労働大臣表彰の山本秀樹氏と渡邉裕三氏、東京都功労者表彰の岡野昌治氏の功績を称えた。

また、退任役員への記念品贈呈や新任役員の紹介なども行われた。

支援金を呼び掛け

東歯大同窓会 冨山会長

東京歯科大学同窓会の冨山雅史会長＝写真＝は、能登半島地震に伴い支援金口座を19日に開設したとして、東京地域支部連合会の新年交歓会で協力を呼び掛けた。

冨山会長は、2日から支部長に連絡して石川県、福井県、富山県、新潟県の状況を調べたと報告。「（同窓会会員の）人的被害はなかったが、石川の穴水町と輪島市の先生の自宅が住めない状態で、特に輪島市の先生は火災が家の目の前で止まり、家は残ったが、住めない状態になっている」と被害状況について話した。

そして、金沢市に移動している会員がいる一方で、輪島市の会員は避難所に寝泊まりしながら口腔健康管理をして回っていると説明した。

その上で、「日本に住んでいる以上は、いつこのような天災に遭うか分からない。東京もいずれ直下型地震が来る」と同窓会ができることをする必要性を述べ、「支援金の窓口を開いた。同窓会ホームページのトップ画面に口座が出ているので、協力をお願いしたい」と訴えた。

大阪府歯

洗口液など寄贈 JDATも派遣

能登半島地震に伴い大阪府歯科医師会（深田拓司会長）は被災地支援として、24日にコーナン商事やアース製薬から「洗口液モンダミン」1080ミリリットル1200個、100ミリリットル4800個の提供を受け、石川県歯科医師会に寄贈した。大阪府歯が24日に地区代表者に送付した連絡によるもので、日本歯科医師会設置の義援金口座に第一弾として150万円を寄附していることも分かった。

大阪府歯は2日に役員と事務局間の「LINE連絡網」等を活用して機動的な対応を実施。9日に対策支援本部を立ち上げ、日歯等と連携した被災地支援に取り組んでいる。

13日にJDAT（日本災害歯科支援チーム）派遣要請依頼を受け、16日に府歯から3チーム、26日にさらに3チームの派遣登録を行い、日歯等の調整を経て30日から2月にかけて、それぞれ石川県七尾市などへの派遣が行われる。

近畿北陸地区歯科医師会の専務理事間でも「LINE連絡網」で被災地の現状等の情報を共有している。

さらに大阪府下での取り組みとしては、対策支援本部と理事会で「災害マニュアル」の精緻化会議を行うほか、災害時のリスクマネジメントの専門家による研修会の開催なども予定しているとのこと。

なお、これまでも被災地に飲料水や食料、可燃ごみとして焼却できる「炭酸カルシウム歯ブラシ」などを寄贈している。

岐阜県歯

4人チーム派遣

衛生士と事務職も

岐阜県歯科医師会（阿部義和会長）は21日から24日、歯科医師1人、歯科衛生士2人、事務職1人の4人体制のJDAT岐阜県チームを石川県珠洲市に派遣した。同県歯が23日にリリースしたもの。

県歯によると、珠洲市は2千棟以上の住宅被害があり、市内の全歯科医院が倒壊しているとの情報もあるという。JDAT岐阜県チームは、同市の避難所での歯科保健医療活動をし、誤嚥性肺炎の予防などに努める。

また、岐阜県歯では、石川県歯科医師会の要請を受け、歯科保健診療車「けんし8020」を貸与する予定で整備を終えて待機中。

岐阜県歯は関係団体と平成30年度に岐阜県災害歯科保健医療連絡協議会を設置している。

東京都葛飾区歯が先輩に感謝する会

東京都葛飾区歯科医師会（小笠原浩一会長）は20日、同区のテクノプラザかつしかで「先輩に感謝する会」を開催し、60歳、70歳、80歳の会員、昨年度受賞者などを祝った。

小笠原会長

あいさつした小笠原会長は、「昨年は（新型コロナウイルスの影響で）3年間開催できなかったファミリー歯みがき教室、区民講演会等を開催し、健康フェアにも参加することができた」との喜びを語った。また、昨年改定した区の災害医療救護計画に基づいての訓練には20人の会員が参加し、トリアージ、救護の訓練をしたと報告。会員協力の下での災害対策の必要性を訴えた。そして、会長就任時に約束した会務の軽減について、今年度から会費の直接請求を行い、来年度では常務理事制の見直しに伴う理事定数削減に着手する考えを示し、定款改正等での協力を求めた。

節目の年齢の会員を表彰した

会では表彰のほか、青木克德葛飾区長によるあいさつ、湯澤伸好東京都歯科医師会副会長、横川明弘東京都歯科医師連盟専務理事、高橋文夫東京都学校歯科医会副会長、平沢勝栄衆議院議員、平田みつよし都議会議員、伊藤よしのり区議会議長の来賓あいさつがあった。受賞者への記念品贈呈や新入会員紹介なども行われた。

なお、受賞者は次の通り。（敬称略）

▽80歳　八巻孝一、佐藤昭、古川功▽70歳　嶋田直季、加藤静悟、小嶋一明、石塚三寿、井上良成、金子節、小笠原浩一、比留間清武▽60歳　田中喜一、氏家久、渡辺雄治、杉森一健

介護報酬改定

歯科衛生士の居宅療養管理指導 算定対象を拡大か

社保審で答申

介護報酬改定案が22日の社会保障審議会介護給付費分科会で了承され、社保審が厚労大臣に答申した。リハビリテーション・機能訓練、口腔、栄養の一体的取り組みを推進するため「リハビリテーションマネジメント加算」に新たな区分が設けられるほか、歯科衛生士が行う居宅療養管理指導の算定対象が拡大される。24日に東京都文京区の日本医師会館で行われた日刊紙専門紙合同記者会見でも報告が行われた。

日医の会見の様子

◇◇◇

改定後にはリハビリテーションマネジメント加算（ハ）が新設される。同意日の属する月から6カ月以内なら793単位／月、6カ月超なら473単位／月。

算定要件は「口腔アセスメントおよび栄養アセスメントを行っていること」「リハビリテーション計画等の内容について、リハビリテーション・口腔・栄養の情報を関係職種の間で一体的に共有すること。その際、必要に応じてLIFE（科学的介護情報システム）に提出した情報を活用していること」など。

さらに通所リハビリテーションの事業所規模別基本報酬の見直しとして、現行3段階に分かれている事業所規模別の基本報酬を、「通常規模型」（369～1379単位）、「大規模型」（357～1300単位）の2段階に変更する。

要件は「リハビリテーションマネジメント加算の算定率が、利用者全体の80％を超えていること」「利用者に対するリハビリテーション専門職の配置が10：1以上であること」。

◇◇◇

また、居宅療養管理指導における管理栄養士および歯科衛生士等の通所サービス利用者に対する介入の充実として、居宅療養管理指導費の算定対象を現行の「通院または通所が困難な者」から「通院困難な者」に見直す。

さらに、訪問系サービスおよび短期入所系サービスにおける口腔管理に係る連携の強化として、事業所と歯科専門職の連携のもと、介護職員等による口腔衛生状態および口腔機能の評価の実施ならびに利用者の同意のもとの歯科医療機関および介護支援専門員への情報提供を評価する新たな加算「口腔連携強化加算」を設ける。50単位／回で概要と算定要件は「事業所の従業員が、口腔の健康状態の評価を実施した場合において、利用者の同意を得て、歯科医療機関および介護支援専門員に対し、当該評価の結果を情報提供した場合に1月に1回に限り、所定単位数を加算する」「事業者は利用者の口腔の健康状態に係る評価を行うにあたって、診療報酬の歯科点数表区分番号C000に掲げる歯科訪問診療料の算定の実績がある歯科医療機関の歯科医師または歯科医師の指示を受けた歯科衛生士が、当該従業者からの相談等に対応する体制を確保し、その旨を文書等で取り決めていること」。

加えて、退所者の栄養管理に関する情報連携の促進として、介護保険施設の管理栄養士が介護保険施設の入所者等の栄養管理に関する情報について、他の介護保険施設や医療機関等に提供することを評価する新たな加算「退所時栄養情報連携加算」を設ける。70単位／回で対象者は「厚生労働大臣が定める特別食を必要とする入所者または低栄養状態にあると医師が診断した入所者」、主な算定要件は「管理栄養士が退所先の医療機関等に対して、当該者の栄養管理に関する情報を提供した場合に、1月につき1回を限度として所定単位数を算定する」。

施行時期は「訪問看護」「訪問リハビリテーション」「居宅療養管理指導」「通所リハビリテーション」が6月1日から、上記以外のサービスは4月1日から。

HGPI

気候変動を防ぐ医療の施策紹介

気候変動が新たな国際保健のリスクとして浮上してきた。昨年12月、国連気候変動枠組み条約の締結国会議（COP28）で健康の日（12月3日）を制定するとともに、143カ国による「COP28気候・健康宣言」を採択。各国でヘルスケア分野での気候変動対策が勧められている。

日本医療政策機構（＝HGPI、黒川清代表）は1月19日、オンラインで「国家保健システムにおける気候変動の緩和・適応と公衆衛生の統合戦略」をテーマとするセミナーを開催。イギリス、フランスでの先行事例について、両国の当局者からレクチャーを受けた。

サラ・オレイン氏（イギリス・NHSイングランド）は、イギリスの国営医療（NHS）が段階的に進めている温室効果ガス削減の取り組みを中心に紹介。

医療関連事業から排出される温室効果ガスのうち、医療機関の建物のエネルギー効率改善や、医薬品や医療機器のサプライチェーンの見直しの他、麻酔や呼吸器疾患治療での薬剤適正使用など、治療手技の最適化にも言及した。

◇◇◇

エレーヌ・ジルドー氏（フランス・保健省）は、フランス政府を挙げて推進している気候変動対策ロードマップの概要と、政策意図について解説。ヘルスケア部門から排出される温室効果ガスは8％で、水資源も患者1人当たり1千～1200㍑を必要とするなど、医療由来の環境負荷を軽減することの意義を示唆した。

フランスでは、省庁をまたいだタスクフォースによって気候変動に対応するとともに、各企業が行う自主的な取り組みを推進すべく、それぞれの事業におけるカーボンフットプリント※をサポート。これにより、分かりやすい目標設定や達成度評価を可能にした。現在、単回使用医療機器の再処理・再使用について、ルール作りを進めている。

両国とも、医療現場や関連産業での温室効果ガス削減の取り組みへのインセンティブを設けており、プラスチック製廃棄物の削減、処方薬の整理、医療記録のデジタル化などに対してボーナスや補助金を設定しているという。

◇◇◇

歯科領域では、世界歯科連盟（FDI）がコンセンサスステートメント（2022年3月）で、30年までの環境へのアプローチを発表している。FDIのレポートは、歯科領域での削減可能な温室効果ガスの3分の2は輸送・移動のための自動車から排出されていると指摘。歯科疾患の予防による通院回数の減少、デジタル化による技工関連の輸送量低下が温暖化対策にもつながると考えられている。

※カーボンフットプリント　原材料調達から廃棄・リサイクルに至るまでのライフサイクル全体で排出される温室効果ガスの排出量をCO_2に換算して表示する仕組み

日技

歯科技工士の賃金 モデルケース公表

『日本歯技』1月号

日本歯科技工士会（森野隆会長）は、歯科技工士の給与を決める際の賃金モデルとなる令和5年度の「歯科技工士基準賃金表」を会報誌『日本歯技』1月号で公表した。人事院規則や厚労省による調査を基に歯科技工士労務対策委員会が検討、作成した。同表は、歯科技工士養成機関卒業後、歯科技工士国家試験に合格して就職し、その後同一の事務所に勤務すると想定される人の賃金推移を把握するもの。賃金モデルは「職務別モデルケース」と「年齢・経験別モデルケース」の二つ。

「職務別」は、業務に着目した職務給で、職務等級を1級～5級に分けて、基本的に2級以上は役職者としている。号俸は1から0・5刻みで21まで。初任給は2年制卒1級3・5号俸で19万8700円、3年制卒1級5号俸で20万9500円、4年制卒2級1号俸で21万8800円、毎年それぞれが1号俸ずつ昇給する仕組みとなる。

「年齢・経験別」は、年齢、経験（勤続）年数の増加に伴う業務上の習熟により、役職に昇進することを考慮に入れた賃金モデル。20～25歳は1級、26～33歳は2級、34～44歳は3級、45～55歳は4級、56～60歳は5級の等級としており、俸給月額は2年制、3年制、4年制卒と経験年数で決めている。職務別モデルケースを基本とし、昇給までの年数は人事院規則を参考にしているとのこと。

なお、同表は所定内（基準内）賃金として毎月決まって支給される賃金のうちの基本給であり、賞与（ボーナス）や諸手当、時間外の残業手当や所定外賃金は含まれていない。

◆◇◆

厚労省の令和4年賃金構造基本統計調査（労働者の賃金実態の統計調査）では、「第2表」の年齢階級別賃金は20～24歳が21万8500円。国家公務員の給与を定めている令和5年人事院勧告による歯科技工士の初任給は短大2卒が1級11号俸で18万2700円、短大3卒が1級17号俸で19万3500円、規定されていないが大学卒は2級1号俸で20万2800円となっている。

年齢・経験別モデルケース

年齢	2年制卒		3年制卒		4年制卒	
	経験	俸給月額	経験	俸給月額	経験	俸給月額
20	0年	198,700円				
21	1年	205,800円	0年	209,500円		
22	2年	212,200円	1年	214,800円	0年	218,800円
23	3年	217,700円	2年	220,600円	1年	224,800円
24	4年	222,700円	3年	227,200円	2年	229,800円
25	5年	227,200円	4年	232,800円	3年	235,700円
26	6年	235,700円	5年	238,700円	4年	241,500円
27	7年	241,500円	6年	244,200円	5年	246,600円
28	8年	246,600円	7年	248,800円	6年	251,000円
29	9年	251,000円	8年	253,400円	7年	255,500円
30	10年	255,500円	9年	258,200円	8年	274,800円
31	11年	260,400円	10年	262,600円	9年	279,400円
32	12年	265,000円	11年	279,400円	10年	283,800円
33	13年	269,000円	12年	283,800円	11年	287,000円
34	14年	285,200円	13年	287,000円	12年	291,300円
35	15年	289,000円	14年	291,300円	13年	297,500円
36	16年	294,400円	15年	297,500円	14年	303,900円
37	17年	300,700円	16年	303,900円	15年	309,800円
38	18年	306,900円	17年	309,800円	16年	315,800円
39	19年	312,800円	18年	315,800円	17年	321,900円
40	20年	319,000円	19年	321,900円	18年	328,100円
41	21年	325,000円	20年	328,100円	19年	346,400円
42	22年	331,300円	21年	333,700円	20年	354,000円
43	23年	336,600円	22年	350,300円	21年	361,800円
44	24年	342,100円	23年	358,000円	22年	369,400円
45	25年	358,000円	24年	365,900円	23年	377,100円
46	26年	365,900円	25年	373,300円	24年	384,700円
47	27年	373,300円	26年	381,100円	25年	392,100円
48	28年	381,100円	27年	388,700円	26年	399,100円
49	29年	388,700円	28年	395,700円	27年	404,900円
50	30年	395,700円	29年	402,100円	28年	409,700円
51	31年	402,100円	30年	407,500円	29年	413,800円
52	32年	407,500円	31年	411,900円	30年	454,600円
53	33年	411,900円	32年	415,400円	31年	464,700円
54	34年	415,400円	33年	454,600円	32年	474,600円
55	35年	417,700円	34年	464,700円	33年	484,500円
56	36年	459,700円	35年	474,600円	34年	489,800円
57	37年	469,700円	36年	484,500円	35年	494,900円
58	38年	479,600円	37年	489,800円	36年	500,300円
59	39年	487,300円	38年	494,400円	37年	505,800円
60	40年	492,400円	39年	500,300円	38年	510,200円

PEEK製作ポイントを解説

日技が動画で

日本歯科技工士会は19日から、「PEEK」に関する製作のポイントを期間限定でオンデマンド配信している。配信期間は2月末まで。

2023年12月から新たに保険収載されたCAD／CAM冠用材料（V）「PEEK」に関する製作のポイントをYouTubeにて配信している。動画では、日本歯科技工士会専務理事の松井哲也氏が「診療報酬の算定方法の一部改正に伴う実施上の留意事項について」、ケイエスデンタル代表の菅原克彦氏が「PEEKによるクラウンの製作のポイント」をテーマにPEEKの特性や加工・研磨作業、接着作業など臨床を行うにあたっての留意点を解説している。

コロンビア

健康改善目的にジャンクフード税

コロンビア議会は昨年11月、非感染性疾患（NCDs）の予防を含む口腔、全身の健康改善を目的として、新たにジャンクフード（超加工食品）に課税する規制法を可決した。ジャンクフードへの課税は世界的にも先進的な取り組み。この法案成立には、コロンビア歯科医師会（FOC）らも働き掛けを行ったとされる。

世界歯科連盟（FDI）は1月19日、コロンビアにおけるジャンクフード規制の背景と、国際的な口腔保健に与える影響についてインタビュー記事を配信。これによると、2016年から食品加工業界も巻き込んだ議論の末にまとめ上げた規制で、住民の自己決定を保証しつつ健康な食事を通じてNCDsを減らすため、消費者が加工食品の包装から高含有量の塩分、糖分、脂肪分などを簡単に識別できる表示システムを採用したことなどを紹介している。

FOCは、この法律を通じ、健康的な栄養摂取によりNCDsの減少や身体活動の増進を目指すとともに、さまざまなセクターを通じて口腔ケアの重要性も訴えていきたいという。

ユニーク動画で情報発信

お口プラス 理事長 稲葉 将太氏

My Way

お口プラス理事長の稲葉将太氏は動画投稿アプリ「TIKTOK」、YouTubeなどのSNSで総フォロワー数60万人を超えているインフルエンサーで、日々患者と向き合いながら、歯科についてのユニークな動画を発信している。同氏は高校卒業後にエンタメ業界に従事。歯科医師となってからは「ホストすぎる歯医者」としてテレビ出演なども果たした。歯科界の課題を情報発信と捉え、エンタメ活動で得た「見てもらうこと」を意識しているという同氏に、動画作りのこだわり、「バズる」ために必要なことを聞いた。

——TIKTOKで動画投稿を始めたのはなぜでしょうか。

稲葉　元々、TIKTOKのようなショート動画に注目していて、難しい歯科の情報を分かりやすく伝えられる可能性を感じ、動画投稿を始めました。スマートフォンの画面に合わせた縦型動画というのは本当に情報量が多いです。歯科医院のHPなどの治療のビフォーアフター画像に対して、ショート動画では治療の一部始終を早回しで発信することができ、短い時間の中にたくさんの情報を詰められます。

——動画作りで意識していることはありますか。

稲葉　まず、歯科関係者ではない一般の人に興味を持ってもらうことにフォーカスを当てています。SNSや動画サイトなど、さまざまな情報発信の手段が登場していく中で、ユーザーが求めることは変わっていき、現在は「興味のない人に、いかに情報を届けるか」という段階に来ています。一般の人たちが興味を持つことは限られていて、残念ながら歯科は現状、その中に入っていません。さまざまな専門的な知見や技術が生まれていますが、一般の人の興味という点では、むしろ専門的がゆえに避けられてしまう傾向にあります。ここをつなげてあげる必要があるわけです。

例えば昨年の12月に、保険収載されたPEEK材についての動画をTIKTOKに上げたところ、500万回再生(取材当時)されました。この動画は歩きながら画面越しに視聴者に語り掛けるようにして、たまには笑いも交えながら、要所要所で歯科の技術や情報について言及する作りにしています。こうすることで、視聴者は楽しみながら歯科のことを学ぶことが出来ます。これがもし、診療所で私が真面目にPEEK材について語る動画だったら誰も見なかったでしょう。

もう一つ、絶対意識しているのは動画内で「決して答えを出さない」ことです。こうすることにより、視聴者同士で「議論」が生まれます。PEEK材の動画で言えば、「セラミックとどう違うの?」「割れたりするって聞くけどどうなの?」というようなコメントが一般の人から寄せられて、それに対して歯科の関係者が教えてあげる流れが生まれました。議論が盛り上がると、自然と再生数は伸びていきます。

——歯科衛生士も動画を投稿していますが、何かルールなど決めているのでしょうか。

稲葉　現在、歯科衛生士「なすちゃん」が約17万人、その他10万人を超えるフォロワーをもつスタッフも在籍していますが、動画投稿に関して特にルールは設けておらず、それぞれの自主性に任せています。

——自主性に任せて上手くいくものでしょうか。

稲葉　動画投稿に関して、こまめなミーティングを行っています。SNSのトレンドは本当に流動的です。ファッションを例にすると、昔はパリコレなどで披露されたものが、雑誌などに掲載されてそこから流行が生まれるという形で、発信から流行までタイムラグがありました。しかし、ライブ配信などが当たり前になった現在ではトレンドは一瞬で形成されます。今流行っているものが一カ月後にはまったく別のものになっていることもあります。それを追うためにミーティングは不可欠です。

——ミーティングは具体的にどんなことをしているのですか。

稲葉　当院では診療とは無関係の動画投稿のアドバイスを行う専門のチームがいて、週1回、スタッフの投稿した動画についてのフィードバックを行っています。スタッフも課題や改善点が見つかるので動画配信のモチベーションが上がります。そうやってトライアンドエラーを重ねていくと、5回に1回くらいは動画をバズらせることが可能です。

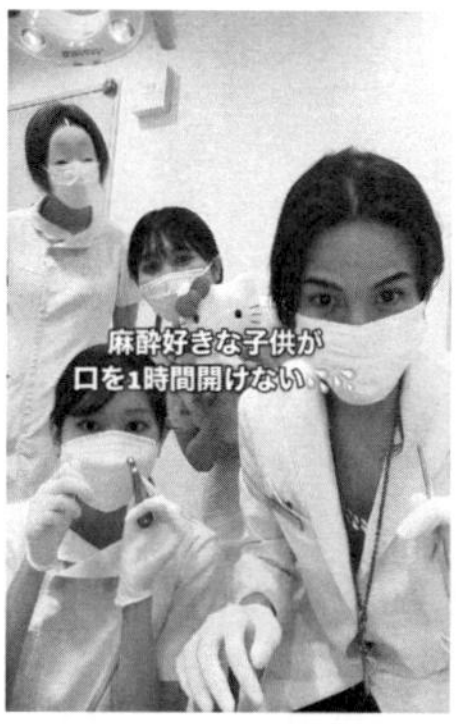
麻酔好きな子供が
口を1時間開けない、、
動画サムネイルにもインパクトがある

また人事評価について、情報の拡散力や、それにより社会貢献ができたかなど、動画投稿に関する比重を大きくしています。「バズ手当」も用意していて、スタッフは何を当院で頑張ればいいのかを明確にしています。

さらに大きな戦略として、動画投稿をするスタッフのアカウント名を、スマートフォンで使える野菜の絵文字で統一しています。統一性を持たせることで、スタッフそれぞれのブランディングに加えて「ハコ推し」というものが生まれます。分かりやすい例でいうと、AKB48や、乃木坂46などを思い浮かべていただけると良いと思います。アイドル単体ではなく、アイドルそれぞれの個性を生かした一つのグループとして考えることで、ファンが個人に加えて全体を応援してくれるようになります。お口プラスはそれと同様の効果を狙っています。動画の視聴者の名前に野菜の絵文字が入っていると、どのスタッフを応援しているかが分かって、今そういう人がどんどん増えていて面白いですね。

まず、興味を持ってもらう

ピーク素材とは
500万回以上再生(取材当時)されたPEEK材保険収載の紹介動画。台本作成、動画編集は全て自身で行っているという

またアカウントに関連して、それぞれのアカウントはスタッフ個人の専用アカウントにしています。動画投稿をしている医院では、その医院のアカウントとして投稿している所が多いと思います。その場合、せっかくスタッフが頑張って投稿しても、クリニックを退職すれば、本人にとっては無駄になってしまいます。個人でアカウントを作れば、当院のスタッフが退職した後でも獲得したフォロワーはそのスタッフを応援し続けてくれます。だから当院では、フォロワーのことを「人生応援隊」と呼んでいて、それもスタッフの動画投稿のモチベーションにつながっていると思います。「なすちゃん」も元々TIKTOKはゼロから始めてフォロワーを増やしたので、これらのことは動画投稿をするにあたって重要なことだと考えています。

——患者はどういった方が多いのでしょうか。

稲葉　小児から高齢者まで幅広い方に来てもらっています。全患者数は3千人くらいで、新患は毎月150~200人くらいです。やはり動画を見てきてくださる方は多くて、歯科医師の増員と、オリジナル治療で使っていたマッサージチェアをユニットに換装して診療を行っています。集患について、2021年にお口プラスを開設してから、駅看板やネット広告などは一切行っていないので、広告費はゼロです。動画投稿の影響力を実感しています。

また同時に感じたのは、患者さんはどこの歯科医院に行ったらいいか分からない、ということです。最近の歯科医院のホームページはすごく似通っていないでしょうか。例えば「綺麗な内装」「痛くない治療」「感染対策を徹底」などです。要するに、お金を払って業者に頼めば誰でも良いホームページが用意できてしまうということで、これにより患者さんはどの医院に行けばいいか分からなくなっているわけです。すると患者さんは「楽しそう」「見たことある」歯医者に診てもらいたいと考えます。私の患者さんでも北海道から毎週わざわざ来てくれる方がいますし、四国や沖縄から来てくれた方もいます。もちろん地元にもたくさん歯科はあるはずですが、それでも飛行機に乗って当院に来てくれるというのは、それだけ患者さんがクリニック選びに難儀していることの表れでしょう。

ほかにも、動画投稿を行った効果として感じているのが、心理学でいう単純接触効果です。普通、初診のクリニックでは院長とも初対面で、患者さんは緊張するものです。それに比べ、当院を訪れる患者さんは、毎日動画で私の顔を見ているので、初診から距離が近いです。通常のクリニックでいうと1年くらい通ったくらいの信頼関係が、初診の時点で構築できている状態になります。これも動画投稿をしていて面白いと感じる部分の一つですね。

——今後の目標などあれば教えてください。

稲葉　現在、お口プラスは東京と愛知に分院があって、これを5年以内に47都道府県に広げたいと考えています。歯科医院の中で、技術はあっても情報発信が上手くできずにいる医院は多いと思います。それらの医院の情報発信について当院がサポートをしていく形を考えています。すでに取り組み自体は始めていて、全国の医院から問い合わせをもらっている状況です。

昨年、「オンラ院」というものを始めました。これは全国の患者さんからオンラインで相談などを受け取る仕組みで、当院をセカンドオピニオンとして使ってもらうことを想定しています。ありがたいことに、遠方から当院に来てくださっている患者さんもいますが、やはり負担は大きいと思います。このサービスを利用して、当院にオンラインで相談してくれれば良いですし、各都道府県にお口プラスの分院を開設することで、全国の患者さんがお口プラスに来院できるようになればと考えています。

情報発信は歯科業界全体の問題です。集患のためはもちろんですが、高名な先生方の素晴らしい技術が一般の人に伝わっていない現状は本当にもったいないと考えています。それに加え、歯医者は怖い場所というイメージはこれから10年、20年経っても変わらないでしょう。だからこそ、私が歯科界の代弁者として、さまざまな技術、そして歯科医院は楽しい場所というイメージを全国、そして世界に向けて発信していきます。私が変えなければ、もう変わらない。それくらいの気持ちで取り組んでいます。私の動画を見た人が、たとえ私を好きになってくれなくても、動画をきっかけに近所の歯科医院に行ってくれればそれだけでうれしいです。多くの人が歯科に興味を持ってくれることを願っています。

骨再生・回復に寄与

マクロライド系抗菌薬

マクロライド系抗菌薬と同薬（エリスロマイシン）から合成した非抗菌性誘導体が、骨の再生・回復に働くことが分かった。新潟大学大学院医歯学総合研究科高度口腔機能教育研究センター・研究統括機構の前川知樹研究教授、前田健康教授、同研究科微生物感染症学分野の寺尾豊教授、同研究科歯周診断・再建学分野の多部田康一教授、北里大学大村智記念研究所の砂塚敏明教授、廣瀬友靖教授らの研究グループと、米国ペンシルベニア大学、ドイツドレスデン工科大学との国際共同研究によるもの。歯周病や骨粗鬆症など、加齢とともに骨が減弱する疾患に対する有効な薬剤の開発に寄与するという。

◆◇◆

前川教授は、これまでDEL―1という物質が骨の破壊に対して、防御的な役割を担っていることを報告している。DEL―1は加齢や、炎症により減少することを確認しており、それに対してマクロライド系抗菌薬が減少したDEL―1を再誘導することも報告していた。

同研究では、骨再生が観察できるマウスの歯周炎モデルを使用。10日間、歯の周りに糸を巻き、糸を除去した後に5日間観察した。若齢マウス（2カ月）では骨再生が認められたものの、老齢マウス（12カ月）ではほとんど骨再生が認められなかった。そこで老齢マウスの歯茎にDEL―1を直接投与したところ、若齢マウスと同様の骨再生が認められ、DEL―1が老齢マウスの骨再生に重要な役割を果たすことが示唆された。

続いてマクロライド系抗菌薬を老齢マウス（18カ月）に投与したところ、DEL―1の誘導が観察された。さらに、抗菌作用を除去し、DEL―1誘導効果を高めたマクロライド系抗菌薬の誘導体を使用したところ、老齢マウスにおいて、マクロライド系抗菌薬より数倍強力にDEL―1を回復させることを確認。歯槽骨の再生が促進されることが示された。また、歯根膜由来培養細胞においても、通常のマクロライド抗菌薬の100分の1の濃度で骨様組織を誘導することを確認した。

同結果は老齢マウスのほか、老齢サルの骨においても同様の結果が得られることから、ヒトへの薬剤展開が期待されるとのこと。

同研究成果は科学誌『iScience』（1月16日付）に掲載された。

神歯大と麻布大

連携協定を締結

「動物×歯学」など

櫻井学長（右）と川上学長

神奈川歯科大学（櫻井孝学長）は麻布大学（川上泰学長）と包括連携協定を締結し、締結式を1月19日に相模原市の麻布大学で行った。獣医学部を有し、動物学研究に強みをもつ麻布大学と連携することで、「ヒト×動物×歯学」をキーワードとした新たな学問や研究を推進するという。また同協定は、将来的に「動物歯学」という職種の創設を見据えているとのこと。

連携協力の内容は「連携に関する事項」「研究に関する事項」「産学連携に関する事項」「地域社会への貢献に関する事項」「施設・設備の相互利用に関する事項」「その他、本協定の目的を達するために相互が必要と認める事項」。

歯科とカレー ㊦

真下 貴之（群馬県開業）

着色に影響するが歯周病予防の可能性

■「カレーの想い出話」

私がカレー好きになるきっかけとなったのは、東京の神保町にある「ボンディ」という欧風カレーの店だ。学生時代、初めて店を訪れた時、隠れ家的な立地、純喫茶のような大人な雰囲気、価格の高さに驚いた。それまで食べたことのなかった美味さに衝撃を受けたのを鮮明に覚えている。家で食べる家庭料理だと思っていたカレーにこんな世界があるというのを教えてくれた思い出深い店だ。高級であるため、頻繁に通えなかったことも当時憧れを増幅させた。

昨年9月より私の2作目となる歯科矯正中でも着色しないオリジナルレトルトカレー「欧風ビーフカレー」の販売を開始したわけだが、欧風ビーフにした理由は、そんな思い出の店「ボンディ」への憧れが深く関係しているのだ。

■「ターメリックの可能性」

ターメリックとはウコンのことで、ウコンといえばお酒を飲む前に飲むドリンクとして有名だ。薬効は肝機能向上が代表的だが、近年は抗菌作用に注目されている。

数年前、ターメリックの主成分である「クルクミン」の抗菌作用が歯周病原菌の機能を抑制するという論文が発表され、クルクミンを使用した歯磨き粉も販売されているほどだ。

ターメリックといえばカレーを代表するスパイスなので、この事実はある意味、カレーが歯周病予防になるという可能性を示唆していた。実際はまだ学術的にそこまで言い切れるほどのエビデンスではないのだが、今後そういう話になっていくことを個人的には期待している。

そんなターメリックは他に着色に影響するという側面もある。矯正治療中に矯正用ゴムが黄色く染まってしまう原因もこのスパイスであるため、自分はターメリックを使用しないレトルトカレーの販売をしている。

歯医者目線からすると「歯周病予防の可能性」という利点と「着色に影響がある」という欠点をもつターメリック。着色しないターメリックの品種改良が進んでくれることを密かに願っている。

思い出の欧風カレーへの憧れが2作目の創作につながった

■「総義歯のおじいちゃんとカレー」

当院の受付前には私のオリジナルのスパイスカレーのレシピが置いてある。時々、患者さんからレシピへの質問があったり、カレー話で盛り上がることがある。

ある日、私が上下総義歯を入れた80代の男性の患者さんから「先生、レシピを元にカレーを作ったよ。ビーフは硬いからチキンで作ったけどすごく美味しかったよ」と話してくれたのだ。話を聞くとどうやらカレーが大好きで、普段からよくカレーを作っているそうだ。

私はこの時、「そうだ！歯が悪い方でもカレーは煮込めば柔らかくできるし、そういう方面にもニーズがある食べ物なんだ！」と新たなヒントを得て、高揚したのを覚えている。

オリジナルレトルトカレーを手にする真下氏。受付前にはスパイスカレーのオリジナルレシピが置かれている。「親知らずの抜歯とスパイスカレー作りは似ている」と同氏は語る。埋伏した親知らずを抜歯する際、重要なのは最初の切開剥離。剥離が甘いと後々、視野が悪くなり、パフォーマンスの低下につながるため、初手が非常に重要。スパイスカレー作りの初手は玉ねぎ炒め。焦がし過ぎると少し焦げっぽい味が残ってしまい、炒めが浅いと深みに欠けるカレーに仕上がるので、何事も初手が大事と感じたという。

◇◆◇

なお、1月22日のカレーの日に合わせて開催された、直近1年でカレー界の発展に寄与した企業、団体に授与する「カレー・オブ・ザ・イヤー2024」（カレー総合研究所主催）の「社会貢献部門」に、同氏の第2弾のレトルトカレー「カレー好き歯医者が作ったこだわり欧風ビーフカレー」が選ばれた。

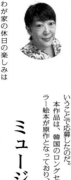

デンタル小町が通る

こどもの歯科院長（東京都目黒区）

伊藤織恵 ⑩

ミュージカル鑑賞

わが家の休日の楽しみはミュージカル鑑賞に出かけることだ。ミュージカルといったら、例えば夏休みに「オズの魔法使い」や「アニー」などのいわゆる名作を観に行くといったイメージではなかろうか。もちろん名作は大人になっても鑑賞するたびに毎回心を打たれる。近年では題材がアニメだったり、もはや解体されてしまったのだが、芝居の進行に合わせて舞台正面が変わる回転式劇場での上映など、ミュージカル界もだいぶ変わったように感じる。

昨年12月、K-Musical Roadshow in TOKYOというイベントに当選し、参加してきた。参加作品に「ドララ歯科」という歯科に関わる作品が上映されるということで応募したのだ。

本作品は、韓国のロングセラー絵本が原作となっており、深夜12時にオープンする歯科医院が舞台。優しくて愛情深い歯医者が、歯だけでなく心も癒やしていくというあらすじだ。歯医者を怖がる子供たちに勇気と想像力を届ける物語となっているのが魅力だった。

観劇しながら歯磨きの大切さや習慣を歌やダンスで学ぶことができ、初演は観客占有率で90％以上の好評を博したということで、観劇前から心が躍ったのは言うまでもない。

韓国から事前に絵本を取り寄せ、おおよその内容は予習した上で観劇した。キャストの皆さんが観客席から登場したり、むし歯になるぞ！と言いながら飴を観客に配り歩いたり、最後には歯磨きの仕方を伝えるのに観客全員を巻き込んでダンスしたり歌ったり……と、とても愉快な内容であった。

残念ながら今後、日本での上演予定は今のところないらしい。小児歯科医の立場からすれば、子供たちに歯の大切さを楽しく学んでもらえるよう日本語リメイク版をぜひ上映してほしいものだ。

なお、今回の記事を読んでいただき、ご興味を持たれた方は某動画サイトで一部拝見できたので、ぜひともご覧あれ！

筆者が鑑賞したミュージカル『ドラララ歯科』の原作は韓国のロングセラー絵本。事前に取り寄せて内容を予習した

Inter view

広大の安部倉氏に聞く
保険導入されたPEEK冠のメリットや留意点

昨年12月の診療報酬改定において、CAD／CAM冠用材料に新しい機能区分「CAD／CAM冠用材料(Ⅴ)」が設けられ、PEEK冠が大臼歯部へ保険適用された。PEEK（ポリエーテルエーテルケトンの略称）を歯科治療用材料として用いることにした背景やPEEK冠のメリット、留意点などを、PEEK冠を使用した臨床研究を行った広島大学歯学部スペシャルプロフェッサーの安部倉仁氏に聞いた。

——PEEKを歯科治療用材料として用いることにした背景を教えてください。

安部倉　貴金属価格の高騰や資源の保全のほか、歯科金属アレルギー対策、患者による金属修復物を敬遠する傾向が強く、非金属による歯科治療のニーズが高まっています。

ですが、金属代替材料のガラスセラミックやジルコニア等は高価で自費診療のみでの使用となり、保険診療では割れることもあるハイブリッドレジン使用のCAD／CAM冠しか選択肢がないのが現状です。

汎用のプラスチックに比べ耐熱・耐久性能などが高い「スーパーエンジニアリングプラスチック」に分類される「PEEK」は、工業分野では金属代替材料として使用されている一方で、生体親和性、強度の高さなどから、医科分野ではカテーテルとしても使われています。非金属による歯科治療ニーズに応えるためにも、今回歯冠修復用の材料にPEEKを用いた臨床研究を行うことにしました。

適切な処理で十分に接着

——臨床研究の概要と結果は。

安部倉　PEEK冠を使用した臨床研究が見当たらなかったため、歯冠補綴材料として使用可能か検証する目的で、2018年3月29日から22年3月31日までの約4年間臨床研究を行いました。最初の半年間は、当大学病院で患者20人を対象に、大臼歯部PEEK冠23装置を装着し、経過観察を行い、学術雑誌『Scientific Reports』に投稿しています。

今回使用したPEEK材は、21年10月6日に薬機法に認証取得され販売されている、松風の「松風ブロックPEEK」です。

臨床結果は、19人（22個：うち3人は2個セット　※20人中1人は途中離脱のため追跡打ち切り）は装着6カ月後、脱離や破折、亀裂はなく、再治療が必要な症例はありませんでした。軽度の咬耗が2例、僅かな表面荒れが6例、わずかな着色が7例、軽度の歯肉炎が5例ありました。

被験者に実施した「満足度アンケート」では、主訴の回復、咀嚼、審美性についての満足度は高かったです。

装着後6カ月で摩耗が進行した症例が見られましたが、咬合接触を失うことはなく、左右の咀嚼能力、咬合力が客観的に低下していなかったため、口腔機能を維持するだけの十分な耐摩耗性があると考えます。

短期間の観察期間ではありましたが、良好な臨床成績であったことから、保険申請を進めました。

PEEKブロック(左)とミリング後のPEEK冠

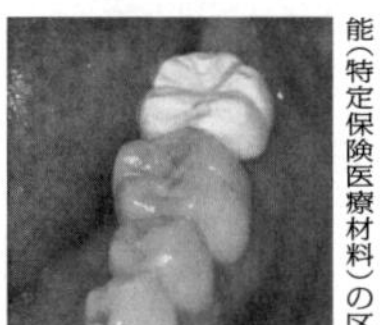
6カ月後の口腔内のPEEK冠(〓奥歯)

——保険適用になった経緯は。

安部倉　最初に「PEEKによる大臼歯歯冠修復物」を医療技術評価提案書（保険未収載技術用）の新技術として日本補綴歯科学会から申請を行い、これと併せて、保険収載の期中導入を目指して「保険適用希望書」を製造販売元のULTI-Medical社主導で厚労省へ申請しました。

その後12月1日に、区分「C1（新機能）」の特定保険医療材料として「松風ブロックPEEK」が認可されました。補足説明すると区分「C2」は新機能・新技術ですが、今回は既にあるCAD／CAM切削加工技術を用いた新しい材料「PEEK」による大臼歯歯冠修復物ですので、区分「C2」ではなく新機能（特定保険医療材料）の区分「C1」での収載となりました。

CAD／CAMで切削加工したPEEK冠は、「第1大臼歯、第2大臼歯、第3大臼歯」とすべての大臼歯に使用できるので、従来のCAD／CAM切削加工によるハイブリッドレジン冠の「第1小臼歯、第2小臼歯、制限事項のある第1大臼歯、前歯部」と合わせると、患者に提案できる非金属の保険診療の幅が広がることになります。

◇◆◇

——PEEK冠の臨床時のメリットは。

安部倉　金属アレルギーを発症することは極めて少なく、金属冠を敬遠する患者への金属代替材料として使用が期待できます。臨床研究では、ひび割れや破折、脱離は一例もなく、PEEK材はもともと破折リスクが少ないため、試適時から装着後も破折の心配はほとんどありません。弾性係数（変形のしにくさ）が小さく、緩衝作用（外部からの衝撃を和らげる）が期待できます。摩耗や咬耗が生じる可能性はありますが硬過ぎないので、ジルコニアなどの非常に硬い材料と比べても支台歯、対合への過剰な負担を緩和するといったメリットも期待できます。

——留意点は。

安部倉　PEEKは化学的に安定している材料であるため、接着しにくいという特性があります。これは支台歯にPEEK冠を装着するには不利な条件となります。

改善方法は、クラウン内面への処理を、サンドブラスト後、適切なプライマーの塗布、接着性セメントの使用により、臨床的に十分な接着力が得られます。日本補綴歯科学会が昨年12月11日に発表した「PEEK冠に関する基本的な考え方（第1報）」ではPEEK冠による治療なども記載しているのでぜひご参照ください。

PEEKの色調はアイボリー色のため審美性は金属冠より優れていますが、透明感がないので天然歯の色調とは異なります。PEEK本来の色調は灰色で酸化チタンの含有によりアイボリー色になっていますが、透明性を付与することは困難なため、審美性には限界があります。

それから、チューインガムは付着するため、患者にチューインガムを使用する習慣がある場合は、PEEK冠の使用は避けた方がよいでしょう。

◇◆◇

——保険適用になったことによる、歯科治療への影響は。

安部倉　PEEKは化学的に安定しており、生体に対しても無害であると考えてよく、口腔内の治療に使用されているレジン、金銀パラジウム合金、金合金、ガラスセラミック、ハイブリッドレジン、ジルコニアに悪影響を与えることはないです。ジルコニアに比べると丈夫さや硬さには劣りますが、緩衝作用が期待できる材料であるため対合歯や隣在歯の摩耗も心配ありません。部分床義歯を使用している場合の鉤歯としての使用は、クラスプの着脱で摩耗し、保持力が低下するため使わない方が無難です。

——今後の展開は。

安部倉　6カ月間の臨床研究では脱落、破折、咀嚼能力の低下はなく、PEEK冠が金属冠の代替として有望であることが示されましたが、さらにサンプル数の多い長期的な研究が必要でしょう。

2024年開催予定の学会スケジュール

※日本歯科医学会専門分科会・認定分科会

月	学会名	会期	会場
3月	第33回日本有病者歯科医療学会総会・学術大会	3月8～10日	新潟グランドホテル(新潟市)
4月	第71回日本顎口腔機能学会学術大会	4月13～14日	未定
	第82回日本歯科理工学会学術講演会	4月20～21日	かごしま県民交流センター(鹿児島市)
5月	第73回日本口腔衛生学会学術大会	5月10～12日	トーサイクラシックホール岩手(岩手県民会館)(盛岡市)
	第15回日本デジタル歯科学会学術大会	5月11～12日	長崎ブリックホール(長崎市)
	第62回日本小児歯科学会大会	5月16～17日	横須賀芸術劇場(神奈川県横須賀市)
	第160回日本歯科保存学会2024年度春季大会	5月16～17日	仙台国際センター(仙台市)
	第67回日本歯周病学会春季学術大会	5月24～25日	ビッグパレットふくしま(福島県郡山市)
	第64回日本歯科放射線学会学術大会	5月24～26日	ホテルイタリア軒(新潟市)
6月	第42回日本顎咬合学会学術大会・総会	6月8～9日	東京国際フォーラム(東京都千代田区)
	第42回日本臨床歯周病学会年次大会	6月15～16日	大阪国際会議場(グランキューブ大阪)(大阪市)
	第34回日本顎変形症学会総会・学術大会	6月27～28日	TFTホール(東京都江東区)
	第35回日本老年歯科医学会学術大会	6月28～30日	札幌コンベンションセンター(札幌市)
7月	第133回日本補綴歯科学会学術大会	7月5～7日	幕張メッセ(千葉市)
	第44回日本歯科薬物療法学会総会・学術大会	7月13～14日	新潟県民会館(新潟市)
	第37回日本顎関節学会総会・学術大会	7月13～14日	あわぎんホール(徳島市)
	第65回日本歯科医療管理学会総会・学術大会	7月13～14日	共済ホール(札幌市)
	第24回日本外傷歯学会総会・学術大会	7月13～14日	神奈川県歯科医師会館(横浜市)
	第39回日本歯科心身医学会総会・学術大会	7月19～20日	Mウイング(長野県松本市)
	第45回日本歯内療法学会学術大会	7月20～21日	千里ライフサイエンスセンター(大阪府豊中市)
	第35回日本臨床口腔病理学会総会・学術大会	7月30～8月1日	新潟大学医学部有壬会記念館(新潟市)
9月	第43会日本歯科医学教育学会学術大会	9月6～7日	愛知学院大学名城公園キャンパス(名古屋市)
	第33回日本口腔感染症学会総会・学術大会	9月21～22日	福岡県歯科医師会館(福岡市)
	第37回日本口腔診断学会・第34会日本口腔内科学会合同学術大会	9月28～29日	松本歯科大学(長野県塩尻市)
10月	第67会日本歯周病学会秋季学術大会	10月4～5日	札幌コンベンションセンター(札幌市)
	第35回日本スポーツ歯科医学会総会・学術大会	10月12～13日	大阪歯科大学(大阪市)
	第66会歯科基礎医学会学術大会	10月12～14日	長崎大学医学部(長崎市)
	第36回日本レーザー歯学会総会・学術大会	10月19～20日	愛知学院大学楠元キャンパス(名古屋市)
	第52回日本歯科麻酔学会総会・学術集会	10月25～27日	朱鷺メッセ(新潟市)
	第83会日本矯正歯科学会学術大会	10月29～31日	パシフィコ横浜(横浜市)
11月	第54回日本口腔インプラント学会学術大会	11月1～3日	国立京都国際会館(京都市)
	第23回日本睡眠歯科学会総会・学術集会	11月2～4日	徳島大学(徳島市)
	第36回日本小児口腔外科学会総会・学術大会	11月8～9日	栃木県総合文化センター(宇都宮市)
	第34会日本磁気歯科学会学術大会	11月9～10日	未定
	第161回日本歯科保存学会2024年度秋季大会	11月21～22日	アクリエひめじ(姫路市文化コンベンションセンター)(兵庫県姫路市)
	第69回日本口腔外科学会総会・学術大会	11月22～24日	パシフィコ横浜(横浜市)
	第41回日本顎顔面補綴学会総会・学術大会	11月29～12月1日	福岡国際会議場(福岡市)
	第43回日本接着歯学会学術大会	11月30～12月1日	アマホームPLAZA(奄美市市民文化交流センター)(鹿児島県奄美市)
	第28回日本顎顔面インプラント学会総会・学術大会	11月30～12月1日	福岡国際会議場(福岡市)
12月	第35回日本歯科審美学会学術大会	12月7～8日	あわぎんホール(徳島市)
	第38回日本口腔リハビリテーション学会学術大会	12月7～8日	東京慈恵会医科大学2号館講堂(東京都港区)
	第41回日本障害者歯科学会総会および学術大会	12月13～15日	沖縄コンベンションセンター(沖縄県宜野湾市)

※未定：日本口腔検査学会、日本口腔顔面痛学会、日本歯科医史学会、日本口腔内科学会、日本歯科東洋医学会

FDI

2027年までの組織戦略発表

世界歯科連盟（FDI）は19日、昨年9月の世界歯科会議の決議に基づき、今年から2027年までの口腔保健推進のための新たな組織戦略を発表した。

FDIは、30年をめどに「すべての人に最適な口腔医療を提供する」というビジョンを示しており、組織戦略は、それを実現するための方策をまとめたもので、積極的な知識の交流、アドボカシー活動、イノベーションの推進を柱とした、国際保健活動のロードマップと位置付けられている。

【予告】

嚥下医学会が47回学術大会

2月に新潟で

日本嚥下医学会（井上誠会長）は2月9、10の両日に第47回総会・学術大会を新潟市のりゅーとぴあ新潟市民芸術文化会館で開催する。テーマは『『サイエンス』を磨き『食べる』を支える」で、井上会長による講演や、兵庫医科大学生理学講座神経生理部門の越久仁敬教授の特別講演「呼吸と嚥下の協調機構の病態生理と治療的介入」、日本歯科大学口腔リハビリテーション多摩クリニックの菊谷武院長が司会を務めるシンポジウム「歯科のことを知ってもらおう」などの講演が行われる。

詳細は運営事務局025（278）7232まで。

あおぞら歯科クリニック

デジタルノート導入

訪診先で診療録直接利用可能に

あおぞら歯科クリニック(千葉県船橋市開業、古橋淳一理事長)は10日、MetaMoJi(本社・東京都港区、浮川和宣社長)の歯科医院向けデジタルノートアプリ「MetaMoJi Dental eNote」を導入し、訪問診療先から診療録が直接利用できるようになったと発表した。

Dental eNoteは、iPadなどのタブレットやパソコンで治療計画や患者情報を記入する診療録をデジタル化し、独自の「ライブ情報共有」機能で業務効率の向上が期待できるもの。

同医院は「かかりつけ歯科医機能強化型歯科診療所(か強診)」認定歯科医院として五つの医院を運営しており、訪問診療可能なエリアが広く、本院には訪問歯科センターを設置。これまで同センターでは、複数の分院との診療録の応対にはFAXを使用していたが、Dental eNoteの導入により、訪問先からiPadで診療録に直接書き込めるようになった。院内でも数百人の患者の診療録の出し入れをする負担がなくなり、医療サービスの向上につながったという。

メドレー

約118億円でグッピーズを買収

医療介護分野の人材サービスやオンライン診療システムなどを提供するメドレー(本社・東京都港区、瀧口浩平社長)は、医療介護福祉向けの人材サービスなどを提供するグッピーズ(本社・東京都新宿区、肥田義光社長)の完全子会社化を目的に買収すると19日に発表した。買収金額は約118億2900万円。

株式公開買い付け(TOB)と支配株主との相対取引(株式譲受け)を実施し、グッピーズの全株式を取得する。TOB成立後、同社株式は上場廃止およびメドレーの完全子会社になる予定。なお、グッピーズはTOBに賛同し、株主に対して公開買い付けの応募を推奨している。

買い付け価格は1株3250円。買い付け期間は1月22日から3月7日まで。支配株主であるグッピーズ社長の肥田氏および管理会社保有分の約56%分の株式を1株2931円、総額約63億7800万円で買い取る。

買収により、メドレーはグッピーズの国家試験対策アプリ、新卒採用向け求人サービス、閲覧課金型中途採用向け求人サービスの獲得で事業拡大を図る。

週間 金・パラ価格動向 税抜価格(1g,円)	金	パラジウム(参考価格)
1月22日(月)	9,698	4,665
1月23日(火)	9,678	4,630
1月24日(水)	9,708	4,675
1月25日(木)	9,623	4,725
1月26日(金)	9,652	4,630

提供 石福金属興業

自治体を募集

誤嚥性肺炎ゼロへ

クロスケアデンタル

クロスケアデンタル(本社・福岡市、瀧内博也社長)は、ソーシャル・エックス(本社・東京都渋谷区、伊藤大貴・伊佐治幸泰社長)が提供する官民共創の新規事業開発プラットフォーム「逆プロポ(企業が関心のある社会課題を提示し、自治体が課題に対して解決のアイデアを提案するもの)」を活用し、介護の口腔ケアを通じて「誤嚥性肺炎ゼロプロジェクト」に取り組む自治体の募集を15日に開始した。締め切りは3月15日まで。

同プロジェクトでは、介護施設で適切な口腔ケアを行い、肺炎による入院を防ぐことで得られる抑制された医療費を募金化するなどして、自治体の財源の確保を図れないかを自治体と検証。三つのプランを用意し、プランAはPFS(SIB=成果連動型民間委託契約方式)の組成に向けた医療費抑制モデルの調査及び実証検証、プランBは介護事業所での口腔内評価、肺炎・誤嚥性肺炎による医療費実態調査、プランCは介護事業所向け講演、介護事業所へオンラインを活用した口腔機能評価。A~Cのいずれかに応募でき、現状の課題や同取り組みで得たい成果などをA4・1枚のエントリーシートに記入して応募する。

採択する自治体は4月中旬に決定する予定。

高知県地場産業大賞 受賞

YAMAKIN

高知県産業振興センター(栗山典久理事長)が主催する「令和5年度第38回高知県地場産業大賞」に、YAMAKIN(本社・高知県香南市、山本樹育社長)のCAD/CAM切削用ポリカーボネートディスク「KZR―CAD デンチャーPC」を切削加工し、レジン用表面滑沢キャラクタライズ材「Nu:leコート」で着色して仕上げる新たな手法と歯科材料が「地域の歯科技工士がつくるデジタルコピーデンチャー」として「地場産業大賞」を受賞した。

同賞は高知県内の優れた地場産品や地場産業振興に貢献のあった活動を顕彰し、昭和61年度から毎年実施している。地場産業大賞の他、産業振興計画賞、地場産業賞、奨励賞に15の製品や活動が選ばれた。コピーデンチャーはスキャンデータで複製でき、通院できない患者や災害避難中の紛失時など、高齢化や大規模災害が懸念される同県において地域貢献が期待できるとして評価された。

インプラント

仮想技術活用で10年保証サービス

Dental Prediction(本社・東京都港区、宇野澤元春社長)とガイドデント(本社・東京都渋谷区、中島政次社長)は、Dental Predictionがオーダーメイドで口腔内3DデータやAR(=Augmented Reality)コンテンツや3D Printing模型を作成する「DenPre 3D Lab」と、ガイドデントの「歯科治療保証」の業務提携を締結し、デジタルツイン技術(現実世界のデータを基に仮想空間上でさまざまなシミュレーションを行う技術)を活用した「インプラント10年保証サービス」を提供すると16日に発表した。

全国の歯科医院を対象に、術前にDenPre 3D Labを活用したインプラント症例に対し、10年間インプラント治療を保証するとしている。

米本社が脊椎外科領域の事業を譲渡

ジンヴィ・ジャパン

歯科および脊椎外科分野の医療機器の輸入・製造・販売を行うジンヴィ・ジャパン(本社・東京都新宿区、黒澤真幸社長)は、米国本社が昨年12月18日付けで脊椎外科領域の「スパイン事業」をH.I.G.キャピタルに事業譲渡するとの最終合意をしたと昨年12月22日に発表した。

同事業譲渡手続きの完了は2024年前半を予定している。

業務負担を判定する機能の特許を取得

ゼスト

在宅医療・介護のスケジュール調整を自動化する「ZEST」を提供するゼスト(本社・東京都新宿区、一色淳之介社長)は、在宅医療・介護従事者の業務負担を自動で測定する基本特許技術「業務負担判定」を昨年12月11日に取得したと今月10日に発表した。

同技術は在宅医療・介護従事者のサービス訪問件数や時間に加え、移動時間も自動で取得し、サービスの内容や移動手段等を考慮して従事者の業務負担を判定し、表示するシステム。

これにより、医療・介護従事者の正しい業務配置や人事評価、離職率の軽減、働きやすい環境作りにつながることが期待されるという。

安心経営の羅針盤

(株)ディー・ピー・エス
日吉 国宏 (123)

金融機関との交渉

“金融機関が提示する融資条件に、交渉の余地は無し”と思っていませんか。金融機関もビジネスである以上、より大きな利益を求めます。借り手とは利害関係が生じることになりますので、最初は金融機関側に有利な条件が出てくることは珍しくありません。

A歯科医院は開業してまだ5年ですが、居抜き(第三者継承)だったため、建物や設備の老朽化に伴う修繕費が増えてきました。でも、それは開業前から分かっていたことなので、院長は「開業5年後には移転する」と目標を立てて頑張ってきました。移転先の土地選びに少し時間がかかりましたが、概ね計画通りに進みました。資金調達においても金融機関の担当者から「健全経営なので良い条件を出しますよ」とお墨付きをいただいています。また、院長には事前に、借り入れに関する知識や、より良い条件を得られるようにレクチャーを充分に重ねておきました。私と院長の共通した借り入れ条件の目標は二点。「返済期間を長めにする」と「変動ではなく固定金利を選択する」です。

概算の総予算が決まり、いよいよ金融機関と条件の交渉です。金融機関の担当者との人間関係は良好そうに見えていたので私の同席は見送りました。しかし、院長から「担当者が『変動金利しか選べない』と言っている」との連絡が入りました。疑問に思った私は「次回の私の訪問(コンサルティング)に合わせて、担当者さんに来院していただくようお伝えください」と頼みました。

そして、当日。担当者に“私”から再確認すると「うまく院長に説明できていませんでした。10年固定なら選択できます」とバツが悪そうな回答です。ごまかしはきかないと判断した様子です。きっと変動金利の方が都合よいのでしょう。院長は少々立腹していましたが、希望通りの借り入れ条件になったので「これも一つの社会勉強ですね。反面教師としましょう。」と矛を収めてもらいました。

ひとことアドバイス

平時から二つ以上の金融機関と取り引きしておくことをお勧めします。

ヘッドライン企業ニュース

■自動研磨機「ポリウェーブRPW709型」を発売(リーバンオハラ/昨年12月)

■ドイツvhf社製歯科用ミリングマシン「vhfミリングマシンシリーズ」を発売(大榮歯科産業/昨年12月12日)

■歯科用CADソフトウェア「exocad」の新版「exocad 3.2 Elefsina」を発売(デンケン・ハイデンタル/昨年12月12日)

■日本の女性が好む味を追求した「リステリントータルケア歯周マイルド」の販売数が発売から約3カ月で予想の2倍を超える25万本に(Kenvue/昨年12月15日)

■3Dプリンター材料「NextDentキャスト Blue」を昨年12月21日発売(デンケン・ハイデンタル/昨年12月20日)

■ミルテルの株式を12.1%追加取得し、議決権保有割合を71.1%に(メディカルネット/昨年12月21日)

■歯科用ラバーダムシート「Nic Tone ラバーダム ノンラテックスシート」を発売(モリムラ/昨年12月21日)

■支台築造用コンポジットレジン「クリアフィルDCコア オートミックスONE」に3本パックを追加(クラレノリタケデンタル/昨年12月21日)

■ハミエルの「企業向け出張歯科健診サービス」の取り扱いを1月から開始(シンフォニカル/1月9日)

■インスタントスプリント「アクアライザーウルトラ」各種を価格改定(東京歯材社/1月11日)

■「TSX インプラント」を発売(ジンヴィ・ジャパン/1月15日)

■ロシアからの商品入手が困難のため「チタンマイクロインスツルメント」一部を長期欠品(東京歯材社/1月16日)

■CADソフトウェア「exocad」を2月1日注文分から価格改定(デンケン・ハイデンタル/1月16日)

■泡の洗浄・除菌・消臭剤「デント リフレッシュ ナチュラ」を発売(ビー・エス・エーサクライ/1月18日)

■「デンタルLEDコードレスUVライト」を1月22日に発売(日本歯科商社/1月21日)

■歯科麻酔用電動注射筒「ニプロジェクトペン ロック式」を発売(モリタ/1月22日)

2024年 主なデンタルショー(4~6月)

月	日程	名称	会場
4月	19日(金)~21日(日)	IDEM2024	マリーナベイ・サンズ(シンガポール)
	22日(月)~25日(木)	第55回 モスクワ国際デンタルフォーラム	CROCUS EXPO(ロシア)
5月	1日(水)~5日(日)	第77回国際歯科展示会(Amic Dental)	ワールド・トレードセンター(メキシコ)
	2日(木)~5日(日)	第47回アジア太平洋歯科大会(APDC)	台北国際会議中心(TICC・台湾)
	3日(金)~6日(月)	AAO年次大会2024	Ernest N. Morial Convention Center(アメリカ)
	8日(水)~11日(土)	IDEX イスタンブール 2024	イスタンブール・エキスポセンター(トルコ)
	16日(木)~18日(土)	Expodental Meeting 2024	Fiera Rimini(イタリア)
6月	1日(土)~2日(日)	第47回九州デンタルショー2024	マリンメッセ福岡
	7日(金)~9日(日)	SIDEX2024	COEX(韓国)
	9日(日)~12日(水)	第28回中華国際口腔展覧会(SINO-DENTAL2024)	CNCC(中国)

製品紹介

(価格は税込)

デンタルミラー

スリムネック両面ミラー

名南歯科貿易　☎052(799)4075

鏡面仕上げの両面デンタルミラー。明るいサーフェスミラーで反射した光が映らない。スリムネック構造で患者の負担を抑え、大きな開口ができない人でも頬側部位を効率良く鏡視できる。サイズは4P(Φ22mm)オートクレーブ滅菌可能。

価格=6,908円(6個入り)

接着用レジンセメント

デントクラフト ユーセム

ヨシダ　☎0800-170-5541

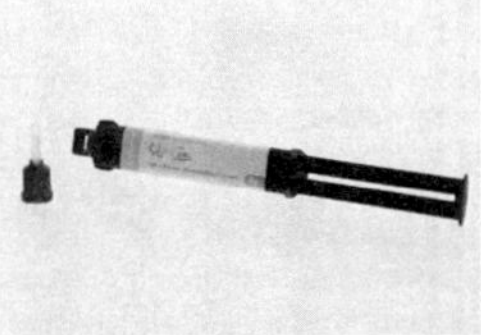

MDPモノマーを配合し、CAD/CAM冠やセラミック、CRなどさまざまな補綴物に使用できる接着用レジンセメント。操作性が高く、余剰セメントは容易に除去できる。色調はユニバーサル、オペーク、クリアの3種類を用意。

価格=1万5,400円(9g×2本入り)

歯磨きジェル

ジェルコートF

ウエルテック　☎06(6376)5533

フッ素の配合濃度を1,450ppmに変更した歯磨きジェル。その他の成分は従来品と変わらず、薬用成分の「塩酸クロルヘキシジン」や「β-グリチルレチン酸」が高い殺菌力でう蝕や歯周病菌を殺菌する。発泡剤・研磨剤は無配合。香味はマイルドなミント。

価格=1,100円(90g)

根管長測定器

ディーペックス V

東京歯科産業　☎03(3831)0176

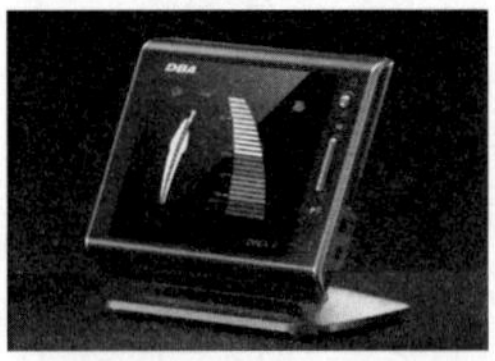

複数の周波数によるインピーダンス測定技術と自動キャリブレーション機能で根尖位置を正確に測定できる根管長測定器。光の反射を抑えたLCDパネルを採用。ファイルの先端位置はディスプレイの他、アラーム音でも判別可能。

価格=6万6千円

歯科用ダイヤモンドバー

マルチクラウンカッター

ビー・エス・エーサクライ　☎052(805)1181

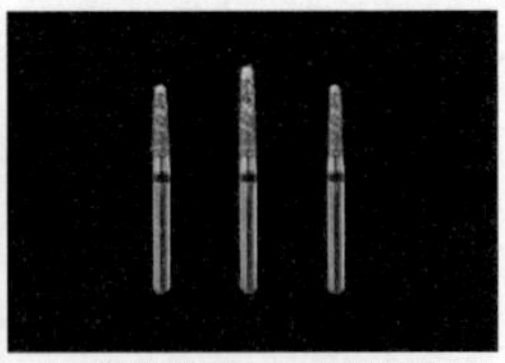

カーバイドバーのシャープな切れ味とダイヤモンドバーの切削力を併せ持つ除去用のダイヤモンドバー。さまざまな素材のクラウン等を容易に切削でき、超精密加工軸でブレや跳ね、振動が少ない。

価格=1,254円(3本入り CT−1、CT−2、CT−3、アソートパック)

歯科印象トレー用レジン

レプリカトレー

亀水化学工業　☎0120-267-720

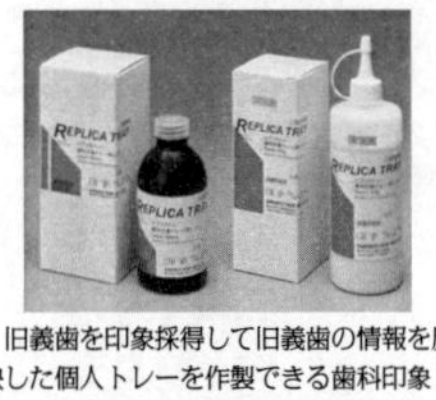

旧義歯を印象採得して旧義歯の情報を反映した個人トレーを作製できる歯科印象トレー用レジン。口腔内印象採得や個人トレーの作製時に必要な石膏模型の作製は不要。レジンの臭いも軽減。硬化時間は約10分。色調はピンク、アイボリー、クリア。

価格=9,900円(粉 250g)、5,500円(液 200ml)

移転

■扶桑デンタル

同社は移転した。

新住所は、〒300−1236茨城県牛久市田宮町1083−18。TEL029(871)8243。FAX029(871)8245。

日本歯科新聞

2024年（令和6年）
2月6日

＜発行所＞
日本歯科新聞社
厚生労働省記者クラブ加盟社

〒101-0061
東京都千代田区神田三崎町2-15-2
電　話　03（3234）2475
ＦＡＸ　03（3234）2477
www.dentalnews.co.jp
jdn@dentalnews.co.jp

■ 年間購読料 23,760円（送料込）
（本体 21,600円＋税）
■ 月4回、火曜日発行
■ 郵便口座番号 00120-5-130369

今週号の主な内容

歯科も賃金改善の評価

診療報酬改定で新設へ

令和6年度診療報酬改定で、勤務する歯科衛生士や歯科技工士などの賃金改善を実施した評価として新たに「歯科外来・在宅ベースアップ評価料（Ⅰ）」「同（Ⅱ）」が設けられる。1月31日の中医協で個別改定項目（短冊）に追加された。

同評価料を算定するためには、6年度と7年度に対象職員の賃金の改善を実施する必要があり、厚労大臣が定める「賃金の改善を図る体制」の施設基準を地方厚生局長等に届け出た保険医療機関が対象。

Ⅰでは初診時、再診時、歯科訪問診療時の点数が設定される。Ⅱは、Ⅰの届出を行っており、賃金の改善を強化する必要があり、さらに改善を実施する場合に施設基準の適合性を地方厚生局等に届け出る。

算定要件と施設基準は『日刊歯科通信』（2月1日付）に掲載。

石川県珠洲市の歯科医院

石川県珠洲市の歯科医院と同医院の隣で倒壊している家屋。能登半島地震の発災から1カ月が過ぎた2月3、4の両日、輪島市と珠洲市を中心に被災地を取材した。崩れた町や歯科医院を目の当たりにして言葉を失ったが、現地で被災しながらも地域住民のために奮闘する歯科医師の姿や、各地から支援に訪れたJDATの姿も確認できた。（次号に記事）

―― 能登半島地震 ――

日歯 義援金 4783万7062円

日本歯科医師会（髙橋英登会長）は2日、能登半島地震への義援金（第1次受付分）4783万7062円を石川県歯科医師会に送金した。また、1日から29日まで、義援金の第2次受付を行っている。

銀行名は「三菱ＵＦＪ銀行 市ヶ谷支店」、口座番号は「普通預金0161631」、口座名義は「シャ）ニホンシカイシカイ ギエンキングチ」。

手数料は各自の負担で、税務上の控除対象とはならない。受領証が必要な場合は日歯の会計部門に申請が必要となる。

石川県歯

珠洲市に臨時歯科診療所

福井県歯の診療車を活用

石川県歯科医師会（飯利邦洋会長）の災害歯科支援チーム「石川県ＪＤＡＴ」は5日、能登半島地震によって全ての歯科診療所が休業中の珠洲市の「道の駅すずなり」に「臨時歯科診療所すずなり」を開設した。

福井県歯科医師会の歯科診療車を活用したもので、歯科治療を必要とする被災者への支援を強化するとのこと。

石川県歯を取材で訪問した3日時点では、駐車場に福井県歯と愛知県歯科医師会の歯科診療車が停めてあった

ICT活用の歯科診療等
厚労省が指針案を提示

厚労省は1月29日、第4回「ICTを活用した歯科診療等に関する検討会」を、東京都港区の航空会館で開催した＝写真。これまでの議論を踏まえた報告書案と指針案が示された。報告書案、指針案ではICTを歯科医療に活用するにあたっての基本理念、DtoP（Dnetist to Patient）などの類型、留意事項、課題が示されている。

検討会では主に指針について議論。医科から歯科向けに準用されたことによる内容の矛盾がないかの確認や、表現が適切かどうかなどを議論した。

医療情報システム開発センター理事長の山本隆一氏は指針案の「患者が歯科衛生士等といる場合のオンライン診療」について言及した。現行で歯科医師と同一医療機関の歯科衛生士を原則とすることについて、「他の医療機関から派遣されている場合など、必ずしも同一の医療機関でなくても、患者と意思疎通できる場合は少なくない」と指摘。適切な言い回しへの修正を求めた。

国立情報学研究所アーキテクチャ科学研究系教授の高倉弘喜氏はオンライン診療について、全般的な環境整備の必要性を指摘。インターネット上でむし歯の治療キットが売られているなど関係者のコンプライアンスの違反も散見されるとした上で「オンライン診療を進めるにあたり、医科ではすでに不適切事例の報告もあることから、患者および歯科医師のコンプライアンスを歯科界全体で注意深く見張っていかなければならない」と述べた。

マイナ保険証は9・4%
R5年12月分 歯科のオン資利用1209万5千件

歯科診療所でのオンライン資格確認の利用件数は、昨年12月分で1209万5006件、うちマイナンバーカードは113万9873件（9・4％）、保険証1095万5133件（90・6％）だった。1月19日に開かれた第174回社会保障審議会保険医療部会で示されたもので、情報閲覧では、特定健診等情報17万8536件、薬剤情報27万5602件、診療情報5万453件となっている。

また、歯科診療所のマイナ保険証利用率推移では、昨年1月の4・28％から2月4・65％、3月5・61％、4月12・08％と上昇したものの、5月の12・28％をピークに徐々に減少して11月は9・57％となっている。

オンライン資格確認の利用状況【12月分実績の内訳】

	合計	マイナンバーカード	保険証	特定健診等情報（件）	薬剤情報（件）	診療情報（件）
病院	9,133,463	968,795	8,164,668	229,037	230,217	298,667
医科診療所	76,717,814	3,673,587	73,044,227	1,044,802	1,998,855	1,807,395
歯科診療所	12,095,006	1,139,873	10,955,133	178,536	275,602	50,453
薬局	79,866,965	1,851,158	78,015,807	606,232	544,662	749,633
総計	177,813,248	7,633,413	170,179,835	2,058,607	3,049,336	2,906,148

マイナ保険証利用率推移（施設別）

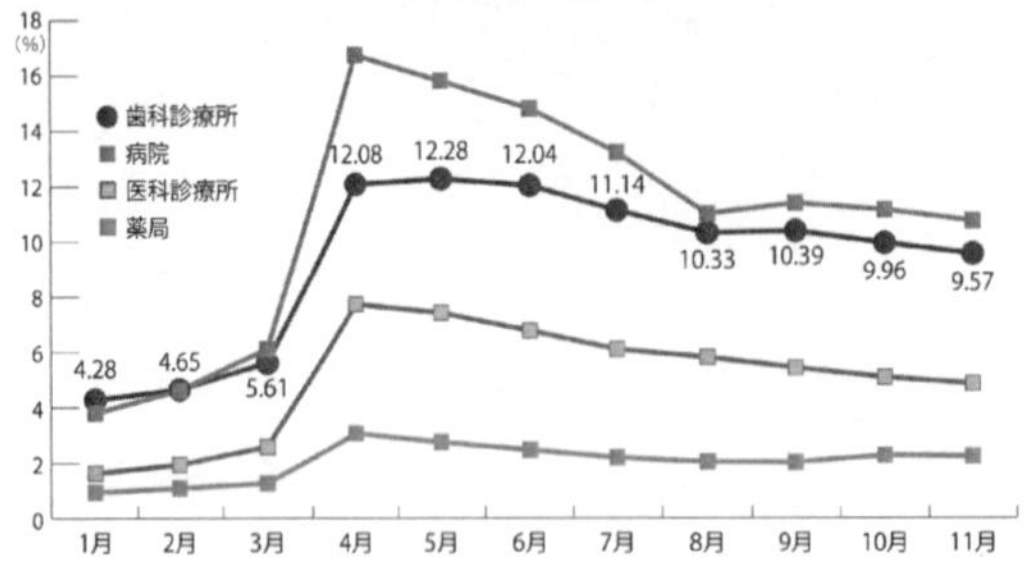

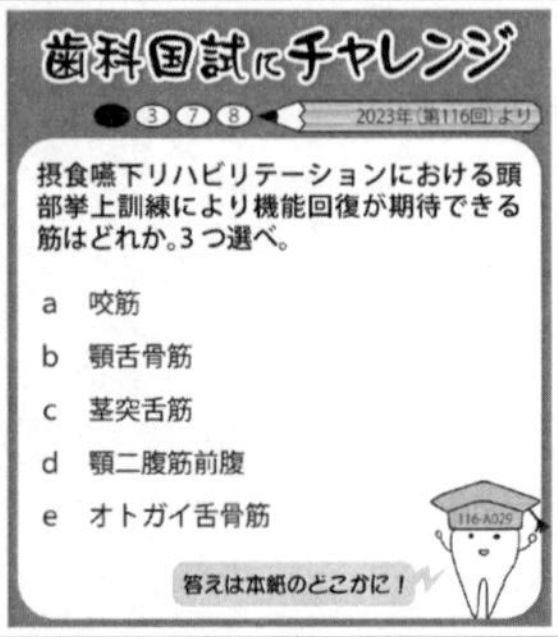

保団連調べ

マイナ保険証で6割がトラブル経験

マイナ保険証のトラブル対応で59・8％（n＝5188医療機関）が「あった」と回答し、「名前や住所で●が表記される」「資格情報の無効がある」「カードリーダーでエラーが出る」などの意見が挙がった。

マイナンバーカードを健康保険証として利用する「マイナ保険証」のトラブルが相次いでいることから、全国保険医団体連合会（保団連）は1月31日、全国医療機関を対象に昨年11月24日～24年1月10日まで行ったアンケート調査結果を東京都渋谷区の全国保険医団体連合会会議室とオンライン上で報告した。総回答数は8672件。

トラブルの内容（複数回答）では、「名前や住所で●が表記される」67％、「資格情報の無効がある」49％、「カードリーダーでエラーが出る」40％、「該当の被保険者番号がない」25％、「名前や住所の間違い」21％など。

トラブルへの対応（複数回答）では、「その日に持ち合わせていた健康保険証で資格確認をした」83％、「前回来院時の情報をもとに対応をした」39％、「保険者に連絡をして相談した」20％、「レセコンメーカーに相談をした」18％、「オンライン資格確認のコールセンターに連絡をした」7％だった。

健康保険証の2024年秋廃止については、「賛成」379件、「延期すべき」1169件、「保険証は残すべき」6884件となっている。

これを受け、竹田智雄会長は「患者さんのセーフティーネットとして機能している健康保険証は、先人が英知を結集し作り上げた。世界に誇れる国民皆健康保険制度を維持・発展するのがわれわれの責務であり、（マイナ保険証が）それを上回るいいものであれば推進するが、この状態で推奨することはできない」とし、政策に異議を唱えた。

訪問歯科 超実践術 (431)

前田実男（日本訪問歯科協会 理事）

単一建物居住者の人数区分

（介護予防）居宅療養管理指導費は、単一建物居住者の人数で算定する単位数が異なる。そのため、どの人数区分で算定すればよいのか、混乱しやすいことがある。今回は、単一建物居住者に関連する、よくある質問を整理する。

Q1：同じマンションで、10日に1人、訪問診療のみを行い、同月17日には別の患者に訪問診療と居宅療養管理指導を行った。この場合、居宅療養管理指導は、「単一建物居住者2人以上9人以下に対して行う場合」を算定するのか？

A1：居宅療養管理指導を算定する際の人数区分は、1月に同じ建物内で居宅療養管理指導を何人に対して行う予定かで決まる。この場合、居宅療養管理指導を行ったのは1人なので、「単一建物居住者1人に対して行う場合」の単位数を算定する。

Q2：同じグループホームで5日に居宅療養管理指導を行い、同月18日に別の患者に対し居宅療養管理指導を行った。この場合、5日と18日の患者は、それぞれどの人数区分を算定するのか？

A2：歯科訪問診療料は1日単位で人数をカウントするが、居宅療養管理指導費は1月単位で人数をカウントする。このケースでは、1月に同じ建物内で2人に対して居宅療養管理指導を行っているので、「単一建物居住者2人以上9人以下に対して行う場合」を算定する。

Q3：先月、同じアパートで、うちの歯科医院から2人の歯科医師がそれぞれ別の患者1人に対し、居宅療養管理指導を算定した。この場合、それぞれ1人の場合の人数区分の単位を算定していいのか？

A3：居宅療養管理指導費は、一つの居宅療養管理指導事業所である医療機関単位で算定する。居宅療養管理指導を行う歯科医師ごとに、実施した患者数をカウントするのではない。このケースは、一つの歯科医院が、同月に同じ建物内で居宅療養管理指導を行った人数は2人なので、「単一建物居住者2人以上9人以下に対して行う場合」を算定する。

日本訪問歯科協会　https://www.houmonshika.org

保団連

竹田智雄氏が会長に就任

全国保険医団体連合会の副会長を務めていた竹田智雄氏＝写真＝が新会長として選任された。18年ぶりの交代で、前会長の住江憲勇氏は名誉会長に就任した。副会長は9人が選ばれ、うち4人が新任。いずれも任期は2年。1月27、28の両日に東京都麹町の都市センターホテルで開かれた第51回定期大会で承認されたもの。

中川勝洋元会長を偲ぶ
東京歯科保険医協

東京歯科保険医協会（坪田有史会長）は1月28日、東京都千代田区の都市センターホテルで、2003年から8年間にわたり同会の会長を務め、昨年10月28日に死去した中川勝洋氏をしのぶ会を開催した＝写真。坪田会長はあいさつで、「中川先生が仰っていた『真面目に良い歯科治療をしている歯科医師が報われるための活動をする』を心に刻んで活動する所存」と所信を述べた。代表献花は遺族である中川千恵子氏、中川聡氏、坪田会長。日本歯科医師会の高橋英登会長、全国保険医団体連合会の住江憲勇前会長、東京歯科保険医協会の松島良次前会長らが追悼の言葉を寄せた。

この中で高橋氏は、「自分にとって中川先生は恩師。先生が講演される際、いつも聴講させていただいた。財政当局からの圧力が強く、厳しい対応を迫られる今回の改定で、中川先生のご意見を受けられないことが悔やまれる」と述べ、保険制度、社会保障制度への深い見識を持っていた中川氏を偲んだ。

「口腔、栄養」が医科改定の鍵
ASK研・中林所長

2024年度診療報酬改定の医科（診療所、病院）の鍵となるのは、口腔機能管理と入院栄養食事指導など、「口腔」「栄養」に関わる部分が大きい。病院を中心とした経営改善を手掛けるASK梓診療報酬研究所の中林梓所長が1月30日、医療関連サービス振興会の月例セミナーで指摘したもの。

診療報酬プラス改定のほとんどが賃金アップに充当される一方、生活習慣病を中心とした管理料、処方箋料の効率化、適正化が進むとされる今回の改定で、特定疾患療養管理料の対象疾患から糖尿病、脂質異常症、高血圧症を外して、生活習慣病管理料に一本化することや、リフィル処方箋の推進などが進むことに触れ、病院では「7対1」の看護配置の厳格化による再編を進めるとともに、診療所では「かかりつけ医機能」の見直しが進むと述べた。

その上で、医療DXによって患者情報の把握が求められる中、遠隔診療に留まらないオンライン活用が進み、高齢者の情報把握はかかりつけ医機能として重視されるようになるとした。

地域の多職種連携で「寝たきり防止」を推進する観点から、とりわけ口腔、栄養に点数を重点配分する傾向が見られると強調。病院や医科診療所の歯科との連携は必須となり、病院間で、歯科衛生士や、管理栄養士の確保競争がより進むとの予測を示した。

人事
（敬称略）

■東京歯科大学同窓会
▼会長 冨山雅史▼副会長 中西國人、佐藤亨、山本秀樹、小枝義典（専務理事兼務）、佐々木葉子▼常任理事 高橋潤一、佐久間啓文、岡村美恵子、小林健一郎、高橋敬人、杉原直樹、小川志保、手塚真秀、山本雅通▼理事 佐藤光太郎、五味明雄、矢崎篤、北村晃、永井謙、正村一人、牛村章、戸村博臣、中尾淳司、横山洋行、永江健一▼常任監事 臼井文規▼監事 鈴木千枝子、山本仁▼顧問 澁谷國男、財部正治

歯科医院のスタッフ間コミュニケーションで活躍

スマホで使える次世代インカム「Buddycom（バディコム）」

作業をしながら指示出しや業務連絡ができるツールの一つがインカムなどの無線機器。JALやJR、イオンなど800社を超える現場で活用されているのが、サイエンスアーツ（本社・東京都渋谷区、平岡秀一社長）の次世代インカム「Buddycom（バディコム）」。インターネット通信網（4G、5G、Wi-Fi）を利用して、スマートフォンやタブレットにアプリをインストールすることで、トランシーバーや無線機のように複数人との同時コミュニケーションを可能にするサービスで、音声、テキストチャット、動画、位置情報（IoT）に加え、AIを利用したデジタルアシスタントでのコミュニケーションが可能。

使い勝手の良さから利用継続率は99・6％という。歯科医院での利用も増えているといい、医療法人社団福啓会（東京都開業、小野貴庸理事長）と海岸歯科室（千葉市開業、森本哲郎院長）に導入前の課題や導入のきっかけ、導入後の効果、今後の展開を聞いた。

医療法人社団 福啓会

緊急時は内線より早い

――導入のきっかけを教えてください。

医療法人社団 福啓会　インカムを一新しようと、理事長がネット検索で見つけたのがきっかけです。他のサービスとも比較検討しましたが、Buddycomの使いやすさや費用面、担当者の返答の早さが導入の決め手になりました。利用端末となるスマホはBuddycomと一緒に導入しています。

――インカムを一新しようと思った理由は。

医療法人社団 福啓会　端末とイヤホンマイクが大きくて重いため持ち歩きづらく、使用時に耳が痛くなるのが難点でした。また、通信範囲が狭く、音声がプツプツと途切れがちで、充電もすぐに切れてしまい業務に支障が出ていましたし、充電器も大きく、ある程度の保管場所も必要でした。

――Buddycom導入後は。

医療法人社団 福啓会　導入前の課題が全て解決されました。専用アプリをスマホにインストールすれば運用できますし、ネット接続ができる場所ならどこでもつながります。スマホなので持ち歩きと充電も楽になりましたし、保管場所も不要で、何より通信が途切れないのがうれしいです。

どの場所でもつながるので、人探しなど1日1時間以上の作業時間が削減され、業務の効率化にもつながっています。1時間あれば患者さんの対応人数を増やすこともできます。それから、患者さんの受付業務から問診、施術、会計までのプランが立てやすくなり、スタッフ一人ひとりが時間意識を持って行動できるようになりました。

押して通話の開始と終了ができる市販のイヤホンマイクとセットで使っているので、手を止めずに作業できるのも便利です。特に新人教育にお勧めで、物の配置や電話対応などでの不明点や確認事項をその場ですぐに聞けるため、スムーズに職場に慣れることができます。聞きたいことを忘れずにその場で聞けるので、全スタッフの安心にもつながっています。

当会の中で大型医院となるオーラルプロポーションクリニック歯科&矯正歯科には7部屋にユニットがあり、分刻みで患者さんが出入りしますが、Buddycomを使った情報連携で、臨機応変に間違うことなく患者さんをユニットに案内できています。

他にも、受付での患者さんへの説明内容に間違いがあった際には、別のスタッフがBuddycomを通して内容の訂正をするといったこともできるようになりました。

患者さんには聞かれたくない業務上必要なやり取りを、患者さんに聞かれずに行えるのは、患者さん対応の質の向上につながっていると思います。

それから、緊急時には内線よりBuddycomで話した方が早いので、理事長に急用がありすぐに電話が欲しい時にも使っています。

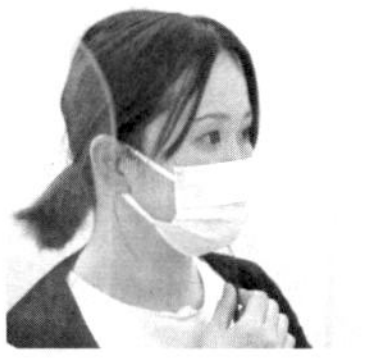

スマホアプリのため持ち歩きと充電が楽に

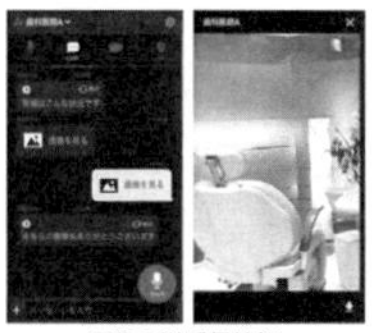

画像の送受信機能

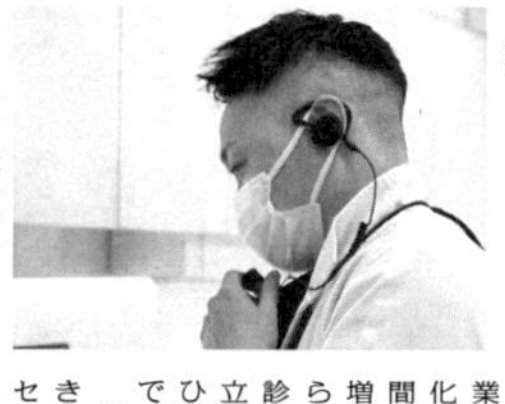

Buddycomを使った情報連携で患者さんの誘導もスムーズに行える

【8階での利用】

基本的な業務オペレーションはBuddycomで会話します。名前を先に伝えてから次のような内容も話します。

<歯科医師>

薬の指示、質問に対する回答、患者さんに伝え忘れたことがあった際には受付に共有など

<歯科衛生士・歯科助手>

点滴麻酔をかける際、薬を追加する時に歯科医師への確認など

<受付>

患者さんが来院した際や、会計時の患者さんに対する説明の確認など

【7階での利用】

Buddycomが1台設置されており、歯科技工士や他のスタッフ全員が8階からの情報共有をスピーカーのようにして聞いています。

インプラント手術の際は、8階のスタッフが「あとどれくらいで終わりますか？」とオペの進行状況を確認することもよくあります。フロアが違っても、問題なく使えています。

海岸歯科室

スタッフ増加で導入

――導入のきっかけを教えてください。

海岸歯科室　当院は医療法人社団康樹会（こうきかい）の3軒目で、昨年11月に開院しました。当院の開院に合わせて康樹会全体でBuddycomを導入しています。

康樹会の二つの医院の診療室がフロアで分かれていたこともあり、開院前の2軒の医院では他社製のインカムアプリを使っていたのですが、当院の開院によるスタッフ数の増加に伴い、インカムアプリの利用者数が増えても料金体系が変動しないサービスを探したところ、FacebookでBuddycomを知ったのが導入のきっかけです。

――導入前の課題は。

海岸歯科室　トランシーバー利用時は、「フロアが変わると電波が入らない」、他社インカムアプリ利用時は、「30ID以上の利用になると単価が高くなる」「音声が聞き取りにくいことがある」「バッテリーが午後まで持たず、充電管理が大変」などがありました。

――Buddycom導入の決め手や導入後は。

海岸歯科室　導入前と同じようにスマホでインカムアプリを使いながら、「利用者数が増えても料金体系が変動しない」ことに加え、「イヤホンマイクのバッテリーが1日（業務時間中）持つ」「翻訳機能が使える」の2点が導入の決め手となりました。

登録方法も簡単で、スタッフ全員がスムーズに使い始めることができています。

当院では、受付、歯科助手、歯科衛生士、歯科医師が同じグループで会話しているので、院内の動きを全員で把握できるようになりました。

ちなみに、今のユーザー数で以前使用していたインカムアプリと比較すると、毎月のランニングコストは一人当たり約1400円安くなります。

スマホとイヤホンマイクはどちらも1日2回充電しなければならなかったのが、Buddycomでは1日中持つようになったので、以前のように「業務中に使えなくなる」「休憩中に充電しないといけない」といった問題もなくなり、スタッフのストレスも緩和されています。

◇◆◇

――院内での具体的な使い方は。

海岸歯科室　受付では来患があるとBuddycomを通じて診療室にいるスタッフに伝えているほか、外線電話の内容を院長に伝える時にもBuddycomを使っています。診療室内では、院長、歯科助手、歯科衛生士の処置の引き継ぎや、患者さんの治療後のお会計を受付に知らせる際などに使用しています。

Buddycom上のチャット機能を利用しなくても、文字起こし機能で会話をテキスト化して読み返せるのは非常に便利ですね。それから、画像の送受信機能が備わっているので、わざわざ他アプリを開いて画像を送らずに済んでいますし、中国国籍の患者さんが来院した際には、翻訳機能を活用したいと思います。

――今後の展開は。

海岸歯科室　今は個人のスマホでBuddycomを使ってもらっていますが、個人情報やセキュリティ関係も考慮し、社用のスマホを貸与する予定です。

将来は全ての医院をBuddycomでつないで情報連携したいと考えています。拠点間の患者さんの移動や担当医の異動の際には、Buddycomでカルテの共有なども行い、時短や効率化を図っていきたいです。また、歯科医師同士の症例の相談にも個別通話機能で利用したいですね。

それから、人材不足に対応できるよう、今は機器の運搬ロボットの導入を検討中で、将来は受付の無人化や運搬ロボットとBuddycomが連携できたら素晴らしいですね。

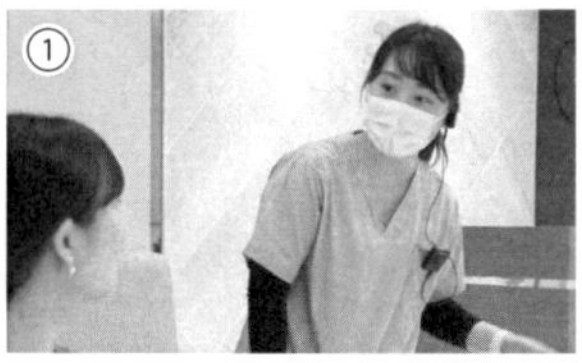

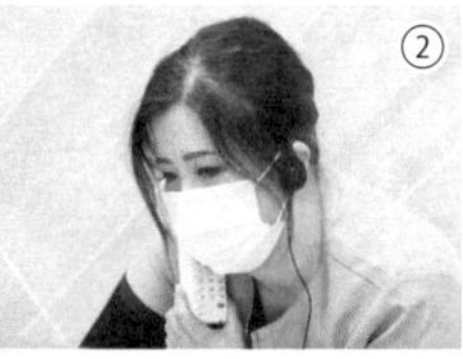

①②全員が院内の動きを把握できる
③会話はテキスト化されるので後から読み返せる

2024年に注力する会務・事業

4〜6面

国民の健康寿命の延伸に寄与して、超高齢社会で諸課題を抱える日本の活性化の鍵を握っているのが地域歯科医療保健と言える。その地域歯科医療保健を支えている都道府県歯科医師会の会長に2024年に注力する会務や事業、オススメご当地グルメなどを聞いた。

※当初掲載予定だった1月16日付用に、昨年提供していただいた原稿を主に使用しています。

質問項目

①2024年に特に力を入れたい会務・事業とその理由

②他県から来訪時にオススメのご当地グルメ

北海道　「道歯DX」で持続可能な会務を

藤田 一雄 会長

① 会員数の減少と高齢化に伴い異次元的な会費収入の減少が続いていることから、毎年10%のマイナスシーリングを目標に予算を捻出している。

その一環として、「道歯DX」と称し「ペーパーレス化の推進―シャチハタクラウドの利活用」と「会員に対するDX対策―オンライン資格確認・オンライン請求・診療報酬改定DXについて解説したリーフレット配布」などを実行している。

会員本位の身の丈に合った持続可能な会務運営を目ざしていく。

② 「ジンギスカン」「カニ」「ラーメン」

青森　フッ化物応用で「短命県返上」へ

福士 賢治 会長

① ワーストを継続している本県の子供たちの口腔の健康向上のため、県行政と共に小中学校での集団フッ化物洗口推進の取り組みが始まりました。

学校での実施は個人の事情に左右されず平等なむし歯予防の機会が与えられると共に、教育により生涯にわたる健康づくりの基礎を培うことができます。

それは家族を引き入れ、次世代へのつながりも期待され本県が掲げる「短命県返上」に寄与する未来を見据えた取り組みであるため、全県での実施を目標に注力して参ります。

② 「味噌カレー牛乳ラーメン」

宮城　会員医院の経営安定が不可欠

細谷 仁憲 会長

① 会員の歯科医院経営の安定化（受診率向上、社保対策、医療管理対策、協同組合と連携した財政基盤の強化を図り、会員の会費等の負担軽減）

長年にわたる国の歯科医療費抑制政策に加え、最近のコロナ禍による受診控え、物価高騰等により、歯科医院の経営はますます厳しさを増し、安心・安全な歯科医療の提供が危うくなっています。県民への必要な歯科保健医療普及向上に携わる歯科医師を代表する公益団体として必要な役割を果たす事業活動を遂行していくためには、本会の事業活動を担う会員の医院の経営安定が不可欠。

② 「仙台牛タン焼きの食べ比べ」「冬の仙台セリ鍋」

茨城　フッ化物洗口を積極的に推進

榊 正幸 会長

① フッ化物洗口の推進

本県では、むし歯のある子供の割合が全国平均を上回っています。その対策として就学前施設や学校におけるフッ化物洗口の普及拡大を進めていますが、地域により取り組みの差があり、今後一層の推進を図る必要があります。本年も、関係者への丁寧な説明によりフッ化物洗口の効果や安全性への理解を広めるとともに、実施施設への支援を積極的に行うことで、子供たちの健康格差の縮小、歯科口腔保健を通じた県民の健康寿命の延伸を目指していきます。

② 「あんこう鍋（茨城県の冬の味覚）」、お土産には「干しいも」

栃木　歯科衛生士の支援事業に注力

大野 克夫 会長

① 歯科衛生士の需給問題。栃木県内では20%強の診療所で歯科衛生士が居ない状況です。歯科疾患の重症化予防のための継続的な口腔管理という診療の流れや、オーラルフレイル予防などの口腔機能管理の推進にとって、歯科衛生士の存在は欠かせないものであります。再就職支援事業や、結婚・出産・育児等のライフステージの変化に対応すべく雇用側の労務管理講習、歯科衛生士学校との連携強化を推進し、是非就業人口を増やしたいと考えております。

② 「宇都宮餃子」「佐野ラーメン」「かんぴょう巻（寿司）」「イチゴ」「日光ゆば」「ちたけ蕎麦」

群馬　人生100年時代の県民を支援

村山 利之 会長

① 現在、新型コロナウイルス感染症の5類への移行に伴い、社会全体がコロナ以前に戻りつつあります。今後、健康寿命延伸へ向けコロナ後を見据えた新たな対策が必要となって参ります。当会では、引き続き県民の皆さまに健康を維持していただくため、毎年6月の「歯と口の健康週間」で口腔ケアの重要性を発信しているほか、県民公開講座などを通じて人生100年時代に向けたサポートを行っています。健康で幸せな長寿社会を目指して、今後も歯科口腔保健の推進に取り組んで参ります。

② 「水沢うどん」「焼まんじゅう」「おっきりこみ」「ソースかつ」「峠の釜めし」「登利平上州御用鳥めし弁当」「みそパン」「キングオブパスタ」

埼玉　会員との情報共有ツールが必要

大島 修一 会長

① 今年の大きな目標の一つを上げるとすれば、会員と情報を共有出来る互いに発信受信出来るツールを作ること。現在ホームページ、月末の紙媒体の定例発送、パソコン・スマホ等を利用しているが、その情報伝達手段を見直す。全ての会員が県歯科医師会をより近く感じ、参加意識を持てる為。

② 「うどん」「鰻」「草加せんべい」「さつま芋」「深谷ネギ」「日本酒とウイスキー」「料理をおいしくするおもてなしの心」

千葉　8029運動や技工士確保に努力

大河原 伸浩 会長

① 2024年新春を迎えるにあたり、みなさまにおかれましてはますますご壮健のこととお慶び申し上げます。

さて千葉県歯科医師会が行っている多くの事業の中で、本年注力する事業として、会員の社保対策事業（医療DX対応を含む）、未入会対策事業、障害者歯科事業、オーラルフレイル予防事業（8029運動）、口腔がん健診事業、技工士人材確保事業（厚労省補助事業）を挙げたいと思います。特に独自に行っている8029運動や技工士人材確保事業については、一応の成果を上げるべく頑張る所存です。

東京　大学生や企業への健診を充実

井上 惠司 会長

① 令和6年は、昨年10月に竣工した「収益不動産事業」の収益を利用して、新事業である大学生や企業に対しての無料歯科健診をさらに充実した展開を検討しています。最終目標は会員診療所での歯科健診の実施を目指していきたいと考えています。

また、国民の健康寿命延伸のため、地域歯科医療に邁進してまいります。さらに、社会貢献事業についても積極的に取り組んでいきたいと考えております。

新潟　歯科保健・医療の偏在を防ぐ

松﨑 正樹 会長

① 昨年に引き続き厚労省事業、「歯科医療提供構築推進事業」について、三つのワーキングチームを継続して予算措置等一層充実し具体的に勧めていく。合わせて昨年開設した情報サイト「カフェテリアサイト」内に、「事業継承プロジェクト」を進化させ、地域歯科保健・医療の充実と偏在を防ぐ。

花角新潟県知事が掲げている「健康立県にいがた」の実現に向けて、ヘルスプロモーションプロジェクト「デンタルケアあなたの歯のプロを」を一層周知し、知事はじめ多方面から議論し県民の健康に貢献する。

② 「新潟産えだまめ」「ル レクチエ」「越後姫」「のどぐろ（アカムツ）」「南蛮エビ」「越後本ズワイカニ」「日本酒」

福井　学校でのフッ化物洗口に挑戦

近藤 貢 会長

① 「学校保健統計調査」において、12歳児のう蝕罹患では毎年下位群に属する福井県。打開策の一つとして、幼保園で実施のフッ化物洗口を小中学校でも継続しようと長年試みてきたが、教育委員会の協力が得られず実施困難であった。しかし知事と懇談する中でその重要性をご理解いただき、一気に前進の機運となった。学力・体力の面で全国トップクラスを維持する福井県だが、子供の歯・口の健康の面でも上位群を目指したい。

② 「ソースカツ丼」「おろしそば」

都道府県歯 会長に聞く

山梨

会員のフォロー体制を充実

吉田 英二 会長

① 事業計画として、次の4本の柱を軸に取り組む
1. 県民への歯科保健の推進と啓発
2. 行政・事業所などに対する働きかけ、歯科保健医療推進のための環境整備
3. 会員の経営基盤の安定
4. 本会及び関連組織の将来を見据えた会務運営

令和5年度ではマスメディアを活用し県民への情報提供を主にしたが、令和6年度では診療報酬改定を踏まえた対応を主に会員への情報提供を行う予定でいる。また、それに伴い急速に進む医療DX化、各種申請等のデジタル化などに対応するため、会員への情報提供、及びフォロー体制を充実させる予定でいる。

愛知

フレイル予防につなげる

内堀 典保 会長

① 謹んで新春の祝詞を申し上げます。愛知県歯科医師会では、昨年の4月より口腔機能検査と口腔がん検診の2つの事業を愛知歯科医療センターにて実施しています。これをさらに充実させ、県民の口腔機能向上に寄与してフレイル予防と健康長寿につなげていきます。また、愛知県歯科医師会が提唱して東海4県統一の診療所型歯科健診票が実現しましたが、さらに愛知県歯科医師会がリードして全国統一の歯科健診票作成の実現を目指します。

②「手羽先」「ひつまぶし(うなぎ)」「味噌煮込みうどん」「味噌カツ」「きしめん」「あんかけパスタ」

兵庫

会館のリノベーションを検討へ

橋本 芳紀 会長

① 兵庫県歯科医師会館が築50年を超え設備も老朽化してきているので、建て替えあるいは耐震補強リノベーションをする必要があります。数年前から検討をはじめ、代議員会の特別委員会からは新築の答申をいただいていたのですが、最近の建築費用の高騰をうけ、予定通りの規模・工程では事実上不可能となっています。早急に現会館の耐震診断を行い、今年度中に方向性を決めて取り掛からなければなりません。

②「神戸ビーフ」

長野

若手歯科医師の活躍を支援

伊藤 正明 会長

① 令和6年は「後期高齢者歯科口腔健診受診促進」と「若手歯科医師活躍推進」の2点を重点に掲げています。

高齢化が進む中、後期高齢者歯科口腔健診から定期的な歯科健診受診につながれば、健康寿命の延伸が期待できます。関係各所と連携して啓発・広報活動等を充実してまいります。

また、今後歯科医師数は減少していきます。今後を担う若手会員の意見をお聞きし、積極的な事業参加を促すために意見交換会等を開催し、時代に即した歯科医師会となるべく取り組んでまいります。

②「信州そば」「おやき」「昆虫食」「馬刺し」等

三重

歯科衛生士の確保目指す

稲本 良則 会長

① 新年のごあいさつを申し上げます。今年は、より多くの方々に歯科医療の重要性を理解していただくため、時代の変化に対応したデジタルコンテンツを充実し、また、歯科衛生士の不足という課題に対しても、地域医療の支えとなるよう、歯科衛生士の確保とその質の向上に向けた活動を推進してまいります。さらに、生涯にわたる歯科健診(いわゆる国民皆歯科健診)の実現に向け、口腔健康管理の重要性を広く伝えていくことを目指しています。

②「松阪牛」

奈良

会員の平均点数のアップ図る

末瀬 一彦 会長

① 会員の保険診療における学術的なバックボーンの研鑽とともに、診療行為の内容を高め、平均点数のアップを図る。本会設立110周年及び歯科衛生士学校創立60周年を迎えることから伝統の重みを感じるとともに先人たちの功績に感謝し、さらなる発展を目指すように会員の融和と結束力を高める。一人では何もできないが、誰かがやらなければ何も始まらない!

②「奈良漬(寿吉屋)」「三輪そうめん(池利)」「日本酒(今西清兵衛酒造)」、お店「白(TSUKUMO)」「つる由」「塔の茶屋(茶がゆ)」

岐阜

歯科への期待にしっかり応える

阿部 義和 会長

① 口腔の健康が、健康寿命の延伸や医療ニーズの総量を減らすことにつながる可能性が示唆され、その重要性が国民や政府に認識されつつあります。このような高まる歯科への期待にしっかりと応え、歯科医療や口腔保健への理解を得られるように努めていく必要があります。この追い風の中、歯科医療の形態回復から機能回復へのパラダイムシフトを加速させ、健診の受診率向上推進やオーラルフレイル対策まで各歯科医療機関で実践できる医療提供体制の構築に向けて取り組んでまいります。

②「飛騨牛」「鮎」

京都

各方面への歯科健診を推進

安岡 良介 会長

① 人生100年時代、京都府民の健康寿命を延ばすためにはライフステージを通して、きめの細かい歯科保健・医療・福祉施策の適切な展開が必要である。骨太の方針に「生涯を通じた歯科健診に向けた取組みの推進」が謳われ、京都府歯科医師会としても昨年度はモデル事業として大学における歯科健診を実施した結果、歯石沈着、歯肉炎症、顎関節症が多くの大学生で確認できたことから、2024年度においても多くの大学で歯科健診を実施するとともに、企業に勤務する方へは歯科医院での個別歯科健診の推進に努めることにより、歯科健診の必要性を訴えていきたいと考えている。

②「おばんざい」

島根

歯科医師不足の問題に対応

内田 朋良 会長

① 新年あけましておめでとうございます。

新型コロナウイルス感染症への対応に追われた近年でしたが、2024年を迎え本年は災害対応を中心とした県民公開講座を行政関係も含め開催をいたします。歯科医師不足が深刻な状況であり、中山間地域だけでなく都市部でも大きな問題となってきております。このことについても関係機関等と早急に対応したいと考えております。

②「出雲そば」「仁多米」

静岡

全身疾患との関係を見える化

平野 明弘 会長

① 歯周病と全身疾患との関連性の見える化事業

医科歯科連携は、がん医科歯科連携は少し進展しているが、本来の歯周病と全身疾患との関連性の事業展開は、正直、進展が図れていない気がします。そこで、県行政が軸となり、全医科診療所・全薬局・高次医療機関等へのポスターを作成し、掲示をお願いし、県民をはじめ、医科・薬局等を受診している患者さんを含めて、歯周病と全身疾患との関わり、さらにはオーラルフレイル予防についての周知、啓発に結び付くようにしたいです。

②「うなぎ(浜松市・三島市)」「焼きそば(富士宮)」「静岡おでん、とろろ汁(静岡市)」「浜松ぎょうざ(浜松市)」「三島コロッケ(三島市)」「みなみマグロ(焼津)」

大阪

20年迎える夜間緊急歯科診療

深田 拓司 会長

① 2024年で20年を迎える夜間緊急歯科診療は、コロナ禍においても7100日以上にわたり1日も休むことなく、1件の事故もなく診療を続けており、地域の安心・安全を守っております。また、現在も全国一の高い受診率を維持している後期高齢者医療歯科健康診査は、データヘルス計画において世界レベルのデータが集積され、高齢者の口腔健康管理に寄与するとともに歯科診療所への受診にもつながっており、これらのさらなる充実に努めてまいります。

②「たこ焼き」「串カツ」「お好み焼き」「大阪うどん」

岡山

歯科衛生士支援事業に全力

西岡 宏樹 会長

① 歯科衛生士復職支援　歯科医療機関における歯科衛生士の人材不足は慢性的な課題となっています。そこで本県では、現在就労中の歯科衛生士の離職防止対策と未就労衛生士の復職支援を両立する「DHスキルアップセミナー(講演会)」「DH Basic Course(実技実習)」と、再就労を支援する復職マッチング事業(サイト運営)を展開していきます。超高齢社会における在宅診療や高齢者支援を始め、地域歯科保健活動にあたり歯科衛生士に求められる多様化する社会的ニーズに全力で対応して参ります。

②「えびめし(海老がメイン具材の真っ黒な色彩が特徴な炒飯)」「デミカツ丼(デミグラスソースのかつ丼)」「日生カキオコ(牡蠣を具材にしたお好み焼き)」

都道府県歯 会長に聞く 2024年に注力する会務・事業

広島

医療DXへの対応に注力

山崎 健次 会長

① 会長就任時にDX対応を重点課題に掲げ、グループウエア（サイボウズoffice）の導入による会務運営の効率化や本会主催のセミナーをオンラインとのハイブリッド開催するためのスタジオ整備などを行ってきました。本年度は、医療DXへの対応に特に力を入れ、オンライン資格確認等システムの拡充、電子カルテ情報の標準化など、不可避の時代変化に会員が取り残されることの無いようサポート体制を構築していきます。

② 「お好み焼」「牡蠣料理」「こうね」「ウニほうれん」「あなご飯」「広島つけ麺」

福岡

医療提供体制の安定化図る

江里 能成 会長

① 2024年は新型コロナと物価高騰により疲弊した会員への対応に力を注ぎたいと考えています。中でも、本県は2023年4月より公益社団法人へ移行し間もないため公益社団法人として県行政との協力体制を維持しつつ「会員診療所の医療提供体制の安定と継続」につながる事業の実施に力を入れたいと考えております。また、今後の会員数減少や高齢化等に対応できるよう将来を見据えた強固な基礎、基盤作りに取り組みたいと考えています。

② 「ごまサバ」「博多豚骨ラーメン」「辛子明太子」

大分

新会館の建設を検討

脇田 晴彦 会長

① 1. 歯科衛生士不足への対応（歯科衛生士養成学校への入学者増加対策、未就業歯科衛生士の復職支援対策、離職防止対策）

会員から歯科衛生士不足に対する対応を求められているため。

2. 新会館建設に関する検討

現会館が築47年になり、老朽化が進んでいるため。

3. 会員の増強対策（特に勤務医会員の入会促進）

会員数が漸減しているため

② 「豊後水道のフグ」「関アジ」「関サバ」「中津の鱧」「豊後牛」「宇佐の味一ネギ」「とり天」「中津唐揚げ」「干し椎茸（どんこ）」「臼杵せんべい」「かぼす」「麦焼酎」「絣扇貝」

山口

県民のリテラシー向上目指す

小山 茂幸 会長

① 県民の口の健康リテラシーを上げ、人生の最後まで、美味しく食べ、楽しく会話をして、充実した人生が送れるように、『健康と笑顔は口元から』を合言葉に官民連携「健口スマイル推進事業」をさらに発展させ、健口スマイル推進運動として県民に広く浸透させたい。そのために、今までの事業で実証して成果があったものを県全体に横展開することはもちろん、多職種の人々が口腔健康実践のリーダーとなるべく養成を行いたい。

② 「瓦そば」「ふく」

佐賀

オーラルフレイル対策を強化

門司 達也 会長

① 佐賀県歯科医師会として今年はオーラルフレイル対策、加えて高齢の障害者に対する歯科保健サービスを推進したいと考えてます。認知症患者や高齢の独居障害者の方々は自身での口腔内の清掃が困難であり、口腔衛生状況が不良な場合が多いことに加え、口腔周囲の筋組織が調和のとれた運動が行えず、オーラルフレイルが一気に進行することが懸念されています。そこにささやかながら支援をやっていきたいと思います。

② 「佐賀牛」「呼子のイカ」

宮崎

人材の育成と確保に尽力

上窪 高志 会長

① 〈1〉歯科医療従事者（Dr・DH・DT）の育成と確保を進めていく～これからの歯科医療を考えると、コ・スタッフ無しでは患者さんに良質な歯科医療は提供できない。〈2〉R6診療報酬改定への対応～医療DXが進む大きな変革の中で、医療機関が困惑しないように、しっかり情報共有していく。〈3〉各種事業の合理化～SDGsにあるように環境問題への配慮は欠かせない。各種事業で、ペーパーレス・デジタル化を進めていく。

② 「みやざき地鶏」「宮崎牛」「完熟マンゴー」「釜揚げうどん」

愛媛

継続した口腔機能管理を推進

橋本 成人 会長

① 歯科医師等訪問事業の実施

口腔機能管理を行うことにより高齢者施設での肺炎減少、入院患者の口内炎や口腔乾燥など術後合併症の発症減少、在院日数削減という知見があることから、口腔の健康が全身の健康や生活の質の向上につながることが分かってきたので、歯科を標榜していない病院へ歯科医師及び歯科衛生士を訪問させ、入院患者の口腔機能管理を行うとともに退院後の在宅における継続した口腔機能管理の推進を図るため、2023年度から3か年計画で実施している。

② 「鯛めし」「じゃこ天」「焼豚玉子飯」

長崎

会員に優しく、発信力ある組織に

渋谷 昌史 会長

① 「会員に優しく、対外的に強い発信力を持った組織の構築に努める」という執行方針のもと、会員の高齢化も踏まえて、県歯科医師会、郡市歯科医師会が一体となって取り組めるよう、委員会事業のスリム化、効率化を図って参りたい。また、地域歯科医療提供体制を守るため、歯科医師、歯科衛生士の育成、確保対策など、従来から継続している事業について、より実効性の高いものに昇華していきたい。

② 「長崎ちゃんぽん」「皿うどん」「県産酒（日本酒、焼酎、ワイン）」

鹿児島

災害歯科保健医療体制の確立を

伊地知 博史 会長

① コロナも5類相当に移行しこの3年間、この時期に確立されたウェブを利用した会議や研修会も活用しながら会務を執行していきたい。

1. 大規模災害を見据えたデジタル化の推進と災害歯科保健医療体制の確立
2. 歯科衛生士・歯科技工士の確保に対する復職支援、離職防止の強化
3. 歯科医療連携室の啓発ならびに多職種との連携強化
4. 市郡・地区歯科医師会と連携し全県下の小中学校でのフッ化物洗口実施の推進
5. 事業継承問題に対する検討
6. 口腔保健センター事業の充実化

② 「黒豚しゃぶしゃぶ」「さつま揚げ」「焼酎」

高知

全ての会務・事業に全力

野村 和男 会長

① 全ての会務・事業に今迄以上に力を入れたいと考える。業界の疲弊感、先行きの不安感等に対して会員の「業権の確保と経営の安定」を守る為には従前のやり方では限界がきていると感じる。役員・事務局・会員他、総力を結集して将来の歯科界の為に邁進する所存。

② 「皿鉢料理」「鰹のたたき」「鯨料理」「小夏」「新高梨」「芋けんぴ」

熊本

歯周病対策プロジェクトを推進

伊藤 明彦 会長

① 第一に、歯周病対策プロジェクトです。蒲島郁夫熊本県知事の「健康長寿は歯から」のスローガンを基に、口腔内環境を改善することから県民の健やかな人生に寄与すべく、会員並びにパラデンタルへの継続的な研修研鑽によるスキルアップと並行し、県民への周知活動を展開しております。第二に、全国歯科保健大会です。11月2日（土）熊本城ホールにて開催します。テーマは人生100年時代おいしく食べて豊かな人生です。全国の皆様に大会へご参加いただきたいです。

② 「熊本蜂楽饅頭」

沖縄

歯科医療従事者の確保図る

米須 敦子 会長

① 歯科医療従事者の確保事業

本県は他県以上に歯科医療従事者が不足している。今年度は、初めて県行政にも本格的に調査して現況を把握いただいた。歯科医師確保のための受け入れ施設の充実並びに衛生士養成校の整備ならびに歯科技工士養成校の創設にむけて県行政と共に進めたい。

多職種連携

これまで培ってきた個々のつながりを組織につなげて歯科医療が提供できる組織強化の実施

② 「ステーキハウス碧」

日本歯科新聞社の書籍 2023年 年間 売れ筋ランキング

ヒントは
ネットじゃなくて、
本にあるかも

1位

歯科医師・歯科技工士のための
総義歯臨床
保険でも！ここまで咬める！
YouTube 連動版
白石一男
「痛い！」「うまくかめない！」への対応がわかると、咬合治療・管理の実力も格段にアップ！
日本歯科新聞社

歯科医師・歯科技工士のための 総義歯臨床 保険でも！ここまで咬める！ YouTube連動版

白石一男 著 /B5 判 /144 p
【定価】**8,800 円**（税込）

詳しい目次や立ち読みは…

SNS対策をがんばり続けても、定着率に限界があると感じていませんか……。
「入れ歯がうまい歯医者さん！」という口コミは、患者さんの心を強くつかみます！
あらためて「歯科医師としての腕に自信をつけたい」と考えたとき、理論と動画から学べる最適なガイドです。

2位

気づく、備える、つなげる！
MCI・400万人対象
認知症グレーゾーンの
歯科診療と地域連携 Q&A
早期発見で患者さんと医院を守る！

認知症グレーゾーンの歯科診療と地域連携 Q&A

黒澤俊夫 著、工藤純夫 監修 /A5 判 /144p
【定価】**6,600 円**（税込）

詳しい目次や立ち読みは…

「あれ、この患者さん？」と、ちょっと気になる言動が見られやすいのは、受付。そんなときの、**スタッフの対応や、地域連携の方法**が、一冊で分かる本です。

3位

2022年改定対応
歯科訪問診療
多職種連携、必要器具から算定まで

多職種連携、必要器具から算定まで 歯科訪問診療〔2022年改定対応〕

2024年春に改訂版発行予定

前田実男著 /A5 判 /296p
【定価】**5,500 円**（税込）

詳しい目次や立ち読みは…

「外来に来られなくなった患者さんから訪問を頼まれることが増えてきた」。そんなとき、**診療体制から必要な道具、保険算定まで**、まるごと分かる本です。

4位

2022
歯科医院のための
採用マニュアル・ツール集
伊藤祐子
ローコスト採用

歯科医院のための 採用マニュアル・ツール集〔2022年改訂〕

伊藤祐子 著 /A4 判 /80 p
【定価】**5,500 円**（税込）

詳しい目次や立ち読みは…

「スタッフを募集しても、応募がない」「採用した後、連絡が取れなくなった」などは、今や経営者共通の悩み。
院長やチーフが、**採用を成功させる手順**が学べます。

5位

歯科医院のための
成長評価シートとスタッフ面談術
13

歯科医院のための 成長評価シートとスタッフ面談術

濵田真理子 著 /A4判 /96p
【定価】**6,600 円**（税込）

詳しい目次や立ち読みは…

いつの間にか、歯科医院にも、人事評価が求められる時代に……。**スタッフのモチベーションが上がる評価シート**が付いて、スムーズな導入の手助けとなる書です。

ご注文は お出入りの歯科商店、シエン社、日本歯科新聞社（オンラインストア）からご注文いただけます。

日本歯科新聞社　東京都千代田区神田三崎町 2-15-2
TEL 03-3234-2475 ／ FAX 03-3234-2477

令和5年10月の歯科医療費

社保

件数2・9％増　点数2・8％増

社会保険診療報酬支払基金による令和5年10月診療分の総計確定件数は1億1037万6千件、点数1798億3980万2千点で前年同月に比べ件数は6・4％、点数は3・9％それぞれ増加した。

10月の稼働日数は25・0日（うち土曜日4・0日）で、前年同月に比べ0・5日増加している。

歯科の件数は1389万8千件、点数は170億2228万7千点で、前年同月に比べ件数は2・9％、点数は2・8％それぞれ増加した。

医療費全体に占める構成割合は前月に比べ、件数は0・2ポイント下がって12・6％、点数は0・3ポイント上がって9・5％だった。

歯科の診療報酬諸率は1件当たり点数1224・8点、1日当たり点数820・9点、1件当たり日数1・49日で、前年同月に比べ、1件当たり点数は0・03％減、1日当たり点数は1・8％増、1件当たり日数は1・8％減少した。

医科の入院と入院外の合計は件数5721万2千件、点数1242億1678万7千点となり、件数は前年同月に比べ2・9％増加し、点数は1・6％増加した。

入院外は件数5638万件、点数759億7200万1千点で、前年同月に比べ件数は3・5％、点数は2・8％それぞれ増加した。

調剤は件数が3899万1千件、点数が386億72万9千点で、前年同月に比べ件数は13・5％、点数は12・6％それぞれ増加している。

国保

市町村の金額　1・5％減少

国保中央会がまとめた令和5年10月診療分の総医療費は市町村国保と国保組合、後期高齢者を合わせて2兆4595億円で、うち後期高齢者分は1兆5749億円だった。

10月の稼働日数は23・0日（平日21・0日、土曜日2・0日）で、前年同月と比べて0・5日増加している。

歯科医療費は市町村が581億円で、対前年同月比で1・5％減少。組合は50億円で1・1％増加。後期高齢者は654億円で7・8％増加した。

件数は市町村が431万件で1・5％減。組合は39万件で0・3％増。後期高齢者は452万件で8・4％増となっている。

市町村の歯科1人当たり医療費は2452円で3・3％増、1人当たり日数は0・30日で2・2％増、1日当たり医療費は8116円で1・1％増。

組合の歯科1人当たり医療費は1924円で3・7％増、1人当たり日数は0・23日で1・4％増、1日当たり医療費は8255円で2・3％増加した。

後期高齢者の歯科1人当たり医療費は3357円で4・2％増、1人当たり日数は0・41日で3・5％増、1日当たり医療費は8234円で0・6％増加している。

また市町村国保と国保組合を合わせた医療費の入院は3219億円（対前年同月比3・8％減）、入院外3178億円（0・3％減）、調剤1549億円（1・3％増）、後期高齢者分は入院7555億円（1・1％増）、入院外4599億円（6・7％増）、調剤2377億円（6・9％増）だった。

〈社保〉診療種別支払確定件数及び点数

（令和5年10月診療分）

診療種別		件数 千件	対前年同月比 %	構成割合 %	点数 千点	対前年同月比 %	構成割合 %
総計		110,376	106.4	100.0	179,839,802	103.9	100.0
医科	計	57,212	102.9	51.8	124,216,787	101.6	69.1
	入院	831	75.0	0.8	48,244,785	99.9	26.8
	入院外	56,380	103.5	51.1	75,972,001	102.8	42.2
歯科		13,898	102.9	12.6	17,022,287	102.8	9.5
調剤		38,991	113.5	35.3	38,600,729	112.6	21.5
食事・生活療養費		666	96.8	0.6	－	－	－
訪問看護療養費		276	116.6	0.3	－	－	－

（注）件数の総計は、食事・生活療養費を除く数値。点数の総計は、食事・生活療養費、訪問看護療養費を除く数値。社会保険診療報酬支払基金の統計月報を基に本紙で集計したもの。数値は四捨五入

〈社保〉歯科診療報酬諸率

（令和5年10月診療分）

区分		1件当たり点数（点）	1日当たり点数（点）	1件当たり日数（日）
合計		1,224.8 (100.0)	820.9 (101.8)	1.49 (98.2)
医療保険	計	1,236.5 (99.9)	817.7 (101.8)	1.51 (98.1)
	被保険者（65歳未満）	1,295.4 (98.9)	825.7 (101.5)	1.57 (97.4)
	被扶養者65歳未満（未就学者を除く）	1,149.5 (101.3)	808.5 (102.5)	1.42 (98.8)
	被扶養者（未就学者）	934.9 (100.9)	803.0 (102.3)	1.16 (98.6)
	被保険者65歳以上70歳未満	1,329.4 (99.1)	802.9 (100.9)	1.66 (98.2)
	被扶養者65歳以上70歳未満	1,307.9 (100.1)	793.5 (101.2)	1.65 (98.9)
	高齢者７割	1,298.4 (100.7)	787.6 (101.8)	1.65 (98.9)
	高齢者一般	1,377.6 (99.4)	812.2 (100.6)	1.70 (98.8)

数値は四捨五入。カッコ内は対前年同月比（％）

〈社保〉支部別歯科診療報酬等支払確定状況

（令和5年10月診療分）

支部別	件数（件）	日数（日）	点数（千点）	金額（千円）
令和5年8月	13,769,913	19,879,403	16,364,961	108,998,354
令和5年9月	13,567,038	20,006,591	16,438,583	110,965,461
令和5年10月	13,897,647	20,736,408	17,022,287	114,863,582
北海道	481,851	786,731	672,369	4,608,271
青森	101,607	161,428	131,706	890,361
岩手	92,875	144,074	119,876	857,006
宮城	236,617	344,152	275,268	1,903,863
秋田	83,609	126,440	109,763	733,311
山形	96,397	134,986	111,521	798,430
福島	167,498	257,463	196,891	1,376,573
茨城	294,565	438,318	340,732	2,200,737
栃木	213,257	319,524	232,620	1,545,562
群馬	176,008	273,454	199,587	1,427,870
埼玉	837,319	1,232,566	912,058	6,030,553
千葉	728,329	1,056,679	858,107	5,640,641
東京	1,896,405	2,812,901	2,272,113	15,244,582
神奈川	1,078,153	1,604,990	1,352,216	8,976,725
新潟	218,485	318,495	262,438	1,700,380
富山	115,338	162,309	125,297	816,243
石川	108,785	160,459	127,936	844,832
福井	73,422	106,466	84,370	551,067
山梨	87,077	127,740	97,303	640,115
長野	203,024	287,026	229,581	1,510,069
岐阜	209,719	295,182	241,465	1,724,410
静岡	327,842	487,621	379,491	2,698,787
愛知	870,510	1,244,057	1,073,979	7,684,248
三重	186,252	258,516	209,326	1,426,474
滋賀	159,654	225,872	177,996	1,156,921
京都	234,387	351,515	303,465	2,164,322
大阪	1,164,641	1,785,605	1,609,599	10,739,589
兵庫	644,338	934,474	814,198	5,376,610
奈良	120,380	178,526	140,648	976,327
和歌山	91,133	136,638	110,510	724,506
鳥取	56,242	83,890	67,350	439,521
島根	54,194	78,475	66,099	474,476
岡山	225,797	317,714	289,147	1,880,432
広島	307,180	454,844	384,408	2,556,536
山口	119,539	182,954	146,099	1,044,330
徳島	82,821	123,599	102,435	650,625
香川	119,449	171,410	148,434	945,984
愛媛	113,952	172,785	131,685	948,232
高知	57,398	87,172	69,161	485,567
福岡	615,166	991,482	802,955	5,299,631
佐賀	87,790	136,618	102,799	677,983
長崎	130,622	192,638	159,099	1,061,616
熊本	168,483	258,167	207,241	1,435,689
大分	97,152	153,676	122,659	818,822
宮崎	100,851	158,573	124,603	819,062
鹿児島	138,678	226,413	166,481	1,194,976
沖縄	122,856	191,791	159,199	1,160,714

【予告】

小児口腔発達学会　初の学術大会開催　3月に都内で

日本小児口腔発達学会（井上敬介代表理事）は3月31日、第1回学術大会を東京都港区の虎ノ門ヒルズフォーラムで開催する。テーマは「Growth Optimizationを目指して～小児の健全な成長発達の支援者が集うプラットフォーム」。

シンポジウムでは、未来歯科院長の川邉研次氏、ixi理事長の安部秀弘氏、はなだ歯科クリニック理事長の花田真也氏が「ライフステージにおける小児口腔発達の最適化」をテーマに講演するほか、口腔機能支援士（OFS）取得セミナーなどが開かれる。

詳細は公式ホームページまで。

愛知県歯科医学大会

笑顔の溢れる健康長寿を目指して　～めざす健康、かなえる健口～

主催　（一社）愛知県歯科医師会
共催　（一社）愛知県歯科技工士会
（公社）愛知県歯科衛生士会
東海歯科用品商協同組合

２月17日（土）

会場	時間	内容
1階	12:00～18:30	受付・登録
1階受付前	11:30～11:50	愛知県歯科医学大会 第47回中部日本デンタルショー　テープカット
2階 第1ファッション展示場	12:00～19:00	ワークショップ （一社）愛知県歯科医師会 「愛知県歯科医師会による肝疾患啓発」コーナー 「閉塞性睡眠時無呼吸」コーナー 「りっぷるくん、りっぷるとれーなー」コーナー 「イルミスキャンⅡ」コーナー 口腔内装置専用洗浄剤【デンタルラボ】 「口腔機能低下症検査機器体験」コーナー （一社）愛知県歯科技工士会 ＡＤＴＡトレーニングセンター第９期技工作品展示 技工製作物展示 （公社）愛知県歯科衛生士会 学術大会「第18回　会員ポスター展示」
		第47回中部日本デンタルショー
		第47回中部日本デンタルショー「歯科に関する本なんでもコーナー」
	15:00～16:30	東海歯科用品商協同組合企画講演 15：00～15：45 ①ソムノメッドジャパン㈱　分離型 口腔内装置の利点・特徴 15：45～16：30 ②㈱NDC　ノーファイバー式エルビウムヤグレーザーライトタッチの優位性の説明
	12:00～19:00	第36回デンタルファミリー余技総合展
1階 吹上ホール	12:00～19:00	第47回中部日本デンタルショー

［注］１．受付は１階にて行いますので、必ず登録のうえ入館証をおつけ下さい。
２．駐車場（有料）は有りますが、台数に限りがございますので、公共交通機関のご利用をお願いします。

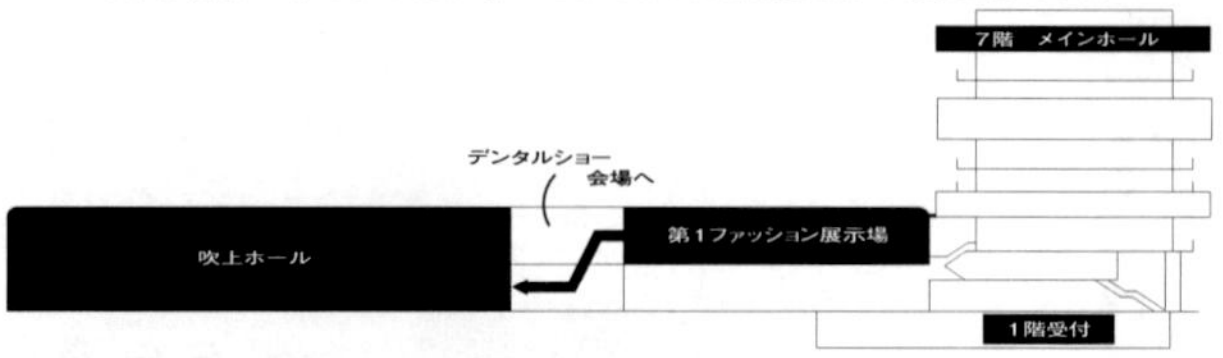

２月18日（日）

会場	時間	内容
1階	9:00～16:00	受付・登録
7階 メインホール	9:10～9:40	愛知県歯科医学大会講演会開会式
	9:50～11:10	（一社）愛知県歯科医師会講演１ 演題「その“痛み”本当に歯が原因ですか？ －口腔顔面痛の発症機序－」 講師　日本大学歯学部生理学講座　教授　篠田雅路 先生
	11:20～12:40	（一社）愛知県歯科医師会講演２ 演題「卒後に学ぶブラキシズム」 講師　昭和大学歯学部歯科補綴学講座　教授　馬場一美 先生
	12:50～14:10	（公社）愛知県歯科衛生士会講演 演題「歯周基本治療の効果を最大限に発揮するためには」 講師　日本歯科大学生命歯学部歯周病学講座 日本歯科大学附属病院総合診療科　准教授　関野愉 先生
	14:20～15:40	（一社）愛知県歯科技工士会講演 演題「“創”義歯建築家になる為のDenture Designの原則」 講師　一般社団法人　日本補綴構造設計士協会　会長 公益社団法人　群馬県歯科技工士会　会員　川島哲 先生
2階 第1ファッション展示場	9:00～16:30	ワークショップ （一社）愛知県歯科医師会 「愛知県歯科医師会による肝疾患啓発」コーナー 「閉塞性睡眠時無呼吸」コーナー 「りっぷるくん、りっぷるとれーなー」コーナー 「イルミスキャンⅡ」コーナー 口腔内装置専用洗浄剤【デンタルラボ】 「口腔機能低下症検査機器体験」コーナー 「税務相談」コーナー（10：00～15：00） （一社）愛知県歯科技工士会 ＡＤＴＡトレーニングセンター第９期技工作品展示 技工製作物展示　カービングコンテスト （公社）愛知県歯科衛生士会 学術大会「第18回　会員ポスター発表」「出張　なんでも相談」
	9:00～16:30	第47回中部日本デンタルショー
		第47回中部日本デンタルショー「歯科に関する本なんでもコーナー」
	10:00～15:15	東海歯科用品商協同組合企画講演 10：00～10：45 ①タカラベルモント㈱　メインテナンス患者月間1,300人が来院する歯科医院が実践する患者とスタッフへの行動変容術 10：45～11：30 ②㈱ナカニシ　ハイジーンワークを効率よく短時間で行うためのパウダーテクニック 11：30～12：15 ③㈱松風　2020年保険収載されました「小児口唇閉鎖力検査」、「口腔粘膜蛍光観察加算」の関連製品である「りっぷるくん」、「イルミスキャンⅡ」のご紹介 12：15～13：00 ④クルツァージャパン㈱　年間サブスクリプション CADソフトウェア「イプソキャド」について 13：00～14：30 ⑤YAMAKIN㈱　ア・ウーノとヤマキンのエッチングシステム
	9:00～16:30	第36回デンタルファミリー余技総合展（茶席11：00～15：00）
1階 吹上ホール	9:00～16:30	第47回中部日本デンタルショー

愛知県歯科医学大会は日歯生涯研修事業です。
特別研修10単位および各コーナー、講演で研修単位は取得できます。
日歯生涯研修ICカードを必ずご持参ください。

※愛知県歯科技工士会生涯研修（自由課程）２単位となります。［開催コード　99－82301］

会場案内

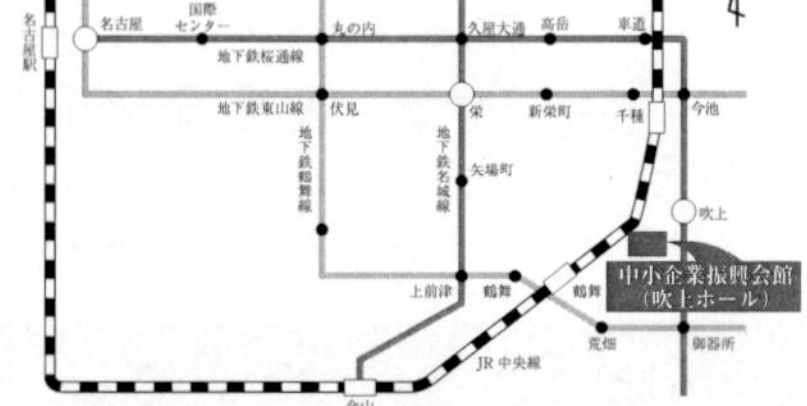

※駐車場（有料）は有りますが、台数に限りがございますので、公共交通機関のご利用をお願いします。

公共交通機関のご案内
■地下鉄　桜通線
「吹上」下車（5番出口）徒歩5分
■市バス
名古屋駅発
⑰田代本町ゆき「吹上」下車
栄発
⑰名古屋大学前ゆき「吹上」下車
⑯田代本町ゆき「古井ノ坂」又は「地下鉄吹上」下車
⑱妙見町ゆき「曙二丁目」下車
■ＪＲ中央線
「鶴舞」下車　タクシー　5分　徒歩　15分
「千種」下車　タクシー　10分

中小企業振興会館
（吹上ホール）
名古屋市千種区吹上二丁目6番3号
電話（052）735－2111

日歯医学会

歯学の発展目指し「集い」

新規歯材テーマの講演など

日本歯科医学会（住友雅人会長）は1月26日、第39回「歯科医学を中心とした総合的な研究を推進する集い」を、東京都千代田区の歯科医師会館で開催した。歯科医学の発展のために、ジャンルを越えた研究者同士が自由に意見交換をすることを目的としたもので、七つの講演やポスターディスカッションが行われた。

「歯周病、歯の喪失、咀嚼機能障害等、病態別に異なる認知症増悪メカニズム」では日本歯科大学新潟生命歯学部高齢者医療学の道川誠教授が登壇した。関連性が認められている歯周病と認知症に関して、因果関係をマウス実験で検証。その結果、歯周病はアルツハイマー病の原因分子アミロイドベータを増悪させることを確認し、歯周病が認知症の発症を早めることを明らかにした。同氏はさらに、抜歯についても認知症との関連性を調査。その結果、抜歯ではアルツハイマー病の分子病態には影響を及ぼさなかった一方で、海馬の神経細胞脱落の誘導を確認できたと報告した。

道川氏

「キトサン含有新規抗菌歯科材料の開発に向けた、口腔内微生物に対するキトサンの抗菌活性と有用性の探索」では鹿児島大学学術研究院医歯学域歯学系歯科保存学の三浦涊毅助教が登壇した。

口腔内での抗菌性材料として、甲殻類由来のキトサンの抗菌活性に着目。カンジダ培養液をキトサン処理群と非処理群に分け、生菌数を比較したところ、処理群で優位に菌数が少ないことを確認した。また菌の発現遺伝子量を計測した結果、有意な発現量低下を認めた。他にも同氏はキトサンに、「安価で大量に生産可能」「廃棄処理される海産物の利用が可能」などをあげ、歯科治療への応用の可能性を示した。

三浦氏

日大歯同窓会 横江会長

「日大のブランド化を」

新年会で抱負

日本大学歯学部同窓会（横江順会長）は1月28日、新年懇親の集いを東京都港区のホテルオークラ東京で開催した。

横江会長＝写真＝はあいさつで、能登半島地震の被災者へのお見舞いの言葉を述べた後、同会でも義援金募集を開始したことを報告した。また、これまでの自身の会長職を振り返り、現執行部のテーマ「継承と創造」について改めて確認。「日本大学のブランド化を目指す」「同窓会が継続できるような財政運営に注力する」「優秀な人材の登用、輩出」を目指していくと述べた。

来賓では、日本大学歯学部の飯沼利光学部長が代表してあいさつ。石川県から入学した生徒2人の無事を報告したほか、昨年に石川県と協定を締結していたことに言及。「歯科医療が被災者に貢献できることは多い。同窓会と力を合わせて復興に向けて尽力していく」と語った。

福岡医療短期大学

歯科衛生士の復職支援

厚労省事業に選定

福岡医療短期大学（田口智章学長）が昨年11月21日に厚労省「令和5年度歯科衛生士に対する復職支援・離職防止推進事業（歯科衛生士技術修練部門初度整備・運営事業）」の事業実施団体に選ばれたことを受け、同大に「歯科衛生士研修支援センター」を開設し、12月28日より研修生の募集を開始している。実施団体の選定はこれが5団体目で、九州地方では初。

平成29年より厚労省が「歯科衛生士に対する復職支援・離職防止等推進事業」を推進。歯科衛生士の未就業者数、歯科診療所等への従事者数が慢性的に不足している課題に対応するべく、育児・介護等によって離職していた歯科衛生士の復職支援および新人歯科衛生士に対する基本的な臨床実践能力の獲得と離職防止の推進を図ることが目的。

同大は、各種関係機関や関係施設等との連携を通して、離職した人材の復職支援や新人歯科衛生士のフォローアップを行う予定。2023年度復職・新人共通プログラムとして、3月7日に「口腔内スキャナーの基本操作」、17日に「小児からの口腔育成」を開催する。募集定員は30人、免許取得者であれば無料で受講可能だ。

◆◇◆

歯科衛生士の求人倍率は22～25倍と高いものの、全国各地で人材不足が深刻化。厚労省調べでは、令和2年度末現在の就業歯科衛生士数は14万2760人で、免許登録者数29万8644人のうち14万2760人が実際の従事者となる。

都日歯大校友会　小野沢会長

「危機管理は想像と準備」

東京都日本歯科大学校友会（小野沢真一会長）は1月27日、東京・飯田橋のホテルメトロポリタンエドモントで新年賀詞交歓会を開催した。新型コロナウイルス感染予防の観点から、例年の希望者が参加できる立食形式ではなく、出席者限定の着座とした。

小野沢会長

冒頭あいさつした小野沢会長は、能登半島地震の犠牲者への哀悼の意と被災者への見舞いの意を伝えた上で、元警視総監で東京オリ・パラ組織委員会でのCSO（チーフ・セキュリティ・オフィサー）を務めた米村俊朗氏の講演で印象に残った言葉として、「（危機管理能力を高めるには）想像と準備が必要」をあげ、「想像力を働かせてどういったことが起きた時にはどういう準備をしておくべきかを常に考えていかなければいけないと言っていた。そのことを胸にこの一年間過ごしていかなければいけないと思う」と話した。

多くの来賓から中原泉日歯大理事長・校友会会頭、藤井一維学長、渡邉儀一郎校友会会長、湯澤伸好東京都歯科医師会副会長、高橋英登日本歯科医師会会長があいさつ。

中原理事長は、現在建設が進められている東京短期大学新校舎の今年10月竣工の予定と、大学病院内の短大だったスペースの利用は、ワークショップの意見徴収などを経て決める方針を伝えた。

藤井学長は今年の大学志願者が昨年より10％程度減少している状況を話し「受験者減は現実。歯科が豊かにならないと、歯科大も豊かにならない」と危機感を表した。

渡邉会長は、能登半島地震の対応等を報告。1月5日に対策本部を設置し18日の委員会で被災4県への見舞金を決定し、石川県校友会の村上英樹会長には渡辺会長が直接届けたと話した。

また石川県内の卒業生が72人、うち能登半島は12人で1人が自宅全壊との被害状況を伝えた。

昨年の各種表彰等で受賞した2人の会員に小野沢会長から記念品が贈呈され、昨年春の叙勲で瑞宝小綬章を受けた小林菊生氏が代表謝辞を述べた。

デンタル 小町が通る

（医）恵寿会 理事長（兵庫県姫路市）
中村喜美恵 ⑩

うれしいご褒美

今年もあわただしく新年を迎え、少し落ち着いてきたころに総社（近くの神社）の初えびす祭がやってきた。福娘を乗せた「宝恵駕籠行列」を先頭に総勢600人が市街地を練り歩く。駕籠（かご）が大きく揺れるほど福を多く振りまくとされ、福娘の乗った駕籠は何度も激しく揺さぶられる。今年は1月14日の日曜日に運よく福娘と出会えて、気持ちの上がる年始となった。

2年前を思い出す。小学生のころから通院してくれているある女性患者が、2021年末の定期検診に受診の際、22年初えびす祭の福娘に選ばれたと報告してくれた。

帰り際に受付で、先生にとメッセージを預けてくれた。それには、きれいな歯並びになって食事が楽しくなったことや、笑顔に自信が持てたことでいろいろなことに挑戦できるようになり、福娘にも選出されたことなどが、感謝の言葉とともに綴られていた。そして同様の手紙は、昨年の年始にも頂戴した。

身に余る内容に胸が熱くなったのを思い出す。非常に物静かで、口数も少ない感じの少女が福娘を務めると聞き、私はうれしくて、初えびす祭の日に差し入れのお菓子を持って総社に駆けつけた。

おとなしくて人見知りだった彼女が、参拝客のリクエストがあると、さっとマスクを外し、すぐさまポーズをとって、写真撮影に応えていた。成長した娘の姿を見るようで目頭が熱くなった。そして昨年3月には、留学することが決まったと、出発前に定期検診に来院してくれた。その時の彼女の表情は、希望と自信に満ちていて、とてもまぶしかった。歯科医師としての患者さんの人生の一助となれれば、歯科医師冥利に尽きる。本当にうれしいご褒美、幸せを感じた瞬間だった。

あれから早一年を迎えようとしている。2月下旬には帰国予定とのこと。さらにまぶしくなった彼女に会えるのが、今からとても楽しみだ。

㊤福娘姿
㊦医院にて撮影

「診療の変遷、指導を」　秋田大・長谷川仁志教授

医学教育の中で、現場で各専門領域の現在までの変遷を指導する必要がある。秋田大学医学部でカリキュラム改革を推進している同大大学院の長谷川仁志教授（医学教育学）が、1月27日に東京都千代田区の二松学舎大学で開催された日本医史学会月例会で指摘したもの。

高血圧、経皮的冠動脈形成術、不整脈、糖尿病の治療を例に、診療ガイドラインが刻々と変化してきた経緯、背景を知ることが、診療の奥深さへの理解につながると強調。卒前教育、生涯学習のいずれにおいても、その分野の疾病と診療の現代史を知るベテラン医師から若手医師への伝承が重要だと述べた。

歯科から質問に立った西巻明彦氏（日本歯科大学）は、医学と社会のより広い歴史を教育する必要性もあるのではないかと指摘。これに対して長谷川氏は、「統合的な医学教育の一環として、それぞれの分野の歴史を伝えるのが重要。診療ガイドラインの変遷の背景を把握していれば、その診療の目的やリスクが深く理解でき、患者にも説明できる」と述べた。

歯周欠損部に3Dプリント

実用化に向け研究

骨欠損、付着喪失が大きい重症の歯周疾患の治療に、3Dプリンターが活躍する時代が近づいている。中国・四川大学のBosen Yang氏らが3Dプリンティングによる歯科医療に関する最新の研究開発状況をレビュー。昨年発表した論文が近未来の歯科医療を示唆するものとして注目を浴びている。

3Dバイオプリンティング技術は、組織再生に関わるコラーゲンを、欠損部に合わせて積層印刷するもので、インクジェット、光アシスト、圧力アシストの三つの方法がある。細いノズルから噴射するインクジェットや圧力アシストでは目詰まりや細胞が死んでしまうリスクがあるが、光アシストでは、正確に再生する組織の構造を再現できる上に、細胞の死亡リスクも低いとされる。

『Collagen and Leather』2023（5）に掲載されたレビューでは、最新のプリント技術の動向や、積層印刷に用いられるコラーゲンを抽出する方法などを解説している。

Yang氏らが紹介した最新の3Dバイオプリンティング技術に歯科国際誌『Dental Tribune』誌も注目。1月17日オンライン版では、論文の概要を紹介するとともに、「治療時に、3Dプリンターの入力操作という工程が加わる」と、近未来の歯科医療像を予測している。

健康のため 脱紛争求む

JAGH

世界の紛争がグローバルヘルスを脅かしている。国際的な健康格差の是正のための学術研究を推進する日本国際保健医療学会（＝JAGH、小林潤理事長）は1月29日、「世界中で紛争が引き起こしている『負の連鎖』を断ち切ろう」とするメッセージを日本語、英語で発信した。

ミャンマー、エチオピア、ウクライナ、スーダン、イスラエル・パレスチナなど各地で大規模な紛争が続いており、「誰ひとり残されない」というSDGsの理念に反し、同学会のミッション「格差の是正・縮小」にも逆行していると指摘。グローバルヘルスに関わる者として、健康の前提条件である平和を希求し、地球上の資源が健康と平和のために適切かつ公正に使われることを訴え続けていきたいとしている。

同学会には、小川祐司氏（新潟大学歯学部教授・予防歯科）、深井穫博氏（深井保健科学研究所代表）ら、国際協力や公衆衛生、災害医療などの教育、研究、臨床に関わる歯科関係者も加盟している。

富士通

従業員7万人に予防歯科

eラーニングで口腔の健康を学ぶ

富士通（本社・東京都港区、時田隆仁社長）は、同社の国内従業員約7万人を対象に、歯と口腔の健康維持・増進に向けた健康教育「歯と口からはじめる健康づくり」を1月26日に開始した。

同社グループはこれまで、歯科分野での健康維持・増進する取り組みとして、年齢階層別の歯科検診や予防歯科セミナーの開催、富士通クリニック歯科（川崎市）を予防メインの医院にリニューアルするなどを実施。今回開始した健康教育では同医院の監修の基、eラーニングで歯と口腔の基礎知識やセルフケアの方法、プロフェッショナルケアの重要性などを学び、予防歯科への理解を深めていく。

今後は、従業員の口腔の健康状態の実態を調査して自己管理を促す健康支援につなげ、「Fujitsu予防歯科クラウドサービス」のう蝕のリスクチェック機能を歯科検診でも活用していく予定。

エンビスタ

歯科用CBCT装置

AI活用ソフトも発売

エンビスタジャパン（＝エンビスタ、本社・東京都品川区、坂野弘太郎社長）は、歯科用CBCT装置「ORTHOPANTOMOGRAPH OP 3D LX」（オルソパントモグラフ OP 3D LX）＝写真＝とAIを活用した付帯ソフトウェア「DTX Studio Clinic」を1日に発売した。「オルソパントモグラフ OP 3D LX」は、直径最大20センチ×高さ15センチと3D撮影領域が広く、3D診断能力を有するパノラマ・CT撮影を標準装備。セファロアーム搭載型モデルも用意。より短いスキャン時間で、両顎関節を含む広範囲な顎顔面領域をスティッチングを使用せずに1回で撮影でき、低被ばくかつ迅速な撮影が可能という。「DTX Studio Clinic」は、患者のさまざまな画像データを一元管理することで検査や診断を円滑に行える。また、AIの活用でマニュアル作業を減らし、業務コストやスタッフの負荷軽減にも役立つ。

問い合わせは0800－111－8600まで。価格は要問い合わせ。

さじかげん【番外編】

鰐淵正機（わにぶちまさき）

「口福」その前後

元日、おとそ気分の午後を突然襲った激烈な揺れ。幸いにも自身が住む地域は北陸にあっても大きな被害を免れたが、震源となった地域は発生から1カ月が経っても被害の全容が掴めない。仕事や旅行で何度も訪れ、身近に感じるだけに、現地からの映像に心が痛む。「能登はやさしや土までも」、古い時代から伝わる言葉だ。優しい心根の人々の土地柄を表していると以前、輪島出身の方に教わった。あらためて、今回の地震で被災された皆様に謹んでお見舞い申し上げるとともに、亡くなられた方々に哀悼の意を捧げる。また、救援支援にあたる皆様に心より敬意を表したい。

報道で、インフラ復旧に向け懸命に作業する人の姿を見るたび、自然と社会的使命という言葉が浮かぶ。モノづくり企業であるわれわれは、工場での事故や火災、品質管理の見落とし、不正などのニュースに敏感になる。事象の原因や環境、背景の情報を反面教師としたいからだ。

多くの企業には社是社訓があり、経営理念がある。年間の活動計画もこれに従って立案されることが多い。当社は、社是に「社会的使命を果たせる独創的技術を確立しよう」という一項を掲げて、60年が経過した。現代で例えると、「デジタル技工の独創的技術を創造して関連企業とも連携し、且つ情報をシェアしよう」と言い換えられるだろう。

同じく経営理念に掲げる「口福（こうふく）」。これを、〝歯科医療で得る幸せ価値観〟とするならば、技工製品の製造法や品質はその手前の話だ。その先にある、患者さんが得られる価値、〝口元の自信〟や〝快適に噛める健康〟などにフォーカスしないと社会的使命は果たせない。

「口福」の前後。企業経営にとって、どちらも大事だからバランスをとる。それはまさに「さじかげん」。創業者が23年前にペンをとった当コラムのタイトルは、その意味にあるようだ。

（和田精密歯研監査役）

製品紹介

手指洗浄剤

HD435 ハンドクレンジング 各種

ヨシダ　☎0800-170-5541

頻繁に手を洗う機会の多い歯科医院に適したマイルドな手指洗浄剤。素肌と同じ弱酸性で皮膚表面の保護膜を保つ。油分を取るアルカリや石鹸成分は無配合。

価格＝5,390円（1Lポンプディスペンサー付き）

マウスピース

Plackers GRIND NO MORE

トータルヘルスコンサルティング　☎03（3526）3081

歯ぎしりやいびきなどを予防する使い捨て用のマウスピース。1サイズ（フリーサイズ）で、上下顎使用可能。歯を覆う部分はシンプルな構造で就寝中も負担にならず、一晩中装着可能。使用期間は最長3日間。

価格＝440円（1個入り）、3,740円（10個入り）

熱成形用プラスチックシート

アトモス シート材

バイオデント　☎0120-49-0980

スプリントやアライナー等に使用するシート。透明性や耐久性、耐汚染性がありつつ成形性と耐湿性を併せ持つ。スプリント・リテーナー・アライナー（ALN）、アタッチメントテンプレート（TMP）、ブラキシズム（BRX）を用意。

価格＝ALN 9,900円（30枚入り 6枚×5パック）3万1,900円（100枚入り 20枚×5パック）、TMP 2万9,700円（75枚入り）、BRX 2万9,700円（100枚入り 50枚×2パック）

（価格は税込）

（新製品情報をお寄せください）

第72回「化学技術賞」受賞

歯科用修復材「オムニクロマ」

トクヤマデンタル

日本化学会（菅裕明会長）が主催する「第72回（2023年度）化学技術賞」に、トクヤマデンタル（本社・東京都台東区、風間秀樹社長）の歯科充填用コンポジットレジン「オムニクロマ」が選ばれた。

同賞は化学工業の技術に関して特に顕著な業績のあったものを表彰するもので、1951年から実施。日本化学会賞、学術賞、進歩賞、女性化学者奨励賞など10の賞から成る。

オムニクロマは、世界で初めて歯科用修復材料に構造色を応用したもので、技術の独創性が高く、従来の顔料で着色する技術では困難な症例に使用できることが高く評価された。

なお、同製品は日本化学工業協会の「第55回日化協技術賞」でも技術特別賞を受賞している。

出版協会

新春懇談会を開く

若手の参加が増える

日本歯学図書出版協会（白石泰夫会長）は1日、東京都文京区の東京ドームホテルで、令和6年新春懇談会を開いた。

冒頭、白石会長＝写真＝が能登半島地震の犠牲者に哀悼の意を示すとともに、「地元歯科医師会や日本歯科医師会をはじめ、歯科関係団体の初動の早さに感銘を受けた。当協会は、微力ながら各団体に義援金を支払う形で支援させていただいた」と述べた。

続いて、末瀬一彦日歯常務理事、森野隆日本歯科技工士会会長、河野章江日本歯科衛生士会副会長、山中一剛日本歯科商工協会副会長がそれぞれあいさつ。被災者への支援、診療報酬改定、国民皆歯科健診、歯科技工士や歯科衛生士の人材不足などが関心事として示された。

伊藤明彦日歯常務理事の乾杯の発声で祝宴に入った。今回は初参加の若手会員が多く、「直接、諸団体の役員からお話が伺える貴重な機会となった。また、出版社同士の仲が良いのに驚かされた」などの声が聞かれた。

主催デンタルショー 地震で9月に延期

ADI．G

ADI．G（本社・横浜市、石川県金沢市、浅野弘治社長）は、令和6年能登半島地震の影響により4月に予定していた同社主催のデンタルショー「エンゲージメントEXPO2024」を、9月7、8の両日に延期すると1月19日に発表した。

会場は、石川県産業展示館4号館。開催内容や規模等に変更なし。セミナー等の詳細は、追って発表するという。

週間 金・パラ価格動向　税抜価格（1g、円）

	金	パラジウム（参考価格）
1月29日（月）	9,679	4,725
1月30日（火）	9,676	4,845
1月31日（水）	9,695	4,820
2月1日（木）	9,696	4,820
2月2日（金）	9,722	4,725

提供 石福金属興業

ガム噛む習慣の高齢者 身体・認知機能も高い

ロッテら

ロッテ（本社・東京都新宿区、牛膓栄一社長）は、東京大学高齢社会総合研究機構長の飯島勝矢氏らの研究グループとの共同研究により、ガムを噛む習慣のある高齢者は口腔機能の他、身体機能や認知機能が高いとの研究結果を1月23日に発表した。

口腔機能の維持・改善方法は口腔体操と歯科治療に限られることから、新たに習慣化しやすい口腔機能のトレーニングとして、ガムを噛む習慣の健康効果を調査した。

65歳以上の自立した高齢者1474人を対象者とし、毎週30分以上ガムを噛む「ガム噛み習慣群」とガムを噛まない「非ガム噛み習慣群」の健康状態を比較した結果、ガム噛み習慣群では咬合力や咀嚼力などの口腔機能が有意に高く、オーラルフレイルの有症率は有意に低かった。また、ガム噛み習慣群は口腔機能や認知機能検査の点数などの認知機能、握力や身体的フレイルのチェックリストの該当数などの身体機能も有意に高く、ガムを噛む習慣が口腔・身体機能の維持に役立つ可能性があることが分かった。

同研究結果は、国際科学誌「Geriatrics & Gerontology International（2024年）」に掲載された。

能登半島地震 1千万円寄付

ライオングループ（＝ライオンG）は、令和6年能登半島地震による被災地支援として、日本赤十字社を通じて1千万円の義援金を提供すると1月5日に発表した。

被災地支援 ライオンG

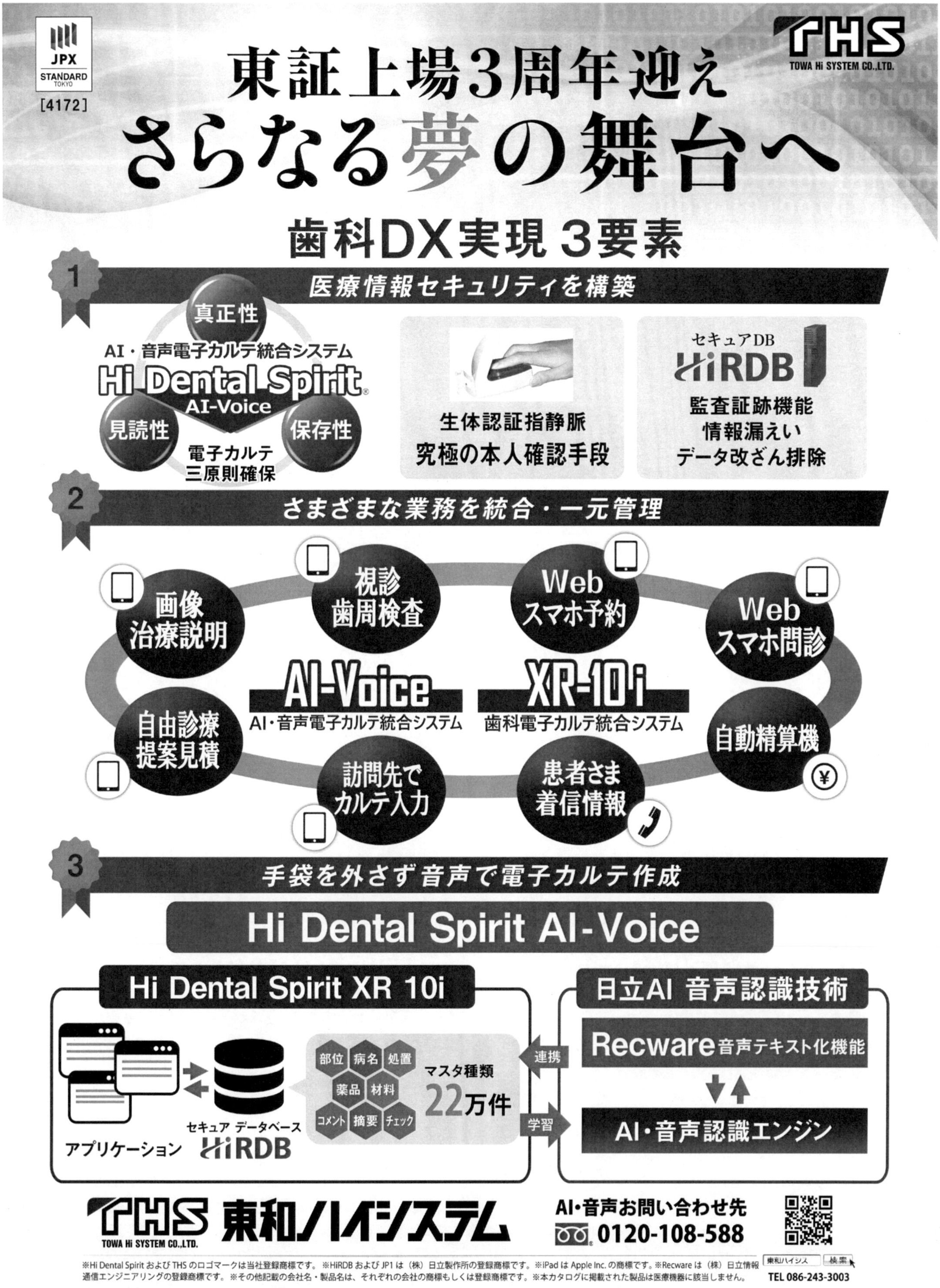
JPX STANDARD TOKYO
[4172]
THS
TOWA Hi SYSTEM CO.,LTD.
東証上場3周年迎え
さらなる夢の舞台へ
歯科DX実現3要素
1
医療情報セキュリティを構築
真正性
AI・音声電子カルテ統合システム
Hi Dental Spirit
AI-Voice
見読性
保存性
電子カルテ
三原則確保
生体認証指静脈
究極の本人確認手段
セキュアDB
HiRDB
監査証跡機能
情報漏えい
データ改ざん排除
2
さまざまな業務を統合・一元管理
画像
治療説明
視診
歯周検査
Web
スマホ予約
Web
スマホ問診
AI-Voice
AI・音声電子カルテ統合システム
XR-10i
歯科電子カルテ統合システム
自由診療
提案見積
訪問先で
カルテ入力
患者さま
着信情報
自動精算機
3
手袋を外さず音声で電子カルテ作成
Hi Dental Spirit AI-Voice
Hi Dental Spirit XR 10i
アプリケーション
セキュア データベース
HiRDB
部位
病名
処置
薬品
材料
コメント
摘要
チェック
マスタ種類
22万件
連携
学習
日立AI 音声認識技術
Recware 音声テキスト化機能
AI・音声認識エンジン
THS
TOWA Hi SYSTEM CO.,LTD.
東和ハイシステム
AI・音声お問い合わせ先
0120-108-588
※Hi Dental Spirit および THS のロゴマークは当社登録商標です。 ※HiRDB および JP1 は（株）日立製作所の登録商標です。※iPad は Apple Inc. の商標です。※Recware は（株）日立情報通信エンジニアリングの登録商標です。 ※その他記載の会社名・製品名は、それぞれの会社の商標もしくは登録商標です。 ※本カタログに掲載された製品は医療機器に該当しません。
東和ハイシス 検索
TEL 086-243-3003

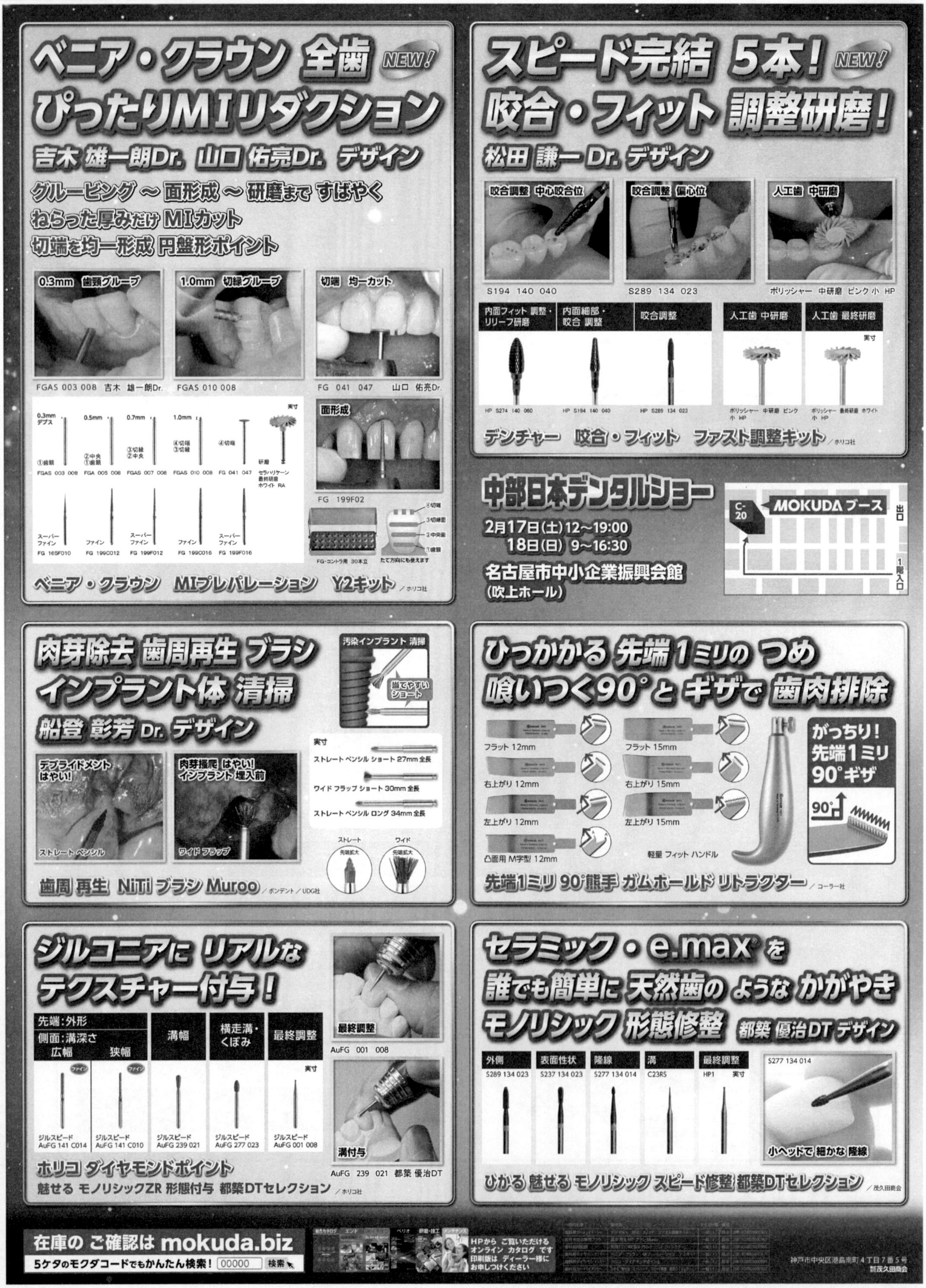

ベニア・クラウン 全歯 NEW!
ぴったりMIリダクション
吉木 雄一朗Dr. 山口 佑亮Dr. デザイン
グルービング ～ 面形成 ～ 研磨まで すばやく
ねらった厚みだけ MIカット
切端を均一形成 円盤形ポイント
0.3mm 歯頸グルーブ
1.0mm 切縁グルーブ
切端 均一カット
FGAS 003 008 吉木 雄一朗Dr.
FGAS 010 008
FG 041 047 山口 佑亮Dr.
面形成
FG 199F02
ベニア・クラウン MIプレパレーション Y2キット / ホリコ社
スピード完結 5本! NEW!
咬合・フィット 調整研磨!
松田 謙一 Dr. デザイン
咬合調整 中心咬合位
咬合調整 偏心位
人工歯 中研磨
S194 140 040
S289 134 023
ポリッシャー 中研磨 ピンク 小 HP
内面フィット 調整・リリーフ研磨
内面細部・咬合 調整
咬合調整
人工歯 中研磨
人工歯 最終研磨
デンチャー 咬合・フィット ファスト調整キット / ホリコ社
中部日本デンタルショー
2月17日(土)12～19:00
18日(日) 9～16:30
名古屋市中小企業振興会館
(吹上ホール)
C-20 MOKUDA ブース
出口
1階入口
肉芽除去 歯周再生 ブラシ
インプラント体 清掃
船登 彰芳 Dr. デザイン
汚染インプラント 清掃
当てやすい ショート
デブライドメント はやい!
肉芽掻爬 はやい! インプラント 埋入前
ストレート ペンシル
ワイド フラップ
実寸
ストレート ペンシル ショート 27mm全長
ワイド フラップ ショート 30mm全長
ストレート ペンシル ロング 34mm全長
歯周 再生 NiTi ブラシ Muroo / ボンデント / UDG社
ひっかかる 先端1ミリの つめ
喰いつく90°と ギザで 歯肉排除
フラット 12mm
フラット 15mm
右上がり 12mm
右上がり 15mm
左上がり 12mm
左上がり 15mm
凸面用 M字型 12mm
軽量 フィット ハンドル
がっちり! 先端1ミリ 90°ギザ
先端1ミリ 90°熊手 ガムホールド リトラクター / コーラー社
ジルコニアに リアルな
テクスチャー付与!
先端:外形
側面:溝深さ 広幅 狭幅
溝幅
横走溝・くぼみ
最終調整
ジルスピード AuFG 141 C014
ジルスピード AuFG 141 C010
ジルスピード AuFG 239 021
ジルスピード AuFG 277 023
ジルスピード AuFG 001 008
最終調整
AuFG 001 008
溝付与
AuFG 239 021 都築 優治DT
ホリコ ダイヤモンドポイント
魅せる モノリシックZR 形態付与 都築DTセレクション / ホリコ社
セラミック・e.max®を
誰でも簡単に 天然歯の ような かがやき
モノリシック 形態修整 都築 優治DT デザイン
外側 S289 134 023
表面性状 S237 134 023
隆線 S277 134 014
溝 C23RS
最終調整 HP1
S277 134 014
小ヘッドで 細かな 隆線
ひかる 魅せる モノリシック スピード修整 都築DTセレクション / 茂久田商会
在庫の ご確認は mokuda.biz
5ケタのモクダコードでもかんたん検索! 00000 検索
HPから ご覧いただける オンライン カタログ です 印刷版は ディーラー様に お申しつけください
神戸市中央区港島南町4丁目7番5号
㈱茂久田商会

日本歯科新聞

2024年(令和6年)
2月13日

<発行所>
日本歯科新聞社
厚生労働省記者クラブ加盟社
〒101-0061
東京都千代田区神田三崎町2-15-2
電話 03(3234)2475
FAX 03(3234)2477
www.dentalnews.co.jp
jdn@dentalnews.co.jp

■年間購読料 23,760円(送料込)(本体21,600円+税)
■月4回、火曜日発行
■郵便口座番号 00120-5-130369

今週号の主な内容

「ひがなつみ後援会」設立

連盟会長 太田氏が会長に

日歯連盟の会見で後援会設立について説明があった

来年7月頃に実施予定の次期参議院議員選挙で日本歯科医師連盟の組織代表候補となった比嘉奈津美議員の支援強化のため「ひがなつみ後援会」が8日に設立された。比嘉議員から日歯連盟の太田謙司会長に後援会会長就任のお願い文が出されており、同日の日歯連盟理事会で決定。理事会後の記者会見で浦田健二理事長から報告があった。

さらに歯科大学・歯学部の同窓会・校友会の会長が参与として参加する第1回参与会を15日に開き、選挙の準備について協議することも明かした。

欠席した太田会長の代わりにあいさつした村上恵一副会長は、自民党が辛勝した京都市長選挙を振り返り、組織力が落ちているものの、政権を託せる政党は他にいないとして、「会長会議、委員会もあるので、都道府県の先生方に理解を得ていかなくてはならない」との考えを示した。

また、診療報酬改定において国会議員の取り組みに感謝の意を表し、マイナス改定と言われた中でのプラス0.88%の結果について、「諸手を上げて良かったとは言えないが、われわれ連盟活動が影響したと自負している」とした。

厚労省

歯科医12人に行政処分

「詐欺」で歯科医業停止3年など

厚労省は7日、同日の医道審議会医道分科会の答申を踏まえ、医師19人、歯科医師12人の行政処分を発表した。歯科の処分は「詐欺」で歯科医業停止3年、「覚醒剤取締法違反」で歯科医業停止2年、「道路交通法違反、過失運転致傷」で歯科医業停止1年7カ月、「大麻取締法違反」で歯科医業停止1年6カ月など=表。

「詐欺」の歯科医師は、診療報酬の水増し請求や、債務を隠して設備購入費用名目で銀行から1800万円の融資をだまし取ったとして、すでに懲役3年(執行猶予5年)の判決が下されている。

「医薬品、医療機器等の品質、有効性及び安全性の確保等に関する法律違反」の歯科医師は、厚労大臣の承認を受けていない医薬品など3商品をインターネット上で広告し、薬局開発者・医薬品販売業の許可を受けていない状態で販売したとして、懲役1年2カ月(執行猶予3年)、罰金80万円、追徴534万4936円の判決を受けている。

「迷惑行為防止条例違反」の歯科医師は、医療機関の更衣室で着替えをスマートフォンで撮影して、罰金30万円、「青少年の健全な育成に関する条例違反」の歯科医師は、18歳未満と知りながら青少年と性行為をしたとして、罰金30万円の処分を受けている。

歯科医師12人の処分内容

■「詐欺」歯科医業停止3年：司法処分　懲役3年(執行猶予5年)
■「覚醒剤取締法違反」歯科医業停止2年：司法処分　懲役1年6カ月(執行猶予3年)
■「道路交通法違反、過失運転致傷」歯科医業停止1年7カ月：司法処分　懲役1年2カ月(執行猶予3年)
■「大麻取締法違反」歯科医業停止1年6カ月：司法処分　懲役1年(執行猶予4年)、大麻1袋没収
■「医薬品、医療機器等の品質、有効性及び安全性の確保等に関する法律違反」歯科医業停止1年：司法処分　懲役1年2カ月(執行猶予3年)、罰金80万円、追徴534万4936円
■「麻薬及び向精神薬取締法違反」歯科医業停止1年：司法処分　懲役1年(執行猶予3年)
■「青少年の健全な育成に関する条例違反」歯科医業停止6カ月：司法処分　罰金30万円
■「迷惑行為防止条例違反」歯科医業停止3カ月：司法処分　罰金30万円
■「過失運転致死」戒告：司法処分　禁錮3年(執行猶予4年)
■「道路交通法違反」戒告：司法処分　懲役6カ月(執行猶予4年)
■「道路運送車両法違反、自動車損害賠償保障法違反、過失運転致傷」戒告：司法処分　罰金50万円
■「同」戒告：司法処分　罰金60万円

発災から1カ月過ぎた2月3、4日に石川県を取材。道路の被害が深刻なのが今回の特徴で、被災地への道は支援の車が連なっていた

能登半島を回って

6～8面

能登半島地震

JDATの派遣151チームに

能登半島地震に伴うJDATの派遣状況は、1月7日から2月18日(予定含む)までで151チーム、延べ598人が参加している。日本歯科医師会が8日に公表したもの。

598人の職種の内訳は、歯科医師382人、歯科衛生士170人、歯科技工士10人、事務職34人、その他2人。

なお、12日から18日には34チーム、117人が出動予定で、輪島市、珠洲市、穴水町、能登町や、金沢市の1.5次避難所で活動が行われる見込み。

プリズム

求められる息の長い支援

能登半島地震から1カ月が経った2月の3、4日に震源近くの輪島市、珠洲市の状況を3人で取材した。大きな地殻変動で道路の復旧に相当な時間がかかったことを実感させる爪痕があちこちに見られ、少し気を緩めると道のつなぎ目で車が跳ねる。週末は早朝に出発しても金沢市内から輪島市まで片道3時間、平日はもっと混雑しているそうだ。

とにかく被災地域の歯科医師はもちろんのこと、石川県歯科医師会や全国から派遣されているJDATのメンバーには頭が下がる。レンタカーで早朝に金沢市内を出発し、夕方に石川県歯会館に報告に戻り、レンタカーを返却してそのまま地元に帰るチームもあった。

避難所は輪島市だけでも100カ所以上、ビニールハウスに10人規模で避難している場所や、スマートフォンの地図アプリでも出てこないような名前の避難所もある。全てを把握するのはとても難しそうだ。また避難所によっては、歯科的な対応は必要ないと断られてしまい、啓発に苦労するケースもあるという。

被災地を離れ、コンビニの水道水で手を洗った時に、水が通っているありがたさをしみじみと感じた。

一日も早い復旧・復興を願いつつも、息の長い支援の必要性を実感する取材だった。

診療報酬改定へのパブコメ

総数553件 歯科が約半数

中医協で結果を報告

中医協の第583回総会が7日に開かれ、「令和6年度診療報酬改定に係るこれまでの議論の整理」に対するパブリックコメントの結果が報告された。意見提出件数は553件（項目別2084件）で、うち歯科医師からのものが47・4％と約半数を占めた。

意見が多かった項目は「口腔疾患の重症化予防、口腔機能低下への対応の充実、生活の質に配慮した歯科医療の推進」420件、「医療従事者の人材確保や賃上げに向けた取組」278件、「医療DXの推進による医療情報の有効活用、遠隔医療の推進」208件、「質の高い在宅医療・訪問看護の確保」207件、「患者にとって安心・安全に医療を受けられるための体制の評価」133件、「かかりつけ医、かかりつけ歯科医、かかりつけ薬剤師の機能の評価」124件、「後発医薬品やバイオ後続品の使用促進、長期収載の保険給付の在り方の見直し等」110件など。

日本歯科医師会副会長の林正純委員は、「歯科に関しては特に多くの意見をいただき、地域歯科医療を支える現場の声であると重く受け止めている」と前置き。「今回の診療報酬改定で対応することになっているものや改定内容に賛同するといったコメントも多い。一方で、診療現場で解決されないさまざまな課題に関する切実なご意見も数多く見受けられた」とし、「寄せられた多くのご意見については日歯としても、問題意識を持って対応してきたが、残された課題や要望に関しては次期改定に向けて引き続き検討してまいりたい」とコメントした。

都歯連盟の石島会長

「各地区と意見交換し会の活性化を図る」

東京都歯科医師連盟（石島弘己会長）は7日、東京都千代田区のアルカディア市ヶ谷で新春賀詞交歓会を開いた。

石島会長＝写真＝はあいさつで、能登半島地震に触れ、一日も早い復興を願うと共に、JDATで奮闘する歯科医師に敬意を表した上で、「悔しい思いはあるが、私ができることは義援金を送ることくらいかもしれない」と述べた。

また、昨年発足した執行部について「一番の役割は未入会問題、会費未納の解決で、そのためには会員との連携強化が必要」とし、今年から本格的に地区訪問をスタートすると説明。「各地区の先生方と素直な意見交換を行い、連盟活動への理解をお願いし、（会の）活性化を目指したい」と意気込みを語った。

そして、次期参議院選挙の日本歯科医師連盟の組織代表候補となった比嘉奈津美参議院議員の活躍などを願い、「入会して良かったと言われる組織を目指して会務に邁進していく」とした。

来賓では、日歯連盟の太田謙司会長（代理・村上恵一副会長）、日本歯科医師会の高橋英登会長、武見敬三厚労大臣（代理・秘書）、東京尚歯会の井上信治会長、公明党の山口なつお代表、参議院の丸川珠代議員、山田宏議員、比嘉議員、東京都歯科医師会の井上惠司会長（代理・北村晃副会長）、東京都学校歯科医会の鈴木博会長がそれぞれあいさつした。

その他、多くの国会議員や都議会議員なども登壇してあいさつした。

なお新春賀詞交歓会の前には同区の歯科医師会館で日歯の高橋会長による新春時局講演会「歯科医療が日本を救う」が行われた。

歯科医師不足に備え、大学の特別枠を提案

日歯　高橋会長

日本歯科医師会の高橋英登会長＝写真＝は、将来的に歯科医師が減り、無歯科医地区がどんどん増えてくる中、歯科大学に10人程度の特別枠を設けて、地方行政が授業料を払う代わりに卒後一定期間はその地域で働くことを条件付けるような仕組みづくりを文部科学大臣に申し入れたことを明かした。7日の東京都歯科医師連盟の時局講演会の中で述べたもの。

高橋会長は「歯科医療が日本を救う」をテーマに講演。歯科が豊かでなくなってきており、若者が目指さなくなっているとし、歯科大学を救う必要性や、歯科医師数のコントロールだけでなく偏在も考慮して歯科医師の働く場の創出も必要との考えを示した。

その他、診療報酬改定の改定率が最後は政治の力で決着したエピソードなどを交えて、連盟の必要性を強調した。

口腔保健の重要性 WHO理事会で強調

FDIら

世界歯科連盟（FDI）や国際歯科学会（IADR）は1月22～27日までスイス・ジュネーブで開催された世界保健機関（WHO）の第154理事会に出席。ここで、加盟各国における公的医療制度（UHC）の拡充の進捗状況、2030年までの世界口腔保健行動計画のベースラインレポート、アイルランド、EU、マレーシアなどの口腔衛生へのコミットメントの確認、母乳哺育の推進などについてコメントを発表した。

FDIらは、健康の公平性のため、UHCの中に口腔保健サービスの給付を含めるべきと注意喚起。口腔保健行動計画の進捗状況に関して、世界人口のうち、基本的な歯科医療を受けられているのは23％、194カ国のうち専任スタッフによる口腔保健政策を実施している国は31％、適切なフッ化物使用の指針を持っている国は20％だと指摘し、さらなる取り組みが必要だと強調した。

都衛

新春のつどいでリーフレット紹介

東京都歯科衛生士会（藤山美里会長）は3日、令和6年新春のつどいを東京都千代田区のアルカディア市ヶ谷で開催した。歯科関係団体や企業、国会議員などが参加し賑わいを見せた。

藤山会長

藤山会長はあいさつで能登半島地震の被災者にお見舞いの言葉を述べた上で、同会で作成したリーフレット「歯科衛生士を目指しませんか」を紹介。歯科衛生士の就業人数を増やしていく姿勢を見せた。加えて、現在少ないとされる男性の歯科衛生士の出席者2人を紹介した。

来賓祝辞では、東京都歯科医師会の湯澤伸好副会長は、「今後訪れる高齢社会では、医科歯科連携が一層重要になり、歯科衛生士は多職種をつなげる重要な役割を担える。都歯で行っている多職種連携に関する研修会などを通じて、都民の健康を支えていく」と述べた。

乾杯の音頭は大東京歯科用品商協同組合の杉山勝人理事長が取った。

祝辞を述べた来賓は右記の通り。（敬称略）

来賓（敬称略）

東京都歯科医師会副会長　湯澤伸好
東京都歯科技工士会会長　石川功和
日本歯科衛生士会専務理事　岡田昌子
東京都歯科衛生士連盟会長　近藤いさを
衆議院議員　高木けい
参議院議員　山田宏（代理）
参議院議員　丸川珠代（司会代読）
参議院議員　朝日健太郎
参議院議員　生稲晃子
東京都議会議長　宇田川さとし
東京都議会自由民主党総務会長　ほっち易隆
東京都議会自由民主党議員　早坂よしひろ
東京都歯科医師連盟専務理事　横川明弘

歯科情報学

松尾　通

もう一つの「CA」発進

CAのことは、皆様ご存じだと思う。CA＝キャビンアテンダントはフライトに不可欠な職種で乗客の安心・安全を図り、目的地まで無事に送り届けるのが主たる仕事である。

今年1月2日、羽田空港でJALと海上保安庁の航空機が接触する事故があった。海保機には残念ながら殉職者が出たが、JALはCAをはじめとする乗務員の沈着冷静な指示と乗客の協力で一人の犠牲者も出さなかった。JALの対応については、全世界の航空業界から賞賛の嵐が寄せられたという。

CAと言えば飛行機の乗客に笑顔で対応して快適なサービスを行うというイメージだが、その裏側では徹底した危機管理＝リスクマネジメントの厳しい訓練が課せられている。今回の事故ではJALのCAが日ごろの研修の成果を冷静に行った結果、奇跡的とも言えるセーフティにつながった。

◇

さて、もう一つの「CA」について紹介したい。「CA＝クリニカル・アテンダント®」は、患者さんの安心・安全に配慮しながら診療をゴールまでスムーズに運ぶ仕事である。現在は歯科助手と呼ばれているが、資格・免許がないこともあって仕事の概念がはっきりしない。採用もばらばらでルールがない。これでは現在、歯科助手や受付、事務職として働いている方に申し訳ない。事実、歯科助手の採用が難しくなっている。応募者の減少が顕著なのだ。頼りにしている歯科衛生士は絶対数が足りないし、またなろうとする希望者は限られている。

若年者の人口はますます減少し、あらゆる業種が求人にしのぎを削る状況が見え始めている。歯科界から優秀な人材を流出させないためにも、歯科助手諸君の仕事に対するイメージ向上とステイタスの確立、収入アップにつながる新しい職種としてのアピールが必要ではないかと考える。

その思いから「CA＝クリニカル・アテンダント®」という職種を作り、歯科助手ではなく新名称に移行してもらうための準備をしている。推定だが、歯科助手、受付、事務などの歯科医療従事者は30万～40万人くらいはいるのではないか。一日セミナーを受講して新しい職種として「CA」を取得してもらいたい。

その第一回のセミナーを2024年6月2日に、エッサム神田ホールで開催する。一流の講師をすでに用意した。カリキュラムの内容は、①CA概論、②言葉の力とコミュニケーション、③消毒の基礎、④リスク・マネジメント、⑤医療接遇の5教科で、受講者にはCAの認定証を発行する。主催は日本歯科TC協会。申し込みは協会へ。現在の歯科助手、受付等以外に入職希望者へも門戸を開く。「歯科医療に新しい職種を」。ご理解いただきたい。

（東京都開業）

2024．2．13

歯科国試にチャレンジ

③⑦⑨　2023年（第116回）より

排卵後に基礎体温を上昇させるのはどれか。1つ選べ。

a　グルカゴン
b　バソプレシン
c　パラソルモン
d　アルドステロン
e　プロゲステロン

116-A030

答えは本紙のどこかに！

秋山治夫氏

元福岡県歯会長

福岡県歯科医師会会長や日本歯科医師会監事を務めた秋山治夫（あきやま・はるお）氏が1日、死去した。86歳。通夜と葬儀は近親者のみで既に執り行われている。

同氏は昭和12年4月29日生まれ。九州歯科大学卒業。福岡県歯では平成11年4月から13年12月まで副会長、14年4月から23年3月まで会長、23年4月から顧問。日歯では12年4月から23年3月まで代議員、23年4月から25年6月まで監事を務めていた。

デンタルミーティングinかながわ

比嘉議員が活動報告

神奈川県歯科医師連盟（鶴岡裕亮会長）は8日、「デンタルミーティングinかながわ」を、横浜市の歯科医師会館で開催し、各種報告のほか、次期組織代表に選ばれた比嘉奈津美参議院議員の活動報告が行われた。

比嘉議員は昨年から全国を回っているデンタルミーティングについて総括。「大小さまざまな開催の中で衛生士会や技工士会などに顔を出しながら自身の活動について周知しているところ。被災地の近隣県を訪れた際には災害歯科を始め、日頃からの備えの重要さを痛感した」とした。

さらに国会の派閥問題にも言及した。「私自身は茂木派に所属しており、もれなく領収書を発行していて、資金面ではクリアな状態。とはいえ、多くの議員の離脱もあり、派閥という考えそのものが見直される流れが起きている」とした。

診療報酬改定についても触れ、「昨夏にはマイナス改定とされていたが、国民歯科問題議連などのさまざまな勉強会を通じて首相、財務大臣、厚労省に働き掛け、プラス0・88%という数字にこぎつけた。これで満足というものではないが、それでも当初から比べると結果を残すことが出来たと考えている」「貼り付けについても20分の縛りを緩和できないか模索している。日本歯科医師会の高橋（英登）会長から聞くところでは改善の兆しが見られるとのことで、引き続き働き掛け、あと一カ月くらいで結果を報告できると考えている。紙出しについても現場の声を集めながら周知することで何らかの反応は得られるだろう」と語った。

◇◆◇

加えて、予算案にも言及。「8020運動・口腔保健推進事業について、補助率の一部拡充が行われたことで、いくらか使いやすくなっただろう」「歯科衛生士の人材確保実証事業についての予算はこれまで使われた実績が乏しく、令和6年度は7300万円に減額されている。歯科衛生士の復職支援事業について厚労省に問い合わせると、広報活動がホームページのみで期間も非常に短いことが分かった。厚労省に未使用分を使いたいと相談したところ次年度に引き継げることになった。歯科衛生士、また歯科技工士の不足は周知の事実で、彼らの復職支援について積極的に取り組んでいるところだ」「歯科専門業務普及啓発事業として2800万円が新設された。歯科専門職の有資格者の就業実態調査などいろいろなデータを集めて、人材の確保につなげることを目的としている。技工士も高齢化する中でスキルアップセミナーを行ったり、技工士会にCAD／CAMを国が提供し、複数の業者で共同使用する形もできている。今後も関連団体と連携して積極的に政府に交渉をしていく」と述べた。

国民皆歯科健診については「昨年に引き続き今国会も動いていくつもりだ。私としてはライフステージに合った切れ目のない健診が必要だと考えていて、特に妊婦検診に着目している。妊娠時に歯科に触れることで、本人と家族にとって歯科が身近になり、デンタルIQの向上につながると考えている。唾液検査キットについても検討していて、定期的に実施して、所見がある患者が診療所に足を運ぶことは有意義だろう。実現に向けて、歯科疾患の予防が全身の健康につながり、それが医療費の抑制に寄与することを理論立てて説明していくことが大切で、野党の議員からも賛同をもらえるようになってきた。実際の運用についてはまだ先ではあるが、前向きな空気を感じている」と報告した。

高橋裕氏が学長に再任

福歯大

福岡歯科大学の学長に現職の高橋裕氏が再任した。任期満了に伴うもので、福岡学園（水田祥代理事長）の1月22日の理事会で決定した。任期は2月1日から3年間。

同氏は同大を卒業。同大で助手、講師、助教授を経て2003年3月に有床義歯学分野教授に就任した。18年2月から第11代学長となり現在に至る。同大の医科歯科総合病院副院長や同大学生部長、福岡学園評議員なども歴任している。

被災会員の会費を免除

インプラント学会

日本インプラント学会（細川隆司理事長）は能登半島地震で被災した会員の年会費を免除している。同会の特別規定措置によるもので、必要書類を記入の上、事務局あてに申請する。対象者は令和5年度までの年会費を支払い済みで能登半島地震で被災した会員（令和6年度1月1月までの入会者）。必要書類は公的機関による被災証明書（写）または罹災証明書（写）、年会費免除申請（同会ホームページよりダウンロード）で、提出期間は令和6年9月30日まで。

日医学会連合

健康・医療ビッグデータ活用の提言まとめる

日本医学会連合（門脇孝会長）の「健康・医療分野におけるビッグデータに関する委員会」（中島直樹委員長）は5日、日本の健康・医療分野におけるデータ活用環境を健全なものとし、超少子高齢社会に質の高い医療を効率良く提供し、健康・医療DX時代における国際競争に勝ち抜く基盤を構築する目的で、次の4項目からなる提言をまとめた。

①平時にも有事にも機能する個人を中心とした健康・医療情報インフラの早期実現（内閣府へ）

②電子カルテ機能の抜本的見直しと標準化（厚労省・経産省へ）

③「個人情報に関する健康・医療分野個別法」「健康・医療情報利活用法」の制定（個人情報保護委員会・法務省・文科省・厚労省へ）

④データ利活用促進のための人材育成（文科省・厚労省へ）

◆◇◆

政府が2030年までに構築を進める全国医療情報プラットフォーム基盤上で標準的なPHR（個人保健記録）が整備、普及することを期待。災害やパンデミックなどの有事にも、日常的な診療にも使えるインフラが必要だと訴えている。

また、現状の電子カルテの傷病名は精度に課題があり、疾患や診療科の特性を反映していないと指摘。各臨床学会と日医学会連合が連携して、主要な疾患別にデータ項目セットを設けるなど標準化を進めるべきとしている。

これらの健康・医療情報インフラの整備に合わせ、個人情報保護の取り扱いに関する個別法を制定するとともに、健康・医療分野のビッグデータの利活用に関わるデータサイエンスを支える人材の育成も求めている。

デンタル 小町が通る

（医）YUMI DENTAL OFFICE 理事長（鹿児島県）
岩崎由美 ⑩

スキルアップ

去年12月に出産したスタッフが、赤ちゃんと一緒に医院に遊びに来てくれました。新卒で勤めて5年。多くの担当患者さんから惜しまれながらも、結婚による引っ越しを機に退職し、今は両家のファミリーに囲まれて幸せな子育て生活を送っています。

当院では、これまでも2人のスタッフが結婚して宮崎へ引っ越していきました。正直なところ、医院にとってはやっと育て、ようやくこれから戦力に！というタイミングでの退職は少し残念で、寂しい気持ちもありましたが、スタッフの幸せな人生を応援し、医院もまた新しいスタッフとともに成長を遂げたことを思うと、スタッフの入れ替わりは必要不可欠なステップアップのチャンスなのだと捉えています。そして何より2人とも歯周治療に携わってきたキャリアを活かし、場所は変わっても、子育てと両立しながら仕事を続けてくれているのは、とてもうれしいことです。

◇

「歯科衛生士の勤務実態調査報告書」によると、退職後の再就職の際に障害になることの1位は「勤務時間」57%、2位は「自分のスキル」47%だそうです。マニュアルや新人研修ステップ帳を作製し、先輩DHがしっかりサポートする当院ですが、世の中の流れは働き方改革で、勤務時間外に教えたり練習したりしづらくなっているようです。

最近話題の昭和と令和の違いをテーマにしたドラマで、令和では「頑張ってね」と部下に言うのは「プレッシャーをかける」のでアウトだそうで（!?）、知り合いの先生も「今はね、スタッフには『自己責任で頑張ってね』って言うのだよ」とおっしゃっていました……。うちは昭和とまではいきませんが、平成くらいでしょうか？（笑）

ただ仕事のHOW toよりも、まず自分たちのスキルが患者さんの幸せにつながる実例を先輩の姿を通して理解してもらい、やらされる仕事ではなく、できるようになりたいと思わせるモチベーションを大切に、今後も熱い心を持って、スキルアップできるスタッフの育成を模索したいです！

この間まで大きなお腹で働いていたスタッフ。赤ちゃんと初対面！

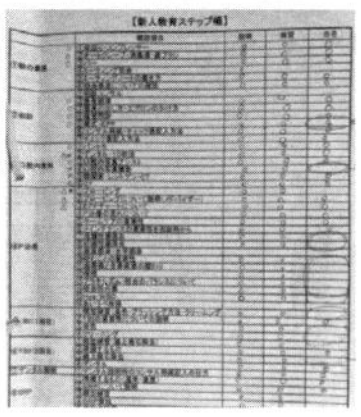

新人教育のステップ帳。自分の「できること」「できないこと」をクリアにすることもスキルアップの秘訣

食べる機能を都民に解説

医科歯科大・戸原教授

食べる機能を維持して誤嚥性肺炎を防ぎ、健康長寿を実現しよう―。東京医科歯科大学大学院高齢者歯科学分野の戸原玄教授は2日、東京都医学総合研究所が開催した2023年度第8回都民講座で「より良く食べてより良く生きる」をテーマに、誤嚥性肺炎の発症リスク、食べる機能が低下したことを示すサイン、食べる機能を維持するためのトレーニングなどを解説した。

講演で戸原氏は、高齢期に誤嚥性肺炎が大きな死亡原因になっており、かつては「肺炎は老人の友」と言われていたこともあったと述べるとともに、リハビリ病院での調査で入所者の9割が何らかの歯科的介入を必要とする状態だったことなどから、高齢期における歯科医療の重要性を示した。

食べる機能が失われつつある兆候として「急にやせた」「声が小さい」「口腔乾燥がある」「姿勢が崩れている」などを上げ、猫背に注意し、首回りの柔軟性を高めるとともに体幹の筋肉を維持し、口腔機能の低下を防ぐことの重要性を示唆。さらに、口腔内の清潔さを保つことで誤嚥性肺炎を防げると訴えた。

最新の研究として、発声機能が失われた人が会話するツールとして開発した「ボイス・レトリバー」を紹介。現在、一般的に使用されている電気喉頭機が体外で音を発生させるため雑音が出やすいのに対して、「ボイス・レトリバー」はマウスピースを介して体内で音を発生させるため聞き取りやすく、楽器と組み合わせた遊びの要素も含まれるという。

質疑では、神経の難病で舌や頬粘膜を噛んでしまう人のためのマウスピースによる治療や、高齢期に舌根の沈下が大きい傾向がある男性が舌の清掃で注意すべき点などを解説していた。

今月のBookコーナー

著者に聞く

どっちがいいの？ ヒトの歯・サメの歯 何度も生えかわるサメの歯のひみつ

子供に「歯磨きしなさい」と何度も言わなくても、「自ら進んで磨いてくれないだろうか」と思う親は多いだろう。サメの歯とヒトの歯の違いを通して、歯の役割、歯の大切さを学べる絵本『どっちがいいの？ヒトの歯・サメの歯　何度も生えかわるサメの歯のひみつ』が昨年12月25日に発刊された。同書の出版に至った経緯、絵本に込めた思いなどを著者のモンゴル医学科学大学客員教授の岡崎好秀氏に聞いた。

モンゴル医学科学大学客員教授
岡崎 好秀 氏

――本書の出版に至った経緯を教えてください。

岡崎　子供の患者さんとの会話で興味を持ってもらいやすいのは、動物の歯の話です。これまでさまざまな動物の歯の話をしてきましたが、最も食いつきが良かったのは、サメの歯でした。ヒトの歯は一度しか生え変わりませんが、サメの歯は何度も生え変わります。「何度も生え変わるんだったらサメの歯が良かったな～」と言う子は多いのですが、「そうだね」と答えてしまうのは、歯医者の負けだと思いました。「なぜ1回しか生え変わらないヒトの歯の方が良いの？」という子供の素朴な疑問に答えるには「絵本で伝えるのが良いのでは」と思ったのが今作を作る原動力になっています。

――子供向けの絵本は今作が5冊目とのことですが、絵本作りで工夫していることや思いは。

岡崎　子供が興味関心を持ちそうなテーマを選びつつ、読み終わった時に「よく噛んで食べよう」「歯磨きって大切」などと思ってもらえるように、絵本の中で「歯や口にまつわる素朴な疑問」を随所に散りばめるといった工夫をしています。

4冊目までは、「恐竜の歯」「動物のうんち」「ひと口30回で107歳」「唾液は魔法の水」を題材にしており、今作を含めた5冊は、絵や写真、簡略な図表を使いながら、口や歯にまつわる素朴な疑問に答えつつ、歯の役割や大切さを学べる内容に仕上げました。

絵本で被災地支援も

絵本作りを始めたのは、2011年3月11日に発生した東日本大震災を受けて、被災した子供達の歯や口の健康も守りたいと思ったのがきっかけです。これまで1校当たり4冊から12冊程を200校以上に送ってきました。現在も被災地の学校に届ける活動もしています。

私も歯科に関するボランティアで被災地を訪れました。避難所生活では座ったまま過ごすことも多く、普段の日常生活に比べて身体の筋肉を使う機会も減り、高齢者においては避難所生活をきっかけに寝たきりになってしまう方も多いと聞きます。

被災者の口腔ケアはもちろん大事ですが、避難所生活においてはフレイル対策も同じくらい大切なことだと感じました。誤嚥性肺炎はオーラルフレイルの延長上にあります。対策方法はさまざまにありますが、一番簡単で楽しく取り組めるのは、歌うことではないでしょうか。懐かしの曲を口ずさめば、不安な心が晴れるきっかけにもなると思います。

今年は元旦に能登半島地震が発生しました。地震や大雨などの自然災害は今後も起こると言われているので、引き続き、絵本を通じた被災地支援も続けていきます。

『どっちがいいの？　ヒトの歯・サメの歯　何度も生えかわるサメの歯のひみつ』
岡崎好秀【著】/B5判/32ページ/1,980円（税込）/少年写真新聞社

書籍

（価格は税込）

集客する野立て看板ブランディングボード

髙橋由樹　著/四六判/184ページ/1,800円/エーアイ出版

デジタル全盛だからこそ、あえてアナログの真価に着目し、野立て看板による集客やブランディングについて解き明かした書。

理系デザイナーである著者が、感性工学の知見に基づいて、人の心を打つ看板デザインの研究を紹介。きぬた歯科やブックオフをはじめとした多くの事例を基に、人に伝わり、認知を促す手法を詳細に解説している。

スポーツにおける医科・歯科の役割　口腔の外傷・障害予防と機能回復

奥寺元　著/A5判/72ページ/2,200円/デンタルダイヤモンド社

人生100年時代において国民が自らの健康を維持・向上するために、スポーツは大きな効果が期待できる。一方で、スポーツ外傷・障害は無視できない問題で、その予防に資するのがスポーツ医学・歯学と言える。

本書は、社会生活とスポーツ口腔医学の関係から、スポーツにおける口腔機能の役割、スポーツ外傷の原因とメカニズム、口腔組織の外傷への応急処置、各種治療法、予防処置までを学べる。

歯科雑誌をよむ　2月号

歯界展望　日本歯科評論　ザ・クインテッセンス　DENTAL DIAMOND　アポロニア21

糖尿病と歯周病の関係

『ザ・クインテッセンス』は特集2で、東京医科歯科大学大学院歯周病学分野の水谷幸嗣氏らによる「今、あらためて知っておきたい糖尿病と歯周病の深い関係　超解説！（前編）」を掲載。糖尿病について原点から振り返り、知識のおさらいをするもの。

糖尿病が歯周病の組織破壊のアクセルになる症例から説き起こし、複雑な病態の何が、どんな結果につながるのか、七つのキーワードでメカニズムを解説。歯周病に対するアプローチで血糖管理に貢献できるエビデンスが確立していることは、歯科医療従事者にとって重要だと述べている。

漢方的見方の有用性

『デンタルダイヤモンド』は巻頭特集「歯科・精神科連携〝困った患者〟にどう対応するか？」に、神奈川県開業の渡辺秀司氏の「歯科における漢方的見方の有用性」を掲載。原因のみならず症状を重視する漢方医学の考え方が、心身の状態にバランスよくアプローチする上で有効と示す。「気」「証」といった概念に基づき、患者の心身の恒常性を判断した上で行う漢方的な歯科治療の可能性を示唆する。

義歯装着がうまくいかない患者、味覚異常を訴える患者の実際の症例をもとに、治療計画（処方）と経過、考察を掲載。「難しい患者さん」に漢方的なアプローチが有効なケースが意外に多いと示す。

歯周組織再生療法の未来

『歯界展望』は特別企画「EBMに基づいた歯周組織再生療法の現在と未来」で、大阪府開業の大月基弘氏による「臨床から歯周組織再生療法の未来をみつめる」を掲載。「エムドゲイン」「リグロス」使用の症例をもとに、これまで保存適応外とされていた重度の根分岐部病変で、歯周組織再生療法で保存を目指せるようになった背景を考察する。

著者は、本来、医療はコンサバティブな考えによりエビデンスの確立された方法が望ましいと考え、一歩先の未来を見据えた治療を論じ合うことを目的とした論文で、批判的吟味や議論につなげたいという。

義歯のリラインのガイドライン

『日本歯科評論』は特集「高齢社会における義歯臨床で知っておきたい義歯のリライン」で、新潟大学医歯学総合病院義歯診療科の長谷川陽子氏らによる「新たに策定された『リラインとリベースの臨床指針2023』と『軟質リライン材によるリラインのガイドライン2023』」を掲載。日本補綴歯科学会がまとめたガイドラインの概要と背景、臨床での活用法を記した。

高齢化で高度顎堤吸収や顎堤形態不正、菲薄な粘膜を有する症例が増え、硬質材料の義歯床では咀嚼時に痛みが生じるため、リライン、リベースの需要が増加するなどの社会の変化に対応している。

自費と保険の境界線

『アポロニア21』は特集「自費と保険の境界線」で、小畑真氏（弁護士・歯科医師）の「自費と保険のルール・トラブルQ&A」を掲載。療養担当規則に則り「その治療は保険でやらない」と患者に説明しても良いか、予約料はどのように徴収できるか、インプラントのケアを保険請求してはいけないのか等、現場で疑問が多いケースを解説。

東京都開業の山本鐵雄氏の「補綴の新技術を保険導入するなら…ラボ経営の実態調査を！」は、CAD/CAM冠、チタン冠など新技術が小規模ラボには難しい設備投資を必要とする点を問題視。今後、保険の義歯などで医院の自製化が進む可能性にも言及する。

11月の歯科診療所数

前月より48減の6万7089施設

厚労省の施設動態調査による令和5年11月末現在の歯科診療所数は全国で6万7089施設で、前月より48減少した。

千葉の8、北海道の7、京都の5、新潟、愛知、三重、広島の4など27道府県で70減少し、東京の10、福岡の3など10都県で22増加した。

開設者別歯科診療所数の個人は前月より98減少して4万9672施設、医療法人は49増加の1万6786施設だった。

開設者別歯科診療所数の個人は減少傾向が続き、2021年3月以降、32カ月連続で減少。医療法人は2018年9月以降、62カ月連続増加している。

前年同月比の全国の歯科診療所数の動向では、595施設減少した。開設者別歯科診療所数の個人は1057減少、医療法人は450増加となっている。

都道府県別歯科診療所数

令和5年11月

	歯科診療所	前月比増減数
全国	67,089	-48
北海道	2,752	-7
青森	482	-1
岩手	540	-1
宮城	1,034	-2
秋田	407	-1
山形	452	-2
福島	813	-2
茨城	1,345	-2
栃木	947	1
群馬	975	0
埼玉	3,519	-3
千葉	3,208	-8
東京	10,671	10
神奈川	4,941	-3
新潟	1,097	-4
富山	432	-3
石川	471	1
福井	290	1
山梨	417	0
長野	979	1
岐阜	938	0
静岡	1,719	2
愛知	3,690	-4
三重	785	-4
滋賀	563	1
京都	1,258	-5
大阪	5,446	0
兵庫	2,927	-1
奈良	681	0
和歌山	511	-2
鳥取	256	0
島根	251	-1
岡山	986	-1
広島	1,474	-4
山口	622	-3
徳島	413	1
香川	468	0
愛媛	636	-1
高知	339	-1
福岡	3,052	3
佐賀	394	-1
長崎	690	1
熊本	830	-1
大分	517	-2
宮崎	482	0
鹿児島	777	0
沖縄	612	0

保団連

能登半島地震受け医療確保を要望

全国保険医団体連合会（竹田智雄会長）は、「令和6年能登半島地震」における医療確保に関する緊急要望書を岸田文雄内閣総理大臣、武見敬三厚生労働大臣に提出した。同要望書は、厚労省が2日に各団体に出した「令和6年能登半島地震にかかる災害による被災に関する診療報酬等の請求の取扱いについて（令和6年1月診療分）」を受けて、追加の要望を示したもの。要望内容は次の通り。

◆◇◆

①2月2日付の事務連絡で、令和6年1月診療分の診療報酬について概算請求の取扱いが示されていますが、医科保険医療起案のみが対象です。歯科保健医療機関、保険薬局、訪問看護ステーションも対象としてください。

②この措置を受けるには、2月10日までの届出が必要とされています。いまだ避難している方が多数おり、また郵便事業等により迅速に周知ができない中でこの締切り期間の設定はあまりにも短いため、届出受理にあたっての柔軟な対応を求めます。

医療での生成AI活用

「人間の尊厳を第一に」

中大・宮下教授が講演

ChatGPTに代表される生成AIは、医療分野でも活用が始まっているが、個人情報保護や知的財産権などに関わる問題も懸念されている。急速な生成AIの発展と普及の中、医療における生成AIの可能性と課題について、個人情報保護の制度に詳しい中央大学総合政策学部の宮下紘教授（法学）が1月31日、神奈川県保険医協会（田辺由紀夫理事長）が開催した医療問題研究会で講演。欧州の規制で重視される「人間の尊厳」への配慮を第一に考えるべきだと強調した。

宮下氏は、SPAMメールの自動検出や検索結果を反映したお勧め機能など、AIがすでに日常生活の中で欠かせないものになってきていると指摘。創薬や診断支援をはじめ、医療分野においてもAIの存在を抜きに発展が見込めなくなりつつある現状について説明した。

その一方で、「99％安全な自動運転の車に安心して乗れるか？」と問題を提起。AIが誤った判断を下すリスクがゼロではない以上、医療分野においては、利便性や費用対効果などだけでAIに全面的に依拠することができないとの考えを述べた。

その上で、イタリアをはじめ、データサイエンスと個人情報保護とのルール作りが進んでいる欧州の例を挙げ、「人間の尊厳」を重視するルネサンス以来の文化的伝統のある欧州がモデルとなり、AI規制が進んでいくとの見方を示した。

医療における生成AIの活用については、特に診療データをAIの教師データとする場合に注意が必要となると指摘。局所に限局された部位での手術動画でも診療録・手術記録などと容易に照合でき、個人を識別できれば「個人情報」に該当し、手術動画を生成AIの学習利用させる際には、個人情報としての取り扱い（匿名化、本人同意など）が求められるという。

また、生成AIは自分からネット上で情報を収集して機械学習していくものなので、医療情報を扱う際には「機械学習への使用を許可しない」というオプトアウトの意思表示をする習慣を付けることが、医療関係者に求められると指摘した。

ピックアップニュース

■病院などの「医療機関」、倒産が2年連続で40件超え　今後は診療所の動向に注目（帝国データバンク/2月8日）

■（進路わたし流）歯学部とアイドル、選択肢が力に　歯科医・矢作有紀奈さん（朝日新聞DIGITAL/2月5日）

■「冬の口の中」は“歯周病菌が増殖し放題”の「最悪の環境」だった...（現代ビジネス/2月5日）

■臨時の歯科診療所を開設、珠洲市の道の駅に　日本歯科医師会の災害派遣チーム　倒壊などで診療できない状態続く（テレビ金沢/2月5日）

■堀江貴文氏「前歯が突然折れた」から電撃復活！わずか2時間後、仮歯挿入「マッハのスピードで」（日刊スポーツ/2月6日）

はじめての“歯科”インスタグラム活用術

梁瀬真優花、山本達也 著/A5判/160ページ/5,940円/デンタルダイヤモンド社

20代や女性の利用率が高く、集患・採用で効果が期待されるInstagram。本書は、その特性を解説しながら、運用のポイントやコツを伝授。実際の医院での運用例も紹介し、無理のないスタッフ配置や投稿アイデアについてのヒントを、分かりやすく説明。診療業務に影響を与えることなく、スキマ時間で効率良く、継続的に効果を出し続ける方法が分かる。

明確な理論を基に、実際に著者のアドバイスで生まれ変わった歯科医院のInstagramの改善例を示す。スタッフが無理なく対応できる配慮がうれしい。

医療経営白書〈2023年度版〉

吉原健二 監修/ヘルスケア総合政策研究所 企画・制作/B5判/264ページ/5,720円/日本医療企画

2023年度版のサブタイトルは「地域共生社会に問われる病院経営の未来像」。地域完結型の医療提供体制に備えた職域の確立、専門人材の確保、育成の方向性を示す内容だ。

歯科編では、国民皆歯科健診の推進が現場や周辺産業に与えるインパクト、認知症基本法の成立や疾患修飾薬の実用化と歯科医院経営との関連、SDGsへの取り組みが進む歯科医院や歯科大学の実例などを紹介。戦争やパンデミックの材料価格への影響など、国際的な視野を持つことの重要性にも言及している。

新刊・近刊　〈1月〉

歯科衛生学シリーズ 歯科放射線学<第2版>
（一社）全国歯科衛生士教育協議会【監修】／岡野友宏・升井一朗・合場千佳子・片岡あい子【編】
医歯薬出版　定価3,080円

歯科衛生学シリーズ 歯科矯正学<第2版>
（一社）全国歯科衛生士教育協議会【監修】／新井一仁・佐藤聡・山田小枝子【編】
医歯薬出版　定価3,960円

歯科衛生学シリーズ 口腔外科学・歯科麻酔学<第2版>
（一社）全国歯科衛生士教育協議会【監修】／野村武史・松浦信幸・升井一朗・白鳥たかみ・水上美樹【編集】
医歯薬出版　定価4,620円

新・力を診る -臨床と研究の接点-
市川哲雄・森本達也・熊谷真一【編著】
医歯薬出版　定価14,300円

象牙質知覚過敏症<第4版> -目からウロコのパーフェクト治療ガイド-
冨士谷盛興【編著】
医歯薬出版　定価4,290円

義歯治療こんなときどうする？ -診療室・訪問現場で困ったときのセオリーとポイント-
水口俊介・戸原玄【監修】／竹前健彦・並木千鶴・今田良子【著】
医歯薬出版　定価5,940円

新人歯科衛生士・歯科助手院内マニュアル<第2版> -院長必携『ポケットマニュアル』院内版-
江澤庸博【著】
医歯薬出版　定価5,280円

歯周病患者における再生療法のガイドライン2023
日本歯周病学会【編】
医歯薬出版　定価2,640円

左奥歯で姿勢改善　新しい予防医療 -身体のひねりが病気の誘因-
臼井五郎【著】
一粒出版　定価6,600円

デンタルスタッフのための言い換え事典９９ -トークが変わればホスピタリティはもっと向上する！-
今蔵ゆかり【著】
インターアクション　定価4,620円

必ず上達 歯肉移植 -FGG（遊離歯肉移植術）&CTG（結合組織移植術）入門-
小田茂・岩田隆紀【監著】／土岡弘明・竹内康雄・水谷幸嗣【編著】
クインテッセンス出版　定価7,480円

1（シングル）リテーナーオールセラミック 接着ブリッジ臨床ガイド
大谷一紀【著】
クインテッセンス出版　定価13,200円

乳頭再建 -Papilla reconstruction-
鈴木真名・山口文誉・高橋雅仁【著】
クインテッセンス出版　定価15,400円

「QDI」別冊 **これまでの骨造成、これからの骨造成**
松島正和【監修】／松井徳雄・中村茂人・甘利佳之・飯田吉郎・岡田素平太・菊地康司・村川達也【編】
クインテッセンス出版　定価6,600円

「ザ・クインテッセンス」別冊 **クラウド化する口腔内スキャナー完全ガイド2024/2025**
馬場一美【監著】／岩内洋太郎・北道敏行・草間幸夫・小林祐二・下田孝義・高井基普・高場雅之・前畑香【著】
クインテッセンス出版　定価5,940円

もぐもぐもぐ１，２，３！
Agnese Baruzzi【作】
小学館　定価1,320円

「デンタルダイヤモンド」別冊 **THE 医療物販学** -物販のポイントを１冊にまとめてみた。-
中原維浩【監修】
デンタルダイヤモンド社　定価4,840円

しあげみがきだいすき
かくだてファミリー【さく・え】
永末書店　定価1,650円

発達が気になる子の偏食の見方と対応 -口腔・感覚・認知・環境からのアプローチ-
立山清美【編著】　宮嶋愛弓・丹葉寛之・中岡和代・原田瞬【著】
三輪書店　定価4,180円

協力：シエン社　TEL03（3816）7818　〈http://www.shien.co.jp〉

石川県歯の活動と被災状況

インタビュー

能登半島地震の発災後から、会員と地域住民を支援する取り組みを進めている石川県歯科医師会の飯利邦洋会長に、会の活動状況や被災地復興に向けた課題などを聞いた。（2月3日収録）

石川県歯科医師会 会長
飯利 邦洋 氏

――発災からの県歯の動きを教えてください。

飯利 地震が起きた時に私は遠方にいたので、直接は見ていないのですが、宮田英利理事、佐藤修専務理事、前多裕理事が会館に駆けつけると、エアコンの給水ホースが抜けてしまったようで、天井から水が溢れだして水浸しになっていたそうです。併設している専門学校では、図書館の書棚やロッカーが倒れ、教科書やノートが散乱したところに水浸しになったので、使えなくなってしまった学用品も少なくないと思います。

事務局長と事務員が駆けつけて、工事の設計図を見ながら給水の元栓を探して、何とかその日のうちには水を止めることができました。

近所の人からは、スプリンクラーが作動したのかと思って火災を心配する声も寄せられたとのことです。

会館も学校も建物自体はひび割れなどの大きな損壊はありませんでしたが、渡り廊下の接続部分がずれたり、崩落したりしました。

会館も慌ただしくはありましたが、マニュアルに基づいて、すぐに役員の先生たちから災害対策本部を立ち上げる旨の連絡が入り、了承しました。

翌日には災害対策本部の第1回会議を開き、道路状況を含めてあらゆる情報収集を行いました。まずは被害が大きいと思われる地区の会員の安否確認をしました。8割の会員が登録しているセコムの安否確認システムも活用しましたが、主に電話を使い、通信状況が悪いところもあって、全員の安否を確認できたのは翌日になりました。

次に診療所と自宅の状況を分かる範囲で確認していきました。

――会員の被災状況は。

飯利 会員の歯科診療所では、全壊3軒、大規模半壊3軒、半壊6軒、一部損壊4件、断水による休診56軒、停電による休診1軒、自宅も全壊4軒、半壊5軒と多くの会員が被害にあっています。

被災した地域と会員を全力でフォロー

私も14日に個人的に能登町と珠洲市の会員の診療所の様子を見に行きましたが、特に珠洲市は本当に言葉が出ないくらい悲惨な状態でした。診療所は建っているのですが、周りにほとんど家がなくなってしまっていました。

そのように被災した中でも輪島市では若い先生2人、能登町では数人の先生が中心となって、全国から支援にきてくれるJDATのコーディネートをしてくれています。

その反対に珠洲市で活動できる現地の先生はいないので、空白地帯となっています。

――7日にはJDATの石川チームが立ち上がったとのことですが、その頃には道路は通れるようになったのでしょうか。

飯利 緊急車両は通っていましたが、私たちが行けるのはまだ七尾市まででした。

今回の震災の特徴でもありますが、能登半島に続く道が数カ所にわたって崩落して通れなくなりました。今は自動車専用道路に仮設道路を作って、何とか通れるようになっていますが、当初は行けるところまで行こうとする人も多く、行き止まりとなり、車が続いているのでUターンもままならずに大渋滞が発生しました。道路の段差が生まれてパンクする車も多かったと聞いています。

なので、7日までは県からも行くなという命令が出ていました。自衛隊や消防隊による人命救助を優先するために、思うところはありましたが、自粛していました。

そして、県知事から災害時の医療連携協定に基づいて、要請がありましたので、すぐにチームを組んで7日には志賀町（10施設）、8日には中能登町（4施設）、七尾市（8施設）、14日には穴水町（8施設）に出動して、歯科口腔保健アセスメントや施設管理者・全体への啓発などを行いました。

その後、他県のJDATチームからの支援もあり、継続的に避難所での活動を行えるようになっています。

――最初の石川チームの編成はどのような基準で行われたのでしょうか。

飯利 チームは歯科医師1人以上で、全体で5人以内の編成となるのですが、歯科医師は役員や委員会の先生から選出し、歯科衛生士会とも連携して、病院に勤めている歯科衛生士に協力をいただきました。

――出動先はどのように決まるのですか。

飯利 要請の出る前から県の医療対策課と候補地については話して目星はつけてありましたが、県の医療対策課から各行政の担当者を紹介してもらい、その担当者と避難所にどのような人がいるかなど状況を伺いながらどこへ行くかを当日決めていました。

――7日には日本歯科医師会の高橋英登会長も視察に来たとのことですが、日歯との連携はどのように取っていましたか。

飯利 実は県歯の会長も務めていた日歯の蓮池芳浩副会長が石川県にいたので、私からお願いして3週間ほど日歯とのパイプ役をしていただきました。

情報共有がしっかりできていたこともあって、7日のタイミングで高橋会長も視察に来たという流れです。

――避難所にいる人達の口腔内の状態や、歯科的なニーズ、問題点などはどうでしたか。

飯利 実際に現地で参加した石川県歯公衆衛生部担当の宮田英利理事の報告によると、今でも断水が続いているところはありますが、多くの避難所で水が使えずに2、3週間、歯磨きや義歯洗浄をしていない人がほとんどでした。

備蓄や支援物資でペットボトルの飲料水はありますが、基本的に貴重な飲み水という感覚で、さらに下水が詰まるからなのか、「あまり流さないでほしい」と言われることもあって、気軽に歯磨きをできる環境ではなかったようです。

義歯を外してもらうと食物残渣と歯垢が固まっていて、洗えないから口に入れたままになっています。

水が使えない状態で重宝されたのが、清拭シートです。ただ、多くの人が清拭シートだけでは拭きとれないくらいの状態になっていたので、水を使った清掃も不可欠でした。

その他に義歯ケースや義歯洗浄剤なども需要が高かったです。

――アセスメントはどのようにするのですか。

飯利 昼間は家の片づけに戻ったり、買い出しに行ったり、何かしら避難所にいないことが多いので、まずは洗い場があるのか、口腔清掃の用品は足りているかなど避難所の状態を自分たちで見て判断します。

あとは行政の保健師さんや避難所のことを把握している人と情報連携をして対応します。

――避難所で一番苦労する点はどこですか。

飯利 避難所の人達に声を掛けづらいという先生方も少なくありません。善意の押し売りにならないように、現場の空気を読みながら声掛けをするのが、一番気を使ったという声が多いです。

また、避難所によって歓迎してくれるところもあれば、入り口で断られるケースもあるようです。せめて啓発ポスターを貼らせてもらおうとしたそうですが、それも断られ諦めて帰ろうとした時に、同行していた歯科衛生士さんと知り合いの人がたまたま通って、口腔清掃用品はお渡しすることができたとのことです。

――石川だけでなく他県のJDATの派遣は、どのように振り分けられているのでしょうか。

飯利 日歯の地域保健課が振り分けを行ってくれています。JDATが活動すること自体が初めてで、手探りで行おうとしていたのですが、現場が混乱しないように日歯に一本化しようということになりました。

お陰様で他県のチームの割り振りに悩むことがなくなった分、活動に専念することができるようになりました。

――今後は避難所での活動も変わっていくのでしょうか。

飯利 基本的に誤嚥性肺炎など災害関連死を防ぐという歯科保健医療活動は継続していく必要があると考えています。

フェーズとしては、人命救助から避難所での関連死防止、復興のための仮設住宅の建設と移行していきます。

1.5次、2次避難所というのが新たにできて、2次避難所の避難者が一番多くなっていきます。そこは水も出て、温泉も使えますが、メンタルヘルスや感染症の問題もあるので、医師会と一緒にどのようにアプローチしていくか検討しているところです。

――仮設の歯科診療所を建てる予定などはあるのでしょうか。

飯利 ちょうど5日に珠洲市で福井県歯科医師会からお借りした診療車を活用して臨時歯科診療所を開設する予定です。そこに主にJDATの石川チームが交代で行って診療します。

将来的には公立の歯科診療所を作って、行政に雇っていただくなどする必要があるかと考えています。

これは災害に関わらず過疎が進む地域の共通の問題だと思いますが、少なくとも公立病院には歯科を作っていく必要があると思います。

――被災した会員への金銭面での支援などについて教えてください。

飯利 1月31日には日歯の第1次義援金が入金されました。これは被災された先生たちに被災の状態に関係なく生活支援として市会単位で分配しました。石川県歯の共済もすでにお送りしています。

また、日歯の義援金は富山県や新潟県など被害があった他県にも送られるので、石川県歯でも独自に義援金を集めています。今後は被災状況に応じた割合で義援金をお送りする予定です。

被災しながらも現地で頑張っている会員の先生方、全国各地から応援に来てくださっている先生方には感謝しかありません。

県歯としては、被災した地域の方々、被災会員のフォローに全力を尽くしたいと思っています。

を回って

石川県歯

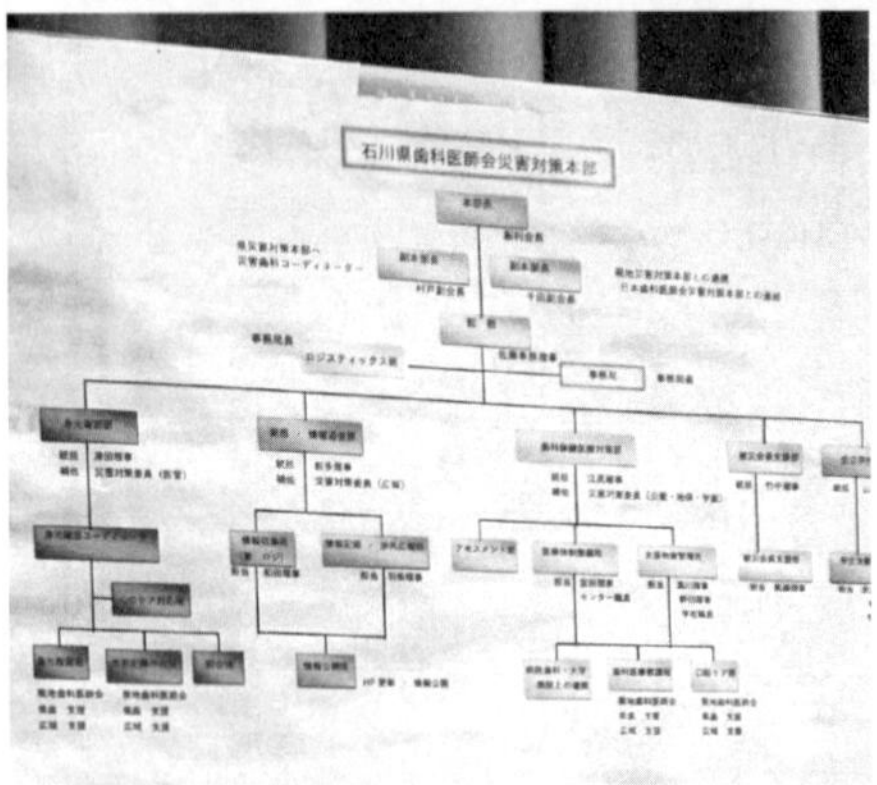

ホワイドボードには珠洲市の臨時歯科診療所や今後のスケジュール表があった

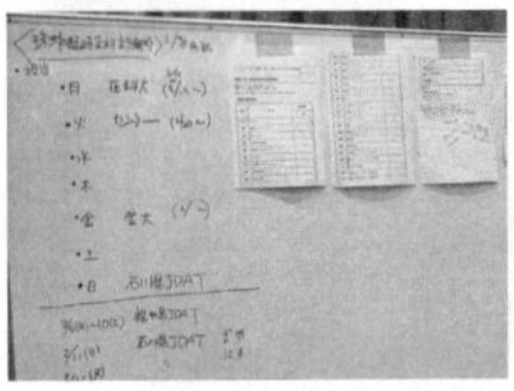

石川県歯の役員らが明日のJDATチームのために支援物資を確認していた

対策本部に人や物資

長野県歯から贈られた応援メッセージが本部に飾ってあった

会館内はたくさんの支援物資で埋まっていた

能登半島の現地ルポ

倒壊した家屋、突き出したマンホール、傾いた歯科医院の看板。いずれも震災前には到底想像できなかった光景だ。人の行き来はなく、あるのは木片と猫が歩く姿だけ。1月1日午後4時10分ごろ、石川県能登地方で最大震度7の激しい揺れを観測した。あれから1カ月経過した2月3～4日、記者は能登半島の取材のために現地入りをした。

指して

【1日目】

3日、上信越自動車道と北陸自動車道を経由して石川県歯科医師会へ向かう。高速道路内では、パトカーや災害支援車両など、多数の車両が行き来している。幸いにも富山県周辺は被害が少なく、人通りが多いように見える。

15時～　富山県氷見市に着いた。辺りを見渡すと地割れや隆起が起きていた。富山県庁調査では、6日時点で物的被害は8044軒、人的被害は47件とのこと。歯科医院周辺も人の気配がなく、要注意と書かれた黄色い張り紙だけが残されている。

17時～、石川県歯科医師会館で飯利邦洋会長へインタビューする予定が入っていた。早めに現地入りをしていると、偶然にも能登町の避難所を回ってきた京都府歯科医師会JDATが帰ってきたところだった。京都府歯によると、巡回していた避難所では、水は飲み水として使って、歯磨きや義歯清掃が後回しになりがちであるという。実際に写真を見せてもらったが、義歯は装着したままなので、食物残渣や歯垢がひどかった。

水は貴重な資源だ。とはいえ、このままでは誤嚥性肺炎につながるリスクを危惧してしまう。

また、子供用歯ブラシが多い一方で、大人用の歯ブラシが置かれていなかったり、メーカーによっては洗口剤がピリピリとした刺激のある感触が残るため、使用せずに置かれていたりなど、現場が求める支援物資とのミスマッチが発生している。先生によれば、「2日目に同じ避難所に行くと、1回目に（口腔ケアを）遠慮していた人もたくさん来るようになった」とうれしくなるような出来事もあったとのこと。

18時～、その後、石川県歯会館に入り、さまざまな先生と話をする機会をいただいた。会館内はピリピリと ➡

能登半島地震　1カ月後の現地

輪島市

地元歯科医師が奮闘

輪島市歯科医師会の角氏（左）と笹谷氏

㊤自衛隊の災害派遣部隊
㊦歯科医院まで水を運ぶ自衛隊員

避難所に指定されている輪島市ふれあい健康センター

輪島塗の老舗「五島屋」のビルには甚大な被害が

火災で一面が焼けた朝市のあった地域は立ち入り禁止となっていた

支援を阻む道の崩落

輪島市へ向かう最中も道路の陥没が見られた

土砂崩れや道路の陥没などで通行止めになっている所も

石川県歯理事の宮田氏からも話を伺った

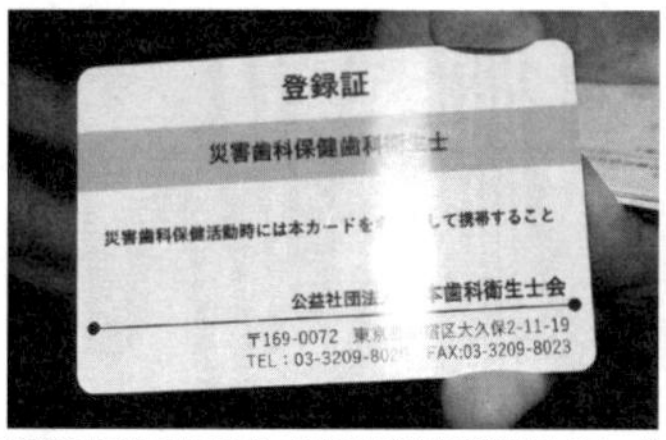

京都府歯JDATに見せてもらった災害歯科保険歯科衛生士のカード

大阪府歯JDATチーム

した緊張感が入り混じり、自然と足を運ぶ動作も鈍くなる。

会館ではエアコンのホースが破裂して水浸しになり、天井抜けなどの被害があったそうだが、徐々に修繕したおかげか少しずつ元通りになっているという。周囲を見渡すと、所狭しと歯ブラシ（大人用・子供用）や洗口剤等の支援物資が入った段ボールがあった。

また、歯科医院の人的・施設情報を確認できる張り紙を見つけた。そこには「スタッフ2人のうち1人が生き埋めになっている可能性があり、連絡が取れません」「とりあえず生活することで精一杯。無力さを感じています」とのコメントが残されており、悲惨な状況を物語っていた。

しばらくすると、大阪府歯科医師会JDATが支援物資の確認のためか、七尾市から帰ってきて、石川県歯理事と早々にミーティングを行っていた。そんな大阪府歯から少し話を伺うと、同じく義歯不良に陥る人、義歯ケースや洗浄剤も喜ばれたが、その中でも口腔ウェットシートが重宝したとの情報が入ってきた。被災者の中には口腔衛生を嫌がる人もいるため、寄り添うような気持ちを大切に積極的な介入はせず、迷惑をかけない程度に配慮しながら巡回していたとのこと。

石川県の面積は約4186平方キロメートル、金沢市をはじめ11市8町の計19市町で成り立っている。特に北部の能登地方は海抜高度300メートル以下の低山地と丘陵地で大部分を占めており、南部の加賀地方は険しい山地帯となっている。つまり、奥地に行けば行くほど険しい道は続いていく。県歯もその対応に苦慮しているという。「例えば、珠洲市では最南の健康増進センターから北に向かうにも遠くて、1カ所、2カ所が精一杯」とのこと。

険しい道中が続けば、自ずと帰り道も考えなければならない。灯りの無い山道は二次被害にもつながる。しかし、避難所に向かっても昼間は家の片付けなどでいない。だが、昼食時間に訪れても迷惑がかかってしまう。県歯は避難所から、「夜に来てくれないか」と提案されたそうだが、帰り道の道中で野宿をせざるを得ない場面を考えたら難しく、行動の制限がかかっていると話していた。

続く断水、全国からJDAT、復興を目

先生方からの情報提供の後、飯利会長や役員の先生方に現地の状況などを聞いた。

輪島市と能登町で被災した先生がそれぞれ現地でコーディネーターとして頑張っているという話があった。「輪島市と能登町で被災されたにもかかわらず頑張っていらっしゃる方には大変感謝しています」。

また、飯利会長によれば、珠洲市では10年後には全ての歯科医師が75歳以上になってしまうため、どのように歯科医療機関を継続するかの方法について話し合っていたそうだ。公的・公立病院に歯科を設けるなどの案もあったが、その前に震災が起こった。

「歯科医師がいなくなるということが、今まさに起こっている」

何十年も地域密着型の歯科医院を継続していたのにもかかわらず、震災がそれらを何もかも奪った。

石川県金沢駅周辺に行くと、能登半島地震による被災状況等の深刻な話とは打って変わって、繁華街は活気に満ち溢れている。軒先にぶら下がった赤ちょうちん、元気よく声をかけるキャッチセールス、ネオン輝く看板。光芒と辺りを照らす色とりどりの光景は、後日に向かう輪島市や珠洲市の悲惨な状況とは全く異なるものだった。

【2日目】

4日は輪島市と珠洲市周辺を見て回った。輪島市方面へ向かう道中も、道路の損壊や土砂崩れなどが起きている場面によく遭遇した。雨漏りを防ぐため、屋根にブルーシートを設置する家屋も次第に増えていった。

8時20分～、立ち寄った穴水町の道の駅でちょうど能登町のケアセンターへ向かう東京都歯科医師会JDATに会った。前日は避難所や高齢者施設にいる入居者を対象に口腔アセスメントを行ったが、昼間は自宅の片付けなどで出掛けていて、夜になって施設や避難所で就寝するという人が多いそうだ。

「昨日は30人くらい集まる避難所を3カ所巡回した。個別に1人ずつ歯科衛生士が話を伺って、『何か困っていることはないか』を聞いた。その中でも、口腔ウェットシートが重宝された」。

地元の先生と一緒に巡回したため、歯科的介入はしやすかったそうだ。都歯によれば、輪島市に向かった富山県歯チームは、10人くらい集まって歯科衛生士が口の体操など口腔ケアに関することも行っていたという。

道中は瓦礫やガラスなどタイヤがパンクする可能性も。細かい部分まで注意しながら、先へ向かうことにした。

9時～　輪島市の町内に着くと木造家屋が押しつぶされた影響で木片などが道路まで押し寄せていた。また、赤や黄色の紙で書かれた「危険」や「要注意」を意味する応急危険度判定結果が至る所に貼られていた。被災者らしき人も見かけるが、誰しもが疲弊した顔つきでふらふらと歩いている。

輪島市の歯科医院を回っていると、先生の家族に偶然会った。現地の状況を聞いてみると、避難所によっては退所を余儀なくされた人もちらほらといるらしい。「学校に避難している人は（学校を）空けないと再開できないし…」。水の供給状況については、未だ水不足が続いているが、自衛隊が水を支給してくれるおかげで、少しずつ診療ができる体制になっているとのこと。しかし、先生は市との会議で不在のため、しばらく時間を置いてから再び向かうことにした。

10時～　建物まるごと倒壊している輪島塗の老舗「五島屋」のビルを横目に進んでいくと、一面がれきと化した風景があった。東日本大震災で津波に持っていかれた後の出来事を彷彿とさせる。年に一度しかない正月の楽しみを、一瞬にして奪われたと思うと、胸がキュッと苦しくなる。

11時～　しばらくすると、歯科医院付近で活動している先生がいた。輪島市歯科医師会として活動している角歯科医院院長の角大輔氏、笹谷歯科医院院長の笹谷俊郎氏に話を聞くと、歯科治療のニーズもある程度出てきて、外来で診療をしなくてはならない場面が多くなってきたという。笹谷氏は続けて、「困っ

【8面に続く】

能登半島地震 1カ月後の現地を回って

6～8

珠洲市

岡村歯科医院の辺りでは多くの家が倒壊していた

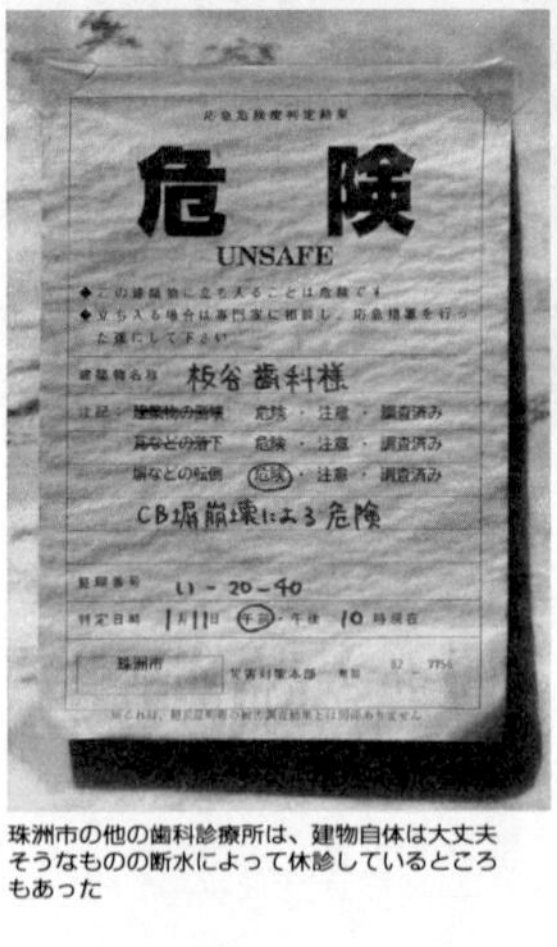

珠洲市の他の歯科診療所は、建物自体は大丈夫そうなものの断水によって休診しているところもあった

珠洲市に向かう途中のコンビニ。期間を限定して営業しているようだった

【7面からの続き】

ていることは水の状況。歯科医院は再開できる状況にあるが、患者さんが来ないと通常通りの診療はできない」と、まずは地域住民を支える活動が必要だと話す。診療は2日に1回、現在は治療途中の患者からの電話対応がメインとのこと。

角氏は、災害サイクルにおけるフェーズ移行が今までの震災と比べても遅い印象があると話す。「交通が破壊され、人材や物資の輸送が滞ってしまったことや、上下水道の復旧の目途が立っていないことで、あらゆる生活行動が制限を受けてしまっている。ようやく医院を再開し、動き出してはみたものの、手探りの状態であることは否めない」。半島特有の地形や道路の陥没などで、行政含む関係者が思うように動けない一面もあるのだろう。

「住民の心が心配」

とはいえ、日本歯科医師会や石川県歯による支援が非常に助かっている部分もあるという。「全国の歯科医師が自分の診療の手を止めてまで来てくれる。これは本当に申し訳ない。しかし今のわれわれにとっては大変ありがたいことで、ものすごい励みになっている。本当に感謝している」。

東日本大震災では、災害による精神的ダメージでPTSDなどの症状を患った人もいたと聞く。笹谷氏も時間が経つに連れて起こる住民の二次被害のリスクを懸念していた。「時間が長くなればなるほど、精神的な部分や外来のこと、スタッフや家の用事などを同時にこなさなくてはいけなくなってくる。しんどい気持ちになりそうな状況にあるが、そこはお互いに知恵を出しながら共有して取り組んでいきたいと思う」と、不安げな顔を浮かべながらも答えてくれた。

13時～　珠洲市に到着するやいなや、地震による地盤沈下と隆起したマンホール、家屋があり得ないくらい傾いている光景を目の前にした。全体的に被害が甚大で、場所によっては、倒壊した家屋の木片で道が通れず、遠回りをするしかない。

5カ所の歯科医院を回った。屋根の瓦が崩れていたり、窓ガラスにひびが入っている診療所もあった。周囲も似たような光景で、大きく傾いた電柱や地割れした道など、輪島市よりも被害が大きいように見受けられる。

現地は大変悲惨な状況だが、それでも復興を目指し、住民と一緒に頑張っている歯科医師の姿を見た。日歯や石川県歯からの助力がなければと思うと、ぞっとする。一日も早い復興を願うばかりだ。

ゲームアプリで健口イベント

「フレイルの日」に高齢者施設で

アイキャット

大阪大学発のベンチャー企業アイキャット（本社・大阪市、西願雅也CEO、十河基文CTO）は、2月1日の「フレイルの日」に合わせて同社が開発中の口をトレーニングできるゲーム「健口アプリ」の第1弾「PaTaKaRUSH（パタカラッシュ）」を体験するイベント＝写真＝を兵庫県芦屋市の高齢者施設「CCRC豊泉家 芦屋山手」で1月30日に実施した。

◇◆◇

同社は、ゲームを楽しみながら習慣にしてオーラルフレイル予防や口の発達不全の解消に繋げられるよう「健口アプリ・プロジェクト」を実施。パタカラッシュは、スマホのインカメラで自分の顔を映しながら「パ・タ・カ・ラ」を速く繰り返し発声し、音声認識機能で文字変換された文字が飛んで対象を破壊していくゲームアプリ。連続発声でコンボ技が発動し、スコアのランキング表示、プレイ履歴も記録でき、遊びながら口のトレーニングができる。一定期間利用がない場合は注意喚起し、発声回数が一定値を下回ると歯科医院への受診も促すという。

口の健康についての話の後、アプリを体験した

イベントには同施設の入居者十数人が参加。同社の歯科医師の十河氏が口の健康についての話をした後、同アプリを体験。参加者同士応援しながら楽しみ、プレイ後に再度チャレンジする人もいた。アプリの完成は春頃の予定。

使用済み白衣→Tシャツに

山一　日本語学校の生徒に配布

繊維事業やリサイクル事業などを行う山一（本社・大阪市、殿谷茂人社長）は、病院の使用済みの白衣をアップサイクル（元の製品の素材をそのまま生かした再利用）して作製したTシャツ「サステナT」を、昨年12月17日に西アフリカのベナン共和国のたけし日本語学校の生徒に配布したと今年1月16日に発表した。

同校は日本で活躍するタレントのゾマホン氏が2003年に設立。日本の環境保全の活動事例としてサステナTの取り組みを紹介し、Tシャツを配布した。

使用済みの白衣は茨城県にある同社のパートナー企業が回収し、Tシャツは生地を綿状に戻し繊維として再利用する「反毛（はんもう）」という方法で作製している。

同社は同プロジェクトに共に取り組む自治体やパートナー企業を募集しており、持続可能な事業モデルの構築と展開を目指す。

人事

（敬称略）

■三栄メディシス
▼会長　竹内仁史▼代表取締役社長　細見健司

マニー　企業の健全な成長等が評価

「特別賞・経産大臣賞」

日本取締役協会（冨山和彦会長）が主催する「コーポレートガバナンス・オブ・ザ・イヤー2023」でマニー（本社・宇都宮市、齊藤雅彦社長）が「特別賞・経済産業大臣賞」を受賞した。表彰式は、1月29日に東京都千代田区の帝国ホテル東京で行われた。なお、売上高500億円未満の中堅上場企業としての受賞は同社が初めてという。

同表彰は、コーポレートガバナンスを用いて中長期的に健全な成長を遂げる企業を後押しするため、2015年度から実施。同賞の他「Grand Prize Company」「Winner Company」「特別賞・東京都知事賞」に五つの企業が表彰された。

経済産業大臣賞は、社長・CEOの選任、後継者計画で先進的な取り組みを行い、実効的に運営されている企業を選定。同社は、次期CEOの評価・育成・選任を含む実効的な指名プロセスが構築されていることや、毎年、経営環境の変化や課題等に応じて、組織の在り方と執行役の役割を見直していることなどが評価された。

歯列矯正の医院選び　決め手は「通いやすさ」

20～69歳男女 200人に調査

自分または子供の歯列矯正で希望すること、医院を選ぶ決め手が「通いやすい場所であること」なのが分かった。メディカルネット（本社・東京都渋谷区、平川大会長CEO）が実施したアンケートによるもので、現在自身または子供が歯列矯正を行っていると回答した全国の20～69歳の男女200人にインターネットで調査した。

歯列矯正を受けるきっかけについての質問（複数回答、n＝100）には、「もともと歯並びに悩みを抱えていたから」52人が最多で、「かかりつけの歯科医師から勧められたから」38人、「親族・友人・知人等から勧められたから」24人と続いた。子供（複数回答、n＝100）では「子供の将来を考えて」53人、「かかりつけの歯科医師から勧められたから」42人、「本人が歯並びに悩みを抱えていたから」28人などだった。

歯列矯正を受けるにあたって希望していたこと（複数回答、n＝100）は、「通いやすい場所であること」43人、「治療する歯科医が矯正専門医である・実績がある」33人などで、子供（複数回答、n＝100）では同58人、同49人などがあった。さらに歯科医院を選ぶ決め手の質問（複数回答、n＝100）には「通いやすい場所」47人、「治療する歯科医が優しく、自分と相性が良い」39人などで、子供（複数回答、n＝100）では「通いやすい場所」54人、「歯科医が矯正専門医・実績があること」44人などがあった。

予算についての質問（n＝100）では「75万円～100万」20人、「25～50万」19人、「10万未満」18人と続き、子供（n＝100）では「25～50万円」34人、「50～75万」16人、「10～25万」が15人の順に多かった。

そのほか、歯列矯正を受ける歯科医院を探す方法については（複数回答、n＝100）「かかりつけ歯科医師に聞いた」40人、「検索エンジン」32人、「歯科に詳しい知人」30人などで、子供（複数回答、n＝100）では「かかりつけ歯科医に聞いた」60人、「親族・友人・知人等に聞いた」26人、「検索エンジン」「歯科に詳しい知人」18人などだった。

セリスタ　医療機関のあるある川柳

3月31日まで募集

セリスタ（本社・東京都千代田区、伊藤承正社長）は、「第4回医療機関あるある川柳コンテスト」の作品を募集している。期間は3月31日まで。院長やスタッフなど、さまざまな立場や視点から医療機関にまつわる日常的でユーモアのある川柳を募集。医療機関で現役で働いている人であれば誰でも応募でき、1人2作品まで応募可能。

最優秀賞（1人）には賞金10万円と額入り賞状、優秀賞（3人）には賞金3万円と額入り賞状、セリスタッフ賞（6人）には賞金1万円、佳作（20人）には同社オリジナルの「OligoScan元素周期表マグカップ」を贈呈する。

応募は、ウェブ専用応募フォームまたはFAX03（3863）1004まで。

■ 歯周病予防の歯磨きジェル／ピジョン

ピジョンは「薬用口腔ケアジェルプラス」を全国で発売している。歯周病を予防する「グリチルリチン酸ジカリウム」と保湿成分「グリセリン」を配合。伸びが良く、口腔内の隅々まで広げやすい。パラベン（防腐剤）やアルコール、研磨剤は不使用で、有効成分以外は食品用原料を使用。香味はフルーツミント。容量は50g。価格はオープン。

■ ペット用歯磨きジェル／アニコムパフェ

アニコムパフェは、同社グループとアース製薬が開発したペット用歯磨きジェル「CRYSTAL JOY（クリスタルジョイ）」を発売している。主成分の「MA-T」は、亜塩素酸イオンから水性ラジカルを生成してウイルスを不活性化。同製品は無色透明、無味、無臭。容量は60ml。専用サイト等で購入可能。価格はオープン。

コンピュータ協会

医療機器の廃棄など学ぶ

サイバーセキュリティ対応も

日本歯科コンピュータ協会（＝コンピュータ協会、山中一剛会長）は、「医療機器及び医療情報システムにおけるサイバーセキュリティ対応」と「歯科医療機器における廃棄課題への取り組み」と題する会員向けの勉強会を2日にオンライン形式で開いた。「医療機器及び医療情報システムにおけるサイバーセキュリティ対応」を医機連関連小委員会委員の村上邦臣氏、「歯科医療機器における廃棄課題への取り組み」を日本歯科器械工業協同組合監事の須貝辰生氏が話した。

村上氏は、サイバーセキュリティの概要、医療機器および医療情報システムにおけるサイバーセキュリティ対応、「医療情報を取り扱う情報システム・サービス提供事業者における安全管理ガイドライン」、「医療情報システムの安全管理に関するガイドライン（第6・0版）」、医療機関向けチェックリスト、MDS（製造業者による医療情報セキュリティ開示書）、SDS（サービス事業者による医療情報セキュリティ開示書）、MDS2（医療機器セキュリティのための製造業者開示説明書）について話した。

村上氏はサイバーセキュリティ対応は「①医療情報システム、②医療機器、③社内システム、④医療機関」での対応があると説明。①の医療情報システムへの対応は、「3省2ガイドラインの遵守」「医療機関の求めに応じて必要な資料（サイバーセキュリティ対策チェックリストやMDS、SDSなど）の提供」「医療機関（販売代理店）、医療機器製造販売業者や他の事業者とのコミュニケーション」が大切と述べた。

須貝氏は、医療機関の廃棄物の規制を概説した上で、「これまで歯科界は、産業廃棄物扱いとなる医療機器の廃棄行為については共通となる合意文書がなく各社が個別判断し、廃棄行為の対応を実施していたが、法令の遵守による環境問題への配慮を推進するため、歯科界における医療機器の廃棄に関するガイドラインの作成に至った」と前置き。

今後の歯科界の対応として、「医療機関から出た廃棄物は、医療機関が廃棄業者と直接契約して処分する」「産業廃棄物収集運搬業の許可を有していない事業者が医療機関の廃棄処理を取り扱うことはできない」「ガイドラインに沿った手順で医療機関に廃棄していただくよう説明する」とまとめた。

その後、11個のQ&A（＝表※うち一つ）を紹介した。

医療機器の廃棄処理についてのQ＆A

Q　医療機関で設置されている、レセコン、レントゲンサーバー等のパソコン、周辺機器の引き取りについて、廃棄物処理法の観点から、新しい製品を販売する際に同種の製品で使用済みのものを無償で引き取ることは、産業廃棄物収集運搬業の許可がなくても引き取りを行うことは可能だが、公正競争規約の観点において、本来医療機関が負担すべき廃棄費用の肩代わりとなるため、パソコン、周辺機器、消耗品・備品なども廃棄物として持ち帰ることは許されないとの認識だが間違っていないでしょうか？

A　ご認識の通りです。

歯の識別手法など特許

パノラマX線画像元に

クレスコ

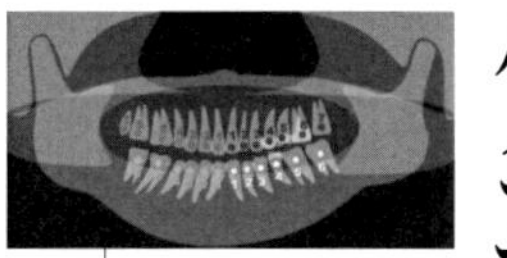

マーキング、ナンバリング後の画像のイメージ

情報システムのコンサルティングや設計、開発などを行うクレスコ（本社・東京都港区、冨永宏社長）は、歯のパノラマX線画像から個々の歯を識別する情報処理装置と情報処理方法および情報処理プログラムの特許を取得したと1月23日に発表した。特許取得日は昨年11月14日。

歯のパノラマX線画像から歯の部位を識別するのに手間がかかることから、AIで歯を自動で識別し、歯を一本ずつ画像として切り出す研究を2018年から実施。

同技術は、X線画像上で歯を上下左右の位置で色分け・マーキングして、マーキングした歯の形状に合わせて色を塗りつぶして歯の画像を切り出し、画像中央付近から番号を付与（＝ナンバリング）して切り出した部位を識別するもの。同技術により、歯科医師のカルテ記録作業負荷の軽減や患者への治療説明の質の向上が期待できる他、歯科以外の医用画像や、設備・整備部品の計上確認など他の産業分野での応用も見込めるという。

週間 金・パラ価格動向　税抜価格（1g、円）

	金	パラジウム（参考価格）
2月5日（月）	9,774	4,700
2月6日（火）	9,725	4,725
2月7日（水）	9,732	4,690
2月8日（木）	9,750	4,490
2月9日（金）	9,819	4,505

提供 石福金属興業

医院の経営を見える化

予約システムに新機能

ADI.G

ADI．G（本社・横浜市、浅野弘治社長）は、歯科医院向け予約システム「クリニッククラウドGR（ジーアール）」に、医院経営に必要なデータを確認できる機能「統計ダッシュボード」を1月25日に追加した。

同機能は、総売上とキャンセル率をリアルタイム、累計、前年同月比、累計前年比別などで表示できる他、自費・保険・物販・訪問種別の売上明細や患者統計（新患・総患者数、1患者当たりの売上）、自費率、レセプト枚数を一覧で表示し、過去12カ月間の売上推移を保険・自費・物販・訪問等の種別にグラフ化する。

同機能は同社の「カルテクラウド」の契約医院のみ利用可能だが、他社のレセコンとの連携も進めているという。詳細は同社ホームページまで。

投稿／募集

800字以内。郵送またはFAX、メールで。

日本歯科新聞社

経済の牽引を目指す企業

札幌市から認定

北海道歯科産業

札幌市が同市の経済の牽引を目指す企業を認定する「SAPPORO NEXT LEADING企業」の「付加価値向上コース」に北海道歯科産業（本社・札幌市、山田哲哉社長）が選ばれた。同コースと「上場支援コース」に18の企業が認定された。

認定企業に対し、目標の達成に向けた集中的・継続的な支援を最長5年間（認定年度を含む）実施する。今後、認定企業の取り組みなどの情報はウェブサイト「SAPPORO NEXT LEADING」（準備中）から発信する予定。

大阪ショールーム展示商品が2倍に

ナガイレーベン

ナガイレーベン（本社・東京都千代田区、澤登一郎社長）は、同社の大阪支店内にある大阪ショールームを1月4日にリニューアルした。展示スペースは従来の3倍に拡大、展示商品は約2倍に拡充し、同社で取り扱う約7割の商品を常時展示している。

同社の本社内に開設している東京ショールームでは、多くの商品から効率的に商品を選べることや、要望に対しスタッフからアドバイスを受けられるサービスが好評で、医院のモデルチェンジや新規開業に伴い、来場者が増えているという。顧客満足度の地域拡大を図るため、関西地域の拠点として大阪ショールームをリニューアルした。

利用は予約制。問い合わせはTEL06（6977）2221まで。

名称変更

■森永乳業クリニコ

クリニコは3月1日、社名を森永乳業クリニコに変更する。住所、電話番号は変更なし。

ヘッドライン企業ニュース

■アンカーリペアⅡ、豚毛ブラシ、グリッドレーズブラシⅡ、デモンストレーションモデル各種の一部を価格変更（クエスト／1月22日）

■開発・製造する製品の情報セキュリティに関しての基本方針「製品セキュリティポリシー」を公開（タカラベルモント／1月29日）

■2月21日出荷分から貼付式模型台「プラだいちゃんF」を20％、キャスティングワックス「サンエスディスクW」を18％価格改定（サンエス石膏／1月31日）

■Zirkonzahnのプリンターレジンに、スピードタイプとバーンアウトタイプを追加（トーシンデンタル／2月5日）

■歯科医療従事者向けメディア「Doctorbook academy」と連携し、求人情報コンテンツの提供を開始（GENOVA／2月7日）

■スポーツにおける噛むことの価値を発信する「噛むスポプロジェクト」活動の一環として、ジュビロ磐田にチーム専用のトレーニングガムを提供（ロッテ／2月8日）

スキャン範囲3倍に

IOSの新製品発売

インビザライン・ジャパン

インビザライン・ジャパン（本社・東京都品川区、松本貴嗣社長）は、口腔内スキャナー（＝IOS）「iTero Lumina（アイテロルミナ）」の販売を開始したと1月31日に発表した。

同製品は、ワンド（口腔内に挿入するIOS本体の先端部）のサイズが従来品の半分の大きさとなり45％軽量化。独自に開発した「iTero Multi-Direct Capture（マルチダイレクトキャプチャー）」技術を採用し、スキャン範囲は従来より約3倍拡大、スキャンスピードは2倍向上した。複数アングルから同時に撮影できる「マルチアングル スキャニング」により、1回のスキャンで歯列をより広範囲に捉え、写真のようにリアルで鮮明な画像を素早く撮影できるという。被写界深度は最大25ミリ。狭口蓋や高口蓋、欠損歯、半埋伏歯でも少ない操作でスキャンできる。

カートモデルとモバイルモデルの2種類を用意。詳細は同社ホームページまで。価格はオープン。

製品紹介

（価格は税込）

歯科技工用金属表面処理器

アクティリンク　Reborn

ヨシダ　☎0800-170-5541

歯科用金属の表面にプラズマ処理を行う歯科技工用金属表面処理器。インプラントや補綴装置の歯科用金属に使用でき、プラズマ表面処理により接着性が高まるという。

価格＝4万9,500円（本体、専用ジグBM）

歯科用充填・修復材補助器具

ストラタG システム

モリタ　☎0800-222-8020

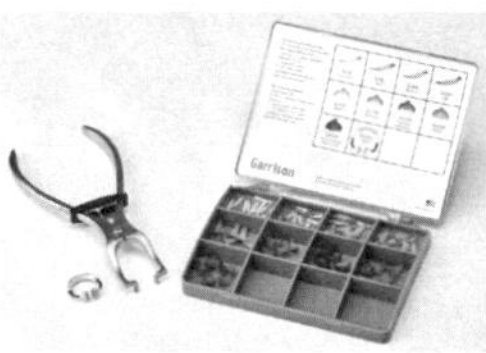

NiTi合金を採用し、耐久性が向上した充填・修復材補助器具。改良された脚部のシリコン形状が歯冠隅角部にフィットしやすく、より窩縁に密着した隔壁が設置できることで容易に辺縁隆線を再現できる。長期間の使用でも脚部が緩みにくい。

価格＝イントロキット　6万60円

デジタル印象採得装置

IS 3800W

エンビスタジャパン　☎0800-111-8600

DEXIS口腔内スキャナーのフラッグシップモデルのデジタル印象採得装置。240gと軽量かつコンパクトで、高速スキャンを実現。ワイヤレスタイプ。

価格＝385万円

リラインジグ

PRESSFIT

デントロニクス　☎03（3209）7121

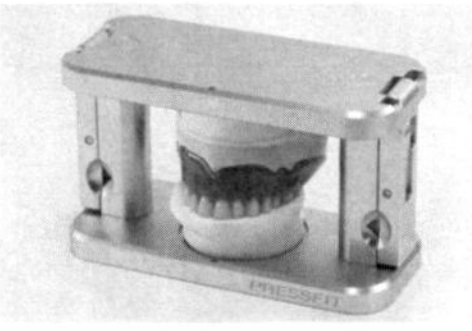

リライニング時に間接法で使用するリラインジグ。リライン材に必要な厚みを咬合高径を変えずに確保でき、圧接時も両側のアームを閉じるだけで容易に操作できる。アルミ削り出しのパーツで精度の高いリライニングができ、作業時間を短縮できる。

価格＝4万3,780円

模型作成用CADソフトウェア

シェーラ　イージーモデル

名南歯科貿易　☎052-799-4075

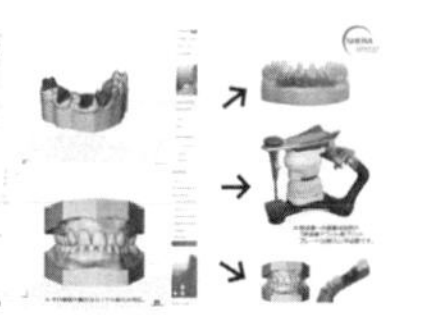

IOSデータや模型のスキャンデータを取り込み、歯科模型・支台歯模型・インプラント模型・平行模型（ロイヤル版のみ）を素早く設計できる模型作成用のCADソフトウェア。歯肉や支台歯の設定、刻印も可能。

価格＝イージーモデル　28万6千円、ロイヤル版31万9千円（別途インストール費とトレーニング費、年間更新料が必要）

歯科用多目的超音波治療器

マイクロピエゾ

東京歯科産業　☎03（3831）0176

3つの機能ごとに12種類の出力を搭載した超音波治療器。従来のピエゾ発振方式の機能に加えて、スケーリング時に出力を下げずに振動を弱めるソフトモードを搭載。スケーリングや根管治療、支台歯形成などを低侵襲で効率良く行う。

価格＝30万8千円

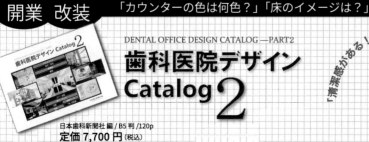

カニエ・ウェストさんの歯にゴールド系補綴物

製作期間は4日。滑沢に輝く

アーティストのKanye West（カニエ・ウェスト）さんが約1億2600万円の「メタリックな総入れ歯」を取り付けたとの報道が、全米で話題になっている。製作にはビバリーヒルズとニューヨークで開業している歯科医師のThomas Connelly（トーマス・コネリー）氏、ロサンゼルスを拠点とする歯科技工士の林直樹氏などが参加したという。本社刊行の書籍『世界で活躍するサムライ歯科技工士』でも執筆協力のあった林氏に、製作に携わることになった経緯や製作工程、気を付けた点、終えた後の考え方の変化などを聞いた。

製作者の一人（歯科技工士）
林 直樹 氏

――どのような経緯で依頼が来たのですか。

林　ウェストさんを担当されたコネリー歯科医師とウェストさん所属のレーベルのマネージャーから連絡を受け、今回の補綴製作を引き受けました。

――依頼を受けた際に、驚かれたのではありませんか。

林　ウェストさんが求めているデザインを聞いた時、もちろん驚きました。それと同時に歯科医療人としていくらかの懸念も持ちました。ですがこれまで多くの芸能・プロスポーツ関係者の歯科補綴製作に携わってきたので、彼らが求めるものはファッション性に富んだものであることが多く、これを実現するための最良のデザインを頭に描き始めたのを覚えています。

――報道では「メタリックな総入れ歯（銀色に輝く総入れ歯）」とのことですが、素材は何ですか。それから製作期間は。

林　後述しますが、実は総入れ歯ではなく、残存歯24本を支台歯とした上顎下顎用の補綴物となります。素材は特別なものではなく、歯科治療でも用いられるゴールド系のメタルです。ウェストさんの希望から色はホワイトゴールドであり、口腔内で十分な硬度のゴールド系メタルを鋳造によって製作しています。製作期間は4日です。ウェストさんが仕事で使用されるという事情から、通常では考えられない大変短い期間で製作を終えました。

――今回のような補綴物を入れた（持つ）人はウェストさん以外にもいますか。

林　通常の歯の形態を持つメタルのクラウンを上下28歯に装着されたケースは過去いくつかあります。しかしながら今回のようないわゆるバイトリム（デンチャーを製作する際に用いるロウ堤）をメタルで製作することは初めてとなります。われわれはこれをMetal Rim（メタル・リム）と呼んでいます。

――どのように製作したのですか。

林　歯科用CADを用いてまずは大まかなデザインをしました。その後3Dプリンターでレジンを出力し、この後は手作業で細かな箇所を仕上げていきました。鏡面仕上げする箇所は、320～1200番のヤスリを順に使用して面を整えています。その後は上述したように鋳造にてメタルに置き換え、こちらも鏡面研磨仕上げが必要な大きな面はヤスリを用いて整えました。

――製作時の役割分担は。

林　全てのデザインと指揮を私が執り、実際の作業の大部分は私が行いましたが、4日間という超短期間での製作は、私のチームの助けがあってのことです。

――製作時に気を付けた点などは。

林　ウェストさんからの希望は、写真の通り真っ直ぐなデザインで銀燭のメタルが鏡面仕上げされたものです。ですが彼は歯科に関する知識は大まかなものでした。その希望を口腔内に落とし込むためのデザインを私が全て行いました。

ホワイトゴールドの色はそのまま活かしつつ、注意した点は、特異な形状の補綴物となるため、噛める、吸える、発音できる、眠れるための咬合や前方・側方運動、できる限りの清掃性などを考慮したデザインにしたことです。最も難関だったのは、これだけの大きなメタルピースを鋳造する技術でした。それからこれだけ広い面を手作業で鏡面研磨仕上げするのは大変高度な技術も必要で、見ての通り表面は非常に滑沢に仕上がっています。

◇◆◇

――歯磨きなど、日常生活で気を付ける点は。

林　舌側にできる限りの清掃可能なスペースを設けていますので、ウォーターピックなどの口腔洗浄機である程度の清掃は可能です。しかし完全な清掃性があるかとなると、そうではないと思います。

完成後には、ウェストさんとディナーを共にした際、食べる、吸う、話すなどの仕草に違和感がないことを確認しました。ゴールド系のメタルを使用しているので、食事による酸化やメタルの溶解などの心配もありません。

――今回の補綴物は総入れ歯ではないということは、「ウェストさんは歯を全て抜いた」との報道はどういうことですか。

林　アメリカでの報道とそれをそのまま日本語訳されたネットニュースなどに書かれていることの多くは真実ではありません。これは話題作りの一環に過ぎないものであると捉えてください。芸能界にはよくあることです。

まず歯を全て抜歯したと書かれていますが、われわれは1歯も抜歯は行っておらず、ウェストさんは全ての歯を残しています。またウェストさんが「2010年にもダイヤモンドとゴールドのインプラントをお披露目していた」との報道もありますが、彼の既往歴からインプラントが埋入された経歴もありません。

通常の歯科治療で行われるクラウンの支台歯形成を24歯（ウェストさんは過去に矯正治療時に抜歯された上下左右の第二小臼歯がないため24歯）に行っています。その通常の支台歯の上に今回のメタル・リムを装着しています。唇側面が歯の形態になっていないためそのデザインは特殊なものとなりますが、いわば通常の歯科治療で用いる3ピースに分割（片顎）されたフルキャスト・メタルブリッジと同様です。ちなみに、メタル・リムを取り外した場合には、通常のクラウンを製作し装着する必要があります。

ここで大切なのは、ウェストさんも今回の補綴装置が完璧なものであるとは思っていないことです。特にデンチャーのように歯肉へメタルの床が被っている箇所については、口腔内での清掃性の低さについても理解されています。短期間だけ、ファッションや話題性として彼は楽しみ、その後、他の補綴装置へ置き換える予定であると思われます。

従って、補綴装置はテンポラリーセメントを用いてウェストさんの口腔内に接着されています。既に2週間この補綴装置を装着した結果、快適に感じない箇所をウェストさんから伺っており、それらが改善された二つ目のセットを現在製作している最中です。

◇◆◇

――「約1億2600万円の総入れ歯」とのことですが、その内訳は。

林　私は請求書を見ていないので、本当にその額であったのか、また内訳についても分かりません。ですが、われわれはラスベガスのホテルのスウィートルーム一室をウェストさんのために取り、その部屋に歯科機材一式を持ち込み、また麻酔科医とデンタルアシスタント数人と全てをそこに揃え、彼の治療に臨みました。

加えて、超短期間での治療の完了、また種々の材料費、世界で唯一無二のカスタムデザインのジュエリーとしての製作費、ウェストさんを支える全スタッフの移動費、宿泊費などその経費は多額かと思われます。そういったことも含め「治療費」と一括りにされているのかと思います。

◇◆◇

――今回のケースを終えて、自身に変化はありましたか。

林　今回のケースでということではなく、私の凝り固まった歯科医療人としての感性「歯科はこうではなくてはならない」という、もしかするとそれはエゴにも近い、固定観念に囚われていたこれまでの私の考え方を変えてくれたのは、「自分がなりたい個性」を大切にされる患者様達です。審美歯科治療を行う患者様達が共通して持っているのは「自分がどうなりたいのか」というしっかりとした意思と希望です。

日本ではあまり馴染みがないかもしれませんが、アメリカの審美歯科治療ではその多くが「患者様主導」で治療は進みます。そして「自分がなりたいもの」「自分が憧れているもの」など、患者様の望むものや求めるものは千差万別です。

私は歯科医療人としての知識、技術、経験を論文に書き、世界中の国際歯科学会で発表するなどしていますが、それらは全て歯学に基づく歯科補綴治療についてです。

その反面、4、5年前からでしょうか、「補綴物に宝飾をしたい」という患者様からの依頼内容はファッション性に富んだものであったり、個性豊かなものであったりと、われわれ歯科医療人の想像とはかけ離れたものになりますが、そういった患者様の要望にもお応えしています。

現在私が行っているのは、歯科医療人として究極を求める通常の歯科医療としての活動、そして歯科でできる宝飾されたファッション性に富んだものと、それらの活動は両極端だと思っています。ですがどちらかだけを行うのではなく、どちらも本気で取り組んでいます。

私が歯にジュエリーを装飾することを本気でやってみようと思ったのは、彼らの「首、指、手首、耳、鼻、舌、おへそ等にアクセサリーやジュエリーを身に付けるのに、どうして歯にはしないの?」という考えに確かにそうだと頷けたことと、私がそれを始めなければ、歯科の一つの可能性を伸ばすことができないと思ったからです。

例えば耳や鼻などに穴を開けてピアスを通すといった行為を、人々が「狂ったことをしている」という認識にならないのは、その行為が市民権を得ているからです。違和感を覚える人が多い「歯にジュエリーを」も、ピアスをすることと同じく、誰かが、その可能性に挑戦していくことは大切だと思います。そこには試行錯誤が生まれ、失敗例も出るかもしれません。しかしそれなくしては「新しいもの、こと」は世の中に生まれないのです。

最初に新しいことを始めた者は、いつの時代も疑問を持たれ、時には冷ややかな言葉を浴びるものです。それは自然なことだと思います。なぜならまだ誰もしていないことですから。

今は少数ですが、いただく声の中にはポジティブな意見もあります。この意見がマイノリティーからメジャーになる日が来れば、「ジュエリーを装飾する歯」が歯科医療の選択肢の一つになるのでしょう。そのためにはこれらを安全に歯科医療の中で行えるよう、「これは歯科では認めない。だからやらない」ではなく、固定概念を取り払い、事例や症例を増やし、検証し、進化させることが必要であろうと考えます。

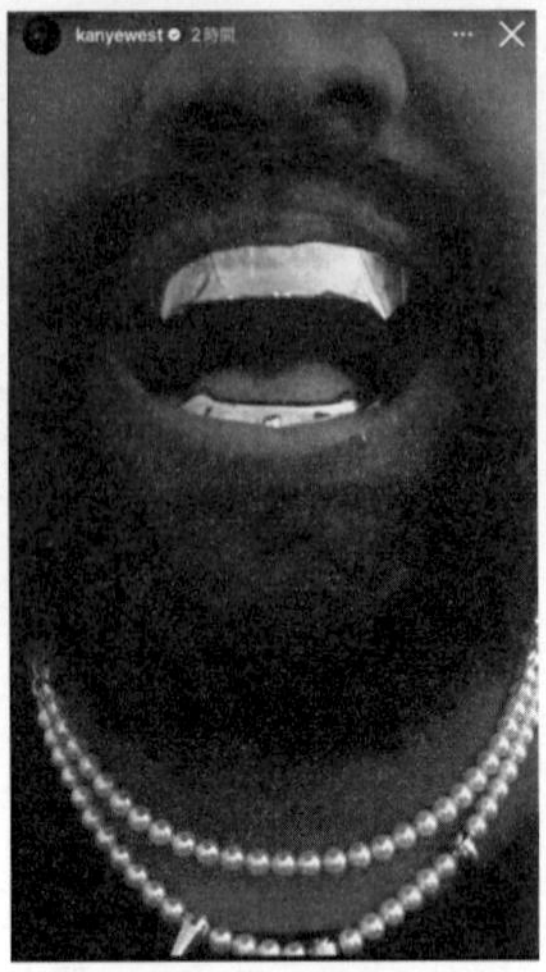

補綴物を口にセットしたカニエ・ウェストさん（Instagramより）

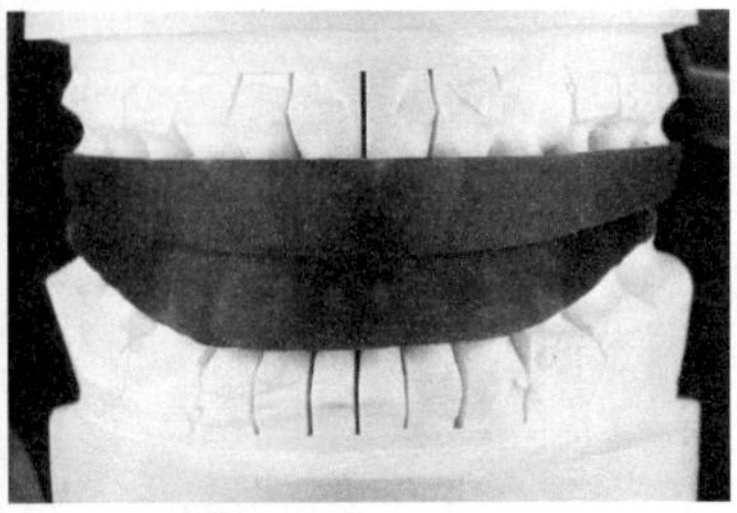

メタル鋳造前の状態。3Dプリントで出力されたものを、手作業で細部の調整と研磨を行った

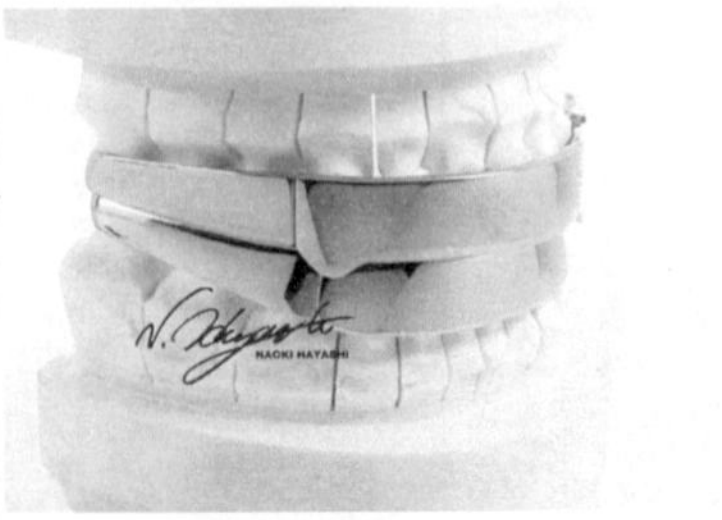

メタル・リムの完成。側方

日本歯科新聞

2024年（令和6年）
2月20日

＜発行所＞
日本歯科新聞社
厚生労働省記者クラブ加盟社
〒101-0061
東京都千代田区神田三崎町2-15-2
電　話　03（3234）2475
ＦＡＸ　03（3234）2477
www.dentalnews.co.jp
jdn@dentalnews.co.jp
無断転載禁止
■ 年間購読料 23,760円（送料込）（本体 21,600円＋税）
■ 月4回、火曜日発行
■ 郵便口座番号 00120-5-130369

今週号の主な内容

診療報酬改定

初診料3点、再診料2点の増加

中医協で新点数等を答申

答申書が中医協の小塩隆士会長（左）から厚労省に提出された

令和6年度診療報酬改定について議論してきた中医協は14日、6月から施行される新点数等について答申した。初診料が3点増の267点、再診料が2点増の58点、総義歯が236点増の2420点になる他、大臼歯CAD／CAM冠が第二大臼歯の一部に適応拡大され、CAD／CAMインレーを製作する場合の光学印象100点と歯科技工士と連携した場合の「光学印象歯科技工士連携加算」50点も新設。賃上げ対応で新設された「歯科外来・在宅ベースアップ評価料Ⅰ」では、要件を満たせば初診時10点、再診時2点、歯科訪問診療時（10点、41点）が算定可能で、さらに十分な賃上げができない場合に対応する「同Ⅱ」も設けられる。

（2面に続く）

石川県歯 飯利会長

「心の傷、非常に大きい」

能登半島地震の状況を報告

能登半島地震を受け、石川県歯科医師会の飯利邦洋会長＝写真＝は「心の傷が非常に大きい。多くの先生は将来が見えず、（今は地元に）戻りたくない」と話す。15日に行われた日本歯科医師会の定例記者会見で飯利会長が現地の状況などを報告した。

衛生士・技工士の犠牲者も

災害対策本部を立ち上げた後、各支部・会員に電話を通じて安否を確認できたが、会員2人が軽傷のほか、輪島市の歯科衛生士1人、穴水町に勤務する歯科技工士1人が犠牲となった。珠洲市内にある歯科診療所5軒はいずれも稼働しておらず、先生やスタッフも金沢市に一時避難している。

また、10年後には珠洲市内の歯科医師が75歳以上となることを受けて、石川県と公的病院に歯科を設けるなどの協議をしていた。飯利会長によれば、珠洲市内は会員の歯科診療所や自宅に甚大な被害があり、このままでは無歯科医地区になる恐れがあるという。

石川県の悲惨な状況を鑑みて、各都道府県からJDATチームが県内に集まった。「福井県歯科医師会の協力で、珠洲市の中心部にある道の駅すずなりで診療所（診療車）が設けられた。5日から稼働しており、金沢から往復8時間掛けて、1日15～20人の患者さんを10時～15時まで診療している」と述べた。

他県から借りた診療車の使い道について、「もう一台の愛知県歯科医師会の検診カーはJDAT活動として輪島市内で活動している」と説明した。

さらに、金沢市や加賀市、小松市の二次避難所や1・5次避難所で歯科健診のために診療車を利用する施策を金沢市歯科医師会の会員と協議しているという。この歯科健診を通じて、重篤な患者がいた場合は金沢市内の診療所に案内するという流れを想定している。

飯利会長は、「心の傷が非常に大きく、将来が見えないということで（地元に）戻りたくない先生がほとんど。いつか光が見えてくる日が必ず来ると思っている。一人一人に寄り添いながら頑張っていきたい」と話した。

2023年　倒産件数

歯科医院は15件

帝国データバンク調べ

2023年（1～12月）の歯科医院の倒産件数は15件だった。帝国データバンク調査によるもので、医療業の倒産は41件、うち病院は3件、医科診療所は23件となっている。負債総額は253億7200万円と過去10年で最大。歯科医院では、医療法人社団友伸會（負債37億円）が過去最大の負債となった。

同社の「全国企業倒産集計2023年報」によれば、全体の倒産件数は8497件。業種別では、「サービス業」が前年度より31・1％増の2099件と最も多く、次に「小売業」1783件（47・7％増）、「建設業」1671件（38・8％増）、「運輸・通信業」453件（35・6％増）など、増加率はバブル崩壊後で最も高い数値となった。

倒産主因別では、販売不振（6672件）などを含めた「不況型倒産」の6797件（38・1％増）が高く、「その他の経営計画の失敗」は295件（15・7％増）といずれも最多を記録している。

◆◇◆

なお、過去10年分の医療機関の倒産件数は上表の通り。

医療機関の倒産件数と負債総額

	病院	診療所	歯科医院	計	負債総額
2014年	5	9	15	29	184億8,500万円
2015年	1	15	9	25	48億9,300万円
2016年	6	16	12	34	235億7,100万円
2017年	2	13	10	25	161億5,000万円
2018年	3	14	23	40	140億3,000万円
2019年	8	22	15	45	223億7,100万円
2020年	4	12	11	27	71億5,600万円
2021年	1	22	10	33	94億0,300万円
2022年	5	20	16	41	189億1,900万円
2023年	3	23	15	41	253億7,200万円

プリズム

舞台「う蝕」を見て

本紙1月1日付で紹介した舞台「う蝕」を見た。東日本大震災などで活動する歯科医師の身元確認作業から着想を得た物語だ。元旦に発生した能登半島地震で一部変更した箇所もあったという。震災という非常に難しいテーマを題材にした舞台劇がどのような展開を迎えるのか注目していた。

さて、肝心の内容だが、う蝕や身元確認の用語を丁寧に説明するくだりや、歯科医師役の「（身元確認を）やらなくちゃいけないんだ」というセリフなど、物語の端々に災害時における歯科医師の重要性を伝えるニュアンスが盛り込まれている。

震災現場で活動する歯科医師が「一人は寂しい」というセリフを吐く場面があるのだが、石川県輪島市を取材した際、2人で活動していた先生が「一人だけだったら（活動は）難しかった」と言った場面を彷彿させ、胸にくるものがあった。劇中では、診療所が跡形もなく消え去り、役に立てない無力感など、現地で先生に話を聞いたからこそ、より重みを感じる芝居もあった。

しかし、歯科関係者だからこそ気になる点も少なからずあるのは否めない。「もう少しセリフを変えてもいいのでは？」と思ってしまうほどだった。

とはいえ、坂東龍汰さんや正名僕蔵さんなど著名な俳優陣が揃っているため、演技だけでもかなりの見応えがある。もし見に行く機会があれば、筆者が気になる点はどこだったのか、ぜひ観察してもらいたい。

1面の続き

インレーの「光学印象」100点

令和6年度 診療報酬改定

令和6年度診療報酬改定のポイントは人材確保・働き方改革等の推進、地域包括ケアシステムを推し進める各種取り組み、口腔疾患の重症化予防、口腔機能低下への対応の充実、生活の質に配慮した歯科医療の推進など。

初再診や義歯等の増点は、標準的な感染防止対策の必要性、医療機関の職員や歯科技工所従事者の賃上げ等の観点を踏まえたもの。メタルコアやファイバーポストを使った支台築造（1歯につき）やインレー、全部金属冠などの修復、有床義歯などを増点している＝左表。

◆◇◆

回復期等の患者に対する口腔機能管理の推進では、回復期リハビリテーション病棟等の入院患者への歯科医師による口腔機能管理、歯科衛生士による口腔衛生管理の評価として、「回復期等口腔機能管理計画策定料」300点、「回復期等口腔機能管理料」200点（月1回）、「回復期等専門的口腔衛生処置」100点（月2回）を新設する。

◆◇◆

周術期等の患者に対する口腔機能管理の推進では、手術の有無に関わらず集中治療室で治療する患者を対象に追加。終末期のがんなどで緩和ケアを実施している患者に対する歯科衛生士の周術期等専門的口腔衛生処置の算定回数を月2回から4回に見直す。

◆◇◆

歯科固有の技術の見直しでは、CAD/CAM冠の第一大臼歯の要件を緩和し、第二大臼歯の一部への適応拡大を実施。エンドクラウンの場合は1450点、それ以外は1200点となる。

さらにCAD/CAMインレーの「光学印象」100点と併せて、歯科医師と歯科技工士が連携して口腔内の確認を行った場合の「光学印象歯科技工士連携加算」50点を新設。

◆◇◆

在宅歯科医療の推進では、「歯科訪問診療1」の20分未満の評価を見直し、「同2」「同3」の区分を見直す＝下表。

また、緩和ケアを受けている患者への訪問歯科衛生指導料の算定回数を月4回から8回に見直す。

◆◇◆

歯科疾患の重症化予防では、「フッ化物歯面塗布処置」の「う蝕多発傾向者の場合」に歯科訪問診療患者を追加。3カ月に1回算定できる「初期の根面う蝕に罹患している患者の場合」「エナメル質初期う蝕に罹患している患者の場合」の処置が30点ずつ引き下げられるが、月1回算定できる「根面う蝕管理料」30点、「エナメル質初期う蝕管理料」30点を新設する。

歯周病の重症化予防を推進する観点から、糖尿病患者への歯周病安定期治療を評価する「歯周病ハイリスク患者加算」80点を新たに設けた。

さらにライフステージに応じた口腔機能の管理を推進する観点から、口腔機能発達不全症と口腔機能低下症の患者への指導訓練の評価「歯科口腔リハビリテーション料3（1口腔につき）」を設け、18歳未満の発達不全症、口腔機能低下症の患者それぞれ50点を月2回まで算定できる。

また、歯科衛生士が口腔機能に係る指導を行った場合に、歯科衛生実施指導料に「口腔機能指導加算」10点が算定できるようになる。

◆◇◆

継続的・定期的な口腔管理では、「かかりつけ歯科医機能強化型歯科診療所」の名称を「口腔管理体制強化加算」に改め、評価項目を増やし、かかりつけ歯科医による継続的な管理の充実を図るとしている。

なお、6月から光学印象で歯科医師と歯科技工士が連携してCAD/CAMインレー2本を装着した場合の例では＝左表、金属を使用して治療する場合2701点よりも956点増の3657点になるとしている。

歯冠修復及び欠損補綴物の製作に係る項目の評価を引き上げ

改定案		現行	
【支台築造（1歯につき）】		【支台築造（1歯につき）】	
1　間接法		1　間接法	
イ　メタルコアを用いた場合		イ　メタルコアを用いた場合	
(1)　大臼歯	181点	(1)　大臼歯	176点
(2)　小臼歯及び前歯	155点	(2)　小臼歯及び前歯	150点
ロ　ファイバーポストを用いた場合		ロ　ファイバーポストを用いた場合	
(1)　大臼歯	211点	(1)　大臼歯	196点
(2)　小臼歯及び前歯	180点	(2)　小臼歯及び前歯	170点
【金属歯冠修復（1個につき）】		【金属歯冠修復（1個につき）】	
1　インレー		1　インレー	
イ　単純なもの	192点	イ　単純なもの	190点
ロ　複雑なもの	287点	ロ　複雑なもの	284点
2　4分の3冠（前歯）	372点	2　4分の3冠（前歯）	370点
3　5分の4冠（小臼歯）	312点	3　5分の4冠（小臼歯）	310点
4　全部金属冠（小臼歯及び大臼歯）	459点	4　全部金属冠（小臼歯及び大臼歯）	454点
【根面被覆（1歯につき）】		【根面被覆（1歯につき）】	
1　根面板によるもの	195点	1　根面板によるもの	190点
【高強度硬質レジンブリッジ（1装置につき）】	2,800点	【高強度硬質レジンブリッジ（1装置につき）】	2,600点
【有床義歯】		【有床義歯】	
1　局部義歯（1床につき）		1　局部義歯（1床につき）	
イ　1歯から4歯まで	624点	イ　1歯から4歯まで	594点
ロ　5歯から8歯まで	767点	ロ　5歯から8歯まで	732点
ハ　9歯から11歯まで	1,042点	ハ　9歯から11歯まで	972点
ニ　12歯から14歯まで	1,502点	ニ　12歯から14歯まで	1,402点
2　総義歯（1顎につき）	2,420点	2　総義歯（1顎につき）	2,184点
【鋳造鉤（1個につき）】		【鋳造鉤（1個につき）】	
1　双子鉤	260点	1　双子鉤	255点
2　二腕鉤	240点	2　二腕鉤	235点
【線鉤（1個につき）】		【線鉤（1個につき）】	
1　双子鉤	227点	1　双子鉤	224点
2　二腕鉤（レストつき）	159点	2　二腕鉤（レストつき）	156点
3　レストのないもの	134点	3　レストのないもの	132点
【コンビネーション鉤（1個につき）】	246点	【コンビネーション鉤（1個につき）】	236点
【磁性アタッチメント（1個につき）】		【磁性アタッチメント（1個につき）】	
2　キーパー付き根面板を用いる場合	550点	2　キーパー付き根面板を用いる場合	350点

歯科訪問診療の区分の見直し

現行

		同一の建物に居住する患者数		
		1人 歯科訪問診療1	2人以上9人以下 歯科訪問診療2	10人以上 歯科訪問診療3
患者1人につき診療に要した時間	20分以上	【1,100点】	【361点】	【185点】
	20分未満	【880点】	【253点】	【111点】

改定後

		同一の建物に居住する患者数		
		1人 歯科訪問診療1	2〜3人 歯科訪問診療2	4人以上9人以下 歯科訪問診療3
患者1人につき診療に要した時間	20分以上	【1,100点】	【410点】	【310点】
	20分未満		【287点】	【217点】

		10人以上19人以下 歯科訪問診療4	20人以上 歯科訪問診療5
患者1人につき診療に要した時間	20分以上	【160点】	【95点】
	20分未満	【96点】	【57点】

訪問歯科 超 実践術 (432)

前田実男（日本訪問歯科協会 理事）

同居する同一世帯の場合は…

居宅療養管理指導費は、単一建物居住者の人数区分（1人の場合、2人〜9人の場合、10人以上の場合）で算定する報酬（単位数）が異なる。利用者が居住する建物に居住する者のうち、同じ月に居宅療養管理指導を行っている者が何人いるか、ということだ。

原則は、同一月に同一建物内で何人に対して居宅療養管理指導を行うかを考えれば良いのだが、「同居する同一世帯」（同じ場所で複数の人が生計・家計を一緒にしている世帯）は例外である。

◆

例えば、同じ建物内に夫婦二人で生活していて、その両方に居宅療養管理指導を行うとする。原則通りなら、それぞれに「単一建物居住者が2人〜9人の場合」を算定するはずだ。しかし、「同居する同一世帯」の場合は例外で、それぞれに「単一建物居住者が1人の場合」を算定することになっている。

◆

では、同じのマンション等に、居宅療養管理指導費を利用する夫婦が2組いるような場合は、どのような算定になるのだろうか。

同一の集合住宅に、複数の「同居する同一世帯に居宅療養管理指導の利用者が2人以上いる世帯」がある場合は、「単一建物居住者2人以上9人以下に対して行う場合」の区分で算定する。

◆

また、同一の集合住宅に、「同居する同一世帯に居宅療養管理指導費の利用者が2人以上いる世帯」とそれ以外の利用者がいる場合。例えば、同じマンションに、居宅療養管理指導費を利用する「同居する夫婦」が1世帯と、「1人暮らしの者」が8人いる場合は、「単一建物居住者10人以上に対して行う場合」の区分により算定する。

つまり、同居する同一世帯の例外は、同一建物に1世帯の場合にのみ適用される。それ以外は、原則通り、居宅療養管理指導を実施する予定の合計数に応じた区分によって算定することになっている。

日本訪問歯科協会　https://www.houmonshika.org

う蝕治療の例（歯科診療所受診時の診療報酬算定イメージ）

光学印象を行い、歯科医師と歯科技工士が連携してCAD/CAMインレー2本を装着する場合

金属を使用して治療する場合

【1日目】	
歯科初診料	**264点**
歯科エックス線撮影（写真診断＋撮影料＋電子画像管理加算	(20＋28＋10)×2点
う蝕歯インレー修復形成（1歯につき）	120×2点
連合印象	64×2点
咬合採得	18×2点
【2日目（10日後※1）】	
歯科再診料	**56点**
金属歯冠修復　1インレー　複雑なもの	284×2点
金銀パラジウム合金　小臼歯　複雑なもの	494点
金銀パラジウム合金　大臼歯　複雑なもの	675点
装着料	45×2点
歯科用合着・接着材料Ⅰ　レジン系　標準型	17×2点
計　2,701点（自己負担：8,103円）	

印象用トレー（型取り用の器具）

金属歯冠修復（インレー）

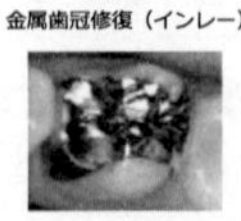

※1：装着までの日数は歯科医療機関や歯科技工所の状況によって異なる

R6年6月以降

【1日目】	
歯科初診料	**267点**
歯科外来・在宅ベースアップ評価料（Ⅰ）	**10点**
歯科エックス線撮影（写真診断＋撮影料＋電子画像管理加算	(20＋28＋10)×2点
う蝕歯インレー修復形成（1歯につき）	120×2点
CAD/CAMインレー形成加算	**150×2点**
光学印象※1	**100×2点**
光学印象歯科技工士連携加算	**50点**
【2日目（2日後※2）】	
歯科再診料	**58点**
歯科外来・在宅ベースアップ評価料（Ⅰ）	**2点**
CAD/CAMインレー※3	750×2点
CAD/CAM冠用材料（Ⅲ）	350×2点
装着料	45×2点
内面処理加算1	45×2点
歯科用合着・接着材料Ⅰ　レジン系　標準型	17×2点
計　3,657点（自己負担：10,971円）	

口腔内形状測定カメラ（デジタル印象採得装置）

スキャナー画像

CAD/CAMインレー

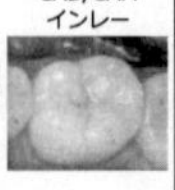

※1．※3：光学印象、CAD/CAMインレー：施設基準あり
※2：装着までの日数は歯科医療機関や歯科技工所の状況によって異なる

日歯 高橋会長

「厳しい改定だった」

中医協答申受け臨時会見

令和6年度診療報酬改定の中医協答申を受けて、日本歯科医師会（高橋英登会長）は15日、東京都千代田区の歯科医師会館で、臨時記者会見を開いた。高橋会長は、「過去にないほど厳しい改定だった」とプラスマイナスゼロ改定を覚悟した時期もあったと明かした上で、プラス0・88％の改定率に一定の評価を示した。点数の配分作業に携わった林正純副会長からは具体的な改定のポイントの説明があった。

高橋会長は、厳しい財政状況の中で「われわれのための診療報酬改定ではなく、国民に適切な医療を確保するためという大義を持って、関係各位にご理解をいただいた」と振り返り、「十分とは到底言えないが、その中でどうにか国民のための医療を確保していく」と述べた。

さらに、賃上げ対応などの加算が盛り込まれ、「医療機関によって初再診料が変わるような、国民の理解を得にくい部分もある」として、周知の重要性も強調した。

高橋会長

林副会長

「重症化予防は今改定の目玉」

林副会長は、改定の個別項目を説明。

賃上げに向けた評価では、新設される「歯科外来・在宅ベースアップ評価料」ⅠとⅡについて、歯科関係職種の賃上げ2・3％相当分に紐づけられているとし、「Ⅱは、Ⅰで賃上げ率1・2％に満たない医療機関が加えて算定できるもので、8段階になっている」と解説した。

さらに初診料3点増、再診料2点増では、「個別関連の技術料の引き上げとともに、ベースアップ評価料で対応できない40歳未満の勤務歯科医師、事務職員、歯科技工所等で従事する者の賃上げのためのもの」とした。

医療DX推進では、「現行の体制充実加算が医療情報取得加算に見直され、加えて医療情報プラットフォーム実現を視野に『医療DX推進体制整備加算』が新設された。経過措置はあるが、電子処方箋、電カル情報共有、マイナ保険証実績などが今後必要になる」と注意点を話した。

オンライン診療や歯科遠隔連携診療の新設では「一層デジタル化が推進される」との考えを示した。

歯科外来診療環境体制加算が医療安全と感染対策に区分されたとし、「感染対策に関しては院内感染管理者の配置が必要だが、人員要件や歯科医師1人以上と院内感染防止対策に係る研修を受けた者は歯科衛生士でなくても可能で、従前より取り組みやすくなっている」と述べた。さらに「新型インフルエンザ等の感染患者への歯科診療が可能な体制を確保している場合は、『外感染2』が新設されている」と解説。

歯科診療特別対応加算については、算定対象に強度行動障害の患者等が追加されたとした。

◇◆◇

かかりつけ歯科医機能強化型歯科診療所は、名称が「口腔管理体制強化加算」となり、施設基準に口腔機能管理の実績要件が加わったが、訪問診療は実績だけではなく連携体制の確保の項目が加わり、取り組みやすくなったとした。

小児口腔機能管理料と口腔機能管理料は、それぞれ40点削減されたが、リハビリ部分を切り離したもので、「歯科口腔リハビリテーション料3」50点が月2回まで算定できる。「小機能・口機能は、加えて『口腔管理体制強化加算』50点も新設され、重症化予防を推進する意味で大変評価している」と話した。

う蝕の重症化予防では、「エナメル質初期う蝕管理加算」が廃止され、3カ月に1回の初期う蝕F局が30点減点するものの、毎月算定できる管理料30点が新設されるとした。初期根面う蝕F局も同様に30点減点し、管理料30点が新設される。さらにそれぞれの管理料に口腔管理体制強化加算の48点も新設され、合わせて算定可能となる。「重症化予防に着目した今改定の目玉と考えている」と評価した。

医科歯科連携の推進では、総合医療管理加算の対象患者に認知症を追加。医科の生活習慣病にかかる医学管理料の要件に「糖尿病患者に歯科受診を推奨すること」が加わった。

また、周術期等口腔機能管理料Ⅲに「長期管理加算」50点が新設されたほか、同管理料Ⅳ200点が設けられた。

診療情報提供料では情報提供先に学校歯科医等が追加された。

リハ・栄養管理・口腔管理の連携推進では、回復期等の患者に対する口腔機能管理が設けられ、地域歯科診療支援病院の歯科初診料の施設基準に反映されているとした。

在宅医療では、歯科訪問診療料に係る同一建物居住者の区分が2から4に変更となる。「3人以下は増点になるが、4人以上はそれぞれ減点となり、メリハリをつける改定になっている」と説明した。「不合理な通知の改善も求め、歯科訪問診療1の20分ルールが廃止され、評価している」とした。また、月に1回算定できる「在宅医療DX情報活用加算」も新設。

訪問歯科衛生指導では、緩和ケアを実施する者に対しては月8回まで算定できるようになるほか、複数名で行う場合の管理加算が設けられた。

検査では、「咀嚼能力検査」「咬合圧検査」など関連検査が6カ月に1回から3カ月に1回となる。さらに小児の舌圧検査が新設され、口腔細菌定量検査には口腔機能低下症の診断と入院中の患者が追加された。

処置では、糖尿病患者への歯周病安定期治療にハイリスク患者加算80点が盛り込まれた点を評価。実地指導では、口腔機能指導加算10点が盛り込まれたとして「評価している」と述べた。

手術では、結合組織移植術の新設などに触れ、歯冠修復・欠損補綴では、小児保隙装置の適応拡大やブリッジの支台装置として第二小臼歯レジン前装冠が保険収載されたとした。

◇◆◇

「CAD/CAMインレーの形成加算」150点や「CAD/CAMインレー修復に対する光学印象」100点、「技工士連携加算」50点も加わり、「高く評価している」と述べた。

CAD/CAM冠では、限定解除ではあるものの、適応拡大がなされたとして「CAD/CAMエンドクラウンと併せて、金パラ代替材料として、今後の広がりが期待でき、評価している」とした。

歯科固有の技術の評価見直しでは、舌接触補助床の算定対象に口腔機能低下症の患者を追加。口腔バイオフィルム除去処置110点も新設された。

また、印象採得では、技工士連携加算1と2が設けられ、「1は対面、2は情報通信機器を用いたものになる」と説明した。「加えて咬合採得技工士加算1と2も新設されている」と話した。

麻酔薬剤では生活歯髄切断及び抜髄に関しては算定可能となった。

その他、事務等の簡素化・効率化のため、施設基準の届出の添付書類の省略化、電子的な届出が可能になる点や、レセプト適用欄記載の記載項目の簡素化などが行われるとした。

三師会合同会見

「医療界団結の結果」

診療報酬改定の中医協答申受け

日本医師会（松本吉郎会長）と日本歯科医師会（高橋英登会長）、日本薬剤師会（山本信夫会長）の三師会は14日、令和6年度診療報酬改定に関する中医協答申が取りまとめられたことを受けて、東京都文京区の日医会館で合同記者会見を開いた。

日医の松本会長は、「医療介護の就業者約900万人を抱えており、公定価格の引き上げを通じた賃上げの実現、過去30年来類を見ない物価高騰への対応、さらに日進月歩する医療を全ての国民に提供するためには、今改定は異次元の改定でなければならないと主張してきた」と言及。「物価賃金の動向を踏まえれば十分に満足できるものではないが、保険財政、国の財政などさまざまな状況を鑑み、さまざまな主張や議論を踏まえた結果であり、率直に評価させていただく」と関係者に感謝の意を示した。

右から高橋会長、松本会長、山本会長

そして、三師会、四病院団体協議会、国民医療推進協議会など医療界が一体となって対応した結果だと振り返った。

また、「急激なインフレ下での診療報酬改定がどうあるべきかというターニングポイントとなる改定だった」とし、大臣合意では、4項目の使い道の決定が行われた点に触れ、賃上げ対応、医療DX推進、入院料の見直し、薬価制度等の見直し、医療技術の評価などがポイントだったとした。

今後、診療報酬だけでなく、税制や補助金、支援金、交付金、助成金などあらゆるものを活用する必要性を挙げ、国民にしっかりと医療が提供されるよう、三師会で連携を密にして取り組んでいく姿勢を見せた。

日歯の高橋会長は、国民のQOL向上のため、口腔機能管理の推進、口腔疾患の継続的管理と重症化予防、質の高い在宅歯科医療の推進、リハビリテーション・栄養管理・口腔管理の一体的な取り組み、新規歯科材料の開発と保険収載、歯科固有の技術の再評価等を掲げて、適切な評価の見直しを求めてきたと発言。答申内容については、「財源の厳しい中で一定の評価ができる改定だったと考えている」と述べた。

賃上げ対応については、「今後、歯科衛生士や歯科技工士など関連職種への賃上げ対応にもしっかりと取り組んでいく」とし、診療報酬改定に関わった関係者に感謝の意を示した。

その上で「今後、関係通知の整理や疑義解釈の議論が続くが、国民のための良質な歯科医療を切れ目なく円滑に提供できるよう、最後までしっかりと丁寧に対応していく」と強調した。

「歯科情報データベース」

日歯シンクタンクが構築

日本歯科医師会（高橋英登会長）は学術論文や都道府県歯科医師会等の報告書、資料を検索できる「歯科情報データベース」を近日中に公開すると発表した。15日に行われた定例記者会見で蓮池芳浩副会長が報告したもの。外部団体との連携、データ集積などを通じた政策提言を目的に、同会が昨年12月1日に設置したシンクタンクの所掌業務の一環。

同データベースは、日歯会員ホームページに検索ページを設置。日本語論文（J-STAGE）、英語論文（PUBMED）を検索できる。検索ワードは同義語などを含めて検索可能。論文概要が表示され、必要があれば元の論文にアクセスできる。英語論文については日本語で検索しても自動でGoogleにより英語翻訳されて、結果は日本語で表示される。

蓮池副会長

さらに、日歯の持つ都道府県歯科医師会の歯科情報データを検索可能。蓮池副会長によると「各歯科医師会が持っているさまざまなデータが有効に活用できていない現状がある。日歯でそれらの情報を集めて、各会員が自由に閲覧できるようにすることが目的。大小問わず、各歯科医師会にはデータの提供に協力をお願いしたい」という。

DHのモヤっと解決隊 23

新人にあいさつから教えないといけないの？

新人歯科衛生士が中途で入ってきました。新卒１年目で当院が２医院目です。現在、教育係として新人を育てています。朝スタッフと顔を合わせてもあいさつをしなかったり、敬語を使わなかったり、院長室やスタッフルームにノック無しで入ります。周りのスタッフから「あいさつの仕方など社会人のルールも教えないと」と言われるのですが、そんなことまで私が教えないといけないのでしょうか？

歯科衛生士
Wさん（31歳）

戦力になるように、ぜひ教えてあげて

東京歯科医学教育舎 代表
竹内 智美
歯科衛生士　産業カウンセラー
ファイナンシャルプランナー

新人歯科衛生士さんがあいさつや敬語を使わない等があり、Wさんはそんなことまで教えないといけないのかと思っていらっしゃるのですね。

新人教育の大きな目的の一つは１日も早く、一人前の戦力になるように育てることです。これには歯科治療のやり方や材料をはじめとする専門的な教育、歯科医院の基本方針やルールを正しく理解させる教育、Wさんの知見・ノウハウを伝授することなどが含まれます。

教育は単に、今行われている仕事のやり方の真似をさせる、といったことではありません。なぜ今のやり方をしているのか、きちんと理解し、即戦力になってもらうよう指導する必要があります。そこに新卒の場合は、社会人としての基礎を身につけさせることも重要です。もしかするとあいさつをしないのではなく、あいさつをする環境に今まで居なかった…敬語を使わないのではなく、敬語を知らない…ということも考えられます。私も職場で社会人としてのルールを教え込まれました。教えていただいた先輩には今でも大変感謝しています。Wさんも新人歯科衛生士の目線に立って、ぜひ教えてあげてください。

デンタル 小町が通る

日本歯科大学附属病院
口腔インプラント診療科教授
柳井智恵 ⑪

世界の車窓

ベルン留学中に仕事のオン・オフを学びました。週末のオフタイムに電車でユングフラウヨッホを目指すのは、圧倒的な景色を求める冒険心と、その時々の魅力的な旅を楽しむためです。

ユングフラウヨッホ、メンヒ、アイガーなどの名峰が連立するスイスアルプスと、ヨーロッパ最大かつ最長のアレッチ氷河、その壮大な景観は旅人たちを虜にします。グリンデルワルトやラウターブルネンからヴェンゲンアルプ鉄道を利用してクライネシャイデック駅でユングフラウ鉄道に乗り換え、ユングフラウに向かいます。途中の車窓から見る景色も見逃せません。三角屋根の木造民家に飾る花壇、アルプスを彩る高山植物など、どれも絵になります。

クライネシャイデック駅で途中下車すると、多くの観光客や登山家たちで賑わっています。レストランでパウゼ（休憩）し、屋外テラスから見上げるアルプス高峰の景色はまさに圧巻です。駅周辺に広がる草原では、牛や羊がおいしいそうに牧草を食べている姿が見られました。そこからの眺望は誰もが時間を忘れ、自然の美しさを満喫できるので、一番のお勧め休憩スポットです。

クライネシャイデック駅にて

クライネシャイデックに広がる草原

ユングフラウヨッホに到着すると、万年雪がまるで一面銀世界のようで、雪原から望む雄大なアルプスとアレッチ氷河の景色は、訪れた人々を魅了します。「スイスアルプス ユングフラウ－アレッチ」は世界自然遺産に登録されており、まさに旅のハイライトと言えるでしょう！

帰りはインターラーケンに立ち寄り、夕暮れにはヘーエマッテ公園から黄金に輝くアルプスの山々を一望でき、最高の幸せを感じます。インターラーケンはスイスの保養地でもあり、週末を楽しむ家族連れも多く来ています。家族と多くの友人とともに、この壮大なベルナーオーバーラントアルプスを訪問したことが良い思い出として心に刻まれています。

最後に、旅好きな筆者は心に残る世界の車窓がまだまだあります。またいつか皆様にご紹介できれば幸いです。

柳井智恵先生の連載は、今回で終わりです。

歯科用貴金属の材料価格

価格（円/g）

	告示価格（円） 2023年7月 随時改定	告示価格（円） 2023年10月 随時改定	告示価格（円） 2024年1月 随時改定	平均値 期間	平均値 平均値（円）	平均値 期間	平均値 平均値（円）	試算価格（円） 2024年4月 随時改定	告示価格（円） 2024年4月 随時改定
歯科鋳造用14カラット金合金 インレー用（JIS適合品）	6,817	7,183	7,358	令和5年11月～令和6年1月	5,574.2	令和5年8月～令和5年10月	5,316.9	7,641.0	7,641
歯科鋳造用14カラット金合金 鉤用（JIS適合品）	6,800	7,166	7,341	令和5年11月～令和6年1月	5,574.2	令和5年8月～令和5年10月	5,316.9	7,624.0	7,624
歯科用14カラット金合金鉤用線（金58.33%以上）	6,950	7,316	7,491	令和5年11月～令和6年1月	5,574.2	令和5年8月～令和5年10月	5,316.9	7,774.0	7,774
歯科用14カラット合金用金ろう（JIS適合品）	6,777	7,143	7,318	令和5年11月～令和6年1月	5,574.2	令和5年8月～令和5年10月	5,316.9	7,601.02	7,601
歯科鋳造用金銀パラジウム合金（金12%以上JIS適合品）	3,077	3,095	3,037	令和5年11月～令和6年1月	2,193.1	令和5年8月～令和5年10月	2,309.3	2,909.1	2,909
歯科用金銀パラジウム合金ろう（金15%以上JIS適合品）	3,781	3,832	3,807	令和5年11月～令和6年1月	2,218.1	令和5年8月～令和5年10月	2,278.9	3,740.2	3,740
歯科鋳造用銀合金 第1種（銀60%以上インジウム5%未満JIS適合品）	151	157	158	令和5年11月～令和6年1月	68.0	令和5年8月～令和5年10月	66.8	159.3	159
歯科鋳造用銀合金 第2種（銀60%以上インジウム5%以上JIS適合品）	184	190	191	令和5年11月～令和6年1月	68.0	令和5年8月～令和5年10月	66.8	192.3	192
歯科用銀ろう（JIS適合品）	269	272	273	令和5年11月～令和6年1月	39.7	令和5年8月～令和5年10月	39.0	273.8	274

金パラ告示価格

4月から2909円に

歯科鋳造用金銀パラジウム合金の告示価格が4月から1㌘2909円と、現在よりも128円引き下げられる。14日の中医協総会で歯科用貴金属価格の随時改定について報告があった。

対象9品目のうち、2品目が引き下げで、「歯科用金銀パラジウム合金ろう」が67円減の3740円となる。

「歯科鋳造用14カラット金合金」のインレー用、鉤用、「歯科用14カラット金合金鉤用線」「歯科用14カラット合金用金ろう」は283円増。「歯科鋳造用銀合金」の第1種、第2種、「歯科用銀ろう」は1円増となっている。

能登半島地震

石川で10万5千個

支援物資の要請数

R6年 能登半島地震に伴う支援物資の要請数　（令和6年2月7日）

		石川県歯	富山県歯
一般の人を対象とした支援物資	歯ブラシ（大人用）	20,000	5,000
	歯ブラシ（子供用）	10,000	1,000
	歯間ブラシ	2,000	1,000
	デンタルフロス	2,000	
	スポンジブラシ	2,000	1,000
	歯磨き剤（大人用）	10,000	1,000
	歯磨き剤（子供用）	5,000	500
	デンタルリンス	5,000	
	義歯ブラシ	2,000	1,000
	義歯洗浄剤	5,000	1,000
	義歯安定剤	2,000	500
	義歯ケース	2,000	1,000
	うがい薬	2,000	1,000
	口腔保湿剤	2,000	
	紙コップ	10,000	5,000
歯科医師を対象とした支援物資	マスク	1,000	1,000
	グローブ	1,000	2,000
	紙エプロン	2,000	1,000
	紙コップ	4,000	2,000
	デンタルミラー	10,000	1,000
	歯科用探針		1,000
	デンタルリンス	1,000	500
	歯科用ピンセット		1,000
	手指消毒剤	5,000	1,000
	合計	105,000	29,500

能登半島地震に伴う歯科に関する支援物資の要請数は、石川県が10万5千個、富山県が2万9500個（いずれも2月7日時点）だった。大規模災害発生時等に各県歯科医師会からの歯科医療用品等の支援物資の要請窓口となる日本歯科医師会（高橋英登会長）への情報提供を求めて開示されたもので、要請のあった支援物資は日本歯科商工協会（中尾潔貴会長）との協定に基づき送付された。

支援物資の要請数の内訳は、石川県歯では「一般の人を対象とした口腔ケア用品等」が大人用歯ブラシ2万個、子供用歯ブラシ、大人用歯磨き剤、紙コップがそれぞれ1万個、子供用歯磨き剤、デンタルリンス、義歯洗浄剤がそれぞれ5千個、「歯科医師を対象とした歯科医療提供用の口腔ケア用品等」がデンタルミラーが1万個、手指消毒剤が5千個、紙コップが4千個などだった。

富山県歯では、「一般の人を対象とした口腔ケア用品等」が大人用歯ブラシ、紙コップがそれぞれ5千個、子供用歯ブラシ、歯間ブラシ、スポンジブラシ、大人用歯磨き剤、義歯ブラシ、義歯洗浄剤、義歯ケース、うがい薬がそれぞれ1千個、「歯科医師を対象とした歯科医療提供用の口腔ケア用品等」がグローブ、紙コップがそれぞれ2千個、マスク、紙エプロン、デンタルミラー、歯科用探針、歯科用ピンセット、手指消毒剤がそれぞれ1千個などだった。

なおこの他にも要請に基づき、日歯からも歯科関係機器、衛生用品、日用品などを提供している。

歯科国試にチャレンジ

380　2023年（第116回）より

晩期死体現象はどれか。2つ選べ。

a　死斑
b　腐敗
c　冷却
d　自家融解
e　死体硬直

116-A031
答えは本紙のどこかに！

医科歯科大ら

骨吸収調整するたんぱく質開発

光で骨吸収をコントロールすることが可能な人工たんぱく質「Opto-RANK」が開発された。東京医科歯科大学大学院医歯学総合研究科細胞生物学分野の石井智浩講師（現・東京工業大学マネジメント教授）、浅野豪文助教、中田隆夫教授の研究グループ、咬合機能矯正学分野の高田愛子大学院生と小野卓史教授の研究グループ、分子細胞機能学分野の中浜健一准教授が開発したもので、特定の箇所で破骨細胞を生み出すことができるようになり、骨疾患や歯科矯正の新規治療法への応用が期待できるという。

同研究では、破骨細胞分化に中心的な役割をはたす「RANKたんぱく質」について、マウスのRANKたんぱく質、赤色蛍光タンパク質と青色光に応答して活性化する細胞を合成し、Opto-RANKを作成した。

次にRANKたんぱく質と相互作用する性質を持つたんぱく質の遺伝子と、Opto-RANKの遺伝子を培養細胞に導入し、光照射を行ったところ、RANKたんぱく質の活性化が確認された。さらに、破骨細胞に分化する性質を持つ細胞に、「Opto-RANK」を導入し、光照射を行った。その結果、光照射のみで成熟破骨細胞に分化し、骨吸収機能も確認。

同研究成果は国際科学誌『Scientific Reports』（1月9日付）にオンライン掲載された。

ピックアップニュース

■失われた27億円　前代未聞の歯科矯正トラブルを１年に渡って徹底追跡取材（テレ朝news/2月14日）

■マイナ保険証の利用促進なども後押し　診療報酬改定　患者は負担増に（朝日新聞DIGITAL/2月14日）

■普及難しい歯内療法　高コスト・低報酬で導入に二の足（JIJI.COM/2月15日）

■歯科医師の金属スクラップの処分巡って…町民が町を提訴〈山口県周防大島町〉（tysテレビ山口/2月15日）

令和6年度 診療報酬改定 答申書附帯意見

施設基準の見直しの影響を調査・検証へ

▼（全般的事項）

1　近年、診療報酬体系が複雑化していること及び医療DXの推進において簡素化が求められていることを踏まえ、患者をはじめとする関係者にとって分かりやすい診療報酬体系となるよう検討すること。

▼（賃上げ全般）

2　看護職員、病院薬剤師その他の医療関係職種を対象とした賃上げに係る評価について、各医療機関における賃上げが適切に実施されているか、実態を適切に把握した上で、検証を行うこと。また、40歳未満の勤務医師及び勤務歯科医師並びに薬局の勤務薬剤師、事務職員や歯科技工所で従事する者等についても賃上げの実態を適切に把握した上で、検証を行うこと。

▼（医療DX）

3　令和6年12月2日から現行の健康保険証の発行が終了することを踏まえ、医療情報取得加算による適切な情報に基づく診療の評価の在り方について令和6年度早期より見直しの検討を行うとともに、医療DX推進体制整備加算について、今後のマイナンバーカードの保険証利用の利用実態及びその活用状況を把握し、適切な要件設定に向けて検討を行うこと。

加えて、医療DX推進体制整備加算について、電子処方箋の導入状況および電子カルテ共有サービスの整備状況を確認しつつ、評価の在り方について引き続き検討すること。

▼（働き方改革・人材確保）

4　医師の働き方改革の更なる推進を図る観点から、医療機関全体の取組に対する評価の在り方、タスクシフト・タスクシェアの進捗及び各医療従事者の負担の軽減、人材確保が困難である状況の中での看護補助者の定着等について、今回改定による影響の調査・検証を行うとともに、実効性のある取り組みに繋がる評価の在り方等について引き続き検討すること。

▼（入院医療）

5　新設された地域包括医療病棟において、高齢者の急性疾患の受け入れ状況、リハビリテーション・栄養管理・口腔管理などのアウトカムなどについて、幅広くデータに基づいた分析を行い、評価の在り方について検討すること。また、地域包括医療病棟の新設に伴い、10対1の急性期一般病棟については、その入院機能を明確にした上で、再編を含め評価の在り方を検討すること。

6　急性期一般病棟入院基本料や高度急性期医療に係る評価、地域で急性期・高度急性期医療を集中的・効率的に提供する体制について、今回改定による影響の調査・検証を行うとともに、人口構造や医療ニーズの変化も見据え、重症度、医療・看護必要度、SOFAスコア等、入院患者のより適切な評価指標や測定方法等、入院料の評価の在り方等について、引き続き検討すること。

7　地域包括ケア病棟入院料、回復期リハビリテーション病棟入院料、障害者施設等入院基本料、療養病棟入院基本料等について、今回改定による影響の調査・検証を行うとともに、求められている役割の更なる推進や提供されている医療の実態の反映の観点から、入院料の評価の在り方等について引き続き検討すること。

8　救急医療管理加算の見直しについて、今回改定による影響の調査・検証を行い、より適切な患者の重症度に応じた評価の在り方について引き続き検討すること。

9　DPC／PDPS及び短期滞在手術等基本料について、今回改定による在院日数等への影響の調査・検証を行うとともに、医療の質の向上と標準化に向け、診療実態を踏まえた更なる包括払いの在り方について引き続き検討すること。

10　入院時の食費の基準の見直しについて、今回改定による影響、食費等の動向等を把握し、検証を行うこと。

▼（外来医療）

11　地域包括診療料・加算における介護保険サービスとの連携に係る評価について、今回改定による影響の調査・検証を行うとともに、介護保険サービスとの連携の推進について引き続き検討すること。

12　生活習慣病の管理について、今回の改定による影響の調査・検証を行うとともに、より適切な管理がなされるよう、患者の視点を十分に踏まえつつ、引き続き検討すること。加えて、他の疾病管理についても実態を踏まえた適切な評価の在り方について引き続き検討を行うこと。

13　かかりつけ医機能を有する医療機関について、改正医療法に基づく制度整備の状況を踏まえ、かかりつけ医機能がより発揮される評価の在り方を検討すること。

14　情報通信機器を用いた精神療法について、患者の受療行動を含め、その実態について調査・検証を行うとともに、より適切な評価の在り方について引き続き検討すること。

15　情報通信機器を用いた診療については、初診から向精神薬等を処方している医療機関や大半の診療を医療機関の所在地とは異なる都道府県の患者に対して行っている医療機関があることを踏まえ、今後、より丁寧に実態を把握するとともに、引き続き評価の在り方について検討すること。

▼（在宅医療等）

16　在宅医療、在宅歯科医療、在宅訪問薬剤管理及び訪問看護の質の向上に向け、同一建物居住者への効率的な訪問診療や訪問看護における対応等、今回改定による影響の調査・検証を行うとともに、地域における医療提供体制の実態等も踏まえつつ、往診、訪問診療、歯科訪問診療、訪問薬剤管理指導、訪問看護等における適切な評価の在り方を引き続き検討すること。

▼（精神医療）

17　地域移行・地域生活支援の充実を含む質の高い精神医療の評価について引き続き検討すること。特に新設された精神科地域包括ケア病棟入院料については、地域定着等の状況も含め、データを用いて適切に調査・検証し、評価の在り方について検討すること。

▼（リハビリテーションへの対応等）

18　回復期リハビリテーション入院医療管理料の新設に伴い、医療資源の少ない地域におけるリハビリテーションへの対応等について、今回改定による影響の調査・検証を行うこと。

▼（医療技術の評価）

19　保険適用された医療技術に対する評価について、レジストリ等のリアルワールドデータの解析結果や関係学会等による臨床的位置付けを踏まえ、適切な再評価が継続的に行われるよう、医療技術の評価のプロセスも含め引き続き検討すること。また、革新的な医療機器や検査等のイノベーションを含む先進的な医療技術について、迅速かつ安定的に患者へ供給・提供させる観点も踏まえ、有効性・安全性に係るエビデンスに基づく適切な評価の在り方を引き続き検討すること。

▼（歯科診療報酬）

20　かかりつけ歯科医の機能の評価に係る施設基準の見直し等の影響や回復期リハビリテーション病棟等の入院患者に対する口腔管理・多職種連携の状況等を調査・検証し、口腔疾患の継続的な管理の在り方や口腔管理に係る関係者との連携の評価の在り方について引き続き検討すること。

▼（調剤報酬）

21　調剤報酬に関しては、地域の医薬品供給拠点としての役割を担い、かかりつけ機能を発揮して地域医療に貢献する薬局の整備を進めるため、今回改定による影響の調査・検証を行うとともに、薬局・薬剤師業務の専門性をさらに高め、質の高い薬学的管理の提供への転換を推進するための調剤報酬の在り方について引き続き検討すること。

▼（敷地内薬局）

22　いわゆる同一敷地内薬局については、同一敷地内の医療機関と薬局の関係性や当該薬局の収益構造等も踏まえ、当該薬局及び当該薬局を有するグループとしての評価の在り方に関して引き続き検討すること。

▼（長期処方やリフィル処方）

23　長期処方やリフィル処方に係る取組について、今回改定による影響の調査・検証を行うとともに、適切な運用や活用策について引き続き検討すること。

▼（後発医薬品の使用促進）

24　バイオ後続品を含む後発医薬品の使用促進について、今回改定による影響の調査・検証を行うとともに、後発医薬品の供給状況や医療機関や薬局における使用状況等も踏まえ、診療報酬における後発医薬品の使用に係る評価について引き続き検討すること。

▼（長期収載品）

25　選定療養の仕組みを用いた、長期収載品における保険給付の在り方の見直しについては、患者の動向、後発医薬品への置換え状況、医療現場への影響も含め、その実態を把握するとともに、制度の運用方法等に関して必要な検証を行うこと。

▼（薬価制度）

26　今回の薬価制度改革の骨子に基づき、ドラッグ・ラグ／ドラッグ・ロスの解消等の医薬品開発への影響や、後発医薬品の企業指標の導入や今後の情報公表も踏まえた医薬品の安定供給に対する影響等について、製薬業界の協力を得つつ分析・検証等を行うとともに、こうした課題に対する製薬業界としての対応を踏まえながら、薬価における評価の在り方について引き続き検討すること。

▼（保険医療材料制度）

27　今回の保険医療材料制度改革に基づくプログラム医療機器への対応や革新的な医療機器等に対する評価の導入の影響等について検証すること。また、医療上必要な医療機器等の安定供給の確保等の観点から、いわゆる物流2024年問題による影響を注視するとともに、我が国における医療機器等の製造や流通、研究開発に係る費用構造等について関係業界の協力を得つつ分析し、こうした課題に対する関係業界としての対応を踏まえながら、適切な評価の在り方について引き続き検討すること。

▼（施策の検証）

28　施策の効果や患者への影響等について、データやエビデンスに基づいて迅速・正確に把握・検証できるようにするための方策について引き続き検討すること。医療機関・薬局の経営状況については、医療経済実態調査等の結果に基づき、議論することを原則とすること。

10面からスタート

令和6年度 診療報酬改定の歯科点数表

54	入院ベースアップ評価料54	54点
55	入院ベースアップ評価料55	55点
56	入院ベースアップ評価料56	56点
57	入院ベースアップ評価料57	57点
58	入院ベースアップ評価料58	58点
59	入院ベースアップ評価料59	59点
60	入院ベースアップ評価料60	60点
61	入院ベースアップ評価料61	61点
62	入院ベースアップ評価料62	62点
63	入院ベースアップ評価料63	63点
64	入院ベースアップ評価料64	64点
65	入院ベースアップ評価料65	65点
66	入院ベースアップ評価料66	66点
67	入院ベースアップ評価料67	67点
68	入院ベースアップ評価料68	68点
69	入院ベースアップ評価料69	69点
70	入院ベースアップ評価料70	70点
71	入院ベースアップ評価料71	71点
72	入院ベースアップ評価料72	72点
73	入院ベースアップ評価料73	73点
74	入院ベースアップ評価料74	74点
75	入院ベースアップ評価料75	75点
76	入院ベースアップ評価料76	76点
77	入院ベースアップ評価料77	77点
78	入院ベースアップ評価料78	78点
79	入院ベースアップ評価料79	79点
80	入院ベースアップ評価料80	80点
81	入院ベースアップ評価料81	81点
82	入院ベースアップ評価料82	82点
83	入院ベースアップ評価料83	83点
84	入院ベースアップ評価料84	84点
85	入院ベースアップ評価料85	85点
86	入院ベースアップ評価料86	86点
87	入院ベースアップ評価料87	87点
88	入院ベースアップ評価料88	88点
89	入院ベースアップ評価料89	89点
90	入院ベースアップ評価料90	90点
91	入院ベースアップ評価料91	91点
92	入院ベースアップ評価料92	92点
93	入院ベースアップ評価料93	93点
94	入院ベースアップ評価料94	94点
95	入院ベースアップ評価料95	95点
96	入院ベースアップ評価料96	96点
97	入院ベースアップ評価料97	97点
98	入院ベースアップ評価料98	98点
99	入院ベースアップ評価料99	99点
100	入院ベースアップ評価料100	100点
101	入院ベースアップ評価料101	101点
102	入院ベースアップ評価料102	102点
103	入院ベースアップ評価料103	103点
104	入院ベースアップ評価料104	104点
105	入院ベースアップ評価料105	105点
106	入院ベースアップ評価料106	106点
107	入院ベースアップ評価料107	107点
108	入院ベースアップ評価料108	108点
109	入院ベースアップ評価料109	109点
110	入院ベースアップ評価料110	110点
111	入院ベースアップ評価料111	111点
112	入院ベースアップ評価料112	112点
113	入院ベースアップ評価料113	113点
114	入院ベースアップ評価料114	114点
115	入院ベースアップ評価料115	115点
116	入院ベースアップ評価料116	116点
117	入院ベースアップ評価料117	117点
118	入院ベースアップ評価料118	118点
119	入院ベースアップ評価料119	119点
120	入院ベースアップ評価料120	120点
121	入院ベースアップ評価料121	121点
122	入院ベースアップ評価料122	122点
123	入院ベースアップ評価料123	123点
124	入院ベースアップ評価料124	124点
125	入院ベースアップ評価料125	125点
126	入院ベースアップ評価料126	126点
127	入院ベースアップ評価料127	127点
128	入院ベースアップ評価料128	128点
129	入院ベースアップ評価料129	129点
130	入院ベースアップ評価料130	130点
131	入院ベースアップ評価料131	131点
132	入院ベースアップ評価料132	132点
133	入院ベースアップ評価料133	133点
134	入院ベースアップ評価料134	134点
135	入院ベースアップ評価料135	135点
136	入院ベースアップ評価料136	136点
137	入院ベースアップ評価料137	137点
138	入院ベースアップ評価料138	138点
139	入院ベースアップ評価料139	139点
140	入院ベースアップ評価料140	140点
141	入院ベースアップ評価料141	141点
142	入院ベースアップ評価料142	142点
143	入院ベースアップ評価料143	143点
144	入院ベースアップ評価料144	144点
145	入院ベースアップ評価料145	145点
146	入院ベースアップ評価料146	146点
147	入院ベースアップ評価料147	147点
148	入院ベースアップ評価料148	148点
149	入院ベースアップ評価料149	149点
150	入院ベースアップ評価料150	150点
151	入院ベースアップ評価料151	151点
152	入院ベースアップ評価料152	152点
153	入院ベースアップ評価料153	153点
154	入院ベースアップ評価料154	154点
155	入院ベースアップ評価料155	155点
156	入院ベースアップ評価料156	156点
157	入院ベースアップ評価料157	157点
158	入院ベースアップ評価料158	158点
159	入院ベースアップ評価料159	159点
160	入院ベースアップ評価料160	160点
161	入院ベースアップ評価料161	161点
162	入院ベースアップ評価料162	162点
163	入院ベースアップ評価料163	163点
164	入院ベースアップ評価料164	164点
165	入院ベースアップ評価料165	165点

注　主として歯科医療に従事する職員の賃金の改善を図る体制につき別に厚生労働大臣が定める施設基準に適合しているものとして地方厚生局長等に届け出た保険医療機関に入院している患者であって、第1章第2部第1節の入院基本料（特別入院基本料等を含む。）、同部第3節の特定入院料又は同部第4節の短期滞在手術等基本料（短期滞在手術等基本料1を除く。）を算定しているものについて、当該基準に係る区分に従い、それぞれ所定点数を算定する。

（削る）

第3章　経過措置

1　第1章又は第2章の規定にかかわらず、区分番号A002の注10、区分番号F100の注9及びF400の注7の規定による加算は、令和5年12月31日までの間に限り、算定できるものとする。

2　第1章の規定にかかわらず、令和5年12月31日までの間、初診に係る十分な情報を取得する体制として別に厚生労働大臣が定める施設基準を満たす保険医療機関を受診した患者に対して初診を行った場合は、区分番号A000の注13中「4点」とあるのは「6点」とする。

区分番号M010の3に掲げる5分の4冠（小臼歯）、区分番号M010の4に掲げる全部金属冠（小臼歯及び大臼歯）及び区分番号M011に掲げるレジン前装金属冠を除く。）又はブリッジを製作し、当該補綴物を装着した患者に対して、当該維持管理の内容に係る情報を文書により提供した場合に算定する。

2～4　（略）

M000－3　（略）

M001　歯冠形成（1歯につき）

1～3　（略）

注1・2　（略）

3　1のイについて、臼歯のレジン前装金属冠のための歯冠形成は、340点を所定点数に加算する。

4～6　（略）

7　2のイについて、臼歯のレジン前装金属冠のための支台歯の歯冠形成は、300点を所定点数に加算する。

8・9　（略）

10　3について、CAD／CAMインレーのための窩洞形成は、150点を所定点数に加算する。

11　（略）

M001－2　（略）

M001－3　う蝕歯インレー修復形成（1歯につき）　120点

注1　CAD／CAMインレーのための窩洞形成は、150点を所定点数に加算する。

2　（略）

M002　支台築造（1歯につき）

1　間接法

イ　メタルコアを用いた場合

(1)　大臼歯　181点

(2)　小臼歯及び前歯　155点

ロ　ファイバーポストを用いた場合

(1)　大臼歯　211点

(2)　小臼歯及び前歯　180点

2　（略）

注1・2　（略）

M002－2　（略）

M003　印象採得

1～3　（略）

注1　1について、別に厚生労働大臣が定める施設基準に適合しているものとして地方厚生局長等に届け出た保険医療機関において、区分番号M011に掲げるレジン前装金属冠、区分番号M011－2に掲げるレジン前装チタン冠又は区分番号M015－2に掲げるCAD／CAM冠を製作することを目的として、前歯部の印象採得を行うに当たって、歯科医師が歯科技工士とともに対面で色調採得及び口腔内の確認等を行い、当該補綴物の製作に活用した場合には、歯科技工士連携加算1として、50点を所定点数に加算する。ただし、同時に2以上の補綴物の製作を目的とした印象採得を行った場合であっても、歯科技工士連携加算1は1回として算定する。

2　1について、別に厚生労働大臣が定める施設基準に適合しているものとして地方厚生局長等に届け出た保険医療機関において、区分番号M011に掲げるレジン前装金属冠、区分番号M011－2に掲げるレジン前装チタン冠又は区分番号M015－2に掲げるCAD／CAM冠を製作することを目的として、前歯部の印象採得を行うに当たって、歯科医師が歯科技工士とともに情報通信機器を用いて色調採得及び口腔内の確認等を行い、当該補綴物の製作に活用した場合には、歯科技工士連携加算2として、70点を所定点数に加算する。ただし、同時に2以上の補綴物の製作を目的とした印象採得を行った場合であっても、歯科技工士連携加算2は1回として算定する。

3　注1に規定する加算を算定した場合には、当該補綴物について、注2に規定する加算並びに区分番号M006に掲げる咬合採得の注1及び注2並びに区分番号M007に掲げる仮床試適の注1及び注2に規定する歯科技工士連携加算1及び歯科技工士連携加算2は別に算定できない。

4　注2に規定する加算を算定した場合には、当該補綴物について、注1に規定する加算並びに区分番号M006に掲げる咬合採得の注1及び注2並びに区分番号M007に掲げる仮床試適の注1及び注2に規定する歯科技工士連携加算1及び歯科技工士連携加算2は別に算定できない。

5　（略）

M003－2・M003－3　（略）

M003－4　光学印象（1歯につき）　100点

注1　別に厚生労働大臣が定める施設基準に適合しているものとして地方厚生局長等に届け出た保険医療機関において、区分番号M015－3に掲げるCAD／CAMインレーを製作する場合であって、デジタル印象採得装置を用いて、印象採得及び咬合採得を行った場合に算定する。

2　区分番号M003に掲げる印象採得、M003－3に掲げる咬合印象及びM006に掲げる咬合採得は別に算定できない。

3　別に厚生労働大臣が定める施設基準に適合しているものとして地方厚生局長等に届け出た保険医療機関において、区分番号M015－3に掲げるCAD／CAMインレーを製作することを目的として、光学印象を行うに当たって、歯科医師が歯科技工士とともに対面で口腔内の確認等を行い、当該修復物の製作に活用した場合には、光学印象歯科技工士連携加算として、50点を所定点数に加算する。ただし、同時に2以上の修復物の製作を目的とした光学印象を行った場合であっても、光学印象歯科技工士連携加算は1回として算定する。

M004　リテーナー

1～3　（略）

注　（略）

M005・M005－2　（略）

M006　咬合採得

1・2　（略）

注1　2のイ(2)並びにロ(2)及び(3)について、別に厚生労働大臣が定める施設基準に適合しているものとして地方厚生局長等に届け出た保険医療機関において、ブリッジ又は有床義歯を製作することを目的として、咬合採得を行うに当たって、歯科医師が歯科技工士とともに対面で咬合状態の確認等を行い、当該補綴物の製作に活用した場合には、歯科技工士連携加算1として、50点を所定点数に加算する。

2　2のイ(2)並びにロ(2)及び(3)について、別に厚生労働大臣が定める施設基準に適合しているものとして地方厚生局長等に届け出た保険医療機関において、ブリッジ又は有床義歯を製作することを目的として、咬合採得を行うに当たって、歯科医師が歯科技工士とともに情報通信機器を用いて咬合状態の確認等を行い、当該補綴物の製作に活用した場合には、歯科技工士連携加算2として、70点を所定点数に加算する。

3　注1に規定する加算を算定した場合には、当該補綴物について、注2に規定する加算並びに区分番号M003に掲げる印象採得の注1及び注2並びに区分番号M007に掲げる仮床試適の注1及び注2に規定する歯科技工士連携加算1及び歯科技工士連携加算2は別に算定できない。

4　注2に規定する加算を算定した場合には、当該補綴物について、注1に規定する加算並びに区分番号M003に掲げる印象採得の注1及び注2並びに区分番号M007に掲げる仮床試適の注1及び注2に規定する歯科技工士連携加算1及び歯科技工士連携加算2は別に算定できない。

5　（略）

M007　仮床試適（1床につき）

1～3　（略）

4　その他の場合　272点

注1　2及び3について、別に厚生労働大臣が定める施設基準に適合しているものとして地方厚生局長等に届け出た保険医療機関において、有床義歯等を製作することを目的として、仮床試適を行うに当たって、歯科医師が歯科技工士とともに対面で床の適合状況の確認等を行い、当該補綴物の製作に活用した場合には、歯科技工士連携加算1として、50点を所定点数に加算する。

2　2及び3について、別に厚生労働大臣が定める施設基準に適合しているものとして地方厚生局長等に届け出た保険医療機関において、有床義歯等を製作することを目的として、仮床試適を行うに当たって、歯科医師が歯科技工士とともに情報通信機器を用いて床の適合状況の確認等を行い、当該補綴物の製作に活用した場合には、歯科技工士連携加算2として、70点を所定点数に加算する。

3　注1に規定する加算を算定した場合には、当該補綴物について、注2に規定する加算並びに区分番号M003に掲げる印象採得の注1及び注2並びに区分番号M006に掲げる咬合採得の注1及び注2に規定する歯科技工士連携加算1及び歯科技工士連携加算2は別に算定できない。

4　注2に規定する加算を算定した場合には、当該補綴物について、注1に規定する加算並びに区分番号M003に掲げる印象採得の注1及び

して、当該維持管理の内容に係る情報を文書により提供した場合に算定する。

2～4　（略）

M000－3　（略）

M001　歯冠形成（1歯につき）

1～3　（略）

注1・2　（略）

3　1のイについて、臼歯のレジン前装金属冠のための歯冠形成は、490点を所定点数に加算する。

4～6　（略）

7　2のイについて、臼歯のレジン前装金属冠のための支台歯の歯冠形成は、470点を所定点数に加算する。

8・9　（略）

（新設）

10　（略）

M001－2　（略）

M001－3　う蝕歯インレー修復形成（1歯につき）　120点

（新設）

注　（略）

M002　支台築造（1歯につき）

1　間接法

イ　メタルコアを用いた場合

(1)　大臼歯　176点

(2)　小臼歯及び前歯　150点

ロ　ファイバーポストを用いた場合

(1)　大臼歯　196点

(2)　小臼歯及び前歯　170点

2　（略）

注1・2　（略）

M002－2　（略）

M003　印象採得

1～3　（略）

（新設）

（新設）

（新設）

（新設）

注　（略）

M003－2・M003－3　（略）

（新設）

M004　リテイナー

1～3　（略）

注　（略）

M005・M005－2　（略）

M006　咬合採得

1・2　（略）

（新設）

（新設）

（新設）

（新設）

注　（略）

M007　仮床試適（1床につき）

1～3　（略）

（新設）

（新設）

（新設）

（新設）

（新設）

注2並びに区分番号M006に掲げる咬合採得の注1及び注2に規定する歯科技工士連携加算1及び歯科技工士連携加算2は別に算定できない。

5　（略）

M008・M009　（略）

M010　金属歯冠修復（1個につき）

1　インレー

イ　単純なもの　192点

ロ　複雑なもの　287点

2　4分の3冠（前歯）　372点

3　5分の4冠（小臼歯）　312点

4　全部金属冠（小臼歯及び大臼歯）　459点

注　（略）

M010－2・M010－3　（略）

M010－4　根面被覆（1歯につき）

1　根面板によるもの　196点

2　（略）

M011　レジン前装金属冠（1歯につき）

1　前歯

イ　ブリッジの支台歯の場合　1,174点

ロ　イ以外の場合　1,170点

2　小臼歯　1,100点

M011－2～M015　（略）

M015－2　CAD／CAM冠（1歯につき）

1　2以外の場合　1,200点

2　エンドクラウンの場合　1,450点

注1　1については、別に厚生労働大臣が定める施設基準に適合しているものとして地方厚生局長等に届け出た保険医療機関において、歯冠補綴物の設計・製作に要するコンピュータ支援設計・製造ユニット（歯科用CAD／CAM装置）を用いて、歯冠補綴物（全部被覆冠に限り、エンドクラウンを除く。）を設計・製作し、装着した場合に限り算定する。

2　2については、別に厚生労働大臣が定める施設基準に適合しているものとして地方厚生局長等に届け出た保険医療機関において、歯冠補綴物の設計・製作に要するコンピュータ支援設計・製造ユニット（歯科用CAD／CAM装置）を用いて、エンドクラウンを設計・製作し、装着した場合に限り算定する。

3　2については、区分番号M002に掲げる支台築造及び区分番号M002－2に掲げる支台築造印象は、所定点数に含まれ別に算定できない。

M015－3～M017　（略）

M017－2　高強度硬質レジンブリッジ（1装置につき）　2,800点

注　（略）

M018　有床義歯

1　局部義歯（1床につき）

イ　1歯から4歯まで　624点

ロ　5歯から8歯まで　767点

ハ　9歯から11歯まで　1,042点

ニ　12歯から14歯まで　1,502点

2　総義歯（1顎につき）　2,420点

M019　熱可塑性樹脂有床義歯

1　局部義歯（1床につき）

イ　1歯から4歯まで　624点

ロ　5歯から8歯まで　767点

ハ　9歯から11歯まで　1,042点

ニ　12歯から14歯まで　1,502点

2　総義歯（1顎につき）　2,500点

M020　鋳造鉤（1個につき）

1　双子鉤　260点

2　二腕鉤　240点

M021　線鉤（1個につき）

1　双子鉤　227点

2　二腕鉤（レストつき）　159点

3　レストのないもの　134点

M021－2　コンビネーション鉤（1個につき）　246点

M021－3　磁性アタッチメント（1個につき）

1　磁石構造体を用いる場合　460点

2　キーパー付き根面板を用いる場合　550点

注　（略）

M022～M025　（略）

M025－2　広範囲顎骨支持型補綴

1　ブリッジ形態のもの（3分の1顎につき）　25,000点

2　床義歯形態のもの（1顎につき）　20,000点

注1～3　（略）

（その他の技術）

M026・M027及びM028　（略）

（修理）

M029　有床義歯修理（1床につき）　（略）

注1・2　（略）

3　別に厚生労働大臣が定める施設基準に適合しているものとして地方厚生局長等に届け出た保険医療機関において、患者の求めに応じて、破損した有床義歯を預かった当日に修理を行い、当該義歯を装着した場合は、歯科技工加算1として、1床につき55点を所定点数に加算する。

4　別に厚生労働大臣が定める施設基準に適合しているものとして地方厚生局長等に届け出た保険医療機関において、患者の求めに応じて、破損した有床義歯を預かって修理を行い、預かった日の翌日に当該義歯を装着した場合は、歯科技工加算2として、1床につき35点を所定点数に加算する。

M030　有床義歯内面適合法

1・2　（略）

注1～3　（略）

4　2については、別に厚生労働大臣が定める施設基準に適合しているものとして地方厚生局長等に届け出た保険医療機関において、患者の求めに応じて、有床義歯を預かった当日に間接法により有床義歯内面適合法を行い、当該義歯を装着した場合は、歯科技工加算1として、1顎につき55点を所定点数に加算する。

5　2については、別に厚生労働大臣が定める施設基準に適合しているものとして地方厚生局長等に届け出た保険医療機関において、患者の求めに応じて、有床義歯を預かって、間接法により有床義歯内面適合法を行い、預かった日の翌日に当該義歯を装着した場合は、歯科技工加算2として、1顎につき35点を所定点数に加算する。

M031からM033まで～M041　（略）

第2節・第3節　（略）

第13部　歯科矯正

通則

（略）

第1節　歯科矯正料

区分

N000　（略）

N001　顎口腔機能診断料　2,300点

注1・2　（略）

3　区分番号N000に掲げる歯科矯正診断料の費用及び保険医療材料料は、所定点数に含まれる。

N001－2　歯科矯正相談料

1　歯科矯正相談料1　420点

2　歯科矯正相談料2　420点

注1　1については、区分番号N000に掲げる歯科矯正診断料の注1又は区分番号N001に掲げる顎口腔機能診断料の注1に規定する施設基準に適合しているものとして地方厚生局長等に届け出た保険医療機関において、第13部に掲げる歯科矯正の適応となる咬合異常又は顎変形症が疑われる患者に対し、歯・歯列の状態、咬合状態又は顎骨の形態等の分析及び診断を行い、当該患者に対し、診断結果等を文書により提供した場合に、年度に1回に限り算定する。

2　2については、区分番号N000に掲げる歯科矯正診断料の注1又は区分番号N001に掲げる顎口腔機能診断料の注1に規定する施設基準に適合しているものとして地方厚生局長等に届け出た保険医療機関以外の保険医療機関において、第13部に掲げる歯科矯正の適応となる咬合異常又は顎変形症が疑われる患者に対し、歯・歯列の状態、咬合状態又は顎骨の形態等の分析及び診断を行い、当該患者に対し、診断結果等を文書により提供した場合に、年度に1回に限り算定する。

3　区分番号E000の1に掲げる単純撮影若しくは2に掲げる特殊撮影又は区分番号E100の1に掲げる単純撮影若しくは2に掲げる特殊撮影は別に算定できる。

4　保険医療材料料は、所定点数に含まれる。

N002　歯科矯正管理料　240点

注1　（略）

2　区分番号B000－4に掲げる歯科疾患管理料、区分番号B000－4－2に掲げる小児口腔機能管理料、区分番号B000－4－3に掲げる口腔機能管理料、区分番号B000－6に掲げる周術期等口腔機能管理料(1)、区分番号B000－7に掲げる周術期等口腔機能管理料(2)、区分番号B000－8に掲げる周術期等口腔機能管理料(3)、区分番号B000－9に掲げる周術期等口腔機能管理料(4)、区分番号B000－11に掲げる回復期等口腔機能管理料又は区分番号C001－3に掲げる歯科疾患在宅療養管理料を算定している患者に対して行った歯科矯正管理の費用は、別に算定できない。

3　（略）

N003～N011　（略）

（矯正装置）

N012～N028　（略）

注　（略）

M008・M009　（略）

M010　金属歯冠修復（1個につき）

1　インレー

イ　単純なもの　190点

ロ　複雑なもの　284点

2　4分の3冠（前歯）　370点

3　5分の4冠（小臼歯）　310点

4　全部金属冠（小臼歯及び大臼歯）　454点

注　（略）

M010－2・M010－3　（略）

M010－4　根面被覆（1歯につき）

1　根面板によるもの　190点

2　（略）

M011　レジン前装金属冠（1歯につき）

1　前歯　1,174点

（新設）

（新設）

2　小臼歯　1,174点

M011－2～M015　（略）

M015－2　CAD／CAM冠（1歯につき）　1,200点

（新設）

（新設）

注　別に厚生労働大臣が定める施設基準に適合しているものとして地方厚生局長等に届け出た保険医療機関において、歯冠補綴物の設計・製作に要するコンピュータ支援設計・製造ユニット（歯科用CAD／CAM装置）を用いて、歯冠補綴物（全部被覆冠に限る。）を設計・製作し、装着した場合に限り算定する。

（新設）

（新設）

M015－3～M017　（略）

M017－2　高強度硬質レジンブリッジ（1装置につき）　2,600点

注　（略）

M018　有床義歯

1　局部義歯（1床につき）

イ　1歯から4歯まで　594点

ロ　5歯から8歯まで　732点

ハ　9歯から11歯まで　972点

ニ　12歯から14歯まで　1,402点

2　総義歯（1顎につき）　2,184点

M019　熱可塑性樹脂有床義歯

1　局部義歯（1床につき）

イ　1歯から4歯まで　630点

ロ　5歯から8歯まで　852点

ハ　9歯から11歯まで　1,064点

ニ　12歯から14歯まで　1,678点

2　総義歯（1顎につき）　2,682点

M020　鋳造鉤（1個につき）

1　双子鉤　255点

2　二腕鉤　235点

M021　線鉤（1個につき）

1　双子鉤　224点

2　二腕鉤（レストつき）　156点

3　レストのないもの　132点

M021－2　コンビネーション鉤（1個につき）　236点

M021－3　磁性アタッチメント（1個につき）

1　磁石構造体を用いる場合　260点

2　キーパー付き根面板を用いる場合　350点

注　（略）

M022～M025　（略）

M025－2　広範囲顎骨支持型補綴

1　ブリッジ形態のもの（3分の1顎につき）　20,000点

2　床義歯形態のもの（1顎につき）　15,000点

注1～3　（略）

（その他の技術）

M026・M027及びM028　（略）

（修理）

M029　有床義歯修理（1床につき）　（略）

注1・2　（略）

3　別に厚生労働大臣が定める施設基準に適合しているものとして地方厚生局長等に届け出た保険医療機関において、患者の求めに応じて、破損した有床義歯を預かった当日に修理を行い、当該義歯を装着した場合は、歯科技工加算1として、1床につき50点を所定点数に加算する。

4　別に厚生労働大臣が定める施設基準に適合しているものとして地方厚生局長等に届け出た保険医療機関において、患者の求めに応じて、破損した有床義歯を預かって修理を行い、預かった日の翌日に当該義歯を装着した場合は、歯科技工加算2として、1床につき30点を所定点数に加算する。

M030　有床義歯内面適合法

1・2　（略）

注1～3　（略）

4　2については、別に厚生労働大臣が定める施設基準に適合しているものとして地方厚生局長等に届け出た保険医療機関において、患者の求めに応じて、有床義歯を預かった当日に間接法により有床義歯内面適合法を行い、当該義歯を装着した場合は、歯科技工加算1として、1顎につき50点を所定点数に加算する。

5　2については、別に厚生労働大臣が定める施設基準に適合しているものとして地方厚生局長等に届け出た保険医療機関において、患者の求めに応じて、有床義歯を預かって、間接法により有床義歯内面適合法を行い、預かった日の翌日に当該義歯を装着した場合は、歯科技工加算2として、1顎につき30点を所定点数に加算する。

M031からM033まで～M041　（略）

第2節・第3節　（略）

第13部　歯科矯正

通則

（略）

第1節　歯科矯正料

区分

N000　（略）

N001　顎口腔機能診断料　2,300点

注1・2　（略）

3　区分番号N000に掲げる歯科矯正診断の費用及び保険医療材料料は、所定点数に含まれる。

（新設）

N002　歯科矯正管理料　240点

注1　（略）

2　区分番号B000－4に掲げる歯科疾患管理料、区分番号B000－4－2に掲げる小児口腔機能管理料、区分番号B000－4－3に掲げる口腔機能管理料、区分番号B000－6に掲げる周術期等口腔機能管理料(1)、区分番号B000－7に掲げる周術期等口腔機能管理料(2)、区分番号B000－8に掲げる周術期等口腔機能管理料(3)又は区分番号C001－3に掲げる歯科疾患在宅療養管理料を算定している患者に対して行った歯科矯正管理の費用は、別に算定できない。

3　（略）

N003～N011　（略）

（矯正装置）

N012～N028　（略）

第2節　（略）

第14部　（略）

第15部　その他

通則

1　処遇の費用は、第1節若しくは第2節の各区分の所定点数のみにより、又は第1節及び第2節の各区分の所定点数を合算した点数により算定する。

2　処遇改善に当たって、歯科診療及び歯科診療以外の診療を併せて行う保険医療機関にあっては、歯科診療及び歯科診療以外の診療につき、それぞれ別に第2節（入院ベースアップ評価料を除く。）の各区分に掲げるベースアップ評価料を算定する。

第1節　看護職員処遇改善評価料

区分

P000　看護職員処遇改善評価料

注　医科点数表の区分番号O000に掲げる看護職員処遇改善評価料の注に規定する別に厚生労働大臣が定める施設基準に適合しているものとして地方厚生局長等に届け出た保険医療機関に入院している患者であって、第1章第2部第1節の入院基本料（特別入院基本料等を含む。）、同部第3節の特定入院料又は同部第4節の短期滞在手術等基本料（短期滞在手術等基本料1を除く。）を算定しているものについて、医科点数表の区分番号O000に掲げる看護職員処遇改善評価料の例により算定する。

第2節　ベースアップ評価料

区分

P100　歯科外来・在宅ベースアップ評価料(1)（1日につき）

1　初診時　10点

2　再診時等　2点

3　歯科訪問診療時

イ　同一建物居住者以外の場合　41点

ロ　同一建物居住者の場合　10点

注1　1については、主として歯科医療に従事する職員（医師及び歯科医師を除く。以下この節において同じ。）の賃金の改善を図る体制につき別に厚生労働大臣が定める施設基準に適合しているものとして地方厚生局長等に届け出た保険医療機関において、入院中の患者以外の患者に対して初診を行った場合に、所定点数を算定する。

2　2については、主として歯科医療に従事する職員の賃金の改善を図る体制につき別に厚生労働大臣が定める施設基準に適合しているものとして地方厚生局長等に届け出た保険医療機関において、入院中の患者以外の患者に対して再診又は短期滞在手術等基本料1を算定すべき手術又は検査を行った場合に、所定点数を算定する。

3　3のイについては、主として歯科医療に従事する職員の賃金の改善を図る体制につき別に厚生労働大臣が定める施設基準に適合しているものとして地方厚生局長等に届け出た保険医療機関において、在宅等において療養を行っている患者（当該患者と同一の建物に居住する他の患者に対して当該保険医療機関が同一日に歯科訪問診療を行う場合の当該患者（以下この区分番号において「同一建物居住者」という。）を除く。）であって通院が困難なものに対して、当該患者が居住する建物の屋内において、次のいずれかに該当する歯科訪問診療を行った場合に算定する。

イ　患者の求めに応じた歯科訪問診療

ロ　歯科訪問診療に基づき継続的な歯科診療が必要と認められた患者に対する当該患者の同意を得た歯科訪問診療

4　3のロについては、在宅等において療養を行っている患者（同一建物居住者に限る。）であって通院が困難なものに対して、当該患者が居住する建物の屋内において、当該保険医療機関が、次のいずれかに該当する歯科訪問診療を行った場合に算定する。

イ　患者の求めに応じた歯科訪問診療

ロ　歯科訪問診療に基づき継続的な歯科診療が必要と認められた患者に対する当該患者の同意を得た歯科訪問診療

P101　歯科外来・在宅ベースアップ評価料(2)（1日につき）

1　歯科外来・在宅ベースアップ評価料(2)1

イ　初診又は歯科訪問診療を行った場合　8点

ロ　再診時等　1点

2　歯科外来・在宅ベースアップ評価料(2)2

イ　初診又は歯科訪問診療を行った場合　16点

ロ　再診時等　2点

3　歯科外来・在宅ベースアップ評価料(2)3

イ　初診又は歯科訪問診療を行った場合　24点

ロ　再診時等　3点

4　歯科外来・在宅ベースアップ評価料(2)4

イ　初診又は歯科訪問診療を行った場合　32点

ロ　再診時等　4点

5　歯科外来・在宅ベースアップ評価料(2)5

イ　初診又は歯科訪問診療を行った場合　40点

ロ　再診時等　5点

6　歯科外来・在宅ベースアップ評価料(2)6

イ　初診又は歯科訪問診療を行った場合　48点

ロ　再診時等　6点

7　歯科外来・在宅ベースアップ評価料(2)7

イ　初診又は歯科訪問診療を行った場合　56点

ロ　再診時等　7点

8　歯科外来・在宅ベースアップ評価料(2)8

イ　初診又は歯科訪問診療を行った場合　64点

ロ　再診時等　8点

注1　主として歯科医療に従事する職員の賃金の改善を図る体制につき別に厚生労働大臣が定める施設基準に適合しているものとして地方厚生局長等に届け出た保険医療機関において、入院中の患者以外の患者に対して診療を行った場合に、当該基準に係る区分に従い、それぞれ所定点数を算定する。

2　1のイ、2のイ、3のイ、4のイ、5のイ、6のイ、7のイ又は8のイについては、歯科外来・在宅ベースアップ評価料(1)の1又は3を算定する患者に対して診療を行った場合に算定する。

3　1のロ、2のロ、3のロ、4のロ、5のロ、6のロ、7のロ又は8のロについては、歯科外来・在宅ベースアップ評価料(1)の2を算定する患者に対して診療を行った場合に算定する。

P102　入院ベースアップ評価料（1日につき）

1　入院ベースアップ評価料1　1点

2　入院ベースアップ評価料2　2点

3　入院ベースアップ評価料3　3点

4　入院ベースアップ評価料4　4点

5　入院ベースアップ評価料5　5点

6　入院ベースアップ評価料6　6点

7　入院ベースアップ評価料7　7点

8　入院ベースアップ評価料8　8点

9　入院ベースアップ評価料9　9点

10　入院ベースアップ評価料10　10点

11　入院ベースアップ評価料11　11点

12　入院ベースアップ評価料12　12点

13　入院ベースアップ評価料13　13点

14　入院ベースアップ評価料14　14点

15　入院ベースアップ評価料15　15点

16　入院ベースアップ評価料16　16点

17　入院ベースアップ評価料17　17点

18　入院ベースアップ評価料18　18点

19　入院ベースアップ評価料19　19点

20　入院ベースアップ評価料20　20点

21　入院ベースアップ評価料21　21点

22　入院ベースアップ評価料22　22点

23　入院ベースアップ評価料23　23点

24　入院ベースアップ評価料24　24点

25　入院ベースアップ評価料25　25点

26　入院ベースアップ評価料26　26点

27　入院ベースアップ評価料27　27点

28　入院ベースアップ評価料28　28点

29　入院ベースアップ評価料29　29点

30　入院ベースアップ評価料30　30点

31　入院ベースアップ評価料31　31点

32　入院ベースアップ評価料32　32点

33　入院ベースアップ評価料33　33点

34　入院ベースアップ評価料34　34点

35　入院ベースアップ評価料35　35点

36　入院ベースアップ評価料36　36点

37　入院ベースアップ評価料37　37点

38　入院ベースアップ評価料38　38点

39　入院ベースアップ評価料39　39点

40　入院ベースアップ評価料40　40点

41　入院ベースアップ評価料41　41点

42　入院ベースアップ評価料42　42点

43　入院ベースアップ評価料43　43点

44　入院ベースアップ評価料44　44点

45　入院ベースアップ評価料45　45点

46　入院ベースアップ評価料46　46点

47　入院ベースアップ評価料47　47点

48　入院ベースアップ評価料48　48点

49　入院ベースアップ評価料49　49点

50　入院ベースアップ評価料50　50点

51　入院ベースアップ評価料51　51点

52　入院ベースアップ評価料52　52点

53　入院ベースアップ評価料53　53点

第2節　（略）

第14部　（略）

（新設）

は算定できない。
H002～H008　(略)
第2節　(略)
第8部　処置
通則
1　(略)
2　処置に当たって、第2節に掲げる医療機器等、薬剤又は別に厚生労働大臣が定める保険医療材料（以下この部において「特定保険医療材料」という。）を使用した場合（別に厚生労働大臣が定める薬剤（以下この部において「特定薬剤」という。）にあっては、120点以上の処置若しくは特に規定する処置に使用した場合又は特定保険医療材料にあっては、特に規定する処置に使用した場合を除く。）は、前号により算定した点数及び第2節から第5節までの所定点数を合算した点数により算定する。
3　第1節に掲げられていない処置であって簡単なものの費用は、薬剤又は特定保険医療材料を使用したときに限り、第3節、第4節又は第5節の所定点数のみにより算定する。
4～6　(略)
7　120点以上の処置又は特に規定する処置の所定点数は、当該処置に当たって、表面麻酔、浸潤麻酔又は簡単な伝達麻酔を行った場合の費用を含む。ただし、区分番号I004の1に掲げる生活歯髄切断又は区分番号I005に掲げる抜髄を行う場合の当該麻酔に当たって使用した薬剤の薬価は、別に厚生労働大臣の定めるところにより算定できる。
8　区分番号C000に掲げる歯科訪問診療料を算定する患者であって、同注8に規定する歯科診療特別対応加算1、歯科診療特別対応加算2又は歯科診療特別対応加算3を算定しないものに対して、歯科訪問診療時に処置を行った場合は、次に掲げる点数を、それぞれ当該処置の所定点数に加算する。
イ・ロ　(略)
9　区分番号C000に掲げる歯科訪問診療料及び同注8に規定する歯科診療特別対応加算1、歯科診療特別対応加算2又は歯科診療特別対応加算3を算定する患者に対して、歯科訪問診療時に処置を行った場合は、次に掲げる点数を、それぞれ当該処置の所定点数に加算する。
イ・ロ　(略)
第1節　処置料
区分
（歯の疾患の処置）
I000～I000－3　(略)
I001　歯髄保護処置（1歯につき）
1　歯髄温存療法　200点
2　直接歯髄保護処置　154点
3　間接歯髄保護処置　38点
注1・2　(略)
I001－2～I003　(略)
I004　歯髄切断（1歯につき）
1　生活歯髄切断　233点
2　失活歯髄切断　72点
注1　永久歯の歯根完成期以前及び乳歯の歯髄につき、1の生活歯髄切断を行った場合は、42点を所定点数に加算する。
2　(略)
I005　抜髄（1歯につき）
1　単根管　234点
2　2根管　426点
3　3根管以上　600点
注1・2　(略)
3　麻酔（通則第7号に規定する麻酔に限る。）の費用（麻酔に当たって使用した薬剤の薬価を除く。）及び特定薬剤の費用は、所定点数に含まれる。
I006　感染根管処置（1歯につき）
1　単根管　160点
2　2根管　310点
3　3根管以上　450点
注　(略)
I007　根管貼薬処置（1歯1回につき）
1　単根管　33点
2　2根管　41点
3　3根管以上　57点
注　(略)
I008　(略)
I008－2　加圧根管充填処置（1歯につき）
1　単根管　139点
2　2根管　168点
3　3根管以上　213点
注1～3　(略)
4　3については、歯科用3次元エックス線断層撮影装置を用いて根管治療を行った場合であって、Ni－Tiロータリーファイルを用いて根管治療を行った場合に、Ni－Tiロータリーファイル加算として、150点を所定点数に加算する。なお、第4部に掲げる歯科用3次元エックス線断層撮影の費用は別に算定できる。
（外科後処置）
I009～I009－5　(略)
I009－6　揺便　100点
I009－7　ハイフローセラピー（1日につき）
1　15歳未満の患者の場合　282点
2　15歳以上の患者の場合　192点
I009－8　経管栄養・薬剤投与用カテーテル交換法　200点
注　区分番号I009－2に掲げる創傷処置、区分番号J084に掲げる創傷処理の費用は所定点数に含まれるものとする。
I009－9　留置カテーテル設置　40点
I009－10　超音波ネブライザ（1日につき）　24点
（歯周組織の処置）
I010　(略)
I011　歯周基本治療
1・2　(略)
注1～5　(略)
（削る）
I011－2　歯周病安定期治療
1～3　(略)
注1　(略)
2　2回目以降の歯周病安定期治療の算定は、前回実施月の翌月の初日から起算して2月を経過した日以降に行う。ただし、一連の歯周病治療において歯周外科手術を実施した場合等の歯周病安定期治療の治療間隔の短縮が必要とされる場合又は区分番号B000－4－2に掲げる小児口腔機能管理料の注3に規定する施設基準に適合しているものとして地方厚生局長等に届け出た診療所である保険医療機関において歯周病安定期治療を開始した場合は、この限りでない。
3　区分番号B000－4－2に掲げる小児口腔機能管理料の注3に規定する施設基準に適合しているものとして地方厚生局長等に届け出た診療所である保険医療機関において歯周病安定期治療を開始した場合は、口腔管理体制強化加算として、120点を所定点数に加算する。
4　歯周病の重症化するおそれのある患者に対して歯周病安定期治療を実施した場合は、歯周病ハイリスク患者加算として、80点を所定点数に加算する。
5～7　(略)
I011－2－2　(略)
I011－2－3　歯周病重症化予防治療
1～3　(略)
注1　(略)
2　2回目以降の歯周病重症化予防治療の算定は、前回実施月の翌月の初日から起算して2月を経過した日以降に行う。ただし、区分番号B000－4－2に掲げる小児口腔機能管理料の注3に規定する施設基準に適合しているものとして地方厚生局長等に届け出た診療所である保険医療機関において、区分番号I011－2に掲げる歯周病安定期治療を算定した患者について、一連の治療終了後の再評価の結果に基づき、当該患者に対して、歯周病重症化予防治療を開始した場合は、この限りでない。
3　(略)
I011－3　(略)
（その他の処置）
I014～I016　(略)
I017　口腔内装置（1装置につき）
1～3　(略)
注　顎関節治療用装置、歯ぎしりに対する口腔内装置、口腔粘膜等の保護のための口腔内装置、外傷歯の保護のための口腔内装置又はその他口腔内装置を製作した場合に当該製作方法に係る区分に従い、それぞれ所定点数を算定する。
I017－1－2～I017－1－4　(略)
I017－2　口腔内装置調整・修理（1口腔につき）
1　口腔内装置調整
イ　口腔内装置調整1　120点
ロ　口腔内装置調整2　120点
ハ　口腔内装置調整3　220点
2　(略)
注1　(略)
2　1のロについては、区分番号I017に掲げる口腔内装置の注に規定する歯ぎしりに対する口腔内装置、口腔粘膜等の保護のための口腔内装置又は外傷歯の保護のための口腔内装置の調整を行った場合に算定する。
3～5　(略)
I017－3～I026　(略)
I027　人工呼吸
1　30分までの場合　302点
2　30分を超えて5時間までの場合　302点に30分又はその端数を増すごとに50点を加算して得た点数
3　(略)

H002～H008　(略)
第2節　(略)
第8部　処置
通則
1　(略)
2　処置に当たって、第2節に掲げる医療機器等、別に厚生労働大臣が定める薬剤（以下この部において「特定薬剤」という。）又は別に厚生労働大臣が定める保険医療材料（以下この部において「特定保険医療材料」という。）を使用した場合（特定薬剤にあっては、120点以上の処置若しくは特に規定する処置に使用した場合又は特定保険医療材料にあっては、特に規定する処置に使用した場合を除く。）は、前号により算定した点数及び第2節、第3節又は第4節の所定点数を合算した点数により算定する。
3　第1節に掲げられていない処置であって簡単なものの費用は、特定薬剤又は特定保険医療材料を使用したときに限り、第3節又は第4節の所定点数のみにより算定する。
4～6　(略)
7　120点以上の処置又は特に規定する処置の所定点数は、当該処置に当たって、表面麻酔、浸潤麻酔又は簡単な伝達麻酔を行った場合の費用を含む。
8　区分番号C000に掲げる歯科訪問診療料を算定する患者であって、同注6に規定する加算を算定しないものに対して、歯科訪問診療時に処置を行った場合は、次に掲げる点数を、それぞれ当該処置の所定点数に加算する。
イ・ロ　(略)
9　区分番号C000に掲げる歯科訪問診療料及び同注6に規定する加算を算定する患者に対して、歯科訪問診療時に処置を行った場合は、次に掲げる点数を、それぞれ当該処置の所定点数に加算する。
イ・ロ　(略)
第1節　処置料
区分
（歯の疾患の処置）
I000～I000－3　(略)
I001　歯髄保護処置（1歯につき）
1　歯髄温存療法　190点
2　直接歯髄保護処置　152点
3　間接歯髄保護処置　36点
注1・2　(略)
I001－2～I003　(略)
I004　歯髄切断（1歯につき）
1　生活歯髄切断　230点
2　失活歯髄切断　70点
注1　永久歯の歯根完成期以前及び乳歯の歯髄につき、1の生活歯髄切断を行った場合は、40点を所定点数に加算する。
2　(略)
I005　抜髄（1歯につき）
1　単根管　232点
2　2根管　424点
3　3根管以上　598点
注1・2　(略)
3　麻酔（通則第7号に規定する麻酔に限る。）及び特定薬剤の費用は、所定点数に含まれる。
I006　感染根管処置（1歯につき）
1　単根管　158点
2　2根管　308点
3　3根管以上　448点
注　(略)
I007　根管貼薬処置（1歯1回につき）
1　単根管　32点
2　2根管　40点
3　3根管以上　56点
注　(略)
I008　(略)
I008－2　加圧根管充填処置（1歯につき）
1　単根管　138点
2　2根管　166点
3　3根管以上　210点
注1～3　(略)
4　注3に規定する場合であって、Ni－Tiロータリーファイルを用いて根管治療を行った場合は、Ni－Tiロータリーファイル加算として、150点を更に所定点数に加算する。
（外科後処置）
I009～I009－5　(略)
（新設）
（新設）
（新設）
（新設）
（新設）
（歯周組織の処置）
I010　(略)
I011　歯周基本治療
1・2　(略)
注1～5　(略)
6　区分番号D002－6に掲げる口腔細菌定量検査に基づく歯周基本治療については、1により算定する。
I011－2　歯周病安定期治療
1～3　(略)
注1　(略)
2　2回目以降の歯周病安定期治療の算定は、前回実施月の翌月の初日から起算して2月を経過した日以降に行う。ただし、一連の歯周病治療において歯周外科手術を実施した場合等の歯周病安定期治療の治療間隔の短縮が必要とされる場合又はかかりつけ歯科医機能強化型歯科診療所において歯周病安定期治療を開始した場合は、この限りでない。
3　かかりつけ歯科医機能強化型歯科診療所において歯周病安定期治療を開始した場合は、かかりつけ歯科医機能強化型歯科診療所加算として、120点を所定点数に加算する。
（新設）
4～6
I011－2－2　(略)
I011－2－3　歯周病重症化予防治療
1～3　(略)
注1　(略)
2　2回目以降の歯周病重症化予防治療の算定は、前回実施月の翌月の初日から起算して2月を経過した日以降に行う。
3　(略)
I011－3　(略)
（その他の処置）
I014～I016　(略)
I017　口腔内装置（1装置につき）
1～3　(略)
注　顎関節治療用装置、歯ぎしりに対する口腔内装置又はその他口腔内装置を製作した場合に当該製作方法に係る区分に従い、それぞれ所定点数を算定する。
I017－1－2～I017－1－4　(略)
I017－2　口腔内装置調整・修理（1口腔につき）
1　口腔内装置調整
イ　睡眠時無呼吸症候群に対する口腔内装置の場合　120点
ロ　歯ぎしりに対する口腔内装置の場合　120点
ハ　イ及びロ以外の場合　220点
2　(略)
注1　(略)
2　1のロについては、区分番号I017に掲げる口腔内装置の注に規定する歯ぎしりに対する口腔内装置の調整を行った場合に算定する。
3～5　(略)
I017－3～I026　(略)
I027　人工呼吸
1　30分までの場合　242点
2　30分を超えて5時間までの場合　242点に30分又はその端数を増すごとに50点を加算して得た点数
3　(略)

注1～3　(略)
I028　(略)
I029　周術期等専門的口腔衛生処置（1口腔につき）
1・2　(略)
注1　1について、区分番号B000－6に掲げる周術期等口腔機能管理料(Ⅰ)又は区分番号B000－7に掲げる周術期等口腔機能管理料(Ⅱ)を算定した患者に対して、歯科医師の指示を受けた歯科衛生士が専門的口腔清掃を行った場合に、区分番号B000－6に掲げる周術期等口腔機能管理料(Ⅰ)又は区分番号B000－7に掲げる周術期等口腔機能管理料(Ⅱ)を算定した日の属する月において、術前1回、術後1回に限り算定する。
2　1について、区分番号B000－8に掲げる周術期等口腔機能管理料(Ⅲ)又は区分番号B000－9に掲げる周術期等口腔機能管理料(Ⅳ)を算定した患者に対して、歯科医師の指示を受けた歯科衛生士が専門的口腔清掃を行った場合に、区分番号B000－8に掲げる周術期等口腔機能管理料(Ⅲ)又は区分番号B000－9に掲げる周術期等口腔機能管理料(Ⅳ)を算定した日の属する月において、月2回に限り算定する。
3　1について、注2の規定にかかわらず、区分番号B000－8に掲げる周術期等口腔機能管理料(Ⅲ)又は区分番号B000－9に掲げる周術期等口腔機能管理料(Ⅳ)を算定した緩和ケアを実施している患者に対して、歯科医師の指示を受けた歯科衛生士が専門的口腔清掃を行った場合に、区分番号B000－8に掲げる周術期等口腔機能管理料(Ⅲ)又は区分番号B000－9に掲げる周術期等口腔機能管理料(Ⅳ)を算定した日の属する月において、月4回に限り算定する。
4　2については、区分番号B000－5に掲げる周術期等口腔機能管理計画策定料の注1に規定する管理計画に基づき、口腔機能の管理を行っている患者（がん等に係る放射線治療又は化学療法を実施する患者に限る。）に対して、歯科医師又は歯科医師の指示を受けた歯科衛生士が口腔粘膜に対する処置を行い、口腔粘膜保護材を使用した場合に、月1回に限り算定する。
5　(略)
6　周術期等専門的口腔衛生処置1又は周術期等専門的口腔衛生処置2を算定した日の属する月において、区分番号I029－1－2に掲げる回復期等専門的口腔衛生処置、区分番号I029－2に掲げる在宅等療養患者専門的口腔衛生処置、区分番号I030に掲げる機械的歯面清掃処置、区分番号I030－2に掲げる非経口摂取患者口腔粘膜処置及び区分番号I030－3に掲げる口腔バイオフィルム除去処置は、別に算定できない。
I029－1－2　回復期等専門的口腔衛生処置（1口腔につき）　100点
注1　区分番号B000－11に掲げる回復期等口腔機能管理料を算定した入院中の患者に対して、歯科医師の指示を受けた歯科衛生士が専門的口腔清掃を行った場合に、回復期等口腔機能管理料を算定した日の属する月において、月2回に限り算定する。
2　回復期等専門的口腔衛生処置を算定した日の属する月において、区分番号I029に掲げる周術期等専門的口腔衛生処置、区分番号I029－2に掲げる在宅等療養患者専門的口腔衛生処置、区分番号I030に掲げる機械的歯面清掃処置、区分番号I030－2に掲げる非経口摂取患者口腔粘膜処置及び区分番号I030－3に掲げる口腔バイオフィルム除去処置は、別に算定できない。
I029－2　在宅等療養患者専門的口腔衛生処置（1口腔につき）　130点
注1・2　(略)
3　在宅等療養患者専門的口腔衛生処置を算定した日の属する月において、区分番号I030に掲げる機械的歯面清掃処置、区分番号I030－2に掲げる非経口摂取患者口腔粘膜処置及び区分番号I030－3に掲げる口腔バイオフィルム除去処置は、別に算定できない。
I029－3　(略)
I030　機械的歯面清掃処置（1口腔につき）　72点
注1　区分番号B000－4に掲げる歯科疾患管理料、区分番号B002に掲げる歯科特定疾患療養管理料又は区分番号C001－3に掲げる歯科疾患在宅療養管理料を算定した患者のうち、主治の歯科医師又はその指示を受けた歯科衛生士が、歯科疾患の管理を行っているもの（区分番号I029に掲げる周術期等専門的口腔衛生処置、区分番号I029－1－2に掲げる回復期等専門的口腔衛生処置、区分番号C001に掲げる訪問歯科衛生指導料又は区分番号N002に掲げる歯科矯正管理料を算定しているものを除く。）に対して機械的歯面清掃を行った場合は、2月に1回に限り算定する。ただし、区分番号A000に掲げる初診料の注6、区分番号A002に掲げる再診料の注4若しくは区分番号C000に掲げる歯科訪問診療料の注8に規定する歯科診療特別対応加算1、歯科診療特別対応加算2又は歯科診療特別対応加算3を算定する患者、区分番号B000－12に掲げる根面う蝕管理料の注2に規定する加算を算定する患者であって特に機械的歯面清掃が必要と認められる患者、区分番号B000－13に掲げるエナメル質初期う蝕管理料の注2に規定する加算を算定する患者、妊婦又は他の保険医療機関（歯科診療を行う保険医療機関を除く。）から文書による診療情報の提供を受けた糖尿病患者については月1回に限り算定する。
2　区分番号I011－2に掲げる歯周病安定期治療、区分番号I011－2－3に掲げる歯周病重症化予防治療、区分番号I029－2に掲げる在宅等療養患者専門的口腔衛生処置、区分番号I030－2に掲げる非経口摂取患者口腔粘膜処置又は区分番号I030－3に掲げる口腔バイオフィルム除去処置を算定した月は算定できない。
I030－2　非経口摂取患者口腔粘膜処置（1口腔につき）　110点
注1　(略)
2　非経口摂取患者口腔粘膜処置を算定した月において、区分番号I010に掲げる歯周病処置、区分番号I011に掲げる歯周基本治療、区分番号I011－2に掲げる歯周病安定期治療、区分番号I011－2－3に掲げる歯周病重症化予防治療、区分番号I029に掲げる周術期等専門的口腔衛生処置、区分番号I029－1－2に掲げる回復期等専門的口腔衛生処置、区分番号I029－2に掲げる在宅等療養患者専門的口腔衛生処置、区分番号I030に掲げる機械的歯面清掃処置及び区分番号I030－3に掲げる口腔バイオフィルム除去処置は別に算定できない。
I030－3　口腔バイオフィルム除去処置（1口腔につき）　110点
注1　口腔バイオフィルムの除去が必要な患者に対して、歯科医師又はその指示を受けた歯科衛生士が口腔バイオフィルムの除去を行った場合に、月2回に限り算定する。
2　口腔バイオフィルム除去処置を算定した月において、区分番号I010に掲げる歯周病処置、区分番号I011に掲げる歯周基本治療、区分番号I011－2に掲げる歯周病安定期治療、区分番号I011－2－3に掲げる歯周病重症化予防治療、区分番号I029に掲げる周術期等専門的口腔衛生処置、区分番号I029－1－2に掲げる回復期等専門的口腔衛生処置、区分番号I029－2に掲げる在宅等療養患者専門的口腔衛生処置、区分番号I030に掲げる機械的歯面清掃処置、区分番号I030－2に掲げる非経口摂取患者口腔粘膜処置は別に算定できない。
I031　フッ化物歯面塗布処置（1口腔につき）
1　(略)
2　初期の根面う蝕に罹患している患者の場合　80点
3　エナメル質初期う蝕に罹患している患者の場合　100点
注1　1については、区分番号B000－4に掲げる歯科疾患管理料、区分番号B002に掲げる歯科特定疾患療養管理料又は区分番号C000に掲げる歯科訪問診療料を算定したう蝕多発傾向者に対して、主治の歯科医師又はその指示を受けた歯科衛生士が、フッ化物歯面塗布処置を行った場合に、月1回に限り算定する。ただし、2回目以降のフッ化物歯面塗布処置の算定は、前回実施月の翌月の初日から起算して2月を経過した日以降に行った場合に限り、月1回に限り算定する。
2　2については、区分番号B000－12に掲げる根面う蝕管理料を算定した患者に対して、主治の歯科医師又はその指示を受けた歯科衛生士が、フッ化物歯面塗布処置を行った場合に、月1回に限り算定する。ただし、2回目以降のフッ化物歯面塗布処置の算定は、前回実施月の翌月の初日から起算して2月を経過した日以降に行った場合に限り、月1回に限り算定する。

注1～3　(略)
I028　(略)
I029　周術期等専門的口腔衛生処置（1口腔につき）
1・2　(略)
注1　1について、区分番号B000－6に掲げる周術期等口腔機能管理料(Ⅰ)又は区分番号B000－7に掲げる周術期等口腔機能管理料(Ⅱ)を算定した入院中の患者に対して、歯科医師の指示を受けた歯科衛生士が専門的口腔清掃を行った場合に、区分番号B000－6に掲げる周術期等口腔機能管理料(Ⅰ)又は区分番号B000－7に掲げる周術期等口腔機能管理料(Ⅱ)を算定した日の属する月において、術前1回、術後1回に限り算定する。
2　1について、区分番号B000－8に掲げる周術期等口腔機能管理料(Ⅲ)を算定した患者に対して、歯科医師の指示を受けた歯科衛生士が専門的口腔清掃を行った場合に、区分番号B000－8に掲げる周術期等口腔機能管理料(Ⅲ)を算定した日の属する月において、月2回に限り算定する。
（新設）
3　2については、区分番号B000－5に掲げる周術期等口腔機能管理計画策定料の注1に規定する管理計画に基づき、口腔機能の管理を行っている患者（がん等に係る放射線治療又は化学療法を実施する患者に限る。）に対して、歯科医師又は歯科医師の指示を受けた歯科衛生士が口腔粘膜に対する処置を行い、口腔粘膜保護材を使用した場合に、一連の周術期等口腔機能管理を通じて1回に限り算定する。
4　(略)
5　周術期等専門的口腔衛生処置1又は周術期等専門的口腔衛生処置2を算定した日の属する月において、区分番号I029－2に掲げる在宅等療養患者専門的口腔衛生処置、区分番号I030に掲げる機械的歯面清掃処置及び区分番号I030－2に掲げる非経口摂取患者口腔粘膜処置は、別に算定できない。
（新設）
I029－2　在宅等療養患者専門的口腔衛生処置（1口腔につき）　130点
注1・2　(略)
3　在宅等療養患者専門的口腔衛生処置を算定した日の属する月において、区分番号I030に掲げる機械的歯面清掃処置及び区分番号I030－2に掲げる非経口摂取患者口腔粘膜処置は、別に算定できない。
I029－3　(略)
I030　機械的歯面清掃処置（1口腔につき）　72点
注1　区分番号B000－4に掲げる歯科疾患管理料、区分番号B002に掲げる歯科特定疾患療養管理料又は区分番号C001－3に掲げる歯科疾患在宅療養管理料を算定した患者のうち、主治の歯科医師又はその指示を受けた歯科衛生士が、歯科疾患の管理を行っているもの（区分番号I029に掲げる周術期等専門的口腔衛生処置、区分番号C001に掲げる訪問歯科衛生指導料又は区分番号N002に掲げる歯科矯正管理料を算定しているものを除く。）に対して機械的歯面清掃を行った場合は、2月に1回に限り算定する。ただし、区分番号A000に掲げる初診料の注6、区分番号A002に掲げる再診料の注4若しくは区分番号C000に掲げる歯科訪問診療料の注6に規定する加算を算定する患者、妊婦又は他の保険医療機関（歯科診療を行う保険医療機関を除く。）から文書による診療情報の提供を受けた糖尿病患者については月1回に限り算定する。
2　区分番号B000－4に掲げる歯科疾患管理料の注10に規定する加算、区分番号I011－2に掲げる歯周病安定期治療、区分番号I011－2－3に掲げる歯周病重症化予防治療、区分番号I029－2に掲げる在宅等療養患者専門的口腔衛生処置又は区分番号I030－2に掲げる非経口摂取患者口腔粘膜処置を算定した月は算定できない。
I030－2　非経口摂取患者口腔粘膜処置（1口腔につき）　110点
注1　(略)
2　非経口摂取患者口腔粘膜処置を算定した月において、区分番号I010に掲げる歯周病処置、区分番号I011に掲げる歯周基本治療、区分番号I011－2に掲げる歯周病安定期治療、区分番号I011－2－3に掲げる歯周病重症化予防治療、区分番号I029に掲げる周術期等専門的口腔衛生処置、区分番号I029－2に掲げる在宅等療養患者専門的口腔衛生処置及び区分番号I030に掲げる機械的歯面清掃処置は別に算定できない。
（新設）
I031　フッ化物歯面塗布処置（1口腔につき）
1　(略)
2　初期の根面う蝕に罹患している患者の場合　110点
3　エナメル質初期う蝕に罹患している患者の場合　130点
注1　1については、区分番号B000－4に掲げる歯科疾患管理料又は区分番号B002に掲げる歯科特定疾患療養管理料を算定したう蝕多発傾向者に対して、主治の歯科医師又はその指示を受けた歯科衛生士が、フッ化物歯面塗布処置を行った場合に、月1回に限り算定する。ただし、2回目以降のフッ化物歯面塗布処置の算定は、前回実施月の翌月の初日から起算して2月を経過した日以降に行った場合に限り、月1回に限り算定する。
2　2については、区分番号C000に掲げる歯科訪問診療料を算定し、初期の根面う蝕に罹患している在宅等で療養を行う患者又は区分番号B000－4に掲げる歯科疾患管理料（注10に規定するエナメル質初期う蝕管理加算を算定した場合を除く。）を算定し、初期の根面う蝕に罹患している65歳以上の患者に対して、主治の歯科医師又はその指示を受けた歯科衛生士が、フッ化物歯面塗布処置を行った場合に、月1回に限り算定する。ただし、2回目以降のフッ化物歯面塗布処置の算定は、前回実施月の

3　3については、区分番号B000－13に掲げるエナメル質初期う蝕管理料を算定した患者に対して、主治の歯科医師又はその指示を受けた歯科衛生士が、フッ化物歯面塗布処置を行った場合に月1回に限り算定する。ただし、2回目以降のフッ化物歯面塗布処置（エナメル質初期う蝕管理料の注2に規定する加算を算定する患者に対して実施する場合を除く。）の算定は、前回実施月の翌月の初日から起算して2月を経過した日以降に行った場合に限り、月1回に限り算定する。
I032　口腔リンパ管腫局所注入　1,020点
注1　6歳未満の乳幼児の場合は、乳幼児加算として、55点を加算する。
2　当該処置に当たって使用した薬剤の費用は別に算定できる。
第2節　(略)
第3節　薬剤料
区分
I090　薬剤　薬価が15円を超える場合は、薬価から15円を控除した額を10円で除して得た点数につき1点未満の端数を切り上げて得た点数に1点を加算して得た点数とする。
第4節・第5節　(略)
第9部　手術
通則
1～8　(略)
9　緊急のために休日に手術を行った場合又は手術の開始時間が保険医療機関の表示する診療時間以外の時間若しくは深夜である場合において、当該手術の所定点数が150点以上のときは、次に掲げる点数を、それぞれ所定点数に加算する。
イ　別に厚生労働大臣が定める施設基準に適合しているものとして地方厚生局長等に届け出た保険医療機関において行われる場合
(1)～(3)　(略)
(4)　(1)から(3)までにかかわらず、区分番号A000に掲げる初診料の注7のただし書に規定する保険医療機関において、入院中の患者以外の患者に対して、手術の開始時間が同注のただし書に規定する時間である手術を行った場合　所定点数の100分の80に相当する点数
ロ　(略)
10～13　(略)
14　区分番号C000に掲げる歯科訪問診療料を算定する患者であって、同注8に規定する歯科診療特別対応加算1、歯科診療特別対応加算2又は歯科診療特別対応加算3を算定しないものに対して、歯科訪問診療時に手術を行った場合は、次に掲げる点数をそれぞれ当該手術の所定点数に加算する。
イ・ロ　(略)
15　区分番号C000に掲げる歯科訪問診療料及び同注8に規定する歯科診療特別対応加算1、歯科診療特別対応加算2又は歯科診療特別対応加算3を算定する患者に対して、歯科訪問診療時に手術を行った場合は、次に掲げる点数を、それぞれ当該手術の所定点数に加算する。
イ・ロ　(略)
16・17　(略)
第1節　手術料
区分
J000～J038　(略)
J039　上顎骨悪性腫瘍手術
1　掻爬　10,530点
2・3　(略)
J040～J052　(略)
J053　唾石摘出術（一連につき）
1　(略)
2　深在性のもの　4,330点
3　(略)
注　(略)
J054～J062　(略)
J063　歯周外科手術
1～5　(略)
6　歯肉歯槽粘膜形成手術
イ～ホ　(略)
ヘ　結合組織移植術　840点
注1・2　(略)
3　区分番号I011－2に掲げる歯周病安定期治療を開始した日以降に実施する場合（6については、歯周病治療を目的として実施する場合に限る。）は、所定点数（注1の加算を含む。）の100分の50に相当する点数により算定する。
4・5　(略)
6　1から5まで及び6のイからハまでについては1歯につき算定し、6のニからヘまでについては手術野ごとに算定する。
J063－2～J066　(略)
J067　上顎骨折非観血的整復術　1,800点
J068～J079　(略)
J080　顎関節授動術
1　徒手的授動術
イ・ロ　(略)
ハ　関節腔洗浄療法を併用した場合　2,760点
2　顎関節鏡下授動術　12,090点
3　(略)
J080－2～J083　(略)
J084　創傷処理
1・2　(略)
3　筋肉、臓器に達するもの（長径10センチメートル以上）
イ　(略)
ロ　その他のもの　3,090点
4～6　(略)
注1～3　(略)
J084－2　小児創傷処理（6歳未満）
1・2　(略)
3　筋肉、臓器に達するもの（長径5センチメートル以上10センチメートル未満）　2,860点
4　筋肉、臓器に達するもの（長径10センチメートル以上）　4,410点
5～8　(略)
注1～3　(略)
J085　デブリードマン
1　100平方センチメートル未満　1,620点
2　(略)
注1・2　(略)
J086・J086－2　(略)
J087　上顎洞根治手術　9,180点
J087－2～J090－2　(略)
J091　皮弁作成術、移動術、切断術、遷延皮弁術
1　25平方センチメートル未満　5,180点
2・3　(略)
J092～J104　(略)
J104－2　皮膚悪性腫瘍切除術
1・2　(略)
注　放射性同位元素及び色素を用いたセンチネルリンパ節生検（悪性黒色腫等に係るものに限る。）を併せて行った場合は、皮膚悪性腫瘍センチネルリンパ節生検加算として、5,000点を所定点数に加算する。ただし、当該手術に用いた色素の費用は、算定できない。
J105～J110　(略)
J111　頭頸部悪性腫瘍光線力学療法　22,100点
注　別に厚生労働大臣が定める施設基準に適合しているものとして地方厚生局長等に届け出た保険医療機関において、頭頸部悪性腫瘍の患者に対して、光線力学療法を実施した場合に算定する。
第2節～第6節　(略)
第10部・第11部　(略)
第12部　歯冠修復及び欠損補綴
通則
1～5　(略)
6　区分番号C000に掲げる歯科訪問診療料を算定する患者であって、同注8に規定する歯科診療特別対応加算1、歯科診療特別対応加算2又は歯科診療特別対応加算3を算定しないものに対して、歯科訪問診療時に第12部に掲げる歯冠修復及び欠損補綴を行った場合は、次に掲げる点数を、それぞれ当該歯冠修復及び欠損補綴の所定点数に加算する。
イ・ロ　(略)
7　区分番号C000に掲げる歯科訪問診療料及び同注8に規定する歯科診療特別対応加算1、歯科診療特別対応加算2又は歯科診療特別対応加算3を算定する患者に対して、歯科訪問診療時に第12部に掲げる歯冠修復及び欠損補綴を行った場合は、次に掲げる点数を、それぞれ当該歯冠修復及び欠損補綴の所定点数に加算する。
イ　(略)
ロ　区分番号M009に掲げる充填を行った場合　所定点数の100分の60に相当する点数
ハ　歯冠修復及び欠損補綴（区分番号M000からM000－3まで、M003（2のロ及びハに限る。）、M003－3、M003－4、M006（2のロに限る。）、M009からM010－3まで、M010－4（1に限る。）、M011、M011－2、M015からM015－3まで、M017からM021－2まで、M021－3（2に限る。）、M022、M023、M025からM026まで及びM030を除く。）を行った場合　所定点数の100分の50に相当する点数
8・9　(略)
第1節　歯冠修復及び欠損補綴料
区分
（歯冠修復及び欠損補綴診療料）
M000　(略)
M000－2　クラウン・ブリッジ維持管理料（1装置につき）
1～3　(略)
注1　クラウン・ブリッジ維持管理料を保険医療機関単位で算定する旨を地方厚生局長等に届け出た保険医療機関において、歯冠補綴物（区分番号M010の2に掲げる4分の3冠（前歯）、

翌月の初日から起算して2月を経過した日以降に行った場合に限り、月1回に限り算定する。
3　3については、区分番号B000－4に掲げる歯科疾患管理料（注10に規定するエナメル質初期う蝕管理加算を算定した場合を除く。）を算定したエナメル質初期う蝕に罹患している患者に対して、主治の歯科医師又はその指示を受けた歯科衛生士が、フッ化物歯面塗布処置を行った場合に月1回に限り算定する。ただし、2回目以降のフッ化物歯面塗布処置の算定は、前回実施月の翌月の初日から起算して2月を経過した日以降に行った場合に限り、月1回に限り算定する。
（新設）
第2節　(略)
（新設）
第3節・第4節　(略)
第9部　手術
通則
1～8　(略)
9　緊急のために休日に手術を行った場合又は手術の開始時間が保険医療機関の表示する診療時間以外の時間若しくは深夜である場合において、当該手術の所定点数が150点以上のときは、次に掲げる点数を、それぞれ所定点数に加算する。
イ　別に厚生労働大臣が定める施設基準に適合しているものとして地方厚生局長等に届け出た保険医療機関において行われる場合
(1)～(3)　(略)
(4)　(1)から(3)までにかかわらず、区分番号A000に掲げる初診料の注7のただし書に規定する保険医療機関において、入院中の患者以外の患者に対して、手術の開始時間が同注のただし書に規定する時間である手術を行った場合　所定点数の100分の80に相当する点数
ロ　(略)
10～13　(略)
14　区分番号C000に掲げる歯科訪問診療料を算定する患者であって、同注6に規定する歯科診療特別対応加算を算定しないものに対して、歯科訪問診療時に手術を行った場合は、次に掲げる点数をそれぞれ当該手術の所定点数に加算する。
イ・ロ　(略)
15　区分番号C000に掲げる歯科訪問診療料及び同注6に規定する歯科診療特別対応加算を算定する患者に対して、歯科訪問診療時に手術を行った場合は、次に掲げる点数を、それぞれ当該手術の所定点数に加算する。
イ・ロ　(略)
16・17　(略)
第1節　手術料
区分
J000～J038　(略)
J039　上顎骨悪性腫瘍手術
1　掻爬　9,160点
2・3　(略)
J040～J052　(略)
J053　唾石摘出術（一連につき）
1　(略)
2　深在性のもの　3,770点
3　(略)
注　(略)
J054～J062　(略)
J063　歯周外科手術
1～5　(略)
6　歯肉歯槽粘膜形成手術
イ～ホ　(略)
（新設）
注1・2　(略)
3　区分番号I011－2に掲げる歯周病安定期治療を開始した日以降に実施する場合は、所定点数（注1の加算を含む。）の100分の50に相当する点数により算定する。
4・5　(略)
6　1から5まで及び6のイからハまでについては1歯につき算定し、6のニ及びホは手術野ごとに算定する。
J063－2～J066　(略)
J067　上顎骨折非観血的整復術　1,570点
J068～J079　(略)
J080　顎関節授動術
1　徒手的授動術
イ・ロ　(略)
ハ　関節腔洗浄療法を併用した場合　2,400点
2　顎関節鏡下授動術　10,520点
3　(略)
J080－2～J083　(略)
J084　創傷処理
1・2　(略)
3　筋肉、臓器に達するもの（長径10センチメートル以上）
イ　(略)
ロ　その他のもの　2,690点
4～6　(略)
注1～3　(略)
J084－2　小児創傷処理（6歳未満）
1・2　(略)
3　筋肉、臓器に達するもの（長径5センチメートル以上10センチメートル未満）　2,490点
4　筋肉、臓器に達するもの（長径10センチメートル以上）　3,840点
5～8　(略)
注1～3　(略)
J085　デブリードマン
1　100平方センチメートル未満　1,410点
2　(略)
注1・2　(略)
J086・J086－2　(略)
J087　上顎洞根治手術　7,990点
J087－2～J090－2　(略)
J091　皮弁作成術、移動術、切断術、遷延皮弁術
1　25平方センチメートル未満　4,510点
2・3　(略)
J092～J104　(略)
J104－2　皮膚悪性腫瘍切除術
1・2　(略)
注　放射性同位元素及び色素を用いたセンチネルリンパ節生検（悪性黒色腫等に係るものに限る。）を併せて行った場合は、センチネルリンパ節加算として、5,000点を所定点数に加算する。ただし、当該手術に用いた色素の費用は、算定できない。
J105～J110　(略)
（新設）
第2節～第6節　(略)
第10部・第11部　(略)
第12部　歯冠修復及び欠損補綴
通則
1～5　(略)
6　区分番号C000に掲げる歯科訪問診療料を算定する患者であって、同注6に規定する加算を算定しないものに対して、歯科訪問診療時に第12部に掲げる歯冠修復及び欠損補綴を行った場合は、次に掲げる点数を、それぞれ当該歯冠修復及び欠損補綴の所定点数に加算する。
イ・ロ　(略)
7　区分番号C000に掲げる歯科訪問診療料及び同注6に規定する加算を算定する患者に対して、歯科訪問診療時に第12部に掲げる歯冠修復及び欠損補綴を行った場合は、次に掲げる点数を、それぞれ当該歯冠修復及び欠損補綴の所定点数に加算する。
イ　(略)
（新設）
ロ　歯冠修復及び欠損補綴（区分番号M000からM000－3まで、M003（2のロ及びハに限る。）、M003－3、M006（2のロに限る。）、M010からM010－3まで、M010－4（1に限る。）、M011、M011－2、M015からM015－3まで、M017からM021－2まで、M021－3（2に限る。）、M022、M023、M025からM026まで及びM030を除く。）を行った場合　所定点数の100分の50に相当する点数
8・9　(略)
第1節　歯冠修復及び欠損補綴料
区分
（歯冠修復及び欠損補綴診療料）
M000　(略)
M000－2　クラウン・ブリッジ維持管理料（1装置につき）
1～3　(略)
注1　クラウン・ブリッジ維持管理料を保険医療機関単位で算定する旨を地方厚生局長等に届け出た保険医療機関において、歯冠補綴物又はブリッジを製作し、当該補綴物を装着した患者に対

6 他の保険医療機関を退院した患者であって継続的な歯科疾患の管理が必要なものに対して、当該他の保険医療機関の歯科医師から患者の退院時に受けた情報提供及び当該患者の歯科疾患の状況等を踏まえて管理計画を作成した場合は、小児在宅歯科医療連携加算1として100点を所定点数に加算する。
7 他の保険医療機関を退院した患者又は児童福祉法第42条に規定する障害児入所施設等に入所している患者であって、継続的な歯科疾患の管理が必要なものに対して、医師、看護師、相談支援専門員等からの情報提供及び当該患者の歯科疾患の状況等を踏まえて管理計画を作成した場合は、小児在宅歯科医療連携加算2として100点を所定点数に加算する。
8 別に厚生労働大臣が定める施設基準に適合しているものとして地方厚生局長等に届け出た歯科訪問診療を実施している保険医療機関の歯科医師が、在宅での療養を行っている患者であって通院が困難なものの同意を得て、当該保険医療機関と連携する他の保険医療機関の保険医、他の保険医療機関の保険医である歯科医師等、訪問薬剤管理指導を実施している保険薬局の保険薬剤師、訪問看護ステーションの保健師、助産師、看護師、理学療法士、作業療法士若しくは言語聴覚士、管理栄養士、介護支援専門員又は相談支援専門員等であって当該患者に関わる者が電子情報処理組織を使用する方法その他の情報通信の技術を利用する方法を用いて記録した当該患者に係る診療情報等を活用した上で計画的な歯科医学的管理を行った場合に、在宅歯科医療情報連携加算として、月1回に限り、100点を所定点数に加算する。

C001−7 在宅歯科栄養サポートチーム等連携指導料
1 在宅歯科栄養サポートチーム等連携指導料1　100点
2 在宅歯科栄養サポートチーム等連携指導料2　100点
3 在宅歯科栄養サポートチーム等連携指導料3　100点
注1 1については、当該保険医療機関の歯科医師が、他の保険医療機関に入院している患者であって、区分番号C001−3に掲げる歯科疾患在宅療養管理料、区分番号C001−5に掲げる在宅患者訪問口腔リハビリテーション指導管理料又は区分番号C001−6に掲げる小児在宅患者訪問口腔リハビリテーション指導管理料を算定しているものに対して、当該患者の入院している他の保険医療機関の栄養サポートチーム等の構成員として診療を行い、その結果を踏まえて口腔機能評価に基づく管理を行った場合に、月1回に限り算定する。
2 2については、当該保険医療機関の歯科医師が、介護保険法第8条第25項に規定する介護保険施設等に入所している患者であって、区分番号C001−3に掲げる歯科疾患在宅療養管理料又は区分番号C001−5に掲げる在宅患者訪問口腔リハビリテーション指導管理料を算定しているものに対して、当該患者の入所している施設で行われる食事観察等に参加し、その結果を踏まえて口腔機能評価に基づく管理を行った場合に、月1回に限り算定する。
3 3については、当該保険医療機関の歯科医師が、児童福祉法第42条に規定する障害児入所施設等に入所している患者であって、区分番号C001−6に掲げる小児在宅患者訪問口腔リハビリテーション指導管理料を算定しているものに対して、当該患者の入所している施設で行われる食事観察等に参加し、その結果を踏まえて口腔機能評価に基づく管理を行った場合に、月1回に限り算定する。

C002〜C004 (略)
C005 在宅麻薬等注射指導管理料　1,500点
注1 悪性腫瘍の患者であって、入院中の患者以外の末期の患者に対して、在宅における麻薬等の注射に関する指導管理を行った場合に月1回に限り算定する。
2・3 (略)
C005−2 在宅腫瘍化学療法注射指導管理料　1,500点
注 悪性腫瘍の患者であって、入院中の患者以外の患者に対して、在宅における抗悪性腫瘍剤等の注射に関する指導管理を行った場合に月1回に限り算定する。
C005−3 在宅悪性腫瘍患者共同指導管理料　1,500点
注1 別に厚生労働大臣が定める保険医療機関の保険医が、他の保険医療機関において区分番号C005に掲げる在宅麻薬等注射指導管理料又は区分番号C005−2に掲げる在宅腫瘍化学療法注射指導管理料を算定する指導管理を受けている患者に対し、当該他の保険医療機関と連携して、同一日に当該患者に対する麻薬等又は抗悪性腫瘍剤等の注射に関する指導管理を行った場合に算定する。
2・3 (略)
C006〜C008 (略)
第3部 検査
通則
(略)
第1節 検査料
区分
(歯科一般検査)
D000〜D002−5 (略)
D002−6 口腔細菌定量検査(1回につき)
1 口腔細菌定量検査1　130点
2 口腔細菌定量検査2　65点
注1 1について、別に厚生労働大臣が定める施設基準に適合しているものとして地方厚生局長等に届け出た保険医療機関において、口腔細菌定量検査を行った場合に、月2回に限り算定する。
2 1について、同一の患者につき1月以内に口腔細菌定量検査を2回以上行った場合は、第2回目以後の検査については所定点数の100分の50に相当する点数により算定する。
3 2について、別に厚生労働大臣が定める施設基準に適合しているものとして地方厚生局長等に届け出た保険医療機関において、歯の喪失や加齢等により口腔機能の低下を来している患者に対して口腔細菌定量検査を行った場合(口腔細菌定量検査1を算定する場合を除く。)に、3月に1回に限り算定する。
4 (略)
D003からD008まで〜D011 (略)
D011−2 咀嚼能力検査(1回につき)
1 咀嚼能力検査1　140点
2 咀嚼能力検査2　140点
注1 1について、別に厚生労働大臣が定める施設基準に適合しているものとして地方厚生局長等に届け出た保険医療機関において、歯の喪失や加齢等により口腔機能の低下を来している患者に対して、咀嚼能力測定を行った場合は、3月に1回に限り算定する。
2 2について、別に厚生労働大臣が定める施設基準に適合しているものとして地方厚生局長等に届け出た保険医療機関において、顎変形症に係る手術を実施する患者に対して、咀嚼能力測定を行った場合は、手術前は1回に限り、手術後は6月に1回に限り算定する。
3 (略)
4 当該検査を算定した月から起算して3月以内(顎変形症に係る手術後の患者にあっては、6月以内)に行う区分番号D011−3に掲げる咬合圧検査は、別に算定できない。
5 1及び2は同時に算定できない。
D011−3 咬合圧検査(1回につき)
1 咬合圧検査1　130点
2 咬合圧検査2　130点
注1 1について、別に厚生労働大臣が定める施設基準に適合しているものとして地方厚生局長等に届け出た保険医療機関において、歯の喪失や加齢等により口腔機能の低下を来している患者に対して、咬合圧測定を行った場合は、3月に1回に限り算定する。
2 2について、別に厚生労働大臣が定める施設基準に適合しているものとして地方厚生局長等に届け出た保険医療機関において、顎変形症に係る手術を実施する患者に対して、咬合圧測定を行った場合は、手術前は1回に限り、手術後は6月に1回に限り算定する。
3 (略)
4 当該検査を算定した月から起算して3月以内(顎変形症に係る手術後の患者にあっては、6月以内)に行う区分番号D011−2に掲げる咀嚼能力検査は、別に算定できない。
5 1及び2は同時に算定できない。
D011−4〜D014 (略)
第2節 (略)
第4部 画像診断
通則
(略)
第1節・第2節 (略)
第3節 基本的エックス線診断料
区分
E200 基本的エックス線診断料(1日につき)
1・2 (略)

踏まえて注1に規定する口腔機能評価に基づく管理を行った場合は、小児栄養サポートチーム等連携加算2として、80点を所定点数に加算する。
(新設)
(新設)
(新設)
(新設)
C002〜C004 (略)
C005 在宅悪性腫瘍等患者指導管理料　1,500点
注1 在宅における鎮痛療法又は悪性腫瘍の化学療法を行っている入院中の患者以外の末期の患者に対して、当該療法に関する指導管理を行った場合に月1回に限り算定する。
2・3 (略)
(新設)
C005−2 在宅悪性腫瘍患者共同指導管理料　1,500点
注1 別に厚生労働大臣が定める保険医療機関の保険医が、他の保険医療機関において区分番号C005に掲げる在宅悪性腫瘍等患者指導管理料を算定する指導管理を受けている患者に対し、当該他の保険医療機関と連携して、同一日に当該患者に対する悪性腫瘍の鎮痛療法又は化学療法に関する指導管理を行った場合に算定する。
2・3 (略)
C006〜C008 (略)
第3部 検査
通則
(略)
第1節 検査料
区分
(歯科一般検査)
D000〜D002−5 (略)
D002−6 口腔細菌定量検査(1回につき)　130点
(新設)
(新設)
注1 別に厚生労働大臣が定める施設基準に適合しているものとして地方厚生局長等に届け出た保険医療機関において、口腔細菌定量検査を行った場合に、月2回に限り算定する。
2 同一の患者につき1月以内に口腔細菌定量検査を2回以上行った場合は、第2回目以後の検査については所定点数の100分の50に相当する点数により算定する。
(新設)
3 (略)
D003からD008まで〜D011 (略)
D011−2 咀嚼能力検査(1回につき)　140点
(新設)
(新設)
注1 別に厚生労働大臣が定める施設基準に適合しているものとして地方厚生局長等に届け出た保険医療機関において、咀嚼能力測定を行った場合に6月に1回に限り算定する。
(新設)
2 (略)
3 当該検査を算定した月から起算して6月以内に行う区分番号D011−3に掲げる咬合圧検査は、別に算定できない。
(新設)

D011−3 咬合圧検査(1回につき)　130点
(新設)

(新設)

注1 別に厚生労働大臣が定める施設基準に適合しているものとして地方厚生局長等に届け出た保険医療機関において、咬合圧測定を行った場合に、6月に1回に限り算定する。

(新設)
2 (略)
3 当該検査を算定した月から起算して6月以内に行う区分番号D011−2に掲げる咀嚼能力検査は、別に算定できない。
(新設)
D011−4〜D014 (略)
第2節 (略)
第4部 画像診断
通則
(略)
第1節・第2節 (略)
第3節 基本的エックス線診断料
区分
E200 基本的エックス線診断料(1日につき)
1・2 (略)

注1・2 (略)
3 療養病棟に入院している患者及び区分番号A216に掲げるHIV感染者療養環境特別加算、区分番号A216−2に掲げる特定感染症患者療養環境特別加算若しくは区分番号A217に掲げる重症者等療養環境特別加算又は第1章第2部第3節に掲げる特定入院料を算定している患者については適用しない。
第4節 (略)
第5部 投薬
通則
(略)
第1節 (略)
第2節 処方料
区分
F100 処方料
1・2 (略)
注1〜4 (略)
(削る)
5 診療所又は許可病床数が200床未満の病院である保険医療機関において、入院中の患者以外の患者(別に厚生労働大臣が定める疾患を主病とするものに限る。)に対して薬剤の処方期間が28日以上の処方を行った場合は、特定疾患処方管理加算として、月1回に限り、1処方につき56点を所定点数に加算する。
6 (略)
7 別に厚生労働大臣が定める施設基準に適合しているものとして地方厚生局長等に届け出た保険医療機関において投薬を行った場合には、外来後発医薬品使用体制加算として、当該基準に係る区分に従い、1処方につき次に掲げる点数をそれぞれ所定点数に加算する。
イ 外来後発医薬品使用体制加算1　8点
ロ 外来後発医薬品使用体制加算2　7点
ハ 外来後発医薬品使用体制加算3　5点
(削る)
第3節・第4節 (略)
第5節 処方箋料
区分
F400 処方箋料
1 7種類以上の内服薬の投薬(臨時の投薬であって、投薬期間が2週間以内のものを除く。)を行った場合　32点
2 1以外の場合　60点
注1・2 (略)
(削る)
3 診療所又は許可病床数が200床未満の病院である保険医療機関において、入院中の患者以外の患者(別に厚生労働大臣が定める疾患を主病とするものに限る。)に対して薬剤の処方期間が28日以上の処方(リフィル処方箋の複数回の使用による合計の処方期間が28日以上の処方を含む。)を行った場合は、特定疾患処方管理加算として、月1回に限り、1処方につき56点を所定点数に加算する。
4 (略)
5 別に厚生労働大臣が定める施設基準を満たす保険医療機関において、薬剤の一般的名称を記載する処方箋を交付した場合は、当該処方箋の内容に応じ、次に掲げる点数を処方箋の交付1回につきそれぞれ所定点数に加算する。
イ 一般名処方加算1　10点
ロ 一般名処方加算2　8点
(削る)
6 1及び2について、直近3月に処方箋を交付した回数が一定以上である保険医療機関が、別表第三調剤報酬点数表区分番号00調剤基本料に掲げる特別調剤基本料Aを算定する薬局であって、当該保険医療機関から集中的に処方箋を受け付けているものと不動産取引等その他の特別な関係を有する場合は、1又は2の所定点数に代えて、それぞれ29点又は42点を算定する。
第6節 (略)
第6部 注射
通則
1〜6 (略)
7 入院中の患者以外の患者に対する注射に当たって、当該患者に対し、バイオ後続品に係る説明を行い、バイオ後続品を使用した場合は、バイオ後続品導入初期加算として、当該バイオ後続品の初回の使用日の属する月から起算して3月を限度として、月1回に限り150点を所定点数に加算する。
8・9 (略)
第1節 注射料
通則
(略)
第1款 注射実施料
区分
G000 皮内、皮下及び筋肉内注射(1回につき)　25点
注 (略)
G001 静脈内注射(1回につき)　37点
注1 (略)
2 6歳未満の乳幼児に対して行った場合は、乳幼児加算として、52点を所定点数に加算する。
3 区分番号C005に掲げる在宅麻薬等注射指導管理料、区分番号C005−2に掲げる在宅腫瘍化学療法注射指導管理料又は区分番号C005−3に掲げる在宅悪性腫瘍患者共同指導管理料を算定している患者について、区分番号C000に掲げる歯科訪問診療料を算定する日に併せて行った静脈内注射の費用は算定しない。
G002・G003 (略)
G004 点滴注射(1日につき)
1 6歳未満の乳幼児に対するもの(1日分の注射量が100mL以上の場合)　105点
2 1に掲げる者以外の者に対するもの(1日分の注射量が500mL以上の場合)　102点
3 その他の場合(入院中の患者以外の患者に限る。)　53点
注1 (略)
2 6歳未満の乳幼児に対して行った場合は、乳幼児加算として、48点を所定点数に加算する。
3 (略)
4 区分番号C005に掲げる在宅麻薬等注射指導管理料、区分番号C005−2に掲げる在宅腫瘍化学療法注射指導管理料又は区分番号C005−3に掲げる在宅悪性腫瘍患者共同指導管理料を算定している患者について、区分番号C000に掲げる歯科訪問診療料を算定する日に併せて行った点滴注射の費用は算定しない。
G005 中心静脈注射(1日につき)　140点
注1〜3 (略)
4 区分番号C005に掲げる在宅麻薬等注射指導管理料、区分番号C005−2に掲げる在宅腫瘍化学療法注射指導管理料又は区分番号C005−3に掲げる在宅悪性腫瘍患者共同指導管理料を算定している患者について、区分番号C000に掲げる歯科訪問診療料を算定する日に併せて行った中心静脈注射の費用は算定しない。
G005−2・G005−3 (略)
G006 植込型カテーテルによる中心静脈注射(1日につき)　125点
注1 区分番号C005に掲げる在宅麻薬等注射指導管理料、区分番号C005−2に掲げる在宅腫瘍化学療法注射指導管理料又は区分番号C005−3に掲げる在宅悪性腫瘍患者共同指導管理料を算定している患者について、区分番号C000に掲げる歯科訪問診療料を算定する日に併せて行った植込型カテーテルによる中心静脈注射の費用は算定しない。
2 (略)
G007 (略)
G008 滑液嚢穿刺後の注入　100点
第2款 (略)
第2節・第3節 (略)
第7部 リハビリテーション
通則
(略)
第1節 リハビリテーション料

注1・2 (略)
3 療養病棟に入院している患者及び区分番号A216に掲げるHIV感染者療養環境特別加算若しくは区分番号A217に掲げる重症者等療養環境特別加算又は第1章第2部第3節に掲げる特定入院料を算定している患者については適用しない。
第4節 (略)
第5部 投薬
通則
(略)
第1節 (略)
第2節 処方料
区分
F100 処方料
1・2 (略)
注1〜4 (略)
5 診療所又は許可病床数が200床未満の病院である保険医療機関において、入院中の患者以外の患者(別に厚生労働大臣が定める疾患を主病とするものに限る。)に対して処方を行った場合は、特定疾患処方管理加算1として、月2回に限り1処方につき18点を所定点数に加算する。
6 診療所又は許可病床数が200床未満の病院である保険医療機関において、入院中の患者以外の患者(別に厚生労働大臣が定める疾患を主病とするものに限る。)に対して薬剤の処方期間が28日以上の処方を行った場合は、特定疾患処方管理加算2として、月1回に限り1処方につき66点を所定点数に加算する。ただし、この場合において、同一月に特定疾患処方管理加算1は算定できない。
7 (略)
8 別に厚生労働大臣が定める施設基準に適合しているものとして地方厚生局長等に届け出た保険医療機関において投薬を行った場合には、外来後発医薬品使用体制加算として、当該基準に係る区分に従い、1処方につき次に掲げる点数をそれぞれ所定点数に加算する。
イ 外来後発医薬品使用体制加算1　5点
ロ 外来後発医薬品使用体制加算2　4点
ハ 外来後発医薬品使用体制加算3　2点
9 注8の規定にかかわらず、別に厚生労働大臣が定める施設基準を満たす保険医療機関において投薬を行った場合には、外来後発医薬品使用体制加算として、注8に規定する基準に係る区分に従い、1処方につき次に掲げる点数をそれぞれ所定点数に加算する。
イ 外来後発医薬品使用体制加算1　7点
ロ 外来後発医薬品使用体制加算2　6点
ハ 外来後発医薬品使用体制加算3　4点
第3節・第4節 (略)
第5節 処方箋料
区分
F400 処方箋料
1 7種類以上の内服薬の投薬(臨時の投薬であって、投薬期間が2週間以内のものを除く。)を行った場合　40点
2 1以外の場合　68点
注1・2 (略)
3 診療所又は許可病床数が200床未満の病院である保険医療機関において、入院中の患者以外の患者(別に厚生労働大臣が定める疾患を主病とするものに限る。)に対して処方箋を交付した場合は、特定疾患処方管理加算1として、月2回に限り処方箋の交付1回につき18点を所定点数に加算する。
4 診療所又は許可病床数が200床未満の病院である保険医療機関において、入院中の患者以外の患者(別に厚生労働大臣が定める疾患を主病とするものに限る。)に対して薬剤の処方期間が28日以上の処方を行った場合は、特定疾患処方管理加算2として、月1回に限り1処方につき66点を所定点数に加算する。ただし、この場合において、同一月に注3の加算は算定できない。
5 (略)
6 薬剤の一般的名称を記載する処方箋を交付した場合は、当該処方箋の内容に応じ、次に掲げる点数を処方箋の交付1回につきそれぞれ所定点数に加算する。
イ 一般名処方加算1　7点
ロ 一般名処方加算2　5点
7 注6の規定にかかわらず、別に厚生労働大臣が定める施設基準を満たす保険医療機関において、薬剤の一般的名称を記載する処方箋を交付した場合は、当該処方箋の内容に応じ、次に掲げる点数を処方箋の交付1回につきそれぞれ所定点数に加算する。
イ 一般名処方加算1　9点
ロ 一般名処方加算2　7点
(新設)
第6節 (略)
第6部 注射
通則
1〜6 (略)
7 前号に規定する場合であって、当該患者に対し、バイオ後続品に係る説明を行い、バイオ後続品を使用した場合は、バイオ後続品導入初期加算として、当該バイオ後続品の初回の使用日の属する月から起算して3月を限度として、月1回に限り150点を更に所定点数に加算する。
8・9 (略)
第1節 注射料
通則
(略)
第1款 注射実施料
区分
G000 皮内、皮下及び筋肉内注射(1回につき)　22点
注 (略)
G001 静脈内注射(1回につき)　34点
注1 (略)
2 6歳未満の乳幼児に対して行った場合は、乳幼児加算として、48点を所定点数に加算する。
3 区分番号C005に掲げる在宅悪性腫瘍等患者指導管理料又は区分番号C005−2に掲げる在宅悪性腫瘍患者共同指導管理料を算定している患者について、区分番号C000に掲げる歯科訪問診療料を算定する日に併せて行った静脈内注射の費用は算定しない。
G002・G003 (略)
G004 点滴注射(1日につき)
1 6歳未満の乳幼児に対するもの(1日分の注射量が100mL以上の場合)　101点
2 1に掲げる者以外の者に対するもの(1日分の注射量が500mL以上の場合)　99点
3 その他の場合(入院中の患者以外の患者に限る。)　50点
注1 (略)
2 6歳未満の乳幼児に対して行った場合は、乳幼児加算として、46点を所定点数に加算する。
3 (略)
4 区分番号C005に掲げる在宅悪性腫瘍等患者指導管理料又は区分番号C005−2に掲げる在宅悪性腫瘍患者共同指導管理料を算定している患者について、区分番号C000に掲げる歯科訪問診療料を算定する日に併せて行った点滴注射の費用は算定しない。
G005 中心静脈注射(1日につき)　140点
注1〜3 (略)
4 区分番号C005に掲げる在宅悪性腫瘍等患者指導管理料又は区分番号C005−2に掲げる在宅悪性腫瘍患者共同指導管理料を算定している患者について、区分番号C000に掲げる歯科訪問診療料を算定する日に併せて行った中心静脈注射の費用は算定しない。
G005−2・G005−3 (略)
G006 植込型カテーテルによる中心静脈注射(1日につき)　125点
注1 区分番号C005に掲げる在宅悪性腫瘍等患者指導管理料又は区分番号C005−2に掲げる在宅悪性腫瘍患者共同指導管理料を算定している患者について、区分番号C000に掲げる歯科訪問診療料を算定する日に併せて行った植込型カテーテルによる中心静脈注射の費用は算定しない。
2 (略)
G007 (略)
G008 滑液嚢穿刺後の注入　80点
第2款 (略)
第2節・第3節 (略)
第7部 リハビリテーション
通則
(略)
第1節 リハビリテーション料

区分
H000 脳血管疾患等リハビリテーション料
1 脳血管疾患等リハビリテーション料(Ⅰ)(1単位)
イ 理学療法士による場合　245点
ロ 作業療法士による場合　245点
ハ 言語聴覚士による場合　245点
ニ 歯科医師による場合　245点
2 脳血管疾患等リハビリテーション料(Ⅱ)(1単位)
イ 理学療法士による場合　200点
ロ 作業療法士による場合　200点
ハ 言語聴覚士による場合　200点
ニ 歯科医師による場合　200点
3 脳血管疾患等リハビリテーション料(Ⅲ)(1単位)
イ 理学療法士による場合　100点
ロ 作業療法士による場合　100点
ハ 言語聴覚士による場合　100点
ニ 歯科医師による場合　100点
ホ イからニまで以外の場合　100点
注1 (略)
2 注1本文に規定する別に厚生労働大臣が定める患者であって入院中のものに対してリハビリテーションを行った場合は、それぞれ発症、手術又は急性増悪から30日を限度として、早期リハビリテーション加算として、1単位につき25点を所定点数に加算する。
3 (略)
4 別に厚生労働大臣が定める施設基準に適合しているものとして地方厚生局長等に届け出た保険医療機関において、注1本文に規定する別に厚生労働大臣が定める患者(入院中のものに限る。)であって、リハビリテーションを実施する日において別に厚生労働大臣が定める患者であるものに対してリハビリテーションを行った場合は、発症、手術又は急性増悪から14日を限度として、急性期リハビリテーション加算として、1単位につき50点を更に所定点数に加算する。
5 (略)
6 注1本文の規定にかかわらず、注1本文に規定する別に厚生労働大臣が定める患者であって、入院中の要介護被保険者等に対して、必要があってそれぞれ発症、手術若しくは急性増悪又は最初に診断された日から180日を超えてリハビリテーションを行った場合は、1月13単位に限り、注1に規定する施設基準に係る区分に従い、次に掲げる点数を算定できるものとする。
イ 脳血管疾患等リハビリテーション料(Ⅰ)(1単位)
(1) 理学療法士による場合　147点
(2) 作業療法士による場合　147点
(3) 言語聴覚士による場合　147点
(4) 歯科医師による場合　147点
ロ 脳血管疾患等リハビリテーション料(Ⅱ)(1単位)
(1) 理学療法士による場合　120点
(2) 作業療法士による場合　120点
(3) 言語聴覚士による場合　120点
(4) 歯科医師による場合　120点
ハ 脳血管疾患等リハビリテーション料(Ⅲ)(1単位)
(1) 理学療法士による場合　60点
(2) 作業療法士による場合　60点
(3) 言語聴覚士による場合　60点
(4) 歯科医師による場合　60点
(5) (1)から(4)まで以外の場合　60点
H000−2 (略)
H000−3 廃用症候群リハビリテーション料
1 廃用症候群リハビリテーション料(Ⅰ)(1単位)
イ 理学療法士による場合　180点
ロ 作業療法士による場合　180点
ハ 言語聴覚士による場合　180点
ニ 歯科医師による場合　180点
2 廃用症候群リハビリテーション料(Ⅱ)(1単位)
イ 理学療法士による場合　146点
ロ 作業療法士による場合　146点
ハ 言語聴覚士による場合　146点
ニ 歯科医師による場合　146点
3 廃用症候群リハビリテーション料(Ⅲ)(1単位)
イ 理学療法士による場合　77点
ロ 作業療法士による場合　77点
ハ 言語聴覚士による場合　77点
ニ 歯科医師による場合　77点
ホ イからニまで以外の場合　77点
注1 (略)
2 注1本文に規定する患者であって入院中のものに対してリハビリテーションを行った場合は、当該患者の廃用症候群に係る急性疾患等の発症、手術若しくは急性増悪又は当該患者の廃用症候群の急性増悪から30日を限度として、早期リハビリテーション加算として、1単位につき25点を所定点数に加算する。
3 (略)
4 別に厚生労働大臣が定める施設基準に適合しているものとして地方厚生局長等に届け出た保険医療機関において、注1本文に規定する患者(入院中のものに限る。)であって、リハビリテーションを実施する日において別に厚生労働大臣が定める患者であるものに対してリハビリテーションを行った場合は、当該患者の廃用症候群に係る急性疾患等の発症、手術若しくは急性増悪又は当該患者の廃用症候群の急性増悪から14日を限度として、急性期リハビリテーション加算として、1単位につき50点を更に所定点数に加算する。
5 (略)
6 注1本文の規定にかかわらず、注1本文に規定する患者であって、入院中の要介護被保険者等に対して、必要があってそれぞれ廃用症候群の診断又は急性増悪から120日を超えてリハビリテーションを行った場合は、1月13単位に限り、注1に規定する施設基準に係る区分に従い、次に掲げる点数を算定できるものとする。
イ 廃用症候群リハビリテーション料(Ⅰ)(1単位)
(1) 理学療法士による場合　108点
(2) 作業療法士による場合　108点
(3) 言語聴覚士による場合　108点
(4) 歯科医師による場合　108点
ロ 廃用症候群リハビリテーション料(Ⅱ)(1単位)
(1) 理学療法士による場合　88点
(2) 作業療法士による場合　88点
(3) 言語聴覚士による場合　88点
(4) 歯科医師による場合　88点
ハ 廃用症候群リハビリテーション料(Ⅲ)(1単位)
(1) 理学療法士による場合　46点
(2) 作業療法士による場合　46点
(3) 言語聴覚士による場合　46点
(4) 歯科医師による場合　46点
(5) (1)から(4)まで以外の場合　46点
H001 摂食機能療法(1日につき)
1・2 (略)
注1〜3 (略)
4 治療開始日から起算して3月を超えた場合においては、摂食機能療法と区分番号H001−2に掲げる歯科口腔リハビリテーション料1(2及び3に限る。)を合わせて月6回に限り算定する。
H001−2 歯科口腔リハビリテーション料1(1口腔につき)
1〜3 (略)
注1・2 (略)
3 3については、区分番号M025に掲げる口蓋補綴、顎補綴により算定した装置を装着している患者に対して、月4回に限り算定する。
4 (略)
5 2及び3について、区分番号H001に掲げる摂食機能療法の治療開始日から起算して3月を超えた場合においては、当該摂食機能療法と歯科口腔リハビリテーション料1を合わせて月6回に限り算定する。
(削る)
H001−3 (略)
H001−4 歯科口腔リハビリテーション料3(1口腔につき)
1 口腔機能の発達不全を有する18歳未満の患者の場合　50点
2 口腔機能の低下を来している患者の場合　50点
注1 1については、区分番号B000−4−2に掲げる小児口腔機能管理料を算定する患者に対して、口腔機能の獲得を目的として、療養上必要な指導及び訓練を行った場合に、月2回に限り算定する。
2 2については、区分番号B000−4−3に掲げる口腔機能管理料を算定する患者に対して、口腔機能の回復又は維持を目的として、療養上必要な指導及び訓練を行った場合に、月2回に限り算定する。
3 区分番号H001に掲げる摂食機能療法を算定した日は、歯科口腔リハビリテーション料3

区分
H000 脳血管疾患等リハビリテーション料
1 脳血管疾患等リハビリテーション料(Ⅰ)(1単位)　245点
(新設)

(新設)

(新設)

(新設)
2 脳血管疾患等リハビリテーション料(Ⅱ)(1単位)　200点
(新設)

(新設)

(新設)

(新設)
3 脳血管疾患等リハビリテーション料(Ⅲ)(1単位)　100点
(新設)

(新設)

(新設)

(新設)

(新設)

注1 (略)
2 注1本文に規定する別に厚生労働大臣が定める患者であって入院中のものに対してリハビリテーションを行った場合は、それぞれ発症、手術又は急性増悪から30日を限度として、早期リハビリテーション加算として、1単位につき30点を所定点数に加算する。
3 (略)
(新設)
4 (略)
5 注1本文の規定にかかわらず、注1本文に規定する別に厚生労働大臣が定める患者であって、入院中の要介護被保険者等に対して、必要があってそれぞれ発症、手術若しくは急性増悪又は最初に診断された日から180日を超えてリハビリテーションを行った場合は、1月13単位に限り、注1に規定する施設基準に係る区分に従い、次に掲げる点数を算定できるものとする。
イ 脳血管疾患等リハビリテーション料(Ⅰ)(1単位)　147点
(新設)
(新設)
(新設)
(新設)
ロ 脳血管疾患等リハビリテーション料(Ⅱ)(1単位)　120点
(新設)
(新設)
(新設)
(新設)
ハ 脳血管疾患等リハビリテーション料(Ⅲ)(1単位)　60点
(新設)
(新設)
(新設)
(新設)
(新設)
H000−2 (略)
H000−3 廃用症候群リハビリテーション料
1 廃用症候群リハビリテーション料(Ⅰ)(1単位)　180点
(新設)

(新設)

(新設)

(新設)
2 廃用症候群リハビリテーション料(Ⅱ)(1単位)　146点
(新設)

(新設)

(新設)

(新設)
3 廃用症候群リハビリテーション料(Ⅲ)(1単位)　77点
(新設)

(新設)

(新設)

(新設)

(新設)

注1 (略)
2 注1本文に規定する患者であって入院中のものに対してリハビリテーションを行った場合は、当該患者の廃用症候群に係る急性疾患等の発症、手術若しくは急性増悪又は当該患者の廃用症候群の急性増悪から30日を限度として、早期リハビリテーション加算として、1単位につき30点を所定点数に加算する。
3 (略)
(新設)
4 (略)
5 注1本文の規定にかかわらず、注1本文に規定する患者であって、入院中の要介護被保険者等に対して、必要があってそれぞれ廃用症候群の診断又は急性増悪から120日を超えてリハビリテーションを行った場合は、1月13単位に限り、注1に規定する施設基準に係る区分に従い、次に掲げる点数を算定できるものとする。
イ 廃用症候群リハビリテーション料(Ⅰ)(1単位)　108点
(新設)
(新設)
(新設)
(新設)
ロ 廃用症候群リハビリテーション料(Ⅱ)(1単位)　88点
(新設)
(新設)
(新設)
(新設)
ハ 廃用症候群リハビリテーション料(Ⅲ)(1単位)　46点
(新設)
(新設)
(新設)
(新設)
(新設)
H001 摂食機能療法(1日につき)
1・2 (略)
注1〜3 (略)
4 治療開始日から起算して3月を超えた場合に、区分番号H001−2に掲げる歯科口腔リハビリテーション料1(2及び3に限る。)を算定した月は、摂食機能療法は算定できない。
H001−2 歯科口腔リハビリテーション料1(1口腔につき)
1〜3 (略)
注1・2 (略)
(新設)
3 (略)
4 2及び3について、区分番号H001に掲げる摂食機能療法の治療開始日から起算して3月を超えた場合において、当該摂食機能療法を算定した月は、歯科口腔リハビリテーション料1は算定できない。
5 3については、区分番号M025に掲げる口蓋補綴、顎補綴により算定した装置を装着している患者に対して、月4回に限り算定する。
H001−3 (略)
(新設)

6若しくは区分番号A002に掲げる再診料の注4に規定する歯科診療特別対応加算2若しくは歯科診療特別対応加算3を算定している患者について、当該患者又はその家族の同意を得て、歯科診療を行う保険医療機関(区分番号A000に掲げる初診料の注11に規定する厚生労働大臣が定める施設基準に適合しているものとして地方厚生局長等に届け出た保険医療機関を除く。)に対して、診療状況を示す文書を添えて患者の紹介を行った場合は、100点を所定点数に加算する。

8 (略)

9 保険医療機関が、児童福祉法第6条の2第3項に規定する小児慢性特定疾病医療支援の対象である患者又は同法第56条の6第2項に規定する障害児である患者について、診療に基づき当該患者又はその家族の同意を得て、当該患者が通園又は通学する同法第39条第1項に規定する保育所又は学校教育法第1条に規定する学校(大学を除く。)等の学校歯科医等に対して、診療状況を示す文書を添えて、当該患者が学校生活等を送るに当たり必要な情報を提供した場合に、患者1人につき月1回に限り算定する。

B009−2・B010 (略)

B011 診療情報等連携共有料

1 診療情報等連携共有料1　120点

2 診療情報等連携共有料2　120点

注1 1については、歯科診療を行うに当たり全身的な管理が必要な患者に対し、当該患者の同意を得て、別の保険医療機関(歯科診療を行うものを除く。)で行った検査の結果若しくは投薬内容等の診療情報又は保険薬局が有する服用薬の情報等(以下この区分番号において「診療情報等」という。)について、当該別の保険医療機関又は保険薬局に文書等により提供を求めた場合に、当該別の保険医療機関又は保険薬局ごとに患者1人につき、診療情報等の提供を求めた日の属する月から起算して3月に1回に限り算定する。

2 2については、別の保険医療機関(歯科診療を行うものを除く。)からの求めに応じ、患者の同意を得て、診療情報を文書により提供した場合に、提供する保険医療機関ごとに患者1人につき、診療情報を提供した日の属する月から起算して3月に1回に限り算定する。

3 1及び2について、区分番号B009に掲げる診療情報提供料(Ⅰ)(同一の保険医療機関に対して紹介を行った場合に限る。)を算定した月は、別に算定できない。

4 2について、区分番号B011−2に掲げる連携強化診療情報提供料(同一の保険医療機関に対して文書を提供した場合に限る。)を算定した月は、別に算定できない。

B011−2 (略)

B011−3 薬剤情報提供料　4点

注1〜3 (略)

B011−4・B011−5 (略)

B011−6 栄養情報連携料　70点

注1 区分番号B004−1−4に掲げる入院栄養食事指導料を算定する患者に対して、退院後の栄養食事管理について、保険医療機関の歯科医師と医師との連携の下に指導を行った内容及び入院中の栄養管理に関する情報を示す文書を用いて説明し、これを他の保険医療機関、介護老人保健施設、介護医療院、特別養護老人ホーム又は障害者の日常生活及び社会生活を総合的に支援する法律第34条第1項に規定する指定障害者支援施設等若しくは児童福祉法第42条第1号に規定する福祉型障害児入所施設(以下この区分番号において「保険医療機関等」という。)の医師又は管理栄養士に情報提供し、共有した場合に、入院中1回に限り算定する。

2 注1に該当しない場合であって、当該医療機関を退院後に他の保険医療機関等に転院又は入所する患者であって栄養管理計画が策定されているものについて、患者又はその家族等の同意を得て、入院中の栄養管理に関する情報を示す文書を用いて当該他の保険医療機関等の管理栄養士に情報提供し、共有した場合に、入院中に1回に限り算定する。

3 区分番号B015に掲げる退院時共同指導料2は、別に算定できない。

B012〜B013−2 (略)

B013−3 広範囲顎骨支持型補綴物管理料(1口腔につき)

1 広範囲顎骨支持型補綴物管理料1　500点

2 広範囲顎骨支持型補綴物管理料2　350点

注1 1について、区分番号J109に掲げる広範囲顎骨支持型装置埋入手術に係る施設基準に適合しているものとして地方厚生局長等に届け出た保険医療機関において、区分番号M025−2に掲げる広範囲顎骨支持型補綴に係る補綴物(歯冠補綴物、ブリッジ及び有床義歯を除く。以下この表において同じ。)の適合性の確認等及び広範囲顎骨支持型装置周囲の組織の管理等を行い、かつ、患者又は家族に対して管理等に係る必要な指導を行った上で、当該指導内容に係る情報を文書により提供した場合に、当該補綴物を装着した日の属する月の翌月以降に月1回に限り算定する。

2 2について、区分番号J109に掲げる広範囲顎骨支持型装置埋入手術に係る施設基準に適合しているものとして地方厚生局長等に届け出た保険医療機関において、区分番号M025−2に掲げる広範囲顎骨支持型補綴に係る補綴物の適合性の確認等のみ又は広範囲顎骨支持型装置周囲の組織の管理等のみを行い、かつ、患者又は家族に対して管理等に係る必要な指導を行った上で、当該指導内容に係る情報を文書により提供した場合に、当該補綴物を装着した日の属する月の翌月以降に月1回に限り算定する。

B014 退院時共同指導料1

1 在宅療養支援歯科診療所1、在宅療養支援歯科診療所2又は在宅療養支援歯科病院(在宅等における療養を歯科医療面から支援する保険医療機関であって、別に厚生労働大臣が定める施設基準に適合しているものとして地方厚生局長等に届け出たものをいう。以下この表において同じ。)の場合　900点

2 (略)

注1・2 (略)

B015〜B018 (略)

第2部 在宅医療

区分

C000 歯科訪問診療料(1日につき)

1 (略)

2 歯科訪問診療2　410点

3 歯科訪問診療3　310点

4 歯科訪問診療4　160点

5 歯科訪問診療5　95点

注1 (略)

2 2については、在宅等において療養を行っている患者(同一建物居住者に限る。)であって通院が困難なものに対して、当該患者が居住する建物の屋内において、当該保険医療機関が、次のいずれかに該当する歯科訪問診療を同一日に3人以下の患者に行った場合に算定する。この場合において、区分番号A000に掲げる初診料又は区分番号A002に掲げる再診料は、算定できない。

イ・ロ (略)

3 3については、在宅等において療養を行っている患者(同一建物居住者に限る。)であって通院が困難なものに対して、当該患者が居住する建物の屋内において、当該保険医療機関が、次のいずれかに該当する歯科訪問診療を同一日に4人以上9人以下の患者に行った場合に算定する。この場合において、区分番号A000に掲げる初診料又は区分番号A002に掲げる再診料は、算定できない。

イ・ロ (略)

4 4については、在宅等において療養を行っている患者(同一建物居住者に限る。)であって通院が困難なものに対して、当該患者が居住する建物の屋内において、当該保険医療機関が、次のいずれかに該当する歯科訪問診療を同一日に10人以上19人以下の患者に行った場合に算定する。この場合において、区分番号A000に掲げる初診料又は区分番号A002に掲げる再診料は、算定できない。

イ 患者の求めに応じた歯科訪問診療

ロ 歯科訪問診療に基づき継続的な歯科診療が必要と認められた患者に対する当該患者の同意を得た歯科訪問診療

5 5については、在宅等において療養を行っている患者(同一建物居住者に限る。)であって通院が困難なものに対して、当該患者が居住する建物の屋内において、当該保険医療機関が、次のいずれかに該当する歯科訪問診療を同一日に20人以上の患者に行った場合に算定する。この場合において、区分番号A000に掲げる初診料又は区分番号A002に掲げる再診料は、算定できない。

イ 患者の求めに応じた歯科訪問診療

ロ 歯科訪問診療に基づき継続的な歯科診療が必要と認められた患者に対する当該患者の同意を得た歯科訪問診療

6 2から5までを算定する患者(歯科訪問診療料の注15に該当する場合を除く。)について、

げる初診料の注10に規定する厚生労働大臣が定める施設基準に適合しているものとして地方厚生局長等に届け出た保険医療機関を除く。)に対して、診療状況を示す文書を添えて患者の紹介を行った場合は、100点を所定点数に加算する。

8 (略)

(新設)

B009−2・B010 (略)

B011 診療情報連携共有料　120点

(新設)

(新設)

注1 歯科診療を行うに当たり全身的な管理が必要な患者に対し、当該患者の同意を得て、別の保険医療機関(歯科診療を行うものを除く。)で行った検査の結果、投薬内容等の診療情報について、当該別の保険医療機関に文書により提供を求めた場合に保険医療機関ごとに患者1人につき、診療情報の提供を求めた日の属する月から起算して3月に1回に限り算定する。

(新設)

2 区分番号B009に掲げる診療情報提供料(Ⅰ)(同一の保険医療機関に対して紹介を行った場合に限る。)を算定した月は、別に算定できない。

(新設)

B011−2 (略)

B011−3 薬剤情報提供料　10点

注1〜3 (略)

B011−4・B011−5 (略)

(新設)

B012〜B013−2 (略)

B013−3 広範囲顎骨支持型補綴物管理料(1口腔につき)　480点

(新設)

(新設)

注 区分番号J109に掲げる広範囲顎骨支持型装置埋入手術に係る施設基準に適合しているものとして地方厚生局長等に届け出た保険医療機関において、区分番号M025−2に掲げる広範囲顎骨支持型補綴に係る補綴物(歯冠補綴物、ブリッジ及び有床義歯を除く。以下この表において同じ。)の適合性の確認等を行い、かつ、患者又は家族に対して管理等に係る必要な指導を行った上で、当該指導内容に係る情報を文書により提供した場合に、当該補綴物を装着した日の属する月の翌月以降に月1回に限り算定する。

(新設)

B014 退院時共同指導料1

1 在宅療養支援歯科診療所1又は在宅療養支援歯科診療所2(在宅等における療養を歯科医療面から支援する保険医療機関であって、別に厚生労働大臣が定める施設基準に適合しているものとして地方厚生局長等に届け出たものをいう。以下この表において同じ。)の場合　900点

2 (略)

注1・2 (略)

B015〜B018 (略)

第2部 在宅医療

区分

C000 歯科訪問診療料(1日につき)

1 (略)

2 歯科訪問診療2　361点

3 歯科訪問診療3　185点

(新設)

(新設)

注1 (略)

2 2については、在宅等において療養を行っている患者(同一建物居住者に限る。)であって通院が困難なものに対して、当該患者が居住する建物の屋内において、当該保険医療機関が、次のいずれかに該当する歯科訪問診療を同一日に9人以下の患者に行った場合に算定する。この場合において、区分番号A000に掲げる初診料又は区分番号A002に掲げる再診料は、算定できない。

イ・ロ (略)

3 3については、在宅等において療養を行っている患者(同一建物居住者に限る。)であって通院が困難なものに対して、当該患者が居住する建物の屋内において、当該保険医療機関が、次のいずれかに該当する歯科訪問診療を同一日に10人以上の患者に行った場合に算定する。この場合において、区分番号A000に掲げる初診料又は区分番号A002に掲げる再診料は、算定できない。

イ・ロ (略)

(新設)

(新設)

4 1から3までを算定する患者(歯科訪問診療料の注13に該当する場合を除く。)について、

当該患者に対する診療時間が20分未満の場合における歯科訪問診療2、歯科訪問診療3、歯科訪問診療4又は歯科訪問診療5についてはそれぞれ287点、217点、96点又は57点を算定する。ただし、2及び3について、当該患者の容体が急変し、やむを得ず治療を中止した場合は、この限りではない。

(削る)

(削る)

7 (略)

8 著しく歯科診療が困難な者に対して歯科訪問診療を行った場合(歯科診療特別対応加算3を算定する場合を除く。)は、歯科診療特別対応加算1として、175点を所定点数に加算し、著しく歯科診療が困難な者に対して当該患者が歯科治療環境に円滑に適応できるような技法を用いて歯科訪問診療を行った場合は、歯科診療特別対応加算2として、250点を所定点数に加算し、感染症の予防及び感染症の患者に対する医療に関する法律第6条第7項に規定する新型インフルエンザ等感染症、同条第8項に規定する指定感染症又は同条第9項に規定する新感染症の患者に対して歯科訪問診療を行った場合は、歯科診療特別対応加算3として、500点を所定点数に加算する。

9 別に厚生労働大臣が定める時間であって、入院中の患者以外の患者に対して診療に従事している時間において緊急に歯科訪問診療を行った場合、夜間(深夜を除く。)において歯科訪問診療を行った場合又は深夜において歯科訪問診療を行った場合は、緊急歯科訪問診療加算、夜間歯科訪問診療加算又は深夜歯科訪問診療加算として、次に掲げる点数をそれぞれ所定点数に加算する。

イ 緊急歯科訪問診療加算

(1) (略)

(2) 歯科訪問診療2を算定する場合　159点

(3) 歯科訪問診療3を算定する場合　120点

(4) 歯科訪問診療4を算定する場合　60点

(5) 歯科訪問診療5を算定する場合　36点

ロ 夜間歯科訪問診療加算

(1) (略)

(2) 歯科訪問診療2を算定する場合　317点

(3) 歯科訪問診療3を算定する場合　240点

(4) 歯科訪問診療4を算定する場合　121点

(5) 歯科訪問診療5を算定する場合　72点

ハ 深夜歯科訪問診療加算

(1) (略)

(2) 歯科訪問診療2を算定する場合　636点

(3) 歯科訪問診療3を算定する場合　481点

(4) 歯科訪問診療4を算定する場合　249点

(5) 歯科訪問診療5を算定する場合　148点

10〜12 (略)

13 歯科訪問診療を実施する保険医療機関の歯科衛生士が、歯科医師と同行の上、歯科訪問診療の補助を行った場合は、歯科訪問診療補助加算として、次に掲げる点数を1日につき所定点数に加算する。

イ 在宅療養支援歯科診療所1、在宅療養支援歯科診療所2、区分番号B000−4−2に掲げる小児口腔機能管理料の注3に規定する施設基準に適合しているものとして地方厚生局長等に届け出た診療所である保険医療機関又は在宅療養支援歯科病院の場合

(1)・(2) (略)

ロ (略)

14 (略)

15 1から5までについて、在宅療養支援歯科診療所1又は在宅療養支援歯科診療所2以外の診療所であって、別に厚生労働大臣が定める基準を満たさないものにおいては、次に掲げる点数により算定する。

イ 初診時　267点

ロ 再診時　58点

16 区分番号A000に掲げる初診料の注1又は注2に規定する施設基準に適合しているものとして地方厚生局長等に届出を行っていない保険医療機関については、1から5まで又は注15に規定するそれぞれの所定点数から10点を減算する。

17 1について、当該保険医療機関の外来(歯科診療を行うものに限る。)を受診していた患者であって在宅等において療養を行っているものに対して、歯科訪問診療を実施した場合は、歯科訪問診療移行加算として、次に掲げる点数を所定点数に加算する。なお、この場合において、注14に規定する加算は算定できない。

イ 区分番号B000−4−2に掲げる小児口腔機能管理料の注3に規定する施設基準に適合しているものとして地方厚生局長等に届け出た診療所である保険医療機関の場合　150点

ロ (略)

18 1から3までについて、地域歯科診療支援病院歯科初診料、在宅療養支援歯科診療所1、在宅療養支援歯科診療所2又は在宅療養支援歯科病院に係る施設基準に適合しているものとして地方厚生局長等に届け出た保険医療機関において、当該保険医療機関の歯科衛生士等が、過去2月以内に区分番号C001に掲げる訪問歯科衛生指導料を算定した患者であって、当該歯科衛生指導の実施時に当該保険医療機関の歯科医師が情報通信機器を用いて口腔内の状態等を観察したものに対して、歯科訪問診療を実施した場合は、通信画像情報活用加算として、患者1人につき月1回に限り、30点を所定点数に加算する。

19 1から5までについて、当該保険医療機関と特別の関係にある他の保険医療機関等において療養を行っている患者に対して歯科訪問診療を実施した場合は、次に掲げる点数により算定する。

イ 初診時　267点

ロ 再診時　58点

20 別に厚生労働大臣が定める施設基準に適合しているものとして地方厚生局長等に届け出た歯科診療を実施している保険医療機関において健康保険法第3条第13項に規定する電子資格確認等により得られる情報を踏まえて計画的な歯科医学的管理の下に、訪問して診療を行った場合は、在宅医療DX情報活用加算として、月1回に限り8点を所定点数に加算する。ただし、区分番号A000に掲げる初診料の注14若しくは区分番号A002に掲げる再診料の注11にそれぞれ規定する医療情報取得加算又は区分番号A000に掲げる初診料の注15に規定する医療DX推進体制整備加算を算定した月は、在宅医療DX情報活用加算は算定できない。

C001 訪問歯科衛生指導料

1 単一建物診療患者が1人の場合　362点

2 単一建物診療患者が2人以上9人以下の場合　326点

3 1及び2以外の場合　295点

注1 歯科訪問診療を行った歯科医師の指示に基づき、歯科衛生士、保健師、看護師又は准看護師が訪問して療養上必要な指導として、単一建物診療患者(当該患者が居住する建物に居住するもののうち、当該保険医療機関が歯科訪問診療を実施し、歯科衛生士等が同一月に訪問歯科衛生指導を行っているものをいう。)又はその家族等に対して、当該患者の口腔内の清掃(機械的歯面清掃を含む。)、有床義歯の清掃指導又は口腔機能の回復若しくは維持に関する実地指導を行い指導時間が20分以上であった場合は、患者1人につき、月4回に限り算定する。なお、当該歯科衛生指導で実施した指導内容等については、当該患者又はその家族等に対し文書により提供する。

2 区分番号C000に掲げる歯科訪問診療料を算定した患者であって緩和ケアを実施するものに対して行った場合には、注1の規定にかかわらず、月8回に限り算定する。

3 1については、訪問歯科衛生指導が困難な者等に対して、保険医療機関の歯科衛生士等が、当該保険医療機関の他の歯科衛生士等と同時に訪問歯科衛生指導を行うことについて、当該患者又はその家族等の同意を得て、訪問歯科衛生指導を実施した場合(区分番号C000に掲げる歯科訪問診療料を算定する日を除く。)には、複数名訪問歯科衛生指導加算として、150点を所定点数に加算する。

4・5 (略)

C001−2 (略)

C001−3 歯科疾患在宅療養管理料

1・2 (略)

3 在宅療養支援歯科病院の場合　340点

4 1から3まで以外の場合　200点

注1〜4 (略)

(削る)

(削る)

当該患者に対する診療時間が20分未満の場合における歯科訪問診療1、歯科訪問診療2又は歯科訪問診療3についてはそれぞれ880点、253点又は111点を算定する。ただし、次のいずれかに該当する場合は、この限りではない。

イ 1について、当該患者の容体が急変し、やむを得ず治療を中止した場合又は当該患者の状態により20分以上の診療が困難である場合

ロ 2について、当該患者の容体が急変し、やむを得ず治療を中止した場合

5 (略)

6 著しく歯科診療が困難な者に対して歯科訪問診療を行った場合は、歯科診療特別対応加算として、175点(1回目の歯科訪問診療を行った場合であって、当該患者が歯科治療環境に円滑に適応できるような技法を用いた場合は、初診時歯科診療導入加算として、250点)を所定点数に加算する。

7 別に厚生労働大臣が定める時間であって、入院中の患者以外の患者に対して診療に従事している時間において緊急に歯科訪問診療を行った場合、夜間(深夜を除く。)において歯科訪問診療を行った場合又は深夜において歯科訪問診療を行った場合は、緊急歯科訪問診療加算、夜間歯科訪問診療加算又は深夜歯科訪問診療加算として、次に掲げる点数をそれぞれ所定点数に加算する。

イ 緊急歯科訪問診療加算

(1) (略)

(2) 歯科訪問診療2を算定する場合　140点

(3) 歯科訪問診療3を算定する場合　70点

(新設)

(新設)

ロ 夜間歯科訪問診療加算

(1) (略)

(2) 歯科訪問診療2を算定する場合　280点

(3) 歯科訪問診療3を算定する場合　140点

(新設)

(新設)

ハ 深夜歯科訪問診療加算

(1) (略)

(2) 歯科訪問診療2を算定する場合　560点

(3) 歯科訪問診療3を算定する場合　280点

(新設)

(新設)

8〜10 (略)

11 歯科訪問診療を実施する保険医療機関の歯科衛生士が、歯科医師と同行の上、歯科訪問診療の補助を行った場合は、歯科訪問診療補助加算として、次に掲げる点数を1日につき所定点数に加算する。

イ 在宅療養支援歯科診療所1、在宅療養支援歯科診療所2又はかかりつけ歯科医機能強化型歯科診療所の場合

(1)・(2) (略)

ロ (略)

12 (略)

13 1から3までについて、在宅療養支援歯科診療所1又は在宅療養支援歯科診療所2以外の診療所であって、別に厚生労働大臣が定める基準を満たさないものにおいては、次に掲げる点数により算定する。

イ 初診時　264点

ロ 再診時　56点

14 区分番号A000に掲げる初診料の注1又は注2に規定する施設基準に適合しているものとして地方厚生局長等に届出を行っていない保険医療機関については、1から3まで又は注13に規定するそれぞれの所定点数から10点を減算する。

15 1について、当該保険医療機関の外来(歯科診療を行うものに限る。)を受診していた患者であって在宅等において療養を行っているものに対して、歯科訪問診療を実施した場合は、歯科訪問診療移行加算として、次に掲げる点数を所定点数に加算する。なお、この場合において、注12に規定する加算は算定できない。

イ かかりつけ歯科医機能強化型歯科診療所の場合　150点

ロ (略)

16 1及び2について、地域歯科診療支援病院歯科初診料、在宅療養支援歯科診療所1又は在宅療養支援歯科診療所2に係る施設基準に適合するものとして地方厚生局長等に届け出た保険医療機関において、当該保険医療機関の歯科衛生士等が、過去2月以内に区分番号C001に掲げる訪問歯科衛生指導料を算定した患者であって、当該歯科衛生指導の実施時に当該保険医療機関の歯科医師が情報通信機器を用いて口腔内の状態等を観察したものに対して、歯科訪問診療を実施した場合は、通信画像情報活用加算として、患者1人につき月1回に限り、30点を所定点数に加算する。

(新設)

(新設)

C001 訪問歯科衛生指導料

1 単一建物診療患者が1人の場合　360点

2 単一建物診療患者が2人以上9人以下の場合　328点

3 1及び2以外の場合　300点

注1 歯科訪問診療を行った歯科医師の指示に基づき、歯科衛生士、保健師、看護師又は准看護師が訪問して療養上必要な指導として、単一建物診療患者(当該患者が居住する建物に居住するもののうち、当該保険医療機関が歯科訪問診療を実施し、歯科衛生士等が同一月に訪問歯科衛生指導を行っているものをいう。)又はその家族等に対して、当該患者の口腔内の清掃(機械的歯面清掃を含む。)、有床義歯の清掃指導又は口腔機能の回復若しくは維持に関する実地指導を行い指導時間が20分以上であった場合は、患者1人につき、月4回に限り、算定する。なお、当該歯科衛生指導で実施した指導内容等については、患者に対し文書により提供する。

(新設)

(新設)

2・3 (略)

C001−2 (略)

C001−3 歯科疾患在宅療養管理料

1・2 (略)

(新設)

3 1及び2以外の場合　200点

注1〜4 (略)

5 当該保険医療機関の歯科医師が、他の保険医療機関に入院している患者に対して、当該患者の入院している他の保険医療機関の栄養サポートチーム等の構成員として診療を行い、その結果を踏まえて注1に規定する口腔機能評価に基づく管理を行った場合は、栄養サポートチーム等連携加算1として、80点を所定点数に加算する。

6 当該保険医療機関の歯科医師が、介護保険法

5 他の保険医療機関を退院した患者であって継続的な歯科疾患の管理が必要なものに対して、当該他の保険医療機関の歯科医師から患者の退院時に受けた情報提供及び当該患者の歯科疾患の状況等を踏まえて管理計画を作成した場合は、在宅歯科医療連携加算1として100点を所定点数に加算する。

6 他の保険医療機関を退院した患者又は介護保険法第8条第25項に規定する介護保険施設等に入所している患者若しくは同法第8条第2項に規定する訪問介護等の利用者であって、継続的な歯科疾患の管理が必要なものに対して、医師、看護師、介護支援専門員等からの情報提供及び当該患者の歯科疾患の状況等を踏まえて管理計画を作成した場合は、在宅歯科医療連携加算2として100点を所定点数に加算する。

7 別に厚生労働大臣が定める施設基準に適合しているものとして地方厚生局長等に届け出た歯科訪問診療を実施している保険医療機関の歯科医師が、在宅での療養を行っている患者であって通院が困難なものの同意を得て、当該保険医療機関と連携する他の保険医療機関の保険医、他の保険医療機関の保険医である歯科医師等、訪問薬剤管理指導を実施している保険薬局の保険薬剤師、訪問看護ステーションの保健師、助産師、看護師、理学療法士、作業療法士若しくは言語聴覚士、管理栄養士、介護支援専門員又は相談支援専門員等であって当該患者に関わる者が電子情報処理組織を使用する方法その他の情報通信の技術を利用する方法を用いて記録した当該患者に係る診療情報等を活用した上で計画的な歯科医学的管理を行った場合に、在宅歯科医療情報連携加算として、月1回に限り、100点を所定点数に加算する。

8 区分番号B000−4に掲げる歯科疾患管理料、区分番号B000−4−2に掲げる小児口腔機能管理料、区分番号B000−4−3に掲げる口腔機能管理料、区分番号B000−6に掲げる周術期等口腔機能管理料(Ⅰ)、区分番号B000−7に掲げる周術期等口腔機能管理料(Ⅱ)、区分番号B000−8に掲げる周術期等口腔機能管理料(Ⅲ)、区分番号B000−9に掲げる周術期等口腔機能管理料(Ⅳ)、区分番号B000−11に掲げる回復期等口腔機能管理料、区分番号B002に掲げる歯科特定疾患療養管理料、区分番号C001−5に掲げる在宅患者訪問口腔リハビリテーション指導管理料、区分番号C001−6に掲げる小児在宅患者訪問口腔リハビリテーション指導管理料又は区分番号N002に掲げる歯科矯正管理料は、別に算定できない。

C001−4 (略)

C001−4−2 在宅患者歯科治療時医療管理料(1日につき)　45点

注1 別に厚生労働大臣が定める施設基準に適合しているものとして地方厚生局長等に届け出た保険医療機関において、全身的な管理が必要な患者に対し、第8部処置(区分番号I009、I009−2及びI010に掲げるものを除く。)、第9部手術又は第12部歯冠修復及び欠損補綴(区分番号M001からM003まで、M003−3又はM003−4に掲げるものに限る。)を行うに当たって、必要な医療管理を行った場合(当該処置、手術又は歯冠修復及び欠損補綴を全身麻酔下で行った場合を除く。)に算定する。

2 (略)

3 在宅患者歯科治療時医療管理料を算定した月において、区分番号B000−6に掲げる周術期等口腔機能管理料(Ⅰ)、区分番号B000−7に掲げる周術期等口腔機能管理料(Ⅱ)、区分番号B000−8に掲げる周術期等口腔機能管理料(Ⅲ)、区分番号B000−9に掲げる周術期等口腔機能管理料(Ⅳ)又は区分番号B000−11に掲げる回復期等口腔機能管理料は、別に算定できない。

C001−5 在宅患者訪問口腔リハビリテーション指導管理料

1〜3 (略)

注1〜3 (略)

4 区分番号B000−4−2に掲げる小児口腔機能管理料の注3に規定する施設基準に適合しているものとして地方厚生局長等に届け出た診療所である保険医療機関の歯科医師が当該指導管理を実施した場合は、口腔管理体制強化加算として、75点を所定点数に加算する。

5 在宅療養支援歯科診療所1、在宅療養支援歯科診療所2又は在宅療養支援歯科病院の歯科医師が、当該指導管理を実施した場合は、在宅療養支援歯科診療所加算1、在宅療養支援歯科診療所加算2又は在宅療養支援歯科病院加算として、それぞれ145点、80点又は145点を所定点数に加算する。ただし、注4に規定する加算を算定している場合は、算定できない。

(削る)

(削る)

6 他の保険医療機関を退院した患者であって継続的な歯科疾患の管理が必要なものに対して、当該他の保険医療機関の歯科医師から患者の退院時に受けた情報提供及び当該患者の歯科疾患の状況等を踏まえて管理計画を作成した場合は、在宅歯科医療連携加算1として100点を所定点数に加算する。

7 他の保険医療機関を退院した患者又は介護保険法第8条第25項に規定する介護保険施設等に入所している患者若しくは同法第8条第2項に規定する訪問介護等の利用者であって、継続的な歯科疾患の管理が必要なものに対して、医師、看護師、介護支援専門員等からの情報提供及び当該患者の歯科疾患の状況等を踏まえて管理計画を作成した場合は、在宅歯科医療連携加算2として100点を所定点数に加算する。

8 別に厚生労働大臣が定める施設基準に適合しているものとして地方厚生局長等に届け出た歯科訪問診療を実施している保険医療機関の歯科医師が、在宅での療養を行っている患者であって通院が困難なものの同意を得て、当該保険医療機関と連携する他の保険医療機関の保険医、他の保険医療機関の保険医である歯科医師等、訪問薬剤管理指導を実施している保険薬局の保険薬剤師、訪問看護ステーションの保健師、助産師、看護師、理学療法士、作業療法士若しくは言語聴覚士、管理栄養士、介護支援専門員又は相談支援専門員等であって当該患者に関わる者が電子情報処理組織を使用する方法その他の情報通信の技術を利用する方法を用いて記録した当該患者に係る診療情報等を活用した上で計画的な歯科医学的管理を行った場合に、在宅歯科医療情報連携加算として、月1回に限り、100点を所定点数に加算する。

C001−6 小児在宅患者訪問口腔リハビリテーション指導管理料　600点

注1〜3 (略)

4 区分番号B000−4−2に掲げる小児口腔機能管理料の注3に規定する施設基準に適合しているものとして地方厚生局長等に届け出た診療所である保険医療機関の歯科医師が当該指導管理を実施した場合は、口腔管理体制強化加算として、75点を所定点数に加算する。

5 在宅療養支援歯科診療所1、在宅療養支援歯科診療所2又は在宅療養支援歯科病院の歯科医師が、当該指導管理を実施した場合は、在宅療養支援歯科診療所加算1、在宅療養支援歯科診療所加算2又は在宅療養支援歯科病院加算として、それぞれ145点、80点又は145点を所定点数に加算する。ただし、注4に規定する加算を算定している場合は、算定できない。

(削る)

(削る)

第8条第25項に規定する介護保険施設等に入所している患者に対して、当該患者の入所している施設で行われる食事観察等に参加し、その結果を踏まえて注1に規定する口腔機能評価に基づく管理を行った場合は、栄養サポートチーム等連携加算2として、80点を所定点数に加算する。

(新設)

(新設)

(新設)

7 区分番号B000−4に掲げる歯科疾患管理料、区分番号B000−4−2に掲げる小児口腔機能管理料、区分番号B000−4−3に掲げる口腔機能管理料、区分番号B000−6に掲げる周術期等口腔機能管理料(Ⅰ)、区分番号B000−7に掲げる周術期等口腔機能管理料(Ⅱ)、区分番号B000−8に掲げる周術期等口腔機能管理料(Ⅲ)、区分番号B002に掲げる歯科特定疾患療養管理料、区分番号C001−5に掲げる在宅患者訪問口腔リハビリテーション指導管理料、区分番号C001−6に掲げる小児在宅患者訪問口腔リハビリテーション指導管理料又は区分番号N002に掲げる歯科矯正管理料は、別に算定できない。

C001−4 (略)

C001−4−2 在宅患者歯科治療時医療管理料(1日につき)　45点

注1 別に厚生労働大臣が定める施設基準に適合しているものとして地方厚生局長等に届け出た保険医療機関において、全身的な管理が必要な患者に対し、第8部処置(区分番号I009、I009−2及びI010に掲げるものを除く。)、第9部手術又は第12部歯冠修復及び欠損補綴(区分番号M001からM003まで又はM003−3に掲げるもの(全身麻酔下で行うものを除く。)に限る。)を行うに当たって、必要な医療管理を行った場合に算定する。

2 (略)

3 在宅患者歯科治療時医療管理料を算定した月において、区分番号B000−6に掲げる周術期等口腔機能管理料(Ⅰ)、区分番号B000−7に掲げる周術期等口腔機能管理料(Ⅱ)又は区分番号B000−8に掲げる周術期等口腔機能管理料(Ⅲ)は、別に算定できない。

C001−5 在宅患者訪問口腔リハビリテーション指導管理料

1〜3 (略)

注1〜3 (略)

4 かかりつけ歯科医機能強化型歯科診療所の歯科医師が当該指導管理を実施した場合は、かかりつけ歯科医機能強化型歯科診療所加算として、75点を所定点数に加算する。

5 在宅療養支援歯科診療所1又は在宅療養支援歯科診療所2の歯科医師が、当該指導管理を実施した場合は、在宅療養支援歯科診療所加算1又は在宅療養支援歯科診療所加算2として、それぞれ145点又は80点を所定点数に加算する。ただし、注4に規定する加算を算定している場合は、算定できない。

6 当該保険医療機関の歯科医師が、他の保険医療機関に入院している患者に対して、当該患者の入院している他の保険医療機関の栄養サポートチーム等の構成員として診療を行い、その結果を踏まえて注1に規定する口腔機能評価に基づく管理を行った場合は、栄養サポートチーム等連携加算1として、80点を所定点数に加算する。

7 当該保険医療機関の歯科医師が、介護保険法第8条第25項に規定する介護保険施設等に入所している患者に対して、当該患者の入所している施設で行われる食事観察等に参加し、その結果を踏まえて注1に規定する口腔機能評価に基づく管理を行った場合は、栄養サポートチーム等連携加算2として、80点を所定点数に加算する。

(新設)

(新設)

(新設)

C001−6 小児在宅患者訪問口腔リハビリテーション指導管理料　600点

注1〜3 (略)

4 かかりつけ歯科医機能強化型歯科診療所の歯科医師が当該指導管理を実施した場合は、かかりつけ歯科医機能強化型歯科診療所加算として、75点を所定点数に加算する。

5 在宅療養支援歯科診療所1又は在宅療養支援歯科診療所2の歯科医師が、当該指導管理を実施した場合は、在宅療養支援歯科診療所加算1又は在宅療養支援歯科診療所加算2として、それぞれ145点又は80点を加算する。ただし、注4に規定する加算を算定している場合は、算定できない。

6 当該保険医療機関の歯科医師が、他の保険医療機関に入院している患者に対して、当該患者の入院している他の保険医療機関の栄養サポートチーム等の構成員として診療を行い、その結果を踏まえて注1に規定する口腔機能評価に基づく管理を行った場合は、小児栄養サポートチーム等連携加算1として、80点を所定点数に加算する。

7 当該保険医療機関の歯科医師が、児童福祉法第42条に規定する障害児入所施設等に入所している患者に対して、当該患者の入所している施設で行われる食事観察等に参加し、その結果を

掲げる回復期等口腔機能管理計画策定料、区分番号B009に掲げる診療情報提供料(Ⅰ)の注5に規定する加算及び区分番号B015に掲げる退院時共同指導料2は、別に算定できない。	診療情報提供料(Ⅰ)の注5に規定する加算及び区分番号B015に掲げる退院時共同指導料2は、別に算定できない。
B000－6　周術期等口腔機能管理料(Ⅰ)	B000－6　周術期等口腔機能管理料(Ⅰ)
1・2　(略)	1・2　(略)
注1　がん等に係る手術(歯科疾患に係る手術については、入院期間が2日を超えるものに限る。)を実施する患者の周術期における口腔機能の管理を行うため、歯科診療を実施している保険医療機関において、区分番号B000－5に掲げる周術期等口腔機能管理計画策定料の注1に規定する管理計画に基づき、当該手術を実施する他の病院である保険医療機関に入院中の患者又は他の病院である保険医療機関若しくは同一の病院である保険医療機関に入院中の患者以外の患者に対して、歯科医師が口腔機能の管理を行い、かつ、当該管理内容に係る情報を文書により提供した場合は、当該患者につき、手術前は1回に限り、手術後は手術を行った日の属する月から起算して3月以内において3回に限り算定する。ただし、区分番号B000－5に掲げる周術期等口腔機能管理計画策定料の注2に規定する場合に策定した管理計画に基づき、歯科医師が口腔機能の管理等を行う場合は、算定できない。	注1　がん等に係る手術を実施する患者の周術期における口腔機能の管理を行うため、歯科診療を実施している保険医療機関において、区分番号B000－5に掲げる周術期等口腔機能管理計画策定料の注1に規定する管理計画に基づき、当該手術を実施する他の病院である保険医療機関に入院中の患者又は他の病院である保険医療機関若しくは同一の病院である保険医療機関に入院中の患者以外の患者に対して、歯科医師が口腔機能の管理を行い、かつ、当該管理内容に係る情報を文書により提供した場合は、当該患者につき、手術前は1回に限り、手術後は手術を行った日の属する月から起算して3月以内において3回に限り算定する。
2　周術期等口腔機能管理料(Ⅰ)を算定した月において、区分番号B000－4に掲げる歯科疾患管理料、区分番号B000－4－2に掲げる小児口腔機能管理料、区分番号B000－4－3に掲げる口腔機能管理料、区分番号B000－11に掲げる回復期等口腔機能管理料、区分番号B002に掲げる歯科特定疾患療養管理料、区分番号B004－6－2に掲げる歯科治療時医療管理料、区分番号B006－3－2に掲げるがん治療連携指導料、区分番号C001－3に掲げる歯科疾患在宅療養管理料、区分番号C001－4－2に掲げる在宅患者歯科治療時医療管理料及び区分番号N002に掲げる歯科矯正管理料は算定できない。	2　周術期等口腔機能管理料(Ⅰ)を算定した月において、区分番号B000－4に掲げる歯科疾患管理料、区分番号B000－4－2に掲げる小児口腔機能管理料、区分番号B000－4－3に掲げる口腔機能管理料、区分番号B002に掲げる歯科特定疾患療養管理料、区分番号B004－6－2に掲げる歯科治療時医療管理料、区分番号B006－3－2に掲げるがん治療連携指導料、区分番号C001－3に掲げる歯科疾患在宅療養管理料、区分番号C001－4－2に掲げる在宅患者歯科治療時医療管理料及び区分番号N002に掲げる歯科矯正管理料は算定できない。
B000－7　周術期等口腔機能管理料(Ⅱ)	B000－7　周術期等口腔機能管理料(Ⅱ)
1・2　(略)	1・2　(略)
注1　がん等に係る手術(歯科疾患に係る手術については、入院期間が2日を超えるものに限る。)を実施する患者の周術期における口腔機能の管理を行うため、歯科診療を実施している病院である保険医療機関において、区分番号B000－5に掲げる周術期等口腔機能管理計画策定料の注1に規定する管理計画に基づき、当該手術を実施する同一の保険医療機関に入院中の患者に対して、当該保険医療機関に属する歯科医師が口腔機能の管理を行い、かつ、当該管理内容に係る情報を文書により提供した場合は、当該患者につき、手術前は1回に限り、手術後は手術を行った日の属する月から起算して3月以内において、月2回に限り算定する。	注1　がん等に係る手術を実施する患者の周術期における口腔機能の管理を行うため、歯科診療を実施している病院である保険医療機関において、区分番号B000－5に掲げる周術期等口腔機能管理計画策定料の注1に規定する管理計画に基づき、当該手術を実施する同一の保険医療機関に入院中の患者に対して、当該保険医療機関に属する歯科医師が口腔機能の管理を行い、かつ、当該管理内容に係る情報を文書により提供した場合は、当該患者につき、手術前は1回に限り、手術後は手術を行った日の属する月から起算して3月以内において、月2回に限り算定する。
2　周術期等口腔機能管理料(Ⅱ)を算定した月において、区分番号B000－4に掲げる歯科疾患管理料、区分番号B000－4－2に掲げる小児口腔機能管理料、区分番号B000－4－3に掲げる口腔機能管理料、区分番号B000－11に掲げる回復期等口腔機能管理料、区分番号B002に掲げる歯科特定疾患療養管理料、区分番号B004－6－2に掲げる歯科治療時医療管理料、区分番号C001－3に掲げる歯科疾患在宅療養管理料、区分番号C001－4－2に掲げる在宅患者歯科治療時医療管理料及び区分番号N002に掲げる歯科矯正管理料は算定できない。	2　周術期等口腔機能管理料(Ⅱ)を算定した月において、区分番号B000－4に掲げる歯科疾患管理料、区分番号B000－4－2に掲げる小児口腔機能管理料、区分番号B000－4－3に掲げる口腔機能管理料、区分番号B002に掲げる歯科特定疾患療養管理料、区分番号B004－6－2に掲げる歯科治療時医療管理料、区分番号C001－3に掲げる歯科疾患在宅療養管理料、区分番号C001－4－2に掲げる在宅患者歯科治療時医療管理料及び区分番号N002に掲げる歯科矯正管理料は算定できない。
B000－8　周術期等口腔機能管理料(Ⅲ)　200点	B000－8　周術期等口腔機能管理料(Ⅲ)　200点
注1　がん等に係る放射線治療、化学療法、集中治療室における治療又は緩和ケア(以下「放射線治療等」という。)を実施する患者の口腔機能を管理するため、歯科診療を実施している保険医療機関において、区分番号B000－5に掲げる周術期等口腔機能管理計画策定料の注1に規定する管理計画に基づき、他の保険医療機関又は同一の保険医療機関に入院中の患者以外の患者であって、放射線治療等を実施するものに対して、歯科医師が口腔機能の管理を行い、当該管理内容に係る情報を文書により提供した場合は、当該患者につき、区分番号B000－5に掲げる周術期等口腔機能管理計画策定料を算定した日の属する月から月1回に限り算定する。	注1　がん等に係る放射線治療、化学療法又は緩和ケアを実施する患者(以下「放射線治療等を実施する患者」という。)の口腔機能を管理するため、歯科診療を実施している保険医療機関において、区分番号B000－5に掲げる周術期等口腔機能管理計画策定料の注1に規定する管理計画に基づき、他の保険医療機関又は同一の保険医療機関において放射線治療等を実施する患者に対して、歯科医師が口腔機能の管理を行い、当該管理内容に係る情報を文書により提供した場合は、当該患者につき、区分番号B000－5に掲げる周術期等口腔機能管理計画策定料を算定した日の属する月から月1回に限り算定する。
2　区分番号B000－5に掲げる周術期等口腔機能管理計画策定料を算定した日の属する月から起算して6月を超えて、注1に規定する管理を行った場合は、長期管理加算として50点を所定点数に加算する。	(新設)
3　周術期等口腔機能管理料(Ⅲ)を算定した月において、区分番号B000－4に掲げる歯科疾患管理料、区分番号B000－4－2に掲げる小児口腔機能管理料、区分番号B000－4－3に掲げる口腔機能管理料、区分番号B000－11に掲げる回復期等口腔機能管理料、区分番号B002に掲げる歯科特定疾患療養管理料、区分番号B004－6－2に掲げる歯科治療時医療管理料、区分番号B006－3－2に掲げるがん治療連携指導料、区分番号C001－3に掲げる歯科疾患在宅療養管理料、区分番号C001－4－2に掲げる在宅患者歯科治療時医療管理料及び区分番号N002に掲げる歯科矯正管理料は算定できない。	2　周術期等口腔機能管理料(Ⅲ)を算定した月において、区分番号B000－4に掲げる歯科疾患管理料、区分番号B000－4－2に掲げる小児口腔機能管理料、区分番号B000－4－3に掲げる口腔機能管理料、区分番号B002に掲げる歯科特定疾患療養管理料、区分番号B004－6－2に掲げる歯科治療時医療管理料、区分番号B006－3－2に掲げるがん治療連携指導料、区分番号C001－3に掲げる歯科疾患在宅療養管理料、C001－4－2に掲げる在宅患者歯科治療時医療管理料及び区分番号N002に掲げる歯科矯正管理料は算定できない。
B000－9　周術期等口腔機能管理料(Ⅳ)　200点	(新設)
注1　放射線治療等を実施する患者の口腔機能を管理するため、歯科診療を実施している保険医療機関において、区分番号B000－5に掲げる周術期等口腔機能管理計画策定料の注1に規定する管理計画に基づき、他の保険医療機関又は同一の保険医療機関に入院中の患者であって、放射線治療等を実施するものに対して、歯科医師が口腔機能の管理を行い、当該管理内容に係る情報を文書により提供した場合は、当該患者につき、区分番号B000－5に掲げる周術期等口腔機能管理計画策定料を算定した日の属する月から起算して3月以内においては月2回に限り、その他の月においては月1回に限り算定する。	
2　区分番号B000－5に掲げる周術期等口腔機能管理計画策定料を算定した日の属する月から起算して6月を超えて、注1に規定する管理を行った場合は、長期管理加算として50点を所定点数に加算する。	
3　周術期等口腔機能管理料(Ⅳ)を算定した月において、区分番号B000－4に掲げる歯科疾患管理料、区分番号B000－4－2に掲げる小児口腔機能管理料、区分番号B000－4－3に掲げる口腔機能管理料、区分番号B000－11に掲げる回復期等口腔機能管理料、区分番号B002に掲げる歯科特定疾患療養管理料、区分番号B004－6－2に掲げる歯科治療時医療管理料、区分番号C001－3に掲げる歯科疾患在宅療養管理料、区分番号C001－4－2に掲げる在宅患者歯科治療時医療管理料及び区分番号N002に掲げる歯科矯正管理料は算定できない。	
B000－10　回復期等口腔機能管理計画策定料　300点	(新設)
注1　医科点数表の区分番号A101に掲げる療養病棟入院基本料、区分番号A308に掲げる回復期リハビリテーション病棟入院料又は区分番号A308－3に掲げる地域包括ケア病棟入院料を算定する患者に対して、歯科診療を実施している保険医療機関において、リハビリテーション等を行う保険医療機関からの文書による依頼に基づき、当該患者又はその家族の同意を得た上で、回復期等の口腔機能の評価及び一連の管理計画を策定するとともに、その内容について説明を行い、当該管理計画を文書により提供した場合に、当該リハビリテーション等に係る一連の治療を通じて1回に限り算定する。	
2　区分番号B000－5に掲げる周術期等口腔機能管理計画策定料、区分番号B006に掲げる開放型病院共同指導料(Ⅰ)、区分番号B006－3に掲げるがん治療連携計画策定料、区分番号B009に掲げる診療情報提供料(Ⅰ)の注5に規定する加算及び区分番号B015に掲げる退院時共同指導料2は、別に算定できない。	
B000－11　回復期等口腔機能管理料　200点	(新設)
注1　医科点数表の区分番号A101に掲げる療養病棟入院基本料、区分番号A308に掲げる回復期リハビリテーション病棟入院料又は区分番号A308－3に掲げる地域包括ケア病棟入院料を算定する患者の口腔機能を管理するため、歯科診療を実施している保険医療機関において、区分番号B000－10に掲げる回復期等口腔機能管理計画策定料の注1に規定する管理計画に基づき、リハビリテーション等を行う他の保険医療機関又は同一の保険医療機関に入院中の患者に対して、歯科医師が口腔機能の管理を行い、かつ、当該管理内容に係る情報を文書により提供した場合は、当該患者につき、区分番号B000－10に掲げる回復期等口腔機能管理計画策定料を算定した日の属する月から月1回に限り算定する。	
2　回復期等口腔機能管理料を算定した月において、区分番号B000－4に掲げる歯科疾患管理料、区分番号B000－4－2に掲げる小児口腔機能管理料、区分番号B000－4－3に掲げる口腔機能管理料、区分番号B000－6に掲げる周術期等口腔機能管理料(Ⅰ)、区分番号B000－7に掲げる周術期等口腔機能管理料(Ⅱ)、区分番号B000－8に掲げる周術期等口腔機能管理料(Ⅲ)、区分番号B000－9に掲げる周術期等口腔機能管理料(Ⅳ)、区分番号B002に掲げる歯科特定疾患療養管理料、区分番号B004－6－2に掲げる歯科治療時医療管理料、区分番号C001－3に掲げる歯科疾患在宅療養管理料、区分番号C001－4－2に掲げる在宅患者歯科治療時医療管理料及び区分番号N002に掲げる歯科矯正管理料は算定できない。	
B000－12　根面う蝕管理料　30点	(新設)
注1　区分番号B000－4に掲げる歯科疾患管理料若しくは区分番号B002に掲げる歯科特定疾患療養管理料を算定した患者(65歳以上のものに限る。)又は区分番号C000に掲げる歯科訪問診療料を算定した患者であって、初期の根面う蝕に罹患しているものに対して、当該う蝕の評価に基づく管理計画を作成するとともに、その内容について説明を行い、非切削による当該う蝕の管理を行う場合に、月1回に限り算定する。	
2　区分番号B000－4－2に掲げる小児口腔機能管理料の注3に規定する施設基準に適合しているものとして地方厚生局長等に届け出た診療所である保険医療機関が当該管理を行う場合は、口腔管理体制強化加算として、48点を所定点数に加算する。	
B000－13　エナメル質初期う蝕管理料　30点	(新設)
注1　区分番号B000－4に掲げる歯科疾患管理料又は区分番号B002に掲げる歯科特定疾患療養管理料を算定した患者であって、エナメル質初期う蝕に罹患しているものに対して、当該う蝕の評価に基づく管理計画を作成するとともに、その内容について説明を行い、当該う蝕の管理を行う場合に、月1回に限り算定する。	
2　区分番号B000－4－2に掲げる小児口腔機能管理料の注3に規定する施設基準に適合しているものとして地方厚生局長等に届け出た診療所である保険医療機関が当該管理を行う場合は、口腔管理体制強化加算として、48点を所定点数に加算する。	
B001　(略)	B001　(略)
B001－2　歯科衛生実地指導料	B001－2　歯科衛生実地指導料
1・2　(略)	1・2　(略)
注1　(略)	注1　(略)
2　2については、区分番号A000に掲げる初診料の注11に規定する加算に係る施設基準又は地域歯科診療支援病院歯科初診料に係る施設基準に適合するものとして地方厚生局長等に届け出た保険医療機関において、区分番号A000に掲げる初診料の注6又は区分番号A002に掲げる再診料の注4に規定する歯科診療特別対応加算1、歯科診療特別対応加算2又は歯科診療特別対応加算3を算定している患者であって、歯科疾患に罹患しているものに対して、主治の歯科医師の指示を受けた歯科衛生士が、直接15分以上の実地指導(15分以上の実地指導を行うことが困難な場合にあっては、月2回の実地指導を合わせて15分以上の実地指導)を行い、かつ、当該指導内容に係る情報を文書により提供した場合に、月1回に限り算定する。ただし、歯科衛生実地指導料2を算定した月においては、歯科衛生実地指導料1は算定できない。	2　2については、区分番号A000に掲げる初診料の注10に規定する加算に係る施設基準又は地域歯科診療支援病院歯科初診料に係る施設基準に適合するものとして地方厚生局長等に届け出た保険医療機関において、区分番号A000に掲げる初診料の注6又は区分番号A002に掲げる再診料の注4に規定する加算を算定している患者であって、歯科疾患に罹患しているものに対して、主治の歯科医師の指示を受けた歯科衛生士が、直接15分以上の実地指導(15分以上の実地指導を行うことが困難な場合にあっては、月2回の実地指導を合わせて15分以上の実地指導)を行い、かつ、当該指導内容に係る情報を文書により提供した場合に、月1回に限り算定する。ただし、歯科衛生実地指導料2を算定した月においては、歯科衛生実地指導料1は算定できない。
3　1及び2について、口腔機能の発達不全を有する患者又は口腔機能の低下を来している患者に対して、主治の歯科医師の指示を受けた歯科衛生士が、注1又は注2に規定する実地指導と併せて口腔機能に係る指導を行った場合は、口腔機能指導加算として、10点を所定点数に加算する。	(新設)
4・5　(略)	3・4　(略)
B001－3　(略)	B001－3　(略)
B002　歯科特定疾患療養管理料　(略)	B002　歯科特定疾患療養管理料　(略)
注1～3　(略)	注1～3　(略)
4　区分番号B000－4に掲げる歯科疾患管理料、区分番号B000－6に掲げる周術期等口腔機能管理料(Ⅰ)、区分番号B000－7に掲げる周術期等口腔機能管理料(Ⅱ)、区分番号B000－8に掲げる周術期等口腔機能管理料(Ⅲ)、区分番号B000－9に掲げる周術期等口腔機能管理料(Ⅳ)、区分番号B000－11に掲げる回復期等口腔機能管理料、区分番号C001－3に掲げる歯科疾患在宅療養管理料、区分番号C001－5に掲げる在宅患者訪問口腔リハビリテーション指導管理料又は区分番号C001－6に掲げる小児在宅患者訪問口腔リハビリテーション指導管理料を算定している患者に対して行った歯科特定疾患療養管理料は、別に算定できない。	4　区分番号B000－4に掲げる歯科疾患管理料、区分番号B000－6に掲げる周術期等口腔機能管理料(Ⅰ)、区分番号B000－7に掲げる周術期等口腔機能管理料(Ⅱ)、区分番号B000－8に掲げる周術期等口腔機能管理料(Ⅲ)、区分番号C001－3に掲げる歯科疾患在宅療養管理料、区分番号C001－5に掲げる在宅患者訪問口腔リハビリテーション指導管理料又は区分番号C001－6に掲げる小児在宅患者訪問口腔リハビリテーション指導管理料を算定している患者に対して行った歯科特定疾患療養管理料は、別に算定できない。
5　別に厚生労働大臣が定める施設基準に適合しているものとして地方厚生局長等に届け出た保険医療機関において、特に情報通信機器を用いた歯科診療を行うことが必要と認められるもの(過去に歯科特定疾患療養管理料を算定した患者に限る。)に対して、歯科特定疾患療養管理料を算定すべき医学管理を情報通信機器を用いて行った場合は、所定点数に代えて、148点を算定する。	(新設)
B003・B004　(略)	B003・B004　(略)
B004－1－2　がん性疼痛緩和指導管理料　200点	B004－1－2　がん性疼痛緩和指導管理料　200点
注1　(略)	注1　(略)
2　別に厚生労働大臣が定める施設基準に適合しているものとして地方厚生局長等に届け出た保険医療機関において、がん性疼痛緩和のための専門的な治療が必要な患者に対して、当該患者又はその家族等の同意を得て、当該保険医療機関の歯科医師が、その必要性及び診療方針等について文書により説明を行った場合に、難治性がん性疼痛緩和指導管理加算として、患者1人につき1回に限り所定点数に100点を加算する。	(新設)
3・4　(略)	2・3　(略)
B004－1－3　がん患者指導管理料	B004－1－3　がん患者指導管理料
1～3　(略)	1～3　(略)
注1～4　(略)	注1～4　(略)
5　3について、区分番号B004－1－8に掲げる外来腫瘍化学療法診療料、区分番号B008に掲げる薬剤管理指導料、区分番号F100に掲げる処方料の注6に規定する加算及び区分番号F400に掲げる処方箋料の注4に規定する加算は、別に算定できない。	5　3について、区分番号B004－1－8に掲げる外来腫瘍化学療法診療料、区分番号B008に掲げる薬剤管理指導料、区分番号F100に掲げる処方料の注7に規定する加算及び区分番号F400に掲げる処方箋料の注5に規定する加算は、別に算定できない。
B004－1－4　入院栄養食事指導料(週1回)	B004－1－4　入院栄養食事指導料(週1回)
1・2　(略)	1・2　(略)
注1・2　(略)	注1・2　(略)
(削る)	3　別に厚生労働大臣が定める患者に対して、退院後の栄養食事管理について指導するとともに、入院中の栄養管理に関する情報を示す文書を用いて患者に説明し、これを他の保険医療機関、介護老人保健施設等又は障害者の日常生活及び社会生活を総合的に支援する法律第34条第1項に規定する指定障害者支援施設等若しくは児童福祉法第42条第1号に規定する福祉型障害児入所施設の医師又は管理栄養士と共有した場合に、入院中1回に限り、栄養情報提供加算として50点を所定点数に加算する。この場合において、区分番号B015に掲げる退院時共同指導料2は別に算定できない。
B004－1－5　(略)	B004－1－5　(略)
B004－1－6　外来リハビリテーション診療料	B004－1－6　外来リハビリテーション診療料
1・2　(略)	1・2　(略)
注1　(略)	注1　(略)
2　外来リハビリテーション診療料1を算定する日から起算して7日以内の期間においては、当該リハビリテーションの実施に係る区分番号A000に掲げる初診料(注14及び注15に規定する加算を除く。)、区分番号A002に掲げる再診料(注11に規定する加算を除く。)及び外来リハビリテーション診療料2は、算定できない。	2　外来リハビリテーション診療料1を算定する日から起算して7日以内の期間においては、当該リハビリテーションの実施に係る区分番号A000に掲げる初診料(注13に規定する加算を除く。)、区分番号A002に掲げる再診料(注10に規定する加算を除く。)及び外来リハビリテーション診療料2は、算定できない。
3　外来リハビリテーション診療料2を算定する日から起算して14日以内の期間においては、当該リハビリテーションの実施に係る区分番号A000に掲げる初診料(注14及び注15に規定する加算を除く。)、区分番号A002に掲げる再診料(注11に規定する加算を除く。)及び外来リハビリテーション診療料1は、算定できない。	3　外来リハビリテーション診療料2を算定する日から起算して14日以内の期間においては、当該リハビリテーションの実施に係る区分番号A000に掲げる初診料(注13に規定する加算を除く。)、区分番号A002に掲げる再診料(注10に規定する加算を除く。)及び外来リハビリテーション診療料1は、算定できない。
B004－1－7　外来放射線照射診療料　297点	B004－1－7　外来放射線照射診療料　297点
注1・2　(略)	注1・2　(略)
3　外来放射線照射診療料を算定する日から起算して7日以内の期間においては、当該放射線治療の実施に係る区分番号A000に掲げる初診料(注14及び注15に規定する加算を除く。)及び区分番号A002に掲げる再診料(注11に規定する加算を除く。)は、算定できない。	3　外来放射線照射診療料を算定する日から起算して7日以内の期間においては、当該放射線治療の実施に係る区分番号A000に掲げる初診料(注13に規定する加算を除く。)及び区分番号A002に掲げる再診料(注10に規定する加算を除く。)は、算定できない。
B004－1－8　外来腫瘍化学療法診療料	B004－1－8　外来腫瘍化学療法診療料
1　外来腫瘍化学療法診療料1	1　外来腫瘍化学療法診療料1
イ　抗悪性腫瘍剤を投与した場合	イ　抗悪性腫瘍剤を投与した場合　700点
(1)　初回から3回目まで　800点	(新設)
(2)　4回目以降　450点	(新設)
ロ　イ以外の必要な治療管理を行った場合　350点	ロ　抗悪性腫瘍剤の投与その他必要な治療管理を行った場合　400点
2　外来腫瘍化学療法診療料2	2　外来腫瘍化学療法診療料2
イ　抗悪性腫瘍剤を投与した場合	イ　抗悪性腫瘍剤を投与した場合　570点
(1)　初回から3回目まで　600点	(新設)
(2)　4回目以降　320点	(新設)
ロ　イ以外の必要な治療管理を行った場合　220点	ロ　抗悪性腫瘍剤の投与その他必要な治療管理を行った場合　270点
3　外来腫瘍化学療法診療料3 イ　抗悪性腫瘍剤を投与した場合 (1)　初回から3回目まで　540点 (2)　4回目以降　280点 ロ　イ以外の必要な治療管理を行った場合　180点	(新設)
注1　別に厚生労働大臣が定める施設基準に適合しているものとして地方厚生局長等に届け出た保険医療機関において、悪性腫瘍を主病とする患者であって入院中の患者以外のものに対して、外来化学療法(別に厚生労働大臣が定めるものに限る。)の実施その他の必要な治療管理を行った場合に、当該基準に係る区分に従い算定する。この場合において、区分番号A000に掲げる初診料(注5、注7、注8、注14及び注15に規定する加算を除く。)、区分番号A002に掲げる再診料(注3、注5、注6及び注11に規定する加算を除く。)又は区分番号B004－1－3に掲げるがん患者指導管理料の3は、別に算定できない。	注1　別に厚生労働大臣が定める施設基準に適合しているものとして地方厚生局長等に届け出た保険医療機関において、悪性腫瘍を主病とする患者であって入院中の患者以外のものに対して、外来化学療法(別に厚生労働大臣が定めるものに限る。)の実施その他の必要な治療管理を行った場合に、当該基準に係る区分に従い算定する。この場合において、区分番号A000に掲げる初診料(注5、注7、注8及び注13に規定する加算を除く。)、区分番号A002に掲げる再診料(注3、注5、注6及び注10に規定する加算を除く。)又は区分番号B004－1－3に掲げるがん患者指導管理料の3は、別に算定できない。
2　1のイの(1)、2のイの(1)及び3のイの(1)については、当該患者に対して、抗悪性腫瘍剤を投与した場合に、月3回に限り算定する。	2　1のイ及び2のイについては、当該患者に対して、抗悪性腫瘍剤を投与した場合に、月3回に限り算定する。
3　1のイの(2)、2のイの(2)及び3のイの(2)については、1のイの(1)、2のイの(1)又は3のイの(1)を算定する日以外の日において、当該患者に対して、抗悪性腫瘍剤を投与した場合に、週1回に限り算定する。	3　1のロ及び2のロについては、1のイ又は2のイを算定する日以外の日において、当該患者に対して、抗悪性腫瘍剤の投与その他の必要な治療管理を行った場合に、週1回に限り算定する。
4　1のロについては、次に掲げるいずれかの治療管理を行った場合に、週1回に限り算定する。 イ　1のイの(1)又は(2)を算定する日以外の日において、当該患者に対して、抗悪性腫瘍剤の投与以外の必要な治療管理を行った場合 ロ　連携する他の保険医療機関が外来化学療法を実施している患者に対し、緊急に抗悪性腫瘍剤の投与以外の必要な治療管理を行った場合	(新設)
5　2のロ及び3のロについては、2のイの(1)若しくは(2)又は3のイの(1)若しくは(2)を算定する日以外の日において、当該患者に対して、抗悪性腫瘍剤の投与以外の必要な治療管理を行った場合に、週1回に限り算定する。	(新設)
6・7　(略)	4・5　(略)
8　別に厚生労働大臣が定める施設基準に適合しているものとして地方厚生局長等に届け出た保険医療機関において、1のイの(1)を算定した患者に対して、当該保険医療機関の歯科医師又は当該歯科医師の指示に基づき薬剤師が、副作用の発現状況、治療計画等を文書により提供した上で、当該患者の状態を踏まえて必要な指導を行った場合は、連携充実加算として、月1回に限り150点を所定点数に加算する。	6　別に厚生労働大臣が定める施設基準に適合しているものとして地方厚生局長等に届け出た保険医療機関において、1のイを算定した患者に対して、当該保険医療機関の歯科医師又は当該歯科医師の指示に基づき薬剤師が、副作用の発現状況、治療計画等を文書により提供した上で、当該患者の状態を踏まえて必要な指導を行った場合は、連携充実加算として、月1回に限り150点を所定点数に加算する。
(削る)	7　当該患者に対し、バイオ後続品に係る説明を行い、バイオ後続品を使用した場合は、バイオ後続品導入初期加算として、当該バイオ後続品の初回の使用日の属する月から起算して3月を限度として、月1回に限り150点を所定点数に加算する。
9　別に厚生労働大臣が定める施設基準に適合しているものとして地方厚生局長等に届け出た保険医療機関において、1のイの(1)を算定する患者に対して、当該保険医療機関の歯科医師の指示に基づき薬剤師が、服薬状況、副作用の有無等の情報の収集及び評価を行い、歯科医師の診察前に情報提供や処方の提案等を行った場合は、がん薬物療法体制充実加算として、月1回に限り100点を所定点数に加算する。	(新設)
B004－2～B004－4からB004－6まで　(略)	B004－2～B004－4からB004－6まで　(略)
B004－6－2　歯科治療時医療管理料(1日につき)　45点	B004－6－2　歯科治療時医療管理料(1日につき)　45点
注1　別に厚生労働大臣が定める施設基準に適合しているものとして地方厚生局長等に届け出た保険医療機関において、全身的な管理が必要な患者に対し、第8部処置(区分番号I009、I009－2及びI010に掲げるものを除く。)、第9部手術又は第12部歯冠修復及び欠損補綴(区分番号M001から区分番号M003まで又はM003－4に掲げるものに限る。)を行うに当たって、必要な医療管理を行った場合(当該処置、手術又は歯冠修復及び欠損補綴を全身麻酔下で行った場合を除く。)に算定する。	注1　別に厚生労働大臣が定める施設基準に適合しているものとして地方厚生局長等に届け出た保険医療機関において、全身的な管理が必要な患者に対し、第8部処置(区分番号I009、I009－2及びI010に掲げるものを除く。)、第9部手術又は第12部歯冠修復及び欠損補綴(区分番号M001から区分番号M003までに掲げるもの(全身麻酔下で行うものを除く。)に限る。)を行うに当たって、必要な医療管理を行った場合に算定する。
2　(略)	2　(略)
3　歯科治療時医療管理料を算定した月において、区分番号B000－6に掲げる周術期等口腔機能管理料(Ⅰ)、区分番号B000－7に掲げる周術期等口腔機能管理料(Ⅱ)、区分番号B000－8に掲げる周術期等口腔機能管理料(Ⅲ)、区分番号B000－9に掲げる周術期等口腔機能管理料(Ⅳ)又は区分番号B000－11に掲げる回復期等口腔機能管理料は、別に算定できない。	3　歯科治療時医療管理料を算定した月において、区分番号B000－6に掲げる周術期等口腔機能管理料(Ⅰ)、区分番号B000－7に掲げる周術期等口腔機能管理料(Ⅱ)又は区分番号B000－8に掲げる周術期等口腔機能管理料(Ⅲ)は、別に算定できない。
B004－7及びB004－8～B006－2　(略)	B004－7及びB004－8～B006－2　(略)
B006－3　がん治療連携計画策定料	B006－3　がん治療連携計画策定料
1・2　(略)	1・2　(略)
注1・2　(略)	注1・2　(略)
3　注1及び注2の規定に基づく当該別の保険医療機関への文書の提供に係る区分番号B009に掲げる診療情報提供料(Ⅰ)及び区分番号B011に掲げる診療情報等連携共有料の費用は、所定点数に含まれる。	3　注1及び注2の規定に基づく当該別の保険医療機関への文書の提供に係る区分番号B009に掲げる診療情報提供料(Ⅰ)及び区分番号B011に掲げる診療情報連携共有料の費用は、所定点数に含まれる。
4　区分番号B000－5に掲げる周術期等口腔機能管理計画策定料、区分番号B000－10に掲げる回復期等口腔機能管理計画策定料、区分番号B006に掲げる開放型病院共同指導料(Ⅰ)又は区分番号B015に掲げる退院時共同指導料2は、別に算定できない。	4　区分番号B000－5に掲げる周術期等口腔機能管理計画策定料、区分番号B006に掲げる開放型病院共同指導料(Ⅰ)又は区分番号B015に掲げる退院時共同指導料2は、別に算定できない。
B006－3－2　がん治療連携指導料　300点	B006－3－2　がん治療連携指導料　300点
注1　(略)	注1　(略)
2　注1の規定に基づく計画策定病院への文書の提供に係る区分番号B009に掲げる診療情報提供料(Ⅰ)、区分番号B011に掲げる診療情報等連携共有料及び区分番号B011－2に掲げる連携強化診療情報提供料の費用は、所定点数に含まれる。	2　注1の規定に基づく計画策定病院への文書の提供に係る区分番号B009に掲げる診療情報提供料(Ⅰ)、区分番号B011に掲げる診療情報連携共有料及び区分番号B011－2に掲げる連携強化診療情報提供料の費用は、所定点数に含まれる。
3　(略)	3　(略)
B006－3－3～B006－3－5　(略)	B006－3－3～B006－3－5　(略)
B006－4　歯科遠隔連携診療料　500点	(新設)
注　別に厚生労働大臣が定める施設基準を満たす保険医療機関において、対面診療を行っている入院中の患者以外の患者であって、別に厚生労働大臣が定めるものに対して、症状の確認等を目的として、患者の同意を得て、当該施設基準を満たす当該患者の疾患等に関する専門的な診療を行っている他の保険医療機関の歯科医師と事前に診療情報を共有した上で、当該患者の来院時に、情報通信機器を用いて、当該他の保険医療機関の歯科医師と連携して診療を行った場合に、3月に1回に限り算定する。	
B007・B008　(略)	B007・B008　(略)
B008－2　薬剤総合評価調整管理料　250点	B008－2　薬剤総合評価調整管理料　250点
注1　(略)	注1　(略)
2　処方の内容の調整に当たって、別の保険医療機関又は保険薬局に対して、照会又は情報提供を行った場合、連携管理加算として、50点を所定点数に加算する。ただし、連携管理加算を算定した場合において、区分番号B009に掲げる診療情報提供料(Ⅰ)(当該別の保険医療機関に対して患者の紹介を行った場合に限る。)又は区分番号B011に掲げる診療情報等連携共有料(当該別の保険医療機関又は当該別の保険薬局に対して行った場合に限る。)は同一日には算定できない。	2　処方の内容の調整に当たって、別の保険医療機関又は保険薬局に対して、照会又は情報提供を行った場合、連携管理加算として、50点を所定点数に加算する。ただし、連携管理加算を算定した場合において、区分番号B009に掲げる診療情報提供料(Ⅰ)(当該別の保険医療機関に対して患者の紹介を行った場合に限る。)又は区分番号B011に掲げる診療情報連携共有料(当該別の保険医療機関に対して行った場合に限る。)は同一日には算定できない。
B009　診療情報提供料(Ⅰ)　250点	B009　診療情報提供料(Ⅰ)　250点
注1～5　(略)	注1～5　(略)
6　保険医療機関(区分番号A000に掲げる初診料の注11に規定する厚生労働大臣が定める施設基準に適合しているものとして地方厚生局長等に届け出た保険医療機関を除く。)が、区分番号A000に掲げる初診料の注6若しくは区分番号A002に掲げる再診料の注4に規定する歯科診療特別対応加算1を算定している患者若しくは著しく歯科診療が困難な者であって区分番号A000に掲げる初診料の注6若しくは区分番号A002に掲げる再診料の注4に規定する歯科診療特別対応加算2若しくは歯科診療特別対応加算3を算定している患者又は区分番号C000に掲げる歯科訪問診療料を算定している患者について、当該患者又はその家族の同意を得て、区分番号A000に掲げる初診料の注11に規定する加算に係る施設基準又は地域歯科診療支援病院歯科初診料に係る施設基準に適合するものとして地方厚生局長等に届け出た保険医療機関、歯科医業を行わない保険医療機関又は指定居宅介護支援事業者に対して、診療状況を示す文書を添えて患者の紹介を行った場合は、100点を所定点数に加算する。	6　保険医療機関(区分番号A000に掲げる初診料の注10に規定する厚生労働大臣が定める施設基準に適合しているものとして地方厚生局長等に届け出た保険医療機関を除く。)が、区分番号A000に掲げる初診料の注6若しくは区分番号A002に掲げる再診料の注4に規定する歯科診療特別対応加算を算定している患者又は区分番号C000に掲げる歯科訪問診療料を算定している患者について、当該患者又はその家族の同意を得て、区分番号A000に掲げる初診料の注10に規定する加算に係る施設基準又は地域歯科診療支援病院歯科初診料に係る施設基準に適合するものとして地方厚生局長等に届け出た保険医療機関、歯科医業を行わない保険医療機関又は指定居宅介護支援事業者に対して、診療状況を示す文書を添えて患者の紹介を行った場合は、100点を所定点数に加算する。
7　区分番号A000に掲げる初診料の注11に規定する加算に係る施設基準又は地域歯科診療支援病院歯科初診料に係る施設基準に適合しているものとして地方厚生局長等に届け出た保険医療機関が、区分番号A000に掲げる初診料の注6若しくは区分番号A002に掲げる再診料の注4に規定する歯科診療特別対応加算1を算定している患者又は著しく歯科診療が困難な者であって区分番号A000に掲げる初診料の注	7　区分番号A000に掲げる初診料の注10に規定する加算に係る施設基準又は地域歯科診療支援病院歯科初診料に係る施設基準に適合しているものとして地方厚生局長等に届け出た保険医療機関が、区分番号A000に掲げる初診料の注6又は区分番号A002に掲げる再診料の注4に規定する加算を算定している患者について、当該患者又はその家族の同意を得て、歯科診療を行う保険医療機関(区分番号A000に掲

令和6年度 歯科診療報酬改定点数表

10面 → 4面

（傍線部分は改正部分）

改正後

別表第二
歯科診療報酬点数表
［目次］
第１章　基本診療料
第１部　（略）
第２部　入院料等
第１節～第４節　（略）
（削る）
第２章　特掲診療料
第１部～第７部　（略）
第８部　処置
第１節・第２節　（略）
第３節　薬剤料
第４節　特定薬剤料
第５節　特定保険医療材料料
第９部～第14部　（略）
第15部　その他
（削る）

第１章　基本診療料
第１部　初・再診料
通則
１～３　（略）
第１節　初診料
区分
Ａ０００　初診料
１　歯科初診料　267点
２　地域歯科診療支援病院歯科初診料　291点
注１～５　（略）
６　著しく歯科診療が困難な者に対して初診を行った場合（歯科診療特別対応加算３を算定する場合を除く。）は、歯科診療特別対応加算１として、175点を所定点数に加算し、著しく歯科診療が困難な者に対して当該患者が歯科治療環境に円滑に適応できるような技法を用いて初診を行った場合又は個室若しくは陰圧室において診療を行う必要性が特に高い患者に対して個室若しくは陰圧室において初診を行った場合（歯科診療特別対応加算３を算定する場合を除く。）は、歯科診療特別対応加算２として、250点を所定点数に加算し、感染症の予防及び感染症の患者に対する医療に関する法律第６条第７項に規定する新型インフルエンザ等感染症、同条第８項に規定する指定感染症又は同条第９項に規定する新感染症の患者に対して初診を行った場合は、歯科診療特別対応加算３として、500点を所定点数に加算する。ただし、歯科診療特別対応加算１、歯科診療特別対応加算２又は歯科診療特別対応加算３を算定する患者について、当該患者に対する診療時間が１時間を超えた場合は、30分又はその端数を増すごとに、100点を更に所定点数に加算する。
７・８　（略）
（削る）
９　１及び２については、別に厚生労働大臣が定める施設基準に適合しているものとして地方厚生局長等に届け出た保険医療機関において、歯科外来診療における医療安全対策に係る取組を行った場合は、それぞれ歯科外来診療医療安全対策加算１又は歯科外来診療医療安全対策加算２として、初診時１回に限り12点又は13点を所定点数に加算する。
10　１及び２については、別に厚生労働大臣が定める施設基準に適合しているものとして地方厚生局長等に届け出た保険医療機関において、歯科外来診療における院内感染防止対策に係る取組を行った場合は、それぞれ歯科外来診療感染対策加算１若しくは歯科外来診療感染対策加算２又は歯科外来診療感染対策加算３若しくは歯科外来診療感染対策加算４として、初診時１回に限り12点若しくは14点又は13点若しくは15点を所定点数に加算する。
11　別に厚生労働大臣が定める施設基準に適合しているものとして地方厚生局長等に届け出た保険医療機関において、歯科診療を実施している他の保険医療機関（診療所に限る。）において注６若しくは区分番号Ａ００２に掲げる再診料の注４に規定する歯科診療特別対応加算１を算定した患者又は著しく歯科診療が困難な者であって注６若しくは区分番号Ａ００２に掲げる再診料の注４に規定する歯科診療特別対応加算２若しくは歯科診療特別対応加算３を算定した患者に対して、当該保険医療機関から文書による診療情報提供を受けた上で、外来において初診を行った場合は、歯科診療特別対応連携加算として、月１回に限り150点を所定点数に加算する。
12　歯科診療を実施している保険医療機関（診療所（注11に規定する施設基準に適合しているものとして地方厚生局長等に届け出た保険医療機関を除く。）に限る。）において、他の保険医療機関（注11に規定する施設基準に適合しているものとして地方厚生局長等に届け出た保険医療機関に限る。）において注６若しくは区分番号Ａ００２に掲げる再診料の注４に規定する歯科診療特別対応加算１を算定した患者又は著しく歯科診療が困難な者であって注６若しくは区分番号Ａ００２に掲げる再診料の注４に規定する歯科診療特別対応加算２若しくは歯科診療特別対応加算３を算定した患者に対して、当該保険医療機関から文書による診療情報提供を受けた上で、外来において初診を行った場合は、歯科診療特別対応地域支援加算として、月１回に限り100点を所定点数に加算する。
13　削除
（削る）
14　別に厚生労働大臣が定める施設基準を満たす歯科診療を実施している保険医療機関を受診した患者に対して十分な情報を取得した上で初診を行った場合は、医療情報取得加算１として、月１回に限り３点を所定点数に加算する。ただし、健康保険法第３条第13項に規定する電子資格確認により当該患者に係る診療情報を取得等した場合又は他の保険医療機関から当該患者に係る診療情報の提供を受けた場合にあっては、医療情報取得加算２として、月１回に限り１点を所定点数に加算する。
15　医療ＤＸ推進に係る体制として別に厚生労働大臣が定める施設基準に適合しているものとして地方厚生局長等に届け出た歯科診療を実施している保険医療機関を受診した患者に対して初診を行った場合は、医療ＤＸ推進体制整備加算として、月１回に限り６点を所定点数に加算する。
16　別に厚生労働大臣が定める施設基準に適合しているものとして地方厚生局長等に届け出た保険医療機関において、特に情報通信機器を用いた歯科診療を行うことが必要と認められるものに対して、情報通信機器を用いた初診を行った場合には、注１に規定する届出の有無にかかわらず、１の歯科初診料又は２の地域歯科診療支援病院歯科初診料について、所定点数に代えて、233点を算定する。
Ａ００１　（略）
第２節　再診料
区分
Ａ００２　再診料
１　歯科再診料　58点
２　地域歯科診療支援病院歯科再診料　75点
注１～３　（略）
４　著しく歯科診療が困難な者に対して再診を行った場合（歯科診療特別対応加算３を算定する場合を除く。）は、歯科診療特別対応加算１として、175点を所定点数に加算し、著しく歯科診療が困難な者に対して当該患者が歯科治療環境に円滑に適応できるような技法を用いて再診を行った場合又は個室若しくは陰圧室において診療を行う必要性が特に高い患者に対して個室若しくは陰圧室において再診を行った場合（歯科診療特別対応加算３を算定する場合を除く。）は、歯科診療特別対応加算２として、250点

改正前

別表第二
歯科診療報酬点数表
［目次］
第１章　基本診療料
第１部　（略）
第２部　入院料等
第１節～第４節　（略）
第５節　看護職員処遇改善評価料
第２章　特掲診療料
第１部～第７部　（略）
第８部　処置
第１節・第２節　（略）
（新設）
第３節　特定薬剤料
第４節　特定保険医療材料料
第９部～第14部　（略）
（新設）
第３章　経過措置

第１章　基本診療料
第１部　初・再診料
通則
１～３　（略）
第１節　初診料
区分
Ａ０００　初診料
１　歯科初診料　264点
２　地域歯科診療支援病院歯科初診料　288点
注１～５　（略）
６　著しく歯科診療が困難な者に対して初診を行った場合は、歯科診療特別対応加算として、175点（当該患者が歯科治療環境に円滑に適応できるような技法を用いた場合は、初診時歯科診療導入加算として、250点）を所定点数に加算する。
７・８　（略）
９　１及び２については、別に厚生労働大臣が定める施設基準に適合しているものとして地方厚生局長等に届け出た保険医療機関において、歯科外来診療の総合的な歯科医療環境の体制整備に係る取組を行った場合は、それぞれ歯科外来診療環境体制加算１又は歯科外来診療環境体制加算２として、初診時１回に限り23点又は25点を所定点数に加算する。
（新設）
（新設）
10　別に厚生労働大臣が定める施設基準に適合しているものとして地方厚生局長等に届け出た保険医療機関において、歯科診療を実施している他の保険医療機関（診療所に限る。）において注６又は区分番号Ａ００２に掲げる再診料の注４に規定する加算を算定した患者に対して、当該保険医療機関から文書による診療情報提供を受けた上で、外来において初診を行った場合は、歯科診療特別対応連携加算として、月１回に限り150点を所定点数に加算する。
11　歯科診療を実施している保険医療機関（診療所（注10に規定する施設基準に適合しているものとして地方厚生局長等に届け出た保険医療機関を除く。）に限る。）において、他の保険医療機関（注10に規定する施設基準に適合しているものとして地方厚生局長等に届け出た保険医療機関に限る。）において注６又は区分番号Ａ００２に掲げる再診料の注４に規定する加算を算定した患者に対して、当該保険医療機関から文書による診療情報提供を受けた上で、外来において初診を行った場合は、歯科診療特別対応地域支援加算として、月１回に限り100点を所定点数に加算する。
12　削除
13　初診に係る十分な情報を取得する体制として別に厚生労働大臣が定める施設基準を満たす歯科診療を実施している保険医療機関を受診した患者に対して初診を行った場合は、医療情報・システム基盤整備体制充実加算１として、月１回に限り４点を所定点数に加算する。ただし、健康保険法第３条第13項に規定する電子資格確認により当該患者に係る診療情報を取得等した場合又は他の保険医療機関から当該患者に係る診療情報の提供を受けた場合にあっては、医療情報・システム基盤整備体制充実加算２として、月１回に限り２点を所定点数に加算する。
（新設）
（新設）
（新設）
Ａ００１　（略）
第２節　再診料
区分
Ａ００２　再診料
１　歯科再診料　56点
２　地域歯科診療支援病院歯科再診料　73点
注１～３　（略）
４　著しく歯科診療が困難な者に対して再診を行った場合は、歯科診療特別対応加算として、175点を所定点数に加算する。

改正後

を所定点数に加算し、感染症の予防及び感染症の患者に対する医療に関する法律第６条第７項に規定する新型インフルエンザ等感染症、同条第８項に規定する指定感染症又は同条第９項に規定する新感染症の患者に対して再診を行った場合は、歯科診療特別対応加算３として、500点を所定点数に加算する。ただし、歯科診療特別対応加算１、歯科診療特別対応加算２又は歯科診療特別対応加算３を算定する患者について、当該患者に対する診療時間が１時間を超えた場合は、30分又はその端数を増すごとに、100点を更に所定点数に加算する。
５・６　（略）
７　患者又はその看護に当たっている者から電話等によって治療上の意見を求められて指示をした場合は、再診料を算定する。ただし、この場合において、注11に規定する加算は算定しない。
（削る）
８　１及び２については、区分番号Ａ０００に掲げる初診料の注９に規定する歯科外来診療医療安全対策加算に係る施設基準に適合しているものとして地方厚生局長等に届け出た保険医療機関において、歯科外来診療における医療安全対策に係る取組を行った場合は、それぞれ歯科外来診療医療安全対策加算１又は歯科外来診療医療安全対策加算２として、２点又は３点を所定点数に加算する。
９　１及び２については、区分番号Ａ０００に掲げる初診料の注10に規定する歯科外来診療感染対策加算に係る施設基準に適合しているものとして地方厚生局長等に届け出た保険医療機関において、歯科外来診療における院内感染防止対策に係る取組を行った場合は、それぞれ歯科外来診療感染対策加算１若しくは歯科外来診療感染対策加算２又は歯科外来診療感染対策加算３若しくは歯科外来診療感染対策加算４として、２点若しくは４点又は３点若しくは５点を所定点数に加算する。
10　個別の費用の計算の基礎となった項目ごとに記載した明細書の発行等につき別に厚生労働大臣が定める施設基準を満たす保険医療機関（診療所に限る。）を受診した患者については、明細書発行体制等加算として、１点を所定点数に加算する。
（削る）
11　別に厚生労働大臣が定める施設基準を満たす歯科診療を実施している保険医療機関を受診した患者に対して十分な情報を取得した上で再診を行った場合は、医療情報取得加算３として、３月に１回に限り２点を所定点数に加算する。ただし、健康保険法第３条第13項に規定する電子資格確認により当該患者に係る診療情報を取得等した場合又は他の保険医療機関から当該患者に係る診療情報の提供を受けた場合にあっては、医療情報取得加算４として、３月に１回に限り１点を所定点数に加算する。
12　別に厚生労働大臣が定める施設基準に適合しているものとして地方厚生局長等に届け出た保険医療機関において、特に情報通信機器を用いた歯科診療を行うことが必要と認められるものに対して、情報通信機器を用いた再診を行った場合には、注１に規定する届出の有無にかかわらず、１の歯科再診料又は２の地域歯科診療支援病院歯科再診料について、所定点数に代えて、51点を算定する。

第２部　入院料等
通則
１～５　（略）
６　入院診療計画、院内感染防止対策、医療安全管理体制、褥瘡対策、栄養管理体制、意思決定支援及び身体的拘束最小化について、別に厚生労働大臣が定める基準を満たす場合に限り、第１節（特別入院基本料等を含む。）、第３節及び第４節（短期滞在手術等基本料１を除く。）の各区分に掲げるそれぞれの入院基本料、特定入院料又は短期滞在手術等基本料の所定点数を算定する。ただし、歯科診療のみを行う保険医療機関にあっては、別に厚生労働大臣が定める基準を満たす場合に限り、当該入院料の所定点数を算定する。
７　（略）
８　第６号本文に規定する別に厚生労働大臣が定める基準（歯科診療のみを行う保険医療機関にあっては、第６号ただし書に規定する別に厚生労働大臣が定める基準）のうち、身体的拘束最小化に関する基準を満たすことができない保険医療機関については、第１節（特別入院基本料等を除く。）、第３節及び第４節（短期滞在手術等基本料１を除く。）の各区分に掲げるそれぞれの入院基本料、特定入院料又は短期滞在手術等基本料の所定点数から１日につき40点を減算する。
第１節　（略）
第２節　入院基本料等加算
通則
１・２　（略）
区分
Ａ２００～Ａ２０７　（略）
Ａ２０８　特定感染症入院医療管理加算
Ａ２０８－２～Ａ２１６　（略）
Ａ２１６－２　特定感染症患者療養環境特別加算
Ａ２１７～Ａ２２１－３　（略）
Ａ２２１－４　小児緩和ケア診療加算
Ａ２２２　（略）
Ａ２２３　リハビリテーション・栄養・口腔連携体制加算
Ａ２２３－２～Ａ２２７－５　（略）
Ａ２２７－６　医療的ケア児（者）入院前支援加算
Ａ２２８～Ａ２４３　（略）
Ａ２４３－２　バイオ後続品使用体制加算
Ａ２４４～Ａ２４６　（略）
Ａ２５０　地域歯科診療支援病院入院加算　300点
注　別に厚生労働大臣が定める施設基準に適合しているものとして地方厚生局長等に届け出た保険医療機関において、歯科訪問診療を実施している別の保険医療機関で区分番号Ｃ０００に掲げる歯科訪問診療料又は区分番号Ａ０００に掲げる初診料の注６若しくは区分番号Ａ００２に掲げる再診料の注４に規定する歯科診療特別対応加算１、歯科診療特別対応加算２又は歯科診療特別対応加算３を算定した患者であって、区分番号Ｂ０００－４に掲げる歯科疾患管理料、区分番号Ｃ００１－３に掲げる歯科疾患在宅療養管理料、区分番号Ｃ００１－５に掲げる在宅患者訪問口腔リハビリテーション指導管理料又は区分番号Ｃ００１－６に掲げる小児在宅患者訪問口腔リハビリテーション指導管理料を入院の月又はその前月に算定しているものについて、当該保険医療機関から文書による診療情報提供を受け、求めに応じて入院させた場合に、当該患者（第１節のいずれかの入院基本料（特別入院基本料等を含む。）を現に算定している患者に限る。）について、入院初日に限り所定点数に加算する。
第３節　特定入院料
通則
（略）
区分
Ａ３００～Ａ３０６　（略）
Ａ３０７　地域包括医療病棟入院料
第４節　（略）
（削る）

第２章　特掲診療料
第１部　医学管理等
区分
Ｂ０００～Ｂ０００－３　（略）

改正前

５・６　（略）
７　患者又はその看護に当たっている者から電話等によって治療上の意見を求められて指示をした場合は、再診料を算定する。ただし、この場合において、注10に規定する加算は算定しない。
８　１及び２については、区分番号Ａ０００に掲げる初診料の注９に規定する歯科外来診療環境体制加算に係る施設基準に適合しているものとして地方厚生局長等に届け出た保険医療機関において、歯科外来診療の総合的な歯科医療環境の体制整備に係る取組を行った場合は、それぞれ再診時歯科外来診療環境体制加算１又は再診時歯科外来診療環境体制加算２として、３点又は５点を所定点数に加算する。
（新設）
（新設）
９　個別の費用の計算の基礎となった項目ごとに記載した明細書の発行等につき別に厚生労働大臣が定める施設基準を満たす保険医療機関（診療所に限る。）を受診した患者については、明細書発行体制等加算として、１点を所定点数に加算する。
10　再診に係る十分な情報を取得する体制として別に厚生労働大臣が定める施設基準を満たす歯科診療を実施している保険医療機関を受診した患者に対して再診を行った場合は、医療情報・システム基盤整備体制充実加算３として、月１回に限り２点を所定点数に加算する。ただし、健康保険法第３条第13項に規定する電子資格確認により当該患者に係る診療情報を取得等した場合又は他の保険医療機関から当該患者に係る診療情報の提供を受けた場合にあっては、この限りでない。
（新設）
（新設）

第２部　入院料等
通則
１～５　（略）
６　入院診療計画、院内感染防止対策、医療安全管理体制、褥瘡対策及び栄養管理体制について、別に厚生労働大臣が定める基準を満たす場合に限り、第１節（特別入院基本料等を含む。）及び第３節の各区分に掲げる入院料の所定点数を算定する。ただし、歯科診療のみを行う保険医療機関にあっては、別に厚生労働大臣が定める基準を満たす場合に限り、当該入院料の所定点数を算定する。
７　（略）
（新設）
第１節　（略）
第２節　入院基本料等加算
通則
１・２　（略）
区分
Ａ２００～Ａ２０７　（略）
Ａ２０８　削除
Ａ２０８－２～Ａ２１６　（略）
Ａ２１６－２　二類感染症患者療養環境特別加算
Ａ２１７～Ａ２２１－３　（略）
（新設）
Ａ２２２　（略）
Ａ２２３　削除
Ａ２２３－２～Ａ２２７－５　（略）
（新設）
Ａ２２８～Ａ２４３　（略）
（新設）
Ａ２４４～Ａ２４６　（略）
Ａ２５０　地域歯科診療支援病院入院加算　300点
注　別に厚生労働大臣が定める施設基準に適合しているものとして地方厚生局長等に届け出た保険医療機関において、歯科訪問診療を実施している別の保険医療機関で区分番号Ｃ０００に掲げる歯科訪問診療料又は区分番号Ａ０００に掲げる初診料の注６若しくは区分番号Ａ００２に掲げる再診料の注４に規定する加算を算定した患者であって、区分番号Ｂ０００－４に掲げる歯科疾患管理料、区分番号Ｃ００１－３に掲げる歯科疾患在宅療養管理料、区分番号Ｃ００１－５に掲げる在宅患者訪問口腔リハビリテーション指導管理料又は区分番号Ｃ００１－６に掲げる小児在宅患者訪問口腔リハビリテーション指導管理料を入院の月又はその前月に算定しているものについて、当該保険医療機関から文書による診療情報提供を受け、求めに応じて入院させた場合に、当該患者（第１節のいずれかの入院基本料（特別入院基本料等を含む。）を現に算定している患者に限る。）について、入院初日に限り所定点数に加算する。
第３節　特定入院料
通則
（略）
区分
Ａ３００～Ａ３０６　（略）
（新設）
第４節　（略）
第５節　看護職員処遇改善評価料
区分
Ａ５００　看護職員処遇改善評価料
注　医科点数表の区分番号Ａ５００に掲げる看護職員処遇改善評価料の注に規定する別に厚生労働大臣が定める施設基準に適合しているものとして地方厚生局長等に届け出た保険医療機関に入院している患者であって、第１節の入院基本料（特別入院基本料等を含む。）、第３節の特定入院料又は第４節の短期滞在手術等基本料を算定しているものについて、医科点数表の区分番号Ａ５００に掲げる看護職員処遇改善評価料の例により算定する。

第２章　特掲診療料
第１部　医学管理等
区分
Ｂ０００～Ｂ０００－３　（略）

改正後

Ｂ０００－４　歯科疾患管理料　100点
注１・２　（略）
３　区分番号Ｂ０００－６に掲げる周術期等口腔機能管理料（Ⅰ）、区分番号Ｂ０００－７に掲げる周術期等口腔機能管理料（Ⅱ）、区分番号Ｂ０００－８に掲げる周術期等口腔機能管理料（Ⅲ）、区分番号Ｂ０００－９に掲げる周術期等口腔機能管理料（Ⅳ）、区分番号Ｂ０００－１１に掲げる回復期等口腔機能管理料、区分番号Ｂ００２に掲げる歯科特定疾患療養管理料、区分番号Ｃ００１－３に掲げる歯科疾患在宅療養管理料、区分番号Ｃ００１－５に掲げる在宅患者訪問口腔リハビリテーション指導管理料、区分番号Ｃ００１－６に掲げる小児在宅患者訪問口腔リハビリテーション指導管理料又は区分番号Ｎ００２に掲げる歯科矯正管理料を算定した患者に対して、当該管理の終了後に療養上の必要があって歯科疾患の継続的な管理を行う場合は、区分番号Ｂ０００－６に掲げる周術期等口腔機能管理料（Ⅰ）、区分番号Ｂ０００－７に掲げる周術期等口腔機能管理料（Ⅱ）、区分番号Ｂ０００－８に掲げる周術期等口腔機能管理料（Ⅲ）、区分番号Ｂ０００－９に掲げる周術期等口腔機能管理料（Ⅳ）、区分番号Ｂ０００－１１に掲げる回復期等口腔機能管理料、区分番号Ｂ００２に掲げる歯科特定疾患療養管理料、区分番号Ｃ００１－３に掲げる歯科疾患在宅療養管理料、区分番号Ｃ００１－５に掲げる在宅患者訪問口腔リハビリテーション指導管理料、区分番号Ｃ００１－６に掲げる小児在宅患者訪問口腔リハビリテーション指導管理料又は区分番号Ｎ００２に掲げる歯科矯正管理料を算定した日の属する月の翌月以降から算定する。
４～６　（略）
７　歯科疾患管理料を算定した月において、区分番号Ｂ０００－６に掲げる周術期等口腔機能管理料（Ⅰ）、区分番号Ｂ０００－７に掲げる周術期等口腔機能管理料（Ⅱ）、区分番号Ｂ０００－８に掲げる周術期等口腔機能管理料（Ⅲ）、区分番号Ｂ０００－９に掲げる周術期等口腔機能管理料（Ⅳ）、区分番号Ｂ０００－１１に掲げる回復期等口腔機能管理料、区分番号Ｂ００２に掲げる歯科特定疾患療養管理料、区分番号Ｃ００１－３に掲げる歯科疾患在宅療養管理料、区分番号Ｃ００１－５に掲げる在宅患者訪問口腔リハビリテーション指導管理料、区分番号Ｃ００１－６に掲げる小児在宅患者訪問口腔リハビリテーション指導管理料及び区分番号Ｎ００２に掲げる歯科矯正管理料は、算定できない。
８・９　（略）
（削る）
10　（略）
11　初診日の属する月から起算して６月を超えて歯科疾患の管理及び療養上必要な指導を行った場合は、長期管理加算として、次に掲げる点数をそれぞれ所定点数に加算する。
イ　区分番号Ｂ０００－４－２に掲げる小児口腔機能管理料の注３に規定する施設基準に適合しているものとして地方厚生局長等に届け出た診療所である保険医療機関の場合　120点
ロ　（略）
Ｂ０００－４－２　小児口腔機能管理料　60点
注１　区分番号Ｂ０００－４に掲げる歯科疾患管理料又は区分番号Ｂ００２に掲げる歯科特定疾患療養管理料を算定した患者であって、口腔機能の発達不全を有する18歳未満の児童に対して、口腔機能の獲得を目的として、当該患者等の同意を得て、当該患者の口腔機能評価に基づく管理計画を作成し、当該管理計画に基づき、口腔機能の管理を行った場合に、月１回に限り算定する。
２　（略）
３　別に厚生労働大臣が定める施設基準に適合しているものとして地方厚生局長等に届け出た診療所である保険医療機関において、口腔機能の管理を行った場合は、口腔管理体制強化加算として、50点を所定点数に加算する。
４　小児口腔機能管理料を算定した月において、区分番号Ｂ０００－６に掲げる周術期等口腔機能管理料（Ⅰ）、区分番号Ｂ０００－７に掲げる周術期等口腔機能管理料（Ⅱ）、区分番号Ｂ０００－８に掲げる周術期等口腔機能管理料（Ⅲ）、区分番号Ｂ０００－９に掲げる周術期等口腔機能管理料（Ⅳ）、区分番号Ｂ０００－１１に掲げる回復期等口腔機能管理料、区分番号Ｃ００１－３に掲げる歯科疾患在宅療養管理料、区分番号Ｃ００１－６に掲げる小児在宅患者訪問口腔リハビリテーション指導管理料及び区分番号Ｎ００２に掲げる歯科矯正管理料は、算定できない。
５　別に厚生労働大臣が定める施設基準に適合しているものとして地方厚生局長等に届け出た保険医療機関において、特に情報通信機器を用いた歯科診療を行うことが必要と認められるもの（過去に小児口腔機能管理料を算定した患者に限る。）に対して、小児口腔機能管理料を算定すべき医学管理を情報通信機器を用いて行った場合は、所定点数に代えて、53点を算定する。
Ｂ０００－４－３　口腔機能管理料　60点
注１　区分番号Ｂ０００－４に掲げる歯科疾患管理料又は区分番号Ｂ００２に掲げる歯科特定疾患療養管理料を算定した患者であって、口腔機能の低下を来しているものに対して、口腔機能の回復又は維持を目的として、当該患者等の同意を得て、当該患者の口腔機能評価に基づく管理計画を作成し、当該管理計画に基づき、口腔機能の管理を行った場合に、月１回に限り算定する。
２　（略）
３　区分番号Ｂ０００－４－２に掲げる小児口腔機能管理料の注３に規定する施設基準に適合しているものとして地方厚生局長等に届け出た診療所である保険医療機関において、口腔機能の管理を行った場合は、口腔管理体制強化加算として50点を所定点数に加算する。
４　口腔機能管理料を算定した月において、区分番号Ｂ０００－６に掲げる周術期等口腔機能管理料（Ⅰ）、区分番号Ｂ０００－７に掲げる周術期等口腔機能管理料（Ⅱ）、区分番号Ｂ０００－８に掲げる周術期等口腔機能管理料（Ⅲ）、区分番号Ｂ０００－９に掲げる周術期等口腔機能管理料（Ⅳ）、区分番号Ｂ０００－１１に掲げる回復期等口腔機能管理料、区分番号Ｃ００１－３に掲げる歯科疾患在宅療養管理料、区分番号Ｃ００１－５に掲げる在宅患者訪問口腔リハビリテーション指導管理料及び区分番号Ｎ００２に掲げる歯科矯正管理料は、算定できない。
５　別に厚生労働大臣が定める施設基準に適合しているものとして地方厚生局長等に届け出た保険医療機関において、特に情報通信機器を用いた歯科診療を行うことが必要と認められるもの（過去に口腔機能管理料を算定した患者に限る。）に対して、口腔機能管理料を算定すべき医学管理を情報通信機器を用いて行った場合は、所定点数に代えて、53点を算定する。
Ｂ０００－５　周術期等口腔機能管理計画策定料　300点
注１　がん等に係る手術（歯科疾患に係る手術については、入院期間が２日を超えるものに限る。）又は放射線治療、化学療法、集中治療室における治療若しくは緩和ケア（以下「手術等」という。）を実施する患者に対して、歯科診療を実施している保険医療機関において、手術等を実施する保険医療機関からの文書による依頼に基づき、当該患者又はその家族の同意を得た上で、周術期等の口腔機能の評価及び一連の管理計画を策定するとともに、その内容について説明を行い、当該管理計画を文書により提供した場合に、当該手術等に係る一連の治療を通じて１回に限り算定する。
２　歯科診療を実施している保険医療機関又は手術等を実施する保険医療機関において、区分番号Ｎ００１に掲げる顎口腔機能診断料を算定した患者に対して、顎離断等の手術に係る注１に規定する管理計画を策定した場合（当該顎離断等の手術に当たって、全身的な管理が必要な患者に対して、当該管理計画を策定した場合を除く。）は、所定点数の100分の50に相当する点数により算定する。
３　区分番号Ｂ００６に掲げる開放型病院共同指導料（Ⅱ）、区分番号Ｂ００６－３に掲げるがん治療連携計画策定料、区分番号Ｂ０００－１０に

改正前

Ｂ０００－４　歯科疾患管理料　100点
注１・２　（略）
３　区分番号Ｂ０００－６に掲げる周術期等口腔機能管理料（Ⅰ）、区分番号Ｂ０００－７に掲げる周術期等口腔機能管理料（Ⅱ）、区分番号Ｂ０００－８に掲げる周術期等口腔機能管理料（Ⅲ）、区分番号Ｂ００２に掲げる歯科特定疾患療養管理料、区分番号Ｃ００１－３に掲げる歯科疾患在宅療養管理料、区分番号Ｃ００１－５に掲げる在宅患者訪問口腔リハビリテーション指導管理料、区分番号Ｃ００１－６に掲げる小児在宅患者訪問口腔リハビリテーション指導管理料又は区分番号Ｎ００２に掲げる歯科矯正管理料を算定した患者に対して、当該管理の終了後に療養上の必要があって歯科疾患の継続的な管理を行う場合は、区分番号Ｂ０００－６に掲げる周術期等口腔機能管理料（Ⅰ）、区分番号Ｂ０００－７に掲げる周術期等口腔機能管理料（Ⅱ）、区分番号Ｂ０００－８に掲げる周術期等口腔機能管理料（Ⅲ）、区分番号Ｂ００２に掲げる歯科特定疾患療養管理料、区分番号Ｃ００１－３に掲げる歯科疾患在宅療養管理料、区分番号Ｃ００１－５に掲げる在宅患者訪問口腔リハビリテーション指導管理料、区分番号Ｃ００１－６に掲げる小児在宅患者訪問口腔リハビリテーション指導管理料又は区分番号Ｎ００２に掲げる歯科矯正管理料を算定した日の属する月の翌月以降から算定する。
４～６　（略）
７　歯科疾患管理料を算定した月において、区分番号Ｂ０００－６に掲げる周術期等口腔機能管理料（Ⅰ）、区分番号Ｂ０００－７に掲げる周術期等口腔機能管理料（Ⅱ）、区分番号Ｂ０００－８に掲げる周術期等口腔機能管理料（Ⅲ）、区分番号Ｂ００２に掲げる歯科特定疾患療養管理料、区分番号Ｃ００１－３に掲げる歯科疾患在宅療養管理料、区分番号Ｃ００１－５に掲げる在宅患者訪問口腔リハビリテーション指導管理料、区分番号Ｃ００１－６に掲げる小児在宅患者訪問口腔リハビリテーション指導管理料及び区分番号Ｎ００２に掲げる歯科矯正管理料は、算定できない。
８・９　（略）
10　かかりつけ歯科医機能強化型歯科診療所（歯科疾患の管理が必要な患者に対し、定期的かつ継続的な口腔の管理を行う診療所であって、別に厚生労働大臣が定める施設基準に適合しているものとして地方厚生局長等に届け出たものをいう。以下この表において同じ。）において、エナメル質初期う蝕に罹患している患者に対して、管理及び療養上必要な指導等を行い、その内容について説明を行った場合は、エナメル質初期う蝕管理加算として、260点を所定点数に加算する。
11　（略）
12　初診日の属する月から起算して６月を超えて歯科疾患の管理及び療養上必要な指導を行った場合は、長期管理加算として、次に掲げる点数をそれぞれ所定点数に加算する。
イ　かかりつけ歯科医機能強化型歯科診療所の場合　120点
ロ　（略）
Ｂ０００－４－２　小児口腔機能管理料　100点
注１　区分番号Ｂ０００－４に掲げる歯科疾患管理料又は区分番号Ｂ００２に掲げる歯科特定疾患療養管理料を算定した患者であって、口腔機能の発達不全を有する18歳未満の児童に対して、口腔機能の獲得を目的として、当該患者等の同意を得て、当該患者の口腔機能評価に基づく管理計画を作成し、療養上必要な指導を行った場合に、月１回に限り算定する。
２　（略）
（新設）
３　小児口腔機能管理料を算定した月において、区分番号Ｂ０００－６に掲げる周術期等口腔機能管理料（Ⅰ）、区分番号Ｂ０００－７に掲げる周術期等口腔機能管理料（Ⅱ）、区分番号Ｂ０００－８に掲げる周術期等口腔機能管理料（Ⅲ）、区分番号Ｃ００１－３に掲げる歯科疾患在宅療養管理料、区分番号Ｃ００１－６に掲げる小児在宅患者訪問口腔リハビリテーション指導管理料及び区分番号Ｎ００２に掲げる歯科矯正管理料は、算定できない。
（新設）
Ｂ０００－４－３　口腔機能管理料　100点
注１　区分番号Ｂ０００－４に掲げる歯科疾患管理料又は区分番号Ｂ００２に掲げる歯科特定疾患療養管理料を算定した患者であって、口腔機能の低下を来しているものに対して、口腔機能の回復又は維持を目的として、当該患者等の同意を得て、当該患者の口腔機能評価に基づく管理計画を作成し、療養上必要な指導を行った場合に、月１回に限り算定する。
２　（略）
（新設）
３　口腔機能管理料を算定した月において、区分番号Ｂ０００－６に掲げる周術期等口腔機能管理料（Ⅰ）、区分番号Ｂ０００－７に掲げる周術期等口腔機能管理料（Ⅱ）、区分番号Ｂ０００－８に掲げる周術期等口腔機能管理料（Ⅲ）、区分番号Ｃ００１－３に掲げる歯科疾患在宅療養管理料、区分番号Ｃ００１－５に掲げる在宅患者訪問口腔リハビリテーション指導管理料及び区分番号Ｎ００２に掲げる歯科矯正管理料は、算定できない。
（新設）
Ｂ０００－５　周術期等口腔機能管理計画策定料　300点
注１　がん等に係る手術又は放射線治療、化学療法若しくは緩和ケア（以下「手術等」という。）を実施する患者に対して、歯科診療を実施している保険医療機関において、手術等を実施する保険医療機関からの文書による依頼に基づき、当該患者又はその家族の同意を得た上で、周術期等の口腔機能の評価及び一連の管理計画を策定するとともに、その内容について説明を行い、当該管理計画を文書により提供した場合に、当該手術等に係る一連の治療を通じて１回に限り算定する。
（新設）
２　区分番号Ｂ００６に掲げる開放型病院共同指導料（Ⅱ）、区分番号Ｂ００６－３に掲げるがん治療連携計画策定料、区分番号Ｂ００９に掲げる

東和ハイシステム

今夏に製品化へ

AIと音声で作成可能 サブカルテのデジタル版

東和ハイシステム（本社・岡山市、飯塚正也社長）は、AIを活用し、音声でデジタル版のサブカルテを作成するシステム「Sub Karte—Voice」を開発中と14日に発表した。同システムを導入した製品を今夏に発売したいとしている。

同システムは、医院独自のサブカルテ用紙をiPadアプリやスキャナーでデジタル化し、音声テキスト化機能との連携で、訪問診療先と院内で同時にサブカルテの利用や情報共有が行えるもの。手袋を外さずに音声でサブカルテの作成ができ、タッチペンを使った、文字・図形・絵などの手書き情報の保存も可能。

音声テキスト化機能は、日立情報通信エンジニアリングのAI音声認識技術「Recware」を活用している。紙のサブカルテと異なり、保管場所や翌日の準備が不要な他、手書き文字のテキスト化により誰でも読める。

「カルテ番号」「患者名」「日付」を音声で検索でき、結果を一覧で表示。同社の歯科用電子カルテ統合システム「Hi Dental Spirit XR—10i」と連携すると、サブカルテ記載の注意情報、例えば「一人でチェアに上がれない」といった記載事項を、患者来院時や治療時に電子カルテシステムの管理画面上にも表示して注意を促す。

サブカルテ　患者に関するあらゆる情報を院内で共有するために、日々の処置内容、会話内容、患者の変化で気付いたことなどを書き記すもの。多くの歯科医院では「紙」で管理している。特に決まったフォーマットはなく、医院ごとに様式は異なり、書き方にも制限はない。歯科医師の約8割がサブカルテのデジタル化を希望するとの調査もある

歯の着色汚れに新製品

マウスウォッシュなど発売

サンスター

サンスターグループ（＝サンスター）は、オーラルビューティーケアブランド「Ora²PREMIUM（オーラツープレミアム）」シリーズの新製品（マウスウォッシュ、歯ブラシ）を14日に全国で発売した。同日に新製品発表会を東京都渋谷区の渋谷ソラスタコンファレンスで開いた。同社担当者による新製品の説明、誤解しがちなオーラルケアについてのトークセッションなどが行われた。

オーラツーブランドコンセプトを同社オーラルケアマーケティング部オーラツーブランドマネージャーの新見隼人氏が説明。オーラツーは1997年に発売し、「2007年から23年までの17年間、オーラルケア美白歯磨き市場で販売金額シェアナンバーワンを維持している」と紹介。

「タイパ（＝自分が費やす時間に対しての満足度の高さ）時代の自分磨き意識調査」と新製品を同社オーラルケアマーケティング部オーラツーグループの安倍裕美子氏が概説した。同社調査では、20～40代の女性450人のうち、日頃からタイパを意識しているのは約52％で、うち50％が「タイパが1番求められるのは『美容や見た目などの自分磨き』」と回答し、そのうち、「オーラルケアを『自分磨き』と捉えている人は21％」だったと補足。オーラルケアを『なりたい自分に近づける自分磨き』の一環にして欲しい」と述べた。

◇◆◇

新製品の「オーラツープレミアムマウスウォッシュダブルクレンジング」は、歯磨きできない、歯磨きするまでもない時にも、口臭と着色汚れの元を洗い流しつつ歯に着色汚れを付きにくくするコーティング機能を備えたもの。場所を取らないスリムボトル。環境に配慮し、ボトルには植物由来のバイオマスプラスチックを採用し、持ち運び用のミニボトルも用意。香味はリフレッシュクリアミントとフレッシュフローラルミント。価格はオープン。

新製品の「オーラツープレミアムハブラシなめらかフィット」は、オーラツー初の先端2.5ミリメートルの最薄ヘッド。しなるスリムネックと密集毛で歯になめらかにあたって密着し汚れを落とす。ハンドル部にはバイオマスプラスチックを使用し、国内市販歯ブラシでは初めてBPマーク（バイオマスプラ識別表示マーク）の認証を取得。ハンドル部に全て石油由来樹脂を使用した場合と比べて石油由来のプラスチック使用量を約30％削減した。カラーはトレンドのくすみ色を採用し、ベビーピンク、ディープピンク、ミントグリーン、ネイビー。価格はオープン。

◇◆◇

トークセッションでは、「タイパ時代の自分磨き・誤解しがちなオーラルケア」と題し、昭和大学歯学部歯科保存学講座美容歯科学部門の新妻由衣子氏が出席。口元の美しさが人の印象に左右するという話をした後、誤解しがちなオーラルケアクイズ3問を交えながら、歯と口元の大切さを話した。

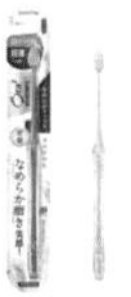

新製品の歯ブラシ。カラーはトレンドのくすみ色を採用し、4色を用意

新製品のマウスウォッシュ。スリムボトル（左）とミニボトル

投稿／募集　800字以内。郵送またはFAX、メール（jdn@dentalnews.co.jp宛）で。日本歯科新聞社

アイソレーションガウン

1万2千枚寄付

ナガイレーベン

ナガイレーベン（本社・東京都千代田区、澤登一郎社長）は、令和6年能登半島地震による被災地を始め全国の医療機関にアイソレーションガウン1万2千枚を寄付すると1月25日に発表した。

既に要請のあった石川県能登地域の医療機関には提供済みで、近隣地域および全国の医療機関への提供も順次行うという。

中部日本デンタルショー　8121人来場

「第47回中部日本デンタルショー」が17、18の両日、名古屋市中小企業振興会館 吹上ホールで開かれ、歯科医師ら8121人が来場した＝写真。コロナ禍で3年ぶりに開催された昨年に続く連続開催。愛知県歯科医学大会との併催。

180社近くが出展。今年は、会場に加え、ネットで閲覧できるウェブデンタルショーも用意。7カテゴリー（診療用設備・備品、技工用備品、治療用器具・材料、外科用器具、その他）の歯科器材などが展示された。

愛知県歯科医師会、愛知県歯科技工士会、愛知県歯科衛生士会、東海歯科用品商協同組合による講演のほか、愛知県歯、愛知県技、愛知県衛によるワークショップでは「口腔機能低下症検査機器体験」コーナーや、「技工製作物展示」「カービングコンテスト」なども行われた。

来場者の内訳は、1日目が2274人、2日目が5847人。

配管不要のユニット

チームフォーチューンが販売

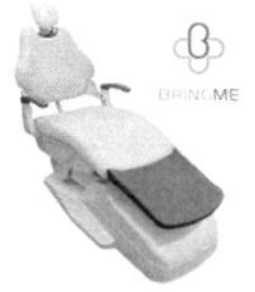

チームフォーチューン（本社・東京都杉並区、小川篤史社長）は、配管工事が不要で、自由にレイアウトできる歯科用ユニット「ブリングミーチェア」＝写真＝を販売している。

同製品は、人間工学に基づき、無駄を省いたデザイン。ヘッドレストとチェアの高さ、背板を調節できる。別売りの移動型診療用照明器や移動式スピットンと合わせて使用可能。

価格は、要問い合わせ。問い合わせはTEL03（5327）4100。

週間 金・パラ価格動向　税抜価格（1g,円）

	金	パラジウム（参考価格）
2月13日（火）	9,749	4,505
2月14日（水）	9,703	4,390
2月15日（木）	9,694	4,720
2月16日（金）	9,715	4,800

提供 石福金属興業

CP協会が勉強会

「医療機関との飲食ルール」学ぶ

日本歯科コンピュータ協会（＝、CP協会、山中一剛会長）は、会員向けの「プロモーションコード勉強会」をオンライン形式で7日に開いた。

「身近な営業活動における注意点」と題し、デンタルショーにおける適切なプロモーション、知っておきたいルールなどを日本歯科商工協会プロモーションコード委員会委員長の柏木直哉氏が説明した。

昨年開催の中部日本デンタルショーでは21件、北海道デンタルショーでは8件、ワールドデンタルショーでは43件の、プロモーションコードの規約に抵触が疑われた事案（サンプル提供、アンケート内容、アンケート謝礼、来場記念品、商談コーナーを除く茶菓提供、未承認医療機器展示方法、カタログ・チラシ・展示物等表記、射幸心をあおる展示方法、SNS登録に対する謝礼等、臨床試用医療機器の提供）が散見されたと報告。

例えば「来場記念品は、公正競争規約で定められた範囲（学会等にふさわしく来場者が学会で使用でき、かつ来場者に等しく配布できるもの）であり、市価で1千円を超えない範囲」などと解説した上で、規約に抵触が疑われた具体的な状況とその対策を紹介した。

医療担当者とのありがちな飲食提供のルール、注意しておきたいこと（＝表。※一部抜粋）、事例を示した上で、「医療機器業公正競争規約（＝規約）やプロモーションコード、関連法規等を理解した有資格者『規約インストラクター』の社内配置や規約、プロモーションコードに抵触しないようにするための社内のチェック体制作りが大切」と述べた。

プロモーションコード　医療機器業プロモーションコードの略称で、医療機器業界が自ら制定したもの。適正な事業活動を行い、正常な商慣習を確立するための自主ルール。なお、規約に違反すると、内容・程度等により指導、注意、警告、厳重警告、違約金賦課、除名処分になる可能性がある

注意しておきたいこと

Q　大手歯科医院が医院の敷地で地域住民向けの「歯の健康フェア」を行うので、手伝って欲しいと要請があった。無料の歯科健診、歯に関する相談会だけでなく、たこ焼き、ヨーヨー釣りなどの出店もあるらしい。当社は子供向けにシリコン印象材と硬石膏を使った指の石膏模型を作るコーナーを手伝う。公益性が高いと思うし問題ないですよね。

A　地域住民の「歯の健康フェア」と銘打っているが、一医院が開催しており、結果的に当該歯科医院の集患を目的としたものであるため、公益性のある活動ではありません。従ってこれに無償で協力することは、費用の肩代わりとなり、不当な景品類の提供と見なされます。

日本歯科新聞社の書籍 2023年 年間 売れ筋ランキング

ヒントは
ネットじゃなくて、
本にあるかも

1位

歯科医師・歯科技工士のための
総義歯臨床
保険でも！ ここまで咬める！
YouTube
連動版
白石一男
「痛い！」「うまくかめない！」への
対応がわかると、咬合治療・管理の
実力も格段にアップ！
日本歯科新聞社

歯科医師・歯科技工士のための 総義歯臨床 保険でも！ ここまで咬める！ YouTube連動版

白石一男 著 /B5 判 /144 p
【定価】**8,800 円**（税込）

詳しい目次や立ち読みは…

「入れ歯がうまい歯医者さん！」という口コミは、患者さんの心を強くつかみます！
あらためて「歯科医師としての腕に自信をつけたい」と考えたとき、理論と動画から学べる最適なガイドです。

2位

気づく、備える、
つなげる！
MCI・400万人対象
認知症
グレーゾーンの
歯科診療と地域連携 Q&A
早期発見で
患者さんと
医院を守る！

認知症グレーゾーンの 歯科診療と地域連携 Q&A

黒澤俊夫 著、工藤純夫 監修 /A5 判 /144p
【定価】**6,600 円**（税込）

詳しい目次や立ち読みは…

「あれ、この患者さん？」と、認知機能の低下が気になる言動が見られたときの、**スタッフの対応や、患者家族への説明、地域連携の方法など**が、一冊で分かる本です。

3位

2022年改定対応
歯科訪問
診療

多職種連携、必要器具から算定まで 歯科訪問診療〔2022年改定対応〕

2024 年春に改訂版発行予定

前田実男 著 /A5 判 /296p
【定価】**5,500 円**（税込）

詳しい目次や立ち読みは…

「患者さんが高齢化し、訪問を頼まれることが増えた」。そんなとき、**診療体制から必要な道具、保険算定まで**、まるごと分かる本です。

4位

2022
歯科医院のための
採用
マニュアル
ツール集
伊藤祐子
ローコスト採用

歯科医院のための 採用マニュアル・ツール集〔2022年改訂〕

伊藤祐子 著 /A4 判 /80 p
【定価】**5,500 円**（税込）

詳しい目次や立ち読みは…

「スタッフの応募がない」「面接後、連絡が取れなくなった」などは、今や医院共通の悩み。**採用を成功させる手順**が学べます。

5位

歯科医院のための
成長評価シートと
スタッフ面談術
13

歯科医院のための 成長評価シートとスタッフ面談術

濵田真理子 著 /A4判 /96p
【定価】**6,600 円**（税込）

詳しい目次や立ち読みは…

歯科にも、人事評価が求められる時代に。スタッフのモチベーションが上がる評価シートが付いて、**スムーズな人事評価導入の手助け**となる書です。

ご注文は　お出入りの歯科商店、シエン社、日本歯科新聞社（オンラインストア）からご注文いただけます。

日本歯科新聞社　東京都千代田区神田三崎町 2-15-2
TEL 03-3234-2475 ／ FAX 03-3234-2477

日本歯科新聞

2024年(令和6年)
2月27日

<発行所>
日本歯科新聞社
厚生労働省記者クラブ加盟社
〒101-0061
東京都千代田区神田三崎町2-15-2
電話 03(3234)2475
FAX 03(3234)2477
www.dentalnews.co.jp
jdn@dentalnews.co.jp

■年間購読料 23,760円(送料込)(本体21,600円+税)
■月4回、火曜日発行
■郵便口座番号 00120-5-130369

今週号の主な内容

日歯 プラットフォーム整備に着手

会員医院のネット検索上位目指す

メリット拡大で入会促進狙う

日本歯科医師会(高橋英登会長)は、「Google」や「Yahoo!」などインターネット検索エンジンからの信頼度を数値化した「ドメインパワー」を活用し、会員の医院情報が検索結果上位になるプラットフォームの整備に着手している。16日に東京都千代田区の歯科医師会館で開かれた第137回の都道府県会長会議=写真=で伊藤明彦常務理事が報告した。

ドメインパワーは、時間をかけて、良質なコンテンツを追加し続けることで徐々に上がっていくもので、数値が大きいほど検索上位に表示される可能性が高くなると言われている。日歯ホームページは、これまでの実績により、民間の医療機関検索サイトを上回る数値を所有しているという。

生涯を通じた歯科健診(国民皆歯科健診)の実現も見据えて、国民のアプローチが会員診療所につながりやすい環境を整えるのが目的で、会員メリットの拡大とそれによる新入会員の入会促進にもつなげる狙いがある。

具体的には、日歯ホームページ内に既存の「全国の歯医者さん検索」に登録されている会員歯科医院情報を検索エンジンでも上位にヒットするようにするとともに、情報の充実を図っていく。これまで「全国の歯医者さん検索」で場所から探す場合には、「都道府県」「区・市・郡」の二つから絞り込んでいたが、「町名」を検索条件に追加するほか、診療科目や診療日、診療時間などの絞り込み検索機能を追加していく見込み。

日歯の年代別会員数

	令和4年度末(令和5年3月31日現在)		平成29年度末(平成30年3月31日現在)	
20歳代	38人	0.06%	33人	0.05%
30歳代	2,617人	4.11%	3,100人	4.80%
40歳代	9,078人	14.25%	10,563人	16.37%
50歳代	14,329人	22.50%	18,438人	28.57%
60歳代	20,064人	31.50%	19,324人	29.94%
70歳代	12,450人	19.55%	8,315人	12.88%
80歳代	4,092人	6.43%	3,770人	5.84%
90歳代	998人	1.57%	981人	1.52%
100歳代	22人	0.03%	16人	0.02%
合計	63,688人	100.00%	64,540人	100.00%
平均年齢	62歳0カ月		59歳11カ月	

日歯 高橋会長

「会員1千人増やす」

都道府県会長会議等で宣言

日本歯科医師会の高橋英登会長=写真=は、「任期中に会員を1千人増やす」との目標を掲げた。16日に東京都千代田区の歯科医師会館で開かれた都道府県会長会議と、17日に佐賀市のホテルニューオータニ佐賀で開かれた九州地区連合歯科医師会協議会で発言したもの。

都道府県会長会議では、能登半島地震や診療報酬改定への対応と見解などについて話し、診療報酬の財源確保では日本歯科医師連盟の必要性を強調。「日歯と日歯連盟の会員減少は、われわれの歯科界に大きなダメージを与えることになる」とし、「理事会で任期中に会員を1千人増やすと宣言した。どこにでも飛んでいくので、会員を増やす力添えをしてほしい」と協力を願った。

◆◇◆

また、九地連協議会では、令和4年度末のデータで20代の会員が38人しかいない点や日歯連盟の組織率が日歯会員の8割を切った点に触れ、組織率の確保の重要性を強調。その上で、東京都歯科医師連盟時代に700軒の歯科医院を回った経験を振り返り「確信的に入会しない人もいるが、歯科医師会がどのような活動をしているか、自分たちの診療にどのようなプラス効果を与えているか、歯科関係者が社会的評価を得るために活動しているか、全く知らない人が結構いる」とし、直接本人に説明することで、理解を得られるケースも少なくないと訴えた。

プリズム

キャッシュレス支払いの手数料

キャッシュレスでの買い物が当たり前になって、リュックに入れた財布を取り出すのが億劫な時もしばしばある。

今ではキャッシュレス支払いの全種類に対応する機種も多いが、過渡期では店によって使えるものがさまざまだった。その名残もあって、現在使用しているものが複数ある。一番使用頻度が高いのは、通勤で使うため取り出しやすい場所にある「交通系IC」、次いでいつでも持ち歩いているスマートフォンのアプリを使った「QRコード決済」、その次に一番汎用性の高い「クレジットカード」だ。

3カ月に一度、メンテナンスをお願いしている歯科医院もキャッシュレス支払いに対応しており、その時の状況に応じて支払い方法を選んでいた。

しかし、最近取り扱った記事の資料で、詳細な数字は避けるが、クレジットカード1%台、交通系IC2%台、QRコード決済3%台と、異なる手数料がかかることを知った。1回の受診の際には、数円程度しか変わらないであろうが、お世話になっている先生のことを考えると、なるべくクレジットカードを使おうかなと思っている。

一方で、交通機関がキャッシュレスに対応していない地域に出向いた時や、大きな災害があった時などを考えると、ある程度の現金を財布に入れておく必要はあるだろう。

「生涯を通じた歯科健診」実現に必要な事項を整理

日歯タスクチーム

都道府県会長会議では、日歯の各所管から報告があった

生涯を通じた歯科健診の実現に向けて特に望まれる事項は「妊産婦健診の法制化」「3歳児から就学時までの歯科健康診査の導入」「事業場の労働者を対象とした歯科健診の導入促進」「健康増進事業の歯周疾患検診の対象年齢拡大」「大学等での歯科健康診査の充実」―。日本歯科医師会の「生涯を通じた歯科健診実現タスクチーム」が取りまとめたもので、16日に東京都千代田区の歯科医師会館で開かれた第137回都道府県会長会議で蓮池芳浩副会長が報告した。

取りまとめでは、「いつまでも美味しく食べて、健康増進と健康寿命を延伸（国民皆保険制度の堅持、健康格差の縮小、医療費の削減にも寄与）」を意義に掲げている。

方向性としては、原則として、診療所型（個人型）を目指し、事業所で簡易スクリーニングを行う場合には、結果を踏まえて診療所で精密検査を行う形にするとしている。どのような皆歯科健診とするのか、国民のコンセンサスを得ることや、法整備と費用負担の整理、可能な部分のデジタル化、審査基準と評価手法の標準化などが挙げられている。（望まれる事項は左上に記載）

生涯を通じた歯科健診実現に向け特に望まれる事項

▼妊産婦への歯科健診の充実

自治体の努力義務である妊産婦健診の法制化を図る。出産後には子育てによる環境変化等で産婦の歯科受診の機会が極めて少なくなり、口腔の健康が損なわれる危険性が高まる。「市町村において妊産婦に対する歯科健康診査を推進する」とされている成育医療等基本方針に基づき、妊産婦に歯科健診を実施することで、自身のみならず乳幼児への口腔健康管理やリテラシーの向上につなげる

▼３歳児以降における就学時までの歯科健康診査の導入

３歳児以降の乳幼児健診では就学時までは制度化されていない。６歳臼歯が４～５歳から生えるなど口腔環境も変わっており、口腔機能の発達不全や、指しゃぶりの習慣が治っていない乳幼児も多くいることに鑑み、乳幼児の健全な口腔を守る観点から導入を図る

▼事業場の労働者を対象とした歯科健診の導入促進

労働安全衛生法に基づく健康診断における「定期健康診断の項目等」に歯科健診を規定することが望まれるが、まずは健康経営の視点から、低コストで小規模事業場でも活用できるICTやアプリ等による歯科口腔保健活動の展開により、歯科疾患予防及び口腔機能の維持向上を図る

▼健康増進事業における歯周疾患検診の対象年齢拡大

歯科疾患の予防・重症化予防に向けては、歯周疾患対策が極めて重要である。現在の健康増進法に基づく歯周疾患検診は40、50、60、70歳の10年刻みでの節目健診であり、PHRに盛り込み国民が健康の指標として確認することを可能にするためにも、20歳以降での５歳刻みを図る

▼大学等における歯科健康診査の充実

学校保健安全法施行規則第６条に規定されている「歯及び口腔の疾患及び異常の有無」に関し、大学生への健康診断においては「除くことができる」とされていることから、大学において歯科健診が実施されている例は少ない。健やかな社会人生活を始めるためにも、学生の時期に口腔の健康状態を保つとともに、口腔の健康に関心を抱く機会を享受するべく、この文言の削除等により、広く大学で歯科健診が実施される環境の構築を図る

リスクアセスメント対象物健康診断 4月施行と報告

山本常務

労働者の健康障害発生リスクが許容範囲を超えると判断された場合に実施する「リスクアセスメント対象物健康診断」が4月から施行される。東京都千代田区の歯科医師会館で16日に開かれた日本歯科医師会の都道府県会長会議で山本秀樹常務理事が報告したもの。

歯科領域の同健康診断は、「クロルスルホン酸」「三臭化ほう素」「5,5-ジフェニル-2,4-イミダゾリジンジオン」「臭化水素」「発煙硫酸」の5物質が対象となる。山本常務理事は、同健康診断の基本的な考え方で「ばく露防止対策が適切に実施され、労働者の健康障害発生リスクが許容される範囲を超えないと判断すれば、基本的に実施する必要はない」と説明。検査項目としては、歯科医師による問診及び歯牙・口腔内の視診となる。

◆◇◆

山本常務理事は、令和6年度からスタートする「歯・口腔の健康づくりプラン」についても説明。基本的な方針は『ライフステージ』に加えて『ライフコースアプローチ』に基づく、歯・口腔の健康づくりの推進に取り組む」で、具体的な項目は「歯・口腔に関する健康格差の縮小」「歯科疾患の予防」「口腔機能の獲得・維持・向上」「定期的に歯科検診又は歯科医療を受けることが困難な者に対する歯科口腔保健」「歯科口腔保健を推進するために必要な社会環境の整備」。それぞれの具体的指標と目標値を紹介した。歯周病予防の観点では、歯肉に炎症所見を有する者の割合が10代で10％、20～30代で15％などを目標としている。

日歯 野村常務理事

居宅療養管理指導はそれぞれ1単位の増加

介護報酬改定の概要報告

日本歯科医師会の野村圭介常務理事は、16日に東京都千代田区の歯科医師会館で開かれた都道府県会長会議で介護報酬改定の概要を報告した。

リハビリテーション・機能訓練、口腔、栄養の一体的な取り組みの推進では、通所リハビリテーション等で口腔アセスメントや栄養アセスメントの実施、計画等の職種間での情報共有などを要件とした加算などが新設されると報告＝表1。

また、「訪問看護」「訪問リハビリテーション」「居宅療養管理指導」「通所リハビリテーション」のサービスについては6月1日施行、それ以外は4月1日施行となる点や、居宅療養管理指導の基本報酬などについても紹介した＝表2。

表1　リハビリテーション・機能訓練、口腔、栄養の一体的取組の推進

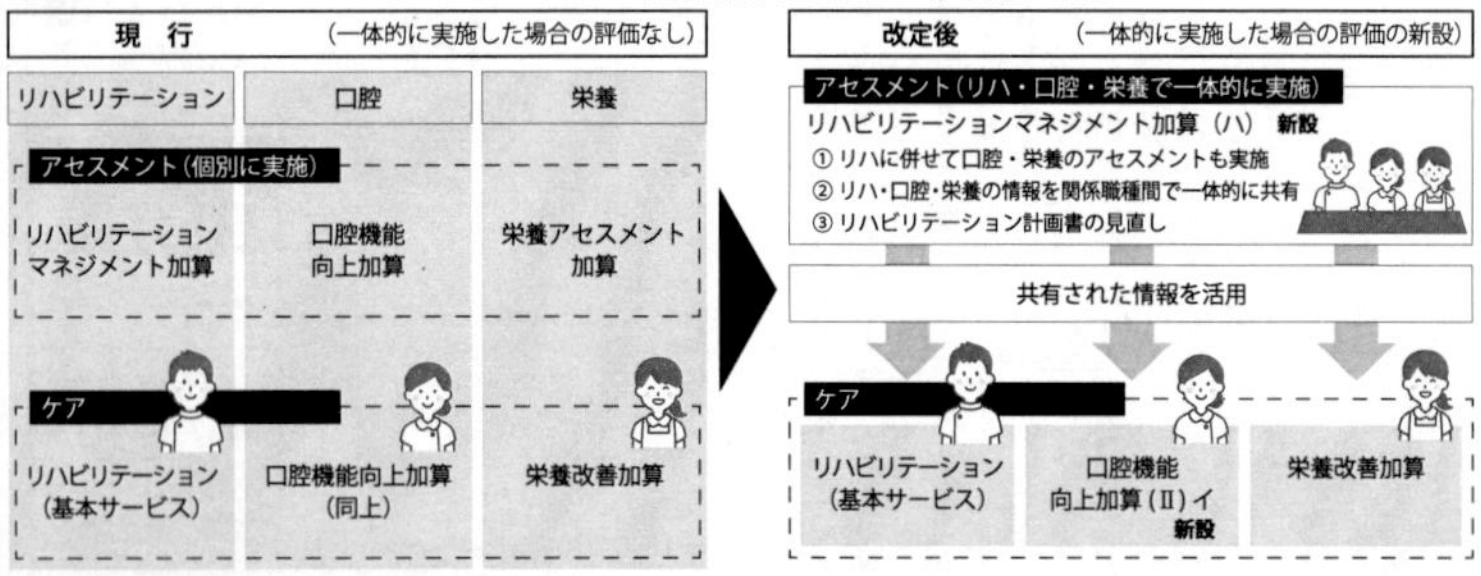

表2　居宅療養管理指導 基本報酬

	単一建物居住者の人数	現行	改定後
歯科医師が行う場合	1人	516単位	517単位
	2～9人	486単位	487単位
	10人以上	440単位	441単位
歯科衛生士が行う場合	1人	361単位	362単位
	2～9人	325単位	326単位
	10人以上	294単位	295単位

歯科情報学

歯科経済学のリアル

松尾　通

経済界だけでなく、あらゆる分野に「マーケティング」という言葉が登場して久しい。歯科もまた然りである。マーケティングの始まりは、第二次世界大戦後の米国だと言われている。「いまここにある商品やサービスを世の中にいかに認識してもらうか」がその基本で、新聞や雑誌の広告をはじめ、ラジオやTVを使って大量生産、大量消費を効率よく認識してもらうために企業はカネを使い、知恵をしぼった。

1990年代のインターネット、2000年代はSNS（ソーシャルネットワーキングサービス）の登場で誰もが自ら情報発信をできるようになった。そして2007年に登場するiPhoneがさらに進化を加速させ、通話中心だった携帯電話を見事にポケットコンピュータに変化させ、誰もが視覚に訴える個人メディアを所有、発信することが可能になった。

2022年秋に登場したAIチャット－GPTはさらなる進化を促している。こうしたマーケティングの手法の進化で、世の中は変わった。小さな歯科医院といえども医院経営を視野に入れないと存続することさえ難しくなってきたのだ。

◇

十数年前から歯科の待合室を〝健康の駅〟あるいは〝健康コンビニ〟にすることを提唱していたが、予防歯科の普及、セルフケアの高まりもあって、いよいよ時節到来かと思っていた。待合室マーケッター®の取得も完了し、学問的な見地からオーラルケア商品だけでなく、もっと広く健康情報や健康教育を含めたモデルの作製を考えていた。

ここ数年、中原維浩先生が「待合室マーケッティング」を提唱し、精力的に活動していることを知り、同志が現れたことをうれしく思った。早速、日本アンチエイジング歯科学会のなかに「待合室活性化委員会」を作り、商品選定、情報収集、流通、広報などの研究に着手した。折からコロナ禍の最中で、なかなか思うように進まなかったが、種はまき、苗は育っている。

◇

3月3日（日）、東京・八重洲のきわみアセット会議室で学会主催の「経営セミナー」を開く。4人のスピーカーが13時～18時まで「歯科医院のマーケティング」がテーマに講演する。各スピーカーに特ダネの用意をお願いしているので中身の濃い研修会になるだろう。

①中原維浩＝待合室マーケッティングの旗手、歯科医院の未来像を描く。

②水谷友春＝歯科医師でM&Aの専門家、資産形成の視点からM&Aの実際を公開する。

③安藤正道＝金銭教育を大学で講義。福利厚生の充実が人材の確保の要と訴える。

④松尾通＝知識を総動員して若き歯科医師に青図を示す。

申し込みはTEL・FAXにて03－3477－1085宮内まで。

（東京都開業）

2024.2.27

【予告】

国際口腔保健シンポジウム

3月にウェブで

日本歯科医師会は3月27日、オンライン上で国際口腔保健シンポジウム2024を開く。テーマは「WHO世界口腔保健行動計画実施に向けたWHOとの連携強化」。2月15日に開かれた日歯の定例記者会見で末瀬一彦常務理事＝写真＝が報告した。

末瀬常務理事は、WHOの口腔保健専門官4人中2人が日本人と説明。「WHOで活躍する日本人口腔保健専門官からのメッセージ」と題してWHO本部の原田有理子氏、WHOアフリカ地域事務局の牧野由佳氏が講演するとした。

また、特別講演では、厚生労働大臣の武見敬三氏の登壇を予定。

「世界の状況やWHOの活動状況、日本の関りなどについて知ってほしい」と参加を呼び掛けた。

参加費は無料で、登録フォームから事前登録が必要。

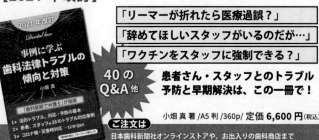

九地連 佐賀で協議会

事業計画など承認

九州地区連合歯科医師会(江里能成会長)は17日、佐賀市のホテルニューオータニ佐賀で令和5年度第2回協議会を開いた。担当は佐賀県歯科医師会(門司達也会長)で、日本歯科医師会関係報告や九地連関係会務報告があった他、議事では令和6年度事業実施計画と一般会計予算を承認。協議では、災害歯科保健医療体制研修会の対応や、歯科医療従事者確保のためのPR事業、歯科技術専門学校の定員割れに対する補助金について情報交換をした。

江里会長は、能登半島地震について、「地理的な特殊性からこれまでにない対応を迫られていると聞いている。平成28年の熊本地震を教訓に各県で速やかに支援体制を整えることができた」と言及。4日に福岡JDATの第一陣が珠洲市へ向かい、雪の降る大変な中で片道5時間超をかけて現地に行って帰ってきたとし、チームの無事を毎回祈っていると話した。そして「九州各県で力を合わせて、対応していきたい。日歯に対しても協力を惜しまないので、何かあれば申しつけてほしい」と述べた。

江里会長

門司会長

開催担当県としてあいさつした門司会長は、能登半島地震からの一日も早い復興を願い、災害がいつどこで起きてもおかしくない中で、受託事業として災害時多職種連携のための研修会を継続的に実施しているとした。

また、改正スポーツ基本法によって「国民体育大会」から名称を変更して初めての「国民スポーツ大会」が秋に佐賀県で開催されることを紹介。「われわれ歯科医師会もスポーツデンティストなどしっかりと準備をしていきたい」と話した。

来賓あいさつでは、日歯の高橋英登会長が時局講演も兼ねて、能登半島地震や診療報酬改定への対応、歯科医師不足への備えの必要性などについて話した。

国は脱金属に舵を切っているとして、診療報酬改定によってCAD/CAM冠の適応拡大、エンドクラウンなど「7番までハイブリッドレジンで治療できるようになる」と強調。引き続き期中導入なども視野に取り組んでいく構えを見せた。

また、診療所から二次医療機関になかなか患者を紹介できない状況があるとして、1.5次(多機能型)医療機関の整備などにも取り組んでいきたいとした。

日歯の取り組みについては、瀬古口精良専務理事が報告。歯科情報のデータベース構築を進めているシンクタンクでは、デンチャーの製作が印象採得からどのように作られているかなど、国会議員に理解を求める際に参考になる動画を作っているとした。

協議では、次期協議会を8月3日に那覇市のノボテル沖縄那覇で開催することを確認。福岡、佐賀、宮崎の各県歯から提出された議題について情報交換した。

九地連　福岡県歯 マッチングの工夫紹介

歯科衛生士の復職支援で会員に就労環境の講習会

歯科衛生士と歯科医院を単にマッチングしただけでは、結局は離職してしまう―。「未就業歯科衛生士復職支援マッチングシステム」の事業に取り組んでいる福岡県歯科医師会は、マッチングに苦慮している中で、歯科医院の就労環境を整える重要性から3月に社会保険労務士による講習会を企画。マッチングに際して雇用形態が安定していることを示すマークを付ける工夫を実施しようとしている。17日に佐賀市のホテルニューオータニ佐賀で開かれた九州地区連合歯科医師会協議会で情報提供があった。

九地連協議会では、各県の取り組みなどの情報交換が行われた

佐賀県歯科医師会が提案した「歯科医療従事者確保のためのPR事業」の協議で、福岡県歯は、会立の福岡歯科衛生専門学校が取り組んでいる、高校生に歯科衛生士の職業を紹介している文科省委託事業と、離職防止の新人歯科衛生士研修会などの取り組みと共に、マッチングシステムを紹介。

未就業歯科衛生士の登録が1千人の登録があるものの、マッチングが難しい原因を探るため、歯科衛生士にアンケートを実施。歯科医院がマッチングシステムに登録する前に、現在の情勢の解説や、現状に即した労務管理等、雇用側の心構えなどを学ぶ講習会を実施して、マッチングに臨む仕組みを説明した。

◇◆◇

協議会では他県の取り組み状況の報告もあった。

提案県の佐賀県歯は、小学1年生から中学3年生を対象にした職業体験イベント「キッザニア佐賀」を開催し、初めて歯科衛生士のブースが設けられたことなどを報告。

長崎県歯は、診療所勤務ではなく高齢者施設、大学病院、総合病院、在宅訪問、障害者歯科に従事する歯科衛生士にスポットを当てた周知動画を製作したとし、「製作に当たっては、(製作会社と)二次利用もできるようにあらかじめ契約した方が良い」との考えを示した。

熊本県歯は、若い世代のホームページの利用頻度が低下しているとの観点から、LINEやインスタグラムを窓口とした歯科衛生士バンクを設立。会員診療所の求人票が閲覧できる環境を整備しているとした。

その他、高校の進路指導の先生への地道なアプローチの大切さや、TikTokなどのソーシャルネットワークサービス上での若者が作る動画活用などのアイデアが上がっていた。

高齢者の口腔健康を解説

8020財団が小冊子

8020推進財団(高橋英登理事長)は1月30日、8020運動の啓発のための小冊子「高齢者のお口のトラブルとケア」=写真=を作成した。日本宝くじ協会の助成を受けたもの。

冊子では口腔健康についてのチェックシートや、高齢者になってからの歯と口の特徴、歯科疾患のリスクとそれに関連がある認知症と誤嚥性肺炎についてイラスト、グラフを用いて説明している。その他、セルフケアに役立つ便利グッズ、要介護者への口腔ケアでの注意点などが紹介されている。

同冊子は4月より歯科医師など向けに販売を予定しているという。

問い合わせは同財団まで。

保団連が談話

医療DX推進の加算撤回求める

全国保険医団体連合会(竹田智雄会長)は20日、2024年診療報酬改定答申を受けた談話を発表した。

談話では、改定全体の特徴として、「ネットマイナス継続」「医療の質の維持・向上を度外視」「地域医療の切り捨てとも言える対象除外、高齢者の入院締め出し」などと指摘。特に「異常な物価高騰が続き、新型コロナウイルス感染拡大の打撃からの医療の再建に加えて、新興感染症対策、在宅医療の拡充や『かかりつけ医』機能の充実、新規技術の導入など多くの課題も抱える中、本体財源が僅かプラス0・18%とは、事実上、医療の質の維持・向上に背を向けたものと言わざるを得ない」としている。

主要改定項目については、初診料に「医療DX推進体制整備加算」が新設された点について、オンライン資格確認体制、オンライン請求実施前提で、体制が確立していない段階から整備目的で点数化しているとして「療養の給付とは無縁で、前代未聞のマイナ推進策にわずかな財源を振り分けた」と批判している。

さらに「トラブルが多発し、メリットもなく、使い慣れて安心できる現行の健康保険証を使い続けたいという国民の選択がマイナ保険証の利用率4%に表れている。このような状況で、補助金に加え診療報酬で医療機関をマイナ保険証推進に誘導するやり方は言語道断」と同加算の撤回を求めている。

歯科国試にチャレンジ

381　2023年(第116回)より

歯周炎患者の口内法エックス線画像からわかるのはどれか。1つ選べ。

a　根面溝
b　エナメル突起
c　垂直性骨吸収
d　生物学的幅径
e　Glickman の分類

116-A032

答えは本紙のどこかに!

ピックアップニュース

■歯が痛いのに虫歯じゃない? こんなにあった「歯が痛む疾患」の原因と対処法を医師が解説(HugKum/2月16日)

■歯ぎしり・食いしばりを放置すると体の不調につながる可能性も　予防・対処法を薬剤師が解説(8760by postseven/2月16日)

■認知症で要介護4の母「前歯が2本行方不明に!」発見した意外な場所と歯科通院介助の対策(介護ポストセブン/2月16日)

■中学の給食に金属片混入、歯の治療に使う詰め物?…生徒にけがなし(読売新聞オンライン/2月16日)

■ガムを噛むと足が速くなる　子どもの「お口ポカン」対策やアスリートのパフォーマンス向上に繋がる研究結果も(婦人公論.jp/2月18日)

■「歯ぎしり」しすぎで、かぶせものが壊れるって本当? 歯科医の答えは?　セラミックは割れやすいので注意(AERAdot./2月19日)

■患者に医療費「10割」請求が10件　マイナ保険証のトラブル調査　沖縄県保険医協会(琉球新報/2月18日)

■最大震度7の地震を想定…三重県志摩市で災害医療訓練　治療優先度決めるトリアージや応急処置の流れ等確認(東海テレビ/2月18日)

■現役女医4人組、Drs. DIVAが第2弾曲配信リリース　哀愁漂うバラードで人生応援歌(サンスポ/2月20日)

■「摂食嚥下障害」の原因や症状、治療法を歯科医が解説! 上手く食べられない・飲み込めなくなるのはなぜ?(Medical DOC/2月19日)

『医院・歯科医院の税務ハンドブック』

確定申告に対応

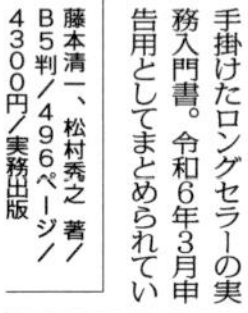

藤本清一、松村秀之 著/B5判/496ページ/4300円/実務出版

経営者にとって財務諸表の読み込みは、経営分析の上で必須となる。この時、大事になるのが「基本の基」。本書は税務の「基本の基」を身に着け、読者が学ぶのが楽しいと思える内容にしたいと願う著者が手掛けたロングセラーの実務入門書。令和6年3月申告用としてまとめられている。

本書を読み進めるうちに医院・歯科医院の決算書や所得税、消費税の確定申告書の作成などの流れを理解できる構成で、フローチャートや図解・計算例を多用し、視覚的にも分かりやすい要点解説が特徴となっている。

消費税については、新税制となるインボイス制度への対応も解説。基礎知識の習得から実務処理まで、税務の取扱いを広く学べる参考書としても役立つ。

My Way

勤務医限定の経営学校を運営

佐野 泰喜氏（HAMIGAKI社長）

「歯科医師がビジネスを知っていれば、もっと患者やスタッフ、診療所も地域も幸せになる」。そう話すのは、歯科医師でHAMIGAKI社長の佐野泰喜氏。同社は、勤務医のための歯科経営学校「MTDe（MBA to Dental Management）」を運営し、グロービス経営大学院でMBAを取得した佐野氏の知識を歯科に特化した形で体系的に教えている。診療ではなく、起業家として歯科界の活性化への貢献を目指している同氏に「MTDe」の概要や、起業までの経緯、歯科界の課題などについて聞いた。

経営学べば、活躍の幅広がる

——「MTDe」について教えてください。

佐野　「MTDe」は、勤務歯科医師限定の経営学校です。

「開業・継承前に経営を学びたいけれど、どこから何を学べばいいか分からない」という声に応えるために設立しました。実は同級生から「MBAを取得しているなら教えてよ」と頼まれて、無料で教え始めたのがきっかけです。

歯科医療は社会貢献度が高く、超高齢社会においてはどんどんとニーズが増えている素晴らしい職業だと思います。一方で、歯科診療所経営の資金繰りや人材の確保・育成などに悩んでいる人は少なくありません。経営が安定していないと質の高い歯科医療は提供できませんし、スタッフの満足度も上がりません。

歯科大学・歯学部では歯科医学・医療の知識と技術を学ぶだけでも精一杯なので、経営の勉強まで手が回らないのが実情だと思います。

「自分の人生を良くしたい」「周りの人を幸せにしたい」「社会の役に立ちたい」と思っている人は、経営を学ぶことで活躍の幅が広がると思います。

——先生はどのような経緯でMBAの取得をしようと思ったのですか。

佐野　歯科大学に在学中は、卒後3年ほどで開業するビジョンも描いていたのですが、臨床実習で歯科疾患の治療に携わる中で、メンテナンスに移行した患者さんがまたう蝕になって治療にくるケースなどを多く経験して「歯を削っているだけでは駄目だ」と思うようになりました。

また在学中には、コンサルティング会社の社長や歯科医師の先生と一緒に、口腔機能やオーラルフレイルに着目したセミナーの運営会社の起業に関わる機会があったのもターニングポイントだったと思います。

もともと両親も会社の経営をしていたこともあって、経営には興味がありましたし、これだけ歯科医師、歯科医療機関が多くあって、素晴らしい先生もいる中で、自分が同じことをやっても何も変わらないと、ビジネスサイドから医療を良くして、日本を健康にしたいという考えに至りました。

そして、経営を学ぶためにグロービス経営大学院に入学し、MBAを取得しました。

——それからすぐに起業したのですか。

佐野　グロービス経営大学院の恩師から尻を叩かれて、ビジネスモデルは何も考えずに起業しました。

ただ、もともと高校生の時に大好きな祖母を肺がんで亡くして、無念さから医師を志したこともあり、その時から「予防医療・健康医療」を推進したいという思いが原点にありました。祖母の命日でもある10月17日に起業して、最初に着手したのが、経営者への歯磨き指導のサービスでした。

もちろんSPTなどのメンテナンスも非常に重要なのですが、それ以外はセルフケアがしっかり行われているかが重要となってきます。理想を言えば「歯科医療機関いらず」になるくらいしっかりと磨けていれば最高の予防医療になるでしょう。

しかし、歯磨きがしっかりとできない人は多かったので、経営者に正しい歯磨きと歯科の大切さを伝えて、その社員や家族にも波及していく流れがつくれないかとセルフケアを支援するサービスに挑戦しました。今でも仲の良い経営者の人達には教えることがあるのですが、この事業だけではマネタイズ（収益化）が難しかったので、事業を見直して、現在は歯科診療所のコンサルティング事業と、スクール事業、マーケティング事業の三つを柱に取り組んでいます。

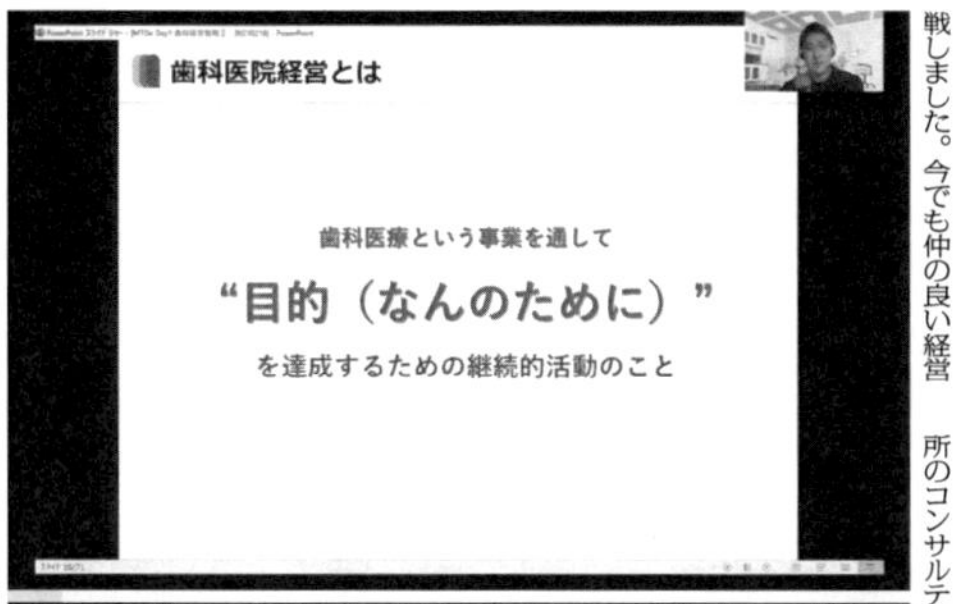

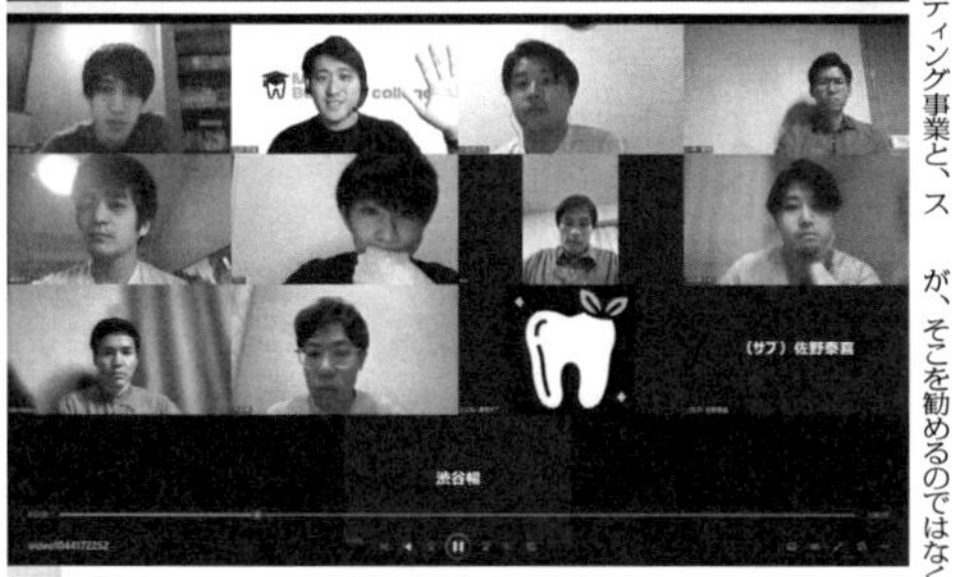

㊤MTDeでのオンライン講義の様子㊦エムカレではグループワークやディスカッションを通して経営の考え方を研鑽していく

MBAの知識を歯科向けに整理

——先生自体はグロービス経営大学院で学ばれたとのことですが、そこを勧めるのではなく学校を立ち上げた理由は。

佐野　グロービス経営大学院は、もちろん学びは大きいものがあるのですが、通った当初は聞き慣れない用語に戸惑ったり、大企業向けの情報を歯科診療所とリンクさせたりするのが難しいと感じたことがありました。

歯科診療所へのコンサルティングをしていたので、MBAの知識を歯科診療所経営に落とし込んで、カリキュラムを構築しました。

卒業生の意見なども取り入れて、どんどんとブラッシュアップされてきたと感じています。

——多くの歯科医師にビジネスの力が備わったら、歯科界は変わっていくのでしょうか。

佐野　ビジネスを学ぶことで、患者さんに還元できる部分や、スタッフに還元できる部分が増えると思います。昨今、必要性が強調されている働き方改革を行うにもしっかりとした経営能力が必要になりますし、スタッフが幸せに働ける歯科診療所は地域をも幸せにしていくと確信しています。

ただ、スタッフに還元するだけでは甘やかしとの区別が難しく、どのようにオペレーションすれば良いのか、サービスをどうマネジメントすれば良いのか、長期的な経営戦略をどう描けば良いのかなど、自分の理念を実現していくために、知識が必要となってきます。

「MTDe」で学べる人数には限りがあるので、今月から、より多くの先生を支援できるように「エムカレ（MTDe Business college）」という歯科医療に従事している方々がビジネスを学ぶためのコミュニティを立ち上げました。安価な月額制で、開業医や勤務医も含めた歯科医師、歯科衛生士、学生にも入ってもらい、30～40分の講義の後にグループワークやディスカッションをして、皆でブラッシュアップしていくようなセミナーを、私や外部講師を招いて週1で開いています。

——今後の展望を教えてください。

佐野　政府は日本を健康先進国にすべく、さまざまな施策を進めようとしていますが、その一つに「自然と健康になるコミュニティを創る」という項目があります。

ちょうど東京都の西部に引っ越しする予定があるので、その市を巻き込んで、医科歯科、フィットネスや介護分野などの連携を含めた地域社会での健康コミュニティ構築にチャレンジしたいと考えています。

日本で自然と健康になるコミュニティづくりのモデルが確立すれば、海外にも輸出できる健康産業だと思います。

そのためにも歯科界の関係者の方々と共創医療の実現を目指して、連携していきたいと思っています。

Interview

デジタル歯科学会理事長に聞く「診療報酬改定」

6月から施行の2024年度診療報酬改定の点数等の内容が2月14日に決まった。国が柱の一つに置く医療DX推進をはじめ、歯科においてもデジタル化が進みそうな内容となっている。日本デジタル歯科学会の末瀬一彦理事長に、今改定で注目すべき点や注意点などを聞いた。

日本デジタル歯科学会
末瀬 一彦 理事長

――今改定で歯科のデジタル化において注目すべき点はありますか。

末瀬　歯科領域のデジタル化は大きく二つの方向性があります。一つはオンライン資格確認や電子カルテを使い、検査情報、薬剤情報などを共有していく、医療情報のデジタル化です。

今回の改定でも初診時に1回算定できる「医療DX推進体制整備加算」6点が新設されましたが、将来的には電子処方箋や電子カルテ情報共有、院内掲示のウェブ掲載、マイナ保険証実績が求められます。

また、医療情報の有効活用としては、情報通信機器を用いた歯科診療の評価（初診料、再診料、歯科特定疾患療養管理料、小児口腔機能管理料、口腔機能管理料）と、歯科遠隔連携診療料が新設されます。

オンライン請求なども徐々に歯科界に浸透していくと予測されます。

もう一つの流れが、本学会と関係の深い医療機器のデジタル化です。

「歯CAD」適応拡大や「光学印象」に期待

2000年頃から歯科界にCAD/CAMシステムが導入され、最初は純チタンの切削加工から始まり、保険診療のCAD/CAM冠（歯CAD）やジルコニアクラウン、インプラントの上部構造などデジタル技術なくしてはできないような治療術式に進化してきました。

かつて歯科用CAD/CAM装置を所有している歯科技工所を調べた時は40％程度でしたが、現在は7割近く普及しているのではないでしょうか。

CAD/CAM冠については、2014年に小臼歯に導入され、その後、上下顎両側の第二大臼歯が全て残存して左右の咬合支持がある患者に対しては第一大臼歯に使用できるようになりました。そして、2020年は前歯にも適応拡大され、今改定では、一部の第二大臼歯にまで適応拡大が行われました。

――今改定で可能となった大臼歯のCAD/CAM冠について具体的に教えてください。

末瀬　条件付きですが、第一大臼歯と第二大臼歯にCAD/CAM冠を装着できます。必須要件は「装着する歯の反対側に大臼歯による咬合支持があること」で、さらに「装着する同側に大臼歯による咬合支持がある」もしくは「咬合支持がない場合、対合歯が欠損（義歯装着も含む）であり、当該補綴部位の近心側隣在歯までの咬合支持がある」場合は適用できます。

どうしても金属は、審美的に不良であり、金属アレルギーやイオンの溶出によって歯質や歯肉の色調が変化するなどの問題が出てくるので、できるだけメタルフリーを目指した方が良いと考えています。

そういった意味では今回の改定はメタルフリー化を大きく加速する内容ではないでしょうか。

――CAD/CAM冠を適用する上で注意点などはありますか。

末瀬　やはり歯冠修復における3原則である「支台歯形成」「冠の適合性」「接着操作」ですね。この三つの要素のうち一つでもおろそかになると早晩脱離あるいは破折が生じます。材料の特性を十分考慮した対応が求められます。

――CAD/CAMインレーの光学印象も保険導入されるようですが。

末瀬　口腔内スキャナーの保険導入は、これまでの念願であり、今後の適応拡大も見据えて、非常に期待できるものです。今回の保険導入では、インレーを製作する時間も短縮されますし、歯科医師にも患者さんにも非常にメリットがあると思います。

とりわけ歯科医師の技術、すなわち支台歯形成が非常に大切になります。特にスキャンする際には、マージン形態や位置、対合歯とのクリアランスに注目すべきで、診療報酬においても加算があるので慎重に取り組んでいただきたいと思います。

――光学印象も適応拡大されていくのでしょうか。

末瀬　将来的には、小児や高齢者、絞扼反射の強い患者、さらにはCAD/CAM冠などにも適用拡大されていくのではないでしょうか。

また、口腔内の欠損やう蝕などが判別できるソフトなどが開発されると、国民皆歯科健診など一般の歯科健診の場でも口腔内スキャナーを活用できる時代がくることを期待しています。そのような健診データはビッグデータとして疫学調査などにも活用できますので行政にも大きなメリットがあると思います。

5月11～12日には日本デジタル歯科学会を長崎で開催します。診療報酬改定のトピックスやデジタルによるアナログ技術の継承などについても発表されますので、ぜひ足を運んでみてください。

野菜や果物が少ない食環境

不眠リスク高める

東北大が解明

野菜や大豆製品、果物が少ない食事で過ごした高齢者は、不眠症状の割合が1・3倍高かった。東北大学大学院歯学研究科国際歯科保健学分野の竹内研時准教授が解明したもので、食環境を整えることが高齢者の健康状態の維持・増進につながる可能性がある。

2019年に日本老年学的評価研究機構が調査した岩沼市在住の74歳以上の高齢者（n＝約1300人）を対象とし、そのうち436人が入眠困難、841人が中途覚醒、208人が不眠症を有していた。対象者は、過去1カ月月間の食品・飲料の摂取量から食事パターンを特定した後、各食事パターンの遵守スコアを算出した。

また、高齢者らは①野菜・大豆製品・果物をよく食べ、米飯をあまり食べない、②魚介類・鶏肉・ハム・麺類をよく食べ、大豆製品をあまり食べない、③日本酒・焼酎、魚介類をよく飲食し、果物や菓子類をあまり食べないという三つの食事パターンに分類された。

分析の結果、①野菜・大豆製品・果物をよく食べ、米飯をあまり食べないグループは入眠困難のリスク低下、②魚介類・鶏肉・ハム・麺類をよく食べ、大豆製品をあまり食べないグループは不眠症リスク増加に至るなど統計学的な関連性が判明した。

同研究によって、野菜・大豆製品・果物を食べることは高齢者の不眠症状のリスクを軽減する可能性が示唆された。

同研究成果は、国際学術誌『Sleep Medicine』（2023年10月2日）に掲載された。

理事長に粟野氏

九州歯科大学

九州歯科大学の次期理事長・学長が粟野秀慈氏に決定した。現理事長・学長の任期満了によるもので、粟野氏の任期は4月1日から2028年3月31日まで。

粟野氏は1992年に九州歯科大学を卒業し、航空自衛隊一等空尉（歯科医官、第4航空団松島基地）、文部科学省在外研究員（英国リーズ大学）などを経験。現職は同大歯学部長、理事、クリニカルクラークシップ開発学分野教授、同大附属病院病院長補佐を兼任している。

口腔細菌の共生で口臭物質が増大

口腔常在細菌のSg菌（Streptococcus gordonii）とFn菌（Fusobacterium nucleatum）が共生することで口臭原因物質が増えることが分かった。大阪大学大学院歯学研究科の久保庭雅恵准教授、天野敦雄教授らと化粧品メーカーのマンダムの研究グループによるもので、新たな機構に着目した口臭予防法治療薬の開発につながる可能性がある。

同研究では微量で強い臭気を放つ原因物質「メチルメルカプタン」に着目した。Sg菌とFn菌を接触させることなく嫌気条件下で培養し、相互作用の影響を調査。その結果、Fn菌がアミノ酸「メチオニン」を代謝することでメチルメルカプタンを大量生産し、Sg菌が共生することで約3倍に増加することが分かった。さらに解析を進めたところ、Sg菌から分泌されるアミノ酸をFn菌が取り込み、菌体内の生理活性物質の合成を通じてメチオニンの取り込みを増加させていることが明らかになった。

同研究成果は学術誌『mSystems』（1月30日付）に掲載された。

阪大研究で判明

専用洗口液でうがい 糖尿病の病態改善

2型糖尿病患者がクロルヘキシジン配合マウスウォッシュでうがいをすると、歯周病の改善だけでなく、「歯周病によって引き起こされる血糖値の上昇の改善」も期待される―。大阪大学大学院歯学研究科口腔全身連関学共同研究講座特任講師（常勤）の又吉紗綾氏、招へい教員の伊藤直人氏、教授の仲野和彦氏らの研究グループの研究によるもの。

これまでクロルヘキシジン配合マウスウォッシュでうがいをすると歯周病菌を減少させることが報告されていたが、2型糖尿病患者がクロルヘキシジン配合マウスウォッシュでうがいをすると歯周病および糖尿病にどのような影響を及ぼすかは明らかになっていなかった。

今回研究グループは、大阪府内の糖尿病クリニックを受診中の2型糖尿病患者173人に、半年間は水道水、その後半年間はクロルヘキシジン配合マウスウォッシュでうがいをしてもらい、歯周病菌種数の変化と血糖値の変化を評価した。

その結果、クロルヘキシジン配合マウスウォッシュでうがいをすると、口腔内に存在する悪性度の高い歯周病菌種が減少すると共に、比較的若い2型糖尿病患者において血糖コントロール状態が改善することが明らかになった。

同研究結果は、2月2日（日本時間）に英国科学誌『Scientific Repors』（オンライン）に掲載された。

なお、同研究はウエルテック（本社・大阪市、中山隆康社長）からの資金提供により実施された。

「集い」優秀賞4題を発表

日本歯科医学会

日本歯科医学会（住友雅人会長）は、先月26日に開催した第39回「歯科医学を中心とした総合的な研究を推進する集い」の7演題から4人の優秀発表賞を選び、2月16日にホームページ上で公表した。

受賞した4演題は次の通り。（敬称略、発表順）

▼「口腔疾患と認知症～歯周病、歯の喪失、咀嚼機能障害等、病態別に異なる認知症増悪メカニズム」代表者：道川誠（日本歯科大学新潟生命歯学部）

▼「薬剤関連顎骨壊死の新規治療法の開発」代表者：三田公麿（九州大学大学院歯学研究院インプラント・義歯補綴学分野）

▼「機械学習搭載アプリケーションを導入したスマートフォンは口腔機能評価ツールとして実装可能か？」代表者：山本祐士（鹿児島大学大学院医歯学総合研究科小児歯科学分野）

▼「がん支持療法としての口腔粘膜炎に対する漢方薬物療法のメカニズム解明」代表者：王宝禮（大阪歯科大学歯科医学教育センター）

日歯医学会　第112回評議員会

令和6年度事業計画を承認

日本歯科医学会(住友雅人会長)は20日、第112回評議員会=写真=をオンライン上で開いた。議案では、「令和6年度事業計画(活動計画)に関する件」が原案通り承認された。そのほか、一般会務や学会理事の選任(変更)、日本歯科医学会学術大会の報告などが行われた。

議案の採決は執行部から提案理由の説明がされた後、執行部(アカウント)をオンラインの議場から待機場に退出させ、評議員の採決をした後に執行部は再度入室し、賛成多数との結果で議案が可決された。

なお、冒頭では住友会長や日本歯科医師会の高橋英登会長(ビデオメッセージ)があいさつ。住友会長は、12月から日本歯科医学会の雑誌(JDSR)を日歯との共同名義に変更すると報告。「JDSRのインパクトファクターは6・6と非常に高い位置にある。これから共同発行することで、(日歯が)世界に向けて学術団体であることを発信することが可能になる」と述べた。さらに、日歯雑誌1月号で掲載された高橋会長の抱負「そうだ、学会に出よう!」について、「こんなことを言った(日歯の)会長は過去にいなかった。各分科会の方々も、ぜひ日歯の会員になるという気持ちを持っていただきたい」と日歯への入会を呼び掛けた。最後に、大阪関西万博への開催に伴う熱意を語った。

高橋会長は、「歯科医師会は学術団体であり、会員数6万4千人が学会に入っているのが本来の姿だと思う。会員には自分の目指す学会に入会して学会活動をやっていただきたい」とし、「しかし、歯科医学会の会員の中にも日歯に加入していない先生がいる。今後、組織をしっかりと構築するための活動を頑張っていきたい」と強調した。

会長賞を7人が受賞

長年の功績称える

令和5年度日本歯科医学会会長賞授賞式が2月20日、オンライン開催の同学会第112回評議員会の中で行われ、研究や教育、地域歯科医療に貢献した7人の功績を称えた。

歯科医学・医術の研究に成果を収めた歯科医学・医療の向上に特に顕著な貢献があったと認められる者に与えられる「研究部門」では、神奈川歯科大学教授の石井信之氏、昭和大学名誉教授の井上富雄氏、日本大学特任教授の松村英雄氏が選出。

歯科医学教育に30年以上従事し、その向上に特に著しい功績があったと認められる者を対象とした「教育部門」では、昭和大学客員教授の飯島毅彦氏、明海大学臨床教授の大川周治氏、鶴見大学名誉教授の小林馨氏が受賞した。

地域歯科医療に30年以上従事し、地域において指導的な役割を担い、地域社会の歯科保健衛生の向上に著しい功績があった者に与えられる「地域歯科医療部門」では、日本口腔衛生学会推薦で埼玉県歯科医師会会員の深井穫博氏が表彰された。

左から飯島氏、石井氏、大川氏、井上氏、小林氏、松村氏、深井氏

受賞者の功績概要

石井信之 氏

昭和58年に神奈川歯科大学を卒業後、同校にて一貫して、歯内療法学を中心に基礎、臨床研究、教育、臨床に取り組んできた。歯内療法領域の病態解明に直結する基礎医学的研究から、新規開発された器材・材料を駆使した歯内療法に直結する臨床研究など歯科医学・歯科医療の発展に多くの成果を収めた。

同大では、歯内療法学講座(分野)を再開講し、主任教授として学内口腔細菌学・口腔病理学講座のほか、学外研究機関(UCLA、延世大学、新潟大学)との共同研究を積極的に推進した。

歯科用顕微鏡の歯内療法領域への応用、NiTiファイルによる根管形成評価、歯根破折歯への対応、根管充填材料の生物学的特性となる。基礎研究では、歯髄の自然免疫応答との関連性、歯髄硬組織再生と免疫担当細胞の関連性、自己免疫疾患と歯髄炎および根尖性歯周炎の関連性など、現在までに学術論文132編(うち国際誌61編)をまとめている。

学会では、常任理事、評議員、各種委員会委員などを歴任し、会務の健全な運営に尽力した。

井上富雄 氏

昭和57年に大阪大学歯学部を卒業後、同大学歯学部助手、カリフォルニア大学ロサンゼルス校歯学部博士研究員、大阪大学歯学部講師を務めた後、平成12年より昭和大学歯学部教授に就任。口腔生理学研究と学生教育ならびに学会活動、審議会や委員会等の社会的活動に広く従事し、歯科医学研究の発展と人材育成に多大な貢献を果たした。

口腔生理学の研究では、大阪大学在任中から、咀嚼をはじめとする口腔機能の中枢神経機構の解明を目指し、さまざまな視点から研究を行い、国内外から注目を集める成果を数多く発表した。

昭和大では、咀嚼や嚥下運動を制御する脳神経回路の解明に取り組み、電気生理学、生体イメージング学、分子生物学の技術を高度に融合・発展した先駆的な成果を学術雑誌に多数発表し、同分野を牽引してきた。また、研究活動と並行して大学院教育にも携わり、後進の育成に取り組んだ。

学会では、常任理事、評議員会議長・副議長、各種委員会委員等を歴任し、会務の健全な運営に尽力した。

受賞者を代表して小林氏が謝辞を述べた

松村英雄 氏

昭和56年に日本大学歯学部歯学科を卒業後、東北大学工学部化学工学科、そして東京医科歯科大学大学院歯学研究科博士課程に進学。その後、長崎大学助教授に任官され、平成15年4月に日本大学教授に就任した。

その間、高度な学識、先進的な研究能力を活かし、歯科補綴学および歯科理工学を中心とした研究に没頭した。特に接着機能性モノマーの合成、複合歯科材料の調製、無機粉体の表面改質等の研究に従事し、世界をリードする研究業績など、多大な功績を残した。

さらに、材料の研究のほか、補綴装置の臨床成績評価、歯科医療機器の開発等に従事し、複数の材料、機器が製品化されるなど現在も市販化されるに至っている。また、歯学部生教育、大学院生の研究指導、補綴歯科臨床に従事し、数多くの後進の指導に努めた。

学会では、常任理事1期、副会長5期、多数の委員会委員等を歴任し、会務の健全な運営に尽力した。学術大会では第21回から第24回まで、準備委員長、事務局長、顧問など重要な役割を果たした。

飯島毅彦 氏

昭和58年に東京医科歯科大学を卒業後、長きに渡って、全身管理および周術期管理についての教育に携わり、人材の育成に多大な貢献をもたらした。

また、周術期管理学、特に脳保護、輸液管理を中心に研究を行い、歯科治療における脳貧血の発生機序の研究を起点として、さらに発展させて脳虚血全般の研究に寄与した。周術期の脳保護の重要性に関する理解と教育の普及に努めてきた。

輸血関連急性肺障害(TRALI)に関する臨床研究では、女性供血者に含まれる抗白血球抗体が術後の呼吸器障害に影響を与えることを示し、血漿製剤の製造法の安全性確立に寄与した。これらの知見は歯科麻酔のみならず、医科麻酔にも広く適応されている。歯科医師としては唯一、日本輸血細胞治療学会の認定医を取得し、歯科麻酔医の輸血管理の教育に貢献した。

学会では、理事、各種委員会委員等を歴任し、会務の健全な運営に尽力した。

大川周治 氏

昭和55年に広島大学歯学部を卒業後、長きに渡って、歯科医学における教育・研究および学会活動に貢献した。研究では、「咀嚼機能に関する客観的評価法の開発・応用」「垂直的顎間距離決定の基準下顎位に関する研究」および「味覚機能のスクリーニング検査の構築と応用」などを主なテーマとして、学術論文総数247編など多くの研究に取り組んできた。

医局員(大学院生)に対して、「実験計画の立案は、治療計画の立案と同じである」と、研究テーマの着想から論文作成までの流れを修得することは、問題解決型臨床技能修得の基礎になるという「研究における基本理念」を臨床技能向上のための教育に活用された。

また、新入医局員の場合は、新人の研修プログラムである「トレーニングコース」の項目に、印象体の消毒法、[n]持続発音を応用した咬合採得法、客観的咀嚼機能検査法、味覚機能検査法等の講義のほか、実習が組み込まれており、大学院生と同様に研究結果(科学的根拠)を活かす形で補綴歯科臨床の教育指導を行ってきた。

学会では、理事、評議員、各種委員会委員等を歴任し、来年9月開催の第25回学術大会では、準備委員長を務めるなど、会務の健全な運営に尽力している。

小林馨 氏

昭和55年に鶴見大学歯学部を卒業後、同大では歯科放射線学を通して、学生や教員、患者の心を読み、信頼性を重視した教育・研究・臨床の向上に励んだ。また、画像による鑑別診断や放射線防護、顎関節症および顎関節疾患の画像診断についての研究および教育に奮闘した。

昭和60年から顎関節症の病態解明のため、顎関節腔二重造影断層X線検査を歯科放射線学講座として日本で初期に日常臨床検査を実施した。

さらに、私立歯科大学でMR画像装置を初めて導入し、顎関節症における画像診断、鑑別診断の確立を行った。この研究を踏まえ、歯科放射線学・顎関節疾患および顎関節症の教育においては、教科書的な記述や講義をするだけではなく、研究者自身の科学的な考え方、患者中心治療の経験に基づいたレクチャーを他大学の研究者や医療従事者に対しても行い、医療従事者と患者さんとの信頼性を築くことに努めた。

学会では、理事、評議員、各種委員会委員等を歴任し、会務の健全な運営に尽力した。

深井穫博 氏

昭和60年に歯科医院を開設後、長きに渡って「医療が地域とつながり、その活動がエビデンスに基づき、かつ健康政策に位置づけられるものでなければ、地域の人々の健康格差の縮小にはつながらない」という強い思いを持ち続け、地域歯科保健衛生の向上に努めてきた。

さらに、患者の保健行動の改善に着目した行動科学に関する研究で、平成13年に同研究課題で歯学博士の学位を取得した。その後、研究活動拠点として「深井保健科学研究所」を開設した。平成18年から日本歯科医師会の活動に従事し、国への政策提言を積極的に行うとともに、平成23年に制定された「歯科口腔保健の推進に関する法律」の制定過程にも深く関与した。

地域の開業医としてスタートした活動は、国内外の多くの人々との連帯・連携によって、実践・研究・政策をつなげるという世界にも貢献できる活動へと発展してきた。

学会では、評議員、各種委員会委員を務めるなど、会務の運営に協力した。

デンタル小町が通る

こどもの歯科院長(東京都目黒区)
伊藤織恵 ⑪

忘れられない出来事

毎月「原稿の神様、今月も降りてきてください!」と願いながら、その時期に医院で話題になったことをこれまで記事にしてきた。しかし今月は「最終原稿くらいは、自力で書きなさい!」ということなのか神様が降臨しない。ということで、小児歯科医を目指してからこれまで一番印象的だったことを書くことにした。

その日は、家族で出かけるため最寄り駅から電車に乗った。座席に腰かけ、子供たちと会話をし始めた時、どこから現れたのか、一人の女子学生が私の前にやってきてひざまずいた。周囲の方はもちろん、私自身も一瞬戸惑ったが、彼女は「先生、せんせ! 歯医者の先生ですよね? 私は小さいころ先生に歯を診ていただいて、歯医者になることを決め、今、歯学部に通っています」と伝えてくれた。突然の告白に、咄嗟に声が出ず、「え? ありがとう」と伝えたところで、隣駅に到着。「私はこちらなので、失礼します」と彼女はサッと立ち上がり、手を振りながら下車してしまった。

彼女が立ち去った後も、周囲の視線を浴び、かなり赤面した状態であったが、娘の「どうしたの?」という言葉で我に返った。

それ以降、その学生と再会を果たせていない。電車内で約2分間の出来事であったが、私の診療する姿を見て歯科医師を目指してくれたということは、本当にうれしかった。これからも歯科医師の先輩として学び続け、いつか彼女と再会した暁には、今度は私からしっかりお礼を伝えたいと願っている。

今年度、わが家の三人の子供は全員受験生となる。両親の背中を見て、何となく歯科方面の仕事に興味を覚えてくれたようだ。長男に至っては、「衛生士さん、募集かけても来ない」と私が幾度となく呟いていたことから、自分がなれば……とその道を選択してくれたようだ。

今年は彼らのサポートに回るため、私の連載はこれにて終了、一年間記事を読んでくださった読者の皆様に心からお礼申し上げる。

伊藤織恵先生の連載は、今回で終わりです。

■ 花柄スカーフデザインポーチの歯磨きセット／サンギ

サンギは、セレクトショップ「SHIPS」とコラボした歯磨きセット「アパガード×SHIPS オフィス&トラベルセット」を数量限定で発売している。花柄スカーフをデザインしたペンケース型のポーチと「アパガードプレミオ」のミニサイズ、エコ歯ブラシをセットにしたもの。ポーチの色は、ピンクとブルー。全国のドラッグストアなどで販売。価格はオープン。

■ コップをかざすと洗口液が出てくるディスペンサー／アース製薬

アース製薬は、コップをかざすだけで1回分の洗口液を自動で計量するディスペンサー「自動で出てくるモンダミン プレミアムケア 860mlセット」を全国で発売している。吐出量は10ml・20ml(10mL×2回)の2段階で調整可能。ボトルは380ml、700ml、1080ml、1300mlで使用可能。価格はオープン。

■「ブラック・ジャック」とコラボのスクラブなど／クラシコ

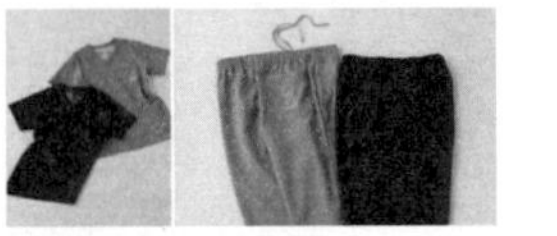

クラシコは、手塚治虫の漫画「ブラック・ジャック」とコラボレーションしたスクラブのトップスとパンツを15日に発売した。色はブラックとベージュ。ブラックはブラック・ジャック、ベージュはピノコの刺繍を施し、背裏は主な登場人物のアートワークとロゴ入り。サイズはXXS、XS、S、M、L、XL。同社のオンラインサイトで販売。価格はオープン。

■ 新成分配合の知覚過敏用歯磨剤／GSKコンシューマー・ヘルスケア

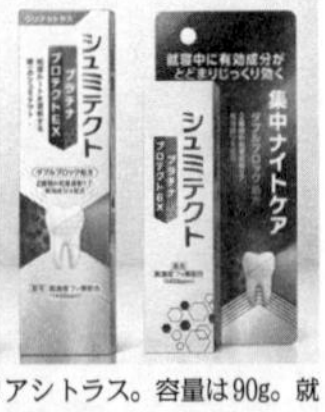

グラクソ・スミスクライン・コンシューマー・ヘルスケア・ジャパン(＝GSKコンシューマー・ヘルスケア)は、「乳酸アルミニウム」を配合した知覚過敏用歯磨剤「シュミテクト プラチナプロテクトEX」を3月11日に全国で発売する。香味はクリアミントとクリアシトラス。容量は90g。就寝前に使用する「集中ナイトケア」も用意。香味はマイルドミントフレーバー。容量は30g。価格はオープン。

安心経営の羅針盤

(株)ディー・ビー・エス　日吉 国宏　(124)

設備投資【学】

年末に税理士さんから“30万円未満の器材購入の提案”を受けたことがありますか？ 現在、特例によって30万円未満の器材購入費は一括で経費に計上できます(特例は常態化しつつあります)。このことから、年末近くになると上記のような設備投資が散見されます。しかし、必要とする器材の購入には優先順位があるはずです。安心経営には計画的な設備投資が求められます。

A歯科医院は健全な経営状態が続いています。したがって所得も多く、毎年の納税はかなりの額になっており、令和5年の所得額は過去最高になる予測です。そして、設備投資では“故障の多いユニットの買い替え”を計画していました。ところが12月に突然「100万円程の設備投資を行った」との報告。「ユニットを買い替える予定だったのでは？」と聞くと、「税理士さんから30万円未満の診療器材を複数購入してください」と提案を受けたそうです。「理由は？」と聞くと「節税のため」とのこと。さらに確認すると、ユニットは相変わらず修理が多いそうです。

結果的にA歯科医院は効率的とは言えない設備投資順になってしまいました。そもそも、設備投資の目的は「収益をあげる」ためであり、節税はあくまでもその副産物でしかありません。さらに、設備投資額を30万円で区切る必要もありません。ちなみに、350万円のユニットを1月に購入した場合は7年間にわたり経費が約50万円増加します(定額法の場合)。今後も多くの所得額が予想されるA歯科医院であれば、やはりユニットの買い替えが優先されたと思います。

あたりまえのことですが所得は多い方が良いのです。つまり、収入は多い方が望ましく、経費は少ない方が良いのです。もちろん税金は少ない方がうれしいかもしれませんが、節税のために支出(経費)を増やすという戦略は、経営の本質から外れていると言わざるをえません。

ひとことアドバイス

設備投資の計画は年末ではなく年初に立てましょう。まずは3～5年先を見越して必要な器材のリストを作成し、次に優先順位を決めます。その後資金計画とすり合わせます。

ナカニシ

奨学生に3360万

研究開発助成なども支給

NSKナカニシ財団(中西英一代表理事)は、2024年度奨学生と研究開発助成及び留学助成対象者を決定したと15日に発表した。

奨学生は40人で、歯学部の4年生30人と大学院(歯学系の研究科)1年生10人。年間一人当たりの奨学金は、歯学部生が72万円、大学院生が120万円で、総額3360万円。2024年2月時点での奨学生は139人(累計採用者数2444人)。

歯科と医学の発展に寄与することを目的に、今年度から募集した研究開発事業と留学助成事業は、インプラント関連4件に450万円、歯周病関連4件に400万円、脳神経外科関連3件に300万円の助成を決定し、年間で1150万円の研究助成金を支給する。

留学助成対象者は1人で、留学先はマギル大学(カナダ、ケベック州)。年間360万円を助成する。奨学金、助成金共に返済は不要。

ナルコーム

患者情報や診療記録デジタル化

ナルコーム(本社・長野県佐久市、猪俣吾郎社長)は、同社の患者情報管理システム「達人プラス」のオプション「サブノート」＝イメージ画像＝を1日に発売した。

同ソフトは患者情報と診療記録の入力・作成をデジタル化し、タッチペンを使用して手書きで描画できるもの。貼り付けや音声録音機能、音声テキスト変換機能(ディクテーション)も搭載。患者情報のデジタル化で、入力効率や記録の読みやすさが改善されるという。

初期費用は無料、月額利用料は5500円。音声テキスト変換機能(ディクテーション)を申し込みの場合、別途1時間あたり330円の利用料が必要。

詳細は同社ホームページまで。

ウェブ・動画・書籍で学ぶ 衛生士向け学習サービス

メディアが開始

メディア(本社・東京都文京区、辻啓延社長)は、ウェブサイトと動画、ポケットブック(書籍)で学べる歯科衛生士向けの学習サービス「歯科衛生士パスポートWeb 全身管理・感染対策・訪問診療」の提供を20日に開始した。

同サービスは、全身疾患や薬剤、緊急時の対応、感染対策、訪問診療の他、生体情報モニターの見方や臨床検査基準値などを学べるもの。手帳サイズのポケットブック＝写真＝は、医療面接や臨床で注意すべきポイントを簡潔に記載。ウェブサイトでは、疾患や薬剤、症状などを詳しく解説し、ガイドラインの改訂等に合わせて随時更新するという。歯科医師監修の動画も新たなコンテンツを順次公開する予定。

ウェブの利用には会員登録が必要。dhpass.comからメールアドレスを登録し、「新規会員登録」画面で書籍版を「購入している」を選択、パスワードと必要事項を入力して登録した後、利用可能。

YouTubeではサンプル動画も公開中。

詳細は同社ホームページまで。

週間 金・パラ価格動向　税抜価格(1g、円)

	金	パラジウム(参考価格)
2月19日(月)	9,776	4,820
2月20日(火)	9,784	4,775
2月21日(水)	9,802	4,875
2月22日(木)	9,839	4,780

提供 石福金属興業

ミルテル

唾液で乳がん検査 LINEで販売

メディカルネット(本社・東京都渋谷区、平川大会長兼CEO)の子会社で、広島大学発のスタートアップ企業のミルテル(本社・広島市、加藤俊也社長)は、唾液の採取で乳がんのリスク検査を実施できる「スキャンテスト 乳がん」の販売を16日に開始した。

同製品は、乳がん罹患時に増加する唾液中の「ポリアミン」を検出・測定して乳がんの罹患リスクを判定するもの。前日の食事制限はなく、唾液検査のため身体への負担が少ない。

LINEの友だち登録後に専用サイトから購入でき、検査結果は検体提出の約1カ月後にLINEで確認可能。検査に関する詳細やQ&Aの確認、問い合わせなどもLINEでサポートする。

問い合わせはTEL0120-767-376まで。

(訂正) 2月13日付(2284号)9面の製品紹介「アクティリンクReborn」の記事で、本文内の「インプラント」は誤りで、正しくは「インプラント材」、「価格＝4万9500円(本体、専用ジグBM)」は誤りで、正しくは「価格＝本体はオープン」でした。お詫びして訂正します。

投稿／募集
800字以内。郵送またはFAX、メールで。
日本歯科新聞社

日本歯科新聞

2024年（令和6年）
3月5日

＜発行所＞
日本歯科新聞社
厚生労働省記者クラブ加盟社
〒101-0061
東京都千代田区神田三崎町2-15-2
電話 03（3234）2475
FAX 03（3234）2477
www.dentalnews.co.jp
jdn@dentalnews.co.jp
無断転載禁止
■ 年間購読料 23,760円（送料込）（本体 21,600円＋税）
■ 月4回、火曜日発行
■ 郵便口座番号 00120-5-130369

今週号の主な内容

診療報酬改定

厚労省がツール作成

賃上げ計算を支援

賃上げ対応のスケジュール（イメージ）

① 賃金引上げの計画の作成（3月）
↓
② 計画に基づく労使交渉等（3月）
↓
③ 計画に基づく給与規程の改正（3月）
↓
④ 施設基準の届出・区分変更（6月～）
↓
⑤ 賃上げ状況の報告（2025年6～8月）

※2段階引き上げの場合 ①～③をR6年度末に実施

令和6年度診療報酬改定に伴う賃上げ対応の準備に必要な試算ができる「医療従事者の賃上げ計算支援ツール」を厚労省が作成した。「対象職員の給与総額」「ベースアップ評価料の算定見込み」「医療従事者の賃上げ見込み」の計算を順番に行っていくもので、2月22日に日本歯科医師会と共同で開いた「賃上げ等に関する診療報酬改定&マイナ保険証利用促進に関するオンラインセミナー」の中で保険局医療課歯科医療管理官の小嶺祐子氏が説明した。

ツールでは、ステップ1として、対象職員の給与総額を計算して入力する。6月から算定する場合は2023年3月から24年2月に実際に支払った給与総額を入力する。給与総額は賞与や法定福利費等の事業主負担分を含めるが、役員報酬は対象外となる。

次のステップでは、「外来・在宅ベースアップ評価料（Ⅰ）」の算定見込みの計算を行うため、対象期間の初再診料等の算定回数を入力する。医科併設の保険医療機関は医科の初再診料等の算定回数も入力が必要となる。

次に「同（Ⅱ）」の算定見込みの計算を行うが、病院・有床診療所（チェックボタンを選択）や「Ⅰ」で賃金増加率が1・2％を超えている場合は算定不可となり、算定可能と表示された場合は算定区分を確認する。

病院・有床診療所の場合は「入院ベースアップ評価料」の算定見込みの計算を実施。対象期間の延べ入院患者数を入力し、算定可能な場合は算定区分を確認する。

最後のステップでは医療従事者の賃上げ見込みを計算する。「ベースアップ評価料」による1月当たり収入合計等を確認。この試算を踏まえて、賃金引上げの計画や労使交渉、給与規程の改定等必要な賃金引上げの準備を行い、その上で施設基準の届出、計画書の提出を行うことになる。

◇◆◇

国は、賃上げには、「医療機関や事業所の過去の実績」「今般の報酬改定による上乗せの活用」「賃上げ促進税制の活用」を組み合わせて、6年度にベースアッププラス2・5％、7年度にプラス2・0％を実施することを想定している。

診療報酬改定分は、基本給等のベースアップに充てることになり、対象職種は、プラス0・61％分に病院や歯科診療所に勤務している歯科衛生士、歯科技工士、歯科業務補助者、プラス0・28％分に40歳未満の勤務歯科医師や事務職員、歯科技工所で従事する者などが入っている。プラス0・61％分では、「歯科外来・在宅ベースアップ評価料（Ⅰ）」「同（Ⅱ）」や「入院ベースアップ評価料」が新設され、プラス0・28％分は初再診料や歯冠修復等の点数が引き上げられている。さらに今回創設される診療報酬による賃上げは、賃上げ促進税制における税額控除の対象となるとした。

小嶺氏は「歯科医療機関が委託先の歯科技工所の職員の賃上げを直接行うというわけではないが、歯科技工所でも賃上げができるように適切に委託を行ってほしい」と強調した。

ベースアップの考え方としては、賞与や法定福利費等の事業主負担分を含めた「給与総額」を基に点数設計をしていると説明。報酬分を基本給または決まって毎月支払われる手当の引き上げに充てることになり、連動して引き上がる賞与分や事業主負担の増額分も含まれる一方で、業績に連動して引き上がる賞与については対象外と注意を促した。

基本的なベースアップは、賃金表の改定等により賃金水準を引き上げることを指すため、賃金表内での職員の給与の変動は定期昇給に該当し、ベースアップには該当しない。賃金表がない場合は、給与規程や雇用契約に定める基本給等について引き上げを行う必要があるとのこと。

令和6年度と7年度の2年間の引き上げを考える必要があり、6年度にまとめて引き上げを行うか2年間で段階的に引き上げる配分方法がある。

また、賃上げの対象とならない職種においても、引き上げられた初再診料や歯冠修復の報酬などを活用して、政府目標の達成を目指してほしいと呼び掛けた。

「マウスガード普及の第一歩」

改定受けスポーツ歯科医学会 安井理事長

日本歯科医師会スポーツ歯科委員会委員長で日本スポーツ歯科医学会理事長の安井利一氏＝写真＝は、令和6年度診療報酬改定で、「口腔内装置」の注釈に「口腔粘膜等の保護のための口腔内装置、外傷歯の保護のための口腔内装置」が追記されたとして、「スポーツマウスガード普及に向けた第一歩」と述べた。2月28日に東京都千代田区の歯科医師会館で開かれた日歯の都道府県歯科医師会スポーツ歯科担当理事連絡協議会の中で発言したもの。

安井氏は、「来月（3月）に通知が出るので詳しいことは割愛するが、口腔内装置の注釈に『外傷』が記載されて、保険で対応できるようになる」と説明。さらにスポーツマウスガード普及に向けた次のステップとしては、選定療養での取り扱いを目指し、より高いレベルの安全性などを要するマウスガードは自費で作製することが当たり前になるような流れを最終的には実現したいと強調した。

その上で「選定療養あるいは自費への道に向かって、先生方の意見を伺いながら実装研究を進めていきたい」と語った。

安井氏はその他、スポーツ飲料水等の補給による酸蝕症などの対応で、甘い物等の後に水やお茶を飲む2ボトルストラテジーを普及させる必要性や、日本スポーツ協会の加盟団体へのアプローチの状況などについて話した。

■ 日歯 担当理事連絡協で報告 ■

スポーツデンティスト 認定者数は728人

日本歯科医師会（高橋英登会長）は2月28日、東京都千代田区の歯科医師会館で令和5年度都道府県歯科医師会スポーツ歯科担当理事連絡協議会を開いた。日本スポーツ協会公認スポーツデンティストの認定者数が728人などスポーツ歯科関連の報告があったほか、協議では、各県の担当理事から質問や要望、意見交換などが行われた。

高橋会長は冒頭あいさつで、今も山登りをしているエピソードを交え、「ロッククライミングをする時はぐっと噛む。やはり噛むことがスポーツの基本と思う」と発言。「これから日本の将来を担う子供たちのためにも頑張っていただきたい」と述べた。

報告では、末瀬一彦常務理事がスポーツ歯科に関する日歯の対応や国民スポーツ大会（旧国体）のスケジュール、スポーツデンティスト、競技団体へのアンケート結果などについて説明。

平成25年から始まったスポーツデンティストの新規登録者数は令和5年で計815人となり、同年10月1日付時点で認定者数は728人いるとした＝表。

協議では、国民スポーツ大会への対応、スポーツ歯科の啓発・他団体との連携、スポーツデンティストの活躍の場、マウスガードの普及などの質問、要望などが目立った。

特に国民スポーツ大会の開催県の時にどのように対応したら良いのかとの声が目立ち、それを受けて青森県歯科医師会副会長の工藤眞裕氏が情報提供。国民スポーツ大会で競技団体の救護班に入るためには、県行政ではなく会場となる市町村および競技団体と話す必要があるため、市町村の実行委員会の中に歯科医師が入る必要があると説明した。

全国からスポーツ歯科担当の役員が集まった

日本スポーツ協会公認 スポーツデンティスト認定者数（令和5年10月1日付）

北海道	27	新潟	8	岡山	5
青森	15	富山	10	広島	20
岩手	18	石川	7	山口	9
宮城	17	福井	8	香川	9
秋田	7	静岡	16	徳島	12
山形	13	愛知	21	愛媛	7
福島	7	三重	11	高知	4
茨城	14	岐阜	14	福岡	20
栃木	9	滋賀	11	佐賀	15
群馬	12	京都	17	長崎	10
埼玉	33	大阪	52	熊本	11
千葉	29	兵庫	19	大分	6
東京	89	奈良	10	宮崎	11
神奈川	32	和歌山	9	鹿児島	8
山梨	10	鳥取	4	沖縄	9
長野	16	島根	7	合計	728

スポ協の加盟団体

マウスガード装着 義務化は3団体

日本スポーツ協会に加盟する中央競技団体へのアンケートで、マウスガードの認知度は100％だったが、競技規則に装着を定めているのは15・2％（5団体）で、そのうち義務化しているのは3団体だった。

日本歯科医師会が行った「マウスガードおよびスポーツ歯科に関するアンケート集計結果」によるもので、2月28日のスポーツ歯科担当理事連絡協議会で報告があった。

調査は対象61団体中33団体が回答。

競技中に選手が顔面や頭部の外傷に遭った経験では、51・5％（17団体）が「ある」と答えている。

マウスガードを適用しない理由（複数回答）では、「競技種目に必要がないから」66・7％（18団体）が最多。日本セーリング連盟からは「過去に大学生ヨット部員全員にマウスガードを作製して検討の結果必要性が認められなかったため」との回答もあった。

スポーツデンティストの認知度は78・1％（25団体）だが、公式試合や国民スポーツ大会などに歯科医師の帯同が必要と答えたのは16・1％（5団体）に留まっている。

また87・5％が競技選手の健康維持・管理のためのサポート部門を有しており、歯科医師が参画しているのはその46・4％だった。

協議会で日歯の末瀬一彦常務理事は、結果について「マウスガードやスポーツ歯科の知識はあるが、あまり関心がないのが現状と考えている」とコメントした。

JDAT派遣10日で終了

能登半島地震に伴う日本災害歯科支援チーム（JDAT）の派遣要請が10日に終了する。2月29日に日本歯科医師会が公表したもので、避難所の縮小や現地の歯科医療機関の復旧状況などを鑑みて、石川県歯科医師会から連絡があったとのこと。

歯科医療機関の復旧ができず、3月11日以降も避難所等での歯科保健医療活動が必要な地域では、近県の富山県歯科医師会と福井県歯科医師会と協力して石川県歯が対応するという。

◆◇◆

同日公表の3月10日までのJDAT派遣状況（予定含む）では、1月7日から計252チーム、983人が出動。

983人の内訳は歯科医師609人、歯科衛生士318人、歯科技工士12人、事務職42人、その他2人。

3月4日から10日までの派遣先は、金沢市（1・5次避難所）、輪島市（市街地）、珠洲市、同市（道の駅すずなり歯科診療車）、穴水町、能登町を予定している。

JDATの派遣を報告 岐阜県歯

岐阜県歯科医師会（阿部義和会長）は2月27日、能登半島地震被災地へのJDAT派遣状況について発表した。これまで1月21日の第1陣（同24日まで）から第2陣（2月4〜6日）、第3陣（2月10〜12日）を珠洲市に派遣している。

同チームは4人体制で他県のJDATと共に市内での被災者の歯科ニーズ把握や歯科保健指導、応急診療を実施。未だに断水している中、誤嚥性肺炎や免疫力の低下によるインフルエンザ感染リスクの増加を防ぐため、避難所などで被災者の口腔ケアや啓発に努めたとのこと。

同市内の歯科医療機関のほとんどは再開未定で、診療車を活用した臨時歯科診療所での診療を行っているが、継続的な支援が必要と言われている。

訪問歯科 超 実践術 (433)

前田実男（日本訪問歯科協会 理事）

居宅療養管理指導費は、「単一建物居住者の人数区分」で算定する単位数が決まる。単一建物居住者とは、利用者が居住する建物で、同一月に居宅療養管理指導を行っている者のこと。簡単に言えば、同じ建物内で同月に何人に対して行うかで人数区分が決まる。

しかし、認知症対応型共同生活介護事業所（グループホーム）は例外である。ユニット数が3以下のグループホームは、それぞれのユニットごとの居宅療養管理指導費を算定する人数を、単一建物居住者の人数とみなす。

では、同じ建物内に、グループホームと集合住宅が併存する場合の算定はどうすればよいのだろうか。

グループホームでの対応

同一の建物に、ユニット数が3以下のグループホームと集合住宅が併存する場合には、「グループホーム」と「それ以外」で区別し、居宅療養管理指導費を算定する。

まず、「グループホーム」については、それぞれのユニットにおいて、居宅療養管理指導費を算定する人数を、単一建物居住者の人数とみなす。ただし、一つのユニットで一つの同一世帯の利用者のみに実施する場合には、利用者ごとに「単一建物居住者が1人の場合」の区分で算定する。

同じ建物の「グループホーム以外」については、グループホームで居宅療養管理指導を実施する人数を含め、その建築物で居宅療養管理指導を実施する全ての人数を単一建物居住者の人数とする。

ただし、同じ建物で一つの同一世帯の利用者のみに行う場合は、利用者ごとに「単一建物居住者が1人の場合」の区分で算定する。

また、「当該建築物で居宅療養管理指導を行う利用者数が、当該建築物の戸数の10％以下の場合」または「当該建築物の戸数が20戸未満であって、居宅療養管理指導を行う利用者が2人以下の場合」については、利用者ごとに「単一建物居住者1人に対して行う場合」の区分で算定する。

日本訪問歯科協会　https://www.houmonshika.org

ピックアップニュース

■賃上げは朗報だけど　歯科技工士ため息「単価安すぎる」　診療報酬改定（朝日新聞DIGITAL/2月15日）

■「自分が真っ先にいなくなる選択肢はない」被災地の石川・珠洲市で地域医療の復旧進む　一方で歯科診療は目途立たず（MRO北陸放送/2月23日）

■千葉県保険医協会　半数がマイナ保険証でトラブルあったと回答（チバテレ/2月26日）

■「歯科医院限定」市場が拡大　口腔ケア製品、予防意識向上（JIJI.COM/2月29日）

■”むしばむ”詐欺に“歯止め”をかけよう　警察が歯医者と一緒にニセ電話詐欺の注意呼びかけ【佐賀県】（SAGATV/2月28日）

■歯科治療後に叶愛ちゃん（当時2）死亡　歯科医院の元院長が上告　二審の有罪判決不服（rkb/2月28日）

■堀ちえみ「舌がん完治」を報告　術後5年を経て「涙が溢れて止まりません」（ORICON NEWS/2月27日）

■給食のウズラの卵で小1窒息死か　歯が生え変わる低学年に高リスク　救急車待たずに除去を（産経新聞/2月28日）

■72歳の「歯科医師」が10代の女の子を買春か「見覚えがあります。若い子やなと思いました」（カンテレ/2月29日）

■東京医科歯科大と東工大が公表、「東京科学大」初代トップ選考法の中身（ニュースイッチ日刊工業新聞/2月29日）

石川県輪島市で嚥下食ふるまう

関西　歯科医も協力

関西（本社・愛知県犬山市、小島健一社長）は2月26日、石川県輪島市の地域生活支援施設のウミュードゥソラで嚥下食弁当「口福膳」＝写真①＝を無償提供した。歯科医師の宮本佳宏氏、一瀬浩隆氏の協力のもとで行われ、食材や調理器具、支援物資をマイクロバスで持ち込み、活動した。

避難生活が長引くことで、身体機能が落ちて誤嚥性肺炎や窒息が起こりやすい状況にあるため、高齢者や障がい者が飲み込みやすい嚥下食が必要になる場合がある。現地でも食の楽しみを味わってもらいたいとの思いから、能登半島地震によって、現在は高齢者や障がい者など介護が必要な人のための福祉避難所として活用されているウミュードゥソラで「口福膳」を提供するに至った。

「口福膳」は料亭の味が楽しめる冷凍の宅配弁当で、ふぐやサーロインステーキ、うなぎなどの食材が使われている。現地では、「口福膳」のほか、高齢者も飲み込みやすくとろみを付けた雑煮＝写真②＝などが提供された。

①

②

歯科国試にチャレンジ

③⑧② 2023年（第116回）より

歯の喪失に伴う障害とその分類の組合せで適切なのはどれか。2つ選べ。

a　審美不良 ― 一次性障害

b　早期接触 ― 一次性障害

c　咬頭干渉 ― 二次性障害

d　咀嚼筋痛 ― 二次性障害

e　食片圧入 ― 三次性障害

116-A036

答えは本紙のどこかに！

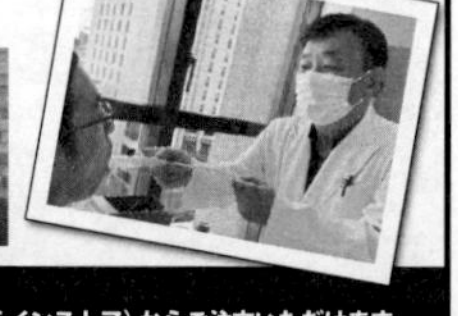

保団連　診療報酬改定の歯科関連で談話

全国保険医団体連合会(竹田智雄会長)は2月20日、宇佐美宏歯科代表名で、令和6年度診療報酬改定答申に関する歯科についての談話「医療の質の向上や医療機関の経営を守ることを正面に据えた診療報酬改定を、歯科医療費の総枠拡大を求める」を発表した。

談話の内容は次の通り。

【1】6回連続実質マイナス改定、医療の質の向上や医院経営等の困難解消には程遠い

厚労省は、昨年12月20日に2024年度の診療報酬改定率を決定した。医療従事者の賃上げ対応を含んで「診療報酬(本体)」をプラス0.88%としたが、「薬価等(薬価、材料価格)」はマイナス1.00%として、全体でマイナス0.12%と6回連続の実質マイナス改定となった。「診療報酬(本体)」プラス0.88%から賃上げ対応分を除いた技術料引き上げ分は、わずかプラス0.18%となる。今回の賃上げ対応では、一般産業平均水準への改善に程遠いばかりか、地域医療を充実させる技術料引き上げ分も不十分であり、医療従事者の労働条件の改善、医療の充実を正面から捉えた改定とは到底言えない。

各区分の改定率では、歯科は、賃上げ対応を含みプラス0.57%となった。明確な数値は示されていないが、賃上げ対応分を除くと技術料引き上げにあてられる改定率は、前回のプラス0.29%を下回ることが推定される。新興感染症を含む感染対策やリハビリテーション・栄養管理・口腔管理の充実の経験等をテーマとした改定がされているが、歯科における基本診療料の大幅引き上げ、基礎的な技術料の適正な評価は置き去りにされたままだ。低歯科診療報酬が長らく続いているが、技術料が適正に評価され、医院経営が安定することが重要である。コロナ禍の経験をふまえれば、より一層、平常時の経営安定の重要性が浮き彫りとなった。患者が望む医療を保険診療として提供でき、歯科医療機関も保険診療で医院経営が十分成り立つ診療報酬体系の整備こそが求められている。

【2】トラブル解決をなおざりにしたマイナ推進はやめるべき

これまでマイナ保険証活用推進のため「医療情報・システム基盤整備体制充実加算」が運用されてきたが、オン資義務化を理由に「医療情報取得加算」に名称変更され、診療情報・薬剤情報の取得・活用を要件にした初・再診料への加算とされた。また、電子処方箋と電子カルテ情報共有サービスを導入し、医療DXに対応する体制を確保している場合の評価として、初診料への「医療DX推進体制整備加算」が新設された。

対応困難な医療機関を置き去りにし、終わらないトラブルの解決をなおざりにしたまま、医療機関に多大な負担と推進の旗振り役を押し付ける政策はやめるべきである。診療情報等の取得・活用を要件とするのであれば、すでに活用されているお薬手帳などの場合も評価しないと辻褄が合わない。ただただマイナ保険証の活用を誘導する目的のような診療報酬での評価はするべきでない。

【3】診療実態に応じた保険診療の充実を求める

今回改定で「かかりつけ歯科医機能強化型歯科診療所」(か強診)は、小児歯科医療に係る要件強化等を行うことと合わせて名称変更された。これまで評価対象を「かかりつけ歯科医機能」としていたが、外来から在宅医療、小児から高齢者までを対象に、幅広く「口腔機能管理」に対応する機能を評価するものとして再構成された。ここ10年来、厚労省が「歯科治療の需要の将来予測」として「治療中心型(歯の形態の回復)」から「治療・管理・連携型(口腔機能の維持・回復)」へのシフトを強調し、改定を行ってきた経過の延長線上にある。歯科治療において、「形態回復」と「機能回復」は対立する概念でなく、「機能回復」に点数評価を偏重させることは誤りである。

また、この間では、施設基準などのハードルを設けて医療機関を点数評価上で差別化する改定が行われてきた。広く実施され、多くの医療機関が算定しうる点数項目の適正評価は後回しにされてきた。これらを通じた医療機関間の格差も生じている。診療実態に応じた評価がされる改定が必要である。

【4】歯科技工や歯科矯正など、歯科固有の技術の適正な評価を求める

歯科技工分野では、委託技工を通じて歯科医療機関と歯科技工所が協力して技工物の製作・管理を行っているが、現行点数では不採算である。歯科医療機関と歯科技工所の経営がともに成り立つよう、チェアサイド・ラボサイドにおける適切な技術評価が求められる。

また、クラウン・ブリッジ維持管理料の算定対象が変更され、金属歯冠修復のすべてが対象外とされた。厚労省は、今回改定も含めてCAD/CAM冠の適用拡大を行っているが、歯質保存の観点から問題が多いこと、CAD/CAM装置の設備投資が小規模の医療機関や歯科技工所で大きな負担となることなど課題も残っている。ジルコニアなどの新規材料の保険適用が求められる。

歯科矯正分野では、患者が学校歯科検診で不正咬合を指摘された後の受診を想定して、今回改定で「歯科矯正相談料」が新設されたが、その後の矯正治療は概ね自費診療となってしまう。こうした課題は今後も取り残されたままである。

【5】「選定療養」の拡大はやめるべき

後発医薬品のある先発医薬品の処方について、「選定療養」の仕組みを導入し、一定条件下で薬代の4分の1の金額を保険外診療として患者に自己負担を求める内容が今年10月に実施されようとしている。保険外診療の拡大は、歯科において以前にあった金属材料の差額徴収外しの動きを彷彿とさせる。医療機関の保険診療の継続を困難にし、患者に追加の自己負担を求めることで受診抑制を生じさせることにつながる「選定療養」の拡大はやめるべきである。

【6】医療従事者への賃上げ対応については、十分かつ混乱の生じない施行を求める

今回改定では、医療従事者の賃上げ対応として、「歯科外来・在宅ベースアップ評価料(Ⅰ)(Ⅱ)」が新設された。まずは、「歯科外来・在宅ベースアップ評価料(Ⅰ)」の算定により医療従事者の賃上げ分の経営資源を確保することを想定し、足りない場合(賃上げ率1.2%アップが達成できない場合)は、その状況に応じて各種の「歯科外来・在宅ベースアップ評価料(Ⅱ)」を算定する仕組みとされた。評価料(Ⅰ)(Ⅱ)とも施設基準が設定され、届出時には、賃上げの計画や不足分の推計などを申告することが求められ、経過等の定期的な報告も求められる。詳細は示されていないが、煩雑な内容となり、医療機関が届出困難な状況とならない対応が必要である。

また、歯科においては、歯科技工所に勤務する歯科技工士の賃上げ対応として、一部の技工関連の技術料が引き上げられた。現時点では、引き上げ分をどのような方法で歯科技工所に保障するのか、歯科技工所において歯科技工士への賃上げを達成するのかの詳細が示されていない。従来、歯科技工所への委託技工に係る料金は、民間取引(保険診療外の取引)として厚労省は関与しない姿勢を貫いてきた。今回の賃上げ対応においては、制度内容を達成する観点からは、その立ち位置を転換することが求められる。

今回の歯科医療機関に勤務する医療従事者、歯科技工所に勤務する歯科技工士への賃上げ対応については、厚労省が示した水準や方法、財源の確保が十分なものであったのか、検証が必要だ。

【7】患者・国民、医療従事者のための診療報酬制度への改善を

改定を取り巻く情勢として、マイナ保険証活用推進のために従来の保険証を廃止する動き、少子化対策の財源捻出のために診療報酬・介護報酬をターゲットに歳出削減を行う動きなど、患者・国民、医療従事者に多大な影響を与える施策が進められている。今回改定には、そうした施策推進の一環とされる内容が盛り込まれている。保団連は、政府が患者・国民、医療従事者にとって不利益となる内容を政策の実現のために診療報酬改定を利用することに反対する。

診療報酬制度の改善を通じて、なにを達成するか、それは、患者がいつでも、どこでも、だれでもお金の心配なく必要な治療が受けられること、医療機関が保険診療の提供を安全・安心に継続できることである。

保団連は、これからも患者・国民が必要な医療を受けられる権利が実際に保障されるよう、診療報酬の改善を継続して求めていく。

令和5年11月の歯科医療費

社保

件数2・9%増　点数1・9%増

社会保険診療報酬支払基金による令和5年11月診療分の総計確定件数は1億841万6千件、点数1749億4889万4千点で前年同月に比べ件数は2・8%、点数は0・5%それぞれ増加した。

11月の稼働日数は24・0日(うち土曜日4・0日)で、前年同月に増減はない。

歯科の件数は1346万5千件、点数は162億4733万8千点で、前年同月に比べ件数は2・9%増加、点数は1・9%増加した。

医療費全体に占める構成割合は前月に比べ、件数は0・2ポイント下がって12・4%、点数は0・2ポイント下がって9・3%だった。

歯科の診療報酬諸率は1件当たり点数1206・6点、1日当たり点数820・9点、1件当たり日数1・47日で、前年同月に比べ、1件当たり点数は1・0%減、1日当たり点数は2・0%増、1件当たり日数は2・9%減少した。

医科の入院と入院外の合計は件数5625万6千件、点数1208億1461万4千点で、件数は前年同月に比べ2・0%減少、点数は2・2%減少。

入院外は件数5544万2千件、点数742億9718万9千点で、前年同月に比べ件数は1・5%、点数は3・8%それぞれ減少した。

調剤は件数が3841万4千件、点数が378億8694万3千点で、前年同月に比べ件数は10・4%、点数は9・5%それぞれ増加している。

〈社保〉診療種別支払確定件数及び点数

(令和5年11月診療分)

診療種別		件数 千件	対前年同月比 %	構成割合 %	点数 千点	対前年同月比 %	構成割合 %
総計		108,416	102.8	100.0	174,948,894	100.5	100.0
医科	計	56,256	98.0	51.9	120,814,614	97.8	69.1
	入院	814	76.2	0.8	46,517,425	100.5	26.6
	入院外	55,442	98.5	51.1	74,297,189	96.2	42.5
歯科		13,465	102.9	12.4	16,247,338	101.9	9.3
調剤		38,414	110.4	35.4	37,886,943	109.5	21.7
食事・生活療養費		656	100.0	0.6	–	–	–
訪問看護療養費		282	116.5	0.3	–	–	–

(注)件数の総計は、食事・生活療養費を除く数値。点数の総計は、食事・生活療養費、訪問看護療養費を除く数値。社会保険診療報酬支払基金の統計月報を基に本紙で集計したもの。数値は四捨五入

〈社保〉歯科診療報酬諸率

(令和5年11月診療分)

区分		1件当たり点数(点)	1日当たり点数(点)	1件当たり日数(日)
合計		1,206.6 (99.0)	820.9 (102.0)	1.47 (97.1)
医療保険	計	1,217.1 (99.0)	817.6 (102.0)	1.49 (97.0)
	被保険者(65歳未満)	1,273.6 (98.5)	826.5 (101.8)	1.54 (96.8)
	被扶養者65歳未満(未就学者を除く)	1,132.3 (99.5)	807.6 (102.7)	1.40 (96.9)
	被扶養者(未就学者)	932.4 (100.1)	801.1 (102.4)	1.16 (97.7)
	被保険者65歳以上70歳未満	1,307.7 (97.7)	803.2 (101.0)	1.63 (96.6)
	被扶養者65歳以上70歳未満	1,278.7 (97.7)	787.4 (101.3)	1.62 (96.5)
	高齢者7割	1,280.6 (98.9)	786.6 (101.3)	1.63 (97.6)
	高齢者一般	1,356.5 (97.4)	811.0 (100.8)	1.67 (96.6)

数値は四捨五入。カッコ内は対前年同月比(%)

国保

市町村の金額 5・4%減少

国保中央会がまとめた令和5年11月診療分の総医療費は市町村国保と国保組合、後期高齢者を合わせて2兆3956億円で、うち後期高齢者分は1兆5371億円だった。

11月の稼働日数は22・0日(平日20・0日、土曜日2・0日)で、対前年同月比で増減はない。

歯科医療費は市町村が549億円で、対前年同月比で5・4%減少。組合は47億円で1・8%減少。後期高齢者は634億円で4・1%増加した。

件数は市町村が415万件で3・1%減。組合は38万件で0・7%減。後期高齢者は444万件で6・8%増となっている。

市町村の歯科1人当たり医療費は2330円で1・0%減、1人当たり日数は0・29日で2・2%減、1日当たり医療費は8101円で1・3%増。

組合の歯科1人当たり医療費は1829円で0・7%増、1人当たり日数は0・22日で1・4%減、1日当たり医療費は8235円で2・1%増加した。

後期高齢者の歯科1人当たり医療費は3246円で0・7%増、1人当たり日数は0・39日で0・1%減、1日当たり医療費は8245円で0・7%増加している。

また市町村国保と国保組合を合わせた医療費の入院は3147億円(対前年同月比2・0%減)、入院外3082億円(3・7%減)、調剤1498億円(2・7%減)、後期高齢者分は入院7408億円(2・8%増)、入院外4463億円(3・1%増)、調剤2316億円(1・4%増)だった。

〈社保〉支部別歯科診療報酬等支払確定状況

(令和5年11月診療分)

支部別	件数(件)	日数(日)	点数(千点)	金額(千円)
令和5年9月	13,567,038	20,006,591	16,438,583	110,965,461
令和5年10月	13,897,647	20,736,408	17,022,287	114,863,582
令和5年11月	13,464,894	19,792,305	16,247,338	109,584,356
北海道	461,891	741,895	643,897	4,431,902
青森	98,673	154,809	125,649	847,963
岩手	91,079	138,599	115,061	823,169
宮城	229,960	329,274	261,185	1,808,638
秋田	80,822	120,672	105,418	707,151
山形	92,967	129,206	106,466	763,501
福島	162,931	245,553	187,122	1,307,650
茨城	286,811	418,534	325,205	2,101,900
栃木	207,243	305,675	221,605	1,468,047
群馬	171,008	261,309	189,446	1,352,858
埼玉	812,862	1,178,489	876,430	5,789,354
千葉	707,537	1,011,114	815,674	5,348,073
東京	1,832,301	2,677,689	2,161,472	14,481,154
神奈川	1,050,071	1,539,059	1,299,153	8,618,667
新潟	216,012	309,370	254,912	1,646,094
富山	111,649	154,606	118,299	767,679
石川	106,685	154,971	122,240	803,823
福井	71,905	102,709	81,508	531,961
山梨	85,157	122,240	93,354	613,607
長野	199,742	277,617	220,791	1,445,969
岐阜	202,735	282,268	230,466	1,644,726
静岡	320,767	469,234	365,751	2,599,791
愛知	836,959	1,181,594	1,023,126	7,319,760
三重	180,045	246,721	199,086	1,353,825
滋賀	152,669	212,550	171,234	1,119,704
京都	226,626	334,617	288,483	2,053,990
大阪	1,120,693	1,696,092	1,526,824	10,197,408
兵庫	628,480	897,286	779,918	5,144,361
奈良	116,914	169,202	134,317	932,696
和歌山	88,313	130,223	106,062	694,788
鳥取	53,803	79,014	63,237	411,705
島根	51,876	74,121	63,095	455,378
岡山	216,270	300,193	275,492	1,791,256
広島	295,554	433,059	363,018	2,416,835
山口	115,716	174,060	139,163	995,544
徳島	80,119	118,152	98,822	629,138
香川	114,272	162,938	140,578	898,106
愛媛	112,986	170,031	130,091	936,348
高知	56,048	83,836	66,790	467,812
福岡	593,795	942,502	763,920	5,044,634
佐賀	84,678	129,425	96,733	635,300
長崎	127,009	184,878	152,981	1,020,278
熊本	163,375	247,418	198,277	1,374,260
大分	94,800	148,353	117,030	776,297
宮崎	97,820	150,425	119,062	783,059
鹿児島	134,746	216,704	158,484	1,137,739
沖縄	120,520	184,019	150,413	1,090,462

大阪・高槻市　健康都市目指し 三師会らと協定

左から石田佳弘薬剤師会会長、保田浩医師会会長、濱田剛史高槻市長、植木實大阪医科薬科大学理事長、山本浩歯科医師会会長

大阪府高槻市は2月22日、高槻市医師会、同歯科医師会、同薬剤師会と大阪医科薬科大学の5者で「健康医療先進都市」推進のための連携に関する協定を締結した。同協定は市内の医療体制を活かし、関係機関との連携の中で「健康」「医療」の施策の充実に取り組むとともに、全国に向けて魅力を発信する事業「健康医療先進都市」のさらなる推進を目的としている。

今後は、連携会議を設置し、医・歯・薬連携による予防医療や健康増進などの取り組みを実施するとともに、大阪医科薬科大学関西BNCT共同医療センターの市民(中学生)を対象とした見学ツアーや協定締結を記念した講演会などを実施する予定。

◆◇◆

また、高槻市は18歳以上を対象とした無料の歯科健診「歯っぴー健診」を2023年4月1日から24年3月15日まで行っている。健診では、問診・口腔内診査・健診結果に基づく歯科保健指導などを実施し、市民の健康増進に寄与している。

都道府県別歯科診療所数

令和5年12月

	歯科診療所	前月比増減数
全国	67,004	-85
北海道	2,743	-9
青森	479	-3
岩手	538	-2
宮城	1,033	-1
秋田	404	-3
山形	452	0
福島	813	0
茨城	1,347	2
栃木	946	-1
群馬	973	-2
埼玉	3,519	0
千葉	3,203	-5
東京	10,666	-5
神奈川	4,938	-3
新潟	1,098	1
富山	430	-2
石川	472	1
福井	289	-1
山梨	416	-1
長野	980	1
岐阜	937	-1
静岡	1,716	-3
愛知	3,688	-2
三重	782	-3
滋賀	563	0
京都	1,258	0
大阪	5,448	2
兵庫	2,919	-8
奈良	676	-5
和歌山	509	-2
鳥取	255	-1
島根	250	-1
岡山	986	0
広島	1,474	0
山口	620	-2
徳島	413	0
香川	468	0
愛媛	634	-2
高知	337	-2
福岡	3,042	-10
佐賀	394	0
長崎	686	-4
熊本	831	1
大分	512	-5
宮崎	482	0
鹿児島	774	-3
沖縄	611	-1

令和5年12月の歯科診療所数
前月より85減の6万7004施設

厚労省の施設動態調査による令和5年12月末現在の歯科診療所数は全国で6万7004施設で、前月より85減少した。

福岡の10、北海道の9、兵庫の8など30都道府県で93減少し、増加は茨城、大阪の2など6府県で8だった。

開設者別歯科診療所数の個人は前月より83減少して4万9589施設、医療法人は10減少の1万6776施設だった。

開設者別歯科診療所数の個人は減少傾向が続き、2021年3月以降、33カ月連続で減少。医療法人は2018年9月以降62カ月連続で増加していたが、減少に転じた。

前年同月比の全国の歯科診療所数の動向では、610施設減少した。開設者別歯科診療所数の個人は1054減少、医療法人は425増加となっている。

Interview

広告可能となった「補綴歯科専門医」制度の仕組みと展望

課題は専門医の地域偏在の改善

日本歯科専門医機構、日本補綴歯科学会と日本顎咬合学会が共同で構築した「補綴歯科専門医」制度が、令和5年10月12日から新たに広告可能となった。歯科領域では、「小児歯科」「歯科放射線」などに続いて6番目となる。旧制度に比べ、取得しなければならない単位数が増え、専門医共通研修と新制度専門医認定試験が新たな要件として加わったことなどを受け、日本補綴歯科学会理事長の窪木拓男氏に広告可能となった専門医制度の仕組みや、今後の展望などを聞いた。

日本補綴歯科学会理事長
窪木 拓男 氏

──広告可能となった補綴歯科専門医制度の仕組みをお聞かせください。

窪木　まず、新制度移行に伴って7年間の移行措置期間を設けており、①「移行措置期間中は、旧制度専門医が要件を満たしている場合、機構認定専門医申請者としての資格を認める」、②「移行措置期間中の機構認定専門医の新規および更新申請にあたり旧制度の会員歴と研修歴は有効とする」、③「新規および更新申請は旧制度専門医の認定失効期日の翌日から1年の猶予期間を設置する」、④「申請は認定失効期日1年前から猶予期間終了6カ月前までに行う」としています。

新規申請は、学術大会等の出席や歯科専門医共通研修の履修など「360単位以上」が必要になりますが、旧制度専門医が更新する場合は「70単位以上」と取得しやすい仕組みとなっています。

新制度で必要な症例数はケースプレゼンテーション1症例、一般的なクラウンブリッジ70装置以上、一般的な有床義歯30装置以上、難症例20症例です。特に、ケースプレゼンテーションと難症例は、詳細な症例の内容が審査されるため、十分な準備が必要になっています。

本専門医制度は、国民にある一定水準の実力を備えた補綴歯科専門医を安心に受診していただくことが目的であるため、専門医としての能力担保のあり方、広告のあり方等は、深く議論がなされております。

◆◇◆

──卒後、専門医を取得するには何年ぐらい掛かる見込みでしょうか。

窪木　卒後に専門医を取得するには、研修医を終えて認定研修機関に5年間所属する必要があります。ただ、認定医を取得してから専門医になる必要はありませんので、直接、専門医を取得していただいて構いません。

すでに専門医認定試験の運用が開始されており、申請するには年1回行われる「補綴歯科専門医認定試験」を受験して合格する必要があります。この試験では、「補綴歯科専門医としての知識と経験」「国民から信頼される臨床歯科医としての資質・プロフェッショナリズム」を評価します。

◆◇◆

──日本顎咬合学会との連携体制は。

窪木　今回、日本顎咬合学会と共同で設立した専門医制度が広告可能となりましたが、まだまだ日本顎咬合学会の会員の方が研修するシステムが十分に構築できていないのが実情です。ひとまず日本顎咬合学会と日本補綴歯科学会の共通の指導医がおられるため、そのような施設を本制度の認定研修施設として認定するところから始めたいと考えています。

◆◇◆

──専門医が広告可能になったことでの、患者や歯科医療従事者のメリットは。

窪木　患者さんのメリットは、先ほど述べたように患者が希望すれば、ある一定の基準に沿って補綴歯科治療を専門として臨床教育を受けてこられた歯科医を受診できることです。

補綴歯科とは、歯や歯周組織、顎骨が失われたり、高齢になり口腔機能が低下した場合に、固定式のクラウン(冠)・ブリッジ、取り外し式義歯やインプラント義歯などの補綴装置や生体材料で、失われた器官や組織を補ったり、機能訓練や栄養指導を行うことを言います。

これによって「うまく噛めない」「しゃべれない」「見た目が悪い」等といった問題を解決し、生活の質(Quality of Life：QOL)を向上させ、全身健康に寄与することができます。日本補綴歯科学会では、補綴歯科治療にも難易度に差があることを臨床疫学研究により証明してきました。

また、専門医の要求ケースに含まれている難症例とは、このような研究成果に基づくもので、患者さんが難症例に該当する場合には、許可された広告から補綴歯科専門医が従事している歯科医院を探して受診することができます。

	新規申請 (360単位以上＊)	更新申請 (70単位以上＊)
(1) 学術大会等への出席	28 単位	20 単位
(2) 学術集会または刊行物における歯科補綴学に関連する報告	12 単位	3 or 0 単位
(3) 歯科補綴学に関連する領域の疾患の診断および治療	310 単位	35 or 38 単位
(4) 歯科専門医共通研修の履修＊＊	10 単位	10 単位

＊単位数はミニマム・リクワイアメント
＊＊新制度運用開始日から更新までの年数に2単位を乗じた単位数

もちろん、難症例に該当していなくても患者さんが望まれれば、第三者認証機関である日本歯科専門医機構が公的に認定した補綴歯科専門医で安心して受診することができます。

歯科医療従事者におけるメリットは、補綴歯科専門医の取得に向かって勉強や技能を研鑽し続けていくことで、生涯、歯科医療技術の維持や向上につなげていけることだと考えます。

◆◇◆

──課題や今後の展望は。

窪木　まだまだ、「補綴歯科」という言葉が何を意味するのか、国民に広く浸透しているわけではありません。そのために、ポスターやＹｏｕＴｕｂｅ等を通じて「補綴歯科」という言葉自体を知ってもらう機会を作っていきたいと考えています。

まず、われわれの存在を知ってもらうことからスタートし、そこから全国各地に専門医を増やしていく状況を作らなければなりません。

さらに、今後は認定研修施設を主導する指導医の確保と専門医の地域偏在の改善が課題となっています。現在、補綴歯科専門医を育成する認定研究機関はまだまだ少なく、歯科大・歯学部のある地域に偏在しておりますので、全国各地に認定研修機関を設立する必要があります。

誰でも希望し、一生懸命頑張って研鑽を積めば、補綴歯科専門医として広告可能になるようなフェアな道を作るためにも、歯科大・歯学部がない県とある県との格差を縮めていかねばなりません。

当面は全国に1千人を超える補綴歯科専門医を育成することが目標です。しかし、そのためには日本顎咬合学会との協力体制の強化が不可欠と考えています。

新制度の移行措置

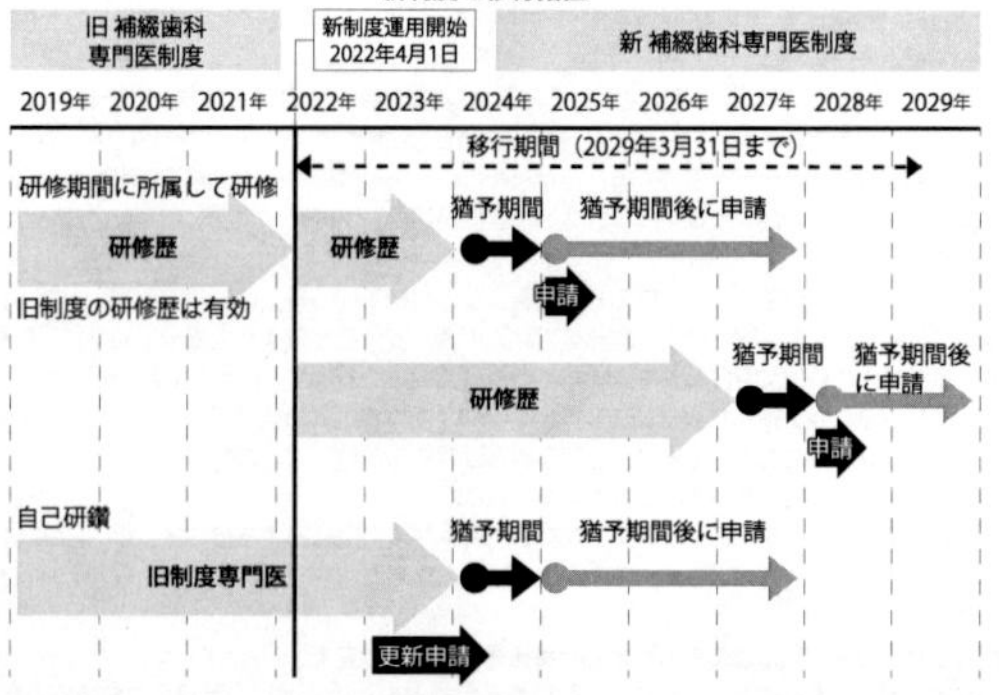

投稿寄稿

中澤桂一郎　利根歯科診療所所長

第47回日本嚥下医学会学術講演会に参加して

歯学部教授が初めて大会長に

多職種で「食支援」を追求

第47回日本嚥下医学会・学術講演会が2月9、10の両日、新潟市のりゅうとぴあで行われた。1981年に嚥下研究会の名の下にスタートした日本嚥下医学会は、これまで耳鼻咽喉科、外科、内科の先生を中心に、嚥下の病態生理に関する基礎的なテーマから嚥下障害の診断と治療といった臨床的な問題まで幅広いジャンルを網羅し活動を続け、今年で47回大会の開催となった。

大会長を務めた井上氏

新潟大学歯学部・摂食嚥下リハビリテーション分野の井上誠教授が歯学部教授として初めて大会長を務め、学会のテーマは『サイエンス』を磨き『食べる』を支える」として歯科からの情報発信や多職種連携のシンポジウムなど多彩な企画を盛り込んだ画期的な学術講演会となった。

◆◇◆

大会長講演「サイエンスを磨き食べるを支える」では、井上誠教授は歯科医師として摂食嚥下障害の患者さんをどうサポートするか、摂食嚥下障害の臨床に関わるのかを語られた。嚥下障害の治療の中ではあまり咀嚼させない―噛まなくてもいい形態の食事がよく提供されるが、逆にお粥ばかりでは誤嚥を起こすことが多く、新潟県特産の米菓を提供するとしっかり噛もうという認識の下、咀嚼することで誤嚥を回避することができるとの研究成果などを披露した。固形食品摂取の可否を決める要素の一つは唾液であり、唾液が出ることによって食塊をまとめることができ、噛む力も大切だがしっかり唾液が出ることが大切であると強調された。また高齢者にとっての咀嚼嚥下の重要性を広めたいとの思いを語られた。

大学の研究、診療以外にも地域での取り組みを重視し、にいがた摂食嚥下サポート研究会会長として「障がい児童生徒さんが、ご家族とともに外食を楽しむための輪を広げよう」とクラウドファンディングで呼び掛け、「ばりあふりーお食事会」をホテルで開催した。この取り組みが第1回「未来をつくるこどもまんなかアワード」内閣府特命担当大臣表彰を受けたことが報告された。

◆◇◆

シンポジウム「歯科のことを知ってもらう」では、菊谷武氏と堀一浩氏の座長の下で吉川峰加氏、野原幹司氏、小山重人氏、松尾浩一郎氏の4人が登壇し、特に耳鼻咽喉科の先生方に歯科を理解してもらう場として重要なシンポジウムだった。

パネルディスカッション「栄養管理と嚥下障害」では、前田圭介氏、藤谷順子氏、小山珠美氏の3人が登壇し、低栄養とサルコペニアの問題、入院早期に経口摂取させることの重要性を説き、全ての人の食べる幸せを支援していくことの大切さを学んだ企画だった。

今後は歯科としても多職種連携の中で「食べる喜び」を追求していく上では重要な学会であると思う。

「可食ロボット」で口腔に刺激

医療分野へ応用期待

咀嚼して食べられる可食ロボットを電気通信大学機械知能システム学専攻の仲田佳弘准教授、伴碧特任講師、山木廉博士前期課程学生(当時)、堀部和也特任助教、高橋英之招へい准教授、大阪大学大学院基礎工学研究科システム創成専攻の石黒浩教授の研究グループが開発した。可食ロボットが動いている状態で食べると、人間の知覚や食感が変化することを明らかにし、新たな食体験の創出や医療応用につながると期待がかかっている。

可食ロボットの実物。持ち手は3Dプリンターで製作している。スティック状のグミが食べられる部分

研究グループは、ゼラチンと砂糖を原料とした市販のグミ程度の硬さで、口に入れやすいスティック状に設計された可食ロボットを用意。一つは動いている状態のロボットを食べるグループ、もう一つは動いていない状態の可食ロボットを食べるグループで参加者の知覚や味覚、食感を比較分析した。

その結果、動いている状態で食したグループは、ロボットに対して知性や感情、生き物らしさ、罪悪感、新鮮さをより強く知覚することが分かった。動いているロボットを食べると、特有の印象や感覚を得ることが示された。

今後は、動いているロボットを食べる際の印象に関して、異なる文化間での差異を探る機会を提供し、新しい食体験やエンターテイメント性の高い食事への創出。さらに、口腔刺激を通じた脳活動の促進という医療分野への応用など、学術的な研究の発展に貢献すると期待がかかっている。

同研究成果は、国際科学誌『PLOS ONE』(2月5日)に掲載された。

岡山大

舌の筋力維持でサルコペニア予防

自立高齢者において、舌の筋力が強いと栄養状態が良好であり、サルコペニアの患者が少ないことが分かった。岡山大学大学院医歯薬学総合研究科の稲田さくら大学院生、同大学術研究院医歯薬学域予防歯科学分野の江國大輔教授らの研究グループによるもので、舌の筋力維持でサルコペニアが予防できる可能性が示唆された。

同研究は横断調査で、2022年10月から23年6月の間に、同大病院歯科・予防歯科部門を受診した60歳以上の自立した患者54人を対象。サルコペニアおよび口腔状態を評価した。また、栄養状態、精神・心理状態などを自己記入式質問調査にて評価した。

その結果、舌圧の低下が栄養状態の悪化につながり、サルコペニアを引き起こす可能性が示唆された。

一方で同研究グループは、同研究は対象者が限定的であり、横断調査で因果関係が証明できないとし、縦断調査など追加の検証が必要とした。

同研究成果は『口腔衛生学会雑誌』(1月)に掲載された。

世界4例目のカンジダ症

広大研究で発見

世界で4例目となるインターロイキン17(IL-17)RC異常症による慢性皮膚粘膜カンジダ症の症例が発見された。広島大学大学院医系科学研究科小児科学の岡田賢教授、野間康輔大学院生らの研究グループと、Garvan医学研究所(オーストラリア)、St. Giles Laboratory of Human Genetics of Infectious Diseases(ロックフェラー大学、ニューヨーク)との共同研究によるもの。

カンジダは、乳児期から皮膚や消化管に存在する常在菌で口腔カンジダ症や皮膚カンジダ症など、さまざまな感染症を引き起こし、慢性的な痛みや発疹などをきたす。免疫機能が落ちている場合は、難治性、持続性ないしは重篤な感染症を起こす可能性がある。そして、カンジダ属による爪、皮膚、口腔粘膜など先天性免疫異常症である「慢性皮膚粘膜カンジダ症」は、原則的にカンジダ感染以外には症状を示さないのが特徴だ。

そして、このカンジダに対する局所免疫には、ヘルパーT細胞の亜群であるTh17細胞とIL-17が重要な役割を果たすと知られている。

同研究の解析を行ったIL-17RC異常症の患者の臨床的あるいは分子的表現型は、これまで報告された3例と一致し、IL17RC遺伝子の変異がIL17RCタンパクの機能に及ぼす影響を簡便かつ正確に評価する手法を確立した。

今後は、同研究で開発されたIL-17RC欠損HeLa細胞を用いた検査法によって、病的意義が明確でないIL17RC遺伝子変異を評価する手法として活用されると期待がかかっている。

同研究成果は、『Journal of Clinical Immunology』(2023年12月22日)に掲載された。

ⓔ IL-17RC　IL-17の受容体ファミリーの一つで、IL-17RAと二量体を形成して、IL-17に対する受容体として機能する

デンタル小町が通る

(医)恵寿会 理事長(兵庫県姫路市)
中村喜美恵 ⑪

愛される医院へ

今年から、当院の歯科衛生士はママさんDHのみとなった。昨年末で新卒入社で6年目のDHが、寿退社したからである。彼女は今後もDHを続けていくが、彼女の夫の職場の関係で、少し遠くに引っ越しをしたため、残念ながらのお別れとなった。

私は阪大歯学部付属病院に勤務している時に結婚をしたのだが、所属していた教室の女医は1割の5人、出産した方はおられなかった。妊娠した際、当時お世話になっていた教授から、「子育てしながら仕事をやってみてはどうか」と声をかけていただいた。結婚のタイミングで、三ノ宮で勤務していた夫は、少し遠くなるが私の通勤に便利な場所に引っ越してくれた。そして、長女の出産と同時に、「母親が通勤しやすいのが一番」と、私の職場まで車で10分のところに、また引っ越してくれた。そして次女の出産を機に、故郷の姫路に戻ってきたため、夫の通勤時間はさらに伸びた。

私の場合は、職場の長や夫、また夫の両親も理解があり、応援してくれたが、同時期に妊娠した同級生は、所属する教室の教授に退職を勧告され、やむなく退職した。

働く意思があっても、職場の環境や配偶者との関係(考え方)、サポーターの準備などの条件が整わないと、子育てしながらの勤務は不可能であると強く思いながら、必死に毎日を過ごしていたことを思い出す。

家庭の状況が変わるたびに、やり方を変えながら、とにかくやってみようと、少しずつ前へ進んできた結果が今だとすると、娘たちも含め、家族や周囲の環境に恵まれていたと感謝の気持ちで一杯になる。だから当院のママさんスタッフにも、どうにか工夫しながら仕事にやりがいと喜びを感じつつ、働き続けて欲しいと願う。皆で力を合わせて、スタッフも医院も、ともに成長できればうれしい。

医院の今後を考える今、地域(患者さん)に愛され、スタッフに愛される医院でありたい。そう強く思う。

当院の忘年会にて

当院のスタッフたち

中村喜美恵先生の連載は、今回で終わりです。

全国シニア「噛む力」ランキング

1位は「高知県」

6割「よく噛む意識していない」

ロッテ(本社・東京都新宿区、牛膓栄一社長)が行った咀嚼に関する意識調査「全国シニア『噛む力』調査」で、第1位は高知県だった。2月1日の「フレイルの日」にちなんで行ったもので、2023年12月5〜11日の間に47都道府県ごとに65〜80歳の男女50人ずつ計2350人を対象にインターネット上で調査した。「噛む力」は「よく噛むこと」に対する意識、夕食時一口あたりの咀嚼回数や食事時間等に関する行動、オーラルフレイル状態のチェックの3要素で構成された質問の回答結果を集計。同社が健康面において好ましいとされる順序に点数を割り振り、偏差値で算出したもの。

◆◇◆

食事の際に「良く噛むこと」を意識しているかの質問には「あまり意識していない」55・3%、「まったく意識していない」5・5%の回答。一方、滋賀県が58・0%、宮崎県が54・0%、静岡県と福井県が52・0%の人が「良く噛むことを意識している」と回答した。

夕食時一口あたりの噛む回数の質問では、「30回以上」と回答したのは3・2%に止まり、87・7%が「20回未満」と回答した。

◆◇◆

噛むことによる影響で知っている項目についての質問では「噛むことで脳が活性化される」68・2%が1番多く、「噛むことで唾液が分泌され口の中を洗浄・清潔に保つことができる」52・0%、「よく噛むことが歯や顎の健全な発達につながる」51・2%が続いた。一方で「良く噛むことで咀嚼機能の衰えを防ぐことは、全身の筋力維持にもつながる」は26・6%にとどまった。

オーラルフレイルチェックリストに基づく調査も実施。48・2%がオーラルフレイルの危険性があることが判明した。各症状についての質問では「半年前に比べて硬いものが食べにくくなった」36・3%、「口の渇きが気になる」33・4%などが分かった。

シニア「噛む力」ランキング

	都道府県	偏差値
1	高知	77
2	埼玉	69
	兵庫	69
	福岡	69
5	新潟	62
	富山	62
	静岡	62
8	京都	60
	宮崎	60
10	滋賀	57
11	青森	55
	石川	55
	大阪	55
	長崎	55
15	山形	52
	神奈川	52
	長野	52
	三重	52
	佐賀	52
20	北海道	50
	岩手	50
	茨城	50
	福井	50
	奈良	50
	島根	50
	岡山	50
	山口	50
28	愛知	48
	沖縄	48
30	福島	45
	東京	45
	山梨	45
	岐阜	45
	鳥取	45
35	宮城	43
	愛媛	43
	熊本	43
	鹿児島	43
39	群馬	40
	和歌山	40
	香川	40
	大分	40
43	秋田	38
	徳島	38
45	千葉	33
	広島	33
47	栃木	31

食事の際に「よく噛むこと」を意識していますか

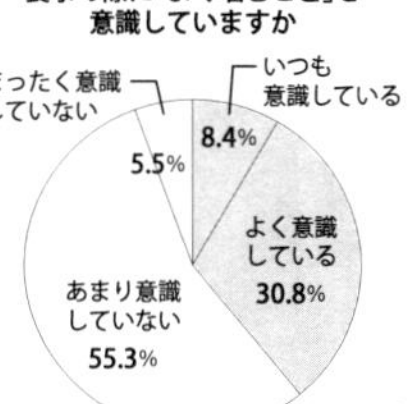

夕食時の1口あたりの噛む回数はおおよそどのくらいですか

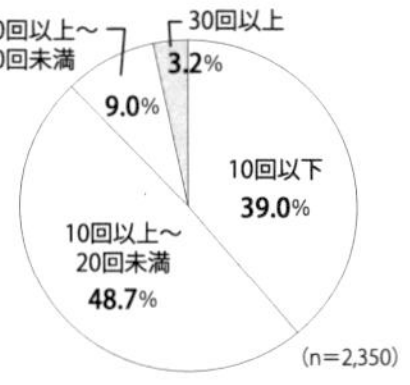

オーラルフレイルチェックリストに基づいた設問

質問	回答
半年前に比べて硬いものが食べにくくなった	36.3%
お茶や汁物等でむせることがある	30.3%
口の渇きが気になる	33.4%
自身の歯が19本以下である	43.5%
普段の会話で、言葉がはっきりと発音できないことがある	24.3%

「噛むこと」による影響について、知っている項目

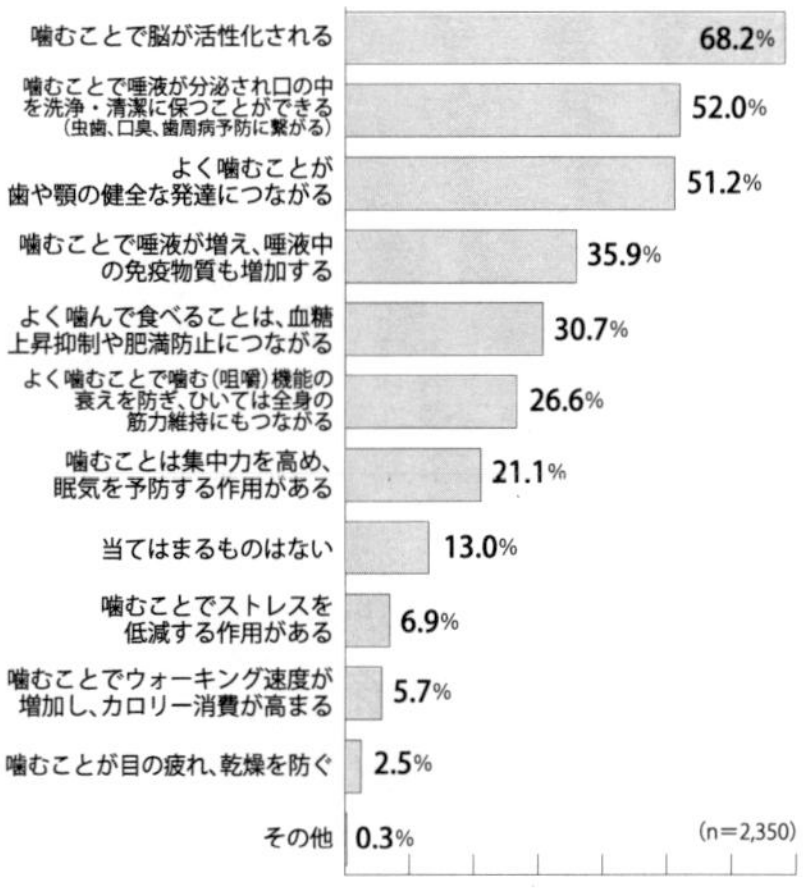

東北大

口の成長記録手帳

小・中学校に贈呈

東北大学大学院歯学研究科・歯学部は、同大教職員が自発的に取り組む災害復興新生機構・復興アクション事業の後続事業として「お口の成長記録手帳」を宮城県亘理郡亘理町の公立小学校3校、「お口の成長記録手帳貼布用口腔状態シール」を中学校2校の卒業生へ贈呈した。

「お口の成長記録手帳」は学齢期の口の健康管理システム手帳として制作し、学年毎の口腔内の成長を模式図で閲覧できる。この手帳を利用することで、より歯科保健推進の強化を図り、生涯の健康を育む口の健康づくりを目的としている。

【予告】

口腔衛生学会 5月に学術大会

岩手県で

日本口腔衛生学会(三宅達郎理事長)は5月10〜12日に、第73回学術大会を岩手県のトーサイクラシックホール岩手(岩手県民会館)で開催する。テーマは「健康の伸びしろ」で「東日本大震災からの健康の伸びしろ」「AIとDXが切り開くビッグデータ時代の歯科医療」「最近の小児のフッ化物応用の疑問を解く」「基礎・臨床・疫学若手研究者からの令和の健口戦略―どうするミレニアル世代!?」などの各種シンポジウムや、翻訳家の松岡和子氏による特別講演「シェイクスピアが描く病と健康」、一般口演、学生ポスター発表、企業展示、懇親会などが行われる。

詳細は事務局TEL03(3947)8761まで。

パフォーマンス学の佐藤綾子氏

「人生の後半は、成功より果実」

45周年・単行本200冊出版祝賀会で

国際パフォーマンス研究所代表の佐藤綾子氏が、パフォーマンス学を立ち上げて45周年。医療、産業界、自衛隊など、幅広い現場で、コミュニケーション力向上のための洞察力や表現力の磨き方を指導してきた。同氏の単行本200冊の出版を記念し、東京・新宿の京王プラザホテルで2月23日、祝賀会が開かれた。

発起人には、医療、政治、研究機関、産業界などの著名人が名を連ね、200人余りが出席。KDDI創業者の千本倖生氏の他、発起人や来賓が次々に祝辞を述べた。

佐藤氏は講話の中で、「200冊目の本『55歳から「実りの人生」』で最も伝えたかったことは、人生の後半に喜びを与えてくれるのは、地位やお金を得る成功ではなく、果実を分かち合う姿勢だということ。人と人とのつながりのなかで、ほかの人のために何ができるのか、与えられるのかを考え、実践することでハッピーに生きられる」と述べた。

今年77歳という佐藤氏。着物姿で、参加者にお礼とともにエールを送った

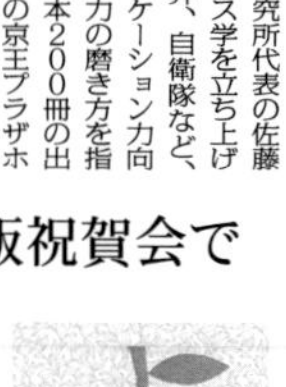

佐藤氏の著書

特定健診時の歯科介入で 口腔ケア習慣などが改善

サンスターら

サンスター（=サンスターグループ）と信州大学（中村宗一郎学長）医学部は、特定健診受診者に歯科的介入をした結果、歯間ブラシや運動等の習慣が改善し、口腔と全身の健康状態の改善に影響があったとの研究結果を発表した。

◆◇◆

対象者は、長野県塩尻市で2018年と2021年に国保特定健診と任意の歯科的介入を受けた131人と、特定健診のみを受けた197人。歯科的介入は特定健診時に歯科健診と歯科保健指導を行い、特定健診時と2～3カ月後の計2回、郵送で歯間ブラシ、洗口液、使い方説明書を配布。特定健診と歯科的介入を受けた人の3年後の口腔保健行動及び状態の経時変化、特定健診のみを受けた人と比較した3年後の全身状態に関する保健行動及び状態の経時変化を分析した。

その結果、特定健診と歯科的介入を受けた人の3年後の口腔状態は、歯肉出血、未処置歯、歯周ポケットが4ミリ以上ある割合が有意に減少し、歯間ブラシと洗口液の使用率がそれぞれ45・8%から56・5%、25・2%から44・3%に有意に増加した。全身状態は腹囲、脂質異常症、高血糖該当ありの割合が減少し、特定健診のみの人は高血糖有りの割合のみ減少した。

生活習慣は、特定健診のみと比べて多くの項目で行動変容が見られ、特に「1日30分以上の運動をする」「飲酒を毎日または時々する」「朝食を週に3回以上抜く」「間食を毎日または時々する」の割合が改善した。

◆◇◆

同研究成果は、昨年10月27～29日開催の第33回日本産業衛生学会全国協議会で発表された。

夜専用のマウスピース 部分入れ歯用を提供

お守り入れ歯

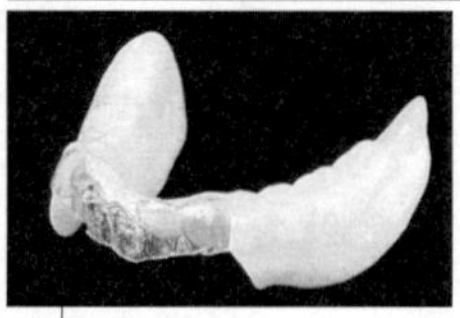

残存歯の部位は半透明色

歯科技工所を運営するお守り入れ歯（本社・札幌市、池田昭社長）は、誤嚥性肺炎を予防する夜専用の入れ歯型マウスピース「おやすみ入れ歯」の「部分入れ歯用」=写真=の提供を2月20日に開始した。

就寝中に清潔な義歯を装着して誤嚥性肺炎の予防につなげるため、総入れ歯型のマウスピース「おやすみ入れ歯」を2022年に開発。義歯利用者の約8割が部分床義歯を使用していることから今回「部分入れ歯用」を開発した。

現在使用中の義歯の形状データをスキャンし、3Dプリンターで複製して作製。柔らかいため歯肉への負担が少なく、残存歯の部位は半透明色のマウスピースとして作製する。費用は、片顎1万7600円（送料は患者負担）。同社の提携医院に来院または電話でオンライン診療を受診し、義歯を約30分預けて形状データをスキャン後、約7日後に発送する。遠方の場合は郵送でも受付可能。

口臭調査

経済的損失明らかに

口臭で「社内コミュニケーションの悪化」「商談中止などの経済的損失」「集中力減少による生産性低下」などが引き起こされることが分かった。1月12～19日の間に、全国の20～69歳の男女1万1280人にインターネットで調査した。

1万1280人の内、他人の口臭が気になった経験があるかの質問で約7割（n=8349）があると回答。

誰の口臭が気になったかの質問には「家族」51・6%が最も多く、次いで「会社の人」46・3%、「友人・恋人」37・4%、「取引先の会社の人」15・9%があった。「会社の人」と答えた人（n=3866）にその場面を聞くと「口臭が気になる人のデスク周辺」53・3%、「自分のデスク周辺」45・6%、「会議室」25・9%、「エレベーター」22・9%などの回答があった。

また、口臭を感じた際の対応について（n=7330）は「我慢した（誰にも相談しなかった）」84・7%、「できるだけ早くその人から離れた（相談なし）」43・3%、「本人に指摘」「同僚・後輩に相談」がそれぞれ7・3%だった。さらに93%の人が、口臭により仕事の集中力が下がると感じていた。

取引先の人の口臭が気になる際の対応（n=2298）では74・8%が「最後まで我慢した」一方で、「早めに切り上げた」40・9%、「担当者を代えてもらった」14・1%などの他、「取引を中止した」7・4%があった。取引を中止した（n=22）のうち、6人は5千万円以上の取引だったという。

週間 金・パラ価格動向　税抜価格（1g、円）

	金	パラジウム（参考価格）
2月26日（月）	9,874	4,870
2月27日（火）	9,881	4,775
2月28日（水）	9,866	4,705
2月29日（木）	9,896	4,670
3月1日（金）	9,914	4,760

提供 石福金属興業

さじかげん【番外編】

鰐淵正機（わにぶちまさき）

繕いの勘所

デパートの催事場で漆器工芸の実演販売を見た時、職人さんが言った「手作りの品は修理がきくから長く使える。機械で作るものは修理できない」という言葉が心に残っている。意味はよく理解できたが、折しも歯科技工にデジタル技術が普及し始めたころで「そんなに機械のこと悪く言うなよ」とも思った。

先日、10年近く愛用している腕時計をメンテナンスに出して驚いた。部品の在庫があったため、裏蓋を開け中身をすっぽり新品に交換したというのだ。時計職人が不足する中、分解組立で調整するより、納期も早くコストも安く済むそうだ。機械生産の恩恵を得て、費用は新品価格の5分の1ほどで済んだ。

私には忘れられない修理の事例がある。上顎総義歯のコバルト床。正中部分の床に入った1センチほどのひび割れを埋める簡単なもので、その部分を即重で埋めて納品した。しかしその後、「義歯が脱離して使い物にならない。修理過程で何かあったのか」という連絡があった。

ひびを埋めただけなのに吸着が落ちた。結局、原因が分からず最初から全て作り直すことになり、大変な迷惑をかけた。そして、ラボには疑問が残った。

後年、各地で義歯の講演をされる先生から一つのヒントを得た。曰く、正中破折は何かと注意。正中にひびが入った段階で、義歯が微妙に歪んでいるかもしれない。そのまま修理すると、以前とは状態が変わる可能性がある、とのことだった。経験豊富な先生の言葉が腹に落ちた。

物づくりの修理に必要なのは、経験から得た知識と技術。以前、ベテラン歯科衛生士の方から、補綴後に発生した問題に的確に対処できる院長先生と歯科技工士がいるから安心して患者さんの相談にのれると打ち明けられたことがあった。こんな些細な情報でも、若い歯科技工士の臨床に役立てば幸いだ。

（和田精密歯研監査役）

製品紹介

（価格は税込）

勤怠管理アプリ

スマタレ

ナルコーム　☎047（364）7656

タイムカードの代わりにスマホから打刻できる出退勤管理アプリ。院内Wi-Fiの接続やGPSの地点登録、写真撮影機能などさまざまな設定から医院に適した利用方法を選べる。

価格＝月額2,200円（初期費用は無料）

知覚過敏抑制材

フォースデンティン

ヨシダ　☎0800-170-5541

小さい粒子の炭酸カルシウムが象牙細管内に浸透する知覚過敏抑制材。歯と同じ主成分のリン酸カルシウムを形成。弱アルカリ性で歯に優しく、象牙質知覚過敏症やマイクロクラック、ホワイトニング、生活歯の歯冠形成後などに使用できる。

価格＝1万450円（A液ペースト・B液ペースト 20ml×2本）、4,400円（5ml×2本）

歯科用ミリングマシン

歯科用ミリングマシン MD-500W

アイキャスト　☎075（681）5770

キャノン電子社製の湿式の5軸制御ミリングマシン。工業用金型加工機の高い剛性で、高速かつ精度の高い加工を実現。最大3万回転の高トルクスピンドルを搭載。チタンやガラスセラミック等の加工が可能。

価格＝877万8千円（CADソフトは含まない）

歯科充填用レジン

ボンドフィル SB Ⅱ

サンメディカル　☎0120-418-303

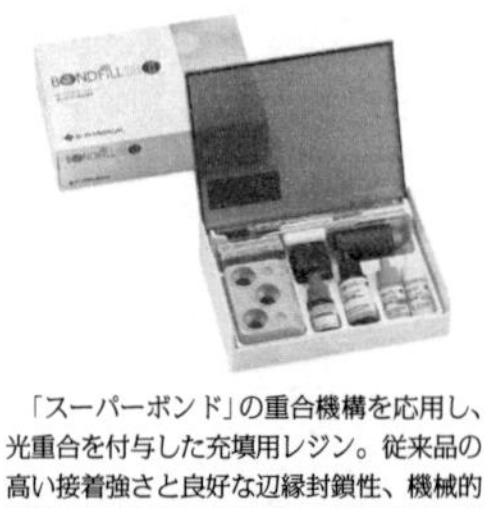

「スーパーボンド」の重合機構を応用し、光重合を付与した充填用レジン。従来品の高い接着強さと良好な辺縁封鎖性、機械的特性にX線造影性を付与し、硬化時間を短縮。咬耗部・歯頸部等の充填や補綴物、動揺歯の固定等さまざまな症例に対応。

セット価格＝2万9,700円

ヘッドライン企業ニュース

■歯科鋳造用石こう系埋没材「クリストヒートショック30分タイプ/20分タイプ」を2月1日、超音波式切断器具「超音波カッター」などを2月21日に価格改定（クエスト／1月）

■「アルデンテ ワックス」など、4月1日出荷分から価格改定（モクダ商会／1月）

■美白歯磨剤シリーズ「アパガード」のプレミアムタイプ「アパガードプレミオ」が、花嫁向けのウェブメディア「ウェディングソムリエ」の「花嫁美容アワード2023」において、6年連続「オーラルケア部門」第1位に（サンギ／2月）

■「嚥下評価装置、嚥下評価方法、嚥下評価プログラムおよび嚥下評価システム」の特許権を取得し、早稲田大学と検査デバイスの開発に向け共同研究を開始（デンタルサポート／2月14日）

■銀イオン配合の歯ブラシ／ホワイトエッセンス

ホワイトエッセンスは、銀イオンを配合した歯ブラシ「ホワイトエッセンス Ag Plus」を5日に発売した。先端先細毛が歯間部に入り込み少ない力で磨ける。コンパクトヘッドで臼歯部にも届きやすい。銀イオンをブラシの毛に練り込み、付着した細菌の増殖を抑える。全国のホワイトエッセンス加盟院やオンライン等で販売。価格はオープン。

■歯に塗って汚れを吸着する歯膜剤／ハニック・ホワイトラボ

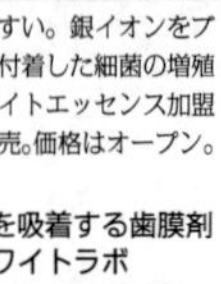

ハニック・ホワイトラボは、歯に天然の竹炭を配合した黒パックを塗り、歯面や歯間部の汚れを吸着・除去する「歯膜剤シマッククリーンパック・ブラック」を3月25日に発売する。主成分は、食品使用成分。磨き残しの確認にも役立つ。香りはブラックローズ。1本で約30回（1回当たり70円）使用可能。容量は2ml。価格はオープン。

能登半島地震 2社が寄付

能登半島地震での救援活動および復興支援のため、歯科関連企業が寄付金、義援金の提供を発表している。発表企業は次の通り。

◆◇◆

■ジーシー（本社・東京都文京区、中尾潔貴社長）は2月15日、同社およびグループ会社で義援金を募り、1月31日付けで日本歯科医師会開設の義援金口に計100万円を寄付したと発表した。

■徳力本店（本社・東京都千代田区、山口純社長）は2月21日、日本赤十字社を通じて100万円を寄付したと発表した。

診療報酬Q&Aデータベース無料版提供

メデュアクト

メデュアクト（本社・東京都大田区、流石学社長）は、診療報酬点数表の疑義解釈等をパソコンやスマートフォンで検索できるQ&Aデータベース「事務れんらクン」の無料版「事務れんらクン FREE」の提供を開始したと2月24日に発表した。

同サービスは、平成18年度以降の医科・歯科・訪問看護・調剤などの診療報酬に対応しており、キーワードや公開時期などから疑義解釈等を検索できるもの。今回、平成24年度改定以降の介護報酬の疑義解釈に対応する新たな機能も追加した。

無料版は検索画面等に広告が表示され、登録なしで利用できる。有料版も引き続き提供する。詳細はホームページまで。

人事

（敬称略）

■マニー
▼執行役専務CTO　福本英士

日本歯科新聞

2024年（令和6年）
3月12日

＜発行所＞
日本歯科新聞社
厚生労働省記者クラブ加盟社

〒101-0061
東京都千代田区神田三崎町2-15-2
電　話　03（3234）2475
ＦＡＸ　03（3234）2477
www.dentalnews.co.jp
jdn@dentalnews.co.jp

■ 年間購読料 23,760円（送料込）
（本体 21,600円＋税）
■ 月４回、火曜日発行
■ 郵便口座番号 00120-5-130369

今週号の主な内容

オンライン請求歯科診療所
マイナ保険証の利用「窓口で声掛け」が半数

オンライン請求をしている歯科診療所3万3446施設のうち、受付窓口でマイナ保険証の利用促進の声掛けをしているのは1万6466施設（49・23％）―。2月29日の社会保障審議会医療保険部会で厚労省が報告したもの。

その他のマイナ保険証の利用促進の取り組みでは、「マイナ保険証のチラシ・ポスターの配布・掲示」は1万7670施設（52・83％）が実施。「ホームページの外来案内や院内の掲示等に『マイナンバーカード』の持参について記載」は4655施設（13・92％）、「ホームページの外来・入院案内にマイナンバーカードを持参すれば限度額認定証が不要となることを記載」は1494施設（4・47％）となっている。

◆◇◆

令和5年12月時点の歯科診療所でのマイナ保険証利用率を年代別に見ると、「65～69歳」が14・53％で最も多く、「60～64歳」13・74％、「70～74歳」13・02％、「55～59歳」10・86％と続く。20歳以上の利用率は10・33％。

なお、国はマイナ保険証利用促進に取り組む医療機関等への支援金の交付を今年11月まで実施。2023年10月の利用率からの増加量に応じて、5％ポイント以上アップは1件当たり20円、10％ポイント以上40円、20％ポイント以上60円、30％ポイント以上80円、40％ポイント以上100円、50％ポイント以上120円を支援するとしている。

診療報酬改定の要点を詳しく説明

日本歯科医師会は9日、東京都千代田区の歯科医師会館で「都道府県歯科医師会社会保険担当理事連絡協議会」を開き、令和6年度診療報酬・介護報酬改定について詳しく説明。改定内容について各県での周知を求めた。（次号に記事）

令和6年度診療報酬改定
各種通知 関係団体に発出

厚労省は5日、診療報酬の算定方法の一部を改正する告示の公布に伴い、「令和6年度診療報酬改定について」の各種通知を関係団体等へ発出した。（5面に関連）

5日付で公布・告示された関係省令等は次の通り。

▼健康保険法施行規則及び保険医療機関及び保険薬局の指定並びに保険医及び保険薬剤師の登録に関する省令の一部を改正する省令

▼保険医療機関及び保険医療養担当規則等の一部を改正する省令

▼高齢者の医療の確保に関する法律の規定による療養の給付等の取扱い及び担当に関する基準の一部を改正する告示

▼療担規則及び薬担規則並びに療担基準に基づき厚生労働大臣が定める掲示事項等の一部を改正する告示

▼診療報酬の算定方法の一部を改正する告示

▼基本診療料の施設基準等の一部を改正する告示

▼特掲診療料の施設基準等の一部を改正する件

▼使用薬剤の薬価（薬価基準）の一部を改正する件

▼特定保険医療材料及びその材料価格（材料価格基準）の一部を改正する告示

▼訪問看護療養費に係る指定訪問看護の費用の額の算定方法の一部を改正する件

▼訪問看護療養費に係る訪問看護ステーションの基準等の一部を改正する件

▼入院時食事療養費に係る食事療養及び入院時生活療養費に係る生活療養の費用の額の算定に関する基準の一部を改正する件

プリズム
持続可能な地域医療と会務とは

東日本大震災から13年が経った。各メディアでは、震災を振り返ると共に、能登半島地震との共通点として、被災地や過疎地の人口流出の問題を取り上げている。これは歯科医療機関にも共通する問題で、能登半島地震に伴って取材した、石川県歯科医師会の飯利邦洋会長は、歯科医療機関の存続が難しいと予測していた地域が10年前倒しでその危機に瀕したと話していた。どのような形で地域の歯科医療機関を再構築していくかはまだ見通しがついていない。

先進的な県では、行政と協力して病院歯科を増やす取り組みを進めているなどの話も聞くが、公的な歯科医療機関や多機能型（1・5次）歯科医療機関の整備が必要になってくるだろう。

▼行政との連携や公益性の高い歯科医療機関を増やしていくためには、歯科医師会の存在も不可欠と言える。しかし、少子高齢化などの影響によって、継続的な運営に頭を悩ませている会も少なくない。

ある地区の役員は「地位や名誉はいらないから、自分の時間が欲しい」「会費は出すが、会務に関わらなくてよい会員種別があれば良いのに」と会務の負担の大きさに不満を漏らしていた。

時代の流れで、医院での働き方改革も注目を浴びているが、歯科医師会会務はどうだろうか。社会貢献しつつ、誰もが携わりやすい会の在り方が問われている。

日歯連盟 太田会長

「組織の会計 問題ない」

自民党政治資金問題で報告

「自民党の政治資金問題で、日本歯科医師連盟が関わる案件の会計処理については（東京地検から）全く問題がないとの回答を得ている」。日歯連盟の太田謙司会長＝写真＝が、東京都千代田区の歯科医師会館で6日に開いた定例記者会見で述べたもの。

◆◇◆

太田会長は、能登半島地震に伴い、石川県歯科医師連盟に見舞金を送金したことや、自民党自体の政治資金問題で日歯連盟の組織としては問題がない点、評議員会に向けて理事会などの各種会議で事業計画について協議していることなどを報告。

自民党政治資金問題では、質問への回答や書類提出などを経て、東京地検から問題ないとの回答を得たと説明。日歯連盟の組織代表で顧問の山田宏参議院議員、比嘉奈津美参議院議員の状況については、「自民党議員の問題は関知していない」と前置き。その上で、浦田健二理事長は両者から受けた報告として、「比嘉先生は全く問題ないと聞いており、山田先生は少し不記載があったとのことだが、支出については全て領収書があり、脱税ではなく政治活動として使われたことも確認し、検察等に報告して問題がないと聞いている」と話した。

◆◇◆

会見ではその他、理事会で5月23日に都道府県歯科医師連盟会長会議を開催することや、地方創生臨時交付金の支給状況、国民皆歯科健診の実現を求める都道府県・市区町村議会から計37の意見書が出ていることなどが報告された。

全歯連 総会

事業計画など全議案を可決

全国歯科医師国民健康保険組合連合会（山口誠一郎会長）は5日、令和5年度第2回通常総会を、東京都千代田区のアルカディア市ヶ谷で開催した。昨年8月1日からの新執行役員の紹介、表彰・感謝状贈呈や、「一般報告」「調査委員会報告」「選挙管理委員会報告」「広報」「会計現況報告」が報告されたほか、議案「令和6年度事業計画」「同年度会費賦課ならびに徴収」「同年度歳入歳出予算」の全3議案が可決・承認された。会員総数27人の内、全員が出席した。

㊤議案は全て承認された
㊦あいさつする山口会長

山口会長はあいさつで、「令和6年度の国保組合への助成が2649億円に減少した。国庫補助金の定率補助率の見直しや組合特定被保険者の加入割合の増加などによるもので、今後も『子供・子育て支援金』のための医療保険者からの徴収、被用者保険の適用拡大など心配事は多い。引き続き国の動向を注視していくつもりだ」と語った。

来賓では全国国民健康保険組合協会の渡邉芳樹会長、日本歯科医師会の蓮池芳浩副会長、日本歯科医師連盟の村岡宜明副会長、比嘉奈津美参議院議員（祝電）が祝辞を述べた。

蓮池副会長は、「政府のPRも空しく、マイナ保険証使用率が伸び悩んでいる。使ってみると便利なものだが、高齢者にとっては手ごわい代物で、説明やトラブル対応など窓口の負担は大きい。日歯は患者向けの分かりやすいマイナ保険証利用方法リーフレットを作成した。ホームページにも掲載しているので活用していただき、マイナ保険証の利用促進に貢献したい」と話した。

歯科情報学

松尾 通

「歯科医院のメイクマネー」

過日、3月3日の歯科医院経営セミナーの概況について述べる。経営セミナーは歯科でも盛んになったが、本セミナーは視点を少し変えて、歯科医院の現状から医院の経営者として自院を守り、継続していくための指針、そして歯科医師人生のゴールをどう考えるかについて考察する内容であった。

中原維浩氏は今回のセミナーの企画立案者だが、変貌する歯科医院の近未来について、歯科医師の意識改革を訴え、国がわれわれに何を求めているかを含めて地域包括ケアシステム構築のロードマップを示した。歯科医院の多機能化と1・5次歯科医療の提供を求めた形だが、訪問歯科診療への取り組み強化が重要とした。

水谷友春氏は、歯科医師だが歯科医院のM&Aを手掛ける現状では稀有の人である。歯科医院には入り口がたくさんあって容易だが、出口の問題はあまり考えられてこなかった。近年、歯科医院の継承者不足から閉院がかなりの頻度で起こっており、個人にも社会にも損失であると指摘し、数億円で売れる歯科医院の作り方の実例を示した。産業界ではM&Aは日常的に行われていて、買収する側も売却する側もハッピーになるように調整する仲人の役割をする会社があり、好成績をあげている。いつかは来る歯科医師のリタイアメントは、確かに大切なテーマである。

◆

きわみグループの安藤正道CEOは、歯科医院の福利厚生と財務について述べ、人手不足が深刻化するなか医療・福祉、介護職はマンパワーが必要と指摘し、福利厚生の充実こそ人材採用と人材流出の両面から注力が必要とした。また最近の動向からNISA（少額投資非課税制度）やiDeco（個人型確定拠出年金）を上手に使う有用性を説明した。医療にマネーはタブー視されている面があるが、健全な財務こそいい医療を提供するベースであると結んだ。

4席目は私が担当したが、いま歯科医療に何が起こっているか、メイク・マネーとは何を指すのか、新しい歯科のトピックである「フェムデンティス」、米国式予防歯科システム「プロフィー」、「歯科建築家」の目指すこと、新しい歯科の職種「クリニカル・アテンダント」スタートを重点的に述べた。この深掘りは7月7日に大阪で開かれる「プレジデント塾」で行う。参加希望者はポーテ担当田口伸明080（3865）8608まで申し込まれたい。

◆

この日は特別ゲストとしてホスピタリティマネジメントの専門家、吉原敬典氏が参加されたので、講評をお願いした。吉原氏はホスピタリティには2人の人種が登場する、それはホストとゲストである、今日の講演を聞いて皆さんがいいホストになろうと努力する姿を確認できたと結んだ。

（東京都開業）

2024.3.12

次期会長に恩田氏

大歯大同窓会

大阪歯科大学同窓会の次期会長に恩田信雄氏＝写真＝が選ばれた。現会長の任期満了に伴うもので、任期は4月1日から2026年の3月31日まで。

同氏は1973年に大阪歯科大学を卒業。現職は同大評議員、医療法人おんだ歯科医院会長で、これまで大阪府歯科医師会代議員、同会理事、日本歯科医師会代議員、同大同窓会専務理事などを経験している。

都学校歯科保健大会

小中学生ら表彰

標語コンクールで会長賞を受賞した甲斐さん（右）

東京都学校歯科医会（鈴木博会長）は第58回東京都学校歯科保健研究大会を2月29日、東京都千代田区のTKPガーデンシティPREMIUM神保町で開催した。各種表彰、研究発表、特別講演「子供たちのネット・ゲーム依存」などが行われた。

「歯・口の健康啓発標語コンクール」では小中学生合わせて37品の応募の中から、東大和市立第八小学校6年の甲斐雅都さんの「未来まで　続く健康　歯みがきで」が東京都学校歯科医会会長賞に選ばれた。

歯の作文の最優秀作品は小学校の部と中学校の部それぞれ1作品が選ばれた。小学校の部は33校131作品の中から江東区立東川小学校6年の市瀬琳太郎さんの「僕にむし歯がない理由」、中学校の部は18校96作品の中から文京区立茗台中学校3年の原武史さんの「歯は人を変える」が選ばれた。

「子供たちのネット・ゲーム依存」の講演では国立病院機構久里浜医療センター名誉院長の樋口進氏が登壇した。高校生1562人（うちネット依存406人）の生活習慣の調査を紹介。ネット依存者は非ネット依存者に比べて、「歯磨きは1回以下」「寝る前に歯磨きしない」が多かったことを報告した。

奥村弘一郎氏

元日歯常務理事

元日本歯科医師会常務理事の奥村弘一郎（おくむら・こういちろう）氏が2日、死去した。87歳。既に通夜と葬儀は近親者のみで執り行われ、弔問は辞退している。

同氏は昭和11年6月19日生まれ。東京医科歯科大学卒業。日歯では、平成15年4月から16年4月まで理事、16年5月から18年3月まで常務理事、18年4月から23年3月まで代議員を務めていた。

ピックアップニュース

■ワゴン車で暮らす47歳の元歯科医。年収1000万円から“たった3年”で一家離散、ローン完済目前の家を失うまで（SPA!/3月6日）

■“医療機関の倒産” 2年連続で40件超え 2024年以降は “診療所”の動向に注視 帝国データバンク調査（チューリップテレビ/3月7日）

■能登半島地震被災地で 口腔ケアの大切さ呼びかけ 富山の歯科医師（KNB/3月8日）

■「パパ活部屋がある」とマンションに連れ込み…未成年とわいせつ行為の72歳歯科医「驚愕の買春手口」（FRIDAY DIGITAL/3月10日）

■熊本歯科衛生士専門学院 初の男性卒業生（KAB熊本朝日放送/3月9日）

■吉田朱里、ギザギザだった前歯を削ったことを報告「歯剥き出しで笑いたくなる！笑」（ABEMA TIMES/3月9日）

■【R-1】王者・街裏ぴんく、優勝賞金500万円の使い道は借金返済・妻との旅行・歯の治療 鶴瓶の金言胸に戴冠（ORICON NEWS/3月9日）

歯科国試にチャレンジ

●③⑧③ 2023年（第116回）より

顎部郭清術後の創部にドレーンを留置する目的はどれか。1つ選べ。

a 創部の洗浄
b 抗菌薬の投与
c 排膿路の確保
d 創部出血の防止
e 貯留滲出液の排出

116-A038

答えは本紙のどこかに！

都歯 執行部

終身会員の会費増を提案

4千円から1万2千円へ

終身会員の会費を年額4千円から1万2千円に見直したいとの提案が東京都歯科医師会(井上惠司会長)の執行部から代議員に対して出された。終身会員の要件(在籍35年以上かつ70歳以上)は変更することなく、会費のみ改正される仕組みだ。7日に東京都千代田区の歯科医師会館で開かれた第213回臨時代議員会にて協議したもの。

◆◇◆

都歯は組織力の強化を図る観点から未入会者対策として、2023年に第一種会員の入会金を15万円から1万円に変更した。しかし、会員の年齢構成の推移を辿っていくと、第一種、二種、三種会員の減少に加えて、終身会員数が増加し、このままでは主要な事業財源となる会費収入全体の低減につながるリスクがあるという。

そこで、将来的に増加が見込まれる終身会員のあり方の検討に着手すべき時期であることから同協議内容が持ち出された。

質疑応答では、代議員から「管理部門や職員の数を減らす努力をした結果、終身会員の値上げをするなら分かるが、このままでは会員の理解が得られないと思う」など批判的な意見もあったが、「苦渋の決断だったと思う」「われわれも終身会員になっているが、これは不公平ではないと思う。しかし、議案として通すのであれば、終身会員が納得するような説明がほしい」と比較的ポジティブな意見も挙がっていた。

中島孝至専務理事は、ある程度の予測を立てた上での協議内容であり、今後も執行部などが身を削る努力を継続して行っていく方向性を示した。「昨年から105あった事業の見直しを図り、削るべきところは削った。ただ、このままでは事業の今後の展望がほとんど描けない」とし、「現状では、ある程度余裕のある時期だが、組織力強化のためには、新入会員を増やしていかないと会としての将来性がない。終身会員には若い会員のためにご協力をお願いしたい」と話した。

なお、第214回定時代議員会までに各地区からの事前質問(メール・当日質問も可)を受け付け、理事や特別委員会等で検討する流れとなっている。

◆◇◆

そのほか、大学や企業向けの無料歯科健診について、10月に駒澤大学753人、法政大学114人が受診した経緯を説明。歯科健診の際には、歯科衛生士を介して学生に口腔内の問題点の指摘や口腔ケアに関する衛生指導を行ったとし、「QRコードが印刷された歯科健診票を通して、そのQRコードから会員診療所のサイトにアクセスできるようになっている」と述べた。

◆◇◆

井上会長はあいさつで、3月1日時点で歯科衛生専門学校の跡地に竣工した収益不動産フォーサイト神田多町の入居率が約76％に達したことを報告。「春シーズンに向けて、歯学部学生向けのPRチラシを作成するなど入居率100％を目指す」と話した。

◆◇◆

来賓では、日本歯科医師会の高橋英登会長、東京都歯科医師連盟の石島弘己会長、東京都学校歯科医会の鈴木博会長があいさつ。高橋会長は都歯との連携が必要だとし、今後の目標について「若者が目指す歯科界を目指したい」と述べた。

鈴木会長は、20年前と比べて学校の雰囲気も変わりつつあるとし、「子供たちの歯科に対する理解が進んできた。(学校歯科医会が)微力ながら貢献できている部分もあるかと思う」と語った。

なお、代議員会では、執行部からの報告、代議員からの質疑応答の後、「東京都歯科医師会の日」の制定の一部改正や事業計画など全5議案が原案通り可決・承認された。

井上会長

改正案イメージ

～令和6年度末	令和7年度～
①R6末までに80歳到達の終身会員　80歳	免除　現行と変更なし
②R6末までに80歳未満終身会員で、R7以降に80歳到達会員　現行 年額4,000円	改正案 年額12,000円　80歳 免除　現行と変更なし

終身会員の推移予測

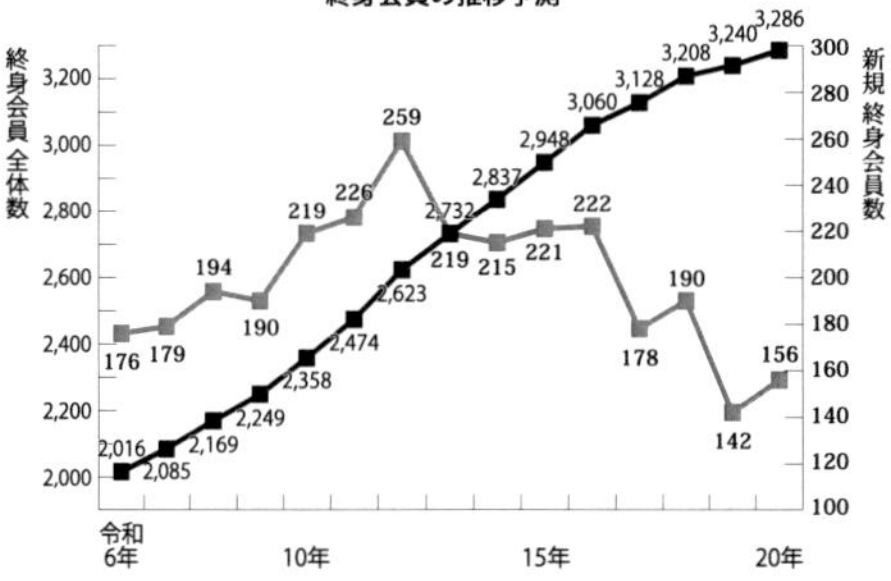

第1種、2種、3種、終身会員(改正案別)

	第1種～3種会員会費計 ①	終身会員 ②		会費総計 ①＋②	
		現行4,000円	改正案12,000円	②現行の時	②改正案の時
令和6年度	2億9,314万0,000円	533万2,000円	1,599万6,000円	2億9,847万2,000円	
7	2億8,697万2,000円	580万4,000円	1,741万2,000円	2億9,277万6,000円	3億0,438万4,000円
8	2億8,060万8,000円	612万0,000円	1,836万0,000円	2億8,672万8,000円	2億9,896万8,000円
9	2億7,444万0,000円	630万8,000円	1,892万4,000円	2億8,074万8,000円	2億9,336万4,000円
10	2億6,659万2,000円	660万0,000円	1,980万0,000円	2億7,319万2,000円	2億8,639万2,000円
11	2億5,838万0,000円	713万2,000円	2,139万6,000円	2億6,551万2,000円	2億7,977万6,000円
12	2億4,829万2,000円	751万6,000円	2,254万8,000円	2億5,580万8,000円	2億7,084万0,000円
13	2億4,041万6,000円	784万8,000円	2,354万4,000円	2億4,826万4,000円	2億6,396万0,000円
14	2億3,279万2,000円	815万6,000円	2,446万8,000円	2億4,094万8,000円	2億5,726万0,000円
15	2億2,480万4,000円	838万4,000円	2,515万2,000円	2億3,318万8,000円	2億4,995万6,000円
16	2億1,670万4,000円	835万2,000円	2,505万6,000円	2億2,505万6,000円	2億4,176万0,000円
17	2億1,109万6,000円	829万6,000円	2,488万8,000円	2億1,939万2,000円	2億3,598万4,000円
18	2億0,476万0,000円	808万4,000円	2,425万2,000円	2億1,284万4,000円	2億2,901万2,000円
19	2億0,119万6,000円	780万0,000円	2,340万0,000円	2億0,899万6,000円	2億2,459万6,000円
20年度	1億9,676万4,000円	780万0,000円	2,340万0,000円	2億0,456万4,000円	2億2,016万4,000円

大阪府歯

代議員会で事業計画など承認

深田会長「次の100年に向け議論」

代議員会では全ての議案が可決された

大阪府歯科医師会(深田拓司会長)は2日、大阪市の府歯会館で第249回臨時代議員会を開いた。会史編纂特別委員会設置および同委員会規程の設定、令和6年度の事業計画、会計収支予算など全5議案が承認されたほか、会員・職員表彰、各種報告、歯科医療問題についての協議が行われた。

深田会長はあいさつで、能登半島地震への対応について述べた後、目的や価値などが多様化している時代にあると言及。歯科への社会的評価が何を意味して、どのように対応していくべきか、さまざまな捉え方があるとし、「自分の考え方と違う他者は、認識や感性を拡げてくれる」と、多様化自体に価値があるとの考えを示し、代議員の声を役員がしっかりと聞き取る必要があると強調した。

また、来年100周年を迎えるに当たり、災害や会員減少と高齢化への対応を熟慮する必要性があるとし、「次の100年に向けて、大阪府歯科医師会がどのような方向に進むべきかしっかりと議論させていただきたい」と代議員からの活発な意見を求めた。

深田会長

表彰では、叙勲や厚生労働大臣表彰、文部科学大臣表彰、知事表彰を受賞した会員16人、勤続10年、30年の職員6人の功績を称え、代表して旭日双光章を受章した吉田陽彦氏に表彰状が手渡された。

報告では、木田眞敏専務理事が事業と時局対策本部会、吉岡慎郎副会長が会計、林正純副会長が日本歯科医師会会務についてそれぞれ説明した。

◆◇◆

協議では主に診療報酬改定について代議員からの意見を求めた。賃上げ対応も含めて改定率に関する数字が分かりづらいとの声が上がり、執行部が解説。プラス0・88％や、賃上げ分の0・61％などは全ての医療費に対する割合で、医科、歯科、調剤の改定率については、それぞれの医療費に対する割合となるなど、スライドを用いて話した。

また、会員種別や会費、会館の将来像についての質問では、70歳以上の終身会員が26％から2040年には43％にまで上昇するなど課題がある中で、地区歯科医師会に対して会員種別などに関する調査を実施したとし、今後の理事会で会の在り方を検討していく構えを見せた。会館については、金融機関のプレゼンテーションを聞くなど情報収集に努めている段階とし、今後さらなる検討を進めていくとの考えを示した。

能登半島地震 JDAT

11日から石川・富山・福井が活動

日本災害歯科支援チーム（JDAT）の全国への派遣要請が10日で終了し、11日から石川県歯科医師会と富山県歯科医師会、福井県歯科医師会のJDATが活動することになっている。日本歯科医師会が7日に11日から17日の派遣予定について公表した。

11日から26チーム計74人（歯科医師44人、歯科衛生士28人、事務職2人）が出動する見込み。

なお、1月7日から3月17日までの派遣状況（予定含む）は280チーム計1062人（歯科医師658人、歯科衛生士347人、歯科技工士11人、事務職44人、その他2人）となっている。

投稿 寄稿

能登半島地震　珠洲市でのJDAT活動

歯科のニーズ高く、専門チームに歓迎の声

杉山正隆　歯科医師・ジャーナリスト

7日間にわたりJDAT（日本災害歯科支援チーム）の石川県珠洲市での活動に従事した。日本歯科医師会の要請を受けた福岡県歯科医師会による派遣で同歯科衛生士会の3人と2月19～25日、歯科医院を休診にして中5日間の活動だった。避難生活が長引いており、歯磨き等が十分にできず、柔らかく炭水化物に偏った食生活、運動不足、今後への気苦労などで、肉体的にも精神的にも疲れ切っているのに、その認識すらできない状況が続く。私は能登半島地震で、今回とは別に3回、能都町や七尾市、輪島市で医療機関等への支援活動をしてきた。現地の状況やJDATの活動について報告したい。

◇◆◇

元日午後4時10分、石川県では最大となる震度7の揺れが珠洲市の直下を襲った。マグニチュードは7・6。阪神淡路大震災や熊本地震の7・3よりも2・7倍大きい規模だ。輪島市や志賀町で震度7を記録した。住民は2回、もしくは3回揺れたと口を揃える。「最初の揺れで母屋に移動し2回目で倒壊してしまい亡くなった」「1回目で外に飛び出して助かった」等と聞き取った。珠洲市や輪島市、七尾市などでは今も多くで上下水道が不通のまま。建物が倒壊した地域が多く、住民たちは「ボランティア活動などは大変ありがたいが、実際には何も改善していない」と話す。仮設住宅の建設は始まっているが、希望の半分以下に留まっている。

歯科医療機関の復旧も困難な地域が多い。もともと過疎地で後継ぎもなく、「あと何年診療できるか分からないのに多額の投資で医院再建はできない」との声も聞かれた。

奥能登の最も奥に位置し全歯科医療機関の休診が続く珠洲市ではJDATの訪問は非常に喜ばれた。「歯科医師による診療を心待ちにしていた」と列を作って待っていた避難所も。

イチゴのビニールハウス内に布団や暖房器具などを持ち込んでいた民間避難所に私たちが赴いた際は「ガレキの片付けに出て誰もいない」とのことだったが、後日、別のチームは人工歯が外れて困っていた高齢者に義歯修理を実施し「これで噛める」と笑顔が戻ったと聞いた。

訪問した午前10時から午後3時は、避難所は3分の1程度に人が減っていたが、「今いない人が歯肉が腫れていると言っていた」「次回は受診させたいので再度の訪問をお願いしたい」等の声を幾度となく聞いた。

また、「道の駅すずなり」に福井県歯科医師会が歯科診療車を提供、石川県の歯科医師が治療に当たり、1日20人弱の患者に対し抜歯を含め、さまざまな治療が行われた。JDATも巡回のみでは治療が難しいことが多く、「すずなり」を紹介するPRも強めた。全国放送で「歯科医師らが専門チームを組み口腔衛生状態を保ち肺炎等のリスクを下げる歯に特化した支援活動を強化」と報道されるなど注目されている。

◇◆◇

私たちの1日の活動の流れは、午前4時半、起床。5時50分、金沢市内出発。自動車専用道「のと里山海道」は柳田ICで検問による車線減少もあり渋滞。悪路の中、七尾市、志賀町などで渋滞が発生し、10時前後に珠洲市健康増進センター内に設置された本部に到着。DHEAT（災害時健康危機管理支援チーム）の指示を受けて当日訪れる避難所を確認。午前2カ所、午後1時以降、2カ所を回って歯科診療等を実施。午後3時前後に本部に戻り1時間程度かけて報告書を提出。4時前後に帰途に就いて8時前後にホテルに戻る。

他に、午前8時にウェブ会議に出席し、その前に当日の活動予定を「google drive」で入力。午後5時も同様にウェブ会議に出席、その前に当日の活動報告をする。つまり、連日、9時間強かけて車で往復、昼食時間は10分ほどしか取れず、入力作業に1～2時間、現地での実質的活動は4時間弱。JDATの中でも最長の派遣であり、私は任務終了翌日から通常診療に戻ったが疲労困憊の状態がしばらく続いた。

◇◆◇

歯科のニーズは大変高いと感じているが、2月29日、「3月10日でJDATの活動は休止する」と日歯から発表があった。その後は、富山・福井県歯の協力の下、石川県歯にて対応するという。

珠洲市では歯科医院の復興が見通せない。歯科診療車のユニット1台と、石川県歯の奮闘で当面は担ってもらうしかない。加えて、隣接するとは言うものの、片道、車で30分（珠洲市中心部）掛かる能登町などに通うか、往診してもらうぐらいしか選択肢はなさそうだ。

私たちが珠洲市で活動していた際も余震があった。赤紙に「危険」と書かれた応急危険度判定で「余震の際は倒壊の懸念がある」とされる家屋も少なくない。発災から2カ月が経つ現地では、復旧の動きが報道される一方で、取り残されている地域が多くある。「もともと過疎だったから仕方ない」との声も聞くが、過疎地は日本全国に点在している。災害列島であり今後も災害は頻発することだろう。

歯科治療を諦めさせないために、どう取り組み、どう「社会保障を担う歯科」の重要性を国に働き掛け説得するのか、歯科としての姿勢が問われているように感じている。

すぎやま　まさたか　歯科医師・ジャーナリスト。北九州市小倉北区、杉山歯科医院院長。福岡県歯科保険医協会副会長、全国保険医団体連合会理事。国際エイズ学会会員、日本感染症学会会員。日本記者クラブ会員、日本ジャーナリスト会議運営委員。元毎日新聞（東京）記者。東日本大震災や熊本地震、広島・岡山・長野での水害や、HIV/AIDSでのアフリカ難民キャンプ等で歯科治療・口腔ケア・保健衛生活動に従事

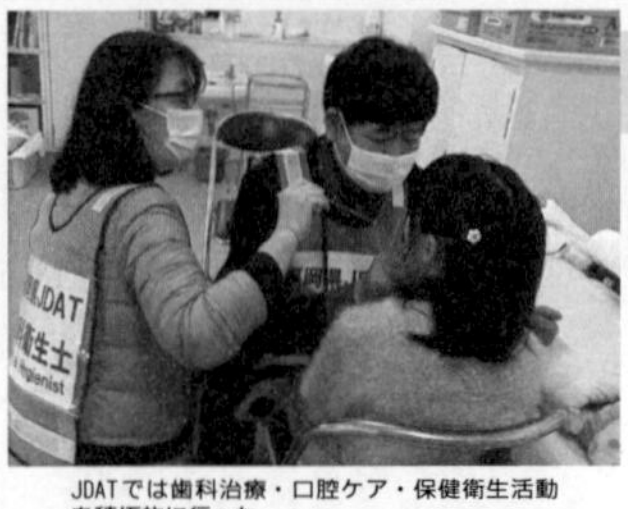

JDATでは歯科治療・口腔ケア・保健衛生活動を積極的に行った

珠洲市のDHEAT本部では医師、保健師、薬剤師ら大勢が活動した

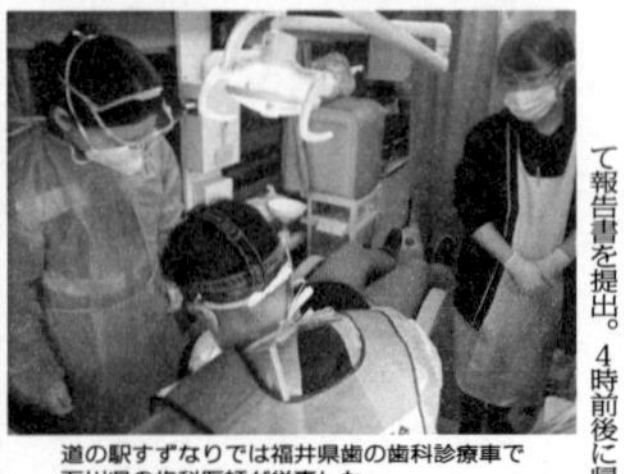

道の駅すずなりでは福井県歯の歯科診療車で石川県の歯科医師が従事した

特定保険医療材料及びその材料価格（材料価格基準）

一部改正告示抜粋
（1面関連）

Ⅵ 歯科点数表の第２章第12部に規定する特定保険医療材料及びその材料価格

	品　名	単 位	材料価格
001	削除		
002	歯科鋳造用14カラット金合金　インレー用（JIS適合品）	1ｇ	7,641円
003	歯科鋳造用14カラット金合金　鉤用（JIS適合品）	1ｇ	7,624円
004	歯科用14カラット金合金鉤用線（金58.33％以上）	1ｇ	7,774円
005	歯科用14カラット合金用金ろう（JIS適合品）	1ｇ	7,601円
006	歯科鋳造用金銀パラジウム合金（金12％以上　JIS適合品）	1ｇ	2,909円
007	削除		
008	削除		
009	削除		
010	歯科用金銀パラジウム合金ろう（金15％以上　JIS適合品）	1ｇ	3,740円
011	歯科鋳造用銀合金　第１種（銀60％以上インジウム５％未満　JIS適合品）	1ｇ	159円
012	歯科鋳造用銀合金　第２種（銀60％以上インジウム５％以上　JIS適合品）	1ｇ	192円
013	歯科用銀ろう（JIS適合品）	1ｇ	274円
014	削除		
015	削除		
016	削除		
017	削除		
018	削除		
019	削除		
020	歯科鋳造用コバルトクロム合金　鉤・バー用	1ｇ	25円
021	歯科用コバルトクロム合金線　鉤用（JIS適合品）	1㎝	10円
022	歯科用コバルトクロム合金線　バー用（JIS適合品）	1㎝	52円
023	歯科用ステンレス鋼線　鉤用（JIS適合品）	1㎝	4円
024	歯科用ステンレス鋼線　バー用（JIS適合品）	1㎝	4円
025	削除		
026	削除		
027	陶歯　前歯用（真空焼成歯）	6本1組	1,870円
028	陶歯　臼歯用（真空焼成歯）	8本1組	1,010円
029	削除		
030	削除		
031	レジン歯　前歯用（JIS適合品）	6本1組	241円
032	レジン歯　臼歯用（JIS適合品）	8本1組	235円
033	スルフォン樹脂レジン歯　前歯用	6本1組	620円
034	スルフォン樹脂レジン歯　臼歯用	8本1組	866円
035	硬質レジン歯　前歯用	6本1組	582円
036	硬質レジン歯　臼歯用	8本1組	733円
037	歯冠用加熱重合レジン（粉末　JIS適合品）	1ｇ	12円
038	歯冠用加熱重合レジン（液　JIS適合品）	1mL	4円
039	歯冠用加熱重合硬質レジン	1ｇ	26円
040	歯冠用光重合硬質レジン	1ｇ	595円
041	義歯床用アクリリック樹脂（粉末　JIS適合品）	1ｇ	5円
042	義歯床用アクリリック樹脂（液　JIS適合品）	1mL	3円
043	義歯床用アクリリック即時硬化樹脂（粉末）	1ｇ	28円
044	義歯床用アクリリック即時硬化樹脂（液）	1mL	18円
045	義歯床用熱可塑性樹脂	1ｇ	17円
046	歯科用合着・接着材料Ⅰ		
	(1) レジン系		
	① 標準型	1ｇ	461円
	② 自動練和型	1ｇ	1,020円
	(2) グラスアイオノマー系		
	① 標準型	1ｇ	259円
	② 自動練和型	1ｇ	312円
047	歯科用合着・接着材料Ⅱ	1ｇ	103円
048	歯科用合着・接着材料Ⅲ	1ｇ	23円
049	歯科充填用材料　Ⅰ		
	(1) 複合レジン系	1ｇ	737円
	(2) グラスアイオノマー系		
	① 標準型	1ｇ	527円
	② 自動練和型	1ｇ	575円
050	歯科充填用材料　Ⅱ		
	(1) 複合レジン系	1ｇ	282円
	(2) グラスアイオノマー系		
	① 標準型	1ｇ	202円
	② 自動練和型	1ｇ	419円
051	削除		
052	複合レジン　築造用（硬化後フィラー60％以上）	1ｇ	280円
053	金属小釘　ロック型	1本	66円
054	金属小釘　スクリュー型	1本	50円
055	金属小釘　スクリュー型（金メッキ）	1本	111円
056	乳歯金属冠	1本	303円
057	スクリューポスト　支台築造用	1本	63円
058	CAD／CAM冠用材料		
	(1) CAD／CAM冠用材料(Ⅰ)	1個	1,810円
	(2) CAD／CAM冠用材料(Ⅱ)	1個	1,630円
	(3) CAD／CAM冠用材料(Ⅲ)	1個	3,160円
	(4) CAD／CAM冠用材料(Ⅳ)	1個	3,880円
	(5) CAD／CAM冠用材料(Ⅴ)	1個	6,150円
059	ファイバーポスト　支台築造用	1本	607円
060	義歯床用軟質裏装材		
	(1) シリコーン系	1mL	208円
	(2) アクリル系		
	① 粉末	1ｇ	48円
	② 液	1mL	31円
061	スクリュー	1本	2,800円
062	アバットメント		
	(1) アバットメント(Ⅰ)	1個	14,100円
	(2) アバットメント(Ⅱ)	1個	13,700円
	(3) アバットメント(Ⅲ)	1個	26,100円
	(4) アバットメント(Ⅳ)	1個	16,200円
063	アタッチメント		
	(1) アタッチメント(Ⅰ)	1個	3,420円
	(2) アタッチメント(Ⅱ)	1個	13,800円
	(3) アタッチメント(Ⅲ)	1個	3,400円
064	シリンダー	1本	7,090円
065	歯冠用高強度硬質レジン	1ｇ	1,970円
066	歯冠用グラスファイバー		
	(1) 棒状	1㎝	1,340円
	(2) シート状	1㎠	926円
067	永久歯金属冠	1本	294円
068	純チタン２種	1ｇ	47円
069	磁性アタッチメント		
	(1) 磁石構造体	1個	7,770円
	(2) キーパー	1個	2,330円

Ⅶ 歯科点数表の第２章第13部に規定する特定保険医療材料及びその材料価格

	品　名	単 位	材料価格
001	歯科矯正用帯環　切歯用	1個	161円
002	歯科矯正用帯環　犬歯用及び臼歯用	1個	163円
003	帯環用ブラケット	1個	147円
004	ダイレクトボンド用ブラケット	1個	299円
005	チューブ	1個	422円
006	ＳＴロック	1組	2,040円
007	スクリュー　床用	1個	757円
008	スクリュー　スケレトン用	1個	2,330円
009	トラクションバンド	1個	323円
010	ネックストラップ	1個	209円
011	ヘッドギア　リトラクター用	1個	3,910円
012	ヘッドギア　プロトラクター用	1個	10,200円
013	チンキャップ　リトラクター用	1個	959円
014	チンキャップ　プロトラクター用	1個	2,040円
015	フェイスボウ	1個	764円
016	矯正用線（丸型）	1本	218円
017	矯正用線（角型）	1本	246円
018	矯正用線（特殊丸型）	1本	387円
019	矯正用線（特殊角型）	1本	452円
020	超弾性矯正用線（丸型及び角型）	1本	533円
021	削除		
022	削除		
023	歯科用コバルトクロム合金線　鉤用（JIS適合品）	1㎝	10円
024	歯科用コバルトクロム合金線　バー用（JIS適合品）	1㎝	52円
025	歯科鋳造用コバルトクロム合金　床用	1ｇ	29円
026	歯科用ステンレス鋼線　鉤用（JIS適合品）	1㎝	4円
027	歯科用ステンレス鋼線　バー用（JIS適合品）	1㎝	4円
028	陶歯　前歯用（真空焼成歯）	6本1組	1,870円
029	陶歯　臼歯用（真空焼成歯）	8本1組	1,010円
030	レジン歯　前歯用（JIS適合品）	6本1組	241円
031	レジン歯　臼歯用（JIS適合品）	8本1組	235円
032	義歯床用アクリリック樹脂（粉末　JIS適合品）	1ｇ	5円
033	義歯床用アクリリック樹脂（液　JIS適合品）	1mL	3円
034	歯科用合着・接着材料Ⅰ		
	(1) レジン系		
	① 標準型	1ｇ	461円
	② 自動練和型	1ｇ	1,020円
	(2) グラスアイオノマー系		
	① 標準型	1ｇ	259円
	② 自動練和型	1ｇ	312円
035	歯科用合着・接着材料Ⅱ	1ｇ	103円
036	歯科用合着・接着材料Ⅲ	1ｇ	23円
037	ダイレクトボンド用ボンディング材	1ｇ	703円
038	シリコン樹脂	1ｇ	16円
039	超弾性コイルスプリング	1個	420円
040	歯科矯正用アンカースクリュー	1本	3,780円

今月のBookコーナー

歯科雑誌をよむ 3月号

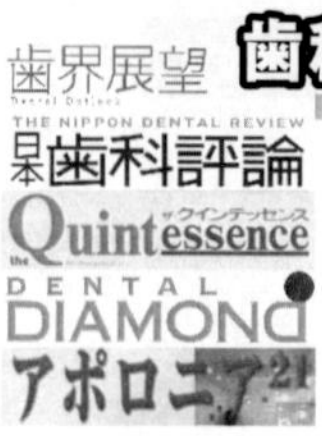

北欧の臨床予防歯科

『デンタルダイヤモンド』は巻頭特集で、福岡県開業の加藤大明氏らによる「エビデンスに基づいた臨床予防歯科—北欧歯科の取り組み」を掲載。

予防型歯科医療への大がかりな転換に二の足を踏む歯科医師も少なくない中、主としてスウェーデンで実施されている臨床予防歯科の手法と学術的根拠を整理することで、患者にも医院にも負担の少ない予防歯科への転換を方向付けようという趣旨。

記事では、う蝕や歯周疾患のリスク評価の手法とそれらの臨床的意義を裏付ける文献的根拠、実際の臨床例を紹介。効果的な予防方法として、フッ化物応用とプラークコントロール、禁煙指導などを挙げている。

健全な永久歯列形成のため

『ザ・クインテッセンス』は特集1で、東京都開業の権暁成氏による「健全な永久歯列完成のために、このとき、ここを診る、これをやる(前編)」を掲載。

小児の成長発育を健全に導く育成医療の中で、乳歯列期から永久歯列期までに起こるさまざまな問題に適切に介入する歯科の役割を解説する内容で、前編は、乳歯萌出前後から乳歯列期について取り上げている。

医学的解説に留まらず、子どもを不安にさせない心理的なアプローチについての具体的な解説が特徴で、コミュニケーションの進め方や、「ワークテーブルに極力ものを置かない」などの配慮などを解説。診療の流れを関連動画でもチェックできる。

クラック・歯根破折への対応

『歯界展望』は特別企画で、米国歯内療法ボード専門医の嘉村康彦氏らによる「クラック・歯根破折—人生100年時代、予防歯科が進む時代に増える悩みの種」を掲載。

歯科医師、歯科衛生士が日常的に遭遇するクラック、歯根破折について、分類、診断、治療、今後の展望について解説するもの。予防歯科によってう蝕、歯周病がコントロールされても、クラック、歯根破折を避けることは難しく、「人生100年時代の悩みの種」と呼ばれる所以だ。

触診から組織検査、CT画像診断も含む診断の流れと留意点を実際の症例を踏まえて説明。「アイオワステージインデックス」による治療の流れを解説し、今後の展望として、低侵襲治療や再生治療などにも言及している。

「8020達成者51・6%」は誇れるか?

『日本歯科評論』は「コラム：素朴なQへの概略A」で、埼玉県開業の深井穫博氏による「『8020達成者』51・6%は統計学的にみて世界に誇れる数値か」を掲載。

令和4年の「歯科疾患実態調査」で8020達成者が51・6%となったことについて、「よくぞここまで」との声がある一方、調査人員が440人(75歳以上85歳未満)に留まっているのを問題視する意見があるとし、今後の歯科疾患実態調査の課題についても言及している。

世界に誇れる歯科疾患実態調査の調査対象者減少など、新たな課題への対応を呼び掛けている。

リスクの予防、乗り越え方

『アポロニア21』は特集「リスクの予防と乗り越え方」の中で、ウェブでの誹謗中傷から医院を守る方法について、「歯チャンネル88」主宰で歯科医師の田尾耕太郎氏と、大手企業などのウェブトラブル対策のサポートで知られる弁護士の井上拓氏の対談を掲載。口コミサイトでの「★」一つの低評価や悪意あるネガティブ書き込み、悪質業者によるトラブルが歯科医院でも増加傾向。これらのトラブルを避け、万一、被害に遭った場合の対処などを具体的に指南する。

レポートでは、留年、国試不合格を繰り返す歯科学生の増加が社会問題になっていることを受け、歯科医院経営コンサルタントの木村泰久氏が、彼らの受け皿として4年制の歯科衛生士・歯科技工士養成コースの拡充を訴えた。

著者に聞く

大森、田舎で歯医者やってるってよ。

発信

人口約4万5千人の茨城県常陸太田市に開業する大森翔英院長は地方の歯科診療の魅力を伝える書籍『大森、田舎で歯医者やってるってよ。』を出版している。大森院長の学生、研修医、勤務医時代から、開業して現在に至るまでの体験を親しみやすい文章で綴っている同書について、出版のきっかけなどを聞いた。

『大森、田舎で歯医者やってるってよ。』
大森翔英　著/四六判/308ページ/1,650円/サンライズパブリッシング

——書籍を執筆したきっかけを教えてください。

大森　開業して3年ほど経ち田舎の歯科医療をある程度理解した頃に、田舎での診療について歯科界に対して発信している人が少ないことに気付き、多くの人に知ってもらいたいと考えて執筆しました。

昨今は歯科医師が多くなりすぎたので減らそうという流れがありましたが、地方の医療に関して言えばそんなことはなくて、むしろ不足しています。私が開業している常陸太田市に20件歯科医院がありますが、院長が60歳以上の医院が15件あるのでこれからどんどん減っていく流れにあります。これは今後高齢化が進む日本にとって、田舎だけの問題ではありません。現在は歯科医院が十分に確保されている地域でも、将来的に人口過疎地域になる可能性はあるわけですから、過疎医療の取り組み方やマインドなどは、これから必ず必要になっていくものだと考えています。

——田舎の診療で特徴的なことは何でしょうか。

大森　田舎の開業医は、患者さんにとって良くも悪くも「代わりの効かない存在」になります。患者さんから見た時に、➡

書籍

(価格は税込)

ちゃんと歯磨きしているのに、むし歯になるのはどうして?

後回しにされがちな口腔ケアについて、一般の人たちに一石を投じる書。口腔内のトラブルの原因や治療法、ケアなど、歯を守るための正しい知識を分かりやすく解説している。

「なぜ何度もむし歯になるの?」「正しい歯磨きは、どうすればいい?」など、臨床現場で患者さんからよく聞かれる素朴な疑問について対話形式で答えており、患者さんの希望や最終ゴールにたどり着くための道筋を教えてくれる。

高橋哲哉、高橋みつ紀　著/四六判/256ページ/1,518円/クロスメディア・パブリッシング

咀嚼の本3

咀嚼システムと全身機能との関係性を解き明かす『咀嚼の本』の第3弾。

咀嚼の重要性や、ものを食べるメカニズム、年代別にみた食事のポイント、咀嚼の効能と食べ物・栄養面との関係性などの素朴な疑問に、Q＆A形式で回答している。

掲載されたイラストや図を見るだけでもイメージしやすく、統計や研究データもあるので理解も深まりやすい一冊となっている。

日本咀嚼学会　編/B5判/96ページ/2,860円/口腔保健協会

安心・安全・簡単! 水を使わない口腔ケア 動画付

誤嚥リスクの高い高齢者の口腔ケアで安全性が認められているのが「水を使わない口腔ケア」。本書は、その具体的な方法や必要機器、症例などを解説する。手技や機器などの写真を多く使用し、付録として動画でも手順を紹介している。

スポンジブラシや歯ブラシの使い方・交換などの身近な疑問にQ＆A形式で答えており、介護を担う人たちにも役立つ一冊となっている。

角　保徳　編著/守谷恵未、西田泰大、中野有生、羽田穂香、三橋あい子　著/B5判/176ページ/6,600円/医歯薬出版

グローバルヘルスの現場から見えたこと

大学歯学部の助教授も勤めていた著者が、口腔外科医からグローバルヘルス専門家にキャリア転換した、半生を記したエッセイ。

世界情勢や公衆衛生といったグローバルな課題を見つめて解決に奔走するエピソードは、やりきれなさや切なさを覚えるものの、未来に対する希望にもあふれている。

グローバルヘルスに関心のある人にとって、多くの示唆を与える書籍だ。

池田憲昭　著/新書判/228ページ/1,980円/口腔保健協会

人口減少時代に向け、過疎医療を

都会の場合はたくさんの医院の中から選ぶわけですが、田舎だと選ぶほど多くの医院があるわけではありませんし、治療の内容によっては一択になることも少なくありません。だから開院をすれば、新規と言うだけである程度患者さんは来院してくれる可能性が高いので、集患や他院との差別化といった悩みは都会より少ないと思います。私の開院した市は、歯科医院の新規開業が実に15年ぶりだったくらいなので、新規開院というだけで注目を浴びますし、ありがたがって来てくれる患者さんが多いです。極端な話、経験年数の少ない若い先生であっても患者さんは来てくれると思います。田舎は若い人が少ないので、地域で応援してくれるような雰囲気もあります。そういった意味では経験が浅い先生でも仕事はしやすいと思いますし、都会で当たり前の接遇や、最新の技術を取り入れたら患者さんはとても感動してくれます。つまり、プラスの部分はよりプラスに感じてくれるし、マイナスの部分は温かく見守ってもらえる。これは大きなメリットでしょう。

他にも医院の運営コストが都会と比べると安く済みます。都会だとどうしても家賃、土地代が高くなるため、医院規模を大きくするのはなかなか難しいと思います。また収益を上げるために、土日に加え、平日も夜遅くまで診療を必要とする場合が出てくることもあるでしょう。さらに集患のためのネット広告の対策や、スタッフのリクルート対策、自費治療の積極的な提案など、経営的に考えることが非常に多くなります。田舎ではその悩みが都会ほど多くないですし、医院の経営に余裕をもつことができるため、新たな設備や機材に資金を回しやすくなります。

――デメリットはあるのでしょうか。

大森　メリットの裏返しですが、田舎では人が少ない分、一人一人との付き合いが長く深くなる傾向にあります。そのため田舎特有の雰囲気に慣れる必要はあるかもしれません。また、田舎は噂が拡がるのが本当に早いです。自身の評判というのはあっという間に広まりますから、日頃から誠実な治療や態度を意識しなくてはなりません。また、地域の患者さんのニーズはとてもさまざまですので、一般歯科や小児歯科、口腔外科、インプラントなど、あらゆる分野に対応していく必要があります。ある特定の専門分野に特化して治療を行いたいという先生には不向きかもしれません。

近くに友人が少ないということもデメリットの一つです。私が都会で働いていた時は、診療終わりに友達に呼ばれて会うことは良くありましたが、田舎で開業をしてからは減りました。また学会や講習会などは都会で開催されますから、交通アクセスの悪さもあると思います。とはいえ、コロナ禍でオンラインセミナーなどが普及したので、交通面の不利は以前ほど感じなくなっているかもしれません。

大森歯科・口腔外科
院長 大森 翔英 氏

――開業してから印象に残っていることはありますか。

大森　治療後お話を伺った際泣き出してしまった患者さんがいました。理由を聞くと、その方はとても歯科について意識が高い方で、以前は都会の設備の揃った医院に時間を掛けて定期的にメンテナンスに通っていました。ですが、ご家族に介護が必要となって通えなくなり、悩んでいた時に私が開院して、設備も新しく揃っていたので、再びメンテナンスに通えるようになったとのことでした。介護をしている人が歯科に通えなくなるという事実を目の当たりにして、都会に歯科医院が集中してしまっていることの問題を改めて認識しました。田舎は高齢者が多いので、必然的に介護をする人も多くなり、そういった方の中で歯医者に行きたいのに行けないという方は少なくありません。都会であれば施設に入れるという選択肢がありますが、田舎だと介護施設も不足しており、家族が介護しなくてはいけない現状があります。これは訪問診療を増やせば解決できるような単純な問題ではないので、医療、介護サービスが行き届いていない地域の歯科事情について、もっと広く知られる必要性があると思います。

――執筆にあたってこだわったことはありますか。

大森　これからの医療を背負って立つ若い人に、田舎について考えて欲しいという思いがあったので、読みやすさにはこだわりました。今の若い人は、スマホで情報を集めます。スマホで見た時にも読みやすいように執筆はスマホのメモ帳で行い、読み返してみて読み難くなっていないか意識しながら執筆をしました。難しい表現、畏まった文章も極力使わないようにしています。タイトルもキャッチーにし、表紙には私を模したキャラクターを用意して、とにかく読むことへの敷居を下げることを意識しています。歯医者は特殊な人がやってるというイメージを持っている人もいると思うので、まったくそうではないということが伝わるように、失敗談も取り入れてます。

――今後の目標はありますか。

大森　開業してから毎年自分なりに目標設定をしてきました。1年目は「医院が地域に根付くこと」を目標にし、2年目は「医院を拡張すること」、昨年は本の出版やセミナーを通じて「情報を発信すること」としました。今年の目標は新たに「教育の充実」を考えています。4月から新卒の歯科衛生士が入職予定で、さらに秋からは歯科衛生士の学生実習の受け入れも始まるので、教育面でしっかりと成果を上げていって、田舎の現状や歯科治療を知ってもらえる機会を増やしたいと考えています。将来的には当院を田舎の医療に貢献したいと考える先生の修業場所にしたいという夢もあります。Uターンで、地元で親の医院を継ぐことを考えている歯科医師の先生や歯学部の学生が、まず私の医院を通じて田舎の歯科医療を学んでもらうようになり、そうして田舎の医療に興味を持つ若い先生が全国的に増えていくことになれば、田舎の医療ももっと盛り上がっていくと思います。

田舎の歯医者と聞くと、どうしても地味というようなイメージを持たれますが、田舎の歯医者だってカッコいい、面白いと思ってもらえるように努力を続けていくつもりです。

歯科における簡易禁煙支援

WHOによる
グローバルスタンダード

本書は、1996年から2015年に発表された全ての関連研究をレビューし、喫煙による口腔がんや白板症、歯周病、歯の喪失のリスク増大、受動喫煙による小児のう蝕リスク増大などの結果を踏まえ、歯科医療現場での禁煙支援のために有用なエビデンスをまとめたもの。17年出版のWHOのモノグラフを、国際保健、口腔保健の専門家が翻訳した。

WHOによる禁煙の呼び掛けの背景となる医学的根拠を示し、歯科医療や公衆衛生事業の現場での活動指針を得ることができる。

小川祐司　監訳/埴岡隆、小島美樹、田野ルミ　訳/B5判/80ページ/1,760円/口腔保健協会

デンタルスタッフのための言い換え事典99

日常の言葉遣いを少し変えるだけで、患者さんからの信頼やホスピタリティーが増し、愛される医院になれる。医院で日常的に使われる会話の「言い換えのスキルアップ」のヒントをまとめた事典。

患者さんとの会話、院内や取引先との会話に分け、具体的な状況に応じた言い換えを提案する。言葉の使い方一つで人間関係がギクシャクする一方、ちょっとした言い換えが相手の気持ちをほぐしてくれると理解できる。

多数の言い換えを知っておくと、臨機応変な応対ができるようになる。

今蔵ゆかり　著/A5判/232ページ/4,620円/インターアクション

臼歯ダイレクトボンディング ハンズオン

ダイレクトボンディングは、歯の形態の規則性やバリエーションを覚えることにより、クオリティーと再現性が高まるという。その知見を基に、臼歯の形態や築盛法、レジンの充填の適正などのノウハウを紹介。

写真や図解は実務的。治療のタイムマネジメントの例や、著者の使用するアイテムも紹介。各章の終わりでは「ちょっとブレイク」として著者の撮影した岩手各地の写真が挿入されている。

佐藤貴彦　著/AB判/100ページ/9,900円/デンタルダイヤモンド社

歯を守ることは、いのちを守ること

予防歯科は健康維持に関わることが知られて久しいが、一般に周知されているとは言い難い。「歯を守ることは命を守ること」を伝えるため出版を決意したという著者が、口の健康・不調、全身との関わり、予防、歯磨きのみならず食事やマッサージなどのセルフケアについて分かりやすく解説している。

患者さんはもちろん、日常的に通院していない人にも、歯科治療の重要性を分かってもらえる一冊。

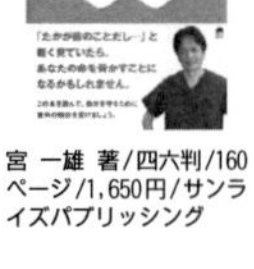

宮 一雄　著/四六判/160ページ/1,650円/サンライズパブリッシング

家業を継ぐ前に、知っておきたい「継承学」

継承に当たって考えなければならないことは多いが、本書では「親の医院への勤務」「院長交代」「医院の新築移転」という3ステップが必要と説く。

著者は最先端の歯科医療を学び、故郷に戻った。親の医院を継ぐ中で身をもって構築したのが「継承学」。親子の関係を壊さずにスムーズに継承を進めることに重点を置き、読んですぐ役に立つ内容となっている。巻末には著者が読んで参考にした書籍の紹介もついている。

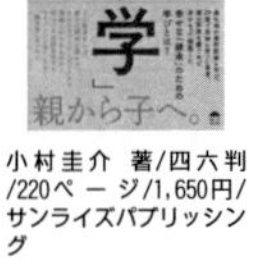

小村圭介　著/四六判/220ページ/1,650円/サンライズパブリッシング

新刊・近刊　〈2月〉

歯科機器・用品年鑑<2024年版(34版)>
アールアンドディ【編】
アールアンドディ　定価110,000円

エビデンスに基づいたインプラント治療・骨造成
-Early Failure回避のためのコンセプト-
宗像源博【著】
医歯薬出版　定価13,200円

臨床家のための床矯正治療 -不正咬合別のアプローチ(1)-
花田真也【著】
医歯薬出版　定価9,900円

無理なくできるサイナスリフト導入マニュアル
岡村知彦【著】
インターアクション　定価8,580円

必ず上達　歯科小手術 -ここからはじめる!これならできる!テクニック-
原田浩之【編著】
クインテッセンス出版　定価9,680円

超速でわかる象牙質知覚過敏 -Dr.とDHのための最新知識と製品情報-
吉山昌宏【編著】
クインテッセンス出版　定価4,400円

「ザ・クインテッセンス」別冊　**薬YEARBOOK'24／'25** -患者に聞かれても困らない!歯科医師のための「薬」飲み合わせ完全マニュアル-
朝波惣一郎・王宝禮・矢郷香【監修】
クインテッセンス出版　定価6,380円

「歯科衛生士」別冊　**新人DHお助けBOOK**
-写真でわかる　できる　自信がつく-
髙田光彦【監修】／高橋規子【著】
クインテッセンス出版　定価4,620円

大人女子のためのデンタルケア事典 -いつまでもキレイが続く!-
(一社)歯の寿命をのばす会【著】
クロスメディア・パブリッシング　定価1,628円

<令和6年1月改訂>図解と計算例でわかる医院・歯科医院の税務ハンドブック -令和6年3月申告用「決算書・確定申告書」(所得税・消費税)の書き方つき版-
藤本清一・松村秀之【共著】
実務出版　定価4,300円

歯と骨のしくみ -Dr.とDHがインプラントを正しく理解するために-
菅原明喜【著】
ゼニス出版　定価7,150円

インプラント裏技帖５０
柴原清隆【著】
デンタルダイヤモンド社　定価9,900円

My Favorite Toothpaste -オススメの歯磨剤・歯磨きジェル・洗口液たち-
片山章子【著】
デンタルダイヤモンド社　定価6,600円

歯科衛生学辞典<第2版>
(一社)全国歯科衛生士教育協議会【監修】
永末書店　定価4,620円

低侵襲で高効率!　歯周薬物療法のススメ
-メソッド&ケース別アプローチ-
五味一博【編著】
永末書店　定価7,700円

有病者歯科学<第3版>
(一社)日本有病者歯科医療学会【編】／今井裕・岩渕博史【監修】
永末書店　定価9,900円

日本歯科新聞縮刷版<令和5年版>
-附録 厚生労働省発表各種統計資料-
日本歯科新聞社【編】
日本歯科新聞社　定価5,720円

再石灰化と重症化予防を目指す歯冠う蝕のマネジメント
-検査に基づく診断と治療のフローチャート-
景山正登【著】
ヒョーロン・パブリッシャーズ　定価8,250円

歯科衛生士パスポートWeb　全身管理・感染対策・訪問診療
山口秀紀【編著】
メディア　定価3,520円

協力：シエン社　TEL03(3816)7818　〈http://www.shien.co.jp〉

オススメ書籍の投稿を募集

診療や経営に参考になる書籍、ちょっとした人生の潤滑油となっている「オススメ書籍」の投稿を募集しています。200～1200字程度。
送り先は日本歯科新聞編集部まで。

アンチエイジング歯科学会

歯科ニーズやM&Aなど 経営を学ぶセミナー

日本アンチエイジング歯科学会（松尾通会長）は3日、東京都中央区の東京ミッドタウン八重洲で「さぁ、今だ！あなたの選択が未来をつなぐ。―未来を見据えた医院経営を考える」と題したセミナーを開いた。栄昂会理事長の中原維浩氏、歯科医師で日本歯科医療投資の水谷友春氏、きわみアセットマネジメント代表の安藤正道氏、会長の松尾氏が登壇。医療業界における「お金」をテーマに、将来求められる歯科ニーズを見据え、経営について考える機会を設けるために企画された。

松尾氏

中原氏

松尾氏はあいさつで、これまで歯科医院において経営やマネジメントという言葉が浸透していなかったが、昨今は時代の流れで経営セミナーが流行っていると説明。しかし、歯科医療の実情を把握した人でないと、経営の話を歯科に置き換えることができないとし、セミナー参加者に感謝を述べた。

◆◇◆

中原氏は「今日からできる未来への橋渡しの準備」と題して、これから求められる歯科医療のあり方や地域包括ケアシステムを通して国が見据えている歯科医療などを話した。

国連サミットで世界共通目標として定められた持続可能な開発目標（SDGs）の一つ「あらゆる年齢のすべての人々の健康的な生活を確保し、福祉を促進する」に着目。「これからは削って詰める時代から、（歯科医師が）喫煙指導をする時代に移っていく」と語る。喫煙はがんの発生要因とともに、歯周組織の破壊や歯の喪失、う蝕や歯周病の進行に影響を及ぼしている。

さらに、全身疾患の症状は口腔疾患のリスクを増加させている要因も考えられるが、大半の患者は知らないのが実情であると指摘。「口腔疾患の予防や管理を効果的に行うためには、喫煙や甘味摂取、過剰な飲酒などのコモンリスクファクターをコントロールすることを、われわれの歯科医療がやっていく必要がある」と、医科では点数が算定されない予防分野に歯科からのアプローチが重要としている。

また、各業界で人材不足が相次いでいる中、同氏が思う医療経営におけるヒントを提示した。「スタッフや顧客、地域で築き上げてきたブランドなどの経営資源をうまく回して業績を上げることが経営者としての命題。社員や患者、顧客など各ステークホルダー（企業の活動に対して、直接的・間接的な利害関係を有するグループもしくは個人）の満足度を上げていけば、明日から売り上げが伸びていくと思う」と述べた。

水谷氏

◆◇◆

水谷氏は「歯科医院のM&A 数億円で売れる医院のつくりかた」と題して、歯科医院におけるM&A事情やM&Aが成功しやすい歯科医院の特徴について話した。歯科医院の売却がここ数年で急増しているとし、「時間やお金にとらわれなくなった」「診療に集中できるようになった」と売却した後の先生の感想を紹介した。

同氏はM&Aにつながる歯科医院にするための特徴について、①規模感のある医院づくり、②各種マニュアルの整備、③経営管理による数値の可視化、④法令遵守の医院運営、⑤好立地への展開、⑥MS（メディカルサービス）法人の設立を挙げている。

そのほか、売り上げが上昇傾向であることや、オーナーの年齢が若いなどの環境整備の必要性を訴えた。「歯科医院を数億円で売却するには、圧倒的資金を持つ投資ファンドなどに対して、魅力的に見える組織づくりを見据えることが重要」と、歯科医師も出口戦略を考える重要性を伝えた。

衛生士学生の臨床実習

「知識・技術不足」でストレス

日衛学会誌に掲載

臨床実習において、最もストレスを感じたのは「自分の知識不足」「自分の技術不足」と、人間関係よりも自身の力量不足でストレスを抱え込み、思い悩む傾向にあることが分かった。千葉県歯科衛生士会の鈴鹿祐子氏ら研究グループによるもので、会報誌『日本歯科衛生学会雑誌』2月号で公表された。歯科衛生士養成校学生が臨床実習時に起こるストレス反応の実態と関連要因について把握することが目的。

初めて学外の臨床実習を終えた歯科衛生士養成学校の3年生44人を対象とし、平成30年10月から12月および31年10月から12月の「歯科診療所実習」終了後に無記名自記式調査票を配布し、同意を得た学生にアンケート調査を行った。

調査内容は属性や生活習慣、環境、主観的な健康状態、臨床実習におけるストレスに関する項目、ストレス反応となる。

◆◇◆

ストレス反応について素点換算表に沿って評価した結果、「高い」「やや高い」の反応があった人は「不安感」54・5％が最も多く、「活気」47・7％、「抑うつ感」36・4％など、学生はストレス反応が高い状態で実習に臨んでいることが判明した。

臨床実習で「ストレスに思った」「ややストレスに思った」と回答した人の原因を探ると、「自分の知識不足」「自分の技術不足」がそれぞれ81・8％で、次いで「実習記録（レポート）作成」79・5％、「実習に伴う時間の拘束」72・7％、「大学内での報告会」59・1％、「実習中、やることが多い」54・5％などだった。

実習中の健康状態は、「活気」「イライラ感」「疲労感」「不安感」「抑うつ感」「身体愁訴」と正の相関が見られ、睡眠時間と実習中の「疲労感」には負の相関が認められた。

さらに、実習中の睡眠時間は実習前後より短い5・5（±1・1）時間で、ストレス反応の疲労感と睡眠時間、食生活に相関性があることが分かった。そのほか、同居家族がいない人ほど抑うつ感が高く、活気が低い傾向にあったという。

同研究結果によって実習記録の作成等の課題が影響しているとともに、教員は知識や技術に不安を持たせないような十分なサポート体制づくりのほか、実習中のみならず、生活習慣や生活環境も考慮する必要性があると示唆された。

歯科関連の動画 娯楽性を重視

視聴回数の多い歯科関連の動画TOP50を調査したところ、う蝕や歯周病予防などエビデンスに基づく動画はなかったが、視聴回数が多い動画は生活・娯楽視点で発信されているものが多く、さまざまなコンテンツを数多く配信していることが分かった。東京都歯科衛生士会の荒木萌花氏ら研究グループによるもので、会報誌『日本歯科衛生学会雑誌』2月号で公表された。

研究グループは昨今の動画やSNS等の普及に伴って、口腔保健情報を動画などで効率的に活用していくことが重要との考えの基、現在多く視聴されている口腔保健情報の動画内容、配信者の特徴と実態を明らかにすることを目的としている。

◆◇◆

動画SNSはYouTubeを活用。検索ワードは歯科におけるセルフケアをターゲットとしており、Google Trends（Google上で検索されるキーワードの推移が分かるツール）で検索回数が多かった「はみがき」「虫歯and予防」「歯周病and予防」と上位50本の動画を用いて調査が行われた。

調査項目は、視聴回数や配信者の属性、動画の特徴を挙げている。配信者の属性は歯科医療者と一般に分類し、職種や資格はYouTube内で公表している部分を用いている。

視聴回数の多い上位50本の動画配信者の属性と総視聴回数を調査した結果、「はみがき」5億3336万回（歯科医療者0％、一般100％）、「虫歯and予防」454万回（歯科医療者46％、一般54％）、「歯周病and予防」588万回（歯科医療者72％、一般28％）だった。

◆◇◆

ケア用具について、歯ブラシの使用方法に関する動画が「はみがき」38本、「虫歯and予防」13本、「歯周病and予防」17本だった。しかし、いずれも歯ブラシの基本的な使い方で、歯ブラシの種類や選択方法等を説明しているものはなかった。また、フッ化物配合歯磨剤といったう蝕予防効果のエビデンスに基づいた情報も見られなかった。

歯科医療者が配信するユーザー層は成人が多く、一般では小児が最も多かった。動画形式は歯科医療者および一般ともに実写形式が多かった。さらに表現方法では歯科医療者は言葉による説明が多数見られたが、一般では、歌およびドラマ形式で成り立つ動画となっている。

その結果、歯科医療者が歯科疾患やセルフケアに関する情報を動画SNS等でより伝える際には、多くの人たちに関心を持ってもらうために、楽しく見やすいものにすることが重要だと分かった。そのほか、配信動画の信頼性を担保するため、口腔保健情報分野の評価システムの構築が必要だと示唆されている。

各検索語における視聴回数

（単位：万回）

検索語	1位	2位	3位	4位	5位	49位	50位
はみがき	9,005.6	7,160.1	6,261.7	4,596.4	3,209.5	167.4	151.5
虫歯 and 予防	60.5	52.0	41.6	39.6	26.4	1.7	1.6
歯周病 and 予防	90.0	86.7	67.7	50.3	39.6	2.0	1.8

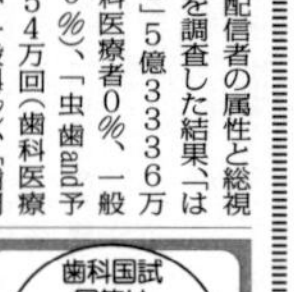

デンタル小町が通る

（医）YUMI DENTAL OFFICE 理事長（鹿児島県）

岩崎由美 ⑪

「小町」執筆と祖母の思い出

本連載も今回が最後となりました。締め切りに余裕をもって原稿を仕上げれば良いものの、ほぼ毎月期日ピッタリのギリギリ投稿で何とか間に合わせてばかりで、編集部の方には大変お世話になりました。臨床に関する書籍以外で原稿を執筆することなどあまりなく、日々の出来事などをしたためるといった、普段できない経験をさせていただきました。

連載のお話をいただき、初回の文章を考えながらすぐに頭に浮かんだのが大好きな祖母の顔でした。初孫だった私は〝おじいちゃん・おばあちゃん子〟で、幼いころから祖父母の家によく遊びに行き、祖母の影響をたくさん受けて育ちました。戦争がなければ考古学者になりたかったという祖母は、歴史や神仏に詳しく、寝る前に日本書紀の話を聞くのが楽しみだったことを覚えています。読書や植物が大好きで、和裁・洋裁も得意。夏休みの自由研究や工作もほぼ一緒に作っていたくらいマルチな才能を発揮していた祖母。そして学校の作文や読書感想文の書き方も祖母に教わったおかげで、以来「文章を書く」ことがあまり苦にならず、親になった今では、息子にも作文の書き方を伝える立場になり、本を読み聞かせたり、工作をしたりと、「おばあちゃん直伝のアイデア」を受け継いでいます。

「デンタル小町が通る」の原稿を考える時間は、昔のようにまるで横で添削してくれているかのような感覚で、祖母のことをあれこれと思い出す温かい時間でもありました。また、本連載を多くの先生やディーラーさんに「読んでるよ！」と言っていただき、知人の先生に新聞を切り取ってメールで送ってくださった主人の先輩の先生もいらっしゃいました。今期一緒に連載されていた伊藤織恵先生とも先生の記事をきっかけに交流が始まったり、編集部の担当のMさんにもメールのやり取りで勝手に親近感を覚えたり（笑）。

「ありがとう」が口癖だった祖母のように、多くの方々とのご縁に改めて感謝する貴重な経験をさせていただき、本当にありがとうございました！

岩崎由美先生の連載は、今回で終わりです。

福岡歯科大学

骨タンパク質の糖・脂質代謝 分子レベルのメカニズム解明

骨のたんぱく質が脂肪細胞のインスリン刺激による糖の取り込み能力を亢進させるメカニズムが明らかになった。福岡歯科大学生体構造学講座機能構造学分野の大谷崇仁講師らの研究グループによるもので、新たな肥満・糖尿病の予防治療薬の開発につながる可能性がある。

同研究では骨内で全身の糖・脂質代謝を活性化する内分泌機能を持つタンパク質の「オステオカルシン（OC）」に着目。中でもホルモンとしての役割を持つ「GluOC」が、「GPRC6A」という受容体と結合することで、細胞同士をくっつけるたんぱく質である「インテグリンαVβ3」の発現を亢進させていることが分かった。インテグリンαVβ3は接着性のある糖タンパクと特異的に結合し活性化することが知られている。脂肪細胞の細胞外環境の変化を受容することで、インスリン伝達において重要な基質「IRS1」の、生理機能に関わる化学反応「ユビキチン化」による分解を抑制させることで、インスリン刺激による糖の取り込み能力がGLUOC非存在下と比べて亢進していることが分かった。

同研究成果は科学雑誌『Biochimica et Biohysica Acta（BBA）-Molecular Cell Research』（2月28日）に掲載された。

歯科医の審美眼「エミール・ガレとガラス芸術」展

横浜市・みらい美術館 5月6日まで開催

歯科技工とガラス工芸「焼成・研磨・色調」が共通

「歯科医の審美眼―『エミール・ガレとガラス芸術』」と題した企画展が、横浜市の「みらい美術館」で開かれていると聞いたので、行ってきた―。

美術館はみなとみらい学園（横浜歯科医療専門学校［歯科技工士学科、歯科衛生士学科］）の2階。作品の多くは、学園の設立者でガラス工芸品の世界的に有名な収集家でもあった、故・鶴見輝彦氏の所有品。鶴見氏の永年の願いを元に、2016年の夏に学園が現在地に移転したことに伴い、美術館が開設された。

鶴見輝彦氏

歯科医師でもあった鶴見氏がガラス工芸品の収集を始めたのは、歯科技工とガラス工芸には共通の要素「焼成、研磨、色調」があり、美しさを見抜く力「審美眼」を養うには、美しい芸術に触れる必要があるとの考えがあったからだという。美術館が開設される以前は、学園内に作品を展示し、公開講座「ステンドグラスの集い」の開催などで、学生や地域住民がガラス工芸に触れる機会を設けてきたという。

◇◆◇

今展では、ガラス工芸を芸術の域に高めた、フランスの工芸家エミール・ガレ（1846～1904年）、歯科技工士で著名なフランスのガラス工芸家アルジー・ルソー（1885～1953年）などが制作した52作品を展示。学芸員の野依良之氏の案内の下、主に5作品を紹介してもらった。

作品の前で説明する学芸員の野依氏

■ランプ「鳩」

1作品目は、ルソーのランプ「鳩」。2羽の鳩がほんわかと浮き上がってできた可愛いらしい雰囲気の作品。

この時代のガラス工芸品は主に、拭き竿の先に溶けたガラスを取り、空気で膨らませる「吹きガラス」と、色の異なるガラスを重ね（被せ）て、図柄を彫刻して完成させる「被せガラス」の2種類だった。

ルソーは、ガラスを砕いた粉を型（内型と外型）に流し込み、焼成して完成させる古代の技法「パート・ド・ヴェール」を進化させた第一人者で、「研究を重ね、歯科技工に使う遠心分離機を用いて外型だけで成型する独特な技法を生み出した結果、パート・ド・ヴェール技法でも光を透過するほどの薄型のガラス工芸品の制作が可能になりました。とても画期的なことで、作品は大変な人気を博しました。ルソーの職人魂の宿った作品に魅せられ、鶴見先生はルソー作品の世界一の収集家でもありました」と野依氏は話す。

■花器「桐の花文」

2作品目は、ガレの花器「桐の花文」。黄色、水色、紺色のガラスを3層に重ね合わせ、彫る深さを変えて桐の花のデザインが表現された作品。

ガレはガラス工芸品、陶器、家具などで数々の国際的な賞を受賞した人物。作品は、当時ヨーロッパで流行った、職人の手技による曲線美と自然のモチーフを組み合わせた装飾様式「アール・ヌーヴォー」の象徴ともいわれる。1904年に亡くなるが、親族が工房とガレの技法を継承し1931年までガラス工芸品の制作が行われた。

桐の花文は「作品の美しさと仕上がりに至るまでの職人技に惹かれた鶴見先生が、学校経営が軌道に乗った後に購入したものです」と同氏は補足する。

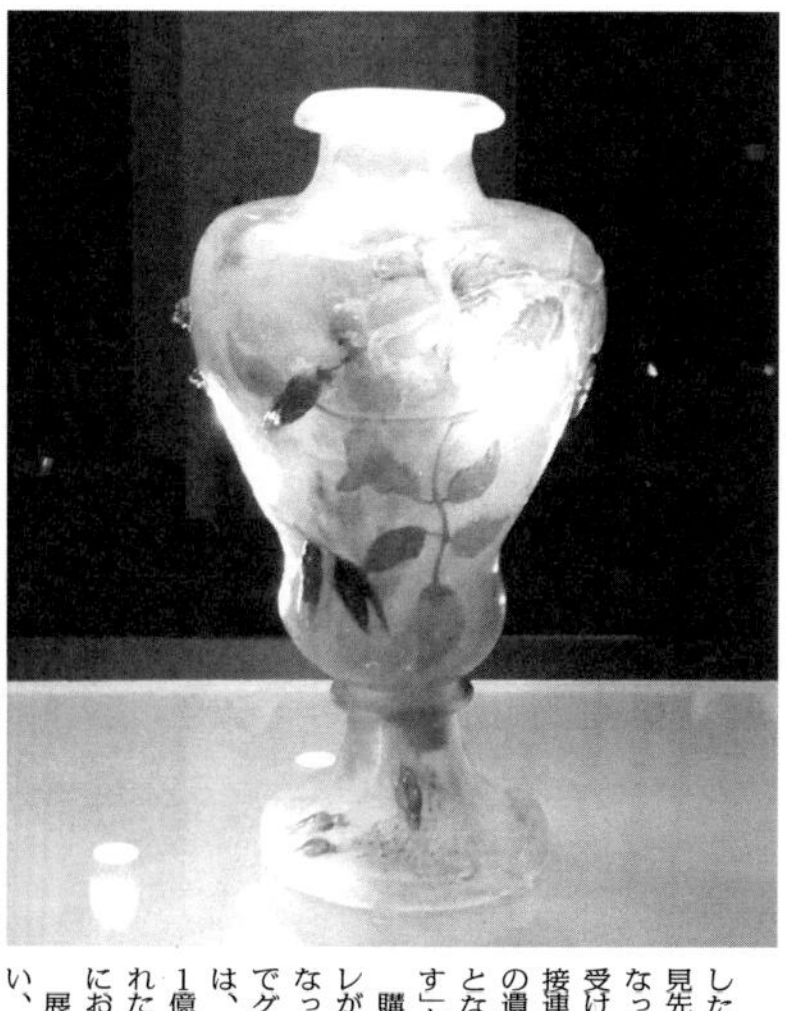

■大壺「フランスの薔薇」

3作品目は今展の目玉となるガレの大壺「フランスの薔薇」。花や昆虫などの立体物をガラスで作る「アップリケ」といった、ガレが生涯に駆使した難易度の高い技法を組み合わせて制作した最高傑作の一つ。没前2年前に作られた。

著名な作品の多くは所在が分かり公開されるのが一般的というが、「この作品は半世紀近く行方知らずで『幻の作品』とも呼ばれ、収集家なら誰もが一度は見たいというものでもありました」という。その上で、「鶴見先生の没後に、所有者が亡くなったので親族から売却依頼を受けたという売買仲介者から直接連絡があり、生前の鶴見先生の遺志を継いで、当館が所有者となり展示につながっています」と明かす。

購入金額は秘密というが、「ガレが国際的な名声を得ることになった、1900年のパリ万博でグランプリを受賞した作品は、過去のオークションでは1億5千万円～2億円で落札されたと聞いています。後は想像にお任せします」と語る。

展示品は自由に撮影可能というい、「フランスの薔薇を囲むガラスケースのみ、撮影者が映りこまない特注品で作られたものです。ガレは自然光で一番美しく見える作品作りをしていたことから、作品を照らすランプもほぼ自然光の色味を投影できるものを選びました」とこだわりを紹介した。

■大型ランプ「藤文」

4作品目はガレの大型ランプ「藤文」。日本の藤の花をデザインに取り入れた作品。ガレの作品が自然を主体としたものが多いのは、論文を植物学者に提出するほど植物学に精通していたから。「日本の品種を表現した作品は他にもあり、また彼は当時ヨーロッパで流行した、浮世絵を始めとしたジャポニズム（＝日本趣味）を多くの作品に取り入れた人物でもありました。ちなみにこの作品は鶴見先生がこよなく愛した作品の一つでもあります」と解説した。

■ランプ「茄子（なす）型」

5作品目はガレのランプ「茄子型」。フランスの薔薇と同様に没前2年前頃に制作された作品。透明ガラスに、白と紫色のガラスを重ね、熱いうちに「茄子の花」型に成形。表面には精緻な彫刻で葉脈が描かれている。「この作品も現物の所在が長年不明でした。鶴見先生が亡くなった後に、現存していることが分かり、当館が購入を決め、3年前の企画展から公開を始めました」と紹介する。

ガレ作品の多くは、唯一無二のデザインから高値で買い取られることも多かったといい、「自身の探求心も相まって、得た資金のほとんどを、ガラスの原料開発や新しい技法の研究開発など次の作品作りに費やしていたので、工房は常に火の車だったといわれています」と付け加えた。

■「天井灯」

「天井灯」も作品の一つで、「照明の雰囲気から当時飾られることの多かった邸宅を想像してもらえたら」としている。

美術館の入り口に通じる通路には、鶴見氏の所有品の一部でもあるバカラのボウル（器）やデカンタ（ワインを入れるガラス容器）などを展示。ちなみに、同学園では学校行事として横浜美術館の鑑賞や海外美術館の視察旅行なども実施しているという

鶴見氏の自宅の雰囲気を再現した展示スペースも用意。さまざまなガラス細工が置かれている

＜企画展の期間＞

5月6日までの毎週金・土・日・祝日（※4月26日から5月6日までは毎日）開催されている。

入館料は一般800円。学生600円。中学生以下は無料。

「横浜駅」東口より徒歩10分、みなとみらい線「新高島駅」より徒歩2分、ブルーライン「高島町駅」より徒歩6分。

2024年度

従業員の健康増進で

スポーツ庁　歯科関連6社を認定

従業員の健康増進のためにスポーツの実施に向けた積極的な取り組みを行っている企業を認定する「スポーツエールカンパニー」の2024年度版に、歯科関連企業が少なくとも6社認定された。

スポーツ庁が2017年に創設した制度で、今年度は1261社から申請があり、うち1246社を認定。

本紙調べでは、歯科技工ASIST、伊藤超短波、アース製薬、花王、グッピーズ、ライオンの6社の認定を確認。各社の取り組み事例は、左表の通り。

同庁が令和4年度に実施した世論調査では、20～50代の「働き盛り」世代の週1回以上のスポーツ実施率は成人全体の平均値52・3%よりも低く、仕事や家事・育児によりスポーツを実施する時間がないことを理由に挙げる人が多かったという。同庁では、一日の大半を過ごす職場において、スポーツに親しむきっかけづくりを進めていくことが重要としている。

認定企業のうち、歯科関連企業の取り組み事例

■歯科技工ASIST

休憩時に従業員全員で近くの公園に行き各々体を動かす、山登り等クラブ活動の推奨。

■伊藤超短波

靴やデバイスの購入補助制度やオリジナル体操、ウォーキングイベントなど運動促進を中心とした施策を展開。

■アース製薬

社員とその家族の健康増進を目的とした運動機会の提供、グループ企業との共同実施による健康シナジーの創出。

■花王

自社のヘルスケア知見を活用した健康増進、陸上部OBを活用した健康イベントを積極的に展開し、社員の運動不足解消を目指す。

■グッピーズ

全社員へスマートウォッチ支給、健康管理アプリ「グッピーヘルスケア」を活用した歩数イベントや健康ポイント付与、スポーツ支援

■ライオン

パーパス：「より良い習慣づくりで人々の毎日に貢献する（ReDesign）を起点に社内や地域に向け運動促進活動を推進。

電子処方箋の導入支援を開始

オプテック

オプテック（本社・東京都中央区、平出隆一社長）は、同社のカルテシステムで電子処方箋を利用できる「電子処方箋スタートキット」の提供を2月8日に開始した。電子処方箋は複数の医療機関や薬局で直近に処方・調剤された情報の参照、重複投薬チェックなどが行えるもの。

同サービスは、オンライン資格確認のシステム基盤を利用して電子処方箋の導入を支援するもので、オンライン資格確認の使用が必須となる。対象製品は「Opt.one3」「Opt.one」「Think-3」「Think epo-3」「Think One」「Think epo」。Windows10以上の動作環境に対応。作業時間は約1～1時間半で、処方箋管理サービスへの処方箋登録までの操作方法を説明する。HPKIカード発行申請は医院側で行う。

費用は38万5千円、サポート料は月額1100円。詳細はホームページまで。

サンスター財団

基金で海外留学生募集

4月1日～7月15日まで

サンスター財団（牧山義仁理事長）は、糖尿病や歯周病の研究で海外への留学を助成する2024年度「金田博夫研究助成基金」の留学生を募集する。応募期間は4月1日～7月15日まで。同助成制度は2009年から実施しており、これまで国内の大学の医科・歯科の若手研究者18人が留学。今年度から研究領域の対象を見直した。糖尿病や糖尿病合併症、糖尿病関連疾患は、その病態の理解や予防を志向する研究とし、歯周病は歯周組織や歯周病の病態の理解、歯周病の予防を志向する研究、全身疾患との関わりの解明を志向する研究等とし、基礎研究と臨床応用研究を支援する。

対象者は、博士の学位を取得後5年以内（2019年4月2日以降に学位を取得した人。申請時に学位取得見込みの人も対象）の若手研究者。募集人数は2人（原則、医科系1人、歯科系1人）。留学先は、ハーバード大学医学部附属ジョスリン糖尿病センター（米国・マサチューセッツ州ボストン市）または希望する他の医科系・歯科系研究機関の研究室。最長2年間の留学期間中の渡航費100万円、帰国費1万ドル及び滞在費10万ドルを助成する。詳細は同財団ホームページまで。

天然由来成分の歯磨剤を発売

和田精密

和田精密歯研（本社・大阪市、和田主実社長）は、歯科医院専売の歯磨剤「バイオペーストプロ」＝写真＝の販売を開始したと2月29日に発表した。

同製品は、全ての成分に天然由来の原料を使用し、食品と同レベルの安全性があるという。レメディ（治療薬）機能を加え、pH10以上の強アルカリで歯面に付着したバイオフィルムを除去する。イオンバリアで歯垢や歯石の再付着を防ぎ、口臭を予防する。

容量は80㌘。価格はオープン。

ホワイトニング効果 市民の多くが誤認

WE調べ

セルフホワイトニングは「本来の歯の色以上に白くできる」など、ホワイトニングについて誤った認識をしている人が多いことが分かった。

ホワイトエッセンス（＝WE、本社・東京都渋谷区、坂本佳昭社長）が行った調査によるもので2023年8月に、歯のホワイトニングおよび自費クリーニングに興味がある20代以上の男女591人と同社の既存顧客529人の計1120人にホワイトニングの効果の認識について調査した。

同調査では、全体で89%の人が「シェードガイドで3段階以上のトーンアップを希望」、半数以上が「7段階以上の変化を希望」していることが分かった。

一方で、セルフホワイトニングの効果の認識を、セルフホワイトニングの未実施者に質問。「他のホワイトニング手法以上」「他のホワイトニング手法と同等程度」「市販のホワイトニング歯磨き粉以上、他の手法未満」「全く効果がない」の選択肢において、「他のホワイトニング手法以上」が19%、他のホワイトニング手法同等程度」が41%とセルフホワイトニングについて誤認している人が多かった。さらに、オフィスホワイトニングの効果の認識についても質問した。「薬剤により歯の色素を分解する」「詰め物・かぶせものにより歯が白く見える」「薬剤により歯を白く着色する」「薬剤により健康な白い歯の生成を促す」「歯表面の付着物を除去することにより白く見せる」の5択で回答させたところ、誤答の「歯表面の付着物を除去することにより歯を白く見せる」36%が一番多く、正答の「薬剤により歯の色素を分解する」24%に止まった。その他の誤答は「薬剤により健康な白い歯の生成を促す」23%、「薬剤により歯を白く着色する」12%、「詰め物・被せ物により歯が白く見える」5%だった。

能登半島地震で寄付

成田デンタル

成田デンタル（本社・千葉市、堤大輔社長）は4日、能登半島地震による被災地支援として、石川県歯科医師会および同県内6市町村（珠洲市、輪島市、能登町、穴水町、七尾市、志賀町）に計400万円の義援金と救援物資として義歯洗浄剤「デンチャークレンザープレミアム」2400人分を寄付したと発表した。

義援金の内訳は、1月23日付で石川県歯に100万円、2月19日付で6市町村に300万円（各50万円ずつ）。

スタイルで選ぶ口腔ケア製品発売

ライオン

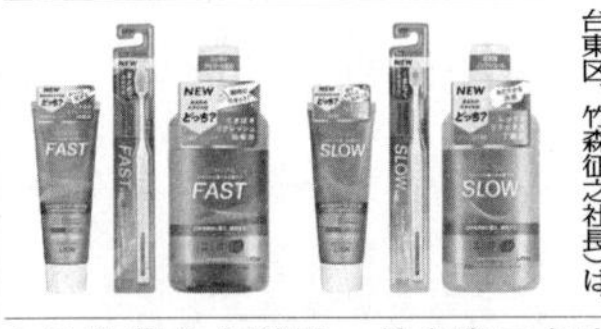

ライオン（本社・東京都台東区、竹森征之社長）は、歯の磨き方や磨くタイミング、気分等に合わせて口腔ケア製品を選べる新ブランド「OCH−TUNE（オクチューン）」を立ち上げ、リフレッシュや効率を重視する「FAST」とリラックスや丁寧さを重視する「SLOW」から選べる「歯磨剤」「歯ブラシ」「マウスウォッシュ」＝写真＝を4月4日に全国で発売する。

歯磨剤のFASTは、薬用成分が口腔内に素早く広がる高分散処方。香味はブルーリフレッシュミント。SLOWは、高密着処方で薬用成分が口腔内に留まりやすい。香味はハーバルリラックスミント。容量は各130㌘。

歯ブラシは「薄型コンパクトヘッド」と「極細毛」で隅々まで磨ける。

マウスウォッシュのFASTは、アルコールタイプで爽快感が素早く広がる。香味はクールドライミント。SLOWは、ノンアルコールタイプでマイルドな使用感。香味はシルキーマイルドミント。容量は各600㍉㍑。

価格はオープン。

【予告】3月21日 光学印象の保険適用解説セミナーを開催

バイテック

バイテック・グローバル・ジャパン（＝バイテック、本社・東京都中央区、鷲巣祐介社長）は「光学印象の保険適用の解説と今後の見通し」と題した歯科医師向けのオンラインセミナーを21日にZOOMで開催する。

元厚生労働省医系技官でデンタルサポート（本社・千葉市、草深多計志社長）理事の笹井啓史氏が「2024年6月、インレーの光学印象の保険適用決定。その解説と今後の見通し」と題して、光学印象の保険適用の背景について解説し、診療時に光学印象を使用するメリットや現行の光学印象機器の種類、今後の光学印象の保険適用の方向性の見解について話す。また、日本大学歯学部講師で埼玉県ふじみ野市開業の山本達也氏が「保険診療以外でも現在実際に使われているIOS光学印象の実態」と題して、臨床での口腔内スキャナーのさまざまな用途の紹介や、実際に使用している歯科医師による活用のポイントを説明する。

事前申込制で参加費は無料。参加特典として、光学印象の保険適用に関する最新情報や同セミナーでの質問の回答をメールで配信する他、同セミナーのアーカイブ動画も配信する。

申し込みは同社ホームページまで。

週間 金・パラ価格動向　税抜価格（1g, 円）

	金	パラジウム（参考価格）
3月4日（月）	10,085	4,800
3月5日（火）	10,261	4,850
3月6日（水）	10,291	4,755
3月7日（木）	10,328	5,190
3月8日（金）	10,311	5,095

提供 石福金属興業

☰ 保険適用 ☰

（2月1日付）

【区分 A2】

▼ **白水貿易**＝「R-モーション」Ni-Ti ロータリーファイル

【区分 B1】

▼ **グンゼメディカル**＝「MODUS 2 プレートシステム G1 ST」005 固定用内副子（プレート）(1) その他のプレート ①標準 ア 指骨、頭蓋骨、顔面骨、上下顎骨用 i ストレート型・異形型、005 固定用内副子（プレート）(1) その他のプレート ①標準 イ 下顎骨・骨盤再建用「MODUS 2 プレートシステム G2 ST」005 固定用内副子（プレート）(1) その他のプレート ①標準 ア 指骨、頭蓋骨、顔面骨、上下顎骨用 i ストレート型・異形型、005 固定用内副子（プレート）(1) その他のプレート ①標準 イ 下顎骨・骨盤再建用「MODUS 2 プレートシステム G4 ST」005 固定用内副子(プレート) (1)その他のプレート ①標準 ア 指骨、頭蓋骨、顔面骨、上下顎骨用 i ストレート型・異形型「MODUS 2 スクリューシステム ST」004 固定用内副子（スクリュー）(1) その他のスクリュー ①標準型 ア 小型スクリュー（頭蓋骨・顔面・上下顎骨用）

▼ **クリエートメディック**＝「クリニー抗菌フォーリーカテーテル」018 膀胱留置用ディスポーザブルカテーテル (3) 2 管一般(III) ①標準型

〈製品（販売）名・製品コードに変更・追加があったもの〉

▼ **モリタデンタルプロダクツ**＝「タイニロイワイヤー」020 超弾性矯正用線（丸型及び角型）「クリスタブレース」004 ダイレクトボンド用ブラケット

▼ **泉工医科工業**＝「JP タイプ　ドレーン」017 吸引留置カテーテル (1)能動吸引型 ①創部用（ドレーンチューブ）ア軟質型

（3月1日付）

【区分 A2】

▼ **ストローマン・ジャパン**＝「ストローマン　CARES　チタンディスク」広範囲顎骨支持型補綴用金属 III

▼ **RayVision**＝「X 線 CT 診断装置 GreenX」歯科エックス線撮影デジタル映像化処理装置、歯科部分パノラマ断層撮影デジタル映像化処理装置、デンタル X 線撮影装置、歯科部分パノラマ断層撮影装置、歯科 CT 撮影装置、歯科パノラマ断層撮影デジタル映像化処理装置、パノラマ断層撮影装置

【区分 B1】

▼ **ORTHOREBIRTH**＝「レボシス-MC」001 人工骨 (1) 汎用型 ②吸収型 ウ　綿形状

▼ **ビーブランド・メディコーデンタル**＝「Bee クリアシーラント」049 歯科充填用材料 I (1)複合レジン系

▼ **ジンヴィ・ジャパン**＝「TSX インプラント」025 暫間装着体 (1) 暫間装着体（I）、024 インプラント体 (2) 標準型（II）

▼ **ビーエスエーサクライ**＝「FEED ハイブリッドレジンブロック」058 CAD/CAM 冠用材料 (2)CAD/CAM 冠用材料（II）

▼ **山八歯材工業**＝「ベイシス　フロー II」044 義歯床用アクリリック即時硬化樹脂（液）、043 義歯床用アクリリック即時硬化樹脂（粉末）

製品紹介

（価格は税込）

歯科非鋳造用チタン合金

ベレッツァ チタン 純チタン2種 ブロック

アイキャスト　☎075(681)5770

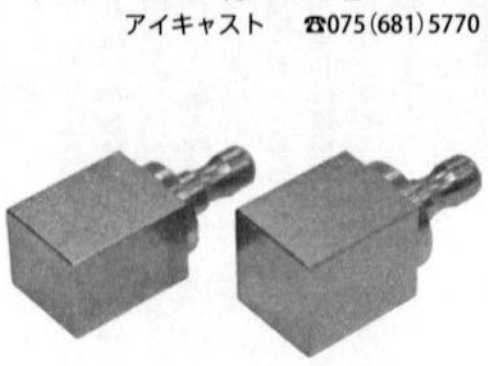

歯科用ミリングマシンでクラウン・ブリッジ等の補綴物を作製する非鋳造用チタン合金。強度と加工性のバランスが良く、汎用性が高い。生体親和性や耐食性があり、金属アレルギーや腐食が起きにくい。

価格＝5個入り　1万4,850円（Mサイズ）、1万5,950円（Lサイズ）

歯科用ユニット

SEIGA NV Style

ヨシダ　☎0800-170-5541

可動範囲が広く無理のない姿勢で診療できる歯科用ユニット。4K高画質映像で治療をサポートし、マルチフットコントローラーで操作や録画が可能。別売りのactionGATESYSTEMとの連携で診療録や予約等を一元管理できる。

価格＝1,270万5千円（前折れ1型・3型）

歯科麻酔用電動筒

ニプロジェクトペン

モリタ　☎0800-222-8020

ペン型で軽量の麻酔用電動筒。防水設計（IPX7）で水洗いも可能。注入速度・注入圧は光センサースイッチで自動でコントロールする。センサーに触れると注入を開始し針先のブレを抑える。カートリッジは1.0mlと1.8ml、ネジ式とロック式に対応。

価格＝21万9,780円

（新製品情報をお寄せください）

日本歯科新聞

2024年（令和6年）
3月19日

<発行所>
日本歯科新聞社
厚生労働省記者クラブ加盟社
〒101-0061
東京都千代田区神田三崎町2-15-2
電話 03（3234）2475
FAX 03（3234）2477
www.dentalnews.co.jp
jdn@dentalnews.co.jp

■年間購読料 23,760円（送料込）（本体21,600円＋税）
■月4回、火曜日発行
■郵便口座番号 00120-5-130369

今週号の主な内容

第117回歯科国試

合格率66.1%

大学別は43.9～97.7%

厚労省は15日、第117回歯科医師国家試験の合格状況を発表した。出願者3568人、受験者3117人、合格者2060人で合格率は66.1%だった。大学別では43.9%から97.7%とばらつきがある。（6面に関連）

新卒では2358人が出願し、うち1962人が受験、合格者は1600人で合格率は81.5%となっている。

国立11校の総数では、出願者728人、受験者716人、合格者564人で合格率78.8%。

公立の九州歯科大学は出願者118人、受験者117人、合格者86人で合格率73.5%。

私立17校では、出願者2708人、受験者2271人、合格者1408人で合格率62.0%。

歯科国試 合格者数等の推移（カッコ内は新卒者）

回数（施行年）	受験者数	合格者数	合格率
117回（令和6年）	3,117人（1,962人）	2,060人（1,600人）	66.1%（81.5%）
116回（5年）	3,157人（1,919人）	2,006人（1,483人）	63.5%（77.3%）
115回（4年）	3,198人（1,999人）	1,969人（1,542人）	61.6%（77.1%）
114回（3年）	3,284人（2,103人）	2,123人（1,687人）	64.6%（80.2%）

歯科国試 男女別合格者数等

回数	受験者数		合格者数（カッコ内は合格率%）	
	男性	女性	男性	女性
117回	1,837人	1,280人	1,139人（62.0）	921人（72.0）
116回	1,829人	1,328人	1,083人（59.2）	923人（69.5）
115回	1,856人	1,342人	1,065人（57.4）	904人（67.4）
114回	1,928人	1,356人	1,178人（61.1）	945人（69.7）

卒業年次別 受験者数・合格率

卒業年次	受験可能回数	受験者数	合格者数	合格率
令和6年	1回	1,962人	1,600人	81.5%
5年	2回	496人	290人	58.5%
4年	3回	184人	76人	41.3%
3年	4回	121人	40人	33.1%
2年	5回	80人	19人	23.8%
平成31年	6回	52人	12人	23.1%
30年	7回	53人	7人	13.2%
29年	8回	47人	8人	17.0%
28年	9回	38人	4人	10.5%
27年以前	10回以上	84人	4人	4.8%

技工士問題

熊谷代議員 法改正の必要性強調

「訪問現場で活躍すべき」

「これからの歯科技工士は、技工所の中でデータ技術の専門家として働く形に加え、歯科医師と共にチェアサイドのみならず、訪問介護の現場で、形態・機能回復に寄与する医療連携の歯車として力を発揮していくべき」。15日に東京都千代田区の歯科医師会館で開かれた第202回日本歯科医師会臨時代議員会の個人質問（再質問）で、広島県選出の熊谷宏代議員＝写真＝が発言したもの。

熊谷代議員は、歯科技工士法第二条によって、看護師や歯科衛生士と異なり、診療補助をできる職種として位置付けられていない点、訪問現場に帯同できない点など現行法では歯科技工士の活躍の場に発展がないと指摘した。

さらに歯科技工士の活躍の場を拡充する必要性を踏まえて、法改正の議論が行われてきた厚労省補助事業の歯科技工士に関するシンポジウムに言及。厚労省歯科保健課の小椋正之課長が「日歯と日本歯科技工士会、全国歯科技工士教育協議会が同意すれば法改正は可能」という旨の発言をして、関係団体のコンセンサスは得られているとの認識を示し、「機が熟した。改正の最後のチャンスだと言える」と強調した。

そして、改正でのポイントとして、業務に関する禁止事項に触れられている第二十条よりも、診療補助や訪問現場に行けない原因となっている第二条を改善すべきとの考えを示した。

【参考】歯科技工士法

第二条　この法律において、「歯科技工」とは、特定人に対する歯科医療の用に供する補てつ物、充てん物又は矯正装置を作成し、修理し、又は加工することをいう。ただし、歯科医師（歯科医業を行うことができる医師を含む。以下同じ。）がその診療中の患者のために自ら行う行為を除く。

2（略）

3　この法律において、「歯科技工所」とは、歯科医師又は歯科技工士が業として歯科技工を行う場所をいう。ただし、病院又は診療所内の場所であつて、当該病院又は診療所において診療中の患者以外の者のための歯科技工が行われないものを除く。

第二十条　歯科技工士は、その業務を行うに当つては、印象採得、咬こう合採得、試適、装着その他歯科医師が行うのでなければ衛生上危害を生ずるおそれのある行為をしてはならない。

旅立ちの季節

明海大学の学位授与式が14日、千葉県浦安市のキャンパスで開かれた。歯学部を含む学生が新たなステージに旅立った

プリズム

DX化が拓く未来は…

4年ぶりに海外へ行くことになった。日本航空の国際線では、顔認証システムが導入されていた。飛行機のチェックインを済ませた後でスタンド型の顔認証用の機器でパスポートをスキャンして顔を登録するだけだ。これまでは、機内に入るまでにチェックイン、保安検査場、搭乗ゲートで搭乗券とパスポートを見せていたが、いずれも顔パスが可能となる。搭乗客の利便性が上がるだけでなく、人手間がかからなくなるので係員の負担が減る。

顔認証を知らずに並んでいた人と比べて、搭乗口に着く時間が15分ぐらい早く、DX化のメリットを実感した。

▽医療のDXも必須になってきているが、不満、不安が払しょくできない医療機関や患者も少なくないようだ。

そんな中で政治資金の裏金事件が世間で騒がれている。自民党は関係者の厳しい処分と、今後の再発防止のためのルール作りに取り組むということだが、政治資金こそDX化、見える化を率先して推進していくべき事柄ではないだろうか。

違法行為の厳罰化は無論、政治資金をキャッシュレス化し、介在しなければならない機関を金融機関などと協力して設立して、資金の流れ、使途を完全透明化する仕組みを作れないものか。政治家が口をそろえて言っている、「記憶にない」「秘書のミス」の軽減にもつながることだろう。

日歯 臨時代議員会

事業計画など可決

日本歯科医師会（高橋英登会長）は14、15の両日、東京都千代田区の歯科医師会館で第202回臨時代議員会を開いた。令和6年度事業計画や入会金及び会費の額、収支予算など全5議案を可決した他、執行部からの各種報告、地区代表質疑応答、25題の個人質疑応答などが行われた。（8、9面に事業計画）

冒頭には、能登半島地震に伴う全国からの協力に対して、日歯理事でもある石川県歯科医師会の飯利邦洋会長から感謝の言葉が述べられ、現状報告も行われた。

高橋会長はあいさつで、能登半島地震の犠牲者に哀悼の意を表し、被災者にお見舞いの言葉を述べた上で、日歯の対応などに触れながら、「災害に強い歯科医師会を構築しなくてはいけないと強く思った。入会していて良かったと言ってもらえる歯科医師会にしたい」と強調した。診療報酬改定については、財源の確保を日本歯科医師連盟が担い、マイナス改定の危機もある中で何とかプラス改定になったと説明。日歯と日歯連盟ともに会員構成に危機感を示し、1千人の会員増を目標に掲げて取り組んでいく構えを見せた。

来賓では、参議院の山田宏議員、比嘉奈津美議員、日歯連盟の太田謙司会長、日本歯科医学会の住友雅人会長、日本学校歯科医会の柘植紳平会長がそれぞれあいさつした。

執行部からは、生涯を通じた歯科健診の実行化に向けて望まれる対応や、一般会務、能登半島地震対応、診療報酬改定等の社会保険関係、地域保健関係などの報告が行われ、予算決算特別委員会報告後に議案の審議が行われた。

地区代表・個人質疑応答では、生涯を通じた歯科健診（いわゆる国民皆歯科健診）や、歯科技工士の人材確保、歯科衛生士の公的登録制度、組織力強化、災害時の体制、需給問題などが取り上げられ、執行部の見解が示された。（次号から質問の詳報）

高橋会長

日歯代議員会 高橋会長あいさつ（要旨）

「災害に強い歯科医師会を構築」

元旦の大震災でご逝去された皆様に心よりお悔やみを申し上げると共に、被災した皆様にお見舞いと、これからの復興に全力投球することをお誓い申し上げる。JDATをはじめ全国各地から支援をいただいた。義援金に関しても9千万円近くを先生方から頂戴している。これを無駄のないように、復興の手立てとするために被災された各県に配らせていただいている。

震災を契機に、災害に強い歯科医師会を構築しなければいけないとの思いを強くした。自分の地元でも災害が起こる可能性は、日本全国どこにでもある。首都直下型、南海トラフなど、日本は非常に災害が多い。それに対して会員の先生方が安心して、「こんな時は歯科医師会に入っていて良かった」と思っていただけるような支援体制をしっかりと作るのが、喫緊の課題だと思っている。

以前、各都道府県にポータブルユニット等の準備のための災害対策支援金1千万円があったが、いつ起こるか分からない災害に備え、対応を強くするための予算措置を日本歯科医師連盟と共同で要望している。また、電源、輸送手段、水のタンクへの対応など今回の震災で教訓を得た部分がたくさんあるので、それを踏まえて国に働き掛けている。

執行部が発足して9カ月が経った。6万5千の会員の先生は、診療報酬を糧に日々の診療を行い、スタッフに給料を払っているので、改定をいかに上手く乗り切るかが第一の命題だった。

これまで日歯連盟として財源の確保に5、6回協力させていただいたが、今回ほどマイナス改定圧力が強かったことはない。財政審では、初めて機動的調査として、歯科医療機関が1件も入っていない調査対象のデータを基に、診療所の院長は年間3千万円を超える収入があり、1億数千万円の内部保留金があるので、それをスタッフの給料に当てさせろという建議書を出してきた。

日歯連盟の太田会長と連日のように対策を練って、太田会長をはじめとした日歯連盟の血のにじむような努力の結果、マイナス改定を跳ね除け、プラス0・88％の改定率を確保できた。

日歯連盟に確保していただいた財源を素に、保険担当副会長が核になって、改定対策チーム（チーム林）には連日連夜、休みなく努力していただいた。もちろん厚労省の保険局医療課の歯科の面々も頑張っていただいた。日歯の保険医療課の職員も休みを返上して連日連夜頑張っていただいた。社保委員の先生方、日本歯科総合研究機構の恒石研究員、全国の社会保険に関わる多くの役員の先生、医療技術評価提案等でお力添えいただいた日本歯科医学会にも感謝申し上げる。全員の努力の結果が、今回の診療報酬改定の結果だと思っている。

今回は過去にない、使用目的を限局された改定でもある。特に賃金上昇という大きい命題を掲げられた診療報酬改定になっているので、全ての財源が従来のように使えるわけではない。ただし、努力の結果、200億円という原資を確保していただいた。複雑で目に見えない部分もあるので、これから会員の先生に周知をしなければいけない点が多々ある。結果が良ければ良いので、これから努力をして、情報を伝播して、うまく活用していただくための作業を行っていく。

そして、日歯、日歯連盟、日歯医学会も含めて、この組織の力が終結してこの結果をもたらした。今危惧されているのが、会員の構成率の低下。特に日歯会員の20代の人は最新の調査で38人しかいない。40歳までの人が18％で、平均年齢は62歳を超えている。このような状況の中で、会員の構成率を高めていかなくてはならない。理事会等で会員1千人増を目指すと明言した。大きな目標を持ってまい進して参る。

まだまだ需給問題や医療費の問題などもあるが、個人質問をいただいているので、そこで回答させていただきたい。

歯科が厳しい状況にはあるが、若い人が目指してくれるような豊かな歯科界を目指すことを命題に頑張っていく。これからも力添えをお願いする。

能登半島地震

石川県歯 飯利会長 「明るい兆し見えた」

石川県歯科医師会の飯利邦洋会長＝写真＝は、能登半島地震の状況について、珠洲市を除く各地区において水道・下水道など通水しており、診療が再開しつつある状況とし、「先は暗くなく、明るい兆しが見えてきている。（今後も県歯は）一生懸命対応していく」と述べた。14日の日歯代議員会で報告したもの。

石川県歯の「令和6年能登半島地震対応 経過報告」によれば、3月6日時点の物的被害状況では、会員の歯科診療所は全壊2軒、大規模半壊1軒、半壊8軒、一部損壊61軒、会員の自宅は全壊5軒、大規模半壊4軒、半壊7軒、一部破損57軒。

初動対応について、災害対策本部を設置して会員の安否確認など情報収集に努めた。しかし、会館では空調整備の給水ホースの損壊を受け、一部でひび割れや水浸しが発生していた。その後、役職員総出で対応し、早期に復旧したという。

今後の歯科医療提供体制について、珠洲市の会員診療所5軒が全て被災し、診療再開の目途が立っていない状況を報告。現在、臨時歯科診療所「すずなり」で対応しているが、今後、珠洲市内において歯科医療の提供体制が危機的な状況に陥る可能性がある。石川県歯はこれを受け、引き続き、行政に向けて公的病院における歯科の設置、公的な歯科診療所の設置を要望するとしている。

訪問歯科 超 実践術 434

前田実男（日本訪問歯科協会 理事）

改定後の居宅療養管理指導費

2024年は、医療・介護・障害福祉の三つの報酬が同時に改定される6年に1度のトリプル改定の年だ。三つの制度間の調整が行われる大規模な改定となっている。

診療報酬改定の施行は4月から6月に変更となったが、介護報酬の改定も居宅療養管理指導、訪問看護、訪問リハビリテーション、通所リハビリテーションのサービスは、6月施行となった。その他の介護サービスの多くは4月施行である。

歯科が算定する介護報酬は居宅療養管理指導費だけだが、改定点は三つだ。

まず、基本報酬。歯科医師が行うもの、歯科衛生士等が行うもの、全てが1単位の引き上げ。

二つ目は、歯科衛生士等が行う居宅療養管理指導の算定対象が「通所又は通所が困難な者」から「通院困難な者」に見直されたこと。

そして三つ目の改定点が、がん末期の者に対する歯科衛生士等の居宅療養管理指導である。全身状態の悪化とともに口腔衛生管理の頻度が増加する終末期がん患者への歯科衛生士等による歯科衛生指導を充実させる観点から、終末期がん患者の利用者について歯科衛生士等が行う居宅療養管理指導の算定回数上限が緩和された。

歯科衛生士等が行う居宅療養管理指導は、利用者に対して訪問歯科診療を行った歯科医師の指示に基づき、利用者を訪問し実地指導を行った場合に、単一建物居住者（利用者が居住する建物に居住する者のうち、指定居宅療養管理指導事業所の歯科衛生士等が、同一月に指定居宅療養管理指導を行っている者）の人数に従い、1月に4回を限度として所定単位数を算定する。今回の改定で、がん末期の利用者については、1月に6回まで算定できるようになる。

なお、医療保険の訪問歯科衛生指導料も同様に、緩和ケアを受けている患者に対する算定回数が緩和される。訪問歯科衛生指導料の算定回数は月4回までだが、今回の改定により緩和ケアを実施する患者に対しては月8回までと大幅に拡大される。

日本訪問歯科協会　https://www.houmonshika.org

日歯代議員会の会期 「1日希望」53・4％

日本歯科医師会（高橋英登会長）が代議員に行ったアンケート調査で、適当と考える代議員会の会期として「1日」が53・4％、「1日半」が46・6％との結果が出た。14日に東京都千代田区の歯科医師会館で開かれた臨時代議員会の協議で報告されたもの。

調査は、1月15〜31日に代議員141人を対象に行い、116件（82％）の回答を得ている。

「1日」を選択した人（n＝62）に、事前質問の数が制限される可能性への対応を問うと「終了時間は変えずに、時間的に代議員会の中で答弁できない事前質問に対しては、書面にて回答することが望ましい」が59・0％で最多。次いで、「予め各地区で事前質問数を調整し、代議員会の中で答弁することが望ましい」18・0％、「終了時間を延長して事前質問全てに対して、代議員会の中で答弁することが望ましい」14・8％と続く。

また、1日にした場合の開始時刻については、「午前10時」が40・3％で最多。「午前9時」30・6％、「午前9時30分」25・8％となっている。

協議では、執行部から、かねてより代議員会の運営の効率化を求める声が上がっていることを踏まえて調査を実施したと説明があり、改めて代議員からの意見を求めた。

代議員からは、「遠方から来る人は、1日にすると朝からの開催になるので前泊が必要になってくると思う。それでも半日の時間は短くなるので、その分会務や診療に携わることができると思う」「代議員の重責は認識しており、会を代表するものとして多少の犠牲はもちろん覚悟しているが、日歯の会員が減少していくこと、若い会員が減っていることを考えると、会の運用の効率化、負担の軽減は推進していただきたい」と1日を望む声の一方で、「年に2回しかない代議員会で、役員の先生がどんなに頑張っているか知り、代議員からも多くの意見を出し、有意義な会にしないと意味がない。代表して出てきている以上は責任を持って、地元で会員に説明をする義務がある」「活発な議論を行う十分な時間が必要とする意見もあった。

歯科国試にチャレンジ

2023年（第116回）より

根管治療時の所見で歯根尖切除の適応になるのはどれか。3つ選べ。

- a　根管中央部に内部吸収がある。
- b　根管拡大後も持続的な排膿がある。
- c　根尖部に限局した歯根破折がある。
- d　根尖孔から突出した破折器具がある。
- e　根尖部根管壁にガッタパーチャポイントの残留がある。

116-A040

答えは本紙のどこかに！

和歌山県歯科衛生士会の事業報告で

9割のこども食堂 口腔教育行えない

食支援や学習支援で余裕なし

こども食堂の9割が口腔に関する教育活動を行えず、運営者は食支援や学習支援などで忙しいため、口腔保健まで実施する余裕がない傾向にあった。その一方で、保護者は多忙ではあるものの、口腔保健の関心度が高いことが分かった。和歌山県歯科衛生士会が、県内のこども食堂に向けて実施した「こども食堂における歯科需要に関する調査」によるもの。

同調査は、20施設と利用者の保護者67人（ウェブ調査）を対象とし、2022年7月から23年2月まで行った。日本歯科衛生士会の地域歯科衛生活動事業助成団体による事業実施報告で公表された。

◆◇◆

こども食堂の運営者へのアンケートでは、団体75％、個人20％（記載なし5％）で、そのうち「運営支援がある施設」70％、「運営支援がない施設」30％の結果となった。運営スタッフはボランティアや運営者の家族のほか、保育や飲食、医療介護関係者など多職種で支援活動をしているケースもあった。大半の利用者は幼児や学童の保護者で、中には留学生という回答も寄せられた。

こども食堂における口腔健康教育活動について「行っていない」90％、「行っている」10％で、施設が希望する口腔衛生活動として、「歯科関連リーフレットや冊子の無料配布」15件、「口腔健康教育材料（動画）の無料配布」3件、「歯科衛生士が実施する口腔健康教育」2件などが挙げられた。

◆◇◆

保護者の年齢層は「30代」37％が最も多く、次いで「40代」34％、「50代」15％、「60代」8％、「20代」6％だった。子供は「6～12歳」56％、「3～5歳」20％、「13～17歳」11％、「18歳以上」9％、「0～2歳」4％だった。

また、子供が1日にする歯磨き回数は「2回」54％、「1回」36％、「3回以上」10％で、フッ化物配合歯磨剤の利用については「使用している」69％、「使用していない」27％、「わからない」4％の結果となった。歯ブラシの使用頻度では、「約1カ月に1回交換」49％、「約3～6カ月に1回交換」46％との傾向が見られた。定期歯科受診の有無では、「行っている」79％、「行っていない」19％との回答があった。

また、保護者はう蝕予防への関心が高い一方で、歯並びやかみ合わせ、口臭、コロナ禍における学校での歯磨き中止による口腔保健への影響を心配する保護者の声なども多数寄せられたという。

同調査結果によって、こども食堂の運営者は食支援や学習支援で忙しく、口腔保健まで実施する余裕がないことや、保護者は多忙なものの口腔保健の関心度が高い傾向にあったことが分かった。

今後は同調査結果を基に子供の口腔保健に関するリーフレット作成、こども食堂での口腔健康教育の実施に活かすとしている。

◆◇◆

なお、日衛の地域歯科衛生活動事業は、地域住民の歯科口腔保健の向上に関する事業をより一層推進するため、申請団体等の地域歯科衛生活動に対して、30万円を上限とした助成金を交付しているもの。

同助成は「歯科口腔保健の推進に関する法律」の制定・公布を記念し、平成24年度から実施されている。

対象団体は、地域歯科衛生活動事業を主催事業（共催等含む）として実施する都道府県歯科衛生士会、日本歯科衛生士会が指定する対象事業を主催事業（共催等含む）として実施する団体または関係機関となる。

同事業では、そのほか大分県歯科衛生士会による「地域包括ケアにおける社会資源としての口腔ケアステーションの設置事業」があった。オレンジカフェ（認知症カフェ）での口腔健康管理指導および在宅訪問を行ったもので、口腔ケアステーションを機能させることで口腔健康管理の意識が普及し、市町村や多職種との連携につながった。

歯科関連企業の口腔保健推進レポート

FDIが役割や課題など提唱

世界歯科連盟（FDI）は12日、歯科関連企業の口腔保健推進活動に関するレポート「Vision2030: Advocacy in Action」＝写真＝を発表した。

世界保健機関（WHO）が、2030年を目途として推進している口腔保健に関する世界戦略と支援行動計画に従って、FDIが口腔保健のユニバーサル・ヘルス・カバレッジ（UHC）の達成を目指して行っている活動の一環。口腔保健用品やサービスに関わる民間の業界関係者が、行政や歯科医師会などと協調して取り組む活動を提唱するとともに、民間セクターの役割に関する課題、機会をまとめたもの。

コルゲート上席副社長（国際保健担当）のGillian Barclay氏らヘルスケア業界のアクショングループ、ユニバーシティ・カレッジ・ロンドン（UCL）教授（公衆衛生学）のRichard Watt氏ら専門家が作成に参画している。レポート全文がFDIのウェブサイトからダウンロードできる。

東京歯科保険医協

「今回の改定 対応が難しい」

東京歯科保険医協会（坪田有史会長）は8日に東京都新宿区の同協会で開催したメディア懇談会で、2024年度診療報酬改定に関する会員の受け止めについて発表した。

話題提供に当たった本橋昌宏副会長＝写真＝は、改定項目のうち、賃上げに向けた評価の新設、クラウン・ブリッジ維持管理料からの金属単冠の見直し、歯科矯正相談料の新設などを挙げて、評価と問題提起を行った。

「歯科外来・在宅ベースアップ評価料（Ⅰ）、（Ⅱ）」について、初再診料に個々の医療機関の賃上げをリンクさせる手法は初めてで実際の運用がどのようになるか周知が難しいと指摘。また、「点数が上がることで患者自己負担も増加するため、それを患者に理解してもらうことができるだろうか」と不安感をにじませた。

この新設項目には、一部で「経営の中身に、厚労省が手を差し込むのか」という批判もあり、これまでに例のない考え方への戸惑いが広がっている。

「クラウン・ブリッジ維持管理料」で、金属単冠が補管の対象外となったことについては、パラ高騰で歯科医院経営が混乱したことを踏まえて、金属修復からの脱却が目指されていることが、今回の措置の背景にあると指摘。CAD/CAM冠への移行を推進するためのもので、金属製修復物には物性の面で優れたところが大きいものの、将来的には保険給付から外されて選定療養となる可能性もあると指摘した。

早坂美都副会長は、今回の措置の文献的根拠とされる論文「臼歯部修復物の生存期間に関連する要因」（青山貴則ら、口衛誌、58、16-24、2008）について、「一医院での観察研究で、政策変更の根拠とし得るのか」と問題点を指摘。より幅広い議論が必要だったとの見解を示した。

「歯科矯正相談料」について本橋氏は、学校歯科健診での不正咬合疑いの判断に基づき、一般開業医を受診した患者への検査、診断が現場で可能なのかと問題提起。歯列矯正は専門性が高く、「セファロなどの設備も必要なため、実際に算定できる歯科医院は限定的なのではないか」と述べた。

【予告】

神奈川保険医協 法律家交え講演

4月に横浜市で

神奈川県保険医協会（田辺由紀夫理事長）は4月14日に、講演会「『みんなで語ろう窓口負担ゼロ』医療へのアクセス保障を考える―法律家から見た窓口負担とは」を横浜市の同会事務所とウェブのハイブリッドで開催する。基調講演、医療現場からの報告、ディスカッションが行われる。

基調講演では、日本弁護士連合会貧困問題対策本部事務局次長で弁護士の森弘典氏が登壇。医療へのアクセスを阻害する要因の一つに窓口負担をあげ、法律の専門家として考えを述べる。

その他、兵庫県保険医協会理事長で医師の西山裕康氏と、千葉県保険医協会副会長で歯科医師の宇佐美宏氏による医療現場の報告や、窓口負担ゼロについて語るディスカッションが予定されている。

詳細は事務局TEL045（313）2111まで。

ピックアップニュース

■57歳歯科医師の男を無免許運転で逮捕　自宅から市内の接骨院に向かう途中一時停止違反を警察に見つかる　去年11月に免許取り消し処分（CBCテレビ/3月11日）

■門出の春　九州歯科大学で卒業式　124人が医療の現場へ　北九州市（TNCテレビ西日本/3月12日）

■原因は花粉症と副鼻腔炎　虫歯じゃないのに歯がジンジン「お辞儀・階段で痛み」（テレ朝news/3月17日）

DHのモヤっと解決隊 ㉔

年上歯科衛生士に注意を聞いてもらえません

主任歯科衛生士 Xさん（37歳）

勤続年数14年でチーフをしています。当院は患者さんとのコミュニケーションを大切にしている歯科医院です。今年、中途で入社した48歳の歯科衛生士の患者さんへの態度や発言が上から目線で、患者さんから態度についてクレームが来ました。クレームの件を注意すると「私はそんなこと言っていない。患者さんの勘違い」と言われ、聞いてもらえませんでした。どう伝えれば良いのでしょうか？

一緒に解決策を見つける対話を

東京歯科医学教育舎 代表
竹内 智美
歯科衛生士　産業カウンセラー
ファイナンシャルプランナー

Xさんはチーフとして年上歯科衛生士さんに注意したところ、聞いてもらえなかったのですね。

年上歯科衛生士さんはとっさにプライドから抵抗してしまった可能性もあります。だんだん年齢を重ねると注意される機会が減ってきます。注意する時は、人生の先輩でもあるので敬意をもって話をしましょう。

まず、年上歯科衛生士さんが日ごろから患者さんへの態度や発言が上から目線とのことですが、貴院がコミュニケーションを大切にしている歯科医院だということを理解していますか？

その上で年上歯科衛生士さんが取っている行動が貴院の理念に合った行動だったか振り返り、なぜクレームが来たのか一緒に考えてみていただくことをお勧めします。一方的に注意するのではなく、年上歯科衛生士さんに「どうしてクレームがおきたのか」「今後どう患者さんと接していけばよいと思いますか」など問い掛けるように話をしてみてください。

年上歯科衛生士さんの考えも理解した上で、一緒に解決策を見つけるように進めてみてください。

かかりつけ医機能 歴史的観点で考察

医療経済学者の二木氏

医科、歯科ともに、かかりつけ医機能の強化が推進される中、日本の医療におけるかかりつけ医機能はどのようなものとなるべきか。歴史的な経緯と現場の実際を踏まえて、医師で医療経済学者の二木立氏（日本福祉大学名誉教授）が11日、神奈川県保険医協会（田辺由紀夫理事長）の医療政策講演会で、国内外の多くの実証研究や政策議論、実地検分をもとに論点を示した。

新著『病院の将来とかかりつけ医機能』（勁草書房）の出版に合わせ、同書に収載された議論を解説するとともに、日本医師会が実施したイギリス、フランス、ドイツの医療現地調査（2023年5～6月）での知見を紹介。さらに、今次改定での「かかりつけ医機能の強化」の意義についても示唆した。

患者が、かかりつけ医を持つことは望ましいとしつつ、一部で主張されている、登録医制度などの「かかりつけ医の制度化」は現実的ではないと主張。主な根拠として、①これまで各国で実施された実証研究の結果、予防などのプライマリケアは医療の質を向上させるものの、医療費を削減する効果は期待できないことが明らかになっている、②コロナ禍で日本の医療現場は、実際には「かかりつけ医制度」のある国より混乱が少なかった、などを挙げた。

その上で、「その国の歴史、文化に深く根付いた医療制度を抜本改革するのは現実的ではなく、既存制度の部分改革を積み重ねることが必要」と説いた。

報酬改定のポイントを解説

日歯

都道府県社会保険担当理事連絡協議会

日本歯科医師会（高橋英登会長）は9日、東京都千代田区の歯科医師会館で令和6年度診療報酬・介護報酬改定内容の周知を図るための「都道府県歯科医師会社会保険担当理事連絡協議会」を開いた。厚労省保険局医療課の小嶺祐子歯科医療管理官が診療報酬改定の概要を、日歯の野村圭介常務理事が介護報酬改定関係の報告を行い、林正純副会長と大杉和司常務理事が改定のポイントについて解説した。

大杉常務理事による診療報酬改定の歯科に関する個別項目の概要（要旨・抜粋）は次の通り。

初再診料等

中医協の議論では、感染対策等に関連して連続で初再診料が引き上げられていたため、支払側委員からは今回の基本診療料のアップはあり得ないと言われていた。

その中で標準的な感染防止対策を日常的に講じる必要性があること、医療機関の職員や歯科技工所で従事する者の賃上げを実施することを目的として、全ての歯科医療機関に行き渡るように配慮して、初診料3点、再診料2点が引き上げられた。

歯冠修復や欠損補綴の製作に係る項目も見直され、支台築造では間接法の点数が増点した。その中でもファイバーポストを利用した方法のアップ率が高い。金属歯冠修復、根面被覆、高強度硬質レジンブリッジが増点し、有床義歯も30～236点増と大幅に増点している。

鋳造鉤、線鉤、コンビネーション鉤も増点し、磁性アタッチメントは200点増。有床義歯の修理では、当日修理して装着した場合の歯科技工加算1と翌日装着した場合の同加算2にプラス5点されている。また、磁石構造体が外れて有床義歯を装着した場合は所定点数の260点で算定できる。

有床義歯内面適合法も歯科技工加算1と2が5点引き上げられる。

口管強

かかりつけ歯科医機能強化型歯科診療所（か強診）の名称を口腔管理体制強化加算（口管強）に変更した。施設基準でネックとなっていた歯科訪問診療の実績を、連携体制の確保まで緩和。一方で口腔機能管理に関する実績や、小児口腔機能に関する研修要件が追加され、1年間の経過措置が取られている。

口管強では、小児口腔機能管理料と口腔機能管理料を指導管理と訓練に分けている。そのため、両管理料は100点から60点に減点されているが、口管強で50点が加算され、加えて歯科口腔リハビリテーション料3の50点が月に2回算定できるので、改定前は100点ずつだったものが最高210点まで算定できることになった。

機能訓練は、口腔機能発達不全症の目的に応じて、口輪筋の走行に対して垂直・水平方向へ筋肉を他動的に伸展・収縮させるようなこと、口唇閉鎖力の増強・維持を図ることなどを行う。口腔機能低下症では、口腔乾燥に対しては唾液腺マッサージ、口唇の筋力の低下には「りっぷるトレーナー」による抵抗訓練、舌の筋力の低下には「ぺこぱんだ」のような抵抗訓練、咬合力・咀嚼機能の低下にはチューインガムやグミゼリーによる咀嚼トレーニングがある。

◆◇◆

歯科衛生実地指導料の点数は変わらないが、口腔機能発達不全や口腔機能低下症の患者に実地指導を行った場合には、「口腔機能指導加算」10点が加算される。歯科口腔リハビリテーション料3で行う指導・訓練の内容と重複する場合は算定不可となっている。歯科口腔リハビリテーション料3を歯科医師が行い、実地指導を歯科衛生士が行えば両方算定できる。

◆◇◆

口管強のう蝕の重症化予防も指導管理とフッ化物歯面塗布処置に分かれた。

根面う蝕管理料30点、エナメル質初期う蝕管理料30点がそれぞれ月1回限り算定となり、口管強の加算は48点。根面う蝕管理料は、歯科疾患管理料もしくは歯科特定疾患療養管理料の65歳以上に限られ、また、歯科訪問診療料を算定した患者で初期の根面う蝕に罹患している場合に月1回限り根面う蝕管理料が算定できる。同日にフッ化物歯面塗布と機械的歯面清掃処置を行った場合は、それぞれ別途算定できる。

改定前は根面う蝕のF局110点（3カ月1回）と歯清72点（2カ月1回）だったが、改定後はF局80点、管理料30点、歯清72点、口管強48点を足すと230点になる。フッ化物歯面塗布をやらない月は150点になるので、改定前の4カ月間「182点↓0点↓72点↓110点」が「230点↓150点↓150点↓230点」となる。また、口管強でない診療所でも管理料の30点は毎月算定できる。

外安全・外感染

歯科外来診療環境体制加算1（外来環）には、医療安全と感染対策の二つの要素があったが、歯科外来診療医療安全対策加算（外安全）と歯科外来診療感染対策加算（外感染）1と2に分かれた。施設基準は、歯科衛生士が配置されていることが絶対要件ではなくなったため、ハードルが下がった。初診料の外来環は23点だったが、外安全12点、外感染1は12点、2は14点、再診料も3点から外安全2点、外感染1の2点、同2の4点となっている。

医療技術提案

日本歯科医学会から提出された医療技術提案は104件で、うち27件が優先度の高い技術として評価された。

日本歯科保存学会からの「CAD/CAMインレー修復に対する光学印象法」、日本歯周病学会からの「結合組織移植術」、日本歯内療法学会からの「NiTiロータリーファイルによる根管形成加算の施設基準の見直し」、日本障害者歯科学会からの「障害児における幼保・学校への情報提供料」、日本小児歯科学会からの「小児の舌圧検査」「エナメル質初期う蝕管理加算」、日本補綴歯科学会からの「大臼CAD/CAM冠（エンドクラウン）」「ブリッジの支台装置としての第二小臼歯レジン前装冠」などが入っている。

CAD/CAMインレーの光学印象は100点になったが、印象採得と咬合採得は別に算定できない。光学印象時に歯科医師が歯科技工士と対面で口腔内の確認等を行った場合には、「光学印象歯科技工士連携加算」50点が算定できる。

歯冠形成の中には、「CAD/CAMインレーの窩洞形成による加算」150点が新設された。メタルインレーと比べて倍以上の点数となる。

◆◇◆

CAD/CAM冠については、要件が緩和された。前歯、小臼歯に使用する場合、第一大臼歯や第二大臼歯に材料Ⅲを使用する場合は、「装着部位と同側に大臼歯による咬合支持があり、当該補綴部位に過度な咬合圧が加わらない場合等」もしくは「装着部位の同側に大臼歯による咬合支持がない場合は、当該補綴部位の対合歯が欠損（部分床義歯を装着している場合を含む）で、当該補綴部位の近心側隣在歯までの咬合支持（固定性ブリッジ又は乳歯〈後継永久歯が先天性に欠如している乳歯含む〉による咬合支持を含む）」となっている。

◆◇◆

エンドクラウンは、ポストを必要としない髄腔に保持力を求める補綴装置で、支台築造が所定点数に盛り込まれていないので、1450点と高めに設定されている。

基本診療料の加算

外来環が外安全と外感染に分かれ、歯科診療特別対応加算と初診時歯科診療導入加算が「歯科診療特別対応加算1」175点と「同2」250点、「同3」500点になった。1は著しく歯科診療が困難な患者、2は円滑な技法を用いた診療または個室、陰圧室での診療が必要な患者の診療、3は新興感染症等の発生時となっている。

◆◇◆

医療情報・システム基盤整備体制充実加算1（4点）と2（2点）は、「医療情報取得加算1」3点と「同2」1点に変更し、これまでなかった再診時の「同3」2点、「同4」1点が3カ月に1回算定できる。ただし、同加算は保険証廃止の12月に再編される可能性もある。

情報通信機器を用いた場合の初再診料は、必要と認められる場合に算定するが、主に感染が起こった時の話になってくる。

◆◇◆

「医療DX推進体制整備加算」は、オンライン資格確認で取得した診療情報・薬剤情報を実際に診療に活用可能な体制を整備し、また、電子処方箋及び電子カルテ情報共有サービスを導入し、質の高い医療を提供するための体制確保の評価。施設基準では、「オンライン請求をしていること」「オンライン資格確認を行う体制を有していること」「オンライン資格確認を活用し、薬

➡

口腔管理体制強化加算の評価（まとめ）

① 歯科疾患の重症化予防に対する評価

- **歯科疾患管理料長期管理加算**
  口腔管理体制強化加算の届け出を行っている歯科診療所：120点
  その他の保険医療機関：100点
- **根面う蝕管理料** 新設　＋口腔管理体制強化加算：48点
- **エナメル質初期う蝕管理料** 新設
  ＋口腔管理体制強化加算：48点
- **機械的歯面清掃処置（算定間隔）** 新設
  ・2月に1回算定
  ・根面う蝕管理料の口腔管理体制強化加算を算定する患者で特に必要と認められる場合は月に1回算定可能
  ・エナメル質初期う蝕管理料の口腔管理体制強化加算を算定する患者は月に1回算定可能
- **歯周病安定期治療**　＋口腔管理体制強化加算：120点
- **歯周病安定期治療（算定間隔）**
  ・2回目以降の歯周病安定期治療の算定は、3月に1回算定
  ・口腔管理体制強化加算の施設基準の届け出を行っている歯科診療所においてはこの限りでない
- **歯周病重症化予防治療（算定間隔）** 新設
  ・2回目以降の歯周病重症化予防治療の算定は、3月に1回算定
  ・口腔管理体制強化加算の施設基準の届け出を行っている歯科診療所において、歯周病安定期治療後の再評価に基づき歯周病重症化予防治療を開始した場合は、この限りでない

② 在宅歯科医療に対する評価

- **歯科訪問診療料歯科訪問診療移行加算**
  口腔管理体制強化加算の届け出を行っている歯科診療所の場合：150点
  それ以外の保険医療機関の場合：100点
- **歯科訪問診療料歯科訪問診療補助加算**
  在宅療養支援歯科診療所1、在宅療養支援歯科診療所2、口腔管理体制強化加算の届け出を行っている歯科診療所の場合：同一建物居住者以外の場合→115点、同一建物居住者の場合→50点
  それ以外の保険医療機関の場合：同一建物居住者以外の場合→90点、同一建物居住者の場合→30点
- **在宅患者訪問口腔リハビリテーション指導管理料**
  ＋口腔管理体制強化加算：75点
- **小児在宅患者訪問口腔リハビリテーション指導管理料**
  ＋口腔管理体制強化加算：75点

③ 口腔機能の管理に対する評価

- **小児口腔機能管理料** 新設
  ＋口腔管理体制強化加算：50点
- **口腔機能管理料** 新設
  ＋口腔管理体制強化加算：50点

ライフステージに応じた口腔機能管理の推進

改定前			→	改定後　要施設基準		
【か強診】				【口管強】	（250点）	
エナメル質初期う蝕管理加算	260点（月1回）		→	初期う蝕F局	100点	
				エナメル質初期管理料	30点	
				歯清	72点	
				口管強加算	48点	（各月1回）
【か強診】（1月 182点→2月 0点→3月 72点→4月 110点）			→	【口管強】（1月 230点→2月 150点→3月 150点→4月 230点）		
根面う蝕F局	110点（3月1回）			根面う蝕F局	80点	（3月1回）
歯清	72点（2月1回）			管理料	30点	
				歯清	72点	
				口管強加算	48点	（各月1回）

歯科外来・在宅ベースアップ評価料（Ⅰ）（Ⅱ）

歯科外来・在宅ベースアップ評価料（Ⅰ）　要施設基準・新設

1 初診時		10点
2 再診時		2点
3 歯科訪問診療時	イ 同一建物居住者以外の場合	41点
	ロ 同一建物居住者の場合	10点

■歯科衛生士、技工士、その他の医療関係職種の賃金改善を実施している場合で地方厚生局長に届出をした場合　■届出様式等は後刻通知

歯科外来・在宅ベースアップ評価料（Ⅱ）（1日につき）　要施設基準・新設

	イ 初診又は歯科訪問診療を行った場合	ロ 再診時
1	8点	1点
2	16点	2点
3	24点	3点
4	32点	4点
5	40点	5点
6	48点	6点
7	56点	7点
8	64点	8点

■歯科外来・在宅ベースアップ評価料（Ⅰ）により算定される点数の見込みの10倍の数が、対象職員の給与総額の1.2%未満の場合　■毎年3、6、9、12月に変更があれば厚生局に届出　■給与総額は、対象となる12カ月の1月あたりの平均　■算定見込みは、初診料等の算定回数　■常勤換算2名以上の対象職員が勤務　■社保収入等（保険収入、健康増進法等健診、介護収入等）が総収入の80%以上

歯科外来・在宅ベースアップ評価料については、厚労省の小嶺歯科医療管理官や日歯の林副会長が説明。詳しくは2月22日に日歯と厚労省が共同開催した「賃上げ等に関する診療報酬改定&マイナ保険証の利用促進に関するオンラインセミナー」のアーカイブ動画（厚労省ホームページ内）を参照してほしいと案内した。

CAD/CAMインレー修復に対する光学印象法

CAD/CAMインレー		メタルインレー	
う蝕歯インレー修復形成	120点	う蝕歯インレー修復形成	120点
CAD/CAMインレー修復加算	150点	連合印象	64点
光学印象	100点	咬合採得	18点
光学印象歯科技工士連携加算	50点	装着料	45点
装着料	45点	接着材料1	17点
内面処理加算	45点		264点
接着材料1	17点		
	537点		

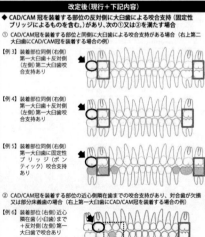

大臼歯CAD/CAM冠の適用拡大イメージ

現行

◆ 上下顎両側の第二大臼歯がすべて残存し、左右の咬合支持がある場合
（右上第一大臼歯にCAD/CAM冠を装着する場合の例）

【例1】両側第二大臼歯咬合支持あり、CAD/CAM冠装着部位：右側下顎第一大臼歯と咬合

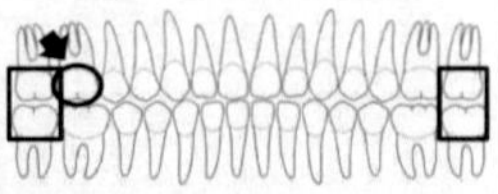

【例2】両側第二大臼歯咬合支持あり、CAD/CAM冠装着部位：右側下顎第一大臼歯ポンティックと咬合

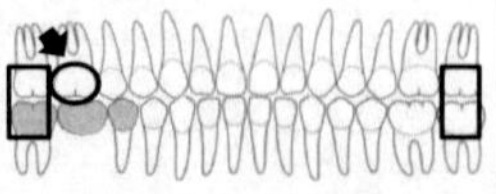

改定後（現行＋下記内容）

◆ CAD/CAM冠を装着する部位の反対側に大臼歯による咬合支持（固定性ブリッジによるものを含む。）があり、次の①又は②を満たす場合

① CAD/CAM冠を装着する部位と同側に大臼歯による咬合支持がある場合（右上第二大臼歯にCAD/CAM冠を装着する場合の例）

【例3】装着部位同側（右側）第一大臼歯＋反対側（左側）第二大臼歯咬合支持あり

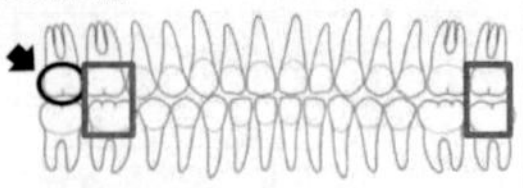

【例4】装着部位同側（右側）第一大臼歯＋反対側（左側）第一大臼歯咬合支持あり

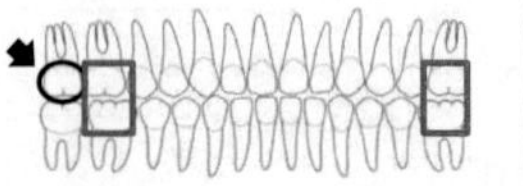

【例5】装着部位同側（右側）第一大臼歯に固定性ブリッジ（ポンティック）咬合支持あり

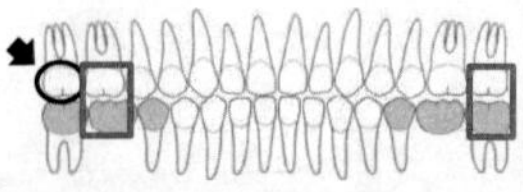

② CAD/CAM冠を装着する部位の近心側隣在歯までの咬合支持があり、対合歯が欠損又は部分床義歯の場合（右上第一大臼歯にCAD/CAM冠を装着する場合の例）

【例6】装着部位（右側）近心隣在歯（小臼歯）まで＋反対側（左側）第一大臼歯で咬合あり

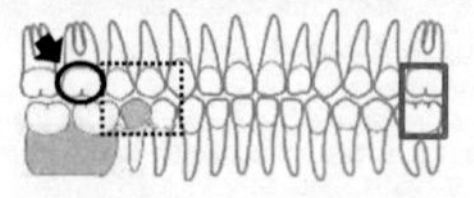

【例7】装着部位（右側）の近心隣在歯（小臼歯）まで固定性ブリッジによる咬合＋反対側（左側）第一大臼歯あり

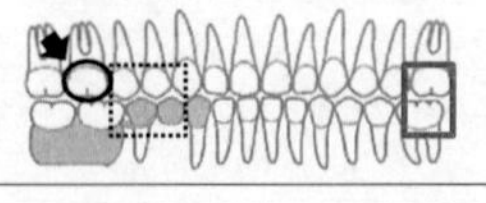

□ 第二大臼歯による咬合支持
○ CAD/CAM冠装着部位
□ 大臼歯による咬合支持
⬚ 装着部位の近心側隣在歯（小臼歯）までの咬合支持

口腔疾患の重症化予防、口腔機能低下への対応の充実、生活の質に配慮した歯科医療の推進

周術期等口腔機能管理

- 医科歯科連携の推進
  - 手術を行わない集中治療室における治療する患者を追加
  - 入院中の放射線治療等を行う患者に対する算定回数を増加
  - 放射線治療等の患者に長期管理加算を新設
  - 緩和ケアを行う患者に対する専門的口腔衛生処置の算定要件の見直し
- 歯科疾患の周術期等口腔機能管理の評価の見直し

診療情報等の共有・連携

- 医歯薬連携の推進
  - 診療情報連携共有料の対象拡大
- 医療的ケア児に関する学校歯科医等との連携

ライフステージに応じた口腔機能管理の推進 客観的な評価に基づく歯科医療の推進

- 小児口腔機能管理料、口腔機能管理料の見直し
  - 指導に対する評価を分離
  - 口腔管理体制強化加算の新設
  - オンライン診療による評価を新設
- 口腔機能に関する訓練指導の評価の新設
- 舌接触補助床の対象拡大
  - 口腔機能低下症の患者を追加
  - リハビリテーションの充実
- 歯科衛生実地指導に口腔機能の指導を追加
- 口腔細菌定量検査の対象拡大
  - 口腔機能低下症の患者を追加
- 舌圧検査の対象拡大
  - 口腔機能発達不全症の患者を追加
- 咀嚼能力検査、咬合圧検査の見直し
  - 口腔機能低下症の患者の算定要件見直し
  - 顎変形症患者の追加

う蝕の重症化予防の推進

- フッ化物歯面塗布処置の見直し
  - 「う蝕多発傾向者の場合」に歯科訪問診療を行う患者を追加
  - 初期の根面う蝕、エナメル質初期う蝕の患者の管理に対する評価を分離
- エナメル質初期う蝕管理料、根面う蝕管理料を新設

歯周病の重症化予防の推進

- 歯周病安定期治療に糖尿病患者の管理を新設
- 歯周病安定期治療から歯周病重症化予防治療に移行した場合の算定要件を緩和

実態にあわせた見直しや新規医療技術の導入

処置

- 既存技術の評価の見直し
  - 歯髄保護処置
  - 歯髄切断
  - 抜髄
  - 感染根管処置
  - 根管貼薬処置
  - 加圧根管充填処置
- Ni-Ti ロータリーファイル加算の見直し
- 口腔内装置の対象拡大
  - 小児外傷歯の保護
- 非経口摂取患者口腔粘膜処置の対象拡大
- 口腔バイオフィルム除去処置の新設
- 医科点数表で評価されている処置の評価
- 歯科麻酔薬を使用した場合の薬剤料の算定
  - 生活歯髄切断、抜髄

手術

- 歯周外科手術の見直し
  - 結合組織移植術の追加
- 頭頸部悪性腫瘍光線力学療法の新設

広範囲顎骨支持型装置 広範囲顎骨支持型補綴

- 広範囲顎骨支持型装置埋入手術の対象拡大
- 広範囲顎骨支持型装補綴の評価の見直し
- 広範囲顎骨支持型装補綴物管理料の見直し

歯科矯正

- 歯科矯正相談料の新設
- 歯科矯正の対象となる先天性疾患の追加

歯冠修復及び欠損補綴

- 歯科訪問診療の患者＋歯科診療特別対応加算の患者に充填を行う歯科訪問診療の患者に対する場合の加算の見直し
- クラウン・ブリッジ維持管理料の対象の見直し
- 光学印象の新規導入
  - CAD/CAM インレー
- 歯科技工士連携加算の新設
- 大臼歯 CAD/CAM 冠の見直し
  - 適応拡大
  - エンドクラウンの新規導入
- レジン前装金属冠の適応拡大
  - ブリッジ支台歯第2小臼歯
- 接着ブリッジの適応拡大
  - 前歯1歯の延長ブリッジ
- 小児保隙装置の適応拡大
  - 第一大臼歯支台歯
- 既存技術の評価の見直し
  - 歯科技工加算
- 既存技術の評価の見直し
  - 熱可塑性有床義歯
  - レジン前装金属冠(ブリッジの支台歯以外の前歯、小臼歯)
  - 歯冠形成レジン前装金属冠支台歯形成加算

令和6年度 診療

「口管強」の活用で算定点数がアップ

◀剤情報や特定健診情報等を見て診察室等で閲覧できる体制があること」「電子処方箋を発行できる体制を持っていること」「電子カルテ情報共有サービスができるようにしていること」「マイナ保険証の利用率が一定割合以上であること」「関係情報を見やすい場所とウェブサイト上に掲載していること」がある。これを満たしている歯科医院はほぼないが、経過措置が設けられている。電子カルテ共有サービスは、医科から開発され歯科は期限内に整備されない可能性があるが、経過措置期間中は、体制を整備しようとしていれば良い。マイナ保険証利用の実績についても10月1日に示されるため、それまでは条件なし、返還もなしで、体制を整備していれば良いことになる。

在宅医療DX情報活用加算についても、同じことが言える。

医学管理

周術期等口腔機能管理計画策定料は、がん等に係る手術や、集中治療室で治療を実施している患者も対象に追加された。顎口腔機能診断料の算定患者に計画を策定した場合は、100分の50に相当する点数で算定するが、リスクが高い場合は所定点数で算定できる。

周術期等口腔機能管理料Ⅲは外来でする場合、Ⅳは入院中にする場合となる。周術期等口腔機能管理計画策定料を算定した日から6カ月を超えて管理した場合は、長期管理加算として50点を算定できる。

◆◇◆

医科では「回復期リハビリテーション病棟入院料」で口腔状態に係る評価を行い、課題を認めた場合は、適切な口腔ケアを提供するとともに、必要に応じて歯科医療機関への受診を促すこと、「生活習慣病管理料(Ⅰ)」では、糖尿病患者への歯科受診を推奨している。

在宅医療

歯科訪問診療は、人数要件で3区分から5区分に細分化した。「歯科訪問診療1」は時間にかかわらず1100点、「同2」(3人以下の場合)は点数が上がるが、「同3～5」は点数が下がる。それぞれに緊急、夜間、深夜の加算、歯科診療特別対応加算も算定できる。

在宅医療DX情報活用加算は、電子資格確認等から得られる情報を踏まえて計画的な歯科医学管理の下で訪問診療を行った場合に月1回8点算定できるが、医療DX推進体制整備加算を算定した月は算定できない。

歯科訪問診療補助加算は、在宅療養支援歯科診療所1・2と、口管強に加えて在宅療養支援歯科病院が新設される。

歯科疾患在宅療養管理料は、在宅療養支援歯科病院の場合340点が増え、栄養サポートチーム等連携加算は廃止されて在宅歯科医療栄養サポートチーム等連携指導料1・2が新設された。また、在宅歯科医療連携加算1・2と在宅歯科医療情報連携加算も新設している。

在宅歯科医療連携加算1は、他の保険医療機関の歯科医師からの情報提供等により管理計画を作成した場合、2は、医師、看護師、看護支援専門員等からの情報提供等により管理計画を作成した場合。

在宅歯科医療情報連携加算は、ICTを用いて記録し、診療情報等を活用した上で計画的な歯科医学的管理を行った場合に、月1回100点を加算できる。

◆◇◆

訪問歯科衛生指導料は、単一建物診療患者が1人の場合が2点増の362点、単一建物診療患者が2人以上9人以下の場合は2点減の326点、それ以外は5点減の295点。指導内容は、患者のみだったものが患者またはその家族に文書提供することで差し支えなくなり、緩和ケアを実施している場合には、月8回算定可能となる。複数名訪問歯科衛生指導加算150点も新設された。

検査

「口腔細菌定量検査1」130点は、口腔バイオフィルム感染症の診断を目的とした場合、「同2」65点は、口腔機能低下症の診断を目的としている場合となる。

「咀嚼能力検査1」140点は、歯の喪失や加齢等により口腔機能の低下を来たしている患者に対して行った場合に3カ月に1回、「同2」は顎変形症に係る手術を実施する患者に対して手術前は1回に限り、手術後は6カ月に1回算定できる。

「咬合圧検査1」130点と「同2」130点は「咀嚼能力検査」と同様となる。

舌圧検査は、口腔機能低下症だけでなく口腔機能発達不全症も対象病名に追加され、3カ月に1回算定できる。

投薬

薬剤情報提供料が10点から4点に下がった。「処方箋料等の再編等の効率化・適正化マイナス0・25%」によるもので、歯科は関係ないと思われていたが、減額した。

処方料の「外来後発医薬品使用体制加算」1・2・3はそれぞれ3点増えている。

リハビリテーション

脳血管疾患等リハビリテーション料それぞれの項目において、「理学療法士」「作業療法士」「言語聴覚士」「歯科医師」の場合に変わり、急性期リハビリテーション加算50点が付いてきている。

摂食機能療法(1日につき)を30分以上した場合は、3カ月以内は1日につき185点、30分未満は130点。

3カ月を超えた場合は、月4回まで185点になる。歯リハ1と摂食機能療法との併算定では、月4回までは194点、日が異なれば月6回まで算定できる。

歯科口腔リハビリテーション料1で、その他の場合は、口蓋補綴、顎補綴で算定した装置を装着している患者に月4回算定できる。

「同3」は、口腔機能の発達不全を有する18歳未満の患者に対して50点、口腔機能が低下している患者に対して50点。時間要件はなく、訪問診療でも算定できるようになった。処置に併せて歯科口腔リハビリテーション1や2を算定しても問題ない。

処置

処置の通則で、120点以上の処置等には、表面麻酔、浸潤麻酔、簡単な伝達麻酔を行った場合の費用を含むが、生活歯髄切断や抜髄を行う場合の麻酔薬剤の薬価は算定できるようになる。

薬剤料の算定単位は1回に使用した総量の価格となる。

限定的ではあるが、次の改定につながるものだと思う。

歯髄保護処置と歯髄切断、抜髄はそれぞれ増点したが、別に麻酔薬も算定できる。

◆◇◆

歯周病処置では、「歯周ポケット」の表現を「ポケット深さ」に変更し、軟膏も踏まえて薬剤を「注入」という表見を「使用」に改めている。

歯周基本治療は、口腔バイオフィルム処置に移行した。

歯周病安定期治療では、口管強を届出していれば毎月算定でき、糖尿病患者に対する歯周病ハイリスク患者加算も追加された。

SPT(口管強)1カ月後にP重防に移行した後、次のP重防は3カ月後しかできなかったが1カ月後にできるようになる。

◆◇◆

口腔内装置では、「外傷歯の保護のための口腔内装置」が入ってきた。条件として、18歳未満の患者で、受傷から1年以内、暫間固定を行った患者に対し、外傷歯の保護を目的に製作する装置となる。「口腔内装置2」で算定する。

舌摂食補助床に新たに口腔機能低下症の患者が加わり、摂食・嚥下機能、発音・構音機能の改善を目的とするために装着する床や有床義歯形態の補助床になる。

C000 歯科訪問診療料(1日につき)

改定前

	訪問診療1	訪問診療2	訪問診療3
	1人のみ	2～9人	10人以上
20分以上	1,100点	361点	185点
20分未満	880点	253点	111点

▼

改定後

	訪問診療1	訪問診療2	訪問診療3	訪問診療4 (新設)	訪問診療5
	1人のみ	3人以下	4～9人	10～19人	20人以上
20分以上	時間にかかわらず 1,100点	410点	310点	160点	95点
20分未満		287点	217点	96点	57点

注6　2及び3について、当該患者の容体が急変し、やむを得ず治療を中止した場合は20分以上の点数で算定可能

歯科訪問診療料における各種加算の体系変更等

緊急・夜間・深夜歯科訪問診療加算の区分及び点数の変更

改定前

	訪問診療1	訪問診療2	訪問診療3
イ 緊急(午前9時～午後6時)	+425点	+140点	+70点
ロ 夜間(午後6時～午後10時)	+850点	+280点	+140点
ハ 深夜(午後10時～午前6時)	+1,700点	+560点	+280点

▼

改定後

	訪問診療1	訪問診療2	訪問診療3	訪問診療4	訪問診療5
イ 緊急(午前9時～午後6時)	+425点	+159点	+120点	+60点	+36点
ロ 夜間(午後6時～午後10時)	+850点	+317点	+240点	+121点	+72点
ハ 深夜(午後10時～午前6時)	+1,700点	+636点	+481点	+249点	+148点

注8　特別対応加算

改定前			改定後	
初診時歯科診療導入加算	+250点	➡	歯科診療特別対応加算1	+175点
歯科診療特別対応加算	+175点		歯科診療特別対応加算2	+250点
			歯科診療特別対応加算3	+500点

注10　地域医療連携体制加算 +300点　要 施設基準

改定前		改定後
訪問診療1・2・3への加算	➡	訪問診療1・2・3・4・5への加算

※特掲診療料の施設基準等は次号以降に掲載

する。

（４）令和６年３月31日時点で歯科外来診療環境体制加算２の施設基準に係る届出を行っている保険医療機関については、令和７年５月31日までの間に限り、１の（３）のウ及び（４）のウからコまでの基準を満たしているものとする。

■第１の８ 医療情報取得加算

１　医療情報取得加算に関する施設基準

（１）電子情報処理組織を使用した診療報酬請求を行っていること。

（２）健康保険法第３条第13項に規定する電子資格確認（以下「オンライン資格確認」という。）を行う体制を有していること。なお、オンライン資格確認の導入に際しては、医療機関等向けポータルサイトにおいて、運用開始日の登録を行うこと。

（３）次に掲げる事項について、当該保険医療機関の見やすい場所に掲示していること。

ア　オンライン資格確認を行う体制を有していること。

イ　当該保険医療機関を受診した患者に対し、受診歴、薬剤情報、特定健診情報その他必要な診療情報を取得・活用して診療を行うこと。

（４）（３）の掲示事項について、原則として、ウェブサイトに掲載していること。自ら管理するホームページ等を有しない場合については、この限りではないこと。

２　届出に関する事項

（１）医療情報取得加算の施設基準に係る取扱いについては、当該基準を満たしていればよく、特に地方厚生（支）局長に対して、届出を行う必要はないこと。

（２）１の（４）については、令和７年５月31日までの間に限り、当該基準を満たしているものとみなす。

■第１の９ 医療ＤＸ推進体制整備加算

１　医療ＤＸ推進体制整備加算に関する施設基準

（１）電子情報処理組織を使用した診療報酬請求を行っていること。

（２）オンライン資格確認を行う体制を有していること。なお、オンライン資格確認の導入に際しては、医療機関等向けポータルサイトにおいて、運用開始日の登録を行うこと。

（３）オンライン資格確認等システムの活用により、患者の薬剤情報、特定健診情報等（以下この項において「診療情報等」という。）を診療を行う診察室、手術室又は処置室等（以下「診察室等」という。）において、医師等が閲覧及び活用できる体制を有していること。

（４）「電子処方箋管理サービスの運用について」（令和４年10月28日付け薬生発1028第１号医政発1028第１号保発1028第１号厚生労働省医薬・生活衛生局長・医政局長・保険局長通知。）に基づく電子処方箋により処方箋を発行できる体制を有していること。

（５）国等が提供する電子カルテ情報共有サービスにより取得される診療情報等を活用する体制を有していること。

（６）マイナ保険証の利用率が一定割合以上であること。

（７）医療ＤＸ推進の体制に関する事項及び質の高い診療を実施するための十分な情報を取得・活用して診療を行うことについて、当該保険医療機関の見やすい場所に掲示していること。具体的には次に掲げる事項を掲示していること。

ア　医師等が診療を実施する診察室等において、オンライン資格確認等システムにより取得した診療情報等を活用して診療を実施している保険医療機関であること

イ　マイナ保険証を促進する等、医療ＤＸを通じて質の高い医療を提供できるよう取り組んでいる保険医療機関であること。

ウ　電子処方箋の発行及び電子カルテ情報共有サービスなどの医療ＤＸにかかる取組を実施している保険医療機関であること。

（８）（７）の掲示事項について、原則として、ウェブサイトに掲載していること。自ら管理するホームページ等を有しない場合については、この限りではないこと。

２　届出に関する事項

（１）医療ＤＸ推進体制整備加算の施設基準に係る届出は、別添7の様式１の６を用いること。

（２）１の（４）については、令和７年３月31日までの間に限り、１の（５）については令和７年９月30日までの間に限り、それぞれの基準を満たしているものとみなす。

（３）１の（６）については、令和６年10月１日から適用する。なお、利用率の割合については別途示す予定である。

（４）令和７年９月30日までの間に限り、１の（７）のウの事項について、掲示を行っているものとみなす。

（５）１の（８）については、令和７年５月31日までの間に限り、当該基準を満たしているものとみなす。

第117回 歯科医師国家試験 歯科大・歯学部別合格者状況　（単位：人、％）

	総数				新卒				既卒			
	出願者	受験者	合格者	合格率	出願者	受験者	合格者	合格率	出願者	受験者	合格者	合格率
北海道大学	70	70	55	78.6	51	51	47	92.2	19	19	8	42.1
東北大学	75	73	53	72.6	50	50	44	88.0	25	23	9	39.1
東京医科歯科大学	64	64	54	84.4	49	49	44	89.8	15	15	10	66.7
新潟大学	45	44	36	81.8	35	35	30	85.7	10	9	6	66.7
大阪大学	64	64	54	84.4	51	51	47	92.2	13	13	7	53.8
岡山大学	70	68	56	82.4	50	50	48	96.0	20	18	8	44.4
広島大学	69	69	54	78.3	54	54	44	81.5	15	15	10	66.7
徳島大学	65	62	46	74.2	42	42	37	88.1	23	20	9	45.0
九州大学	69	69	45	65.2	47	47	42	89.4	22	22	3	13.6
長崎大学	68	64	53	82.8	47	44	41	93.2	21	20	12	60.0
鹿児島大学	69	69	58	84.1	57	57	54	94.7	12	12	4	33.3
国立　計	728	716	564	78.8	533	530	478	90.2	195	186	86	46.2
九州歯科大学	118	117	86	73.5	86	86	68	79.1	32	31	18	58.1
公立　計	118	117	86	73.5	86	86	68	79.1	32	31	18	58.1
北海道医療大学	100	71	44	62.0	59	34	27	79.4	41	37	17	45.9
岩手医科大学	93	72	41	56.9	70	51	34	66.7	23	21	7	33.3
奥羽大学	168	132	58	43.9	94	63	38	60.3	74	69	20	29.0
明海大学	174	140	80	57.1	112	84	64	76.2	62	56	16	28.6
日本大学松戸	223	205	120	58.5	139	123	84	68.3	84	82	36	43.9
東京歯科大学	150	131	128	97.7	140	121	120	99.2	10	10	8	80.0
日本歯科大学	163	126	92	73.0	131	96	85	88.5	32	30	7	23.3
日本大学	173	166	95	57.2	101	96	68	70.8	72	70	27	38.6
昭和大学	125	118	104	88.1	101	94	89	94.7	24	24	15	62.5
鶴見大学	137	101	57	56.4	89	57	42	73.7	48	44	15	34.1
神奈川歯科大学	171	125	87	69.6	130	86	66	76.7	41	39	21	53.8
日本歯科大学新潟	70	68	50	73.5	56	54	44	81.5	14	14	6	42.9
松本歯科大学	118	74	52	70.3	93	51	46	90.2	25	23	6	26.1
愛知学院大学	195	191	114	59.7	102	101	71	70.3	93	90	43	47.8
朝日大学	214	180	84	46.7	111	80	58	72.5	103	100	26	26.0
大阪歯科大学	217	184	117	63.6	101	71	68	95.8	116	113	49	43.4
福岡歯科大学	217	187	85	45.5	100	74	49	66.2	117	113	36	31.9
私立　計	2,708	2,271	1,408	62.0	1,729	1,336	1,053	78.8	979	935	355	38.0
認定	13	12	1	8.3	9	9	0	0.0	4	3	1	33.3
予備試験	1	1	1	100.0	1	1	1	100.0	0	0	0	0.0
計	3,568	3,117	2,060	66.1	2,358	1,962	1,600	81.5	1,210	1,155	460	39.8

東歯大が新卒で99.2％

歯科国試 大学別合格率

1面関連

Inter view

東京デンタルスクール代表・塾長に聞く今年の出題傾向

歯科国試2024

暗記と思考を要するコンセプトを踏襲

第117回歯科医師国家試験の合格発表が15日に行われ、新たに2060人の歯科医師が誕生した。同試験の出題内容や難易度、今後の方向性などを歯科国試・卒試対策の予備校、東京デンタルスクールの岡田優一郎代表と岩脇清一塾長に聞いた。

岡田氏

岩脇氏

――今回の国試の問題はどのような傾向でしたか。

Ａ　全体的には過去問題をベースとしたものや基本的な問題が数多く出題された試験でした。

1日目はこれまでの試験と比較しても類似性があり、割とスタンダードな内容でした。一方で、2日目には、近年増加しているのですが、その場での思考が必要となる「現場思考型の問題」や、ほとんどの学生が初見となるなど、正答率が低くなると思われる問題もありました。過去問題の暗記に加えて、「より思考・理解を要求する試験」という近年の国試のコンセプトは踏襲されている印象を受けます。

医学、法医学など近年の出題分野の拡大は引き続き見られ、薬理学では過去問題の誤答肢などにも出題されたことのない、新規の薬剤も出てきました。また、介護や高齢者に関するやや踏み込んだ内容を問うものも継続して出題されました。

――今回の合格者数や合格率についてどのように捉えていますか。

Ａ　全体の受験者数は3117人、合格者数は2060人、合格率は66・1％とほぼ横ばいでした。

しかしながら、ここ数年出願者数と受験者数の乖離があり、新卒合格者数が少ない大学も見受けられます。

――どのようなところが合否の分かれ目となったと思われますか。

Ａ　本試験は、従来2領域に分かれていた各論の内容が1領域に統合されて2回目の試験となります。

今回のように基本的な問題の出題が増加するとボーダー近辺に非常に多くの受験者が集中し、1点の差が合否を大きく分けることになります。

合否に大きく影響したのは、受験生の正答率が低い難しい問題ではなく、過去問題をベースとした基本的な内容の問題をいかに間違えず確実に正解できるかで、これは116回国試と同様の傾向でした。

また、文章の問題自体の理解が十分でなく、問題文の解釈に本来求められるものと差異が生じてしまっていると合格が難しくなってきます。

――今後の国試の対策として何が必要となってきますか。

Ａ　歯科医師国家試験に対応できる大学のカリキュラム構築、学習に不安のある学生のフォローを引き続き行っていくことはもちろんですが、学生自身も将来のCBT（computer based testing）や国試を見据えて低学年の早期から学習習慣を確立することが必須だと思います。

医学部の研究などでは、CBTの結果が卒業試験や国試の合格とも関連があると報告されており、歯学部でも複数の大学から文献で示されています。

歯学部高学年の学生からは「基礎教科の多い低学年にもっとしっかりと学習しておけばよかった」という声もしばしば聞かれます。

また、低学年からの学習習慣とともに「平易な問題を確実に落とさない」「同じ内容が、どのように言い換えられるか普段から意識する」「細かい知識より、まずは基本的な内容を押さえる学習の仕方を意識する」ことが今後より強く求められてくると思います。

国試の出題基準、本試験の出題傾向を鑑みても、歯科医師に幅広い内容への知識の拡充と、基本的な内容の確実な理解の両方を要求する試験となる方向性が伺えます。

今回の試験のように普段の学習の成果が比較的表れやすい、学生の努力や客観的な実力を測ることができるような出題が今後も望まれていると思います。

広国大が紹介

唾液で口腔内細菌を遺伝子検査

広島国際大学健康科学部医療栄養学科の長嶺憲太郎教授が「唾液を用いた口腔内細菌の遺伝子検査」をテーマとし、被験者の唾液とタブレット型培地を1本のチューブに入れて、脱酸素剤を用いずに増殖させたい複数の細菌を37度で1日静置（培地）するだけで、増殖できる検査法を紹介した。同大などを運営する常翔学園（大阪市旭区）が、11日に開いた記者懇談会で発表したもの＝写真。

各大学の研究内容について周知・理解を深める目的で大阪工業大学や摂南大学などが集まり、建築や農業まで幅広いテーマの研究発表が行われた。

同技術は培養した唾液は遺伝子増幅法（LAMP法）※を用いることで、細菌の有無が確認できるため、操作性や簡便性にも優れているという。

また、同技術で悪玉細菌を早期発見することにより栄養指導や歯科的予防ができ、脳血管微小出血やNASHのような全身疾患の予防につながると期待がかかっている。

同研究結果は、英国雑誌『Impact』（2023年4月号）に掲載された。

※遺伝子増幅法（LAMP法）　65度付近の一定温度でDNAを増幅させることができる遺伝子増幅法

小川　彰氏

岩手医科大学理事長

岩手医科大学理事長や岩手県医師会副会長を務めた小川彰（おがわ・あきら）氏が3日、死去した。74歳。通夜と葬儀は近親者のみで既に執り行われている。

同氏は昭和24年3月生まれ。49年3月に岩手医科大学医学部を卒業後、同年5月から東北大学医学部脳疾患研究施設脳神経外科臨床研修医、51年6月から同大医学部脳疾患研究施設脳神経外科医員として入局。60年10月から仙台病院第二脳神経外科医長や同病院臨床研究部脳神経研究室長を務め、63年5月から平成4年9月まで東北大学医学部脳疾患研究施設脳神経外科部門助教授に就任。帰国後、4年10月から岩手医科大学脳神経外科学講座教授、サイクロトロンセンター長、医学部長などを歴任し、20年1月から28年3月まで同大学長を務め、24年2月から同大理事長を就任。その間、全国医学部長病院長会議会長、日本私立医科大学協会会長、岩手県医師会副会長などを務めた。なお、告別式は同大葬をもって後日執り行われる予定。

岩手医科大

新理事長に 祖父江氏

岩手医科大学は12日の理事会で、新たな理事長として学長の祖父江憲治（そぶえ・けんじ）氏を選任した。任期は3月31日まで。理事・学長としての任期満了に伴い、来月以降に理事互選で新理事長を選任する予定。

同氏は昭和22年8月28日生まれ。48年3月に岩手医科大学医学部医学科を卒業。52年5月から大阪大学医学部神経薬理生化学教室助手・助教授、平成5年10月から同大医学部バイオメディカル教育研究センター長、19年4月から医学系研究科・医学部附属共同研究実習センター長など歴任。25年1月から28年3月まで岩手医科大学いわて東北メディカル・メガバンク機構長、28年4月から岩手医大学長を務めている。

基本診療料の施設基準等

(厚労省資料抜粋)

■第2の7 歯科点数表の初診料の注1に規定する施設基準

1 歯科点数表の初診料の注1に規定する施設基準

(1)口腔内で使用する歯科医療機器等について、患者ごとの交換や、専用の機器を用いた洗浄・滅菌処理を徹底する等十分な院内感染防止対策を講じていること。

(2)感染症患者に対する歯科診療を円滑に実施する体制を確保していること。

(3)歯科外来診療の院内感染防止対策に係る標準予防策及び新興感染症に対する対策の研修を4年に1回以上、定期的に受講している常勤の歯科医師が1名以上配置されていること。

(4)職員を対象とした院内感染防止対策にかかる標準予防策及び新興感染症に対する対策等の院内研修等を実施していること。

(5)当該保険医療機関の見やすい場所に、院内感染防止対策を実施している旨の院内掲示を行っていること。

(6)(5)の掲示事項について、原則としてウェブサイトに掲載していること。自ら管理するホームページ等を有しない場合については、この限りではないこと。

(7)年に1回、院内感染対策の実施状況等について、様式2の7により地方厚生(支)局長に報告していること。

2 届出に関する事項

(1)歯科点数表の初診料の注1に規定する施設基準に係る届出は、別添7の様式2の6を用いること。なお、当該届出については実績を要しない。

(2)毎年8月において、別添7の様式2の7により報告を行うこと。

(3)令和7年5月31日までの間に限り、1の(6)に該当するものとみなす。

■第5の2 歯科点数表の初診料の注16及び再診料の注12に規定する施設基準

1 歯科点数表の初診料の注16及び再診料の注12に規定する施設基準

(1)情報通信機器を用いた診療を行うにつき十分な体制が整備されているものとして、以下のア及びイを満たすこと。

ア 対面診療を適切に組み合わせて行うことが求められていることを踏まえて、対面診療を提供できる体制を有すること。

イ 患者の状況によって当該保険医療機関において対面診療を提供することが困難な場合に、他の保険医療機関と連携して対応できること。

(2)厚生労働省「歯科におけるオンライン診療の適切な実施に関する指針」に沿って診療を行う体制を有する保険医療機関であること。

2 届出に関する事項

(1)歯科点数表の初診料の注16及び再診料の注12に規定する情報通信機器を用いた歯科診療に係る施設基準に係る届出は、別添7の様式4の3を用いること。

(2)毎年8月において、前年度における情報通信機器を用いた歯科診療実施状況及び歯科診療の件数について、別添7の様式4の4により届け出ること。

■第3 地域歯科診療支援病院歯科初診料に関する施設基準等

1 地域歯科診療支援病院歯科初診料に関する施設基準等

(1)地域歯科診療支援病院歯科初診料に関する基準における文書により紹介された患者の数及び当該保険医療機関における初診患者の数については、届出前1か月間(暦月)の数値を用いること。

(2)地域歯科診療支援病院歯科初診料に関する基準における手術の数については、届出前1年間(暦年)の数値を用いること。

(3)歯科医療を担当する病院である保険医療機関において、歯科点数表の初診料の注6又は再診料の注4に規定する歯科診療特別対応加算1、歯科診療特別対応加算2又は歯科診療特別対応加算3を算定した患者の月平均患者数については、届出前3か月間(暦月)の月平均の数値を用いること。

(4)(1)の「文書により紹介された患者の数」とは、別の保険医療機関等からの文書(別添6の別紙1又はこれに準ずる様式)により紹介されて歯科、小児歯科、矯正歯科又は口腔外科を標榜する診療科に来院し、初診料を算定した患者(当該保険医療機関と特別の関係にある保険医療機関からの紹介患者は除く。)の数をいい、当該保険医療機関における「初診の患者の数」とは、当該診療科で初診料を算定した患者の数(時間外、休日又は深夜に受診した6歳未満の患者を除く。)をいう。単に電話での紹介を受けた場合等は紹介患者には該当しない。

(5)「特別の関係にある保険医療機関」とは「診療報酬の算定方法の一部改正に伴う実施上の留意事項について」(令和6年3月5日保医発0305第4号)の別添1第1章第2部通則7の(3)に規定する特別の関係にある保険医療機関をいう。

(6)当該病院が当該病院の存する地域において、歯科医療を担当する別の保険医療機関との連携体制が確保されていること。

(7)口腔内で使用する歯科医療機器等について、患者ごとの交換や、専用の機器を用いた洗浄・滅菌処理を徹底する等十分な院内感染防止対策を講じていること。

(8)感染症患者に対する歯科診療に対応する体制を確保していること。

(9)歯科外来診療の院内感染防止対策に係る標準予防策及び新興感染症に対する対策の研修を4年に1回以上、定期的に受講している常勤の歯科医師が1名以上配置されていること。

(10)当該保険医療機関の見やすい場所に、院内感染防止対策を実施している旨の院内掲示を行っていること。

(11)(10)の掲示事項について、原則としてウェブサイトに掲載していること。自ら管理するホームページ等を有しない場合については、この限りではないこと。

2 届出に関する事項

(1)地域歯科診療支援病院歯科初診料の施設基準に係る届出は、別添7の様式3を用いること。

(2)毎年8月に、前年1年間(暦年)の実績について別添7の様式3による報告を行い、必要があれば区分の変更を行う。

(3)令和7年5月31日までの間に限り、1の(11)に該当するものとみなす。

■第4 歯科外来診療医療安全対策加算1及び歯科外来診療医療安全対策加算2

1 歯科外来診療医療安全対策加算1及び歯科外来診療医療安全対策加算2に関する施設基準

(1)歯科外来診療医療安全対策加算1に関する施設基準

ア 歯科医療を担当する保険医療機関(歯科点数表の地域歯科診療支援病院歯科初診料にかかる施設基準に適合するものとして地方厚生局長等に届け出た保険医療機関を除く。)であること。

イ 偶発症に対する緊急時の対応、医療事故対策等の医療安全対策に係る研修を修了した常勤の歯科医師が1名以上配置されていること。

ウ 歯科医師が複数名配置されていること又は歯科医師及び歯科衛生士がそれぞれ1名以上配置されていること。

エ 医療安全管理者が配置されていること。ただし、病院である医科歯科併設の保険医療機関(歯科診療及び歯科診療以外の診療を併せて行う保険医療機関をいう。以下同じ。)にあっては、歯科の外来診療部門に医療安全管理者が配置されていること。

オ 患者にとって安心で安全な歯科医療環境の提供を行うにつき次の十分な装置・器具等を有していること。また、自動体外式除細動器(AED)については保有していることがわかる院内掲示を行っていること。

(イ)自動体外式除細動器(AED)

(ロ)経皮的動脈血酸素飽和度測定器(パルスオキシメーター)

(ハ)酸素(人工呼吸・酸素吸入用のもの)

(ニ)血圧計

(ホ)救急蘇生セット

カ 診療における偶発症等緊急時に円滑な対応ができるよう、別の保険医療機関との事前の連携体制が確保されていること。ただし、医科歯科併設の保険医療機関にあっては、当該保険医療機関の医科診療科との連携体制が確保されている場合は、この限りではない。

キ 以下のいずれかを満たしていること。

(イ)公益財団法人日本医療機能評価機構が行う、歯科ヒヤリ・ハット事例収集等事業に登録することにより、継続的に医療安全対策等に係る情報収集を行っていること。

(ロ)歯科外来診療において発生した医療事故、インシデント等を報告・分析し、その改善策を実施する体制を整備していること。

ク 当該保険医療機関の見やすい場所に、緊急時における連携保険医療機関との連携方法やその対応等、歯科診療に係る医療安全管理対策を実施している旨の院内掲示を行っていること。

ケ クの掲示事項について、原則としてウェブサイトに掲載していること。自ら管理するホームページ等を有しない場合については、この限りではないこと。

(2)歯科外来診療医療安全対策加算2に関する施設基準

ア 歯科点数表の地域歯科診療支援病院歯科初診料に係る施設基準に適合するものとして地方厚生局長等に届け出た保険医療機関であること。

イ 偶発症に対する緊急時の対応、医療事故対策等の医療安全対策に係る研修を修了した常勤の歯科医師が1名以上配置されていること。

ウ 歯科医師が複数名配置されていること、又は歯科医師が1名以上配置されており、かつ、歯科衛生士若しくは看護職員が1名以上配置されていること。

エ 歯科の外来診療部門に医療安全管理者が配置されていること。

オ 患者にとって安心で安全な歯科医療環境の提供を行うにつき次の十分な装置・器具等を有していること。また、自動体外式除細動器(AED)については保有していることがわかる院内掲示を行っていること。

(イ)自動体外式除細動器(AED)

(ロ)経皮的動脈血酸素飽和度測定器(パルスオキシメーター)

(ハ)酸素(人工呼吸・酸素吸入用のもの)

(ニ)血圧計

(ホ)救急蘇生セット

カ 診療における偶発症等緊急時に円滑な対応ができるよう、別の保険医療機関との事前の連携体制が確保されていること。ただし、医科歯科併設の保険医療機関にあっては、当該保険医療機関の医科診療科との連携体制が確保されている場合は、この限りではない。

キ 歯科外来診療において発生した医療事故、インシデント等を報告・分析し、その改善策を実施する体制を整備していること。

ク 当該保険医療機関の見やすい場所に、緊急時における連携保険医療機関との連携方法やその対応等、歯科診療に係る医療安全管理対策を実施している旨の院内掲示を行っていること。

ケ クの掲示事項について、原則としてウェブサイトに掲載していること。

2 届出に関する事項

(1)歯科外来診療医療安全対策加算1の施設基準に係る届出は、別添7の様式4を用い、歯科外来診療医療安全対策加算2の施設基準に係る届出は、別添7の様式4の1の2を用いること。なお、当該届出については実績を要しない。

(2)令和6年3月31日時点で歯科外来診療環境体制加算1の施設基準に係る届出を行っている保険医療機関については、令和7年5月31日までの間に限り、1の(1)のエ、カ、キ及びクの基準を満たしているものとする。

(3)令和6年3月31日時点で歯科外来診療環境体制加算2の施設基準に係る届出を行っている保険医療機関については、令和7年5月31日までの間に限り、1の(2)のエ及びクの基準を満たしているものとする。

(4)令和7年5月31日までの間に限り、1の(1)のケ及び(2)のケに該当するものとみなす。

■第4の2 歯科外来診療感染対策加算1、歯科外来診療感染対策加算2、歯科外来診療感染対策加算3及び歯科外来診療感染対策加算4

1 歯科外来診療感染対策加算1、歯科外来診療感染対策加算2、歯科外来診療感染対策加算3及び歯科外来診療感染対策加算4に関する施設基準

(1)歯科外来診療感染対策加算1に関する施設基準

ア 歯科医療を担当する保険医療機関(歯科点数表の地域歯科診療支援病院歯科初診料にかかる施設基準に適合するものとして地方厚生局長等に届け出た保険医療機関を除く。)であること。

イ 歯科点数表の初診料の注1に係る施設基準の届出を行っていること。

ウ 歯科医師が複数名配置されていること、又は歯科医師が1名以上配置されており、かつ、歯科衛生士若しくは院内感染防止対策に係る研修を受けた者が1名以上配置されていること。

エ 院内感染管理者が配置されていること。ただし、病院である医科歯科併設の保険医療機関にあっては、歯科の外来診療部門に院内感染管理者が配置されていること。

オ 歯科用吸引装置等により、歯科ユニット毎に歯の切削時等に飛散する細かな物質を吸収できる環境を確保していること。

(2)歯科外来診療感染対策加算2に関する施設基準

ア 歯科医療を担当する保険医療機関(歯科点数表の地域歯科診療支援病院歯科初診料に係る施設基準に適合するものとして地方厚生局長等に届け出た保険医療機関を除く。)であること。

イ 歯科点数表の初診料の注1に係る施設基準に適合するものとして地方厚生局長等に届け出た保険医療機関であること。

ウ 歯科医師が複数名配置されていること又は歯科医師及び歯科衛生士がそれぞれ1名以上配置されていること。

エ 院内感染管理者が配置されていること。ただし、病院である医科歯科併設の保険医療機関にあっては、歯科の外来診療部門に院内感染管理者が配置されていること。

オ 歯科用吸引装置等により、歯科ユニット毎に歯の切削時等に飛散する細かな物質を吸収できる環境を確保していること。

カ 感染経路別予防策(個人防護具の着脱法等を含む。)及び新型インフルエンザ等感染症等に対する対策・発生動向等に関する研修を1年に1回以上受講している常勤の歯科医師が1名以上配置されていること。

キ 新型インフルエンザ等感染症等の発生時に、当該感染症の患者又は疑似症患者を受け入れることを念頭に、汚染区域や清潔区域のゾーニング等を行うことができる体制を有すること。

ク 新型インフルエンザ等感染症等発生時の事業継続計画を策定していること。ただし、病院である医科歯科併設の保険医療機関にあっては、歯科外来部門の事業継続計画を策定していること。

ケ 新型インフルエンザ等感染症等の発生時に歯科外来診療を円滑に実施できるよう、医科診療を担当する別の保険医療機関との連携体制が整備されていること。ただし、病院である医科歯科併設の保険医療機関にあっては、当該保険医療機関の医科診療科との連携体制が整備されている場合は、この限りではない。

コ 新型インフルエンザ等感染症等の発生時に当該地域において、歯科医療を担当する別の保険医療機関から当該感染症の患者又は疑似症患者を受け入れることを念頭に、連携体制を確保していること。

サ 年に1回、感染経路別予防策及び最新の新型インフルエンザ等感染症等を含む感染症に対する対策・発生動向等に関する研修の受講状況について、別添7の様式2の7により地方厚生(支)局長に報告すること。

(3)歯科外来診療感染対策加算3に関する施設基準

ア 歯科点数表の地域歯科診療支援病院歯科初診料に係る施設基準に適合するものとして地方厚生局長等に届け出た保険医療機関であること。

イ 歯科医師が複数名配置されていること、又は歯科医師が1名以上配置されており、かつ、歯科衛生士若しくは看護職員が1名以上配置されていること。

ウ 院内感染管理者が配置されていること。ただし、医科歯科併設の保険医療機関にあっては、歯科の外来診療部門に院内感染管理者を配置していること。

エ 歯科用吸引装置等により、歯科ユニット毎に歯の切削時等に飛散する細かな物質を吸収できる環境を確保していること。

(4)歯科外来診療感染対策加算4に関する施設基準

ア 歯科点数表の地域歯科診療支援病院歯科初診料に係る施設基準に適合するものとして地方厚生局長等に届け出た保険医療機関であること。

イ 歯科医師が複数名配置されていること、又は歯科医師が一名以上配置されており、かつ、歯科衛生士若しくは看護職員が1名以上配置されていること。

ウ 院内感染管理者が配置されていること。ただし、医科歯科併設の保険医療機関にあっては、歯科の外来診療部門に院内感染管理者を配置していること。

エ 歯科用吸引装置等により、歯科ユニット毎に歯の切削時等に飛散する細かな物質を吸収できる環境を確保していること。

オ 感染経路別予防策(個人防護具の着脱法等を含む。)及び新型インフルエンザ等感染症等に対する対策・発生動向等に関する研修を1年に1回以上受講している常勤の歯科医師が1名以上配置されていること。

カ 新型インフルエンザ等感染症等の発生時に、当該感染症の患者又は疑似症患者を受け入れることを念頭に、汚染区域や清潔区域のゾーニング等を行うことができる体制を有すること。

キ 新型インフルエンザ等感染症等発生時の事業継続計画を策定していること。

ク 新型インフルエンザ等感染症等の発生時に歯科外来診療を円滑に実施できるよう、医科診療を担当する別の保険医療機関との連携体制が整備されていること。ただし、病院である医科歯科併設の保険医療機関にあっては、当該保険医療機関の医科診療科との連携体制が整備されている場合は、この限りではない。

ケ 新型インフルエンザ等感染症等の発生時に当該地域において、歯科医療を担当する別の保険医療機関から当該感染症の患者又は疑似症患者を受け入れることを念頭に、連携体制を確保していること。

コ 年に1回、感染経路別予防策及び最新の新型インフルエンザ等感染症等を含む感染症に係る対策・発生動向等に関する研修の受講状況について、別添7の様式3により地方厚生(支)局長に報告すること。

2 届出に関する事項

(1)歯科外来診療感染対策加算1又は歯科外来診療感染対策加算2の施設基準に係る届出は、別添7の様式4を用い、歯科外来診療感染対策加算3又は歯科外来診療感染対策加算4の施設基準に係る届出は、別添7の様式4の1の2を用いること。なお、当該届出については実績を要しない。

(2)毎年8月において、感染症に係る感染経路別予防策及び対策・発生動向等に関する研修の受講状況について、歯科外来診療感染対策加算2を届け出ている保険医療機関においては別添7の様式2の7により、歯科外来診療感染対策加算4を届け出ている保険医療機関においては別添7の様式3により届け出ること。

(3)令和6年3月31日時点で歯科外来診療環境体制加算1の施設基準に係る届出を行っている保険医療機関については、令和7年5月31日までの間に限り、1の(1)のエ及び(2)のエからサまでの基準を満たしているものと

日歯

令和6年度事業計画（重点項目）

生涯を通じた歯科健診を充実

◎基本方針

令和元年度からの新型コロナウイルス感染症に対して、スタンダードプリコーションに加え感染防止対策の徹底により、歯科医療機関におけるクラスター発生は、ほぼなかったと認識している。この徹底した感染防止対策に加え、昨今の国際情勢や円安等による物価高騰の影響を受け、歯科医療機関における負担は大きくなっている。公定価格である保険診療が主である医療機関にとっては、この負担を価格に転嫁することができず、国から求められている歯科医療従事者の賃金上昇もできない状況である。

この状況を打開すべく、国へ対応を求めるとともに、価格変動の影響を受けやすい金属材料からの脱却、適切な技術料評価、新技術、新材料の保険収載等を目指すこととする。

また、世界に誇れる我が国の国民皆保険の制度を維持・持続可能なものとし、国民へ安全安心な歯科医療を提供するため、歯科受診につながる国民皆歯科健診の具現化のための方策の検討、予防管理型医療への転換、地域における病院との連携、マイナ保険証の普及促進、医療支援アプリの活用をはじめとした医療DXの推進、キャッシュレス決済の推進、加えて、歯科衛生士、歯科技工士の人材確保、支援策等を図ることとする。

さらに現在の歯科医療のおかれている状況を正しく把握し、今後の歯科医療提供体制の在り方を示すため、歯科医師の偏在、多機能歯科診療所、歯科大学や歯科医師国家試験等についての検討を行う。

一方、日本歯科医師会として機能強化を行うため、未入会者対策を一層推進し、広報戦略の見直し、若手会員へ活躍の場を提供するとともに、既存の委員会や各地区における役員連絡協議会の有効活用を図ることとする。

また、令和5年に設置した本会における政策立案、都道府県歯科医師会、郡市区歯科医師会の会務運営に有用なデータベース機能を有したシンクタンクの活用を推進していく。

課題は山積しているが、上記のとおり国民への良質な歯科医療の提供、歯科医療機関の安定した経営基盤の確立、そのための日本歯科医師会の機能強化を目指し、令和6年度事業計画の基本方針とする。

1、国民の健康増進・健康寿命の延伸に向けた疾病予防及び重症化予防への貢献

歯科医療・口腔保健が地域医療に貢献し、国民の健康増進・健康寿命の延伸に歯科がより一層寄与するためには、医療的ケア者、障がい児・者などを含め若年層から高齢層まで、多職種による情報共有・連携に基づいた歯科医療提供体制の整備による疾病予防及び重症化予防が不可欠であることは言うまでもない。

とりわけ、超高齢社会においては、医科疾患による入退院時から在宅・施設の入退所時等に至るまで、地域の歯科診療所と医科病院、医科病院内等における医科歯科連携が求められる。そして、医科歯科連携の拡充により、病気や障害を抱えて歯科受診が困難な方への受け皿の確保等の歯科機能の充実と、患者の歯科情報が分断されず、切れ目なく適切に歯科医療・口腔保健が提供される体制を構築することが極めて重要である。

併せて、かかりつけ歯科医機能の充実を前提に、ICT技術の利活用などを通じた情報共有による関係多職種連携の他、周術期口腔機能管理における連携協力や、退院時カンファランス等への積極的な歯科診療所からの参加、災害時対応に係る環境整備等を推進する。

また、第8次医療計画や成育医療等基本方針、第9期介護保険事業（支援）計画への歯科医療提供体制の適切な反映の観点からも、生涯一貫した歯科口腔保健事業の推進を図りつつ、医療的ケア児や児童虐待、障がい児への対応、周術期口腔機能管理に資する人材育成及び環境整備を含め、国民に持続可能で安全・安心な歯科医療を提供するための体制の構築と、それを支える歯科医師への研修の充実を図っていく。

さらに、循環器病対策推進基本計画に則り、遅々として進まない歯周病を始めとする口腔疾患と循環器病等との研究の具現化を図るとともに、国民に普及・啓発していく。

「健康増進法」に基づく健康日本21（第三次）、「歯科口腔保健の推進に関する法律」、「健康寿命延伸プラン」等に掲げられている健康格差の縮小を図る観点からは、周産期からの全ライフステージにおいて歯周病をはじめとする口腔疾患に関する研究の推進と、研究結果や各種健診結果等の分析に基づく効果的な歯科口腔保健対策の展開を求めていく。

以上、これらの実現に向けて、国民の健康増進・健康寿命の延伸を主眼とする疾病予防及び重症化予防を引き続き推進していく。

2、歯科界の活性化並びに歯科医療の安定供給に向けた新技術等の研究開発の支援及び保険収載の推進

歯科における医療技術等の研究開発と保険導入については、平成26年度診療報酬改定時のCAD/CAM冠の導入以降、様々な新規技術等が保険適用されている。令和5年度においては、すべての大臼歯に適用可能なCAD/CAM冠材料が期中導入で保険適用となり、使用できる材料の選択肢が更に広がっている。

また、歯科用貴金属材料については、世界情勢等による市場価格の変動を保険償還価格に早期に反映する仕組みとして、令和4年度から随時改定の2カ月前までの平均素材価を用い、価格変動率に関わらず3カ月毎に価格改定が実施されることとなったものの、依然として「後追い」の制度であり、根本的な問題解決には至っていない。

国の「骨太の方針」に2年連続明記された「市場価格に左右されない歯科用材料の導入を推進」を踏まえ、引き続き、日常の臨床現場における歯科医療機器等に係る状況を把握した上で課題の整理を行い、本会が日本歯科医学会と共に研究者や産業界とのコーディネーター役となり、国策としての支援も求めながら新たな医療機器や歯科医療技術の開発を促進し、さらには保険収載を目指していく。

令和6年度診療報酬改定は、ポスト2025を見据えた地域包括ケアシステムの深化・推進や医療DXを含めた医療機能の分化・強化、連携の推進、また、安心・安全で質の高い医療の推進、効率化・適正化を通じた医療保険制度の安定性・持続可能性の向上等が基本的視点として掲げられている。これらを踏まえて、口腔疾患の重症化予防及び口腔機能低下への対応の充実に資する検査や機能訓練、在宅医療や医師の偏在にも対応できるICTを活用した歯科診療の保険導入等が求められる。

今後も歯科界全体の活性化はもとより、多様化する社会の歯科ニーズを見据え、国民が必要としているより質の高い歯科医療技術を提供するために、本会、学会、産業界、行政がこれまで以上に強力に連携を図り、諸課題に取り組んでいく。

3、生涯を通じた歯科健診の充実

近年の「経済財政運営と改革の基本方針」（骨太の方針）には「生涯を通じた切れ目のない歯科健診」などが明記されている。2022年には「生涯を通じた歯科健診（いわゆる国民皆歯科健診）の具体的な検討」と初めて、「国民皆歯科健診」が記載され、2023年には「生涯を通じた歯科健診（いわゆる国民皆歯科健診）に向けた取組の推進」と、さらに発展した文言となっている。

全身疾患と口腔の疾患との関連性が明確になってきている中、全身と口腔の健康との関連の視点での歯科医療の評価を踏まえた、ライフステージに応じた生涯に亘る切れ目のない歯科健診の充実による歯科医療と口腔健康管理の徹底により、健康寿命の延伸を図る医療政策の整備が肝要である。

具体的には、法定化されていない歯科健診の拡充として、低コストによる事業場等におけるICTやアプリ等を活用した歯科口腔保健活動の展開を始め、成育医療等基本方針を踏まえた妊産婦への歯科健診や、3歳児以降の就学時までの歯科健康診査の導入、健康増進事業における歯周疾患検診の対象年齢拡大、産業歯科医の果たすべき役割に関する法制面での整備などが求められる。

また、学校歯科健診として法定化されているものの、不登校児童・生徒数が増加の一途を辿っているにもかかわらず、フリースクール利用者に対しては学校保健法に基づく学校歯科健診制度は適用されていない。児童相談所に保護された児童・生徒等への歯科健診も同様である。

しかしながら、▽生涯を通じた共通性と年代ごとの特異性の検討、▽自治体間等でデータ比較できる歯科健診様式の標準化及び電子化、▽重症化予防に効果的な健診の在り方の構築、▽歯科保健指導の効果や定期受診につながることの検証、▽必要なエビデンスの構築、▽保険者と連携した健診の在り方及び健診内容・方法の検討、▽効果データが抽出・分析できる仕組みの構築など、解決すべき課題が山積していることも否定できない。

以上を踏まえ、生涯を通じた歯科健診実現タスクチームで取りまとめた〝生涯を通じた歯科健診〟の実効化に向けて望まれる対応に基づき、ライフステージに応じた生涯を通じた歯科健診の実効化に向けて対応していく。

なお、今後の未知の感染症対策も視野に入れながら、国民の歯科口腔保健の保持・増進に寄与するため、医療機関内でのクラスター発生対策に基づいた唾液検査を含む簡便な検体検査の導入と、その後の医療連携の構築も求めていく。

4、新たな感染症を踏まえた歯科診療における感染予防策の更なる推進

新型コロナウイルス感染症は令和5年5月8日より感染症法上の分類が2類から5類に変わった。

しかしながら、今後も世界的規模の感染症発生は予想されることであり、口腔はその感染経路となる可能性も高い。スタンダードプリコーションの充実を図ると共に更なる感染防止対策も求められる。また口腔健康管理は感染防止と共に重症化予防にも有用と考えられ、強く推進が求められる。

また、コロナ禍での様々な課題に対応するため、歯科医療機関においても多大な感染対策の費用が発生しており、診療報酬等による評価や補助金等の更なる充実を求めていく。

5、誰一人取り残さない口腔健康管理、オーラルフレイル対策の展開及び普及促進

「口腔健康管理」の概念整理は、歯科界では既に行われているものの、介護職種を中心として、職種間連携の場面の用語としては「口腔ケア」として認知されている。用語の普及には、実態としての効果の違いを示す必要があり、職種横断で検証が求められている。

他方、オーラルフレイル対策は、8020運動と共にさらに進展する超高齢社会への予防の取り組みとすることとしたものの、概念を含めて曖昧さが二の足を踏む結果となっているところも少なくない。

このように、用語が定着していないことなどから、国や地方公共団体においても用語の使用を控える動きが散見されることに鑑み、令和3年度に日本歯科医学会に定義の定着に向けた対応の検討や、「口腔ケア」に関する検討委員会の答申書（平成27年6月16日）を踏まえた「口腔健康管理」の活性化に向けた見直し及び時代背景に応じた解釈・説明の構築、「オーラルフレイル」の活性化に向けた各種分科会による定義の検討を依頼し、令和5年6月に回答を得た。

回答の結果、「口腔健康管理」については、口腔機能に関わる歯科医療行為である「口腔機能管理」、口腔衛生に関わる歯科医療行為である「口腔衛生管理」、多職種、介護者及び本人・家族等による歯ブラシやガーゼ等で口の中を清掃するといった行為などの「口腔ケア」のすべてを包括したもの、と定義づけられた。

「オーラルフレイル」は、「老化による口腔機能低下を加速させている要因を自分事にするための概念」とされた。併せて、▽口腔状態（現在歯数）、▽咀嚼困難感、▽嚥下困難感、▽口腔乾燥感、▽活舌低下（舌口唇運動機能低下）の5項目のうち2項目以上該当したケースを「オーラルフレイル」とする方向が示され、日本サルコ

↖

シンクタンクの推進を図る

◀ペニア・フレイル学会、日本老年歯科医学会の3学会合同ステートメントを待って、マニュアルの改訂などを含めた今後の国民啓発等に関して検討していくこととされている。

以上を踏まえ、日本歯科医学会からの回答及び3学会合同ステートメントを踏まえた、人生100年時代に向けたオーラルフレイル対策や、国民の健康増進・健康寿命の延伸、地域共生社会の実現に向けての若年層からの口腔健康管理等による口腔疾患の継続管理・重症化予防を推進していくとともに、口腔健康管理、オーラルフレイルの関係各所や国民への普及啓発及び多職種連携を図る。

6、多様化する歯科需要に対応した日歯生涯研修事業の充実及びeラーニングの推進

超高齢社会に突入したわが国の歯科医療において地域包括ケアシステムへの参画や医療介護分野の他職種連携など社会が求める歯科医療の需要は変化し、かつ多様化してきている。さらに歯科領域におけるデジタル化も急速に進展し、今後も引き続き良質な歯科医療提供を確保するために、最新の歯科医学及び周辺分野に関する知識や技能、また医療安全や倫理等について理解を深め、修得する必要がある。

本会では平成2年から全ての会員が参加可能で研修実績を評価できる制度を整備し、今後も自己研鑽ならびに地域歯科医療の推進に資する生涯研修事業の更なる充実を目指す。

現在、保険診療における施設基準に係る研修においてeラーニングによる研修も一部認められているが、今後はさらに研修会を開催する地域歯科医師会や会員の利便性が向上し、研修内容の質を担保し、eラーニングやサテライトによる研修が円滑に受講できる体制整備、普及に努める。

運用開始以来15年が経過しているEシステムの抜本的な見直しを図り、実用性の高いシステムへの再構築に向け、会員の要望も取り入れながら具体的検討を行う。さらに、生涯研修セミナーのリアルタイム配信およびサテライト配信については、全国7地区及び都道府県歯科医師会等との連携を強化し、会員が参加しやすいように受講環境を整備する。

また、大学における歯学教育(共用試験、診療参加型臨床実習等)から国家試験、臨床研修に至るシームレスな歯科医師養成に向けた生涯研修との連携、歯学部生に対する研鑽の場についても提供していく。さらに、厚生労働省及び日本歯科専門医機構との連携の下に、本会会員が「国民目線の歯科専門医」を取得できるように協議するとともに、歯科医師の新たなキャリアパスの設定及び人材育成のための体制づくりを図る。

7、歯科医療職種の人材確保

全国歯科衛生士教育協議会の調査によれば、令和5年度の入学定員に対する入学者数の割合は84・8%で、68・0%の養成機関が定員を満たしていない状況にある。

また未就業の歯科衛生士が復職するためには、現場復帰のための研修を受講しても、新しい医療技術への不安や就労時間等が障害になっている。一方、全国歯科技工士教育協議会の調査によれば、令和5年度の入学定員に対する入学者数の割合は47・4%で、入学志願者数は減少傾向である。近い将来、歯科医療を支える歯科技工士の確保は極めて困難となることが、大きな懸念材料となっている。

このため、「歯科衛生士に関する協議会」「歯科技工士に関する協議会」を新たに発足し、関係団体と共により具体的な議論を進めるとともに、歯科衛生士・歯科技工士の確保対策や奨学金制度の充実等、また養成機関の課題解決やマッチング等を含めた復職支援の推進のための諸施策に取り組みたい。

また、歯科助手の養成についても従前通り実施する。

8、医療DXを見据えた適切な歯科保健医療を推進するためのICT化の普及促進

現在、国民の健康増進や切れ目のない質の高い医療提供に向け、国が中心となり医療分野のICT化が進められ、保健・医療情報の利活用が推進されている。

国は、医療分野における医療DX(「全国医療情報プラットフォームの創設」、「電子カルテ情報の標準化」、「診療報酬改定DX」)を通じたサービスの効率化・質の向上を実現することにより、国民保健医療の向上を図ることとしており、オンライン資格確認のインフラを基盤に、マイナンバーカードの普及・利活用の促進策と併せ、全国ネットワークの構築に向け精力的に取り組んでいる。

こういった医療分野のICT化事業に本会も協力している所であるが、国民が不安になりかねない拙速な進め方への憂慮と医療現場が混乱しないための細やかな配慮と情報提供を求める。さらに、歯科医療機関が適切に対応できるよう国、医療関係団体、業界団体等との連携を密にし、整備の上で重要となる医療機関等への補助事業の実施や必要な実証・検証事業等、必要な対応を求める。

なお、医療機関のICT化にともないこれまで以上にサイバーセキュリティ対策が重要となることから、歯科医療機関が適切に対応できるようその啓発と必要なサポートを行う。

厚生労働省委託事業「歯科情報の利活用及び標準化普及事業」により制定された「口腔診査情報標準化コード仕様」の利活用について引き続き厚生労働省、関係する業界団体と連携し、各種健診への活用、レセコン、国の進めている医療DXとの連携(標準電子カルテモデルへの原則導入等)など、その発展と普及に努める。

9、JDATの整備・普及促進及び警察歯科の充実

日本歯科医師会が基幹事務局を務める日本災害歯科保健医療連絡協議会において令和4年3月、参画団体の全会一致でJDAT(Japan Dental Alliance Team:日本災害歯科支援チーム)を創設した。

JDATは、災害発生後おおむね72時間以降に地域歯科保健医療専門職により行われる、緊急災害歯科医療や避難所等における口腔衛生を中心とした公衆衛生活動を支援することを通じて被災者の健康を守り、地域歯科医療の復旧を支援すること等を目的としている。

JDATは令和5年5月に修正された防災基本計画において保健医療活動チームに位置づけられるとともに、第8次医療計画の「災害時における医療体制の構築に係る指針」にも記載されている。

被災者の健康を支援し、誤嚥性肺炎等による災害関連死を減少させることや、食支援のための歯科保健医療活動の重要性は広く認識されている。しかしながら、適切に被災地に歯科保健医療活動を届けるための人材・環境は整備されているとは言い難い。首都直下地震や南海トラフ巨大地震等の発災が予測されている中、いつ、どこで、どのような形で起こるか予測困難な大規模災害に備えるためにはJDATの活動に係る人材育成及び体制整備は必須であり、都道府県におけるJDATの整備は急務である。

とりわけ、JDATが実効化するためには都道府県と都道府県歯科医師会間で締結されている各種協定の整合化、つまり、多くの都道府県で知事の指示により出動することとされているが、JDATとしての出動に対しても適用する旨の厚生労働省から都道府県への通知等が不可欠である。

加えて、JDATの体制整備に向けては、災害拠点病院の約4割にとどまっている歯科の設置の拡大が求められる。急性期にマンパワーを発揮できるのは、地域行政及び地域歯科医師会と連携がとれた災害拠点病院の歯科であることから、その設置拡大を図り、DMAT(災害派遣医療チーム)やJMAT(日本医師会災害医療チーム)等との有機的な連携の構築を図る。

人材育成の観点からは、平成30年度からの厚生労働省「災害歯科保健医療チーム養成支援事業」における災害歯科保健医療体制研修会を地域においても開催するとともに、令和2年度から実施しているアドバンス研修会の拡充等を図り、地域においてJDAT活動が進展するよう取り組む。

また、全国における歯科所見による身元確認の体制整備及びその充実に向け、本会と警察庁、海上保安庁等の関係省庁との連携を強化する。具体的には、死因究明等推進基本法に基づき、▽歯科所見による身元確認作業(デンタルチャート、口腔内写真、エックス線写真等の採取及び照合等)の標準化と、生前と死後の歯科情報の照合解析に用いる資器材の全国配備、▽警察と歯科医師会による全国一律的な合同訓練の実施、▽死因究明機関(国・地方自治体または第三者機関等が保有する)等による、歯科情報のデータベースの構築及び管理、▽大学における歯科法医学講座の開設及び増強、▽都道府県における「死因究明等推進協議会」の活性化等について、関係省庁へ求める等して、その具現化を支援していく。

さらに、多数の身元不明遺体が発生する大規模災害等においては、歯科情報の有用性がより高まることから、本会が主体的に策定し、厚生労働省標準規格となった「口腔診査情報標準コード仕様」を実際に活用できるよう、その普及に努めていく。

10、国民スポーツを支援するスポーツ歯科の普及促進

スポーツ歯科の役割には、「歯や口のケガの防止」「歯科的な健康管理」「競技能力の向上」などがある。

現在、各競技団体及び各都道府県の体育協会を統括する日本スポーツ協会との協働および日本スポーツ歯科医学会の協力を得て実施している「公認スポーツデンティスト養成事業」を継続し、スポーツ現場におけるアスリートの支援を含め、国民のスポーツを通じた健康づくりに貢献できる人材育成と共にミッションの遂行に向けた施策について検討する。さらに、外傷を予防するスポーツマウスガードの環境整備を促進するためにスポーツ歯科を支援する議員連盟との協議も行っていく。

スポーツ歯科領域の研究について見識を高めるために日本スポーツ歯科医学会への積極的参画を行うとともに、都道府県歯科医師会、文部科学省、厚生労働省、日本スポーツ協会及び公認スポーツデンティスト協議会、日本スポーツ歯科医学会、日本学校歯科医会等との連携強化に努め、必要な対策を講ずる。

11、広報活動の抜本的な改革

歯科医療に関する情報は、インターネットやSNSなどが氾濫するなか、いかにして国民に正確で分かりやすい内容を提供し、受診行動につなげられるかが課題であり、より国民に分かりやすい情報を提供していく観点から、広報活動の在り方を検討していく。

具体的には、本会HPをより見やすいものにしていくための方策や国民がHPにアクセスしやすい環境整備を進める。

また、患者に有益な情報を提供するためのツールを検討し、会員を通じて歯科に対する国民の意識の喚起を図っていく。

12、日本歯科医師会シンクタンクの充実、推進

口腔の健康やその機能回復を通して歯科保健の啓発や地域歯科医療の確立に貢献し、国民の健康と福祉の増進に向けて、歯科界が抱える課題の迅速かつ効果的な解決を目指す必要がある。

そのためには、国や行政はもちろん、地域社会や歯科医療提供体制に影響力のある関係団体等に効率的な説明を行う必要がある。

ついては外部との多面的な連携等による戦略的な提言、またそのための調査資料の開発、対外的な折衝に生かせるデータベースの整備等を図るべく、令和5年に設置したシンクタンクの機能を充実し積極的に活用を推進していく。

投稿 寄稿

中澤 桂一郎 利根歯科診療所所長

医療福祉生協連が「食べる」でつながる歯科・介護の研修会開く

歯科と介護で「食」再考 舌ケアの必要性学ぶ

介護現場において必要となる支援方法などを解説する精田氏

日本医療福祉生活協同組合連合会の『食べる』でつながる歯科・介護の研修会」が2日に新大阪の丸ビル別館で行われた。開催目的は、介護現場での口の健康を守り、食べることの喜び、楽しみを追求していくために、歯科と介護の連携を目指すというもの。参加者35人(医科4人、歯科20人、介護11人、事務局9人)が一堂に会して多職種連携を図り、ディスカッションなどを行った。

◆◆◆

基調シンポジウムでは歯科委員長の後藤芳枝氏が問題提起をし、質疑応答を実施。在宅、介護の現場での食の問題を共通課題として理学療法士、ケースワーカーの立場からの助言もあり、食べる時の姿勢の重要性、舌骨というポジションの大切さ、食思不振という病名に対する各職種からのアプローチなどについて討論した。

学習講演は精田紀代美氏の講演&実技指導で盛り上がった。精田氏は30年間勤務していた富山県保健所を退職した後に「歯科衛生士事務所ピュアとやま」を開設し、富山の10カ所の介護施設で「誤嚥性肺炎ゼロを実現したプロの口腔ケア」を紹介し、結果を残す「富山型セイダ式口腔ケア法」を全国各地から海外へと展開中。歯科衛生士が口腔ケアばかりしていてはいけないこと、「歯磨きおばさん」になるのではなく介護職員ができることを現場で支援することが大切であると説いた。

日本人は世界でもトップクラスの歯磨きをしている国だが、歯科は「まだ磨け、もっと磨け」というのが現実である。しかし口臭の原因は歯だけはなく舌が汚れており舌を磨けていないのが原因であるというのが施設に入って指導方法を変えた原点となっている。

介護施設の職員に対して「歯は何本もあるのに舌は1枚しかないからターゲットは一つで楽だ」と面白く話し、忙しい中でも1週間に2回だけ、お風呂に入っている時に舌のケアをしようと提案し、受け入れられて結果を残した。

富山県内にある10カ所の高齢者施設で舌そうじを中心としたセイダ式口腔ケアの指導を行った結果、約880人の入所者の中で誤嚥性肺炎を起こした入所者はゼロ。誤嚥性肺炎を防ぐ驚異的なメソッドとして北陸公衆衛生学会で発表を行い、大きな注目を集めた。しかも、セイダ式口腔ケアはインフルエンザの予防効果も高いことが分かった。

また唾液の重要性については神奈川歯科大学の槻木恵一氏のデータも紹介し、唾液の免疫力が高ければ全身への影響が大きいことを強調された。歯科と介護との連携問題では再度、歯科がひたすら口腔ケアをするのではなく、介護の現場ができることを指導する、義歯の清掃も介護職員が嫌にならないように簡単にできるように工夫することが重要であると説いた。一般的には誤嚥は治らない、口腔ケアすることで誤嚥性肺炎になる前にケアをして入院させないことが重要とまとめられた。

阪大国際医療センター

「文化・歴史を踏まえた対応を」

移民への医療でシンポ

大阪大学・国際医療センターらは10日、東京都中央区の日本橋ライフサイエンスビルで「移民がはぐくんできた歴史と文化から学び、これからの医療を考える」と題する研究シンポジウムを開催した=写真。

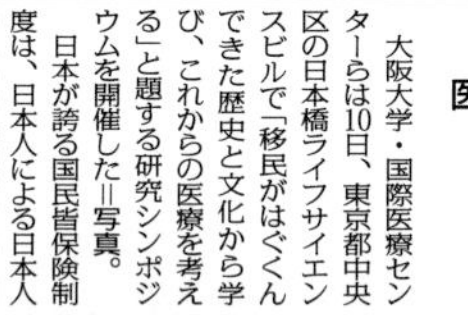

日本が誇る国民皆保険制度は、日本人による日本人のための医療政策という側面が強く、マイノリティである外国籍住民を含んだ平等性については、十分に議論されてこなかったとの問題意識のもと、在日コリアン、中国帰国者、ハワイ在住日系人を例に、移民を受け入れる日本社会の医療のあり方を考えるのが趣旨。

李錦純氏(関西医科大学教授・在宅看護学)が在日コリアン高齢者を支える地域包括ケアシステム、リトル奈々重氏(甲南女子大学大学院生・ハワイ在住看護師)がハワイ在住日系移民高齢者の医療との関わり方、小笠原理恵氏(阪大国際医療センター特任講師)が中国帰国者の日本での医療との向き合い方について、それぞれの研究成果を発表。指定発言として、中国帰国者2世で中国語での介護通訳を行っている木下貴雄(王栄)氏、特別ゲストに、長年にわたる国際保健の活動で知られる本田徹氏(福島県・いいだてクリニック内科)が登壇。高齢化と多様化が進む日本の課題をディスカッションした。在日コリアン、中国帰国者や南米からの日系人など、日本は移民の歴史が意外に長く、それらのコミュニティが、日本社会全般と同様に高齢化の問題を抱えていることを報告した。

特に、認知機能が衰えてくると母国語に戻る傾向があることや、言語能力などが原因で医師とのコミュニケーションを避けるようになることから、単に医療用語を翻訳するだけでなく、相手の文化、歴史を踏まえた対応が必要だという。

まとめとして、ファシリテーターを務めた中村安秀氏(日本WHO協会理事長)は、世界保健機関(WHO)が、2024年の世界保健デーの標語を「私の健康 私の権利」としており、移民・難民の健康が人権問題として注目されていることを挙げ、これからの日本の医療において、移民の文化、歴史への配慮が重要になると強調した。

歯科での課題 在日外国人コミュニティの高齢化に伴う問題は、現在のところ、歯科ではあまりクローズアップされていない。今回の研究シンポで主に話題になったのは、デイサービスなど医療と介護、福祉の境界領域で起こる文化的な摩擦。歯科でも、訪問診療を中心に「在日外国人の高齢化問題」に直面する可能性が大きくなってきている。

春、おススメの６冊！

スタッフの採用、成長をサポート！

「募集しても応募が来ない！少ない！」と困ったら…

歯科医院のための

採用マニュアル・ツール集〔2022年改訂〕

日本歯科新聞社 2022年販売数 1位

伊藤祐子 著 /A4 判 /80p
定価 5,500 円（税込）

- ▶魅力的な求人広告がすぐ完成！
- ▶「今どき求人」のポイントが分かる！
- ▶面談・見学の対策もばっちり！

「人が育たない。すぐ辞めちゃう…」と悩んだら…

歯科医院のための

成長評価シートとスタッフ面談術

日本歯科新聞社 2023年上半期 販売数 1位

濱田 真理子 著 /A4 判 /96p
定価 6,600 円（税込）

- ▶本人が成長する力を応援する！
- ▶スキルも勤務態度も改善する
- ▶A4 コピーですぐ使える！

「新人がなかなか仕事を覚えない」と思ったら…

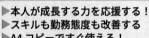

歯科医院の　100円グッズから始める

整理・収納アイデア集

小原啓子、藤田昭子、石田眞南 編著
B5 変形判 /80 p
定価 7,700 円（税込）

- ▶モノの置き場がすぐ分かる！
- ▶オペレーションが覚えやすくなる！
- ▶働く場所が快適に！

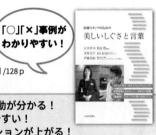

「医療施設らしい言葉遣いをしてほしい」と思ったら…

医療スタッフのための

美しいしぐさと言葉

「○」「×」事例がわかりやすい！

石井孝司、伊藤美絵、北原文子 著 /A5 判 /128 p
定価 3,520 円（税込）

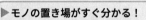

- ▶「思いやり」が伝わる言動が分かる！
- ▶NG 例が多くて分かりやすい！
- ▶自分磨きで、モチベーションが上がる！

「患者さんの気持ちの変化に気付いてほしい」と望むなら…

歯科医院のための

パフォーマンス学入門　表情心理学を学べば医院が変わる！

佐藤綾子 著 /A5 判 /176p
定価 3,960 円（税込）

- ▶気持ちが、表情から読み取れるように！
- ▶話の引き出し方、切り上げ方も分かる！
- ▶信頼される振る舞いが、分かるように！

ヒントはネットじゃなくて、本にあるかも

「歯が生える前の予防と食育を学んでほしい」と思ったら…

0 歳から始まる食育 予防歯科の実践

新井美紀、山中和代 著 /A5 判 /144 p
定価 6,600 円（税込）

- ▶モノの置き場がすぐ分かる！
- ▶オペレーションが覚えやすくなる！
- ▶働く場所が快適に！

ご注文は

お出入りの歯科商店、シエン社、日本歯科新聞社（オンラインストア）からご注文いただけます。

日本歯科新聞社
東京都千代田区神田三崎町 2-15-2
TEL 03-3234-2475 ／ FAX 03-3234-2477

製品紹介

（価格は税込）

歯牙移植用バー

アルベオ・シェーバー

ヨシダ　☎0800-170-1180

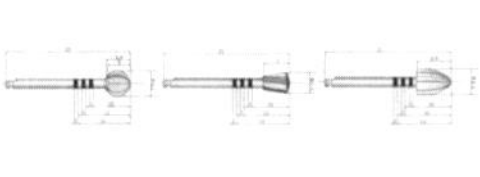

骨切削効率の良い8枚刃の歯牙移植用バー。全長33㎜で臼歯部にも届きやすい。ソケット周囲を横に削る「スピンドル」と、骨を下方に削る「インバーテッドコーン」、歯牙移植レプリカとの誤差をピンポイントで削る「ラウンド」の3種類を用意。

価格＝1万3,200円

歯科用CAD/CAM冠ブロック

Z1

ビー・エス・エーサクライ　☎052(805)1181

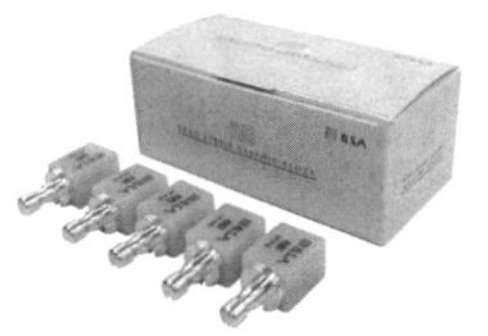

保険適用の小臼歯用のCAD／CAM冠ブロック。独自に開発した均一なドイツ製セラミックフィラーにより高強度と研磨性、耐久性を有し、艶が持続する。機械的特性と審美性を保ちつつ、安価に作製できる。色調はA1、A2、A3。

価格＝5,500円(SS)、6,050円（S）、6,600円(M)、7,150円(L)各5個入り

口腔内照明用補助LEDライト

プレスタライトⅡ

アグサジャパン　☎06(6762)8022

指にリングを装着して使用する口腔内照明用補助LEDライト。従来品よりリングの色を緑に変更。重さは5gと軽量、超小型で消費電力も少ない。リチウム電池2個を内蔵し、繰り返し使用できる。自然光に近い明るさ。

価格＝2,178円

口腔内撮影用LEDライト

クリアファイバー　スマートpix

日本歯科商社　☎03(3625)3111

スマートフォンやタブレットに装着できる口腔内撮影用LEDライト。高演色性能LED素子を採用し、太陽光に近い自然な発色を実現。撮影部位に合わせて3種類の発光パターンを選べる。重量140gで持ち運びしやすい。

価格＝13万7,500円

2024年度

「健康経営優良法人」

歯科関連は21社認定

優良な健康経営を実践している企業や医療法人等を認定する「健康経営優良法人」の2024年度版に、少なくとも21社の歯科関連企業が認定された。

四つの基準満たす

経産省が制度設計し、日本健康会議が認定するもので、認定に当たっては、健康経営における要件「経営理念・方針」「組織体制」「制度・施策実行」「評価改善」の基準などを満たしているかを審査している。

8回目となる今回は、「大規模法人部門」で2988法人（前年より312増）、そのうち上位500法人が「ホワイト500」として、また「中小規模法人部門」で1万6733法人（前年より2721増）、そのうち上位500法人が「ブライト500」として認定を受けた。また、健康経営優良法人（大規模法人部門）申請の上位500位以内の上場企業から1業種1社を基本として選定する「健康経営銘柄2024」には27業種53社が選定された。

本紙調べでは、「ホワイト500」には、花王とライオンが8年連続、アース製薬が4年連続、サンスター財団およびサンスターが2年連続で認定されている。また、「大規模法人部門」ではサンスターとサンスター財団が8年連続、フィリップス・ジャパンが6年連続、メディアとモリタが5年連続、ナカニシが4年連続、ウシオ電機とピジョンが3年連続、小林製薬とGENOVA、ホワイトエッセンスが2年連続、松風、タカラベルモントが初めて、伊藤超短波、OEC、グラクソ・スミスクライン、P&Gジャパン、ロッテなどが認定されている。

「健康経営銘柄2024」には、花王が9回、ライオンが2回目に選定された。

「SAFEアワード」

歯科関連は2社が受賞

職場の労災・健康増進

厚生労働省が主催する令和5年度「SAFEアワード」の結果が2月9日に発表され、花王（本社・東京都中央区、長谷部佳宏社長）の「やってみよう！かんたんセルフチェック～転倒に強い体づくり」が転倒災害防止部門で「ゴールド賞」、サンスター財団（牧山義仁理事長）とルネサンス（本社・東京都墨田区、岡本利治社長）の「転倒災害リスク低減を目指して！（株）ルネサンス様と新しい体操を開発！」が企業等間連携部門で「ダイヤモンド賞」を受賞した。

職場での労働災害防止や安全・健康増進のための取り組みについて一般投票等を行い、五つの部門別に表彰。24の企業・団体等が受賞した。受賞した取り組みは、SAFEコンソーシアムポータルサイトに掲載し、受賞ロゴを付与。受賞者には表彰状と盾が贈呈された。

松風

中国に製造子会社

供給能力の拡大で

松風（本社・京都市、髙見哲夫社長）は、4月に中国の江蘇省常州市に歯科の材料および機器の製造子会社を設立すると7日に発表した。

同社グループは、グローバルな需要への対応に向けた効率的な生産拠点の再配置を進めており、中国のさらなる需要拡大に対応するため、既に設立した上海市の子会社に加えて新たな子会社を設立して供給能力を拡大する。資本金は約5億円（人民元建て）。

今年7月から製造設備の導入等稼働に向けた準備を進め、2026年に稼働を開始する予定。

週間 金・パラ価格動向　税抜価格（1g、円）

	金	パラジウム（参考価格）
3月11日（月）	10,346	5,035
3月12日（火）	10,351	5,055
3月13日（水）	10,286	5,090
3月14日（木）	10,369	5,200
3月15日（金）	10,367	5,225

提供 石福金属興業

ホクビ

震災の復興支援に

アートな歯ブラシ

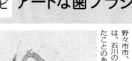

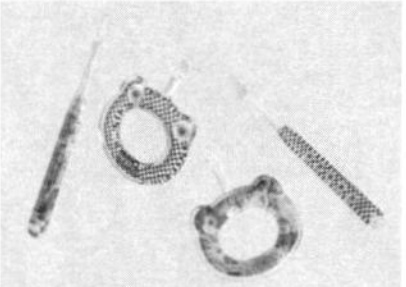

ホクビ（本社・石川県野々市市、金本優子社長）は、石川の子供達と交流したことのある全国のアーティストがアートで被災地を支援するプロジェクト「DEAR_to（ディアトゥ）」と連携し、その第一弾としてデザイナーや絵本作家、カメラマンら6人が無償でデザインした「アートなハブラシ」を1日に発売した。

同社は被災地に歯ブラシや歯磨きジェルなどを提供しており、今回同プロジェクトの運営サポートに加えて、チャリティーグッズとして歯ブラシの作製に協力。

歯ブラシは歯科医師が設計し、大人用と赤ちゃん用の11種類を用意。販売収益は子供の教育に役立てるため、被災地の教育委員会に全額寄付する。

価格は「大人用＆赤ちゃん用2本セット」が1430円、「全アーティスト大人用6本セット」が3960円。無くなり次第販売を終了する。同プロジェクトの公式サイト等で販売。

日本ビテイリース

代理店ビジネス

ゴールド賞受賞

日本代理店協会（佐藤康人会長）が主催する「優良ビジネス認定2024」で、日本ビテイリース（本社・東京都台東区、小峰一浩社長）が、洗口液やアスリート向けの飲料等にナノバブル技術を活用した「nanosuiシリーズ」を取り扱う特約店制度で「ゴールド」を受賞したと1日に発表した。

同制度は、代理店ビジネスを行う商品やサービスに対し、適正で優れた代理店制度を行っているかを審査し「ゴールド」「シルバー」「ブロンズ」として認定。

nanosuiシリーズは、産業技術総合研究所（石村和彦理事長）が開発した技術を基に、世界で初めてナノバブル技術を製品化したもの。特約店に販売実績に応じた販売奨励金や、継続期間による卸値の割引、サンプルの無償提供などさまざまな制度を用意し、継続的な支援を行っていることが評価された。

ヘッドライン 企業ニュース

■歯科用ユニット「KaVo uniQa」がアメリカの「グッド・デザイン・アワード」を受賞（2月／カボプランメカジャパン）

■ワックスパターン表面処理材「シリコンフェイスクリーナー」、歯科用パターンレジン「光硬化性樹脂材料SP-Partial」を3月1日に発売（クエスト／2月）

■無縫製のスクラブ／クラシコ

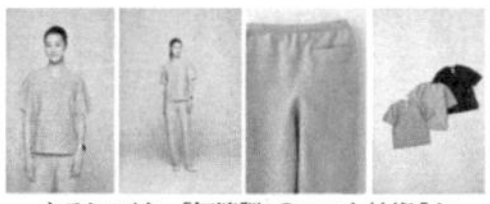

クラシコは、「無縫製」のニット技術「ホールガーメント」を採用したスクラブのトップスとパンツなどの新シリーズ「ZERO」を7日に発売した。男性用がダークグリーン、ディープネイビー、ブラック。女性用がディープネイビー、ライトグレー、ライトブルー。サイズはS、M、L。オンラインストア等で販売。価格はオープン。

■犬用歯磨きおやつ／ライオンペット

ライオンペットは、歯磨きが苦手な犬でも手軽に磨けるよう開発した「PETKISS ワンちゃんの超歯みがきおやつ」を6日に全国で発売した。弾力のある3層構造で、歯がしっかり食い込み、従来品より歯垢除去力が向上。美味しさも併せ持つという。チーズササミサンドとベジポテサンドの2種類を用意。容量は各100g。価格はオープン。

管理栄養士雇用の
やました歯科医院

「地域の健康ステーション」目指す

口と全身の健康をサポートする「地域の健康ステーション」を目指し、計7人の管理栄養士・栄養士を雇用して、食育・栄養指導、医科歯科連携などに力を入れているのがやました歯科医院（相模原市）院長の山下宗氏。そのために取り入れているものの一つが、森永乳業クリニコ（本社・東京都目黒区、遠藤悟社長）の食事記録をグラフ化してモニタリングするアプリ「もぐもぐ日記」という。山下氏に食育・栄養指導に力を入れることになったきっかけや院内での栄養士の役割、管理栄養士の長迫美祐希氏に、もぐもぐ日記の具体的な活用法などを聞いた。

食育・栄養指導に注力

――食育・栄養指導に力を入れることにしたきっかけを教えてください。

山下　32本の歯全てが残っていた父が、高血圧と糖尿病を患い、その後肺がんでわずか半年の闘病で62歳という若さで亡くなったのが、食育・栄養指導に力を入れたいと思った直接のきっかけです。

病になる前の父は見た目も現役バリバリの働き盛りの男性でした。多くの方に惜しまれながら逝ったその時の光景から思ったのは「歯科医師として父の歯は守れたが、歯科医師の視点からでも身体の健康を守れたのではないか。父のように歯だけ健康な人を増やしたくない」ということでした。

その後迎えたコロナ禍では、感染対策を発端とした予防が世間一般に認知され始めていました。その頃ウェブで面談した名古屋市のかすもり・おしむら歯科・矯正歯科口腔機能クリニック院長の押村憲昭先生から、歯科の次世代ニーズの一つとも言われる、食育・栄養指導や高齢者リハビリへの歯科の関わり方とその先の構想を聞いた時に、全身の健康管理を行う歯科医院の具体的な取り組みを知ることができました。

父の死から食事管理の大切さを身に染みて感じていたので、当院は栄養士による食事指導や医科系の医院を紹介する「地域の健康ステーション」になりたいという目標が明確に定まりました。

――その後、どのような経緯で今に至ったのでしょうか。

山下　栄養指導や血圧、血糖値測定などを行うには、ユニットのないスペースが必要です。ですが移転前の院内には空きスペースはなく、5台のユニットはフル稼働で、新患の受け入れができない状態でもありました。そこで新天地への移転を念頭に、理想の外観・内装、ユニット数、ユニットのないスペースなどを描き、住宅メーカーに試算してもらった結果、5億5千万円かかることが分かりました。120坪の敷地に3階建ての医院を建てるプロジェクトは施工会社の積水ハウスでも初めてだったようです。後にモリタのショールーム「Dental Plaza Tokyo」で最新事例の歯科医院として紹介されました。

受付フロア内に設置された血圧測定器と栄養士考案の持ち帰れるレシピ

1階受付フロア前の口腔ケアグッズ棚。ガラス張りのため外からも見える

2階の小児矯正ゾーン。「トレーニング（筋機能訓練）」の改善に栄養士もサポート役を担う時もあるという

――具体的な食育・栄養指導について教えてください。

山下　栄養士が歯科医院で働くのは珍しく、栄養学の知識や経験などを活かせる環境を整備するのに3年程かかりましたが、今は私が思い描いていた以上のことを彼女達が自発的に行ってくれています。その一つが、もぐもぐ日記を活用したお食事相談です。詳細は、リーダーの長迫さんお願いします。

長迫　私は以前病院に勤務していましたが、健康なうちに知ってもらえていればと思うことも多く、健康な方が通える唯一の医療機関でもある歯科医院で、医科歯科連携の架け橋になりたいとの思いから当院に入職を決めました。

私達が患者さんと最初に接点を持つのは、定期健診でメンテナンスした後です。栄養チームでは、「マタニティデンタル」「ベビーデンタル」「小児矯正」「口腔機能低下症」の四つの領域で活動しています。

食に関して患者さんからよく聞くのは、「通院先でこうしてくださいと言われた」という押し付け感を伴った内容のものが多いので患者さんとの会話では「食に関する希望」を聞きながら、健康の価値を改めて知ってもらいつつ、「より健康になるには何が必要か」という視点でお話しします。トレーニングや検査なども提案し、希望した患者さんには取り組めるものから始めていただくので、私達は健康になりたいという患者さんの意思をサポートするのが役目です。

2階のキッチンスペース付きのスタッフ休憩室で。山下氏（左）と長迫氏の頭上に見える半紙の文字は、各スタッフの今年の目標

「もぐもぐ日記」は、口腔機能低下症対策のための「OSP（オーラル・サポート・プログラム）」で紹介しています。OSPは、私達のチームが独自に考案したものです。

患者さんとの会話で例えば「食事の際のむせ」があると分かったら、「口腔機能低下症」の症状の一つでもあると冊子などを通じて知ってもらった上で、口の衰えの度合いを評価する「口腔機能精密検査」や食習慣を振り返ることができる「もぐもぐ日記」を紹介します。ちなみに当院では栄養チームで検査をし、保険算定をしています。

もぐもぐ日記はスマートフォンで食事を撮影するだけで、食事バランスや必要な噛む回数の目安をAIが自動で判定します。日々の食事写真とそのデータを基にした食習慣に関するアドバイスを出力できるので、とても便利です。今後は、手術時の食生活や生活習慣病患者、ベビーデンタルなどの領域でももぐもぐ日記を使っていきたいですね。

口腔機能低下症対応のためのOSPで「もぐもぐ日記」を紹介

山下　歯周病予防のための行動変容は確立していますが、食習慣対策のための行動変容は確立していないので、OSPは食習慣対策の行動変容を促すための仕組みと私は捉えています。

――貴院での栄養士の役割についての考えは。

山下　彼女達の仕事は院内の他の仕事にも相乗効果が生まれていて、未来があります。彼女達にしかできないことをしてもらえるのはかけがえのないことですし、私を含め他のスタッフが歯科治療に専念できるのは効率的です。

ですが、医院の売り上げとなる診療報酬の多くは歯科医療従事者が担っているので、彼女達自身が仕事内容を他のスタッフに直接話す場を設けています。

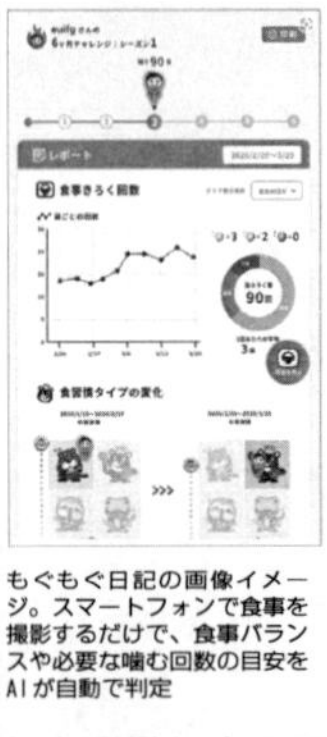
もぐもぐ日記の画像イメージ。スマートフォンで食事を撮影するだけで、食事バランスや必要な噛む回数の目安をAIが自動で判定

休憩時間には、食や栄養学に関する知識を共有してくれる場面もあるので、例えば患者さんの「爪が白い」という身体からのサインを、他のスタッフも気付けるようになり、患者さんへの接し方の幅が広がっています。

とはいえ当院は歯科医院ですので、栄養士にも歯科について知って欲しいので、入社1年目は歯科の知識を学んでもらいます。今は彼女達が得意とする栄養指導の他に患者さんが自由に持ち帰ることができる「健康レシピ」のメニューの考案からチラシ作りに加え、歯や身体に関する院内掲示物の作成も担ってもらっています。

私は過去に医院の方向性を見誤り、医院が空中分解しかけた時期もありました。どこにでもある普通の歯科医院だった当院が今こうして一人の患者さんを多職種が診るという環境を構築できて、移転後のこの1年を計画よりも4割増しで乗り切れたのは、実務を支える現場のスタッフ達のおかげです。それから、銀行や医科といった他業種の方々への会い方や医院の見せ方・伝え方などの手の内をさらしてくれた全国の諸先輩方にも感謝の気持ちでいっぱいです。

治療の質の良さ、未来の歯科医院像を知ってもらうのはなかなか難しいのですが、他科との連携では、建物の大きさが信用力につながることも分かりました。今は小児科、産婦人科、耳鼻咽喉科、皮膚科と患者さんを紹介し合っています。

ビジネスの世界であるならば手のうちを明かさない方が得策かもしれません。ですが、それだと歯科医療の裾野は広がらない。私は他院を見学して感化されることが多かったので、当院でも見学会を始めました。月2回の開催ですが、ありがたいことに、4カ月先まで埋まっています。当院の取り組みも知っていただくことで、各地域の歯科医療の裾野が広がり、歯や身体の健康に興味関心を持つ人が一人でも増えたらうれしいですね。

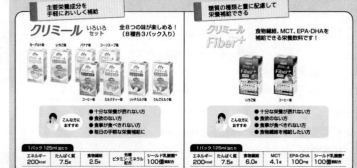

日本歯科新聞

2024年（令和6年）
3月26日

<発行所>
日本歯科新聞社
厚生労働省記者クラブ加盟社
〒101-0061
東京都千代田区神田三崎町2-15-2
電　話　03（3234）2475
ＦＡＸ　03（3234）2477
www.dentalnews.co.jp
jdn@dentalnews.co.jp

■年間購読料 23,760円（送料込）（本体21,600円＋税）
■月4回、火曜日発行
■郵便口座番号 00120-5-130369

今週号の主な内容

歯科なし病院

歯科診療所に期待すること「摂食等 機能管理」がトップ

歯科のない病院が近隣の歯科医療機関に今後期待する役割は、「摂食機能療法などの口腔機能管理」が47・0%で最も多く、「肺炎等の予防のための口腔衛生管理」46・3%、「退院後の歯科訪問診療」41・1%と続く。日本歯科総合研究機構の調査によるもので、14、15の両日に東京都千代田区の歯科医師会館で開かれた日本歯科医師会の第202回臨時代議員会で資料が示された。

調査は、病院での歯科の役割や医科歯科連携の実態を把握し、今後の歯科保健医療施策等に役立てるために実施されたもの。全国の病院（8149施設）を対象として、歯科標榜病院780施設（有効回答率45・7%）、歯科のない病院1235施設（同19・2%）から回答を得ている。

◆◇◆

歯科標榜病院での「歯科」「歯科口腔外科」の診療内容（重複回答）では、「医科入院患者の口腔管理」85・3%が最も多く、「一般的な歯科治療」79・6%、「手術を伴わない口腔外科診療」72・3%、「手術を伴う口腔外科診療」65・1%、「歯科入院患者の口腔管理」45・6%、「医科（歯科含む）入院患者の栄養サポート」34・2%、「摂食嚥下リハ」31・8%、「歯科訪問診療」16・4%と続く。同診療内容の全体に占める割合では、「一般的な歯科治療」が40・0%で最も高く、「医科入院患者の口腔管理」は25・0%に留まっている。

歯科標榜病院での口腔の評価・管理が位置付けられたクリニカルパスの有無を問うと、68・6%が「なし」で、「あり」は27・6%。クリニカルパスの内容（重複回答）では、「頭頸部・呼吸器・消化器領域等の悪性腫瘍」19・1%、「人工股関節置換術」12・7%、「その他」8・8%、「心臓血管外科手術」7・7%、「脳卒中・脳梗塞」6・9%、「造血幹細胞移植」4・4%、「臓器移植手術」2・7%と続く。

歯科標榜病院での歯科職種の参加状況で、「栄養サポートチーム」では、歯科医師が関与している病院は50・1%、歯科衛生士が関与している病院は36・7%。「口腔ケアチーム」では、歯科医師関与39・9%、歯科衛生士関与43・2%。「摂食・嚥下サポートチーム」では、歯科医師関与35・5%、歯科衛生士関与30・9%となっている。

◆◇◆

歯科のない病院での入院患者の口腔関連情報の把握については、「必要に応じて把握している」が最多の52・4%、「入院時に把握している」35・7%で、「把握していない」は9・5%に留まっている。

入院患者へ歯科医療が必要と思われた場合の対応では、「外部の歯科医師からの訪問歯科診療を依頼」が80・2%、「外部の歯科医師からの訪問歯科診療を依頼していない」10・1%だった。

近隣の歯科医療機関に求める役割では、現在実施しているもので最も多いのは「入院患者への緊急時歯科治療」42・3%で、次いで「肺炎等の予防のための口腔衛生管理」16・1%、「入院患者の周術期等口腔機能管理」12・9%、「退院後の歯科訪問診療」12・1%、「摂食機能療法などの口腔機能管理」11・5%、「入院患者の栄養サポート」8・6%。一方で必要性を感じていないものとして「入院患者の栄養サポート」32・1%、「入院患者の周術期等口腔機能管理」29・7%、「退院後の歯科訪問診療」21・8%などとなっている。

歯科のない病院が近隣の歯科医療機関に求める役割

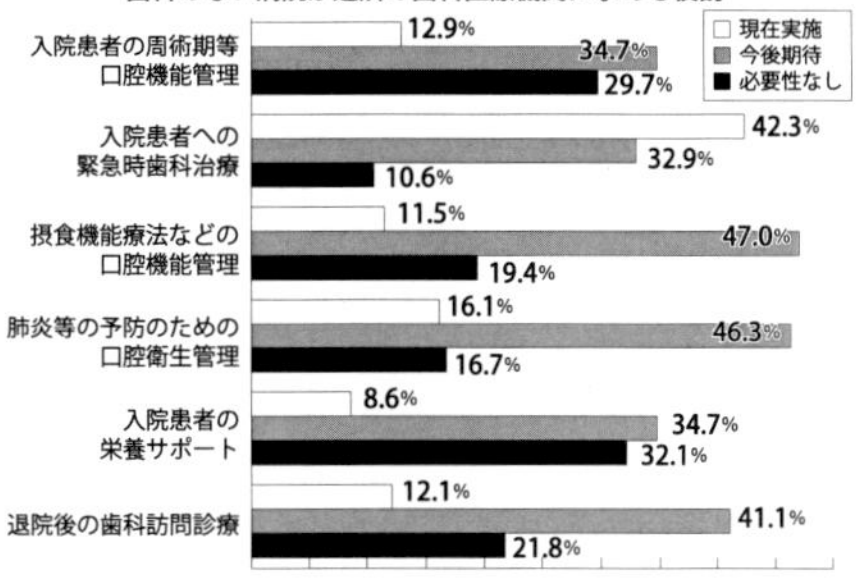

歯科標榜病院 算定実績の割合

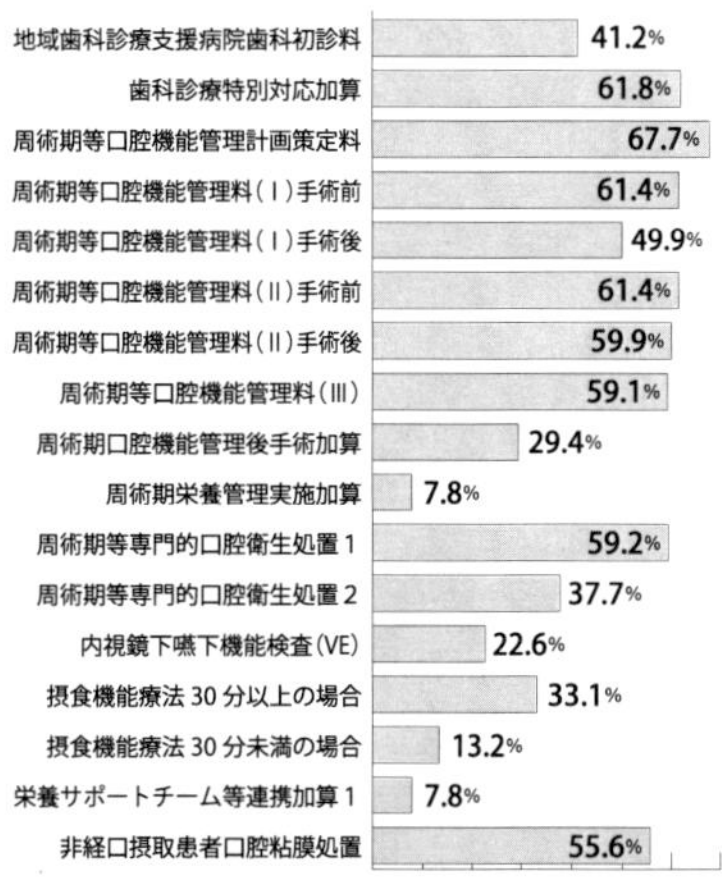

プリズム

「ベア評価料」と医院の所有者

スタッフの賃上げを条件に、初診時10点、再診時2点、訪問診療では最大41点を算定できる「歯科外来・在宅ベースアップ評価料（Ⅰ）」や「同（Ⅱ）」に対して、戸惑いの声だけでなく、「医療機関経営に保険行政が手を突っ込むもので、医療制度の根幹を揺るがしかねない」との批判が出ている。

翻って考えれば、公的制度に関わる保険医療機関の経営に、当局が一定の強制力を及ぼすのは、国際的には不思議なことではない。COVID―19パンデミックに際し、民間病院への行政からの指示が浸透しにくい日本の特性が明らかになったが、これには歴史的根拠がある。

ヨーロッパでは、中世から地方自治体や宗教組織が所有していた大規模病院が、現在も公的医療を担っている。病院の所有者がもともと公共性の高い組織のため、政府の強制力を受けることに違和感が少ない。これに対して近代日本は、医療機関の整備をそれぞれの医師の個人的経営努力に頼ってきた経緯があるという。それぞれ、医療機関が医師の所有物である以上、病床区分を強制したり、賃金アップと保険点数をリンクさせたりすると、「自分の懐」に手を突っ込まれた感じがするのだろう。

ここから「日本はガラパゴス」という話に持っていくのは容易だが、長い歴史的経緯のある医業経営の在り方は、そんなに簡単には変えられないのではないだろうか。

「3団体の意見集約待つ段階」

技工士問題　日歯が見解

歯科技工士の人材確保対策について、日本歯科医師会（高橋英登会長）は、既に日本歯科技工士会、日本歯科技工所協会、全国歯科技工士教育協議会と協議を進めているとし、「それぞれの団体で考え方が異なる部分もあるため、調整してもらった上で慎重に進めていきたい」と、歯科技工界（3団体）の統一の考えを待っている状態と説明した。日歯の第202回臨時代議員会を前に予算決算特別委員会（豊嶋健治委員長）が会務への質問をして執行部が答えたもの。

同委員会は、会立の歯科医療専門学校・技工士科の応募者が極端に減少し、その原因が未だに解明できないとして、対策などについて事前質問した。それに対して執行部は、「毎年、厚労省への制度・予算要望の中で歯科衛生士、歯科技工士の人材確保及び養成の支援として、各養成校に対する支援策の充実を要望してきた」とし、骨太の方針に「歯科技工士の人材確保」「歯科技工を含む歯科領域におけるICTの活用を推進」と記載されたと説明。「各都道府県歯科医師会の独自の取り組みも参考とさせていただき、好事例の共有を図りたい」との考えを示している。

さらに、日技と歯技協、全技協との協議や、歯科技工業の社会的認知度向上の必要性について言及。すでに協議は進めているとして、引き続き経過報告をしていく構えを見せている。

その他、委員からは会議のペーパーレス化の予定について質問があり、執行部は「ペーパーレス化の方向で進めているが、運用面や技術的問題の解決のため、少し時間をいただきたい」との回答があった。

また、災害歯科保健医療体制研修会への支援では、厚労省に補助金を引き続き要望していく旨が述べられた。

健診データ等のデジタル化については、「受診者にどうつなげるか、健診事業をどのようにデジタル化するかの二つの観点がある」と説明。健診事業のデジタル化では、ロードマップはできているものの、進捗が芳しくないとし、健診データのデジタル化については、都道府県によっては進んでいるところもあるとの現状が示された。

日学歯　臨時代議員会

全3議案を可決

日本学校歯科医会（柘植紳平会長）は19日、東京都千代田区の歯科医師会館で第110回臨時代議員会を開いた。事業計画や収支予算、資金調達および設備投資の見込みなど全3議案が可決、承認された。

柘植会長＝写真＝はあいさつで、「情報の共有、人材の育成、柔軟な施策、いわゆる『Jプロジェクト』を基本方針として掲げ、特に医療DXの推進を図ってきた。その一つとして日学歯が発行してきた書籍等の電子データ化で、来年度末までに会員が閲覧できるような体制を作っていく」との考えを示した。

能登半島地震における対応では、「東日本大震災や熊本地震の教訓から、被災した直後は比較的元気だが、数カ月すると心身ともに悪影響が出てくることが示唆されている。現在、それに向けてリーフレットを作成中」と発言した。

同リーフレットは災害直後の歯・口のケア、避難生活での注意点、被災地における食生活の特徴などが記されており、完成次第、石川県で児童・生徒を指導する学校関係者へ早急に配布するとのこと。

◆◇◆

議案可決後、代議員からPHRにおける学校歯科健康診断の電子データ化の状況について質問があった。柘植会長は、「日本歯科医師会と一緒にPHRの推進に取り組んでいるが、現状では2025年度までにはできない状況で、学校保健会には『日学歯としてできるところはやる』と文書で伝えている」と状況を説明した。

さらに、令和6年度診療報酬改定で「学校歯科健診で不正咬合が疑われた場合の歯科矯正相談料」「小児口腔機能管理料、口腔機能管理料の見直し、口腔機能に関する指導訓練に関する評価」の新設がなされたことを受け、日学歯として不正咬合の診断基準の見直しや小児の口腔機能を検査項目に加える予定はあるのか問われた。齋藤秀子副会長は、「当会としても厚労省や文科省、日本歯科医学会など学術団体との連携を図ることは大変重要なことだと感じている。これに関しては、現状は今まで通りの健康診断の基準でお願いしたい」と述べた。

◆◇◆

各委員会報告では、齋藤副会長が大学生の歯・口の健康づくりの調査研究について報告。昨年10月5日の臨時委員会第1回会議で大学生への歯科健康診断・口腔保健教育の現状把握、歯科健康診断の実施に向けての課題などを検討する方向性が示され、その後会議を2回開催し、意見書（中間報告）が取りまとめられた。

今後は、現在行われている大学生向けの健康診断の実施状況を把握するほか、ポスター作成などを行う予定としている。

なお、来賓では、会長の代理で日歯の山本秀樹常務理事、日本歯科医師連盟の村上恵一副会長があいさつした。

大学生への歯科健診

課題や在り方などで意見書

日本学校歯科医会は19日、第110回臨時代議員会で大学生の歯・口の健康づくりに関する意見書を公表した。大学生の歯科健康診断・口腔保健教育の意義と現状、課題や今後の活動の在り方などを検討してきた臨時委員会が取りまとめたもの。

同意見書では、大学生への歯科健康診断実施に向けての課題として①マンパワーの確保、②地域における歯科医療資源の不足、③財政的な支援、④法的根拠の確立を挙げている。①、②について、日学歯が主体となって、会員である学校歯科医を地域で確保するとともに、学校歯科医が指導・管理などかかりつけ医としての役割を果たすことが重要であり、学校歯科保健の担い手の育成を行う必要性を説いている。③や④では、文科省などの関係機関、日本歯科医師会などの関係団体と連携し、学術的な助言を行うほか、法的根拠の確立に向けた継続的な情報発信、提言を実施する重要性について述べている。

また、今後の活動の在り方では、普及活動の強化や口腔保健教育の充実と資料作成、生涯を通じた歯科健診の実現に向けた対応を掲げている。

日学歯はこれまでの学校保健活動について、「健診（強制的・義務的）」と事後処置としての「治療勧告と個別の指示」を行ってきたが、幼稚園から高校までとは異なり、大学ではこのような権能を持っていないという。しかし、新型コロナの感染拡大の時期では、大学側が学生に指導・指示を行い、「行動抑制への強制力」を発揮するとともに、情報発信によって「学生の行動変容」を生じさせた。状況に応じて、大学側も初等中等教育と同じような保健に関わる統制機能があるとのこと。

今後は、歯科保健についても大学として主体的に取り組む方針を検討していくとしている。

歯科情報学

松尾　通

「歯科建築家として」

日本歯科医師会の第202回臨時代議員会が3月14、15日に開催された。会議の概要は日歯広報や本紙等で報道されていて、必ず目を通すようにしている。特に会長の所信表明や代議員と執行部の質疑応答に注目している。代議員は各都道府県から会員の代表者として選出されているのだから、会員が何を望み、何に悩んでいるのかを発言する責務がある。役員もそうだが、代議員がどんな発言をし、どう行動しているかに会員一人一人が関心を持つべきである。

質疑のなかに出色の発言があった。広島県選出熊谷代議員の発言がそれである。歯科技工士法第2条及び第20条を取り上げ、この法律が歯科医療の現状、社会の要請に合っていないし、歯科技工士の活躍の場を拡充する意味からも法改正の提案を指摘した。今回、改めて歯科技工士法に目を通してみたが、文言を含めて時代にマッチしていない。歯科技工士の不足が叫ばれて久しいが、なぜ人が集まらないかと問われた時、単に収入や労働条件の問題だけでなく、根本的な歯科技工の在り方を改善しない限り解決しないのではないか。熊谷代議員の指摘の通り、早急に法律改正を行い、診療現場への立ち合いや訪問歯科診療への帯同がスムーズに行えるようにすべきだ。

◆

補綴という言葉がある。「おぎないつづる」が本来の意味だが、何とも分かりにくい。辞書の編纂ですかと聞かれて苦笑したことがある。補綴は長い間、歯科医療の根本として位置付けられていたが、近年の歯科医療のダイナミックな変化で性格を大きく変えつつある。ならば長い間使っていた補綴という言葉を言い換えてみたらどうか、その一例が「歯科建築」であり「義歯建築」である。

ヒントはある建築家の言葉のなかにあった。何か生活用品を作るとする。その用具の使用目的に合わせて設計、デザイン、色調、見た目の美しさ、材質、使い勝手、耐久性などあらゆる知識を総動員して完成へと導く。食器、文房具など小さい物であってもクリエイトする条件に変わりはない。建築家がビルを建てるのと、その基本は同じだ。

「歯科の先生方が作る義歯・入れ歯は建築なんですね」

この言葉が腑に落ちた。キャストデンチャーの匠として名高い歯科技工士の川島哲氏と相談して決めた言葉が「歯科建築家」「義歯建築家」である。例えば局部義歯を作るとする。まずスナップ印象を取り、スタディ模型を作り、基本設計を行う。この初動から完成、そしてメンテナンスまで複雑な工程が待っている。でき上がった義歯は人工臓器として、また生命維持装置として患者さんの健康と命を支える。歯科医師や歯科技工士が建築家としての自覚を持てば、その価値は高まるに違いない。

（東京都開業）

2024.3.26

東京都医師会

食支援をテーマに多職種交えシンポ

東京都医師会は16日、東京都との共催で令和5年度東京都在宅療養推進シンポジウム「超高齢社会の食を支える　在宅療養における食支援について」をウェブ上で開催し、歯科医師や栄養士、言語聴覚士が食支援における役割や取り組みを紹介した。高齢者のQOL維持と肺炎予防のためには食機能を維持し、医療・介護など専門職によるアプローチが必要不可欠との観点から、食支援の重要性を伝えることが目的。

同シンポジウムでは、東京都医師会理事の西田伸一氏、日本歯科大学口腔リハビリテーション多摩クリニック院長の菊谷武氏、東京都栄養士会会長の西村一弘氏、高輪会教育研修部チーフで言語聴覚士の岡島雅美氏が登壇した。

◆◇◆

西田伸一氏は「高齢者の食を支える」をテーマに、フレイルは口に関連する要素が非常に多いという背景を説明した上で、早期発見・治療の重要性を説いた。

また、80歳以上の要介護高齢者は内因性肺炎を発症する人が多く、その中でも口腔内環境の悪化や摂食嚥下機能低下などを原因として挙げ、その対策について「口腔機能・形態の評価、義歯調整等歯科治療、医科による関連疾病の診断治療、食に関わる生活支援などが挙げられるが、多職種連携で行わなければなかなか達成できない」と伝えた。

◆◇◆

菊谷氏は、「超高齢社会の食を支える　在宅療養における食支援について」をテーマに、在宅訪問患者の介入効果や摂食嚥下障害を抱える患者の実態について紹介した。摂食嚥下障害は治すことより、強い力で飲み込めないなら弱い力で飲める食事を提案するという対照的アプローチが重要だが、家族等が在宅で患者が望む食事をつくるという介護する側のサポートが必要になる。これについて、同氏は「介護力がなくても、地域全体で摂食嚥下について対応できる体制にしていけば、家族や身内に頼る必要はなくなる」と述べた。

また、摂食嚥下障害を主訴に訪問した患者の実態について、6カ月で2割、1年で3割、2年経つと4割が亡くなるデータを示した上で「在宅療養者に対しての摂食嚥下リハビリテーション医療は人生の最終段階におけるリハビリテーション医療であることを念頭に置かねばならない」と主張した。

さらに、「食べられなくなっていく過程で、患者さんや家族の思いなどをくみ取り、物語として食を支える役割も担えるのではないか」と問い掛けた。

C000 歯科訪問診療料（1日につき）

改定前

	訪問診療1	訪問診療2	訪問診療3
	1人のみ	2～9人	10人以上
20分以上	1,100点	361点	185点
20分未満	880点	253点	111点

▼

改定後

	訪問診療1	訪問診療2	訪問診療3	訪問診療4（新設）	訪問診療5（新設）
	1人のみ	3人以下	4～9人	10～19人	20人以上
20分以上	時間にかかわらず 1,100点	410点	310点	160点	95点
20分未満		287点	217点	96点	57点

注6　2及び3について、当該患者の容体が急変し、やむを得ず治療を中止した場合は20分以上の点数で算定可能

歯科訪問診療料における各種加算の体系変更等

緊急・夜間・深夜歯科訪問診療加算の区分及び点数の変更

改定前

	訪問診療1	訪問診療2	訪問診療3
イ 緊急（午前9時～午後6時）	+425点	+140点	+70点
ロ 夜間（午後6時～午後10時）	+850点	+280点	+140点
ハ 深夜（午後10時～午前6時）	+1,700点	+560点	+280点

▼

改定後

	訪問診療1	訪問診療2	訪問診療3	訪問診療4	訪問診療5
イ 緊急（午前9時～午後6時）	+425点	+159点	+120点	+60点	+36点
ロ 夜間（午後6時～午後10時）	+850点	+317点	+240点	+121点	+72点
ハ 深夜（午後10時～午前6時）	+1,700点	+636点	+481点	+249点	+148点

注8　特別対応加算

改定前			改定後	
初診時歯科診療導入加算	+250点	➡	歯科診療特別対応加算1	+175点
歯科診療特別対応加算	+175点		歯科診療特別対応加算2	+250点
			歯科診療特別対応加算3	+500点

注10　地域医療連携体制加算 +300点　要 施設基準

改定前		改定後
訪問診療1・2・3への加算	➡	訪問診療1・2・3・4・5への加算

令和6年度 診療報酬改定

Inter view

歯科訪問診療のポイントは

「1回3人までが増加」「複数の医院で連携を」「ICT活用が鍵握る」

令和6年度診療報酬・介護報酬改定が6月から施行される。超高齢社会でますます重要性を増す歯科訪問診療に関係する部分で、抑えておきたい改定ポイントなどを日本訪問歯科協会理事の前田実男氏に聞いた。

日本訪問歯科協会
理事 前田 実男 氏

――歯科訪問診療に関して今回の改定の印象を教えてください。

前田　割が良いようで、そこまで収益が出ない仕組みに変わる印象を持っています。同一建物で診る患者さんの人数をどうするかが一つのポイントになってくると思います。

これまで「歯科訪問診療料」は、「1」が1人のみ、「2」が2～9人、「3」が10人以上の場合でした。10人目から評価がガクッと下がるため、施設を訪問している先生は1日9人までを診る傾向にありました。

今回の改定では、人数による区分が「1」は変わりませんが、「2」は3人以下、「3」が4～9人、「4」10～19人、「5」20人以上と細分化されました。そして、「2」の3人まで診る場合は増点していますが、「3」以降は従来よりも点数が低くなっています。4人以上になると評価が下がるため、1日に同一建物で診る人数を3人にセーブする医療機関が増えるのではないかと予測されます。

特に特別養護老人ホーム（特養）や介護老人保健施設（老健）などは一度に多くの患者さんを診ると点数が下がってくるでしょう。

一方で、介護事業者・施設側から考えると、口腔衛生の管理は介護保険の基本サービスに包括されており、同意を取った利用者に対しては口腔衛生管理加算を算定したいので歯科のニーズは非常に高くなっています。ただ、これは施設への評価になるので、歯科医療機関側にとっては顧問料等の報酬が欲しいところですが、言い出しにくかったり、面倒なイメージを持っていたりするので、しっかりとした対価を求めるために地域の歯科医師会などで施設と交渉するようなところも出てくると予想されます。

そこを狙って、顧問料等は取らないので、歯科訪問診療は私たちのところでお願いしますと営業をする歯科医療機関も見受けられるので、施設への歯科訪問診療はレッドオーシャンになる可能性もあると思います。

――同一建物で診る患者数を抑えることで、歯科訪問診療の供給は足りなくなりませんか。

前田　一つの施設を一つの歯科医療機関でカバーしようとすると無理が生じると思います。

例えば入所者が200人のところを一つの歯科医療機関でカバーするのは難しいと思います。そこで三つの歯科医院が連携して、60、70人ずつ担当し、1日3人ずつ診るような仕組みを作れば誰も損しないと思います。

違う医療機関が同じ日に施設に行ってもそれぞれ算定できるので、囲い込みは止めて、複数の医療機関で事業所を診ていく形にすれば、丸く収まるのではないでしょうか。

――施設ではなく在宅では何か注目すべきポイントはありますか。

前田　今回の介護報酬改定で、訪問介護や訪問看護、訪問リハビリテーションなど訪問系サービスにおいて、職員が利用者の口腔状態の確認をして、歯科専門職による適切な口腔管理につなげるための「口腔連携強化加算」が設けられました。これまで施設系サービス向けの連携が多かったのですが、在宅にアプローチする道が広がりました。

単にこれに対応するだけでは、歯科への報酬は増えませんが、介護支援専門員等がICTで記録した情報を活用する医療保険の「在宅歯科医療情報連携加算」100点によって、訪問診療料の収益が伸びてくると考えています。

一方で、このICTに当たるツールについて、多職種で何を使うのかが今後の普及にも関わってくるところだと考えています。

その他にも栄養サポートチーム等連携加算80点が廃止されて、在宅歯科栄養サポートチーム等連携指導料100点が新設されるなど、栄養管理への参画をしっかりと行っていく必要があるでしょうし、後方支援を行う在宅療養支援歯科病院との連携体制を構築していくなど、地域の実情にあった取り組みが求められていくと思います。

神奈川県歯連盟

事業計画など可決 選挙対応を協議

定時評議員会

神奈川県歯科医師連盟（鶴岡裕亮会長）は21日、第55回定時評議員会を横浜市の歯科医師会館で行った。「庶務及び事業報告」「日本歯科医師連盟報告」「その他」の報告や「令和6年度事業計画に関する件」「令和6年度会費賦課ならびに収納方法に関する件」「一般会計令和6年度収入支出予算」の全議案が承認され、「選挙対応について」が協議された。

鶴岡会長

鶴岡会長はあいさつで、「昨年フッ化物洗口、児童虐待防止の条例について予算がついたが十分とは言えないものだった。今後の予算増に向けて神奈川県歯科医師会との連携を取っていくとともに、連盟の諸活動について地元の歯科医師の方々に理解いただけるよう努めていく」と述べた。

全ての議案が可決された

神奈川県歯の守屋義雄会長は「マイナス改定とされた当初から0・88％のプラス改定に持ってきたのは素晴らしい。一方で施設基準による制限や賃上げの設定など複雑な改定であることも事実。これを機に本会の医療部の見直しも図っていきたい」と話した。

来賓では日本歯科医師連盟の太田謙司会長があいさつ。「歯科と糖尿病が関連することが分かって久しく、医科歯科連携をどう推進するか模索してきた。今回の改定で糖尿病など生活習慣病を算定するには歯科医院の受診勧奨を要件とした。糖尿病を診療した医師は受診勧奨と、それに対する歯科医院からの返信によって算定ができるようになっている。内科医の手続きが増え、お叱りを受けることも考えられるが、歯科医院を受診する患者がどれくらい増えるか注目している」と語った。

比嘉奈津美参議院議員による国政報告では、デンタルミーティングの振り返り、国民皆歯科健診に向けた普及活動に対する意気込みなどのほか、「（日本歯科医師会の）高橋（英登）会長と共に厚労大臣を訪ね、歯科医師国家試験の在り方を尋ねたところ、一度歯科界から締めろといったのに、今度は緩めろというのか、とはっきり言われた。高齢化に向け歯科医師の需要がますます高まることから、引き続き歯科医師の重要性を説いていきたい」とした。

なお、山田宏参議院議員から祝電が送られた。

国民皆歯科健診 モデル事業報告

NTTデータ

生涯を通じた歯科健診（国民皆歯科健診）の具体的な検討に向けて、令和5年度の厚労省モデル事業が、自治体や職域で三つの実証パターンで実施された。厚労省から事業を受託しているNTTデータ経営研究所（本社・東京都千代田区、山口重樹社長）が11日にオンライン形式で開いた説明会の中で紹介したもの。

今年度のモデル事業では、自治体・職域向けに三つの実証パターン、歯周疾患検診を新設した「①歯科健診・歯科保健指導」、一般健診などの会場で簡易キットやアプリを活用して行う「②簡易な歯科検査」、レセプトデータなどを活用した「③ターゲットを絞った受診勧奨」で実施した。

自治体で行った①歯科健診・歯科保健指導には3327人、②簡易な歯科検査には3107人、③ターゲットを絞った受診勧奨には3876人が参加。成果と課題は、①歯科健診・歯科保健指導では参加（受診）率は7・6％と簡易な歯科検査に比べ低いが、健診後の歯科受診は5～7割程度に上った。②簡易な歯科検査では、検査キットの実施率は5割程度であるものの、アプリの実施率は低かったが、検査結果が悪い人を中心に検査後の歯科受診につながった。③ターゲットを絞った受診勧奨では、訴求内容は経済損失などが効果的で、必ずしも健康などの訴求が受け入れられるわけではないとしている。

職域で行った①歯科健診・歯科保健指導には1261人、②簡易な歯科検査には9761人、③ターゲットを絞った受診勧奨には1万3499人が参加。

成果は、①歯科健診・歯科保健指導②簡易な歯科検査のいずれも、一般健診等の既存事業の同時実施により効率的かつ高い参加率だったとし、キットやアプリを活用した簡易な歯科検査でも歯科健診・歯科保健指導と同様に、受診やセルフケア行動に一定の効果が認められた。

課題は、実施後に受診への意識変化（受診するつもり）はあるものの行動まで至らない人が多かったほか、①歯科健診・歯科保健指導②簡易な歯科検査を単独で実施する場合には参加率の向上が必要としている。

歯科国試にチャレンジ

●③⑧⑤　2023年（第116回）より

シスプラチン投与に伴って生じることがあるのはどれか。2つ選べ。

a　悪性貧血
b　肺線維症
c　歯肉増殖症
d　腎機能障害
e　発熱性好中球減少症

116-A041

答えは本紙のどこかに！

歯科点数表の検討会で決議

保団連

全国保険医団体連合会（竹田智雄会長）は17日、診療報酬改定に向けて、「歯科新点数表検討会」を開き、初・再診料や基礎的技術料の大幅な引き上げや、健康保険証廃止の撤回などを求める決議を採択した。

決議では、次の5項目について要望している。

▼歯科医療費の総枠を拡大し、歯科医療従事者が、安心して働くことができ、患者さんに寄り添った歯科医療が提供できるよう、診療報酬を改善すること
①初・再診料をはじめ基礎的技術料を大幅に引き上げること
②診療報酬の不合理を是正すること
▼歯科技工士、歯科衛生士の評価を抜本的に高めること
▼オンライン資格確認整備の義務化、オンライン請求の実質義務化方針を撤回すること
▼マイナ保険証の推進並びに、健康保険証を2024年12月に廃止するとした閣議決定を撤回し、健康保険証を存続させること
▼長期収載品の保険外し、老健施設・介護医療院の多床室の月8千円負担増をはじめ、医療・介護のさらなる負担増は行わないこと

6人の功績称える

令和5年度 日歯会員有功章

日本歯科医師会（高橋英登会長）は15日、会員有功章授賞式を東京都千代田区の歯科医師会館で開き、令和5年度は6人が受賞した。

「困難なる環境の中で、30年以上診療に従事し、地域社会の歯科保健衛生の向上に著しい功労があったと認められるもの」の第4条第1項第一号該当者に長野県の岡島省三氏、沖縄県の玉木史朗氏が選ばれ、「昭和22年11月以降都道府県歯科医師会会長又は本会役員を15年以上、群市区歯科医師会会長又は本会代議員を20年以上および都道府県歯科医師会役員、本会役員、群市区歯科医師会会長、本会代議員を通算25年以上勤め、本会在籍35年以上または70歳以上の会員で特に社会福祉の向上に貢献があったと認められる者」の第4条第1項第三号該当者に福井県の山本有一郎氏、愛媛県の是澤惠三氏、宮城県の細谷仁憲氏および枝松淳二氏が選ばれた。

高橋会長はあいさつで「会員有功章はわが会でもっとも栄誉ある章で、受賞された先生方の長きにわたる地域住民への貢献のたまもの。今後の歯科医療において模範とさせていただきたい」と述べた。また受賞者を代表して是澤氏が謝辞を述べた。

長年、保健衛生や社会福祉向上に貢献

授賞規程第4条第1項第一号該当者

岡島 省三 氏

（73歳）長野県

昭和50年4月に愛知学院大学附属病院第2口腔外科に入局後、趣味のスキーを通じて長野県に足を運んでいたところ、長野県北安曇郡小谷村が豪雪の僻地かつ無歯科医村であることを知り、昭和52年5月に小谷村に赴任。昭和52年6月1日に小谷歯科医院を開設し、村唯一の歯科医として46年間地域住民の歯の健康を守ってきた。それまで歯科医院が隣村しかなかったこともあり、村民の口腔状態は悪く医院は大変な混雑に見舞われ、また豪雪による交通事情もあり、日々の診療は困難を極めた。しかし地域住民の協力を得ながら、患者の経済的負担のため保険診療内で最善最良の診療を行い続けた。平成8年12月6日に起きた蒲浦沢土石流災害では遺体の鑑識にも尽力した。

平成4年6月より小谷村国保運営協議会委員、平成11年4月より小谷村保健福祉対策推進委員会委員、平成16年4月より小谷村村民の健康増進のための委員会「まめってぇおたり21推進委員会」委員、平成19年2月より小谷村要保護児童・配偶者からの暴力の被害者対策地域協議会委員など、各協議会の中で歯科・口腔保健事業の提言を行った。さらに乳幼児に対する「小谷村フッ素塗布事業」・「小谷村妊婦歯周歯科検診事業」「小谷村歯周疾患健診事業40・50・60・70歳節目健診」「小谷村20歳および30歳の歯科健診事業」「福祉医療費18歳以下無償化」などを小谷村事業として県内でも早期に導入した。長年にわたる地域医療の推進に貢献したことから、小谷村から保健衛生功労表彰、小谷村社会福祉協議会から表彰状を授与された。温厚な人格で誠実で仕事熱心であり、良き歯科医療等の相談相手として住民や行政機関等にも信頼されている。

年に1回長野県僻地巡回歯科診療車が、地元歯科医師会の医師と共に各校で歯科健診と初期のう蝕治療、緊急処置治療などを行った。54年に4月には小谷村立小谷中学校の環境改善等のため小谷村に対し寄附を行い、紺綬褒章を受章。昭和58年から4月から、小谷村立南小谷小学校を始めとした小中学校に学校歯科健診を実施。歯科疾患の早期発見と適切な指導、ならびに教職員への学校歯科保健の管理体制に対する必要な指導・助言等を行った。長年の学校保健功労から、長野県学校歯科医功労者表彰、長野県学校保健功労者表彰、長野県教育委員会表彰を受賞した。

大北歯科医師会で会長、理事などを経て平成23年4月からは顧問として、大北歯科医師会の事業推進と法人運営に協力し、後進の指導に当たっている。会長就任当時の平成17年12月には、大北地域において休祭日緊急歯科当番制事業（会員診療所当番制）を北アルプス広域連合との協議により開始。また、コデンタルの育成にも尽力した。その他、長野県歯科医師会代議員、長野県歯科医師会広報部員も務めた。

玉木 史朗 氏

（87歳）沖縄県

昭和42年6月に中部病院に初代歯科医長として赴任。当時はアメリカ軍政下であり沖縄の自治もほとんど認められていなかった。診療環境も整っていない中、器具などの歯科治療の物品を揃えることから始め、就任から49年まで「交通事故等による顎骨骨折の治療」「上唇裂および顎裂の形成術ならびに言語治療」「入院患者の歯科治療」「外来での一般的な歯科治療」に従事。沖縄本土復帰で車両が増加したことで交通事故による顎骨骨折が増加した際には、広範囲の地域から患者を受け入れ、その技法は海外の大学から称賛されるほどであったという。7年5カ月の勤務を経て、那覇市に玉木歯科を開設。歯科疾患予防と母子歯科保健から老人歯科保健と幅広く活動し、地域歯科医療を通じて住民の健康の保持増進に尽力した。

歯科衛生士学校運営委員会委員、委員長を務め、歯科衛生士学校の設備整備に尽力。その他歯科衛生士学校病理学講師、臨床実習担当医として自院で学生の受け入れを行い、多様化する歯科医療界に求められる人材育成に尽力した。

「歯と口の健康週間」の一環「デンタルフェア」事業には当初から参加し、来場者に無料歯科健診、むし歯予防のためのブラッシング指導や健康相談、各年代と生活スタイルに合わせた歯科保健指導を実施。県民の歯と口の健康に関する正しい知識の普及啓発を行った。

昭和53年4月から平成26年3月まで南部地区歯科医師会理事・会長・顧問を歴任し、学校歯科保健事業、乳幼児歯科保健事業、8020運動推進事業等の企画運営や行政への予算獲得、連絡網の構築など地域歯科医療の推進と公衆衛生の向上に寄与した。また昭和60年から平成17年まで開催した那覇市学校歯科保健大会においては乳幼児からの食生活の改善や健全な育成のための保健教育の必要性を訴え、歯科保健の向上に尽力した。

米国支配後に本土復帰を果たした沖縄県の歴史から、医療保険制度の発足の経緯は本土と異なり、沖縄県歯科医師会として、保険情報の伝達、会員からの質疑に対する回答の準備を行い、日常の診療がスムーズに流れるよう「保険診療の手引き」を作成した。同時に後輩の指導・育成にも尽力した。

昭和51年4月から60年3月まで沖縄県立豊見城高等学校歯科校医、昭和63年4月から平成6年3月まで那覇高等学校の歯科校医を担当。口腔疾患に関して興味・関心を持った生徒に対して疾病の背景因子について指導を行うなど、学校歯科保健の向上に尽力した。

昭和50年4月から平成21年3月までは1歳6カ月健診、平成9年4月から21年3月まで2歳児・3歳児歯科健診の協力医としてう蝕予防のためのブラッシング方法、発達段階の離乳食の進め方、むし歯になりにくい食生活等について指導・相談を実施。地域の母子歯科保健の意識高揚に大きな役割を果たした。

高橋会長（左）から表彰状を受け取る岡島氏

左から岡島氏、玉木氏の代理の米須敦子沖縄県歯科医師会会長、山本氏、是澤氏、細谷氏、枝松氏

授賞規程第4条第1項第三号該当者

山本 有一郎 氏

（72歳）福井県

昭和55年5月に福井県今庄診療所歯科に勤務して以来、昭和56年11月に現在地に開業後も継続して地域住民の歯科医療、公衆衛生の普及向上に献身的努力を続けている。昭和53年から現在まで開催されている「県民の歯を守る週間」事業の一環として、歯の無料検診、相談、無料フッ素塗布等、地域に根ざした口腔衛生の普及向上に多大な貢献をした。さらに、幼児へのフッ化物洗口、妊産婦歯科健診、成人・高齢者の歯科健診等、ライフステージに応じた歯科保健事業に積極的に取り組み、県民の口腔ケアに対する意識向上に尽力した。

平成9年4月から令和5年6月まで福井県歯科医師会理事、常務理事、専務理事、会長を歴任。昭和63年の福井口腔保健センター（心身障害児（者）歯科診療所）設立にも当初から関わり、運営および障害児（者）の診療にも献身的に尽くした。

平成7年の阪神・淡路大震災、平成23年の東日本大震災では現場に赴き被災した住民の口腔ケアをおよび応急歯科治療にあたった。避難住民の多くが十分な歯科保健・歯科医療の提供を受けられない状況を体験し、災害時における被災地での歯科医療救護活動の必要性を実感。平成25年には福井県の支援を得て、災害時歯科診療車の整備配置に多大なる尽力をした。これからの超高齢化時代に向け必要とされる在宅歯科診療についても、歯科医師およびスタッフの研修等、訪問歯科診療の充実に向け鋭意努力している。また積極的に在宅訪問歯科健診および訪問診療に出向き、時には研修医を同行し、後進の指導育成にも力を注いでいる。

是澤 惠三 氏

（75歳）愛媛県

昭和48年3月に日本歯科大学卒業後、同大講師、西ドイツチュービンゲン大学留学、養成学校歯科技工士学科の講師等を経て昭和63年7月に現在地において歯科医院を開業。以来、地域住民の歯科医療と口腔衛生の向上に多大な貢献をした。平成5年4月から松山市立桑原中学校の学校歯科医として、生徒の健康管理と学校歯科保健の向上に努めた。平成3年4月から平成9年3月まで、愛媛県歯科医師会地域保健委員として会員に対する自己研鑽のための研修会の開催や診療に関わる情報提供を実施した。平成9年4月から平成27年6月まで愛媛県歯科医師会理事、常務理事を歴任。地域保健ならびに学校保健を担当し、毎月8日を歯の日に制定するなど、8020運動推進事業の推進に尽力した。また県の補助を受けて携帯用歯科治療機器を県下各支部に配備し、寝たきり老人等訪問歯科診療事業に積極的に取り組み、受診機会の拡大に多大な貢献をした。さらに県下各種競技団体におけるカスタムマウスガードの普及啓発、「歯と口の衛生週間」「親と子のよい歯のコンクール」「良い子を産み育てる妊婦の日」などの各種事業の推進を図った。平成27年6月から令和3年6月まで愛媛県歯科医師会会長を務め、指導力を発揮しながら会員との融和と組織の強化を図り、経費節減等に努め、健全な財政運営を行い同会の発展に大きく寄与した。また、日本歯科医師会議事運営特別委員会、税務・青色申告委員会、スポーツ歯科委員会委員を歴任。愛媛県歯科医師会在職時から日本歯科医師会代議員として積極的に質問を行うなど、会員の歯科保健活動が地域住民へ還元されるよう尽力している。温厚、誠実な人柄は、会員はもとより、地域住民にも高く評価されている。

細谷 仁憲 氏

（76歳）宮城県

昭和47年3月に東北大学歯学部を卒業後、同大教官助手を経て、昭和52年4月に関歯科クリニックに勤務後、昭和53年5月に、はちまん歯科医院を開院した。常に奉仕の精神をもって地域に密着した歯科医療を提供し続け、住民の厚い信頼を得ている。平成9年4月から宮城県歯科医師会副会長、平成18年4月から現在まで同会会長として日本歯科医師会理事および常務理事を歴任。歯科医師会の中枢で地域歯科医療の充実と歯科医師会の発展に貢献すると同時に、宮城県の保健衛生行政に積極的に協力している。

新宮城県歯科医師会館の整備、宮城県歯科医師協同組合の設立、専用バスによる巡回歯科保健事業の立ち上げや、仙台市の協力を得て、宮城仙台口腔保健センターの開設を行った。また宮城こども病院歯科口腔外科および県南中核病院歯科口腔外科の設置なども実施。さらに日本歯科医師会との共同事業である「日本歯科医師会生涯研修セミナー」などの企画実施等、教育成果の向上に寄与した。また、毎年の「歯の健康週間」行事や「宮城県歯科保健大会」を開催。企画責任者として時代の流れに沿った県民へ健康教育を実施した。

その他、「宮城県歯と口腔の健康づくり推進条例（平成22年12月24日制定）」「栗原市歯と口腔の健康づくり推進条例（平成25年9月26日施行）」の制定に貢献し、現在も宮城県内全市町村の歯科保健条例制定に向けさらなる努力を重ねている。さらに、宮城県立こども病院歯科口腔外科等の設置や、みやぎ訪問歯科・救急ステーション開設などの設置にも貢献した。

東日本大震災時には、宮城県歯科医師会大規模災害対策本部本部長、宮城県警察歯科医会会長として、震災直後より宮城県・宮城県警察本部と情報共有・連携を図り陣頭指揮に当たった。震災翌日から検死活動を行い、救護所における歯科医療救護活動、歯科口腔支援物資等、仮設住宅等の住民へ長期間にわたる歯科口腔保健支援を務め、仮設歯科診療所の設置も行った。また東日本大震災の経験から「東日本大震災報告書」「東日本大震災報告書Ⅱ」を発行。今後起こり得る大災害に向け、一層の防災、減災体制の整備・強化に尽力した。

昭和58年4月から現在まで宮城県仙台市立八幡小学校の学校歯科医として、児童の歯・口腔を通しての健康保持の増進と、教職員も含めた・歯・口腔の健康思想の普及に努めた。平成7年度から16年度まで10年間連続「宮城県健康な口腔とよい歯の学校表彰」を受賞し、その中でも平成16年最優秀賞、平成12、13、14年は優秀賞を受賞している。さらに平成14年4月から現在に至るまで宮城県学校保健会副会長として学校歯科保健に尽力した。

そのほか、平成26年11月14～16日「第31回一般社団法人日本障害者歯科学会総会および学術大会」主管県を受け、東日本大震災の経験から被災地での障害者歯科医療の目指す道を考える「3・11～障害者歯科医療の未来に向けて」を企画立案・開催運営した。平成27年8月29日「第14回警察歯科医会全国大会」主管県を受け、「警察歯科医のための災害シミュレーション～想定外の状況にどう向き合うのか」の開催運営に尽力した。

枝松 淳二 氏

（72歳）宮城県

昭和55年12月に仙台市北目町に枝松歯科クリニックを開設後、長きにわたり奉仕の精神をもって地域に密着した歯科医療を提供し続け、住民の厚い信頼を得ている。平成6年4月から3年間、仙台歯科医師会の理事を務め、同会が自主事業として開始した障害者・休日夜間歯科診療所において障害者、市民の健康保持に貢献した。平成9年4月から現在まで、宮城県歯科医師会の理事、常務理事、専務理事を歴任。新宮城県歯科医師会館の整備、宮城県歯科医師協同組合の設立、デイサービス巡回歯科保健事業の立ち上げ、歯科衛生士学院初の3年制移行、「歯の大学」の開校など、各種事業推進のための計画立案、関係機関との渉外折衝等で優れた手腕を発揮して事業の推進に大きく寄与し、地域歯科保健医療の向上発展に貢献した。

学術専門団体の役員として、会員の生涯教育に尽力。「日本歯科医師会生涯研修セミナー」「日本歯科医師会学術講演会」「東北地区歯科医学会」「会員学術発表会」などを企画し、研修の場を常に会員に提供するなどして、教育成果の向上に寄与した。

「歯の健康週間」行事、「宮城県歯科保健大会」や「歯の学校」「歯の大学」「お口の健康相談」などを実施し、時代の流れに沿った企画を提案するなど歯科保健衛生思想の啓発に寄与している。宮城県歯科医師会専務理事としては、「宮城県歯と口腔の健康づくり推進条例」の制定に尽力。さらに、現在も宮城県内全市町村の歯科保健条例制定に向け努力を重ねている。

平成31年4月から宮城県国民保護協議会幹事、宮城県防災会議幹事に就任し、県の保健・医療・防災、福祉行政に深く携わり、歯科医師会の立場から健康管理施策に寄与した。厚生省の「歯科衛生士の資質向上に関する検討会」においては、修業年限を3年にすべきとの答申を機に、平成13年4月に全国初の3年制の宮城高等歯科衛生士学院が厚労省の認可を受け、日本の歯科衛生士の養成の礎の構築に寄与した。また、平成21年から副教務部長、31年から副学院長として現在に至るまで長く歯科衛生士の育成に尽力している。

東日本大震災時に、宮城県歯科医師会大規模災害対策本部副本部長、宮城県警察歯科医会理事として、震災直後より宮城県、宮城県警察本部と情報共有・連携を図り、地震発生翌日から身元確認班による検死活動に当たった。その他、避難所や災害現場等で歯科医療救護活動、口腔支援物資等、仮設歯科診療所の設置、仮設住宅等の住民へ長期間にわたり歯科口腔保健支援を継続するなど、震災対応へ大きく寄与した。

「第31回一般社団法人日本障害者歯科学会総会および学術大会」の円滑な運用のため、大会長を補佐し、企画立案・開催運営に努めた。また「第14回警察歯科医会全国大会」において、主管県の長を補佐し、同大会が全国の災害対策の一助となるよう開催運営に尽力した。

日歯 第202回臨時代議員会

地区代表質疑応答

(敬称略)

※質問は書面を、回答は当日答弁を要約

近北

地方創生交付金への日歯の考えを問う

南島 正和(奈良)

新型コロナウイルス感染症対応地方創生臨時交付金をはじめ、昨年末にも物価高騰、光熱水費および人件費の高騰に対して「臨時交付金」が拠出されているが、その配分については、都道府県に一任され、各都道府県および市町村の裁量のもと支給額が決定されている。したがって、全国各地域においてゼロ回答から数十万円の支給など大きな幅ができている。医療関係職種においても全国で国民の健康を守るために尽力しているにもかかわらず、地域によって支給額が異なるのは極めて遺憾である。国は、各都道府県を介さず、直接医療機関に支給すべきと考えるが、日本歯科医師会としての見解を伺うとともに、国に対して、これまでどのように働き掛けを行ってきたのかをお尋ねしたい。

交付金以外の方法でも要望

■瀬古口精良専務理事

新型コロナウイルス感染症対応地方創生交付金は、令和2年度から内閣府が、感染拡大や影響を受けた地域経済、住民の生活を含めて地方創生するためのもので、コロナに対する取り組みであれば原則、地方自治体に取り扱いを任せるという形。

令和4年4月には、コロナ禍における原油価格、物価高騰の対応分も追加されている。

本会の対応は、厚生労働大臣や自民党の厚生労働部会長宛に、歯科医療機関に対する物価高騰への支援の拡充に関する要望書を出している。これを受けて、9月9日に「新型コロナウイルス感染症対応地方創生臨時交付金の増額・強化」が追加された。そこに初めて「医療」という文言が出てきた。

令和5年3月には自民党政調会長宛に歯科医療機関に対する物価高騰への支援に関する要望を提出し、7千億円規模で予算に盛り込まれた。

4月には自民党社会保障制度調査会長に物価・賃金高騰対策に関する要望を提出し、さらなる物価高騰対策として安定化を求めている。

厚労省は11月に医療機関への支援に関する「重点支援地方交付金」の活用についての事務連絡を発出し、医療機関は公定価格で価格に転嫁できないとして交付金で一定水準になるように各自治体に対応を求めている。しかし、それでも各都道府県、市町村の対応はまちまちである。

われわれも当然不公平と感じている。交付金に関しては国で一括して取り組むことはできないが、それ以外のさまざまな方法を考えており、引き続き厚労省や関係省庁に連盟とともに根気強く要望していきたい。

東京

国民皆歯科健診のモデル事業の状況は

長井 博昭

令和4年に続き、令和5年の「骨太の方針2023」においても、生涯を通じた歯科健診(いわゆる国民皆歯科健診)に向けた取組の推進ということが取り上げられ、日歯も今後は、妊産婦、大学生、労働者、成人期、高齢期等における歯科健診の制度化および拡充を引き続き強く働き掛け、歯科保健医療対策の推進を図っていくとプレス発表している。また、厚労省歯科保健課の生涯を通じた歯科健診推進事業の予算に対して、令和5年度は前年度の約2倍の5億4千万円余りが当てられており、就労世代の歯科健診の受診率向上に向けた効果的な受診勧奨の方法等を検討するために、自治体や事業所等において

そのためのモデル事業を実施してコストも含めた検証等を行うとしている。そして前年度同様、簡易に歯周病等の歯科疾患のリスク評価が可能なスクリーニングツール(簡易検査キットや診断アプリ等)の開発を行う企業等に対して、研究開発を支援するとしている。

高橋会長は「生涯を通じた歯科健診実現タスクチーム」を設置してより普及しやすい方法の検討を進めていると日歯広報で発表しているが、具体的な内容と進捗状況を教えてほしい。

また、東京都歯科医師会では大学生を対象とした歯科健診を始めているが、日歯が把握している、自治体や事業所等における歯科健診や受診勧奨等の実施の支援を行うモデル事業の実施状況について教えてほしい。

また、アプリ「健口チェック」の利用状況や、その他の歯科疾患のリスク評価が可能なスクリーニングツールの開発状況について、お持ちの情報を教えてほしい。

東海・信越

国民皆歯科健診日歯の見解問う

齋藤 彦次郎(長野)

「骨太の方針2023年」に「生涯を通じた歯科健診(いわゆる国民皆南科健診)に向けた取組の推進」が示された。その実現に向けて日歯にはタスクチームが設置され、普及しやすい方法の検討が進められていると聞いている。また、厚労省の「歯周病等スクリーニングツール開発事業」では、唾液中ヘモグロビンや舌拭い液による検査、そしてスマートフォン撮影画像を用いた手法など簡易歯周病検査が補助対象として採択されているようだ。

その一方で、令和6年度厚労省予算案では、国民皆歯科健診の実効化に向けた環境整備として、生涯を通じた定期的な歯科健診の取組を推進するために、健康増進事業における歯周疾患検診の対象年齢を20歳代、30歳代まで拡大することが盛り込まれている。

現在の歯科健診は、18歳までは母子保健法、学校保健安全法の法的根拠によって義務付けられている。また、努力義務であり各自治体によって実施状況にばらつきはあるものの健康増進法による節目検診、高齢者医療確保法、そして労働安全衛生法による健診などがあり、いずれも歯科医師による対面健診となっている。

前述の簡易検査は歯科健診における一手法に過ぎない。健診の真の目的は受診者の口腔健康管理に対する関心を高め、歯科医院への受診勧奨につなげ、もって健康寿命の延伸に寄与することにあると考える。国民皆歯科健診が「最初に予算ありきの簡易検査の議論」にすり替わっていることを危惧している。これを一過的なブームとすることなく、現行制度との整合性をどのように図っていくか、日歯の考えを聞きたい。

基本的方向性は「診療所型」を想定

(一括答弁)

■蓮池芳浩副会長

生涯を通じた歯科健診実現タスクチームについては、報告の通り、実行化に向けて望まれる対応を取りまとめた。次に簡易検査は、歯科健診の一手法にしか過ぎないと質問で指摘があったが、執行部としても同感。生涯を通じた歯科健診の目的は、歯科疾患の早期発見、口腔機能の状態の確認による歯科医療機関での適切な口腔健康管理と家庭等での口腔ケア、そして、いつまでも美味しく食べて健康寿命を延伸すること、さらには国民皆保険制度の堅持、健康格差の縮小および医療費の削減に寄与することと考えている。

生涯を通じた歯科健診実現タスクチームの基本的な方向性は、診療所で行う「診療所型」をイメージしている。

一方で、職域の方は、安価で簡便なものが望まれているので、スクリーニング等を行った上で歯科診療所につなぐのが一番良いのではないかと考えている。

事業所で簡易スクリーニングを行った場合でも、結果を踏まえて診療所で精密検査を行う形にすると考えており、厚労省も同様の考え方を示している。

ただし、代議員を含めて、入ってくる情報が乏しいことがさまざまな懸念につながっていることは承知している。

先ほどの厚労省の考えも残念ながら公の場で示されたものではない。厚労省には、現場への積極的かつ必要な情報発信を要望している。発信されていないのが現状なので、引き続き要望していきたい。

厚労省の来年度予算案では、長年要望していた歯周病疾患検診の対象年齢が20歳および30歳にまで拡大することが掲げられた。一方で、検証事業を続けることも盛り込まれている。

事業結果を受けて、実証事業を実施した後、国民皆歯科健診の実現に向けての討議、具現化が始まるのではないかと考えており、実現にはもうしばらく時間がかかると思っている。日歯としては、座して待つつもりは全くない。国民の健康を守る観点から、生涯を通じた歯科健診の実行化に向けて、厚労省等の動向を注視しながら各地の健診事業の収集と共有を行うとともに、先進事業でモデル事業を行い、全国展開に結び付けていきたいと考えているので、ご協力をお願いしたい。

■山本秀樹常務理事

長井代議員の質問については、モデル事業まで至っていない。現在はパイロットスタディーの状態だと思っている。その中で、一つは自治体、もう一つは職域における効率的、効果的な健診あるいは歯科保健指導の実証などの結果を総合して、歯科健診と簡易検査の効果の差の検証、歯科健診のさまざまな知見の収集、レセプトデータ等の分析を行っている。特に簡易な歯科健診の導入では、「アドチェック」「歯茎のチェックアプリ」などが実証されている。実際に使ってどのようになるか調査中。3月4日に本年度3回目の協議会が行われたが、結果は出ていない。結果は年度内中に報告書が上がってくる予定となっている。

来年度は2億円のスクリーニングツールに対する開発予算がついている。すでに5社程度が手を挙げていると聞いている。医療機器、体内診断薬が入ってくると保険収載も考えられる。

日歯の開発した「健口チェック」はアプリ版で千弱、ウェブ版で3千くらいの利用がある。

健診制度は法令に基づいてできている。「生涯を通じた歯科健診(いわゆる国民皆歯科健診)」を実現するには、新しい法体制が必要で、それに基づいて予算がつくと考えている。時間がかかる問題で、同時にさまざまな憶測や情報が出てくるが、正式には発表していないので、しばらく待っていただけたらと思っている。

関東

国民皆歯科健診導入後の展望は

大野 克夫(栃木)

経済財政運営と改革の基本方針2023(所謂骨太の方針)に生涯を通じた歯科健診(所謂国民皆歯科健診)に向けた取組の推進が初めて記載され、令和6年度は歯科関係予算案の中にも盛り込まれた。これにより、多くの歯科医師会員もさらに国民の歯科口腔保健に資することができると期待しているであろうと思う。

ついては皆歯科健診を実現していく過程で問題となる点について質問したい。

栃木県歯科医師会では、現在共済組合2組合、企業及び団体の健康保険組合4組合の計6組合と委託契約を締結している。委託契約の内容は組合員が本会会員の医療機関で歯科健診を受け、健診料は本会が一旦まとめて受け取るというものである。導入当初より現在まで、受け取った健診料は会員にそのまま手数料なしで支払いをしている。

この方法は昨年10月のインボイスが義務化されるまで実施してきたが、次年度以降は本会で受け取った健診料に対してインボイスを発行し、内費税分は国庫に納めることになる。時限特例で8割が税額控除されるので組合側もあまり強くは要求してこないが、特例措置が終了すればインボイスの領収書が要求されることが予想できる。

現在、単年度の健診実績は数百件程度のボリュームであるため手数料等は会員へのサービスとして本会が負担しているが、皆歯科健診の拡充により将来的にはマンパワーの不足が懸念される。さらに本会から消費税の納付が絶対となるので、従来の健診料を会員にそのまま支払えば、消費税および諸経費が本会の負担となってしまう。なお本会では、これまで通り受託することを検討しているが、将来的に件数が極端に増加した場合、本会が一括して受託することが不可能となりかねない。

本会の関わりがなくなれば、やむを得ず、各組合等と各医療機関の契約となる。結果、各医療機関がインボイスの発行を求められることとなる。各医療機関でインボイスが発行できないとなれば、組合などの健診は所謂、健診業者に流れることが予想される。

このような問題も踏まえ、今後、国民皆歯科健診に向けてどのように法整備がされ、どのようなシステムで実施されるのか。また、その時に都道府県歯科医師会、郡市歯科医師会はどのように関われば良いのか。もし日歯で国民皆歯科健診の実施について、近未来の予想図を描いているのであればご教示いただきたい。

税務や事務的な負担ないよう要望

■寺島多実子常務理事

日歯では、「歯科医師会における自治体等の健診等委託事業に係わる消費税インボイス制度の適用関係について」という資料を作成し、各都道府県歯に送らせていただいた。ご承知の内容も多いとは思うが参考にしてほしい。

集合契約に関する歯科医師会の経理処理や、インボイスの適用関係は、歯科医師会と自治体等(組合や企業含む)で、歯科医師会の取次事業という形を、会の負担を減らす一つの方法として提案している。

ただし、歯科医師会における自治体等の健診等委託事業については、全国の地域で多様な契約・取引形態があり、税務処理は実態に即したものであることが必要とされる。地域ごとに情報収集していただくと共に、顧問税理士などに相談するのが好ましい。

一方で、現状の仕組みだと歯科医師会は、仕入れ税額控除できない場合が生じる。インボイス登録事業者ではない郡市区歯科医師会や受託の歯科医療機関が免税業者やインボイス発行業者でない場合は、国の経過措置はあるものの、歯科医師会の負担は増えていくことになる。

日歯としては、こうした問題の解消に向けて検討、要望を行っていくつもり。国民皆歯科健診については、未だ事業形態、時期的な展開が詳細には確定していないので、決定していく過程でできる限り、歯科医師会や実施医療機関に税務、事務的負担が生じないように要望、対応していくので、よろしくお願いしたい。

■蓮池芳浩副会長

各地の健診事業の収集と共有を行い、先進的な地域モデル事業を行っていきたい。都道府県歯には協力をお願いしたい。

法整備については、生涯を通じた歯科健診が、一気通貫で行われる体系を含めた法整備が理想。厚労省等々と協議をしていきたい。

健診票の集計の問題もある。健診票の統一やデジタル化など取り組むべき課題も山積している。

まずは国民の理解を得ることが重要だと考えている。実行化に向けて、できることから注力していきたい。

九州

マイナ保険証の利用拡大への考え問う

門司 達也（佐賀）

政府が示す、現行の保険証を原則廃止し、マイナ保険証へ完全移行する期限（令和6年12月末）まで10カ月余りに迫ってきた。令和7年12月までの1年間の猶予期間はあるものの、昨年末時点での利用率が4％台にとどまり、政府の方でも利用率がアップした医療機関への支援金を出す制度を導入するなど、利用率をアップさせ、完全移行時の混乱を回避するため、やっきになっていると思われる。

一方で、われわれ医療機関側もカードリーダー導入補助金制度などを活用し、その導入は進んだものの、マイナ保険証利用拡大に向けては、一人一人の患者さんへの受付での利用啓発といった地道な手段しかなく、この辺の状況を日歯としてどう考えているか聞かせてほしい。

普及啓発や情報発信に努めたい

■小野寺哲夫常務理事

政府はマイナ保険証の利用拡大のために、利用率がアップした医療機関に増加率に応じて段階的な利用件数分の支援金を支給、また、マイナ保険証の月間利用件数が一定以上の医療機関に対する顔認証カードリーダーの増設支援、マイナ保険証と診察券の一体化の支援など各種施策を打ち出している。

日歯としても政府の施策に協力する形で、昨年11月頃に「マイナ保険証一度使ってみませんか」キャンペーンで予坊さんを使用したポスターを作成して、医療機関に送付した。また会員医療機関における患者に対してマイナ保険証の利用を説明するための掲示物「とっても簡単マイナ保険証」を作成して、本会のホームページに掲載している。こちらも活用してほしい。

保険証利用登録をしていないマイナンバーカードでも、医療機関に設置している顔認証付きカードリーダーによってその場で保険証利用登録が可能となっている。

いずれにしても、マイナ保険証への移行前後に、国民および医療現場が混乱しないように政府にはきめ細かい対応を要望している。

日歯として今後も普及啓発や情報発信を積極的に進めていきたいと思うので、協力をお願いしたい。

北海道・東北

歯科技工士の業務範囲への見解は

山田 尚（北海道）

厚労省の報告によれば、2022年末の就業歯科技工士数は、3万2942人であり、2年前より1884人減少したとのことで、高齢化が顕著に進んでいることも見て取れる。加えて歯科技工士養成校は減少の一途で、北海道においては定員充足率が4割を切る状況が続いており危機的状態だ。日本においては超高齢社会・労働人口の減少により多くの職種において人員不足となっており、歯科技工士を確保することは容易ではなく、今後は歯科技工士という職の魅力を若い世代にアピールすることが必要である。そのためには診療報酬を得る、いわゆる「保険」歯科技工士・「保険」技工所を制度化することも一つの方策とは思うが、歯科医師や歯科衛生士の減少も懸念される中、患者に対面して臨床に携わる「臨床」歯科技工士を法的に可能にすることが効果的と考える。昨年11月に開催された「歯科技工士の人材確保対策事業」新潟シンポジウムにおいて、厚労省の小椋課長により「日本歯科医師会、日本歯科技工士会、日本歯科技工士教育協議会が同じ方向を向いているならば反対する人はいないと思っている」との見解が示された。今後日歯として歯科技工士の業務範囲拡大についてどのように取り組む意向か、考えを聞きたい。

歯科技工3団体と協議して推進図る

■寺島多実子常務理事

歯科技工士の人材確保のための出発点としては、まず職業として認知していただき、志願者を増加させるところからかと思う。これまで映画製作や8020テレビ、子供向けイベントなどの事業を行ってきたが、歯科技工士の認知につながったとは考えられ、今後も認知度向上のための取り組みについて、広報所管とも連携して対応を検討していきたい。

また、各地区・地域において既に行われている、行われてきた好事例の収集、発信にも努めていきたいと思っている。また、厚労省への制度・予算要望の中では、歯科技工士の人材確保及び養成の支援として、各養成校への支援策の充実を要望している。

現状では、厚労省の新事業として歯科技工士の人材確保事業において拠点校等で知識、技術を修得する研修を行っている。養成校による事業の運営に日歯も参画し、歯科技工士にとっても会員にとっても有意義になるように努めている。

今後は直接養成校を支援できる予算建てについても引き続き要望していく。

歯科技工士業務の在り方拡大の問題については、まずは主体である歯科技工士の団体、日本歯科技工士会、全国歯科技工士教育協議会、日本歯科技工所協会の意見、意向をよく聞くことが基本と考えている。

この3団体と歯科技工士に関する協議会を立ち上げた。そして、昨年12月と本年2月に既に2回開催している。

根本的な歯科技工士業務の在り方、拡大については、現場の意見、教育システムにも関わるもので、関連団体全体で協議して進めるものと考えており、協議会を継続して開催し、各団体と連携を深め、その中で進むべき道を検討していきたい。

制度の面では、技工所の通し番号登録制が開始された。今後個人の登録の検討も必要かと思われる。いずれにしても国民に安全な歯科医療を適切に提供することが基本と考えている。

特に喫緊の課題である人材確保の問題は、地道に養成校入学志望者を増加させる手段をはじめ、歯科界全体でより具体的な議論を進め協力して参りたい。

離職を防止するための歯科技工士の待遇や報酬については、技工料金の充実が最重要な課題の一つとして挙げられる。まずは歯科補綴関連の技術料の引き上げを中心とした診療報酬総枠拡大を引き続き求めていくことが重要と考えている。

今般の診療報酬改定でも歯科技工士連携加算が収載されたように、密接な連携を進められる方向に向かっていると希望を持っている。

歯科技工士の業務の在り方に関する検討会では、令和4年2月に中間報告がまとめられ、デジタル歯科技工におけるリモートワーク、歯科技工所間の連携に関する提言がなされ、少しずつ歯科技工士の業務の在り方が改善される方向の一つが示されてきていると考えている。

労働環境の改善、必要な教育内容の見直し、関係法令等の整備等、多くの課題があるが、引き続き現場の意見をよく聞き、よく見て厚労省も含め、歯科界全体で取り組んでいきたいと考えている。

中国・四国

病院歯科の設置日歯の考え問う

松本 侯（徳島）

平成22年の国立がんセンターと日歯による、がん患者の歯科医療連携体制の構築を図る合意文書の締結から医科歯科連携が始まり、周術期連携へと進んできた。その結果、誤嚥性肺炎の減少、入院日数の減少などのエビデンスがいくつも上がっている。

徳島県を例に挙げると、三つの医療圏のうち都市部の東部には歯科設置病院（大学病院、県立病院等）はあるが、西部、南部にはない。このことから、疾患を持つ人の外科処置について、西部、南部の一般開業歯科診療所から紹介しようにも片道1時間以上かかるような状態にある。今後ますます連携を前に進め、国民の健康寿命延伸を図るためにも2次医療圏ごとに歯科設置病院の整備が必要ではないかと考える。加えて、2次医療圏ごとに指定されている「地域がん診療連携拠点病院」や「地域がん診療病院」は歯科の設置について努力義務とされているが、それを設置義務に変更するようなアプローチが早道ではないか。病院の歯科の設置についてどのように考えているか執行部の見解を聞きたい。

人材育成も含め厚労省に要望へ

■山本秀樹常務理事

地域のがん診療拠点病院などへの歯科の設置が義務付けられていないのは非常に大きな問題で、われわれとしても義務付けを切望している。

現在、国の指定のがん診療連携拠点病院262病院と地域が連携している。国以外の病院を含めると595病院と連携している。

ご指摘のように周術期の問題だけでなく、地域の診療所で困っている障害者や有病者の治療を行うためには、人材育成が非常に重要になってくる。環境整備も含めて、厚労省には強く要望している。

口腔健康管理の充実をすれば在院日数が減る、術後の肺炎がなくなる、といった患者に非常に大きなメリットはあるが、一方で、採算性の問題で設置していただけないという大きな問題がある。機能分化、病院の中での役割分化がうまく進んでいない現れだと思うので、強く厚労省に働き掛けていきたい。

有しない場合については、この限りではないこと。
2 届出に関する事項
（1）在宅DX情報活用加算の施設基準に係る届出は、別添2の様式11の6を用いること。
（2）1の（4）については、令和7年3月31日までの間に限り、1の（5）については令和7年9月30日までの間に限り、それぞれの基準を満たしているものとみなす。
（3）令和7年9月30日までの間に限り、1の（6）のウの事項について、掲示を行っているものとみなす。
（4）1の（7）については、令和7年5月31日までの間に限り、当該基準を満たしているものとみなす。

■第15の4 在宅時医学総合管理料の注15（施設入居時等医学総合管理料の注5の規定により準用する場合を含む。）に規定する在宅医療情報連携加算並びに歯科疾患在宅療養管理料の注7、在宅患者訪問口腔リハビリテーション指導管理料の注8及び小児在宅患者訪問口腔リハビリテーション指導管理料の注8に規定する在宅歯科医療情報連携加算

1 在宅医療情報連携加算及び在宅歯科医療情報連携加算の施設基準
（1）在宅での療養を行っている患者の診療情報等について、在宅医療情報連携加算又は在宅歯科医療情報連携加算を算定する保険医療機関と連携する他の保険医療機関、介護保険法に定める居宅サービス事業者、地域密着型サービス事業者、居宅介護支援事業者若しくは施設サービス事業者又は障害者の日常生活及び社会生活を総合的に支援するための法律に基づく指定特定相談支援事業者若しくは児童福祉法に基づく指定障害児相談支援事業者等（以下「連携機関」という。）とICTを用いて共有し、当該情報について常に確認できる体制を有している医療機関であること。
（2）当該医療機関と患者の診療情報等を共有している連携機関（特別の関係にあるものを除く。）の数が、5以上であること。
（3）地域において、連携機関以外の保険医療機関等が、当該ICTを用いた情報を共有する連携体制への参加を希望した場合には連携体制を構築すること。ただし、診療情報等の共有について同意していない患者の情報については、この限りでない。
（4）（1）に規定する連携体制を構築していること及び実際に患者の情報を共有している実績のある連携機関の名称等について、当該保険医療機関の見やすい場所に掲示していること。
（5）（4）の掲示事項について、原則として、ウェブサイトに掲載していること。自ら管理するホームページ等を有しない場合については、この限りではないこと。
2 届出に関する事項
（1）在宅医療情報連携加算及び在宅歯科医療情報連携加算の施設基準に関する届出は、別添2の様式19の3を用いること。
（2）令和7年5月31日までの間に限り、（5）の要件を満たすものとみなすこと

■第14の3 在宅患者歯科治療時医療管理料

1 在宅患者歯科治療時医療管理料に関する施設基準
（1）当該療養を行うにつき、十分な経験を有する常勤の歯科医師、歯科衛生士等により、治療前、治療中及び治療後における当該患者の全身状態を管理できる体制が整備されていること。
（2）常勤の歯科医師が複数名配置されていること又は常勤の歯科医師及び常勤の歯科衛生士又は看護師がそれぞれ1名以上配置されていること。なお、非常勤の歯科衛生士又は看護師を2名以上組み合わせることにより、当該保険医療機関が規定する常勤歯科衛生士又は常勤看護師の勤務時間帯と同じ時間帯に歯科衛生士又は看護師が配置されている場合には、当該基準を満たしていることとみなすことができる。
（3）当該患者の全身状態の管理を行うにつき以下の十分な装置・器具等を有していること。
ア 経皮的動脈血酸素飽和度測定器（パルスオキシメーター）
イ 酸素供給装置
ウ 救急蘇生セット
（4）緊急時に円滑な対応ができるよう病院である別の保険医療機関との連携体制が整備されていること。ただし、病院である医科歯科併設の保険医療機関にあっては、当該保険医療機関の医科診療科との連携体制が整備されている場合は、この限りでない。
2 届出に関する事項
在宅患者歯科治療時医療管理料の施設基準に係る届出は別添2の様式17を用いること。

■第29の4の3 口腔細菌定量検査

1 口腔細菌定量検査に関する施設基準
次のいずれにも該当すること。
（1）当該療養を行うにつき、十分な経験を有する歯科医師が1名以上配置されていること。
（2）当該保険医療機関内に口腔細菌定量分析装置を備えていること。
2 届出に関する事項
口腔細菌定量検査の施設基準に係る届出は、別添2の様式38の5を用いること。

デンタル小町が通る

4月からの"新小町"の横顔紹介

4人の女性歯科医師が日常の出来事や自身の経験、率直な思い等を綴るエッセー「デンタル小町が通る」は、2004年の連載開始から丸20年、歴代小町の総数は77人となる。この4月からの新しい"小町" 4人の横顔を「10の質問」で紹介する。（敬称略）

「10の質問」

①出身大学（専攻）	②好きな言葉、座右の銘
③好きな本、映画、音楽、著名人	④マイブーム
⑤私の健康法	⑥何をしている時が一番幸せ？
⑦自分の中でこれだけは譲れないこと	⑧歯科で一番興味のある分野は？
⑨患者さんから言われた、忘れられない言葉は？	⑩もし一つだけ願いが叶うなら？

（4月2日スタート）
村瀬千明（むらせ ちあき）
（医）千友会理事
（千葉県市原市）

①東京歯科大学、同大学矯正歯科臨床専修科課程修了
②目的地に早くいきたいなら1人でいけ、遠くに行きたいならみんなで行け
③韓国ドラマ『スタートアップ』『愛の不時着』
④ゴールデンファミリー（ゴールデンレトリバー×3、ゴールデンドゥードゥル）と過ごす時間
⑤ゴールデンファミリーがお散歩のトレーナー
⑥子供（人、犬、猫）、家族と家でだらだら過ごす時間
⑦命の時間を大切な仲間と過ごしたい
⑧予防歯科
⑨「先生に会うと元気になるよ」
⑩幸せをかみしめられる日々が続くこと

（4月9日スタート）
大谷恭子（おおたにきょうこ）
大谷歯科医院院長
（愛媛県西条市）

①明海大学歯学部歯学科
②やりたいと思えば挑戦すればいい
③五木寛之さん、トム・クルーズさん、大谷翔平さん
④釣り、ゴルフ、ツーリング、サーキット
⑤バランスの良い食事と筋トレ
⑥集中して没頭してる時＋ぼーっとしている時
⑦先延ばしせずできることは自身で片づける
⑧審美と患者ニーズにあう治療
⑨「先生に出会えてよかった」
⑩また両親のもとに生まれたい

（4月16日スタート）
中井巳智代（なかい みちよ）
なかい歯科クリニック院長
（茨城県境町）

①日本歯科大学歯学部
②人間万事塞翁が馬
③村上春樹
④ゴルフ
⑤よく笑い、きちんと食べる
⑥家族と一緒に過ごす時間
⑦自分らしくあること
⑧小児口腔育成
⑨「先生に出会えてよかった！」
⑩世界が日々が平和であって欲しい

（4月23日スタート）
小谷泰子（こたにやすこ）
平成歯科クリニック院長
（大阪府寝屋川市）

①広島大学、大阪大学顎口腔機能治療学講座
②無いものを数えるな、有るものを数えよ
③SMAP、中森明菜
④だれかtoなかい、鎌倉殿の13人
⑤具だくさんの味噌汁
⑥録り溜めたTV番組を見続けている時
⑦元旦の雑煮は、丸餅・白味噌・具は大根のみ
⑧摂食嚥下
⑨「先生、やっぱり食べるの無理やね」
⑩自動運転レベル5（完全運転自動化）の実現

多職種による集約的治療で糖尿病患者の歯周病が改善

2型糖尿病患者への多職種による集約的治療で、歯周病が改善することが分かった。東京医科歯科大学大学院医歯学総合研究科歯周病学分野の岩田隆紀教授および水谷幸嗣講師の研究グループと、九州大学、横浜市立みなと赤十字病院、総合南東北病院との共同研究によるもので、口腔清掃状態に関わらず、血糖管理と歯肉の炎症が相関することが分かった。また、糖尿病の治療において医科歯科連携の重要性が高まることが期待される。

同研究では同大附属病院（当時）の糖尿病・内分泌・代謝内科を2型糖尿病で受診し、血糖管理が困難で2週間の教育入院と継続的な外来診療を受け歯科での検査を希望した患者のうち、緊急を要する歯科治療の必要がない患者を対象とした。さらに集約的な糖尿病治療として、全ての被験者の教育入院中に、薬物療法に加えて、カロリー制限のための食事療法と、定期的な運動を含む生活習慣の改善の指導を実施。退院後も外来患者として引き続き治療と生活指導を継続した。また、研究開始時点、開始後1、2、6カ月に糖尿病治療の評価を行う包括的な検査の一環として口腔内検査を実施。その際に、歯周病に関する検査に加え、口腔衛生指導と歯肉縁上の歯面清掃を毎回行い、急性炎症などで早期の治療を必要とする被験者を研究から除外したところ6カ月の観察期間終了後に33人（平均年齢58・7±12・9歳）が解析対象となった。

解析の結果、HbA1cの平均が9・6（±1・8）％から、1カ月後には7・9（±1・2）％に、6カ月後には7・4（±1・3）％に改善した。口腔内の変化として6カ月後には、歯周ポケット深さの平均が2・3（±0・6）ミリから2・0（±0・5）ミリに、4ミリ以上歯周ポケットの割合は12・3（±13・4）％から6・8（±9・3）％へ改善した。BOPは25・3（±18・8）％から9・7（±9・7）％へ、PISAは318・3（±280・0）平方ミリから134・8（±165・6）平方ミリへ改善した。さらにこれらの変化を歯周病の治癒に影響を与える因子である喫煙、BMI、および歯へのプラークの付着量の影響を補正して統計解析を行ったところ、口腔内全体の歯周ポケット深さの平均、PISAの減少量は、HbA1cの変化と有意に相関していた。

同研究成果は科学誌『Journal of Clinical Periodontology』（2024年3月6日付）にオンライン掲載された。

舌小帯切除について 小児歯科学会が見解

日本小児歯科学会（新谷誠康理事長）は2月29日に舌小帯切除に関するポジションステートメントを発出している。同会によると、舌小帯切除の有効性がSNSを中心に授乳や発音、口腔機能や矢睡眠時無呼吸に対しても謳われ、施術件数が急増しているが、効果について疑問が多く、問い合わせが多発しているという。

同会は、一度誤った方法で舌切除を行うと、再治療の際に子供により多くの身体的侵襲を与え、治療の難易度も高くなるとしている。本当に切除術が必要な機能障害があるか小児歯科専門医の受診を推奨すると同時に、治療に関する不明点はかかりつけ小児科医、小児歯科医に相談することを勧めている。

同会の見解は以下の通り。

■明らかな哺乳障害がない場合は、舌小帯を切除する必要はありません

授乳障害がある場合でも、その原因の多くは授乳時のポジションなどの舌小帯以外の場合が多いため、授乳に関する関連職種と連携をとり、その上で舌小帯に原因があると判断された場合にのみ、十分なインフォームド・コンセントを行った上で舌小帯切除を行います。

■舌小帯短縮症による構音障害は、5歳以降に切除術の必要性を判断します

舌小帯に起因すると思われる発音の障害に関しては、構音機能の発達完了期の5歳以降に判定し、その結果から舌小帯切除術の要否を判断しても機能は十分回復するとされており、構音障害のために早期（2～4歳）に舌小帯切除をする必要性はありません。

■舌小帯切除術は保険適応です

舌小帯短縮症における舌小帯切除術は保険診療で施術できるものであり、高額な自費診療により行うものではありません。

ピックアップニュース

■世界初！ 日本で「歯が生える薬」が実現間近。入れ歯、インプラントに次ぐ第3の選択肢の実態…死ぬまで自分の歯で食べられる時代がやってくる？（集英社オンライン/3月22日）
■日本には「歯科医師」が多すぎる!?歯科医師の「平均年収」とは（ファイナンシャルフィールド/3月22日）
■少女に現金渡しみだらな行為したとして逮捕　歯科医師の72歳男性を不起訴（ABCニュース/3月22日）
■人気YouTuber、「口臭専門の病院」で「詐欺」被害（JCASTニュース/3月22日）
■歯科治療用の金属リサイクル「夢みるこども基金」ロボット作りに挑戦（RKB/3月24日）
■半数が留学生のケースも…歯科大、歯学部で外国人が急増している理由（デイリー新潮/3月23日）
■GReeeeN、事務所退所＆改名発表「GRe4N BOYZ」に　新会社も（ORICON NEWS/3月19日

白石一男氏　出版記念セミナー

より良い歯科技工への要点と課題訴える

白石一男氏

茨城県開業の白石一男氏による『歯科医師・歯科技工士のための総義歯臨床（YouTube連動版）』（日本歯科新聞社）の出版記念セミナーが3日、東京都文京区の全労連会館で開催された。咬み合わせ医療会主催、K-stationと学際企画が協力し、日本歯科新聞社が後援した。

白石氏はまず、総義歯製作についての手順・理論を紹介。その上で、咬める義歯づくりに必要な主な要素として「技工所から上がってきた義歯を、ゴシックアーチを使いリマウント咬合調整」「適切な技工所を選ぶ」「患者さんが継続来院する環境づくり」などを挙げた。

セミナー風景

保険診療をメインとしている理由について、「実は保険医を返納し、自費診療に特化した経験がある。その際、一時的には収益が上がったが、患者さんの継続来院が難しくなることを痛感した。口腔内の変化に対応するためには、保険診療が望ましいと感じる」と話した。

また、歯科界全体の課題として歯科技工士の減少が深刻とし、「技工作業がどれほど大変か理解せずに、7割を払い渋ってきた歯科医師に責任はないだろうか。デジタル化が進むにつれ、補綴物の質が低下しているという声も、周囲から聞こえてくる。歯科で働く人、患者さん、全ての人により良い方向を真剣に考えるべきでは」と訴えた。

特掲診療料の施設基準㊤（厚労省資料抜粋）

※次号に㊦

■第13の2 小児口腔機能管理料の注3に規定する口腔管理体制強化加算

1 口腔管理体制強化加算の施設基準

（1）歯科医師が複数名配置されていること又は歯科医師及び歯科衛生士がそれぞれ1名以上配置されていること。

（2）次のいずれにも該当すること。

ア 過去1年間に歯周病安定期治療又は歯周病重症化予防治療をあわせて30回以上算定していること。

イ 過去1年間にエナメル質初期う蝕管理料又は根面う蝕管理料をあわせて12回以上算定していること。

ウ 歯科点数表の初診料の注1に規定する施設基準を届け出ていること。

エ 歯科訪問診療料の注15に規定する届出を行っていること。

（3）過去1年間に歯科疾患管理料（口腔機能発達不全症又は口腔機能低下症の管理を行う場合に限る。）、歯科衛生実地指導料の口腔機能指導加算、小児口腔機能管理料、口腔機能管理料又は歯科口腔リハビリテーション料3をあわせて12回以上算定していること。

（4）以下のいずれかに該当すること。

ア 過去1年間の歯科訪問診療1、歯科訪問診療2若しくは歯科訪問診療3の算定回数又は連携する在宅療養支援歯科診療所1、在宅療養支援歯科診療所2若しくは在宅療養支援歯科病院に依頼した歯科訪問診療の回数があわせて5回以上であること。

イ 連携する歯科訪問診療を行う別の医療機関や地域の在宅医療の相談窓口とあらかじめ協議し、歯科訪問診療に係る十分な体制が確保されていること。

（5）過去1年間に診療情報提供料（Ⅰ）又は診療情報等連携共有料をあわせて5回以上算定している実績があること。

（6）当該医療機関に、歯科疾患の重症化予防に資する継続管理（エナメル質初期う蝕管理、根面う蝕管理及び口腔機能の管理を含むものであること。）並びに高齢者・小児の心身の特性及び緊急時対応等に関する適切な研修を修了した歯科医師が1名以上在籍していること。なお、既に受講した研修が要件の一部を満たしている場合には、不足する要件を補足する研修を受講することでも差し支えない。

（7）診療における偶発症等緊急時に円滑な対応ができるよう、別の保険医療機関との事前の連携体制が確保されていること。ただし、医科歯科併設の診療所にあっては、当該保険医療機関の医科診療科との連携体制が確保されている場合は、この限りではない。

（8）当該診療所において歯科訪問診療を行う患者に対し、迅速に歯科訪問診療が可能な歯科医師をあらかじめ指定するとともに、当該担当医名、診療可能日、緊急時の注意事項等について、事前に患者又は家族に対して説明の上、文書により提供していること。

（9）（6）に掲げる歯科医師が、以下の項目のうち、3つ以上に該当すること。

ア 過去1年間に、居宅療養管理指導を提供した実績があること。

イ 地域ケア会議に年1回以上出席していること。

ウ 介護認定審査会の委員の経験を有すること。

エ 在宅医療に関するサービス担当者会議や病院・診療所・介護保険施設等が実施する多職種連携に係る会議等に年1回以上出席していること。

オ 過去1年間に、在宅歯科栄養サポートチーム等連携指導料を算定した実績があること。

カ 在宅医療又は介護に関する研修を受講していること。

キ 過去1年間に、退院時共同指導料1、在宅歯科医療連携加算1、在宅歯科医療連携加算2、小児在宅歯科医療連携加算1、小児在宅歯科医療連携加算2、在宅歯科医療情報連携加算、退院前在宅療養指導管理料、在宅患者連携指導料又は在宅患者緊急時等カンファレンス料を算定した実績があること。

ク 認知症対応力向上研修等、認知症に関する研修を受講していること。

ケ 過去1年間に福祉型障害児入所施設、医療型障害児入所施設、介護老人福祉施設又は介護老人保健施設における定期的な歯科健診に協力していること。

コ 自治体が実施する事業（ケに該当するものを除く。）に協力していること。

サ 学校歯科医等に就任していること。

シ 過去1年間に、歯科診療特別対応加算1、歯科診療特別対応加算2又は歯科診療特別対応加算3を算定した実績があること。

（10）歯科用吸引装置等により、歯科ユニット毎に歯の切削や義歯の調整、歯冠補綴物の調整時等に飛散する細かな物質を吸引できる環境を確保していること。

（11）患者にとって安心で安全な歯科医療環境の提供を行うにつき次の十分な装置・器具等を有していること。

ア 自動体外式除細動器（AED）

イ 経皮的動脈血酸素飽和度測定器（パルスオキシメーター）

ウ 酸素供給装置

エ 血圧計

オ 救急蘇生セット

カ 歯科用吸引装置

なお、自動体外式除細動器（AED）については保有していることがわかる院内掲示を行っていることが望ましい。

（12）令和7年5月31日までの間、1の（2）のイ及びエ、（4）のア、（5）並びに（9）のオ及びシの規定の適用については、「診療報酬の算定方法の一部を改正する件」による改正前の規定による令和6年5月31日以前の各区分の算定回数及び改正後の規定による令和6年6月1日以降の各区分の算定回数を合計して差し支えない。

2 届出に関する事項

（1）口腔管理体制強化加算の施設基準に係る届出は、別添2の様式17の2を用いること。また、研修については、該当する研修を全て修了していることが確認できる文書（当該研修の名称、実施主体、修了日及び修了者の氏名等を記載した一覧でも可）を添付すること。

（2）令和6年3月31日時点で「診療報酬の算定方法の一部を改正する件」による改正前のかかりつけ歯科医機能強化型歯科診療所の施設基準に係る届出を行っている保険医療機関については、令和7年5月31日までの間に限り、1の（2）のイ、エ及び（3）の基準を満たしているものとする。

■第13の2の2 小児口腔機能管理料、口腔機能管理料及び歯科特定疾患療養管理料の注5に規定する施設基準

1 小児口腔機能管理料、口腔機能管理料及び歯科特定疾患療養管理料の注5に規定する施設基準

基本診療料施設基準通知別添1の第4の3に掲げる歯科点数表の初診料の注16及び再診料の注12に規定する施設基準の届出を行っていること。

2 届出に関する事項

歯科点数表の初診料の注16及び再診料の注12に規定する施設基準の届出を行っていればよく、小児口腔機能管理料、口腔機能管理料及び歯科特定疾患療養管理料の注5に規定する情報通信機器を用いた歯科診療として特に地方厚生（支）局長に対して、届出を行う必要はないこと。

■第13 歯科治療時医療管理料

1 歯科治療時医療管理料に関する施設基準

（1）当該療養を行うにつき、十分な経験を有する常勤の歯科医師、歯科衛生士等により、治療前、治療中及び治療後における当該患者の全身状態を管理できる体制が整備されていること。

（2）常勤の歯科医師が複数名配置されていること又は常勤の歯科医師及び常勤の歯科衛生士又は看護師がそれぞれ1名以上配置されていること。なお、非常勤の歯科衛生士又は看護師を2名以上組み合わせることにより、当該保険医療機関が規定する常勤歯科衛生士又は常勤看護師の勤務時間帯と同じ時間帯に歯科衛生士又は看護師が配置されている場合には、当該基準を満たしていることとみなすことができる。

（3）当該患者の全身状態の管理を行うにつき以下の十分な装置・器具等を有していること。

ア 経皮的動脈血酸素飽和度測定器（パルスオキシメーター）

イ 酸素供給装置

ウ 救急蘇生セット

（4）緊急時に円滑な対応ができるよう病院である別の保険医療機関との連携体制が整備されていること。ただし、病院である医科歯科併設の保険医療機関にあっては、当該保険医療機関の医科診療科との連携体制が整備されている場合は、この限りでない。

2 届出に関する事項

歯科治療時医療管理料の施設基準に係る届出は別添2の様式17を用いること。

■第13の2の3 歯科遠隔連携診療料

1 歯科遠隔連携診療料の施設基準

歯科オンライン指針に沿って診療を行う体制を有する保険医療機関であること。

2 届出に関する事項

歯科遠隔連携診療料の施設基準に係る取扱いについては、当該基準を満たしていればよく、特に地方厚生（支）局長に対して、届出を行う必要はないこと。

■第14 在宅療養支援歯科診療所1及び在宅療養支援歯科診療所2

1 在宅療養支援歯科診療所1及び在宅療養支援歯科診療所2の施設基準

（1）在宅療養支援歯科診療所1の施設基準

次のいずれにも該当し、在宅等の療養に関して歯科医療面から支援できる体制等を確保していること。

ア 過去1年間に歯科訪問診療1、歯科訪問診療2又は歯科訪問診療3を合計18回以上算定していること。

イ 高齢者の心身の特性（認知症に関する内容を含むものであること。）、口腔機能の管理、緊急時対応等に係る適切な研修を修了した常勤の歯科医師が1名以上配置されていること。なお、既に受講した研修が要件の一部を満たしている場合には、不足する要件を補足する研修を受講することでも差し支えない。

ウ 歯科衛生士が配置されていること。

エ 当該診療所において、歯科訪問診療を行う患者に対し、迅速に歯科訪問診療が可能な保険医をあらかじめ指定するとともに、当該担当医名、診療可能日、緊急時の注意事項等について、事前に患者又は家族に対して説明の上、文書により提供していること。

オ 歯科訪問診療に係る後方支援の機能を有する別の保険医療機関との連携体制が確保されていること。

カ 当該診療所において、過去1年間の在宅医療を担う他の保険医療機関、保険薬局、訪問看護ステーション、地域包括支援センター、居宅介護支援事業所又は介護保険施設等からの依頼による歯科訪問診療料の算定回数の実績が5回以上であること。

キ 以下のいずれかに該当すること。

（イ）当該地域において、地域ケア会議、在宅医療・介護に関するサービス担当者会議又は病院・診療所・介護保険施設等が実施する多職種連携に係る会議等に年1回以上出席していること。

（ロ）過去1年間に、病院・診療所・介護保険施設等の職員への口腔管理に関する技術的助言や研修等の実施又は口腔管理への協力を行っていること。

（ハ）歯科訪問診療に関する他の歯科医療機関との連携実績が年1回以上あること。

ク 過去1年間に、以下のいずれかの算定が1つ以上あること。

（イ）在宅歯科栄養サポートチーム等連携指導料の算定があること。

（ロ）在宅患者訪問口腔リハビリテーション指導管理料、小児在宅患者訪問口腔リハビリテーション指導管理料の算定があること。

（ハ）退院時共同指導料1、在宅歯科医療連携加算1、在宅歯科医療連携加算2、小児在宅歯科医療連携加算1、小児在宅歯科医療連携加算2、在宅歯科医療情報連携加算、退院前在宅療養指導管理料、在宅患者連携指導料又は在宅患者緊急時等カンファレンス料の算定があること。

ケ 直近1か月に歯科訪問診療及び外来で歯科診療を行った患者のうち、歯科訪問診療を行った患者数の割合が9割5分以上の診療所にあっては、次のいずれにも該当するものであること。

（イ）過去1年間に、5か所以上の保険医療機関から初診患者の診療情報提供を受けていること。

（ロ）直近3か月に当該診療所で行われた歯科訪問診療のうち、6割以上が歯科訪問診療1を算定していること。

（ハ）在宅歯科医療に係る3年以上の経験を有する歯科医師が勤務していること。

（ニ）歯科用ポータブルユニット、歯科用ポータブルバキューム及び歯科用ポータブルレントゲンを有していること。

（ホ）歯科訪問診療において、過去1年間の診療実績（歯科点数表に掲げるもののうち、次に掲げるものの算定実績をいう。）が次の要件のいずれにも該当していること。

①「I005」に掲げる抜髄及び「I006」に掲げる感染根管処置の算定実績が合わせて20回以上であること。

②「J000」に掲げる抜歯手術の算定実績が20回以上であること。

③「M018」に掲げる有床義歯を新製した回数、「M029」に掲げる有床義歯修理及び「M030」に掲げる有床義歯内面適合法の算定実績が合わせて40回以上であること。ただし、それぞれの算定実績は5回以上であること。

コ 年に1回、歯科訪問診療の患者数等を別添2の様式18の2を用いて、地方厚生（支）局長に報告していること。

（2）在宅療養支援歯科診療所2の施設基準

次のいずれにも該当し、在宅等の療養に関して歯科医療面から支援できる体制等を確保していること。

ア 過去1年間に歯科訪問診療1、歯科訪問診療2又は歯科訪問診療3を合計4回以上算定していること。

イ （1）のイからオまで及びケのいずれにも該当すること。

ウ 当該診療所において、過去1年間の在宅医療を担う他の保険医療機関、保険薬局、訪問看護ステーション、地域包括支援センター、居宅介護支援事業所又は介護保険施設等からの依頼による歯科訪問診療料の算定回数の実績が3回以上であること。

エ 年に1回、歯科訪問診療の患者数等を別添2の様式18の2を用いて、地方厚生（支）局長に報告していること。

（3）令和7年5月31日までの間、1の（1）のア及びクの（イ）並びに（2）のアの規定の適用については、「診療報酬の算定方法の一部を改正する件」による改正前の規定による令和6年5月31日以前の各区分の算定回数及び改正後の規定による令和6年6月1日以降の各区分の算定回数を合計して差し支えない。

2 届出に関する事項

在宅療養支援歯科診療所1及び在宅療養支援歯科診療所2の施設基準に係る届出は、別添2の様式18を用いること。

■第14の1の2 在宅療養支援歯科病院

1 在宅療養支援歯科病院の施設基準

（1）次のいずれにも該当し、在宅等の療養に関して歯科医療面から支援できる体制等を確保していること。

ア 過去1年間に歯科訪問診療1、歯科訪問診療2又は歯科訪問診療3を合計18回以上算定していること。

イ 高齢者の心身の特性（認知症に関する内容を含むものであること。）、口腔機能の管理、緊急時対応等に係る適切な研修を修了した常勤の歯科医師が1名以上配置されていること。なお、既に受講した研修が要件の一部を満たしている場合には、不足する要件を補足する研修を受講することでも差し支えない。

ウ 歯科衛生士が配置されていること。

エ 歯科訪問診療を行う地域の歯科診療所と連携し、必要に応じて歯科訪問診療、外来診療又は入院診療により専門性の高い歯科医療を提供する体制を有していること。

オ 当該病院において、過去1年間の在宅医療を担う他の保険医療機関、保険薬局、訪問看護ステーション、地域包括支援センター、居宅介護支援事業所又は介護保険施設等からの依頼による歯科訪問診療料の算定回数の実績が5回以上であること。

カ 以下のいずれかに該当すること。

（イ）当該地域において、地域ケア会議、在宅医療・介護に関するサービス担当者会議又は病院・診療所・介護保険施設等が実施する多職種連携に係る会議等に年1回以上出席していること。

（ロ）過去1年間に、病院・診療所・介護保険施設等の職員への口腔管理に関する技術的助言や研修等の実施又は口腔管理への協力を行っていること。

（ハ）歯科訪問診療に関する他の歯科医療機関との連携実績が年1回以上あること。

キ 過去1年間に、以下のいずれかの算定が1つ以上あること。

（イ）在宅歯科栄養サポートチーム等連携指導料の算定があること。

（ロ）在宅患者訪問口腔リハビリテーション指導管理料、小児在宅患者訪問口腔リハビリテーション指導管理料の算定があること。

（ハ）退院時共同指導料1、在宅歯科医療連携加算1、在宅歯科医療連携加算2、小児在宅歯科医療連携加算1、小児在宅歯科医療連携加算2、在宅歯科医療情報連携加算、退院前在宅療養指導管理料、在宅患者連携指導料又は在宅患者緊急時等カンファレンス料の算定があること。

ク 年に1回、歯科訪問診療の患者数等を別添2の様式18の2を用いて、地方厚生（支）局長に報告していること。

（2）令和7年5月31日までの間、1の（1）のア及びキの（イ）の規定の適用については、「診療報酬の算定方法の一部を改正する件」による改正前の規定による令和6年5月31日以前の各区分の算定回数及び改正後の規定による令和6年6月1日以降の各区分の算定回数を合計して差し支えない。

2 在宅療養支援歯科病院の施設基準

在宅療養支援歯科病院の施設基準に係る届出は、別添2の様式18を用いること。

■第14の5 在宅医療DX情報活用加算

1 在宅医療DX情報活用加算に関する施設基準

（1）電子情報処理組織を使用した診療報酬請求を行っていること。

（2）健康保険法第3条第13項に規定する電子資格確認（以下「オンライン資格確認」という。）を行う体制を有していること。なお、オンライン資格確認の導入に際しては、医療機関等向けポータルサイトにおいて、運用開始日の登録を行うこと。

（3）居宅同意取得型のオンライン資格確認等システムの活用により、医師等が患者の診療情報等を取得及び活用できる体制を有していること。

（4）「電子処方箋管理サービスの運用について」（令和4年10月28日付け薬生発1028第1号医政発1028第1号保発1028第1号厚生労働省医薬・生活衛生局長・医政局長・保険局長通知。）に基づく電子処方箋により処方箋を発行できる体制を有していること。

（5）国等が提供する電子カルテ情報共有サービスにより取得される診療情報等を活用する体制を有していること。

（6）医療DX推進の体制に関する事項及び質の高い診療を実施するための十分な情報を取得・活用して診療を行うことについて、当該保険医療機関の見やすい場所に掲示していること。具体的には次に掲げる事項を掲示していること。

ア 医師が居宅同意取得型のオンライン資格確認等システムにより取得した診療情報等を活用して、計画的な医学管理の下に、訪問して診療を実施している保険医療機関であること。

イ マイナ保険証の利用を促進する等、医療DXを通じて質の高い医療を提供できるよう取り組んでいる保険医療機関であること。

ウ 電子処方箋の発行及び電子カルテ情報共有サービスなどの医療DXにかかる取組を実施している保険医療機関であること。

（7）（6）の掲示事項について、原則として、ウェブサイトに掲載していること。自ら管理するホームページ等を

製品紹介

（価格は税込）

バイオフィルム除去材

サーフェックス

ヨシダ　☎0800-170-5541

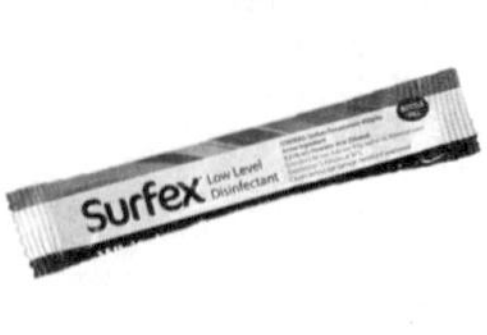

洗浄と除菌ができる環境清拭用バイオフィルム除去材。マウスピースや義歯、サージカルガイドなどの滅菌できない器材のバイオフィルムの除去に使用できる。

価格＝５万7,200円（8.5g×100個入り）

歯科用注入器具

MTAキャリアスペアパーツ Wide

デンテック　☎03（3964）2011

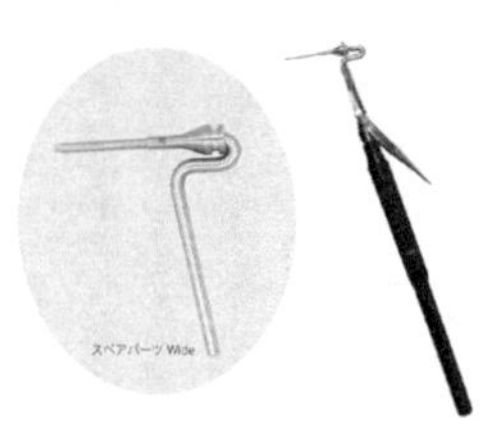

従来品より先端径が太く、薬剤の採取量が約４倍増えたMTAキャリアの先端交換用注入器具。薬剤が詰まった場合でも先端部のみを交換して使用できる。

価格＝3,080円

フロス

スヌーピー フロッサー

アグサジャパン　☎06（6762）8022

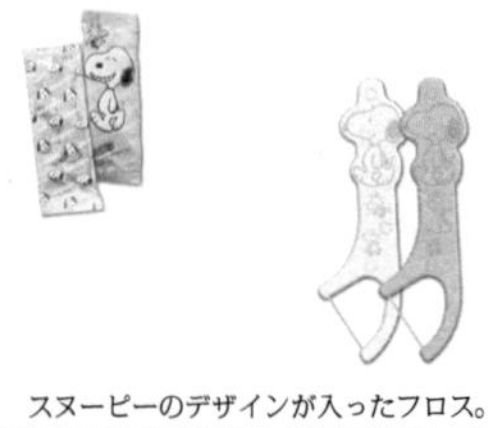

スヌーピーのデザインが入ったフロス。持ち手を面取り加工し、手指に優しい。糸はUHMW（超高分子量ポリエチレン）製で頑丈で剛性が高い。個装パックで、外出時でも使用しやすい。ハンドルの色は白と緑。

価格＝418円（１袋各10本ずつ計20本入り）

マイクロスコープ

KAPS 1100

東京歯科産業　☎03（3831）0176

ドイツ製のマイクロスコープ。フットスイッチでの電動フォーカスやローテーション機能、45度ビームスプリッター、二つのバランサーカップリング、バリフレックスレンズ（焦点距離200～350㎜）を標準搭載。色はマッドブラックとホワイト。

価格＝391万６千円（設置・取り付け費用は別途必要）

■２種の口腔洗浄器／ヤーマン

ヤーマンは、口腔洗浄器「ジェットフロス EX」と「ジェットフロス MINI」を４月に発売する。水流に回転を加えた「トルネード水流」が歯間部などの汚れを除去し「BOOSTモード」で一時的に水圧を高めて効率良く歯垢を除去する。水圧の設定はEXが６段階、MINIが３段階で調整可能。一部の家電量販店等で販売。価格はオープン。

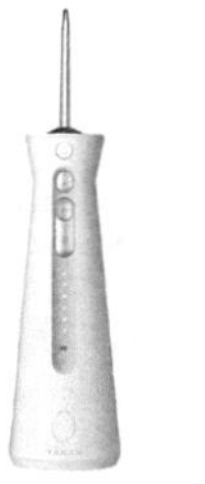

■最細サイズの歯間ブラシ／サンスター

サンスターグループ（＝サンスター）は「G･U･M（ガム）歯間クリーナーシリーズ」から、最も細いサイズの「ガム・歯間ブラシL字型 SSSS（0）」を19日に全国で発売した。前歯部や補綴物周囲等でも挿入しやすい。ハンドルの一部に植物由来の原料を使用し、パッケージは従来よりプラスチック使用量を80%削減。価格はオープン。

がん対策推進企業表彰

「治療と仕事の両立部門」ライオンが受賞

厚生労働省が推進するプロジェクト「がん対策推進企業アクション」の「令和5年度がん対策推進企業表彰」に、歯科ではライオン（本社・東京都台東区、竹森征之社長）が選ばれ、「治療と仕事の両立部門」でがん対策推進パートナー賞を受賞した。授賞式は1日に行われた。

同プロジェクトは、職域でのがん検診の受診率向上や治療と仕事の両立支援を通じてがんの克服を目指すもので、約5千の企業や団体の中から従業員へのがん対策に取り組む企業を「がん対策推進優良企業」として毎年表彰。特に優れた取り組みを行った企業として「厚生労働大臣表彰・最優秀賞」1社と「パートナー賞」の「検診部門」「治療と仕事の両立部門」「情報提供部門」「中小企業部門」に4社が選ばれた。

ライオンは、年次有給休暇の余りを積み立てて医療介護に利用できる「積立休暇制度」や中抜けして通院できる「フルフレックス制度」、30分単位で利用できる「お助け休暇制度」、主治医と産業医が連携して勤務時間を調節できる「就業措置制度」などを利用できる他、全ての事業所に産業医や看護職員が在籍し、治療や仕事の両立を気軽に相談できる環境が評価された。

生成AIで求人原稿の作成補助

メドレー

メドレー（本社・東京都港区、瀧口浩平社長）は、同社の医療介護求人サイト「ジョブメドレー」に、マイクロソフト（本社・米国、ワシントン州）の事業所向け生成AI「Azure OpenAI Service」のGPTモデルを活用した求人原稿の作成補助機能を追加したと13日に発表した。

採用担当者がいない小規模な事業所が多い中、求人の掲載には法令・ガイドライン等で定められた項目の掲載や、事業所の魅力を伝える工夫が必要など、求人原稿の作成に負担がかかることから開発。

同機能は「募集したい職種」や「試用期間中の賃金や雇用条件の変更有無」などの質問に回答すると、生成AIが回答に基づいて求職者の目に止まりやすい求人タイトルや掲載基準に沿った求人原稿を提案する。

矯正治療 インプラント 厳しい世界市場

Dental Tribune

セルフ型アライナー矯正大手の倒産、中国の高付加価値インプラントの価格規制など、歯科の世界市場は厳しい状況となっている。歯科国際誌『Dental Tribune』が19日に解説記事をオンライン配信したもの。

記事によると、コロナ禍の影響が長引き、歯科医業の経営環境は依然として厳しく、市場の発展をけん引してきたアライナー矯正、インプラントともに、外的要因による企業業績への影響が見られる。

◆◇◆

例えば、2014年以来、グローバルなセルフ型アライナー矯正サービスとして発展してきたSDCが、23年末に事業撤退。治療途中の患者は数千人に及ぶという。

また、最大手のアライン・テクノロジー社は23年第４四半期の業績は前年同期比0・6％減だったが、同社では成人患者の新規件数が減少するなど厳しい状況の中、予想を上回る業績だったとしている。アライン・テクノロジー社が、SDC社の倒産によって発生した治療途中の患者のニーズに対応しているという。

一方、インプラントは、世界中で急速に広がっており、中でも、新興市場でのストローマングループの業績が好調だとしている。

ただし、巨大なインプラント需要を持つ中国では、政府が18年11月に導入した大量調達（VBP）政策による大幅な単価引き下げが各企業の業績に影響しているという。高付加価値なプレミアムインプラントの価格抑制の結果、件数が増加しているのに単価が下がっているために利益が減少する構造になっていると説明している。

現地医院のIT化で タイ企業を子会社に

メディカルネット

メディカルネット（本社・東京都渋谷区、平川大会長兼CEO）は14日、AVision（本社・タイ、バンコク）の発行済株式の49％を同社、51％を同社の連結子会社（孫会社）のNU－DENT（本社・タイ、バンコク）が取得し、AVisionを連結子会社化したと発表した。

同社グループは、タイでの歯科プラットフォームの構築を進めており、2022年3月に同社の連結子会社Medical Net Thailand（本社・タイ、バンコク）がバンコクで歯科商社事業を行うNU－DENTを連結子会社（孫会社）化している。

AVisionはタイ国内で小売業や製造、病院向けのPOSシステムの開発・導入、メンテナンス事業を展開。今後、同社のIT技術を活用し、タイの歯科医院でIT化の促進や、NU－DENTが持つ歯科商社事業のDX化を進めていく。

週間 金・パラ価格動向　税抜価格（1g、円）

	金	パラジウム（参考価格）
3月18日（月）	10,385	5,340
3月19日（火）	10,412	5,100
3月21日（木）	10,684	5,120
3月22日（金）	10,680	5,105

提供 石福金属興業

安心経営の羅針盤

（株）ディー・ピー・エス 日吉 国宏 125

十分な運転資金で安心経営

運転資金はどのくらい用意していますか？ 経営難に陥る医院の多くは、そもそも運転資金が少なかったというケースが少なくありません。経営が厳しい状況とは結局“現金が無い”ということ。資金不足が一時的なものでも借金をすれば経営（キャッシュフロー）は悪化します。また、事業経営には投資が必要で、運転資金が少ないと設備投資の意欲も湧きません。安心経営のために運転資金は少なくとも売上の２カ月分以上を用意しておきましょう。

ちなみに、運転資金とは「医院運営のために、すぐに使える現金や貯金」です。したがって、老後資金や教育費の積立金、投資信託などの資産とは別に用意しておく資金です。念のために付け加えれば、生活防衛費とも異なります。また、発想を逆転させれば医院運営の通帳残高が、売上の２カ月分を超えた金額は、家計用の通帳に移動、もしくは資産形成などに回しても良いでしょう。ではなぜ、十分な運転資金が必要なのでしょうか？

①支出入にはムラがあるから…年間単位で見れば収入や経費は大きく変わるものではありません。しかし、月単位になるとそうではなく、特に自由診療収入はムラがあります。また、各種納税やスタッフの賞与時期にはまとまったお金が必要です。余計な借り入れを防ぐためにも事業規模に応じた運転資金が必要です。

②積極的な設備投資のため…歯科経営には医療器機だけでなく、内装工事等への投資も必要です。また急な故障や修繕などにも備えが必要。仮に、資金調達をするにしても自己資金を捻出することによって借入額を少なくさせることができます。

③病気や怪我等への備え…診療ができなくても、スタッフへの給料や借金の返済は待ってくれません。所得保障保険や保険診療収入の振り込みを待つにも、手元に資金に余裕がなければ、ゆっくり療養する気持ちにもなれないでしょう。

ひとことアドバイス

経営難の多くは「じりじり進行型」です。少なくとも月に一度は運転資金をチェックして、経営難の早期発見に努めてください。

ヘッドライン企業ニュース

■「Etak DentalSpray（イータックデンタルスプレー）」の販売を開始（メディア／２月16日）

■「HKシンプルスケーラー」を発売（サンデンタル／２月16日）

■3Dプリンター用樹脂「キーモデルウルトラ」、咬合器マウント用オプション品「シェーラプリントプレート」を発売（名南歯科貿易／２月19日）

■パノラマX線撮影装置「eco-x AI（エコ エックス エー アイ）」を発売（ビー・エス・エーサクライ／２月19日）

■医療機関のクラウドファンディングプロジェクトが100件に（READYFOR ／２月20日）

■デンタルLED コードレスヘッドライトⅡ用アタッチメント「Surgi-Tel、Zeiss用アタッチメント」を２月21日に発売（日本歯科商社／２月20日）

■エンドモーター「X-Smart Pro+」を発売（デンツプライシロナ／２月21日）

■「デンタルラピッドSDリキッド5L」を発売（佐藤歯材／２月21日）

■圧縮空気用フィルター「抗菌・除菌3in1マルチ・ドライフィルター」の販売を開始（山八歯材工業／２月21日）

日本歯科新聞

2024年（令和6年）
4月2日

＜発行所＞
日本歯科新聞社
厚生労働省記者クラブ加盟社
〒101-0061
東京都千代田区神田三崎町2-15-2
電　話　03（3234）2475
FAX　03（3234）2477
www.dentalnews.co.jp
jdn@dentalnews.co.jp

■ 年間購読料 23,760円（送料込）（本体 21,600円＋税）
■ 月4回、火曜日発行
■ 郵便口座番号 00120-5-130369

今週号の主な内容

歯科医師数

40年で初の減少

2022年「医師・歯科医師・薬剤師統計」で

2022年末時点の歯科医師数は10万5267人で、前回（20年）調査より2176人減少した。厚労省が3月19日に発表した「医師・歯科医師・薬剤師統計」の結果によるもので、少なくとも1982年以降で初めて歯科医師数が減少に転じた。（6面に関連）

歯科医師10万5267人のうち、男性は7万7854人（74・0％）、女性は2万7413人（26・0％）。人口10万対は84・2人で前回より1人減った。

施設別では、病院の従事者1万1662人、診療所の従事者9万2257人、介護老人保健施設の従事者34人、介護医療院の従事者3人など。

平均年齢は53・0歳で、病院の従事者39・3歳、診療所の従事者54・8歳となっている。

広告可能な専門性に関する資格では、「口腔外科専門医」が2410人で最多。「歯周病専門医」1177人、「小児歯科専門医」1127人、「歯科麻酔専門医」384人、「歯科放射線専門医」196人と続く。

歯科医師数の年次推移

		増減率	人口10万対
昭和57年（1982）	58,362人	…	49.2人
59（'84）	63,145人	8.2％	52.5人
61（'86）	66,797人	5.8％	54.9人
63（'88）	70,572人	5.7％	57.5人
平成2年（'90）	74,028人	4.9％	59.9人
4（'92）	77,416人	4.6％	62.2人
6（'94）	81,055人	4.7％	64.8人
8（'96）	85,518人	5.5％	67.9人
10（'98）	88,061人	3.0％	69.6人
12（2000）	90,857人	3.2％	71.6人
14（'02）	92,874人	2.2％	72.9人
16（'04）	95,197人	2.5％	74.6人
18（'06）	97,198人	2.1％	76.1人
20（'08）	99,426人	2.3％	77.9人
22（'10）	101,576人	2.2％	79.3人
24（'12）	102,551人	1.0％	80.4人
26（'14）	103,972人	1.4％	81.8人
28（'16）	104,533人	0.5％	82.4人
30（'18）	104,908人	0.4％	83.0人
令和2年（'20）	107,443人	2.4％	85.2人
4（'22）	105,267人	-2.0％	84.2人

歯科医師に挑戦！

小学生向け出前授業が一堂に会する「学びのフェス2024」で、日本歯科大学が歯科医師や歯科衛生士の仕事を体験する企画「ハノシゴトをやってみよう！」を実施。親子連れでにぎわい、小学生らが歯の模型キーホルダー作りなどに挑戦した。（12面に記事）

歯科技工士国家試験

合格は799人

合格率95・7％

令和5年度歯科技工士国家試験の合格者が3月26日に発表された。合格者は前回より21人少ない799人で合格率は5ポイント増の95・7％だった。うち新卒は743人が受験し、724人が合格（合格率97・4％）している。

試験は2月18日に実施され、前回より69人少ない835人が受験。合格者は平成18年度に2千人、28年に1千人を切って、現在に至る。

◆◇◆

合格基準は、学説で1問題1点、計80点のうち48点以上、実地で1課題30点、計90点のうち54点以上。

歯科技工士国試 合格者数

	受験者数	合格者数	合格率
平成18年度	2,010人	1,991人	99.1％
28年度	1,012人	987人	97.5％
29年度	952人	902人	94.7％
30年度	839人	798人	95.1％
令和元年度	882人	838人	95.0％
2年度	859人	823人	95.8％
3年度	872人	827人	94.8％
4年度	904人	820人	90.7％
5年度	835人	799人	95.7％

平成18年度：技工士会調査、27年度～：統一国家試験

歯科衛生士国試

7346人が合格

合格率92.4％

第33回歯科衛生士国家試験の合格者が3月26日に発表された。試験は同月3日に実施され、前回より480人多い7950人が受験し、396人増の7346人が合格した。合格率は0・6ポイント減の92・4％となっている。

新卒の受験者は7528人で7157人が合格（合格率95・1％）、既卒は422人が受験し、189人が合格（合格率44・8％）している。

学校別では、合格率が100％だった養成校は34校で、90％台85校、80％台41校、それ以下が21校となっている。

合否基準は、1問題1点、計220点満点とし、132点以上で合格となっている。

歯科衛生士国試 合格者数

開催年	受験者数	合格者数	合格率
平成27年	6,753人	6,475人	95.9％
28年	7,233人	6,944人	96.0％
29年	7,218人	6,737人	93.3％
30年	7,374人	7,087人	96.1％
31年	7,207人	6,934人	96.2％
令和2年	7,216人	6,808人	94.3％
3年	7,099人	6,624人	93.3％
4年	7,416人	7,087人	95.6％
5年	7,470人	6,950人	93.0％
6年	7,950人	7,346人	92.4％

厚労省 小椋課長

「予算活用を」

歯科医療提供体制構築推進事業で

厚労省医政局歯科保健課の小椋正之課長＝写真＝は、令和6年度予算の「歯科医療提供体制構築推進事業」の補助率について、『2分の1相当定額』となり、だいたい700万円弱になるが、基準額までは都道府県の負担はゼロでできる」とし、予算の活用を呼び掛けた。3月29日に東京都千代田区の歯科医師会館で開かれた日本歯科医師会の都道府県歯科医師会地域保健・産業保健・介護保険担当理事連絡協議会において、同月28日に成立した予算について改めて説明した。

小椋課長は、「歯科医療提供体制構築推進事業」について、「各都道府県の中で歯科医療提供体制の進んでいる点、遅れている点を『見える化』して、足りないものについて予算内で対応できるというもの」と説明。新設された4年度の活用実績が6都道府県で、5年度も多くなかったと指摘し、「活用してほしい」と訴えた。

能登半島地震

JDAT派遣 321チームに

能登半島地震に伴うJDATの派遣数は3月31日までで321チームの1193人となった。日本歯科医師会（高橋英登会長）によると、珠洲市、輪島市の避難所におけるJDATの活動は3月20日をもって終了しており、今後は石川県歯チームが、珠洲市の「道の駅すずなり」での歯科診療車における診療、金沢市の1・5次避難所における対応を行うという。

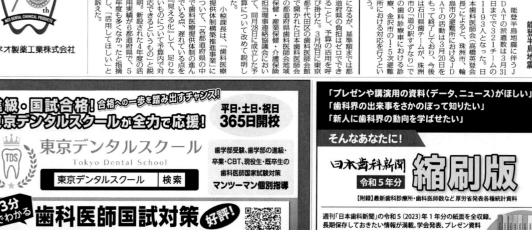

診療報酬改定

内容周知の重要性を強調
「保険制度は学問」

日本歯科医師会の高橋英登会長は、令和6年度診療報酬改定の内容をしっかりと把握して取り組むことで、国民のためになり、良い結果(歯科医療費増)につながるとして、会員への周知が重要との考えを示した。3月28日に東京都千代田区の歯科医師会館で開いた定例記者会見で述べたもので、「保険は学問だ」と会員一人一人が保険制度を噛み砕いて勉強し、対応する必要性を強調した。

日歯 高橋会長

会見で高橋会長は、「『非常に複雑な改定だ』との会員からの意見もある。しかし、情報をしっかりと確保して、自分なりに噛み砕いて勉強し、対応するのが常。学術に裏打ちされた保険制度なので、対応への努力を会員の先生方に促しているところ」と説明した。

高橋会長は同日に開かれた日本歯科医師連盟の評議員会の来賓あいさつでは、初診料3点、再診料2点の引き上げについて「あれで約100億円の財源を使ってしまう。最初は初再診とは他のところに(財源を)使おうと考えていた」と言及。「例えば3カ月に1回の算定だったものが1カ月に1回になるなど、複雑でも結果が良くなる配分を考えていたが、他団体との関係もあり、苦渋の決断で初再診を上げた」と明かした。そして、「今までにないものがたくさん隠されており、情報を収集して算定しないと難しい部分が多々あるが、国民のためにプラスになる改定」と周知の協力を求めた。

◆◇◆

周知方法について林正純副会長は会見で、3月に社会保険担当役員連絡協議会での周知を行ったが、1回の講習会では難しいことを踏まえて、都道府県歯とはメール等でやり取りをしていると説明。さらに、疑義解釈の事務連絡を受けて、さらに浮上した疑問点について解決を図っていき、分かりやすい独自の資料作成なども視野に入れて取り組んでいくと語った。

林副会長

高橋会長

日歯連盟 評議員会

事業計画など可決

あいさつする太田会長

日本歯科医師連盟(太田謙司会長)は3月28日、東京都千代田区の歯科医師会館で第151回評議員会を開き、令和6年度事業計画や会計収支予算など全7議案が承認・可決された。その他、国会報告や会務報告、令和5年度褒賞授賞式も行われた。

太田会長はあいさつで、日本歯科医師会を政治的にサポートするのが日歯連盟の役割とした上で、「高橋(英登)会長が一番気にしているのは、歯科大学の定員割れの問題。昔は三千数百人が歯科医師になっていたが、ここ数年は2千人程度で、国家試験がいわゆる選抜試験になっている」と発言。平成18年の文科大臣と厚労大臣との合意による国家試験合格率の引き下げが影響しているとして、「そろそろ解除をしないと10年後、団塊の世代の先生方が引退すると全国的に歯科医師不足になる」と危機感を示した。そして、日歯と問題解決に努めたいとの姿勢を見せた。

また、診療報酬改定で、医科の生活習慣病管理料の要件に、糖尿病患者に歯科受診を推奨することが盛り込まれる点を紹介し、「6月以降に内科の先生から患者が紹介されてくる」と歯科の診療報酬以外でもメリットのある改定となったとの考えを示した。

◇◆◇

来賓では日歯の高橋会長があいさつし、日歯連盟顧問の比嘉奈津美参議院議員が国会報告。

比嘉議員は、昨年12月に次期参議院選挙に向けて組織代表となり、後援会が設立され、全国各地のデンタルミーティングに参加しているとし、「都道府県だけでなく同窓会、女性歯科医師の会、歯科衛生士学校、学会、大規模な歯科技工所などから迎えていただいている」と現状を話した。

そして、4月の国民歯科問題議員連盟で、次期予算に関わる骨太の方針を見据えて、多くの議員の理解を得ると強調した。

◇◆◇

令和5年度褒賞では、高桑雅宣氏(新潟)、斎藤一人氏(東京)、菱川清太郎氏(岐阜)、岡田太郎氏(兵庫)、小宮山章二氏(大阪)、細谷仁憲氏(宮城)の6人が受賞し、出席した4人に賞状等が手渡された。

褒賞授賞式で(左から)謝辞を述べる細谷氏、高桑氏、岡田氏、小宮山氏

■可決した議案

「令和5年度補正予算」
「令和6年度事業計画」
「同年度会費の額並びに徴収時期」
「同年度一般会計収支予算」
「同年度選挙関係管理会計収支予算」
「同年度役員退職金積立金会計収支予算」
「同年度運営基金積立会計収支予算」

愛知県歯「ウェルネス8020」

カンガルー親子が新マスコットに

愛知県歯科医師会(内堀典保会長)は3月7日、80歳で20本以上の歯を保つことを目指す運動「ウェルネス8020」の新マスコットキャラクターを発表した。専門学校「HAL名古屋」のグラフィックデザイン学科4年の古田優馬さんが考案した「アイシーちゃん・スマイルーくん・健くん」という親子カンガルーのデザインが最優秀賞に選ばれた。

県歯は「ウェルネス8020」の推進に力を入れていたが、乳幼児から高齢者まで幅広い世代への定期健診を促すために、30年以上愛されてきた「はちまるくん・にいまちゃん」から新マスコットキャラクターを制作することを決定。若い感性で作成されたキャラクターを採用することで、若者たちにもアピールできるという観点で、2年前からHAL名古屋と協議をしていた。

今回、56作品中、愛知県歯会長特別賞には「歯武羅士(はぶらし)くん」「歯スキーくん」、優秀賞には「はっぷる・ぽりー」「あいしか」が選ばれた。最優秀賞は「アイシーちゃん・スマイルーくん・健くん」が受賞し、県歯のマスコットキャラクターとして活動する予定だ。

今後は、新しいマスコットキャラクターたちとともに、県民に向けて歯と口の健康と定期健診の重要性を伝えつつ、情報発信をしていくとのこと。

医療事故報告 歯科は計2件 2023年

日本医療安全調査機構が公表した「医療事故調査・支援センター2023年年報」によれば、医療事故発生報告数は計361件で、そのうち「歯科」1件、「歯科口腔外科」1件だった。

同調査は、医療現場の安全の確保を目指して、医療事故調査の相談・支援、院内調査結果の整理・分析、医療事故の再発防止のための普及啓発などの取り組みの一環。

2015年から23年までの医療事故報告の累計は、「歯科」4件、「矯正歯科」「小児歯科」0件、「歯科口腔外科」10件となっている。

歯科国試にチャレンジ

386　2023年(第116回)より

フレイルの診断項目に含まれるのはどれか。すべて選べ。

a　握力
b　体重
c　易疲労
d　口腔衛生状態
e　日常生活活動量

116-A042

答えは本紙のどこかに！

訪問歯科 超 実践術 (435)

前田実男
(日本訪問歯科協会 理事)

口腔衛生の管理体制

4月の介護報酬改定で、介護保険施設(介護老人福祉施設、地域密着型介護老人福祉施設入所者生活介護、介護老人保健施設、介護医療院)では「口腔衛生の管理体制」が義務化された。また特定施設では、口腔衛生管理体制加算が廃止され基本サービスに組み込まれた。これには3年間の経過措置があり、その間は努力義務となっている。

口腔衛生の管理体制とは、介護保険施設および特定施設でのケアマネジメントの一環として、歯科医師または歯科医師の指示を受けた歯科衛生士(以下「歯科医師等」)と関連職種の共同により、口腔衛生に関わる課題把握・改善を行い、入所(居)者に適した口腔清掃等を継続的に行うための体制のことだ。

具体的な手順は次の通り。まず、歯科医師等が、施設での口腔清掃等の実態の把握、介護職員からの相談等を踏まえ、施設の実情に応じ、口腔衛生の管理に関わる技術的助言・指導を行う。これは施設の実情を踏まえて、情報通信機器を用いて実施しても差し支えないとされている。

次に歯科医師等の助言指導に基づき、介護職員が「口腔衛生管理体制計画書」を作成する。この計画書については厚労省が様式例を提示している。

そして、介護職員は、口腔清掃等を含めた施設における課題や疑問があれば、適宜、歯科医師等に相談。歯科医師等は、概ね6カ月ごとに、施設での口腔清掃の実態、介護職員からの相談等を踏まえ、施設の実情に応じた口腔衛生の管理体制に関わる計画に関する技術的助言・指導を行う。

なお、介護保険施設では、施設の従業者または歯科医師等が、入所者が施設に入所した時と、月に1回程度、口腔の健康状態の評価を実施することが義務付けられた。

ただし、歯科医師等が訪問歯科診療、訪問歯科衛生指導、または口腔衛生管理加算等で口腔管理を実施している場合は、この口腔の健康状態の評価に代えることができるとされている。

日本訪問歯科協会　https://www.houmonshika.org

歯科ヒヤリ・ハット事例

第1回報告書を発行

医療機能評価機構

昨年10月より事例収集が始まった「歯科ヒヤリ・ハット事例収集等事業」の第1回報告書が発行された。日本医療機能評価機構(河北博文理事長)の医療事故防止事業部(坂口美佐部長)が取りまとめたもので、3月25日に東京都千代田区の同機構で開いた記者会見で発表した。歯科診療所のヒヤリ・ハット事例は10月から3カ月間で27件となっている。

会見では同機構の木村安沙氏=写真=が報告書について説明した。昨年12月末時点で参加登録している歯科診療所は225施設で、ヒヤリ・ハット事例27件の概要では、発生日時や発生場所などに分類していると紹介。発生場所では、診察室が19件、待合室1件、X線撮影室1件、受付3件、歯科技工室2件、居宅訪問先1件となっている。

主な事例紹介では、歯科治療・処置の項目で「薬剤の顔への付着」「器具の口腔内落下・誤飲」「補綴物の選択間違い」等、薬剤・処方の項目で「処方時の薬剤変更忘れ」、歯科技工の項目で「別の患者の技工物との取り違え」について要因や改善策などを記載している。

◇◆◇

歯科分野の医療事故やヒヤリ・ハット事例の収集・分析は2017年度に厚労省が「歯科医療事故情報収集等事業」としてスタート。日本歯科医師会に委託して歯科診療所940施設が参加し、386件の報告があった。18年度には同機構が運営する医療事故情報収集等事業との統合を含めた見直しが行われ、諸々の準備を経て、23年10月から事例収集が開始された。

なお、24年度診療報酬改定で実施される「歯科外来診療医療安全対策加算(外安全)」の施設基準では、「同事業への参加登録」もしくは「医療事故、インシデント等を報告・分析し、その改善策を実施する体制の整備」が条件の一つとなっている。

〈社保〉診療種別支払確定件数及び点数

(令和5年12月診療分)

診療種別		件数 千件	対前年同月比 %	構成割合 %	点数 千点	対前年同月比 %	構成割合 %
総計		116,663	102.1	100.0	184,992,123	100.6	100.0
医科	計	60,133	96.2	51.5	124,660,204	97.0	67.4
	入院	807	79.0	0.7	46,287,337	104.2	25.0
	入院外	59,327	96.4	50.9	78,372,867	93.2	42.4
歯科		14,643	106.0	12.6	17,603,561	106.0	9.5
調剤		41,605	110.5	35.7	42,728,357	110.1	23.1
食事・生活療養費		650	104.6	0.6	–	–	–
訪問看護療養費		281	115.5	0.2	–	–	–

(注)件数の総計は、食事・生活療養費を除く数値。点数の総計は、食事・生活療養費、訪問看護療養費を除く数値。社会保険診療報酬支払基金の統計月報を基に本紙で集計したもの。数値は四捨五入

〈社保〉歯科診療報酬諸率

(令和5年12月診療分)

区分		1件当たり点数(点)	1日当たり点数(点)	1件当たり日数(日)
合計		1,202.2 (100.0)	831.2 (101.7)	1.45 (98.3)
医療保険	計	1,214.0 (100.0)	827.7 (101.7)	1.47 (98.4)
	被保険者(65歳未満)	1,275.3 (99.6)	834.0 (101.3)	1.53 (98.4)
	被扶養者65歳未満(未就学者を除く)	1,129.8 (100.6)	824.6 (102.6)	1.37 (98.1)
	被扶養者(未就学者)	923.8 (100.5)	799.4 (102.2)	1.16 (98.4)
	被保険者65歳以上70歳未満	1,307.2 (99.0)	814.2 (100.7)	1.61 (98.3)
	被扶養者65歳以上70歳未満	1,265.2 (98.0)	797.9 (100.4)	1.59 (98.2)
	高齢者7割	1,279.2 (99.9)	800.0 (101.4)	1.60 (98.6)
	高齢者一般	1,355.6 (99.4)	823.4 (101.0)	1.65 (98.4)

数値は四捨五入。カッコ内は対前年同月比(%)

令和5年12月の歯科医療費

社保

件数6・0%増 点数6・0%増

社会保険診療報酬支払基金による令和5年12月診療分の総計確定件数は1億1666万3千件、点数1849億9212万3千点で前年同月に比べ件数は2・1%、点数は0・6%それぞれ増加した。

12月の稼働日数は24・0日(うち土曜日4・0日)で、前年同月と増減はない。

歯科の件数は1464万3千件、点数は176億3561万千点で、前年同月に比べそれぞれ6・0%増加した。

医療費全体に占める構成割合は前月に比べ、件数は0・2ポイント上がって12・6%、点数は0・2ポイント上がって9・5%。

歯科の診療報酬諸率は1件当たり点数1202・0点、1日当たり点数831・2点、1件当たり日数1・45日で、前年同月に比べ、1件当たり点数は0・01%増、1日当たり点数は1・7%増、1件当たり日数は1・7%減少した。

医科の入院と入院外の合計は件数6013万3千件、点数1246億6020万4千点で、件数は前年同月に比べ3・8%減少、点数は3・0%減少。

入院外は件数5932万7千件、点数783億7286万7千点で、前年同月に比べ件数は3・6%、点数は6・8%それぞれ減少。

調剤は件数が4160万5千件、点数が427億2835万7千点で、前年同月に比べ件数は10・5%、点数は10・1%それぞれ増加している。

国保

市町村の金額 1・6%減少

国保中央会がまとめた令和5年12月診療分の総医療費は市町村国保と国保組合、後期高齢者を合わせて2兆4557億円で、うち後期高齢者分は1兆5821億円だった。

12月の稼働日数は22・0日(平日20・0日、土曜日2・0日)で、対前年同月比で増減はない。

歯科医療費は市町村が565億円で、対前年同月比で1・6%減少。組合は50億円で1・2%増加。後期高齢者は652億円で8・8%増加した。

件数は市町村が430万件で0・8%減。組合は40万件で1・8%増。後期高齢者は458万件で9・8%増となっている。

市町村の歯科1人当たり医療費は2410円で2・9%増、1人当たり日数は0・29日で2・0%増、1日当たり医療費は8196円で0・9%増。

組合の歯科1人当たり医療費は1936円で3・7%増、1人当たり日数は0・23日で2・6%増、1日当たり医療費は8331円で1・1%増加した。

後期高齢者の歯科1人当たり医療費は3331円で5・1%増、1人当たり日数は0・40日で4・9%増、1日当たり医療費は8306円で0・1%増加している。

また市町村国保と国保組合を合わせた医療費の入院は3099億円(対前年同月比1・9%増)、入院外3125億円(3・6%減)、調剤1633億円(1・8%減)、後期高齢者分は入院7577億円(7・9%増)、入院外4513億円(3・0%増)、調剤2509億円(1・5%増)だった。

〈社保〉支部別歯科診療報酬等支払確定状況

(令和5年12月診療分)

支部別	件数(件)	日数(日)	点数(千点)	金額(千円)
令和5年10月	13,897,647	20,736,408	17,022,287	114,863,582
令和5年11月	13,464,894	19,792,305	16,247,338	109,584,356
令和5年12月	14,642,678	21,178,348	17,603,561	117,947,601
北海道	492,523	774,931	679,163	4,646,113
青森	104,843	162,364	133,850	898,096
岩手	98,414	148,142	125,471	895,474
宮城	247,342	351,178	281,743	1,944,764
秋田	88,663	130,533	115,661	769,146
山形	101,073	139,654	114,658	818,749
福島	176,701	265,318	203,550	1,411,938
茨城	307,150	444,419	351,778	2,256,117
栃木	221,776	324,113	236,689	1,558,737
群馬	183,810	277,509	202,827	1,448,920
埼玉	880,571	1,257,878	943,099	6,184,317
千葉	765,693	1,077,831	880,159	5,725,632
東京	2,003,228	2,869,285	2,338,713	15,569,990
神奈川	1,136,100	1,636,254	1,395,986	9,195,293
新潟	232,304	330,427	276,641	1,768,321
富山	121,091	166,200	130,495	841,626
石川	113,518	163,401	132,180	862,312
福井	77,864	109,186	89,380	576,554
山梨	91,920	130,772	102,570	668,160
長野	215,607	298,732	239,643	1,559,828
岐阜	220,106	303,942	250,007	1,783,499
静岡	342,530	496,398	389,737	2,766,974
愛知	912,748	1,267,825	1,113,451	7,965,946
三重	194,668	263,772	215,143	1,457,175
滋賀	169,038	231,779	185,229	1,191,047
京都	244,975	354,273	308,648	2,187,539
大阪	1,237,455	1,833,342	1,673,966	11,062,566
兵庫	683,663	963,549	850,604	5,565,770
奈良	127,239	181,919	145,027	999,592
和歌山	98,400	142,251	116,224	751,499
鳥取	59,037	85,725	69,695	449,816
島根	56,035	79,488	68,489	493,639
岡山	237,660	325,156	301,919	1,948,978
広島	325,113	467,670	397,406	2,630,446
山口	124,250	184,413	149,786	1,070,977
徳島	89,808	129,991	110,362	693,847
香川	127,562	178,584	155,829	985,521
愛媛	122,971	182,543	141,909	1,021,661
高知	60,601	88,644	71,322	496,946
福岡	656,478	1,016,813	838,359	5,475,570
佐賀	93,602	141,225	106,323	694,658
長崎	140,154	200,845	169,675	1,118,196
熊本	176,030	261,163	213,583	1,469,704
大分	103,798	158,258	126,961	837,428
宮崎	105,744	159,492	129,287	846,288
鹿児島	146,170	229,347	171,239	1,228,978
沖縄	126,652	191,814	159,126	1,153,254

国際口腔保健シンポ

世界指標や課題紹介

WHO専門官が講演

「WHO世界口腔保健行動計画実施に向けたWHOとの連携強化」をテーマにした国際口腔保健シンポジウム2024が3月27日、オンライン上で開催された。日本歯科医師会の主催で、4人のWHO口腔保健専門官のうち、本部の原田有理子氏、アフリカ地域事務局の牧野由佳氏が世界的な口腔保健の問題点や日本に期待することなどについて講演した。

主催者を代表してあいさつした日歯会長の高橋英登氏は、「WHO世界口腔保健行動計画に掲げられた口腔保健のユニバーサルヘルスカバレッジの達成に貢献すべく積極的に取り組んでいる」と発言。日本で蓄積してきた口腔保健に関する知見を発信する活動に注力しており、今回のシンポジウムもその一環と説明した。

原田氏は、世界の口腔保健の問題点として、多くの国で口腔疾患予防と治療が自己負担で行われている点、プライマリケアが提供されておらず予防・治療へのアクセスが困難な点などを挙げた。そして、世界口腔保健行動計画では、11の世界目標や100の行動項目などが掲げられていると説明した。

さらに費用対効果が高い口腔疾病予防・治療とされているものとして、フッ化物歯磨剤やフッ化ジアミン銀、グラスアイオノマーセメント、口腔がんスクリーニング、砂糖税などを紹介。日本の口腔保健の知見では、日本発のフッ化ジアミン銀や、日本の学校口腔保健活動モデル、オーラルフレイル対策が世界的にも注目されていると説明した。

牧野氏は、アフリカでの口腔保健の課題を挙げた上で、日本の歯科界に臨むこととして費用対効果の高い材料開発やアフリカへの流通などを挙げた。

なお、シンポジウムは、日歯国際渉外委員会委員でFDI理事の小川祐司氏が司会、日歯常務理事の末瀬一彦氏がコーディネーターを務め、厚労大臣の武見敬三氏からビデオメッセージも寄せられた。

11の世界目標

①口腔保健のUHC達成　世界人口80%が必要不可欠な口腔お兼サービスを享受

②口腔疾病負荷の減少　世界の口腔疾病負荷を10%減少させる

③口腔保健のリーダーシップ強化　80%の国が歯科政策を立案し、かつ、保健省に歯科担当官を配属

④環境に配慮した歯科診療　80%の国が水銀に関する水俣条約に沿い、歯科アマルガムの使用を削減もしくは廃止

⑤砂糖摂取を制限する政策　50%の国が砂糖の摂取を制限することを目的とした政策を実施

⑥適切なフッ化物の供給　50%の国が適切なフッ化物量を国民に供給するための手引きを作成

⑦革新的な医療人材モデル　2030年までに50%の国が医療人材政策に口腔保健人材を統合

⑧プライマリケアへの統合　80%の国がプライマリケアで一般的な口腔保健サービスを提供

⑨歯科薬品の十分な供給　50%の国がWHOの必須薬品の歯科薬品を国の必須薬品に統合

⑩歯科政策実施のモニタリング　80%の国が歯科政策実施を評価するためのモニタリングフレームワークを作成

⑪公衆衛生に焦点を当てた研究強化　50%の国が公衆衛生に焦点を当てた口腔保健の研究を各国の研究課題アジェンダに統合

神奈川県歯 代議員会

全11議案を承認

守屋会長

神奈川県歯科医師会(守屋義雄会長)は3月28日、第30回臨時代議員会を横浜市の歯科医師会館で開催した。感謝状贈呈、会務や第201回・202回日本歯科医師会代議員会、代議員会予算決算特別委員会などの報告が行われ、全11議案の承認、「同会予備選挙規則の一部改正について」「福祉共済制度の在り方について」が協議された。

全議案は可決された

守屋会長はあいさつで、歯科医師の地位向上と社会貢献について言及。「国民にとって歯科界はなんだかよく分からないという状態になっている。能登半島地震へのJDAT派遣や、義援金などの社会貢献などを通じて、国民にとっての歯科医師の理解を高めていきたい」と語った。

議事では「令和6年度入会金の額に関する件」「同会賦課金の額に関する件」「同会費・負担金賦課並びにその収納方法に関する件」「同事業計画案に関する件」「同収入支出予算案に関する件」「同収入支出予算案に関する件」「神奈川県歯科医師会福士共済部会第2共済準備引当預金取り崩しに関する件」「同会備品の一部廃棄に関する件」「同会委員会・部会設置規則の一部改正に関する件」「同会労働保険事務組合事務処理規約の一部改正に関する件」「同会旅費規程の一部改正に関する件」が承認された。

都歯連盟 評議員会

事業計画など可決

褒賞授与式も実施

東京都歯科医師連盟(石島弘己会長)は3月27日、第140回評議員会を、東京千代田区の歯科医師会館で開催した。令和5年東京都歯科医師連盟褒賞授与式のほか、会務や各部会・委員会などの報告が行われ、議事「政治活動積立金会計から運営基金会計への繰り入れの件」「令和5年度収　入支出補正予算」「令和6年度事業計画」「同会費の額」「同収入支出予算」「次期参議院比例代表選挙候補者推薦」が承認され、「衆議院選挙」「組織力強化対策」が協議された。

全議案は可決された

石島会長はあいさつで、組織の再構築、活性化を目指すにあたって、日本歯科医師連盟の入会促進モデル事業に言及。「各地区の先生への訪問は4月からを予定している。日歯連盟事業のモデル地区の認定との兼ね合いを考えながら、先生方への訪問スケジュールを練っている所だ」と語った。

あいさつで組織の活性化について話す石島会長

来賓で、日歯連盟の太田謙司会長、東京都歯科医師会の井上惠司会長、(代理)、山田宏参議院議員、比嘉奈津美参議院議員、山口那津男参議院議員、丸川珠代参議院議員、武見敬三参議院議員・厚生労働大臣(代理)、東京都議会自由民主党の菅野弘一幹事長(代理)があいさつした。

議事「次期参議院比例代表選挙候補者推薦」では、比嘉奈津美参議院議員が推薦された。

褒賞授与式では、第2条第一号該当者の東京都歯科医師連盟小金井支部の三浦健二氏、第2条第二号該当者の東京都品川歯科医師連盟の藤井重壽氏の功績を称えた。

1月の歯科診療所数

前月比118減の6万6886施設

厚労省の施設動態調査による令和6年1月末現在の歯科診療所数は全国で6万6886施設で、前月より118減少した。

東京の18、神奈川の14、愛知の9、北海道の8など29都道府県で123減少し、増加は奈良の2など4県で5だった。

開設者別歯科診療所数の個人は前月より146減少して4万9443施設、医療法人は22増加の1万6798施設だった。

開設者別歯科診療所数の個人は減少傾向が続き、2021年3月以降、34カ月連続で減少。医療法人は2018年9月以降62カ月連続で増加していたが、先月減少に転じ、今月はまた増加している。

前年同月比の全国の歯科診療所数の動向では、615施設減少した。開設者別歯科診療所数の個人は1053減少、医療法人は411増加となっている。

都道府県別歯科診療所数

令和6年1月

	歯科診療所	前月比増減数
全国	66,886	-118
北海道	2,735	-8
青森	479	0
岩手	538	0
宮城	1,033	0
秋田	404	0
山形	452	0
福島	810	-3
茨城	1,345	-2
栃木	946	0
群馬	970	-3
埼玉	3,513	-6
千葉	3,201	-2
東京	10,648	-18
神奈川	4,924	-14
新潟	1,093	-5
富山	429	-1
石川	473	1
福井	290	1
山梨	415	-1
長野	981	1
岐阜	937	0
静岡	1,712	-4
愛知	3,679	-9
三重	781	-1
滋賀	563	0
京都	1,256	-2
大阪	5,442	-6
兵庫	2,916	-3
奈良	678	2
和歌山	509	0
鳥取	255	0
島根	250	0
岡山	982	-4
広島	1,470	-4
山口	619	-1
徳島	411	-2
香川	466	-2
愛媛	634	0
高知	337	0
福岡	3,036	-6
佐賀	391	-3
長崎	684	-2
熊本	828	3
大分	511	-1
宮崎	478	-4
鹿児島	771	-3
沖縄	611	0

東京歯科保険医協

新点数説明会

「複雑で説明困難」

坪田会長が指摘

東京歯科保険医協会(坪田有史会長)は3月26日、東京都文京区の文京シビックセンターで第1回の新点数説明会を開催し、1千人超が参加者した。坪田会長=写真=は趣旨説明で、今回の改定を「複雑で説明困難。改定内容を理解するのは容易ではないもの」だと指摘した。

特に、多くの施設基準が新設されており、届け出をしなければ算定できないものが多くなったとして、複雑な改定内容を理解することの重要性を強調した。その上で、「学術団体としての性格のある歯科医師会と異なり、保険医協会は医業を支援する組織。改定内容を分かりやすく会員に説明することも、協会のサポート業務だ」と述べた。

改定内容の説明は、同会の本橋昌宏副会長、濱﨑啓吾理事が担当。新設項目を中心に改定の要点を説明し、モデル症例をもとに算定のイメージを示した。この中で本橋副会長は、「細分化されている複雑な改定だが、よく考えられた面もある」と評価した。

新設された主な施設基準

- 歯科外来診療医療安全対策加算1・2
- 歯科外来診療感染対策加算1・2・3・4
- 歯科点数表の初診料の注16および再診料の注12(情報通信機器を用いた歯科診療)
- 医療DX推進体制整備加算(歯科点数表初診料)
- 小児口腔機能管理料の注5、口腔機能管理料の注5および歯科特定疾患療養管理料の注5(情報通信機器を用いた歯科診療)
- 歯科遠隔連携診療料(施設基準を満たしている場合は届出不要)
- 在宅医療DX情報活用加算(歯科訪問診療料)
- 在宅歯科医療情報連携加算
- 在宅療養支援歯科医院
- 頭頸部悪性腫瘍光線力学療法
- 光学印象
- 歯科技工士連携加算1、同2、光学印象歯科技工士連携加算
- 歯科外来・在宅ベースアップ評価料(Ⅰ)、同(Ⅱ)、入院ベースアップ評価料

日歯 第202回臨時代議員会
個人質疑応答 ①

（敬称略）
※質問は書面を、回答は当日答弁を要約

学術・国際渉外・学会

日歯生涯研修登録アプリの開発望む
竹内純子（静岡）

県歯や郡市区歯会ではコロナ禍が収束し会場参加型の各種研修会、学会が開催されるようになった。受講に際しては、日本歯科医師会の生涯研修カードによるカードリーダー登録を行っている。しかしながら研修カードの不携帯または紛失により研修登録できないケースがある。そこで、スマホによるカードリーダー登録を行えるように日歯生涯研修登録アプリのシステムを開発することを要望する。

これには、位置情報から近隣で開催されている研修会等が検索できる機能や、研修会の開催案内、日歯からの各種通知などをプッシュ通知するなどの付加機能による会員の利便性が増し会員利益に寄与する。またこれにより非会員との差別化に寄与すると思われる。併せて、各県歯独自で行っている災害時の会員安否確認システムの機能を付与することにより、各県歯会、郡市区歯会はこれまでより正確な会員の確認作業が期待でき、これを会員診療所の開設状況とリンクすることにより国民への公益目的にも寄与する。

日歯側は発行手数料や業務が無くなり、生涯研修の単位取得率向上につながることが期待でき、DX化の一助になると思う。以上、ご検討の程よろしくお願いする。

アプリ化などの利便性向上検討
■末瀬一彦常務理事

現在、対面形式やサテライトでの研修会においては、日歯生涯研修事業の一つとして受講研修登録用ICカードを使っている。Eシステムは平成20年から運用しており、利用者の利便性を考えて改修をしてきたが、使い始めてから既に15年以上が経過している。システムのプラットフォームが非常に古いため、改修作業も進んでいないのが現状。学術委員会では、システムの抜本的な改修に向けて、現行の運用委託会社を含めて数社を対象にシステム開発の構築を提案している。

会員登録については、現在でもオンラインでのリアルタイム配信などの研修会ではカードだけでなくスマートフォン等でQRコードを読み取ることや、URLのアクセスからシステムの会員登録ができる機能を実装している。

今後、アプリ化による機能拡張を含めた利便性の向上、参加登録から会員登録までの一元管理による簡便化について検討を行う予定としている。

システムを学術関係の生涯研修事業だけで運用しているが、今後は日歯全体を含めたシステムとして各所管と連携を取って、安否確認等にも生かせるようなシステム構築をしていきたいと考えている。

生涯研修総合認定医を取得している人が446人、全会員の6・9%と極めて少ない。専門医機構が発足しているが、できるだけ会員の先生が手の届く専門医を要望し、総合認定医を変えていきたいと思っている。

医療情報・IT・調査

日歯の喫緊の課題はDXとAIの活用
吉田直人（宮城）

DXとAIは単なる技術の導入ではなく、組織全体の文化的革新であり、ビジネスモデルや運営戦略、持続可能な成長と競争力の取り組みだ。これらは歯科界の発展と歯科医療の変革を促進し、本会の効率化、アクセシビリティ向上、国民及び会員サービス品質の向上に不可欠な戦術となる。DXとAIの本会運営における主な役割は以下の4点にまとめられる。

①業務プロセスの自動化と意思決定のサポートによる効率性向上
②リモートアクセスの提供とテレデンティストリーの推進によるアクセシビリティ向上
③会員に対する個別化されたサービスの提供と最新情報の迅速な配信によるサービス品質の向上
④DXを通じて構築されたオンラインプラットフォームやフォーラムを活用したオンラインコミュニティの構築とメンバーエンゲージメントの強化

言うまでもなく、本会は学術団体となる。日歯全員に提供するリソースと教育プログラムは、最新の臨床技術と治療方法を迅速に提供しなければならない。また国民に向けた口腔衛生に関する教育と啓蒙活動の内容は新しい知見に基づくことが求められている。会員と患者間のコミュニケーションを進化させるためには学術的に立脚し、さらにDX社会にマッチングさせる必要がある。

以上を踏まえ、日歯会員の帰属意識を深め、国民の歯科医療の認識を高めることを目的とした日歯のプラットフォームの構築を提案する。ちなみに、ADA（米国歯科医師会）は会の公式ウェブサイトの他に、目的に応じた五つのプラットフォーム「1.ADA Center for Evidence-Based Dentistry (EBD)」「2.ADA Science & Research Institute」「3.ADA Practice Transitions」「4.ADA Continuing Education」「5.ADA Mouth Healthy」等を運営している。

これらの施策が実現すれば、会員教育の標準化、歯科医療のサービス品質向上による歯科の業務拡大につながり、未入会員対策にも貢献すると考える。

最後に要望として本会にDXとAIに特化した部署の設置をお願いする。

デジタル化を各部署で推進
■林正純副会長

組織力強化において、プラットフォームの構築は非常に有用な手段だと思っている。具体的に進めていくに当たって、皆が所有しているスマホ等を端末として利用するのは必須ではないかと考えている。画面上で入会手続きや最新情報の取得、コミュニケーションなどもできるような形は素晴らしい仕組みだと思うが、セキュリティー面も考えていくと大きなコストはかかってくる。プラットフォームで各部署を横断的に結ぶためには、かなりのセキュリティーを強化する必要がある。

そのような点と、どのような情報が必要なのか、しっかりと精査して、必要なところを強化していきたいと考えている。

発想に関しては、ADAが取り入れているものは模範となると思うが、ビジョンとしてはまだ各部署でデジタライゼーションしていく段階だと思っている。

電子処方箋への日歯の見解問う
山畑智也（神奈川）

令和6年度診療報酬改定に伴う新たな施設基準において、「電磁的記録をもって作成された処方箋を発行する体制を有していること」が要件に含まれた。経過措置は設けられたが、今後は電子処方箋の導入に取り組む必要があると思われる。

導入に当たり電子署名方式が必要とのことだが、これには物理カードを用いた署名方式（ローカル署名）と物理カードを用いない署名方式（カードレス署名）のどちらかを選択する必要がある。現時点では、共にHPKI（保健医療福祉分野の公開鍵基盤）の仕組みを活用するため、HPKIカードの発行申請が必須とのことだ。

①例えば、JPKIカードのようなHPKIカード以外でも発行申請が可能になる見通しはあるか。また、これに類する検討はされているか。

②医療機関の費用負担が日本医師会会員は初回および5年ごとの発行手数料等は全て無料で運用しているそうだが、日歯として諸費用負担を全額補助する方向性について検討しているか。

今後の見解をお聞かせ願いたい。

HPKI発行の手数料補助検討
■小野寺哲夫常務理事

政府は、医療DXにおいてマイナンバーカード1枚で患者が複数の福祉サービスを受けられることなどを目指している。今後、電子処方箋の普及に当たり、電子証明に必要なHPKIカードの発行も課題となっている。

令和5年12月末から医師、歯科医師自身のマイナンバーカードを利用したHPKIのカードレス証明の仕組みが導入された。

HPKI以外では、令和3年6月18日に閣議決定された規制改革実施計画で、HPKI以外の電子証明の利用も資するように確認方法や確認する際の考え方について明らかにすると記載されているが、別の電子証明は現時点ではないと思っている。

医師・歯科医師自身のマイナンバーカードを利用したHPKI証明については、マイナポータルから認証局への申請が可能となっている。歯科医師は従来通り、Medisから発行することになっている。

日歯では、HPKI需要検証事業を行った。これに基づいて、HPKIに関する施策を考えている。医師会は会員証をHPKIカードにしている。

電子処方箋のためにはHPKIが必要になるので、できれば発行手数料の補助等について、検討したいと考えている。

厚生・会員

組織力強化の推進策を問う

今宮圭太（神奈川）

会務現況報告に「15、組織力強化の推進　歯科保健医療の充実に関する国への政策提言や要望を実現するためには、歯科医師会組織が強固なものでなければならない。仮に日本歯科医師会の組織力が低下するようでは、歯科臨床現場の声が国の政策に反映され難くなり、ひいては患者や国民の不利益につながりかねない。

このような認識のもと、前執行部では、『若手歯科医師活躍推進チーム』において、若手歯科医師活躍推進、女性歯科医師活躍推進、男女共同参画等に取り組んだ。

現執行部では、令和5年12月21日開催の第9回理事会において、本会役員等による『若手・女性歯科医師活躍推進チーム』の設置を決定。同チームでは、これまでの取り組みを確認、検証して、課題を整理し、若手歯科医師や女性歯科医師のさらなる活躍等に向けた『実効性のある施策展開』を念頭に置き、取り組みをさらに進めていくこととしている。」

とあるが、具体的にどのような取り組みを考えているのか伺いたい。

また、臨床研修医および大学勤務歯科医師への入会アプローチなどは行っているのか伺いたい。

組織力強化の具体的対策は

若野正人（大阪）

2040年を見据えた歯科ビジョンで「地域において歯科医療従事者が不足すれば地域歯科医療提供体制に悪影響を及ぼす可能性があること」「組織力が低下すると政府や行政に対して臨床現場の意見が国の政策の方向性に反映されないこと」「将来を見据え会員組織率は歯科医師全体の90%を超えている必要があること」が記載されている。組織率向上の取り組みとして会員に対する支援策の強化・拡充、都道府県歯科医師会および大学との連携等、実施されているが、十分ではないという声も会員から上がってきており、組織率はここ数年減少傾向にある。

日歯、都道府県歯、郡市区歯、という三層構造の中で効果的で即効性のある対策は難しいとは思うが、今後を見据え、日歯において具体的な対策があれば伺いたい。

推進チーム内に二つのWG設置

（一括答弁）

■松尾健常務理事

前執行部では、取り組みの一つとして都道府県歯の担当役員が若手会員に参集してもらい、若手歯科医師および女性歯科医師の活躍、男女共同参画についての意見交換会を令和5年4月1日に開催している。この会では、既に若手歯科医師活躍委員会がある歯科医師会からの事業紹介の他、多くの意見や要望があり、昨年の6月に報告書として取りまとめた。

本執行部では、その意見や要望を基にさらに取り組むべき課題を抽出して、取り組みを進めていくところだが、若手・女性歯科医師活躍推進チームでは、若手歯科医師活躍と女性歯科医師活躍を推進する二つのワーキンググループ（WG）に分けて検討を行うことにしている。

若手歯科医師活躍ワーキンググループでは、全国7地区より推薦してもらい、各地域で活躍している50歳未満の会員との意見交換を行い、課題の整理を行った上で、若手会員が歯科医師会で活躍してもらえるように、日歯、都道府県歯、郡市区歯が取り組むべき内容を示し、できるところから実行していきたいと考えている。

女性歯科医師活躍ワーキンググループでは、昨年6月の第200回定時代議員会での要望を踏まえ、各地区における女性歯科医師の歯科保健活動等への参画についても議論を進めていく予定としている。

また、若手歯科医師活躍ワーキンググループのもう一つの検討テーマとして第6種会員の増強に向けた、歯科大学・大学歯学部との連携強化がある。平成26年以降、毎年行われる臨床研修歯科医師のオリエンテーション等で、臨床研修歯科医師に対応した種別のある都道府県歯の協力を得ながら、第6種会員の説明をしている。歯科大学・大学歯学部に温度差があり、全部を網羅できていない。これまで以上に関係強化に努め、積極的に働き掛けていかなければならないと思っている。

また、大学に勤務する歯科医師に対しても十分なPRができていない状況で、今後は各歯科大学・大学歯学部の理解を得た上で、歯科医学会の協力の下に都道府県歯と連携して第2種、第3種会員に入ってもらえるように、会員種別の総合的な見直しを図っていきたいと考えている。

3層構造が基本で、全ての歯科医師会に入会してもらいたい思いはあるが、開業歯科医師ではない、準会員となる大学歯科医師、研修歯科医師については今後、ICTを活用するなど入会のハードルを下げて全員入会を目指していく方向で考えていかなければならない時期に来ているのではないか。正会員の先生方の理解を得る必要はあるが、日歯が日本の歯科医師を代表する唯一の団体として、国民に対する責務を果たすこと自体が困難となる可能性を歯科医師会全体で認識しなければいけないと考えている。

勤務医会員入会促進の方針問う

山中一男（愛知）

日歯は昨年11月に全国の都道府県歯科医師会に対し、勤務歯科医師数の実態調査を行ったが、これは勤務歯科医師の入会促進に向け、新たな一歩を踏み出したことと大いに評価される。

病院歯科や個人の歯科医院等の勤務歯科医師が、日歯に入会を希望する場合は、現行の第2種会員【就業されている歯科医療機関等所在地の歯科医師会（郡市区歯科医師会）ならびに都道府県の歯科医師会に入会、その上で都道府県歯科医師会を通じて日歯への入会】として入会することになる。

しかし、勤務歯科医師は勤務地を異動することがあると想定できるにもかかわらず、現行の第2種会員制度は、このような実情に全く配慮することなく、言い換えれば「入会を拒否している」としか言いようがない。これからの歯科医師会は新規入会者を抑制するのではなく、促進する方向に舵を切らなければならないのではないか。

かねてより愛知県歯科医師会は、「都道府県歯科医師会の承認を得て勤務歯科医師は日歯直轄会員として入会できる。（但し毎年資格確認として勤務先発行の在職証明書と都道府県承認が必要）」と変更を提案しているが、日歯の今後の取り組みの方針についてお伺いする。

準会員受け入れ正会員移行図る

■松尾健常務理事

最近の代議員会等で何度か要望があり、前執行部から引き継ぎを受けた事項の一つでもある。本年2月から開始した若手・女性歯科医師活躍推進チームや、厚生会員所管、役員会で勤務歯科医師や大学勤務者、臨床研修歯科医の種別等の入会促進に向けて議論を開始した。

昨年6月の第200回定時代議員会でも、前任の担当役員が述べたように、愛知県歯のように会員歯科診療所勤務者を県歯準会員とする都道府県歯が全国的に普及すれば、日歯において、県歯準会員による会員歯科診療所勤務者を対象とした第3種会員と同等の種別を検討すべきだと考えている。

第6種会員についても、平成25年に始まり、26年から本格的に稼働し、令和5年終了時点で10年経過している。この間、854人の第6種会員の入会があったが、多くが退会している。10年間で第1種会員になった人が5人、第2種会員として在籍しているのが10人、第3種会員として在籍しているのが18人で、計4%となっている。

それなりに見直しを図る必要があるのではないかと考えている。

現在、ICTの普及度が大幅に増加している。今の時代に合致した制度、方策を考えていきたい。

なるべく緩い縛りの準会員を受け入れて、円滑に正会員に移行してもらえるようにするための論議を開始した。ただし、都道府県歯の承認を得て、勤務歯科医師が日歯直轄の準会員になるよりは、開業時、開設者になった時に郡市区歯、都道府県歯、日歯に入会してもらうためにも、都道府県歯に入会してもらう仕組みにすることが非常に重要とも考えている。

都道府県歯に連帯する場合の、日歯の入会金や会費の減免についても検討しなければならない課題の一つと思っている。

医療制度

タスクシフトへの日歯の考えを問う

木戸寿明（新潟）

私は日歯代議員として、令和4年6月に開催された第198回定時代議員会個人質問で「医師の働き方改革を進めるためのタスク・シフト／シェアについて」と題して質問をした。昨今医科で議論が活発化している医療専門職間のタスク・シフト／シェアという課題に対して、日歯としてのスタンスをお答えいただき、歯科の関わりでは厚労省と若干の意見交換はあるものの、本格的な議論はこれからとの答弁を得たと記憶している。

その後、2024年度診療報酬改定の基本方針に「医療人材の確保・働き方改革等の推進」を重点課題に据えるとされ、各職種が高い専門性を十分に発揮するための勤務環境の改善、タスク・シェアリング／タスク・シフティング、チーム医療の推進が謳われ、現在の改定作業が進められている。

ところで、第7次医療計画の中間見直しにおいて、「『在宅歯科医療の提供体制等に関する検討会』における議論の整理を踏まえ、在宅歯科医療をより推進するための指標例を追加する。」と提言され、各都道府県の医療計画等に歯科に関するさまざまな指標が盛り込まれて来ている。

歯科の訪問診療における積極的な参画がこれから求められる一方で、新潟県において行われている「新潟県歯科医療機能連携実態調査」での歯科訪問診療に関する実態調査の結果を見ると、歯科訪問診療の実施件数については過去約10年の間で倍以上の増加を示している一方、歯科訪問診療を実施している歯科診療所については割合にして約2割程度とほぼ変化なく、むしろ減少傾向を示している。多くの会員診療所は歯科訪問診療まで十分に行う余裕がないことが窺える数字となっている。

令和2年3月にみずほ情報総研から出された「令和元年度歯科医療提供体制推進等事業報告書」によれば、「歯科訪問診療1」を算定した診療行為で最も多いのが「補綴・義歯関係」であり、在宅の現場では義歯の修理等が頻繁に行われていることが報告されている。今後在宅患者が増加することが予想されていることを考えると、歯科訪問診療における義歯・補綴関係のマンパワー不足の懸念が拭いきれない。この課題を解決すると同時に、歯科におけるタスクシフト／シェアを考える上で、歯科技工士の医療職としての医療現場への参画が社会的に有益であり、法改正に向けた検討が必要だと考える。

以上のような観点から、日歯現執行部のタスクシフト／シェアに関しての認識並びに今後増加する歯科訪問診療についての対応を改めて質問したい。

関係者の間で合意が不可欠

■藤田一雄副会長

在宅歯科診療における歯科医師の業務を歯科技工士にタスクシェアすることについて、現行の関係法令上の業務範囲および診療報酬上の建付けについては、理解してもらっていると思う。

歯科医師から歯科技工士へのタスクシフトについて、厚労省、歯科技工士の養成確保に関する検討会において「高齢社会の進展により、在宅歯科医療の需要は今後さらに増加することから、歯科技工士の業務内容の検討に際し、歯科訪問診療や介護現場における歯科技工士の業務の在り方について検討が必要である。

また、チェアサイド等における歯科医師と歯科技工士の連携を推進する観点からシェードテイキング等、現行法令において歯科技工士が実施可能な業務内容、歯科訪問診療で歯科医師に帯同する場合の業務の在り方、歯科技工を行う場所の考え方について整理をする」という記載がある。

議論はこれからだが、歯科技工士だけでなく、歯科衛生士へのタスクシフトも含めて賛否両論はあると思う。とにかく、関係者間の合意が不可欠で、まずは歯科臨床において、タスクシフトが求められる業務が何か、しっかり一つ一つ業務を検討する必要がある。それが現行の歯科技工士法上、実施可能なのか、もしできない場合に省令、政令、法律を変えていくのか、という議論になっていく。さらにタスクシフト／シェアには教育の問題が伴う。

歯科技工士養成課程における教育内容や必要な就業年限と併せて具体的な検討も必要と考える。

現執行部において、歯科技工士に関する協議会を立ち上げ、関連する団体を交えて今後の課題を協議する場を設けている。日本歯科医学会や厚労省にも相談し、コンセンサスを得ながら進めていかなければならない問題と認識している。

増加していくと思われる訪問診療への対応だが、診療報酬上の算定条件など緩めてもらいたいところは多いが、結果的にいわゆる業者、「訪問屋さん」が喜ぶことになると患者の利益にはならないと思う。

その点からも、今回の改定は一定の評価をしても良いと思っている。

介護保険

介護報酬における歯科の展望を問う

今村均（福岡）

厚生労働省は2024年度介護報酬改定で、利用者の口腔管理をコミットする事業所に対し評価を行うことを発表した。

これはリハビリの効果が患者の栄養状態に大きく左右され、その栄養状態改善には「口からの食物摂取」が重要だからだ。そしてリハビリ・口腔管理・栄養管理の一体的な実施により要介護者の自立支援・重症化予防を目指していると考えられる。このことから次期改定資料には、リハビリテーションマネジメント加算（ハ）新設に関する記載があるが、気になる点があった。

資料中の文言には「利用者ごとに、言語聴覚士、歯科衛生士又は看護職員がその他の職種の者と共同して口腔の健康状態を評価し、当該利用者の口腔の健康状態に係る解決すべき課題の把握を行っていること」と記されているが、どの職種の役割かが気になった。すなわち近年、歯科衛生士が不足する中で、この役割が多くの職種へと流れてしまい、歯科独自の職能が希薄化することを危惧している。さらにこの役割を果たした歯科業界に対する評価も明確になっていない。

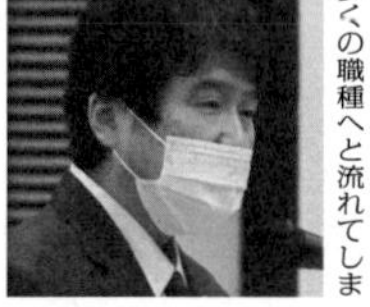

1月22日に開催された社会保障審議会・介護給付費分科会で、2024年度介護報酬改定内容が了承された。今後1カ月程度パブリックコメントを募集し、その結果も考慮した上で3月中旬に告示公布・関連通知等発出がされる予定となっている。

以上の内容を踏まえ、歯科医師ならびに歯科衛生士が元来所有している職域の権限、さらに両者への経済的インセンティブを日歯がいかに考えているか、聞かせてほしい。

施設から医療につなぐ仕組み必要

■野村圭介常務理事

リハビリテーションマネジメント加算（ハ）は、通所リハビリテーション、介護老人保健施設、介護医療院、介護老人福祉施設等で新たに設けられたもので、通所リハビリテーションにおいては、言語聴覚士、歯科衛生士または看護職員がアセスメント等を行うことになっている。確かに歯科衛生士の役割が不明瞭だが、通所リハにおいては施設と併用されていない場合もあるので、歯科衛生士が行わないことも多々ある。また、介護施設等に歯科衛生士が雇われてしまうと、人材不足で困っている状況なので、対応しなくてはいけないと思っている。

アセスメントに関しては、老年歯科医学会の協力の下、介護保険だけでなく医療保険で使えるものを作成している。医療保険の中でも使えるもので、今回の介護報酬改定では医療が必要な人をしっかりと医療につなげられるように多職種間で多くの情報を共有するようになっている。

医療と介護の連携という視点から施設利用者に医療として歯科医療機関につなげられる仕組みをつくっていきたい。

1面関連

歯科医師の平均年齢53歳

2022年「医師・歯科医師・薬剤師統計」

女性は26% 専門医5%

年齢階級、施設の種別　歯科医師数・平均年齢

令和4（2022）年12月31日現在

	計		病院		病院（医育機関附属の病院を除く）		医育機関附属の病院		診療所	
	歯科医師数	構成割合	歯科医師数	構成割合	歯科医師数	構成割合	歯科医師数	構成割合	歯科医師数	構成割合
総　数	101,919 人	100.0 %	11,662 人	100.0 %	3,256 人	100.0 %	8,406 人	100.0 %	90,257 人	100.0 %
29歳以下	5,963 人	5.9 %	3,348 人	28.7 %	394 人	12.1 %	2,954 人	35.1 %	2,615 人	2.9 %
30〜39歳	16,942 人	16.6 %	3,899 人	33.4 %	811 人	24.9 %	3,088 人	36.7 %	13,043 人	14.5 %
40〜49歳	20,217 人	19.8 %	1,915 人	16.4 %	829 人	25.5 %	1,086 人	12.9 %	18,302 人	20.3 %
50〜59歳	22,398 人	22.0 %	1,411 人	12.1 %	670 人	20.6 %	741 人	8.8 %	20,987 人	23.3 %
60〜69歳	23,566 人	23.1 %	975 人	8.4 %	468 人	14.4 %	507 人	6.0 %	22,591 人	25.0 %
70歳以上	12,833 人	12.6 %	114 人	1.0 %	84 人	2.6 %	30 人	0.4 %	12,719 人	14.1 %
平均年齢	53.0 歳		39.3 歳		45.8 歳		36.8 歳		54.8 歳	

取得している広告可能な資格名

（複数回答）令和4（2022）年12月31日現在

	総数		病院		診療所	
	歯科医師数	構成割合	歯科医師数	構成割合	歯科医師数	構成割合
総　数	101,919 人	100.0 %	11,662 人	100.0 %	90,257 人	100.0 %
口腔外科専門医	2,410 人	2.4 %	1,357 人	11.6 %	1,053 人	1.2 %
歯周病専門医	1,177 人	1.2 %	166 人	1.4 %	1,011 人	1.1 %
歯科麻酔専門医	384 人	0.4 %	201 人	1.7 %	183 人	0.2 %
小児歯科専門医	1,127 人	1.1 %	184 人	1.6 %	943 人	1.0 %
歯科放射線専門医	196 人	0.2 %	128 人	1.1 %	68 人	0.1 %
資格なし	96,806 人	95.0 %	9,639 人	82.7 %	87,167 人	96.6 %

注：２つ以上の資格を取得している場合、各々の資格名に重複計上している。

施設・業務の種別にみた歯科医師数

各年12月31日現在

	令和４年(2022)		令和２年	対前回		人口 10 万対(人)		
	歯科医師数（人）	構成割合（%）	歯科医師数（人）	増減数（人）	増減率（%）	令和４年(2022)	令和２年(2020)	増減数
総　数 *	105,267	100.0	107,443	-2,176	-2.0	84.2	85.2	-1.0
男	77,854	74.0	80,530	-2,676	-3.3	62.3	63.8	-1.5
女	27,413	26.0	26,913	500	1.9	21.9	21.3	0.6
医療施設の従事者	101,919	96.8	104,118	-2,199	-2.1	81.6	82.5	-0.9
病院の従事者	11,662	11.1	12,329	-667	-5.4	9.3	9.8	-0.5
病院(医育機関附属の病院を除く)の開設者又は法人の代表者	33	0.0	19	14	73.7	0.0	0.0	0.0
病院(医育機関附属の病院を除く)の勤務者	3,223	3.1	3,211	12	0.4	2.6	2.5	0.1
医育機関附属の病院の勤務者	8,406	8.0	9,099	-693	-7.6	6.7	7.2	-0.5
臨床系の教官又は教員	3,320	3.2	3,514	-194	-5.5	2.7	2.8	-0.1
臨床系の大学院生	1,417	1.3	1,546	-129	-8.3	1.1	1.2	-0.1
臨床系の勤務医	3,669	3.5	4,039	-370	-9.2	2.9	3.2	-0.3
診療所の従事者	90,257	85.7	91,789	-1,532	-1.7	72.2	72.8	-0.6
診療所の開設者又は法人の代表者	56,767	53.9	58,867	-2,100	-3.6	45.4	46.7	-1.3
診療所の勤務者	33,490	31.8	32,922	568	1.7	26.8	26.1	0.7
介護老人保健施設の従事者	34	0.0	28	6	21.4	0.0	0.0	0.0
介護医療院の従事者	3	0.0	6	-3	-50.0	0.0	0.0	0.0
医療施設・介護老人保健施設・介護医療院以外の従事者	1,562	1.5	1,646	-84	-5.1	1.3	1.3	0.0
医育機関の臨床系以外の大学院生	126	0.1	148	-22	-14.9	0.1	0.1	0.0
医育機関の臨床系以外の勤務者	867	0.8	900	-33	-3.7	0.7	0.7	0.0
医育機関以外の教育機関又は研究機関の勤務者	201	0.2	213	-12	-5.6	0.2	0.2	0.0
行政機関又は保健衛生業務の従事者	368	0.3	385	-17	-4.4	0.3	0.3	0.0
行政機関の従事者	314	0.3	322	-8	-2.5	0.3	0.3	0.0
行政機関を除く保健衛生業務の従事者 *	54	0.1	63	-9	-14.3	0.0	0.0	0.0
その他の者	1,747	1.7	1,619	128	7.9	1.4	1.3	0.1
その他の業務の従事者	440	0.4	399	41	10.3	0.4	0.3	0.1
無職の者	1,307	1.2	1,220	87	7.1	1.0	1.0	0.0

注：*「総数」には、「施設・業務の種別」の不詳を含む。
　　血液センター、生命保険会社（嘱託医）、社会保険診療報酬支払基金等の保健衛生業務に従事している者。

主たる診療科、施設の種別　歯科医師数・平均年齢

各年12月31日現在

	令和４年(2022)		令和２年(2020)		対前回		令和４年(2022) 病院	令和４年(2022) 診療所
	歯科医師数（構成割合）	平均年齢	歯科医師数（構成割合）	平均年齢	増減数	増減率	歯科医師数（構成割合）	歯科医師数（構成割合）
総数 *	101,919 人（100.0%）	53.0 歳	104,118 人（100.0%）	52.4 歳	-2,199 人	-2.1 %	11,662 人（100.0%）	90,257 人（100.0%）
歯科	87,867 人（86.2%）	54.3 歳	89,717 人（86.2%）	53.7 歳	-1,850 人	-2.1 %	4,935 人（42.3%）	82,932 人（91.9%）
矯正歯科	4,294 人（4.2%）	47.4 歳	4,274 人（4.1%）	47.0 歳	20 人	0.5 %	871 人（7.5%）	3,423 人（3.8%）
小児歯科	2,017 人（2.0%）	50.1 歳	2,011 人（1.9%）	49.7 歳	6 人	0.3 %	419 人（3.6%）	1,598 人（1.8%）
歯科口腔外科	4,431 人（4.3%）	43.3 歳	4,413 人（4.2%）	42.6 歳	18 人	0.4 %	3,853 人（33.0%）	578 人（0.6%）
臨床研修歯科医	1,805 人（1.8%）	27.7 歳	1,987 人（1.9%）	27.9 歳	-182 人	-9.2 %	1,496 人（12.8%）	309 人（0.3%）

注：複数の診療科に従事している場合の主として従事する診療科と、１診療科のみに従事している場合の診療科である。
　　＊「総数」には、「主たる診療科」の不詳を含む。

■ 保健所・市区町村の常勤 ■

歯科医師128人 歯科衛生士725人

令和4年度末時点で、保健所や市区町村に常勤している歯科医師は128人、歯科衛生士は725人で、前年に比べてどちらも7人増えている。厚労省が3月26日に公表した「地域保健・健康増進事業報告」の概要によるもの。

歯科医師の内訳は「都道府県が設置する保健所」49人、「政令市・特別区」55人、「政令市・特別区以外の市町村」24人。歯科衛生士は「都道府県が設置する保健所」89人、「政令市・特別区」339人、「政令市・特別区以外の市町村」297人となっている。

◆◇◆

令和4年度に保健所や市区町村が実施した歯科健診を受けた人は延べ302万149人、歯科保健指導を受けた人は259万9995人で前年よりそれぞれ1万1822人、23万1706人増えている。

また、予防処置を受けた人は158万3466人、治療を受けた人は1万4761人となっている。

職種別にみた常勤職員数の年度推移

単位：人、各年度末現在

	令和2年度(2020)	3年度(2021)	4年度(2022)	都道府県が設置する保健所	政令市・特別区	政令市・特別区以外の市町村
合　計	58,918	60,998	61,798	13,998	24,860	22,940
医師	895	898	861	401	399	61
歯科医師	121	121	128	49	55	24
獣医師	2,462	2,457	2,420	1,150	1,269	1
薬剤師	3,245	3,204	3,244	1,702	1,533	9
理学療法士	137	134	134	18	49	67
作業療法士	92	93	100	23	35	42
歯科衛生士	708	718	725	89	339	297
診療放射線技師	448	427	409	229	116	14
診療エックス線技師	3	4	1	—	—	1
臨床検査技師	683	670	677	479	192	6
衛生検査技師	38	36	31	6	25	—
管理栄養士	3,984	4,019	3,939	699	879	2,361
栄養士	325	300	411	28	47	336
公認心理師	90	119	154	2	65	87
保健師	27,298	27,979	28,560	4,084	8,870	15,606
助産師	231	272	283	14	67	202
看護師	740	805	820	89	198	533
准看護師	72	70	59	1	1	57
その他	17,346	18,672	18,842	4,935	10,671	3,236

歯周疾患検診の実施 市区町村の81.6%

令和4年度に市区町村が実施した歯周疾患検診の受診者数は36万5481人で、全1737市区町村のうち1417市区町村（81・6%）が実施している。厚労省が3月26日に公表した「地域保健・健康増進事業報告」によるもの。

歯周疾患検診の受診者を年齢別に見ると「40歳」7万7989人、「50歳」9万4029人、「60歳」8万9061人、「70歳」10万4402人。

受診者総数36万5481人のうち、「要精検者」となったのは65・9%に当たる24万1029人で、「要指導者」は8万6078人（23・6%）、「異常認めず」3万7980人（10・4%）となっている。

歯周疾患検診の実施市区町村数及び検診実施率の年次推移

	平成30年度(2018)	令和元年度('19)	2年度('20)	3年度('21)	4年度('22)
実施市区町村数	1,261	1,337	1,307	1,379	1,417
検診実施率 *（%）	72.6	77.0	75.2	79.4	81.6
全国市区町村数 *	1,737	1,737	1,737	1,737	1,737

注：検診実施率＝（実施市区町村数／全国市区町村数）×100
　　「全国市区町村数」のうち、高知県安芸郡奈半利町、田野町、安田町、北川村、馬路村については、中芸広域連合として数えたものである。

投稿 寄稿

今湊 良証　茨城県歯科医師会 学術担当常務理事

茨城県歯 県民公開講座をハイブリッド開催

口腔機能の重要性 4月21日まで配信

茨城県歯科医師会（榊正幸会長）は、3月24日に第32回茨城県歯科医学会を茨歯会館にてハイブリッド開催した。午前中の一般口演20題の演者は来館発表した。本会会員6題、大学病院口腔外科等5題、病院歯科口腔外科等7題、歯科衛生士会1題、歯科技工士会1題と多岐にわたり、質疑応答も例年になく討論、白熱し予定より40分超過し午後のタイムスケジュール変更となるうれしい?悲鳴であった。

ポスター発表（4題）は会場での掲示発表に代わり、茨歯会HP上にて各自PCで発表の内容を閲覧が可能である。

午後からの講座は茨城県歯会員の市村和大先生に県民向け【「最後まで口から食べる!」を実践するために必要なこと】の演題にて、口腔ケアの基本、口腔機能低下症において重要なこと、口腔機能低下の要因、予防について、県民に分かりやすく解説し、かかりつけ歯科医院に早期受診を促した。この県民向け講演は3月30日から4月21日までオンデマンドによるオンライン配信とし、ホームページで公開する。

◇◆◇

講演後半は歯科医師、スタッフ向け講演として「歯科医療従事者だからこそ押さえておきたい摂食嚥下の基礎知識」について解説いただいた。摂食嚥下に関わる脳神経支配と咀嚼、内視鏡の見方、嚥下機能や食欲を低下させる薬剤など動画を交えて、今後は医師、薬剤師、介護職など多職種連携の必要性も解説した。卓越した話術と表現力により充実した講演であった。

県民公開講座オンライン配信による今後の県民から寄せられるご意見、ご感想が楽しみである。

公開講座の講師の市村氏

筆者が司会進行を務めた

会場の様子

―― 事前インタビュー ――

東京医科歯科大学 歯科同窓会セミナー

人材育成・組織開発を学ぶ

5月19日に

東京医科歯科大学歯科同窓会で『成長する歯科の『人と組織』入門 スタッフが育つ、効率が上がる』と題した実習講座が5月19日に開催される。元東京医科歯科大学総合教育研究センター歯科教育研修部門・部門長で、総合診療歯科学分野准教授の西山暁氏、オプレル社長の田原道子氏が講師を務める。同大歯科同窓会学術担当の徳永淳二氏を交え、同講座で学べること、人材育成や組織開発の必要性について聞いた。

田原 道子 氏

「小規模医院ほど知ってほしい」

――「人と組織」の企画趣旨は。

徳永　現在、歯科医院で人材育成や組織開発を行うにあたって、私の周りでも困っている先生方が多くいます。医科歯科大同窓会を通じて107人の先生方にアンケートを取ったところ、約8割が「チームの発展のために、人材育成や組織開発の手法を学んでみたい」=左表=と回答していました。この結果からほとんどの先生が自己流でやっている一方で、きちんとプロから学べば日々の診療やスタッフの組織化がもっと楽になると思いました。例えば、小さなことですが「怒る」と「叱る」の違いを学び、相手が納得する叱り方スキルを実践します。すると、スタッフは素直に成長し、前向きに取り組むチームに変わっていきます。

これからは卒後教育でも、このようなスキルを一つの学術として学んでいく必要性を感じ、実習セミナーを開催するに至りました。そして、吟味を重ねて、一部上場企業などで人材育成・組織開発に携わるのみならず歯科医院での勤務経験を活かして成果を上げている田原道子先生、東京医科歯科大学歯学部で長く研修医教育と学生教育に携わっていた西山暁先生をお招きしました。

◆◆◆

――それぞれの講師の役割は。

西山　私は学生教育と研修歯科医教育の現場から感じたことをお伝えした後、受講者として参加する予定です。医科歯科大を卒業してから30年以上、大学内で勤務していると、当然学生の基礎実習や模型実習、患者さんとの接遇など教育をしなければいけない立場になります。学生を教育する立場である教員は、本来は教育スキルを学んでから、現場に携わるのが理想かもしれませんが、大学教員はそのようなスキルをきちんと学んできていません。したがって教員の教育スキルにも格差が生じてきます。

また、そのようなスキルを学ぶために経営や教育に関するセミナーを受講しようと思っても、一般企業における内容を聞くばかりで、歯科業界に落とし込んだ実践的なセミナーがないように思えます。

医科歯科大で2年間ほど研修歯科医の責任者をやらせていただきましたが、研修歯科医が派遣される協力型施設の先生からご意見をいただくことがあります。その中で、よく耳にするのは「コミュニケーションスキルが最近の研修医生は低すぎるのでは?」という意見です。自分の意見はあまり言わないけれど、一方的に権利は主張するケースもあるようです。そんな時に徳永先生からこの企画を持ちかけられ、参加することになりました。詳細なプログラムについては田原先生が担当しています。

田原　セミナーではまず、それぞれ組織の中の役割を割り振って、ある課題を解決するゲームを行います。立場が違うと持っている情報も異なるため、そんなときにどのようにコミュニケーションを取ればいいのか、実際に歯科医院現場でもよく起こるような出来事を体感していただきます。

また、円滑なコミュニケーションを取るためには自分のことを理解することが大切です。「(相手が)こうなればいいな」「こうなってほしい」の前に、自分を知ることで思いが伝えやすくなります。そのために、「(自分は)こんな人だったのか」「だからよく、あんなこと言っていたのかも」と知ることができる自己分析ワークを設けています。

コミュニケーションと聞くと言葉でのやり取りをイメージしやすいですが、言葉以外のコミュニケーションもありますよね。例えば、歯科医療の現場では、短い言葉でやり取りをしたり、ジェスチャーで用件を伝えたりする場面があると思います。しかし、そういった場面で配慮や工夫がないと、意図せず間違った情報やマイナスな印象を与えてしまう可能性があります。より良い組織づくりのためには、どうコミュニケーションすればいいのか実習形式で学んでいきます。

そのほか、実際の歯科医院での活用事例や取り組みを紹介します。最終的には先生方の医院で活用できるヒントをたくさん持ち帰っていただきます。

◆◆◆

――そもそも人材育成や組織開発を学ぶ必要があるのでしょうか。

西山　例えば、5人の優秀な医療者がいてもチームとして機能しなければ5人分ではなく、3人、1人分の働きになってしまうかもしれません。しかし、人材育成や組織開発に関するスキルを学ぶことで、5人から8人、9人、10人相当の力量にできます。

自分が思っている情報が相手にちゃんと行き届いていないことが連なっていくと、結局は医療事故につながると考えています。コミュニケーションを取る相手は全く違う立場の人間ですし、同じ言葉を発しても、自分が思っている行動を相手が取るとは限りません。患者さんとのトラブルや疎外感を生ませないためにも必要なスキルだと感じます。

徳永　このようなスキルを学ぶことは一種のマナーだとも捉えています。人材育成や組織開発の手法が身に付けば、時代の変化に合わせて、スタッフや患者さんともっと楽に、もっと上手くやっていけると思います。

昨今、人材不足によって歯科衛生士を募集しても応募が来ないケースも多々あるわけですから、いかに目の前にいるスタッフを育てていくのか、どのようなコミュニケーションを取るべきなのか、実習セミナーでは、先生自身が気軽に楽しく学んでいただけるように工夫しました。

◆◆◆

――小規模な医院では日々の臨床に忙しく、人材育成まで手が回らないと感じます。そういった先生も参加するメリットはありますか。

田原　マンパワーに余裕があれば、育成に時間を割くことや、外部に依頼することもできますが、多くの歯科医院ではそうではないと思います。そんな先生こそ、ぜひ参加していただきたいです。

意識して質の良いコミュニケーションを取ることで、組織は変わりますし、何より経営のトップである先生が人や組織を育てたいという思いがあれば、どんどん伸びていく組織(チーム)になると実感しています。

歯科医院によっては「人材を確保できない」「離職が多い」「チームとして機能しない」といった課題があるはずです。しかし、中には人材育成や組織開発に関わるスキルを学ぶ必要性はないと考える方もいるかもしれません。先生がコミュニケーションの取り方を知ることで、自然にスタッフの行動が変われば、より診療に集中できるわけですし、結果的に先生の診療が楽になり、患者さんが安心・安全に通える医院作りにつながると思います。

西山　小さい規模の医院ほどスタッフの入れ替えが多いですから、より一層コミュニケーションスキルを学んでおかないと、離職しては入ってきての繰り返しで、結局は誰も得にならない状態になるわけです。

今回のセミナーは歯科医院の現場を知っている方が講師ですので、実際に歯科医院で使えるスキルなどが実習形式で学べる部分が強みだと感じますね。

徳永　数名でも数十名でも、歯科医院の規模に関わらず、この講座で学べる基本的なスキルを持っておけば、仕事がより円滑に回っていくと思います。「おはよう」「今日もよろしく」と笑顔で会話しているからといって、スタッフとの意思疎通は十分でしょうか。思わぬところで職場ハラスメントが起こったり、Z世代のスタッフの価値観に困惑したりする今こそ、今回のテーマを学ぶ機会が大切だと思います。それが、歯科の社会的価値を上げることにもつながるのではないでしょうか。

私も開業当初は、自己満足に近いコミュニケーションを行い、スタッフをまとめているつもりだったので、苦労していました。

今では、人材育成や組織開発を学んで身に付けていくことが、診療に集中するためには、遠回りなようで実は近道であると感じます。特に自分の特徴を客観的に知ることや、「ペーシング」「会議の仕方」などの手法を実践したことの影響が大きかったです。細かな指示を出さなくてもスタッフが動いてくれるようになりました。すると、次第に離職スタッフも減っていき、現在では100人規模の歯科医院を運営しています。

今回の企画は、先生方の診療現場で先生の方針に合わせて実践していただきたいという目的があります。「勉強して終わり」ではなく、しっかりとスキルを身に付けていただくためにも、フォローアップは欠かせません。セミナーを受講された方には1カ月後に田原先生が面談をする「個別フォローアップ」を行います。

必ず診療現場の役に立つ情報を届けたいと思っております。オープンセミナーですので、同窓会会員以外の先生にもぜひ気軽にご参加いただければ幸いです。

徳永 淳二 氏

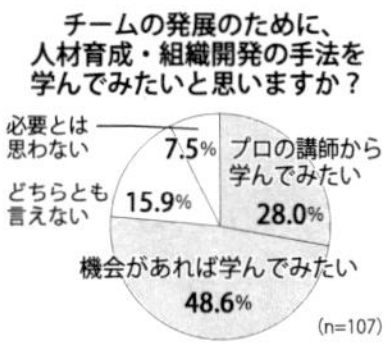

人材育成　人を対象に個人の成長を促す取り組み

組織開発　組織で働く人と人との関係性に働きかけ組織を活性化させ、持続的な成長を促す取り組み

西山 暁 氏

当日のプログラム内容

1. 新しい「スタッフの育て方」
   安心信頼を得るためのステップと、行動を導く方法(実習)
2. 成長を促すコミュニケーション
   正しく「伝わる」ために必要な伝え方(実習)
3. 協働するチームの作り方
   性格、立場、持っている情報の違いを意識して、チームをリードする方法(実習)
4. 意見が出る会議にする
   会議に必要な4つの力を得るためのワーク(実習)
5. ゴールに向けて自走するために
   自ら考えて動けるスタッフを育てるための、目標設定と振り返りの方法(実習)
6. 歯科での実例から学ぶ(講義)

令和6年度診療報酬改定

疑義解釈の第一弾

歯科は「口管強」など計47問

厚労省は3月28日、令和6年度診療報酬改定に関する疑義解釈（その1）を地方厚生（支）局医療課など関係各所に事務連絡した。歯科関係は47問で、前回改定時の26問、前々回の27問（いずれも初回）と比べて多くなっている。

内訳は、「医療情報取得加算」が7問、「医療DX推進体制整備加算」が4問、「口腔管理体制強化加算」「口腔バイオフィルム除去処置」「口腔内装置」「歯科技工士連携加算、光学印象歯科技工士連携加算」「歯科矯正相談料」が3問ずつ。「長期管理加算」「訪問歯科衛生指導料」「舌接触補助床」「歯周外科手術」「顎骨内異物除去術」「接着冠」が2問ずつ。「歯科診療特別対応加算」「歯科外来診療感染対策加算」「口腔機能指導加算」「加圧根管充填処置」「歯周病重症化予防治療」「テンポラリークラウン」「光学印象」「装着」「有床義歯」が1問ずつとなっている。

その他、医科の疑義解釈で「リハビリテーション・栄養・口腔連携体制加算等」「生活習慣病管理料」、ベースアップ評価料関係で数件関係する事項が出ている。

口腔バイオフィルム除去は一口腔単位で

歯科の疑義解釈

【歯科診療特別対応加算】

問 初診時歯科診療導入加算に代わって、歯科診療特別対応加算2が新設されたが、歯科診療特別対応加算2について、初診時のみではなく再診時でも算定可能か。

答 算定要件を満たす場合は、再診時でも算定可能。

【歯科外来診療感染対策加算】

問 令和6年度診療報酬改定前の歯科点数表（以下「旧歯科点数表」という。）の「A000」初診料の注9に規定する歯科外来診療環境体制加算1の届出を行っていた歯科医療機関における、令和6年6月1日以降の歯科外来診療感染対策加算の経過措置の取扱いについて、どのように考えればよいか。

答 それぞれ以下のとおり。

①令和6年3月31日時点で歯科外来診療環境体制加算1の届出を行っている歯科医療機関が歯科外来診療感染対策加算1を算定する場合

令和6年6月3日までに新施設基準の届出を行う必要はない。この場合においては、令和7年6月1日以降も歯科外来診療感染対策加算1を引き続き算定する場合は、届出を行う必要がある。

②令和6年3月31日時点で歯科外来診療環境体制加算1の届出を行っている歯科医療機関が歯科外来診療感染対策加算2を算定する場合

令和6年6月3日までに新施設基準の届出を行う必要がある。なお、この場合において、経過措置は適用されるが、令和7年6月1日以降においても歯科外来診療感染対策加算2を引き続き算定する場合は、再度届出を行う必要がある。ただし、新施設基準を全て満たした上で届出を行った歯科医療機関については、再度届出を行う必要は無い。

なお、令和6年3月31日時点で歯科外来診療環境体制加算1の届出を行っていない歯科医療機関が歯科外来診療感染対策加算1又は2を算定する場合は、令和6年6月3日までに新施設基準の届出を行う必要がある。ただし、この場合において、経過措置は適用されない。

【医療情報取得加算】

問 「A000」初診料の「注14」及び「A002」再診料の「注11」に規定する医療情報取得加算（以下単に「医療情報取得加算」という。）について、健康保険法第3条第13項に規定する電子資格確認（以下「オンライン資格確認」という。）により患者の診療情報等の取得を試みた結果、患者の診療情報等が存在していなかった場合の算定について、どのように考えればよいか。

答 医療情報取得加算2又は医療情報取得加算4を算定する。

問 医療情報取得加算について、患者が診療情報等の取得に一部でも同意しなかった場合の算定について、どのように考えればよいか。また、マイナ保険証が破損等により利用できない場合や患者の個人番号カードの利用者証明用電子証明書が失効している場合の算定は、どのようにすればよいか。

答 いずれの場合も、医療情報取得加算1又は医療情報取得加算3を算定する。

問 医療情報取得加算について、情報通信機器を用いた診療を行う場合であっても算定できるのか。

答 居宅同意取得型のオンライン資格確認等システムを活用することで、当該加算を算定できる。

なお、情報通信機器を用いた診療において、オンライン資格確認を行うに際しては、事前準備として、次の点について留意すること。

・あらかじめ、保険医療機関又は保険薬局において、オンライン資格確認等システムにおいて「マイナ在宅受付Web」のURL又は二次元コードを生成・取得すること等が必要であること。

・患者において、自らのモバイル端末等を用いて二次元コード等から「マイナ在宅受付Web」へアクセスし、マイナンバーカードによる本人確認を行うことで、オンライン資格確認が可能となり、薬剤情報等の提供について、同意を登録することが可能となること。

（参考）「訪問診療等におけるオンライン資格確認の仕組み（居宅同意取得型）の実施上の留意事項について」（令和6年3月21日保連発0321第1号・保医発0321第9号）https://iryohokenjyoho.servicenow.com/csm?id=kb_article_view&sysparm_article=KB0010235

問 「A000」初診料の「注14」に規定する医療情報取得加算1又は2について、別紙様式5を参考とした初診時問診票は、「A000」初診料を算定する初診において用いることでよいか。

答 よい。その他外来リハビリテーション診療料、外来放射線照射診療料及び外来腫瘍化学療法診療料を算定する診療においても、医療情報取得加算1又は2を算定するときには、別紙様式5を参考とした初診時問診票を用いること。

問 医療情報取得加算1又は2について、初診時問診票の項目について別紙様式5を参考とするとあるが、当該様式と同一の表現であることが必要か。また、当該様式にない項目を問診票に追加してもよいか。

答 別紙様式5は初診時の標準的な問診票（紙・タブレット等媒体を問わない。以下「問診票」という。）の項目等を定めたものであり、必ずしも当該様式と同一の表現であることを要さず、同様の内容が問診票に含まれていればよい。また、必要に応じて、当該様式にない項目を問診票に追加することも差し支えない。

なお、患者情報の取得の効率化の観点から、オンライン資格確認により情報を取得等した場合、当該方法で取得可能な情報については問診票の記載・入力を求めない等の配慮を行うこと。

問 医療情報取得加算1又は2について、初診時問診票の項目について別紙様式5を参考とするとあるが、令和6年6月1日より新たな問診票を作成し使用する必要があるか。

答 必ずしも新たな問診票を作成することは要しないが、別紙様式5に示された問診票の項目等が、医療機関において既に使用している問診票に不足している場合は、不足している内容について別紙として作成し、既に使用している問診票とあわせて使用すること。

問 「A002」再診料の「注11」に規定する医療情報取得加算3及び4について、「算定に当たっては、他院における処方を含めた薬剤情報や必要に応じて健診情報等を問診等により確認する。」とあるが、再診時にすべての項目について問診を必ず行う必要があるのか。

答 オンライン資格確認により情報が得られた項目については、省略して差し支えない。

【医療DX推進体制整備加算】

問 「A000」初診料の「注15」に規定する医療DX推進体制整備加算（以下「医療DX推進体制整備加算」という。）の施設基準において、「オンライン資格確認等システムの活用により、患者の薬剤情報、特定健診情報等（以下この項において「診療情報等」という。）を診療を行う診察室、手術室又は処置室等（以下「診察室等」という。）において、医師等が閲覧又は活用できる体制を有していること。」とあるが、具体的にどのような体制を有していればよいか。

答 オンライン資格確認等システムを通じて取得された診療情報等について、電子カルテシステム等により医師等が閲覧又は活用できる体制あるいはその他の方法により診察室等において医師等が診療情報等を閲覧又は活用できる体制を有している必要があり、単にオンライン資格確認等システムにより診療情報等を取得できる体制のみを有している場合は該当しない。

問 医療DX推進体制整備加算の施設基準において、「「電子処方箋管理サービスの運用について」（令和4年10月28日付け薬生発1028第1号医政発1028第1号保発1028第1号厚生労働省医薬・生活衛生局長・医政局長・保険局長通知。）に基づく電子処方箋により処方箋を発行できる体制を有していること。」とされているが、電子処方箋の機能が拡張された場合について、どのように考えればよいか。

答 現時点では、令和5年1月26日に稼働した基本機能（電子処方箋の発行・応需（処方・調剤情報の登録を含む。）、処方・調剤情報の閲覧、重複投与・併用禁忌のチェック）に対応した電子処方箋を発行できる体制を有していればよい。

問 医療DX推進体制整備加算の施設基準において、「医療DX推進の体制に関する事項及び質の高い診療を実施するための十分な情報を取得・活用して診療を行うことについて、当該保険医療機関の見やすい場所に掲示していること。」とされており、アからウまでの事項が示されているが、アからウまでの事項は別々に掲示する必要があるか。また、掲示内容について、参考にするものはあるか。

答 まとめて掲示しても差し支えない。また、掲示内容については、以下のURLに示す様式を参考にされたい。

◎オンライン資格確認に関する周知素材について

―周知素材について（これらのポスターは医療DX推進体制整備加算の掲示に関する施設基準を満たします。）

https://www.mhlw.go.jp/stf/index_16745.html

問 医療DX推進体制整備加算の施設基準において、「マイナ保険証を促進する等、医療DXを通じて質の高い医療を提供できるよう取り組んでいる保険医療機関であること。」を当該保険医療機関の見やすい場所に掲示することとしているが、「マイナ保険証を促進する等、医療DXを通じて質の高い医療を提供できるよう取り組んでいる」については、具体的にどのような取組を行い、また、どのような掲示を行えばよいか。

答 保険医療機関において「マイナ保険証をお出しください」等、マイナ保険証の提示を求める案内や掲示（問12に示す掲示の例を含む。）を行う必要があり、「保険証をお出しください」等、単に従来の保険証の提示のみを求める案内や掲示を行うことは該当しない。

【口腔管理体制強化加算】

問 「B000-4-2」小児口腔機能管理料の注3に規定する口腔管理体制強化加算の施設基準において、「歯科疾患の重症化予防に資する継続管理（エナメル質初期う蝕管理、根面う蝕管理及び口腔機能の管理を含むものであること。）並びに高齢者・小児の心身の特性及び緊急時対応等に関する研修」を受講した歯科医師が求められているが、どのような内容の研修が該当するのか。

答 「歯科疾患の重症化予防に資する継続管理（エナメル質初期う蝕管理、根面う蝕管理及び口腔機能の管理を含むものであること。）並びに高齢者・小児の心身の特性及び緊急時対応等に関する適切な研修」については、以下の内容をすべて含むものであること。

①う蝕（エナメル質初期う蝕、根面う蝕を含む。）の重症化予防と継続管理

②歯周病の重症化予防と継続管理

（歯周病安定期治療の考え方を含むものであること。）

③以下のいずれか1つ以上の内容を含む口腔機能管理

・口腔機能発達不全症

・口腔機能低下症

・全身的な疾患を有する患者の口腔機能管理等

（ただし、④及び⑤の研修と同内容の研修は認められないこと。）

④高齢者・小児の心身の特性

⑤緊急時対応

問 旧歯科点数表のかかりつけ歯科医機能強化型歯科診療所の施設基準の届出を行っていた医療機関において、当該施設基準における研修を受講していた歯科医師については、今回、「B000-4-2」小児口腔機能管理料の注3に規定する口腔管理体制強化加算の施設基準の要件で追加された根面う蝕の継続管理、小児の心身の特性についての研修のうち、既に受講済みの研修に含まれていない内容についての研修のみを受講することで差し支えないか。

答 差し支えない。

問 前問について、追加で受講する研修は、いつ頃に開催された研修をいうのか。

答 届出時点より3年以内に受講している必要がある。なお、既に受講した旧歯科点数表のかかりつけ歯科医機能強化型歯科診療所の施設基準を満たす研修において、根面う蝕の継続管理、小児の心身の特性についての内容が含まれている場合、当該研修の受講は3年以内でなくても差し支えない。

【長期管理加算（周術期等口腔機能管理料（Ⅲ）、周術期等口腔機能管理料（Ⅳ））】

問 長期管理加算について、例えば、「B000-5」周術期等口腔機能管理計画策定料の注1に規定する管理計画に基づき、「B000-9」周術期等口腔機能管理料（Ⅳ）で管理を行っていた入院中の患者であって、一連の治療において、外来において「B000-8」周術期等口腔機能管理料（Ⅲ）で引き続き管理を行っている患者の場合、長期管理加算の起算月については、どのように考えればよいか。

答 「B000-5」周術期等口腔機能管理計画策定料を算定した日の属する月から起算する。なお、外来において「B000-8」周術期等口腔機能管理料（Ⅲ）で管理を行っていた患者であって、一連の治療において、入院した患者に対して「B000-9」周術期等口腔機能管理料（Ⅳ）で引き続き管理を行っている患者の場合も同様とする。

問 「B000-8」周術期等口腔機能管理料（Ⅲ）の注2又は「B000-9」周術期等口腔機能管理料（Ⅳ）の注2に規定する長期管理加算について、他の保険医療機関において、「B000-5」周術期等口腔機能管理計画策定料を算定した患者に対して当該加算を算定する場合の起算月をどのように確認すればよいか。

答 「B000-5」周術期等口腔機能管理計画策定料を算定する他の保険医療機関から提供された当該患者に係る管理計画書を確認すること。

【口腔機能指導加算（歯科衛生実地指導料）】

問 「B001-2」歯科衛生実地指導料の注3に規定する口腔機能指導加算について、「口腔機能の発達不全を認める患者」又は「口腔機能の低下を認める患者」に対して指導を行った場合に算定できることとされているが、病名が口腔機能発達不全症又は口腔機能低下症の場合のみ算定可能なのか。

答 検査の結果、口腔機能発達不全症又は口腔機能低下症の確定診断には至らなかったが、口腔機能管理の必要性があり口腔機能管理を実施する場合は当該加算を算定可能である。この場合の傷病名は、「口腔機能管理中」として差し支えない。

【訪問歯科衛生指導料】

問 「C001」訪問歯科衛生指導料の注3に規定する複数名訪問歯科衛生指導加算について、算定留意事項通知の（4）において「複数名による訪問歯科衛生指導の必要性については、前回訪問時の状況等から判断する。」とあるが、当該医療機関からの直近の訪問が、歯科衛生士のみの訪問による訪問歯科衛生指導であった場合について、どのように考えればよいか。

答 歯科医師が前回訪問した時の状況及び訪問歯科衛生指導を行った際の歯科衛生士の報告等を踏まえ、歯科医師が総合的に判断することとする。

【在宅歯科栄養サポートチーム等連携指導料】

問 「C001-7」在宅歯科栄養サポートチーム等連携指導料について、例えば、「C001-3」歯科疾患在宅療養管理料を算定した日と別日に実施した場合であっても当該指導料は算定可能か。

答 算定可能。なお、「C001-5」在宅患者訪問口腔リハビリテーション指導管理料及び「C001-6」小児在宅患者訪問口腔リハビリテーション指導管理料を算定した日と別日に実施した場合であっても同様に算定可能。

【加圧根管充填処置】

問 「I008-2」加圧根管充填処置の注4に規定するNi-Tiロータリーファイル加算について、「歯科用3次元エックス線断層撮影装置を用いて根管治療を行った場合であって、Ni-Tiロータリーファイルを用いて根管治療を行った場合」に算定することとされているが、Ni-Tiロータリーファイル加算を算定するにあたって、令和6年度診療報酬改定前の施設基準において求められていた手術用顕微鏡加算に係る届出は不要になったということでよいか。

答 そのとおり。

【歯周病重症化予防治療】

問 「B000-4-2」小児口腔機能管理料の注3に規定する口腔管理体制強化加算の施設基準の届出を行っている保険医療機関において、「I011-2」歯周病安定期治療を行っていた患者が病状の改善により「I011-2-3」歯周病重症化予防治療に移行する場合であって治療間隔の短縮が必要とされる場合は、治療間隔を短縮して歯周病安定期治療を実施していた患者のみ、歯周病重症化予防治療を毎月算定できるのか。

答 この場合は、実施していた歯周病安定期治療の治療間隔によらず、歯周病重症化予防治療を毎月算定できる。

【口腔内装置】

問 「I017」口腔内装置の「ヌ　外傷歯の保護を目的として製作した口腔内装置」について、算定留意事項通知の（17）において「当該外傷歯の受傷日から起算して1年を超えた場合は、算定できない。」とされているが、受傷日について、どのように考えればよいか。

答 患者が、当該外傷の受傷時に、口腔内装置を算定する保険医療機関を受診した場合は当該保険医療機関の受診日、それ以外の場合は患者又はその家族から聞き取った受傷日を受傷日とする。

問 「I017」口腔内装置の「ヌ　外傷歯の保護を目的として製作した口腔内装置」について、算定留意事項通知の（17）において「当該外傷歯の受傷日から起算して1年を超えた場合は、算定できない。」とされているが、令和6年5月以前に受傷した場合について、どのように考えればよいか。

答 当該外傷の受傷日から起算して1年以内であれば、受傷日が令和6年5月以前であっても「I017」口腔内装置の「ヌ　外傷歯の保護を目的として製作した口腔内装置」を算定して差し支えない。

問 「I017」口腔内装置の「ヌ　外傷歯の保護を目的として製作した口腔内装置」については暫間固定等を行った[illegible]されているが、当該保険医療機関において「I014」暫間固定を算定していない場合は算定できないのか。

答 「I014」暫間固定を算定していない場合であっても、当該外傷歯の歯冠をエナメルボンドシステム等により固定した患者に対しては算定可能。この場合において、その旨を診療録に記載すること。

【舌接触補助床】

問 「I017-1-3」舌接触補助床について、口腔機能低下症の患者に対して製作する場合は、「D012」舌圧検査を行い、その結果として低舌圧に該当している必要があるのか。

答 そのとおり。

問 「I017-1-3」舌接触補助床について、口腔機能低下症の患者に対して製作する場合、当該患者について「B000-4-3」口腔機能管理料を算定している必要があるのか。

答 口腔機能管理料の算定の有無にかかわらず、口腔機能低下症と診断されていて、「D012」舌圧検査の結果、低舌圧に該当する患者に対して、舌接触補助床を製作し、装着することができる。

➡

複数印象採得の技工士連携加算は1回限り

【口腔バイオフィルム除去処置】

問 「I011」歯周基本治療について、令和6年度改定前は「区分番号D002―6に掲げる口腔細菌定量検査を行った場合、有歯顎患者に限り口腔バイオフィルム感染症の治療を目的として、「1 スケーリング」に限り算定して差し支えない。」とされており、当該スケーリングは3分の1顎単位で実施するものとされていたが、「I030―3」口腔バイオフィルム除去処置についても同様に3分の1顎単位で実施するのか。

答 「I030―3」口腔バイオフィルム除去処置は、1口腔単位で実施するものとする。

問 「I030―3」口腔バイオフィルム除去処置について、「口腔バイオフィルムの除去が必要な患者に対して、歯科医師又はその指示を受けた歯科衛生士が口腔バイオフィルムの除去を行った場合に、月2回に限り算定する。」とあるが、「D002―6」口腔細菌定量検査の「1 口腔細菌定量検査1」の結果、口腔バイオフィルム感染症と診断された患者に対して当該処置を行う場合について、1回の検査に基づき行うことができる当該処置の回数に制限はあるのか。

答 口腔バイオフィルム感染症と診断された患者に対しては、口腔内の汚染状況が改善し、歯科医師が治癒したものと判断した上で改めて検査を実施するまでの間は、1回の検査に基づき当該処置を行うことができる。

問 「D002―6」口腔細菌定量検査の「1 口腔細菌定量検査1」の結果を踏まえて「I030―3」口腔バイオフィルム除去処置を行った場合であって、口腔内の状態に改善がみられ歯周病治療に移行するに当たっては、再度口腔細菌定量検査を行ったうえで「D002」歯周病検査を行う必要があるのか。

答 「I030―3」口腔バイオフィルム除去処置を行い、口腔内の状態に改善がみられた場合は、原則として再度口腔細菌定量検査を行うものであるが、歯周病治療に移行するに当たっては、必ずしも再度の口腔細菌定量検査を行わなくとも、「D002」歯周病検査を行い、歯周病治療に移行してもよい。

【歯周外科手術】

問 「I011―2」歯周病安定期治療の算定留意事項通知(7)において「歯周病安定期治療を実施後に行う歯周外科手術は、所定点数の100分の50により算定する。」とされているが、歯周病の治療を目的としない歯周外科手術を行う場合について、どのように考えればよいか。

答 所定点数により算定可能。なお、算定に当たっては、診療報酬明細書の摘要欄に当該手術の目的を記載する。

問 「J063」歯周外科手術の算定留意事項通知(1)において、「歯周病の治療を目的としない「6 歯肉歯槽粘膜形成手術」を実施した場合はこの限りではない。」とあるが、これには歯周病の治療を目的としない「へ 結合組織移植術」を実施した場合も含まれるのか。

答 留意事項通知(1)の「6 歯肉歯槽粘膜形成手術」には、「イ 歯肉弁根尖側移動術」から「へ 結合組織移植術」までのすべてが含まれる。

なお、「疑義解釈資料の送付について(その1)」(平成28年3月31日事務連絡)別添3の問36及び「疑義解釈資料の送付について(その6)」(平成28年9月1日)別添1の問9は廃止する。

【顎骨内異物(挿入物を含む。)除去術】

問 下顎骨形成術において、両側に別個に使用された顎骨の固定等に用いた骨体固定金属板の撤去を行った場合は、「J074」顎骨内異物(挿入物を含む。)除去術の「2 困難なもの」の「イ 手術範囲が顎骨の3分の2顎程度未満の場合」×2として算定できると考えてよいか。

答 両側に別個の皮切を行い、顎骨の固定等に用いた骨体固定金属板を、左右別個に撤去した場合にあっては、同一皮切により行い得る範囲にあたらないことから、「J074」顎骨内異物(挿入物を含む。)除去術の「2 困難なもの」の「イ 手術範囲が顎骨の3分の2顎程度未満の場合」×2として算定して差し支えない。ただし、左右別個に使用された骨体固定金属板であっても、連続した一つの皮切によって撤去した場合にあっては、J074に掲げる顎骨内異物(挿入物を含む。)除去術の「2 困難なもの」の「ロ 手術範囲が全顎にわたる場合」×1として算定する。なお、「疑義解釈資料の送付について(その4)」(平成18年4月24日事務連絡)別添1の問13は廃止する。

問 上顎骨形成術としてLe FortⅠ型切離を行った場合において、一連の行為として複数の骨体固定金属板を使用し、切離した顎骨の固定を行った場合における骨体固定金属板を撤去する場合は、「J074」顎骨内異物(挿入物を含む。)除去術の「2 困難なもの」の「イ 手術範囲が顎骨の3分の2顎程度未満の場合」×2又は「ロ 手術範囲が全顎にわたる場合」のどちらを算定するのか。

答 「2 困難なもの」の「ロ 手術範囲が全顎にわたる場合」を算定する。なお、複数の骨体固定金属板の撤去にあたり、別の皮切を行った場合であっても、「2 困難なもの」の「ロ 手術範囲が全顎にわたる場合」を算定すること。

【テンポラリークラウン】

問 「M003―2」テンポラリークラウンについて、ブリッジの支台歯として歯冠形成を行った歯に対して算定可能か。

答 算定不可。なお、ブリッジの支台歯については、「M004」リテーナーを算定する。

【光学印象】

問 「M003―4」光学印象の注1における「デジタル印象採得装置」とは、具体的にはどのようなものか。

答 特定診療報酬算定医療機器であって、薬事承認上の類別が「機械器具(60)歯科用エンジン」、一般的名称が「デジタル印象採得装置」であり、「デジタル手法により、歯科修復物等のコンピュータ支援設計(CAD)及びコンピュータ支援製造(CAM)に用いるための三次元形状データを取得するもの」という条件を満たす医療機器をいう。なお、詳細については、「特定診療報酬算定医療機器の定義等について」(令和6年3月5日保医発0305第11号)を参照されたい。

【歯科技工士連携加算、光学印象歯科技工士連携加算】

問 「M003」、「M006」及び「M007」に規定する歯科技工士連携加算1、歯科技工士連携加算2及び「M003―4」に規定する光学印象歯科技工士連携加算について、対面又は情報通信機器を用いて口腔内の確認等を行った歯科技工士が補綴物の製作を行う必要はあるか。

答 口腔内の確認等を行った歯科技工士が補綴物の製作まで行うことが想定されるが、別の歯科技工士が、口腔内の確認等を行った歯科技工士から補綴物に係る情報について十分な共有を受け、口腔内の確認等を行った歯科技工士と連携した上で当該補綴物を製作する場合は、当該別の歯科技工士が製作する場合においても当該加算を算定して差し支えない。

問 歯科技工士連携加算1及び歯科技工士連携加算2について、「同時に2以上の補綴物の製作を目的として」とあるが、例えば、上顎両側中切歯にM011「レジン前装金属冠」を2個製作する場合において、同時に印象採得を行う場合の取扱いについてどのように考えればよいか。

答 同時に複数の歯冠補綴物に係る印象採得を行う場合においては、当該加算は1回に限り算定可能。

問 上下顎の義歯を製作する場合の歯科技工士連携加算1の取扱いについて、例えば、上顎義歯については、咬合採得時に歯科技工士連携加算1を算定し、下顎義歯については、仮床試適時に歯科技工士連携加算1を算定することは可能か。

答 可能。なお、歯科技工士連携加算2についても同様の取扱いである。

【装着】

問 「M005」装着の注1及び注2に規定する内面処理加算について、セメントにプライマー処理等の機能が含まれており、歯質に対する接着力を向上させるためのプライマー処理等が不要である接着性レジンセメントを用いて装着した場合は算定可能か。

答 算定不可。なお、プライマー処理等の機能が含まれているセメントについても、さらに接着力を向上させる目的で、別にプライマーを用いて歯質に対する処理等を行った場合は内面処理加算を算定して差し支えない。

【接着冠】

問 「M010―3」接着冠について、「支台歯のうち少なくとも1歯の切削をエナメル質内にとどめ」とあるが、支台歯に対してグルーブ付与を行う際に、やむを得ない場合は象牙質まで切削してよいか。

答 接着ブリッジ製作にあたっての支台歯の切削はエナメル質内にとどめることとするが、グルーブ付与の際において、必要がある場合には象牙質まで切削して差し支えない。

問 「M015―2」CAD/CAM冠「2 エンドクラウンの場合」について、CAD/CAM冠用材料との互換性が制限されない歯科用CAD/CAM装置を用いて咬合面全体を被覆する形態のCAD/CAMインレーを製作した場合は算定可能か。

答 算定不可。CAD/CAM冠「2 エンドクラウンの場合」は、歯科用CAD/CAM装置を用いて、歯冠部と髄室保持構造を一塊にした歯冠補綴物を製作した場合をいい、咬合面全体を被覆する形態のCAD/CAMインレー(補助的保持形態を有するものを含む。)は含まれない。

なお、エンドクラウンについては、公益社団法人日本補綴歯科学会の「保険診療におけるCAD/CAM冠の診療指針2024」を参考とすること。

【有床義歯】

問 「M018」有床義歯について、「模型上で抜歯後を推定して製作する即時義歯は認められるが、即時義歯の仮床試適に係る費用は算定できない。」とあるが、抜歯予定部位が残根又は根面被覆等であって、仮床試適が可能な場合の有床義歯の取扱いについて、どのように考えればよいか。

答 即時義歯の仮床試適については算定できない。ただし、抜歯予定部位が残根又は根面被覆等であって、仮床試適が可能な場合においては、有床義歯を製作した上で、仮床試適を算定しても差し支えない。

【歯科矯正相談料】

問 「N001―2」歯科矯正相談料の「1 歯科矯正相談料1」について、「N000」歯科矯正診断料又は区分番号「N001」顎口腔機能診断料の施設基準のみ届け出れば算定可能か。

答 「1 歯科矯正相談料1」は、「N000」歯科矯正診断料又は区分番号「N001」顎口腔機能診断料の施設基準の届出を行っている医療機関において算定可能であり、新たな施設基準の届出は不要である。

問 「N001―2」歯科矯正相談料について、診療録に健康診断の実施日、結果、学校名を記載することとされているが、診療録への記載に代えて学校健康診断の結果の写しを添付してもよいか。

答 差し支えない。

問 「N001―2」歯科矯正相談料の算定留意事項通知(6)において、「第13部歯科矯正に掲げる歯科矯正の適応とならないと診断された患者であって、咬合異常又は顎変形症以外の歯科疾患について継続的管理が必要な場合は、「B000―4」に掲げる歯科疾患管理料を算定できる。」とされているが、口腔機能発達不全症により継続的管理が必要な場合は、歯科疾患管理料及び「B000―4―2」小児口腔機能管理料は算定可能か。

答 算定可能。

医科の疑義解釈

【リハビリテーション・栄養・口腔連携体制加算、リハビリテーション・栄養・口腔連携加算、回復期リハビリテーション病棟入院料1・2、特定機能病院リハビリテーション病棟入院料】

問 「A233」リハビリテーション・栄養・口腔連携体制加算、「A304」地域包括医療病棟入院料の「注10」に規定するリハビリテーション・栄養・口腔連携加算、「A308」回復期リハビリテーション病棟入院料の「1」回復期リハビリテーション病棟入院料1及び「2」回復期リハビリテーション病棟入院料2並びに特定機能病院リハビリテーション病棟入院料の施設基準において、「適切な口腔ケアを提供するとともに、口腔状態に係る課題(口腔衛生状態の不良や咬合不良等)を認めた場合は、必要に応じて当該保険医療機関の歯科医師等と連携する又は歯科診療を担う他の保険医療機関への受診を促す体制が整備されていること。」とされているが、この口腔状態に係る課題の評価の具体的な方法如何。

答 「歯の汚れ」「歯肉の腫れ、出血」「左右両方の奥歯でしっかりかみしめられる」「義歯の使用」について、原則入棟後48時間以内に評価をおこなうこと。その後、口腔状態の変化に応じて定期的な再評価を行うこと。評価者は歯科専門職に限らない。なお、評価方法については日本歯科医学会による「入院(所)中及び在宅等における療養中の患者に対する口腔の健康状態の評価に関する基本的な考え方(令和6年3月)」を参考とすること。

参考：https://www.jads.jp/basic/index_2024.html

問 生活習慣病管理料(Ⅱ)において、「治療計画に基づく総合的な治療管理は、歯科医師、看護師、薬剤師、管理栄養士等の多職種と連携して実施することが望ましい」とされたが、管理栄養士を雇用していない診療所において、外来栄養食事指導が必要となり、他の保険医療機関の管理栄養士と連携し、当該管理栄養士が所属する保険医療機関で対面により栄養食事指導を行った場合について、指示を出した医師の診療所が「B001」の「9」外来栄養食事指導料2を算定できるか。

答 算定可能。ただし、管理栄養士は、指示を出す医師の診療所と適宜連絡が取れる体制を整備するとともに、栄養指導記録を必ず共有すること。

看護職員処遇改善評価料及びベースアップ評価料関係の疑義解釈

【共通事項】

問 「診療報酬の算定方法」別表第一医科診療報酬点数表(以下「医科点数表」という。)における「O100」外来・在宅ベースアップ評価料(Ⅰ)、「O101」外来・在宅ベースアップ評価料(Ⅱ)及び「O102」入院ベースアップ評価料、「診療報酬の算定方法」別表第二歯科診療報酬点数表(以下「歯科点数表」という。)における「P100」歯科外来・在宅ベースアップ評価料(Ⅰ)、「P101」歯科外来・在宅ベースアップ評価料(Ⅱ)及び「P102」入院ベースアップ評価料並びに「訪問看護療養費に係る指定訪問看護の費用の額の算定方法」における「06」訪問看護ベースアップ評価料(以下単に「ベースアップ評価料」という。)の施設基準において、「令和6年度及び令和7年度において対象職員の賃金(役員報酬を除く。)の改善(定期昇給によるものを除く。)を実施しなければならない。」とあるが、ベースアップ評価料による収入について、人事院勧告に伴う給与の増加分に用いてよいか。

答 差し支えない。

問 医科点数表における「O000」及び歯科点数表における「P000」看護職員処遇改善評価料(以下単に「看護職員処遇改善評価料」という。)並びにベースアップ評価料の施設基準において、「決まって毎月支払われる手当」を支払う場合に、その金額を割増賃金(超過勤務手当)や賞与に反映させる必要はあるのか。

答 労働基準法第37条第5項及び労働基準法施行規則第21条で列挙されている手当に該当しない限り、割増賃金の基礎となる賃金に算入して割増賃金を支払う必要がある。当該評価料に係る「決まって毎月支払われる手当」については、その性質上、上記手当には該当しないことから、割増賃金の基礎となる賃金に算入して割増賃金を支払う必要がある。

なお、「決まって毎月支払われる手当」をいわゆる賞与の算定に際して反映させるか否かは、各医療機関の定めによる。

問 ベースアップ評価料について、区分変更を行う場合はどのような届出が必要か。

答 (答)それぞれ以下のとおり。

○保険医療機関(医科)については、「特掲診療料の施設基準等に係る届出書」及び「外来・在宅ベースアップ評価料(Ⅱ)に係る届出書添付書類」又は「入院ベースアップ評価料に係る届出書添付書類」の届出が必要

○保険医療機関(歯科)については、「特掲診療料の施設基準等に係る届出書」及び「歯科外来・在宅ベースアップ評価料(Ⅱ)に係る届出書添付書類」又は「入院ベースアップ評価料に係る届出書添付書類」の届出が必要

○訪問看護ステーションについては、「訪問看護ベースアップ評価料(Ⅱ)の施設基準に係る届出書添付書類」が必要

なお、いずれの場合についても「賃金改善計画書」については、更新する必要はない。

問 外来・在宅ベースアップ評価料(Ⅱ)及び歯科外来・在宅ベースアップ評価料(Ⅱ)の施設基準において、「【B】に基づき、別表5に従い該当するいずれかの区分を届け出ること。」とあるが、「該当するいずれかの区分」について、どのように考えればよいか。

答 例えば、【B】の値が3.0である場合については、保険医療機関(医科)は「外来・在宅ベースアップ評価料(Ⅱ)1」、「外来・在宅ベースアップ評価料(Ⅱ)2」又は「外来・在宅ベースアップ評価料(Ⅱ)3」のいずれか、保険医療機関(歯科)は「歯科外来・在宅ベースアップ評価料(Ⅱ)1」、「歯科外来・在宅ベースアップ評価料(Ⅱ)2」又は「歯科外来・在宅ベースアップ評価料(Ⅱ)3」のいずれかを届け出ることができる。

なお、訪問看護ベースアップ評価料(Ⅱ)についても同様の取扱いとなる。

問 外来・在宅ベースアップ評価料(Ⅱ)、歯科外来・在宅ベースアップ評価料(Ⅱ)、入院ベースアップ評価料及び訪問看護ベースアップ評価料(Ⅱ)の施設基準における「国、地方公共団体及び保険者等が交付する補助金等に係る収入金額」について、具体的な範囲如何。

答 国、地方公共団体及び保険者等が交付する収入金額であって、保険医療機関等に交付されているものを指す。例えば、地方自治体による単独の補助事業、保険者が委託する健診、病院の運営に当てられる地方自治体からの繰入金等が含まれる。

問 外来・在宅ベースアップ評価料(Ⅱ)、歯科外来・在宅ベースアップ評価料(Ⅱ)、入院ベースアップ評価料及び訪問看護ベースアップ評価料(Ⅱ)の施設基準において、「常勤換算2名以上の対象職員が勤務していること。」とされているが、当該保険医療機関又は当該訪問看護ステーションの職員が退職又は休職等により、要件を満たさなくなった場合においてどのように考えれば良いか。

答 常勤換算の職員が2名を下回った場合は、速やかに地方厚生(支)局長に届出の変更を行い、当該変更の届出を行った日の属する月の翌月から算定を行わないこと。ただし、暦月で3か月を超えない期間の一時的な変動の場合はこの限りではない。

問 外来・在宅ベースアップ評価料(Ⅱ)の施設基準において、「医科点数表又は歯科点数表第一章第二部第一節の入院基本料(特別入院基本料等を含む。)、同部第三節の特定入院料又は同部第四節の短期滞在手術等基本料(短期滞在手術等基本料1を除く。)を算定していない保険医療機関であること。」とされているが、算定していない期間等、具体的内容如何。

答 直近3か月において入院料等を算定していない保険医療機関をいう。ただし、直近3か月の1月あたり平均延べ入院患者数が30人未満の保険医療機関については、当該要件に該当するものとみなして差し支えない。

【歯科点数表関係】

問 問19から問28について、保険医療機関(歯科)であって、入院医療の体制を有する場合についても、同様の取扱いになるということか。

答 そのとおり。

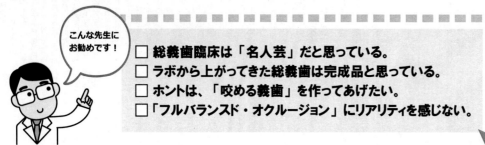

特掲診療料の施設基準㊦ （厚労省資料抜粋）

■第29の5 有床義歯咀嚼機能検査、咀嚼能力検査及び咬合圧検査

1　有床義歯咀嚼機能検査、咀嚼能力検査及び咬合圧検査に関する施設基準

（2）有床義歯咀嚼機能検査1のロ及び咀嚼能力検査の施設基準

次のいずれにも該当すること。

ア　歯科補綴治療に係る専門の知識及び3年以上の経験を有する歯科医師が1名以上配置されていること。

2　届出に関する事項

有床義歯咀嚼機能検査、咀嚼能力検査及び咬合圧検査の施設基準に係る届出は、別添2の様式38の1の2を用いること。

■第57の4の5 口腔粘膜処置

1　口腔粘膜処置に関する施設基準

（1）当該レーザー治療に係る専門の知識及び3年以上の経験を有する歯科医師が1名以上いること。

（2）口腔内の軟組織の切開、止血、凝固及び蒸散を行うことが可能なレーザー機器を備えていること。

2　届出に関する事項

口腔粘膜処置に係る届出は別添2の様式49の9を用いること。

■第57の6 CAD/CAM冠及びCAD/CAMインレー

1　CAD/CAM冠及びCAD/CAMインレーに関する施設基準

（1）歯科補綴治療に係る専門の知識及び3年以上の経験を有する歯科医師が1名以上配置されていること。

（2）保険医療機関内に歯科用CAD/CAM装置が設置されている場合は、歯科技工士を配置していること。

（3）保険医療機関内に歯科用CAD/CAM装置が設置されていない場合は、当該装置を設置している歯科技工所との連携が図られていること。

2　届出に関する事項

CAD/CAM冠及びCAD/CAMインレーの施設基準に係る届出は、別添2の様式50の2を用いること。

■第57の5の2 歯科技工士連携加算1及び光学印象歯科技工士連携加算

1　歯科技工士連携加算1及び光学印象歯科技工士連携加算に関する施設基準

保険医療機関内に歯科技工士を配置していること又は他の歯科技工所との連携が図られていること。

2　届出に関する事項

歯科技工士連携加算1及び光学印象歯科技工士連携加算の施設基準に係る届出は、別添2の様式50の2の2を用いること。

■第57の5の3 歯科技工士連携加算2

1　歯科技工士連携加算2に関する施設基準

（1）保険医療機関内に歯科技工士を配置していること又は他の歯科技工所との連携が図られていること。

（2）保険医療機関内の歯科技工士又は他の歯科技工所との情報通信機器を用いた連携に当たって、厚生労働省「医療情報システムの安全管理に関するガイドライン」に準拠した体制であること。

2　届出に関する事項

歯科技工士連携加算2の施設基準に係る届出は、別添2の様式50の2の2を用いること。

■第61の4の6の2 頭頸部悪性腫瘍光線力学療法（歯科診療に係るものに限る。）

1　頭頸部悪性腫瘍光線力学療法に関する施設基準

（1）関係学会により教育研修施設として認定された施設であること。

（2）頭頸部癌の治療に係る専門の知識及び5年以上の経験を有し、本治療に関する所定の研修を修了している常勤の歯科医師が1名以上配置されていること。

（3）常勤の歯科麻酔科医又は常勤の麻酔科標榜医が配置されていること。

（4）緊急時・偶発症発生時に備えて医師との連携体制を確保していること。

（5）緊急手術の体制が整備されていること。

（6）当該療養に用いる機器について、適切に保守管理がなされていること。

2　届出に関する事項

頭頸部悪性腫瘍光線力学療法の施設基準に係る届出は、別添2の様式87の46の2を用いること。

■第106の2 歯科外来・在宅ベースアップ評価料（Ⅰ）

1　歯科外来・在宅ベースアップ評価料（Ⅰ）の施設基準

（1）外来医療又は在宅医療を実施している保険医療機関であること。

（2）主として歯科医療に従事する職員（医師及び歯科医師を除く。以下、この項において「対象職員」という。）が勤務していること。対象職員は別表4に示す職員であり、専ら事務作業（歯科業務補助者等の歯科医療を専門とする職員の補助として行う事務作業を除く。）を行うものは含まれない。

（3）当該評価料を算定する場合は、令和6年度及び令和7年度において対象職員の賃金（役員報酬を除く。）の改善（定期昇給によるものを除く。）を実施しなければならない。

（4）（3）について、ベア等により改善を図るため、当該評価料は、対象職員のベア等及びそれに伴う賞与、時間外手当、法定福利費（事業者負担分等を含む）等の増加分に用いること。ただし、ベア等を行った保険医療機関において、患者数等の変動等により当該評価料による収入が上記の増加分に用いた額を上回り、追加でベア等を行うことが困難な場合であって、賞与等の手当によって賃金の改善を行った場合又は令和6年度及び令和7年度において翌年度の賃金の改善のために繰り越しを行う場合（令和8年12月までに賃金の改善措置を行う場合に限る。）についてはこの限りではない。いずれの場合においても、賃金の改善の対象とする項目を特定して行うこと。なお、当該評価料によって賃金の改善を実施する項目以外の賃金項目（業績等に応じて変動するものを除く。）の水準を低下させてはならない。また、賃金の改善は、当該保険医療機関における「当該評価料による賃金の改善措置が実施されなかった場合の賃金総額」と、「当該評価料による賃金の改善措置が実施された場合の賃金総額」との差分により判断すること。

（5）令和6年度に対象職員の基本給等を令和5年度と比較して2分5厘以上引き上げ、令和7年度に対象職員の基本給等を令和5年度と比較して4分5厘以上引き上げた場合については、40歳未満の勤務歯科医及び勤務医並びに事務職員等の当該保険医療機関に勤務する職員の賃金（役員報酬を除く。）の改善（定期昇給によるものを除く。）を実績に含めることができること。

（6）令和6年度及び令和7年度における当該保険医療機関に勤務する職員の賃金の改善に係る計画（以下「賃金改善計画書」という。）を作成していること。

（7）当該保険医療機関は、当該評価料の趣旨を踏まえ、労働基準法等を遵守すること。

（8）当該保険医療機関は、対象職員に対して、賃金改善を実施する方法等について、2の届出に当たり作成する「賃金改善計画書」の内容を用いて周知するとともに、就業規則等の内容についても周知すること。また、対象職員から当該評価料に係る賃金改善に関する照会を受けた場合には、当該対象者についての賃金改善の内容について、書面を用いて説明すること等により分かりやすく回答すること。

2　届出に関する事項

（1）歯科外来・在宅ベースアップ評価料（Ⅰ）の施設基準に係る届出は、別添2の様式95を用いること。

（2）1の（6）の「賃金改善計画書」を、別添2の様式95により新規届出時及び毎年4月に作成し、新規届出時及び毎年6月において、地方厚生（支）局長に届け出ること。

（3）毎年8月において、前年度における賃金改善の取組状況を評価するため、「賃金改善実績報告書」を別添2の様式98により作成し、地方厚生（支）局長に報告すること。

（4）事業の継続を図るため、対象職員の賃金水準（看護職員処遇改善評価料、歯科外来・在宅ベースアップ評価料（Ⅰ）及び（Ⅱ）、外来・在宅ベースアップ評価料（Ⅰ）及び（Ⅱ）並びに入院ベースアップ評価料による賃金改善分を除く。）を引き下げた上で、賃金改善を行う場合には、当該保険医療機関の収支状況、賃金水準の引下げの内容等について記載した「特別事情届出書」を、別添2の様式94により作成し、届け出ること。

なお、年度を超えて対象職員の賃金を引き下げることとなった場合は、次年度に（2）の「賃金改善計画書」を提出する際に、「特別事情届出書」を再度届け出る必要があること。

（5）保険医療機関は、歯科外来・在宅ベースアップ評価料（Ⅰ）の算定に係る書類（「賃金改善計画書」等の記載内容の根拠となる資料等）を、当該評価料を算定する年度の終了後3年間保管すること。

■第106の3 歯科外来・在宅ベースアップ評価料（Ⅱ）

1　歯科外来・在宅ベースアップ評価料（Ⅱ）の施設基準

（1）医科点数表又は歯科点数表第1章第2部第1節の入院基本料（特別入院基本料等を含む。）、同部第三節の特定入院料又は同部第四節の短期滞在手術等基本料（短期滞在手術等基本料1を除く。）を算定していない保険医療機関であること。

（2）歯科外来・在宅ベースアップ評価料（Ⅰ）の届出を行っている保険医療機関であること。

（3）歯科外来・在宅ベースアップ評価料（Ⅰ）及び外来・在宅ベースアップ評価料（Ⅰ）により算定される点数の見込みを合算した数に10円を乗じた額が、主として歯科医療に従事する職員（医師及び歯科医師を除く。以下、この項において「対象職員」という。）の給与総額の1分2厘未満であること。対象職員は別表4に示す職員であり、専ら事務作業（歯科業務補助者等が医療を専門とする職員の補助として行う事務作業を除く。）を行うものは含まれない。

（4）歯科外来・在宅ベースアップ評価料（Ⅱ）の保険医療機関ごとの区分については、当該保険医療機関における対象職員の給与総額、歯科外来・在宅ベースアップ評価料（Ⅰ）及び外来・在宅ベースアップ評価料（Ⅰ）により算定される点数の見込み並びに歯科外来・在宅ベースアップ評価料（Ⅱ）及び外来・在宅ベースアップ評価料（Ⅱ）の算定回数の見込みを用いて算出した数【B】に基づき、別表5に従い該当するいずれかの区分を届け出ること。ただし、医科歯科併設の保険医療機関であって、外来・在宅ベースアップ評価料（Ⅱ）の施設基準についても届出を行う保険医療機関については、同一の区分により届け出ること（例えば歯科外来・在宅ベースアップ評価料（Ⅱ）2の届出を行う場合は、外来・在宅ベースアップ評価料（Ⅱ）2を届け出ること。）。

$$【B】=\frac{\left(\text{対象職員の給与総額×1分2厘}\right)-\left(\text{(外来・在宅ベースアップ評価料（Ⅰ）及び歯科外来・在宅ベースアップ評価料（Ⅰ）により算定される点数の見込み)×10円}\right)}{\left(\text{「外来・在宅ベースアップ評価料（Ⅱ）イの算定回数の見込み×8」＋「外来・在宅ベースアップ評価料（Ⅱ）ロの算定回数の見込み」＋「歯科外来・在宅ベースアップ評価料（Ⅱ）イの算定回数の見込み×8」＋「歯科外来・在宅ベースアップ評価料（Ⅱ）ロの算定回数の見込み」}\right)\text{×10円}}$$

（5）（4）について、算出を行う月、その際に用いる「対象職員の給与総額」、「歯科外来・在宅ベースアップ評価料（Ⅰ）及び外来・在宅ベースアップ評価料（Ⅰ）により算定される点数の見込み」及び「歯科外来・在宅ベースアップ評価料（Ⅱ）及び外来・在宅ベースアップ評価料（Ⅱ）の算定回数の見込み」の対象となる期間、算出した【B】に基づき届け出た区分に従って算定を開始する月は別表7のとおりとする。

「対象職員の給与総額」は、別表7の対象となる12か月の期間の1月あたりの平均の数値を用いること。「歯科外来・在宅ベースアップ評価料（Ⅰ）及び外来・在宅ベースアップ評価料（Ⅰ）により算定される点数の見込み」及び「歯科外来・在宅ベースアップ評価料（Ⅱ）及び外来・在宅ベースアップ評価料（Ⅱ）の算定回数の見込み」は、初診料等の算定回数を用いて計算し、別表7の対象となる3か月の期間の1月あたりの平均の数値を用いること。

また、別表7のとおり、毎年3、6、9、12月に上記の算定式により新たに算出を行い、区分に変更がある場合は算出を行った月内に地方厚生（支）局長に届出を行った上で、翌月（毎年4、7、10、1月）から変更後の区分に基づく点数を算定すること。なお、区分の変更に係る届出においては、「当該評価料による賃金の改善措置が実施されなかった場合の賃金総額」によって対象職員の賃金総額を算出すること。

ただし、前回届け出た時点と比較して、別表7の対象となる3か月の「対象職員の給与総額」、「歯科外来・在宅ベースアップ評価料（Ⅰ）及び外来・在宅ベースアップ評価料（Ⅰ）により算定される点数の見込み」、「歯科外来・在宅ベースアップ評価料（Ⅱ）及び外来・在宅ベースアップ評価料（Ⅱ）の算定回数の見込み」及び【B】のいずれの変化も1割以内である場合においては、区分の変更を行わないものとすること。

新規届出時（区分変更により新たな区分を届け出る場合を除く。以下この項において同じ。）は、直近の別表7の「算出を行う月」における対象となる期間の数値を用いること。ただし、令和6年6月3日までに届出を行った場合は、令和6年6月に区分の変更を行わないものとすること。

（6）当該評価料を算定する場合は、令和6年度及び令和7年度において対象職員の賃金（役員報酬を除く。）の改善（定期昇給によるものを除く。）を実施しなければならない。

（7）（6）について、ベア等により改善を図るため、当該評価料は、対象職員のベア等及びそれに伴う賞与、時間外手当、法定福利費（事業者負担分等を含む）等の増加分に用いること。ただし、ベア等を行った保険医療機関において、患者数等の変動等により当該評価料による収入が上記の増加分に用いた額を上回り、追加でベア等を行うことが困難な場合であって、賞与等の手当によって賃金の改善を行った場合又は令和6年度及び令和7年度において翌年度の賃金の改善のために繰り越しを行う場合（令和8年12月までに賃金の改善措置を行う場合に限る。）についてはこの限りではない。ただし、いずれの場合においても、賃金の改善の対象とする項目を特定して行うこと。なお、当該評価料によって賃金の改善を実施する項目以外の賃金項目（業績等に応じて変動するものを除く。）の水準を低下させてはならない。また、賃金の改善は、当該保険医療機関における「当該評価料による賃金の改善措置が実施されなかった場合の賃金総額」と、「当該評価料による賃金の改善措置が実施された場合の賃金総額」との差分により判断すること。

（8）令和6年度及び令和7年度における「賃金改善計画書」を作成していること。

（9）常勤換算2名以上の対象職員が勤務していること。ただし、「基本診療料の施設基準等」別表第六の二に掲げる地域に所在する保険医療機関にあっては、この限りでない。

（10）当該保険医療機関において、以下に掲げる社会保険診療等に係る収入金額（以下、「社会保険診療等収入金額」という。）の合計額が、総収入の100の80を超えること。

ア　社会保険診療（租税特別措置法（昭和32年法律第26号）第26条第2項に規定する社会保険診療をいう。以下同じ。）に係る収入金額（労働者災害補償保険法（昭和22年法律第50号）に係る患者の診療報酬（当該診療報酬が社会保険診療報酬と同一の基準によっている場合又は当該診療報酬が少額（全収入金額のおおむね100の10以下の場合をいう。）の場合に限る。）を含む。）

イ　健康増進法（平成14年法律第103号）第六条各号に掲げる健康増進事業実施者が行う同法第4条に規定する健康増進事業（健康診査に係るものに限る。以下同じ。）に係る収入金額（当該収入金額が社会保険診療報酬と同一の基準により計算されている場合に限る。）

ウ　予防接種（予防接種法（昭和23年法律第68号）第2条第6項に規定する定期の予防接種等その他医療法施行規則第30条の35の3第1項第2号ロの規定に基づき厚生労働大臣が定める予防接種（平成29年厚生労働省告示第314号）に規定する予防接種をいう。）に係る収入金額

エ　助産（社会保険診療及び健康増進事業に係るものを除く。）に係る収入金額（1の分娩に係る助産に係る収入金額が50万円を超えるときは、50万円を限度とする。）

オ　介護保険法の規定による保険給付に係る収入金額（租税特別措置法第26条第2項第4号に掲げるサービスに係る収入金額を除く。）

カ　障害者の日常生活及び社会生活を総合的に支援するための法律第6条に規定する介護給付費、特例介護給付費、訓練等給付費、特例訓練等給付費、特定障害者特別給付費、特例特定障害者特別給付費、地域相談支援給付費、特例地域相談支援給付費、計画相談支援給付費、特例計画相談支援給付費及び基準該当療養介護医療費並びに同法第77条及び第78条に規定する地域生活支援事業に係る収入金額

キ　児童福祉法第21条の5の2に規定する障害児通所給付費及び特例障害児通所給付費、同法第24条の2に規定する障害児入所給付費、同法第24条の7に規定する特定入所障害児食費等給付費並びに同法第24条の25に規定する障害児相談支援給付費及び特例障害児相談支援給付費に係る収入金額

ク　国、地方公共団体及び保険者等が交付する補助金等に係る収入金額

（11）当該保険医療機関は、当該評価料の趣旨を踏まえ、労働基準法等を遵守すること。

（12）当該保険医療機関は、対象職員に対して、賃金改善を実施する方法等について、2の届出に当たり作成する「賃金改善計画書」の内容を用いて周知するとともに、就業規則等の内容についても周知すること。また、対象職員から当該評価料に係る賃金改善に関する照会を受けた場合には、当該対象者についての賃金改善の内容について、書面を用いて説明すること等により分かりやすく回答すること。

2　届出に関する事項

（1）歯科外来・在宅ベースアップ評価料（Ⅱ）の施設基準に係る届出は、別添2の様式96を用いること。

（2）1の（8）の「賃金改善計画書」を、別添2の様式96により新規届出時及び毎年4月に作成し、新規届出時及び毎年6月において、地方厚生（支）局長に届け出ること。

（3）毎年8月において、前年度における賃金改善の取組状況を評価するため、「賃金改善実績報告書」を別添2の様式98により作成し、地方厚生（支）局長に報告すること。

（4）事業の継続を図るため、対象職員の賃金水準（看護職員処遇改善評価料、歯科外来・在宅ベースアップ評価料（Ⅰ）及び（Ⅱ）、外来・在宅ベースアップ評価料（Ⅰ）及び（Ⅱ）並びに入院ベースアップ評価料による賃金改善分を除く。）を引き下げた上で、賃金改善を行う場合には、当該保険医療機関の収支状況、賃金水準の引下げの内容等について記載した「特別事情届出書」を、別添2の様式94により作成し、届け出ること。なお、年度を超えて対象職員の賃金を引き下げることとなった場合は、次年度に（2）の「賃金改善計画書」を提出する際に、「特別事情届出書」を再度届け出る必要があること。

（5）保険医療機関は、歯科外来・在宅ベースアップ評価料（Ⅱ）の算定に係る書類（「賃金改善計画書」等の記載内容の根拠となる資料等）を、当該評価料を算定する年度の終了後3年間保管すること。

小学生に歯の仕事ＰＲ

学びのフェスで日歯大

日本歯科大学（藤井一維学長）が、「ハノシゴトをやってみよう！」と題して、歯科医師や歯科衛生士の仕事を体験する企画を行った。3月27日に東京都世田谷区の昭和女子大学で開かれた毎日新聞社と毎日小学生新聞主催の小学生向け出前授業を一堂に集める「学びのフェス2024」で実施されたもの。

昨今、歯学部の定員割れなど歯科業界に参入したいと思う子供が減っている状況を踏まえ、日歯大新潟生命歯学部では歯科医師や歯科衛生士、歯科技工士の仕事を周知するためのムックを制作していた。その一環で歯科医師や歯科衛生士の仕事を体験し、歯の仕事について知ってもらうイベントを行っていたという。

前回の学びのフェス2023でも、実践女子大学渋谷キャンパスで同様のプログラムが行われ、子供たちにも大好評だったことから、新潟と東京キャンパスが合同で出展するに至った。

◆◇◆

当日は、歯科医院にある道具を用いて、子供たちが歯科医師・歯科衛生士になりきり、ミニチュアの歯の模型にむし歯の予防をするプログラムが行われた。

歯の模型キーホルダーを手渡され、保護者と一緒に歯の仕事を体験。むし歯になる過程などを学び、先生に教わりながら、歯の模型の溝部分にシーラントで詰めるという予防治療の流れが行われた。

なお、プログラム終了後には、完成した歯の模型キーホルダー（カラビナ付き）、ハノシゴトＭＯＯＫ、デンタルミラーなどが手渡された。

日歯大新潟生命歯学部長の中原賢氏は、「一般の方に歯の仕事を周知するのが目的。特に今回のイベントは小学生がメインなので、小さい頃から歯の仕事を知ってもらえるいい機会。このイベントを通じて、一人でも多く、将来の歯学部生が増えたらと考えている」と語った。

モニターなどを使って実習の流れを説明し、歯の仕事を体験する子供ら

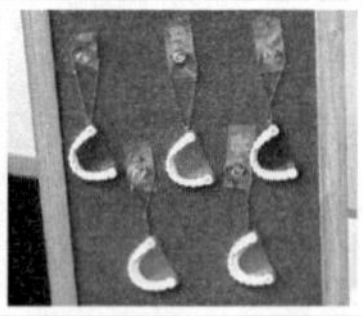

歯の模型キーホルダーにカラビナを付けることで、アクセサリーとしても活用できる

日臨矯

矯正治療の契約トラブル
患者の留意点を解説

日本臨床矯正歯科医会（陶山肇会長）は3月21日、プレスセミナー「矯正歯科治療トラブルの大きな原因―矯正歯科治療契約」を東京都千代田区の大手町サンケイプラザで開催した。銀座誠和法律事務所で同会顧問の井上雅弘弁護士による「矯正歯科治療契約や治療費についての法的解釈と事例～賢い患者になるために」などの講演や、質疑応答が行われた。同会によると2023年1月の矯正歯科の集団訴訟の報道などを始め、矯正歯科治療の治療契約についてのトラブルが増加しており、患者への注意喚起を行っているという。

井上氏は講演で、同会の「矯正歯科なんでも相談」に寄せられた相談を例に、法律家としての見解を述べた。

井上氏

「口頭ではなく契約書に基づいて契約する」「契約書に消費者契約法に違反した文言がないか確かめる」「必ずしもその場で契約せず、一度持ち帰ってゆっくり考える」「矯正治療は法的にはいつでも中止が可能で進捗によって返還金は変動する。マウスピース矯正の場合は器具作成があり、直後の解約でも器具代金が発生する」「クリニックの破産については、歯科治療には保障規定がないので治療代を取り戻すことは難しい。全額前払いではなく、進捗に応じた分割払いの利用も自衛手段になり得る」などとした。

医科歯科大ら解明

母体の高脂肪摂取が子の糖代謝に影響

母体の高脂肪食摂取が、唾液腺を介して子の糖代謝に影響を与える可能性があることが分かった。

東京医科歯科大学大学院医歯学総合研究科咬合機能矯正学分野の小野卓史教授と渡一平助教およびPornchanok Sangsuriyothai大学院生、同大硬組織生化学分野の井上カタジナアンナ助教、Srinakharinwirot大学のSaranya Serirukchutarungsee講師らとの共同研究によるもの。糖尿病の新たな予防・治療法開発へつながることが期待される。

同研究は消化管から産生され、インスリン分泌を促進させるホルモンのインクレチンに着目。インクレチンはＧＩＰ（glucose-dependent insulinotropic Polypeptide）とＧＬＰ－１（glucagon-like peptide-1）の2種類に分けられ、唾液腺からも産生される。

研究ではラットを用いて、妊娠・授乳期に通常食または高脂肪食を摂取させた母体からの出生仔（雌雄）に離乳後も通常食または高脂肪食を摂取させて、経時的に体重、食餌量、カロリー摂取および空腹時血糖を測定。その結果、高脂肪食を摂取させた仔では雌雄ともに食餌量は減少したものの、体重、カロリー摂取量は優位に増加していた。一方、生後52日の離出生仔を除いて、高脂肪食と通常蝕を摂取した仔（雌雄）の空腹時血糖について有意差はなかった。

また、出生前から通常食または高脂肪食を摂取したラット（雌雄）の唾液腺（顎下）に発現するインクレチンについて解析したところ、高脂肪食を摂取した生後10週齢雄の唾液腺に発現するＧＬＰ－１は優位に増加していた。対して、通常食または高脂肪食を摂取したラットに発現するＧＩＰについては、有意な差が認められなかった。

さらに、唾液腺（顎下）でのＧＬＰ－１およびＧＩＰについてＰＣＲを用いて発現量を調べると、高脂肪食を摂取した3週齢雄仔では発現するＧＩＰの遺伝情報量が有意に低下し、高脂肪食を摂取した10週齢雄仔では発現するＧＩＰの遺伝情報量が有意に増加した。

同研究は文部科学省科学研究費補助金ならびに日本矯正歯科学会100周年記念研究助成事業の支援の下で行われ、国際科学誌『Frontiers in Physiology』（3月26日付）にオンライン掲載された。

デンタル小町が通る

（医）千友会理事（千葉県市原市）

村瀬千明 ❶

歯医者にならなければよかった!?

私は両親ともに会社員の家庭に育ちました。高校生のころ、近くのパン工場で日払いアルバイトが流行っていて友達と一緒に行きましたが、ベルトコンベヤーから次々と流れてくる肉まん、サンドイッチ、ケーキのスピードがとてつもなく速く、機械の歯車になるだけの仕事は長く続けられないと嫌気がさしました。あれから30年が経ち、先日、同じ工場でコンベヤーに従業員が挟まれたという事故の記事を目にしました。高校生の私が速すぎてついていけなかった当時とまだ同じ仕組みだったのかなぁと記憶がよみがえりました。

今思うと、私が大学を出るころはさまざまな変革期だったのだと思います。バブル期が終わった団塊ジュニア世代で歯科医師はまだ多く、研修医の在り方、その後の働き方など、楽でおいしい部分は何一つなく、行政サービスも充実しない中、働き方の悪い部分のみ全て経験してきました。歯科医師免許を取得し、歯医者になった後にこんなに辛い思いをすることになるとは、在学中は思いもしませんでした。

何の社会補償もなく最低限の権利すら保証されず、大卒とは思えない待遇、勉強させてもらっているのだからと理不尽なことも全て当たり前に受け入れてきた最後の世代……。

しかし、この10年で時代がガラリと一変し、人を大切にし、きめ細やかな行政サービス、自分が受けたことのない待遇を提供する時代にシフトしました。変化が起こり始めたころは私も戸惑いました。でも今はこの変化は良かったと思えます。自分がされて嫌なことはしない、自分だったらこうして欲しいと思えることをしていく。自分が出会う人には私と同じような思いはさせたくない一心で私も変わりました。そのおかげで今、私の周りには仕事と人生の両立を楽しむ仲間、困って倒れそうな時に助けてくれる仲間がたくさんいて、毎日幸せだと感じます。

今は歯医者になって良かったと心から思えます。時間はかかりましたが、歯科を通して、患者様とスタッフを幸せにできる歯医者という職業を好きになりました。

「今後はフリーランス歯学者に」

阪大・天野教授が最終講義

歯周病原菌の中でも特に悪玉度の高いＰ・ジンジバリス2型の特定や、それに基づくリスク検査の実用化など、予防歯科の分野で国際的な業績を打ち立ててきた大阪大学大学院歯学研究科の天野敦雄教授（予防歯科学）が3月28日、同大歯学部講堂で最終講義を行った。教え子や友人、同僚など多数が参加した。

表題は「僕は学者になれたんだろうか?―アカデミア人生の総括」。初めに、憂国の志士にあこがれたり、ビジネスでの成功を夢見たり、舞台で活躍してみようとしたり、紆余曲折を経ながら歯科医師になり、大学院に進んでニューヨーク州立大学バッファロー校に留学後、研究者として活躍を続けた半生を振り返った。

天野教授

その上で、「大学教授は、研究者であると同時に学者でなければならない」として、国際的に評価を受ける研究業績を積むだけでなく、碩学（せきがく）として、広く深い知識を社会に還元することが必要だと指摘。最新の基礎研究を「予測歯科」という新たな領域の開拓に繋げたり、歯科商業誌や一般マスコミを通して、歯科疾患の予防に関する知識を広めたりした成果を振り返った。

「本日で、研究者としての生活は終わり」という天野氏は今後、故郷の高知県で「健口あまの」というフリーランス歯学者となり、健口を守るための情報発信を精力的に続けていくという。

45カ国の歯磨剤調査
最高フッ素濃度は 924～2500ppm

開発途上国における歯磨剤の年間使用費に大きなばらつきがあることが分かった。3月24日に、東京都中央区のKPP八重洲ビルで行われたACFF日本支部（林美香子理事長）総会内の研究成果発表「開発途上国におけるフッ化物配合歯磨剤の流通実態調査～報告」で、国立国際医療研究センターの笹山桐子特任研究員が発表したもの。

ACFF　世界からう蝕を撲滅することを理念とした国際非営利組織。世界の30地域で活動している

同氏によると口腔の問題は世界の約35億人に影響を与えており、う蝕は最も多い口腔疾患であるという。WHO（世界保健機構）が2011年に発表した、フッ化物濃度1000～1500ppmの歯磨剤は人々が健康な生活を送るのに必要な医薬品であるという文書に言及しつつ、サプライチェーンや価格設定に問題を抱えている開発途上国などには、その恩恵を受けられていない人が多くいるとした。

同調査は、政府開発援助ODAの開発途上国に対する実施機関JICAに赴任している在外健康管理員に対し、赴任している国の歯磨剤について質問紙形式で実施。調査国の首都における大手スーパー、薬局で現地の住民が日常的に購入している安価な歯磨剤の製品について最低3種類の、フッ化物濃度、小売価格、内容量等を調べた。期間は2023年2月1日から3月31日まで行った。なお、国によって違ったフッ化物濃度の表記方をppmに統一。さらに各国の高濃度歯磨剤の中で最も安価な歯磨剤を、エビデンスに基づいて定量化した一日の歯磨剤使用料において、それを1年間使用した場合の費用を計算した。計算は2023年上半期のワールドバンクの為替レート（米ドル）に基づいて実施。その結果、調査国55カ国のうち45カ国から回答を得ることができた。回答の241製品の内、歯磨剤外の2製品を除いた239の歯磨剤が対象で、高濃度フッ化物入りが確認できた製品は155製品だった。

笹山氏

調査結果について同氏は「コルゲートやユニリーバ、P&Gなど大手が多い中で、聞いたこともないような会社の商品が27％あった。フッ化物濃度の記載があるかないかは国によってまちまちでまったく確認できない国もあり、今回の調査では45カ国中42カ国が高濃度フッ化物歯磨剤を購入できることが確認できた。年間使用費についても国ごとに大きなばらつきがある。ジャマイカなど際立って安い国を調べてみると、聞いたことのない、恐らく現地のオリジナルブランドと思われる製品だった。しかし、別の安価な国ではコルゲートやユニリーバの大手製品もあった」と話した。

一方で同氏は、同調査が限定的な調査であるとも指摘。「発展途上国は貧富の差が激しく、市街地には製品が揃っていても、集落のような場所では歯磨剤の選択肢が少ないばかりか、木の枝を使って歯磨きを行っている場所もある。今後もより詳細な解析を進めていく」と述べた。

なお、総会では「2023年度事業報告」「2023年度決算報告」「2024年度事業計画案」「2024年度予算案」「役員改選案提案」が承認された他、研究成果発表、特別講演、懇親会が行われた。

林理事長は同会の活動の振り返りと、同会が開発を進めているICCMS（International Caries Classification and Management System）eラーニング教材の日本語版について報告。「同教材は国際基準のう蝕マネジメントを臨床の教育現場に取り入れることを目的。すでに完成しており、公開に向けて歯学生や歯科衛生士学生などを交えたワークショップなどを行いながら、さらなるブラッシュアップをしているところだ」と話した。

45カ国の歯磨剤の調査結果

国名	調査都市	製品数	フッ化物あり	濃度記載	最高フッ素濃度	年間使用費用※
タイ	バンコク	7	5	3	1,500 ppm	28.5 ドル
ミャンマー	ヤンゴン市	2	2	1	1,450 ppm	7.7 ドル
インドネシア	ジャカルタ	5	5	3	1,450 ppm	8.8 ドル
タジキスタン	ドゥシャンベ	3	2	1	1,450 ppm	19.7 ドル
フィリピン	マニラ	4	4	3	1,000 ppm	23 ドル
ブータン	ティンプー	5	2	2	1,000 ppm	20.8 ドル
バングラデシュ	ダッカ	6	6	6	1,450 ppm	5.5 ドル
ネパール	カトマンズ	3	2	1	924 ppm	—
ラオス	ビエンチャン	6	5	4	1,500 ppm	12.1 ドル
ベトナム	ハノイ	6	6	3	1,450 ppm	46 ドル
マレーシア	クアラルンプール	4	4	2	1,424 ppm	40.5 ドル
カンボジア	プノンペン	6	6	3	1,424 ppm	38.3 ドル
スリランカ	コロンボ	3	2	2	1,500 ppm	8.8 ドル
キルギス	ビシュケク	5	5	5	1,450 ppm	19.7 ドル
セネガル	ダカール	30	29	29	2,500 ppm	17.5 ドル
ガボン	リーブルビル	3	3	3	1,450 ppm	18.6 ドル
ジブチ	ジブチ市	3	3	1	1,450 ppm	42.7 ドル
モザンビーク	マプト	3	3	3	1,450 ppm	8.76 ドル
タンザニア	ダルエスサラーム	11	10	10	1,450 ppm	12.1 ドル
エチオピア	アジスアベバ	3	3	1	1,450 ppm	5.5 ドル
ウガンダ	カンパラ	3	3	0	—	—
ガーナ	アクラ	3	3	3	1,450 ppm	8.8 ドル
ボツワナ	ハボロネ	7	7	1	1,450 ppm	15.3 ドル
コンゴ民	キンシャサ	6	6	5	1,450 ppm	14.2 ドル
ケニア	ナイロビ	5	4	3	1,450 ppm	14.2 ドル
マラウイ	リロングウェ	6	6	3	1,450 ppm	8.8 ドル
南アフリカ	プレトリア	6	6	6	1,450 ppm	9.9 ドル
ブラジル	サンパウロ	3	3	3	1,450 ppm	34 ドル
ニカラグア	マナグア	5	5	5	1,450 ppm	14.2 ドル
ホンジュラス	テグシガルパ	5	5	5	1,450 ppm	19.7 ドル
コスタリカ	サンホセ	6	6	3	1,450 ppm	49.3 ドル
ジャマイカ	キングスマン	6	6	6	1,500 ppm	8.8 ドル
パナマ	パナマ市	6	3	3	1,450 ppm	35 ドル
エクアドル	キト	3	3	3	1,450 ppm	17.5 ドル
エルサルバドル	サンバドル	6	6	6	1,450 ppm	28.5 ドル
パプアニューギニア	ポートモレスビー	4	4	3	1,450 ppm	11 ドル
サモア	アピア	8	8	5	1,500 ppm	16.4 ドル
フィジー	スバ	6	5	1	1,450 ppm	9.9 ドル
ソロモン諸島	ホニアラ市	4	4	0	—	—
モルジブ	マレ	6	5	5	1,450 ppm	17.5 ドル
パラオ	コロール	2	2	2	1,085 ppm	21.9 ドル
チュニジア	チュニス	3	3	1	1,450 ppm	25.2 ドル
モロッコ	ラバト	3	3	3	1,450 ppm	14.2 ドル
エジプト	カイロ	6	6	6	1,450 ppm	6.6 ドル
ヨルダン	アンマン	3	3	3	1,450 ppm	15.3 ドル

参考値：日本　最高フッ素濃度 1,450ppm、年間使用費用 40 ドル
※調査した製品のうち最も安価な高濃度フッ化物配合の製品を1年間使用した場合にかかる値段

投稿寄稿

子供の「食べる」を支える四つの提案
「妊婦～高校」の教育充実を

不二崎 正径（まさみち）（71歳）
歯科医師　元小学校歯科校医

小学校の歯科校医を30年務め、保育園、小中高校の歯科健康診断に携わった。その経験から歯並びが悪い児童生徒が増えており、対策が急務と痛感している。以前はほとんどの子の舌が健全なU字形だったが、最近は下顎の奥歯が内側に傾いて生え、舌がV字形の子も目立つ。

歯並びが悪いとよく噛めず、胃腸に負担がかかる。顎の運動機能障害が起きて口が開けづらく、大きく開けると顎の関節やほっぺが痛い。背骨にも影響するので、頭痛、肩こり、腰痛、疲労感など全身の健康を損ねる危険がある。前歯の噛み合わせが悪いと、口を開けて会話するところを見られたくなくて、性格が内向的になることもある。

子供が凸凹な歯並びになる原因を考察する。私が校医をした小学校では児童の8割以上がテレビを見ながら夕食をとる。すると、噛む力や回数が減る。家族で食卓を囲むことが減り、孤食化も進み、食べる場が楽しくない。だ液も出にくくなり、食事を手早く済ませてしまう。「よく噛んで食べなさい」と親から言われない。軟らかくて甘い飲食物が街にあふれていて、子供がよく噛むように配慮した食品やおやつが見当たらない。子供の外遊びが減った。歯並びは遺伝もあるが、生活環境の影響が大きいと思う。

成長期は顎の骨も大きくなり、永久歯が生える場所を確保する期間だが、噛む刺激が減ると顎の骨が十分に発達しない。その結果、狭い場所に永久歯が生えるから、重なったり傾斜したり埋もれたりする。

小中高校生がよく噛める歯並びになるために、四つ提案したい。

①妊婦検診時の、乳幼児のよい歯並びを育成するためのビデオ活用や資料配布。乳児は母乳を吸うことで舌や口の周囲の筋肉が鍛えられ、幼児期に噛むことや飲み込むことが上手になるという。噛み合わせに影響する離乳食の要点なども知ってもらう。

②3歳児の歯科健診時の保護者教育。食事の際、親がしっかり噛み味わう姿勢を子供に見せることが大事だと理解してもらう。軟らかい食品ばかりだと歯並びはどうなるか、また、噛み合わせの異常で起こる病気の実例を映像で知ってもらう。噛みごたえのある食材を紹介する。

③小学校で噛む健康授業の実施。児童や保護者に、なぜよく噛まないといけないのか、歯並びが悪いとどんな影響があるかを分かりやすく示す。昼食時間が十分か点検する。

④小中高校の歯科健診の充実。歯並びは現在、主に前歯の噛み合わせを診ている。今後は奥歯の凸凹や傾斜なども重視する。健診前に歯並びの悩みや質問も児童生徒に書いてもらい、健診に生かす。

近年、子供のむし歯は激減したが、生涯の健康維持には歯や顎を丈夫にし、幼児期からよく噛む習慣が欠かせない。歯科医が歯並びと噛み合わせの問題を熟知し、家庭、学校、社会でよく噛む生活を実践し、しっかり噛める大人に育成したい。

岡大が開発
唾液を用いた方法で 下咽頭がん早期発見

唾液を用いた簡便な検査で、下咽頭がんを早期に発見する技術が開発された。岡山大学病院消化器内科の平井亮佑医員、衣笠秀明助教、同大学術研究院医歯薬学域（医）消化器・肝臓内科学の大塚基之教授、広島市立広島市民病院内科の中川昌浩部長らの研究グループによるもの。咽頭がんを含めた頭頸部がんは世界で6番目に頻度の高い悪性腫瘍で、症状が出にくいため進行しやすい。早期診断が可能になれば、手術や放射線治療をせずに、内視鏡の局所切除で済むようになる。

同研究は患者の唾液中のDNAの遺伝子の発現に影響を与える「メチル化」という化学反応に着目。同大病院で下咽頭がんに対して内視鏡治療を行う患者と下咽頭がんのない患者の唾液を、メチル化特異的PCRという手法で比較した。その結果、下咽頭がん治療前の患者の唾液にはメチル化の頻度が極めて高いことが分かった。さらに、同大病院の関連病院である広島市民病院で治療後の患者の唾液に同様の手法で検査したところ、85％の患者で高いメチル化が検出された。

同研究は学術誌『British Journal of Cancer』（3月27日付）にオンライン掲載された。

ADJ

第2回懇親会開く

歯科医と協賛企業が参加

オール・デンタル・ジャパン(=ADJ、本社・東京都台東区、木下英明社長、廣田祥司社長)は、立食形式の懇親会「第2回ADJ祭」を東京都港区の品川プリンスホテルメインタワーで3月23日に開き、150人以上が参加した。

河野氏

開会のあいさつで千葉県習志野市開業の河野恭佑氏は「会員の歯科医師、協賛企業の皆様に日頃の感謝の印として第2回目の開催に至った。歯科医師、協賛企業という垣根を越えて親睦を深めてもらえたら」と述べた。その後、ヨシダ社長の山中一剛氏が乾杯のあいさつを行った。

150人以上が参加した

特別講演として、「栄養と口腔」に関して大妻女子大学家政学部教授の川口美喜子氏、「ラミネートベニアの症例」について韓国ソウル特別市開業のチェ・ジェウォン氏、日本美容鍼灸マッサージ協会代表理事の上田隆勇氏と元サッカー日本代表でAuB社長の鈴木啓太氏が商品を紹介した。

抽選会が行われたほか、東京都目黒区開業の小安正洋氏のラップに合わせてULTRADENT JAPANの茂木洸平氏がブレイクダンスを披露した。

閉会のあいさつには埼玉県八潮市開業の今井恭一郎氏が登壇した。

JFCら

骨再生材料「OCP」世界で初めて量産化

日本ファインセラミックス(=JFC、本社・仙台市、田中宏社長)は、骨の再生能力や生体吸収性の高い「リン酸八カルシウム(=OCP)」の量産化に世界で初めて成功し、サンプル出荷を始めている。

DCPの粉末

OPCは、東北大学大学院歯学研究科の鈴木治教授が骨再生能力や生体吸収性の高さを見出し、局所的かつ連続合成可能な反応管によるベンチスケールレベルでの合成手法の開発や、バッチ式晶析法による安定した合成方法を確立したもの。同社と鈴木氏はOCPの量産化に関する研究開発を2013年から実施しており、昨年3月に副生成物を伴わない均一組成のOCPの連続晶析プロセスへの応用に成功。同社が確立した連続晶析プロセスによるOCPの生産能力は、1時間当たり170㌘に向上した。

今後はさまざまな医薬品・医療機器製造会社との協業を通じて、OCPの製品化を目指す。

歯科デジタルハンドブック号外を発刊

ヤマキン学術文化振興財団

ヤマキン学術文化振興財団(山本裕久理事長)は、歯科のデジタル技術を活用した歯冠修復に関わる一部の情報を収録した「歯科用デジタルハンドブック号外」を3月6日に発行した。

今年6月に行われる診療報酬改定に先立ち、号外として同書を発行。CAD/CAM冠用材料(Ⅲ)の適応範囲の拡大やエンドクラウンの保険適用、CAD/CAMインレーについての窩洞形成加算の新設や光学印象の保険適用、ICTを活用して歯科医師と歯科技工士が連携して色調採得等をした場合の加算の新設に関する改定事項を収録している。

衛生士を講師に育成 無料研修コース新設

デンタルサポート

デンタルサポート(本社・千葉市、草深多計志社長)は、同社の歯科衛生士をサポートするサイト「Dキャリアプラス」で、副業講師やフリーランスを目指す歯科衛生士向けの「研修講師チャレンジ〜未経験者コース/経験者コース」の募集を開始している。応募期間は5月31日まで。

同コースは、Dキャリアプラス主催の歯科衛生士や一般の人を対象としたセミナーの講師を募集するもの。書類審査とオンライン面接を経て、合格者には講師になるためのさまざまな研修や模擬セミナーを無料で実施する。講師経験の有無は問わない。

Dキャリアプラスの運営理念に共感し、歯科衛生士免許保持者で歯科衛生士として臨床経験のある人であればブランクや経験年数を問わず応募できる。未経験者コースは関東近郊在住者、経験者コースは講師経験のある人(経験年数不問)に限定。書類審査の結果発表は6月14日。詳細は同社ホームページまで。

創業70周年のロゴ スローガンを制定

ネオ製薬

ネオ製薬工業(本社・東京都渋谷区、矢野まゆ子社長)は、創業70周年に合わせて「歴史と技術で未来を築く」というコーポレートスローガンの制定と、ロゴ=写真=を製作したと発表した。

スローガンは「70年の歴史の中で認められた技術力を大切にし、お客様と共に輝く未来を築く」ことをイメージして制定。ロゴは、70が人間の古希に当たることから、祝いの色とされる「紫」を歯の形に使用し、同社のコーポレートカラーのオレンジで「70」をデザインした。同社は歯科医療を通して健康を見つめ、多くの歯科医師や医療関係者による長年の研究実績と臨床結果、日々進歩する歯科医療の変化に対応したより良い製品を提供し、人々の健やかな暮らしに寄与していくとしている。

歴史と技術で 70th 未来を築く

☰ 保険適用 ☰

(4月1日付)

【区分A2】

▼**タカラメディカル**=「ベルレーザー」レーザー手術装置(Ⅰ)

▼**RAY JAPAN**=「レイスキャン800シリーズ」歯科CT撮影装置、デンタルX線撮影装置、パノラマ断層撮影装置

【区分B1】

▼**デンツプライシロナ**=「DSインプラント マルチベースアバットメント」025暫間装着体(3)暫間装着体(Ⅲ)、027アバットメント(1)アバットメント(Ⅰ)、062アバットメント(1)アバットメント(Ⅰ)「DSインプラント アバットメント」025暫間装着体(1)暫間装着体(Ⅰ)、025暫間装着体(2)暫間装着体(Ⅱ)、026スクリュー、027アバットメント(1)アバットメント(Ⅰ)、061スクリュー、062アバットメント(1)アバットメント(Ⅰ)「DSインプラント プライムテーパー」024インプラント体(2)標準型(Ⅱ)

▼**京セラ**=「FINESIA TL フィクスチャーBE」024インプラント体(2)標準型(Ⅱ)

〈製品(販売)名・製品コードに変更・追加があったもの〉

▼**JM Ortho**=「サーマルアーチワイヤー」020超弾性矯正用線(丸型及び角型)

▼**ジーシーデンタルプロダクツ**=「セラスマート300」058 CAD/CAM冠用材料(3)CAD/CAM冠用材料(Ⅲ)「セラスマート レイヤー」058 CAD/CAM冠用材料(4)CAD/CAM冠用材料(Ⅳ)「セラスマート プライム」058 CAD/CAM冠用材料(2)CAD/CAM冠用材料(Ⅱ)

▼**トクヤマデンタル**=「エステライトPブロック」058 CAD/CAM冠用材料(3)CAD/CAM冠用材料(Ⅲ)

▼**松風**=「松風ブロック HC ハード AN」058 CAD/CAM冠用材料(4)CAD/CAM冠用材料(Ⅳ)

▼**ビー・エス・エーサクライ**=「FEED ハイブリッドレジンブロック」058 CAD/CAM冠用材料(2)CAD/CAM冠用材料(Ⅱ)

さじかげん【番外編】

鰐淵(わにぶち)正機(まさき)

熟練の視点

新年度のスタートとともに新たな仲間を迎えた職場も多いことだろう。若い歯科技工士の方々が、この先も長く活躍されることを心から祈る。

昔、歯科技工士の離職率が話題になった時期があったが、歯科技工自体は意義のある大変よい仕事である。整えるのは労務環境だ。昨今は、年間休日数が就職先を決める際の優先項目であるらしい。歯科技工士不足の今、どの技工所でも丁寧な指導育成がなされていることだろう。歯科技工に限らず、技術職の能力は経験値がある程度を占めるが、いわゆる"熟練者"はどのような視点を持っているのだろうか。

先日、自社で作製したジルコニアインレーを持って意気揚々とチェアサイドに立ち会った。問題なくセットされることを期待していたが、口腔内で試適をした時に0・5ミリも浮き上がり、全く入らなかった。その場で駄目だと判断し再製を申し出た。すると先生が「大丈夫。入りますよ」と一言。わずかに内面を削って調整をされた。再び試適すると、先ほどとは違いぴったりと収まったから驚いた。「御社に限らず他社製作でも、その多くが調整箇所は同じだ」と先生。デジタル加工の製品でもそうなのかと学びを得た。これこそ熟練者の視点だと考えていたところ、熟練歯科技工士の視点はどこだと逆に質問を受けたので「基本」と答えた。

以下は私見になるが、例えば咬合器装着の正確性。そして上下の歯列弓形態、咬合湾曲。歯の大きさや咬頭の形態。作製する歯の咬頭が対合のどの小窩に入るのか。人工歯配列も同様だ。言い換えれば技工学校で最初に習うことかもしれない。

歯科技工士人生をスタートした若いみなさんは、今が大切。学んできた全てに意味があることをこれから経験する。青年たちの素晴らしい歯科技工の旅が続くことを願う。

(和田精密歯研監査役)

製品紹介

(価格は税込) (新製品情報をお寄せください)

ドクタースツール

モア Sr SEIGA

ヨシダ ☎0800-170-5541

新型ユニット「SEIGA」用のドクタースツール。チェアー座面を155度、背面を5度チルトでき、座っている時も背骨の形状をS字カーブに近づけて腰の負担を軽減。幅広い診療ポジションに対応。色はシャンパンゴールドとホワイト。

価格=20万9千円

シリコン表面滑性スプレー

シリコンフェイスクリーナー

クエスト ☎088(538)9888

シリコンの表面に噴霧し、模型材の流れをスムーズにして気泡の混入を防ぐシリコン表面滑性スプレー。アルジネート印象にも使用可能。エアー等の使用で乾燥時間を短縮できる。ワックスパターンクリーナーとしても使用可能。

価格=1,760円(220ml)

ヘッドライン企業ニュース

■「ビヨンド開口器プロ」を3月に販売開始(JBA/2月27日)

■サッカーJ3アスルクラロ沼津にスポーツにおける「噛むこと」の大切さを説く口腔健康セミナー及び選手の咬合力と左右バランスを測る、噛むチカラ測定を実施(ロッテ/2月28日)

■CAD/CAM切削加工用フレーム材料「KZR-CADファイバーブロック フレーム」に新色を追加(YAMAKIN/3月1日)

■3Dプリンター別売り品「nFEPフィルム」などを価格改定(YAMAKIN/3月4日)

■ディスポーザブルハンドルカバー「PE製滅菌ユニバーサルハンドルカバー」を3月21日に発売(東京歯材社/3月5日)

■3Dプリンター用水洗いレジン光硬化性樹脂材料「SP-Model-WW」、3Dプリンター用パターンレジン光硬化性樹脂材料「SP-Partial」を3月21日に発売(山八歯材工業/3月5日)

■歯科切削加工用レジン材料「アルテサーノデュール」を自主回収(山八歯材工業/3月18日)

■ニータイプのマイクロモーター「SMT マルチ800」の販売を4月1日に開始(名南歯科貿易/3月21日)

■東京ショールームをリニューアル(白水貿易/3月25日)

■医療福祉業界の求職者向けポータルサイト「TRYTワーカー」と職種別求人サイトを統合(トライト/3月29日)

週間 金・パラ価格動向

税抜価格(1g、円)

	金	パラジウム(参考価格)
3月25日(月)	10,587	5,010
3月26日(火)	10,625	5,095
3月27日(水)	10,666	5,040
3月28日(木)	10,703	4,990
3月29日(金)	10,911	5,125

提供 石福金属興業

人事

(敬称略)

■近畿レントゲン工業社
▼取締役会長 勝部憲二
▼代表取締役 勝部祐一

■松風
▼上席執行役員 中塚稔之▼執行役員 菅原順一、松永倫典▼営業部長 金子将秀▼営業部東京支社長 加藤英治

■小規模事業者用ペーパー歯磨き/ハニック・ホワイトラボ

ハニック・ホワイトラボは、拭くだけで口腔内を清潔にするウェットペーパー状の歯磨き「ペーパー歯みがき・小規模事業者用」を15日に発売する。同製品は、施設や団体、小規模企業の災害備蓄用として保管できるもの。未開封で8年間保存可能。香味はクールミント。価格は、150包入りが1万3400円、200包入りが1万7800円、250包入りが2万2150円。問い合わせはTEL0120-824-829まで。

■軽さと涼感のあるスクラブ/フォーク

フォークは、塩素系漂白剤でも色落ちしない医療用スクラブ「ジアシリーズ」から軽さと涼感を持たせた「エアースクラブ」を3月13日に発売した。薄地で放熱しやすく、ストレッチ性と速乾性がある。男女兼用。色はネイビーとブラック。サイズはS〜3L。100枚の数量限定で同社のオンラインストアで販売。価格はオープン。

日本歯科新聞
2024年（令和6年）
4月9日
＜発行所＞
日本歯科新聞社
厚生労働省記者クラブ加盟社
〒101-0061
東京都千代田区神田三崎町2-15-2
電　話　03（3234）2475
ＦＡＸ　03（3234）2477
www.dentalnews.co.jp
jdn@dentalnews.co.jp

■年間購読料 23,760円（送料込）（本体 21,600円＋税）
■月4回、火曜日発行
■郵便口座番号 00120-5-130369

今週号の主な内容

オーラルフレイル 新チェック項目発表

3学会合同

国民や他職種への周知目指す

会見では、神﨑理事長（右から3人目）、水口理事長（中央）、荒井代表理事（左から3人目）らが出席した

国民や歯科以外の医療専門職でもオーラルフレイルが診断できるチェックリスト「Oral frailty 5-item Checklist（OF―5）」が開発された。1日に厚労省で行われた日本老年医学会（神﨑恒一理事長）、日本老年歯科医学会（水口俊介理事長）、日本サルコペニア・フレイル学会（荒井秀典代表理事）らによる記者会見で「オーラルフレイル3学会合同ステートメント」が発表された。3学会によるとオーラルフレイルの概念は2014年に日本で提唱されてから明確に定義化しておらず、国民や歯科以外の専門職が理解しやすくするためにOF―5および同ステートメントの発表を行ったという。

OF―5はエビデンスに基づいて設定された五つの項目のうち、二つ以上当てはまった場合にオーラルフレイルに該当するというもので、国民や歯科職種以外の人でも判断できるようになる。また、オーラルフレイルの周知のために、国民向け、歯科以外の専門職向けにオーラルフレイルについて理解するための概念図も新たに作成している。

今後はOF―5と新たな概念図を用いながら、多職種で連携してオーラルフレイル対策を進めていくとのこと。

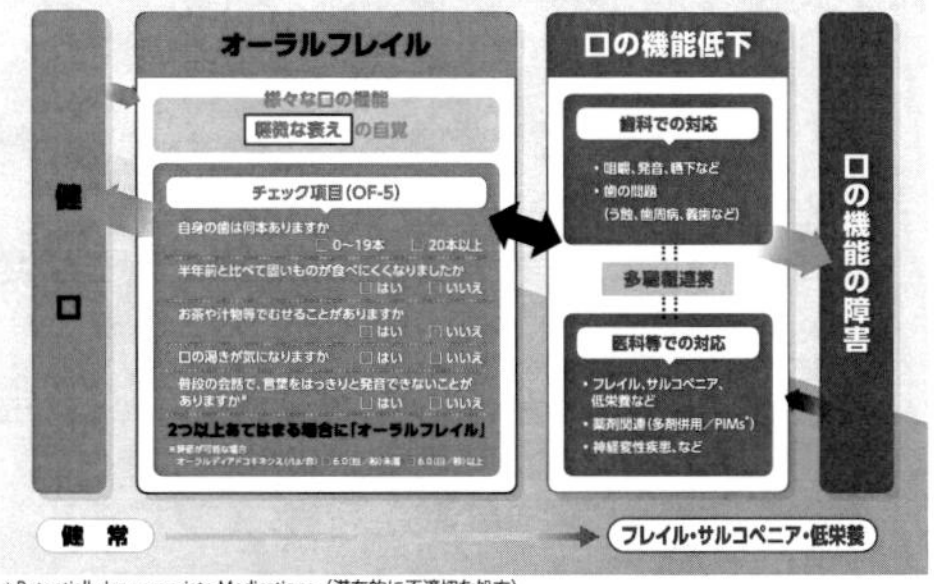

＊Potentially Inappropriate Medications（潜在的に不適切な処方）

㊤歯科関係者向けの概念図㊦国民向け概念図

日歯医学会 分科会

ここ1年の会員増減数

インプラント学会 530人増で最多

日本歯科医学会の専門・認定分科会のうち、ここ1年で最も会員が増えたのは、日本口腔インプラント学会の530人増で、次いで日本歯科審美学会481人、日本歯周病学会210人、日本臨床歯周病学会207人、日本口腔外科学会122人、日本顎咬合学会113人、日本歯科保存学会106人と続く。一方で、会員の減少が目立ったのは、日本矯正歯科学会180人減、日本歯科医学教育学会92人、歯科基礎医学会40人など。毎年3月末に発行される日本歯科医学会誌（JJADS）43号に掲載された報告を基に前年と比較したもの。（8面に表）

46学会のうち、会員数が増えたのは26学会（計2384人増）で、減少したのは20学会（計602人減）だった。

会員数が最も多いのは、日本口腔インプラント学会で1万7206人、次いで日本歯周病学会1万2711人、日本口腔外科学会1万1289人、日本顎咬合学会7828人、日本矯正歯科学会7077人、日本補綴歯科学会6823人、日本歯科審美学会5766人、日本臨床歯周病学会5298人、日本障害者歯科学会5167人、小児歯科学会5135人が5千人を超えている。

政治資金問題で

山田議員に戒告

自民党の清和政策研究会の政治資金パーティーを巡る問題で、党紀委員会による処分審査が行われ、日本歯科医師連盟顧問を務める山田宏参議院議員＝写真＝の戒告処分が決まった。山田議員はホームページ上で、処分を真摯に受け止め、国民に政治不信をもたらした点を謝罪。「今後二度とこのようなことのないよう適正に政治資金を管理し、信頼回復に努める」とコメントしている。

1月31日付では、「記載漏れとなっていた還付金は、平成30年から令和4年までの5年間で合計560万円」「当該還付金の使途の多くが政治資金収支報告書に計上されている」「一部記載漏れの政党支部の支出21万8871円についても還付金と合わせて訂正する」旨を記載していた。

なお、厚生労働委員会の筆頭理事は辞任しており、議員連盟等の活動は従来通り行っていくとのこと。

日歯 都道府県歯 地域保健・産業保健・介護保険担当理事連絡協議会

歯科技工所の管理番号
7月めどに一覧公表へ
厚労省 小椋課長が制度報告

届出を行った歯科技工所の一覧を都道府県ホームページ（HP）上に掲載する管理番号制度で、7月をめどに厚労省HP上に各都道府県HPへのリンクが掲載される。厚労省医政局歯科保健課の小椋正之課長＝写真＝が、3月29日に開かれた日本歯科医師会の連絡協議会で報告した。

厚労省は平成29年9月、衛生上有害なものとなる恐れがあるとして、無届の歯科技工所に補綴物等の作製を委託しないよう求める注意喚起の通知を発出している。しかし、その後も無届の歯科技工所が存在するとの報告があり、歯科医療機関が届出の有無を的確に識別できるように管理番号の付与と公開を行うこととした。

HP掲載事項の例では、管理番号『都道府県名（番号）』＋『保健所名（番号）』＋『歯科技工所の番号』や、「届出歯科技工所名」、「所在地」などが示されている。

全国から担当理事が参加した

歯周病等スクリーニングツール開発事業を報告
厚労省 和田室長

令和6年度予算の「歯周病等スクリーニングツール開発支援事業」について、厚労省医政局歯科保健課歯科口腔保健推進室の和田康志室長＝写真＝は、「検査精度の担保も含めてシステムとして確立していく必要がある」と述べ、前年度の5社とは異なる事業者を採択する予定と明かした。3月29日に開かれた日本歯科医師会の連絡協議会で報告した。

同事業は、生涯を通じた歯科健診（いわゆる国民皆歯科健診）推進事業の一環として、事業所が取り組みやすい健診方法等を模索するためのもの。

なお、5年度に採択した5社の事業概要は左記【参考】の通り。

【参考】　5年度に採択された事業概要

▼「栄研化学（検体検査）」
　唾液成分から歯周病のリスク評価を行う検査キットと共に、歯周病原細菌由来成分に対する血中抗体価を測定し、歯周病の進行との関係性の評価が可能な試薬の研究・開発を行う。

▼「アークレイ（検体検査＋システム）」
　洗口吐出液の唾液成分を測定し、う蝕及び歯周病のリスク評価が可能なツールの研究・開発を行う。

▼「大日本印刷（検体検査＋システム）」
　舌ぬぐい液を用いる歯周病原因菌酵素測定試薬について、カラーマネージメント技術によるカラー補正を活用し、スマートフォンを用いてオンラインによる検査が可能なツールの研究・開発を行う。

▼「Fiber Medicine（検体検査＋システム）」
　唾液中に存在する歯周病ハイリスク因子の定量値に基づいた歯周病診断アルゴリズムを用いてリスク評価が可能な研究・開発を行う。

▼「ＮＴＴドコモ（システム）」
　「歯周病発見ＡＩ」を用いて、タブレットやスマートフォンで歯ぐきを撮影した画像から、歯周病に罹患している可能性を判定するアプリケーションの実用に向けた研究・開発を行う。

歯科情報学　　松尾 通
歯科手話を世に出す

趣味の俳句を始めて10年になる。現代俳句だが、自由性がある。哲学的な表現も可なので気に入っている。上達には程遠いが、紙一枚、鉛筆一本でいつでもどこでもできるし、季節の移ろいや暮らしの風景の描写など、見過ごしてきた細かいことにも目を配るようになった。

春めいて暗闇坂にカフカあり
日向ぼこ巻末から読む健康書

近作、二句である。

◇

健康本はよく読む。買わないまでも興味あるタイトルはパラパラとページをめくってみる。最近は歯科の本も数多く見かける。似たような内容が多く、売れているようにも思えない。歯科情報は単行本より雑誌向きなのかもしれない。

健康長寿を全うされた日野原重明先生は、健康のコツに「よく噛むこと」を挙げ、飲み込む前に少なくとも30回は噛むことを推奨されていた。その効果は脳への刺激と活性化であり、それが全身の細胞への指令であると説明されていた。

これにヒントを得て「ひと口噛むこと30回」「よくかめよ」の5回を足して「35回かめ」と患者さんに言ってきた。忠実に実行している方もいて、噛むことの大切さは伝わっている。

◇

日本アンチエイジング歯科学会の会員で、群馬県太田市に石塚美沙子さんという歯科衛生士がいる。この方は歯科手話を自在にこなし、聴覚障害者の歯科治療に積極的に取り組み、「歯科手話」と「聴覚障害者対応」を地元の歯科衛生士学校で教えている。日本歯科ＴＣ協会マスターの泉美紀さんが、先生にいい人を紹介するから大切にして、と言って連れてきた。早速、日本歯科ＴＣ協会の講師に採用し、今では歯科手話をカリキュラムのなかに入れて好評を得ている。

ある日、石塚さんから相談があり、手話教材を作りたいのでメーカーを紹介してほしいという依頼を受けた。希望していたメーカーの社長にお願いしてみようということになった。企画書を作り、ゆうパックで本社に送った。ところが反応がない。6カ月経過したので待ちきれなくて社長室に電話をし、再度依頼をした。返事を待ったが、何も来ない。あきらめるのはいいが、せめて「ＮＯ」くらい言ってほしいと内心憤慨していた。

今年2月、青山一丁目の看板の出ていない焼肉屋で社長とバッタリ会った。ここで今までの経緯を述べた。早い話、クレームを言ったのだ。それからの動きは速かった。原因が伝達不備と分かると、早速担当の責任者が訪ねて来られ、すぐ高崎まで行き、石塚さんと面談し、プレゼンを聞き、企画の作成と何らかの形で石塚さんの活動を世に出すことを約束してくださった。

胸のつかえが取れ、石塚さんは喜び、私も満足したのだった。（東京都開業）

2024.4.9

介護報酬改定で
「連携機関以外にも施設から情報提供」

令和6年度介護報酬改定に伴い、口腔連携強化加算を算定する施設等から、連携医療機関でなくても情報提供等のＦＡＸが届く可能性がある。厚労省老健局老人保健課の増田絵美奈課長補佐＝写真＝が3月29日に開かれた日本歯科医師会の連絡協議会で報告した。

口腔連携強化加算は、訪問系・短期入所系サービスの事業者が対象となるもので、従業員が口腔の健康状態を評価して、歯科医療機関らに情報提供をした場合に算定できる。

歯科医療機関への情報提供については、「連携歯科医療機関・かかりつけ歯科医等のいずれか又は両方」に実施する旨が書かれているとして、「連携歯科医療機関でなくても、情報が届く場合があるので、協力と認識をお願いしたい」と、情報提供書の例について説明した。

機能含め実態把握へ
8020財団 パイロット研究

8020推進財団（高橋英登理事長）は、80歳の歯の残存数だけでなく、機能も考慮した実態を把握するためのパイロット研究を実施する。3月29日に開かれた日本歯科医師会の連絡協議会で同財団の小玉剛専務理事＝写真＝が報告した。

調査は、千葉県柏市在住の令和6年度に80歳を迎える4753人が対象。6月中旬から7月下旬にかけて、特設した診査会場や協力歯科医院で口腔内診査・問診によってデータ収集と解析を行う。要介護認定者、施設入居者に対しては介護事業所、居宅介護者に対しては自宅等へ訪問して実施する予定。

「ベア評価料は本末転倒の策」
神奈川保険医協

神奈川県保険医協会（田辺由紀夫理事長）は4日、2024年度診療報酬改定で導入されたベースアップ評価料に関して政策委員長談話を発表。患者、スタッフとの摩擦や診療報酬体系の変容が懸念されると批判した。

24年度診療報酬改定では「外来・在宅ベースアップ評価料」を新設し、改定財源のほとんどがスタッフの賃上げに用いられることになっている。談話では、当初から半数以上の医療機関が平均賃上げ目標（プラス2・3％）を達成できない制度設計であり、診療報酬の性格を変容させ、医療従事者、患者と医療機関経営層との間に軋轢を生じるなどの懸念があると示した。

その上で、賃上げは診療報酬の底上げを通じてなされるべきもので、「ベースアップ評価料」は本末転倒だと訴えている。

歯科国試にチャレンジ
387　2023年（第116回）より

チアノーゼを確認するために観察する部位はどれか。2つ選べ。

a　額
b　眼球
c　口唇
d　耳介
e　爪床

116-A043
答えは本紙のどこかに！

■日医■

会員が年2千人以上増加

松本会長「22年ぶり」 組織率は51・25％

日本医師会の会員数が昨年1年間で2千人以上増えていることが分かった。3月31日に東京都文京区の日医会館で開かれた第155回臨時代議員会＝写真＝のあいさつで松本吉郎会長が述べたもので、年間2千人以上の増加は22年ぶりという。

松本会長はあいさつで、組織強化について、会費減免など医学部卒後5年目までの若手医師を中心に入会促進をしていると説明。昨年12月1日時点で会員数は17万5933人と前年比2172人増加したと明かした。「医師・歯科医師・薬剤師統計」を踏まえた組織率は51・25％で、「わずかではあるが、20年ぶりに上昇に転じた」と地域医師会の協力に感謝の意を示した。

そして、「会費減免期間中に入会した先生には、期間終了後も会員として定着してもらうことが重要」と言及。そのためにも日医と都道府県医師会、郡市区医師会等が一丸となって好事例等を共有して、会員であることを実感できるような取り組みを推進したいとの考えを示した。

また、組織強化のためには、会員数だけでなく、会の活動や存在の意義を広く周知し、医療を取り巻く難局を乗り越えていくための力を強固にすることが重要と強調。そして、「その過程において、医師会活動がどれだけ各地域の医療に根付き、国民医療を支えているか、未入会の医師や国民に継続的に伝えていく中で、活動への参画を促していかなければならない」と訴えた。

なお、代議員会では、昨年11月に日本医学会会長に就任した門脇孝氏によるあいさつや、石川県医師会から全国の医師への協力に感謝の意が伝えられたほか、令和6年度事業計画・予算の報告、19題の代議員代表質疑応答などが行われた。

能登半島地震 JDAT派遣 350チームに

能登半島地震に伴うJDATの派遣数が14日までで350チーム1273人（予定含む）となる。4日に日本歯科医師会が発表したもので、現在は石川チームによる珠洲市の「道の駅すずなり」での歯科診療車における診療、金沢市の1・5次避難所での対応としている。

兵庫県歯 代議員会で事業計画承認

会員への情報伝達 アプリ利用を予定

議案は原案通り全て可決された

兵庫県歯科医師会（橋本芳紀会長）の第178回臨時代議員会が3月30日、神戸市の県歯科医師会館で開催された。議事では令和6年度の事業計画、入会金と会費及び負担金の額、収支予算書、そして特別会員79人の承認、の各議案が原案通り可決承認。そして、会長予備選挙の投票方法等について協議が行われた。

◆◇◆

事業計画では基本的な考え方として、会員に対する確実な情報伝達、会館問題への対応、財務の適正化、郡市区会との連携強化を掲げている。情報伝達では、令和6年度中に会員のスマートフォンに直接情報を伝えるアプリケーション「リニー」の利用開始を予定。

◆◇◆

あいさつした橋本会長は、1月に発生した能登半島地震では県内北部で震度4を記録し津波警報が発令されたことを受け、災害時情報システムを使い地域会員の安否確認を行おうとしたところ、元旦のため会員の診療所は休診、事務局は休暇中で対応に手間取ったことに言及。「結果として被害がなかったが、災害時の安否確認の検討課題が明らかになった」とし、今後はシステムの発信責任者を事務長含め県の東、西、北部に1人ずつ決めたと報告した。また同地震では、被害の大きい石川県に300万円、富山県には100万円の見舞金を送金。そしてJDATは3チームを派遣したが、3月10日での緊急支援終了が日歯から伝えられたのが2月末で、「結果的に派遣申し出のあった多くの先生の善意を生かすことができず申し訳なく思っている」と述べた。

また、長年の課題になっている財務の適正化については、「事業費、管理費の両方からのアプローチが必要と考えている。この問題は単年度や短期の取り組みで解決するものではない。将来の会員数の減少を見据えた事業の見直しや管理費の削減については長期にわたっての取り組みが必要だと考えている」と話した。

◆◇◆

代議員からの事前質問、①会費の決め方、②18歳未満医療費無償化への対応、③県JDATの派遣態勢、④会員数減少に伴う地区の整理統合の必要性、について執行部が回答。そして当日は会附属兵庫歯科衛生士学院、会館建設関係の質問が出された。

◆◇◆

なお、代議員会に先立ち令和5年度県歯会長表彰式並びに第31回県歯科保健文化功労賞表彰式が行われた。会長表彰を受賞した小寺修、岸本芳樹、加藤義人の各氏と、文化功労賞を受けた姫路市立御国野小学校と一宮賢治（歯科技工士）、四方雅子（歯科衛生士養成校教員）、濱田雅子（歯科衛生士）の各氏に橋本会長から表彰状と記念品が手渡され、小寺氏が代表謝辞を述べた。

「来年6月までに方向性を」

会館建設で橋本会長

兵庫県歯の第178回臨時代議員会では、老朽化している県歯科医師会館の建設問題と会附属兵庫歯科衛生士学院の運営の問題について、代議員から多くの質問や意見が寄せられ、橋本会長は、会館問題について「来年6月までに方向性を出したい」との考えを伝えた。

橋本会長はあいさつで、当初会館の建て替えを予定していたところ近年の建築費高騰により当初の見積り額から大きく膨らみ積立金では賄えない見込みとなったため、新築と耐震補強リノベーションの両面で検討することにし、令和6年度中に行う現会館の耐震診断の結果を受けてから次の段階に進めていくと説明。また会員数減少等を踏まえた建設規模縮小での提案を複数の業者から受けている状況も伝えた。

そして、歯科衛生士学院の学生が入学定員80人に対し、3月に卒業した3年生は78人、2年生60人、1年生61人で推移していたが、4月に入学する新1年生は32人にとどまり、原因として少子化の影響、県下の養成校が増えたことなどが考えられるとした。また、令和6年度収支予算に教育変動準備金3億円のうち3千万円を取り崩す予算案を計上すると伝えた。また前田多津子理事から学院の経営対策として、受験対策の見直し、定員80人2クラスから50人1クラスへの変更、最大150万円の教育訓練給付金等を利用した社会人の募集推進を行う予定が伝えられた。

代議員からは、「学院は完全な金食い虫ではないか」「会館問題は、学院の問題と切り離せない。執行部がどのようなロードマップを作るかにかかっている」「赤字を出し続けるのであれば早い段階で廃校を決意した方がいいのでは」といった内容の声が出された。

橋本会長

橋本会長は、学院について「廃校を決めても年数と費用がかかることは認識しているが、阪神間とそれ以外（の地域）の先生で認識が違うと思う。もうしばらくは何とか3億円の準備金で運営し、その上で見極めたいと思う」と理解を求めた。また、会館をリノベーションした場合に学院を移転する可能性にも触れ、諸問題を考慮して来年6月までに方向性を決めたいとの考えを示した。

フィリピン

デンタルツーリズム ガイドラインを更新

フィリピン政府の観光省はデンタルツーリズムに関する最新のガイドラインを更新した。同国内の歯科医院がデンタルツーリズムに登録するのは任意で、以下の条件を満たしていることが求められる。

最低条件として、患者とスタッフが快適に過ごせるよう清潔で自然換気を備えた安全な場所に位置していること、デンタルツーリズムに対応した医療機関であることが分かりやすく院外表示されていること、清潔で機能的なトイレが近くにあることが必要。

次に、受付にはコンシェルジュを含む事務職員を院内スタッフとして雇用し、審美歯科、インプラント、矯正、歯内療法、補綴を含む少なくとも四つの診療科目を提供していること。その他、照明、ユニット配置、フィリピン旅行アプリへのアクセス、飲料水などの提供などについて推奨事項が決められている。

歯科国際誌『Dental Tribune』が3月18日に配信した記事によると、フィリピンのデンタルツーリズムへの期待は主として低価格に対するもので、インプラント（1100ドル）、クラウン（200ドル）、ベニア（300ドル）は、いずれもアメリカの4分の1～5分の1の価格帯に相当しているという。

ピックアップ
ニュース

■「オーラルフレイル」にご用心　口の機能低下、全身に影響（KYODO/4月1日）

■塗るだけで虫歯が治療できる!?「フッ化ジアンミン銀製品」に関する効果や疑問を歯科医師が解説（HugKum/4月1日）

■九州大学病院で銀歯1個を盗んだ疑い　歯科医師の38歳男を逮捕　換金目的も視野に捜査（TNCテレビ西日本/4月2日）

■一森さんに独創学生賞　八高専で口腔がん治療装置を研究（デーリー東北/4月2日）

■うずらの卵での窒息どう防ぐ？ 児童死亡の影響で給食での提供をやめる自治体相次ぐ　生産日本一の愛知県では？（CBCテレビ/4月2日）

■新喜劇・佐藤太一郎　スペアリブ食べて歯が根元まで割れた…インプラント高額費用に「絶望しています」（スポニチ/4月2日）

■「うがいや歯磨きも簡単にはできない」 JDATの一員として派遣の歯科医2人が被災地の実態を報告（静岡朝日テレビ/4月3日）

■口臭や目の疲れ…50代以降は視力、口腔内の悪化に注意。（クロワッサン/4月2日）

■『診療報酬マシマシ』疑惑の歯科医院「子どもは自己負担500円」助成制度を悪用して不正請求か（MBS NEWS/4月3日）

■絵本作家・五味太郎さんが歯科クリニックのデザインに挑戦（岡山・香川ニュースOHK/4月7日）

■事故や大きな災害に備える　歯科医師や警察官が参加　歯から身元を判別する研修会（SBS/4月7日）

塗布のみで知覚過敏を抑制
瞬時に耐酸性ナノ粒子層を形成
(厚み:約1μm)
形成面への適用も可能
乾燥、こすり塗り、光照射が不要
NISHIKA
nanoseal
ナノシール
臨床試用医療機器あります。
一般的名称：歯科用知覚過敏抑制材料/歯科用シーリング・コーティング材
管理医療機器 認証番号：225ADBZX00045000
保険適用
・知覚過敏処置
・象牙質レジンコーティング
【包装】(セット)A液5mL、B液5mL、混和皿1個
【標準価格】10,500円
日本歯科薬品株式会社
本社 山口県下関市西入江町2-5 〒750-0015 営業所 大阪・東京・福岡 https://www.nishika.co.jp/
お問合せ・資料請求《お客様窓口》0120-8020-96
2209 N-10

自分らしいのは
どっち？

日歯 第202回臨時代議員会

個人質疑応答 ②

(敬称略)

※質問は書面を、回答は当日答弁を要約

医療管理・税務

歯科衛生士の公的登録制度の創設を

大滝祐吉(長野)

歯科衛生士には、現在、退職等を届出する全国統一の登録制度がなく、退職後の全体像を把握することができない。

歯科衛生士免許は、平成元年に歯科衛生士法の改正法が施行され、免許の付与者が都道府県知事から厚生大臣に改められた。

平成3年からは一般財団法人歯科医療振興財団により免許新規登録や訂正・書き換え、再交付、登録抹消等の事務が行われている。しかし、退職者等の潜在歯科衛生士の届け出、登録は行われていないため、離職している歯科衛生士については、ほとんど情報がない状況で、歯科医師会で行っている復職支援事業等も困難を極めている。

日本歯科医師会は、歯科衛生士確保の観点から、今後、公的登録制度の具現化を目指していると聞いている。マイナンバー制度を活用した国家資格の手続きならびに医療従事者届け出システムのデジタル化、G-MISシステムの運用などが進められている現状を踏まえて、医療DXが推進されているこの期を生かし、歯科衛生士の退職者の登録等を含む公的登録制度の創設ならびにデータベース化を希望する。

現在、さまざまな職種で人材が不足している中で、歯科衛生士の人材確保を着実に進めるために、制度の創設ならびにそのデータを復職にどのように活用し、生かしていくのか日歯の見解を開きたい。

歯科衛生士・助手の業務範囲の拡大望む

山田　徹(静岡)

私は198回と199回に歯科衛生士と歯科助手の業務範囲の拡大について質問をした。

「歯科衛生士にレントゲンのスイッチを押す資格を認めては如何か」と「衛生士の充足が期待できない以上、歯科助手をより有効活用すべく、直接は口の中を触れない等の制限を外し、さらに研修制度等で正式にある程度の作業資格を与えては如何か」というものだったが、執行部の返答は「検討する」という熱の無いものだった。

また、「2040～歯科ビジョン」によればDHの人材不足には早急な対策が必要としながらも、これといって有効そうな具体案は見られない。3年に及ぶ教育の高ハードルの割に可能な業務範囲は極めて狭く、看護師に比べても仕事の魅力と内容に乏しく、給料も安いとあっては衛生士の不足は、今のままではとうてい解決不能と断言できるだろう。

最近、たまたま見つけた2017年の保団連雑誌の記事の中に「米国の歯科事情」と題した記事があったので紹介する。米国の医療は保険制度こそはひどいものがあるが、その他では紛れもなく一流の面がある。歯科も同様で、その米国ではDHは浸麻・伝麻もレントゲンの撮影もできるようになっており、歯科助手も資格試験を受ければ、レントゲン撮影とPMTCができるそうだ。果たして執行部はこれらのことを承知していたか。

これこそは現実的で実効性の在る、求められ、目指すべき指針ではないか。

わが国では70年近くも全く変えずに来てしまったDHの業務範囲を見直し、職業としての魅力を高めることこそが、今後、未来に、求められる施策と思われる。

男性衛生士と技工士養成への見解を問う

中村彰彦(滋賀)

代議員会においても歯科衛生士の需給問題については頻回取り上げられ、このことは積年の課題であり、養成、復職支援、離職防止等々に努力をされているが、未だ解決に至っていない。

今後の人口減少を考えると、ますます歯科衛生士および歯科技工士の需給が厳しくなってくる。

歯科技工士においては男女を問わずにできることは世間に認知されているが、歯科衛生士についてでは女性の職業というイメージが強くあり、女性が99・6%、男性が0・4%という比率となっている。

しかし、令和5年度全国歯科衛生士教育協議会のデータでは男子入学者が2016年は32人だったが、23年には113人と毎年右肩上がりで増加し続けており、また受け入れ養成校も74・9%と増加し、良い傾向になってきていると思われる。

社会的認知度はもとより歯科医療の現場においても、男性歯科衛生士に対する考え方を変えて取り組んでいかなければ歯科衛生士の需給がさらに厳しくなるのではと思われるが、日歯としてはどのように考えているのか教えてほしい。

加えて、1月15日の日歯広報に寺島多美子常務理事が「歯科衛生士、歯科技工士人材確保として関係各団体を網羅した協議会を立ち上げ、今後に向けての課題を協議、共通認識をもって具体的根本的に解決する道筋を探り、着実に現実的な改善に向かっていきたい』と述べており、大いに期待をしている。

現在は、未だ具体的根本的に解決するための道筋を探っている状態かも分からないが、どのようにすれば解決できるのか、今後の方針・考え方を具体的に聞きたい。

(一括答弁) 登録システムの構築を国に要望

■寺島多美子常務理事

未就業の有資格者の情報がないことが、歯科衛生士の人材確保に関する諸問題に対処する上で極めて大きな障壁になっていると考えている。

日歯としても、登録システムの有効性、重要性については十分に認識しており、ナースセンターと同様に厚労科研の中でのシステム構築を行うことを国に要望してきた。

残念ながら報告できる進展はないが、引き続き歯科衛生士の登録システム構築に向けて関係省庁、関係団体と協議を重ねていく。いつまで協議しているのかと言われるが、要望を重ねていく。

一方で、医療関係職種におけるマイナンバー制度の活用について、第90回社会保障審議会医療部会で協議され、歯科医師の他、歯科衛生士と歯科技工士も対象職種となっていた。

歯科衛生士については、まずは登録制度の創設からとは考えているが、その後の運営については、ナースセンターを一例として問題点の改善を含め、復職支援等への活用を考えていきたい。

国により事情も法制度、教育内容も異なっている。まずは、業務主体である歯科衛生士の団体、日本歯科衛生士会、全国歯科衛生士教育協議会の現場の意見、意向を聞きつつ、歯科医学会とも連携し、教育システム、教育研修内容の検討を含め、全体で方針を検討して進めていきたい。

何よりも国民の安全を担保する必要が第一と考えている。

男性歯科衛生士は全体の1%未満と非常に少数だが、2年前のデータを比べると1・9倍に増加している。全国歯科衛生士教育協議会の調査では、養成校の男子学生数は、平成30年以降増加傾向を示している。令和5年においては、男子生徒を受け入れている養成校は134校、全体の74・9%となり年々増加している。男子学生の受け入れには、更衣室やトイレなど設備面での対応も必要になる。養成校によっては、都道府県の助成金を活用していると聞いているので、そのようなことも検討してほしい。

一方で、医療管理委員会の協議では、会員の声として「会立の学校で女性の歯科衛生士を希望する会員が多いため、男性はほとんど受け入れていない」「介護施設などでは、男子の歯科衛生士に需要がある」ことなどが共有されている。

男性の歯科衛生士は、看護師と同様に増えていく、増やしていくことを踏まえて会員の先生も柔軟な考え、受け入れをお願いしたい。

男女とも等しく就業しやすい、就業したい職業として、人材確保が進むように取り組みたい。

歯科技工士法への執行部の考え問う

熊谷　宏(広島)

就業歯科技工士数の危機的減少を受け、さまざまな議論が行われているが、問題の本質は、「歯科技工士の法的位置付け」にある。

看護師や歯科衛生士は、その根拠法において「(歯科)診療補助を行うことを業とする」と、明確に「診療に携わるもの＝相対的医行為を行う医療従事者」と規定されている。一方、歯科技工士は、歯科技工士法において「補綴物・充填物又は矯正装置を作成・修理・加工することを業とする」と規定されており、医療従事者と位置付けられていない。

また、歯科技工を行う場所は、歯科技工所ないしは病院または診療所内とされ、現行法では訪問診療の現場に歯科技工士が帯同し歯科技工を行うことすらできない。これも、医療従事者として位置付けられていないことが根底にある。

急速な少子高齢化の中、地域医療を支えるためにも、歯科技工士を医療従事者と位置付け、多職種連携の輪の中で活躍する場を与えることは喫緊の課題だ。

こういった中、令和5年度厚労省補助事業シンポジウム「歯科技工士の未来!・再発見!」が昨年11月に新潟で開催され、厚労省の小椋正之歯科保健課課長が、「日本歯科医師会と日本歯科技工士会(日技)、全国歯科技工士教育協議会(全歯協)が同意すれば、歯科技工士法の改正は可能」との旨の画期的な見解を出され、マスコミ報道された。そして、その場において新潟宣言が出され、日歯高橋会長、日技森野会長も名を連ねている。

歯科技工士法改正の機運が高まる中で、日歯は歯科技工士関連団体による協議会を立ち上げたとのことだが、執行部として歯科技工士法改正に対する考えを聞かせてほしい。

歯科技工士の危機的減少への対策が必要

大河原伸浩(千葉)

昨年、直近の2年間で約2千人の歯科技工就業者数が減少していることが示された。現在の埼玉県、千葉県全域の歯科技工士就業者数を上回る数字だ。つまり、数字的にいうと二年間で埼玉県と千葉県の歯科技工士がいなくなったことになる。これは一時的傾向ではなく確実に継続していく。

国立社会保障・人口問題研究所は日本の人口が77年後の2100年にはおよそ6300万人に半減するという推計をまとめた。5千万人を下回ると推計するところも出てきている。人口減少は常に政府の予測を上回る速度で推移しており、日本は危機的状況に瀕している。

一方で、歯科技工士就業者の減少は日本の人口減少よりも遥かに深刻で、早ければ十数年後に現在の半数になる可能性がでてきている。換言すれば、歯科技工のみならず歯科界全体の崩壊が訪れるということに他ならない。1990年に72校あった歯科技工士養成校は現在45校に減少している。また著しい志願者の減少で一学年に数名、全校で十数名程度の学生という養成校も増えてきている。経営破綻し、廃校を余儀なくされる養成校が出始めることだろう。その現状を加味すると、近い将来に現在約800人の国家試験合格者が500人台に激減するのは必至だ。

20歳代の離職率が約60%。それに加え就業歯科技工士のうち、60歳以上が30%、50歳以上が54%(2022年度実態調査)を占めるという顕著な高齢化によって約20年後の2040年には一気に下降トレンドに転じ、就業者数が現在の40%(1万3千人)という状況になる可能性がある。その数値を下回る予測をする機関も出始めている。歯科技工士の減少は歯科技工料の値上げという形で保険点数にはね返り、補綴物の納期遅延を招き、結果として国民に著しい不利益を及ぼす。

歯科技工士という職種の啓発事業も必要だが、目先の対策でこの危機を乗り切れるとは到底思えない。この危機を歯科技工士だけの問題、歯科技工士の権益といった狭義的な見方をするのでなく、歯科界全体、国民の歯科医療を守るための喫緊の課題と認識すべきだ。高校生が将来の可能性、多様性を見い出すことができる職種にするための抜本的改革が求められている。歯科技工士法は制定された昭和30年から本質的な改正をされていない。医療を取り巻く環境が激変する中で時代にそぐわない法律になってきており、法令改正をしていく必要がある。そのことが、歯科技工士減少に歯止めをかけることにつながっていくと考えている。その先頭に立って改革ができるのは日歯に他ならない。執行部の考えを聞きたい。

(一括答弁) 関係団体と協議 改善に向け連携

■寺島多美子常務理事

歯科技工士の行う業務は、歯科医業と異なる業務を行うもので、歯科医業に含まれないことになっている。現行法では、歯科技工所、病院、診療所以外では歯科技工を行うことはできない。

歯科技工士の人に、無機的な仕事ではなく、生体に関わる仕事だと認識を持ってもらうのも重要だと考えている。しかし、基本的には歯科医療の安全性の確保を第一に考え、歯科技工士の業務拡大をその中で捉えるべきであり、知識や技能、技術を修得するための教育や研修が必須と考える。

すでに疲弊している教育、就業の現場の意見をよく聞き、よく見て、そこに急激に過度な負担をかけ過ぎることなく、現実的な対策を考え、かつ将来を見据えて在るべき姿に向かって協議しつつ、進んでいく必要があると考えている。

歯科技工士養成校を有する会も多いと思うので、理解していただけると思っている。厚労省の委託事業で、歯科技工問題を協議し、尽力してもらい感謝している。

現執行部においては、業務主体の団体、日本歯科技工士会、全国歯科技工士教育協議会、日本歯科技工所協会の意見、意向を良く聞くことが大事だと考え、3団体と歯科技工士に関する協議会を立ち上げ、今後の課題を協議する場を設けた。

令和5年12月に第1回を行い、本年2月14日に開催した第2回歯科技工士に関する協議会では、3団体から深刻な現在の状況に関する認識が示された。合わせて、3団体の総意として、今後、人材確保を第一に考えること、その対応には、経済問題の解決が必須である状態が示されている。経済的問題に関連して、義歯の料金について、日本では一部負担金が約2500円、アメリカでは約40万円、韓国では約18万円であることから、日本で低く設定されている保険点数を国に訴えかけていくため、現在、義歯の製作過程が分かる動画を作っている。

歯科技工士の人材確保に対処する上では、学生が歯科技工士を目指し、卒業後には歯科技工士として長く就労できる環境を整えていくことが不可欠で、歯科界全体でこれについて共通の認識が必要だと考えている。

IT化や柔軟な働き方、働かせ方の改革が重要な点なのではないかと考えている。

歯科衛生士同様、登録制度の充実も必要だと考えている。今回、歯科技工所の登録番号制が開始されたが、個人についても検討する必要があると考えている。

現状の改善を足元から行うこと、法改正も見据えつつ、業務範囲の拡大を検討していく双方を行っていくべきと認識している。

令和6年度診療報酬改定で歯科医師と歯科技工士が連携して口腔内の確認を行った場合の評価として、「光学印象歯科技工士連携加算」が新設された。この点について林副会長から捕捉説明をお願いする。

連携を強化する報酬改定の内容

■林正純副会長

診療報酬改定の処遇改善の中で改定率プラス0・61%では院内技工士、プラス0・28%では歯科技工所等で従事する者への賃上げに資する対応がされている。

歯冠修復及び欠損補綴の製作に係る項目の評価を引き上げることで、歯科技工所で従事する者への賃上げに資する措置とされており、処遇改善につながる取り組みとして今後に期待している。

歯冠補綴物及び欠損補綴物の製作に当たり、ICTの活用を含め、歯科医師と歯科技工士が連携して印象採得や色調採得、仮床試適を行った場合、光学印象時の歯科技工士の連携加算も新設され、連携をしっかりと強化した改定になっている。

引き続きデンタルファミリーとして、しっかりと連携して、良質な歯科医療提供に資するように努めていきたい。

控除対象外消費税 行政への交渉望む

鈴木仙一（神奈川）

平成元年、9年、26年および令和元年の消費税導入・引き上げ時において、診療報酬や薬価等の改定を行い、医療機関等が仕入れに際して支払う消費税に応じた上乗せ措置が行われている。

日本医師会によると、以前の税率だが、「控除対象外消費税に対して、過去2回診療報酬も上乗せが行われた。改定率は平成元年消費税導入時と9年の合計1・53%となる。これを持って医療機関をめぐる消費税の問題は解決済とされてきた。しかし医療機関の規模に関わらず、控除対象外消費税の金額は社会保険診療収入に対して約2%を上回っている。つまり、上乗せが十分でないことは明らかだ」としている。

歯科において上乗せの方法が不適切だったのも事実。例えば、9年にかかりつけ初診が導入され、念願の医科と歯科の初再診料が同じになり、増税分の消費税に充当されたが、今は存在しない。儚く消えてしまった。医科の方でも点滴回路加算など包括化されて点数が無くなったものが多数ある。30年8月29日の三師会等の協議会で、「平成元年に消費税が導入され、社会保険診療が非課税とされた。それ以来、控除対象外消費税の問題は、医療機関等の経営上極めて大きな負担となっており、医療に係る税制の最重要課題を占めている。その間、解決手段についてさまざまな議論があり、課税転換を求める意見もあったが、社会保障である医療に対する消費税の課税は国民（有権者）の広い理解を得難く、政治的に極めて実現困難な現状にある」とあるが、実質、国民もベールに包まれた形（無自覚）で消費税は現在も支払っている。また、問題解決に全力を尽くすと堀前会長が発言しているが、その後はいかがか。昨今、CTやマイクロなど高額機器を購入すればするほど、高額な消費税が適切に控除されない。不安定且つ不明瞭な保険点数に消費税を乗せるのではなく、あたかも健康保険は非課税のように国民を欺くような詭弁はやめ、真摯に以前から医療費に消費税分は含まれていたということを国民に認知し、またメディアを味方につけた上で国民に正直にその事実をお披露目し、より良い医療を行うための最新機器を導入する障壁になっていることを説明し、消費税分であった点数はマイナス改定でリセットして返納し、新たに消費税を導入すれば国民も理解するものと思われる。インボイス制度が導入された今、また、物価高騰の今、医療界も国民から消費税を適正にもらい、低所得者には何らかの措置を提言し、国民と医療界双方に対して不明確で不明瞭な説明や言い訳はやめ、適切な消費税の損益通算を可能にすることにより損税を無くし、公正で持続可能な医療になるような提言を新執行部にて喫緊の課題として行政に交渉をお願いしたい。

消費税非課税で 点数補填を要望

■寺島多実子常務理事

ご指摘の消費税課税化について、平成24年の税制改正要望まで、日歯の要望は「仕入れ税額控除ができるように課税化かつ患者負担を増やさない制度」だった。すなわち先生の言う「ゼロ税率」が第一選択だった。

しかし、25年税制改正要望からは、第一選択で「消費税非課税で適切な診療報酬補填」を要望し、次善の策として「ゼロ税率」を求めて、現在に至っている。

このような要望に至った理由は、消費税の課税化の上でゼロ税率にする利点としては、仕入れ税額控除ができるために医療機関の損税が完全に解消されること、消費税課税になれば患者負担が増えるが、ゼロ税率であれば負担が増えない点。一方、消費税課税化の欠点は、免税事業者のほとんどが課税事業者にならざるを得なくなり、自費診療の平均600万円分の消費税の支払いが生じることになり、この分の仕入れ控除税額は30万円以上と推測されるため、収支が現在とあまり変わらない。その上、インボイスへの対応も必要となる場合がある。

実現可能性については、29年に日歯の医療機関等の消費税問題検討会において、財務省より課税化するためには、診療科目ごとの課税費用を明らかにしなくてはならない課題が突き付けられた。これは、診療点数ごとに消費税補填分がどのくらいあるのかを示し、その分を差し引いた点数に消費税をかける意味になるので、検討の結果、不可能と判断された。日医も消費税非課税のままで、消費税分を適切に負担、補填する要望に落ち着いたという経緯がある。

当局が消費税減収につながるゼロ税率を受け入れるとは思えず、実現可能性は低いと考えられる。したがって、今後も基本的には消費税非課税で、適切な診療報酬補填を要望していく。

一方で、設備投資関係については、しっかり実現に向けて要望を続けていく。社会保険収入5千万円以下の小規模医療機関が160万円以上の医療機器、30万円以上の医療情報システム機器を取得した際に、即時償却または10%の税額控除の選択適用の制度創設を要望する。現行の医療機器等の特別償却制度は取得価格が500万円以上になっているが、歯科では対象になるものがあまりないので、取得価格を160万円以上にすること、さらに現行12%の特別償却率を30%以上に上げると共に、7%以上の税額控除の選択適用とすることなどを要望している。

残念ながら実現には至っていないため、引き続き要望していく。

地域包括ケアにおける 歯科の体制への考えは

島田慶一（福岡）

私達の診療を支える歯科技工士・歯科衛生士は、ともに国家資格に裏付けされた専門職だ。

歯科技工士の平均有効求人倍率は他職種を含めた全国の有効求人倍率を上回っており、歯科衛生士においては全国の歯科衛生士養成校への求人倍率は平均約20倍で、同じ医療職である看護師の求人倍率2・3倍と比べても非常に高い。

この数字が示す通り、歯科技工士・歯科衛生士は全国的に慢性的な人員不足に陥っている状況だが、実際には全国の養成校では入学定員を満たしていない。認知度向上の取り組みについては、文科省事業における「専修学校による地域産業中核的人材養成事業」等の活用も必須ではないか。

加えて、歯科衛生士・歯科技工士とも、潜在率（免許を有し従事していない人の割合）が看護師などの他の医療職種に比べて極めて高く、歯科技工士では離職後歯科技工以外の職種に就く割合が高いなど、せっかくの国家資格が国民に貢献していない実態がある。潜在率の問題については制度改革も含めた抜本的な対応も必要ではないか。

この状況を打破するための日歯の見解と展望を聞きたい。

診療報酬本体の 引き上げが必要

■藤田一雄副会長

「専修学校による地域産業中核的人材養成事業」に関しては、令和5年度に福岡県歯科医師会立福岡歯科衛生専門学校が採択されており、「Withコロナ／人生100年新時代における歯科衛生士養成専門学校と高等学校の有機的連携プログラムの開発・実証事業」が実施されることは承知している。ぜひ、全国の会立養成校の手本として、事業に関する情報提供をお願いしたい。

歯科衛生士の需給問題は、新規入学者対策としては、社会人や他学部からの転入学制度、奨学金の拡充を含む待遇改善が必要と考えている。

現在の就業者対策に関しては、低い水準にある給与の引き上げが必要で、今回の診療報酬改定では「外来ベースアップ評価料」等の導入でベースアップの財源が確保できたが、恒久的な財源としては引き続き、診療報酬本体の引き上げを要求していく必要があると考える。

離職者に対する復職支援は、個人情報保護法の問題を克服しながら、離職者の現状を把握するために、行政や歯科衛生士会と協力して復職支援策を考える必要がある。

歯科技工士の需給問題については、歯科技工分野のDX化に伴う教育カリキュラムの改革と広報、養成校存続のため、歯科技工士会と連携した行政への働き掛け、待遇改善のために診療報酬の抜本的な改革が必要と考えている。

昨年の12月と本年2月に関係団体を交えて、歯科技工士に関する協議会を開催し、現状の諸問題について、意見交換を行った。

歯科衛生士に関する協議会も昨年12月に関係団体を交えて開催し、意見交換を行った。3月にも開催を予定している。

今後も両協議会を継続して開催し、喫緊の課題である人材確保問題は歯科界全体でより具体的な議論を進めることとしている。

潜在歯科衛生士、潜在歯科技工士の制度改革については、まずは関係者間の合意が不可欠。意見を集約するには議論は必要だと思っている。協議会は足掛かりの一つだと考えている。

ホワイトニング広告 医療以外の規制可能か

鶴屋誠人（茨城）

医療機関ではない施設での歯のホワイトニング行為が増加している。その多くが実質的にはセルフホワイトニングであり医療行為ではないとされるため、施設の開業、運営には特別の資格は不要で、その管轄は経済産業省とのことだ。

しかしながら昨今の広告には「歯科医師連携」「歯科医師との共同開発によるジェル使用」「歯科衛生士による研修に合格したスタッフがサポート」「医療ホワイトニング」「オンライン診療」等々の表現が散見され、歯科医院での施術よりも痛みも少なく安価で効果的であるような内容のものもある。

このように医療行為ではないはずの行為に医療的な表現を使うことには非常に疑問を感じ、かつ歯科の職域を侵害するところもあるのではないかと考える。

日歯としてこのような施設の実態をどの程度把握しているのか、どのような見解を持っているか聞かせてほしい。

さらに管轄が異なるとは言え、この分野での「医療用」や「メディカル」といった表現には規制をかける方向で働き掛けてもらいたい。

明示される規則 ないのが現状

■寺島多実子常務理事

医療機関ではないエステサロンやいわゆる歯磨きサロン、セルフジムのようなところでも、セルフホワイトニングが行われていることは認識している。

厚労省の医療広告規制ガイドラインに関するQ&Aでは、医療行為であるホワイトニングについては、医療品医療機器等承認を得ている医薬品を使用し、自由診療である旨および標準的な費用を記載する場合には広告可能と定められている。

一方で、医療行為に該当しないホワイトニングに関しては、広告規制について明示される規則がないのが現状となる。

実態の詳細は把握しきれていないが、何よりも国民に健康被害等が生じないよう、厚労省と連携して動向を注視し、対策について検討していきたい。

契約の問題などについては、消費者生活センターが対応できるとのことだ。医療的表現については、どのような規制が可能かどうか、関係省庁と検討していきたい。

被用者保険の適用 拡大等への見解は

丹田博巳（大阪）　代理：長尾光理

令和5年12月22日、全世代型社会保障構築本部が全世代型社会保障構築を目指す改革の道筋（改革工程）を決定した。働き方に中立な社会保障制度の構築について今後の取り組みが記載されている。その中で2028年度までに実施について検討する取り組みは、勤労者皆保険の実現に向けた取り組みとしている。その方策の一つに週20時間以上勤務する短時間労働者への適用に関する企業規模要件を撤廃する、というものがある。

現在は被保険者数101人以上の企業が社会保険加入を義務化されているが、本年の10月からは企業規模が縮小され、被保険者数51人以上の企業で義務付けられる。

会議ではこの企業規模要件の撤廃を早急に実現すべきとし、2024年末の結論に向けて検討するとある。

さらに同会議では、週所定労働時間20時間未満の労働者、常時5人未満を使用する個人事業所への被用者保険の適用拡大についても同様に2024年末の結論に向けて検討するとある。

検討結果によっては、雇用のコスト増加、さらなる労働力不足が生じ、歯科医院の経営に大きな影響を与える。また、歯科医師国保の運営にも大きな影響を与える可能性がある。日歯の見解と対応についてお聞かせ願いたい。

会員負担増えるが 人材確保には必要

■寺島多実子常務理事

令和4年度の全世代型社会保障構築会議の報告書では、「勤労者皆保険の実現に向けた取組」として「勤労者がその働き方や勤め先の企業規模・業種にかかわらず、ふさわしい社会保障を享受できるようにするとともに、雇用の在り方に対して中立的な社会保障制度としていく観点から、課題への対応を着実に進めるべきである」とされている。

勤労者皆保険制度について、被用者保険適用が拡大されると、事業所側では企業規模要件の撤廃や被適用業種の見直しが課題になってくると思う。

昨年5月に開催された第4回社会保障審議会年金部会では、「今後、被用者保険の更なる適用拡大を実現するためには、新たに対象となる事業主や労働者に対して、被用者保険の適用に関する正確な情報や、そのメリットについて、分かりやすく説明し、理解を得ながら進めることが極めて重要である。厚生労働省のみならず、業所管省庁もメンバーとする政府横断的な検討体制を構築し、事業主の理解を得て円滑に進めるための具体的な方策を検討すべきである」との意見があった。本部会には、日歯や日医等の医療団体等の参画がないので、今後も情報入手と対応に努めていきたい。

今後、全世代型社会保障構築本部で対策等が決定されると思うので、その後は法令に従って、対応するようにお願いしたい。

この点については、会員にとって負担の増大になると思うが、歯科衛生士や歯科助手などの従業員にとって、他業種とそん色のない働きやすい職場を作ることが人材確保においても必要だと思うので、理解をお願いしたい。

ホームページ広告 違反への対策問う

鳥居一也（静岡）

医療機能情報提供制度（医療情報ネット）は厚労省により、住民患者による医療機関の適切な選択を支援することを目的として平成19年より導入され、それにより各医療機関においては医療機能に関する情報について毎年都道府県知事への報告が義務となり、報告を受けた都道府県知事はその情報を住民患者に提供する制度として運用されている。

令和6年4月より、この医療機能情報提供制度が今までの都道府県単位から国が統一して運用する「医療情報ネット」に統合されるため、その運用に先立ち、1月からは医療機関も医療機関等情報支援システム（G－MIS）にアクセスして最新の医療機関情報を報告する作業を行っている。

また、医療機能情報の公表方法の中に「医療機関のホームページのうち、適切な内容のものについては有用な情報源の一つと位置付けられることから、医療情報ネットにおいて当該医療機関のホームページへのリンクを公表する。公表に当たっては可能な限り、医業若しくは歯科医業又は病院若しくは診療所に関する広告等に関する指針（医療広告ガイドライン）等に準拠した医療機関のホームページであることを確認したリンクに限定するなどの工夫を取り入れるものとする」とある。

平成29年の医療法改正により医療機関のウェブサイト等についても、他の広告媒体と同様に規制の対象となり、虚偽または誇大等の表示を禁止し是正命令や罰則等の対象となっており、厚労省も「医業等に係るウェブサイトの調査・監視体制強化事業」においてネットパトロールを実施し、医療機関のウェブサイトによる情報提供の監視を強化しているとのことだ。

運用主体は厚労省だが、日歯としてもこの医療情報ネットからリンクできる各医療機関のホームページの内容が広告の指針に抵触していないかをチェックし、広告規制に違反している場合はどのように対処していくか、何か方策を考えているか聞きたい。

関係各所に報告し 情報共有を願う

■寺島多実子常務理事

基本的には医療広告ガイドラインの内容に沿って、各医療機関で広告を作成してもらうべきものだが、違法性が疑われる広告等に関する相談や指導は、都道府県行政が判断し、判断できない場合は厚労省が行うとされている。

また、厚労省の「医業等に係るウェブサイトの調査・監視体制強化事業」でネットパトロールが実施されている。

「第2回医療機能情報提供制度・医療広告等に関する分科会」では、令和4年は通報受付が1万4315件、うち医療広告関係が4646件、審査対象が967件あったと報告があった。

医療広告で手に余るものがあるようなら、各都道府県に設置されている医療広告相談窓口に相談していただきたい。ウェブサイトについては、厚労省のホームページに設置されている医療機関ネットパトロールのフォームから報告できるので、それぞれに報告してもらい、日歯にも情報共有していただけたら有難い。

なお、医療機能情報提供制度・医療広告等に関する分科会には私も参画している。事例集が新たに改訂されて、厚労省のホームページなどでも見られると思うので、参考にしていただきたい。

今後も事例集は改訂される予定なので、積極的に意見をもらえれば伝えていきたいと思っている。

今月のBookコーナー

歯科雑誌をよむ　4月号

抜歯後疼痛への薬剤投与

『デンタルダイヤモンド』は、雲南市立病院歯科口腔外科の小池尚史氏による連載「徹底攻略!!抜歯後疼痛」の4回目で「抜歯後疼痛の薬剤投与の最適解とは?」を掲載。

抜歯の際、術後の感染症予防のために抗菌薬、鎮痛目的で鎮痛薬が投与される。著者は、口腔外科を専門とする歯科医師として、患者ごとのリスクとベネフィットを考えた処方をしているという。

記事では、抗菌薬、鎮痛薬の考え方を整理。処方のタイミング、投与方法などについて、各種治療指針を踏まえ、患者の背景を考慮しつつ解説している。静脈内鎮静の手順にも言及。

診療報酬改定の内容分析

『日本歯科評論』は、富山県開業の中道勇氏による「令和6年度診療報酬改定の内容分析と歯科医療のあるべき姿」を掲載。今回の改定内容の特徴のうち、「人材確保・働き方改革の推進」「医療DXと地域包括ケアシステムの推進」「感染症に対応する歯科医療体制の構築」「質の高い在宅医療の推進」「重症化予防と口腔機能低下への対応」「歯科固有の技術の評価の見直し」を軸に、現場の歯科医療がどのように変化するかを示した。

また、歴史的経緯から、1957年の新医療費体系における「モノ」「技術」の分離が、歯科で進みにくかったことが、現在の歯科医療に課題を残していると指摘するなど、制度面での問題提起もしている。

上顎小臼歯部へのインプラント

『歯界展望』は特別寄稿で、熊本県開業の山口英司氏による「上顎第一小臼歯部へのインプラント―上顎犬歯部の長期保存を考えて」を掲載。

筆者が所属するスタディグループで、近年、話題となる「上前歯を守る」というキーワードに関連して、インプラント臨床を捉え直そうという趣旨で、実際の欠損症例を基に、どのような治療戦略を立てるべきかについて考察している。

上顎前歯を守る最後の砦となる上顎犬歯を失わないために、上顎犬歯部にしっかりとした支持能力がある歯やインプラントがあることが、欠損歯列を難症例に移行させない秘訣だと説く。

自家歯牙移植を考える

『ザ・クインテッセンス』は特集1で、滋賀県開業の泉英之氏らによる座談会「自家歯牙移植の現在地と未来」を掲載。インプラント以外の欠損補綴のオプションとして、患者自身の歯を利用し、かつ歯根膜も有する自家歯牙移植・再植を改めて見直そうという趣旨。第一線で活躍する臨床家4人が、それぞれの立場から実際の症例を供覧しつつ、「自家歯牙移植・再植」の利点、欠点、可能性についてディスカッションした。

移植では、抜歯後に時間を置く必要がなく、治療期間の短縮になることなど、多くのメリットがある一方、アンキローシスのリスクを考慮する必要があるという。

人手不足への究極の対応

『アポロニア21』は特集「人手不足解消、次の一手―効率アップから辞めない医院づくりまで」の中で、東京都開業の熊川貴昭氏による「今だからこそ!ワンオペ診療のススメ」を掲載。

現在、「か強診」から口腔管理体制強化加算（口管強）へ改変されても、中規模歯科医院への優遇策が続いているが、スタッフ数の維持が難しくなってきている。一方、医療DXの流れの中でワンオペによる医院運営が無理なくできるようになってきた。記事では、ワンオペのメリット、必要な装備などを紹介。「人」の問題に煩わされない医院経営」を提案している。

歯科ラジオでは愛知県開業の石田悟氏を招き、令和6年度診療報酬改定の背景、歯科医療現場への影響を解説した。

著者に聞く

集客する野立て看板　ブランディングボード　効果とは

本書は「デジタル社会の現代だからこそ真価を発揮するアナログの力」との考えのもと、野立て看板で実績を挙げてきた背景とその効果を示している。きぬた歯科など、数多くの野立て看板を手掛けてきたブランディングボード取締役CMOの髙橋由樹氏、歯科専門のマーケティングチームの田中真樹氏に本書を出版した経緯や看板広告の効果などを聞いた。

『集客する野立て看板　ブランディングボード―集客の悩みを「感性工学」で解決』
髙橋由樹　著/四六判』184ページ/1,800円/エーアイ出版

――本書を出版した経緯をお教えください。

髙橋　弊社が独自で編み出した野立て看板による集客力とブランディング効果を読者に伝えたいという思いで出版するに至りました。どうしてもマーケティング=ウェブマーケティングという印象があると思いますが、ブランドを周知するためには、リアル広告（看板）で認知度を上げていくことが大切です。ただ誘導させるのではなく、医院全体のブランド力を上げていくことに絶大な効果があるのが、感性工学に基づく「ブランディングボード」という看板戦略です。その効果が一番顕著に出たのがきぬた歯科医院の看板となります。本書では多数の具体事例を交えて解説しており、感性工学の研究結果をまとめています。

――著書にもありますが、そもそも感性工学とは何でしょうか。

髙橋　「感性工学」とは、人が物事に対して抱く感覚や漠然としたイメージを科学的手法で分析し、製品やサービスなどに活用するものです。例えば、「いいお店（飲食店）とは何でしょうか」と聞かれた時、「家から近くて安価でおいしいお店」「北海道産の新鮮な食材が楽しめる」「料理人が三つ星レストランで修業した人」など、さまざまな条件を答えるかもしれません。

書籍

（価格は税込）

中高生のための「かたづけ」の本

業務効率を高める収納術を提案する著者らが、自室の整理整頓に困っている中高生向けに出した本。「整理整頓=物を捨てる」ではなく、散らかっている物を分類し、「好きな物」「生活に必要な物」を選ぶと、楽しくできるという。

歯科医院には、「〇〇さんから譲られた」など、捨てる踏ん切りがつきにくい物も少なくない。そういう時、「選ぶ」という方向性に転換してみると…?

本の後半で紹介される国際航空貨物取扱業務のエピソードからは、効率的な整理・収納はお金に直結すると実感できる。

杉田明子、佐藤剛史　著/新書判/240ページ/1,034円/岩波書店

風薫る峰Ⅱ　あちこち二人ある記

日本の春夏秋冬、山岳を中心に美しい風景を見せてくれる写真集。

著者は地域歯科医療に携わる歯科医師。登山と写真を愛し、二冊目の刊行となった。タイトルの「あちこち二人ある記」の由来は、長年連れ添った夫人が、お古のカメラで著者を撮る「専属カメラマン」だからだとか。

過酷な日常から心を旅に連れ出してくれる、大自然の力強さに圧倒される。待合室にお勧め。

篠丸哲也　著/A4変形判/120ページ/3,000円/風景写真出版

My Favorite Toothpaste

歯科衛生士として活躍する著者が、お薦めの歯磨剤やジェル、洗口液などを厳選、スペックや特長、対象者（有効ターゲット）、推奨される使い方などをまとめた。

各製品に含まれる有効成分の説明だけでなく、対象となる有効ターゲットを絞り込んでいるのが本書の特長で、チェアサイドで患者さんの特性に合わせた細やかな商品説明が可能になる。日常生活で身近なアイテムだからこそ、明確な根拠を基に患者さんに説明したいという歯科医療従事者に最適な一冊。

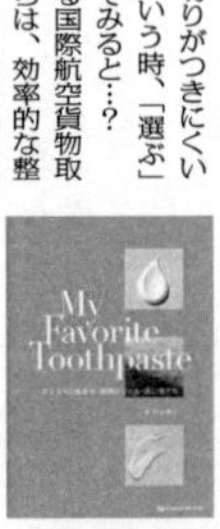

片山章子　著/B5判/124ページ/6,600円/デンタルダイヤモンド社

ラバーダム防湿パーフェクトテクニック〈2nd edition〉

敬遠されがちなラバーダム防湿で使えるテクニックを満載した書。2019年の出版から新たに伝えたいこと、改善点などを反映した改訂版。ラバーダム防湿の目的や利点から始まり、患者さんへの説明や器材の特徴・選択基準、症例ごとの手技まで、多数の写真を見せながら解説しており、器材装着の課題や留意点もつかみやすい。

付録として、「主要3社の部位別クランプとビークの幅早見表」を掲載。

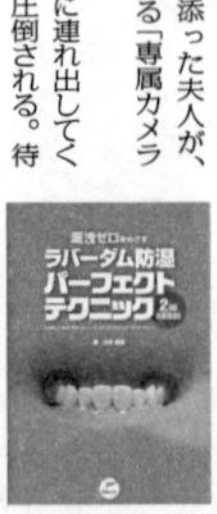

辻本真規　著/A4判/200ページ/8,580円/インターアクション

新刊・近刊 〈3月〉

はみがきれっしゃと　しゅっしゅっぽー
くぼまちこ【著】
アリス館　定価1,100円

「補綴臨床 digital and international」増刊号
新口腔内スキャナー入門 -デジタル印象採得の基礎と臨床-
馬場一美・疋田一洋【編】
医歯薬出版　定価7,700円

歯科放射線学<第7版>
岡野友宏・小林馨・有地榮一郎・勝又明敏・林孝文【編】
医歯薬出版　定価13,200円

歯科医師・歯科衛生士のための超音波デブライドメント<第3版>
松久保隆・齋藤淳・松久保美和【編著】
一世出版　定価6,050円

口腔衛生学2024
杉原直樹・福田雅臣・川戸貴行・小松﨑明・有川量崇【監修】
一世出版　定価6,050円

診断力を上げる2歯根尖含有病変の診断と治療
吉岡隆知【著】
インターアクション　定価8,580円

口臭を気にする女、気にしない男
櫻井直樹【著】／本田俊一・宮澤賢史【監修】
英智舎　定価1,760円

医科歯科相互連携でもっとうまくいく!　糖尿病・歯周病診療
能登洋・岩田隆紀【編著】
金芳堂　定価3,960円

口腔機能障害のリハビリテーション臨床マニュアル
-機能・態癖・力を考慮した口腔機能回復歯科治療-
筒井照子・国賀就一郎【編著】　咬合療法研究会・日本包括歯科臨床学会【著】
クインテッセンス出版　定価24,200円

ザ・プロビジョナルレストレーションズII
-補綴治療の長期的成功を得るための基礎と革新-
伊藤雄策・高井基普【著】
クインテッセンス出版　定価19,800円

歯周組織再生療法ポケットガイド -そのまま使える,明日から使える-
村上伸也【編著】
北村正博・野﨑剛徳・山下元三・竹立匡秀・沢田啓吾・高山真一・辻翔太【著】
クインテッセンス出版　定価4,400円

「ザ・クインテッセンス」別冊 **インプラントYEARBOOK 2024**
-インプラント治療におけるDX　-臨床応用の現状・課題・近未来展望-
(公社)日本口腔インプラント学会【監修】
クインテッセンス出版　定価7,700円

「ザ・クインテッセンス」別冊 **マイクロデンティストリーYEARBOOK 2024** 多分野におけるマイクロスコープ活用法
～歯内療法, コンポジットレジン修復から根面被覆術, 歯間乳頭再建術まで～
日本顕微鏡歯科学会【編】
クインテッセンス出版　定価6,380円

賢い子を育てる口からはじめる育児メソッド
-モンテッソーリ教育×脳育×口育-
上野清香【著】
Clover出版　定価1,760円

超高齢社会の日本を支える地域支援型多機能歯科診療所
岡本佳明【著】
幻冬舎　定価990円

歯科保健指導関係資料<2024年版>
東京歯科大学社会歯科学講座【監修】
口腔保健協会　定価3,300円

歯医者は医者かと問う勿れ
秋元秀俊【著】
生活の医療社　定価2,970円

IOD・IARPD臨床実践ガイド
兒玉直紀【著】
デンタルダイヤモンド社　定価9,900円

ある日突然やってくる困った患者さん2 -「あなたにも、治せる!?」-
島田淳【著】
デンタルダイヤモンド社　定価6,600円

歯科衛生士とともに学ぶGPのための小児歯科ケーススタディ
仲野和彦・権暁成【編集委員】
デンタルダイヤモンド社　定価11,000円

実践!　離乳食・幼児食指導のビジュアルガイドブック
-"食"のつまずきの原因・対処法がすぐわかる!-
外木徳子【監著】　田村聡子・濱田郁美【著】
デンタルダイヤモンド社　定価9,350円

咬耗と人類生物学的現象 人類の誕生から探る歯科治療
財部洋【著】
デンタルダイヤモンド社　定価4,950円

「デンタルダイヤモンド」増刊号 **失敗しないアライナー矯正**
常盤肇・文野弘信・槇宏太郎【編集委員】
デンタルダイヤモンド社　定価6,160円

5分以内で助けよう!誤嚥・窒息時のアプローチ -マニュアル版-
井上登太【著】
ともあ　定価1,100円

歯科六法コンメンタール<第3版> -歯科関連法律の逐条解説-
社会歯科学会【編著】
ヒョーロン・パブリッシャーズ　定価6,380円

協力：シエン社　TEL03(3816)7818　〈http://www.shien.co.jp〉

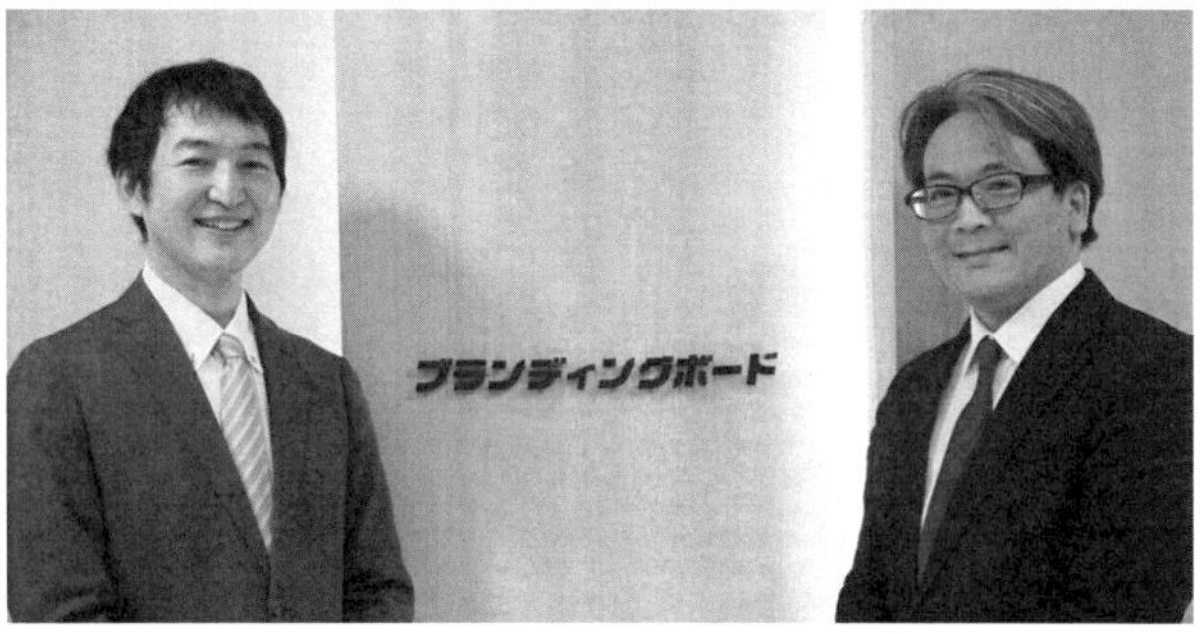

高橋 由樹 氏　　田中 真樹 氏

目を惹く野立て看板の

しかし、この条件が自分に合うのかというと決してそうではないと思います。人によっては、巷では知られていないマイナーなお店が好きな人もいますから、そういった人間の曖昧な感性を科学的に分析したのが「感性工学」です。

――どんな効果が生まれるのでしょうか。

高橋　感性工学というロジックの中に「看板偏差値」というものがあります。看板偏差値は、看板をひとつの能力を持った主体と考え、通行人(消費者)が気付き、惹きつけられ、来店行動を取る確率の高い看板を偏差値という概念で可視化した方法です。うまく活用すれば、便利な製品だけでなく、心から使ってみたい製品を設計することもできます。

どうしてもデザイナー視点で看板を制作してしまうと、通行人の感性に合わせた看板ではなく、デザイナー自身の感性に沿った看板となってしまいがちです。本来であれば、来店してほしいターゲット層にとっての「いいね」を考えなければなりません。

これは歯科医院の先生方にも言えることで、先生が主張したい部分と患者さんが望んでいる部分は全く違うため、患者さんの感性に響くような看板を立てなければならないのです。

――なぜウェブマーケティングではなく、看板に注視しているのでしょうか。

高橋　ウェブマーケティングを駆使することも一つの方法ですが。それだけですと、さまざまな情報の中に埋もれてしまい、結果的にはブランドを周知することができないからです。最初に検索をするにしても「ターゲット層が名前(歯科医院)を知っているか」というのは非常に大切です。

アパホテルが良い例ですが、出張や旅行先でホテルを探すとき、アパホテルという用語に目が行きがちだと思います。いつどこでアパホテルの名前を知ったのかといえば、看板に行き着くわけです。

田中　交通量という絶対的な数字があるのもアナログメディアの強みと考えています。SNS上で見てくれる人を数値化するのは難しいですが、交通量は1日5千人、2千人など、通っている人数はほとんど変動することがありません。車を運転している時も建物と風景を見るほかないので、自然と看板を見てくれる人も多い傾向にあります。これはウェブ広告では発揮できない強みだと思いますね。

高橋　数多くの看板に携わってきましたが、看板の色彩や形、文字の大きさなどを変更した結果、同じ地域に複数の看板を設置する方が通行人の記憶に刷り込まれやすい傾向にあったとのデータが出ました。きぬた歯科は最たる例ですが、看板を出せば出すほど、ふとした時にも思い浮かべ、記憶として刷り込まれます。このように、何かのきっかけで歯のことを考えた時に、自力で想起される記憶を「記憶の再生」と呼びます。ここまでくると認知度が高まったことになります。

また、先生の顔写真を掲載することも効果があります。人間は顔があると自然と目を向ける傾向にあります。さらに、「どんな先生が診療をしているのか」と安心感を与えるためにも、非常に有効な手法です。

――著書を通じて伝えたいことはありますか。

高橋　野立て看板の最大のメリットは、「低予算」かつ「24時間広告発信できる」ところにあります。日中・夜間問わず、通行人やドライバーの目を惹きますし、場所を選ばずにターゲット層に合わせて看板が設置できます。

私はデジタル全盛の今だからこそ、感性工学は重要な要素になってくると考えています。そして、感性工学を活用した野立て看板はこれからも有効な広告手法であり続けるはずです。ぜひ本書を通して、リアル広告ならではの使い方を知っていただきたいです。

インタビュー

神歯大が新キャンパスセンター開設

24時間使える学習スペース確保

神奈川川歯科大学は1月から新キャンパスセンターを開設した。同センターは旧本部棟を取り壊し、自習室と事務室を設けている。自習室は学生の学習スペースとして24時間開放されており、隣接する三笠公園や遊歩道に調和するようなデザインだ。同大理事長の鹿島勇氏に新キャンパスセンターを設置した経緯や特徴などについて聞いた。

神奈川歯科大学
鹿島 勇 理事長

——新キャンパスセンターを設立した経緯をお教えください。

鹿島　旧本部棟は耐震性がなく、40年以上経っている古い建物だったので新しく建て替えることにしました。4～5年前から建築デザイナーに相談し、新キャンパスセンターが完成しました。1階は自習室と事務室で、2階は多目的ホールで学会の講演会やパネルディスカッションなど、主に教職員が使用しています。

外観はカラーコンクリート（※）という特殊な技術を採用しており、わざと色ムラを付けています。差し込む光の強弱で多彩な見え方ができるよう工夫しています。四季折々に学生が楽しめるキャンパスになっていると思います。

また、建物そのものが一つの芸術作品になるよう、白いルーフも雲をイメージし、雲のごとくとらわれず、どこまでも発展していけるような構想も外観のデザインに反映されています。

◆◇◆

——旧本部棟と比べ、変わった点は。

鹿島　最大の特徴は、自習室を24時間開放している点です。建物が完成する前までは、周辺のファミレスやカフェなどで勉強をする学生もいたそうです。そんな人でも気軽に入れて、勉強に専念できるスペースを作りたいとの思いから、24時間使用できる自習室を作ることにしたのです。

実際、夜間に使用している学生もいますし、ピアノも置いているので、時間帯によっては弾くこともできます。今のところ、騒音などのトラブルもなく、静かに勉強に励んでいるようです。

当初、自習室は一人一人個室にする案もありました。しかし、フェンスによって窮屈感が生まれ、次第に席を私物化する可能性などを危惧し、結局は誰もが使えるオープンな形式に至りました。

◆◇◆

——学生から、どんな感想が寄せられていますか。

鹿島　ある人は「素晴らしい」、ある人は「いつタイルを張るのか」とさまざまな意見をいただいております。ですが、私はそれでいいと思っています。人それぞれ美的・感覚センスは違いますし、なによりこの作品に「何かを感じた」時点で成功していると実感しています。

——新キャンパスセンターに掛ける理事長の思いとは。

鹿島　私が考えるに医療と芸術は一体化したもので、われわれは医療人であると同時に一人のアーティストでなければなりません。テクノロジーとアートを融合し、新しい価値を生み出す「アートサイエンス」という言葉があるように、医療とアートは切っても切り離せない関係にあります。

もちろん、医療技術を学ぶことは大切ですが、それだけですと患者さんは寄り付きません。患者さんとの接遇には、共感力を養う必要性もあると考えています。

バランスの取れた医療人を育てることが本学のコンセプトです。今回の新キャンパスセンターも至る所にアートを散りばめて、在籍している間に感性を育てるなど、コンセプトを崩さないようにしています。

◆◇◆

——今後の展望はありますか。

鹿島　現在、研究棟のほか、入学式や学会の講演会などで使う講堂を新築する予定です。

講堂は入学式や卒業式など年間10回ほど利用するぐらいなので、ボタン一つで大講堂や体育館、イベント会場になるという「多目的アリーナ」を建築する計画を考えています。まだまだ先の話ではありますが、もし実現すれば隣接する体育館の土地をデベロッパーに売り、その資金で多目的アリーナとして再開発することができます。

また、喫緊の課題として学生確保とプラットフォームの拡大を掲げています。

本学では、留学生が約100～150人在籍しています。昨今、歯学部の定員割れが相次いでいますが、本学はインバウンドという施策で学生を確保しています。卒業後、母国で開業する人も多いですから、日本の歯科医師が増える心配もありません。

さらに、日本橋三越に認知症予防を歯科の領域からアプローチする「歯科・健脳クリニック」、羽田空港（第1・第3ターミナル）に「サテライトクリニック」、次は品川に医科・歯科連携の認知症センターを開設するなど、本学のプラットフォームを拡大していく予定です。

そのほか、ベトナムにある病院と学校施設の歯科領域を本学が担当し、将来的には歯学部・歯科衛生士学部を作るという話も進んでおります。

これも成長戦略です。プラットフォームが完成してきたら、安定成長へとパラダイムシフトしていく流れです。成長戦略を続けていかなければ、厳しい時代に生き残れないという危機感を感じています。本学はこれからも、さまざまなことに挑戦していきます。

新キャンパスセンターの外観

24時間使用可能な学習スペース

カラーコンクリート　天然の鉱石や金属の化学反応によって得られる酸化物などから作られる顔料

1面関連

日本歯科医学会 46分科会の会員数

会員数

	2023年	2024年	増減数
歯科基礎医学会	1,924	1,884	-40
日本歯科保存学会	4,577	4,683	106
日本補綴歯科学会	6,800	6,823	23
日本口腔外科学会	11,167	11,289	122
日本矯正歯科学会	7,257	7,077	-180
日本口腔衛生学会	2,124	2,134	10
日本歯科理工学会	1,573	1,546	-27
日本歯科放射線学会	1,531	1,571	40
日本小児歯科学会	5,113	5,135	22
日本歯周病学会	12,501	12,711	210
日本歯科麻酔学会	2,826	2,897	71
日本歯科医史学会	505	502	-3
日本歯科医療管理学会	1,072	1,061	-11
日本歯科薬物療法学会	593	577	-16
日本障害者歯科学会	5,142	5,167	25
日本老年歯科医学会	4,209	4,242	33
日本歯科医学教育学会	1,678	1,586	-92
日本口腔インプラント学会	16,676	17,206	530
日本顎関節学会	2,076	2,045	-31
日本臨床口腔病理学会	506	512	6
日本接着歯学会	949	937	-12
日本歯内療法学会	2,736	2,770	34
日本レーザー歯学会	913	887	-26
日本スポーツ歯科医学会	2,000	2,023	23
日本有病者歯科医療学会	2,728	2,819	91
日本口腔感染症学会	620	600	-20
日本歯科心身医学会	395	381	-14
日本臨床歯周病学会	5,091	5,298	207
日本歯科審美学会	5,285	5,766	481
日本顎口腔機能学会	430	424	-6
日本歯科東洋医学会	533	534	1
日本顎変形症学会	2,642	2,723	81
日本顎顔面補綴学会	555	554	-1
日本顎咬合学会	7,715	7,828	113
日本磁気歯科学会	328	338	10
日本小児口腔外科学会	665	632	-33
日本顎顔面インプラント学会	1,435	1,444	9
日本外傷歯学会	1,048	1,013	-35
日本口腔診断学会	1,283	1,277	-6
日本口腔腫瘍学会	1,886	1,859	-27
日本口腔リハビリテーション学会	620	629	9
日本口腔顔面痛学会	910	931	21
日本口腔検査学会	388	385	-3
日本口腔内科学会	891	872	-19
日本睡眠歯科学会	973	1,056	83
日本デジタル歯科学会	1,008	1,031	23

東北大学の研究

変形可能な義歯 開発

形状記憶ゲル技術で

形状記憶ゲル技術を応用して、自由自在に形を変えられる入れ歯を、東北大学大学院歯学研究科口腔システム補綴学分野の柿沼祐亮院生、同大病院顎顔面口腔再建治療部の小山重人准教授らの研究グループが開発した。

これまで義歯などの歯科補綴装置は、適用部位の経時変化が及ぼす適合性低下によって、定期的な調整が必要となり、その作業には熟練度と手間が掛かった。

そこで、同研究グループは温度依存的に形状記憶回復性を示す「形状記憶」（SMG）に着目した。

SMGはアクリルアミドモノマーと融点の異なるアクリレートモノマーの共重合によって合成され、低温ではゲルの秩序構造（ゲルが規則正しい三次元的網目構造をつくること）によって硬い性質を持つが、冷却するとその形状を維持し、再度加熱した際には、結晶融解で元の形状に回復するという。

同研究グループは、アクリレートモノマーの配合比率の制御することで、口腔内への使用を想定した最適化を図った。その後、口腔内温度にて安定した形状記憶性を示し、温熱下で容易に形状変形が可能な特性の付与に成功した。

今後は、口腔内の欠損形状変化に適応する補綴歯科材料への応用に期待がかかっている。

同研究結果は、国際学術誌『The Journal of Prosthetic Dentistry』（2月21日付）にオンライン掲載された。

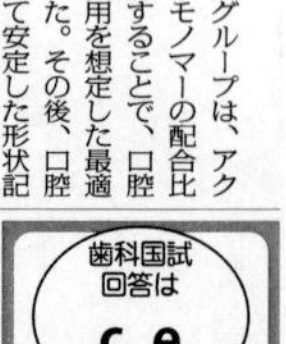

歯数や口腔乾燥など 認知症との関連示す

歯の喪失および咀嚼困難、口腔乾燥があると認知症のリスクが10～20％高くなる。東北大学大学院歯学研究科の草間太郎助教ら研究グループが米国老年医学会の学術誌『Journal of the American Geriatrics Society』（昨年12月8日）で公表したもの。

同研究グループは口腔状態と認知症リスクの相関性に着目し、統計学的手法を用いて評価した。65歳以上の高齢者3万7556人を対象に、口腔の状態（歯数および咀嚼困難・むせ・口腔乾燥の有無）、認知症発症の有無との関連性を9年間通して追跡調査した。

口腔状態と認知機能の相互作用の影響を除外した結果、認知症の発症リスクが歯数19本以下では、1・12倍、歯がない人では1・20倍高くなった。さらに、咀嚼困難のある人で1・11倍、口腔乾燥のある人で1・12倍と認知症のリスクが高くなることが明らかとなった。

同研究成果で、認知症予防のためには歯の喪失を予防するだけでなく、口腔機能低下の予防のために適切な治療や、リハビリテーション、服薬の調整などにより、認知症のリスクを低下できる可能性があると示唆された。

口腔機能の低下 体重の増減に影響

歯が9本以下では体重減少が1・17倍、体重増加が1・23倍も起こりやすく、口腔機能の低下が体重減少・増加につながると示唆された。東北大学大学院歯学研究科国際歯科保健学分野の竹内研時准教授ら研究グループが解明した。

2016年、19年に実施されたJAGES（日本老年学的評価研究）調査に参加した高齢者6万3602人を対象とし、2016年時点の歯の本数や咀嚼困難、むせ、口腔乾燥の有無を調査した後、16年～19年にかけて体重が5％より減少・増加の関連を評価した。分析では、口腔機能低下がある場合とない場合での体重減少・増加の起こりやすさの比を算出した。

その結果、歯の本数が20本以上の人に比べて、10～19本では1・12倍、0～9本では1・17倍高くなることが判明した。むせに関しては、体重減少・増加ともに統計学的に関連性は認められなかった。

同研究結果から、歯の喪失・咀嚼困難にはブリッジや入れ歯等の歯科治療、口の渇きには唾液腺マッサージ等の口腔リハビリテーションを実施する必要性があることが分かった。

今後は、口腔機能の改善や食事内容、食事摂取量の維持・改善につながり、全身の健康問題を防止すると期待がかかっている。

同研究成果は、国際科学雑誌『Nutrients』（昨年10月15日付）に掲載された。

看護学部の新学舎 4月から講義開始

大阪歯科大学

大阪歯科大学（川添堯彬理事長）の新学舎である樟葉西学舎（看護学部）が竣工した。4月から看護学部の新1年生約80人（定員80人）への講義が始まっている。

樟葉西学舎は、歯学部・歯学研究科のある樟葉学舎と道を挟んだ場所に位置し、敷地面積は1万128平方㍍。建物は地上5階、塔屋1階の鉄骨造。延床面積1万163平方㍍。

学舎のコンセプトは「人とのつながり、地域とのつながりを育む」とし、最新の教材やDXを活用したシミュレーションルーム、ゼミ演習室、研究室などの看護学実践フロア、地域住民との関わりの中で確かな看護の実践力を身につけるための地域連携・実践研究センターなどを配置した地域交流フロアなどに分かれており、既存の樟葉学舎と連動して教育研究や学生支援の充実を図る。

3月25日には竣工式、見学会、直来が行われ、多くの来賓や大学関係者などが出席。あいさつした川添理事長は、2020年度から24年度までの中期計画に看護学部設置を明記し、23年9月に文部科学省から設置認可を受けてからの経緯を振り返り、「本日は歯学部、医療保健学部、看護学部の3学部の学生を迎える大阪歯科大学の新たな飛翔の日。教育・研究・診療の質の一層の向上へイノベーティブに、教職員が一丸で取り組みたい」と話した。

㊤新学舎
㊨あいさつする川添理事長

小児口腔発達学会

学術大会を初開催

700人超の多職種集い議論

日本小児口腔発達学会（井上敬介代表理事）は3月31日、東京都港区の虎ノ門ヒルズで第1回学術大会を開いた。教育講演やシンポジウムなどが行われ、会場には700人超が参加した。テーマは、「Growth Optimization小児の健全な成長発達の支援者が集うプラットフォーム」。

教育講演では、井上氏が「口腔機能支援による真の健康への道」と題して、口腔機能の重要性や新たな歯科医療の方向性について話した。

医療現場では、どうしても症状の緩和・除去に目が行きがちだが、根本から原因を特定することが必要とし、「むし歯や歯周病、歯並びですら予防できる時代で、100年前から『歯並びが悪くなるのは口呼吸だ』と言っているにも関わらず、診療室では何をやっているかといえば、矯正治療。原因が分かっているのならば、原因を未然に防ぎ、口の健康から命を守っていくことが大切」と予防治療の重要性を強調した。

井上氏

安部氏

学校給食の白玉団子を喉に詰まらせる事件を例に挙げ、昨今、子供らが食事の詰まりや睡眠時の呼吸困難などを起こす問題が多発している現状を説明。「歯がきれいに並ばないのは顎の成長が悪いから、顎の成長が悪いのは舌が下がって口を開けたまま呼吸しているから。なぜ口呼吸をするようになったのかといえば、実は舌小帯や上唇小帯の異常によって母乳育児がうまくいかないほか、アレルギー体質によって鼻詰まりが起こる」とし、さらには口腔機能の低下が原因で、発達障害にもつながる可能性があると主張した。

◆◇◆

シンポジウムでは、「ライフステージにおける小児口腔発達の最適化」をテーマに未来歯科院長の川邉研次氏、IXI理事長の安部秀弘氏、はなだ歯科クリニック理事長の花田真也氏が登壇した。

安部氏は、人が健康になるためには「呼吸」「睡眠」「栄養」が必要不可欠だが、特に栄養は口腔機能にも影響を与えているとし、「小児期の顎の発育には、タンパク質、カルシウム、ビタミンDやビタミンKという栄養素も必要」と語った。

口腔機能発達不全症の子供は偏食傾向が見られるため、栄養指導も必要とした上で、「糖質の過剰摂取は鼻詰まりを起こし、人によってはグルテン、カゼインの制御も必要。鼻詰まりを無くして口腔機能（歯周炎予防）を高めるために、歯の装置から入ることは当然」と考えを述べた。

デンタル小町が通る

大谷歯科医院院長（愛媛県西条市）
大谷恭子 ❶

私の原点

明海大学歯学部卒業、大谷歯科医院院長、愛媛県歯科医師会広報委員副委員長、丹原東中学校校医、田野保育園校医、東予希望の家（障害者支援施設）かかりつけ医、警察協力医……、今回、コラムの執筆の機会を得て歯医者になるきっかけについて改めて振り返ることにした。

私の家は祖父が歯科医師になって以来、代々西条市でさまざまな患者さんを診てきた。父の代で新たに開院し、現在の大谷歯科医院となる。父は娘の私が言うのも何だが、銀幕のスターのように貫禄があり男前かつおしゃれ。私は忙しく仕事をこなす父を見るのが大好きだった。

優しい父にぬくぬくと育てられたせいか、思い起こせばいわゆる世間知らずだったのかもしれない。今なら問題になるだろうが、学生時代にある衝撃的な出来事があった。制服検査で忘れ物が見つかり、平手打ちをくらって床に倒れこんだ。それを機に田舎を嫌い、都会への憧れを強く抱くようになった。強引なまでの価値観の押しつけから、逃げるという形で解放されると勘違いしたのだ。その後は短大へ進学。時代はバブル全盛期で、読者モデルとして豪華客船クルージングの取材をさせていただくなど華やかな時期を経てOLとなり、秘書として働いた。しかし、やはり父の背中が忘れられず、同じ歯科医師になりたいと気付く。そこから会社を辞め浪人して歯学部の道へ。「見極め」「何事にも動じない」「即決力」、この3点は私の長所だと思う。

歯学部卒業後は先輩の病院勤務で修行。その後、3代目として父のあとを継ぐことになったのだが、その時、父から一言、「遠回りをしたな」。「違うよパパ。この経験がなければこの結果にたどり着いてないと思う。全ては遠回りでなく必然だったの」。

これが私の原点。常に自身と向き合い気持ちを大切にしているからこそ、患者様の気持ちにも寄り添えるのではないかと思う。そしてこれからも患者様と心を通わせ、分かり合える歯科医師でありたい。これも温かい父に育てられたおかげ。全てに感謝して。

大好きな父

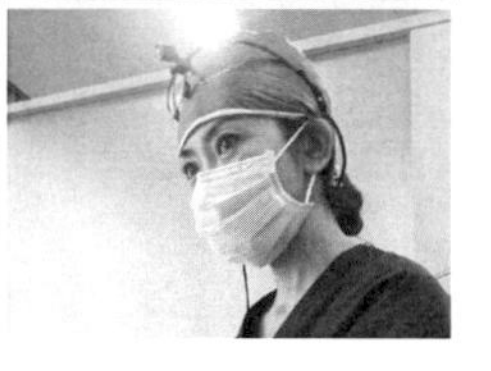
私の仕事風景

指圧代用器「ゴーゴー」発売

歯科医師と共同開発

ウカ

顎関節症などの要因 〝筋肉の凝り〟ほぐす

トータルビューティーサロンと美容関連商品の直営店を展開するウカ（本社・東京都港区、渡邉弘幸CEO）は、慢性頭痛や顎関節症の原因の一つでもある筋肉の凝りをほぐす指圧代用器「uka relaxation & scalp brush 55（ゴーゴー）」＝写真＝の3月15日の発売に合わせて、メディア向けのトークイベントを同社施設およびオンラインで3月27日に行った。

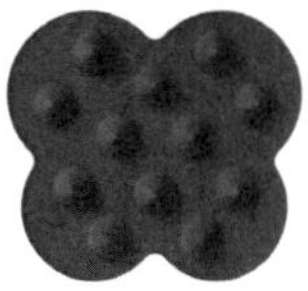

新商品の共同開発者であるSHOW UP MEDICAL社長で歯科医師の臼田頌氏のほか、ヘッドスパアーティストの山﨑達也氏、同社ヘッドスパスペシャリストの大友麻莉子氏を交えて、頭痛・口腔顔面痛の医学的見地からの改善方法、スパリストから見た効果的な緩和方法やデイリーケアなどをテーマに実演を交えて新商品を紹介した。

新商品は、累計150万個以上販売されている頭皮ブラシ「ケンザン」の派生商品で、商品名の「55」はブラシの硬さを表す数値。ケンザンの既存のラインアップ「ソフト」「ミディアム」「レギュラー」「バリカタ」は好みや目的に合わせて硬さを選べるもので、55はミディアムとレギュラーの間の硬さ。共同開発者の臼田氏は「顎関節、口腔顔面痛の専門医として治療を行う中で、毎日のスキンケアの間に、慢性頭痛や顎関節症、口腔顔面痛の原因の一つとなっている咀嚼筋の凝りを明るい気分でセルフケアできる器具の開発を検討していた時にケンザンを知り、同社との新商品開発につながった」と説明。ケンザンや55は突起を使って筋肉の凝りをほぐすことができるもので、臼田氏は歯科診療の過程で指導しているというケンザンや55を使用したセルフケア方法を披露した。その上で同氏は「経験上、原因不明の痛みで歯科医院を受診する患者さんの約8割は筋肉の凝りが原因。凝りがなければ原因不明の痛みも発生しない場合もあるので、ケンザンや55を使ったセルフケアで筋肉の凝りを予防して欲しい」と話した。

同社では、臼田氏監修の夜の歯ぎしりや噛み締めで固まった顎の筋肉を緩める55を使った朝の体操「ケンザン体操第三」、1日働いた後に疲れ切った頭や首をほぐす55を使った体操「ケンザン体操第四」をYouTubeに公開している。55の価格は、2750円。同社店舗や専用サイトなどで販売。

歯周病の新たな病態メカニズムを解明

医科歯科大ら研究で

歯周病における炎症と骨破壊が、分子経路IL33/ST2と歯根組織に存在するマクロファージによって制御されることが分かった。東京医科歯科大学歯学部の中島友紀教授、同大大学院医歯学総合研究科分子情報伝達学分野の林幹人准教授、同大歯周病学分野の岩田隆紀教授、片桐さやか准教授、大杉勇人助教、劉安豪大学院生および大阪大学免疫学フロンティア研究センター自然免疫学研究室の審良静男教授らの研究グループによるもの。新たな病態制御メカニズムの発見となり、炎症や骨破壊を伴う歯周病の新規療法や予防法の開発につながる。

同研究では歯周病の発病過程をより詳細に解析するため、歯肉、歯根周囲、歯槽骨組織の3部分へ安定して分離できるモデルマウスを用意。同モデルで経時的・組織別な炎症および破骨細胞分化関連の遺伝子発現を解析したところ、炎症性サイトカインと、破骨細胞の分化を左右するたんぱく質の発現が顕著に上昇していることを確認。骨破壊の惹起において重要な役割を持つ可能性が示された。

さらに、3組織に対し網羅的解析を実施した結果、歯根周囲においてST2の遺伝子Il1rl1の発現が顕著に上昇していることが分かった。Il1rl1はIL-33の受容体として機能することから、マウスに歯周炎を惹起し生体レベルでその機序を分析したところ、炎症性骨破壊の増悪が観察された。また、受容体として機能した細胞の組成をより詳細に分析すると、多くはマクロファージ系の細胞だった。

同研究成果は科学誌『Nature Communications』（3月28日付）に掲載された。

東歯大らが解明

アルツハイマー病 歯の喪失が影響

歯の喪失がアルツハイマー病の原因たんぱく質のタウに影響を与えることが明らかになった。

東京歯科大学歯科放射線学講座の後藤多津子主任教授および松元秀樹助教、量子科学技術研究開発機構の樋口真人部長および瓦健二研究員、鹿児島大学の後藤哲哉教授らの研究によるもの。

アルツハイマー病はアミロイドβやタウという異常たんぱく質により引き起こされるが、環境要因・生活要因の改善を通じて、発症をコントロールできることは知られていた。

同研究は残存歯数と歯周病の評価およびアミロイドβ、タウの蓄積量を調べた65歳以上のアルツハイマー認知症患者（軽度認知障害を含む）患者および健常高齢者のうち、アミロイドβの蓄積が認められたアルツハイマー型認知症患者24人とアミロイドβが蓄積していない健常高齢者19人を対象に解析を行った。脳全体で残存歯数及び歯周病の重症度とタウおよびアミロイドβ蓄積量が相関を示す部位についてそれぞれの群を比較検討。その結果、アルツハイマー型認知症患者群において、脳幹部および前頭葉領域へのタウ蓄積は残存歯数と有意な負の相関を示した。

また、相関の認められた脳幹部領域と前頭葉領域について、残存歯数とのタウ蓄積量との相関を分析したところ、脳幹部領域へのタウ蓄積量は残存歯数と有意な負の相関を示した。

さらに、脳幹部へ蓄積したタウが他の脳領域へ伝播する可能性について検討した結果、記憶に関わる海馬の一部の領域のタウ蓄積量と有意な正の相関を示していることが明らかになった。同研究成果は、研究誌『Journal of Alzheimer's Disease』（2023年11月21日付）に掲載された。

歯科心理カウンセラー

第一期修了者 8人を認定

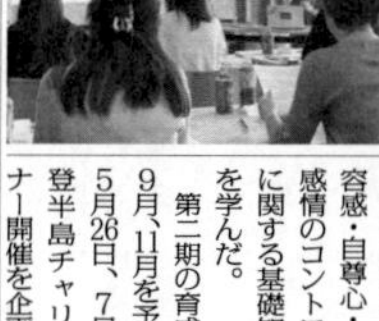

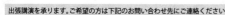

日本歯科心理カウンセラー協会（荻原聡美代表）は3月24日、第1回の歯科心理カウンセラー資格認定試験＝写真＝で第一期修了者8人を認定した。

歯科心理カウンセラーは、歯科恐怖で受診をためらう患者に対して、不安を取り除き、受診を促すコミュニケーション能力を持つ、専門的な歯科スタッフ。認定セミナーは2日間をワンセットとして、座学と試験を経て資格認定する。今回は、1月28日と3月24日にセミナーと資格試験を実施した。

セミナーでは、日常生活での「心理」の働き、歯科特有の心理・歯科恐怖症、人間の心理的欲求、自己受容感・自尊心・自己肯定感、感情のコントロール、口腔に関する基礎知識と特殊性を学んだ。

第二期の育成セミナーは9月、11月を予定。その他、5月26日、7月28日には能登半島チャリティーセミナー開催を企画中という。

「楽天シニア」で歯科の相談サービスなど提供

Dental Prediction

Dental Prediction（本社・東京都港区、宇野澤元春社長）は楽天モバイル（本社・東京都世田谷区、矢澤俊介社長）が提供している国民の健康寿命延伸を目的としたサービス「楽天シニア」において、歯科についての健康相談サービス「mamoru」の提供を3日から開始した。両社の業務提携によるもので、昨年より実証実験を行い、本提携に至った。

専用の「楽天シニア」アプリでは目標歩数を達成し、対象施設へのチェックインやスタンプを集めることで「楽天ポイント」が獲得でき、健康関連イベントなどのコンテンツを通じて、利用者は楽しみながら健康活動を続けられるというもの。同サービスでmamoruを始めとした歯科関連のコンテンツを提供することで歯科関係者でない一般の人の歯科の健康意識を啓発し、歯科受診率の向上を期待しているという。現在は歯科医師や歯科衛生士、ロッテなどのコラムが掲載された特集ページが公開中で、今後も歯科関連の企業と連携し、さらなるコンテンツの充実を図るとのこと。

宇野澤氏は今回の業務提携について「実証実験に参加した3500人の内、相談後、実際に歯科を受診するに至った人の割合は約7%だった。全身の健康の中で歯科の重要性が注目される中、今回の提携は歯科界のみならず、医療業界全体にとってのロールモデルになる。将来的な医療費削減に大きく寄与することができるだろう」と述べた。

また宇野澤氏によると、mamoruは歯科関係者の新たな働き方につながるという。「mamoruは登録した歯科医師が相談に回答することで対価が支払われる仕組み。AIの活用により、迅速に相談への回答を行えるようになっているため、休職中の歯科医師などが空いた時間で業務を行い、報酬を得られる。休職期間をブランクにしないことで復職支援にもつながる」と語った。

【予告】

歯科診療報酬改定セミナー

オプテックが4月25日に

オプテック（本社・東京都中央区、平出隆一社長）は「歯科診療報酬改定セミナー」を25日にオンラインで開催する。

厚生労働省の政策を広く伝え、実践に向けた疑問の解消を目的として開催。厚生労働省保険局医療課の歯科医療管理官主査の山路正登氏が、今年6月の歯科診療報酬改定のポイントなどを説明し、リアルタイムでの質疑応答も行う。開始時間は19時30分、終了時間は21時頃を予定。参加費は無料。参加者は3千人を予定。

申し込みは、同社ホームページまで。

歯膜剤が炎症性サイトカイン減少

ハニック・ホワイトラボら

ハニック・ホワイトラボ（本社・東京都千代田区、浦井薫子社長）と東京薬科大学薬学部臨床薬理学教室准教授の杉山健太郎氏は、同社の歯膜剤「Shimac（シマック）」が4種類の炎症性サイトカインを減少させ、歯周病に伴う炎症症状を抑制する可能性があるとの研究結果を発表した。

同製品は歯の表面に塗布して歯を被膜し、ステインやバイオフィルムの付着を防ぐもの。同社と同大学は、2018年3月に商品化前の同製品が2種類の炎症性サイトカインを減少させるとの研究結果を発表しており、今回、同製品が炎症性サイトカインの産生に及ぼす影響について同大学が継続して行った研究成果も含めて改めて実証した。

健常者6人を対象に、末梢血約20ミリリットルを採取して、分離して得られた末梢血単核細胞（PBMC）にさまざまな濃度のシマックとコンカナバリンを添加し、4日間培養して炎症性サイトカインの「IL―6」「IL―8」「IL―10」「TNF―α」「IL―12p70」をCytometric Bead Array法で測定。

その結果、シマックの添加により健常者のPBMC増殖が濃度依存的に抑制され、複数の炎症性サイトカイン（IL―1B、IL―6、IL―8、TNF―α）が有意に減少して歯周病に伴う炎症症状を抑制する可能性が示唆された。

同研究結果は、3月28～31日に開催された日本薬学会第144年会で発表された。

週間 金・パラ価格動向

税抜価格（1g,円）

	金	パラジウム（参考価格）
4月1日（月）	11,070	5,150
4月2日（火）	11,028	5,070
4月3日（水）	11,180	5,090
4月4日（木）	11,260	5,165
4月5日（金）	11,102	5,135

提供 石福金属興業

移転

■デジタルプロセス

同社は厚木オフィスを移転する。営業開始日は5月1日。

新住所は、〒243―0014神奈川県厚木市旭町1―24―13第一伊藤ビル8F。TEL046（225）3929。

祝電・祝花等は辞退。

人事

（敬称略）

■JM Ortho

▼代表取締役会長兼社長 森田晴夫【新任】▼常務取締役 中本達夫▼取締役 田伏光英、岡本智浩（非常勤）

なお、代表取締役社長の佐藤雅彦は顧問に就任し、相談役の山崎裕は退任した。

医業の効率化を支援

SCOグループ

広報職に就いた福田氏

スマートチェックアウト（本社・東京都千代田区、玉井雄介社長）は、「社名変更と事業戦略発表会」を同社オフィスで3日に開いた。1日に新社名「SCOグループ」に変更し、併せて社名のロゴも新調したことを、同日付で広報職に就いた元テレビ東京アナウンサーの福田典子氏が紹介した。

事業戦略を社長の玉井氏が発表。2020年に始めた歯科医院向けのクレジットカード決済サービス「PayLight」の利用率は、「クレジットカード決済を導入した約3万軒のうち約3分の1に当たる1万軒以上に導入が進んだ」とした上で、医院業務を効率化するソフトウェア製品の今後の開発ロードマップを説明した。

今年1月に提供を開始したAIが医院の電話受付業務を音声で自動対応し、予約管理も行う「ペイたんコール」の予約管理機能との連携を5月のゴールデンウィーク明けに提供を開始するほか、今後5年以内に、医療向けの新規患者獲得自動化ツール（＝MAツール：マーケティングオートメーションツール）、サブカルテ・レセコン・POS情報を集約するツール、患者が医院を継続利用しているかを数値化するツール（＝カスタマーヘルススコア）、PHR（＝パーソナルヘルスレコード）を活用したツールなどを提供したいとしている。

その後、玉井氏と福田氏のトークセッションが行われた。福田氏を広報として採用した理由について玉井氏は「『モヤモヤさまぁ～ず2』を見てタフでバイタリティがあると思った」とし、福田氏は「健康とスポーツをメインにした仕事をしたいと思っていた時にフリーアナウンサーとして活動しながら正社員の広報になりませんかと声をかけられ、入社を決めた。メディアに出る時は、歯や健康に興味を持ってもらえるような情報発信もしていきたい」と話した。

◇◆◇

福田氏は本紙のインタビューに応じた。歯科医院への通院については「子供の頃に『着色しやすい歯』と診断されたことがあり、視聴者からの声を受けて、コロナ禍前から2カ月に一度歯のクリーニングで通っている」とした上で、毎日の歯磨きについては「フロスを使いつつ、馬の毛の歯ブラシが磨き心地が良いので愛用していている。2歳の長女はフロスが歯間に挟まるのが楽しいようで歯磨きも進んでしてくれる」と語った。

市村産業賞の「貢献賞」受賞

歯冠修復材「オムニクロマ」

市村清新技術財団（中村高会長）が主催する「第56回市村産業賞」で、トクヤマデンタル（本社・東京都台東区、風間秀樹社長）の構造色による発色機構をもつ歯科充填用コンポジットレジン「オムニクロマ」の技術開発者で同社の鹿島工場主席の秋積宏伸氏と、同社のつくば研究所主席の森﨑宏氏、主任の松尾拓馬氏が「貢献賞」を受賞した。贈呈式は19日に東京都千代田区の帝国ホテルで行われる。

市村産業賞は、優れた国産技術を開発することで、国内の科学技術の進歩、産業の発展に顕著な成果をあげ、産業分野の進展に多大な貢献・功績を残した技術開発者を表彰するもの。貢献賞の他、本賞と功績賞からなる。

同製品は、1色で天然歯の色調を再現できるコンポジットレジン。昨年5月に「第55回日化協技術賞」の「技術特別賞」と、今年1月に「日本化学会第72回化学技術賞」を受賞している。

トクヤマデンタル

日本歯科新聞

2024年（令和6年）
4月16日

＜発行所＞
日本歯科新聞社
厚生労働省記者クラブ加盟社
〒101-0061
東京都千代田区神田三崎町2-15-2
電　話　03（3234）2475
FAX　03（3234）2477
www.dentalnews.co.jp
jdn@dentalnews.co.jp

無断転載禁止

■年間購読料 23,760円（送料込）（本体21,600円＋税）
■月4回、火曜日発行
■郵便口座番号 00120-5-130369

今週号の主な内容

オラフレ事業 実施は36県

日歯 地域保健委員会調べ

オーラルフレイル（オラフレ）に関する事業が行われている都道府県は、令和4年度で36あり、前年度と比べて7増加している。日本歯科医師会地域保健委員会の47都道府県歯科医師会を対象とした「令和5年度地域保健・産業保健・介護保険アンケート結果」概要によるもの。

オラフレに関する事業は、コロナで行われていない1、行われていない10となっている。

介護保険施設等と口腔衛生管理体制等に係る契約や覚書をしているのは2で、検討中3、締結していない42。施設での口腔衛生管理体制の整備では、「取り組んでいる」12、「検討中」17、「取り組んでいない」18。

都道府県で認知症患者ケアパスを作成しているのは16で、「作成していない」25、「把握していない」6。作成している場合の歯科の位置付けについては、「ある」8、「ない」8だった。

終末期における歯科診療・口腔健康管理に関する会員への研修事業は、「行っている」6、「行っていない」41。

都道府県行政との協議があるのは、「在宅医療・介護連携推進事業」が40、「認知症対応関係事業」39、「介護保険事業」31、「市町村が行う総合事業」21、「後期高齢者歯科健診」12、「終末期関係事業」6、「NST関係事業」4だった。

オーラルフレイルに関する事業

	行われた	行われていない		計
		コロナの影響	コロナ無関係	
令和2年度	28	10	9	47
令和3年度	29	6	12	47
令和4年度	36	1	10	47
構成比	76.6%	2.1%	21.3%	100.0%

都道府県行政と定期的な協議の場はあるか

	ある	ない	広域連合のみ	計
介護保険事業	31	16	—	47
市町村が行う総合事業	21	26	—	47
在宅医療・介護連携推進事業	40	7	—	47
後期高齢者歯科健診	12	5	30	47
認知症対応関係事業	39	8	—	47
終末期関係事業	6	41	—	47
NST関係事業	4	43	—	47

日歯見解

「国策等への反映目指す」

オーラルフレイル3学会声明で

日本歯科医師会（高橋英登会長）は11日、日本老年医学会と日本老年歯科医学会、日本サルコペニア・フレイル学会が合同でオーラルフレイルの新しいチェック項目と声明を発表したことを受け、見解を発表した。フレイルの先にある障がいの発症と重症化予防を目指す考えに賛同し、「オーラルフレイル対策が国策等に反映されるように対応していく」との構えを見せている。

3学会の声明では（前号既報）、五つの新たなチェック項目OF－5（Oral Frailty 5-item Checklist）のうち、2項目以上該当する場合をオーラルフレイルと設定。2014年に提唱されたものの、概念等があいまいだったものが改めて「歯の喪失や食べること、話すことに代表されるさまざまな機能の『軽微な衰え』が重複し、口の機能低下の危険性が増加しているが、改善も可能な状態」と概念図も含めて、明確に定義された。

日歯は見解で、8020運動の次の国民運動としてオーラルフレイル対策を捉え、リーフレットやマニュアルを作成してきた経緯などを説明。学会の理念に賛同した上で「〝誰一人取り残さない口腔健康管理・オーラルフレイル対策〟の産学官一体による展開、すなわち、人生の最期まで美味しく食べていただく」を目的として、8020運動をさらに発展させ、国策等に反映されるように対応していくと強調。関係各所や国民への普及啓発や、多職種連携、調査・研究の収集・分析をするとしている。

マイナ保険証

歯科の利用率 3月は10.27％

歯科診療所で今年3月にオンライン資格確認を利用したのは、1269万7602件でうちマイナンバーカードの利用は130万3917件（10・27％）となっている。4月10日に開かれた社会保障審議会の第177回医療保険部会で報告があった。

歯科診療所のマイナ保険証利用率は昨年5月の12・28％をピークに12月の9・42％まで減少したが、今年に入って1月9・85％、2月10・06％と微増している。

なお、歯科診療所で3月に特定健診等情報を確認したのは20万5787件、薬剤情報は24万7187件、診療情報は13万8377件だった。

厚労省は、今年12月2日の保険証廃止に向けて、4月25日に医療機関、保険者、経済界の代表が集う日本健康会議で「マイナ保険証利用促進宣言」を行い、5月から7月を集中取組月間として総力を挙げるとしている。

プリズム

将来就きたい職業

新学期を迎えて、PTAの交通安全指導のため、小中学生の通学路に立った。元気いっぱいな児童・生徒もいれば、俯いて学校へ向かう子もいたが、9割方はあいさつが返ってきて、ほのぼのとした時間を過ごした。子供たちの新生活が少しでも楽しいものになってほしいと願う機会となった。

▼ランドセルに使われる素材も製造・販売するクラレによるアンケート結果で、小学生（新1年生）の「将来就きたい職業」の第1位は、男の子「スポーツ選手」、女の子「ケーキ屋・パン屋」だった。男の子は「警察官」「消防・レスキュー隊」「運転士・運転手」「研究者」、女の子は「芸能人・歌手・モデル」「保育士」「花屋」「アイスクリーム屋」と続く。

ちなみに歯科も含まれるであろう「医師」は、男の子が9位、女の子が6位となっている。

▼日本歯科医師会代議員会での歯科医師需給問題についての質疑応答を4面に掲載している。高橋英登会長は、歯科医師という職業が開業医だけではなく、さまざまな場所で活躍する職種となり、それが国民に認知され、若い人が目を輝かせて入ってくる世界にする必要性を強調している。

需給問題の解決に何年かかるかは分からないが、いつしか職業アンケートで、歯科医師や歯科技工士、歯科衛生士の名がランクインすることを願っている。

口腔保健支援センター

歯科医師・衛生士の配置は35都道府県

国が全都道府県への設置を目指している口腔保健支援センターに、令和4年度で歯科医師や歯科衛生士を配置しているのは、35都道府県となっている。日本歯科医師会地域保健委員会の47都道府県歯科医師会を対象とした「令和5年度地域保健・産業保健・介護保険アンケート結果」概要によるもの。

同センターの業務内容（複数回答）では「情報収集・提供」は100％、「普及・啓発」97・2％、「関係機関・団体等との調整」94・4％、「口腔の健康に対する調査・研究」と「歯科口腔保健の推進に係る人材育成」88・9％、「歯科口腔保健施策の計画・立案・評価」と「定期的な歯科健（検）診受診の勧奨」83・3％、「相談窓口」72・2％などが高い。一方で、「障がい者（児）対応」は50・0％、「フッ化物応用の実施」は44・4％、「認知症の人への対応」は38・9％に留まっている。

なお、口腔保健推進事業の実施状況＝表①＝では、「歯科疾患予防事業」が31都道府県で最も多く、「歯科保健医療サービス提供困難者への歯科保健医療推進事業」27、「歯科保健医療サービス提供困難者への歯科医療技術者養成事業」22、「口腔保健支援センター設置推進事業」17、「食育推進等口腔機能維持向上事業」11、「歯科口腔保健調査研究事業」10、「多職種連携等調査研究事業」7、「歯科口腔保健推進体制強化事業」6となっている。

なお、歯科口腔保健推進条例が公布されているのは45都道府県で、条例に盛り込まれている文言は表②の通り。

【表①】口腔保健推進事業の実施状況

	実施した	実施していない		計
		コロナの影響	コロナ無関係	
口腔保健支援センター設置推進事業	17	0	30	47
歯科保健医療サービス提供困難者への歯科医療技術者養成事業	22	0	25	47
歯科口腔保健調査研究事業	10	1	36	47
多職種連携等調査研究事業	7	1	39	47
歯科疾患予防事業	31	0	16	47
食育推進等口腔機能維持向上事業	11	2	34	47
歯科保健医療サービス提供困難者への歯科保健医療推進事業	27	1	19	47
歯科口腔保健推進体制強化事業	6	0	41	47

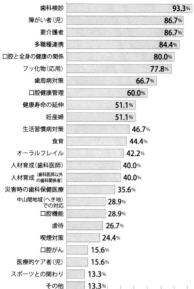

【表②】歯科口腔保健推進条例のある45都道府県で盛り込まれている文言（類似でも可）の割合

文言	割合
歯科検診	93.3%
障がい者（児）	86.7%
要介護者	86.7%
多職種連携	84.4%
口腔と全身の健康の関係	80.0%
フッ化物（応用）	77.8%
歯周病対策	66.7%
口腔健康管理	60.0%
健康寿命の延伸	51.1%
妊産婦	51.1%
生活習慣病対策	46.7%
食育	44.4%
オーラルフレイル	42.2%
人材育成（歯科医師）	40.0%
人材育成（歯科医師以外の歯科関係者）	40.0%
災害時の歯科保健医療	35.6%
中山間地域（へき地）での対応	28.9%
口腔機能	28.9%
虐待	26.7%
喫煙対策	24.4%
口腔がん	15.6%
医療的ケア者（児）	15.6%
スポーツとの関わり	13.3%
その他	13.3%

市区町村での乳幼児歯科健診

義務年齢以外の実施は27都道府県

義務化となっている「1・6歳児健診」と「3歳児健診」以外に乳幼児歯科健診を市区町村で実施しているのは、27都道府県。日本歯科医師会地域保健委員会の47都道府県歯科医師会を対象とした「令和5年度地域保健・産業保健・介護保険アンケート結果」概要によるもの。

妊婦歯科健診では、都道府県事業として実施したのは3都道府県に留まったが、27都道府県で市区町村事業として実施。

産婦歯科健診では、都道府県事業1、市区町村事業19だった。

乳幼児歯科健診等で口腔機能発達不全症に関する項目を入れているのは、「全ての市区町村で」1、「一部の市区町村で」7、「把握していない」39。

母子保健連絡協議会を設置している市区町村を把握しているかでは、「把握している」10、「一部把握」1、「把握していない」36。

子育て世代包括支援センターを設置している市区町村の把握では、「設置及び配置を把握」7、「設置および配置を一部把握」5、「設置を把握」5、「設置を一部把握」3、「把握していない」27。

行政主催の食育関連の協議会や委員会への参加は、30都道府県が参加。食育推進に関する歯科医師会の具体的な活動例は、「あった」14に留まっている。

重度障害児への在宅診療

16都道府県が対応

令和4年度に重度心身障がい児（者）の在宅歯科医療提供体制があるのは、16都道府県歯科医師会で、障がい児（者）対応の人材育成は35都道府県歯が実施している。日本歯科医師会の地域保健委員会の「令和5年度地域保健・産業保健・介護保険アンケート結果」概要によるもの。

行政による医療的ケア児への対応事業に関わっているかでは、①「都道府県歯及び郡市区歯で関わっている」7、②「都道府県歯として」8、③「郡市区歯として」4、④「関わっていない」13、⑤「把握していない」14だった。

知的・身体・精神障がい児（者）の通所施設を対象とした歯科保健事業では、①18、③2、④16、⑤11。

知的・身体障がい児（者）の入所施設での定期的な歯科健診は①18、④8、⑤21となっている。

糖尿病連携手帳の活用

16都道府県が行政や医師会と協議

糖尿病連携手帳の活用で行政や医師会等と協議をしている都道府県歯科医師会は、令和4年度で16となっており、うち11に具体的な事例がある。日本歯科医師会の地域保健委員会の「令和5年度地域保健・産業保健・介護保険アンケート結果」概要によるもので、24が協議しておらず、7が検討中としている。

◇◆◇

都道府県実施のがん緩和ケア等の研修会に関する会員への情報提供は、19が提供しており、「提供していない」「把握していない」が各11、「実施されていることだけ把握」が6となっている。

脳血管障害、心疾患、精神疾患に関する地域連携パスへの歯科の記載については、脳血管障害で12都道府県歯、心疾患で5、精神疾患で2が歯科の記載があると回答している。

児童虐待の対応

「行政との連携」システム化は3県

児童虐待の報告等で、児童相談所や子育て世代包括支援センターとの連携システムが構築されているのは3都道府県歯科医師会に留まる。日本歯科医師会の地域保健委員会の「令和5年度地域保健・産業保健・介護保険アンケート結果」概要によるもの。

虐待に関するパンフレット等は、20都道府県が「作成している」と回答。県内の児童相談所や児童養護施設等に歯科医師を配置しているかでは、「把握している」1、「一部把握している」2、「配置されていない」10、「把握していない」34となっている。

県内の歯科医療機関からの虐待通告例を把握しているかでは、「把握している」のはわずか1県だった。

また、学校歯科健康診断で児童虐待が疑われる例は、令和5年度は報告がなかった。

児童相談所・家庭支援センター等との連携があるのは9。児童虐待に関する協議会等に歯科医師会として参画しているかでは、児童福祉協議会は4、要保護児童対策地域協議会は22が参加している。

児童虐待対応に係る人材育成は、6都道府県歯が実施。検討中7、行っていない34。

アセスメントシート「健やかな子育て支援のチェックリスト」は乳幼児健診と学校健診、歯科診療所でそれぞれ4都道府県のみで活用されていることが分かった。

訪問歯科超実践術 ㊱436

前田実男（日本訪問歯科協会 理事）

口腔連携強化加算

4月の介護報酬改定により、訪問系サービスと短期入所サービスにおける口腔管理に関わる連携の強化として「口腔連携強化加算」が新設された。

口腔連携強化加算を算定できるのは、訪問介護、訪問看護、訪問リハビリテーション、短期入所生活介護、短期入所療養介護、定期巡回・随時対応型訪問介護看護である。これらの事業所の従業者が、口腔の健康状態の評価を実施し、利用者の同意を得て、歯科医療機関と介護支援専門員に対し評価の結果を情報提供した場合に、1月に1回に限り50単位を加算する。口腔連携強化加算の算定を行う事業所については、サービス担当者会議等を活用し決定することとし、原則として、その事業所が加算に基づく口腔の健康状態の評価を継続的に実施する。

口腔の健康状態の評価は利用者ごとに行い、評価した情報を歯科医療機関と利用者を担当する介護支援専門員に対し、「口腔連携強化加算に係る口腔の健康状態の評価及び情報提供書」で提供する。歯科医療機関への情報提供に当たっては、利用者または家族等の意向と利用者を担当する介護支援専門員の意見等を踏まえ、連携歯科医療機関・かかりつけ歯科医等のいずれか、または両方に情報提供を行うこととされている。

連携歯科医療機関とは、利用者の口腔の健康状態に関わる評価を行うに当たって、歯科医療機関の歯科医師または歯科医師の指示を受けた歯科衛生士に対して、口腔の健康状態の評価の方法や在宅歯科医療の提供等について相談できる体制を確保している歯科医療機関だが、その旨を文書等で取り決めておく必要がある。

なお、この加算を算定する事業所は、あらかじめ都道府県知事に「口腔連携強化加算に関する届出書」で届出を行っておく必要がある。この様式には「歯科医療機関との連携の状況」として「連携歯科医療機関」の情報を記載する欄がある。歯科医療機関名、所在地、歯科医師名、電話番号の他に、直近の歯科訪問診療料の算定日を記載する。

日本訪問歯科協会　https://www.houmonshika.org

東京都女性歯科医師の会

15周年記念で講演・祝賀会

東京都女性歯科医師の会（中村文子会長）は7日、令和6年度総会および15周年記念講演会・祝賀会を東京都文京区の東京ドームホテルで開催した。会長選任、会員規則変更など9議事が承認され、会務報告、企業ブース展示、懇談会のほか、パフォーマンス教育協会事理長の佐藤綾子氏による講演が行われた。

佐藤氏は講演「あなたもOK、私もOK～出会ったみんなが味方になるデンタルパフォーマンス」で、パフォーマンス学を「人がそれぞれ持っている良いところを表現すること」と定義。自己表現の技術を磨き、自分の持つ能力を相手に適切に伝えることで、「患者満足度の向上」「治療およびQOLの向上に対する意欲の増加」「自身のストレスの大幅な軽減」「患者・医師間の信頼関係の確立」などにつながるとした。

また女性は非言語能力の読み取りや、対人関係の構築などに優れていると言及。歯科医院においては、症例に重きを置いた診療ではなく、患者個人に注目した診療を行うのが大切で、「患者を呼ぶ際には名前で呼ぶ」などを通じてラポール（信頼関係）を築き、「患者さんが感動の花束をもらって帰る」ことを目指すべきだと語った。

なお、次期会長には中村会長が再任した。任期は8年3月31日まで。

佐藤氏

議事

- 令和5年度収支決算
- 会則変更
- 令和6年度事業計画
- 同会費の額
- 同収支予算
- 周年事業基金（運営基金）の積み立て
- 会長選任
- 監事選任
- 理事選任

ピックアップニュース

■認知症終末期の親が誤嚥しないための食事介助法は？【介護の不安は解消できる】（日刊ゲンダイ/4月8日）

■歯科医院焼け1人死亡　不明の院長か、北海道・由仁（KYODO/4月7日）

■歯科医院に車突っ込む事故　ガラス突き破り粉々に…目の前の歩道はふさがれる（FNNプライムオンライン/4月10日）

■求人倍率20倍超の年も養成校では定員割れ傾向続く　歯科衛生専門学校で入学式（BSS山陰放送/4月11日）

■不調を招く！顔がゆがむ！【サイレント歯ぎしり】あなたもしてるかも！？（VoCE/4月11日）

FDI

EHR整備目指しプロジェクト始動

世界歯科連盟（FDI）は、歯科カルテ情報の電子的な保存、活用（EHR）の国際的な整備を目指すプロジェクトを始動し、2月21～23日、アメリカ・シカゴで専門家会合を開催した。会合では、EHRで扱う歯科医療、口腔保健に関わる情報の標準化、医科の電子カルテとの統合、連携の可能性について話し合った。

FDIは、歯科流通大手ヘンリー・シャインと共同で、歯科用EHRで扱うデータ指標の開発、患者データ収集を促進するプロジェクトに取り組んでいる。医科EHRとの連携により、糖尿病、心臓病、肥満などで包括的なケアにつなげられると期待されているという。

歯科国試にチャレンジ

388　2023年（第116回）より

深部静脈血栓症の既往がある患者の歯科治療中に特に注意すべきなのはどれか。2つ選べ。

a　胸痛
b　喘鳴
c　冷汗
d　けいれん
e　呼吸困難

答えは本紙のどこかに！

日歯 第202回臨時代議員会

個人質疑応答 ③

（敬称略）

※質問は書面を、回答は当日答弁を要約

その他

代議員会の在り方と開催方法への見解は

高原正明（千葉）

先般、代議員会開催方法についてのアンケート調査があったが、どのような検討がなされたのか。執行部としてはどのようにしたかったのか。

執行部としての代議員会の在り方と、今後の検討事項・課題について考えを聞かせてほしい。

代議員の意見聞き 効率化も含め検討

〈協議で取り扱いのため答弁なし・協議での発言内容抜粋〉

■伊藤智加常務理事

兼ねてより代議員会運営の効率化を求める声があった。昨年12月の議事運営特別委員会で代議員の運営について協議し、「現状の1日半の開催から1日開催を見据えてアンケートを実施し、結果を踏まえて代議員会で討議してはいかがか」との提案をいただいた。

1月15日から31日の期間でアンケートを実施した。結果について資料を示している。（本紙既報）「1日半開催が良い」が46・6％、「1日開催」が53・4％だった。

前執行部からの継続案件として、協議をさせていただいた。代議員会で皆の声を求めることが重要と考え、「1日半」「1日」という会期にこだわってはいない。さまざまな方法を考えることによって、効率化を図ることができるのではないかとの声が上がってきている。

皆からの意見を頂戴したい。

■高橋英登会長

われわれ執行部の基本的な方針は、先生方のご意見を聞き、執行すること。この代議員会だけでなくても、いつでも意見をいただきたい。

会期については、いろいろな事情があるので、一括にまとめるのは不可能と考えている。しかし、基本方針として、意見を聞いた上で舵を切るスタンスなので理解をお願いする。

災害時補助金等の国への直接申請望む

南島正和（奈良）

この度の能登半島地震を踏まえ、災害時の歯科医師会の対応について改めて考えさせられた。

本県では、数年前に国の予算でポータブルユニットを2台購入し、現在も吉野地区の山間部を中心とした無歯科医師地区で活用している。

しかし、地震災害などが発災した場合、本県のように都市部と山間部に隔てられている県では、孤立する区域が多数出現することが予想される。

災害時ならびに平時においても最新のポータブルユニットの増台は必須だ。

また、本県では「訪問診療車」を保有しておらず、今回の石川県からの「訪問診療車」の提供要請にも対応できないことも極めて残念だった。本県のような交通事情および地理的な状況を鑑みると「訪問診療車」は必須と言える。

しかし、このような体制を整えるにはかなりの経費が必要で、補助金を活用するには県の理解と予算措置が必要であり、現実的に実現は極めて厳しい状況である。厚生労働省予算の「災害医療体制の推進」「へき地保健医療対策の推進」などの補助金交付に関して、県を介することなく、都道府県歯科医師会が直接国へ申請することが可能になる制度構築をお願いしたい。

要望は継続しつつ 効果的な対応推進

■野村圭介常務理事

ポータブルユニット等の配置は、各都道府県で進んでいると思うが、まだ充足していないとは認識している。診療車については14都県で所有されているが、メンテナンスと維持費の問題が難しいとも聞いている。

体制整備に関して県を介することなく、直接国に申請することができる制度構築の要望については、国の対応で難しいところではあるが、災害対応機材に関しては、従来から要望し続けているところでもある。歯科診療車の整備も含めて、効果的な災害対応を進めていきたいと思っている。

厚労省だけでなく、国交省など関係省庁も含めて進めていきたい。

能登半島地震への対応の体制を問う

川端貴美子（福岡）

東日本大震災から熊本地震に至る災害対応を経て、日歯は「大規模災害時の歯科医師会行動計画」の策定など、次の災害に備えた対応を構築してきた。

災害対応の基本は、「地元行政はもとより、警察や自衛隊など各組織・団体との連携の構築」「日歯、被災した都道府県歯、被災した郡市地区歯、そして近隣の都道府県歯が連携し、それぞれの役割を果たしていくこと」と言える。

そのために、必要な役割として災害歯科コーディネーターがあり、日歯はこれまでその育成に努めるとともに、災害歯科保健医療チーム養成支援事業を行ってきた。

加えて、令和4年災害発生後おおむね72時間以降に地域歯科保健医療専門職により行われる、緊急災害歯科医療や避難所等における口腔衛生を中心とした公衆衛生活動を支援することを通じて被災者の健康を守り、地域歯科医療の復旧を支援すること等を目的としてJDAT（日本災害歯科支援チーム）が創設された。

今回の能登半島地震において、災害歯科コーディネーターはどのような体制だったのか。

また、初めての活動となるJDATについて、活動要領の中の派遣基本方針の中には派遣されるJDATは都道府県ごとに組織し、「JDAT〇〇（都道府県名）」と呼ばれるとの記載もあるが、今回はどうだったか。発災後の流れについて、説明をお願いしたい。

石川県歯と密に 連携して対応

■野村圭介常務理事

災害歯科コーディネーターは石川県歯科医師会の村戸建一副会長で、佐藤修専務理事が現地災害歯科コーディネーターとして日々対応している。そして、JDATの統括コーディネーターは、日歯から任命していないが、コーディネーターとは別に石川県歯顧問の蓮池芳浩日歯副会長、石川県歯会長の飯利邦洋日歯理事と密に連携をして対応してきた。

JDATの表記については、活動要領には後ろに都道府県名を書くとされているが、初動において、誤って逆の表記をしてしまい、混乱を来したことにはお詫び申し上げる。

歯科医師の需給問題への見解は

髙橋雅一（北海道）

骨太の方針に「生涯を通じた歯科健診（いわゆる国民皆歯科健診）」が明記されたことにより、歯科医師の需要が増すと予測される中、歯科医師国家試験の合格率は61～66％で推移している。毎年90％を超える合格率となっている医師国家試験と比べ、低い水準だ。また、29歯科大学・歯学部の2023年度入学試験充足率は90％であり、9校が定員割れの状況にある。そして、物価高騰や医療DXの影響を受けて、廃業する歯科医師が増えることも予想される。これらの理由から、今後歯科医師不足が懸念されるが、歯科医師の養成には時間がかかるため、早期に需給問題に対処する必要がある。

平成18年8月31日に文科大臣、厚労大臣から出された確認書には、「歯学部定員の一層の削減と国家試験合格率を引き下げる」との記載があるが、これが歯科医師不足を助長する可能性があるため、この確認書の撤廃や見直しが重要と思われる。日歯の見解を聞きたい。

国試対策と同時に 働く場構築も必要

■高橋英登会長

需給問題は歯科界の未来を大きく左右する大切な事項だと思っている。

「歯科医師養成の削減等に関する文部科学大臣と厚生労働大臣の確認書について」という平成18年9月13日に発出された見解がある。その時期は歯科医師過剰と言われており、今と全く違う状況なので、この時点の要望としては決して間違っているとは思っていない。診療レベルを下げないために、この舵の取り方は決して間違っていなかったと確信している。

ただし、それから約20年が経ち、歯科界が疲弊をしている。若い人が歯科界を目指さない時代になってきている。

私は大学に25年間勤務しており、教え子が約5千人いる。保護者から多くの電話やメール、手紙をもらっている。「息子はまじめに大学6年間を卒業した。われわれも厳しい中で授業料を払った。どうして国家試験を通してくれないのか」と、本人からも「国民のために貢献しようと6年間頑張ったが、どうすればよいのか」と悲哀を聞いている。

将来が暗い、暗澹としたものだと思っている。

大臣合意を即刻廃止して、数を増やせば良いという単純な問題ではないと思っている。

「都道府県単位の歯科診療所数増減に関連する要因の検討」という日本歯科総合研究機構のデータでは、歯科医院の数は2016年の6万8940施設をピークとして減少に転じている。そして、歯科医師の平均年齢は62歳を超えている。大学在校生の半数が女性となり、診療所勤務者が増加しているという現実もある。将来の継承の予定では、「予定なし」が52・5％と、継承が難しい状況にもなっている。当然、歯科診療所の数も漸減されてくることになる。

ところが、歯科診療所の変化と人口の変化を見ると、都市部に集中していることが分かる。全国で無歯科医地区が増えており、1200を超えているという報告もある。

闇雲に国家試験の合格率を引き上げれば良いのか。まずは若手歯科医師の働き口として、全てが開業医になるのではなく、行政職や保健所勤務も少なく、大学病院の勤務医も減っている。働く場をしっかりと構築した上で、同時に確認書の見直しなども取り組んでいかなくてはいけないと思っている。

働き場所を確保する活動に着手している。4代の厚労大臣と文科大臣に会って、この問題は投げかけているが、例えば補助や免除をして、卒後に特定の場所で働いてもらうなどの方法も考えていかなくてはならないなど、これからの執行部の検討課題。

若い人が目を輝かせて、歯科界に入ってくれるような世界を作っていかなくてはいけないという切実な思いがある。二律背反の部分があり、難しい点もあるが、乗り越えて対応していきたい。

保険医療

適正医療費への財源確保策問う

椿誠（熊本）

日歯執行部においては、令和6年6月にトリプル改定を迎えるにあたり、大変な苦労があったと思われる。改めて感謝申し上げる。

さて、歯科の適正医療費は4兆5千億円とも言われているが、現在、歯科に与えられた医療費はおよそ3兆円だ。超高齢社会における社会保障費の増大が続く中、今後、その差額1兆5千億円の予算を確保していくのは非常に困難ではないかと思われる。そのため、医科歯科の初・再診料格差をなくすことよりも、歯科独自の異なった視点で予算確保の対応を検討することも必要ではないかと考える。これまでも新技術導入が保険収載されているが、臨床での応用頻度が極めて低いものや、自費で行っていたものが安価な点数で収載されるなど、課題は多いと感じている。このままではスタッフの賃上げどころではない状況が続き、歯科界に人が集まらなくなるのではないかと危惧する。これからの歯科医療を担う後輩達のためにも、より良い歯科界を作り上げていかなければならないのではないか。そのためにも、予算確保や診療報酬算定に関する戦略などの具体的な検討を行う、特別委員会などの設置ついて、ぜひ高橋会長にご検討いただきたい。適正医療費の財源確保についてのビジョンを聞かせてほしい。

医療費獲得と共に受診率の向上図る

■高橋英登会長

先生の言う数値は、ある先生が歯科雑誌に書いた「歯科の適正医療費は4兆4800億円」という論文にある程度の論拠があると思う。データに基づいた素晴らしい論文となっている。

ただし、46兆円の総医療費の中で歯科に来ているのは3兆2309億円で7%となっている。

平成12年に転換点があった。それまでは、医療費は医歯薬の順だったが、ひっくり返った。今、調剤の医療費は7兆8800億円で17・1%。昔は歯科の医療費は12%を超えていた。今の段階で、歯科が10%だったとしても4兆6千億円。

「令和4年度 高額医療交付金交付事業における高額レセプト上位の概要」を見ると、レセプト1枚当たりの額の1番は、1億7784万6430円。99番でも3362万6230円。4年前の調査では、上位が血友病だったが、脊髄性筋萎縮症が上位を占めている。

ドルゲンスマやキムリア、イエスカルタなど高額薬剤として有名だが、さらにここに認知症の薬剤などが入ってくる。

FDIの派遣団が海外の歯科医療費を調べた。スケーリングや抜髄、総義歯など単純な医療費の比較を出してもらった。

総義歯の印象から装着まで全て含めて、日本では3万5700円、フランスでは35万7200円というのが現実。この対価で、歯科技工士に支払うのが現状となっている。

一方で、単純に4兆円にすれば良いという問題ではない。総義歯の窓口負担が2500円で安いと思う患者さんもいる。難抜歯に時間がかかった時にも、窓口負担が1048円で、安いと思う患者さんもいた。

今回の改定では、総義歯が2360円上がっている。患者さんの目線で見て、あまりにも低い、世界と比べても常識外に低い値段と思われる歯科の医療行為がある。そこは上げる努力をしていく。

患者さんが納得して窓口で払ってくれるのが保険診療の基本となる。

例えば、今回、CAD/CAMをするのに必要な接着材料料17点が38点になった。今まで長いこと実現できなかった。最低でも298円かかる接着材を使って170円しかもらえないのはおかしかった。そのような理にかなっていない部分を解消していかなくてはいけない。

また、皆歯科健診が進んでくると思う。その時に、会員の歯科医療機関に来る。言い方は適切ではないかもしれないが、このままの点数でも患者さんが押し寄せてくれば、われわれは潰れることはない。受診率・受療率を上げることが根本だと思う。それと同時に適切な保険医療費を獲得していく。

そして、自費の見直しや、期中改定で新技術、新材料を導入することも取り組んでいく。結果的に会員の先生にプラスになるような方向に舵を切るのが大事だと思っている。地道にしっかりと進めていきたい。

ベースアップ評価料2年後の想定を問う

多名部実（大阪）

令和6年の診療報酬改定については、人件費のアップを診療報酬で賄う、という「歯科外来・在宅ベースアップ評価料」が新設された。技術料が何点上がった、というものとは異なり、補助金のような性格と感じている。

この2年間でベースアップ、つまり院内スタッフの賃金ベースを上げていくことは歯科界にとって好ましいことだが、心配するのは2年後だ。社会情勢から鑑みても、2年後に人件費が減少することは想像しがたいものがある。しかし、診療報酬改定は予算ありきなので、今回の新設されたベースアップ評価料が2年後になくなることは充分に考えられる。

そうした場合に、この2年でスタッフの給与は国の補助もあって上がったものの、補助がなくなったら給与を下げる、ということも現実的には難しく、ベースアップ評価料がなくなってしまった場合には、今回の賃金アップの負担は結局われわれ医療機関の経営環境をさらにひっ迫させる恐れがある。ベースアップ評価料は、全体改定率0・88%のうち0・61%を占める。今回の予算としては最も大きなものであり、スタッフの処遇改善のためにも積極的に算定していきたいところではあるが、なくなった時の不安が拭えない。この辺りを日歯はどのように考えているか。

加算ではない形で診療報酬評価が必要

■林正純副会長

今般の物価高騰を受け、政府が医療従事者の賃上げも必要ということならば、令和6年度改定で物価人件費に係る部分の財源確保が必須であるとの趣旨で、三師会共通の認識として改定交渉に臨んできた。

ご承知の通り、人件費対応は人材確保の観点からも極めて重要な課題。また、処遇改善に向けた政策手法は、国民目線で不公平感なく実現できるよう、例えば目的別の改定財源となれば、歯科関係職種も含めて幅広く使用でき、現場に極力不公平感のない納得のできる対応を兼ねてから要望してきた。

結果としては、医科歯科ともに初再診時と訪問診療時における外来・在宅ベースアップ評価料という対応がなされ、診療報酬による賃上げも税額控除の対応となった。自助努力と合わせた三位一体の取り組みになっている。

入院外来医療等の調査評価分科会での議論では、診療報酬0・61%で対応する歯科職種は院内の歯科衛生士、歯科技工士のみならず、歯科業務補助者も加わり、令和6年度2・5%、7年度2%ベースアップの実現に向け、賃上げ税制も活用しながら達成を目指すことになっている。

歯科外来・在宅ベースアップ評価料1として、初診時10点、再診時2点、訪問診療1では41点、訪問診療2・3では10点を加算して、中央値としておおむね2・3%相当のベースアップになる設定になっている。

シミュレーションの中央値は2・3%だが、半分に満たない医療機関も一定数あることから、人件費増率が1・2%に達するように評価料2として、さらに8段階の加算点数が考慮されている。

ただ、中央値までの計算にはなっておらず、加算の加算で、同一の診療であっても医療機関ごとに患者窓口負担の差が生じることから、受療行動への懸念も指摘されている。

加えて歯科外来・在宅ベースアップ評価料Ⅰは、施設基準の届出と合わせて各医院に応じた計画書を厚生局に届出した場合に評価される。1年ごとにベアの報告書の提出も必要で、勤務歯科衛生士、歯科技工士、歯科関係職種の賃上げ2・3%分に紐づけされており、制度をより難解にしている。

代議員が指摘した通り、人件費対応は、診療報酬における制度の建付けがなくなってもフローとして続くべきもので、基本診療料等のホスピタルフィーとして要望してきた。

令和6年度改定の答申書附帯意見には、賃上げに係る評価について、各医療機関における賃上げが適切に実施されているか、実態を把握した上で検証を行うことと記載されており、今後、検証の上、この制度の位置付けが判断されることと理解している。

過日の厚労省と共催したオンラインセミナーで、高橋会長からもコメントがあったが、より良い歯科医療提供のために歯科医療従事者のモチベーションを高め、前向きな気持ちで働ける環境の実現は不可欠。そのためにも2年後における賃上げ実現の際には、診療報酬で加算の形ではなく、ホスピタルフィーとしての応分の評価が必要と考えており、引き続き要望していく。

少なくとも今回のベースアップ評価料は、従業員に還元し、より良い労働環境の実現の一助にしていただきたい。

金属歯冠修復の4/5冠の復活望む

江口康久万（神奈川）

われわれが強力に推し進めている8020運動の達成者は令和4年度51・6%と、平成28年度の51・2%と比べ伸び悩んでいる。

8020推進財団の「永久歯の抜歯原因調査」から、第1回の17年と2回目の30年の抜歯主原因を比較すると、う蝕と歯周病は減少しているが、2回目に大きく増えたのが破折を原因としたものだ。本年の社会保険の改定では口腔内装置の目的として外傷歯の保護が加わるようだが、さらに歯種別にみた抜歯数を調べると、上位から、下顎の右側6、左側6、左側7、そして上顎左側7、右側7と続く（智歯を除く）。

さらに抜歯に至った原因を調べると、全体では破折は17・8%でしかないのにどの大臼歯も高い割合を示し、特に下顎の左右6については平均の約2倍となっている。下顎の大臼歯部で頬側面溝がカリエスになった場合、咬合面全体を覆わない修復をすると近心根と遠心根を分断する破折が起きることは知られているが、大臼歯部では咬合時に100キロ㌘を超えることもあり、咬合高径が取れないことから破折も起きやすいと考えられる。

こういった観点からも強度の高い、そして歯質の切削量も少なくて済む金パラは最適な材料として選ばれている。しかし、現在の保険制度では歯質が残っている場合では基本的にはインレーでの対応しかできず、それ以上大きい場合はインレーとレジンのコンビネーションで対応するしかない。この場合、長く使っていくと破折につながる可能性が高い。金やパラジウムの高騰で歯科医院の台所状態は圧迫されているが、泣く泣くインレーの点数で4/5冠を入れているところも多いのではないかと思う。

多くの会員が恩恵を受けられる金パラの4/5冠の復活をお願いしたい。

破折につながらない材料の開発目指す

■大杉和司常務理事

4/5冠が大臼歯から適用外となったのは平成14年、修復形態の実態に合わせた適正評価ということで、小臼歯までの取り扱いになったと推察される。また中医協改革において、平成18年度改定から導入された医療技術評価提案書の履歴を見ると、20年度から28年度の改定まで日本補綴歯科学会を中心に既存技術の再評価として本件に関する提案がなされている。

ただ、「評価すべき医学的有用性が十分に示されていない、有効性、成熟度が低い、また安全性、倫理性、社会的な統制に問題がある」とされ、評価が認められなかった経緯がある。その後、学会からは提案がなされていない。

一方で、臼歯部修復物の予後の調査研究がある。臼歯部修復物の生存期限の要因、口腔衛生学会誌において、金属歯冠修復4/5冠、メタルクラウンの平均生存率は3千日を超え、5年生存率は約8割という報告がある。金属修復物の再治療の原因で最も多いのは、4/5冠では二次う蝕、メタルクラウンでは根尖性歯周炎との報告もある。

日歯としては、近年のCAD/CAM冠の新規技術、接着材料の進歩や、メタルフリー材料の開発ニーズ、会員の先生方の要望に終始対応してきた。昨年12月には、破折リスクが少ないメリットのあるCAD/CAM冠材料のPEEK材が期中導入され、大きな咬合力が加わる第一大臼歯症例に対しても使用可能となった。

また、今改定でもCAD/CAM冠タイプⅢの適応症が拡大された。今後も学会、産業界、行政との連携を図り、強度で操作性が高く、安定的に供給可能な歯科材料の研究開発および保険導入を推進し、破折や抜歯につながらないよう重症化予防の観点から口腔機能管理の取り組みも強化していきたい。

医科歯科大
東工大

統合見据え医工連携推進

研究成果発表・交流会

㊤歯科を含む演題が発表された
㊨渡部氏

東京医科歯科大学と東京工業大学は10日、「マッチングファンド研究成果発表・研究交流会」を東京都文京区の東京医科歯科大学M&Dタワーで開いた。会場では、両大が2022～23年にかけて募集したファンドに採択された歯科含む研究チーム37組が集まった。合同で成果や経過報告をするとともに、研究交流を行い、産学連携や医工連携、融合研究を推進するのが目的。

歯科関連では、「XAI（説明可能な人工知能）を用いた画像による口臭診断システムの開発研究」「歯ブラシの操作力計測システムの開発」「口腔がん線維化亢進モデル作製の試み」「歯の延命に貢献する大気圧低温プラズマを用いた安全な歯根の新規洗浄・殺菌法の開発」「歯科用コーンビーム CT検査のスモール AI技術の活用による被ばく線量低減の実現」の演題が発表された。

閉会あいさつで東京工業大学副学長の渡部治氏は、「東京医科歯科大学と東京工業大学が一緒になって新しくやっていく一つの研究例だと思っていただきたい。医学の中に歯科・看護など、医工学が応用されていると思うが、工学・理学から発生した『工理連携』もある」と述べた。

同取り組みは、22年10月に両大が開いた記者会見後、若手を中心に「一丸となって研究を推し進めたい」との意見がなされ、マッチングファンドを実施するに至った。「この統合は明治維新を感じさせる。今後とも、この取り組みをやっていきたい」と思いを語った。

「歯科医療とAI」テーマに連載開始

IDJ

歯科国際誌『International Dental Journal』（IDJ）のLakshman Samaranayake編集長は同誌の4月号に掲載したエディトリアルで、AIと歯科医療に関連するコーナーを設ける意向を示した。

口腔カンジダ症の研究など、口腔微生物学者としても世界的に知られるSamaranayake氏はエディトリアルの中で、歯科医療とAIとの関連について、大規模言語モデル（LLM）、大規模ビジョンモデル（LVM）、多峰性モデル（MM）などを含むAIに期待される歯科医療への寄与について言及。

口腔疾患の早期予測と予防、治療と管理、遠隔診療・画像解析、診断・治療計画、修復・補綴、教育・訓練、医療倫理・医療政策・医事法制などの領域で、幅広くAIが活用されるようになると予測した。

AI支援システムを適時診断、治療計画や治療前のシミュレーション、術後の管理、個人の歯科医療・口腔保健記録など臨床、医学教育で広く生かすことができると期待しているという。

デンタル 小町が通る

なかい歯科クリニック院長（茨城県境町）
中井 巳智代 ❶

地域とともに

関東平野のほぼ真ん中。利根川の下流域に広がる豊かな水の流れと緑あふれる田園都市、茨城県境町。利根川と江戸川の分岐点に位置し、江戸から明治にかけては水運を活かした利根川随一の河岸の町として栄えた。しかし、私が開業したころはおそらくどの地方の町も抱えているであろう人口の流出や住民の高齢化問題に悩まされていた。

自分が生まれたこの町で子供を育て、歯科医師としてほんの少しでも役に立てる何かをやってみよう！との想いで戻ってきた28年前。しかし、思い描いていた理想の歯科臨床とはかけ離れた現実。地域にはその地域特有の歯科医療ニーズがあり、地域に密着した医院運営をすることで、ニーズに合ったサービスが提供できるということに気付かされた。

8年前、地元に若い町長が誕生した。町づくりへの情熱と行動力、推進力で灯の消えかけた町に再び灯が燈った。町にUターンする若者やこの町で子育てをしたいという若い世代が増えた。医療や教育の充実も掲げられ、歯科から発信したい「予防」や「口腔と全身の健康の関わり」について広く啓発できるチャンスが増えた。

自分の器でできることを探していたら、予防の先の先にある妊娠授乳期からの「歯育て」の大切さを子育て世代の人たちに伝える場所を作ることで、健康観を高める啓発活動ができるのでは？という思いに至った。「ゆりかごから墓場まで」を担う地域の歯科医師だからこそ、ゆりかご時代の予防の在り方を今一度投げかけてみようと思った。

折しも、「子育てタウン」を謳う行政の後押しもあり、歯科から食育を発信する「oyako食堂 ごはんの樹」が誕生した。さらに、目の前には小児科クリニックが開業し、思いに共感してくれる医師や助産師、作業療法士など多職種の医療者が地域のためにつながることができた。「健康は健口から」を医療者同士が共有し、連携していける準備が整った。

「食べることは生きること」。人生のスタートからターミナル期まで、生きることに寄り添える歯科医師であれるよう精進したい。

①「oyako食堂」の店内②スタッフと③食堂にて

サメやエイに苦味受容体

明治大学が初めて発見

これまで苦味を検知する受容体を持たないとされていたサメやエイなどの軟骨魚類も、苦味受容体（T2R）を持つことが分かった。この発見で、軟骨魚類もT2Rが口腔内での有害物質の検知に活用していると推測される。明治大学研究知財・戦略機構研究員（日本学術振興会特別研究員PD）の糸井川壮大氏、農学部特任講師の戸田安香氏、同教授の石丸喜朗氏、情報・システム研究機構国立遺伝学研究所教授の工樂樹洋氏ら研究グループが解明したもの。

主に苦味感覚は有害物質の摂取を回避する機能を持ち、動物の生存に重要な役割を果たしている。脊椎動物においては、苦味はGタンパク質共役型受容体（💡1）（GPCR）の一種である「T2R」によって検知される。

これまで、T2Rはシーラカンスやハイギョなどの硬骨脊椎動物に見られたが、軟骨魚類や円口類にもT2Rが存在するのか十分な調査がなされていなかった。

◆◇◆

同研究グループは、軟骨魚類・円口類のゲノム情報からTAS2R遺伝子（T2Rを作る遺伝子）を網羅的に探索した。その結果、軟骨魚類にもTAS2R遺伝子が存在することを発見した。

さらに、培養細胞を用いて軟骨魚類T2R受容体がどのような化学物質を受容するのかを調査したところ、サメとエイに備わっているT2Rも数種類の苦味物質によって活性化されることが判明した。

◆◇◆

また、軟骨魚類のイヌザメやアカエイでは、TAS2R遺伝子が口腔内に分布する味蕾（💡2）に発現していることが分かった。サメやエイも、硬骨脊椎動物と同様に、T2Rが口腔内での有害物質の検知に用いられていると推測される。

今後は、さまざまな脊椎動物を対象として味覚の多様性と進化の仕組みを明らかにするとしている。

同研究成果は、国際学術誌『Current Biology』（4月9日付）にオンライン掲載された。

💡
1. Gタンパク質共役型受容体　味物質や匂い物質、光、ホルモン、神経伝達物質などを感知する膜タンパク質
2. 味蕾　舌や口腔に存在する蕾上の器官。数十個の味細胞で構成され、味細胞に発現する味覚受容体が味物質を検知する

九州大学

FOSMN臨床像を解明

早期診断、治療法開発へ期待

難病の一つ「顔面発症感覚運動ニューロノパチー（FOSMN）」の患者数や臨床像を解明したことで、国内における診断患者の増加や原因の究明、治療法の開発につながると期待される。九州大学大学院医学研究院神経内科学分野の山﨑亮准教授、医学系学府博士課程4年の江千里氏ら研究グループによって判明した。

FOSMNは、顔面もしくは口腔内の感覚障害から発症し、感覚障害が嚥下・構音障害などの運動症状とともに、次第に下肢に向かって広がっていく症候群。世界でも100例程度の報告事例のみで、有病率や臨床像は明らかにされていなかった。

そこで同研究グループは、日本におけるFOSMNの患者数や臨床像、免疫治療への反応性等を調査するに至った。

◆◇◆

まずFOSMNの全国臨床疫学調査を用いて、推計患者数を35・8人と算出。全国から集めた21例のFOSMN患者の臨床情報を解析したことで、「角膜反射（💡1）や咽頭反射（💡2）の障害、瞬目反射（💡3）検査の異常がFOSMNの早期診断に有用」「発症早期で免疫療法が症状を和らげる可能性がある」等の臨床像が分かった。

さらに、「運動症状が強い群」「運動症状と感覚症状が同程度である群」「感覚症状が強い群」の3群に分けたところ、より症状が重く日常生活への支障が大きい「運動症状が強い群」は、発症からの期間が短いと判明した。

今後は、同調査で疾患の周知や早期診断、適切なタイミングでの治療介入、社会福祉サービスの導入が可能になると期待がかかっている。

同研究成果は、国際学術誌『Journal of the Neurological Sciences』（3月24日付）に掲載された。

💡
1. 角膜反射　角膜を刺激すると瞼が閉じる反射
2. 咽頭反射　喉を刺激すると嗚咽が出る反射
3. 瞬目反射　三叉神経（顔の感覚を司る神経）と顔面神経（表情筋を司る神経）をつなぐ神経回路によって起こる反射

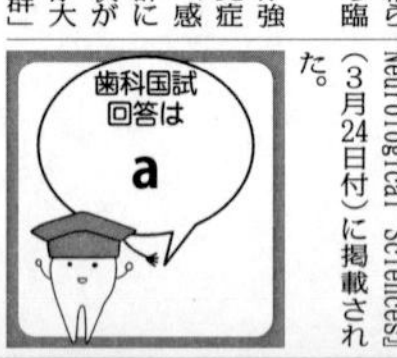

インタビュー　注目の臨床研究

薬用マウスウォッシュうがいで糖尿病が改善

成果の意義と医科歯科連携の今後

歯科疾患や歯科医療と全身の健康との関係について、さまざまな知見が示される中、特に歯周病と糖尿病との関係は医科医療機関でも注目されるようになった。このたび、大阪大学大学院歯学研究科口腔全身連関学共同研究講座(仲野和彦教授)が、薬用マウスウオッシュを用いたうがいで糖尿病が改善することを示唆する臨床研究(＊)を発表した。この研究成果の意義と、今後の医科歯科連携の在り方について、仲野教授に聞いた。

阪大 仲野教授に聞く

――以前から、「口腔は身体の入り口」と言われており、歯科疾患が全身疾患の発症、増悪に関連することが知られてきました。近年では、疫学的なエビデンスなどが整い始めてきていますが、今回、「クロルヘキシジン(CHX)入り洗口液によるうがいで、糖尿病が改善」という可能性が示されたことは大きな反響を呼んでいます。この研究結果には、どのような意義がありますか。

仲野　歯周病と糖尿病が関連していることは、歯科、糖尿病を扱う内科で以前から知られています。歯周病と糖尿病には双方向に悪影響を及ぼし合う関係があることから、糖尿病医療に従事する医師の中にも、歯科との連携を模索する流れができつつあります。

また、歯周病が糖尿病を悪化させる機序についても、歯周ポケットの破れた微細血管から歯周病原菌が産生する内毒素、炎症メディエーターの侵入がきっかけとなっていることなどが明らかになってきました。

しかし、「関係ありますよ」と言われても、手ごろな対策手段を提示できなければ、生活者には響きにくいところがあります。今回の研究は、2型糖尿病患者に一定期間、CHXを含有した洗口液を使用してもらい、HbA1cの変化を評価したもので、当初の参加人数350人中、最終的に173人を6カ月間、追跡評価した結果、比較的若年、男性の群で、口腔内に存在する悪性度が高いとされるレッドコンプレックスと呼ばれている歯周病原菌種(P・ジンジバリス、T・デンティコーラ、T・フォーサイシア)が減少し、血糖コントロール状態も改善したという結果を得ました。

――「特別な治療が必要」というのではなく、「日ごろのセルフケアが大事」ということなので、生活者にとっても受け入れやすい結果と言えますね。

仲野　「CHX入り洗口液でうがい」ということですから、人々にとって高いハードルにはなりません。今回の研究結果を、歯科領域の学術誌ではなく、あえて一般科学誌『Scientific Reports』(2024年2月2日公開)に投稿したのも、広く生活者に関連するテーマだと考えたためです。

また、大阪大学大学院歯学研究科では産学連携を推進する観点から、口腔全身連関学共同研究講座を開設。歯科疾患と全身の健康との関連に関するさまざまなテーマについて、それぞれ企業や地域の多職種との提携を進めています。

歯周病と糖尿病については、歯科医学の専門家である私たちに加え、洗口液などのセルフケアグッズの成分、有効性などのエキスパートであるウエルテック、糖尿病医療の専門家である伊藤直人氏(大阪府開業、医師)が共同研究し、今回の成果につながったものです。

◆◇◆

――研究結果の概要を教えてください。

仲野　大阪府内の糖尿病クリニックを受診している2型糖尿病の患者さん350人(34～85歳)が研究に参加しました。ここから、悪玉歯周病原菌種が6種類未満の人は、そもそも糖尿病に菌自体が関連していない可能性が高いため除外し、また、HbA1cが6・5%未満の人は、試験の効果が確認しにくい軽症者のため除外。さらに、BMIが30・0kg/㎡以上の人は、肥満が改善しなければ糖尿病の数値も変化しないことが予測されるため除外しました。

その結果、173人がコホート研究の対象となりました。最初の6カ月間、水だけでうがいしてもらいましたが、歯周病原菌の種類、HbA1cの数値もあまり変化しませんでした。その後の6カ月はCHX含有の洗口液を使用したうがいをして、回数をその都度、専用の手帳に記録してもらいました。

合計12カ月に及ぶ長期的な試験で、その間に転居などで20人が脱落したものの、洗口液そのものの使用が嫌になったことが原因でのドロップアウトは1例もありませんでした。このことから、薬用うがい薬でのうがいということ自体、被験者である糖尿病患者さんにとって手軽で続けられる生活習慣であることが伺えます。

その間、糖尿病クリニックへの受診ごとにHbA1cの数値を測定するとともに、唾液サンプルを採取して歯周病原菌の種類をPCR分析しました。その結果、1日2回以上、CHX含有の洗口液でうがいした比較的若年層や男性では、HbA1c、悪玉歯周病原菌の種類も改善しやすい傾向が示唆されました。

データ解析で難しかったのは、6カ月間、CHX含有の洗口液を使用して悪玉の歯周病原菌(レッドコンプレックス)の種類は有意に減っている一方で、HbA1cがかえって高くなっているように見えた人も多く存在したことです。これだけだと効果を評価できませんが、HbA1cには季節変動という性格があります。夏に低下し、冬に上昇する傾向です。研究では、最初の6カ月間を水でうがい、その後の6カ月はCHXでうがいするモデルですが、被験者それぞれの試験の開始時期によって、この季節変動の影響を受けた可能性が高いと考えられます。

HbA1cの季節変動を調整すると、わずかながら改善していることが確かめられました。仮に、歯科だけで研究していたら、季節変動を考慮することは難しかったかもしれません。こうした研究には、やはりそれぞれの専門領域のエキスパートが必要なのだと言えます。

「誤解ないよう情報発信に注意を」

――今回実証された、「薬用うがい薬で糖尿病が改善するかもしれない」というストーリーは、生活者にとって適度な手軽感もあって良い面もありますが、情報発信の仕方によってはミスリードにつながる危険もありますね。

仲野　これは、特に注意しなければならない点です。今回の研究の前に、別のクリニックで被験者20人程度の小規模なパイロットスタディを実施しました。その結果を踏まえて、肥満、高血圧、喫煙などの別の因子があることを十分に意識して研究成果を解釈することにしています。

これは、これらの主要因が改善されないと、口腔内細菌をコントロールできても、糖尿病の改善が難しいためです。また、今回の研究では、パイロットスタディよりも被験者の平均年齢が高く(約68歳)、これより年齢が若い、特に男性では、悪玉細菌の種類もHbA1cの値も、高齢の人よりも改善しやすい傾向が認められました。

つまり、「若い男性で、肥満など口腔内細菌とは別の要因が少ない人ほど、うがいの効果が出やすい」ということです。考えてみれば当たり前なのですが、食べすぎ、飲みすぎがそのままなのに、薬用うがい薬を使用しても効果は限定的だと、きちんと伝える必要があるのです。HbA1cの微妙な変化はさまざまな要因で起こるため、「うがいさえすれば良い」という話ではありません。

歯科医療の専門家としては、「うがいだけすれば改善する」と誤解されないよう、生活者への情報発信には注意が必要です。また、パイロットスタディでは、CHXでのうがいだけでなく、定期的な歯科受診によって歯周組織のコントロールを受けた人ほどHbA1cの状態も改善したという症例が見られました。つまり、家庭でのセルフケアと歯科医院でのプロフェッショナルケアを組み合わせることで、糖尿病の改善に相乗効果を期待できるのではないか、と考えています。

大阪大学
教授 仲野 和彦 氏

被験者の抽出方法

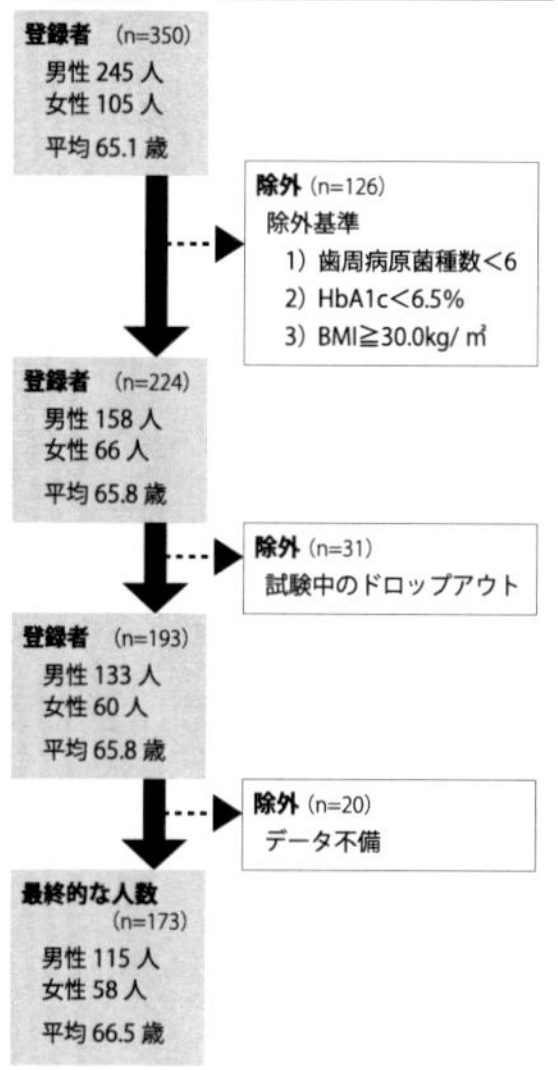

調査結果

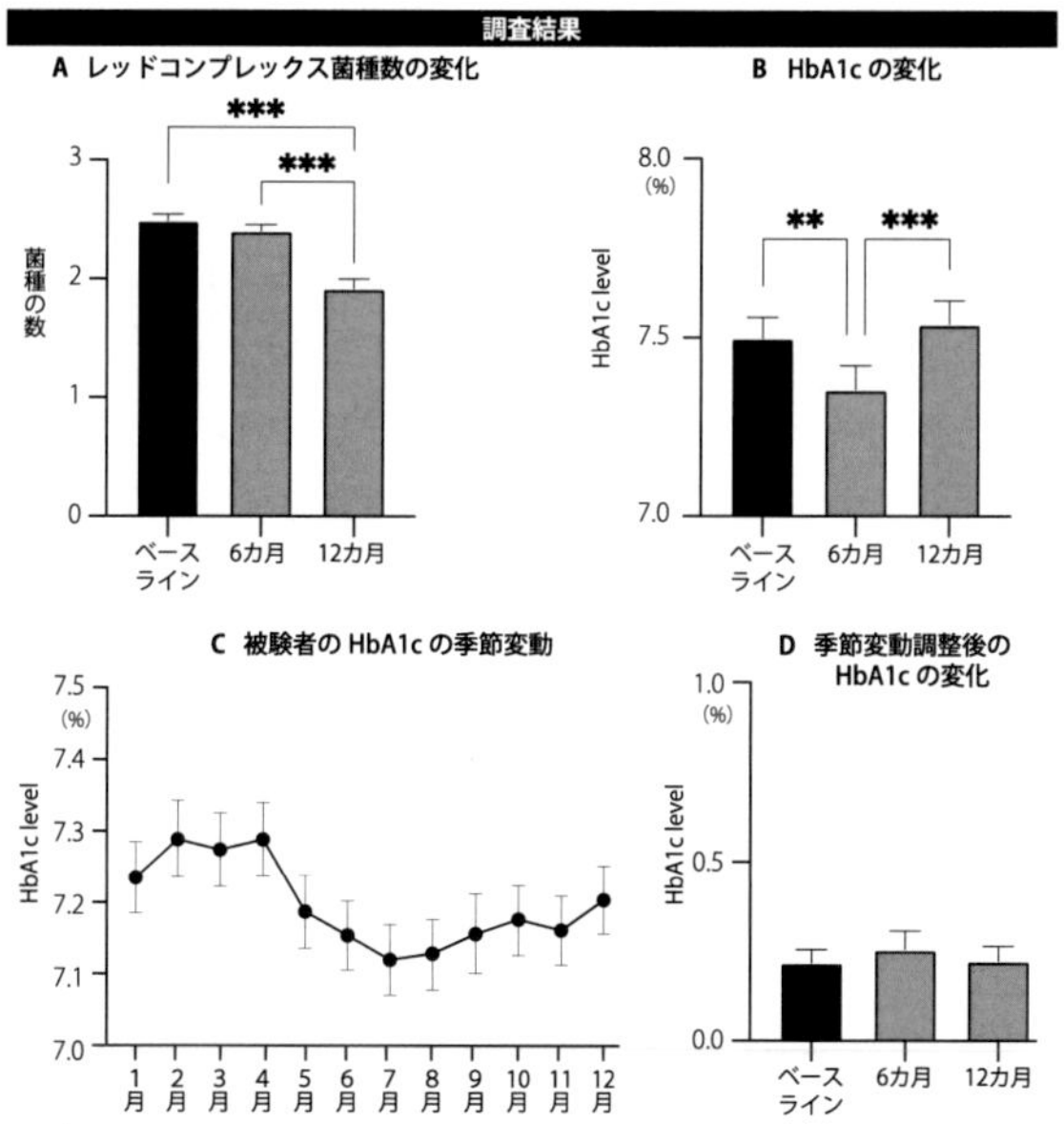

Aはレッドコンプレックス菌種数の変化、BはHbA1cの変化、Cは被験者のHbA1cの季節変動、Dは季節変動調整後のHbA1cの変化。

6カ月の水うがい終了時において、レッドコンプレックス菌種数の変化は認められなかったが、HbA1cの有意な減少を認めた。さらに、『コンクールF』による6カ月のうがい終了時には、レッドコンプレックス菌種数の有意な減少が認められたものの、HbA1cは増加した。

これは、被験者のHbA1cが季節変動していることが影響していると考えられ、実測値から測定月の過去の平均値を引いて調整した結果、HbA1cの有意な変化は認められなかった。

＊研究論文掲載先

『Scientific Reports』(https://doi.org/10.1038/s41598-024-53213-×)

糖尿病クリニックに通う2型糖尿病患者173名に、半年間水うがいをさせ、その後、クロルヘキシジン含有の洗口液でうがいをさせて、歯周病原菌のレッドコンプレックスの種類の変化、糖尿病の指標であるHbA1cの変化を追跡した。

その結果、若年もしくは男性で菌種の数、HbA1cの数値の改善が認められる傾向があった。

新社長インタビュー

株式会社近畿レントゲン工業社　勝部 祐一 氏

協業でX線の可能性を広げたい

（かつべ　ゆういち）
1984年生まれ。京都大学工学部電気電子工学科在学時、休校中は海外にバックパッカー旅行や自転車で日本を周遊。卒後は医療機器メーカーに就職。2010年近畿レントゲン工業社に入社、17年取締役、今年２月に現職に。福利厚生の一環で従業員向けの歯科検診を始める。
趣味：休日は子供２人と出掛けたりする。ラジオ放送を聴くのが好きで、通勤時に録音したラジオ番組を聴くのが日課。

――経歴を教えてください。

勝部　大学卒業後、医療機器メーカーに設計職として3年半ほど携わった後､当社に入社し、工業用X線発生装置の設計開発などに従事し、17年に取締役、今年2月に3代目として現職に就きました。

――最近の取り組みは。

勝部　当社は1946年創業で「X線・レントゲン」と名前の付く国内企業の中で最も歴史が古く、医療から産業分野まで幅広く事業展開しているのが最大の強みです。OEM（他社ブランド名での製造）やカスタマイズ製品も手掛けてきましたが、今年1月に経営計画書を発行した際に、当社の使命を「X線の可能性をより深く追求し、より広く提供する」と定めました。「X線は怖いもの」と敬遠されがちですが、「安全に使えば世の中を便利にできるもの」です。これまでの「製品を作って売る」に捉われない事業展開を進めています。

――具体的には。

勝部　3年前に事業化して後に分社化して提供している、歯科界初となる歯科用CT・レントゲン装置の従量課金型サブスクサービス「kriX（クリックス）」に注力しています。装置を購入せずX線の撮影枚数に応じて料金を支払う形式なので、新規開業医院向けのサービスとして提供を始めましたが、予想とは異なり驚いたのは、閉院を考える医院が交換の必要な古いCT・レントゲン装置の代用機としてサービスを利用いただくケースが多いということでした。

――その他の取り組みは。

勝部　当社は小規模な会社ですので、1社単独では手掛けられなくても協業によって実現できるものも。X線装置との組み合わせによる製品・サービスを他社との連携によって今後も生み出していきます。これは工業用X線装置においても同様です。経営理念では「規模を追求せず、社会に必要とされることで永続できる企業」と謳っています。創業100周年を見据えて取り組みます。

電通総研ら　研究・開発に着手

AI活用の口腔がん診断支援システム

電通総研（本社・東京都港区、岩本浩久社長）と東京大学医学部附属病院（田中栄病院長）は、AIを活用した口腔がんの画像診断支援システムの研究・開発に着手し、擦過細胞診（病変部の表面を綿棒などで擦って細胞を採取する方法）に代わる検査手法の確立を目指すと4日に発表した。同システムにより、口腔がんの早期発見や患者の検査による心身の負荷軽減、医療の地域格差の緩和、予防医療などへの貢献が期待できるという。

口腔がんは専門医が少なく早期発見・早期治療に至っていないという課題があり、現在の口腔がん診断の基盤となる擦過細胞診は診断までに時間がかかるなどの問題があったため、今回、口腔内の画像からがんの可能性や病変の深さを予測するAI補助診断システムの開発に着手。口腔外科領域では一眼レフカメラなどで病変部などを撮影して画像を診療録に残すケースが多いことから、2010～21年に同病院の口腔顎顔面外科・矯正歯科を受診し、擦過細胞診および写真を撮影した20歳以上の患者の画像を基盤に、同社のAI技術を掛け合わせたシステムを構築して口腔がんの早期発見を支援する。

初診で口腔がんを見逃さないよう、かかりつけの歯科クリニックで手軽に口腔がんのスクリーニング検査を受けられる体制を同システムを通じて作っていく。

なお、同システムは特許出願中という。

週間 金・パラ価格動向　税抜価格（1g,円）

	金	パラジウム（参考価格）
4月8日（月）	11,490	5,055
4月9日（火）	11,475	5,285
4月10日（水）	11,534	5,485
4月11日（木）	11,533	5,330
4月12日（金）	11,845	5,345

提供 石福金属興業

マイナビ

歯科特化の職業紹介サービス開始

マイナビ（本社・東京都千代田区、土屋芳明社長）は、歯科医師や歯科衛生士、歯科技工士、歯科助手など歯科向けの職業紹介サービス「マイナビデンタルエージェント」を1日に開始した。

同社の医療福祉業界での転職・採用支援のノウハウを生かし、歯科業界の人材確保・活躍に貢献するためにサービス化した。歯科に特化した専門チームが求人の紹介やスケジュール調整、面接対策などをサポートし、今後のキャリアや働き方についてさまざまなアドバイスを行う。「すぐに転職したい」「今後のキャリアについて相談したい」など、求職者の希望に合わせて転職活動を支援する。求職者の利用は無料。詳細はホームページまで。

給付型の奨学金

奨学生22人を募集

クオキャリア

クオキャリア（本社・東京都豊島区、中山豊社長）は、経済的な理由により修学の継続が困難な歯科衛生士の学生を支援する奨学金制度「クオキャリア奨学金」の2024年度の奨学生の募集を開始している。返済不要の給付型で、他の奨学金との併用も可能。期間は5月22日まで。

◆◇◆

同奨学金は2013年の設立以降、毎年奨学生を募集しており、これまで200人以上を支援。2017年以降は同奨学金の趣旨に賛同する歯科医院などからの資金提供も受け、今年は全国46の歯科医院から支援があった。

対象者は、来年3月に歯科衛生士養成学校を卒業見込みの人。募集人数は22人。給付金額は月額2万円。給付期間は7月1日～来年3月31日まで。詳細は同社ホームページまで。

和田精密歯研

技工など臨床動画を配信

和田精密歯研（本社・大阪市、和田主実社長）は、同社で保有するDVDの一部を視聴できる動画配信サービス「和田精密ビデオライブラリー」を2日に開始した。サービスは、ファシオのビジネス専門ウェブセミナープラットフォーム「Deliveru」で配信。

100年以上前に撮影されたギージー教授による総義歯の臨床術式と技工作業を収録したビデオなどのコンテンツを用意。パソコンやスマートフォン、タブレットで視聴でき、空いた時間に学べる。

有効視聴期間は30日。購入から開封までの期間は14日。コンテンツにより、価格は無料または有料。詳細はホームページまで。

舌側矯正装置

形状を刷新

SheepMedical

SheepMedical（本社・東京都板橋区、松本直純社長）は、アメリカで開発された舌側矯正「Brava（ブラーバ）」の形状を3月中旬の納品分から順次刷新している。

同製品は、歯を1本ずつ動かす独自技術により、治療期間を最短9カ月に短縮できる舌側矯正。通常のワイヤー矯正やアライナー矯正より歯に負担がかからず、軽度から重度まで幅広い症例に対応できるという。

今回、矯正アームとブラケットを固定していたクリップをクラスプで固定する形状に変更し、歯科医師や歯科衛生士が簡単に装着できるようになった。また、ブラケットの凹凸をなくして丸みのあるフォルムに変更。矯正装置を装着し始めた際に感じる舌の痛みや違和感が軽減されるという。

製品紹介

（価格は税込）　（新製品情報をお寄せください）

歯科充填用コンポジットレジン

ア・ウーノ

YAMAKIN　☎0120-39-4929

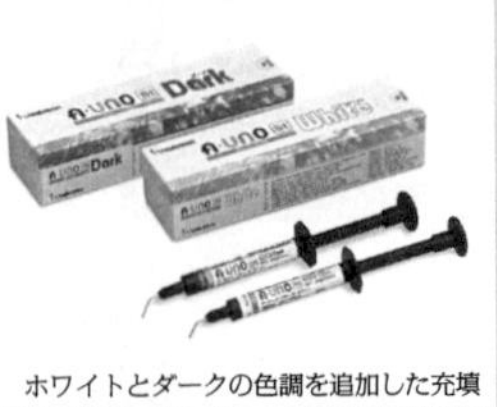

ホワイトとダークの色調を追加した充填用コンポジットレジン。ホワイトは咬頭頂のキャラクタライズ等に使用でき、ダークは濃い色調の歯頸部等で自然な色調を表現できる。硬化前後で透明性の変化がないStタイプ。フローとローフローを用意。

価格＝3,190円 2.8g（1.5ml）

ジルコニア焼成用シンタリングファーネス

デュオトロンPRO S-650

サンデンタル　☎06（6245）0950

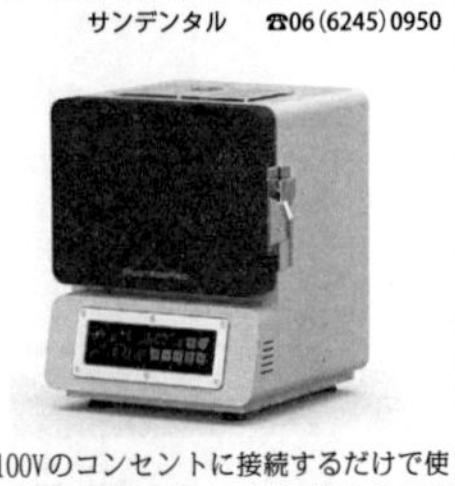

100Vのコンセントに接続するだけで使用できる小型のジルコニア焼成用シンタリングファーネス。一度に最大25歯焼成可能。最大焼成温度は1600度。160分以内で焼成できるクイックモードを搭載。

価格＝107万8千円

軽量・小型　ポーセレン焼成炉

日本歯科商社

日本歯科商社（本社・東京都墨田区、木村均社長）は、歯科技工用ポーセレン焼成炉「オストロマット220 oral design」＝写真＝を発売している。

マッフルサイズは変わらず13キログラムと軽量で省スペース設計。独自のマッフル素材で保温効率を実現。保温効率の良い特殊ストーンをマッフルと焼成台に採用し、陶材をより緻密に焼き上げできる。操作パネルは4.3型タッチ式カラーディスプレイ。

価格はオープン。

問い合わせは03（3625）3111。

人事

（敬称略）

■ジーシー
▼代表取締役社長　中尾潔貴▼代表取締役副社長　篠﨑裕【昇格】▼常務取締役　鳥居勝実、鈴木義政、中川昌之【新任】▼取締役　池上潤一、登石道男、北野卓、青木英雄、片岡康弘、船橋英利、吉武伸浩▼監査役　森本孝幸、児波龍史、長田厚▼最高顧問　中尾眞

■ナカニシ
▼代表取締役社長執行役員（CEO）中西英一【再任】▼代表取締役副社長執行役員（COO）　中西賢介【再任】▼取締役専務執行役員　鈴木正孝【再任】▼社外取締役　野長瀬裕二【再任】、荒木由季子【再任】、汐見千佳【再任】▼執行役員　鈴木大介、有賀浩一、田中章雄、永沼司、宮本幸次▼常勤・社外監査役　豊玉英樹▼社外監査役　澤田雄二、馬来義弘【再任】

■新田歯科器材
▼取締役会長　山田晃弘▼代表取締役　高山大輔

■ヘンリーシャインジャパンイースト
▼代表取締役社長執行役員　加藤大慶▼取締役常務執行役員　福嶋勝行▼取締役執行役員　鈴木伸一、田中幸司▼監査役　阪井正彦

■全方向に伸びるスクラブ発売／東京ユニフォーム

東京ユニフォームは、全方向に伸びる4Dストレッチ素材を使用した「4Dストレッチスクラブ」の「Solid（Vネック）」「Euro（スクエアネック）」とジョガーパンツ「4Dストレッチジョガー」を1日に発売した。サイズはM、L、LL。色はネイビー、ブラック、グレーを用意。同社のオンラインストアで販売。価格はオープン。

■いちご味のキシリトールタブレット／ロッテ

ロッテは「キシリトール・タブレット〈ストロベリー〉」を9日に全国で発売した。同製品は、特定保健用食品のキシリトールタブレット。持ち歩きしやすいラミチャック付きのパウチ。容量は35g。価格はオープン。

ヘッドライン企業ニュース

■義歯床用アクリル系レジン「アンカーeレジンSL」など4月22日受注分から価格改定（クエスト／3月）
■サイナスリフティング用オステオトーム「Sen Ostm」を発売（インプラテックス／3月4日）
■CAD/CAM用ジルコニアブロック「Zolid DRS マルチレイヤー」、AGセラミルシリーズジルコニアブランク「Zolid Bion」を発売（朝日レントゲン工業／3月14日）
■歯科医療関係者へ提供する新ブランド「genemo（ジェネモ）」の第一弾として、歯科用口腔内カメラ「ジェネモ　クリニカムS」を発売（モリタ／3月21日）
■外科用器具「ペリオトーム　デュアル」を発売（クロスフィールド／3月21日）
■2層構造の「プレミアムマウスガード」の新色及び各種丸型を4月1日に発売（名南歯科貿易／3月29日）
■咬合器「パナデント」全商品を価格改定（東京歯材社／3月29日）
■開業時に必要なトリートメントユニットとイメージング製品をパッケージにした「KaVo Planmeca開業パッケージ」を発売（カボプランメカジャパン／4月）
■生活協同組合専売の歯磨き粉「デンタアパトーマイルドソルトミント」を発売（サンギ／4月）

日本歯科新聞

2024年（令和6年）
4月23日

＜発行所＞
日本歯科新聞社
厚生労働省記者クラブ加盟社
〒101-0061
東京都千代田区神田三崎町2-15-2
電話 03（3234）2475
FAX 03（3234）2477
www.dentalnews.co.jp
jdn@dentalnews.co.jp

■年間購読料 23,760円（送料込）（本体 21,600円＋税）
■月4回、火曜日発行
■郵便口座番号 00120-5-130369

今週号の主な内容

コラム

おことわり

次週は休刊です。
次回は5月7日付で発行いたします。

子ども食堂で食育

カレーで口腔意識アップ

医科歯科大と東大 プログラムを開発

東京医科歯科大学と東京大学は5日、本年度に「子ども食堂を活用した口の健康と食育の複合プログラム」を開発および実施すると公表した。子ども食堂の利用者を対象とし、咀嚼を促すカレーを食べながら、口の健康や咀嚼・栄養に関する勉強会を開催する。将来的には、小学校など給食教育への展開を目指す。

同プログラムを実施する経緯について、医科歯科大は「高齢者を支援していく中で、高齢者の健康にはこれまでの生活背景や習慣などが大きく影響していることを実感。子供の時からの健康習慣の確立を支援することの重要性を認識し、実施するに至った」と話す。

◆◇◆

同プログラムは、同大大学院地域・福祉口腔機能管理学分野教授の松尾浩一郎氏ら考案のカムカム健康プログラムを子供向けに改良した「カムカムキッズプログラム」を活用している。

参加者には、月に1回カムカムカレー（食材の調理時間を短くするなど、切り口を大きくして噛み応えを感じてしっかり栄養を取るカレー）を食べてもらい、歯科医師や歯科衛生士、管理栄養士が口の健康・咀嚼・栄養に関する講話を10分程度行う。6カ月間（全6回）実施する中で、口の健康・咀嚼・栄養に関する行動変容を促していく。

カレー開発は、松本歯科大学の増田裕次氏、東京医療保健大学の小城明子氏の協力のもと、医科歯科大の松尾氏、日高玲奈氏、南中野カレーの会の代表者およびスタッフとの相談の上で決まった。

なお、同プログラムは「令和6年度『東京都と大学との共同事業』」の実施事業」の一つで、慶應義塾大学や上智大学なども参画している。テーマは、「『成長』と『成熟』が両立した持続可能な都市・東京の実現」。

勉強会

咀嚼を促すカレー（開発・調整中）

歯科議連で日歯

次年度に向けて 制度・予算要望

国民歯科問題議員連盟（関口昌一会長）の総会が18日、東京・永田町の参議院議員会館で開かれた。日本歯科医師会らが令和7年度の制度・予算について要望したほか、日歯の高橋英登会長による講演で、歯科界の現状や課題点などを伝えた。

厚労省が令和6年度歯科関係予算を報告。「歯科医療提供体制の構築を一層推進するとともに、日歯からの要望や高橋会長の講演を踏まえ、改良を図っていく」とした。

また、健康増進事業（健康局所管歯科保健関連事業）の歯周疾患健診における対象年齢の拡大が、今年度から実施されたと補足。「20・30歳を新たに加えるための予算措置をしている」と述べた。

厚労省からの報告後、日歯の瀬古口精良専務理事は、「令和7年度の制度・予算要望書」の内容を説明した＝右記。

高橋会長は講演で歯科の大切さをアピール

瀬古口専務理事

高橋会長

令和7年度 制度・予算要望書（重点要望項目）

1．国民皆歯科健診の実行化に向けた展開
2．歯科衛生士及び歯科技工士の人材確保及び養成の支援
3．国の進めている医療DXをはじめとする医療分野のICT化に対する医療機関への全額補助
4．病院における歯科の機能の充実を含めた歯科インフラの整備
5．医療安全対策への対応・院内感染対策等の充実強化
6．大規模災害等に備え、巡回診療車やポータブルの医療機器等の整備についての支援

高橋会長

国民皆歯科健診の重要性改めて発信

同日の国民歯科問題議員連盟で、日歯の高橋会長が「国民のためのさらなる歯科医療の充実を目指して」と題して、①歯科医療を取り巻く厳しい現状や課題、②8020運動と蓄積されてきたエビデンス、③歯科の臨床現場の実態、④今後の歯科医療の展望と四つの話題を取り上げた。

高橋会長は「政治家は歯が命であり、口臭の原因は8割がベロ。朝起きたらベロを磨く」と、舌ブラシや歯ブラシを使って舌苔を取る必要性を伝えた。そのほか、「糖尿病と歯周病」「義歯使用と認知症」など口腔機能の改善が全身の健康にも影響すること、そして「継承問題」「地域偏在化」「大学の定員割れ」の問題等も提示した。

さらに、災害時における悲惨な口腔状況と歯科支援の必要性を説明した上で、「われわれが関与することで、口腔内環境が改善し、誤嚥性肺炎などの災害関連死が減少する」と主張した。

今後の展望として、これから生涯を通じた歯科健診（いわゆる国民皆歯科健診）を推進しなければ、早期発見・治療にもつながらないと強調。「最も大切なインフラは医療。各地区で市民皆歯科健診も始まっているが、国会議員の力添えで進めていただければ、国民のためになる」と述べた。

四国地震

タイル剥がれの被害報告が1件

四国を中心に最大震度6弱の地震が17日に発生した。震度6弱を観測した高知県、愛媛県の歯科医師会によると19日現在、高知県では診療所のタイル剥がれが1件、愛媛県では被害報告は上がっていないとのこと。

また、ディーラーの玉井歯科商店によると、取引先の歯科医院等の被害は確認されていないとのこと。

36都道府県歯が保険者協議会に参画

専門部会参加は15に留まる

保険者協議会に参画している都道府県歯科医師会は36あるが、健診・医療データの共有や企画・分析を行っている専門部会への参画は15に留まっている。日本歯科医師会地域保健委員会が47都道府県歯に行った「令和5年度地域保健・産業保健・介護保険アンケート結果」概要によるもの。

◆◇◆

地域職域連携推進協議会への参画は24。同委員会は「地域保健だけでなく労働衛生に深く関わり、職場での就業者の歯科健診を法制化する努力をすべき」「歯科の健康と仕事の効率との関係や全身の健康への影響を数値化して示すため、データヘルスについても話す協議会に多くの都道府県が参画すべき」という旨のコメントをしている。

◆◇◆

保険者との協定や覚書の締結状況では、「全国健康保険協会（協会けんぽ）」と締結しているところが34で最多。次いで「共済組合（公務員）」17、「共済組合（学校教職員）」11、「健康保険組合連合会（健保連）」10、「国民健康保険団体連合会」7、「国民健康保険組合」「その他」3と続く。

保険者との協定や覚書の締結状況

	している	していない	検討中	計
健康保険組合連合会（健保連）	10	36	1	47
国民健康保険団体連合会	7	40	0	47
全国健康保険協会（協会けんぽ）	34	13	0	47
国民健康保険組合	3	43	1	47
共済組合（公務員）	17	29	1	47
共済組合（学校教職員）	11	35	1	47
その他	3	44	0	47

特定保健指導の研修会実施は11

特定保健指導に関する研修会を実施・参画しているのは11で、特定健診の実施率向上のために歯科として関わっているのは14。メタボリックシンドロームと歯科保健との関連について、独自に分析データを持っているのは4に留まる。

◇◆◇

歯周疾患検診について、市区町村での実施を把握しているのは38。健康増進法に基づく対象年齢以外で実施した市区町村を把握しているのは28だった。

たばこ対策　22都道府県歯が禁煙宣言を実施

たばこ対策・禁煙支援事業で、関係する協議会等に参画しているのは24で、22が禁煙宣言を行っている。禁煙支援研修会は8が実施しており、禁煙支援（指導）歯科医の養成は9で行っている。同歯科医療機関の認定をしているのは3、同医療機関の情報提供を行ったのは4となっている。

◇◆◇

禁煙・防煙教育への講師派遣は12が実施。患者および住民への禁煙啓発資料の作成・配布は13で実施されている。

禁煙関連イベントへの参加は18。歯科医療従事者の喫煙状況・禁煙意識調査を実施したのは6。他医療職への口腔と禁煙の関連について啓発したのは14となっている。

たばこ対策に関する協議会等への参画

	参画している	参画していない	計
令和2年度	25	22	47
3年度	24	23	47
4年度	24	23	47
（構成比）	（51.1%）	（48.9%）	（100.0%）

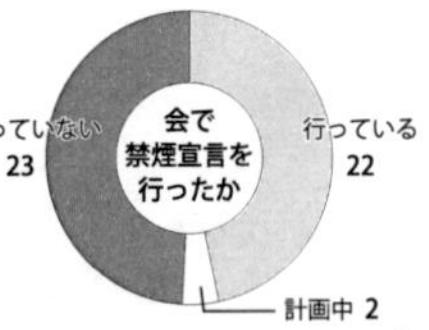

歯科医で写真家・石原氏が作品展

歯科医師でプロ写真家の石原正道氏の代表作「叢（KUSAMURA）」の作品を多数展示する写真展が11日から22日まで、東京都新宿区のOM SYSTEM GALLERYで開催された。

東京都日野市で1975年に開業し、その後、日本補綴歯科学会の専門医、指導医として歯科医療に貢献している同氏は、同時にプロ写真家として、長く二科会写真部で活躍してきた。

会場に展示された植物の写真は画像を加工したものではない。和紙調の印画紙に写し取る際のタイミングで、水彩画のような独特の雰囲気となっているのだという。

岐阜県美濃加茂市　「市民皆歯科健診」4月からスタート

市のポスター

18歳から74歳までの住民が年1回、いつでも無料で歯科健診を受けられる「市民皆歯科健診」が岐阜県美濃加茂市で4月からスタートしている。

実施機関は、加茂歯科医師会会員の37歯科医療機関。市が公開している実施機関一覧表から電話予約する。住民は当日、歯科医療機関で健診票を受け取り、必要事項を記入して受診する流れとなる。

他に歯科健診の機会がない人を対象にしているが、自主的にメンテナンスを年1回受けていた人も利用できるとのこと。

茨城県 学び直し支援　AI活用で歯科含むおすすめ講座提示

茨城県は2日、現在の職種や経験年数、保有資格等に基づき、各個人に適した職種や必要なスキルが学べるリスキリング講座をAIが提案する「リスキリングAIマッチングシステム」を開始した。歯科医師や歯科衛生士、歯科技工士など含む458職種が登録されており、リスキリングの必要性およびAIマッチングによって、リスキリング推進につなげることが目的。

同サービスは、利用者が現在の職種や年齢、保有資格を登録した後、「最新の業界関連の論文や記事を読んで理解を深めている」「自分で何かを修理したりすることに興味がある」など、リスキリングの必要性や興味のある分野を選択。アンケート調査結果からAIがおすすめ講座を提示し、各講座の詳細が見られる。その分野に興味を持った場合、キャリア相談を選ぶことも可能だ。

県産業人材育成課の担当者は、「当システムをご活用いただくことによって、個人の職業適性（特性）や必要となるスキルを知るきっかけとなり、リスキリングのハードルが下がることを期待している」と述べている。

詳細はホームページまで。

リスキリング　新たな職種へ就職、もしくは今の職業で必要とされるスキルの大幅な変化に適応するために、必要なスキルを獲得する

歯科国試にチャレンジ

389　2023年（第116回）より

耐熱性が最も高いのはどれか。1つ選べ。

a　芽胞
b　線毛
c　鞭毛
d　細胞壁
e　細胞膜

答えは本紙のどこかに！

歯科情報学　市民公開講座

松尾 通

札幌にて4月7日に市民公開講座を開催した。主催はISS国際スマイリスト協会で、共催に地元のNPO・NIJI RIBBON。この団体は子宮がんの早期発見・早期予防のために検診率を上げようと活動している。この両者に、さらに北海道庁と札幌市の後援で、当日は300名近い市民が集まり、大盛況だった。

ISS国際スマイリスト協会は1990年代、米国の学会から「日本人の笑顔は遅れている」との指摘を受け、笑顔運動を始めたのがそのルーツである。10年くらいかなり積極的に活動したが、しばらく活動を休止していたのは、多忙、そのほか自分の都合にあった。

コロナが突然、世界的に蔓延し、戦争が始まるなど、先が読めない時代が到来し、人々の顔から笑顔が失われつつあった。日本はマスクの普及もあり、「匿顔（とくがん）」の時代になった。

長い間あたためていた「スマイリスト」が商標登録の認可を得たので、有志と語らい、一般社団法人の設立に踏み切った。事業目的はスマイルの普及・推進とスマイリスト®の育成にある。今回の市民公開講座はその事業の一環であり、昨年の九州・佐賀での熱気ある会の再来となった。

◇

今回の講師は、ISS副理事長のひきたよしあきさん。「言葉・いのち・笑顔」の三つのテーマを巧みにつなぎ、ユーモアを交えながら満員の会場を沸かせた。ひきたさんは大阪芸大の教授だが、いま執筆、講演でひっぱりだこの人気講師である。歯科では、日本歯科TC協会で歯科スタッフに「ことばの大切さ」をご指導いただいている。

秋に名古屋で開催される日本アンチエイジング歯科学会での講演も決まった。今後は5月26日に札幌で開催される「日本歯科TC協会認定講習会」、6月23日に仙台で開催される「市民公開講座」にも登場するので、ぜひ聞いてほしい。

◇

SNSが普及し、大変便利になったが、有名人を使った詐欺広告や、医師に対する誹謗中傷が続発していて、被害者も出ている。事実、私のパソコンにも銀行、カード会社、NTT、ETC、投資会社など詐欺広告、誘導が毎日飛び込んでくる。

他人がますます信用できなくなる不幸な時代になってしまった。法律もそうだが、どんどん取り締まりを強化し、犯人を逮捕してほしい。こうした詐欺に対する罰則の強化は時代の要請だろう。

◇

先日開催された日本歯科医師会臨時代議員会の個人質疑応答は、本紙にも掲載されたが、熟読してほしい。

会員の代表である代議員からの質問と日歯理事者の答弁から、その動きを注視すべきである。

（東京都開業）

2024.4.23

ピックアップニュース

■インプラント施術1万本、評判の歯の名医（GOETHE/4月15日）
■口臭と舌の状態でわかる「病気のリスク」。15年間で5000人の口臭を嗅いできた歯科医に聞いた（SPA!/4月16日）
■歯の無料検診受けて　田辺・西牟婁で80歳以上対象、和歌山（紀伊民報AGARA/4月16日）
■ダイアン津田「激痛で食べれない」　口腔内トラブル発症　先月は人生初の入院で全身麻酔（TBS NEWS DIG/4月15日）
■歯科医院7割「トラブルあった」マイナ保険証導入で業務負担増える（毎日新聞/4月17日）
■矢口真里「イジったはイジった」も「整形代じゃない」62万円の治療費めぐるエピソード披露（日刊スポーツ/4月16日）
■医療機関の休廃業・解散、709件で過去最多　～「診療所」の増加が著しく10年で2.3倍に（帝国データバンク/4月17日）
■暑くなるほど臭くなる！　専門家に聞いた“口臭悪化”させるNG6「舌磨きは逆効果」（女性自身/4月18日）
■ブラマヨ・小杉　日本人の「約2%のうちの1人」だった　共演者も衝撃「うそ!?」「すげぇ」（スポニチ/4月17日）
■不当口コミ、医師らグーグル提訴　全国の63人「利益侵害」（KYODO/4月18日）
■歯科医師“銀歯窃盗”　換金額は3千万円に上るか（KBC/4月19日）
■宮城・大崎市民病院の歯科医師の男　女性職員を殺害しようとした疑いで逮捕（東日本放送/4月19日）

「実地指導料」など歯科14問

診療報酬改定　疑義解釈 第二弾

厚労省は12日、令和6年度診療報酬改定に関する疑義解釈の第二弾を公表した。

歯科関係は14問。回復期等の口腔機能管理が必要な患者で、歯科疾患がない場合の傷病名は当面「回復期口腔機能管理中」とすることや、歯科衛生実地指導料で患者提供文書に担当者名を記載する場合、カスタマーハラスメント防止の観点から名字のみの記載でも可能なことなどが取り上げられている。

◇◆◇

14問の内訳は、「医療DX推進体制整備加算」3問、「施行時期後ろ倒し」「届出関係」「医療情報取得加算」が2問ずつ、「クラウン・ブリッジ維持管理料」「ポンティック」「歯科衛生実地指導料」「口腔内装置調整・修理」「回復期等口腔機能管理料」が1問ずつとなっている。

カスハラ防止で提供文書に名字のみ可

【施行時期後ろ倒し】

問　「疑義解釈資料の送付について（その1）」（令和6年3月28日事務連絡）別添5の問2において、令和6年6月1日以降の歯科外来診療感染対策加算1の経過措置の取扱いについて示されたが、その他の歯科診療報酬点数表に係る令和6年度診療報酬改定における施設基準について、令和6年4月又は5月に新規の届出又は変更の届出を行った場合における、令和6年6月以降の経過措置の取扱い如何。

答　令和6年4月以降に令和6年度診療報酬改定前の施設基準による届出を行った保険医療機関又は保険薬局については、令和6年度診療報酬改定における施設基準（以下「新施設基準」という。）の経過措置であって、令和6年3月31日において現に届出を行っていることを要件としている経過措置の対象にならない。

問　問1について、令和6年4月又は5月に新規の届出又は変更の届出を行った保険医療機関又は保険薬局における令和6年6月1日以降の届出についてどのように考えればよいか。

答　それぞれ以下のとおり。

① 施設基準で改正がない場合（名称のみが改正された場合を含む。）又は施設基準が改正された場合であって届出が必要でない場合

令和6年6月3日以降に再度届出を行う必要はない。

② 施設基準が改正された場合であって届出が必要な場合（経過措置が置かれているものであって、令和6年3月31日において現に届出を行っていることを要件としている場合を含む。）

令和6年6月3日までに新施設基準による届出を行う必要がある。なお、当該届出を行った保険医療機関については、経過措置終了時期（例えば令和6年10月1日）の再度の届出は必要ない。

【届出関係】

問　令和6年度診療報酬改定に係る新設又は要件変更となった施設基準について網羅的な一覧はないか。

答　「令和6年度診療報酬改定に係る施設基準届出チェックリストの送付について」（令和6年3月25日厚生労働省保険局医療課事務連絡）の別添のチェックリストを参照のこと。

問　令和6年度診療報酬改定が施行される令和6年6月診療分の施設基準の届出に係る届出期限についてどのように考えればよいか。

答　令和6年6月診療分の施設基準の届出については、令和6年5月2日から6月3日まで地方厚生（支）局等において受け付けているところ、令和6年5月下旬以降に地方厚生（支）局等の窓口は届出が集中し、混雑が予想されることから、可能な限り令和6年5月17日までの届出に努めること。

ただし、令和6年6月診療分の施設基準の届出に係る電子申請は令和6年5月20日から受付開始となるため、留意すること。

【医療DX推進体制整備加算】

問　「A000」初診料の注15に規定する医療DX推進体制整備加算（以下「医療DX推進体制整備加算」という。）の施設基準において、「国等が提供する電子カルテ情報共有サービスにより取得される診療情報等を活用する体制を有していること。」とされており、また、当該施設基準については令和7年9月30日までの間は経過措置が設けられているが、電子カルテ情報共有サービスについて、届出時点で具体的な導入予定等が不明であっても、当該加算は算定可能か。

答　経過措置が設けられている令和7年9月30日までの間は、算定可能。なお、電子カルテ情報共有サービスの導入等の具体については、当該サービスが実装可能となった時期に疑義解釈を示す予定である。

問　医療DX推進体制整備加算の施設基準において、「「電子処方箋管理サービスの運用について」（令和4年10月28日付け薬生発1028第1号医政発1028第1号保発1028第1号厚生労働省医薬・生活衛生局長・医政局長・保険局長通知。）に基づく電子処方箋により処方箋を発行できる体制を有していること。」とされており、また、当該施設基準については、令和7年3月31日までの間は経過措置が設けられているが、電子処方箋について、届出時点で未導入であっても、当該加算は算定可能か。

答　経過措置が設けられている令和7年3月31日までの間は、算定可能。なお、施設基準通知の別添7の様式1の6において、導入予定時期を記載することとなっているが、未定又は空欄であっても差し支えない。

問　医療DX推進体制整備加算の施設基準で求められている電子処方箋により処方箋を発行できる体制について、経過措置期間終了後も電子処方箋を未導入であった場合、届出後から算定した当該加算についてどのように考えればよいか。

答　経過措置期間終了後は、当該加算の算定要件を満たさないものとして取り扱う。

【医療情報取得加算】

問　「A002」再診料の注11に規定する医療情報取得加算3及び4について、「A000」初診料の注14に規定する医療情報取得加算1又は2を算定した月に、再診を行った場合について、算定できるか。

また、医療情報取得加算1又は2について、医療情報取得加算3及び4を算定した月に、他の疾患で初診を行った場合について、算定できるか。

答　いずれも算定不可。

問　医療情報取得加算3及び4について、それぞれ、3月に1回に限り所定点数に加算することとされているが、同加算3を算定する患者について、3月以内に同加算4を算定可能か。また、同加算4を算定する患者について、3月以内に同加算3は算定可能か。

答　いずれも算定不可。医療情報取得加算3又は医療情報取得加算4のいずれかを3月に1回に限り算定できる。

【クラウン・ブリッジ維持管理料】

問　クラウン・ブリッジ維持管理料の「注1」に係る地方厚生（支）局長への届出を行っていない保険医療機関において、第12部の通則第8号に規定する歯冠補綴物以外の歯冠補綴物を製作し、装着した場合の費用については、所定点数の100分の100に相当する点数により算定可能か。

答　算定可能。

【ポンティック】

問　留意事項通知の（6）のイの（ト）において「隣在歯等の状況からやむをえず、支台歯1歯及びポンティック1歯による接着カンチレバー装置を製作する場合は、切歯（上顎中切歯を除く。）の1歯欠損症例において、支台歯を生活歯に求める場合に限り認められる。」とあるが、接着カンチレバー装置とはどのようなものか。

答　留意事項通知の（6）のイの（ト）にある接着カンチレバー装置とは、次の要件を全て満たす補綴装置をいう。

① 支台装置が接着冠であること。

② 支台歯及びポンティックがそれぞれ1歯ずつの2ユニット型の接着ブリッジであること。

③ 上顎中切歯を除く切歯の1歯欠損症例において、隣在歯等の状況からやむをえず製作するものであること。

なお、接着カンチレバー装置の製作にあたっては、公益社団法人日本補綴歯科学会の「接着カンチレバー装置の基本的な考え方」を参考とすること。

【歯科衛生実地指導料】

問　算定留意事項通知の「B001―2」歯科衛生実地指導料の留意事項通知（3）及び「C001」訪問歯科衛生指導料の留意事項通知（6）において、患者に提供する文書に当該指導を行った歯科衛生士の氏名を記載することとされているが、必ず姓名双方の記載が必要なのか。

答　カスタマーハラスメントの防止等の観点から、名字のみの記載とすることは可能。

【口腔内装置調整・修理】

問　「I017」口腔内装置の留意事項通知（1）の「ヌ　外傷歯の保護を目的として製作した口腔内装置」について、日常生活時の外傷歯の保護を目的とするもの及び運動時の外傷歯の保護を目的とするものをそれぞれ製作した場合において、それぞれの口腔内装置に係る「I017―2」口腔内装置調整・修理の注2及び注5の算定についてどのように考えればよいか。

答　それぞれの口腔内装置ごとに「I017―2」口腔内装置調整・修理を算定して差し支えない。

【回復期等口腔機能管理料】

問　回復期等に関する口腔機能管理を必要とする患者の場合であって、う蝕や歯周病等がない場合等については、算定するに当たって用いる傷病名はどのようなものが考えられるか。

答　当面は、傷病名を「回復期口腔機能管理中」として差し支えない。

都衛

診療・介護報酬 改定の要点学ぶ

東京都歯科衛生士会（藤山美里会長）は17日、研修会「歯科衛生士が知っておくべき診療報酬・介護報酬改定のポイント」を東京都文京区の同会会館とオンライン上で開催した。講師は歯科診療報酬に関するセミナーやコンサルティングを行っているメディキャリー代表の小島香織氏＝写真＝が務めた。

小島氏は今回の改定について複雑で難解な改定だと言及。かかりつけ歯科医機能強化型歯科診療所（か強診）の廃止に伴い口腔機能管理体制強化加算（口管強）が新設されたことで変わったこと、口腔バイオフィルム除去処置の算定に別途口腔バイオフィルム感染症の診断が必要な点、介護保険に口腔連携強化加算が追加されたことによる介護職員との連携の必要性など、歯科衛生士が覚えていくべき項目に絞って解説を行った。

◇◆◇

参加者からは「訪問診療であらかじめ内科の主治医より情報提供がされている場合、在歯総医（在宅総合医療管理加算）、在歯管（在宅患者歯科治療時医療管理料）の算定は可能か」「今まで薬剤情報は患者のお薬手帳などで確認していたが、今後は薬局に情報を求めた方が良いか」などの質問があった。

Vtuber 11人

矯正装置のまま歌う楽曲を公開

11人のVtuberが歯科矯正用マウスピース等を装着したまま歌う楽曲「ヘッドライナー」を発表した。歌唱するVtuberたちは「リテイナー」という期間限定ユニットを結成。全メンバーが歯列矯正を完了するまで活動を行うという。作曲者によると同楽曲は自身の顎関節症の治療の際にマウスピースを装着して歌ってみたところ、あまりの活舌の悪さに驚いたことから着想を得ているとのこと。現在、YouTubeで公開中。

Vtuber　カメラやアプリなどを使い、自身の動きに合わせて動くアニメキャラを使って配信するYouTuber。本人は顔出しをしないで活動ができる

カフェ・ジム併設の歯科医院

アンデルト歯科・矯正歯科渋谷道玄坂通（東京都・渋谷区）

My Way

「健康は、口から始まる。」をコンセプトとした歯科医院・カフェ・ジムのウェルネス複合施設「ＡＮＤＥＬＴ（アンデルト）」を運営しているのがアンデルト歯科・矯正歯科渋谷道玄坂通の院長、山本千博氏。同氏に複合施設を開設することにした経緯や思い、考えなどを聞いた。

院長 山本 千博 氏

口は栄養の入り口

――複合施設を開設した経緯を教えてください。

山本　「病気になったら治す」という「マイナスをゼロに戻す医療」よりも、身体の健康を根本的に改善する「プラスの医療」をしたいとの思いから、複合施設の開設に至りました。

身体の健康に興味を持つようになったのは、父のスポーツトレーナーという職業が影響していると思います。医学博士号を持つ父はスポーツトレーナーの指導者でもあり、競技する人が最大限のパフォーマンスを発揮するための技術指導・健康管理に加え、コンディショニング理論の第一人者として、怪我の予防・怪我から復帰するためのリハビリ・栄養管理・メンタルケアなどの研究も行っています。

父の書斎には国内外問わず、筋肉の仕組みや働き、医学書といったさまざまなジャンルの本があったので、私は幼い頃から遊びがてらに人体解剖図などを見る機会も多く、将来は医療系の職業に就きたいと思い、過ごしてきました。

中でも歯科は、栄養の入り口でもある口を起点として全身の健康を作る「プラスの医療」が行える分野でもあったため、歯科医師になる道を選びました。

日本の歯科医院は歯の治療を行うのがメインですが、開業するなら「身体の健康をサポートする医院」を作りたいとの思いがあったので、栄養の入り口でもある口腔環境を整える「歯科医院」、栄養バランスを考えたメニューを提供する「カフェ」、身体をより良い状態にメンテナンスする「ジム」の複合施設という今の形で昨年9月にオープンしました。

三つの施設は同じフロア内にありますが、気軽に立ち寄れるよう入り口にはカフェ、その奥に歯科医院とジムを配置した作りとしています。カフェとジムを併設することで、「歯が痛くなったらいくところ」というイメージの強い歯科医院に来てもらうためのハードルが少しでも低くなったらという思いもあります。

◆◆◆

身体の健康を根本から改善したい

――各施設の提供内容は。

山本　「歯科」は保険から自費診療まで行っていますが、歯科治療をしたら終わりではなく健康の大切さを意識してもらうようなお話もしています。患者さんとの会話の中で例えば「丸呑み」をしていることが分かったとします。丸呑みは血糖値が下がりにくい状態でもあり、放置し続ければ、高血糖や内臓疾患につながる恐れもあります。健康診断の結果として「血糖値が高い」と出るのを待たずとも、要因の一つである「丸呑み」に気付いて伝えてあげられるのは、ほかでもない歯科医師だけですので、当院ではそうした情報も含めてお話ししています。

食や身体に関する悩みや相談事などを話してもらう過程で、希望する方にはジムの体験チケットやカフェの割引券を渡して各施設を紹介することもあります。

歯科で行う食事相談だけに留まらず施設内にカフェを設けたのは、栄養バランスを考えたメニューをその場で体感してもらいたいと思ったからです。「カフェ」では栄養士考案のプロテインスムージーや一汁三菜定食のほか、歯への着色を避けたカレーやヴィーガンメニューなども提供しています。メニューとして提供することでどのようなものを食べたら身体に良いのかが分かりますし、自炊の手間も省けます。カフェスペースは歯科の待合場所にもなっているので治療後やジムを終えた後に利用してもらえば、後は自宅に帰ってゆっくりと過ごすこともできます。

「ジム」はセミパーソナルジムという位置付けで、プロのスポーツ選手から趣味で通う方まで最大限のパフォーマンスを発揮できるよう、３Ｄボディスキャナーと体組成計で身体を計測した後、怪我をしにくい身体作り、理論に基づくトレーニング、栄養指導などを行います。施設の監修とスタッフにはＪＯＣ（日本オリンピック委員会）の強化スタッフであったトレーナーも参加しています。

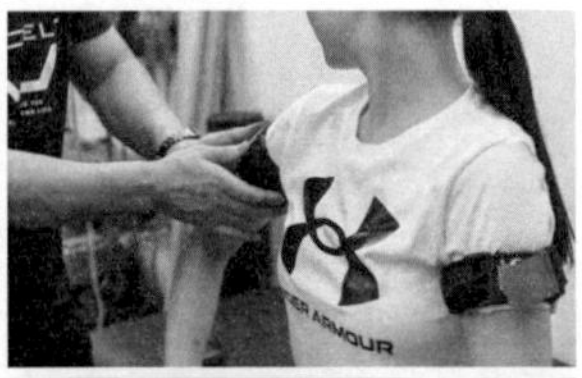

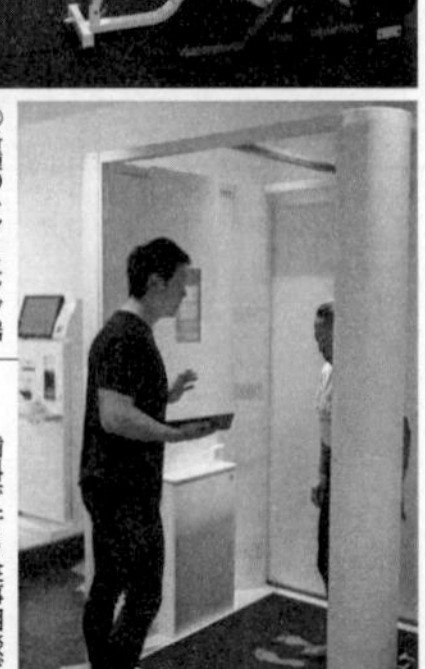
㊤各種のトレーニング器具も設置して指導する　㊨３Ｄボディスキャナーの設置は珍しいという

融合空間で行動変容を促す

三つの施設を一つの空間に融合することで、心身の健康に向き合うための行動変容のきっかけを提供するので相乗効果が期待できます。

各施設のスタッフは自身の専門領域から身体の健康をサポートしていきますが、心身の健康には口腔・栄養・運動の三つの側面が大切であり、またその関連性も理解しているので、各人の目標に合わせた診療や指導をしつつ多方面から悩みにアプローチすることが可能です。

◆◆◆

――各施設の利用状況は。

山本　身体の健康を根本から改善していく口腔・栄養・運動を一つの空間で完結できるので、三つの施設を利用してもらうのがベストですが、現状は1～2施設の利用に留まっている方がほとんどです。そのため、当施設のことを知ってもらうための取り組みが欠かせません。

施策の一つとして歯科では、同じビル内の従業員の方を対象とした無料の検診を始めています。3月からは一般の方も対象とし、直前の告知にも関わらず多数の方にお越しいただきました。検診内容はむし歯や歯周病、歯並びチェックのほか、運動体験や栄養相談など当施設ならではのラインアップとしています。

それから、少し前から従業員の身体の健康に気を使う企業も増え始めているので、企業向けに栄養バランスを考えた食事メニューを提供するサービスや、個人で利用できるUber Eatsを利用したカフェメニューのテイクアウトサービスなども始めました。

◆◆◆

――今後の展開は。

山本　医院・カフェ・ジムの総称「アンデルト」は、デンタルの英字「ＤＥＮＴＡＬ」の文字を入れ替えたもので、歯科に捉われないという意味を込めています。

健康に意識が高い人、そうでない人も、ここに来れば歯の治療に留まらず、身体を根本から整えることができます。当施設ならではのこの取り組みを、より多くの方に知ってもらうため、ＳＮＳなどを活用した情報発信をさらに強化していきます。

場所は東京・渋谷駅から徒歩約5分の大型商業施設「道玄坂通dogenzaka-dori」の2階に位置し、近隣には「SHIBUYA109」もありますが、「人混みの多い渋谷の中ではゆったりと落ち着いて過ごせる場所」との声をいただいていて、カフェスペースにはスーツ姿の方の打ち合わせ場所としての利用も多いです。渋谷に立ち寄られる際はぜひ足を運んでいただけたらと思います。

総合受付。歯科医院、カフェ、ジムは同じフロア内にある

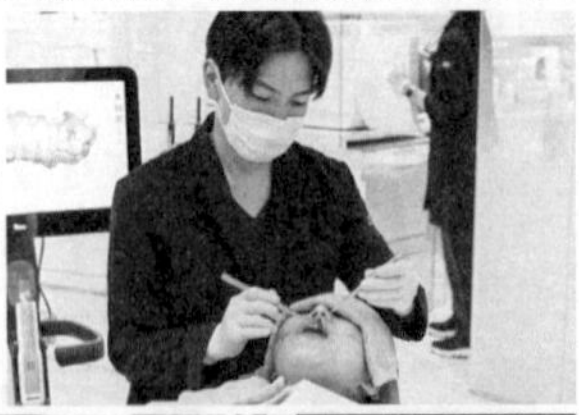

院内での様子

気軽に立ち寄れるよう、入り口にカフェを配置

歯に着色しないホワイトカレー

プロテイン・オイルチャージ

焼き菓子各種

スムージーボウル各種

取材時に試飲させてもらったスムージー。つぶつぶの果肉入りでさっぱりとした飲み心地。もう一杯飲みたいと思った

29歯科大学・歯学部の教員人事⑤　（敬称略）

※ 4月1日時点。各校「教授」から「講師」までを掲載。

9面スタート

（6面からの続き）

■ 細胞分子生物学（主任教授　八田光世）
【細胞生理学】教授　藤田亜美／准教授　鍛治屋浩／講師　進正史
【分子機能制御学】教授　日高真純、八田光世／講師　藤兼亮輔、長岡良礼
■ 口腔医療センター
【口腔医療センター】教授　泉利雄、古賀千尋、金子高士／准教授　山本勝己／講師　松浦洋志、津江文武、中山敬介、横上智、中村恵子
■ 教育支援・教学IR室（室長：髙橋裕学長）
【教育支援・教学IR室】教授　内田竜司
■ 口腔医学研究センター（センター長：平田雅人客員教授）
【口腔医学研究センター】客員教授　平田雅人／教授　北尾洋之／准教授　飯森真人
（　）内は併任者

長崎大学歯学部

■ 医療科学専攻
【顎顔面解剖学】准教授　小山田常一
【細胞生物学】准教授　松下祐樹
【加齢口腔生理学】教授　中村渉
【歯科薬理学】教授　筑波隆幸
【口腔病理学】准教授　藤田修一
【生体材料学】教授　渡邊郁哉／准教授　阿部薫明
【分子腫瘍生物学】教授　伊藤公成
【フロンティア口腔科学】教授　門脇知子／准教授　佐藤啓子
【先進口腔医療開発学】教授　住田吉慶／准教授　井隆司
【口腔保健学】准教授　五月女さき子
【歯科麻酔学】准教授　倉田眞治
【歯科矯正学】教授　吉田教明／准教授　佛坂斉祉
【小児歯科学】准教授　田上直美
【歯周歯内治療学】教授　吉村篤利／准教授　岩下未咲
【口腔インプラント学】教授　澤瀬隆
【歯科補綴学】教授　村田比呂司／准教授　平曜輔、山田志津香
【口腔顎顔面外科学】教授　山田朋弘／准教授　川﨑五郎
【口腔診断・情報科学】教授　角美佐／准教授　高木幸則
【総合歯科臨床教育学】教授　角忠輝／准教授　近藤好夫
■ 新興感染症病態制御学系専攻
【口腔病原微生物学】教授　内藤真理子／准教授　庄子幹郎
■ 大学病院
【保存・補綴歯科】教授　吉村篤利（兼）、澤瀬隆（兼）、村田比呂司（兼）／准教授　岩下未咲（兼）、平曜輔（兼）、山田志津香（兼）／講師　柳口嘉治郎、坂本英次郎、吉田圭一、鳥巣哲朗
【小児歯科】准教授　田上直美（兼）
【矯正歯科】教授　吉田教明（兼）／准教授　佛坂斉祉（兼）／講師　濱中僚、佛坂由可
【口腔外科】教授　山田朋弘（兼）／准教授　川﨑五郎（兼）／講師　鳴瀬智史、三浦桂一郎
【麻酔・生体管理科】准教授　倉田眞治（兼）
【口腔管理センター】教授　鵜飼孝／講師　鎌田幸治、山下利佳、黒木唯文
【特殊歯科総合治療部】講師　鮎瀬てるみ
【口腔・顎・顔面インプラントセンター】教授　澤瀬隆（兼）／講師　尾立哲郎
【医療教育開発センター】教授　角忠輝（兼）

鹿児島大学歯学部

■ 健康科学専攻社会・行動医学講座
【歯科医学教育実践学分野】教授　田口則宏
【国際歯科・人間科学分野】准教授　信友建志、平間雅博
■ 健康科学専攻発生発達成育学講座
【予防歯科学分野】教授　玉木直文／准教授　山口泰平
【口腔微生物学分野】教授　中田匡宣／講師　大貝悠一
【口腔生化学分野】教授　松口徹也／准教授　大西智和
【歯科矯正学分野】教授　宮脇正一／講師　前田綾
【小児歯科学分野】教授　山座治義
■ 先進治療科学専攻顎顔面機能再建学講座
【顎顔面疾患制御学分野】教授　奥井達雄
【歯科生体材料学分野】教授　菊地聖史／講師　河野博史
【歯科麻酔全身管理学分野】教授　杉村光隆／講師　山下薫
【歯科保存学分野】教授　西谷佳浩／講師　星加知宏
【歯周病学分野】教授　野口和行／准教授　白方良典
【咬合機能補綴学分野】教授　南弘之／講師　村原貞昭
【口腔顎顔面補綴学分野】准教授　西恭宏
■ 先進治療科学専攻腫瘍学講座
【分子口腔病理学分野】教授　笹平智則／准教授　嶋香織
【顎顔面放射線学分野】教授　田中達朗／准教授　犬童寛子
■ 先進治療科学専攻神経病学講座
【歯科機能形態学分野】教授　後藤哲哉／准教授　山中淳之
【解剖法歯学分野】教授　田松裕一
■ 先進治療科学専攻生体機能制御学講座
【口腔生理学分野】教授　齋藤充／准教授　三浦裕仁
【歯科応用薬理学分野】教授　佐藤友昭／講師　富田和男

広島大 医歯連携チームが解明

心房細動の再発 歯周炎治療で抑制

心房細動に対するカテーテル治療を受ける患者のうち、重度の歯周炎がある人は、歯周炎治療によって心房細動再発を抑制できる可能性があると示唆された。広島大学保健管理センターの宮内俊介助教、同大学院医系科学研究科歯周病態学の應原一久助教、同大循環器内科学の中野由紀子教授を中心とした医科歯科連携チームが解明した。

心房細動は最も頻度の高い不整脈で、心不全や脳梗塞、認知症の原因となり、健康寿命を大きく損なう可能性がある。国内における心房細動の患者数は100万人以上にも上り、加齢や遺伝的な要因も関与するため、肥満や糖尿病、飲酒などの修正可能な危険因子を同定し、多職種で連携することが重要とされている。

◆◇◆

同研究グループは、同大病院で心房細動に対してカテーテルアブレーション治療を受ける患者288人を対象に、歯周炎および歯周炎治療が術後の心房細動再発に及ぼす影響を検討。さらに、歯周炎の定量化指標となる歯周炎症面積（periodontal inflamed surface area：PISA）に着目し、全例でPISAを計測した。

その結果、歯周炎治療を受けた患者の心房細動再発率は16・5％に対し、治療を受けなかった患者は28・3％であることが分かった。PISA高値群では、歯周炎治療を受けた患者の心房細動再発率は20％、受けなかった患者は48・4％だった。

術前のPISA高値群では、歯周炎治療を受けた患者は治療を受けなかった患者と比較して、心房細動の再発率が低いという結果が得られた。

今後、同大は歯周炎が心房細動の危険因子であることを示すエビデンスを蓄積し、歯科医師や歯科衛生士が心房細動診療チームに参画することで、歯周炎を是正する必要性のほか、心房細動診療における医科歯科連携の重要性を発信していく予定だ。

同研究成果は、米国心臓病学会科学誌『Journal of the American Heart Association』（4月10日付）オンライン版に掲載された。

デンタル小町が通る

平成歯科クリニック院長（大阪府寝屋川市）
小谷泰子 ❶

テーマを探す

「デンタル小町が通る」を担当することになり、出不精で面倒くさがり屋、仕事以外はほぼ自宅のテレビの前にいる私は、テーマがないと悩んでいました。

すると開業時から働いてくれている衛生士さんが、「とりあえず、何でも思いついたテーマを列挙してみたら？」「形から入るタイプだから、お気に入りのペンを使えば雰囲気も出て、いろいろイメージが湧いてくるかも？」とアドバイスをくれました。さすが長年の付き合い！ よく分かってらっしゃる！ 書き出してExcelに入力してみると、「これとこれは同じテーマだな」などと一目で分かり、どうにかこうにか、なんとかなりそうな気がしてきました。

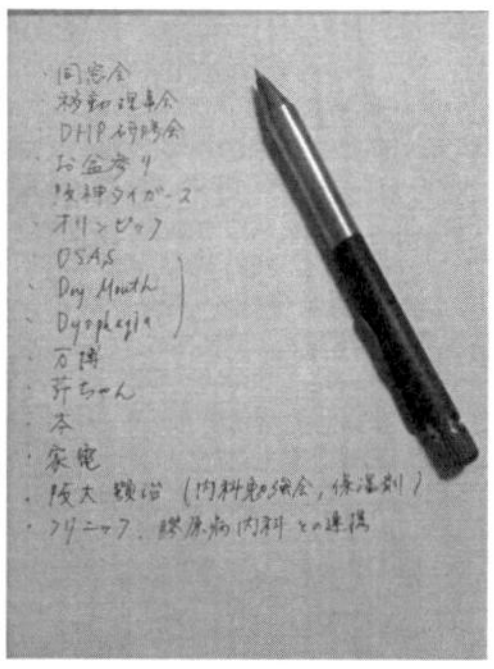

また、コラム執筆にあたり依頼された、横顔紹介の「10の質問」に回答するため、自分の生活を顧みました。その結果、いわゆる趣味と言いますか、生活に潤いを与えるようなものがないことを再認識しました。いつの間にかコート掛けになったぶら下がり健康器、埃をかぶっているバランスボール……毎日、散歩をしようかとも考えましたが、仕事以外で毎日継続しているものは「19時に実家に電話をする」ぐらい。自他ともに認める〝三日坊主〟の私ですが、自分がドライマウスの患者さんに説明している「毎日、毎日、きちっとケアをして1カ月で嫌になってやめてしまうよりも、1週間に2日でも3日でも良いから、半年継続していただく方が良いですよ」という言葉を胸に、ゆる～く継続する趣味と呼べる〝何か〟を探してみようと考えています。

ちなみに、最近、身の回りのことでネタになるものを探すという行為をどこかでしたような？……と振り返ってみて思い出しました。研修会の前のアイスブレークで行っていた「Good and New」です。教育学者のピーター・クライン氏が考案した、24時間以内にあった良いことや新しい発見を言い合うもので、継続することで荒れていた学校が改善された例もあるとのこと。

私の生活も、これを機に少しずつ改善していけたら良いなと思います。

口腔がん死亡率

英国で増加傾向

英国医師会雑誌に掲載

英国では、過去20年間でがん死亡率が減少しているものの、肝臓がん、口腔がん、子宮がんのみ増加傾向にあることが分かった。英国Cancer Research UKのJon Shelton氏ら研究グループは、公的に登録されている統計データを用いて、1993～2018年までにがんと診断された、もしくはがんによって死亡した35～69歳の発症率や死亡率などを調査した。

部位別のがん罹患率の年平均増加率が最も高かったのは、男性では肝臓がん（4・7％）、前立腺がん（4・2％）、および黒色腫皮膚がん（4・2％）、口腔がん（3・4％）と並ぶ。女性では、肝臓がん（3・9％）、皮膚がん（3・5％）、口腔がん（3・3％）だった。

年間平均でがん死亡率が1％以上も増加したのは、男性では、肝臓がん（3・0％）、口腔がん（1・1％）。女性では、肝臓がん（2・7％）、口腔がん（1・2％）、子宮体がん（1・1％）。

なお、がん発症者数が男性では57％増（1993年の5万5014人から8万6297人）、女性では48％増（6万1187人から8万8970人）と増加傾向にあったという。

その一方で、がんによる死亡者数は男性20％減（3万2878人から2万6322人）、女性17％減（2万8516人から2万3719人）と減少している。

また、がん（計23種類）全体で死亡率の減少が報告されているが、肝臓がん、口腔がん、子宮がんのみが増加傾向にあった。

同研究グループは、死亡率の減少が見られた要因として、がん予防（喫煙防止政策や喫煙プログラムなど）や早期発見（スクリーニングプログラムなど）、診断検査の改善、より効果的な治療法などが反映していると推察した。

さらに、喫煙は口腔がんの約17％を占めており、3人に1人以上は飲酒が原因としている。

同研究成果は、英国医師会雑誌『British Medical Journal』（3月13日付）オンライン版に掲載された。

福歯大

壊死性唾液腺化生 発症の機序を解明

がんとの判別が難しい口腔疾患、壊死性唾液腺化生の発症機序が明らかになった。福岡歯科大学病態構造学分野の吉本尚平講師、岡村和彦准教授、同大口腔腫瘍学分野の平木昭光教授らの研究グループによるもの。

壊死性唾液腺化生は良性の疾患で自然治癒するが、粘膜の大きな潰瘍を伴い、悪性皮膚疾患の扁平上皮癌との鑑別に課題があった。同研究は、正確な診断・治療を行う上での新たな指標となる可能性がある。

同研究では、正常な唾液腺と比較して、壊死性唾液腺化生の組織において発現が増加している遺伝子を検索したところ、細胞の増殖・分化に関わるサイトカイン「TGFβ—3」を確認した。さらに発現分布を解析すると、壊死性唾液腺化生周囲の繊維芽細胞での強い発現を認めた。また、実際の唾液腺を模倣した培養実験でTGFβ—3の影響を検討した結果、TGFβ—3が唾液腺細胞の増殖を抑え、壊死性唾液腺化生に似た状態が観察された。

同研究成果は、科学雑誌『The Journal of Pathology』（4月9日付）にオンライン掲載された。

医科歯科大 歯学分野４位に

世界大学ランキング

東京医科歯科大学（田中雄二郎学長）は11日、英国の世界大学評価機関のクアクアレリ・シモンズ（QS）が10日に公表した「分野別QS世界大学ランキング2024」の歯学分野において、日本第1位、世界第4位、アジア第2位を獲得したと発表した。

医学分野でも、日本第4位、世界128位、アジア19位を獲得しており、同大によると、学術分野ごとのランキングにおいて世界トップ5にランクインしたのは、同大が日本で唯一という。

さらに、該当分野の全世界の大学教員からの評判スコア、全世界の雇用主からの評判スコアではそれぞれ世界第1位になっているとのこと。

ピロリ菌の除菌 う蝕が失敗に関与

朝日大が解析

胃炎、胃潰瘍、胃がんの原因とされるヘリコバクター・ピロリに対する除菌治療の成功が、う蝕の有無と関係がある―。朝日大学歯学部口腔感染医療学講座の岩井浩明講師らが、2019年4月から21年3月の間に同大病院でピロリ除菌と歯科検診を受けた226人（平均年齢52・7歳）について、ピロリ除菌の成否と歯科所見の関連を比較した研究で、『Scientific Reports』（2月19日）に論文掲載された。

論文によると、226人のうちピロリ除菌に失敗したのは38人（17％）で、年齢、性別、歯みがき回数による影響を調整して多変量ロジスティック回帰分析したところ、除菌失敗はう蝕の有無と有意に関連していた（むし歯なしと比較した際のオッズ比2・672、95％信頼区間1093～6531）。う蝕の本数が多いほどピロリ除菌の失敗も多かった。特に、未処置のう蝕がピロリ除菌の失敗に関連するという。

● 昭和大学 ●

来年4月に名称が「昭和医科大学」に

昭和大学（久光正学長）の名称が令和7年4月1日から昭和医科大学に変わる。同大によると医学部と歯学部、薬学部、保健医療学部を擁する医系総合大学を校名からも発信する狙いがある。

さらに創立100周年記念事業の一環として、9年4月開設を目指して川崎市に新キャンパスを整備する。同キャンパスでは、医学部、歯学部、薬学部の2、3年次と4年次の一部、保健医療学部の2～4年次、助産学専攻科の学生、約2千人が学ぶ予定。

また、言語聴覚療法学専攻と視覚機能療法学専攻の設置、保健医療学部内に医療技術学科を新設して診療放射線技術学専攻、臨床工学専攻、歯科衛生学専攻の開設も構想している。

29歯科大学・歯学部の教員人事④（敬称略）

9面➡5面

■ 歯学部
【歯学教育開発センター】教授　長島正
【歯科技工士学校】講師（教二）　小八木圭以子、嶋本佳代子／特任講師（常勤）　町博之
■ 歯学部附属病院
【口腔医療情報部】准教授　野﨑一徳

大阪歯科大学

■ 教養系
【英語教室】主任教授　藤田淳一／講師　岡隼人
【数学教室】准教授　森淳秀
【物理学教室】主任教授　辻林徹
【化学教室】主任教授　藤原眞一／講師　牧田佳真、津田進
【生物学教室】講師　岡村英幸、平井悠哉
■ 基礎系
【解剖学講座】主任教授　上村守／専任教授　戸田伊紀／講師　吉川雅朗
【口腔解剖学講座】主任教授　本田義知／特任教授　隈部俊二
【生理学講座】准教授　井上博／講師　合田征司、寒川延子
【生化学講座】主任教授　池尾隆／講師　吉川美弘
【口腔病理学講座】主任教授　富永和也／講師　岡村友玄
【細菌学講座】主任教授　沖永敏則／講師　真下千穂、南部隆之
【薬理学講座】主任教授　野﨑中成／講師　中塚隆介、佐々木由香
【歯科理工学講座】主任教授　橋本典也／准教授　城潤一郎／講師　秋山真理
【口腔衛生学講座】主任教授　三宅達郎／准教授　土居貴士／講師　河村佳穂里
【歯科東洋医学室】特任教授　方一如
【歯科医学教育開発センター】主任教授　益野一哉／専任教授　田村功、王宝禮
【歯科法医学室】准教授　大草亘孝
【医療イノベーション研究推進機構　先進医療研究センター　創成統合医療部門】准教授　吉川一志、岩﨑剣吾
【医療イノベーション研究推進機構　事業化研究推進センター】専任教授　山本景一
【医療イノベーション研究推進機構　事業化研究推進センター　開発支援部門】専任教授　谷城博幸、田村恵子
【病理学室】特任教授　田中昭男
【再生医療学室】特任教授　今井弘一
■ 臨床系
【歯科保存学講座】主任教授　山本一世／講師　谷本啓彰、岩田有弘、保尾謙三
【口腔治療学講座】主任教授　前田博史／講師　辻則正／特任講師　池永英彰
【歯周病学講座】主任教授　梅田誠／准教授　田口洋一郎／講師　嘉藤弘仁
【高齢者歯科学講座】主任教授　高橋一也／専任教授　小野高裕／准教授　川本章代／講師　楠尊行、奥野健太郎
【有歯補綴咬合学講座】主任教授　柏木宏介／専任教授　田中順子／講師　佐藤正樹、鳥井克典
【欠損歯列補綴咬合学講座】主任教授　前川賢治／講師　山本さつき、三野卓哉、黒﨑陽子
【口腔インプラント学講座】主任教授　馬場俊輔／専任教授　草野薫／准教授　森永健三／講師　寺西祐輝
【口腔外科学第一講座】講師　松本和浩、山田耕治、吉田博昭、辻要
【口腔外科学第二講座】主任教授　竹信俊彦／准教授　窪寛仁
【顎口腔外科学室】特任教授　中嶋正博
【歯科矯正学講座】准教授　西浦亜紀／講師　護邦英俊、安井憲一郎
【歯科放射線学講座】主任教授　有地淑子／准教授　秋山広徳／講師　小滝真也
【小児歯科学講座】准教授　阿部洋子／講師　園本美惠
【歯科麻酔学講座】主任教授　百田義弘／専任教授　佐久間泰司／特任准教授　真鍋庸三／講師　内田琢也、吉田啓太
【内科学講座】主任教授　志水秀郎／准教授　楠博
■ 附属病院
【総合診療科】専任教授　辰巳浩隆／講師　菊池優子、米田護、大西明雄、樋口恭子
【口腔リハビリテーション科】講師　永久景那
【眼科】専任教授　辻村まり
【耳鼻咽喉科】専任教授　服部賢二
【特別支援歯科】専任教授　小野圭昭／准教授　田中佑人

岡山大学歯学部

■ 大学院医歯薬学総合研究科（基礎系）
【口腔形態学】教授　岡村裕彦／准教授　池亀美華
【口腔機能解剖学】教授　沢禎彦／准教授　寺町順平
【口腔生理学】教授　吉田竜介
【口腔生化学】教授　久保田聡／准教授　西田崇
【口腔病理学】教授　長塚仁／准教授　中野敬介
【口腔微生物学】教授　大原直也／准教授　中山真彰
【歯科薬理学】教授　岡元邦彰／准教授　江口傑徳
【生体材料学】教授　松本卓也
【応用情報歯学】教授　柳文修
■ 大学院医歯薬学総合研究科（臨床系）
【歯科保存修復学】准教授　大原直子
【歯周病態学】教授　高柴正悟／准教授　大森一弘
【インプラント再生補綴学】教授　窪木拓男
【咬合・有床義歯補綴学】准教授　原哲也
【歯科矯正学】教授　上岡寛／准教授　井澤俊
【顎口腔再建外科学】教授　飯田征二／准教授　天野克比古
【口腔顎顔面外科学】教授　伊原木聰一郎
【歯科放射線学】准教授　河津俊幸
【予防歯科学】教授　江國大輔／准教授　丸山貴之
【小児歯科学】教授　仲野道代／准教授　仲周平
【歯科麻酔・特別支援歯学】教授　宮脇卓也
■ 岡山大学病院（歯科系）
【保存歯科部門】講師　山路公造
【歯周科部門】講師　池田淳史
【口腔インプラント科部門】講師　秋山謙太郎、水口一
【補綴歯科部門】講師　兒玉直紀、丸尾幸憲
【矯正歯科】講師　早野暁
【口腔顎顔面外科部門】講師　吉岡德枝、西山明慶
【歯科放射線科部門】講師　久富美紀
【予防歯科部門】講師　竹内倫子
【歯科麻酔科部門】准教授　樋口仁
【総合歯科部門】教授　山本直史／講師　白井肇
【スペシャルニーズ歯科センター】教授　江草正彦
【医療支援歯科治療部】准教授　曽我賢彦

広島大学歯学部

■ 研究科
【顎顔面解剖学】教授　寺山隆司／准教授　内部健太
【口腔生理学】教授　杉田誠／准教授　酒寄信幸
【生体分子機能学】教授　宿南知佐／准教授　三浦重徳
【細菌学】教授　小松澤均／准教授　松尾美樹
【細胞分子薬理学】教授　吾郷由希夫
【生体材料学】教授　加藤功一
【粘膜免疫学】教授　高橋一郎／准教授　飛梅圭
【ゲノム口腔腫瘍学】教授　藤井万紀子
【歯周病態学】教授　水野智仁
【口腔腫瘍制御学】教授　柳本惣市
【口腔外科学】教授　相川友直
【先端歯科補綴学】教授　津賀一弘／准教授　阿部泰彦、吉川峰加／講師　土井一矢
【歯科矯正学】教授　谷本幸太郎／准教授　國松亮
【歯科放射線学】教授　柿本直也／准教授　中元崇
【歯髄生物学】教授　柴秀樹
【小児歯科学】教授　野村良太／准教授　光畑智恵子
【歯科麻酔学】教授　花本博
【公衆口腔保健学】教授　太田耕司／准教授　重石英生
【口腔保健疫学】教授　内藤真理子
【口腔保健管理学】教授　竹本俊伸
【生体構造・機能修復学】教授　加来真人／准教授　下江宰司
【医療システム工学】教授　村山長／講師　峯裕一
【口腔生物工学】教授　二川浩樹／准教授　田地豪
【中央研究室】准教授　青戸一司
■ 病院（歯科領域）
【口腔総合診療科】教授　河口浩之
【口腔健康科】教授　太田耕司
【歯科保存診療科】教授　柴秀樹／講師　武田克浩
【歯周診療科】教授　水野智仁
【顎・口腔外科】教授　柳本惣市／講師　小泉浩一
【口腔顎顔面再建外科】教授　相川友直
【口腔インプラント診療科】教授　津賀一弘／講師　久保隆靖
【咬合・義歯診療科】教授　津賀一弘
【矯正歯科】教授　谷本幸太郎／講師　廣瀬尚人
【小児歯科】教授　野村良太
【歯科放射線科】教授　柿本直也／講師　小西勝、末井良和
【歯科麻酔科】教授　花本博／講師　吉田充広
【障害者歯科】教授　岡田芳幸
【口腔検査センター】教授　加治屋幹人／講師　新谷智章

徳島大学歯学部

■大学院医歯薬学研究部（歯学域）
【口腔顎顔面形態学】教授　馬場麻人
【組織再生制御学】教授　山本朗仁
【口腔微生物学】教授　住友倫子／准教授　村上明一／講師　廣島佑香
【口腔生命科学】教授　工藤保誠／准教授　三好圭子／講師　毛利安宏
【口腔分子生理学】講師　長谷川敬展
【生体材料工学】教授　濵田賢一／准教授　関根一光
【口腔分子病態学】教授　石丸直澄／准教授　常松貴明／講師　牛尾綾
【予防歯学】教授　片岡宏介（併任）
【国際口腔健康推進学】講師　RODIS OMAR MARIANITO MANINGO
【再生歯科治療学】教授　保坂啓一／准教授　中西正／講師　細川育子
【歯周歯内治療学】教授　湯本浩通
【口腔顎顔面補綴学】准教授　永尾寛
【顎機能咬合再建学】教授　松香芳三／准教授　大島正充／講師　細木眞紀
【口腔内科学】講師　桃田幸弘
【口腔顎顔面矯正学】教授　田中栄二／准教授　日浅雅博
【小児歯科学】教授　岩﨑智憲／講師　長谷川智一
【歯科麻酔科学】教授　川人伸次／准教授　高石和美
【総合診療歯科学】教授　北村直也／講師　安陪晋
【地域医療福祉学】教授　白山靖彦
【口腔保健衛生学】教授　日野出大輔／講師　福井誠
【口腔保健医療管理学】教授　藤原奈津美
【口腔保健支援学】教授　尾崎和美／准教授　吉田賀弥
【口腔機能管理学】教授　松山美和／講師　渡辺朱理
【口腔保健福祉学】教授　片岡宏介
■大学病院（歯科診療部門）
【むし歯科】教授　保坂啓一（併任）／講師　菅俊行、細川義隆
【歯周病科】教授　湯本浩通（併任）／講師　稲垣裕司
【そしゃく科】准教授　永尾寛（併任）／講師　渡邉恵、石田雄一
【かみあわせ補綴科】教授　松香芳三（併任）／講師　大倉一夫、鈴木善貴
【歯科放射線科】講師　前田直樹
【口腔内科】准教授　青田桂子
【口腔外科】講師　高橋章、栗尾奈愛、高丸菜都美、工藤景子
【歯科麻酔科】教授　川人伸次（併任）／講師　江口覚
【矯正歯科】教授　田中栄二（併任）／講師　堀内信也
【小児歯科】教授　岩﨑智憲（併任）／講師　中川弘
【総合歯科診療部】教授　北村直也（併任）／講師　岡謙次
【高次歯科診療部】教授　湯本浩通（併任）
【歯科衛生室】教授　片岡宏介（併任）
【口腔管理センター】准教授　青田桂子（併任）
【口腔インプラントセンター】准教授　友竹偉則

九州歯科大学

■ 口腔機能学講座
【クリニカルクラークシップ開発学】教授　粟野秀慈／准教授　守下昌輝／講師　村岡宏祐
【総合診療学】教授　木尾哲朗／准教授　永松浩／講師　鬼塚千絵
【口腔保存治療学】教授　北村知昭／准教授　鷲尾絢子
【歯周病学】教授　中島啓介／准教授　臼井通彦
【顎口腔欠損再構築学】准教授　有田正博／講師　槇原絵理
【口腔再建リハビリテーション学】准教授　正木千尋／講師　近藤祐介
【生体材料学】准教授　池田弘
■ 健康増進学講座
【解剖学】教授　瀬田祐司
【生理学】教授　小野堅太郎
【分子情報生化学】教授　古株彰一郎／准教授　松原琢磨／講師　Addison William
【口腔病態病理学】教授　松尾拡／准教授　矢田直美
【感染分子生物学】教授　有吉渉
【口腔応用薬理学】教授　竹内弘
【臨床疫学】教授　角舘直樹
【ラーニングデザイン（LD）教育推進学】教授　豊野孝／准教授　吉居慎二
【地域健康開発歯学】教授　安細敏弘
【総合内科学】教授　福原正代／准教授　中道郁夫
【口腔機能発達学】教授　森川和政／講師　西田郁子
【顎口腔機能矯正学】教授　川元龍夫／講師　郡司掛香織
■ 生体機能学講座
【歯科放射線学】教授　森本泰宏／准教授　小田昌史
【臨床病理診断学】准教授　（矢田直美）
【顎顔面外科学】准教授　笹栗正明／講師　土生学
【口腔内科学】教授　吉岡泉／准教授　吉賀大午
【歯科侵襲制御学】准教授　椎葉俊司
【老年障害者歯科学】講師　久保田潤平
■ 口腔保健学科・歯科衛生士育成ユニット　教授　邵仁浩、佐藤毅／講師　泉繭依、船原まどか
■ 口腔保健学科・多職種連携推進ユニット　教授　秋房住郎、中道敦子、藤井航／准教授　辻澤利行
■ 共通基盤教育部門　教授　吉野賢一（自然科学）／准教授　福泉隆喜（社会歯科）（副部門長）／講師　深井康成（数学）、海寶康臣（英語）

九州大学歯学部

【OBT研究センター】教授　自見英治郎／准教授　溝上顕子、水谷慎介、安河内友世
■ 口腔常態制御学
【分子口腔解剖学】教授　山座孝義
【口腔細胞工学】准教授　松田美穂
【口腔機能分子科学】教授　兼松隆／准教授　武洲
【口腔機能解析学】教授　重村憲德／講師　實松敬介
■ 口腔保健推進学
【口腔予防医学】教授　竹下徹／准教授　古田美智子、影山伸哉
【小児口腔医学】教授　福本敏
【歯科矯正学】教授　髙橋一郎／准教授　春山直人
■ 口腔機能修復学
【生体材料学】教授　石川邦夫／准教授　林幸壱朗
【歯科保存学】教授　前田英史
【歯周病学】教授　西村英紀
【クラウンブリッジ補綴学】准教授　荻野洋一郎
【インプラント義歯補綴学】教授　鮎川保則
■ 口腔顎顔面病態学
【口腔病理学】教授　清島保／講師　藤井慎介
【口腔画像情報科学】教授　筑井徹
【口腔顎顔面外科学】教授　森山雅文
【顎顔面腫瘍制御学】教授　川野真太郎
【歯科麻酔学】教授　横山武志／講師　一杉岳
【高齢者歯科学・全身管理歯科学】教授　柏﨑晴彦
■ 総合歯科学
【歯科医学教育学】教授　築山能大
【総合診療歯科学】教授　和田尚久
■ 歯科先端医療評価開発学講座（寄附講座）　准教授　熱田生
■ 大学病院（歯科部門）
【小児歯科・スペシャルニーズ歯科】講師　増田啓次
【矯正歯科】講師　北原亨
【歯内治療科】講師　長谷川大学
【歯周病科】講師　讃井彰一、福田隆男
【義歯補綴科】准教授　木原優文／講師　神野洋平
【顎口腔外科】講師　前原隆、光安岳志、坂本英治
【顔面口腔外科】講師　熊丸渉、大山順子
【口腔画像診断科】講師　清水真弓、岡村和俊
【口腔総合診療科】講師　寶田貫
【高齢者歯科・全身管理歯科】講師　山添淳一

福岡歯科大学

■■■ 口腔・歯学部門
■ 総合歯科学（主任教授　米田雅裕）
【総合歯科学】教授　米田雅裕／准教授　山田和彦／講師　畠山純子、佐藤絢子
【高齢者歯科学】教授　内藤徹／准教授　梅﨑陽二朗／講師　益﨑与泰
【訪問歯科センター】准教授　今井裕子／講師　堤貴司
■ 口腔治療学（主任教授　松﨑英津子）
【歯科保存学】教授　松﨑英津子／講師　松本典祥、水上正彦
【歯周病学】教授　坂上竜資／准教授　吉永泰周／講師　大城希美子
■ 咬合修復学（主任教授　城戸寛史）
【冠橋義歯学】教授　松浦尚志／講師　山口雄一郎、加我公行
【有床義歯学】教授　都築尊／准教授　川口智弘／講師　吉田兼義、濵中一平
【口腔インプラント学】教授　城戸寛史／准教授　加倉加恵／講師　谷口祐介、柳束
■ 成長発達歯学（主任教授　玉置幸雄）
【成育小児歯科学】教授　岡暁子／講師　柏村晴子
【障害者歯科学】教授　森田浩光／講師　田﨑園子、天野郁子
【矯正歯科学】教授　玉置幸雄／講師　阿部朗子、梶原弘一郎
【全身管理・医歯学部門】
■ 口腔・顎顔面外科学（主任教授　池邉哲郎）
【口腔外科学】教授　池邉哲郎／講師　勝俣由里
【口腔腫瘍学】教授　平木昭光／准教授　橋本憲一郎／講師　佐々木三奈、吉住潤子
■ 診断・全身管理学（主任教授　香川豊宏）
【口腔画像診断学】教授　香川豊宏／講師　筑井朋子
【放射線診断学】教授　川波哲
【麻酔管理学】教授　池田水子／講師　野上堅太郎
■ 総合医学（主任教授　大星博明）
【内科学】教授　大星博明、松元幸一郎
【心療内科学】教授　金光芳郎
【外科学】教授　（池田哲夫）／講師　神代竜一
【耳鼻咽喉科学】教授　山野貴史
【眼科学】教授　大島裕司
【小児科学】教授　鳥巣浩幸
【整形外科学】教授　西尾淳／講師　千々岩芳朗
【皮膚科学】教授　古村南夫／准教授　萩家康弘
【内視鏡センター】教授　池田哲夫
■■■ 社会・基礎医歯学部門
■ 口腔保健学（主任教授　谷口奈央）
【口腔健康科学】教授　谷口奈央／講師　藤本暁江、内藤麻利江
【社会歯科学】准教授　島津篤
■ 医療人間学（主任教授　永嶋哲也）
【言語情報学】准教授　岡島勇太
【医療倫理学】教授　永嶋哲也
【医療心理学】教授　（金光芳郎）
■ 機能生物化学（主任教授　田中芳彦）
【生化学】教授　梅津桂子／准教授　林道夫、橋口一成
【感染生物学】教授　田中芳彦／准教授　永尾潤一
■ 歯科医療工学（主任教授　都留寛治）
【材料工学】講師　佐藤平
【生体工学】教授　都留寛治／准教授　丸田道人／講師　梶本昇
■ 生体構造学（主任教授　稲井哲一朗）
【機能構造学】教授　稲井哲一朗、畠山雄次／准教授　児玉淳／講師　大谷崇仁、林慶和
【病態構造学】准教授　岡村和彦／講師　吉本尚平

（5面に続く）

29歯科大学・歯学部の教員人事③ (敬称略)

※4月1日時点。各校「教授」から「講師」までを掲載。

(8面からの続き)

【口腔外科学講座・顎顔面口腔外科学部門】教授　代田達夫／准教授　鎌谷宇明、大場誠悟／講師　安田有沙、椋代義樹、佐藤仁
【口腔外科学講座・口腔腫瘍外科学部門】准教授　勝田秀行／講師　齊藤芳郎
【歯科矯正学講座】教授　中納治久／准教授　芳賀秀郷／講師　吉田寛、長濱諒
【口腔病態診断科学講座・口腔病理学部門】教授　美島健二／准教授　安原理佳、田中準一
【口腔病態診断科学講座・歯科放射線医学部門】教授　松田幸子／講師　黒田沙
【インプラント歯科学講座】教授　宗像源博／講師　石浦雄一、山口菊江、佐藤大輔
【小児成育歯科学講座】教授　船津敬弘／准教授　浅川剛吉／講師　杉山智美
【口腔健康管理学講座・口腔機能管理学部門】教授　古屋純一／講師　下平修、桑澤実希、鈴木啓之
【口腔健康管理学講座・口腔機能リハビリテーション医学部門】准教授　伊原良明／講師　野末真司
【全身管理歯科学講座・歯科麻酔科学部門】教授　増田陸雄／准教授　西村晶子／講師　立川哲史
【全身管理歯科学講座・総合内科学部門】准教授　安藤浩一
【全身管理歯科学講座・医科歯科連携診療歯科学部門】准教授　マイヤース三恵／講師　山口麻子、秋月文子、松井庄平、岡松良昌、松浦光洋、安藤有里子
【全身管理歯科学講座・障害者歯科学部門】講師　嘉手納未季

鶴見大学歯学部

【解剖学】准教授　塩崎一成／講師　黒田範行、石川美佐緒、原矢委子(学内講師)
【生理学】教授　奥村敏／講師　大貫芳樹
【分子生化学】教授　山越康雄／准教授　唐木田丈夫／講師　山本竜司
【病理学】教授　松本直行
【口腔微生物学】教授　大島朋子／髙尾亞由子(学内講師)、角田衣理加(学内講師)
【薬理学】教授　二藤彰／准教授　中島和久／講師　出野尚
【歯科理工学】准教授　野本理恵／講師　新田馨子(学内講師)、吉田英史(学内講師)
【口腔衛生学】講師　梁洪淵、村田貴俊
【保存修復学】教授　山本雄嗣／准教授　英將生／講師　大森かをる(学内講師)
【歯内療法学】教授　山﨑泰志／講師　長谷川雅子
【歯周病学】教授　長野孝俊／講師　八島章博、松島友二
【口腔リハビリテーション補綴学】教授　大久保力廣／准教授　鈴木恭典／講師　西山雄一郎(学内講師)、米山喜一(学内講師)、栗原大介(学内講師)、新保秀仁(学内講師)
【クラウンブリッジ補綴学】教授　小川匠、小久保裕司(学内教授)、中村善治(学内教授)／講師　重田優子、重本修伺
【口腔顎顔面外科学】教授　濱田良樹／准教授　川口浩司／講師　中岡一敏
【口腔内科学】教授　里村一人／准教授　舘原誠晃／講師　豊田長隆、戸田麗子
【歯科矯正学】教授　友成博／准教授　菅崎弘幸／講師　関谷利子、及川崇
【口腔顎顔面放射線・画像診断学】教授　五十嵐千浪／講師　若江五月
【小児歯科学】教授　朝田芳信／准教授　井出正道(学内准教授)／講師　船山ひろみ、守安克也(学内講師)
【歯科麻酔学】教授　河原博／准教授　阿部佳子
【眼科学】教授　藤島浩
【法医歯学】准教授　勝村聖子
【総合歯科2】教授　山口博康(学内教授)
【病理診断科】講師　伊藤由美
【初診科】講師　湯浅茂平
【歯科医学教育学】講師　廣田正嗣

神奈川歯科大学

【教育企画部】教授　加藤浩一、猿田樹理、香西雄介、青山典生、窪田光慶／准教授　渕田慎也、沢井奈津子
■ 総合歯学教育学講座
【教養教育学分野】教授　板宮朋基／准教授　李正姫、川上正人／講師　中野亜希人、栗本勇輝
【歯学教育学分野】准教授　吉田彩佳
■ 解剖学講座
【解剖学分野】教授　天野カオリ／講師　志賀華絵、小口岳史
■ 病理・組織形態学講座
【分子口腔組織発生学分野】教授　槻木恵一／准教授　河田亮
【環境病理学分野】教授　槻木恵一／准教授　坂口和歌子
■ 生体機能学講座
【口腔生理学分野】准教授　高橋聡子／講師　水野潤造
【歯科薬理学分野】教授　高橋俊介／准教授　吉野文彦
■ 分子生物学講座
【口腔細菌学分野】教授　浜田信城／講師　稲葉啓太郎
【口腔生化学分野】教授　半田慶介／講師　居作和人、佐藤武則
■ 社会歯科学講座
【社会歯科学分野】教授　山本龍生／准教授　入江浩一郎
【口腔保健学分野】講師　川村和章、宋文群
【災害歯科学分野】教授　李昌一
■ 法医学講座
【法医学分野】教授　長谷川巖／講師　山本伊佐夫
【歯科法医学分野】教授　山田良広／准教授　大平寛
■ 医科学講座
【画像診断学分野】診療科教授　池上匡
【糖尿病・内分泌内科学分野】教授　青木一孝
【高血圧症・腎臓内科学分野】教授　橋本達夫
【総合内科学分野】診療科教授　栗橋健夫
【眼科学分野】診療科教授　市邉義章／診療科准教授　池内梨絵
【耳鼻咽喉科学分野】診療科講師　澤熊香衣
■ 歯科保存学講座
【保存修復学分野】教授　向井義晴／講師　椎谷亨、飯塚純子、日高恒輝
【歯内療法学分野】准教授　武藤徳子／診療科准教授　鈴木二郎、室町幸一郎
【歯周病学分野】教授　小牧基浩／准教授　鎌田要平／講師　杉原俊太郎
■ 歯科補綴学講座
【クラウンブリッジ補綴学分野】教授　木本克彦／講師　齋田牧子、川西範繁、野村太郎
【有床義歯補綴学分野】教授　井野智／准教授　濵野奈穂／講師　清水統太、岩下英夫
■ 口腔外科学講座
【口腔外科学分野】教授　安部貴大／准教授　鈴木健司、大鶴光信／講師　田中香衣、小松紀子
【高度先進口腔外科学分野】診療科教授　西久保周一／診療科准教授　小枝聡子／講師　荻澤翔平
■ 歯科矯正学講座
【歯科矯正学分野】教授　山口徹太郎／准教授　小泉創／診療科准教授　高橋正皓
【高度先進歯科矯正学分野】准教授　川合暢彦／講師　小野崎純
■ 歯科インプラント学講座
【顎・口腔インプラント学分野】教授　河奈裕正、黒田真司／講師　永田紘大／診療科講師　丸山彩和子
■ 小児歯科学講座
【小児歯科学分野】教授　木本茂成／准教授　浅里仁／講師　井上吉登、横山三菜、大谷茉衣子
■ 画像診断学講座
【画像診断学分野】教授　櫻井孝／准教授　泉雅浩／講師　谷口紀江
■ 麻酔科学講座
【歯科麻酔学分野】教授　讃岐拓郎／診療科准教授　今泉うの／講師　黒田英孝、月本翔太
【高度先進麻酔科学分野】教授　有坂博史／講師　杉田武士
■ 全身管理歯科学講座
【高齢者歯科学分野】教授　森本佳成／准教授　林恵美
【障害者歯科学分野】教授　小松知子／診療科准教授　高野知子／診療科講師　赤坂徹
■ 総合歯科学講座
【高度先進成人歯科学分野】講師　平嶺浩子
■ 歯科診療支援学講座
【病理診断学分野】診療科教授　窪田展久
【クリニカル・バイオマテリアル学分野】教授　二瓶智太郎／准教授　大橋桂
【口腔デジタルサイエンス学分野】教授　星憲幸
■ 臨床先端医学講座
【認知症医科学分野】診療科教授　眞鍋雄太
【口腔再建学】診療科講師　植田真美子

松本歯科大学

■ 歯学部
【解剖学講座】教授　平賀徹、田所治／講師　奥村雅代、堀部寛治
【生理学講座】教授　北川純一／講師　Mohammad Zakir Hossain
【生化学講座】教授　宇田川信之、中村美どり／講師　上原俊介
【微生物学講座】教授　吉田明弘
【病理学講座】教授　村上聡／講師　嶋田勝光
【薬理学講座】教授　荒敏昭
【理工学講座】教授　黒岩昭弘／准教授　横井由紀子
【公衆衛生学講座】教授　山賀孝之／講師　定岡直
【歯科保存学講座】教授　亀山敦史、増田宜子／講師　小町谷美帆、尾﨑友輝、出分菜々衣
【歯科補綴学講座】教授　樋口大輔／講師　吉田裕哉
【口腔顎顔面外科学講座】教授　栗原祐史、芳澤享子／准教授　李憲起
【歯科矯正学講座】教授　川原良美、影山徹／講師　村岡理奈
【歯科放射線学講座】教授　田口明／准教授　杉野紀幸／講師　長内秀
【小児歯科学講座】教授　大須賀直人／准教授　正村正仁、中村浩志／講師　中山聡、黒岩博子
【地域連携歯科学講座】講師　冨士岳志
【歯科麻酔学講座】准教授　谷山貴一
■ 大学院歯学独立研究科
【硬組織疾患制御再建学講座】教授　山下照仁、平賀徹、宇田川信之、中村美どり、村上聡、荒敏昭、黒岩昭弘、栗原祐史、芳澤享子、川原良美、影山徹、田口明、中村浩彰、岡藤範正、小林泰浩、十川紀夫／准教授　横井由紀子、李憲起、杉野紀幸、小出雅則、洞澤功子、中道裕子／講師　上原俊介、石田昌義
【顎口腔機能制御学講座】教授　安藤宏、田所治、北川純一、樋口大輔、澁谷徹／准教授　谷山貴一、山口葉子／講師　奥村雅代、Mohammad Zakir Hossain、吉田裕哉、冨士岳志、笠原隼男
【健康増進口腔科学講座】教授　吉田明弘、山賀孝之、亀山敦史、増田宜子、大須賀直人、音琴淳一、吉成伸夫／准教授　正村正仁、中村浩志、楊静／講師　中山聡

愛知学院大学歯学部

【口腔解剖学】主任教授　本田雅規／講師　水谷誠、加藤彰子
【解剖学】主任教授　池田やよい／准教授　永井亜希子／講師　子安和弘
【生理学】主任教授　平場勝成／講師　橋爪(横田)たつ子、松永知子
【生化学】主任教授　鈴木崇弘／講師　山下京子、福田信治、福田尚代
【口腔病理学・歯科法医学】主任教授　前田初彦／准教授　久保勝俊、杉田好彦／講師　吉田和加、河合遼子
【微生物学】主任教授　長谷川義明／講師　西川清、内記良一
【薬理学】主任教授　濵村和紀／講師　坂下暁介
【歯科理工学】教授　濱村和紀(代)／准教授　鶴田昌三、林達秀／講師　朝倉正紀、堀美喜
【口腔衛生学】主任教授　嶋﨑義浩／准教授　加藤一夫／講師　橋本周子、島中瑞季
【内科学】主任教授　成瀬桂子／准教授　中村信久／講師　宮部愛
【外科学】主任教授　野本周嗣／講師　菱田光洋
【保存修復学】主任教授　辻本暁正／准教授　友田篤臣／講師　掘江卓、岸本崇史
【歯内治療学】主任教授　諸冨孝彦／准教授　堀場直樹／講師　柴田直樹、今泉一郎、樋口直也、北村成孝
【歯周病学】主任教授　三谷章雄／准教授　菊池毅、林潤一郎／講師　山本弦太、西田英作、後藤久嗣
【有床義歯学】主任教授　武部純／特殊診療科教授　尾澤昌悟／講師　川北(吉岡)文、熊野弘一、秦正樹、松川良平
【高齢者・在宅歯科医療学】主任教授　木本統／准教授　竹内一夫、水野辰哉、宮前真／講師　宇佐美博志、髙濱豊、瀧井泉美、山口大輔
【冠橋義歯・口腔インプラント学】主任教授　近藤尚知／特殊診療科教授　村上弘／准教授　橋本和佳、佐久間重光／講師　阿部俊之、尾関創
【口腔内科・口腔病態制御学】主任教授　阿部厚／講師　中山敦史、阿知波基信、井上博貴
【口腔顎顔面外科学】主任教授　後藤満雄／准教授　宮地斉、長谷川正午／講師　渡邉哲、宮部悟
【口腔先天異常学研究室】特殊診療科教授　夏目長門／准教授　新美照幸／講師　井村英人
【歯科矯正学】主任教授　宮澤健／准教授　藤原琢也、田渕雅子／講師　川口美須津、佐藤琢麻、樋田真由、関谷健夫、高橋美文
【小児歯科学】主任教授　宮澤健(代)／特殊診療科教授　名和弘幸／講師　荒木麻美、堀部森崇、林勇輝、玄番千夏子、加古駿輔
【歯科放射線学】主任教授　有地榮一郎／准教授　内藤宗孝／講師　木瀬祥貴
【麻酔学】主任教授　奥田真弘／准教授　山田正弘、佐藤曾士／講師　城尚子
【総合歯科医学教育】主任教授　本田雅規／准教授　森田匠、稲本京子
【総合歯科臨床教育研修センター】主任教授・責任者　本田雅規／主任教授・副責任者　三谷章雄／講師・センター長　小島規永／講師・副センター長　藤波和華子
【未来口腔医療研究センター】教授・センター長　長谷川義明／教授・幹事　嶋﨑義浩
【歯科資料展示室】教授・館長　本田雅規

朝日大学歯学部

■ 口腔構造機能発育学講座
【口腔解剖学分野】
◇解剖学
教授　薗村貴弘／准教授　佐藤和彦／講師　寺嶋雅彦
◇口腔解剖学
教授　滝川俊也／講師　河野芳朗、杉山明子
【口腔生化学分野】
教授　川木晴美／准教授　髙山英次／講師　梅村直己
【小児歯科学分野】
教授　齊藤一誠／准教授　海原康孝
【歯科矯正学分野】
教授　北井則行／准教授　留和香子／講師　竹内綾、服部修磨
■ 口腔感染医療学講座
【口腔微生物学分野】
教授　引頭毅／講師　堂前英資
【歯科薬理学分野】
教授　佐藤慶太郎／講師　大野雄太
【社会口腔保健学分野】
教授　友藤孝明／准教授　東哲司／講師　岩井浩明
【歯周病学分野】
教授　辰巳順一／准教授　北後光信
■ 口腔病態医療学講座
【口腔病理学分野】
教授　永山元彦／准教授　落合隆永／講師　江原道子
【歯科放射線学分野】
教授　飯田幸弘／講師　西山航、小日向清美
【口腔外科学分野】
教授　村松泰徳／准教授　笠井唯克、畠山大二郎／講師　江原雄一、長縄鋼亮、安村真一、渡邉一弘
【摂食嚥下リハビリテーション学分野】
教授　谷口裕重／講師　木村将典
【歯科麻酔学分野】
教授　櫻井学／准教授　後藤隆志／講師　岸本敏幸
【障害者歯科学分野】
教授　岩瀬陽子／准教授　安田順一
【インプラント学分野】
教授　中本哲自／講師　長谷川ユカ
■ 口腔機能修復学講座
【口腔生理学分野】
教授　硲哲崇／准教授　諏訪部武／講師　安尾敏明
【歯科理工学分野】
教授　奥山克史／講師　堀口敬司、新谷耕平
【歯科保存学分野】
◇歯内療法学
教授　河野哲／准教授　瀧谷佳晃／講師　田中雅士、長谷川智哉
◇歯冠修復学
教授　二階堂徹／准教授　日下部修介／講師　村瀬由起
【歯科補綴学分野】
◇固定性義歯学
教授　宇野光乗／准教授　岡俊男／講師　澤田季子
◇部分床義歯学
准教授　岩堀正俊／講師　山本寛明、渡邊諒
◇全部床義歯学
教授　藤原周／准教授　羽田詩子／講師　大森俊和
■ 包括支援歯科医療部
准教授　横矢隆二
■ PDI岐阜歯科診療所
講師　小川雅之
■ 基礎教育系
【物理学】講師　山本靖男
【化学】教授　近藤信夫
【生物学】教授　設樂彰子／講師　片岡嗣雄
【数学】教授　坂井和裕
【英語】教授　柏俣正典

大阪大学歯学部

■ 大学院歯学研究科
【組織・発生生物学講座】教授　大庭伸介／准教授　前田隆史／講師　阿部真土
【系統・神経解剖学講座】教授　古田貴寛／講師　佐藤文彦
【口腔生理学講座】教授　加藤隆史／准教授　豊田博紀／講師　片桐綾乃
【生化学講座】教授　西村理行／准教授　波多賢二／講師　村上智彦
【顎顔面口腔病理学講座】教授　豊澤悟／講師　宇佐美悠、佐藤淳
【微生物学講座】教授　川端重忠／講師　広瀬雄二郎
【薬理学講座】教授　田熊一浩／准教授　早田敦子
【歯科生体材料学講座】教授　今里聡／准教授　山口哲／講師　佐々木淳一
【予防歯科学講座】特任教授(常勤)　CHOI YOUN HEE／准教授　久保庭雅惠／講師　竹内洋輝
【歯科保存学講座】教授　林美加子／准教授　伊藤祥作／講師　大嶋淳、高橋雄介
【口腔治療学講座】講師　岩山智明、竹立匡秀、山下元三
【顎顔面口腔外科学講座】教授　田中晋／准教授　磯村恵美子／講師　平岡慎一郎、横田祐介
【顎口腔腫瘍外科学講座】教授　鵜澤成一／准教授　松永和秀／講師　森田祥弘
【クラウンブリッジ補綴学・顎口腔機能学講座】教授　西村正宏／講師　峯篤史
【有床義歯補綴学・高齢者歯科学講座】教授　池邉一典／准教授　和田誠大／講師　権田知也
【総合歯科学講座】准教授　野﨑剛徳
【顎顔面口腔矯正学講座】教授　山城隆／准教授　黒坂寛／講師　犬伏俊博、谷川千尋
【小児歯科学講座】教授　仲野和彦／准教授　大川玲奈／特任准教授(常勤)　LAPIRATTANAKUL JINTHANA
【歯科放射線学講座】教授　村上秀明／特任教授(常勤)　KREIBORG SVEN、YANG FAN-PEI
【歯科麻酔学講座】准教授　工藤千穂／講師　前川博治
【顎口腔機能治療学講座】教授　阪井丘芳／准教授　野原幹司
【障害者歯科学講座】准教授　秋山茂久／講師　村上旬平
【バイオインフォマティクス研究ユニット】准教授　山口雅也
【ゲノム編集技術開発ユニット】准教授　高畑佳史
【口腔科学フロンティアセンター】教授　野田健司

29歯科大学・歯学部の教員人事②　（敬称略）

9面➡5面

野隆、飯田崇、小林平、鈴木浩司、若見昌信／専任講師　内堀聡史

■ 歯科インプラント学分野

【口腔インプラント学】教授　村上洋／専任講師　井下田繁子、北川剛至、玉木大之

■ 歯科育成分野

【小児歯科学】教授　清水武彦／准教授　清水邦彦／専任講師　伊藤龍朗、岡本京、根本晴子

【歯科矯正学】教授　根岸慎一／専任講師　榎本豊、五関たけみ

【障害者歯科学】教授　野本たかと／専任講師　梅澤幸司、遠藤眞美、林佐智代

【口腔外科学】教授　大峰浩隆／准教授　田中茂男／専任講師　濱野美緒、山口桜子、山本泰

【歯科麻酔学】教授　山口秀紀／専任講師　卯田昭夫、下坂典立、鈴木正敏

■ 内科学分野

【内科学】教授　中山壽之

【循環器・心臓血管外科学】教授　秦光賢

■ 外科学分野

【脳神経・頭頸部外科学】准教授　丹羽秀夫

■ 教養学分野

【物理学】教授　小倉昭弘

【数理科学】教授　堀畑聡

【化学】准教授　布施恵

【生物学】准教授　楠瀬隆生

【英語】専任講師　パワール　ウジャール

【ドイツ語】准教授　渡邊徳明

【健康スポーツ科学】准教授　橋口泰一

明海大学歯学部

■ その他

教授　申基喆、竹島浩

【歯科医学総合研究所（MRIO）】教授　坂上宏

■ 形態機能成育学講座

【解剖学】教授　﨑山浩司／准教授　佐藤卓也

【組織学】教授　天野修／准教授　坂東康彦

【生理学】教授　村本和世／講師　溝口尚子

【口腔小児科学】教授　星野倫範／准教授　関みつ子／講師　吉田美香子、荻原孝

【歯科矯正学】教授　須田直人／准教授　真野樹子、大塚雄一郎

■ 口腔生物再生医工学講座

【生化学】教授　坂東健二郎／講師　福田正勝

【微生物学】教授　猪俣恵

【歯周病学】教授　林丈一朗／講師　石井麻紀子

【基礎生物学】准教授　廣井美紀、宮崎裕司

【基礎化学】講師　藤本健吾

■ 機能保存回復学講座

【歯科生体材料学】教授　日比野靖／准教授　長沢悠子／講師　江田義和

【有床義歯補綴学】教授　岡本和彦／准教授　曽根峰世／講師　鳴海史子、沼澤美詠

【クラウンブリッジ補綴学】教授　岩佐文則／准教授　三浦賞子／講師　村上小夏、今村嘉希

【保存治療学】教授　横瀬敏志／准教授　市村葉／講師　小林健二、門倉弘志、和田恵

【オーラル・リハビリテーション学】教授　松田哲／准教授　鈴木玲爾／講師　竹谷安紀子、溝部健一、松本篤樹

【摂食嚥下リハビリテーション学】教授　大岡貴史

■ 病態診断治療学講座

【病理学】教授　菊池建太郎／講師　西村学子

【薬理学】教授　安達一典／講師　佐藤元

【総合臨床歯科学】教授　村上幸生

【歯科放射線学】教授　鬼頭慎司／講師　大髙祐聖、井澤真希

【口腔顎顔面外科学】教授　山本信治、龍田恒康／准教授　森一将、重松久夫／講師　原八重子、瀧澤将太、園川拓哉

【高齢者歯科学】教授　田村暢章／講師　小林真彦

【歯科麻酔学】教授　大野由夏／講師　髙木沙央理

【歯科法医学】教授　坂英樹／講師　岩脇淳志

■ 社会健康科学講座

【口腔保健予防歯科学】教授　竹下玲／准教授　深井智子／講師　永井明子

【スポーツ歯学】教授　上野俊明

【障がい者歯科学】講師　牧野兼三

【基礎数学・統計学】講師　古谷貴彦

■ 総合臨床医学講座

【内科学】准教授　井上芳郎

【眼科学】准教授　樺澤昌

【頭頸部外科・耳鼻咽喉科学】教授　野村務

東京医科歯科大学歯学部

■ 大学院医歯学総合研究科（歯系）

【う蝕制御学分野】教授　島田康史／講師　平石典子

【顎顔面外科学分野】教授　依田哲也／准教授　森田圭一／講師　儀武啓幸

【顎顔面矯正学分野】教授　森山啓司／准教授　小川卓也／講師　東堀紀尚

【顎口腔腫瘍外科学分野】教授　原田浩之／准教授　道泰之／講師　富岡寛文

【健康支援口腔保健衛生学分野】教授　樺沢勇司／講師　伊藤奏

【健康推進歯学分野】教授　相田潤／准教授　松山祐輔

【口腔デジタルプロセス学分野】教授　金澤学／准教授　岩城麻衣子

【口腔医療工学分野】教授　池田正臣／講師　佐藤隆明

【口腔顎顔面解剖学分野】教授　岩永譲／准教授　北河憲雄

【口腔基礎工学分野】教授　青木和広／准教授　大木明子

【口腔健康教育学分野】教授　吉田直美

【口腔再生再建学分野】教授　丸川恵理子

【高齢者歯科学分野】准教授　駒ヶ嶺友梨子、猪越正直／講師　濵洋平

【細菌感染制御学分野】教授　鈴木敏彦／准教授　芦田浩

【歯科心身医学分野】教授　豊福明／講師　渡邉素子

【歯科放射線診断・治療学分野】教授　三浦雅彦／准教授　渡邊裕／講師　戒田篤志

【歯科麻酔・口腔顔面痛制御学分野】教授　前田茂／准教授　脇田亮／講師　松村朋香

【歯周病学分野】教授　岩田隆紀、青木章／講師　片桐さやか

【歯髄生物学分野】教授　興地隆史／准教授　川島伸之／講師　海老原新、渡邉聡

【小児歯科学・障害者歯科学分野】教授　岩本勉／講師　柿野聡子

【生涯口腔保健衛生学分野】講師　竹内康雄

【生体情報継承学分野】テニュアトラック准教授　楠山譲二

【生体補綴歯科学分野】教授　若林則幸／講師　野﨑浩佑、和田淳一郎

【摂食嚥下リハビリテーション学分野】教授　戸原玄／准教授　中川量晴／講師　山口浩平

【先端材料評価学分野】教授　宇尾基弘／講師　和田敬広

【総合診療歯科学分野】教授　新田浩／准教授　西山暁

【地域・福祉口腔機能管理学分野】教授　松尾浩一郎

【認知神経生物学分野】教授　上阪直史／講師　田中大介

【病態生化学分野】教授　渡部徹郎／准教授　井上カタジナアンナ

【分子細胞機能学分野】准教授　中濵健一

【分子情報伝達学分野】准教授　林幹人

【分子発生・口腔組織学分野】教授　井関祥子／講師　吉本由紀

【分子免疫学分野】准教授　永井重徳

【法歯学分野】教授　櫻田宏一／准教授　齋藤久子

【咬合機能矯正学分野】教授　小野卓史／准教授　細道純／講師　松本芳郎

【咬合機能健康科学分野】教授　笛木賢治／准教授　駒田亘／講師　稲用友佳

■ 病院（歯系）

【義歯科】講師　高市敦士、中禮宏

【義歯科 快眠歯科（いびき・無呼吸）外来】講師　秀島雅之

【口腔外科】講師　高原楠旻、津島文彦

【歯科総合診療科】准教授　則武加奈子

【歯周病科】講師　水谷幸嗣

■ 歯学部

【その他】准教授　佐々木好幸

【その他教官】教授　中島友紀

東京歯科大学

※医科・教養系教員は除く

【解剖学講座】教授　阿部伸一／准教授　松永智／講師　廣内英智

【組織・発生学講座】教授　山本仁／講師　笠原典夫、北村啓

【生理学講座】教授　澁川義幸／講師　木村麻記、黄地健仁

【生化学講座】准教授　小野寺晶子／講師　間奈津子、中村貴

【病理学講座】教授　松坂賢一／准教授　國分克寿／講師　中島啓

【微生物学講座】教授　石原和幸／講師　国分栄仁、菊池有一郎、米澤英雄

【薬理学講座】教授　笠原正貴／講師　髙橋有希

【歯科理工学講座】教授　服部雅之／講師　笠原正彰、染屋智子

【衛生学講座】教授　杉原直樹／准教授　石塚洋一／講師　佐藤涼一

【法歯学・法人類学講座】教授　石川昂／講師　中村安孝

【社会歯科学講座】教授　平田創一郎／講師　田代宗嗣

【歯科医療政策学】教授　田口円裕

【歯内療法学講座】講師　藤井理絵、山田雅司、佐古亮

【歯周病学講座】教授　齋藤淳／准教授　富田幸代／講師　今村健太郎

【保存修復学講座】教授　村松敬／准教授　杉戸博記／講師　春山亜貴子、半場秀典

【小児歯科学講座】教授　新谷誠康／講師　辻野啓一郎、今井裕樹、櫻井敦朗、本間宏実

【口腔顎顔面外科学講座】教授　渡邊章／講師　恩田健志、成田真人、吉田秀児

【口腔病態外科学講座】教授　片倉朗／准教授　笠原清弘、菅原圭亮／講師　山本雅絵、岩本昌士、西山明宏

【歯科麻酔学講座】准教授　小鹿恭太郎／講師　半田俊之、川口潤、吉田香織

【老年歯科補綴学講座】教授　上田貴之／准教授　竜正大／講師　髙野智史、太田緑

【クラウンブリッジ補綴学講座】教授　関根秀志／准教授　野本俊太郎、久永竜一／講師　四ツ谷護、酒井貴徳

【パーシャルデンチャー補綴学講座】教授　山下秀一郎／准教授　田坂彰規／講師　大平真理子

【歯科矯正学講座】教授　西井康／准教授　石井武展／講師　立木千恵、森川泰紀、有泉大、片田英憲

【歯科放射線学講座】教授　後藤多津子／講師　音成実佳、小髙研人

【口腔インプラント学講座】教授　佐々木穂高／准教授　伊藤太一／講師　古谷義隆、平野友基

【口腔健康科学講座】教授　福田謙一、石田瞭、中島一憲／准教授　大久保真衣

【千葉歯科医療センター総合診療科】准教授　大神浩一郎

【千葉歯科医療センター】講師（診療教員）　備前島崇浩

【口腔腫瘍外科学講座】教授　野村武史

【オーラルメディシン・病院歯科学講座】教授　松浦信幸／准教授　中島純子／講師　酒井克彦

【口腔がんセンター】講師　鈴木大貴

日本大学歯学部

■ 口腔科学（基礎）系

【解剖学第Ｉ講座】教授　髙橋富久／准教授　二宮禎、藤原恭子／講師　大橋晶子

【第Ⅱ講座】教授　磯川桂太郎／准教授　山﨑洋介

【生理学講座】教授　篠田雅路／准教授　林良憲／講師　坪井美行、人見涼露

【生化学講座】教授　鈴木直人／准教授　田邉奈津子、津田啓方／講師　山口洋子

【病理学講座】教授　浅野正岳

【感染症免疫学　講座】教授　今井健一／准教授　田村宗明、神尾宜昌

【薬理学講座】教授　小林真之／講師　山本清文、中谷有香

【歯科理工学講座】教授　米山隆之／准教授　小泉寛恭

【衛生学講座】教授　川戸貴行／准教授　田中秀樹／講師　中井久美子

【法医学講座】准教授　近藤真啓

■ 口腔科学（臨床）系

【口腔外科学第Ｉ講座】講師　田中孝佳、佐藤貴子、篠塚啓二

【第Ⅱ講座】教授　米原啓之、清水治／講師　生木俊輔

【歯科麻酔学講座】教授　岡俊一／准教授　小柳裕子

【歯科保存学第Ｉ講座】教授　宮崎真至／准教授　黒川弘康、髙見澤俊樹、陸田明智

【第Ⅱ講座】教授　武市収、林誠／准教授　清水康平／講師　勝呂尚

【第Ⅲ講座】教授　佐藤秀一／准教授　※、吉沼直人、髙山忠裕／講師　蓮池聡

【歯科補綴学第Ｉ講座】教授　飯沼利光／講師　池田貴之、伊藤智加、李淳、浦田健太郎、西尾健介

【第Ⅱ講座】教授　萩原芳幸／准教授　月村直樹／講師　大谷賢二、大山哲生、秋田大輔

【第Ⅲ講座】教授　小峰太

【歯科矯正学講座】教授　本吉満／准教授　中嶋昭、馬谷原琴枝、納村泰弘／講師　内田靖紀

【小児歯科学講座】教授　菊入崇／講師　※

【歯科放射線学講座】教授　新井嘉則／准教授　松本邦史／講師　江島堅一郎、澤田久仁彦

【口腔内科学講座】教授　野間昇、岡田明子／講師　篠崎貴弘

【摂食機能療法学講座】教授　米永一理／准教授　阿部仁子、中山渕利

■ 歯科病院系

【総合歯科学分野】准教授　紙本篤／講師　古地美佳、関啓介、竹内義真

■ 人間科学系

【医療人間科学分野】講師　上原任、三澤麻衣子、好士亮介

【外国語分野】准教授　田嶋倫雄

【健康科学分野】准教授　佐藤紀子

■ 基礎科学系

【基礎自然科学分野】教授　山岡大（物理学）、藤田智史（生物学）、中野善夫（化学）／講師　鈴木秀則（物理学）、渡辺孝康（化学）

（※は氏名掲載を希望しない者）

日本歯科大学生命歯学部

【解剖学第１講座】教授　春原正隆／准教授　井出吉昭／講師　前田祐貴、鈴木金吾

【解剖学第２講座】教授　菊池憲一郎／講師　小川清美、池田利恵（併）

【生理学講座】教授　佐伯周子／准教授　肖黎／講師　井出良治

【生化学講座】教授　今井一志／准教授　千葉忠成／講師　美原希美

【病理学講座】教授　添野雄一、田谷雄二（併）／講師　佐藤かおり

【微生物学講座】教授　髙橋幸裕／准教授　才木桂太郎、田代有美子

【薬理学講座】教授　筒井健夫／講師　鳥居大祐、神唯

【衛生学講座】教授　福田雅臣／准教授　田中とも子／講師　堀江哲郎、伊井久貴

【歯科理工学講座】教授　新谷明一／准教授　堀田康弘／講師　石田祥己、三浦大輔

【歯科法医学講座】教授　岩原香織

【発生・再生医科学講座】教授　中原貴／准教授　望月真衣（併）、井出吉昭（併）／講師　小林朋子

【歯科保存学講座】准教授　前田宗宏／講師　西田太郎、村田美貴

【接着歯科学講座】准教授　柵木寿男／講師　前野雅彦

【歯周病学講座】教授　沼部幸博／准教授　伊藤弘、関野愉／講師　村樫悦子、五十嵐寛子、倉治竜太郎

【歯科補綴学第１講座】教授　隅田由香／准教授　横山正起／講師　上杉華子、小見野真梨恵

【歯科補綴学第２講座】教授　五味治徳／准教授　八田みのり、山瀬勝（併）

【口腔外科学講座】教授　里見貴史、澁井武夫、松野智宣（併）／准教授　宮坂孝弘

【歯科麻酔学講座】教授　砂田勝久／准教授　塩谷伊毅／講師　筒井友花子

【歯科矯正学講座】教授　新井一仁／講師　鈴木章弘、栃木啓佑

【小児歯科学講座】教授　苅部洋行／准教授　河上智美、田中聖至／講師　名生幸恵

【歯科放射線学講座】教授　河合泰輔／准教授　浅海利恵子／講師　神尾崇

【内科学講座】教授　谷樹昌

【外科学講座】教授　櫻井健一／准教授　平野智寛／講師　鈴木周平

【共同利用研究センター】教授　中原貴（併）、葛城啓彰／准教授　戸円智幸（併）

■ 附属病院

【総合診療科１】教授　北村和夫／准教授　横澤茂、佐藤友則／講師　濵田康弘、小柳圭史

【総合診療科２】准教授　石井隆資／講師　新田俊彦、光安廣記、滑川初枝、代田あづさ、中原由絵、石井通勇、河合貴俊、前野雅彦（併）

【総合診療科３】教授　小川智久、仲谷寛／准教授　鈴木麻美、大澤銀子、関野愉（併）／講師　横山知美

【総合診療科４】教授　岡田智雄、秋山仁志、石垣佳希、五味治徳（併）、隅田由香（併）／准教授　山瀬勝、石田鉄光、原節宏、大津光寛、横山正起（併）／講師　我妻由梨、石川結子

【口腔外科】教授　里見貴史（併）、松野智宣、小林隆太郎（併）、澁井武夫（併）／准教授　荘司洋文／講師　藤城建樹、猪俣徹

【矯正歯科】准教授　安藤文人、宇塚聡、宮下渉／講師　内田裕子、土持宇、鈴木章弘（併）

【小児歯科】教授　内川喜盛／准教授　白瀬敏臣／講師　梅津糸由子、村松健司、名生幸恵（併）

【歯科麻酔・全身管理科】教授　三代冬彦、砂田勝久（併）／講師　篠原健一郎、今井智明、阿部恵一、安田麻子

【放射線・病理診断科】教授　柳下寿郎、河合泰輔（併）／准教授　岩田洋、浅海利恵子（併）／講師　林宗廣、辺見卓男、三枝奈津季、神尾崇（併）

【口腔リハビリテーション科】教授　田村文誉、菊谷武（併）／准教授　高橋賢晃（併）、佐藤路子（併）／講師　児玉実穂、町田麗子、戸原雄（併）、山田裕之（併）、宮下直也（併）

【口腔インプラント診療科】教授　小倉晋、柳井智恵／講師　簗瀬麻衣子

【内科】教授　谷樹昌（併）

【外科】教授　櫻井健一（併）／准教授　平野智寛（併）／講師　鈴木周平（併）

【言語聴覚士室】講師　西脇恵子

【臨床研究支援室】准教授　小池麻里

■ 口腔リハビリテーション多摩クリニック

【口腔リハビリテーション多摩クリニック】教授　菊谷武／准教授　高橋賢晃、佐藤路子／講師　戸原雄、山田裕之、宮下直也

昭和大学歯学部

【歯学教育学講座】教授　坂井信裕／講師　片岡有

【口腔解剖学講座】教授　野中直子／講師　吉村健太郎、福島美和子

【口腔生理学講座】教授　中村史朗／准教授　鹿本希世美／講師　望月文子

【口腔生化学講座】准教授　山田篤／講師　宇山理紗、矢野文子

【口腔微生物学講座】教授　桑田啓貴／講師　森崎弘史

【歯科薬理学講座】教授　髙見正道／准教授　茶谷昌宏／講師　唐川亜希子

【歯科理工学講座】教授　柴田陽／准教授　荻野玲奈／講師　中村知恵

【口腔衛生学講座】教授　弘中祥司／准教授　渡邊賢礼／講師　内海明美、石﨑晶子、伊澤光

【歯科保存学講座・保存修復学部門】准教授　小林幹宏／講師　新妻由衣子

【歯科保存学講座・歯内治療学部門】教授　鈴木規元

【歯科保存学講座・歯周病学部門】教授　山本松男／准教授　滝口尚／講師　小出容子

【歯科保存学講座・総合診療歯科学部門】教授　長谷川篤司

【歯科補綴学講座・歯科補綴学部門】教授　馬場一美／准教授　田中晋平、髙場雅之／講師　安部友佳、三田稔

【歯科補綴学講座・顎関節症治療学部門】教授（員外）　曽沼岳史

（7面に続く）

29歯科大学・歯学部の教員人事①　(敬称略)

※4月1日時点。各校「教授」から「講師」までを掲載。
東北大学と神奈川歯科大学はホームページの情報を基に作成。

北海道医療大学歯学部

■ 口腔機能修復・再建学系
【歯周歯内治療学】教授　長澤敏行／准教授　＜門貴司＞／講師　加藤幸紀
【う蝕制御治療学】教授　斎藤隆史／准教授　松田康裕／講師　泉川昌宣
【高度先進保存学】教授　伊藤修一／講師　森真理
【咬合再建補綴学】教授　越野寿／准教授　豊下祥史、＜川西克弥＞
【クラウンブリッジ・インプラント補綴学】教授　越智守生／准教授　広瀬由紀人／講師　仲西康裕
【高度先進補綴学】教授　舞田健夫／講師　田村誠
【デジタル歯科医学】教授　疋田一洋
【生体材料工学】教授　根津尚史／講師　高橋正敏
■ 生体機能・病態学系
【組織再建口腔外科学】教授　志茂剛
【顎顔面口腔外科学】教授　永易裕樹／講師　南田康人、原田文也
【口腔再生医学】教授　村田勝
【歯科麻酔科学】教授　照光真／講師　吉本裕代
【歯科放射線学】教授　中山英二／講師　中谷温紀
【高齢者・有病者歯科学】教授　會田英紀
【臨床口腔病理学】教授　安彦善裕／講師　佐藤惇、吉田光希
【内科学】教授　高橋伸彦
【摂食機能療法学】教授　飯田貴俊
■ 口腔構造・機能発育学系
【歯科矯正学】教授　飯嶋雅弘／准教授　六車武史／講師　中尾友也
【小児歯科学】教授　齊藤正人／准教授　広瀬弥奈／講師　倉重圭史
【保健衛生学】教授　三浦宏子／准教授　松岡紘史／講師　村田幸枝、植原治
【解剖学】教授　入江一元
【組織学】教授　細矢明宏／講師　建部廣明
■ 口腔生物学系
【生理学】教授　石井久淑／講師　佐藤寿哉
【生化学】教授　荒川俊哉
【薬理学】教授　谷村明彦／准教授　根津顕弘
【微生物学】教授　永野恵司／講師　宮川博史
総合教育学系
■ 総合教育学系
【臨床教育管理運営】教授　＜長澤敏行＞／准教授　川西克弥／講師　＜村田幸枝＞
【歯学教育開発学】教授　古市保志／准教授　門貴司
【歯学部】教授　遠藤一彦

北海道大学歯学部

■ 口腔機能学分野
【口腔機能解剖学】教授　髙橋茂
【口腔生理学】教授　舩橋誠
【口腔機能補綴学】教授　坂口究
【冠橋義歯補綴学】教授　黒嶋伸一郎
【歯科矯正学】教授　佐藤嘉晃
【小児・障害者歯科学】教授　八若保孝
■ 口腔健康科学分野
【硬組織微細構造学】教授　網塚憲生
【生体材料工学】教授　吉田靖弘
【予防歯科学】教授　岩崎正則
【歯科保存学】教授　友清淳
【歯周病学】特任教授　菅谷勉
【高齢者歯科学】教授　山崎裕
【口腔総合治療学】教授　宮治裕史
■ 口腔病態学分野
【血管生物分子病理学】教授　樋田京子
【微生物学】教授　長谷部晃
【薬理学】教授　飯村忠浩
【口腔診断内科学】教授　宮本郁也
【口腔顎顔面外科学】教授　大廣洋一
【放射線学】教授　箕輪和行
【歯科麻酔学】教授　城戸幹太

岩手医科大学歯学部

■ 解剖学講座
【機能形態学分野】教授　藤原尚樹
【発生生物・再生医学分野】教授　原田英光、大津圭史／講師　池崎晶二郎
■ 生理学講座
【病態生理学分野】教授　黒瀬雅之
■ 生化学講座
【細胞情報科学分野】教授　石崎明／准教授　帖佐直幸／講師　横田聖司
■ 微生物学講座
【分子微生物学分野】教授　石河太知
■ 薬理学講座
【病態制御学分野】講師　田村晴希
■ 病理学講座
【病態解析学分野】教授　入江太朗／講師　佐藤泰生、衣斐美歩
■ 医療工学講座　教授　武本真治／准教授　澤田智史
■ 法科学講座
【法歯学・災害口腔医学分野】教授　熊谷章子
■ 歯科保存学講座
【う蝕治療学分野】教授　野田守／准教授　浅野明子
【歯周療法学分野】教授　八重柏隆、佐々木大輔／講師　村井治
■ 歯科補綴学講座
【冠橋義歯・口腔インプラント学分野】准教授　今一裕、深澤翔太／講師　横田潤、福徳暁宏
【有床義歯・口腔リハビリテーション学分野】教授　小林琢也
■ 口腔顎顔面再建学講座
【口腔外科学分野】教授　山田浩之／准教授　小川淳、川井忠、大橋祐生／講師　古城慎太郎、山谷元気
【歯科麻酔学分野】教授　佐藤健一／講師　筑田真未
【歯科放射線学分野】教授　田中良一、泉澤充／講師　髙橋徳明
■ 口腔保健育成学講座
【歯科矯正学分野】教授　佐藤和朗／准教授　間山寿代、桑島幸紀
【小児歯科学・障害者歯科学分野】准教授　熊谷美保／講師　菊池和子
■ 口腔医学講座
【関連医学分野】教授　千葉俊美／講師　王挺
【歯科医学教育学分野】教授　藤村朗
【予防歯科学分野】教授　岸光男／講師　佐藤俊郎

東北大学歯学部

■ エコロジー歯学講座
【口腔生化学分野】教授　髙橋信博／准教授　鷲尾純平／講師　安彦友希
【口腔分子制御学分野】教授　髙橋信博／講師　黒石智誠、多田浩之
【歯内歯周治療学分野】教授　山田聡／准教授　根本英二
【歯科保存学分野】教授　齋藤正寛
■ 地域共生社会歯学講座
【国際歯科保健学分野】教授　小坂健／准教授　竹内研時
【歯科法医情報学分野】教授　小坂健／准教授　鈴木敏彦
【予防歯科学分野】教授　小関健由
【小児発達歯科学分野】教授　齋藤幹／准教授　山田亜矢
【頭蓋顔面先天異常学分野】教授　五十嵐薫／准教授(病院顎口腔機能治療部)　西村壽晃
【顎口腔矯正学分野】教授　五十嵐薫／准教授　北浦英樹
■ 病態マネジメント歯学講座
【口腔生理学分野】教授　中井淳一／准教授　安藤恵子
【歯科薬理学分野】教授　若森実／准教授　中村卓史
【口腔病理学分野】教授　熊本裕行
【歯科医用情報学分野】教授　飯久保正弘
【顎顔面口腔再建外科学分野】教授　山内健介
【顎顔面口腔腫瘍外科学分野】教授　杉浦剛
【歯科口腔麻酔学分野】教授　水田健太郎／准教授　星島宏
【総合歯科診療部】教授　江草宏
■ リハビリテーション歯学講座
【口腔器官解剖学分野】教授　小坂健
【顎口腔組織発生学分野】教授　若森実／講師　中村恵
【歯科生体材料学分野】教授　鈴木治／准教授　岡田正弘
【顎口腔機能創建学分野】教授　鈴木治
【口腔システム補綴学分野】教授　依田信裕／准教授　小川徹
【分子・再生歯科補綴学分野】教授　江草宏／准教授　山田将博／講師　新部邦透
【加齢歯科学分野】教授　服部佳功
■ イノベーションリエゾン歯学講座
【国際連携イノベイティブ歯学分野】教授　洪光
【共創歯学分野】教授　金高弘恭
■ 治療医工学講座(医工学研究科)
【腫瘍医工学分野】教授　小玉哲也
■ 口腔腫瘍病態学講座(協力講座)
【機能画像歯科学分野】教授　瀧靖之
■ 共同研究講座
【次世代歯科材料工学共同研究講座】教授　江草宏
【先端フリーラジカル制御学共同研究講座】教授　髙橋信博、菅野太郎／准教授　中村圭祐
■ 連携講座
【口腔免疫病態制御学講座(連携講座)】客員教授　高木智
【長寿口腔科学講座(連携講座)】客員教授　松下健二、四釜洋介

奥羽大学歯学部

■ 歯科保存学
【保存修復学】教授　山田嘉重／准教授　菊井徹哉
【歯内療法学】教授　木村裕一／講師　佐藤穏子、長﨑慶太、金澤朋昭
【歯周病学】教授　髙橋慶壮／講師　山﨑厚作
■ 歯科補綴学
【冠橋義歯学】教授　羽鳥弘毅／講師　内田光洋
【口腔インプラント学】講師　高橋昌宏、保田穣
【有床義歯学】教授　高津匡樹／講師　松本知生、池田敏和、内山梨夏
【高齢者歯科学】教授　鈴木史彦／講師　北條健太郎、山家尚仁、鈴木海路、渡部議之
■ 口腔外科学
【口腔外科学】教授　髙田訓、金秀樹、川原一郎／講師　御代田駿、小嶋忠之、髙橋文太郎、西祐也
【歯科麻酔学】教授　山崎信也／講師　安部将太、佐藤光
【障害者歯科学】講師　吉田健司、加川千鶴世、赤穂麗子
■ 成長発育歯学
【歯科矯正学】教授　福井和徳、川鍋仁／准教授　板橋仁／講師　山野辺晋也、岡崎智世
【小児歯科学】教授　島村和宏
■ 放射線診断学　教授　原田卓哉／講師　茂呂祐利子、臼田真浩、矢口剛士
■ 総合臨床医学　教授　風間咲美
■ 生体構造学
【口腔解剖学】教授　宇佐美晶信／講師　芹川雅光、櫻井裕子
【口腔組織学】教授　安部仁晴／准教授　中川敏浩／講師　荒木啓吾、森山光
■ 口腔病態解析制御学
【口腔感染免疫学】教授　玉井利代子、清浦有祐／講師　宇佐美いづみ
【口腔病理学】准教授　遊佐淳子／講師　山﨑幹子
【歯科薬理学】准教授　柴田達也、鈴木礼子／講師　長岡正博
■ 口腔機能分子生物学
【口腔生理学】教授　川合宏仁／講師　大須賀謙二、古山昭
【口腔生化学】教授　前田豊信、加藤靖正／講師　神林直大
【生物学】准教授　今井元
■ 生体材料学
【歯科理工学】准教授　石田喜紀／講師　大木達也、齋藤龍一
【物理学】教授　菊地尚志／講師　荒木威
【化学】講師　阿部匡聡、斎藤昇太郎
■ 口腔衛生学
【口腔衛生学】教授　廣瀬公治、瀬川洋／講師　南健太郎、小林美智代
【日本語学】講師　本多真史
【心理学】講師　佐藤歩
【英語】講師　長峯英樹

日本歯科大学新潟生命歯学部

【解剖学第1講座】教授　影山幾男／准教授　鳥海拓／講師　河上淳一、吉岡望
【解剖学第2講座】教授　辻村麻衣子／准教授　横須賀宏之／講師　熊倉雅彦
【生理学講座】教授　佐藤義英／准教授　高橋睦／講師　那須輝顕
【生化学講座】教授　森田貴雄／准教授　竹澤晴香／講師　今井あかね(併)
【病理学講座】教授　岡田康男／准教授　東理頼亮
【微生物学講座】教授　三上正人／講師　丸山昂介
【薬理学講座】教授　二宮一智／講師　福井佳代子
【衛生学講座】教授　小松﨑明(併)／准教授　鴨田剛司、小野幸絵
【歯科理工学講座】教授　大熊一夫／准教授　五十嵐健輔
【歯科保存学第1講座】教授　両角俊哉／准教授　北島佳代子、新井恭子、佐藤友則(併)
【歯科保存学第2講座】教授　新海航一／准教授　鈴木雅也
【歯科補綴学第1講座】教授　水橋史／講師　渡會侑子、浅沼直樹(併)
【歯科補綴学第2講座】教授　上田一彦／講師　瀬戸宗嗣
【口腔外科学講座】教授　田中彰、岡田康男(併)、戸谷収二(併)／准教授　佐久間要、小林英三郎(併)
【歯科麻酔学講座】教授　大橋誠、藤井一維(併)／准教授　井口麻美
【歯科矯正学講座】講師　亀田剛、太田信
【小児歯科学講座】教授　黒木淳子／准教授　坂井幸子
【歯科放射線学講座】教授　小椋一朗／講師　亀田綾子
【歯周病学講座】教授　佐藤聡／准教授　両角祐子
【内科学講座】教授　大越章吾／准教授　長谷川勝彦、廣野玄
【外科学講座】教授　大竹雅広
【耳鼻咽喉科学】教授　佐藤雄一郎／講師　髙橋圭三、松本香好美
【高齢者医療学】教授　道川誠
【先端研究センター】教授　三上正人(併)、中原賢、辻村麻衣子(併)
【医の博物館】教授　佐藤利英
■ 新潟病院
【総合診療科】教授　海老原隆、猪子芳美、新海航一(併)、佐藤聡(併)、二宮一智(併)、両角俊哉(併)、水橋史(併)／准教授　水谷太尊、大森みさき、髙塩智子、水橋亮、北島佳代子(併)、両角祐子(併)、鈴木雅也(併)、新井恭子(併)／講師　若木卓、關秀明、石井瑞樹、加藤千景(併)、渡會侑子(併)
【口腔外科】教授　戸谷収二、田中彰(併)、二宮一智(併)、／准教授　小林英三郎、水谷太尊(併)、佐久間要(併)／講師　小根山隆浩、赤柴竜、中谷佑哉
【歯科麻酔・全身管理科】教授　大橋誠(併)、藤井一維(併)／准教授　井口麻美(併)／講師　高橋靖之
【矯正歯科】講師　太田信(併)、瀬戸淑子
【小児歯科】教授　黒木淳子(併)／准教授　三瓶伸也、三瓶素子、坂井幸子(併)／講師　北澤裕美
【放射線科】教授　小椋一朗(併)／講師　佐々木善彦、諏江美樹子、織田隆昭、亀田綾子(併)
【訪問歯科口腔ケア科】准教授　白野美和／講師　渥美陽二郎、吉岡裕雄
【口腔インプラント科】教授　廣安一彦、上田一彦(併)／講師　瀬戸宗嗣(併)
【内科】教授　大越章吾(併)、道川誠(併)／准教授　長谷川勝彦(併)、廣野玄(併)
【外科】教授　大竹雅広(併)
【耳鼻咽喉科】教授　佐藤雄一郎(併)
■ 在宅ケア新潟クリニック
【在宅ケア新潟クリニック診療科】教授　田中彰(併)／講師　高田正典

新潟大学歯学部

■■■ 口腔生命科学専攻／歯学科
■ 口腔健康科学
【微生物感染症学(細菌学)】教授　寺尾豊／准教授　土門久哲
【生体組織再生工学(理工学)】教授　泉健次／講師　金谷貢
【予防歯科学(予防歯)】教授　小川祐司／准教授　竹原祥子
【う蝕学(1保存)】教授　野杁由一郎／准教授　竹中彰治
【小児歯科学(小児歯)】教授　早﨑治明／准教授　中村由紀
【生体歯科補綴学(2補綴)】准教授　加来賢
【顎顔面口腔外科学(2外科)】教授　冨原圭／准教授　平井秀明
■ 摂食環境制御学
【口腔解剖学(2解剖)】教授　大峡淳／准教授　川﨑真依子
【口腔生理学(生理学)】教授　山村健介／准教授　岡本圭一郎
【口腔生化学(生化学)】教授　照沼美穂
【歯周診断・再建学(2保存)】教授　多部田康一／准教授　高橋直紀
【歯科矯正学(矯正)】講師　丹原惇
【摂食嚥下リハビリテーション学(加齢)】教授　井上誠／准教授　辻村恭憲
■ 顎顔面再建学
【硬組織形態学(1解剖)】教授　大島勇人／准教授　依田浩子
【口腔病理学(病理学)】教授　田沼順一／准教授　山﨑学
【歯科薬理学】准教授　川瀬知之
【包括歯科補綴学(1補綴)】教授　堀一浩
【顎顔面放射線学(放射線)】教授　林孝文／准教授　西山秀昌
【歯科麻酔学(麻酔科)】教授　瀬尾憲司／准教授　岸本直隆
■ 歯科臨床教育学　教授　藤井規孝
■ 歯学教育開発室　教授　前田健康
■ 高度口腔機能教育研究センター　教授　(前田健康)(センター長兼務)／准教授　前川知樹
■■■ 口腔生命福祉学専攻／口腔生命福祉学科
■ 口腔生命福祉学
【福祉学】教授　大内章嗣、神子島旬子／准教授　黒川孝一、中村健
【口腔保健学】教授　小野和宏、葭原明弘、濃野要、吉羽永子／准教授　ステガロユ　ロクサーナ、柴田佐都子、米澤大輔

日本大学松戸歯学部

■ 基礎歯科医学分野
【生化学・分子生物学】教授　平塚浩一／准教授　竹内麗理／専任講師　粟原紀子
【生理学】教授　吉垣純子／准教授　加藤治／専任講師　横山愛
【感染免疫学】教授　泉福英信／専任講師　齋藤真規、瀧澤智美
【薬理学】教授　三枝禎／准教授　松本裕子
【病理学】教授　久山佳代／准教授　宇都宮忠彦／専任講師　末光正昌
【歯科生体材料学】教授　谷本安浩
【解剖学】准教授　五十嵐由里子／専任講師　松野昌展
【組織学】教授　岡田裕之／専任講師　河野哲朗、玉村亮
■ 社会歯科医学分野
【衛生学】教授　有川量崇／准教授　後藤田宏也／専任講師　田口千恵子
■ 歯科検査診断分野
【歯科総合診療学】教授　内田貴之／准教授　青木伸一郎／専任講師　遠藤弘康、岡本康裕
【有病者歯科検査医学】教授　福本雅彦／准教授　續橋治、深津晶／専任講師　田中陽子、渕上真奈
【放射線学】教授　金田隆／准教授　伊東浩太郎／専任講師　徳永悟士、平原尚久、村岡宏隆
■ 歯科保存学分野
【保存修復学】教授　小峯千明／准教授　内山敏一／専任講師　神谷直孝、寺中文子
【歯内療法学】専任講師　岡部達、神尾直人、鈴木誠
【歯周治療学】教授　小方頼昌／准教授　高井英樹、中山洋平
■ 歯科補綴学分野
【有床義歯補綴学】教授　伊藤誠康／専任講師　五十嵐憲太郎、石井智浩、大久保昌和、鈴木亜沙子、中田浩史
【クラウンブリッジ補綴学】教授　小見山道／准教授　浅

製品紹介

(価格は税込)

歯科切削加工用セラミックス

松風ディスク ZR ルーセント スープラ

松風　☎075(778)5482

厚さ12㎜と16㎜を追加した歯科切削加工用セラミックス。独自のトリプルグラデーション技術で強度と透光性、色調を機能的にディスク内に配置。色調はPlain、W2、A1、A2、A3、A3.5、B1を用意。

価格＝4万700円(12㎜)、4万6,200円(16㎜)

頭部顔面規格写真撮影装置

MetiSmile

ヨシダ　☎0800-170-1180

3つの130万画素データ収集カメラと1つの500万画素HDテクスチャーカメラで50μm以内のスキャン精度の頭部顔面規格写真撮影装置。明るさを自動調整でき、ハンディー方式とデスクトップ方式の撮影モードから選べる。

価格＝130万9千円(三脚は含まない)

ウォッシャーディスインフェクター

ウォッシャーディスインフェクターアルノ

モレーンコーポレーション　☎03(5338)3911

国際規格「ISO15883」に準拠し、医療器具の洗浄、すすぎ、熱水消毒、乾燥を全自動で行うウォッシャーディスインフェクター。洗浄プログラムは40種類。最速45分。コンパクトサイズ。

価格＝209万4,400円

歯科用スケーラー

HK シンプル スケーラー

サンデンタル　☎06(6245)0950

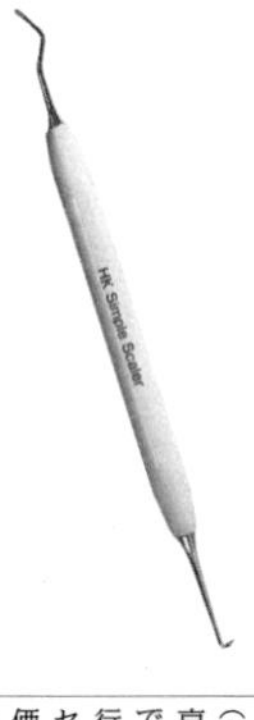

歯科衛生士の加藤久子氏がプロデュースした前歯部縁上用のスケーラー。叢生や歯間にもアクセスしやすいストレートシックルと適度なカーブのしゃもじ型ヘッドの両頭タイプ。ステイン、プラーク等を容易に除去できる。

価格＝5,280円

週間 金・パラ価格動向　税抜価格(1g,円)

	金	パラジウム(参考価格)
4月15日(月)	11,696	5,315
4月16日(火)	11,876	5,305
4月17日(水)	11,909	5,260
4月18日(木)	11,807	5,285
4月19日(金)	11,880	5,220

提供 石福金属興業

スギ薬局

店舗で口腔予防など

医科歯科大と共同研究

スギ薬局(本社・愛知県大府市、杉浦克典社長)と東京医科歯科大学(田中雄二郎学長)は1日、包括連携基本協定を締結したと4日に発表した。

同社は、関東・中部・関西・北陸エリアに1700店舗以上を展開する調剤併設型ドラッグストア。同協定は、両者の知見やノウハウ、店舗・人材ネットワークを融合して「調剤併設型ドラッグストアを拠点とするヘルスケアネットワーク」の実現に向けた共同研究および専門人材の育成などを目的として締結。①予防・未病、②外来医療、③在宅医療、④医療DXの四つの領域に分け、地域医療やヘルスケアに関するさまざまな共同研究や、各領域の専門人材の育成を同社の店舗エリアで推進する。

また、オーラルフレイル予防を起点とした健康な「からだづくり」をテーマとして、ドラッグストアの店舗や口腔ケア商品を活用した口腔機能の維持・改善に関する共同研究と、地域包括ケアシステムの推進をテーマに、医科・歯科・薬局の共同介入による在宅療養QOL改善の共同研究を検討していく。

予約から支払いまでペーパーレス化

MetaMoJi

MetaMoJi(本社・東京都港区、浮川和宣社長)は、同社の歯科医院向けデジタルノートアプリ「MetaMoJi Dental eNote」と、USEN(本社・東京都品川区、貴船靖彦社長)が販売する歯科医院向けクラウド型予約システム「デンタマッププラス」の機能を連携し、受付から診療・次回予約までの流れをペーパーレス化したと10日に発表した。

MetaMoJi Dental eNoteは、治療記録や患者情報をタブレットで一元管理でき、歯科医師・院内スタッフが同時に使用できるもの。デンタマッププラスは、治療後に治療内容と予約のタイミングの説明を聞いた上で、その場で予約が取れる「チェアサイド予約」が可能。

両機能の連携によりデンタマッププラスの予約一覧からMetaMoJi Dental eNoteの治療情報を入力でき、治療後にチェアサイドで次回の予約を行えるため、受付・治療・予約・会計時に紙にメモしていたスタッフ間の申し送りや再確認が不要となる。

また、スタッフ間で情報をリアルタイムに共有でき、患者の待ち時間の短縮にもつながるという。

フーセンガムトレーニング

園児の6割、咀嚼力向上

ロッテ(本社・東京都新宿区、中島英樹社長)は、山口県歯科医師会(小山茂幸会長)と山口県内の保育所や幼稚園など44園の年長園児約1300人に昨年10月から2カ月間、園や家庭でフーセンガムトレーニングを行い、咀嚼能力の発達やお口ポカン、滑舌、いびきの改善度、取り組みの満足度等について園児の保護者と先生を対象にアンケート調査を実施した。

唾液の量やかみ合わせの面積、舌の力、唇・舌・顎関節の運動機能などを評価できる「キシリトール咀嚼チェックガム」でトレーニング前後の咀嚼能力を測定した結果、把握できた343人中58・6%の咀嚼能力が改善した。保護者へのアンケート調査(637人回答)では、食事中にぺちゃぺちゃとした咀嚼音のあった園児の過半数で咀嚼音が改善。

また「お口ポカン」園児の保護者の44%がトレーニング後にお口ポカンが「改善した」「やや改善した」と回答し、「歯ごたえのある食品の喫食」「睡眠時の口の開き」「睡眠時のいびき」「食べこぼし」は40%以上が改善した。先生(41人回答)からは「毎日楽しんで取り組むことができた」などの声があり、同取り組みに対し90%が「とても満足」「やや満足」と回答した。

「宇宙技術の殿堂」で表彰

サンギの歯磨剤

表彰式には、左からサンギ社長のヘイマン氏、会長の佐久間周治氏、技術顧問の斉藤宗輝氏、製造委託先の日本ゼトック第1グループマネージャー涌井伸郎氏、第2グループマネージャー長谷川嘉宣氏が参加した

宇宙技術に関する優れた開発を表彰するアワード「Space Technology Hall of Fame(宇宙技術の殿堂)」に、サンギ(本社・東京都中央区、ロズリン・ヘイマン社長)の「薬用ハイドロキシアパタイト」配合の歯磨剤が選ばれた。日本企業の受賞は同社が初という。表彰式は8～11日に開催された集会「宇宙シンポジウム」の期間中にアメリカのコロラドスプリングスで開かれた。

同表彰は、アメリカの非営利団体「Space Foundation(宇宙財団)」が創設したもので、同社の歯磨剤はNASA(アメリカ航空宇宙局)のOnline Journal Spinoff記者からの推薦を受けて応募した。

同歯磨剤は、歯と骨の構成成分「ハイドロキシアパタイト」を、前躯体「ブルシャイト」から口腔内で生成するNASAの特許技術をヒントに開発したもので、宇宙技術を一般人が使用できるよう応用した点が評価された。

前躯体　ある物質が生成される前の段階にある物質

安心経営の羅針盤

(株)ディー・ピー・エス　日吉国宏　(126)

損益計算書・貸借対照表

確定申告の書類が届く頃ですが、経営に役立てていますか? 損益計算書、貸借対照表、キャッシュフロー計算書は重要なデータなので財務三表と呼ばれます。このうちキャッシュフロー計算書は(上場企業以外には)作成義務がないので「損益計算書、貸借対照表」について理解を深めておきましょう。

損益計算書：1年ごとの結果。「選手が試合で出した昨年のタイム」とイメージすると理解しやすいと思います。具体的には1年間の収入と経費、利益が記載されています。収入が多くても利益が少なければ経営は成り立たないので、目標は「多くの利益」になります。したがって、経費にも注意を払いましょう。念のために申し上げますが「利益」は「入金から出金を引いた額」ではありません。出納帳とは違うので利益の額が通帳の残高と同じにはなりません。※作成義務のないキャッシュフロー計算書や出納帳の大切さがご理解いただけるかと思います。

貸借対照表：毎年の積み重ね。同じようにイメージするなら「選手の身体能力」が読み取れます。具体的には資産と資本が記載され、その額が同等であることからバランスシートと呼ばれます。そして、資本は他人と自己とに分けることが出来るので「資産＝他人資本＋自己資本」となります。分かりやすく言い換えると「医院の価値＝借金＋事業用の現金や貯金」となります。借金を減らすことよりも、医院の価値を高めるようにしていきましょう。なぜなら、その方がより良いタイム(収入)を出せる可能性が高まるからです。自己資本がマイナスになっている場合は、医院の価値よりも借金の方が多いということ。経営は危機的な状況です。

どちらのデータも重要ですが「貸借対照表がよく分からない」という経営者が少なくありません。損益計算書(収入や利益)だけでなく「医院価値」にも注目して、より価値ある医院作りを目指してください。

ひとことアドバイス

損益計算書や貸借対照表を見る時に大切なのは「傾向」。過去3年の傾向を把握して、今後の経営計画に役立てましょう。

ヘッドライン企業ニュース

■外科用器具「アンソジール」など各種製品を4月21日から価格改定(クロスフィールド／3月)

■顎バンド「ソフラあごバンデージⅢ」を発売(竹虎／4月1日)

■ユニバーサル・スタジオ・ジャパンと、マーケティングキャンペーン、プロモーションなどの協業で締結(サンスター／4月1日)

■患者向け歯科予防アプリ「Dental E」でアニメ「ロクローの大ぼうけん」の配信を開始(プラネット／4月1日)

■利用料無料の歯科医院向け予約管理システム「DC reserve」の提供を開始(デンタルコネクト／4月2日)

■通常6カ月で到達する白さに最短2週間で到達する「ホワイトエッセンスコース エクスプレス」の提供を加盟店で開始(ホワイトエッセンス／4月3日)

■日本プロサッカー1部リーグ(J1リーグ)の育成組織「アカデミーU-18」の選手にサッカーに「噛むこと」の啓発を目的とした取り組みを3月21日に実施(ロッテ／4月4日)

■むし歯の原因菌を作らないノンシュガー＆キシリトールキャンディー「ドクタージョンズ キャンディー」を発売(ピー・エス・エーサクライ／4月6日)

■ウェルビーイングアクション実行委員会が主催する「WELLBEING AWARDS 2024(ウェルビーイングアワード2024)」のモノ・サービス部門で、「自動で出てくるモンダミン」がオーラルケアの習慣化を促すことにより心身の健康を守る商品であることが評価され、「ファイナリスト」に選出(アース製薬／4月16日)

2024年度薬価制度改革を評価

PhRMA

米国研究製薬工業協会(PhRMA)は3日、東京都千代田区の帝国ホテルで定例会見を開催。在日執行委員長のシモーネ・トムセン氏が、2024年薬価制度改革について「イノベーションを促進する改革への第一歩」と評価した。

トムセン氏は、日本の薬価制度が10年の新薬創出等加算の試行導入によってイノベーション促進政策を採用したが、16年の特例拡大再算定以降、再び抑制策に戻りつつあったと説明。日本のドラッグ・ラグ、ドラッグ・ロスの懸念を示した。15年から22年までの世界の医薬品市場の65%の伸びに対し、日本は2%のマイナスだったという。これに対して、24年改革で①新薬創出等加算の企業区分廃止、品目要件追加、②新薬算定方式での迅速導入加算の新設、小児医薬品の評価、③市場拡大再算定の「共連れ」から一部領域を除外した結果、再びイノベーション促進政策に戻る端緒となったとの見方を示した。

その上で、日本の革新的医薬品政策について内閣官房主導で各省庁横断的な司令塔を作り、主要国と同レベルの革新的医薬品市場の成長を図るための規制緩和、イノベーション推進政策を検討すべきだと訴えた。

共連れ　ある医薬品が適応拡大で市場が拡大した場合の市場拡大再算定を、類似品も対象とする制度

黒木克二郎 氏

ユーデント創業者

ユーデント創業者で前社長の黒木克二郎(くろき・かつじろう)氏が7日に死去した。83歳。通夜および告別式は故人の遺志により近親者のみで執り行われた。

黒木氏は、1993年10月に代表取締役社長、21年12月に退任するまで、アルギン酸塩印象材を始めとする歯科材料の製造・開発に尽力した。

弔問、香典、供花、供物等は辞退。

■11の機能を配合した歯磨剤／花王

花王は、「ディープクリーン プレミアム 薬用ハミガキ」を13日に発売した。同製品は、β-グリチルレチン酸が歯周ポケットの形成を抑制し、歯槽膿漏を防ぐ歯磨剤。う蝕や知覚過敏、口臭、歯石の沈着などを予防する11の機能を1つにした。泡立ちにくく、じっくり磨ける。香味はメディカルハーブ。容量は85g。価格はオープン。

■部分床義歯の金具を目立たなくする液に新色／ハニック・ホワイトラボ

ハニック・ホワイトラボは、部分床義歯のクラスプに塗ってクラスプを目立たにくくする「ハニック・クラスプコート」に、従来品より自然な白さの「ナチュラル」を15日に発売した。白さは義歯を外すまで持続し、付属の専用リムーバー等で落とせる。銀歯等にも使用可能。容量は3.5ml(約200回分)。オンラインストアで販売。価格はオープン。

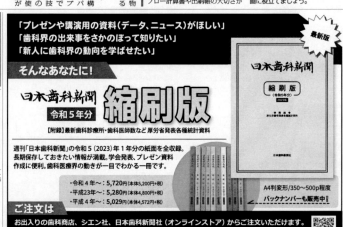

日本歯科新聞
2024年（令和6年）5月7日
＜発行所＞
日本歯科新聞社
厚生労働省記者クラブ加盟社
〒101-0061
東京都千代田区神田三崎町2-15-2
電話 03（3234）2475
FAX 03（3234）2477
www.dentalnews.co.jp
jdn@dentalnews.co.jp

■年間購読料 23,760円（送料込）（本体 21,600円＋税）
■月4回、火曜日発行
■郵便口座番号 00120-5-130369

女児死亡事故 報道に抗議

小児歯科学会

「重大な相違と曲解ある」

日本小児歯科学会（新谷誠康理事長）は4月24日、RKB毎日放送およびTBSが報道した内容（22日放送・配信）に対し、抗議文を出した。2017年7月に福岡県春日市で2歳児がむし歯治療後に死亡した事件に関するもので、歯科医院の元院長は有罪判決（1・2審）を受け、現在は最高裁に上告中。「小児の歯科治療をめぐっては過剰治療になりやすい構造的な問題が兼ねてから指摘されている」と報じられたこと等に対し、同学会は「取材に対応した医師・歯科医師の発言内容には、小児歯科の専門医がこれまでに培ってきた見解に対し、重大な相違と曲解があると言わざるを得ません」と述べている。（5面に抗議文掲載）

"過剰治療の傾向"発言で

司法解剖に立ち会った法医学者の医師、口腔外科の医師らが「麻酔治療が必要なむし歯は1本もなかった」と報道で話しているが、同学会は「子どものむし歯治療に日常的に取り組んでいる小児歯科専門医からの所見が全くない」と指摘。

◆◇◆

報道内で法医学者の医師は「乳歯なのでそのまま抜けるのを待っていてもいいし、他の歯にむし歯が進まないように予防的に治療する、その程度の治療で十分だと思う」とコメント。

これに対し、同学会は「乳歯のむし歯であっても詰め物をする治療が必要なケースは多くあり、小児歯科の専門医はむし歯の大きさだけでなく、今後むし歯が進行するリスクや家庭環境も踏まえ、その段階での治療が必要かということを判断する」と前置き。

乳歯はそのまま抜けるまで待つか、あるいは他の歯にむし歯が進まないように予防的に治療する程度で十分であると誤解を与えかねない内容との見解を示し、「治療したことそのものが過剰であり、事故につながったとするコメントには根拠がない」と主張した。

◆◇◆

さらに、昭和の時代（むし歯の洪水）に歯学部の新設や定員増加で、歯科受診が難しい状況に対応してきたことで、歯科医療関係者や行政、国民の努力によって小児のむし歯の減少につながっていると歯科における社会的背景を説明。

しかし、むし歯が多い子供は一般開業医では、対応できないことも多く、小児歯科専門医は個々に応じた適切な処置・アドバイスを行っているとしている。「今回のような国民に誤解を与える内容の報道により、国民に大きな不安を与え、子どもやその保護者が小児歯科受診を控える。あるいは歯科医師が治療に対して躊躇するなどの影響が生じた場合、子どもたちの適切な口腔環境の維持が阻害される可能性が大いに考えられる。安心安全な小児歯科医療の提供を行うべく日々努力されている小児歯科専門医の業務にも、重大な支障が生じている」と訴えている。

◆◇◆

今回の事件検証等は小児歯科治療に関する正しい知識が必要不可欠で、日本小児歯科学会の見解も併記すべきと指摘。「放送内容の修正・謝罪記事の掲載、現在のweb動画の削除を要求」と抗議文を提出した。

なお、抗議文についてRKB毎日放送は「対応を協議中」としている。

春の叙勲

歯科関係59人が受章

元市議の岡本氏に旭日中綬章

令和6年春の叙勲の受章者が4月29日に発表され、少なくとも59人の歯科関係者が受章した。（2面に関連）

歯科関係の受章は、総務省関係（地方自治功労）で元名古屋市議会議員の岡本善博氏、経産省関係（産業振興功労）で元ライオン社長の濱逸夫氏が旭日中綬章を受章。

厚労省関係（保健衛生功労）で元日本歯科医師会副会長の遠藤秀樹氏と元兵庫県歯科医師会会長の澤田隆氏が旭日小綬章、元山形県歯科技工士会会長の阿部和夫氏と元熊本県歯科技工士会会長の上埜修氏ら24人が旭日双光章。

文科省関係（学校保健功労）では、東京歯科大学名誉教授の山田了氏が瑞宝小綬章、学校歯科医ら30人が瑞宝双光章を受章した。

春の褒賞

石川九大教授に紫綬褒章

令和6年春の褒章で、九州大学教授の石川邦夫氏が紫綬褒章（発明改良功績）を受章した。

紫綬褒章は、科学技術分野での発明・発見や、学術及びスポーツ・芸術文化分野で優れた業績を上げた人が対象で、同氏は「炭酸アパタイト骨補填材の開発」が評価された。

なお、日本医師会常任理事で中医協委員の長島公之氏は保健衛生功績で藍綬褒章を受章している。

◆

■受章者（敬称略）

【紫綬褒章】

▼石川邦夫＝現九州大学教授、62歳。福岡県糟屋郡志免町桜丘1―25―9

ガム咀嚼で介護費抑制

年間52億円の効果

ガムを噛む習慣による介護費の抑制効果は年間約52億円―。ロッテ（本社・東京都新宿区、中島英樹社長）とみずほリサーチ&テクノロジーズ（本社・東京都千代田区、吉原昌利社長）が推計し、4月18日に発表した。

全国65歳以上の人口のうちガムを噛む習慣のある人の割合を13・98％と仮定。咀嚼能力と滑舌、舌の力、残存歯数、主観的な噛む力、むせの6項目のうち3項目以上で低下が認められた場合をオーラルフレイルの基準とし、ガム噛み習慣によるオーラルフレイル減少率、それによる要介護減少率、一人当たりの介護費などを掛け合わせた。

同データは要介護3以上で介護費の抑制効果を推計しており、要介護1・2の回避につながる可能性や介護離職に伴う労働損失、介護する家族等の負担軽減などさまざまな影響を考慮すると、社会的なインパクトがさらに大きくなることが考えられるという。

今週号の主な内容

コラム

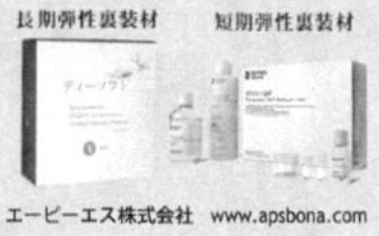

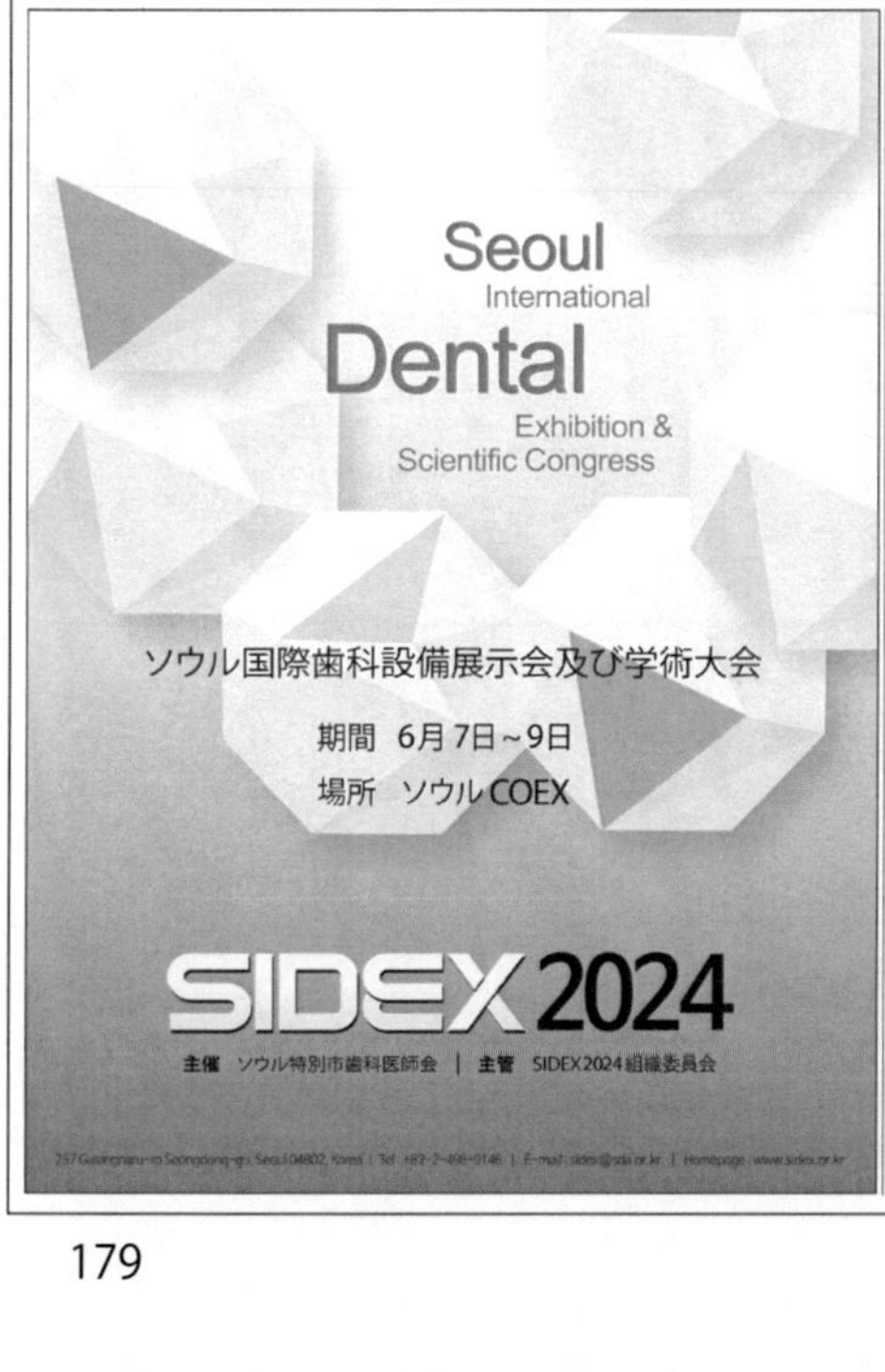

令和6年 春の叙勲受章者

（1面関連、敬称略）

【旭日中綬章】
▼岡本善博＝元名古屋市議会議員、76歳。愛知県名古屋市中川区横堀町3－6
▼濱逸夫＝元ライオン（株）社長、70歳。東京都江東区豊洲3－6－8－3413

【旭日小綬章】
▼遠藤秀樹＝元（公社）日本歯科医師会副会長、73歳。福島県会津若松市門田町大字中野字屋敷209
▼澤田隆＝元（一社）兵庫県歯科医師会会長、79歳。兵庫県西宮市千歳町6－20

【旭日双光章】
▼畠山良彦＝元花巻市歯科医師会会長、71歳。岩手県花巻市西宮野目第7地割134
▼佐藤元信＝元ひらか歯科医師会会長、70歳。秋田県横手市十文字町字本町6－5
▼高橋義夫＝元（一社）酒田地区歯科医師会会長、72歳。山形県酒田市亀ケ崎3－18－5
▼逸見良平＝元（一社）山形市歯科医師会会長、70歳。山形県山形市清住町1－2－31
▼鈴木潤一＝元（一社）福島歯科医師会会長、71歳。福島県福島市南沢又字桜内33－18
▼黒澤俊夫＝元（一社）日立歯科医師会副会長、74歳。茨城県水戸市南町2－4－51－905
▼引田正俊＝元（一社）太田新田歯科医師会会長、71歳。群馬県みどり市笠懸町鹿331－1
▼木俣茂＝元（一社）千葉県歯科医師会副会長、74歳。千葉県八街市榎戸923－2
▼阪柳敏春＝元（公社）東京都八南歯科医師会会長、73歳。東京都杉並区上井草3－37－2
▼島田宗範＝元入間郡市歯科医師会会長、75歳。東京都武蔵野市吉祥寺南町1－31－2－401
▼原秀一＝元（一社）横須賀市歯科医師会副会長、76歳。神奈川県横須賀市小矢部1－21－15
▼近藤学＝元（社）福井県歯科医師会副会長、74歳。福井県福井市開発4－306
▼渡邊富裕＝元（社）山梨県歯科医師会副会長、76歳。山梨県甲府市大手1－4－10
▼村居正雄＝元（社）上田小県歯科医師会会長、81歳。長野県上田市常田2－28－20
▼片野雅文＝元（一社）大垣歯科医師会会長、70歳。岐阜県大垣市林町1－208
▼村井雅彦＝元（社）愛知県歯科医師会常務理事、79歳。愛知県半田市岩滑高山町5－107－2
▼櫻井孝德＝現（一社）滋賀県歯科医師会専務理事、70歳。滋賀県彦根市平田町673－6
▼谷口学＝元（社）吹田市歯科医師会会長、72歳。大阪府吹田市山田西3－7－13
▼田中和宏＝元（一社）奈良県歯科医師会専務理事、72歳。奈良県橿原市新賀町312－4
▼甲野峰基＝元（一社）広島県歯科医師会会長、74歳。広島県広島市佐伯区城山1－15－8
▼永江正廣＝元（一社）大牟田歯科医師会会長、74歳。福岡県大牟田市大字宮崎5－10
▼落合巖＝元東松浦郡歯科医師会会長、81歳。佐賀県唐津市浜玉町浜崎1583
▼阿部和夫＝元（一社）山形県歯科技工士会会長、71歳。山形県酒田市若原町7－17
▼植埜修＝元熊本県歯科技工士会会長、73歳。熊本県玉名市立願寺700－60

【瑞宝小綬章】
▼山田了＝東京歯科大学名誉教授、78歳。東京都千代田区神田須田町1－3－3

【瑞宝双光章】
▼岡田州司＝現学校歯科医、75歳。北海道札幌市厚別区厚別西二条3－6－5
▼油井孝雄＝元学校歯科医、77歳。岩手県奥州市水沢袋町2－21
▼猪苗代盛昭＝現学校歯科医、79歳。宮城県気仙沼市柏崎1－18
▼佐藤悦朗＝元学校歯科医、85歳。福島県河沼郡会津坂下町字市中4番甲3790
▼倉沢泰正＝元学校歯科医、73歳。茨城県水戸市西原3－3－52
▼宮作千惠子＝現学校歯科医、70歳。茨城県鹿嶋市宮中4－2－6
▼村井憲一＝現学校歯科医、82歳。栃木県矢板市本町8－32
▼武安一嘉＝元学校歯科医、79歳。群馬県邑楽郡大泉町中央2－26－3
▼佐藤圭子＝元学校歯科医、81歳。千葉県松戸市根本4－15－1－601
▼小倉雅光＝元学校歯科医、80歳。東京都足立区保木間5－8－29
▼長尾哲＝現学校歯科医、72歳。東京都武蔵村山市大南3－66－10
▼藤野珇男＝現学校歯科医、78歳。東京都板橋区成増3－29－15
▼森山憲一＝現学校歯科医、76歳。東京都練馬区大泉学園町7－8－30
▼相澤恒＝元学校歯科医、81歳。神奈川県相模原市中央区小山3－16－5
▼加藤弘直＝現学校歯科医、70歳。富山県中新川郡上市町法音寺60－1
▼細井達郎＝元学校歯科医、77歳。福井県鯖江市旭町3－6－17
▼横澤賢樹＝現学校歯科医、71歳。長野県大町市大町4179－3
▼市原浩＝元学校歯科医、80歳。岐阜県多治見市十九田町2－60－1
▼小見山武雄＝元学校歯科医、79歳。岐阜県岐阜市美園町4－21－202
▼梅津健吉＝元学校歯科医、76歳。静岡県掛川市中央高町11
▼神田豊＝元学校歯科医、81歳。京都府宇治市広野町一里山25－2
▼中山元嗣＝元学校歯科医、81歳。京都府宇治市広野町東裏97－1－303
▼多田寛子＝現学校歯科医、87歳。島根県松江市淞北台16－6
▼亀本興紀＝元学校歯科医、84歳。広島県呉市吉浦中町1－6－18
▼藤村順子＝現学校歯科医、75歳。愛媛県新居浜市若水町2－9－27
▼山本律夫＝現学校歯科医、75歳。愛媛県今治市大正町3－2－3
▼栗山治義＝元学校歯科医、74歳。高知県香南市野市町東野994
▼吉川容＝現学校歯科医、75歳。福岡県糟屋郡須恵町大字旅石68－224
▼規矩保＝現学校歯科医、83歳。熊本県天草市牛深町1522－9
▼中原勉＝元学校歯科医、70歳。沖縄県宜野湾市普天間1－21－10

日歯

「断じて受け入れられない」

診療報酬の"地域別単価"等で見解

医師の偏在問題を巡る対応が関係省庁で議論されており、財務省は診療報酬単価を診療所不足地域で引き上げ、過剰地域で引き下げる「地域別単価」、さらに過剰地域での「開業規制」の導入を提案している。これに対して日本歯科医師会（高橋英登会長）は、地域別単価について「国民の納得感が得られるとは到底考えられず、断じて受け入れられるものではない」、開業規制については「日本では馴染まない」との考えを示した。4月25日に東京都千代田区の歯科医師会館で開かれた定例記者会見で本紙の質問に林正純副会長が回答したもの。

高橋会長

林副会長

林副会長は、日本が世界に誇る国民皆保険制度は、どの地域でも同じ自己負担で同様の医療が受けられる仕組みが根本になっていると強調。「地域別単価の導入は、地域により同じ歯科医療に単価の差が生じるもので、国民の納得感が得られるとは到底考えられず、日歯としても断じて受け入れられない」とした。さらに「医師偏在等の対策として強い違和感を覚えている。偏在に関しては勤務歯科医の給与の引き上げ等、待遇格差の是正が重要で、働き方改革に資するものであるべき」と述べた。

新規開業規制については、「諸外国の例を挙げているが、日本では決して馴染むものではない」と指摘。また、「歯科医療提供体制は、質の高い歯科医療連携を含めて議論すべき内容で、地域偏在、今後の歯科医師の高齢化や承継の課題、そういったものが山積している」との認識を示し、「財政ありきではなく、国民が安心して医療を受けられる環境をどのように維持、発展させるのか、そのような視点で議論を進めていく必要がある」と訴えた。

なお、高橋会長は会見のあいさつで、偏在問題で世界に誇れる皆保険制度が、フリーアクセスを制限されるなど危機的状況にあると発言。「短絡的に進められることに関しては、よく考えなくてはいけない。医師会との連携も強めていかなくてはいけないと思っている」と話した。

能登半島地震

義援金の総額 9710万円に

日本歯科医師会が窓口となっている能登半島地震に伴う義援金の第二次受付が4月24日に締め切られ、4926万7412円が集まった。定例記者会見で瀬古口精良専務理事が報告したもので、一次と合わせると計9710万4470円となる。

瀬古口専務理事

一次分は既に石川県歯科医師会に送金済みで、二次分は被害状況に応じて石川県（2696万4264円）、富山県（1441万1265円）、新潟県（789万1883円）に配分した（会見翌日発表）。

4月27日にJDATの活動が終了する点については、今後も石川県歯と連携して問題等が出てきたら対応する構えを見せた。

また、JDATとして出動した関係者への費用弁償については、宿泊費やガソリン代、交通費なども含め、可能な範囲で県から支給される方向で話が進んでいるという。

保団連が集会

保険証の存続求め 144万人の署名提出

全国保険医団体連合会（竹田智雄会長）は4月25日、「保険証残せ！100万人の声」署名提出集会を、東京都千代田区の衆議院第1議員会館で開催した。国会議員に対して、計144万8104人分の署名が提出された。

全日本民医連事務局長の岸本啓介氏はあいさつで現行の保険証廃止の問題点を指摘。被保険者から寄せられたマイナ保険証に対する声「個人情報漏洩が不安」「高齢者には分からない」などを紹介した上で、「利用率が低迷、かつ多くのトラブルを抱えたままのマイナ保険証を推し進めることは許されない。全力で保険証廃止の撤回を求め、国民皆保険制度を守っていく」と語った。

さらに国会議員や、医療・介護現場や保険者、患者の立場の人間が、それぞれ保険証廃止を求める声を上げた。

歯科国試にチャレンジ

390　2023年（第116回）より

横紋筋を構造に含むのはどれか。1つ選べ。

a　胃
b　気管
c　子宮
d　直腸
e　横隔膜

答えは本紙のどこかに！

訪問歯科 超 実践術 (437)

前田実男
（日本訪問歯科協会 理事）

特定施設の口腔衛生管理体制

今年の介護報酬改定により、特定施設の口腔衛生管理体制に変更があった。

一般的に特定施設と呼ばれているものは、正式には「特定施設入居者生活介護」という。

特定施設の対象は、有料老人ホーム、軽費老人ホーム（ケアハウス）、養護老人ホームの三つだ。サービス付き高齢者向け住宅のうち、食事の提供、介護の提供、家事の供与、健康管理の供与のいずれかを実施している場合は有料老人ホームに該当する。ちなみに、有料老人ホームには、特定施設入居者生活介護の指定を受けた「介護付き」と、指定を受けない「住宅型」がある。

今回の改定では、全ての特定施設入居者生活介護において口腔衛生管理体制を確保するよう促し、入居者の状態に応じた適切な口腔衛生管理を求める観点から、特定施設入居者生活介護等における口腔衛生管理体制加算が廃止され、算定要件の取り組みを一定緩和した上で、基本サービスとして行うことになった。これには3年間の経過措置期間が設けられている。

この口腔衛生の管理体制の整備は次のように行う。

1. 歯科医師等は、特定施設の口腔清掃等の実態を把握し、介護職員からの相談等を踏まえ、施設の実情に応じ、口腔衛生の管理に関わる技術的助言および指導を行う。
2. 介護職員は、歯科医師等の技術的助言・指導に基づき、口腔衛生管理体制計画を作成する。
3. 介護職員は、口腔清掃等を含めた施設における課題や疑問等を、適宜、歯科医師等に相談する。
4. 歯科医師等は、概ね6月ごとに、口腔衛生の管理体制に関わる計画に技術的助言・指導を行う。
5. 介護職員は、技術的助言・指導を踏まえ、計画の見直しを行い、口腔衛生の管理体制の充実を図る。

なお、地域密着型特定施設入居者生活介護には変更はなく、4月以降も口腔衛生管理体制加算は存続しているので注意されたい。

日本訪問歯科協会　https://www.houmonshika.org

マイナ保険証推進で国民健康会議が集会

利用促進宣言を実施

国民一人一人の健康寿命延伸と適正な医療について、民間組織が連携し行政の全面的な支援のもと、実効的な活動を行う国民健康会議が4月25日、医療DX推進フォーラム「使ってイイナ！マイナ保険証」を東京都千代田区のイイノホールで開催した。5月から7月までを集中取組月間と位置付け、「マイナ保険証利用促進宣言」を行った。

来賓の武見敬三厚生労働大臣、河野太郎デジタル大臣、齋藤健経済産業大臣、加藤勝信前厚生労働大臣があいさつし、実行委員として日本医師会の松本吉郎会長、日本歯科医師会の高橋英登会長らが出席した。その他、タレントの内藤剛志さん、王林さん、なかやまきんに君が出演するPR動画が初公開され、武見厚労大臣と内藤さんによるトークショー、マイナ保険証活用の事例報告が行われた。

歯科医療機関における事例報告では高橋会長がマイナ保険証の必要性に言及。「新たな制度のハードルが高いのは事実。歯科医師会は利用促進に向けて取り組みを進めていく」とした。

さらに、マイナ保険証の活用について大阪市の天下茶屋やまがみ歯科を紹介。同院の山上博史院長は、マイナ保険証導入のメリットとして「歯科麻酔薬のアレルギーの有無の確認」「既往歴の確認および、他の医療機関の処方との重複防止」「保険証情報確認の簡素化」「レセプト返戻数の減少」「保険証の返し忘れ防止」などを挙げた。さらなる利用促進のため、患者への声掛けや院内掲示も行っているという。

■国民健康会議の共同代表
- 日本商工会議所　小林健会頭
- 日本医師会　松本吉郎会長
- 健康保険組合連合会　宮永俊一会長
- 読売新聞グループ本社　老川祥一代表取締役会長
- 全国知事会　平井伸治会長

AI・音声シリーズ第3弾
多くの医師がデジタル化熱望
AI・音声サブカルテシステム
近日リリース
Sub Karte-Voice
"夢"始動
～院内情報共有で患者さまに安心と笑顔を～
AI・音声入力 メモ書き不要 読みづらさ解消 用紙保管不要 大幅時間短縮
口腔内ビデオ観察機能付
歯科訪問診療
歯科衛生士 訪問診療
リアルタイム
歯科医師
次回 歯科訪問診療 活用
通信画像情報活用加算
大好評! 第2弾
AI・音声歯周病検査システム Perio chart Pro.Voice
検査と記録も一人で完結
大幅時間短縮
ポイント!
①国際基準 WHO FDI 方式
②検査値 自動算出機能
③症例報告作成活用
業務効率・生産性向上
2ライセンス
院内・訪問診療同時活用
大好評! 第1弾
AI・音声電子カルテシステム Hi Dental Spirit AI-Voice
画像 治療説明
視診 歯周検査
Web スマホ予約
Web スマホ問診
様々な業務を統合・一元管理
手袋を外さず音声で電子カルテ作成
自由診療 提案見積
訪問先で カルテ入力
患者さま 着信情報
自動精算機
Hi Dental Spirit XR 10i
アプリケーション
セキュア データベース HiRDB
部位 病名 処置
薬品 材料
コメント 摘要 チェック
マスタ種類 24万件
日立AI 音声認識技術
連携
Recware
音声テキスト化機能
学習
AI・音声認識エンジン
NLP
Natural Language Processing
JPX STANDARD TOKYO
[4172]
THS TOWA HI SYSTEM CO.,LTD. 東和ハイシステム
AI・音声お問い合わせ先
0120-108-588
東和ハイシス 検索
TEL 086-243-3003
※Hi Dental Spirit およびTHSのロゴマークは当社登録商標です。※HiRDBは ㈱日立製作所の登録商標です。※iPadはApple Inc.の商標です。※Recwareは ㈱日立情報通信エンジニアリングの登録商標です。
※AI・音声認識エンジンは「デジタル対話サービス」として㈱日立製作所が提供している技術です。※当社製品は医療機器に該当しません。※その他記載の会社名・製品名は、それぞれの会社の商標もしくは登録商標です。

Inter view

能登半島地震 JDAT活動が終了 現状と課題は

能登半島地震に伴う日本災害歯科支援チーム（Japan Dental Alliance Team：JDAT）の活動が4月27日で終了した。発災から約4カ月経った被災地の現状や、JDAT活動終了の背景、1・5次避難所での活動内容、今後の課題などについて石川県歯科医師会の宮田英利理事と金沢市歯科医師会の小林憲一理事に聞いた。（4月24日収録）

石川県歯の宮田理事

金沢市歯の小林理事

珠洲市で1軒再開、継続的支援が必要

――交通状況や被災地の方々の生活などに変化はありますか。

宮田　特に被害の大きかった珠洲市では、3月の半ばころから、総合病院に水を通すために、市の中心街の一部でやっと水が使えるようになりました。まだ使えない場所が多いですが、少しは生活しやすくなったかもしれません。道路事情もかなり良くなりました。

しかし、私が4月20日に臨時歯科診療所（車）で活動した時に周辺を回りましたが、街並みはほとんど変わらず、家は壊れたままとなっています。避難所で生活している人も600人近くいると聞いています。

――歯科医院は再開しているのでしょうか。

宮田　珠洲市では、5軒あった歯科医院のうち、1軒が4月11日から再開しました。輪島市では、制限付きではありますが、12軒中の8軒が再開しています。他の被害のあった能登町や七尾市、穴水町、志賀町などではほぼ全ての歯科医院が再開しています。

――3月10日には、全国からのJDAT派遣が終了し、同20日には一次避難所での歯科保健医療活動が終了したと聞いています。その前後で支援体制などに変化はあったのでしょうか。

宮田　当初はもう少し支援をお願いする予定だったのですが、被害が大きい市町も含めて避難所では、支援物資も充足して、避難者数も少なくなってきたことから歯科的な需要はほぼなくなりました。

また、珠洲市以外では、歯科医院が再開し始めたので、受診してもらう形が一番良いという判断になりました。

――その後、金沢市の1・5次避難所での活動が続いていましたが、どのような状況でしたか。

小林　1・5次避難所は、もともと一次から二次避難所に移るまでの調整のために短期間の滞在を想定していた避難所でした。しかし、1月に金沢市の総合スポーツセンターに開設してから、なかなか二次避難所が決まらずに滞在が長期化しました。利用者約400人の中には要介護者の方もおり、健康を守る支援が必要になりました。そんな中で口腔のことまでなかなか手が回らないと、看護師や他職種から口腔管理をしてほしいと県歯に要請があり、金沢市歯で実務を担当することになりました。

市歯の役員と近隣の先生、歯科衛生士会の協力も得て、1日10人くらいの体制で火曜日以外は避難所に出向きました。「お口の困りごと」ピックアップ用紙というアンケート用紙を活用しながら、困りごとがある人には、滞在しているテントに出向き、話を聞いたり、口腔内を診たりして、基本的には近くの歯科医院に紹介する形を取りました。

そこでの役割もほぼ果たしたということで、4月20日には1・5次避難所での活動を終了しています。

――珠洲市の歯科診療車での診療も27日までと聞きましたが、歯科医院が再開したためでしょうか。

宮田　歯科医院が再開して、まだフル稼働ができないこともあって、しばらくは臨時歯科診療所での活動を続けましたが、ゴールデンウィークを一区切りとして、撤収することを決めました。

ただ、輪島市や珠洲市では避難所で多くの人が生活しています。今後、口腔ケア用品の支給など具体的な支援要請があれば、対応したいと考えています。

また、珠洲市では、再開を目指している先生もいます。要請があれば、例えば歯科衛生士やスタッフなどの人的支援など、現地の先生方への支援をしていきたいと思っています。

――最後に国や日本歯科医師会などに要望があれば教えてください。

小林　今回の活動は初めてのことも多かったので、活動に携わった先生方の経験を汲み取って、今後の災害にも生かせるように記録やネットワークづくりをしてほしいと思います。

宮田　計画段階ではありますが、仮設住宅の人への医療的支援の事業が今後行われると思います。まだ避難所で生活している人たちも当然ながら支援が必要です。

また、町が壊れたままでは、歯科医院を再開しても患者が戻ってきませんので、街づくりの面も含めて継続的な支援をお願いしたいと思います。

能登半島地震での石川県内の主な被害

▼県歯会員の歯科診療所	全壊：2軒 大規模半壊：1軒 半壊：7軒 一部損壊：62軒
▼県歯会員の自宅	全壊：5軒 大規模半壊：4軒 半壊：7軒 一部損壊：55軒

※2月2日時点で会員から報告のあったもの

JDATの出動状況

（1月7日～4月27日）

チーム数：364（1322人）

職種内訳
- 歯科医師　805人
- 歯科衛生士　457人
- 歯科技工士　12人
- 事務職　45人
- その他　3人

※日歯資料を基に作成

75歯科診療所が電子処方箋を運用

利用申請は1万3千施設

電子処方箋の利用申請をしている歯科診療所は4月14日時点で1万3124施設、運用を開始しているのは75施設に留まる。厚労省の資料によるもので、全体の利用申請数は7万2997施設、運用開始数は2万661施設となっている。

歯科診療所の申請数を都道府県別に見ると、東京の2386施設が最多で、大阪1264施設、神奈川1114施設、埼玉753施設、千葉724施設、愛知667施設、北海道660施設、兵庫553施設、福岡456施設と続く。

なお、薬局の申請は3万3434施設、運用は1万8509施設。医科診療所の申請は2万4879施設、運用は1959施設。病院の申請は1560施設、運用118施設。

電子処方箋の利用申請・運用開始数

（2024年4月14日現在）

	歯科診療所		全体	
	利用申請数	運用開始数	利用申請数	運用開始数
北海道	660	3	2,728	680
青森	63	1	557	267
岩手	70	5	618	288
宮城	191	2	1,136	386
秋田	74	0	413	140
山形	77	1	588	227
福島	115	0	935	386
茨城	222	1	1,377	511
栃木	143	0	928	268
群馬	175	0	1,078	335
埼玉	753	1	3,680	991
千葉	724	2	3,242	908
東京	2,386	11	10,140	1,978
神奈川	1,114	3	5,775	1,359
新潟	238	8	1,257	403
富山	69	1	513	191
石川	92	1	727	309
福井	49	1	300	84
山梨	87	1	478	138
長野	213	2	1,018	324
岐阜	146	2	1,111	293
静岡	281	1	1,975	701
愛知	667	4	4,020	1,151
三重	138	1	884	299
滋賀	117	1	772	210
京都	253	2	1,581	473
大阪	1,264	10	6,308	1,642
兵庫	553	3	3,380	914
奈良	110	0	749	227
和歌山	112	0	525	134
鳥取	20	0	304	84
島根	51	0	394	106
岡山	129	0	1,087	421
広島	278	0	1,631	529
山口	120	0	812	308
徳島	59	0	409	128
香川	67	1	536	133
愛媛	83	0	647	242
高知	27	0	324	95
福岡	456	4	3,233	941
佐賀	68	0	466	142
長崎	142	0	838	248
熊本	136	1	948	329
大分	67	0	468	81
宮崎	69	0	512	133
鹿児島	99	1	938	368
沖縄	97	0	657	156
総計	13,124	75	72,997	20,661

2月の歯科診療所数 6万6843施設

前月より43減少

厚労省の施設動態調査による令和6年2月末現在の歯科診療所数は全国で6万6843施設で、前月より43減少した。

兵庫の8、大阪、福岡の6など27道府県で64減少し、東京の7、岐阜の4など8都府県で21増加した。

開設者別歯科診療所数の個人は前月より65減少して4万9378施設、医療法人は20増加の1万6818施設だった。

開設者別歯科診療所数の個人は減少傾向が続き、2021年3月以降、35カ月連続で減少。医療法人は2018年9月以降62カ月連続で増加していたが、2023年12月減少に転じ、翌月以降はまた増加している。

前年同月比の全国の歯科診療所数の動向では、649施設減少した。開設者別歯科診療所数の個人は1081減少、医療法人は405増加となっている。

都道府県別歯科診療所数

令和6年2月

	歯科診療所	前月比増減数
全国	66,843	-43
北海道	2,732	-3
青森	478	-1
岩手	536	-2
宮城	1,033	0
秋田	401	-3
山形	451	-1
福島	808	-2
茨城	1,348	3
栃木	946	0
群馬	970	0
埼玉	3,512	-1
千葉	3,200	-1
東京	10,655	7
神奈川	4,921	-3
新潟	1,090	-3
富山	429	0
石川	472	-1
福井	290	0
山梨	413	-2
長野	980	-1
岐阜	941	4
静岡	1,709	-3
愛知	3,678	-1
三重	781	0
滋賀	563	0
京都	1,257	1
大阪	5,436	-6
兵庫	2,908	-8
奈良	679	1
和歌山	509	0
鳥取	254	-1
島根	250	0
岡山	980	-2
広島	1,472	2
山口	621	2
徳島	410	-1
香川	465	-1
愛媛	635	1
高知	337	0
福岡	3,030	-6
佐賀	390	-1
長崎	681	-3
熊本	824	-4
大分	510	-1
宮崎	478	0
鹿児島	771	0
沖縄	609	-2

8020財団

口腔機能発達不全症 市民向け冊子を作成

8020推進財団（高橋英登理事長）は15歳未満の子供のいる保護者や保育士、幼稚園教諭を対象とした冊子『口腔機能発達不全症ってなぁに？』＝写真＝を作成した。

同冊子は、口腔機能発達不全症の概要を始め、乳児期から学童期までの口腔機能の発育過程と発達不全のチェックポイントの他、口の周りの筋肉を鍛える訓練や、口腔機能について歯科医院で行う専門的な診察と検査などをイラストを交えて紹介している。

現在、同財団ホームページ上で公開中で、5月以降には委託販売等も予定しているとのこと。

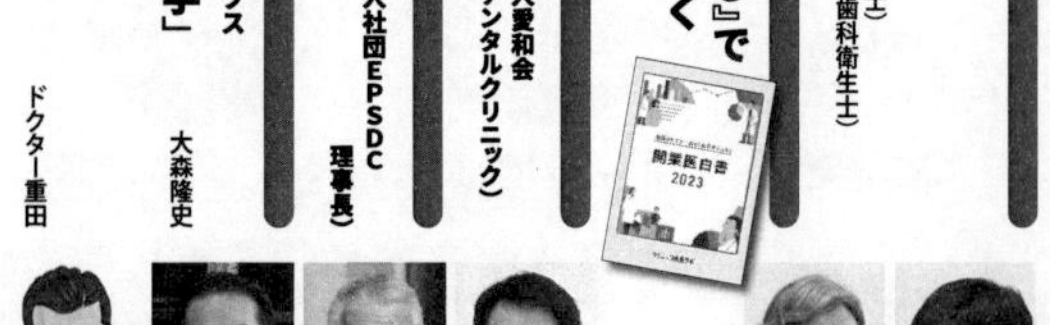

歯科関係は15問

診療報酬改定　疑義解釈 第三弾

厚労省は4月26日、令和6年度診療報酬改定に伴う疑義解釈の第三弾を発表した。歯科疾患管理料の総合医療管理加算（総医）を算定している糖尿病患者に対して、歯周病安定期治療の歯周病ハイリスク患者加算も算定できるなど歯科関係は15問。

15問の内訳は、「口腔内装置」が3問、「歯科矯正相談料」2問、「施行時期後ろ倒し」「歯科外来診療医療安全対策加算」「総合医療管理加算、歯周病ハイリスク患者加算」「機械的歯面清掃処置」「フッ化物歯面塗布処置」「光学印象」「装着カンチレバー装置」「有床義歯修理」「口腔リンパ管腫局所注入、中心静脈注射用植込型カテーテル設置」「情報通信機器を用いた歯科診療」がそれぞれ1問となっている。

〝総医〟の糖尿病患者に〝歯周病ハイリスク加算〟は算定可

【施行時期後ろ倒し】

問　施設基準の経過措置について、令和6年3月31日において現に基本診療料等の届出を行っていることとされているが、単に届出を行っていれば経過措置の対象となるのか。

答　当該施設基準の届出を行ったうえで、令和6年3月31日において現に当該診療報酬を算定している場合は、経過措置の対象となる。

【歯科外来診療医療安全対策加算】

問　歯科外来診療医療安全対策加算1の施設基準に係る届出書添付書類（様式4）の「4 常勤歯科医師名と医療安全に関する研修の受講歴等」及び歯科外来診療医療安全対策加算2の施設基準に係る届出書添付書類（様式4の1の2）の「3 常勤歯科医師名と医療安全に関する研修の受講歴等」について、令和6年度診療報酬改定前の歯科点数表の「A000」初診料の注9に規定する歯科外来診療環境体制加算1又は2の施設基準に係る届出を行っている歯科医療機関において、研修の受講歴等を記載する代わりに、歯科外来診療環境体制加算の届出をすでに行っている旨を記載してもよいか。

答　差し支えない。ただし、その際には、様式4又は様式4の1の2にある「常勤歯科医師名と医療安全に関する研修の受講歴等」の「受講者名」の欄に常勤歯科医師名を記載し、「講習名（テーマ）」の欄に歯科外来診療環境体制加算の届出時の受理番号を記載すること。

【総合医療管理加算、歯周病ハイリスク患者加算】

問　「B000―4」歯科疾患管理料の注10に掲げる総合医療管理加算を算定している糖尿病の患者に対して、「I011―2」歯周病安定期治療の注4に掲げる歯周病ハイリスク患者加算は算定可能か。

答　算定可能。

【口腔内装置】

問　「I017」口腔内装置の「ヌ 外傷歯の保護を目的として製作した口腔内装置」について、算定留意事項通知の(18)において「当該外傷歯の受傷日から起算して1年を超えた場合は、算定できない。」とされているが、受傷日について、どのように考えればよいか。

答　患者が、当該外傷の受傷時に、口腔内装置を算定する保険医療機関を受診した場合は当該保険医療機関の受診日、それ以外の場合は患者又はその家族から聞き取った受傷日を受傷日とする。

これに伴い「疑義解釈資料の送付について（その1）」（令和6年3月28日事務連絡）別添5の問24は廃止する。

問　「I017」口腔内装置の「ヌ 外傷歯の保護を目的として製作した口腔内装置」について、算定留意事項通知の(18)において「当該外傷歯の受傷日から起算して1年を超えた場合は、算定できない。」とされているが、令和6年5月以前に受傷した場合について、どのように考えればよいか。

答　当該外傷の受傷日から起算して1年以内であれば、受傷日が令和6年5月以前であっても、「I017」口腔内装置の「ヌ 外傷歯の保護を目的として製作した口腔内装置」を算定して差し支えない。

これに伴い「疑義解釈資料の送付について（その1）」（令和6年3月28日事務連絡）別添5の問25は廃止する。

問　「I017―2」口腔内装置調整・修理の注2において、「口腔粘膜等の保護のための口腔内装置」とあるが、当該装置は「I017」口腔内装置の算定留意事項通知の(1)のイからヌのうちどれが該当するのか。

答　「I017」口腔内装置の算定留意事項通知の(1)のチ「不随意運動等による咬傷を繰り返す患者に対して、口腔粘膜等の保護を目的として製作する口腔内装置」が該当する。

【機械的歯面清掃処置】

問　「I030」機械的歯面清掃処置の算定留意事項通知(3)について、当該処置を月に1回算定可能な患者として、「B000―12に掲げる根面う蝕管理料の注2に規定する口腔管理体制強化加算を算定する患者であって特に機械的歯面清掃が必要と認められる患者」及び「B000―13に掲げるエナメル質初期う蝕管理料の注2に規定する口腔管理体制強化加算を算定する患者」が追加されたが、これらの患者は同月内に当該管理料を算定している必要があるか。

答　同月内に当該管理料を算定していない場合であっても、同一初診期間中に当該管理料を算定しており、初期の根面う蝕又はエナメル質初期う蝕の管理を行っている場合は算定して差し支えない。

【フッ化物歯面塗布処置】

問　「I031」フッ化物歯面塗布処置の注2及び注3について、当該処置を「B000―12」根面う蝕管理料を算定した患者又は「B000―13」エナメル質初期う蝕管理料を算定した患者に対して算定可能となったが、これらの患者は同月内に当該管理料を算定している必要があるか。

答　同月内に当該管理料を算定していない場合であっても、同一初診期間中に当該管理料を算定しており、初期の根面う蝕又はエナメル質初期う蝕の管理を行っている場合は算定して差し支えない。

【光学印象】

問　「M003―4」光学印象の施設基準に係る届出書添付書類（様式50の2）について、光学印象の施設基準に係る届出のみを行う場合、「3 当該療養に係る歯科技工士の氏名等」及び「4 当該療養に係る医療機関の体制状況等」の「使用する歯科用CAD/CAM装置」に係る記載は必要か。

答　いずれも不要。

【接着カンチレバー装置】

問　「M017」ポンティックの算定留意事項通知(6)のイの(ト)において、「支台歯1歯及びポンティック1歯による接着カンチレバー装置」とあるが、「M000―2」クラウン・ブリッジ維持管理料の注1に掲げる「歯冠補綴物又はブリッジ」のブリッジに該当すると考えてよいか。また、その場合、製作に係る費用についてはブリッジの一連の流れで算定してよいのか。

答　ブリッジに該当する。また、接着カンチレバー装置の製作に係る費用として算定可能なものは以下の通り。

○歯冠形成等に係る項目

・「M001」歯冠形成「1 生活歯歯冠形成」の「イ 金属冠」

※ブリッジ支台歯形成加算及び接着冠形成加算も算定可能。

・「M004」リテーナー「2 支台歯とポンティックの数の合計が5歯以下の場合」

○印象採得に係る項目

・「M003」印象採得「2 欠損補綴」の「ニ ブリッジ (1)支台歯とポンティックの数の合計が5歯以下の場合」

○咬合採得に係る項目

・「M006」咬合採得「2 欠損補綴」の「イ(1)支台歯とポンティックの数の合計が5歯以下の場合」

○装着に係る項目

・「M008」ブリッジの試適「2 支台歯とポンティックの数の合計が5歯以下の場合」

・「M010―3」接着冠「1 前歯」

・「M017」ポンティック「イ 前歯部の場合」

・「M005」装着「2 欠損補綴」の「イ ブリッジ(1)支台歯とポンティックの数の合計が5歯以下の場合」

※算定要件を満たす場合、「M005」装着の注2に掲げる内面処理加算2も算定可能。

【有床義歯修理】

問　磁石構造体が装着された一床の有床義歯において、必要があって複数の磁石構造体の再装着を行う修理を実施する場合、「M029」有床義歯修理の算定についてどのように考えればよいか。

答　装着を行う磁石構造体1個につき、「M029」有床義歯修理を算定する。例えば、2個の磁石構造体の再装着を行った場合、「M029」有床義歯修理×2として算定して差し支えない。

【歯科矯正相談料】

問　「N001―2」歯科矯正相談料を算定した場合、「N003」歯科矯正セファログラムは別に算定できるか。

答　歯科矯正相談料2を算定する歯科医療機関（「N000」歯科矯正診断料の注1又は「N001」顎口腔機能診断料の注1に規定する施設基準に係る届出を行っている歯科医療機関）においては別に算定可能。

問　「N001―2」歯科矯正相談料を算定した患者について、当該歯科矯正相談にあたって「N003」歯科矯正セファログラムを別に算定した場合、歯科矯正診断に係る「N003」歯科矯正セファログラムの取扱いについてはどのように考えればよいか。

答　「N000」歯科矯正診断料の算定留意事項通知(8)及び「N001」顎口腔機能診断料の算定留意事項通知(7)と同様に、歯科矯正相談にあたって「N003」歯科矯正セファログラムを算定した日から起算して3月以内に、歯科矯正診断を行うに当たっての「N003」歯科矯正セファログラムは別に算定できない。

【口腔リンパ管腫局所注入、中心静脈注射用植込型カテーテル設置】

問　「I032」口腔リンパ管腫局所注入の「注1」に掲げる乳幼児加算及び第8部処置の通則6に掲げる乳幼児加算、「J100―2」中心静脈注射用植込型カテーテル設置の「注1」に掲げる乳幼児加算及び第9部手術の通則5に掲げる乳幼児加算は併算定可能か。

答　併算定不可。乳幼児加算を算定する場合は、それぞれの処置又は手術の「注1」に掲げる乳幼児加算を算定すること。

【情報通信機器を用いた歯科診療】

問　厚生労働省「歯科におけるオンライン診療の適切な実施に関する指針」において、「厚生労働省が定める研修受講することにより、オンライン診療を実施するために必須となる知識を習得しなければならない。」とあるが、歯科点数表の初診料の注16及び再診料の注12に掲げる施設基準に係る届出を行う場合、当該研修を受講しなければ届出はできないのか。

答　そのとおり。なお、令和6年6月診療分の施設基準の届出に限っては、「初診料の注16及び再診料の注12に掲げる情報通信機器を用いた歯科診療の施設基準に係る届出書添付書類」（様式4の3）に受講番号等を記載する代わりに、厚生労働省医政局歯科保健課または日本歯科医師会が実施するオンライン診療に係る研修を6月中に受講予定である旨を記載すれば良い。ただし、令和6年7月診療分以降も引き続き施設基準を満たす場合には、当該研修を受講の上、再度、施設基準に係る届出を行う必要がある。

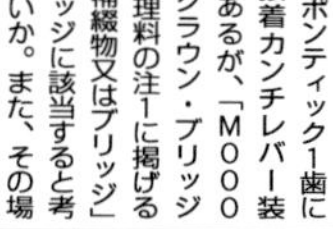

ピックアップニュース

■子どもの「お口ぽかん」は放っておかないで！　歯科医師が語る、将来の“歯並び”へのリスクとは（AERA Kids Plus/4月24日）

■先端歯科医療センターが5月7日にオープン　東北大学病院　高度な治療施設（東日本放送/4月24日）

■東工大と統合する東京医科歯科大、湯島キャンパス再開発（日刊工業新聞/4月24日）

■早朝の“歯科医院”で火事 発見された遺体は男性院長（北海道ニュースUHB/4月24日）

■男性宅からロレックス盗んだ疑い　歯科衛生士の女逮捕「もらったもの」　アプリで知り合う（神戸新聞NEXT/4月26日）

■口の健康に関心を　京都府丹波歯科医師会がユーチューブ配信（両丹日日新聞/4月26日）

■「変わり過ぎ」「違和感」顔面変化に“歯の治療”と釈明した益若つばさに集まったツッコミと同情（週刊女性PRIME/4月27日）

■「歯の急な痛みや腫れでもすぐに歯医者に行けない場合」の応急処置　ポイントや注意点を歯科医が解説（Medical DOC/4月29日）

女児死亡事故報道への小児歯科学会の抗議文

（1面関連）

平成29年7月に福岡県春日市で発生した、2歳児がむし歯治療後に死亡した事故に関する貴社の報道を拝見いたしました。

RKB毎日放送ニュース https://www.youtube.com/watch?v=4vprHOGo-gw

TBS NEWS DIG https://newsdig.tbs.co.jp/articles/rkb/1129667

本件は大変痛ましい事故であり、現在も裁判が継続中であることから、治療にあたった歯科医師の責任の所在はもとより、再発を防止するための徹底的な原因の解明が図られることを望んでおります。しかし、貴社の報道において、「子供の歯科治療は過剰治療になりやすい」と指摘されており、国民に誤解を与える内容となっております。また、取材に対応した医師・歯科医師の発言内容には、小児歯科の専門医がこれまでに培ってきた見解に対し、重大な相違と曲解があると言わざるを得ません。

まず法医学者である医師のコメントとして、「乳歯なのでそのまま抜けるのを待っててもいいし、他の歯にむし歯が進まないように予防的に治療する、その程度の治療でじゅうぶんだと思います」と、そうすることが歯科治療において一般的であるかのように記載されています。しかし、乳歯のむし歯であっても詰め物をする治療が必要なケースは多くあり、小児歯科の専門医はむし歯の大きさだけでなく、今後むし歯が進行するリスクや家庭環境をも踏まえ、その段階での治療が必要かということを判断します。本件報道は、乳歯はそのまま抜けるまで待つか、他の歯に虫歯が進まないように予防的に治療する程度で十分であると誤解を与えかねない内容となっています。まして、治療したことそのものが過剰であり、事故につながったとするコメントには根拠がありません。

また、「なんで麻酔を注射したのか」というコメントもありますが、小児歯科専門医がむし歯治療に対し麻酔を行うことはしばしばあり､痛みを長く与えないためには、特に必要な基本的前処置と考えています。医師のコメントからは、麻酔をしないことが小児の歯科治療では一般的であるという誤解を、国民に与える報道になっております。なお、本件報道においては小児に対する歯科治療が利益を得やすい構造になっているという記述もありますが、むし歯治療に対する麻酔の注射については診療報酬を得られる処置ではありません。小児の治療にあたる歯科医師は、麻酔により収入は得られないが、必要と診断したから麻酔を行っています。報道の医師のコメントにあるような、「ちょこっと削ってちょっと詰めた」治療であれば、麻酔を行うメリットは歯科医師側にはありません。

さらに、司法解剖に立ち会ったのは法医学の医師と口腔外科の医師であり、「麻酔治療が必要なむし歯は1本もなかった」、ということですが、子どものむし歯治療に日常的に取り組んでいる小児歯科専門医からの所見が全くありません。報道でも記載のあったように、むし歯のある小児の割合は減っているのは事実ですが、実際にはむし歯のない子と極端に多い子への二極化がすすんでいます。そうした小児の保護者の多くは小児患者の多い歯科医院を受診しているため、小児のむし歯を数多く目にし、適切な診断ができる歯科医師は少ないのが現状です。加えて、乳歯のむし歯は、表面的には何も穴があるように見えなくても中で大きく広がっていることも多く、一見してむし歯がないとは判断できないケースが多々あることも、診断の際には十分に留意する必要があります。

次に、6歳未満の場合、歯を削る治療の診療報酬が大人の1.5倍になっているため、歯科医師からのコメントとして、「応急処置以外は治療しなかった3歳未満のむし歯や治療可能な年齢であっても昔なら治療しなかったような小さなむし歯が削られている」と記載されています。本来、診療報酬は治療に対するコストや処置時間などによって決定されており、小児の場合、処置に要する時間や関わるスタッフが多く必要であるという判断から、ご指摘のように設定されています。むし歯の治療の要否については個々の歯科医師が診断しますが、上述の通り小児のむし歯については適切な診断ができる歯科医師が少なく、日常的に小児の診察にあたっている小児歯科専門医とそうではない歯科医師の診断の差異が非常に大きいこともあります。むしろ早期の対応が必要なむし歯がそのままになっているケースも多く、コメントを行った歯科医師も小児歯科の専門性を有していないことから、適切な診断を行っていない可能性が非常に大きいと考えています。

また、歯を削る治療と、進行止めを塗った時の保険点数の比較をされておりますが、この治療選択の判断は小児の歯科治療に対する協力状態、小児に対応する歯科医師の技量に依存するものです。小児歯科専門医であっても低年齢や協力が得られない場合は進行止めを塗ることがありますが、この治療はあくまでも一時的なものと考えられており、成長や協力度の改善が見られた後は削る治療を行うことが基本であるとされています。したがって、一時的な処置である進行止めと、削って詰める治療が、同等の結果がもたらされるのに過剰な治療が行われているかのように記載されている本件報道は国民に誤解を与えるものです。

小児のむし歯については、昭和の時代に「むし歯の洪水」と呼ばれていた時期があり、むし歯があっても歯科医院を受診できない状況を解決するために、歯学部の新設や定員の増加により対応してきた経緯があります。その結果、歯科医療関係者、行政や国民の努力により小児のむし歯の減少につながっておりますが、現在でもむし歯が多い子は多くいるのが現状です。そのような子は一般開業医で対応できないことが多く、小児歯科専門医は小児やその保護者の双方に対し、個々に応じたむし歯リスクの低減のためのアドバイスや処置を行っています。また、昨今の子育て世代の多くは、小児の口の健康を守る意識が高まっていることもあり､小児歯科では治療だけでなく、むし歯予防や歯並び、口の機能の管理など多岐にわたる悩みに対応しています。今回のような国民に誤解を与える内容の報道により、国民に大きな不安を与え、子どもやその保護者が小児歯科受診を控える、あるいは歯科医師が治療に対して躊躇するなどの影響が生じた場合、子どもたちの適切な口腔環境の維持が阻害される可能性が大いに考えられます。また、安心安全な小児歯科医療の提供を行うべく日々努力されている小児歯科専門医の業務にも、重大な支障を生じています。小児の歯科診療に関する状況を正確に把握した上で報道していただくことを強く願います。また、今回の事件の検証等を行うにあたっては、専門的領域である小児歯科医療に関する正しい知識が必要不可欠ですので、少なくとも、日本小児歯科学会の見解も併記すべきであることを、申し添えさせていただきます。

本件に関し、日本小児歯科学会といたしましては、貴社に放送内容の修正・謝罪記事の掲載、現在のweb動画の削除を要求いたします。

新型コロナ流行下で 歯科受診率が低下

COVID−19流行下の歯科受診率について、第1波では17%～22%、第2波では3～13%低下していたことが分かった。東北大学大学院歯学研究科国際歯科保健学分野の竹内研時准教授らの研究グループによるもので、感染リスクを避けるために歯科受診が減少したことが示唆された。

同研究は自治体が保有する健康関連のデータベース「Longevity Improvement& Fair Evidence Study」のうち、利用可能だった9自治体のCOVID−19パンデミック前後のデータを使用。期間は2019年1月7日～21年9月27日で、国民健康保険および後期高齢者医療制度に加入している被保険者を対象とし、レセプトデータから自治体ごとに週当たりの歯科受診率を年齢層・歯科受診種別に算出した。

また歯科受診1回あたりの医療費についても週ごとに平均値を計算。それぞれ第1～5波までの受診を対象に、COVID−19流行下以外の期間と比較した（波ごとの期間は表に記載）。なお、分析に際して、経時的および季節的なトレンド、週ごとの祝日数などを考慮した。

同研究の結果、全ての年齢層および外来受診・訪問歯科において、第1波の時期で17～22%、第2波の時期で3～13%と有意な低下が見られた。また、第1波で歯科受診1回当たりの歯科医療費が5～9%増加しており、受診率低下と併せて治療内容も変化した可能性が示された。

同研究成果は科学誌『Journal of Epidemiology』（4月6日付）にオンライン掲載された。

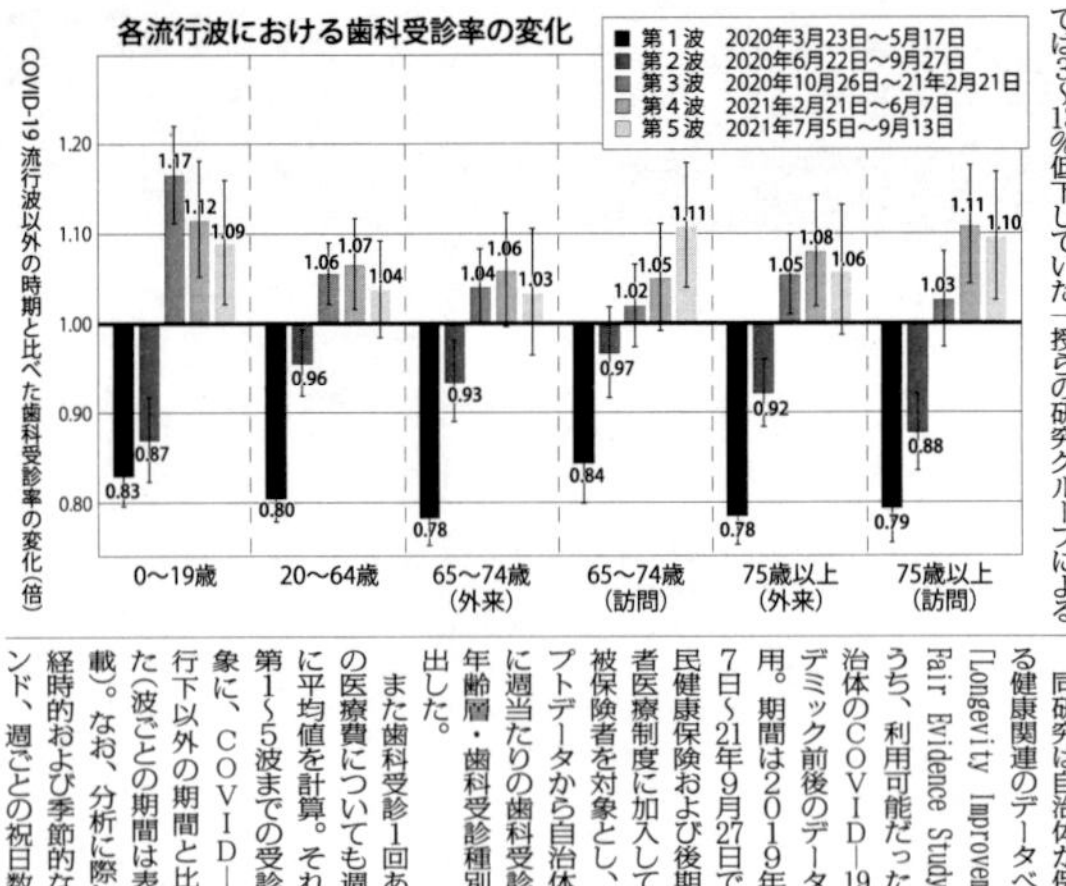

象牙芽細胞の分化制御する因子発見

東北大

歯や皮膚の発生に影響する因子「エピプロフィン」が、象牙質を作る象牙芽細胞の分化を制御することが明らかになった。東北大学大学院歯学研究科歯科薬理学分野の中村卓史准教授とスペインのバスク大学、東京大学の共同研究によるもの。歯の形成異常疾患における遺伝子診断や遺伝子治療などへの応用が期待される。

同研究はエピプロフィンが欠損したマウスで実験。マウスはコラーゲン沈着など初期歯牙芽細胞の分化マーカーが低下しており、象牙芽細胞特有の細胞形態や細胞極性（特徴的な分布）が認められず、象牙芽細胞の分化が阻害されていることが明らかになった。また、象牙芽細胞の成熟に必要なたんぱく質の発現が変化しており、エピプロフィン遺伝子欠損マウスにおける象牙芽細胞の分化と象牙質形成不全の原因になっていることが示唆された。さらに、象牙質全体に張り巡らされている象牙細管の形成の阻害や、形成過程における異常所見が観察された。

同研究成果は専門誌『The International Journal of Developmental Biology』（3月27日付）にオンライン掲載された。

デンタル 小町が通る

（医）千友会理事
（千葉県市原市）
村瀬千明 ❷

愛のシャンパンタワーの法則

4月になり、うちの法人にも新しいスタッフが入社し、華やかな日々を迎えています。今年は矯正治療で通院してくれていた患者様が歯科衛生士として入社してくれました。彼女のご家族も当院を利用してくれています。また、うちの勤務医が付き合っている彼女も就職してくれました。両者とも、われわれのことをよく理解した上で、職場として選んでくれました。新たな出会いに感謝です。

先日、驚きの出来事がありました。矯正治療中の患者様が、学生証が付いた紐を首にかけて来院しました。「TDC」のマークがチラリと見えたのでもしやと思い、普段はあまり立ち入った質問はしないのですが、「もしかして東京歯科大学に入学したの?」と聞いたら、なんと「村瀬千明先生に憧れて東京歯科大学入学しました」と言ってくれたんです！ 思いもよらない言葉に胸が高鳴り、心からうれしかったです。誰かの憧れの存在になれたと思ったら一つ目標達成です。私の人生もなかなか良いものだと感無量でした。

他にも、少し前にうちのスタッフの働く姿に憧れて歯科助手として入社してくれた人がいたり、患者様としてリピートで通ってくれていた衛生士さんが就職してくれたりと、最近感動的な経験に恵まれています。ここ数年、医院の雰囲気をよくすることに力を入れて頑張ってきましたが、少しずつ結果が出始めてきた気がします。

意識したことの一つが「愛のシャンパンタワーの法則」です。この法則は、まず自分が満たされ、私から溢れ出た愛がスタッフを満たします。次にスタッフから溢れた愛が患者様を満たすという考えです。

私がしっかり休み、プライベートも楽しみ、気持ちよく働き、スタッフにも同じようにしてほしいと願います。それによりスタッフも生き生きと働いてくれます。それが患者様にも伝わるんだと思います！

当院に興味を持って就職してくれるという喜ばしいことは私だけでは到底なし得ないもので、スタッフの協力があり初めて得られる快挙です。今後も私自身が楽しみながら頑張ろうと思える出来事でした。

当院のスタッフ

投稿 寄稿

歯科技工士（名古屋市） 河合 康男

私とインプラント補綴の研究

問題が潜むメーカー乱立

私が歯科用インプラントを知ったのは昭和40年代でした。歯科用インプラントの歴史は古くなく、昭和初期ごろ、アメリカ・ニューヨークで生まれました。第一次大戦後に移民歯科医師としてドイツ国からアメリカに渡って来たドイツ系ユダヤ人の先生たちが生体材料のコバルトクロム合金の製造技術とノウハウを持参し、アメリカ・シカゴ市にハウメディカ社を開設して、バイタリウム商品が生まれました。

昭和23年、ボストン大学の口腔外科医Aaron Gershkoff先生によって、骨膜下インプラントの試案が発表され、ニューヨーク市の歯科医師Dr. Isaih LEW先生によって昭和26年に新しいブレードインプラントが症例として発表されています。彼らはニューヨークのバイタリウム研究所で正式な鋳造システムと口腔外科手術方法を立ち上げました。初の骨膜下インプラントの臨床症例が昭和32年に発表され、本も出版されました。しかし、骨膜下インプラントが骨に固定するまでに、手術時間、麻酔を合わせて8時間も必要なので、一般の歯科での普及は無理で、衰退してしまいました。

昭和25年に新たにドイツ系ユダヤ人医師Dr. I.LINKOW先生がチタン金属を初めて人体の骨に使用したことが発表され、チタンプレートが生まれました。同27年には、世界で初めてネジ式固定のインプラントが発表され、オッセオインテグレーションと名付けたのは、スウェーデンのイエテボリ大学のペル・イングヴァール・ブローネマルク先生でした。

私は昭和45年、ニューヨークのバイタリウム研究所にインプラント鋳造技術者のライセンスを取るため訪問しました。当時は人体に使用するための特別な技術・ノウハウを持った上級技術者でなければ、インプラントの鋳造に携われなかったのです。幸い私は無事ライセンスをいただきました。

この時点で私は上級歯科技工士として骨膜下インプラントを製作する立場になったのです。ただ、日本で骨膜下インプラントを受け入れる大学は全くなく、検討中とのことで普及には至りませんでした。

普及を目的に、ニューヨークのインプラント医師と日本初の講演を名古屋市で開催（昭和45年ごろ）しました。将来を見据えて、日本でのインプラント導入の在り方についても話し合われたこの講演会は記念すべきものだったと思います。この後、私は口腔がん患者の下顎骨摘出後の補綴物の開発に入り、愛知学院大学口腔外科の教授の協力によって日本で初めて下顎のためのインプラント補綴物として発表しました。この下顎用インプラントトレーは慶應義塾大学医学部歯科口腔外科の朝波准教授（当時）によって多くの症例を作り出し、成功の道につながりました。

◇◆◇

日本でインプラント治療時代に入ったのは約40年前からです。近年になってからインプラント事故は問題化され、テレビ等で追及されたこともありました。

現在、インプラントの製造許可は書類審査だけで認可され、インプラントメーカーが多く乱立しています。日本の町工場では、他社のインプラントを部分的にコピーして製造しており、デザインは数社に及びます。これらは全く開発期間をかけない、また人体の実験などをしないインプラントで、問題が起きています。

高額なインプラントを扱っている会社は数十年間の開発から人体に対する実験をかけている会社で、高い信用があり、事故がありません。

私は名古屋の町工場のインプラントで失敗しています。見た目はすばらしいデザインでしたが、問題は、長く使用すると問題が起きるということなのです。そのような意味もあって、必ずメーカー名と術後に包装紙をもらうことが必要です。この方法が数十年後にメーカー名が必要となった時に役立つからです。

生体活性ガラス 骨補填材への応用に光

生体内に吸収されながらさまざまなイオンを放出することから、医療分野で注目を集めている生体活性ガラス。骨再生を促す骨補填材への応用も期待されていたが、長期間残存して炎症を惹起する側面があり、臨床応用が困難とされていた。東北大学大学院歯学研究科の近藤威助教と江草宏教授らの研究グループは、骨再生作用と共に抗炎症効果のある新たな生体活性ガラスを開発した。

◆◇◆

研究グループは、既存の生体活性ガラスと比較して吸収性の高いリン酸塩系ガラスに、強力な骨再生作用と抗炎症効果を示す亜鉛イオンやフッ化物イオンなどさまざまなイオンを放出する仕組みを付与し、新しい生体活性ガラス「Multicomponent phosphate（MP）ガラス」を開発した。試験管内の実験では、MPガラスが既存の生体活性ガラスよりも吸収性が高く、石灰化促進作用、抗炎症作用、抗菌作用も高いことを確認。マウスの実験では、骨欠損部で炎症を惹起せず、強力な骨再生作用があることを明らかにした。

今後、新たな骨補填材開発につながる研究成果として期待がかかる。

同研究成果は『Journal of Dental Research』オンライン版（4月6日）に掲載された。

科学大 ロゴや理念など決定

提供：東京医科歯科大学、東京工業大学

Institute of SCIENCE TOKYO

今年10月に東京医科歯科大学（田中雄二郎学長）と東京工業大学（益一哉学長）の統合により設立される東京科学大学の理念およびロゴマークが決定した。両大が4月25日に発表したもの。

理念には「『科学の進歩』と『人々の幸せ』とを探求し、社会とともに新たな価値を創造する」などが掲げられ、同大ロゴマークおよび略称「科学大」（Science Tokyo）や、力強く外に広がっていくことをイメージした青系色のブランドカラーも採択された。

現在、東京科学大学の特設サイトが公開中。

口腔・リハ・栄養のコンソーシアム設立

大歯大ら

大阪歯科大学（川添堯彬学長）と立命館大学（仲谷善雄学長）はフレイル予防の促進などを目的とした「口腔・リハビリテーション・栄養コンソーシアム」の設立総会を3月29日、立命館大学大阪いばらきキャンパスで開催した。昨年8月の両大学の学術交流協定によるもので、「自立支援・重度化予防」「介護現場における生産性向上」「フレイル予防（サルコペニア予防・ロコモティブ予防）」「リハビリテーション機能訓練・口腔・栄養の一体的な取組の推進」をキーワードに、QOL向上のための共同研究および社会への実装を目指す。大阪介護老人保健施設協会、モリタ、アース製薬など9組織が参加している。

発起人である大阪歯科大学の医療イノベーション研究推進機構機構長の馬場俊輔氏によると、「大阪歯科大学と立命館大学および両大学が提携している大阪介護老人保健施設協会の三者で、介護分野の生産性を向上させる独自のビジネスモデルを開発し、社会への実装を目指したい」と述べた。

総会の基調講演「AMEDロボット介護機器開発等推進事業から考える高齢者口腔ケアテクノロジーの未来」では東京大学大学院特任研究員の本田幸夫氏が登壇。「厳しい人手不足の中、これから介護チームの一員にロボットが入ってくる」とし、「『超高齢デジタル元気社会』の実現には口腔ケアは最重要課題」とコンソーシアムに期待を示した。

口腔粘膜炎の炎症抑制

大歯大・松本歯科大が機序解明

漢方薬「半夏瀉心湯」

大阪歯科大学教授の王宝禮氏と松本歯科大学の今村泰弘氏は、共同研究で口腔粘膜炎に対する漢方薬「半夏瀉心湯」の抗炎症作用を分子生物学的に解明した。がん対策の推進を目的とした、厚労省のがん対策加速化プランの中で、「がんとの共生」における支持療法として漢方薬が明記されたことを受けて研究を実施したという。

口腔がん細胞を用いた実験では、口腔内に歯周病細菌（P.gingivalis）LPS刺激に応答した細胞内シグナル伝達経路に対する半夏瀉心湯の影響を評価し、誘導されたインターロイキン（IL）—6およびIL—8の産生阻害活性を確認した。さらに、半夏瀉心湯はIL—6プロモーターの活性化を抑制。

また、この活性阻害はToll様受容体（TLR）シグナル伝達阻害剤（レザトルビッドおよびC29）や免疫抑制剤（デキサメタゾン）と同様と判明した。

◆◇◆

半夏瀉心湯の抗炎症効果は、NF—κB活性化を含むTLRシグナル伝達経路の阻害によるものである可能性を示唆している。

王氏は「口腔粘膜炎が頭頸部の放射線治療などの併用でほぼ発症する。抗がん治療前に半夏瀉心湯を投与することは、口腔粘膜炎発症を予防し、いわゆる未病改善につながる」との考えを示している。

◆◇◆

なお、同研究成果は『Evidence-Based Complementary and Alternative Medicine』（4月14日）に公表された。

岐阜薬科大

がん転移の抑制薬 顎骨壊死発症に関与

がんの増殖や転移を抑制するための「サイクリン依存性キナーゼ（CDK）4/6阻害薬」のうち、パルボシクリブは顎骨壊死と関連があることが分かった。岐阜薬科大学の研究によるもの。

CDK4/6阻害薬でも、パルボシクリブとアベマシクリブは、CDKの選択性の違いにより発症する副作用が異なることが知られているが、違いがすべて明らかにはされていない。

研究では、米国アメリカ食品医薬品局（Food and Drug Administration）の自発報告システムのデータを用いて、CDK4/6阻害薬と顎骨壊死の関連について調べた。

結果、アベマシクリブは口内炎関連の有害事象を、パルボシクリブは口腔内軟部組織損傷や感染症などのシグナルを検出した。

顎骨壊死のシグナルが検出されたのは、パルボシクリブだけで、顎骨壊死の要因となるビスホスホネート製剤とデノスマブを併用した影響を取り除いた後もシグナルが検出された。

同研究成果は『International Journal of Cancer』オンライン版（4月15日）に掲載された。

投稿 寄稿

日本がん口腔支持療法学会からの提言①

がんと口腔支持療法

理事長 山﨑 知子　埼玉医科大学国際医療センター頭頸部腫瘍科・医師／歯科医師

多職種で行う「集学的治療」

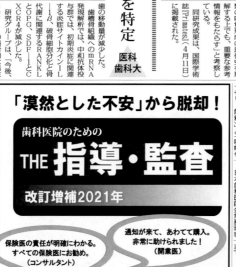

口腔支持療法をご存じでしょうか。周術期等口腔機能管理の方が皆さんには馴染みがあるかもしれません。

私は歯科医師のライセンスも持っていますが、埼玉医科大学国際医療センター頭頸部腫瘍科・耳鼻咽喉科で腫瘍内科医として働いています。がんの治療とは、外科治療、薬物療法、放射線療法などさまざまな治療を組み合わせ、患者さんにとって適切な治療選択肢を見つけていく「集学的治療」となります。腫瘍の種類、またその進行度合いで治療方針は変更するため、医師、歯科医師、看護師、薬剤師、歯科衛生士、栄養士、リハビリテーションなど、さまざまな職種との連携が欠かせません。また、治療方針決定には、多職種が集う「キャンサーボード」を行い、方針を決定していきます。

がん治療における腫瘍内科医は、他科連携のがん治療を行う中の、抗がん薬治療を担当しています。昨今の抗がん薬治療は多岐にわたり、薬剤の種類も増えており、抗がん薬同士の併用や、放射線照射との併用などもあります。高齢化が急激に進む一方で、がん治療を行いながら仕事をする患者さんも増えており、その就労支援も行っています。またがんによる全身状態の変化に備え、将来の医療およびケアについて、またどこでどのように過ごしたいかを含め、本人を主体に、そのご家族や近しい人、医療・ケアチームが繰り返し話し合いを行い、本人による意思決定を支援するACP（Advaice Care Planning）に関しても、医療者の中心となって行う場面も増えています。

がん治療を安全に完遂、かつ継続させるには、副作用に対する支持療法および適切な口腔管理が欠かせません。セルフケアはもちろんですが、歯科医師、歯科衛生士からの専門的ケアも必要です。口腔管理で口腔粘膜炎の増悪を防いだり、そこからの感染を予防したりすることもできます。

◆◇◆

口腔機能管理の重要性を鑑みて、2016年3月に日本がん口腔支持療法学会は発足しました。23年12月現在、会員数は239人とまだ小規模な学会ですが、幅広い職種の方に入会いただいているのが特徴です。学会員の構成は、歯科医師が109人、衛生士97人、医師5人、看護師13人、薬剤師9人、歯科技工士ほか7人。全てのがんの患者さんに適切な口腔管理が行き届くようにするために常に考えて行動しています。あわせて、医療従事者の皆さまや患者さん、ご家族への口腔管理の普及および啓発、当会員の学術活動の支援、市井の方々への教育活動市民公開講座など、活動は多岐にわたります。

今後ますます他学会や各地域歯科医師会の先生方とのコラボレーション、各自治体と共同で活動できる場面が増えることを願って、本連載では、学会役員それぞれの立場から現状や課題、口腔支持療法の有用性などを情報発信させていただきます。

「ウェルビーイング」テーマに経営学ぶ

soeasy

「歯科業界のウェルビーイング経営 離職されない人材中心のこれからの歯科経営とは」と題した公開収録セミナーが4月21日、東京都千代田区の中央大学駿河台キャンパスで開かれた。soeasy（本社・東京都千代田区、飯尾慶介社長）主催で、栄昴会理事長・医療物販学LABO主宰の中原維浩氏、compath. 社長・光歯会森歯科クリニックCOOの吉岡沙樹氏が登壇し、歯科医院での活用事例やノウハウ等を伝えた。

◆◇◆

中原氏は、医療業界におけるウェルビーイングについて「従業員の心身および社会的な幸福度を上げること」を前提とし、世界幸福度ランキングで毎年1位に輝くフィンランドを例に世界の取り組みを紹介した。

> ウェルビーイング　身体的・精神的・社会的に良好な状態

フィンランドは自分らしく生きられる社会を目指し、ウェルビーイングを公共政策として1960年頃から推進してきた。その結果、8〜16時までの勤務、女性の社会参画など働き方を見直し、政府もさらなる男女平等を目指す最中だ。

同氏は2022年から日本で「健康経営」という言葉が流行り、昨今ではウェルビーイングを取り入れる企業が増えていると説明。「患者さんの満足度を向上させるとともに、社員の満足度を上げることも大事。企業に関わるステークホルダー（顧客や地域住民、行政機関等）のウェルビーイングを実現することが経営の目的である」と語る。

中原氏

吉岡氏

また、地域社会と密接に関わることで、歯科ディーラーやメーカーの満足度が向上し、歯科医院の評判が上がると強調。「保険改定でもベースアップ評価が入ったが、従業員の働きやすさを向上させ、多様な人材の能力を発揮できる環境整備をすることで、企業価値を高めることにつながる」と述べた。

◆◇◆

吉岡氏は院長が担う仕事の負担を減らすためには、スタッフが自立して行動できるように「権限の分散」をすることが重要と主張した。「4、5人ずつのグループに分けて各目標を設定し、一定期間活動していく取り組み。30人超のスタッフが何か一つだけ取り組むのは非常に時間が掛かるが、分散させることで五つ、六つと進んでいく」と話す。

同セミナーは、動画形式で5月30日より無料配信予定だ。視聴申し込みはdental@soeasy.tokyoまで。

サルの苦味センサー

解毒や消化の能力が関連

東大らが謎を解明

雑食のサルと、葉食に特化したサルの苦味センサーを調査した結果、植物を食べる割合が高くなるにつれて苦味センサー（苦味受容体・TAS2R遺伝子）の種類が増えるのではなく、解毒能や葉の消化能力など、さまざまな要因によって苦味センサーが増えることが分かった。東京大学大学院新領域創成科学研究科の河村正二教授、侯旻大学院生らの研究グループ、琉球大学や北海道大学、University of Calgary、京都大学共同で解明した。

苦味成分は一般的に毒性があり、苦味感覚は毒を検出して摂食を回避する役割を持つと考えられている。肉食性の強い動物は毒に対する耐性が低く、苦味に敏感であるのに対し、植物食性（特に木の葉食性）の強い動物は毒耐性が高く、苦味に鈍感。雑食性の動物はその中間に位置する。

◆◇◆

研究グループは、TAS2R遺伝子の解明にあたって、オナガザル科のサルに着目。オナガザル科のサルは「葉食に特化したコロブス亜科」と「雑食性のオナガザル亜科」からなるが、これまでオナガザル亜科のわずかな数の種だけ判明していなかった。

そこでコロブス亜科を含む10種のオナガサル科のサルを対象とし、TAS2R遺伝子ファミリーの全貌解明に取り組んだ。

その結果、体の大型化に伴って苦味を含む葉の採食が増加したオナガザル科、雑食性のオナガザル亜科の共通祖先で、TAS2R遺伝子の種類の増加を確認。一方で、葉食に特化して葉の消化と解毒能を身に着けたコロブス亜科の共通祖先は、TAS2R遺伝子の種類が減った。

同大らは研究成果を踏まえ、「食物に占める植物の割合が高くなると苦味センサーの種類が増えるという一般的な予測は必ずしも成り立たず、解毒能の獲得などさまざまな要因によって苦味センサーの種類は動的・柔軟に進化することを意味する。ヒトを含む霊長類の味覚形成の進化史を理解する上でも、重要な参考情報をもたらす」と考察している。

同研究成果は、国際学術誌『Primates』（4月11日）に掲載された。

抜歯後矯正、加速因子を特定

医科歯科大

抜歯後、歯の移動が加速する現象には、免疫応答や炎症などに関わる間質細胞由来因子（Stromal delivered factor＝SDF）1が関与している—。東京医科歯科大学大学院医歯学総合研究科の小野卓史教授、石田雄之助教、Duangtawan Rintanalert大学院生らの研究グループが国内外で初めて証明した。

生理的な治癒機転やリモデリングの加速を応用して、歯槽骨や歯肉に意図的に損傷を与え、歯の移動を加速する治療法が行われているが、詳細なメカニズムは解明されていなかった。

研究グループは、幹細胞の維持と誘導に重要なケモカインとして知られ、局所への破骨細胞集積に重要な役割を果たしているSDF—1に着目した。

ラットを使った実験では、SDF—1の活性を特異的・効率的にブロックする抗SDF—1モノクローナル中和抗体を使用。抜歯後の歯槽骨で、代謝活性現象におけるSDF—1の役割を検証した。

結果、歯の移動側に非移動側と比べて有意なSDF—1発現を確認。さらに抜歯直後の周囲歯槽骨に抗SDF—1モノクローナル中和抗体を投与すると、移動側の破骨細胞マーカーのTRAP陽性細胞数と共に、歯の移動量が減少した。

歯槽骨組織へのmRNA発現解析では、中和抗体投与群では、初期炎症に関与する炎症サイトカインIL—1β、破骨細胞分化と骨代謝に関連するRANKLとOPG、SDF—1とCXCR4が減少した。

研究グループは、「今後、SDF—1の局所的な活性化・非活性化を薬理的に行えれば、効率的な歯の移動が可能となる」と、治療期間の短縮、より精度の高い矯正歯科治療の開発につながる研究としている。

同研究成果は『Scientific Reports』オンライン版（2月29日）で発表された。

早稲田大学が解明

野菜の咀嚼が血糖値下げる

野菜を噛んで食べると、噛まない時よりも、食後に血糖値を下げるインスリンが多く分泌される—。早稲田大学スポーツ科学学術院の宮下政司教授らの研究グループが明らかにしたもの。

食べ始めに野菜を摂取する食事法「ベジタブルファースト」は、食後血糖値の上昇を抑える働きがあることが報告されている。しかし、野菜を咀嚼して摂取することが食後血糖値とインスリン、インスリン分泌を促すインクレチンの分泌にどう影響するかは不明だった。

研究では、キャベツを「咀嚼して食べる（千切り＋ゼリー飲料）」と「咀嚼せずに食べる（粉砕＋ゼリー飲料）」に分けて、19人の健康な成人男性を対象に交差試験を実施した。

> 交差試験　複数の試行がある場合、個体要因を排除するために、全対象者が各条件間に休息期間を設けて、全ての条件に参加する方法

結果、咀嚼条件によって、インスリンと、インクレチンの一種、グルコース依存性インスリン分泌刺激ポリペプチド（GIP）の分泌の増加量が有意に高くなることが確認された。一方で、血糖では有意差は見られなかった。

インクレチンの一種、血中グルカゴン様ペプチド—1（GLP—1）は、全体で有意差はなかったものの、食後40分から90分の時間帯に有意に多く分泌されていることが分かった。

研究グループは、「今後、日常生活の中で『ゆっくりと噛んで食べる』ことを実践することで、食事の摂取量や体重にも影響があるか否かも調査したい」とコメントしている。

同研究成果は、『Scientific Reports』オンライン版（3月30日）で公開された。

【予告】

日本歯科産業学会 6月に学術講演会

高知県で

日本歯科産業学会（川原大会長）は6月22〜23日、第39回学術講演会を高知市の高知県立県民文化ホールで開催する。テーマは「環境変化に対する歯科の在り方」。

日本歯科医師会常務理事の末瀬一彦氏が「令和6年度診療報酬改定の概要 デジタル化の推進」、高知大学教育研究部医療学系臨床医学部門の山本哲也氏が「組織培養技術に基づく歯科治療と今後の展望」をテーマに話すほか、「地域歯科医療の将来」「ジルコニア修復のアップデート」等の講演が行われる。

詳細は公式ホームページまで。

東和ハイシステム

経営分析・支援ソフトを提供

医院収入の拡大をサポート

東和ハイシステム（本社・岡山市、飯塚正也社長）は、歯科医院の収入拡大をサポートする経営分析・支援ソフト「Clinic アシスト」の提供を開始している。同製品は、電子カルテシステム「Hi Dental Spirit XR-10i」と連携して使用できるもので、三つの機能を搭載。

「歯周病メンテナンス促進」機能は、電子カルテ・歯周病検査結果のデータを基に、電子カルテの操作メニューおよびAI・音声歯周病検査システムの操作メニューから、「歯周病メンテナンス状況見える化ソフト」を起動し、月別、歯科衛生士別に、患者数の増減を一覧形式およびグラフ形式で表示する。

「マイナ保険証利用率アップ」機能では、マイナ保険証利用率（昨年10月を基準とした増加率）を推移グラフで表示するほか、今月のマイナ保険証利用の増加率をリアルタイムに表示する。また、待合時間中にマイナ保険証の利用の有無を患者ごとに表示するので、持参していない患者に持参を促す声掛けを行うことも可能。

5月の第3週目に搭載予定の「初診・再診に係る歯科ベースアップ評価料加算」機能では、算定見込み回数と金額を見える化できる。電子カルテシステムに保存されている、届出月の三カ月前～前月の初診・再診・訪問診療料の算定回数を基に、歯科外来ベースアップ料Ⅰの算定見込み点数を導き出す。スタッフの賃金アップの原資にすることが可能で、歯科外来ベースアップ料Ⅰの算定見込み額が、給与総額の1.2％算出額に満たない場合でも一定の条件をクリアすれば、歯科外来ベースアップ料Ⅰの算定見込み額＋歯科外来ベースアップ料Ⅱの算定可能額を算出し該当する歯科外来ベースアップ料Ⅱを案内する。

価格は、「マイナ保険証利用率アップ」、「歯周病メンテナンス促進」がそれぞれ4万4千円。両機能に「初診・再診に係る歯科ベースアップ評価料加算」を加えた3点セットが8万8千円。問い合わせは0120―108―588まで。

歯科用接着材を発売

容易な操作フロー実現

クルツァー

クルツァージャパン（＝クルツァー、本社・東京都文京区、薗田恵介社長）は、接着用レジンセメント「ZENユニバーサルセメント」、ボンディング材「ZENユニバーサルボンド」を発売している。

同2製品は、三井化学（本社・東京都中央区、橋本修社長）のモノマー（＝プラスチックの最小単位）開発技術、サンメディカル（本社・滋賀県守山市、中島祥行社長）の接着に関する研究開発により製品化したもの。

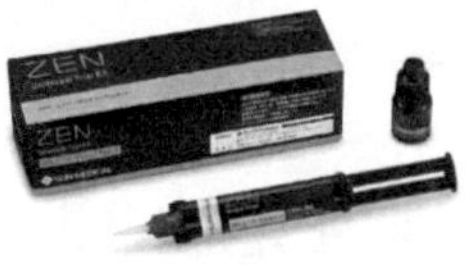
ZENユニバーサルトライアルキット

「ZENユニバーサルセメント」は、単体使用とZENユニバーサルボンドとの併用が可能。単体使用時の被着体は歯質、金属、ジルコニア、アルミナ、併用時は同被着体の他にガラスセラミックス、レジン系材料、PEEK材も接着可能。セメント層が着色しにくく審美性を維持できる。ペーストは押し出しやすくピタリと止まり、余剰セメントの除去も容易。1本で大臼歯クラウン約20本使用可能。

「ZENユニバーサルボンド」は、歯質・補綴物の前処理の他にボンディング、知覚過敏抑制材、シーリング・コーティング材として使用可能。コンポジットレジン充填時は歯面塗布後0秒でエアブローし光照射できる。新規シランカップリング剤の配合で開封後のガラスセラミックスなどに対する接着力を安定した。

「開発期間に約10年かかったが、臨床評価では『さまざまな補綴物に接着でき操作フローが簡単なので使い慣れると、今まで使っていた製品には戻れない』との声をいただいている」（クルツァージャパンマーケティング＆ナレッジ部の阿部孝洋氏）という。

2製品の価格はオープン。

歯科専売に本格参入

京セラ通じ歯磨剤販売

第一三共

第一三共ヘルスケア（本社・東京都中央区、内田高広社長）は、歯周病予防などに特化した歯磨剤「クリーンデンタル」ブランドに関する販売特約店契約を京セラ（本社・京都市、谷本秀夫社長）と締結し、歯科医院での販売を4月22日に開始した。

同製品は、これまで薬局やドラッグストア等を中心に販売。国内で歯科用インプラントを製造する京セラは、インプラント周囲炎への効果が期待できる歯磨剤として同製品を歯科医院に提案し、歯科医院でのプロフェッショナルケアとセルフケアの適切な組み合わせを推進する。

また、第一三共ヘルスケアの口腔内の健康衛生に関する知見・製剤技術と、京セラの歯科領域でのデバイスや検査技術を共有し、口腔領域における共同研究・製品開発の実現に向けて連携を強化していくとしている。

小学生がキシリトール摂取習慣学ぶ

ロッテ

ガムを食べる児童

ロッテ（本社・東京都新宿区、中島英樹社長）は、フィンランドで行われている、キシリトールを取り入れた歯の健康啓発プロジェクト「Smart Habit」を日本、韓国、ベトナムの3カ国で始めたと4月25日に発表した。同プロジェクトは、予防歯科の先進国であるフィンランドに倣い、歯の健康のためにキシリトールを生活に取り入れる習慣を普及する取り組みとして実施する。

第一弾として、フィンランドの小学生がSmart Habitをアジアの小学生に教える「キシリトールSmart Habitオンライン授業」を4月24日に行った。日本からは東京都品川区の品川翔英小学校の6年生41人が参加。同社によるプロジェクトの説明、日本歯科大学生命歯学部特任教授の羽村章氏による歯の健康に関する話や豆知識などを学んだ後、フィンランドの小学生が先生役を務め、寝る前や昼食後、歯科医院での治療後など、生活の中でキシリトールを取り入れていることを動画や口頭で説明。キシリトールに関する三つのクイズを出題し、各国の小学生が答えだと思う番号を指先で示して回答しながらキシリトールへの理解を深めた。

クイズに答える児童

授業終了後には、自宅でキシリトール習慣を体験できるようキシリトール入りのガムを含むお菓子の詰め合わせを渡す贈呈式を行った。その後、試食用のキシリトール入りのガムも配布。食べた後のゴミを正しく捨てることまでがSmart Habitと学び、児童は食べたガムのゴミを残すことなく教室を後にした。

歯科業界入門セミナー開く

歯科新聞社

日本歯科新聞社（水野純治社長）は、歯科業界入門セミナーを東京都千代田区の同社とオンライン上で4月19日と24日に開催した。

歯科業界で働き始めた人や、歯科業界に参入して間もない企業などに向けたもの。

講師を務めた水野社長＝写真＝は「歯科医療の今」「歯科医療に対する社会の評価」「日本の歯科医療に対する世界の評価」「成長が期待される分野」など歯科業界で働くにあたって基礎的な事項を解説したほか、歯科業界で働く魅力として「安定成長」「社会貢献」などを挙げた。

さらに、業界内で活躍するためには情報収集が欠かせないことに言及。「情報があふれる現代社会の中、公平かつ厳選された情報が掲載されている業界専門新聞や雑誌を読むことは非常に有意義。トレンドなどを掴み、取り引きのある歯科医師に適切な情報を提供することで、頼られる存在になって欲しい」と語った。

さじかげん【番外編】

鰐淵正機

追悼 塩田博文先生

4月5日、福島県棚倉町でご開業の塩田博文先生の訃報に接した。数年前に病に伏された後、ご回復されたと伺っていたのでショックが大きかった。

塩田先生と当社の関係は30年以上に及ぶ。先生の「軟化パラフィンワックス臼歯部咬合法」（通称「軟パラ法」）を紹介する講演会や、実技コースを全国各地で開催したり、ラボサイドに必要な義歯づくりのコツを教わったりした。「高すぎず 大きくもなく まん中(しあ)を バランス良くが、歯合わせの道」。

塩田先生は開業医でありながら、義歯に関するご著書が多い。20年前、当社社員だった堀敏泰氏、山口敦氏の両名が軟パラ法の実技研修に併せて技工の作業マニュアルを完成させた。それが後に先生の監修で、『塩田博文の総義歯臨床自習書』として出版された。身近な先輩たちが手掛けたものだけに、特に思い出深い。

過去に塩田先生の診療所へ何度か訪問したことがある。東日本大震災の発生翌日に、水と食料を持って駆けつけたが「私たちは大丈夫。足りない方々に届けなさい」と受け取らず、逆に地元の食堂でラーメンをご馳走になった。逆支援状態だ。また、診療を切り上げた後、近所の居酒屋で「かの高名な野口英世先生の母親の名はシカ。歯科とかけて〝さじかげん〟のネタにどうですか」と、笑いながらぐい呑みを干したりもした。

最後に話したのは1年前。「還暦という人生の一区切りで歯を28本にリセットしよう」という塩田先生提唱の6028運動に関する意見交換だった。「義歯でもインプラントでも、機能する歯が残っていれば健康によい上、クリニックもラボもよい仕事ができて、みんなが丸ーく収まるではないですかぁ」。

先生のまぁるいお顔の笑顔を思い出す。塩田先生のこれまでのご指導に心から感謝し、謹んでご冥福をお祈り申し上げる。

（和田精密歯研監査役）

疑似ファスティング事業開始

サンスター

サンスターグループ（＝サンスター）は、食べてもファスティング（＝絶食）状態を維持できる新たな健康メソッド「FMD（＝Fasting Mimicking Diet、疑似ファスティング）」に基づく製品を開発するL―Nutra社（本社・米国テキサス州）と昨年10月に独占的技術提携し、日本人の味覚に合ったFMDに基づく事業に着手したと4月16日に発表した。

FMDは米国の南カリフォルニア大学が考案したもので、同大学とL―Nutra社は、炭水化物とタンパク質を最低限に抑え、脂質が豊富な特別な栄養バランスを守って食事を摂ると、食べながらでもファスティング時に起こる生体反応や生理機能が再現できることを解明。サンスターは特別な栄養バランスを「ファスティングPFC」とし、ファスティングPFCを守った食事を摂るとファスティングと同様に血糖値が上昇せず、血中ケトン体レベルを下げずに維持できるという。

今後、気軽に習慣化できるファスティングの方法を提供し、国内での普及を目指す。

内閣府「国土強靭化取組事例集」に掲載

お守り入れ歯の「入れ歯銀行」

歯科技工所を運営するお守り入れ歯（本社・札幌市、池田昭社長）は、義歯の3Dデータを無料で保管する同社のサービス「入れ歯銀行」が、内閣官房が発刊する令和6年版「国土強靭化 民間の取組事例集」に、安全な地域への移転・分散を行う取り組みとして掲載されたと4月17日に発表した。

同事例集は、国土強靭化（地震や津波、台風など自然災害に強い国・地域づくりを目指す取り組み）を広める上で模範性や独自性、自主性など民間の先導的な取り組みをまとめたもの。

入れ歯銀行は、加盟する全国26の歯科医院（2024年4月時点）において義歯を約30分で3Dデータ化して必要時にデータを利用できるもの。義歯作製時は、電話で連絡するだけで最短2日で完成するという。

【予告】7月に東京で

第13回学術創立10周年大会開く

SLA Bimler研

SLA（Soldered Lingual Arch）やビムラー装置使用の歯科矯正スタディグループのSLA Bimler研究会（伊藤率紀会長）は、第13回学術大会創立10周年記念大会を7月14、15の両日に東京都千代田区のリファレンス国際ビル貸会議室で開催する。テーマは「矯正歯科治療をより安全にそして健康的に ～SLA Bimler 矯正治療の過去・現在・未来」。

ビムラー研究所に勤務し、シカゴの臨床調査研究所客員教授のBarbara Bimler氏や元奥羽大学成長発育歯学講座歯科矯正学分野教授の氷室利彦氏などが講演。定員は100人。申し込みはウェブまたはFAX057（461）1174まで。

移転

■ケーオーデンタル

同社は八王子営業所を移転した。

新住所は〒192―0051東京都八王子市元本郷1丁目12番1号。TEL042（690）7500。FAX042（690）7501。

なお、祝儀・祝花等は固く辞退。

週間 金・パラ価格動向

税抜価格（1g、円）

	金	パラジウム（参考価格）
4月22日（月）	11,855	5,305
4月23日（火）	11,535	5,220
4月24日（水）	11,611	5,270
4月25日（木）	11,628	5,185
4月26日（金）	11,785	5,135

―提供 石福金属興業―

製品紹介

3Dプリンター用樹脂

キーモデルウルトラ

名南歯科貿易 ☎052（799）4075

シート分離剤を配合し、成型したシートを模型から取り外しやすい3Dプリンター用樹脂。シート圧接用模型用に使用できる。さまざまな3Dプリンターで積層でき、385nmと405nmの波長に対応。色はアイボリーとライトグレー。

価格＝2万900円（1kg）

ドクタースツール

しゃらく

ワシエスメディカル ☎03（3815）7671

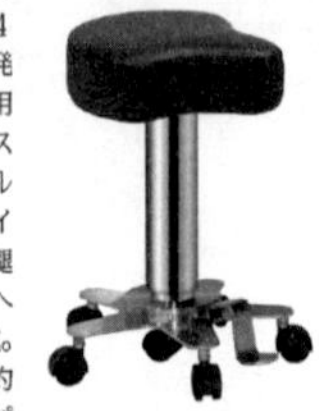

長時間座っても疲れにくい4層構造の低反発ウレタンを使用したドクタースツール。サドル型シートタイプは下肢大腿筋（内もも）への負担を軽減。脚台は直径約40cmとコンパクト。座面のタイプはサドル、サークルの2種類。国内で製造。

価格＝26万700円（背もたれのオプション込み）

CAD/CAM用ジルコニアディスク

松風ディスク ZR ルーセント スープラ サービカル+

松風 ☎075（778）5482

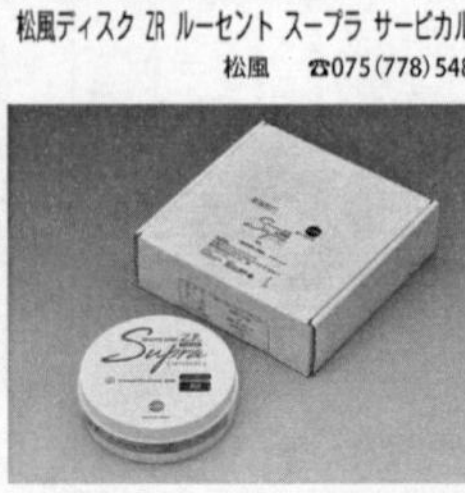

従来品の強度と透光性、色調を保ちつつ歯頸部のサービカル層を厚くしたCAD／CAM用ジルコニアディスク。厚さは30mm。高さのあるインプラント症例に対応。色調はA1、A2、A3。

価格＝7万4,800円

（価格は税込）

（新製品情報をお寄せください）

技工指示書発注サイト

ウェブで発行可能に

■和田精密■

和田精密歯研(本社・大阪市、和田主実社長)は、医療DXの一環として「データ発注サイト」を開設し、技工指示書をウェブ上で発行できるサービスを開始している。

これまでは手書きで技工指示書を作成し、同社の営業員に渡す必要があったため発注のタイミングが限られていたが、同サービスによりウェブ上でいつでも発注可能となる。

発注後に印刷もでき、依頼日・納期・患者名での検索や、注文内容確定前であれば指示内容の変更・更新も可能。ラボサイドからの変更依頼も記録として残せる。

同サービスの利用は無料。6月に施行される診療報酬改定にも対応。

問い合わせはTEL06(6321)8551まで。

ドバイに駐在員事務所を開設

タカラベルモント

事務所の所在地はドバイ空港フリーゾーン

タカラベルモント(本社・大阪市、吉川秀隆会長兼社長)は1日、中近東地域での事業展開を強化するため、アラブ首長国連邦(UAE)のドバイ首長国に駐在員事務所(所在地・ドバイ空港フリーゾーン)を開設した。

中近東地域の物流・金融・情報のハブでグローバル企業の誘致にも積極的なドバイに販売拠点を立ち上げることで、同エリアでの歯科市場への営業力とマーケティングの強化、顧客満足度の獲得に努め、海外事業の拡大を目指す。

口腔含む健診イベント

明治安田生命

明治安田生命保険(本社・東京都千代田区、永島英器社長)は、口腔を含む全身の健康状態を短時間で知ることができる健康啓発型イベント「QOL健診　明治安田×弘前大学」を4月から全国で始めている。

同社では、昨年4月から自治体や道の駅などで健康測定機器を体験し、健診の重要性を実感できるイベント「明治安田の健康チェック」を実施。延べ24万人以上が参加しているという。今回「明治安田の健康チェック」の一環として、「QOL健診　明治安田×弘前大学」を開始した。

「QOL健診　明治安田×弘前大学」は、同大が地域住民を対象に約20年間実施した健康増進プロジェクトと、同大独自の研究を基に開発した「QOL健診」をベースに、同社と同大との共同研究成果を踏まえて同社単独で実施できるようにしたもの。唾液検査を始め、血圧・骨密度・内臓脂肪・体組成・握力・推定野菜摂取量測定、立ち上がりテスト、生活習慣等に関するアンケートなどを短時間で行う。その場で測定結果を手渡すため、健康増進の啓発効果が高いとしている。

松風　歯の俳句・川柳を募集

受付期間は7月21日まで

松風(本社・京都市、高見哲夫社長)は、歯をテーマにした絵本が無料で読める歯の知育サイト「はいく」上で、歯に関する俳句と川柳の募集を開始している。期間は7月21日まで。

自作で未発表の作品に限り一人何作品でも応募できる。入賞作品は8月19日に同サイト上で発表する。

最優秀賞(1人)には図書カード1万円分とオリジナル「はいく」絵本5冊セット、優秀賞(2人)には図書カード5千円分と「はいく」絵本3冊セット、佳作(5人)には図書カード1千円分と「はいく」絵本1冊、歯科医院での出来事を詠んだ句の中から選考する「歯医者さんでのエピソード賞」(1人)には、図書カード千円分と「はいく」絵本1冊、歯磨剤「メルサージュ セルフケア」5本セットを贈呈する。なお同社では、応募数に応じた金額分(1句につき10円分)の口腔ケアアイテムをあしなが育英会に寄付する。

応募は、同サイトまたは郵送(〒605―0983京都市東山区福稲上高松町11　株式会社松風　営業企画課「歯の俳句」応募係)、FAX075(561)1198で受付している。

令和6年1月の歯科医療費

〈社保〉診療種別支払確定件数及び点数

(令和6年1月診療分)

診療種別		件数 千件	対前年同月比 %	構成割合 %	点数 千点	対前年同月比 %	構成割合 %
総計		106,970	102.1	100.0	176,146,187	100.8	100.0
医科	計	55,420	96.3	51.8	121,807,674	97.2	69.2
	入院	793	75.4	0.7	47,610,313	101.4	27.0
	入院外	54,628	96.7	51.1	74,197,361	94.7	42.1
歯科		13,418	105.3	12.5	15,720,975	104.8	8.9
調剤		37,838	110.7	35.4	38,617,538	111.9	21.9
食事・生活療養費		635	101.0	0.6	―	―	―
訪問看護療養費		294	117.4	0.3	―	―	―

(注)件数の総計は、食事・生活療養費を除く数値。点数の総計は、食事・生活療養費、訪問看護療養費を除く数値。社会保険診療報酬支払基金の統計月報を基に本紙で集計したもの。数値は四捨五入

〈社保〉歯科診療報酬諸率

(令和6年1月診療分)

区分		1件当たり点数(点)	1日当たり点数(点)	1件当たり日数(日)
合計		1,171.7 (99.5)	812.5 (101.2)	1.44 (98.3)
医療保険	計	1,179.8 (99.4)	807.9 (101.1)	1.46 (98.3)
	被保険者(65歳未満)	1,230.7 (98.9)	812.3 (100.9)	1.52 (98.0)
	被扶養者65歳未満(未就学者を除く)	1,113.2 (100.3)	810.1 (101.9)	1.37 (98.4)
	被扶養者(未就学者)	928.9 (100.5)	804.0 (101.9)	1.16 (98.6)
	被保険者65歳以上70歳未満	1,236.2 (98.0)	777.7 (100.1)	1.59 (97.9)
	被扶養者65歳以上70歳未満	1,206.2 (99.1)	768.6 (100.6)	1.57 (98.4)
	高齢者7割	1,199.3 (97.1)	758.1 (99.0)	1.58 (98.1)
	高齢者一般	1,273.8 (97.8)	785.5 (99.8)	1.62 (98.0)

数値は四捨五入。カッコ内は対前年同月比(%)

社保　件数5・3%増　点数4・8%増

社会保険診療報酬支払基金による令和6年1月診療分の総計確定件数は1億6697万件、点数は1761億4618万7千点で前年同月に比べ件数は2・1%、点数は0・8%それぞれ増加した。

1月の稼働日数は23・0日(うち土曜日4・0日)で、前年同月と増減はない。

歯科の件数は1341万8千件、点数は157億2097万5千点で、前年同月に比べ件数は5・3%、点数は4・8%それぞれ増加した。

医療費全体に占める構成割合は前月に比べ、件数は0・1ポイント下がって12・5%、点数は0・6ポイント下がって8・9%。

歯科の診療報酬諸率は1件当たり点数1171・7点、1日当たり点数812・5点、1件当たり日数1・44日で、前年同月に比べ、1件当たり点数は0・5%減、1日当たり点数は1・2%増、1件当たり日数は1・7%減少した。

医科の入院と入院外の合計は件数5542万件、点数1218億767万4千点で、件数は前年同月に比べ3・7%減少、点数は2・8%減少している。

入院外は件数5462万8千件、点数741億9736万1千点で、前年同月に比べ件数は3・3%減、点数は5・3%減。

調剤は件数が3783万8千件、点数が386億1753万8千点で、前年同月に比べ件数は10・7%増、点数は11・9%増だった。

国保　市町村の金額1・8%減少

国保中央会がまとめた令和6年1月診療分の総医療費は市町村国保と国保組合、後期高齢者を合わせて2兆4237億円で、うち後期高齢者分は1兆5761億円だった。

1月の稼働日数は21・0日(平日19・0日、土曜日2・0日)で、対前年同月比で増減はない。

歯科医療費は市町村が506億円で、対前年同月比で1・8%減少。組合は45億円で0・2%増加。後期高齢者は578億円で9・0%増加した。

件数は市町村が401万件で0・4%減。組合は37万件で1・5%増。後期高齢者は430万件で10・5%増となっている。

市町村の歯科1人当たり医療費は2169円で2・7%増、1人当たり日数は0・27日で2・1%増、1日当たり医療費は7934円で0・6%増。

組合の歯科1人当たり医療費は1734円で2・8%増、1人当たり日数は0・21日で2・0%増、1日当たり医療費は8076円で0・8%増加した。

後期高齢者の歯科1人当たり医療費は2938円で5・3%増、1人当たり日数は0・37日で5・3%増、1日当たり医療費は8012円で0・01%増加している。

また市町村国保と国保組合を合わせた医療費の入院は3150億円(対前年同月比1・2%減)、入院外3018億円(2・3%減)、調剤1491億円(0・5%増)、後期高齢者分は入院7858億円(3・6%増)、入院外4419億円(4・7%増)、調剤2322億円(5・1%増)だった。

〈社保〉支部別歯科診療報酬等支払確定状況

(令和6年1月診療分)

支部別	件数(件)	日数(日)	点数(千点)	金額(千円)
令和5年11月	13,464,894	19,792,305	16,247,338	109,584,356
令和5年12月	14,642,678	21,178,348	17,603,561	117,947,601
令和6年1月	13,417,656	19,348,746	15,720,975	105,538,616
北海道	460,168	720,920	611,959	4,151,462
青森	101,481	156,172	124,591	827,095
岩手	92,831	139,313	113,035	807,469
宮城	230,710	326,353	255,649	1,765,758
秋田	82,898	121,564	104,502	693,917
山形	93,484	127,883	102,965	735,391
福島	160,980	239,434	178,223	1,236,846
茨城	284,688	408,408	312,897	2,010,379
栃木	208,198	301,272	216,704	1,431,445
群馬	171,198	256,822	183,287	1,307,784
埼玉	809,933	1,150,236	845,760	5,567,956
千葉	708,414	995,978	796,515	5,201,530
東京	1,823,401	2,611,624	2,087,246	13,953,298
神奈川	1,042,492	1,501,162	1,254,249	8,297,230
新潟	209,213	297,560	242,206	1,555,687
富山	108,361	149,098	115,315	742,791
石川	96,366	137,199	109,403	718,324
福井	69,664	99,222	78,577	510,373
山梨	84,352	119,643	90,435	591,591
長野	200,137	275,736	217,370	1,421,684
岐阜	201,512	276,323	221,849	1,582,633
静岡	316,017	452,741	347,184	2,465,721
愛知	841,381	1,166,430	1,004,328	7,190,419
三重	179,216	241,646	192,453	1,306,784
滋賀	153,074	209,935	165,916	1,075,205
京都	222,423	320,198	272,854	1,942,962
大阪	1,118,502	1,653,604	1,475,098	9,785,399
兵庫	624,335	876,232	758,538	4,978,449
奈良	117,036	167,039	130,024	898,458
和歌山	87,090	125,588	100,406	654,368
鳥取	53,363	77,787	61,382	397,553
島根	51,389	72,692	60,260	432,633
岡山	225,104	305,907	281,659	1,802,236
広島	293,693	421,311	350,731	2,325,258
山口	114,379	168,389	132,883	948,895
徳島	81,687	118,792	98,384	618,748
香川	115,773	161,922	138,386	877,604
愛媛	113,231	166,393	125,665	906,102
高知	56,475	83,085	65,445	459,208
福岡	595,504	920,493	743,780	4,846,169
佐賀	85,159	127,801	93,002	608,617
長崎	124,847	178,302	145,776	964,554
熊本	164,346	242,596	192,481	1,321,436
大分	94,063	144,446	112,108	742,597
宮崎	97,078	146,879	114,140	747,833
鹿児島	135,232	212,112	152,261	1,090,176
沖縄	116,778	174,504	143,093	1,040,586

保証書の発行アプリに移行へ

モリタ

モリタ(本社・大阪府吹田市、森田晴夫社長)は、これまで紙で発行していた保証書をユーザーサポートアプリ「My MORITA」上に移行したと4月22日に発表した。対象製品はアプリから外箱のバーコードを読み取ると、保証登録が行える。

紙の保証書の同梱は順次終了する予定。なお、同梱されている紙の保証書は、アプリのリリース後も有効。アプリの利用にはモリタ友の会無料会員の登録が必要。

唾液で免疫簡単に測定

H.U.中央研究所

H.U.グループ中央研究所(=H.U.中央研究所、本社・東京都あきる野市、小見和也社長)と明治(本社・東京都中央区、松田克也社長)は、唾液・生活習慣と免疫状態の関係に基づいた免疫検査サービスを開始すると4月17日に発表した。

同サービスは、利用者が唾液検体を送付し、生活習慣に関するアンケートに回答して免疫状態を簡単に測定できるもの。結果はパソコンやスマートフォンから確認でき、検査結果に基づいて生活習慣をアドバイスする。

まずは提携機関を対象に同サービスを限定的に展開し、その後順次拡大予定。

ヘッドライン企業ニュース

■外科用器具「アンソジール」など各種製品を価格改定(クロスフィールド/3月)

■咽頭画像データベースの画像枚数が3月末に累計100万枚に到達(アイリス/4月9日)

■4DXの口腔内スキャナー「SHINING 3D社Aoralscan3」の取り扱い開始(オール・デンタル・ジャパン/4月17日)

■4月18日の「良い歯の日」に東京都港区在住者に歯ブラシと歯磨き粉を1千セット寄贈(シャリオン/4月19日)

■根管消毒剤「歯科用ホルマリンクレゾール」を在庫無くなり次第販売中止(日本歯科薬品/4月19日)

■歯科用陶材「クリエイション トランスパ Geller Mix、OT+」を4月22日に発売(日本歯科商社/4月20日)

■NiTiロータリーファイル「HyFlex EDM」の新規格「OGSF」を発売(東京歯科産業/4月22日)

■プラスチック製の同社製歯ブラシの一部を炭酸カルシウムを主原料とするSTONE-SHEETに切り替えへ(シャリオン/4月23日)

投稿／募集

800字以内。郵送またはFAX、メールで。

人事

(敬称略)

■札幌デンタル・ラボラトリー

【新任】▼取締役　古田都

▼代表取締役　吉岡信男

▼非常勤監査役　廣西聡彦、高山宏一

なお、前代表取締役の山本規博は退任した。

■マニー

▼執行役専務　栗田秀一

▼執行役常務　橋本尚久

■歯周予防に4種の歯ブラシ/花王

花王は、「ピュオーラ36500 ハブラシシリーズ」から「1本1本磨き」「歯周ポケットクリーナー」「やわふわ濃密磨き」「ハグキキュッと押しマッサージ」の4種類の歯ブラシを4月13日に発売した。歯肉溝を磨くための角度をつけた磨き方や歯肉を傷めにくい磨き方、歯周ポケットのケア等がしやすい設計。毛の硬さはふつうとやわらかめ。価格はオープン。

■卵殻由来バイオアパタイト配合の歯磨剤/ORAL MOUNTAIN

ORAL MOUNTAINは、歯科医師が開発した歯磨剤「ORAL MOUNTAIN NATURAL TOOTH PASTE」を4月1日に発売した。卵殻由来バイオアパタイトを45%配合。合成界面活性剤・合成保存料・防腐剤・鉱物油・合成着色料・合成甘味料は不使用。容量は65g。全国のアウトドアショップで販売。価格はオープン。

■ハンドル部が恐竜の形をしたフロス/メリーゴーラウンド

メリーゴーラウンドは、スウェーデンの歯科医師が開発した「デンタルフロスピック(キッズ)」を4月18日に発売した。恐竜の形のハンドル部分は植物由来素材とポリプロピレンを使用し、石油由来原料の使用量を50%削減。糸は丈夫なポリエチレン製で、洗って繰り返し使用可能。香味はいちご。30本入り。オンラインで販売。価格はオープン。

ConCool
dental scientific approach
コンクールF
薬用マウスウォッシュ
むし歯・歯肉炎・歯槽膿漏の予防 口臭の防止に
アルコール含有
Weltec
weltec
確かな品質のクロルヘキシジン洗口液
ウエルテック株式会社　531-0072 大阪市北区豊崎3-19-3　www.weltecnet.co.jp　0120-17-8049

日本歯科新聞

2024年（令和6年）
5月14日

＜発行所＞
日本歯科新聞社
厚生労働省記者クラブ加盟社
〒101-0061
東京都千代田区神田三崎町2-15-2
電　話　03（3234）2475
FAX　03（3234）2477
www.dentalnews.co.jp
jdn@dentalnews.co.jp

■ 年間購読料 23,760円（送料込）（本体 21,600円＋税）
■ 月4回、火曜日発行
■ 郵便口座番号 00120-5-130369

今週号の主な内容

国民生活センターへの歯科相談

治療での危害 10年で3千件

契約関係は3万件超

歯肉の腫れや破折など

過去10年（2014年～23年度）の歯科治療に関する危害件数は計3341件、歯科治療の契約に関する相談件数は計3万749件―。国民生活センターに情報提供を求めて開示されたもので、治療による歯肉の腫れや治療中の破折、インプラント失敗などが危害相談として寄せられているという。※いずれも今年3月31日までの登録分によるもの。（2面に記事続き）

年度別で見ると、危害情報に関する相談件数は、14年度は330件、15年度は322件、16年度は349件、17年度は325件、18年度は313件、19年度は357件、20年度は274件、21年度は345件、22年度は375件、23年度は351件だった。毎年330件程度の危害に関する相談が寄せられている。契約当事者の年齢別の件数で多い年代順は、50代（18・4％）、60代（18・0％）、40代（15・7％）、70代（13・2％）、30代（11・0％）などだった。

◆◇◆

契約に関する相談件数は、14年度は3152件、15年度は3179件、16年度は2953件、17年度は2993件、18年度は2980件、19年度は3212件、20年度は2746件、21年度は3008件、22年度は3212件、23年度は3314件だった。毎年3千件程度の契約に関する相談が寄せられている。契約当事者の年齢別の件数で多い年代順は、40代（15・6％）、50代（15・5％）、60代（14・8％）、70代（13・9％）、30代（11・8％）などだった。

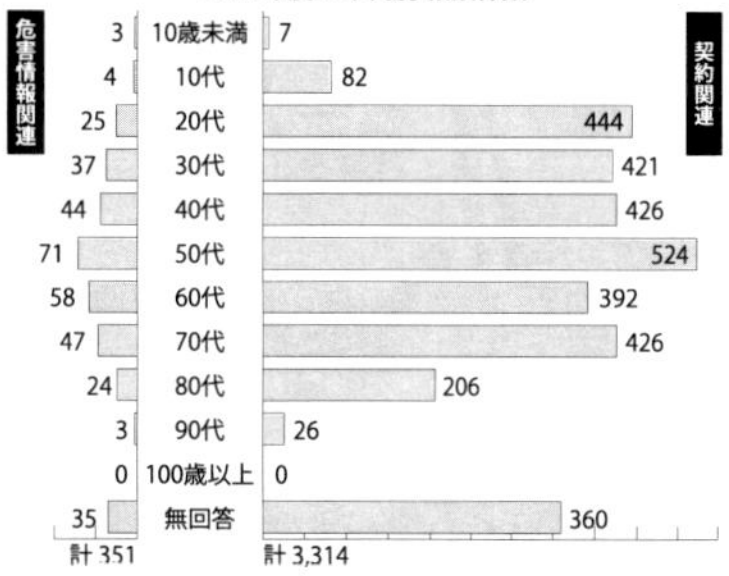

日歯連盟　抗議へ　（3面に記事）

週刊新潮の記事で

過去最多の110件

2023年度 歯科医院の休廃業・解散

帝国データバンク

2023年度の歯科医院における休廃業・解散は、過去最多の110件―。背景には、経営者の高齢化および後継者不在の問題があるとしている。帝国データバンク調査によるもの。

23年度（4月～24年3月）の医療機関（病院・診療所・歯科医院）における休廃業・解散件数は709件。業態別では「病院」19件、「診療所」580件、「歯科医院」110件。10年前と比較して、診療所は2・4倍、歯科医院は2・8倍と急増し、過去最多。病院はほぼ横ばい状態だ。

◆◇◆

倒産件数も過去最多を更新しており、23年度は55件で、「病院」3件、「診療所」28件、「歯科医院」24件。

同社は経営不振、経営者の高齢化と後継者不在を理由に事業継続を断念する診療所は、さらに増える可能性が高いと考察。担当者は「歯科医院の経営者の高齢化も深刻であり、時間の経過に伴い休廃業・解散の件数は診療所と同様、さらに増加すると考えている。『年齢的にDX化についていけない、また、関連する費用や知識習得などを考えると事業継続を断念する大きな理由の一つになっている』し、周囲（同業）もそのように考えている』と回答する歯科医もいた」と話す。

医療機関の休廃業・解散および倒産件数

	病院		診療所		歯科医院		計	
	休廃業解散	倒産	休廃業解散	倒産	休廃業解散	倒産	休廃業解散	倒産
2000年度	13	7	58	7	14	8	85	22
2001年度	22	3	52	11	15	5	89	19
2002年度	10	5	58	15	17	9	85	29
2003年度	8	9	55	11	10	11	73	31
2004年度	27	8	88	14	15	15	130	37
2005年度	24	7	125	15	20	6	169	28
2006年度	16	12	60	15	13	12	89	39
2007年度	24	11	77	20	21	9	122	40
2008年度	17	7	86	20	25	13	128	40
2009年度	18	12	85	21	12	12	115	45
2010年度	19	11	118	20	25	12	162	43
2011年度	32	5	229	16	39	11	300	32
2012年度	15	3	227	21	36	12	278	36
2013年度	20	7	243	12	40	17	303	36
2014年度	32	5	276	11	46	12	354	28
2015年度	28	2	303	12	53	8	384	22
2016年度	25	6	388	17	79	14	492	37
2017年度	24	2	346	12	60	17	430	31
2018年度	24	4	401	19	80	16	505	39
2019年度	28	9	458	18	75	14	561	41
2020年度	20	2	409	13	88	12	517	27
2021年度	17	4	462	20	75	12	554	36
2022年度	19	3	421	22	77	13	517	38
2023年度	19	3	580	28	110	24	709	55

（訂正）5月7日付（2295号）1面の春の叙勲の記事で、受章者の氏名に誤りがありました。旭日双光章の「上埜修氏」は、正しくは「植埜修氏」です。お詫びして訂正します。

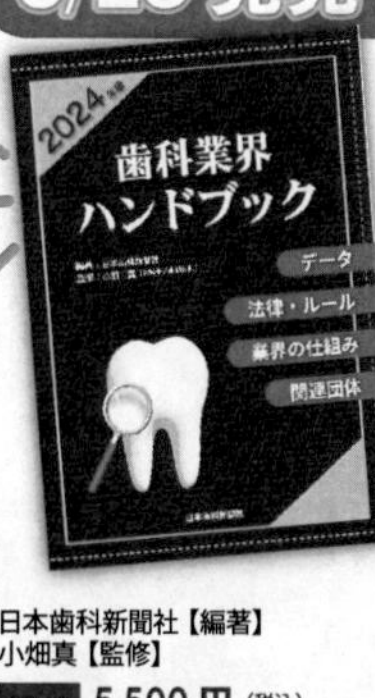

1面からの続き

契約関係の事例 主に説明不足

―― 市民からの相談 ――

過去10年の契約に関する年代別 相談件数

	計	10歳未満	10代	20代	30代	40代	50代	60代	70代	80代	90代	100歳以上	無回答
14年度	3,152	12	78	191	340	496	492	581	454	216	18	0	274
15年度	3,179	8	67	205	364	520	474	549	431	197	20	0	344
16年度	2,953	6	59	213	357	456	443	510	424	153	15	0	317
17年度	2,993	10	41	208	327	501	481	520	400	170	17	0	318
18年度	2,980	10	44	233	373	505	416	483	429	174	18	0	295
19年度	3,212	10	61	276	379	537	495	435	476	206	23	0	314
20年度	2,746	10	53	306	297	441	420	359	387	169	16	0	288
21年度	3,008	4	66	319	360	488	493	334	423	181	21	0	319
22年度	3,212	2	60	436	406	430	518	386	426	192	34	0	322
23年度	3,314	7	82	444	421	426	524	392	426	206	26	0	360
計	30,749	79	611	2,831	3,624	4,800	4,756	4,549	4,276	1,864	208	0	3,151

過去10年の危害情報に関する年代別 相談件数

	計	10歳未満	10代	20代	30代	40代	50代	60代	70代	80代	90代	100歳以上	無回答
14年度	330	6	12	23	30	54	70	63	40	13	2	0	17
15年度	322	3	6	16	41	56	48	66	44	17	0	0	25
16年度	349	5	6	19	42	53	63	75	49	9	0	0	28
17年度	325	4	7	24	40	56	50	62	44	14	1	0	23
18年度	313	5	6	18	28	55	55	62	37	17	0	0	30
19年度	357	1	5	25	39	50	62	62	56	14	3	0	40
20年度	274	2	5	27	33	44	49	45	33	16	3	0	17
21年度	345	3	6	27	39	66	72	42	39	12	1	0	38
22年度	375	2	11	30	38	47	76	66	53	20	3	0	29
23年度	351	3	4	25	37	44	71	58	47	24	3	0	35
計	3,341	34	68	234	367	525	616	601	442	156	16	0	282

一般市民から寄せられた歯科治療の契約に関する主な相談事例は、医療機関による説明不足―。国民生活センターへの情報提供を求めて開示されたもの。

◆◇◆

契約に関する主な相談事例（※相談者の申し出に基づく内容。相談月はいずれも2024年3月）は、①かかりつけ歯科医院の健診でむし歯を指摘され、保険適用外の被せ物を薦められたが、1本5万円という金額に動揺。所持金はなかったがクレジットカードを持っているかと聞かれたため、言われるがまま支払った。後日、家族宛てに届いた明細書には4本分の治療費として計20万円と記載。患者本人は高齢のため、高額治療の必要がなく、キャンセルしたい。②「マウスピース矯正お試し価格：初診料2千円」というホームページの広告を見て来院。話をよく聞くと、矯正力のゆるいマウスピース矯正のお試し価格の初診料が2千円で、通常のマウスピース矯正のお試し価格は2万2千円だった。契約してしまったが、矯正力のゆるい、きついなどを広告に記載していないのはおかしいのではないか。③むし歯治療のために通院。被せ物にホワイト色を選んだが、保険適用外のオールセラミックで治療されていたことが請求書で分かった。事前に説明はなく、保険適用のものにして欲しい、などだった。

◆◇◆

危害情報の主な相談事例は、①歯科治療が原因で歯茎が腫れた、②治療中に歯が割れた、③インプラントを入れたが膿んで腫れ、中で土台が折れていた、などだった。

歯科情報学

松尾　通

人口減少と歯科

『中央公論』という論壇誌がある。1887年創刊なので、今年で創刊137年、日本最長寿の雑誌である。この雑誌を定期購読しているが、そのきっかけは自分が学生時代過ごした目白台にある「和敬塾」の後輩、政治評論家、北岡伸一氏の連載を読むためだった。

東京大学名誉教授の北岡氏は、立教大学教授、東京大学教授、国連大使などを歴任し、その政治評論には定評がある逸材である。「中央公論」を読み始めて、発行元の中央公論新社は読売新聞系列の子会社になっていたことや、リベラルな雑誌という印象だったが、今は中道、やや保守的な雑誌になっていたなど新しい発見があった。女性雑誌で定評のある『婦人公論』も発行していて、読売＝論壇誌という位置付けである。

今回この雑誌を取り上げた理由は、最新号6月号に「消滅する市町村744全リスト」という特集が組まれていて、歯科医療がこうしたビッグデータと無縁ではないからだ。日本の人口は加速度的に減少傾向にある。政府も出生率を上げようと懸命だが、晩婚化、ライフスタイルの変化、独居する若者の増加など、なかなか効果が上がらない。女性の子育てに対する負担が大きいのもその一因である。

◇

日本の人口減少は年間約70万人余。例えて言えば高知県や徳島県が毎年消えてなくなるという状況である。一方で年間の出生数は2024年2月の最新統計で72万6千人余と、これはもう危機的な状況と言ってよい。

中央公論6月号のデータを見ると全国的に人口動態の予測が見て取れる。人口とは人の口の数であり、歯科医療の需給と無縁ではない。歯科医師の定数や地域別適正配置も考えていかないと、クライシスが起こる可能性は十分にある。

中央公論5月号の特集は「日本に根ざす閥の研究」であった。歯科の世界の学閥の酷さは皆様ご存じの通りである。歯科医師会の学閥抗争は「コップの中の嵐」以外の何物でもない。だから役員もそちらに気が取られてのびのびと仕事ができない気がしている。この特集号は医政に一時期関わっていた自分も反省をし、苦笑いをしながら読了した。

◇

一般社団法人「足の8020」という団体がある。2023年3月3日の設立だからまだ新しいが、「足の8020ウォーキング」という事業を行っている。「80歳で20分きびきびと歩ける社会を目指す」という理念を掲げている。1989年（平成元年）より厚生省（当時）と日本歯科医師会がタイアップして「8020運動」を始めた。官民タイアップのこの運動は達成率50％以上となり、成功したと言ってよい。「足の8020」もいいアイデアだと思う。温かく見守りたい。

（東京都開業）

2024.5.14

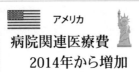

アメリカ

病院関連医療費 2014年から増加

アメリカの総医療費に占める病院関連医療費が2014年以降、増加に転じた。ミズーリ大学医学部のKathleen Quinn准教授（家庭・地域医療学）が、『Medical Care』62（3）号（2024年）に論文掲載したもので、患者の病院利用、病院からの請求額（入院、外来）などを各種統計から分析した。

その結果、13年までの間、21年間、低下を続けていたアメリカの病院関連医療費が14年から増加に転じ、04年から19年にかけて病院の請求額は3倍以上増加（4・11兆ドル）。入院費用だけでなく、外来費用が増加したことが影響したと考えられている。

◆◇◆

この結果について、医師で医療経済学者の二木立氏（日本福祉大学名誉教授）は、「全米の全コミュニティ病院を対象とした病院の医療費と請求額などの増加についての要因分解研究」と評価。「アメリカの病院は外来診療を行わない」という過去の常識や、猪飼周平氏（一橋大学教授）らが主張する「病院の時代の終焉説」が、現実に当てはまらなくなってきたことを示唆するものだという。

歯科は、19世紀以来、病院の拡大、高度化に関連が薄く、病院で提供される医療を主な給付対象とする公的医療制度の主流となりにくかった。「病院中心の医療」から地域包括ケアなどの「地域完結・多職種連携」へと変わると、歯科の役割が拡大すると期待する向きもある。

アメリカで「病院の医療」の復活が見られるとすれば、その背景や影響がどの程度か、歯科関係者にとっても今後の行方を注視する必要があると言える。

60年史を発刊

神奈川保険医協

神奈川県保険医協会（田辺由紀夫理事長）は記念誌『神奈川県保険医協会60年史 私たちの歩み』を3月31日付で発刊した。

協会の創立前夜から現在までの歩みや、発刊に当たっての役員らによる言葉、保険医協会関係者の同会での思い出を綴ったインタビュー記事の他、「歴代理事長・役員名簿」「年表」「組織概要」の資料などが掲載されている。

愛知県保険医協

「よい歯健康デー」 歯の電話相談

愛知県保険医協会（荻野高敏会長）は、4月21日に「歯のなんでも電話相談」を行った。同会は4月18日を「よい歯健康デー」とし、歯の健康についての企画を毎年開催している。

電話相談は岐阜、三重、静岡の保険医協会も実施。愛知では、「義歯が合わなくなりインプラントを勧められているが費用が高く悩んでいる」「歯がグラグラするが抜歯したくない。どうしたらよいか」「家族から口臭を指摘されており、改善したい」など51件の相談があった。

また、同会が募集していた絵手紙コンテストの入賞作も決定。応募された1185作品のうち、各賞合計で112作品が受賞した。5月中旬から県内各地で入賞作品の展示会が開催され、下旬以降に同会のホームページに掲載予定。

「口ぽかん」啓発で 文部科学大臣表彰

科学技術に関する研究開発、理解増進等に顕著な成果を収めた者を顕彰する「科学技術分野の文部科学大臣表彰」の科学技術賞（理解増進部門）に、朝日大学歯学部小児歯科学分野の齊藤一誠教授、海原康孝准教授、野上有紀子非常勤講師（宝塚医療大学保健医療学部准教授）と、鹿児島大学病院小児歯科の稲田絵美講師の4人が選ばれた。

◆◇◆

科学技術賞（理解増進部門）は、青少年をはじめ広く国民の科学技術に関する関心および理解の増進等に寄与し、または地域において科学技術に関する知識の普及啓発等に寄与する活動を行った者に対し、文部科学大臣が授与するもの。

◆◇◆

各氏の業績名は「成長発達期小児のお口ぽかんの現状とその影響への理解増進」で、推薦機関は日本小児歯科学会。

投稿寄稿

国語辞典に映る歯科の姿

正しい〝歯科〟を知ってほしい

不二崎 正径(まさみち)(72歳)　歯科医師　元小学校歯科校医

最新の国語辞典30冊(小学生用、一般用、大辞典)と自宅の10冊で、歯に関する言葉の語釈が適切かを調べた。「永久歯」「歯科医・歯医者」「親知らず」「門歯」「歯の根が合わない」「歯」について私見を述べたい。

①「永久歯」は多くの辞典に「乳歯が抜けた後に生える歯」とある。だが永久歯で最も早く6歳ごろに生える第一大臼歯は、乳歯が抜けずに全部そろっている時期に出てくる。

②「歯科医・歯医者」は「歯の病気を治す医者」と辞典に多い。なるほどそうだが、歯だけでなく舌や歯茎など口腔全体が診療範囲だ。治療以外に公衆衛生活動(歯磨き指導や入れ歯の取り扱い指導)がある。歯科医師法第一条に業務内容は明記されている。

③「親知らず」に「知歯」と併記する辞典が多いが、歯科では「智歯」を使い、「知歯」は使わない。

④「門歯」。私は聞いたことも使ったこともない。現代人には死語ではないか。ただ草食動物の前歯は門歯とある。

⑤「歯の根が合わない」は、「寒さや恐れで歯がカチカチ鳴るほど震えるさま」だが、歯の根は顎骨内だからおかしくないか。

⑥「歯」は「人間では食物をかみくだき、発音を助ける」という辞典が大半だ。しかし、歯と脳は神経と血管でつながり全身の健康を担うから、役目は多岐にわたる。現行の語釈では狭い。解説と図解や挿絵が理解を助ける。歯のワイド欄の新設が必要と考える。

◆◇◆

歯は咀嚼と発音・会話に加えて、顔の形を整える、情緒の安定、食物の硬さの認知、瞬発力・持久力・平衡感覚・踏ん張る力の発揮源、審美的要素、噛む刺激は知能や顎、表情筋の発育を促進し、唾液量を増やし、がんや認知症や肥満の予防効果がある。さらに、噛み合わせの安定は高齢者の転倒を防ぎ、食事の楽しみと意志の伝達を支える。また、災害や火事の身元不明者の個人識別や古代人の生活を探る考古学的価値などがある。

乳歯と永久歯の歯列弓と名称、永久歯の4種類の形、本数、働き(切歯は8本で野菜の切断、犬歯は4本で肉を引き裂く、小臼歯は8本で穀物などを噛み砕き、大臼歯は8本でさらに細かく磨り潰す)の解説と図解や挿絵が理解には大切だ。人間の歯は切歯:犬歯:臼歯が8:4:16の比率で生えるから、野菜:肉:穀物を2:1:4の割合で食べるのに適している(智歯を除く)。歯の内部構造は大臼歯の縦断図面がよい。

医学の進歩や各種調査から、歯と全身の関係が次々と明らかになってきた。新しく確かな知見を辞典に追加することが肝要だろう。

◆◇◆

版を重ねた国語辞典が多いのに、歯に関する言葉の語釈は不備が30～50年続いている。われわれ歯科医が早く気付き、指摘すべきだった。次の改訂には、歯科医の参加が不可欠だ。なお、歯の学習指導要領の拡充を考えてほしい。

正確な語釈と図解や挿絵で学習が進む。読んで納得し役立つ国語辞典を期待している。

日歯連盟

「皆歯科健診導入工作」の記事で

『週刊新潮』に抗議へ

太田会長「全てが間違っていた」

㊤会見で抗議文の経緯などについて話す太田会長(左端)
㊨該当する記事の載っている号

週刊新潮(5月2・9日号)に掲載された「日歯連『国民皆歯科健診』導入工作で自民党議員に1億円超献金」の記事を受け、日本歯科医師連盟(太田謙司会長)は8日の理事会で、訂正と謝罪を求める抗議文の発出を決めた。理事会後の記者会見で太田会長が明かしたもので、抗議文の大枠はすでに理事会で承認されており、細かい文言が会長一任となっているとのこと。

◇◆◇

週刊新潮の該当記事では、2004年の中医協贈収賄事件や、15年の迂回寄付事件などを冒頭に紹介。その上で、山田宏参議院議員が16年の参院選で日歯連盟の組織票によって当選したと記述(※注1)。そして、組織代表候補となった後の寄付金などについて触れながら、国民皆歯科健診の推進と絡めて、「税金で賄われる国民皆歯科健診。寄付という現ナマで、歯科医が恩恵を被る政策を買ったようなものか」と表現している。

さらに、政治資金パーティー裏金事件と山田議員の不記載への戒告処分、山田議員への賄賂性のある資金提供があったとの告発文書の存在などについて記載している。

◇◆◇

会見で太田会長は「どこが間違っているというよりは全てが間違っていた」と執行部全員が怒りを覚えていると強調。「弁護士と話し、匿名での怪文書ではなく相手がいるものなので、週刊誌側に抗議することを決めた」と経緯を説明した。

法的措置まで見据えているかとの記者からの質問に対しては、「これからの新潮の出方次第。われわれからはまず訂正文と謝罪を要望している。それがなされない時には最終的な法的措置も考えざるを得ない」との姿勢を示した。

なお、政治資金の在り方を問われている自民党との関係については、「支持団体としては、自民党、公明党がどのように問題に決着をつけるか、しっかりと見守りたい」とコメントした。

※注1　日歯連盟は当時、山田議員の支援については、各都道府県歯連盟の判断に委ね関与しないというスタンスを取っていた

計41議会が提出

皆歯科健診の意見書

都道府県・市区町村議会から提出された「国民皆歯科健診の実現」を求める意見書が計41となった。8日に開かれた日本歯科医師連盟の記者会見で浦田健二理事長＝写真＝から報告があった。日歯連盟の資料に新たに加わったのは兵庫県加古川市と愛知県の二つ。

把握している41の内訳は、34都道府県と7市町。

なお、参考として、岐阜県美濃加茂市でスタートした「市民皆歯科健診」についても情報提供がなされた。

地方創生臨時交付金 山口で3回目の支援事業が決定

浦田理事長は、歯科に対する地方創生臨時交付金の支給状況についても説明。新たに4月26日に山口県での対策事業の実施が決まり、2023年度からの支給は計95件となった。

山口県で実施されるのは「令和6年度山口県医療機関等光熱費高騰対策支援金事業」で歯科診療所への支給金額は10万円。

同県では同様の支援事業は5年度に2回行われている。

歯科衛生士・技工士の人材確保問題を質問

国会で山田議員

日本歯科医師連盟顧問も務める山田宏参議院議員は、9日に開かれた国会の厚生労働委員会の中で、歯科衛生士と歯科技工士の人材確保問題における厚労省の認識や対応策について質問した。厚労省からは、歯科衛生士の復職支援や離職防止事業が抜本的な解決に至っていないとの認識や、歯科技工士への支払い割合について、改めて7：3の考えが示された。

山田議員の国会での問答

山田「歯科衛生士の不足の現状について厚労省の認識は」

厚労省「歯科医療体制提供のための人材確保は不可欠であると考えている一方で、およそ30万人いる歯科衛生士のうち、実際に就業しているのは約半数に留まっていると認識している」

山田「人材確保の具体的取り組みは」

厚労省「新人歯科医衛生士や復職者に対する技術研修の支援、都道府県単位での復職支援のための人材育成を行っている。令和6年度からは、5年までとなっていた本事業の支援期間を6年以降も継続できるよう見直した。また、歯科衛生士を雇用する歯科医療機関の管理者や復職相談等を受ける者を対象とした研修の支援も新たに実施している」

山田「47都道府県のうち、復職支援は17、離職防止は20に過ぎない。予算および人材の不足によるものと考えているが、それらを充実させるつもりはあるか」

厚労省「研修指導講習会はこれまで累計約700人以上が参加し、就業者数は徐々に増加している。一方で抜本的な解決には至っていないことは理解している」

山田「歯科技工士の不足についてはどのような認識か」

厚労省「近年、歯科技工士は減少しており、特に若手の歯科技工士の確保は喫緊の課題だ」

山田「20代の技工士不足は収入の低さに起因すると考えるが」

厚労省「待遇面に加え、歯科技工士の認知度の低さ、養成校の都市部への偏在など、多様な課題が要因と考えている」

山田「診療報酬改定で歯科技工士に関する算定が新設されたが、診療報酬の中で歯科技工士に支払われる割合についてはどう考えているか」

厚労省「診療報酬の算定告示において歯科技工士の制作技工と歯科医師の制作管理の費用はそれぞれ7：3と示している」

山田「歯科技工士の7割について、実際はそれ以下の場合も多く、これは診療報酬が足りていないとのことが両者の認識だ。また、歯科技工士の人材確保に予算は投入されているが、増加にはつながっていない。今後どうするつもりか」

厚労省「若手の歯科技工士がやりがいを見い出せるような、実際の臨床に即した知識・技術を習得することができる研修の他、都道府県等が行う人材確保策に対する支援や労働環境等の改善に資するモデル事業を実施している。令和6年度予算においては、若手から要望の高いデジタル技術指導のための研修を行っている」

山田「今までの効果の乏しかった政策を見直すつもりはあるか」

厚労省「昨年実施した行政事業レビュー💡において成果指標を検討するべきとの指摘を有識者から頂いた。既存の事業をしっかりと検証し、今後は成果目標を設定して取り組むべきと考えている」

💡 行政事業レビュー　各府省庁が、事業の進捗や効果について点検し、見直しにつなげるもの

朝日大歯同窓会 中川豪晴氏が新会長に就任

朝日大学歯学部同窓会の新会長に中川豪晴氏＝写真＝が選ばれた。59歳。前会長の任期満了によるもので、新会長の任期は令和9年3月31日まで。

◇◆◇

同氏は兵庫県姫路市出身で1989年に同大歯学部を卒業後、95年に中川歯科医院を開設。2018年から同会兵庫県支部支部長、同会常務理事、専務理事、同大客員教授などの経験の他、現職として兵庫県歯科医師会協同組合理事、姫路歯科衛生士専門学校非常勤講師を務めている。

訂正　4月16日付、23日付、5月7日付の「歯科国試にチャレンジ」の回答に誤りがありました。正解が「a」「e」「b」となっていますが、正しくは「a、e」「a」「e」です。お詫びして訂正します。

歯科国試にチャレンジ

391　2023年(第116回)より

アタッチメントロスがみられるのはどれか。1つ選べ。

a　類天疱瘡
b　二次性咬合性外傷
c　遺伝性歯肉線維腫症
d　壊死性潰瘍性歯肉炎
e　アスコルビン酸欠乏性歯肉炎

答えは本紙のどこかに！

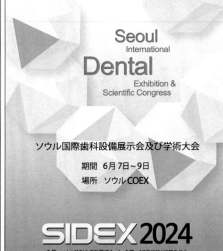

今月のBookコーナー

歯科雑誌をよむ　5月号

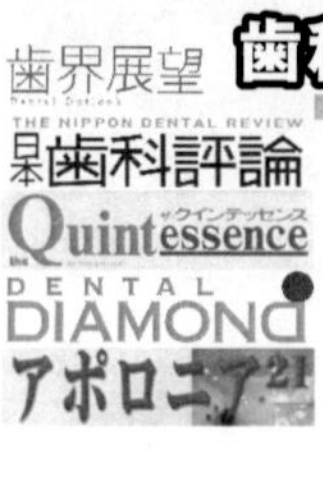

インプラントと咬合

『歯界展望』は特別企画で、大阪府開業の高井駿佑氏らによる「インプラントと咬合―わかっていること、いないこと」を掲載。インプラントの普及に伴い関心が高まっている生物学的、機械的な併発症について、「咬合」をキーワードに最新研究を解説した。

生物学的併発症では、インプラント周囲の骨喪失、インプラント周囲炎、インプラントオッセオインテグレーションの喪失を挙げ、咬合力との関係に言及。

機械的併発症は、咬合力が関連するインプラント構造体のトラブルと定義。インプラントと天然歯との違いをもとに考察した。その上で、インプラントにとって望ましい咬合、ブラキシズム患者への対応について解説した。

エビデンスに基づく抗菌薬使用

『ザ・クインテッセンス』は、公立八女総合病院歯科口腔外科の松村香織氏による『これまでどおり』『なんとなく』は卒業！エビデンスに基づいた抗菌薬の使い方」を掲載。近年、国際保健上の最大のリスクとされる薬剤耐性（AMR）の問題に関連し、歯科における抗菌薬の適正使用を呼び掛けた。

歯科で使用される経口抗菌薬はペニシリン系、第三世代セフェム系、マクロライド系が多いが、第三世代セフェム系、マクロライド系の使用削減が目指されているという。記事では、抗菌薬の適正使用の意義、歯科臨床で必要な抗菌薬選択の考え方を解説。歯性感染症治療、予防的抗菌薬投与、高齢有病者など、具体的な場面での対応を示す。

外科的根管治療の術式

『デンタルダイヤモンド』は巻頭特集で、東京都開業の高林正之氏による「外科的根管治療のステップバイステップ」を掲載。通常の根管治療でも治癒しない場合や再根管治療が行えないケースなどで行われる外科的根管治療の適応、術線の確認、難易度判定、術式のポイントを解説した。

外科的根管治療は、根尖切除によって通法ではアプローチできない感染源の除去、根尖側から根管内外を封鎖する逆根管充填を行い歯の保存を図る術式。著者は、外科的根管治療の適応は非常に多いとし、術式を学ぶ意義を強調。インスツルメントも多数紹介し、根管治療の次の一手として習得できれば歯の保存がより確実になると訴えている。

ガミースマイルの治療

『日本歯科評論』は特集で、明海大学歯学部歯周病学分野の林丈一朗氏が、ガミースマイルの新たな治療アプローチとして、①受動的萌出遅延に対するフラップレスの歯冠長延長術、②過動上口唇に対する口唇移動術という外科術式を紹介。フラップレスの歯冠長延長術について、骨切除術が必要な理由を説明。フラップ手術の欠点を挙げ、実際の症例をもとに歯冠長延長術の原理、術式、利点を示した。

また、ガミースマイルの原因となっている過動上口唇の定義、診断基準を示し、口唇移動術の流れを示した。

ガミースマイル自体は放置しても重篤な病気につながるものではなく、医療者側から強く治療を勧めるものではないと指摘している。

AIカルテ支援から受付省力化まで

『アポロニア21』は特集「歯科DXの実力」で、AIを搭載したカルテ作成支援ツール、外来でも訪問でもリアルタイムに患者情報を共有できるデジタルノートなど、最新技術を紹介。

千葉県開業の古橋淳一氏は、デジタル診療ノートを全ての診療スタッフが使用するようにした経緯と経営効果を解説。患者データのデジタル移行のため、スタッフの中で時間外のアルバイトを募集するなどして対応したが、本来、デジタル化は開業直後が最も対応しやすいと指摘する。

埼玉県開業の須田勝行氏は、税務署など経営に関連する行政や企業のDXが急速に進み、歯科医院でも対応が求められるが、各医院で必要なツールは異なるため、何でも「デジタル化」という風潮には疑問があると指摘した。

著者に聞く

悩めるクリニック経営者のための　もうイラつかない　スタッフとの関係づくり

『悩めるクリニック経営者のための　もうイラつかないスタッフとの関係づくり』（プリメド社）を執筆したのは、永野整形外科クリニックの院長夫人でもあり、全国各地の院長夫人を支援するクリニックイノベーションサポート社長の永野光氏だ。診療科に関わらず小規模なクリニックに共通の事例を取り上げたという同書を執筆した経緯や、書籍で伝えたいことなどを永野氏に聞いた。

『悩めるクリニック経営者のための　もうイラつかないスタッフとの関係づくり』
永野 光 著/A5判/127ページ/2,200円/プリメド社

――院長夫人をサポートする事業をしているとのことですが。

永野　もともとは医療ソーシャルワーカーとして働いていたのですが、夫が整形外科クリニックを開業した2009年に、院長夫人となりました。その時に分からないことが多く、「助けてほしい」「他の院長夫人はどうしているのか」と悩んだ経験から、同じように悩んでいる人を支援したいという思いでクリニックイノベーションサポートを設立しました。

◆◇◆

――今回の書籍を執筆するに至った経緯は。

楽に

永野　実は今回が二作目の書籍で、その前に「自分が院長夫人になる前に、事前に知っておきたかったこと」や「辛かった思い」などを綴っていたブログがきっかけで、プリメド社から『院長妻から院長夫人への42の

⬉

書籍

（価格は税込）

インプラント裏技帖50

柴原清隆　著/AB判/114ページ/9,900円/デンタルダイヤモンド社

著者のインプラント技帖シリーズの第3弾。第1弾の「小技帖」、第2弾の「大技帖」に続き、今までの常識とは少し異なった解釈から生まれた技を「裏技」として収録した。「臨床は、結果が出てナンボ」をモットーとする筆者ならではの技が満載。

インプラント治療の手技だけでなく、「裸足で手術室に入室する」等の、常識を覆すアイデアも紹介されているのが面白い。

55歳から「実りの人生」

佐藤綾子　著/四六判/240ページ/1,760円/サンマーク出版

人生の後半戦を意識した時から、自分は何をしたいのか、何ができるのか、考えることは少なくない。残りの人生をどのように過ごすかを考えた時、著者はお金や地位、成功ではないと説く。人生を楽しむための指針を示してくれる一冊。

エッセイ形式で、日常の喜びやこれからの展望を見いだすヒントを提示。これからの人生を「楽しんでいい」と背中を押してくれる言葉に、明るい未来が期待できる。

社長が3ヶ月不在でも成長する会社の作り方

安東邦彦　著/四六判/208ページ/1,650円/インフォレスト

世界7万社以上のスモールビジネスを、ワールドクラスのビジネスへと変革してきたアメリカのコンサルタント、マイケル・E・ガーバーのメソッドを、日本の企業向けに構成した書。

「年中働きづめの社長」と「3カ月休める社長」を比較する形で、成長へのハードルをシチュエーション別に解説しており、経営のハードルの乗り越え方を知ることができる。各ポイントを読むだけで、日々の指針を得られる。

無理なくできる　サイナスリフト導入マニュアル

岡村知彦　著/A4判/104ページ/8,580円/インターアクション

インプラント治療におけるサイナスリフトに取り組みたい歯科医師に向けて書かれた本。サイナスリフトの必要性や診査方法、難易度の鑑別方法、クレスタルアプローチとラテラルアプローチの術式のステップ、各ステップのポイントなどを解説している。

写真を多用し、多くの症例を紹介しているので、サイナスリフトを始めたい、ステップアップしたい歯科医師の教科書となる。

メッセージ』という書籍を発行させていただいています。その縁もあって、今回の書籍も執筆することになりました。

一作目は経験をベースとしたエッセイとなっていますが、今回は事例集のような内容になっています。

◆◇◆

——どのような事例がありますか。

永野　新人教育やスタッフの意識改革、院内の作業手順の見直し、スタッフにどこまで介入するかのボーダーライン、スタッフとの対立、退職者問題など診療科に関わらず小規模なクリニックに共通するであろう30事例をまとめました。どこにでも起こりがちな「あるある」事例だと思うので、医科や歯科、院長や院長夫人など関係なくマネジメントに携わる多くの人に読んでもらえる内容だと思います。

普遍的なテーマもありますが、「新しい電子カルテを導入するだけでスタッフが辞めてしまう」「デジタル化に対応できるスタッフとそうでないスタッフでトラブルが起きる」などDX化に伴う問題は、今ならではのトピックスだと思います。

永野 光 氏

捉え方を柔軟にして気分を

また、教育や採用についても、最近特に難しくなっていると感じます。医療従事者のみならず、医療事務職の確保も難しい時代になっているので、多くの人が悩んでいるのではないでしょうか。

本書では、各事例について経験に基づいて「対処したこと」「考えたこと」「問題点」を取り上げています。絶対的な正解答案はないということが前提となりますが、考えるきっかけと参考にしてもらい、少しでも解決の糸口になればと思っています。

◆◇◆

——どんな人に読んでほしいですか。

永野　さまざまなトラブル・経験を通じて、単にその原因となったスタッフ等を批判するのではなく、事象の捉え方によって、自分たちが成長できるのではないかと模索している院長や院長夫人、クリニックのマネジメントに携わる人に読んでもらいたいと思っています。

——タイトルに「もうイラつかない」とありますが、どのような思いでつけたのでしょうか。

永野　リフレーミングという表現が良いか分かりませんが、長所は短所でもあり、短所は長所でもあるなど、ものの見方、考え方によって、同じ状況でもイライラしなくなるということを想定して書いています。

例えば、隙間時間に自らやることを見つけて働くスタッフもいれば、指示がなければ何もしないスタッフもいて、後者にイライラする人も少なくないと思います。ただ、「全員が優秀なスタッフだと、その人が優秀であることに気が付けない、ボーっとしている人が一人いることによって、優秀な人に気が付ける」と考えるとイライラしなくなる場合もあります。

この書籍を通して、さまざまな場面で、考え方を柔軟に広くして、少しでも気分を楽にしてもらいたいという思いもあります。

◆◇◆

——書籍ではなく、クリニックの悩みで実際に相談することもできるのでしょうか。

永野　サブスク型で月1回のZoom対応とメールやLINEで相談に対応するサービスを行っています。夜中に辛くなってLINEをして来られる院長夫人や、日曜の早朝にメールを送って来られる院長先生もいて、24時間いつでも自分の気持ちを発散していただいています。「スタッフをどう教育したら良いか分からない」や「夫婦で一緒に医院を持っているのに、子供のことは全て私が行っている」などなかなか誰かに相談できないような悩みを抱えている院長や院長夫人は多いと感じています。このサービスでは、悩みを聞いて、一緒に解決策を模索するところまで行っています。

経営コンサルタントに話すようなことではない事柄も相談していただいて大丈夫ですので、気軽に連絡していただけたらと思います。

Prophylaxis　米国式予防歯科プログラム プロフィーの臨床

Mie Kato Choe 著/A4判/170ページ/3,850円/口腔保健協会

ハワイで勤務する歯科衛生士が、アメリカでの歯科衛生士の位置付け、業務の流れ、必要な知識などをまとめた。アメリカの予防歯科の生命線とされる「プロフィー」の概念を分かりやすく解説。

プロフィーは、う蝕や歯周病だけでなく、口腔がん、口腔機能障害など幅広い疾患の予防と早期発見のプロセスを指す。全身と歯科領域に区分された詳細な問診、ASAシステムによる循環動態の評価に始まり、X線画像診断、歯科疾患の検査と予防処置全般について、豊富な図表とカラー写真で解説している。

歯周病を確実に治せる歯科衛生士になろう

関野 愉・滝口 尚・大月基弘・山下優子 著/B5判/150ページ/3,960円/デンタルダイヤモンド社

歯科衛生士向けに臨床に役立つ情報を届ける『DH style』2024年冬号の特集テーマは、歯周病。治癒の状態や誤診のポイント、治療のゴール設定、基本治療の施術、中等度・重度の症例の治し方などを、図解と写真を多用し、解説している。

歯周病治療の基本からケースに応じた実践まで、「歯周病について学び直したい、もっと深く知りたい」人に最適な一冊。

ヤバい統計

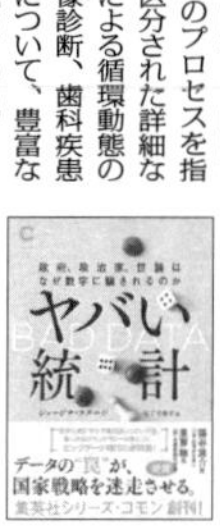

ジョージナ・スタージ 著/尼丁千津子 訳/四六判/368ページ/2,640円/集英社

医療分野でも、EBMをはじめとして疫学データに立脚した治療技術、医薬品の評価、選択が行われるようになって久しい。その分、間違ったデータから間違った選択へ引きずられるリスクも高くなっており、「バッドデータ」による政策変更が社会に混乱をもたらした例は多い。

イギリス国家統計局の諮問グループで活躍する統計学者が、データによる意志決定の危険性を解説する。特に、社会保障関連でのデータ活用には問題が多いと指摘。エビデンス重視が進む歯科にも大いに関わりがあるといえる。

キレイを創る　顎顔面美容再建歯科への first step

木下径彦 著/A4判/160ページ/1万2,100円/kira books.

歯科医院で行う美容治療の考え方や顎顔面美容再建の種類、治療の基礎、フィラー注入療法やA型ボツリヌス製剤など四つの主なアプローチなどを紹介。歯科医療における「見た目治療」について解説した書。

使用機器・器具や診察、治療計画、治療ステップなどを丁寧に説明。「口腔機能と整容治療を融合させ、『歯を治す、口を治す、顔を治す』治療の一助になることを願う」と述べている。

新刊・近刊 〈4月〉

標準口腔外科学<第5版> 内山健志・近藤壽郎【監修】／片倉朗・中嶋正博・里見貴史【編集】 医学書院	定価13,750円
全科実例による社会保険歯科診療<令和6年版> 歯科保険研究会【編】 医歯薬出版	定価11,000円
全科実例による社会保険歯科診療オンライン<令和6年版> 歯科保険研究会【編】 医歯薬出版	定価11,000円
高齢者の歯周治療ガイドライン2023 特定非営利活動法人日本歯周病学会【編】 医歯薬出版	定価2,200円
形態・状態に応じた根管充填 -最適な根管充填法の選択と臨床応用- 牛窪敏博【編著】／長谷川智哉・渡邉浩章・黒瀬尚利・辰巳大貴・橋本正隆【著】 医歯薬出版	定価7,150円
徹底攻略!科目別 歯科衛生士国家試験過去問題集<第2版> -基礎科目編- 歯科衛生士国試問題研究会【編】 医歯薬出版	定価3,300円
最新歯科技工士教本　歯科理工学<第2版> 全国歯科技工士教育協議会【編集】 医歯薬出版	定価6,490円
新できる歯科医師のミッション55 渡部譲治【監修・著】／澤田卓弥・鈴木篤士・中村一仁・林茂雄・渡部真麻【著】 インターアクション	定価3,300円
歯科保険請求2024 お茶の水保険診療研究会【編】／東京医科歯科大学歯科同窓会社会医療部【監修】 クインテッセンス出版	定価11,000円
マンガでわかる!歯科臨床での動機づけ面接超入門 -患者さんがみるみる変わる、スタッフも楽になる- 吉田直美・新田浩・磯村毅【著】／うさっぱ【著・マンガ】 クインテッセンス出版	定価4,290円
世界最強の歯科保健指導<下巻> -おもしろすぎて眠れなくなる口腔機能論- 岡崎好秀【著】 クインテッセンス出版	定価14,850円
「QDT」別冊 Digital Dentistry YEARBOOK 2024 日本デジタル歯科学会【監修】 クインテッセンス出版	定価7,700円
歯科開業マスタープラン -年商1億円を超えて地域No.1を達成するための戦略- 中尾英哲【著】 サンライズパブリッシング	定価2,530円
歯科診療報酬点数表<令和6年4月版> -歯科診療報酬点数表、関係告示- 社会保険研究所 編 社会保険研究所	定価2,420円
よだれ先生の「超実践講義」0～3歳までが大切 子どもがスクスク育つ「歯・口・舌」の健康新常識 -赤ちゃん＆乳幼児編- 中野智子・今口早織【著】 徳間書店	定価1,650円
チーズではがげんき 酒井暁美【作】／サワイワタル【絵】 リーブル出版	定価1,650円
インプラント辞典2024 -170種類のインプラントデータと判別のためのフローチャート- 田島聖士【著】	定価12,100円

協力：シエン社　TEL 03(3816)7818　〈http://www.shien.co.jp〉

特集 2024年度 診療報酬改定

日本歯科技工士会

会長 森野 隆 氏

改定項目の技工料値上げを

令和6年度診療報酬改定にて「光学印象歯科技工士連携加算」「歯冠修復及び欠損補綴の製作に係る項目の評価の引き上げ」などが新設された。新設項目による影響や懸念点、将来的に期待する改定内容について、日本歯科技工士会の森野隆会長、松井哲也専務理事に聞いた。

――まず、日技として重要と捉えている改定項目をお聞かせください。

日技　一つ目は、賃金の値上げに関する措置です。これは今までなかったことで、特に「歯科技工所」という文言が入ったことは大きいと捉えています。

二つ目は、CAD/CAMインレー修復の光学印象が保険収載されたことです。

最後は、歯科技工士連携加算です。評価自体の点数は少ないものの、院内勤務のみならず、「歯科技工所に勤務する歯科技工士」にも診療時の連携が拡がりました。

◆◇◆

――今回の改定を踏まえ、懸念していることは。

日技　賃上げについて「歯科技工所に従事する者」も加わりましたが、歯科技工所が実際にどのように対応するのかが不透明です。

賃金アップには、歯科技工料金の値上げが伴います。どこまで取引先の先生方に理解を示していただけるのか非常に不安です。

もし、今回の改定で賃金アップにつながらなかった場合、中医協から次の改定時に「上げる必要なかったですよね」と判断されかねないと危惧しています。

二つ目の光学印象についても、本当に実現可能なのか不安です。日技の希望としては、会員からも多数の声が寄せられたCAD/CAMインレーの点数の引き上げでした。

専務理事 松井 哲也 氏

現時点でもCAD/CAMインレーにおいて、特に模型への適合作業はCAD/CAMクラウンよりも時間が掛かります。今回収載された光学印象でも技術点数は変わらず、模型がないため適合作業もできません。もし納品したインレーが入らなかったら、再製作する際のブロック代の負担や製作料など、一体誰が責任を取るのでしょうか。

可能であれば、技術評価提案書を作る段階で日本補綴歯科学会や日本歯科技工学会等にヒアリングをしてもらいたかったというのが本音です。

最後に、歯科医師と歯科技工士の連携加算です。解釈上では、卒業したばかりの経験の浅い歯科技工士でも歯科医療機関に就職して患者さんと対面すれば、50点加算される仕組みですが、そのような教育を受けていない歯科技工士が担うことに合理性はあるのでしょうか。

また、歯科技工所に従事する熟練の歯科技工士が連携加算分の50点のために歯科医院を訪問するのは、交通費や時間等のコストを考えると、あり得ない話のようにも感じます。

一方、歯科技工士連携加算2については、連携加算分の作業をした証拠が必要です。例えば、納品書に連携加算の請求を記載し、歯科技工録に「情報通信機器を使って確認した」と記録するなど、歯科技工所側の対応も必要です。

ただし、遠方から対応可能な情報通信機器を使った要件については、普段患者さんと接しない歯科技工所勤務の歯科技工士が連携できるという点では非常に良いと思います。

今後さらに連携を広げるのであれば、歯科技工士にも経験年数による縛りを設けること、もしくは指定研修を受けた者が連携できるなど、経験や知識を持った者が行うべきと考えます。

◆◇◆

――今回の改定で盛り込まれなかったが、今後期待する改定項目は。

日技　CAD/CAMインレーの保険点数引き上げ、そして光学印象が保険収載されたことで今後はどうなるのか、しっかり見ていただきたいです。

現在、義歯の維持装置（クラスプ）は金銀パラジウム合金、コバルトクロム合金のどちらを選んでも同じ点数です。コバルトクロム合金の関連機器も高額ですし、粉塵対策のため歯科技工所の環境整備も必要です。

最近は「特定化学物質障害予防規則」等の改正に伴い歯科技工所への立ち入り調査も散見されています。従ってその分のコストが掛かります。これが同じ技術点数とされていることには疑問を感じます。

また、安価な技工料金が蔓延していくと、せっかく国家資格を得た新人歯科技工士も、賃金が上がっている他業界に行った方がいいと考えて辞めていきます。その悪循環が現在の歯科技工士不足の一つの要因と考えています。

ひとまず、現在の個々の歯科技工料金は置いておき、最低限の処置として今回上がった点数の7割分（歯科点数表第12部歯冠修復及び欠損補綴通則5）、例えば、10点上がれば70円分は値上げするなど、交渉の努力をしてほしいです。

そして、今後は診療報酬改定ごとに評価が上がった項目に関しては、連動して歯科技工料金も値上げさせていただく。そういった流れが必要と考えています。

昔と比べて、歯科医師の先生方も歯科技工士の現状を知っていただけてきたと感じています。歯科技工士不足は経済問題の解決なしには語れません。

そのためには、歯科診療報酬点数表第12部「歯冠補綴及び欠損補綴」の評価を上げなければならず、そのエビデンスは国が行う「歯科技工料金調査」です。安い歯科技工料金の蔓延からの脱却は、デフレから脱却しようとしている現在の日本にも通じるものがあります。

その意味でも、今後は歯科医療機関とも理解を共有して進めていければと思っています。

歯科技工士関連の項目（一部抜粋）

● **光学印象（1歯につき）　100点**
光学印象歯科技工士連携加算　50点

CAD/CAM インレーを製作する場合であって、デジタル印象採得装置を用いて、印象採得及び咬合採得を行った場合に算定する。

光学印象を行うに当たって、歯科医師が歯科技工士とともに対面で口腔内の確認等を行い、当該修復物の製作に活用した場合には、光学印象歯科技工士連携加算として、50点を所定点数に加算する。

● **歯科技工士連携加算1（仮床試適）　50点**
歯科技工士連携加算2（仮床試適）　70点

有床義歯等を製作することを目的として、仮床試適を行うに当たって、歯科医師が歯科技工士とともに対面で床の適合状況の確認等を行い、当該補綴物の製作に活用した場合には、歯科技工士連携加算1として、50点を所定点数に加算する。

歯科医師が歯科技工士とともに情報通信機器を用いて床の適合状況の確認等を行い、当該補綴物の製作に活用した場合には、歯科技工士連携加算2として、70点を所定点数に加算する。

日本歯科衛生士会

会長 吉田 直美 氏

衛生士の業務範囲拡大を

診療報酬改定が6月に実施される。ベースアップ評価料など新たな試みが見られる今回の改定について、日本歯科衛生士会会長の吉田直美氏に、評価する項目や、懸念する項目などを聞いた。

――今回の改定内容についてどのようにお考えですか。

日衛　骨太の方針2023で示されたリハビリテーション・栄養管理および口腔管理の連携推進を図るという内容が良く反映されており、DXを含めた医療機能の分化・強化や連携の推進などを通じて、地域包括ケアシステムの構築が進んでいくと考えています。

歯科疾患予防が全身の健康にもつながると言われている一方で、特定の疾患に対して支払われる診療報酬では評価ができない事例が多くありました。今回の改定では口腔管理指導や重症化予防などについて具体的な評価項目が付けられたこともあり、歯科衛生士が歯科の予防をする職種として時代に必要とされていることを実感しています。

また、歯科技工士、薬剤師との連携についても触れられており、それぞれが関わる機会が増えていくだろうと感じています。

――具体的にどの項目を評価していますか。

日衛　今回の改定の目玉ともいえるベースアップ評価料は、点数は十分とは言えないものですが、この項目が創設されたこと自体を評価しています。歯科衛生士が不足している中で、人材派遣会社や学校の紹介で提示されている賃金が適切か分からない現状があります。ベースアップ評価料の導入で厚労省は今後、算定した医院の賃金状況を追っていく必要がありますから、歯科衛生士の賃金実態が明るみに出るという意味で、大きな役割を持てると考えています。

歯科衛生実地指導に関して、口腔機能指導加算が新たに追加されました。現実的に点数として示されることで、予防型の治療がより一層進んでいくと思いますし、そのためにも、積極的に算定を重ねていくことが大切だと思います。

回復期の病院に対して、口腔機能管理計画策定料、口腔機能管理料、専門的口腔衛生処置が追加されたことは、シームレスな口腔機能管理の提供につながることが期待できます。

歯周病の重症化予防治療の観点から、歯周病ハイリスク患者加算も新設されました。今回は糖尿病が一番明確な加算項目として打ち出されていますが、この加算をきっかけに他の疾患にも広がることが期待されます。医科との患者の紹介や、薬局との情報交換などにもつながるでしょう。

訪問歯科衛生指導について、緩和ケアの患者に対する算定回数の増加の他、複数名訪問歯科衛生指導加算が新設されました。寝たきりの患者など、一人での対応が難しい事例は少なくなかったので、患者やスタッフにとっても安心して診療に臨むことができるようになると思います。

◆◇◆

――懸念している項目はありますか。

日衛　歯科外来診療感染対策加算について、歯科衛生士の配置が必須ではなくなり、「感染防止対策に係る研修を受けたもの」に変更されました。歯科衛生士が不足している実態に即した良い改定と捉えられる一方で、医療人ではない人が診療環境に関わってくるということでもあります。患者・医療従事者にとって、安心安全な医療を提供するために今後の動向を注視していく必要があると考えています。

また、令和3年度に介護施設の基本サービスになった口腔衛生管理体制加算について、今まで努力義務だった運営基準が義務化されます。介護保険に口腔連携強化加算が新設されたことと併せて、介護職員に対して口腔衛生指導を行える人材育成は急務の課題です。

――診療報酬改定を踏まえて今後の展望などはありますか。

日衛　予防の時代を迎え、歯科衛生士の重要性がますます高くなる中で、各職種のタスクシフトを考える局面に入っていると感じます。法律の改正などによって、歯科衛生士が自立して業務を行える体制を作っていく必要があるでしょう。他職種も含め、それぞれに適切に業務を分配し、連携を取っていくことが重要です。

今や周知の課題である歯科衛生士の人材不足について、積極的な雇用が求められる一方で、患者と接する職業である以上、質の担保は欠かせません。診療報酬を通して、歯科衛生士が持っているスキルが適切に評価される仕組みが作られることで、歯科衛生士の仕事の魅力、やりがいを広めていくことが重要だと考えています。

歯科衛生士関連の項目（一部抜粋）

● **回復期等専門的口腔衛生処置（1口腔につき）　100点**

回復期等口腔機能管理料を算定した入院中の患者に対して、歯科医師の指示を受けた歯科衛生士が専門的口腔清掃を行った場合に、回復期等口腔機能管理料を算定した日の属する月において、月2回に限り算定する。

● **歯科衛生実地指導料口腔機能指導加算　10点**

口腔機能の発達不全を有する患者又は口腔機能の低下を来している患者に対して、主治の歯科医師の指示を受けた歯科衛生士が、実地指導と併せて口腔機能に係る指導を行った場合に加算する。

● **口腔バイオフィルム除去処置（1口腔につき）　110点**

口腔バイオフィルムの除去が必要な患者に対して、歯科医師又はその指示を受けた歯科衛生士が口腔バイオフィルムの除去を行った場合に、月2回に限り算定する。

東北大ら

エナメル質形成 誘導する因子を特定

歯原性上皮細胞のS100a6分子の発現を抑制すると、エナメル芽細胞ではなく、皮膚に類似した細胞へ分化する―。東北大学病院小児歯科の大竹慎司医員、同大大学院歯学研究科地域共生社会歯学講座小児発達歯科学分野の齋藤幹教授、九州大学大学院歯学研究院口腔保健推進学講座小児口腔医学分野との共同研究で判明したもの。

人体で最も硬い組織であるエナメル質の形成には、皮膚や毛髪と類似した上皮細胞であるエナメル芽細胞が大きな役割を果たす。しかし、歯原性上皮細胞からエナメル芽細胞への分化に関する研究は複数報告されていたが、エナメル質石灰化機構の研究は少なかった。

そこで研究グループは、エナメル質を形成するエナメル芽細胞の遺伝子発現を網羅的に解析したところ、カルシウム結合ドメインを有する「S100a6」が発現した可能性が示唆されたため、その機能について調査するに至った。

研究の結果、S100a6が歯原性上皮細胞から皮膚に類似した細胞に分化することを抑制し、細胞増殖やエナメル芽細胞への分化を誘導する分子であることが明らかになった。

S100a6を含めたS100ファミリーの機能を解明することは、歯の発生過程のみならず、他の外胚葉性器官の発生過程や悪性腫瘍の転移機序の解明にも貢献し、新たな組織再生療法の可能性につながると期待がかかっている。

同研究成果は、科学誌『The FASEB Journal』（4月15日）オンライン版に掲載された。

嗅覚や味覚など 進化の過程で増減

宮崎大ら解明

視覚と嗅覚・味覚能力の高さは反比例する傾向にあるが、嗅覚とフェロモン、味覚は動物が進化する過程で比例して増減する―。宮崎大学農学部獣医学科の新村芳人教授、国立遺伝学研究所の小出剛准教授、ふじのくに地球環境史ミュージアムの岸田拓士准教授（研究当時）、京都大学野生動物研究センターの村山美穂教授らが、ガーナ大学との共同研究で解明したもの。

霊長類は高度な視覚を持つ反面、嗅覚はあまり発達していない。一方で、ハクジラ類（イルカ）は、嗅覚や味覚が退化しているものの、音波で外界を探索する反響定位の能力を進化させてきた。しかし、限られたエネルギーを異なる感覚系に振り分ける必要があるため、「感覚のトレード・オフ」が起きると考えられている。

これまで異なる化学感覚（嗅覚・フェロモン・味覚）間でトレード・オフが起きるか解明されていなかったため、研究グループは調査するに至った。

まず、齧歯類の中で、形態的・生態的に多様性が高いヤマアラシ亜目に着目。ヤマアラシ亜目の進化系統樹（17種のヤマアラシ亜目の持つ4種の化学感覚受容体遺伝子の数）の各枝において、遺伝子の重複・欠失がそれぞれ何回起きたか、分子進化学的な手法によって推定した。

解析の結果、進化過程において、ある生物の系統で嗅覚受容体遺伝子の数が増える（または減る）と同時に、フェロモンや味覚の受容体遺伝子の数も増える（または減る）ことが分かった。

化学感覚間では「感覚のトレード・オフ」は起きず、化学感覚受容体遺伝子は同調して増えたり、減ったりしているという。

今後は、ガーナ大学で進めているグラスカッターの家畜化プロジェクトにおいて、同研究成果を基に家畜化の推進に活用すると期待がかかっている。

同研究成果は、科学誌『Molecular Biology and Evolution』（4月23日）に掲載された。

投稿 寄稿

日本がん口腔支持療法学会からの提言 ②

頭頸部放射線治療における口腔支持療法と顎骨壊死

顎骨壊死の予防に期待

副理事長 勝良 剛詞　新潟大学医歯学総合病院 歯科放射線科

私は、「切らずに治すがん治療」である放射線治療を学びたく歯科放射線科に入局しました。入局5年後から医学部放射線治療科で3年間放射線治療に従事したのち、医局に戻り約20年、頭頸部放射線治療患者さんの口腔管理とがんの画像診断を行っています。

頭頸部放射線治療において歯科との連携は必須です。それは、放射線治療医が求める内容に対し適切な歯科対応がされれば、より理想的かつ安全に放射線治療が行えるからです。

よく「治療前に歯科を受診し口腔環境を良好に維持することで、理想的ながん治療が行えます」と耳にしますが、頭頸部放射線治療ではこれだけでは十分ではありません。放射線治療には治療可能比という概念があります。これは、正常組織が重篤な副作用なく耐えられる線量（正常組織耐容線量）と腫瘍の制御に必要な線量（腫瘍制御線量）の比であり、正常組織耐容線量が腫瘍線量と同じかそれ以上でなければ放射線治療は成立しないという考え方です。

頭頸部放射線治療において正常組織耐容線量の対象となる口腔組織は口腔粘膜と顎骨であり、放射線治療医は放射線治療中に起こる口腔粘膜炎と放射線治療後に起こる顎骨壊死の予防のために患者さんを歯科に紹介します。

口腔粘膜炎を悪化させるのは口腔粘膜の細菌感染ですので、治療中の清潔な口腔環境の維持は大切ですが、放射線による粘膜炎は線量が高くなるほど悪化するので、口腔粘膜の線量を高くしない工夫が必要となります。その工夫の一つが歯科で作製する口腔内装置であり、この装置を装着し放射線治療を行うことで、効果的に口腔粘膜炎を予防できます。

口腔内装置の材質や設計について詳しく知りたい方は、是非とも筆者までお問い合わせください。

◇◆◇

私が放射線治療を行っていた20年以上前は、頭頸部放射線治療後の顎骨壊死の発生率は約40％でした。そのほとんどの患者さんは口腔衛生状態が悪く、歯周病や歯髄まで進行したう蝕をそのまま放置している患者さんでした。顎骨壊死の発生率の変遷を示した論文では、1966年から90年の間で40％近くあった発生率が10％以下に減少したことを示し、その理由を放射線治療前後の歯科管理プログラムであったと述べています。実際に、私たちの施設でも、歯科管理の目標を、

1）歯周ポケットが7ミリ以上の歯を作らないこと

2）う蝕の早期発見を心がけ歯髄に達する前に保存修復すること

としたところ、発生率を4・6％から0・6％に減らすことができました。

また、近年、米国歯科医師会の大規模調査で、放射線治療開始前に歯の状態が良好な患者さんほど、顎骨壊死が少ないこと、抜歯が必要な歯を放射線治療後も放置することで顎骨壊死が大幅に増えることが示され、かかりつけの歯科医を持ち普段から定期メンテナンスを行うことの重要性を強調しています。

2人に1人が「がんになる時代」、そして「がんは治る時代」になってきている現在、全ての国民が、がんの知識を正しく持ち、かかりつけ歯科医を持つ時代が来ることを切に願い、活動してまいります。

デンタル小町が通る

大谷歯科医院院長（愛媛県西条市）
大谷恭子 ❷

筋トレの魅力にハマる

ジムでトレーニングしていたところ、トレーナーさんから声を掛けられた。

「大谷さんの背中の筋肉、キレイですね！」

「え？ 私の背中？・？・？」

普段、自分の背中なんて見る機会もない私は、半ば首がつりそうな姿勢になりながら三面鏡にくいついた。

「悪くないね。いいんじゃない！ 私の僧帽筋たち♡」、そう思って一人ほくそ笑んだ。

その日を境に、盛り上がりつつある筋肉を見るのが日課のルーティンとなった。筋肉なんて他人様から褒められたことのなかった私は、水を得た魚のようになり、筋トレ熱にもさらに火がついた。

歯科医師という職業柄、首肩が凝る、腰痛はつきものだったが、僧帽筋や三角筋を鍛えると肩関節周りも楽になるなど、一石で二鳥も三鳥もあるのだ。筋トレがもたらすメリットは筋肉量が増えることで代謝がアップして太りにくい体質になるとともに、脂肪が筋肉になり、ひきしまるので見た目にもキレイ。セロトニンという幸せホルモンが分泌して高揚感を味わえ、ストレスも解消できる。

さらに筋トレの効果を引き出すための食事にも注意するようになった。極めつけは野菜ソムリエの資格を取得、栄養価の高い野菜選びをするまでに成長し、Ｌｕｎｃｈは高タンパクで低ＧＩ食を作るようになった。ここまで来ると体の変化が面白くなり、あれよあれよという間に筋肉布団をまとっていった。

極めるところは？ 行きつくところは？ 果てない探求心が私をくすぐる。今は、未知の世界への冒険のほんのプロローグ。

㊤筋トレ中
㊨自作のランチ。筋トレの効果をより引き出すため、低GI食を心掛けている

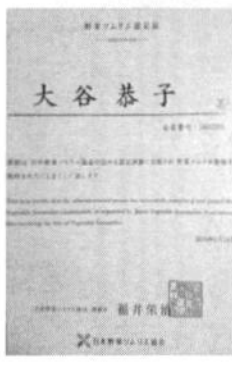

「野菜ソムリエ」の認定証。全ては筋肉のため（笑）

高校生向け冊子

「歯学部へ行こう!!」

2024年度版を発行

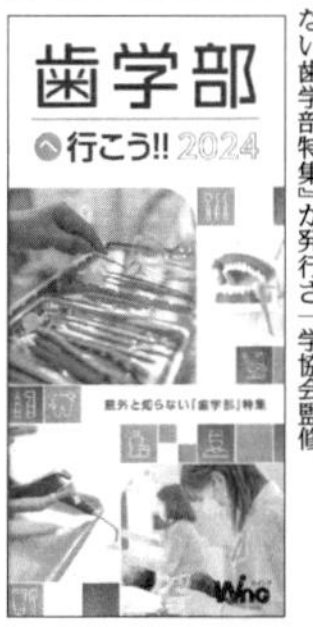

歯科の魅力を伝える高校生向けの冊子『歯学部へ行こう!!2024意外と知らない歯学部特集』が発行されている。進学情報を発信するWing進学情報センター（札幌市、山田大介社長）が毎年発行しているもの。

歯周病や8020運動など歯科についての基礎知識の他、歯科医師になるために必要な勉強や、歯科医師に求められる役割、私立歯科大学の紹介などが記載。昨年度版に比べ、イラストの増加、文章の平易化など高校生にとって見やすい誌面にリライトされている。全国1700以上の高校で配布。日本私立歯科大学協会監修。

昭和大の研究が JAXAに採択

昭和大学歯学部の茶谷昌宏准教授が提案した、重力の生体への影響に関する企画研究が4月4日、JAXA宇宙科学研究所（＝JAXA）2024年度フロントローディング研究（宇宙での実験を目指す研究）に採択された。今後、昭和大学、京都大学、岐阜大学、東京工業大学、JAXAらで共同して研究を進める。

◆◇◆

同研究は特殊な装置を使用して、遺伝子改変マウスなどの生物に重力変動を与える実験を行い、重力に対する生体の応答機構を分子レベルで解明するというもの。

同研究から得られた成果により、人類が宇宙に進出する際の健康管理への貢献や、新しい生命原理の発見が期待されるとのこと。茶谷准教授はコメントで、「これから迎える宇宙時代に貢献できる成果を一つでも多く出し、宇宙医科学研究を盛り上げていきたい」と語った。

研究助成の内容

- 名称：JAXA宇宙科学研究所フロントローディング研究
- 代表研究者：茶谷昌宏（昭和大学歯学部歯科薬理学講座／薬理科学研究センター准教授）
- 課題名：重力変化に応答する生体分子の同定とその機能
- 2024年度の配分額：870万円
- 研究期間：3年以内

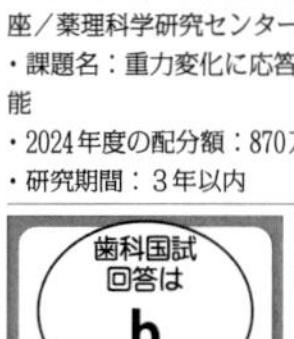

歯愛メディカル

ニッセンＨＤを子会社に

女性用スクラブ開発など強化

歯愛メディカル（本社・石川県能美市、清水清人社長）は９日、婦人服などを取り扱うニッセンホールディングス（＝ニッセンＨＤ、本社・京都市、羽渕淳社長）の全株式を７月１日に取得し、子会社化すると発表した。ニッセンＨＤの全株式は、保有するセブン＆アイ・ホールディングス（本社・東京都千代田区、井阪隆一社長）の子会社であるセブン＆アイ・ネットメディア（本社・東京都千代田区、齋藤正記社長）から取得する。譲渡金額は約41億円。

歯科医院を始めとした医療機関では、女性医療従事者が多いため、ニッセンＨＤの持つ商品開発力を基にスクラブの商品開発の強化など女性の潜在ニーズに対応した事業を展開できると判断して、株式の取得を決めたとしている。

ジーシー

社長の中尾潔貴氏辞任

中尾眞氏が会長兼社長に

ジーシー（本社・東京都文京区）は13日、社長の中尾潔貴氏が一身上の都合により辞任したと発表した。臨時株主総会が開かれ、新役員の選任を行い、臨時株主総会終了後の臨時取締役会において新役員を決めたという。

当面の間、スイスに拠点を置くGC Holdingの会長・中尾眞氏がジーシーの代表取締役会長兼社長に就任し、最高経営責任者（ＣＥＯ）として経営にあたる。代表取締役副社長の篠﨑裕氏は、最高執行責任者（ＣＯＯ）を兼務する。

新役員は次の通り。（敬称略）

▼代表取締役会長兼社長兼ＣＥＯ【新任】中尾眞▼代表取締役副社長兼ＣＯＯ【新任】篠﨑裕▼常務取締役　鳥居勝実、鈴木義政、中川昌之▼取締役　池上潤一、登石道男、北野卓、青木英雄、片岡康弘、船橋英利、吉武伸浩▼監査役　森本孝幸、児波龍史、長田厚

「日本でいちばん大切にしたい会社」厚労大臣賞　受賞

兵庫県のわく歯科医院

「日本でいちばん大切にしたい会社」大賞実行委員会（清成忠男実行委員長）と法政大学大学院中小企業研究所、人を大切にする経営学会（坂本光司代表）が主催する「第14回日本でいちばん大切にしたい会社大賞」に兵庫県丹波市のわく歯科医院（和久雅彦院長）が選ばれ、厚生労働大臣賞を受賞した。

過去５年間に①希望退職者の募集やリストラをしていない、②死亡や重傷などの労働災害が発生していない、③一方的なコストダウン等理不尽な取引を強要していない、④障がい者の雇用率が法定雇用率以上、⑤営業黒字で納税している、⑥下請代金支払遅延等防止法等の法令違反がない、といった六つの項目全てに該当する企業等の中から審査。

内閣総理大臣賞や経済産業大臣賞など七つの賞から成り、合わせて30社が選出された。

≡ 保険適用 ≡

（5月1日付）

【区分 A2】

▼ **朝日レントゲン工業**＝「ソリオ エックスシリーズ」歯科部分パノラマ断層撮影デジタル映像化処理装置、歯科部分パノラマ断層撮影装置

▼ **ヨシダ**＝「ビスタスキャン　ミニ　ビュー 2.0」歯科エックス線撮影デジタル映像化処理装置

▼ **茂久田商会**＝「ボンデント NiTi ファイル」Ni-Ti ロータリーファイル

【区分 B1】

▼ **ジーシーデンタルプロダクツ**＝「ジーシー　ユニファストⅡ」044 義歯床用アクリリック即時硬化樹脂（液）、043 義歯床用アクリリック即時硬化樹脂（粉末）「ジーシー　ユニファストⅡクリアー」043 義歯床用アクリリック即時硬化樹脂（粉末）「ジーシー　ユニファストⅡ　スローリキッド」044 義歯床用アクリリック即時硬化樹脂（液）

▼ **石福金属興業**＝「クエスト　ピュアシルバー NEO」012 歯科鋳造用銀合金 第２種（銀 60％以上インジウム 5％以上 JIS 適合品）

▼ **サンメディカル**＝「i-TFC ルミナスファイバーⅡ」059 ファイバーポスト　支台築造用「i-TFC ルミナスコアⅡ」052 複合レジン築造用（硬化後フィラー 60％以上）

〈製品（販売）名・製品コードに変更・追加があったもの〉

▼ **ブレーンベース**＝「マイティスアタッチメント」026 スクリュー、027 アバットメント (1)アバットメント(Ⅰ)

▼ **モリムラ**＝「ニッケルチタンアーチワイヤー　スーパーエラスチック」020 超弾性矯正用線（丸型及び角型）「タイタンモリー」018 矯正用線（特殊丸型）、019 矯正用線（特殊角型）「ニッケルチタンアーチワイヤー　サーマルアクチベイト」018 矯正用線（特殊丸型）、019 矯正用線（特殊角型）「ステンレスアーチワイヤー」016 矯正用線（丸型）、017 矯正用線（角型）「GH スプリングコイル」039 超弾性コイルスプリング

▼ **バイオデント**＝「ベータチタニウムワイヤー」019 矯正用線（特殊角型）、018 矯正用線（特殊丸型）

▼ **スリーエム　ジャパン　イノベーション**＝「ケタックセム　イージーミックス」047 歯科用合着・接着材料Ⅱ「リライエックス　ファイバーポスト」059 ファイバーポスト　支台築造用

▼ **Ivoclar Vivadent**＝「SR サクラール」036 硬質レジン歯 臼歯用、035 硬質レジン歯 前歯用

医院向け採用定着 相談窓口を設置

笑人士

大手惣菜チェーンで1千人以上の人材獲得、定着の仕組みを成功させてきた笑人士（本社・愛媛県新居浜市、塩崎真士代表）は、歯科医院向け専用に「5年定着人材」の採用、定着、育成の仕組みづくりの相談窓口を設置した。

医院が求人力、採用力を向上させる実務、仕組づくりのサポートを行うもので、求人代行サービスとは異なる。ステップ①で採用の仕組みづくりを行い、ハローワークの求人票、求人サイトでの紹介文を見直すとともに、採用コンセプトを明確化。ステップ②で定着の仕組みづくりのため、スタッフのモチベーション維持、向上のための組織を目指す。最終段階のステップ③では、採用した人が早期に活躍できるための育成の仕組みを構築する。人事面での業務負担を軽減しながら、採用、定着に強い体質の医院づくりを目指す。

代表の塩崎氏によれば、採用、定着が上手くいかない歯科医院には、あいまいな内容の求人票のため、採用できないか、クリニックの風土に合わない人材が応募してしまうミスマッチが起こっている上に、システム的なＯＪＴや業務マニュアル、人事評価制度などが整備されていないという。

問い合わせは、同社相談窓口TEL090（9458）0833、メール（shiozaki@waroudo.co.jp）まで。

ガシャポン第２弾

モリタら

歯科用ユニットを12分の1のサイズに再現したカプセルトイ（＝ガシャポン）の第２弾が登場―。モリタ（本社・大阪府吹田市、森田晴夫社長）とモリタ東京製作所（本社・埼玉県北足立郡、中山真一社長）、バンダイ（本社・東京都台東区、竹中一博社長）が共同開発した、モリタの歯科用ユニット「シグノ　Ｔ５００」を12分の1のサイズに再現したガシャポン「1／12　歯科チェア　シグノＴ５００」で、4月第3週から順次全国のガシャポン自動販売機で発売している。1回800円（税込み）。

同製品は、昨年4月に発売したガシャポン「1／12　歯科チェア　シグノＴ３００」に続くもので、今回は、上位機種であるシグノＴ５００の特徴的な本体色を再現し、足置き部やライトの形状などを変更した。前回同様、歯科チェアと歯科衛生士パート（アシスタント側）、歯科医パート（術者側）の3種類を集めると完成する。

製品紹介

（価格は税込）（新製品情報をお寄せください）

歯科用ユニット

CREST VEGA

ヨシダ　☎0800-170-5541

テーブルトップやインスツルメントホルダーなどが緩やかなカーブ形状のデザインで手入れしやすい歯科用ユニット。スピットンボウルは軽量樹脂で簡単に取り外して丸洗いできる。スピットンボウルの色は３色セット。

価格＝327万８千円～（カウンター１～３型、前折れ１～３型）

オゾン水生成機

NOZONE

ナルコーム　☎047（364）7656

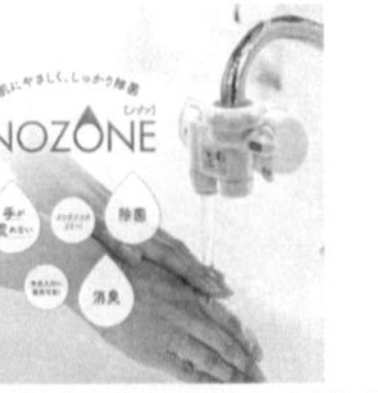

水道に取り付けるだけでオゾン水を生成できるオゾン水生成機。オゾン水で手を洗うことで消毒、除菌ができ、アルコール消毒より肌に優しく手荒れを抑えられるという。流し台の排水管のぬめりも低減できる。

価格＝４万3,780円

週間 金・パラ価格動向

税抜価格（1g、円）

	金	パラジウム（参考価格）
5月7日（火）	11,598	5,070
5月8日（水）	11,581	5,035
5月9日（木）	11,596	4,965
5月10日（金）	11,799	5,045

提供 石福金属興業

日本歯科新聞

2024年（令和6年）5月21日

＜発行所＞
日本歯科新聞社
厚生労働省記者クラブ加盟社
〒101-0061
東京都千代田区神田三崎町2-15-2
電　話　03（3234）2475
ＦＡＸ　03（3234）2477
www.dentalnews.co.jp
jdn@dentalnews.co.jp

■年間購読料 23,760円（送料込）（本体 21,600円＋税）
■月４回、火曜日発行
■郵便口座番号 00120-5-130369

今週号の主な内容

コラム

口唇口蓋裂治療

医療費補助の年齢制限見直しに向け検討始まる

厚労省の有識者会議 初会合

口唇口蓋裂治療への医療費補助（育成医療💡）の年齢制限見直し等を検討する厚労省の有識者会議が9日に開かれた。口唇口蓋裂は、治療によって18歳までに完治するケースもあるが、引き続き治療が必要な場合もある。18歳未満の医療費は育成医療の対象になるものの、18歳以降の治療費については身体障害者手帳を取得する必要があり、その取得が困難なために支援を受けられないケースが少なくないと改善を望む声が出ていた。

◇◆◇

第1回「育成医療受給者の実態及び支援に関する有識者会議」では、厚生労働省科学研究事業で行われた調査結果を紹介。18歳以上の口唇口蓋裂患者500人のうち、更生医療の対象となっていたのは86人（17%）に留まっているとの結果が示された。

口唇口蓋裂患者の家族で構成される「口唇・口蓋裂友の会」からは、育成医療の年齢制限延長か、18歳以降の同等の制度確立を求める声が挙がっており、同会議では今後、対応策などが協議される。

有識者会議では、歯科関係から前新潟大学大学院医歯学総合研究科教授の齋藤功氏が構成員となっている。

💡 **育成医療**　身体に障害のある児童や放置すると将来障害を残すと認められる疾患がある児童に対して、治療等によって効果が期待できる場合、必要な医療費を支給するもの

賀来賢人さん アプリ宣伝 「病院探し 心強い」

15日に開かれたUbieの症状検索アプリ「ユビー」のＴＶＣＭ発表会・事業説明会に同ＴＶＣＭのキャラクターを務めた俳優の賀来賢人さんが登場した。同アプリについて「土地勘のないところでも病院を探してくれるので、非常に心強い」とコメント。（6面に関連）

妊産婦等の支援検討会を設置へ

社保審で報告

厚労省の医政局と保険局、こども家庭庁の成育局の3局長合同による「妊娠・出産・産後における妊産婦等の支援策等に関する検討会」が近々設置される。15日の社会保障審議会医療保険部会で報告があった。

同検討会は、昨年12月22日に閣議決定した「こども未来戦略」で、「２０２６年度を目途に、出産費用（正常分娩）の保険適用の導入を含め、出産に関する支援等の更なる強化について検討を進める」とされたことを踏まえ、具体的な検討を行うためのもの。

検討事項は、①出産に関する支援等の更なる強化策について、②妊娠期・産前産後に関する支援等の更なる強化策について、など。

構成員は調整中とのことだが、医療関係者、医療保険者等、自治体関係者、妊産婦の声を伝える者、学識経験者とされている。

プリズム

「攻めの歯科医療」に期待

「畳と女房は新しい方がいい」ということわざは、今の時代には憚られる表現だろうが、少なくとも実験に使われる健常なネズミは新しいものが好きらしい。そのネズミの新しいものに興味を抱く性質を利用して、認知症モデルのネズミと比較した実験（新奇物体認知検査）がある。本来新しいものに多く反応するはずのマウスを歯周病にすると、記憶障害が起こり、新奇と既存の物体への反応の有意差がなくなるというものだ。

同内容については、19日に名古屋市で開かれたデンタルミーティングにおいて、日本歯科大学新潟生命歯学部の道川誠教授が「認知症の発症・進行予防を目指した『攻めの歯科医療』」と題して講演した。（次号に記事）

ヒトで証明する段階に入り、歯科の介入によって、ＭＣＩ（軽度認知障害）が改善するのか否かの検証を進めるという。

この成果次第では、ますます歯科の重要性が世に発信され、歯科受診率の向上にもつながる。さらに、国民皆歯科健診との相乗効果も期待できるだろう。

全国に先駆けて「市民皆歯科健診」が始まった岐阜県美濃加茂市では、計画上では6%の受診率を見込んでいる。（次号にインタビュー記事）

この先、各地の歯科健診受診率がどのように変化していくか楽しみに見守っていきたい。

マイナ保険証推進で表彰 歯科医師会など対象に

厚労省

厚労省は、マイナ保険証利用促進集中取組月間の5月から7月にかけて、マイナ保険証利用率の高い県の歯科医師会などを表彰する取り組みを始める。15日の社会保障審議会医療保険部会の中で報告があった。

表彰の類型は三つで、①都道府県の施設類型（医科診療所・病院・歯科診療所・薬局）ごとに利用率等を比較し、上位の当該地域における医師会・病院協会・歯科医師会・薬剤師会、②全施設類型を合わせた利用率上位の都道府県、③被用者保険及び市町村国保それぞれの利用率が上位の保険者。

利用率は、マイナ保険証利用件数とオンライン資格確認の利用件数から算出し、4月の実績を活用して個別に取組状況のヒアリング等をするとのこと。

同部会では、参考として4月の利用率に基づく表彰対象が示された＝表1。このケースでは、歯科診療所の利用率が高かった宮崎、鹿児島、岩手の県歯科医師会が対象になるとのこと。

日本歯科医師会の大杉和司常務理事を含む社保審委員からは、表彰された団体や都道府県の好事例を分析して、他に周知する必要性などの意見が挙がった。

◇◆◇

また、マイナ保険証に対する国民の正しい理解を促すため、健康保険組合連合会が昨年度制作した動画広報コンテンツを、医療機関の待合室等で活用できるように5月中にダウンロードサイトを立ち上げる予定とした。コンテンツは、若年層・高齢層のターゲット別のメリットに訴求する動画や、マイナ保険証の使い方を伝えるものなど複数用意しているという。

◇◆◇

なお、4月分実績＝表2＝では、歯科診療所でのオンライン資格確認の利用は1283万9375件で、マイナ保険証利用は140万314件。特定健診等情報を閲覧したのは59万3834件、薬剤情報は50万8279件、診療情報は73万4284件となっている。

「マイナ保険証利用促進集中取組月間」における主な取組

※現時点の主な取組の予定であり、更なる検討の中で取組の追加・変更がありうる。

表1　4月の利用率に基づく表彰対象（都道府県・医療関係団体）

	全体	医科診療所（都道府県医師会）	病院（都道府県医師会・病院協会）	歯科診療所（都道府県歯科医師会）	薬局（都道府県薬剤師会）
1位	鹿児島（10.8%）	鹿児島（10.2%）	富山（21.4%）	宮崎（22.2%）	石川（10.1%）
2位	富山（10.5%）	福井（9.6%）	鹿児島（19.4%）	鹿児島（18.1%）	福島（9.6%）
3位	石川（10.1%）	鳥取（8.4%）	石川（18.8%）	岩手（17.2%）	鳥取（9.3%）

表2　4月分実績の内訳

紙の保険証受診であってオンライン資格確認を利用しない場合も含めた資格確認総件数は、直近で約2.46億件（令和5年6月）

	合計	マイナンバーカード	保険証	特定健診等情報（件）	薬剤情報（件）	診療情報（件）
病院	9,784,855	1,343,737	8,441,118	105,628	144,808	209,144
医科診療所	77,176,875	4,528,264	72,648,611	1,278,917	1,641,281	2,714,644
歯科診療所	12,839,375	1,400,314	11,439,061	593,834	508,279	734,284
薬局	84,585,004	4,830,396	79,754,608	1,466,362	1,419,467	2,308,147
総計	184,386,109	12,102,711	172,283,398	3,444,741	3,713,835	5,966,219

中医協 診療報酬改定の調査検証など 検討の場 承認

令和6年度診療報酬改定に伴う28項目の答申書附帯意見に関して、調査検証や検討を行う主要会議が示され、15日開催の中医協総会で了承された。「歯科診療報酬」と「医療DX」「在宅医療等」などは検証部会で、「賃上げ全般」や「働き方改革・人材確保」「入院医療」については入院・外来医療等の調査・評価分科会で取り扱われる。

日本歯科医師会副会長の林正純委員は、附帯意見の議論の場に賛同の意を示した上で、「検証調査に関しては、できる限り簡素化の工夫をして、医療現場の手間にならないよう配慮をお願いしたい」と要望した。

附帯意見（抜粋）

【賃上げ全般】

看護職員、病院薬剤師その他の医療関係職種を対象とした賃上げに係る評価について、各医療機関における賃上げが適切に実施されているか、実態を適切に把握した上で、検証を行うこと。また、40歳未満の勤務医師及び勤務歯科医師並びに薬局の勤務薬剤師、事務職員や歯科技工所で従事する者等についても賃上げの実態を適切に把握した上で、検証を行うこと。

【医療ＤＸ】

令和6年12月2日から現行の健康保険証の発行が終了することを踏まえ、医療情報取得加算による適切な情報に基づく診療の評価の在り方について令和6年度早期より見直しの検討を行うとともに、医療ＤＸ推進体制整備加算について、今後のマイナンバーカードの保険証利用の利用実態及びその活用状況を把握し、適切な要件設定に向けて検討を行うこと。

加えて、医療ＤＸ推進体制整備加算について、電子処方箋の導入状況および電子カルテ共有サービスの整備状況を確認しつつ、評価の在り方について引き続き検討すること。

【働き方改革・人材確保】

医師の働き方改革の更なる推進を図る観点から、医療機関全体の取組に対する評価の在り方、タスクシフト・タスクシェアの進捗及び各医療従事者の負担の軽減、人材確保が困難である状況の中での看護補助者の定着等について、今回改定による影響の調査・検証を行うとともに、実効性のある取り組みに繋がる評価の在り方等について引き続き検討すること。

【入院医療】

新設された地域包括医療病棟において、高齢者の急性疾患の受け入れ状況、リハビリテーション・栄養管理・口腔管理などのアウトカムなどについて、幅広くデータに基づいた分析を行い、評価の在り方について検討すること。また、地域包括医療病棟の新設に伴い、10対1の急性期一般病棟については、その入院機能を明確にした上で、再編を含め評価の在り方を検討すること。

【在宅医療等】

在宅医療、在宅歯科医療、在宅訪問薬剤管理及び訪問看護の質の向上に向け、同一建物居住者への効率的な訪問診療や訪問看護における対応等、今回改定による影響の調査・検証を行うとともに、地域における医療提供体制の実態等も踏まえつつ、往診、訪問診療、歯科訪問診療、訪問薬剤管理指導、訪問看護等における適切な評価の在り方を引き続き検討すること。

【歯科診療報酬】

かかりつけ歯科医の機能の評価に係る施設基準の見直し等の影響や回復期リハビリテーション病棟等の入院患者に対する口腔管理・多職種連携の状況等を調査・検証し、口腔疾患の継続的な管理の在り方や口腔管理に係る関係者との連携の評価の在り方について引き続き検討すること。

訪問歯科 超 実践術 ㊳８

前田実男（日本訪問歯科協会 理事）

口腔衛生管理加算

口腔衛生管理加算は、歯科医師の指示を受けた歯科衛生士が施設の入所者に対して口腔衛生の管理を行い、その入所者の口腔清掃等について介護職員へ具体的な技術的助言・指導をした場合に算定するものだ。

算定する事業所は、介護老人福祉施設、介護老人保健施設、介護医療院、地域密着型介護老人福祉施設入所者生活介護。単位数は、口腔衛生管理加算（Ⅰ）は90単位／月、（Ⅱ）は110単位／月である。

（Ⅰ）の算定には、次の基準の全てに適合する必要がある。

① 歯科医師又は歯科医師の指示を受けた歯科衛生士の技術的助言及び指導に基づき、入所者の口腔衛生等の管理に係る計画が作成されていること。

② 歯科医師の指示を受けた歯科衛生士が、入所者に対し、口腔衛生等の管理を月二回以上行うこと。

③ 歯科衛生士が、①における入所者に係る口腔衛生等の管理について、介護職員に対し、具体的な技術的助言及び指導を行うこと。

④ 歯科衛生士が、（1）における入所者の口腔に関する介護職員からの相談等に必要に応じ対応すること。

⑤ 定員超過利用、人員基準欠如のいずれにも該当しないこと。

（Ⅱ）は、（Ⅰ）の基準に加え、入所者ごとの口腔衛生等の管理に関わる情報を厚労省にＬＩＦＥで提出し、口腔衛生の管理の適切かつ有効な実施のために必要な情報を活用していることが必要だ。

歯科衛生士は、口腔に関する問題点、歯科医師からの指示内容の要点、実施した口腔衛生の管理の内容、口腔清掃等についての具体的な技術的助言・指導の内容等の記録を作成し、施設に提出する。施設は記録を保管し、必要に応じて写しを当該入所者に提供する。

なお、この加算は、歯科訪問診療料が算定された日の属する月でも算定できるが、訪問歯科衛生指導料が3回以上（緩和ケアを実施するものの場合は7回以上）算定された場合には算定できない。

歯科関係は4問

診療報酬改定 疑義解釈 第四弾

厚労省は10日、令和6年度診療報酬改定に伴う疑義解釈の第四弾を発出した。歯科関係は4問。周術期等口腔機能管理料（Ⅲ）の注1の集中治療室における治療を実施する患者について、ハイケアユニットや脳卒中ケアユニットで治療している患者も含まれるとしている。

4問の内訳は、「施設基準関係」「歯科外来診療医療安全対策加算」「周術期等口腔機能管理料」「口腔内装置」。

ハイケアユニット　4病床に対し、1人の看護師が常時配置されている高度治療室。集中治療室からの緊急の状態を脱した患者が、その後に一般病棟に転棟できるように支援を行う

【施設基準関係】

問 初診料の注1、地域歯科診療支援病院歯科初診料、歯科外来診療医療安全対策加算1、歯科外来診療医療安全対策加算2、歯科外来診療感染対策加算1、歯科点数表の初診料の注16、再診料の注12、小児口腔機能管理料の注3に規定する口腔管理体制強化加算、在宅療養支援歯科診療所及び在宅療養支援歯科病院の施設基準に規定する各研修について、オンライン会議システムやWEB配信を含むe-learning形式等を活用し、研修を実施することは可能か。

答 可能。ただし、オンライン会議システムやe-learning形式等を活用して研修を実施する場合は、出席状況の確認、研修時間の確保、受講者からの質問への対応、研修内容の理解度の確認等が行えるような形式で実施すること。

例えば、

・オンライン会議システムを活用する場合、受講者は原則としてカメラをオンにし、主催者が出席状況を確認できるようにする。

・e-learning形式の場合、主催者が、受講者の学習時間、進捗状況を含め受講前後のテスト等の実施により研修の完了を把握する。

・受講者からの質問等について、オンライン会議システムの場合は、チャットシステムや音声発信を用いることや、e-learning形式の場合は、別途質問を受け付け、回答できるような運用を行い、必要に応じ質問・回答について研修会のWebページに掲載する。

などが考えられる。

【歯科外来診療医療安全対策加算】

問 歯科外来診療医療安全対策加算1の施設基準に係る届出書添付書類（様式4）の「8 医療安全対策に係る体制」の「① 公益財団法人日本医療機能評価機構が行う、歯科ヒヤリ・ハット事例収集等事業への登録状況」について、登録完了年月日を記載することとなっているが、当該施設基準の新設に伴い、登録しようとする歯科医療機関数が多く、「参加登録申請書」を郵送後、本登録までに時間を要する場合、本登録完了まで当該施設基準の届出を行うことができないのか。

答 歯科ヒヤリ・ハット事例収集等事業への参加登録の申請が行われ、「参加登録申請書」の郵送を行った場合は、仮登録完了時に機構から送付される「仮登録のお知らせ」の電子メールの受信日を「登録完了年月日」欄に記載し、日付の前に（仮登録）と記載することで差し支えない。その場合は、当該機構から送付される「仮登録のお知らせ」の電子メール（又はその写し）を本登録が完了するまで保存すること。

また、本登録が完了すると本登録が完了した旨の電子メールが当該機構から送信されるが、仮登録から一定期間が経過しても本登録が完了した旨の電子メールが届かない場合は、当該機構に問い合わせを行うこと。

なお、本登録が完了した歯科医療機関（参加登録歯科診療所）は、当該機構のWebページでも確認が可能である。（本登録完了から約1か月程度で掲載。）

（参考）公益財団法人日本医療機能評価機構 歯科ヒヤリ・ハット事例収集等事業参加登録歯科診療所一覧

https://www.med-safe.jp/dental/contents/register/index.html

【周術期等口腔機能管理料】

問 「B000－8」周術期等口腔機能管理料（Ⅲ）の注1において集中治療室における治療を実施する患者とあるが、ハイケアユニットや脳卒中ケアユニットで治療を行っている患者も含まれるか。

答 含まれる。

【口腔内装置】

問 留意事項通知の「I017」口腔内装置の（1）のヌに規定する「外傷歯の保護を目的として製作した口腔内装置」について、同通知の（13）において「18歳未満の患者であって、外傷歯に係る受傷から1年以内であり、暫間固定を行った患者に対し、日常生活時又は運動時等における当該外傷歯の保護を目的に製作する装置をいう。」とあるが、当該装置の印象採得時点で18歳未満の患者が対象となるのか。

答 そのとおり。

パワハラ73・8%

「医療・福祉」職場での相談

厚労省は17日、「職場のハラスメントに関する実態調査」の報告書を公表した。業種別で「医療、福祉」（n＝1093）を見ると、過去3年間に相談があった割合は、パワハラで73・8％、セクハラ41・1％、妊娠・出産・育児休業等ハラスメント14・2％、介護休業等ハラスメント5・9％、顧客からの著しい迷惑行為（カスハラ）53・9％となっている。

同調査は令和5年度厚生労働省委託事業として、PwCコンサルティング合同会社が担当。全国の従業員30人以上の企業・団体から抽出した2万5千件を発送し、7933件を回収、有効回答数は7780件（31・1％）。

◇◆◇

調査結果まとめでは、「相談件数の多かった業種としては、パワハラ、セクハラ、妊娠・出産・育児休業等ハラスメント、介護休業等ハラスメントでは、『金融業、保険業』、『教育、学習支援業』、『宿泊業、飲食サービス業』、『医療、福祉』や『生活関連サービス業、娯楽業』が多い傾向にあった」と記載。

さらに「顧客等からの著しい迷惑行為では、『医療、福祉』、『宿泊業、飲食サービス業』、『不動産業、物品賃貸業』（それぞれ53・9％、46・4％、43・4％）が多い」とされている。

歯科国試にチャレンジ

● 3 9 2　2023年（第116回）より

職業被曝の等価線量限度が、5年間で100mSvかつ1年間で50mSvである臓器はどれか。1つ選べ。

a　脳

b　肺

c　唾液腺

d　赤色骨髄

e　眼の水晶体

答えは本紙のどこかに！

施設基準の届出期日延長を要望

保団連

全国保険医団体連合会（竹田智雄会長）は13日、「2024年度診療報酬改定における施設基準の届出期日延長を求める要望書」を武見敬三厚生労働大臣や伊原和人保険局長ら宛に発出した。

要望書では、診療報酬改定に伴い、6月3日まで届出すれば6月1日から算定できるとされている点について、「告示・通知が3月5日に出揃わず、度重なる通知の訂正による事務連絡や疑義解釈、さらには『ベースアップ評価料』の届出様式が数度変更されるなど、いまだ現場では届出を正しく提出できるか不安との声も出ている」と指摘。届出様式の提出締切日を6月14日まで延長するように求めている。

投稿寄稿

その稚拙さを憂う『週刊新潮』の記事を受けて

日歯連盟の役割 再確認を

吉田 直人　日本歯科医師会 代議員・宮城県開業

2024年5月2・9日合併号の『週刊新潮』にMONEY「日歯連『国民皆歯科健診』導入工作で自民党議員に1億円超献金」のタイトルで記事が掲載された。日本歯科医師連盟に関する内部情報は記事になるようなものではないが、「政治資金パーティー裏金事件」に絡めた巧妙な悪意ある内容になっている。

問題なのは、前回の15年に特捜部への情報提供による事件発端と同様、今回も会長選に伴う内部抗争に端を発している可能性があり、新潮社は「日歯連の元執行部メンバーが明かす」とリークがあった旨を明記している。

私たちは、日歯会員として、常に高い倫理規範と透明性を維持することに努めている。しかし一部の会員による利己的な怪文書や情報漏洩という稚拙で卑劣な行為は、私たち会員にとっての信頼と尊厳を著しく損なうものであり、責任は重大である。稚拙さゆえに日歯・日歯連盟が要らない労力を払う時間は実に無駄であるが、迅速かつ断固たる行動を強く求める。

なお、新潮社の「国民皆歯科健診」導入工作という表現は「歯科口腔保健法」の制定に至る長い苦難の歴史の経緯と歯科の置かれている背景を無視したものだ。

1953年頃までの「むし歯予防法案要綱」から2011年8月に制定された「歯科口腔保健法」までは約60年を要した。

これは日本が先進国の中で歯科健診の受診率が最も低い状況から脱するために、歴代の各都道府県の役員および会員の弛まない努力の成果である。ちなみに私も携わった一人であるが「歯科口腔保健法」は理念法であるために、制定後13年になるが思うように進展していないのが実状である。この状況を解決するために考えられたのが「国民皆歯科健診」である。

さて、以下は前回の東京地検による強制捜査を受けた時に一部の機関紙に向けて執筆した内容（抜粋・編集）だが、この週刊誌報道を受けて歯科関係者に改めて日歯連盟の役割を認識して頂くことを願って投稿する。

◆◇◆

日歯は法律上、政治活動に強い規制を受けている。公益社団法人が法制上出来ない活動を受け持つのが、日歯連盟の目的だ。国民の歯科医療について政策を立案するのは日歯で、それを実現するために行政も含めた国民への社会活動を行うのが日歯連盟の役割となっている。

15年10月3日付の朝日新聞に、「政界攻勢 日医連意識か 日歯連、診療報酬巡り」のタイトルで再び逮捕者を出した記事が掲載された。

なぜリスクを冒してまで、政治に力を入れるのか。その背景には診療報酬を巡る医師への強い対抗心がある。歯科の点数アップを実現することが、日歯連盟の最大の目標だ。これは紛れもない事実ではあるが、日歯連盟の役割の一部であることを日歯会員は認識すべきだ。

日歯連盟は04年の不祥事以来、組織的な隠蔽行為は存在しないコンプライアンスに則した運営を行うべく、法制面では日歯連の顧問弁護士に、会計面では公認会計士の外部監査などによる業務管理体制の整備の下で、その都度、案件を都道府県歯科医師会会長会で報告し、日歯連盟理事会・評議員会の機関決定しながら執行している。この11年間の懸案事項は全て評議員会で審議、可決されて施策が実行されて来た。その結果として東京地検は組織ぐるみの犯行と判断し、日歯連盟の会長ならび日歯連組織を起訴の対象にした。日歯会員にとって晴天の霹靂と言わざるを得ない。

私は過去18年間、仙台歯科医師会ならび宮城県歯科医師会の会長職を務めさせていただいた。この間、仙台市福祉プラザ、宮城・仙台口腔保健センターなど種々の拠点整備や地域歯科保健・医療・福祉事業を展開するに当たって、国の制度的な医科・歯科の格差を痛切に感じながら事業を進めてきた。法令によって行政が国の金で種々な拠点整備が成される医師会に対して、歯科医師会は自分たちの資金と努力が求められる。障害になっている医療法や県の条例などを解決するには政治的な力が必要になってくる。

歯科に対する行政の認識が甚だ低い理由は、わが国の医療行政の歴史にあると思われる。歯科の置かれている状態は結果として国民の歯科保健・医療・福祉の質的低下を招いており、国の制度的な改善が必須条件になる。

21世紀に求められる医療は、単なる延命の医療を乗り越えて、生活の質QOL（クオリティ・オブ・ライフ）を高めることが目標とされている。本格的な高齢社会の到来を控え、寿命の延伸のため、歯科の医療・保健・福祉の重要性は増してきた。

しかし、わが国では口腔の健康については成人期以降の系統的な施策がなく、高齢者の口腔の健康が脅かされている。これからは医療・保健・福祉の諸施策に歯科分野が遺漏なく整備され、より質の高い高齢社会の実現のため、現在進められている社会保障制度改革に当たっては近代歯科医学の成果が制度的に組み込まれる必要がある。

さらに、これまでの疾病治療を中心とした医療から再発防止、進行阻止の教育・指導・リハビリテーションに重点を置いた歯科医療制度への転換が求められている。これが、とりもなおさず医療保険財政の健全化に資するものとなる。

また、憲法には「公衆衛生の向上に努めねばならない」という一文があり、国の役割が決められている。国の役割は重要だが、国へ歯科口腔保健施策を立案し、要請する日歯と日歯連盟の役割はもっと重要になってくる。認知症・寝たきり者をつくらないためにも国家的な歯科口腔保健医療対策のさらなる推進が必要である。

公平で能力に応じた人事や社会の構造変化に敏速に対応できる日歯を構築し、常に国民、会員の視点に立ち、執行部は変わっても継続的会務執行につながる組織改革が必要だ。

今ほど、国民、会員から日歯の改革が求められている時はない。改革をする時、一番大事なことはまず会員の意識改革をすることだ。マスタープラン（基本計画）を国民ならびに会員に明示し、具体的な施策を立案し、実行することが重要だ。

関連する意見や反論があれば、ぜひ本紙に投稿してほしい。

DHのモヤっと解決隊 25

チーフになってから取り残されている感じがする

今の歯科医院で10年働いています。産休から復帰して1年が経った先日、衛生士歴や勤務歴の長さもあり、衛生士チーフに任命されました。院長からは歯科衛生士のマネジメントを行ってほしいと言われています。

チーフに任命されてから、注意する時のために慣れ合ってはいけないと思い、他の衛生士と距離を取るように態度を改めました。直した方が良いところは毎回注意しています。

しかし、最近は私以下の衛生士が集まって団結しているようです。皆と距離ができたことで私だけが取り残されている感じがします。

主任歯科衛生士 Yさん（38歳）

今まで以上に信頼関係や寄り添う行動も必要

東京歯科医学教育舎 代表
竹内 智美
歯科衛生士　産業カウンセラー
ファイナンシャルプランナー

チーフに任命されたので他の衛生士と慣れ合わないように態度を改めたら、Yさんだけ取り残されている感じがするのですね。

Yさんの思っているチーフ像やマネジメントは慣れ合わない形なのですね。Yさんは院長先生のおっしゃっているマネジメントのイメージは理解していますか？

マネジメントと言ってもいろんな役割があります。注意して直すだけがマネジメントの役割ではありません。時には母親のような目線で接することも必要ですし、経営者と従業員の架け橋をすることもあります。そのためには今まで以上に他の衛生士と信頼関係を築いたり、寄り添ってあげる行動も必要になります。

私自身はチーフや管理職時代は母親のような目線を意識していました。いつもと様子が違っている衛生士がいたら「どうしたの？」と声をかけたり、経営目標と個人目標が全く違う場合は、経営目標の意図を伝えて、個人目標を一緒に考えたりしました。

Yさんご自身も取り残されている感じがするとおっしゃっているので、今の状態は望んでないのではと思います。まずは、求められているマネジメントを理解し、距離を取ることをやめてみてはいかがでしょうか？

FDI

新ガイドライン発表

正しい歯みがき法を推奨

世界歯科連盟（FDI）は4月29日、正しいブラッシング、歯磨剤の使用の方法に関するガイドを発表した。マンチェスター大学のAnne-Marie Glenny氏ら各国の専門家がまとめ、『International Dental Journal』74、2024に掲載した論文に基づくもの。同コンセンサス文書の作成には、日本から岩崎万喜子氏（京都府開業）も参加している。

強く推奨されている主な方法は右記の通り。

その他、「グッドプラクティス」として、口腔内のフッ化物濃度を維持するため、歯みがき後に余分な歯磨剤を吐き出すにとどめ、水でうがいするのは推奨しないなども指摘している。

歯科医療従事者向けと患者向けの説明資料は、FDIのウェブサイトで公開中。

推奨されている方法

- 夜または就寝前に歯磨きするだけでなく、少なくとも、もう1回は歯磨きする
- 子供も大人も、全ての歯の表面が効果的に刷掃されるよう十分に時間をかけて歯磨きする
- 親や保護者は、子供が自分で効果的に歯磨きできるまで、支援、監督する
- 子供は、少なくとも1000ppmのフッ素入り歯磨剤を使用する
- 7歳以上では1千～1500ppmのフッ素入り歯磨剤を使用する

診療報酬改定に伴う対応や懸念点を表明

東京歯科保険医協会

東京歯科保険医協会（坪田有史会長）は10日、2024年度の第1回目となるメディア懇談会を開催し、診療報酬改定への対応を中心に歯科医療現場での課題を踏まえて意見表明した。

改定問題を話した加藤氏

訪問、技工で問題提起した森元氏

この中で、加藤開副会長は診療報酬改定などに関して話題提供。「6月施行となって日程に余裕を持たせているものの、改定内容が理解しにくく、対応に苦慮している」と指摘。特に、ベースアップ評価料への対応について状況を説明した。対象となる歯科医療機関を「保険収入が8割以上」と限定されており、経営規模が比較的小さく、自費率の高いところが多い都内の歯科医院では対象外となるケースも少なくない可能性があると述べた。また、12月2日からの保険証廃止に伴い予想される混乱にも懸念を表明。「自院を受診する中央官庁の職員、家族すらマイナ保険証を提示しないのは、それだけ有用性が感じられていないからではないか」と指摘した。

また、森元主税理事が訪問歯科診療と歯科技工の問題に言及。訪問診療について、24年改定で「訪問診療1」の時間制限が撤廃された点について「もともと医科にはなかった縛りで、撤廃は望ましいこと」と評価した。一方、終末期の在宅訪問の回数制限について、「ターミナルで毎日のように来てほしいという患者家族からの要望が強い中、これまで月4回の制限があった。月8回に緩和されたが、医科との連携を考えれば、より柔軟な対応が望ましい」と述べた。

歯科技工の問題については、同会が23年9～10月に実施した都内歯科技工所（1805件）へのアンケートを踏まえ、「可処分所得が低く、設備投資の余裕もない上に高齢の歯科技工士が多く、早晩、保険技工の担い手が枯渇する」との懸念を表明した。一方、CAD/CAM冠やチタン冠など設備投資に対応できた歯科技工所は、保険技工でも歯科医院に対して一定の価格交渉力が強まりつつあり、歯科技工業の二極化が進行している可能性も示された。

ピックアップニュース

■歯科医師から学長へ　長崎国際大の中村誠司さん　地域に貢献する人材育成　【インタビュー】（長崎新聞社/5月1日）

■「歯医者さんと一緒に開発しました」フレンチ惣菜店と歯科医院が異色のタッグ美味しいメニューを知恵と工夫で（SBS/4月30日）

■「富士山ローソン」黒幕設置　対面歯科が長文声明「考えられないマナーモラル違反」「残念」（日刊スポーツ/5月1日）

■看板で有名な「きぬた歯科」富士山人気撮影スポット問題解決に名乗り（スポニチ/5月2日）

■銀歯盗み10年で3000万円換金…素材の「金銀パラジウム合金」は1グラム2909円（読売新聞オンライン/5月2日）

■歯が生える薬、治験へ　「先天性無歯症」治療、世界初の試み（朝日新聞DIGITAL/5月3日）

■店内で万引したおにぎり食べ、保安員の胸ぐらつかんで引き倒す　容疑の73歳歯科医師を逮捕（京都新聞/5月2日）

■乳歯のむし歯「いずれ生え替わるから」は禁物、永久歯もむし歯になりやすく…定期的に歯科医へ（読売新聞オンライン/5月8日）

■水原一平容疑者　大谷をだました"新たな手法"が発覚！　不正送金の銀行詐欺認める一方で「歯の治療費を装ってミズハラはお金を懐に入れた」米メディア報道（CoCoKARA/5月9日）

■「死にいたる事も」意外と知らない歯周病の"怖さ"　なぜ歯周病菌は普通の歯磨きでは死なないのか（東洋経済ONLINE/5月9日）

■治らない口内炎はがんのサイン？（日経Gooday/5月9日）

■高知東生、これまでの歯科治療費は「家1軒分」　水原一平被告の900万円「全然驚かなかった」（日刊スポーツ/5月13日）

■ストレスを解消するために起きる「歯ぎしり」　放置すると様々な身体の不調に（福井テレビ/5月13日）

■看板で有名な「きぬた歯科」「凄いお金がかかる」歯医者の苦労を激白？　1番高いのは…（スポニチ/5月14日）

■あごを動かすと痛い、音がする、口が開かない　顎関節症かも…治療法は？（ヨミドクター/5月14日）

■「元本保証」うたい不正投資勧誘か　社長ら逮捕　社内映像も（テレ朝news/5月15日）

■増える中高年の歯のトラブル　避けるには……（朝日新聞DIGITAL/5月11日）

■土屋アンナは歯が命、何でもかみ切る"ドラキュラ女"!?ビニール袋、シャンプー詰め替えなど対応（日刊スポーツ/5月15日）

【予告】1万人大会

緊急事態に備え 国会発議目指す

30日・東京で

感染症と自然災害に強い社会を目指し、国民的自覚を高め、緊急事態に即応できる法整備や、憲法に緊急事態対応を明記する国会発議を目指す「国民の命と生活を守る武道館1万人大会」が30日、東京都千代田区の日本武道館で開かれる。

会長は日本製鉄名誉会長の三村明夫氏で、共同代表は日本医師会名誉会長の横倉義武氏、京都大学名誉教授の河田惠昭氏、九州経済連合会名誉会長の松尾新吾氏。発起人には日本歯科医師会会長の高橋英登氏、日本歯科医師連盟会長の太田謙司氏も名を連ねている。

◆◇◆

大会では、感染症と自然災害に強い日本へ向けて、政府、各党代表によるあいさつや、医療界・経済界・防災など各界代表、地方自治体、地方議員からの提言などが行われる。

入場無料だが、参加申し込みが必要で、先着1万人で締め切られる。

人事

（敬称略）

■神奈川歯科大学同窓会

▼会長　大舘満▼副会長　相原元一、小野秀樹、桂一平、嶋中繁樹、山田昭彦、平良恵信、上岡新二、山口幸一、金子守男▼専務理事　秋本進▼常務理事　髙橋朗、山田良広、植村敏夫、平田宗善、川端啓義、山中秀起、木本一成、佐藤誠、▼理事　大澤一雄、大川原亨、芦田治、土肥雅彦、新井宗高、別部尚司、前畑香、徳島清、竹花英明、加藤淳一▼監事　細谷孝明、奥村敏之、七沢久子▼顧問　鈴村佑子、村岡宜明

日本補綴歯科学会

保険診療におけるCAD/CAM冠の診療指針2024

（5面関連）

1. はじめに

平成26年度の診療報酬改定により、歯科用CAD/CAM装置を用い、均質性及び表面性状を向上させたコンポジットレジンブロックから削り出された小臼歯部の歯冠補綴であるCAD/CAM(computer-aided design-computer-aided manufacturing)冠が保険導入された。同年、(公社)日本補綴歯科学会は、CAD/CAM冠の適切な術式を周知するため、保険診療におけるCAD/CAM冠の診療指針を策定した。その後、CAD/CAM冠の技術的、材料学的向上を受け、その適用が大臼歯部および前歯部に拡大された。また、令和5年度に大臼歯部を対象に生体安全性が高く、高強度で破折リスクが少ないPEEK(ポリエーテルエーテルケトン)を材料としたPEEK冠、さらに令和6年度に大臼歯部を対象に歯冠部と髄室保持構造を一塊にした歯冠修復物であるエンドクラウン(one-piece endodontic crown)が保険導入された。これらの現状を踏まえ、令和2年に策定した「保険診療におけるCAD/CAM冠の診療指針 2020」に令和5年に策定した「PEEK冠に関する基本的な考え方(第1報)」の内容も加えて改訂したものが本指針である。

2. 保険診療におけるCAD/CAM冠・PEEK冠について

■ 1) CAD/CAM冠・PEEK冠の定義

CADはコンピュータ支援による設計、CAMはコンピュータ支援による加工・製作のことで、CAD/CAM冠は、歯科用CAD/CAMシステムを用いてCAD/CAM冠の設計を行った後、製造機械と連結して、CAD/CAM冠の加工・製作を行った補綴装置を指し、保険診療においてはCAD/CAM冠用材料との互換性が制限されない歯科用CAD/CAM装置を用いて、作業用模型で間接法により製作された歯冠補綴装置をいう。このうち、ポリエーテルエーテルケトン(PEEK)ブロックを用いてCAD/CAM技術により製作された冠がPEEK冠であり、従来のコンポジットレジンブロックから削り出されたCAD/CAM冠とは適応や臨床術式に異なる点があることに注意が必要である。

■ 2) CAD/CAM冠・PEEK冠の施設基準

CAD/CAM冠の施設基準は次の通りであるが、歯科用CAD/CAM装置が保険医療機関内にある場合は、保険医療機関に歯科技工士が配置されている必要があるので、この点については留意が必要である。

【CAD/CAM冠に関する施設基準】

(1) 歯科補綴治療に係る専門の知識および3年以上の経験を有する歯科医師が1名以上配置されていること。
(2) 保険医療機関内に歯科技工士が配置されていること。なお、歯科技工士を配置していない場合は、歯科技工所との連携が図られていること。
(3) 保険医療機関内に歯科用CAD/CAM装置が設置されていること。なお、保険医療機関内に設置されていない場合は、当該装置を設置している歯科技工所との連携が図られていること。

■ 3) CAD/CAM冠用材料

(1) 定義

保険診療においては、CAD/CAM冠に使用できる材料は規定されており、次の定義を満たすものに限定されている。

【CAD/CAM冠用材料の定義】

次のいずれにも該当すること。

(1) 薬事法承認又は認証上、類別が「歯科材料(2)歯冠材料」であって、一般的名称が「歯科切削加工用レジン材料」であること。
(2) シリカ微粉末とそれを除いた無機質フィラーの2種類のフィラーの合計が60%以上であり、重合開始剤として過酸化物を用いた加熱重合により製作されたレジンブロック又はポリエーテルエーテルケトン及び無機質フィラーを含有し、成型して作製したレジンブロックであること。
(3) 1歯相当分の規格であり、複数歯分の製作ができないこと。
(4) CAD/CAM冠に用いられる材料であること。

(2) 機能区分の考え方

構成成分及び物理的性質により、CAD/CAM冠用材料(Ⅰ)、CAD/CAM冠用材料(Ⅱ)、CAD/CAM冠用材料(Ⅲ)、CAD/CAM冠用材料(Ⅳ)及びCAD/CAM冠用材料(Ⅴ)の合計5種類に区分する。

(3) 機能区分の定義

CAD/CAM冠用材料機能区分	(Ⅰ)	(Ⅱ)	(Ⅲ)	(Ⅳ)	(Ⅴ)
適応部位	小臼歯	小臼歯	大臼歯	前歯	大臼歯
シリカ微粉末とそれを除いた無機質フィラーの合計の質量分率	60%以上	60%以上	70%以上	60%以上	17～25%以上
ビッカース硬さ	—	55HV 0.2以上	75HV 0.2以上	55HV 0.2以上	25HV 0.2以上
3点曲げ強さ(37℃水中に7日間浸漬後)	—	160MPa以上	240MPa以上	160MPa以上	180MPa以上
曲げ弾性率(37℃水中に7日間浸漬後)					5GPa以下
吸水量(37℃水中に7日間浸漬後)	—	32μg/㎣以下	20μg/㎣以下	32μg/㎣以下	20μg/㎣以下

＊CAD/CAM冠用材料(Ⅳ)の定義には以下の事項が追加された。
a) シリカ微粉末とそれを除いた無機質フィラーの一次粒子径の最大径が5.0μm以下であること。
b) エナメル色(切端部色)とデンティン色(歯頸部色)、及びこれらの移行色(中間色)を含む複数の色調を積層した構造であること。

■ 4) CAD/CAM装置

CAD/CAM冠用材料との互換性が制限されない歯科用CAD/CAM装置を用いることとなっており、複数企業のCAD/CAM冠用材料に対応できる装置を指す。

なお、CAD/CAM冠用材料装着部の変更又は加工プログラムの改修(追加、変更)により、複数企業のCAD/CAM冠用材料に対応できる装置も対応となる。

■ 5) 適応症

◆ A) CAD/CAM冠・PEEK冠

適応症は、全部被覆冠と同様であり、保持力に十分な歯冠高径があること、過度な咬合圧が加わらないこと等が求められる。適応可能な症例については、個別具体的に判断することとなるが、適応症、推奨できない症例、考慮すべき事項は以下の通りとなる。また、部分床義歯の支台歯(鉤歯)、事実上の最後臼歯については、適応症とするためのエビデンスが得られていないため、当面は慎重に適用を検討すべきである。

(1) 適応症

・小臼歯の単冠症例：適切な保持形態、抵抗形態を付与でき、過度な咬合圧を回避可能な症例。
・大臼歯の単冠症例：CAD/CAM冠用材料(Ⅴ)を使用する場合では全ての大臼歯。一方、CAD/CAM冠用材料(Ⅲ)を使用する場合では、当該CAD/CAM冠を装着する部位と同側に大臼歯による咬合支持があり、当該補綴部位に過度な咬合圧が加わらない場合、当該CAD/CAM冠を装着する部位の同側に大臼歯による咬合支持がなく、当該補綴部位の対合歯が欠損(部分床義歯を装着している場合を含む。)であり、当該補綴部位の近心側隣在歯までの咬合支持がある場合及び金属アレルギー患者。
・前歯の単冠症例：適切な保持形態、抵抗形態を付与でき、過度な咬合圧を回避可能な症例。

(2) 推奨できない症例

・咬合面クリアランスが確保できない臼歯部症例
・唇舌的幅径が小さく唇面・舌面クリアランスが確保できない前歯部症例
・軸面の削除量を確保すると抵抗形態が不充分となる前歯部症例
・過小な歯冠高径症例
・顕著な咬耗(ブラキシズム)症例
・偏心位のガイドもしくは切端咬合により過度な咬合圧が予測される前歯部症例

(3) 考慮すべき事項

・部分床義歯の支台歯(鉤歯)
・事実上の最後臼歯(後方歯の欠損)
・高度な審美性の要望

◆ B) エンドクラウン

エンドクラウンは失活臼歯に対する単独冠症例に適応される。

(1) 適応症

・大臼歯の単冠症例：支台歯のフィニッシュラインが縁上に設定され、2.0mm以上の辺縁幅の確保ができ、髄室保持部の長さは少なくとも2.0mm以上確保可能な症例
・歯冠高径の低い症例
・彎曲、狭窄根管をもつ症例
・フェルールの確保が困難な症例

(2) 推奨できない症例

・支台歯のフィニッシュラインが縁下に設定される症例
・2.0mm以上の辺縁幅を確保できない症例
・咬合面クリアランスが1.5mm以上確保できない症例
・歯髄腔の高さや辺縁部の厚みが十分に確保できない症例

(3) 考慮すべき事項

・部分床義歯の支台歯(鉤歯)
・全部被覆冠の形態であること

3. 歯科用CAD/CAMシステムを用いた歯冠補綴装置の製作方法

◆ A) CAD/CAM冠の製作(CAD/CAM冠用材料(Ⅰ～Ⅳ))

1) 支台歯形成

適切なクリアランス、滑沢かつ単純な形態、丸みをもたせた凸隅角部、円滑で明確な辺縁形態とフィニッシュラインが求められる。

(1) 咬合面

・約1.5mmのガイドグルーブを付与する。
・頬側、舌側内斜面ともに、咬頭傾斜に沿ってガイドグルーブが平らになるように切削し、なめらかな逆屋根形状にする。
・クリアランスは、1.5～2.0mm以上にする。

(2) 唇側面または頬側面・舌側面

・頬側面は咬頭側と歯頸側それぞれに咬合面と同様1.0mm弱のガイドグルーブを付与し、2面形成する。前歯部では、切縁に内側傾斜をつけ削除量を十分にとり、審美性への配慮として唇側3面形成を推奨する。
・軸面テーパーは片面6～10°の範囲におさめる。
・舌側も頬側と同様に形成する。

(3) 隣接面

・隣接歯を傷つけないことが重要であり、隣接面に歯質が一層残るように軽くバーを通すイメージで形成する。
・両隣接面のテーパーも片面6～10°の範囲におさめる。

(4) 軸面・辺縁部

・概形成ができたら、続けて支台歯全周の辺縁形態をディープシャンファーに修正する。
・フィニッシュラインが鋸歯状とならないよう特に滑らかに仕上げることが大切である。
・舌側面も頬側面と同様に修正する。
・クリアランスは、軸面で1.5mm以上、辺縁部で約1.0mm以上にする。

(5) 隅角部

・咬合面―軸面部、切縁・舌面―軸面部に鋭利な部分がないように丸みを帯びた形状にする。

(6) 削除量の確認

・あらかじめ製作したシリコーンインデックスなどで削除量を確認する。

◆ B) PEEK冠(CAD/CAM冠用材料(Ⅴ))：CAD/CAM冠との相違点にアンダーラインを付記

1) 支台歯形成

適切なクリアランス、滑沢かつ単純な形態、丸みをもたせた凸隅角部、円滑で明確な辺縁形態とフィニッシュラインが求められる。

(1) 咬合面

・約1.0mmのガイドグルーブを付与する。
・頬側、舌側内斜面ともに、咬頭傾斜に沿ってガイドグルーブが平らになるように切削し、なめらかな逆屋根形状にする。
・クリアランスは、1.0～1.5mm以上にする。

(2) 唇側面または頬側面・舌側面

・頬側面は咬頭側と歯頸側それぞれに咬合面と同様1.0mm弱のガイドグルーブを付与し、2面形成する。
・軸面テーパーは片面6～10°の範囲におさめる。
・舌側も頬側と同様に形成する。

(3) 隣接面

・隣接歯を傷つけないことが重要であり、隣接面に歯質が一層残るように軽くバーを通すイメージで形成する。
・両隣接面のテーパーも片面6～10°の範囲におさめる。

(4) 軸面・辺縁部

・概形成ができたら、続けて支台歯全周の辺縁形態をディープシャンファーに修正する。
・フィニッシュラインが鋸歯状とならないよう特に滑らかに仕上げることが大切である。
・舌側面も頬側面と同様に修正する。
・クリアランスは、軸面で1.0mm以上、辺縁部で約0.8mm以上にする。

(5) 隅角部

・咬合面―軸面部、切縁・舌面―軸面部に鋭利な部分がないように丸みを帯びた形状にする。

(6) 削除量の確認

・あらかじめ製作したシリコーンインデックスなどで削除量を確認する。

◆ C) エンドクラウン

1) 支台歯形成(図1, 2)

適切なクリアランス、咬合平面に平行、歯肉縁上、髄床底に触れない、アンダーカットがないことが求められる。

(1) 咬合面

・咬合平面と平行にする。
・クリアランスは、1.5mm以上にする。

(2) 咬合面以外

・歯肉縁上
・全周90°のバットジョイントマージンとする。
・辺縁に歯肉縁上エナメル質を可及的に残存させる。
・辺縁から髄腔壁移行部は可及的に滑らかな形態とする。
・髄室保持部の長さは少なくとも2.0mm以上、可能であれば3.0～5.0mmを確保する。
・髄腔壁の軸面テーパー角度は片面約6°(4～6°)とする。
・根管口部に空隙を生じさせずに髄床底部は可及的に平坦化させる。

図1 支台歯形態の模式図

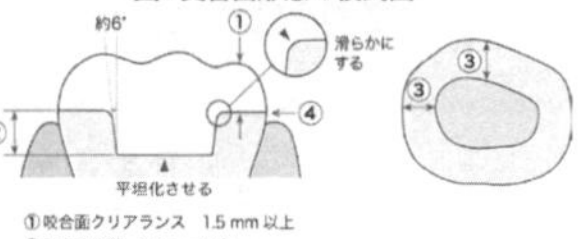

①咬合面クリアランス　1.5 mm以上
②髄室保持部　2.0 mm以上
③辺　縁　幅　2.0 mm以上
④全周 90°バットジョイントマージン

(YAMAKIN 株式会社からの提供資料、文献5を一部改変)

図2 エンドクラウン

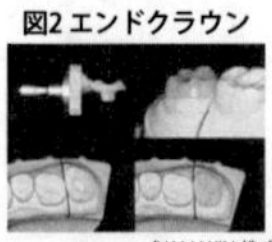

(YAMAKIN 株式会社からの提供資料)

2) 印象・咬合採得

・歯肉圧排操作を確実に行い(エンドクラウンは除く)、フィニッシュラインを明示する。
・シリコーンゴム印象材を用いて印象採得し、状況に応じた咬合採得を実施することが望ましい。

3) 調整・研磨

(1) 隣接面のコンタクト強さは、コンタクトゲージやデンタルフロスを用いて確認し、コンタクトが強い場合は咬合紙でマーキングして調整する。
(2) 歯冠補綴装置を試適し、辺縁部の適合を確認(視診、探針による触診)する。
(3) 咬頭嵌合位および側方運動の咬合接触点を確認し、咬合調整を行う。
(4) 研磨は、口腔外で材料の添付文書に従って行う。

4) 装着

歯質と歯冠補綴装置の一体化を図るため、接着性レジンセメントを使用することが必須である。

A) CAD/CAM冠・エンドクラウンの装着(CAD/CAM冠用材料(Ⅰ～Ⅳ))

(1) 口腔内試適後、CAD/CAM冠内面を弱圧下(0.1～0.2MPa)でアルミナサンドブラスト処理することが推奨される。口腔内試適後にアルミナサンドブラスト処理ができない場合は、確実にリン酸で清掃する。
(2) 乾燥後にシランカップリング剤含有プライマーを塗布する(シラン処理)。
(3) 乾燥後に接着性レジンセメントをCAD/CAM冠内面に塗布して装着する。
(4) 光重合型もしくはデュアルキュア型のセメントでは余剰セメントに数秒間光照射(セメントの種類により異なる)を行い、接着性レジンセメントを半硬化(タックキュア)させた後、除去する。セメントの種類によっては、歯面処理が必要である。なお、エンドクラウンの場合はデュアルキュア型が推奨される。

【CAD/CAM冠装着後に咬合調整を行う場合】

咬合面におけるCAD/CAM冠と支台歯間の内部空隙が大きい場合や、咬合調整時の咬合力の調節が困難な症例では、咬合接触によりCAD/CAM冠の歪みが生じて調整中に破損する可能性があるため、装着後に咬合調整を行う。その場合、3 .CAD/CAM冠の製作は以下の手順で実施する。

1)、2) は上記と同一

3) 隣接面接触点の調整と適合確認

(1) 隣接面のコンタクト強さは、コンタクトゲージやデンタルフロスを用いて確認し、コンタクトが強い場合は咬合紙でマーキングして調整する。
(2) CAD/CAM冠を試適し、辺縁部の適合を確認(視診、探針による触診)する。また軽く閉口させて装着後に咬合調整が可能であることを確認する。

4) 装着・咬合調整・研磨

(1) 口腔内試適後、CAD/CAM冠内面を弱圧下(0.1～0.2MPa)でアルミナサンドブラスト処理することが推奨される。口腔内試適後にアルミナサンドブラスト処理ができない場合は、確実にリン酸で清掃する。
(2) シランカップリング剤含有プライマーを塗布する(シラン処理)。
(3) 乾燥後に接着性レジンセメントをCAD/CAM冠内面に塗布して装着する。
(4) 光重合型もしくはデュアルキュア型のセメントでは余剰セメントに数秒間光照射(セメントの種類により異なる)を行い、接着性レジンセメントを半硬化(タックキュア)させた後、除去する。セメントの種類によっては、歯面処理が必要である。なお、エンドクラウンの場合はデュアルキュア型が推奨される。
(5) 咬頭嵌合位および側方運動の咬合接触点を確認し、咬合調整を行う。
(6) 研磨は、口腔内で材料の添付文書に従って行う。

B) PEEK冠の装着(CAD/CAM冠用材料(Ⅴ)：CAD/CAM冠との相違点にアンダーラインを付記

(1) 口腔内試適後、PEEK冠内面を弱圧下(0.1～0.2MPa)でアルミナサンドブラスト処理することが必須である。
(2) 乾燥後に専用プライマーを塗布し光照射を行う(PEEKは光透過性がないため)。
(3) 乾燥後に接着性レジンセメントをPEEK冠内面に塗布して装着する。
(4) デュアルキュア型のセメントでは余剰セメントに数秒間光照射(セメントの種類により異なる)を行い、接着性レジンセメントを半硬化(タックキュア)させた後、除去する。なお、セメントの種類によっては、歯面処理が必要である。

PEEKは光透過性がないため光照射によるクラウン内面の重合は期待できないため化学重合型かデュアルキュア型のセメントを使用する。

4. その他

■ 1) CAD/CAM冠の管理について

・物品(食品・工業製品など)の生産・流通履歴管理により、物品の流通経路を生産段階から消費段階まで追跡が可能な状態のことをトレーサビリティ(traceability)といい、CAD/CAM冠を含む歯科技工全般について追跡・調査が可能な状態としておくことが望まれている。
・CAD/CAM冠の材料に添付のLOT番号が記載されているシールを保管することが望ましい。特に「CAD/CAM冠用材料(Ⅲ及びⅤ)を大臼歯に使用した場合及びCAD/CAM冠用材料(Ⅳ)を前歯に使用した場合は、製品に付属している使用した材料の名称及びロット番号等を記載した文書(シール等)を保存して管理すること(診療録に貼付する等)」が保険診療で使用する場合の算定要件となっているため、必ず実施する。

■ 2) コンポジットレジンブロックを用いたCAD/CAM冠の生存率について

後向きコホート研究とランダム化臨床試験によるCAD/CAM冠の生存率に関係する報告は以下のとおりである。

・2～5年経過症例におけるCAD/CAM冠の生存率(チッピングや再装着を含む)は87.9～97.9%である。
・CAD/CAM冠の材料におけるタイプは生存率に影響しない。

■ 3) PEEK冠の生存率について

20症例の最後方臼歯を含む大臼歯(23装置中11装置は最後方大臼歯)に装着し6ヶ月間の経過観察を行ったところ、脱離、破折は一例も認めず、咬合接触も維持され治療法として有効であることが報告されており、装着後2年の経過観察でも破折や脱離は認められていない。

■ 4) エンドクラウンの生存率について

コンポジットレジンによるエンドクラウンの生存率は、2年以内の経過期間で66.7～89.5%、5年経過では62.5～80.0%であり、2年以内の経過報告では全て修復可能と報告されている。

東北大学

歯科用セメントの残留が歯周炎引き起こす機序解明

歯科用セメントの取り残しが、歯周組織の炎症を引き起こすメカニズムを解明した―。東北大学大学院歯学研究科次世代歯科材料工学講座の近藤威助教、同大分子・再生歯科補綴学分野の江草宏教授の研究グループによるもの。

セラミック治療の接着剤として使われるレジンセメントは、強力な接着力によりセラミック装着後に取り残しが生じやすく、歯周組織の炎症を引き起こす。しかし、歯科用セメントの取り残しが歯周組織の炎症を引き起こす機序について解明されていなかった。

研究グループは、光を照射して硬化させたレジンセメントおよび光照射せずに硬化させたレジンセメントの上で、人の歯肉から採取した歯肉線維芽細胞やマクロファージを培養し、光照射による硬化が不十分なレジンセメントが歯周組織の細胞に与える影響を調査した。

その結果、光照射による硬化が不十分なレジンセメントには特定のモノマーが残留し、水中で残留モノマー※が溶出することで、線維芽細胞やマクロファージの強い炎症反応を惹起することが示された。

今後、歯周組織の炎症を起こしにくいレジンセメントの開発、歯科用材料が歯周組織に及ぼす影響の解明につながると期待がかかっている。

同研究成果は、科学誌『Journal of Dental Sciences』(4月30日)オンライン版に掲載された。

光照射による硬化が不十分なレジンセメントが歯周組織に炎症を引き起こすメカニズムの模式図

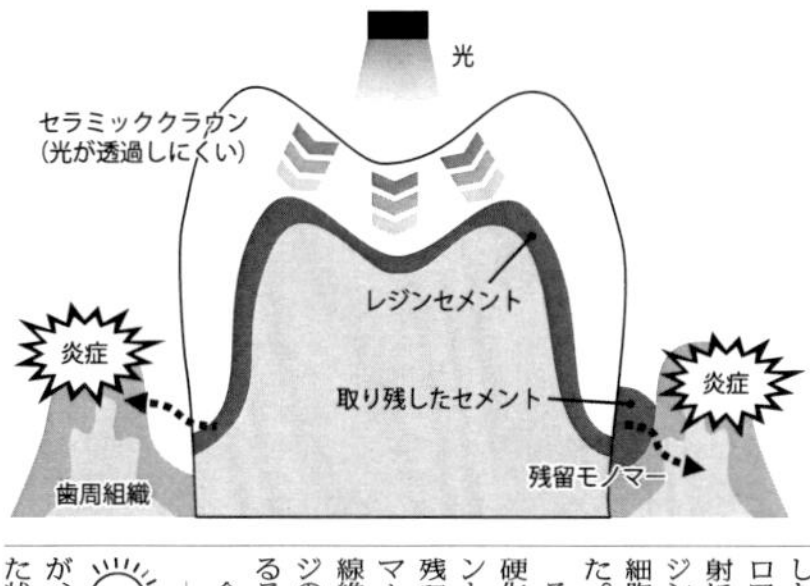

※残留モノマー　レジンセメントを効率よく硬化させる分子である「レジンモノマー」が、セメント硬化後も重合せずにセメント内に残留した状態

デンタル小町が通る

なかい歯科クリニック院長(茨城県境町)
中井 巳智代 ❷

明眸皓歯

「明眸皓歯」は明るく澄んだ瞳と白く美しい歯を持つ人、特に女性の美しさを表現する言葉です。中国の詩文に由来し、特に唐代の詩人、杜牧の詩にこの語源と言われる表現が見られます。杜牧は「秋夕」という詩の中でこのような情景を描いています。

「銀燭秋光冷画屏、輕羅小扇撲流蛍」

静かな秋の夜、銀の燭台に灯された蝋燭の光が、冷たい夜の光とともに絵屏風に映し出され、その光景が幻想的で美しい様を表し、薄い絹の扇を持った女性が、流れるように飛び回る蛍を追う姿が描かれ、その優雅で儚い美しさが浮かび上がります。

「天階夜色涼如水、臥看牽牛織女星」

秋の夜の涼しさがまるで水のように広がり、宮殿の高い場所から、夜空に輝く牽牛星と織女星を横になって眺めている様子。詩全体を通して、涼しい秋の夜の静かで心地よい雰囲気と、自然の美しい情景が、深い感動を与えます。

詩中には直接「明眸皓歯」の言葉は登場しませんが、杜牧の詩全体が持つ美的感覚と詩から浮かび上がる美しい女性像が、後に「明眸皓歯」という言葉の語源となったとされています。

開院時に記念に書いた自筆の書

もちろん現代でも、歯並びや歯の白さは、第一印象を左右します。歯の美しさを強調する〝映え写真〟もSNSなどでよく見られます。白い歯が輝く美しい笑顔は、女性のみならず男性にとっても印象を良くする大切な要素で、歯科審美治療(ホワイトニング、矯正、セラミック治療など)に積極的な若者が増えているように感じます。

一方で高いブランド品を身につけ、高級車に乗りながら、口腔内のセルフケアがおざなりになっていたり、歯科治療への投資は二の次になっていたりする患者さんに出会うこともしばしばあります。無論、歯科治療への投資は審美面だけではありません。真の健康と美しさに投資できる価値観を高めていただけるよう、当院の待合室には、開院の記念に書いた私の拙い書を飾っています。健康美にあふれる笑顔が増えてくれることを願って。

日歯医学会

歯科診療の考え方 令和6年度版を公開

診療報酬改定がいよいよ6月から実施される。日本歯科医学会(住友雅人会長)はホームページ上で、「歯科診療に関する基本的な考え方」を公開している＝参考1。

口腔バイオフィルム感染症では、特徴や病態、口腔内所見、症状、関連疾患や、診断、口腔細菌定量検査の手順、治療と管理の概要を示している。

歯科におけるオンライン診療では、対象疾患として、三叉神経ニューロパチーと舌痛症を提示。オンライン診療が可能な状態と不適切な状態、留意事項について説明している。さらに口腔機能発達不全症と口腔機能低下症に対するオンライン診療による管理、指導・訓練などについても言及している。

◇◆◇

また、日本補綴歯科学会も改定に関係する歯科治療の考え方を発信している＝参考2。

仮床製作のためのフレンジテクニックでは、適応症を「歯槽頂が明瞭でない高度顎堤吸収を有する下顎無歯顎症例」とし、術式を示している。

接着カンチレバー装置では、適応症を「上顎中切歯を除く切歯1歯欠損で支台歯となる隣在歯が健全な症例」と記載。

禁忌症では、「I度程度の動揺度であれば許容」とし、「咬耗が顕著である歯列、咬合が緊密である歯列、ブラキシズムを有する症例では予後不良と思われるため、他の補綴装置を検討するのが望ましい」「齲蝕罹患傾向の高い患者は装着後も口腔内に露出した歯面から齲蝕が発生する可能性があり、避けた方が良い」としている。

CAD/CAM冠の診療指針は4面の通り。

【参考1】 日歯医学会発信の基本的な考え方

①入院(所)中及び在宅等における療養中の患者に対する口腔の健康状態の評価に関する基本的な考え方
②口腔機能低下症に関する基本的な考え方
③口腔機能発達不全症に関する基本的な考え方
④口腔バイオフィルム感染症に関する基本的な考え方
⑤初期根面う蝕の管理に関する基本的な考え方
⑥歯科遠隔連携診療に関する基本的な考え方
⑦歯科におけるオンライン診療に関する基本的な考え方

【参考2】 補綴歯科学会の診療ガイドライン

○顎堤吸収が高度に進行した下顎総義歯の仮床製作のためのフレンジテクニックに関する診療指針
○保険診療におけるCAD/CAM冠の診療指針2024
○接着カンチレバー装置の基本的な考え方

投稿寄稿

日本がん口腔支持療法学会からの提言③

看護師が行う口腔管理

理事 妻木 浩美 静岡県立静岡がんセンター看護師長

口腔ケアフローチャートを活用

がん治療に伴う口腔トラブルには、口腔粘膜炎、口腔乾燥、味覚障害、歯や歯肉の感染、出血などがあります。この口腔トラブルは、口腔の不快感や会話のしにくさ、咀嚼や嚥下など、患者さんのQOLにも大きく影響します。また口腔の不衛生が全身感染症の原因になることもあり、口腔管理は非常に重要です。その中で看護師は、口腔トラブルを回避するために、患者教育・指導だけでなく、入院患者においては、日々の口腔観察および評価を行い、口腔トラブルの早期発見に努めています。

まず看護師が行う患者教育・指導ですが、患者さんに「口腔合併症、口腔有害事象が起こる理由」や「口腔ケアの必要性」を説明します。がん化学療法や放射線治療による口腔有害事象は、発症する時期が予測可能なため、患者さんには、口腔有害事象の発生時期や口腔内の観察方法、口腔粘膜炎の対応方法などを指導し、患者が自宅でも継続してセルフケアが行えるように支援します。

がん化学療法においては、可動粘膜に口腔粘膜炎が発症しやすいことから、「口角から頬粘膜」「舌側縁部から舌腹にかけて」「口唇の裏」を毎日観察するよう指導しています。患者さんに主体的に観察してもらうことで、患者さんの治療意識も高まります。

◆◇◆

がん治療中は、口腔トラブルだけでなく、倦怠感や食欲不振、悪心・嘔吐などの副作用に見舞われる患者さんに、いかに口腔ケアを勧めるかが課題です。悪心が強い時の歯磨きは、嗚咽や嘔吐につながることから、口腔ケアを避ける患者は少なくありません。そのためブクブク含漱(がんそう)だけでも促したり、口腔内が不衛生な場合には、歯科に介入依頼し、口腔清掃をしてもらったりしています。また、倦怠感が強い患者さんの場合には、ベッド上で口腔ケアができるよう口腔ケア用品を準備し、トイレに行ったタイミングで含漱だけでも行うように促しています。

次に口腔内を観察し評価するためには、医療者が情報共有するためのツールが必要です。口腔アセスメントには、OAG(Oral Assessment Guide)やOHAT(Oral Health Assessment Tool)が主流ですが、私の勤務する静岡がんセンターでは、「口腔アセスメント表」を使用しています。口腔内のリスクがあり、希望があれば歯科受診を依頼する。場合によっては、早急に歯科受診をすすめます。

静岡がんセンターでは、この表を入院時の口腔ケアスクリーニングとして使用しています。スコア1(全てのスコアが1)であれば、セルフケア継続とします。1項目でもスコア2がある時は、入院患者の場合は口腔ケアフローチャートに準じた介入を行い、外来患者であれば症状が長く続く場合は歯科介入依頼とします。また1項目でもスコア3がある時は、歯科へ介入を依頼します。この場合の歯科依頼は、看護師から依頼することができます。

口腔ケアフローチャートは、主にスコア2と判定した時に使用します。

看護師が口腔内を観察し異常を見つけた時に、このケアフローチャートを見て、どのように対応すればよいかが分かります。

まだ実施開始して3年ほどですが、97%は部署対応(セルフケア継続)ができています。いかに口腔ケアトラブルを回避するかが、(大げさかもしれませんが)がん治療の肝ではないかと思っています。これからも、看護師ができる口腔ケアを考え、少しでも口腔トラブルを回避すべく、歯科と連携しながら、患者を支援していきたいと思います。

学術交流協定を締結

九歯大 × タイ・ランシット大

㊤九歯大の粟野学長(中央)ら
㊦ランシット大学とオンラインで調印式を実施

九州歯科大学(粟野秀慈理事長・学長)は4月25日、新学長の就任に伴い、タイ・ランシット大学と学術交流協定の調印式を実施した。オンライン形式で行われ、同大から粟野学長、林政成副理事長、竹内弘歯学部長、ランシット大学からはスチャダ歯学部長含む関係者が出席した。

2015年3月から学術交流協定を締結し、学生の短期派遣、卒業生や教員受け入れなどを行ってきた。同大は今後も学生・教員の交流等の教育や研究活動において継続して連携を図るなど、国際交流の成果を歯学教育の充実につなげていく。

総合病院への歯科介入の効果検証へ

医科歯科大とCHCP

東京医科歯科大学(田中雄二郎学長)と地域ヘルスケア連携基盤(＝CHCP、武藤真祐社長)は、包括提携協定の下、「総合病院への新規歯科介入による改善効果」に関する研究を開始した。14日に公表したもので、同研究プログラムは、CHCP東京医科歯科大学未来医療推進機構(東條有伸理事長)の「医療現場におけるイノベーションの企画及び推進」事業の一環で行われる。

「総合病院への新規歯科介入による改善効果」に関する研究は、高齢者医療や障害者医療、予防医療の分野で、栄養学的検討や医科歯科連携の介入効果等、多岐にわたる先進的な研究を手掛けている同大摂食嚥下リハビリテーション学分野(研究責任者：戸原玄教授)が担当。CHCPグループの経営支援先となっている熊谷総合病院で、新規歯科介入による医科入院患者の口腔・嚥下機能の改善効果を検証し、地域医療における新たな医科歯科連携のモデルケースの創出を目指す。

なお、同事業では、「後弯症における動的後弯角計測による診断機器の開発」に関しての研究も実施される。

奥羽大

骨吸収抑制薬による骨壊死の仕組み解明

骨吸収抑制薬であるアレンドロネート「ALN」が、炎症性サイトカインの発現に寄与する因子「AP―1」を介することで顎骨骨髄炎や骨壊死を引き起こすことが明らかになった。奥羽大学歯学部の玉井利代子教授、渡部議之講師、清浦有祐教授・学長の研究によるもので、骨粗鬆症の患者が骨吸収抑制薬を服用した際の副作用の予防法の開発につながる可能性がある。

同研究では、炎症性副作用を伴う骨吸収抑制薬のALNが作用するたんぱく質を欠損させたマウスマクロファージ用細胞RAW264を使用。RAW264にALNを添加すると炎症性サイトカインであるIL―1βが優位に増加した。

さらにALN添加前に、AP―1の抑制剤を添加したRAW264細胞は、IL―1β放出の抑制が観察されたが、別の因子の抑制剤の添加では観察されなかった。また、AP―1抑制剤はRAW264による骨格筋の病変に関わる酵素の放出の減少も確認された。

この結果から、ALNがAP―1の活性化を介してIL―1βおよび細胞膜損傷を増加させることが示唆された。

同研究結果は科学誌『Experimental and Therapeutic Medicine』(2023年12月付)にオンライン掲載された。

【予告】

成人矯正学会が6月に学術大会

東京で

日本成人矯正歯科学会(村井茂理事長)は6月23日、第32回学術大会を、東京都江戸川区のタワーホール船堀で開催する。テーマは「包括的歯科治療における矯正歯科の役割」。ソウル大学歯学部矯正学講座のSeung-Hak Baek教授、中華民国歯顎矯正学会のHeng-Ming Mark Chang医師による招待講演の他、医療法人イースマイル国際矯正歯科の有本博英院長による講演「成人矯正における口腔環境リフォームのゴール設定について」、シンポジウム「Discover!?バイオメカニクス」、コ・デンタル学術講演「歯科保健指導の一環として捉える成人歯科矯正への誘導」、市民公開講座「脳の老化を止めたければ歯を守りなさい」などが行われる。

問い合わせは大会事務局TEL03(3947)8761まで。

日本歯磨工業会

歯磨類全体の出荷金額

17年連続で過去最高

2023年度の歯磨類全体の出荷金額は1589億円700万円で、07年から17年連続で前年実績を上回り過去最高となった。日本歯磨工業会（濱逸夫会長）が10日、同会会議室で実施した説明会で紹介したもの。濱会長は「当会および会員各社による日々の活動に加え、コロナウイルス感染症の蔓延に伴う健康への希求の高まりにより、『お口の健康が全身の健康を保つ上でとても重要であること』が徐々に認識されてきた結果」と考察した。

23年度の歯磨類全体の出荷実績は、数量と中味総量、金額ともに前年を上回った。数量は250万3千個（0・4%）増の6億1548万2千個、中味総量は181㌧（0・2%）増の12万706㌧、金額は20億500万円（1・3%）増の1589億700万円だった。

化粧品の歯磨剤（＝化粧品）と医薬部外品の歯磨剤（＝医薬部外品）の割合は、数量では化粧品6・4%、医薬部外品は93・6%、中味総量では化粧品8・2%、医薬部外品91・8%、金額では化粧品4・2%、医薬部外品95・8%だった。

剤型別の実績は、「練・潤製・粉・他」の合計は、数量と中味総量は減少したものの、金額は前年を上回った。数量は89万4千個（0・2%）減の5億5566万3千個、中味総量は484㌧（0・9%）減の5万3369㌧、金額は28億6千万円（2・5%）増の1169億9200万円だった。

なお、練歯磨の歯磨全体に占める割合は、数量は82・0%、中味総量は44・2%、金額は73・4%となっている。

「液体・洗口液」の合計は、数量と中味総量は増加したものの、金額は前年を下回った。数量は339万7千個（3・2%）増の1億9991万9千個、中味総量は665㌧（1・0%）増の6万7337㌧、金額は8億5500万円（2・0%）減の419億1500万円だった。

なお、液体と洗口液の歯磨全体に占める割合は、金額で液体が14・8%、洗口液が11・6%となっている＝表1。

表1　剤型別金額の割合（23年1月～12月）

2013～23年度の歯磨類全体の出荷実績（金額）＝表2＝は毎年伸長を続け、23年は過去最高となった。要因は、「練・潤製・粉他」は高付加価値化による単価の上昇で市場が拡大しその傾向が継続、「液体歯磨き・洗口液」は使用率の上昇による数量増とともに使用頻度の増加による大容量化が継続し市場の拡大傾向が継続したと分析している。

表2　歯磨類 出荷金額の推移（単位：億円）

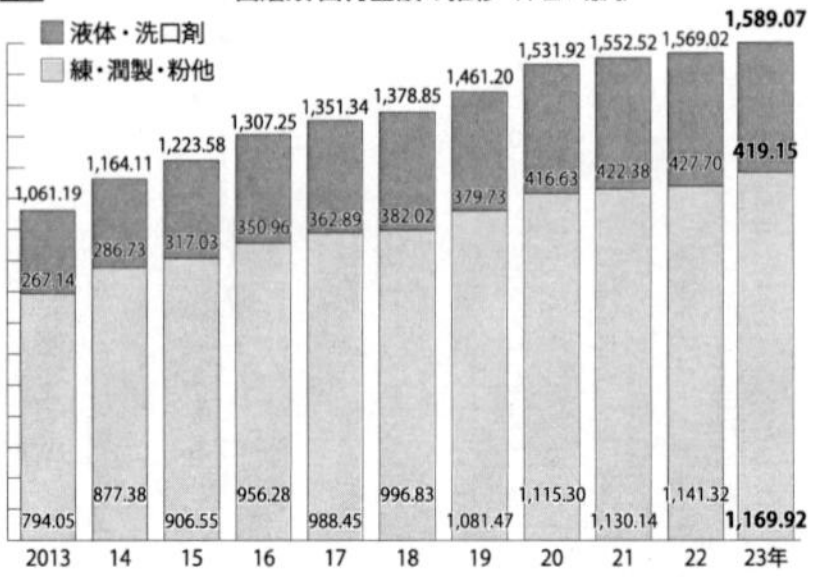

濱会長

◇◆◇

会見では、「歯と口の健康週間」や各種キャンペーン、最近の主な活動が紹介された。

今年も6月4～10日の「歯と口の健康週間」に合わせて配布される口腔衛生を呼び掛けるポスターを制作し、26万枚を全国の小中学校をはじめ、保健所、歯科医院などに配布を始めたと紹介。今年の標語には、和歌山県海南市立下津第二中学校2年の森下雄心さんの作品「歯を見せて　笑える今を　未来にも」が選ばれた。なお要望に応えて、今年から同会ホームページからPDF版ポスターのダウンロードも開始したという。

◇◆◇

最近の主な活動は、能登半島地震への会員各社からのオーラルケア用品などの支援物資の提供、昨年5月に発表した「オーラルケア製品に関する環境設計のためのガイドライン」に基づき、会員各社が植物由来原料を配合したバイオマスプラスチックの採用、容器包装材や製品のプラスチック使用量削減などの環境負荷低減への取り組みの実施、学会において口腔ケアの有用性の理解促進を図るセミナー、歯科衛生士養成校、歯科衛生士会などでの特別授業の開催などを行った。

東南アジアのオーラルヘルスケア向上支援への取り組みとして、今年1月15～19日、経産省との共催で、ベトナム、インドネシアの口腔ケア関係の研修生27人（ベトナム13人、インドネシア14人）を日本に受け入れ、同会会員各社が協力し、歯科医師・歯科衛生士による日本の口腔ケア指導の講義、ハミガキ工場、歯科診療所、ドラッグストアの見学を実施したという。

ポスター

週間 金・パラ価格動向	金	パラジウム（参考価格）
5月13日（月）	11,900	5,070
5月14日（火）	11,813	5,075
5月15日（水）	11,918	5,185
5月16日（木）	11,926	5,265
5月17日（金）	11,943	5,200

税抜価格（1g、円）　提供 石福金属興業

「歯茎ケアの大切さ」メディアに向け解説

ロッテ

ロッテ（本社・東京都新宿区、中島英樹社長）は14日、「歯と口の健康メディアセミナー」を東京都渋谷区のベルサール新宿南口で開いた。「歯詰まりと歯周病」を大阪大学大学院歯学研究科予防歯科学講座特任教授の天野敦雄氏、「歯ぐきの健康に有効な『ユーカリ抽出物』とは」を同社中央研究所噛むこと研究部の大澤謙二氏が話した。

天野氏は、「歯茎がやせると食べ物が詰まる」と解説した上で、62・4%が「歯と歯の間に食べ物が詰まりやすくなった」という同社調査結果から、「歯詰まりは身近な問題」と補足。同社調査による歯に詰まりやすい食べ物ベスト10位＝右表＝を紹介したほか、「歯ぐきの健康」に対する考えは、「大事だと思う」が80・8%、「歯ぐきの健康を保ちたい」が80・5%と高いものの、「歯ぐきの健康のために何をすれば良いのか分からない」が50・8%、「他の健康課題に比べてどうしても後回しになってしまう」が54・9%、「歯ぐきの健康を、もっと気にかけるべきだったと後悔している」が53・3%だったと指摘。昭和の患者は「歯医者は痛くなったら行く所」と教えられたが、令和の常識は「歯医者は痛くならないために行く所」として欲しいと呼び掛けた。

◇◆◇

大澤氏は、歯ぐきの健康に役立つ天然素材の探索過程でユーカリの葉に強い抗菌効果の発見に至ったとした上で、「ユーカリ抽出物」には、歯周病菌の生育を抑え、歯垢の生成を抑える効果があると説明。ユーカリ抽出物配合ガムのヒト試験では、歯垢付着量の改善、歯ぐきの腫れの改善、歯周ポケットの深さや歯周ポケットからの出血の改善効果が見られたと述べた。

詰まりやすい食べ物ベスト10

①とうもろこし
②えのき
③ニラ
④鶏肉
⑤ネギ
⑥牛肉
⑦パイナップル
⑧水菜
⑨ほうれん草
⑩豚肉

日赤に義援金を寄付

ジーシー

ジーシー（本社・東京都文京区）は4月18日、同社副社長の篠﨑裕氏が日本赤十字社（＝日赤）本社を訪問し、売り上げの一部を令和6年能登半島地震災害義援金として寄付した。義援金贈呈の他、日赤の担当者より令和6年能登半島地震の救助活動報告や同義援金を被災地に届ける方法などの説明がされた。

ジーシーと同社グループ会社は、1月31日に日本歯科医師会に義援金100万円を寄付しており、継続的な支援活動を行っている。

賀来さん「ユビーは心強い」

症状検索アプリ発表会で

Ubie

症状検索アプリ「ユビー」を提供するUbie（本社・東京都中央区、阿部吉倫・久保恒太社長）は15日、同アプリのTVCM発表会・事業説明会を東京都渋谷区の表参道ヒルズで開いた。医師でもある社長の阿部氏が会社概要と同アプリを説明したほか、TVCMキャラクターを務めた俳優の賀来賢人さんがゲストで登場した。

◇◆◇

同アプリは、歯科を含む気になる症状についての20問ほどの質問に答えていくと、関連する参考病名や対処法、近くの医療機関を無料で調べられるもの。医療機関向けのサービス「ユビーメディカルナビ」のAI問診機能を応用して開発したもので、医師50人以上が携わり、約5万本の医学論文に基づいた3500以上の症状と1100以上の病名に対応。2020年4月から提供を開始し、今年5月に月間利用者数が1千万人を超えたという。

◇◆◇

これまでは発症時での利用が主だったが、受診・治療・健康時の全てのタイミングで利用できるよう、第一弾として、アプリ上で受診と処方箋の記録・管理ができる「マイナポータル連携」の提供を始めた。月間利用者数3千万人の利用を目指す。

◇◆◇

発表会では、CMの見どころなどを出演した賀来さんに聞くトークセッションを実施したほか、実際にユビーを使ったデモを行った。アプリについて賀来さんは、「操作は簡単なのに症状を細かく聞いてくれるので、ちゃんと自分で考えて冷静に判断できる。土地勘のない場所でも近くの病院を探してくれるのは心強い存在」とコメントした。

賀来さんはトークセッションで「ユビーは質問がシンプルなのと手軽に利用できるので、スマホ操作が苦手な人にもおすすめできる」と話した

製品紹介

（価格は税込）　（新製品情報をお寄せください）

歯科切削加工用セラミックス

ARUM ジルコニアディスク ARENA Star 各種

ヨシダ　☎0800-170-1170

マルチレイヤードが歯頸部1100～切縁部600Mpa、プレシェードが1100Mpaの強度で耐久性と耐摩耗性のある切削加工用セラミックス。前歯部に適応。色調はA1、A2、A3。

価格＝1万4,740円～（プレシェード）、2万5,080円～（マルチ）

サンドブラスター

ミニモンスター

オーディック　☎06(6451)7385

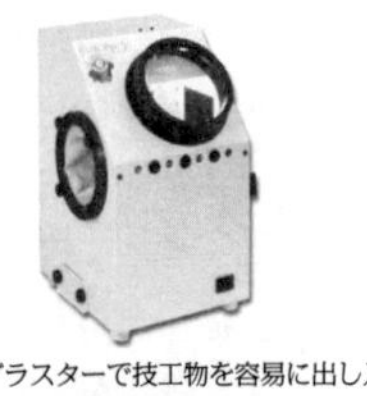

片手ブラスターで技工物を容易に出し入れできるサンドブラスター。フットスイッチを廃止し、開閉コックの開き具合でパワー調整しながらブラスト処理できる。ノズル口径はSとLの2種類。コンパクトサイズ。

価格＝17万5,780円

ヘルスケアなど市場 28年に1兆2千億に

富士キメラ総研

ウェアラブル／ヘルスケア機器、システム・サービス市場

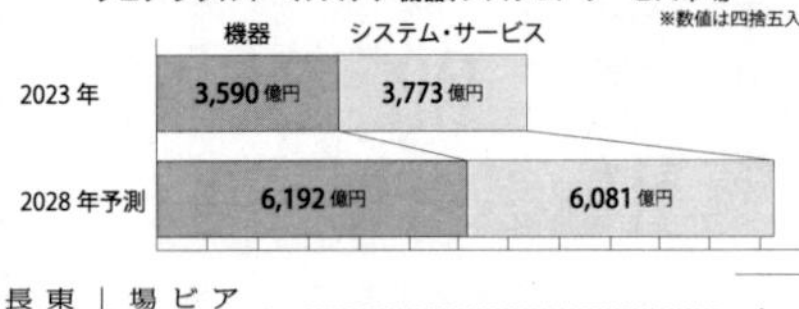

※数値は四捨五入

ウェアラブルやヘルスケアの機器・システム・サービスの2028年の国内市場は、1兆2272億円ー。富士キメラ総研（本社・東京都中央区、田中一志社長）が4月23日に発表したもの。

23年は、新型コロナウイルス感染症の流行が収束に向かったため、健康管理機器などはコロナ禍での特需からの反動減が見られた一方で、個人の健康管理ニーズの高まりや企業が従業員の健康管理に積極的に取り組んでいることから、スマートウォッチや法人向け健康管理システムなどが伸長。次世代バイオマーカー関連や介護関連システム・サービスも伸び、23年のウェアラブルやヘルスケアの機器・システム・サービスの国内市場は前年比11・6%増の7363億円だった。

24年もウェアラブル端末や検査関連サービスの需要が拡大し、2桁成長が見込まれるほか、25年以降は高齢者人口の増加や健康管理意識の向上により、市場は拡大が続くと予測している。

■高たんぱくのカップゼリー／ネスレヘルスサイエンス

ネスレ日本株式会社ネスレヘルスサイエンスカンパニー（＝ネスレヘルスサイエンス）は、栄養補助食品「アイソカル　ゼリー　たんぱくプラス」を9日に発売した。1カップ66gで9.5gのタンパク質と100㌔カロリーを摂取できるカップゼリー。香味はパイナップルとぶどう。24個入り。オンラインストアなどで販売。価格はオープン。

【予告】5月30日、6月1日

第2回診療報酬改定説明会開く

東和ハイシステム

東和ハイシステム（本社・岡山市、飯塚正也社長）は、「令和6年度診療報酬改定説明会第2回完結編」と題したセミナーを5月30日、6月1日に同社およびオンラインで開く。対象は歯科医療従事者など。

5月2日に開いた「令和6年度診療報酬改定説明会第1回速報」では、令和6年度診療報酬改定の概要、施工スケジュール、具体的な対応策などを解説。今回の完結編では、同改定をさらに詳しく説明する。

時間は、5月30日は13時30分～15時30分と16時30分～18時30分。6月1日は16時～18時。3回とも同一内容。定員は本社が50人程度、オンラインが500人程度。参加費は無料。

事前申し込み制で、申し込み期限は5月24日。

ヘッドライン企業ニュース

■歯科技工用ダイヤモンド研削材「ピュア Kポイント」を5月21日受注分から価格変更および在庫限りで販売中止（クエスト／4月）

■厚労省の「安全衛生優良企業（通称、ホワイトマーク）」に認定（ホワイトエッセンス／4月18日）

■歯科重合用光照射器「ペンギン アルファ」の販売を在庫なくなり次第終了（YAMAKIN／4月19日）

■光重合型歯科矯正用粘膜保護材「リライアワックス」を発売（モリムラ／4月22日）

■オートクレーブ「SGC-220」など各種製品を価格改定（共和医理科／4月24日）

■スポーツにおける「噛むこと」の価値を発信する「噛むスポプロジェクト」活動の一環として、日本プロサッカー1部リーグ（J1リーグ）に所属する「川崎フロンターレ」のチョンソンリョン選手・ゼヒカルド選手・遠野大弥選手・山田新選手・山本悠樹選手5人に対して、選手一人一人に合う形状・硬さ・香味をカスタマイズしたプロフェッショナルガムを3月に提供（ロッテ／4月23日）

■チタンマイクロインスツルメント各種価格改定（東京歯材社／4月25日）

特集　IT導入補助金2024を解説

最大5分の4、3千万円まで補助

ITツールを導入する際に、経費の一部を補助する「IT導入補助金」の2024版が公開されている。業務の効率化や売り上げアップ、インボイス制度への対応、セキュリティ対策、複数社連携などを支援するもので、補助対象者は、歯科医院を含む中小・小規模事業者。毎年、補助上限・下限金額や補助対象、申請期間などが見直されている。2024版の概要や採択率などについて解説する。

※5月20日時点での情報のため、制度内容に変更が生じる場合もあるので、「IT導入補助金2024」のホームページの参照をお願いします。

申請枠は四つ

IT導入補助金とは

「IT導入補助金2024」の事務局に登録されたITツール(ソフトウェア、サービス、相談対応などのサポート費用、クラウドサービス利用料など)を、登録されたIT導入支援事業者を介して導入した際に費用の一部を補助するもの。ITツールとIT支援事業者は追加登録が続いており、「IT導入補助金2024」のホームページ上で公開されている。

補助金を活用する際は、IT導入支援事業者がツールの説明や導入、運用方法の相談などのサポートに加え、補助金の交付申請や実績報告などの各種申請・手続きなども支援する。

申請の対象となる事業者は、医療法人の場合、常時使用する従業員数が300人以下。

補助額などは

2024版では、類型によっては費用の最大5分の4、3千万円、パソコンなどの購入費も補助する。申請類型は、大きく分けると四つ。通常枠、インボイス枠(インボイス対応類型、電子取引類型)、セキュリティ対策推進枠、複数社連携IT導入枠での申請が可能になっている。

◆◇◆

通常枠は、中小企業・小規模事業者等が今後複数年にわたり相次いで直面する制度変更(働き方改革、被用者保険の適用拡大、賃上げ、インボイスの導入)等に対応するため、ITツール(ソフトウェア、サービス等)を導入するための事業費等の経費の一部を補助等するもので、生産性向上を支援する。

◆◇◆

インボイス枠の「インボイス対応類型」は、インボイス制度に対応するための企業間取引のデジタル化を強力に推進するため、「通常枠」よりも補助率を引き上げて優先的に支援する。

インボイス枠の「電子取引類型」は、取引関係における発注者が、インボイス制度対応のITツール(受発注ソフト)を導入し、当該取引関係における受注者である中小企業・小規模事業者等に対して当該ITツールを供与する場合に、その導入費用の一部を支援するもので、労働生産性の向上およびインボイス制度への対応を支援する。

◆◇◆

セキュリティ対策推進枠は、サイバーインシデントが原因で事業継続が困難となる事態を回避するとともに、サイバー攻撃被害が供給制約・価格高騰を潜在的に引き起こすリスクや中小企業・小規模事業者等の生産性向上を阻害するリスクを低減するため、中小企業・小規模事業者等が、ITツール(サイバーセキュリティお助け隊サービス)を導入する際の経費の一部を補助するもので、サイバーセキュリティ対策の強化を支援する。

サイバーセキュリティお助け隊サービスは、中小企業のサイバーセキュリティ対策に必要な各種サービス(パソコンとネットワークの24時間365日監視、駆け付け、簡易サイバー保険)をワンパッケージで安価に提供する。なお、「通常枠」「デジタル化基盤導入枠」のオプションとしても申請が可能。

◆◇◆

複数社連携IT導入枠は、中小企業基盤整備機構が中小企業・小規模事業者等の生産性の向上を継続的に支援する「生産性革命推進事業」内の「IT導入補助金」において、個社のデジタル化、DXの推進を行うと同時に、業務上のつながりのある「サプライチェーン」や、特定の商圏で事業を営む「商業集積地」において、一斉にデジタル化やDXを進めることも重要であるとの認識の下、サプライチェーンや商業集積地の複数の中小・小規模事業者等が連携してITツールを導入することで、面的なデジタル化、DXの実現や、生産性の向上を図る取り組みに対して、「通常枠」よりも補助率を引き上げて、複数社へのITツールの導入を支援すると供に、効果的に連携するためのコーディネート費や取り組みへの助言を行う外部専門家に関わる謝金等を含めて支援する。

要件に「みらデジ経営チェック」

「みらデジ経営チェック」は、自社の経営課題やデジタル化の進捗状況を確認できる中小企業基盤整備機構

次ページへ続く

IT導入補助金2024　申請枠・類型別の補助額・補助率・対象経費など

申請枠	通常枠		セキュリティ対策推進枠
補助額	5万円～150万円未満	150万円～450万円以下	5万円～100万円
機能要件	1プロセス以上	4プロセス以上	情報処理推進機構が公表する「サイバーセキュリティお助け隊サービスリスト」に掲載されているいずれかのサービス
補助率	1/2以内		1/2以内
対象経費	ソフトウェア購入費、クラウド利用費(クラウド利用料最大2年分)、導入関連費		サービス利用料(最大2年分)

<table>
<tr><td>申請枠</td><td colspan="5">インボイス枠</td><td rowspan="2">複数社連携IT導入枠</td></tr>
<tr><td>類型</td><td colspan="4">インボイス対応類型</td><td>電子取引類型</td></tr>
<tr><td rowspan="3">補助額</td><td colspan="2">ITツール</td><td>PC・タブレット等</td><td>レジ・券売機</td><td>ITツール</td><td rowspan="5">(1)インボイス対応類型の対象経費⇒左記と同様
(2)上記(1)以外の経費⇒補助上限額は50万円×グループ構成員数、補助率は2/3以内((1)+(2)の補助上限額は3,000万円)
(3)事務費・専門家費⇒補助率は2/3以内、補助上限額は((1)+(2))×10%に補助率2/3を乗じた額若しくは200万円のいずれか低い方</td></tr>
<tr><td colspan="2">(下限なし)～350万円</td><td rowspan="2">～10万円</td><td rowspan="2">～20万円</td><td rowspan="2">(下限なし)～350万円</td></tr>
<tr><td>内、～50万円部分</td><td>内、50万円超～350万円部分</td></tr>
<tr><td>機能要件</td><td>会計・受発注・決済のうち1機能以上</td><td>会計・受発注・決済のうち2機能以上</td><td colspan="2">左記ITツールの使用に資するもの</td><td>インボイス制度に対応した受発注の機能を有しているものであり、かつ取引関係における発注側の事業者としてITツールを導入する者が、当該取引関係における受注側の事業者に対してアカウントを無償で発行し、利用させることのできる機能を有するもの</td></tr>
<tr><td>補助率</td><td>3/4以内
※小規模事業者は4/5</td><td>2/3以内</td><td colspan="2">1/2以内</td><td>中小企業・小規模事業者等：2/3以内
その他の事業者等：1/2以内</td></tr>
<tr><td>対象経費</td><td colspan="4">ソフトウェア購入費、クラウド利用費(クラウド利用料最大2年分)、ハードウェア関連費、導入関連費</td><td>クラウド利用費(クラウド利用料最大2年分)
ただし、契約する受注側のアカウント総数のうち、取引先である中小企業・小規模事業者等に供与するアカウント数の割合を乗じた額が補助対象経費とする</td><td>ソフトウェア購入費、クラウド利用費(クラウド利用料最大2年分)、導入関連費</td></tr>
</table>

補助金2024を解説

前ページからの続き

申請前に経営課題など診断を

の診断ツール。通常枠では「みらデジ経営チェック」を交付申請前に行った事業者であることが必須要件で、セキュリティ対策推進枠とインボイス枠では加点要件となる。

「みらデジ」サイト内で五つの設問(各2～14問)に回答すると、同地域・同業種の他社と比較した自社の経営課題、デジタル化の進捗状況が示され、チェック結果に基づいた支援施策やおすすめのITツールなどのアドバイスを受けられる。登録不要、無料で何度でも行える。

また、同サイトではデジタル化についてのオンライン相談窓口「IT経営サポートセンター」を紹介。同機構が運営し、実務経験が豊富なITの専門家(ITコーディネータや中小企業診断士など)が事前予約制で60分間無料で相談に応じるという。

◆◇◆

なお、2024版では全ての申請枠・累型の要件で「gBizIDプライム」アカウントの取得と「SECURITY ACTION」宣言、通常枠のみ「みらデジ経営チェック」の実施が申請必須要件となる。申請要件を満たさない場合は、不採択となるので注意が必要。

「SECURITY ACTION」宣言とは、申請者自らが情報セキュリティ対策に取り組むことを自己宣言する制度で、「一つ星」または「二つ星」の宣言を要件としている。

申請・手続きの概要

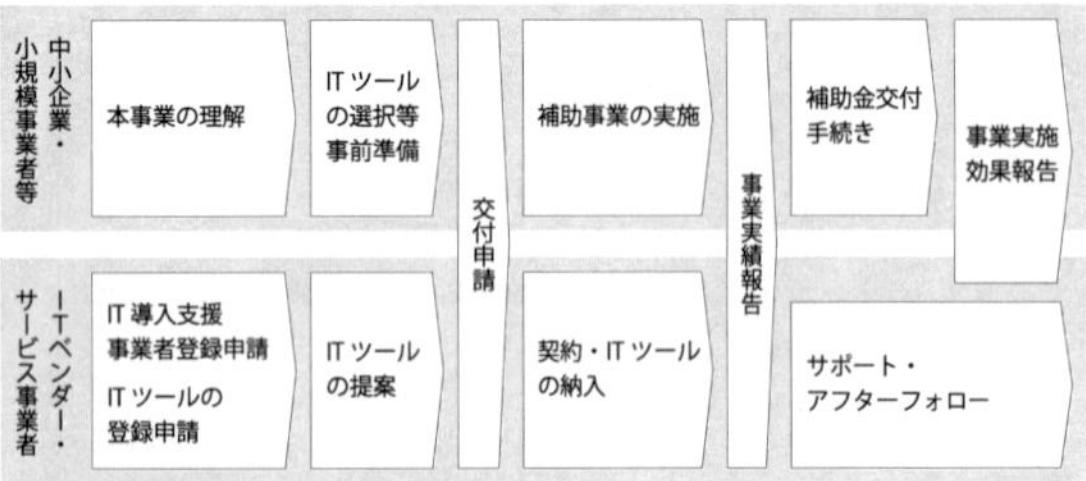

複数社連携IT導入枠については、申請フローや交付決定後の手続きが異なるため、「IT導入補助金2024公募要領 複数社連携IT導入枠」の「3・交付申請方法」を要参照。

補助対象となるITツールは

「通常枠」で補助対象となるITツールは、ソフトウェア購入費、クラウド利用費(最大2年分)、導入関連費。

インボイス枠の「インボイス対応類型」では、インボイス制度に対応した会計・受発注・決済ソフトなどの購入費、クラウド利用費(最大2年分)、ハードウェア(パソコン・タブレット等、レジ・券売機等)関連費、導入関連費。「電子取引類型」では、インボイス対応制度に対応した受発注システムのクラウド利用費(最大2年分)。

「セキュリティ対策推進枠」では、サイバーセキュリティお助け隊サービス利用費(最大2年分)。

「複数社連携IT導入枠」では、基盤導入経費(ソフトウェア、パソコン・タブレット等、レジ・券売機等)、消費動向等分析経費、その他経費など。

補助金シミュレーター

2024では、インボイス枠の「インボイス対応類型」のみ、補助金申請可能額をシミュレーションできる「補助金シミュレーター」を公開している。ソフトウェア等購入費用の「ITツール要件に関わる機能(決済関連ソフトウェア、会計・財務ソフトウェア、受発注ソフトウェア)の希望の有無」と「補助対象経費」の金額、ハードウェア購入費用の「補助対象経費(パソコン・タブレット等、レジ・券売機等)」の金額を入力すると、補助金申請可能額が表示される。

申請・手続きのフローは

中小・小規模事業者とIT導入支援事業者で内容が異なる。「交付決定の連絡が来る前に発注・契約・支払いなどを行った費用については、補助金の交付を受けることができないので、注意して欲しい」と事務局では呼び掛けている。

申請期間は

ホームページ上で公表されている「通常枠」の5次締切日とインボイス枠「インボイス対応類型」の9次締切日、「電子取引類型」の5次締切日、「セキュリティ対策推進枠」の5次締切日は、7月19日17時。「複数社連携IT導入枠」の2次締切日は6月19日17時。以降の各類型におけるスケジュールは随時公開するとしており、予

IT導入補助金2024の現時点で公開されている公募締切日

- 「通常枠」5次締切日
- インボイス枠の「インボイス対応類型」9次締切日
- インボイス枠の「電子取引類型」5次締切日
- 「セキュリティ対策推進枠」5次締切日

→ それぞれ7月19日17時

- 「複数社連携IT導入枠」2次締切日

→ 6月19日17時

※以降の各類型におけるスケジュールは順次公開。予算がある限り公募は続く

IT導入補助金2023の最終回の公募締切日

- 「通常枠(A・B類型)」10次締切日
- 「セキュリティ対策推進枠」10次締切日
- デジタル化基盤導入枠の「デジタル化基盤導入類型」17次締切日
- デジタル化基盤導入枠の「商流一括インボイス対応類型」7次締切日
- デジタル化基盤導入枠の「複数社連携IT導入類型」5次締切分日

→ それぞれ今年1月29日17時

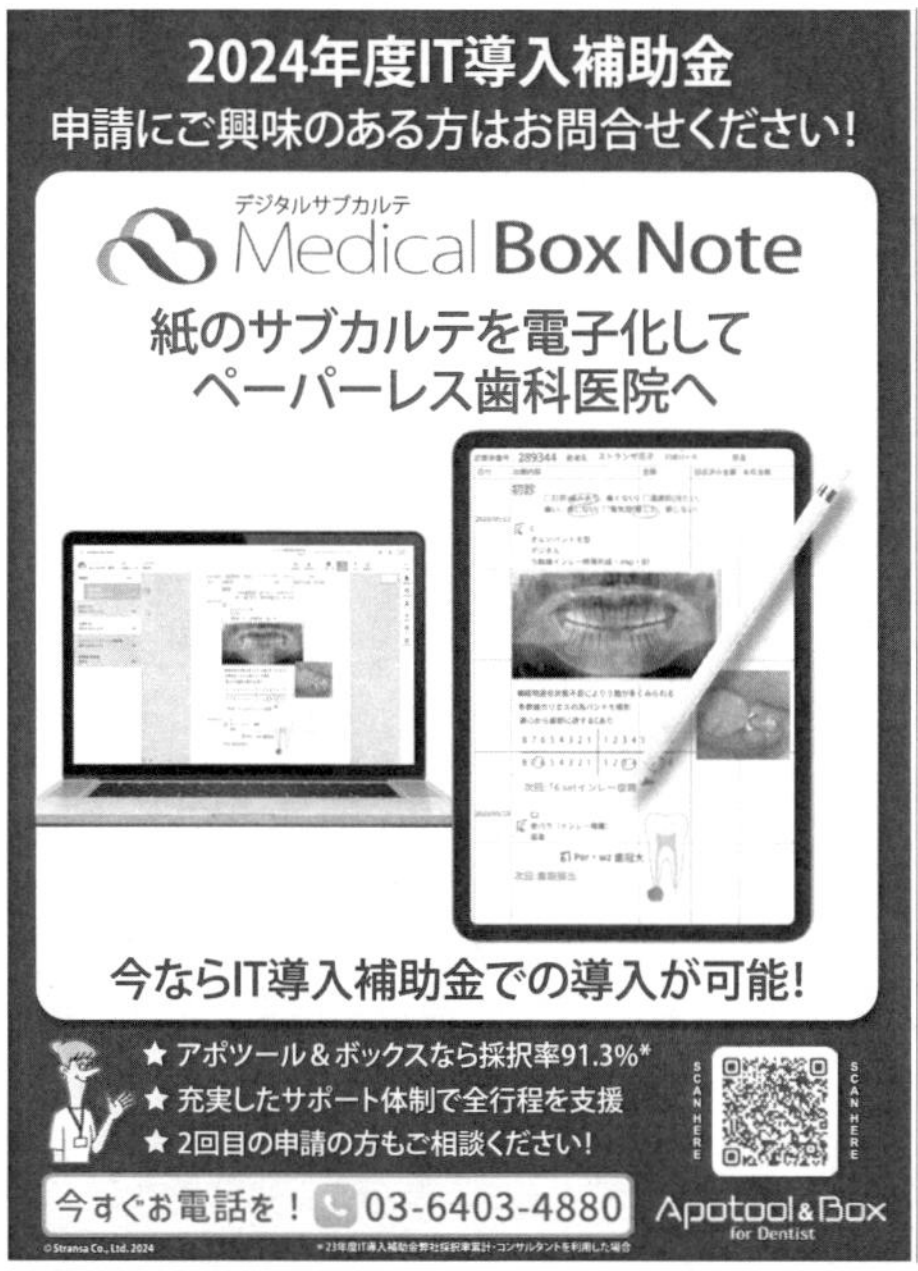
2024年度IT導入補助金
申請にご興味のある方はお問合せください!
デジタルサブカルテ
Medical Box Note
紙のサブカルテを電子化して
ペーパーレス歯科医院へ
今ならIT導入補助金での導入が可能!
★ アポツール&ボックスなら採択率91.3%*
★ 充実したサポート体制で全行程を支援
★ 2回目の申請の方もご相談ください!
今すぐお電話を! 03-6403-4880
Apotool&Box for Dentist

時代が求めています…
歯科診療録
大樹
オンライン資格確認に対応!
大樹からもシームレスに患者情報の閲覧ができます!
新規開業は"大樹"にお任せください。
歯科矯正医の皆様にもお役にたっております。
大樹は25年以上の販売実績があり、全国の歯科診療所・病院歯科・公衆診療所で導入されています!
初期登録費用など必要ありません!
月々約3,708円(税別)
月々約370点の保険点数があれば大樹なら生涯現役です!
大樹 製品説明会(会費無料)
レセコン開発の継承を承ります ご相談ください。
053-473-8011
好評です! 導入支援パック
患者情報引越し無料ツール
レセ電ビュア
点数改定費用
「歯科診療録=大樹(たいじゅ)」資料のご請求はFaxまたはE-mailでどうぞ。
システムウェア大樹株式会社

特集 IT導入

無料のオンライン相談窓口も設置

採択数	
2023	6万5,782件
2022	5万1,889件
2021	3万825件
2020	2万7,840件

採択率等		
2023	【通常枠(A・B類型)】	75.3%
	【セキュリティ対策推進枠】	84.8%
	【デジタル化基盤導入枠】	
	・デジタル化基盤導入類型	76.2%
	・複数社連携 IT 導入類型	100.0%(申請数4)
	・商流一括インボイス対応類型	申請数 0

算がある限りは公募は続く。

前回の2023版では、通常枠（A・B類型）とセキュリティ対策推進枠が10次締切分、デジタル化基盤導入枠のデジタル化基盤導入類型が17次締切分、デジタル化基盤導入枠の商流一括インボイス対応類型が7次締切分、デジタル化基盤導入枠の複数社連携IT導入類型が5次締切分（それぞれ今年1月29日17時）まで公募が続いた。

採択率

採択数は、昨年の2023が6万5782件、一昨年の2022が5万1889件。採択率は2023では、通常枠（A・B類型）が75・3%、セキュリティ対策推進枠は84・8%、デジタル化基盤導入枠のデジタル化基盤導入類型は76・2%だった。デジタル化基盤導入枠の複数社連携IT導入類型の申請数は4、交付決定数は4で採択率は100%、デジタル化基盤導入枠の商流一括インボイス対応類型の申請数は0だった。

活用事例

医療分野におけるこれまでのIT導入補助金では、患者管理や訪問診療への対応、会計業務にかかる時間の削減のため、電子カルテやレセプト管理、会計業務の効率化に対応するITツールが多く導入されている。

一方、複数業種に共通する悩みや課題もあるとして、IT導入補助金ページでは過去の活用事例を業種別に紹介している。

よくある質問

「IT導入補助金2024」ホームページでは、「よくある質問」を通常枠、インボイス枠、セキュリティ対策推進枠、複数社連携IT導入枠別に公開している。補助対象、制度内容、公募期間、申請可否、申請方法、交付取消、審査、添付書類、交付申請、イレギュラー、通知方法、実績報告などの項目別に紹介している。

事務局から

「IT導入補助金2024」ホームページや専用コールセンターにおいて、IT導入支援事業者登録の有無や公募スケジュールを確認して欲しいと注意喚起している。

IT導入補助金2024のホームページ
https://it-shien.smrj.go.jp/

問い合わせ先 TEL：0570-666-376
IP電話等からの問い合わせ先：050-3133-3272
問い合わせ時間：9:30～17:30
月～金（土・日・祝日・年末年始除く）

IT導入補助金対象
クリニッククラウド CLINIC CLOUD GR
無断キャンセルが約1/5に減少
予約を完全自動化
コストをかけずに集患できる!
歯科業界唯一
LINEが使える新システム
クリニッククラウドGR 検索
https://adig.jp/service/clinic_cloud_top/
どのようなことでも、まずはご相談ください
お問い合わせはQRから

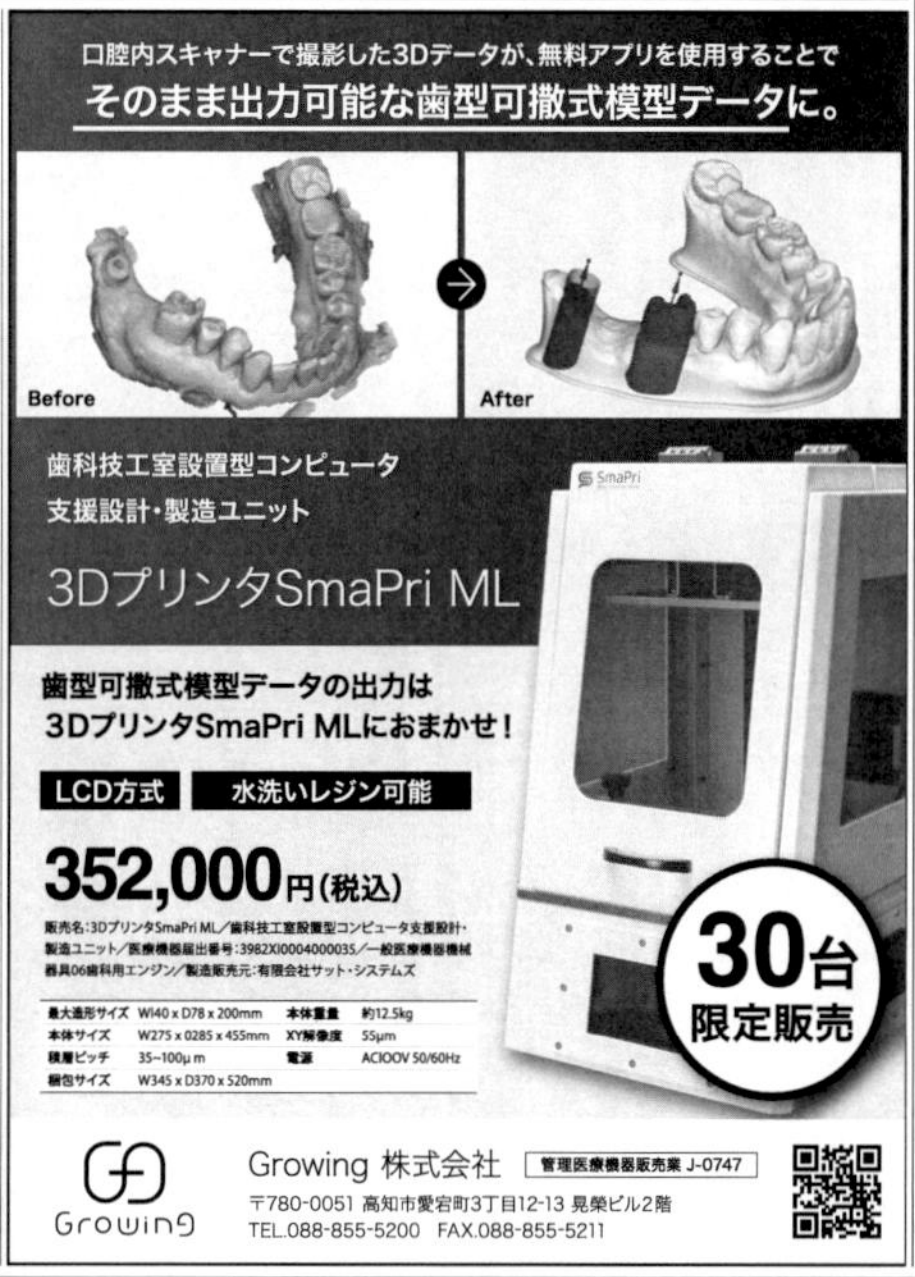
口腔内スキャナーで撮影した3Dデータが、無料アプリを使用することで
そのまま出力可能な歯型可撤式模型データに。
Before
After
歯科技工室設置型コンピュータ
支援設計・製造ユニット
3DプリンタSmaPri ML
歯型可撤式模型データの出力は
3DプリンタSmaPri MLにおまかせ!
LCD方式
水洗いレジン可能
352,000円(税込)
30台限定販売
Growing 株式会社
〒780-0051 高知市愛宕町3丁目12-13 見条ビル2階
TEL.088-855-5200 FAX.088-855-5211

NHOSA ノーザ
IT導入補助金2024
対象商品のご案内
歯科用総合コンピュータシステム
clevia クレヴィア
WiseStaff
正確なカルテ記載は、信頼できるシステムから
予約 Premium
FIT-A
レセPOS
株式会社ノーザ
〒164-0011 東京都中野区中央1-21-4 (ノーザビル)
TEL 03.5348.1881 (代表) FAX 03.5348.1885
WEB https://www.nhosa.com

保険収載
&
IT導入補助金
Wでお得なのは
KAGURA
操作性と精度を追求した日本最小クラスの高性能IOS
DELTAN
Deltan株式会社
〒142-0051 東京都品川区平塚3丁目1-9
050-5474-1999 / info@deltan.co.jp

IT導入補助金対象予定
サイネージ付き自動精算機
ずっと頼れる受付さん
One.Pay Advance
日々発生する煩雑な受付業務の問題をこれ一台で解決。
Opt.one3 の連携とサイネージ機能により患者様の受付から会計支払まで対応!
サイネージ
来院受付
精算処理
診療・会計案内
消耗品の自動発注
アラート
※2024年10月リリース予定
株式会社オプテック OPTech
お問い合わせはこちら
050-5810-0744
〒103-0025 東京都中央区日本橋茅場町2-16-12 トータスビル

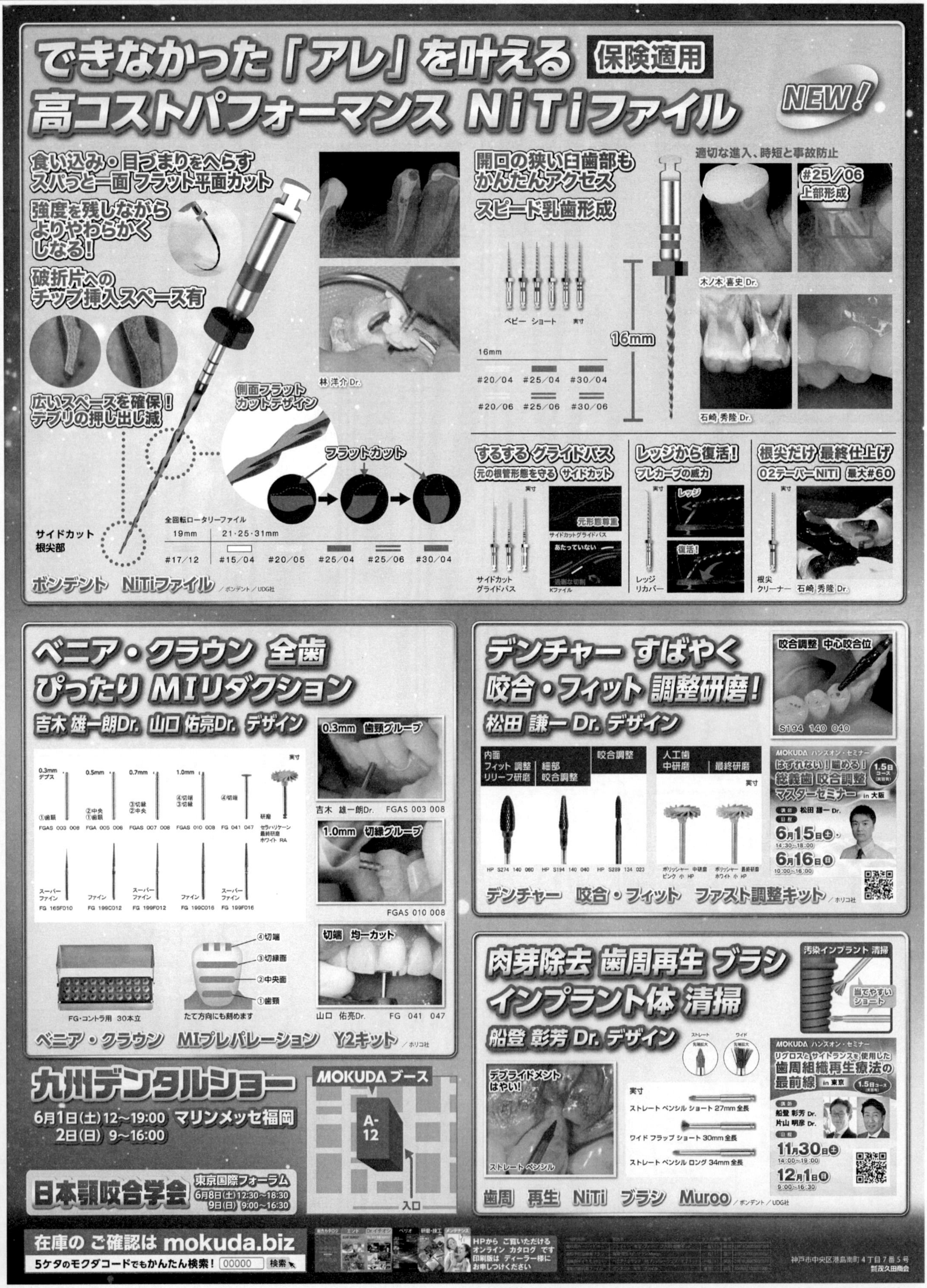

できなかった「アレ」を叶える 保険適用
高コストパフォーマンス NiTiファイル
NEW!
食い込み・目づまりをへらす
スパっと一面 フラット平面カット
強度を残しながら
よりやわらかく
しなる!
破折片への
チップ挿入スペース有
広いスペースを確保!
デブリの押し出し減
側面フラット
カットデザイン
フラットカット
サイドカット
根尖部
全回転ロータリーファイル
19mm
21・25・31mm
#17/12
#15/04
#20/05
#25/04
#25/06
#30/04
林 洋介 Dr.
開口の狭い臼歯部も
かんたんアクセス
スピード乳歯形成
ベビー ショート
実寸
16mm
#20/04 #25/04 #30/04
#20/06 #25/06 #30/06
適切な進入、時短と事故防止
#25/06
上部形成
木ノ本 喜史 Dr.
石崎 秀隆 Dr.
するする グライドパス
元の根管形態を守る サイドカット
サイドカット
グライドパス
元形態尊重
あたっていない
Kファイル
レッジから復活!
プレカーブの威力
レッジ
復活!
レッジ
リカバー
根尖だけ 最終仕上げ
02テーパーNiTi 最大#60
根尖
クリーナー
石崎 秀隆 Dr.
ボンデント NiTiファイル /ボンデント/UDG社
ベニア・クラウン 全歯
ぴったり MIリダクション
吉木 雄一朗Dr. 山口 佑亮Dr. デザイン
0.3mm 歯頸グルーブ
吉木 雄一朗Dr. FGAS 003 008
1.0mm 切縁グルーブ
FGAS 010 008
切端 均一カット
山口 佑亮Dr. FG 041 047
FG・コントラ用 30本立
たて方向にも刻めます
④切端
③切縁面
②中央面
①歯頸
ベニア・クラウン MIプレパレーション Y2キット /ホリコ社
デンチャー すばやく
咬合・フィット 調整研磨!
松田 謙一 Dr. デザイン
咬合調整 中心咬合位
S194 140 040
内面 フィット調整 リリーフ研磨
細部 咬合調整
咬合調整
人工歯 中研磨
最終研磨
HP S274 140 060
HP S194 140 040
HP S289 134 023
デンチャー 咬合・フィット ファスト調整キット /ホリコ社
MOKUDA ハンズオン・セミナー
はずれない!噛める!
総義歯 咬合調整
マスターセミナー in 大阪
1.5日コース
松田 謙一 Dr.
6月15日(土)・
14:30~18:00
6月16日(日)
10:00~16:00
肉芽除去 歯周再生 ブラシ
インプラント体 清掃
船登 彰芳 Dr. デザイン
汚染インプラント 清掃
当てやすい
ショート
デブライドメント
はやい!
ストレート ペンシル
実寸
ストレート ペンシル ショート 27mm全長
ワイド フラップ ショート 30mm全長
ストレート ペンシル ロング 34mm全長
歯周 再生 NiTi ブラシ Muroo /ボンデント/UDG社
MOKUDA ハンズオン・セミナー
リグロスとサイトランスを使用した
歯周組織再生療法の
最前線 in 東京
1.5日コース
船登 彰芳 Dr.
片山 明彦 Dr.
11月30日(土)
14:00~19:00
12月1日(日)
9:00~16:30
九州デンタルショー
6月1日(土)12~19:00 マリンメッセ福岡
2日(日) 9~16:00
MOKUDA ブース
A-12
入口
日本顎咬合学会 東京国際フォーラム
6月8日(土)12:30~18:30
9日(日) 9:00~16:30
在庫の ご確認は mokuda.biz
5ケタのモクダコードでもかんたん検索! 00000 検索
HPから ご覧いただける
オンライン カタログ です
印刷版は ディーラー様に
お申しつけください
神戸市中央区港島南町4丁目7番5号
㈱茂久田商会

日本歯科新聞

2024年(令和6年)
5月28日

<発行所>
日本歯科新聞社
厚生労働省記者クラブ加盟社
〒101-0061
東京都千代田区神田三崎町2-15-2
電話 03(3234)2475
FAX 03(3234)2477
www.dentalnews.co.jp
jdn@dentalnews.co.jp

無断転載禁止

■年間購読料 23,760円(送料込)(本体 21,600円+税)
■月4回、火曜日発行
■郵便口座番号 00120-5-130369

今週号の主な内容

歯科介入で認知症予防?

ヒトで検証へ

日歯大新潟の道川教授講演

歯科治療やケア介入による認知症進行予防効果検証をヒトに対して行う段階にきている――。日本歯科大学新潟生命歯学部の道川誠教授＝写真＝は、19日に名古屋市のホテルメルパルク名古屋で開かれた「デンタルミーティングin愛知」の中で、「認知症の発症・進行予防を目指した『攻めの歯科医療』」と題して講演した。(2面に関連)

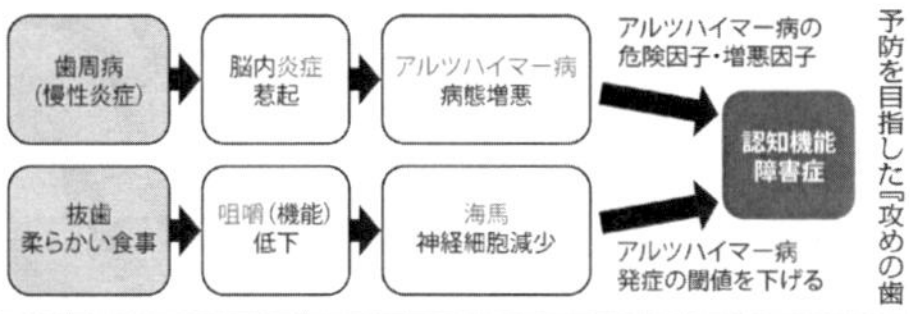

道川教授は、アルツハイマー病の疫学や臨床症状、原因遺伝子、メカニズム、危険因子、診断法などについて解説した。

歯科との関係では、歯周病と歯の欠損とのメカニズムの違いを紹介した。歯周病は内毒素により脳内の炎症を惹起させ、アミロイドβが増加することによってアルツハイマー病分子病態を促進すると説明。一方で、歯の欠損や軟らかい食事による咀嚼機能の低下は、アミロイドβ沈着には影響がなく、海馬の神経細胞が減少することで認知機能障害を起こすことが分かったという。

道川教授は、新潟の認知症疾患医療センターが患者を歯科に紹介して、口腔と認知症の状態を一緒に診ているとし、「歯科の介入をしたら、軽度認知障害(MCI)の人は発症しなくなるのか、軽い認知症の人は進行しなくなるのか、検証を始めている」と強調。歯科治療がMCIや軽度な認知症の発症・進行予防に有効だと証明できれば、歯周治療や歯の欠損治療の推奨につながり、脳の発達の観点から咀嚼の重要性がさらに高まるとの見解を示した。

認知症の危険因子

- Apolipoprotein E4(APOE)
- 歯科疾患
- 糖尿病(久山町研究)
- 誰とも交流しなくなる(孤独)
- 睡眠リズムが乱れる
- 偏った食生活
- 運動不足(国立長寿研)
- 脳を使わない

Snow Man 渡辺翔太さん「1日5回磨く」

23日に開かれたリベルタのハミガキシリーズ「デンティス」のアンバサダー&ウェブCM発表会に男性アイドルグループ「Snow Man」の渡辺翔太さんが登場した。渡辺さんは「オーラルケアも美容の一つ。多い時は1日5回磨きます」とコメント。(7面に関連)

日歯に設置

「会員増強タスクチーム」

役員が未入会者を直接説得へ

日本歯科医師会(髙橋英登会長)は、「会員増強タスクチーム」を立ち上げ、未入会の歯科医師に対して役員が直接アプローチするような取り組みを始めている。23日の定例記者会見で入会促進の話題が出た際に髙橋会長と藤田一雄副会長が報告したもの。

髙橋会長

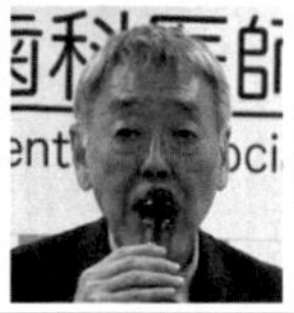

藤田副会長

藤田副会長は、さまざまな会員サポートは行っているものの、「これからは歯科医師会会員のメリットも考えていかなくてはならないと思っている。また、未入会員に対するアプローチも必要」との考えを示した。

髙橋会長は、歯科医師として診療だけでなく公益性のある仕事をする必要性を前提として強調。

その上で、医療訴訟が増えている中で、特に会員に非がないケースに対しては会員を守る必要性があるとし、「安心して診療できる環境を作っていくのも歯科医師会のメリットでもあると考える」と話した。

また、診療報酬改定の財源を連盟が確保し、日歯が貼り付けていく工程についても触れ、「(会は)会員からいただいた会費で活動している。ただし、(活動結果の恩恵は)会費を払わない非会員の先生も同じ条件で享受されている」と指摘。

「今回は、直接非会員の先生と会って、歯科医師会の大切さを直接訴える方法を取ろうとしており、実は北海道からスタートしている」と明かした。

プリズム

「皆歯科健診」を共有しよう!

▼岐阜県美濃加茂市で始まった「市民皆歯科健診」について、日歯連盟の広報紙で「全国初」と報じたところ、大阪の吹田市が昨年秋から行っているとの情報提供が連盟にあったそうだ。本紙も正直なところ、第一報を報じた時点で吹田市の取り組みを把握していなかった。市(町村)民皆歯科健診を行っているところがあれば、お知らせいただけたら幸いだ。

さて吹田市では、昨年10月より、15歳から74歳まで、本人の誕生月または翌月に受診できる。希望者は市の協力歯科医院(吹田市歯科医師会会員)に連絡をして予約。健診に加え、歯のクリーニングも受けられるとのこと。窓口負担は当然無料。

各地の取り組みを歯科医師会と自治体が共有、検証していくことで、より多くの市民に貢献できる健診の在り方が見えてくるかもしれない。

▼5月14日付本紙1、2面で取り扱った「国民生活センターへの歯科相談」に関する記事の中で、歯科診療中に患者が受けた治療ミス、痛みについて「危害」という表現を使ったことに違和感を覚えた読者が多かったかもしれない。センターの使用する用語をそのままなぞったものだが、確かに刑事的な被害事例だとも思われかねない表現だった。

もちろんケースバイケースになるが、今後も同様の場合には補足説明や表現など工夫したいと思う。

アジア太平洋歯科大会

日歯が18年ぶりに復帰

地震の義援金で台湾から感謝状

日本歯科医師会（高橋英登会長）が、これまで脱退していたFDIアジア太平洋地域機構（APDF／APRO）のアジア太平洋歯科大会に18年ぶりに復帰することが決まった。2日から5日に台湾で開かれた第45回アジア太平洋歯科大会の総会で承認されたもので、23日の日歯定例記者会見で末瀬一彦常務理事が報告した。

会見では８月に行われるＳＣＲＰ日本選抜大会の紹介もあった

◆◇◆

末瀬常務理事は、定款の透明性や財務上の問題から2006年にAPDF／APROを脱退していたと説明。定款が改正され、正しい運営がなされているとの報告があった点や、役員の中でアジア太平洋地域の口腔保健活動への積極的な取り組みを検討する中で、アジア太平洋諸国の大部分が参加している同会議の重要性を鑑みて復帰を決定。APDF／APROに上程し、総会で加盟23カ国が全会一致で復帰を承認したとのこと。

「今回はオブザーバーとして参加したが、改めて次年度からは正式な会員として復帰する」と述べた。

◇◆◇

さらに、末瀬常務理事は、台湾の花蓮地震に伴って、日歯が台湾歯科医師会に義援金100万円を送金したことに対する感謝状が3日、台湾保健大臣から手渡されたと紹介。

また、4月にはシンガポール共和国で開かれたIDEM2024で「Current Status and Prospects of Digital Dentistry in Japan」と題して特別講演してきたことも報告した。

講演では、超高齢社会における歯科医療の位置付け、医療費の課題、8020運動の成果、そして医療保険へのデジタル機器や材料の積極的な導入などについて話したという。

花蓮地震に伴い義援金を送った台湾の保健大臣から感謝状を受け取った末瀬常務理事

財政審「進むべき方向」

地域別単価も記載

日歯は改めて反発

財務省の財政制度等審議会は21日、診療報酬の地域別単価や新規開業規制の導入などの考えも含まれる「我が国の財政運営の進むべき方向」を取りまとめた。人口構成の変化、自然災害や安全保障環境の変化などを踏まえ、財政の強靭化の必要性を強調しており、「医療・介護制度改革に取り組み、公費と保険料負担の抑制に努めることが重要」とも記している。

◆◇◆

同建議では、医療については、過剰な医療提供を招きやすい構造になっていると指摘。医療提供体制の項目では、医師の偏在について言及し、診療報酬の地域別単価や新規開業規制の導入に触れている。

同内容は財務省のホームページ内で公表している。

◆◇◆

なお、23日に開かれた日本歯科医師会の定例記者会見で林正純副会長＝写真＝は、記者の質問を受け、改めて診療報酬の地域別単価について反対の意を示した。

愛知県歯連盟がデンタルミーティング

愛知県歯科医師連盟（内堀典保会長）は19日、令和6年度「デンタルミーティングin愛知」を名古屋市のホテルメルパルク名古屋で開いた。歯科医療の諸問題について、自民党の県選出国会議員、県議会議員等と共通認識を持ち、歯科医療政策実現を目指すのが目的。今回のテーマは「認知症の発症・進行予防を目指した『攻めの歯科医療』」で、同タイトルで日本歯科大学新潟生命歯学部の道川誠教授が講演し、地区歯科医師連盟、歯科関係団体、県歯、県歯連盟と議員らが親交を深めた。（1面関連）

㊤県内の連盟関係者や自民党議員が交流を深めた
㊦あいさつする内堀会長

◆◇◆

主催者あいさつで内堀会長は、議員立法として「あいち歯と口の健康づくり八〇二〇推進条例」ができて10年以上が経ち、見直しが必要になったことを振り返り、「県は作る時よりも改正時の抵抗感が強く、苦労した」と発言。「議員の先生方のおかげで昨年3月に改正を行うことができた」と感謝の意を示した。

そして、オーラルフレイルや口腔がん、医療的ケア児の問題が盛り込まれ、医療計画や健康日本21あいち新計画、歯科口腔保健基本計画などにしっかりと歯科について盛り込むことができたと強調した。

また、国民皆歯科健診について、県議会議長名で意見書を出してもらったと報告。愛知県でも歯科健診に力を入れているとし、「認知症や介護予防の観点からも愛知県の健康事業が1番になるような健康格差のない県にしていきたい」と理解と協力を願った。

◆◇◆

来賓では、自民党愛知県支部連合会会長の丹羽秀樹衆議院議員、日本歯科医師連盟の太田謙司会長、日歯連盟顧問の山田宏参議院議員、比嘉奈津美参議院議員がそれぞれあいさつ。

道川教授による講演後、第二部の意見交換会では、自民党愛知県議員団の石塚吾歩路団長のあいさつや、選挙区ごとに出席議員の紹介が行われた。

口腔保健推進法で山田議員

「改正案は今国会に」

日本歯科医師連盟顧問の山田宏参議院議員＝写真＝は、生涯を通じた歯科健診（いわゆる国民皆歯科健診）を推進するための「歯科口腔保健推進法の改正案」について、「なんとか今国会に提案できるのではないかと思っている」との考えを示した。19日に名古屋市のホテルメルパルク名古屋で開かれた「デンタルミーティングin愛知」の来賓あいさつの中で述べたもの。

山田議員は、歯科口腔保健推進法の改正案について「昨年、維新以外には了解を取れたが、維新の反対で止まってしまった」と振り返り、「政調会長を中心に維新との話を進めており、なんとか今国会に提案できるのではないかと思っている」と報告。「これが進めば、生涯を通じた歯科健診を進めることが盛り込まれ、大きな後押しになっていくと思う」と述べた。

さらに「国民皆歯科健診については、いきなり先生が全国民にするのは大変なことになるということなので、まずは職場や地域、施設で簡易な検査キットを使って口腔内の状況を見て、必要な人に必ず歯科診療所に足を運んでもらうことを今、国の方で検討している」との方向性を示唆した。

歯科情報学

松尾　通

歯科助手が"CA"になる

「この夏、自信を手に入れる」。

われながら上手にできたコピーだと思う。日本歯科医師会広報委員会で対外PRを中心に活動していた時期があった。電通系の会社と一緒に仕事をして、TV、新聞、雑誌等、対外PRのノウハウを学んだ。この時の経験が後年、学会活動などで役に立った。冒頭のコピーは歯科医療を支える歯科助手諸君を中心に歯科受付、そしてライセンスを持つ歯科衛生士などにエールを送り、歯科医療の活性化と人材確保に資するためのものである。

◇

若年者を中心に人手不足が深刻になり、どの業界も人材確保に懸命である。歯科衛生士の求人難はここ数年ますます酷い状況になった。仕事の範囲は広がり、生きがいを感じる職業になり、給与もかなり上昇した。米国で歯科衛生士は人気職種の上位で、社会的地位も高い。日本も少しずつ近づいていると思うのは業界の人だけであり、一般的な評価はまだまだと言える。

歯科衛生士を養成する現場では学生の定員確保に懸命である。毎年、国試を終え、社会に送り出される歯科衛生士の数は大体決まっていて、絶対数はとても満たされない。有効求人倍率は20倍以上が現状であり、採用ができればラッキーと言っていい。

また、歯科衛生士の仕事の幅が広がるなかで予防歯科の専門家として自分の資格を生かす職場を選ぶことも恒常化している。

◇

歯科医師の仕事のパートナーとして欠かせない存在なのが歯科助手や受付諸君である。優秀な歯科助手や受付がいないと、歯科医院の仕事が回らない。人手不足もあるが、近年、歯科助手の採用もだんだん難しくなってきた。人が来ない、また、せっかく採用してもすぐ辞めてしまう、院長のため息が聞こえてくる。何とか手を打たないと、労務閉院に追い込まれてしまう。

何かできないのか、新しい優れた人材を歯科界に呼び込むために。また現在、歯科界で働いている有能な人材を、他業種に流出させないために。

結論は、新しい職業へと呼称を変更することだ。幸い「クリニカル・アテンダント」が商標登録を取得できた。航空業界のCA（キャビン・アテンダント）は乗客の安心・安全を図る職業として今も高い人気を持つ。口腔業界のCA（クリニカル・アテンダント）は、患者さんのオーラルヘルスのパートナーとして安心・安全に注力しながら生涯寄り添える。準備期間を経て、いよいよ教育活動をスタートする。

◇

歯科助手や受付の諸君、24年6月2日のCA一日セミナーに参加されたい。充実したプログラムで覚醒するだろう。

日本歯科TC協会主催
info@tcj.or.jp

（東京都開業）

2024.5.28

歯科国試にチャレンジ

３９３　2023年（第116回）より

要介護高齢者の自宅療養において、身体介護や家事援助介護サービスを主業務とする職種はどれか。1つ選べ。

a　看護師
b　保健師
c　訪問介護員
d　介護支援専門員
e　医療ソーシャルワーカー

答えは本紙のどこかに！

6割の母親が乳歯保管

乳歯を保管している母親は62％いることが分かった。歯髄幹細胞の研究開発を行っているアエラスバイオ（本社・神戸市、菊池耕三社長）と歯科医院の加盟事業「ママとこどものはいしゃさん」を運営するウィンポイント（本社・兵庫県加東市、山田真由美社長）の調査によるもの。両社によると、乳歯には再生医療などに活用できる歯髄幹細胞が豊富に含まれているといい、乳歯をはじめとした抜歯後の歯を保管する歯髄幹細胞バンクの利用を勧めている。調査は今年4月に、子供のいる30～40代の母親500人に対してインターネットで行った。

保管場所に困る声も

抜けた乳歯をどうするかの質問に62％が「保管している」と回答し、35％は「全ての乳歯を保管している」と答えた。保管、処分する理由の質問では「子供の記念だから（保管）」45・0％、「なんとなく捨てにくいから（保管）」25・8％の他、「屋根に投げるなどの習慣（処分）」21・6％、保管するという選択肢がなかった（処分）」11・8％などの回答があった。また、保管する時に困ったことなどの質問には「場所や容器をどうしたらいいかわからない」「保管しているが衛生面が気になる」「保管する意味があるのかわからない」などがあった。

在宅看取りの課題を議論

神奈川保険医協

神奈川県保険医協会（田辺由紀夫理事長）は18日、第32回在宅医療・介護セミナーを開催した。アドバンス・ケア・プランニング（ACP）との関わりを中心とする在宅看取りの課題について、医療、介護の第一線で働く医師、看護師、介護事業者が議論。会場とオンラインのハイブリッドで、会員以外を含めて約450人が参加した。

同会地域医療対策部長の岡田孝弘氏（医師）が座長とイントロダクションを行い、その後、野村良彦氏（医師）が「多死時代の在宅看取り」、染谷京子氏（看護師）が「訪問看護師によるACPの取り組み」、工藤美弥氏（介護事業者）が「グループホームでの看取りのあり方」をテーマにそれぞれ話題提供。総合討論では、石川茂樹氏（歯科医師）を含めて、現場での課題を話し合った。

岡田氏は、「在宅看取りの患者の多くが、どのような最期を迎えるかについて、家族を含め誰にも伝えていない。そのため、いざという時に、家族が延命治療を希望するケースもある」と問題提起。あらかじめ、本人を主体にACPを話し合っておく意義があると示した。

在宅看護に従事する工藤氏は、ACPを提案するタイミングによっては「縁起でもない」などと拒否されることもあるため、一度に提案するのではなく、行政が作成したパンフレット類の利用や、さまざまな機会で少しずつ意思確認を積み重ねる方策を提案した。

一方、在宅看取りを30年間続けてきた野村氏は、かかりつけ医の医療的な役割を「病状の把握と変化を予見する」「多職種と連携し適宜、紹介する」「患者、家族の相談に乗る」「確固たる医療観、死生観を示す」などの側面から提示。がん以外の終末期は慢性で推移し、急変がないという特徴があることから、死期も含めて変化が予測可能であり、本人、家族が心の準備をするためのサポートも求められると述べた。

◆◇◆

総合討論で、在宅診療に従事する歯科医師の立場で議論に加わった石川氏は、これまで終末期に歯科が関わりにくかったものの、終末期には誤嚥性肺炎予防や口渇改善のため、口腔内を湿潤で清潔な状態に保つケアが求められるとの考えを示した。その一方、舌が委縮して声が出しにくくなっていることから、本人の意思表示が難しい状態だとの認識が必要だと述べた。

今次改定で、終末期における歯科衛生士の訪問回数が月4回から8回に緩和されたことを受け、「多職種連携の中で口腔の専門家として歯科医療従事者の学びも重要だ」と強調した。

Interview

岐阜県美濃加茂市 「市民皆歯科健診」スタート

支給額は約4200円

岐阜県美濃加茂市で、18～74歳の市民全員が年1回無料で歯科健診を受けられる「市民皆歯科健診」が全国に先駆けて4月からスタートした。歯科界が実現を目指している「国民皆歯科健診」のモデルケースとなる可能性もあって、注目を集めている。事業実施の経緯や、市行政と歯科医師会との関わり、今後の展望などを加茂歯科医師会の河村二郎会長に聞いた。

――市民皆歯科健診が実現した経緯を教えてください。

河村　美濃加茂市は「健康寿命日本一」を目標に掲げ、第6次総合計画の健康テーマ「心の健康・体の健康・社会の健康」に即した、「みのかも健康10か条」を定めています。その中の二つが、「健診を受けよう」と「自分の歯を残そう」ということもあって、市と加茂歯科医師会で具体的な行動政策を模索してきました。

国の骨太の方針に「国民皆歯科健診」の推進が掲げられていることもあり、藤井浩人市長と歯科医師会（連盟）は、昨年11月に開かれた日本歯科医師連盟主催のシティデンタルミーティングに参加し、さまざまな情報を収集しました。

市のポスターを手にする河村会長

そして、協議を重ね、本年2月に市民皆歯科健診の議案と予算案を市議会に提示し、3月には可決承認されました。

◆◆◆

――これまでの市の歯科健診はどのような状態だったのでしょうか。

河村　実は前市長も歯科医療保健の大切さにとても理解があり、母子保健法や学校保健安全法による歯科健診のある中学生まではもちろんのこと、20歳から70歳まで5歳刻みで健康増進法による歯周病検診、75歳以上には「ぎふさわやか口腔健診」が行われていました。歯科医師会と市行政との協力体制の土台はその頃から強くなっていたと感じています。

ただ、高校生から成人以降の健診はなく、20歳からの歯周病検診の受診率が約6％と低い実情がありました。

この市民皆歯科健診を機に、18歳という若年層から、歯科健診の定着化を図り、歯・口腔への意識付けを促進させ、健康寿命の延伸、医療費の削減につなげていきたいという狙いがあります。

◆◆◆

――歯科健診は歯科医師会会員の診療所で受けられるとのことですが、どのような流れで受診するのでしょうか。

河村　患者さんは加茂歯科医師会会員リストから受診する医療機関に電話をして予約します。20歳からの歯周病検診もそうなのですが、市から歯科医師会に委託された事業ということで、対象は会員の歯科医院になっています。

健診票＝参考＝は各歯科医院にあるので、それに沿って健診を行います。自覚症状、生活習慣、口腔機能低下に関する質問や、現在歯・喪失歯、歯肉の状況などをチェックします。

◆◆◆

――患者は無料ですが、市から医院にはどのくらい費用が出るのでしょうか。

河村　初診料や歯周基本検査などを参考に一人当たり約4200円が支払われるようになっています。市への申請は各医院で行います。

詳しい検査や治療が必要な場合は、精密検査依頼書が発行され、1カ月以内に受診すると再診、それ以降だと初診扱いの受診となります。

◆◆◆

――実際に4月からスタートして、1カ月が経ちますが、状況と今後の展望を教えてください。

河村　実際に受診してくださる患者さんもいて、対応する歯科医院でも特に問題になっていることはありません。

今後、より多くの市民の人達に受診してもらえるように、周知活動にも力を入れたいと考えています。この事業を計画するに当たって、歯周病検診の受診率を参考に、市民約3万7千人の6％に当たる約2200人の受診を想定しているのですが、個人的には10％は目指したいと思っています。

予算は決まっていますが、受診者が増えれば補正予算で対応できると思いますし、国民皆歯科健診に関わる国庫補助金を活用するものなので、積極的に受診者を増やす活動をしていくつもりです。

また、加茂歯科医師会が管轄するエリアは、美濃加茂市だけではないので、他市でも皆歯科健診を取り組めるように会としては働き掛けていきたいです。

参考

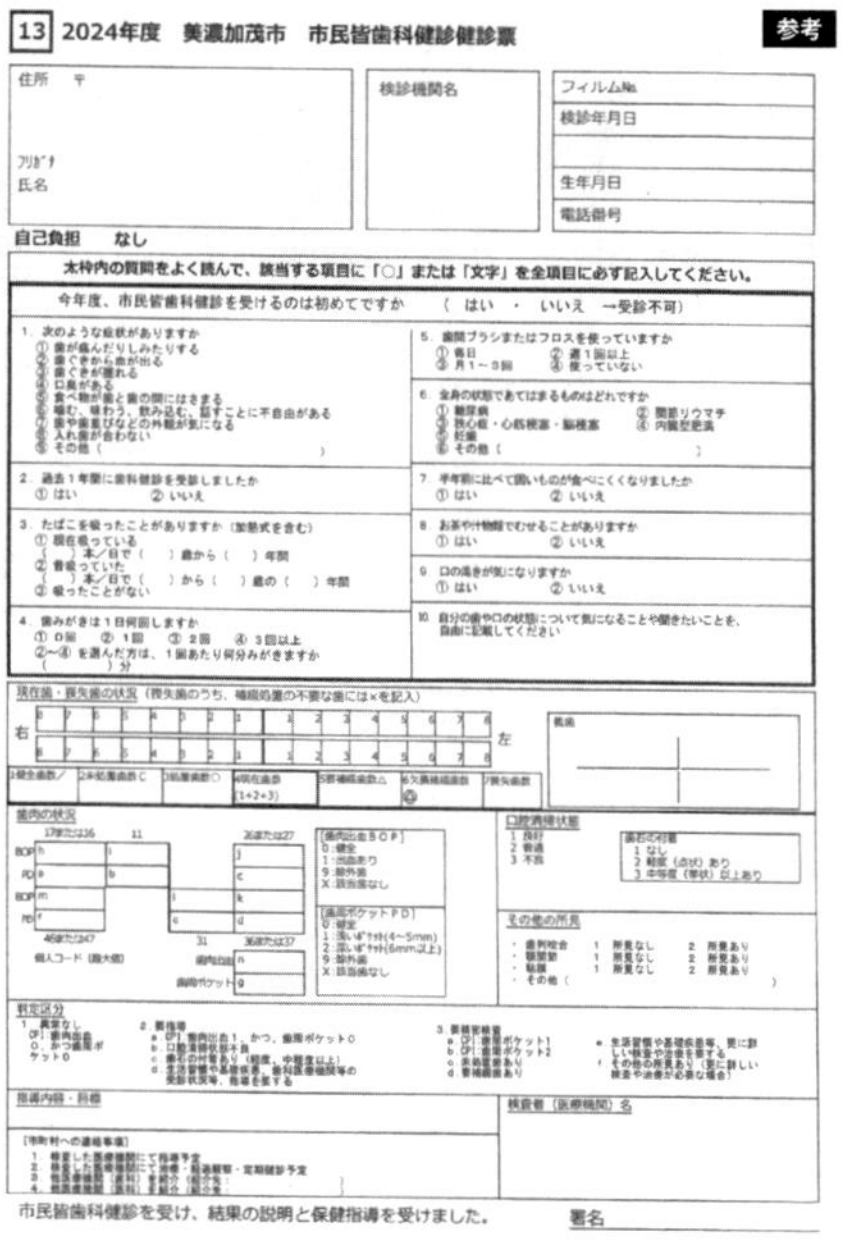
13　2024年度　美濃加茂市　市民皆歯科健診健診票

住所　〒　／　フリガナ　氏名　／　検診機関名　／　フィルムNo.　／　検診年月日　／　生年月日　／　電話番号

自己負担　なし

太枠内の質問をよく読んで、該当する項目に「○」または「文字」を全項目に必ず記入してください。

今年度、市民皆歯科健診を受けるのは初めてですか　（　はい　・　いいえ　→受診不可）

1．次のような症状がありますか
① 歯が痛んだりしみたりする
② 歯ぐきから血が出る
③ 歯ぐきが腫れる
④ 口臭がある
⑤ 食べ物が歯と歯の間にはさまる
⑥ 噛む、味わう、飲み込む、話すことに不自由がある
⑦ 歯や歯並びなどの外観が気になる
⑧ 入れ歯が合わない
⑨ その他（　　）

2．過去1年間に歯科健診を受診しましたか　① はい　② いいえ

3．たばこを吸ったことがありますか（加熱式を含む）
① 現在吸っている（　）本／日で（　）歳から（　）年間
② 昔吸っていた（　）本／日で（　）から（　）歳の（　）年間
③ 吸ったことがない

4．歯みがきは1日何回しますか　① 0回　② 1回　③ 2回　④ 3回以上
②～④ を選んだ方は、1回あたり何分みがきますか（　）分

5．歯間ブラシまたはフロスを使っていますか　① 毎日　② 週1回以上　③ 月1～3回　④ 使っていない

6．全身の状態であてはまるものはどれですか　① 糖尿病　② 関節リウマチ　③ 狭心症・心筋梗塞・脳梗塞　④ 内臓型肥満　⑤ 妊娠　⑥ その他（　）

7．半年前に比べて固いものが食べにくくなりましたか　① はい　② いいえ

8．お茶や汁物等でむせることがありますか　① はい　② いいえ

9．口の渇きが気になりますか　① はい　② いいえ

10．自分の歯や口の状態について気になることや聞きたいことを、自由に記載してください

現在歯・喪失歯の状況（喪失歯のうち、補綴処置の不要な歯には×を記入）　右　左

歯肉の状況　個人コード（最大値）

歯肉出血BOP　0：健全　1：出血あり　9：除外歯　X：該当歯なし

歯周ポケットPD　0：健全　1：浅いポケット（4～5mm）　2：深いポケット（6mm以上）　9：除外歯　X：該当歯なし

口腔清掃状態　1 良好　2 普通　3 不良

歯石の付着　1 なし　2 軽度（点状）あり　3 中等度（帯状）以上あり

その他の所見　・歯列咬合　1 所見なし　2 所見あり　・顎関節　1 所見なし　2 所見あり　・粘膜　1 所見なし　2 所見あり　・その他（　）

判定区分　1．異常なし　2．要指導　3．要精密検査

指導内容・目標　／　検査者（医療機関）名

［市町村への連絡事項］

市民皆歯科健診を受け、結果の説明と保健指導を受けました。　署名

実現に際しては藤井浩人市長（右）と連携してきた

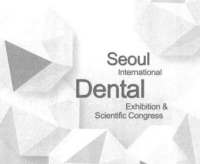

みのかも健康10か条

第1条　健診を受けよう　受診率を上げる
第2条　自分の歯を残そう　80歳までお肉を食べられる（8029率）
第3条　突然死をなくそう　心肺蘇生などの浸透
第4条　運動をしよう　ウォーキング等する人を増やす
第5条　正しい食事をとろう　野菜摂取と減塩
第6条　良質な睡眠をとろう　快眠率を上げる
第7条　ストレスをためない生活を送ろう　ストレスチェックを定期的に受ける
第8条　突然の事故を減らそう　予防しながら事故発生率を減らそう
第9条　誰かとつながろう　地域で見守ろう
第10条　医療と福祉の連携を深めよう　医福連携率を上げる

特集 口腔の大切さ伝える健口大使・アンバサダー

5県の歯科医師会の取り組み紹介

社会における歯科医療の重要性は、歯科関係者なら誰もが理解していると思うが、それを国民にいかに伝えていくかは、永遠のテーマとも言えるだろう。一つの方法として、国民や県民に人気のある著名人から情報発信をしている歯科医師会がある。今回は、協力いただけた栃木県、長野県、愛知県、兵庫県、広島県の歯科医師会の健口（健康）大使とアンバサダーを紹介する。

イベントや広告媒体に出演 SNSで若い世代に情報発信

栃木

栃木県歯科医師会は、「歯及び口腔の健口大使」として、バレエダンサーの遅沢佑介さんと、プロボウラー・声優の渡辺けあきさんを起用している。二人はいずれも栃木県出身。

遅沢佑介氏は、熊川哲也さん創立のKバレエカンパニーにおいて当時プリンシパルとして活躍、2022年には名誉プリンシパルに就任、現在は宇都宮市を拠点に指導者としても活躍している。

渡辺けあきさんは、現在声優としても活躍するプロボウラー。健口大使就任後の2019年には中日杯東海オープンで公式戦初優勝を果たした。

県歯によると「栃木県民の歯及び口腔の健康づくり推進条例」の制定を機に、県民に口腔の健康の重要性を伝えることを目的に大使を任命したという。

■朱紫令真さん

朱紫さんの実績

（抜粋）

・東海信越地区歯役員連絡協議会、長野県歯科医師会新年祝賀会、郡市会訪問等への出席
・テレビ信州「ゆうがたGet!」出演、高ボッチ高原ＦＭ「朱紫令真のStar Dental Radio」出演（本会スポンサー番組）
・ポスター制作（病診連携啓発及び歯科受診促進）

長野

長野県歯科医師会では、2019年から県民の健康寿命延伸に向け、健口づくりに理解があり、発信力のある人を「長野県民健口大使」に任命している。

2023年春に、宝塚歌劇団を退団した朱紫令真さんが長野県で活動していることを知り、「親しみやすく、歯科口腔保健を分かりやすく県民に説明できる人材」と考えてオファー。「華やかで明るいキャラクターから、幅広い年齢層に向けてのPRを期待している」とのことだ。

年間契約で1年ごとに更新することになっており、確認して契約内容を県歯主催のイベント・講演会への参加や、健口づくりに関する広告媒体等への出演、自身のチャンネル（SNS等）を活用した啓発活動などを行う。

県歯によると「本会の広報活動で弱点となっていた女性や若者向けの情報発信に活躍いただいている」という。

現在は、秋ごろの放送を目指してVTR―CM制作を計画している。

愛知

愛知県歯科医師会は、「愛知県に在住で発信力があり、日ごろから歯科の定期健診を受けるなど、歯と口の健康に留意している人」に健口大使として「歯科の定期健診の重要性」を県民に広報してもらうため、2009年に人選を開始。同年秋にプロ野球の地元中日ドラゴンズを引退したミスタードラゴンズと呼ばれる地元のスーパースター立浪和義さんに依頼し、翌年4月から「愛知県歯科医師会8020県民健口大使」に就任した。中日ドラゴンズの監督に就任した現在も大使を継続している。

契約終了期間は特に設けていないが、1年ごとに更新。さまざまなイベントや啓発活動を通して、歯科の定期健診受診率アップや、8020運動の認知度アップ、中日ドラゴンズ選手のコーチやスタッフの歯科健診などにもつながったという。スポーツ選手からの注目も集まり、結果としてプロバスケットBリーグの名古屋ダイヤモンドドルフィンズ（2023年1月締結）とシーホース三河（2024年6月締結予定）との包括協定も結び、プロ選手から中高生までのスポーツマウスガードのPRにつながっている。

■立浪和義さん

県歯のイベントで抽選の当選発表を行う立浪さん

立浪さんの実績

（抜粋）

・8020特別表彰式でのプレゼンター
・月刊『ドラゴンズ』誌面で歯と口の健康の重要性をコメント
・東海ラジオ番組「立浪和義のキャッチボールラジオ」内で６月の「歯と口の健康週間」と11月の「いい歯の日」前後に歯科健診の重要性を県民にアピール
・2010年度から県歯制作ＴＶ「歯ッピーライフ」に出演
・2022年11月、内堀会長と元プロビーチバレー選手でタレントの浅尾美和さんと立浪氏との鼎談を実施し、中日新聞に掲載
・県歯の新聞等への広告、印刷物への肖像権使用

■信濃宙花さん

■小島愛子さん

兵庫

兵庫県歯科医師会は、テレビ・新聞・ラジオなど旧来のメディアではなく、Xやインスタグラム、YouTubeなど新しいメディアを使って、主に若い世代に向けて口腔の健康に関する情報を発信するため、地域の若い世代にアピール力があると思われる地元アイドルグループSTU48メンバーを起用した。

今年度は信濃宙花さんと小島愛子さんで、契約期間は4月から来年3月までの1年間。

毎月8日にXへ口腔の健康に関する情報をポストするほか、YouTube向けの動画撮影、啓発ポスター用スチール写真の撮影、県歯イベントへの参加などを行う。

毎月のXでの投稿には1万件以上のアクセスがあり、YouTubeでの啓発動画やホームページ、インスタグラムでも多くの閲覧者を得ているとのこと。

広島

広島県歯科医師会は、作曲家でギタリストの森本ケンタさんを「歯と口の健康大使」に起用。県の広報番組に出演していたこともあり、県民からの認知度が高く、さわやかで親近感がわくキャラクターで、県歯会員と親交があったこともきっかけとなった。

2021年6月に就任し、特に契約期間の定めはない。

動画「かみかみ百歳体操」に出演し、YouTubeでの公開（4月23日時点で3・3万回再生）や、県内の地域包括支援センターにDVDを送付した。6月4日の中国新聞に掲載もされている。コロナ禍で、マスクを着用したままでもできる動きを取り入れ、各地の通いの場で活用された。

■森本ケンタさん

My Way

医科や定食屋、靴屋も運営

メディスタイル（徳永淳二理事長）

医療に捉われず「価値」を提供

総合歯科として訪問歯科診療・美容皮膚科・形成外科のほか、小児歯科専門クリニック、皮膚科アレルギー科クリニック、がんサポート外来など、神奈川県逗子市と葉山町に五つのクリニックと五つの関連施設を開設しているメディスタイル。取材のために、受付に入った瞬間から心癒される雰囲気に驚いた。「人」を中心とした医療を軸としている徳永淳二氏に、医院での取り組み、歯科医院における人材育成・組織開発の必要性について聞いた。

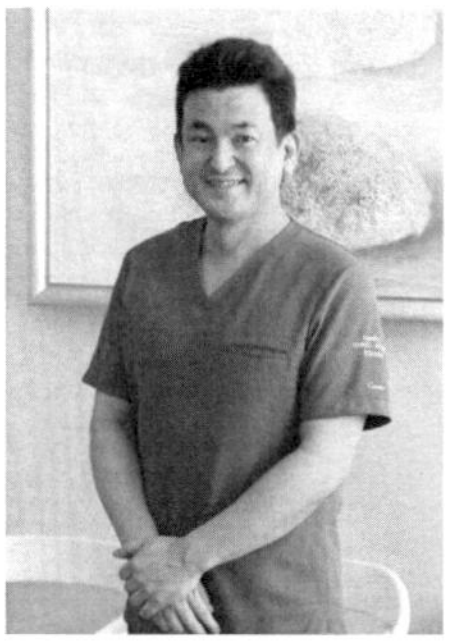

――歯科のみならず皮膚科、形成外科等の診療科を設けた理由は。

徳永　メディカル（医学的）な視点からライフスタイル（生活様式）をデザインしたいとの思いから、「メディスタイル」という名前を考えました。当院のコンセプトとして「社会を明るく元気にすること」を掲げており、医療はもっと社会に役に立つと考えています。

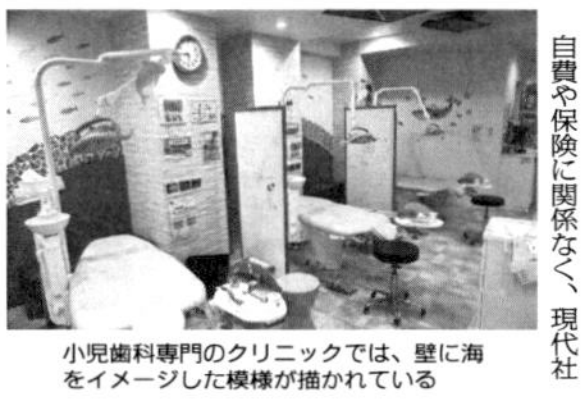

小児歯科専門のクリニックでは、壁に海をイメージした模様が描かれている

スタッフとの一コマ

自費や保険に関係なく、現代社会に何が必要とされているのかという視点から「治療以上の価値」を提供したいとの考えで、医療の枠にとらわれず、医師と歯科医師が監修した定食屋を立ち上げ、現在は保育園、靴屋、鍼灸院など五つの関連施設を運営しています。

例えば、「しっかり食べて元気に歩く」という健康の基本を具現化すべく、「足と靴のサロン（靴屋）」では、足に合った靴を販売するだけではなく、鍼灸師や理学療法士による歩き方の癖を治すトレーニングを行い、転倒防止や足のトラブル予防を啓蒙しています。患者層は10～90代と幅広いですが、高齢患者さんにとっては、転んで骨折すると在宅医療につながるので重要です。

一方で、形成外科のフットケア外来には、足の病気を抱えた患者さんが多くいます。歯科の視点からも、噛み合わせの治療などできることがあります。医療と靴屋の連携が面白いのです。

――人材育成や組織開発にも力を入れているようですが。

徳永　患者さんもスタッフも「人」です。「人」が育たなければ、仕事は発展せず苦労が増えるばかりです。

以前までは「私の理想」という大きな旗を持って「ついてこい！」と院長自身が全て主導して、スタッフがついて行くような体制でした。しかし、そっと後ろを振り返った時には、実は誰も付いてきておらず、いつの間にかチームがバラバラになっている状態でした。「人」がいるのに動けない、そんな状況を目の当たりにして危機感を覚え、人材育成に関する本などを読みあさりました。

しかし、本を読みあさっても「人と組織」は簡単ではなく、事業の数が増え、スタッフの数が増えても入れ替わりが多く、事業は思うように発展しませんでした。そして、自分だけの感覚や体力に限界を感じ、本格的に「人材育成」「組織開発」に着手しました。

そんな時期に、上場企業や官公庁で人材育成や組織開発を行っていた田原道子先生（現・株オプレル社長）の力をお借りすることになったのです。田原先生は日本航空（JAL）を退職後、当院で非常勤で働きながら、外部ではさまざまな人材育成に関する研修で活躍していました。歯科の現場で苦労していた私を見て、企業で行われている研修を歯科業界に合わせて取り入れていけば、歯科業界はもっと良くなり、スタッフだけではなく患者さんへの利益につながるとの思いで、歯科現場での経験を活かしつつ、当院の教育や研修プログラムに携わっていただきました。

「足と靴のサロン」では、国内外のコンフォートシューズを中心に取り扱っている

◆◆◆

現在も、毎月1時間の枠をとり、クリニックごとにワークショップを行っています。例えば、「シックスハット」というワークショップ（参加体験型講座）。6種類の帽子を用意し、特定のテーマについて、白色は客観的かつ中性的、赤色は主観的かつ直感的など、自分が被る帽子によって違った意見を出し合うものです。「こんな視点があったのか」「いつも自分は批判的なのか」とスタッフが自分の性格・特徴の違いを意識することで、ミーティングは短くなり、意見やアイデアが出やすくなりましたね。

院内のワークショップ中の風景

――人材育成・組織開発の構築にどれくらい掛かりましたか？

徳永　2～3年ほど掛かりました。正直、ワークショップを設けた当初は「なぜこんなことをやっているのだろう」「意味はあるのか？」など、スタッフの前では本音を話したくないと思っていた時期もありました。

正直、日本の歯科業界における「人と組織」は、欧米諸国と比べてもかなり遅れている現状にあると思います。それには理由があり、資格による組織の難しさが存在する中、われわれはそれを上手くリードしていく思考を学んでいないからだと思います。ドクターは必ずリーダーになるポジションで、歯科衛生士業務はドクターからの指示がなければ法律違反に該当しますし、さらに国家資格がない歯科助手などは、業務範囲が別になるというピラミッド組織となっています。

◆◆◆

この構造のままだと、現代的なフラット組織とは合わず、スタッフは離職していくばかりです。従来のやり方ですとリーダー（院長先生）の個性が色濃く出過ぎてしまい、スタッフは自ら動けず、新しいことも導入が難しく、変化に対応しづらい組織になりがちです。

「あれもダメだ」「なんで出来ないんだ」と怒りを吐き出したところで、スタッフも何かしたら怒られると思い、萎縮して何もできなくなってしまうだけでなく、医院の雰囲気が悪くなり、結果的には医療的ミスや患者さんの満足度低下につながります。

そうではなく、「次に○○というミスを防ぐには、どんな仕組みが必要かな？」「この目的は○○だよね、じゃあ、どうすると良いかな？」とお互いに話し合った上で、院長先生が思う診療スタイルなどを伝えることが重要です。これらは思考スキルですので、学べば誰でもできます。

定食屋「逗子キッチン」で食べた日替わり一汁三菜定食。現地の食材を活用しており、素材そのものの味が楽しめた。当日も席が埋まるほどの賑わいを見せていた

一見当たり前のように聞こえますが、多くの歯科医院ではコミュニケーション不足などでスタッフの離職、採用難、医療的ミスが起こる等、院長先生は思う以上に無駄な苦労をされていると思われます。これはとてももったいないと思います。人材育成・組織開発という「思考スキル」は、インプラントや歯周病などと同じように学んで、臨床に取り入れると患者さんに貢献するものと考えています。

――今後の展望はありますか。

徳永　来年度から東京医科歯科大学病院の研修医を受け入れます。診療技術の研修だけでなく、手薄になりがちなコミュニケーションなど「人と組織」を良くする思考も理論的に学べる体制を整えていきます。

さまざまな事業が実現できたのは、スタッフも患者さんも、みんなが納得する「人と組織」の成長があってこそです。当法人で働くST（言語聴覚士）や鍼灸師は資格のないスタッフでした。私たちに関わる研修医も勤務医も全てのスタッフが、より多くの「人」の役に立ち、自分自身の幸せを大切にして、関わる「人」の多様な幸せに貢献してくれることを願っています。

一方で、医療と社会の垣根をどんどん取り払って、医療をもっと身近な存在にしたいです。

急速に変化していく社会の中で、医療は活躍の幅を広げていくでしょう。取り組んでいる「人と組織」の育成に加えて、AIなどIT技術を積極的に取り入れながら、「治療以上の価値」を社会に実感してもらえるように頑張りたいと思います。

創立40周年祝う

昭和大学歯学部同窓会

昭和大学歯学部同窓会（小原希生会長）の創立40周年記念式典が19日、東京都港区のホテルオークラ東京で開催された。テーマを「みんなで進もう、次のステージへ」とし、歯科医師会、全国の歯科大学同窓会校友会、昭和大学、同大の他学部同窓会、歯科関係企業関係者ら多くの来賓と、同窓会会員多数が出席する中で、記念講演や表彰などが行われた。

◆◇◆

小原会長

式辞を述べた小原会長は、同大歯学部設置7年後の1984年（昭和59年）に同窓会を設立して以来、発展を続け、今春には42回生が卒業し同窓生が4308人となり、教授職や母校要職、地域歯科医師会会長に就任する同窓生も増えてきたことへの喜びと感謝の気持ちを伝えた。その上で、「（2028年の）大学創立100周年に向かい、同窓会として一番大切な人の和を尊重しながら、次のステージへ進めるように努力していきたい」と話し、関係者にはこれまで以上の指導・鞭撻を求めた。

多くの来賓を代表して日本歯科医師会会長の高橋英登、東京都歯科医師会会長の井上惠司、昭和大学理事長の小口勝司、同大医学部同窓会会長の髙橋春男の各氏があいさつ。

小口氏は、歯学部創設の経緯を話し、「同窓生の皆さんの努力により今日の発展がある。関係の皆様に大いに敬意を表したい」と述べた。また来年4月に大学名を昭和医科大学に改称することについて「創立者・上條秀介氏の夢である医系総合大学を実現するのであれば、校名に『医』を入れる必要があるとして踏み切った」との経緯を話し、理解を求めた。

◆◇◆

同大歯学部長の馬場一美氏による記念講演「みんなで進もう、次のステージへ」（次号に詳報）や、同窓会の発展に寄与した会員124人への表彰式を実施。受賞者を代表して前会長の飯島裕之氏に小原会長より表彰状が手渡された。

式典終了後には、同所で祝賀会も行われた。

人事

（敬称略）

■大阪歯科大学同窓会

▼会長　恩田信雄

▼副会長　芦田欣一、和手甚京、城村幸治、徳富敏信、加藤信次、橋本成人、小川哲治、辻一起子、水野和幸、杉江良啓

▼専務理事　大塚俊裕

▼常務理事　生野史朗、土居正英、加山勝敏、福成文隆、水川健司、丹田正子、藤田毅、松田哲一、野井実親、大西和久、坂田実緒子、梅垣輝生、川野敏樹、濱野正和、大松高、大森正男、山下皓三、神原章、古川哲郎、東山一博、神田孝平、松尾孝人、長野健司、古川壽男、浅原重利、森井徹雄、奥野夏樹、天津了、佐古好正、荒木康裕

▼渉外常務理事　中村彰彦、末瀬一彦、橋本芳紀、安岡良介、深田拓司、林正純、飯利邦洋

▼理事　徳永佳子、加藤尚、吉田裕、泉成夫、志築秀和、丸山忠治、佐々木勝英、千田恭恵、田中淳一、矢野暢人、内田実、村上智子、秋山清、阪田昌英、西尚志、南理代、福原英洋、小川和宏、小川雅也、北上仁司、白神哲也、古森喬、岡本吉宏、畑下芳史、口分田健一郎、土本祐輔、宮内雄平、渡辺昌広、高野真琴、太田篤志、三谷徹、澤田龍志、岡田修二、金沢甲哲、山口傑平、井上泰介、中村弘吉、金上喬昭、倉橋務、川尻哲央、堀野恵三、安井明平、栗原良浩、長富正博、下田昭則、寺西真、細山勝道、磯貝厚典、髙橋孝二、仲秀典、横引昌樹、佐々木康雄、長谷川一弘、神田嘉代、末瀬裕一、石井源久、北村浩之、谷睦、岩崎万喜子、小林裕典、中村義盛、太田千景、今井敦子、西村昌峰、佐波義明、森口善夫、砂田直子、上住和也、釜谷隆秋、木村恒雄、黒井比佐、山本範子、井田治彦、小谷雅生、堤雷太、上田晴三、諸頭智彦、村川比呂志、山田香、髙橋洋一、内藤雅文、平田美加、三好望、岡崎圭助、北林秀一、松井啓祐、江川永修、金田一弘、田村彰規、奥野博喜、坂田秀敏、池尾裕子、吉川伸、岩佐勝也、赤井啓祐、薩摩佳秀、吉田誠孝、菅人志、梅津俊聡、田治米康宏

▼渉外理事　丹田博巳、片岡邦浩、杉岡伸悟、辻坂智矢、丸橋幸信、鈴木邦亮、段充、関良太、小池宏忠

▼監事　土居昴、高橋康友

▼顧問　古跡養之眞、川添堯彬

▼相談役　岡本学、中村伸也、藤井征、酒井昭則

専門医の名称 変更へ

日本補綴歯科学会

日本補綴歯科学会(窪木拓男理事長)が認定している「専門医」の名称が変更される予定だ。20日に同学会が令和6年度第1回プレス説明会・賛助会員説明会で公表した。昨年に施行された「日本歯科専門医機構認定補綴歯科専門医」と名称による差別化を図るのが目的。

現在、日本歯科専門医機構を通して、専門医制度が施行された令和5年10月12日から学会認定専門医を持つ歯科医師の一部が新たな専門医へ移行中だ。窪木理事長はあいさつで、学会として二つの指針があるとしている。「一つ目は、国民に寄り添い、国民にとってメリットのある専門医制度を確立するために、教育制度の充実化を図っていく。二つ目にデジタル・バイオなど最新技術を臨床に取り入れ、学会の活性化につなげていく」とした。

また、窪木理事長は質疑応答の中で「補綴」という単語の知名度向上に向けた施策について「大きな目標の一つに広報戦略を掲げている。例えばサルコペニア、フレイルという言葉のように、歯科関係者だけでなく国民から見ても分かりやすい広報戦略を練っていきたい」と述べている。

◆◇◆

窪木理事長

現在の問題点と今後の展望

1. 歯科大学、歯学部所在地、大都市に補綴歯科専門医が偏在
   ➡日本顎咬合学会のネットワークによる地域偏在の解消
2. 補綴歯科専門医制度の国民への周知
3. 「補綴歯科」という用語の国民への周知

専門医制度の現状について、同学会修練医・認定医・専門医制度委員会委員長の鮎川保則氏が、現時点で日本歯科専門医機構から認定を受けた補綴歯科専門医235人、補綴歯科専門医研修機関は計105施設あると説明した。今後は順次、同学会認定専門医953人を新専門医へ移行していく運びだ。「現在の問題は歯科大学・歯学部所在地あるいは大都市に補綴歯科専門医が偏在していること。日本顎咬合学会の先生方が補綴歯科専門医を目指していくことで、地域偏在の問題は解消されると期待している」と語る。

◆◇◆

しかし、国民目線で見ると同学会が認定している「日本補綴歯科学会認定専門医」と昨年施行された「日本歯科専門医機構認定補綴歯科専門医」が混同する恐れがある。そこで同学会は、日本歯科専門医機構と協議して名称を変更する予定であると明かした。「日本補綴歯科学会の認定専門医であることは広告できない。患者さん、国民から見ると日本歯科専門機構が認定した補綴歯科専門医と非常に紛らわしいため、学会が認定した名称は専門医以外のものに変更予定」と話す。

なお、同学会ホームページ内にある「専門医・認定医データベース」にて指導医や補綴歯科専門医を取得した先生(歯科医院)の所在地が閲覧可能だ。

デンタル小町が通る

平成歯科クリニック院長(大阪府寝屋川市)
小谷泰子 ❷

同窓会@広島

同級生の教授就任祝賀会を兼ねた大学の同窓会が4月28日にあり、10数年程ぶりに広島に行ってきました。広島駅周囲が大きく変わったと噂では聞いていましたが、想像以上の変貌ぶりです。

変化を肌で感じるべく、駅から大学病院まで約2キロの道を歩きました。途中、大学生時代に5年間住んでいた部屋は、下のテナントは変わっているもののビルは変わりがなかったことがとてもうれしく、疲労感なく歩くことができました。

同窓会は約60人の同級生のうち30人以上が出席、学生時代の実習班に分かれ、現状報告、昔話、今後の不安&夢など、いろいろな話が飛び交い、賑やかで楽しいものでした。猛者たちは4次会まで突入していたようですが、私は3次会でホテルに戻り、翌日の観光に備えました。

◇

二日目は朝から「第2の広島のソウルフード」と私が勝手に思っている本通りのパン屋さんでパン食べ放題のモーニングをいただき、学生時代にはなかった地下街を歩き、広島城へ。あいにくの雨でしたが、展望台から市内を一望でき、とてもきれいでした。

バスや路面電車にも乗れて大満足でしたが、残念なことが一つありました。「あとは広島焼を食べるだけ♡」と駅に向かった私はゴールデンウィークの広島のすごさを見誤っていたことに気付きます。駅周辺のお好み焼き屋さんはどちらも長蛇の列。既に新幹線のチケットを購入しており、広島焼きのために並ぶことはできず……。しっかりとソースの口になっていた私は、泣く泣くフードコートでたこ焼きを食べました。(この教訓を活かし、5月19日、市民公開講座でお伺いした浜松ではしっかりと食べる時間を確保し、浜松餃子を食べました)

「食」って大事だということを再認識した広島訪問でした。

広島で食べたたこ焼き

教訓を活かして食べた浜松餃子

水分摂取の不足が腸内環境を悪化

慶應大が解明

水分摂取不足が腸内環境を悪化させ、歯周疾患関連細菌も含む病原細菌の排除能を低下させることが分かった。慶應義塾大学薬学部創薬研究センターの金倫基教授(当時、現北里大学薬学部微生物学教室教授)、同大先端生命科学研究所/政策・メディア研究科博士課程3年の佐藤謙介大学院生、同大薬学部生化学講座の井上浄訪問教授、同大医学部薬理学教室の安井正人教授、竹馬真理子准教授らの研究によるもの。水分摂取の不足は代謝性疾患の発症などに関連することが報告されていたが、腸内細菌叢や免疫系を中心とした腸管への影響については十分に理解されていなかった。

同研究では、25%、50%に飲水制限をしたマウスを使用。両マウスは体重低下を引き起こすと同時に、50%のマウスでは大腸通過時間が約2倍増加し、さらに25%のマウスでは、糞便水分量や糞便排出量が有意に低下し、便秘症を引き起こした。一方で、両マウスは脱水症状を呈しておらず、飲水制限は脱水症状を伴わず体重低下や便秘症状を引き起こすことが明らかになった。

また、飲水制限マウスでは、糞便中の総菌数が有意に増加していた。大腸組織の腸内細菌や粘膜層を観察すると、飲水制限マウスでは粘膜層の途切れが観察され、50%の飲水制限マウスでは局所的に細菌が大腸上皮組織内へ侵入していることが分かった。腸内細菌叢の構成も、歯周疾患や糖尿病に関わる細菌が増加していた。

さらに、飲水制限が大腸における免疫細胞集団に及ぼす影響を検証。大腸のリンパ球の数が優位に減少し、抗体産生に必要な細胞の割合の減少が観察され、排除能も低下していることが分かった。

同研究成果は学術誌『iScience』(5月16日付)にオンライン掲載された。

人材育成・組織開発学ぶ

医科歯科大歯科同窓会

東京医科歯科大学歯科同窓会(浅野正樹会長)は19日、実習コース「成長する歯科の『人と組織』入門 スタッフが育つ、効率が上がる」を東京都文京区の同大1号館で開催した。実践講座を通して歯科における人材育成・組織開発を理解し、組織内での協議、職場での良質なコミュニケーション方法などを体験するもの。オプレル社長の田原道子氏、同大総合診療歯科学分野准教授・病院顎関節症外来診療科長の西山暁氏が登壇した。

田原氏は日本航空(JAL)の客室乗務員を経て上場企業や官公庁等で人材育成・組織開発に関するセミナーを行ってきた。歯科業界で指導していく中、職務内容や指揮命令系統等が漠然としている歯科医院が多いことに気付いたという。「例えば、新しく入った歯科衛生士に対して『皆さん、いろいろ教えてあげてください』と告知するだけではなく、具体的な内容を伝えることが組織成長につながる」と話す。さらにチーム力を上げるための四つのポイントを紹介した＝表。

最後に歯科医院における事例を紹介した上で、「勤務条件や給与等を改善すれば、スタッフが満足するわけではない。スタッフが『この職場で働いてよかったな』と思えるように、人間関係など職場環境に不満がない状態を目指してほしい」と述べた。

◇◆◇

参加者であるこじまデンタルクリニックの小嶋允郎氏は、「これまで受けてきたセミナーでは先生自身が変わらなければいけない話がメインで、結局どうすればいいのか分からなかった。今回はためになる話ばかりで明日からの診療も頑張ろうと思う内容だった」と話す。そのほか、学びを得た項目として「目標共有の大切さ」「自分の至らなさ、スタッフへの接し方」などの意見が挙がった。

ワークショップ中の様子

田原氏

1．目標の明確化と共有化
→お互いが同じ解釈をしているか
2．情報の共有化
→必要な情報をやり取りし、アイデアが出やすい環境か
3．反応のコミュニケーション
→明確に表現し、正しく伝わっているか
4．協働すること
→仲良しグループではなく、相手の足りない部分を補える関係か

投稿寄稿

日本がん口腔支持療法学会からの提言 ④

がん専門病院での歯科衛生士の役割

理事　江戸 美奈子　NHO北海道がんセンター 歯科口腔外科・歯科衛生士

地域ネットワークの拡充を

私が勤務する北海道がんセンターでは、周術期の口腔機能管理が保険収載された2012年に歯科口腔外科が開設されました。がん治療中に生じる口腔内のさまざまなトラブルに対応し、患者さんががん治療に専念できるようにサポートしています。

がんの専門病院における歯科衛生士の役割は、「口腔ケアのさまざまな手技・知識を駆使し、がん患者さんのQOLの向上に寄与すること」と考えています。それは、患者さんの口腔内を直接ケアするだけではなく、多職種や病院全体で口腔ケアに取り組めるよう働き掛けることでもあります。

歯科衛生士の業務内容としては、診療所と比べて歯科診療の補助や歯科予防処置などの基本的な手技に変わりはないと感じています。しかし、がんの治療に関する専門知識が必要で、口腔ケアや口腔衛生指導を行う上では適切なアセスメントとプランニングが重要となります。

歯科衛生士が多職種と協働し、専門性を発揮するには、口腔内だけではなく「全身疾患についての知識」と「コミュニケーション能力」が必要です。当院では歯科衛生士も病棟またはチームのカンファレンスに参加し、医師、歯科医師、看護師、薬剤師、言語聴覚士などの多職種と積極的に情報・意見交換を行います。患者さんに対しては、がん治療のスケジュールを把握し、予想される口腔のトラブルやその出現時期、全身状態や精神状態などを考慮した口腔ケアと歯科衛生実地指導を行い、文書を提供しています。白血病などの血液がんの治療で行われる造血幹細胞移植や、中咽頭がんや口腔がんなど頭頸部領域に対して行われる放射線治療は重篤な口腔粘膜炎を発症しやすく、治療も長期化するため、口腔ケアを通して患者さんに寄り添い、サポートすることがとても大切です。

以前、無菌室で治療をされていた患者さんから、「あなたからのお手紙(口腔ケアについて記した歯科衛生実地指導文書)を励みにして、治療を乗り越えたよ！ 本当にありがとう」と、感謝の言葉をいただいたことがありました。がん治療を口腔から支えたいという想いで提供した文書が、患者さんの心の支えにもなっていたことをあらためて感じました。

現在、全国のがん診療連携拠点病院と地域の歯科医療機関を結ぶ「がん医科歯科連携事業」が進んでおり、当院ではこの事業を推進し、がん治療を受けられる患者さんが安心して歯科を受診できる連携システムを構築しました。

今後は地域の歯科衛生士間で連携し、がん治療中の患者さんの口腔ケアを支援していくことが重要ではないかと考えています。そのためには、患者さんの口腔衛生管理上の問題点などを、歯科衛生士の視点から情報提供することが必要です。当院から発信し、がん患者さんの口腔ケアを担う歯科衛生士の地域ネットワークが広がることを望んでいます。

コロナ5類以降の対面授業

「不安はない」73.5%

大歯大ら学生アンケート

新型コロナウイルス感染症の感染拡大でオンライン授業を増やした各大学が、2023年春の5類以降により対面授業に戻したが、学生たちは不安を覚えたのかどうか。全国の大学生2千人を対象としたアンケートで、「全く不安でない」「あまり不安でない」との回答が73.5%に上った。

大阪歯科大学の佐久間泰司教授(医療安全学)と、放送大学の奈良由美子教授(リスクマネジメント学)が23年8月1〜6日にかけて、全国の18〜25歳に対して実施したウェブアンケートによる。

この中で、学生の専攻系統が医療系なのか非医療系なのかによって、結果に有意な差が見られるところがあり、注目される。対面授業に戻ることで自分が感染するかもしれないという不安を「全く覚えない」という学生は、非医療系が29.4%だったのに対して医療系では24.8%だった。また、自分から他人に感染させるのではないかとの不安がより強かったが、これも、不安を「全く覚えない」との回答が非医療系20.5%なのに対して医療系では15.0%だった。

医療系学部の学生の方が非医療系より感染症情報をより入手しており、医療情報リテラシーの差が行動に反映していると見られている。一方、キャンパス内で得るCOVID—19に関する情報の71.6%は大学が発信したもので、公的機関からの情報をあまり参照していないことが今後の課題だという。

論文は、大阪歯科大学会の学術誌『歯科医学』(87：1、2024)に掲載。

AIセファロ分析システムを無料提供
Dental Brain

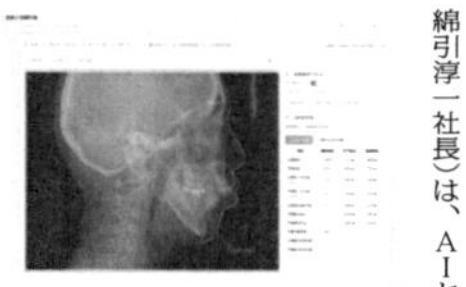
DIPモード画面

Dental Brain（本社・東京都千代田区、綿引淳一社長）は、AIセファロ分析システム「DIP Ceph」のベータ版の提供を15日に開始した。現在（15日時点）、全ての機能を無料で利用できる。

同システムは、社長の綿引氏が発明した治療計画システム「DIP（デュアルインサイザルプランニング）法」を基に、SmartTrade（本社・東京都太田区）代表の内田友幸氏のAI開発チームと共同で開発。

DIP法により、矯正治療時にビジュアル治療目標を数値化して算出でき、アナログセットアップモデルのほか、アライナー矯正を含むさまざまなデジタルセットアップモデルにセファロの分析結果を反映できる。

また、フルスケールAIトレース機能やAIの自動重ね合わせ解析機能を搭載し、再現性の高い重ね合わせ分析が容易にできるという。詳細はホームページまで。

湧永製薬
「熟成ニンニク抽出液」健康な歯肉に貢献

湧永製薬（本社・東京都新宿区、湧永寛仁社長）は、4月26～28日にドイツのミュンヘンで開催された「国際ニンニクシンポジウム2024」で発表した、歯科を含む最新の研究成果を紹介する記者セミナーを東京都千代田区の帝国ホテル本館およびオンラインで5月15日に開いた。同シンポジウムの意義を社長の湧永氏が概説し、シンポジウムで発表した臨床・基礎研究の総括を同社の担当者が話した。

同社は、生ニンニクの強い刺激性やにおいを緩和するため、約2年間タンクに漬け込んだ独自の医薬品素材「熟成ニンニク抽出液」を用いた滋養強壮剤「レオピン」シリーズや健康食品「キョーリック」シリーズなどを国内外で販売している。

熟成ニンニク抽出液は、生ニンニクには検出されない有用な成分が数多く生成されており、循環器系や免疫系、神経系、骨・筋肉系、口腔系などの健康維持に役立つ900件超の論文と学会での発表実績があるという。

◇◆◇

同シンポジウムでは、熟成ニンニク抽出液は「運動能力（持久力など）が向上し、認知機能が改善」「老化に伴う腸管機能低下の改善」のほか、口腔領域に関する研究結果を紹介した。

既に同社では、熟成ニンニク抽出液配合のカプセル剤「キョーリックリザーブ」を用いた歯周病に関する臨床研究では歯肉炎の炎症と出血状態の改善、歯周ポケットの進行の抑制効果を得ており、今回は、そのメカニズムを研究。熟成ニンニク抽出液をマウスに2週間投与したところ、歯肉中の抗菌ペプチドの量が増えたとし、熟成ニンニク抽出液は健康な歯肉の維持に貢献が期待できる研究結果だったという。

器械・材料組合
コンプラ重視で活動

器械・渡辺理事長

材料・根來理事長

日本歯科器械工業協同組合と日本歯科材料工業協同組合の合同懇親会が23日、両組合の通常総会終了後に東京都港区の第一ホテル東京で開催された。

開会あいさつでは、材料組合の理事長に新任された根來紀行氏が「両組合は安心安全、コンプライアンスを重視した活動を通じて、日本の歯科医療発展に貢献したい」と述べた。

器械組合理事長の渡辺啓介氏は「当組合は70回目の総会を開くことができた。歴史と責任の重さを感じている」と話した。昨年から行っている医療機器廃棄の周知活動では、日歯の協力も受けながら日歯メルマガでの配信、Q&A作成、対応業者公表などを行い、現時点ではクレームや現場での困り事などの報告を受けていないとし、周知活動を続ける予定という。「当組合もコンプライアンスを守りつつ状況変化に対応しながら組合活動に取り組む」と結んだ。

来賓であいさつした日本歯科医師会会長の高橋英登氏は、『臨産学販』という共同体で、国民のための歯科医療を守っていく」との考えを述べた上で、能登半島地震での復興活動への協力のお礼や次期診療報酬改定対応などの会務報告を行った。

材料組合新役員の紹介が行われた後、日本歯材同友会会長の原良祐氏による乾杯の発声で祝宴に入った。

なお、材料組合の新役員は以下の通り。（敬称略）

▼理事長　根來紀行▼副理事長　古宮基成▼専務理事　小川清史▼理事　亀水忠茂、横江浩司、風間秀樹、中島祥行、森田晴夫、新見直広（新任）、篠﨑裕（新任）、山﨑章二（新任）▼監事　矢野まゆ子（新任）、高橋森生（新任）

Snow Man 渡辺さん
「口腔ケアも美容の一つ」
アンバサダー&ウェブCM発表会

美容・日用雑貨の企画販売などを行うリベルタ（本社・東京都渋谷区、佐藤透社長）は23日、ハミガキシリーズ「デンティス」の新アンバサダー&ウェブCM発表会を東京都港区のスパイラルホールで開いた。社長の佐藤氏が会社概要を話したほか、同社担当者が製品説明を行った。アンバサダーに就任し、ウェブCMに出演した9人組男性アイドルグループ「Snow Man」のメンバー・渡辺翔太さんがゲストで登場した。

◇◆◇

デンティスは、口臭の臭い成分を留めることができるとされる「シクロデキストリン」、口臭予防をサポートする植物エキスを配合したもの。香味のオリジナルミントフレーバーが嫌な臭いや苦み成分をマスキング。爽やかな息に導く。チューブタイプやトラベルセットのほか、洗口液やフロスなど10種類以上をラインアップしている。

起床後すぐにキスができるくらい長時間口臭予防が可能な製品として「〝目覚めてすぐキスできる〟恋する♥ハミガキ」をキャッチコピーに展開。国内のドラッグストアなどを始め、世界25カ国以上で累計3億個を販売しているという。

◇◆◇

発表会では、CMの見どころやオーラルケアなどに関するトークセッション＝写真＝を実施。〝美容男子〟と自他共に認める渡辺さんは、「オーラルケアも美容の一つ。笑ったり、話したりする時に綺麗な歯でいたいと思い歯磨きに目覚めました」とコメント。「以前からデンティスを使っていて、日中はトラベルセットを持ち歩いています。多い時は1日5回、歯を磨いています」と白い歯を見せて語った。

大東京
入場システム統一へ
デンタルショー関連で

杉山理事長

大東京歯科用品商協同組合（＝大東京、杉山勝人理事長）は24日、第73回通常総会・懇親会を東京都千代田区の九段会館テラスで開き、令和6年度事業計画や収支予算案等の全8議案が可決・承認された。

◇◆◇

日本歯科用品商協同組合連合会の後藤忠久会長が来賓あいさつで、物流の2024年問題で医薬品・医療機器の安定供給のために、流通におけるDX化が叫ばれていることを受け、日商連は流通DX検討委員会の設置を検討していると報告。「商品データベース、販売管理システム、デンタルショーのDX化を図り、組合員に業界のDX化に対応してもらう」と話した。

また、令和6年3月に厚労省から医療用薬品の流通改善に向けたガイドラインの中で、返品に関する項目が追加された。歯科業界内でも、メーカーや卸売業者からは返品ができず、結果的に不良在庫になっている現状を踏まえ、医療機関等の返品問題に触れた。

後藤会長によれば、日本歯材同友会と連携し、医療機関等の返品に関するチラシを作成するという啓蒙活動を実施予定。「先日も日本歯材同友会との連名で歯科材料、歯科機械、薬品輸入卸の各団体に対して、返品に関する要望書を提出した」と返品問題に取り組む姿勢を見せた。

また、21年から損害保険ジャパンが実施している歯科医療機器の延長保証制度について、日商連で導入することも検討中だ。同制度はメーカー保証期間の終了後、4～6年延長保証するもの。現在はケーオーデンタルが利用して拡販を進めているという。「九州から要望があったもので、日商連の会員1社ずつだとなかなか大変だが、日商連全体であればということで現在話を進めている」と語る。

◇◆◇

懇親会では杉山理事長がデンタルショーの入場システムについて触れた。これまで九州や東京、日本デンタルショーでは、入場システムがそれぞれ異なっていた。現場から同一システム導入の声が多数寄せられたこともあり、日本歯科商工協会と連携して専用の登録システムを構築・所有する運びになった。各地のデンタルショーでも採用し、データの一元化を図る。「（11月16、17日に開催の）東京デンタルショーでも今回のシステムを採用する。詳細は6月の出展社説明会で発表できればと思う」と述べた。

なお、日本歯科商工協会専務理事の渡辺恵介氏が歯科業界における人材確保に関して、展示会を使った採用活動を検討中であると公表した。東京デンタルショーでは未定だが、来年の日本デンタルショーでは実施する見込みとのこと。

安心経営の羅針盤

（株）ディー・ビー・エス　日吉 国宏　(127)

経営の目標設定

経営の目標（欲求）にも段階があります。大きく分ければ困りごとの解決、次に理想の追求です（マズローの欲求5段階が参考になります）。あなたの欲求は何段目ですか？

A院長と知り合ったのは、私が講師を務めた経営者向けセミナーに、A院長が受講者として参加されていたのがきっかけです。「10年先を見据えた経営」と「スタッフを活かす経営」に共感されたそうで、コンサルティングを受けるに至ったとのこと。10年以上も前の当時と比較して収入は年間3,000万円以上増えて、資産もかなり増やすことができ、医院経営上の困りごとはなくなりました。今日、引退（閉院）しても困らないだけの準備が整っています。したがって、コンサルティングの内容は理想の追求になってきました。院長に「本当にやりたい診療、理想の診療が出来ているか？」と尋ねたところ、目を閉じたまま腕組みをし、しばらくのあいだ思いを巡らせていました。きっと、開業してからの経緯や、これまで受けてきた多くのセミナーの内容を振り返っていたのでしょう。そして、出てきた答えは「まだまだです」とのこと。掘り下げてヒアリングすると院長曰く、現状の診療レベルは困りごとの解決で、これからは理想の追求をしていきたいそうです。そこで“より具体的な目標を立てる”ように提案をしました。困りごとに対する目標は立てやすいけれども、理想の追求の目標は立てづらいのです。なぜならば、今のままでも困らないからモチベーションが上がりづらいからです。ちょうどその頃、新卒の歯科衛生士の採用が決まりました。そこで目標を「（その歯科衛生士が）スタディーグループで“素晴らしい”症例発表が出来るように育てる」としました。彼女のプレゼンを見た方が「きっとレベルの高い歯科医院に勤務しているのだろう」と想像してもらえるようになるまで診療の質を高めていくのです。

ひとことアドバイス

経営においても安全や安心が当初の目標です。次には理想や精神的な目標を持つことが望まれます。歯科医師として本当は何をしたいのか。じっくり考えてみませんか？

ヘッドライン企業ニュース

■歯科の健康相談アプリ「mamoru」の提供開始から1か月で利用者数1万人に（Dental Prediction／4月30日）

■寒天印象材の使用動画や歯科製品を紹介するYoutubeチャンネルを開設（オムニコ／4月30日）

■歯科技工用電動式ハンドピース「エコグランデ トルクセットGES600ST」、歯科技工用電動式ハンドピース「マキシマネオ トルクセットMOA35ST」などを6月3日に発売。アクリル系レジン歯「ピュア前歯 RH」などを価格改定（クエスト／5月）

コミュニティサイトを開設
サンスター

サンスターグループ（＝サンスター）は16日、口や身体に良い生活習慣を身につける情報サイト「Club Sunstar（クラブサンスター）」内に、同社製品の愛用者が集うコミュニティ「クラブサンスターカフェ」を開設した。

口腔ケアを含む健康や暮らしに関するさまざまなテーマで会話できる他、同社製品担当者とブランドや製品について意見交換ができる「ブランド・製品のお話し」などのコーナーを通じて、顧客参加型のコミュニケーションや顧客同士の交流も可能。

今後は交流に特化したコンテンツを拡充し、利用者のアイデアや声を反映した製品やサービスの開発、リアルでのイベントの開催なども予定している。詳細はホームページまで。

移転

■リオン

同社は移転した。新住所は、〒111－0042東京都台東区寿1－18－13サエグサビル4F。TEL03（6284）7728。FAX03（6284）7729。

■約10倍の通気性を実現した男性用白衣／クラシコ

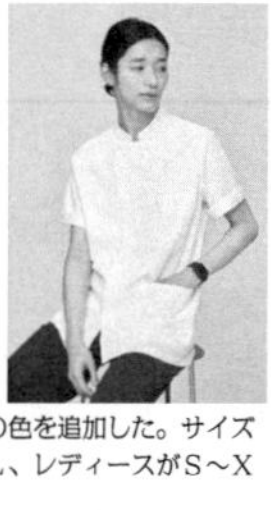

クラシコは、同社の定番白衣の約10倍の通気性を実現したスクラブ「クールテックシリーズ」から、ケーシーやショートコートなどのメンズ用白衣を発売し、レディース用スクラブのトップスとパンツにブラックとチャコールグレー、サックス、ライラックの色を追加した。サイズはメンズがXS～XXL、レディースがS～XXL。価格はオープン。

週間 金・パラ価格動向　税抜価格（1g、円）

	金	パラジウム（参考価格）
5月20日（月）	12,250	5,270
5月21日（火）	12,252	5,410
5月22日（水）	12,220	5,400
5月23日（木）	12,060	5,260
5月24日（金）	11,821	5,145

提供 石福金属興業

日本歯科新聞

2024年（令和6年）
6月4日

＜発行所＞
日本歯科新聞社
厚生労働省記者クラブ加盟社
〒101-0061
東京都千代田区神田三崎町2-15-2
電話 03（3234）2475
FAX 03（3234）2477
www.dentalnews.co.jp
jdn@dentalnews.co.jp

■ 年間購読料 23,760円（送料込）（本体 21,600円＋税）
■ 月4回、火曜日発行
■ 郵便口座番号 00120-5-130369

今週号の主な内容

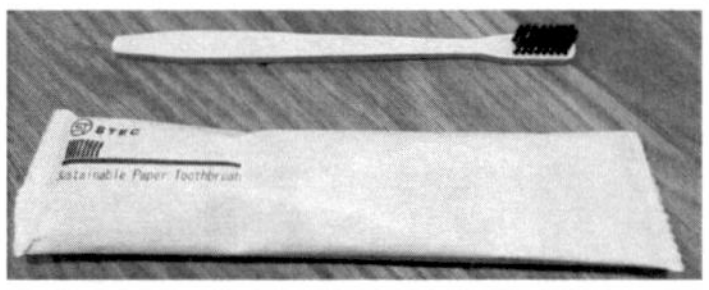

コラム

成人肺炎診療ガイドラインに明記

肺炎予防に「口腔ケア」

7年ぶり改訂で

日本呼吸器学会の「成人肺炎診療ガイドライン2024」が春に7年ぶりに改訂され、肺炎予防の項目に口腔ケアが明記された――。5月24日に東京都千代田区の歯科医師会館で開かれた日本歯科医師会の第138回都道府県会長会議で高橋英登会長が報告した。同内容に関する座談会が日本歯科医師会雑誌の7月号と8月号に掲載される予定という。

改訂されたガイドラインでは、誤嚥性肺炎が独立した項目として新設。さらに肺炎予防の項に、肺炎球菌ワクチンに加えて口腔ケアが明記され、口腔細菌の関与と口腔ケアの推奨が盛り込まれている。

タスクチームの進捗状況も説明

高橋会長は三つのタスクチームについても報告。「キャッシュレス決済推進タスクチーム」では、厚労省通知によりキャッシュレス決済がグレーゾーンではなくなり、手数料の調整を行うなど、一定の結果を出して完了しているとの認識を示した。「生涯を通じた歯科健診実現タスクチーム」では、「骨太の方針に盛り込まれたにも関わらず、なかなか一歩が踏み切れていない状況」と強調。「パイロットスタディなど何かしらの形でスタートすることは間違いないと思っているので、それに向かって努力していく」と訴えた。

高橋会長

そして、会員の減少を止めるために「会員増強タスクチーム」を立ち上げたと紹介した。「都市部の未入会が多い」と指摘し、北海道では三十数人の未入会者を集めて、歯科医師会の必要性や入会のメリットを話したと説明。「このような活動を強めていく」と意気込みを語った。

世界禁煙デーの夜に……

世界禁煙デーに伴い、東京タワーが当日限定でイエローグリーンにライトアップ。「受動喫煙をしたくない、させたくない」という想いが込められており、全国各地でイエローグリーンキャンペーンが実施された。（4面関連）

歯科技工3団体 日歯へ要望書

技工料などへの配慮求める

日歯「検討して対応決める」

日本歯科技工士会（森野隆会長）と全国歯科技工士教育協議会（大島克郎会長）、日本歯科技工所協会（木村正理事長）は5月24日、診療報酬改定で歯科技工所従事者の賃上げも含めて初再診料等が引き上げられたことや、製作技工に要する費用に関する考え方の周知などを求める要望書を日本歯科医師会の高橋英登会長に提出した。高橋会長からは、要望内容について検討の上、対応を決めるとの考えが示され、今後も定期的に3団体と連携を図るために協議を行っていくことが確認された。

左から木村理事長、森野会長、高橋会長、大島会長

要望書では、歯科診療報酬改定のプラス分に、人材確保や賃上げ等への対応、かかりつけ歯科医機能の評価、ICTの活用を含めた歯冠補綴物製作時の歯科技工士との連携評価等があると言及。歯科技工士の人材確保の課題については、「最優先に挙げられるのは経済状況の改善」と強調し、「改定結果が委託技工の面にも適切に反映されることが必要」と訴えている。

技工3団体の要望事項

1、人材確保や賃上げ等への対応

（1）歯科技工所で従事する者の賃上げに資するため初再診料等が引き上げられ、その実施状況の検証も予定されています。

貴会におかれましては、都道府県歯科医師会及び会員等へ今回改定の趣旨、内容並びに歯科技工所側からの歯科技工料金等に関する折衝への真摯な対応の必要性について周知いただきたいこと。

（2）歯科医療機関に勤務する歯科技工士においても、「歯科外来・在宅ベースアップ評価料」の新設を踏まえて賃金の改善が実施されるよう周知いただきたいこと。

2、「製作技工に要する費用」に関する考え方の再周知

歯科医療機関においては貴会作成の「社会保険歯科診療報酬点数早見表」により各項目の保険点数を理解されており、歯科診療報酬点数表「第12部歯冠修復及び欠損補綴」の所定点数（製作技術点）を基として種々折衝を行う歯科技工所側との考え方に齟齬が生じていることから、保険点数の内訳（所定点数、特定保険医療材料点数等）について改めて周知いただきたいこと。

プリズム

生活習慣病管理料からの歯科需要

6月から施行の診療報酬改定（医科）では、「生活習慣病管理料（Ⅰ）」の対象疾患（脂質異常症、高血圧症、糖尿病）のうち、糖尿病の管理を月1回算定（760点）する際、眼科、歯科への受診を患者に勧めるように求められている。

以前から、糖尿病治療での医科歯科連携の重要性が、とりわけ医科の側から訴えられており、2015年には当時の日本医師会常任理事だった羽鳥裕氏（内科医）が、「糖尿病歯科手帳」の普及を主張していた。今回、生活習慣病管理料の改革に伴い、糖尿病管理の目的で歯科との連携が進むものと期待される。

各地で、「未病」段階からのアプローチが進みつつあるが、糖尿病治療で生まれる新たな歯科需要には、より差し迫った対応が求められよう。それらの患者は、総じて歯周病リスクが高い。歯周管理によって糖尿病の進行をコントロールするのと合わせ、欠損を防がなければならない。

先日、大手歯科技工所の幹部から「これまで保険義歯の担い手だった小規模ラボの廃業が進み、大手への発注が急増している」と聞いた。

生産能力の高い大規模ラボでも人手不足は同じ。保険義歯を作るキャパシティには限界があるはずだ。医科との連携で歯周病をコントロールし、欠損を防ぐ体制づくりが喫緊の課題となってきた。

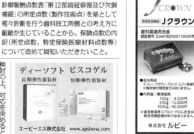

地方公共団体の歯科保健医療業務指針
「健診推進」項目を明記
27年ぶりの改訂で

地方公共団体における歯科保健医療業務指針が27年ぶりに改訂され、生涯を通じた歯科健診の推進に向けて都道府県や市町村での努力項目が盛り込まれている。5月24日に東京都千代田区の歯科医師会館で開かれた日本歯科医師会の第138回都道府県会長会議で山本秀樹常務理事＝写真＝が報告したもので、「業務指針を根拠として、進めたい事業等の働き掛けを行政に行ってほしい」と訴えた。

市町村で努めること
- ▽妊産婦の歯科健診
- ▽特定健診・特定保健指導における受診勧奨
- ▽乳幼児健診の保護者を対象とした成人歯科健診
- ▽介護保険施設での歯科健診の支援
- ▽障害者関係施設での歯科健診の支援
- ▽通院が困難な医療的ケア児等の障害児に対する訪問歯科健診の実施

同指針の改訂は平成9年ぶりで、歯科保健医療を取り巻く環境の変化を踏まえ、地域での歯科保健医療提供体制の充実を図るため、地方公共団体の業務の役割分担を明らかにするために策定されている。

特に生涯を通じた歯科健診の推進について、都道府県では「成人期の歯周病の早期予防・発見に向けて、20歳代や30歳代の若年者を中心に、かかりつけ歯科医の定着や、市町村での歯周疾患検診、企業等での歯科健診の積極的な支援等に努めること」と記載。市町村では、あらゆる歯科健診に努めることとされている。

能登半島地震――
JDAT派遣数や被害など報告

派遣が4月27日に終了したJDATの総派遣チーム数は364で、人数は1325人に上る。5月24日の日歯の都道府県会長会議で瀬古口精良専務理事＝写真＝が報告した。

4月19日時点の会員被災状況も示され、診療所の被害は、石川県で全壊2、大規模半壊1、半壊8、一部破損61、停電による5営業日以上の休診1、断水による同休診56。富山県では半壊1、一部損壊20、停電・断水による同休診12、新潟県では一部損壊（準半壊）2、一部破損14となっている。

なお、義援金は1月31日までの第1次受付分は石川県歯に4783万7062円、4月24日までの第2次受付分は石川県歯に2696万4264円、富山県歯に1441万1265円、新潟県歯に789万1883円それぞれ送金されている。

1/7～4/27までのJDAT派遣状況

チーム数	364	歯科医師	806人
※うち石川県は236チーム		歯科衛生士	459人
		歯科技工士	12人
人数	1,325	事務職	45人
		その他	3人

JDAT派遣経過

1月7日	石川県JDAT派遣開始
13日	石川県歯科医師会からの要請を受け、都道府県歯科医師会へ派遣要請
18日	石川県外のJDATの派遣開始
2月29日	石川県歯科医師会より派遣要請の終了
3月10日	富山県、福井県歯科医師会を除く石川県外JDATの派遣を修了
20日	石川県外JDAT活動を終了
4月27日	JDAT活動を終了

令和6年能登半島地震による会員被災状況

	会員数			人的被害	物的被害										
					診療所						自宅				
		第1種会員	終身会員		全壊	大規模半壊	半壊	一部損壊	一部破損	停電・断水による5営業日を超える休診（物的被害による休診は除く）	全壊	大規模半壊	半壊	一部損壊	一部破損
新潟県	1,211	961	169	0	0	0	0	2（準半壊）	14		0	1	0	3（準半壊）	
富山県	501	398	74	0	0	0	1	20		12	0	1	0	15	
石川県	554	430	74	軽傷2	2	1	8		61	停電1、断水56	5	4	7		57
福井県	358	274	48	0	0	0	0	0	0	0	0	0	0	0	0

※ 対象県は消防庁発表資料及び報道を参考とした
※ 会員数は令和5年11月30日
※ 現在一部損壊とは、建物主要構造に該当する部分損壊が対象
※ 一部破壊とは、「門・塀・給排水設備のみなど、建物主要構造に該当しない部分のみの損壊」や「外壁等で補修を必要とする程度の損壊」「家具の損壊、窓ガラスが数枚割れた程度の損壊」が対象

歯科ヒヤリ・ハット事業
施設基準で登録増
仮登録で届出を代替

今回の診療報酬改定で、医療安全対策加算1の施設基準に、日本医療機能評価機構の行う歯科ヒヤリ・ハット事例収集事業への登録が新設されて、登録が殺到して滞る状況が発生している。5月24日の日歯の都道府県会長会議で寺島多実子常務理事＝写真＝が報告したもので、申請書類の登録完了年月日の欄は、仮登録の通知メールの受信月日で代替しているという。

寺島常務理事は、仮登録から本登録への移行に時間がかかるため、仮登録で届出は可能と説明。「メール画面の保存は必要になる」と注意を呼び掛けた。

診療報酬改定
ベア評価料の届出 6月21日までに

6月から実施される診療報酬改定で新設された「歯科外来・在宅ベースアップ評価料（Ⅰ）」の施設基準届出締め切りが3日から21日まで延長された。厚労省が5月20日に事務連絡したもので、24日の日歯の都道府県会長会議で林正純副会長＝写真＝が報告した。

JDATのロゴが決定
日歯が報告

ロゴマーク

日本災害歯科支援チーム（JDAT）のロゴマークが決定した。5月24日の日歯の都道府県会長会議で野村圭介常務理事＝写真＝が報告した。一般公募した上で、日本災害歯科保健医療連絡協議会等で選考したとのこと。

ロゴマークは、都道府県歯科医師会を含む、日本災害歯科保健医療連絡協議会の参画団体は、支部等を含めて申請せずに使用できる。

ロゴマークは日歯ホームページに掲載している。

訪問歯科 超実践術 (439)

前田実男
(日本訪問歯科協会 理事)

改定後の歯科訪問診療料

今年の診療報酬改定では訪問診療料関連についても、いくつもの変更点がある。今回は在宅医療の中核となる報酬の歯科訪問診療料について整理する。

改定前、歯科訪問診療料は三つの人数区分だったが、改定後は五つに変更された。改定前の「歯科訪問診療料1」は、同一建物に居住する患者数が1人のみの場合で点数は1100点。「歯科訪問診療料2」は2人以上9人以下の場合で361点。「歯科訪問診療料3」は10人以上の場合に185点。診療時間が20分未満の場合、「1」は880点。「2」は253点、「3」は111点だった。

改定後は、「歯科訪問診療料1」は1100点と変わらないが、20分未満の場合でも減算されずに1100点を算定できる。「2」は、2人から3人までで410点、20分未満287点。「3」は、4人から9人までで310点、20分未満217点。「4」は、10人以上19人以下で160点、20分未満96点。「5」は、20人以上で95点、20分未満57点だ。

改定前後を比較すると、1日に1カ所で診る患者数が4人以上になると、改定前より点数が少なくなっている。

改定前、「1」と「2」は、診療時間が20分未満でも、患者の容態が急変し、やむを得ず治療を中止した場合は20分以上の場合の点数を算定できていた。改定後は、「2」と「3」の場合は、同様のケースで20分未満でも20分以上の場合の点数を算定できる。

また、改定前は、特別の関係にある保険医療機関への訪問診療では歯科訪問診療料は算定できず、初診料・再診料、特掲診療料を算定し、歯科訪問診療料を算定したとみなしていたが、改定後は、歯科訪問診療料の注19に定める初診時267点、再診時58点の歯科訪問診療料を算定することになった。

略称にも変更があり、歯科訪問診療料は「歯科訪問診療」が「歯訪」となり、「歯科訪問診療料1」は「歯訪1」と表記する。また、特別の関係への訪問診療料は「特歯訪診」になった。

日本訪問歯科協会　https://www.houmonshika.org

厚労省
賃上げ対応やDX化推進で 医療関係団体と意見交換

厚労省は5月24日、医療関係団体との賃上げ等に関する意見交換を行った。武見敬三厚労大臣、日本医師会の松本吉郎会長、日本歯科医師会の高橋英登会長、日本薬剤師会の山本信夫会長、日本病院会の相澤孝夫会長が出席した。

左から山本会長、松本会長、武見大臣、高橋会長、相澤会長

武見大臣からは現政権が掲げるデフレ脱却のため、賃上げは最重要課題であるとし、ベースアップ評価料の積極的な算定を呼び掛けた。また、マイナ保険証を始めとしたDX化の推進を求めた。

高橋会長は、歯科業界ではベースアップ評価料算定のためのガイドブックを作成したと報告。他業界に劣らない賃上げを実現する構えを見せた。また、マイナ保険証についても利便性をアピールしていくことで普及に努めるとした。さらに、賃上げとDXにおける課題にも言及。「歯科医師には高齢者が多く、複雑な仕組みであるベースアップ評価料、DXの導入に苦慮している」と現状を訴えた。

そのほか課題として「算定方法が分かりづらい」「病院の総務や人事などの賃上げを考えると、ベースアップ評価料では賄いきれない」などの意見が上がった。

自然災害に強い日本 目指し1万人超集会

緊急事態条項の憲法明記求める

感染症や自然災害時などに対応する緊急事態条項を憲法に明記するための「国民と生活を守る1万人大会」が5月30日、東京都千代田区の日本武道館で開かれ、国と地方の指揮系統の確立など災害に強い町づくりを推進するための決議を採択した。同大会実行委員会の主催で、共催はニューレジリエンスフォーラム（三村明夫会長）。発起人として日本歯科医師会会長の高橋英登氏や日本歯科医師連盟会長の太田謙司氏も名を連ねている。

大会では、「感染症と自然災害に強い日本を！」をテーマに掲げ、1万人を超える医療界、経済界、自治体関係、防災・福祉関係者が参集。ニューレジリエンスフォーラム企画委員長で日本医科大学特任教授の松本尚氏による提言や、日本医師会会長の松本吉郎氏、歌手で俳優の杉良太郎氏、アルピニストの野口健氏、関西大学特別任命教授の河田惠昭氏が意見表明をした。

緊急事態条項を憲法に明記する国会発議を求めている都道府県知事・議会議長や国会議員も参加。同発議を求め、国会議員301人、地方議員3314人の署名が集まっているとの報告があった。

採択された決議では、①「国はあらゆる災害に対応するオールハザード型の司令塔を設置し、国・地方の指揮系統を確立すること」、②「災害に強い町づくりをめざし、地方自治体が広範な業界団体と防災協定を結び、素早い連携が可能となるよう、国が主導して準備を進めること」、③『憲法に基づく緊急事態宣言』によって法律が『平時』から『緊急時』のルールへと転換できるようにすべきこと。国会が召集できない事態において、緊急政令や緊急財政支出が可能となる制度を憲法に規定すること」の三つを提唱している。

決議文は、日歯会長の高橋氏を含むフォーラム発起人から、自民党と公明党、日本維新の会、国民民主党の代表者に手渡された。

なお、来賓あいさつには岸田文雄自由民主党総裁も訪れ、華を添えた。

▲決議文を手渡す高橋会長（左）

医療界、経済界、防災・福祉関係者が集まった

病院歯科の必要性 厚労委員会で強調

山田議員

日本歯科医師連盟顧問の山田宏参議院議員は、5月30日に国会で行われた厚生労働委員会において、歯周治療と糖尿病の関係をはじめとする全身疾患との関わりについて厚労省らの見解を問い、病院歯科の必要性を強調。厚労省は「病院に歯科を設置する好事例の周知に努めたい」と回答した。

主なやり取りは次の通り。

山田　今次の診療報酬改定で、医科の糖尿病患者に歯科受診を推奨することに対する項目が追加されたが、その理由は。

厚労省　中医協による診療ガイドラインで歯周治療によって糖尿病の改善の可能性が示され、医科歯科連携の有効性が評価されていることを踏まえている。

山田　歯科からの情報提供依頼に対する医科の加算項目はあったが、医科からの情報提供依頼に対する歯科の算定を追加した経緯は。

厚労省　歯科診療所の約4割が医科からの情報提供依頼を受けていることから議論し、見直しに至った。

山田　アルツハイマー病と歯科の関連性についてはどのような認識か。

厚労省　天然歯が少なく、義歯を使わない患者のアルツハイマー病の発症リスクが高く、歯周病菌を投与したマウス実験においても、原因物質の増加が確認されている。

山田　歯周病と心疾患との関連については。

厚労省　日本歯周病学会のガイドライン2022において、心疾患が歯周病による炎症サイトカインに関連している可能性が示されている。厚労省でも研究中で、血中抗体価や心房細動への寄与が確認されている。

山田　国民病ともいえる大腸がんとの関連についての知見は。

厚労省　歯周病と大腸がんの発症リスクの相関を示唆する研究があり、関連細菌が大腸がんの発症や進行に関与している可能性も報告されている。

山田　今挙げた疾患について、糖尿病と同じような医科歯科連携の算定項目を創設する考えはあるか。

厚労省　口腔の健康が全身の健康につながるさまざまな報告を踏まえ、関係学会の提案などを交えながら中医協で議論を進めていく。

山田　口腔と全身の関連について、医科ではまだ認識が不足していると考えている。医学部教育において、歯科の分野を充実させてはどうか。

文科省　医学部生の学習目標等を示した「モデルコアカリキュラム」において、歯周病疾患の全身への影響を含めて学ぶようになっている。東京医科歯科大学では、医科と歯科の学生が口腔ケアについて合同で学ぶカリキュラムを開発しており、各大学の好事例等を学部長会議などで周知していきたい。

山田　医師および歯科医師国家試験で、口腔と全身の関連についての設問を増やすことでも周知が進むと考えるが。

厚労省　医師国家試験において歯周病と生活習慣の改善についての説明、歯科医師国家試験において歯周病と全身疾患の関連性について既に出題されている。今後の具体的な見通しは国家試験の性格上、回答は控えたい。

山田　病院において、口腔ケアを行うと患者の在院日数が下がるという報告があり、患者にとっても経営にもプラスと考える。病院内の歯科の重要性についてはどのような認識か。

厚労省　高齢化に伴い、医科歯科連携を含めた高度な管理が必要となる症例が考えられることから、病院歯科の果たす役割は大きいと考えている。厚労省では病院歯科の設置に対する財政支援などを行っている。

山田　病院歯科については現状設置が進んでおらず、設置病院においても歯科衛生士のみの配置となっている例が多く感じる。法律上、歯科衛生士は歯科医師と組になっていることが望ましいと考えるが。

厚労省　一般の市中病院において歯科が設置されている場合が少ないことから、これまではニーズが少なかったのだと考える。経営および診療の観点から歯科を設置するメリットが大きいので、効果、好事例の周知に努めたい。

山田　病院歯科が増えないのは、経営利益が少ないという認識が大きいと考える。一方で、歯科を設置することで経営的にプラスになったという事例がある。病院経営においてもメリットがあるということをぜひ、全国的に広めて欲しいのだが、どうか。

※審議時間終了により回答なし

歯科関係は12問

診療報酬改定　疑義解釈 第六・七弾

厚労省は5月30、31の両日、令和6年度診療報酬改定に伴う疑義解釈の第六弾と第七弾を公表した。歯科関係は計12問で、「在宅医療DX情報活用加算」4問、「口腔管理体制強化加算」2問、「機械的歯面清掃処置」「金属歯冠修復」「光学印象」「周術期等口腔機能管理料（Ⅰ）、同（Ⅱ）」「回復期等口腔機能管理計画策定料、回復期等専門的口腔衛生処置」「歯科技工士連携加算、光学印象歯科技工士連携加算、歯科技工加算」がそれぞれ1問となっている。

【口腔管理体制強化加算】

問　口腔管理体制強化加算の施設基準に係る届出書添付書類（様式17の2）について、

①「4 歯科訪問診療料の注15に規定する届出の状況」に歯科訪問診療料の注15に係る届出年月日を記載することとなっているが、在宅療養支援歯科診療所1又は2の届出を行っている歯科医療機関の場合は、どのように記載すればよいか。

② 歯科点数表の初診料の注1に規定する施設基準及び歯科訪問診療料の注15に規定する基準（令和6年度診療報酬改定前の歯科点数表の歯科訪問診療料の注13に規定する基準）に係る届出年月日が分からない場合は、どのように記載すればよいか。

答　①「4 歯科訪問診療料の注15に規定する届出の状況」の空白部分に（支援診届出済）と記載し、在宅療養支援歯科診療所1又は2の受理番号若しくは算定開始年月日を記載する。

② 歯科点数表の初診料の注1に規定する施設基準及び歯科訪問診療料の注15に規定する基準（令和6年度診療報酬改定前の歯科点数表の歯科訪問診療料の注13に規定する基準）に係る届出年月日が分からない場合は、届出年月日の代わりに算定開始年月日を記載することで差し支えないが、その場合は空白部分に（算定開始）と記載すること。

なお、受理番号及び算定開始年月日については、地方厚生（支）局のホームページに掲載されている届出受理医療機関名簿を参照されたい。

問　口腔管理体制強化加算の施設基準に係る届出書添付書類（様式17の2）の「7 歯科疾患の継続管理等に係る研修の受講歴等」について、令和6年度診療報酬改定前の歯科点数表の、かかりつけ歯科医機能強化型歯科診療所（以下「旧か強診」という。）の施設基準に係る届出を行っている歯科医療機関の場合はどのように記載すればよいか。

答　旧か強診の届出を行っている歯科医療機関においては、「受講歯科医師名」の欄へ歯科医師名を記載するほか、（か強診届出済）と記載し、旧か強診の施設基準に係る受理番号を記載する。また、研修の受講歴等に係る記載については、口腔管理体制強化加算の施設基準に係る届出にあたって追加で受講した研修についてのみ記載することで差し支えない。

なお、受理番号については、地方厚生（支）局のホームページに掲載されている届出受理医療機関名簿を参照されたい。

【在宅医療DX情報活用加算】

問　在宅医療DX情報活用加算の施設基準において、「居宅同意取得型のオンライン資格確認等システムの活用により、医師等が患者の診療情報等を取得及び活用できる体制を有していること。」とあるが、具体的にどのような体制を有していればよいか。

答　オンライン資格確認等システムを通じて取得された診療情報等について、電子カルテシステム等により歯科医師等が閲覧又は活用できる体制あるいはその他の方法により歯科医師等が診療計画の作成において診療情報等を閲覧又は活用できる体制を有している必要があり、単にオンライン資格確認等システムにより診療情報等を取得できる体制のみを有している場合は該当しない。

問　在宅医療DX情報活用加算の施設基準において、「医療DX推進の体制に関する事項及び質の高い診療を実施するための十分な情報を取得・活用して診療を行うことについて、当該保険医療機関の見やすい場所に掲示していること。」とされており、ア〜ウの事項が示されているが、ア〜ウの事項は別々に掲示する必要があるか。また、掲示内容について、参考にするものはあるか。

答　まとめて掲示しても差し支えない。掲示内容については、以下のURLに示す様式を参考にされたい。

◎オンライン資格確認に関する周知素材について

一施設内での掲示ポスター

これらのポスターは「在宅医療DX情報活用加算」、「在宅医療DX情報活用加算（歯科）」及び「訪問看護医療DX情報活用加算」の掲示に関する施設基準を満たします。

https://www.mhlw.go.jp/stf/index_16745.html

問　在宅医療DX情報活用加算の施設基準において、「マイナ保険証を促進する等、医療DXを通じて質の高い医療を提供できるよう取り組んでいる保険医療機関であること。」を当該保険医療機関の見やすい場所に掲示することとしているが、「マイナ保険証を促進する等、医療DXを通じて質の高い医療を提供できるよう取り組んでいる」については、具体的にどのような取組を行い、また、どのような掲示を行えばよいか。

答　当該保険医療機関又は訪問先において「マイナ保険証をお出しください」等、マイナ保険証の提示を求める案内や掲示（問4に示す掲示の例を含む。）を行う必要があり、「保険証をお出しください」等、単に従来の保険証の提示のみを求める案内や掲示を行うことは該当しない。

また、歯科訪問診療等を行う際に、問4に示す掲示内容を含む書面を持参して利用者等に提示するといった対応がとられていることが望ましい。

問　居宅同意取得型のオンライン資格確認等において、マイナンバーカードを読み取れない場合や利用者が4桁の暗証番号を忘れた場合はどのように対応すればよいのか。

答　医療機関等向け総合ポータルサイトのオンライン資格確認・オンライン請求ページに掲載されている訪問診療等に関するよくある質問（FAQ）を参照し対応されたい。

（参考）

https://iryohokenjyoho.servicenow.com/csm?id=kb_article_view&sys_kb_id=ceddb596c3a142506e19fd777a0131d5

【機械的歯面清掃処置】

問　「I030」機械的歯面清掃処置について、歯科診療特別対応加算1、歯科診療特別対応加算2又は歯科診療特別対応加算3を算定する患者については、月1回に限り算定できるとあるが、当該加算を算定した日に限り算定可能か。

答　同一初診期間内に歯科診療特別対応加算1、歯科診療特別対応加算2又は歯科診療特別対応加算3を算定した患者であれば、当該加算を算定していない日であっても、「I030」機械的歯面清掃処置を算定して差し支えない。当該加算の算定がない月に当該処置を行う場合は、「『診療報酬請求書等の記載要領等について』等の一部改正について（令和6年3月27日保医発0327第5号）」の別表Ⅰの項番107のとおり、歯科診療特別対応加算を算定した旨を診療報酬明細書の摘要欄に記載すること。

なお、「疑義解釈資料の送付について（その1）」（平成30年3月30日事務連絡）別添3の問33は廃止する。

【金属歯冠修復】

問　令和6年度診療報酬改定前の歯科点数表の「M017」ポンティックの留意事項通知(7)のハに上顎の第1大臼歯又は第2大臼歯を3根のうち頬側2根を残して分割抜歯した場合であって、単独冠として歯冠修復を行う場合は、大臼歯の歯冠修復として算定して差し支えないとあるが、「診療報酬の算定方法」別表第二歯科診療報酬点数表における「M010」金属歯冠修復の留意事項通知(10)のイにある「上顎の第1大臼歯又は第2大臼歯を3根のうち2根（口蓋根及び近心頬側根又は遠心頬側根のいずれか）を残して分割抜歯した場合は、大臼歯の歯冠修復として算定して差し支えない。」について、上顎の第1大臼歯又は第2大臼歯を3根のうち頬側2根を残して分割抜歯した場合の算定はどのように考えればよいか。

答　分割抜歯を行った大臼歯に対する単独冠としての金属歯冠修復については、原則として「M010」金属歯冠修復の留意事項通知(10)のイの通りであるが、やむを得ず、上顎の第1大臼歯又は第2大臼歯を3根のうち頬側2根を残して分割抜歯した場合については、残った歯冠、歯根の状態が歯科医学的に適切な場合に限り、大臼歯の歯冠修復として算定して差し支えない。

【光学印象】

問　光学印象の施設基準に係る届出書添付書類（様式50の2）について、既に「CAD／CAM冠及びCAD／CAMインレー」の施設基準に係る届出を行っている歯科医療機関であって、「M003−4」光学印象の施設基準に係る届出のみを行う場合は、「1 届出を行う施設基準」の「光学印象」の欄にのみ○を記載し、「4 当該療養に係る医療機関の体制状況等」の「使用するデジタル印象採得装置」に係る記載を行えばよいか。

答　そのとおり。

【周術期等口腔機能管理料（Ⅰ）、周術期等口腔機能管理料（Ⅱ）】

問　「B000−6」周術期等口腔機能管理料（Ⅰ）の注1及び「B000−7」周術期等口腔機能管理料（Ⅱ）の注1について、「がん等に係る手術（歯科疾患に係る手術については、入院期間が2日を超えるものに限る。）」とあるが、入院期間が1泊2日の場合は算定可能か。

また、「歯科疾患に係る手術」について、入院をともなう「J000」抜歯手術、「J003」歯根嚢胞摘出手術又は「J004」歯根端切除手術は含まれるか。

答　入院期間が1泊2日の場合は算定不可。

また、入院期間が2日を超える場合は、「J000」抜歯手術、「J003」歯根嚢胞摘出手術又は「J004」歯根端切除手術のような歯科疾患に係る手術であっても、口腔内細菌による合併症、手術の外科的侵襲や薬剤投与等による免疫力低下により生じる病巣感染、人工呼吸管理時の気管内挿管による誤嚥性肺炎等の術後合併症や脳卒中により生じた摂食機能障害による誤嚥性肺炎や術後の栄養障害の予防のために、周術期等の口腔機能の管理が必要と歯科医学的に判断される場合において、当該管理料は算定可能。

【回復期等口腔機能管理計画策定料、回復期等専門的口腔衛生処置】

問　「疑義解釈資料の送付について（その2）」（令和6年4月12日事務連絡）別添3の問14において、「B000−11」回復期等口腔機能管理料について、回復期等に関する口腔機能管理を必要とする患者の場合であって、う蝕や歯周病等がない場合等の傷病名について、当面は傷病名を「回復期口腔機能管理中」として差し支えないとあるが、「B000−10」回復期等口腔機能管理計画策定料及び「I029−1−2」回復期等専門的口腔衛生処置についても同様と考えてよいか。

答　そのとおり。

【歯科技工士連携加算、光学印象歯科技工士連携加算、歯科技工加算】

問　歯科技工士連携加算（「M003」印象採得、「M006」咬合採得、「M007」仮床試適）、光学印象歯科技工士連携加算（「M003−4」光学印象）、歯科技工加算（「M029」有床義歯修理、「M030」有床義歯内面適合法）を算定する場合に、これらの加算に対して、歯科点数表第12部の「歯冠修復及び欠損補綴」の「通則4」、「通則6」及び「通則7」に掲げる加算は算定可能か。

答　「通則4」、「通則6」又は「通則7」の該当する区分番号については算定可能。

なお、「疑義解釈資料の送付について（その5）」（平成22年6月11日事務連絡）別添2の問5は廃止する。

歯科国試にチャレンジ

●394　2023年（第116回）より

過蓋咬合を伴う骨格性Ⅲ級でみられるのはどれか。1つ選べ。

a　鼻唇角の開大
b　オトガイ部の後退
c　上顎臼歯の舌側傾斜
d　下顎切歯の唇側傾斜
e　Spee彎曲の深さの増大

答えは本紙のどこかに！

5月31日は「世界禁煙デー」

歯科診療所
敷地内の「禁煙」9割
厚労省　令和4年度調査

火をつけて喫煙するたばこ、加熱式たばこを敷地内全面禁煙にするか否かについて、一般診療所・歯科診療所では、「禁煙している」90・4％、「禁煙していない」9・6％だった。特定屋外喫煙場所※の設置状況（敷地内全面禁煙にしていないと回答した施設のみ）では、「設置している」28・6％、「設置していない」71・4％の結果となった。

厚労省が5月15日に公表した、令和4年度の喫煙環境に関する実態調査結果によるもの。令和5年1～2月に4年12月末時点の状況を調べている。

学校や医療施設、児童福祉施設、行政機関等（第一種施設）において、「火をつけて喫煙するたばこ及び加熱式たばこを敷地内全面禁煙にしている施設」の割合は、全体で86・3％。

施設種別では「病院」100％が最も高く、次いで「幼稚園、幼保連携型認定こども園、小学校、中学校、高等学校、中等教育学校、特別支援学校」91・0％、「一般診療所、歯科診療所」90・4％と続く。

前年度比では、令和3年度の第一種施設における敷地内全面禁煙は87・4％。特定屋外喫煙場所の設置では、89・1％といずれも減少傾向にある。

なお、施設種別の回収状況は「病院、一般診療所、歯科診療所、助産所、療術施設（あんま、はり、きゅう、柔道整復等）、介護老人保健施設」で計106施設が回答している。

特定屋外喫煙場所　屋外の一部区間のうち、受動喫煙を防止するために必要な措置が取られた場所

第一種施設における喫煙環境

	敷地内全面禁煙状況			特定屋外喫煙場所の設置状況※		
	禁煙にしている	禁煙にしていない	不明	設置している	設置していない	不明
第一種施設（合計）	86.3％	12.6％	1.1％	61.7％	39.3％	—
幼稚園、幼保連携型認定こども園、小学校、中学校、高等学校、中等教育学校、特別支援学校	91.0％	7.7％	1.3	50.0％	50.0％	—
専修学校、各種学校、職業・教育支援施設	83.3％	16.7％	—	100.0％	—	—
大学院を除く高等教育機関（大学、短期大学）	67.3％	32.7％	—	94.4％	5.6％	—
病院	100.0％	—	—	—	—	—
一般診療所、歯科診療所	90.4％	9.6％	—	28.6％	71.4％	—
病院、一般診療所及び歯科診療所以外の医療提供施設（介護老人保健施設、介護医療院、助産所、療術施設(あんま、はり、きゅう、柔道整復等)）	83.3％	13.3％	3.3％	75.0％	25.0％	—
児童福祉施設（保育所等）	90.0％	8.8％	1.3％	42.9％	57.1％	—
行政機関	61.3％	36.7％	2.0％	94.5％	5.5％	—

※敷地内全面禁煙にしていないと回答した施設の状況

スマート・ライフ・プロジェクト
WBC栗山前監督や星乃さん、蛙亭がPR

厚労省は5月31日、禁煙週間（31日～6月6日）の取り組みの一環として「世界禁煙デー記念イベント2024」を東京都渋谷区の渋谷ストリームホールで開催した。同週間の共催団体には日本歯科医師会も名を連ねている。

WHOはたばこを吸わないことを目指し、1989年から毎年5月31日を「世界禁煙デー」と定めている。これを受け、厚労省は31日から一週間を禁煙週間とし、喫煙の健康影響などの普及啓発に取り組んできた。

同イベントでは、厚生労働大臣の武見敬三氏によるビデオメッセージ、国立がん研究センターがん対策情報センター本部副本部長の若尾文尾氏が「たばことCOPDの関係性」について講演。また、ゲストサポーターとしてWBC2023日本代表監督の栗山英樹さん、若年層から人気を集めている俳優・歌手の星乃夢奈さん、お笑い芸人の蛙亭を迎え、会場参加型のクイズ、たばこや健康に関するトークセッションが行われた。

栗山さんはこれまで喫煙をしていたが、監督という仕事柄、グラウンドを見続けなければならない使命感もあり、禁煙をするきっかけにもつながったという。「たばこは（やる気）スイッチのオンオフだったりするが、元気でいるのが一番の財産なので（これからも禁煙を）頑張っていきたい」と話した。

栗山前監督とともにキックオフ始球式が行われた

受動喫煙リスクへの理解を深めるための会場参加型クイズも

東京タワーをライトアップ
日医ら

日本医師会（松本吉郎会長）は、日本サッカー協会（宮本恒靖会長）と共同で世界禁煙デーに合わせた「東京タワーライトアップイベント」を5月31日、東京都港区の東京タワーで行った。日医がライトアップイベントを開催するのは今回が初。

日本国内では毎年約19万人が喫煙に関連する病気で亡くなっているとされ、近年は若年層で加熱式たばこや電子たばこなど「新型たばこ」の使用が増えている。

この現状を踏まえ、スポーツ団体として受動喫煙防止にも取り組んでいる日本サッカー協会と共同で、全国の選手やサポーターなどに向けて、新型たばこを含む喫煙による健康被害や受動喫煙防止の必要性について啓発した。

質疑応答で松本会長は、開催した目的について「東京のシンボルである東京タワーのライトアップを使ったイベントで、受動喫煙の害を国民に知ってもらいたい」としている。

さらに、同イベントを通じて一人でも多くの人にイエローグリーンに込められた思いを知ってほしいと前置きした上で、「喫煙はがんだけではなく、生活習慣病を始めとした多くの疾患に関係している。禁煙は自身だけではなく、周囲の人のためにも有効なことである。もっと多くの方々に知ってもらいたい」と述べている。

当日限定で東京タワーがイエローグリーンにライトアップ。この色は「受動喫煙をしたくない、させたくない」という思いが込められており、全国各地でイエローグリーンキャンペーンが実施されている（提供・©JMA）

宮本会長（左）は現役時代、サッカー選手でたばこを吸っている人が多かったエピソードを語った。近年は喫煙をする選手も少なくなったという

都医ら
各団体の活動共有
都歯も参画

「世界禁煙デー」に合わせて、「2024年世界禁煙デーイベント」が東京都千代田区の東京都医師会館で5月31日に開かれた。東京都医師会（尾﨑治夫会長）と禁煙推進企業コンソーシアムが主催。

「健康行動と禁煙推進を先進事例から考える―医学エビデンスから企業事例まで」をテーマに、加熱式たばこのリスクを東北大学大学院医学系研究科准教授の田淵貴大氏、東京都では先進事例となる調布市の受動喫煙防止条例にまつわる取り組みを同市職員が話したほか、東京都の三師会を含む各団体や企業でのたばこ対策に関する取り組みなどが紹介された。

東京都歯科医師会の取り組みは、同会理事の糠信安宏氏が発表。平成14年度から「かかりつけ歯科医禁煙支援プログラム」、平成18年2月5日に「東京都歯科医師会禁煙宣言」、平成17年度から啓発事業「禁煙支援フォーラム」を開始していると説明。「かかりつけ歯科医禁煙支援プログラム」は平成26年度まで実施し研修会には527件の受講があったほか、「禁煙支援フォーラム」では都民向けの期日指定の啓発セミナーを、令和2年度からYouTube上での動画配信形式に変更した結果、直近の今年3月配信分では5800超の視聴があり、受講者数が増えたとしている。

イエローグリーンに光るスカイツリー。都医のイベントでは都内各所でライトアップが行われた

都歯の取り組みを紹介する糠信理事

東京都歯科医師会　禁煙宣言

1．私たちは、都民に喫煙と健康に関する正しい知識を提供します。
2．私たちは、禁煙を希望する都民に禁煙支援を積極的に行います。特に妊産婦、未成年者の喫煙防止を推進します。
3．私たちは、禁煙を推進するために、地方公共団体および関係各団体と連携をとってまいります。

都道府県別歯科診療所数

令和6年3月

	歯科診療所	前月比増減数
全　国	66,825	-18
北海道	2,723	-9
青　森	475	-3
岩　手	535	-1
宮　城	1,034	1
秋　田	399	-2
山　形	450	-1
福　島	807	-1
茨　城	1,347	-1
栃　木	942	-4
群　馬	969	-1
埼　玉	3,509	-3
千　葉	3,203	3
東　京	10,660	5
神奈川	4,926	5
新　潟	1,089	-1
富　山	429	0
石　川	470	-2
福　井	293	3
山　梨	411	-2
長　野	979	-1
岐　阜	940	-1
静　岡	1,712	3
愛　知	3,679	1
三　重	782	1
滋　賀	562	-1
京　都	1,257	0
大　阪	5,431	-5
兵　庫	2,909	1
奈　良	680	1
和歌山	509	0
鳥　取	252	-2
島　根	251	1
岡　山	983	3
広　島	1,472	0
山　口	618	-3
徳　島	410	0
香　川	466	1
愛　媛	633	-2
高　知	336	-1
福　岡	3,031	1
佐　賀	390	0
長　崎	683	2
熊　本	826	2
大　分	506	-4
宮　崎	477	-1
鹿児島	771	0
沖　縄	609	0

3月の歯科診療所数
前月より18減少の6万6825施設

厚労省の施設動態調査による令和6年3月末現在の歯科診療所数は全国で6万6825施設で、前月より18減少した。

北海道の9、大阪の5、栃木、大分の4、青森、埼玉、山口の3など23道府県で52減少し、増加は東京、神奈川の5、千葉、福井、静岡、岡山の3など16都県で34だった。

開設者別歯科診療所数の個人は前月より56減少して4万9322施設、医療法人は31増加の1万6849施設だった。

開設者別歯科診療所数の個人は減少傾向が続き、2021年3月以降、36カ月連続で減少。医療法人は2018年9月以降62カ月連続で増加していたが、2023年12月減少に転じ、翌月以降はまた増加している。

前年同月比の全国の歯科診療所数の動向では、606施設減少した。開設者別歯科診療所数の個人は1056減少、医療法人は417増加となっている。

混合診療の法的注意点を指摘
葦沢龍人・東京医大名誉教授

保険制度で、算定要件などを制限しているのは、財政的な理由だけではなく、「なんちゃって請求」を排除して、ルールに沿った診療報酬の請求を担保するため。東京都健康長寿医療センターの保険指導専門部長、関東信越厚生局の保険指導医を務める葦沢龍人東京医科大学名誉教授が、5月26日にセリスタ（本社・東京都千代田区、伊藤承正社長）が開催したウェビナーで訴えた。

主題は「保険診療の法制度―混合診療をめぐって」。保険診療に関連する法制度の全体像を説明した上で、保険診療と自費診療を併用する保険外併用療法（混合診療）を正しく実施するための注意点を、実際の運用に沿って解説するのが主旨。

今次改定（医科）で、高血圧症、高脂血症、糖尿病が特定疾患管理料の対象から外れ、より高点数となるものの、要件が厳しい生活習慣病管理料に移行することについては、「きちんとした医学管理をして、相応の診療報酬を得てほしいという政策意図」と説明。従来、漫然と算定されていた管理料に対して、現場で医学管理の徹底が図られることを目指しているものだとした。

◇◆◇

セリスタが提供する各種検査機器やサプリメントは、主として未病段階での予防、アンチエイジングなどを目的とした自費診療で活用されている。そのため、講演を聞いた医師、歯科医師らの多くが、保険制度では給付されにくい予防分野や、薬事未承認品や医薬品などの適応外使用に関心を持ち、生活習慣病医療での混合診療の取り扱いは特に注目度が高いと見られている。

古人骨の歯石調査で
現代の歯周病と関連性示す
総合研究大学院大学ら

1千年以上前の古人骨から採取した歯石を分析したところ、現代の歯周病と関連する重要な病原因子が含まれていた―。総合研究大学院大学や金沢大学、札幌医科大学などの共同研究によるもの。

これまでの研究で過去に日本列島に住んでいた人々も歯周病との関連性があったことから、古人骨の歯石を採取し、質量分析を利用したプロテオミクスを通じて歯周病の病原体や宿主由来のタンパク質を同定することに至った。

対象とした1992年の北海道礼文島（浜中2遺跡）で発掘された女性の古人骨は、西暦565〜678年頃に亡くなっていた。この年代は礼文島におけるオホーツク文化期の最盛期の始め頃にあたる。

研究グループによれば、「女性の歯の表面には非常に多くの量の歯石が、まるでカリフラワーのように付着していた」という。また、歯を支える歯槽骨の高さが著しく低下しており、進行した歯周病の状態にあることが確認され、存命時ではタンパク質を摂取していたことが判明した。

調査を続け、女性の下顎切歯から歯石を採取し、古代分子の分析専用のクリーン実験室でタンパク質を抽出した。

このタンパク質に対してプロテオミクスを行った結果、ヒト由来からは81種類、口腔内細菌由来から15種類のタンパク質のほか、特に現代の歯周病の原因ともいえるレッドコンプレックスの一部の細菌（Porphyromonas gingivalis、Treponema denticola）由来のタンパク質、ヒト由来のタンパク質として唾液中の抗菌ペプチドや免疫応答タンパク質が同定できた。

今後は同研究成果を基に、口腔内細菌の病原性の獲得と進化のメカニズムが明らかになることで、口腔衛生の向上や新たな感染症予防策の開発につながると期待がかかっている。

同研究成果は国際科学誌『Scientific Reports』（3月11日）に掲載された。

GSE研究会が設立記念で講演会

GSE研究会（大和田智彦理事長）は5月26日、設立記念講演会を東京都新宿区の飯田橋内科歯科クリニックで行った。GSEとはグレープフルーツ種子抽出物を指し、天然除菌抗菌剤として使用されている。

ひろた歯科医院院長でABM代表理事の廣田健氏が講演「抗菌薬の常識が変わる！天然成分での歯周病対策」で登壇。廣田氏はGSE除菌スプレー「シトラバスター」について「アルコール消毒液と違い、事前の手洗いがなくても効果を発揮する。また、天然素材であるため肌荒れしにくく、効果の持続力が高いため、都度噴霧ではなく定期噴霧で済む。歯科医院の除菌においても大きな効果をもたらすことができる」と語った。

GSEの有効性を紹介する廣田氏

さらに、口腔ケアにおいてもGSEは効果があると言及。寒天状の食べる口腔ケア商品「デンタルアーマー」について、GSEの成分が歯周病菌から歯肉を守る効果を、神奈川歯科大学の論文などを用いて説明した。

なお、高血圧患者などグレープフルーツの喫食制限を受けている患者でも、種子由来のGSEは利用可能だという。

昭和大学の馬場歯学部長
「先人の方針を継続」
受験者減少の問題で

馬場氏

5月19日に開かれた昭和大学歯学部同窓会創立40周年の記念式典（本紙5月28日付既報）で記念講演が行われ、同大歯学部長の馬場一美氏が「みんなで進もう、次のステージへ」と題し、これまでの歯学部の歩み、教育、研究、臨床の現状と将来、そして今後活躍が期待される研究者の紹介などを行った。

2025年に大学の名称を昭和医科大学に変更する点については、「医系総合大学で生きていくための確固たる意思表示。28年の100周年に向け、4学部全体として尽力していく」と話した。

また100周年の記念事業が七つある中で二つの歯学部関連の事業に言及。鷺沼キャンパス開設により、27年に歯学部は1年が富士吉田、2〜4年は鷺沼キャンパスで講義を受け、5年で臨床実習を歯科病院で受ける流れになるとした。また、具体的な時期は未定としながら、保険医療学科に歯科衛生学分野が新設される予定を伝えた。

◆◇◆

同大病院における歯科の役割では、6ある大学病院の歯科室での周術期、口腔機能管理を統合して行うため、同大歯科病院口腔機能管理科教授の古屋純一氏を中心とし、各病院の歯科口腔外科の病院歯科への名称変更と口腔ケアコーディネーターとしての歯科衛生士の増員など、一体化した取り組みを行うとした。

最後に、「受験生減少など大学が抱える問題は、社会ニーズの多様化など大学が抱える問題は、先人から引き継いだ方針を継続していけば対応できると信じている」と述べ、次の100年に向けての取り組みへの決意を語った。

令和6年2月の歯科医療費

〈社保〉診療種別支払確定件数及び点数

（令和6年2月診療分）

診療種別		件数（千件）	対前年同月比（%）	構成割合（%）	点数（千点）	対前年同月比（%）	構成割合（%）
総計		109,690	106.0	100.0	175,582,900	103.8	100.0
医科	計	56,660	102.2	51.7	119,611,037	100.7	68.1
	入院	797	75.0	0.7	45,704,231	98.0	26.0
	入院外	55,863	102.8	50.9	73,906,805	102.5	42.1
歯科		13,458	104.7	12.3	16,180,911	104.1	9.2
調剤		39,282	112.5	35.8	39,790,952	114.4	22.7
食事・生活療養費		645	97.6	0.6	－	－	－
訪問看護療養費		291	116.5	0.3	－	－	－

（注）件数の総計は、食事・生活療養費を除く数値。点数の総計は、食事・生活療養費、訪問看護療養費を除く数値。社会保険診療報酬支払基金の統計月報を基に本紙で集計したもの。数値は四捨五入

〈社保〉歯科診療報酬諸率

（令和6年2月診療分）

区分		1件当たり点数（点）	1日当たり点数（点）	1件当たり日数（日）
合計		1,202.3 (99.4)	831.9 (101.4)	1.45 (98.0)
医療保険	計	1,211.5 (99.3)	828.1 (101.3)	1.46 (98.0)
	被保険者（65歳未満）	1,257.6 (99.0)	831.4 (101.0)	1.51 (98.1)
	被扶養者65歳未満（未就学者を除く）	1,153.5 (100.0)	833.2 (102.5)	1.38 (97.6)
	被扶養者（未就学者）	928.0 (100.8)	804.5 (102.6)	1.15 (98.3)
	被保険者65歳以上70歳未満	1,282.1 (97.0)	805.4 (99.5)	1.59 (97.5)
	被扶養者65歳以上70歳未満	1,261.0 (98.2)	796.1 (100.6)	1.58 (97.7)
	高齢者7割	1,256.9 (97.8)	788.5 (99.9)	1.59 (97.9)
	高齢者一般	1,326.8 (96.8)	814.1 (99.3)	1.63 (97.5)

数値は四捨五入。カッコ内は対前年同月比（%）

社保

件数4・7%増
点数4・1%増

社会保険診療報酬支払基金による令和6年2月診療分の総計確定件数は1億969万件、点数1755億8290万点で前年同月に比べ件数は6・0%、点数は3・8%それぞれ増加した。

2月の稼働日数は23・0日（うち土曜日4・0日）で、前年同月比で0・5日増加している。

歯科の件数は1345万8千件、点数は161億8091万1千点で、前年同月比で件数は4・7%増加、点数は4・1%増加した。

医療費全体に占める構成割合は前月に比べ、件数は0・2ポイント下がって12・3%、点数は0・3ポイント上がって9・2%。

歯科の診療報酬諸率は1件当たり点数1202・3点、1日当たり点数831・9点、1件当たり日数1・45日で、前年同月に比べ、1件当たり点数は0・6%減、1日当たり点数は1・4%増、1件当たり日数は2・0%減少した。

医科の入院と入院外の合計は件数5666万件、点数1196億1103万7千点で、件数は前年同月に比べ2・2%増加、点数は0・7%増加している。入院外は件数5586万3千件、点数739億680万5千点で、前年同月に比べ件数は2・8%、点数は2・5%それぞれ増加。

調剤は件数が3928万2千件、点数が397億9095万2千点で、前年同月比で件数は12・5%増、点数は14・4%増だった。

〈社保〉支部別歯科診療報酬等支払確定状況

（令和6年2月診療分）

支部別	件数（件）	日数（日）	点数（千点）	金額（千円）
令和5年12月	14,642,678	21,178,348	17,603,561	117,947,601
令和6年1月	13,417,656	19,348,746	15,720,975	105,538,616
令和6年2月	13,457,897	19,450,891	16,180,911	108,914,271
北海道	458,039	731,844	638,150	4,374,887
青森	98,672	152,808	123,879	831,846
岩手	91,606	138,206	115,253	822,793
宮城	231,729	328,273	262,460	1,813,090
秋田	82,964	122,183	107,184	712,663
山形	93,735	128,366	106,285	759,512
福島	163,324	244,035	189,284	1,317,934
茨城	287,020	410,293	325,920	2,097,961
栃木	209,951	302,576	223,676	1,476,072
群馬	170,229	253,561	186,573	1,332,668
埼玉	802,098	1,136,656	855,128	5,641,839
千葉	709,104	994,789	819,767	5,375,791
東京	1,819,827	2,615,803	2,136,869	14,311,612
神奈川	1,037,653	1,487,303	1,269,871	8,424,831
新潟	210,906	300,922	252,005	1,625,971
富山	109,797	150,861	119,131	774,207
石川	101,595	145,995	119,357	791,432
福井	71,439	101,516	82,779	538,535
山梨	85,373	120,087	93,940	614,813
長野	198,765	274,257	222,314	1,456,889
岐阜	203,851	280,271	231,548	1,652,764
静岡	320,607	459,661	363,484	2,582,988
愛知	838,169	1,159,763	1,018,584	7,292,492
三重	178,118	239,663	195,608	1,329,646
滋賀	153,826	210,161	169,305	1,098,661
京都	227,583	330,455	288,090	2,052,356
大阪	1,128,471	1,679,596	1,531,919	10,194,235
兵庫	627,704	883,055	776,955	5,111,143
奈良	116,371	164,458	132,376	917,519
和歌山	89,750	129,693	104,999	684,755
鳥取	53,801	78,314	64,359	419,458
島根	52,586	74,426	62,470	449,080
岡山	222,330	302,202	282,750	1,813,675
広島	295,503	426,097	361,479	2,402,425
山口	115,751	171,345	138,962	997,274
徳島	80,464	117,326	99,338	626,769
香川	116,000	162,666	140,828	893,526
愛媛	114,987	170,707	131,457	945,733
高知	56,352	82,544	66,913	468,635
福岡	604,494	941,842	776,317	5,080,557
佐賀	85,997	129,451	97,535	640,493
長崎	127,664	183,472	152,614	1,014,420
熊本	165,389	246,148	199,137	1,369,850
大分	95,072	146,016	117,063	775,147
宮崎	97,740	148,513	118,424	780,100
鹿児島	136,249	214,514	158,923	1,137,560
沖縄	119,242	178,198	149,649	1,087,665

国保

市町村の金額
4・2%減少

国保中央会がまとめた令和6年2月診療分の総医療費は市町村国保と国保組合、後期高齢者を合わせて2兆3590億円で、うち後期高齢者分は1兆5288億円だった。

2月の稼働日数は21・0日（平日19・0日、土曜日2・0日）で、対前年同月比で0・5日増加している。

歯科医療費は市町村が524億円で、対前年同月比で4・2%減少。組合は46億円で1・1%減少。後期高齢者は606億円で4・7%増加した。

件数は市町村が401万件で2・0%減。組合は37万件で1・1%増。後期高齢者は434万件で7・4%増となっている。

市町村の歯科1人当たり医療費は2257円で0・2%増、1人当たり日数は0・28日で0・3%減、1日当たり医療費は8184円で0・4%増。

組合の歯科1人当たり医療費は1797円で1・4%増、1人当たり日数は0・22日で1・2%増、1日当たり医療費は8298円で0・3%増加した。

後期高齢者の歯科1人当たり医療費は3074円で1・2%増、1人当たり日数は0・37日で1・2%増、1日当たり医療費は8296円で0・006%減少している。

また市町村国保と国保組合を合わせた医療費の入院は3020億円（対前年同月比5・8%減）、入院外2965億円（0・3%増）、調剤1492億円（3・2%増）、後期高齢者分は入院7456億円（1・0%減）、入院外4352億円（6・0%増）、調剤2312億円（8・8%増）だった。

歯数と生活機能低下に 年齢・経済状況等が影響

歯数の減少によって日常生活の機能低下につながる人は、高齢・社会経済状況が低い・配偶者がいないなどの特徴が見られた。東京医科歯科大学大学院医歯学総合研究科健康推進歯学分野の松山祐輔准教授、相田潤教授の研究グループが、千葉大学やボストン大学との共同研究で解明した。

対象者の特性

(%)は割合、(SD)は標準偏差

		全体 n=16,553		自分の歯が20本以上 n=9,078(54.8%)		自分の歯が20本未満 n=7,475(45.2%)	
性別	男性	7,877人	(47.6%)	4,290人	(47.3%)	3,587人	(48.0%)
	女性	8,676人	(52.4%)	4,788人	(52.7%)	3,888人	(52.0%)
平均年齢		71.3歳	(SD 4.5)	70.5歳	(SD 4.0)	72.2歳	(SD 4.8)
等価所得（万円）		254.2万円	(SD 151.7)	271.2万円	(SD 156.2)	233.6万円	(SD 143.5)
配偶者なし		3,485人	(21.1%)	1,659人	(18.3%)	1,826人	(24.4%)
主観的健康感	良い	14,748人	(89.1%)	8,241人	(90.8%)	6,507人	(87.0%)
	悪い	1,805人	(10.9%)	837人	(9.2%)	964人	(13.0%)
うつ症状得点		2.7	(SD 2.7)	2.5	(SD 2.5)	3.0	(SD 2.8)
ベースラインの日常生活機能得点		11.9	(SD 1.4)	12.0	(SD 1.3)	11.8	(SD 1.5)
6年後の日常生活機能得点		11.4	(SD 1.8)	11.6	(SD 1.7)	11.1	(SD 2.0)
	手段的自立得点	4.8	(SD 0.7)	4.9	(SD 0.5)	4.7	(SD 0.8)
	知的能動性得点	3.5	(SD 0.7)	3.6	(SD 0.7)	3.5	(SD 0.8)
	社会的役割得点	3.0	(SD 1.1)	3.1	(SD 1.0)	3.0	(SD 1.1)

◇◆◇

歯の喪失は高齢者に多く見られ、日常生活における機能の低下リスクにつながると報告されているが、どのような人が影響を受けやすいのか明らかにされていなかった。そこで、研究グループは2010、13、19年に実施された日本老年学的評価研究の調査に参加した「要介護認定を受けていない高齢者」1万6553人を対象にデータ分析した。

日常生活機能は老研式活動能力指標※という指標で評価。歯の喪失（残存歯数が20本未満）と、6年後の日常生活機能の関連性は機械学習を用いて推定した。

分析の結果、現在歯数20本未満（45・2％）の人は20本以上の人に比べ、「高齢」「平均所得が低い」「配偶者がいない」「健康度が悪い」傾向にあった。

また、ベースラインの日常生活機能などの複数の要因を統計学的に考慮すると、歯の喪失と日常生活機能の低下が有意な関連性が見られた。機械学習を用いた詳細な分析により、歯の喪失と日常生活機能の関連の大きさは個人特性で異なることが明らかになった。

同研究成果によって、「高齢」「男性」「社会経済状況が低い」「配偶者がいない」「健康状態が悪い」に該当する集団は口腔の健康に影響を及ぼす可能性があり、早期に歯科受診をしやすくするなどの重点的な対策を講じる必要性が示された。

同研究成果は、米国科学誌『Journal of Dental Research』（3月27日）オンライン版に掲載された。

※老研式活動能力指標　高齢者の高次生活機能を測定する指標。手段的自立（5項目）、知的能動性（4項目）、社会的役割（4項目）の13項目からなり、0点から13点の値をとる。点数が高いほど自立していることを表す

投稿寄稿

日本がん口腔支持療法学会からの提言⑤

大学病院予防歯科から口腔支持療法科へ

監事　丹田 奈緒子　東北大学大学院歯学研究科予防歯科学分野・同大学病院口腔支持療法科

東北大学病院は1160床の総合病院で、歯科部門は医科部門と同じ建物内にあり、周術期に関連した医科歯科連携は診療の基本となっています。2010年に東北大学病院歯科部門としての診療を開始する以前は、道を隔てて医学部附属病院と歯学部附属病院に分かれていたため、入院患者さんの口腔状態を把握することは今よりも困難でした。当時の予防歯科では、少ないながらも医学部附属病院から紹介された患者さんの口腔環境の改善に努め、往診用の診査器具を運んで入院患者さんの口腔衛生管理を継続していました。

以前から東北大学医学部呼吸器外科では、高齢者肺切除例の術後に咳あるいは嚥下反射異常を呈する場合に術後肺炎が発症することを明らかにしていました。重篤な術後肺炎を予防するために何ができるのか。2008年に呼吸器外科医からの呼び掛けで、予防歯科、集中治療室、病棟とでチームを作り、継続的な口腔環境の改善、維持に取り組みました。術前から予防歯科で口腔内評価・歯石除去を含む専門的口腔清掃・セルフケア指導を行い、そのフィードバックを集中治療室と病棟の看護師に伝えることで、周術期を通して個々の患者さんに適した口腔ケア介入を継続することができました。その結果、高齢者肺がんでの肺切除術後、咳・嚥下反射異常が起きても術後肺炎を発症しないことが分かり、継続的、徹底的な口腔ケア介入で術後肺炎発症をほぼ完全に抑制できることを示しました。

対症療法から発症予防へ

さらに、胸部食道がんの発がんリスクであるアセトアルデヒドに注目して研究を行い、周術期食道がん患者への口腔管理は、術後肺炎予防のみならず、食道がんの発がん因子であるアセトアルデヒド産生量を減少させるという点でも有用であることを明らかにしました。

東北大学病院歯科部門では診療の効率化、高度化を図るために2021年4月に組織体制を改編しました。予防歯科は、頭頸部腫瘍手術や放射線療法、造血幹細胞移植、がん薬物療法等の患者さんで口腔を集中的に管理し、医科歯科連携のマネジメントを推進するという実態に合わせ、『予防歯科』から『口腔支持療法科』へと科名を変更しました。

◆◇◆

静岡がんセンターの故大田洋二郎先生をはじめ多くの方々の御尽力により、今や周術期口腔機能管理は医療保険制度に組み込まれ、医科からの歯科紹介は日常的なものとなりました。その中でも頻繁に判断を迫られる問題の一つに薬剤性顎骨壊死があります。日本女性の罹患率第1位の悪性腫瘍である乳がんは長期生存が可能になっていますが、骨へ転移しやすいことが知られています。骨転移時に頻用される骨修飾薬による顎骨壊死のリスク予想には未だ困難を伴います。現在、総合外科乳腺・内分泌グループ、医学系研究科環境医学分野、歯学研究科口腔生化学分野と共同で、乳がん患者さんを対象に骨転移時の代謝変化と口腔環境の関連について、呼気オミックス解析を使用して研究を進めています。

口腔支持療法を、優れた対症療法としてのみならず、科学的な根拠に基づいて有害事象の発症を予防できる支持療法とすることを目指し、研究、診療を継続していきたいと思っています。

オラフレで転倒が増加

オーラルフレイル（オラフレ）になると、転倒しやすいことが分かった。大阪公立大学都市健康・スポーツ研究センターの横山久代教授らの研究グループによるもので、健康診断などでオーラルフレイルチェックリストを適用することで、転倒リスクが高い人を把握し、転倒予防につなげられる可能性がある。

◇◆◇

同研究は健康支援アプリ「おおさか健活マイレージアスマイル」の利用者で、2020、21年に実施したウェブアンケートに2年連続で回答した50歳以上の7591人（平均年齢62歳、男性3021人、女性4570人）を対象。アンケート項目は厚労省が作成した「基本チェックリスト」の25項目（過去1年間における転倒事故発生の有無を問う設問を含む）に加え、運動習慣やフレイルについての認識の有無などで、規定の項目数以上に該当する回答者をオーラルフレイルとした。

20年の調査では、全体の17％がオーラルフレイルに該当し、年齢が高いほど該当者の割合が大きいことが分かった。21年の調査では全体の19％が過去1年間に転倒を経験したと回答。それぞれを分析した結果、オーラルフレイルになると、その後1年間の転倒事故発生率が高いことが判明した。

同研究成果は、科学誌『Geriatrics』（4月22日付）にオンライン掲載された。

デンタル小町が通る

（医）千友会理事（千葉県市原市）
村瀬千明③

愛犬たちから学んだこと

私は子供のころから犬を飼っています。今は犬4匹と猫2匹と暮らしています。代々、ゴールデンレトリバーを飼っていますが、大型犬の寿命は10年ほどです。私にはその10年というサイクルが身体に染みています。

ゴールデンレトリバーは温厚な性格で、人のことが大好きな犬種です。一緒にいると楽しいしホッとするし、まさに家族の一員です。赤ちゃんのころは、家中にオシッコをしたり、静かだなぁと思うと階段や柱を壊していたり、靴下、タオル、パンツ、毛布などは一瞬でビリビリにしてしまいます。成長して落ち着く3歳まではやんちゃで手がかかります。

家の中ではどこへ行くにも私に付いてきます。トイレもお風呂も寝るのも一緒。そんな風に一緒に暮らし、愛情を注いだわが子のような存在で悲しいですが、10歳ほどで天に召されます。最後の瞬間まで私の声に応えるように生きる姿を見届けてきました。ペットの世界は人と違い、過度に延命するような医療はなく、食事や水を摂取できなくなると1週間以内に寿命を迎えます。その時は「私のところに来てくれてありがとう」と感謝の気持ちを伝えて送り出します。

4匹そろってのお散歩

ペットは死ぬと悲しいから飼いたくないという意見をよく耳にしますが、確かにその通りです。しかし、だからこそ、その存在が生きている時間に価値があることを教えてくれます。生きているのは当たり前ではなく特別で、それぞれの生き様があると感じさせてくれるのです。

死んでしまった体は抜け殻で、魂がない体は空っぽ。大切な存在がもうこの世にはいないんだぁという大きな痛みを何度か学びました。そしてこの経験から、今生きている日常にこそ、ものすごい価値があると思うようになりました。振り返ると、亡くなった愛犬たちのどんな姿も愛おしく、一緒に過ごした時間は素晴らしく、かけがえのないものでした。

人生いろいろありますが、死ぬ瞬間になかなか良い人生だったと思えるよう、生きることを楽しもうと思います。

手術前後の歯科介入事例と重要性を紹介

医科歯科大プレスセミナー

東京医科歯科大学（田中雄二郎学長）は5月27日、「第2回東京医科歯科大学病院プレスセミナー」をオンライン形式で開いた。同大病院オーラルヘルスセンターの松尾浩一郎センター長、樺沢勇司副センター長が登壇。「手術前後の入院患者の口の衛生環境を維持改善するオーラルヘルスセンターのご紹介」をテーマとし、医科歯科連携の重要性や医科での治療による口腔合併症への予防・対応等について話した。

2021年より設立された同センターは、口腔外科や歯科麻酔、障害者歯科等の専門医と専従の歯科衛生士とともに手術後の合併症予防のため、術前から口腔衛生環境の維持改善につなげている。さらに、全身の内科的な治療によって口腔内に発現する合併症の予防で、治療早期から口腔問題の早期発見・介入をしている。

松尾氏

樺沢氏

松尾氏は同センターの役割を説明した上で、本紙の質問「医科歯科連携における医科側の歯科に対する理解度」について、医科歯科連携を進めている他大学病院と比較しても、同大は歯科への理解度は高いイメージにあると主張した。

大きな要因として卒前から医科歯科合同で授業を受ける環境下にあることが挙げられると説明。「連携をする際に紹介状を書いたりする手間を省くことで、医科の診療科が他の診療科にコンサルテーションを出すように、センターにも簡単に依頼を出せる形を取っている」と述べた。

◆◇◆

また、医科歯科連携の重要性について「周術期口腔管理を行うにあたり、最初に紙上の連携をするのも大事だが、実際に患者さんに対してどうするのかディスカッションの場があると非常に連携が進んでいく。患者さんのことを簡単に相談できるチームがあるのは医科歯科連携がある病院の強み」と語っている。

両者は医科歯科連携における共同研究に関して、歯周病菌が循環器疾患のリスク因子として挙げられることから、循環器内科や歯周病科、オーラルヘルスセンターと共同で歯周病と循環器疾患の関係性について研究を進めている。「あとは腎臓内科、皮膚科、放射線治療に関する専門の先生と新しいアプローチを試みている」としている。

ピックアップニュース

■口の機能の衰えで死亡リスクが約2倍に！オーラルフレイルを予防しよう（DIAMOND online/5月29日）

■歴史的な円安、相次ぐ値上げ…生活苦は「歯」の健康へどう影響するのか？（日刊ゲンダイDIGITAL/5月30日）

■当直医の誤診で前歯2本を再植できず…賠償金67万円で10代男性と和解　福井県の市立敦賀病院（福井新聞ONLINE/5月30日）

■無登録で社債勧誘　80億円集金の金融コンサル「ザ・グランシールド」新たに元社員の男逮捕（産経新聞/5月30日）

長崎国際大の落合教授

医学系博物館の現状に警鐘

手術用具や人体標本などを収蔵、研究、展示する医学系博物館は、収蔵品の整理が不十分なケースや、一般公開していないところもあり、博物館学芸員の配置も難しいなど多くの課題があるため、今後の持続的な運営に向け、地域住民の理解、地方自治体からの協力、支援が必要―。長崎国際大学の落合知子教授（博物館学、考古学）が5月25日に東京都千代田区の二松学舎大学で開催された日本医史学会例会で、医学系博物館の現状に警鐘を鳴らした。

『医歯薬学系博物館事典』（雄山閣、2021年）の編著者である落合教授は、「人体展示の歴史から読み解く医学系博物館の現状と課題」と題して講演。古代ギリシャから、近世の「驚異の部屋」を経て現代までの博物館の歴史の中で、外科手術の器具など、医学的な展示物が大きなウエイトを占めてきたと指摘。医学系博物館の展示物は、その博物館学的な意義の大きさに関わらず、博物館学の専門家による調査、研究は進んでいないとの考えを示した。

また、人骨や臓器など人体展示という特殊な性格から、医学部内でしか公開していないケースも少なくないため、実態が把握されてこなかったという。

博物館学芸員を専任雇用しているところも限られており、収蔵品の管理が行き届かず、ごく限られた内部の関係者にしか存在を知られていない小規模の施設も少なくないなど課題を挙げた。その上で、地域住民の理解と協力を得るための展示の工夫、自治体からの支援が必要だと強調している。

◆◆◆

質疑で、日本歯科大学新潟生命歯学部・医の博物館の西巻明彦氏は、日本大学松戸歯学部の歯学史資料室が、同学部の新校舎建設に伴い閉鎖され、収蔵品が千葉県歯科医師会に寄託されたことを例に挙げ、歯科における歴史博物館が直面する運営困難を指摘した。

歯科における歴史博物館の維持が難しい原因として、歯学部の学生、教職員の「歯科の歴史」への関心の薄さが大きいとして、入試科目に社会科が含まれておらず、歴史は過去のもので、自分たちとは関係ないという考え方が定着しているのではないかと述べた。

歯学系資料展示を扱う施設（非公開含む）

落合氏発表資料より抜粋

- 北海道大学総合博物館（歯学展示）
- 宮城県歯科医師会　宮城・仙台口腔保健センター
- 幸せ（歯合わせ）歯の博物館（埼玉）
- 東京歯科大学史料室
- 日本大学松戸歯学部歯学史資料室
- 東京医科歯科大学歯学部博物館
- 東洋学園大学東洋学園史料室（東京）
- 神奈川県歯科医師会・歯の博物館
- 神奈川歯科大学資料館（資料室）
- 神奈川歯科大学資料館（人体標本室）
- 愛知学院大学歯学部歯科資料展示室
- 歯の博物館～歯と口の健康ミュージアム（愛知）
- 大阪歯科大学・歯科医学の歴史的資料展示室
- 杉本歯科医院・歯のMUSEUM（大阪）
- 歯ブラシ専門館（大阪）
- 歯の歴史資料館（島根）
- 徳島大学歯学部「人体解剖と骨のミュージアム」
- 歯ART美術館（香川）
- 旧船津歯科・豆田まちづくり歴史交流館（大分）

世界初「紙製歯ブラシ」
JALラウンジで採用
エステック

世界初の紙製歯ブラシが登場―。材料開発から印刷まで行う加工メーカーのエステック（本社・埼玉県和光市、坂本学社長）が開発したもの。羽田・成田空港の日本航空（JAL）ラウンジの利用者向けに4月1日から提供が始まっている。

紙製歯ブラシは、使い捨てプラスチックの代替え品として使用が可能なもので、3回程度の使用が可能。柄は高強度紙を圧縮加工した100％紙製で、毛はひまし油。パッケージも100％紙製で、歯ブラシとパッケージを土に埋めると微生物により生分解され、自然に還る。柄とパッケージは、国産のFSC認証紙を使用。国内自社工場で製造している。なお、歯ブラシとパッケージは、社名・ロゴ入れが可能。

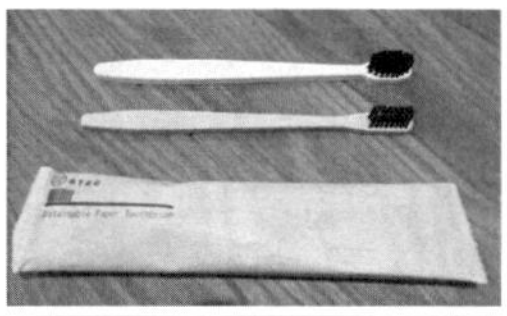

展示会で出品した歯ブラシ（奥）。改良した歯ブラシ（中央）がJALに採用された。手前のパッケージも100％紙製

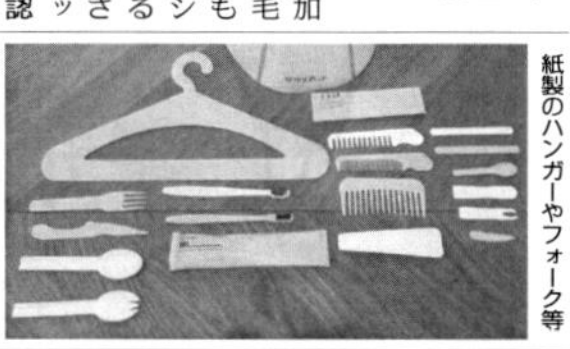

紙製のハンガーやフォーク等

◇◆◇

紙製歯ブラシの開発は、医療機器や自動車等の精密部品の加工などに使用する各種機械を用いて同社が独自に製作。展示会出展時にJALの担当者の目に留まり、要望からヘッド部をコンパクトに改良して採用に至ったという。JALでは国内・国際線問わず、機内客室とラウンジでの配布物の包材や素材は、2024年までに石油由来全廃を目標にすると社外に発表している。紙製以外の選択肢には竹製歯ブラシがあったというが、保管状況によってはカビの繁殖も免れないため、衛生面から紙製歯ブラシが選ばれたという。

◇◆◇

坂本社長は「JALでの紙製歯ブラシの採用は反響が大きい。夏までに自社工場の生産量を10倍に引き上げる計画」とした上で、歯ブラシに限らず、くし、靴べら、スプーン、フォーク、ナイフ、ジェラートスプーン、先割れスプーン、ハンガーをはじめ、その他分野での紙製品も開発・試作中としている。

FSC認証　適切に管理されていると認められた森林から生産された木材などを使用した製品にFSCラベルを付け、認証製品として販売できる制度

編集部が使ってみた

磨き心地は、歯茎にヘッド側面が当たった時の感触が、木製アイススプーンを歯茎に当てたような感じで新鮮。しなるブラシで小型ヘッドのため奥歯も磨きやすい。使用後、ブラシ部を水洗いすると、紙の層が水分で極わずかに膨らみ、奥歯の内頬にあたった衝撃でヘッド部先端の一部＝写真㊤の丸部＝が1ミリメートル程めくれ上がっていた。朝・昼・晩と1日3回磨く間隔で、1回約4分間使用。使用後の水洗いで、柄の表面の一部に粉化＝写真㊦の丸部＝が見られた5回目まで使用した。なお、5回目使用前の毛先の開きはわずかで、違和感なく歯を磨けた。

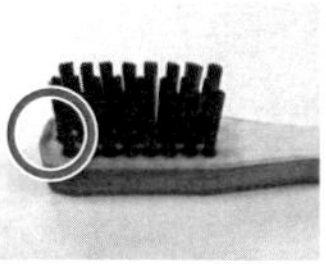

1回目使用後

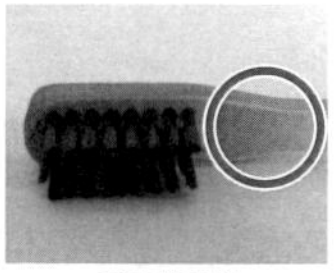

5回目使用後

歯磨きで心理状態前向きに変化する
ライオンが発表

ライオン（本社・東京都台東区、竹森征之社長）は、ブラッシングがう蝕予防の他、自律神経に影響し、心身をリフレッシュする効果があるとの研究結果を得たと5月24日に発表した。

20～40歳代の成人20人（男性9人、女性11人）を対象とし、歯磨剤を使わず5分間ブラッシングした際の自律神経と心理状態（気分）に与える影響をブラッシングの前後で比較した。自律神経活動の指標は、ウェアラブル心拍センサーを使用して交感神経活動の指標となるLF／HF値を測定。心理状態の指標は、8項目の質問に回答して安定度・活性度・快適度・覚醒度を計測するTDMS―ST（二次元気分尺度）を使用した。

その結果、自律神経活動はブラッシング前よりブラッシング後のLF／HF値が有意に減少し、交感神経活動が低減。心理状態は、ブラッシング前よりブラッシング後の活性度・快適度・覚醒度が有意に増加し、快適な心理状態に変化したことが分かった。

同研究結果は、昨年6月30～7月1日に開催された第38回日本歯科心身医学会総会・学術大会で発表された。

医科歯科大

企業向け産学連携プログラムを開始

医療者・研究者等とのディスカッションも行う

東京医科歯科大学（田中雄二郎学長）は、医療・ヘルスケア領域に関心を持つ企業を対象に、バイオデザイン等の手法を取り入れながら新規の医療機器やヘルスケア関連製品・サービスの開発、新たな産業の創出を目指す「HealthTech Design Program（ヘルステック・デザイン・プログラム）」を5月に開始した。

同プログラムは、医療機器や医薬品等の医療分野での産学連携事業を行う過程で企業からの「ヘルスケア領域で新事業を検討しているが何をして良いか分からない」「製品化・事業化の決定前の調査段階で信頼できる専門家に相談したい」などの声を受けて開設。同大オープンイノベーションセンター医療デザイン部門と連携して、同病院内での臨床現場の見学や秋に稼働予定の「HealthTech Design Lab」等で医療者・研究者等とディスカッションできる場を設ける。

見学は、診療の様子やER・ICU等の手術室、病室、スタッフステーション、治療用ロボット、滅菌・保管管理システムなど個別の要望に合わせて対応できる。問い合わせは専用ホームページまで。

1万3575人が来場
九州デンタルショー

「第47回九州デンタルショー2024」が1、2の両日、福岡市のマリンメッセ福岡で開かれ、過去最多の1万3575人が来場した。コロナ禍で2020年、21年は中止だったが、一昨年に続き3年連続での開催。

感染予防、令和6年度保険導入、デジタルデンティストリー、外来環、カウンセリング、審美などを始めとする歯科器材が多数展示。口腔機能低下症、スマートクリニック、口腔内スキャナー、歯周基本治療などをテーマとしたセミナーも開かれた。

来場者の内訳は、歯科医師3581人、歯科技工士1265人、歯科衛生士3094人、歯科助手734人、商工業者3615人、同伴者1286人。

歯科界網羅のハンドブック
日本歯科新聞社

歯科医療と関連産業を網羅した「業界ハンドブック」が登場した。日本歯科新聞社が、関連団体や企業の協力でまとめた業界の全体像を土台に、歯科医療従事者数や歯科医療費の推移などの各種データ、医療法、歯科医師法、薬機法などの法規制、業界が独自に制定しているルールを分かりやすく解説。

以前から「新入社員に関連法規や業界の仕組みを教えるための参考書が欲しい」「団体役員になるため、業界の全体像を知りたい」という企業や個人からの声が多く寄せられていた。一部の企業では独自に教材を作成しているケースもあるが、最新のデータを盛り込み、持続的に編集するのは難しかったという。

『歯科業界ハンドブック〔2024年版〕』日本歯科新聞社編著／小畑真監修／A5判／128ページ／日本歯科新聞社／5500円（税込）

そこで、「歯科業界で働くのに、何の知識が必要か」を精査。①歯科医療関連施設と歯科医療従事者の数、②診療、医院経営に関連するルール、③歯科医療関連団体、所管官庁、④歯学部、歯科衛生士養成校、歯科技工士養成校、⑤保険制度、薬事制度、⑥歯科口腔保健状況などに関する最新情報を、一目で分かるように簡潔にまとめた。

監修は、臨床経験15年の歯科医師で弁護士の小畑真氏。歯科医療や歯科器材の製造、流通に関する法律やルールについて、それぞれの内容だけでなく、制定意図、現場での運用を分かりやすく解説している。

各項目に、「何がポイントか?」「何が問題になっているか?」などの一言コメントが付いており、歯科業界の「今」をリアルに実感できる構成としている。

クラウド型の歯科電子カルテを発売
ノーザ

ノーザ（本社・東京都中野区、石濱人樹社長）は、歯科電子カルテ搭載システム「clevia」を発売している。

歯科電子カルテ搭載システム「WiseStaff」の正確性と安定性、サポート力を受け継いだもの。機能や情報が更新され続けるので、従来のようにソフトウェア単位での買い換えの必要がない。

歯髄幹細胞バンクで加盟医院と連携強化
アエラスバイオ

歯髄幹細胞の研究開発などを行うアエラスバイオ（本社・神戸市、菊地耕三社長）と歯科医院の加盟事業「ママとこどものはいしゃさん」を運営するウィンポイント（本社・兵庫県加東市、山田真由美社長）は昨年11月20日に業務提携し、「ママとこどものはいしゃさん」に加盟する全国206の歯科医院（2024年4月時点）がアエラスバイオの歯髄幹細胞バンクの提携歯科医院として登録され、抜去歯から取り出した歯髄幹細胞を半永久的に凍結保管する、アエラスバイオのプライベートバンクサービスに関する相談や、バンクする歯の抜歯が提携医院でできるようになると5月20日に発表した。

また、両社が共同制作したウェブページも4月に開設しており、歯髄幹細胞バンクの認知度の向上を目指す。

週間 金・パラ価格動向　税抜価格（1g、円）

	金	パラジウム（参考価格）
5月27日（月）	11,833	5,125
5月28日（火）	11,916	5,270
5月29日（水）	11,993	5,190
5月30日（木）	11,877	5,080
5月31日（金）	11,872	5,025

提供 石福金属興業

さじかげん【番外編】
鰐淵正機（わにぶちまさき）

補綴技工の相性

人間関係ならば性格が正反対でも相性の良い人がいる。では、補綴技工の場合はどうだろうか。

今から20年近く前、わが社はインプラント上部構造の補綴を積極的に取り入れ、数多くの症例を手掛けていたが、担当部署は随分と苦労していた。フルマウスの症例ともなれば完成した技工製品は本当に素晴らしく、手に取って眺めては悦に入ったものだ。しかしそこは、高い技術がなければたどり着くことができない領域でもあった。

歯科技工は印象材から石膏、ワックスや埋没材、金属レジン陶材と各工程において膨張収縮、歪みを繰り返す。いわばプラスマイナスの繰り返しをいかに埋め合わせるか、いかに歪みを抑えるか。それこそが〝技術〟と、当時は自負していた。

前ロー付けを何度も行うフレームの適合精度。ロー付けは技工士の技量が顕著に現れる作業だ。骨結合した支台にアナログ技工で挑むのだから、技工室で夜明けを迎えることも幾度となくあった。さらにポーセレンのクラック対策は…?と、こう書くだけでも当時の苦労を思い出す方は多いはずだ。しかも、結局は破折して失敗ということも往々にしてある。

こう考えればインプラントとメタルボンドは相性が悪いのだろう。今風にいえば「ありよりのなし」。しかしながら、当時の担当者たちが技術の研鑽を積み重ねた技工魂に敬意を表したい。

時代は移り、これからはIOSとデジタル技工の時代になる。歯科技工は、より精度が高い器材と材料を用い、常に進歩していくだろう。しかし、新しいテクノロジーにもスキルとノウハウは必要だ。そこには過去に得た教訓も活かされる。デジタルとはいえ、扱うのは人なのだから相性があるに違いない。相性はクリニックとラボの関係にも言えるだろう。常に良い関係でありたい。

（和田精密歯研監査役）

認知症患者の食と口腔ケアを考える
雪印ビーンスターク

雪印ビーンスターク（本社・東京都新宿区、渡辺滋社長）は、「認知症の人の『食』と『口腔』を支えるケアってなんだろう?」を題材とした医療・介護従事者向けのウェブセミナーを5月29、30の両日に開いた。東京都健康長寿医療センター研究所で歯科医師の枝広あや子氏が講師を勤めた。

枝広氏は、「身体のフレイルと認知機能の低下は潜在的なつながりがある」と前置きした上で、認知症の症状と口腔の課題を認知症の重度別に解説。軽度認知症は、日課に興味が薄れ、「口腔の健康に無関心」となり、口腔衛生状態の悪化につながり、中等度認知症は、記憶障害とADL（日常生活動作）の低下により、「口腔のセルフケアが困難、義歯の使用が困難、歯科疾患の放置、錐体外路症状の出現、摂食行動の変化」が見られるようになり、重度認知症では、「基本的なADLの低下、身体機能の低下により、摂食行動が困難、嚥下反射の遅延」などを迎えるとした。

口腔の不健康がある人は認知症医療費が多く、「食べられない」にはさまざまな要因があり、認知症の背景にあるものを交えながら、認知症の人と関わる医療・介護従事者向けに「かかりつけ歯科医に行く習慣、歯の破折や入れ歯の不具合時にはすぐに歯科医院に通うこと、歯科医院との連携」の大切さを呼び掛けた。そのほか、同社製のヒノキチオール配合の口腔ケア用ジェル「リフレケア」なども紹介した。

ヘッドライン企業ニュース

■株主優待制度の内容を変更（メディカルネット／5月7日）

■子会社のStriders Global Investment Pte.社（本社：シンガポール）を通じ、アジアで歯科医療チェーンを展開するAME Healthcare社に出資（ストライダーズ／5月7日）

■CAD/CAM冠用材料「KZR-CAD HR ブロック」シリーズを5月15日注文分より価格改定（YAMAKIN／5月8日）

■大規模自然災害などが発生した際、緊急災害対応アライアンス「SEMA（シーマ）」を通して、オーラルケア用品や虫ケア用品、除菌消臭剤などを提供（アース製薬／5月9日）

■ナカニシ1～3月期決算　売上高33％増の181億円　歯科事業伸び、M＆A効果も（下野新聞「SOON」ニュース／5月11日）

■本社移転負担もこなし、順調な収益推移に転じたライオンは中長期視野で期待大（財経新聞／5月14日）

山中一剛氏が新会長に就任
日本歯科商工協会

日本歯科商工協会は会長の中尾潔貴氏の辞任に伴う臨時理事会を5月29日に開き、新たに会長、副会長、専務理事を選任したと同日付で発表した。新会長は山中一剛氏、副会長は渡邉啓介氏、専務理事は大石哲也氏となる。

人事
（敬称略）

■ネオ製薬工業
▼代表取締役会長　矢野まゆ子▼代表取締役社長　木瀬俊彦

おことわり

■発売延期のお知らせ

5月21日付（2297号）6面に掲載した製品「ARUNMジルコニアディスク」は、発売を延期し、後日改めて発売日を知らせると販売元のヨシダが5月29日付で発表した。

投稿／募集
800字以内。郵送またはFAX、メールで。

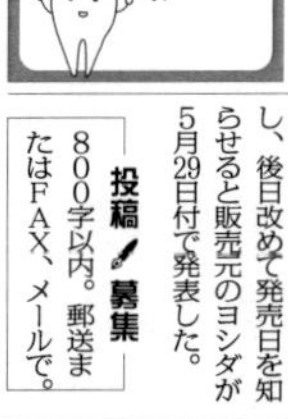

■ストレッチ性のあるスクラブなど発売／オアシスライフスタイルグループ

オアシスライフスタイルグループは、ストレッチ・速乾・撥水性等を持つ独自素材「ultimex（アルティメックス）」を採用したスクラブのシャツとパンツを5月24日に発売した。現役の医師が監修。サイズはXS～3L。男女兼用。色はダークネイビー、ネイビー、チャコール。同社の公式オンラインストアで販売。価格はオープン。

日本歯科新聞

2024年（令和6年）6月11日

<発行所>
日本歯科新聞社
厚生労働省記者クラブ加盟社
〒101-0061
東京都千代田区神田三崎町2-15-2
電話 03(3234)2475
FAX 03(3234)2477
www.dentalnews.co.jp
jdn@dentalnews.co.jp
無断転載禁止
■年間購読料 23,760円（送料込）（本体 21,600円＋税）
■月4回、火曜日発行
■郵便口座番号 00120-5-130369

今週号の主な内容

世界初　医療機器が登場

「歯周病に有効」と謳える

Lukeと東北大

世界で初めて、「歯周病に有効」と効果を謳える医療機器が登場――。歯科用医療機器とソフトウェア開発などを行うLuKe（本社・仙台市、菅野太郎・杉本知久社長）は、東北大学との共同研究で開発した歯周治療機器「ブルーラジカルP−01」および患者行動変容アプリ「ペリミル」を紹介する記者会見を東京都港区のアーク森ビルで4日に開いた。菅野氏は、「機器の使用目的・定義に、『歯周治療時に歯周ポケット内の殺菌、スケーリング』と明記され、『歯周病に効く』と効果を謳える医療機器として承認を取得した」と概説。同大助教の石山希里香氏がデモンストレーションを行った。

機器は、歯周ポケットの深さが6㍉以上の重度歯周病患者を対象に使用するもので、外科処置をせずにスケーリングで、歯周ポケット内の細菌を殺菌・除去する。超音波振動で歯周ポケット内の歯石・歯垢を除去しつつ、チップの先端から噴射される過酸化水素水に青色可視光を照射して生成される「ラジカル殺菌」技術で殺菌する。

従来の超音波振動のみの治療法の場合、重度歯周病では細菌の取り残しが発生するケースが多く、抜歯や抗菌薬の投与を余儀なくされてきたが、同機器では99・99%を殺菌できるという。

重度歯周病においても外科処置をしないので、治療後の回復も早い。殺菌しながら治療するので生菌が身体に入るリスク、菌血症のリスクも減る。菌血症がどの程度減少するかは今後の臨床研究で明らかにする。

重度歯周病に対する治験では、従来の治療法より、歯周病菌を減少させて歯周ポケットを浅くする効果が実証された。治験をまとめた論文は科学学術雑誌『Nature』監修の『Scientific Reports』（2017年9月25日）に掲載されている。

なお、歯科医療機器で治験を実施したのは同機器が初めてで、治験を行い医療機器の認可を受けたのも歯科では初という。

◇◆◇

アプリは、患者が自身の口腔内に興味を持ち、歯垢の蓄積を防ぐための習慣化を促すもの。機器とアプリを連動させると、患者はスマートフォンで1歯ごとの治療日時、治療時間、歯周ポケットの深さ、抜歯の危険性の有無、口腔内の歯周病炎症面積などをカラーイラストで確認できる。

また随時送られる歯科衛生士からのコメントで歯磨き指導を受けられ、歯磨きした日をカレンダー上に記録すると、医院側にも通知される。歯や口の健康に関する情報なども今後配信予定。

菅野氏は「歯周病は『感染症』であり患者自身の怠惰・放置による『生活習慣病』でもあるので、対処するには『医院での治療、メインテナンス』と『患者の行動変容』を同時に行う必要がある」とした上で、「患者が行動変容するには、歯に興味がない状態からある状態に移行する必要がある。『治療、メンテナンス』『患者の行動変容』の二つを併走させる手法として、機器とアプリの提供に至った」と補足した。

◇◆◇

機器は自費診療での利用が可能で、今年5月に神奈川県の歯科医院で初めて導入された。宮城県、千葉県、東京都、大阪府、広島県などの歯科医院でも運用が始まっている。医科ディーラーのエーゼットとシバタインテックでは販売しているが、歯科ディーラーではヨシダが今秋頃の販売開始を予定している。なお、機器の開発元は吉田製作所。

機器のメーカー小売り希望価格は520万円～。機器で噴射する過酸化水素水は専用のものを使う必要があり、価格は別途。

同社ではラジカル殺菌技術を多方面に提供することを視野に入れている。歯科では電動歯ブラシへの搭載、インプラントとの併用、医科では人工関節炎や再生医療での使用、獣医ではペットの歯周病対策、家電では洗濯機、浴室乾燥機、トイレでの使用などを想定している。

デモの様子。口腔内処置は、超音波スケーラーと同じ使用感で使えるという

歯と口の健康週間

全国各地でイベント（4面関連）

兵庫県豊岡市の城崎マリンワールドでは、歯科医師会協力の下、セイウチの歯をチェックするイベントを実施。白衣を身に着けた子供たちが歯のチェックにチャレンジした。

キッザニア東京では、日本歯科医師会とライオンが共同で「やってみよう歯科健診！」を実施。親子が参加して、歯科健診を体験した。

プリズム

啓発イベント効果を実感

「お父さんは何回噛んで食べているの?」

「歯と口の健康週間」が始まって間もない朝食時、5歳の娘が聞いてきた。

逆に何回噛んでいるか問い返すと「30回」との回答。保育園で給食を調理する先生から咀嚼の大切さを教えてもらったそうだ。さすがに全部は頭に入っていないだろうが、「ご飯の甘味が増す」「歯の発育に良い」「脳の働きを良くする」などの効果があると自慢げに伝えてきた。

園の先生にもしっかりと咀嚼の大切さが伝わっているのは正に、歯科関係者の情報発信の成果と言える。

本紙4面では、動物の歯磨きなど一部のイベントを取り上げているが、ここ1週間は全国各地で数えきれないほどの歯科関係者が口腔の大切さを訴えたことだろう。地道に毎年継続している歯科界の取り組みの効果を実感した朝だった。

▼日歯連盟が未入会対策のプロジェクトチームを設置した。太田謙司会長は、歯科医師法に「歯科医師は公衆衛生活動も行う必要性がある」旨が書かれていると強調。歯科医師会・歯科医師連盟に加入する意義を未入会の歯科医院に直接訴えていく取り組みを始めたという。

個人的な感覚になるが、確かに会の啓発イベントで口腔の大切さを知った国民が、非会員の診療所に行くのは少しモヤっとするかもしれない。

日歯連盟

未入会医院を直接訪問

対策PT立ち上げ

日本歯科医師連盟（太田謙司会長）は、未入会対策のプロジェクトチーム（PT）を立ち上げ、東京と群馬をモデル地区として、未入会の歯科医院に直接訪問する活動を始めている。5日の理事会後の記者会見で太田会長＝写真＝が報告した。

太田会長は、歯科医師法第1条に、歯科医師が公衆衛生活動に取り組むよう書かれている点に触れ、「自分の診療所での活動は、社会貢献に結びつくとしても経営活動。厚労省や各省庁と歯科医師会の契約の下で行われるのが公衆衛生活動」との認識を示した。

そして、「歯科医師全員が歯科医師会に、できれば連盟にも入会していただくのが基本。東京都と群馬県をモデル地区に選び、未入会の先生へ個別に訪問している」と説明。東京では、一度退会した60〜80代の歯科医師が再度入会するケースが見られたという。

選挙についても触れ、「組織代表は国民からの得票は難しく、歯科界・ファミリーの票が頼りになる。その点では、未入会で組織の活動にあまり関心のない先生方に直接訪問して意義を感じてもらうことは大切だと思っている」と述べた。

その他、太田会長はあいさつの中で、骨太の方針について、「日本歯科医師会と共に歯科に関する事項を新たに盛り込んでもらうために最後の努力をしているところ」と報告した。

デンタルミーティング等

昨年7月から計89回の開催

日本歯科医師連盟主催のデンタルミーティングや各会議での山田宏参議院議員と比嘉奈津美参議院議員の国政報告は、2023年7月から24年5月末までで計89回開催済みとなっている。日歯連盟会見で浦田健二理事長＝写真＝が報告し

たもので、今後の予定も110件あるとのこと。

なお、20年12月から23年6月までは、デンタルミーティング等は計280回行われている。

歯科口腔医療研究会

国会議員ら

医療機関の指導監査の現状学ぶ

歯科口腔医療研究会（加藤勝信会長・衆議院議員）の第30回勉強会が5月27日、衆議院第一議員会館で開かれた。「保険医療機関に対する指導監査について」をテーマに厚生労働省保険局医療課医療指導監査室の諸冨伸夫室長、「令和6年度診療報酬改定について」で同医療課の小嶺祐子歯科医療管理官が講演。意見交換の場では、諸冨室長から指導対象のより良い選定基準を模索していく旨の考えも示された。

㊤座長を務めている山田議員㊥意見交換時に質問する上月議員㊦会長あいさつする加藤議員

◆◇◆

勉強会では、加藤議員による会長あいさつ、日本歯科医師連盟の太田謙司会長と日本歯科医師会の高橋英登会長による来賓あいさつが冒頭に行われた。高橋会長は、「診療報酬は学問であり、適正な請求をするように会員への周知に努めている」と発言した。

講演後の意見交換では、上月良佑参議院議員が「個別指導の選定基準の中に『集団的個別指導を受けた保険医療機関等のうち、翌年度の実績が、なお高点数に該当する』という項目がある。しかし、翌年に努力して点数を下げても個別指導に当たる場合があると聞いている」と強調。「そのような場合には指導対象から外すなどの方策を考える時期ではないか」と訴えた。これに対し、諸冨室長は「指導を受けるだけで相当なストレスを抱えるという指摘は受けている。より良い選定基準をどうしていくか、しっかりと考えていく」と答弁した。

その他、「介護報酬での口腔ケア」「指導医療官の質の担保」「賃上げ後の物価高騰の状況調査」「周術期の口腔アセスメント」「歯科衛生士・歯科技工士学生の充足率」などの質疑・意見があった。

座長の山田宏参議院議員のあいさつで閉会した。

第77回新聞週間　**第31回日本専門新聞写真コンクール**

主　催：公益社団法人　日本専門新聞協会

後　援：文　化　庁

1. 応募規定

(1) 資格	アマチュア写真愛好家および協会加盟社社員・読者・一般応募	
(2) 題材	自由	
(3) ザイズ	A４のプリント＊デジタルカメラの場合は８００万画素以上推奨	
(4) 枚数	１人５点以内・組写真は３枚１組で１点とします	
(5) 応募作品	＊令和５年９月１日以降に撮影したものに限ります ＊加盟各社の新聞に掲載したものも可 ＊他の写真コンクールに応募したものは不可 ＊合成など大幅な加工処理は不可 ＊応募作品は返却いたしません ＊入選作品は協会の自由使用をご了承いただきデータを提出していただきます ＊入選発表後の辞退はできません	
(6) 応募方法	作品の裏面に次の１０項目を明記して協会宛に郵送 ①氏名（フリガナ）②年齢 ③性別 ④住所 ⑤電話番号 ⑥メールアドレス ⑦撮影年月日 ⑧タイトル（１５字以内） ⑨募集を知った媒体（または加盟新聞社名・購読紙名他） ⑩使用カメラ	
(7) 応募締切	令和６年８月３１日　必着	

2. 賞

文部科学大臣賞	１名	賞状・副賞
日本専門新聞協会理事長賞	１名	賞状・副賞
審査委員長賞	１名	賞状・副賞
加盟社特別賞	１名	賞状・副賞
秀作	若干名	賞状・副賞

3. 発表　令和６年９月下旬　入選者に通知いたします
ホームページにも発表

4. 表彰　入選者は令和６年１０月１７日　第７７回新聞週間・日本専門新聞大会フェスティバル（会場・帝国ホテル）において表彰いたします

5. 応募・問合せ先　公益社団法人　日本専門新聞協会写真コンクール係宛
〒１０５－０００１　東京都港区虎ノ門１－２－１２（第２興業ビル）
電話　０３－３５９７－８８８１

骨太の方針

骨子案示す

経済財政諮問会議

経済財政諮問会議が4日、総理大臣官邸で開かれ、「経済財政運営と改革の基本方針（骨太の方針）2024」の骨子案が示された。骨子案は方針の目次に当たるもので、社会保障については、第3章「中長期的に持続可能な経済社会の実現」の「3、主要分野ごとの基本方針と重要課題」に「（1）全世代型社会保障の構築」の項目が設けられている。

歯科情報学

松尾　通

「クリニカル・アテンダント誕生」

ある大学のコミュニケーションを勉強している学生たちの出張ゼミナールに参加した。三年生がほとんどで、年に数回こうした企画があり、とても勉強になるという。この日は東京八重洲にある金融系企業の職場訪問と「金銭教育」のレクチャーを受けるというのが主旨だった。

三年生だから就活中だが、ほとんどの学生が内定をすでにもらっていて、若者の就職が売り手市場の状況にあることを確認できた。ただ大手一流企業よりも、外資系やIT企業が人気があり、やがては起業したいと考える若者たちが多かった。よく発言し、臆することなく質問する。学生の学び方もずいぶん変わった気がした。

◇

6月2日、CA＝クリニカル・アテンダント®資格認定セミナーを実施した。全国から70人近い受講生が集った。

対象は歯科助手、受付を中心とした歯科医療従事者である。歯科衛生士も少数だが参加があった。

キャッチコピー「この夏、自信を手に入れる」の通り、主催者の考えるクリニカル・アテンダントは、受講生のスキルアップ、地位の向上、収入の増加を目指していて、歯科助手や受付諸君の仕事を大きく嵩上げするのが目的である。十年たっても歯科助手、歯科医療の現場で雑用をする仕事。ここから脱却して、歯科医師のパートナーとしてプライドを持って働いてもらいたい。歯科衛生士は予防歯科の専門家として、より仕事を専門化し、鮮明化させるのも目的の一つである。

当日、用意した会場は満席、予想はしていたものの大盛況であった。第一期生70人のこれからの働きが次に続く人を育てる。新しい人材を歯科に呼び込めるし、すでに働いている歯科界の人材を他に流出させない。その目的は果たせると確信したのだ。

◇

この企画の根本に、歯科助手という仕事への考察がある。ある人が質問をした。

「Q．あなたの仕事は何ですか？

A．歯科助手をしています。

Q．ああ、そう。歯医者さんのお手伝いですね」

会話はここで終わる。

CAの場合は、

「Q．あなたの仕事は何ですか？

A．CA、クリニカル・アテンダントです。

Q．えっ？　それはどんなお仕事ですか？　聞かせてください。

A．患者さんの安心・安全を図り、治療がスムーズに完了するように、患者さんに寄り添う仕事です。

Q．すごい。とても大切な仕事ですね。もう少し聞かせてください。」

会話はさらに続く。

CAは歯科助手・受付諸君の名称変更だが、イメージやステータスは大きく変わる。次回は12月1日（日）東京で行う。ご期待ください。（東京都開業）

2024.6.11

ピックアップニュース

■「病院へ出資」募った疑いの社長ら、詐欺容疑で再逮捕　自転車操業か（朝日新聞DIGITAL/6月5日）

■歯に感謝　横浜・總持寺で全国でも珍しい歯の供養式　近代歯科医療の発祥地や歯磨き定着させた禅僧に縁（カナロコ/6月5日）

■「飲み込みやすい介護食」とは？【介護福祉士解説】（Medical DOC/6月5日）

■口腔ケアで高齢者を守ろう　「おとなの歯磨き」訪問歯科医が出版（毎日新聞/6月5日）

歯科国試にチャレンジ

395　2023年（第116回）より

医療事故調査制度の主たる目的はどれか。1つ選べ。

a　医療監視
b　行政処分
c　再発防止
d　情報収集
e　民事責任

答えは本紙のどこかに！

Inter view

都歯が会員に「国民皆歯科健診」の意識調査

期待しつつ 独自の健診に尽力

「国民皆歯科健診」に期待している都歯会員は約65%―。東京都歯科医師会（井上惠司会長）は、日本歯科医師会や日本歯科医師連盟を中心に歯科界が推し進める「国民皆歯科健診」について、会員の意向を調べるための調査を昨年度に実施した。同調査結果についての分析や、都歯の歯科健診への取り組みなどについて、北村晃副会長と中島孝至専務理事に聞いた。

北村 晃 副会長

中島 孝至 専務理事

都歯が『国民皆歯科健診』に関する意向調査」を行ったのは、2023年9月（地区役員対象）と12月（会員対象）で、それぞれの結果を集計して会誌24年3月号に掲載している。

22年には政府の「経済財政運営と改革の基本方針（骨太の方針）」に国民皆歯科健診が記載され、東京都歯科医師連盟からも推進の協力を求める声があり、まずは会員の思いを把握する必要があるとのことで調査の実施に至った。

北村副会長と中島専務理事は、多くの回答数は得られなかったが地区役員と会員ともに約65%が国民皆歯科健診に期待している一方で、未入会の歯科医院が参加できる仕組みになることに7割以上が反対している点に注目している。

「『国民を対象にした健診に期待はしているものの、やり方については慎重に検討してもらいたい』というのが会員の総意になるのではないか」と話す。

これまでの歯科健診事業も地域の行政と歯科医師会とが信頼関係、技術的ノウハウを地道に培ってきたため、その部分がおざなりにされてしまうことには抵抗感が出てくる側面もあると分析している。

さまざまな思いはあるものの、今は国の方向性が定まるまで、不確定要素が多く、スタンスを決めきれないというのも本音だ。

◇◆◇

ただ、国民皆歯科健診の大きな目的は、定期検診により口腔ケアの必要性を国民が自分事として理解し、かかりつけ歯科医でのセルフケア指導と、プロケアにつなげることと言える。このことが、多くの国民の口腔の健康を通した健康寿命の延伸につながると考えている。

都歯では、公的な歯科健診でカバーできていないとされる年代のうち、大学生と就労者に向けてアプローチする事業を展開している。

昨年度は専修大学、青山学院大学、駒澤大学、法政大学で無料歯科健診を実施。今年度に入って、玉川大学での歯科健診も行っている。

大学での歯科健診は、現時点では口腔状態に自信のある学生が受診する傾向は否めないが、学校歯科医会とも連携して、大学での歯科健診が全国的に根付くためにも先駆的な事例として期待がかかっている。

そして、就労世代へのアプローチとしては、中小企業が加盟している全国健康保険協会（協会けんぽ）と連携して、将来的には会員歯科診療所での歯科健診を実現させたいという思いがある。対象者（就労者）が多いだけに、健診費用や対応する歯科医院の確保など、多角的に話し合っている段階という。

「東京には歯科大学・歯学部が5校あるので、派遣協力体制などあらゆる手法を視野に入れて検討していきたい」と話す。

◇◆◇

この二つの健診事業の原資となっているのが、附属歯科衛生士専門学校の跡地に竣工した賃貸用マンション「フォーサイト神田多町」の収益だ。入居率は9割を超え、しばらくは健診事業の予算の心配はないとのことだが、長期的な会の存続を考えると会費収入の見直しなども検討しなくてはならないのが現状といえる。

「健診事業も含めて、会員のメリットにつながる環境づくりを目指したい」と2人は語る。

「国民皆歯科健診」の導入について

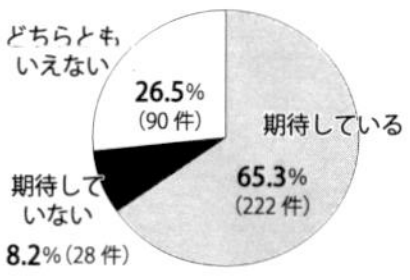

実施方法について、唾液検査を用いた簡便な方法が検討されており、従来の歯科健診と異なる形式になる可能性があるが、どう考えるか

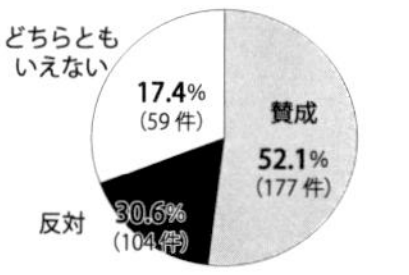

実施された場合、東京都の歯科健診事業に未入会歯科医院が参加できる仕組みに変更されると思われるが、どう考えるか

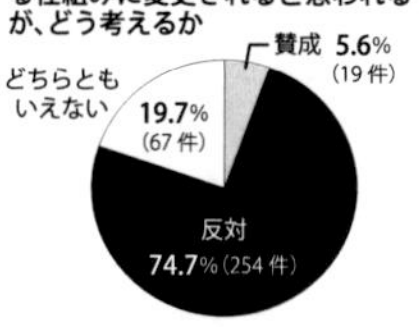

※いずれも地区役員の調査結果

投稿寄稿

恒松 克己　特定非営利活動法人 全国災害復興支援機構副理事長

島根歯ブラシバンクからの報告

竹歯ブラシを県や被災地に寄贈

「島根歯ブラシバンク」からの竹歯ブラシ1万本の寄贈目録を丸山島根県知事に手渡す筆者（左）

島根県内の歯科医師有志が手掛ける「島根歯ブラシバンク」は、5月19日に出雲市災害復興活動展開会式で、備蓄用として、SDGsにかなう竹歯ブラシ1万本の目録を丸山達也島根県知事に贈呈しました。当日は丸山県知事、飯塚俊之出雲市長、ペルー総領事などの来賓と北陵高校、自衛隊、米軍の吹奏楽隊、保育園の子供たち等、約140人がいずれもボランティアで出演。また個人、団体の約80人が設営ボランティアとして参加し、12時から16時30分まで開会しました。この催しは、出雲市長の飯塚氏が会長を務め、出雲青年会議所理事長の江角彰則氏が実行委員長となり、島根県と出雲市が共催しました。

◇◆◇

企画を提唱した特定非営利活動法人全国災害復興活動支援機構は東日本大震災以降、国内52カ所で大災害時に救助、支援に当たる自衛隊、日赤、米軍、消防署などの諸団体、ボランティアの方々に感謝するとともに、危機に備える意識の向上とネットワークを次世代につなげる社会貢献事業を行ってきました。

こうした災害復興活動の準備段階で、島根県に歯ブラシの備蓄がほとんどないことが分かり、島根歯ブラシバンクは昨秋から県に竹歯ブラシを寄贈して災害備蓄に協力することを有志と話し合っていました。

そのような折、1月1日に能登半島大地震が発生。そこで急きょ出雲総合ボランティアセンターから珠洲市へ4千本、民間救援組織arrowsから珠洲市と輪島市へ3千本の合計7千本の歯ブラシを委託して送りました。今回の島根県への寄贈1万本と合わせて合計1万7千本となります。ここに島根県内の歯科医師が共に社会貢献できたことを喜ぶとともに、皆様にご報告します。今後は全国に歯ブラシバンクが広がることを願い進めます。

◇◆◇

なお、竹歯ブラシは環境保護に貢献しますが、2年間の使用期限があるため、今後どのように備蓄するか、例えば期限内に毎年5千本を学校での歯ブラシ指導に使用して、新たに5千本を寄贈し、1万本の備蓄に補充することなどを提案して島根県と協議します。皆様にもご意見をいただきたいと思います。

終わりに、有志としてこの活動にご賛同の方はお知らせください。

世界経済フォーラムが発表

口腔保健への投資 行動指針示す白書

世界経済フォーラム（WEF）は5月23日、「口腔保健への投資に関する世界的なコミットメント」（The Economic Rationale for a Global Commitment to Invest in Oral Health）と題する白書を発表した。アメリカ歯科医師会（ADA）、コルゲート、ヘンリーシャインが共同で執筆したもの。口腔疾患の世界的な蔓延に対する具体的な行動指針を示している。

◆◇◆

歯周病と全身疾患との関係などを例に口腔衛生の重要性を強調する内容。口腔疾患が糖尿病、脳卒中、心疾患、呼吸器疾患、がんの一部などに関連しているだけでなく、口腔疾患の治療に伴う直接的なコストと、それらに罹患したことによる間接的なコストは、毎年7100億ドル以上に及ぶと指摘している。

特に、低所得層では29%、若年層では28%が「口腔疾患によって仕事の能力に影響する」と答えているという＝図。

これに対して、口腔衛生の改善が心疾患、呼吸器疾患、糖尿病、認知症、関節炎、早産の改善につながることを紹介。

その上で、各国政府、民間組織、市民社会などの口腔保健への取り組みと、積極的な投資が、経済的合理性に合致していると訴えている。

口腔疾患が仕事の能力に影響するか？

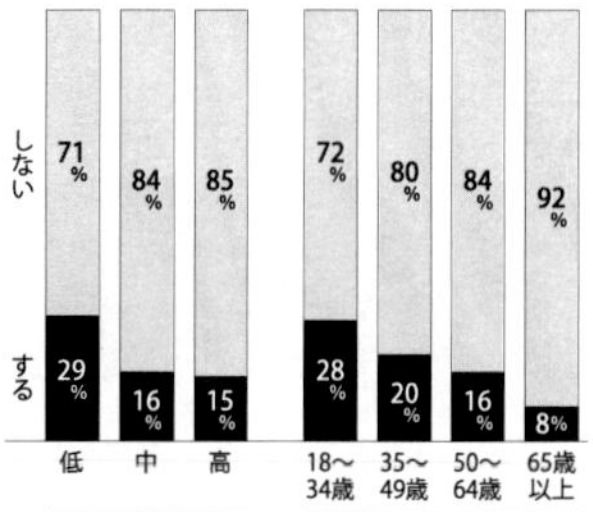

県民の健康づくり推進で連携協定

岐阜県歯とロッテ

岐阜県歯科医師会（阿部義和会長）は6日、県歯科医師会館でロッテと「県民の歯と口の健康づくりの推進に関する連携協定」を締結した。オーラルフレイル予防や健康づくりに向けて連携し、歯科啓発の新しいアプローチを画策するとしている。

阿部会長（右）とロッテの見目昌生営業本部中部統括支店統括支店長

両者はこれまでも県民の健康寿命延伸を目的に、共同事業として県内小売店への歯科啓発ポップ設置や、県歯会員歯科診療所への啓発ポスター掲示などを実施。県内保育園・幼稚園への園歯科医師を通じたキシリトールラムネの無償提供、地域歯科医師会での各種啓発イベントでのキシリトールガム提供などに取り組んでいる。

協定締結によって、より円滑な相互連携・協働体制を構築し、全ての条例・法規を遵守した県民の健康の保持増進、健康寿命の延伸を目指す。

主な協定事項

①歯と口の健康を通じた岐阜県歯科医師会の健康推進事業に関すること
②歯と口を通じた県民の心と体の健康づくりの推進に関すること
③口腔機能の衰え（オーラルフレイル）から繋がる全身の衰え（フレイル）を予防するための知識普及・啓発活動に関すること
④心と体の健康づくりの研究の推進に関すること
⑤災害発生時に製品提供を中心とした復興支援に関すること
⑥その他、目的を達成するのに必要な事項に関すること
⑦その他、岐阜県民の歯・口腔の健康づくり条例などの推進に関すること

親善ゴルフ大会

関東の151人が参加

山梨県南都留郡の鳴沢ゴルフ倶楽部で「第57回関東地区歯科医師親善ゴルフ大会」が5月30日に開かれた。山梨県歯科医師会ゴルフ部が当番県となり、1都7県から歯科医師151人が参加した。

同ゴルフ場は富士山麓にある赤松と白樺の樹海丘陵林間コース。豊かな自然の中、新緑萌える環境で競技を楽しみ、コロナ禍以後4年振りに開催されたパーティーで交流を深めたという。

◆◇◆

同大会の結果は、各都県対抗の団体戦（シニア5人を含む上位10人の選手のグロス合計）の1位が埼玉県、2位が茨城県、3位が栃木県、4位が東京都、5位が千葉県、6位が神奈川県、7位が群馬県、8位が山梨県。個人戦の1位は栃木県の本島博久氏、2位は茨城県の薄井稔氏、3位は埼玉県の加藤光一氏。ベストグロスは、埼玉県の加藤光一氏だった。

なお、令和6年能登半島地震災害への義援金チャリティーも実施。参加者からの募金は山梨県歯科医師会会長の吉田英二氏より日本歯科医師会を通じて、被災各県歯科医師会に届けられる予定。

訂正 5月28日付（2298号）3面の「在宅看取りの課題を議論―神奈川保険医協」の記事中、「在宅看護に従事する工藤氏は」は「～染谷氏」の誤りでした。お詫びして訂正します。

子供たちがクジラの歯磨き

和歌山県太地町の太地町立くじらの博物館で3日、クジラショーの後に「クジラの歯磨き」が行われた。

歯と口の健康週間（4～10日）の普及啓発で毎年恒例のイベント。特別招待で地元の保育園児も参加、通常時は行われていない催し物だ。

当日は、同博物館で飼育されているコビレゴンドウ、オキゴンドウ、ハナゴンドウの3種類のクジラに歯磨きを実施。「クジラの歯は、食性の違いから種類により歯の数や大きさが異なる」という。歯と口の健康について周知するとともに、クジラの種類ごとに異なる歯があることに興味を持ってもらうことが目的。

保育園児たちが参加し、クジラの歯磨きを行った（提供：© 太地町立くじらの博物館）

カバやセイウチも

４日、カバの「キボコ」の歯磨きイベントが実施された（写真提供：姫路市立動物園）

４日、兵庫県歯科医師会、豊岡市歯科医師会協力の下、セイウチの「そら」の歯磨きイベントが実施された（写真提供：城崎マリンワールド）

親子同士で歯科健診

日歯ら1200人を招待

子供向けの職業・社会体験施設「キッザニア東京」（東京都江東区）で子供が歯科医療従事者と交流する二つの体験型イベントが4日に開かれた。

同イベントは、キッザニア東京のオフィシャルスポンサーを務めるライオン（本社・東京都台東区、竹森征之社長）と、日本歯科医師会（高橋英登会長）が共同で実施。3歳～15歳までの子供とその保護者600組1200人を招待した。

「やってみよう歯科健診！」では、親子が歯科健診を体験。歯科医師一人が付き添い、12組の親子がデンタルミラーを使用してお互いの口の中を観察し、歯の状態を歯式用紙に書き込んだ。歯式用紙の結果から、歯科医師が一人ひとりに合ったオーラルケアの方法や予防歯科の重要性を伝えたほか、歯科衛生士が歯や舌の磨き方、フロスの使い方などの指導を行った。

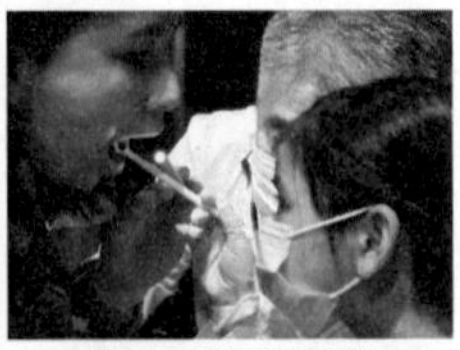

親の口の中を観察する子供

「歯医者さんと学ぼう！今日からできる予防歯科」では、日歯常務理事の伊藤明彦氏とライオン歯科衛生研究所の歯科衛生士による予防歯科に関する講義を実施。スケーラーなど歯科器具の使用用途を出題するクイズも行われ、正解者にはらいおんちゃんやよ坊さんのぬいぐるみがプレゼントされた。

予防歯科に関する講義ではクイズも出題された

歯と口の健康週間

なかやまきんに君、口腔の大切さPR

福岡市は４日、歯と口の健康週間に合わせて同市出身で人気お笑いタレント「なかやまきんに君」を起用し、歯と口の健康づくりの大切さを学ぶ啓発動画３本をホームページ上で公開した。項目は「オーラルフレイル予防」「歯周病予防」「デンタルフロス・歯間ブラシの口腔ケア」。

同動画では「パワー」「やー！」というセリフとともに、きんに君がパタカラ体操、歯間ブラシの使い方を披露。全８問の設問を通じて、簡易的に診査・診断を行う「なかやまきんに君とオーラルフレイルチェック」という特設サイトも開設している。

なお、福岡市は28本（親知らず除く）ある永久歯を生涯健康に保つために、治療よりも予防に重点を置いて、世代ごとの特性に応じた歯科口腔保健のさまざまな取り組みを「オーラルケア28プロジェクト」として産学官で推進しているという。

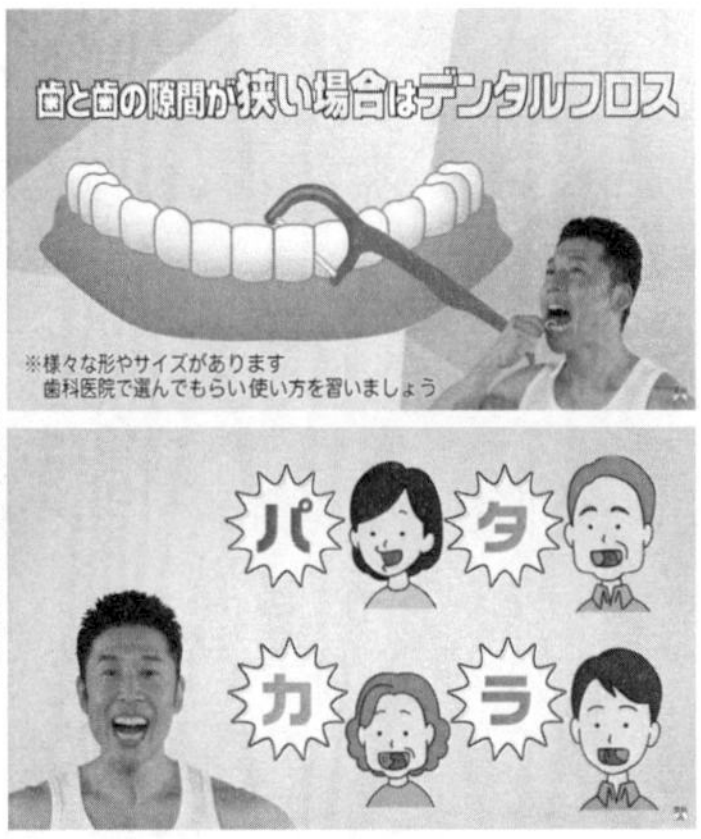

福岡市が同市出身のきんに君を起用して動画を公開した

小学生歯磨き大会

ライオンや日学歯ら

歯と口の健康の大切さを学ぶ特別授業「第81回全国小学生歯みがき大会」が各地の小学校で1～10日に行われた。主催は、ライオン（本社・東京都台東区、竹森征之社長）、ライオン歯科衛生研究所（濱逸夫理事長）、日本学校歯科医会（柘植紳平会長）、東京都学校保健会（尾﨑治夫会長）など。

同大会は、明海大学名誉教授の安井利一氏が監修した、健康な歯茎の見分け方や自分に合ったセルフケア方法などを収録したDVD教材を小学校に配布・視聴し、予防歯科の理解とオーラルケアの継続の大切さを学ぶもの。今年は過去最高の全国の約5400校、韓国・中国・香港・インドネシアの小学生を含む約29万人が参加した。

◇◆◇

歯科衛生士のサポートのもと、児童は手鏡を使った歯磨きなどを行った

吉田山田さんがゲストで招かれ、歯磨きの歌「イ～ハ～」を含む楽曲の演奏が行われた

3日に実施された東京都台東区立蔵前小学校では5年生の児童約110人が参加。歯科衛生士サポートのもと、手鏡を使った歯肉の観察や歯磨き、デンタルフロスを使った歯間清掃などを体験したほか、男性二人組アーティストの吉田山田さんがゲストで招かれ、作詞・作曲した、歌詞に合わせて歯を磨くと、全ての歯を一通り楽しく磨くことができる歯磨きの歌「イ～ハ～」を含む楽曲の演奏が行われた。

参加した児童は「イ～ハ～を聴きながらだと楽しく歯磨きができそう」「歯ブラシだけだと歯垢の6割しか落とせなくて、1カ所を20回くらい磨いた方が良いというのをお家の人に教えてあげたいと思った」と話した。

東京・芝歯

唾液でカンタン歯周病チェック

東京の港区芝歯科医師会（岡崎正史会長）は４日、無料スクリーニング検査「だ液でカンタン歯周病チェック！あなたの歯ぐきは大丈夫？」を同区のＪＲ新橋駅西口ＳＬ広場で開催した。同会が毎年行っているもので、歯科受診率の低い就労世代の受診勧奨を目的に、20歳以上なら誰でも無料参加できる。当日の所要時間は約５分で、栄研科学のスクリーニングキットを使用。参加者は無糖ガムを咀嚼し、唾液を採取する。検査結果は歯周病の有無や進行度、将来の発症リスクを数値として記載。３週間ほどで自宅に郵送される。なお、参加者の唾液は歯周病関連の研究に使用されるという。

都歯・都衛・都技

上野動物園で歯の啓発活動

東京都歯科医師会（井上惠司会長）主催の歯と口の健康週間に合わせた「いい歯いきいき上野動物園行事」が2日、東京都台東区の上野動物園で開かれた。同行事は東京都共催で、協力は東京都歯科衛生士会や東京都歯科技工士会、協賛はサンスター、ジーシー、ライオン、ロッテ。

当日は歯科医師による歯や口の悩み相談、上野動物園の小泉祐里解説員による人と動物の歯に関するトークセッションのほか、歯科衛生士による紙芝居、マウスガード・デジタル技工物の展示物コーナー等が設けられた。

なお、来園者に向けて歯磨きグッズの配布や歯ブラシリサイクルプログラム等も行われていた。

歯科衛生士コーナーでは、子ども向けの紙芝居（３種類）を用いてむし歯予防の啓発を行った

歯科技工士コーナーでは、マウスガード・デジタル技工物の展示のほか、シャッフルした歯の模型を正しい位置に並べるコーナーが設けられ、参加者には面白消しゴムが配られた

上野動物園の解説員によるトークセッション

新潟大学ら

免疫調節する化合物 発見

耐性菌ない感染症治療に期待

新たな免疫調節化合物を発見したことで、さまざまな感染症の治療薬に応用できると期待がされている―。新潟大学大学院医歯学総合研究科微生物感染症学分野の齋藤瑠郁大学院生、土門久哲准教授、寺尾豊教授ら研究グループが、マクロライド誘導体研究の実績に優れる北里大学大村智記念研究所の砂塚敏明教授、廣瀬友靖教授、池田朱里助教ら大学間共同研究契約を締結した上で行われた。

研究グループは、これまで歯周炎や肺炎において感染者の免疫が撹乱されることにより、病態が悪化することを明らかにしてきた。その免疫を正常に調節する化合物として、抗菌薬マクロライドが挙げられている。

しかし、抗菌薬の乱用等が原因で、国内外では薬剤耐性菌が増加しているという。国策として「AMRアクションプラン」を掲げ、経口マクロライドは50%の使用制限を目標としているが、マクロライドの良い作用として免疫調節がある。感染症の悪化時に生じる免疫撹乱を治療する薬剤という可能性を秘めている。

免疫調節　病的に低下した免疫応答を正常に高めつつ、一方で、病的に上昇した免疫応答を正常に抑制する働き

そこで研究グループは、「抗菌作用が無く『よい作用』のみを保有するマクロライド誘導体」の合成・選出を試みた。

◇◆◇

その結果、抗菌作用のないマクロライドを合成し、免疫調節作用だけを残した化合物の同定に成功した。抗菌作用がないことから、COVID―19などのウイルス感染症に対しても、免疫調節薬として活用できると期待がかかっている。

ウイルス感染症などの際に免疫調節を期待し、抗菌薬マクロライドが処方されることもあるが、この行為は抗菌薬の乱用にもつながり、薬剤耐性菌の増加を招く。今後は感染症や免疫疾患モデルにおける治療効果の検証が行われ、抗菌作用がなく耐性菌を生み出すことがない免疫調節薬としての可能性を解析する予定とのこと。

同研究成果は、国際科学誌『Journal of Biological Chemistry』（5月16日）オンライン版に掲載された。

糖尿病の唾液分泌障害 プリン受容体が関与

医科歯科が解明

口渇、う蝕などの合併症を引き起こす2型糖尿病の唾液分泌障害にプリン受容体が関与することが分かった。東京医科歯科大学大学院医歯学総合研究科咬合機能矯正学分野の小野卓史教授、渡一平非常勤講師、Jiratchaya Srisutha大学院生らの研究グループによるもので、2型糖尿病に伴う唾液分泌障害への新たな予防・治療法開発につながることが期待される。

同研究では2型糖尿病モデルマウスと、通常のマウスを比較実験。11、13週齢において、モデルマウスでは血糖値が有意に増加し、耐糖能が低下していることが確認された。

また、モデルマウスは顎下腺を構成する実質細胞の配列が不規則で、同幹細胞の肥大化や腺房細胞の空胞化などさまざまな異常所見が確認され、導管領域の減少も見られた。

さらに、顎下腺の免疫組織学的解析を行ったところ、プリン受容体（P2X7、P2X4）について、モデルマウスではプリン受容体免疫陽性強度の増加を確認。さらに13週齢期のモデルマウスにおいて、P2X7の遺伝子発現量の増加が認められた。

同研究成果は科学誌『Scientific Reports』（5月13日付）にオンライン掲載された。

新型コロナ流行下で未治療のむし歯が減

新型コロナのパンデミックにおいて、子供の未治療のむし歯が減っていたことが分かった。国立成育医療研究センター社会医学研究部臨床疫学・ヘルスサービス研究室の大久保祐輔室長らの研究グループによるもの。これまでパンデミックによる健康への影響についての研究は特定の地域かつ短期的なものに限られていた。

同研究は、健康・医療・教育情報評価推進機構（HCEI）の、2015～22年度に中学校を卒業した約40万人分の学校健診情報を使用。パンデミック前（19年）とパンデミック期間（20～22年）を比較した。

研究の結果、22年の「未治療のむし歯」はパンデミック前に比べ、パンデミックの影響と思われる減少傾向が見られた。リモートワークによる歯科医院への通院機会の増加などが考えられるという。

その他、20～22年度で「小児の肥満」、22年度で「小児のやせ」、20～21年で「視力低下」にパンデミックの影響と思われる増加があった。具体的な理由は「外での活動の減少」「スマートフォンの利用増加」「親の仕事雇止めによる経済状況の変化」など。

同研究成果は、学術誌『Pediatric Obesity』（5月10日付）に掲載された。

投稿寄稿

日本がん口腔支持療法学会からの提言 ⑥

がん口腔支持療法における歯科衛生士の役割と地域連携

理事 松田 悠平　島根大学医学部歯科口腔外科学講座・同学部附属病院歯科口腔外科/口腔ケアセンター・歯科衛生士

歯科衛生士の意識変革を

2012年の診療報酬改定から保険収載された周術期等口腔機能管理も10年の時を経て、現在では国家試験で出題されるほど、一般的かつ必要な知識として位置付けられ、大きな需要がみてとれます。しかし、10年たてば課題も見えてきます。その一つとして「歯科衛生士の地域連携」があります。学生にとっては当たり前の知識となりましたが、実際の周術期等口腔機能管理に携わっている歯科衛生士はどれほどいるのでしょうか。最新の令和4年衛生行政報告例の結果にある就業歯科衛生士数によると、就業場所別では、「歯科診療所」が最多の13万806人（90・1%）に対して、日頃から主に周術期等口腔機能管理を行う「病院」は7460人（5・1%）でした。つまり、ほとんど歯科衛生士にとって日常業務としてがん患者の口腔管理を行う機会は極めて少ないということです。

◇◆◇

周術期等口腔機能管理における歯科衛生士の口腔衛生処置や患者指導は重要な役割を果たしています。特に、がん治療の影響が長期的におよぶような症例では、生涯を通じた継続的な歯科予防処置と歯科衛生指導が必須となります。したがって、がん治療を終えた後にも安心して口腔管理を受けるためには、地域歯科診療所との連携が欠かせません。また、地方都市ではがん治療のために遠く山間部から都市部の総合病院へ高齢者が治療に出かけることも少なくありません。したがって、治療が終われば遠く離れた地域に戻る必要があるため、必然的に通うことができなくなります。

特に老老介護の場合では、本来受けるべき医療が途絶えることが発生しやすくなります。

一つの解決策としては地域でがん治療を受けた人をケアしていく意識を歯科医師だけでなく歯科衛生士も持つことが重要であると考えます。当院では歯科医師のみならず歯科衛生士の病院見学を広く受け入れています。これは単に周術期等口腔機能管理を勉強しに来るのではなく、歯科診療所に勤務する歯科衛生士が、自分が担当している患者がどのような場所で、どんな治療や入院生活を経て、そしてまた地域に帰っていくのか、そのイメージがつくようになりたい、との要望で見学に来ます。ぜひ、歯科診療所に勤務する歯科衛生士の方々には、機会が許せば地域にあるがん診療連携拠点病院の見学に行かれることをお勧めします。どれだけ顔の見える関係性を作ることができるか、がより良い連携を行う上で最も大切なことではないかと考えています。

◇◆◇

最後に、近年では日本歯科衛生士会が作成した「歯科衛生士連絡書」があります。医療機関や施設が変わっても、安心して歯科医療を受けていただくために作成されたものであり、歯科医師の「診療情報提供書」と同封することで使用できます。この歯科衛生士同士の小さな連携の輪がつながり、がん治療を受ける患者を助けるための大きな助けとなればと思います。

デンタル小町が通る

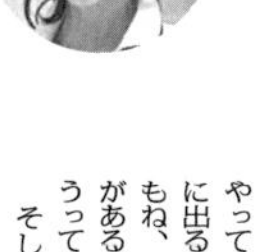

大谷歯科医院院長（愛媛県西条市）

大谷恭子 ❷

筋トレの魅力にハマる

前回に引き続き、筋トレ生活第二弾。

パーソナルトレーナーをつけないで、誰があのような追い込み型のハードな筋トレをこなせるだろうか。いや誰しも無理であろう。

「はい！ 大谷さんあと5回、あと2回頑張る」

全く誰だ、このマシーンを発明した人物は？ いや、その発想をしているだけで自分の弱さが醸し出されるわけなのだが。

「くーっ」と自分の体重と対峙し、くいしばりながら、今日もマウスガードは私の体重とお付き合い。そして、ハードなトレーニングで追い込みをかける。いや違う違う、仕方なくやっているわけではなく、大会に出るために必死なわけで。でもね、人生に夢中になれることがあるってなんて素敵なんだろうって思うのよ。

そして日々の筋肉痛もまた心地よさを誘うの。筋肉たちは「もっともっと」を望む反面、私は七転八倒中。あれよあれよという間に極めつけのトレーニングではさらに追い込みをかけ、立てなくなるまで筋肉を疲労させる。

解放された時のあの達成感と心地よさはたまらない！ 今日も頑張ってくれてありがとうと思いつつ、ストレッチや筋膜リリースで労わりを忘れない。筋肉たちにもホエイプロテインを!!

「やる時にはやる！」というスポコン根性で、朝はランニング、昼休みは自転車こぎで有酸素運動、夜は仕事を終え無酸素運動。そして待ちに待った食事タイムでは細胞達が感極まる。

そうすると不思議なことに、食したいものが体に良い物を自然と選んでいるのだ。例えばイカ、タコが無性に食べたくなったので、成分表を紐解いてみた。それにはタウリンが豊富で疲労回復に効果的だということが判明。やはり疲労蓄積していたのね。こうして食生活が体のバロメーターとなった。日常にほんの少し耳を傾けると体に足りない栄養分を摂取することも楽しくなってくる。

毎日のエッセンス！ 日常に彩りを！ 楽しみ！ 究極なボディとサディスティックな私。

㊤マウスガード普及のためスポーツデンティストの資格を取得㊨日々積み重ねた筋トレの結果

TC協会

歯科助手向け資格「CA」を認定

日本歯科TC協会（松尾通理事長）は2日、歯科助手や受付担当者、歯科の事務職担当者などを対象とした第1回「クリニカルアテンダント資格認定セミナー」＝写真＝を東京都千代田区のエッサム神田ホールで開いた。

松尾氏は、「CA（キャビンアテンダント）は、『乗客の安心安全を図りながら無事に目的地まで乗客を送り届ける仕事』であり、CA（クリニカルアテンダント）は、『患者さんの治療の安心安全を図り病気の回復を願いながら寄り添う仕事』」と前置きした上で、「クリニカルアテンダントの資格取得が職場での地位や収入の向上、社会的なイメージアップにつながる」と説明。「今は民間資格だが、将来都道府県の公的認定資格となるよう、各機関に働き掛けているところ」と話した。

その後、作家でコミュニケーションコンサルタントのひきたよしあき氏による「コミュニケーションと言葉のちから」、歯科衛生士の横井節子氏による「消毒の基礎」、同協会理事の荒川泰子氏による「歯科医院の危機管理」、元ANA CA・接遇プロフェッショナルの里岡美津奈氏による「医療接遇」をテーマとした講演が行われた。

歯周組織再生の研究を表彰

歯周組織再生に関する優れた研究および研究者を表彰する「歯周組織再生医学優秀発表賞（KAKEN Award）」の初受賞者に、大阪歯科大学医療イノベーション研究推進機構先進医療研究センター創生統合医療部門の岩﨑剣吾准教授と、新潟大学医歯学総合病院高度医療開発センターの都野隆博特任助教が選ばれた。第67回日本歯周病学会春季学術大会で発表され、第66回秋季学術大会発表の研究に対して贈られた。

同賞は日本歯周病学会の賛助会員である科研製薬（本社・東京都文京区、堀内裕之社長）のスポンサーシップを基に設立されたもの。

岩﨑准教授の演題名は「間葉系幹細胞由来タンパク抽出物による新規歯周組織再生治療」、都野特任助教の演題名は「シングルセル遺伝子発現解析によるヒト培養骨膜細胞シートの骨形成評価」。

受賞者には賞状、トロフィー、賞金5万円が贈られた。

都野氏（中央左）、岩﨑氏（中央右）

今月のBookコーナー

著者に聞く

大人女子のためのデンタルケア事典

歯に関する正しい知識伝える

『大人女子のためのデンタルケア事典』が1月26日に発刊された。同著の出版に至った経緯、本に込めた思いなどを著者で歯の寿命をのばす会代表の伊勢海信宏氏に聞いた。

伊勢海 信宏 氏

――本書の出版に至った経緯を教えてください。

伊勢海　当会は、歯に関する正しい知識を患者さんに伝えるための冊子や動画作り、患者さんへの説明の仕方に関するセミナーなどを行っている団体です。2016年に設立し、約350医院が加盟しています。今回、歯に関する正しい知識を加盟医院の患者さんだけでなく、広く一般の方にも知ってもらいたいという思いから、本書の出版に至りました。

◆◇◆

――本の概要と本作りで工夫した点や思いは。

伊勢海　本は私一人の思いではなく、加盟医院の300人の歯科医師に行ったアンケート結果を基に、歯を長く綺麗に保つために知っておきたい55の知識と習慣を紹介しています。最後のページまで読み進めてもらえるように、フルカラーのイラストや表を100点以上掲載しました。

タイトルにもあるようにターゲットを40代女性の大人女子に絞ったのは、歯に興味・関心があり健康意識の高い人の割合が他の年齢層に比べて高かったからです。とはいえ、世代を問わず知って欲しい情報を掲載しているので、ご家族や親戚、職場の方などにも伝えてもらいたいですし、待合室などに置いていただけたら嬉しいです。

◆◇◆

――ところで、歯の寿命をのばす会を設立した理由は。

伊勢海　エビデンスに沿っても、「歯の大切さ」を患者さんに伝えても、「それは先生個人の考え方で、以前通っていた歯科医院では言われなかった」と話す方も中にはいます。そうした方にも歯の大切さを理解してもらい行動に移してもらうには、「〝歯科医師の総意〟として歯の大切さを話している」ということを伝えられる方法、いわば後ろ盾となるものの必要性を感じて、当会の設立に至りました。

当会で作っている患者さん向けの冊子は、歯科治療時の補足資料としてだけでなく、「院長先生からの声掛けでないと患者さんが話を聞いてくれない」と悩む歯科衛生士が、歯の大切さを伝える時にも使用できるような内容になっています。

それから歯科健診はその時点の歯の状態を知ることができるものですが、患者さんから聞かれることの多い「同年代と比べた時の自分の歯の良し悪し」「将来残る自分の歯の本数」などは知ることができず、また客観的な指標がないので経験則でしか答えられないのが現状です。

そこで抜けた歯や治療した歯の本数から歯の年齢を診断するシステム「歯の年齢診断プロ」の開発に協力し、医院向けに提供しています。厚労省の歯科疾患実態調査のデータを基に歯の寿命の進行レベルの平均値を年齢ごとに割り出したもので、詰め物・被せ物・抜けた歯の本数を入力するだけで患者さんの歯の年齢を診断できます。ちなみに一般の方が簡易的に利用できる「歯の年齢診断プロ無料体験版」も昨年8月からウェブ上で公開しました。

『大人女子のためのデンタルケア事典』は、当会の活動の一環として本の形でまとめたものです。

今後も「患者さんに知ってもらいたい歯に関する正しい知識」を伝えるための活動をさまざまな形で進めていきます。

『大人女子のためのデンタルケア事典　いつまでもキレイが続く！』
（一社）歯の寿命をのばす会【著】／A5判／132ページ/1,628円（税込）／クロスメディア・パブリッシング

書籍（価格は税込）

歯医者は医者かと問う勿れ

歯科学と医学の合体を目指して日本の歯科医療を開拓した佐藤運雄（かずお）の伝記。現在の日本大学歯学部に当たる東洋歯科医学校の設立者だが、法科学校として発足した日大に歯科が設置された経緯には、現在の歯学と医学の関係につながる、さまざまな議論があったことが分かる。

伝記には、米国式「医科歯科二元論」を伝えた血脇守之助、文部省との折衝に心を砕いた中原市五郎、東京帝国大学歯科を率いた石原久ら、日本の歯科医学、歯科医療の黎明期に活躍した偉人たちの活躍が生き生きと再現されている。

秋元秀俊　著/四六判/280ページ/2,970円/生活の医療社

人生の黄昏を黄金に変える「賢者のかけ算」

歯科医師として診療を行うかたわら、多くの自己啓発本の執筆を重ねている著者による、価値ある生き方の指南本。

人生を豊かにするには、何かを犠牲にする「割り算」ではなく、相乗効果を生む「かけ算」が必要だという。例えば「仕事×家庭」は、家族へのエネルギーを凝縮することで、仕事の量や時間が多くても応援を得られると語る。

人生100年時代、後半生を価値あるものにする27の「かけ算」を紹介する。

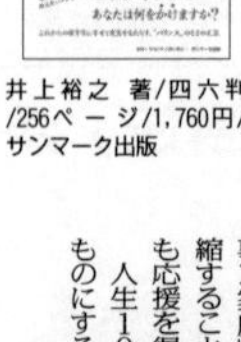

井上裕之　著/四六判/256ページ/1,760円/サンマーク出版

新刊・近刊〈5月〉

書名	著者	出版社	定価
拡張するデンタルクリニック<抜粋・新装版> -歯科医院の改装・分院・増築-	アルファ企画【編】	アルファ企画	定価11,000円
ブリッジ・部分床義歯の支台歯選択	和田淳一郎・駒田亘・若林則幸【著】	医歯薬出版	定価6,930円
医科歯科連携・多職種連携	相澤孝夫・赤司征大・江藤一洋・小坂健【他著】	医歯薬出版	定価6,930円
デンタルハイジーンBOOKS 対話形式でわかる！歯科医院で伝えたい栄養のこと	手塚文栄【編著】	医歯薬出版	定価3,960円
歯学生のための基礎病理学	髙田隆【監修】／豊澤悟・田沼順一・岡田康男・松坂賢一【編】	医歯薬出版	定価11,000円
診断力を上げる日常臨床に潜む咬合由来の問題の診断と治療 -う蝕、歯周病から顎関節症、不正咬合まで-	杉山豊【著】	インターアクション	定価13,200円
ティッシュレベルインプラント -ベーシック編＆アドバンス編-	玉木仁【著】	第一歯科出版	定価25,300円
THE ALIGNER ORTHO　アライナー矯正治療の最適解 -ALIGNER RADIO BOOK-	岡野修一郎・南舘崇夫・小松昌平・赤間康彦【著】	クインテッセンス出版	定価19,800円
<改訂版>スーパーベーシック　ペリオドントロジー -歯肉剥離掻爬術と遊離歯肉移植術までを完全マスター-	木村英隆【著】	クインテッセンス出版	定価14,300円
QUINTQUEST（ベーシック＆動画シリーズ）日常臨床を効率化！　歯科医師のためのデジタル超活用Book	萩野真介・円林秀治・葉山揚介【著】／田中秀樹【アドバイザー】	クインテッセンス出版	定価6,930円
必ず上達　ソケットプリザベーション -インプラント初心者でもできる骨造成-	森本太一朗【著】	クインテッセンス出版	定価11,000円
Ultimate Suction Denture！ -「100％吸着」と「高度顎堤吸収症例」に挑む-	佐藤勝史【著】	デンタルダイヤモンド社	定価15,400円
低侵襲・低コスト・省時間を実現するバシロジックエンドファイルシステム入門	佐久間利喜・月星太介・坂本渉【著】	デンタルダイヤモンド社	定価7,700円
歯科業界ハンドブック<2024年版> -データ、法律・ルール、業界の仕組み、関連団体-	日本歯科新聞社【編著】　小畑真【監修】	日本歯科新聞社	定価5,500円
「日本歯科評論」別冊 第一大臼歯を通して考える -健全な口腔・歯列の育成と生涯を通した機能維持-	朝田芳信【編著】	ヒョーロン・パブリッシャーズ	定価6,600円
はをみがきましょう	ミスミヨシコ 絵	フレーベル館	定価990円

協力：シエン社　℡03（3816）7818　〈http://www.shien.co.jp〉

歯科雑誌をよむ　6月号

歯界展望　日本歯科評論　Quintessence　DENTAL DIAMOND　アポロニア21

インプラントの併発症＆トラブル

『デンタルダイヤモンド』は「Ddインプラントセミナー」で、徳島大学名誉教授の宮本洋二氏による「失敗に学ぶ！インプラントの併発症＆トラブル」を掲載。

インプラントが普及してきた一方で、さまざまな併発症やトラブルが増えたのを受け、患者選択に起因するトラブル、下歯槽神経、オトガイ神経などに関連する併発症などの背景、対処について、実際の症例を踏まえて解説している。

トラブルの多くは術前の診査・診断や患者への説明が十分でなかったことに起因しているため、術前の対応が重要だと強調。併発症が発生した時には原因を把握して正しく対処すべきだという。

「口腔の重さ」はいかほどか？

『日本歯科評論』は「HYORON FORUM」で、元日本歯科医師会会長の大久保満男氏が「『人の命が地球よりも重い』とされるが食べるの源『口腔の重さ』はいかほどか？」という問いに回答。「人の命は地球より重い」という言葉が語られたきっかけから説き起こし、国民皆保険制度の社会的意義に言及し、公的医療制度の中での歯科の扱い、日歯会長時代に提唱した「生活の医療」へと話題を広げている。

そして、「歯科医療は、命に直結した医療ではないが、その人の人生を、そして命を支え続ける営みなのだ」と問題提起した。

心療内科・精神科への紹介

『歯界展望』は、神奈川県開業の和気裕之氏による特別寄稿「心療内科医・精神科医に患者を依頼するときに―日本心療内科学会で心療内科医へ伝えてきたこと」を掲載。

医科歯科連携が進む現在も、心療内科や精神科との連携は、いまだにハードルが高いとされる。記事は、長く歯科心身医学をリードしてきた著者が、心療内科・精神科との連携が求められることが多いBMS／舌痛症、咬合違和感症候群、顎関節症、歯科心身症について、それぞれの病気の成り立ち、診断、治療の流れを解説した。

第27回日本心療内科学会シンポジウム（2023年12月、東京）で報告した内容を踏まえたもので、まとめとして、医療連携を踏まえた態度教育の必要性を指摘している。

糖尿病と歯周病の深い関係

『ザ・クインテッセンス』は特集2で、東京医科歯科大学大学院歯周病学分野の水谷幸嗣氏らによる「糖尿病と歯周病の深い関係　超解説！」の後編「低侵襲アプローチで成功させる歯周治療」を掲載。

糖尿病と歯周病の病態を理解した上で、糖尿病に罹患している可能性が高い患者に対する歯周治療で留意すべき点を考えるのが趣旨。抗菌治療、Er－YAGレーザー、マイクロサージェリーなどで、糖尿病によってダメージを受けた歯周組織に対して、以下のやさしい低侵襲治療を行うよう訴えている。

①血糖管理で歯周組織を整える、②プラークコントロールの徹底、③低侵襲で効果的な処置、④こまめで継続的なメインテナンスというアプローチを推奨。

医院経営の「発展的縮小」を目指す

『アポロニア21』はレポートで、愛知県開業の石田悟氏による「歯科医院経営の『発展的縮小』を目指す時代へ」を掲載。

う蝕、欠損が減少する中、長期的には歯科医療需要は低下していくとの予測のもと、新規参入の制限や地域偏在の是正策が必要だと訴える内容。「これからの主要歯科疾患」と期待された歯周病に対して、保険制度上もさまざまな施策がなされたが、歯周病による患者増は団塊の世代が受診率を高めたことによる一時的なものに過ぎないと指摘し、歯科医師、歯科衛生士の数は過剰になっていくとの予測により、抜本的な対応が求められると主張している。

特集「『開発型歯科医院』の知恵」では、現場で生まれた実践的ツール、最先端技術の検証をする歯科医院などを紹介。

医院のSNS発信 88％の患者が期待

カルー

87・6％の患者が「医療機関がSNSで情報発信をしてくれると助かる」と回答―。医療機関検索サイトを運営するカルー（本社・東京都目黒区、具志林太郎社長）が病院口コミ検索サイトの利用者を対象に、今年5月1～14日に実施した調査結果によるもの。有効回答数は293件。

運用して欲しいSNSはLINEが57・7％で最も多く、YouTubeが51・8％、Instagramが33・5％、X（旧Twitter）は18・7％、Facebookは16・5％、TikTokは7・7％だった。

また、参考にしている投稿は「診療体制について（臨時休診の情報等）」が77％、「病気の情報・治療法等」が66・2％、「ドクターの紹介」が59・2％、「院内紹介」が52・3％、「診療について（ワクチン開始等）」が51・6％だった。

医療機関のYouTubeで興味のあるコンテンツは「病気・治療法の解説」が78・3％と最も多く、求められる情報はSNSによって差があることが分かった。

医療機関で行って欲しいSNS

	YouTube	Instagram	LINE	X（旧Twitter）	Facebook	TikTok
40代以下	50.8％	60.0％	58.5％	30.8％	16.9％	21.5％
50代以上	55.3％	27.2％	61.2％	16.0％	17.5％	3.9％

薬機法等のルーツ 合同研修会で学ぶ

卸組合と輸入協会

日本歯科用品卸商業組合（＝卸組合、大石哲也理事長）、日本歯科用品輸入協会（＝輸入協会、茂久田篤会長）は5月28日、東京都千代田区のホテルニューオータニで合同研修会を開催した。

テーマは「歯科医療のシステムと経済」で、講師は日本歯科新聞社『アポロニア21』の水谷惟紗久編集長＝写真。

水谷編集長は、18世紀ヨーロッパで勃興した近代医療の始まりから説き起こし、①「医療がお金を対価にした『商品』となって医療需要が爆発的に増えた」（18世紀）、②「医療の質を担保するため、『医療資格の公的試験』、『大学と病院実習を組み合わせた臨床教育』、『医薬、医療機器の質を政府が管理する薬事制度』が導入された」（19世紀）、③「医療を社会保障の一環に組み込んだ」（20世紀）の3段階で発展したと示した。

その上で、医薬品や医療材料、医療機器を規制する薬事ルールは医師国家試験などと同様の目的で、ほぼ同時に整備されており、現行の薬機法や関連規約を含めた薬事ルールの徹底は、業界だけでなく国民全体の利益に直結する重みがあると強調した。

また、日本の歯科医師の間で「保険診療は最低保障」という誤解が見られることについても言及。日本の法制度上、社会保険診療は、最低保障のための生活保護や医療扶助とは切り分けられていると説明。歯科医療関係者の一部に、保険診療を二流品のように見る傾向があることが、国民医療費の中での歯科の位置付けを抑制している可能性を示唆した。

最後に、国内外の医療制度の中で、近年、特に重視される「費用対効果」「エビデンス」の歴史的経緯、各国での取り組みを紹介。歯科には、疫学的根拠に基づく治療が難しい特別な背景もあると述べ、AI、PHRなどの応用により、これまで思いもよらなかった領域にもエビデンス構築の可能性が広がっていると展望を示した。

期間限定で社食に「歯づまり」メニュー

ロッテ

歯に詰まりやすい食材を使ったメニュー（※写真は初日に提供されたもの）

6月4～10日の「歯と口の健康週間」に合わせて、ロッテ（本社・東京都新宿区、中島英樹社長）本社の社員食堂で、歯に詰まりやすい16種類の食材を使った「歯づまり」メニューが4～7日に提供された。

初日は「メイン」「小鉢」「汁物」全部に、2日目以降は「メイン」「小鉢」「汁物」のいずれかに、歯づまり食材が入っている。

◆◇◆

メインは、鶏肉の山賊焼き。歯に詰まりやすい食材（同社調べ）第4位の鶏に付け合わせとして第1位のコーンを添えた。小鉢は、もやしのナムル。同社の通常の社食としても提供されていて安定の人気メニューという。汁物はにらと卵のスープ。にらは第3位の詰まりやすさ。「歯づまり」メニューは社員から好評だったとしている。

歯に詰まりやすい16種類の食材

玄米、ゴマ、高菜、もやし、青菜、えのきだけ、わかめ、レンコン、タケノコ、フキ、塩昆布、鶏ササミ、にら、イカ、ネギ、ごぼう

白石会長を再任

日本歯学図書出版協会

日本歯学図書出版協会（白石泰夫会長）の令和6年度定期総会が6日、東京・湯島の東京ガーデンパレスで開催された。第44期の事業報告と会計報告が原案通り可決承認。役員改選が行われ、白石会長が再任（3期目）した。役員の任期は同日から2年後の定期総会まで。

白石会長

総会終了後に開かれた懇親会であいさつした白石会長は、能登半島地震の対応として日本歯科医師会、日本歯科技工士会、日本歯科衛生士会への義援金送金を報告。また、11月16、17の両日に開催される東京デンタルショー2024の企画展示「ブックカフェ」についての協議を主催の大東京歯科用品商協同組合と開始していると話した。

医療系の新聞社や出版社にも生成AIを活用する事業者からのコンテンツ提供依頼が今後あるとの見方を示した上で、「出版社などが優れたコンテンツを持つことで新しい事業展開ができる」との考えを述べた。

なお、新役員は以下の通り。（敬称略）

▼会長 白石泰夫▼副会長 北峯康充（新任）▼幹事 畑めぐみ、三嶋彰（新任）

未承認品のリスク 認識有無で選択に変化

ホワイトエッセンス

ホワイトニングの検討時に「未承認品に大きな影響はなさそう」と考える人は、未承認品のリスクを認識した後、8割以上が「認可薬剤」を選ぶことが分かった。ホワイトエッセンス（本社・東京都渋谷区、坂本佳昭社長）が昨年8月に歯のホワイトニングや自費のクリーニングに興味がある20代以上の男女591人と同社の既存顧客529人、計1120人を対象にホワイトニングの検討時に価格と承認品のどちらを重視するかを調査したもの。

◆◇◆

未承認薬剤の説明をせず、検討しているホワイトニング剤が未承認だと分かった場合の利用意向の変化を質問すると、ホワイトニング検討者の28％が「特に大きな影響はなさそう」で「未承認品を検討の余地に残す」と回答。同回答者に承認薬剤と未承認薬剤の説明画面を見せた後は、81％が「高価な認可薬剤を使う」と回答している。

野球教室で〝噛む〟伝える

ロッテ（本社・東京都新宿区、中島英樹社長）とLOCOK（本社・東京都品川区、石井大貴社長）は、「〝噛む力をスポーツの力に〟野球教室＆トークショー」を、東京都品川区のLOCOKウェルネスガーデン品川御殿山で5月19日に開催した。

スポーツと噛むことの大切さを子供達に伝えるため「子どもと大人の元気な心と身体をつくる」ことを掲げる施設「LOCOKウェルネスガーデン品川御殿山」を運営するLOCOKと共同で実施。元千葉ロッテマリーンズの里崎智也氏が野球教室を開催し、東京歯科大学口腔健康科学講座スポーツ歯学研究室客員教授の武田友孝氏がスポーツで「噛むこと」の重要性や普段の食事でよく噛んで食べること、口腔の健康と運動能力が密接に関わることを子供達に分かりやすく解説した。

AI電話サービス 予約変更など可能に

SCOグループ

SCOグループ（本社・東京都千代田区、玉井雄介社長）は3日、歯科医院向けのAI電話受付対応サービス「Pay Light Call（旧ペイたんコール）」を大幅にアップデートした。

同サービスは、歯科医院の電話受付業務をAIの音声自動対話で24時間365日対応するもの。患者からの電話に対してAIが事前にヒアリングし、予約リクエストや治療の必要性等、電話内容を文字に起こして患者ページに自動で記録する。

今回のアップデートにより、電話での予約変更・確認・キャンセルが可能になり、電話内容の自動記録を指定した部分から音声再生できるようになった。なお、同サービスは夏頃にも追加のバージョンアップを予定。詳細はホームページまで。

週間 金・パラ価格動向（税抜価格（1g,円））

	金	パラジウム（参考価格）
6月3日（月）	11,810	4,880
6月4日（火）	11,861	4,950
6月5日（水）	11,755	4,870
6月6日（木）	11,930	4,960
6月7日（金）	11,962	4,960

提供 石福金属興業

☰ 保険適用 ☰

（5月1日付）

【区分 A2】

▼ **インビザライン・ジャパン**＝「iTero エレメント」デジタル印象採得装置

▼ **タカラメディカル**＝「QR マスターハイパーパノラマ」歯科部分パノラマ断層撮影装置、歯科部分パノラマ断層撮影デジタル映像化処理装置

▼ **モリタ製作所**＝「ベラビュー IC5」歯科部分パノラマ断層撮影装置、歯科部分パノラマ断層撮影デジタル映像化処理装置「アドベール SH」レーザー手術装置（Ⅰ）、歯石除去用レーザー、う蝕除去・窩洞形成用レーザー

▼ **デンツプライシロナ**＝「セレック AC」デジタル印象採得装置「セレック AC オムニカム」デジタル印象採得装置「セレック プライムスキャン AC」デジタル印象採得装置

▼ **アクシオン・ジャパン**＝「PanoACT-ART Plus シリーズ」歯科部分パノラマ断層撮影デジタル映像化処理装置、歯科部分パノラマ断層撮影装置「OSADA ARTEX シリーズ」歯科部分パノラマ断層撮影デジタル映像化処理装置、歯科部分パノラマ断層撮影装置

▼ **3Shape Japan**＝「TRIOS 3 オーラルスキャナ」デジタル印象採得装置「TRIOS 4 オーラルスキャナシステム」デジタル印象採得装置「TRIOS 5 オーラルスキャナシステム」デジタル印象採得装置

▼ **エンビスタジャパン**＝「DEXIS イントラオーラルスキャナ」デジタル印象採得装置

▼ **メディサイエンスプラニング**＝「プランメカ Emerald」デジタル印象採得装置

▼ **ヨシダ**＝「コエックス i500」デジタル印象採得装置

▼ **ダブリューエスエム**＝「MEDIT i500 オーラルスキャナ」デジタル印象採得装置「i600 & i700 オーラルスキャナ」デジタル印象採得装置

▼ **ジオメディ**＝「Aoral スキャン 2」デジタル印象採得装置「G-Oral スキャン」デジタル印象採得装置「Aoral スキャン 3」デジタル印象採得装置「G-Oral スキャン 2」デジタル印象採得装置

▼ **ジーシー**＝「ジーシー Aadva IOS 200」デジタル印象採得装置

▼ **Fuss**＝「神楽 口腔内スキャナ」デジタル印象採得装置

▼ **RAY JAPAN**＝「レイ iOS」デジタル印象採得装置

▼ **ホワイトエッセンス**＝「Runyes 3DS 口腔内スキャナー」デジタル印象採得装置「WE スキャン」デジタル印象採得装置

▼ **リベルワークス**＝「DDS Comfort＋ 口腔内スキャナ」デジタル印象採得装置

▼ **歯愛メディカル**＝「Ai ロケーター」歯科用根管長測定器

【区分 B1】

▼ **ジーシー**＝「ジーシー　フジⅡLC」049 歯科充填用材料 Ⅰ （1）複合レジン系「ジーシー　フジⅡLC EM」049 歯科充填用材料 Ⅰ （1）複合レジン系「ジーシー　フジアイオノマータイプⅡLC」049 歯科充填用材料 Ⅰ （1）複合レジン系「ジーシー　フジフィル LC」049 歯科充填用材料 Ⅰ （1）複合レジン系「ジーシー　フジフィル LC フロー」049 歯科充填用材料 Ⅰ （1）複合レジン系「ジーシー　フジⅢLC」049 歯科充填用材料 Ⅰ （1）複合レジン系「ジーシー　フジⅡLC カプセル」049 歯科充填用材料 Ⅰ （1）複合レジン系

▼ **松風**＝「グラスアイオノマー FX-LC」049 歯科充填用材料 Ⅰ （1）複合レジン系「ビューティフィル　フロー」049 歯科充填用材料 Ⅰ （1）複合レジン系「ビューティフィル　フロー　プラス」049 歯科充填用材料 Ⅰ （1）複合レジン系「ビューティシーラント」049 歯科充填用材料 Ⅰ （1）複合レジン系「ライトフィルⅡ」049 歯科充填用材料 Ⅰ （1）複合レジン系「ビューティフィルⅡ」049 歯科充填用材料 Ⅰ （1）複合レジン系

▼ **デンツプライシロナ**＝「Neo スペクトラ ST フロー」049 歯科充填用材料 Ⅰ （1）複合レジン系「セラメックス ST One」049 歯科充填用材料 Ⅰ （1）複合レジン系「エスディーアール」049 歯科充填用材料 Ⅰ （1）複合レジン系「TPH スペクトラム」049 歯科充填用材料 Ⅰ （1）複合レジン系「ダイラクト エクストラ」049 歯科充填用材料 Ⅰ （1）複合レジン系

▼ **ULTRADENT JAPAN**＝「トランセンド」049 歯科充填用材料 Ⅰ （1）複合レジン系

▼ **テレフレックスメディカルジャパン**＝「LMA ユニーク シリコンカフ Cuff Pilot」015 気管内チューブ （1）カフあり ②カフ上部吸引機能なし

▼ **歯愛メディカル**＝「マルチチューブ」005 チューブ

▼ **モリムラ**＝「グレーシア・サファイアブラケット」004 ダイレクトボンド用ブラケット

〈製品（販売）名・製品コードに変更・追加があったもの〉

▼ **モリムラ**＝「コルボロイブルー」016 矯正用線（丸型）、017 矯正用線（角型）

▼ **JM Ortho**＝「サーマルアーチワイヤー」020 超弾性矯正用線（丸型及び角型）

▼ **京セラ**＝「FINESIA BL アバットメント」025 暫間装着体 （1）暫間装着体（Ⅰ）

▼ **フィード**＝「FEED ファイバーポスト」059 ファイバーポスト支台築造用

投稿／募集

800字以内。郵送またはFAX、メールで。
日本歯科新聞社

人事

（敬称略）

■ケーオーデンタル
▼代表取締役社長 小坪奉文▼常務取締役 金田淳、重光誠▼取締役 矢作康一、川上洋正▼監査役 松本洋明

なお、中村誠は取締役を退任した。

移転

■オプテック販売東北
同社は移転した。
新住所は〒982―0842宮城県仙台市太白区越路11―17。TEL・FAXは変更なし。

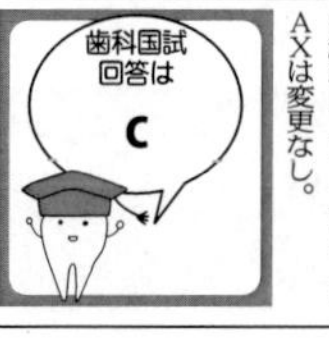

日本歯科新聞

2024年（令和6年）
6月18日

＜発行所＞
日本歯科新聞社
厚生労働省記者クラブ加盟社
〒101-0061
東京都千代田区神田三崎町2-15-2
電　話　03（3234）2475
FAX　03（3234）2477
www.dentalnews.co.jp
jdn@dentalnews.co.jp

■ 年間購読料 23,760円（送料込）（本体 21,600円＋税）
■ 月4回、火曜日発行
■ 郵便口座番号 00120-5-130369

今週号の主な内容

「歯科医師の適切な配置」追記

経済財政諮問会議

骨太の方針 原案を提示

経済財政諮問会議が11日に総理大臣官邸で開かれ、「経済財政運営と改革の基本方針（骨太方針）2024」の原案が示された。

これまで歯科の記載のあった部分では、「全身の健康と口腔の健康に関する科学的根拠の活用」や、「生涯を通じた歯科健診（いわゆる国民皆歯科健診）に向けた具体的な取組の推進」「多職種間の連携」「歯科衛生士・歯科技工士等の人材確保の必要性を踏まえた対応」などベースは残しつつ、細かい箇所を変更。「各分野等における歯科医師の適切な配置の推進」という表現が盛り込まれている。

さらに「防災・減災及び国土強靭化の推進」の項目で、医療の継続性の確保の中に「歯科巡回診療」も明記された。

また、「公教育の再生・研究活動の推進」の項目でも、「歯科保健教育や栄養教諭を中核とした食育を推進する」と記されている。

山田議員「歯科の存在感増している」

「骨太の方針2024」の原案に記載されている歯科の文言について、山田宏参議院議員は、「前回は253文字、今回は263文字だった」と報告し、国会議員の間でも歯科の存在感が増しているとした。13日に東京都千代田区の歯科医師会館で開かれた日本歯科医師会の第203回定時代議員会の来賓あいさつで述べたもの。

比嘉議員

山田議員

国民皆歯科健診については、「来年からモデル事業を始めていくことになる」と説明。歯科衛生士と歯科技工士の確保策については、「これまで予算はついていたが、結果につながっていない」とし、具体的な目標を掲げて政策を考える検討会議も立ち上げる予定と明かした。

同じく来賓あいさつした比嘉奈津美参議院議員は、骨太原案について、「医療の部分、災害の部分、教育の部分に文言が入ったのは非常に大きなことだと思っている。閣議決定まで頑張っていく」と意気込みを語った。

【骨太の方針 原案】歯科に関する内容（抜粋）

■ 第2章 社会課題への対応を通じた持続的な経済成長の実現～賃上げの定着と戦略的な投資による所得と生産性の向上～

（略）

8．防災・減災及び国土強靱化の推進

（1）防災・減災及び国土強靱化

（略）

災害時における事業継続性確保を始めとした官民連携強化のため、サプライチェーンの強靱化、土地利用と一体となった減災対策、船舶活用医療、医療コンテナ活用、歯科巡回診療や被災地の災害医療システム活用等の推進による医療の継続性確保、家計向け地震保険への加入促進等に取り組む。

（略）

■ 第3章 中長期的に持続可能な経済社会の実現

（略）

3．主要分野ごとの基本方針と重要課題

（1）全世代型社会保障の構築（医療・介護サービスの提供体制等）

（略）

また、全身の健康と口腔の健康に関する科学的根拠の活用と国民への適切な情報提供、生涯を通じた歯科健診（いわゆる国民皆歯科健診）に向けた具体的な取組の推進、オーラルフレイル対策・疾病の重症化予防につながる歯科専門職による口腔健康管理の充実、歯科医療機関・医歯薬連携を始めとする多職種間の連携、歯科衛生士・歯科技工士等の人材確保の必要性を踏まえた対応、歯科領域におけるＩＣＴの活用の推進、各分野等における歯科医師の適切な配置の推進により、歯科保健医療提供体制の構築と強化に取り組むとともに、有効性・安全性が認められた新技術・新材料の保険導入を推進する。

（略）

（3）公教育の再生・研究活動の推進（質の高い公教育の再生）

（略）

また、非認知能力の育成に向けた幼児期及び幼保小接続期の教育・保育の質的向上や豊かな感性や創造性を育むための自然等の体験活動・読書活動、キャリア教育・職業教育等を推進するとともに、歯科保健教育や栄養教諭を中核とした食育を推進する。

日技 社員総会

日歯会長 初めて来賓あいさつ

日本歯科技工士会（森野隆会長）の社員総会に、初めて日本歯科医師会の会長が来賓あいさつに訪れた。15日に東京・市ヶ谷の歯科技工士会館で行われた第13回社員総会（次号に記事）に出席した日歯の高橋英登会長＝写真＝は、「息子を歯科技工士にしようと思える業界でなくてはならない」とし、「良くなってきたと言われる施策を打とうと思っている」と日技と連携していく構えを見せた。

高橋会長は、「歯科技工士がいなければ日本の歯科医療は成り立たないと思っている」と強調。若手の歯科技工離れに危機感を示し、日歯の末瀬一彦常務理事と一緒に「日本の歯科技工士を救う会」を立ち上げる構想もあると紹介。「将来が明るくなってきたと思える歯科界を作らないといけない」と訴えた。

さらに、やりがいの観点から業務範囲の拡大を目指す動きについて、「本当に歯科技工士が望んでいるのか」と問題提起。喫緊の課題は技工料との認識を示し、「補綴の点数を上げないと技工士は救えない」と今回の診療報酬改定で一部の点数が引き上げられた点を紹介。その上で歯科技工にも関わる技術を期中導入する取り組みを進めていると述べた。

また、豊かでない業界に人は来ないとの持論を展開し、国民のためにも歯科界を活性化させる必要性を語り、引き続き組織として連携していくことを呼び掛けた。

日歯　定時代議員会で全3議案を可決

日本歯科医師会(高橋英登会長)は13、14の両日、東京都千代田区の歯科医師会館で第203回定時代議員会を開き、令和5年度収支決算や裁定審議会委員指名、選挙管理委員会委員指名の全3議案を可決した。その他、執行部からの各種報告や、7題の地区代表質疑応答と28題の個人質疑応答が行われた。

高橋会長はあいさつで、診療報酬改定で1番から8番まで金銀パラジウム合金を使わずに単冠治療できるようになった点や、口腔内スキャナーがインレーのみだが収載された点などを強調。さらに「キャッシュレス決済推進タスクチーム(完了)」「生涯を通じた歯科健診実現タスクチーム」「会員増強タスクチーム」の進捗状況について説明した。また、歯科衛生士と歯科技工士関係団体との協議会の設置や、シンクタンク設置、ホームページ強化などの取り組みについて紹介した。

来賓では、日本歯科医師連盟の太田謙司会長、山田宏参議院議員、比嘉奈津美参議院議員、日本歯科医学会の住友雅人会長、日本学校歯科医会の柘植紳平会長があいさつした。

高橋会長

執行部からの報告では、中医協・医療DXについて林正純副会長、一般会務を瀬古口精良専務理事、社会保険関係を大杉和司常務理事、地域保健関係を山本秀樹常務理事と野村圭介常務理事、オンライン資格確認等について小野寺哲夫常務理事が報告した。

地区代表・個人質疑応答＝次号から詳報＝では、医療的ケア児の歯科診療への対応や、診療報酬改定の総括、歯科医師需給問題、日本歯科総合研究機構とシンクタンクの関係、未入会対策、災害時の対応、個別指導の選定などが取り上げられた。

全議案は可決した

日歯 高橋会長あいさつ(要旨)(1面関連)

未入会対策や災害対応などに注力

会務を執行して約1年が過ぎようとしている。息も絶え絶え、必死に走ってきた1年だった。先生方のお力添えに感謝している。

1年の結果について簡単に説明する。

◇◆◇

会員、歯科界にとって大切な診療報酬改定があった。いつもは4月だが6月からの改定になった。レセコン等への対応が非常に難しい規模の小さいベンダーを救うためでもある。

財政審で、「診療所の院長は年間3千万円の年収がある」「内部留保が1億数千万あるので、それを吐き出してスタッフの給料に当てさせろ」というような報道があった。

マイナス改定も覚悟したくらいの財務省の圧力だったが、日本歯科医師連盟に頑張って財源を確保してもらった。プラス0・88%。

トピックスとしては、次の改定でもっともっと適応範囲を拡大していかなくてはならないと思っているが、1番から8番まで金パラを使わずに単冠を入れられるようになった。

それから口腔内スキャナー(IOS)も収載された。財源の問題でインレーに限られたが、単冠やブリッジへの拡大も次の課題としている。

また、浸麻の薬剤の算定ができるようになった。CAD/CAMが増えると無機のセメントは使えず、有機セメントを使うことになる。接着セメントはずっと赤字だったが、制限付きで17点が38点になり、逆ザヤを解消することができた。

もう一つは、われわれ開業医ではなかなかできない患者さんを紹介する病院歯科が疲弊をしている。今回は、病院歯科の医療にも配慮をしてもらった。

このようなことがプラス改定の中に含まれている。

◇◆◇

解決しなくてはいけないテーマの三つのタスクチームを立ち上げた。窓口負担分のキャッシュレス決済については、厚労省から通知文が出てグレーゾーンではなく、できるようになった。手数料について少々仕事は残っているが、「キャッシュレス決済推進タスクチーム」はひとまず完了した。

生涯を通じた歯科健診実現タスクチームは、必死に活動してもらっている。できるだけ早くパイロットスタディーを始めることも含めて検討している。

そして、喫緊の課題として解決を目指している会員増強タスクチーム。実際、北海道に行き、三十数名の未入会の先生を集めていただき、歯科医師会の大切さ、公益性のある仕事の大切さを述べてきた。こういった活動を広げていく。

災害に強い歯科医師会を目指すと宣言しているが、1月1日の能登半島地震の現地に入らせていただき、本当に大変な状況で、まだ解消されてはいない。会員の先生たちは仲間を助けようという思いで1億円近い義援金が集まり、配分させていただいた。

これから必ず、大災害は起こってくるので、いかに歯科医療を守るかを念頭に進めている。能登の一つの事例として、電源は通じたが水が通じないケースが多かった。歯科産業界にお願いして、非常用のタンクを設置して電源があれば動く体制を作ってもらった。これも非常に有効だった。そのようなことを含めて必ず起こる災害への対応をしていかなくてはいけないと思っている。

◇◆◇

歯科技工士、歯科衛生士はわれわれにとって宝物。われわれ一人では仕事ができない。本当に大事な存在というのは身をもって体感している。その技工士、衛生士が非常に厳しい状況に置かれている。

日本歯科技工士会だけでなく日本歯科技工所協会、全国歯科技工士教育協議会と一緒に協議会を開いて、まずは歯科技工士の考え方や思いを理解した上で舵を切る必要がある。われわれが勝手に想像して決めることではないと思っているので、連携を深めている。

◇◆◇

日本歯科総合研究機構が努力して、特に診療報酬改定などの部外審議会に出席してもらい、現状を打開するための情報収集と対策をいただいている。

しかし、マンパワーの不足、日医総研の規模と比べると厳しい状況にあるので、前執行部が頑張って作成した2040年の歯科ビジョンを一つでも具現化するために、中長期的な展望を描く組織としてシンクタンクを新たに設置させていただいた。

◇◆◇

今改定でホームページに表示しなくてはいけない情報ができた。サポート体制として「全国の歯医者さん検索」のシステムを改修して、ホームページを活用するための方策を講じている。

◇◆◇

国際渉外では、FDIで、各国の歯科事情を情報収集して、日本のリーズナブルな歯科事情と比較してもらっている。

日歯推薦の小川先生がFDI理事に就任することもできた。そして、国際シンポジウムには武見大臣にも出席いただき、世界の中での日本の立ち位置を公表した。WHOで働く日本人歯科医師のサポートの面でもシンポジウムが開催された。

日歯連盟との連絡協議会は、回数を重ねている。日本歯科医学会との連携も行っている。

われわれ開業医の手に負えない患者さんを診ていただく高次医療機関がなくなっている。大学附属病院のマンパワーが不足して、紹介しても診ていただけない状況は、由々しき問題。大学病院を助けることも含めて学会と連携している。

われわれも参画しているニューレジリエンスフォーラムでは、感染症等に対して司令塔を一本化してほしいと官邸に申し入れ、叶えることができた。

◇◆◇

骨太の方針原案が出た。これに載るか載らないかで予算化できるか否かの大きなポイントとなる。特に今回は国土強靭化の中に「歯科巡回診療」という文言を入れていただいた。巡回診療車だけでなく、被災地の災害医療システムの活用等の中に含まれているので、JDATを始めとして、予算措置の種になる。

「歯科保健教育」という文言も入った。これも今までにないこと。文字数も増えたが、閣議決定がまだなので、取り扱いには注意してほしい。

1年間頑張って走ってきたが、任期はあと1年あるので、力添えをお願いしたい。

日歯連盟 太田会長

災害対策支援で自民党と会談へ

日本歯科医師連盟の太田謙司会長は13日、自民党国土強靱化推進本部の二階俊博本部長と会談し、災害対策に関して巡回車等の準備のため、都道府県への手当てについての話をしてくると明かした。日本歯科医師会代議員会の来賓あいさつで述べたもの。

太田会長は「予算がつけば皆に手を挙げてほしい。災害だけでなく、へき地や無歯科医地区などへの巡回診療や障害者等への医療提供にも活用できる」と呼び掛けた。

同じく来賓あいさつした山田宏参議院議員は、「災害時の歯科診療には電源や浄水器が必要となる。そのような器材を積んだ車を、全国に一気に配置することはできないが、来年から『平時にどのように使うか』が決まった都道府県から配置していく流れになっていくと思う」と説明。「診療車を県ごとにどのように使っていくか。歯科医師会内や県知事と話していただきたい」と述べた。

太田会長

「日歯と連盟の会長 十分担えると確信」

日本歯科医師連盟の太田謙司会長は、日本歯科医師会の高橋英登会長について「1年間、高橋会長を見てきて、日歯と日歯連盟を十分に担えると確信している。私の公約で一番だった、日歯の会長が日歯連盟の会長も兼任するのは、もう間もなくだと思っている」との考えを明かした。日歯代議員会の来賓あいさつで述べたもの。

太田会長は「手続き上の問題は残っているが、(日歯会長としては)見事な点数改定をし、連盟活動としては過去に仕事を十分経験している」と両団体の会長を担えるという根拠を提示した。

◆◇◆

一方で、代議員から日歯と日歯連盟の峻別についての考えを問われた高橋会長は、「社団と政治連盟と一体化をする利点と欠点があると思っている」と改めて説明。「10年後、20年後は分からないが、今の段階では分かれていた方が、利点が多いと判断している」と峻別すべきとの見解を示した。

さらに「日歯会長は忙しくて大変で、二つの組織を担うのは体力的にも不可能だと判断している」とも述べた。

訪問歯科 超 実践術 (440)

前田実男
(日本訪問歯科協会 理事)

今回の改定で、歯科訪問診療料の加算の一つである「歯科診療特別対応加算」は三つに分けられた。

歯科診療特別対応加算1(175点)と2(250点)は、著しく歯科診療が困難な者に歯科訪問診療を行った場合に算定するものだ(歯科診療特別対応加算3を算定する場合を除く)。加算した場合には、算定した日の患者の状態(特定の感染症の患者の場合は病名)を診療録に記載する。

歯科診療特別対応加算2には、さらに要件がある。歯科診療の開始にあたり、患者が歯科治療環境に円滑に適応できるような技法を用いて歯科訪問診療を行った場合に算定する。

「歯科治療環境に円滑に適応できるような技法」とは、Tell-Show-Do法などの系統的脱感作法ならびにそれに準拠した方法、オペラント法、モデリング法、TEACCH法、遊戯療法、ボイスコントロール法等の患者の行動を調整する専門的技法をいう。加算を算定した日は、用いた専門的技法の名称も診療録に記載する。

歯科診療特別対応加算

歯科診療特別対応加算3(500点)は、感染症法第6条第7項に規定する新型インフルエンザ等感染症、同条第8項に規定する指定感染症または同条第9項に規定する新感染症の患者に対して歯科訪問診療を行った場合する。加算を算定した場合は病名を診療録に記載する。

なお、今回の改定では、「著しく歯科診療が困難な者」に、次の状態が追加されている。

・人工呼吸器を使用している状態または気管切開等を行っており、歯科治療に際して管理が必要な状態

・強度行動障害の状態で、日常生活に支障を来すような症状・行動が頻繁に見られ、歯科治療に協力が得られない状態

・特定の感染症に罹患しており、標準予防策に加えて、空気感染対策、飛沫感染対策、接触感染対策など当該感染症の感染経路等の性質に応じて必要な感染対策を講じた上で歯科診療を行う必要がある状態

日本訪問歯科協会　https://www.houmonshika.org

中医協　診療報酬改定検証

調査概要を承認

中医協の第590回総会が12日に開かれ、令和6年度診療報酬改定の結果を検証する特別調査の項目等が承認された。在宅歯科医療の実施状況は6年度、医療DXや、かかりつけ歯科医の機能評価等の実施状況は7年度に調査を行う。

「在宅医療、在宅歯科医療、在宅訪問薬剤管理及び訪問看護の実施状況調査」では、歯科訪問診療の実施状況と関係機関との連携状況などを検証。歯科訪問診療料と加算、訪問歯科衛生指導料、歯科疾患在宅療養管理料と加算、在宅患者口腔リハビリテーション指導管理料、在宅歯科栄養サポートチーム等連携指導料、小児在宅患者訪問口腔リハビリテーション指導管理料の実態などを調べる。

「医療DXの実施状況調査」では、医療DX推進体制整備加算の算定状況、施設基準に係る電子処方箋の導入の対応状況や、医療情報閲覧機能の導入状況などを調査する。

「かかりつけ歯科医の機能の評価等に関する実施状況調査」では、口腔管理体制強化加算の施設基準の届出状況、診療の実態及び患者の状況、根面う蝕管理料、エナメル質初期う蝕管理料、小児口腔機能管理料、口腔機能管理料、歯周病安定期治療、歯周病重症化予防治療等の診療実態、回復期等口腔機能管理料の診療実態などを調べる。

◆◇◆

総会では、医療DX推進体制整備加算の要件で、10月1日からマイナ保険証の利用実績を求めることになっている点で、適切な要件設定のために、利用実態のヒアリングを実施すると報告。

日本歯科医師会副会長の林正純委員は、ヒアリングに異論はないとした上で、「マイナンバーカードの利用状況は都道府県や地域によって差があると考えている。医療機関での声掛けはもちろんだが、国民の理解と納得は不可欠で、国民の理解が進むスピードを考慮する必要がある」と強調。「地域差を含めた進め方に関しては、あまり拙速に数字だけが独り歩きするような議論にならないよう、丁寧な配慮をお願いしたい」と訴えた。

前駆細胞用いた歯周再生

先進医療Bの適格性「妥当である」と評価

既存の歯周組織再生療法の適応とならない重度歯周病を対象とした「自己脂肪組織由来多系統前駆細胞を用いた歯周組織再生療法」が、先進医療Bの適格性評価で「適(妥当である)」と評価された。12日の中医協総会で報告があり、告示適用日は6月1日。

◆◇◆

同療法(研究)は、辺縁性歯周炎患者を対象に、フラップ手術を施行する際、自己脂肪組織由来多系統前駆細胞を炭酸アパタイト骨補填材とともに移植する再生医療を先進医療として実施し、有効性や安全性、多施設実施の可能性を確認するもの。

適格性の評価では、「将来的に保険収載を行うことが妥当」とされているが、「後続の検証的試験の結果を総合的に評価した上で、薬事承認および保険収載の判断を行う必要がある」とされている。

◆◇◆

(申請)医療機関は大阪大学歯学部附属病院で、2029年3月31日までに30症例を目指としている。先進医療にかかる費用は350万円(研究費負担)で、1症例に保険給付される費用(保険者負担)は4万3千円、保険外併用療養費分の一部負担金は1万8千円となっている。

人事 (敬称略)

■長野県歯科技工士会 ▼会長 小田切康二▼副会長 島田孝緒、勝野則男▼専務理事 大前年之▼常務理事 堀内健治、常川文雄、巾孝博▼理事 大月明美▼監事 小田満、伊比篤

DHのモヤっと解決隊 26

モチベ低い私でも続けられますかね

数年ぶりに歯科衛生士に復帰しました。

やりがいが欲しく資格もいろいろ勉強しましたが、結局、歯科衛生士は求人がたくさんあるので妥協して戻ったという状態です。周りのスタッフは優しいのですが、「SPT？」など新しく覚える言葉があり、忙しい歯科医院なのですぐに辞めたくなりました。家族に「新しいことを覚えたり、新しい環境に対して逃げているのでは」と言われてしまい、もう少しだけ頑張ってみようと思っています。モチベーションが高くない私でも続けられますかね？

復職歯科衛生士
Zさん（45歳）

1カ月、3カ月、半年経つたびに自分を褒めて

東京歯科医学教育舎 代表
竹内 智美
歯科衛生士　産業カウンセラー
ファイナンシャルプランナー

数年ぶりの歯科衛生士の仕事を辞めたいと思ったのですが、家族の言葉でもう少しだけ頑張ってみようと思ったのですね。

今の歯科衛生士の仕事は、私やZさんが歯科衛生士になった時と違い、歯科衛生士が行う歯科予防処置に保険点数がついていて、歯科医院の収入や経営は歯科衛生士の頑張りによる…と言っても過言ではない状態だと思います。逆に言うと、とてもやりがいがあり、歯科衛生士としての役割も明確なので、貢献している実感も湧きやすいと思います。

確かに新しいことを覚えたり、環境になじむのは大変ですが、皆同じです。

まずは目の前にあることを一つ一つ覚えてください。気が付いたらその一つ一つがたくさんの量になっています。仕事を続けようと思うのは大切ですが、まずは「1カ月経った！」「3カ月経った！」「半年経った！」というように考え、毎回自分自身を褒めてあげてください。

東京都品川歯科医師会

創立100周年祝し SAMさんとダンス

品川歯の小野寺会長

荏原歯の和栗範幸会長

①SAMさん（右）②SAMさんを見ながら参加者は健康体操などを実践した ③トークセッションの様子

東京都品川歯科医師会（小野寺哲夫会長）は、ダンサーのSAMさんを招き、創立100周年記念講演を開催した。健康イージーダンスの監修を務めた岩槻南病院の丸山泰幸院長、品川歯科医師会の小野浩副会長、SAMさんを交えたトークセッションのほか、来場者と一緒に健康イージーダンスが行われた。共催は東京都荏原歯科医師会。

◆◇◆

健康イージーダンスは医師・理学療法士とともに誰もが無理なく楽しめ、踊ることができるプログラムで、メタボや認知症予防にも効果的とのこと。SAMさんは「基本的には高齢者の方の健康寿命を延ばすプログラムですが、小さなお子さんから高齢者まで全世代に向けて有効だと思っている」と話している。

日衛 定時代議員会で全5議案を承認

日本歯科衛生士会（吉田直美会長）は9日、令和6年度定時代議員会を東京都千代田区のステーションコンファレンス東京で開催した。「令和5年度事業報告」など計5の議案が承認され、事業計画および収支報告が行われた。

全議案は可決した

議案一覧

- 令和5年度事業報告に関する件
- 令和5年度決算報告に関する件
- 同会定款の変更に関する件
- 同会諸規則等の改正に関する件
- 選挙管理委員の選任に関する件

吉田会長はあいさつで、厚労省による歯科衛生士の研修事業に対する補助が6年目以降も継続になったことや、厚労省医療保険課の歯科衛生士技官の配置が、3人任期付きで実現したことに言及。歯科衛生士の専門性についての認知度が向上している実感を語った。また、日本歯科衛生士学会において専門領域別研究集会を今年度から開始すると説明。エビデンスの蓄積および研究の強化を進めていくとした。

吉田会長

その他、「今年度の歯科衛生士勤務実態調査のウェブ化」「栃木県歯科衛生士会の一般社団法人化」「地域医療介護総合確保基金による養成校の奨学金制度の設置」が報告された。

協議では組織率向上について議論がされた。広島県歯科衛生士会が、公式アカウントでラインスタンプを作成した結果、登録数が増えたとする報告を基に、SNSを活用した会員増強について意見が交わされた。

「歯科の必要性」も答申書に明記 日医 学校保健委

日本医師会（松本吉郎会長）は5日、学校医活動を推進させるための方策等を盛り込んだ学校保健委員会の答申を公表した。同答申は「チームとしての学校」の推進や学校医活動の担い手増強など含む項目が明記されている。

日医の渡辺弘司常任理事は、現在、学校医活動を行う医師の人材不足問題を受け、具体的な方策を提示。①若い医師や医学生に対しては、研修や医学教育を通して学校医について理解してもらい、新たな担い手を増やす。②現学校医に対しては学校医活動へのモチベーションアップとして、質の向上のための学校医研修会を開催することを挙げている。

◇◆◇

「チームとしての学校」の推進では、学校内外における関係者の連携について提言しており、児童生徒の問題行動に対応していくためには、「学校内の連携」「他の医療関係者との連携」「問題行動に対する対応」「地域との連携」との四つの方針が必要不可欠だとした。

その上で、学校薬剤師や学校歯科医、地区医師会などの医療関係者、地域の多くの職種の人々との連携も重要としている＝詳細は表。これに対し、渡辺常任理事は「学校医が『チームとしての学校』に積極的に参画することで、地域に根差した活動がより充実したものとなり、地域社会に貢献できる」との考えを示した。

なお、同委員会は令和4年11月に松本会長より諮問を受け、日医学校保健委員会が令和4・5年度にわたって検討を行い、審議結果をまとめた。

日医　保健委員会の答申（一部抜粋）

学校歯科医は、学校保健安全法で大学以外の学校に置くものとされ、施行規則にはその職務として、歯科健康診断や歯科保健指導などが挙げられている。つまり学校歯科医は、学校保健安全法に定められた、学校歯科医の職務の準則に従い歯科医師であるとともに、教育者として学校のなかで活動を行うことになっている。このため、学校の健康診断及び事後処置、健康相談、保健教育、学校保健委員会、養護教諭による個別指導、「食」、スポーツを通した学校安全への参画など多岐にわたる仕事に対し年間を通して参画している。

学校歯科医の仕事は、口の中を見て診断するだけではなく、まず視診により顔面・口の状態を外部から検査し、次に口の開閉状態、顎関節の状態を診たのち口腔内へ移って歯列・咬合、歯垢の付着状態、歯肉の状態、歯の状態などを診ている。

では歯が欠損した場合どのようなことが起こるのだろうか。歯が欠けた状態では、しっかりと噛めず今までに比べて噛む回数が減少する。噛む回数が減ることで、口周りの筋肉が使われなくなり、筋力が低下していく。特に頬の筋肉量が低下すると、頬の位置が下がって老け顔に見えるようになる。

また、歯を失った部分は骨がなく、歯茎が凹んだ状態で皺が集まりやすくなる。さらに噛む回数が減ると脳への刺激が少なくなり、最近では、将来認知症のリスクが高まると言われている。歯の健康が失われると、胃腸への負担も増え食欲が低下し、筋力の低下、免疫力の低下などが引き起こされる。また、睡眠不足など全身への悪影響についても注意する必要がある。

これらの点から学校保健における医療従事者間の連携は、児童生徒等が健康に育つために必要不可欠であると考えられる。

そして医療従事者は、児童生徒等の「健康や医療に関する正しい情報を入手し、理解して利用する力」を育成し、児童生徒自らが自分の身体について考え、沢山の健康情報の中から適切な情報を見極め、考えて使いこなす力を身に付けさせることが必要である。この力を向上させることが、病気の予防や健康寿命の延伸につながる。

健康リテラシーの考えからも、医療従事者間の連携はこれからの学校保健において大変重要なものであり、チームとしてのその役割を果たしていくことが必要である。

日技 全国アビリンピック 「歯科技工」の選手募集

日本歯科技工士会（森野隆会長）は11月22～24日に、第44回全国障害者技能競技大会「全国アビリンピック」で行われる、第22回「歯科技工競技」の選手募集を開始した。主催は高齢・障害・求職者雇用支援機構。

同大会は、障害のある人たちが職場などで培った技能を競技するもの。障害者の職業能力の向上を図るとともに、人々の障害者に対する理解や企業の雇用促進を目的としている。

なお、主催団体への申込締切は7月末までだが、各都道府県によって期限が異なるため要確認。

第44回全国障害者技能大会（アビリンピック）第22回「歯科技工競技」大会選手募集要項

日　　時：11月22日～24日

会　　場：愛知県国際展示場（愛知県常滑市セントレア5丁目10番1号）

競技課題：競技会場に設置済みのパソコン上で Medit Link〔ClinicCAD〕を用いて歯のデザインからプリント完成までを行う。

参加資格：障害者手帳所持者、学生可（詳細はHP連絡先まで）

参加費等：大会参加費無料、交通宿泊費等支給

備　　考：参加にあたっては各都道府県知事からの推薦が必要。大会当日使用機材（パソコン等）は会場で用意。

申込締切：主催団体への書類提出期限は令和6年7月末まで。※各都道府県により期限が異なります。

問合せ先：独立行政法人高齢・障害・求職者雇用支援機構 障害者技能競技大会（アビリンピック）ホームページ https://www.jeed.go.jp/disability/activity/abilympics/index.html

【技術サポートについて】
CAD操作・デザイン手法については、参加者に対して動画教材を提供。教材は、「デンタルCADデザイントレーナー」難羽康博氏（当競技専門委員）が作成。

日本歯科医学会

万博展示の審査受ける

結果は6月下旬の予定

来年の大阪・関西万博で共創パートナーに登録している日本歯科医学会（住友雅人会長）は、地球的課題をテーマ別に取り扱う「テーマウィーク」への展示を目指している。7日にオンライン上で開かれた日歯医学会の第113回臨時評議員会で住友会長が報告したもので、「健康とウェルビーイング ウィーク（来年6月20日から7月1日）」への展示のための事前審査を受けたことを明かした。審査結果は6月下旬に判明する予定。

大阪・関西万博のテーマは「いのち輝く未来社会のデザイン」。日歯医学会では、2040年問題を見据え、歯科がどのように貢献できるかのロードマップを描くために全分科会にテーマの提出を依頼。27学会から156項目もの提出があったとした。そして、重点研究委員会で分類・整理し、万博での展示に向けて実現可能なロードマップの目標項目と適切な分科会を選定し、協力者の推薦依頼を経て、現在は具体的な内容を相談しているとのこと。

住友会長

執行部は歯科医師会館に集まった

事前審査には、天野敦雄総務理事が参加してプレゼンテーションを実施。46学会の英知を集めて作り上げた歯科イノベーションロードマップ（未来予想図）をアピールしてきたと説明した。

住友会長は「審査の合格率は6割、7割と聞いているが、合格を確信している」と強調。「万博の舞台、そしてそのデバイスを使ってあらゆる場所で発表していく」と意気込みを語った。

なお、評議員会では、学会理事の変更や、各種委員会からの報告も行われた。

◇◆◇

新歯科医療提供推進委員会は、「地域支援型多機能歯科の推進」について、構成や施設要件、モデル医療機関などの提案を行い、日本歯科医師会の中にプロジェクトチームが設置されたと報告。今後は、日歯プロジェクトとの協調を図り、活動を補完していきたいとの考えを示した。

◆◇◆

変更で就任した理事は次の通り。（敬称略）

▼野本たかと（日本障害者歯科学会／日本大学松戸歯学部教授）▼長塚仁（日本臨床口腔病理学会／岡山大学学術研究院医歯薬学域教授）▼新井一仁（日本矯正歯科学会／日本歯科大学生命歯学部教授）▼二瓶智太郎（日本歯科理工学会／神奈川歯科大学教授）▼村上秀明（日本歯科放射線学会／大阪大学大学院歯学研究科教授）

Inter view

共用試験（CBT・OSCE）公的化の概要と歯科医師養成への影響は

合格基準が変更、環境整備は継続

CATO理事　斎藤 隆史 氏

歯科大学・歯学部の学生が臨床実習前に修得すべき知識・態度・技能を有しているか評価する「共用試験」が、4月から公的化された。共用試験公的化の目的・概要や歯科医師養成への影響などについて医療系大学間共用試験実施評価機構（CATO）理事で歯学生共用試験CBT実施管理委員会委員長の斎藤隆史氏（北海道医療大学教授）に聞いた。

――改めて、共用試験の公的化の背景と概要について教えてください。

斎藤　卒前の臨床実習、卒後の臨床研修、生涯研修を通してシームレスな歯科医師を養成することが大名目となります。それぞれの到達目標が一貫した設定となっておらず連続性に乏しいといった指摘が以前からあり、整合性のとれた到達目標の見直しが行われました。その一環として、診療参加型臨床実習の充実が喫緊の課題でした。

厚生労働省医道審議会歯科医師分科会は、令和2年5月に、共用試験を公的化して臨床実習開始前の学生の水準を公的に担保するとともに、歯学生の歯科医行為を法的に位置付けて、臨床実習の充実を図ることを提言しました。これを踏まえ、令和3年5月に歯科医師法が改正され、大学が共用する試験として厚生労働省で定めるものに合格した者は、臨床実習で歯科医業をすることができ（令和6年4月1日施行）、当該試験の合格が歯科医師国家試験の受験資格要件とされました（令和8年4月1日施行）。

令和5年12月にCATOは厚生労働省から共用試験実施機関の指定を受けて、歯学生共用試験要綱に則り、CBT・OSCEそれぞれ具体的な実施方法等について歯学生共用試験実施要項を作成・公表しています。

◆◇◆

――具体的に今までと何が変わりますか。

斎藤　共用試験の種類は、従来と同様に臨床実習開始前の学生の知識に関する総合的理解力を確認するCBTと態度・技能といった臨床能力を確認するOSCEからなり、自大学で受験します。出題の大原則は歯学教育モデル・コア・カリキュラムに準拠したものなので、今後、同カリキュラムが大幅に改訂されなければ、学生が修得すべき能力は大きく変わりません。試験の実施時期は、臨床実習開始時期が各大学によって異なるため、従来通り各大学で臨床実習直前に設定されます。ただし、受験機会確保の考え方や合格（到達）基準などが変わりました。

受験機会に関しては、CBT・OSCEともに本試験と追再試験の2回と明確に設定されました。ただし追再試験の際に学校感染症罹患など正当な理由がある場合は、さらに1回のみ受験機会が確保されます。

合格（到達）基準については、臨床実習に参加する歯学生の知識・態度・技能を保証するとともに、受験者間の公平性を確保する観点から、全国統一の到達基準が設定されました。まず、CBTでは、異なる時期に異なる問題セットを受験した受験者間の得点に互換性を持たせるために、項目反応理論（Item Response Theory：IRT）というテスト理論が採用されています。従来は、歯科大学長・歯学部長会議とCATOで組織されたスチューデントデンティスト認定運営協議会がIRT標準スコア400を最低到達基準として推奨していました。ただし、スコアが低い学生は歯科医師国家試験に不合格になるとの関連性もあり、結局のところ、500以上に設定する大学が多く見られました。今回の公的化では、全大学から選出された委員によって、米国歯科医師国家試験にも採用されているBookmark法を利用して到達基準設定を行った結果、481というスコアを採用しました。

一方、OSCEは、領域・課題を「歯学生診療参加型臨床実習に必要とされる技能と態度についての学修・評価項目」に準拠して分類し、「医療面接」「歯科治療に必要な診察と検査」「基本的臨床技能」から6課題が出題されます。国際的に有用性が認められ、特に大学ごとに実施時期が異なるわが国のOSCEに適した客観的な基準設定法である修正Angoff法を利用して、各課題の評価項目ごとに到達基準が設定されています。

◆◇◆

――今後の課題や展望などはありますか。

斎藤　全国の大学からは、例えば、認定評価者・認定標準模擬患者の確保、養成方法および派遣に関して、さらには試験実施時の人的・物的・経済的負担が増大しないよう要望が出ています。試験の信頼性を十分に担保した上で、大学の負担軽減に向けた取り組みが必要と考えます。CATOでは試験要綱を最長5年の間隔で見直し、さらに毎年、試験実施要項を改訂してこれに対応していく予定です。

同時に、大学での試験実施のための環境整備、人的資源の確保を考えると、文部科学省や厚生労働省からのさらなる財政支援が必要と考えます。また、将来的には実施各大学での受験ではなく、CBTセンター・OSCEセンターの設置も議論されていくものと思います。

今年度新たに設置される歯科医師国家試験制度改善検討部会では、共用試験と国家試験の出題内容の棲み分けについて具体的な議論が始まる予定です。それに先立って、令和6年度厚生労働科学研究費補助金で私が研究代表者となり調査・研究を開始しています。

今後さらにシームレスな歯科医師養成の目的に合った試験制度、試験内容および試験環境の整備が、時代に応じて求められていくと思います。

投稿 寄稿

日本がん口腔支持療法学会からの提言 ⑦

がん医科歯科連携の普及・均てん化に向けて

副理事長　上野 尚雄　国立がん研究センター中央病院　歯科医長

連携講習のテキスト活用を

国立がん研究センターでは、2008年より、がん患者さんに起こる口腔の諸問題に対する支援として、静岡がんセンターの元部長、故大田洋二郎先生の先駆的な取り組みをモデルケースに、積極的にがん患者の口腔を支える歯科支持医療の導入を開始しました。その柱として日本歯科医師会と共同して地域の歯科医院と連携体制をとり、歯科処置、口腔の管理が必要ながん患者さんを受け入れていただくネットワーク作りが急務とされ、そのための教材として2012年度には厚生労働省の委託を受け、歯科治療や口腔ケアの専門医療従事者育成のための「全国共通がん医科歯科連携講習会テキスト（第1版）」が作成されました。

また同年4月の歯科診療報酬改定では、静岡がんセンターや、国立がん研究センターが行ってきたがん医科歯科連携の一連の流れの上に、そっくりそのまま点数がつくような形で周術期口腔機能管理計画策定料、周術期口腔機能管理料といった、がん患者の歯科口腔管理に関する診療報酬が導入されました。

さらに同年6月にはがん対策の基本的方向について定める「がん対策推進基本計画」の変更が閣議決定され、国会に報告されました。そこには医科歯科連携による口腔ケアの推進、口腔ケア等のがん医療に専門的に携わる歯科医師・医療従事者の育成などが明文化されており、本邦のがん治療の基本指針に初めて歯科のがん医療における役割が明確に示されました。

2024年現在、がん対策推進基本計画は第4期となり、がん医科歯科連携については「各種がん治療の副作用・合併症の予防や軽減など、患者の更なる生活の質の向上を目指し、医科歯科連携による口腔ケアの推進をはじめ、食事療法などによる栄養管理やリハビリテーションの推進など、職種間連携を推進する」と、職種間連携の具体的モデルとして明記されています。

◆◇◆

がん治療の進歩、新規治療や新規薬剤の開発が進み、がん患者への口腔機能管理の必要性が一層増してきています。全国共通がん医科歯科連携講習会テキストは定期的な内容の刷新が求められ、2018年度に厚生労働省の委託によりテキストの改訂（第2版）が実施されました。この改訂にあたっては、多くの関連学術団体や有識者の方々と協議を重ね、がん医科歯科連携、周術期等口腔機能管理の具体的な考え方を新しい知見とともに分かりやすく記載しました。改訂されたテキストの内容はその講義ビデオとともに「がん情報サービス」のホームページに掲載され、無料で閲覧が可能です。またテキストを用いた講習会を受講した歯科医師は、がん診療連携登録歯科として登録され、その名簿も公開されています。

現在、このテキストは厚労科研の枠組みの中で、第3版の改訂の準備が進められています。

がん医科歯科連携が保健収載されて12年。がん医科歯科連携を取り巻く大きな変化に、隔世の感があります。先達のご努力に心から感謝と敬意を払いたいと思います。

学術大会の参加 無料対象を拡大

来年9月に開催される第25回日本歯科医学会学術大会で、日本歯科医師会・学会会員だけでなく日本歯科衛生士会や日本歯科技工士会の会員、研修歯科医・研修医、歯学生・大学院生・留学生の参加登録料も無料となる。日歯医学会の第113回臨時評議員会で学術大会会頭を務める川口陽子副会長＝写真＝が報告した。

川口副会長は、日歯や日歯医学会の会員とそのスタッフや家族などの随行者・同伴者はこれまでも無料だったが、今回から日衛や日技、日本歯科衛生学会、日本歯科技工学会の会員が無料となったと説明。学生についても「歯学部だけでなく、歯科衛生士、歯科技工士の養成校も含んでいる」と強調した。

◆◇◆

学術大会の登録者数は、3万人以上を目標にしていると共に、学会や歯科関係団体の入会促進のためにも、学生や研修医のうちに学術大会に参加する意義が大きいと訴えた。

開催日については来年9月26日から3日間、横浜市のパシフィコ横浜会議センターで行い、10月中はオンデマンド配信を実施する予定と明かした。

日歯 高橋会長

学会関係者に入会呼び掛け

日本歯科医師会の高橋英登会長＝写真＝は、「日本歯科医学会所属で日歯未入会の先生がまだまだ多い。臨床研修も含めて大学に勤務している先生に日歯の必要性を感じてもらえていない部分があるので、ぜひ入っていただきたい」と訴えた。日本歯科医学会の第113回臨時評議員会のあいさつで述べたもの。

高橋会長は、「日歯会員は一つでも良いから学会に入るべき」との考えを示すと同時に、日歯未入会の学会関係者の入会を呼び掛けた上で、「優遇措置として金銭的な負担を減らす、さまざまなジャンル分け（会員種別）も検討している」と説明。

来年の日歯医学会学術大会について、「歯科医師会と学会が一体化して、過去にないほどの学術的レベルの高いものができるということをアピールする」「これを見て、入会しないといけないと思うような大きなきっかけになるように努力したい」と強調した。

ピックアップニュース

■奥歯失うと認知症になるリスク増加か　九州大の研究グループ（毎日新聞/6月10日）
■除去と殺菌を一回の治療で　歯周病を治療する世界初の医療機器　東北大学発ベンチャーが開発（仙台放送/6月10日）
■ペットサロンで犬の歯石そうじ「獣医師以外は違法」50代の女性経営者を「全国初」書類送検（京都新聞/6月11日）
■「学校行事と重なり」検診を一部実施せず…前年度のデータで虚偽報告（読売新聞オンライン/6月12日）
■韓国人が最も多く診療を受けた疾患とは…昨年、ついに「風邪」を抜いた（KOREA WAVE/6月13日）
■「親指型ロボット」で手の機能を拡張、英ケンブリッジ大が開発（Forbes JAPAN/6月14日）
■子供の10人に1人が該当…「先天性欠如歯」に要注意！　顎関節症、頭痛、うつ病の原因にも（日刊ゲンダイDIGITAL/6月14日）
■横断歩道を渡っていた自称80代の男性と衝突　車運転の歯科衛生士の女（28）を現行犯逮捕　新潟（BSN新潟放送／6月15日）
■〈歯科技工士たちが告発〉「もう限界だ…」歯科医によるダンピング、後継者不足、無責任な厚労省…このままでは“入れ歯難民”が続出か（集英社オンライン/6月15日）
■すべての歯間を14秒で一気にきれいにするマウスピース型フロス（GIZMODO/6月16日）

テーマは学術と臨床の融合

顎咬合学会　第42回学術大会

日本顎咬合学会(貞光謙一郎理事長)は8、9の両日、第42回学術大会を東京都千代田区の東京国際フォーラムで開催した。テーマは「顎咬合学　踏襲から発展　学術と臨床の融合」で、各種講演やシンポジウム、ブース出展、認定研修などが行われた。

経営プログラムでおひさま歯科・小児歯科の辰本将哉氏が「医科歯科連携　医科歯科併設クリニックを地域のために開設した事例」、アップル歯科クリニックの吉見哲朗氏が「仕組みで成長する歯科医院経営」、よしどめ歯科の吉留英俊氏が「チェア2台から、増床・分院・全国展開そして継承へ　30年の経験から学んだ私だから、先生方へお伝えできること」と題し、講演。

◇◆◇

辰本氏は医師から訪問歯科診療を依頼されたきっかけで、地域で患者を診てきたが、認知症患者が多く、咬合崩壊の状態に至るケースを見て、医科歯科連携の重要性に気付いたという。「訪問診療で良い義歯を付けると認知症が改善した事例等を経験し、噛み合わせが大事だと実感している。患者さんにとっても、経営をするにしても医科歯科連携はいずれ必要になってくると思う」と述べた。

辰本氏

◇◆◇

吉見氏は、以前まで臨床ばかりで経営のことを考える割合が少なかった背景を説明し、「昔は勤務医の技術レベルが自分と一緒でないと怒っていたが、監督目線で見えるようになってから上手くいった」と話す。教育の失敗エピソードとして「採用が好調だが教育フォローが手薄に」「院内業務＋教育プログラム＋自己研鑽で多忙」を挙げ、結果的に退職者が増加したため、福利厚生や業務負担の軽減をしたという。

吉見氏

また、人に任せられる環境づくりが転機点として、「最初の一年は自分で面談していたが、『向いていないな』と思い、人事担当を置いて任せるようになった。腕さえあれば患者さんは来るのは間違いないが、人に任せてマーケティングや人事、経理を回す仕組み化も大事」と述べた。

IOS活用した支台歯形成に焦点

IOSのセッションでは「IOSで可視化される支台歯形成　デジタル活用により実現する生物学的形成」をテーマに、クボタ歯科院長の窪田努氏が登壇。CAD/CAMなどのデジタル機器が保険収載され、補綴物作成の効率化が期待できるとした上で、良好な補綴治療には支台歯形成が正しく行われている必要があると指摘。口腔内スキャナーやCTを用いて、支台歯作成における削除量、アンダーカットなどを可視化・定量化することで、補綴物装着後の破折・脱離のリスクを回避できるとした。

窪田氏

「デジタルデンティストリーの現状とその役割」では、末瀬歯科医院院長で日本歯科医師会常務理事の末瀬一彦氏が登壇。日本の保険診療は非常に質が高く、世界に誇れるものだとする一方、保険診療で多く使われている金属材料はイオンの溶出など人体に悪影響を与えると指摘。小臼歯でのCAD/CAM冠の保険算定回数が2022年には金属冠を上回ったことに触れ、「CAD/CAMや口腔内スキャナーなどのデジタル技術を使いこなせば、メタルフリーの上質で安全な補綴治療を、保険診療で患者に提供することができる」と語った。

末瀬氏

第12回利根歯科診療所臨床研修施設学習会

唾液の不思議や重要性を学ぶ

投稿寄稿

中澤桂一郎　利根歯科診療所所長

利根歯科診療所は2006年度より歯科医師臨床研修施設として多くの研修医を受け入れてきた。技術だけではなく幅広い知識と実践能力を身につけるため、14年から臨床研修施設学習会を開催。これまで黒岩恭子氏、今井一彰氏、西田亙氏、北一氏らを講師にお呼びしてきた。

今年は唾液研究の第一人者である神奈川歯科大学副学長である槻木恵一教授をお呼びして開催した。医科、介護職員にも呼び掛け、参加者は歯科32人、病院10人、介護7人、合計49人となり、3時間にも及ぶ学習会であったが、唾液の不思議、ミラクルな働き、唾液ケアの重要性を学び日常診療に生かせるたくさんの学びがあった。

「知られざる唾液のちから～口腔機能の維持向上は唾液ケアから」と題した講演で、槻木氏が「唾液は魔法のカクテル」の中身を病理学の立場から分かりやすく解説。唾液には100種類以上の重要な物質が入っており、口から入ってくるさまざまな抗原を防御する役割があること、口腔には1日50～100mgが持続的にIgAが分泌され、いつでも戦闘態勢をとり、病原体が入る前から抗体が出て予防効果が高いこと、唾液IgAの量が多いほど舌苔は少なくなることなどを紹介された。

槻木氏

唾液力アップのためにIgAを増加させる四つの唾液ケアの実践例として、これまで多くのテレビ番組に出演した際にも紹介された①軽い運動(有酸素運動、ガムによる咀嚼運動)、②腸活(腸―唾液腺相関、発酵食品)、③口腔清掃(唾液ケアをサポートする口腔清掃、IgAの効果が落ちるアンモニアを減らす)、④ビタミン(口腔の粘膜免疫に必要)を提示し、参加者の興味を引いた。

唾液ケアの量を高めるポイントでは、小唾液腺の唾液量を高めるドライマウスへの対応をするためにうま味ドリンクの活用を挙げ、しっかり噛むことの重要性では食事の用意で素材を細かくしない、大きめに切る、一口量を少なくする、硬いものをまぜるなどの工夫をすること、唾液量を高める唾液ケアで刺激することの重要性では唾液腺マッサージの実践を勧められた。耳下腺と顎下腺のマッサージをそれぞれ1分、10回を基本に痛くない程度に毎日食後行うと4週間後から唾液が増加し、また舌の運動を加えると効果が高く、週3回でも効果が出るという。マッサージによる増加は短期的なため継続することが大切で長期の対応が必要であること、加齢に伴い唾液は減少するが80歳代でも効果があると述べ、参加者一同納得の場面であった。

槻木氏は特定非営利法人・日本唾液研究会の理事長として11月28日を「いい唾液の日」と制定し、全国に唾液の重要性を説く講演活動を行っている。この学習会をきっかけにもっと唾液の重要性を広めていきたいと考える。

デジタルデンティストリー

デンタル小町が通る

なかい歯科クリニック院長
(茨城県境町)
中井巳智代 ❸

バブリーな時代に都内で大学生活を送っていた私の周りでは、ワンレン、ボディコンで大きな携帯電話をかける人はよくいた。時は流れ、今ではあらゆる機能を搭載するスマートフォンだけでなくスマートウォッチも登場。もはや身一つで出掛けて、ハンズフリーで交通手段を選べ、買い物もでき、おまけに防犯対策や健康管理までしてもらえる。「ICT社会」と呼ばれる今は、IT技術による情報社会から人とデジタル情報がつながるのが当たり前となった。

歯科におけるデジタルの波も、アーリーアダプターからアーリーマジョリティの領域に突入。デジタル時代が到来したことで、臨床や医院経営において多くのメリットがもたらされた。歯科用CAD/CAMによる補綴物製作の正確性の向上、迅速な治療計画や即日治療など業務効率の向上、IOSによる印象採得、視覚的説明による患者満足度の向上、データの保存と共有の容易さ、3DスキャナーやCBCTなどのイメージング技術による診断能力の向上、ペーパレス化・廃棄物の減少など環境への配慮、受付・事務作業の効率化や歯科技工士の労力軽減による働き方改革などがそれであろう。

今年6月の保険改定でついに口腔内スキャナーが保険収載されることとなった。それによってもたらされる患者側、医療者側のメリットが大きいのは事実だが、それを適正に使う、アナログな知識と経験、そして「人」としての患者との関わり方を今一度自問自答しなければならない時でもあると感じる。デジタルに振り回され疲弊するのではなく、デジタルの優位性を知り、有用できる医療者でありたいと改めて感じている。

折しも所属する日本臨床歯科CADCAM学会が12月7、8の両日、10回目の記念大会を迎える。会員数も年々増え、時代とともに成長してきた学会である。図らずも実行委員長を務めることとなったが、記念すべきこの年に、過去10年間の検証と、未来に向けた新たなデジタルデンティストリーについて参加者とともに学びたいと思う。時代の波に乗るこの学会へのご参加を心よりお待ちしています。

第9回日本臨床歯科CADCAM学会の様子

CADCAM学会はスタッフ皆で学べる学会です

医科歯科大ら

胎児期の低酸素による顎骨成長障害の機序解明

胎児期の低酸素状態が顎骨の生後成長を阻害するメカニズムが分かった。東京医科歯科大学大学院医歯学総合研究科咬合機能矯正学分野の小野卓史教授、細道純准教授、鈴木拓望大学院生と、大阪大学大学院医学系研究科法医学教室の前田秀将特任准教授らの共同研究によるもの。睡眠時の呼吸障害を持つ妊娠女性と出生児に対する先制医療の開発へつながる可能性がある。

妊娠中の体重増加やホルモン変化は閉そく性睡眠時無呼吸症を好発させ、出生児の成長を阻害する可能性があるが、胎児期の低酸素曝露と出生後の成長阻害のメカニズムは分かっていなかった。

同研究では、出生仔マウスをCT画像で解析。胎児期に低酸素曝露された雄の出生仔において、生後5週齢にて、下顎骨の高径や下顎骨体の皮質骨幅の減少が認められ、下顎の成長抑制が示唆された。一方、雌の出生仔においては認められなかった。

さらに、下顎骨の成長中心である下顎頭軟骨を対象に、遺伝子発現量の変化を解析。その結果、雄の出生仔においては、成獣となる出生後10週齢まで、低酸素応答に関わる転写因子(HIF―1α)の発現上昇と共に、軟骨増殖を促す転写因子(SRY-box:SOX9)の発現減少が認められた。

同研究成果は、科学誌『Frontiers in Physiology』(6月11日付)にオンライン掲載された。

抹茶うがいでPG菌が減少

日大松戸ら研究で判明

抹茶抽出物含有の洗口液で含嗽するとPG菌を減少させることが分かった。日本大学松戸歯学部歯周治療学講座の小方頼昌教授、高井英樹准教授と国立感染症研究所との共同研究によるもの。抹茶抽出物を用いた歯周治療法の開発につながる可能性がある。

◆◇◆

同研究では培養したPG菌を含む16種類の口腔細菌に、抹茶抽出物エキスを暴露したところ2時間でほぼ全ての、4時間後には全てのPG菌が死滅した。

さらに歯周病患者45人を「麦茶の洗口液」、「抹茶抽出物含有の洗口液」、「抗炎症作用のある洗口液」の群に分けて比較実験。それぞれの洗口液で、一日2回の含嗽を一カ月継続した。その結果、「抹茶抽出物含有の洗口液」で含嗽をした群のみ、口腔内のPG菌が有意に減少し、4～5ミリの深さの歯周ポケットを改善させる傾向が観察された。

同研究は科学誌『Microbiology Spectrum』(5月21日付)にオンライン掲載された。

Googleマップ口コミ

集団訴訟の原告 参加した歯科医師

インタビュー

位置情報サービス「Googleマップ」の口コミ機能について、不当な口コミの放置により利益を侵害されたとして医師、歯科医師ら63人が運営元のGoogleに損害賠償金140万円余りを求めて、4月18日に集団訴訟を起こした。同機能は利用者が医院で感じたことなどを匿名で自由に書き込むことができ、医院の評判に大きな影響を与える。今月7日には、診療代を割り引く代わりに高評価を付けさせていた医療法人が行政処分を受けており、口コミ機能は大きな問題をはらんでいる。不当口コミ集団訴訟の原告に参加した歯科医師に、訴訟の経緯や、口コミ機能に対する考えなどを聞いた。

口コミに何も対応できないのが問題

―訴訟参加の経緯は。

A　SNSでグーグルの不当口コミに関する集団訴訟のポストを見て、共感するところがあって参加を決めました。原告団の中心グループのように積極的な行動をしているわけではありませんが、情報共有を行い、意見を求められた場合に回答などを行っています。

今回の訴訟では運営元のGoogleに損害賠償を求めるだけで、口コミの仕様について具体的な変更を求めるものではありませんが、今後の同社の方針に影響を与えられると考えております。

―実際どんな被害がありましたか。

A　患者さんに対する歯科医師の説明において、その内容が意に沿わない場合や、理解ができなかった場合に一方的な低評価の口コミが投稿されています。また、遅刻や無断キャンセルなど患者さんに非がある場合も、クリニックの問題として投稿されてしまう場合もあります。他にも、口コミで悪く書かれてしまうことを恐れて、本来しっかりと指導するべきところで躊躇してしまうこともあります。

口コミの内容自体に加えて、口コミに対して医院側が何も対応出来ないということも問題だと感じています。例えば、旅行会社が運営するサイトの口コミは書いた人を把握することができますから、今後のサービスに活かすことができます。一方で、Googleマップの口コミは、匿名で自由に書き込めてしまうので、診療にフィードバックできません。

歯科医院を受診して、良い評価を書く人は少ないです。たいていは自分の思い通りにならなかったことや、気に入らなかったことを書くものです。良い口コミが多い医院は、割引することを条件に良い口コミを書くよう誘導している例が多いと思います。逆にいえば、それくらいしないと良い口コミは書かれません。報酬を与えて口コミを書いてもらうことは当然、Googleのポリシー違反ですが実際には放置され、ほとんど対応されていないようにしか思えませんし、最近では悪い口コミの削除を担う業者も現れてきているようです。実際に知り合いの歯科医師でその業者を利用しているという話も聞くので、そういったことが常態化しているというのが実情です。

―口コミ機能が担える役割はないのでしょうか。

A　患者さんの目線に立った時に、医院選びの一つのきっかけにはなると考えています。とはいっても、その情報の真偽が不明な以上、あてにはならないというのが実際のところではないでしょうか。

口コミ機能ができるのは、患者さんが体験したごく個人的な点数評価に限られます。

一方で、本来患者さんが知りたいのは、本当に良い医療がその医療機関において提供されているかどうか、ではないでしょうか。歯科医院の診療は5年、10年と長期的な付き合いになりますから、1回の診療で善し悪しが判断できるものではありませんし、それぞれの患者さんの口の状況によっても変わります。結果、口コミ機能からは診療の質の判断は得られないことになります。患者さんが口コミを判断基準にしてしまったとしたら、医院だけでなく患者さん自身の不利益につながってしまうでしょう。

―今後、口コミがどうなっていって欲しいですか。

A　口コミを書いた人を辿ることができるようにする仕組みが必要だと考えます。口コミの真偽が確かめられず、書かれた側がそれに対して対応ができないということが問題の根幹であるので、その部分が是正されるべきだと考えています。また、医療機関に点数を付けるというシステムにも違和感を覚えるので、警察署のように点数などが付けられないようにできればいいと思います。

医療機関は患者さんの命と健康を預かる場所であり、口コミ一つでそれが左右されている現状は大いに問題があります。今回の訴訟を通して同社が口コミ機能について改善を行ってくれることを望みます。

(訂正) 6月4日号「長崎国際大の落合教授　医学系博物館の現状に警鐘」の記事中で掲載した全国の歯学系博物館の表に表記漏れがありました。お詫びして追記したものを再掲します。

歯学系資料展示を扱う施設(非公開含む)　※落合氏発表資料より抜粋

歯学系	
・北海道大学総合博物館(歯学展示)	・歯ブラシ専門館(大阪)
・宮城県歯科医師会　宮城・仙台口腔保健センター	・歯の歴史資料館(島根)
・幸せ(歯合わせ)歯の博物館(埼玉)	・歯ART美術館(香川)
・東京歯科大学史料室(千葉)	・旧船津歯科・豆田まちづくり歴史交流館(大分)
・日本大学松戸歯学部歯学史資料室(千葉)	**医歯学系**
・東京医科歯科大学歯学部博物館	・大阪歯科大学・歯科医学の歴史的資料展示室
・東洋学園大学東洋学園史料室(東京)	・徳島大学歯学部「人体解剖と骨のミュージアム」
・神奈川県歯科医師会・歯の博物館	**医歯薬学系**
・神奈川歯科大学資料館(資料室)	・日本歯科大学新潟生命歯学部・医の博物館
・神奈川歯科大学資料館(人体標本室)	・昭和大学上條記念ミュージアム(東京)
・愛知学院大学歯学部歯科資料展示室	・野中烏犀圓(佐賀)
・歯の博物館～歯と口の健康ミュージアム(愛知)	**人物記念館**
・杉本歯科医院・歯のMUSEUM(大阪)	・井上裕資料室(東京)

ウィズ歯科クリニック(千葉県)

ホワイト企業認定を取得

気持ちよく働ける環境づくりを

企業のホワイト化を総合的に評価する民間認定制度「ホワイト企業認定」。ホワイト財団が1千社以上の調査を基に、企業の取り組みを評価するための70設問から、「ビジネスモデル・生産性」「ワークライフバランス」「人材育成・働きがい」などを査定する。レギュラー～プラチナまで5段階の認定ランクがあり、プラチナ認定を受けたのがオハナ会ウィズ歯科クリニックだ。小澤勇介理事長、安藤三奈子事務長にホワイト企業認定を受けたきっかけ、院内の取り組みを中心にスタッフの満足度を高めるための工夫について聞いた。

―今回、ホワイト企業認定を受けたきっかけを教えください。

小澤　当法人の「技術・接遇の追求　患者満足度日本一の歯科医院を目指します」という理念を達成する上でも、スタッフの協力は必要不可欠ですし、この理念に合うような人材を採用するための環境づくりのために、2～3年ほど前に知り合いからの紹介を受けて取得に至りました。

小澤理事長

◆◇◆

―具体的にどのような取り組みを行っているのですか。

安藤　ワークライフバランスに関しては、まず隔週で「3日休みのシフト制勤務」を採用しています。希望休は月2日まで申請でき、シフト休と有給を組み合わせて7日以上の長期休暇も取得できます。実際に10日間の連休を取るスタッフもおり、今年の年間休日は141日となっています。

安藤事務長

その分、スタッフ数も必要ですが、当院は歯科医師15人、スタッフ50人が在籍しています。オン・オフを切り替えて、メリハリを付けて仕事ができると思います。

また、人材育成に関しては「お姉さん制度」というメンター制度があります。スタッフが50人もいるので、誰に聞いたらいいのか分からない場合があると思います。

そこで新人スタッフ1人に対して、先輩スタッフ1人が業務フォローや指導を行います。教育担当者は3カ月ごとにローテーションし、1年半～2年ほど掛けてサポートしています。

「お姉さん制度」で新人スタッフをサポート

小澤　人材育成やワークライフバランスを意識し始めたのが、スタッフ数が20人を超えた頃です。徐々に自分の考え方が浸透しづらくなってしまい、経営体制に支障をきたした時期でした。

そんな時、スタッフが気持ちよく働けて、長期的なキャリアが見通せるような医院を目指したいと思い、かなり早い段階から環境づくりに着手しました。

待遇(一部抜粋)

- 隔週休3日
- 年末年始・GW・夏季休暇・有給休暇
- 大入り手当・報奨金制度
- 産休育休制度
- 社宅完備
- 車・バイク・自転車通勤OK(駐車場完備)
- 自転車貸与(柏駅からの通勤用)
- 制服、サンダル貸与
- フリーWi-Fiあり
- ウォーターサーバーあり
- コーヒー、紅茶、お菓子あり
- ルーペ支給(院内規定あり)
- 住宅手当(院内規定あり)
- 講習会費用100%補助

◆◇◆

―そのほか、取り入れている制度はありますか。

安藤　院内のバックヤードにある本棚から全ての書籍がレンタルできます。一般書1500冊、専門書が500冊置かれています。

勉強会やセミナー費用の全額負担もしており、実際に求人内容の「講習会費用100%補助」を見て、面接に来てくださる勉強熱心な方も多いです。

当法人でも自己学習を推奨しているので、半年に1回「読書感想文コンクール」も実施しています。スタッフが書いた読書感想文を幹部スタッフが審査して表彰を行うなど、スタッフの成長を全力でバックアップする施策を取り入れています。

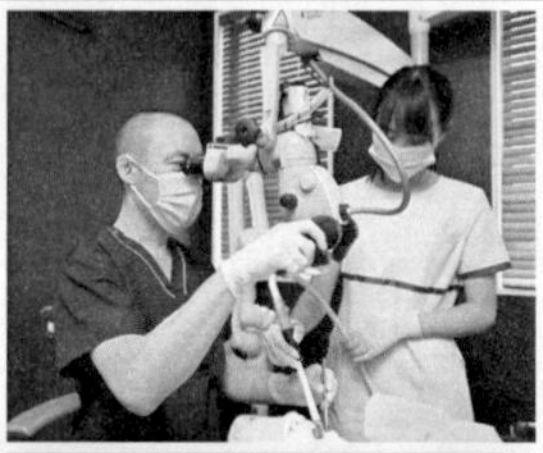
診療風景

また、各職種それぞれ一人ひとりに合わせたキャリアプランを設けています。管理職、課長、マネージャー、経営補佐など部署ごとにさまざまなポストがあり、その道のスペシャリストだけではなく、管理職としてのキャリアも目指すことができます。各々が自由にキャリアを選択できて、長期的なキャリアビジョンを描けるので、モチベーションの維持・向上にもつながります。

◆◇◆

―スタッフ数が多くなると、院長自身がまとめるのも大変そうですが。

小澤　医院をより良くするための「プロジェクトチーム」もあります。例えば、患者さんの満足度を向上させるための方法、キャンセル率の対策を考えるなど、年間を通して力を入れていきたい目標に対して、3～4人1組のチームを組みます。プロジェクトリーダーも設け、そこで人をまとめて、目標を達成させるマネジメントスキルを身に着けることができます。

スタッフの一コマ

診療面では、動画マニュアルや練習環境の整備、総合歯科医療として一般歯科だけではなく、口腔外科や訪問歯科、インプラント、小児歯科、矯正歯科など多くの専門医による教育とフォロー体制など、歯科医師も幅広いスキルを身に着けることができる環境を整えています。

職種別に制服も用意しており、各部署の役割を明確化しています。そうすることで、自分の担当業務により専念できます。さらにドクター、スタッフそれぞれ専用の休憩室もありますので、昼休憩や着替えも気軽にしやすい環境づくりにも取り組んでいます。

◆◇◆

―今後の展望・課題はありますか。

小澤　当法人で10年勤務してくれた先生が「次のステージに行きたい」というきっかけもあり、年内に分院の開設も考えています。当法人のコンセプトは「成長」をテーマにしているので、組織やスタッフが成長し続けるためには、企業として30年、50年、100年と将来的に貢献し続ける必要性があると考えています。

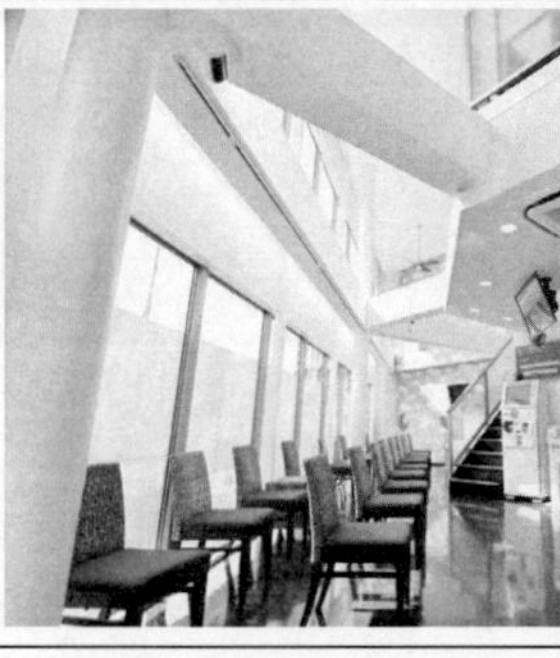

㊧待合室
㊦スタッフは計50人が在籍している

新社長インタビュー　株式会社オムニコ　高橋 森生 氏

健康に寄与する新事業の創出へ

―経歴を教えてください。

高橋　大学卒業後に歯科技工士専門学校に入学し、卒後は、秋田県の歯科医院に入職して1年間歯科技工士業務に従事しました。後に入社したジーシーでは、CAD／CAM関連機器などを取り扱う営業の後方支援に配属されました。当社に入社後は、館山工場の製造部門で歯科用寒天印象材の製造から購買、品質管理と工場全体の業務に携わり各部署で業務改善などを行い、22年に副社長を務め、昨年2月に現職に就きました。

―現状から見る課題は。

高橋　当社は歯科用寒天印象材メーカーとしてこれまで、機能性・安全性・経済性全てに好印象を持っていただけるような製品開発に励んできました。創業から45年を経て初期の頃の社員はかなり少なくなりましたが、受け継がれた技や技術の標準化に取り組み、品質面においても自負のある製品を提供しています。

ですが、少子高齢化による人口の減少、むし歯になる子供の減少に加え、印象採得に口腔内スキャナーを用いるケースも増え、寒天印象材の使用量は年々減少していくことは避けられません。

―対応策は。

高橋　寒天印象材をご愛用いただいている歯科医院の皆様への安定供給と当社従業員の雇用を守るため、次のステージに進むことが必要だと感じています。

―具体的には。

高橋　さまざまな視点から検討した結果、歯科材料の新規開発は当社の規模ではハイリスクだと感じました。ですが、ものづくりで得た品質管理体制を始めとする各種ノウハウなどは生かせると思います。歯科に限らず日本人の健康に寄与するための新事業の早期実現を目指したいと考えています。

（たかはし　もりお）
1987年生まれ。大学卒業後に歯科技工士専門学校に入学。卒後は秋田県内の歯科医院で歯科技工士業務に携わる。2014年にジーシーに入社。営業の後方支援部門ではさまざまな手法を用いた業務の改善、課題解決の手法を学ぶ。17年オムニコに入社、22年副社長、昨年2月に現職に。
趣味：育児。子供の笑顔を見たり一緒に過ごす時間が心の安らぎに繋がっている。
歯科界関係者と親睦を深めるための時間は頭のリフレッシュになっている。

歯科治療後のフォロー

半数以上が希望

8割が再受診の動機付け

歯科治療後のアフターフォローを半数以上の人が希望し、アフターフォローの連絡は、約8割の人の再受診の動機付けになることが分かった。シンフォニカル（本社・東京都渋谷区、澤田祐介社長）が、今年3月1日～4月2日に同社が運営する歯科医院の検索・予約ポータルサイト「歯科タウン」から歯科医院を予約したユーザー252人を対象に実施した意識調査によるもの。

◆◇◆

歯科医院から治療後のアフターフォローの連絡は「ほしい」22・0％、「どちらかというとほしい」30・9％で、52・9％が連絡を希望しており、アフターフォローにより「定期的な受診につながりやすい」「歯の状態やケア方法などの不明点を質問しやすい」などの声があった。

希望するアフターフォローの連絡手段は「メール」64・8％が最も多く、次いで「LINE」50・2％、「ハガキ等」20・3％、「電話」8・8％だった。アフターフォローの内容は「虫歯治療後のアフターケア」39・7％、「歯石除去後のアフターケア」32・7％、「日々の歯磨きのポイント」32・2％で、「詰め物・被せ物の治療後のアフターケア」「歯周病治療後のアフターケア」などを希望する人も一定数いた。

◆◇◆

また、歯科医院からのアフターフォローの連絡は再受診する動機に「なる」が42・7％、「どちらかというとなる」が37・2％で、79・9％が医院からの連絡が再受診につながると回答した。

アフターフォローの連絡が来る場合、何でほしいですか？

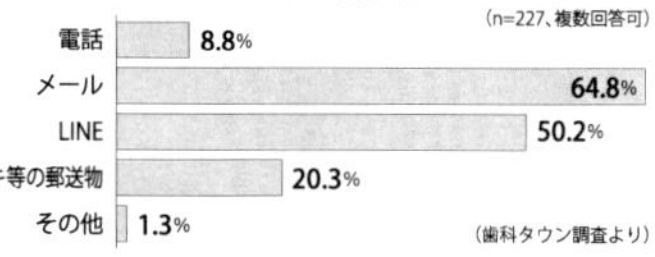

医機連

七つの重点テーマ発表

日本医療機器産業連合会（＝医機連、山本章雄会長）は11日、「医機連産業ビジョン－いつでもどこでも安心して受けられる医療と健康への貢献」を発表する記者会見を東京都千代田区のKKRホテル東京で開いた。

同連では、2013年に「医機連産業ビジョン－医療機器産業の持続的な成長と発展をめざして」、2018年に「医機連産業ビジョン－Society5・0を支える医療機器産業をめざして」を策定している。これらに続くものとして今版では、新型コロナウイルス感染症や国際情勢の急激な変動といった大きな社会変化を経験した現在の視点から、少子高齢化が進むわが国の医療機器産業の在り方と今後の方向性をまとめた。「いつでもどこでも安心して受けられる医療と健康への貢献」の実現に向けて、七つの重点テーマ＝表＝に絞って取り組む。

◇◆◇

山本会長は、世界と日本の医療機器市場についても解説した。

2022年の世界の医療機器市場は4810億ドルで日本のシェアは5・4％。「米国、中国、ドイツに次ぐ4番手となる」と紹介した上で、「19年～28年までの世界の医療機器市場の年平均成長率の予測は5・8％で、地域別では、米国が6・3％、欧州が4・8％、中国が7・9％、日本は3・3％との調査結果が出ている」と補足。

世界の医療機器市場における日本企業の獲得市場を20年時点の3兆円から50年には21兆円との目標値を政府は示していることから、日本の医療機器産業が取り組むこととして、「今後4年を目途に今版の2024の産業ビジョンに示した内容の実現を目指す」と話した。

7つの重点テーマ

1. イノベーションを実現し社会に届けるための環境整備の促進
2. 継続した安定供給の実現に向けた取組
3. 医療機器・技術のグローバル化を通じた医療機器産業の発展
4. 国民のヘルスリテラシー向上への貢献
5. 持続可能な社会に向けた地球環境と医療の質のバランシング
6. 医療機器産業の基盤となる人材獲得と育成
7. 健康・医療に貢献する健全で信頼される産業への研鑽

2024年 主なデンタルショー（7～9月）

月	日程	名称	開催地
7月	25日(木)～27日(土)	第16回アジア顎口腔外科会議(ACOMS2024)	ハイデラバード(インド)
	27日(土)～28日(日)	ハイデラバードデンタルショー2024	ハイデラバード(インド)
	31日(水)～8月2日(金)	第12回国際医療展示会(IndoHealthcare Expo2024)	ジャカルタ(インドネシア)
8月	3日(土)～4日(日)	北海道デンタルショー	札幌市(札幌パークホテル)
	6日(火)～8日(木)	第49回アメリカ審美歯科学会年次総会(AAED2024)	アッシュビル(アメリカ)
	23日(金)～24日(土)	マレーシア国際歯科会議・デンタルショー(MIDEC2024)	クアラルンプール(マレーシア)
	23日(金)～25日(日)	香港国際デンタルショー&シンポジウム(HKIDEAS2024)	香港(中国)
9月	3日(火)～6日(金)	CDS2024（上海デンタルショー）	上海(中国)
	7日(土)～8日(日)	東北デンタルショー	仙台市(仙台国際センター)
	6日(金)～7日(土)	国際歯科学会(IADR2024)・韓国領域	ソウル(韓国)
	12日(木)～14日(土)	国際歯科学会(IADR2024)・欧州スカンジナビア領域	ジュネーブ(スイス)
	12日(木)～15日(日)	世界歯科連盟年次総会(FDI)	イスタンブール(トルコ)
	25日(水)～27日(金)	国際歯科学会(IADR2024)・ニュージーランド領域	ケアンズ(オーストラリア)
	26日(木)～28日(土)	ICOI ワールドコングレス 2024	オーランド(アメリカ)

「歯づまり」をキャラで表現

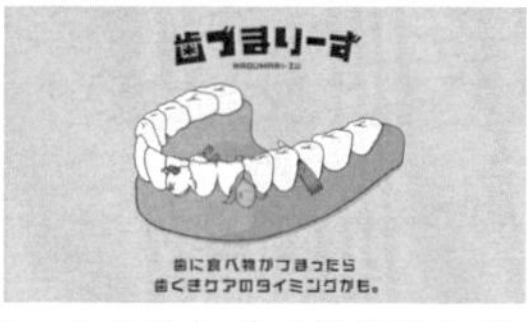

ロッテ　「鶏」「ニラ」など

ロッテ（本社・東京都新宿区、中島英樹社長）は、大阪大学予防歯科学講座特任教授の天野敦雄氏が監修した歯肉ケアのタイミングを知らせる「歯づまりサイン」を発表し、歯肉の健康を意識するきっかけ作りとして「歯づまりサイン啓発プロジェクト」を歯と口の健康週間に合わせて4日から開始している。

歯垢を生成しにくく、歯肉を健康に保つ特定保健用食品（＝トクホ）「キシリトール オーラテクトガム」のプロジェクトの一環として実施。また、歯に詰まりやすい食材である鶏、ニラ、とうもろこしをアニメキャラクター化したオリジナルムービー「歯づまりーず」のウェブCM（15秒・6秒）も同社の公式YouTubeチャンネルで公開。同CMの声優は、お笑いコンビ錦鯉の長谷川雅紀さんが「にら役」を担当した。

漫画やアニメ用いた患者向け情報ツール

和田精密

和田精密歯研（本社・大阪市、和田主実社長）は、歯科医院からの歯科情報を患者に漫画とアニメで分かりやすく提供する新たなインフォームドコンセントツールの提供を開始している。

同サービスは、院長に似たキャラクター＝イメージ写真＝を制作し、医院のオリジナルツールとして漫画とアニメの中に登場させることができるもの。漫画は冊子になっており、印刷のサイズ変更や、サイネージなどへの使用も可能。歯科医師や歯科医院に満足する理由に、説明の分かりやすさが求められていることなどから開発した。

四つのプランを用意。価格は、漫画チラシ＋アニメ動画（全12種）が1種類あたり5万5千円。漫画小冊子＋アニメ動画（全11種）が1種類当たり11万円など。

問い合わせはTEL06（6321）8551まで。

週間 金・パラ価格動向

税抜価格(1g、円)

	金	パラジウム(参考価格)
6月10日（月）	11,635	4,935
6月11日（火）	11,726	4,880
6月12日（水）	11,755	4,810
6月13日（木）	11,761	4,855
6月14日（金）	11,770	4,790

提供 石福金属興業

■130gと軽量のスクラブ／クラシコ

クラシコは、重さ130gと同社定番スクラブの平均64％の軽さを実現したスクラブ「AIR」のトップスとパンツを6日に発売した。同製品は2018年にも発売しており、今回色とデザインを変更。色はチャコール、スモークグリーン、ボルドー、ブラック。サイズはS、M、L、XL、XXL。同社のオンラインストア等で販売。価格はオープン。

人事

（敬称略）

■松風バイオフィックス
▼代表取締役社長　菅原順一▼取締役　吉本龍一、奥山勉▼監査役　畑山博行
なお、近持貴之、竹中宗平は取締役、川嶋輝は監査役を退任した。

■日本歯科商社
▼代表取締役社長　小関進一（昇任）▼取締役　岸本建司、鳥居勝実（社外）▼監査役　池上潤一（再任）、竹下康子（再任）
前代表取締役社長の木村均は相談役に就任した。

ヘッドライン 企業ニュース

■歯愛メディカル、純利益53％減　24年1～3月期（日本経済新聞／5月14日）

■「バシロジックリトリートメントファイル」に単品パックを追加発売、根管洗浄用ニードル「バシエンドニードル」3形態×3サイズの計9種類、チューイ&アライナー取り外し器具を備えた「プルバイトミー&キャリミー」を発売（ビー・エス・エーサクライ／5月14日）

■歯科医院用ワイヤレス口腔内カメラ「Dr's Cam Air（ドクターズカムエアー）」の販売を開始（メディア／5月14日）

■「乳歯」を搭載した衛星「ウィズシード衛星」の引き渡し式を、筑波宇宙センターのJAXAで4月19日に実施（Wisseed-the terra／5月15日）

■透明マウスピースでの歯科矯正ができる年齢を18歳から13歳に引き下げ（Zenyum Japan／5月16日）

■クラスBに準拠した「卓上高圧蒸気滅菌器 AC-17」を5月15日に発売（サラヤ／5月17日）

製品紹介

（新製品情報をお寄せください）

歯科用ダイヤモンドバー

IT CAD/CAM プレパレーションバー 各種

ヨシダ　☎0800-170-5541

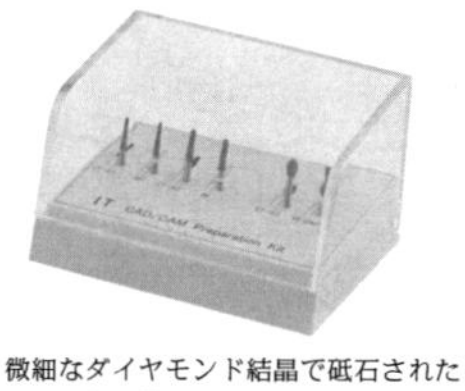

微細なダイヤモンド結晶で砥石されたスチール製作業部の歯科用ダイヤモンドバー。より精密なCAD/CAMプレパレーションに使用可能。

価格＝7,040円（01～03、01fff、02fff、04fff 各6本入り）、7,920円（プレパレーションキット 6本セット）

ナノバブル生成器

Dr. Nano Mini for Dental

新環境技術評議会　☎050-3558-7088

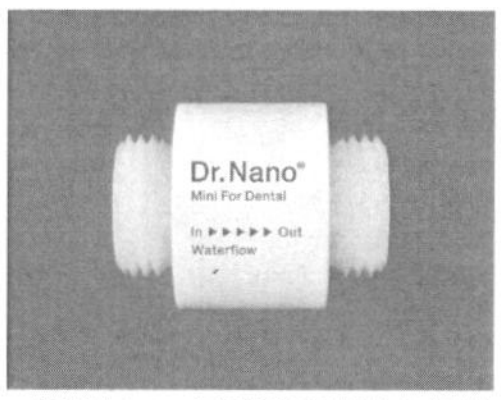

歯科用ユニットに設置できるナノバブル生成器。価格は従来品の半額、長さも約半分となり容易に取り付けできる。ナノバブルの剥離効果でバイオフィルムを浮き上がらせて除去する。

価格＝8万2,500円

スポーツ用マウスガードシート

ドゥ・スポーツ／ファンガード／グリッターガード

名南歯科貿易　☎052(799)4075

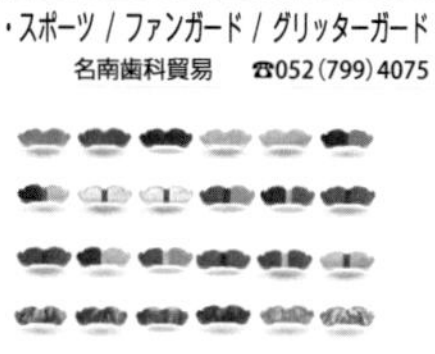

従来品に新たな色と丸型を追加したスポーツ用のマウスガードシート。既存の一部の色でも丸型の取り扱いを開始。硬さの異なる2層のシートで、衝撃吸収性と耐久性が良いという。

価格＝各1枚入り 1,980円（ドゥ・スポーツ）、2,200円（ファンガード、グリッターガード）

（価格は税込）

日本歯科新聞

2024年（令和6年）
6月25日

＜発行所＞
日本歯科新聞社
厚生労働省記者クラブ加盟社
〒101-0061
東京都千代田区神田三崎町2-15-2
電　話　03（3234）2475
ＦＡＸ　03（3234）2477
www.dentalnews.co.jp
jdn@dentalnews.co.jp

■ 年間購読料 23,760 円（送料込）（本体 21,600 円＋税）
■ 月４回、火曜日発行
■ 郵便口座番号 00120-5-130369

今週号の主な内容

8020運動

海外展開 視野に

財団が定款を一部改正

8020推進財団（高橋英登理事長）は18日、第27回評議員会を東京都千代田区の歯科医師会館で開催した。海外での8020運動の展開を視野に定款の一部改正が承認され、条文「前項の事業については『日本全国』において行うものとする」に関して、『日本全国』を『国内外』に変更した。

高橋理事長はあいさつで＝写真、8020運動の成果に言及した上で、「社会構造の変革のただ中にある新興国から『日本の8020運動を見習わせて欲しい』との声がある。国内の活動に限定していた本会の定款を変更し、国内外のオファーに応えていきたい」と話した。

また、長寿者が増えたことに触れ、「8020運動より一層高い目標を目指したい。90歳で歯が1本も抜けていない人を表彰し、その人の生活習慣を国民に発信するなど、新たな展開を考えている」と述べた。

その他、同財団の発行している冊子が歯科界に影響を与えている実感を語った。

評議員会では「令和5年度事業報告および収支決算について」も承認され、会務報告、「第22回フォーラム8020について」が協議された。

E-ライン・ビューティフル大賞
横顔美人に玉田志織さん

日本成人矯正歯科学会が横顔美人の著名人を表彰するE-ライン・ビューティフル大賞に女優の玉田志織さんが選ばれた。（次号に記事）

歯科の記述は原案通りに

「骨太の方針」閣議決定

日歯「提言内容が反映された」

「経済財政運営と改革の基本方針（骨太の方針）2024」が21日に閣議決定した。歯科に関する記載は、原案（既報）通りで、昨年までの歯科の記述を引き継ぎつつ、防災・減災及び国土強靱化に初めて「歯科巡回診療や被災地の災害医療システム活用等の推進による医療の継続性確保」に取り組むことが明記された。さらに公教育の再生・研究活動の推進の中にも初めて「歯科保健教育や栄養教諭を中核とした食育を推進する」と記された。

これに対して日本歯科医師会は同日に見解を発表。「前年を踏襲しつつ、さらに内容が拡充され、本会が提言してきた内容が反映された」と評価している。

日歯は災害時の記述について、「歯科巡回診療を始め、災害時の歯科医療の継続性が確保されることに期待したい」とし、派遣に即応できる体制の充実が不可欠と言及。

さらに全身の健康との関係では、口腔健康管理の感染予防に関するエビデンスの収集・発信をしていく必要性に触れている。

また、国民皆歯科健診では、妊産婦、大学生、労働者、成人期、高齢期等における歯科健診の制度化や拡充を引き続き働き掛けていくとしている。

歯科衛生士・歯科技工士等の人材確保の必要性を踏まえた対応では、「実効性のある対策を強力に推進する必要がある」と強調。

食育の推進については、日本栄養士会や日本学校歯科医会などとの連携も充実させていきたいとの考えを示している。

プリズム

DX化の恩恵と副作用

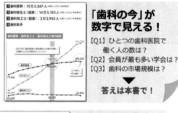

大手食品メーカーの一部製品が4月から6月まで出荷停止になっていた。会社の基幹システムの障害によるものだという。出荷停止になっているのは、誰でも知っている売れ筋商品が多く、メーカーの被害は相当なものだろう。DX化の恩恵を企業や個人が受ける一方で、「副作用」もはらんでいることを改めて感じた。

▽警察庁は「サイバー空間をめぐる脅威の情勢等について」という資料を毎年3月に公表している。最近のサイバー犯罪の傾向や実際の被害事例など詳しく、わかりやすく書かれている。

令和5年では、ランサムウェア被害が依然多く、クレジットカードの不正利用被害の急増、自殺サイトや闇バイトの募集などの有害情報の氾濫が目立っているという。令和6年版では、SNS等のインターネット広告による詐欺被害も書き加えられるのだろう。DX化の進展に合わせてサイバー犯罪も悪質化、高度化が進んでいるようだ。

▽ある歯科関連企業では、予防策として、会社がスパムメールに似た内容を時々送り、誤って開いた従業員に注意喚起を促す取り組みをしている。またセキュリティに不安があるとして、特定のアプリを業務で使用しないよう指定している。

歯科医院もサイバーセキュリティと無縁とはいえず、今のうちに対策をしっかりと行うことが必要だ。

日学歯　定時代議員会

令和５年度決算 赤字に

組織ＤＸ化や健診検討に注力

日本学校歯科医会（柘植紳平会長）は19日、東京都千代田区の歯科医師会館で開催された第111回定時代議員会にて、令和5年度の収支決算が赤字であったことを報告した。組織ＤＸ化に伴う初期費用、健康診断の在り方の検討など、数多くの課題に取り組んできたことが要因としている。これを受け、柘植会長は「今後、事業や支出を見直し、会員増強に精力的に取り組んでいきたい」と述べた。

会員増強の具体的な施策について、同氏は「各加盟団体の状況を伺い、加盟団体ごとに増やしていく。時間が掛かると思うが、もう少し温かい目で見守っていただきたい」と代議員に向けて説明している。

◇◆◇

柘植会長はあいさつで、被災直後の歯・口腔ケアや避難生活での注意点等が明記されたリーフレット「児童生徒への指導について」を作成し、5月に全国の公立学校すべてに配布したと報告。「先日、石川県を訪問した際に県の教育長に手渡した」と話した。

また、組織ＤＸ化の一環として加盟団体のデータベース化にも着手している。加盟団体のデータを共有することで、地域歯科保健の向上につなげることが目的。本年秋ごろに各加盟団体に対してアンケート調査を行う予定とのこと。

そのほか、リーフレット「学校歯科医としての口腔機能発達不全症への対応」を作成したことを報告。同リーフレットは、各口腔機能の不全と対応、口腔機能発達不全で見られる特徴的な症例とその原因などが明記されている。

なお、定時代議員会では正味財産増減計算書・財産目録、会長予備選挙規則の改定の全2議案が可決、承認された。

㊤全議案は可決した
㊨柘植会長

来賓あいさつ

・高橋英登日本歯科医師会会長
・太田謙司日本歯科医師連盟会長
・山田宏参議院議員
・比嘉奈津美参議院議員

事前質問（一部抜粋）

Q.診療報酬改定で過去１年間に外傷の既往がある歯の保護のために作製されるマウスガードが保険適用となったことを受け、「より外傷歯の歯科健康診断における表記分類が必要」と思うが、その対応について聞きたい。

A.外傷が原因と思われるような未処置歯、処置歯や欠損歯等の場合には、「どうして歯が欠けたのか、抜けたのか」を聞いていただきたい。案内後は学校歯科医の所見欄にその旨を記載することで、各種の統計等が是正されていく。

Q.日学歯ホームページに「歯磨きでクラスターが発生したことはない」とあるが、学校や保護者の理解を得るには、さまざまな問題があり、簡単にはいかないと思う。多くの学校園で昼食後の歯磨きを実施するにあたって、何がポイントなのか。

A.学校という集団の中で歯磨きの健康に対して、課題の教育化が図られる。歯を磨いて、歯周病の改善につながるといった一連の問題解決方法の学習にも大変意義がある。歯と口の健康を通して規則正しい生活習慣を生み出せるという観点からも、学校で昼食後の歯磨きを実施することが市町、政府でいくつかの力につながることをポイントとして進めていただければと考えている。

歯科情報学

松尾　通

「歯科業界ハンドブックの使い方」

自分のデスクの周辺には物を書くのに不可欠なアイテムがある。電子辞書、パソコン、スマートフォンに加え、冊子では『日本国勢図絵』『記者ハンドブック』（新聞用字用語集）『用字便覧』などだが、新しく『歯科業界ハンドブック』が加わった。

この小冊子は日本歯科新聞社編著、小畑真弁護士監修のデータブック的な内容であり、「歯科界のいま」がぎっしりと詰まっている。公的な統計を含む各種データ、法律とルール、歯科業界の現状と仕組み、関連団体など役立つ記事が多い。構想3年、データの集積や公的団体に関する記載は確証を取るなど、出版に漕ぎつけた苦労は大変だったと推測される。

◇

中身を見てみよう。歯科医師数、歯科医院数は基本だが、就業歯科衛生士数、就業歯科技工士数を含めて全体像をまず掴み、人口動態や地域バランスを考察する。いま歯科診療で何が起こっているか、トピックとして「アライナー矯正」や「インプラント」「メタルフリー」「再生医療」「オーラルフレイル」についての記述がある。また「糖尿病と歯周病」「肺炎と口腔ケア」「子どもの虐待の早期発見」「災害と歯科」「法歯学」など現在の歯科が大きく社会と関連している現実を確認できる。歯科医師会、学会、省庁、大学、専門学校などのデータも豊富である。歯科業界の生産や流通に関しては、たぶんデータブックとしては初のまとまった記載ではないか。

2024年版としての出版だが、今後はイヤーブックとしてデータの入れ替えや追加記載を行い、歯科医療に携わる全ての人たち必読の書として定着するだろう。本書の使い方はスタッフ教育や自分の医院の立ち位置を知る上で「自院のいま」を確認できるメリットがある。歯科医師会をはじめ、各種団体の役員はまず現状の把握から仕事を始めなければならない。この書はコンパクトながらニュースソースを多分に収録しているので役に立つだろう。

歯科界がよくなるのは、歯科に関わる全ての人たちの生きがいや暮らしの豊かさがあってのことだ。歯科産業界で働く人たちにも、この書はバイブルになるだろう。

◇

少し前から自分の講演のなかに「知的財産取得のすすめ」を入れている。素直にそれを実践して知的財産を手に入れている人たちも出てきた。知的財産とは何か。「人間の知的創造活動の成果について一定期間の独占権を与える知的な財産権の制度」をいう。具体的には特許権、実用新案権、意匠権、商標権などがある。

歯科衛生士のOさんは、ホワイトニングに興味を持ち、日々の臨床のなかから患者に役立つトレーを考案、特許庁に意匠登録を済ませた。実例である。

（東京都開業）

2024.6.25

都歯 代議員会

「収支の改善 現状厳しい」

終身会員の会費引き上げ協議

東京都歯科医師会（井上惠司会長）は20日、東京都千代田区の歯科医師会館で第214回定時代議員会を開き、令和5年度収支予算や特定資産の取り崩し等の全3議案が可決、承認された。今回、地区代表事前質問を初めて設けた。

全議案が承認された

井上会長はあいさつで、歯科衛生専門学校の跡地に竣工した収益不動産フォーサイト神田多町の入居率がほぼ100％に達したことを報告した。協会けんぽ東京支部の約40万事業所で行う予定の歯科健診事業は、現在話し合いを進めている最中とのこと。

前回の代議員会から継続協議とした終身会員の見直しについて、「フォーサイト神田多町、不動産事業の所要経費を除いた収益だけでは、収支を改善していくことは現状厳しい状況」と述べている。

あいさつする井上会長

◇◆◇

事前質問では、終身会員の会費4千円から1万2千円への引き上げについて、「異論はないが、70歳と80歳では支払い能力に差が生まれる可能性がある。会費の増額を順次的に行ってはどうか」「単年度収支予算を再点検し、時間と議論を重ねて慎重に検討する案件ではないか」などの意見が挙げられた。

◇◆◇

中島孝至専務理事は、平成26年度から毎年度約500万円前後の減収があることに加えて、死亡や退会による第1種～3種会員の減少、令和10年度には終身会員が200人、16年度には3千人超になると説明。徐々に会費を上げていく検討もしたが、将来的な予測も踏まえ、1万2千円の会費引き上げに至ったという。

同会は未入会対策および将来的な会費納入会員への確保に布石を打つべく、第1種会員の入会金を15万円から1万円に減額。この改正に伴って、事務局の定員を3人減らして対応するなどの人件費削減も行ってきた。

しかし、フォーサイト神田多町で新たな収益事業を開始しなければ、財政収支はさらに悪化する状況に迫られている。井上会長は、「魅力ある団体として継続していくためにも、終身会員の先生方へ多少の負担をいただけないものかと切に願っている」と要望した。

会員数の推移

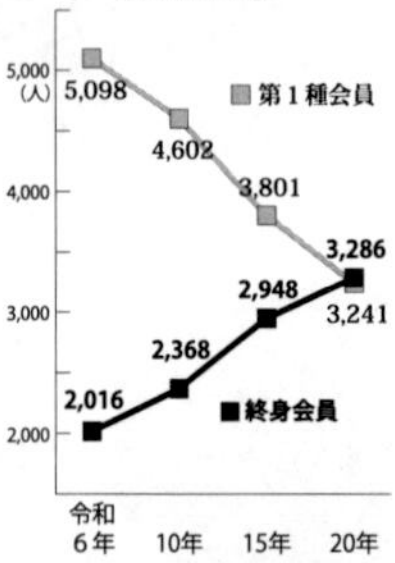

中島専務の発言（一部抜粋）

東京都には「令和13年度に第一種会員の会費6万6千円、第二種会員3万3千円。18年度に第一種会員7万6千円、第二種会員3万8千円」に変更すると申請している。

会費を変更せずに現行事業を継続する場合は、令和７年度から12年度まで１億2600万円、７年度から17年度では４億３千万円余の累積赤字が見込まれる。

執行部としては現状の各種実施事業、運営方法、支出経費のさらなる見直しを継続して実施し、今後、新規終身会員が令和10年度には200名を超え、令和20年度には第一種会員総数と終身会員総数が逆転することによる事業財源の大幅減収に対応していくため、終身会員の会費を改正させていただきたい。

令和８年度以降、令和６年度予算における当期経常増減額程度の赤字幅を改善させる。収支の一時的安定化を図った後、将来の収支見込に基づき、本会財務の安定化と公益法人の財務要件が継続的に達成していくための作業を前進させたい。

神奈川県歯 評議員会

鶴岡会長が報告

伊勢原市長選挙に萩原氏が立候補

神奈川県歯科医師連盟（鶴岡裕亮会長）は20日、第56回定時評議員会を、横浜市の歯科医師会館で開催した。庶務および事業報告等がされ、三つの議案が承認された。

鶴岡会長はあいさつで、7月の参議院選挙に向けて組織代表の比嘉奈津美参議院議員を支援していく姿勢を見せた。また、神奈川県伊勢原市の市長選挙に、同会の萩原鉄也氏が立候補したことを報告した。

山田宏参議院議員、比嘉議員が国政報告を行った。

山田議員は、今般の診療報酬改定がプラス改定になったことについて、「今改定では国会議員の方が皆一様に、プラス改定について賛同してくれた。日頃の先生方のたゆまぬ啓発のたまもの」と語った。さらに、骨太の方針の歯科の文字数増加が、歯科の存在感の強まりだとし、「人口減少社会に向け、健康のための口腔。これを広めていく」と意気込んだ。

㊤全議案は可決した
㊨あいさつする鶴岡会長。次期参院選での比嘉氏の支援などを報告した

比嘉議員は、デンタルミーティングを年明けから全国30件で行った報告に加え、少子化対策としての妊産婦向け歯科健診に言及。「自民党内に妊産婦向けの勉強会が多くあり、妊婦支援策に関する検討会を社会保障審議会が立ち上げる予定。子供を産みやすい社会づくりに向け、産婦人科、小児科などと連携しながら妊婦の歯科啓発に取り組んでいく」と話した。その他、団塊世代の引退を見据えた若者の歯科医師会入会の促進や、スポーツ歯科、睡眠歯科等の推進の必要性を語った。

議事は以下の通り

・令和5年度収入支出決算に関する件
・貸借対照表、財産目録に関する件
・選挙管理委員会委員の委嘱に関する件

日本医師会　役員選挙

松本会長が再任

「一致団結する強い医師会へ」

日本医師会の役員選挙が22日、東京都文京区の医師会館で開かれた第156回定例代議員会で行われた。会長には2人が立候補し、投票により334票を獲得した現職の松本吉郎氏（埼玉）が、松原謙二氏（大阪、38票）を退けて再選を果たした。副会長と常任理事、理事、監事は定数内の立候補で挙手による採決で全員承認された。任期は令和7年度定例代議員会終結時まで。

左から釜萢副会長、茂松副会長、松本会長、角田副会長

代議員会後の記者会見で、松本会長は、「地域から中央へ」「さらなる信頼のある医師会へ」「医師の期待に応える医師会へ」「一致団結する強い医師会へ」をテーマに掲げて、諸課題に取り組んできたと強調。医師の偏在問題や、かかりつけ医機能、働き方改革、災害対策、感染症対策、組織強化などについて「さらに一歩進める医療政策を打ち出し、強力に進めて参りたい」と意気込みを語った。

会見には副会長に選任された角田徹氏（東京）、茂松茂人氏（大阪）、釜萢敏氏（群馬）の3人も出席。

来年の参議院選挙を見据えている釜萢氏は、「医師会が取り組むべき課題は非常に多い。常任理事10年の経験を生かして会長を全力で支える」と発言。「来年7月の参議院選挙に向けて全国を回り、しっかりと理解をいただくのも重要な仕事だと思っている」と述べた。

会長と副会長以外の新役員は次の通り。（敬称略）

▼常任理事　細川秀一（愛知）、今村英仁（鹿児島）、松岡かおり（千葉）、江澤和彦（岡山）、濵口欣也（福岡）、黒瀬巌（東京）、長島公之（栃木）、宮川政昭（神奈川）、笹本洋一（北海道）、渡辺弘司（広島）、城守国斗（京都）、藤原慶正（秋田）、坂本泰三（兵庫）、佐原博之（石川）

▼理事　松﨑信夫（茨城）、村上美也子（富山）、鈴木昌則（山梨）、安東範明（奈良）、尾﨑治夫（東京）、小泉ひろみ（秋田）、久米川啓（香川）、中尾正俊（大阪）、福田稠（熊本）、松家治道（北海道）、松村誠（広島）、三木恒治（滋賀）、志田正典（佐賀）、大輪芳裕（愛知）、市川陽子（福島）

▼監事　藤原秀俊（北海道）、松山正春（岡山）、松井道宣（京都）

歯科国試にチャレンジ

●③⑨⑦　2024年（第117回）より

正面頭部エックス線規格写真で評価できるのはどれか。2つ選べ。

a　口唇突出度
b　アデノイド肥大
c　上下顎骨の対称性
d　咬合平面の水平的傾斜
e　上下顎骨の前後的関係

117-A003

答えは本紙のどこかに！

日歯

能登半島地震で義援金最終配分

日本歯科医師会（高橋英登会長）は、能登半島地震に伴う義援金の最終受付分を6月11日で締め切り、4月25日以降に集まった146万8394円を、被害に応じて石川県歯科医師会（113万1130円）と富山県歯科医師会（21万7924円）、新潟県歯科医師会（11万9340円）に配分した。

義援金は、第1次と第2次の受付分を合わせて計9857万2868円となる。

日技 役員選挙・理事会

森野隆会長が再任

当選証書を受け取る森野会長（右端）

日本歯科技工士会の役員選挙が15日、東京・市ヶ谷の歯科技工士会館で開かれた第13回社員総会内で行われ、理事14人、監事2人が選任された。総会後の理事会では、会長に現職の森野隆氏、会長指名で専務理事に松井哲也氏が決まった。他の役職は後日、会長が選定する。任期は2026年6月開催の定時社員総会終結時まで。

再選した森野会長は、「選挙結果によって1人少ない役員でのスタートになるので、皆さんに協力していただくことも多々あろうかと思う。2期目なので早めのスタートを切りたいと思っている」と発言。これまで会員との情報共有が不十分だったとの認識を示し、「いち早い情報を提供できるよう努めていきたい」と理解と協力を求めた。

理事の定数は地区選出枠6人（6地区各1人）と全国選出枠9人の計15人だが、定数内でも過半数の得票がないと落選となる。今回の選挙では、北海道東北選挙区に2人、全国選出枠に11人が立候補し、それぞれ1人と3人が落選、14人が当選した。

◇◆◇

社員総会では、日本歯科医師会の高橋英登会長が来賓あいさつした他、2023年度会計収支決算報告、歯科技工士法制定および日本歯科技工士会創立70周年地域交流事業実行委員会（仮称）設置、役員選挙の全3議案が可決、承認された。

■選任の理事（敬称略）

〈地区選出枠〉
下澤正樹（北海道）
佐野隆一（東京）
森野隆（静岡）
前川清和（大阪）
下江宰司（広島）
鬼束勇輝（宮崎）

〈全国選出枠〉
藤王千春（北海道）
松尾博子（東京）
片岡均（三重）
山下茂子（大阪）
河西武嗣（神奈川）
松井哲也（広島）
大西尚之（新潟）
石川功和（東京）

■選任の監事（敬称略）

上野博（新潟）
秋山佳弘（徳島）

能登半島地震

JDAT活動で技工実施は3人

能登半島地震に伴うJDAT活動へ参加した歯科技工士延べ12人のうち日本歯科技工士会会員は7人で、現地で歯科技工を行った会員は3人だった。日技の調査で明らかになったもの。15日に東京・市ヶ谷の歯科技工士会館で開かれた社員総会の事前質問に対する答弁で大西清支常務理事が報告した。

◇◆◇

答弁で大西常務理事は、「各県歯科医師会を中心に活動したJDATでは、口腔衛生管理を中心にした活動が多く、アンケートの結果、（会員の）3人しか歯科技工を行っておらず、4人は行ったものの、器材運搬やレンタカーの運転での参加が多い結果になった」と説明。

「義歯修理など歯科技工の要望が多い場所もあったと聞いており、十分な連携がなされていなかったと思うので、今後、日技として日本歯科医師会に要望していきたい」と述べた。

補綴歯科学会の登録制度

会長推薦の活用 19人

代議員「もっと周知を」

日本歯科技工士会会長の推薦で、日本補綴歯科学会の登録歯科技工士制度を活用している日技会員は19人となっている。日技社員総会で三品富康代議員の質問に対して森野隆会長が答弁したもの。

日本補綴歯科学会は、非会員でも登録料2千円を払えば、学術大会や支部学術大会、専門医研修会などに無料に参加できる登録歯科技工士制度を実施している。補綴歯科学会の指導医か専門医、日技か日本歯科技工学会の会長の推薦が必要となっている。

三品代議員は、同制度について、「歯科技工士が優遇されている制度なので、もっと周知されて良いのではないか。登録者を増やしてほしい」と要望した。

成田デンタルの訴訟

「一審は誤り」と東京高裁が判断

成田デンタルの定時株主総会（令和4年4月26日）において、当時社長の石川典男氏の再任を含まない取締役選任等が決議された事案で、東京高等裁判所（舘内比佐志裁判長ら）は6月5日、同決議を取り消すと判断した第一審（千葉地方裁判所佐倉支部）に誤りがあったとして取り消した。その上で、同総会の招集手続きに違反はなく、決議は有効との判決を下した。

また、同判決の中で、東京高等裁判所は石川氏と成田デンタル従業員持株会の請求を棄却すると判示。訴訟費用は、一審、二審とも、被控訴人らの負担とすることも言い渡された。

◇◆◇

石川氏は、代表取締役社長のみが取締役会を招集できるという主旨の規定があると主張し、規定に違反した形で招集した総会の決議の不存在、取り消しを求めていた。

一審では、証拠動画が認められて決議を取り消すことが判断されたが、東京高等裁判所では、証拠動画の撮影状況等に不審（不自然）な点があり信用し難いとされ、4月の総会の決議は有効なものと認められた。

なお、被控訴人は上告しているとのこと。

東京歯科保険医協

「算定漏れに注意を」

診療報酬改定で坪田会長

㊤総会、記念講演には多くの会員らが集まった。㊨「ステルス改定」というキャッチーなネーミングで、今改定について解説した

2024年度診療報酬改定は、複雑・難解だが、新たな項目、算定要件、加算、施設基準の届け出などを把握しているとそれなりに増点となっており、算定漏れが起こりやすい「ステルス改定」。東京歯科保険医協会が16日に開催した第52回定期総会の記念講演で、同会の坪田有史会長が指摘したもの。

講演の冒頭、坪田会長が歯科医師になった1989年当時、医療費全体に占める歯科医療費の比率は10％だったが、減少傾向が続いて21年には7％ほどとなっていると指摘。「歯科医療費の総枠拡大が必要で、実態に応じて算定できるものは算定しなければならない」と述べた。

「ステルス改定」は坪田会長の造語で、財務省や保険者など「外部」からは実態が見えにくい改定となっていることを指す。結果的に、「内部」である歯科医療者側からも理解が難しくなっている可能性を示し、保険請求について十分な知識を持つ必要があると訴えた。

講演では、それぞれの項目について概略を説明した上で、実際の診療、請求での留意点について具体的に指摘。特に、クラウンブリッジ、接着歯学の専門家でもある坪田会長によるCAD／CAM冠、PEEK冠などに関する辛口のコメントが場内を沸かせた。

会場からの質問に答える形で大臼歯部への補綴様式の適用判断について、「第二大臼歯自体の寿命は萌出から50年。寿命を迎えるのは、咬合の問題、清掃性の困難、治療しにくさなどによるが、補綴後も同じ条件となる」と議論の前提を示した。その上で、CAD／CAM冠やPEEK冠を考えた場合、治療成績に関する十分なエビデンスが蓄積されないまま保険適用されたと問題点を指摘し、近年の新技術導入に関する疑問を投げかけた。

東京歯科保険医協

第52回定期総会 予算案など可決

東京歯科保険医協会（坪田有史会長）は16日、東京都千代田区の主婦会館プラザエフで第52回定期総会を開催した。2023年度決算、24年度活動計画、予算案などの全ての議案を賛成多数で承認した。

23年4月に設立50周年を迎え、9月に記念企画を開催した同会は、6月に会員数が6千人を超える大きな節目となった。そうした中、新型コロナウイルス感染症や物価高騰への対策、24年度診療報酬・介護報酬同時改定への対応、指導・監査などの改善要求などの懸案に取り組んだ。

24年には、オンライン資格確認やオンライン請求の義務化撤回、マイナンバーカードの保険証利用に伴う現行保険証の廃止に反対し、審査、指導・監査の改善を引き続き要求するなどの活動を行うという。

決議では、①社会保障制度をさらに充実させること、②歯科医療の充実や医療従事者の処遇改善のため診療報酬を引き上げること、③さらなる患者負担増をやめること、④現行の保険証を存続し、オンライン資格確認、オンライン請求の義務化を撤回することを国に要求するとともに、⑤平和を妨げるすべての動きに反対する、との意見表明を行った。

保団連

診療報酬改定の再改定を求める

全国保険医団体連合会（竹田智雄会長）は17日、談話「地域医療の存続を脅かす2024年度診療報酬改定の再改定を求める」を発表した。

談話では、医療機関が万全の体制で算定を開始するためには、少なくとも6カ月程度の周知期間が必要と強調。賃上げ対応として新設されたベースアップ評価料については、「申請対応に追われて医療従事者の労働環境が悪化しては本末転倒」とし、診療報酬総枠の拡大と基本診療料の大幅な引き上げの必要性を訴えている。

さらに「医療費削減ありきの生活習慣病管理『改悪』は愚策」と批判。また、基本診療料以外の各診療科の点数が引き下がっているとして、汎用点数への手厚い評価を求めている。

ピックアップニュース

■奥歯失うと認知症になるリスク増加か 九州大の研究グループ（毎日新聞/6月10日）
■除去と殺菌を一回の治療で 歯周病を治療する世界初の医療機器 東北大学発ベンチャーが開発（仙台放送/6月10日）
■ペットサロンで犬の歯石そうじ「獣医師以外は違法」50代の女性経営者を「全国初」書類送検（京都新聞/6月11日）
■食べ物が飲み込みにくい！ 命にかかわる嚥下障害のサインを見逃さないで（現代ビジネス/6月10日）
■栃木・鹿沼市長選で元立憲県連幹事長が初当選、自公推薦候補破る（朝日新聞DIGITAL/6月9日）
■「学校行事と重なり」検診を一部実施せず…前年度のデータで虚偽報告（読売新聞オンライン/6月12日）
■天然歯とインプラントの違いをご存知ですか？ メンテナンス方法も歯科医師が解説！（Medical DOC/6月13日）
■韓国人が最も多く診療を受けた疾患とは…昨年、ついに「風邪」を抜いた（KOREA WAVE/6月13日）
■「親指型ロボット」で手の機能を拡張、英ケンブリッジ大が開発（Forbes JAPAN/6月14日）
■子供の10人に1人が該当…「先天性欠如歯」に要注意！ 顎関節症、頭痛、うつ病の原因にも（日刊ゲンダイDIGITAL/6月14日）
■実はこわい『落ち舌』2人に1人傾向が…“正しい舌の位置”を保つ「グミ」を使ったトレーニングを歯科医が伝授【ひるおび】（TBS NEWS DIG/6月14日）

日歯 第203回定時代議員会
地区代表質疑応答

(敬称略)

※質問は書面を、回答は当日答弁を要約

東京
医療的ケア児の問題への施策は
下重 千恵子

日常的に経管による栄養摂取、たんの吸引や人工呼吸器などの管理が必要な「医療的ケア児」の歯の治療や口腔保健管理を担当する人材が全国的に不足し、「医療的ケア児」を理解している歯科医師は2%強に過ぎない現状にある。

一方、医療技術、特に周産期医療の発展、進歩に伴い、重度の障害や低出生体重児は数々の問題を抱えながらも共に生活できるようになってきた。厚生労働省によると、全国の19歳以下の在宅の医療的ケア児は増加傾向にあると言われており、全国で2万人、10年間で2倍となり、それに伴い歯科口腔領域の対応を必要とする乳幼児も増加している。しかし、医療的ケア児の歯科治療や口腔ケアについて知識や経験がある歯科医師や歯科衛生士が少ないままであり、人材育成が急務である。

医療的ケア児は、人工呼吸器や吸引機器の持参が必要となることなどから歯科を受診しにくく、法定健診である1・6歳や3歳児歯科健診ですら未受診の医療的ケア児がいる。これについて、「歯科医の医療的ケア児に対する不慣れが原因で、歯科医の理解がなければ、健診の機会すらなくなってしまう」と記事(毎日新聞 2023/12/9)の中で訴えている。「節目のない歯科健診」「国民皆歯科健診」を提言している現在、このような現状を踏まえ検討しているのだろうか。

医療的ケア児の歯科的問題は、歯科を受診しにくいことなどから、誤嚥性肺炎に罹患する危険性や、人として口から食事をする楽しみや味わうこと等ができない経管栄養者が抱える摂食嚥下障害等もある。「障害者の日常生活及び社会生活を総合的に支援するための法律及び児童福祉法の一部を改正する法律」が2016年に施行され、21年には「医療的ケア児及び家族に対する支援に関する法律」(医療的ケア児支援法)が施行、国や地方公共団体は医療的ケア児および家族に対する支援に係る施策を実施する義務を負うことになった。それには歯科医師会、医師会、看護協会、歯科衛生士会等の医療従事者および学校教職員や児童福祉施設等と行政機関との連携による幅広い対応が不可欠であろう。

「医療的ケア児への歯科の対応について」過去に代議員会で質問があったが、以上のことを踏まえ、その後、歯科的問題や支援等実態調査から医療連携についてどのような施策を検討し、また、近年診療報酬では口腔機能発達不全症者への算定が認められてはいるが、小児在歯科医療、外来における歯科医療の充実について日本歯科医師会の見解および対策をお聞きしたい。

喫緊の課題だが進展していない

■山本秀樹常務理事

地域保健では、医療的ケア児についてどのように関わっているか、都道府県歯科医師会と郡市区歯科医師会にアンケートした。郡市区歯だけ関わっているのが4件、都道府県単体で関わっているのが9件、両方で関わっているのが7件だった。連携の状態は非常に少なく、わずか5件だった。連携先は学校、行政、子育て支援センターとの回答だった。

医療的ケア児は専門性が高いので、認定医や専門医の関わりが重要になる。日本小児科学会の認定医は1171人、全国平均にすると24・9人。日本障害者歯科学会の認定医は1402人で、全国平均29・8人となる。それぞれ都道府県にばらつきが多い。歯科大学のある都道府県に認定医が固まっている状況があり、全国的な展開になっていないと承知している。

そのような状況を踏まえて、審議会等で発言している。前は厚労省、現在はこども家庭庁になったが、成育医療等の協議会の中で、成育医療等の基本方針でも、障害者に対応できる歯科医師の育成や、小児在宅歯科医療体制の充実を図ると記載されている。ここに医療的ケア児も含むことは確認しているが、現実には予算化されていないのが現状だ。

喫緊の課題なので、引き続き要請していきたい。

なかなか進展していないというのが答えになる。

北海道・東北
日歯年金保険の運用方針を問う
土門 宏樹(山形)

日歯年金制度(以下、本制度)は、会員の老後の生活の安定を補償するための制度で、多くの会員がその恩恵に預かっている。本制度は、平成11年度に「実質配当型」に制度変更したこと、また、2千億円を超える原資を運用するスケールメリットを活かし、資産運用されていることに敬意を表する。

昨年公表された各種資料①「日歯年金保険について」(R5・10)、②「過去18年実績まとめ」、③「年金財政に関する報告書」を基に質問する。

③によれば、2022年度の運用実績は、収益額ではマイナス約19億円であり、一方、運用コンサルタント料、委託手数料等の総額で約5・3億円が計上されている。①によれば、同年の運用率マイナス1・44%であり、②によれば、マイナス0・55%であると報告されている。上記の運用率の差が手数料等の総額約5・3億円を加味していることによる差であると理解される。

「資産管理運営委員会」が、運用に関わる経費約5・3億円(実質的手数料0・89%)を掛けて、収益額マイナス約19億円との結果をどのように評価しているのかを伺いたい。あわせて、今後の運営方針についても伺いたい。

目標達成に向け安定運用目指す

■松尾健常務理事

実際に過去10年間の運用実績を資料にまとめている。日歯年金の事業経費のうち、運用管理を委託している機関への手数料は、令和4年度は5・4億円、保有資産額は2208億円のため、委託手数料率は0・24%となる。これに対して、企業年金連合会が発表している企業年金実態調査結果解説では、本会と同程度の資産額を運用している企業年金基金の報酬率は0・28%となっており、本会の年金基金の方が低い水準となっている。運用に関わる経費は、運用の結果に関わらず必要な費用と認識している。

本会では、他の年金基金と比べて低い手数料率で、掛けた経費以上に資産が増加しているものと評価している。

ひとえに歴代担当役職員の努力の結果と、深く感謝している。

日歯年金の資産運用は、今年4月に定期的な見直し検討を行った。10年間を見ると、平均の適用利率は4・98%となる。企業年金平均は約0・9%と低くなっている。マイナスの時も大幅なプラスな時もあるが、平均すると5・2億円程度は運用費として必要と考えている。

今後も運用目標の達成に向けて、安定した運用を担っていきたいと考えている。

東海・信越
感染症の特別措置法への見解を問う
齋藤 彦次郎(長野)

新型コロナウイルス感染症まん延時において、政府からの強い要請を受け、日歯は注射行為または検体採取について全面的に協力し、政府・国民から医療者として一定の評価を受けてきた。しかし、歯科医師による新型コロナウイルス感染症まん延時の注射行為または検体採取は医師法第17条に抵触しても実質的違法性阻却によって処罰にならないとする法的根拠が不明確な位置付けであった。

令和4年12月2日に成立した感染症法の一部を改正する法律において新型インフルエンザ等対策特別措置法の改正が行われ、その中で、感染症発生・まん延時において、歯科医師が一定の要件のもと、注射行為または検体採取を行うことができる旨の規定が新設された。歯科医師の業務について確かな法的位置付けがなされたとして歓迎するが、新型インフルエンザ等対策特別措置法の第三十一条の二の第2項において診療の補助としての位置付けには極めて強い違和感を持っている。

令和4年12月16日付け医政発1216第7号厚生労働省局長通知、ならびに同年12月19日付け日歯発第1106号から、当時の執行部は診療補助の文言に危機感を持って対応し、他の大きな圧力も推測される困難な交渉の結果、非常時に限定した上で、平時には影響しないことを厚労省とも確認している。難しい交渉であり当時の執行部の対応には一定の評価も必要と思われる。

そこで現執行部に以下について質問する。

1、歯科医師は、その養成課程において、筋肉内注射に関する基本的な教育を受けており、また、口腔外科や歯科麻酔の領域では実際に筋肉内注射を行うことがある(令和3年4月26日付け厚生労働省事務連絡)と認識されている。新型インフルエンザ等対策特別措置法の第三十一条の二の第2項における歯科医師の診療の補助の文言と、わが国の医師法・歯科医師法の二元論との整合性について現執行部としての認識をお尋ねする。

2、感染症まん延時において、医療機関を休診し県・市町村からの要請を受け従事した結果、一部のマスコミ報道から歯科医師の従事報酬が看護師等より高いとの批判意見が出された。診療の補助であるならば従事報酬についても看護師等と同様となる恐れが生じるため、執行部の見解をお尋ねする。

3、行政職の歯科医師の立ち位置と業務職権、また保健所長の歯科医師の任用など、診療の補助の文言が具体的に記載されたことによる保健行政への歯科医師の活躍の場の拡大・推進に影響の恐れはあるのか、執行部の見解と認識をお尋ねする。

今案件から歯科医師の教育課程において、より高い全身の管理能力の育成を義務付けることを要望する。

活躍を妨げるものではない

■伊藤智加常務理事

新型インフルエンザ等対策特別措置法の改正が行われ、医行為としての違法性が阻却されたという認識がある。医師法、歯科医師法に違反することなく、行える範囲での麻酔行為となっているので、医師、歯科医師二元論に抵触することなく整合性も図られていると理解している。

ただ、改正された措置法の第31条の二の第2項にある「診療の補助」という文言に関しては、前執行部もかなり申し立てをしていたようだ。厚労省から「現行の法規定の枠組みの中での文言として用いられるものである」との回答を得ており、そのまま文言として載せられてしまったことに関して、日歯としては、今後の歯科の立場を鑑みて、継続して要望を行っていくべきと思っている。

ワクチンの接種時の従事報酬に関しては、それぞれの医療関係職種が専門性に応じて連携しながら接種を行っていた現実がある。今後もそのような形を取っていくと思われる。それに対して、各々の職責に則って、筋肉注射を行っていくことになっているので、その職責に応じた配分があってしかりと考えている。

文言があることで、歯科医師に支障が出ないように、厚労省から「改正後の特措法が平時の歯科医業の範囲に影響を与えるものではないと考えている」旨の通知文が出ている。

有事における緊急性があるものと理解しているので、保健行政の歯科医師の活躍を妨げるものではないと理解している。

教育については、歯科医師国家試験の出題規程に全身管理に関するものが記され、モデル・コア・カリキュラムにも明記されている。教育の面、生涯研修の面でも日歯として各学会との連携を保ちながら検討してく必要があると考えている。

関東

診療報酬改定の自己評価と課題は

森島 愛一郎(群馬)

次の項目について日歯の見解を聞かせてほしい。

1、今回の改定に際しての日歯の重要課題、そして最も苦労した点について

2、今回の改定作業に対する自己評価について

3、次期改定に向けての課題について

初期の目的達成 改善目指し活動

■林正純副会長

令和6年度の改定は、医療・介護・障害福祉サービスのトリプル改定で、第8次医療計画が動き出す時期と重なるということで、令和5年早々に七つの重点課題として中医協で方向性が整理された。加えて、同時改定に向けた意見交換会が中医協議論に先立って行われ、リハ、口腔、栄養の議論で多職種連携が重要で、実効性のある医療、介護連携を要望し、報告書に記載された。

骨太の方針2023に対応した日歯の改定の基本方針で、重要課題を定めた。疾病予防や歯科固有の技術の再評価、口腔機能管理の育成、在宅における医療的ケア児等へのF局の拡大、歯科衛生士、歯科技工士業務の適正評価、新規医療技術・材料等の開発、保険収載など多岐にわたる要望に加えて、オン資対応、物価高騰、人件費問題対応、新興感染症対応、医科歯科格差是正など多くの課題を抱え、極めて難解な対応が求められた。

課題は多く残っているが、概ね初期の目的は達せられたと考えている。

社保審医療部会と医療保険部会で作成された診療報酬改定の基本方針の基本認識では、物価高騰・賃金上昇等を踏まえた対応が記載され、基本的視点として、現下の雇用情勢も踏まえた人材確保・働き方改革の推進が重点課題に掲げられた。

診療報酬改定率に関しては、本体マイナスの話もある中、前年度のおよそ倍に当たるプラス0・88%がついた。ただ、賃上げ目的に特化したプラス0・61%を含んでおり、人材確保に関わる処遇改善に多くの財源が紐づけられた特徴的な内容になっている。

今回改定で最も苦労した点は、医科歯科調剤共通項目としての処遇対応。財源に絡むクラウンブリッジ維持管理料の扱い、前装鋳造冠の適用拡大に要する財源出しの歯科医療現場への影響、かかりつけ歯科医機能の充実に向けた「か強診」の再編といったものが挙げられる。限られた財源の中で、疾病構造の変化を予測して、点数を貼り付けていく、作業も苦労した点になる。

自己評価については、改定に係る診療側の意見(歯科)を以ってまとめに変える。

人材確保・働き方改革等の推進では、ホスピタルフィーとしての評価として、基本診療料で歯科は3回連続で初再診料の引き上げを行っており、今改定での初再診料の引き上げは厳しいという機運の中での対応だった。今回は外安全、外感染の引き上げを含めて初再診料も医科と同等の対応をすることができた点については、評価できると考えている。

◇◆◇

ポスト2025を見据えた地域包括ケアシステムの深化・推進においては、真の健康長寿社会の実現に向けた口腔機能管理の充実が重要で、実現のためには各世代におけるかかりつけ歯科医による健診、治療、重症化予防、継続管理の流れの確立は必須と考えて取り組んできた。

同時に医療DXによる医療情報の有効活用や、遠隔医療の推進、リハ、栄養、口腔に係る実のある多職種連携の推進、かかりつけ歯科医が新興感染症下でも対応でき、地域における職種連携の強化も検討され、一定の評価ができると思っている。

加えて、回復期等口腔機能管理料が新設され、地域歯科診療支援病院の歯科初診料の施設基準にも反映され、病院歯科への対応も評価され、多職種連携のさらなる推進に期待している。

安心・安全で質の高い医療の推進の中で、歯科は従前通り口腔疾患の重症化予防、口腔機能低下への対応の充実、生活の質に配慮した歯科医療の推進を軸として、国民の健康寿命の延伸とQOLの改善に寄与するという歯科医療本来の責務を多くのかかりつけ歯科医が持続的に果たすことができるように、配慮と所用の改定を求めてきた。口腔機能に着目した改定のさまざまな取り組みは、改定の目玉と評価している。

次期改定への課題では、結果検証にもよるが、まずは処遇改善の適切な実施と維持、ベースアップ評価料が当初求めてきたホスピタルフィー等の恒久的財源になること、臨産学官が一体となり歯科活性化につながる新技術等の保険収載が一つでも多く実現することが必要と考えている。医療DX推進体制整備加算についても、歯科における電子カルテ共有サービス等、不透明な部分もあり、今後の重要課題と認識している。さらに、臨床現場を窮屈にしている不合理な通知等の廃止や、改善を引き続き求めるとともに、既存技術料の引き上げのための財源確保や、各方面への理解について要望していくべきと考えている。

九州

シンクタンクと日歯総研の関係は

渋谷 昌史(長崎)

高橋執行部では、昨年シンクタンクを立ち上げ、第202回代議員会における令和6年度の執行方針で、この充実、推進を掲げ、外部との多面的な連携等による戦略的な提言、また、そのための調査資料の開発、対外的な折衝に生かせるデータベースの整備等を図るということを提示した。

一方で、日歯では平成18年に日本歯科総合研究機構(日歯総研)を設置し、NDBデータを活用した医療費分析等、歯科医療の効果、重要性を発信するために貴重な論文を多数作成している。過去の代議員会の質問においても、日歯総研にシンクタンク機能を持たせるということの具体的取り組みについて答弁がなされたが、「2040年を見据えた歯科ビジョン」のワーキングチーム(情報の収集、分析とシンクタンク機能の強化推進チーム)における議論を踏まえて、今後は日歯総研の中にチームを組み入れる、つまり、シンクタンク機能を内包させる方向性が求められるという結論になっていると思われる。

令和6年度は日歯総研の運営予算が前年より約1割減になっており、人員を増強するという考えはないように見受けられる。今回のシンクタンクがどのような人員・組織形態で活動するのか、日歯総研と峻別した組織なのか、認識を確認させていただきたい。

また、2月15日の定例記者会見において、シンクタンク機能としての「歯科情報管理」システムを構築するとのことだったが、厚労省も「歯科保健医療情報サイト」という同種のサイトを開設しており、シンクタンクとしての独自性があるのか、併せてご教示いただきたい。

日歯総研と別に組織の必要性確認

■蓮池芳浩副会長

ご指摘の日歯総研にシンクタンク機能を持たせるという点については、過去の代議員会等において、そのような内容の答弁があった。昨年6月の定時代議員会に提出された資料を読んだが、シンクタンク的取り組みに成果が得られれば、その機能を研究機構の中に組み入れると記載があった。

また、情報データへのアクセスを容易にするためにも、「研究機構の一部署とすることを検討」とされている。

一方で、日歯総研設置当初からの大命題である、シンクタンク機能の取り組みを十分に具現化できないまま、現執行部に移行されたと思っている。

2040年を見据えた歯科ビジョンには、日歯総研機構の中にシンクタンク機能を内包させるという結論とは違う見解がある。「新たな情報の収集分析と発信を担う組織機構の整備を図り」、の後に「具体的対策として、日歯総研とは別に情報収集分析を恒常的に行う新機構を創設し、日歯が保有する各種データのデータベース化を推進し、効率的に活用するシステム構築を行うことが重要である」と書かれている。

さらに、実現のためのアクションの中にも、「情報収集分析とシンクタンク機能を担う新部署の展開」と書かれており、明らかに日歯総研以外にシンクタンク機能を有する組織の必要性を強調している。

私はこの時、総務理事をしており、これに多少関わっていたので、よく覚えている。

令和6年度の日歯総研の予算については、日歯会員の高齢化が進む中で、会費収入が今後確実に減少傾向になる現況を考慮して、1割程度の経費削減を目指すという本年度の予算編成の大枠がある。これに従って、日歯総研の予算も組まれている。

また、人員増強に関しては、令和6年度予算作成に向けて日歯総研案を作成した昨年の段階では、具体的な人選にまで進んでいなかったため、予算には含まれていないが、今後、有能な人材とのマッチングが成立すればマンパワーの増強を図ることはあると考えている。

議決いただいた決算の日歯総研関連の資料を見ても分かるが、常に剰余金を抱える状況で、予算を削ってもすぐに不都合が生じることはない。

厚労省が開設した歯科保健医療情報サイトと、日歯の歯科情報管理システムについては、厚労省のサイトは今年4月1日付で公開され、歯科に関する情報を一元的に提供して歯科医療の質の向上を支援する目的としている。日歯のシンクタンクデータベース文献検索は、日歯や都道府県歯科医師会で実施した調査や報告書、都道府県歯での取り組みなど厚労省のサイトとは対象が明らかに異なる。

日歯データベースは随時更新していく。Jステージやパブメドの同時検索が可能で、網羅的に活用できると考えている。

今回設置したシンクタンクは、研究機構を包含する形でスタートし、当初の目的であった医療の中でもコストバランスが極端に悪い医療行為に関する正しい情報を分かりやすく伝えるためのツール制作に注力している。一定の成果を上げるところまできている。折を見て発表できると考えている。

シンクタンクのさらなる充実を図るための規程改正などを5月の理事会で決定した。構想段階の初期にもあったが、研究機構を分離して、日歯総研が従来通りの業務を行う形として、シンクタンクをバージョンアップすることにした。

ミッションに政策提言を加筆している。少しでも多く導入できる資源を確保するため、最大の固定費である人件費が新たに発生しない役員を中心とした人選になっている。今のところ人員を増やす予定はない。

必要なマンパワーは常勤ではなく、ミッションの内容に応じて、その都度タスクチームを設定し、適宜人員を投入する予定。

その道のエキスパートの協力を得て、時間とコストを節約すると同時に、質の担保を図っていきたいと考えている。

シンクタンク構想は、前執行部の先見性、合理性を高く評価しており、積極的に継続していくべきと認識している。

中国・四国

需給問題踏まえた国試の在り方問う

熊谷 宏(広島)

文科・厚労大臣確認書(平成18年)を元に、歯科医師国家試験が合格者数(現在約2千人)ありきの競争試験となって約15年になる。

背景には、第141回日歯代議員会における「歯科医師需給問題の早期改善を図るために最善の施策を講じられたい」との決議(平成12年)、そして新規参入の上限を1500名程度とした日歯見解(歯科医師需給問題の経緯と今後への見解)の発出(平成26年)がある。

この点について、第202回臨時代議員会の個人質問(歯科医師の需給問題について・高橋代議員・北海道)に対し高橋会長は、学生や保護者からの悲鳴・無歯科医地区の増加などに触れながらも、都市部の歯科診療所は増えているという「偏在」の観点から、ただやみくもに国家試験の合格者数を増やせばいいという問題でないとして、喫緊の対応に慎重な姿勢を示した。

しかし、その後出された厚労省の発表(医師・歯科医師・薬剤師統計の概況)によると、令和4年末現在の「届出歯科医師数」「医療施設の従事者数」はともに40年ぶりに減少、「医療施設に従事する人口10万対歯科医師数」も減少するなど歯科医師需給に関する環境は大きく変化し、国民への歯科医療提供体制の観点からも、日歯としての見解を見直すべき時期にある。

そして、それに対する具体的対応の第一歩として歯科医師国家試験の適正化は待ったなしと考える。

歯科医師需給に関する日歯としての新たな見解の発出について、その後どのような協議が行われ、どのような対応を考えているのか。また、それを踏まえた歯科医師国家試験適正化に関する執行部の見解を伺う。

開業医だけでない選択肢を広げる

■高橋英登会長

教育の現場にいたので、学生の辛い思いを重々認識している。

平成18年大臣合意の頃は歯科医師数が急増して、当時の執行部は質の低下を懸念して、歯科医師数の適正化を図った。当時の方針としては間違っていないと思っている。

大臣合意からどんどんと合格者数は低下している。誤解してほしくないのは、現在も現役の合格率は81・5%で、既卒者が低迷していることで平均の合格率が下がっている点。

選抜試験と表現する先生もおり、選抜試験になっている訳ではないが、「選抜試験の様相を呈している」のは間違いないと思っている。

そして、地域偏在が問題。都市部では、歯科医師数は急増し、開業医の先生が苦労しているのは、歯科医院のためではなく国民の歯科医療にもマイナスに働く要素がある。

単純に合格者数を増やせば結果的に開業医が増えることにつながる可能性もある。

今、行政で働く歯科医師が少ない現状がある。行政の中で歯科医師が働いた場合には、歯科の施策が非常に進む。全国468保健所の中で、歯科の所長は7人しかいない。このような現状を鑑みて、若い歯科医師の働き場を作ってあげるのも必要。全てが開業医ではなく、そのような方向の舵を切ることも必要だと思っている。

歯科医師がここ40年で初めて減少に転じた。診療所の開設者または法人の代表者は2100人減って、診療所の勤務者は568人増えている。これも現状。

若い人にもっと働く場を作ってあげる。そして、選択肢を広げてあげなくては、18年の大臣合意と同じような結果を招く可能性もあるので、両方の方向を考えながら進んでいく。

一番懸念しているのは、歯科大学に入っても、半分しか国家試験に合格しないと、若い人が入ってこなくなってしまう。

歯科界に若い人が人材として入って来ないことが最も危惧される点。その点も踏まえて、現状を把握した上で舵を切っていく。

近畿北陸

全国7地区に災害対応診療車配備を

近藤 貢(福井)

令和6年元日夕刻発生の能登半島地震は大変驚かされる事象であり、お亡くなりになられた方々のご冥福をお祈りするとともに、被災された方々にお見舞いを申し上げる。また現在も復旧に取り組んでいる方々のご苦労に対し敬意を表する。

さて、福井県歯科医師会は近畿北陸地区歯科医師会9府県の一員としてはもとより、富山県同様隣接県として翌朝から3県会長間、専務間での連絡による情報共有に努めた。同時に日本歯科医師会高橋会長、瀬古口専務からは「あらゆる援助を厭わない」とする連絡を早々にいただき、発災直後に心を強くしたことを鮮明に覚えている。また全国各地区の歯科医師会よりお見舞いの連絡をいただき、大変感謝している。

隣接県としていち早く支援に駆け付けなければならないとの観点から富山県歯と相談し、「石川県歯科医師会の受け入れ態勢が整ってから・・・」とし石川県歯からの連絡を踏まえ、1月18日より、富山県同様第一陣の支援隊を派遣した。第一陣の支援内容としては避難所を回っての口腔ケアを中心とした支援だったが、2月4日から10日までの第二支援として福井県は福井県歯科医師会所有の歯科診療車を提供しての医療支援となった。

能登半島先端部の珠洲市において5軒の歯科診療所の内4軒が全く診療不能の状態となり、残りの1軒もライフラインの断裂により診療不能の状態となっていた。その状況の中で日赤医療班、薬剤師会提供のモバイルファーマシーと併設の歯科診療所として診療を開始し、4月27日まで石川県歯科医師会が診療され、530名ほどの新患登録があった。

今回福井県は隣接県として石川県に対し診療車を提供できたが、日本全国からの地震情報や災害情報を頻繁に聞く時、全国7地区歯科医師会に対し日本歯科医師会が歯科診療車を配備し、いかなる場合でも国民に対する歯科診療の確保を目指し、発災時の運用に備えるとともに、隣接地区からのバックアップ体制も整えることが必要な時期に来ているのではないかと考える。また、いわゆる平時においてはその地区の歯科医師会で持ち回り運用による活用も期待できるのではと考える。

このような考えに対する日歯の見解を聞かせてほしい。

予算などの支援引き続き求める

■瀬古口精良専務理事

能登半島地震で被災された方にお見舞い申し上げると同時に、全国各地から多数の支援をしていただき、感謝申し上げる。

訪問診療車は、サイズやチェアの有無などさまざまな種類があり、今回は出動・貸与を控えていただいたところもある。福井県の訪問診療車は、被害の大きい能登半島の珠洲市に行った。訪問診療車は大変有用ではあるが、今回の半島における災害では、道路が寸断され、なかなか車が通れなかった。今後を考えた時に、広域で同様なケースも出てくることも十分あり得る。

当初、寸断された道路が通れるようになり、診療車を出していただいた。そこで530人の診療をしていただいた。しかし、それまでは、ポータブルユニットを持って診療に行っていた。

何台あるかは、毎年都道府県歯科医師会から災害の準備表の登録表を出してもらっている。13の都県が訪問診療車を所有している。21道府県がポータブルユニットを持っている。

今後は、バックアップ体制は必要だと改めて感じている。1台用意するにも多額の費用がかかる。連盟と共にこの問題について要望している。それが実り、国土強靭化の中に「歯科巡回診療」が入り、厚労省と別予算で活用できることになる。

「医療の継続性の確保」という文言も入っているので、耐用年数が来たらまた予算を取ってもらうなど、どこまでできるかは今後の折衝となる。しっかりと診療車が入っても、維持費は国の予算では取れない。維持費については各都道府県の中で工面してもらわなくてはならない。

日歯としては引き続き要望していく。

認可保育園・カフェを併設

安部秀弘理事長（ｉ×ｉグループ）

My Way

ｉ×ｉ（イクシー）グループの安部秀弘理事長は、新生児期から口と全身の発達を考える「口育」の重要性を掲げ、国内外での講演など積極的に活動している。院長を務める栃木県鹿沼市のイクシーファミリー歯科は日本初の認可保育園を併設した歯科医院で、地域の患者の健康を支えている。安部理事長に、活動の趣旨や、今後の目標などを聞いた。

「口育」で全身の発達に貢献

――「口育」について改めて教えてください。

安部　口育とは患者さん、保護者、医療従事者が、新生児からの正常な呼吸・嚥下に関する正しい知識を付け、実践していくことを指します。

不正常な呼吸や嚥下は全身に悪い影響を与えます。代表的な口呼吸は、アデノイドの慢性的な炎症を引き起こし、鼻からの呼吸を阻害します。また、通常は上あごに触れている舌が、口呼吸だと下がるため、舌根沈下という呼吸の通り道が小さくなる現象が起きます。これらの症状は睡眠に悪影響を及ぼし、いびきや睡眠時無呼吸症候群を引き起こします。脳への酸素供給が不十分になるので、記憶力や集中力の低下につながります。さらに、成長ホルモンの低下による低身長などの発達不全につながるほか、アデノイド顔貌という独特な顔つきにもなります。喉が過剰に外気に触れることで扁桃リンパを中心とした免疫機能が低下し、アトピーやアレルギーの発症などさまざまな弊害を起こします。

また、栄養状態も口腔、全身に大きな影響を与えます。例えば新生児はビタミンなどの栄養が不足しがちで、発育に大きな影響を与えますが、知らない人も多いです。

◆◇◆

――活動について教えてください。

安部　イクシーグループの運営する日本口育協会で、口と全身の関係について、広く啓蒙活動を行っています。小児期の誤った呼吸・嚥下習慣が、発達障害を引き起こすことは、海外ではよく知られていますが、日本ではまだ浸透しているとは言えません。学術セミナーの開催、書籍の発行、動画投稿や、育児雑誌への広告出稿などを行い、幅広い層に口育を知ってもらえるよう努めています。

診察では資料を用いて口と全身の関連について説明している

また、口育について知識のある資格「口育士」を認定しています。資格取得のための勉強や試験はオンライン上で完結しているために幅広い人が取得を目指せます。口育協会会員で資格を取得した際には、日本口育協会認定歯科医院としてホームページ上に掲載させていただいております。より栄養に重きを置いた「口栄士」も認定しており、多くの患者さんに口育を広めるきっかけの一つになると考えています。

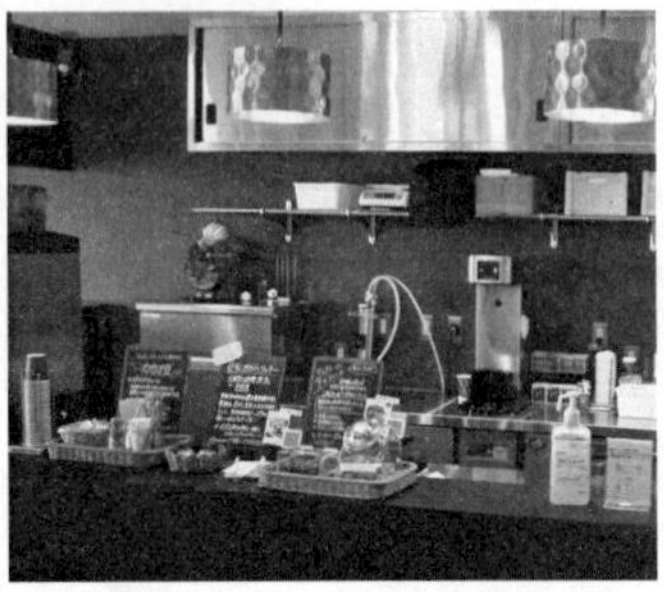

カフェ内装
無料提供のおからクッキーは歯ごたえがあり、少量でも満足感が得られた

◆◇◆

――運営している歯科医院、認可保育園、カフェスペースについて教えてください。

安部　イクシーファミリー歯科はトータルウェルネスセンターとして、来院する患者さんに対して、口腔管理が全身に影響することをお伝えしています。歯科領域のみを診ているだけでは、長きにわたって患者さんの健康を支えることはできません。定期的なメンテナンスを提案する際に、口腔と全身の関連性を説明しながら、歯を健康に保つことのメリットを多角的に説くことが重要です。院内で人形劇などのイベントも行い、多くの患者さんが来院したくなる医院を目指しています。

すまいるくりえいと2

保育園は認可保育園「すまいるくりえいと1」、企業主導型保育園「すまいるくりえいと2」を運営しています。主に地域の方やスタッフに利用してもらっており、園児には基礎的な口腔機能育成プログラムを実践しております。

併設のカフェは完全無料のフリースペースとして運用しています。以前は有料の食事を提供していましたが、歯科医院と喫茶店が併設することによるシナジーや、経営的なメリットを感じ難かったことから完全無料に変更しました。コーヒーや、糖質制限に有効なおからクッキー、糖質ゼロチョコレートを自由に召し上がっていただけますし、歯科に関する本などを設置し、貸し出しも行っております。患者さんが当院を訪れる機会が少しでも増えればよいと考えています。

◆◇◆

――今後の展開を教えてください。

安部　口と全身の健康の関連性は知られてきていますが、発達にまで関わってくるということまでは広く知られていません。イクシーグループは地域の患者さんと向き合いながら、広く口育の概念の普及に努めます。

クリニック運営に関して、現在は定期的なメンテナンスに通ってくださっている患者さんが約6千人おり、ユニットにもまだ余裕があるため、今後より多くの方を迎えられると考えております。一つのクリニックで末永く患者さんと向き合いたいので、分院展開は現状、考えておりません。

患者さんだけでなく、スタッフも充実して診療に臨んで欲しいと思っています。予防歯科において大きな役割を持つ歯科衛生士の給与を地区の最高額に設定し、インセンティブ制度も取り入れております。スタッフのモチベーションが上がる仕組みを作ることで、接遇も自然と向上します。

研修医の受け入れも積極的に行っており、当院の理念を将来の診療に活かしてもらえるように指導しています。開業を考えている歯科医師は、都心に目を向けがちですが、地方開業でもここまでできる、というロールモデルになれればと考えています。

投稿寄稿

日本がん口腔支持療法学会からの提言⑧

かかりつけ歯科のサポートがなぜ必要か

理事　百合草 健圭志
静岡がんセンター歯科口腔外科

がん治療に伴う口腔関連合併症は、がんの種類、病期、治療内容（手術・がん薬物療法・放射線治療・緩和医療など）に関わらずあらゆる場面で起こるため、網羅的、継続的に歯科医師、歯科衛生士が口腔管理することが必要である。がん診療連携拠点病院の歯科・口腔外科では、周術期等口腔機能管理が行われている。

しかし、がん治療を受ける全ての患者の口腔管理を病院内の歯科だけで完結することは不可能で、かかりつけ歯科診療所との病診連携体制が必要となり、がん診療連携拠点病院の要件になっている。日本歯科医師会、都道府県歯科医師会は適切な口腔支援をシームレスに提供できるがん診療連携登録歯科医を養成しているが、連携数はまだまだ少なく、連携体制の有効活用が期待される。

特別な対処は不要

◆◇◆

病院では治療中に義歯不適合や補綴物脱離、動揺歯、歯性感染症の急性増悪などの歯科的トラブルが起こった場合、医師・看護師から相談があり、院内の歯科・口腔外科が対応する。治療中の対応は全身状態から制約があり、応急処置などに留まることも多い。時間的余裕がないため、抜歯等の原因除去が優先され、QOLを低下させた後のフォローアップが十分ではない。これらの歯科的トラブルの多くは定期的な口腔管理で予防・軽減が可能で、制御できる。

がん患者の口腔管理は3段階に分かれ、かかりつけ歯科ですべきことが整理できる。1段階目は患者自身で口腔衛生を保つことであり、毎日の歯磨きや洗口、義歯管理などのセルフケアの実施が推奨される。看護師、介護者などの非専門職によるケアもここに含まれる。2段階目は歯科医師、歯科衛生士が専門職として行う口腔管理であり、専門的口腔ケアや患者毎の状況にあわせた口腔衛生指導が行われる。非侵襲的な歯科処置や義歯調整などであれば、通常はがん治療内容にかかわらず実施可能である。単回ではなく、定期的な口腔管理が必要である。3段階目は病院歯科口腔外科で行われる高度な口腔管理を必要とする治療中の歯科的対応である。がん治療担当医と密に情報交換を行い、治療状況にあわせて抜歯等の侵襲的な歯科処置や重篤な有害事象対策が行われる。かかりつけ歯科の口腔管理では、定期的なセルフケアのサポートと専門的口腔ケア、歯科処置を期待している。

◆◇◆

がん治療中には口腔ではさまざまな合併症や歯科疾患が引き起こされるが、実際は起こらないように制御できることも多い。それには特別な対処は不要で、かかりつけ歯科である地域歯科医院での定期的な口腔管理は、一番身近でがん患者に寄り添う、がん治療に立ち向かう患者の支えとなる生活の医療である。がん治療を遅滞なく実施する、口から食べることを維持する、患者の社会生活を口からサポートすることは、患者、他の医療者が私たち歯科医療者に対してのニーズであり、歯科界としてその期待に応えるようにしていきたい。

歯科用語の使用法を提案

口腔衛生学会

「検診」と「健診」など

日本口腔衛生学会(三宅達郎理事長)は5月22日、「歯科口腔保健に関する使用法や解釈に混乱等がある用語に関する本会としての考え方」を公表した。歯科口腔保健に関する用語が同学会会員を含む歯科関係者、教育関係者や行政機関、マスメディア、インターネット上で異なっていることを受け、正しい用語解説および使用法の提案を行っている。

◇◆◇

項目別に①現在歯と残存歯、②速食いと早食い、③検診と健診、④糖質関連用語の用語を解説している。

現在歯と残存歯では、同学会に論文等を投稿、学術大会にて発表する場合、晩期残存乳歯などの例外を除いて、口腔内に存在する歯を表現する用語は「現在歯」と主張。「近年の国民の口腔保健の実態や保健医療介護の分野をはじめ多職種連携が推進されている実情を踏まえても、『残存歯』と表記するのは不自然であると考えられる」と見解を述べた。

しかし、文脈等を考慮して現在歯数を「歯の本数」または「歯の数」と表現することは問題ないとの考えを示した。

速食いと早食いでは、学術団体として科学的な観点を優先した結果、「速食い」を提案している。

◇◆◇

検診と健診では、用語の使用法として適切か否かの判断がつきかねることが時々見られると前置きした上で、「歯周疾患、口腔がんなど特定の疾患の検出のみを目的とした場合には『検診』、歯科疾患の有無やそのリスク等も含め、健康全般を扱う場合は『健診』を提案する」と主張した。

◇◆◇

糖質関連用語では、糖質、糖類や糖分など各項目に分けて解説。糖分に関しては厳密な定義がなく、甘いものやごはん等の糖質食品を指す曖昧な言葉として用いられており、学術用語ではない観点から同学会に投稿する論文では、原則使用しないことを強調している。

詳細はホームページまで。

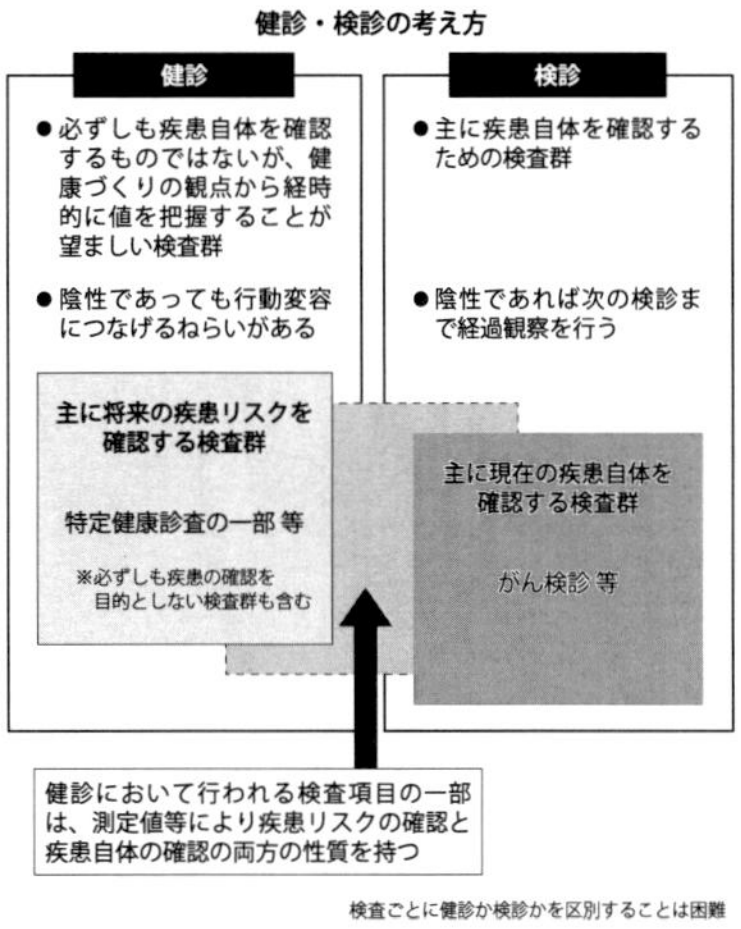

検査ごとに健診か検診かを区別することは困難

デンタル小町が通る

平成歯科クリニック院長
(大阪府寝屋川市)
小谷泰子 ❸

食のこだわり

前回、食が大事と書きましたが、私の祖母も「食べている時が一番幸せだ」と常々言っていました。私はそれを支える職業に就こうと歯科医師になり、嚥下障害、ドライマウス、睡眠時無呼吸に特化した歯科医院を開院しました。ただ、私自身は基本的に普段の食物にこだわりがありません。ときどき無性にラーメンと餃子、ファストフード店のポテトなどを食べたくなることがありますが、普段は空腹が満たされればOKです。何となく、思い出したように野菜を摂取はしていますが、栄養に関しても「……」といった感じです。

大学病院に勤務中に、嚥下障害の患者さんとご家族に「食は大事。しっかりと栄養を摂りましょう」と説明した直後に、昼休みに食堂で素うどんをかきこんで移動しようとしたところをそのご家族に見つかり、「先生、『食って大事!』でしたよね」と突っ込まれたこともありました。会食などで、今までお伺いすることもなかったようなお店でおいしいものをいただく機会も増えましたが、「何を食べるかよりも、誰と食べるかが大事だよね」などと言いつつ、実際にはテレビをつけ全録された番組からお気に入りを選び、それを見ながら簡単な夕食をとる毎日です。

ただ最近は、少し食にこだわりがある方がかっこいいよね～と思うこともあり、納豆だけはこれと決めた商品を購入するようにしています。ですが、それも特段、味が気に入っているというわけではなく、田舎の父が最寄りのスーパーからなくなってしまったとわざわざ3倍の時間をかけて買いに行っているため、その影響を受けているだけなのですが、「そこまでして」と思うと少し贅沢な気持ちになります(幸い、私の職場の最寄りのスーパーにはその納豆が置いてあります)。

「人生、あと何回食事をするかを考えると、どの食事もおろそかにはできない」と人生の先輩や歯科医師の先輩方がおいしい食物やお店を教えてくださることに感謝しながら、納豆以外のこだわりを探していきたいと思います。

101歳で大往生の祖母(97歳時)。「食べてる時が一番幸せや」

こだわりの納豆。3パック100～120円と少しお高め

認知症予防学会

認知症の現状や課題など 記念日に啓発活動

認知症予防学会(浦上克哉代表理事)は2024年6月16日、東京都千代田区のステーションコンファレンス東京と、オンライン上で開催した。同学会は、認知症の予防を多職種連携で担うために学術研鑽する組織で、歯科関係者も参加している。

今回のイベントは、認知症予防の日とされる6月14日(アルツハイマー博士の誕生日)に、認知症予防の最新情報を発信、啓発するのが目的。昨年6月に認知症基本法が成立して、より社会の関心が高まっている中で開催された。

来賓あいさつには、鈴木隼人衆議院議員、畦元将吾衆議院議員、本田あきこ参議院議員、厚生労働省老健局担当室長らが登壇。このうち畦元議員(日本診療検査技師会顧問)は、「現在、認知症の早期発見のための健診制度の制定に向けた動きが進んでおり、日常生活の改善で認知症の進行抑止ができることを国民に周知していきたい」と語り、疾患修飾薬と早期発見により、予防の可能性が高まったと示唆した。

講演では、浦上代表理事(鳥取大学医学部保健学科教授・認知症予防学)=写真=らが、現実化しつつある認知症予防の現状と課題を報告。

浦上氏は、『レカネマブ』などの疾患修飾薬の開発で、病気そのものの進行を抑えられるようになったことや、喫煙率の低下、血圧管理の普及などにより、軽度認知障害(MCI)から認知症に移行するケースが抑えられている事実から、認知症予防の臨床的意義が高まってきたと強調した。

実際に、最新の厚労省のデータから、当初予測されていた2025年時の認知症患者数(700万人)に対して、現時点で472万人に抑えられていると指摘。今後も、多くのケースでMCIから認知症に移行せずに推移すると考えられることから、健康な状態からMCIを経て認知症に至る「一次予防」「二次予防」「三次予防」の各段階で、本人、家族を支える、さまざまな専門職による地域連携が重要だと訴えた。

◇◆◇

認知症予防における歯科の役割は大きい。長年、歯科の立場で認知症予防に関わってきた黒澤俊夫氏(茨城県開業)は、医科に比べて極めて長期間、患者と関わる歯科の特殊性に着目。外来や訪問でのふとした態度や、家族の反応などから、認知機能の異状をいち早く気付くことができると指摘している。また、糖尿病がアルツハイマー病に関連していることから、歯周病と糖尿病、認知症をつなぐ医科歯科連携の可能性もあるという。

科学大理事長

大竹尚登氏を選任

今年10月に開設予定の東京科学大学の初代理事長候補者に東京工業大学科学技術創生研究院教授・院長の大竹尚登氏が選ばれた。任期は10月1日から2028年3月31日まで。

同氏は1963年の神奈川県生まれ。東京工業大学工学部機械工学科を卒業。同大理工学研究科工学専攻修士課程修了。博士(工学)取得。

その後、同大理工学研究科機械物理工学専攻教授、同大副学長、名古屋大学大学院工学研究科マテリアル理工学専攻准教授などを歴任。

なお、同大大学長が同時に設置されることも決定している。

日歯大

顔認証で出欠管理 システムを実証実験

日本歯科大学(藤井一維学長)は5月28日、顔認証を用いた出欠席管理システムの実証実験を23年3月7日より開始していることを公表した。同システムは丸紅情報システムズ(MSYS)、NECソリューションイノベータ、クリネットが参画して構築されている。

同大は「公平性のある確実な出席管理を行う」という目標を掲げ、その実現に向けた取り組みとしてMSYSと連携し、実証に至った。実証実験に参加した学生は約130人。

同大担当者によれば、「出席の取り方をより正確に他の媒体を介さずに取得する方法を検討していた。生体認証の中でも顔認証の精度が上がってきたので、出席管理に活用できるのではないかと思い、実証実験を開始した」と話す。

同システムを導入することで、教職員の出席管理業務の負担を軽減し、学生教育に注力できる環境を整えていくとの考えを示している。

今後も継続して運用するとのことだが、6月末を区切りに、一旦実証実験が終了する予定だ。

なお、長期間掛かった理由として、MSYSの担当者は「通常の授業を実施する中で、機会を得て実証実験を行っていたため、全体の期間として長期間になった」と説明している。

実証への参加企業と役割

日本歯科大学	トライアルフィールドの提供、利活用検討
丸紅情報システムズ	グラウンドデザイン、実証参加企業取りまとめ
NEC ソリューションイノベータ	顔認証 PKG Bio-IDiom KAOATO 提供
クリネット	出席確認用途における IP カメラ技術、機器提供、導入 SI 支援

管理栄養士の活躍

口腔機能の発達、口腔機能低下への対応、フレイル予防などの観点から、歯科医療において食事・栄養の重要性が注目されてきている。子供から高齢期まであらゆるライフステージに応じて生活習慣にもアプローチする必要性が生じている中で、歯科医院で活躍し始めているのが管理栄養士だ。管理栄養士が歯科医院で果たす役割や、具体的な取り組みについて、四つの歯科医院を取材した。

かすもりおしむら歯科・矯正歯科・口腔機能クリニック

話し手　押村 憲昭 院長

「全国の歯科医院に雇用を」

――貴院での管理栄養士の業務内容を教えてください。

押村　当院では口腔機能低下症の検査から口腔機能低下症と診断された患者さんへの口腔機能訓練などを管理栄養士が担当しています。ほかには、糖尿病患者の歯周治療の際や義歯やインプラント治療の前後に栄養指導を行っています。

――管理栄養士業務は始めから今の形だったのでしょうか。

押村　栄養学の知識や経験などを活かせる今の環境を整備できたのは、口腔機能低下症の診断を始めた約2年前です。雇用した最初の1年目は、日常の食事に関する栄養指導を担当してもらっていましたが、患者さんからの予約が入りづらい状態でした。歯科医院で栄養指導を受けるのは一般的ではなく理解してもらいにくかったので、今は歯を診る一貫として栄養指導も行っていると伝えています。

管理栄養士による患者さんへのヒアリングでは、噛めて飲み込めているのかを、それまで直接聞きづらかった普段の食事内容からも知ることができるようになりました。

――歯科での管理栄養士の役割について思うことは。

押村　全ての歯科治療において管理栄養士は必須だと考えます。歯を治す理由の一つは多くの場合「歯が痛いから」ですが、歯の痛さで困るのは食べづらいからであって、食べづらさを解消するために歯の治療を受けるので、食べられるところまで関与するのが歯科医院の役割ではないかと思ったのが理由です。

それから、補綴や義歯、インプラントなどを入れただけで歯科治療を終えてしまうのは、歯の形態を回復しただけで終えているのと同じではないか。例えば、事故や病気で足の切断を余儀なくされた方に義足を作る場合、義足で歩けるようになるためのリハビリも必ずセットで行います。義足を作って装着したら終わりではありません。歯の治療も義足のリハビリと同じで、治療後の「ご飯が食べられる」「飲み込める」まで関与するのが歯科治療ではないかと思いましたし、ご飯が食べられる、飲み込めるかを食習慣も含めて聞き取れるのは管理栄養士ではないでしょうか。

「歯を治すと寿命が長くなる」と説いた論文は意外と少ないですが、「歯がある人は寿命が長い」という話は良く聞くと思います。歯がある人は栄養が摂れているので長生きできたと考えれば、歯を治すことが大事ではなくて、歯を治してかつ栄養が摂れているかが長生きには必要といえると思います。

これは長寿で有名だった金さん、銀さんにも通じます。二人で3本しか歯がなくて入れ歯も使っていませんでしたが、二人は自分の口で食事をしていました。歯があった方が間違いなく良いことではありますが、栄養を摂れていたから長生きできたと考えることができます。

そのため、手技によって口腔機能を回復するだけでなく、食べられている、飲み込めているかを確認するところまでが歯科治療のゴールではないでしょうか。

歯を守るだけでは栄養状態が変わらない人もいるので、栄養が摂れているか否かを栄養素から把握できる管理栄養士は全国の歯科医院に必須だと思いますし、管理栄養士が歯科医院で業務ができる環境を整えていくのは歯科医療の裾野が広がり、患者さんの健康長寿にもつながるはずです。

患者に説明する押村院長

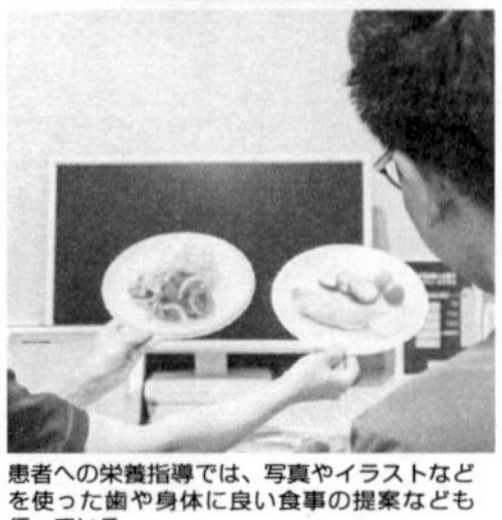
患者への栄養指導では、写真やイラストなどを使った歯や身体に良い食事の提案なども行っている

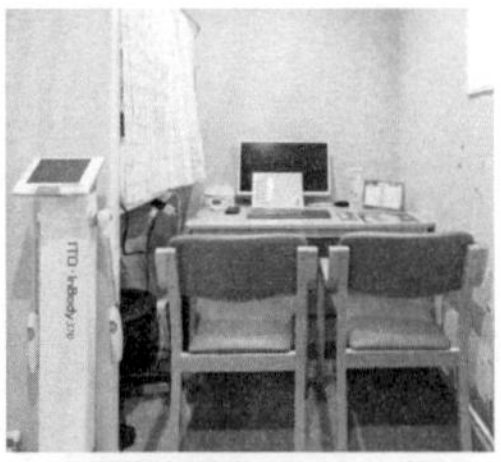
管理栄養士が患者へのヒアリングや口腔機能訓練、栄養指導などを行うスペース

なかい歯科クリニック

話し手　中井 巳智代 院長／管理栄養士 石崎 千帆 氏・井岡 千晴 氏

子供のため「食育カフェ」展開

中井院長

――管理栄養士とともにチーム医療に取り組む理由は。

中井　歯科医院で子供の口の環境を変えるためには、歯科衛生士と一緒に取り組むだけでは、まだまだ十分ではないと思ったからです。

例えば、小学校の歯科健診でもお口ぽかんで、口唇閉鎖不全の子供が増えており、これらは骨格による先天的な遺伝要素もありますが、食形態の変化など後天的要素もすごく大きいと考えています。また、全国的に子供のむし歯も減少傾向にあるそうですが、地域格差があると思います。当院でも、2本、3本とむし歯のある子供は珍しくありません。

――管理栄養士の役割を教えてください。

石崎　普段は食育カフェ「oyako食堂ごはんの樹」や歯科医院で栄養・離乳食指導、お口のトレーニング(MFT)などを行っています。

私は以前、都内の歯科医院で勤務していましたが、ここに来て思ったのが(都内よりも)食への関心度が低く、中には1日の食事を給食で済ませたり、アイスや甘菓子だったりなど、一日3食きちんと食べていない子供がいることに驚きました。「子供ってカレーやハンバーグ、唐揚げが好きなのかな」と漠然に思っていましたが、「固くて食べられない」というケースも多いです。

歯科では管理栄養士が必要ないのかなと思っていましたが、小学生になる前の段階で、歯科から栄養指導や食べることの重要性を伝えるなど、患者さんの健康意識を高めることは大切ですね。

中井　口に関するプロの「歯科」で、食に関するプロの「管理栄養士」がいないのは不自然だなと感じます。食べること＝口に入る最初の入り口ですから、歯科から糖尿病の改善や治療的な観点から、管理栄養士の指導を入れるのは必要だと思います。

結局、繰り返しむし歯の治療に通ってくる親御さんや子供でも、私たち医療者が当たり前に知っていることすら知らない人が大半です。

そこで「言わなくても分かるはず」「普通は知っているよね」と対応するのは医療者の傲慢です。知らなくて当たり前を前提に、患者さんの目線を揃えてあげて一つ一つ丁寧に解説することで、最終的には医療者の手が離れても、患者さんが積極的にセルフケアをするなど行動変容にもつながります。これこそ予防医療の最終ゴールであり、そのためには管理栄養士の存在は必要不可欠です。

――今後の展望などありますか。

中井　今後も市民向けの講演や歯科医院での指導を通じて、管理栄養士とともに地域の中で健康教育を根付かせていきたいです。

患者さんに治療をするのと同じぐらい重要なことですし、何かきっかけがないと健康観を高めることはできないと思っています。歯科だからこそできることもたくさんあると思うので、管理栄養士にはどんどんいろんな企画に参加して、患者さんと一緒に楽しんでもらいたいですね。

井岡　私の周りでも、管理栄養士として歯科業界に入った友人がいましたが、結局は受付・アシスタント等の全ての業務を担う形になってしまったみたいです。

私の体感ですが、まだまだ歯科の中で管理栄養士の立場が低いので、歯科衛生士、歯科技工士と並んで重要な立ち位置になれれば、歯科臨床にとっても、これから歯科業界で管理栄養士を目指す人たちにとってもうれしいことだと思います。

管理栄養士の石崎氏(右)と井岡氏

カフェで管理栄養士が栄養指導することも

特集　歯科医院で求められる

なりとみ歯科

話し手　成富 健剛 院長

栄養指導で歯肉の状態が改善

――管理栄養士を雇用したきっかけは。

成富　う蝕や、糖尿病、フレイル、口腔機能発達不全症などに栄養が関連していると知られているにも関わらず、歯科に栄養や食事の面をアプローチする職種がいないことに違和感を覚えたことから雇用を始めました。

雇用当初は明確なイメージがなかったため、管理栄養士さえいれば何とかなるだろうという安易な考えでした。管理栄養士も歯科診療の知識がないので、何を、どのようにやるのか、まったく分からない状態でした。

数年、迷走を続けた挙句、既に歯科医院で活躍している管理栄養士の取り組みを参考に、自院に取り入れていくことで、ようやく形になってきました。

――管理栄養士はどのように診療に関わっているのでしょうか。

成富　管理栄養士が介入するパターンで一番多いのは来院するたびにむし歯が増えているという患者さんや、急にむし歯ができ始めたという患者さんです。これらは糖質の過剰摂取が要因となっている可能性があります。食後の血糖値の乱高下によって、イライラ、ぼんやりすることが多くなり、ストレス解消のためにさらに糖分を摂取する悪循環に陥ります。悪化すると人格形成にも影響を及ぼしますし、将来の糖尿病、脳血管障害にもつながります。

介入のタイミングとしては歯科医師および歯科衛生士が口腔内の変化に気付き、生活の変化や、急激な体重の増減などがあった患者さんに対して声掛けを行っています。所見があった場合に、管理栄養士につなげ、栄養や食事の記録を提案していきます。

――患者の反応は。

成富　総義歯の患者さんで、食事の時間を多く取れないことから、入れ歯を外して流動食を口に流し込んでいるという食生活の方がいらっしゃいました。歯科医師の聞き取りで発覚し、低栄養のほぼ手前まで悪化していましたので、管理栄養士が食事指導を行い、改善することができました。

また、高齢者で糖質過剰の患者さんからは、歯肉に炎症が常にあったのが、糖質を抑えるようにしたら歯茎の色が良くなってきたとの声をいただきましたし、定期的に内科に通っている患者さんは数値が良くなったと喜んでいました。

――患者は指導内容を実践してくれますか。

成富　実践してくれるかは二極化していて、熱心に取り組んでくれる人も多いですが、そうでない方もいます。特に食事の記録については、都合の悪い部分を隠す患者さんは多いです。患者さんが記入するのではなく、写真で記録するようにしてもらうことで改善しました。記入の煩わしさや、悪いものを食べた時の抵抗が少なくなったからと考えています。

また、患者さんへの啓発として、「栄養新聞」を患者さんに配ることもしています。現在、管理栄養士は診療にも関わってはいますが、主にクリニックの受付に配置して気軽に相談できるようにしたいと考えています。

――今後について。

成富　医科と歯科の連携が重要視されていることから、多機能な歯科医院を育てる必要性を感じています。今回の診療報酬改定で歯科に糖尿病患者が訪れる機会が増えるはずです。疾病予防の観点からしても管理栄養士は歯科医院に必須の職業になるでしょう。人口減少時代を迎える中、将来を担う世代のためにも、健康の入り口を担う我々歯科医師が、今すぐにでも動き出していかなければならないと考えています。

成富院長

なりとみ歯科では初診時にカウンセリングを実施。必要に応じて栄養指導を行っている

藤沢歯科

話し手　雨宮 啓 院長／管理栄養士 大嶋 香穂 氏

生活習慣にチームでアプローチ

――どのような思いで管理栄養士を雇用するに至ったのでしょうか。

雨宮　歯周病とインプラントを専門に、機能回復中心の歯科診療に注力していましたが、多くの患者さんがメンテナンスに移行して長期間お付き合いしていく中で、さまざまな全身疾患を患う人を見てきました。

歯周病も生活習慣病の一つと言えますが、生活習慣の影響は、全身的に見れば心臓病や動脈硬化、高血圧や糖尿病などとして現れます。歯科医療機関として患者さんの健康を支えていくためには、生活習慣にアプローチできるチームを作りたいと強く思いました。

特に食べ物は大切との考えから2021年に管理栄養士がチームに加わり、摂食嚥下・栄養サポートも含めたトータルアプローチによる予防歯科を提案しています。

――実際に管理栄養士はどのように診療に携わっていますか。

雨宮　前提として、当院は完全自費診療で、歯科医師と歯科衛生士、管理栄養士がチームを組んで、患者さんを診ます。初診時には問診や口腔内の精密検査をして、治療方針や定期的にメンテナンスしていくのかコンサルテーションします。

患者さんのケースによって、関わり方は変わりますが、2回目の来院時には、管理栄養士が、医療用体成分分析装置（インボディー）による体組成分析や食事記録を取り、カウンセリングを行います。口腔機能低下症などの可能性も含め、口腔内環境とライフステージに合わせた食生活のアドバイスや栄養サポートをします。

大嶋　例えば、抜歯など侵襲的な治療後は、お粥やゼリー食など食べやすい炭水化物を摂取しがちになります。歯肉を修復するためには、タンパク質をしっかりと摂取してほしいので、食事の工夫などもお伝えします。

メンテナンスの患者さんは、次の受診日まで食事の写真を記録していただいて変化を見たり、糖尿病や高血圧を有する患者さんは内科等での健康診断結果などを持ってきていただいて、食事のアドバイスなどをしています。口腔が乾燥している人には唾液の出やすい食事なども紹介します。

――体制構築や診療に際して、苦労した部分などはありますか。

雨宮　初診から患者さんにどのように携わっていくかのシステムを手探りで構築した点や、管理栄養士のスタッフが歯科の知識を学んで栄養学と結びつけて診療に至るまでに1年程度は掛かる点などでしょうか。

大嶋　患者さんに歯科医院での栄養介入の必要性を理解してもらうのにシステム導入当初は苦労しました。

人によっては機能回復が優先な場合もありますし、一度の介入で諦めるのではなく、その患者さんのタイミングを見ながら生活に寄り添った栄養サポートができればと考えています。

雨宮　そのためにも歯科衛生士と管理栄養士の連携は重要で、定期的に相互理解のための院内研修やケーススディスカッションなどをして研鑽を積んでいます。

――今後の展望を教えてください。

雨宮　今は外来診療での対応になっていますが、将来的には摂食嚥下療法や訪問歯科の分野にもチームで挑戦していきたいと考えています。

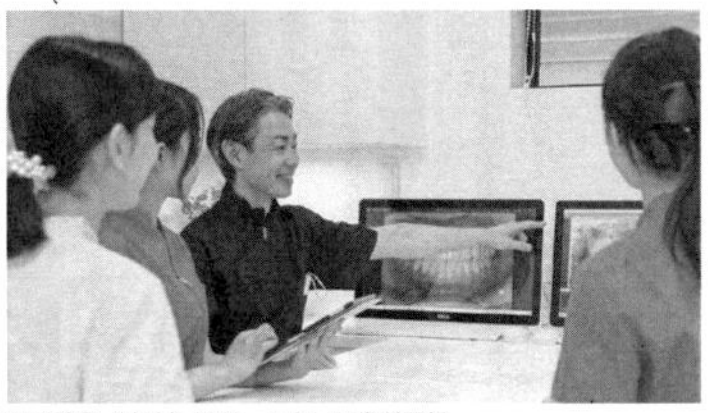

雨宮院長（中央）はチームとして歯科医師、歯科衛生士、管理栄養士と連携している

大嶋氏（右端）をはじめ、3人の管理栄養士が活躍している

定期的に歯科衛生士と管理栄養士で情報共有をしている

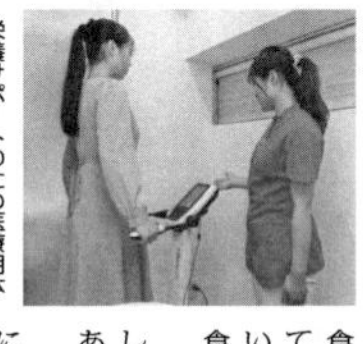

栄養サポートのため医療用体成分分析装置を活用している

療養計画書の作成など支援 レシピも提案するサービス

おいしい健康

AI献立提案・栄養管理アプリを運営するおいしい健康（本社・東京都中央区、野尻哲也CEO）は、令和6年度診療報酬改定に対応した医療機関向けの生活習慣病管理DXサービス「Kakaris（カカリス）」の提供を10日に開始した。

今年の診療報酬改定で、糖尿病・高血圧・脂質異常症の算定要件に「療養計画書」の作成や、患者への説明と交付、歯科・眼科の定期的な受診勧奨等が加わったことから開発。同サービスは、生活習慣病管理料に伴う療養計画書・生活指導資材を作成でき、療養計画書の一元管理が可能。電子サインでペーパーレス化（計画書の交付には印刷が必要）し、患者の生活サマリーレポートを自動で作成できる。管理栄養士のレシピ1万品以上も自由に利用可能。

問い合わせはsupport@oishi-kenko.comまで。

通常総会で8議案可決

日商連

日本歯科用品商協同組合連合会（＝日商連、後藤忠久会長）は、第66回通常総会を13日、東京都中央区のTKPガーデンシティPREMIUM京橋で開いた。令和6年度事業計画や収支予算案等、全8議案が承認可決された。

総会後の懇親会では、後藤会長＝写真＝が「先日の九州デンタルショーで、過去最高の来場者数を記録したことは明るい話題だが、一方で2024年問題の影響がある中での医薬品の安定供給が課題となっている。迅速な流通の実現のため、組合員にはDX化への対応をお願いしたい」とあいさつした。

日本歯科商工協会の山中一剛会長と、日本歯科器械工業協同組合の渡邉啓介理事長が来賓祝辞を述べ、その中で山中会長は「日商連は500近い会員社があり、歯科商工の団体で最も大きな組織。迅速なデリバリーなど、日本の歯科医療を良くするためにお力添えをお願いしたい」と協力を願った。

また、渡邉理事長は日本歯科商工協会副会長の立場で話し、「デンタルショーの入退出については、地域ごとに異なるシステムで管理しているが、今後は、負担軽減のために商工協会が提供したソフトで一元管理することを考えている」と紹介した。

乾杯の発声は、日本歯科用品卸商業組合理事長で、日本歯科企業協議会の会長でもある大石哲也氏が務めた。

「日本青年会議所会頭特別賞」受賞

かすもりおしむら歯科 押村氏

日本青年会議所（小西毅会頭）が主催する「第38回JCI JAPAN TOYP 2024」に、かすもりおしむら歯科・矯正歯科・口腔機能クリニック院長の押村憲昭氏が選ばれ、日本青年会議所会頭特別賞を受賞した＝写真。授賞式が東京都中央区のTHE GRAND GINZAで19日に行われた。

同表彰は、国内外を問わずあらゆる分野において社会への貢献度、継続性、独自性、将来性、牽引力が顕著で、社会に好循環を起こす可能性を秘めた20～40歳までの応募者の中から選考するもので、グランプリ、準グランプリ、入賞からなる。

押村氏は歯のトラブルに悩む人を徹底的になくしたいとの思いから活動を展開し、予防医学を広め特に重症化する人を一人でも減らすことで医療費の削減につなげようという点が評価された。同氏は「広く一般の人に歯の大切さを知ってもらうには歯科界に留まらない活動が必要だと思うので今後もさまざまな活動に取り組みたい」とコメントした。

次期会長に吉田一郎氏

第53回年次総会で承認

企業協

大石会長

日本歯科企業協議会（＝企業協、大石哲也会長）は18日、第53回年次総会を東京都港区の品川プリンスホテル・メインタワーで開いた。次期会長候補に東京歯材社社長の吉田一郎氏が選任された。

大石会長はあいさつで、「5月に日本歯科商工協会の中尾会長が辞任されて、新執行部が選任され、私は専務理事になった。任期は重なるが、引き続きご支援をお願いしたい」と述べた。

総会では、2023年度事業報告・決算報告、会務・監査報告に加え、24年度事業計画案・収支予算案を含む審議事項が拍手による賛成多数で原案通りに承認された。また、次期会長候補に東京歯材社社長の吉田一郎氏が選任され拍手による賛成多数で承認された。

なお、総会後には嘉悦大学ビジネス創造学部教授で政策工房（本社・東京都港区）会長の高橋洋一氏が「今後の日本の政局と世界の潮流について」を講演した。その後、懇親会も行われた。

■粒サイズ1.5倍のゲーマー向けガム／モンデリーズ・ジャパン

モンデリーズ・ジャパンは、ゲームに没頭したい人（ゲーマー）向けのガム「クロレッツゲームマックス」を数量限定で7月1日に発売する。通常のクロレッツの1.5倍サイズの大粒ガムでカフェイン入り。香味はエンドレスミントとリフレッシングレモン。片手で取り出せるボトルタイプ。容量は86g。全国のスーパーマーケット等で販売。価格はオープン。

製品紹介

（価格は税込）

歯科技工用マイクロモータ

SMT マルチ800

名南歯科貿易　☎052（799）4075

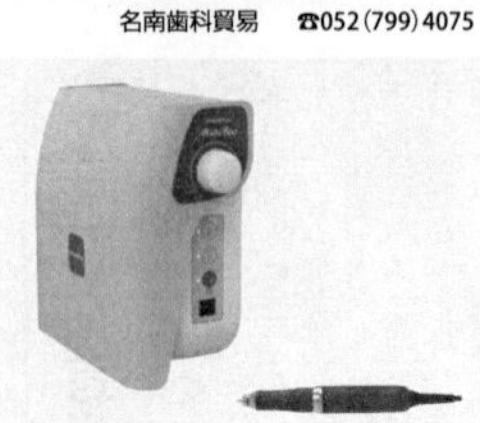

膝で操作を行うニータイプのエンジンを採用した歯科技工用マイクロモータ。デスク上の作業スペースを確保でき、フットペダルを探す必要がない。孔あけ台紙を付属し、簡単に設置できる。オートクルーズ機能も搭載。

価格＝17万6千円

歯科用インプラント

FINESIA Relios Tissue Level

京セラ　☎075（778）1982

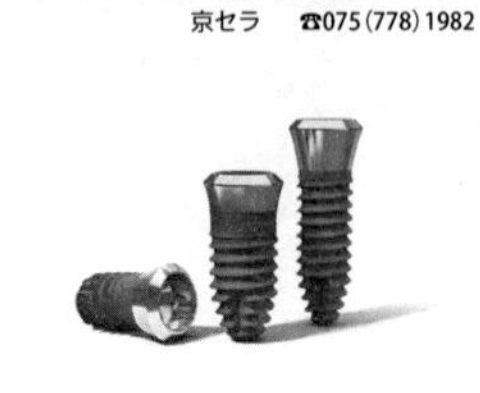

高強度純チタン（KYOCERA Select CP-Ti G4）の材質にブラスト＆酸エッチングの表面処理を施した歯科用インプラント。日本人の歯肉高さを考慮したカラー高さ1.5㎜と2.5㎜を用意。

価格＝3万800円（ヒーリングＡＢ1.5㎜を同梱）

歯科用ソフトウェア

DTX Studio Clinic

エンビスタジャパン　☎0800-111-8600

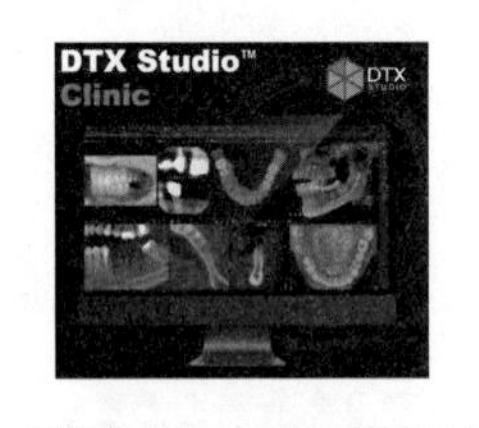

Ｘ線装置（DEXIS CBCT）の付帯ソフトウェアとして患者の画像データ等を一元管理できるＡＩ搭載の歯科用ソフトウェア。撮影デバイスごとにソフトウェアを切り替えずにさまざまなスキャン指示ができる。

価格＝39万6千円

根管治療用コントラ

キツツキコントラツイスト

ノイシュタットジャパン　☎050（3647）4188

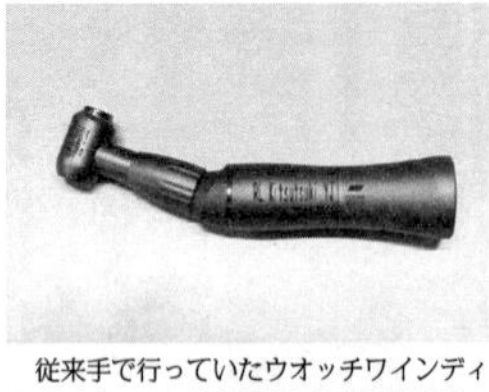

従来手で行っていたウオッチワインディングテクニックを自動化した根管治療用コントラ。閉塞根管やガッタパーチャの除去にも使用可能。反復回転角度は60度。さまざまな手用リーマー・ファイルに対応。

価格＝24万2千円

「日本医療研究開発大賞」募集

締め切りは7月31日まで

三菱総合研究所（本社・東京都千代田区、薮田健二社長）は内閣府が主催する「第7回日本医療研究開発大賞」の公募を開始している。応募期間は7月31日まで。

同賞は、国内の医療分野の研究開発の進展に寄与することを目的に平成29年度から実施。一般枠とスタートアップ枠から成り、一般枠は国内に拠点があり、医療分野で研究開発やその実用化（研究開発のための環境整備、研究開発成果の普及の取り組みを含む）を行う法人や個人、スタートアップ枠は前述の内容に加え、エントリー時点で創業または医療分野の研究開発に係る新規事業立ち上げ後、概ね15年以内の法人または個人を応募対象としている。

表彰は、一般枠が内閣総理大臣賞、健康・医療戦略担当大臣賞、文部科学大臣賞、厚生労働大臣賞、経済産業大臣賞（各1件）、スタートアップ枠がスタートアップ賞（1件）とファイナリスト（数件）を選定。詳細はホームページまで。

【予告】9月7、8日

北陸最大級のデンタルショー

ADI．G

ADI．G（本社・横浜市、浅野弘治社長）は、デンタルショー「エンゲージメントEXPO 2024」を9月7、8の両日、石川県産業展示館（金沢市）で開催する。

北陸最大級のデンタルショーとして、歯科界を牽引する多数のメーカーが集結。最先端の歯科医療機器や製品、サービスを紹介する他、歯科界を代表する講師陣の特別セミナーも連日開催する（スケジュールは後日発表）。入場は無料（事前登録制）。詳細はホームページまで。

メンブレンを一時販売停止

ジンヴィ・ジャパン

ジンヴィ・ジャパン（本社・東京都新宿区、黒澤真幸社長）は、製造元の米国Integra LifeSciences社より、製造設備の更新に伴いコラーゲンメンブレン「バイオメンド」の供給に大幅な遅延が生じるとの連絡を受けたと3日に発表した。

現在、Integra LifeSciences社と速やかな供給再開に向けた協議を進めているものの、供給再開は2025年第2四半期以降になると見込まれ、一時的にバイオメンド製品の販売を停止する。

対象製品は、バイオメンド15ミリメートル×20ミリメートル、20ミリメートル×30ミリメートル、30ミリメートル×40ミリメートル。

問い合わせは同社営業担当社員、またはカスタマーサービスTEL0120―418―890まで。

人事

（敬称略）

■日本歯科用品卸商業組合

▼理事長　大石哲也▼副理事長　森村豪▼専務理事　池田尚弘▼理事　森田晴夫、佐藤文昭、山中一剛、佐野雄亮▼監事　柴田省三、榊原利一郎

■和田精密歯研

▼取締役社長　戸澤康孝

なお、和田主実は代表取締役社長を退任し、代表取締役会長に就任した。

（訂正）6月4日付（2299号）7面のノーザ「clevia」の記事で見出しと本文内の記述に誤りがありました。cleviaは患者原簿、治療入力、予約管理、歯周検査入力、窓口会計、電子レセプト請求ができる歯科用総合コンピュータシステムで最新の機能や情報が更新でき、オプションで電子カルテを搭載できるものでした。訂正します。

（訂正）6月11日付（2300号）1面のLukeと東北大の記事で、本文内の「菅野太郎・杉本知久社長」は誤りで、正しくは「菅野太郎社長・杉本知久副社長」、「機器の開発元は吉田製作所」は誤りで、正しくは「機器の開発元はLuke（または機器の製造元は吉田製作所）」でした。お詫びして訂正します。

投稿／募集

800字以内。郵送またはFAX、メールjdn@dentalnews.co.jpまで。

日本歯科新聞社

週間 金・パラ価格動向　税抜価格（1g、円）

	金	パラジウム（参考価格）
6月17日（月）	11,825	4,845
6月18日（火）	11,825	4,810
6月19日（水）	11,878	4,830
6月20日（木）	11,885	4,890
6月21日（金）	12,119	5,050

提供 石福金属興業

ヘッドライン企業ニュース

■「無水クエン酸」の取り扱いを開始（サンエス石膏／5月20日）

■歯科用ラバーダムシート「デンタルダム　ノンラテックス」を発売（モリムラ／5月21日）

■メドレーのクラウド歯科業務支援システム「Dentis」の取り扱いを開始（オール・デンタル・ジャパン／5月23日）

■プロゴルファーの池田勇太さんに2年目の自身に合った形状・硬さ・香味をカスタマイズした「プロフェッショナルガム」を5月15日に提供（ロッテ／5月28日）

■歯科医師・歯科衛生士を含む医療従事者向けの求人メディアサイト「ミチビーク（michibi-Q）」を開設（Method innovation／5月30日）

■ジム施設「chocoZAP」の会員向けに健康に関する動画コンテンツ「Medical DOC News」の提供を6月中旬をめどに開始（GENOVA／5月30日）

■夜専用入れ歯型マウスピース「おやすみ入れ歯」が、2022年8月の提供開始から、製作数が約2倍に増加（お守り入れ歯／5月30日）

■歯科器具の洗浄、熱水消毒、乾燥まで行う歯科医院向け卓上型ウォッシャーディスインフェクターアルノを6月1日に発売（モレーンコーポレーション／5月31日）

■会社敷地内の全面禁煙を7月1日から開始（モリタ／5月31日）

■自費の歯科治療に関する情報に特化したサイト「矯正歯科ネットplus」「インプラントネットplus」「審美歯科ネットplus」を開設（メディカルネット／5月31日）

■3Dプリンター「アシガMax2」および「アシガウルトラ」を8月1日に発売（名南歯科貿易／5月31日）

安心経営の羅針盤

（株）ディー・ピー・エス　日吉国宏　（128）

経営目標を達成させる

「目標を立てた」だけでは成果は得られません。山頂から朝日を拝むためには、周到な計画と行動力が必要であるように、経営にも計画性のある行動が欠かせません。大きな目標は、小さな目標達成の積み重ねでもあります。「計画を練り」そして「計画どおりに行動」していますか？

よりハイレベルな歯科医院になるために「新卒で採用した歯科衛生士が、スタディーグループで“素晴らしい”症例発表が出来るように育てる」という目標を設定したA院長。しかし、何をどうするのかまでは考えが至っていないようです。つまり、計画を練っていないのです。目標があっても計画がない院長の行動は舵を失った船が迷走しているかのようで、エンドや小児矯正のセミナーに没頭しています。これでは、いつまで経っても目標は達成できません。そこでサポート役の私が、船長である院長に「目標に向かって進んでいないようだが、本当に達成したいことは何か？」と質問しました。すると院長は頭をかきながら「衛生士が発表するという目標は何としてでも達成したいので、僕の行動が迷走しないようにサポートして欲しい」とのこと。「計画がないから行動が伴わないのですよ」と伝え、一緒に行動計画表を作成することにしました。まず課題を「ミーティングによるスタッフの意識改革」と「外部講師および院内研修会による知識と技術の向上」の二つに分け、さらにそれぞれを細分化しました。そして優先順位を決めて完成です。次に、計画も「行動」に結びつかなければ意味をなさないので、スケジュール管理とto-doリストの活用をレクチャーしました。

朝日が昇るまでに山頂に着くためには、期限からの逆算で計画を立てることが大切です。そして進捗状況の確認と計画の修正（および行動）を怠らないようにしましょう。

ひとことアドバイス

どのような成果を得られるのかは行動次第。そして、効率的に行動するためには十分に練られた計画が必要です。結果が出ない原因は「計画が甘い・計画どおりに進んでいない・修正が効いていない」のいずれかです。

日本歯科新聞

2024年（令和6年）7月2日

＜発行所＞
日本歯科新聞社
厚生労働省記者クラブ加盟社
〒101-0061
東京都千代田区神田三崎町2-15-2
電話 03（3234）2475
FAX 03（3234）2477
www.dentalnews.co.jp
jdn@dentalnews.co.jp

■年間購読料 23,760円（送料込）（本体 21,600円＋税）
■月4回、火曜日発行
■郵便口座番号 00120-5-130369

今週号の主な内容

学術大会後には、E−ライン・ビューティフル大賞の授賞式も行われた。

大学教員の一括会員化

神奈川県歯が準備進める

守屋会長

神奈川県歯科医師会（守屋義雄会長）は、県内の大学教員（歯科医師）が一括会員となる、新たな会員種別の設置準備を進めている。6月27日に横浜市の県歯科医師会館で開かれた第31回定時代議員会の協議において執行部から会員種別と会費・負担金の改定案が示された。守屋会長はあいさつで、「9月の臨時代議員会で認められれば、来年4月から、神奈川歯科大学の約250人が新たに会員となる」と可能性を示唆。詳細を説明した又吉誉章常務理事は、「鶴見大学も前向きに検討するとしており、二つの大学が入会すると約400人会員が増える」と有用性を訴えた。

◇◆◇

守屋会長は、「法人会員は全国でも例のない話で、非常に良いシステムだと思っている」と言及。「日本歯科医師会でも同じように提言して、大学単位で入会してもらうことが、将来的には未入会対策の一番確実な方向だと考えている」と述べた。

又吉常務理事

又吉常務理事は会員種別について、第1種から第4種の資格要件等の変更などとともに、第5種の中に新設する種別を解説。就業形態は「理事会が認めた機関（大学・病院・施設等）に所属する歯科医師」、資格要件は「主たる所属が当該機関であり、その所属機関が認めた者」としている。

「教員が会員になることで、歯科医師会の理解が得やすくなる」「学生が歯科医師会に入ることは当然であるとの雰囲気を（大学内で）形成する」とメリットを紹介した。

今宮専務理事

◆◇◆

協議では、会員種別とともに、今宮圭太専務理事から会費と負担金の改定案についても説明があった。

今宮専務理事は、ここ10年赤字決算が続いているとし、会費・負担金のこれまでの経緯を説明。現在年額19万8千円（第1種）を、2019年時（21万9千円）の水準21万7千円にする等の案を示した。

代議員からは、会費について慎重な検討を求める意見もあったが、次年度予算を編成する前に会費等を設定したい執行部の思いもあり、7月の会長会議などで引き続き協議する方向で会議を終えた。

診療行為別の1件当たり点数・1日当たり点数・1件当たり日数

（各年6月審査分）

	1件当たり点数				1日当たり点数			
			対前年				対前年	
	令和5年（2023）	令和4年（2022）	増減点数	増減率（%）	令和5年（2023）	令和4年（2022）	増減点数	増減率（%）
総数	1,279.5	1,278.3	1.2	0.1	806.5	796.3	10.2	1.3
初・再診	158.5	160.3	-1.8	-1.1	99.9	99.8	0.0	0.0
医学管理等	189.9	185.2	4.7	2.5	119.7	115.4	4.3	3.7
在宅医療	43.2	41.3	1.9	4.6	27.2	25.7	1.5	5.8
検査	97.0	94.2	2.8	3.0	61.1	58.7	2.4	4.2
画像診断	55.7	54.6	1.1	2.0	35.1	34.0	1.1	3.2
投薬	12.3	13.0	-0.7	-5.1	7.8	8.1	-0.3	-4.0
注射	1.4	1.4	0.0	3.2	0.9	0.9	0.0	4.4
リハビリテーション	17.0	17.3	-0.2	-1.3	10.7	10.7	-0.0	-0.1
処置	254.4	250.2	4.2	1.7	160.3	155.8	4.5	2.9
手術	32.8	33.7	-0.9	-2.7	20.6	21.0	-0.3	-1.5
麻酔	5.2	5.0	0.2	4.0	3.3	3.1	0.2	5.2
放射線治療	0.2	0.2	-0.1	-23.3	0.1	0.2	-0.0	-22.4
歯冠修復及び欠損補綴	397.5	408.0	-10.4	-2.6	250.6	254.1	-3.6	-1.4
歯科矯正	3.5	3.3	0.2	6.5	2.2	2.0	0.2	7.8
病理診断	1.0	1.0	-0.0	-1.9	0.6	0.6	-0.0	-0.7
入院料等	10.0	9.8	0.2	1.9	6.3	6.1	0.2	3.1
（1件当たり日数）	（1.59）	（1.61）	（-0.02）					

1日当たり点数「修復・補綴」250点

令和5年診療行為別統計

令和5年（2023年）社会医療診療行為別統計によると、歯科の1日当たり点数は806・5点で、診療行為別では「歯冠修復及び欠損補綴」250・6点（構成割合31・1％）、「処置」160・3点（同19・9％）、「医学管理等」119・7点（同14・8％）などが多い。

同統計は6月分として審査決定された医療保険制度の診療報酬明細書および調剤報酬明細書のうち、「レセプト情報・特定健診等情報データベース（NDB）」に蓄積されている全てを対象としており、歯科は1983万7566件を集計したもの。

歯科の1件当たり点数は1279・5点で前年より1・2点（0・1％）増加。1日当たり点数の伸びは10・2点（1・3％）となっている。

診療行為別の1日当たり点数の前年比では、「歯冠修復及び欠損補綴」は3・6点（1・4％）減少、「処置」は4・5点（2・9％）増加、「医学管理等」は4・3点（3・7％）増加となっている。

診療行為別1日当たり点数の構成割合

（令和5年6月審査分）

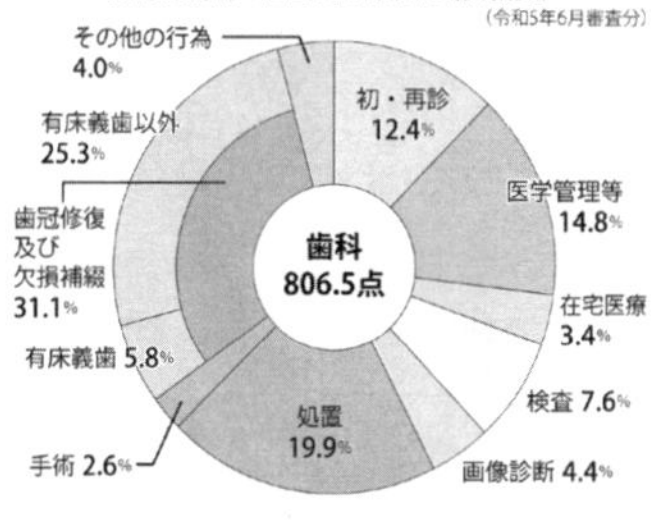

＊「その他の行為」は、「投薬」「注射」「リハビリテーション」「麻酔」「放射線治療」「歯科矯正」「病理診断」「入院料等」

「次期改定の基盤つくる」

日歯会見で高橋会長

日本歯科医師会（高橋英登会長）は6月27日、定例記者会見を東京都千代田区の歯科医師会館で開いた。

高橋会長＝写真＝はあいさつで、診療報酬改定における所感や8020運動の海外展開を報告し、次期診療報酬改定に向けた基盤づくりの指針を示した。「今回、入れられなかった部分も多々あるので、2年後の改定に向けて基盤づくりをしていくことも大事と思っている」と述べた。

記者団からの「日本歯科技工士会や日本歯科衛生士会との具体的な取り組み」の質問に対して、高橋会長は技工士や衛生士の意見を聞いた上で、方向性を定めていくとしており、「技工士を救う一番の方法は、補綴の点数を上げること。今回の改定はある程度の評価をしていただいた第一段階と思っている」と主張した。

補足として瀬古口精良専務理事は、日技や日本歯科技工所協会、全国歯科技工士教育協議会の3団体と、厚労省も交えた協議会を2カ月に1回行っていると説明。「一時期、日技と日歯との関係性があまり良くなかったが、（両団体の）執行体制がスムーズになったことも踏まえ、7年間ストップした分、一気に取り返そうということで意見集約をしながら、本音で話している」と話した。

神奈川県歯 代議員会

会長予備選挙規則と共済規約・細則を改正

神奈川県歯科医師会（守屋義雄会長）は6月27日、横浜市の県歯科医師会館で第31回定時代議員会を開き、会長予備選挙規則の一部改正や福祉共済第1・2の規約・細則の一部改正など全8議案を承認可決した＝写真。

◆◇◆

会長予備選挙規則では、「郵送による会長予備選挙」を「投票所投票による会長予備選挙」に変更。「本会会館などを投票所として投票する方法により行う」と、将来的に複数の投票所も設けられる可能性に配慮している。さらに、期日前投票ができる旨も追記された。

■可決した議案

- 令和5年度収入支出決算
- 器具及び備品の一部廃棄
- 会長予備選挙規則の一部改正
- 選挙管理委員会委員の委嘱
- 福祉共済部会第1共済規約の一部改正
- 福祉共済部会第1共済細則の一部改正
- 福祉共済部会第2共済規約の一部改正
- 福祉共済部会第2共済細則の一部改正

また、候補者の所属する地域歯科医師会理事会の推薦の必要性については、文言削除となった。

◆◇◆

共済については、第2福祉共済を現状のまま運営すると2036年に運営資金が不足するとして、死亡共済金を廃止。入院共済金のみにすることで2080年まで制度の維持が可能となるというもの。

◆◇◆

なお、守屋会長は冒頭あいさつで、「安定した歯科医療の提供」「県民の公衆衛生向上」「継続性のある組織運営」「情報発信と緊急時対応」「連盟・行政・大学などとの連携強化」の五つを基本方針として、事業展開をしていると強調。これまで取り組んできたトピックとして、組織力強化、保険点数に関する情報発信、ITサポート事業、ホームページやキャラクターを使った広報活動、YouTube配信計画、会員向けのハンズオンセミナー、災害対応、事業継承問題などを挙げ、引き続き推進していく構えを見せた。

訪問歯科 超 実践術 （441）

前田実男（日本訪問歯科協会 理事）

歯科訪問診療補助加算

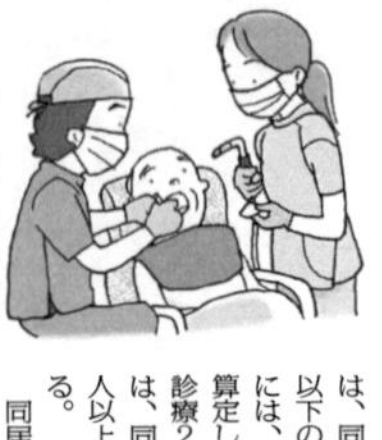

今回の改定では、歯科訪問診療料の「歯科訪問診療補助加算（訪補助）」についても変更があった。

訪補助は、歯科訪問診療を実施する保険医療機関の歯科衛生士が、歯科医師と同行の上、歯科訪問診療の補助を行った場合に、施設基準に応じた点数を所定点数に加算するものだ。

改定前は、「歯援診1・2」「か強診」は同一建物居住者以外の場合には115点、同一建物居住者の場合は50点を算定し、それ以外の保険医療機関は、同一建物居住者以外の場合は90点、同一建物居住者の場合は30点を算定していた。

改定後は、「歯援診1・2」「在宅療養支援歯科病院」「口腔管理体制強化加算」の施設基準の届出を行っている保険医療機関は、同一建物居住者以外の場合には115点、同一建物居住者の場合は50点。それ以外の保険医療機関は、同一建物居住者以外の場合は90点、同一建物居住者の場合には30点を算定する。

同居する同一世帯の複数の患者に診療を行った場合、改定前は、同一の患家で2人以上9人以下の患者の診療を行った場合には、1人は歯科訪問診療1を算定し、他の患者には歯科訪問診療2を算定していた。改定後は、同一の患家の診療人数が2人以上3人以下に変更されている。

同居する同一世帯の2人以上3人以下の患者に対して診療を行った場合、訪補助は、歯科訪問診療1を算定した患者には「同一建物居住者以外の場合」を算定し、歯科訪問診療2を算定した患者には「同一建物居住者の場合」を算定する。

訪補助は、歯科衛生士が歯科訪問診療の時間を通じて、歯科訪問診療の補助を行った場合に算定するものなので、診療補助をしている訪問診療の時間に、同じ歯科衛生士が訪衛指を行うことはあり得ない。誤って時間の重複があると、個別指導でも指摘を受けやすいところなので注意が必要だ。なお、訪補助を算定した場合、診療録には診療の補助を行った歯科衛生士の氏名を記載する。

日本訪問歯科協会　https://www.houmonshika.org

マイナ保険証 5月の利用率

歯科のトップは宮崎県23・51％

オンライン資格確認をしている歯科診療所における、5月のマイナ保険証利用率が最も高かったのは宮崎県23・51％で、鹿児島県19・38％、岩手県18・90％と続く。トップ3は4月実績と同様だった。6月21日に開かれた厚労省の社会保障審議会医療保険部会の資料によるもの。

医療機関・薬局での全体の利用率は7・73％で、上位5県は富山県12・52％、石川県12・17％、鹿児島県11・98％、福井県11・63％、新潟県11・03％。最も低いのは沖縄県3・42％で、和歌山県5・02％、愛媛県5・44％、愛知県5・84％、青森県5・99％の順。

◇◆◇

また、厚労省が全17万施設に実施したアンケート調査で、受付窓口での声掛けを「マイナンバーカードをお持ちですか」に切り替えている歯科診療所は、2月時点で49・23％だったのが5月66・34％に上昇。ホームページの外来案内や施設内の掲示等でマイナンバーカードの持参を呼びかけている歯科診療所は、2月時点の13・92％が5月には19・83％に増えた。

歯科の都道府県別マイナ保険証利用実績（5月分）

※（　）内は4月実績の順位

順位		都道府県	利用率	MNC利用件数	オン資件数
1	(1)	宮崎	23.51 %	15,937	67,800
2	(2)	鹿児島	19.38 %	31,530	162,708
3	(3)	岩手	18.90 %	16,594	87,806
4	(4)	富山	18.05 %	18,314	101,463
5	(5)	三重	17.62 %	24,696	140,163
6	(6)	石川	17.53 %	16,420	93,692
7	(7)	奈良	17.10 %	16,031	93,754
8	(9)	岐阜	16.54 %	29,771	180,038
9	(8)	和歌山	16.22 %	8,341	51,438
10	(16)	秋田	15.64 %	11,813	75,543
11	(12)	京都	15.23 %	25,178	165,275
12	(14)	山口	15.12 %	19,639	129,888
13	(10)	山梨	15.11 %	6,804	45,019
14	(13)	山形	14.99 %	15,929	106,270
15	(11)	福井	14.63 %	9,394	64,223
16	(18)	静岡	14.61 %	52,120	356,652
17	(19)	広島	14.59 %	39,805	272,779
18	(15)	福島	14.45 %	21,404	148,079
19	(17)	熊本	14.19 %	25,653	180,762
20	(20)	群馬	14.14 %	26,357	186,339
21	(21)	長野	13.91 %	21,334	153,336
22	(30)	鳥取	13.05 %	10,926	83,749
23	(22)	滋賀	12.83 %	14,684	114,411
24	(23)	長崎	12.79 %	18,467	144,348
25	(26)	大分	12.70 %	9,981	78,608
26	(28)	佐賀	12.63 %	10,751	85,154
27	(27)	高知	12.61 %	8,496	67,391
28	(24)	兵庫	12.43 %	59,403	477,831
29	(25)	福岡	12.31 %	66,434	539,556
30	(31)	愛知	12.07 %	85,975	712,542

保団連が談話

「骨太の方針」に抗議 再改定と補助金求める

全国保険医団体連合会（竹田智雄会長）は6月24日、「賃上げに逆行して、医療・社会保障の削減を進める『骨太の方針2024』に抗議する」との談話を発表した。

談話では、骨太の方針で、2027年度まで継続して「防衛費の倍増路線に固執する一方、社会保障関係費の増加は高齢化相当分に抑制するよう目指す」旨が示されていると指摘。「医療経営原資の大半を占める診療報酬が抑制されれば、医療現場で働く環境は悪化し、人手不足に一層の拍車をかけ、安全・安心な医療提供に支障をもたらす」と、緊急再改定・補助金などの財政措置の必要性を訴えている。

◆◇◆

歯科医療に関しては、骨太の方針の記述に触れ、「真に国民が求める歯科医療となるよう、歯科医療提供体制の充実、低診療報酬の改善に向けた施策の具体化・実効性こそが求められる」と強調している。

その他、「医薬品の保険収載運用は維持すべき、混合診療拡大は認められない」「2025年度薬価改定は中止すべき」「医療機関への人員・収入の手当てを」「健康保険証の廃止は撤回すべき」などと要望している。

歯科国試にチャレンジ

398　2024年（第117回）より

口腔乾燥を生じるのはどれか。1つ選べ。

a　ピロカルピン塩酸塩
b　アセチルコリン塩化物
c　ネオスチグミン臭化物
d　セビメリン塩酸塩水和物
e　ジフェンヒドラミン塩酸塩

117-A004

答えは本紙のどこかに！

（訂正）6月25日付（2302号）2面の神奈川県歯科医師連盟の記事で、見出しに誤りがありました。「神奈川県歯 評議員会」とありますが、「連盟」が抜けていました。お詫びして訂正します。

川畑紀義 氏

元福井県歯会長

福井県歯科医師会会長や日本歯科医師会代議員を務めた川畑紀義（かわばた・のりよし）氏が6月23日、死去した。84歳。通夜は25日、告別式は26日、福井県鯖江市のさばえ典礼会館・西鯖江で執り行われた。喪主は娘の二紀氏。

同氏は昭和15年2月8日生まれ。日本大学歯学部、同大大学院を卒業。福井県歯では56年4月から平成3年3月まで理事、12年4月から15年3月まで会長を歴任。また、日歯代議員を12年4月から15年3月まで務めた。

日歯連盟 評議員会で太田会長

「次の執行部に向けて準備」

日本歯科医師連盟（太田謙司会長）は6月27日、東京都千代田区の歯科医師会館で第152回評議員会を開いた。令和5年度一般会計収支予算など全5議案が可決、承認されたほか、国会報告や会務報告等が行われた。協議として週刊新潮の対応が持ち出されている。

太田会長はあいさつで、これまでの会務を振り返りつつ、残りの任期1年について「2年後の診療報酬改定に向けて、次の執行部に『もう少し準備してくれたら』と言われないよう、執行部一丸となって準備をしたい」と述べた。また、4月より入会勧奨モデル事業として東京都・群馬県の8地区で、未入会者に連盟に入る重要性を伝えるなど入会促進を訴えていると報告。6月を区切りとし、どのような効果が得られたかなどヒアリングを行った後、今後の展開を考えていく流れとしている。

㊤評議員会は報告までメディアにも公開された　㊥あいさつする山田議員㊦比嘉議員

── 可決した議案 ──
- 令和5年度一般会計収支予算
- 同年度政治活動運営会計収支予算
- 同年度選挙関係管理会計収支予算
- 同年度役員退職金積立金会計収支予算
- 同年度運営基金積立金会計収支予算

◇◆◇

日歯の高橋英登会長によるあいさつの後、国会報告で比嘉奈津美参議院議員は、財務省が歯科衛生士の復職支援で今年度・次年度の予算の使い方を前向きに見直したいとの話が出ていると報告した。その上で、歯科関係の予算以外で活用できる基金を調査したところ、地域医療介護総合確保基金を活用した奨学金制度があったとのこと。「医療従事者であれば衛生士や技工士も問題ない」と説明し、同制度を各都道府県で活用してもらい、支援する方向性を示している。

◇◆◇

山田宏参議院議員は、6月21日に閣議決定された骨太の方針について「厚労部会の中でも、リハビリはほとんど書いていないのに、なぜ歯科だけ毎年文字が増えているのかという話が出ている。この意見に対して『これが最低限だ。これ以上削る所はない』と防戦している」と説明した。

また、いわゆる国民皆歯科健診にも触れ、国家予算で五企業が簡易的な検査キット等の開発を行っていると前置き。「来年から、この簡易な検査方法を使って、さまざまなモデル事業を進めていくことになると思う。エビデンスを積み重ねて、必要な法律改正に臨むことを考えている」と話した。

都知事選は小池氏推薦

都歯連盟の石島会長が報告

東京都歯科医師連盟（石島弘己会長）は6月26日、第141回評議員会を、東京都千代田区の歯科医師会館で開いた。7月7日の東京都知事選挙について、同会として現職の小池百合子氏を推薦するとの報告の他、会務・各部会・委員会報告、「令和5年度同会収入支出決算」が承認され、各種協議が行われた。

石島会長＝写真＝はあいさつで、東京都知事選挙に言及。「三役、理事と話し合った結果、東京都の医療推進のために小池都知事が必要との結論に至った。6月7日に都医師会の尾﨑治夫会長と、都歯科医師会の井上惠司会長と共に、小池都知事に出馬要請書、22日に推薦状を提出した」と話した。その他、推薦した区議会議員・議長の「全員当選」が叶わなかったことや、都議会議員補欠選挙で8人の立候補者がいることなどを報告した。

来賓では日本歯科医師連盟の太田謙司会長、東京都歯科医師会の井上惠司会長（代理）、東京都学校歯科医会の鈴木博会長、武見敬三厚労大臣（代理）、山口那津男参議院議員、丸川珠代参議院議員、東京都議会自由民主党の菅野弘一幹事長があいさつし、同会顧問の山田宏参議院議員、同比嘉奈津美参議院議員が国政報告を行った。

協議事項は以下の通り。

「後援会活動」
「衆議院議員選挙」
「東京都知事選挙」
「東京都議会議員補欠選挙」
「組織力強化対策」

〈社保〉診療種別支払確定件数及び点数

（令和6年3月診療分）

診療種別		件数（千件）	対前年同月比（%）	構成割合（%）	点数（千点）	対前年同月比（%）	構成割合（%）
総計		116,830	100.0	100.0	188,616,789	99.0	100.0
医科	計	59,827	97.1	51.2	126,229,444	97.2	66.9
	入院	832	73.9	0.7	48,734,017	96.6	25.8
	入院外	58,995	97.6	50.5	77,495,427	97.5	41.1
歯科		15,274	103.2	13.1	18,741,221	102.0	9.9
調剤		41,432	103.1	35.5	43,646,125	103.4	23.1
食事・生活療養費		673	95.9	0.6	−	−	−
訪問看護療養費		296	116.0	0.3	−	−	−

（注）件数の総計は、食事・生活療養費を除く数値。点数の総計は、食事・生活療養費、訪問看護療養費を除く数値。社会保険診療報酬支払基金の統計月報を基に本紙で集計したもの。数値は四捨五入

〈社保〉歯科診療報酬諸率

（令和6年3月診療分）

区分		1件当たり点数（点）	1日当たり点数（点）	1件当たり日数（日）
合計		1,227.0 (98.9)	838.3 (101.5)	1.46 (97.4)
医療保険	計	1,237.7 (98.8)	833.0 (101.4)	1.49 (97.5)
	被保険者（65歳未満）	1,290.9 (98.7)	829.9 (100.9)	1.56 (97.8)
	被扶養者65歳未満（未就学者を除く）	1,181.9 (99.0)	851.5 (102.4)	1.39 (96.6)
	被扶養者（未就学者）	927.1 (99.8)	802.7 (102.0)	1.15 (97.8)
	被保険者65歳以上70歳未満	1,320.9 (97.1)	809.3 (100.6)	1.63 (96.5)
	被扶養者65歳以上70歳未満	1,271.0 (95.5)	795.6 (100.2)	1.60 (95.3)
	高齢者7割	1,285.0 (97.3)	792.6 (100.7)	1.62 (96.6)
	高齢者一般	1,364.2 (96.3)	819.0 (100.3)	1.67 (96.0)

数値は四捨五入。カッコ内は対前年同月比（%）

令和6年3月の歯科医療費

社保

件数3・2%増 点数2・0%増

社会保険診療報酬支払基金による令和6年3月診療分の総計確定件数は1億1683万件、点数は18億8616万7千点で前年同月に比べ件数は0・004%増加し、点数は1・0%減少した。

3月の稼働日数は25・0日（うち土曜日5・0日）で、前年同月比で1・5日減少している。

歯科の件数は1527万4千件、点数は18億7412万1千点で、前年同月に比べ件数は3・2%、点数は2・0%増加した。

医療費全体に占める構成割合は前月に比べ、件数は0・8ポイント上がって13・1%、点数は0・7ポイント上がって9・9%。

歯科の診療報酬諸率は1件当たり点数1227・0点、1日当たり点数838・3点、1件当たり日数1・46日で、前年同月に比べ、1件当たり点数は1・1%減、1日当たり点数は1・5%増、1件当たり日数は2・6%減少した。

医科の入院と入院外の合計は件数5982万7千件、点数1262億2944万4千点で、件数は前年同月に比べ2・9%減少、点数は2・8%減少した。

入院外は件数5899万5千件、点数774億9542万7千点で、前年同月に比べ件数は2・4%、点数は2・5%それぞれ減少。

調剤は件数が4143万2千件、点数が436億4612万5千点で、前年同月に比べ件数は3・1%、点数は3・4%増加した。

国保

市町村の金額 7・3%減少

国保中央会がまとめた令和6年3月診療分の総医療費は市町村国保と国保組合、後期高齢者を合わせて2兆4694億円で、うち後期高齢者分は1兆6030億円だった。

3月の稼働日数は22・5日（平日20・0日、土曜日2・5日）で、対前年同月比で1・5日減少している。

歯科医療費は市町村が565億円で、対前年同月比で7・3%減少。組合は52億円で3・8%減少。後期高齢者は655億円で0・1%増加した。

件数は市町村が426万件で3・9%減。組合は41万件で1・4%減。後期高齢者は460万件で4・4%増となっている。

市町村の歯科1人当たり医療費は2448円で3・1%減、1人当たり日数は0・30日で4・0%減、1日当たり医療費は8210円で0・9%増。

組合の歯科1人当たり医療費は2020円で1・3%減、1人当たり日数は0・24日で2・2%減、1日当たり医療費は8364円で0・9%増加した。

後期高齢者の歯科1人当たり医療費は3312円で3・2%減、1人当たり日数は0・40日で3・7%減、1日当たり医療費は8304円で0・5%増加している。

また市町村国保と国保組合を合わせた医療費の入院は3142億円（対前年同月比8・8%減）、入院外3057億円（8・0%減）、調剤1577億円（6・5%減）、後期高齢者分は入院7769億円（3・5%減）、入院外4572億円（1・1%減）、調剤2439億円（0・1%減）だった。

〈社保〉支部別歯科診療報酬等支払確定状況

（令和6年3月診療分）

支部別	件数（件）	日数（日）	点数（千点）	金額（千円）
令和6年1月	13,417,656	19,348,746	15,720,975	105,538,616
令和6年2月	13,457,897	19,450,891	16,180,911	108,914,271
令和6年3月	15,274,070	22,356,367	18,741,221	124,791,722
北海道	515,380	820,611	720,727	4,895,420
青森	110,225	170,657	140,285	930,698
岩手	102,032	154,810	130,118	929,491
宮城	255,545	366,949	298,254	2,054,116
秋田	93,019	136,830	121,012	795,929
山形	103,450	143,193	120,043	858,130
福島	179,762	271,760	211,872	1,462,748
茨城	319,887	469,641	374,559	2,386,501
栃木	233,961	347,306	257,790	1,686,388
群馬	190,177	290,091	215,890	1,545,533
埼玉	915,521	1,327,112	1,002,689	6,548,781
千葉	808,394	1,154,552	956,186	6,184,768
東京	2,063,899	3,008,646	2,464,939	16,312,659
神奈川	1,186,537	1,736,137	1,491,925	9,778,268
新潟	236,380	339,311	289,519	1,831,496
富山	124,441	172,531	138,650	883,062
石川	118,378	170,549	140,159	910,260
福井	81,625	116,958	95,739	614,310
山梨	97,404	140,330	110,494	711,810
長野	224,766	314,920	258,705	1,672,782
岐阜	230,311	320,825	267,987	1,911,417
静岡	359,635	523,388	416,939	2,958,303
愛知	958,618	1,345,062	1,192,138	8,522,074
三重	202,779	276,932	226,762	1,528,241
滋賀	175,963	244,130	197,893	1,271,118
京都	254,942	373,105	328,525	2,330,225
大阪	1,293,632	1,939,974	1,778,051	11,647,948
兵庫	725,342	1,030,329	916,560	5,943,048
奈良	133,139	193,013	154,606	1,062,628
和歌山	100,117	147,147	121,597	781,749
鳥取	62,157	91,074	75,692	485,987
島根	57,837	82,453	71,499	514,224
岡山	259,534	354,595	334,174	2,114,751
広島	336,623	489,891	420,086	2,760,507
山口	127,629	190,563	155,757	1,113,853
徳島	94,819	138,701	118,973	738,484
香川	133,424	188,428	166,984	1,045,459
愛媛	125,293	187,111	145,514	1,046,592
高知	63,344	94,261	75,844	525,894
福岡	694,219	1,089,694	906,645	5,824,248
佐賀	96,767	146,943	111,068	716,434
長崎	143,203	206,018	173,210	1,139,124
熊本	185,088	278,025	227,512	1,551,540
大分	106,924	165,766	133,926	874,828
宮崎	109,835	167,323	138,953	908,809
鹿児島	151,044	239,021	177,817	1,270,795
沖縄	131,069	199,701	166,953	1,210,291

中国

歯科衛生士制度が発足

技工職は「補綴技師」に改称

中華人民共和国人的資源社会保障部は5月24日、口腔衛生技師（歯科衛生士）を国家資格とする公告を発表した。口腔疾病の予防、公衆衛生に関わる業務、診療補助を行う専門職種と定義。プラーク染め出し液などを使った歯面清掃、う蝕予防のための薬剤塗布、ホワイトニング、口腔がんのスクリーニングに使用する検査試薬の塗布、矯正やインプラントを含む歯科治療後の口腔衛生管理、歯科治療時の診療補助、疫学調査、歯科口腔領域の保健指導などを行うことが想定されている。

歯科衛生士の国家資格導入と同時に、歯科技工の国家専門職も「補綴技師」に改称。これにより、歯科口腔医療に関わる国家専門職制度が確立したことになる。

◇◆◇

人的資源社会保障部では「中国の口腔保健の発展における画期的な出来事で、中国だけでなく世界の口腔医療のパターンを変えるもの」としている。

中国国内での歯科診療に長年にわたって従事した石岡麻美子氏（東京都開業）によれば、これまで歯科衛生士の国家資格がなかったため、日本などの歯科衛生士資格を持つスタッフが中国国内で業務を行う際、シーラントやSPTなどが出来なかったという。

今回の国家資格導入によって、日本人の歯科衛生士も、中国の国家資格を取得すれば、これらの業務が行えるようになると期待される。

太田会長

『週刊新潮』の対応「非常に冷たい」

日本歯科医師連盟は自民党の献金問題に触れた『週刊新潮』（5月2・9日号）の記事に対して抗議していた問題で、週刊新潮からの回答文を見た太田謙司会長は「非常に冷たい」とコメントした。6月27日の理事会後の記者会見で明かした。

◇◆◇

週刊新潮では、「日歯連『国民皆歯科健診』導入工作で自民党議員に1億円超献金」と題して、2004年の中医協贈収賄事件や、15年の迂回寄付事件などを冒頭に紹介した。山田宏参議院議員が16年の参院選で当選後、日歯連盟の組織代表候補として、寄付金を受け取っていることを交えながら、国民皆歯科健診が推進されてきたことについて言及。国民皆歯科健診の政策が寄付金によって推進されてきたような記述をしている。

これに対して、執行部は抗議文を新潮社に送っていた。

◇◆◇

同問題は第152回評議員会で協議（非公開）として持ち出され、これまでの経緯や両者のやり取りが書かれた関連資料が配布され、評議員からの意見を募った。

太田会長

会見で太田会長は「（評議員の）ほとんどの先生方から『すぐに法的処置を取るのではなく、執行部が努力を重ねて週刊新潮と交渉せよ』との話があった。今のところ向こうの回答は非常に冷たい。それに屈せず、われわれの訴えたいことを面談や文章などさまざまな形で伝える」と語気を強めた。その上で、最悪の場合は、弁護士を通して法的措置を取る手段もあり得るとのこと。

◇◆◇

浦田理事長

記者団の「評議員から寄せられた意見」についての質問に対して、浦田健二理事長は、多くの評議員から「すぐに法的手段に訴えるのではなく、もう少し違った方向で対応すべき」「安易に法的処置を取るのはデメリットが大きい」などの発言があったと当時の状況を振り返った。

そのほか、寄せられた意見として「なぜ国民皆歯科健診が国民のために必要なのかを説明すべきであり、会員にもそういう旨を発信すべきという意見も多かった」と説明した。

一方、ガセネタで書かれた記事に対して、無視する方向性を示す声もあったという。

今後の対応として、歯科健診の意義や、日歯連盟が進める方向性を取材してもらった記事の掲載を要望している最中とのこと。新潮社からの返事次第で対応を別途考える予定だ。

■週刊新潮との対応（時系列）
①4月18日に受領、週刊新潮からの質問（FAX）
②4月19日に送付、週刊新潮の回答書（FAX）
③4月25日に発売された、週刊新潮MONEY vol.234（記事）
④5月9日に送付、週刊新潮の通知書（内容証明）
⑤5月14日に受領、週刊新潮からの回答（内容証明）

■日歯連盟の協議経緯
①5月16日、日歯連盟全役員がこれまでの経緯を共有・確認
②5月23日、都道府県歯科医師連盟会長会議で協議
③5月29日、新潮社と面談
④6月5日、第14回理事会で、日歯連盟全役員による協議

日歯第203回定時代議員会

個人質疑応答 ①

（敬称略）

※質問は書面を、回答は当日答弁を要約

器材・薬剤

医薬品の安定供給の対策は

菅原正之（兵庫）

コロナ禍を契機に全国的な医薬品の供給不足に陥り、全国の歯科診療所では、特に消毒用アルコール・局所麻酔薬・抗菌薬・抗生物質・解熱性鎮痛薬などの発注に苦慮した。

現在、厚生労働省では医療用医薬品供給状況をホームページで公表しているが、あまり参考になるものではない。

今年に入り、再び歯科で使用する薬剤の供給不足が続いており、特に抗生物質は発注してから2カ月待ちの状況となっている。このような現状では、歯科診療所では処方箋による院外処方も可能だが、各会立の歯科センターでの休日救急歯科診療においては、休祭日に処方箋を受け付けてくれる薬局は限定されており、遠方より来院する患者にとってはかなりの負担になる。会立歯科センターでは院内処方に対応するため最低限の薬剤を常に確保する必要がある。今後も後発医薬品の安定供給には課題山積で、それに伴う慢性的な薬剤不足は避けられない状況にあると思われる。将来的には地域フォーミュラリー作成などの対応も考えられるが、今のところ都道府県単独での対応は困難で、都道府県歯科医師会への医薬品割り当てなど、日本歯科医師会の安定供給に向けた対応についてお伺いしたい。

早期解決のため引き続き対応

■小野寺哲夫常務理事

一部の後発医薬品の製造品質管理の不備、コンプライアンス違反によって、医薬品の供給が不安定になった。出荷停止や限定出荷等の背景には、後発医薬品の産業構造上の課題や、薬価基準等の制度上の課題、新型コロナウイルスの感染拡大等により、一部薬剤への需要増加等があったとされている。

歯科においても、治療上必要な医薬品、特に抗菌薬などの供給不足が散見されていることは承知している。製薬メーカーからの出荷停止等の情報提供については、都度、都道府県歯科医師会には情報提供している。

厚労省では、後発医薬品の産業の在るべき姿について検討し、品質の確保された医療を安定供給できるように「製造管理・品質管理体制の確保」「安定供給能力の確保」「持続可能な産業構造の実現を目指す」「5年程度の集中改革期間を設定する」としている。

その上で企業間の協力や連携として、「大規模での生産・品質管理体制の構築」「企業間の連携・協力や役割分担」「コンソーシアムや企業統合」などを検討すると言及している。

厚労省の「後発医薬品の安定供給等の実現に向けた産業構造のあり方に関する検討会報告書」の説明を受けた際に、国民の健康や命を守るためには、医薬品は安定的に供給される必要があり、歯科診療所でも必要な医薬品が供給されるのに大変苦労していると訴えた。

早期解決するように求めている。引き続き、供給体制を注視の上、できる限りの必要な対応を考えていきたい。

厚生・会員

未入会問題の具体策を問う

吉田直人（宮城）

日歯の最大の課題は未入会員の問題だ。日歯広報に掲載されている〝会員モニターの声「願い」〟において全国の多くの会員から寄せられた「願い」は未入会員対策への強い要望にあった。日歯会員の高齢化は容赦なく押し寄せており、本会財政状況は年々急速な先細りを呈し、危機的状況にあるといっても過言ではない。未入会員対策として

①入会により得られる会員特典とサービス、教育・研修プログラムの充実、情報提供等、具体的かつ魅力的なメリットの構築。

②日歯の公益事業内容を日本歯科医師連盟共同で六大新聞等マスメディアを通して広く国民に周知する。

特に②は、会員と未入会員の差別化を図ることにもなる。

六大新聞への掲示内容は会員モニターの「願い」を私なりに総括したものとなる。

〈以下掲示内容案・始〉

日歯会員は日歯定款第3条の目的「本会は、都道府県歯科医師会及び郡市区歯科医師会との連携のもと、歯科医学・歯科医療に携わる歯科医師を代表する公益団体として、医道の高揚、国民歯科医療の確立、公衆衛生・歯科保健の啓発、並びに歯科医学の進歩発達を図り、もって国民の健康と福祉を増進することを目的とする。」に則り、以下の事業を国民に日々展開しています。

1、日本歯科医師会は、国民の健康増進を使命とし、歯科医療の発展と向上に努めています。

2、私たち会員は長年にわたり信頼と実績を積み重ね国民からの信頼と期待に応えるべく日々を努力しています。

3、私たち会員は、高度な専門性と豊富な経験を持つ歯科医師たちによって構成されています。

4、日本歯科医師会は、地域社会への貢献や啓発活動など、さまざまな社会奉仕活動を通じて国民の健康への貢献を行っています。

5、日本歯科医師会は、常に最新の知識と技術を取り入れ、高品質な歯科医療と安全な治療環境の提供に努めています。

なお、日本歯科医師会の正会員の診療所には「日本歯科医師会会員証」を掲示しています。

〈掲示内容案・終〉

直接会って理解求める

■高橋英登会長

頭の痛い問題。会員から預かった浄財を使って会務を執行している。活動がなければ、保険制度、保健事業が守れないと思っている。

以前、もし歯科医師会がなくなったらどうなってしまうのかという論文を書いたことがある。われわれ会員としては水と空気のように当たり前と思っているが、組織がなくなったら、末恐ろしい気がする。今回、診療報酬改定に取り組み、われわれが本当に必死になって日本の医療を守っていることを実感した。

会の存在、必要性をもっと訴えていかなくてはいけないと思っている。

会員の組織率が50%を切ったら、国が組織として、歯科の代表として見てくれなくなるのではないかと危惧を抱いている。

アクションとして、北海道の先生にお願いして、未入会の先生を三十数人集めてもらって、話をした。なぜ会に入る必要性があるのかを説いた。まだ入っていただいたかは把握していないが、われわれが社会的に評価されている一つの大きな理由は、社会的な貢献をしているから、公益性のある仕事をしているからだと思う。歯科診療も十分に立派な社会貢献だが、組織として公衆衛生のような仕事を受け持っていることで、国や国民が認めてくれているのだと思う。

自分の診療だけをしている先生も同じような歯科医師としての評価を受ける。忸怩たる思いがある。

未入会が多いのは都市部。地方によっては99%入会しているところもある。そこに出向く必要はない。都市部に行って、未入会の人、なかなか未入会者を集める手立てがないが、同窓会や校友会、大学などにお願いして、直接行って話をする。

直接会うのは限界があるが、取り組んでいく。

新聞の問題だが、調べたら紙面の半分くらいのスペースで、四大新聞（朝日、読売、日経、毎日）で6千万から8千万円かかる。コストパフォーマンスも考える必要がある。

準会員第4種の見直しを求める

吉田直人（神奈川）

第189回臨時代議員会で同様の質問があったことを前置きし、質問する。

10年以上日歯正会員だった会員が診療所を閉院し診療に従事しなくなった場合、引き続き日歯会員であり続けるためには、正会員第1種会員から準会員第4種会員に種別変更することになる。

しかし、日歯定款施行規則別表の就業形態等第3項目に「（前略）…当該郡市区歯科医師会を退会し、開業せず、かつ診療に従事しないことを条件に、所属する都道府県歯科医師会の理事会で都道府県歯科医師会の準会員として認定された後…（後略）」と定められており、これと整合をとる形で、神奈川県歯科医師会では、郡市区歯科医師会定款施行規則、準会員第4種会員の就業形態も「…（前略）当該地域歯科医師会（郡市区歯科医師会を指す）を退会し…（後略）」となっている。

永年にわたり郡市区歯科医師会活動に貢献してきた会員が、診療はせずとも継続して地域保健活動に協力したい、会員の交流会に参加したい等の意向があっても、郡市区歯科医師会を退会しなければならならず、さらには郡市区歯科医師会の福祉共済受給資格も失うなど、会員の権利が大きく損なわれている状況にある。

こうしたことを受け、神奈川県歯科医師会では、郡市区歯科医師会を退会せずとも準会員第4種会員となれるよう、現在、会員種別の資格要件の改正を検討している。

日歯においても、準会員第4種会員の就業形態等の記載内容から「郡市区歯科医師会退会」の条件を外すことについて検討を要望する。それによって会員数の減少を抑える効果もあると考えられる。本件について執行部の見解を伺う。

地域の退会条件見直し検討する

■松尾健常務理事

日歯の会員制度は三層構造を基本としており、診療を行っている開業医の正会員を中心に構成されている。

日歯準会員の第4種は、本来は正会員として全うしていただくところを、諸般の事情等により正会員でいられなくなった人を救済するための措置と考えている。

日歯準会員になるために郡市区歯科医師会を退会するということではなく、正会員が諸事情により郡市区歯科医師会を退会せざるを得ないので、準会員の申請を行っていただくのが基本的な考え方になっている。

しかし、日歯としては、都道府県歯科医師会の準会員であることが基準で、診療に従事しなくなった本会の正会員が長期疾病等の理由で開業せず、かつその後も診療に従事しないことを条件に、所属する都道府県歯科医師会から県歯の準会員として認定してもらえれば、郡市区歯科医師会の退会の必要性については、それを留めないと決めている。関係組織との調整をしていく方向性で検討していきたい。

ストレートに言えば、郡市区歯科医師会の退会を条件にしないことも検討していきたいということになる。

日歯福祉共済保険継続性への考えは

金子守男（神奈川）

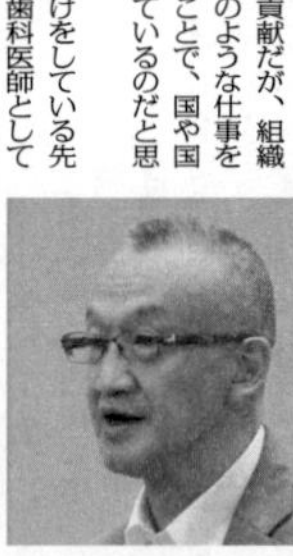

日歯福祉共済保険が死亡共済保険金額を15年前に改正し、平成25年、30年、令和5年の3回にわたり減額してきた。

保険加入が任意加入となった現在は、日歯加入会員約6万4千名のうち日歯福祉共済保険加入率が86・9%となっている。（日歯福祉共済保険改正のご案内より）すなわち、13・1%が未加入となる。

「死亡共済保険金の令和5年度の引き下げにより毎年2億円の資産が増える」との報告を受けたが、将来の収支予測シミュレーションは8年後の令和14年度までの短い期間だ。現在の保険加入者、非加入者の年代別人数のシミュレーション等は示されていない。

高齢者（特に振込免除者）の増加に伴う共済金の増額、新規保険加入者の減少下では、現在の資産では安住してはいられない。保険料の見直しも今後必要だと思われる。将来を見据えての日歯福祉保険の継続性についての考えをお願いする。

継続性に問題なし加入促進に協力を

■松尾健常務理事

日歯福祉共済保険については、平成23年度に認可特定保険業へ移行している。以来、新規加入者数および保険契約者数の減少、平均年齢の上昇等が進行している。

承知の通り、平成25年度より制度の健全性を向上させるため、保険契約書の理解をもらいつつ、推計の元、5年ごとの死亡共済保険金等の保険金額の引き下げ、純資産の改善計画を実施してきた。

令和5年度に最後の引き下げを行い、純資産改善計画を達成することができた。

非常に強い痛みを伴う制度変更だった。

将来の支出についても、これまでの動向を踏まえて、加入者数の減少、高齢化に伴う死亡率の上昇等の要因を前提として試算すると、20年後、30年後においても、毎年2、3億円の純資産が確保できる計画となっている。

したがって、新規加入率がさらに大きく低下しない限り、本共済保険制度の継続性は問題ないと考えている。

将来の大規模な地震災害の発生に対しては、異常危険準備金の他、公益法人は公益目的事業で準備金を発生させてはならないという収支相償の課題をクリアすべく、新たに特定費用準備資金の制度として、大規模災害時災害共済保険金支払基金を創設した。必要な資金の確保を図っていくことにしている。

共済保険制度は、先生の将来への投資ではなく、会員相互の助け合いを目的に運営されている。

共済保険の運営基盤を強化する観点からも新規契約の加入促進への協力をお願いしたい。

その他

歯科の身元確認のデータベース進捗は

稲本良則(三重)

平成23年の東日本大震災、また今年1月1日に発生した能登半島地震のように、日本では大規模地震はいつ発生してもおかしくない。今後、南海トラフ巨大地震が発生した場合、最大想定では全国27都府県での死者数は約23万1千人となり、そのうち身元判明が困難となる確率の高い津波による死者数は約16万人に上るとされており、歯科所見による身元確認データベースの構築・運用は急務であると考えている。

厚労省では、歯科情報による身元確認作業の効率化・迅速化を図るため、平成25年度から歯科診療情報をレセプトコンピュータから出力するための共通コードである口腔診査情報標準コード仕様の作成を開始した。令和2年4月に施行された死因究明等推進基本法の第16条に「歯科診療に関する情報の標準化の促進並びに当該標準化されたデータの複製の作成、蓄積及び管理その他の身元確認に係るデータベースの整備に必要な施策を講ずるものとする」と明記されたことを受け、令和3年3月には厚労省における保健医療情報分野の標準規格として採用。その後、6月に閣議決定された「死因究明等推進計画」に基づき、令和3年度にはこの標準コード仕様を用いた身元確認データベースの構築に向け、歯科情報の利活用推進事業において、レセプトデータから作成した標準コード仕様による個人識別の精度について検証を行うとともに、歯科診療情報の収集および身元確認データベースの構築における個人情報の取扱い等について課題も整理された。

令和4年度には、歯科医療機関に対して、現状のレセプト提出方法やデジタルレントゲン装置の導入状況等についてのアンケート調査を実施し、身元確認データベースの構築・運用に向けた課題の抽出および整理を行った。それには、データの提供者となる歯科医療機関等の理解等が重要であることから、歯科医療機関等職員を対象に研修を開催し、歯科診療情報の標準化の意義や必要性等の普及・啓発を行っている。

この一連の工程について、日歯が深く関与して頂いていることに感謝申し上げる。

ついては、歯科所見による身元確認のデータベースの構築・運用に向けた取り組みについて、今後の展望等を聞かせていただきたい。

標準コードの実装 厚労省に強く要望

■小野寺哲夫常務理事

東日本大震災を契機に、厚労省の「歯科診療情報の標準化に関する実証事業」が平成25年から28年まで行われ、その後「歯科情報の利活用及び標準化普及事業」が29年度から行われている。これによって作成された「口腔診査情報標準コード仕様」は、ご質問の通り、令和3年3月に厚労省の保険医療情報分野の標準規格に認められ、その維持管理については日歯の予算の中で実施している。

国は、歯科情報による身元確認を推進するために令和2年4月施行の死因究明等推進基本法によって、身元確認に関わる歯科情報のデータベースの整備を求めている。厚労省を中心に、歯科標準データを大規模災害時の身元確認に活用するためのデータベース構築や、実現に向けた課題等を整理して、状況の調査等が行われている。

また、レセプトを活用したデータベース構築の可能性についても調査検討が行われており、将来的な実用化に向けて検討が進められている。

令和5年度は、歯科情報の利活用推進事業で、「昨今の医療DXの取組状況を踏まえたレセコン出力モデルとレセプト変換モデルの実現可能性にかかる検討」「個人情報の取扱、データベースの運用の在り方等に関する調査・検討」などが課題として挙げられている。厚労省のホームページにも公開されている。

標準コード仕様については、一部のレセコンに実装されているものの、「ユーザーからの要望がない」「費用が掛かるかもしれない」ということで、理解を得られにくく、大部分が未実装というのが実情となる。

レセコンベンダーに対しては、標準コードの重要性の理解や協力を再三求めているが、標準コードを実装したシステムを国が作成するのを期待して待っていることも見受けられる。厚労省に対しては、日歯からも強く申し入れている。

データベースの管理は、支払基金では現在歯数や欠損状態などが不明という問題点があり、どのような形で標準型電子カルテ・レセプトに情報を含めるか、現在検討中となっている。

いずれにしても、国が医療DXを推進している今が普及の機会と捉えているので、標準型レセコンや標準型電子カルテをいろいろな場で厚労省に強く要望している。継続して取り組んでいきたい。

今後のJDAT活動への考えは

佐藤圭一(新潟)

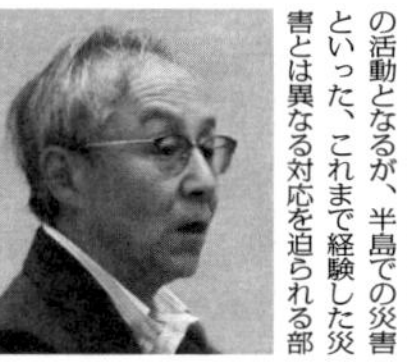

今般の令和6年能登半島地震にあたり、日歯では早急にJDATを組織して被災地の歯科支援活動を行ったことに対して、心より敬意を表する。

今回はJDATとして初めての活動となるが、半島での災害といった、これまで経験した災害とは異なる対応を迫られる部分もあり、多くの課題が浮き彫りとなった。

被災地には積雪もあり、雪国からの派遣は適格であると考え、新潟県においても先発隊として1月22日より27日まで3名のチームを輪島に派遣したが、今回の派遣を通して現地のニーズと派遣チームのキャパシティを調整する本部災害コーディネーター機能が大変重要であると認識している。

将来的に大規模災害が危惧される中で、今回の災害対応を教訓に、日歯として今後のJDATの活動についてお伺いしたい。

コーディネーター機能含めて検討

■野村圭介常務理事

全国のJDATで活動した先生に感謝申し上げる。このたびのJDATは初出動で、いろいろ不便をかけ、改善すべき点もあると思う。

素早い初動対応、雪道での条件や不慣れな地域での対応も重なったと考えている。議論が尽きない災害ではあるが、来るべき災害に備えて、7月17日に能登半島地震に関する検討会を開催したいと思っている。

被災地をグループに分け、各県からJDATとして出動していただいた先生1人に参加してもらい、検討会を進めていきたいと考えている。

コーディネーター機能に関しては、日歯や各県の事務局の人にもう一度研修していただくなども含めて検討している。

JDAT活動の費用弁済求める

池山正仁(愛知)

本年1月1日に発災した能登半島地震において、被害に遭われた会員の皆様に心よりお見舞いを申し上げる。まだまだ、特に珠洲市、輪島市等では市外に避難されている方も多いため、患者の離散、歯科診療所のスタッフ不足等により生活環境のみならず診療環境の復旧が一日も早く進むために、継続した支援が必要となる。

さて、本年1月13日付で、被災した地域の診療支援等を行う歯科医療従事者の派遣について、石川県知事より厚生労働大臣宛に要請があり、厚生労働省医政局歯科保健課から日歯に日本災害歯科支援チーム等の歯科医療従事者の派遣へのご協力依頼を受けて、日歯から都道府県歯に派遣要請が出たという経緯は周知のとおりだ。

そこで、JDAT愛知は1月18日から3月10日まで主として輪島市にて活動し、被災地のインフラ・道路状況を鑑み、検診車両の他に四駆車両をレンタル、また宿泊拠点を志賀町に設置し、支援資材をストックして積み荷作業を効率化し、出動者のメンタル面を配慮しながら被災地支援に当たった。

当初、愛知県歯は諸費用を災害救助法に基づき愛知県に請求し、愛知県から石川県に請求する方針であった。しかし、3月13日、日歯から都道府県歯宛に災害救助法に基づく諸費用の支給については石川県庁および内閣府との調整の結果、本会で出動した都道府県分(石川県を除く)を取りまとめて石川県歯科医師会に提出し、同会より石川県庁に提出するという方針が文書発出されたため、敢えて愛知県歯も日歯に請求することに変更した。ところが、レンタカー代および燃料費の超過分(一日につき上限7千円)、宿泊費の差額分(1名につき上限9800円)等の費用が支援対象外となり、愛知県歯で負担をすることになった。大規模災害時には、各種支援団体や被災者が車両や宿泊場所などの確保を行うため、選択肢も限定され金額面からの調整は困難となる。

本年4月20日に開催された東海信越地区歯科医師会連絡協議会において、他の5県からも同様に各県歯の支援対象外の負担があり、この各県歯の持ち出し分は日歯から都道府県歯へ派遣要請したという経緯を考えると、たとえボランティア活動の一貫としても日歯が全て負担すべきであるとの意見で一致した。

ついては、災害救助法の支援対象外となる都道府県歯の持ち出し分を日歯が全額負担することにしていただきたい。

日歯としても弁済を検討へ

■野村圭介常務理事

今回の能登半島地震では、先生方に過分な対応をいただいた。感謝申し上げると同時に、費用弁済の面でもご迷惑をかけたと思っている。申し訳ない。

改めて費用弁済については、災害救助法の中で各都道府県でもいろいろと提携されている。都道府県と都道府県歯科医師会の間で、県外派遣という条項が入っていれば県行政での対応、知事に弁償の義務がある形になる。しかし、それ以外のボランティア活動については、日歯としてもできるだけ弁済を検討していきたいと考えている。

ウェブでの出務 新たな規程を

木戸寿明(新潟)

現在日歯で定める会務出務者への費用弁償として、旅費規程に定める金額が充てられている。従って、移動を伴わない会務への出務に関しては金銭的な手当ては存在していない。

その状況下で、昨今Webによる会議等が行われるようになり、今後その利用がさらに活発になることが予想される中、Webを利用した会務への出務に関する新たな規程を作る必要性を感じる。日歯の見解を聞かせてほしい。

委員への報酬は 一律に支給する

■伊藤智加常務理事

日歯の各種会議の出席については、旅費のみの支給となっている。また、旅費に関しては、旅費規程に基づいて「原則実費」となっている。さらに出務に対する費用弁償ではないということも理解いただきたい。

一方で、令和2年12月からのコロナ禍では、ウェブ会議が浸透していなかった状況で、それに対する設備等の用意、委員には業務負担を強いることになる観点から、委員会委員報酬に関する規程を制定し、常任委員会と臨時委員会の委員に対して、年額2万円の報酬を支払うことになった。

ただ、昨年5月に新型コロナウイルスの感染法上の類型が5類に移行し、ウェブ会議も一般的になったことも鑑みて、昨年4月開催の理事会で、6月の代議員会以降に委嘱された委員から廃止することが決まった。

さらに、現執行部に変わった時点で、それについて審議した。委員の役職への時間的拘束がかなりあるので、常任委員会と臨時委員会の委員に対して、年額で3万円の委員報酬を支給することを令和5年9月の理事会で決定した。

委員会委員の職務に対する報酬となっており、一律に委員に支給することになっている。それぞれの委員会で会議の数などは変わってくると思うが、理解をいただきたい。

歯科国試の在り方 行政との協議求む

大塚俊裕(大阪)

歯科医師不足のために、昭和40年代から50年代にかけて歯学部・歯科大学はそれまでの4倍近くにまで新設された結果、歯科医師数の急増から、歯科医師需給問題が検討され、平成18年8月に文部科学大臣と厚生労働大臣の間で、歯科医師数の改善にとりくむ確認書が取り交わされた。

日歯は、国家試験は資格試験であり、選抜試験としての性格が国家試験に持ち込まれることには、明確に反対している。

歯科医師国家試験は歯科医師法第9条に基づき、臨床上必要な歯科医療及び口腔衛生に関して歯科医師として具備すべき知識及び技能について行われるとある。超高齢社会、少子高齢化にあって、今後も国民の医療や介護の需要が見込まれ地域包括ケアシステムの模索が求められている。

歯科医師養成過程においても共用試験CBT・OSCE、診療参加型臨床実習と歯学生の質の向上が図られており、歯学生は歯学教育モデルコアカリキュラムで言うところの、卒業時に身に付けておくべき必須の実践的能力に到達していると考えられる。

以上の観点から毎年、全国で約3千名の歯学生が受験し、約1千名が再受験となる結果を見て、現在の歯科医師国家試験の在り方に疑問を感じざるを得ない。

社会の要請に応えて、一刻も早く優秀な歯科医師を世に輩出するためにも大学の歯学教育を信頼して資格試験となるよう日歯として行政との協議が必須と考えるが、日歯の見解を伺いたい。

厚労省検討会等で 国試の改善求める

■藤田一雄副会長

現在の国家試験が、選抜試験の様相を呈しているという点について、「そもそも資格試験であるべき」というのが以前から日歯の見解となる。

歯科医師の全てが開業医を目指すのではなく、行政職や保健所、病院の勤務医等、多岐にわたる働き方ができるための体制をしっかりと構築することが大切と考えている。

また、高橋会長は、歴代の文科大臣、厚労大臣に会って、歯科医師国家試験の適正化、歯科医師需給問題について提言している。

地域包括ケアシステムの中で各地域の実情に応じた歯科医療提供体制と、地域偏在も含めて議論をしていく必要があると思っている。

共用試験の話があったが、医療系大学間共用試験実施評価機構による共用試験が、歯科は今年度から始まる。学生の臨床実習前の全国統一試験となり、実際の患者さんに接する前に歯学生が知識だけでなく態度や診療技能を修得するような試験となる。歯科医師になるために極めて有効な学習方法と言える。

卒業前にさまざまな過程を経てきているので、国家試験が資格試験であるべきということは明白だと考えている。今後、厚労省の「歯科医療提供体制等に関する検討会」などで行政に要望していかなくてはならないと考えている。

キャンパス特集

日本歯科大学

2010年当時、全国的に「ゆるキャラ」ブームでみんなに愛されるキャラクター作りにアイデアを出し合い誕生したのが「Nishy（ニッシー）くん」。キャラクター名称は学生投票で決まった。

Nishyくんは、日本歯科大学「NIPPON DENTAL UNIVERSITY」の頭文字、Ｎ・Ｄ・Ｕを取って制作された。頭は“Ｎ”。知的で探究心旺盛という性格を持ち（頭の形もなんとなく歯みたい）、右腕の“Ｕ”と左腕の“Ｄ”、この両腕を使って「歯科医学の分野で社会貢献するぞ」という風情をまとったキャラクター。

「ゆるくない」「ちょっと知的」「ちょっとクール」なのに「親しみがある」を目指して作られた。

東京歯科大学

創立120周年を記念し、2010年に誕生したマスコットキャラクター「ヒバノスケ」。勤勉の象徴とされるビーバーをモチーフに、特有の大きく丈夫な歯をイメージし、右手には歯ブラシ、左手には本を持ち、左胸に東京歯科大学のエンブレムをつけた白衣を着用している。

愛称の由来は、ビーバーと、東歯大の建学者・血脇守之助の名前を合わせたもので、同学職員のアイデアの中から選ばれた。

ヒバノスケのぬいぐるみ、マグカップ、ボールペン

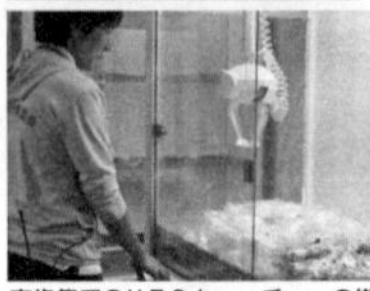

東歯祭でのＵＦＯキャッチャーの様子

大阪歯科大学

・誕生秘話

創立100周年を記念して、教職員および学生からキャラクター募集を行い、63作品の中から選ばれた。

同大天満橋学舎附属病院は、歯痛封じの由来を持つ白山神社の近くにあり、かつて歯痛患者が病癒の願掛けを行った“歯神石”の跡地であるなど、歯の神様とご縁がある。これを踏まえ、歯の神様をイメージする歯神（ししん）さんを本学のマスコットキャラクターに決まった。

歯の神様をイメージした愛らしいキャラクターとしてデザインし、手に持っているペンと本は「学び舎」を表現している。周りを囲む３つの雲には、頂点に大学を象徴するシンボルマーク、左右に歯科器具を配置している。

歯神さんが乗る雲の船は、国境を越えて世界を駆け巡る大学を表現している。

・活用事例

本学の広報やイベントなどに活用しているほか、歯学部の学習支援システムに歯神さんの名を冠している。

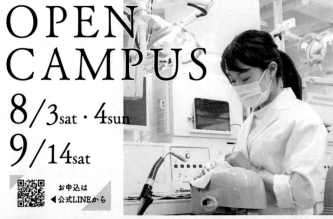

2024 オープン

松本歯科大学

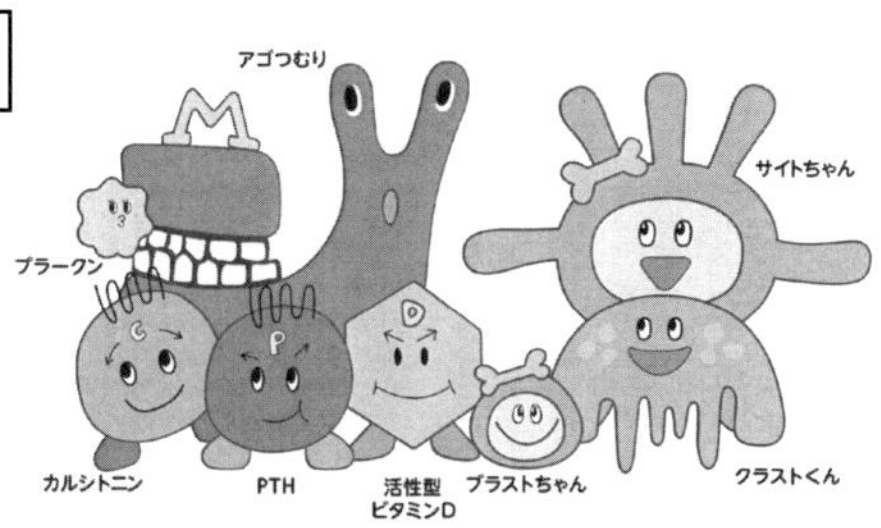

・誕生秘話

2017年の大学祭「第34回松濤祭」で実行委員会は、松濤祭のテーマを「再構築」を意味する『リモデリング』に決めた。

実行委員らがアイデアを出してイラストを制作し、骨芽細胞（オステオブラスト）をイメージした「ブラストちゃん」と破骨細胞（オステオクラスト）を表す「クラストくん」が誕生した。

その後、2018年の松濤祭でキャンパス内に表示されたシールを探し出すシールラリーが企画され、このきっかけで「PTH」「カルシトニン」「活性型ビタミンD」「サイトちゃん」「アゴつむり」の計6種が学生たちにより誕生した。

一連のキャラクターの可愛らしさが好評だったことから同大公式キャラクターとして採用されることになり、さらに歯垢の「プラークン」を追加して、商標登録出願が行われた（2019年7月5日商標登録）。

・活用事例

大学内外のさまざまなイベントで同大のPR活動をしている。学生や職員が参加する地元の夏祭りで、使用するグッズにプリントするほか、学生たちの体育祭でマスコットキャラクターを探す速さを競う競技などにも登場し、親しまれている。

大学広報盛り上げる公認キャラクター

神奈川歯科大学

本学イメージキャラクター
かもめのケイディくん

・誕生秘話

イメージキャラクター「かもめのケイディくん」は、DJでイラストレーター＆ソラミミストでもある安齋肇さんがデザインを担当している。

歯の形をした帽子をかぶったかもめのケイディくんは、「翼に勇気を、くちばしに愛を、大きな瞳に未来が込められている」という。

2013年4月より「湘南短期大学」から「神奈川歯科大学短期大学部」に名称変更することが決まった12年夏、当時同大の提供ラジオ番組「Fm yokohama Unfactory」内において、安齋肇さんがラジオのリスナーや大学内を巻き込んでオリジナルキャラクターを作成することとなった。

・活用事例

同大担当者によれば、「12年に誕生したケイディくんは今年で12歳ですが、現在でもホームページやSNSをはじめとし、着ぐるみでの活躍やクリアファイル、アクリルスタンドなどのオリジナルグッズ、スタッフジャンパーなどに多く起用され私たちを魅了し続けている」とのこと。

テーマは包括的治療

成人矯正歯科学会 第32回学術大会

日本成人矯正歯科学会(村井茂理事長)は6月23日、東京都江戸川区のタワーホール船堀にて第32回学術大会を開いた。テーマは、「包括的歯科治療における矯正歯科の役割」。

学術講演では、イースマイル国際矯正歯科の有本博英氏、原宿デンタルオフィスの山﨑長郎氏、東京歯科大学歯科矯正学講座教授の西井康氏が登壇した。

有本氏＝写真＝は「成人矯正における口腔環境リフォームのゴール設定について」をテーマに、成人矯正治療におけるゴール設定はソーシャルメディアの普及によって、極めて複雑化している現状にあると説明。顔貌の審美的欲求が高い女性を例に挙げ、最近では美容外科的な手法を組み合わせることを躊躇しない人が多いというエピソードを紹介した。「かつて矯正治療の情報はドクターがほとんど握っていたが、今は患者さんが自分のこだわりをネット上で調べるため、ドクター以上に知っていることもある」と歯科医師も幅広い知識が求められている時代にあると強調した。

◇◆◇

また、患者の習慣は治療の予後を左右する重要な要素だが、成人矯正治療における患者の口腔内の健康状態や治療状態は、成長や加齢変化のみならず、過去の状況とこれまでの習慣で成り立っている側面もあると前置き。「われわれは機能性、審美性に重きを置くが、私はそれに加えて持続可能性という三つのバランスを最大化することが治療のゴール。成人矯正のゴールは極めて難しいが、患者さんの過去を診査しつつ、将来的な側面も考えながら診断をしなければならないと思う」と主張した。

E―ライン・ビューティフル大賞

玉田志織さんが受賞

女優の玉田志織さんが、日本成人矯正歯科学会(村井茂理事長)が美しい横顔の著名人に贈る「E―ライン・ビューティフル大賞」に選ばれた。東京都江戸川区のタワーホール船堀で6月23日に表彰式が行われた。

E―ラインとは、鼻の先端とあごの先端を結んだ線を指し、このE―ラインから唇の後退突出の程度により、横顔のバランスを評価している。

過去の受賞者には米倉涼子さんや上戸彩さん、武井咲さんなどが名を連ねている。玉田さんは「今まで受賞された方々が素敵な方ばかりで、自分が選ばれたことにびっくりしている」と驚きをあらわにした。放送中(取材当時)のドラマ「ブルーモーメント」に出演しており、「この賞の名に恥じないよう、仕事を頑張っていきたい」とコメントした。

なお、審査基準は①歯並びのよい横顔の美しい日本女性、②心身共に健全であり、総合的なプロポーションもバランスが取れている、③幅広く活躍する著名人という項目を設けている。

小さい頃から歯科医院に行く習慣があったという

デンタル 小町が通る

(医)千友会理事
(千葉県市原市)
村瀬千明 ❹

息子のスイス留学

コロナ禍にNetflixでハマった韓国ドラマ『愛の不時着』の影響もあって、長男がスイスの高校へ進学しました。初めは英語を身に着けるのが目的でしたが、わりと内気な中学生だった息子が得たものは、英語力だけではありませんでした。

・自分の考えを持つこと
・思いやり心
・紳士的な振る舞い
・チャレンジ精神
・自信
・コミュニケーション能力
・良き友

など、スイスでの学校生活が実現させてくれたんだと感じます。

後になって知りましたが、スイスは英語圏ではなく、フランス、ドイツ、イタリアとさまざまな国の言葉や文化が入り込む国でした。結果的にはそこがよかったらしく、多民族に対する理解力やコミュニケーションスキルを養うことができたようです。

自然豊かな環境での寮生活、スイス(海外)でかつ山奥、逃げ帰ることを諦めさせ自力で先生や友達などコミュニティに向き合わざるを得ない特殊な環境で、親元から遠く離れたことも、お互いに成長するためには良かったのではないかと感じます。

入学当初、「スイスまで来て日本人学校では英語の上達にはもったいないんじゃないか?」と不安に感じていました。しかし、そうした心配は無用でした。英語力だけが人生にとって武器になるわけではないことを息子の成長する姿から気付かされたからです。英語は有効な道具ではありますが、もっと大切なことは、仲間を作り、人生を楽しむ力と自信を手にすることだと教えられました。

また息子は在学中にカナダ、イギリス、イタリア、フランス、セルビア、ポルトガル、南アフリカ、スペインなどさまざまな場所に行く機会を得ました。この10代という吸収力の高い貴重な時間に、大切な仲間たちと世界を体験する機会に恵まれたことは、今後、人生を幸せに生きるための強い武器になったと思います。

5月に卒業式を迎えて海外の大学に進学しましたが、今の息子にはレジリエンスが備わってきたので、きっとうまくやってくれると信じています。子供の成長する姿が母親にとっては一番の励みになります。

卒業式のセレモニー
エーグル城中庭にて

投稿 寄稿

日本がん口腔支持療法学会からの提言 ⑨

栄養療法にも必要な口腔支持医療

理事　光永 幸代　横浜市立大学附属病院　歯科・口腔外科・矯正歯科

「栄養」という言葉を耳にした時に、多くの方は「どんなものが体に良いか」「どんな成分が有効か」というような『何を摂るか』に関心を持たれることと思う。しかし、栄養を医療行為の中で考えると『何を』だけでなく、『どこから』摂るかということも非常に重要である。

従属栄養生物であるヒトを含む動物がもともと持つ機能として、最も安全で生理的な栄養素や水分の摂取経路は「口」からの摂取、すなわち経口栄養である。そして生命活動を維持するためだけではなく、味、温度などの刺激や空腹感、満足感などのような食を通じたさまざまな刺激を受け、他者とのコミュニケーションや思考の広がりのきっかけなど、人としてより豊かに、自分らしく生活するための基盤の一つにもなる。

栄養障害での衰弱を回避

栄養療法において、経口以外の栄養経路を用いた経腸栄養や経静脈栄養が適切に管理できることは重要であるが、経口以外の栄養経路はそれぞれに合併症が起こり得るため、機能が保たれている限り経口摂取が最も安全かつ低コストの栄養方法とも言われる。また、経口摂取が安全に継続できるように支援することは、生理的な栄養経路を確保することだけでなく、経口栄養＝食事を通じて得られる心理的・社会的機能の維持という点でも大きな意義がある。そのため、経口摂取が行えるように口腔局所を治療、管理できる職種として歯科医療従事者に求められる役割が大きいことを、私自身、現在の所属で診療や栄養サポートチーム活動に従事しながら肌身に感じている。

がん治療中はさまざまな理由で経口摂取が妨げられる。口腔がんや頭頸部がんでは、手術に伴う変形だけでなく、がんが存在するだけでも摂食嚥下機能を障害し得る。頭頸部領域への放射線治療や、抗がん剤治療では口腔・咽頭粘膜炎による疼痛が治療急性期の経口摂取を妨げるだけでなく、唾液腺障害による口腔乾燥や味覚異常が栄養障害の要因になり得る。これらは食べることへの障害が起こるほどに重症化した時に、より強く苦痛、負担として訴えられることが多い。例えば粘膜炎では、同じくらいの大きさの単発性の潰瘍でも舌先に生じた場合と、食事であまり触れない部分(歯肉頬移行部など)に生じた場合とでは苦痛の感じ方、訴えに大きな差があり重症度が変わることがある。一方で、他覚的には広い範囲に粘膜炎を認めていても、局所清潔や粘膜保護剤、疼痛管理といった対策が奏功することで「おかゆが食べられた」「ごはんが食べられた」というように少しずつ普段の食事に近づく形で経口摂取が再開できるようになれば病状の改善として認識される。口腔内の管理を行うことで粘膜炎が予防できた時には、不安の一つが解消され、治療を続ける勇気をも得られると、かつて自分が携わった患者さんが教えてくださった。もちろん経口摂取が維持できれば物質的な栄養も摂れ、栄養障害による衰弱や治療忍容性の低下を回避しやすくもなる。

栄養療法の観点からも口腔支持医療の重要性をアピールし、職種や病院・在宅といった垣根も超えて、その担い手を増やしていきたいと考えている。

広大ら

繊維軟骨の硬さを制御する機序解明

腱と骨をしなやかにつなぐ繊維軟骨の硬さを制御する仕組みが解明された。スクレロスチンがなくなることで、線維軟骨が硬くなり、しなやかさを失う―。広島大学や東京医科歯科大学、京都大学、東京歯科大学ら研究グループ＝左記＝共同研究によるもの。

◇◆◇

研究グループは、骨と腱をつないでいる線維軟骨細胞の成熟に伴って、スクレロスチンが発現することを発見。その機能を解析するために、ゲノム編集技術を用いてスクレロスチンが発現しないSost欠失マウスの系統を確立した。

ヒトでは、遺伝子変異によるSostの発現低下は硬結性骨化症の原因になるとされている。Sost欠失マウスにおいても全身の骨で骨化が亢進しており、硬結性骨化症の疾患モデルマウスとしても有用であるとのこと。

◇◆◇

腱付着部の非固定・非脱灰凍結切片を原子間力顕微鏡で解析したところ、Sost欠失マウスの線維軟骨が硬くなっていた。マイクロCTを用いた解析では、腱が付着する踵骨の骨量や骨密度の上昇が観察された。

スクレロスチンは、Wntシグナルのアンタゴニストで骨形成に抑制的に作用するが、その働きを阻害する抗スクレロスチン抗体が新しい骨粗鬆症薬として注目されている。

線維軟骨においてもWntシグナルの活性化が検出され、スクレロスチンがWntのアンタゴニストとして作用している可能性が示唆された。

同研究結果で、線維軟骨細胞で作られるスクレロスチンは、直下にある骨に対して骨形成を抑制し、線維軟骨では硬さを制御することによって軟組織である腱と硬組織である骨をしなやかにつないでいることが明らかになった。

◇◆◇

今後は、線維軟骨においてWntシグナルとスクレロスチンがどのように拮抗しているかを解析することによって、秩序だった線維軟骨細胞の成熟を制御するメカニズムを明らかにできると期待がかかっている。

同研究成果は、『Frontiers in Cell and Developmental Biology』(6月4日付)オンライン版に掲載された。

スクレロスチン　主に骨細胞から分泌される糖タンパク質。古典的Wnt/βカテニンシグナルを阻害することにより、骨芽細胞の分化・増殖を抑制して骨形成を低下させると同時に、破骨細胞の分化を促進して骨吸収を促進させる

■ 主な研究者

広島大学大学院医系科学研究科・生体分子機能学の山家新勢大学院生、吉本由紀特任助教・日本学術振興会特別研究員(当時)、現東京医科歯科大学の池田和隆氏講師、歯科診療医の宿南知佐教授の研究グループ、同大歯科矯正学の谷本幸太郎教授、同大学院統合生命科学研究科の山本卓教授、京都大学医生物学研究所の安達泰治教授、牧功一郎助教、近藤玄教授、東京歯科大学の溝口利英教授ら

トラブル・リスク対策 最前線学ぶ

M＆D経営塾

M＆D医業経営研究所(横浜市、木村泰久代表取締役)は6月23日、東京都新宿区の飯田橋レインボービルで開催した経営塾で、法的トラブルを含む経営リスクの最新情報と、それらへの有効な対応を学ぶセミナーを開いた。

ゲスト講師は、歯科医師として15年の臨床経験を持つ弁護士の小畑真氏。「トラブル頻発医院とトラブルゼロ医院の分かれ道」と題した講演で、法的トラブルを起こしやすい医院の共通点として、①「昔は大丈夫だった」など、知識がアップデートされていない、②口約束で済ませようとする姿勢や過剰な内容の契約書など「自己流ルール」に固執、③医療者としての立場を忘れた過度な利益追求、④患者側の非常識な態度に引きずられるなどがあると説明。

特に、対応が時代の変化に対処できずにトラブルが発生した例として、無資格者に歯石除去やX線撮影などをさせた歯科医師が逮捕されたケースや、勤務医が独立開業する際、勤務先の患者データを無断コピーして逮捕されたケースなどを挙げ、これまでの「あるある」が通用しないのだと強調した。

最低限の対策として、カルテ記載、患者同意書を保存しておくことにより、訴訟となっても証拠として医院を救うことになると説明した。

近年、増加している返金トラブルについても言及。治療費の返金においては、治療費を返金しただけではトラブルが終息しない例も多いことから、返金に際して合意書を作成し、そこに「これ以上は請求しない」という清算条項を記載しておくことが必要だと示した。

一方、歯科医院側から業者に返金などを求める場合、歯科医院は個人事業であっても事業者と見なされるため、消費者と同等の保護を受けることはできず、クーリングオフなどが適用されない点を指摘。契約前に、十分に内容を精査しなければならないとした。

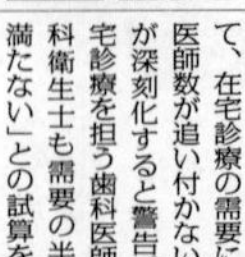

小畑氏

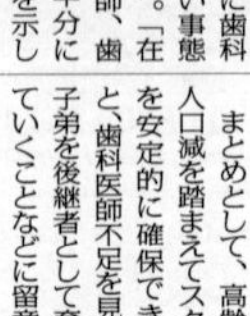

木村氏

◆◇◆

続いて、歯科医院経営を取りまく社会環境の変化と、対応について、木村氏が講演。地域の人口減と歯科医師自体の高齢化によって、在宅診療の需要に歯科医師数が追い付かない事態が深刻化すると警告。「在宅診療を担う歯科医師、歯科衛生士も需要の半分に満たない」との試算を示した。

今後、多医院展開する法人と、大型歯科医院が増加する一方、高齢の歯科医師が経営する小規模な歯科医院は後継者が見つけられずに廃院すると予測。これらの大型法人との競合を前提に開業計画や、事業継続を考えなければならなくなっていると述べた。

一方、多医院展開の法人のリスクとして、分院開業の資金借り入れの返済、家賃負担の他、高騰を続ける分院長の人件費が採算性を損ないつつあると指摘。実際に、キャッシュフローが厳しくなって経営破綻に陥った法人の例を紹介した。

まとめとして、高齢化と人口減を踏まえてスタッフを安定的に確保できること、歯科医師不足を見越し、子弟を後継者として育成していくことなどに留意するよう訴えた。

九大ら

IgG4関連疾患の免疫細胞群を同定

全身の慢性炎症性疾患であるIgG4関連疾患について、免疫応答の部位における病因T細胞群とB細胞群が明らかになった。九州大学大学院歯学研究院口腔顎顔面病態学講座顎顔面腫瘍制御学分野(現九州大学病院顎口腔外科講師)の前原隆講師、古賀理紗子医員、川野真太郎教授、長崎国際大学の中村誠司教授、ハーバード大学・Ragon Institute of MGH MIT and HarvardのShiv Pillai教授らの研究によるもの。同疾患の病態解明および、同研究で明らかにした特異な細胞を標的とした新しい治療法の開発につながる可能性がある。

IgG4関連疾患は2001年に日本人によって初めて報告された新しい疾患概念で、唾液、膵臓、腎臓など全身のさまざまな臓器に腫瘤を形成する疾患。

同研究ではIgG4関連疾患の罹患臓器に浸潤する免疫細胞であるT細胞およびB細胞群を分離採取し、1細胞レベルでそれらの遺伝子発現を解析。その結果、罹患臓器に特徴的に存在する特異なT細胞群とB細胞群が明らかになった。また、それらの細胞集団の相互連関が同疾患の特徴である臓器障害と不可逆性の臓器線維化ならびにIgG4産生に関与していることが示された。

同研究成果は科学誌『The Journal of Allergy and Clinical Immunology』(4月1日付)に掲載された。

パラジウムの相場動向

石福金属興業に聞く

ドルの値動き見て上値抑える展開に

今年も半年が過ぎた。1月1日の能登半島地震、2日の日航機炎上事故の発生、政治資金パーティーを巡る裏金事件、日経平均株価の市場最高値の更新、紅麹健康食品の自主回収などの大きな出来事が起こる中で、あらゆる物価の高騰が続いている。「パラジウム価格の相場動向と今後の価格変動の見通し」を、貴金属総合メーカーの石福金属興業に聞いた。

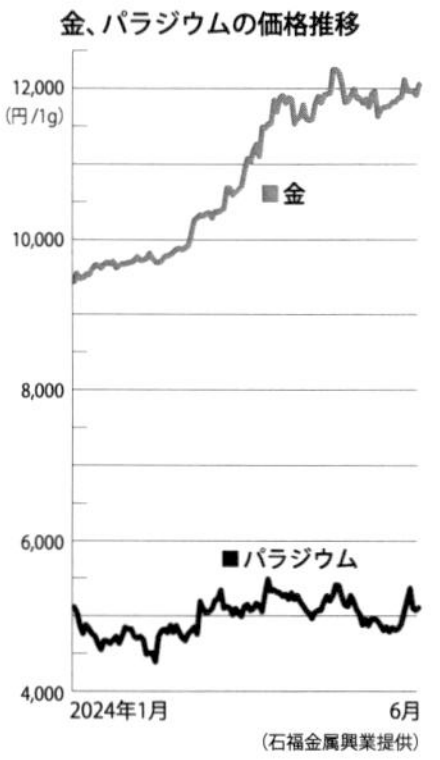

（石福金属興業提供）

——パラジウムの2024年前半（1～5月）の動向は。

石福　外国為替市場のドルの値動きを横目で見ながら、大きく膨らんだショートポジション（資産価値が下落すると予想される場合に取られる投資手法）により、上値が抑えられた展開が続く中で、5月にかけて狭いレンジでの値動きに終始する展開となりました。

——主な市場の動きは。

石福　2024年のニューヨーク・パラジウム先物市場は1080ドル台前半でスタートしました。昨年12月半ばに英国がロシア産の取引金属の制限を新たな経済制裁として発表しましたが、その後、パラジウムが対象外であったことが判明する中で価格の下落する流れを引き継ぎ、パラジウム価格は1月上旬に1千ドルを割り込むと、堅調な米経済指標の発表が続く中での外国為替市場でのドル高により、中旬には910ドル台まで値を下げました。

その後、パラジウム主要生産先であるロシアの工業都市・ノリルスクや鉱業大手のアングロ・アメリカンの24年の減産報道などや買い戻しの動きから1月末には1千ドルに迫るも流れは続かず、外国為替市場でのドル高を眺めながら下落に転じました。2月中旬に発表された1月の米CPI（消費者物価指数）が予想外の強さを見せたことで、貴金属全体に売りが波及、860ドル台まで値を下げて一時プラチナの価格と逆転する展開となりました。

◇◆◇

しかし、ETF（上場投資信託）等を通してバーゲンハント（値頃買い）的な買いが入ったことで、再び900ドル台を回復すると概ね910ドル台から980ドル台での推移が3月初旬まで継続。その後、2月の米PMI（購買担当者景気指数）の鈍化を受けて、ショートカバー（売った株式などを買い戻して決済する）などの買い戻しが入ったことで3月6日に1千ドルを回復すると、3月中旬には1080ドル台まで上伸する展開となりました。

3月末にかけては強弱入り混じる米経済指標を受けて1千ドルを挟んだ値動きが継続。4月に入ると金、プラチナといったその他の貴金属の値動きに概ね追随。4月9日に再び1080ドル台まで上伸するも米長期金利の上昇による外国為替市場でのドルの堅調な動きに再び下落に転じ、4月末にかけては940ドル台まで下落、再びプラチナの価格と逆転するに至りました。

以降も、米経済指標の強弱による外国為替市場のドルの動きに左右される展開が継続。中東情勢の悪化に伴う地政学リスクのヘッジとして金価格などに追随し、1千ドルを超える場面も見られましたが、5月を通して概ね930ドル台から980ドル台での推移が続き、5月末には再度900ドルを割り込んでこの月の取引を終了しました。

◇◆◇

——今後の見通しは。

石福　年初から南アフリカ、ロシア等のパラジウム主要生産国で供給面でのマイナスがたびたび報じられています。一方でバッテリー式電気自動車が以前のような勢いは失ったものの、中国などでシェアを徐々に伸ばしていく中で、自動車生産自体は24年に入り欧米・中国といった主要市場において前年比プラスで推移しているものの、パラジウムの需要自体は減少するとの予測が大勢を占めています。

24年の需給バランスも需要の方が供給より多いとの予測が出ていますが、あまり重要視されていない状況が続いている中では、特段需給に大きく影響を及ぼす出来事がない限り、パラジウム価格は概ね1～5月のレンジから大きく外れることなく推移すると予想します。

LINE「友達追加」で診察券代わりに

ナルコーム予約システム

ナルコーム（本社・長野県佐久市、猪俣吾郎社長）は、歯科医院向けのクラウド型予約システム「ApoDent LINEサービス」に「診察券機能」などの新たな機能を追加したと6月25日に発表した。

LINEで歯科医院を「友達追加」するだけで診察券代わりになる新たな機能に加え、LINEで来院受付や予約のキャンセル・変更、定期健診・予約のリマインドメッセージの送信が可能。

また、患者情報管理システム「達人プラス」のユーザーが「ApoDent」と「ApoDent LINEサービス」を同時に使用すると、達人プラスと患者のLINE間で動画や写真、画像などの送受信が可能となる。

利用料は初期費用が10万9560円、月額利用料が1万4300円。詳細はホームページまで。

歯磨きテーマにAI学習体験会

天王寺動物園で実施

NPO法人のおくちのけんこう（小柳貴史理事長）は6月8、9の両日、動物の歯や子供の歯磨きをテーマにクイズやダンスショー、企画展示などを行う「はみがきうさぎのカムカムどうぶつえんフェスタinてんのうじどうぶつえん」を大阪市の天王寺動物園で開催した。

同イベントは昨年11月の開催に続き4回目。今回、インマーケティングラボ（本社・東京都渋谷区、杉山隆栄社長）とコラボし、同社が提供するAIのe－ラーニング「AICAスクール」の一部を体験できるAI学習体験コーナーを設置。参加者はChatGPTを活用した動物の歯の物語や「はみがきうさぎ」のAIアバターの作成、動物のAI画像生成などを体験した。

歯ブラシリサイクルポスター作品募集

ライオン等

ライオン（本社・東京都台東区、竹森征之社長）とテラサイクルジャパン（本社・横浜市、エリック・カワバタ社長）は、使用済み歯ブラシを回収・リサイクルする「ハブラシ・リサイクルプログラム　ポスターデザインコンテスト2024」の作品を募集している。締め切りは10月25日まで。

同コンテストは今年で7回目の開催。未就学、小学校低学年、小学校高学年、中学校、高等学校、一般の六部門から成り、最優秀賞には作品デザインポスターと作品デザインタンブラー、ライオンギフトセット、テラサイクル社製品、優秀賞には作品デザインタンブラーとライオンギフトセット、テラサイクル社製品、佳作（2人）には作品デザインタンブラーを贈呈。受賞者は11月15日にウェブ上で発表する。

詳細はホームページまで。

■スクラブに新色／クラシコ

クラシコは、機能性スクラブシリーズ「デオストレッチスクラブ」のトップスとパンツにピンクとダークブラウンの新色を追加し、6月13日に発売した。同製品は洗濯を50回繰り返しても高い消臭効果が持続するという。素材の一部にリサイクル素材を使用。サイズはS、M、L、XL、XXL。同社のオンラインストア等で販売。価格はオープン。

人事

（敬称略）

■日本歯科材料器械研究協議会

▼会長　長田吉弘▼副会長　森田晴夫、山中通三、山中一剛（新任）▼監事　渡邉啓介、中島祥行（新任）▼運営委員　林正純、小野寺哲夫、根來紀行（新任）、田中博、亀水忠茂、須貝辰生（会長補佐）、古宮基成、横江浩司▼顧問　吉川秀隆

■リンケージ藤波

▼代表取締役社長　藤波由佳子

週間　金・パラ価格動向

税抜価格（1g、円）

	金	パラジウム（参考価格）
6月24日（月）	11,974	5,205
6月25日（火）	11,972	5,365
6月26日（水）	11,968	5,100
6月27日（木）	11,917	5,075
6月28日（金）	12,058	5,110

提供　石福金属興業

新設

■ウィルアンドデンターフェイス

同社は沖縄営業所を開設した。

所在地は、〒901－2212沖縄県宜野湾市長田1－19－10玉善ビル3F。TEL098－987－6714。

投稿／募集

800字以内。郵送またはFAX、メールでお送りください。

日本歯科新聞社

さじかげん【番外編】

歯科技工のスケール

鰐淵正機（わにぶちまさき）

好きが高じて、靖國神社の遊就館を何度も訪れる。復元された日本の軍用機を見るためだ。毎度、その大きさに圧倒される。実機を1／72の模型に置き換えると縦横十数センチとなり、掌にのる。同スケールを基準にした場合、近年の映画に登場するようなアメリカの戦闘機は約3倍の大きさとなり、比較差を手で感じて驚く。

歯科技工の仕事上、それぞれの原寸大を感覚で捉えておくことはある意味、大事だ。歯形彫刻で重要な最初の観点は、原寸に近いかどうかだと聞いたことがある。

かつて、歯科技工業界を社会全体から見た三次元的視点で捉えるようにと指導を受けた。日本経済の中の歯科業界、その中にある歯科技工業界。マクロの視点で捉え、自分たちのスケールを掴めということだった。それぞれを数字で捉える構図だったが、当時からすでにラボの長時間労働や経営難、将来的な技工士不足の実態がうかがえた。

ある催事のスピーチで、当社創業者が自社を振り返り、高齢で頭髪が薄くなった頭をひと撫でし「〝もうけ〟が少ない」と言って聴衆を笑わせた。経営の現実的な側面を鋭く捉えながらも、場を和ませるとんちの効いたスピーチが心に刻まれた。

歯科技工業界が厳しいことには変わりないが、このところの保険点数の改定など国や業界全体の課題に向けた動きが良い方向へ進むことを願いたい。

さて、歯科技工も国際的スケールが当然の現代、海外との関係性はもはや必須といえる。だからこそ、互いの実態をよく確認し合う必要がある。このほど当社は、アメリカテキサス州に法人を設立した。いよいよ、培ってきた自分たちのノウハウとスキルのスケールを海外に拡げる時が来た。

新しいチャレンジに期待している。歯科技工に夢が持てるように。

（和田精密歯研監査役）

ヘッドライン企業ニュース

■8月上旬予定で「キャナリーナ歯磨900Pw」の販売を終了（ビーブランド・メディコーデンタル／6月）

■累計21.7t（約173.5万本）の使用済み歯ブラシを9年で回収（ライオン／6月4日）

■従業員の歯科健診受診率100%を10年連続で達成（モリタ／6月4日）

■歯科印象採得用トレー「エイブトレー」「ハイフレックスAC各種」を6月21日に価格改定（東京歯材社／6月5日）

■インボディ・ジャパンの最短15秒で測定できる「体成分分析装置InBody」の取り扱いを開始（オール・デンタル・ジャパン／6月5日）

■美容・ヘルスケア・介護求人サイト「リジョブ」に歯科医師・歯科衛生士・歯科技工士・歯科助手の4職種を追加（リジョブ／6月6日）

■個人向けの細菌叢検査を実施するサイキンソーへ出資（ライオン／6月6日）

■歯愛メディカル、一時3%安　利益確定売りで上昇一服（日本経済新聞／6月10日）

■義歯・レジン冠ポリシングキットを発売（キクタニ／6月11日）

ConCool
ジェルコートF

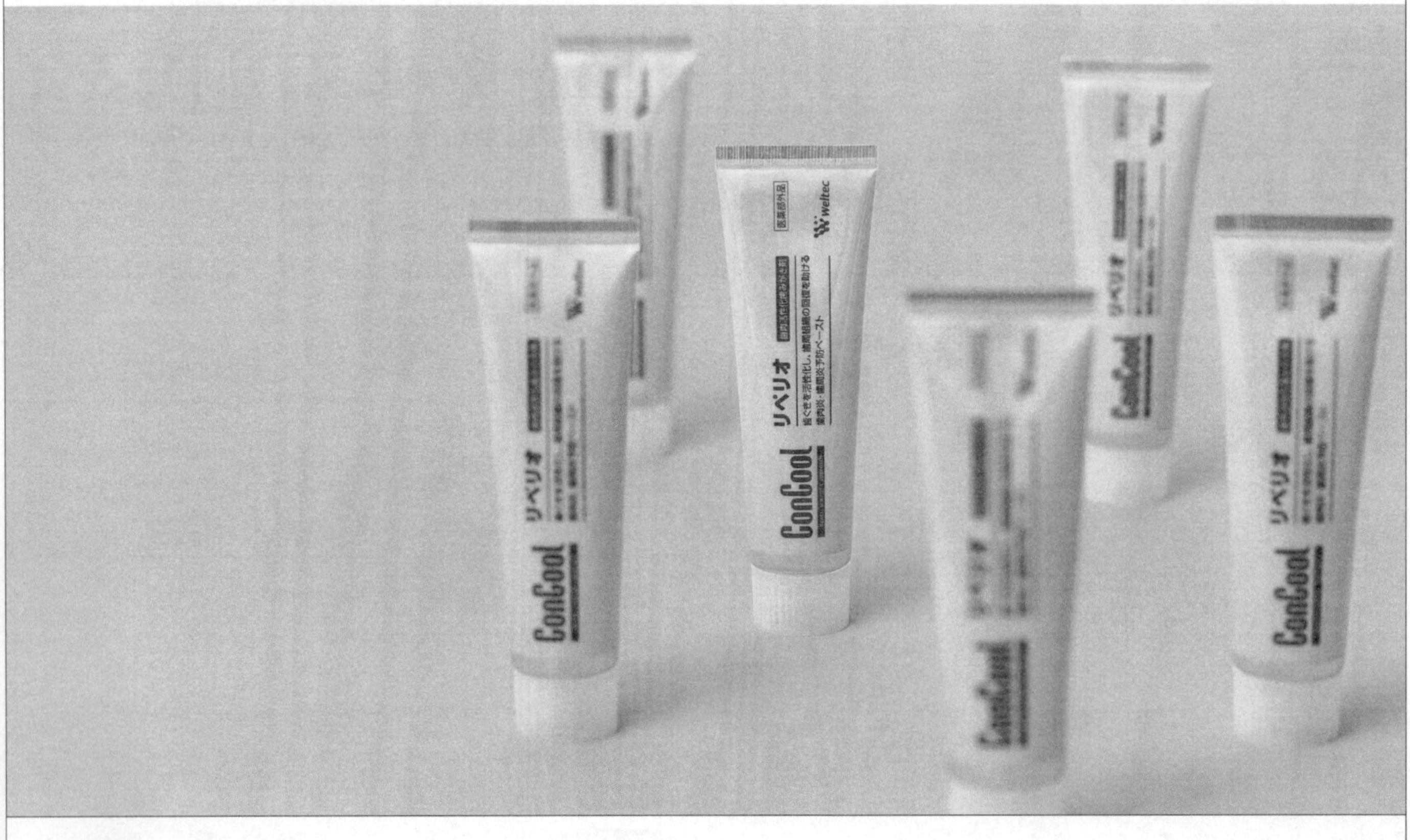
ConCool
リペリオ

日本歯科新聞

2024年（令和6年）7月9日

＜発行所＞
日本歯科新聞社
厚生労働省記者クラブ加盟社
〒101-0061
東京都千代田区神田三崎町2-15-2
電　話　03（3234）2475
FAX　03（3234）2477
www.dentalnews.co.jp
jdn@dentalnews.co.jp

■年間購読料 23,760円（送料込）（本体 21,600円＋税）
■月4回、火曜日発行
■郵便口座番号 00120-5-130369

今週号の主な内容

おことわり

次週は休刊です。
次回は7月23日付で発行いたします。

AIで口腔がんを検出

スマホで診断支援へ

東北大

東北大学大学院歯学研究科は6月25日、NTTドコモとの共同研究でAI技術を用いて、デジタルカメラの画像から口腔がんを検出できる技術を開発したことを公表した。

昨今、医療分野で人工知能（AI）の研究が急速に発展し、関連する研究が行われているが、口腔がんおよび口腔潜在的悪性疾患は正確かつ迅速な診断を必要とする。そこで同大は、スマートフォンを用いた口腔がんの診断支援をNTTドコモと共同研究する運びとなった。

研究では、歯科医院や患者個人において、口内炎等の口腔粘膜疾患、口腔がん等の精査が必要な疾患の鑑別を行う「診断補助機器」の開発を前提としている。

同大は、デジタルカメラで撮影された舌の病態写真を用いて、AI技術による口腔粘膜疾患診断支援を行う疾患検出モデルを構築。その結果、口腔がん検出モデルにおいて、感度93・9％、特異度は81・2％と高い診断精度で口腔がんを検出したとのこと。

今後は、さらに精度の高いモデル構築、特殊な技術・機材を活用せずに口腔がんを確定診断できる技術開発に取り組んでいく予定だ。

同研究成果は、科学誌『Head & Neck』（6月11日）に掲載された。

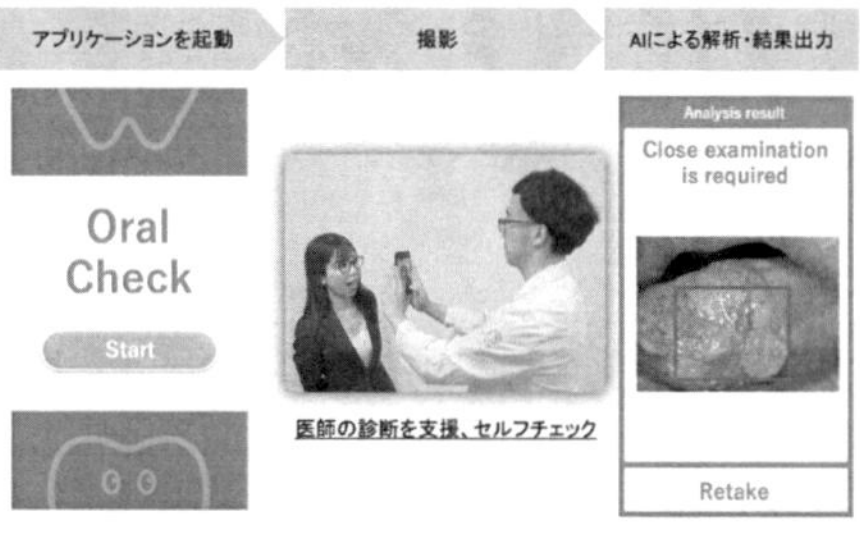

▲口腔がん検出までの流れ

美容家 君島十和子さん
「美は口元から」

「歯が命の日」（8月1日）に先立って開かれたセミナーで美のカリスマと呼ばれる君島さんが講演した。（10面に記事）

新札で日医コメント

「医療が社会に欠かせない表れ」

北里氏が肖像画となった新千円札
※画像は国立印刷局ホームページより

松本会長（左）に日本銀行券が贈呈された

日本医師会（松本吉郎会長）は3日、日医初代会長の北里柴三郎氏が肖像画となった新千円紙幣が発行されたことに伴い、「医療が社会に欠かせないものという確証であり、医師の社会に果たす責任の重さを改めて感じている」とのコメントを発表した。

コメントでは、野口英世氏から2代続けて医師が肖像画になったと説明。初代会長を務めた北里氏については、「『予防医学を確立することが近代化である』との強い思いを持っていたと聞いている」「予防や健康増進が重要な役割を果たすようになってきており、今後も北里先生の志を受け継ぎ、治療を中心とした医療のみならず、予防・健康づくりにも力点を置き、人生100年時代という健康長寿社会の実現に尽力したい」との考えを示している。

なお、北里氏に関係が深いことから、日本銀行発券局から日医に、新しい日本銀行券（AA000007AA千円券）が贈呈された。

プリズム

「無歯科医地域」が増加する時代

後継者不在や求人難、デジタル化への不安などによる廃業例が増えつつある。

これまで「歯科医師が過剰」とされてきたが、逆に、歯科医療の供給不足が懸念されるようになったと言える。都市部ではまだまだ歯科医院が乱立しているが、これから人口減少が進んで最低限の生活インフラも維持できない地域が生まれると言われる中、「無歯科医地域」の広がりは避けがたい。

「無歯科医地域」への対応として、広いエリアをカバーする1・5次歯科医療機関（多機能型歯科医療機関）による巡回診療、トレーラーハウスなどを用いた期間限定「ノマド歯科」、訪問ではなく無人タクシーを乗合利用して患者を送迎、といったアイデアがいろいろ出てくる。いずれも、現行の制度（医療法、道路運送法など）を改定し、歯科医院の期間限定開業や無人乗合車の運用など、根本的に規制緩和する必要がある。かつてイギリスが、郵便配達車が配送のついでに田舎の高齢者を町まで送る事業を始めた時、「何も無駄にしない」という姿勢に目を見張った。

法律や制度は、社会の現状を後追いして成立する。社会環境が激変する現在、既存の枠組みをフレキシブルに見直さなければ単なる岩盤規制になる。重要なのは「今あるもののフル活用」だ。どんなアイデアが実現するだろうか。

令和5年　施設基準届出

「手術用顕微鏡加算」前年より1108施設増

令和5年の歯科の施設基準届出で、前年と比べて最も増加したのは「手術用顕微鏡加算」8250施設の1108増だった。3日の中医協総会で報告があった「主な施設基準の届出状況等」によるもの。

同資料は、各年7月1日の届出状況をまとめており、歯科は6万9182施設で前年より625施設減少している。

増加が目立つのは、「手術用顕微鏡加算」に次いで、「歯科外来診療環境体制加算1」3万4075施設の1059増、「歯根端切除手術の注3」7571施設の1025増、「かかりつけ歯科医機能強化型歯科診療所」1万2736施設の971増、「歯科疾患管理料の注11の総合医療管理加算・歯科治療時医療管理料」2万4133施設の641増など。

主な施設基準の届出状況等

		届出医療機関数		
		令和３年	令和４年	令和５年
初診料（歯科）の注１に掲げる基準		65,257	65,295	64,936
地域歯科診療支援病院歯科初診料		576	595	599
歯科外来診療環境体制加算	1	31,616	33,016	34,075
	2	558	577	584
歯科診療特別対応連携加算		853	740	790
歯科疾患管理料の注11の総合医療管理加算・歯科治療時医療管理料		22,671	23,492	24,133
医療機器安全管理料		220	223	224
在宅療養支援歯科診療所	1	1,550	1,800	1,942
	2	6,949	6,926	6,875
かかりつけ歯科医機能強化型歯科診療所		10,863	11,765	12,736
歯科疾患在宅療養管理料の注４に掲げる在宅総合医療管理加算・在宅患者歯科治療時医療管理料		8,208	8,735	9,141
歯科訪問診療料に係る地域医療連携体制加算		7,156	7,055	6,883
歯科訪問診療料の注 13 に規定する基準		39,844	40,361	40,651
在宅歯科医療推進加算		2,092	2,145	2,191
口腔細菌定量検査		—	149	489
有床義歯咀嚼機能検査１のイ		592	605	611
有床義歯咀嚼機能検査１のロ及び咀嚼能力検査		5,160	5,933	6,568
有床義歯咀嚼機能検査２のイ		193	202	210
有床義歯咀嚼機能検査２のロ及び咬合圧検査		730	799	1,012
精密触覚機能検査		332	342	383
睡眠時歯科筋電図検査		372	485	576
う蝕歯無痛的窩洞形成加算		4,769	4,987	5,255
歯科画像診断管理加算	1	28	28	28
	2	26	26	26
口腔粘膜処置		15,856	16,381	16,882
口腔粘膜血管腫凝固術		394	444	493
レーザー機器加算		14,726	15,224	15,728
手術用顕微鏡加算		5,899	7,142	8,250
CAD/CAM 冠及び CAD/CAM インレー		56,071	57,726	58,317
手術時歯根面レーザー応用加算		3,587	3,836	4,126
歯科技工加算１及び２		6,819	6,699	6,584
歯科麻酔管理料		142	151	152
歯周組織再生誘導手術		7,930	8,056	8,143
広範囲顎骨支持型装置埋入手術		305	317	318
顎関節人工関節全置換術（歯科）		15	38	47
歯根端切除手術の注３		5,400	6,546	7,571
クラウン・ブリッジ維持管理料		68,834	68,656	68,037
歯科矯正診断料		1,728	1,744	1,763
顎口腔機能診断料		1,031	1,044	1,061

歯科情報学　松尾　通

「都知事選に思う」

注目の東京都知事選挙が終わった。7月7日午後8時、投票を締め切った直後に間髪を入れず小池百合子氏の当選確実が出た。他の候補の動向では、石丸伸二氏が20代、30代と無党派と呼ばれる人たちの票を集めて、都政をリセットすると訴えた蓮舫氏を上回っていた。小池氏は事実上、2期8年の都政の信任投票になったが、女性や高齢者の支持が厚く、安定した選挙戦になった。

蓮舫氏と石丸氏は結果的に2位争いとなり、終盤には石丸氏の勢いが増して蓮舫氏の勢いが削がれた感じがした。過去最多56人の候補者が出たにもかかわらず、選挙用の掲示板にはポスターさえ貼らない候補者が多数いた。高齢ながら自らの信念で選挙戦に臨んだ田母神俊雄氏は築地で、ドクター中松氏は都庁前で最終日の演説を終えた。

◇

秋にはいよいよ米国大統領選挙が行われる。米国から来日した友人たちはバイデン氏、トランプ氏、どちらにも問題があり、米国のこれからを口を揃えて心配していた。

日本歯科医師会第203回定時代議員会の模様は、本紙や日歯広報等で確認できるが、高橋日歯会長の発言や日歯代議員の質疑とそれに対する執行部側の応答に読者諸君は目を通しておられるだろうか。代議員は会員の信任を得た代表者であり、会員の意見や要望を集約して伝える義務がある。そう言えば、ひところ話題になっていた日歯会長の会員による直接選挙の声は最近聞こえてこない。直接選挙にすれば会員の無関心はある程度解消されると思う。大切なことは日歯や都道府県そして郡市区の歯科医師会で何が行われているかに関心を持ち、見守ることである。

◇

選挙演説を聞いて、声がよく通る人とそうでない人の差が際立っていた。友人に秋竹朋子さんというボイストレーナーがいる。東京音楽大卒の音楽家だが、ビジネス・ボイストレーナーに転身し、4万人以上のビジネスマンに発声を指導、成果を挙げている。「あなたの人生、声次第」をキャッチフレーズに営業用のトーク、レセプションの応対などをボイスの面から支えている。絶対音感の持ち主なので、例えば相手に自己紹介を10秒ぐらいでしてもらい、その人の声の質、量、高さ、響き、滑舌などを瞬時に判断、どうすれば改善できるかを実践指導する。

先日も初対面のある大手企業の会長から声の個人指導を頼まれていた。秋竹さんは日本歯科TC協会の講師でもあり、歯科医療従事者に必要な「伝えると伝わる」が一致しているか、ワークショップで教えている。

言葉の専門家で大阪芸大教授、TC協会講師も務めるひきたよしあきさんも同様に「伝わる言葉」について教えている。機会を作るのでぜひ聞いてほしい。

（東京都開業）

2024.7.9

医療DX推進加算　ヒアリング結果を報告　厚労省

医療DX推進体制整備加算（医DX）に係る医療機関等へのヒアリング結果が、3日の中医協で報告された。歯科診療所では、マイナ保険証利用が促進した取り組みとして、受付やチェアサイドでの声掛けや、診察券に付箋を貼って伝えるなどの工夫を紹介。進みにくい事例としては、マイナンバーカード自体を保有していないことや、現行の健康保険証でも困らないなどの理由が示された。

日本歯科医師会副会長の林正純委員は、「ヒアリング対象の医療機関数が少ないことは承知しているが、その中でも好事例を収集していると理解している。結果、歯科診療所のマイナ保険証利用率の最高が33％で、医科診療所や病院と比較してもかなり少ないと感じている」と発言。その上で「歯科医療機関の責務ではない多くの理由も考えられる。これまでの資料で地域差が大きいことも示されており、拙速に数字だけで決めてしまうと現場の理解が得られないと思っている」と、改めて現場が納得できるように丁寧な配慮を要望した。

【歯科診療所のヒアリング結果】

■マイナ保険証の利用が進んだ事例

▽受付でマイナ保険証の利用に関する積極的な声かけをする

▽マイナ保険証のメリットを受付だけではなく、チェアサイドでも歯科医師や歯科衛生士から患者へ伝える

▽診察券に「マイナ保険証をお持ちください」と記載した付箋を貼る

▽「マイナ保険証を使うと自己負担額が安くなります」等の患者のメリットを周知する

■マイナ保険証の利用が進みにくい事例

▽患者がマイナンバーカード自体を保有していない

▽患者がマイナ保険証へ不信感を持っているため、また、マイナ保険証のメリットが患者に浸透していない

▽他の医療機関では健康保険証を使用している患者に対して、マイナ保険証の提示を求めても、患者の理解が得られにくい

▽現行の健康保険証でも困らない

▽当初カードリーダーの読み取りエラーが多かったことから、また読み取りエラーが起こるのではないかと利用に消極的になってしまう

社保審 医療保険部会　マイナ保険証の課題や対策示す

厚労省は3日、第180回社会保障審議会医療保険部会を東京都千代田区の全国都市会館で開催した。マイナ保険証の利用促進等のほか、「働き方の多様化を踏まえた被用者保険の適用の在り方に関する懇談会」についての協議、「こどもにとってより良い医療の在り方『経済財政運営と改革の基本方針2024』、『新しい資本主義のグランドデザイン及び実行計画2024改訂版』及び『規制改革実行計画』等について」の報告があった。

◆◇◆

マイナ保険証の利用促進等について、日本歯科医師会の大杉和司常務理事からは、「さらなる国民の理解を得るため、年齢階級別や性別などの利用状況のデータはあるか」「利用率算出における分母が統一されていないので、分かりやすい示し方が必要」「資格登録の完了までの期間が5日、資格変更から10日とされているが、実態はどうなのか」の意見・質問があった。

◆◇◆

その他の委員からは、「マイナ利用率に関して、リアルタイムな確認方法を作って欲しい」「有効期限前にマイナポータルなどでのプッシュ通知の実装」「煩雑な目視モードの切り替えを簡便に」「ワイドショーなど国民にとって身近なメディアの影響力を利用した周知」「利用率について県単位での傾向を調査」等の意見があった。

社保審　これまで議論された問題と、それらへの対応

事象・課題	対応
健康保険証が有効なのにマイナ保険証で無効と表示され、10 割負担の請求となる	資格変更があった際に保険者に対し、資格取得の届け出から５日以内（資格変更から 10 日以内）のシステム登録を求めており、さらなる迅速化を求めている。データ登録までの期間の周知、登録完了の通知の仕組みを導入。
顔認証付カードリーダーが起動しない、認証できない	本体機器の定期的なシャットダウン・再起動を推奨。読み取りエラーはエラー時の対応について周知。
電子証明書の有効期限が切れるとマイナ保険証として使えなくなる	有効期間の３カ月前から更新手続きの案内を送付している他、顔認証付カードリーダーにおいて画面上で更新のアラートを表示。今年 12 月よりで有効期間満了後３カ月間は資格確認を行えるよう対応。更新なく一定期間経過した場合に資格確認書を職権交付。
別人との紐づけ問題で利用に不安	全ての登録済みデータについて住民基本台帳との突合を完了。必要なデータについて保険者による確認作業を実施。
高齢者が上手くマイナ保険証を利用できない。暗証番号を忘れてしまう	暗証番号や顔認証が困難な場合に目視モードによる資格確認が可能。来年春には窓口での目視モードの操作を簡便化。暗証番号を複数回誤入力した場合でも顔認証、目視で対応が可能。暗証番号を設定しない顔認証カードでもマイナ保険証として利用可能。
資格確認時に表示された情報に「●」が出る	カナ指名での受付や「●」表記のままでもレセプト請求が可能。これらを再周知しながら「●」となる漢字から修正を検討。

難民への口腔保健改善戦略を公表　FDI

世界歯科連盟（FDI）の公衆衛生委員会はこのほど、国連難民高等弁務官事務所（UNCHR）と共同で、難民の口腔衛生上の危機の実態と、難民の口腔保健状況を改善するための戦略をまとめ、公表した＝写真。世界保健機関（WHO）口腔衛生プログラムと、国際歯科医学会（IADR）が後援。

UNCHRによると、2023年時点で、世界中に難民は3640万人に上り、この7年間で倍増。彼らを取り巻く健康上のリスクは大きく、とりわけ、未処置のう蝕など歯科口腔領域の状況は厳しいと見られ、各国での支援が急がれている。

FDIらは、口腔の健康が全身の健康に関連しているという認識のもとで各国の政府が政策を転換し、難民に対して提供される基本的なヘルスケアシステムに歯科医療、口腔保健のサービスを含めることや、難民の健康実態を把握するための包括的な調査研究の推進を求めている。

歯科国試にチャレンジ

399　2024年（第117回）より

炎症性サイトカインの産生を抑制するのはどれか。１つ選べ。

a　インスリン
b　ガストリン
c　チロキシン
d　エストロゲン
e　コルチゾール

117-A005

答えは本紙のどこかに！

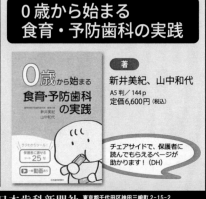

兵庫県歯 会長予備選挙

郵送投票方式に変更

兵庫県歯科医師会（橋本芳紀会長）の第179回定時代議員会が6月29日、神戸市の県歯科医師会館で開催され、会長予備選挙規則の一部改正（郵送投票方式への変更）、選挙管理委員会規則の一部改正、令和5年度決算書の全ての議案は原案通り承認可決された。

あいさつした橋本会長は、議題に上がっている会長予備選挙規則一部改正で、投票方法を郵送に変更することの目的に言及。変更により、（地域の投票箱を県歯会館に運ぶ事情で）遠方会員の投票締切時間が早かった点の是正、投票箱を県歯会館まで運ぶ選挙管理委員の負担軽減、煩雑で手間がかかる不在者投票の廃止、の3点をあげ、「結果として選挙の投票率が上がれば良い。決して安直に選挙を行うことを目的とするものではない」と強調し、代議員に理解を求めた。

老朽化している会館については、アスベスト調査と図面確認を終え耐震診断を始めており、診断結果が半年後に出る見込みを伝えた。また新築の選択も残し、建築業者数社と相談しているとし、「これら資料をそろえて先生方に説明し、どの方法が最も良いかを模索していきたい」と述べた。

代議員から出された事前質問①会館問題、②対外方針、に執行部が答弁。当日質問では、会員や事務局職員のハラスメント、不祥事予防のための講習会実施や情報共有などの要望が上がった。

協議では、日本歯科医師会会長予備選挙の選挙人23人の選出方法について「県下全域から広く選出。各圏域から少なくとも1名を選出」との考えに基づき執行部から示した案が了承された。

なお、代議員会に先立ち第41回県歯科医師会会員顕彰式が行われ、前田宗彦、川口豊、村上詔彦、濱田幸人の各氏に橋本会長から顕彰状と記念品が贈呈され、前田氏が代表謝辞を述べた。

また、近畿厚生局の得津肇局長（当時）がマイナ保険証の説明を行い、マイナ保険証への理解と利用率向上への協力などを呼び掛けた。

㊤代議員会では全3議案が可決した
㊨あいさつする橋本会長

4月の歯科診療所数

前月より57減の6万6768施設

厚労省の施設動態調査による令和6年4月末現在の歯科診療所数は全国で6万6768施設で、前月より57減少した。

千葉の12、東京の8、栃木、三重、沖縄の4など29都道府県で74減少し、増加は愛知の7、福島の3など8県で17だった。

開設者別歯科診療所数の個人は前月より100減少して4万9222施設、医療法人は46増加の1万6895施設だった。

開設者別歯科診療所数の個人は減少傾向が続き、2021年3月以降、37カ月連続で減少。医療法人は2018年9月以降62カ月連続で増加していたが、2023年12月減少に転じ、翌月以降はまた増加している。

前年同月比の全国の歯科診療所数の動向では、542施設減少した。開設者別歯科診療所数の個人は983減少、医療法人は406増加となっている。

都道府県別歯科診療所数

令和6年4月

	歯科診療所	前月比増減数
全国	66,768	-57
北海道	2,720	-3
青森	473	-2
岩手	534	-1
宮城	1,034	0
秋田	398	-1
山形	451	1
福島	810	3
茨城	1,346	-1
栃木	938	-4
群馬	970	1
埼玉	3,508	-1
千葉	3,191	-12
東京	10,652	-8
神奈川	4,928	2
新潟	1,090	1
富山	429	0
石川	468	-2
福井	293	0
山梨	411	0
長野	976	-3
岐阜	940	0
静岡	1,709	-3
愛知	3,686	7
三重	778	-4
滋賀	561	-1
京都	1,255	-2
大阪	5,430	-1
兵庫	2,908	-1
奈良	677	-3
和歌山	507	-2
鳥取	252	0
島根	250	-1
岡山	983	0
広島	1,469	-3
山口	617	-1
徳島	410	0
香川	464	-2
愛媛	630	-3
高知	335	-1
福岡	3,032	1
佐賀	391	1
長崎	682	-1
熊本	825	-1
大分	506	0
宮崎	477	0
鹿児島	769	-2
沖縄	605	-4

大阪府歯 代議員会で深田会長

ベースアップ評価料 届出の必要性強調

㊤全議案は賛成多数で可決
㊨あいさつで100周年事業や今後の取り組みについて語る深田会長

大阪府歯科医師会の深田拓司会長は、診療報酬改定で新設されたベースアップ評価料の施設基準について、「評価料1」の届出が会員の3割程度（6月締切時点）とし、さらに件数を増やしていく必要性を強調した。6月29日に大阪市の府歯科医師会館で開かれた第250回定時代議員会のあいさつで述べたもの。同評価料については協議でも取り扱われ、質疑応答や意見交換が行われた。

あいさつした深田会長は、夜間緊急歯科診療が20年を迎え、大阪市から感謝状を贈呈されたと報告。さらに2025年で創立100周年を迎えるに当たり、準備委員会を立ち上げ、同年10月19日に記念式典を予定していることを伝えた。

そして、ベースアップ評価料に言及。「われわれがすべきことは、施設基準の届出と、給料への反映による人材の他業種流出防止だ」と述べ、6月締切時点では評価料1の申請が会員の28・8％（1550軒）、評価料2は5・7％（290軒）として、さらに増やす必要性を強調。「（申請率が低いと）人件費が十分に出せるだけの内部留保・収益があると国が判断してしまう。経営が厳しい中、難しい制度だが、踏ん張っていただきたい」と話した。

協議では、ベースアップ評価料について木田眞敏専務理事が説明。代議員からは「給料は一度上げたら下げられない。2年後にベースアップ評価料がなくなる不安もあり、活用しにくいと感じる会員も多い」などの意見が出された。

寺澤一男常務理事は「2年後にハシゴを外されることはないと考える。届出を控える歯科医療機関が多くなり、人件費の評価が実際より低くみなされることを強く懸念している」と評価料の活用を呼び掛けた。

なお、議事では令和5年度貸借対照表及び損益計算書（正味財産増減計算書）を承認し、日本歯科医師会会長予備選挙選挙人及び補欠選挙人の選定は会長に一任となった。

勤務医 Talk

加藤 駿祐 先生

■ 33歳
■ 日本大学歯学部卒

父の背中を見て新規開業へ

優しくて、相手の気持ちを尊重する人柄、誇りを持って仕事をしている父親の背中を見て、「きっと素晴らしい仕事だろう」と思って歯科医師を目指した。

高校まで地元宮城県の仙台で過ごし、大学進学時に東京へ。臨床研修で東北大学に戻ったが、より多くの臨床に携わるために再び東京へ。

多くの診療所での診療を経験して昨年3月に直近の勤務先を退職。8月の開業準備をしつつ、開業までは仙台の父親の診療所に勤務している。

子供の時は、父親の詳しい仕事内容は見たことがなかったものの、一緒に働く機会を得た現在、子供の頃に感じた通り「人のために尽くす歯科医師だったことに感動した」と、素晴らしい先輩歯科医師を身近に持ったと誇らしい思いでいる。

都会型の診療所をイメージして、仙台か東京で開業地を探していたが、東京・神楽坂で物件が見つかった。

診療所を継承しない理由には、日本の人口減少が進む中、その地での経営・診療ビジョンが描けなかったことが挙げられる。

ただ、父親のように患者やスタッフと信頼のある関わり方はしていきたいと強く思う。

「自分と縁があって知り合った患者さんには、治療を繰り返す負のループから抜け出してほしい」「治療が終わったことで喜ぶのではなく、自分の治療に問題がなかったかを長期的に診ていきたい」と話す。

展望としては、「まずは開業」。「今までは院長という後ろ盾があって、仕事をしてきた。経営者にならないと分からないこと、考えもしなかったことが既にあり、その中で歯科医療と向き合うのは不安もある」と本音を語る。

求人や人材不足で悩むことは必至と考えているが、「自分自身が開業して良かったと思える医院づくりを第一目標にしてきいたい」と、これからも生涯研修に励んでいくつもりでいる。

東京都品川歯

創立100周年で 記念式典・祝賀会

東京都品川歯科医師会（小野寺哲夫会長）は6月29日、創立100周年記念式典・祝賀会を、東京都港区のグランドプリンスホテル高輪で開催した。

小野寺会長は、大正14年8月に東京府荏原郡歯科医師会の設立認可で始まった同会の歴史を振り返った上で、「歯科界はこの10年、多くの困難に見舞われた。新興感染症の流行による来院患者の激減およびスタッフの業務負担増や、ウクライナ戦争からの世界情勢悪化による金銀パラジウム合金価格の高騰の中、黙々と国民のための良質な歯科医療を提供し続けてきた」と語った。また、「歯科と全身の健康との関係がより広く一般に周知され、今年の骨太の方針は、歯科に関するより充実した記載がなされるようになった。『国民皆歯科健診』の実現も間近だ」とし、「クリーニング付きの成人歯科健診などを通して、よりエビデンスのあるデータを基に区民・都民の健康に寄与する事業を進めていく」と話した。

会の歴史を振り返りながら、区民と都民の健康に寄与することを誓う小野寺会長

その他、創立100周年を記念した表彰状、感謝状の授与が行われた。

来賓では日本歯科医師会の高橋英登会長、東京都歯科医師会の井上惠司会長、東京都歯科医師連盟の石島弘己会長、東京都学校歯科医会の鈴木博会長、森澤恭子品川区長があいさつ。

祝賀会では来賓として高橋会長、石原宏高衆議院議員、城南七歯科医師会代表で荏原歯科医師会の和栗範幸会長があいさつ。多くの招待者で賑わった。

日歯 第203回定時代議員会

個人質疑応答 ②

(敬称略)

※質問は書面を、回答は当日答弁を要約

医療保険関係

個別指導の選定方法改善求める

大滝祐吉(長野)

高点数保険医療機関の個別指導において、同じ保険医療機関が一定間隔で繰り返し個別指導の対象になっている。この実態は、日本歯科医師会でも十分理解されていることと思う。令和6年度の個別指導の選定方法については、新型コロナ5類移行後の留意事項があり、特別な選定となったが、指導監査等については「従前(令和元年度以前)同様の実施とする」とあり、今後も指導大綱どおりの選定方法になると思われる。

平成7年12月22日付保険発164号の指導大綱において、保険医療機関等に対する指導の取り扱いについての3の(1)に、「過去にも個別指導を受けたもののうち、その直近の個別指導の結果、指導後の措置がおおむね妥当、または経過観察であり、その後改善が図られていると認められるものについては、都道府県の支払基金又は国保連合会に意見を聞いた上で個別指導の対象から除外できるものとする」とある。この通知は現在でも有効と考えているが、高点数の個別指導においては、このような取り扱いになっていないと思う。

日歯として、この通知が有効であると考えているなら、この通知に則して個別指導の対象医療機関を選定するべきと考えるが、日歯の見解を伺いたい。

実行に向けて監査室に要望

■大杉和司常務理事

代議員ご指摘の保険発第164号は、平成7年の指導大綱改正の保険発第117号に合わせて発出された。保険医療機関および保険医等の指導の取扱いに係る厚生省保険局医療課長通知となる。この除外規定の適用については、医療指導監査室との勉強会の中で要望したが、残念ながら未実行となっている。

未実行の理由として、全国47都道府県一律に指導医療官が配置されていないこと、また、指導医療官が年に数回ほど研修しているとはいえ、判定結果が全国統一した基準で下せるか疑問であること、「現在においても妥当、適切な状態が継続していると認められるもの又は経過観察であり、その後、改善が図られていると認められるもの」の判断結果の在り方等、解決しなければならない点が挙げられると考えている。

しかし、特定共同指導、共同指導においては、指導医療官も厚労省直属であり、判断基準は統一されていると思うため、代議員指摘の取扱いを監査室には強く要望している。

都道府県における個別指導への適用、運用にさまざまな要望があることも承知している。指導の対象医療機関の選定に地域差が生じている状況も慎重に勘案しつつ、医療指導監査室と協議を行いたいと考えている。

各都道府県の選定委員会の運営や指導において生じている課題があれば、情報提供をお願いしたい。

周術期等口腔機能管理の展望を問う

松本好史(神奈川)

周術期(等)口腔機能管理は平成24年より保険収載され、診療報酬改定のたびに対象となる疾患や範囲を拡げてきた。令和6年度診療報酬改定においても、回復期等口腔機能管理計画策定料、回復期等口腔機能管理料、回復期等専門的口腔衛生処置が新たに導入された。また医科点数表においても回復期リハビリテーション病棟入院1、2および入退院支援加算1、2が新設され、回復期・慢性期の口腔管理が可能となった。しかし、日常臨床において歯科診療所への口腔管理の依頼はまだまだ数少ないというのが実感ではないだろうか。令和3年度、4年度社会医療診療行為別統計6月審査分において、周術期等口腔機能管理策定料の算定は、歯科診療所の2409件と2820件に対して病院併設歯科は令和3年3万714件と令和4年3万5833件であり、周術期等口腔機能管理料I(手術前)は歯科診療所の令和3年2277件、令和4年2754件に対して病院併設歯科は、令和3年1万1058件、令和4年1万3562件、同手術後は歯科診療所の令和3年396件、令和4年451件に対して病院併設歯科は、令和3年2053件、令和4年2074件である。周術期等口腔機能管理料II(手術前)は、令和3年2万2645件、令和4年2万5200件、同手術後は令和3年2万250件、令和4年2万2359件だった。

周術期等口腔機能管理料IIIは歯科診療所の令和3年597件、令和4年603件に対し病院併設歯科は令和3年2万6054件、令和4年2万7983件だった。病院併設歯科の算定件数の伸びに対して歯科診療所の算定件数は低く経過している。病院の常勤歯科医師の存在が本管理算定の重要なファクターであることは明らかである。歯科標榜のない急性期病院との医科歯科病診連携協定締結7年間の経験から、今回の改定により歯科診療所の算定件数が急激に増加することは考え難く、医師の働き方改革が推進される中、歯科診療所への文書による依頼等、病院側がより算定しやすい方法や医科点数の貼り付け等の方策を次期改定に向けて継続して行う必要性があると思われる。そこで日本医師会、厚労省や特に全日本病院協会、日本病院会等への働き掛けや協議の現状および今後について、日歯の見解を聞かせていただきたい。

今回の改定で連携進むと期待

■大杉和司常務理事

代議員の言う通り、周術期口腔機能管理は、医科歯科連携を推進する要であり、平成24年の保険導入後、積極的に対象拡大をしてきた。この間、医科の先生方の全身麻酔下における肺炎の予防において、歯科による口腔管理の重要性はほぼ周知された感がある。

加えて口腔と全身の健康管理に対する社会的認知が得られた結果、日本歯科総合研究機構が出した周術期等口腔機能管理に関する算定回数の経年結果で、平均の算定回数の増加につながっている。

さらなる推進に向けて、本改定において、手術を行わない集中治療室における治療患者の追加、入院中の放射線治療等を行う患者に対する算定回数の増加、放射線治療等患者の長期管理加算の新設、緩和ケアを行う患者への専門的口腔衛生処置の算定要件の見直しが行われた。

また、診療報酬、介護報酬、障害福祉サービス等報酬の同時改定に向けて中医協、社保審介護給付費分科会でそれぞれ具体的な検討に入る前に、医療と介護の連携をより一層進める観点から開催された令和6年度同時報酬改定に向けた意見交換会でも、医療保険、地域所管と連携協調しながらリハビリテーション、栄養管理、口腔管理の重要性を訴えていた。リハ・栄養・口腔の推進の観点から、今回、回復期リハビリテーション病棟、地域包括ケア病棟、療養病棟の入院患者にも周術期の仕組みを導入するなどの成果は、エビデンスに基づく議論の結果だと考えている。

医科点数表にも口腔管理を行うために必要な体制整備、退院支援計画にリハビリテーション、栄養管理、口腔管理を含む内容を記載することが要件化された。今後、病院歯科のない病院と郡市町の地域包括ケアシステムの構造が促され、連携が進んでいくことを期待している。

ベア評価料への日歯見解を問う

今村均(福岡)

2024年度診療報酬改定は、改定率財源のほとんどが医療従事者の賃上げに使われ、改定の目玉として「外来・在宅ベースアップ評価料」等が創設された。政府目標のR6年度ベアプラス2・5%、R7年度ベアプラス2・0%(平均ベアプラス3・5%)の実現を目指すとし、この評価料収入は全額賃上げ充当が要件での使途限定となっている。

しかし、賃上げ率の中央値が診療所(無床)は2・5%、歯科診療所は2・3%となるように設計されていて、約5割の医療機関はこの評価料を算定しても賃上げ目標には届かないこととなる。また、患者への診療明細書にも評価料は載るため、会計窓口で患者質問への説明での混乱も想像に難くない。

多くの歯科診療所においては、医科や病院などのように事務や税理士などに委託できる環境になく、われわれ歯科医師があまりに複雑な計算や計画書の記入をしなければならないことに対する悲鳴があがっている。

今回の政定が、プラス改定どころか、われわれの手持ちの資産を取り崩さなければならないという、前代未聞のマイナス改定であることに多くの会員が気付いている。

2年後の改定も踏まえ、想像を超えた混乱をきたしていることについて、執行部はどのように考えているのか。地元で直接会員に対峙するわれわれへのアドバイスも含め聞かせてほしい。

しっかり活用して恒久的点数目指す

■林正純副会長

令和6年度改定は、医療、介護、福祉の同時改定で、少子化対策財源を社会保障費の歳出改革によって捻出する大きな命題が財務省から訴えられていた。マイナス改定が前提だった。

厳しい財務交渉に加えて公定価格の中で物価高騰、賃上げに対応しなければならない、中医協の議論でも極めて異例の対応をしてきた。このことに関しては理解をしてほしい。

結果、日歯連盟等の関係各位に尽力してもらい、本体プラス0・88%という形で、プラス改定になった。

ただ、うち0・61%は目的に紐づけられており、十分に満足できるところまで達していないと理解している。

政府は全産業界に賃上げを求めている。全国で900万人近くが従事している医療界は、定期昇給など過去の実績、今般の報酬改定による上乗せ分、賃上げ促進税制の活用と三つの手立てで、令和6年度に2・5%、7年度にさらに2・0%の賃上げを求めている。

国のシミュレーションでは、ご指摘の通り、ベースアップ評価料で目標額を達成する医療機関は中央値以上の限定されたところとなり、政府が指定する賃金上昇に届かない医療機関が一定数ある。

評価料Iだけでなく評価料IIの議論も交わされ、診療報酬のみで処遇に対応することは限界があり、改定後も補助金や税制処置など考えられる可能な対応を政府に引き続き求めていきたい。

ベースアップ評価料は継続して取り組むことなので、ホスピタルフィーとしての恒久的施策であって然るべきと申してきた。

中医協でも簡素な届出を要望してきたが、結果、煩雑な手続きで、医療機関の負担が生じているということで質問いただいているが、政府が目指す賃上げの施策の一助として、歯科界の人材確保の観点からもベースアップ評価料をしっかりと活用していただき、次期改定での恒久的な点数になることを要望しながら取り組んでいきたい。

ベア評価料の国民への周知を

丹田博巳(大阪)

令和6年度診療報酬改定において、政府の賃上げ政策に対応した財源を確保できたことは評価できる。しかし今改定では、初再診料などの基本診療料を一律に増点して医療機関がそれぞれの裁量で賃上げするものでなく、医療機関ごとに賃金の改善を実施している場合の評価となっている。従って医療機関によって評価料の点数も差異があり、また医療機関によっては評価料の算定を見合わせることも予測される。国民目線では、このような評価料の算定の有無、点数の差異があり、また医療機関の機能等受ける治療に直接関わらない患者負担となるため国民の理解が得られるのかが懸念される。明細に「ベースアップ評価料」と記載されることに患者からのクレームは必至、という意見もあるので、安心して評価料の算定を行うためにも国民への丁寧な説明が必要と考える。日歯では院内掲示ポスターなど国民に分かりやすく説明するためのツールの作成を検討しているのかどうか聞きたい。

厚労省に対して周知を再三要望

■大杉和司常務理事

ベースアップ評価料の算定において、歯科医師の選択は「評価料Iのみ算定」もしくは「評価料IIの8段階の算定」、もう一つは「評価料を算定しない」の計10通りある。

初診料において、算定できる加算は医療情報取得加算1～4、医療DX推進体制整備加算、歯科外来診療医療安全対策加算、歯科外来診療感染対策加算、歯科診療特別対応加算1～3と多くあり、複雑で各医療機関で差異がある。

医療は公定価格であり、医療機関の任意で医療サービスの価格を設定できないため、本会始め三師会で連携して診療報酬における賃上げの原資となる歯科外来・在宅ベースアップ評価料の手当てを確保した。全産業で賃上げを進めて、デフレ脱却を目指すという国の施策を端緒にすることが国民に十分周知されていない点を強く懸念している。

そのため、厚労省に対して国民の目に見える形での周知を行うよう、再三再四にわたって要望してきた。

5月31日にやっと患者利用者向けリーフレットが厚労省クレジットで発出された。文言等、十分に行き届かないところはあるが、活用していただきたい。

届出の煩雑さなど多くの課題が残っているが、歯科外来・在宅ベースアップ評価料がなければ、賃上げに係る原資の全てを歯科医院の自助努力のみで捻出しなければならず、経済的体力の乏しい零細な歯科医院の多い歯科界において、非常に厳しいところ。日歯連盟や都道府県歯科医師会の協力の下、何とか獲得した0・61%の賃上げ財源となる評価料を全ての医療機関に算定してもらいたい。将来のホスピタリティーの位置付け、獲得への足掛かりとなるよう協力と理解をお願いしたい。

会員メリットになる研修求める

山畑智也(神奈川)

令和6年度診療報酬改定は6月施行となるが、例年通りに3月には告示・通知が発出されていた。

改定に伴う基本診療料及び特掲診療料の施設基準には「新たな研修の受講」を必要とするものが追加されており、猶予期間が設けられているとは言え、新たな施設基準の研修会未受講の場合には「その予定を記載し提出する」、受講後に「再提出する」という煩雑さもあるため、4月末からGW前辺りで新基準を満たす研修の「日歯 E－system」の掲載があれば、多くの会員が日歯会員であることのメリットを感じることができたと考える。

令和6年4月以降に新規開業をした医療機関は言うに及ばず、他の日歯会員においても、先んじて開催された業者や他団体による「有料研修会」を受講せざるを得ない現状にあり、会員差別化とは真逆の現象が生じている。この憂慮すべき状況について、今後の見解を聞きたい。

会員が慌てない環境整備を図る

■大杉和司常務理事

研修等が施設基準の要件となったものに対して、速やかに受講できるように準備を進めていたが、改定の6月までに必要な全ての研修を提供できない点は申し訳ないと思う。

今改定で施設基準の変更に伴う内容の見直しがあり、学会の基本的な考え方を始めとする最新のエビデンスに沿った研修教材を提供する観点で、告示通知前から厚労省と議論を重ね、学会との検討、業者の選定を含めた収録編集作業、Eシステムに掲載するための学術所管との打ち合わせ等に一定の時間を要することは理解してほしい。

次期改定に向けては、厚労省と綿密に打ち合わせ、できるだけ速やかに受講できる体制を整えたいと考えている。できるだけ柔軟な経過措置が担保されることで、会員の先生方が慌てることなく余裕を持って、施設基準を届出できる環境整備も課題としたいと考えている。

医療制度

世界を調べて医療制度改革を

浅野正樹（東京）

第202回臨時代議員会で高橋会長から示された世界各国の歯科医療費の比較で明白なように、日本の医療費の低さは以前から指摘されており、歴代執行部もその改善に向けて努力をしてきたことは十分承知している。今回の診療報酬改定において高橋会長は、本来ならマイナス改定であったものを何とか政治決着でプラスにすることができた旨の発言をしているが、その手法については否定するものではない。しかし、いわゆる覇道的なやり方の一方で、王道的な手法を使って新しい医療保険制度の抜本的な改革案を提言していくことも必要なのではないか。

まずは日本歯科総合研究機構に新たな人材を投入するなどし、体制を強化した上で、改めて世界各国の医療保険制度を精査してもらい、その中からわが国にとって参考となる法制度、システムを見つけ出すことも可能ではないかと考える。日歯から、それを元に将来を見据えた医療保険制度の改革案を考案して発信するべきと考えるが、会長の考えを聞かせてほしい。

国民目線大切に改革の方策探る

■高橋英登会長

前回の代議員会でも少し話したが、元財務省の人に、「どうしたら歯科医療費を伸ばせるか」を聞いた時に、「外務省は諸外国との比較に弱いので、そのデータを出してはどうか」と言われた。

前回のFDI大会で末瀬一彦担当常務理事に調べてもらった。海外の先進国と比べて日本の医療費は一桁違うことが明らかになった。制度も貨幣価値も違うため、単純な比較は難しいが、いくつか代表的なもの、総義歯や抜髄、抜歯など調査してもらった。先日、簡易的な資料は示したが、詳細に比較検討しているところ。その中で、わが国はリーズナブルで、特に補綴が（保険制度に）残っているのはほぼ日本だけ。国民にとっては素晴らしい、ただし、われわれが厳しい状況の中で守っているのが現状となっている。そのしわ寄せとして歯科技工士が疲弊している。それは補綴の点数があまりにも低いから、どうしても配分が少なくなってしまう。それも現実だと思う。

日本の医療制度は素晴らしく、長い間、国民を守ってきた制度なので、国民皆保険制度を崩すということになると大変なリスクにもなる。例えば、アメリカでは、お金がなければ医療が受けられない、盲腸の手術も380万円がなければ受けられないような状況で、デンチャーを入れるのに、上下40万円の自己負担が必要となっている。ダウンタウンに行くと無歯顎の人がたくさんいる。国の制度として良いかどうか。

日本の皆保険制度は世界に一つだけ。高額レセプトで最高額が1億7786万円、患者負担は9万7800円。高額療養費制度で守られている。所得の上限に関わらず負担は変わらない。この制度をずっと維持していくのは、大変なことだと思う。高額療養費制度など国民が守られている裏では、「医療関係者の犠牲の下に」という言葉が入っている。

これからどうするか。一つは国民目線が重要で、歯科医療費を急に上げて、窓口負担が増えると受療率は落ちてしまう。国民の目線の中で、「何でこんなに総義歯が安いのか」と思っている人もいる。そのような国民の理解を得られる部分は、点数を上げる努力をしていく。今回の改定でも、総義歯が236点上がった。その分で技工料も上げられる。

4兆円が適正な歯科医療費との論文も出ているが、それをすぐ叶えたら国民目線から外れてしまうと思う。

歯科医療費の抜本的な改正も必要だが、国民の目線を持った上での方法が必要だと思っている。

歯科診療所偏在対策への見解は

島田慶一（福岡）

財務省は、財政制度等審議会の財政制度分科会において、診療所の偏在を是正するための地域別診療報酬単価や医師過剰地域での新規開業規制などを提案した。

歯科においても、厚労省の統計で歯科医師数が40年ぶりに減少し、継承予定のない歯科診療所が多い一方、都市部の歯科診療所は増えているなど、偏在の問題が注目されている。

福岡では、無歯科医地区が令和元年、8市町18地区、人口3964人から令和4年10市町22地区、人口4122人に増加し、対応に苦慮している。

また、薬剤師においては、すでに地域偏在に着目し、医療計画における医療従事者確保の取り組みとして、医師偏在指標の算定式をベースに薬剤師偏在指標についても組み込まれている。

日医は、地域別診療報酬単価や新規開業規制などには反対の姿勢を示しているようだが、日歯としてはどのように考えているか。

もし反対であるなら、地域偏在の対策として日歯はどのような方針を持っているのか。

財政審の提言は到底容認できず

■瀬古口精良専務理事

医師数の適数化、偏在等については、財政審が地域別診療報酬単価や、医師過剰地域における新規開業規制を提言した。同じ医療にも関わらず地域によって単価が変わる点については、国民の納得が得られないと思っている。医療保険制度の根幹である国民皆保険、自由開業制を揺るがすものであって、日歯としても到底容認できるものではないと考えている。

医師の偏在に対してこのような対策を取ることには強い違和感を覚えている。

地域の偏在についても、地域ごとに歯科医療に対する社会資源は異なる。地域ごとに医療提供体制を構築していくのが重要と考える。

私も参加している歯科医療提供体制の検討会の中間とりまとめでも、歯科医師、歯科衛生士、歯科技工士の需給の課題は地域によって異なるため、実態把握を行った上で具体的な対応策を検討することが重要との旨が書かれている。その際、当該地域の人口減少、外来治療ができなくなる住民の増加等、歯科医師の年齢構成、働き方、労働環境、地域偏在を含めて、これからの歯科医療提供体制の在るべき姿を踏まえ、どのような対応を行っていくか検討するとしている。

また、地域の実情を踏まえた歯科医療提供体制を構築する政策面から考えて、「歯科医療提供体制の構築推進事業」が令和2年度から国によって予算化されている。ぜひ、地域の歯科医師会と自治体と連携を取って、地域住民に安心安全な歯科医療を提供できるように積極的に取り組んでいただきたい。

日歯では、各地域でどれくらいの歯科医師が過不足しているのか、日歯総研で調査している。まとまりしだい国に訴えていきながら、文科省や厚労省と連携して、入学定員を少し広げながら、奨学金あるいは、授業料を免除した後に、地域に何年か残って診療するような方策も各方面と調整しながら、できるように対応している。

医療費患者負担の公平性への考えは

大島修一（埼玉）

日本は国民皆保険制度により、国民の健康が保たれていると思う。

ご存知の通り、制度の基本は、国民がお互いに保険料を負担することにより、いつでもどこでも同じ低価格で平等に高度の医療が受けられることになっている。

しかし、今回の改定では、医療行為以外のところで患者の希望には関わらず、かかる医療機関により、患者負担に差が起こっている。

急激な医療DX、マイナカード導入を始め、ベースアップ加算等は、極めて違和感を覚える。日歯の考え方と対応について聞かせてほしい。

財政審案と改定内容は峻別すべき

■林正純副会長

代議員の指摘の通り、わが国が誇る国民皆保険の仕組みは、公的保険制度の下、全国どこでも同じ自己負担で同様の医療が受けられる。

ただ、今般の財政審の建議で、現状では地域ごとの人件費や家賃、医療機関の集中度に対応できないといった理由で、診療報酬の変動制、いわゆる地域診療報酬の導入提案があった。地域により同じ歯科医療に単価の差が生じる提案については、国民の納得が得られるとは考えられず、日歯としては断じて受け入れられないと主張している。

本改定で、医療情報取得加算や、医療DX推進体制整備加算、医療DXにかかる基盤整備としての評価の見直しと新設があった。また、歯科外来在宅ベースアップ評価料の新設、初再診料の引き上げが成され、それぞれ対象職種の賃上げに資する対応がなされた。

これらの対応に関しては、初再診料を除いて施設基準がかされ、届出医療機関とそうでない医療機関で、患者負担に差が生じることはその通りで、一部負担金増による患者の受療行動の影響も懸念される。

処遇問題に関しては、日歯は一貫してホスピタルフィーとしての要望をしてきたが、一部ベースアップ評価料として施設基準で紐づけられている。

施設基準は医療の質を評価したもので、受け入れ難い面はあるが、人件費は医療における人への投資として、より質の高い歯科医療に結び付くものであり、しっかりと国民に理解を得るべきで、財政審が提案している地域別診療報酬導入の議論とは峻別して考えるべきと思っている。

医療DXの拙速な導入や、医療職種への人件費対応については、日歯としても国の施策として皆保険制度の枠組みに位置付けられた点を重視し、医療現場に混乱が生じることがないように厚労省から国民に周知し、理解を求めることを中医協等でも強く要望してきた。

引き続き対応を取っていくので、理解をお願いする。

学術・国際渉外・学会

総合歯科専門医日歯の考え問う

杉岡伸悟（兵庫）

2018年に歯科医療の基盤となる歯科専門医制度を確立する目的で日本歯科専門医機構が設立された。

現在、同機構において制度に則った専門性の構築につき、多くの審査・認定が行われているが、我々に最も重要と考えられる「総合歯科専門医」への関与について質問する。以前より日歯ならびに日本老年歯科医学会、日本障害者歯科学会、日本有病者歯科医療学会の3分科会で、その専門性につき審議されているが、機構談事録等を拝察すると、日歯の積極的な関与がなされていないように感じる。

日本の歯科医療を代表する学術団体である本会において、日歯会員の「総合歯科専門医」取得は非常に重要な案件であると考えている。機構が審査・認定を行う「歯科専門医研修」事業への執行部の取り組みを、迅速に再検討すべきものと愚考している。

従来、本会で実施、保有されている医療安全や医療倫理、感染予防対策等の多くの研修・講習会は、機構の共通研修として十分に値するものと考えられ、さらに本会が会員診療所を研修施設として認定できるように、システムを構築すべきとも考える。この取り組みに対する、執行部の考えと今後の予定を、教えてほしい。

日歯の研修機材と紐づけを求める

■末瀬一彦常務理事

日本歯科専門医機構では、本会から藤田副会長が副委員長として参画している。また、委員会にもわれわれから出向している。

総合歯科専門医のいわゆる検討会が行われているが、そこから日歯は外れている。現在は、日本老年歯科医学会、日本障害者歯科学会、日本有病者歯科医療学会の3学会で具体的に検討されている。

総合歯科専門医はあくまでも仮称で、専門医機構がイメージしているのは、多職種連携、訪問歯科診療、摂食嚥下リハビリテーション、ハイリスク患者、障害者などへの地域歯科医療の中心的役割を果たす存在。

歯科専門医は、当初とは少しニュアンスが変わってきた。3学会が目指すものを示す、分かりやすい名称をしっかりと決めてほしいと要望している。

補綴など他にも専門医制度が行われているが、インプラント、保存、矯正などの専門医が議論されている。

専門医の資格取得においては、日歯には非常に有用な研修機材があり、総合認定医を設定している。これをできるだけ紐づけてもらいたい。研修設の確保の問題についても、適切に提案していただきたいと日歯として提言している。

ただし、専門医は領域において、特別な知識、技術を有し、国民に対して専門的な歯科医療を提供できることは必須。そのためには必要な研修プログラムを履修する必要がある。安易に専門医を取得できるシステムであってはならないと考えている。

日歯会員が専門医を目指すために、日歯傘下にある日本歯科医学会加盟の興味のある学会にぜひ入って、自らの技術を高めていただきたい。専門医機構の専門医については国民に理解しやすいことを大前提としていることから、われわれ日歯会員が専門医取得を目指しやすい研修プログラムを提言していきたい。

今月のBookコーナー

歯科雑誌をよむ　7月号

歯界展望　日本歯科評論　Quintessence　DENTAL DIAMOND　アポロニア21

歯科から食品科学研究へ

『歯界展望』は巻頭TOPICで、大阪歯科大学高齢者歯科学講座の小野高裕氏らによる「歯科から食品科学研究へ」を掲載。歯科補綴学の研究者である著者らと、食品基材メーカーとの共同研究で「飲み込みやすさ」を追求した食品物性を解明してきた成果を解説する内容。

ゲル食品の物性が押し潰し、咀嚼、嚥下時の舌圧発現に及ぼす影響、生体計測によるゲル食品の「まとまりやすさ」の評価、模擬舌の製作とそれを用いた食品開発、ウェアラブル咀嚼計を用いた咀嚼行動の評価などの研究で得られた知見を簡潔に説明。

15年に及ぶ共同研究を通した嚥下機能の「見える化」、それを技術移転できたことが大きかったとしている。

PEEK製大臼歯クラウンのポイント

『ザ・クインテッセンス』は、九州歯科大学生体材料学分野の駒形裕也氏らによる「PEEKを使用した大臼歯クラウン」を掲載。2023年12月から保険適用となったポリエーテルエーテルケトン（PEEK）製のブロックを用いた大臼歯クラウンについての基礎知識と臨床上のポイントを解説。患者20名の23本のうち19名・22症例において補綴装置の脱落や破折は見られず、その後、2年間のフォローアップでも脱落、破折は報告されなかったという。

PEEKは、高靭性、対衝撃性、耐水性に優れている一方で、光透過性の付与が困難で審美的な限界があり、接着性にも課題がある他、研磨性、耐摩耗性に懸念があり、臨床では、配慮が必要としている。

アライナー矯正に関するQ&A

『日本歯科評論』は特集で、東京都開業の常盤肇氏による「アライナー矯正を知るためのQ&A」を掲載。ワイヤーやブラケットを使用しない矯正歯科治療として一般にも認知が広がっていることを受け、アライナー矯正に関する正しい知識を伝えるのが趣旨。

一般開業医がアライナー矯正を安全に行い、良好な結果を得るために必要な知識を、13項目のQ&A、概論の解説、アライナー矯正とワイヤー矯正のコンビネーション症例の供覧の3部構成にまとめた。

メリット、デメリット、禁忌、治療の流れなど、患者への説明に適した内容。「企業側の提示するシミュレーションに必ず従うべきか」など、判断が難しい質問項目も見られ、臨床での指針にもなる。

歯周病患者の長期継続管理

『デンタルダイヤモンド』は「Dd歯周治療セミナー」で、長野県開業の谷口崇拓氏による「歯周病患者の長期的な継続管理と治療戦略」を掲載。歯周治療からメインテナンスへ移行後、歯周炎の再発、残存歯の不可逆的変化などが起こることがある。記事は、長期的な継続管理の症例から、さまざまな加齢変化、根分岐部の病変、インプラントによる補綴欠損などでのトラブル対処法を解説する内容。

長期経過から分かることとして、歯周治療の徹底、加齢による退行性変化には対処が困難、メインテナンス中に起こる問題には「患者の年齢」「要望」「残存歯の状態」「術者の技術」などが関係する、スタッフとのチームワークによる総合力が重要という。

コンプレッサーのエア乾燥

『アポロニア21』は特別企画として、パワードライヤー社の本橋孝雄氏らによる『キレイなエア』実現しませんか?」を掲載。タービンやエアフローに供給されるコンプレッサーからのエアは、気圧の変化により水滴が溜まり、雑菌繁殖のリスクがある。記事では、コンプレッサーの給気系を乾燥させる外付けエアドライヤーを紹介。日本では、歯科医療でのエアの衛生基準が決まっていないのが課題で、乾燥は接着性能にも大きく関わることから、外付け装置の活用を推奨している。

特集「予防の新トレンド」では、S. ミュータンスに生体を守る側面があることが分かった遺伝学的研究、個別の口腔疾患リスクをクラウド管理するシステムを紹介。

著者に聞く

対話形式でわかる！歯科医院で伝えたい栄養のこと

糖尿病と歯周病、口腔機能低下とフレイルなど、口腔と健康、栄養の関連性が注目されるようになってきている。

「対話形式でわかる！歯科医院で伝えたい栄養のこと」は、歯科衛生士が行う食事指導の幅を広げるための書籍だ。

執筆は歯科医院勤務の管理栄養士たちのスタディグループ「歯科と栄養二足のワラジーの会」のメンバーが中心で、同会代表の手塚文栄氏に、同書のこだわりや活用法など聞いた。

『対話形式でわかる！歯科医院で伝えたい栄養のこと』
手塚文栄【編著】/A5判/136ページ/3,960円/医歯薬出版

――出版に至った経緯は。

雑誌連載からです。それが好評だったために書籍化のお話をいただきました。

声をかけて下さったのは、「デンタルハイジーン」という歯科衛生士向けの月刊誌の編集者でした。「これからの歯科医院では、シュガーコントロールだけでなく、幅広い食事指導が必要になってくる。歯科勤務の経験と栄養の知識を生かして協力してほしい」と相談されました。

歯科衛生士と管理栄養士は最強の仲間です。それぞ

に

書籍

（価格は税込）

判断力を上げる　2歯根尖含有病変の診断と治療

2歯根尖含有病変の治療を軸に、歯内療法の診断について検討した書。原因歯を特定できない場合もある2歯根尖含有病変に対する考え方を提示するとともに、「エンドの診断をより厳密にすべき」と訴え、「なぜ治らないのか分からない」という事態の防止を目指す。

最初の診断でつまづきがちな若手歯科医師に向け、たくさんの写真や図表、フローチャートなどを使用して、診断を導き出すヒントを紹介している。

吉岡隆知　著/A4判/100ページ/8,580円/インターアクション

IOD・IARPD臨床実践ガイド

義歯の難症例への対応に有効とされる、インプラントオーバーデンチャー（IOD）やインプラント部分床義歯（IARPD）について、術前診査から経過観察に至るまでの基本的な考え方や手技を、総合的に解説した書。患者の高齢化対応や作製のデジタル化

月刊『デンタルダイヤモンド』の連載に、最新情報を踏まえて加筆を行ったもの。義歯治療に悩む歯科医師に役立つ内容。

兒玉直紀　著/AB判/164ページ/9,900円/デンタルダイヤモンド社

フッ化物洗口・ファクツ2022

フッ化物洗口に関するさまざまな疑問に対し、一問一答形式で丁寧に解説。「恩恵」「安全性」「フッ化物洗口の実践」「公共政策」「費用」「新型コロナウイルス感染症」の六つのパートに分け、フッ化物洗口の基礎知識から効果、実践の実際やコスト、コロナ禍での対応まで網羅している。

全部で133にも及ぶQ&Aで、フッ化物洗口の総合的な知識を得ることができる。

日本口腔衛生学会フッ化物応用委員会　編/A4判/96ページ/1,430円/口腔保健協会

歯の治療メニュー活用読本

歯の治療メニュー制作室が開発した治療絞り込み提案書作成アプリ『Menu321』の解説を中心に、患者さんの主訴・気持ちの傾聴や治療の提案について、「いかに聴くか」「いかに話すか」と題して解説。患者さんの反応別のタイプ分析や心理的なテクニックも紹介されている。

アプリを利用している人だけでなく、患者さんとのコミュニケーションを磨く一助となるよう配慮された一冊。

蔵満正樹、歯の治療メニュー制作室　著/A5判/180ページ/3、300円/キャッチボールクラブ

食事指導取り入れるきっかけ

手塚 文栄 氏

れの強みを生かしたら、患者さんの口も体も健康になるお手伝いができるのではとお引き受けしました。

歯科衛生士は教育課程に栄養学が含まれています。しかし、たんぱく質や栄養素の名前を憶えても、実際の食生活に結び付けるところまで自信を持って行うには短すぎます。

そこで本書では、チェアサイドで無理なく歯科衛生士が食事指導できるように長年かけて開発された方法を詳しく紹介しました。食生活の改善が歯肉の様子をかえていく様子も書かれています。

私は小児の摂食機能向上に30年かかわっているので、咀嚼力と成長期に必要な栄養の関係を表も添えて紹介しました。噛むことは顎の成長や歯並びだけでなく栄養にもかかわります。歯科衛生士がそれを知って、保護者に伝えてほしいです。

また、高齢者の栄養の執筆担当者は、歯科クリニックで栄養訪問に関わっており、「フレイル予防や低栄養予防は歯科の務め」という思いで書いています。どんなものを食べるとよいか、チェアサイドで使いやすいように、頭文字を並べた標語を載せています。

小児う蝕の執筆担当者は、「歯科医院は、何をどう食べるかを語る絶好の場所だと思う。患者さんが実践しやすいよう、なるべく具体的に書いた」と言っています。

その他、食生活の変化と歯周病、がん患者の口腔ケアと食べやすい料理、若い人に隠れた栄養問題、妊婦健診に来た方に伝えてほしいお得な食材など、会話で進めています。もちろん基礎的な栄養の話も載せてあります。

◆◇◆

――同書がどのように活用されて欲しいですか。

栄養に関して歯科が担える役割は大きく、高齢者のフレイル予防や低栄養予防、小児の口腔発達などに貢献できると考えています。

また、健康のためには栄養だけを考えるだけでは足りません。「食べる」という機能面までしっかり考えていく必要があり、口腔の予防を担う歯科衛生士は多くの活躍ができるでしょう。同書を活用していただき、患者さんが健康について身近に感じるきっかけになってくれることを望んでいます。

新刊・近刊　〈6月〉

実務版【保険】カルテの手引き<2024年度4月>
-ブリッジ適応症早見表]付き-
(有)アイ・デンタルサービスレセプト電算点検研究チーム【監修】
アイ・デンタルサービス　定価2,530円

外傷歯保護のための口腔内装置 -保険適用と患者対応-
杉山義祥・安井利一・柳川忠廣【監修】　上野俊明・片山幸太郎・竹内正敏・中島一憲【編集】
医学情報社　定価5,500円

GPが行う矯正治療を組み入れた咬合再構成
-フローチャートでわかる治療計画立案-
渡辺隆史【著】
医歯薬出版　定価14,850円

Evidence & Technique　経過から学ぶGPのための実践歯内療法
阿部修【著】
医歯薬出版　定価13,200円

歯科衛生士のための歯科診療報酬入門<2024-2025>
(公社)日本歯科衛生士会【監修】鳥山佳則・田口円裕・吉田直美・金澤紀子・武藤智美【編】
医歯薬出版　定価4,070円

歯科保険請求マニュアル<令和6年版> -歯の知識と請求の実務-
高橋一祐・野沢明子・歯科保険請求研究会【著】
医歯薬出版　定価7,700円

Dr.藤本紙上セミナー**口腔の老化・口腔ケア・摂食嚥下障害のキホン** -リハ・栄養・歯科の三位一体に向けて-
藤本篤士【著】
医歯薬出版　定価4,950円

口腔インプラント学学術用語集<第5版>
(公社)日本口腔インプラント学会【編】
医歯薬出版　定価4,070円

「歯界展望」別冊 **歯科診療のための疼痛コントロールCheckPoint**
城戸幹太・神部芳則【編著】
医歯薬出版　定価7,150円

「歯科技工」別冊 **超実践!ここで差がつくデジタル技工の設計と加工** -インレー,クラウン・ブリッジ,デンチャー,インプラント-
川端利明【編】
医歯薬出版　定価6,600円

これから院長を目指す若手歯科医師へ送る20の教え
渡部讓治【著】
インターアクション　定価6,600円

インプラント周囲炎ゼロコンセプト
-科学的根拠に基づいた多角的アプローチ-
糸瀬正通・水上哲也・金城雅彦・澤瀬隆【監著】 高橋徹次・吉竹賢祐・林美穂・馬場正英・吉野晃・村川達也・船木弘・工藤昌之・溝上宗久【著】
クインテッセンス出版　定価16,500円

インプラント図鑑 -視覚で巡るインプラントの世界-
(一社)日本インプラント臨床研究会【編】
クインテッセンス出版　定価19,800円

患者さんにしっかり説明できる口腔機能低下症読本
-導入実践・保険算定　かんたんガイド-
鈴木宏樹・松村香織【監著】　荻野洋一郎・安藤壮吾・吉岡和彦・今井実喜生【著】
クインテッセンス出版　定価8,250円

患者一人ひとりに真に調和した咬合面のつくりかた
-Gnatho-Guide Occlusion(GGO)の提案-
佐々木猛【著】
クインテッセンス出版　定価9,900円

Verticval 2 骨造成 -垂直的および水平的歯槽堤増大術の完成形-
Istvan Urban【著】　中田光太郎・松野智宣・岩野義弘【監訳】
黒嶋伸一郎・田中譲治・増田英人【翻訳統括】
クインテッセンス出版　定価44,000円

歯科衛生士国試対策集<2025年対応> -第1-33回全重要問題解説集-
歯科衛生士国試対策研究会【編】
クインテッセンス出版　定価4,070円

歯科点数表の解釈<令和6年6月版>
社会保険研究所　定価5,500円

歯科保険診療の手引き<令和6年版>
日本社会保険研究会【編著】
自由工房　定価4,400円

咬合を紐解く -インプラントを含めた補綴治療の原点を学ぶ-
吉野晃・船木弘【著】
ゼニス出版　定価18,700円

1からはじめる口腔機能低下症<2024年保険改定対応版>
小原由紀【著】
デンタルダイヤモンド社　定価5,280円

かかりつけ歯科医のための口腔機能低下症入門
-2024年保険改定対応-
(一社)日本老年歯科医学会【監修】／水口俊介【編著】
デンタルダイヤモンド社　定価7,260円

「デンタルダイヤモンド」増刊号
これから習得したい!　歯科臨床の最新テクニック21選
黒岩昭弘・小川洋一【編集委員】
デンタルダイヤモンド社　定価6,160円

Complete+DH　歯科衛生士国家試験完全攻略<2025年版>
-科目別国家試験解説／第27回～第33回-
日本医歯薬研修協会【編著】
日本医歯薬研修協会　定価3,465円

医師のための節税読本<2024年度版>
-院長が知っておくべき税務対策のすべて-
西岡篤志【著】
日本医事新報社　定価4,290円

患者さんが安心・納得する医療ホワイトニング説明BOOK
-こう聞かれたら,こう答える-
大槻昌幸【編著】
ヒョーロン・パブリッシャーズ　定価7,700円

協力：シエン社　TEL03(3816)7818　〈http://www.shien.co.jp〉

新・できる歯科医師のミッション55

数多くの臨床研修医を育てているワタナベ歯科医院の教育ノウハウを凝縮。渡部院長、同院OBらが著者となり、若手歯科医師に伝えている知恵や心構えを簡潔にまとめた一冊。

勤務医や研修医を奮起させようと院長が毎日送ったメールなどから、若手の心に刺さったものを厳選。歯科医師としての心構え、日々のトレーニングで大切なことから、基本手技、歯周治療、エンド、補綴、外科、コンサルテーションの習得の勘どころなど、臨床現場で必要な厳選ノウハウを具体的に伝授している。

渡部譲治　監修／澤田卓弥、鈴木篤士、中村一仁、林 茂雄、渡部真麻　著／A5判／160ページ／3,300円／インターアクション

診断力を上げる　日常臨床に潜む咬合由来の問題の診断と治療

顎関節症は、う蝕治療や歯周治療に比べて体系立った治療が一般臨床医に普及しているとは言い難く、一部の歯科医師の「匠の技」に負う部分が大きかった。ある意味ブラックボックスともいえる「咬合」について、科学の一分野として正確な知識を提供することを目指した書。

自分の興味のある項目から読み進められるよう、「辞書形式」でまとめられている。

杉山　豊　著／A4判／184ページ／1万3,200円／インターアクション

歯科医師のための産業保健入門〈第8版〉

2016年の第7版発行以降の環境や法制度の変化を受け、発行された第8版。

産業保健における歯科保健活動はいまだ限定的だが、今後はますます、「健康な口腔が全身の健康を支える」という視点が重要になると思われる。

産業保健全般の知識が網羅されており、専門職の職能向上とともに、産業歯科医を目指す人の教科書ともなる一冊となっている。

日本歯科医師会　監修／B5判／340ページ／5,280円／口腔保健協会

他者と生きる　リスク・病い・死をめぐる人類学

新型コロナ感染症のパンデミックに際して、人々はどのように感じ、どのように振る舞ったか。そして、それにはどのような文化的な背景があるのか。健康リスク、予防医療を取り巻く人々のさまざまな営みを、文化人類学の視点から捉え直した書。

健康リスクを大して「気にしない」で生きている人に、「気にさせる」ようにするのが「予防医学」だという指摘は、砂糖摂取制限や歯みがき勧奨など「啓発」に実績のある歯科の予防にも通じるだろう。

磯野真穂　著／新書版／278ページ／1,100円／集英社新書

実践！離乳食・幼児食指導のビジュアルガイドブック

育児の困りごとの中でも常に上位に入る離乳食の悩みについて、原因と対処法を示した書。

子供の成長過程を「ごっくん期・口唇食べ期」「舌食べ期」「歯ぐき食べ期」「歯食べ期・食具食べ期」「幼児食(前期)」「幼児食(後期)」の六つに分け、それぞれの時期で起こりがちな悩みにイラストを交えて回答している。指導法に迷った時、すぐに答えを参照できて便利。

外木徳子　監著／田村聡子、濱田郁美　著／A4変型判／152ページ／9,350円／デンタルダイヤモンド社

悩んでも迷っても道はひとつ

48歳の時、盛業していた歯科医院を閉め、単身、アフリカ大陸のマリ共和国に渡った著者が、マリでの支援活動を振り返ったエッセイ。

井戸掘り、マラリアや寄生虫等の感染症対策、出産・避妊や乳幼児の母子指導、教育の普及、子供や成人の識字指導などを行い、マリの人々の自立活動に尽力した著者の、「誰の人生にも未知の扉はある」という言葉が心に響く。

村上一枝　著／四六判／180ページ／1,650円／小学館

歯科業界ハンドブック2024年版

本社編集部が、関連団体や企業の協力を基に、各種データ、医療法、歯科医師法、薬機法などの法規制、業界が独自に制定しているルール等をまとめた歯科界初の「業界ハンドブック」として出版したもの。

「新入社員教育の教材が欲しい」「団体役員になるので、業界の全体像を知りたい」などの要望に応え、歯科界独自の仕組みやルールなどをカテゴリーごとに分けて解説。一目で分かるように簡潔にまとめられている。

今後も最新情報を踏まえて更新予定。

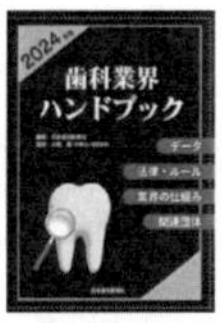

日本歯科新聞社　編著／小畑 真　監修／A5判／128ページ／5,500円／日本歯科新聞社

日歯大新潟　ハノシゴトフェスティバル2024

小中高生に歯の仕事を周知

日本歯科大学新潟生命歯学部（中原賢歯学部長）は6月30日、ハノシゴトフェスティバル2024を同大キャンパスで開催した。小学生から高校生まで、親子で歯の仕事を体験し、実際に医療機器を使って歯科の面白さや学びの楽しさを知ってもらうことが目的。22年から例年開催している。今回は140人の参加者が集まった。

同イベントでは、「歯科衛生士編」「歯科技工士編」「歯科医師編」と三つのプログラムに分けて、歯の仕事を体験できるコーナーが設けられた。

インタビューに応じた同歯学部長の中原氏によれば、元々は同大が手掛けている歯科の仕事や魅力を伝える「ハノシゴトMOOK」の一環で始まったイベントで、今回で3回目を迎えるという。「前年度はフリー形式だったが、今回は体験実習をメインに3職種に分けている。本学の専攻科生や大学院生が参加しており、実際に歯科医師や歯科衛生士、歯科技工士が小中高生たちに教えている」と語る。

来年度も東京・新潟で同イベントの企画が実施予定で、すでにリピーターもたくさんいるとのこと。「歯科業界がダメにならないよう、一般の方々に歯の仕事を周知することは、フロントランナーである日本歯科大学の仕事だと思っている」と話した。

歯科医師編では、予め配られた歯の形をしたキーホルダーを基に、むし歯で穴が開いている箇所をシーラントで埋めるほか、歯科衛生士編では、マジックペンで書かれたキーホルダーの汚れを落とすという体験実習が行われた。

歯科技工士編では、歯のキーホルダーの形を再現するコーナーが設けられた。

同日には、平成元年より開館している「医の博物館」まで足を運ぶ参加者もおり、東洋の古医書や医療器械器具など5千点にも及ぶ展示物を見る人々で賑わっていた。

なお、参加者には歯ブラシやシール、ミラー等のほか、「ハノシゴトMOOK」が手渡された。

中原歯学部長

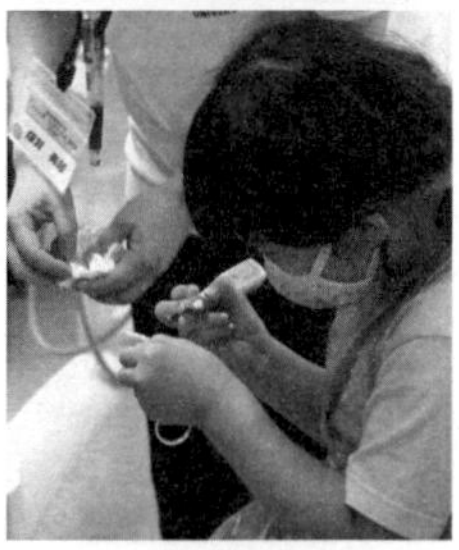
歯科衛生士編

歯科医師編

歯科技工士編

医の博物館まで足を運ぶ参加者たち

富山大学が解明

「通いの場」利用でフレイル予防効果

通いの場に参加する回数が多い人は、「1日3食きちんと食べる」「週に1回以上運動する」人が多く、喫煙習慣が少ないなど、健康的な生活習慣が備わっていた。富山大学大学院博士課程の渡辺一海医師、医学部疫学・健康政策学講座の山田正明准教授、関根道和教授らの研究グループが解明した。

◇◆◇

地域連携事業として富山県後期高齢者医療広域連合から委託を受け、砺波市在住の65歳以上の国民健康保険および後期高齢者医療制度の被保険者のうち、要介護認定のない1万290人が地域の「通いの場」に参加することで、その後の要介護認定にどのような影響があるかを分析した。

令和元年度から令和3年度における「通いの場」の参加者について、一度でも通いの場に参加したことのある人は1590人（14・5％）。そのうち100回以上の参加者は236人だった。

◇◆◇

3年間での「通いの場」参加者を「0回（不参加）」「1～49回」「50～99回」「100回以上」の4群に分けて、要介護認定の関係を評価した。「通いの場」の参加回数と新規要介護の関係は性別・年齢によらず、3年間通いの場に100回以上参加している人（週1回程度通う人）は、不参加者に比べて、新規要介護認定者になる発生率が有意に少ないことが分かった。

さらに、令和4年に75歳以上で後期高齢者健診を受けている3880人は、地域の通いの場に参加することが、高齢者質問票の結果と関連するのか分析した。

その結果、通いの場に参加したことのある人は847人（22・5％）で、参加回数が多いほどフレイルが少なく、1日3食きちんと食べているほか、週1回以上運動に取り組み、喫煙も少なく、社会参加が多いことが判明した。

◇◆◇

通いの場は、身体機能のみならず、栄養状態や口腔機能、認知機能、社会的側面の改善を通してフレイルを予防している可能性が考えられる。

研究グループは、この結果を踏まえ「『通いの場』は高齢者同士の輪が広がる場所であり、週1回程度参加しているとフレイルの発生率が少なく、介護予防につながる」と考察。超高齢社会においても、定期的な通いの場の参加によって誰もが活躍できる社会づくりの重要な一歩になると期待がかかっている。

日本口育協会

小児の口腔機能管理など取り組みや効果を紹介

日本口育協会（安部秀弘理事長）は6月30日、デンタル保育カンファレンスを東京都港区のAP新橋で開催した。各種講演に加えて、山田宏参議院議員からビデオメッセージが送られた。

◆◇◆

「人々を正しい呼吸と嚥下に導くために」では、ixiグループの安部氏が登壇した。安部氏は、乳児期の誤った口腔管理は口腔機能だけでなく、いびき、低身長、学習能力の低下、顔貌の崩れなど多くの悪影響をもたらすとした上で、乳児期から口腔機能育成を始めることの重要性を指摘。「同院が運営する保育園ではガムトレーニングやあいうべ体操などに加え、英会話を取り入れた口腔訓練を取り入れている。口腔の発達だけでなくネイティブな発音の獲得に寄与できる」と話した。加えて、「子供の口腔について関心のある親御さんは多い。保育園で口腔機能管理に取り組むことは園のブランディングにもつながる」と語った。

そのほか、新生児期からの栄養管理、乳児期の手づかみ食べの重要性や、小児期のスマホ習慣の弊害などを語った。

◆◇◆

「歯科×保育×児発～新たな可能性を探求しよう」ではハピネスグループ理事長でハピネス歯科こども歯科クリニック院長の稲吉孝介氏が登壇した。同グループが運営する歯科、認可保育園、助産院、児童発達支援所を紹介し、健常児と障害児を一緒に保育する「インクルーシブ保育」に言及。「言語聴覚士、栄養士、公認心理士など多岐にわたる専門職を多く雇い、保育と療育を行っている。歯科医師として口を育てることを行いながら、発達にも関わった途切れのない支援を提供していく」と話した。また、「口腔と脳発達が関連する可能性を感じている。今後、臨床データを集めながら考察していきたい」とした。

安部氏

稲吉氏

投稿寄稿

日本がん口腔支持療法学会からの提言⑩

造血細胞移植における口腔管理

関連死や副作用を防ぐ

理事　森 毅彦　東京医科歯科大学血液内科・医師

造血細胞移植、特に同種造血細胞移植は急性白血病や骨髄異形成症候群などの難治性造血器腫瘍に対する根治療法として広く行われている。移植方法の改良やHLA不一致ドナーからの移植の拡大などもあり、その件数は着実に増加している。しかし、前処置、ドナー、移植片対宿主病（graft-versus-host disease：GVHD）予防法などが多様化しており、至適な管理法が依然として模索されている。移植前から計画的に実施する口腔管理は粘膜炎の軽減、患者のQOLの改善、感染症の発症率低下、移植成績向上につながるため、血液内科医、歯科医師・歯科衛生士、看護師、管理栄養士等が密に連携して個々の患者のケアを行う必要がある。

同種造血細胞移植では白血病細胞などのがん細胞を駆逐し、また移植細胞の拒絶予防目的に宿主の免疫担当細胞を破壊するために、大量抗がん剤や全身放射線照射を用いた強力な「前処置」が施行される。この治療により数週間にわたり好中球・リンパ球が高度に低下する。また同時にさまざまな臓器に傷害がみられ、その一つが口腔を含めた粘膜傷害である。「免疫不全＋粘膜傷害」という状況は高頻度に感染症を引き起こし、しばしば致命的となる。この原疾患である血液がんの再発とは関係ない「移植関連死」あるいは「非再発死亡」が高いことが造血細胞移植の最も重要な問題点である。

ドナーの造血細胞が回復後も口腔の問題が発生する可能性がある。慢性GVHDは口腔粘膜・唾液腺を傷害する。一度、発症すると長期化し、疼痛・味覚異常・唾液分泌低下によるQOLの低下、長期の免疫抑制剤投与が必要となることも加わり、感染症や免疫抑制剤の副作用のリスクが高まる。また口腔GVHD発症は二次がんとしての口腔がんの発症リスクになるため、歯科医・歯科衛生士も参加したlong-term follow-up（LTFU）外来が多くの移植施設に開設され、運用されている。

このように歯科医・歯科衛生士を含めた移植チームが移植患者の口腔管理にあたるが、造血細胞移植患者の口腔管理は多様かつ長期におよぶため、経験とエビデンスに基づくマネジメントが求められる。わが国ではその詳細な方法が十分に共有されていなかったため、日本造血・免疫細胞療法学会と日本がん口腔支持療法学会が共同で「造血細胞移植患者の口腔内管理に関する指針」を策定して、2022年11月に発刊した。造血細胞移植患者の口腔管理をする際に必要な多くのヒントやピットフォールが満載の内容となっているので、参考にしていただきたい。

岡山大

〝うま味〟の感じ方

唾液が影響を与える

唾液が「うま味」の感じ方に影響を与える。岡山大学学術研究院医歯薬学域（歯）口腔生理学の吉田竜介教授らの研究グループが解明したもの。

唾液が口腔内でさまざまな働きを担っている機能のうち、「唾液緩衝能」は口の中の酸やアルカリを中和する役割を持っている。これによって歯が酸により溶けることを防いだり、酸による組織の損傷を和らげたりすると考えられている。

緩衝能は酸を和らげることから、酸味を抑制する可能性もある。そこで、同大は唾液緩衝能と味覚感受性との関連について調査するに至った。

岡山大学歯学部の学生87人（男性43人、女性44人、平均年齢21・7歳）の協力を得て、安静時の唾液分泌量、唾液緩衝能、5基本味（甘味、うま味、塩味、酸味、苦味）に対する認知閾値を測定し、関連性について検討した。

結果、唾液緩衝能が高い人ほど、うま味の感受性が高いという相関関係があることが分かった。その一方で、酸味を含む他の味には同様の相関関係が見られなかったことから、唾液緩衝能はうま味の感受性に影響する可能性が示唆された。

研究グループは、「唾液緩衝能が高いとおいしさ（嗜好性）に関わるうま味をより強く感じさせることから、食べ物をよりおいしく食べるためにも、唾液は重要な役割を果たしている」と考察している。

同研究成果は、『Archives of Oral Biology』（5月29日）に掲載された。

認知閾値　ある刺激をした時にその刺激の質が分かる最小の刺激量。味覚の場合、味の質が分かる最も低い濃度のことを指す

優れた抗菌効果のナノ複合体

インプラント周囲炎治療に期待

北大ら開発

優れた抗菌効果をもつ光応答性ナノ複合体(MC／HA／CNH)が開発された。北海道大学大学院歯学研究院の平田恵理助教、横山敦郎名誉教授、小西大輔大学院生、同大電子科学研究所の高野勇太准教授、名城大学大学院理工学研究科の湯田坂雅子特任教授らの研究によるもので、インプラント周囲炎に対する治療法への応用に期待がかかる。

同研究では、組織透過性が高い近赤外光を良く吸収するカーボンナノホーン(CNH)と、抗菌薬であるミノサイクリン(MC)に、医療分野で幅広く利用されているヒアルロン酸(HA)を複合し、「MC／HA／CNH」を開発した。

インプラント周囲炎の原因菌(A・a菌)を播種したMC／HA／CNHに近赤外光を照射したところ、非照射下では約40％であった細菌生存率が0％に低下した。さらに、MC／HA／CNHを48時間透析した後でも、近赤外光照射下で生存細菌は検出されなかった。これらの結果から、近赤外光照射によりCNHの光熱効果が引き起こされると共に、CNH表面のHAからMCの放射が促進され、抗菌作用が増強されることが示された。

同研究成果は科学誌『Nanoscale』(6月14日付)に掲載された。

遺伝性ジストニアを口腔粘膜から確認

運動障害を引き起こす遺伝性ジストニアの関連情報を口腔粘膜から確認できることが分かった。東北大学大学院医学系研究科神経内科学分野の菅野直人助教らの研究グループと、東京都立神経病院神経小児科の熊田聡子部長らの研究グループによるもの。同疾患の早期診断スクリーニング検査への応用が期待される。

遺伝性ジストニアは不随意運動により筋肉が長時間緊張することで、運動障害を引き起こす疾患。根治療法は存在しないが、早期治療により運動機能予後の改善を行える。

同研究は遺伝性ジストニアの中でも高頻度で発症する「DYT-KMT2B」について調査。DYT-KMT2Bは「KMT2B」の遺伝子異常によってもたらされ、その基質である「H3K4me3」に対するKMT2Bの依存度が高い細胞を検索したところ、口腔粘膜を構成する細胞が該当することが分かった。DYT-KMT2Bの12例と、コントロール12例において口腔粘膜由来サンプルを用いて比較したところ、DYT-KMT2B群でH3K4me3が有意に低下していた。

同研究成果は医学誌『Parkinsonism & Related Disorders』(5月27日付)にオンライン掲載された。

デンタル小町が通る

大谷歯科医院院長(愛媛県西条市)
大谷恭子 ❹

歯科医師で良かった!!

筋トレシリーズ第3弾。

数年前、大会に先駆け度胸試しにイベントに参加した。ポージングも筋肉もお粗末ながら、無知という強さを味方につけ、数々の大会で活躍したトップ選手でゲストだった大澤直子さんを冠した「大澤直子賞」までいただき、初めての世界を満喫した。

次にJBBF選手登録を済ませ、フィットネスビキニ部門にも参加。だがここからは弱音を連発。私が〃トースター〃と呼んだその特殊空間は、閉じ込められた者に強烈な光と熱を放ち、日焼けに慣れていない私を容赦なく襲う。焼け石に水だが、顔だけは……と防遮布をかぶり、ささやかな抵抗を試みる。

そして発疹と痒みに耐えて迎えた大会当日。お着替え中に青天の霹靂、なんと大会用ビキニのブラが壊れてしまったのだ。筋肉量と脂肪が落ちる量を想定して作るオートクチュールで、ブラは真ん中をろう着しただけだったと後から聞かされた。でもポージングの最中でなくて本当に良かった。まだチャンスはある！四の五の言わず考えよう！　半ばべそをかきながら舞台裏のスタッフのもとへ。がんばれ自分！「ペンチとワイヤーを貸してください」。この時は歯科医師で良かったと心から思った。デンチャーのクラスプ曲げの要領でビキニをワイヤーで直したのだから。とんだドタバタ劇だったが、集中力とともに困難からの危機回避能力を発揮し、何とか乗り切れた。いや、もしくは単なる火事場のバカ力？

まあ良しとしよう。とにもかくにも結果は準優勝!!　なんてすごいんだ自分♡「ん？何人中かですって」。ふ・ふ・ふ。

㊤駆け出しのころ
㊦大会当日のアクシデントを乗り越えて準優勝

3か月で体を絞って大会参加

投稿 寄稿

月岡 庸之　東京形成歯科研究会 会長

2024年台湾・日本再生医療フォーラム報告

予想超えた台湾の再生医療

2024年5月31日に国立台湾大学カンファレンスセンターにおいて、「Taiwan Japan Form on Regeneration Medicine」が開催された。

今回は、以前から東京形成歯科研究会と親交のある台湾再生医療学会のTong-Huie Lin教授の計らいで、日本における第3種再生医療であるPRP派生物質の臨床応用について状況説明をすることを目的に、認定再生医療等委員会を有している当会の施設長・奥寺元先生が招待された。

プログラムは、オープニングリマークとして、日本の厚生労働省にあたる台湾衛生福祉部中央保険署の石栄良署長から、再生医療を台湾での成長戦略の一つとして推進していくため、日本とも協力を続けていく方向を続ける方向が示されたことに続き、奥寺先生が「A refront of the oral regenerative medicine」の演題でサイナスを含めた上顎骨の顎裂および減形成に対しての再生医療応用と日本の取り組みについてアイスブレーク講演を行った。

続いて国立台北科技大学のProf.Hsu-Wei Fangから台湾の再生医療の取り組みと進捗過程について解説があった。全身の個別臓器への応用について、過程をプロトコルに基づき解説し、製品としての安全性を確保する道筋の困難さについて言及した。

「台湾における再生医療の成長戦略」について講演した石栄良署長

第一部の最後は筆者が「Bone regeneration and aesthetic recovery in implant clinical practice」の演題で、審美領域における再生治療の実際について、抜歯窩の選択基準と治療時期を交えて解説を試みた。

コーヒーブレークを挟み第2部は、Asia pacific academy of implants dentistry会長であるProf.Sebastian TsengからStem cell Therapyの一端としてエクソソームの応用の現状と可能性について、機能性を中心に詳細な解説があった。彼は臨床医でもあるが、再生医療を自医院の治療に細胞レベルで使用する環境を整えて自社の製品として開発を強力に推進していた。

続いて理事の増木英郎先生から、PRGFの基礎と臨床について解説講演が行われた。理論と作成方法および適応症についてケースを交えた詳細な報告は、聴衆の興味を大いに引いた。

第2部最後の演者として台湾科技術協会理事長Dr.Lin Che-Anから「Cell as drug」として薬ではなく細胞を利用した再生治療の有効性について講演があり、拡大のボトルネックがコストであり、コストを下げるためには大量生産が鍵であると示されたが、西洋医学と東洋医学の文化的相違が背景にあることにも言及があった。

短い滞在ではあったが、台湾の国を挙げての再生医療への取り組みが想像以上に進んでいることと、研究ベースと商業ベースの融合がスムーズに行われていることに大きな驚きを感じ、臨床医と開業医の垣根の低さも手伝ってフィードバックが早い状態で事業が進む環境に羨ましさを隠せなかった。また大学院生、医局員の参加も積極的だった。翻って日本の現状を鑑みると、iPSを始めとした高付加価値高技術はあるものの、普及を促進するための産学連携の事業体型は未だ進みが遅く、アジアパシフィックの中での主導権を握ることの困難さを痛感した学会参加だった。

医科歯科大

国立感染研究所と教育研究で提携

東京医科歯科大学(田中雄二郎学長)と国立感染研究所(脇田隆字所長)は5月27日、教育研究に関わる連携・協力に関する協定を締結した。同協定に基づき、同大医歯学総合研究科博士課程医歯学専攻および修士課程医歯理工保健学専攻に、国立感染研究所を母体とする感染症研究の分野「NIID(国立感染研究所)統合微生物学分野」を新設した。同分野設置を通して、学術および科学技術の発展に寄与するとともに、グローバルな感染症制圧への貢献を目指すという。

NIID統合微生物学分野の教育研究内容

- 感染症における病原体の特性、感染免疫動態および病態の解明
- 微生物の起源と進化に関する分子系統学的研究
- マルチオミックスを用いた病原体–宿主相互作用解析
- 難治性感染症に対するワクチン・治療薬の開発
- 感染症に関する診断技術およびインテリジェンスの強化に関する研究

【予告】

3Dプリンティング矯正歯科学会が大会

14、15日に大阪で

日本3Dプリンティング矯正歯科学会(山口修二代表理事)は14日、15日に第3回学術大会を大阪市のブリーゼプラザで開催する。テーマは、「3Dプリンティングが拓く矯正治療の未来」。

依頼講演では、リノクリニック東銀座院長の宮崎邦夫氏、アスパイア代表の難羽康博氏、徳島大学口腔顎顔面矯正学分野助教の渡邉佳一郎氏、白金高輪矯正歯科院長の間所睦氏、府中けやき通り矯正歯科院長の平岡孝文氏が登壇する。

大会長の有本博英氏によれば「3Dプリンティング技術の本質はデジタルの発想を形に変えること。矯正治療分野での新たな発見と未来を拓くきっかけになることを願う」とのこと。

詳細は公式ホームページまで。

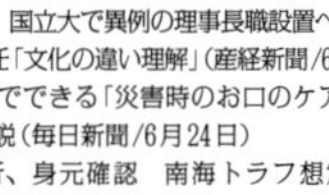

■東京科学大、国立大で異例の理事長職設置へ　東工大の大竹教授が就任「文化の違い理解」(産経新聞/6月24日)

■ティッシュでできる「災害時のお口のケア」　能登支援の医師ら解説(毎日新聞/6月24日)

■AIで歯解析、身元確認　南海トラフ想定、徳島大(KYODO/6月24日)

■歯列矯正でよくある後悔の原因(仕上がり・費用・期間)と対策、歯科医院選びのポイント(Medical DOC/6月25日)

■八戸市の病院で歯ブラシの柄で殺害　58歳男に懲役17年の判決(ABA青森朝日放送/7月1日)

■天気が悪い日に歯が痛む　「気圧性歯痛」かも　旅先で症状が出ることも…理由と対策は？（ヨミドクター/7月2日)

■「大口取引は80％の勝率」60代男性技工士が現金や暗号資産など1,600万円だまし取られる(SBS/7月3日)

■10位寝言、6位歯ぎしり、3位常夜灯をつけた…40～60代1012人調査で判明「早死にした人の睡眠特徴ワースト10」(PRESIDENT Online/7月3日)

■「歯医者さん」の倒産　2024年上半期は15件、前年の2.5倍に急増、過去最多ペースで推移(東京商工リサーチ/7月4日)

■補助金『5億超』だまし取った罪「えらい迷惑。僕も被害者」と語った歯科医　裁判で起訴内容認める(8カンテレ/7月4日)

■歯周病検診　2024年度から20歳も対象になったワケ…糖尿病や心筋梗塞、認知症のリスクになることも(ヨミドクター/7月4日)

君島十和子さんと口元習慣学ぶ

丸の内キャリア塾

丸の内キャリア塾「美人をつくる口元習慣！健康で美しく生きていく―美のカリスマ・君島十和子さんと歯科医師に学ぶ」と題したセミナーが東京都千代田区の日経ホールで2日に開かれた。同セミナーは8月1日の「歯が命の日」に先立って開催されたもので、市民など732人が参加した。なお、9日にはオンラインで配信される。主催は日本経済新聞社メディアビジネスイベント・企画ユニット。協賛はサンギ(本社・東京都中央区、ロズリン・ヘイマン社長)。

三須さん(左)と対談する君島さん

「後悔しないために、今から実践したいオーラルケア―ミネラルトリートメントで差がつくエナメル年齢」を東京都港区開業の加藤正治氏が講演。自身の口のトラブルリスクが分かる「お口の健康リスクチェックシート」やトラブルのある口腔内画像を用いてむし歯・歯周病・酸しょく歯を解説。歯のエイジングケアについて「エナメル質は労わり方次第で差がつく」とした上で、医院で行う歯のミネラルトリートメントの紹介やセルフケア用の歯磨剤の選び方を説明した。

「十和子流オーラルケア『美しさ』のために大事にしてきたこと」を美容家の君島十和子さんがフリーアナウンサーの三須亜希子さんと対談。君島さんは歯の大切さに気付いたのは10代後半だったといい、自身の日頃のセルフケアを紹介した。時間帯や場所に応じて、歯ブラシ、舌ブラシ、マウスウォッシュ、シート状のハミガキの他に、歯茎、頬の内側、上顎などの汚れを取り除く「絹ブラシ」などのオーラルケアグッズを使い分けているといい、日常生活では口角を上げるのを意識していると語った。

トークセッションでは、参加者から事前に寄せられた、自宅でできるホワイトニングの方法、歯茎を健康に保つコツ、食いしばり対策などへの質問に加藤氏が回答しつつ、君島さんが美容の観点を含めて話した。

25年度の奨学生・研究者・留学生を募集

NSKナカニシ財団

NSKナカニシ財団(中西英一代表理事)は、2025年度の奨学生と研究者、留学生の募集を1日から開始している。締め切りは10月31日まで。

奨学金事業の対象者は日本国籍を有し、日本の歯学部歯学科に在籍する大学4年生及び大学院1年生(2025年4月1日時点)、成績優秀で、経済的理由により修学が困難と認められる人。採用人数は、歯学系の大学4年生が30人程度、大学院1年生が10人程度。支給金額は大学4年生が月額6万円、大学院1年生が月額10万円。支給期間は大学4年生が来年4月から28年3月まで、大学院1年生が来年4月から29年3月まで。

研究開発助成事業の対象者は、国内の研究機関に在職し、所属機関長からの推薦を受けた人で、今年は採用件数を大幅に増やすという(昨年の採用件数11件)。対象領域は歯周治療、インプラント治療、脊椎・脊髄領域の骨切削に関する研究で、新しい価値を提供する歯科・医療機器研究の開発・改良が対象。助成金額は1件当たり年間300万円、200万円、100万円のいずれか。助成期間は来年4月1日から最長3年間。研究の中間報告等に応じて金額が増減する可能性もあるという。

留学助成事業は、国内の研究機関に在職し、歯科分野での勉学を目的に休学・休職等をして私費で海外留学する人、留学先の受け入れが決まっており、来年4月～26年3月の間に留学を開始する人が対象。助成金額は、留学先が欧米の場合は月額30万円相当と渡航費及び帰国費各30万円相当、欧米以外は月額15万円相当、渡航費及び帰国費各15万円相当を支給。助成期間は最長3年間。採用者は来年1月以降に文書で通知する。

詳細はホームページまで。

☰ 保険適用 ☰

(7月1日付)

【区分 A2】

- ▼ **ジーシー**＝「ジーシー Aadva IOS」デジタル印象採得装置
- ▼ **フィード**＝「Endo all ニッケルチタンファイル」Ni-Ti ロータリーファイル

〈製品(販売)名・製品コードに変更・追加があったもの〉

- ▼ **ルミナス・ビー・ジャパン**＝「AcuPulse 40W CO2 レーザ」レーザー手術装置(Ⅰ)

【区分 B1】

- ▼ **フォレスタデント・ジャパン**＝「オーソイージー　ピン」040 歯科矯正用アンカースクリュー
- ▼ **カテラ**＝「マルチフォーリーカテーテルキット」018 膀胱留置用ディスポーザブルカテーテル (5) 特定(Ⅱ)
- ▼ **松風**＝「ブレシ　クリスタル」004 ダイレクトボンド用ブラケット
- ▼ **ジーシーデンタルプロダクツ**＝「ジーシー　エバーエックス　フロー」049 歯科充填用材料 Ⅰ (1) 複合レジン系、052 複合レジン 築造用 (硬化後フィラー 60%以上)
- ▼ **クルツァージャパン**＝「シグナム　オペーク-F」040 歯冠用光重合硬質レジン

〈製品(販売)名・製品コードに変更・追加があったもの〉

- ▼ **フォレスタデント・ジャパン**＝「フォレスタデント　グラム　ブラケット」004 ダイレクトボンド用ブラケット
- ▼ **YAMAKIN**＝「KZR-CAD　HR ブロック 2」058 CAD/CAM 冠用材料 (1) CAD/CAM 冠用材料 (Ⅰ)「KZR-CAD　HR ブロック 1　イーゼット」058 CAD/CAM 冠用材料 (1) CAD/CAM 冠用材料 (Ⅰ)「KZR-CAD　HR ブロック 3　ガンマシータ z」058 CAD/CAM 冠用材料 (3) CAD/CAM 冠用材料 (Ⅲ)「KZR-CAD　HR ブロック 2　BGy」058 CAD/CAM 冠用材料 (2) CAD/CAM 冠用材料 (Ⅱ)「KZR-CAD　HR ブロック 4　イーバ y」058 CAD/CAM 冠用材料 (4) CAD/CAM 冠用材料 (Ⅳ)

「噛むレーザー」の口くぐる

巨大パネルで健康祈願

参加者からは「カムテクトを使ったことがないので、今から楽しみ」等の声があった

お笑いタレント・カズレーザーさんをデザインした、全長4㍍の「噛むレーザー」パネルで健口祈願―。浅草発祥の「夏詣」でも行われ、無病息災を祈願する「夏越の祓」を象徴する行事「茅の輪くぐり」をイメージした「噛むレーザーの口の輪」が設置された。参加者が輪をくぐって「健口祈願」するイベントが、5～7の3日間、東京都台東区の東京楽天地浅草ビル前広場で行われた。

歯周予防「カムテクト」でイベント

グラクソ・スミスクライン・コンシューマー・ヘルスケア・ジャパン(本社、東京都港区、野上麻理社長)の歯周病予防ハミガキ「カムテクト」のPRイベントで、同製品のブランドアンバサダーのカズレーザーさんをパネルに起用した。

輪をくぐった裏側にはカムテクトの歯垢除去力を体験できるコーナーを設置。同製品を歯垢に見立てて、歯をデザインした壁に貼付。参加者は、貼付された同製品を剥がすと健康的な白い歯が現れるという体験を通じて、歯の健康を学んだ。剥がした同製品はそのまま持ち帰ることができ、歯ブラシやうちわが配布されたほか、歯周病に関するアンケートなども実施された。

■歯垢が赤く染まるジェル状歯磨き／ピジョン

ピジョンは、歯磨きと歯垢の確認が同時にできる「ジェル状歯みがき ぷちキッズ みがき残しチェックPLUS(プラス)」を8月5日に発売する。同製品で歯磨きをし水ですすぐと磨き残した部位が赤く染まる。1歳6カ月頃から使用可能。キシリトールとフッ素500ppmを配合。容量は30g。香味はいちご。ドラッグストア等で販売。価格はオープン。

欧州事業強化でグループを再編

トクヤマ等

トクヤマ(本社・東京都千代田区、横田浩社長)とトクヤマデンタル(本社・東京都台東区、風間秀樹社長)は、欧州での歯科器材事業の強化に向けて、トクヤマデンタルのイタリア子会社「Tokuyama Dental Italy」(＝TDI、トクヤマデンタルの株式保有比率51%)を、6月21日付でトクヤマデンタルの100%子会社化したと6月24日に発表した。

TDIは、2003年8月にイタリアの歯科器材製造会社・販売商社Euronda Italy(＝EIS)とトクヤマデンタルとの共同出資会社として設立。ジョイントベンチャーパートナーのEISより、同社が保有するTDIの株式49%全てをトクヤマデンタルが譲り受けることにより、100%子会社化した。

トクヤマデンタルの海外事業は、歯科充填用コンポジットレジンを中心に世界各地域で急速な拡大を続けており、中でも所得水準が高く世界的なブランド認知の面からも影響力の大きい欧州市場は、最重要拠点の一つとなっている。トクヤマデンタルのTDI完全子会社化を通じて、欧州各国の市場シェアと売上の拡大を目指すという。

(訂正) 6月11日付(2300号)7面の保険適用の記事で、「5月1日付」は誤りで、正しくは「6月1日付」でした。お詫びして訂正します。

製品紹介

(価格は税込)

マイクロスコープ用スツール

マイクロスコープ用スツール エルゴソレックス

ヨシダ　☎0800-170-5541

マイクロスコープ専用のスツール。「エルゴダイナミック」と比較してアームレストと座面がコンパクトになっている。重量19kg。

価格＝28万6千円

歯科用象牙質接着材

クリアフィル ユニバーサルボンド Quick 2

クラレノリタケデンタル　☎03(6701)1720

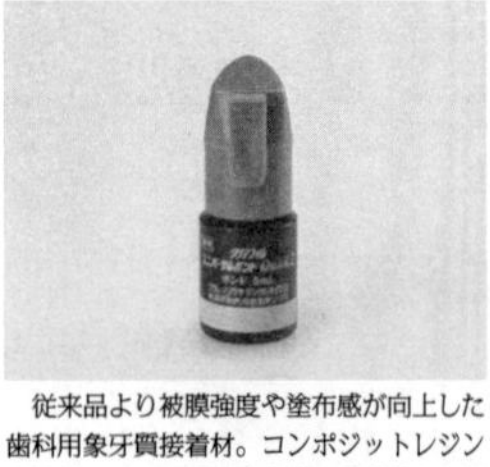

従来品より被膜強度や塗布感が向上した歯科用象牙質接着材。コンポジットレジン充填やレジンコア(直接法・間接法)など1本で9つの用途に対応。塗布後の待ち時間がなく、歯質への接着性が高いという。

価格＝単品　1万5,477円(5㎖)、Wパック　2万7,863円(5㎖ ×2個)

自動搬送ロボット

kachaka

(東日本) シバタ　☎03(3836)4811
(西日本) 内外歯材　☎06(6771)5553

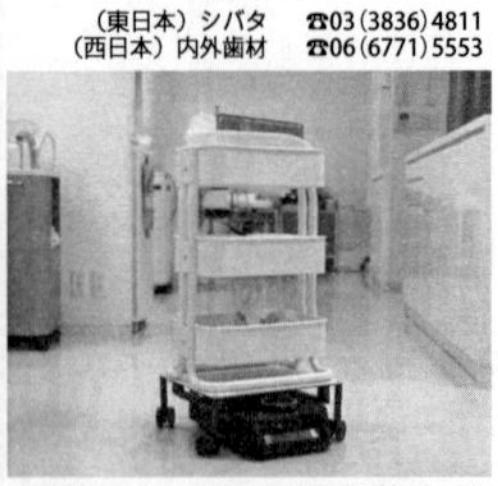

高度なAI・ロボット技術を駆使し、歯科医院の人手不足を解消する自動搬送ロボット。ユニットへの基本セットの配達や消毒室への片付け、必要な器具・機器を運搬する。

価格＝48万8,400円～

フロス

バトラーデンタルフロス エキスパンディング ワックス

サンスター　☎0120-008-241

使用時に口腔内で膨らむエキスパンディング糸を採用したフロス。糸が歯間部にフィットし、歯肉に優しく歯間部の歯垢を除去する。フロスの表面にもワックスを塗布し、挿入時の滑りが良くスムーズに使用できる。

希望患者価格＝550円

石福金属興業に聞く　金の相場動向

地政学リスク考慮の展開に

前号で取り上げた、パラジウムの相場動向に続き、「金価格の相場動向と今後の価格変動の見通し」を、貴金属総合メーカーの石福金属興業に聞いた。

——金の今年前半（1〜5月末）の動向は。

石福　昨年末にかけて過去最高値を更新していた金は、年初から上値の重い展開が続くも、外国為替市場でのドル高、長期金利の上昇が見られる中でも地政学リスクの高まりなどから上伸、微減、急騰した後、現在の値を推移しています。

——主な市場の動きは。

石福

■1〜2月

2024年のニューヨーク・金先物市場は2060ドル台半ばでスタートしました。昨年末にかけて米連邦準備制度理事会（＝米国の中央銀行：FRB）による早期利下げ観測の高まりの中で過去最高値を更新していた金は、雇用統計や米消費者物価指数（CPI）などの主要な米経済指標の堅調な内容による早期利下げ観測期待の後退から、24年年初からは上値の重い展開が続くも、中東のイラン・イスラエルやその周辺国での地政学リスクの高まりが下値をしっかりサポートし、概ね2月上旬までは2千〜2050ドル台での推移が続きました。

その後、ワールド・ゴールド・カウンシル（WGC）が発表した23年10〜12月期の需給データで金ETF（上場投資信託）の残高が全体で244トンの残高減（売却）となっていたことや、2月中旬に発表された1月の米CPI、米生産者物価指数（PPI）が共に市場予想を上回る中で、一時2千ドル台を割り込むも、中国やインドなどの旺盛な実需を背景とした買いが入り、再び2千ドルドルを突破。米FRBによる利下げ観測が後退していく中で、2月末にかけては2千〜2050ドル台で底堅く推移する展開となりました。

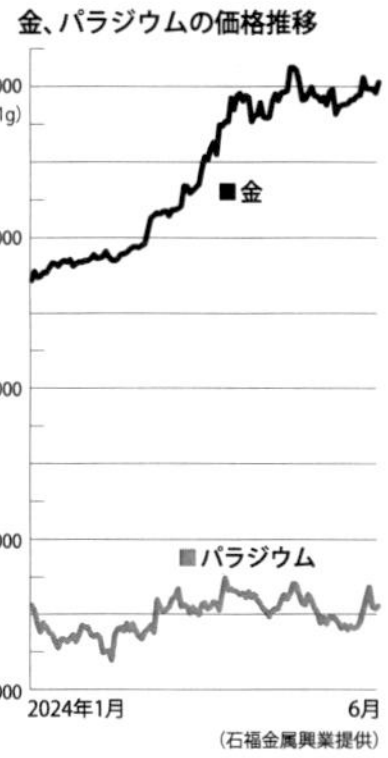

（石福金属興業提供）

■3月

3月に入り、2月の米製造業の購買担当者景況指数（PMI）が市場予測を下回ったのを皮切りに金は上昇を開始。ファンドなどの投機筋の買いも入り、4日に2100ドルを突破し史上最高値を更新すると、2月の米雇用統計の失業率の悪化なども材料に3月中旬には2180ドル台まで上伸しました。その後も強弱入り混じる米経済指標の発表の中で2150〜2180ドル台と堅調に推移する展開が続きましたが、月末にかけてはイスラエル・ハマス間での停戦に向けた話し合いが決裂するなど、中東情勢をめぐる地政学リスクの悪化も材料となり2200ドルを超える展開となりました。

■4月〜5月

この上昇の流れは4月に入っても止まらず、イスラエル軍がシリアのイラン大使館近辺を空爆するなど中東情勢の深刻化が懸念され、6日には2300ドルを突破。3月の米雇用統計、米CPI等が市場予想を上回るなど、外国為替市場でのドル高、長期金利の上昇が見られる中でも金価格は上昇を続け、4月中旬には2390ドル台まで上伸しました。

4月末にかけては、中東情勢の緊張がやや緩和する中で、売りが先行する形に。中国の貴金属取引所での証拠金引き上げなども重要視され2300ドルを割り込む展開となるも、5月初旬に発表された4月の米雇用統計の景気動向を示す非農業部門就業者数の伸びが前月から大幅に縮小するといった米経済指標の悪化を手掛かりに反転上昇。中旬に発表された4月の米CPIの鈍化やイランのライシ大統領を乗せたヘリコプター墜落の報を受けて中東情勢の不透明感が増す中、20日には2430ドル台前半まで急騰しました。

以降、5月末にかけては利益確定の売りや米主要経済指標の堅調な値から、5月末に2320ドル台をつけてこの月の取引を終了しました。

——今後の見通しは。

石福　引き続き米経済指標の動向を眺めながらのFRBの金利政策の行方を睨んだ値動きが継続すると思われますが、中央銀行をはじめとした実需面の堅調さや、ロシア・ウクライナ、中東情勢の地政学リスクを考慮すると引き続き堅調に推移すると思われます。

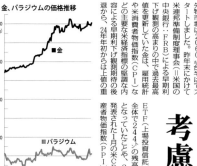

週間 金・パラ価格動向

税抜価格（1g, 円）

	金	パラジウム（参考価格）
7月1日（月）	12,073	5,315
7月2日（火）	12,170	5,305
7月3日（水）	12,153	5,515
7月4日（木）	12,287	5,580
7月5日（金）	12,268	5,500

提供 石福金属興業

Dental Pre　1億円の第三者割当

Dental Prediction（Dental Pre、本社・東京都港区、宇野澤元春社長）は、ロッテベンチャーズ・ジャパン（本社・東京都渋谷区、國分文明社長）に総額1億円の第三者割当増資を実施し、融資を含む累計資金調達額が3億5千万円になったと6月28日に発表した。

◆◇◆

同社は歯科領域から予防・健康を促し、健康寿命の延伸に寄与することを目指した事業を展開。24時間いつでも歯科医師に相談できるサービス「歯科の健康相談 mamoru」は、今年4月のリリース後約2カ月で利用者数2万人、登録歯科医院数は100件を超え、事業の拡大と人材の獲得を目的として、資金調達を実施した。

今回調達した資金は、CxO（＝Chief x Officer）の獲得や開発チームの拡充、新規機能の開発、顧客の獲得に向けたマーケティング活動、事業パートナーの開拓に活用していく。

ライオン　1カ月で仕上げ磨き卒業

「IoT歯ブラシ＋アプリ」ゲーム形式で磨き方学ぶ

ライオン（本社・東京都台東区、竹森征之社長）は、子供の成長に合わせた歯磨きの習慣や、良い歯並びの土台づくりを支援するオーラルケアプログラム「おくち育」の第二弾として、最短1カ月で仕上げ磨きの卒業をサポートする「おくち育　まほうハブラシ」を6月19日に発売した。

同製品は、IoTデバイスのハブラシポートとスマートフォン専用のアプリを連動させ、子供がゲーム感覚で自分の歯並びに合った磨き方を学べるもの。「ハミガキステップジェル」で染め出しをして磨き残しを確認し、規定の点数が取れると次の段階に進める。同社独自のAI機能を搭載した撮影ツールで歯列を確認できる他、歯並びや生え変わりに応じてミッションの難易度も上がる。

価格は、買切りセット（ハブラシポート、ハミガキステップジェル、クリニカKid'sハブラシ6〜12歳用）が3980円（別途送料）。なお、専用アプリは製品購入前でも一つ目のゲームのみ体験できる。仕上げみがきの卒業後も継続して利用可能。同社の専用サイトで販売中。

フューチャーワークス　医院ホームページ　AIチャットボット

フューチャーワークス（本社・東京都世田谷区、市川浩社長）は、歯科医院のホームページ上でAIチャットボットが24時間対応するサービスを開始している。

同サービスは、知りたい情報をAIチャットボットに質問すると、その場で回答が得られるもの。AIチャットボットに対応したホームページ制作に加え、既存のサイトにAIチャットボットの機能のみを搭載することも可能。

ホームページにアクセスした人が収集している情報を記録・解析する他、AIチャットボットからの質問に対する回答も確認でき、より的確な回答を追加できる。

また、質問に応じて問い合わせフォームや予約システム、電話対応への誘導も行う。

AIチャットボットの利用費は月額2万2千円、ホームページ制作費は22万円〜。

問い合わせはTEL03（6432）2831まで。

ヘッドライン企業ニュース

- ■オンライン型の事務長代行サービス「レンタル事務長さん」に訪問プランを追加（セルエージェント／6月12日）
- ■「ジルコニアポリッシングキット」を発売（キクタニ／6月12日）
- ■7月1日注文分より「モンダミン1080mL専用ポンプ」を価格改定（デンタリード／6月14日）
- ■6月21日からTePe社テペ製品各種の価格を変更（クロスフィールド／6月17日）
- ■「プリマ　クラシック　ダイヤモンドバー」を6月21日に発売（クロスフィールド／6月20日）
- ■保護メガネ「KKD　アンチフォグ　プロテクショングラス」を6月21日に発売（日本歯科商社／6月20日）
- ■「歯科用デジタルハンドブック8」を発売（YAMAKIN／6月20日）
- ■歯科用色調遮蔽材料「ア・ウーノ　オペーカー」を7月22日に発売（YAMAKIN／6月20日）

人事（敬称略）

■松風

▼代表取締役会長　根來紀行▼代表取締役社長社長執行役員　髙見哲夫▼取締役専務執行役員　山嵜文孝、梅田隆宏▼取締役常務執行役員　薗井秀次【新任】▼取締役（社外）　鈴木基市、西村大三、神本満男、林田博巳▼常勤監査役　小松繁幸、畑山博行【新任】▼監査役（社外）　山田陽子、向井裕美【新任】▼副社長執行役員　村上和彦▼常務執行役員　寺本真也、吉本龍一【昇任】▼上席執行役員　中嶋義和、中塚稔之【昇任】▼執行役員　若山隆、菅原順一、三宅宏善、松永倫典

なお、川嶋輝、酒見康史、近持貴之、櫻井寿紀は各役職を退任した。

■デンツプライシロナ

▼代表取締役社長　ファン・ロディギエロ

日本歯科新聞

2024年(令和6年) 7月23日

<発行所>
日本歯科新聞社
厚生労働省記者クラブ加盟社

〒101-0061
東京都千代田区神田三崎町2-15-2
電話 03(3234)2475
FAX 03(3234)2477
www.dentalnews.co.jp
jdn@dentalnews.co.jp

無断転載禁止

■年間購読料 23,760円(送料込)(本体 21,600円+税)
■月4回、火曜日発行
■郵便口座番号 00120-5-130369

今週号の主な内容

マイナ保険証利用 実績反映へ

10月から3区分に見直し

医療DX推進体制整備加算

中医協で答申

小塩隆士中医協会長(左)から答申書が手渡された

医療DX推進体制整備加算が、10月からマイナ保険証の利用実績(率)に応じて3区分に見直される。歯科は現行6点が、レセプト件数に占めるマイナ保険証利用率が15%以上(来年以降は30%以上)だと「同加算1」9点、10%以上(同20%以上)だと「同加算2」8点、5%以上(同10%以上)だと「同加算3」6点となる。17日の中医協総会で武見敬三厚労大臣から諮問があり、同日に答申した。

施設基準となるマイナ保険証利用実績は、3カ月前の月でマイナ保険証利用者数とレセプト件数から算出する。ただし、レセプト請求から状況が明らかになるまでのタイムラグを考慮し、しばらくは、オンライン資格確認の利用数とマイナ保険証利用数から算出する利用率も活用。詳しくは疑義解釈や通知で示される見込み。

◇◆◇

さらに現行の健康保険証の発行が終了することを踏まえて12月からは、医療情報取得加算が、初診料月1回1点、再診料3カ月に1回1点に見直されることも決まった。

◇◆◇

なお、日本歯科医師会副会長の林正純委員は、答申前の議論の中で、加算について「質の高い医療を提供するため、医療DXに対応する体制を確保していることについての評価と認識している。さまざまな高いハードルがある中、利用率は医療機関側の努力だけではどうすることもできない側面も含んでいる。国民や患者側の理解も必要」と訴え、厚労省や保険者にも周知の協力を願った。

「利用率については、経過措置が設定されているが、期間が満了した後もカード普及率などを加味した丁寧な配慮をお願いしたい」と要望した。

筋肉・サプリ博士 山本氏が講演

「歯科to栄養フェスティバル」で筋肉・サプリメント博士の異名を持つパーソナルトレーナーの山本義徳氏が講演した(13面に記事)。同氏は、プロ野球のダルビッシュ有選手や松坂大輔選手などアスリートのトレーニングや栄養指導を担当していた。

厚労省 歯科保健課

小嶺祐子氏が課長に就任

厚労省医政局歯科保健課課長に7月1日付で、前保険局歯科医療管理官の小嶺祐子氏＝写真＝が就任した。前課長の小椋正之氏は同日付で厚労省を退職した。

小嶺氏は、2000年に東北大学歯学部を卒業し、06年に同大大学院歯学研究科博士課程修了。同研究科加齢歯科学分野助教を経て、11年から厚労省関東信越厚生局健康福祉部医事課、同省保険局医療課医療指導監査室、同省老健局老人保健課、保険局医療課などに配属。18年に歯科保健課課長補佐、21年に歯科口腔保健推進室長、23年から歯科医療管理官を務めていた。

なお、医政局の歯科口腔保健推進室長には高田淳子氏、保険局の歯科医療管理官には和田康志氏が就任している。

プリズム

歯科界での「知識継承」が課題か

先日、トランプ前大統領が選挙集会の演説中に銃撃されるという衝撃のニュースが世界を震撼させた。

当編集部の記者がYouTubeにアップされた動画を見ていて、すぐにスマホ(カメラ)を構えた人の姿が気になったという。「自らの安全を守るより、動画撮影に意識がいく一般人がいることに、危うさを感じた」と話していた。トランプ氏の近くでカメラを構える人たちが現れ出したのは、だいたい銃撃の30秒後だったとのことだ。

大統領が誰になるかは未定だが、世界にも大きな影響を与える同選挙が、暴力によって崩壊する事態にならなかったことには安堵している。

▼歯科界で、最近、企業や団体の知恵袋的存在の引退が目立つ。

歯科医療は、人の健康に大きな影響を及ぼす分野で、業務範囲や医療機器に関わるルールも多く、知識の継承が課題と感じることがある。

弊社でも、昨年、古参社員の定年退職が続き、引き継ぎには非常に苦労した。業務効率化に向けた良い機会と捉えられる部分もあるが、一年経っても、「以前はどうしていたのか?」と悩まされることが多い。

この春、歯科界での知識の継承に役立てばとの思いで『歯科業界ハンドブック』を出版したが、実は一番役立てているのは弊社社員かもしれない。

金パラ告示価格
9月から3045円に
随時改定で

歯科鋳造用金銀パラジウム合金の告示価格が9月から1グラム3045円と、現在より285円引き上げられる。17日の中医協総会で報告されたもので、随時改定により歯科用貴金属9品目全ての価格が引き上げられる。

特に「歯科鋳造用14カラット金合金インレー用」「同鉤用」「歯科用14カラット金合金鉤用線」は1068円増となっている。

なお、随時改定は、6月の診療報酬改定までは1月、4月、7月、10月に行われていたが、今後3月、6月、9月、12月となる。

歯科用貴金属の材料価格

価格（円/g）

	告示価格（円） 2024年1月 随時改定	告示価格（円） 2024年4月 随時改定	告示価格（円） 2024年6月 診療報酬改定	平均値 期間	平均値（円）	平均値 期間	平均値（円）	試算価格（円） 2024年9月 随時改定	告示価格（円） 2024年9月 随時改定
歯科鋳造用14カラット金合金 インレー用（JIS適合品）	7,358	7,641	9,232	令和6年4月～令和6年6月	6,855.7	令和6年2月～令和6年3月	5,884.9	10,300.4	10,300
歯科鋳造用14カラット金合金 鉤用（JIS適合品）	7,341	7,624	7,923	令和6年4月～令和6年6月	6,855.7	令和6年2月～令和6年3月	5,884.9	8,991.1	8,991
歯科用14カラット金合金鉤用線（金58.33%以上）	7,491	7,774	8,018	令和6年4月～令和6年6月	6,855.7	令和6年2月～令和6年3月	5,884.9	9,086.1	9,086
歯科用14カラット合金用金ろう（JIS適合品）	7,318	7,601	8,007	令和6年4月～令和6年6月	6,855.7	令和6年2月～令和6年3月	5,884.9	9,074.9	9,075
歯科鋳造用金銀パラジウム合金（金12%以上JIS適合品）	3,037	2,909	2,760	令和6年4月～令和6年6月	2,476.4	令和6年2月～令和6年3月	2,217.5	3,045.2	3,045
歯科用金銀パラジウム合金ろう（金15%以上JIS適合品）	3,807	3,740	4,237	令和6年4月～令和6年6月	2,562.5	令和6年2月～令和6年3月	2,268.4	4,560.5	4,560
歯科鋳造用銀合金 第1種（銀60%以上インジウム5%未満JIS適合品）	158	159	159	令和6年4月～令和6年6月	88.2	令和6年2月～令和6年3月	69.4	179.5	179
歯科鋳造用銀合金 第2種（銀60%以上インジウム5%以上JIS適合品）	191	192	184	令和6年4月～令和6年6月	88.2	令和6年2月～令和6年3月	69.4	204.4	204
歯科用銀ろう（JIS適合品）	273	274	233	令和6年4月～令和6年6月	51.4	令和6年2月～令和6年3月	40.5	244.6	245

調印式には県歯の松本俊会長（右から2人目）が出席した

大災害時の身元確認等で協定
徳島　警察・医師会・歯科医師会・大学で

大規模災害時に遺体の検視・死体調査、身元確認作業を迅速・的確に実施するための連携協定を、徳島県警察と県医師会、県歯科医師会、徳島大学が11日に締結した。

協定では、発災時で多数の遺体検視等が必要な時に、医師・歯科医師等を被災地域に派遣するための協議を図り、体制整備をすることや、被災地域で必要な期間業務に従事させることなどが記されている。

協定の有効期間は、締結日から1年間で、協定終了の申し出がない場合は、1年間更新されていく。

日歯 末瀬常務理事
「総合認定医の取得を」
都道府県歯学術担当理事連絡協で

日本歯科医師会の末瀬一彦常務理事は、日歯生涯研修総合認定医について、「これから日本歯科専門医機構の行っている専門医制度との関わりを作っていきたいと思っているので、多くの研修をしてほしい」と呼び掛けた。10日に東京都千代田区の歯科医師会館で開かれた日歯の都道府県歯科医師会学術担当理事連絡協議会で述べたもの。会議では、令和6・7年度の日歯生涯研修事業の実施要領や変更点などが説明された。

末瀬常務理事は、4・5年度の生涯研修事業で516人が総合認定医を取得しているとして、「（日歯会員として）まずはこれを目指してほしい」と強調。日本歯科専門医機構の専門医制度との関わりも見据えて取り組んでいると説明した。

一方、同機構で議論中の「総合歯科専門医（仮称）」については、スペシャルニーズ等への対応が重視される方向となっているとして、「早く名称を変えてほしいと要望している。患者さんに対してあらゆる支援ができる総合的な歯科専門医は別途、日歯が提案していかなければならないと思っている」との考えを示した。

◇◆◇

生涯研修事業のうち、Eシステム内の教材として配信する生涯研修ライブラリーでは、6年度企画として、6タイトル＝右上記＝を予定しているとした。

Eシステムの利用状況（6月30日時点）では、ユーザー総数6万4889人、利用者実数4万4326人、研修単位登録者の延べ人数は11万8027人となっている。

■6年度日歯生涯研修ライブラリーの企画

（敬称略）

- ▼「薬剤関連顎骨壊死ポジションペーパーに対する知見」岸本裕充（兵庫医科大学医学部歯科口腔外科学講座主任教授）
- ▼「口腔内スキャナーの選択根拠と臨床応用の基本」北道敏行（兵庫県会員）
- ▼「ラバーダム防湿の実際」辻本真規（福岡県会員）
- ▼「口腔外科小手術」里見貴史（日本歯科大学生命歯学部口腔外科学講座主任教授）
- ▼「できるまで！納得できるまで静脈確保手技実践」伊東哲（静岡県会員）
- ▼「子供の正常な口腔機能の発達と口腔機能発達不全症」齋藤一誠（朝日大学歯学部口腔構造機能発育学講座小児歯科学分野教授）

協議会ではより良い生涯研修事業に向けて意見交換が成された

32都道府県歯で他県会員も研修を受講

32都道府県歯科医師会が、それぞれ開催する研修会で、他の都道府県歯会員の参加を受け入れている。10日に東京都千代田区の歯科医師会館で開かれた日本歯科医師会の都道府県歯学術担当理事連絡協議会で示されたアンケート結果によるもの。

◆◇◆

他県の会員も受け入れている32歯会のうち、26歯会は参加費を徴収しておらず、徴収しているのは6歯会だった。額は1万円から8万円と幅がある。

◆◇◆

研修会の開催方法（複数回答）では、対面集合型が29歯会、オンライン16歯会、ハイブリッド方式38歯会となっている。

日歯
FDI会費は2201万円

日歯の学術担当理事連絡協議会では、国際渉外関係の報告もあり、FDI（世界歯科連盟）について、令和4年度の年会費13万9251スイスフラン（1889万3575円）を4年4月22日、5年度分14万6631スイスフラン（2201万3846円）を5年4月14日に納付しているとした。

参加者からは、会費の他国の状況について質問が出され、末瀬常務理事は、団体の会員数に応じた会費になっていると説明。「アメリカや欧州諸国は、日本以上に拠出しているところも多い」と述べた。

訪問歯科超実践術 (442)

前田実男（日本訪問歯科協会 理事）

訪問歯科衛生指導料

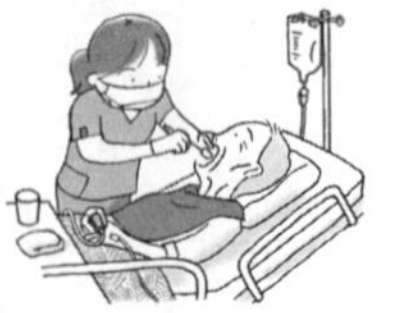

訪問歯科衛生指導料（訪衛指）の対象は、同一初診期間中に歯科訪問診療料を算定した患者等（患者またはその家族等）だ。歯科訪問診療を行った歯科医師の指示に基づき、歯科衛生士、保健師、看護師または准看護師が訪問して、療養上必要な指導として、口腔内の清掃（機械的歯面清掃を含む）、有床義歯の清掃指導、口腔機能の回復・維持に関する実地指導を20分以上行った場合に算定する。この20分には、指導のための準備や患者の移動に要した時間等は含まない。また、単なる日常的口腔清掃等のみを行った場合は算定できない。

点数には三つの人数区分がある。「1 単一建物診療患者が1人の場合」は362点、「2 単一建物診療患者が2人以上9人以下の場合」は326点、「3 1及び2以外の場合」は295点だ。ここで言う「単一建物診療患者」とは、患者が居住する建築物に居住する者のうち、当該保険医療機関の定める歯科訪問診療の計画に基づいて訪問歯科衛生指導を行い、同一月に「訪衛指」を算定する者の人数のことだ。なお、一つの患家に訪衛指の対象となる同居する同一世帯の患者が2人以上いる場合は、患者ごとに「単一建物診療患者が1人の場合」を算定する。

算定回数は月4回限りだが、今回の改定で「緩和ケアを実施するものに対して行った場合には月8回限り」と加えられた。

算定できる期間は、同一初診期間中の歯科訪問診療料を算定した日から起算して1月以内。ただし、歯科訪問診療を行う歯科医師により、状態が安定していると判断される場合には2月以内は算定できる。

訪衛指を算定する場合には、実施した指導内容、指導の実施時刻（開始時刻と終了時刻）、その他療養上必要な事項に関する情報、実地指導を行った歯科衛生士等の氏名を文書で提供する。その際、歯科衛生士の氏名については、カスタマーハラスメント防止等の観点から、名字のみの記載とすることが可能になった。

日本訪問歯科協会　https://www.houmonshika.org

診療報酬改定 疑義解釈第10弾
歯科関係は5題

厚労省は11日、令和6年度診療報酬改定に伴う疑義解釈の第10弾を公表した。歯科に関する計5題で、「歯科口腔リハビリテーション料」2問、「CAD/CAM冠」「機械的歯面清掃処置」「周術期等専門的口腔衛生処置」がそれぞれ1問ずつとなっている。

◆◇◆

CAD/CAM冠では、「装着部位の同側に大臼歯による咬合支持が必要」とされている点を踏まえ、同側の大臼歯2歯に装着するケースが可能か質問。CAD/CAM冠を装着することで咬合支持が得られる場合には、同側の大臼歯による咬合支持があると考えて2歯を装着できると回答している。ただし、第一大臼歯または第二大臼歯のどちらかに過度な咬合圧が加わらないように配慮を求めている。

◆◇◆

また、周術期口腔機能管理料を算定した場合の周術期等専門口腔衛生処置については、必要に応じて4回、さらに緩和ケア患者については6回算定できる旨が記載されている。

【CAD/CAM冠】

問 留意事項通知（2）のロの①において、CAD/CAM冠を装着する部位の同側に大臼歯による咬合支持がある場合の取扱いが示されているが、同側の大臼歯2歯にCAD/CAM冠を装着する際に、いずれの部位も対合歯がありCAD/CAM冠を装着することで咬合支持が得られる場合は、「同側の大臼歯による咬合支持」があると考え、2歯を同日に装着してよいか。

答 装着してよい。ただし、第一大臼歯又は第二大臼歯のいずれか一方に過度な咬合圧が加わらないように留意すること。

【機械的歯面清掃処置】

問 「診療報酬請求書等の記載要領等について」（令和6年3月27日保医発0327第5号）の別表Ⅰ「診療報酬明細書の「摘要」欄への記載事項等一覧（歯科）」の項番107の、「根面う蝕管理料の口腔管理体制強化加算を算定した場合」及び「エナメル質初期う蝕管理料の口腔管理体制強化加算を算定した場合」について、2月に1回機械的歯面清掃処置を算定する場合であっても、診療報酬明細書に記載は必要か。

答 機械的歯面清掃処置を2月に1回算定する場合は、記載不要。

【周術期等専門的口腔衛生処置】

問 周術期等専門的口腔衛生処置1について、例えば、「B000−6」周術期等口腔機能管理料（Ⅰ）及び「B000−8」周術期等口腔機能管理料（Ⅲ）を同月中に算定した患者の場合、当該処置の算定回数の取扱いはどのように考えるのか。

答 同月中に「B000−6」周術期等口腔機能管理料（Ⅰ）及び「B000−8」周術期等口腔機能管理料（Ⅲ）を算定した患者に対しては、必要に応じて、周術期等専門的口腔衛生処置1は4回（※1）まで算定して差し支えない。

また、緩和ケアを実施している患者については、必要に応じて6回（※2）まで算定して差し支えない。

（※1）：周術期等口腔機能管理料（Ⅰ）による管理中に2回、周術期等口腔機能管理料（Ⅲ）による管理中に2回

（※2）：周術期等口腔機能管理料（Ⅰ）による管理中に2回、周術期等口腔機能管理料（Ⅲ）による管理中に4回

なお、同月中に複数の周術期等口腔機能管理料を算定する場合の、周術期等専門的口腔衛生処置1の算定回数については次のとおり。

	同月中に算定を行った周術期等口腔機能管理料の組合せ	術口衛1の最大算定回数	
①	周術期等口腔機能管理料（Ⅰ）	2回	
	周術期等口腔機能管理料（Ⅱ）		
②	周術期等口腔機能管理料（Ⅲ）	2回（4回）	
	周術期等口腔機能管理料（Ⅳ）		
③	周術期等口腔機能管理料（Ⅰ）又は（Ⅱ）	2回	合計4回（6回）
	周術期等口腔機能管理料（Ⅲ）又は（Ⅳ）	2回（4回）	

※（　）内は緩和ケアを実施している患者の場合

【歯科口腔リハビリテーション料】

問 「H001−4」歯科口腔リハビリテーション料3の注1において、「区分番号「C001−3」に掲げる歯科疾患在宅療養管理料を算定する患者」とあるが、介護報酬における居宅療養管理指導費又は介護予防居宅療養管理指導費を算定し、「C001−3」歯科疾患在宅療養管理料の留意事項通知の(14)において、歯科疾患在宅療養管理料を算定したとみなされる患者も含まれるか。

答 含まれる。

問 口腔機能低下症と診断し、「C001−3」歯科疾患在宅療養管理料を算定し口腔機能管理を行っている患者について、「D002−6」口腔細菌定量検査2、「D011−2」咀嚼能力検査1、「D011−3」咬合圧検査1又は「D012」舌圧検査を算定していない場合に、「H001−4」歯科口腔リハビリテーション料3は算定可能か。

答 算定可能。

ベア評価料で「評判悪く届出少ない」
東京歯科保険医協・坪田会長

東京歯科保険医協会の坪田有史会長は、ベースアップ評価料の歯科の届出率が16・8％、医科が24・1％に留まっているとして、「現場での評判が悪く、広がっていない」と指摘した。12日に開いたメディア懇談会で言及したもの。

坪田会長は、同評価料について、ベースアップ計画書を提出し、その後の実績を報告する仕組みで、小規模医療機関には事務負担が過大とされている点を説明。仮に2年後に撤廃された場合には、それを理由とする賃金の引き下げが難しいことや、増点は患者負担の増大につながることなどから、患者の理解を得るのは難しく、総じて医療機関側の関心は低いとの考えを示した。

歯科国試にチャレンジ

400 2024年（第117回）より

交感神経の興奮で生じるのはどれか。1つ選べ。

a　縮瞳
b　気管支拡張
c　心拍数の減少
d　胃の蠕動運動促進
e　膀胱括約筋の弛緩

117-A008

答えは本紙のどこかに！

日歯 第203回定時代議員会

個人質疑応答 ③

（敬称略）

※質問は書面を、回答は当日答弁を要約

地域保健

歯科疾患実態調査活用への考え問う

齋藤彦次郎（長野）

令和4年歯科疾患実態調査の結果（概要）が公表され、8020達成者率は51・6%となった。平成5年は10・9%なので約5倍となり、この30年間の歯科口腔保健に関する歯科界の取り組みを表す結果だと考える。

その一方で、調査総数の年次推移を見ると、第1回（昭和32年）が約3万人、第7回（平成5年）は約1万人だったが、令和4年では2700人まで減少している。新型コロナウイルス感染症蔓延の影響があったとはいえ、あまりにも少ない数値だと言える。

また、入院中、施設入所者や在宅で自立外出が困難な方は健診会場へ来場できないといったこともあり、本調査が国民の口腔内の状態を実態通りに反映しているのか甚だ疑問であると言える。

厚生労働省「令和6年度概算要求歯科保健医療施策の概要」には、「地域間の健康格差を評価する観点から、この実態調査について対象地区を拡大する」と記されている。しかし、ただ対象地区を拡大したとしても、上記の課題は解消されないものと推測される。

本調査結果は、日本歯科医師会をはじめさまざまな媒体で広報されているが、歯科医師会として今後もこの調査結果を国民への啓発活動に利用していくことに問題はないか、日歯の考え方を伺いたい。

変更は難しいが他の調査も活用

■山本秀樹常務理事

ご指摘の通り、調査件数が非常に少ない点は、以前から問題視されていた。現状では、歯科におけるナショナルデータベースは歯科疾患実態調査しかないということで、今後も活用せざるを得ない面もある。

調査内容と実施方法について、永続性の観点から変更しづらい側面もある。

歯科疾患実態調査は単独の調査ではなく、国民健康栄養調査の一環として行うもので、厚労省の意向だけでは行えず、総務省の意向も入ってくる。その点で難しいことは理解をお願いする。

今後は歯周疾患検診が変わっていく。PHRも含めた形になるので、そこで地域間の格差を調整するようにはなってくると思う。それらを利用しながら、歯科口腔保健の施策や歯科保健活動の推進を図っていくことになる。

歯科口腔保健の推進に関する基本的事項（第2次）が令和6年度から始まる。17年度までの12年間になっているが、10年度に中間評価が行われるので、その時にあまりにデータが乖離する場合は、基本的事項の目標値を変更する形となる。

8020推進財団では、千葉県柏市で在宅療養者や施設入所者を含めた形での8020調査を実施していく予定となっている。そういったさまざまなものを踏まえながら活用していく。

歯科口腔保健の推進に関する基本的事項（第1次）の最終評価では、各地域での調査とあまり乖離していないという結果も出ているので、理解をいただきたい。

口腔保健法改正進捗状況を問う

川端貴美子（福岡）

現在、日歯と日本歯科医師連盟において、月に一度合同会議を行い、緊密に連携をとっているとの報告があった。

歯科口腔保健の推進に関する法律（口腔保健法）について、進捗状況を説明いただきたい。

国民皆歯科健診の実現のために、口腔保健法を改正するという話だった。昨年6月閉会の第211回通常国会で成立できず、同年秋の第212回臨時国会での成立との話も出ていた。

昨今、同法の改正についての話題があまり聞かれないように思うが、現状はどのようになっているのか。

また、日歯としてはどのような運動をされているのか。改正の見通しも、あわせて伺いたい。

皆歯科健診実現と直接の関係はない

■高橋英登会長

国民皆歯科健診実現プロジェクトチーム（PT）が令和4年3月31日に自民党内に立ち上がっている。

歯科口腔保健の推進に関する法律の改正は、議員立法で提出する関係上、全ての政党の理解を得なくては前に進められない状況となっている。

ただ、理念法なので、バックアップとしてプラスにはなると思うが、国民皆歯科健診の進捗とは直接の関係はないと考えている。

国民皆歯科健診は、われわれのためではなく、国民のため、自己治癒しない歯科疾病を早期発見して早期治療する。結果的にかからなくて良い部分の医療費を削減できる。そして、国民の幸せのためには、疾病に陥らない方が良い。

歯周病やカリエスのスクリーニングテストをする方向で進めるという話もあるが、われわれとしては、「咬合」についても考えなくてはならないと思っている。

スクリーニングキットでは咬合は診られない。咬合に関しては、歯科医師が診ないとチェックできない。

PとCとO（オクルージョン）が本当に大事なことだと思うので、外さないように進めていかなくてはいけないと思っている。

機は熟してきて、ある程度、予算化もされてきている。パイロットスタディーが来年度からスタートできるよう進めていくので、これからもよろしくお願いする。

国民皆歯科健診の今後の展開を問う

谷口 学（大阪）

〝8020〟が掲げられて40年が経過し、80歳の約50%が20歯を持つ時代になった。小児・学童期のう蝕（むし歯）も激減し、12歳児DMFも1以下となった。

「経済財政運営と改革の基本方針2023」（令和5年6月16日閣議決定）、いわゆる「骨太の方針2023」において、生涯を通じた歯科健診（いわゆる国民皆歯科健診）に向けた取り組みの推進が示されている。

しかし、義務化されている歯科健診は、乳幼児から児童・生徒までであり、15歳以上の歯科健診は、義務化されていない。日歯はじめ行政の努力で、義務化されることを期待する。

2020年に日歯が実施した調査では、定期的に歯のチェックを受けている人は33・8%であり、残りの7割近い国民は定期的に歯科にかかっていないことになる。

本当の意味での国民皆歯科健診を実現するためには、これまで定期的に歯科を受診していない人、過去1年間に歯科健診を受けていない人を「真のターゲット」とする必要がある。これらの対象者をどのように歯科健診に導くかという問題は、大きな課題だと思う。生涯を通じたシームレスな歯科健康診は、ポピュレーションアプローチでもあり、積極的な受診勧奨の国民的運動がないことが、国民皆歯科健診の最も大きな課題だと考える。

日歯として、国民の口腔衛生の向上に貢献する国民的運動をどのように展関するのか、またその担い手である歯科医師・歯科医師会の基盤整備をどのように展開するのかを聞かせてほしい。

地域での先進的事業を検証する

■山本秀樹常務理事

積極的な受診勧奨をするためには、国民的運動が必要ではないかという意見だが、ご指摘の通りだと思っている。

そのために、生涯を通じた歯科健診実現タスクチームが執行部の中にできて、実行化に向けた対応はしている。どういった皆歯科健診にするかで一番重要なのは、国民的なコンセンサスが得られるかどうかで、得られなければ進まない。具体的には、検診項目、問診項目、受診場所などとなる。受診場所については、歯科診療所が適切ではないかと考えている。

また、健診を受けた後の受療行動が変わってくるか。健診で指摘された部分をしっかりと国民が理解し、治療をして、定期健診を続けていくか。そういったところも国民のコンセンサスが得られていないと感じている。

国民になぜ皆歯科健診が必要か、腹落ちするように理解してもらうことが、その後の口腔健康管理を継続するためにも必要。歯科健診をすることで、基礎疾患の早期発見・早期治療につながり、全身疾患の芽を摘むことができる。

展開については、厚労省のさまざまな事業で、検体検査の導入、オクルージョンの視点の必要性の発信、受診勧奨の構築、小規模な事業所等ではICTを使ったスクリーニングツールとそれに伴う受診勧奨の方法を考えなくてはいけないと思っている。

基盤整備に向けては、先進的に健診事業を実施している地域をパイロットスタディーとして検証し、全国展開に進めていきたい。

法的な整備、健診方法などさまざまな課題があるが、着実に進めていきたい。

病院での医歯連携推進への方策問う

小谷泰子（大阪）

本年3月に日歯総研から発表された「病院における医科・歯科連携に関する調査」では、歯科のない病院が近隣の歯科医療機関に今後期待する役割として、摂食機能療法などの口腔機能管理が最も多く挙げられていた。オーラルフレイルの概念の普及などにより、多くの国民が口腔機能に関心を持ち、口腔機能低下に対応可能な歯科医療従事者が増加していることは望ましいと思われる。しかし、病院には、医科疾患に起因する嚥下障害や構音障害など口腔機能障害を有する症例も多く、全身疾患を有していない方とは異なる対応が必要であり、その担い手の育成が重要であると思うが日歯の考えをお聞きしたい。

また、昨今の診療報酬改定にも反映されているように医科歯科連携は今後進めていく方向であると理解しており、そのためにはそもそもこの調査で歯科との連携について必要性なしと選択された病院に歯科との連携の重要性を理解していただくことが大切であると考えるが、今後、歯科のない病院に対してどのようなアプローチを日歯としてお考えかも併せてお聞きしたい。

医療計画等への歯科明記目指す

■山本秀樹常務理事

担い手の育成は非常に重要な指摘だと思う。

障害者歯科学会の認定医等が少ないことは認識しているので、引き続き国に要望していきたい。

摂食嚥下障害について、学術所管として、育成プログラムが日歯の中にもあるので、ぜひ活用してほしい。

病院での医科・歯科連携体制調査は、全国の全ての病院8149に対して行っている。その中で、歯科の標榜のない病院では、「ニーズがない」が28%ある。「歯科の必要性を感じていない」21%、「不採算である」32%となっている。

こうしたことから、病院歯科を直ちに進めていくのは難しい。

医療計画をはじめ、さまざまな国の審議会に対して、必ず歯科という文字が書き込まれるように努力して、発言しているので、理解をいただきたい。

未就学児への歯科保健施策の考えは

鈴木邦亮（京都）

昨年11月の厚労省医政局長通知にて、「親と子のよい歯のコンクール」について、「昨今の歯科口腔保健を取り巻く状況等を踏まえ、当該コンクールは本年をもって廃止することとする。なお、歯科口腔保健の普及啓発の一環として実施されている都道府県独自のコンクール等についてその実施を妨げるものではないことを念のため申し添える。」との通達により、日歯が未就学児に対して全国規模で関わる事業が消滅したと考える。

厚労省の言うところの「昨今の歯科口腔保健を取り巻く状況等を踏まえ」とは何を指すのか。

全国的にみて、う蝕保有者の割合は減ってはいるが、う蝕保有者が抱えるう蝕本数が多数である場合が多いこと、歯列不正や咬合異常、口腔機能発達不全者の増加などを鑑みると、未就学児に対する歯科保健施策の継続は必須であると考える。

歯科保健における未就学児の管轄が厚労省からこども家庭庁に移管したことに伴う、未就学児への歯科保健施策について執行部の考えをお聞かせ願いたい。

5歳児健診など引き続き要望

■山本秀樹常務理事

「昨今の歯科口腔保健を取り巻く状況を踏まえ」とは、子供のう蝕の減少と、口腔内状態の改善、医療アクセスが困難な人への対応の改善、自治体における口腔の健康づくりの取り組みの推進を指している。

具体的には、3歳児のむし歯の有病率は全国的に見ると2002年の32・25%から、2020年に11・81%と3分の1になっている。1歳半のむし歯の有病率も3・72%が1・12%と約3分の1になっている。こうしたことから、歯科口腔保健の推進に関する基本的な事項（第1次）の最終評価では、3歳児のむし歯のない者の割合がB評価（目標には達していないが、かなり改善している）だった。3歳児のむし歯のない者が80%以上の都道府県もB評価。口腔保健の推進に関する条例を制定しているところもBだった。

このような背景もあって、未就学児に対する全国的な事業がなくなったわけだが、ほっといて良いというわけではない。例えば、3歳児から就学時の健診までの間に、健診がないので、要望している。医科では5歳児の健診が導入された。これは、発達障害をなるべく早く見つけたいという要望があって入ってきた。その時に、6歳臼歯はかなり早い段階から生えてくる、口腔機能の発達不全や歯肉炎が治らない子供も多く見られるので、歯科についても導入してほしいと要望した。

また、「親と子のよい歯のコンクール」は全国的な規模ではなくなったが、各都道府県で行うのは、何ら問題はないので、引き続き対応していただけたらと思う。

医療情報・IT・調査

マイナ保険証利用促進への考え問う

重枝　朗(北海道)

全体でマイナス0・12%となった今回の診療報酬改定の特徴の一つとして「マイナ保険証利用促進」が挙げられる。具体的には、新設された「医療DX推進体制整備加算」は、オンライン請求とオンライン資格確認を行う他に、電子処方箋の発行や電子カルテの共有を求めるとともに、マイナ保険証の利用率が一定水準以上である医療機関に診療報酬を加点する。

また、診療報酬とは別の枠組みで、5月から7月までを促進月間とし、マイナ保険証の利用率が、2023年10月から5%以上増加した医療機関等を対象に支援金制度を導入した。この背景には、政府が予定通りに今年12月で保険証を廃止するとしているものの、医療機関における3月のマイナ保険証利用率は厚労省データで5%台と低迷している事情がある。

現行の保険証について、昨年の世論調査では、7割が延期や反対を表明。医療機関では、政府の「総点検」後にもトラブルが相次いでおり、ある調査では、9割以上が延期や中止を望んでいる。

保険証廃止に伴う資格確認書は、マイナ保険証を持たない人のみに交付される予定であり、保険者の業務はこれまでの保険証発行に比べ煩雑となる。万一、発行されない被保険者が発生することになれば、国民の受療権が侵害され、一部の人の命と健康が脅かされかねない。

国民が望んでいない現行の保険証廃止に医療機関を動員し、マイナ保険証の利用を促す推進策は、いかがなものか。日歯の考えを聞かせてほしい。

国民への周知政府に求める

■小野寺哲夫常務理事

政府が進めている医療DXは、さまざまな医療連携が求められる中で、医療の質の向上や医学の発展、安心安全かつ効率的な医療提供に大きく寄与すると評価している。

マイナ保険証はその基盤、中核となるものと思っている。政府はマイナ保険証利用促進のため、利用率増加に応じた支援金の支給、マイナ保険証と診察券の一体化の促進、国民向けのCMなど各種施策を打ち出している。

しかし、拙速な導入では医療現場に混乱をもたらす。政府には、慎重かつ負担のかからない対応を常に要望している。

本会では、政府の施策に協力する形で、昨年11月に「マイナ保険証、一度使ってみませんか」というキャンペーンで、よ坊さんを使ったオリジナルポスターを作成し、送付した。会員歯科医療機関において、患者さんに利用方法を説明するための掲示物を作成して、ホームページに記載している。

国民に対する周知やマイナ保険証の利用促進については、医療機関のみが対応するものではなく、基本的には政府の責任で行うことと考えている。

現行の健康保険証の新規発行が終了する12月2日に向けて、国民に向けた丁寧かつ分かりやすい説明を政府がしっかりと行い、全ての国民が十分に理解と納得をした上で、引き続き必要な医療が受けられるような方策を求めていきたい。

電子処方箋とDXへの考えは

山口　章(福岡)

現在、電子処方箋の導入が執拗に求められているが、そもそも歯科においては処方箋の需要が低い実態を無視した、疑問を抱かせる施策である。この数年来、顔認証機能付きオンライン資格確認の導入義務化、それに続くオンライン請求の義務化が行われたが、いずれも当初は補助金交付付きの任意で始まったはずが、その後に原則義務化に移行した。現在の電子処方箋も同様の経緯を辿ることになるのかどうか、見解を伺いたい。併せて、その先には電子カルテの導入も同様の形を取って義務化されるのではと推測するのは当然のことと思われるが、日歯としてはどのように考えているのか。

また、医療扶助や訪問診療等・オンライン診療等におけるオンライン資格確認の助成金の導入、これ以外にも3カ月おきの歯科用貴金属の価格変更に伴うレセコンベンダーへの費用等もあり、歯科医療におけるDX化の推進に決して反対する立場ではないものの、いたずらに経費が増大するのを放置せざるを得ない現行の進め方をどのように認識しているのか、お尋ねしたい。

混乱しないように周知と対応要望

■林正純副会長

国の医療DX推進本部は、具体的に推進すべき施策として、「全国医療情報プラットフォームの創設」「電子カルテ情報の標準化等」「診療報酬改定DX」の3本柱を示している。この工程表を踏まえて、整備が進められている。

オンライン資格確認等のシステムは、これらのネットワークの基盤となるものと理解している。

「全国医療情報プラットフォーム」の全体像では、ユースケース・メリット例が示されている。実現に向けて医療情報共有の基盤整備が進められており、指摘の通り、オン資に加えて電子カルテ情報共有サービス(電カル情報共有)、処方箋も今後の対象になっている。

電カル情報共有と電子処方箋については、双方とも今改定で新設された「医療DX推進体制整備加算」の施設基準になっている。電子処方箋は令和7年3月31日、電カル情報共有は同年9月30日までの経過措置はあるが、届出医療機関は期限以降も算定する場合は、おのおの導入する必要がある。

日歯としては、歯科の電カル情報共有に関して、国がシステムを構築するまでは経過措置を延長するように求めている。

なお、標準型レセコンとAPI連携する標準型電子カルテが必要で、国が提供する予定にはなっているが、国が想定しているものは医科分野のもので、歯科では馴染みが薄い。標準型電子カルテを介して、必要な情報を共有できないかの検討も要望しているが、ベンダーのコスト等も鑑みると悩ましい課題。

加えて、電子処方箋についてはHPKIカード等を含むセキュリティデバイスの必要性など、院内処方や電子カルテも含めて歯科医療現場への汎用の可能性と、システム改修と負担増など先送りできない重要な課題が山積しているという認識は共有している。業界団体にも要望している。

診療報酬改定DXは、改定施行の後ろ倒しに加えて、国が医事会計システムの計算機能をクラウド上に構築し、共通算定マスターを連携するとのことだが、小規模な歯科ベンダーにとっては、さまざまな課題があり、対応の上、しっかりと実現できるように要望してきた。

サイバーセキュリティー対策は、患者さんの大切な個人情報を守る視点で、非常に重要な課題。ITに不慣れな先生もできるだけ安心して分かりやすい対応を要望している。

医療機関における医療DXにかかる断続的なシステム導入や改修は、医療現場の疲労や国民の混乱を招きかねない。医療DXが、国民や小規模な歯科医療機関にとって、メリットや納得が得られるようシステム構築、経過措置など、過度な負担にならないようにシステムベンダーと連携した医療現場への丁寧な周知と適切な対応を強く求めている。

歯科の医療DX推進への考えは

小山茂幸(山口)

国においては、医療DXの推進のため、全国医療情報プラットフォームの構築として、各種の保健医療情報の連携や共有、データベースの構築が進められている。

一方で、歯科情報については、ライフステージに応じて実施されている妊産婦歯科健診・乳幼児歯科健診・学校歯科健診・歯周疾患検診等があるが、各種歯科健診の情報や歯科診療情報のデータが集積されておらず、一元化して管理されていない。また、全国医療情報プラットフォームの構築の中に組み込まれていないため、こうした歯科情報を有効に活用できていない状況にある。

各種の歯科情報を、ビッグデータとして集積・一元化し、プラットフォーム化することにより、各種の保健医療情報と連携(医科歯科連携)しながら分析が可能となるだけでなく、PHRとして国民に提供することで、質の高い歯科保健医療体制の構築につながると考えられる。

そこで日歯の立場として、地域保健、情報管理、社会保険などの所管が横断的に協力し、歯科健診情報や歯科診療情報からどのようなデータが必要であるかを検討して、その利活用(PHRを含めて)をどのように進めていくのか。歯科DXを将来的に稼働させ、国民にどのようにサービスを提供するのか。あるいは、国の健康政策と連動させるなど、歯科医療サービスの将来像を示す必要があると考える。これらの具体的な検討のスケジュール感などを含めて日歯の考えを示してほしい。

口腔診査情報標準コードとの連携図る

■小野寺哲夫常務理事

全国医療情報プラットフォーム構築のため、先行して医科で電子カルテ情報共有化、標準化などが進められている。どのような情報を共有するかは、「3文書6情報」と言われるもの。患者さんに共有する方向性が検討されている。おそらく令和7年度中に開始される。

電子カルテ情報共有サービスは、共通のレセコンと、API連携する標準型電子カルテが必要で、クラウドサービスとなっている。

残念ながら歯科は、医科の進捗状況を踏まえて検討・開発を進めている。「3文書6情報」に加えて、どのような情報を加えていくか、未だに検討されていないのが現状。

情報の共有については、口腔診断情報標準コードの普及が不可欠な流れになっている。電子カルテ、レセコンの標準化に導入するように要望している。

各種健診行為については、順次マイナポータルで閲覧できる仕組みが整ってきている。医療情報のプラットフォームで共有される医療機関情報の二次利用については、データの形状や、信頼性の確保の在り方、連結方法、審査の体制、法制上の問題など論点を検討するための体制構築に留まっている。

関係所管で協議をしていきたいと思っている。

いずれにしても、歯科の医療情報について、口腔診査情報標準コード等の連携を図れるように引き続き要望していく。

※参考

「3文書6情報」

【医療情報】
▼傷病名
▼アレルギー情報
▼感染症情報
▼薬剤禁忌情報
▼検査情報(救急時に有用な検査、生活習慣病関連の検査)
▼処方情報

【文書情報】
▼診療情報提供書
▼キー画像等を含む退院時サマリー
▼健康診断結果報告書

医療管理・税務

歯科衛生士・助手業務範囲拡大を

山田　徹(静岡)

私は前回、歯科衛生士と歯科助手の業務範囲の拡大について質問をさせていただいた。その時に「米国の歯科事情」と題した記事を簡単に紹介し、DHは浸麻・伝麻もレントゲンの撮影もできるし、歯科助手も資格試験を受ければ、レントゲン撮影とPMTCもできるというものだった。

これこそは現実的で実効性も在り、わが国が目指すべき指針となり得る。

特に今後は介護や訪問、メンテナンスに重要な働きを期待される衛生士に、ある程度の医師業務の委譲と裁量権を認め、看護師とも比肩できる仕事の魅力を高めることが、どうしても必要と思う。これと、低い給与対策がDH不足への最大の対策となり得るだろう。

無論、衛生士学校の教育カリキュラムを変えることや法律の変更は当然だが、将来を見据えるならば、変えることを恐れてはならないし、昔の1年制から3~4年制に変わったことでは、衛生士の業務範囲の拡大は、全く無理な話ではないと思う。

前回に、ぜひ日歯で他の先進諸国の歯科衛生士と歯科助手の業務範囲を調べて欲しいとお願いした。

特に歯科助手に関しては、これまでもほとんど答えていただいていないので、それを含めて、調査結果を分かる範囲でお教えいただきたい。

働きやすい環境と安全第一に検討

■寺島多実子常務理事

国によって事情も法制度も登録システム、教育も異なっているため、まずは業務主体の歯科衛生士の団体、日本歯科衛生士会、全国歯科衛生士教育協議会から現場の意見を確実に聞きつつ、日本歯科医学会と連携し、教育システム、研修内容の検討を含めて、全体で方針を検討していきたいと考えている。そして、何よりも国民の安全を担保することが第一と考えていると、前回答弁した。

その考えは基本的には何も変わっていない。

アメリカでは、国家資格ではあるが、実技試験もあり合格率は75%程度と聞いている。英国では、デンタルハイジニストの他、デンタルセラピスト、オルソドンティックセラピストなどの職種があり、それぞれ業務範囲が異なっていると聞いている。

歯科助手については、法律において業務範囲を明示されているものはなく、誰でも従事することが可能となっている。

そのため、特定の資格や技術を有する業務に従事する検討は現時点では難しいと考えている。

一方、歯科衛生士の業務内容については、令和3年度厚労科研の研究で、歯科衛生士の歯科診療補助行為の業務内容については、患者の状態、その行為の影響程度、歯科衛生士の知識と技術等を踏まえ、妥当性が判断され、侵襲性の高い技術の修得については議論し、まずは歯科衛生士養成機関での教育体制の構築から検討を重ねる必要があるとまとめられている。

昨年から執行部では、歯科衛生士に関する協議会において、日衛と全衛協とともに、歯科衛生士に関する課題について現場の声を踏まえた上で協議を重ねている。

いずれにしても歯科衛生士の職業が認識され、志願者が増えるように、連携していく。基本的には、就労しやすく働き続けやすい環境づくり、国民の安全を第一に検討し、対応していきたい。

歯科技工士養成の現状への見解問う

大字崇弘(茨城)

2000年には約3千人だった歯科技工士養成校への入学者数は年々減少し続け、23年には約800人にまで落ち込んだ。それに伴い、特に地方での廃校が後を絶たず、2000年に72校あった歯科技工士養成校は、24年には45校にまで減少、しかもそのほとんどが定員割れとなっており1学年10名にも満たないところも少なくない。

入学者減により収入は大きく落ち込み、国や県からの助成金は減らされるか打ち切られて歯科技工士養成校の運営は危機的状況となっており、情熱と自助努力で乗り切れる限界をすでに超えている。言うまでも無く一旦廃校となれば、現実的に再開は不可能である。このままでは近い将来、歯科技工士養成校そのものが不足することも考えられる。

歯科医療界のリーダーである歯科医師会が、歯科技工士養成校がなくなりつつあるこの現状に対しどう考えているか、高橋執行部の意見を聞かせいただきたい。

歯科界全体の底上げが急務

■寺島多実子常務理事

制度予算要望においては、歯科技工士養成校に対する支援の充実を継続して要望している。ただ、支援の結果、降りてきた予算の使い方は、効果が十分かどうか別に検証していく必要があると考えている。

本執行部においては、歯科衛生士問題と同様に歯科技工士会、全国歯科技工士教育協議会、日本歯科技工所協会の3団体と歯科技工士に関する協議会を2カ月に1回程度、定期的に開催している。歯科技工士養成校の入学者の現状についても、喫緊の課題として具体的に意見交換を行っている。

学生募集については、皆が苦労していることは承知しているが、養成校によっては高校への熱心な訪問などを重ねて、今年度は定員を超える入学者を確保したと聞いている。このような好事例の共有も大切だと考えている。

地域医療介護総合確保基金を利用して、歯科衛生士や歯科技工士を目指す学生への支援、復職支援の研修、養成所の施設や設備の整備事業を行っていくことも可能と聞いている。

同基金を使って、当該都道府県内の対象施設で一定期間就業することを条件に返済を免除する就学資金対応ができることも4月に厚労省医政局歯科保健課長から示されている。

養成校のない都道府県でも、利用可能となっている。まだ活用していない都道府県においては、このような基金の活用について、検討いただくのも一つの方策かと思われる。

いずれにしても、人材確保は非常に難しい問題で、歯科界全体で取り組むべき問題と考えている。

少子化の中、多業種との競合も起こり、歯科に人材を引き込む困難さは増していると考えている。歯科界全体の底上げが、根本的な問題の解決には急務と言える。国民の健康長寿には必須と気付き始めているさまざまな動きもあり、そのような動きを強力に促進していくことが解決につながるのではないかと考えている。

■高橋英登会長

歯科技工士の問題は本当に重く受け止めている。ご承知の通り、まずわれわれの考えで舵を切るべきではないと思っている。歯科衛生士、歯科技工士の考え、特に歯科技工士は、日本歯科技工士会、全国歯科技工士教育協議会、日本歯科技工所協会の3団体がどのような考えを持っているか、それを無視してわれわれの意向だけで舵を切るのは良くないと思う。

歯科技工士自身が現状を把握している。協議会で、どのような協力が必要か考えを聞いて、持ち帰って、こちらの方向性を決めたいと考えている。

DHのモヤっと解決隊 27

「ミーティングの意味ないな」と思います

今の歯科医院に勤務して2年目です。当院は月に1回ミーティングを行い、議題を各自用意して提案をしています。ミーティング時、みんなで話し合いはできているのですが、ミーティング以外の時にミーティングに出なかった事項について院長とチーフ歯科衛生士でルールが勝手に決まっていることが多く、「それじゃあミーティングの意味ないな」と思っています。

歯科衛生士
Aさん（27歳）

議題として伝えてみては

東京歯科医学教育舎 代表
竹内 智美
歯科衛生士　産業カウンセラー
ファイナンシャルプランナー

院長先生とチーフ歯科衛生士さんの間でルールが決まっていることが多く、ミーティングの意味がないと思ってらっしゃるのですね。

確かにAさんのおっしゃる通りですね。ミーティングにはいくつかの実施目的があります。例に挙げると「議論」「情報共有」「アイデア出し」「意思決定」などです。Aさんは勤務歴が2年目なので言いづらいかもしれませんが、次回のミーティング時に議題として出してみてはいかがでしょうか？　その時は責めた言い方はせず、「ミーティングで決めること、ミーティング以外で決めることの定義があれば知りたいです」と確認してみたり、「ミーティング以外で決まったことが分からないので共有をお願いしたいです」などと伝えると言いやすいと思います。

院長先生とチーフ衛生士さんも、何も意識せず決めていた可能性もあると思います。ミーティング時に議事録を作成していますか？　議事録を作成することで決定事項を共有したり備忘録として活用できます。議事録が院内に共有されると、ミーティングの決定事項を理解した上で、院長先生やチーフ衛生士さんに限らず皆さんで歯科医院の指針を立てることができます。勝手に決めることも少なくなると思います。

鳥取県の歯科医療を考える会

歯科技工士養成校 県内での存続要望

鳥取県東部歯科医師会（上田悦雄会長）の運営する鳥取歯科技工専門学校が、令和3年から入学者募集を停止しているのを契機に、県内の歯科医師、歯科技工士、歯科衛生士らが「鳥取県の歯科医療を考える会」（清水達哉代表）を発足し、歯科技工士の人材確保を目的とした活動を続けている。5月23日には県内での歯科技工教育の存続を求める約5千筆の署名を県に提出した。清水代表は本紙の取材に対して、「鳥取歯科技工専門学校の再開という形にはこだわらない。民間委託を含めどのような形でも県内で歯科技工士を養成することが、県内の歯科医療の存続につながる」と訴える。

◇◆◇

歯科技工士の人材確保の問題は、全国的に注目されつつあるが、鳥取県内唯一の歯科技工士養成校が学生募集を停止し、他県からのアクセス面の問題もあって、人材確保が危機的状況にあると清水代表は話す。

同学校は、10年以上前から定員割れを起こし、運営が難しくなり、令和3年から入学者の募集を停止。専任職員はいるものの、実質的には歯科医師会の事務員として雇われているのが現状だ。学校では年に1回程度、技工所を対象にしたデジタル技工見学会を開催するなどの活動はしているが、歯科技工士の養成は行っていない。

「小さな歯科医師会では運営（養成）は難しく、再開できない」と考えており、県立の歯科衛生士養成校さえも定員割れを起こしている中で、「県が運営する選択肢もないだろう」と分析している。

「県には、歯科技工士養成を担ってくれる経営母体の誘致や、国からの援助などを求める働き掛けなど、協力をお願いしたい」と署名提出後の思いを語る。

「健康寿命の延伸や、国民皆歯科健診の推進が掲げられ、歯科医療の重要性、社会的注目度が高まっていく中で、歯科技工の需要も増していくはず。このままでは、県民の望む歯科医療に対応できなくなってしまう」と毎年10人でも歯科技工士を養成していく必要性を話す。

養成校の問題、県内での就労の問題など、多くの課題があると認識しているが、同考える会の仲間も増えてきており、打開策を見出したいと活動を継続していく構えを見せている。

会から県に5千筆の署名を県に手渡した

投稿 寄稿

インドの聖者からの要請で歯科治療技術をシェア

藤井 佳朗（兵庫県開業）

このたび、インドの歯科医師を対象とした講習会を実施したので報告する。今回の講習会は、インドの聖者・グルデブことシュリ・ラビ・シャンカール氏から、私の歯科治療技術をインドの歯科医師にもシェアしてほしいとの要請を受けて実施された。

同氏はアートオブリビングという国際NGOを設立し、「暴力のない、ストレスのない世界を」「一人ひとりの心のストレスを取り除くことで、平和な世界をつくりだす」ことを理念とし、心身の健康を増進させるストレスマネジメント プログラムを実施している。また、ボランティア組織として、人道的支援活動を精力的に行っている。

講習会の様子

◇◆◇

5月23日、成田空港から南インドのバンガロール空港まで直行便で9時間かけて到着、そこから車で1時間ほどで、グルデブのいるアシュラムに到着。アシュラムとはインドの僧院のことで、アシュラムは甲子園球場数個分の大きさがあり、外の世界から分離された別空間という感じで、中には食堂やコンビニのような売店もある。多くの修行僧が修業を行っており、日本人の姿もあった。付属の病院もあり、西洋医学はもちろん、ヨガや瞑想、アーユルベーダなどの伝統医療も実施している。

限られた時間内で、とにかく技術供与をしてほしいとの要請で、講義はあまり行わず、到着初日から実地指導メインの講習会となった。講習は英語で行ったのだが、こちらの言うことは理解してもらえるのだが、インド人が使ういわゆるヒンズー語なまりの英語が理解できなくて、情けなくなった。

また、日本なら理解できた場合は首を縦に振り、分からない時は首を横に振るのだが、現地の人は分かっていても首を横に振るので、理解できているのかどうか迷うこともあった。幸い、アートオブリビング日本支社の関係者のインド人が同伴してくれていたので、事なきを得た。

より簡単な治療法確立の必要性を実感

◇◆◇

実習は、診断の基礎となるオーリングテストなどの筋反射テストで、口腔内と症状の出ている部位との関連性およびその治療法を実践指導する形となった。ヨガや瞑想に興味のある歯科医師がほとんどで、日本なら、ちょっとオカルトチックといわれそうな治療も素直に受け入れてくれるのがありがたかった。ちょっとした咬合調整で、全身状態が瞬時に変わるデモ治療を見て、自分たちのヨガや瞑想に組み込もうとする姿勢が見られた。

デモ患者としてはグルデブの親戚や、附属病院などで、いろいろ治療を受けているが、効果が十分に感じられない人が多く、そのほとんどが歯科治療により改善した。グルデブの親戚で2カ月間支えなしでは歩けなかった女性もわずかな歯科治療で歩けるようになり、グルデブにも高い評価をいただいた。もちろんグルデブやその妹の口腔内の調整もさせていただいた。

前列中央がグルデブことシュリ・ラビ・シャンカール氏、その左が筆者、あとは今回の研修に参加した歯科医師

◇◆◇

4日間にわたり、研修を行い、かなりの反響があった模様で、いまだに私のパソコンに相談のメールがインドから届いている。

今回のインド講演で、歯科と全身との関わりに興味を持つ歯科医師はかなりの数に及ぶのだろうが、指導者の選択に迷いがあるように思えた。より簡単で、副作用や痛みが少なく、効果的な全身状態の改善を目的とした歯科治療の確立が世界的にも求められているのではないかと思われた。

◇◆◇

研修後、多くの受講生が実際の臨床現場で治療を実践してくれているようで、長年悩んでいた関節の痛みを緩和することができたなどのいい報告を受ける一方で、一時の改善は見られたものの再発したとか、効果がみられることもあるが改善率は50%くらいである、などの報告を受けている。

私自身、全身状態の改善を目指す歯科治療を実践し始めてから30年になるが、わずかな期間の研修で、これほどの効果を出せていることはたいへん喜ばしい。もちろん私の指導も初心者にも理解しやすいものに変わっているのも事実である。

グルデブおよび関係各位からまたインドで指導してもらいたいとの声が届いているので、ぜひ検討したいと思っている。

財政審建議に「根拠が薄弱」

福祉大・二木名誉教授が批判

財務省の諮問機関である財政制度等審議会が5月21日にまとめた建議の中で、日本の診療所の規模が小さいために非効率な運用になっているとされ、さらに医師1人の診療所から複数の医師が担当するグループ診療の組織に外来機能を転換、集約すべきとする見方を示していることに対して、医療経済学者で医師の二木立氏（日本福祉大学名誉教授）が「根拠が薄弱で誠実さに欠ける議論だ」と批判した。

二木氏は、『文化連情報』に連載中の「二木教授の医療時評」（7月号分）に掲載した論文において、この問題を検討。財政審の「建議」では、日本の診療所を非効率とした根拠として、診療所当たりの従業者数を示しているが、「効率」を論じるには、最低限、多面的な費用（インプット）と効果（アウトプット）の割合、関係を示すべきであり、「建議」では、アウトプットの議論がないとして、「効率的でない」とする根拠が薄弱だと批判した。

また同氏は、医師1人で運営されることが多い日本の診療所と、グループ診療が定着しているイギリスなどの診療所との機能の違いにも言及。各国の医療制度の背景を無視して優劣を論じるのは有害無益であり、日本の診療所が高機能であることが、総医療費抑制に寄与している可能性があるのだと指摘した。

◇◇◇

財政審が指摘しているのは、医科の診療所が対象となり、二木氏の批判も医科に限定された議論になっている。

ただし、歯科でも、施設基準の導入により、複数の歯科医師、歯科衛生士を配置する中規模歯科医院への転換、集約が図られてきたのは同じで、財政審の「建議」は歯科にも無関係とは言えないと見られている。

（訂正）7月9日付（2304号）の6面の書籍『判断力を上げる　2歯根尖含有病変の診断と治療』は誤りで、正しくは『診断力を上げる　2歯根尖含有病変の診断と治療』です。お詫びして訂正します。

暑中お見舞い申し上げます

公益社団法人 日本歯科医師会

会長 高橋英登
副会長 蓮池芳浩
副会長 藤田一雄
副会長 林 正純
専務理事 瀬古口精良
常務理事 末瀬一彦
常務理事 松尾 健
常務理事 野村圭介
常務理事 寺島多実子
常務理事 大杉和司
常務理事 山本秀樹
常務理事 伊藤明彦
常務理事 小野寺哲夫
常務理事 伊藤智加
理事 小野沢真一
理事 守屋義雄
理事 髙瀬裕志
理事 佐藤真奈美
理事 伊藤正明
理事 飯利邦洋
理事 西岡信治
理事 米須敦子
理事 福士賢治
理事 坂田香里
常務監事 細谷仁憲
監事 渡邉儀一郎
監事 伊地知博史

日本歯科医師連盟

会長 太田謙司
副会長 村上恵一
副会長 村岡宜明
副会長 大越壽和
理事長 浦田健二
副理事長 家田隆弘
副理事長 神田晋爾
常任理事 髙橋雅一
常任理事 武田良一
常任理事 森川麗子
常任理事 西澤 均
常任理事 小西 尚
常任理事 近藤晴彦
常任理事 門司達也
理事 早坂暢洋
理事 中野玲子
理事 石島弘己
理事 長瀬好和
理事 上田晴三
理事 山﨑健次
理事 渋谷昌史
理事 田中秀享
常任監事 樋口壽一郎
監事 村山利之
監事 大山 茂

公益社団法人 日本歯科技工士会
会長 森野 隆
他役員一同
〒162-0846 東京都新宿区市谷左内町二一―五
TEL 〇三（三二六七）八六八一
FAX 〇三（三二六七）八六五〇

日本歯科技工士連盟
会長 奥村英世
他役員一同
〒162-0846 東京都新宿区市谷左内町二一―五 歯科技工士会館内
TEL 〇三（五二二七）三二一二
FAX 〇三（五二二七）三二一三

公益社団法人 日本歯科衛生士会
会長 吉田直美
他役員一同
〒169-0072 東京都新宿区大久保二―一一―一九
電話 〇三（三二〇九）八〇二〇

日本歯科衛生士連盟
会長 澤 千秋
他役員一同
東京都新宿区大久保二―十一―十九
TEL 〇三（三二〇九）八〇二六
FAX 〇三（三二〇九）八〇三一

公益社団法人 日本学校歯科医会
会長 柘植紳平
他役員一同
東京都千代田区九段北四―一―二〇 歯科医師会館四階

一般社団法人 日本私立歯科大学協会
会長 羽村 章
他役員一同
〒102-0073 東京都千代田区九段北四―二―九 私学会館別館第二ビル二階
電話 〇三（三二六五）九〇六八

公益社団法人 東京都学校歯科医会
会長 鈴木 博
他役員一同

一般社団法人 日本歯科商工協会
会長 山中一剛
他役員一同
〒111-0056 東京都台東区小島二―一六―一四 日本歯科器械会館一階
電話 〇三（三八五一）〇三二四
FAX 〇三（三八五一）〇三三五

公益社団法人 日本歯科医師会
会長 高橋英登

公益社団法人 日本歯科医師会
副会長 林 正純

公益社団法人 日本歯科医師会
専務理事 瀬古口精良

公益社団法人 日本歯科医師会
常務理事 寺島多実子

公益社団法人 日本歯科医師会
常務理事 山本秀樹

公益社団法人 日本歯科医師会
常務理事 小野寺哲夫

日本歯科医師連盟
会長 太田謙司

日本歯科医師連盟
副会長 村上恵一

日本歯科医師連盟
理事長 浦田健二

日本歯科医師連盟
副理事長 家田隆弘

北海道医療大学歯学部同窓会
会長 蓑輪隆宏
他役員一同
北海道札幌市北区北六条西六―二―十一 第三山崎ビル四階
電話 〇一一（二九九）九〇六九

岩手医科大学歯学部同窓会
会長 三善 潤
役員一同
〒〇二〇―八五〇五 盛岡市中央通一―三―二七
電話 〇一九（六二四）八三八六

明海大学歯学部同窓会
会長 中村睦夫
他役員一同
〒三五〇―〇二八三 埼玉県坂戸市けやき台一―一
電話 〇四九―二八五―七〇三四
FAX 〇四九―二八七―三一七四

昭和大学歯学部同窓会
会長 小原希生
他役員一同
〒142-0064 東京都品川区旗の台二―一―五 昭和大学五十年記念館内
電話 〇三（三七八四）八〇七七
FAX 〇三（三七八四）四〇二九

一般社団法人 東京医科歯科大学歯科同窓会
会長 中村勝文
他役員一同

東京歯科大学同窓会
会長 冨山雅史
他役員一同
〒一〇一―〇〇六一 東京都千代田区神田三崎町二―九―一八
電話 〇三（六二六一）六六三一
FAX 〇三（三二六四）四八五九

日本大学歯学部同窓会
会長 横江 順
役員一同
〒101-8310 東京都千代田区神田駿河台一―八―一三 日本大学歯学部本館七階
TEL 〇三（三二九四）二七八七
FAX 〇三（三二九四）二八〇〇

日本大学松戸歯学部同窓会
会長 古谷由美子
他役員一同
〒271-8587 千葉県松戸市栄町西二―八七〇―一
電話 〇四七―三六六―二八三四
FAX 〇四七―三六二―七二七二

日本歯科大学校友会
会長 渡邉儀一郎
他役員一同
〒102-8159 東京都千代田区富士見一―九―二〇
TEL 〇三―三二六一―八九七一
FAX 〇三―三二六四―八七四五

神奈川歯科大学同窓会
会長 大舘 満
他役員一同
〒二三八―八五八〇 神奈川県横須賀市稲岡町八二
電話 〇四六（八二五）〇五二四
FAX 〇四六（八二二）三五三八

鶴見大学歯学部同窓会
会長 竹内千惠
他役員一同
〒二三〇―八五〇一 横浜市鶴見区鶴見二―一―三
電話 〇四五（五八一）一〇八〇

松本歯科大学校友会
会頭 会長 矢ヶ﨑 雅
他役員一同
399-0781 長野県塩尻市広丘郷原一七八〇
電話〇二六三（五四）一四三二（直）

愛知学院大学歯学部同窓会
会長 池山正仁
他役員一同
〒四六四―八六五〇 名古屋市千種区楠元町一―一〇〇
電話 〇五二―七六三―一八七七
FAX 〇五二―七六三―一七七七

朝日大学歯学部同窓会
会長 中川豪晴
他役員一同
〒五〇一―〇二九六 岐阜県瑞穂市穂積一八五一
電話 〇五八（三二七）一九八四
FAX 〇五八（三二五）八〇二〇

大阪歯科大学歯学部同窓会
会長 恩田信雄
他役員一同
〒540-0008 大阪市中央区大手前一―五―一七
TEL 〇六―六九一〇―一〇六一
FAX 〇六―六九四三―一三八九

九州歯科大学同窓会
会長 森 章
他役員一同
〒803-8580 北九州市小倉北区真鶴二―六―一
電話 〇九三（五六二）五〇七七

一般社団法人 北海道歯科医師会
北海道歯科医師連盟
会長 藤田一雄
他役員一同
〒060-0031 札幌市中央区北一条東九―一一
TEL 〇一一（二三一）〇九四五
FAX 〇一一（二七一）七五一四

一般社団法人 岩手県歯科医師会
会長 佐藤 保
他役員一同
盛岡市盛岡駅西通二―五―二五
電話 〇一九（六二一）八〇二〇

一般社団法人 宮城県歯科医師会
会長 細谷仁憲
他役員一同
〒980-0803 仙台市青葉区国分町一―五―一
電話 〇二二（二二二）五九六〇
FAX 〇二二（二二五）四八四三

一般社団法人 栃木県歯科医師会
会長 大野克夫
役員一同

一般社団法人 千葉県歯科医師会
会長 大河原伸浩
他役員一同
〒261-0002 千葉県千葉市美浜区新港三二―一七
電話 〇四三（二四一）六四七一
FAX 〇四三（二四八）二九七七

一般社団法人 埼玉県歯科医師会
会長 大島修一
他役員一同
〒330-0075 さいたま市浦和区針ヶ谷四―二―六五（彩の国すこやかプラザ内）
TEL 〇四八―八二九―二三二三

公益社団法人 東京都歯科医師会
会長 井上惠司
他役員一同
〒102-8241 東京都千代田区九段北四―一―二〇
TEL 〇三（三二六二）一一四六
FAX 〇三（三二六二）四一九九

公益社団法人 神奈川県歯科医師会
会長 守屋義雄
他役員一同
〒二三一―〇〇一三 横浜市中区住吉町六―六八
TEL 〇四五（六八一）二一七二
FAX 〇四五（六八一）二四二六

一般社団法人 山梨県歯科医師会
会長 吉田英二
他役員一同

一般社団法人 長野県歯科医師会
会長 伊藤正明
他役員一同
〒380-8583 長野市稲葉二二四一
TEL ○二六（二二二）八○二○
FAX ○二六（二二三）三○六○

一般社団法人 新潟県歯科医師会
会長 松﨑正樹
他役員一同

一般社団法人 石川県歯科医師会
会長 飯利邦洋
他役員一同

一般社団法人 静岡県歯科医師会
会長 平野明弘
他役員一同
〒422-8006 静岡市駿河区曲金三―三―一○
TEL ○五四（二八三）二五九一
FAX ○五四（二八三）三五九○

一般社団法人 愛知県歯科医師会
愛知県歯科医師連盟
会長 内堀典保
役員一同
名古屋市中区丸の内三―五―一八
電話 ○五二（九六二）八○二○

公益社団法人 岐阜県歯科医師会
会長 阿部義和
他役員一同
〒500-8486 岐阜市加納城南通一―一八
TEL ○五八（二七四）六一一六
FAX ○五八（二七六）一七二二

公益社団法人 三重県歯科医師会
会長 稲本良則
他役員一同
〒514-0003 三重県津市桜橋二―一二○―二
電話 ○五九（二二七）六四八八
FAX ○五九（二二七）○五一○

一般社団法人 京都府歯科医師会
会長 安岡良介
他役員一同
〒604-8418 京都市中京区西ノ京東栂尾町一
TEL ○七五（八一二）八○二○
FAX ○七五（八一二）八八一二

一般社団法人 大阪府歯科医師会
会長 深田拓司
他役員一同

一般社団法人 兵庫県歯科医師会
会長 橋本芳紀
他役員一同

一般社団法人 奈良県歯科医師会
奈良県歯科医師連盟
会長 末瀬一彦
他役員一同
〒630-8002 奈良県奈良市二条町二―九―二
TEL ○七四二（三三）○八六一
FAX ○七四二（三四）一二七九

公益社団法人 山口県歯科医師会
会長 小山茂幸
他役員一同
山口市吉敷下東一―四―一
電話 ○八三（九二八）八○二○
口からカラダへ。 健口スマイル

公益社団法人 香川県歯科医師会
会長 豊嶋健治
他役員一同
〒760-0020 高松市錦町二―八―三八
電話 ○八七（八五一）四九六五

一般社団法人 徳島県歯科医師会
会長 松本侯
他役員一同

一般社団法人 愛媛県歯科医師会
会長 橋本成人
他役員一同

一般社団法人 高知県歯科医師会
会長 野村和男
他役員一同
高知市丸ノ内一―七―四五
電話 ○八八（八二四）三四○○

公益社団法人 福岡県歯科医師会
会長 江里能成
他役員一同

一般社団法人 長崎県歯科医師会
会長 渋谷昌史
他役員一同

一般社団法人 大分県歯科医師会
会長 脇田晴彦
他役員一同
大分市王子新町六―一
電話 ○九七（五四五）三一五一

一般社団法人 熊本県歯科医師会
会長 伊藤明彦
他役員一同
熊本市中央区坪井二―四―一五

公益社団法人 東京都台東区歯科医師会
会長 山口幸一
他役員一同
〒110-0003 東京都台東区根岸四―一―二八
電話 ○三（三八七四）六四三三・六四三四
FAX ○三（三八七一）三○二三

公益社団法人 葛飾区歯科医師会
役員一同
東京都葛飾区青戸七―一―二○
電話 ○三（三六○二）○六四八
FAX ○三（三六九○）四七○○

公益社団法人 浅草歯科医師会
会長 鬼久保至彦
他役員一同
東京都台東区寿一―二―三 ATビル四階
電話 ○三（三八四一）五一五四
FAX ○三（三八四一）四四三八

千葉県歯科医師連盟
会長 尾﨑俊郎
他役員一同
〒261-0002 千葉市美浜区新港三二―一七
TEL ○四三（二四一）一二七○
FAX ○四三（二四一）一二七一

東京都歯科医師連盟
会長 石島弘己
他役員一同
〒102-0073 千代田区九段北四―一―二○
TEL ○三（三二六二）一八○○
FAX ○三（三二三三）六七四五

神奈川県歯科医師連盟
会長 鶴岡裕亮
他役員一同
〒231-0013 横浜市中区住吉町六―六八
TEL ○四五（三○七）六五五五
FAX ○四五（六八一）二四二六

石川県歯科医師連盟
会長 飯利邦洋
他役員一同

京都府歯科医師連盟
会長 寺本武史
他役員一同
〒604-8418 京都市中京区西ノ京東栂尾町一
TEL ○七五（八一二）八四九七
FAX ○七五（八一二）八八一二

大阪府歯科医師連盟
会長 太田謙司
他役員一同
〒543-0033 大阪市天王寺区堂ヶ芝一―三―二七
TEL ○六（六七七二）八三二六
FAX ○六（六七七二）九七一七

兵庫県歯科医師連盟
会長 中川泰彰
他役員一同
〒650-0003 神戸市中央区山本通五―七―一八
TEL ○七八（三五一）四一八一
FAX ○七八（三五一）六六五五

歯科医師国民年金基金
理事長 冨山雅史
他役員一同
〒102-0076 東京都千代田区五番町一二―一 泉館五番町ビル二F
電話 ○三（三二六二）九二九四
FAX ○三（三二六二）九二九八

一般社団法人 東京都歯科技工士会
会長 石川功和
他役員一同
〒170-0004 豊島区北大塚二―二―一○ ヴィップ大塚香川ビル四階
TEL ○三（三五七六）五五六一
FAX ○三（三五七六）五六一五

一般社団法人 神奈川県歯科技工士会
会長 田島雅夫
他役員一同
〒220-0023 横浜市西区平沼一―四○―一七 モンテベルデ横浜二○一
TEL ○四五（五四八）五八八九
FAX ○四五（五四八）五八九九
http://www.kdta.or.jp/

一般社団法人 埼玉県歯科技工士会
会長 野島正美
他役員一同
〒330-0061 さいたま市浦和区常盤3-1-1
TEL 048-835-7610
FAX 048-835-7611

一般社団法人 愛知県歯科技工士会
会長 鈴木正隆
他役員一同
〒461-0040 名古屋市東区矢田二―一三―一五 一般社団法人愛知県歯科技工士会館
TEL ○五二（七二三）○五二一
FAX ○五二（七二三）○五二三

一般社団法人 大阪府歯科技工士会
会長 前川清和
他役員一同
〒558-0014 大阪市住吉区我孫子五―一四―七
TEL ○六（六六九九）四四○○
FAX ○六（六六九七）四一○○

日本歯科器械工業協同組合
理事長 渡辺啓介
他役員一同
東京都台東区小島二―一六―一四 日本歯科器械会館
電話 ○三（三八五一）六一一三

日本歯科材料工業協同組合
理事長 根來紀行
他役員一同
東京都台東区小島二―一六―一四 日本歯科器械会館
電話 ○三（三八五一）七二一七

日本歯材同友会
会長 原良祐
〒113-0033 東京都文京区本郷一―二五―二五 NSRビル内
電話 ○三（三八一四）一六五一
FAX ○三（三八一八）七八五九

日本歯科コンピュータ協会
会長 山中一剛
〈事務局〉日本歯科新聞社内

日本歯学図書出版協会
会員一同

近畿歯科用品商協同組合
理事長 岡村隆明
他役員一同
〒五四○―○○一二 大阪市中央区谷町五―六―九―二○一
電話 ○六（六七六八）六二二○
FAX ○六（六七六八）六二二一

公益社団法人 日本口腔インプラント学会
理事長 細川隆司
〒108-0014 東京都港区芝四―三―五 ファースト岡田ビル八階
電話 ○三（五七六五）五五一○（代）
FAX ○三（五七六五）五五一六

一般財団法人 日本口腔保健協会
理事長 伊藤公一
東京都文京区本郷二―二八―三 山越ビル
電話 ○三（三八一八）四一五八

一般社団法人 日本デジタル歯科学会
末瀬一彦
宮﨑隆
http://www.jaddent.jp/

一般社団法人 日本歯科技工学会
会長 石川功和
〒170-0003 東京都豊島区駒込一―四三―九 駒込TSビル （一財）口腔保健協会内 （一社）日本歯科技工学会事務局
電話 ○三（三九四七）八八九一
FAX ○三（三九四七）八三四一

一般社団法人 全国歯科技工士学校協会
理事長 篠田晃
事務局 〒220-0011 神奈川県横浜市西区高島一―二―五 横浜歯科医療専門学校内
TEL ○四五（二二二）八六六六
FAX ○四五（二二二）八六六七

日本アンチエイジング歯科学会
JSDA Japan Society for Dental Anti-Aging
会長 松尾通
東京都渋谷区円山町五―四―二○一
TEL/FAX ○三（三四七七）一○八五

一般社団法人 国際歯科学士会（ICD）日本部会
ICD
会長 冨士谷盛興
東京都新宿区下落合二―六―二二 一世出版株式会社社内
電話 ○三（三九五二）五一五五
FAX ○三（五九八二）七七五一
https://www.icd-japan.gr.jp/

国際マイオドンティクス学会アジア会
会長 渡辺剛
〒490-1211 愛知県あま市篠田北長無二五―四 しのだ歯科医院
TEL ○五二（四四四）九九一二
FAX ○五二（四四四）九九二二
nabe55@kvp.biglobe.ne.jp

公益社団法人 日本歯科先端技術研究所
JIAD JAPAN INSTITUTE FOR ADVANCED DENTISTRY
会長 柴垣博一
〒105-0014 東京都港区芝一―八―二五 芝TKビル4F
TEL ○三（五四七六）二○○四
FAX ○三（五四七六）二○○六

暑中御見舞い申し上げます
歯列育形成研究会
理事 禹　秀司
理事 大木淳子
理事 片瀬純子
理事 神谷誠司
理事 久保寺司
理事 阪本美紀
理事 島田朝晴
理事 島田昌也
理事 鈴木倭子
理事 高橋力
理事 中村雅子
理事 平岡富美子
（五十音順）
本部 ジャーミイデント歯科　FAX 〇三―三四〇六―五七〇五
事務局 東京都大田区西蒲田五―一九―九 島田ビル二〇七　TEL 〇三―五四八〇―八七三八　FAX 〇三―五四八〇―八七三九

一般社団法人 日本臨床歯科CADCAM学会
理事長 薗　敬意
会長 北道敏行
〒170-0013 東京都豊島区東池袋二―三九―二―四〇一
TEL 〇三―五九八八―九八二四
FAX 〇三―五九八八―九八五一
URL: https://www.jscad.org

一般社団法人 日本床矯正研究会
理事長 藤井秀紀
会長 鈴木設矢
〒162-0843 東京都新宿区市谷田町三丁目十四 市ヶ谷ガーデンテラス二階
FAX 〇三―四四九六―四四一八

一般社団法人 日本訪問歯科協会
理事長 守口憲三
〒101-0037 東京都千代田区神田西福田町四 ONEST神田西福田町ビル8階
TEL 〇一二〇（二九九）五〇五
FAX 〇一二〇（一九九）五〇五

株式会社 デジタルクリエイト
代表取締役社長 前田実男
〒101-0037 東京都千代田区神田西福田町四 ONEST神田西福田町ビル8階
TEL 〇三（五二九四）一一五一
FAX 〇三（五二九四）一一五〇

ラデントグループ 医療法人社団 光揚会
津田歯科医院
ワールドシティデンタルクリニック
シティタワーズ豊洲津田デンタルクリニック
DEUX・TOURS津田デンタルクリニック
歯学博士 理事長 津田忠政
〒107-0062 東京都港区南青山二―一二―一
電話・FAX 〇三（三四〇一）三三七一

医療法人社団 厚誠会
有馬嗣雄
本部 〒243-0014 神奈川県厚木市旭町二丁目八番二一号
電話（〇四六）二二九―二四〇五番
http://www.koseikai.com/

（公社）日本口腔インプラント学会認定施設 認定再生医療等委員会
一般社団法人 東京形成歯科研究会
施設長 奥寺　元
会長 月岡庸之
副会長 礒邉和重
渡辺泰典
奥寺俊允
川端秀男

DS Healthcare Group DSヘルスケアグループ
DSヘルスケアグループ 代表・CEO 寒竹郁夫
Dental Support デンタルサポート株式会社 代表取締役 草深多計志
Dental Studio DSデンタルスタジオ株式会社 代表取締役 草深多計志
HAMIERU 株式会社ハミエル 代表取締役 安藤盛登
SAKURA SAKURA Medical and Dental Clinic FZLLC President 首藤謙介［ドバイ］
DS SAKURA DS SAKURA Dental Services Co., Ltd. President 首藤謙介［ミャンマー］
食べたいを支えたい　～ For your smile ～

医療法人 吉永歯科医院
医療法人 yoshinaga D.C.
理事長 吉永　勉
大阪市生野区田島五―九―二八 吉永クリニックビル2F
TEL・FAX 〇六（六七五七）六五六〇

一般社団法人 日本歯科技工所協会
理事長 木村　正
専務理事 松本聖武
常務理事 陸　誠
総務理事 北井正勝
会計理事 原田昭博
経営理事 島　隆寛
学術理事 木村健二
広報理事 橘田　仁
監事 太田茂幹
監事 南郷谷亨
相談役 土田康夫
東支部長 石澤亮一
中支部長 片岡　均
西支部長 本多晴久
〒101-0041 東京都千代田区神田須田町一―一六―七 ISアルプスビル五階
電話 〇三（五二五六）一六六八
FAX 〇三（五二五六）一六六七
URL http://www.jdla.or.jp/

神奈川県歯科技工業協同組合
理事長 土田康夫
他役員一同
横浜市南区永田東一―六―三〇 朝日井土ヶ谷マンション一二二
電話 〇四五（七三一）九三八一
FAX 〇四五（七三一）九三八三

株式会社 横浜歯研
代表取締役社長
土田康夫
〒251-0015
藤沢市川名2丁目3番10号
電　話 0466-27-8771（代）
FAX 0466-27-8788

大東京歯科用品商協同組合
理事長 杉山勝人
他組合員一同
〒113-0033 東京都文京区本郷1-25-25
TEL 03-3811-5239 FAX 03-3818-9234
http://www.daitokyo-kumiai.or.jp
― 口腔から全身の健康を科学する ―
東京デンタルショー2024
TOKYO DENTAL SHOW
公式サイト
11.16（土）11:00-18:00・17（日）9:00-17:00　東京ビッグサイト

東京デンタルスクール
東京デンタルスクール
博士（歯学）歯科医師
岡田　優一郎
日本アンチエイジング歯科学会 理事
International College of Dentists fellow
秋葉原教室
〒101-0023 東京都千代田区
神田松永町7 ヤマリビル7F
TEL 03-6802-5260

厚生労働大臣指定・専門学校
学校法人 東京滋慶学園
新東京歯科技工士学校
新東京歯科衛生士学校（昼・夜間部）
理事長 中村道雄
学校長 宮﨑　隆
東京都大田区大森北 1-18-2
電話 03（3763）2211（技）
電話 03（3763）2200（衛）
http://www.ntdent.ac.jp

太陽歯科衛生士専門学校
昼間部・夜間部（共学・定員各80名）
校長 佐藤　亨
〒116-0013 東京都荒川区西日暮里二―二二―一（日暮里駅前）ステーションプラザタワー6F・7F
電話 〇三（五八一〇）八〇二〇

学校法人 大阪滋慶学園
東洋医療専門学校
学校長 太田宗夫
理事長 浮舟邦彦
〒532-0004 大阪市淀川区西宮原一―五―三五
TEL 〇六（六三九八）二二五五

奈良歯科衛生士専門学校
理事長 末瀬一彦
校長 細山勝道
〒630-8002 奈良市二条町二―九―二
TEL 〇七四二（三三）六四七四
FAX 〇七四二（三三）一八六〇

学校法人 石川学園
専門学校 大育 歯科衛生士科
校長 石川正一
沖縄県那覇市大道八八―五
電話 〇九八（八八五）五二三〇

エア・ウォーターグループ
株式会社 札幌デンタル・ラボラトリー
代表取締役社長 吉岡信男
本社 北海道札幌市北区北二四条西二丁目三―二六
電話 〇一一（七四七）三三三六

Kamikanda Dental Laboratory Co., Ltd.
代表取締役
上神田　竹夫
Takeo Kamikanda
株式会社 上神田歯研
〒024-0051 岩手県北上市相去町山田2-24
Tel: 0197-67-4720 Fax: 0197-67-2510
E-mail: info@kamikanda-dl.jp

SHINWA SHIKEN
株式会社シンワ歯研
代表取締役社長
石澤亮一
〒950-2032
新潟市西区的場流通1-3-17
TEL:025-268-7505
FAX:025-268-7506
info@shinwa-shiken.co.jp
http://www.shinwa-shiken.co.jp/

ASHIKAGA CERAMIC LABORATORIES, INC.
株式会社 足利セラミックラボラトリー
代表取締役会長 宗村裕之
代表取締役社長 宗村政明
〒373-0015 群馬県太田市東新町七一四
〇二七六―二〇―五六七〇
東京／ハワイ／茨城／モンゴル
仙台／山形／大宮／郡山
acl-jp.com

NARITA
株式会社 成田デンタル
代表取締役 堤　大輔
千葉県千葉市美浜区中瀬二―六―一 WBGマリブウエスト21F
TEL 〇四三（二一二）八七八八
http://www.narita-d.co.jp

（株）協和デンタルラボラトリー新松戸
取締役社長 三輪武人
会長 木村健二
千葉県松戸市新松戸3-260-1
TEL.047-343-2670 FAX.047-343-2658
http://kyowa-dental.co.jp
KYOWA DENTAL LABORATORY Co.Ltd

歯科技工・技術共同体
株式会社 テクニカルセンター
代表取締役社長 野島正美
〒339-0037 さいたま市岩槻区浮谷1000番地
電話 048-791-1231
FAX 048-798-8931

一般社団法人 日本補綴構造設計士協会
P.S.D
会長 川島　哲
副会長 片岡　均
中野進也
専務理事 斉藤篤史
埼玉県川越市脇田新町五―十三
TEL 〇四九―二四四―五二〇〇
FAX 〇四九―二四四―一〇二三
E-mail: tetsu108@orion.ocn.ne.jp
URL: http://kawashima-world.com
P.S.D HP: http://www.psd-denture.org

歯科医院様の自費率向上・増患・生産性向上
経営力強化向上に貢献いたします。

株式会社 中央歯科補綴研究所
CENTRAL DENTISTRY PROSTHETIC LABORATORY
代表取締役 木村　正
〒152-0033 東京都目黒区大岡山一―三五―二二 ニッカンビル2F
電話 〇三（三七二五）一九九五
FAX 〇三（三七二五）一七六九

歯科治療提案書生成ソフト
ハノアス
株式会社 miracle
代表取締役
木村　正
〒152-0033
東京都目黒区大岡山1丁目35番22号
ニッカンビル2階
Tel：03-6421-2195
Fax：03-6421-2861

FDA
代表取締役
船越　泉
株式会社 FDA
〒182-0034 東京都調布市下石原1-6-2
Tel: 042-443-8133
Fax: 042-443-8585
http://www.2754.co.jp

Let's make the smiling society!
TRUST
株式会社
横浜トラスト歯科技工研究所
代表取締役
藤田耕介
〒221-0834
横浜市神奈川区台町14-15栄ビル2F
TEL（045）313-2618 FAX（045）313-2617
info@yokohama-trust.co.jp
http://www.yokohama-trust.co.jp

株式会社 AuBe
AuBe DENTAL LABORATORY
代表取締役 金子　洋
〒162-0801 東京都新宿区山吹町三四七 藤和江戸川橋ビル五階
電話 〇三（六二六五）〇九八一
FAX 〇三（六二六五）〇九九六

デンテックインターナショナル株式会社
代表取締役 山下恒彦
〒564-0063 大阪府吹田市江坂町一―一六―三二
電話 〇六（六一九二）一〇〇〇
FAX 〇六（六一九二）一〇一〇

株式会社 中田デンタル・センター
代表取締役社長 中田茂樹
本社 〒179-0081 東京都練馬区北町七―七―七
電話 〇三（五九四五）三一三一（代）
FAX 〇三（五九四五）三一三三
仙台支社 〒984-0051 宮城県仙台市若林区新寺三―三―二四
電話 〇二二（三八五）七三〇八
FAX 〇二二（三八五）七三〇九

ケン・デンタリックス株式会社
代表取締役 松下浩之
〒113-0033 東京都文京区本郷四―一―一 デンタビル
TEL 〇三（六八〇二）八一九四
FAX 〇三（六八〇二）八一九五
http://www.ken-dentalx.com

valplast 日本総代理店
株式会社ユニバル
代表取締役 堤　義明
〒178-0063
東京都練馬区東大泉3-31-11
TEL. 03-3923-4186
FAX. 03-3867-6612

代表取締役
陸　誠
Core dental
株式会社コアデンタルラボ横浜
〒233-0007
神奈川県横浜市港南区大久保1-5-26
Tel 045-840-0811
Fax 045-840-0813
www.core-dental.co.jp

株式会社 コスミック恵歯研
代表取締役会長 畠中　實
代表取締役社長 大前年之
〒395-0155 長野県飯田市三日市場一七七七―三
TEL 〇二六五（二五）〇〇〇一
FAX 〇二六五（二五）〇〇〇二
メールアドレス cosmic@ruby.ocn.ne.jp
http://www.cosmicmegumi.jp/

ZOO LABO DENTAL LABORATORY
代表取締役社長
通地　慶樹
Kayoiji　Yoshiki
株式会社 ZOO LABO
〒214-0031 川崎市多摩区東生田 1-27-2
Tel 044-922-8521 Fax 044-922-8574
URL:https://www.zoolabo.jp
HP　Instagram

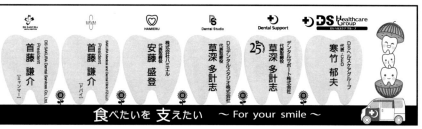

株式会社 デントピア
代表取締役社長 大石裕之
本社 〒四五三―〇〇五六 名古屋市中村区砂田町三―二五
電話 〇五二（四一三）一八四〇
FAX 〇五二（四一三）一八一六
ユービゾンセンター 名古屋市中村区上石川町二丁目三番地

暑中お見舞い申し上げます
全国に55拠点
和田精密歯研株式会社
当社のホームページ アクセスはこちらから どうぞ！
Instagram Facebook YouTube

暑中お見舞い申し上げます
株式会社デンタルスタジオ
株式会社デンタルタイコニウム
代表取締役 石田政子
〒547-0006 大阪府大阪市平野区加美正覚寺1-6-4
本社（大阪）TEL 06-6794-7530（代）
営業所（大阪）TEL 06-6791-3020（代）
（東京）TEL 03-3865-1746（代）
（名古屋）TEL 080-5161-5736（代）
（長野）TEL 080-3208-0559（代）

株式会社 カロス
KALOS
代表取締役 増田長次郎
〒672-8064 兵庫県姫路市飾磨区細江一二〇
電話 〇七九（二四三）一一八二
FAX 〇七九（二四三）一一八一
info@kalos.jp https://www.kalos.jp/

株式会社 エクセル歯科研究所
EXCEL DENTAL INSTITUTE INC.
代表取締役 井内孝次
徳島市川内町米津七〇―五
電話 〇八八（六六六）〇〇八八
FAX 〇八八（六六六）〇〇八九

ニューデンタルリサーチ株式会社
NEW DENTAL RESEARCH
代表取締役 太田茂幹
〒761-0705 香川県木田郡三木町井上五四五一―一
電話 〇八七（八四〇）二三〇一
FAX 〇八七（八四〇）二三〇二

共に成長できる歯科技工所
SHIKEN シケン
代表取締役社長 島 隆寛
株式会社シケン
〒773-0009
徳島県小松島市芝生町字西開慶敷55番地1
TEL 0885(32)2000
FAX 0885(32)8634
www.shiken-jp.com

総合歯科技工社 株式会社 アイ・エス・ディー
取締役会長 平田詔治
代表取締役 中村嘉寿史
本社／〒794-0069 愛媛県今治市クリエイティブヒルズ4番地4
TEL 〇八九八-三五-〇〇二二
FAX 〇八九八-三五-〇〇四八
https://www.isd-dental.co.jp

MORITA
中山 真一
代表取締役社長
株式会社モリタ東京製作所
〒362-0806
埼玉県北足立郡伊奈町小室7129
www.morita.com/jmtmc/ja/

MORITA
田中　博
代表取締役社長
株式会社モリタ製作所
〒612-8533
京都府京都市伏見区東浜南町680
www.morita.com/jmmc/ja/

MORITA
森田 晴夫
代表取締役社長
株式会社モリタ
大阪本社
〒564-8650 大阪府吹田市垂水町3-33-18
東京本社
〒110-8513 東京都台東区上野2-11-15
japan.morita.com

株式会社 吉田製作所
代表取締役社長 山中通三
他役員一同
〒130-8516 東京都墨田区江東橋一―三―六
TEL 〇三（三六三二）二一九一（代）
FAX 〇三（三六三五）六九〇八

株式会社 ミクロン
代表取締役 八野桃子
本社・研究所 東京都大田区東雪谷一―三四―一四
電話 〇三（三七二六）〇三九六
池上工場 東京都大田区池上二―一七―七
電話 〇三（三七五五）〇三九六

長田電機工業株式会社
OSADA
代表取締役社長 長田吉弘
本社 〒一四一―八五一七 東京都品川区西五反田五―一七―五
電話 〇三（三四九二）七六五一

タカラベルモント株式会社
美しい人生を、かなえよう。
代表取締役会長兼社長 吉川秀隆
〒五四二―〇〇八三 大阪市中央区東心斎橋二―一―一
電話 〇六（六二一二）三六一九
〒一〇七―〇〇五二 東京都港区赤坂七―一―一九
電話 〇三（三四〇五）六八七七

Imaging new visions.
ASAHIROENTGEN
代表取締役社長 今岡 俊成
朝日レントゲン工業株式会社
〒601-8203
京都市南区久世築山町376番地の3
TEL:075-921-4330
http://www.asahi-xray.co.jp

日本アイ・エス・ケイ株式会社 デンタル事業部
KING
代表取締役社長 曽根栄二
〒三〇〇―四二九七 茨城県つくば市寺具一三九五―一
電話〇二九―八六九―二〇〇一

学校法人 広沢学園
hirosawa group
理事長 廣澤清
つくば歯科福祉専門学校
〒三〇八―〇八一一 茨城県筑西市ザ・ヒロサワ・シティ
電話〇二九六―二三―一二二〇
取手歯科衛生専門学校
〒三〇二―〇〇一三 茨城県取手市台宿二丁目三一―三六―八
電話〇二九七―七七―一二二〇

デンケン・ハイデンタル株式会社
エアウォーターグループ
代表取締役社長 奥野裕志
〒601-8356
住所：京都市南区吉祥院石原京道町24番地3
代表電話：075（672）2101
代表FAX：075（672）2116
西日本支店電話：075（672）2118
西日本支店FAX：075（672）2120

ULTRADENT JAPAN株式会社
ULTRADENT JAPAN
代表取締役社長 鍜地裕司
〒151-0061 東京都渋谷区初台一―三四―一四 初台TNビル三階
TEL 〇三―五三六五―一七六〇
FAX 〇三―五三六五―一七五九

「歯を守る」口腔ケア推進のパートナー
Oral Care
代表取締役社長
大竹 琢也
Takuya Ohtake
株式会社オーラルケア
〒116-0013 東京都荒川区西日暮里2-32-9
0120-500-418 0120-500-518
https://www.oralcare.co.jp/

株式会社 YDM
代表取締役 山浦元裕
〒114-0014 東京都北区田端六丁目五番二十号
TEL 〇三-三八二八-三一六一
FAX 〇三-三八二七-八九九一
URL http://www.ydm.co.jp/

IMPLATEX ITX いつも、となりに
株式会社インプラテックス
代表取締役社長 川合 保成
本社
〒116-0013
東京都荒川区西日暮里2-33-19
YDM日暮里ビル
TEL.03-5850-8555
FAX.03-5850-8505
www.itx.co.jp

美しい歯ならびをクリエイトする
BIODENT CORPORATION
代表取締役社長 藤巻 広道
株式会社バイオデント
〒116-0013
東京都荒川区西日暮里 2-33-19
YDM 日暮里ビル
TEL 03-5604-0980
FAX 03-3801-7560

SHOFU
株式会社 松風
代表取締役社長 髙見哲夫
本社／京都市東山区福稲上高松町11
電話／〇七五（五六一）一一一二代表

kuraray Noritake
クラレノリタケデンタル株式会社
代表取締役社長 山口里志
〒100-0004
東京都千代田区大手町2-6-4
常盤橋タワー
TEL 03-6701-1700 FAX 03-6701-1805

Tokuyama
代表取締役 風間 秀樹
新たな価値と感動を
株式会社トクヤマデンタル
〒110-0016
東京都台東区台東1-38-9
イトーピア清洲橋通ビル7階
TEL. 03-3835-7201
FAX. 03-3835-7224

サンメディカル株式会社
代表取締役社長 中島祥行
本社 滋賀県守山市古高町五七一―二
電話 〇七七（五八二）九九八一
東京オフィス 東京都文京区本郷四―八―一三
電話 〇三（三八三〇）七七一一

城北冶金工業株式会社
代表取締役 宇山慶昌
埼玉県朝霞市膝折町二―一一―六八
電話 〇四八（四六一）七五七六（代）

石福金属興業株式会社
代表取締役社長執行役員 古宮基成
本社〒101-0047 東京都千代田区内神田三丁目二〇番七号
電話（〇三）三二五二―三一三一
ファックス（〇三）三二五四―六二八五
http://www.ishifuku-kinzoku.co.jp/

YAMAKIN
YAMAKIN株式会社
代表取締役社長 山本樹育
〒七八一―五四五一 高知県香南市香我美町上分一〇九〇番地三
電話 〇八八七―五五―〇一二〇
https://www.yamakin-gold.co.jp

サンエス石膏株式会社
代表取締役社長 宮竹二郎
〒564-0063 吹田市江坂町一―二三―一〇一（大同生命江坂ビル十三階）
電話 〇六（六三三九）〇八七〇（代表）
FAX 〇六（六三三九）〇八七一

TOMY
矯正材料の総合メーカー
トミー株式会社
代表取締役 川口展
東京都府中市緑町三―一六―七
電話 〇四二（三六三）一一五一
http://www.tomyinc.co.jp

株式会社 トミーインターナショナル
取締役会長 御代川和寿
代表取締役社長 松島三広
〒101-0047 東京都千代田区内神田三―十一―七
電話 〇三（三二五八）三三三一
FAX 〇三（三二五八）三三三五

新見化学工業株式会社
代表取締役社長 新見直広
〒376-0055 群馬県桐生市横山町四―十三
電話 〇二七七（二二）二二五四
FAX 〇二七七（四三）五四一一

株式会社ニッシン
NISSIN
代表取締役社長 横江浩司
〒621-0001 京都府亀岡市旭町樋ノ口八八
TEL 〇七七一（二二）五五三四
FAX 〇七七一（二二）四九二六
URL:https://nissin-dental.jp

株式会社 アイキャスト
i-CAST
代表取締役社長 横江浩司
〒601-8469 京都市南区唐橋平垣町8
TEL 〇七五（六八一）五七七〇
FAX 〇七五（六八一）五七七一
URL:https://www.i-cast.jp

太平化学産業株式会社
代表取締役社長 松田信之
〒五四〇―〇〇二九 大阪市中央区東高麗橋一―一九
電話 〇六（六九四二）七二四一
FAX 〇六（六九四二）二五一四

株式会社 ブレーンベース
BrainBase Corporation
代表取締役 佐宗隆正
〒140-0014 東京都品川区大井一―四九―十五 YK―17ビル6F
TEL 〇三（三七七八）〇七四五
FAX 〇三（三七七八）四九一〇

睦化学工業株式会社
MUTSUMI
代表取締役社長 滝本永次郎
本社 〒五一〇―〇八〇四 三重県四日市市万古町八―九
電話 〇五九（三三一）二三五四
FAX 〇五九（三三一）一〇四四

ivoclar
代表取締役 犬飼 清
Ivoclar Vivadent 株式会社
〒113-0033
東京都文京区本郷1-28-24
TEL 03-6801-1301
FAX 03-5844-3657
ivoclar.com

エンビスタジャパン株式会社
代表取締役社長 坂野弘太郎
〒一四〇―〇〇〇一 東京都品川区北品川四―七―三五 御殿山トラストタワー13F
Envista
DEXIS Kerr Ormco

ノーベル・バイオケア・ジャパン株式会社
代表取締役社長 坂野弘太郎
〒140-0001 東京都品川区北品川四―七―三五 御殿山トラストタワー十三階
TEL〇三―六四〇八―四一八二
nobelbiocare.com
Envista Nobel Biocare

Dentsply Sirona
代表取締役社長
Juan Rodighiero
フアン・ロディギエロ
デンツプライシロナ株式会社
〒104-0061
東京都中央区銀座8-21-1
住友不動産汐留浜離宮ビル
https://www.dentsplysirona.com

SHOFU
松風バイオフィックス株式会社
BIOFIX
代表取締役社長 菅原順一
本社／東京都文京区湯島3丁目16―2
電話／〇三（六八八〇）二二一八代表

ストローマン・ジャパン株式会社
straumann
代表取締役社長 北本優子
〒108-0014 東京都港区芝五―三六―七 三田ベルジュビル6階
電話 〇三（六八五八）一一八八
FAX 〇三（六八五八）四九四五

株式会社 東京歯材社
代表取締役社長 吉田一郎
〒110-0001 東京都台東区谷中二―五―二〇
電話 〇三（三八二三）七五〇一
FAX 〇三（三八二三）七五一六

株式会社　クエスト
代表取締役社長　島　隆寛
本社　徳島県小松島市芝生町字西居屋敷五三—一
TEL 〇八八五（三八）九七七七・FAX 〇八八五（三八）九八八八
愛知物流センター　愛知県半田市横山町一五七—一
TEL 〇五六九（二七）七〇一七・FAX 〇五六九（二七）五九九八

TASK SINCE 1968
株式会社タスク
代表取締役　塩田　信吾
〒112-0001 東京都文京区白山一—三八—一四
白山CTビル五階
TEL 〇三—五六一—五—八八二七
FAX 〇三—五六一—五—八八三七

株式会社シラネ
代表取締役社長　榊原利一郎
本社 〒460-0012 名古屋市中区千代田二—四—八
電話 〇五二（二六一）四六三六（代）

ササキ株式会社
代表取締役社長　佐々木伸五
〈本社〉豊橋市八町通五丁目七番地
電話 〇五三二（五五）六八一一
〈東京本部〉文京区本郷三—二六—四
電話 〇三（三八一三）六〇五一

大榮歯科産業株式会社
代表取締役社長　大石哲也
本社 〒550-0003 大阪市西区京町堀一—一〇—一七
電話 〇六（六四四一）三三三一
FAX 〇六（六四四五）一二七六
toshi@daiei-dental.jp

JM ORTHO
株式会社　JM Ortho
代表取締役社長　森田晴夫
〒101-0062 東京都千代田区神田駿河台二—二
御茶ノ水杏雲ビル十四階
電話 〇三（五二八二）四七一一
FAX 〇三（五二八二）四七一六

MANI
マニー株式会社
代表執行役社長　齊藤　雅彦
〒321-3231 栃木県宇都宮市清原工業団地八—三
TEL 〇二八—六六七—八五九一
FAX 〇二八—六六七—八五九三

PENTRON JAPAN INC.
ペントロン ジャパン株式会社
代表取締役　薄井邦昭
〒140-0014 東京都品川区大井四—一三—一七
五階・六階
TEL 〇三（五七四六）〇三一六
FAX 〇三（五七四六）〇三二〇
http://www.j-pentron.com/

OPTech Open Technology 株式会社オプテック
安心してお任せください
関西支社長
井上慶美
関西支社
〒542-0081
大阪市中央区南船場 3-2-22
おおきに南船場ビル 501
06-6121-6333
Dental Digital Solution
http://opt-net.jp

OPTech Open Technology 株式会社オプテック
クリニックの IT 化を
トータルにご提案します
医療 DX ビジネス推進担当
土田公
本社
〒103-0025
東京都中央区日本橋茅場町 2-16-12
トータスビル
050-5810-0744
Dental Digital Solution
http://opt-net.jp

OPTech Open Technology 株式会社オプテック
カスタマーファーストで、
ご相談承ります。
ビジネスプランナー
鍵山英樹
本社
〒103-0025
東京都中央区日本橋茅場町 2-16-12
トータスビル
050-5810-0744
Dental Digital Solution
http://opt-net.jp

OPTech Open Technology 株式会社オプテック
デジタルの力で
歯科医院の未来を変える
エリアマネージャー
桑原将司
本社
〒103-0025
東京都中央区日本橋茅場町 2-16-12
トータスビル
050-5810-0744
Dental Digital Solution
http://opt-net.jp

OPTech Open Technology 株式会社オプテック
患者様ファーストへ繋がる仕組み作りから
経営の安定化支援まで
デンタルビジネスプロデューサー
庄村昂
本社
〒103-0025
東京都中央区日本橋茅場町 2-16-12
トータスビル
050-5810-0744
Dental Digital Solution
http://opt-net.jp

OPTech Open Technology 株式会社オプテック
問題解決こそが私たちの商品です。
お気軽にご相談ください。
関東支社長
古見佑介
本社
〒103-0025
東京都中央区日本橋茅場町 2-16-12
トータスビル
050-5810-0744
Dental Digital Solution
http://opt-net.jp

OPTech Open Technology 株式会社オプテック
歯科 DX を通して、歯科医院の
経営安定化をサポートします
ソリューションセンター／センター長
岡崎幹夫
本社
〒103-0025
東京都中央区日本橋茅場町 2-16-12
トータスビル
050-5810-0744
Dental Digital Solution
http://opt-net.jp

OPTech Open Technology 株式会社オプテック
全ての業務を DX 化し
圧倒的な業務効率化を実現します
代表取締役会長 CEO
大原茂之
本社
〒103-0025
東京都中央区日本橋茅場町 2-16-12
トータスビル
050-5810-0744
Dental Digital Solution
http://opt-net.jp

W&D
株式会社
ウィルアンドデンターフェイス
代表取締役社長
浅野　誠司
〒169-0072
東京都新宿区大久保2-4-12
新宿ラムダックスビル 2F
TEL 03-5273-6791
FAX 03-5273-6127

株式会社アキラックス
代表取締役社長　森野國男
東京都豊島区南池袋二—二九—九
損保ジャパン南池袋ビル
電話 〇三（五九九二）〇七九〇
FAX 〇三（五九九二）〇七九二

ID
株式会社　アイデンス
代表取締役社長　中田和哉
〒540-0036 大阪市中央区船越町一—六—六
ODC天満橋ビル
TEL 〇六（六九一〇）九八七〇
FAX 〇六（六九一〇）九八七二
http://www.hanonet.co.jp
大阪本社　札幌支店　仙台支店　東京支店　名古屋支店　大阪支店　広島支店　福岡支店　長野営業所　金沢営業所　岡山営業所　長崎営業所

ITS'S
アイ・ティー・エス・エス株式会社
代表取締役社長
佐々田伸一
本社
東京都渋谷区恵比寿三—二五—十一
TOKYU REIT恵比寿ビル3F
TEL 03-6418-0701
長崎支店　TEL 095-832-2778
沖縄支店　TEL 098-860-0190

SANDEN
株式会社　三電社
代表取締役　松本登雄
〒661-0001 兵庫県尼崎市塚口本町三—二一—一八
電話 〇六（六四二一）七四三九
FAX 〇六（六四二九）三二二五

OEC
OEC株式会社
代表取締役社長　佐藤俊治
本社　岡山市北区本町六番三六号
第一セントラルビル九階
東京支社　港区芝五丁目十三番十八号
電話 〇三—三四五七—六六六六
大阪支社　大阪市中央区北浜三丁目五番三三号
電話 〇六—六二二九—三六六七

国内承認取得
エルビウム・ヤグレーザー
【ライトタッチ】

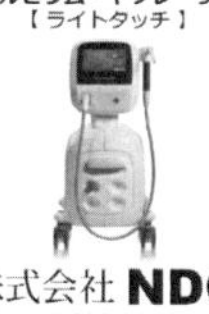

株式会社 NDC
Create Difference
TEL 042-536-8880
FAX 042-536-8778
http://www.ndc-net.com

× NNG
代表取締役
新井 広幸
梅木 博幸
株式会社NNG
〒162-0053
東京都新宿区原町3-21-1
http://nng-j.com

DOF
江渡 貴弘
代表取締役
President of Japan Office
T. 075 741 6542
F. 075 741 6543
E. info@doflab.com
株式会社 DOF JAPAN
〒600-8405
京都市下京区万寿寺通
高倉西入万寿寺中之町78
doflab.com

MIC　もっと、人と医療のそばへ。
代表取締役社長
大谷 純一
Junichi Otani
株式会社ミック
〒277-0871 千葉県柏市若柴226番地44
中央141街区1 KOIL TERRACE 5F
tel:04-7130-9003
fax:04-7130-9002
https://www.mic.jp

NHOSA ノーサ
株式会社ノーザ
代表取締役社長　石濱人樹
〒164-0011 東京都中野区中央一—二一—四
ノーザビル
TEL〇三—五三四八—一八八一
FAX〇三—五三四八—一八八五
https://www.nhosa.com

JPX STANDARD
東和ハイシステム株式会社
取締役
社長執行役員
歯科DX推進COO
飯塚正也
〒700-0971 岡山市北区野田三丁目一二—三三
電話（〇八六）二四三—三〇〇三（代）
携帯 〇八〇—八九八四—七六〇三
FAX（〇八六）二四三—六八三八
E-mail: a.iitsuka@towa-hi-sys.co.jp

JPX STANDARD
東和ハイシステム株式会社
代表取締役　石井滋久
〒700-0971 岡山市北区野田三丁目一二—三三
電話（〇八六）二四三—三〇〇三（代）
FAX（〇八六）二四三—六八三八

ST
株式会社　ソフトテックス
代表取締役　森剛
本社 〒八八〇—〇九一二 宮崎市大字田吉六三〇七番地二
電話 〇九八五（六三）一四五六
大阪支社　福岡営業所　鹿児島営業所　北陸出張所
https://softteks.com

---

stransa
西島 彰一
代表取締役
株式会社ストランザ
〒105-0004 東京都港区新橋6-17-21
住友不動産御成門駅前ビル3F
TEL 03-6403-4880
FAX 03-6403-4881

㈱ジェニシス
歯科予約管理・経営支援システム・デントネット（DentNet）
代表取締役　萩原哲也
〒221-0835 神奈川県横浜市神奈川区鶴屋町
三—二九—一 第6安田ビル3階
TEL 〇四五（三一九）一七八五
Dent 〇四五（三一七）二七〇八

株式会社　ジャパンデンタル
代表取締役　今井範嗣
〒一六〇—〇〇二三
新宿区西新宿一—一三—一八
電話 〇三（三三四四）五三三一
FAX 〇三（三三四四）五三四〇

YOUDENT
株式会社ユーデント
代表取締役会長　北川博美
代表取締役社長　北川晴美
〒261-0025
本社　幕張新都心工場
千葉県千葉市美浜区浜田二—二—五
電話 〇四三（二一三）八一五一
FAX 〇四三（二一二）八一五二

歯科綺麗
株式会社　ケアラポール
感染予防清掃サービス
代表取締役　田中耕一
〒190-0004 東京都立川市柏町三—二八—一
YUTAKA328 1B
電話 〇四二（五一一）四五七六
FAX 〇四二（八四九）二五六九
http://www.shikakirei.com

BASE KOBE
C:Love:R クローバー
有限会社 ベイス神戸
歯科金属 分析・精錬
代表取締役
坂本悟
SATORU SAKAMOTO
〒654-0044
神戸市須磨区稲葉町2-1-6
電話番号 078-731-9601
ファックス 078-731-9602
URL: kin-clover.com/pallad.php
金パラ クローバー　検索

明日に繋がる育成＆
スタッフマネージメントを
サポートいたします
株式会社 Tomorrow Link
代表取締役
濱田 智恵子
〒130-0023
東京都墨田区立川3-9-1
info@tomorrow-link.com
https://www.tomorrow-link.com/

OSSTEM IMPLANT
代表取締役
朴（パク）　正守（ジョンス）
株式会社 OSSTEM JAPAN
〒141-0021
東京都品川区上大崎4-5-37 本多電機ビル4F
TEL. 03-5747-9441
FAX. 03-5747-9442
osstemjapan.com

---

medical net
東証グロース上場
株式会社メディカルネット
代表取締役社長COO　平川裕司
〒151-0072 東京都渋谷区幡ヶ谷
一—三四—一四 宝ビル3階
電話 〇三（五七九〇）五二六一
FAX 〇三（五七九〇）五二六二
http://www.medical-net.com

---

medical net
東証グロース上場
株式会社メディカルネット
代表取締役会長CEO　平川大
〒151-0072 東京都渋谷区幡ヶ谷
一—三四—一四 宝ビル3階
電話 〇三（五七九〇）五二六一
FAX 〇三（五七九〇）五二六二
http://www.medical-net.com

株式会社　マーケッティングインターナショナル
代表取締役　今田健一朗
東京都新宿区若葉一—一〇成毛ビル
電話 〇三（三三五七）七七〇七

S:A SASAKI ADVERTISING AGENCY
歯科医科広告代理店
有限会社 佐々木広告社
代表取締役　佐々木敦史
〒113-0021 東京都文京区本駒込一—一—一五
電話 〇三（三九四四）一九九一
FAX 〇三（三九四四）一九八二
http://www.sasaki-ad.co.jp

株式会社　ディー・ピー・エス
代表　齋藤忠
〒167-0051 東京都杉並区荻窪五—三〇—一二—六〇五
TEL 〇三（三三九二）七二二一
FAX 〇三（三三九二）七二〇一

東京臨床出版株式会社
代表取締役社長　佐藤祐子
月刊「矯正臨床ジャーナル」 月刊「小児歯科臨床」
〒五四一—〇〇五三 大阪市中央区本町一—一—三
月刊雑誌編集部　電話 〇六—六二六四—七一二六
書籍企画販売部　電話 〇六—六二六四—三九〇七
https://torin.co.jp

M&D Medical & Dental Management
株式会社　M&D医業経営研究所
代表取締役　木村泰久
〒227-0063 横浜市青葉区榎が丘四—七
アクティブ青葉台二〇三号
電話 〇四五（九八九）一〇〇一
FAX 〇四五（九八九）一〇〇二
URL https://md-management.jp

チームエムズは誰かの夢を具体化して叶える
お手伝いをし続けます。
H・M's collection
有限会社エイチ・エムズコレクション（Since1994）
代表取締役　濱田　真理子
副社長　奥田　弘美
本社 〒130-0026 東京都墨田区両国 4-27-12-2F
TEL：03-3846-7611
大阪オフィス 〒566-0011 大阪府摂津市千里丘東 3-8-12-1F
TEL：0120-014-418

ADJ
株式会社オール・
デンタル・ジャパン
代表取締役
木下 英明
〒111-0052
東京都台東区柳橋2-5-6
https://all-dental-japan.com

Inter view

長崎国際大学学長に歯科医師の中村誠司氏

変化に対応してきた歯科の経験を生かす

薬学部、健康管理学部、人間社会学部を擁する長崎国際大学の学長に歯科医師の中村誠司氏が今年4月に就任した。歯科関連の学部を持たない同大に就任した経緯や、意気込みなどを聞いた。

――就任するまでの経緯を教えてください。

中村　九州大学在籍時に、口腔外科の教授、同大副病院長（統括・歯科担当）、歯学研究院長などを経験しました。在籍後半には後進が育って臨床や研究も任せられる状況になったこともあり、現職の教授としてできることは一通りやり切ったという思いがありました。ただし、学部学生の教育に関しては悩みやや り残したことが多く、定年後の自分を考えた時にやりたいと思ったことは若手、特に学部学生の教育でした。歯科医師の合格率が低いことは周知の事実ですし、私自身、歯科医師国家試験委員会の委員長の経験がありましたので、特任教授として学部教育に携わるようになりました。その後、1年ほど経ってから本学の学長就任のお話をいただきました。

お話をくれたのは、九州大学の現総長の石橋達朗先生で、九州大学時代に石橋先生が病院長、私が副病院長で6年、石橋先生が総長になった時に私が歯学研究院長を4年務めており、大変長い間お世話になっていました。

石橋先生に若手の教育についてとても関心があると話をしており、「長崎国際大学は医科も歯科もないが、薬剤師、介護士、福祉士を育てる学部もあるし、何よりも分野に関係なく若手の教育に携われるからやってみないか」ということで推薦してもらいました。

本学は元々、九州大学と関係性の強い大学で、今までも九大の総長が長崎国際大学の学長に就任したこともありました。本学の運営母体である九州文化学園の理事長が石橋先生をとても信頼されていて、面談において私の今までの業績を評価していただけたことに加えて、石橋先生の強い推薦ということもあって、長崎国際大学の学長に就任することが決定しました。

◆◇◆

――学長としての意気込みを聞かせてください。

中村　学長に就任してから、まず、自分がもっている知識と経験をどう生かせるかを考えました。長崎は本学の所在地である佐世保市ハウステンボス町を代表とした観光都市で、観光人材を育てるという地域の要望があります。その一方で、全国的に見ても高齢化が進んでいる都市でもあります。高齢者が増えていく都市で地方創生を考えるのであれば、充実させるべきなのは医療です。歯科界でも高齢社会に対してさまざまな対応が求められていますし、長崎の歯科医師会は訪問診療を行っている歯科医師が全国で一番多い県でもありますから、私の歯科医師としてのキャリアを生かし、地域医療で求められている多職種連携を推進し、整備したいと考えています。

長崎国際大学は、公私協力型で設立され、地域の自治体や産業界との連携が強い大学です。ハウステンボスのスタッフには本学の関係者は多くいますし、買物に出かければ当たり前のように学生と顔を合わせます。グラウンドなど学園の施設も本学の学生以外の地域の方々が利用するので、まさに地域そのものです。建学の時から地域の行政と結びつきが強かったこともあり、地域を盛り上げるために、若手がその地域の産業を支えて欲しいと願っています。現在、国も観光人材を増やす動きをしていますし、本学の観光学科は全国でトップクラスの学生数および教員数を誇っているので、地域の特色を生かすため人材を育成するつもりです。

◆◇◆

――今後について教えてください。

中村　超高齢社会のトップランナーである日本だからこそ、日本の歯科界はさまざまな変化を遂げてきました。治療型だった診療が予防に代わり、日本における歯科界のパラダイムシフトは世界から注目をされています。それらを歯科医師として目の当たりにし、ピンチをチャンスに変えることができるという自負があります。本学で教育者として携わりながら、地方の大学だからこその地方で活躍できる人材育成に努め、地方の活性化に貢献したいと考えています。

地方創生のための目指すべきモデルを示し、説得力のある情報発信ができれば幸いです。

医科歯科大ら

研究支援プレゼンのエントリーを開始

東京医科歯科大学（田中雄二郎学長）らが参画する、スタートアップ事業・企業・研究機関のプロジェクトを支援する「ＷＥ　ＡＴ」（吉澤到、藤本宏樹共同代表理事）は、11月に開催予定のＷＥＬＬ－Ｂｅｉｎｇプレゼンイベント「WE AT CHALLENGE 2024」のエントリーを開始した。応募期間は8月31日まで。

参加対象はスタートアップ・企業・学生等で、三つの募集テーマ＝左記＝から自身のビジネスアイデアが該当するものを選択し応募する。優勝賞金はそれぞれ1千万円。副賞として自治体や大企業との連携によるＰｏＣ（実現性の検証）支援や経営リソース支援で、応募者の意向に応じた海外展開支援も実施予定とのこと。

選考プロセスは1次・2次・最終審査会を経て行われる。最終審査会は公開イベントで、11月27日に東京都千代田区のＴＩＢ（Tokyo innovation Base）で開催。内容はプレゼン5分（英語）＋質疑応答。詳細は医科歯科大総合イノベーション機構オープンイノベーションセンターまで。

募集テーマ（Track）

- Track 1「Global Liveability（クリーンエネルギー、低炭素、フード＆アグリ）」
深刻な地球温暖化と自然環境の破壊は、持続可能なWell-beingに不可欠な人類の生存基盤を脅かしています。炭素の回収～利用～貯蔵、クリーンエネルギープロセス、バイオ燃料、フード＆アグリ、先端材料などの先端技術に基づく低炭素やその他温室効果ガスのソリューション事業の提案を推奨します。
- Track 2「Healthy Life（ヘルスケア、Well-being）」
人間のWell-beingの基盤は生涯を通じて健康であることである。人生のQOL向上や多様性、価値観、居場所、繋がり等の幅広いウェルネス、また、最近のライフサイエンスの目覚ましい進歩がもたらした、老化を治療し、健康な長寿を実現するディープテック技術。これらを通じた「身体的な健康」、「心の健康」、「社会的な健康」に幅広く寄与するヘルスケア事業の提案を推奨します。
- Track 3「Living & City（都市と暮らし、スマートシティ）」
都市や地域コミュニティは人間が家族を作り、人と出会い、学び、仕事をすることで人生を形作る基盤です。Well-beingを目的としたスマートシティ技術やインクルーシブな社会を実現する提案を推奨します。

夏冬会

「歯科診療の領域拡大を」

歯科中心の〝医〟業種交流会の夏冬会（松尾通会長）が11日、東京・新宿の東急歌舞伎町タワー「ＪＡＭ17」で開催された。恒例の「2カラットダイヤモンドセミナー」では、清水洋利氏（日本美容歯科医療協会理事長）と松尾会長がそれぞれ講演した。

自らさまざまな美容の施術を試してきたという清水氏

清水氏は、「歯科医療の新しい時代」と題し、厚生労働省通知や薬品の添付文書等を示しながら、診療の領域拡大を提言した。「歯科診療の領域を口腔全体と捉えれば、スタッフの活躍の場が広がり、歯科医も口腔科医に進化することができる」と強調。「歯科と美容領域との関わりは深く、しわ取りに使われるボトックスは、歯ぎしり、咬筋肥大、ガミースマイル、インプラントの破折低減につながることなどが報告されている」「ケガなどによる顔面麻痺は、しわ取りに使われるヒアルロン酸注入で改善が期待できる」「ニンニク注射、美白注射と言われるトランサミンや強力ネオミノファーゲンC、（高濃度）ビタミンなどの添付文書をきちんと読み解くと、口腔機能の改善が目的であれば、歯科でも行えることが分かる」「歯科診療の補助には採血、点滴、静脈注射が含まれるので、知識や技能さえ身に着ければ、歯科衛生士の活躍の場が広がることになる」と話した。

松尾会長も、「シン歯科医療とその周辺」と題した講演の中で、「歯科の領域を広げたい」と主張。ホワイトニングの認知症予防効果や、フェムデンティス（女性特有の健康問題に配慮した歯科医療）などの可能性について話した。

また、今後について、「歯科からの人材の流入を防ぐため、歯科助手のステイタスと収入を上げたい。そのためにクリニカルアテンダント（ＣＡ）の資格普及に力を入れていく」と述べた。

松尾通氏に本紙から感謝状

夏冬会会長の松尾通氏の本紙での連載が、昨年で40年に達したことを受け、日本歯科新聞社の水野純治社長が、感謝状と記念のメダルを手渡し、「松尾先生は、歯科界を明るくするための情報を発信したいという強い意志を持って連載をスタートしたと聞いている。ペンの力を誰よりも理解し、長年にわたりジャーナリスティックな視点で歯科界に刺激を与えてこられた。締め切りギリギリまで鮮度の良いネタを拾ってくださり、原稿送信の発信記録が夜中の3時ということもしばしばで、頭が下がる思い」と、感謝の意を表した。

松尾会長（右）に水野社長から感謝状と記念メダルが手渡された

疼痛漢方研

大歯大の王教授 講演で最優秀賞

第36回日本疼痛漢方研究会学術集会（間宮敬子大会長：信州大学医学部附属病院信州がんセンター教授）が6日、東京都港区の東京コンファレンスセンター品川で開かれた。一般講演51題の中から、「茵蔯蒿湯（いんちんこうとう）」の抗炎症作用を解明した大阪歯科大学の王宝禮教授が最優秀賞を受賞した。これまでの受賞の多くは臨床研究だったが、培養研究での受賞は初とのこと。

茵蔯蒿湯は、歯科領域では口内炎に有効とされている漢方薬。王教授は、骨芽培養細胞において抗炎症作用を解明すると共に、骨分化能を活性化する可能性を示唆した。この結果から歯周病治療への創薬につながる研究として注目される。

なお、今回の学術集会のテーマ「疼痛漢方をいかに継承していくか」について、王教授は、「私たちの研究グループが長年継続していた漢方薬の口内炎の解明にも通じる」とコメントしている。

同研究内容は『Oral Therapeutics and Pharmacology』に公表予定。

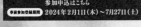

東北大

研究支援ファンドプログラムに採択

研究者の技術やアイデアの社会実装を支援する「ＣｘＯ（企業等の責任者）候補マッチング＆資金調達伴走プログラム」に、東北大学大学院歯学研究科分子・再生歯科補綴学分野の江草宏教授と、歯科保存学分野の八幡祥生准教の研究が3日、選ばれた。同プログラムによるＣｘＯ候補者とのマッチングを通して事業化を目指す。

また6月には、両氏と同分野の山田将博准教授の研究は、スタートアップ創出のための検証活動を支援する「みちのくＧＡＰファンド」にも採択されている。採択により、想定ユーザーへのヒアリング、共同創業者の探索、ビジネスアイデアの構築・検証、プロトタイプ製作および実証が進められる。

ＣｘＯ候補マッチング＆資金調達伴走プログラム

- 江草 宏 教授（分子・再生歯科補綴学分野）
事業概要：iPS 細胞から作った骨補填材の開発を行う。高い骨形成能が期待され、歯科・整形外科で世界展開を目指す
- 八幡 祥生 准教授（歯科保存学分野）
事業概要：パルスレーザ薬物輸送技術が実現する、治せない顎骨破壊に対する革新的治療を世界へ

みちのく GAP ファンド

- 江草 宏 教授（分子・再生歯科補綴学分野）
研究開発課題：iPS 細胞から創る医療機器 "Cell Materials" の開発・事業化
- 山田 将博 准教授（分子・再生歯科補綴学分野）
研究開発課題：細胞移植のいらないインプラント治療：in-situReg の事業展開
- 八幡 祥生 准教授（歯科保存学分野）
研究開発課題：「治らないを治す」レーザ併用 LDDS による新規抗炎症療法の事業化検証

サプリの活用など学ぶ

歯科 to 栄養フェスティバル

予防歯科栄養療法協会（伊藤孝徳・伊藤夕里亜代表）は7日、「歯科 to 栄養フェスティバル」を東京都千代田区の主婦会館プラザエフで開いた。ヘルシーパス社長の田村忠司氏、歯科医師でclapping hands社長の角祥太郎氏、パーソナルトレーナーの山本義徳氏などが登壇した。

◇◆◇

「歯科にサプリメントってどう役に立つ?」をテーマに田村氏は、歯科医院におけるサプリメントの立ち位置を振り返った上で、「歯科でサプリメントを扱うことは儲かるのかに対する答えはイエスでもあり、ノーでもある。短期的な視点ではあまり儲からないが、長期的に視点を広げるとイエス」との考えを提示した。

角氏

田村氏

長期的な計画を練る場合、歯科におけるサプリメントは治療レベルやスタッフの健康意識の向上につながるとしている。同社は歯科医療機関での取り扱いが約4割にも上るという。「（患者の）栄養状態が悪いと傷の治りが遅いのでクレームになりやすい。事前に栄養状態を上げることで、クレーム予防にもなる」と話す。

◇◆◇

「楽しそうでいる技術 僕たちはどうせうまくいく」をテーマに角氏は、長期症例を持てる医院と持てない医院の差には、雑談やコンセプト、インサイト（患者の隠れた本音・心理）を知ることを挙げている。「いつも以上に雑談をして、その人の状態や価値観などを探る。現場を巻き込めない院長先生は雑談力がなく、コンセプトを言葉にして理解してもらっていない」と述べた。雑談力が医院の良い雰囲気づくりのきっかけとなり、患者の満足度向上につながると説明。「インサイトを使って、相手の隠れた本音にアプローチしてみる。サプリメントを飲みたいだけではなく、『何をしたい人なのか』を知ることが大切」と主張した。

臨床歯科学会がDHミーティング

日本臨床歯科学会東京支部（大河雅之会長）は7日、デンタルハイジニストミーティングを東京都千代田区の御茶ノ水ソラシティカンファレンスセンターとウェブで開催した＝写真。フリーランス歯科衛生士の萬田久美子氏の教育講演「そのポケットは本当にSRPが必要ですか?～深い歯周ポケットの様々な原因を考察する」およびディスカッションが行われた。

萬田氏は講演で、エンドペリオ、歯根破折、セメント質剥離の処置などについて、いずれの所見においてもプロービングが非常に重要であると言及し、「その時のポケットの深さを測るだけでなく、経時的な変化にも気を配る必要がある」とした。また、プロービング数値の整合性の振り返りが必要だとし、「やりっぱなしにするのではなく、先輩衛生士や、医師と一緒に自身のプロービング結果に対する指摘をしてもらうことは上達に大いに貢献する」と話した。

SRPについて、ペンを使った基礎トレーニング、マネキンを使ったトライアンドエラーチェック、第三者によるチェック、実際の臨床のフィードバックなど、手技向上のためのポイントを紹介。さらに、SRPに関するディスカッションでは「症例ごとのスケーラーの選択」「SRPを行う際の歯の順番」「シャープニング時の刃がつかない原因」が議論された。

東北大が開発

周囲の骨を強化するインプラント加工技術

治療後、咀嚼によって周囲の骨がより強化されるよう、インプラント表面を微細加工する技術が開発された。東北大学大学院歯学研究科分子・再生歯科補綴学分野の山田将博准教授と江草宏教授らの研究グループによるもので、インプラント治療を長期的に安定させる技術として期待がかかる。

咀嚼で力が加わることによって、顎骨量・質は保たれており、基本的には抜歯すると顎骨は吸収していく。これまで、チタン製インプラントに特殊なネジ形状を付与して、周囲の骨質を高める技術は報告されていたが、自発的に周囲の細胞に働き掛けて骨を強くし、さまざまな形状のインプラントに応用可能な表面加工技術はなかった。

研究グループは、歯根表面に存在する歯周組織のセメント質の物理的性質を模倣。チタン表面に無数のナノ突起を付与して、骨細胞を物理的に刺激し、骨形成反応を高めることに成功した。

同研究は、日本学術振興会科学研究費助成事業挑戦的研究（萌芽）と基盤研究の一環で行われ、科学誌『Biomaterials Advances』オンライン版（7月2日）に掲載された。

インプラント表面によって骨形成が活性化するイメージ図

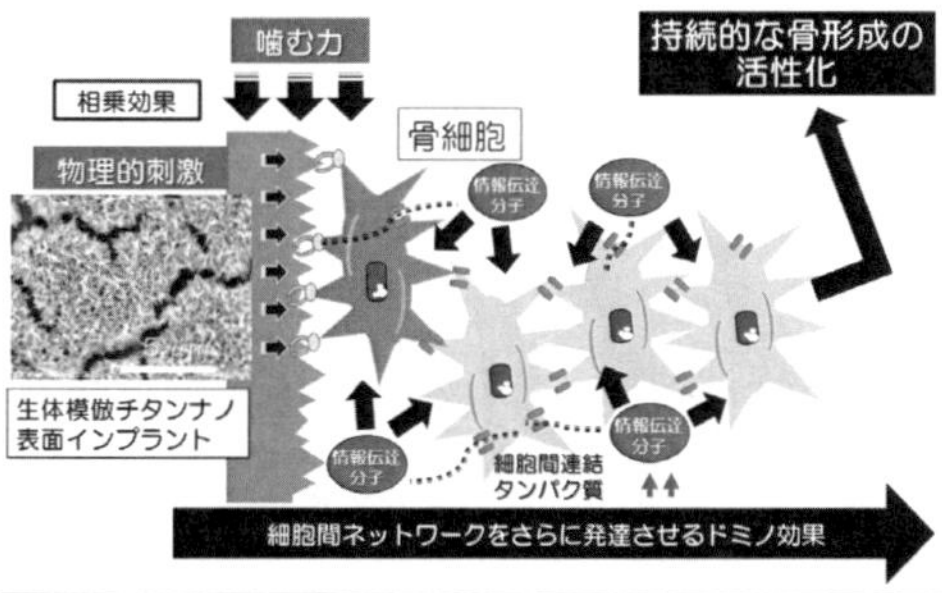

人工透析患者

口腔管理で脳心血管病や感染症のリスクが低下

人工透析患者は、歯科未受診の人よりもメインテナンスを受けている人の方が、脳心血管病や肺炎等の感染症発生リスクが低い。東京医科歯科大学大学院医歯学総合研究科の三上理沙子特任助教、同大統合教育機構の石丸美穂特任助教、同研究科の相田潤教授らの研究グループが、順天堂大学との共同研究で明らかにした。

◆◇◆

人工透析患者は、年間粗死亡率が高く、脳心血管病と感染症が主な死因と言われている。研究グループは、1万8873人の人工透析患者のレセプトデータを、「歯科未受診群」6152人、「歯科治療群」2221人、「メインテナンス群」2500人に分類。脳心血管病の発生は急性心筋梗塞、心不全、脳梗塞の発生、感染症は肺炎もしくは敗血症の発生と定義して分析した。

結果、メインテナンス群では、脳心血管病の発生と感染症の発生が未受診群と比べて有意に低いと判明。特に肺炎については、メインテナンス群だけでなく、歯科治療群も未受診群と比べて有意に低いことが分かった。

同研究は、文科省科学研究費補助金の支援を受けており、成果は国際科学誌『Scientific Reports』オンライン版（5月29日）で発表された。

歯科受診状況別　脳心血管病と感染症の無発生率の推移

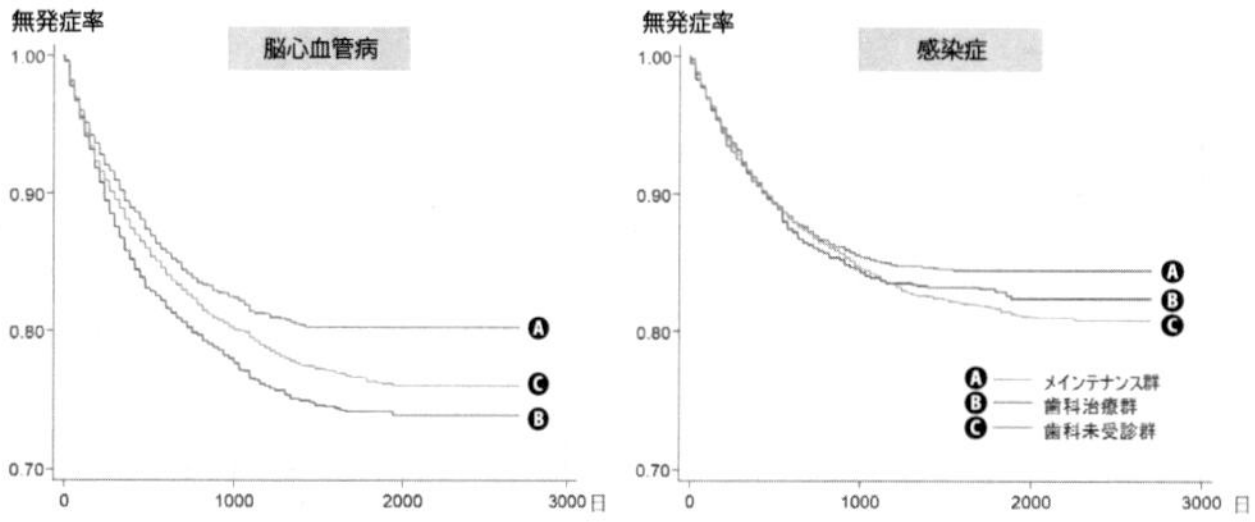

IEU

日本法人の設立で記念イベント開催

マルタ、ポーランドに拠点を置き、医学部、歯学部を擁するインターナショナル・ヨーロピアン・ユニバーシティ（IEU）が日本法人（IEUJPN）を設置した。7日に東京都内で記念イベントを開催し、日本法人代表で医師の高木保之氏や、後援者で歯科医院などを運営する福啓会代表理事の小野貴庸氏、駐日ウクライナ大使館一等書記官のNadia Vozdigan氏らが参加した。

IEUは、もともとウクライナ・キーウ市に設置されていた大学で、ロシアによる侵攻後、マルタ共和国とポーランド（ポズナニ市）に新たに設置されたもの。現在のIEUは、ルーマニアでビジネスマンとして活躍後、同国の医学部を71歳で卒業し、最高齢（ギネス記録）で医師になった高木氏が中心となって設置・運営に当たってきた。

支援の意義を語る小野氏（右）

記念イベントで、特別講演したVozdigan氏は、戦乱の中にあるウクライナの状況や、戦争終結後、同国が描く医学教育のビジョンなどを語った。

IEUは、各国からの留学生向けに英語による医学、歯学の教育を行う国際的教育機関で、各種シミュレーターや治療機器などデジタル技術を駆使して実践的なトレーニングが行える体制だという。

【予告】

医学教育学会が学術大会を開催

9月に愛知で

日本歯科医学教育学会（秋山仁志理事長）は9月6、7の両日に、第43回学術大会を名古屋市の愛知学院大学名城公園キャンパスで開催する。テーマは「歯科医学教育学会　共創の未来へ」。

東北大学大学院歯学研究科歯学イノベーションリエゾンセンター国際連携推進部門教授の洪光氏、神奈川歯科大学の教育企画部教授の香西雄介氏、SEAADE代表のSri Angky Soekanto氏、厚生労働省医政局医事課試験免許室試験専門官の小澤諒氏らによるシンポジウム「歯学教育における教育国際化を考える」や、バローホールディングスの田代正美代表取締の特別講演「企業経営と人材育成」の他、一般口演、ポスター展示、企業展示などが行われる。

詳細は事務局TEL03（3947）8761まで。

（訂正）7月9日付（2304号）8面のハノシゴトフェスティバルの記事で、「来年度も東京・新潟で（略）実施予定」とありますが、東京での開催予定はありません。また、体験の「むし歯（略）をシーラントで埋める」とありますが、正しくは「コンポジットレジンで埋める」でした。お詫びして訂正します。

Interview

日本障害者歯科学会「摂食機能療法の手引き」「行動調整ガイドライン」の目的とは

高齢化する障害者、適切な対応が必要

障害者歯科学会(野本たかと理事長)は、「発達期障害児者の摂食機能療法の手引き」「障害者歯科診療における行動調整ガイドライン2024」をホームページ上に公表している。そこで同学会診療ガイドライン作成委員会担当の田村文誉氏に、ガイドラインや手引きを制作した経緯・目的などを聞いた。

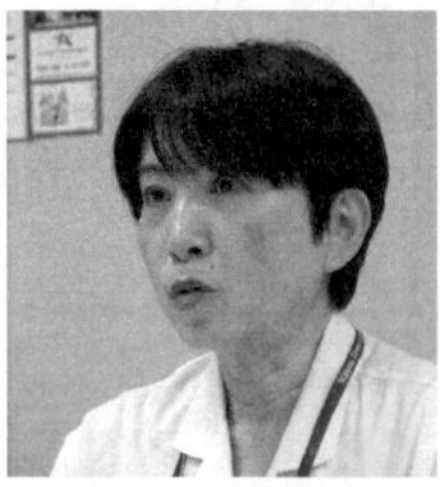

ガイドライン作成委員会
(日本歯科大学教授)
田村 文誉 氏

――始めに「障害者歯科診療における行動調整ガイドライン」の発行した経緯などお聞かせください。

田村　小笠原正前理事長の「障害者歯科学会として行動調整に関するガイドラインを作りたい」との意見がきっかけで始まったことでした。

行動調整には、行動変容・身体維持・薬物的行動調整がありますが、人それぞれ対応が異なる場合もあり、中でも昔から行われていた、いわゆる身体抑制のような形で抑えつけて治療をする行為が時代を追うごとに問題視されてきました。全てを否定することはできませんし、必要な場合もありますが、不適切な身体抑制(体動コントロール)をすることで患者さんがトラウマになり、ますます拒否行動が強くなることもあります。

その患者さんにとって最適な行動調整が何なのか、その選択の基準があるようで一貫しておらず、どのような方法が適しているのか、現場で判断に迷うという問題があり、学会としてエビデンスに基づいたガイドラインを制作する必要性を感じ、今回発刊するに至りました。

体動コントロールの考え方を含め、今まで明確化されていなかった部分の解消に務めたのが、今回の診療ガイドラインであり、適切な行動調整による歯科診療の指針ができたと思っています。

◆◇◆

――「発達期障害児者の摂食機能療法の手引き」を発行した経緯は。

田村　障害児者の摂食嚥下障害に携わる臨床家の必読書として『食べる機能の障害　その考え方とリハビリテーション』(医歯薬出版)があります。発刊から35年以上経過した現在でも、この本がバイブルとなっており、受け継いだ部分も多くあります。ただ脳性麻痺や心身障害児者への対応が主であった時代から、現在は摂食機能療法(摂食指導)を必要とする子どもたちの患者層の多くが、身体障害のない知的能力障害や低出生体重児、発達障害に変化してきた傾向も見られます。

いまの時代に対応できるように新たな項目を追加したのが「発達期障害児者の摂食機能療法の手引き」となります。

◆◇◆

――お話にもありました必読書の著書である金子芳洋氏・向井美惠氏などから引き継いだバイブルと、特に強調している部分はなんでしょうか。

田村　まず小児は成人と違って発達期にあり、機能の回復・維持が目的で機能を再獲得する「リハビリテーション」ではなく、「発達療法的な観点・ハビリテーション」が必要なことですね。正常な発達が分からないと小児の摂食嚥下障害の対応ができないので、発達療法の考え方や発達の原則などを記載しています。

例えば、定型発達の0歳児は咀嚼できない状態ですが、障害児の場合ですと、3歳・4歳になっても0歳児と同じような摂食機能獲得段階の子どもたちがたくさんいます。実年齢が3・4歳であっても、今はこの段階だから、「次は○○を目指しましょう」といった定型発達の道筋に添った指針のほか、低出生体重児や発達障害の人たちでは、偏食、小食など食の問題で困っていることも多いので、その対応もできるように工夫しております。

◆◇◆

――どちらも障害者歯科に関わる方々が参考に読むガイドラインのような解釈でしょうか。

田村　そうですね。やはりベースは既に勉強していて、臨床の際、こういった診療ガイドラインや手引きを参考に活用していただければと思っています。当学会の研修会で学んだ人でも活用できるように作っていますが、診療ガイドラインや手引きを読んだだけでは一人で対応するのは難しいです。誰か専門性を有する人に指導を受けながら学び、実践していないと、難しい部分もあるかと思います。

◆◇◆

――「患者層が変わってきた」とのことですが、障害者歯科における診療内容にも何か変化があったのでしょうか。

田村　患者層が変わっても、昔から発達障害児や自閉症スペクトラム症の子ども達はいましたので、行う内容自体は変化していないと思います。一方で、行動調整は、体動コントロールよりも、薬物的行動調整を選択する方向へ変化してきていると思います。とはいえ、麻酔をかけられる施設が全国各地に満遍なくあるかといえば、全然足りません。地域によっては麻酔で行いたいと思っていても、設備がなく、やむを得ず体動コントロールを選択するところも多いのが現状です。

また、昔であれば早期に亡くなっていた人が、現在では高度医療技術の普及で症状の回復・維持につながり、平均寿命も長くなっています。つまり、高齢の障害者の方が増えてきているのです。

◆◇◆

――今までにないアプローチが求められてきているのですね。

田村　例えば脳性麻痺の方が70・80歳になると、一般の高齢者と違って身体の変形や側彎などで姿勢がのけぞってしまっていたり、体が捻れてしまっていたりするほか、口腔の形態もさまざまな原因で変形していることが少なくありません。

ダウン症の人も以前までは短命と言われていましたが、現在の平均寿命は60歳を超えてきています。加齢により、歯科治療の拒否行動が強くなったり、嚥下も急激に悪くなり、誤嚥して肺炎に至るケースも多いです。そういった今までにない高齢な患者さんのケースが出てきているのも障害者歯科における課題となっています。健常な高齢者と同じように診療を行うわけにはいかないのです。

学会としても「ぜひ一緒に障害のある人達を支えていきましょう」とメッセージが伝えられるよう、診療ガイドラインや手引きを通じ、これから障害者歯科医療に興味を持つ人を増やしていきたいと思っています。

投稿寄稿

日本がん口腔支持療法学会からの提言⑪

薬剤師と口腔管理

理事 渡邉 真一　松山大学薬学部　医療薬学研究室・薬剤師

口腔管理にも薬剤選択は重要

口腔管理は歯科医師、歯科衛生士、医師、看護師、薬剤師など多職種が関わるチームで実践することが望ましいとされる。その中で薬剤師が口腔管理に携わる機会はまだまだ十分とはいえず、実際にチームの一員として前線で活動している施設は限られている。しかしながら、薬剤師が口腔管理に携わることで患者のQOL向上に寄与できる機会は十分にあると考えられる。

そもそも、口腔から服用する薬剤あるいは口腔内に適用する薬剤は、第十八改正日本薬局方に収載されている剤形だけでも、錠剤(口腔内崩壊錠、チュアブル錠、発泡錠、分散錠、溶解錠)、カプセル剤、顆粒剤、散剤、経口液剤(エリキシル剤、懸濁剤、乳剤、リモナーデ剤)、シロップ剤、経口ゼリー剤、経口フィルム剤、口腔用錠剤(トローチ剤、舌下錠、バッカル錠、付着錠、ガム剤)、口腔用液剤(含嗽剤)、口腔用スプレー剤、口腔用半固形剤と多種多様である。一方で、口腔粘膜炎や味覚障害といった口腔内有害事象に使用できる医薬品は限られており、チームの中で薬剤師の果たすべき役割は大きい。

口腔は咀嚼、嚥下、発語、味覚感知などさまざまな機能が集約されており、他の器官とも密接に関連していることから、ひとたび口腔内にトラブルが発生すると生活に大きな支障をきたす。がん薬物療法において、近年は新たな分子標的薬や免疫チェックポイント阻害薬の開発やがん化学療法レジメンの確立が進歩しており、それに伴って生じる口腔粘膜炎も多くみられる。口腔粘膜炎は小さいものでも強い痛みを伴うことが多く、摂食量が減り、会話が減り、日常生活の質を大きく低下させる。私が前職の愛媛大学医学部附属病院で薬剤師として病棟を担当していた際に、口腔粘膜炎を発症した患者さんから「お金はいくらかかってもいいから、口内炎を治して欲しい。人と話すのもままならないし、ご飯が食べられないのが本当につらい」と言われたのが印象的で、実際に発生すると精神的にも相当な負担であることを実感した。

そのように口腔粘膜炎で苦慮している患者に何か少しでも還元できればと思い、現在も研究を続けている。動物を用いて、抗がん剤誘発口腔粘膜炎と放射線誘発口腔粘膜炎のモデルを作製することにより諸種化合物の評価や重症化する機序の解明を行っているが、当初は試行錯誤の連続であった。安定したモデルを作り出すことが精度の高い評価につながることから、妥協のできないポイントである。

薬剤師として適切な含嗽剤の使用方法を患者に説明することや、医療者に有用な薬剤の提案を行うことは口腔管理において重要であり、副作用モニタリングの一環として口腔内の状態を観察することや問診を行うことも求められる。また、医科歯科連携の間に薬剤師が緩衝剤的に入ることによって、スムーズな連携をもたらすこともできると思われる。薬剤師の口腔管理への関わりは十分とはいえない一方で、裏を返せばできることが多く残されているフィールドでもあることから、今後の発展が非常に楽しみである。私自身もこの分野で微力ながら貢献できるよう、研鑽を続けていきたい。

「三方よし」テーマに　口臭学会が学術大会

日本口臭学会(森田学会長)は13、14の両日、大阪府吹田市の大阪大学コンベンションセンターで第15回学術大会を開催した。テーマは「三方よしの口臭診療」で、大会長は樋口均也氏(大阪府開業)。阪大大学院歯学研究科予防歯科学講座(天野敦雄特任教授)が共催。

樋口大会長

◇◆◇

特別講演は、上昌広氏(医療ガバナンス研究所)による「口臭経済学」。招待講演は、KIM Ahhyeon氏(韓国ソウル開業)による「韓国の歯科医院における口臭症治療」。教育講演は、西川公平氏(CBTセンター)による「認知行動療法の基礎と口臭恐怖症への活かし方」と、日本歯科新聞社『アポロニア21』の水谷惟紗久編集長による『『歴史』と『予防』で見る口臭治療』。一般演題は12題が報告された。

◇◆◇

水谷編集長の教育講演は、18世紀に始まる近代医療と公的医療制度との関連から、現在につながる課題を提示する内容。医療の役割には「病気やケガを治す」と「QOLや心の満足を提供する」という二つの側面があり、口臭診療にはそれら両面からのアプローチが必要だと示した。また、国民皆歯科健診との関連で、公的医療制度に予防を組み込むことに各国が苦慮している実情を紹介するとともに、医療機関における個別の動機づけが大きな意義を持つと訴えた。

◇◆◇

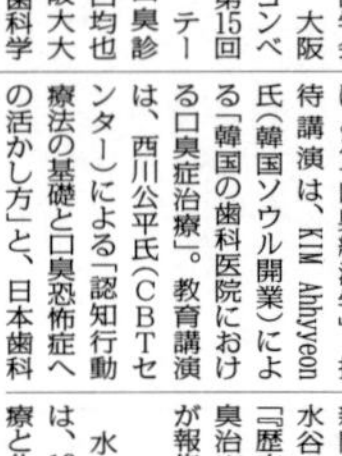

シンポジストの佐々木氏

シンポジウム「口臭診療の経営的側面」では、佐々木金也氏(宮城県開業)、岸光男氏(岩手医科大学歯学部教授)、中山哲史氏(アルファネット社長)が登壇。

佐々木氏は、故・本田俊一氏(大阪府開業)から指導を受けた口臭診療の進め方を紹介。その上で、口臭測定などの検査機器への投資、診療にかかる時間とチャージする金額について、東北地域の実情を示し、「患者数が限られる状況では、単体では採算性に課題があるものの、物販やスタッフのやる気などを含めた総合的な利益が期待できる」と述べた。

岸氏は、口臭を訴える患者の検査、診断から介入、再評価までの流れの中で、患者の行動変容につながるコミュニケーションの考え方について解説した。口臭測定において閾値を下回っている患者に対して「数値は大丈夫です。安心して」と伝えても意味がない点を指摘。患者が納得するまでにコスト、時間がかかるという課題があると示した。

その上で、成人の歯周病健診の受診率が高くない中、「口臭」は、分かりやすい保健行動への指標になると述べ、「今よりもっと良くなる」というヘルスプロモーションのアプローチが有効だと、今後の口臭診療の役割を強調した。

中山氏は、80年代以降に開発された口臭ケアグッズの市場動向を解説した。抗炎症、抗アレルギー効果のある二酸化塩素製剤と、口腔内菌叢を整えるプロバイオティクスの両面から、口臭の抑制のためのペースト、コンディショナーが市場を伸ばしてきた経緯を紹介。コロナ後に、世界的に売上が回復し、今後、成長基調となるとの予測を示した。

ピックアップニュース

■男前が上がる？ TikTokで流行の「顔痩せガム」に根拠はあるのか(JAPAN Forbes/7月10日)

■九州大病院の医師が警鐘　奥歯がないと認知症リスク1.5倍に！【前編】(女性自身/7月10日)

■同意を得ず女性にキス　歯科医師(61)を不同意わいせつの疑いで再逮捕(BS大分放送/7月10日)

■「親の虫歯は子どもにうつる?」虫歯予防“2つのポイント”　砂糖を過剰に摂取しない！正しく歯を磨く!!(BSN新潟放送/7月11日)

■「きぬた歯科」に対するコメント、二審も「名誉毀損」認定…歯科医の男性に賠償命じる(弁護士ドットコムニュース/7月11日)

■診察時間前で無人の歯科医院から出火　けが人なし(RAB青森放送/7月11日)

■「要介護者の口内はまるで荒野」「細菌数は排水口・肛門レベル」訪問歯科医が解説する“戦略的抜歯のすすめ”(文春オンライン/7月12日)

■大ブームの「完全食」の落とし穴…「一日に粉末2杯だけ」の男性も、医師は「免疫機能」「口内環境」へのリスクも指摘(FLASH/7月12日)

■2024-25シーズンのバルセロナが始動！新監督フリックは選手のメディカルチェックに歯の健康状態も含める｜ラ・リーガ(DAZN/7月12日)

■気にして“殺菌しすぎ”が口臭リスクに?重要なのは口の中の環境整備　口臭のもと・歯周病を防ぐ正しい口腔ケア(FNNプライムオンライン/7月13日)

■元SKE48矢作有紀奈、歯科医師試験に合格→さらに快挙　元ソフトボール選手らに混じり“日本代表”入り(ORICON NEWS/7月14日)

投稿寄稿

根管拡大を軽快・明快に

小箱と完成フィルムを活用

中山 文雄 (大阪府開業)

根管拡大でハンドピース、リーマー、ファイルなどを使う時、診療時間や来院日数の削減、ひいては医療費の削減につながると思われる方法を紹介したい。

必要な器具は①インジケータ、②X線放射器とインジケータを固定する補助機、③根管拡大に必要な器具として小箱(枠)と完成フィルムとなる。

小箱は、4歯牙が入り、インジケータに載せられる程度の大きさで、舌側、唇側のどちらかの正中部上下にX線不透過性の細い針金などで十字線を記したものを作る。そして、標準フィルムのセットされたインジケータと、小箱に練和印象材を詰め込んで処置歯上に載せる。X線照射をすると、要処置歯と十字線が見られる完成フィルムができあがる。この十字線(フィルム上)と口腔内固定小箱(枠)上の十字線とを重ね合わせると、拡大準備の完了となる。これで、処置歯の咬合面の部位、器具を入れる角度、削合咬合面の広さなどが決定する。

実際の拡大時には、後方臼歯部での完成フィルム観察が困難と考えられるので、ミラー様の観察器具があると便利と考えている。

いずれにしても、根管拡大が軽快・明快になると思われるので、ぜひ試してみてほしい。

投稿寄稿

中澤 桂一郎（群馬県　利根歯科診療所）

第35回 日本老年歯科医学会学術大会 報告

患者や利用者の食べる喜び 地域一体となって支える

日本老年歯科医学会第35回学術大会が、6月28～30日に札幌市の札幌コンベンションセンターで行われた。今回は「人生100年時代を切り拓く～口腔の健康を通して」という壮大なテーマのもと、梅雨のない晴れ渡った青空のもと熱い討議がされた。

大会長の山崎裕・北海道大学教授が「今後、国民の口腔の健康を守っていくことで、長生きして良かったと思えるような世の中になるよう、日本老年歯科医学会の叡智を振り絞って貢献していく決意の場にしたい」と語り、大会長講演「高齢者の日常診療におけるピットフォール～口腔内科学的観点の重要性」でスタートをきった。

講演する山崎大会長

シンポジウム1「病院と在宅・施設をつなぐ地域一体型の口腔機能管理を考える」は病院歯科委員会と在宅歯科医療委員会が主催し、日本老年歯科学会からのメッセージである「高齢期における人生の最終段階の歯科医療に関する行動指針」が紹介された。鈴木啓之氏（昭和大学歯学部）、野本亜希子氏（浜松市リハビリテーション病院歯科）、坂井謙介氏（坂井歯科医院）がそれぞれの立場から発言した。

病棟では口腔に問題を抱える高齢者が多く急性期から回復期まで入院患者への歯科対応は異なるものの重要である。病院歯科の果たす役割は大きく、頻回集中的な歯科的対応や質の高い歯科治療を提供することができ、退院後にも訪問診療に適切につなぐ上でも情報提供ができることが示された。

現状では8割の病院に歯科がなく入院患者は歯科へのアクセス自体が制限されているが、NSTなど多職種連携チームの一員として入院患者の食の改善に貢献し、口腔環境が改善するほど栄養摂取方法が変わること、回復期では歯科治療を含めた介入がしやすいこと、歯科医療は全てのフェーズで対応でき歯科医院では全てで患者に寄り添っていくことができ、急性期回復期終末期のシームレスな歯科治療が重要であることを再認識できたシンポジウムだった。

続くランチョンセミナー2「回復期口腔機能管理って何？―歯科のできることは」では、陵北病院歯科の大野友久先生が回復期に歯科はどうすべきか、安全な歯科治療の提供、口腔機能障害の改善、口腔の再建、口腔管理を地域につなぐことが大切であると訴えた。リハビリテーション患者の71％が口に問題があり、急性期に口腔機能が低下し、入院で要歯科治療処置部位が発見され口腔ケアは当たり前だが、回復期では口腔ケアだけではなく積極的な歯科治療が必要である。病院入院中に口腔内を整えて地域にかえし地域の歯科診療所につなぎ、適切な情報を地域の歯科診療所にかえしていくことが重要であると強調した。診療報酬上の裏付けは大きいが、歯科が病院、施設、在宅でも患者、利用者の食べる喜びを叶えるためにも学会での学びを大切にしたいと思った。

シンポジウムの様子

令和6年度歯科診療報酬改定に日本老年歯科医学会の果たした役割は大きく、今後の医科歯科介護の連携、地域との連携を考えていく場となった。回復期口腔機能管理の問題が取り上げられ、今後在宅医療の重視とともに病院内での栄養・口腔・リハビリテーションの重要性がますます診療報酬でも評価されていく方向性が示された。

補綴歯科学会 学術大会

国試のジルコニア問題で伴氏

「対合歯の摩耗は〝誤解〟与える」

日本補綴歯科学会（窪木拓男理事長）は5日から7日まで、「補綴の未来、歯科の未来。不易流行（変わらないもの、変えていくもの）」をテーマに第133回学術大会を開いた。「クラウンブリッジにおける補綴材料を再考する　金属・陶材・ジルコニアは臨床でどのような影響を与えるか？」と題したシンポジウム等が行われた。

◇◆◇

同シンポでは、愛知学院大学歯学部歯科理工学講座非常勤講師の伴清治氏＝写真、補綴歯科学会九州支部の永田省藏氏、愛知学院大学歯学部冠橋義歯・口腔インプラント学講座教授の近藤尚知氏が登壇。金属や陶材、ジルコニアの材料における選択基準や長期経過、今後の課題などを紹介した。

2000年代初頭では、ジルコニアにより対合歯の摩耗が大きいとの報告が散見されたが、10年以降では、ジルコニアは他のセラミックスよりも対合するエナメル質の摩耗が少ないとの報告が多くなってきた。

伴氏は「対合歯の摩耗を考える」と題して、冒頭に24年度の第117回歯科医師国家試験のA問題77番で誤りがあると主張した＝左表。選択肢cに関して、「はっきりしていないこともあるので、これを選択肢にするのは本来望ましくない」とした上で、「eを丸にせよとの問題だが、補綴系の問題、もしくは材料系の問題なのか私には分かりかねる。明らかにこれは間違っている」と述べている。

同氏はさまざまなデータなどを提示した上で、ジルコニアが硬いことで、対合歯が摩耗することは「とんでもない誤解」としており、正しく鏡面研磨仕上げしたジルコニアは他の修復材料と比較しても、対合歯の摩耗が最も少ないとの根拠を示した。

問77　55歳の女性。上顎右側第一大臼歯のクラウン破折を主訴として来院した。診察の結果、ジルコニアを用いたクラウンを再製作することとした。CADによるクラウンのデザイン時の画像（A）、試適時の口腔内写真（B）及び装着時の口腔内写真（C）を別に示す。

このクラウンの特徴はどれか。2つ選べ。

a　前歯にも適用できる。

b　レイヤリング法で製作される。

c　接着にシラン処理が有効である。

d　陶材焼付冠と同等の咬合面クリアランス量を要する。

e　コンポジットレジンクラウンと比較して対合歯の摩耗を生じやすい。

No. 27　（A　問題77）

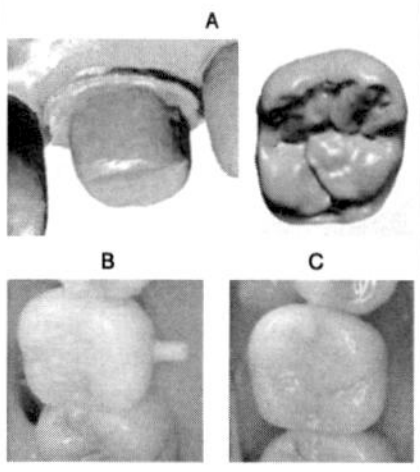

栄養治療学会と連携協定を結ぶ

調印後にシンポ

同学会は6日、日本栄養治療学会との連携協定の調印式を千葉市の幕張メッセで実施した。調印式の後、日本栄養治療学会合同シンポジウム「補綴歯科治療と栄養治療の新たな連携戦略」が開かれた。

窪木理事長（左）と鍋谷氏

連携協定について、日本栄養治療学会副理事長の鍋谷圭宏氏は「成功体験の共有が大切。お互いの知識を共有する場を両学会で提供することが、ここ数年で必要だと思う」と述べた。

窪木理事長は、理事長就任後の公約の一つが栄養治療学会とタッグを組むことだったと明かした上で、「補綴の先生方が基礎的なコースを勉強し、お互いのエビデンスやノウハウなど、教育面でコラボできるのはメリットがある。連携させていただけるのは学会を挙げて望外の喜び」と話した。

デンタル小町が通る

なかい歯科クリニック院長（茨城県境町）
中井 巳智代 ❹

食いしん坊！万才

「食いしん坊」である。

子供のころから食べることが大好きで、食への興味が生半可ではない。「どこでも眠れて、何でも食べられる。それだけで人生万事ＯＫ！」。亡き母に、そう言われながら育てられたせいだろうか。

この「食いしん坊」は、料理も大好き。そしてお酒も大好きときている。「名もなき料理」を作っては、家族やスタッフ、友人たちととりとめのない話をしながら食事を楽しむのが何よりのストレス解消法である。

歯科医師となって、「食べること」の入り口の医療に関わるようになり、哺乳の時から最期のワンスプーンまでを診る機会に浴することとなった。

当院が運営する食育カフェにも毎日たくさんの親子が訪れてくれるが、わが子の「食」に不安を抱えるママたちも少なくない。「食が細い」「丸飲みしている」「偏食だ」「詰め込み過ぎる」など、悩みもさまざまだ。

私の住む茨城は隠れた食の宝庫でもある。海あり、山あり、おいしい農作物もたんと採れる。これからの季節は甘いトウモロコシやスイカやメロン、瑞々しい梨など。

医院の食育イベントで、近くの農家さんでトウモロコシ収穫体験をさせていただく。見ると、トウモロコシの粒を丁寧に剥がし、スプーンで与えている4歳児のママがいた。トウモロコシは前歯を使って齧りとり、舌で粒々をまとめて臼歯に送り、咀嚼して甘さを感じ、喉へと送り込み嚥下する、お口を育てるのにうってつけの、まさにMFT食材だ。

また、ママがスイカの皮も種もきれいにとり除き一口大に切ったものをフォークで食すという子もいた。一方で、大きなスイカにシャリっとかぶりつき、舌で種を選別して思いっきりプッと吹き出し、赤いジューシーな果肉で喉を潤す子も。これも舌と上下口唇をフル稼働させる食べ方だ。

お行儀はさておき、旬の食材を一番おいしい食べ方で、五感をフル活用して楽しく食べる！　健康なお口から健康な身体が育ち、最期の時までおいしく食べられることを、地域の親子にこれからも伝えていきたい。

㊤トウモロコシ収穫体験
㊨丸かじりする男の子
㊦気の置けない友人たちと楽しく食事

広島大

薬物性歯肉増殖の治療法発見

薬物性歯肉増殖症の新規治療法および予防に有望な薬剤を広島大学大学院医系科学研究科歯周病態学研究室の上田智也大学院生、松田真司助教、水野智仁教授ら研究グループが発見した。

薬物性歯肉増殖症は免疫抑制剤、カルシウム拮抗薬、抗てんかん薬の副作用で歯肉が肥厚する疾患だが、根本的な治療がなく、現在は原因の薬剤を変更、もしくは歯肉切除術を行うほかなかった。身体の治療に有効な薬の変更も容易ではなく、歯肉切除術を行っても薬を飲み続けている限り、再発するリスクがあるなど、根本的な治療とはいえなかった。また、歯肉が肥厚することで、う蝕や歯周病の発症・悪化の起因にもつながっていた。

◇◆◇

同大は、薬の変更や歯肉切除術を必要としない薬物性歯肉増殖症の治療開発を目指してきた中で、核内受容体4A1（NR4A1）が薬物性歯肉増殖症の治療標的となり得ることを報告してきた。NR4A1は、歯肉の線維化を抑制する分子で、歯肉増殖症を発症させる薬は、このNR4A1の発現を抑制している。

同研究成果によって、NR4A1の発言を増加させるnブチリデンフタリドが薬物性歯肉増殖症を改善することを発見した。

◇◆◇

植物由来の化合物ブチリデンフタリドが歯肉線維芽細胞NR4A1の発現を増加、さらに歯肉線維芽細胞にブチリデンフタリドを投与すると、トランスフォーミング成長因子β（TGFβ5）の作用を抑制し、コラーゲンの産生を抑えたことで、歯肉の肥厚を抑制することが分かった。結果、ブチリデンフタリドの局所投与は、薬物性歯肉増殖症を改善することが確認された。

同研究成果は、国際学術誌『BioFactors』（5月22日付）に掲載された。

愛知学院大

宇宙歯学の研究部門設置

歯科医療への応用目指す

愛知学院大学（木村文輝学長）は、昨年12月に歯学研究科未来口腔医療研究センター宇宙歯学研究部門を開設している。大学での同分野設置は国内初で、6月26日の記者会見で木村学長、本田雅規歯学部長、前田初彦歯学研究科長が発表した。

◇◆◇

宇宙歯学は、宇宙生活における口腔管理についての研究を行うもので、臨床的研究と基礎的研究の二つの柱＝左記＝で研究が進行中。宇宙での歯科医療技術を発展させることを通して、地球上の歯科医療（在宅・介護歯科、被災地、無歯科医地域での貢献など）への応用も目指すとのこと。

◇◆◇

現在13歯科大学が参加している日本宇宙歯学研究会（前田初彦会長）が昨年9月に設置され、同大と研究会は連携して研究を進めていく。

なお、これまで文科省、JAXA、内閣府宇宙開発戦略推進事務局のほか、高市早苗経済安全保障担当・内閣府特命担当大臣との面談などを経ているとのこと。

臨床的研究

1. 宇宙旅行に適した歯科医療のガイドラインの作成：宇宙旅行中に発生し得る歯科トラブルを未然に防ぐためのガイドラインを作成。
2. 宇宙飛行士の口の健康の保護：宇宙での生活が歯や口の健康に与える影響を研究し、予防・ケアの方法を模索。
3. 宇宙での歯科治療の新技術：限られたスペースでの効果的な治療法や道具を開発。
4. 宇宙の環境と口の中の細菌の関係：宇宙環境が口内細菌に及ぼす影響を調査。
5. 宇宙船での口の健康管理：宇宙船内の清潔さを保つ新しい方法やシステムを開発。

基礎的研究

1. 宇宙での歯の問題の原因調査：特別な生活環境が歯の健康に及ぼす影響。
2. 宇宙での歯の機能の変化：歯や口の筋肉、唾液の量などが宇宙環境下での変化。
3. 宇宙飛行士の生活と口の中の細菌との関係：長期滞在が食事、ストレス、睡眠などに与える影響。
4. 宇宙での歯科治療の安全性：宇宙で使用する歯科治療の道具や材料の安全性と耐久性。

老年歯科医学会 学術大会

100年時代見据え口腔機能を考える

第35回日本老年歯科医学会学術大会（山崎裕大会長）が6月28日から30日まで、北海道札幌市の札幌コンベンションセンターで開かれた。テーマは、「人生100年時代を切り拓く口腔の健康を通して」。

シンポジウム「認知症共生社会を切り開く歯科の役割」では、砂川市立病院認知症疾患医療センター長の内海久美子氏、日本歯科大学新潟病院訪問歯科口腔ケア科准教授の白野美和氏が登壇した。

認知症の高齢者は2025年には約700万人、65歳以上の約5人に1人まで達するとされる。内海氏は北海道砂川市で認知症の人たちを支える仕組み「砂川モデル」を早くから構築し、先行事例として関係者から注目を浴びている。

同氏はWHOが公表している「認知機能の低下と認知症のリスク低減のためのガイドライン」（2019年）に触れた上で、「この中にも歯の喪失や口腔機能の低下、歯周病が未収載なことはびっくりしている」と述べている。咬合力や歯周病等が認知機能の関係性を示す研究もあるが、医科領域では全く共有されていない現状にあるとのこと。

少子高齢化が進む中、地域包括ケアシステムが重要視されているが、同氏は地域包括ケアを実現するキーワードとして、連携・情報共有・互助を挙げた。「それぞれの職種と住民が連携と情報共有によって、同じ土俵に立って同じ目線で、自らの役割を実践することが実現への道」との考えを示した。かかりつけ医との情報共有（症状経過や治療方針など診療情報提供書）で、認知症患者に対する診断技術を高め、早期発見につながるとしている。

さらに、認知症を診察する医師は口腔機能を意識することはあるものの、誤嚥性肺炎を予測するための嚥下機能だけで、実際に口腔内を観察する機会はほとんどないという。「介護保険主治医意見書には『訪問歯科の必要性』の項目があるが、それを判断する情報がないまま作成していた。今後は臨床場面でも、もっと歯科医の先生方との連携が必要と反省している」と話した。

特集 うがい・顔トレで口腔ケアの大切さ伝える

今や老若男女問わず、口腔ケアに意識を向けるようになった。誰もが知る「うがい」について、国民に向けてさまざまなアプローチをし、テレビや雑誌など各メディア等で活躍しているホワイトホワイト デンタルクリニック院長の石井さとこ氏、歯学博士で東京医科歯科大学非常勤講師の照山裕子氏、幸町歯科口腔外科医院院長の宮本日出氏から、各氏が推奨するうがいのやり方、その効果などを聞いた。

宮本氏 レモン水うがいで 無理せず食欲を抑制

宮本 日出 氏

愛知学院大学歯学部卒業後、石川県立中央病院歯科口腔外科に勤務。国内外で口腔外科最先端医療の臨床・基礎的な研究に従事しつつ、アメリカやイギリス、オランダ、ドイツ、オーストラリア、日本で160を超える論文を発表。

『「デブ味覚」リセットで10日で−3kg! レモン水うがいダイエット』 宮本日出 著/四六判/160ページ/1,430円/あさ出版

「レモン水うがいダイエット」という新たなダイエット方法を伝えている宮本日出氏。そのほか「全力5秒うがい」など、うがいの効果や独自の方法を一般向けに周知している。「レモンの酸味成分が苦味に対する感覚を促し、食欲を低下させる可能性を指摘するものや、さらには群馬大学医学部の研究者らの論文『レモン水洗口が唾液分泌及び味覚閾値に及ぼす影響』でも、蒸留水と比べて5%、10%濃度のレモン水は味覚回復や唾液分泌促進につながると書かれていた。そこで、レモンを含んだ水でうがいをする『レモン水ダイエット』を考案した」と話す。

通常のうがいの除菌率37%と比べて、全力5秒うがいは97%の除菌効果があるとのことで、同氏によれば「NHK『あさイチ』のコロナ禍のオーラルケア特集の実験で証明された方法で、全力5秒うがいは口周りの筋肉が鍛えられ、口呼吸やオーラルフレイル対策にもなる。マスク生活で『お口ぽかん』が増えたが、全力5秒うがいは口が自然と開くのを防ぐ効果もある」と語っている。

【全力5秒うがいのやり方】

①30ミリリットルくらいの少ない水を口に含む
②全力でブクブクうがいを5秒行う
③上を向いてガラガラうがいを5秒行う
①〜②を3回、トータル30秒ほど行う

レモン水うがいのやり方

【用意するもの】

水 100㎖
レモン果汁 5㎖
市販の還元レモン果汁100%でも可

【作り方】

①コップに常温水 100ミリリットルを入れる。
②計量スプーン1杯(5ミリリットル)のレモン果汁液をコップに入れて、濃度約5%のレモン水を作る。
③濃度が均一になるようにスプーンでよくかき混ぜる。

【うがいの手順】

ステップ1 レモン水を約5秒間かけて、舌全体に広げる
ステップ2 唇を閉じ、約5秒間「ぶくぶくうがい」をする
ステップ3 頭を後ろに傾け、約5秒間「がらがらうがい」をする
※ステップ1〜3を3回繰り返す。

レモン水うがい 7つのポイント

1. 市販の果汁 100%のレモン果汁を使用する
2. レシピ通りにレモン水を作る
3. レモン水を舌の奥にしっかり広げる
4. うがいの 5 分後を目安に食事を始める
5. 食後はフッ素入りの歯磨き粉で歯を磨く
6. 口の中の汚れをきれいにしたいときは、レモン水を使わない
7. 間食前にレモン水うがいをしない

石井氏 マスク老け撃退! 顔トレで口臭予防も

©初沢有利

【10秒舌回し】
口角の裏側を出発点に、上の歯茎を舌でなぞるように前歯、反対側の口角、下の前歯と、ぐるりと動かす。逆方向にも同じようにぐるりと1周。10秒かけてゆっくり動かす。食後に行うと唾液の分泌を助けるので、口腔内の簡単なお掃除にもなるという。

©初沢有利

【美唾液プッシュ】
両耳の上部手前、骨の出っ張りがある近くの小さなくぼみを、指の腹で10秒押し、離すを繰り返す。耳下腺が刺激され、唾液の量が増える。耳下腺付近から分泌される唾液には美肌へ導くホルモン「パロチン」を含むため、「美唾液」と名付けられた。

©初沢有利

【マスクの下で舌そうじ】
舌の先を本来の正しい位置(上あごの前歯の裏)に置き、上あご(口蓋)に舌を押し付けるように10回、スリスリとこすりつけて掃除をする。舌の汚れが落ち、口臭予防になると同時に唾液も出る。

『マスクしたまま30秒!! マスク老け撃退顔トレ』 石井さとこ 著/A5判/96ページ/1,540円/集英社

「うがいには顔トレ効果もある」と主張する石井さとこ氏。同氏はさまざまな顔のトレーニング法を伝えており、著書『マスクしたまま30秒!! マスク老け撃退顔トレ』(集英社)では、表情筋を鍛えるための15の顔トレを紹介していた。本書でもうがいに関する項目が盛り込まれ、その重要性を伝えている。

同氏によれば、片頬にいっぱい含む程度の水でとにかく動かすのがコツで、大きな汚れや食べかすを取る。20年前から医院内で伝えていることだという。「ドラム式といってドラムのように叩きつけてうがいをすることで、歯磨きがランクアップします!」。朝起きたら、口ゆすぎと歯磨きをし、美と健やかさを保つ朝活を推奨している。うがいは歯磨きよりもハードルが低く、誰でも行える口腔ケアの一つと語る。

石井 さとこ 氏

日本歯科大学卒業。女性歯科医師ならではの美的感性で、歯と身体を美しく保つ食事や生活習慣、口もとエクササイズもアドバイスする。2006、07ミス・ワールド・ジャパン、05〜12ミス・ユニバース・ジャパンのオフィシャルサプライヤーとして口もとと歯をプロデュース。

照山氏 うがいのパイオニア、書籍等通じて周知

照山 裕子 氏

日本大学歯学部卒業、同大学院歯学研究科にて博士号取得。「顎顔面補綴」を専門とし、生命を左右する病と向き合う患者と歩んだ臨床経験から、病気の早期発見につながるオーラルケアの重要性を啓発している。

歯科医師となり最初に担当した患者さんは舌がんのターミナル。自力でゆすぐ、吐き出すことができないため、洗浄を目的とし一日おきに来院されていた。口の機能が損なわれる現実に、大きな衝撃を受けた。自分の無力さを痛感するとともに、悪性腫瘍を早期に発見できる知識を生活者に伝えたいという信念が活動の原点になった。

2001年から「うがい」に着目し、大学院での研究の傍ら、臨床データを集め始めたという照山裕子氏。「口の中にできた些細な変化を見逃さないで欲しい」という強い思いからテレビに出演する機会が増え、バラエティ番組にも多数登場。「『書籍を作らないか』という声をいただいて初めて、本当に自分がやりたかった仕事のスタートが切れた感覚」と語る。

13万部発行の「毒出しうがい」を筆頭に、これまでに6冊の書籍を世に送り出した。うがいを世に広めたパイオニアとして口腔ケアの重要性を一般向けに広く周知している。

『歯科医が考案 毒出しうがい』 照山裕子 著/B6判/176ページ/1,320円/アスコム

【毒出しうがい】

①

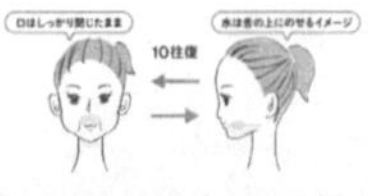

約30mlの水を口に含み、口を閉じたまま、上の歯に向けてクチュクチュと大きな音を立てながら、強く速くぶつける。10回ぶつけたら、水を吐き出す。

②

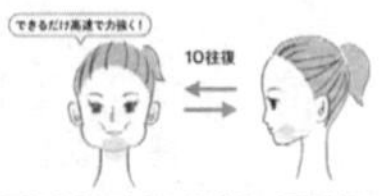

同じように水を口に含み、下の歯に向けて①と同じように、強く速くぶつける。10回ぶつけたら水を吐き出す。

③

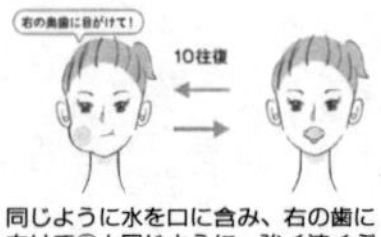

同じように水を口に含み、右の歯に向けて①と同じように、強く速くぶつける。10回ぶつけたら水を吐き出す。

④

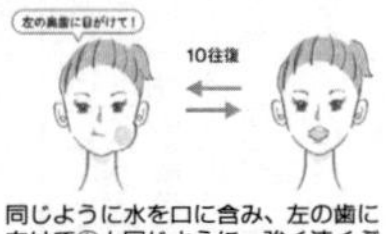

同じように水を口に含み、左の歯に向けて①と同じように、強く速くぶつける。10回ぶつけたら水を吐き出す。

【7秒うがい】

7秒間、全力でブクブクうがい!

口がつかれたなら、しっかりできている証!

①水を口に含む
水の量はおちょこ一杯分くらい。「ちょっと少ないかな」くらいがちょうどいい。水の量が多いと、口のなかで水流が作れなくなる

②7秒間、全力でブクブクうがい!
「ブクブク」としっかり音が出るように。口の奥から唇に向かって水を押し当てる。目標は7秒間で10往復。口が疲れたなら、しっかりできている証!

③水を吐き出して、また水を口に含む
口のなかのばい菌が水に混じっているから、そのままゴロゴロうがいをしてはダメ!

④天井を見ながら、7秒間ゴロゴロうがい
「ゴロゴロ」としっかり音が出るように。むせない程度に喉の奥まで水を入れる

新社長インタビュー　株式会社グッピーズ　石崎 洋輔 氏

歯科医療従事者を増やす活動も

（いしざき　ようすけ）
1982年生まれ。2005年法政大学社会学部卒。在学中はパソコンの授業のアシスタントや図書館司書の資格を取得。14年プラチナファクトリー代表取締役、15年メドレー取締役、23年上級執行役員兼人材プラットフォーム本部長（現任）、GCM代表取締役（現任）、24年4月現職に。
趣味：小・中・高時代にサッカー部に所属していました。今は海外サッカーチームの試合の視聴が楽しい。それから読書やウェブサイト制作なども好きです。

――経歴を教えてください。

石崎　学生の頃にウェブサイト制作の請負をしていたこともあり、卒業後はIT関連企業に就職しました。複数の企業で経験を重ね、介護施設の検索サイトを運営する子会社の社長を務めていた時にメドレーに買収される形でメドレーに参画し、取締役を経て、今年4月メドレーによるグッピーズの買収に伴い、現職に就きました。

――グッピーズが傘下に入ったことによるメリットは。

石崎　いろいろとありますが、採用が確定した時点で料金が発生するメドレーの医療・介護求人サイト「ジョブメドレー」と求職者が求人ページを閲覧すると料金が発生するグッピーズの医療・介護・福祉求人サイト「グッピー求人」を提供できるようになったので、歯科医院の採用活動計画に合わせたより柔軟な提案ができるようになりました。多くの顧客を支援できる体制が整いましたし、グッピー求人の仕組みを歯科以外の業界にも展開していきたいと思います。

それから、社内においては双方のマーケティングのナレッジ共有や人事・法務・経理といったバックオフィス部門の統合によるコスト削減などの改善が進んでいます。今後は、採用事務業務の代行サービスなども拡大していきたいと考えています。

――力を入れたいことは。

石崎　グッピーズでは元々歯科業界の就職、転職者向けの就活イベントを開催していたのでさらに開催頻度を増やすと共に、新卒者の採用活動を支援する取り組みにも注力していきます。それから、総人口に占める高齢者人口の割合は今後も増え続け、医療への需要も高まっていくので、歯科医療従事者を増やす取り組みを推進していきたいですし、メドレーが提供する歯科業務支援システム「Dentis」を通じて、採用だけでなく歯科医院の経営・事業課題を幅広く解決するなど、より良い価値提供ができるような事業を運営していきたいと考えています。

ガムの咀嚼で顔表面温度上昇

ロッテ

ロッテ（本社・東京都新宿区、中島英樹社長）は、ガム咀嚼と顔表面の筋活動への影響を調査したところ、ガムを噛むことで顔表面温度が上昇するとの研究結果を発表した。

継続的な咀嚼トレーニングによるフェイスライン角度への影響で、咀嚼による筋活動が活動部位の形態的変化に影響する可能性があることから同研究を実施。25～53歳の健常な成人12人を対象に「無摂取」「ガム2粒」の咀嚼をそれぞれ3分または10分間行い、筋活動状態を筋電図および顔表面温度により複数部位を観察して検証した。

ガム咀嚼中は計測した全ての部位（咬筋、眼輪筋、口輪筋、顎二腹筋相当部）で、筋活動が有意に増加し、顔表面温度でも頬、正面、口辺では無摂取時と比較してガム咀嚼で有意に上昇した。また、咀嚼終了から3分後でも、両頬正面の温度上昇は継続していた。

同研究結果は、日本抗加齢医学会誌「アンチ・エイジング医学（2024年6月号）」に掲載された。

米国に子会社設立

北米での営業力強化に

マニー

マニー（本社・宇都宮市、齊藤雅彦社長）は「グローバルマーケティングの推進」の一環として、販売・マーケティング・市場調査を行う販売子会社をアメリカのカリフォルニア州に設立し、北米地域への営業活動を強化すると6月26日に発表した。

同社グループは、同地域で主に現地販売代理店を活用した営業活動を展開しており、今後、①地域密着型営業による販売の拡大、②KOL（＝キー・オピニオン・リーダー、医科や歯科の分野で影響力を持つ）医師との連携による市場開拓、③ヘルスケア・医療機器として最大かつ最先端の市場での医療トレンドの捕捉を目標に掲げ、北米市場での事業基盤を確立していく。

また、大手企業と差別化を図りつつ、各セグメントで販売チャネルや流通網を強化し、グローバル企業への変革を目指すとしている。

クロスケアデンタル

口腔ケアで介護事業所表彰

クロスケアデンタル（本社・福岡市、瀧内博也社長）は、推進している「誤嚥性肺炎ゼロプロジェクト（＝ゼロプロ）」において成績優秀事業者および個人を表彰する「第3回ゼロプロアワード2024」をオンライン上で18日に開いた。ゼロプロは、介護施設に同社独自の口腔ケアを週2回行い、高齢者の誤嚥性肺炎のゼロを目指す取り組み。

昨年4月1日～今年3月31日に45施設（口腔ケア実施数2094人）で行われた取り組みを六つの部門「誤嚥性肺炎予防部門：入居定員に対して肺炎による入院日数が少ない事業所」「OHAT（口腔内評価）部門：OHAT平均点が3点台以下の事業所」「オンライン確認試験部門（施設）：合格者の割合が多かった事業所」「確認試験部門（個人）：口腔ケア確認試験において成績が優秀だったスタッフ」「口腔ケア実績部門（施設）：口腔ケアを入居者一人当たりに多く実施した事業所」「口腔ケア実績部門（個人）：口腔ケアを多く実施した職員」で集計し、積極的な取り組みにより成果を出した事業所・個人を表彰した。

総合グランプリは、特別養護老人ホーム若葉苑が受賞。23年度からゼロプロに参加し、正しい口腔ケアの手技を身に付けられるよう、セミナーと確認試験の受講を進めたほか、3カ月に一度のOHAT結果により、肺炎リスクが高い人を優先して口腔ケアを実施した結果、入居者の肺炎による入院は22年度10件（計113日）が23年度は3件（計39日）に、OHATは22年度の初回平均5・6点が23年度は3点台に減少した。事業所への影響については、肺炎（長期化・重症化等）による退去は22年度の4件が23年度には1件に減少し、22年度に比べて80万円の収益増加につながった。

誤嚥性肺炎予防部門の最優秀賞は特養サンガーデンが受賞。入居者の肺炎による入院は22年度3件（計115日）が23年度は0件に、OHATは22年度の5点台が23年度には3点台に減少した。

事業所への影響については、肺炎（長期化・重症化等）による退去が22年度の3件から23年度は0件に減少し、22年度に比べて100万円の収益増加につながった。またゼロプロ参加前（18年度）との比較では、肺炎を含む全体の入院日数の減少で約500万円の収入増加につながった。

OHAT部門の最優秀賞は特養では初花、その他施設ではふるさとシニアライフサポートセンターが受賞。OHATの平均点は初花が3・30点、ふるさとシニアライフサポートセンターは2・25点だった。

口腔ケア実績部門（施設）では、特養ふるさとホームが受賞した。口腔ケア実施率が一人ひと月当たり7・7回だった。

ホスピタルショウ

3万5千人が来場

医療DXに関する展示が多かった

「国際モダンホスピタルショウ2024」が10～12日に、東京ビッグサイトで開催され、3万5408人が来場した。主催は日本病院会、日本経営協会。

主に病院や医科診療所で使用する、情報システムや医療機器、健診・健康増進関連、施設環境・運営サポート、介護・福祉・リハビリ関連の展示がされた。歯科に関係するものはほとんど見られなかったが、サイバーセキュリティーや、オンライン診療、勤怠管理をはじめとした医療DXに関する展示が多く、中でも院内書類をAIが作成するサービスを提供する企業のブースには人だかりができていた。歯科医院にもいずれは導入が必要な商材も見られた。

使用済み歯ブラシリサイクルへ

アサヒユウアス

アサヒユウアス（本社・東京都墨田区、高森志文社長）は、プラスチック素材を有効活用する「plaloopプロジェクト」の第一弾として、ホテルの使用済み歯ブラシのリサイクルを8日に開始した。

回収した歯ブラシはリサイクル後、再び歯ブラシなどに製造。ホテルや福祉作業所と連携して使用済みプラスチック製品の回収、リサイクル、同素材を使った商品開発・製造・販売を一体化し、今年は年間100万本の導入を目指す。

今年5月には、テスト展開したホテル日航つくばで同ホテルの歯ブラシ約4割を資源化。また、6月に広島県の「海洋プラスチック対策（プラスチック使用量削減等）・リーディングプロジェクト」にも選ばれ、今後は同県内や近隣の宿泊施設などと連携してプラスチック素材を活用した取り組みを推進していく。同社はプラスチックの循環利用に取り組む企業を募集しており、今後はヘアブラシなどの開発も行う予定。

能登地震

復旧対応で感謝状

経済産業省は、令和6年能登半島地震の復旧対応等に貢献した208の企業・団体等に感謝状を授与し、歯科関連企業・団体では、アース製薬（本社・東京都千代田区、川端克宜社長）、花王（本社・東京都中央区、長谷部佳宏社長）、サンスターグループ（＝サンスター）、日本歯磨工業会（濱逸夫会長）、ライオン（本社・東京都台東区、竹森征之社長）が受賞した。

歯科では5つ

授与式は、6月17日に代表9者に対して同省内で行われた。

感謝状は、同省の要請や国との連携を通じて、ライフライン等の復旧対応や物資の供給などに迅速に対応・協力し、避難所生活や住民生活の改善に貢献した企業等に授与。歯科関連企業等は、被災地で断水が続く中、被災者の口腔ケアを支援するため歯ブラシや歯磨剤、洗口液などを提供した。

2024年 主なデンタルショー（10～12月）

月	日程	名称	開催地
10月	3日(木)～5日(土)	Dentex2024（国際歯科器材展示会）	ブリュッセル（ベルギー）
	8日(火)～10日(木)	CADEX（第7回中央アジアデンタルエキスポ）	アルマティ（カザフスタン）
	9日(水)～11日(金)	DentExpo　Africa2024	ダルエスサラーム（タンザニア）
	10日(木)～12日(土)	Denral World2024	ブダペスト（ハンガリー）
	17日(木)～19日(土)	APSP2024（第15回アジア太平洋歯周病学会）	ハノイ（ベトナム）
	19日(土)～20(日)	ポートピアデンタルショー 2024	神戸国際展示場（神戸市）
	24日(木)	Makkah Dental 2024（マッカ国際歯科会議＆展示会）	メッカ（サウジアラビア）
	24日(木)～26日(土)	EAO2024（第31回欧州オッセオインテグレーション学会年次総会）	ミラノ（イタリア）
	24日(木)～27日(日)	DenTech China2024（第27回中華国際歯科器材展示会）	上海（中国）
11月	7日(木)～9日(土)	CEDE2024（中央ヨーロッパ歯科展示会）	ウッチ（ポーランド）
	13日(水)～15日(金)	Swedental2024	イエテボリ（スウェーデン）
	13日(水)～16日(土)	AAID2024（アメリカインプラント学会年次総会）	アトランタ（アメリカ）
	16日(土)～17日(日)	東京デンタルショー 2024	東京ビッグサイト（東京都江東区）
	16日(土)～17日(日)	IADR2024（日本領域）	鹿児島（日本）
	20日(水)～21日(木)	第28回世界歯科サミット	パリ（フランス）
	21日(木)～22日(金)	IADR2024（東南アフリカ領域）	カンパラ（ウガンダ）
	22日(金)～24日(日)	YESDEX2024、第59会韓国歯科医師連盟＆嶺南歯科会議・器材展示会	プサン（韓国）
	28日(木)～30日(土)	Implant Expo2024（第38回総会）	ドレスデン（ドイツ）
	28日(木)～30日(土)	IADR2024（東南アジア領域）	マラッカ（マレーシア）
	29日(金)～12月4日(水)	GNYDM2024（第100回グレーターニューヨーク歯科展示会）	ニューヨークシティ（アメリカ）
12月	5日(木)～7日(土)	第22回ベトナム・デンタル・エキスポ 2024	ハノイ（ベトナム）
	13日(金)～14日(土)	CIDAE2024（国際接着歯学＆審美歯科学会）	ブリュッセル（ベルギー）

人事

（敬称略）

■イシダリンク
▼代表取締役会長　石田千恵▼代表取締役社長　石田太士

■タカラベルモント
▼代表取締役会長兼社長　吉川秀隆▼専務取締役　須貝辰生、吉川朋秀▼常務取締役　秋末浩、冨谷明宣▼取締役　渡辺岳夫、石黒昇（新任）▼常勤監査役　藤田耕一（新任）▼社外監査役　野邊寛太郎、中村洋▼常務執行役員　斉藤勝、高宮実、寺尾潔▼執行役員　内藤友博、中尾裕、植木裕之、桂慎二、上村洋介、野田重之、水谷元、藤本浩平
なお、常勤監査役の片山真一は退任し、顧問に就任した。

■モリタ
▼代表取締役社長　森田晴夫▼代表取締役専務　石中孝一▼取締役　岡本智浩、幾野正昭、中村泰昌（新任）、高木一成（新任）、今吉富男（非常勤）、小倉誠（非常勤）、雑喉裕市（非常勤、新任）▼監査役　阪井正彦（常勤）、森田桓次（非常勤）、仁井裕幸（非常勤、新任）
なお、取締役の島田昇三、金谷潔和、監査役の中村健は退任した。

■森永乳業クリニコ
▼代表取締役社長　遠藤悟▼取締役副社長　加藤厚司（新任）▼専務取締役　楢原正博、川津正俊（昇任）▼常務取締役　中島靖（新任）▼取締役（非常勤）　大川禎一郎、兵働仁志、久野浩子（新任）▼監査役　寺田文明（新任）▼監査役（非常勤）　末永明（新任）
なお、前常務取締役の湯谷太、前取締役の武井範泰、前監査役の弘田圭希、柴田謙治は退任した。

■ユーケイデンタル
▼代表取締役社長　西島潤也▼取締役　川畑勇作、佐伯康実、宮内大輔（新任）▼監査役　廣田隆
なお、取締役の吉田慎次は退任し、企画部長に就任した。

週間 金・パラ価格動向

税抜価格（1g、円）

日付	金	パラジウム（参考価格）
7月8日（月）	12,369	5,440
7月9日（火）	12,271	5,420
7月10日（水）	12,326	5,285
7月11日（木）	12,375	5,360
7月12日（金）	12,363	5,260
7月16日（火）	12,455	5,075
7月17日（水）	12,698	5,160
7月18日（木）	12,425	5,085
7月19日（金）	12,345	4,965

提供 石福金属興業

歯の色四つ（01～04）、パーソナルカラー四種類の組み合わせから、笑顔に映えるメイクを全16種類提案する

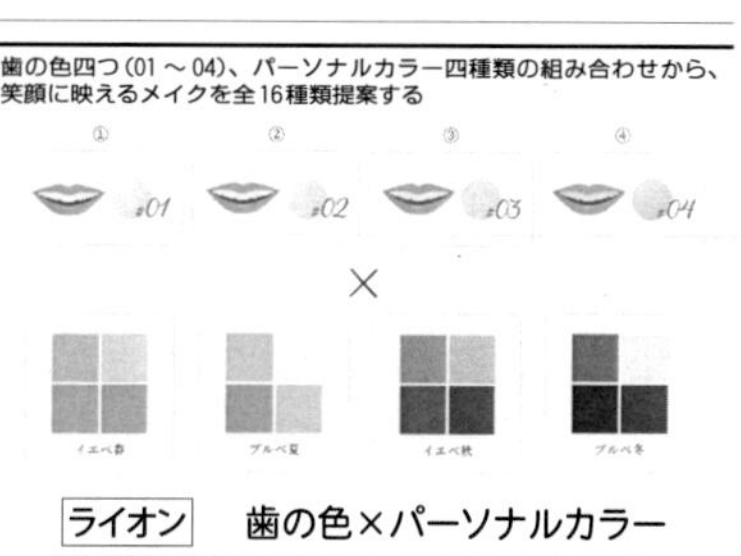

ライオン　歯の色×パーソナルカラー

似合うメイク分かるサイト開設

ライオン（本社・東京都台東区、竹森征之社長）は、美白ハミガキブランド「Lightee」から、笑った時に見える歯の色とパーソナルカラーを基に自身に合ったメイクを提案する「Lightee SMILE MAKEUP」を開発し、同ブランドサイト内に特設サイトを開設したと6月24日に発表した。

同サービスはヘア＆メイクアーティストの只友謙也氏が監修。歯の色は、自身の前歯の色を四つの色から選び、パーソナルカラーは、同サイト内に自身のパーソナルカラーを簡単にチェックできるチャートを用意。四つの質問に回答するだけで、自身に合うパーソナルカラーが「イエベ春」「ブルベ夏」「イエベ秋」「ブルベ冬」のどれにあてはまるかが分かり、笑顔が映えるメイクを全16種類の中から提案する。

詳細はホームページまで。

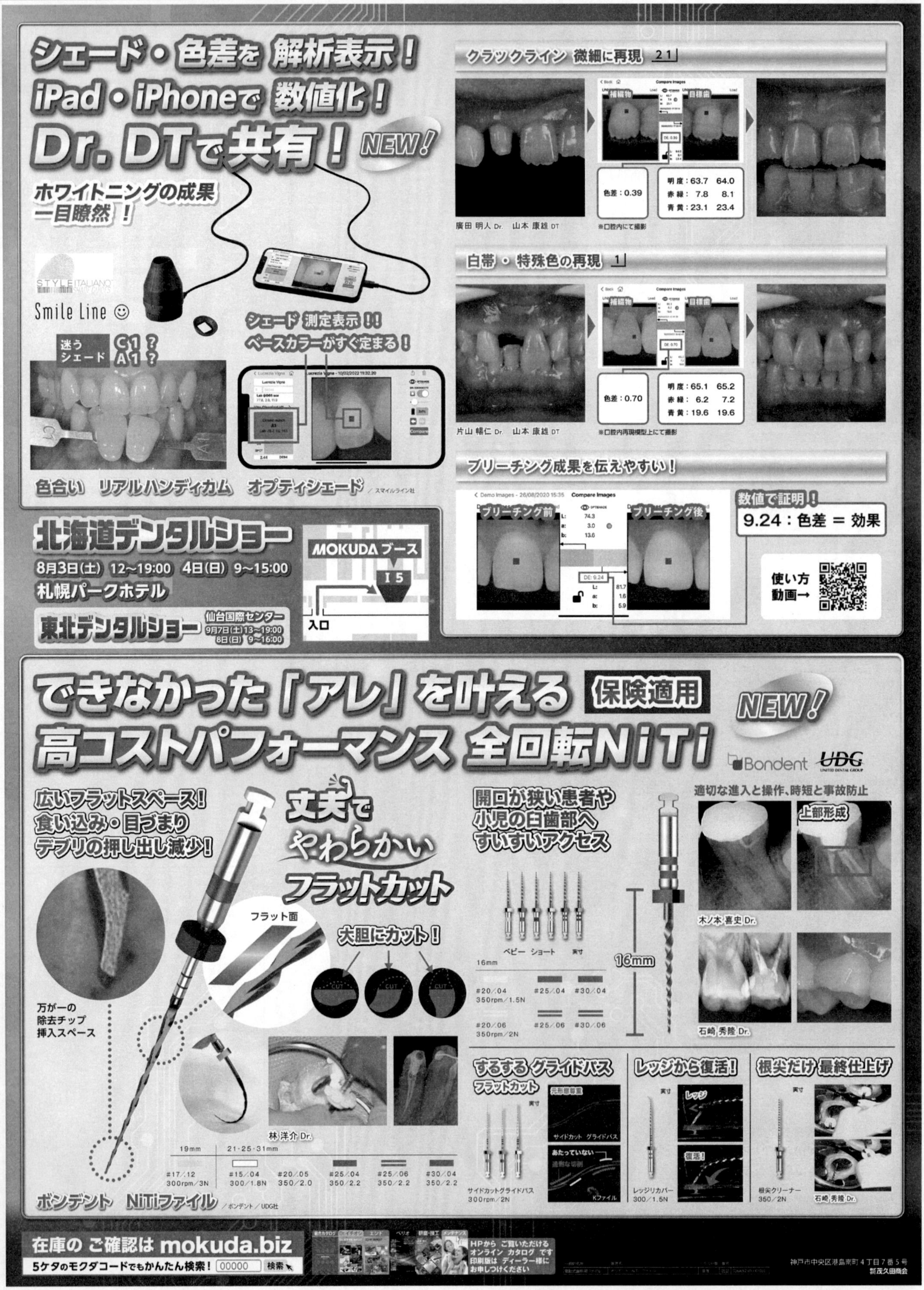

シェード・色差を 解析表示！
iPad・iPhoneで 数値化！
Dr. DTで共有！ NEW!
ホワイトニングの成果
一目瞭然！
Smile Line
迷うシェード C1？ A1？
シェード 測定表示！！
ベースカラーがすぐ定まる！
色合い　リアルハンディカム　オプティシェード
／スマイルライン社
クラックライン 微細に再現 21
補綴物
目標歯
色差：0.39
明度：63.7　64.0
赤緑：　7.8　8.1
青黄：23.1　23.4
廣田 明人 Dr.　山本 康雄 DT
※口腔内にて撮影
白帯・特殊色の再現 1
色差：0.70
明度：65.1　65.2
赤緑：　6.2　7.2
青黄：19.6　19.6
片山 暢仁 Dr.　山本 康雄 DT
※口腔内再現模型上にて撮影
ブリーチング成果を伝えやすい！
ブリーチング前
ブリーチング後
数値で証明！
9.24：色差 ＝ 効果
使い方動画→
北海道デンタルショー
8月3日(土) 12～19:00　4日(日) 9～15:00
札幌パークホテル
MOKUDA ブース
I 5
入口
東北デンタルショー
仙台国際センター
9月7日(土)13～19:00
8日(日) 9～16:00
できなかった「アレ」を叶える 保険適用
高コストパフォーマンス 全回転NiTi
NEW!
Bondent
UDG
広いフラットスペース！
食い込み・目づまり
デブリの押し出し減少！
丈夫で
やわらかい
フラットカット
フラット面
大胆にカット！
万が一の
除去チップ
挿入スペース
林 洋介 Dr.
19mm　21・25・31mm
#17／.12　300rpm／3N
#15／.04　300／1.8N
#20／.05　350／2.0
#25／.04　350／2.2
#25／.06　350／2.2
#30／.04　350／2.2
開口が狭い患者や
小児の臼歯部へ
すいすいアクセス
ベビー　ショート
16mm
#20／.04　350rpm／1.5N
#25／.04
#30／.04
#20／.06　350rpm／2N
#25／.06
#30／.06
16mm
適切な進入と操作、時短と事故防止
上部形成
木ノ本 喜史 Dr.
石崎 秀隆 Dr.
するする グライドパス
フラットカット
サイドカットグライドパス　300rpm／2N
Kファイル
レッジから復活！
レッジ
復活！
レッジリカバー　300／1.5N
根尖だけ 最終仕上げ
根尖クリーナー　350／2N
石崎 秀隆 Dr.
ボンデント NiTiファイル ／ボンデント／UDG社
在庫の ご確認は mokuda.biz
5ケタのモクダコードでもかんたん検索！ 00000 検索
HPから ご覧いただける
オンライン カタログ です
印刷版は ディーラー様に
お申しつけください
神戸市中央区港島南町4丁目7番5号
株式会社茂久田商会

日本歯科新聞
2024年（令和6年）
7月30日
<発行所>
日本歯科新聞社
厚生労働省記者クラブ加盟社
〒101-0061
東京都千代田区神田三崎町2-15-2
電話 03（3234）2475
FAX 03（3234）2477
www.dentalnews.co.jp
jdn@dentalnews.co.jp
無断転載禁止
■年間購読料 23,760円（送料込）（本体 21,600円＋税）
■月4回、火曜日発行
■郵便口座番号 00120-5-130369

今週号の主な内容

歯科衛生士の浸潤麻酔

日歯 「現時点で十分な研修ない」

衛生士会や学会と教育検討

歯科衛生士による浸潤麻酔について、日本歯科医師会の寺島多実子常務理事は、国民の安全のため、十分な教育の必要性を強調し、「今の時点で十分な卒後研修があるとは考えていない」との認識を示した。さらに、瀬古口精良専務理事は、歯科衛生士会や関連学会と教育について検討していることも明かした。25日の日歯の定例記者会見で記者の質問に答えたもの。

6月下旬に歯科衛生士の浸潤麻酔行為について日歯が厚労省の見解を求め、その回答があった旨を7月4日に都道府県歯科医師会宛に通知していた。

見解や通知のタイミングについて記者の問いに対し、寺島常務理事は「いろいろなところで歯科衛生士による浸潤麻酔の動きが活発化していることがあり、見解の確認は平成27年から行われているが、改めて回答を求めた」と説明。「法的には行為を妨げないもので、そこは変えることができないという回答だったため、国民の安全を守ることが第一の任務なので、必要な卒前教育、教育を受けられなかった有資格者には、十分な卒後研修が必要と考えている」と述べた。

さらに、最終的には歯科医師の判断、責任となるため、会員に慎重な判断を喚起する目的が通知にはあったとした。

瀬古口専務理事は、十分な教育を受けずに、浸潤麻酔が行われるリスクについて触れ、「現在、歯科衛生士会、歯科医学会、歯科麻酔学会も含めて教育について検討している」と紹介。「1日や2日の研修でできるものではないと考えている。そこは厚労省と思いを共有している」と話した。

寺島常務理事

瀬古口専務理事

歯科医師4人に行政処分

大麻取締法違反で歯科医業停止3年

厚労省は24日、同日の医道審議会医道分科会の答申を踏まえ、医師11人、歯科医師3人、医師兼歯科医師1人の行政処分を発表した。歯科医師の処分は「大麻取締法違反、麻薬及び向精神薬取締法違反」で歯科医業停止3年、「窃盗、器物損壊」で戒告、「建造物侵入、不正競争防止法違反」で戒告。医師兼歯科医師の処分は「公務執行妨害、器物損壊、暴行」で医業・歯科医業停止8カ月。

「大麻取締法違反、麻薬及び向精神薬取締法違反」の歯科医師は、大麻やリゼルグ酸ジエチルアミド（通称LSD）を所持したとして、懲役2年（執行猶予3年）、没収の判決を受けている。

「公務執行妨害、器物損壊、暴行」の医師兼歯科医師は、医療法人の看板を消化器で叩いて損壊し、同医療法人の理事長の胸ぐらをつかみ、廊下の壁に打ち付けるなど暴行。他者にも暴行を加え、器物損壊等被疑事件で通常逮捕しようとした際、巡査の腕を蹴り、顔面につばをかけるなどしたとして、懲役1年8カ月（執行猶予3年）の処分を科されている。

「建造物侵入、不正競争防止法違反」の歯科医師は、勤務先に正当な理由なく合鍵で侵入し、矯正歯科治療データを不正に入手し、自分のパソコンに複製したとして、罰金30万円の刑罰を受けている。

来年の参院選で 比嘉奈津美氏が自民党から公認

比嘉氏

自民党は25日、党本部で選対本部会議を開き、来年夏の参院選の第一次公認候補者として、現職の比嘉奈津美氏を比例代表の候補者に決定した。この件について、比嘉氏は「歯科界の代表として重く受け止め頑張りたい」との意気込みを語っている。

なお、そのほかに日本医師会副会長の釜萢敏氏が比例代表の候補者として決定した。第一次公認の内訳は、選挙区28人（現職25人、新人3人）、比例代表17人（現職11人、新人6人）。

山形・秋田豪雨 歯科医院4軒 雨漏りを確認

梅雨前線の影響で25日から26日まで、記録的な大雨に見舞われた山形県では、歯科医院4軒の被害報告が確認されており、いずれも雨漏り程度の被害に留まっている。山形県歯科医師会によれば、会員からの人的被害はないが、歯科医院4軒が雨漏りの被害があったという。

なお、秋田県では人的・物的被害に関する報告は上がってきていない（29日13時時点調べ）。

プリズム どうなる!? 歯科衛生士の麻酔

日本歯科医師会が会員に向けて歯科衛生士による浸潤麻酔行為の取り扱いについての通知を今月の上旬に発出した。

その中で「法的には妨げられるものではないが、ほとんど実施されていないのが現状」とし、「本会としては、現状の卒前教育および卒後研修の内容、社会的認知度等の観点から現在同行為を行うことは必ずしも適切とは考えていない」とのスタンスを示している。

一方で、「一定の条件を満たすことで、歯科診療の補助として麻酔を歯科衛生士の手で行える」と捉え、認定講習・試験を行う団体の動きも見られる。

このような動きに対して改めて歯科界のコンセンサスを得ようというのが、今回の日歯通知なのかもしれない。

2022年には、日本歯科麻酔学会と日本歯周病学会の連名で歯科衛生士による局所麻酔に対して、「現状を踏まえ、浸潤麻酔全般を現時点で歯科衛生士の業務とすることは困難」との見解が示されている。

ただし、「浸潤麻酔行為を含む歯科治療に積極的に関わろうとする歯科衛生士の活動は支援するべきもの」とも記されており、歯科衛生士の卒前・卒後教育体制の整備に協力していく構えを見せていた。

いずれにしても、広告標榜のできる専門医と同様に、国民に理解されやすい教育・実施が求められている。

歯科の廃業

「ＤＸ化の影響否定できない」

日歯

帝国データバンクが発表した2024上半期倒産集計で歯科医院の倒産・廃業の件数が85件になったことについて、日本歯科医師会は「拙速なＤＸ化が、近い将来閉院を考えていた会員の動きを加速させたことは否定できない」との見解を示した。25日に行われた会見で、記者からの質問に答えたもの。

日歯の寺島多実子常務理事＝写真＝は「オンライン資格確認導入に対応できない理由に『数年以内に既に閉院を考えている』が66％あった。先を見据えた負担増を受け入れづらい歯科医師がいる中で、拙速なＤＸ化の推進が閉院を加速させた面がある」と回答。その上で、「オンライン資格確認の導入の負担は経済面とデジタル機器への抵抗感から来ている。経済的な理由についてはＤＸ推進体制整備加算による評価および税制における改善要望などを引き続き行う。併せてオンライン資格確認機器の導入方法に関する周知など丁寧に対応しながら、国民に安定した歯科医療を継続できるよう取り組んでいく」とした。

具体的な取り組みについての質問に高橋英登会長は「地域偏在の解決に向けて歯科大学を卒業した歯科医師が一定期間地方で診療を行う仕組みを模索している」とし、「歯科医師を目指す若者が減ってきている。開業以外にも、行政や病院、保健所などに歯科医師が働くことのできる場を増やすことで、若者にとって歯科医師を魅力的な職業にすることが必要」と話した。

能登半島地震

JDAT活動の意見を抽出

能登半島地震に伴うＪＤＡＴ活動では、診療を休んで駆けつけたものの、急遽避難所での活動が不要になったり、口腔ケアの引き継ぎが不十分だったり課題があった。25日の日本歯科医師会定例記者会見で、今月17日のＪＤＡＴ活動を振り返る検討会についての質問に対して瀬古口精良専務理事＝写真＝が回答したもの。

同検討会は、能登半島地震の被災地域を四つに分け、問題点などを振り返るために意見の抽出を実施。派遣場所とチームのマッチングや活動の引き継ぎなどが不十分だった点については、行政や石川県歯科医師会のマンパワー不足が一番の大きな問題だったとの結論が出ているとのこと。

さらに、費用弁償の観点で、都道府県によっても相違があり、費用が出ているところでも、宿泊費やガソリン代までは対応していないなどの課題があった。

瀬古口専務理事は「今、意見を取りまとめているところ。今後、南海トラフ地震などへの備えもしっかりと行っていきたい」と強調。

骨太の方針で災害に備えるための「歯科巡回診療」の文言が記載されたことも踏まえて、「厚労省、文科省、経産省、こども家庭庁だけでなく、新たに災害関連について内閣府へ要望に行く」と言及した。

テーマは「命を守る」

日歯　口腔保健シンポジウム

日本歯科医師会（高橋英登会長）は20日、「第29回口腔保健シンポジウム」をウェブで開催した。テーマは「命を守るオーラルケア～いざという時のために、今、できること～」で、講演およびトークセッションが行われた。

トークセッションでは足立氏（左端）と歯科衛生士の市川洋子氏（左から２人目）、「防災女子」の学生が参加した

日本歯科医学会副会長の小林隆太郎氏の講演「『口腔健康管理』のチカラ　生きる食べる話すを考える」では、歯周病の糖尿病および認知症との関連、口腔ケアによる肺炎予防のデータ、オーラルフレイルの概念などについて解説された。

特別講演「日常から〝非日常の準備をする〟ことの重要性」では、関田会ときわ病院歯科口腔外科部長の足立了平氏が登壇した。足立氏は災害時における誤嚥性肺炎予防のための歯科保健に言及。「阪神淡路大震災では震災後は震災前に比べて呼吸器系の疾患が増えて、東日本大震災、熊本地震でも同様の傾向が見られた。災害時の水不足、また避難所生活における体力低下や入れ歯の不潔化による誤嚥性肺炎と考えられている」とした。

その上で、「口腔ケアはすぐに取り組むことができる。災害時における口腔ケアの重要性を周知することができた中越地震においては、誤嚥性肺炎の死亡者が有意に減少した」と話し、平時の口腔ケアおよび、その周知の重要性を強調した。

トークセッション「命を守るお口の健康のために、毎日できる口腔と非日常への備え」では、歯科医師、歯科衛生士、地域での防災啓発を行うサークル「防災女子」の学生らが登壇。災害時に備えた日常の口腔ケアについて議論した。

歯科国試にチャレンジ

●401　2024年（第117回）より

高齢者の医療の確保に関する法律によって規定されている「特定健康診査・特定保健指導」で対策されるのはどれか。１つ選べ。

a　大腸癌

b　認知機能低下

c　メンタルヘルス

d　慢性閉塞性肺疾患

e　メタボリックシンドローム

117-A009

答えは本紙のどこかに！

人事

（敬称略）

■鶴見大学歯学部同窓会

▼会長　竹内千惠▼副会長　儘田省吾、粕谷明弘、日高豊彦、呉明也、尚原弘明、早川琢郎、山内和久、大島朋子、野﨑岳央、橋本高生、山城啓文▼専務理事　森正博▼常任理事　田中仁一朗、長谷部和子、高橋秀岳（兼任）、野村高子、芦田雄二郎、寺田知加、武田直丈、坪田有史、中村佐和子▼理事　三浦弘美、武田直久、白井麻衣、鈴木銀河、清水雄大、常盤肇、佐藤信二、英將生、今井千賀子、中村英美、桝本光希、高梨一幸、髙橋秀岳（兼任）、伊東宏和、田中国継、森田智樹▼監事　桐原仁子、加藤保男▼顧問　青山繁▼相談役　鴨志田義功、別所智司

神奈川県保険医協

３月改正の医療広告ガイドラインを解説

「インプラント」など違反目立つ

神奈川県保険医協会（田辺由紀夫理事長）は18日、「医療広告の落とし穴」をテーマに2024年3月改正の医療広告ガイドラインの概要と、医療機関での注意点について、ハイブリッド形式の講演会を開いた。

講師は、医療広告などの表示規制に詳しいのぞみ総合法律事務所の山田瞳弁護士。

講演は、医療機関に関係がある表示規制のあらまし、法源から説き起こし、実際に医療広告の可否を判断する際に必要となるフローチャートの考え方を提示。広告禁止事項や、広告可能な15項目以外で広告可能かの判断基準を示した。

次いで、当局の医療広告規制の実態について言及し、違反広告として問題になるケースは、美容医療と歯科に多く、22年度のネットパトロール事業で指摘された違反内容では、「審美」「インプラント」だけで約6割を占めていることを紹介した＝左図。

医療広告違反は行政指導が多く、行政処分や刑事罰に進みやすい薬機法上の違反などと差があるものの、炎上などの社会的リスクを伴うと警告。学会が認定する専門医資格を「厚労省が認めた」と謳ったり、「絶対安全な方法」などと示す虚偽広告、「最良」「日本一」などと謳ったり、有名人が利用していることを示唆するなどの比較優良広告、「◇◇クリニック●●センター」など中核的な医療機関であるかのように誤解されかねない誇大広告、患者の主観的な感想文を紹介したり、十分な説明なくビフォー・アフターの症例写真を掲載したりなど、これまで慣例的に行われてきた医療広告の中に、広告禁止事項が含まれている実例を紹介して、注意を呼び掛けた。

医療機関に求められる対応として、広告規制に関する当局の考え方をフローチャートで理解し、時代によって変化する当局の公式見解を把握する必要があると述べた。

歯科 治療内容別の違反割合

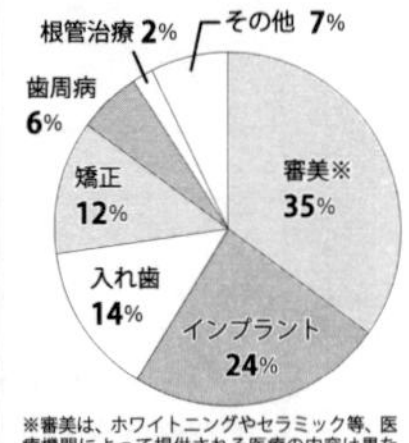

※審美は、ホワイトニングやセラミック等、医療機関によって提供される医療の内容は異なるが、審美というキーワードを用いて広告され、他に分類できないものを対象に集計

山田氏講演資料（第2回医療機能情報提供制度・医療広告に関する分科会・2024年1月29日より）

歯科情報学

松尾　通

「黄金の国ニッポン」

インドで開催中のユネスコ世界遺産委員会は7月27日に、佐渡島の金山を世界文化遺産に登録することを全会一致で決めた。日本の世界遺産は、文化遺産と自然遺産を合わせて26件になる。

歯科にもなじみのある金だが、『東方見聞録』を記したマルコ・ポーロは、日本を「黄金の国ジパング」と称賛した。日本は仏像、寺社、美術品、工芸品等に黄金をふんだんに使い、それが「黄金の国ニッポン」と世界で呼ばれる由縁である。黄金の三大建築と呼ばれる中尊寺金色堂、金閣寺、日光東照宮陽明門をご覧になった方は多いと思うが、光り輝く姿を現在に伝えている。

◇

鹿児島県に菱刈鉱山という金鉱山がある。現存する国内唯一の金鉱山で、近年の産出量は年間4トン、世界でも珍しい高品位の金鉱石が採れている。埋蔵量は150トン以上まだあるとされる。佐渡金山の累計産金量が84トン、菱刈の産金量はすでに264トンであり、これからの産金量を加えるといかにスケールが大きいかが分かる。

金には世界的に見て優れた資産価値があり、特に「有事の金」として戦争や大規模災害、経済危機などで「実物資産」として力を発揮する。事実、日本では金の価格がこの20年で5倍になっている。かつて、お金がたまると5グラムの24K歯科用金を買っていた先輩の顔が目に浮かぶ。残念ながら自分にはその才覚はない。

◇

トレジャーハンターの八重野充弘さんは熊本の出身で、添島正和先生とは熊本高校の同級生である。日本旅行作家協会でご一緒しているが、八重野さんは埋蔵金の話題でよくTVにも登場する。トレジャーハンターとして50年、日本の埋蔵金伝説の検証に力を注ぐ。埋蔵金伝説は数多いが、宝探しの第一歩は文献の検索と科学的調査である。八重野さんの指摘する埋蔵金伝説は①徳川幕府の御用金②旧日本軍の隠匿物資③武田信玄の軍用金④天草四郎財宝軍資金⑤結城晴朝の黄金、などである。八重野さんが率いる日本トレジャーハンティングクラブの会員は70名ほど、歴史に基づいたスポーツゲームだという。

◇

歯科医療と金、金合金の関係は深い。日本歯科大学で補綴の架工義歯を教えていた父は、充填物や歯冠修復の材料として金合金がいかに優れているかを力説していたが、現在の歯科材料はセラミックや高性能レジンに代わってしまった。白金加金を使ったキャストデンチャーは高価だとして歯科医師も及び腰だが、数々の利点を有していて見直されていい分野だ。高価格の宝飾品や高級時計が売れる時代だから、もっと義歯にお金をかけてもいいはずだ。義歯は命を支える大切な人工臓器だから、安い義歯を粗末に扱う文化から脱出すべきだ。（東京都開業）

2024.7.30

奈良県歯連盟がデンタルミーティング

高市早苗大臣も出席

奈良県歯科医師連盟（末瀬一彦会長）によるデンタルミーティングが4日、奈良市の県歯科医師会館で開催され＝写真、約70人が参加した。来賓として、同県選出国会議員の高市早苗経済安全保障担当大臣、小林茂樹衆議院議員、佐藤啓参議院議員、日本歯科医師連盟顧問の山田宏参議院議員、比嘉奈津美参議院議員が出席。日歯連盟からは太田謙司会長、上田晴三理事が参加した。

◆◇◆

末瀬会長は冒頭あいさつで、政府の示す「経済財政運営と改革の基本方針（骨太の方針）2024」に記載された歯科関係の項目を紹介。能登半島地震については、奈良県歯から計4回、30人の救援出動を行い、全国でもトップレベルの義援金を拠出したことを報告した。

そして、奈良県が近畿の防災拠点としては最適の場所で、山間部の無歯科医師地区も多く、歯科巡回診療の設備は必須であると言及。「国土強靭化対策の一環として、災害時、平時を問わず、歯科巡回診療の設備を整えておかなければならない」と訴えた。

さらに国民皆歯科健診に向けた取り組みもすでに実施しているとし、昨年10月には奈良県議会で要望書を取りまとめて日歯連盟に提出していることも報告。その他、歯科衛生士確保の問題や、「ひがなつみ後援会」に全国で6番目に多い168人が入会していることなども話した。

◆◇◆

来賓あいさつでは、高市大臣が「骨太の方針」の重要性について説明し、現在、第3期健康医療戦略の策定に取り組んでいること、歯の健康が全身の健康に及ぼす影響について話した。

山田議員は「骨太の方針」作成の経緯を説明、比嘉議員は組織代表の役割と抱負を述べた。

日歯連盟の太田会長は、令和6年度診療報酬改定に向けて国会議員の支援のもと精力的に活動したことを報告。比嘉議員を全国的に支援することが歯科界の力になるとし、デンタルミーティングの重要性、意義を訴えた。

日歯連盟

千葉・市川市でシティデンタルミーティング

比嘉議員 歯科の未来語る

日本歯科医師連盟（太田謙司会長）主催で、市川市シティデンタルミーティングが21日、千葉県市川市の市川グランドホテルで開かれ、日歯連盟顧問の比嘉奈津美参議院議員が「歯科界未来のために」と題して講演した。

比嘉議員

◆◇◆

比嘉議員は、沖縄県久米島での勤務医時代から、開業して20年以上従事した診療や、衆議院議員としての活動などを振り返った上で、国会での取り組みを紹介。312人の国会議員が参加する国民歯科問題議員連盟で、歯科の重要性を説いて理解を得ていることや、診療報酬改定、骨太の方針へのアプローチなどについて話した。

国民皆歯科健診については、特に歯科が妊産婦に関わる重要性について言及し、医科との話し合いなどを積極的に行っている状況を説明。さらに令和6年度予算や、歯科医師の需給問題などについても触れながら、健康寿命を延伸する大義ある歯科医療の活性化のために取り組んでいく姿勢を見せた。

◆◇◆

同ミーティングでは、日歯連盟の村上恵一副会長が主催者あいさつ・活動報告し、組織力強化の取り組みではモデル地区で50人ほどの会員増加につながっている旨の発言もあった。千葉県歯科医師会の大河原伸浩会長、同県歯連盟の尾崎俊郎会長、千葉県第5区選出のえりアルフィヤ衆議院議員があいさつ。同県歯科衛生士連盟の久野郁子会長や同県歯科技工士連盟の内山昌夫会長も来賓として参加した。

日歯連盟の村上副会長

会場には市議会議員や連盟支部長、大学同窓会関係者など含め、120人超が集まった。

数多くの歯科関係者が出席した

マレーシア・メッカ巡礼基金

イスラム教徒に歯科含めた支援

マレーシア政府機関のメッカ巡礼者基金委員会（タブン・ハジ：TH）は、例年、同国からサウジアラビアの聖地メッカを巡礼するイスラム教徒を支援しており、6月14～19日の「ハッジ」（大巡礼）では、サウジアラビアで巡礼者の歯科医療ニーズにも対応した。

◆◇◆

歯科国際誌『Dental Tribune』東南アジア版（7月16日）によると、マレーシアから、毎年3万人以上がメッカを巡礼＝写真。今期におけるメッカの最高気温は46～49℃におよび、1300人以上の巡礼者が死亡するなど、巡礼者の健康維持が喫緊の課題だった。

◆◇◆

THでは、巡礼者の健康確保の一環として、歯科部門を含む医療センターを現地に設置。応急的な補綴、スケーリングなどの治療を行ったが、現地調達した材料がマレーシア人に適合しないケースや、価格高騰などの問題もあったという。

協会けんぽ

2023年度決算 4662億円黒字

全国健康保険協会（協会けんぽ）の2023年度の決算は4662億円の黒字が見込まれている。同協会のまとめによるもの。

収入は11兆6104億円と前年度に比べて3011億円の増加となる。主な要因は、賃金の増加による保険料収入の増。このうち保険料収入は10兆2998億円で2577億円増、国庫補助等は1兆2874億円で418億円の増。

支出は11兆1442億円で、前年度から2668億円増加した。「医療費（加入者1人当たり医療給付費）」の増加による保険給付費の増加、後期高齢者支援金の増加による拠出金等の増加が主な要因。このうち保険給付費が7兆1512億円の1993億円の増で、拠出金等は3兆7224億円で1358億円の増となった。

収支差額は4662億円の黒字で前年度から343億円増加した。同協会によると、「主たる収入である『保険料収入＋国庫補助等』に比べて、主たる支出である『保険給付費＋拠出金等』が多く伸びている。そのため単年度収支差は、実質的には前年度より縮小している」とし、今後の協会けんぽの財政について、「団塊の世代への後期高齢者支援金の短期的な急増および中長期的な高い負担と、協会けんぽ加入者の平均年齢上昇や医療の高度化等による保険給付費の継続的な増加が見込まれる」とのこと。

人事

（敬称略）

■日本歯科技工士会
▼会長　森野隆
▼副会長　山下茂子、下江宰司、下澤正樹
▼専務理事　松井哲也
▼常務理事　大西尚之、河西武嗣、前川清和、石川功和、片岡均、松尾博子
▼理事　佐野隆一、藤王千春、鬼束勇輝
▼監事　上野博、秋山佳弘

■宮崎県歯科技工士会
▼会長　片寄智哉
▼副会長　鬼束勇輝
▼専務理事　安在厚生
▼理事　三城敏裕、松枝修、亀元耕一、川路智彦、益田隆志
▼監事　有村祐二、木村弘毅

■大阪府歯科技工士会
▼会長　前川清和
▼副会長　櫻井靖之、南郷谷亨、長久宏之
▼専務理事　堀之内朋哉
▼常務理事　山本吉保、下郡俊映、脇本菜々子
▼理事　下郡綾子、岩佐美穂、花田純枝、武田航、畑木信之、田光創、泉慶亮
▼監事　野首光男、小谷和弘

「ははは川柳」作品を募集

日技　8月31日まで

日本歯科技工士会（森野隆会長）は8月31日まで、入れ歯や噛みごたえ、治療など「歯」をテーマとした「ははは川柳」の作品を募集している。口の健康と歯科医療に関心を持ってもらうことを目的として、2017年から毎年開催。昨年は2376句の応募があった。

応募方法は一人3句まで。他のコンテスト等で応募しておらず、未発表の作品に限定。応募作品の使用に関する一切の権利は同会に帰属される。

寄せられた作品のうち、特選（1句）には表彰状・商品券3万円分、秀句（3句）には表彰状・商品券1万円分、佳作（10句）には表彰状が贈呈される。

なお、応募の際には同会専用ホームページ、もしくはハガキから必要事項を記入する形式となる。

結果は10月8日に発表する予定だ。

詳細は同会専用ホームページまで。

ピックアップニュース

■「静脈内鎮静法」が増加中…歯科治療の痛みを取り除く方法を知る（日刊ゲンダイDIGITAL/7月13日）
■過去の銀歯を白い歯に“保険”で変えるチャンス！虫歯治療費の最新事情（女性自身/7月22日）
■30代で“入れ歯”になってしまう4つの悪習慣 。仕事中の摂取で危ないのは？歯科医師が警告（SPA!/7月22日）
■岐阜大、ウズベクの医大と交流　留学生受け入れ、意向書に調印（岐阜新聞Web/7月22日）
■負債総額は約3600万円で“後継者不在” 歯科医院が事業継続を断念…金沢市の「津田歯科医院」が破産手続き開始（MRO北陸放送/7月23日）
■「歯を白く保つために…」初めての告白!? 小祝さくらの知られざる“ホワイトニング”事情に9000件超の大反響（ゴルフニュース/7月24日）
■神経を抜いたのに歯が痛いのはなぜ? すぐ受診すべき? 原因や対処法を歯科医が解説（Medical DOC/7月24日）
■「プールの水で歯が溶ける!?」「プール熱ってどんな病気？」プールと口の健康の関係について歯科医師が解説（HugKum/7月24日）
■歯科診療所の上半期倒産件数は15件、前年同期の2.5倍に（ITmediaビジネスONLiNE/7月25日）
■口の中で何が起きている?コーヒー好きが気になる“口臭問題”…実は「ブラック」に変えるだけでもにおいを軽減（FNNプライムオンライン/7月27日）

My Way

歯科医院のM&Aを支援

水谷友春 氏(日本歯科医療投資代表)

後継者問題解決の一助に

「歯科医師による歯科医師のためのM&A」を掲げる日本歯科医療投資。同社の代表を務めるのは自身も歯科医師の水谷友春氏だ。中小企業の後継者問題の解決策としてM&Aが注目されつつあるが、歯科医院は一般企業と比較して、M&Aのハードルは高いという。「歯科医師の生涯収入最大化」がミッションという同氏に取り組みや今後の展望を聞いた。

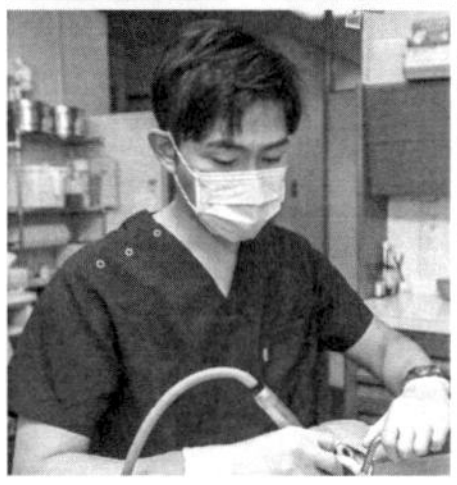

M&Aの支援とともに、可能な範囲で診療にも携わっている

――何がきっかけで歯科医院のM&Aに着目したのですか。

水谷　歯学部在学中に休学して、不動産業に従事した経験もあり、ビジネスの世界に魅力を感じてきました。そのような背景もあり、研修修了後、M&Aを仲介する会社に就職、実務経験を積んだ後、投資ファンドに転職しました。

そこで、当時売上20億円超の歯科医療法人のM&Aに関わり、大型医療法人特有の承継問題を目の当たりにしました。その規模の法人になると、一個人での承継は難しく、結果的に資本力のある投資ファンドが承継する事になりましたが、経営面で努力を重ね、規模を大きくした先生ほど、逆に承継に苦労する事例に、もどかしさを感じました。

歯科の後継者不在率は他の業種と比べても圧倒的に高く、9割近いというデータもあります。

歯科業界に目を向けている一般企業も多い中で、歯科医師と金融業界の両方を経験したものとして、歯科医院の健全なM&Aをサポートできれば、歯科医院の後継者問題の解決の一助になれるのではないかとの思いに至りました。

――リタイヤの選択肢が数ある中でM&Aはどのようなメリットがあるのでしょうか。

水谷　まず、廃業は、理事長(院長)、従業員、患者さんの誰のメリットにもならないことは明らかです。理事長(院長)の立場に立てば、廃業には大きな労力とお金がかかります。そして、従業員や患者さんにも多大な迷惑がかかります。その上で、他の選択肢と比較して、多額の譲渡対価を受け取れる可能性があることが、M&Aの大きなメリットだと思います。また、数々のM&Aに携わる中で、魅力的な業界では、異業種からの新規参入も含めた、活発な投資が行われていると感じています。副次的ではありますが、その業界で働く人たちの待遇も向上、優秀な人材が集まり、業界全体が発展していくのではないでしょうか。

人口構造の変化によって、どこの業界でも人材確保が課題となっていますが、昨今は歯科業界に対するイメージが低下していると感じています。

歯科業界へのイメージを変えるには、歯科医師がより豊かになることが必要だと考えており、その一助として、歯科医院のM&Aという手法があることを知っていただきたいと思っています。

――現在の歯科医師のリタイヤで、どこが問題と感じていますか。

水谷　一番は、ほとんどの歯科医師が、医院の出口を定めずに走り続けている点です。跡継ぎがいないことは頭の片隅にあるものの、「採用をどうしよう」「自費率を上げなくては」など目先の課題に一生懸命で、出口まで見据えている先生は少ないと感じています。

廃業も選択肢の一つですが、医院の原状回復工事や従業員への退職金支給等で、多額の費用がかかる場合もあります。会社員なら退職金と花束をもらって辞められるところを、歯科医師はお金を払って辞めることにもなりかねないのです。

そういったことを防ぐために、医院の体制を整備してしっかりと準備をしておけば、医院を承継できる可能性は高まります。

M&Aの講演も行っている

――やはりM&Aがしやすい歯科医院とそうでないところはありますか。

水谷　例えばカリスマ院長一人に売上や運営を依存しているような医院はM&Aが困難です。

皆がそれぞれカバーしあって、例え体調不良で一人がダウンしても運営できる規模感のある医院や、マニュアルをはじめとした、運営システムがしっかりとしているところは評価が高くなります。

当社では、M&Aしやすい医院をイメージしていただく一環として、歯科医院の価値を簡易査定できる無料のシミュレーションツールも開発しましたので、気軽に試していただけたらと思います。

――誰が院長でも継続できる歯科医院があると、地域住民としては安心できそうですね。

水谷　私も祖父、父と歯科医師ですが、皆が皆、親子継承をしていけるとは限りません。誰が院長でも地域住民に支持される歯科医院は、結果的に医療の標準化にもつながると思います。

また、医院を売却する先生は、売却した資金で、海外移住などをイメージしていることも多いですが、実際は、元々の医院で診療を続けている先生がほとんどです。採用面接や離職者のケアなど経営業務は譲渡先のスタッフ事務に任せることで、ストレスがなくなり、臨床が楽しくなったと言われる先生が多いのです。

表現が適切か分かりませんが、医院を譲渡することで、心地よく臨床を続けていける居場所を作ったともいえます。そのような医院は地域に根付いた医療機関として存続していけると思いますし、より長く患者さんや社会に貢献できるのではないかと思います。

8月から連載開始

8月から水谷先生による月1回の連載「イメージが変わる!歯科医院のM&A」が始まります。

初回は8月13日付に掲載する予定です。

岐阜県女性歯科医師の会

創立20周年祝う

岐阜県女性歯科医師の会(帰蝶の会、濱昌代世話人代表)は21日、岐阜市のエグゼクス・スウィーツで創立20周年記念祝賀会を開いた＝写真。

濱代表はあいさつで会の歴史を振り返り、ライフイベントから生じる困難さや課題を挙げた上で、活動への理解や支援に感謝の意を示した。そして、歯科医師会活動に女性歯科医師も積極的に参画する必要性を述べた。

活動報告では、発足の経緯のほか、これまで29回の研修会や、朝日大学歯学部研修医を対象とした岐阜県歯科医師会会員によるロールモデル研修会を実施してきたこと、研修会での託児ルームの設置、ウェブ研修会の導入、未入会会員との交流会、会報誌へのエッセイ投稿などを行ってきたと報告があった。

来賓では、岐阜県歯の阿部義和会長と高木幹正前会長をはじめ、女性歯科医師の会の伊藤千寿代元会長、小林誠子元世話人代表、筧錦子前世話人代表などが出席。日本歯科医師会の高橋英登会長からの祝花や比嘉奈津美参議院議員からの祝電なども寄せられた。

人事

(敬称略)

■東京都玉川歯科医師会

▼会長　大倉一徳▼副会長　松永幸裕、石野善男▼専務理事　保母愛▼業務執行理事　古畑英子▼理事　福田俊裕、田中辰彦、濱健太郎、高津裕介、登倉博子、中野良介、粟屋剛▼監事　大島基嗣、金原研

投稿 寄稿

soeasy　植野由芙子

開業医の女性歯科医師集う会

特有の課題に対する知識や経験を共有

楽しく食事をしながら交流した

東京都千代田区の新丸の内ビルディング内のレストランにて「歯科開業女子会in東京」が24日に開催されました。本イベントは、「おしえあうって、すばらしい。」を理念に掲げるsoeasyが幹事を務め、全国の凄腕の開業女性歯科医師が集う場となりました。

◇◆◇

メディカルアドバンスの本多隆子会長のお声かけに応じ、徳島県・ひかり歯科クリニック院長の富永知穂先生を中心に、成長意欲のある開業女性歯科医師が一堂に会しました。参加者からは、「女性の開業は自由があり、仕事と子育ての両立がしやすい」との声が上がり、女性ならではの視点でのスタッフ教育術や、マイクロや顕微鏡を用いた専門的な技術の共有が行われました。

同会では、スタッフ教育に関する悩みや、女性歯科医師ならではのライフステージの乗り越え方などが話題となり、参加者はお互いに知識や経験を共有しました。特に、仕事と育児を両立させるための創意工夫に多くの共感が寄せられ、参加者同士の連携が深まりました。

メディカルアドバンスの本多会長からは「このような成長意欲のある歯科開業女子会をさらに拡大し、日本の女性活躍の速度を速めていきたい」との意気込みが語られました。次回の開催ではさらに多くの女性歯科医師が参加し、業界に新たな風を吹き込むことが期待されます。

◇◆◇

美しくもハイスペックな女性経営者&歯科医師たちとの時間はあっという間に過ぎ、参加者全員が未来の歯科業界を明るくするためのエネルギーに満ちたひとときとなりました。今後も、女性が自分の意思で人生を楽しむためのサポートが続けられることを願ってやみません。

女性歯科医師の皆さん、新しい風をこの業界に吹かせるため、ぜひご参加ください!

大阪公立大ら

転倒確率評価ツールを開発

口腔機能などから評価

1年以内の転倒確率を推定する「転倒確率評価ツール」を大阪公立大学大学院医学研究科の豊田宏光准教授、岡野匡志特任教授、兵庫県立大学地域ケア開発研究所の林知里所長が共同開発した。転倒リスクを評価するための計算式と高齢者自身でも入力しやすいツールとなっている。

兵庫県洲本市の介護予防事業「いきいき百歳体操」に参加し、2010年4月から19年12月に体力測定を1回以上受けた地域在住高齢者2397人の経時データ（7726回）を用いて解析を行った。初回データを解析すると、平均年齢74・2歳の参加者は転倒発生率が18・9％だった。

転倒を経験した参加者の過去の体力測定やアンケート結果（日常生活動作や口腔機能など）を解析したところ、「開眼片足立ち時間（秒）が短い」「椅子から手を使わずに立ち上がれない」「昨年と比べて、健康状態があまりよくない」などの7項目＝表＝が転倒リスクにつながることが分かった。

経時データ　複数の対象者・個体から時間経過もしくは条件を変えて繰り返し測定して得たデータ

転倒リスクとの関連を示す7つの項目

- ☑ 開眼片足立ち時間（秒）が短い
- ☑ 椅子から手を使わずに立ち上がれない
- ☑ 昨年と比べて、健康状態があまりよくない
- ☑ 過去1年間に転倒したことがある
- ☑ 運動プログラムへの参加が5年未満である
- ☑ 今日が何月何日か分からないときがある
- ☑ お茶や汁物等でむせることがある

◇◆◇

さらに、今回の解析で認知機能や口腔機能の低下が転倒リスクを高めることや、短時間の運動プログラムでは、あまり効果がなく、継続的に参加する必要性が示された。これらのデータを基に、1年以内に転倒する確率が推定できる転倒確率評価ツールが開発された。

今後は転倒リスクを有する地域在住高齢者のスクリーニングにおいて、医療従事者に有益な情報提供、予防およびフォローアップケアを計画する際の支援につながり、ゆくゆくは医療費や介護費抑制など自治体に広く活用していくと期待がかかっている。

同研究成果は、国際学術誌『Osteoporosis International』（6月15日）にオンライン掲載された。

「縁」つなぐ交流会を企画

アンチエイジング歯科学会

高齢化が進む中、歯科医院に限らず、企業、学会、関連団体など、あらゆるところで事業や資産の承継が課題となっている。日本アンチエイジング歯科学会（＝JSDA、松尾通会長）は、人脈・ご縁を次世代につなぐことを目的に21日、東京都中央区の東京ミッドタウン八重洲で第1回ジュニアコングレス「TSUNAGERU」と題した交流会を開催した。

常任理事の半澤一明氏（緑友会理事長）が世話人となり、学会員とその子供など、14組が集った。

松尾会長は、「人との三つの縁（結ぶ、育てる、敬う）が豊かな人生につながる。当学会は会員同士の仲が良い。そのご縁を子供たちまで広げたかった。今後は、若い人たちでグループをつくって活動をしてくれたらうれしい」とあいさつした。

参加した親子・医院スタッフの自己紹介が行われたが、会員の子供等の職業は、勤務医、歯科衛生士、ラボ経営者、歯学部生、大学役員の秘書、サプリメントの開発・販売者、声楽家などさまざま。

交流会の後半では、自然に子供が集まり、大きな輪ができた

食事を楽しみながら活発に交流する姿が見られ「しぶしぶ参加した子供が、生き生きと交流している姿を見られてうれしい。私自身も楽しんでいる」と異口同音に話す親や、「若い世代の人と交流する場がなかったので、とても楽しい」「海外暮らしをしていたので、初めて日本の友達ができた」などと笑顔を見せる子供らもいた。

主催者側も、「予想以上に縁をつなぐことができた。親が学ぶ姿勢があるので、ジャンルが異なっていても、子供同士も親しみを覚えることができたのではないか」とコメントした。

半澤氏による事業・資産の承継に関わるミニセミナーもあり、幅広い視点で承継について考えさせられる場となった。

オゾンナノ水が細菌毒素を分解

新潟大学が発見

空気と水から生成し、殺菌効果を持つオゾンナノ水が、細菌の毒素も分解することが明らかになった。新潟大学大学院医歯学総合研究科微生物感染症学分野の滝澤史雄歯科医師（大学院生・日本学術振興会特別研究員）、土門久哲准教授、寺尾豊教授らの共同研究によるもの。医療現場、食品産業、介護施設などの多岐にわたる領域において、安全で安心な消毒液としての実用化が期待される。

同大が開発したオゾンナノ水はさまざまな細菌に対して殺菌作用を持つことを確認していたが、一部の食中毒原因菌の場合、菌を死滅させても産生された毒素の残存により病気を引き起こすことが報告されており、細菌毒素に着目した解析を実施した。

同研究は、食中毒や院内感染の原因菌の黄色ブドウ球菌の毒素であるエンテロトキシンを蒸留水、オゾンナノ水に混合した。その結果、オゾンナノ水と混合した群は、エンテロトキシンの分解が確認された。さらに、歯周病原因菌や肺炎原因菌の産生する毒素もそれぞれ分解することが明らかになった。

同研究成果は科学誌『PLOS ONE』（7月10日付）にオンライン掲載された。

左から三国学長、鈴木英二理事長、上野正三市長、川村裕樹副市長

北医大

北広島市と包括連携協定

北海道医療大学（三国久美学長）が北海道北広島市と包括連携協定を締結した。北医大が6月26日に公表したもの。

昨年10月に同市とファイターズスポーツ&エンターテイメントで、北海道ボールパークFビレッジエリア内における大学キャンパスの設置計画についての三者基本合意を締結しており、今回の協定でさらなる連携強化を図るとのこと。

連携事項

- 保健、医療および福祉の向上に関すること
- 地域活性化に関すること
- 地域支援に関すること
- 地域人材の育成に関すること
- 産業、学術および文化の振興に関すること
- 教育・研究に関すること
- その他、前条の目的を達成するために必要と認められる事項

投稿 寄稿

日本がん口腔支持療法学会からの提言 ⑫

当学会と私

理事　曽我賢彦　岡山大学病院医療支援歯科治療部・歯科医師

がん患者のより良い人生のために

私は縁あって、大学病院でこの二十数年来、さまざまな医科系診療科を受診する患者の口腔管理を行っています。駆け出しの時期には極めて多くの経験をしました。

ある日、白血病性の歯肉増殖を呈する40代の女性の患者が紹介でやって来られました。造血幹細胞移植を実施予定とのことで、初めて病棟へ往診し、口腔管理を行うこととしました。当時、造血幹細胞移植患者は歯磨きが禁じられていました。血小板および白血球減少で、歯磨きをすると出血が止まらなくなること、そして感染するリスクが高くなることから、ポビドンヨードで1日6回、4時間おきくらいにうがいをすることになっていました。デンタルプラークはバイオフィルムなのだから、機械的に取らなければ感染管理ができるわけがないじゃないか、と意気込んだ私は、当時の病棟の決まりに反し、患者に術者磨きをしました。その結果は散々たるものでした。本当に出血が止まらなくなったのです。

結局のところ、私ができたのは、ただひたすら患者に、当時の病棟の決まり通り「ポビドンヨードで頑張ってうがいをしましょう」と言うことだけでした。

造血幹細胞移植後、もう少しで白血球数が増え、成功間近という時期に、衝撃的な出来事が起こりました。口腔粘膜全体に一夜にして怪しげな白苔様の付着物がはびこったのです。念のため細菌検査を行ったところ、多剤耐性菌で構成されていることが分かりました。数日後、この患者は敗血症性のショックで亡くなられました。検出されていた多剤耐性菌は口腔で検出される前に喀痰培養で検出されており、感染の原発は呼吸器系と思われました。しかし、口腔の専門家としてほぼ毎日往診していたにもかかわらず、口腔を多剤耐性菌の増殖の場にすることを許し、そしてその細菌による感染症で患者は亡くなられたのです。私にとって初めての担当患者の死でした。いったい何をしていたのかと呆然とする日がしばらく続きました。この経験をした後、同様に入院されている患者の口腔をきれいにするキャンペーンを始めました。

そして、歯科の専門性はがん治療の質、そしてがん患者の生活の質を大幅に改善することに気付きました。がん支持療法とは、がんそのものに伴う症状や、治療による副作用・合併症・後遺症による症状を軽くするための予防、治療およびケアのことです。

この分野は発展する必要があり、そのためには学問としての立ち位置が必要との思いを抱きました。経験論だけでなく、理論に基づいて体系づけられた知識に基づき、この分野が発展する必要性を感じました。当時40代前半の若さでしたが、幸いにして立ち上げや初代役員就任に賛同してくださる方々に恵まれ、特定非営利活動法人として、2016年2月に「日本がん口腔支持療法学会」の立ち上げに至りました。

歯科医療者ができる医療の質向上として、がん患者に手を差し伸べ、支えるのはいかがでしょうか。現在、日本国民の2人に1人は生涯でがんを経験します。歯科医療者の専門性が、がん治療の進歩で延伸した寿命をより良く過ごすことに貢献するのは間違いありません。

【予告】

8月と9月に公開講座開く

大歯大

大阪歯科大学（川添堯彬学長）は8月31日、9月7日に、第30回公開講座（天満橋講座）「大阪歯科大学附属病院における最近の最先端医療」を同大創立100周年記念館で開催する。

8月31日は、大阪歯科大学歯学部口腔外科学第二講座の竹信俊彦教授による講演「お顔のゆがみ、あなたも顎変形症かもしれません～顎矯正手術最前線」、9月7日は、同大口腔インプラント学講座の草野薫教授による講演「インプラント治療最前線！～大学病院だからできること」が行われる。

受講料は無料で定員は各250名。申込締切は8月29日。

詳細は事務局TEL072(864)3000まで。

宇宙で唾液とストレスが関係

東歯大が可能性示す

月面重力でのAmy1発現変動の調節研究が、将来のヒト宇宙生活における身体的・精神的健康を示すストレスモニター、あるいは口腔医学の提供に貢献できる可能性が示唆された。東京歯科大学生理学講座の澁川義幸主任教授、同大衛生学講座の杉原直樹主任教授、次世代宇宙システム技術研究組合の山口耕司代表理事ら共同研究チームが解明したもの。

昨年12月より愛知学院大学が歯学研究科未来口腔医療研究センター宇宙歯学研究部門を開設し、宇宙生活における口腔管理について研究が行われるなど、宇宙空間における歯科医療技術の発展が望まれる時代となりつつある。

そんな中、東京歯科大学ら研究チームは、国際宇宙ステーション（ISS）の日本の宇宙実験棟である「きぼう」で人工月面重力環境下に飼育されたマウス顎下腺のmRNA発現変化に着目した。

◇◆◇

唾液分泌に関わる唾液腺は、交感神経系と副交感神経系により、その分泌が緻密に制御されているが、宇宙環境での唾液分泌制御機構あるいは唾液腺の遺伝子発現変動や機能制御に関する知見はまだ乏しいのが現状だった。

そこで月面重力下および地上下で飼育されたマウス顎下腺組織のmRNA発現解析を行い、月面重力下における口腔臨床医学の基礎研究基盤の確立を目的として、マウスを小動物飼育装置（遠心機能付き）に入れ、宇宙空間（ISS）の人工重力下で飼育した。

◇◆◇

その結果、唾液を生成する腺房細胞でアミラーゼ（消化酵素・ストレスマーカー）をコードするmRNAのAmy1発現が上昇したほか、アミラーゼ分泌に関する他の複数のmRNA発現変化も関与していることが明らかとなった。

また、これらのmRNAから合成されるタンパク質発現も、月面重力環境下での飼育で発現上昇していることが分かった。同研究成果によって、宇宙・月面環境でもAmy1がストレスマーカーとして機能的に発現している可能性が示された。

◇◆◇

今後は、宇宙環境で飼育された動物や宇宙飛行士の唾液を採取することで、将来のヒト宇宙生活を想定した研究をより一層進めていくとのこと。

同研究成果は、ジャーナル誌『Frontiers in Physiology』（6月26日）に研究論文として掲載された。

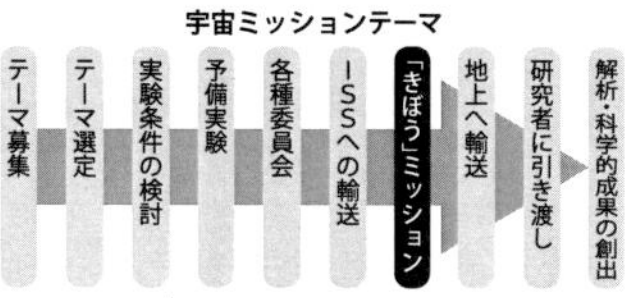

プロジェクトの流れ。宇宙実験は「MHUミッション」と名付けられ、各大学が帰還したマウスを分析や研究に活かしている

デンタル小町が通る

平成歯科クリニック院長（大阪府寝屋川市）
小谷泰子 ❹

続・食のこだわり

「食べ物へのこだわりがあまりない」と前回書きましたが、思い返してみると、自分で気付いていないだけで結構なこだわりだったかも？と思う出来事がありました。

4月に京都で行われた歯科医師会の仕事帰りに、先輩理事がこってりで有名なラーメン店の第一号店に連れて行ってくださいました。私はそのお店のあっさりラーメンが好きで「あっさり」を迷わず頼むと、いつも穏やかな先輩から「あっさりはおかしい。総本店なのだから『こってり』を頼むべき」と指摘されました。「いやいや、ハードロックバンドのバラードが良いように、『こってり』が有名なお店の『あっさり』が良いんですよ」と我ながら完璧な切り返しをしたつもりでしたが、あまり納得されず。具体的なバンド名と曲名を出せなかったことが敗因かと、1980年代アイドル全盛期から、J―POPしか聴いてこなかったことを反省しました。とはいえ、あっさりラーメンと先輩おススメのコロッケをおいしくいただきました。

と、書いてみると、大した話ではないなとラーメン同様あっさりしたこだわりでした。

ちなみに、食べ物をお土産にすることも多く、そこはこだわりよりもセンスの見せどころかなと思っています。大学の母教室へは「質より量」とスーパーマーケットで購入したチョコレートやポテトチップスを持参しています。

その一方で「おいしくないもので太りたくはない」という名言を残されたおばあさまの孫である当院の衛生士さんはおいしいものをたくさん知っているため、出張帰りの自院へのお土産選びは、慎重にならざるを得ません。東京駅で頑張って選んだものが大阪発だったということもありました。

お土産選びにネットは活用しないというこだわりもありまして……とここまで書き、自分が思っているよりもややこしい人間であることが分かったような気がします。

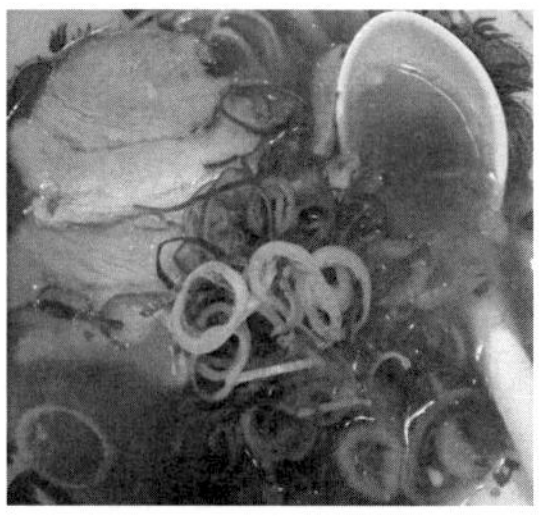

「こってり」味が人気の有名ラーメン店の総本店で食べた「あっさり」味のラーメン。総本店に行っても、あえて好きな「あっさり」を選ぶのが食のこだわり？

院内3Dマップ

歯学部棟を追加

岡山大「スムーズな受診を」

岡山大学病院が提供している院内3Dマップに歯学部棟が新たに追加された。同院は規模が大きく、患者が院内で道に迷うことも多いという。同大学術研究院医歯薬学域（医）医療情報化診療支援技術開発講座の長谷井嬢准教授が、より分かりやすく、ストレスのない病院受診を提供するために作成した。

同院ホームページの交通・施設案内から利用可能で、これまで2500人以上が利用している。

アップデートされたマップは実際の風景写真を取り込んだもので、任意の場所をクリックするとその地点まで画面が移動する。売店、自動販売機、車いす対応トイレの場所などを検索して移動もできる。

さらに、これまで医科の外来診療棟、中央診療棟、総合診療棟の1〜2階部分のみの対応だったが、医科外来棟の3階に加えて、歯学部棟の1〜3階部分のマップが追加されている。

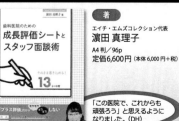

大阪大学

毛髪鼻指節骨症候群 再現するマウス作成

大阪大学大学院歯学研究科組織・発生生物学講座の佐伯直哉招へい研究員、阿部真士講師、大庭伸介教授ら研究グループが、毛髪鼻指節骨症候群の骨格系病変の一部を再現するマウスを作成した―。生後のTRPS病態の解析が可能となり、成長障害や骨格異常などのメカニズムを解明、治療法の開発に貢献すると期待がかかっている。

◇◆◇

毛髪鼻指節骨症候群（TRPS）は、転写因子であるTrps1遺伝子の変異が原因として起こる希少な遺伝性の疾患で、主な特徴として生まれつきの指の短さのほか、心臓や腎臓の重い形成異常等が挙げられる。

生まれつきの症状だけでなく、若年期から低身長、変形性関節症、重篤な場合は膝蓋骨の脱臼など、骨格系の異常が起こるケースもある。

TRPSの発症メカニズムについて、これまでTrps1遺伝子を欠損させたTrps1ノックアウトマウスを用いて解析が進められてきたが、同マウスは生後すぐに亡くなるため、生後の成長に伴って発生する骨格系異常の病態・メカニズムを解析することは困難だった。

◇◆◇

研究グループは、次世代シークエンサー解析を駆使することで、Trps1遺伝子の発現制御候補領域を見出し、ゲノム領域を欠損させた「エンハンサーノックアウトマウス」を作成した。

エンハンサーノックアウトマウスは、Trps1遺伝子がさまざまな組織で発現低下するほか、その成長に伴って、TRPS患者に認められる成長障害や股関節の形態形成異常などを再現できる。

同研究成果は、『Human Molecular Genetics』（6月21日）に掲載された。

多職種連携の課題を議論

在宅医療と地域包括ケア研究会

東京都城北地域を中心に現場での多職種連携、他業種交流の課題解決を目指す、在宅医療と地域包括ケア研究会（小畑正孝代表）は17日、第19回イベントを東京都豊島区のとしま区民センターで開催した。パネルディスカッション「続・地域包括ケアシステムの連携を止めるな！〜各職種によるリアルな討論会」の他、企業ブース展示なども行われた。

パネルディスカッションでは地域包括ケアにおける多職種との信頼関係構築について議論された＝写真。

歯科の立場からは、渋谷歯科医院の澁谷英介院長が発言した。澁谷院長によると、「他職種から要請があってもその目的が不明瞭な事が多い。職種ごとに専門性をお互いで理解し、カバーしあう関係構築が必要」と語った。また「現在は規模の大きい医院が訪問を行っているため、訪問歯科を行う際のハードルが高く、一般の歯科医院が参入しづらい」とも話した。

◆◇◆

そのほかの意見では、「現場でコミュニケーションを取ることも重要だが、電話やネットでも丁寧なやり取りが信頼につながる」「ネガティブな話もできるような関係を作る」「訪問に固執しすぎず、介護施設の入居を含めた幅広い選択肢から柔軟に判断することも重要」「『患者のため』を意識できる現場に属する」などがあった。

歯科技工用 CADサービス

世界初 9月に新機能搭載 AIがインレー等設計

歯愛メディカル

歯愛メディカル(本社・石川県能美市、清水清人社長)は、昨年6月から提供している韓国IT企業Imagoworks社の、AIがクラウンを自動設計する技工用CADサービス「Dentbird(デントバード)」に、新たにインレー、ブリッジを自動設計する機能を9月末に搭載すると明らかにした。国内での需要を基に開発しているもので、同機能は世界初という。6月27日にImagoworks社と資本業務提携を締結したことに伴うもの。デントバードは、世界96カ国で10万症例以上使われており、国内では歯愛メディカルが日本語化および専売している。

デントバードは、ウェブベースのCADソフトで、ソフトのインストールやライセンス費用は不要。インターネットに接続された端末上でクラウンをデザインできる。

アカウントを無料で作成後、口腔内データをアップロードすると、1歯約1分でAIがクラウンを自動設計する。設計したクラウンは、マージンラインの修正、マージンポイントの追加、クラウンの形状の変更、裂溝の作成、反転複写、セメントスペースを含む内面調整、咬合距離や隣接歯距離の調整が可能。完成したデザインは、加工機または3Dプリンターで出力ができる。

日本で最近追加された新機能は、「患者、上下顎、支台歯のデータを個々にアップロードせずに一つのフォルダでアップロードできるバッチ機能」、また「AIがインレー、ブリッジを自動設計する機能」が9月末に新たに追加予定。

専務の小林良充氏は、「国内でのサービス提供開始から既に1万8千症例ほど使用されている」とした上で、「CAD設計を人の手で行う場合、熟練者の方でも1時間当たり10症例が限度だと言われているが、デントバードでのバッチ機能では1時間当たり30症例以上を一括で設計できるので、空いた時間を別の作業に充てることが可能」と説明。「初期コストが不要なため、費用の最小化と業務の効率化が同時に図れる」と補足する。

サービスの価格は、1出力当たり638円。なお、9月末までは1出力当たり160円。近い将来、出力し放題のサブスクでの提供も検討しているという。

同社では、CADデザインのAIによる自動設計には、口腔内スキャナーの普及が欠かせないものの、歯科技工士不足の中でも技工物の安定供給につながる可能性があるとしており、今後、材料販売に限らずハードウエアやソフトウエアにも力を入れ、歯科界の能率向上、ひいては所得向上に貢献していきたいとしている。

新社長インタビュー　松風バイオフィックス株式会社　菅原 順一 氏

品質の高さを体感して欲しい

(すがわら　じゅんいち)
1969年生まれ。歯科技工士専門学校卒。1990年4月松風に入社。2020年6月執行役員、24年5月現職に。
趣味:探し中です。ゴルフ、スキー、釣りなど一通りのことはやってみましたが、仕事上のお付き合いでの参加でしたので、一人で黙々と楽しめることを探しています。皆さんの趣味、教えてください!

――経歴を教えてください。

菅原　歯科技工士専門学校を卒業後、営業職として松風に入社しました。仙台営業所に配属された後、東京支社長、本社営業部の部長などを務め、2020年6月に執行役員、今年5月に現職に就きました。

――最近の取り扱い製品や取り組み状況を教えてください。

菅原　中核製品であるインプラントは今年1月に、約9年ぶりとなる新製品「バイオフィックスiD」を発売しました。安心・安全を目指した製品作りと国内製造はそのままに、先生方からのご意見を具現化した製品です。独自のスレッドデザインを採用して幅広い症例に適応できるようにしたほか、日々の在庫管理の負担を減らせるよう、従来品「バイオフィックス」のドリルやアバットメント等パーツ類に互換性を持たせています。

当社の取り扱い製品は3Dプリンターを始めとしたデジタルソリューション、世界最大のドイツの外科器具メーカー・ビーブラウン エースクラップ社の歯科用インスツルメントと幅が広がっています。それから、グループ会社のCAD/CAM加工センターのご案内も可能です。先生方と接点を持てる間口を広げてきたとも言えます。

――課題は。

菅原　当社は2015年4月に歯科用インプラントシステムやインプラント関連製品の販売を行う松風のグループ会社として設立されました。設立から約10年を迎えましたが、国内では海外製品も含め50社以上のメーカーからインプラントが販売されていることもあり、インプラント治療をしていない先生方においては当社の知名度は低いと実感しています。

――対応策は。

菅原　先生方へのご紹介の機会を増やす活動に力を入れていきます。ぜひ一度製品を実際に手に取っていただき、その品質の高さを体感していただけたらと思います。

X線装置などの初期不良、修理し再販売

マークテックら

マークテック(本社・東京都大田区、西本圭吾社長)と三菱HCキャピタル(本社・東京都千代田区、久井大樹社長)は業務提携し、X線CTスキャン装置等機械装置販売の市場活性化を図るため「機械装置のリファービッシュ(初期不良等で返品された商品を修理・検査して再販売する)事業」を開始すると17日に発表した。

同事業は、機械装置に中古装置の市場がなく「使用していない装置の場所や維持管理費がかかる」「廃棄にコストがかかる」「装置が高額で購入できない」といった声を受けて開始。マークテックが顧客から中古装置を購入→部品交換・メンテナンス等を実施→メンテナンス済み装置を三菱HCキャピタルに販売→三菱HCキャピタルが購入を検討する顧客に販売する。三菱HCキャピタルグループの国内外の営業力と販売網で機械装置を導入しやすい循環型経済のビジネスモデルとしてリファービッシュ品を拡販する。

また、両社はX線CTスキャン装置による検査等を行う「受託検査サービス」の提供でも協力し、同サービスを拡販していく。

週間 金・パラ価格動向　税抜価格(1g、円)

	金	パラジウム(参考価格)
7月22日(月)	12,243	4,960
7月23日(火)	12,140	4,845
7月24日(水)	12,133	4,915
7月25日(木)	11,745	4,875
7月26日(金)	11,734	4,780

―提供 石福金属興業―

協業先募る企業が登壇

合同発表会

日本歯科新聞社(水野純治社長)は、歯科関連企業(ディーラー・卸等)対象の「第1回新製品・サービス合同発表会」=写真=を東京都千代田区の同社とオンライン上で25日に開いた。商材の選定や情報収集のため、約40社の担当者が参加した。

社長の水野氏は、「本日の登壇者は、販売会社や協業先を探し中の歯科医院向けソリューションを持つ企業の方々。本会をビジネスマッチングの場として活用してもらい、歯科医院のさらなる支援につなげて欲しい」とした上で、「発表会の感想などを尋ねるアンケート結果が好評だったら、2回目も開催したい」とあいさつした。

8社が登壇し、各々の製品やサービスを約15分ずつ紹介した=表。

終了後の会場では、参加者同士による情報交換などが行われた。

後日、発表企業の資料や連絡先などが参加者全員に配布される。

合同発表会　企業名と主な製品・サービス(当日の発表順)

SABU	スタッフ管理ツール「クリニック管理くん」 スタッフの採用から退職時までの書類管理や各種手続きを支援するツール。採用時の候補者情報、求人媒体や選考結果の管理、入社時の書類情報、従業員情報、申請承認手続きの電子化などを行う。
サイエンスアーツ	スマートフォンで使える次世代インカム「Buddycom」 スマートフォンやタブレットに専用アプリをインストールすると、トランシーバーや無線機のように複数人との同時コミュニケーションが可能。音声通話、話した内容の録音・文字起こし、翻訳、映像共有、位置情報を確認しながらグループ通話も行える。
sunoow	口内年齢シミュレーションサービス「DMFT SIMULATOR」 厚労省発表の歯科疾患実態調査と協力クリニックのDMFT(口内年齢)データを集約・分析して、患者の10、20年後の歯の状態を見える化するサービス。中長期的なケアにつなげるためのサポートが行える。
ウィルアンドデンターフェイス	保険矯正専用ソフト「FLEX Ortho」 保険適用で実施した矯正治療のオンライン請求や辺戻、カルテ作成、文書管理、予約、自動見積書・契約書の作成などが行える。歯科用レセコンのオプションではなく単体での利用、オンライン資格確認等システムや他社CTとの連携なども可能。
ストランザ	歯科向けクラウド型業務管理システム「Apotool & Box for Dentist」など サブカルテ、動画・画像管理、歯周検査、診察券アプリ、キャッシュレス決済などの機能のほか、医院のほぼ無人化を支援するAI音声自動対話サービスなども用意。
日本ビスカ	デジタルサイネージサービス「Catchvision」「Dentavision」 集患用の院外サイネージ「Catchvision」は、充電式とコンセント給電式を用意。最大30秒の医院オリジナル動画1本付き。自費診療案内用の院内サイネージ「Dentavision」は、約280本の動画を用意。
ストライク	「歯科向けM&Aサービス」 ヘルスケア業界のM&Aに従事する担当部署が担当。関東、近畿エリアで、歯科医院の後継者の不在、事業成長、発展などの譲渡理由による、歯科医院同士、一般病院とのM&A支援がある。
日本歯科新聞社	「書籍・新聞電子版・セミナー・記事作成サービス」 歯科に関する各種データや法律、業界の仕組み、関連団体などをまとめた書籍「2024年版歯科業界ハンドブック」のほか、グループ単位での新聞電子版の販売、歯科業界入門出張セミナー、記事作成サービス「歯科企業トップの横顔」などを用意。

口の健康情報サイトを開設

森永製菓

森永製菓(本社・東京都港区、太田栄二郎社長)は、口の健康のための情報サイト「森永おくち研究所」を17日に開設した。

同社は「食べたいものを好きなだけ、いつまでも自分の歯でしっかり噛んで食べられる世界の実現」を目指して口腔ケアプロジェクトを発足。今回その第一弾として同サイトを開設した。

同サイトでは、鶴見大学歯学部教授の朝田芳信氏と同大学助教の小林冴子氏が「むし歯の悩み相談」と「子供の口腔機能」の話、ドライマウス研究会代表の斎藤一郎氏が「口の渇きとだ液の大切さ」の話を監修し、サイト内のコンテンツ「おくちランド」の仲間と一緒にむし歯やだ液などについて学ぶことができる。詳細はホームページまで。

安心経営の羅針盤 (129)

(株)ディー・ピー・エス　日吉 国宏

むずかしい親子承継

歯科医院に限らず、子供への事業継承は簡単なことではありません。実際に「息子が帰ってきたが、出ていった」や「喧嘩ばかり」という話をよく聞きます。あなたは問題なく息子や娘にバトンタッチできると思いますか?

親からすると、子供はいくつになっても未熟に見えます。ましてや同じ職業に就いた場合は、より一層そのように感じます。親から見れば臨床経験の浅い子供は歯科医師として「ひよっこ」にしか見えません。

一方、子供からすると、親の臨床や診療所は「時代遅れ」に映ります。近年は開業間もない歯科医院でも事業を拡大して複数の勤務医を雇用しているケースが多くなっています。そんな「やり手の若い院長」は勉強熱心、診療器材への投資意欲も旺盛で、診療室にもお金をかけています。子供の方は、父親よりも若い世代の院長の下で自己研鑽しているのです。

親は自分と子供を比較し、子は勤務先の院長と親を比較するため、ギャップが生じます。

A歯科医院はユニットが10台以上あり、これまで多くの若手歯科医師を雇用、指導し独立を応援してきました。おおらかな院長の下では、スタッフ同士の人間関係も良好で勤続年数が長いのが特徴です。そんな院長も、そろそろ引退を考える時期になりました。しかし、後継者である息子とはソリが合わず、いつも親子で言い争いになってしまい、院長夫人が仲裁に入ることもあります。その息子さんは、ある法人の勤務医として理事長や同僚、スタッフからも厚い信頼を得て活躍しています。二人とも「他人」とは良い人間関係を構築できる能力を有していますが、お互いに同じ職場で働いてみると衝突する未来しか描けないそうです。やはり、親子であるが故に承継がより難しいのです。

ひとことアドバイス

親子承継のコツは第三者を間に挟んで衝突を避けること。親は子供を「信頼」し、子は親に「感謝」の気持ちで接すること。場合によっては医院を引き継がないという選択肢も用意して「親子の縁が切れる」という最悪の結果だけは避けるようにしてください。

野田秀樹氏の舞台『正三角形』に協賛

ジーシー

ジーシー(本社・東京都文京区、中尾眞会長兼社長)は10日、日本とロンドンで上演の野田秀樹氏の新作舞台「NODA・MAP 第27回公演『正三角関係』」に特別協賛したと発表した。一人でも多くの人が歯科に関心を持つきっかけになるよう協賛を決めたという。

出演者は次の通り(敬称略)。松本潤、長澤まさみ、永山瑛太、村岡希美、池谷のぶえ、小松和重、野田秀樹、竹中直人、他。

国内の公演は、東京公演が東京芸術劇場プレイハウスで8月25日まで、北九州公演がJ:com北九州芸術劇場 大ホールで9月5~11日、大阪公演がskyシアターMBSで9月19日~10月10日に行われる。詳細はホームページまで。

歯科衛生士の研修「小児コース」追加

デンタルサポート

デンタルサポート(本社・千葉市、草深多計志社長)は、運営する歯科衛生士向けのウェブサイト「Dキャリアプラス」内で提供している研修「DSアカデミー」に、新たに小児歯科に関するコースを開設したと10日に発表した。

DSアカデミーは、これまで「訪問口腔ケア」と「摂食嚥下」の二つのコースを開催。「小児も学びたい」という声が多く寄せられたことから「口腔機能発達不全症」と「MFT(口腔筋機能療法)」コースを新設した。

①「口腔機能発達不全症コース」は診療への導入方法やトレーニングの進め方・選択方法など臨床で効率良く実践するための知識と技能を学ぶ。開催日はアドバンスコースが8月25日。②「MFTコース」は、MFTの基礎から診療への取り入れ方などを学び、臨床で活かせる知識を習得する。開催日はベーシックコースが9月29日、アドバンスコースが11月4日。①・②の各コースとも講師はフリーランスの歯科衛生士・後貴三子氏。実技指導と相互実習も行う。定員は各コース8人。場所は同社の丸の内オフィス。受講費は1万6千500円。修了者には認定証を発行する。

問い合わせはTEL043(376)7581まで。

■動物や建築物をプリントしたスクラブ/クラシコ

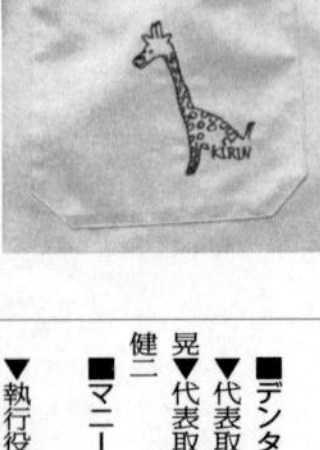

クラシコは、ホスピタルアートに携わるワンダーアート(高橋雅子代表理事)と二度目のコラボレーションスクラブを4日に発売した。デザインは「ZOO」と「ARCHITECTS」。色は、オフホワイト、ライトグレー、ブラウン、ディープネイビー。サイズはXXS、XS、S、M、L、XL。同社の直営店等で販売。価格はオープン。

ホワイトニング情報まとめサイトを開設

418インターナショナル

418インターナショナル(本社・東京都港区、山下伊津雄社長)は、ホワイトニング総合情報サイト「418ホワイトニング」を1日に開設した。

同サイトは、ホワイトニングに興味がある人向けに、歯科医院で行う「オフィスホワイトニング」、エステやサロンで行う「サロンホワイトニング」、自宅で行う「ホームホワイトニング」に関する情報をまとめたもの。

サイト上には、ホワイトニングに関する質問ができる「AIチャットボット」を搭載しているほか、ホワイトニングの歴史、オフィスホワイトニングとホームホワイトニングの違い、ホワイトニングを行う歯科医院や企業、関連商材のバナー広告などを掲載しており、三つのホワイトニングの比較検討が行える。

GoogleやYahoo!などの検索エンジンで、例えば「青山 ホワイトニング」など、「地域+ホワイトニング」で検索した際に、「418ホワイトニング」が上位表示される仕組みを取り入れている。「418ホワイトニング経由で地域の歯科医院サイトなどへの誘導が可能」(山下社長)という。

地域別に掲載可能な歯科医院は3医院までで、価格は、月額5500円(ホームページへのリンク、人材募集サイトへの掲載)。同社他サービス加入者などは無料。

問い合わせは同社問い合わせフォームまで。

移転

■モリタ
同社は広島支店を移転した。
新住所は〒730-0806広島市中区西十日市町7-12。TEL082(291)3531。FAX082(292)7109。

人事 (敬称略)

■デンタルプロ
▼代表取締役会長　佐野晃
▼代表取締役社長　佐野健二

■マニー (11月25日付)
▼執行役会長　齊藤雅彦
▼取締役兼代表執行役社長　渡部眞也

投稿/募集
800字以内。郵送またはFAX、メールで。

今週号の主な内容

栄養の日
日本栄養士会

栄養の日に「なんでだろう」

栄養の日、栄養週間に合わせて、お笑いコンビ・テツandトモが日本栄養士会主催の市民公開講座「口からはじまる 消化と栄養の物語」に登場。お馴染みの「なんでだろう～」ネタを披露した（2面に関連記事）

トラブルが増加

セルフホワイトニング

相談174件

国民生活センター セルフエステに警鐘

「セルフエステ」に関する相談件数

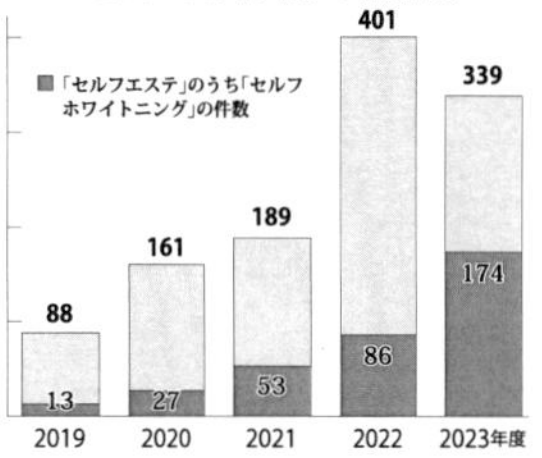

「セルフエステ」のうち「セルフホワイトニング」の件数
88
13
161
27
189
53
401
86
339
174
2019
2020
2021
2022
2023年度

＊PIO-NET（全国消費生活情報ネットワークシステム）の2024年5月31日までの登録分。2024年度の相談件数は38件（うち「セルフホワイトニング」31件）。消費生活センター等からの経由相談は含まれていない。
＊「セルフエステ」には、「セルフホワイトニング」を含む。

消費者自身がエステ機器等を使用する「セルフエステ」、特に「セルフホワイトニング」の契約トラブルが増えているとして、国民生活センターが7月31日、注意を促すリリースを発表した。2023年度のセルフホワイトニングの相談件数は19年度の13倍に当たる174件となっている＝上表。

同センターによると、セルフエステの相談件数も19年度88件から20年度161件、21年度189件、22年401件、23年339件と増加傾向にある。

具体的な相談事例では、SNSの広告を見て、セルフホワイトニングの無料体験に行き、契約を強く勧められて契約してしまったケースなどを紹介している。

消費者へのアドバイスでは、セルフエステはクーリング・オフ対象外となる点、無料という言葉への注意、契約期間や違約金の有無などの確認を呼び掛け、消費生活センター等への相談を勧めている。

なお、日本審美歯科学会は20年4月に、ホワイトニングについて一般に向けたコメントを発出。美容室やエステティックサロンに類する店舗における歯のホワイトニングは「医薬部外品や化粧品に属する製品を使用して、歯のクリーニングに相当する行為が行われているものと推察される」とし、「製品や方法に関する詳細は不明で、当学会が推奨するものではない」と指摘している。

歯が命アワードにウエンツさん

「サンギ歯が命アワード」にタレントのウエンツ瑛士さんが選ばれた。10周年を記念したパネルや「アパガード」1年分が贈られた（5面に記事）

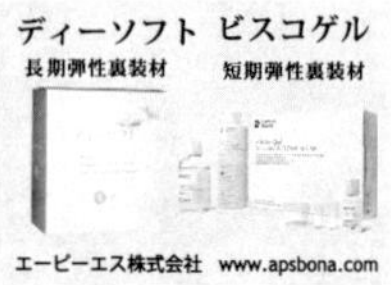

ディーソフト　ビスコゲル
長期弾性裏装材
短期弾性裏装材
エービーエス株式会社　www.apsbona.com

国家資格

デジタル化へ

歯科は11月を予定

これまで紙で行われていた国家資格の諸手続きや資格者証の取得が6日からオンライン・デジタル化された。今回は介護福祉士、社会福祉士、精神保健福祉士、公認心理士の四つで、11月から歯科医師、歯科衛生士、歯科技工士、歯科医師臨床研修修了者を含む27資格も加わる見込みとなっている。

5月27日施行の「マイナンバー法等の一部改正法」に伴うもので、マイナンバー制度の活用により、氏名等の変更手続きや、デジタル資格者証の取得がオンラインでできるようになる＝左記。

添付書類の省略や変更手続きの不要化、スマホ等での資格情報の表示なども想定している。

デジタル化で可能になること

【各種申請】
- 各種申請書類のオンライン提出
- オンライン決済
- マイナンバー活用で住民票等写しを省略
- 申請状況の確認（マイナポータルからの通知確認可）

【資格維持】
- 婚姻や引っ越し等による氏名・住所変更の場合や、死亡時に必要となる手続きの簡略化

【資格活用】
- 保有する資格情報をマイナポータル上で参照
- 資格情報の電子媒体での出力・表示（真正性の確保、偽証防止の担保が条件）
- マイナポータルAPI活用による外部システムへ資格情報の連携

歴史と技術で未来を築く
70th
NEO DENTAL CHEMICAL PRODUCTS
ネオ製薬工業株式会社

日本歯科新聞

2024年（令和6年）8月6日

＜発行所＞
日本歯科新聞社
厚生労働省記者クラブ加盟社
〒101-0061
東京都千代田区神田三崎町2-15-2
電　話　03（3234）2475
ＦＡＸ　03（3234）2477
www.dentalnews.co.jp
jdn@dentalnews.co.jp

■ 年間購読料 23,760円（送料込）（本体 21,600円＋税）
■ 月4回、火曜日発行
■ 郵便口座番号 00120-5-130369

銀粘土の世界 Vol.5
8/3sat～9/29sun
歯ART美術館
http://ha-art.com/
和田精密歯研株式会社

RUBY
歯冠修復用コバルト・クロム合金
JCROWN
管理医療機器 Jクラウン
歯科鋳造用合金
認証番号 224AFBZX00110000号
●主な用途
インレー、クラウン、ブリッジ、レジン前装冠
※陶材焼付用合金ではありません。
●内容量／標準価格
100g／4,500円
300g／12,000円
1000g／40,500円
※歯冠修復用コバルト・クロム合金は特定保険医療材料ではありません。
株式会社 ルビー

成田デンタル発
スポーツ用マウスガードブランド誕生。
歯科医院で作るスポーツ用マウスガード
VIA ヴィア
加盟歯科医院募集中！
株式会社成田デンタル 幕張本社 043-213-8788（10:00-17:00）
〒261-7121 千葉県千葉市美浜区中瀬2-6-1 WBGビルマリブウエスト21F

おまたせしました。8月8日（木）発売です。
一般社団法人 日本訪問歯科協会理事 前田実男
歯科訪問診療
2024年改定対応
院内体制づくり、他職種連携、患者アプローチ、使えるアプリ、現場での細かい配慮から、請求ルールや個別指導の注意点まで、訪問診療にかかわるノウハウが一冊で分かります。
価格 5,500円（本体5,000円＋税）
A5判／302p
診療報酬と介護報酬のダブル改定に対応
（2008年の初版から、開業医の先生方に支持され続けている信頼ある内容です。）
ご注文は
お出入りの歯科商店、シエン社、日本歯科新聞社（オンラインストア）からご注文いただけます。
日本歯科新聞社　東京都千代田区神田三崎町2-15-2　TEL 03-3234-2475／FAX 03-3234-2477

平均寿命 男性81・09歳、女性87・14歳

令和5年簡易生命表

男性の平均寿命は81・09歳、女性は87・14歳で、前年よりそれぞれ0・04年、0・05年上回った。将来どの死因で死亡するかを算出した「死因別死亡確率」の0歳時では、男性は「がん」の25・93%が、女性は「老衰」の19・61%が最も高い。厚労省が7月26日に公表した令和5年簡易生命表によるもの。

0歳時の死因別死亡確率で、男性は「がん」に次いで、「心疾患」14・24%、「老衰」7・93%、「脳血管疾患」6・30%、「肺炎」5・68%と続く。女性は「老衰」に次いで、「がん」19・09%、「心疾患」15・44%、「脳血管疾患」6・73%、「肺炎」4・24%の順。

◆◇◆

なお、平均寿命は、昭和22年時の男性50・06歳、女性53・96歳から令和2年の男性81・56歳、女性87・71歳まで上昇。3年、4年は2年連続で前年の平均寿命を下回っていた。

令和5年　死因別死亡確率(主要死因)

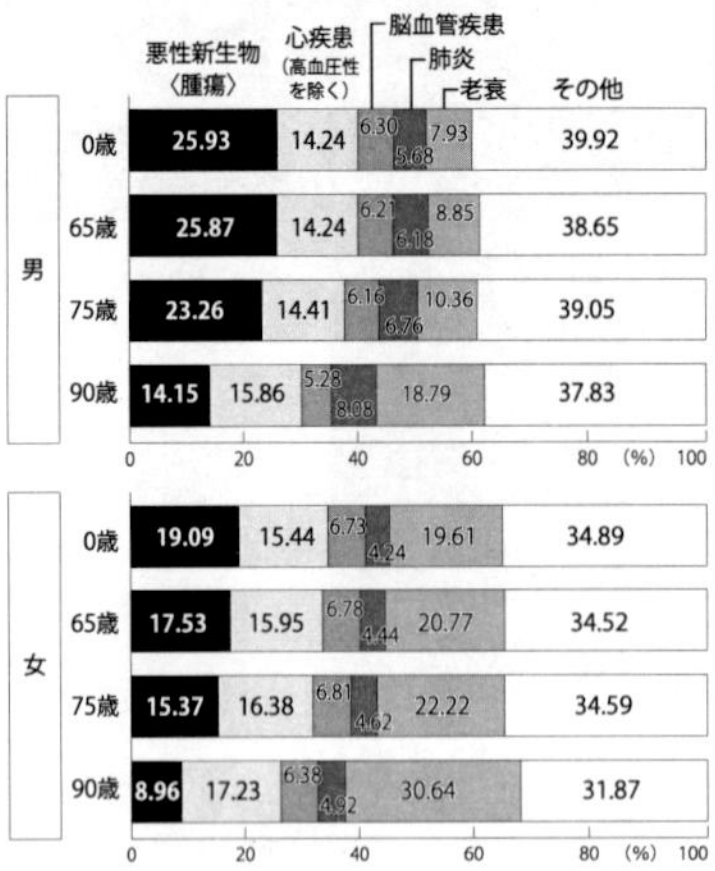

平均寿命の年次推移

	男	女	男女差
昭和22年	50.06	53.96	3.90
25～27年	59.57	62.97	3.40
30年	63.60	67.75	4.15
35年	65.32	70.19	4.87
40年	67.74	72.92	5.18
45年	69.31	74.66	5.35
50年	71.73	76.89	5.16
55年	73.35	78.76	5.41
60年	74.78	80.48	5.70
平成2年	75.92	81.90	5.98
7年	76.38	82.85	6.47
12年	77.72	84.60	6.88
17年	78.56	85.52	6.96
22年	79.55	86.30	6.75
27年	80.75	86.99	6.24
令和2年	81.56	87.71	6.15
3年	81.47	87.57	6.10
4年	81.05	87.09	6.03
5年	81.09	87.14	6.05

注:1) 令和2年以前は完全生命表による。
2) 昭和45年以前は沖縄県を除く。

平均寿命の国際比較

		作成基礎期間	男	女	人口(万人)
日本		2023	81.09	87.14	12,119
アフリカ	アルジェリア	2019*	77.2	78.6	4,423
	コンゴ民主共和国	2018*	56.5	59.7	10,525
	エジプト	2023	68.8	73.8	10,361
	南アフリカ	2022*	60.0	65.6	6,060
	チュニジア	2022	74.7	79.3	1,178
北アフリカ	カナダ	2020-2022	79.28	83.84	3,893
	コスタリカ	2022*	78.31	83.46	521
	メキシコ	2023	72.3	78.6	13,012
	アメリカ合衆国	2022	74.8	80.2	33,329
南アメリカ	アルゼンチン	2020*	74.90	81.44	4,624
	ブラジル	2022	71.96	78.95	21,483
	チリ	2022-2023*	78.50	83.96	1,983
	コロンビア	2021-2022*	72.07	78.52	5,168
	ペルー	2022*	74.4	79.7	3,340
アジア	バングラデシュ	2020*	71.2	74.5	17,173
	中国	2020	75.37	80.88	141,175
	キプロス	2022	79.6	83.3	90
	インド	2016-2020	68.6	71.4	136,717
	インドネシア	2023	70.17	74.18	27,577
	イラン	2016*	72.5	75.5	8,470
	イスラエル	2017-2021	80.78	84.75	937
	マレーシア	2023	72.5	77.4	3,265
	フィリピン	2015-2020*	69.93	75.91	11,157
	カタール	2021	79.97	83.40	279
	韓国	2022	79.9	85.6	5,163
	シンガポール	2022	80.7	85.2	564
	タイ	2022	73.6	80.7	6,681
	トルコ	2017-2019*	75.94	81.30	8,498
ヨーロッパ	オーストリア	2022	79.05	83.78	898
	ベルギー	2022	79.55	83.78	1,162
	チェコ	2023	76.89	82.78	1,052
	デンマーク	2022-2023	79.58	83.44	587
	フィンランド	2023	78.96	84.19	555
	フランス	2023	80.03	85.75	6,565
	ドイツ	2020-2022	78.33	83.18	8,324
	ギリシャ	2020*	78.34	83.61	1,046
	アイスランド	2022	80.9	83.8	38
	イタリア	2023	81.090	85.225	5,903
	オランダ	2022	80.10	83.09	1,759
	ノルウェー	2023	81.39	84.63	543
	ポーランド	2022	73.42	81.06	3,765
	ロシア	2022	67.57	77.77	14,686
	スペイン	2022	80.36	85.74	4,743
	スウェーデン	2023	81.58	84.90	1,045
	スイス	2023	82.3	85.9	874
	ウクライナ	2021*	65.16	74.36	4,100
	イギリス	2020-2022	78.57	82.57	6,703
オセアニア	オーストラリア	2020-2022	81.22	85.26	2,598
	ニュージーランド	2021-2023	80.25	83.73	512

参考:香港の平均寿命は2023年で、男が82.49年、女が87.91年。(人口735万人)
注:平均寿命は、当該政府の資料(2024年5月までに入手したもの)による。ただし、*印は国連「Demographic Yearbook 2022」による。人口は、国連「Demographic Yearbook 2022」における2022年の値(コンゴ、チュニジア、インド、イスラエル、ロシア、スイス、イギリス、ニュージーランドは2021年。アルジェリアは2020年)による。日本は2023年10月1日現在の日本人人口である。

口にまつわるネタ「なんでだろう」披露

栄養の日でテツandトモ

日本栄養士会(中村丁次代表理事会長)主催の市民公開講座「口からはじまる、消化と栄養の物語」で、お笑いコンビ・テツandトモがお馴染みの「なんでだろう、なんでだろう」のリズムに合わせて、口にまつわるネタを披露した。7月31日、東京都千代田区の神田スクエアで開催されたもの。

日栄は「たのしく食べる、カラダよろこぶ」をキーワードとして、2017年から国民の栄養と食事の課題を解決する活動を続けている。

今回、口に関するテーマを盛り込んだ理由について、日栄の鈴木志保子副会長は「食べ物を食べる口、体の中でどうなるのか全部含めて栄養学。お口なしに栄養は語れない」とし、歯や舌の機能が日々の食事に大きな役割を果たしていることを周知した。

当日は、栄養の日(8月4日)、栄養週間(1日～7日)に伴い、管理栄養士による「栄養と食の相談室」や「口にまつわるトリビアクイズ」コーナーなどが設けられ、参加者は栄養と食に関する知識を深めた。

テツandトモは、今回のイベントに合わせて口にまつわる栄養の日ネタを作ったとのことで、「(ネタ合わせには)かなり苦しんだ。まあ、一年くらい」と冗談も交えてコメント。参加者に向けて、口の機能や栄養を上手に摂るコツを歌ったオリジナル84(栄養)ソングを披露した。

最後に「栄養の日・栄養週間2024」PR大使に選ばれたテツandトモ。テツは「皆さまが豊かな日々を元気に楽しく送れますように僕たちもPRしていきます」と意気込みを語った。トモは、「栄養週間の1週間だけではなく、ゆっくり噛んで栄養を取りたい。これからも栄養のことを考えてきたい」と話した。

㊤中村会長(左端)からテツsndトモに任命状が手渡された
㊦トークセッションも行われた

訪問歯科 超 実践術 (443)

前田実男
(日本訪問歯科協会 理事)

複数名訪問歯科衛生指導加算

訪問歯科衛生指導料の「複数名訪問歯科衛生指導加算(複訪)」は、今年の診療報酬改定で新設された加算だ。

訪問歯科衛生指導が困難な者に対し、患者または家族等の同意を得て、同じ保険医療機関の複数の歯科衛生士等が患家で訪問歯科衛生指導を行う場合(歯科訪問診療料を算定する日を除く)、訪問歯科衛生指導料の「1 単一建物診療患者が1人の場合」に150点を加算する。

「訪問歯科衛生指導が困難な者」とは、次に掲げる状態か、準ずる状態の患者である。

イ　脳性麻痺等で身体の不随意運動や緊張が強く体幹の安定が得られない
ロ　知的発達障害等により開口保持ができない状態や療養上必要な実地指導の目的が理解できず治療に協力が得られない
ハ　重症の呼吸器疾患等で頻繁に実地指導の中断が必要
ニ　日常生活に支障を来たすような症状・行動や意志疎通の困難さが頻繁に見られ、実地指導に際して家族等の援助が必要
ホ　人工呼吸器の使用、または気管切開等を行っており、実地指導に際して管理が必要
ヘ　強度行動障害の状態であって、日常生活に支障を来すような症状・行動が頻繁に見られ、実地指導に協力が得られない
ト　暴力行為、著しい迷惑行為、器物破損行為等が認められる者
チ　利用者の身体的理由により1人の歯科衛生士等による実地指導が困難と認められる者
リ　その他利用者の状況等から判断して、イからチまでのいずれかに準ずると認められる者

複数名による訪問歯科衛生指導の必要性については、前回訪問時の状況等から判断する。直近の訪問が歯科衛生士のみの訪問による訪問歯科衛生指導だった場合は、歯科医師が前回訪問時の状況および訪問歯科衛生指導を行った際の歯科衛生士の報告等を踏まえ、歯科医師が総合的に判断する。

この加算を算定した場合、診療録には、同行した全ての歯科衛生士等の氏名、複数名訪問歯科衛生指導を必要とする理由を記載する。

日本訪問歯科協会　https://www.houmonshika.org

「糖尿病」の名称変更目指しフォーラム

日糖協ら

100年以上にわたって用いられてきた「糖尿病」という病名が病態に対する誤解、患者への偏見につながるとして、日本糖尿病協会(清野裕理事長)、日本糖尿病学会(植木浩二郎理事長)らが名称変更の活動を推進している。

その一環として、7月21日に京都、同28日に東京で、アドボカシーフォーラム「糖尿病の名前を考える」を開催＝写真。両団体の理事者、名称変更を担当する委員、糖尿病患者らが参加した。

学士会館(東京都千代田区)で行われたフォーラムでは、門脇孝氏(虎ノ門病院)、津村和大氏(川崎市立川崎病院)が基調講演。「糖尿病」という名称が、幅広い病気の実態を表すものでなく、患者が誤解、偏見を受ける原因の一つとなっていることから、国際的に用いられる「ダイアベティス」に変更するのが望ましいとの考え方を示した。

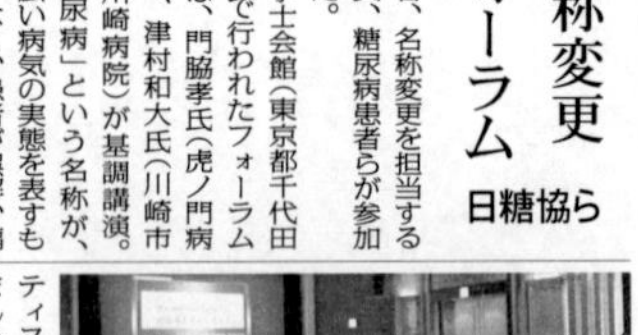

前近代の東北アジアでは、紀元前から東洋医学の古典医籍で「消渇」という名称が用いられ、結果的に栄養代謝不全を的確に示す用語となっていたが、西洋医学を受容する過程で糖尿病が採用され、日本から中国、韓国にも伝播し、現在に至っているという。門脇氏は「血糖値を測定できなかった時代であれば適切な病名だったかもしれないが、病気の解明が進んだ現在、社会が間違ったスティグマ(烙印)を患者に押すことにつながる名称は変更するのが望ましい」と述べた。

「糖尿病」に代わる名称として挙げられている「ダイアベティス」は、英語圏以外にも広く用いられており、「尿」のニュアンスを含まないことから、適切な名称だと考えられているという。

これに対して糖尿病患者から、「日本は漢字で病気の意味を考える傾向にあり、『ダイアベティス』では何の病気か分からない」「患者への偏見という点では、『生活習慣病』という分類も問題」といった意見が示された。

今後、両学会では、名称変更から法律上の病名変更も視野に入れて情報発信を継続していくという。

歯科国試にチャレンジ

●④⓪② 2024年(第117回)より

薬物の有害作用による先天奇形が生じる可能性が最も高いのはどれか。1つ選べ。

a　受精直後～7日ころ
b　受精後7～14日ころ
c　受精後3～10週ころ
d　受精後15～25週ころ
e　受精後26週以後

答えは本紙のどこかに！

マイナ保険証利用 支援の対象期間 8月まで延長

厚労省は7月30日、マイナ保険証の利用人数の増加に応じて一時金を支給する「一時金制度」と、月間利用総数が500件以上の医療機関を対象とした「カードリーダー増設支援」の対象期間を1カ月(8月まで)延長すると発表した。

◇◆◇

一時金制度は、2023年10月の利用率を起点に、24年5～8月いずれかの月のマイナ保険証利用人数の増加量に応じて、最大20万円を一時金として支給するもの。支払要件は①利用人数が一定数増えていること、②窓口での共通ポスター掲示、③患者への声掛けと、利用を求めるチラシの配布の徹底。給付額の条件は表の通り。

◇◆◇

カードリーダー増設支援は、23年10月から24年8月までのいずれかの月のマイナ保険証月間利用件数の総数が500件以上の機関が対象。カードリーダー・資格確認端末の購入費用・工事費に対して2分の1(上限27万5千円)を補助する。

なお、一時金の支給は、医療機関・薬局からの申請は不要だが、顔認証付きカードリーダーの増設支援は、医療機関等向けポータルサイトから申請が必要となっている。

一時金の支給額
「診療所・薬局」の場合

		10月利用実績からの増加人数									
		1人以上	10人以上	20人以上	30人以上	50人以上	70人以上	80人以上	100人以上	160人以上	240人以上
10月の利用率	3%未満	0円	0円	0円	3万円	5万円	7万円	10万円	15万円	17万円	20万円
	3～5%	0円	0円	3万円	5万円	7万円	10万円	15万円	17万円	20万円	20万円
	5～10%	0円	3万円	5万円	7万円	10万円	15万円	17万円	20万円	20万円	20万円
	10～20%	3万円	5万円	7万円	10万円	15万円	17万円	20万円	20万円	20万円	20万円
	20～30%	5万円	7万円	10万円	15万円	17万円	20万円	20万円	20万円	20万円	20万円
	30～40%	7万円	10万円	15万円	17万円	20万円	20万円	20万円	20万円	20万円	20万円
	40%以上	10万円	15万円	17万円	20万円	20万円	20万円	20万円	20万円	20万円	20万円

5月の歯科診療所数 前月より32減の6万6736施設

厚労省の施設動態調査による令和6年5月末現在の歯科診療所数は全国で6万6736施設で、前月より32減少した。

北海道、千葉、大阪、福岡の5、愛知の4など27道府県で57減少し、増加は埼玉の6、神奈川の5など10都県で25だった。

開設者別歯科診療所数の個人は前月より87減少して4万9135施設、医療法人は51増加の1万6946施設だった。

開設者別歯科診療所数の個人は減少傾向が続き、2021年3月以降、38カ月連続で減少。医療法人は2018年9月以降62カ月連続で増加していたが、2023年12月減少に転じ、翌月以降はまた増加している。

前年同月比の全国の歯科診療所数の動向では、545施設減少した。開設者別歯科診療所数の個人は955減少、医療法人は374増加となっている。

都道府県別歯科診療所数
令和6年5月

	歯科診療所	前月比増減数
全国	66,736	-32
北海道	2,715	-5
青森	472	-1
岩手	533	-1
宮城	1,032	-2
秋田	397	-1
山形	449	-2
福島	810	0
茨城	1,343	-3
栃木	938	0
群馬	969	-1
埼玉	3,514	6
千葉	3,186	-5
東京	10,654	2
神奈川	4,933	5
新潟	1,090	0
富山	428	-1
石川	471	3
福井	292	-1
山梨	410	-1
長野	975	-1
岐阜	939	-1
静岡	1,710	1
愛知	3,682	-4
三重	778	0
滋賀	559	-2
京都	1,253	-2
大阪	5,425	-5
兵庫	2,906	-2
奈良	677	0
和歌山	504	-3
鳥取	250	-2
島根	250	0
岡山	986	3
広島	1,470	1
山口	617	0
徳島	409	-1
香川	464	0
愛媛	629	-1
高知	334	-1
福岡	3,027	-5
佐賀	392	1
長崎	683	1
熊本	825	0
大分	505	-1
宮崎	475	-2
鹿児島	769	0
沖縄	607	2

令和6年4月の歯科医療費

社保 件数5.0%増 点数5.2%増

社会保険診療報酬支払基金による令和6年4月診療分の総計確定件数は1億622万3千件、点数171兆4億5720万3千点で前年同月に比べ件数は4.0%、点数は3.5%それぞれ増加した。

4月の稼働日数は25・0日(うち土曜日4.0日)で、前年同月比で1.0日増加している。

歯科の件数は1410万6千件、点数は172億4734万1千点で、前年同月に比べ件数は5.0%、点数は5.2%それぞれ増加した。

医療費全体に占める構成割合は前月に比べ、件数は0.2ポイント上がって13.3%、点数は0.2ポイント上がって10.1%だった。

◆◇◆

歯科の診療報酬諸率は1件当たり点数1222.7点、1日当たり点数828.4点、1件当たり日数1.48日で、前年同月に比べ、1件当たり点数は0.2%増、1日当たり点数は1.5%増、1件当たり日数は1.2%減少した。

医科の入院と入院外の合計は件数5455万9千件、点数1162億2671万5千点で、件数は前年同月に比べ1.6%、点数は1.9%増加している。入院外は件数5377万1千件、点数708億4338万4千点で、前年同月に比べ件数は2.1%、点数は2.6%それぞれ増加した。

調剤は件数が3726万4千件、点数が379億8314万6千点で、前年同月に比べ件数は7.2%、点数は7.8%それぞれ増加している。

国保 市町村の金額 0.1%減少

国保中央会がまとめた令和6年4月診療分の総医療費は市町村国保と国保組合、後期高齢者を合わせて2兆4343億円で、うち後期高齢者分は1兆5810億円だった。

4月の稼働日数は23・0日(平日21・0日、土曜日2・0日)で、対前年同月比で1・0日増加している。

◆◇◆

歯科医療費は市町村が571億円で、対前年同月比で0.1%減少。組合は50億円で1.7%増加。後期高齢者は670億円で8.1%増加した。

件数は市町村が426万件で0.5%減。組合は39万件で1.8%増。後期高齢者は464万件で8・0%増となっている。

市町村の歯科1人当たり医療費は2447円で4・3%増、1人当たり日数は0・30日で3.5%増、1日当たり医療費は8166円で0.8%増。

組合の歯科1人当たり医療費は1951円で4・3%増、1人当たり日数は0・24日で3.5%増、1日当たり医療費は8267円で0.8%増加した。

後期高齢者の歯科1人当たり医療費は3376円で4.5%増、1人当たり日数は0・41日で4.1%増、1日当たり医療費は8278円で0.4%増加している。

また市町村国保と国保組合を合わせた医療費の入院は3052億円(対前年同月比3.9%減)、入院外3061億円(0.2%増)、調剤1532億円(0.6%増)、後期高齢者分は入院7487億円(2.5%増)、入院外4648億円(6.9%増)、調剤2424億円(6.6%増)だった。

〈社保〉診療種別支払確定件数及び点数

(令和6年4月診療分)

診療種別		件数 千件	対前年同月比 %	構成割合 %	点数 千点	対前年同月比 %	構成割合 %
総計		106,223	104.0	100.0	171,457,203	103.5	100.0
医科	計	54,559	101.6	51.4	116,226,715	101.9	67.8
	入院	788	77.2	0.7	45,383,330	100.7	26.5
	入院外	53,771	102.1	50.6	70,843,384	102.6	41.3
歯科		14,106	105.0	13.3	17,247,341	105.2	10.1
調剤		37,264	107.2	35.1	37,983,146	107.8	22.2
食事・生活療養費		639	100.2	0.6	–	–	–
訪問看護療養費		293	116.8	0.3	–	–	–

(注)件数の総計は、食事・生活療養費を除く数値。点数の総計は、食事・生活療養費、訪問看護療養費を除く数値。社会保険診療報酬支払基金の統計月報を基に本紙で集計したもの。数値は四捨五入

〈社保〉歯科診療報酬諸率

(令和6年4月診療分)

区分		1件当たり点数(点)	1日当たり点数(点)	1件当たり日数(日)
合計		1,222.7 (100.2)	828.4 (101.5)	1.48 (98.8)
医療保険	計	1,233.4 (100.2)	824.9 (101.5)	1.50 (98.8)
	被保険者(65歳未満)	1,290.7 (99.6)	831.9 (101.1)	1.55 (98.5)
	被扶養者65歳未満(未就学者を除く)	1,142.5 (101.5)	817.0 (102.5)	1.40 (99.0)
	被扶養者(未就学者)	948.1 (100.6)	823.9 (101.7)	1.15 (98.9)
	被保険者65歳以上70歳未満	1,329.9 (99.4)	809.0 (100.2)	1.64 (99.2)
	被扶養者65歳以上70歳未満	1,295.1 (100.0)	796.9 (100.5)	1.63 (99.6)
	高齢者7割	1,298.6 (100.2)	792.3 (100.4)	1.64 (99.9)
	高齢者一般	1,370.7 (99.6)	816.2 (100.3)	1.68 (99.3)

数値は四捨五入。カッコ内は対前年同月比(%)

〈社保〉支部別歯科診療報酬等支払確定状況

(令和6年4月診療分)

支部別	件数(件)	日数(日)	点数(千点)	金額(千円)
令和6年2月	13,457,897	19,450,891	16,180,911	108,914,271
令和6年3月	15,274,070	22,356,367	18,741,221	124,791,722
令和6年4月	14,106,367	20,819,330	17,247,341	115,807,474
北海道	494,435	794,834	688,902	4,696,065
青森	103,918	162,540	133,298	894,007
岩手	93,597	143,355	119,022	849,475
宮城	236,222	340,132	272,240	1,882,496
秋田	84,708	125,881	109,629	732,435
山形	95,163	132,559	109,143	777,724
福島	167,465	255,468	195,017	1,354,494
茨城	297,544	438,367	343,018	2,211,054
栃木	214,345	318,791	234,240	1,549,565
群馬	177,255	271,046	199,208	1,424,005
埼玉	850,535	1,238,346	928,174	6,101,884
千葉	740,584	1,063,067	867,591	5,670,567
東京	1,918,362	2,815,173	2,293,137	15,324,789
神奈川	1,101,672	1,619,962	1,377,951	9,119,848
新潟	217,389	313,112	259,277	1,666,440
富山	114,322	159,079	125,014	807,552
石川	109,088	159,286	128,348	844,809
福井	74,744	108,623	87,251	566,698
山梨	88,436	128,756	99,778	652,167
長野	203,937	288,066	233,619	1,534,359
岐阜	210,307	295,772	243,023	1,731,556
静岡	335,566	492,205	388,091	2,759,595
愛知	879,552	1,245,441	1,087,441	7,776,266
三重	186,631	258,230	210,290	1,429,421
滋賀	165,309	229,936	184,698	1,185,109
京都	235,238	349,015	304,949	2,171,242
大阪	1,180,517	1,795,662	1,626,668	10,819,253
兵庫	656,525	944,351	833,194	5,473,229
奈良	122,631	179,486	143,287	993,578
和歌山	96,900	142,144	116,467	753,319
鳥取	58,490	86,113	71,412	465,444
島根	54,215	78,237	65,246	465,906
岡山	234,748	324,807	301,975	1,932,563
広島	304,929	448,355	377,491	2,501,405
山口	119,149	180,050	146,183	1,044,020
徳島	86,299	126,537	106,753	661,485
香川	120,759	172,360	149,685	948,433
愛媛	117,944	178,279	137,842	991,978
高知	57,704	86,293	68,852	480,812
福岡	638,415	1,009,979	828,127	5,386,994
佐賀	89,562	137,728	103,034	673,475
長崎	132,842	194,502	161,945	1,073,203
熊本	173,056	261,510	214,463	1,474,068
大分	100,916	157,862	125,320	819,968
宮崎	102,487	157,802	125,709	820,174
鹿児島	139,229	223,272	164,874	1,180,214
沖縄	122,726	186,959	156,466	1,134,331

下関歯・県技・県保険医協

関係団体が県に要望書

山口県の歯科技工士養成で

山口県内で唯一の歯科技工士養成校(下関歯科技工専門学校)が4月に新規入学者の募集を停止し、在校生が卒業する2年後に閉校する見通しとなっている。そのような状況を受け、学校を運営する下関市歯科医師会(芳川修栄会長)と、山口県歯科技工士会(黒岩学会長)、山口県保険医協会歯科部会(末益和幸部会長)が県内での歯科技工士養成の継続のため、必要な支援を求める要望書を7月25日に村岡嗣政県知事に提出した。

同日には県庁で記者会見を開催し、背景や歯科技工士を取り巻く環境、問題点などについて説明した。

県内の歯科技工士を対象にしたアンケート調査では、厳しい労働環境の実態と、回答者の半数が下関歯科技工専門学校の出身だったことが明らかになったとし、同学校が閉校した場合の歯科技工士確保への影響は深刻と予測されると言及した。

さらに、歯科技工士養成校の閉校の背景には、歯科技工士の労働環境、歯科技工料の低廉さなど経済的な問題が大きいと指摘。歯科診療報酬の低さと、適切な歯科技工料を担保するルールのない状態が問題として、制度を改める必要性についても強調した。

これまで、国に対して歯科診療報酬の適正評価と取引ルールの制定を求めてきたが、世論の後押しが必要との考えから、全国保険医団体連合会らと連携して、情報発信に努めていく構えを見せた。

厚労省

開設技工所の一覧リンク公表

届出の確認のため

厚労省は7月31日、「開設届出のなされた歯科技工所の一覧について」のサイトページを公表した。各都道府県等で開設届出のあった歯科技工所の一覧(各都道府県等のホームページのリンク)を紹介している。

歯科技工士法第21条第1項では、開設届出が定められているものの、無届の歯科技工所の存在が報告されたことを受け、届出の有無を確認できるように、都道府県等に歯科技工所の一覧を掲載するように要求。厚労省では、7月に各都道府県等のホームページへのリンクを掲載するとしていた。

新入社員アンケート

上司や先輩から「細かく教えて欲しい」

新入社員が上司や先輩に期待することに「細かく教えてくれること」「平等に接してくれること」「誉めてくれること」が多いことが分かった。産業能率大学総合研究所(上野俊一所長)が毎年行っている「新入社員の会社生活調査」によるもので、3月27日から4月10日にかけて24年入社の新入社員563人がウェブで回答した。

上司や先輩に期待することの質問に対して62・3%が「細かく教えてくれること」、57・2%が「平等に接してくれること」、54・7%が「誉めてくれること」などの回答があった=表1。

仕事でストレスを感じそうな状況については67・3%が「自分の能力不足を感じるとき」、52・8%が「人間関係で悩むとき」、36・1%が「自分一人では対応できないと感じるとき」などの回答があった=表2。

会社から支援を受けたい教育手段について「書籍などの購入補助」46・7%、「eラーニング」46・5%、「通信教育」37・1%などがあった。

生成AIに関する設問もあった。生成AIについてどの程度知っているかの質問には「基本的なことは知っている」が51・2%、「詳しく知っている」が9・6%、「名前を知っている程度」が35・7%、「まったく知らない」が3・6%だった。活用については「検索や情報収集に活用」25・9%、「学習や研究に活用」23・1%などがあり、転職活動において「エントリーシートや履歴書の作成支援に活用」8・9%、「企業情報の収集や研究に活用」5・9%などの回答があった。

その他、年功序列と成果主義どちらを望むかの質問に、「年功序列」が48・5%、終身雇用を望むかの質問に「望む」が68・2%、35歳時点の理想の年収について「600万~700万円」が最多の19・4%で、「700万~800万円」17・2%、「500万~600万」が16・7%と続いた。

表1 上司や先輩に期待することトップ5(複数回答)

項目	%
実践前にやり方や手順などを細かく教えてくれること	62.3%
誰に対しても平等に接してくれること	57.2%
良い仕事ぶりに対して誉めてくれること	54.7%
率直かつ建設的なフィードバックを提供してくれること	52.0%
相手の主張を尊重してくれること	37.5%

表2 ストレスを感じそうな状況トップ5(複数回答)

項目	%
仕事でのミスや、目標達成が難しく、自分の能力不足を感じるとき	67.3%
上司や同僚、顧客との関係でトラブルがあり、人間関係が原因で悩むとき	52.8%
仕事量の多さや、難易度が高い仕事に直面し、自分一人では対応できないと感じるとき	36.1%
仕事の具体的な進め方やルールが明確でなく、何をどう進めればよいのか迷うとき	23.1%
自分の努力や成果が適切に評価されていないと感じるとき	19.2%

人事

(敬称略)

■埼玉県歯科技工士会
▼会長　野島正美▼副会長　知崎信三、野田友正▼専務理事　中山友克▼理事　細矢義治、菅谷雅彦、松崎正明、加藤誠、小泉博康、今野誠、大林直人、桑鶴祐介、中村嘉宏、松岡幹彦、山中秀一▼監事　竹内清郎

■広島県歯科技工士会
▼会長　白井政博▼副会長　松井哲也、濵本満弘、舟橋文子▼専務理事　岩畔将吾▼常務理事　平見康雄、髙山幸宏▼理事　肥後桃代、宮田和彦、板野将也▼監事　内海桂二、藤田一朗

歯数少ない高齢者 外食頻度にも影響

東北大学

歯数が少ない高齢者は外食行動が少ないことが分かった。東北大学大学院歯学研究科国際歯科保健学分野の山本貴文非常勤講師の研究によるもの。歯の喪失予防によって外食行動を維持できる可能性が示唆された。

◇◆◇

2019年に実施された国民生活基礎調査と国民健康・栄養調査を結合したデータの2164人を対象で、そのうち女性は52・4%、平均年齢は74歳(標準偏差6・8)。歯の本数が「20本以上」「10～19本」「1～9本」「0本」の群に分け、外食頻度を「週1回以上」「週1回未満」に分類した上で、年齢、性別、喫煙状況、飲酒習慣、教育歴、同居者の有無など、外食行動に与える影響を除外した。

◇◆◇

解析の結果、「週1回以上」外食をしている人は456人(21・1%)だった。歯の本数別に「週1回以上」外食している人の割合を比較すると、「20本以上」の群に対して、「10～19本」は0・89倍、「1～9本」が0・67倍、「0本」では0・53倍と、少なくなることが分かった=表。

同研究成果は学術誌『Nutrients』(7月12日付)に掲載された。

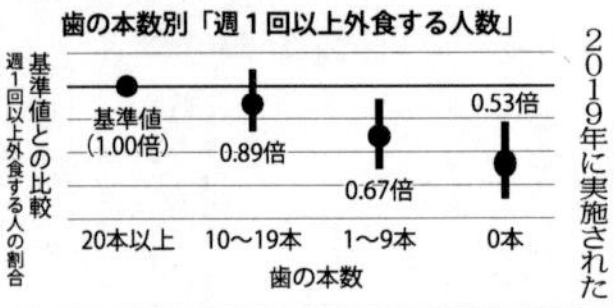

血液中のケトン体など 認知機能低下と関連

アミノ酸やケトン体など血液中の代謝物組成が認知機能低下と関連していることが分かった。東北大学学際科学フロンティア研究所歯学研究科国際歯科保健学分野の木内桜助教、同大東北メディカル・メガバンク機構(ToMMo)の小柴生造教授、寶澤篤教授らの研究グループによるもので、将来的には血液検査による認知機能低下の早期発見や予防への活用が期待される。

◆◇◆

同研究ではToMMoが2013年から16年にかけて実施した地域住民を対象としたコホート調査のうち、宮城県在住の60歳以上の2940人(男性49・0%、平均年齢67・6歳)を分析。43種類の代謝物に対して、データの特徴をまとめる解析手法を用いて認知機能低下との関連を調べた。

◆◇◆

対象者の1・9%に認知機能低下が見られ、必須アミノ酸を含むパターンおよび非必須アミノ酸を含むパターンを相対的に多く有しているグループでは認知機能低下者の割合が低く、ケトン体のパターンでは認知機能低下者の割合が高かった。

一方で研究グループは同研究が横断研究であり、代謝物の特徴が認知機能の低下の原因なのかは不明であるとし、今後長期の追跡調査が必要だとした。

同研究成果は学会誌『Journal of Epidemiology』(7月6日付)に掲載された。

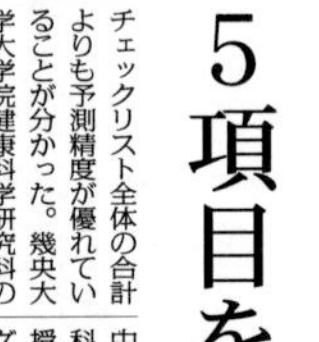

神戸大 楽天メディカル

世界初、唾液腺がん EGFR発現を評価

神戸大学大学院医学研究科と楽天メディカル(本社:東京都世田谷区、三木谷浩史会長)は、世界で初めてEGFR染色強度の4段階評価と各強度の陽性率より算出した「累積EGFRスコア」を用いて、唾液腺がんのEGFR発現を評価した―。

唾液腺がんのEGFR発現に関する研究は報告されているが、EGFR発現の評価基準が論文によって異なり、EGFR発現率の報告値はさまざまであるのが現状だった。

そこで、同大と楽天メディカルはEGFR染色強度の4段階評価と各強度の陽性率より算出した「累積EGFRスコア」が、頭頸部アルミノックス治療を含む、EGFRを標的とするがん治療の有効性を予測するバイオマーカーとなり得るとの考えのもと、種々の組織型を含む唾液腺がんにおける累積EGFRスコアと「EGFR陽性スコア」を検討するEGFR発現に関する共同研究を実施した。

神戸大学医学部附属病院で2010年1月～21年4月まで、外科的切除を受けた唾液腺がん102例を対象に、唾液腺がんの各病理組織型におけるEGFR発現率を評価した。

その結果、種々の組織型を含む日本人の唾液腺がん102例のうち85例(83・3%)でEGFR発現が認められた。また、EGFR陽性スコアおよび累積EGFRスコアを検討したところ、異なる組織型間のみならず、同じ組織型内においてもEGFR発現はさまざまなことが示唆された。

両スコアは、頭頸部アルミノックス治療などのEGFRを標的とする唾液腺がん治療において、バイオマーカーとして活用できる可能性があり、症例データの蓄積によって両スコアと治療有効性の関連についての研究成果が期待される。

同研究成果は、『Auris Nasus Larynx』(8月号)に掲載された。

畿央大

認知症スクリーニング 有用な5項目を特定

要介護リスクの基本チェックリスト25項目のうち、特定の5項目の合計が、認知症リスクにおいてはチェックリスト全体の合計よりも予測精度が優れていることが分かった。畿央大学大学院健康科学研究科の中北智士客員研究員、健康科学研究科の松本大輔准教授、高取克彦 教授の研究グループによるもので、簡便かつ効果的なハイリスク者の抽出につながる可能性がある。

同研究では要介護認定を受けていない65～80歳の高齢者を1年間追跡し、死亡者を除外した6476人が対象。新規認知症発症者40人(0・6%、日常生活自立度Ⅱa以上)に関連する基本チェックリストの個別項目を検討した。

その結果、年齢や家族構成、社会参加などの影響を考慮しても、「買い物」「相談」「階段昇降」「物忘れ」「日付の把握」の5項目が新規認知症発症に関連することが明らかになった=左表参照。さらに5項目の合計スコアは、基本チェックリスト合計スコアよりも優位に精度が高いことが示された。

なお、25項目には口腔機能に関する「半年前に比べて固いものが食べにくくなりましたか」「お茶や汁物等でむせることがありますか」「口の渇きが気になりますか」の項目もある。

同研究は学術誌『Geriatrics & Gerontology International』(7月17日付)にオンライン掲載された。

広島大

口腔がんの抗がん剤― 耐性獲得の機序解明

口腔がんの抗がん剤への耐性獲得の新たなメカニズムが解明された。広島大学病院口腔検査センターの安藤俊範講師、加治屋幹人教授、同大医系科学研究科口腔腫瘍制御学の柳本惣市教授、同大口腔顎顔面病理病態学の宮内睦美元教授らの研究グループによるもので、特定のたんぱく質の結合を標的とした薬剤の開発の必要性が示唆された。

抗がん剤である「indisulam」について、口腔がんを含む固形がんは耐性を示すことが問題となっていた。

同研究では口腔がんのがん遺伝子「YAP」が結合しているたんぱく質の結合分子として新たに「RBM39」を発見した。口腔がん細胞株でYAPを活性化させると、抗がん剤indisulamによるRBM39の分解が生じにくくなっていることを確認。またindisulamの作用過程で低くなるはずのコラーゲンやインテグリンの遺伝子発現が高く保たれていることや、がん細胞の死滅を誘導させる機序が阻害されていることが分かった。

同研究成果は学術誌『Oncogenesis』(7月15日付)にオンライン掲載された。

デンタル小町が通る

(医)千友会理事(千葉県市原市)
村瀬千明 ⑤

楽しい「ハワイ研修」

スタッフとコロナ前に約束していたハワイ研修を、6月に実現させて来ました。計画した頃は円安がこんなに進むとは思わず、倒産寸前(?)の金欠状態になりましたが、保険を解約するなどお金をかき集め、何とか行って参りました。

いつもお世話になっているハワイの先生方や歯科衛生士さんから米国式の予防やコンサルテーション、サイナスや神経について学びました。初めて海外へ行くスタッフもおり、刺激的な経験になったようです。

言葉が通じなくても何とか伝えなくてはいけない状況、海外スタッフの中にはめちゃくちゃ機嫌よく仕事をこなす方や、逆にモロに不機嫌に仕事する方と極端な例を間近に感じられ、ハワイという南国ならではの良い雰囲気で、職場の仲間と打ち解けて楽しむことができたようです。

ハワイ研修には魔法の力があると思っています。前回は2018年に行い、あれから6年経ちますが、その時参加したスタッフはほとんど今回も参加しています。ハワイの魅力がうちの医院に魔法をかけてくれたんだと思います。団体で行くからこそ、慣れない土地でも不安感なく楽しめることもありますし、家族やカップルのみで行くのとは違う楽しさがあります。

うちの法人のモットーである「1人なら早く行けるが、遠くに行きたいならみんなで行け」にぴったりのシチュエーションです。最近、職場での旅行はNGなんてよく言われますが、彼女彼らを見ているとそんな風には見えません。また行きたいとお願いされます。

大人になってから、修学旅行のような楽しい機会を持て仲間同士の結束力が高まると、職場もより良い場所に変わります。働く人が楽しそうにしていると、患者様も気分よく過ごせて、またリピートしていただけるわけです。今回も良い雰囲気が医院に広がることを期待しています。

ダニエルイノウエ空港にて

実習後の集合写真

ピックアップニュース

■真っ白な歯に憧れたのに…「セルフホワイトニング」の契約トラブル増加　無料解約が「違約金3万円」国民生活センター注意喚起(FNNプライムオンライン/7月31日)

■〈搾取される歯科技工士〉「時給換算すると1005円、都の最低賃金以下」「粗悪品しかつくれない」現場の悲痛な声…自民党の「歯科技工士議連」に質問状を送ってみると…(集英社オンライン/8月1日)

投稿寄稿

日本補綴歯科学会 理事長 窪木拓男　学術委員長 澤瀬隆

歯学生による支台歯形成コンペティション

将来担う学生の技能光る

表彰式後の集合写真

日本補綴歯科学会が主催する、歯学部学生の臨床技能向上を目的としたJPS SCSC(Student Clinical Skills Competition)が今年も開催されました。全国の歯科大学・歯学部から学生代表者1名を推薦してもらい、指定された課題(上顎左側中切歯のハイブリットレジンCAD/CAM冠を想定した支台歯形成)について一次審査が行われました。

今年は26校が参加し、一次審査を勝ち抜いた上位6名が6月2日にモリタ Dental Plaza Tokyoで行われた二次審査に臨みました。2019年より開始されたJPS SCSCは今年で6回目となりますが、昨年までとは異なる会場での開催となりました。会場となったモリタの方々には大変ご尽力いただきましたことをこの場を借りて深く感謝申し上げます。

二次審査は、ファイナリストとなった学生6名が朝9時に集合し、窪木拓男理事長からの熱い激励の後、二次審査(30分間の支台歯形成)に臨みました。母校とは異なる環境で緊張や戸惑いもあったことと思われますが、無事形成を終えてほっとした様子の学生たちが印象的でした。

回収された人工歯は直ちにスキャンされ、形成前後のSTLデータから算出したクリアランスや軸面テーパー角等の分析が行われました。学術委員会および教育問題検討委員会の両委員会から構成された6名の審査員が完全なブラインド審査を行い、集計して総合評価しました。

◆

また、審査中の時間を利用して、学生は窪木理事長の講義「デジタルデンティストリーが包括歯科診療において必須な理由」を受講しました。学生は補綴歯科に迫る大きなデジタルの波を実感した様子で、その後の館内ショールームツアーで、最新のデジタル機器も目の当たりにし、熱心に耳を傾け、目を輝かせていたのがとても印象的でした。

◆

審査は、各審査委員の点数を合計して順位を決定しましたが、いずれも僅差で甲乙つけ難く、非常に優れた6名の技能が発揮された結果だと考えます。これもひとえに、日々の鍛錬の賜物で、ぜひ、学生には今回のコンペティションを通過点に、将来の歯科界を担う人材として、これからも努力を重ねていってほしいと思います。

最後になりますが、ご引率いただいた先生方と、協賛いただいたストローマン・ジャパン、ペントロンジャパン、医歯薬出版、ノーベル・バイオケア・ジャパン、和田精密歯研、ジーシー(順不同)に深く感謝を申し上げます。

最終選考の結果

最終選考最優秀賞1位：兵頭正子さん(東北大学)
最終選考最優秀賞2位：阿瀬健太さん(徳島大学)
最終選考最優秀賞3位：植木友美さん(長崎大学)
最終選考優秀賞：青木直美さん(新潟大学)、平井由衣さん(鶴見大学)、山田大貴さん(昭和大学)

基本チェックリスト　(網掛けが5項目)

分類	No.	質問項目
生活機能全般	1	バスや電車で1人で外出していますか
	2	日用品の買い物をしていますか
	3	預貯金の出し入れをしていますか
	4	友人の家を訪ねていますか
	5	家族や友人の相談にのっていますか
運動器の機能	6	階段を手すりや壁をつたわらずに昇っていますか
	7	椅子に座った状態から何もつかまらずにたちあがっていますか
	8	15分くらい続けて歩いていますか
	9	この1年間に転んだことがありますか
	10	転倒に対する不安は大きいですか
栄養状態	11	6ヵ月間で2～3kg以上の体重減少がありましたか
	12	身長　cm　体重　kg　(BMI=　)*
口腔機能	13	半年前に比べて固いものが食べにくくなりましたか
	14	お茶や汁物等でむせることがありますか
	15	口の渇きが気になりますか
閉じこもりの傾向	16	週に1回以上は外出していますか
	17	昨年と比べて外出の回数が減っていますか
認知機能	18	周りの人から「いつも同じことを聞く」などの物忘れがあるといわれますか
	19	自分で電話番号を調べて、電話をかけることをしていますか
	20	今日が何月何日かわからない時がありますか
こころの健康状態	21	(ここ2週間)毎日の生活に充実感がない
	22	(ここ2週間)これまで楽しんでやれていたことが楽しめなくなった
	23	(ここ2週間)以前は楽にできていたことが今ではおっくうに感じられる
	24	(ここ2週間)自分が役に立つ人間だと思えない
	25	(ここ2週間)わけもなく疲れたような感じがする

*BMI(=体重(kg)÷身長(m)÷身長(m))が18.5未満の場合に該当

人事

(敬称略)

■日本口腔インプラント学会
▼理事長 細川隆司▼専務理事 渡沼敏夫▼常務理事 西郷慶悦、馬場俊輔、近藤尚知、栗田浩▼理事 大久保力廣、岸本裕充、木村英一郎、窪木拓男、小松晋一、阪本貴司、澤瀬隆、竹下文隆、田中譲治、戸田伊紀、萩原芳幸、樋口大輔、簗瀬武史、山森徹雄▼監事 加藤慎、立川敬子、柳井智恵

■日本歯科先端技術研究所
▼会長 柴垣博一▼副会長 森本恭司、奥森直人(施設長)、木村英一郎、野村智義▼専務理事 野村明広、吉野晃▼常任理事 下野純司、溝口尚、小室美樹、米山俊之、大橋功、遠藤富夫、老川秀紀▼理事 簗瀬武史(名誉会長)、野本秀材(名誉会長)、縣潔、渥美美穂子、新崎博文、今上英樹、江黒徹、栗山壮一、金藤哲朗、近藤昌嗣、高木浩二、竹島明道、豊嶋健史、中村真一、西脇知弘、松江正芳、山田晴樹、山根晃一

新社長インタビュー　和田精密歯研株式会社　戸澤 康孝 氏

歯科技工の喜び味わえる場に

（とざわ　やすのり）
1976年生まれ。99年札幌大学経営学部卒。2001年和田精密歯研入社、15年札幌営業所所長、17年執行役員、21年取締役、24年6月現職に。
最近気になっていること：（選挙戦を見て）求められるリーダー像について
趣味：今は400ccのバイクで走ったり、社員の有志と襷をつないで42.195キロメートルを走る「リレーマラソン」への参加が楽しい。ここ大阪は他県と陸続きなので移動しやすいのがうれしい。出身地が札幌市で、スキーも好き。

——経歴を教えてください。

戸澤　大学卒業後、食品関係企業の営業職として働いていたところ、歯科技工士で当社勤務の中学時代の同級生から、営業職の募集があると聞き、入社しました。札幌営業所所長、本社で総合企画本部、生産本部を務めた後、今年6月に現職に就きました。

——課題と対応策は。

戸澤　歯科技工業界全体の課題でもある残業時間の削減と技術の伝承です。限られた時間の中で一人前になるための幅広い症例に携わるには、ツールの活用が有効だと考えます。後世にも残せる、熟練技術者の手技等を学べる動画撮影や資料作りに取り組み始めています。

1症例に数人が携わる当社の「チーム技工」は、安定供給につながるのが強みですが、技工物製作は細分化されるので、患者さんや歯科医師の声を直接聞ける環境は生きがいや達成感を味わう上でも大切です。技術職である歯科技工士は同時に歯科医療人でもあるという考え方からです。そこで、型取りや口腔内への技工物装着の際にチェアサイドに同席させてもらい、後日気づきを動画に残して他社員の学びにもつなげています。

——力を入れたいことは。

戸澤　当社は自社製品も提供する開発型の歯科技工所です。社内の新製品開発コンテストには毎年多くの作品が集まり、その中から製品化が決まります。歯科医療の高度化でニーズは多様化していますが、歯科医師や患者さんもワクワクするような新製品を提供し続けていきます。

——今後の展望は。

戸澤　歯科技工物製作は1点ものを作る技術でもあるので他分野への応用も可能です。まずは歯科以外の医療業界向けの製品の提供を検討中です。

今年6月に米国に義歯特化の歯科技工所を開設したので、米国内での歯科技工物の提供も強化します。歯科技工物を今後も安定供給し続けるには、歯科技工所間の連携が今まで以上に必須になると思います。100年企業を目指すためにも、当社が一役を担っていきたいです。

チョコザップ会員に医院情報等を配信

GENOVAら

GENOVA（本社・東京都渋谷区、平瀬智樹社長）は、RIZAP（本社・東京都新宿区、瀬戸健社長）およびサイバーエージェント（本社・東京都渋谷区、藤田晋社長）と連携し、歯科に特化したデジタルサイネージ広告配信サービスの提供を開始したと7月25日に発表した。

同サービスは、GENOVAの予防医療や最新医療に関するコンテンツ等を提供するサイト「Medical DOC（メディカルドック）」を、RIZAPが運営するフィットネスジム「chocoZAP（チョコザップ）」の会員向けに制作・配信する「Medical DOC News」のデジタルサイネージ動画配信サービスに続く第二弾。

チョコザップのセルフホワイトニングブースで、地域の歯科医院や歯科の正しい情報をデジタルサイネージで動画配信し、口腔ケアに対する意識を高めつつ、地域医療の活性化を推進していく。

2万人対象のアンケートで3割がアライナーを希望

アソら調査

約2万人を対象にしたアンケートで、アライナー矯正を希望している人が3割いることが分かった。アソインターナショナル（本社・東京都中央区、阿曽敏正社長）が行ったアンケート調査によるもの。楽天モバイル（本社・東京都世田谷区、矢澤俊介社長）の健康生活応援アプリ「楽天シニア」で、DentalPrediction（本社・東京都港区、宇野澤元春社長）が提供している「mamoru」を含む、歯科コンテンツの利用者のうち、約2万人が回答した。期間は4月3日から30日まで。

どのタイプの矯正治療を希望するかの質問で、50・6％が「受けたいと思っていない」と回答し、30・5％が「アライナー」、10・3％が「ブラケット（裏側）」、7・7％が「ブラケット（表側）」、0・9％が「その他」と回答した。

矯正を希望したきっかけ（治療歴あり含む）の質問では25・9％が「歯列を整えたい」、6・2％が「肩こりや頭痛が頻繁に起こる」、6・2％が「食べ物をしっかりと噛めない」のほか、「自分も行い、息子の歯科矯正もいずれ考えたい」「歯科検診などで、歯科医院から勧められた」などの意見があった。

約1割の矯正治療を受けた人の感想では、「非常に満足している」15・0％、「満足している」42・0％、「どちらとも言えない」27・7％、「不満（矯正前と生活に変化がない）」8・8％、「非常に不満（後悔している）」5・3％、「その他」1・2％となった。また、使用したアライナーのブランドについては「わからない」64・1％、「インビザライン」21・2％、「アソアライナー（CHANGE含む）」7・4％、「キレイライン」3・5％、「クリアコレクト」2・5％、「その他」1・3％だった。

約4千人が来場

北海道デンタルショー

「北海道デンタルショー2024」が3、4の両日、札幌パークホテルで開かれ、3949人が来場した。コロナ感染症が5類に移行してからの昨年に続き2年連続での開催。なお今年度は北海道歯科学術大会とは初の分離開催となった。

最新の歯科器材が多数展示されたほか、セルフケアグッズの選び方、レーザーの使い方、根管形成、ジルコニア、スタッフの働きがいなどをテーマにしたセミナーも開かれた。

来場者の内訳は、歯科医師689人、歯科技工士266人、歯科衛生士・助手825人、学生・同伴者210人、商工業者1211人、歯科ディーラー748人。

同デンタルショー実行委員長の石田誠氏は「今年はうちわの配布や氷像の設置、開口部を増やすなどの暑さ対策を行い、涼しげに見える展示会となった」とコメントしている。来年度は8月23、24日に学術大会と併催で開催予定。

疾病予防に係る共同研究の参加者を募集

アニコム損保

アニコム損害保険（＝アニコム損保、本社・東京都新宿区、野田真吾社長）は「がんを含む全ての疾病予防に係る共同研究」の参加者の募集を開始したと7月23日に発表した。

同研究は、アニコム損保に加入する犬の口腔内・腸内環境が、がんを含むほぼ全ての疾病の有病率と密接に関連するとの研究結果を受けて実施。適切な口腔ケアでがん等の予防効果を検証し、ペット以外にヒトのがんを含む全ての疾病の予防に向けた研究・啓発を行う。また、動物病院やヒト医療関係者と連携し、MA―T配合の「CRYSTAL JOY」を使用したペットの口腔ケアの普及を通して、ヒトの口腔ケアの普及も目指す。

がんなど全ての疾病の予防に興味があり、予防の研究を共同で進められる人を参加対象者とし、歯科医院などの医院単位、または医師・歯科医師・歯科衛生士・看護師等の個人でも参加できる。

歯科医院等の場合は、①「共同研究の取り組みに賛同し、周知・啓発のみ協力」、または②「①に加え、ペット分野の検証（ペットを飼っている患者にペット用歯みがき商材の推奨等）に協力できる」医院であれば参加可能。参加費は無料。同研究を通して特許等を取得した場合は、発明等への貢献度に応じて参加者に特許料等を配分する予定。詳細はホームページまで。

医院向け電話応答自動サービス開始

Hump

Hump（本社・東京都中央区、東宮真樹社長）は、医療機関向けの電話自動応答サービス「DXメディコール」の提供を開始したと7月23日に発表した。同サービスは医院の電話受付業務を改善するため、開発されたもの。音声ガイダンス、SMS返信、電話転送、録音、多言語（英語、中国語、韓国語）対応、文字起こしなど、主な電話自動応答の機能をオプション費用なしで利用できる。

また、電話のみで順番待ち登録や診察券番号、電話番号、患者情報の紐付けが可能。初期費用は無料。基本使用料は月額2200円。別途、電話番号維持費800円と通話料がかかる。詳細はホームページまで。

週間 金・パラ価格動向

税抜価格（1g、円）

	金	パラジウム（参考価格）
7月29日（月）	11,942	4,805
7月30日（火）	11,831	4,755
7月31日（水）	11,925	4,640
8月1日（木）	11,814	4,700
8月2日（金）	11,875	4,590

提供 石福金属興業

さじかげん【番外編】

歯科でつながれ

鰐淵（わにぶち）正機（まさき）

仕事柄、全国各地に足を運ぶ機会に恵まれている。北海道の離島にある得意先を表敬訪問した際には、港がある街に前泊し、翌早朝のフェリーに揺られ3時間。初対面の院長は、なんと地元富山県で代々お世話になっていた先生の弟さんであった。

長崎市の風頭公園にある坂本龍馬像をSNSに投稿した際には、九州でご開業の先生から「像建立企画の当初の会員だった」と連絡をいただいた。

青森県むつ市の得意先を訪問する時は三沢航空科学館に立ち寄ることがあった。90年前に太平洋無着陸横断飛行を成し遂げたミス・ビードル号の展示が心に残ったが、その後転勤した東京で立川駅に行く度に足を止め見上げる少年像が手に持つ飛行機こそがビードルだと後に知った。

偶然か必然か。先々での体験が時間の経過とともに、糸がつながるようにストーリーに組み上がることがある。先日は、歯科で仕事をするご縁に感謝を込めて「歯固め石」で有名な新潟市白山神社を詣でた。歯の神様と書かれた案内板の前で、長い時間手を合わせて祈る女性がいた。ご自身か、ご家族が治療中なのだろうか。あらためて補綴技工に関わる身の責任を痛感した。生きるの基本は「食べる・食べられる」である。

本社の近くに「子ども食堂」がある。われわれも昼食に利用しており、おいしいカレーライスをいただいたことがある。食堂の運営はなかなか大変と聞くが、この日も何人もの子供の姿があった。

技工士が言うところの「食べられる」は歯の機能回復、すなわち咀嚼だろうが、子ども食堂の「食べられる」は社会的経済的要因をはらむ。企業の社会貢献が謳われる今、若い世代への支援は、「食べる・食べられる」の一端を担う企業の在り方かもしれない。「何よりもおいしく食べることのできる美しい口もと創り」である。

（和田精密歯研監査役）

「磨き方学びに医院へ」

歯にこだわるウエンツさん

サンギ

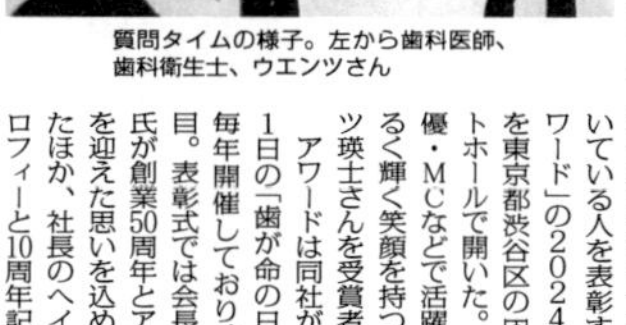

質問タイムの様子。左から歯科医師、歯科衛生士、ウエンツさん

サンギ（本社・東京都中央区、ロズリン・ヘイマン社長）は7月30日、健康的で美しい歯を持ち、自身の活動や生き方においても輝いている人を表彰する「歯が命アワード」の2024年度の表彰式を東京都渋谷区のEBiS303イベントホールで開いた。タレント・俳優・MCなどで活躍し、元気で明るく輝く笑顔を持つとしてウエンツ瑛士さんを受賞者に選んだ。

アワードは同社が制定した8月1日の「歯が命の日」を記念して毎年開催しており、今年で10回目。表彰式では会長の佐久間周治氏が創業50周年とアワード10周年を迎えた思いを込めてあいさつしたほか、社長のヘイマン氏からトロフィーと10周年記念パネルが贈呈された。

◇◆◇

授賞について聞かれたウエンツさんは、「アワードとは縁遠いと思っていた僕が、賞をいただけて光栄です。歯にこだわりがあり、1日に6～7回歯を磨いたり、歯医者に行って歯の磨き方を勉強した時期もありました。歯をしっかり見せて笑える日々を過ごせるようにと両親から厳しくしつけられていたので、そういう日々が賞に結びついたことに感謝します」とコメント。また「歯の形や白さといった綺麗さだけにこだわらず、自分にとっての美しい基準でいられたらと思います」と話した。

◇◆◇

会場では、ウエンツさんが「舌のケア」や「歯科医師と歯科衛生士の違い」などを学んだ後、オーラルケアクイズに挑戦。ハイドロキシアパタイトに関して出題され、正解したウエンツさんには1年分の歯磨剤「アパガード」が贈呈された。

「空箱ではなく本当に重いんですよ」と、受け取った1年分の歯磨剤「アパガード」を持ちかかえるウエンツさん

■4列の極薄ヘッドで極細ネックの歯ブラシ／ライオン

ライオンは、「クリニカアドバンテージ ハブラシ」に「4列レギュラー」を追加し、9月25日に全国で発売する。同製品は、極薄ヘッドと極細ネックで臼歯部まで届きやすく、口腔内の隅々まで効率良く磨きやすい設計。これまでヘッドはコンパクトサイズのみだったことから、同製品を開発。硬さは柔らかめと普通の2種類を用意。価格はオープン。

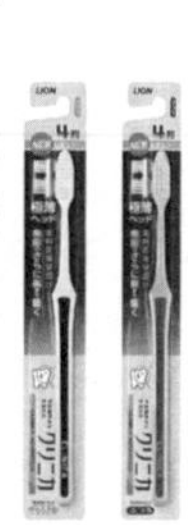

口腔機能向上加算算定支援ツール

バンドー化学提供

バンドー化学（本社・神戸市、植野富夫社長）は、嚥下運動モニター「B4S（ビーフォーエス）」を導入した顧客に「口腔機能向上加算」算定支援ツールの提供を無料で開始している。

同ツールは、口腔機能向上サービスに関する計画書、口腔機能改善管理指導計画書、口腔機能向上サービスの実施記録書など口腔機能向上加算の算定要件に必要な書類の作成から提出までを支援するもの。

また、B4Sで測定した嚥下回数や嚥下間隔の測定レポートも作成でき、過去の測定結果と比較しながら口腔機能訓練の成果を確認できる。

詳細はホームページまで。

移転

■デンプロ

同社は移転した。新住所は〒101―0021東京都千代田区外神田2丁目15番12号gran+AKIHABARAⅡ3階。TEL03（6260）9921。FAX03（6260）9922。

■リード

同社は8月16日に本社オフィスを移転する。新住所は〒135―0042東京都江東区木場2丁目8番3号第一びる西館3階

電話番号は変更なし。新FAX番号は03（5620）7677。

人事

（敬称略）

■クルツァージャパン

▼代表取締役　三沢聡

■ヨシダ

▼代表取締役会長　山中一郎▼代表取締役副会長　山中通三▼代表取締役社長　山中一剛▼常務取締役　山口均、植木秀雄、仲哲也▼取締役　山中良晃、宮崎敦、磯村英男▼監査役　中島健雄▼執行役員　成田公明、池田成利、増田明、小川博史、松田庸、折笠好彦（新任）、橋本昌和（新任）、柳崇貴（新任）、澤海真志（新任）、木暮信也（新任）

ヘッドライン企業ニュース

■歯科切削加工用レジン材「アルタイルブロック」「アルタイルブロックⅡ」などを7月22日受注分から価格変更（クエスト／6月）

■義歯洗浄剤キラリシリーズ「口腔内装置洗浄剤　キラリ泡タイプ」を6月21日に発売（ニッシン／6月20日）

■歯科専門オンライン事務代行サービスを提供するSABUと資本業務提携し、「採用」「集患」「経理」をテーマ別でパッケージ化したサービスを提供開始（GENOVA／6月21日）

■部分入れ歯、総入れ歯、マウスピース、リテーナー兼用の「スマイルデントプラス泡クリーナー」を発売（モリムラ／6月21日）

■エルビウムヤグレーザー装置「アドベールSH（Adverl SH）」、歯科用ユニット「シグノT500（SignoT500）パールホワイトエディション」を発売（モリタ／6月21日）

■異なる硬さの3層構造スプリントディスク「ハイパーデュライナー」を発売（ビー・エス・エーサクライ／6月24日）

■月額料金2,200円からのクリニックや診療所向け定額制絵画レンタルサービスを開始（Casie／6月25日）

■exit.との連携により、歯科専門のオンラインアシスタント「URAKATA」の取り扱いを開始（オール・デンタル・ジャパン／6月27日）

日本歯科新聞

2024年（令和6年）
8月13日

＜発行所＞
日本歯科新聞社
厚生労働省記者クラブ加盟社
〒101-0061
東京都千代田区神田三崎町2-15-2
電話 03（3234）2475
FAX 03（3234）2477
www.dentalnews.co.jp
jdn@dentalnews.co.jp

■年間購読料 23,760円（送料込）（本体 21,600円＋税）
■月4回、火曜日発行
■郵便口座番号 00120-5-130369

「保存」「矯正」の専門医 今年度に広告可能か

歯科保存専門医、矯正歯科専門医の制度が6月の日本歯科専門医機構（今井裕理事長）理事会にて承認され、厚労省の医療広告ガイドラインの変更手続きが行われている。無事、受理された場合、二つの広告可能な専門医が誕生する。同機構が8月8日に、東京都千代田区の機構事務所で開いた記者会見で公表した。

今井理事長

広告可能な歯科専門領域は現在、「口腔外科」「歯周病」「歯科麻酔」「小児歯科」「歯科放射線」と、昨年10月12日に追加された補綴歯科専門医の六つ。そして、機構は残りの歯科保存専門医（日本歯科保存学会・日本歯内療法学会）、矯正歯科専門医（日本矯正歯科学会・日本成人矯正歯科学会・日本矯正歯科協会）と共に、インプラント歯科専門医、総合歯科専門医の制度構築に取り組んできた。

◇◆◇

インプラント歯科専門医は、日本口腔インプラント学会や日本顎顔面インプラント学会、日本臨床歯周病学会（研修内容は口腔インプラント、顎顔面インプラントのみ参画）が連携を結ぶ。研修カリキュラムはすでに合意しており、評価制度は構築中。今後は研修施設の在り方など、全体的な制度構築に向けた協議が進められる。

◇◆◇

総合歯科専門医は、厚労省のワーキンググループの提言に基づき、ハイリスク患者や多職種連携の対応が可能な専門性を有する歯科医師の育成として、日本障害者歯科学会や日本有病者歯科医療学会、日本老年歯科医学会が連携することで合意された。

研修内容や各学会の特性の反映、評価方法等は概ね合意を得ており、現在は研修内容が反映できる研修施設の検討、具体的な制度構築の協議が継続されている。

しかし、日本歯科医師会の生涯研修総合認定医との差別化が求められるほか、総合歯科専門医に対して患者が「なんでも治してくれる」という誤解を招く恐れが指摘されている。これを受け、機構は名称の妥当性、国民が分かりやすい名称に向けて協議中だ。

さらに、連携学会とは異なる専門性を有したゲートキーパー役の歯科医師を養成する必要性を踏まえ、日歯の生涯研修制度と総合歯科専門医を紐づける制度構築の検討が進められているという。今井理事長は、「3学会で作られた制度がまとまり次第、日歯と具体的な話が始まると考えている」と補足した。（7面に続く）

日歯会長予備選挙

現職の高橋英登氏が立候補の意思を表明

日本歯科医師会会長の高橋英登氏＝写真＝は8日、次期会長予備選挙に立候補する意思を本紙らに対して表明した。「地区歯科医師会からの立候補要請がある前に、自分の意思で来期も頑張るという姿勢を示したかった」とコメント。「志半ばの部分がある。若い人が目を輝かせて入ってくるような歯科界にしたい」と意気込みを語った。

高橋会長は、就任から1年2カ月の会務を振り返った後、次期も会長をするか否かを問う声が水面下で出てきていたとの状況を説明。これまで各地区歯科医師会から立候補要請が出てきた後に、立候補を表明するケースが多い一方、早い段階で自身の意思を明確に示してほしいという声も一定数あったという。

なお、次期会長予備選挙の詳細は公表されていないが、前回の立候補届出は2023年1月11日の締め切りだった。

SCRP日本選抜大会 優勝は日大松戸アイデンさん

全国の歯科大学・歯学部学生が研究成果とプレゼンテーション能力を競うスチューデント・クリニシャン・リサーチ・プログラム日本選抜大会が6日に行われた。20校の学生が参加し、日本大学松戸歯学部2年生のジベク・アイデンさんが優勝した。（7面に記事）

宮崎県日向灘地震

最大震度6弱で一部損壊など確認

最大震度6弱を記録した宮崎県日向灘を震源とする地震で、同県歯科医師会によると、歯科診療所の一部損壊が何件か報告されているが、詳細な情報は調査中とのこと（13日時点）。気象庁が南海トラフ地震臨時情報「巨大地震注意」を発令したのは今回が初めて。

なお、鹿児島県歯科医師会では、現時点で被害報告は上がってきていない。

プリズム

医療DXが健康の格差をもたらす？

デジタルヘルスをはじめとする医療DXの副産物として、健康格差の拡大を懸念する内容の論文が話題になっている。カナダ・モントリオール大学公衆衛生学分野のJanine Badr氏らが、三つのデータベースから41編の論文を抽出して再検討。アメリカなど高所得国でデジタルへのアクセスの不平等が健康格差をもたらす懸念があり、医療DX政策で平等の視点が重要と指摘したものだ（Health Policy.146.105122.2024）。

医療経済学者の二木立氏（日本福祉大名誉教授、医師）によると、デジタルヘルス技術が健康医療の不平等を生むことについて書かれた初の文献レビューだという。日本では、マイナ保険証を巡る議論を通じて医療DXと健康格差を懸念する声が大きい。日本医師会の医療IT委員会の答申（6月19日）では「誰一人、日本の医療制度から取り残さないことが、医療DXを適切に進めるための大前提」と強調している。

各地の医療現場を取材すると、医療DXの利便性を享受しているかは、年齢と無関係に、デジタルツールを使えるかどうかで左右される。それによって医療へのアクセスに壁ができるのは避けなければならない。これは「デジタル化が遅れている」とされる日本だけの問題ではないようだ。

今週号の主な内容

おことわり

次週は休刊です。
次回は8月27日付で発行いたします。

厚労省イベントで日歯

歯科の魅力を子供に伝える

日本歯科医師会（高橋英登会長）は7、8の両日、夏休み中の子供たちに歯医者の仕事や魅力などを知ってもらうコーナーを東京都千代田区の厚労省内に設けた。厚労省や文科省など各省庁の取り組みを紹介する「こども霞が関見学デー」の中で行われたもので、多くの子供たちが日歯ブースに集まった。

日歯は「こども霞が関見学デー」を通じて、子供たちに歯科医療の周知や口に関する健康意識を高める目的で、参加者の親子に向けて歯科の認知度向上を図った。

当日は、8020推進財団の赤と青のガムを噛んで咀嚼能力を確認する「噛むカムチェックガム」、正しい歯みがきの知識が身に付く「歯磨きマイスター検定」のほか、咬合力や舌圧測定の体験・学習、「歯科医師のおしごと」「舌圧はなんの役に立つの？」「咬合力って大切なの？」と題したパネル展示があった。

参加者からは「思ったよりも楽しかった」「アンケートを取ったり、舌圧検査だったり、歯医者さんのお仕事に触れられて良かった」「子供がエナメル質形成不全なこともあり、『むし歯はお化けよりも怖い』と言い聞かせているが、実際に参加してみると咬合力や舌圧検査など、普段やれないことばかりで、子供含め大人も楽しめた」と和気あいあいとした雰囲気で行われた。

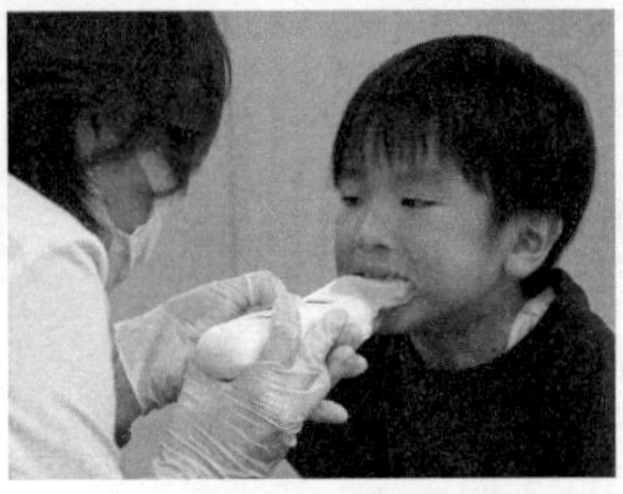
咬合力測定をする子供

定員超過で席の確保も難しい状況だった

イベントで配られた歯に関するＱ＆Ａ

		こたえ
Q1.	歯は鉄より硬い？	○
Q2.	人（おとな）とイヌでは、人のほうが歯の数が多い？	×
Q3.	乳歯（こどもの歯）は永久歯（おとなの歯）より小さいだけで形は全く同じ？	×
Q4.	咬む力は食べるときより寝ているときの歯ぎしりの方が強い？	○
Q5.	舌も筋トレ（筋肉トレーニング）することができる？	○

歯科情報学

松尾　通

衛生士と局所麻酔

歯科衛生士の友人、知人がたくさんいる。見ていると、この頃元気がいい歯科衛生士が増えたように感じている。

米国の歯科衛生士が使っている予防歯科プログラム「プロフィー」の日本での普及に注力しているが、日米歯科衛生士のダブルライセンスを持つ二人の日本人、ハワイ州のＭｉｅさんとノースカロライナ州のＴｏｍｏｍｉさんの尽力もあり、学習し、実践する人たちが増えてきた。現在、ベーシックとアドバンスの2コースをオンライン配信しているが、2025年夏、いよいよリアルなアドバンスコースを開催する。

◇

親しい歯科衛生士のＭさんと話していたら、「局所麻酔？私やっていますよ」と言う。歯科衛生士の浸潤麻酔については日本歯科医師会でも取り上げられ、「現時点で十分な研修はない」と慎重な姿勢を崩していない。一方で「現在、歯科衛生士会、歯科医学会、歯科麻酔学会を含めて教育について検討している」と含みを持たせた発言もしている。「法的な禁止事項ではないものの、現状では浸潤麻酔を行うのは必ずしも適切ではない」との見解であろう。

米国の歯科衛生士には浸潤麻酔はごく普通の行為で、日本とは教育システムが異なるので右へ倣えとは言えないが、日本も早急に教育体制を整備し、業務拡大への道をつける時期に来ている。

◇

歯科助手についてはステータスを上げ、職業としての魅力を高めるため名称の変更を提案、「クリニカル・アテンダント」の教育を始動した。なぜか？若年者減少の今、人手の確保にどの職種も懸命である。歯科助手では人が集まらない。新しい名称の下、新しい風を吹かせ魅力的な仕事としての「CA＝クリニカル・アテンダント」を位置付けたい。歯科に新しい人材を呼び込むとともに、われわれの仕事から他分野へ人材を流出させたくない。その思いが根本にある。歯科衛生士は予防の専門家と位置付け、歯科医師の診療パートナーはクリニカル・アテンダントが担うのが理想だ。

12月1日に、東京で養成講座を開催する。「この冬、私が輝き出す」がそのコピーである。

8月8日、アメリカから新しいニュースが届いた。東部の州でプロフィーテックの名称で歯科助手を養成、その仕事の一部に局所麻酔を容認するという。時代は動いているのだ。

◇

ホスピタリティという言葉がある。「おもてなし」という日本語が通常充てられる。おもてなしという言葉は平安時代から使われているが、「表なし」の意味もあり、一方で「裏あり」と対なので安易に使うべきではないと識者は指摘する。おもてなしの意味合いで歯科でも接遇に使われるが要注意である。

（東京都開業）

2024. 8. 13

次年度制度・予算で要望

日歯　厚労省や内閣府など訪問

日本歯科医師会（高橋英登会長）は7月31日と8月1日、令和7年度制度・予算要望のため、厚労省、文科省、経産省、こども家庭庁、内閣府それぞれを訪れ、要望書を手渡した。

厚労省関係では、国民皆歯科健診の実行化に向けた環境整備や、歯科医療提供体制の確保・整備、需給問題への対応などを求めている。

文科省関係では、学校教育下での歯科保健教育の充実、学校歯科健診情報のPHRの推進、スポーツマウスガードの普及、経産省関係では、健康経営の視点での歯科口腔保健活動の推進などを要望。こども家庭庁関係では、妊娠期から子育て期における歯科の体制整備、内閣府関係では、大規模災害等に備えた巡回診療車やポータブル医療機器等の整備支援、物価高騰への対応を求めている。詳細は左記を参照。

武見敬三厚労大臣（中央）と日歯の左から山本秀樹常務理事、小野寺哲夫常務理事、高橋会長、日本歯科医師連盟の村上恵一副会長

人事

（敬称略）

■東京医科歯科大学歯科同窓会

▼名誉会長　西村誠▼会長　中村勝文▼副会長　三上周二、遠藤秀樹、榎戸崇、堤義親、松井克之、斎藤馨、渡辺隆志、長井博昭▼専務理事　佐藤浩史▼常務理事　小笠原浩一、米田豊、河津千尋、河野陽一、谷田部優、鈴木雅彦、渡邊俊一、岡本徹、山本達郎、高田靖、大泉誠、富澤卓郎、浦部功、鶴田潤、大石菜穂子、林奨太、橋本英子▼監事　中村昌人、腰原偉旦、原正明

日歯の令和7年度制度・予算要望

（抜粋）

厚労省関係

1．国民皆歯科健診の実効化に向けた環境整備

国民皆歯科健診に向けた取組の推進を図るため、健康増進事業における歯周疾患検診の対象年齢を5歳刻みに拡大することを始め、各ライフステージにおける歯科健診の充実を図られたい。

2．人口の減少や構造を踏まえた歯科医療提供体制の確保・整備

誰一人取り残さない歯科医療・在宅歯科医療の展開に向けて、

- 医療インフラが整備されていない地域における人材を含めた歯科医療機能の維持・確保、歯科医療提供体制の整備
- 地域の歯科診療所では困難な障がい児（者）や医療的ケア児（者）、有病者、要介護者等への口腔健康管理に資する環境整備
- 医科病院における歯科機能の拡大や歯科診療所との連携、後方支援体制の構築

を図られたい。

3．歯科医師需給問題への対応

生涯を通じた歯科健診の実施や、口腔の健康が全身の健康に大きく影響することから歯科需要は今後増えていく一方、過疎地域などでは無歯科医地区が増加している状況である。

今後地域における歯科医療の担い手が不足することが予想されることから、適切な必要歯科医師数の検証、それを踏まえた歯科医師国家試験の在り方、文部科学省と連携し、歯科医師の偏在対策のため、歯科大学・大学歯学部における地域枠等の設置について検討いただきたい。

4．共用試験の公的化等に係る財政的支援

歯科医師の資質向上を図るためには、歯学教育の更なる充実に向けた取り組みが必要であるため、厚生労働省と文部科学省の緊密な連携のもと、共用試験が円滑に実施できるよう体制整備に係る財政的支援をお願いしたい。

5．歯科医療におけるDX推進の支援

国が進めている医療DXの推進には、歯科医療機関の適切なICT化が重要であり、効率的な歯科医療を提供するためのシステム導入等や、医療機関等が保持している患者の医療情報を適切に管理するためのサイバーセキュリティ強化等に対する財政的支援をお願いしたい。

また、診療報酬改定DXの最終目標である医療機関の負担軽減の確実な達成に向けて開発環境の整備と必要な支援をお願いしたい。

6．医薬品の安定供給に向けた迅速な対応

国民の健康と生命を守るため、品質の確保された医薬品の安定的な供給が不可欠である。小規模な歯科診療所においても必要な医薬品が安定供給されるよう迅速な対応を求める。

7．歯科医療従事者の人材確保と賃上げに向けた取組

歯科医療従事者の生活基盤の安定は、安心・安全な歯科医療提供の根幹をなすものであり、骨太の方針2024に明記された賃上げ支援が着実に実施され、将来に向けて賃金水準の定着が図られるよう十分な財源確保を行い、歯科医療従事者の人材確保に向けた取組を推進されたい。

8．歯科衛生士及び歯科技工士の人材確保及び養成の支援

歯科衛生士・歯科技工士の人材確保と養成校に対する必要な支援を求める。

（1）養成校に対する支援策の充実

（2）歯科衛生士の復職支援の促進、人材バンク登録システムの新設

文部科学省関係

1．学校教育下における歯科保健教育の充実

児童生徒への学習プログラム等のICTを活用した歯科保健教育の環境を整備されたい。

⇒学校歯科医と養護教諭、管理栄養士等との連携

※近年の学校歯科健診では、う蝕のない子どもが増加する一方で、う蝕が多い子どもや、歯肉炎や歯列、顎関節、口腔機能発達不全等を有する児童生徒も散見され、家庭での生活環境が問われることもある。

2．学校歯科健診情報の本人提供（ＰＨＲ）の推進

▽校務支援システム（ＩＣＴを活用した教育推進自治体応援事業）における学校歯科健診情報の電子化とマイナポータルを通じた本人への提供用ＰＨＲサーバーを構築されたい。

▽日本歯科医師会と厚生労働省主体で作成した、『口腔診査情報標準コード仕様（厚労省標準規格）』は、学校歯科健診結果にも対応可能であり、貴省との今後の利活用に関する意見交換の場を定期的に設けたい。

3．スポーツマウスガードの普及促進

児童生徒のスポーツ外傷の予防を目的とした、スポーツマウスガードの普及促進を図られたい。

※学校におけるスポーツ教育において、歯や口の外傷の発生頻度は高く、スポーツマウスガードは予防に効果的である。

※授業やクラブ活動等において活用の推進

※スポーツ指導者（教員など）へのスポーツ歯科の研修講習会開催の推進

4．共用試験の公的化等に係る財政的支援

国民の健康増進及び健康寿命の延伸に資するためには、歯学教育の更なる充実及び歯科医師の資質向上に向けた取り組みが必要である。

文部科学省と厚生労働省の緊密な連携のもと、確実に実施いただきたい。

5．歯科衛生士及び歯科技工士の人材確保及び養成の支援

歯科衛生士・歯科技工士の人材確保及び養成校に対する必要な支援を図られたい。

6．歯科医師の偏在対策のため地域枠等の設置の検討

生涯を通じた歯科健診の実施や、口腔の健康が全身の健康に大きく影響することから歯科需要は今後増えていく一方、過疎地域などでは無歯科医地区が増加している状況である。

今後地域における歯科医療の担い手が不足することが予想されることから、厚生労働省と連携の上、歯科医師の偏在対策のため、歯科大学・大学歯学部における地域枠等の設置について検討いただきたい。

経済産業省関係

1．健康経営の視点からの歯科口腔保健活動の推進

「実行宣言2025」の宣言4には、歯や口腔の健康は全身の健康に寄与することから、かかりつけ歯科医へ定期的に受診できる環境を整えることが示されている。歯科疾患はプレゼンティーイズムに大きな影響を及ぼすことから、企業での歯科口腔保健活動を推進するとともに、従業員等に対する歯科口腔のリテラシーの向上を図り、歯科受診等で安心して業務に従事できる環境の整備を図られたい。

2．ISO/TC106への参加に向けた支援

歯科材料器械に係る自国の規格を国際規格に反映することは、国民への安心・安全な歯科医療提供のみならず、自国産業の発展にも極めて重要であることから、国際的に活躍できる人材育成を含めた必要な支援を図られたい。

3．歯科用金属材料の安定供給

国民への安心かつ安定的な歯科医療提供体制を確保するため、歯科用金属材料の安定供給について、世界情勢や価格高騰を踏まえた必要な措置や対応を講じられたい。

4．物価高騰による影響等への支援策

物価高騰による光熱費等の上昇や人件費の賃金上昇は、歯科医療機関の経営にも大きな影響を及ぼしている。国民に安心、安全な歯科医療を安定的に提供するためにも、電気・ガス価格激変緩和対策の継続や、歯科医療従事者の人材確保に伴う賃金上昇に対する経営支援策を講じられたい。

また、地域における歯科医療提供を継続していくことが極めて大切であり、歯科医療機関への事業承継等の補助金の適用、また省エネに関する補助金の円滑な利用に向けた必要な措置を講じられたい。

こども家庭庁関係

1．妊産婦、乳幼児、児童・生徒への歯科健診の充実

▼妊産婦

- 妊娠4か月頃を目途とする歯科健康診査の受診勧奨
- 産後を含めた歯科健康診査の強化

▼乳幼児、児童・生徒

- 5歳児健診を含め、乳幼児歯科健診後から就学時までにおける歯科健診制度の創設
- 小学校、中学校におけるフッ化物洗口の推進

▼大学生、専門学校生

- 学校保健安全法施行規則における大学の健康診断に係る「歯及び口腔の疾病及び異常の有無」の取り扱いの見直し及び大学における歯科健康診査の充実
- 大学、専門学校、短期大学への学校歯科医制度の導入

▼フリースクール利用者、児童相談所に保護された児童・生徒

- 学校保健安全法に基づく学校歯科健診制度の対象に含めるなど制度の充実
- 歯科疾患の有病率が比較的高い児童相談所に保護された児童・生徒への歯科健康診査による実態把握と歯科医療提供体制の構築

2．妊娠期から子育て期における歯科の体制整備

▼子育て世代包括支援センターへの歯科関係職種の配置の義務化

▼関係職種との連携促進に係る体制整備

▼成育医療等基本方針に基づく、障がい児（者）及び小児在宅歯科医療（医療的ケア児への対応含む）の提供が可能な人材育成、提供体制確保のための環境整備

内閣府関係

1．大規模災害等に備えた巡回診療車やポータブル医療機器等の整備についての支援

大規模災害等に速やかに歯科保健医療サービスが提供できるよう、平時から有事に備え、巡回診療車やポータブルの医療機器等の整備についての支援をお願いしたい。

2．物価高騰への対応

円安等を起因とした物価高騰は、公定価格である保険診療において、価格に転嫁できず歯科医療機関の経営を圧迫している状況である。

国民の歯と口腔の健康を維持するために

・電気・ガス・水道等の光熱費

・輸入に依存している歯科医療材料、歯科医療機器等の物価高騰に対して、適切な支援をお願いしたい。

南海トラフに備える

日歯 山口で警察歯科医会全国大会

多くの関係者が出席した

シンポジウムの様子

日本歯科医師会（高橋英登会長）は、第20回警察歯科医会全国大会を3日、山口市のかめ福オンプレイスで開催した。テーマは「警察歯科医DXの進め方～データでつながる警察歯科医」で、各種講演とシンポジウム、ポスターセッション、意見交換会が行われた。

特別講演「頻発する巨大地震に備える～南海トラフ巨大地震死傷者ゼロを目指す」では山口大学名誉教授・同大研究推進機構特命教授の三浦房紀氏が登壇し、将来的に起こるとされている南海トラフ巨大地震に言及。発生時の季節や天候、時間帯によって死傷者数は変わるとし、特に冬の深夜に発生した場合には死者は約32万人、要救助者は31万人、負傷者は62万人に上ると想定されているとした。地震発生時の避難行動について、緊急地震速報から大きな揺れが起こるまでは数十秒で迅速に避難することが重要とし、津波は、地震発生から市中に到着するまで2時間程度猶予があることから、平時からの避難計画および訓練により死傷者ゼロを目指せると指摘した。

その他、衛星システムを活用した情報共有方法や、電磁波や電離層以上の観測による地震予知の可能性についても示した。

シンポジウムでは警察歯科とDXの現状および推進するための課題などが議論された。

「警察における歯牙鑑定の重要性と課題～山口県警察における実務を踏まえて」では山口県警察本部長の熊坂隆氏が登壇した。同氏は身元確認における歯牙鑑定の有用性について触れた。「歯牙は顔貌や指紋に比べて腐敗に強く、治療痕や歯科所見が千差万別であることから、個人識別に極めて有効」とした上で、「刑事訴訟法上、歯牙鑑定で作成される鑑定書は高い証拠能力がある」と話した。

課題について、「遺体の臭気による診療への影響などから、診療時間外での鑑定が主になる。写真撮影による鑑定でも、画像が不明瞭などの理由から再度撮影が必要になる場合があることに加え、郵送などの手続きで最終的な身元確認まで時間がかかることも多い」と話し、DX化などによる効率化の重要性を説いた。

「医療DXの成果を警察歯科医活動に応用する」では東京大学医学部附属病院企画情報運営部副部長の井田有亮氏が登壇した。医療DXにおいて、複数のシステム・複数の医療機関をまたぐことで、蓄積された情報の2次利用が上手く行えていないことを指摘。「歯科診療で、医師個人が利用することを前提とするレセコンではなく、他職種が利用することを想定した電子カルテの使用が、医療事務や警察歯科負担の軽減につながる」と主張した。

また、医療情報連携の国際標準規格「HL7FHIR」についても言及。大学間などで異なる病名を統一化し、HL7FHIRの利用で口腔診療の情報を標準化することが、医療DXにおける業務負担を減らすデータベースの構築につながるとした。

イメージが変わる！

歯科医院のM&A

第1回

水谷 友春

日本歯科医療投資株式会社
代表取締役／歯科医師

後継者不足解決の一助に

「後継者不足」「引退」「企業再生」といったキーワードで語られがちなM&Aですが、目下、業績好調な若手歯科医師によるM&Aが活発化していることをご存知でしょうか？

私は東京歯科大学を卒業後、歯科医院に勤務するのではなく、M&A仲介会社や投資ファンドを通して、歯科医院のM&A事情に携わってきました。そのような中で、よく耳にするのは「M&Aって、しんどくなって身売りすることでしょ？」という後ろ向きなイメージです。しかし、私が関わってきたM&Aでは、多くの歯科医師が多額の譲渡対価を受け取り、歯科医院も盛況なまま運営をされている実態があります。

これまでの経験を踏まえ、私は歯科医院におけるM&Aが浸透していけば、人材不足や後継者不足に悩まされる歯科業界の課題を解決し、ひいては「国民の口腔保健推進」実現の一助になると確信しています。

◇◆◇

ある日、40代後半のN歯科医師（48）が「M&A仲介会社から医院への手紙、最近本当に増えたよね」と切り出しました。隣で話を聞いていたT歯科医師（45）は、「そうですね。ボクたち、早くに売りすぎましたかね？ 今期の業績も過去最高ですから」と笑っています。

彼らは40代にして歯科医院をM&Aで売却した経験を持ち、売却後の今も、自身の設立した歯科医院で臨床の第一線に立っています。売却時の医療法人の売上・利益ともに数億円単位、ご子息も高校生であることを考えれば、後継者不在や業績の問題はないと言って差し支えないでしょう。

若手歯科医師が、なぜ売却を決めたのか――。そこには、一般的な歯科医院の売却へのイメージを変える、新事実があるのです。

本連載では、海外では極めて一般的であり、今後の日本の歯科界でもますます注目されていくであろう、歯科医院のM&Aの実態を読者の皆様にお伝えしていければと考えています。

沖縄で九地連協議会

会員種別など七つのテーマ協議

九州地区連合歯科医師会（江里能成会長）の令和6年度第1回協議会が3日、那覇市のノボテルで開催された。令和5年度の一般会計決算、積立金会計決算と、令和6年度事業実施計画、同会員表彰の全ての議案が原案通り可決決定された。そして日本歯科医師会の大杉和司常務理事による講演、各県提出の7議題について、各県や日歯の取り組みや考えの共有が行われた。

あいさつで江里会長（福岡県歯会長）は、日歯の活動に感謝の意を示した上で、必要な場合は意見を伝えると強調。一丸となって課題に取り組んでいく姿勢を示した。

続いて開催県代表であいさつした沖縄県歯の米須敦子会長は、「歯科医師会は郡市区、県歯、日歯それぞれの課題を皆で共有してお互いに寄り添い、解決していかなければならない」と有意義な会になることを願った。

米須沖縄県歯会長

江里九地連会長

日歯の蓮池芳浩副会長は、1月に発生した能登半島地震での九地連による協力に、日歯、石川県歯前会長の立場で感謝を述べた。また、五つの歯科診療所全てが被災し歯科医療提供ができない状況となった珠洲市で、歯科診療車が臨時歯科診療所として非常に役立ったことが、国の予算執行に非常に大きな力となり、「骨太の方針2024」への災害時歯科関連の記載につながったと紹介した。

講演では、日歯の大杉常務理事が、「令和6年度診療報酬改定の『Key』ポイント」と題して、主にベースアップ評価料、かかりつけ歯科医機能の充実、新規技術の保険収載、および歯科医療技術の評価の見直しなど、改定のポイントを示した。

そして「本改定は、小さいところを拾い集めれば、かなりの増点になるように思っている。あきらめずに一つずつ算定していっていただければと思う」とまとめた。

協議では、各県から出された提出された七つの議題＝左記＝について、各県の取り組み状況や考えが示されたほか、日歯からの見解が出された。

次回協議は令和7年2月22日、長崎市の「サンプリエール」で開催される。

協議題

①歯科医師会会員の種別・会費（沖縄県歯提出）
②会員の高齢化と地域偏在への対応（熊本）
③女性役員の登用（宮崎）
④介護事業所と協力歯科医療機関の報酬契約（佐賀）
⑤オンデマンドを利用した日歯歯科助手資格認定講習のシステム構築の要望（佐賀）
⑥歯科専門学校への財政支援（鹿児島）
⑦九地連関係各種協議会の議事録の情報共有（長崎）

勤務医 Talk

小田原 大松 氏

■ 31歳
■ 明海大学歯学部卒

まだ自己研鑽の時間ほしい

歯科医師を目指したのは実家の影響。歯学部学生時代は、国家試験に受かるために精一杯で、実家を継ごうとは思っていたが、明確な将来のビジョンは描いていなかった。授業で興味があったのは矯正歯科だが、研修時代に矯正とは疎遠になり、補綴が楽しくなった。

研修と歯科医院勤務を通して、保険中心と自費率の高い診療所をどちらも経験。父親からはたびたび「いつ帰ってくるのか」とラブコールを送られ、まだインプラント技術を勤務先で学びたい気持ちもあったが、去年の6月、卒後3年ほどで地元に帰った。今は承継を見据えて鹿児島にある父親の医院に勤務している。

予防のためのメンテナンスを中心とした医院で、「そこを変えるつもりはなくて、器材などを時代に応じて少しずつ変えているところ」と話す。一気に診療環境を変えると既存のスタッフが大変だからという気遣いでもある。

一方で、都内にいた頃とスタッフの研修会・勉強会への参加意識のギャップを感じている面もある。「院内に取り入れたものには対応してくれるが、自分から外に向かっていくことが少ないかも」。

自身は毎年、できるだけ通年で研修コースを受けて研鑽を積むようにしている。

一方で、歯科医師としての横のつながりの乏しさを感じており、地元のスタディーグループに所属することも検討中だ。ただ、横のつながりができると歯科医師会入会のきっかけになることも予測している。

「父もやってきたことだが、診療以外で時間を取られてしまうので、できるだけ自己研鑽に当てる時間を確保したい」と本音を語る。

今後、どのような医院にしたいか問うと、治療とメンテナンスのフロアを変えたり、訪問診療部を作ったり、あらゆる可能性を見据えている。同じく歯科医師の道を歩んでいる弟が拡大した医院に帰ってくるかどうかは不確定要素だという。

日歯連盟　組織力強化

モデル事業で訪問数の4割入会

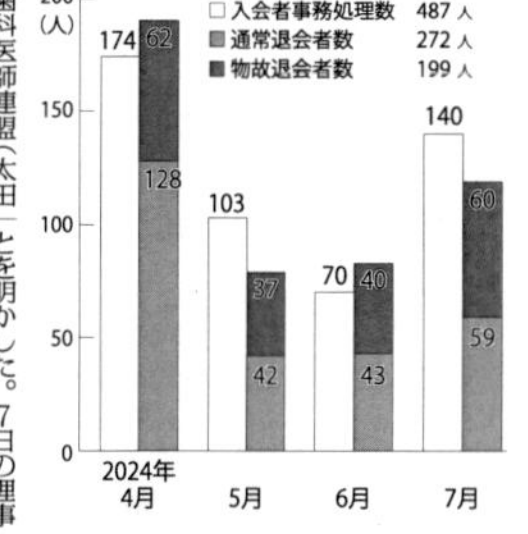

日本歯科医師連盟（太田謙司会長）は、3カ月の入会勧奨モデル事業によって、非会員の診療所を計116件訪問し、うち53人（45・7％）が入会したことを明かした。7日の理事会後の記者会見で大越壽和副会長から報告があった。

同事業は、日本歯科医師会会員数に対する組織率80％を目標に、日歯連盟役員と地区の連盟役員が直接訪問して、連盟活動の周知とともに入会を勧奨するもの。

今回は東京都（本所支部、向島支部、芝支部、麻布赤坂支部、小金井支部）と群馬県（前橋市、高崎市、太田新田市）で実施。訪問件数は共に58件で、入会者は東京36人（62・1％）、群馬17人（29・3％）となっている。

事業を担当している会員拡大プロジェクトチームで報告を取りまとめ、今後の展開なども検討していく方針とのこと。

なお、会見では、4月から7月の入会者・退会者（通常・物故）数の推移で、入会者が通常退会者を上回っている状況が示された＝上表。

日技連盟からの推薦などを報告

比嘉議員

日本歯科医師連盟顧問の比嘉奈津美参議院議員＝写真＝は7日の日歯連盟会見で、次期参議院選挙に向けて7月25日に自民党公認を得たこと、8月1日に日本歯科技工士連盟から推薦状を渡されたことを報告した。

比嘉議員は、全国での活動について、来年1月まで予定が埋まっている現状を明かし「体力が続く限り頑張っていく」と意気込みを語った。

夏の平均賞与で「診療所は難しい」

太田会長

日本歯科医師連盟の太田謙司会長＝写真＝は、7日の理事会後の記者会見で、各種報道において80万円を超える夏の平均賞与が報じられていることに触れ、「残念ながら歯科診療所で従業員に（同レベルの）支払いをできるところはほとんどない感覚を持っている」と言及した。その上で、比嘉奈津美参議院議員の政治活動をしながら、政界に歯科の現状を伝えていきたいとの考えを示した。

歯科国試にチャレンジ

403　2024年（第117回）より

粘膜の消毒に適用できるのはどれか。1つ選べ。

a　グルタラール
b　ポビドンヨード
c　消毒用エタノール
d　次亜塩素酸ナトリウム
e　クロルヘキシジングルコン酸塩液

117-A011

答えは本紙のどこかに！

厚労省WG

歯科医師臨床研修

制度改正に向け具体的検討開始

WG検討事項

①研修内容に関する事項
・到達目標の見直し等
②臨床研修施設に関する事項
・診療所における研修体制の在り方等
③指導体制に関する事項
・フォローアップ研修のあり方等
④その他

歯科医師臨床研修制度の令和8年度改正に向けて、具体的な検討・措置を議論する第1回「歯科医師臨床研修制度の改正に関するワーキンググループ（WG）」が6日、ウェブ上で開催された＝写真。東京歯科大学学長の一戸達也教授が座長に選出されたほか、研修内容に焦点を当てて議論が行われた。

◇◆◇

医政局歯科保健課の小嶺祐子課長は冒頭のあいさつで、「歯科医師臨床研修においても、基本的診療能力の修得はもちろん、歯科医療保健ニーズに対応できるよう、教育を図っていくことが重要だと考えている」と言及。「今年度末をめどに議論を取りまとめ、次回の8年度制度改正を予定している」と協力を求めた。

◇◆◇

ワーキンググループの第1回会議では、検討事項＝上記＝のうち、研修内容を議論。到達目標について「令和4年度歯学教育モデル・コア・カリキュラム」との整合性を図るため、資質・能力の到達目標に情報・科学技術を活かす能力を追加する案が提示された。

さらに、歯科医療提供体制等に関する検討会の中間取りまとめを踏まえ、基本的診療業務の「多職種連携、地域医療」の中に病院歯科に関する項目を追加する案、社会情勢を踏まえて、基本的診療業務の「基本的診療能力」の中にヒヤリ・ハットに関する項目を追加する案が示された。

具体的な文言については、今回の議論を踏まえて、次回に改めて示される見込みとなった。

WG構成員（敬称略）

▼一戸達也（東京歯科大学教授・学長）
▼大澤銀子（日本歯科大学准教授）
▼田口則宏（鹿児島大学教授）
▼長谷川篤司（昭和大学教授）
▼樋山めぐみ（ひまわり歯科副院長）
▼丸岡豊（国立国際医療研究センター病院歯科・口腔外科診療科長）
▼村上伸也（大阪大学教授）

今月のBookコーナー

著者に聞く

悩んでも迷っても道はひとつ

マリ共和国の女性たちと共に生きた自立活動三〇年の軌跡

日本歯科大学卒業後、勤務歯科医を経て新潟に小児歯科医院を開業。1989年に開業医を辞し、西アフリカのマリ共和国でボランティア活動をしている村上一枝氏。2020年ノーベル平和賞にノミネートされるなど、マリの農村地域の人々に多岐にわたる自立支援活動を行っている。同氏から、30年以上にも及ぶマリ農村地域の出来事を綴ったエッセイ本を出版した経緯や伝えたい部分などを聞いた。

『悩んでも迷っても道はひとつ　マリ共和国の女性たちと共に生きた自立活動三〇年の軌跡』
村上一枝　著／四六判／180ページ／1,650円／小学館

歯科雑誌をよむ　8月号

歯界展望　日本歯科評論　Quintessence　DENTAL DIAMOND　アポロニア21

CAD／CAMインレー修復の実践

『デンタルダイヤモンド』は巻頭特集で、東京都開業の井畑信彦氏による「IOS導入待ったなし！光学印象を活用したCAD／CAMインレー修復の実践」を掲載。

初めて口腔内スキャナ（IOS）が保険収載された「CAD／CAMインレー修復に対する光学印象法」（100点）の新設により、IOSの導入が本格的に進むと考えられていることを受けたもの。記事は、保険診療で行うCAD／CAMインレーの特徴と、特異的に求められるテクニックを解説する趣旨で、CAD／CAMインレーによる歯冠修復の適応、歯肉縁下マージンの処理、接着など一連の操作を分かりやすくまとめた。IOSを導入する際の注意点にも言及する実践的な記事となっている。

高齢者の口腔粘膜疼痛の最新研究

『日本歯科評論』は「臨床に向けた最近の研究動向から」で、日本大学歯学部歯科補綴学第一講座の浦田健太郎氏による「加齢が口腔粘膜の疼痛に及ぼす影響」を掲載。

高齢者歯科では、残存歯や義歯床下粘膜の臨床所見と患者の主観的な疼痛の訴えが相関せず、「不定愁訴」と判断せざるを得ない場面が少なくないが、加齢による感覚の変化に着目した研究が、近年、進んでいるという。

記事は、加齢による口腔内の疼痛への影響に関し、①加齢により、口腔粘膜の熱刺激時の疼痛閾値が上昇する、②加齢により、口腔粘膜損傷後の機械的アロディニア（非侵害刺激でも疼痛を生じる感覚異常）について、最新の研究動向を紹介する。

これらの研究を通して、高齢者に見られる難治性の口腔粘膜疼痛の改善に向けた新規診断法の確立、創薬におけるターゲットの明確化、適切な補綴処置の選択基準の策定などにつながると期待されているという。

デジタルガイドの埋入誤差

『歯界展望』は特集で、東京都開業の野本秀材氏らによる「デジタルガイドの埋入誤差を検証する」を掲載。

現在、広く活用されている、歯牙支持型静的ドリルガイド（デジタルガイド）によるインプラントの埋入について、埋入誤差を検証する内容。デジタルガイドによって埋入したインプラントが、術前の設計通りに埋入されているかを検証した。CTとIOSのデータによってガイドを設計、作製→ガイドの試適・インプラント埋入→上部構造設計のためのIOSスキャニング→上部構造装着、という一連の工程の後、術前のCT、IOSのデータと、埋入後にIOSでスキャンしたデータを比較する流れで検証。

埋入角度誤差、近遠心誤差、頬舌誤差、深度誤差、前歯部誤差を考察し、必要な対応を考察している。

顎関節症の「第三の経路」を排除できるか

『ザ・クインテッセンス』は、連載「World Article 特別編」の第一回で、イリノイ大学シカゴ校臨床名誉教授のCharles S. Greene氏らによる論文「21世紀の顎関節症治療：われわれは〝第三の経路〟を排除できるか」（井川雅子訳）を掲載。

顎関節症の問題を理解し、管理するための近代的な医学的／外科的モデルを歯科医師が受け入れるための闘争を記載。20世紀の歯科界が、頭蓋骨に対する下顎骨の位置を変えるという「第三の経路」の出現を、そのために必要な咬合の変化とともに許容し、顎関節症の状態を管理するための許容可能（むしろ〝理想的〟）な治療法としたが、これらの概念を歴史的診断、治療法として捨て去り、保存的、そして時には外科的な管理戦略による現代の生物心理社会的モデルに切り替えるべきだ、と主張している。

「戦略的ワンオペ」のワザ

『アポロニア21』は特集「『戦略的ワンオペ』のワザ」で、神奈川県開業の島村泰行氏と、東京都開業の杉島康義氏による、ワンオペ診療、経営の実践例を紹介。

スタッフ採用難の中、あえてスタッフを雇用せずに受付、会計などを含めて院長一人で対応する歯科医院が出てきている。特に予約、会計などがDXで対応できるようになった現在、人件費を変動費にできるなどのメリットがある一方、患者が不安を覚えたり、トイレに行くタイミングが難しいなどの問題も。

また、ワンオペの歯科医院でも急に助っ人が必要な時に役立つ、スポット採用のサービスなどについても紹介している。

海外デンタルショーレポートでは、東京都開業の石岡麻美子氏が北京デンタルショーを紹介。インプラントの自動埋入ができるロボットの登場、歯科衛生士制度の導入で広がる予防意識についても触れた。

村上一枝氏

支援事業で大切なことは「忍耐」

――本書を出版した経緯をお聞かせください。

村上　マリではこれまで長きにわたって続いていた民族闘争や、独裁政治の民主化、またイスラム過激派組織によるテロや襲撃が続いています。2017年以降にはさらに激しさを増し、首都バマコ以外の全土でも頻繁に発生するようになり、日本外務省の海外危険情報がレベル4に引き上げられました。日本大使館やJICA、われわれボランティアスタッフもマリからの撤退を余儀なくされました。ODA事業も中止になりましたが、NGO「カラ＝西アフリカ農村自立協力会」の支援活動はマリ人スタッフの下、唯一継続されていました。

これらの動きのほかに、コロナ禍の影響もあり、そんな時、母校である日本歯科大学の中原泉理事長や藤井一維学長、日本歯科大学東京短期大学の小林隆太郎学長などの助けもあり、30年超にも及ぶこれまでの体験を紹介するエッセイ本を執筆する機会をいただき、出版することとなりました。とはいえ、85歳にして出来上がった本は大変でしたね。

◆◇◆

――特に伝えたい部分は。

村上　現地の状況を考えた上での支援、ボランティア活動になっているのか、それをいま一度考えていただきたいです。「支援」や「ボランティア」と口にするのは簡単ですが、現地には電気も水道も通っておらず、クーラーもなく雨季の降雨で道路が遮断され孤立する村が多くあり、そんな環境の中、支援活動をしなくてはいけません。もちろん、電車やバスなど公共交通機関も整備されていません。

私が考える支援事業は、緊急時に支援するような一時的なものではなく、活動の対象となっている人たちが健康で幸せな生活を自分たちの力でできるように促すことです。あくまでわれわれは「支援者」であり、支援の対象者たちの生活習慣や意識の違い、文化的な側面があって、それに見合った支援方法があると考えています。本書を通じて、アフリカの人たちが貧しい生活から抜け出すために、力強く生き抜こうとしている姿を知ってもらいたいです。

◆◇◆

――「支援は同情的な一時の感情で始めるものではなく、支援する側にも責任がある。きちんとした体制が整わなければ着手してはいけない」というお話も興味深い内容でした。

村上　マリで支援事業を始めて思ったのは、現地の技術者に指導的な立場になって働いてもらい、やる気と自立する未来を促すことが大事であるということです。

当団体(カラ)は村の人々から要求されることを与えるわけではなく、全て村の人の力で作り上げるのが原則で、それを手伝うことを前提に活動しています。現地の人たちも成果につながることは自然に真似をして、それが結果的に宣伝効果になり、近隣の村にも広がっていきます。

過保護的な気遣いより、相手に任せつつ、見守る姿勢が良い結果につながります。これは日常生活にも通じることです。

支援事業で大切なことは「忍耐」と考えています。日本人が考える支援と、マリ人が考える支援は全く違います。ただ丁寧に付き合っていけば、われわれの意図することも素直に理解してくれます。

私の最終目標は、支援する側の意図を理解してマリ人自身の力で全てが動き、生産性を高め、健康で幸せな生活ができることです。そのためにこれからも活動していきたいですね。

書籍

(価格は税込)

失敗しないアライナー矯正

常盤 肇、文野弘信、槇 宏太郎 編集委員/A4判変型/168ページ/6,160円/デンタルダイヤモンド社

世界的に需要が急拡大しているアライナー矯正。専門的訓練を受けていない開業医が多く手掛けたことや、SNSでの集患などによるトラブルも増えている。

本書は、アライナー矯正のメリットを生かして安全に提供できるよう、検査・診断から症例の選択、基本的な治療手技、リカバリーの方法までを具体的に解説。治療に自信のない歯科医師も参考にできるよう、矯正治療の基本的概念からアライナー矯正の解説に進む。インプラントやワイヤー矯正とアライナー矯正の併用、非抜歯などの症例も解説している。

すごい音楽脳

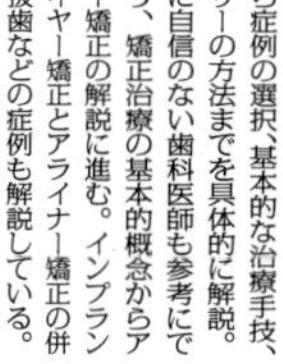

宮﨑敦子著/四六版/144ページ/1,650円/すばる舎

「アップテンポの曲を事前に聴くと、作業スピードが上がる」「歌詞を見ながら歌うと前頭葉が鍛えられる」など、脳科学で実証された「音楽」と「脳」の関係を解説。著者は、医学博士を持つ脳科学者として東京大学先端科学技術研究センターで研究する傍らDJとして活躍中。

脳磁図計のデータなど客観的な評価に基づき明快に解説。外来でのBGMのリラックス効果、作業効率が向上するBGM選びや、訪問診療で認知機能に不安のある高齢者と家族へのアドバイスなど、使えるヒントが満載。

歯科医師・歯科衛生士のための 超音波デブライドメント第3版

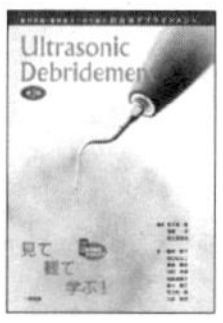

松久保隆、齋藤 淳、松久保美和 編著/國母敬子、田口ななこ、藤森瑠依、山田美穂、田島菜穂子、鈴木恵子、竹之内茜、大谷悦世 著/B5版/188ページ/6,050円/一世出版

超音波スケーラー使用時の感染予防対策や、歯周治療における検査から計画立案、超音波電動歯ブラシなどの項目に修正、変更を加え、新たな図も追加した第3版。イラストや写真を多数掲載し、2次元コードから動画で確認できる。歯科における超音波の歴史から基本的な使い方・手順、臨床症例を収録し、超音波デブライドメントに必要な内容が全て網羅されている。

これから院長を目指す若手歯科医師へ送る20の教え

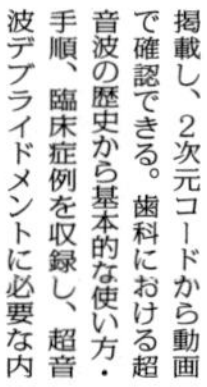

渡部譲治 著/A5版/140ページ/6,600円/インターアクション

地域に根差した歯科医院、数多くの若手歯科医師を研修施設として受け入れる教育機関として日本を代表する歯科医院をつくり上げた著者が、「自分がしたい歯科医療を実現するためのエール」をまとめた一冊。

「院長になる」上での五つの教え、「人を雇う」上での七つの教え、歯科医院がその地域で「生き残る」ための八つのヒントを、自ら経験したエピソードを交えながら、コミカルに紹介している。

マンガでわかる! 歯科臨床での動機づけ面接超入門

吉田直美、新田 浩、磯村 毅、うさっぱ 著/B5版/112ページ/4,290円/クインテッセンス出版

月刊『歯科衛生士』の連載を書籍化。歯科医師や歯科衛生士が歯周病治療で用いるコミュニケーション技法「動機づけ面接(MI)」の精神やテクニック、歯科医療者・患者間で実際に交わされるやりとりを、マンガ形式で分かりやすく解説する。

自分から行動を変えようとする患者さんの意思を支援するためのアプローチをすぐに実践でき、プライベートでも役に立つ。

歯科訪問診療・2024年改定対応

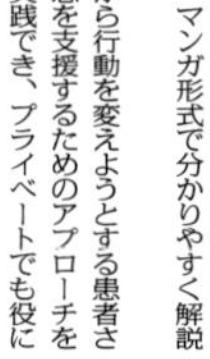

前田実男 著/A5判/302ページ/5,500円/日本歯科新聞社

2008年から制度改正に合わせて内容を更新し続け、圧倒的な信頼を勝ち得ている歯科訪問診療のバイブル。24年改定では時間要件、回数などの緩和がなされたほか、訪問診療に関わる後方支援機能、介護・福祉施設との連携が評価されるなど、「連携重視」が明確に。

点数や算定要件の説明に加え、行政がどのような考え方で制度を運営しているか理解できるよう構成されているため、個別指導の対策にも生かせる。

新刊・近刊 〈7月〉

生活期におけるリハビリテーション・栄養・口腔管理の協働に関するケア実践マニュアル 若林秀隆・前田圭介・上島順子・井上達朗【編集】 医学書院	定価2,640円
CR修復が速く確実・きれいに行えるクリアインデックステクニック 保坂啓一【著】 医歯薬出版	定価8,800円
歯科衛生士書き込み式学習ノート1　専門基礎科目編<2024年度> -人体の構造と機能／歯・口腔の構造と機能／疾病の成り立ち及び回復過程の促進- 医歯薬出版【編】 医歯薬出版	定価5,280円
歯科衛生士書き込み式学習ノート2　社会歯科系科目編<2024年度> -歯・口腔の健康と予防に関わる人間と社会の仕組み- 医歯薬出版【編】 医歯薬出版	定価3,520円
歯科衛生士書き込み式学習ノート3　臨床科目編　上<2024年度> -臨床検査／歯科放射線学／保存修復学・歯内療法学／歯周病学／口腔外科学・歯科麻酔学- 医歯薬出版【編】 医歯薬出版	定価4,180円
歯科衛生士書き込み式学習ノート4　臨床科目編　下<2024年度> -歯科補綴学／歯科矯正学／小児歯科学／高齢者歯科学／障害者歯科学- 医歯薬出版【編】 医歯薬出版	定価3,630円
口腔インプラント治療指針<2024> (公社)日本口腔インプラント学会【編】 医歯薬出版	定価3,740円
災害歯科保健医療標準テキスト<第2版> 日本歯科医師会・日本災害歯科保健医療連絡協議会【編】 医歯薬出版	定価3,850円
今さら聞けない・でも知りたい　基本から学び直すインプラント補綴 -設計・製作・装着・経過観察まるわかり- 和田誠大【著】 クインテッセンス出版	定価11,000円
CAD/CAM冠, ジルコニアがとれないための処方箋 二階堂徹【編著】　猪越正直・高橋礼奈・峯篤史・加藤正治・本田順一・窪地慶・小峰太【著】 クインテッセンス出版	定価7,700円
チェアサイド・介護で役立つ 口腔難治性疾患アトラス -舌痛症・口腔乾燥症・味覚異常・口臭症の診断と対処- 中川洋一【著】 クインテッセンス出版	定価13,200円
「ザ・クインテッセンス」別冊 **一般臨床家, 口腔外科医のための口腔外科ハンドマニュアル'24** -口腔外科YEAR BOOK- 日本口腔外科学会【編】　池邉哲郎・桐田忠昭・原田浩之・岸本裕充【編集委員】古郷幹彦・鄭漢忠【編集顧問】 クインテッセンス出版	定価7,260円
事例で学ぶ歯科レセプト作成と点検<令和6年6月版> 社会保険研究所【編】 社会保険研究所	定価4,840円
Root Membrane Technique のすべて -インプラント審美補綴のGame changer- 林揚春【編著】有賀正治・川添祐亮・中山隆司・新井達哉【著】 ゼニス出版	定価25,850円
発達障害や身体障害のある子どもへの摂食嚥下サポート -「食べる喜び」を支える!!　園や学校でできる!!- 中村由紀子・稲田穣【著】 中央法規出版	定価2,860円
総義歯の病理 -基礎と臨床から導き出された総義歯製作法- 渡辺宣孝【著】 デンタルダイヤモンド社	定価7,920円
「治せる」を学べる!　SRP臨床アーカイブ -長谷ますみ流クリニカルメソッド実践編- 長谷ますみ【編著】／下野正基【編集協力・著】 デンタルダイヤモンド社	定価6,930円
子どもたちのきらめく未来のために　TSUMUGU 全国小児歯科開業医会(JSPP)【監修】 東京臨床出版	定価1,320円
新編 顎関節症<第3版> (一社)日本顎関節学会【編集】／依田哲也・小見山道・五十嵐千浪・栗田浩・澁谷智明・島田淳・濱田良樹・松香芳三【編集委員】 永末書店	定価8,250円
歯髄保護の診療ガイドライン (特非)日本歯科保存学会・(一社)日本歯内療法学会【編】 永末書店	定価4,400円

協力：シエン社　TEL03(3816)7818　〈http://www.shien.co.jp〉

キャベツや白菜がむし歯抑制に寄与

東北大

予防法開発も期待

キャベツや白菜などの野菜に含まれる硝酸塩が、プラークによる酸産生を抑制することが示唆された―。東北大学大学院歯学研究科口腔生化学分野の研究グループが解明したもので、むし歯予防法の新規開発に貢献できると期待される。

日々の食事から摂取される硝酸塩は消化管から速やかに体内に吸収され、血液を介して全身の組織を循環する。その一部が唾液腺で濃縮され、口腔内に再び唾液成分として分泌される。

研究グループは「口腔内細菌が亜硝酸塩をさらに分解する活性を持つことも示唆されるなど、プラークによる硝酸塩代謝が、亜硝酸塩の産生と分解の双方を考慮する必要がある」との考えを提示している。

そこで、亜硝酸塩産生・分解活性を測定し、これらの活性と酸産生活性の関係性を解明することを目的として、プラークにおける硝酸塩・亜硝酸塩の動態や機能を検討した。

研究では、歯科医院を受診した患者（18人）の上顎臼歯部から採取したプラーク試料に、口腔と同程度の濃度の硝酸塩および亜硝酸塩を添加し、さらにグルコースを添加した際のpH変化について測定。さらに、亜硝酸産生活性、亜硝酸分解活性はGriess試薬を用いて、亜硝酸塩の増減を測定することで評価した。

その結果、硝酸塩が抗菌作用を有する亜硝酸塩に代謝し、プラークによる糖代謝（酸産生）活性を阻害することで、う蝕の抑制に寄与する可能性が明らかとなった。

亜硝酸塩産生活性は、糖（グルコース）の存在下で亢進することから、糖代謝による過剰な酸産生を防ぎ、プラークにおける自己調節機構として機能している可能性があるという。

今後は口腔内細菌による効果的な亜硝酸塩産生条件の模索、細菌群との最適な共生の在り方など、さらなる研究を進めていくとしている。

同研究成果は、『Caries Research』（7月17日）にオンライン掲載された。

国立がん研究センター

有用性を臨床試験で検証

唾液腺がんの新規抗アンドロゲン療法

アンドロゲン受容体（AR）陽性唾液腺がんに対して、新規抗アンドロゲン療法を投与する際に、「AR発現割合が高い」「全身治療が行われていない」患者に、より高い効果を示した。国立がん研究センター中央病院の本間義崇頭頸部・食道内科医長ら研究グループが解明したもので、AR陽性唾液腺がんを対象とした抗アンドロゲン療法の治療開発に役立つと期待がかかっている。

唾液腺は耳下腺・顎下腺・舌下腺と呼ばれる「大唾液腺」と、口腔粘膜内に広く分布する「小唾液腺」に分類され、悪性腫瘍の総称を「唾液腺がん」と呼ばれる。

唾液腺がんは、頭頸部領域に生じる悪性腫瘍の約6%を占める希少がんで、年間発症数は10万人当たり1人程度。その種類（組織型）は20種類以上にも及ぶが、日本人に最も多い組織型は「唾液腺導管がん」であり、悪性度の高い腫瘍だ。

◇◆◇

唾液腺導管がんを主とする一部の組織型において、ARが強く発現することが知られている。

研究グループは、アンドロゲン受容体の陽性唾液腺がんに対する抗アンドロゲン療法（アパルタミド+ゴセレリン）の臨床的有用性の検証に加えて、患者を特定するための腫瘍検体や血液検体を用いたバイオマーカー解析を行った。

◇◆◇

研究の結果、パルタミドとゴセレリンの併用療法が投与され、切除不能、または再発したAR陽性唾液腺がん患者24人のうち、6人（25%）に奏効を認められ、12名（50%）に臨床的に有用な効果（半年以上の治療効果の持続、または奏効あり）が示された。

腫瘍組織におけるAR発現割合が、70%以上かつ全身治療が行われていない患者11人のうち、6人に奏効が認められた。

さらに、通常ARが強く発現する「唾液腺導管がん」と呼ばれる悪性度の高い組織型の腫瘍に着目してバイオマーカー研究を実施した結果、遺伝子パネル検査でMYCやRAD21遺伝子の増幅が検出された患者において、抗アンドロゲン療法の効果が乏しいことが分かった。

◇◆◇

今後は、2024年2月から日本で使用可能となった抗アンドロゲン療法（ビカルタミド+リュープロレリン）を実施する際の治療適応が検討されるなど期待される。

同研究成果は、米国科学雑誌『Clinical Cancer Research』（6月28日）に掲載された。

インタビュー　10月に東京科学大学が誕生

歯学教育、研究、臨床の変化は

医工連携で歯科革命を

東京医科歯科大学　歯学部長　依田 哲也 氏

東京医科歯科大学と東京工業大学が統合して、いよいよ10月から東京科学大学（Science Tokyo）が誕生する。大学統合によって歯学教育、研究、臨床にはどのような影響があるのか、歯学部長の依田哲也教授に現時点で決まっていることなどを聞いた。

――統合によって歯学教育に変化はありますか。

依田　文科大臣が目標を提示して、それを受けて各大学法人が作成した「第4期目標・中期計画」の区切りとなる2028年3月末までは、基本的には大きく変わることはありません。

入学試験一つを見ても、東工大は数学を重視し、医科歯科大では面接で人物評価に注力するなど、それぞれ文化の違いがあります。

国家試験の有無なども大きく異なり、この短い期間ですべての教育内容を擦り合わせて統一することは難しいということで、28年3月を目途に、どこまで統一していくかを検討していくことになっています。

医科歯科大では専門教育とは別に教養部が設けられていますが、そこの教員組織は一つにすることになっています。

また、25年4月以降に入学する学士課程新入生を対象として、入学直後の4~5月に週1回、全員が大岡山キャンパスで学ぶ「大岡山Day」を設けます。全新入生が共通の必修科目「立志プロジェクト」などを履修し、学院・学部の垣根を越えた相互交流を図っていく予定です。

クラブ活動はさまざまな形態で存在して、そもそも別の大学と一緒に活動しているクラブもあります。統合できるクラブは統合し、独自のところは独自で継続していくことになるかと思います。

◆◆◆

――両大学の教育を検討していく上で、展望のようなものはありますか。

依田　個人的な希望としては、編入学制度の充実を望んでいます。

今でも四大学連合の医科歯科大、東工大、東京外国大学、一橋大学で、違う大学や学部でも特定の授業を履修して、成績が良い場合は編入できるような仕組みがあります。実際に、去年は当校の歯学部口腔保健衛生学の学生が一橋大学に編入しました。

東工大と統合することで、歯学部に編入してくる流れも活発にできるのではないかと考えています。特に歯科技工の分野は、デジタル化に伴って、業務の可能性の幅も広がってくると思います。工学分野に興味のある人達との相性も良いので、歯科技工士の業務をさらに魅力的なものにしていくことが求められていると思います。

◆◆◆

――研究分野での変化はありますか。

依田　医科歯科大の歴史を振り返ると、歯学分野の発展のために医学と工学の協力が必用という当時の学長の思いで医学部が作られ、その後、工学を担う生体材料工学研究所が作られました。統合によって、さらに工学の部分が強化されることには期待しています。

両大では「医歯学と理工学の緊密な融合により、社会へのさらなる貢献を目指す」という思いの下、すでに共同研究チームで異分野融合研究を進めています。

ただ、統合後はより深く研究を進めていくために、共同研究だけではなく同じ組織内で研究を推進する形も必要ではないかと考えています。医科歯科大学には口腔デバイス・マテリアルを研究する口腔科学センターが立ち上がっているのですが、その准教授クラスとして東工大の先生に入っていただきたいと思っています。

センサー等の検査機器や、補綴物に使用するまったく新しい素材の開発など、医工連携によって、歯科界を大きく変える研究が行われるかもしれません。

さらに、現在は分野ごとに研究室があるのが当たり前ですが、大きな一つのフロアに共同研究室を設けて、機器のシェアや知識・アイデアの共有が行いやすい環境づくりも目指していく予定です。

大型研究が進めば研究費補助金なども獲得しやすくなってきますし、大学の枠を越えたセンターになることを期待しています。

◆◆◆

――臨床面には何か影響はあるのでしょうか。

依田　研究と重なる部分があるのですが、CT画像を利用したシミュレーション・ナビゲーションやAI診断など、臨床にもデジタル技術が多く使われています。この分野を推進する観点からも、工学の先生たちに臨床現場に参加してもらい、チームのような形で医療技術の向上を目指してほしいという思いがあります。

デジタル化を推進して、近未来的な歯科医療・医療の実現を東京科学大学から発信できればと考えています。

軽い副作用で口腔がん死滅

含鉄ナノ粒子・一酸化窒素併用

含鉄ナノ粒子触媒と一酸化窒素を組み合わせることで、口腔がん細胞を選択的に破壊できることが分かった。上海交通大学薬学院の研究グループによるもので、効果的かつ弱い副作用でがん細胞を死滅させる方法として期待がかかる。

悪性の口腔がんの一つである口腔扁平上皮がんは転移しやすく治療後に再発しやすいことに加え、外科手術や化学療法、放射線療法などによる、発声や摂食障害、痛みや口の渇きなどの苦痛を残すことが多い。

同研究では直径1―100ナノメートルのナノ微粒子の触媒作用により化学反応を促進させ、がん細胞内に多い過酸化水素と相互作用する鉄原子が孤立して存在するように設計された、含鉄ナノ粒子を作成。

これらが反応することにより、傷ついた細胞の除去に必要なヒドロキシルラジカルが発生する。さらに、近赤外レーザー光の照射によりさらにヒドロキシラジカルの効果の増強が確認された。

マウス実験においては、一度の治療で約85・5%の増殖抑制が確認された。同グループは今後、より侵襲の少ない治療方法を研究するという。

同研究成果は科学誌『Science and Technology of Advanced Materials』（7月10日付）にオンライン掲載された。

四肢の低成長など

難病 SEMDJL2

九歯大

機序を解明

関節弛緩を伴う脊椎骨端骨幹端異形成症2型（SEMDJL2）の責任遺伝子であるKIF22の機能が明らかになった。九州歯科大学分子情報生化学分野の川上紘佳大学院生、松原琢磨准教授、古株彰一郎教授の研究グループによるもので、難病である同疾患の治療法開発への貢献が期待される。また、同疾患が軟骨細胞に多く発現することから、軟骨をターゲットとした再生医療に向けた展開の可能性も示唆された。

同研究ではKIF22の機能を喪失した遺伝子変異モデルマウスを作成。同マウスでは脛骨の成長板の厚さおよび骨全体の長さが短くなっており、軟骨細胞では細胞分裂する際に出現する紡錘体が上手く形成されないことが分かった。

さらに、軟骨細胞の前駆細胞株にSEMDJL2患者と同じKIF22の遺伝子変異を導入すると、紡錘体の形成が起こらずに、細胞増殖の遅延が確認された。

同研究成果は科学誌『iScience』（7月19日付）にオンライン掲載された。

日本歯科専門医機構

新たな専門医へ言及

社会歯科医学系・診断系など

日本歯科専門医機構は、新たな専門医領域の拡大として、社会歯科医学系歯科専門医、診断系歯科専門医、サブスペシャリティを考えている。8日の記者会見で公表した。（1面の続き）

日衛学会との話も

本紙の「歯科技工士や歯科衛生士の専門医を視野に入れているか」との問いに対して、今井理事長は「医師、歯科医師と異なり、歯科衛生士等の広告可能な専門性のある資格は従来通り厚労省に申請することになる」と説明。歯科技工士や歯科衛生士の関係団体・学会が厚労省の外形基準に沿って制度を作る必要性があるとしつつ、制度構築を専門医機構が手伝うことも見据えて、日本歯科衛生学会と話をしていると明かした。

また、歯科専門医機構は国民に向けた歯科専門医制度の周知、歯科の理解度向上の施策として、公式サイトの充実化および漫画作成、関連団体との連携を掲げている。

漫画は25年度の完成を目指し、漫画作家とともに協議している。公式サイトは現在、21年度までに認定された研修施設、歯科専門医が公表されているが、22・23年度分の専門医や研修施設の更新のほか、専門医を検索しやすいデザインに改善する予定（今秋）だ。

◇◆◇

今井理事長は新たな歯科専門領域が協議中とし、「社会歯科医学系歯科専門医、診断系歯科専門医、サブスペシャリティを考えている」と述べた。医科で運用している各専門医の状況や歯科との差別化などを踏まえ、いずれも検討・議論していく見込み。

最後に「今後は歯科医学における専門性のあり方を卒後教育、生涯研修と紐づけて、制度としてどうあるべきかを検討していく。学部教育や臨床実習、卒後研修に続くシームレスな生涯研修の一環として、歯科専門医制度を確立し、新たな歯科医学・歯科医療の構築が必要である」と締めくくった。

◇◆◇

なお、新役員は次の通り。（敬称略）

▼理事長　今井裕
▼副理事長　藤田一雄、鳥山佳則
▼常務執行理事　砂田勝久、村上伸也、秋山仁志、宮脇卓也
▼理事　松村英雄、古郷幹彦、木本茂成、金田隆、沼部幸博、窪木拓男、豊田郁子、宮脇正和
▼監事　永井裕之、横山敏秀
▼顧問弁護士　丸山高人

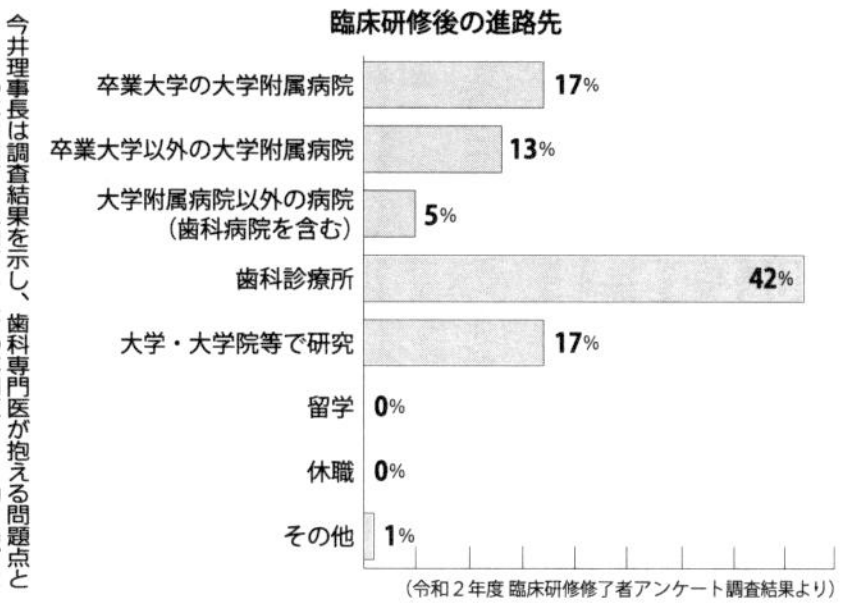

今井理事長は調査結果を示し、歯科専門医が抱える問題点として、①専門制度の認知度不足、②専門医として働く場がない、③経済的な負担が大きい等を挙げている

広告可能な歯科専門医（制度）の認定状況（機構認証専門医数、施設数）　2024年3月1日現在、（　）は準施設

学会名	2019年度		2020年度		2021年度 第1期		2021年度 第2期		2022年度 第1期		2022年度 第2期		2023年度 第1期		2023年度 第2期	
	専門医	施設	専門医	施設	専門医	施設	専門医	施設	専門医	施設	専門医	施設	専門医	施設	専門医	施設
日本口腔外科学会	477	27	406	43	—	—	426	39	476	154	—	14	—	—	489	(28)(55)
日本歯周病学会	144	16	208	19	141	8	373	35	—	—	178	25	—	—	213	83
日本小児歯科学会	116	7	178	25	279	4	72	1	—	—	436	21	—	—	117	8
日本歯科麻酔学会	77	1	52	5	61	11	85	6	71	6	—	—	93	(16)(6)	—	(—)(—)
日本歯科放射線学会	50	0	36	0	—	—	28	0	—	—	48	29	19	—	26	0
補綴歯科専門医	—	—	—	—	—	—	—	—	—	—	71	(58)(11)	—	(—)(—)	164	(11)(7)
計	864	51	880	92	481	23	984	81	547	160	733	(147)(11)	112	(16)(6)	1,069	(130)(62)
総　計			1,744	143	2.225	166	3,209	247	3,756	407	4,489	(554)(11)	4,601	(570)(17)	5,670	(700)(79)

デンタル小町が通る

大谷歯科医院院長（愛媛県西条市）
大谷恭子 ❺

低血糖でビキニ履き忘れた?!

筋トレシリーズ第4弾。次に挑戦した大会は、ベストボディージャパン（BBJ）だった。各地区上位2名のみが年末に行われる日本大会への出場権を得られる。かつて滝沢カレンさんや西川貴教さんも出場された大会だ。私もありがたいことに日本大会の出場枠に入り、後は本番を迎えるのみだった。そして本番を迎えるにあたり最後の地区大会に参加を決めた。

さて、ここであまりご存じない方に補足説明しておくと、大会によってはコンセプトが全く異なるのだ。つまり全部が全部〝ムキムキ必須〟ではないということ。よく「ボディービルに出ているの?」と聞かれるけれど、違う違う（笑）。筋肉美の追求とひと口に言ってもフィットネスビキニなどジャンルはさまざま。今回はBBJで、前回とは主旨が異なる大会だったため、3カ月間での肉体改造を余儀なくされた。

さてさて舞台は大会規定のルーティーンからスタート。BBJ指定のパンツにジムスタイルのハーフトップのボトムスでポージング。その後はビキニスタイルでのポージング。と、そこで、なんか変。頭が真っ白でふらふらする。えっ?私ちゃんとビキニ履いてる??キャーッ、どうしよう。履いてなかったら。いや待て待て、履いていなければ観客と審査員がギャーって止めに入るわよね。さしあたって舞台にいるということは大丈夫なはず。と自問自答した。だが急に乙女に戻った私はどうしても自分で確認したかった。するとポージング中なのを好機にさり気なく触ってみると。あったあった!!ビキニの紐！　あー、まさかのタイミングだけど、こんな時に低血糖になるとは……。それにしてもビキニ履いてて良かった～。大会中にこんな不届きなことを考えながらポーズする私ってどれだけ図太いのだろう。「何事もあなどるな！」だね。

札幌大会

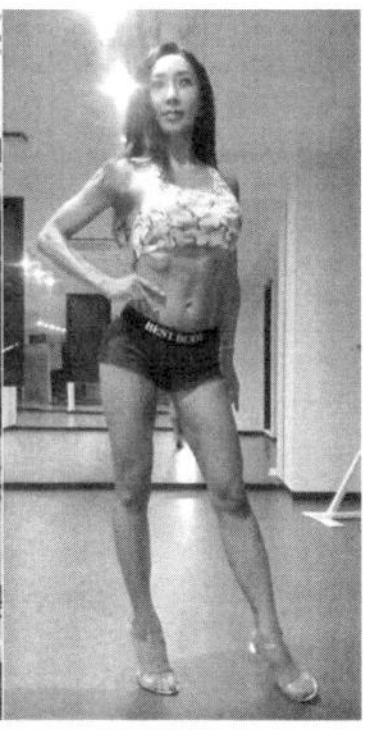
ポージング練習

ピックアップニュース

■舌痛症をご存じですか（JIJI.COM/7月31日）
■マウスガードの提供等…愛知県歯科医師会とシーホース三河が包括協定　選手達はイベントで歯の大切さ訴える活動（東海テレビ/8月1日）
■被害者急増！　恐怖の「インプラント詐欺」に要注意（デイリー新潮/8月1日）
■診療報酬66万円を不正請求　那覇市の歯科医院、保険医療機関の指定を取り消し（琉球新報/8月1日）
■男性死亡…車にはねられる　深夜の交差点、男性は横断歩道を歩いていた　歯科技工士が運転中に悲劇（埼玉新聞/8月1日）
■40代女性のスカートの中を盗撮した疑い　61歳歯科医師の男を逮捕（BS大分放送/7月31日）
■重い歯周病、薬剤注入で組織の再生促す（読売新聞オンライン/8月1日）

SCRP日本選抜大会

日大松戸2年生アイデンさんが優勝

日本歯科医師会（高橋英登会長）は6日、スチューデント・クリニシャン・リサーチ・プログラム（＝SCRP）の令和6年度日本代表選抜大会を開催し、日本大学松戸歯学部2年のジベク・アイデンさんが優勝した。研究テーマは「新素材：グルカン依存性口腔疾患予防用光触媒の開発」。

優勝したアイデンさんは「優勝すると思っていなかったので、言葉が見つかりません」とコメント。2025年3月12日から15日に米国ニューヨーク州で行われるAADOCR/SCADA大会での発表に臨む。

なお、2位には鹿児島大学歯学部4年の田村和輝さん（研究テーマ：咀嚼による三叉神経中脳路核―青斑核間のATPシグナル伝達について）、3位には岡山大学歯学部4年の伊藤菜々穂さん（研究テーマ：オートファジー及びミトコンドリアを標的とした口腔癌シスプラチン耐性解除）が選ばれた。

㊤優勝後に改めてプレゼンするアイデンさん
㊦左から伊藤さん、アイデンさん、田村さん

アイデンさんの研究

「新素材：グルカン依存性口腔疾患予防用光触媒の開発」

病原性口腔バイオフィルムに関するS・mutansの新たな病原因子として膜小胞の存在が明らかになり、膜小胞に結合した酵素であるグルコシルトランスフェラーゼが、酸化チタン光触媒により完全破壊されることを確認した。

同酵素の活性の阻害は長年研究されてきたが、同研究で初めて実現した。

の現状と今後について

日本デジタル歯科学会　末瀬一彦理事長に聞く

機種の選択基準は　歯科医師が「何をしたいか」

今年の診療報酬改定で、CAD/CAMインレー製作時の口腔内スキャナーによる光学印象100点が新設された。口腔内スキャナーの現状と今後について、日本デジタル歯科学会の末瀬一彦理事長に聞いた。

――口腔内スキャナーのメリットを教えてください。

末瀬　まず、印象材を使わないので患者の苦痛軽減、術者のストレス軽減が挙げられます。加えて、印象材や石膏などが不要になるので医療廃棄物の削減にもつながりますし、印象用トレーが削減されることで感染対策にも貢献します。

さらに、口腔内情報をデジタルデータとして保管するので、保管場所がいらなくなりますし、必要な際にデータはすぐに利用できます。その他にも、CTなどのデジタルデータと融合することで治療計画を高度にシミュレーションすることもできます。その利便性から既に矯正歯科やインプラント治療では多くの歯科医師が導入しています。

――普及にはどんな課題がありますか。

末瀬　課題の一つにコストの問題があります。今まで導入している歯科医院は自由診療が主で、保険診療中心の歯科医師が口腔内スキャナーを使う機会はほとんどなく、メリットを知っていたとしても、高い費用を払って購入する必要性がありませんでした。

末瀬 一彦 理事長

もう一つ普及が遅れる大きな理由に、デジタル技術に対する抵抗感があります。多くの歯科医師は模型を使ったアナログ的な作業に慣れ親しんでいたわけですから、歯科医師の高齢化が進んでいる中で、それまでと全く違うやり方に変えることが難しいというのは仕方ない部分もあると思います。

また、口腔内スキャナーは導入してから実際に使いこなすまである程度トレーニングが必要なのも手が出しづらい要因の一つでしょう。

◆◇◆

――複数の製品が販売されていますが、どのようにして選べばいいのでしょうか。

末瀬　今までは500万～600万の機種が多く販売されてきましたが、最近ではその半額くらいの機種や、中国製、韓国製でより安価なものも登場しています。それぞれの違いは機能面です。高価なものは多くの機能がありますし、安価であれば口腔内の撮影とデータ送信機能のみなど必要最低限です。

歯科医師が製品を選ぶ際に考えるべきなのは、口腔内スキャナーを使って何をするのか、ということです。インプラントや矯正治療、さらには顎運動までしっかり診ていきたいのであれば高価なものが必要です。ですが、印象採得に活用できればいいという考えであれば、比較的安価な製品で十分です。中国、韓国の製品も低性能というわけではありませんから選択肢になります。ただ、購入価格が安くてもライセンス料やアップデート料金などが後から加算される製品もあるので、細かい仕様の吟味が必要ですし、データの送受信に備えたセキュリティー管理も重要です。加えて、スキャンのスピードや画像の鮮明さなども製品によって異なるので、企業展示会などで実際に使用感を確かめることは不可欠です。

◆◇◆

その他に、補綴物製作をデジタル化した場合、歯科医師は支台歯形成をより入念に行う必要が出てきます。模型を使っ

6月に保険適用された口腔内スキャナー

- 「iTeroエレメント」インビザライン・ジャパン
- 「セレック AC」デンツプライシロナ
- 「セレック AC オムニカム」デンツプライシロナ
- 「セレック プライムスキャン AC」デンツプライシロナ
- 「TRIOS 3 オーラルスキャナ」3Shape Japan
- 「TRIOS 4 オーラルスキャナシステム」3Shape Japan
- 「TRIOS 5 オーラルスキャナシステム」3Shape Japan
- 「DEXIS イントラオーラルスキャナ」エンビスタジャパン
- 「プランメカ Emerald」メディサイエンスプラニング
- 「コエックス i500」ヨシダ
- 「MEDIT i500 オーラルスキャナ」ダブリューエスエム
- 「i600 & i700 オーラルスキャナ」ダブリューエスエム
- 「Aoralスキャン2」ジオメディ
- 「G-Oralスキャン２」ジオメディ
- 「Aoralスキャン3」ジオメディ
- 「G-Oralスキャン２」ジオメディ
- 「ジーシー Aadva IOS 200」ジーシー
- 「神樂 口腔内スキャナ」Fuss
- 「レイ iOS」RAY JAPAN
- 「Runyes 3DS 口腔内スキャナー」ホワイトエッセンス
- 「WE スキャン」ホワイトエッセンス
- 「DDS Comfort＋ 口腔内スキャナ」リベルワークス

CAD/CAMインレー修復に対する光学印象法　（厚労省資料）

デジタル印象採得装置（口腔内スキャナ）を用いて、窩洞を直接印象採得・咬合採得した場合の評価を新設する。

（新）　光学印象（１歯につき）　100点
　　　光学印象歯科技工士連携加算　50点

［算定要件］
注１　別に厚生労働大臣が定める施設基準に適応している者として地方厚生局長等に届け出た保険医療機関において、CAD/CAM インレーを製作する場合であって、デジタル印象採得装置を用いて、印象採得及び咬合採得を行った場合に算定する。
２　区分番号 M003 に掲げる印象採得、M003-3 に掲げる咬合採得及び M006 に掲げる咬合採得は別に算定できない。
３　CAD/CAM インレーを製作することを目的として、光学印象を行うに当たって、歯科医師が歯科技工士とともに対面で口腔内の確認等を行い、当該修復物の製作に活用した場合には、光学印象歯科技工士連携加算として、50 点を所定点数に加算する。ただし、同時に２以上の修復物の製作を目的とした光学印象を行った場合であっても、光学印象歯科技工士連携加算は１回として算定する。

［施設基準］
(1) 歯科補綴治療に係る専門の知識及び３年以上の経験を有する歯科医師が１名以上配置されていること。
(2) 当該保健医療機関内に光学印象に必要な機器を有していること。

スキャン方法の違いによる製作工程の短縮化

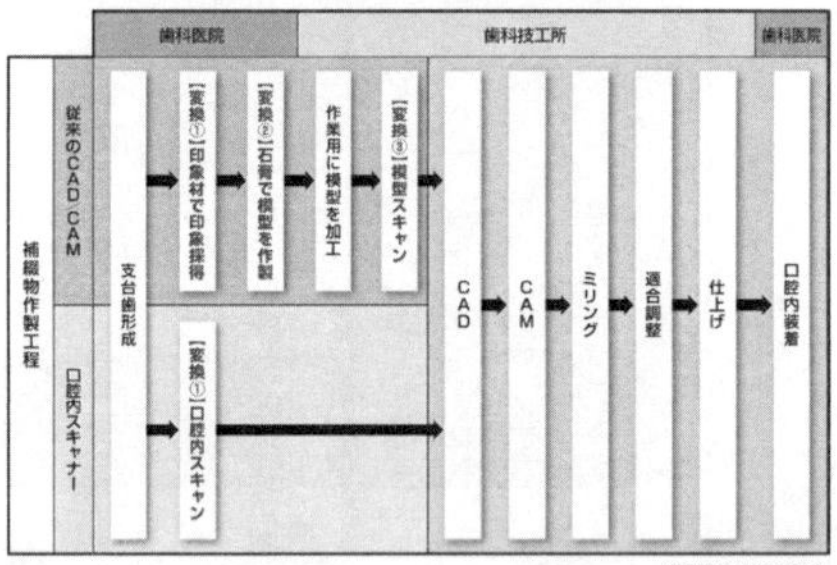

（提供：YAMAKIN）

特集 口腔内スキャナー

たアナログの補綴物製作では、歯科技工士は切削加工した修復物を模型上で微調整することができました。それがデジタルデータに置き換わることによって、歯科技工士は出来上がった修復物を歯科医師に納品するのみになります。とりわけCAD/CAMインレーの場合は、歯科医師は患者にインレーを試適することになりますが、そこで咬合をさせればインレーが割れてしまうことがあります。インレーは窩洞に接着させた後に咬合調整しなければなりません。できるだけ調整を少なくするために、歯科技工士はデータを受け取った時点で、窩洞形態、咬合状態を慎重にチェックし、歯科医師と綿密なコミュニケーションを取らなければいけませんし、場合によっては窩洞形態の不備を指摘する必要があるでしょう。

◆◇◆

―今後について。

末瀬　日本デジタル歯科学会では口腔内スキャナーの歯科衛生士向けセミナーを行っています。口腔内スキャナーは歯科医師だけでなく、歯科衛生士にとっても有用で、ブラッシング指導に活用している方もいますから、適応拡大に向けて実績を積み重ねていきます。

また、初診時の患者の口腔内情報を採得したり、学校歯科健診や現在進められている国民皆歯科健診に口腔内スキャナーを取り入れるのも良いと考えています。将来的に国民全員の口腔データを保存することができれば、ビッグデータとして歯科医療の発展に貢献できる他、災害時の身元確認の迅速化にもつながります。

デジタル技術は日々進化しています。今はまだ性能面で課題がある部分もありますが、光学技術やパソコンの性能が向上すればそれらも解消されていきますし、より高度で、効率的、安定的な歯科診療を提供できる可能性を秘めています。口腔内スキャナーが保険適用されたということは、日本の歯科医療が一歩進んだことと考えているので、今後も普及に向けた取り組みを進めていきます。

大臼歯 CAD/CAM 冠の適用拡大イメージ　(厚労省資料)

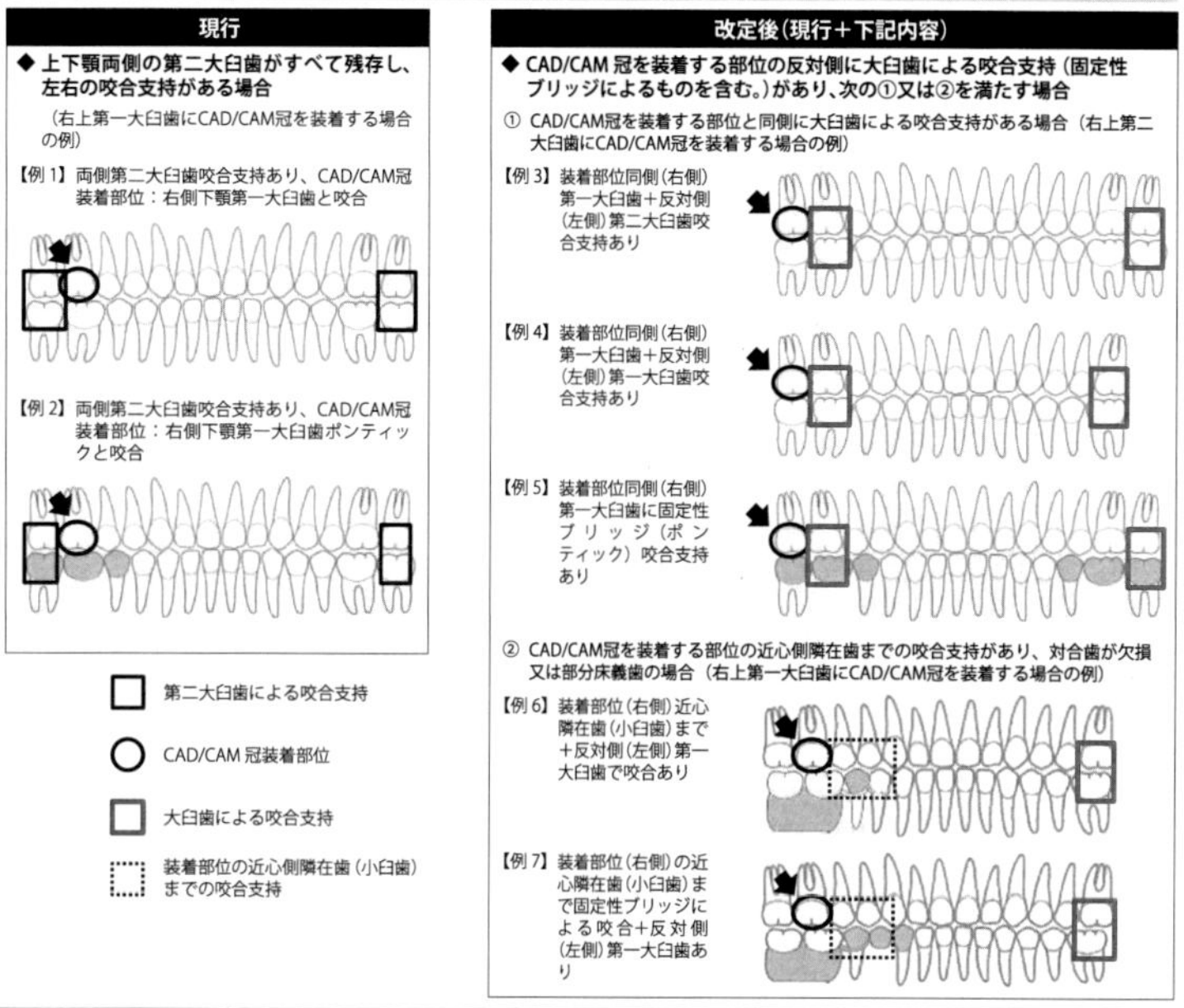
現行
◆ 上下顎両側の第二大臼歯がすべて残存し、左右の咬合支持がある場合
(右上第一大臼歯にCAD/CAM冠を装着する場合の例)
【例1】両側第二大臼歯咬合支持あり、CAD/CAM冠装着部位：右側下顎第一大臼歯と咬合
【例2】両側第二大臼歯咬合支持あり、CAD/CAM冠装着部位：右側下顎第一大臼歯ポンティックと咬合
第二大臼歯による咬合支持
CAD/CAM 冠装着部位
大臼歯による咬合支持
装着部位の近心側隣在歯(小臼歯)までの咬合支持
改定後(現行＋下記内容)
◆ CAD/CAM 冠を装着する部位の反対側に大臼歯による咬合支持(固定性ブリッジによるものを含む。)があり、次の①又は②を満たす場合
① CAD/CAM冠を装着する部位と同側に大臼歯による咬合支持がある場合(右上第二大臼歯にCAD/CAM冠を装着する場合の例)
【例3】装着部位同側(右側)第一大臼歯＋反対側(左側)第二大臼歯咬合支持あり
【例4】装着部位同側(右側)第一大臼歯＋反対側(左側)第一大臼歯咬合支持あり
【例5】装着部位同側(右側)第一大臼歯に固定性ブリッジ(ポンティック)咬合支持あり
② CAD/CAM冠を装着する部位の近心側隣在歯までの咬合支持があり、対合歯が欠損又は部分床義歯の場合(右上第一大臼歯にCAD/CAM冠を装着する場合の例)
【例6】装着部位(右側)近心隣在歯(小臼歯)まで＋反対側(左側)第一大臼歯で咬合あり
【例7】装着部位(右側)の近心隣在歯(小臼歯)まで固定性ブリッジによる咬合＋反対側(左側)第一大臼歯あり

大阪大学歯学部

奥歯の嚙み合わせ悪化 歯の喪失リスク高まる

奥歯の嚙み合わせの状態が悪化するほど、歯を喪失するリスクが最大で6倍高くなることが明らかとなった―。大阪大学大学院歯学研究科有床義歯補綴学・高齢者歯科学講座の豆野智昭助教、池邉一典教授、同大キャンパスライフ健康支援・相談センターの山本陵平教授ら研究グループが解明したもの。

これまで奥歯の嚙み合わせ状態は、残っている歯の負担に影響を及ぼし、歯の喪失リスクと関連することが考えられてきた。しかし、その関連性を大規模な追跡研究によって、解明する内容はなかった。

研究グループは、大阪府歯科医師会、大阪府後期高齢者医療広域連合との協力のもと、大阪府内で健康診査に受診した後期高齢者9万4422人を対象に、平均観察期間2・2年分のデータを分析した。

その結果、奥歯の嚙み合わせ状態と、歯の喪失リスクに強い関連性を示すことが分かった。奥歯は食事のためだけではなく、残っている歯を守るためにも重要なことが示唆された。

今後は、同研究成果を基に口腔や全身の健康維持のための奥歯の重要性について、議論が深まると期待がかかっている。

同研究成果は、国際科学誌『Journal of Dentistry』(6月25日)に掲載された。

歯周病細菌への抗菌効果を確認

フラボノイド誘導体

食品由来のフラボノイド誘導体が、歯周病原細菌に対して抗菌効果があることが分かった。大阪公立大学大学院生活科学研究科の神谷重樹教授、矢澤彩香准教授、同大農学研究科の阪本龍司教授、同大獣医学研究科の三宅眞実教授、安木真世准教授の研究グループによるもので、幼児や高齢者などが使用しやすい低刺激の口腔衛生用品の開発につながることが期待される。

同研究では、柑橘類由来のフラボノイドとココナッツなどに含まれるラウリン酸の加工処理により、7種類のエステル化合物を作成。P・G菌に対する抗菌活性を調べた。

その結果、最も抗菌活性の高かったプルニンラウリン酸エステルが細菌の増殖を抑制し(濃度10μM)、バイオフィルムの形成阻害(50μM)が確認され、高濃度(100μM)においても、細胞毒性を示さないことが判明。

さらに、P・G菌に感染した歯周病のモデルマウスに投与したところ、歯槽骨の吸収が抑制することが分かった。

同研究成果は学術誌『Foods』(6月18日付)にオンライン掲載された。

歯の喪失で孤独感高まる可能性示唆

医科歯科大　松山准教授

歯の喪失によって孤独感が高まる可能性がある。東京医科歯科大学大学院医歯学総合研究科の松山祐輔准教授の研究で明らかになったもの。

孤独感は、多くの健康問題のリスクを増加させると言われているが、コミュニケーションにおいて重要な役割を担っている口腔との関係は明らかになっていなかった。

研究では、英国の50歳以上を対象とした追跡データ(English Longitudinal Study of Ageing、ELSA)を活用。分析可能な7298人(1万8682件)の回答から、無歯顎と孤独感スコアの増加との間に有意な関連を確認した＝右表。

結果を受けて松山准教授は「歯の喪失と孤独は、高齢者に広く見られる問題で、公衆衛生上の重要な課題。歯を失うことで、会話や食事を楽しむ機会が減少し、孤独感が増す可能性がある」と考察。口腔の健康の維持が、高齢者の孤独感を軽減する一助になると意義を話している。

同研究は、文科省科学研究費補助金を受けて実施されており、国際科学誌『Journal of Dental Research』オンライン版(8月5日)で発表された。

孤独感スコアの変化

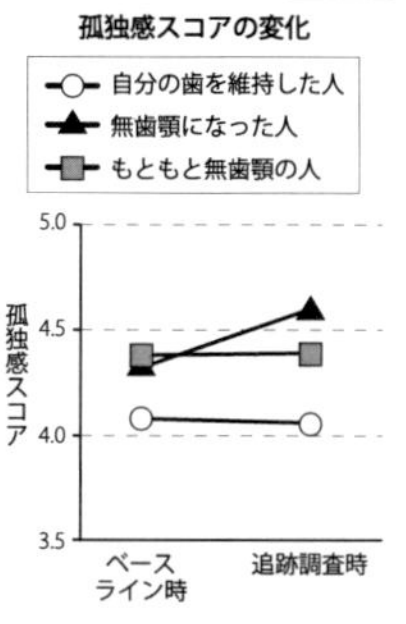
自分の歯を維持した人
無歯顎になった人
もともと無歯顎の人
5.0
4.5
4.0
3.5
孤独感スコア
ベースライン時
追跡調査時

訂正　7月30日付(2306号)の6面、大阪歯科大学の予告記事について、事務局TELと講演名に間違いがありました。事務局TELは、正しくは072(864)3001です。8月31日の講演名は、正しくは「お顔のゆがみ、あなたも顎変形症かも知れません～顎矯正手術最前線」です。お詫びして訂正します。

歯科主軸の医療求人サイトを全米に拡大

メドレー

メドレー（本社・東京都港区、瀧口浩平社長）は、同社の米国法人、MEDLEY USが提供する米国の医療機関・医療従事者向けの求人サイト「Jobley（ジョブレー）」の対象地域を全米に順次拡大すると1日に発表した。

同サービスは、昨年2月から歯科領域に限定して、ワシントン州とオレゴン州、カリフォルニア州を対象に、主に人事体制の整っていない小規模事業所への採用を支援。米国内の医療分野で人材の適切なマッチングや、採用プロセスの合理化を継続的に支援できると判断し、対象地域の拡大を決定した。

今後、小規模事業者の多い歯科領域を主として事業を展開しつつ、利用者の要望を取り入れながらサービスを改善していく。

沖縄営業所を移転　商談にカフェ空間

ヨシダ

ヨシダ（本社・東京都台東区、山中一剛社長）は、沖縄営業所を移転し、5月28日の内覧会から営業を始めている。

広さは約30坪。カフェを思わせる濃い木目調の内装デザインを採用した室内は常に音楽が流れており、落ち着いた雰囲気で商談できるスペースとした。営業所としては珍しくバーカウンターを設置し、打ち合わせ後の歯科医師らがお酒等を飲めるようにしている。また本格的なコーヒーメーカーを設置し、来客だけでなく従業員も利用できる。

ショールームも併設し、ユニット2台のほか、位相差顕微鏡やDX関連の商材を置いている。

住所は〒902－0073 沖縄県那覇市上間364番地1 リアン102号。TEL098（987）7775。FAX098（855）1710。

営業所の一角にはバーカウンターを設置。来客や従業員も利用できる

夜の外観

技工指示書を電子化

ブレイスら

Brace（＝ブレイス、本社・東京都渋谷区、吉住淳社長）と矯正歯科の技工を行うアソインターナショナル（本社・東京都中央区、阿曽敏正社長）は業務提携し、ブレイスの矯正歯科専門電子カルテ「b－align（ビーアライン）」からアソインターナショナルに技工を依頼する際の技工指示書をデジタル管理する機能を開発したと5日に発表した。運用開始時期は今年秋頃の予定。

同システムにより紙の技工指示書が不要になり、オンラインカルテや技工指示書、デジタル受発注、関連データを一元管理して歯科医師やスタッフの業務を削減できる。また、各技工物のセット日を患者の予約日と紐付けする予約管理機能も搭載し、納品漏れや発注不備などのミスの減少にもつながるという。

週間 金・パラ価格動向　税抜価格（1g,円）

	金	パラジウム（参考価格）
8月5日（月）	11,384	4,390
8月6日（火）	11,356	4,305
8月7日（水）	11,435	4,335
8月8日（木）	11,258	4,450
8月9日（金）	11,548	4,650

提供 石福金属興業

奨学金返還を支援　社員の代理で返済

東和ハイシステム

東和ハイシステム（本社・岡山市、飯塚正也社長）は、日本学生支援機構（＝JASSO、吉岡知哉理事長）の「企業の奨学金返還支援（代理返還）制度」を活用した「奨学金返還支援制度」を10月1日に開始すると7月25日に発表した。

同制度は、奨学金を返済している社員の経済的・心理的負担を軽減して安心して働けるよう支援し、優秀な人材の確保・定着を目的として実施。有利子・無利子を問わず奨学金等の返済残額があり、かつ本人が返済している同社社員を対象に、月額1万5千円（年間18万円）を上限として同社が奨学金を代理返還する。年齢制限はない。期間は、3年間または支援期間中に到達する完済月までとしている。

義歯の医院探しや相談に専用アプリ

お守り入れ歯

お守り入れ歯（本社・札幌市、池田昭社長）は、義歯治療を得意とする歯科医院を検索でき、治療の履歴・経過を家族と共有できる「入れ歯銀行アプリ」の提供を1日に開始した。

同アプリは、同社が義歯のデータを無料で保管するサービス「入れ歯銀行」に加盟する歯科医院が登録されており、利用者はスマホで義歯治療を得意とする近隣の歯科医院を検索できる他、アプリ上で相談も可能。治療の履歴や進捗を家族と共有でき、試着時に義歯作製前と比較できるよう写真の保存も可能。家族も治療経過や見た目をアプリ上で確認できる。

同アプリは、誰でも無料で利用可能。今後は、義歯のお手入れ方法の動画など新たな機能も随時追加していく。

患者向け診察券アプリ全面刷新

ストランザ

ストランザ（本社・東京都港区、西島彰一社長）は、患者向けのスマホ用診察券アプリ「私の歯医者さん」のデザインを刷新し、新たな機能を追加している。

同アプリは、歯科医院向けのクラウドシステム「Apotool & Box for Dentist」の予約・患者情報と連携し、受付や決済をアプリ上で行える。今回、デザインの全面刷新に加え、医院からのお知らせを患者が確認できる「ご案内」機能の搭載や患者が事前にGoogleまたはApple IDに登録すると患者自身で機種変更後の端末でアプリにログインできるよう変更。また、オプション機能を利用中の医院向けに待合室での呼び出し番号をアプリ上でも表示する機能を追加した。詳細はホームページまで。

「歯のキャラ」フィギュアに

左から「ノーマル」「矯正三兄弟」「デンタルミラー」「インプラント」「歯磨き」「まずまず平和な親知らず」。各サイズは30～45㎜。「まずまず平和な親知らず」のイラストがTwitter（現・X）で9.7万いいね、1.5万リポストされたという。シュールな表情の歯のキャラクターを好きな場所に飾って360度楽しめる

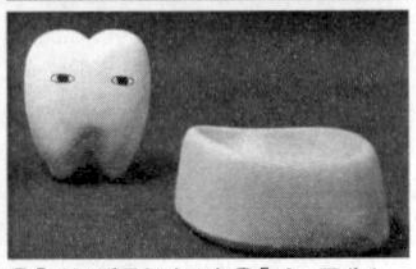

㊤「インプラント」と㊦「ノーマル」は、歯肉パーツからスポッと着脱可能で、歯を抜き差しして遊べる

シュールな表情の歯のフィギュアが登場――。歯科向けのホームページ制作などを行う改築工房（本社・大阪市、草次洋平社長）が運営する歯科医院向けフリーイラスト素材サイト「歯科素材.com」のキャラクター「無口な歯のキャラ」のカプセルトイが6月17日から順次、全国のカプセルトイ自動販売機で発売されている。カプセルトイは全6種類。1回400円（税込み）。歯のイラストをカプセルトイに採用した経緯などを、ミニ玩具メーカーのいきもん（本社・東京都あきる野市、佐藤純也社長）の広報担当者に聞いた。

――生き物のフィギュア「ネイチャーテクニカラー」シリーズなどのカプセルトイを数多く手掛ける貴社において、歯のフィギュア化に至った経緯を教えてください。

いきもん　「歯科素材．com」さんの親知らずのイラストが2021年8月にTwitter（現・X）でバズりまして、それを受けて当社で商品化したいと作者様に打診して商品開発がスタートしました。

――フィギュア化で工夫した点、大変だったことは。

いきもん　元が平面のイラストなのでそこから立体に仕上げるのが大変でした。試作は10回近くあったと思います。シンプルな見た目ですが、キャラクターが手に持つ、歯ブラシやミラーなどの細かいパーツを再現するための試行錯誤がありました。

――フィギュアを6種類作った理由と背景は。

いきもん　カプセルトイでは通常4～8種ほどのラインナップで1シリーズとして商品化します。並べた時にバラエティに富んでいて面白くインパクトのあるものをバランスよく選びました。

――出来上がった試作品・完成品についての感想や思いは。

いきもん　作者の方にも監修いただき、良いものができたと思います。完成後の商品も再びXでバズる流れとなり感無量です。

――今後の展開は。

いきもん　無口な歯のキャラの次のシリーズを企画中です。発売はまだ先になると思いますがぜひご期待ください！

実物を編集部が観察

- イラストがそのままフィギュア化された再現性の高さに驚いた。
- デスクの上や棚にちょこんと飾りたい。
- 着脱できるタイプは、何度も着脱したくなる。
- 着脱できないタイプも着脱を試みたくなる。
- 「歯磨き」が手に持つ歯ブラシが左右に動かせるのが面白い。
- 「デンタルミラー」の位置が絶妙だと思った。

製品紹介

（新製品情報をお寄せください）

歯ブラシ

バトラーハブラシ Gケア／Gケアプラス

サンスター　☎0120-008-241

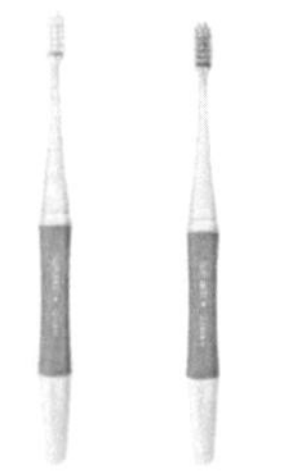

2.5㎜の薄型ヘッドで臼歯部まで届く歯ブラシ。六角ハンドルで持ちやすく操作性が良い。Gケアは細く弾力のある極細テーパード毛が軽い力で歯垢を除去。Gケアプラスは独自開発の先端3本毛が歯面や歯肉に優しく当たり歯垢を除去する。

希望患者価格＝396円（1本）

ジルコニア用研磨セット

ジルコニア用ポリッシングキット

キクタニ　☎073（432）7135

ジルコニア補綴物を容易に咬合調整できるジルコニア用研磨セット。高密度のダイヤ入りコース・シリコン・シリコン仕上げタイプを用意。研磨時間を短縮でき、光沢が得られる。

セット価格＝1万7,160円（ダイヤストーンC1・2、ダイヤシリコンM1・2、F1・2、バースタンド）

レジン系仮封材

J-Tempテンポラリーレジン

ULTRADENT JAPAN
https://www.ultradent.jp/customer-service

光硬化型フローアブルタイプのレジン系仮封材。X線不透過。ラバーダム使用時の隔壁や矯正治療時の咬合調整など幅広く使用可能。重合収縮率は5％未満で、余分なマージンが出来にくく、容易に除去できる。

価格＝8,470円

歯科用3Dプリンター

アシガ Max 2

名南歯科貿易　☎052（799）4075

シンプルなUIで操作しやすいASIGA社の3Dプリンター。新たに「トランスパレントモード」を搭載し、無色透明な樹脂のブルーミングや過剰硬化を抑えて正確に造形できるという。解像度は62μm。波長は385nm。

価格＝253万円

電動ミキシングガン

オートミキサー

ビーエスエーサクライ　☎052（805）1181

技量に左右されず、女性でも容易に練和できる電動ミキシングガン。一定の速度で安定して練和でき、保持しながらの操作または据置きでも使用可能。ミキシングチップは35㎜と短く、内部に残る印象材を削減。気泡の発生もほぼないという。

価格＝6万5,780円

歯科用口腔内スキャナー

Runyes 3DS

ホワイトエッセンス　☎03（6434）1331

高精度で高速スキャンできる安価な口腔内スキャナー。AIが技工物と軟組織を自動で判別し、舌や頬の干渉を取り除いて素早く正確にスキャンできる。重量は210gと軽量。印象スキャンはパソコンを操作せずにボタン1つで全顎スキャンできる。

価格＝88万円

（価格は税込み）

■タオル生地の歯ブラシケース／ハートウエル

今治タオルを製造・販売するハートウエルは、速乾性のあるタオル生地「モウカワイターノ」を使用した歯ブラシケースを全国で発売している。生地は、吸水性のある珪藻土の構造を再現した「珪藻構造糸」を使用。蒸れにくく丸洗いでき、衛生的に持ち運びできる。色はブルー、オレンジ、グレーを用意。同社のオンラインサイトなどで販売。価格はオープン。

縦型ショート動画求人サイトを開設

メディカルネット

メディカルネット（本社・東京都渋谷区、平川大会長兼CEO）は、1分以内の縦型のショート動画を活用した歯科衛生士向けの求人サイト「COE CAREER（コエキャリ）」を開設している。

転職先を探す上で、院長やスタッフの人柄・相性を重視し、求人情報に動画コンテンツを求める求職者が多いことから同サービスを開発。縦型ショート動画の活用により、求人掲載医院はスタッフや医院の雰囲気を直感的に伝えられ、InstagramやTikTokなどのSNSと連携して幅広い層にアプローチできる一方、求職者も医院とスタッフの特徴・雰囲気を効率良く確認でき、自身に合った職場を見つけやすい。詳細はホームページまで。

歯間ブラシ試せるサービスを開始

デンタルプロ

デンタルプロ（本社・大阪府八尾市、佐野健二社長）は、自分に合った歯間ブラシのサイズを試せるサービス「歯間ブラシお試しサンプル」を開始したと1日に発表した。

歯間ブラシの購入時に「自分に合ったサイズが分からない」といった声が多いことから、同サービスを始めた。同社の特設サイトから応募すると「歯間ブラシお試しサンプル」として、L字型の歯間ブラシ0（SSSS）、1（SSS）、2（SS）3（S）各1本ずつを応募者全員にプレゼントする（一人一回限り）。なお、応募殺到で新規受付を停止中（13日時点）としている。

日本歯科新聞

2024年（令和6年）
8月27日

＜発行所＞
日本歯科新聞社
厚生労働省記者クラブ加盟社
〒101-0061
東京都千代田区神田三崎町2-15-2
電話 03（3234）2475
FAX 03（3234）2477
www.dentalnews.co.jp
jdn@dentalnews.co.jp
無断転載禁止
■年間購読料 23,760円（送料込）（本体 21,600円＋税）
■月4回、火曜日発行
■郵便口座番号 00120-5-130369

今週号の主な内容

歯科の違反1959件

ホームページ ネットパトロールで

医療機関等のホームページが医療広告規制等に違反していないかを監視する「令和5年度ネットパトロール」で、違反の合計6328件（1098サイト）のうち、歯科は1959件（374サイト）と3割を超えている。22日に東京都港区の航空会館で開かれた第4回医療機能情報提供・医療広告等に関する分科会で報告があった。データは今年3月末日時点のもの。

歯科の違反数1959件では、「広告が可能とされていない事項の広告」が922件（47・1％）と最も多く、「誇大な広告」337件（17・2％）、「治療等の内容又は効果について、患者等を誤認させるおそれがある治療等の前又は後の写真等」277件（14・1％）などが目立つ。

歯科の治療内容別の違反割合では、「審美」が33％で最多。次いで「インプラント」25％、「矯正」17％、「入れ歯」10％、「歯周病」6％と続く。

なお、違反が最も多い美容分野では、「美容注射」21％、「その他」18％、「顔整形」「GLP―1」11％、「アンチエイジング」「リフトアップ」「発毛・AGA」9％などとなっている。

〈ネットパトロール〉医療分野 / 違反種類別の違反数（2024年3月31日時点）

	美容	歯科	がん	その他	合計
(1) 内容が虚偽にわたる広告（虚偽広告）	117	108	14	62	301
(2) 他の病院又は診療所と比較して優良である旨の広告（比較優良広告）	145	139	19	88	391
(3) 誇大な広告（誇大広告）	303	337	59	262	961
(4) 公序良俗に反する内容の広告	0	0	0	0	0
(5) 広告が可能とされていない事項の広告	1,640	922	206	555	3,323
(6) 患者等の主観に基づく、治療等の内容又は効果に関する体験談	80	74	15	73	242
(7) 治療等の内容又は効果について、患者等を誤認させるおそれがある治療等の前又は後の写真等	313	277	20	31	641
(8) その他	290	102	13	64	469
合計	2,888	1,959	346	1,135	6,328
サイト数	362	374	68	294	1,098

【歯科】治療内容別の違反割合

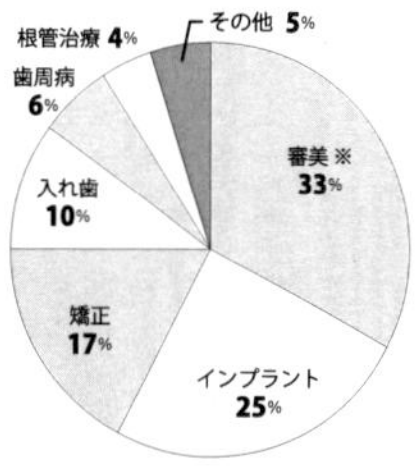

※ ホワイトニングやセラミック等、医療機関によって提供される医療の内容は異なるが、審美というキーワードを用いて広告され、他に分類できないものを対象に集計している

イノベーション・ジャパン 「歯生え薬」が会長賞受賞

㊤表彰の様子㊦展示会場　（5面に記事）

プリズム
ベースアップ評価料 届出の意義は

6月の診療報酬改定で、令和6年度に2・5％、7年度には2％の賃上げを目指すための財源として設定された「ベースアップ評価料」の届出が進んでいないようだ。取材では「吸い上げた経営データを別の目的で利用するのでは」「2年後にハシゴを外される（財源がなくなる）のではないか」「手続きが面倒だ」といった不安や不満の声を聞く。「みんなで届け出を辞めよう」との意見が上がった地域もあったという。

▽社会全体の賃上げムーブは、歯科医院の勤務者ももちろん知っている。ベースアップ評価料の算定の有無は別としても、賃上げをしない（できなかった）医院から人材離れが発生する。

さらに「賃上げのできない（しない）業界」というイメージを持たれてしまうと、成り手不足が、さらに加速することにもなり得る。

▽ベースアップ加算による賃上げ分は、月給本体とは別に「ベースアップ加算手当」などとして、万一評価料がなくなった場合に、加算手当分を外すシンプルな形にすると、従業員の納得も得やすいという。

また、前期より今期の給与・賞与の総額が上回っている医院は「賃上げ促進税制」を利用した節税効果が期待できる。

歯科医師会や経営コンサルタントも、基本的にデメリットはないとしている。苦心してでもベースアップを届出する価値はあるかもしれない。

台風5・7号 歯科診療所の被害報告なし

12日に岩手県に上陸した台風5号では、青森県と岩手県で床上・床下浸水や一部破損の被害が出ていたが、歯科診療所等の被害は確認されていない。

また、16日前後に千葉県で対策本部が設置された台風7号でも歯科診療所の被害はないが、千葉県歯科医師会会員の自宅での雨漏り1件などが確認されている。

それぞれ本紙が岩手県、茨城県、千葉県、東京都、神奈川県の歯科医師会に問い合わせて確認したもの。

My Way

「特別休暇制度」を積極的に導入

角谷 瞳 氏（とやま駅前みわ矯正歯科医院）

特に配慮を必要とする労働者に付与するもので、有給休暇を使うことなく休むことができるのが「特別休暇制度」。厚労省では同制度を導入した企業などを「特別休暇制度導入事例集」として公表しており、2023年度版の14社の一社として紹介しているのが、とやま駅前みわ矯正歯科医院（富山県開業）。院長の角谷瞳氏に、同制度を導入した理由や思い、考えなどを聞いた。

――特別休暇制度を導入した理由を教えてください。

角谷　歯科衛生士の資格を保有しながらも、結婚・出産・育児・介護などのライフイベントを機に職場から離れたり、復帰を諦めてしまう女性スタッフが多かったことに課題を感じたことが制度を導入するきっかけとなりました。

当院は地域の皆さんからの支えで曾祖父の時代から続いており、今年で創業101年目を迎えます。患者さんの中には親子3世代にわたり通う方もいて、次代につなげるためにもスタッフが働き続けられるための職場環境作りや、スタッフの社会参加を後押ししたいとの思いから、さまざまな制度の導入に至っています。

――具体的な内容は。

角谷　就労には、心身の健康が保たれる環境を整えることが第一だと考えます。当院では、エフ休暇、ライフサポート休暇、病気休暇などを導入しています。

エフ休暇は、法定休暇の生理休暇に、月経前症候群と更年期症状による体調不良を加えたものです。生理休暇が活用されていなかったことと、幅広い年齢層のスタッフが誰でも取得できるように対象事由を広げました。無給で年間の取得日数に上限なく必要な日数を取得できます。名称のエフはfemaleの頭文字を取ったものです。

「休み方」と「働き方」は表裏一体

ライフサポート休暇は、不妊治療に伴う体調不良や通院等の際に男女共に取得できるもので、エフ休暇と同様に、無給で必要な日数を取得できるものです。それから、怪我や病気の際に無給で年90日間取得できるのが「病気休暇」です。

ほかには、新入社員向けの「ウェルカム休暇」もあります。入社日から年次有給休暇が付与されるまでの半年間の間に時間単位で3日間取得できるもので、有給としました。ウェルカム休暇は、制度開始から対象者全員が取得しています。

――社会参加を後押しする特別休暇制度とは。

角谷　例えば、骨髄ドナー休暇、社会貢献活動休暇、裁判員休暇、特別社会貢献活動休暇などです。骨髄ドナー休暇は、ドナーとなるための入・通院等のために無給で必要な日数を取得できるものです。導入当初ニーズはなかったものの、翌年に家族に骨髄移植をするためにドナーとなったスタッフがいました。患者の立場で医療を受ける機会は貴重な経験でもあるので、ドナーとなるスタッフを応援するため、全員でシフトを調整し、2日間の骨髄ドナー休暇の取得に至りました。

社会貢献活動休暇は、ボランティア活動等のために無給で5日間取得できるものです。地域の自然保護・福祉活動なども対象としています。

特別社会貢献活動休暇は、歯科医療の知識や技術を生かして被災した医療機関の支援や被災地での歯科保健活動を行うために、有給で年5日間取得できるものです。私も有事の際に身元確認などを行う活動に参加するため、災害現場に行くこともあります。

これらの社会貢献活動への参加は、スタッフ間でも共有できるよう院内で発表する場を設けています。特に素晴らしい活動をしたスタッフには「サステナビリティ賞」として有給の社会貢献活動休暇を1日付与しています。スタッフの社会貢献活動をさらに後押ししたいとの思いから設けました。

――制度設計、導入時の工夫などは。

角谷　さまざまなケースを想定して制度設計を進めていくことになりますが、完璧なものを作ってから導入しようとするのではなく、まずは導入して、実際の運用状況に合わせて適宜調整しています。

これは、コロナ禍で導入した「子の看護休暇」での経験が基になっています。対象となる子供の年齢を法定休暇の小学校就学前から満18歳までに拡充したのですが、導入の遅れで利用できなかったスタッフがいたのではないかと感じたからです。

以降は、スタッフからの要望や把握したニーズは、できるだけすぐに反映するようにしています。制度を早期に導入することは、医院はスタッフをサポートするというメッセージにもつながるからです。

日常業務では、業務の属人化を防ぐためのマニュアルや作業手順書の作成のほか、勤怠管理ソフトの使用、連絡手段にSNSを活用するなどツールの利用で業務の効率化を図りつつ、制度利用時は、必要に応じてスタッフ間のシフトの調整などを行っています。

それと同時に休暇取得について気兼ねなく話せる風土作りも大事だと考えます。これらの取り組みの結果、直近の年次有給休暇の取得率は6割まで増えています。

制度を導入して分かったことは、制度は特定の人が使えるものが多いということです。そこで事由に関わらず誰もが使えるよう「アディショナル休暇」を7月から導入しています。年次有給休暇の残日数がゼロとなった時に6日を限度に追加で休暇を取得できるものです。

「休暇ばかり充実させても」と思う方もいるかもしれませんが、「どう休むか」を考えることは、「どう働くか」を考えるきっかけになります。プライベートの充実は仕事の向き合い方にも良い影響を与えると思いますし、スタッフがいきいきと働く姿は患者さんの笑顔にもつながるはずです。

人材不足である歯科界において働きやすい職場環境を整えることは、他院との差別化につながると同時に、歯科界全体の魅力の一つにもなり得ると考えます。

■ 法定休暇（法律で定められた休暇・休業）

例）年次有給休暇／育児休業／介護休業／子の看護休暇／介護休暇／生理休暇

■ 特別休暇制度　労使による話し合いを通じて、休暇の目的や取得形態を就業規則等により企業が任意に定めた休暇。法定外休暇ともいう。

例）慶弔休暇／夏季・冬期休暇／病気休暇／ボランティア休暇／裁判員休暇／犯罪被害者等の被害回復のための休暇

■ とやま駅前みわ矯正歯科医院が導入している特別休暇制度の一部

エフ休暇／ライフサポート休暇／病気休暇／骨髄ドナー休暇／社会貢献活動休暇／特別社会貢献活動休暇／裁判員休暇／ウェルカム休暇／アディショナル休暇

広告可能な専門医

指針に「矯正」「保存」追加

厚労省分科会で改正案を了承

医療広告ガイドラインの広告可能な歯科医師の専門性資格に「矯正歯科」及び「歯科保存」を追記する見直し（改正）案が、22日に開かれた厚労省の第4回医療機能情報提供制度・医療広告等に関する分科会で了承された。日時は明らかにされていないが、事務手続きが終わり次第の改正となるとのこと。

医療広告規制では、日本専門医機構か日本歯科専門医機構が認定する専門性について、広告のできる事項に追加するとされており、6月20日に機構の理事会で矯正歯科専門医と歯科保存専門医の認定が行われていた。医療広告ガイドラインが改正されれば、歯科では口腔外科、歯周病、歯科麻酔、小児歯科、歯科放射線、補綴歯科と合わせて計八つが広告可能となる。

◇◆◇

矯正歯科専門医は、診断、治療および術後管理に関して高度な医療技術と経験、専門知識を有し、他診療領域の歯科医師、医師ら他職種との連携を図り、標準的な矯正歯科治療を提供する能力を有する歯科医師とされている。

歯科保存専門医は、歯・歯周組織の基本的管理能力を背景とし、保存修復治療・歯内療法領域において科学的根拠に基づく専門的・統合的治療を要する疾患への対応ができる歯科医師。

申請資格の主な条件と認定審査は左記の通り。

申請資格の主な条件と認定審査

矯正歯科専門医

申請資格の主な条件

- 歯科医師免許を有する者
- 認定研修施設における基本研修終了後、その期間を含め5年以上にわたり合計150症例以上の矯正歯科治療における臨床研修を修了した者（施設長の承認を必要とする。）
- 学会＊認定医資格を有する者
- 学会＊の認めた刊行物に矯正歯科臨床に関する筆頭論文を1編以上発表した者
- 学会＊の認めた学術集会で学会発表の要件を満たした者 等

＊公益社団法人日本矯正歯科学会

認定審査

公益社団法人日本矯正歯科学会内に設置する日本矯正歯科学会専門医委員会において審査＊＊や合否判定を行い、同学会理事会の承認後、一般社団法人日本歯科専門医機構にて審査・認定。

＊＊専門医委員会による主な審査

（症例審査）　不正咬合のパターン別の課題症例（5症例）及び試問（全症例に術後2年以上の経過資料が必要）

（筆記試験）　関係法令、感染対策、医療安全、倫理等

歯科保存専門医

申請資格の主な条件

- 歯科医師免許を有する者
- 認定研修施設において5年以上の専門研修歴を有する者
- 研究論文を1編以上、所属学会＊雑誌に発表した者
- 所属学会＊学術大会で1回以上演者として発表した者 等

＊特定非営利活動法人日本歯科保存学会又は一般社団法人日本歯内療法学会

認定審査

特定非営利活動法人日本歯科保存学会と一般社団法人日本歯内療法学会の合同運営の歯科保存専門医認定委員会＊＊において審査後、審査結果について両学会理事会の承認を経たのち、一般社団法人日本歯科専門医機構にて審査・認定。

＊＊専門医認定委員会による主な審査

（提出書類例）　臨床実績報告書300症例以上（研修期間5年間）

（面接試験）　審査対象症例（30症例：難症例10症例、基本症例20症例）として提出された10症例のうち、修復治療・歯内療法から各1症例選定して実施

（筆記試験）　研修プログラムを対象に、保存修復治療及び歯内療法の各領域から出題

日歯会長予備選挙

現職の高橋氏を北海道歯が推薦

北海道歯科医師会（藤田一雄会長）は16日の理事会で、日本歯科医師会の次期会長予備選挙に現職の高橋英登氏が立候補する意思を表明したことを受け、同氏の推薦を決定した。

高橋氏が17、18の両日に札幌市の札幌パークホテルで開かれた北海道歯科学術大会に出席したこともあり、17日に藤田会長から直接、推薦状が手渡された。

訂正　8月13日付（2308号）7面の日本歯科専門医機構の記事で、認定状況の表に誤りがありました。小児歯科学会の2023年度第2期の専門医数が「117」となっていますが、正しくは「177」でした。お詫びして訂正します。

訪問歯科 超 実践術 444

前田実男（日本訪問歯科協会 理事）

歯科疾患在宅療養管理料

歯科疾患在宅療養管理料（歯在管）の対象は、同一初診期間中に歯科訪問診療料を算定し、継続的な歯科疾患の管理が必要な患者である。患者等の同意を得た上で、患者等に対して、歯科疾患の状況および患者の口腔機能の評価結果等を踏まえた管理計画の内容について説明した場合に月1回算定する。点数は施設基準によって異なり、在宅療養支援歯科診療所1は340点、在宅療養支援歯科診療所2は230点、在宅療養支援歯科病院は340点、それ以外の場合は200点である。なお、同一月に、居宅療養管理指導費または介護予防居宅療養管理指導費が算定されている場合には算定できない。

歯の喪失や加齢、これら以外の全身的な疾患等により口腔機能の低下を認める在宅等療養患者（口腔衛生状態不良、口腔乾燥、咀嚼機能低下、舌口唇運動機能低下、咬合力低下、低舌圧または嚥下機能低下の7項目のうち3項目以上が該当する患者）に対して、口腔機能の回復または維持・向上を目的として医学管理を行う場合は、この歯在管を算定する。なお、この場合には、口腔細菌定量検査2、咀嚼能力検査1、咬合圧検査1、舌圧検査を別に算定できる。

歯在管には四つの加算がある。一つは文書提供の評価としての「文書提供加算（10点）」。二つ目は、特定の病名の患者について医科からの文書提供を受け管理指導を行った場合の「在宅総合医療管理加算（50点）」。そして、今年の診療報酬改定で新設された「在宅歯科医療連携加算（100点）」と「在宅歯科医療情報連携加算（100点）」だ。

名称が非常に似ているので混乱しやすいが、「在宅歯科医療連携加算」は、退院した患者、介護保険施設に入所中の患者、訪問介護等の利用者について情報提供を受け管理計画を作成した場合に算定する。「在宅歯科医療情報連携加算」は、患者に関わる多職種がICTを用いて記録した診療情報等を活用した上で、計画的な歯科医学的管理を行った場合に算定するものだ。

日本訪問歯科協会　https://www.houmonshika.org

男子学生数、受け入れは増加傾向

男性歯科衛生士の今 ①

「歯科衛生士イコール女性」というイメージが強く、男女別の割合は女性99・88%、男性0・12%(※令和4年度)と男性歯科衛生士は非常に少数だが、歯科衛生士養成校に通う男子学生数は平成30年度以降増加傾向で、令和6年度は116人、男子学生の入学を受け入れている養成校は147校で全体の80・3%と年々増加している。

男性歯科衛生士の現状を知るため、歯科医院勤務の歯科衛生士、歯科衛生士学生、雇用する医院の院長にそれぞれ取材し、5回にわたって掲載する。

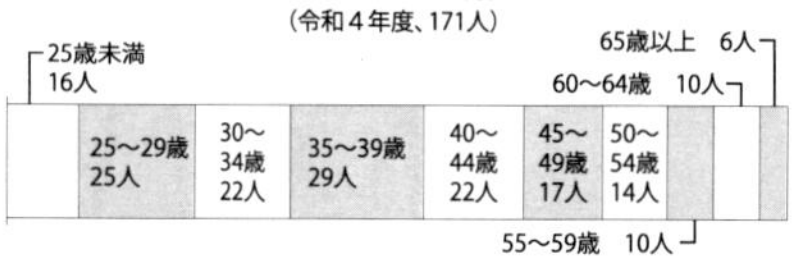

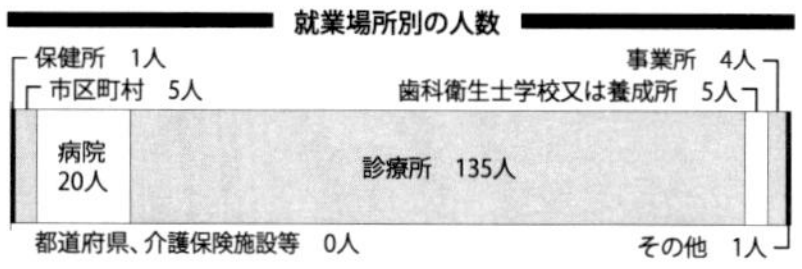

「令和4年度衛生行政報告例　就業歯科衛生士数,就業場所・性・年齢階級別」より

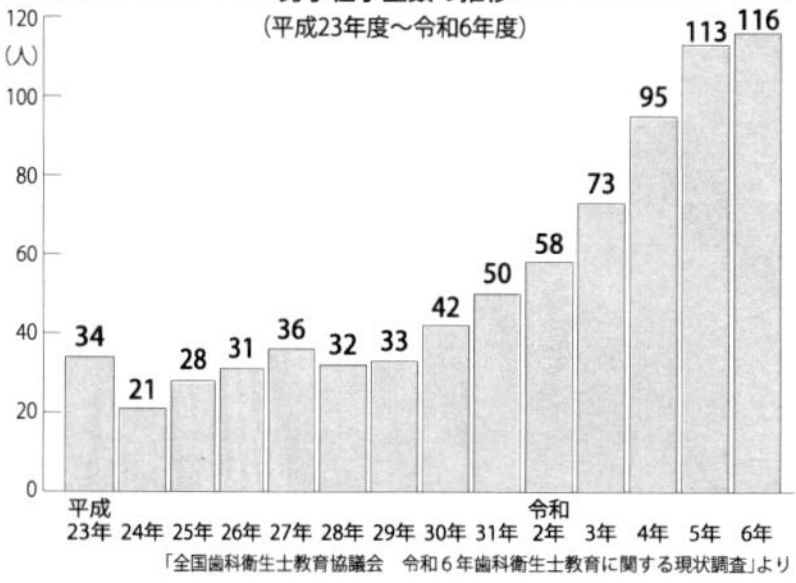

「全国歯科衛生士教育協議会　令和6年歯科衛生士教育に関する現状調査」より

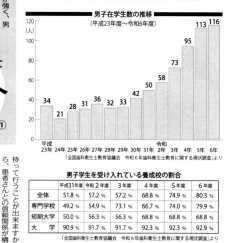

男子学生を受け入れている養成校の割合

	平成31年度	令和2年度	3年度	4年度	5年度	6年度
全体	51.8%	57.2%	57.2%	68.8%	74.9%	80.3%
専門学校	49.2%	54.9%	73.1%	66.7%	74.0%	79.9%
短期大学	50.0%	56.3%	56.3%	68.8%	68.8%	68.8%
大学	90.9%	91.7%	91.7%	92.3%	92.3%	92.9%

「全国歯科衛生士教育協議会　令和6年歯科衛生士教育に関する現状調査」より

男女それぞれの強みを生かす

歯科衛生士の小野塚孝之氏と剛﨑淳氏は新東京歯科衛生士学校の出身で、学生時代の先輩後輩の関係。両氏に歯科衛生士を目指したきっかけや、学生生活、診療について聞いた。

小野塚氏

剛﨑氏

――歯科衛生士を目指したきっかけを教えてください。

小野塚　私は元々、歯科技工士で開業していました。通常、歯科技工所は歯科医院からお仕事をいただく形になりますが、私の場合、補綴物を作成するにあたり、実際に患者さんとやり取りをしながら業務を行いたいという考えがあったので、歯科衛生士の資格をとって、歯科衛生士と歯科技工士のダブルライセンスで業務を行っています。

剛﨑　高校卒業後、大学は法学部に進みました。なかなかやりたいことが見つからない時に、高校のOBから「歯科医院を開業しているので歯科助手として働いてみませんか」と声がかかり、勤務しながら歯科衛生士の資格を取得しました。

――学生生活はどうでしたか。

小野塚　歯科衛生士学校は女性がほとんどで、男性は夜間の部を含めて各年次に1〜2人程度ですが、私は取り立てて不便を感じることはありませんでした。良くも悪くも男性として意識されている印象がなく、私としては、すごくやりやすかった記憶があります。学生時代に既に技工所を運営していたので、勤務しながら勉強を行っているのですが、他の同級生たちがグループメッセージで協力して試験対策を行ってくれて、とても助けになりました。当時の仲間とは今でも連絡を取り合っています。

剛﨑　私は夜間部で、学生の年齢層が幅広く、男性もいたので、居心地の悪さは感じませんでした。施設の都合上、トイレについて不便なことを感じることや、相互実習で気を遣ってしまう場面もありましたが、それ以外の障害はなかったと感じています。ただ知り合いの男性歯科衛生士は女性関係のトラブルを経験した話も聞いたので、環境にもよるようです。

――現在の勤務について教えてください。

小野塚　歯科医院では非常勤として歯科衛生士業務に携わり、勤務後など空いている時間に歯科技工業務をしています。また、都内の歯科衛生士学校、歯科技工士学校の講師や講演も行っています。休みはほとんどありませんが、自分の生活スタイルに合っている気がします。

勤務時は自身で患者さんのメンテナンスを行うので、補綴治療の提案が非常にしやすいですし、その患者さんの補綴物は必ず私の技工所で担当することになります。技工の知識があると自由診療の提案もより説得力を持って行うことが出来ますから、患者さんとの信頼関係が構築できます。そうすると患者さんはご家族もつれて来てくれるようになるので、私の技工所だけでなく、勤務している歯科医院にとっても大きなメリットになっていると感じています。

剛﨑　私は訪問歯科を主に担当しています。訪問歯科では、患者さん対応や、機材の持ち運びなど力が必要な場面は多いですし、身長も女性より高いのでそれが役に立つことがあります。また、経営的な観点では、男性は産休を取ることがないので、長い間働けるという面もあると思います。

――今後について。

小野塚　鍼灸あんまマッサージ指圧師や機能訓練指導員の資格を取得していますので、首、肩や腰、足の不調などから来るかみ合わせ治療を目指し全身からアプローチをしていく方法を研究しています。学術講演などで、積極的な発信を行うつもりです。

剛﨑　高齢化が進んでいく中で、訪問診療を行う機会も増えていくと同時に、担い手の不足も進んでいくと考えています。男性歯科衛生士として、男性ならではの活躍の機会は多いと思いますし、チームとして充実した診療を提供できるようになると考えています。男性と女性それぞれの強みがあるので、それを生かしながら患者さんの健康を支えていきたいと考えています。

DHのモヤっと解決隊 ㉘

勤務時間外のLINEに返信しないといけないの？

歯科衛生士3年目です。半年前に今の歯科医院に転職をしました。医院にはグループLINEがあり、勤務時間外でも院長からLINEがたくさん届きます。先輩たちは「承知しました」など、その都度返信しています。

私は勤務時間外にLINEが来た時に緊急ではなさそうなので「明日の朝礼で言えばいいのでは」と思ってしまいます。勤務時間外なのにLINEも見て「承知しました」と返信しないといけないのでしょうか？

歯科衛生士　Bさん(24歳)

LINEの院内ルールが必要

東京歯科医学教育舎 代表
竹内 智美
歯科衛生士　産業カウンセラー
ファイナンシャルプランナー

緊急ではなさそうな仕事のLINEに勤務時間外に返信しないといけないのかなと思ってらっしゃるのですね。

確かにBさんのおっしゃる通りですね。他の職種でも起こっている悩みだと思います。

業務時間外の対応が多い場合は、時間外労働になり得る場合もあります。

LINEを送信している側は「返信を求めてLINEをしている場合」、「返信は求めていないけど忘れてしまうからすぐ入れる場合」等があると思います。Bさんの勤務されている歯科医院ではLINEに対してのルールは決まっていますか？　一度、先輩や院長に聞いてみてはいかがでしょうか？

決まってない場合は、「緊急性の高いものだけLINEを送る」「返信は強要しない」「ミュートメッセージにして送る」など院内のルールが必要です。

LINE以外でも無料で利用できる社内連絡ツールは複数あり、受信できる時間、何時以降は受信しない等を設定できるものもあります。弊社でも使用しております。そちらを提案、活用するのも良いと思います。

投稿 寄稿

第二種歯科感染管理者検定試験「JAOSアカデミック検定」

学び続けるキャリアの第一歩として期待

横井 節子 (歯科衛生士)

日本・アジア口腔保健支援機構(以下、「JAOS」)は、今年も広沢学園の取手歯科衛生専門学校とつくば歯科福祉専門学校の2校で第二種歯科感染管理者検定試験を実施した。2018年から毎年開催しているもので、今年で7回目になる。今年も9月から始まる歯科医院での臨床実習前に資格取得を目指し、7月17日は取手歯科衛生専門学校の2学年46人(昨年受験できなかった3学年2人含む)と、7月18日はつくば歯科福祉専門学校の2学年13人の、両校あわせて59人が受験し、8月8日に各学校にて全員の合格が発表された。

◇　◇　◇

JAOSは、歯科を通じて近隣アジア諸国との連携、協力を目的に10年に設立された。当時、歯科衛生士不足問題が緊急の課題の中、復職支援対策として歯科衛生士の派遣について関係各所との協議を重ねたが、労働者派遣法において病院・診療所などでの医療関連業務は禁止されていて実現できなかった。そこで、離職の原因の一つであるオーバーワークの解消として、医科で行われている中央材料室(中材)業務の概念を歯科に取り入れることを提唱し、歯科感染制御の知識、技術を持った歯科助手がその業務を担い、歯科医師、歯科衛生士は業務に専念できる体制を整えることを目指した。「医療に携わる全ての者が滅菌・消毒の知識を持つことで院内感染防止を図ること」を中材業務の目的とし、12年には歯科感染管理者資格制度の前身となる歯科感染制御研・管理研修会を歯科医師、パラデンタルを対象に開催した。

歯科感染管理者資格制度とは、国民、歯科医療従事者に安心して歯科治療を受けてもらう、医療機関に勤務してもらうことをコンセプトとしている。歯科治療はインプラント、歯周外科以外にも抜歯やスケーリングなど出血を伴う治療が多く、患者の感染リスク、歯科医療従事者の交差感染リスクが潜在している。また歯科治療器具・器材は特殊な形状のものも多く、適切な洗浄、消毒、滅菌法など正しい知識が必要だが、歯科衛生士の離職、人材不足から現場での徹底した管理や教育は非常に難しく、見えない部分であることからも十分であるとは言い難い状況である。そこで、感染制御・管理に関する知識を習得してもらうきっかけや、モチベーションの向上・維持につなげてもらえる検定試験を開催し、資格が取得できるようにした。第二種歯科感染管理者は歯科の感染対策の知識の習得、第一種歯科感染管理者は歯科感染制御・管理対策マニュアルの作成スキルの習得が可能である。

㊤試験の様子
㊦試験後の集合写真

JAOSアカデミック検定とは、歯科衛生士養成機関(専門学校、短期大学、大学)に在籍中に歯科における医療安全や感染管理の知識を学んでもらうために設けた学生向けの第二種歯科感染管理者検定制度である。

試験内容は一般(ジェネラル)と同じ内容のため、臨床実習現場における感染管理業務に関しては予習済ということになり、他の実習内容に集中できることになる。このアカデミック検定で資格を取得した学生は、2、3学年で行われる臨床実習にさらに実践での体験や学びを深め、卒業後は入職してすぐに歯科感染管理の有資格者として歯科医院で実際に活躍することになる。そのため、関係者からは、「学生時代に医療安全の基礎である感染制御について学んでいるため、歯科医療従事者としての自信と責任をもって入職されている」という話も聞かれる。

また、JAOSアカデミック検定においては、学校での開催をはじめ、事前説明やテキストの早期配布による予習、検定費用の学生対応等、学生の負担を少なく、より受験しやすいシステムにしている。昨年より、東京都内の歯科衛生士学校3校でも実施がはじまった。

◇　◇　◇

歯科医療は医科と同様に、患者や医療従事者に関連する医療安全と感染管理を現在の医療水準に基づいて実践することが要求されている。また、医療の進歩とともに医療安全や感染管理の考え方や手法は、日々進化していることから、常に最新の情報を入手して改善することが必要である。その未来を担う歯科衛生士が、在学中により早い段階から医療安全と感染管理を学び、第二種歯科感染管理者の資格を取得し、卒業後からすでに歯科医療における感染管理を有資格者としてキャリアの一つとし、またさらに継続して学び続けるステップアップとして第一種歯科感染管理者の資格取得を目指して活躍を期待している。

現在、全国で第二種歯科感染管理者は4215人、歯科医師から歯科衛生士、コデンタルが取得し、活用している。JAOSでは、今後も引き続き、全国の歯科衛生士学校においての実施も進めている。

【予告】

歯科衛生学会が学術大会を開催 9月に新潟で

日本歯科衛生学会の第19回学術大会が9月21日から3日間、新潟市の朱鷺メッセ新潟コンベンションセンターで開かれる。テーマは「ライフコースを通した健口文化の醸成」。

新潟医療福祉大学名誉教授の斎藤トシ子氏による特別講演「低栄養予防における栄養・歯科連携の推進」や、日本歯科大学新潟生命歯学部准教授の白野美和氏による教育講演「大学病院における訪問歯科の取り組み実践」、「健口文化の醸成を見据えたライフコースアプローチ―臨床と地域保健の融合」と題したシンポジウムなどを企画。

さらに日本口腔衛生学会共同企画の「日常歯科臨床で考える医療倫理」、日本歯科保存学会共同企画「AI時代のう蝕予防管理―変わりゆくアプローチと歯科衛生士としての対応」なども行われる。

なお、10月15日からは講演等のオンデマンド配信を行う予定。問い合わせは大会事務局TEL03(3209)8020まで。

投稿 寄稿

ドイツ・ミュンヘンでAIDS2024　2万人が参加、演題は2500超

各国政府・指導者に対応強化を要請

杉山 正隆（歯科医師・ジャーナリスト）

「人を第一に考えよう」（Put people first!）をテーマに、第25回「国際エイズ会議」（AIDS2024）が7月22日から26日まで南ドイツ最大都市、ミュンヘンで開かれ、世界100か国以上から約2万人が現地とwebで参加した。市民が自由に参加し感染者らと交流する「グローバル・ビレッジ」では子供たち・学生らの姿も。開催国ドイツのオラント・ショルツ首相が開会式で「2030年までにエイズの流行を終わらせるという目標に向けて協力しよう」と国際社会に訴えるなど政府や国連首脳も多く参加した。私は毎日新聞記者だった1994年の横浜会議以来、全ての国際エイズ会議等、主だったHIV／AIDSの会議を取材。その歴史に触れつつ、日本の現状等も含め報告する。（ミュンヘン国際会議場で　歯科医師・ジャーナリスト　杉山正隆　写真も）

国際エイズ会議はHIV／AIDSに関する世界最大の会議。国際エイズ学会（IAS）と国連機関・各国政府、HIV感染者・支援者らが共催する。HIV対策を前進させるため医師・歯科医師・医学者、政策立案者、HIV陽性者、支援者らが一堂に会し、科学、アドボカシー、人権が交差する。1985年の開催以来、国際エイズ会議は、HIVや感染症の流行などに対する科学的対応を確保するための政策とプログラムを強化してきた。

従来は医学的な側面が大きかったが、「問題解決の『鍵』となる弱い立場の人々」（Key Populations）を積極的に支援するため、当事者自身が主体となって会議や学会を主導するようになっており、先進的な取り組みとして他の学会や国連などを先導している。

市民がだれでも自由に参加できるグローバル・ビレッジでは、「差別や偏見がありHIV/AIDSのことを口にすると刑罰を科される」と慌てて口に手を当てるパフォーマンスが披露

会議はA基礎科学、B臨床科学、C疫学と予防科学、D社会科学と行動科学、E実装科学・経済・システムと相乗効果、F政治科学・法律・倫理・政策と人権が柱。演題数は2500を超えた。

◆◆◆

国連合同エイズ計画（UNAIDS）は年次報告書「Global AIDS UPDATE 2024」を発表。タイトルは「The Urgency of Now: AIDS at a Crossroads（今まさに緊急事態：岐路に立つエイズ）」。各国が国連の場などで正式に約束した「2030年までにエイズを終結に導く」ことは可能だとした上で、「HIV対策に必要な資金を確保し、全ての人の人権が守られることを保障できた場合に限られる」と釘を刺した。その進路を決定付けるのが今（24年）であり、成否は政治指導者らの決断にかかっていると強調した。その決断があれば世界のHIV陽性者の数は「50年までに約2900万人に減る見込み」なのに対し、進路を誤れば「生涯にわたる支援を必要とする人が4600万人（2023年は3990万人）に拡大する」と厳しい見通しを示した。

◆◆◆

開会式でUNAIDSのウィニー・ビャニマ事務局長が決意を表明。「エイズを終焉させる道筋は明確に示され約束された。成功するか失敗するかは、リーダーが今日どの道を採るかによって決まる」と強い口調で訴えた。

AIDS2024では、6カ月に1回服用する注射薬「レナカパビル」に注目が集まった。HIVの予防に100％効果的であることが試験で示されている。UNAIDSは、この新薬を「ゲームチェンジャー」と呼び、製造する製薬大手のギリアド社に対し、できるだけ早く手頃な価格で恩恵を受ける可能性のある何百万人もの人々が利用できるように求めた。

「製薬大手企業は特許を名目に治療薬を高騰させ患者を殺している」と怒りをあらわにしてデモ行進する人たち

◆◆◆

厚生労働省のエイズ動向委員会によると、昨年1年間の新規HIV感染者報告数は669件、新規AIDS患者報告数は291件、HIV感染者とAIDS患者を合わせた新規報告数は960件（前年884件）でいずれも過去20年間で2番目に少なかった。ただ、新規HIV感染者報告数については、前年より増加しており6年連続での減少から増加に転じた。同委員会は「COVID―19の流行以降減少していた保健所等での検査件数が回復したことが影響している可能性がある点に留意し、今後の状況を注視していく必要がある」とする。

さらに深刻なのは梅毒などの性感染症だ。梅毒の新規感染届け出数は2012年までは年間1千件未満だったが、23年は約1・5万人と15倍超。依然男性が多かったが、現在は新規患者の3分の1が女性で20代が中心。東京都では、女性の新規感染者の83％が20～39歳の女性、女性の新規感染者数は10年間で40倍に増えている。

日本で最も患者数が多い性感染症が「性器クラミジア」。2016年の2万4397人（定点観測医療機関数985カ所）から22年には3万1336人（同983カ所）と急増。これらの背景には「パパ活」など表現を柔らかくした売買春が20歳前後の女性にも拡がっているとの指摘もある。

バイエルン選帝侯カール・テオドールの名に由来するミュンヘンの代表的な広場「カールス広場」にはAIDS2024の参加者を歓迎し、市民にグローバル・ビレッジへの参加を呼び掛ける旗が掲げられた

歯科の役割に注目集まる

【解説】　COVID―19で生活のあらゆる場面で大きな混乱が起こったことによりHIV／AIDS等の「実態が見えにくくなっている」のは周知の事実。日本でも「2030年までにエイズの流行を抑える」との国連の目標に黄色信号が灯っている。直近でも、COVID―19の感染は収束の兆しが見られず、従来の感染症に加え新たなる感染症への対策は特に重要となる。

歯科を含め医療に予算をしっかり付けて感染症に備える必要がある。「口は多くの感染症の門番（ゲートキーパー）」「口腔内の治療やケア等が極めて重要」との声が目立った。感染症に関しても歯科への期待が高まっていると言える。（ジャーナリスト　久田ゆかり）

阪大・阪井教授

MA―T用いた新口腔ケア紹介

感染防御から新エネルギーまで、幅広い産業分野で注目されているMA―T（Matching Transformation System）技術により、自分でうがいや歯磨きができない高齢者にも有効な口腔ケアが可能になる。大阪大学大学院歯学研究科の阪井丘芳教授（顎口腔機能治療学）が18日、セリスタ（本社・東京都千代田区、伊藤承正社長）主催のオンラインセミナーで講演したもの。

MA―Tは、亜塩素酸イオンから必要に応じて水性ラジカルを生成。ウイルス、細菌の増殖を持続的に抑えることができるため、安全性の観点からアルコールを使用しにくい航空会社などが什器の消毒に使っており、大規模災害の被災地でも使用されている。

阪井氏は講演の中で、口腔機能が低下し、経口摂取ができなくなっている高齢者への口腔ケアに言及。口腔保湿剤として広く用いられるグリセリンが、口腔内で固まっている症例を示した。これに対して、MA―Tを含むジェルは汚れを除去しやすく、唾液流量が少なくても口腔内に蓄積しない利点があると指摘した。

その上で、幅広い年齢層にとって理想的な口腔ケアジェルに求められる条件である、バイオフィルム除去効果が高い、口腔疾患の予防効果が高い、各種ウイルスを短時間で不活化できることなどに合致し、アルコールやグリセリンなどを含まないMA―Tによる口腔ケアに期待が寄せられていると述べた。

大阪万博（2025年4月～）で、未来の医療を紹介するブースでも、新たな予防アイテムとして発信される予定という。

【予告】

医療系学生音楽団 9月にコンサート

昭和女子大で

歯科医師、医師、薬剤師、看護師をはじめとした医療従事者および医療系学生を中心とした約120人による音楽団「Jオーケストラ」は、9月8日に2024コンサートを東京都世田谷区の昭和女子大学人見記念講堂で開催する。

演目はラフマニノフ「交響曲第二番」、シベリウス「交響詩フィンランディア」、ガーシュイン「ラプソディーインブルー」。チケットは2千円（全席指定、小学生以下無料）で当日販売あり（現金のみ）。購入はチケット販売サイト「teket」まで。

同楽団の実行委員長で歯科医師の宮坂厚弘氏は活動理由について「コロナ禍でコミュニケーションが制限され、お互いのことを深く知る機会が少なくなってしまった。音楽などの文化活動は停滞していた交流を活性化し、今叫ばれている多職種連携における信頼構築にも非常に役立つ。ビジネスだけではない人同士のつながりの大切さを、音楽を通じて届けたい」と話した。

なお、当日は新型コロナ後遺症に対する募金活動も行われるとのこと。

演者（敬称略）

指揮：柳澤寿男　1971年生まれ。バルカン室内管弦楽団音楽監督、コソボフィルハーモニー響主席指揮者など

ピアノ：小沢咲希　1995年生まれ。国内外のジャズクラブ、音楽イベントなどで演奏

歯科国試にチャレンジ

404　2024年（第117回）より

Rohrer 指数が 130 である 8 歳の男児の発育状態はどれか。1 つ選べ。

a　やせすぎ
b　やせぎみ
c　標準
d　太りぎみ
e　太りすぎ

117-A012

答えは本紙のどこかに！

イノベーションジャパン2024

口腔関連も展示

全国各地の大学等機関、ベンチャー企業から創出された研究成果の社会還元や技術移転を促進するほか、実用化に向けた産学連携などのマッチング支援を実施する「大学見本市2024 イノベーション・ジャパン」（科学技術振興機構主催）が、22日から23日まで東京都江東区の東京ビッグサイトにて開催された。大学など132機関、281件の最新技術シーズが展示された。歯科分野では、口臭や口腔ケアの指標活用ができる粘度測定装置、2時間で口腔内細菌が検査可能な技術などが紹介されていた。

札幌市立大学　食事介護できるシミュレーター

札幌市立大学デザイン学部の三谷篤史教授は、高齢者の食事をサポートする介護手技のトレーニング装置を開発した。弾性部材で舌を再現した「舌再現モデル」と、同モデルの変形や印加圧力を検出するセンサーが使われている。

同モデルにスプーンなどの器具が接触した際、センサーが圧力や接触位置を検出し、手技データの数値化ができる。これまで目視や感覚的手法だった分野だが、同技術によって誰でも専門的な口腔介護の学習が可能となる。

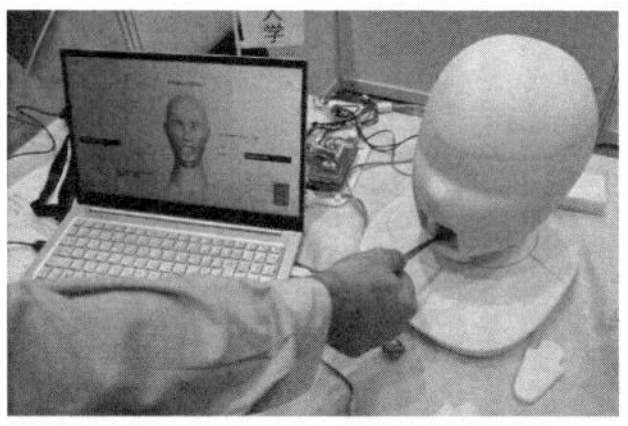
札幌市立大学の舌再現モデル。左のPC（アプリ）でスプーンなどの器具から生じた圧力を確認できる

九州工業大学の体液粘度測定装置。試作装置の段階だが、市場展開も目指している

九州工業大学　医療向けに唾液等体液粘度測定装置

九州工業大学大学院情報工学研究院知的システム工学研究系の坂本憲児准教授は、マイクロ流動計測により粘度を計測する体液向け粘度測定装置を開発した。唾液粘度での口臭や口腔ケアの指標活用など、医療機器の転用にも期待がかかっている。

従来の体液粘度装置は必要液量が多いことや迅速性に欠けていたが、同装置はサンプル付着部分を使い捨てで可能で、既存の粘度測定装置よりも簡便かつ安全な測定ができる。

活用事例として、簡易体液粘度測定器や血液・唾液・尿・汗などの体液と疾患の相関に関する研究、血液・唾液測定による生活習慣病の指標等が想定されるという。

広島国際大学　患者の口腔内細菌2時間で検査可能

広島国際大学健康科学部医療栄養学科の長嶺憲太郎教授は、唾液などの生体試料を核酸選択吸着剤（ハイドロキシアパタイト誘導体）と混ぜた後、遠心分離をしてLAMP反応液に入れることで、1時間30分～2時間で口腔内細菌を検出できる検査法を開発した。

従来まで口腔内細菌を検出するためには、唾液を検出したい細菌専用寒天プレートを塗布した後、脱酸素剤を用いた嫌悪的条件の培養が必要だった。

同検査法を活用すれば、誰でも簡単に口腔内細菌の検査が可能となり、早期の歯科治療を促し、疾病予防や健康増進に貢献できると期待がかかる。

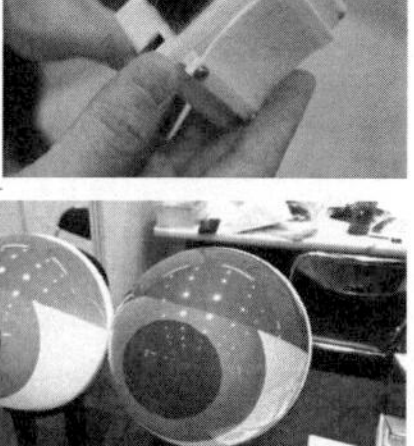

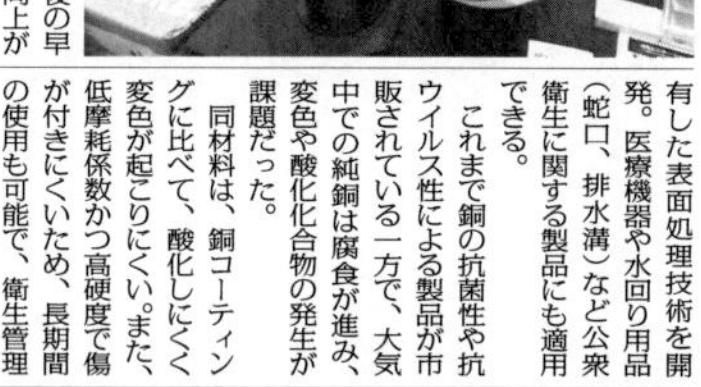
㊤立命館大学の味覚向上装置
㊦関西大学の瞳孔表現ロボット。あらゆるデバイスに転用可能な技術だ

中部大学　歯科インプラント適した材料を開発

中部大学生命健康科学部生命医科学科の山口誠二准教授は、歯科用インプラントにも適用できる骨形成と抗菌性を制御し、生体骨と同等の力学的特性を示す内部構造を備えた「傾斜構造チタン多孔体インプラント」を開発した。

①手術時間の短縮、②低侵襲化、③骨移植不要による医療費削減、④感染予防効果が実現可能。術後の早期社会復帰、QOL向上が期待される。

同技術は、ヨウ素をストロンチウムに変えることで骨形成能がさらに向上し、クリティカルサイズの骨欠損も修復可能となった。また、処理条件により大比表面積、電気導電性の向上や触媒修飾ができるため、医療分野のみならず環境分野の展開も考えられるという。

東京電機大学　手入れ不要な抗菌材料開発

東京電機大学工学部電気電子工学科の平栗健二教授は、手入れ不要な抗ウイルス・抗菌性能を備えたダイヤモンド状炭素膜に銅を含有した表面処理技術を開発。医療機器や水回り用品（蛇口、排水溝）など公衆衛生に関する製品にも適用できる。

これまで銅の抗菌性や抗ウイルス性による製品が市販されている一方で、大気中での純銅は腐食が進み、変色や酸化化合物の発生が課題だった。

同材料は、銅コーティングに比べて、酸化しにくく変色が起こりにくい。また、低摩耗係数かつ高硬度で傷が付きにくいため、長期間の使用も可能で、衛生管理や製品の信頼性、安全性向上に貢献できる。

立命館大学　微弱電気刺激で薄い味でも満足

立命館大学立命館グローバル・イノベーション研究機構の坂上友介助教は、直接顔に貼付する電極によって、下顎縁枝周辺を微弱電流で刺激することで、食事を不快感なく、薄味を濃く感じさせる新たな味覚向上装置を開発した。

これまで電気味覚技術により、味覚の感じ方を変える研究がなされていたが、電極を取り付けた食器やスプーンで舌などの味蕾に直接微弱電流による電気刺激を与えるため、咀嚼や嚥下の際に金属的な味など不快感が課題だった。

同技術は、人体が感じないほどの微弱電流で、食事の妨げにならず、いつでもどこでも使用可能な装置。糖尿病や高血圧の治療・予防の食事習慣のサポートのほか、味覚回復トレーニングに用いるなど症状改善につながると期待がかかっている。

関西大学　会話の雰囲気推定する技術

関西大学総合情報学部総合情報学科ヒューマン・ロボット・インタラクション研究室の瀬島吉裕教授は、オンライン・オフラインコミュニケーションにおける盛り上がり等の雰囲気を推定する技術を開発した。

コミュニケーションにおける人間の動向運動特性（話すと瞳孔が拡大する現象）に基づき、同技術がリアルタイムで発話から場の雰囲気や盛り上がり具合を確認することができる。

ZOOM等の遠隔会議では、相手の感情や様子、場が盛り上がっているのか分からない問題があったが、同技術を用いることで感覚的な場の熱量が推定可能だ。

瞳孔表現ロボットや、ぬいぐるみの目に装着するなど特殊なデバイスを活用することで、コミュニケーション時の瞳孔反応が測定できる。

認知症予防や障がい者支援のほか、会議でのファシリテーション、コミュニケーション支援サービス、コミュニケーションスキルの評価にも活用できると期待がかかっている。

大学発ベンチャー表彰2024

歯生え薬のトレジェム　ベンチャー学会会長賞

イノベーションジャパン2024の中で行われた大学発ベンチャー表彰。平成26年度から始まった制度で、日本ベンチャー学会会長賞に選ばれた喜早氏は中列の左から2人目。

同日には、今後の活躍が期待される優れたベンチャー企業を表彰する「大学発ベンチャー表彰2024」が開催された。

歯科分野では、歯生え薬のトレジェムバイオファーマ（本社・京都市、喜早ほのか社長）が、日本ベンチャー学会会長賞に選ばれた。今年度は46件の応募があり、合計8社が受賞した。

同社は世界初の歯生え薬を開発する創薬ベンチャー企業で、先天的な理由で永久歯の一部がない患者の歯の回復、最終的には永久歯の次の段階となる第3の歯を生やすことで、健康寿命の延伸を目指している。主に先天性無歯症を対象とし、本年9月から第1相臨床試験を予定している。

◆◇◆

賞状を受け取った喜早氏は、関係者各位に感謝を示した後に「今年の秋から第1相臨床試験を進めていく。今後とも1日でも早く安心・安全な薬を困っている患者さんに届けるために精進したい」とコメント。その後、参加者に向けてプレゼンテーションを行った。

ノミネート理由

歯の再生治療薬開発を目指しているスタートアップ企業。根治的治療法が望まれている希少疾患の先天性無歯症を医薬品（歯生え薬）による自己歯再生で解決することができれば、社会的インパクトは大きいものとなる。

歯科医としての豊富な臨床経験を活かした研究開発および研究機関・医療機関・事業会社等との協力体制も優れていることが評価され、健康寿命の延伸という同社目標に期待し、選出された。

デンタル小町が通る

なかい歯科クリニック院長（茨城県境町）
中井 巳智代 ❺

ゴルフ、時々スキー

大学時代の6年間はスキーに明け暮れた。1987年に公開された「私をスキーに連れてって」を劇場で見たのは大学4年の時。若い男女の恋の奇跡が志賀高原や万座のスキー場でユーミンの冬のナンバーにのってエモーショナルに展開する。

私が思い描いた通りの風景。ところが大学で入部したのはアルペンスキー部。そこは夢見た「おしゃれで極楽なスキー」とは程遠く、劇中で主演の原田知世が身に着けていた白いうさぎちゃんみたいなウェアやかわいいニットの帽子ではなく、渡されたのはヘルメットにアルペンのスキンスーツだった。

シーズン中のオールデンタルに向けての合宿はもちろん、夏も乗鞍岳の雪渓を登り、ポールトレーニングや高地での走り込み。「こんなはずじゃなかった」と思いながらも、仲間との時間はかけがえのないものだったし、いつしかアルペンの楽しさも癖になっている私がいて、今は亡き両親も大学に何をしにいっているのかと随分心配したことと思う。

結婚してからも幸いなことにスキー好きの夫と息子のおかげでシーズン中は何度も雪山に出かけていったし、スノーボード派の医院スタッフとともに私だけがスキーを履いて、「Snow&Spa」と称し、ウィンタースポーツと温泉を楽しんだりもした。

「死ぬまでスキーができたらいいな」などと思ったりもしたが、オフシーズンにゴルフ好きの友人たちに誘われたのがきっかけで、グリーン上に足を向かわせることになる。練習嫌いの万年100叩きのぐうたらゴルファーだが、奇跡のように、たまに出るナイスショットとホールアウトした後のグルメ&温泉、そして、とりとめのないゴルフ談義に花が咲いて、そのうち「スキー、寒いしね。ケガもするしね」などと理由をつけて、いつしかゲレンデから足が遠のくようになっていった。

今年、ユーミンの50周年ライブに行くチャンスに恵まれた。ユーミンサウンドを聴いていたら、あの雪のにおいと山の風を感じたくなった。「BLIZZARD」を聴きながら滑っていたあの頃のように。

㊤医院スタッフとのウィンターツアー。私だけスキー㊥学会のゴルフ仲間と㊦茨城県の大会にシニアカテゴリーで出場した時

矯正治療に有用な歯肉注射法を開発

医科歯科大

歯肉への注射により矯正歯科治療で歯を動かせる範囲を広げる方法が開発された。東京医科歯科大学大学院医歯学総合研究科咬合機能矯正学分野の小野卓史教授、松本芳郎講師、斉佳大学院生らと、同大口腔基礎工学分野の青木和広教授らの研究によるもので、矯正歯科治療時の望まない歯槽骨吸収の予防や治療期間の短縮および、広範な領域での侵襲の少ない局所骨形成治療法の開発につながる可能性がある。

同研究では、同大が開発した、骨形成たんぱく質「(BMP)-2」と骨吸収の阻害およびBMP-2を活性化する「OP3-4ペプチド」からなる骨同化作用薬を、局所に留めるゼラチンハイドロゲルと共に注入する骨形成促進法に着目。マウス実験モデルを「未治療」「骨同化作用薬のみ」「矯正治療のみ」「骨同化作用薬および矯正治療」群に分けて、それぞれの治療の予後を観察した。

その結果、「未治療」に比べて「骨同化作用薬のみ」では歯槽骨幅が増加し、「矯正治療のみ」では減少した。「骨同化作用薬および矯正治療」では歯槽骨幅は同等で、歯槽骨の高さは「矯正治療のみ」で減少した。

◆◇◆

また「未治療」に比べて「骨同化作用薬のみ」では歯槽骨の造成、「矯正治療のみ」では歯槽骨の裂開で確認されたが、「骨同化作用薬および矯正治療」では歯槽骨の裂開は確認されなかった。

骨芽細胞の活性について、「未治療」に比べて「骨同化作用薬のみ」「骨同化作用薬および矯正治療」で増加した。骨量に基づいた骨形成速度についても同様の結果だった。「骨同化作用薬のみ」「骨同化作用薬および矯正治療」の間で差はなかった。

◆◇◆

その他、「矯正治療のみ」「骨同化作用薬および矯正治療」では歯根膜の骨吸収の活性が亢進して歯が移動し、骨同化作用薬の投与によっても歯の移動は抑制されなかった。さらに「矯正治療のみ」では「骨同化作用薬および矯正治療」に比べて、歯の移動距離が少ないことから、骨量が少ない部位への歯の移動は停滞している可能性が示唆された。

同研究成果は科学誌『Scientific Reports』（7月10日付）にオンライン掲載された。

歯周病原細菌の関節炎引き起こす機序解明

歯周病原細菌が関節炎の増悪化を引き起こすメカニズムが分かった。東京医科歯科大学大学院医歯学総合研究科細菌感染制御学分野の鈴木敏彦教授と岡野徳壽助教、同大歯周病学分野、生涯口腔保健衛生学分野、難治疾患研究所免疫制御学分野、東京大学、大阪大学の共同研究によるもの。関節炎に加え、歯周病原細菌と関連があるとされる全身疾患の治療法の確立につながる可能性がある。

歯周病原細菌の一つの「Aggregatibacter actinomycetemcomitans（＝A・a菌）」は産生毒素の作用により関節リウマチの発症や増悪化が報告されていたが、動物モデルや細胞を用いて詳細には解明されていなかった。

同研究では、A・a菌を全身感染させたマウスに関節炎を誘導させると、肢の腫れや滑膜内の細胞湿潤および肢内の炎症性サイトカイン「IL－1β」濃度が、非感染群や他の歯周病細菌感染群に比べて優位に上昇することを確認した。また、マクロファージ除去試薬の投与により関節炎増悪化兆候は抑制が観察された。

加えて、マウス骨髄由来マクロファージにA・a菌を感染させたところ、タンパク質複合体「イソフラマソーム」の活性化に伴うIL－1β産生を引き起こすことが分かった。さらに、たんぱく質分解酵素の一つである「カスパーゼ11」が欠損したマウスのマクロファージを用いたところ、イソフラマソームの活性化の抑制を確認した。

その他、マウス関節炎モデルにおいてもカスパーゼ11欠損マウスではA・a菌感染による関節炎の増悪化は野生型マウスに比べて優位に減少した。

同研究成果は科学誌『International Journal of Oral Science』（8月15日付）にオンライン掲載された。

製品紹介

（価格は税込）

超音波洗浄装置

Curaum Cuera

ヨシダ　☎0800-170-5541

ＵＶ（紫外線）機能付きの超音波洗浄装置。義歯やマウスガード、マウスピース、ナイトガードなど幅広い用途に使用できる。持ち運びしやすいコードレスタイプ。ＵＳＢ（type C）充電で、１回の充電で最大30回使用可能。１回の洗浄時間は約４分。

価格＝２万5,850円

歯科技工用研磨セット

義歯・レジン冠ポリッシングキット

キクタニ　☎073（432）7135

義歯やレジン冠を容易に咬合調整できる歯科技工用研磨セット。訪問診療時の義歯調整でも簡単に短時間で光沢が得られ、チェアーサイドでも修正できる。

セット価格＝１万340円（ビッグバフポイント、アフロブラシ＃１～３、フェルトバフ、オレンジルージュ小、ルージュＯＦＦクリーナー、バースタンド）

バンダナキャップ

フライハイトキャップ

佐藤歯材　☎03（3833）3986

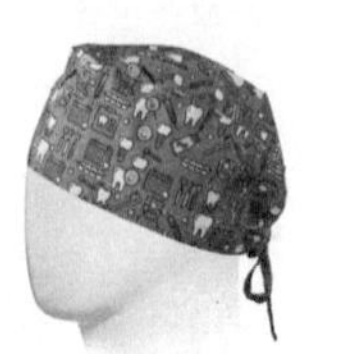

コットン100％で肌触りの良いバンダナキャップ。後部の開口部と長いリボンで頭の形やサイズに合わせて調整できる。歯や動物、魚などさまざまなデザインを用意。柄は21種類。医療用以外に普段使いやインナーキャップとしても使用可能。

価格＝4,290円

歯列矯正用ワイヤー

オーソラインアーチワイヤーⅡホワイト

松風　☎03（3832）1824

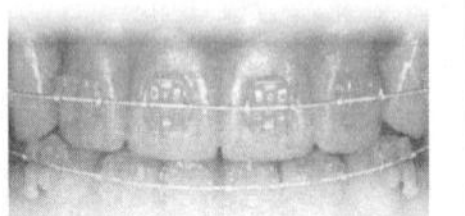

審美性と耐久性のある歯列矯正用のホワイトワイヤー。ＰＥＮ樹脂でコーティング層が剥がれにくく、白さが長持ちする。耐酸性も高く、飲料等の着色もしにくい。コーティング層は薄く均一。表面性状は従来品より滑らかでワイヤーの滑りも良い。

価格＝各10個入り Ti-Ni SE200 ラウンド　１万2,100円、レクタンギュラー　１万3,200円、ステンレススチール　ラウンド　１万1,550円、レクタンギュラー　１万2,100円

コアデンタルラボ横浜

義歯にフルカラー印字

世界初 3Dプリントシステム

コアデンタルラボ横浜（本社・横浜市、陸誠社長）は、リコー（本社・東京都大田区、大山晃社長）が開発した新しい材料噴射法技術「Material Jetting」を歯科領域に応用した「インクジェット式高強度フルカラー３Ｄプリントシステム」の臨床展開を始めたと明らかにした。同システムでは、グラデーションのある人工歯、人工歯の表面や内側に画像や写真等の印字、人工歯と歯肉部分が一体化した「モノリシックデンチャー」の造形などが可能といい、歯科領域では世界初の技術という。

陸社長によると３Ｄプリンターを歯科に応用する際は、大半が「液槽光重合法」であることから、「単色での造形を余儀なくされ、審美的な観点で十分な造形物が得られるとは言い難く、また臨床応用可能な力学的強度を有する材料が少ないなどの課題がある」としている。

同システムは、独自のセラミック配合技術によって、従来の３Ｄプリント素材を上回る高い曲げ強度を実現。また、生体適合性を有する5色構成の専用インクを組み合わせることで、臨床で求められる色調を自由に再現することができ、臨床応用可能な人工歯のフルカラー造形を具現化する。

同システムで使用するインク「ＦＣインク　ティース」は管理医療機器（クラスⅡ）の認証を取得しており、グラデーションのある人工歯造形が可能。造形する人工歯の表面や内側に画像や写真等を印字することもでき、二次元コードを歯冠部分に印字した場合には、iPhoneなどで読み取れる解像度を有する。これらの技術から、歯科の審美とは切り口が異なる「ファッション性のある歯」への適用も見据えている。

同社では、同システムで製作した人工歯を「emiora（エミオラ）」ブランドとして立ち上げ、今後、さまざまな付加価値を付けた「emiora Series」として提供していく予定。その一つには、人工歯と歯肉部分が一体化した審美的な造形物「モノリシックデンチャー」の製作も検討している。

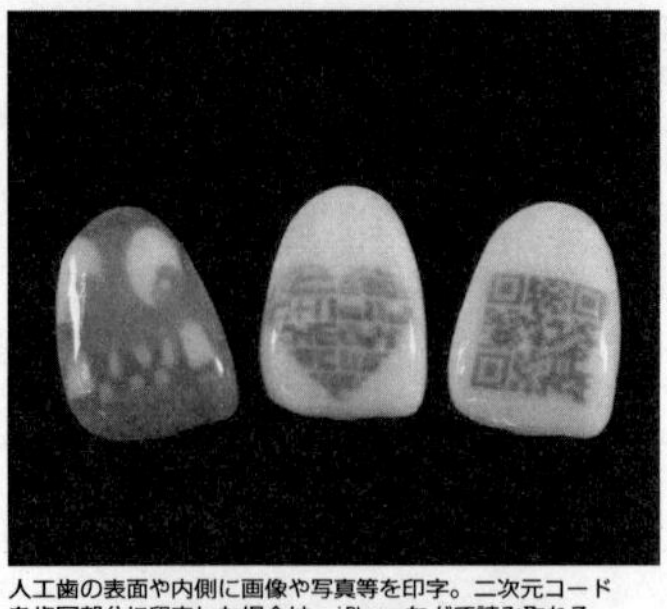

人工歯の表面や内側に画像や写真等を印字。二次元コードを歯冠部分に印字した場合は、iPhoneなどで読み取れる

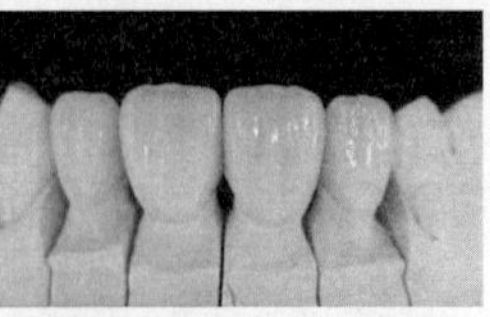

グラデーションのある人工歯

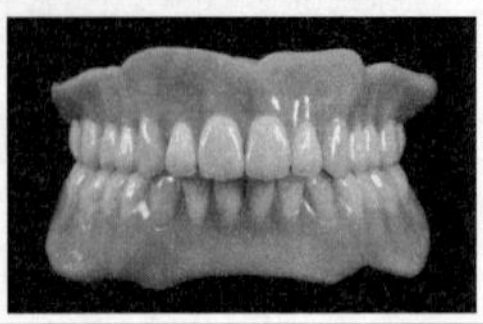

人工歯と歯肉部分が一体化した審美性のある造形物「モノリシックデンチャー」

■低発泡の歯磨きジェル／伊藤超短波、日本ゼトック

伊藤超短波と日本ゼトックは薬用歯みがきジェル「泡零（アワゼロ）」を共同開発し、１日に発売した。低発泡のジェルタイプで、超音波歯ブラシに適した歯磨剤。塩化セチルピリジニウムとイソプロピルメチルフェノールが歯周病やう蝕、口臭を予防する。フッ素濃度は1450ppm。発泡剤は不使用。容量は90g。価格はオープン。

人事

（敬称略）

■日本歯科用品商協同組合連合会

▼会長　後藤忠久▼副会長　上田幸夫、岡村隆明、妹尾直樹▼専務理事　杉山勝人▼理事　川野和彦、竹内英樹、石田誠、影山則夫、天海弘泰、髙橋健二、粕谷剛、川嶋実、山﨑龍也▼監事　岡崎宏紀、齋藤文男

移転

■ササキ

同社は青森支店を移転した。

新住所は〒030－0843青森市大字浜田字玉川252番3。TEL017（771）0250。FAX017（771）0251。

名称変更

■Ｈａｌｅｏｎジャパン

グラクソ・スミスクライン・コンシューマー・ヘルスケア・ジャパンは9月2日、社名をHaleonジャパン（ヘイリオンジャパン）に変更する。代表者、住所、事業、製品・ブランド名などの変更はなし。

週間
金・パラ価格動向

税抜価格（1g、円）

	金	パラジウム（参考価格）
8月19日（月）	11,805	4,780
8月20日（火）	11,851	4,675
8月21日（水）	11,799	4,630
8月22日（木）	11,786	4,730
8月23日（金）	11,739	4,660

提供 石福金属興業

日本歯科新聞

2024年（令和6年）
9月3日

＜発行所＞
日本歯科新聞社
厚生労働省記者クラブ加盟社
〒101-0061
東京都千代田区神田三崎町2-15-2
電話 03（3234）2475
FAX 03（3234）2477
www.dentalnews.co.jp
jdn@dentalnews.co.jp
無断転載禁止
■年間購読料 23,760円（送料込）（本体 21,600円＋税）
■月4回、火曜日発行
■郵便口座番号 00120-5-130369

今週号の主な内容

届出歯科診療所数
（2024年7月1日分）

	ベア1	ベア2
北海道	305	35
青森	65	5
岩手	176	19
宮城	235	22
秋田	115	13
新潟	114	23
福島	164	24
茨城	140	9
栃木	115	7
群馬	169	7
埼玉	746	37
千葉	529	40
東京	1,228	59
神奈川	1,055	66
新潟	300	15
富山	65	5
石川	127	9
福井	0	2
山梨	77	4
長野	277	15
岐阜	436	33
静岡	296	34
愛知	378	49
三重	124	11
滋賀	80	2
京都	263	17
大阪	1,251	145
兵庫	313	29
奈良	43	2
和歌山	31	2
鳥取	45	2
島根	92	7
岡山	214	13
広島	388	36
山口	118	16
徳島	194	12
香川	183	17
愛媛	116	8
高知	120	8
福岡	586	42
佐賀	49	2
長崎	236	17
熊本	205	10
大分	87	8
宮崎	145	12
鹿児島	226	17
沖縄	27	1
計	12,248	968

令和7年度予算 歯科の概算要求

「歯科専門職の普及事業」新たに1億5千万円計上

次年度の予算編成に向け、取り組みたい事業と必要な費用を財務省に提出する厚労省の令和7年度概算要求が8月28日に公表された。歯科関係では、歯科衛生士や歯科技工士などの業務について国民への理解を深める「歯科専門職の業務の普及啓発事業」1億5106万7千円を新たに要求している。

さらに、8020運動・口腔保健推進事業や、生涯を通じた歯科健診（いわゆる国民皆歯科健診）環境整備事業、ICTを活用した歯科診療等推進事業などの予算を拡充して要望している。

◇◆◇

歯科専門職の業務の普及啓発事業は、養成施設への入学者の増加や、良質な人材確保を目的に、動画広告（インターネット広告）を含めた広告媒体などを活用して、効果的な普及啓発を行うというもの。

国民皆歯科健診関係では、受診率が低い就労世代に対する歯科健診や受診勧奨などの実施を支援するモデル事業だけでなく、新たに全世代を対象に、調剤薬局等での待ち時間、ショッピングモールなどで歯科健診未受診者をターゲットにした教育・受診勧奨を行い、効果を検証する。

さらに、都道府県が地域の実情を踏まえ、歯科医療提供体制の構築に向けた検討を行うための支援事業、病院への歯科の設置に必要な施設整備や口腔保健センター等の拠点歯科診療所の整備を図る事業なども拡充している。

また、ICTを活用した歯科診療等推進事業では、歯科標榜のない病院と歯科医療機関の医科歯科連携、歯科訪問診療における多職種連携など歯科の遠隔医療の事例集を作成するとしている。

概算要求の歯科保健医療施策の概要は3面の表を参照。

医科歯科大歯科同窓会 創立90周年を祝う

東京医科歯科大学歯科同窓会が創立90周年の式典と講演会を8月31日に開いた。（次号に記事）

ベースアップ評価料の届出は全体の約2割

日歯総研調べ

歯科外来・在宅ベースアップ評価料（Ⅰ）の届出をしている歯科診療所は7月1日時点で1万2248施設、同（Ⅱ）は968施設と、歯科診療所数の19・8％（Ⅰ・Ⅱ計）に留まっている。日本歯科総合研究機構の資料によるもので、8月24日に富山市の富山国際会議場で開かれた近畿北陸地区歯科医師会・歯科医師連盟役員連絡協議会のあいさつで日本歯科医師会の高橋英登会長が報告した。

◇◆◇

資料によると、ベアⅠの数を医療施設調査の5月歯科診療所数で割った割合が最も高いのは、徳島県の47・4％。次いで、岐阜県46・4％で、香川県39・4％、島根36・8％、高知県35・9％、長崎県34・6％、岩手県33・0％、宮崎県30・5％が3割を超えている。

プリズム

インフラ途絶は文明の衰退を示す？

長時間迷走した台風10号の影響で、東海道新幹線をはじめ日本の大動脈が何日もストップした。東京大阪間の航空便が飛んでいるのに同じ区間の新幹線が止まったのは、これまで経験したことがない。「水害では、地面を走る交通インフラの方が脆弱なのか」と感じる一方、北陸新幹線にも、迂回路線として大きな意味があると理解できたのは、台風被害の副産物かもしれない。

交通だけでなく、電気、水道の長期にわたる途絶も人々の生活に広範な影響をもたらす。日本の場合、国全体のシステムとしては、まだ大丈夫のようだが、高齢化や人口減など、インフラの維持を困難にする要因は増大の一途。もちろん、多くの歯科医院も、インフラ劣化のリスクに直面している。

歴史上、文明が衰退してくるとインフラの維持が難しくなる。ローマ帝国が手を引いた地域で、水道、劇場など諸施設が壊れたまま放置された結果、現地住民はそれらをインフラと認識しなくなり、「石材集積所」だと思うようになったという。近年、電線を切って再利用金属として売ろうとする窃盗犯が増えているのもインフラ衰退の兆候か、と寂寥感に襲われるが、まだまだ、それぞれの場で可能な対策はあるはずだ。

医療・歯科医療そのものが社会的に欠かせないインフラと捉えることもできる。5面では、防災週間にちなんで震災における歯科の役割を振り返ってみた。

日歯

大学勤務の会員増強目指す

10月に学長・歯学部長と意見交換を予定

日本歯科医師会（高橋英登会長）の会員増強タスクチームは、病院や大学等に勤務する第3種と、臨床研修歯科医を対象とした第6種の準会員をターゲットに会員増強を目指す取り組みを進めている。10月2日には29歯科大学・歯学部の学長や学部長との意見交換を行う予定となっている。8月29日の日歯の定例記者会見で、本紙の質問に対して伊藤智加常務理事から説明があった。

説明によると、同タスクチームは5月の第1回からこれまで4回会議を開催。正会員である第1種と第2種は、都道府県歯科医師会や郡市区歯科医師会を含めて検討することを踏まえて、まずは日歯直轄となる準会員（第3種・第6種）にターゲットを絞ることを決めたという。

◇◆◇

伊藤常務理事

伊藤常務理事は、「医育機関附属大学病院に勤めているドクターが8400人おり、その中で3種会員になっているのが約500人しかいない」と9割以上が入会していない現状を指摘。さらに6種についても毎年2千人ほどの研修医のうち200人ほどしか入会していない状況として、会の活動・役割を周知して、入会した時のイメージがつくような説明を地道に行っていく必要があると話した。

その上で、次のステップとして1種や2種についても会員増強につなげていきたいとの考えを示した。

◇◆◇

なお、会見のあいさつで高橋会長は、南海トラフの警告や台風発生などを受けて、「日本は災害列島なのだと身をもって感じる日々」と述べ、執行部立ち上げ当初から災害に強い歯科医師会を目指してきたと強調。災害関連死を防ぐところにウエイトを置いて取り組むスタンスを示し、「一度として同じ災害はない。これまでの全てを教訓として次に備えていかなくてはならない」と語った。

日歯会長予備選挙

近北地区歯が現職の高橋英登会長を推薦

近畿北陸地区歯科医師会は8月24日に会長会議を開き、日本歯科医師会の次期会長予備選挙に立候補する意思を表明した現職の高橋英登会長を推薦することを決めた。同日の地区歯科医師会・歯科医師連盟役員連絡協議会で開催県としてあいさつした富山県歯科医師会の山﨑安仁会長が報告した。

日歯の高橋会長

富山県歯の山﨑会長

同地区にある滋賀県、京都府、石川県、和歌山県、大阪府、福井県、奈良県、兵庫県、富山県の会長が全員一致で推薦を決めたとのこと。

さらに山﨑会長は、同地区歯科医師連盟の会長会議も開かれ、日本歯科医師連盟の次期会長について、現職の太田謙司会長を推薦することを決めたと説明。

また、来年の参議院選挙を見据えて、組織代表の比嘉奈津美参議院議員を支援していくことも確認したと明かした。

連絡協議会では、日歯の高橋会長、日歯連盟の太田会長、比嘉議員、山田宏参議院議員があいさつ。日歯の瀬古口精良専務理事と日歯連盟の浦田健二理事長がそれぞれ会の報告を行った。

協議＝右記＝は9題で、診療報酬の在り方や医療DXなどについて意見交換、日歯の考え方などが示された。

協議題については、後日取りまとめ次第、同地区から日歯や日歯連盟に要望書が送られる見込み。

なお、日歯の次期会長予備選挙のスケジュールも示された＝表。

次期日歯会長予備選挙　スケジュール概要

選挙人の員数確定	令和5年 12月 末日
選挙人の選出依頼	令和6年 3月 29日（金）
選挙人の選出締切	10月 31日（木）
会長予備選挙、役員選任の公示	12月 2日（月）
会長候補者の届出受付	令和7年 1月 8日（水）
会長候補者の届出締切	1月 10日（金） 正午
演説映像の収録	1月 10日（金） 午後2時
演説映像の公開	1月 22日（水）
投票用紙の発送	2月 3日（月）
投票用紙の締切・開票	2月 14日（金）
※再投票用紙の発送	2月 21日（金）
※再投票用紙の締切・開票	3月 3日（月）
代議員会で会長予備選挙の結果報告	3月 13日（木）
理事・監事候補者 受付	4月 14日（月）
理事・監事候補者 締切	4月 16日（水） 午後3時
代議員会で理事・監事選任	6月 12日（木）
第１回理事会（代表理事選出）	6月 13日（金） 定時代議員会終了後

協議題

①国民皆保険制度の財源確保
②診療報酬の地域別単価
③今後の診療報酬改定
④2026年度以降の地域医療構想
⑤新規設備投資を促す実効性のある税額控除制度の創設・拡充
⑥日本歯科医師会が描く歯科における医療ＤＸビジョンと会員周知
⑦医療ＤＸにおける電子処方箋発行体制の整備
⑧歯科衛生士復職支援に係る「デンタルハイジニストセンター」の設置
⑨骨太の方針2024の中の歯科巡回診療の取り組み

近北地区の連絡協議会では、九つの協議が行われ、県歯の要望や質問に対して日歯の役員がそれぞれ答弁した

近北地区協議会で石川県歯

「ハイジニストセンター」設立の検討を要望

歯科衛生士の復職を支援するため、歯科診療所とマッチングするためだけのシステムではなく、まずは地域歯科保健活動に参加するなど復職へのステップのできる「デンタルハイジニストセンター」の設立を検討してほしい―。8月24日の近畿北陸地区歯科医師会・歯科医師連盟役員連絡協議会の協議の中で、石川県歯科医師会から要望があったもの。

石川県歯の前多裕理事は、歯科衛生士の復職支援等のために、まずはつながりを作る目的で公式LINEアカウントを立ち上げ、歯科衛生士会とも定期的に協議・情報交換を継続してきたと説明。その中で、歯科衛生士会の地域歯科保健活動が多岐にわたり、マンパワーが不足している現状を知り、「歯科衛生士の復職は、歯科診療所やその他の医療機関に勤務することだけではなく、地域歯科保健活動に参加することも復職だと認識した」と、歯科衛生士を広い視点でサポートする必要性を強調した。

そして、地域歯科保健活動を含め、「定着促進」「復職支援」「領域・地域別偏在の調整」「キャリア開発支援」「職場環境の改善」「メンタルサポート」等の事業を行い、歯科衛生士が安心して働き続けられる環境を提供し得るセンターの構築を求めた。

これに対し、日本歯科医師会の寺島多実子常務理事は、要望に理解を示した上で、未就業者との連絡方法がネックとなっている現状を説明。資格を取得する時点での登録システムの必要性について触れ、構築を国に要望してきた経緯を話した。その上で、令和7年度制度・予算要望では、登録システム構築に関わる予算措置を新たに要望していると明かした。

歯科国試にチャレンジ

④⓪⑤ 2024年（第117回）より

神経と障害時に生じる病態の組合せで正しいのはどれか。1つ選べ。

a　眼窩下神経―眼振
b　舌神経―流涎
c　鼓索神経―味覚障害
d　前庭神経―難聴
e　下喉頭神経―開鼻声

117-A013

答えは本紙のどこかに！

歯科情報学

松尾　通

「二つの選挙戦」

8月も終わりに近づいた日、この月はどうしても向き合わなければならない課題があると考えた。それは日本が背負った戦争であり、終戦である。

1945年8月15日正午、天皇が「終戦の詔書」を朗読したレコードが「玉音放送」としてラジオから流された。当時、私は小学校1年生。講堂に整列して聞いたのを覚えている。

趣味として俳句を始めて十余年。自分の俳句の師は現代俳句結社「実の会」を主宰していた故鈴木明先生である。鈴木先生の俳句を紹介する。

原爆忌少女のようなお婆さん

解釈は読み手の自由だが、この句の奥は深い。被爆した少女は生き延びたものの、自分の人生は大きく変わらざるを得なかった。少女が年を重ね、老婆になった時、果たして何を思ったか。多くの傷あとは果たして癒えただろうか。

もう一句紹介する。

夏草やキャラメル状に溶けた兵

洞穴にこもる日本兵が火炎放射器で焼殺される映像を何度か見た。この句は日英対談で外国にも紹介された。

Summer grass the melted
soldier caramelised
（比嘉ジェームス訳）

いま世界では戦争が続いている。日本もまたいつ戦禍に巻き込まれるか分からない。

夏草や兵どもが夢のあと

松尾芭蕉のこの句を現代の戦争とは結び付けられないが、人間の愚かさや残酷さを言い当てているように思う。

◇

今年は国の内外で大きな選挙が続いている。今後の予定では、まず自民党総裁選。岸田文雄首相が不出馬を公表してから、名乗りをあげる候補者が続出し、がぜん選挙戦がヒートアップしてきた。派閥解消で秩序が崩壊したのがその原因の一つだろうが、民主主義国家である以上、大いに結構なことだ。各候補者は自分の政治的な公約を明らかにし、十分に議論を戦わせてほしい。

もう一つは米国の大統領選挙。共和党のトランプ大統領候補者が民主党のバイデン大統領をしのぐ勢いで「もしトラ」から「ほぼトラ」へと世論を有利に進めていたが、バイデン大統領が不出馬を決め、後継候補に黒人でアジア系アメリカ人のハリス副大統領を指名、8月の民主党全国大会で正式に決定されてから支持率が急上昇し、現時点ではほぼ互角だと言われている。今後の予定は9月1日と10月9日の二つの大統領討論会で注目すべきセッションの後、いよいよ11月5日の大統領選挙日を迎える。

トランプvsハリス、どちらが勝者となるかで政策は大きく異なるので、世界はこの選挙を固唾を呑んで見守っている。日本への影響も最大級だけに種々の対策を含めて注力をしなければならない。

（東京都開業）

2024.9.3

歯科国試制度改善検討部会

一戸達也氏が部会長に

令和7年度の歯科医師国家試験出題基準の改定を見据えて、現行の制度評価と改善について検討する厚労省の「医道審議会歯科医師分科会歯科医師国家試験制度改善検討部会」の第1回会議が8月29日に東京都港区のTKP新橋カンファレンスセンターとウェブ上で開かれた。部会長に東京歯科大学学長の一戸達也氏、部会長代理に北海道医療大学教授の三浦宏子氏が選出された。

同会議では、歯科医師国家試験の出題内容、出題方法、合格基準や、公募問題、受験資格認定、多数回受験者への対応、国家試験のコンピュータ化などについて総論的な意見出しを行った。

具体的な議論は機微な情報も出てくるため、別にワーキンググループを設置して、基本的に非公開で議論をしていくとしている。

検討部会では、令和7年春をめどに報告書を取りまとめるとしている。

検討部会委員（敬称略）

粟野秀慈（九州歯科大学理事長）
一戸達也（東京歯科大学学長）
興地隆史（東京医科歯科大学教授）
栗田浩（信州大学教授）
斎藤隆史（北海道医療大学教授）
櫻井孝（神奈川歯科大学学長）
瀬古口精良（日本歯科医師会専務理事）
髙橋邦彦（東京医科歯科大学教授）
田口則宏（鹿児島大学教授）
仲野道代（岡山大学教授）
野上康子（教育測定研究所研究開発本部教育測定評価室副室長）
林孝文（新潟大学教授）
三浦宏子（北海道医療大学教授）
山口育子（ささえあい医療人権センターCOML理事長）
山本龍生（神奈川歯科大学教授）

1面関連

〈令和7年度概算要求─歯科保健医療施策の概要─〉

※(　)内は前年度予算額

1. 歯科口腔保健・歯科保健医療の充実・強化　25億3,100万円(22億7,500万円)

《健康寿命の延伸に向けた歯科口腔保健の推進》

◆8020運動・口腔保健推進事業【拡充】　13億2,587万4千円(12億490万5千円)

・8020運動推進特別事業　1億2,920万3千円(1億2,918万円)

8020運動等、歯科口腔保健の推進のため、都道府県において歯・口腔の健康の保持等を目的として実施される検討評価委員会の設置や歯科口腔保健の推進に携わる人材研修事業、人材の確保に関する事業等、歯科保健医療事業(都道府県等口腔保健推進事業に掲げる事業を除く)に必要な財政支援を行う。

・都道府県等口腔保健推進事業【拡充】　11億5,608万8千円(10億3,514万5千円)

都道府県・市町村に対し、地域の実情に応じた総合的な歯科保健医療施策を進めるための体制確保、歯科疾患予防、歯科健診(歯のクリーニングの実施を含む)、歯科保健医療サービスの提供が困難な障害者・高齢者等への対応やそれを担う人材の育成、食育・口腔機能の維持向上やオーラルフレイル対策の推進等に対する財政支援を行う。なお、一部の事業について、人口規模に応じて都道府県・保健所設置市等の補助単価の見直しを行う等、取組を強化する。

・歯科口腔保健支援事業　4,058万3千円(4,058万円)

歯科口腔保健の更なる推進に向けて、マスメディア、各種広報ツールを活用した国民に対する歯科口腔保健の普及啓発やセミナー、シンポジウムの開催等をライフステージ別に効果的に実施する。

◆生涯を通じた歯科健診(いわゆる国民皆歯科健診)環境整備事業【一部拡充】　6億8,882万7千円(5億6,739万3千円)

・全世代向けモデル歯科健康診査等実施事業【拡充】　5億6,745万5千円(3億6,514万1千円)

生涯を通じた歯科健診の推進にあたり、効果的な歯科健診・受診勧奨の方法等について検討を行うため、受診率が低い就労世代に対する、歯科健診や受診勧奨等の実施の支援を行うモデル事業を引き続き実施するとともに、新たに全世代を対象に、調剤薬局等での待ち時間やショッピングモール等の場を利用し、歯科健診未受診者等をターゲットにした健康教育や受診勧奨に係るモデル事業を実施し、その効果について検証を行う。

・歯周病等スクリーニングツール開発支援事業　1億2,137万2千円(2億225万2千円)

自治体や職域等において簡易に歯周病等の歯科疾患のリスク評価が可能なスクリーニングツール(簡易検査キットや診断アプリ等)の開発を行う企業等に対して、研究・開発を支援する。

◆歯科口腔保健医療情報収集・分析等推進事業　6,597万3千円(6,596万8千円)

歯科保健医療に関する各種データの情報収集を行い、それらを精査・分析等の上、歯科保健医療データブックを作成するとともに、自治体における歯科口腔保健の取組の好事例等を掲載する歯科保健医療情報提供サイト等を通じて、都道府県等における効果的・効率的な歯科保健医療施策の企画・立案を推進する。

《歯科保健医療体制の推進》

◆歯科医療提供体制構築推進事業【拡充】　3億2,060万2千円(2億7,060万2千円)

地域の実情を踏まえた歯科医療提供体制の構築に必要な歯科医療施策が実効的に進められるよう、都道府県が、歯科医療提供体制の構築に向けた協議等を行う検討委員会を設置し、取組を実施する場合に財政支援を行う。また、歯科医療機関の機能分化や連携、病院歯科の効果的な活用、災害時の体制など、歯科医療提供体制構築のためのモデル事業を新たに実施する。

◆地域拠点病院・地域拠点歯科診療所施設整備事業【拡充】(医療提供体制施設整備交付金)　7,000万円(1,000万円)

医科歯科連携の推進に加え、専門性の高い歯科医療の提供や、過疎地域を含めた地域の歯科医療機関の後方支援機能等、その地域の歯科医療提供体制にとって重要であることから、病院への歯科の設置に必要な施設整備を図るとともに、障害者等の診療に困難を伴う患者への歯科診療にも対応した口腔保健センター等の拠点歯科診療所の施設整備を図るための支援を行う。

◆歯科技工所業務形態改善等調査検証事業【拡充】　1,816万9千円(1,515万7千円)

歯科技工所の生産性を向上させる等の様々な角度から歯科技工士の労働環境等の改善に資する取組が必要なことから、業務形態(労働環境や収益等)の改善計画を実施する歯科技工所を公募・選定し、その結果を検証する。また、構造設備基準等を満たしたうえで、トレーサビリティや就労環境等において一定の要件を満たす優良な歯科技工所として認定するための認定基準、認定方法等の検討を行う。

◆ICTを活用した歯科診療等推進事業【拡充】　4,108万1千円(3,105万7千円)

歯科標榜のない病院と歯科医療機関における医科歯科連携や歯科訪問診療における多職種連携等、歯科におけるオンライン診療を活用した効果的な連携について実証を行うとともに、歯科における遠隔医療について、適切な取組が普及するよう、事例集を作成する。また、歯科におけるオンライン診療を実施する歯科医師向けの研修を行う。

2. 歯科医師臨床研修等関係費　16億8,000万円(16億3,400万円)

《シームレスな歯科医師の養成》

◆歯科OSCEの在り方・評価者養成に係る調査・実証事業【拡充】　1億5,357万9千円(1億3,489万5千円)

卒前・卒後の一貫性のある歯科医師養成を推進する観点から、実践的かつ総合的な診療能力を早期に習得できるよう、令和6年4月から共用試験(OSCE、CBT)に合格した歯学生が臨床実習において歯科医業を行えることが明確化されたことをふまえ、臨床実習を開始する前の歯学生の態度・技能を客観的に評価するOSCE(客観的臨床能力試験)の評価者や模擬患者の養成等に係る経費を支援することにより、OSCEの更なる精緻化、均てん化を図る。

◆共用試験公的化に係る体制整備事業(歯科)【拡充】　6,057万6千円(3,316万7千円)

令和6年4月から共用試験(OSCE・CBT)が公的化されたことをふまえ、CBTにおいて、臨床実習に参加する歯学生の知識及び技能を担保するとともに、試験の公正性や受験者間の公平性を確保する観点から、良質な問題作成等に必要な体制整備のための支援を行う。

◆歯科医師臨床研修関係費　14億6,360万7千円(14億6,360万7千円)

①歯科医師臨床研修費　14億2,432万8千円(14億2,432万8千円)

②歯科医師臨床研修指導医講習会(プログラム責任者講習会)　644万7千円(644万7千円)

③臨床研修活性化推進特別事業　1,383万2千円(1,383万2千円)

④歯科医師臨床研修プログラム検索サイト(D-REIS)【デジタル庁一括計上】　1,900万円(1,900万円)

◆歯科医療の専門性に関する協議・検証事業　235万円(234万3千円)

歯科医療の専門性や専門医制度について、今後変化する歯科医療提供体制に合わせた具体的な検討を行うために、関係者主体で協議・検証を行う。

3. 歯科医療従事者等の資質向上　2億8,700万円(1億3,500万円)

《歯科医療従事者の確保及び資質向上の推進》

◆歯科専門職の業務の普及啓発事業【新規】　1億5,106万7千円(―)

高齢化の進展等により、病院や在宅等、歯科専門職の活躍の場が広がる一方で、歯科衛生士や歯科技工士の認知度の低さや、それによる養成施設への入学者の減少等、将来の歯科保健医療を担う人材の確保や資質向上が課題となっていることから、歯科専門職の業務について国民の理解を深め、養成施設への入学者の増加、ひいては良質な人材の確保につなげるため、動画広告(インターネット広告)を含め広告媒体の活用など、効果的な普及啓発事業を実施する。

◆歯科衛生士の人材確保実証事業【一部拡充】　6,741万3千円(7,286万4千円)

歯科衛生士の離職防止や復職支援を推進するため、就職後の離職を防止するためのサポートをする体制のあり方や復職促進に向けた就労支援の方策等、より効果的な人材確保対策について検討する。また、指導者に対する研修の実施や、就業支援の推進を図るため、雇用主である歯科医療機関に対し、就業に係る知識等を高めることを目的とした研修会を行うとともに、復職支援等の技術修練を行う教育機関に対し運営に係る費用を支援する。

◆歯科技工士の人材確保対策事業【拡充】　4,668万4千円(4,079万2千円)

歯科技工士の離職防止及び資質向上を目的として、卒後早期の歯科技工士等に対して歯科医療機関等における臨床に即した研修を実施する。なお、新たに、歯科技工士養成施設の指導者及び地域で中核を担う研修指導者を対象としたCAD/CAM等のデジタル技術指導のための研修を実施する。また、より効果的な歯科技工士の人材確保策を検討する。

◆歯科医療関係者感染症予防講習会　785万3千円(785万3千円)

歯科医療関係者に対して、HIVやHBV、新型コロナウイルス等の病原体各々の特徴を踏まえた院内感染対策等に関する講習会を実施する。

◆災害歯科保健医療チーム養成支援事業　543万3千円(543万3千円)

被災地の歯科保健医療機能が回復するまでの間、避難所等において歯科保健医療支援等を担うチーム(JDAT(日本災害歯科支援チーム)等)に所属する歯科医療関係者の養成(研修等)に必要な経費を支援する。

◆予防・在宅歯科医療等対応教員養成講習会　292万8千円(292万8千円)

◆歯科補てつ物製作過程等の情報提供推進事業　538万1千円(538万1千円)

4. 歯科医療安全の確保・向上　5,500万円(3,500万円)

◆歯科ヒヤリ・ハット事例収集等事業【拡充】　5,456万5千円(3,456万5千円)

歯科医療の安全性に資することを目的とし、歯科医療事故の発生予防・再発防止のため、歯科医療機関からヒヤリ・ハット事例等を収集するシステムの運用を行う。

5. 歯科医療分野における情報化の推進　1,500万円(1,500万円)

◆歯科情報のデータベース構築等に係る検証事業　1,534万5千円(1,533万9千円)

歯科医療機関が保有する歯科診療情報を身元確認において活用するための大規模データベースの構築に向けて、政府全体のデジタル化の取組を踏まえながら、「口腔診査情報標準コード仕様」により標準化した口腔診査情報を効果的かつ効率的に収集するための方策について検討を行う。

6. へき地等における歯科医療の確保

【医政局所管補助対象事業】

◆へき地巡回診療車整備事業(歯科分)【拡充】

無歯科医地区及び無歯科医地区に準じる地区に対し、歯科巡回診療を行う巡回診療車の整備について補助基準額の見直しを行う。

◆へき地歯科巡回診療車運営事業

無歯科医地区及び無歯科医地区に準じる地区に対し、歯科巡回診療を行い、へき地における住民の歯科医療の確保に必要な経費を支援する。

◆離島歯科診療班派遣事業

離島に歯科診療班を派遣し、地域住民の歯科医療の確保に必要な経費を支援する。

7. その他

【地域医療介護総合確保基金による医療・介護提供体制改革】　732億9,900万円の内数(732億9,900万円の内数)

地域における医療及び介護の総合的な確保のための事業を支援するため、都道府県に設置される医療介護総合確保促進法に基づく基金(地域医療介護総合確保基金(医療分))の財源を確保する。

＜事業例(歯科関係)＞	①病床の機能分化・連携	地域医療支援病院やがん診療連携拠点病院等の患者に対する歯科保健医療の推進
	②在宅医療(歯科・薬局を含む)の推進	在宅歯科医療の実施に係る拠点・支援体制の整備
		在宅歯科医療連携室と在宅医療連携拠点や地域包括支援センター等との連携の推進
		在宅歯科医療を実施するための人材の確保支援　等
	③医療従事者等の確保・養成	医科・歯科連携に資する人材養成のための研修の実施　等

【保険局所管歯科保健関連事業】

◆後期高齢者医療の被保険者に係る歯科健診事業　8億6,606万5千円(7億8,055万6千円)

後期高齢者医療広域連合が実施する高齢者の特性を踏まえた歯科健診について支援を行う。(事業所管：高齢者医療課)

【健康・生活衛生局所管歯科保健関連事業】

◆健康増進事業　健康増進法に基づいて市町村等が実施する健康増進事業により、生涯を通じた歯科健診(検診)の機会を確保し、歯・口腔の健康の保持・増進を図る。(事業所管：健康課)

Interview

厚労省 歯科保健課の小嶺祐子課長に聞く歯科の役割と課題

超高齢社会において歯科保健医療の重要性が高まる一方で、歯科専門職の人材確保など諸課題も顕在化している。社会と歯科界をともに活性化させていくために、国が果たす役割は大きい。7月に厚労省の医政局歯科保健課課長に就任した小嶺祐子氏に、歯科界の諸課題や、歯科保健課の役割などを聞いた。

――歯科保健医療の社会的な役割についてどのように考えていますか。

小嶺　社会・時代の変化に伴い、歯・口腔の健康の重要性がより認識されるようになりました。今後、高齢者人口の伸びが落ち着く一方で現役世代が急減する中で、国民誰もが、より長く元気に暮らしていくための基盤として、健康の重要性が高まっており、国民の健康寿命の延伸というのは国として大きな課題となっています。厚生労働省では令和元年に健康寿命延伸プランを公表し、その中に「歯周病等の対策の強化」ということが記載されていますが、歯・口腔の健康づくりをさらに進めていくことが必要だと思います。

令和5年10月に「歯科口腔保健の推進に関する基本的事項」が改正され、本年度から「歯科口腔保健の推進に関する基本的事項(第二次)(歯・口腔の健康づくりプラン)」が展開されていますが、この今回策定された「歯・口腔の健康づくりプラン」では、歯科口腔保健パーパスとして、「全ての国民にとって健康で質の高い生活を営む基盤となる歯科口腔保健の実現」を掲げています。また、近年の骨太の方針では、生涯を通じた歯科健診(いわゆる国民皆歯科健診)の推進が記載されていますが、「歯・口腔の健康づくりプラン」では、過去一年間に歯科検診を受診した者の割合の12年後の目標値を95%としています。

――厚労省の事業ではどのようなことが進められるのでしょうか。

小嶺　歯科健診の関係では、歯周疾患検診の対象に20歳と30歳が加わり、事業としては、8020運動・口腔保健推進事業や生涯を通じた歯科健診(いわゆる国民皆歯科健診)推進事業の中の就労世代の歯科健康診査等推進事業の予算が拡充しています。また、歯周病等スクリーニングツール開発に係る事業も継続して実施していきます。

歯科健診や歯科保健指導の重要性は理解されつつありますが、自治体や事業主、保険者等、さまざまな実施主体で継続的に歯科健診を実施する体制を構築するためには、それぞれの状況にあわせた方法について、手段、マンパワー、コスト等を含め検証していくとともに、歯科健診の有効性等のエビデンスを示すことが重要です。

歯科医療提供体制の検討が必要

――歯科口腔保健の取り組みを充実させるとともに、歯科医療の提供体制を充実させていく上で、人材は大切だと思います。歯科専門職の人材確保の問題については、どのように考えていますか。

小嶺　歯科医師、歯科衛生士、歯科技工士といずれにも課題があると感じています。

歯科衛生士は、質の高い歯科医療を提供するために重要な存在であるということはいうまでもありませんが、それだけでなく入院患者の口腔管理や医療在宅医療・介護の分野で口腔管理の重要性が理解されるようになり、それを現場で担う専門職としての歯科衛生士への期待が高まっており、歯科衛生士を雇用したいというニーズも増加していると思います。

その一方で、ライフイベント等により休職・離職する方が依然として多く、復職される方が増加傾向にはあるものの、離職防止は大きな課題です。

厚労省では、離職防止と復職支援の事業を行っており、復職のための技術修練等を行ってきているところですが、今年度から雇用する側、つまり歯科医療機関に対する研修も実施予定です。小規模な歯科診療所では産休・育休等の体制整備ができていないところも多いので、受け入れる歯科医療機関側の理解を深めていくことも不可欠だと感じています。

――歯科技工士の人材確保については。

小嶺　歯科技工士については、養成施設の閉校・募集停止や入学者数が定員数に満たない施設が増加しており、養成施設校への入学者数が年々減少しています。また、仕事内容や給与・待遇面等への不安から早期に離職する方も多く、歯科技工士の人材確保対策・離職防止対策も急務となっています。

そのためにも、歯科医療の需要や技術の変化などに伴う歯科技工の需要を踏まえて、必要な歯科技工士数を検討するとともに、歯科技工所における業務の効率化を含めた歯科技工所の状況に応じた業務のあり方や歯科医療に携わる歯科専門職として歯科技工士に今後求められる業務の内容等を検討していかなければいけないと考えています。

若い方たちが歯科医師を含め、歯科衛生士、歯科技工士という歯科専門職に将来なりたいと思ってもらえる職業になるよう、取り組みを進めていきたいと考えています。

――歯科医師については、過剰と言われる地域がある一方で、無歯科医地区をはじめ、訪問診療、病院での口腔機能管理など供給が十分でない部分もあるかと思いますが。

小嶺　最初にもお話したように、歯・口腔の健康の重要性が認識されるようになり、歯科医療に対するニーズは多様化してきていると思います。

各地域で安全・安心な歯科医療を提供できる体制を確保していくとともに、地域包括ケアシステムの構築を進める中で、在宅医療や病院・介護施設等において関係者と連携が求められるようになっており、そこに確実に対応していくことが必要です。また、地域でう蝕や歯周病の予防、口腔機能の育成・口腔機能低下の予防などの地域歯科保健の取り組みを進めることも必要です。これらのニーズに対応できるよう、歯科医師の需給問題も含めて、歯科医療提供体制のあり方について、具体的に検討を行う必要があると思います。

その他にも、課題は山積していますが、健康長寿社会の実現に貢献できるように関係者の皆様と共に取り組んでいきたいと思います。

厚労省の概算要求
総額34兆2763億円
前年度予算より4574億円増

厚労省は8月28日、総額34兆2763億円の令和7年度予算の概算要求を発表した。前年度の当初予算に比べて4574億円の増額で、年金・医療等の経費は32兆4375億円と3677億円増となっている。年金・医療等経費の高齢化等に伴う自然増は4100億円と見積もっている。

予算編成に向けた検討事項では、要求・要望は賃金や調達価格の上昇を踏まえて適切に反映することや、物価高騰対策、賃上げ促進環境整備対応などの重要政策は必要に応じて「重要政策推進枠」も含めて検討することなどを挙げている。

重点要求の「全世代型社会保障の実現に向けた保健・医療・介護の構築」では、創薬力強化、医薬品等の安定供給、医療・介護DX、地域医療・介護の基盤強化、予防・重症化予防などが盛り込まれており、歯科保健医療の推進も含まれている。

厚労白書

6年版テーマは「こころの健康」

厚労省は8月27日、「令和6年版厚労白書」を公表した。テーマは「こころの健康と向き合い、健やかに暮らすことのできる社会に」。厚生労働行政の現状や今後の見通しなどを広く国民に伝えるためにまとめるもので、平成13年の発刊から23冊目となる。

2部構成のうち、毎年異なるテーマでまとめている第1部では、「こころの健康」と「こころの不調」に焦点を当て、現代社会におけるストレス要因や、精神疾患の現状、自殺者の問題などを取り上げている。

第2部では、子育て、雇用、年金、医療・介護など、厚生労働行政の各分野についての施策などを紹介。

国民健康づくり運動の展開では、歯・口腔の健康についても記載されている。

〈社保〉診療種別支払確定件数及び点数

(令和6年5月診療分)

診療種別		件数 千件	対前年同月比 %	構成割合 %	点数 千点	対前年同月比 %	構成割合 %
総計		107,198	101.8	99.7	173,256,371	100.7	100.0
医科	計	55,772	100.9	52.0	119,858,485	99.5	69.2
	入院	820	90.6	0.8	47,362,676	99.1	27.3
	入院外	54,953	101.0	51.3	72,495,809	99.8	41.8
歯科		13,542	102.3	12.6	16,280,149	101.7	9.4
調剤		37,585	103.0	35.1	37,117,737	104.6	21.4
食事・生活療養費		661	99.3	0.6	－	－	－
訪問看護療養費		299	115.4	0.3	－	－	－

(注)件数の総計は、食事・生活療養費を除く数値。点数の総計は、食事・生活療養費、訪問看護療養費を除く数値。社会保険診療報酬支払基金の統計月報を基に本紙で集計したもの。数値は四捨五入

〈社保〉歯科診療報酬諸率

(令和6年5月診療分)

区分		1件当たり点数(点)	1日当たり点数(点)	1件当たり日数(日)
合計		1,202.2 (99.5)	824.8 (101.9)	1.46 (97.6)
医療保険	計	1,211.3 (99.4)	821.8 (101.9)	1.47 (97.5)
	被保険者(65歳未満)	1,260.4 (98.6)	830.3 (101.7)	1.52 (97.0)
	被扶養者65歳未満(未就学者を除く)	1,130.6 (100.8)	811.8 (102.7)	1.39 (98.1)
	被扶養者(未就学者)	945.9 (100.5)	824.2 (102.0)	1.15 (98.5)
	被保険者65歳以上70歳未満	1,292.5 (98.5)	801.1 (101.2)	1.61 (97.4)
	被扶養者65歳以上70歳未満	1,277.2 (99.8)	792.8 (102.0)	1.61 (97.9)
	高齢者7割	1,269.4 (99.0)	787.3 (101.0)	1.61 (98.0)
	高齢者一般	1,337.9 (98.0)	807.8 (100.3)	1.66 (97.7)

数値は四捨五入。カッコ内は対前年同月比(%)

〈社保〉支部別歯科診療報酬等支払確定状況

(令和6年5月診療分)

支部別	件数(件)	日数(日)	点数(千点)	金額(千円)
令和6年3月	15,274,070	22,356,367	18,741,221	124,791,722
令和6年4月	14,106,367	20,819,330	17,247,341	115,807,474
令和6年5月	13,541,614	19,737,809	16,280,149	109,815,782
北海道	475,710	759,633	645,869	4,431,033
青森	100,501	155,464	125,527	842,508
岩手	89,780	136,353	112,545	803,833
宮城	227,975	325,598	259,562	1,798,206
秋田	80,807	119,705	104,215	699,229
山形	91,897	127,385	104,339	745,548
福島	161,751	242,777	183,784	1,280,404
茨城	282,044	407,965	318,731	2,065,270
栃木	207,589	302,431	222,349	1,469,537
群馬	175,216	264,414	193,720	1,383,232
埼玉	818,244	1,169,798	875,695	5,776,040
千葉	708,133	1,002,153	819,551	5,394,991
東京	1,860,129	2,688,010	2,186,795	14,655,899
神奈川	1,047,776	1,516,555	1,288,703	8,566,244
新潟	208,826	298,376	244,855	1,576,312
富山	110,687	151,895	119,031	769,895
石川	106,068	154,099	123,561	819,847
福井	72,829	104,312	82,963	541,463
山梨	84,717	121,687	94,060	620,379
長野	198,413	276,196	223,649	1,473,759
岐阜	203,356	281,905	229,939	1,637,849
静岡	323,097	466,539	367,481	2,615,794
愛知	840,333	1,170,295	1,018,587	7,287,551
三重	178,574	242,321	196,606	1,337,962
滋賀	155,252	213,159	170,437	1,099,112
京都	227,133	332,321	289,169	2,058,183
大阪	1,131,722	1,702,506	1,532,321	10,285,773
兵庫	623,995	886,986	775,135	5,116,118
奈良	115,312	165,393	133,380	929,792
和歌山	91,216	132,522	108,036	706,040
鳥取	54,355	79,299	64,062	421,108
島根	52,417	74,408	61,313	436,584
岡山	219,790	302,187	278,389	1,798,391
広島	297,330	432,517	364,507	2,421,683
山口	116,129	173,436	140,454	1,006,279
徳島	81,485	118,870	99,502	624,238
香川	113,604	159,787	138,717	884,271
愛媛	114,329	171,572	130,275	937,103
高知	55,639	82,341	65,773	462,000
福岡	605,568	955,739	778,903	5,133,495
佐賀	86,786	132,022	99,816	655,224
長崎	128,133	186,889	155,701	1,039,869
熊本	164,860	248,852	201,791	1,392,601
大分	96,908	150,761	119,496	787,495
宮崎	99,736	153,709	123,253	811,443
鹿児島	135,846	216,997	158,323	1,134,482
沖縄	119,617	179,670	149,278	1,081,713

令和6年5月の歯科医療費

社保

件数2・3%増 点数1・7%増

社会保険診療報酬支払基金による令和6年5月診療分の総計確定件数は1億719万8千件、点数1732億5637万1千点で前年同月に比べ件数は1・8%、点数は0・7%それぞれ増加した。

5月の稼働日数は24・0日(うち土曜日3・0日)で、前年同月比で0・5日増加した。

歯科の件数は1354万2千件、点数は162億8014万9千点で、前年同月に比べ件数は2・3%、点数は1・7%それぞれ増加した。

医療費全体に占める構成割合は前月に比べ、件数は0・7ポイント下がって12・6%、点数は0・7ポイント下がって9・4%となった。

歯科の診療報酬諸率は1件当たり点数1202・2点、1日当たり点数824・8点、1件当たり日数1・46日で、前年同月に比べ、1件当たり点数は0・5%減、1日当たり点数は1・9%増、1件当たり日数は2・4%減少した。

医科の入院と入院外の合計は件数5577万2千件、点数1198億5848万5千点で、件数は前年同月に比べ0・9%増加し、点数は0・5%減少している。

入院外は件数5495万3千件、点数724億9580万9千点で、前年同月に比べ件数は1・0%増加、点数は0・2%減少している。

調剤は件数が3758万5千件、点数が3771億1773万7千点で、前年同月に比べ件数は3・0%、点数は4・6%それぞれ増加している。

国保

市町村の金額 0・1%減少

国保中央会がまとめた令和6年5月診療分の総医療費は市町村国保と国保組合、後期高齢者を合わせて2兆4451億円で、うち後期高齢者分は1兆5933億円だった。

5月の稼働日数は22・5日(平日21・0日、土曜日1・5日)で、対前年同月比で0・5日増加している。

歯科医療費は市町村が551億円で、対前年同月比で2・6%減少。組合は48億円で1・1%減少。後期高齢者は655億円で5・8%増加した。

件数は市町村が417万件で1・9%減。組合は38万件で0・3%減。後期高齢者は461万件で6・9%増となっている。

市町村の歯科1人当たり医療費は2374円で1・8%増、1人当たり日数は0・29日で0・3%増、1日当たり医療費は8138円で1・5%増。

組合の歯科1人当たり医療費は1864円で1・5%増、1人当たり日数は0・23日で0・005%増、1日当たり医療費は8269円で1・5%増加した。

後期高齢者の歯科1人当たり医療費は3294円で2・4%増、1人当たり日数は0・40日で1・5%増、1日当たり医療費は8259円で0・8%増加している。

また市町村国保と国保組合を合わせた医療費の入院は3122億円(対前年同月比4・2%増)、入院外3047億円(2・4%減)、調剤1476億円(1・1%減)、後期高齢者分は入院7665億円(2・0%増)、入院外4656億円(5・0%増)、調剤2359億円(4・9%増)だった。

男性歯科衛生士の今 ②

日本体育大学医療専門学校歯科衛生士コースに通う伊藤龍華さんに、歯科衛生士専門学校に入学した理由、学校選びや学内での様子、卒後の進路について聞いた。

男性として活躍の場を見つけたい

――歯科衛生士専門学校に入学した理由を教えてください。

伊藤　歯科医師の母がたびたび「歯科衛生士を募集してもなかなか集まらない」と話していたことがあり、それなら自分がなったら良いのではと思ったのが歯科衛生士専門学校に入学した直接のきっかけです。父も歯科医師ですので、幼い頃から歯科関係の職種に就きたいと思って過ごしてきました。歯学部を検討した時期もありましたが、弟妹もいるので、歯学部に6年間通うより歯科衛生士専門学校に3年間通った方が学費の面でも家計が助かりますし、早い時期に歯科の仕事に就けるという面もありました。父と母に歯科衛生士になりたいと伝えたら、とても喜んでくれました。

◆◆◆

――学校選びや学内での様子は。

伊藤　女性に比べて男性の歯科衛生士は非常に少ないと聞いていましたので、男子学生を受け入れているかという視点で探しました。自宅から通えるところで数校見つかり、オープンキャンパスに参加した際、ここは1学年上に男子学生が一人いることが分かりました。柔道整復コースも併設されていて、男子学生も多く、更衣室やトイレも整っていたので、入学を決めました。

私は今3年生で一つ上の先輩は既に卒業していますが、今でも頻繁に連絡を取り合う仲ですし、先輩は国試対策のアドバイスや勤務先での様子なども教えてくれます。女子生徒が大多数の中での学生生活に不安はありましたが、同じクラスと一つ下の学年にも一人ずつ男子の歯科衛生士学生がいるので楽しく過ごせています。ちなみに一人は通っていた歯科医院のスタッフに歯科衛生士の仕事を勧められて入学を決めたと話していました。

◆◆◆

――授業の様子は。

伊藤　2年生の後期から臨床実習が始まり、今は週6日受け入れ先の歯科医院で実習をしています。医院によっては見学や片付けの他に、受付業務や口腔外バキュームのアシストなど患者さんと直接接する仕事にも付かせてもらえることもあり、歯科衛生士として働ける日が待ち遠しいです。

伊藤さん

◆◆◆

――卒後の進路と男性歯科衛生士について。

伊藤　いずれ実家の歯科医院で働きたいと思っていますが、将来の幅を広げたいので今は進路を検討中です。

これまでの実習先から、小児歯科、高齢者歯科、インプラント、訪問診療の様子を実際に知ることができましたし、父はスポーツ歯科、母は小児歯科を専門としているので、スポーツマウスガードや子供の外傷などにも興味があります。ちなみに母からは、小児歯科に密接な関係のある矯正なども学んでみたらと言われています。

男性歯科衛生士はまだまだ170人前後と少ないです。出産や育休を取得する女性歯科衛生士の代わりとして、また女性に口腔内を見てもらうのは恥ずかしいといった方への対応など、男性歯科衛生士としてできることを考えつつ、これからも学んでいきたいです。

「何でもかんで食べることができる」者の割合の年次比較

(40歳以上、単位：%)

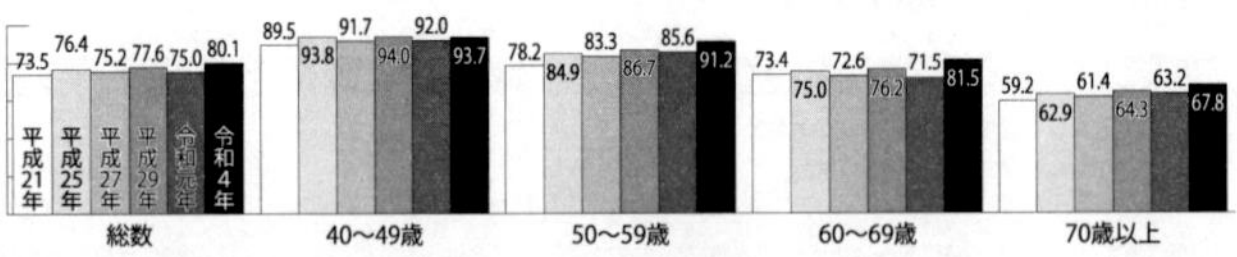

厚労省 令和4年 国民健康・栄養調査

何でも噛める人8割

厚労省は8月28日、令和4年「国民健康・栄養調査」結果を公表した。40歳以上の「何でもかんで食べることができる」者の割合は80・1%で、調査のあった平成21年、25年、27年、29年、令和元年と比べて有意に増加した。

20歳以上の食事中の様子では、①「半年前に比べて固いものが食べにくくなった」が17・6%、②「お茶や汁物等でむせることがある」17・5%、③「口の渇きが気になる」17・7%、④「左右両方の奥歯でしっかりかみしめられない」32・8%となっている。年齢階級別で70歳以上を見ると割合はそれぞれ①32・8%、②25・6%、③23・6%、④45・7%。

なお、20歳以上の野菜摂取量の平均値は270・3㌘で、直近10年間で男女とも有意に減少。

喫煙している者の割合は14・8%で、男性24・8%、女性6・2%と、直近10年間で男女ともに有意に減少している。

食事中の様子

(20歳以上、単位：%)

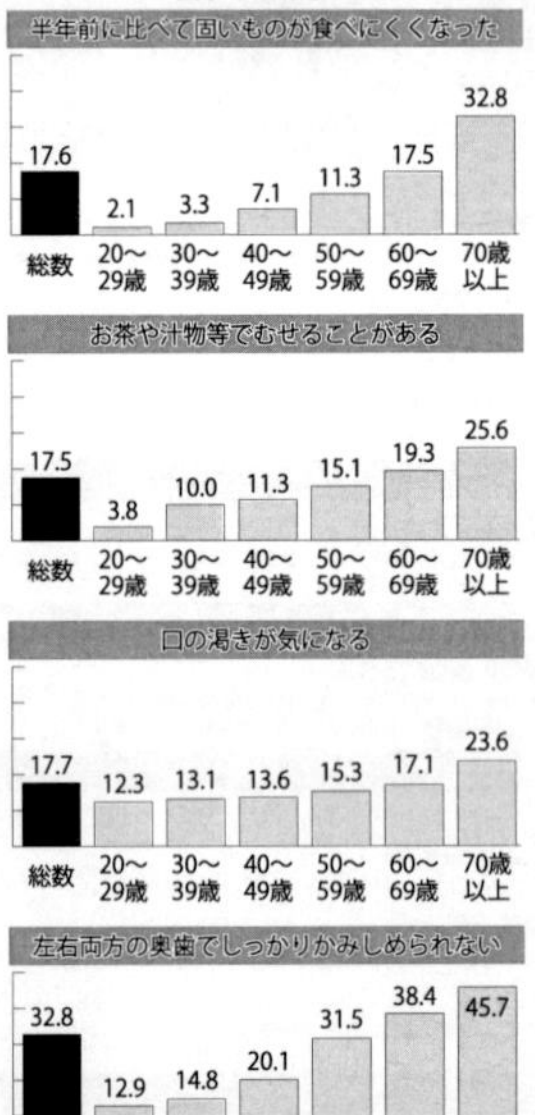

北海道歯学術大会

子供の歯ブラシ外傷 2歳以下が77%占める

子供の歯ブラシ外傷で2歳以下が77%を占めることが分かった。8月17、18の両日に札幌市の札幌パークホテルおよびウェブ上で開かれた北海道歯科医師会(藤田一雄会長)の第77回学術大会で発表があった。

一般口演「医科で報告される歯ブラシ外傷について」で小樽市歯科医師会会員の原田祥二医師が登壇した。同氏は2001〜23年までに医科から報告された国内の小児歯科歯ブラシ外傷例82例を対象として、受傷時の年齢性別、受傷の原因、臨床診断処置内容、入院の有無などを調査した。

その結果、男児50例、女児32例であり、2歳以下が77%を占めていた。受傷の原因は転倒67%が多く、歯ブラシをくわえたまま走り回った受傷が28%(23例)あった。歯ブラシの全身麻酔での抜去等84%(69例)が入院となっており、頸部・咽頭腫瘍、深頸部縦隔気腫、内頸動脈閉塞症等の重篤な合併症の確認も報告し、保護者への注意喚起が必要とした。

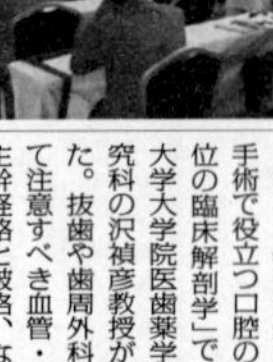

講演の模様

なお、特別講演「歯科小手術で役立つ口腔の危険部位の臨床解剖学」では岡山大学大学院医歯薬学総合研究科の沢禎彦教授が登壇した。抜歯や歯周外科において注意すべき血管・神経の主幹経路と破格、ならびに危険回避の手術解剖を解説した。

愛知県歯科医師会

歯歯塚供養会で歯や義歯に感謝

愛知県歯科医師会(内堀典保会長)は8月8日、抜けた歯や使い終えた義歯を供養する「歯歯塚供養会」を名古屋市の大須観音寶生院で執り行った。関係者および参列者40人が役目を終えた歯を感謝と共に見送った。

歯歯塚＝写真㊤＝は昭和52年に建立され、平成13年から供養会が毎年8月8日に開催されており、今年で47回目。

内堀会長はあいさつで、「歯や義歯は人が生きていく上で重要なパートナーで、全身の健康維持にもつながり、健康長寿には欠かせないもの。歯歯塚供養会の理念を全国に向けて発信し続けていく」と話した。

来賓には愛知学院大学の木村文輝学長があいさつしたほか、8020県民健口大使で中日ドラゴンズの立浪和義監督による電報が披露された。

プロバスケチームと包括協定を締結

親子に歯科教育を促す

愛知県歯はプロバスケットボールチームのシーホース三河と「スポーツの力&健口な人生」をスローガンに包括協定を締結し、8月1日に調印式＝写真㊦＝を行った。

同会は協定締結によって同チームのSDGsプロジェクト「Be With」に参画。ジュニアチームの歯科教育を始め、子供や保護者に向けた健康教育活動を、選手と共に実施する。また、カスタムマウスガードを同会で作成し、選手のパフォーマンス向上に貢献していくとした。

防災週間特集

南海トラフ地震の想定震源域で8月8日に発生した宮崎県日向灘地震を受け、気象庁が南海トラフ地震臨時情報（巨大地震注意）を初めて発表した。同発表に伴い、震源地から遠く離れた首都圏でも、電車を減速させるなどの対応が取られていた。1月には能登半島地震も発災しており、震災にどう備えるかは、全国場所を問わず、常に考えておく必要があるテーマと言える。防災週間にちなんで、災害時の歯科関係者の役割や、防災に役立つ関連情報を紹介する。

歯科の役割

関連死を防ぎ、身元確認に貢献

震災時の歯科の大きな役割の一つは、口腔健康管理によって誤嚥性肺炎等の災害関連死を防ぐことだ。

災害歯科保健分野に詳しい中久木康一氏（現東北大学特任講師）は、過去の本紙の取材で、「1993年の北海道南西沖地震で奥尻島が津波の被害に遭い、北海道医療大学が応急的歯科診療に当たったことが、震災時の歯科的対応の記録では一番古い」と話している。

警察歯科医会全国大会では、巨大地震に備えるため、特別講演やシンポジウム、ポスターセッションで研究成果の発表や活動報告などが行われた

その後、阪神淡路大震災では災害関連死で1千人近くが亡くなって問題となり、その4分の1が肺炎ということが明らかになった。

数年後に米山武義氏の「口腔ケアによって誤嚥性肺炎が減る」という世界的に有名なデータが出てきて、足立了平氏（ときわ病院歯科口腔外科部長）を始め神戸の関係者たちが着目。「震災時に口腔ケアによって肺炎による関連死は減らせたのではないか」との仮説が誕生した。

新潟での地震の際は口腔ケアが行われ、中越沖地震の時は災害関連死のうちの肺炎の割合は15％程度まで減ったと言われている。

その成果もあってか、厚労省の助成の下に研究が進み、教育要綱の中にも歯科医療の必要性が明記された。

その後は国家試験の出題基準にも取り入れられ、歯学部歯学科での教育も進んでいると思われる。

◆◇◆

今年1月に発災した能登半島地震では、初めてJDAT（日本災害歯科支援チーム）が出動した。

活動要領によると、災害発生後の約72時間以降に地域歯科保健医療専門職により行われる、緊急災害歯科医療や避難所等における口腔衛生を中心とした公衆衛生活動を支援し、被災者の健康を守り、地域歯科医療の復旧を支援するのが目的とされている。

これまでの経験を生かして、さらなる災害支援活動が期待されるが、課題も多い。8月3日に開かれた警察歯科医会全国大会のポスターセッションでも発表が複数あった。

受援体制として、市町村行政や医師会などから十分に認知されていなかったため、活動の方向性をつかむまでに数週間を要したとのこと。他職種連携や保健医療支援の仕組みを理解できておらず、歯科の位置づけが不明確だったことから、情報管理および連携で混乱が見られたそうだ。

日歯でも活動を振り返る会議などが行われているので、今後の改善が期待される。

◆◇◆

震災時の役割として、遺体の身元確認作業も歯科の大きな役割と言える。歯牙所見による身元確認の有用性が注目されたのは1985年の日航機墜落事故だったが、2011年の東日本大震災では、2600人の歯科医師が出動し、約8700体の歯科所見を採取して身元確認に貢献した。

津波で生前データでもあるカルテが流されるなどの問題があり、生前情報の管理の在り方にも影響を及ぼした。

警察歯科医会でも身元確認についての発表が複数あった。

高野栄之氏（徳島県開業）らは、被災地では遺体から口腔内写真やエックス線写真などの資料収集に重点を置き、データを遠隔地に転送して、別の場所でデンタルチャートの作成や照合を行う方法が有効ではないかと提案。さらに送るデータが膨大になるため、口腔内写真分析AIで大まかなデンタルチャートを作成して、歯科医師がチェックする仕組みを想定して、AIの開発を進めているという。

岩手県歯科医師会は、残存している可能性の高い犬歯と第一大臼歯を照合する「36検索」を開発しており、歯科情報入力と照合を遠隔地でできるオンラインプログラムを作成。同システムを使った訓練などについて報告した。

さらに口腔内スキャナーを使った個人識別方法の検討も行われている。九州大学病院の山添淳一氏らによるもので、臼歯部のスキャナー画像からの識別精度は82・3％だったという。

一方で、「こころのケア」に着目した活動の発表もあった。能登半島地震で、愛知学院大学歯学部、同大災害歯科医療支援室の医師らが参画したDMORT（Disaster Mortuary Operational Reponse Team）で、災害等で家族を亡くした遺族および遺体安置所の運営支援者の「こころのケア」を主な目的として設立されたチームだ。チームは1月5日に石川県珠洲市の遺体安置所に到着し、後発組と併せると80以上を越える遺体が収容されていた。身元確認のために来所した遺族たちと対面、納棺、出棺に同席し、遺体の整容にも関わるなど、遺族の想いに寄り添った活動を行ったという。

南海トラフ大地震では、東日本大震災を超える身元確認作業が必要となると見られている。作業の効率化と共に、心のケアも重要な視点と思われる。

主な震災

1993年	北海道南西沖地震
1995年	阪神・淡路大震災
2004年	新潟県中越地震
2007年	新潟県中越沖地震
2011年	東日本大震災
2016年	熊本地震
2018年	北海道胆振東部地震
2024年	能登半島地震

災害時の歯科対応・歯科支援チームと役割の推移

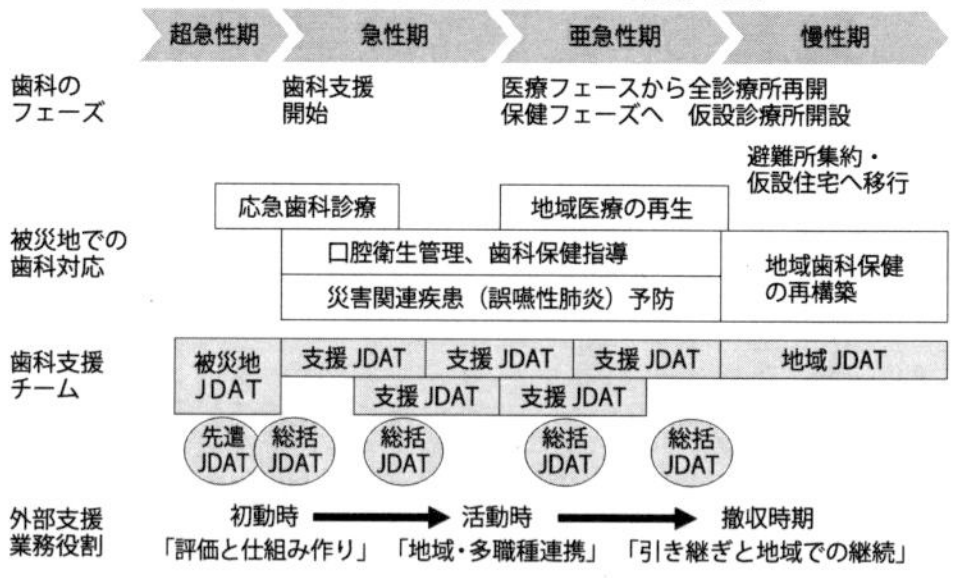

災害時の口腔ケア 8割が「知らない」

ウミガメ

災害時に水が使えない状況の歯磨き方法を知っている人は2割しかいない。ウミガメ（本社・東京都世田谷区、松下勇介社長）が全国の20～40代の男女300人に行ったアンケートによるもの。

「災害時、水が使えない時などの歯みがきの方法について知っていますか？」という調査をしたところ、「知っている」21％、「知らない」79％だった。

洗口液による口腔と腸内への影響を検証

サイキンソー

サイキンソー（本社・東京都渋谷区、沢井悠社長）は災害時に備え、被災後の生活を想定した体のケアに意識を向けるために、麻生歯科クリニック（静岡市）と協力し、洗口液が口腔内および腸内の細菌叢に与える影響について、小規模な試験を行った。

健康な成人9人に洗口液を1日2回（朝・晩）、ブラッシング後に毎日行うことを2週間続けて、その前後で口腔内および腸内の細菌叢の変化を確認した。

その結果、2週間の洗口液使用によって、口腔内の細菌叢の構成に変化が見られたものの、口腔内および腸内ともに多様性に影響はなかった。

同研究成果でフソバクテリウム属菌は、口腔内だけでなく腸内でも減少が見られ、口腔ケアが腸内環境にもよい影響を及ぼす可能性が示唆された。

歯磨きシートや洗口液など、水を使わなくてもできる口腔ケアによって、長期的な健康リスクを減らすことにもつながるとしている。

◇◆◇

なお、2021年12月に横浜市立大学医学部肝胆膵消化器病学教室の中島淳教授、日暮琢磨講師、吉原努医師の研究グループによって、大腸がんの発がんや進行に関連するとされるフソバクテリウム・ヌクレアタム（Fusobacterium nucleatum）という細菌が、歯周病治療で便中から減少することを臨床研究で明らかにしている。

出典：サイキンソーニュースレター
災害時の口腔・腸内フローラケア編

災害時に備えておきたい口腔ケアグッズなど

- **歯ブラシ**
  歯ブラシがあれば水がなくても簡単にお口のケアができます。
  1本でOKですので、ご家族がいらっしゃる方は全員分防災リュックに入れておくようにしましょう
- **歯磨きシート**
  そのまま歯ブラシの代替品としても使えますし、水が少ない環境で歯ブラシを清潔に保つためにもセットで用意できると安心です。
- **マウスウォッシュ（洗口液）**
  メーカーによって異なりますが、おおよそ300～500ミリリットル程の容量となりますので、1本で約1カ月の使用を目安に、余力があれば多めに備えておくようにしましょう。
- **ハンカチ、タオル、ティッシュ**
  歯ブラシの代替品としても使えるため、多めに用意しておきましょう！
  ハンカチやタオル、ティッシュなどを指に巻いて簡易歯ブラシとして使用ができます。

便秘対策

- **最低3日分の水分の確保とこまめな水分補給**
  被災時には、水分不足による硬便型の便秘が多いといわれています。断水やトイレを気軽に使えない環境下で水分補給が後回しになりがちですが、できるだけ意識的に水分を摂るようにしましょう。また、水自体が手に入らないことも考えられるため、最低3日分ほどは自力で確保できるよう備えておくと安心です。
- **こまめな運動と腸のマッサージを実践**
  便秘の原因はさまざまありますが、被災時にはストレスなどから交感神経が優位になり、腸の働きが鈍くなるといわれています。そのため、お腹の上から手で軽く腸を押すマッサージや、軽いウォーキングなどで、刺激を与えて腸の働きを活性化させてみましょう。
- **便秘薬の常備**
  普段便秘ではない方も、防災リュックに便秘薬を常備しておけると安心です。被災時は水が貴重になるため、水なしで飲める整腸剤などを中心に用意しておけると安心です。

口腔がんの患者を唾液から8割同定

山形大学

山形大学医学部歯科口腔外科の石川恵生講師は、唾液中の物質を全体的に調査したところ、口腔潜在的悪性疾患や口腔がんの患者と健常者では、唾液中の物質濃度が大きく異なることを解明した。同研究成果によって、口腔がんを約82％の精度で健常者と判別する物質を同定した。

同大はこれまで肺がんや胃がんなど、全身のがんを唾液で検出する研究のほか、ストレスや疲労などの状態を検出する物質の同定にも取り組んできた。唾液が非侵襲的かつ簡便に採取できる生体材料であり、全身の健康状態を反映することから、唾液を使って口腔がんなどを検出する研究を実施したという。

今後も唾液を使った簡単な検査で全身状態を把握・理解できるよう、研究の発展に向けた取り組みをしていくという。

新潟大ら

口腔がん3次元モデルで粒子線治療の影響を解明

口腔がん細胞を用いた3次元培養モデルにおいて、がん治療の一つである粒子線治療の細胞生物学的影響が解明された。新潟大学大学院医歯学総合研究科生体組織再生工学分野の泉健次教授、同大顎顔面口腔外科学分野の内藤絵里子歯科医師と、岡山大学中性子医療研究センターの井川和代准教授（特任）の研究によるもの。さまざまながんの放射線治療評価システムの標準化へつながる可能性がある。

粒子線は放射線に比べてがん病巣部周囲のみに高いエネルギーを与えられることから、がん治療の副作用を低減できる。また、3次元培養モデルは、2次元モデルよりも、より生体に近い結果が得られることから、新たな治療評価法の確立にもつながる。

同研究では、悪性度の異なる2種類のヒト口腔がん細胞および正常な細胞の3次元モデルを使用。粒子線（炭素線）を単回照射し、照射後の3Dモデルの観察を行った。その結果、細胞増殖やアポトーシスを含む細胞死に関連するマーカー、定量評価、培地中に分泌される特殊なたんぱく質濃度の項目において、放射線治療評価法として利用可能であることが分かった。

同研究は量子科学技術研究開発機構と連携して行われ、学術誌『In Vitro Cellur & Developmental Biology Animal』（8月7日付）に掲載された。

デンタル小町が通る

平成歯科クリニック院長（大阪府寝屋川市）

小谷泰子 ❺

橋

橋について勉強した時期があります。4年前の新型コロナ感染拡大の頃に、身体を動かさないといけないと思い立ちました。それまで仕事以外ほぼ引きこもりで全く運動をしていなかったにもかかわらず、「不要不急の外出は……」と言われると、「散歩をしたい（しなければ）」と思ってしまう天邪鬼が顔を出しました。

散歩と言っても、行って帰ってでは面白みがありません。かといって、どこかに寄ることもはばかられる時期でしたので、「大阪にある多くの橋をできるだけたくさん渡ろう」と考え、渡った橋の橋名板を写真に撮りました（橋の起点側が漢字、終点側がひらがな表記らしい）。地図を買い、渡った橋を塗りつぶすと達成感が得られました。

そう言えば、もともと建築家志望だった歯科医師の大先輩が「建築家になって橋を架けたかったけれど、それが叶わず小さなブリッジをかけています」とおっしゃっていたことを思い出しました。

私は大学を卒業後、すぐに嚥下と構音の道に進み、今は嚥下障害とドライマウスと睡眠時無呼吸に特化した歯科医院を開院していますので、約25年の歯科医師人生でブリッジの装着も数える程度しか経験しておらず……。あまりブリッジの勉強をしてこなかったので、橋の勉強でもしようかとなった次第です。

橋ができた経緯を知ると昔の様子を知りたくなり、古地図を見たりもしました。なかなか楽しい時間でしたが、最近はすっかりご無沙汰気味。また、橋の散歩を再開したいと思います。

ちなみに、私は橋を渡る時に「このはしわたるべからず」で、一休さんをよく思い出します。しっかり体力をつけて、「はしのはしからはしまでをはしゃぐことなくはしりきりたい」（橋の端から端までを燥ぐことなく走り切りたい）です。漢字ってすごいですね。

大阪だけでなく出先や地元でも撮影するようになった橋名板

知らないことばかりで面白かった本（忘れていることも多いのでまた読み返します）

骨膜が"がん"を抑制

東大研究で明らかに

口腔がんの骨湿潤を用いた研究において、骨膜ががんの進行を止めることが明らかになった。東京大学大学院医学系研究科骨免疫学寄付講座の塚崎雅之特任准教授と、同大免疫学講座の高柳広教授らの研究グループによるもの。がんの進行を抑える新しい治療戦略の開発につながることが期待される。

がん転移機序の一つである骨湿潤は骨膜が介入する点で、血行性のがん骨転移と進展プロセスや腫瘍に対する生体応答が大きく異なると考えられているが、骨膜の機能に関する報告はなかった。

同研究では粘膜直下に骨組織（顎骨）が存在する口腔がんに着目。マウスモデルを用いて口腔がん病変を解析したところ、コントロール群と比較して腫瘍が近接した骨組織において骨膜細胞が増加しており、遺伝子発現パターンも大きく変化することが分かった。また腫瘍の近接に伴い、骨膜細胞で最も顕著に発現が上昇した遺伝子としてプロテアーゼ（たんぱく質分解酵素）阻害因子「Timp1」を同定。Timp1遺伝子欠損マウスでは骨膜肥厚が完全に阻害され、骨湿潤が顕著に進行し、野生型マウスよりも早期に死亡することが分かった。

同研究成果は科学誌『Nature』（8月21日付）に掲載された。

緑茶のカテキン成分が歯周病細菌の増殖抑制

東北大研究で

東北大学大学院歯学研究科口腔生化学分野の髙橋信博教授、鷲尾純平准教授、安彦友希助教、樋口真由大学院生の研究グループは、緑茶のカテキン成分の一種である「エピガロカテキン-3-ガレート」（EGCG）が、歯周病関連細菌の代謝や増殖を抑制することを示した―。EGCGは歯周病予防および良好な口腔環境維持のための新規開発に貢献できると期待がかかっている。

研究グループは緑茶に最も多く含有され、抗菌効果が一番強いEGCGに着目。2mg／mlのEGCG溶液内で4時間共存させると、歯周病関連細菌が全て殺菌されたという。一方で、ミュータンス菌に対しては、生存数を約40％減少させるに留まった。

EGCGは細菌の代謝活性を抑制することで、増殖抑制と死滅を誘導し、さらに菌体凝集によって、口腔内から細菌の除去を促進する抗菌作用を示すことが明らかになった。

同研究では、浮遊している状態の歯周病関連細菌を用いて実験を行っているため、形成された口腔バイオフィルムや、プラークの形成過程に対する効果は未知数だった。今後は、複数の細菌種からなるバイオフィルムモデルの効果や実際の口腔内での効果を確認する必要があるとしている。

同研究成果は、学術誌『Archives of Oral Biology』（7月31日）にオンライン掲載された。

大阪歯科大学

医療機器開発の推進で東大阪市らと協定結ぶ

大阪歯科大学（川添堯彬理事長・学長）は8月19日、東大阪市や東歯科医師会、西歯科医師会と健康・医療・介護、福祉分野における研究や医療現場の課題解決のため、医療機器の開発で協定を締結した＝写真。同市内の技術力がある中小製造企業らを大阪歯科大に紹介し、医療機器の開発を促していく。

同市は2016年より医工連携プロジェクト事業を進めており、医療機器メーカーなど相談案件は1千件を超える。「ものづくりのまち」として、国産医療機器の創出を目指している。

今後の展望について、川添理事長・学長は「今回の協定を通じて、医療、介護及び福祉機器の創出に向けた開発・事業化が進むことを期待している。地域の健康を守るための活動を一層強化し、具体的な成果を上げていければ」と語っている。

なお、同大と同市の協定締結は、地方自治体として初めての試みとのこと。

大阪歯科大学の連携内容と役割

①医療機器の開発段階に応じた適時適切な伴走支援
②医療機器の承認審査についてプロセスに応じた申請支援
③医療機器の開発に係る人材育成の機会提供
④モノづくり企業と医療機器等製造販売業者等とのビジネスマッチング
⑤大阪介護老人保健施設協会によるフィールドテストの受け入れサポート…ほか

愛院大歯

AI活用の教育目指し企業と連携

愛知学院大学歯学部（本田雅規学部長）は、DXによる医師の生涯教育支援を進めるエディアンド（本社・東京都江東区、副田義樹社長）とパートナーシップを8月8日に締結した。両者は共同研究によって、AIを活用した歯学教育の質を飛躍的に向上させることを目指すとしている。

締結の内容詳細

・個別最適化 ： デジタルツールを活用し、学生の学習進度や理解度に応じたカスタマイズ教育を実現。
・リアルタイムのフィードバック ： 課題や試験結果を即座に分析し、学生にフィードバックを提供。
・学習データの蓄積と活用 ： 試験結果や自主学習データを蓄積し、教育手法やカリキュラムの改善に役立てる。
・AIを活用した試験問題生成 ： AIを用いて、学生の学力に応じた多様な試験問題を生成し、問題の質と難易度を最適化。
・試験問題の採点業務の自動化 ： AIが試験の採点を自動化し、教員の業務効率を向上

日歯大新潟短大

技工学科の設置 文科省が認可へ

大学の設置認可を審議する文科省の大学設置・学校法人審議会は8月28日、2025年度に開設を予定している日本歯科大学新潟短期大学の歯科技工科（定員20人）の設置を認めるよう、盛山正仁文部科学相に答申した。

開校すれば新潟県内での歯科技工学科は、明倫短期大学に次ぐ2校目となる。

AIと音声によるサブカルテを販売

東和ハイシステム

東和ハイシステム（本社・岡山市、飯塚正也社長）は、AI・音声サブカルテ「Sub Karte－Voice」の販売を8月29日に開始した。医院独自のサブカルテをiPadアプリに取り込むと、院内外でAI・音声での入力・検索、情報共有がリアルタイムで可能となる。

システムは、日立製作所（本社・東京都千代田区、小島啓二社長）のAI音声認識技術と、日立情報通信エンジニアリング（本社・横浜市、中野俊夫社長）の発話の音声をリアルタイムでテキストにする「Recware」を連携・融合して開発したもの。

歯科医師は、訪問診療先の歯科衛生士がリアルタイムで撮影した口腔内ビデオを次回の訪問診療時に活用できる他、歯科技工指示書のデジタル化により、音声での検索や情報共有が可能。

AI・音声サブカルテに取り込んだ検査結果などをAI・音声歯周病検査システム「Perio chart Pro.Voice」やAI・音声電子カルテ統合システム「HiDental Spirit AI-Voice」と連携でき、業務効率の改善などが期待できる。

価格は、システム構成による。ソフトの月額利用料は1ライセンス当たり1万5400円～3万円前後。別途パソコンの用意が必要。

問い合わせはTEL0120－108－588まで。

予約から決済まで診療システム販売

GENOVA

GENOVA（本社・東京都渋谷区、平瀬智樹社長）は、予約・問診・決済がオンライン上で完結する医院向けの診療予約システム「SMART One」の販売を開始している。

同サービスは「診察時間は短いのに、待ち時間が長い」という患者の不満を解決するために開発し、昨年8月から歯科医院を含む10の医院で実証実験を実施した。予約・問診・決済の他に、予約リマインド通知・診察結果の報告をオンライン上で行える。

今後は、オンライン診療や薬の配送、デジタル処方箋などの機能も追加する予定。

詳細はホームページまで。

週間 金・パラ価格動向　税抜価格（1g、円）

	金	パラジウム（参考価格）
8月26日（月）	11,670	4,680
8月27日（火）	11,750	4,705
8月28日（水）	11,748	4,730
8月29日（木）	11,734	4,650
8月30日（金）	11,781	4,800

提供 石福金属興業

患者向けに雑誌読み放題サービス

ビューン

ビューン（本社・東京都千代田区、大石隆行社長）は、同社の法人向け電子書籍読み放題サービス「ビューン@」の「クリニック・動物病院専用プラン」を1日に開始した。

同サービスは、約130誌の雑誌から10誌を選び、読み放題サービスとして提供するもの。患者が医院の公式アカウントに「友だち」登録すると利用でき、ブロックすると利用できなくなる。LINE公式アカウントで認証するため、患者用のWi－Fiの導入が不要で、医院のLINE公式アカウントの友だち獲得にもつながる。

利用料は月額1万1千円～。

詳細はホームページまで。

がん患者向け　食べやすい食材リスト共有アプリ

Ribbonsが提供

Ribbons Base（＝Ribbons、本社・愛知県豊橋市、西川隆一社長）は、がん患者が「食べやすい食材リスト」を共有できるアプリ「リボンズ フード」の提供を8月6日に開始した。

がん患者は、治療の副作用で食べられない、という悩みを抱えることが多い。同社は、これまでX（旧twitter）で約500人のがん患者の意見を集めた「食べやすい食材リスト」を公開していたが、患者自身が直接投稿して人気投票できるツールとして同アプリを開発。

レシピではなく、食べやすい食材に特化した情報の共有に加え、がん経験者のリアルな声を掲載し、食べ方の工夫や感想をコメントできる。食材は「いいね」「食べた」のスタンプで人気投票でき、スタンプの数で人気の食材をランキング形式で表示している。

同アプリの利用は無料。詳細はホームページまで。

検査用グミゼリー「咀嚼評価に適する」

ジーシーら

ジーシー（本社・東京都文京区、篠﨑裕社長）と明治（本社・東京都中央区、松田克也社長）は、日本医科大学（弦間昭彦学長）教授の小竹佐知子氏が発明した咀嚼プロセスシミュレータ「ORAL－MAPS／オーラルマップス」を活用して、咀嚼能力検査用グミゼリー「グルコラム」の物性と咀嚼効率の関係性を調査した結果、グミゼリーの咀嚼効率は、咬合力および唾液量の影響を受けることが示され、グルコラムを使用した検査は咀嚼機能の総合評価に適した方法であるとの研究結果を発表した。

同研究結果は、6月28日～30日に開催された「日本老年歯科医学会第35回学術大会」で発表された。

ジーシーは、グミゼリーの物性を理解することは、咀嚼能力の検査精度の向上にも有用だと考えられるとしており、物性と咀嚼機能との関係性を理解することや、食塊形成に影響を及ぼす咀嚼機能に関する考察をより深め、自社の口腔機能関連製品の開発に活用していく。

口腔内スキャナー 5年保証を開始

Deltan

Deltan（本社・東京都品川区、井上佳洋社長）は、同社が販売する口腔内スキャナー「神樂 KAGURA」の故障や破損を最大5年間保証する「口腔内スキャナー 神樂 5年保証プログラム」を開始したと8月23日に発表した。

三井住友海上火災保険と同社が保険契約を締結し、本体機器やソフトウェアの故障・物損リスクに備えて保証期間中の修理、修理中の代替機レンタルの費用負担を定額で保証する。定額保証となる修理対応は、保証期間中一回まで。また、保証期間中に不具合等が発生した場合は、オンライン上のチャットでのサポートや遠隔操作で対応し、最新ソフトウェアへのアップロード作業も遠隔操作で支援する。

問い合わせは、ホームページまで。

安心経営の羅針盤

（株）ディー・ビー・エス　日吉 国宏　(130)

売り時のタイミング

「売り時」は最高値まで待たないのが基本。しかし、人気が出れば「もっと高くなるだろう」となるのは人情です。事実、バブルを例にすれば「売り抜け」出来なかった人がほとんどです。

A院長は「移転開業」を前提に、東北地方にある歯科医院を引き継ぐ形で開業しました。いわゆる第三者継承です。駅から徒歩1分が「売り」ですが、乗降者数は少なく駅前は閑散としています。後の調べでは、空き家率がかなり高い町でした。また、メインとなる道路からも離れており、道幅も狭く、地形（土地の形）もよくありません。築50年になる建物は老朽化が進んでおり、雨漏りや給水の詰まり等々の補修工事費用がかかり続けました。土地を含めた譲渡費用は1,400万円でしたが、建物には「価値がない」と思われます。さらに、2階にある診療室への階段は勾配がきつく、お年寄りの多いこの地域では不便です。ですが、これらは事前に予測できたこと。したがって、診療所は土地のみを資産と考えて、将来的には駐車場運営かアパートを建てて不動産収入を得られるようにと考えていました。

開業から5年後、予定通りに移転開業に踏み切ったA歯科医院は、順調に収入が伸びていきました。すると、その頃「地方創生の町おこし」が駅前エリアに広がってきました。院長は旧診療所の売却を検討しましたが、不動産屋さんのアドバイスでは建物を取り壊して更地にする、もしくは修繕工事を行う必要があるそうです。いずれにしても相当の費用がかかりそうです。そのため当面は倉庫と事務所として活用することにしました。

その後、しばらくすると院長のもとに「現状のままでも買いたい」「テナントとして貸して欲しい」と相談が来るようになりました。そこで「この、駅前のごく一部だけに不動産バブルが起きている。売り時は今です」と提案しました。結果的に建物に費用をかけることなく2,100万円で売却することが出来ました。

ひとことアドバイス

「異常な値上がり」は最高値が近付いている兆候です。当事者は気付きにくいので「第三者の意見」を参考にしてください。

「歯」に関する俳句・川柳

最優秀賞「木の芽和え 母亡き後の 歯の記憶」

松風（本社・京都市、高見哲夫社長）は、2024年度「歯」に関する俳句・川柳の入賞作品を8月19日に発表した。最優秀賞は「木の芽和え 母亡き後の 歯の記憶」（愛媛県・カンちゃん氏）が選ばれた。

同企画は、歯の大切さを考えることを目的に実施しており、今年で13回目。今回、5990作品の応募があった。

受賞者には、図書カードと歯の知育サイト上で掲載している歯をテーマにしたWEB絵本（非売品）を製本して贈呈する。また、応募数に応じた金額5万9900円（1句につき10円分、千円単位切上）相当のオーラルケアアイテムをあしなが育英会に寄付する。

移転

■池田歯科商店

同社は移転した。新住所は〒593－8312大阪府堺市西区草部174番地6。TEL、FAX番号は変更なし。

■ジェニシス

同社は17日に移転する。新住所は〒222－0033横浜市港北区新横浜3丁目17番地2友泉新横浜ビル2階。TEL045（755）7718。FAX045（755）7712。

ヘッドライン企業ニュース

■お米でエコ歯ブラシ　東温の法人と伊予市企業　柄に50％配合、プラ含有半減（愛媛）（愛媛新聞Online／6月29日）

■「ダウエルピン」を価格変更（クラーク／7月）

■スポイト薬瓶、ネジ付き薬瓶の新色を7月16日に発売（堀内製作所／7月）

■アクリル系レジン歯「ピュア前歯RH」など7月1日の受注分から価格変更（クエスト／7月1日）

■トルクレンチ「トルクコントロール」を発売（インプラテックス／7月1日）

■歯科用ゴム製研磨材「セレックシリコンポイント」を7月21日に発売（内外歯材社／7月1日）

■姫路市の小・中学校キャリア教育の副教材として対象学年に配布される2024年度『小学生のためのお仕事ノート』2024年度『中学生のためのお仕事ブック』に石膏製品製造・販売会社として掲載（サンエス石膏／7月1日）

■渡部茂氏（朝日大学歯学部非常勤講師、明海大学名誉教授）を研究顧問に迎え、キャンディが口腔環境の改善にどのような影響をもたらすかについての研究を始める（春日井製菓／7月2日）

■4軸乾式歯科用CAMマシン「MAXX（マックス） DS200-4Z」、4軸湿式歯科用CAMマシン「MAXX（マックス） DS200-4WG」を発売（サンデンタル／7月3日）

■電動ミキシングガン「オートミキサー」を発売（ビー・エス・エーサクライ／7月8日）

■Deportの「口腔外バキューム DeApollo」の取り扱いを開始（オール・デンタル・ジャパン／7月10日）

■歯科用開口器「かいくん」用の「トライスケール（100枚入）」を価格改定。「テンピュールMED（メディカル）シリーズ」、製造工場稼働一時停止によりメーカー入荷未定の為、在庫がなくなり次第、長期欠品（東京歯材社／7月11日）

■口の汚れが見える口臭ケア製品／アース製薬

アース製薬は、口臭をケアする洗口液の新ブランド「ダモン」から「リラックスミント」と「ブライトレモン」を8月20日に全国で発売した。同製品は、口臭の原因となるタンパク質の汚れをオレンジ色に可視化し、洗浄した実感が得られやすい。ボトルタイプ（380ml）とスティックタイプ（12ml×5本入り）を用意。価格はオープン。

製品紹介

（価格は税込）

歯科用3Dプリンター

アシガ ウルトラ 50

名南歯科貿易　☎052（799）4075

新たに赤外線ヒーターを搭載したASIGA社の3Dプリンター。最高70℃まで温めできる。「トランスパレントモード」を搭載し、無色透明な樹脂のブルーミングや過剰硬化を抑える。解像度は50μm。波長は385nm。

価格＝374万円

咬合誘導装置

EFライン

オーソデントラム　☎03（5652）3322

ブラケットなどの矯正治療を始める前に、正しい呼吸や嚥下、舌の位置を誘導する咬合誘導装置。正しい顎の発育や顔面筋の成長を促し、口腔内の機能・環境を改善して、適切な歯列になるよう誘導する。

価格＝9,900円

歯磨剤

バイオペーストPRO

和田精密歯研　☎06（6321）8551

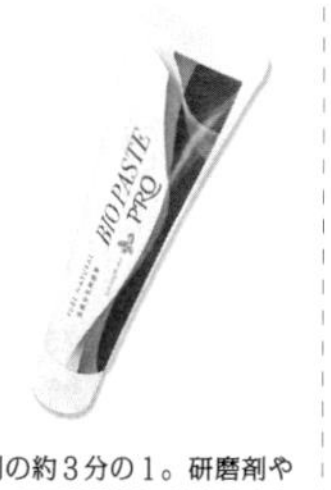

全成分に天然由来の原料を使用した歯磨剤。主成分のバイオミネラルはpH10のアルカリでバイオフィルムを取り除き、酸化を素早く還元する。使用量は通常の歯磨剤の約3分の1。研磨剤やフッ素、発泡剤、界面活性剤、鉱物油由来成分、旧表示指定成分は不使用。

医院価格＝1,980円（80g）

洗口剤

リステリン 歯科クリニック限定パッケージ

松風　☎075（778）5482

歯科医院限定のオリジナルパッケージを数量限定で用意した洗口剤。超音波スケーラーやエアータービンの使用前に使用すると、口腔内細菌が減少し、血流への細菌の侵入やエアロゾルを減らせるという。ノンアルコールタイプ。香味はミント。容量は1L。

価格＝836円

サンドブラスター

タイニープラスⅡ

日本歯科商社　☎03（3625）3111

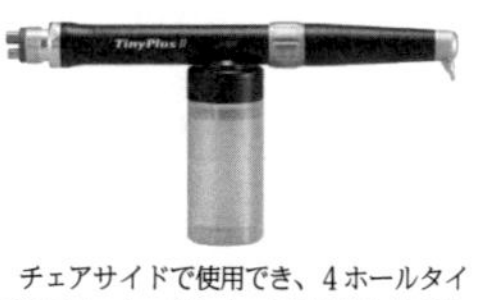

チェアサイドで使用でき、4ホールタイプのエアータービンホースに対応したサンドブラスター。フットペダルを使用してCAD／CAMレジン冠の内面処理や、さまざまな補綴物に使用できる。ノズルヘッドは360度回転可能。別売りで同製品専用の「JDSアルミナ」も用意。

価格＝5万9,400円、JDSアルミナ4,180円（50μm）

除菌スプレー

ラポテクト

HMT　☎03（6770）3015

臨床検査技師が開発し、除菌・ウイルス除去・防カビ効果に即効性のある除菌スプレー。除菌と抗菌コーティング効果があり、抗菌効果が長期間持続する。アルコールでの除去が難しいノン・エンベロープウイルスも除去できる。天然由来成分を配合し、身体に優しい。

価格＝3,200円（150ml）

安全衛生優良企業でホワイトマーク取得

ホワイトエッセンス

ホワイトエッセンス（本社・東京都渋谷区、坂本佳昭社長）は、厚労省が「安全衛生優良企業」として認定した企業を公表する制度「ホワイトマーク」を取得したと7月31日に発表した。

安全衛生優良企業は、労働者の安全や健康を維持する対策に積極的に取り組み、高い安全衛生水準を維持・改善している企業として認定されるもの。認定を受けるには過去3年間、労働安全衛生関連の重大な法違反がなく、労働者の健康保持増進やメンタルヘルス・過重労働防止対策、安全管理などの分野で積極的な取り組みを行う必要がある。

日本歯科新聞

2024年（令和6年）
9月10日
＜発行所＞
日本歯科新聞社
厚生労働省記者クラブ加盟社
〒101-0061
東京都千代田区神田三崎町2-15-2
電　話　03（3234）2475
FAX　03（3234）2477
www.dentalnews.co.jp
jdn@dentalnews.co.jp
無断転載禁止
■年間購読料 23,760円（送料込）（本体 21,600円＋税）
■月4回、火曜日発行
■郵便口座番号 00120-5-130369

今週号の主な内容

令和5年度 歯科医療費

概算で3兆2925億円

電算処理分で2・6％増

歯科医療費等の全数と電算処理分の比較　カッコ内は対前年度比（％）

		令和5年度	4年度	3年度	2年度	元年度
全数	医療費（億円）	32,925 (1.9)	32,309 (2.6)	31,498 (4.8)	30,053 (-0.8)	30,286 (1.9)
	日数（万日）	40,104 (0.7)	39,828 (-0.2)	39,904 (2.5)	38,923 (-6.9)	41,829 (0.3)
	件数（万件）	25,460 (3.0)	24,709 (2.6)	24,083 (6.7)	22,576 (-6.8)	24,231 (2.8)
	1日当たり医療費（千円）	8.2 (1.2)	8.1 (2.8)	7.9 (2.2)	7.7 (6.6)	7.2 (1.7)
	1件当たり日数（日）	1.6 (-2.3)	1.6 (-2.7)	1.7 (-3.9)	1.7 (-0.1)	1.7 (-2.4)
電算処理分	医療費（億円）	31,995 (2.6)	31,170 (2.9)	30,299 (5.3)	28,780 (-0.3)	28,867 (2.5)
	日数（万日）	38,968 (1.3)	38,465 (0.1)	38,423 (3.0)	37,302 (-6.5)	39,902 (0.8)
	件数（万件）	24,861 (3.6)	24,001 (2.9)	23,329 (7.2)	21,769 (-6.5)	23,271 (3.2)
	1日当たり医療費（千円）	8.2 (1.3)	8.1 (2.8)	7.9 (2.2)	7.7 (6.6)	7.2 (1.7)
	1件当たり日数（日）	1.6 (-2.2)	1.6 (-2.7)	1.6 (-3.9)	1.7 (-0.1)	1.7 (-2.4)
電算化率	医療費（％）	97.2 (0.7)	96.5 (0.3)	96.2 (0.4)	95.8 (0.5)	95.3 (0.5)
	日数（％）	97.2 (0.6)	96.6 (0.3)	96.3 (0.5)	95.8 (0.5)	95.4 (0.5)
	件数（％）	97.6 (0.5)	97.1 (0.3)	96.9 (0.5)	96.4 (0.4)	96.0 (0.5)

令和5年度概算医療費で歯科は3兆2925億円で、前年より616億円（1・9％）増加した。電算処理分に限ると3兆1995億円で前年より825億円（2・6％）増となっている（以下、電算処理分の数値を採用）。前年度の医療費の割合が高かった診療内容の伸び率をみると、歯冠修復及び欠損補綴がマイナス2・3％、処置がプラス4・5％、医学管理がプラス6・6％、検査・病理診断がプラス6・0％、初診がプラス0・7％だった。

（4、5面に関連）

調査のポイントによると、制度別にみる歯科医療費の伸び率は、被用者保険はプラス3・8％、国民健康保険はマイナス2・9％、後期高齢者医療制度はプラス5・7％、公費はプラス3・2％。

医療機関種類別では、歯科病院がプラス8・4％、歯科診療所がプラス2・3％。

都道府県別で伸び率が高かったのは滋賀県のプラス4・6％、低かったのは秋田県のプラス0・5％。

年齢階級別（5歳階級）では、100歳以上がプラス15・7％と最大で、70歳以上75歳未満がマイナス4・4％と最も小さかった。

歯科疾病分類別に前年度の医療費の割合が高かった傷病の歯科医療費の伸び率をみると、歯周炎等がプラス3・1％、う蝕がマイナス1・3％、歯肉炎がプラス4・8％、補綴関係がマイナス1・4％、根尖性歯周炎（歯根膜炎）等がマイナス2・6％となっている。

歯科用貴金属別に前年度の医療費の割合が高かった歯科用貴金属の歯科医療費の伸び率をみると、歯科鋳造用金銀パラジウム合金がマイナス10・5％、歯科鋳造用銀合金第1種がプラス1・4％、歯科鋳造用銀合金第2種がマイナス8・5％だった。

なお、全体の医療費は47兆3千億円で前年同期の2・9％増となっている。

保健文化賞　神奈川開業の髙熊氏が受賞

厚労省は2日、保健衛生の向上に取り組む団体・個人を顕彰する第76回「保健文化賞」の受賞者を発表した。今回は10件、個人4人で、神奈川県の歯科医師、髙熊達朗氏も受賞した。

業績によると髙熊氏は、地域におけるＨＩＶ患者の歯科診療体制の構築、障害者デイサービスでの口腔保健指導、集団口腔がん健診の実現、個別口腔がん健診への移行等に尽力し、厚木市における歯科口腔保健の推進に貢献している。

小学生が歯科診療を体験

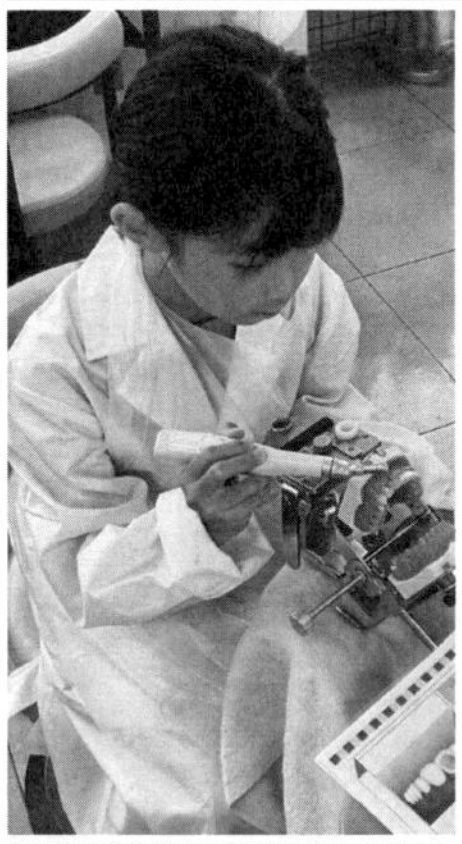
熊本県歯科医師会が小学生向けイベント「世界一受けたい歯の授業」を８月25日に開いた。（3面に記事）

プリズム

後悔しない歯医者選び

『週刊ダイヤモンド』（9月14・21日合併特大号）で歯科について大々的に取り扱っている。8月からオンライン版で続けていた連載をまとめた内容で、一番大きなテーマに「後悔しない歯医者選び」を冠しているものの、歯科関係者を読者ターゲットにしているのではないかと思うほど、マニアックな切り口が多い。

「歯科医師『不足』説」や「M&A黎明期」「矯正にわか歯医者増殖中」「私立歯学部淘汰危険度ランキング」など、なかなかキャッチーな単語が並んでおり、関係者なら思わず読みたくなってしまうだろう。

一方で、患者側がこれを読むことで、歯科医師不信による受診控えにつながらないか不安になる。敬遠した方が良い例については、一理あると思う部分もあるが、ネガティブな情報が多すぎるような気がした。

国民皆歯科健診については、歯周疾患検診の受診率の低さなどを紹介して、実現にはまだまだ時間がかかると説明。そして、制度整備をする意義について、国民のためではなく「歯科医療界の悲願」という表現にとどめている。

歯科疾患を患ってから歯科医院選びに困っている人が多いのは確かだろう。しかし、3カ月に1度でも定期的に歯科医院に通って、予防に努めることが、受診に悩まずに済む一つの方策という視点がないのが残念だった。

医療DX加算で疑義解釈を通知

厚労省

厚労省は3日、10月1日から医療DX推進体制整備加算の評価の見直しとマイナ保険証利用率要件が適用されることを受け、関係する疑義解釈を取りまとめて事務連絡した。

歯科関係は5問で、すでに施設基準を届け出ている保険医療機関は、再度届け出る必要はない点、届け出ているものの、マイナ保険証利用率要件が基準に満たない場合には、10月以降は算定できないことなどを説明している。

疑義解釈は次の通り。

【医療DX推進体制整備加算】

問 すでに医療DX推進体制整備加算の施設基準を届け出ている保険医療機関は、令和6年10月1日からの医療DX推進体制整備加算の評価の見直し及びマイナ保険証利用率要件の適用に伴い、施設基準の届出を改めて行う必要があるか。

答 すでに医療DX推進体制整備加算の施設基準を届け出ている保険医療機関は、届出直しは不要であること。ただし、すでに施設基準を届け出た保険医療機関において、マイナ保険証利用率要件が基準に満たない場合には、10月1日以降、医療DX推進体制整備加算を算定できないこと。

問 保険医療機関は、自らの「レセプト件数ベースマイナ保険証利用率」・「オンライン資格確認件数ベースマイナ保険証利用率」をどのように把握すればよいか。

答 社会保険診療報酬支払基金から毎月中旬頃に電子メールにより通知される予定である。なお、「医療機関等向け総合ポータルサイト」にログインして確認することも可能である。

（参考）医療機関等向け総合ポータルサイト https://iryohokenjyoho.service-now.com/csm

問 保険医療機関の責めによらない理由により、マイナ保険証利用率が低下することも考えられ、その場合に医療DX推進体制整備加算が算定できなくなるのか。

答 「レセプト件数ベースマイナ保険証利用率」・「オンライン資格確認件数ベースマイナ保険証利用率」ともに、その時点で算出されている過去3か月間で最も高い率を用いて算定が可能である。

問 社会保険診療報酬支払基金から通知されたマイナ保険証利用率を確認次第、月の途中から当該利用率に応じた当該加算の算定を行うことは可能か。

答 通知されたマイナ保険証利用率に基づく当該加算の算定は、翌月の適用分を通知しているため、翌月1日から可能。

問 準通知において、当該加算の施設基準「医療DX推進体制整備加算を算定する月の3月前のレセプト件数ベースマイナ保険証利用率に代えて、その前月又は前々月のレセプト件数ベースマイナ保険証利用率を用いることができる。」及び「医療DX推進体制整備加算を算定する月の2月前のオンライン資格確認件数ベースマイナ保険証利用率に代えて、その前月又は前々月のオンライン資格確認件数ベースマイナ保険証利用率を用いることができる。」とあるが、具体的にはどのように用いることができるのか。

答 例えば令和6年10月分の当該加算算定におけるマイナ保険証利用率については、同年7月のレセプト件数ベースマイナ保険証利用率が適用されるが、同年5月あるいは6月のレセプト件数ベースマイナ保険証利用率を用いることが出来る。

また、令和6年10月から令和7年1月までの経過措置期間においては、例えば令和6年10月分の当該加算算定において、同年8月のオンライン資格確認件数ベースの利用率を用いることができるが、同年6月あるいは7月のオンライン資格確認件数ベースの利用率を用いることが出来る。

訪問歯科 超実践術 (445)

前田実男（日本訪問歯科協会 理事）

在宅歯科医療連携加算

在宅歯科医療連携加算は今年の診療報酬改定で新設された項目だ。他の保険医療機関等からの情報提供に基づき在宅歯科医療に係る管理を行う場合の評価である。

この加算は歯科疾患在宅療養管理料と在宅患者訪問口腔リハビリテーション指導管理料に加算するもので、算定要件は、いずれの場合も同じである。

在宅歯科医療連携加算には、在宅歯科医療連携加算1（在歯連1）と在宅歯科医療連携加算2（在歯連2）がある。違いは対象患者と情報の提供元だ。

在歯連1の対象は、他の保険医療機関を退院した継続的な歯科疾患の管理が必要な者。

他の保険医療機関の歯科医師から患者の退院時に受けた情報提供および当該患者の歯科疾患の状況等を踏まえて管理計画を作成した場合に所定の点数に100点を加算する。

在歯連2の対象は、他の保険医療機関を退院した患者、介護保険施設等（特養・老健・介護医療院）に入所している患者、訪問介護、訪問看護等の利用者で継続的な歯科疾患の管理が必要な者である。他の保険医療機関の医師、看護師、介護保険施設等の介護支援専門員等からの情報提供と患者の歯科疾患の状況等を踏まえて管理計画を作成した場合に所定の点数に100点を加算する。なお、退院後の管理に係る管理計画を入院中に作成する場合には、入院中の患者に算定して差し支えない。

いずれも、患者等の同意を得たうえで、歯科疾患の状況等を踏まえ管理計画を作成または変更し、患者等に内容を説明した場合に1回限り算定する。

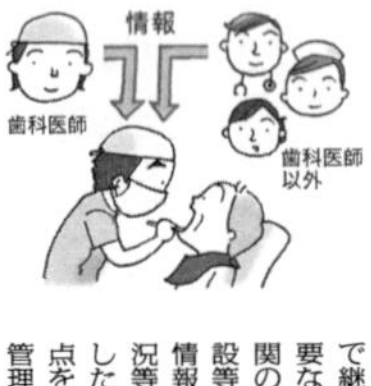

在宅歯科医療連携加算を算定した場合には、情報提供に係る文書を診療録に添付することになっているが、他の保険医療機関や介護保険施設、訪問介護、訪問看護からの情報提供の場合は、必ずしも文書である必要はない。その場合は、情報提供を受けた日時、情報提供の内容、情報提供を行った他の保険医療機関名もしくは介護保険施設名等の担当歯科医師名もしくは担当者名を診療録に記載する。

日本訪問歯科協会　https://www.houmonshika.org

日歯 令和7年度厚労省予算 概算要求で

「最低限の要求されている」

日本歯科医師会（高橋英登会長）は5日、「令和7年度厚生労働省予算概算要求についての見解」を発表した。歯科保健医療関連の概算要求総額が6年度予算額の11・8％増の46億4200万円だったとして、「必要な最低限の要求が行われていると考えている」とコメントしている。

特に注目すべき点として、「生涯を通じた歯科健診（いわゆる国民皆歯科健診）環境整備事業」と「歯科医療提供体制推進・支援事業」を挙げ、「これまでの事業成果を踏まえ、予算も含めた事業内容が拡充された」と評価している。

具体的な見解は下記の通り。

■日歯の見解

1）「生涯を通じた歯科健診（いわゆる国民皆歯科健診）環境整備事業」については、受診率が低い就労世代に対するモデル事業に加え、これまでの事業成果を踏まえ、全世代を対象にライフコースや目的に応じたモデル歯科健診・啓発等の実施支援・検証を行うこととなっている。具体的には、調剤薬局等の待ち時間やショッピングモール等の場を利用し、歯科健診未受診者をターゲットにする全世代を対象とした新たな事業も提案されている。これは、いわゆる国民皆歯科健診の実現に向けて集中的に環境整備に取り組み、具体的な推進のための施策の一つとなることが期待され、歯科健診の拡大のきっかけとなると思われる。保険者・事業所等における効果的・効率的な歯科健診導入支援とともに、健康教育や受診勧奨を目的とした啓発を実施し、歯科疾患の予防・重症化予防を進めていくことが不可欠であると考える。

2）歯科保健医療提供体制の構築と強化では、従来の「歯科医療提供体制構築推進事業」が、新たなモデル事業の新設に伴い「歯科医療提供体制構築推進・支援事業」となり、また「地域拠点病院・地域拠点歯科診療所施設整備事業」や「へき地巡回診療車（船）整備事業」については、予算規模が拡充されている。具体的には、歯科医療機関の機能分化や連携、病院歯科の効果的な活用、災害時の体制など歯科医療提供体制の構築のためのモデル事業の新設や病院への歯科の設置に対する支援、無歯科医地区等のへき地における歯科医療の確保として巡回診療車等への整備といった、事業の拡充が示されている。これらは各地域における歯科医療提供体制の課題を解決するための重要な予算であり、多くの地域に存在する課題を解決し、地域特性に応じた体制構築に向けて獲得を期待したい。

3）「骨太の方針 2024」において、「歯科衛生士・歯科技工士等の人材確保の必要性を踏まえた対応」が記載されたことから、「歯科衛生士の人材確保実証事業」及び「歯科技工士の人材確保実証事業」において、それぞれ、より効果的な人材確保対策に関する検討を実施することになっている。これまで実行されてこなかった事業の成果や課題の収集・分析と評価を行うことは、より効果的な復職・離職防止策の全国での横展開に向け重要であり、復職支援に向けた就労支援の実効性のある方策の検討に期待したい。

地域における適切な歯科保健医療の提供において、各地域で必要な歯科医師・歯科衛生士・歯科技工士等を確保することは極めて重要であり、それぞれの職種における偏在対策や需給推計は喫緊の課題といえる。今後、地域の歯科医療資源の実情も踏まえ、需給推計を含めた歯科専門職の適切な把握および偏在対策に努めていただきたい。

その他、歯科医師臨床研修のための関係費用として、「共用試験（CBT）公的化に係る体制整備事業」、歯科医療従事者等の資質向上では、「歯科専門職の業務の普及啓発事業」が提案されており、歯科専門職としてのやりがいや魅力ある業務を周知することは非常に重要と考える。

最後に、我が国の歯・口腔の健康をさらに推進する上で、本概算要求のとおり財源を確保し、予算を確実に執行することが不可欠であり、日本歯科医師会としても協力を行っていきたい。

日歯連盟 入会率で

「地域性も影響」

日本歯科医師連盟（太田謙司会長）の入会率は地域性にも左右される――。日歯連盟が4日に東京都千代田区の歯科医師会館で行った記者会見で記者の質問に回答した。日歯連盟は4～6月にかけて入会促進事業として東京都と群馬県の歯科医師それぞれ58人を訪問していた。東京都では36人（62・1％）、群馬県では17人（29・3％）が入会した。

入会率の差について大越壽和副会長＝写真＝が回答。「群馬県は土地も広く、地域によっては日歯連盟の過去の不祥事で悪印象を持ったままの人もいて、数回訪問を重ねても理解をいただくことが難しかった」と述べた。東京都について、「事前に本事業の趣旨を説明したうえで、日歯連盟の活動内容や、昨今の情勢などを話し、納得をいただくことで入会につなげることができた」と話した。

会見ではその他、太田会長が来年の国政選挙について、組織代表の比嘉奈津美参議院議員の当選に向け尽力すると述べた。

都道府県別歯科診療所数

令和6年6月

	歯科診療所	前月比増減数
全国	66,689	-47
北海道	2,711	-4
青森	472	0
岩手	532	-1
宮城	1,031	-1
秋田	396	-1
山形	447	-2
福島	811	1
茨城	1,342	-1
栃木	938	0
群馬	967	-2
埼玉	3,513	-1
千葉	3,190	4
東京	10,654	0
神奈川	4,932	-1
新潟	1,090	0
富山	427	-1
石川	470	-1
福井	291	-1
山梨	410	0
長野	972	-3
岐阜	937	-2
静岡	1,710	0
愛知	3,677	-5
三重	776	-2
滋賀	558	-1
京都	1,251	-2
大阪	5,425	0
兵庫	2,899	-7
奈良	677	0
和歌山	504	0
鳥取	249	-1
島根	250	0
岡山	990	4
広島	1,470	0
山口	615	-2
徳島	408	-1
香川	465	1
愛媛	629	0
高知	334	0
福岡	3,025	-2
佐賀	392	0
長崎	680	-3
熊本	820	-5
大分	503	-2
宮崎	473	-2
鹿児島	770	1
沖縄	606	-1

歯科診療所数

6月は47減の6万6689施設

厚労省の施設動態調査による令和6年6月末現在の歯科診療所数は全国で6万6689施設で、前月より47減少した。

兵庫の7、愛知、熊本の5、北海道の4など28道府県で58減少し、増加は千葉、岡山の4など5県で11だった。

開設者別歯科診療所数の個人は前月より96減少して4万9039施設、医療法人は55増加の1万7001施設だった。

開設者別歯科診療所数の個人は減少傾向が続き、2021年3月以降、39カ月連続で減少。医療法人は2018年9月以降62カ月連続で増加していたが、2023年12月減少に転じ、翌月以降はまた増加している。

前年同月比の全国の歯科診療所数の動向では、580施設減少した。開設者別歯科診療所数の個人は992減少、医療法人は383増加となっている。

人事

（敬称略）

■山梨県歯科技工士会

▼会長　古屋義弘

▼副会長・専務理事　増坪一夫

▼副会長　標義也

▼常務理事　丹沢淳、森越洋人、平島真司

▼理事　臼井成夫（前県議）、宮内啓友（会社社長）、清渡辺保幸（会社経営）、清水智之（会社役員）、山下公彦（会社役員）

▼監事　風間潔

歯科国試にチャレンジ

406　2024年（第117回）より

パラトグラム検査により評価できるのはどれか。2つ選べ。

a /b/

b /k/

c /m/

d /p/

e /t/

答えは本紙のどこかに！

マイナ保険証 7月の利用率

歯科診療所のトップは宮崎県の29.17％

7月に歯科診療所のマイナ保険証利用率が最も高い県は、宮崎県で29・17％だった。次いで鹿児島県24・90％、富山県24・69％と続く。8月30日に開かれた第181回社会保障審議会医療保険部会で示された資料によるもの。

歯科診療所で利用率が2割を超えているのは16県。全国では、オンライン資格確認利用件数1418万7468件のうち、マイナンバーカードは226万661件の11・13％となっている。

また、歯科診療所の情報取得状況は、特定健診等情報51万3807件、薬剤情報48万1784件、診療情報45万216件だった。

都道府県別　歯科診療所の利用実績

※利用率＝マイナ保険証利用件数÷オンライン資格確認利用件数

順位	R6.5順位	都道府県	利用率	MNC利用件数	利用件数
1	(1)	宮崎	29.17％	22,556	77,335
2	(2)	鹿児島	24.90％	45,364	182,156
3	(3)	富山	24.69％	29,172	118,176
4	(4)	岩手	23.87％	24,597	103,049
5	(5)	秋田	23.33％	20,972	89,900
6	(6)	石川	23.06％	25,046	108,628
7	(7)	三重	22.93％	37,252	162,491
8	(8)	岐阜	22.23％	47,157	212,098
9	(10)	山口	21.41％	32,162	150,254
10	(9)	奈良	21.23％	23,525	110,788
11	(13)	山梨	20.86％	11,009	52,773
12	(11)	福島	20.27％	34,753	171,463
13	(15)	広島	20.24％	63,276	312,559
14	(17)	福井	20.23％	14,888	73,604
15	(16)	山形	20.12％	24,254	120,564
16	(12)	和歌山	20.00％	11,460	57,288
17	(14)	静岡	19.92％	83,499	419,094
18	(18)	京都	19.40％	37,361	192,604
19	(19)	長野	19.20％	34,259	178,447
20	(23)	長崎	18.69％	29,941	160,184
21	(20)	熊本	18.69％	37,441	200,325
22	(21)	大分	18.55％	16,151	87,046
23	(22)	群馬	18.38％	40,816	222,127
24	(25)	栃木	17.25％	42,749	247,887
25	(24)	高知	16.99％	12,861	75,705
26	(26)	滋賀	16.80％	21,617	128,672
27	(29)	愛知	16.40％	135,109	824,040
28	(27)	福岡	16.27％	95,578	587,471
29	(30)	兵庫	15.80％	85,992	544,281
30	(35)	島根	15.68％	14,812	94,437

▶熊本県歯 世界一受けたい歯の授業◀

小学生向け仕事体験 知識と興味の向上図る

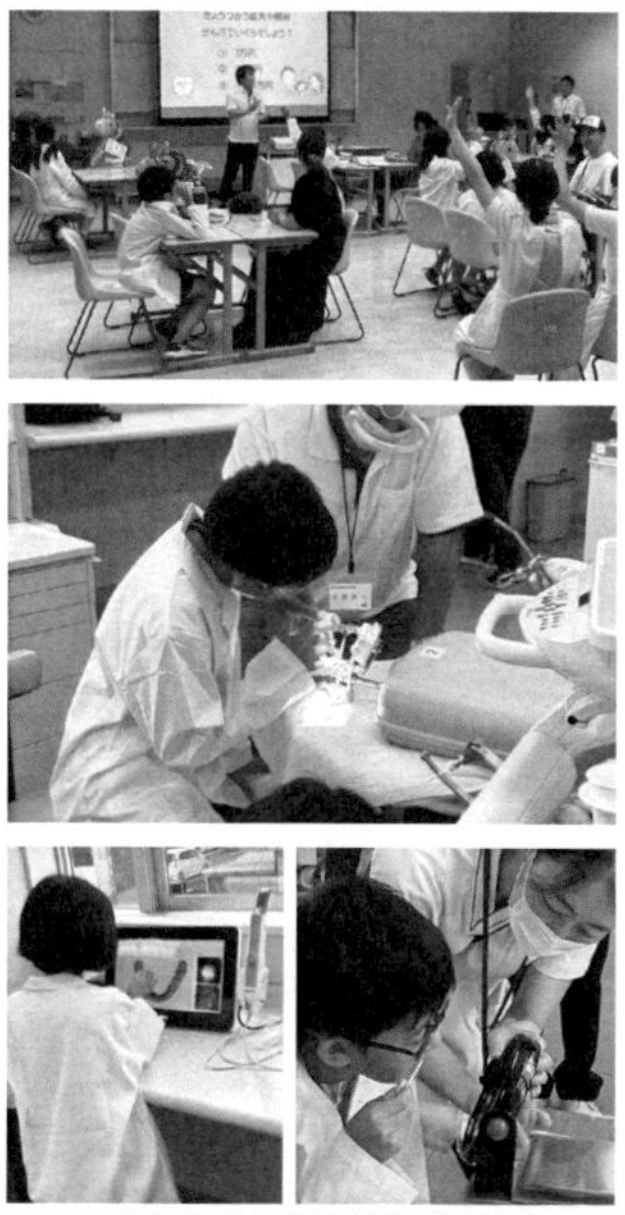

イベントではクイズや歯面清掃などを通して楽しみながら歯科に触れた

熊本県歯科医師会（伊藤明彦会長）は、小学生を対象としたイベント「世界一受けたい歯の授業～歯のことや歯の治療について学び、歯科お仕事体験をしよう」を8月25日、熊本市の熊本歯科衛生士専門学院で開いた。歯科医師や歯科衛生士の仕事体験によって、口腔の健康意識と歯科業界への興味の向上を図るのが目的。

◇◆◇

イベントでは、クイズのほか、正しい歯磨きを学ぶ「歯磨き指導体験」、歯の模型を使った「CR充填体験」、「口腔内カメラ体験」などが行われた。白衣姿の小学生たちは、普段手にできない機器を実際に持って、実習に臨んだ。

◇◆◇

参加者からは、「本物の器材に触れられ、貴重な体験だった」「自分の歯に関心が持てた」「スタッフの皆さんが優しくて、子供が楽しそうだった」「将来の職業体験の一つになったと思う」などの声が寄せられた。

――勤務医 Talk

蔡 一訓氏

■ 36歳

■ 日本大学歯学部 2016年3月卒業

転勤してマネジメント学ぶ

今の歯科医院は、分院長候補として入職して4年目となる。勤めて2年目、隣接する建物に新たに開院するタイミングで、元の医院の分院長を任された。ただ現在は、理事長の理解を得たうえで、開業準備をしており、すでにディーラーとやり取りも行っている。

開業地に考えているのは、父親が医科クリニックを運営している埼玉県川越市。今勤めているようなしっかりとした医療法人なら、「ずっと勤務医を続けていくのも悪くない」との思いもあるが、開業は学生のころから思い描いていた道で、親の引退後は土地を引き継ぐ予定でいる。

実は、以前勤務していたクリニックの先輩から、診療スキルはもちろんのこと、経営面やマネジメント面が学べると紹介されたのが今の医院。多くを学んだものの、「ここは都市型で、開業予定地はどちらかというと田舎なので、マネジメント方法は変わってくると思うが、患者さんはもちろん、スタッフが雇えるかが少し不安」と語る。

目指すのは子供から高齢者まですべての世代を診ていくスタイル。自費と保険診療の選択肢の乖離に少し不満を抱きつつ、学会や研修会などで研鑽も積んでいる。

今の医院は、セミナー補助の制度があり、多くのスタッフが活用している。ただ、「医院スタッフへの共有（報告）などが必要になってくるので、面倒な時は自腹で受講してしまうことも多い」とのこと。

大規模医院は、症例数が多かったり、悩んだ時に他のドクターの意見がすぐに聞けたり、良いところも多いが、報連相（ホウレンソウ）をはじめとする細かいルールが大変と感じる時もある。

歯科大学では経営は教わらないとはよく聞く話だが、開業を前に「日本の医療は保険で成り立っているので、保険点数の取り方くらいは大学で教えて良いのではないか」とあらためて思う今日このごろだ。

男性歯科衛生士の今 ③

中央医療歯科専門学校（群馬県）に通う前原祐希さんに歯科衛生士専門学校に入学した理由、学内での様子、男性歯科衛生士の存在について聞いた。

歯科医院の奨学金制度を利用

前原さん

――歯科衛生士専門学校に入学した理由を教えてください。

前原　今、歯科助手として働かせてもらっている医院の院長・栗原仁先生（※本連載⑤に雇用者の立場で掲載）から「歯科衛生士になってみないか」と声をかけられたのが直接のきっかけです。医院には「歯科衛生士奨学金制度」があります。国家資格取得後に院長の医院に勤務しながら貸与された上限200万円を3年間で月々返済していくというもので、制度を使って歯科衛生士にならないかというものでした。

私は栗原先生の息子さんと同級生で、約3年前、悩みごとの相談に乗ってもらっていました。当時は大学中退後に入社した企業での働き方に疲れ果て、やさぐれていたこともあり、院長からの提案をあっさり断ってしまっていたのですが、その後に歯科助手として働かせてもらいJIADSの勉強会に参加させてもらううちに、「歯科衛生士になりたい」と気持ちが変わりました。

そこで院長に「制度を使って学校に通いたい」とあらためて伝えたのですが、逆に断られてしまったので、懇願を続けた半年以上後の昨年の4月にようやく歯科衛生士学校への入学が叶いました。今は2年生です。

◇◆◇

――学校での様子は。

前原　3学年中男子学生は私一人で、常勤の教職員にも男性は校長先生と教頭先生のみです。男性更衣室がないので、私物を収納するロッカーは校長室に臨時で設置してもらえました。校長先生、教頭先生も含めていろいろ気に掛けてもらえているのはうれしいです。

同級生とは他愛のないおしゃべりができていますが、入学当初は女子生徒からの物珍しそうな視線が辛かったですし、孤立した状態のままでは3年間とても通えそうにないと思ったので、自己紹介の場では人見知りだと気づかれないように明るく振舞ったのが懐かしいです。

――授業の内容については。

前原　驚いたのは、歯だけではなく全身の臓器も含めて学ぶことでした。やる気に満ちて入学したはずでしたが、専門用語にまみれた歯科の世界は、想像していた以上に私にとってはしんどい環境でした。院長には大変申し訳ないのですが、進級の少し前の面談では「遅刻、欠席、提出物の遅れの多さで留年もあり得る」と言われたことで、生半可で甘えのあるこの気持ちのままでは国試に合格できるはずもないとやっと気づくことができました。これまで聞き流していた授業の内容をイチから復習する毎日で、国試に合格するのが当面の目標です。

それから今は授業がない日に歯科助手として働かせてもらっていますが、周りをあらためて見渡すと勉強を欠かさない方々に囲まれた環境だったことにも気づき、歯科衛生士として働ける日が楽しみです。

――男性歯科衛生士の存在について思うことは。

前原　今は単に珍しいというだけで学校によっては設備が整っていない場合もありますが、何かと気に掛けてもらえるなどのメリットがあると思います。私は今24歳で、思い立った時の年齢から目指すこともできる職業です。男性歯科衛生士に興味を持つ人が一人でも増えるような活動をしていきたいですし、男性看護師のように男性であることがそれほど珍しくない人数まで増えたらうれしいですね。

保団連

健康保険証の存続求める談話

全国保険医団体連合会（竹田智雄会長）は6日、厚労省が8月30日に公表したパブリックコメント結果を受けて、現行の健康保険証の存続を求める談話を発表した。

談話では、健康保険証の廃止にかかわる省令改正のパブコメで5万3028件の意見が提出されている点に触れ、「その大多数が保険証の存続を求める意見やマイナ保険証への一体化に反対、懸念を示す意見だった」と指摘。

「寄せられた多くの国民の意見を重く受け止め、国民の多くが抱えるマイナ保険証への不安、懸念を払拭するため、ただちに現行の健康保険証の存続を決断すべき」と訴えている。

さらに、「そもそも任意であるマイナカードを、皆保険制度下、すべての国民に給付すべき保険診療の資格確認に用いることに無理がある」と批評している。

また、保団連は5日に「診療報酬の期中改定及び不合理是正を求める要請書」を岸田文雄内閣総理大臣、鈴木俊一財務大臣、武見敬三厚労大臣宛に送付した。

物価高騰への対応や医療従事者のさらなる賃上げ、全ての医療機関の感染症対策充実のため、初・再診料等、入院基本料等の基本診療料を大幅に引き上げることを要望。さらに、10月から実施予定の長期収載品への選定療養導入による自費負担の徴収について、「医療行為そのものにおける保険給付範囲の縮小にほかならない」と指摘し、事実上の混合診療に当たるとして、中止を求めている。

Inter view

長崎県歯 骨粗しょう症スクリーニング推奨事業

長崎県歯科医師会では歯科において骨粗しょう症のスクリーニングを推奨する「骨折対策協力歯科医師確保事業」を行っている。令和3～5年にかけて自治体事業として行い、6年からは県の委託で行っている同事業について、同会の担当理事である須田晶氏に聞いた。

骨の表面を構成する皮質骨（写真下部の矢印⇩の部分）が1型では鮮明に確認できるが、2型で薄くなり、3型ではほぼ見えなくなっている

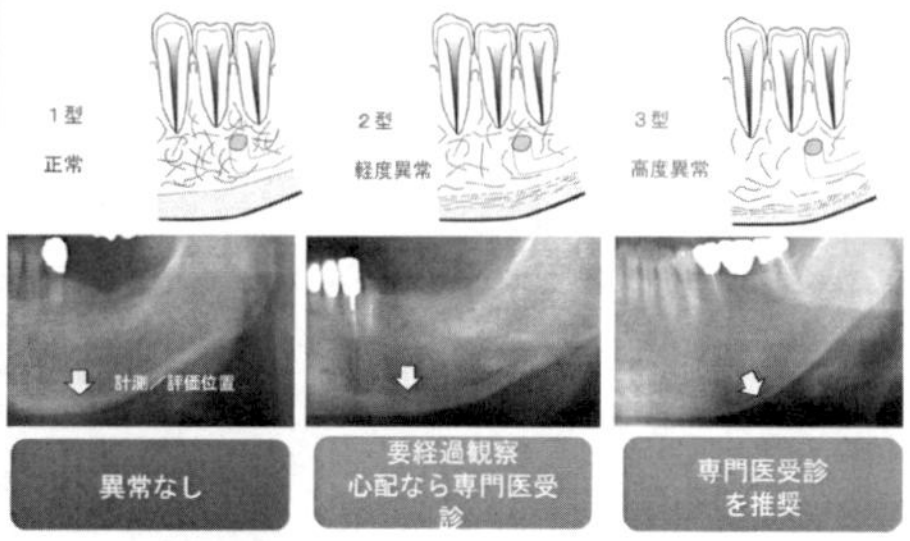

「早期発見の役割 歯科医師が担える」

須田氏

――同事業が開始された背景を教えてください。

須田　長崎県は骨折入院が全国平均よりも多く、医療費の抑制のための骨粗しょう症対策の動きがありました。歯数と転倒に関連性は報告されていたので、歯科からのアプローチを打診されたのがきっかけです。

令和4年度に行われた介護要因の全国調査では、骨粗しょう症による転倒時の骨折は、認知症、脳血管疾患に次いで多く、特に閉経に伴なって骨が弱くなった女性では最大の要因となります。また、介護が必要となった急性期疾患に関する令和3年度健診の長崎のデータでは要介護1～4までは骨折が1位となっています（要介護5では脳梗塞が1位で2位に骨折）。

――具体的にどのような取り組みですか。

須田　歯科におけるパノラマエックス線写真を用いて骨粗しょう症のスクリーニングと、そのための研修会およびトレーニングを奨励することが主な内容です。

パノラマエックス線写真のオトガイ孔下部の皮質骨の形態から、重症度に応じた指標であるMCI（下顎皮質骨形態指標：Mandibular Cortex Index）分類で3段階に分けます。1型（正常）に比べ、2型（軽度～中等度粗しょう）では皮質骨の内側表面が不規則になり、内部に線状の吸収が見られます。3型（高度粗しょう）では皮質骨全体に高度な線状の吸収が見られ、皮質骨の断裂が確認できます。これらの結果に基づいて、歯科で骨粗しょう症に対する受診勧奨を行っていきます。一方、トレーニングは数十人の患者のパノラマエックス線写真のスライド映像から分類を判定していくもので、研修会を受講した歯科医師では88・2%の割合で骨粗しょう症を判定できるようになっています。

――今後について。

須田　骨粗しょう症は多くの人が関心のある疾患ではありますが、国内の骨粗しょう症検診率は5%未満とされています。重症化して初めて発覚するケースが多く、大腿骨骨折後の5年生存率は50%となっています。

歯科ではほとんどの患者でパノラマエックス線写真撮影を行うことから、骨粗しょう症のスクリーニングとして非常に親和性があります。特に分類の2型は、いわゆる「なりかけ」の患者となるので、重症化する前の受診につなげられます。また、薬剤性顎骨壊死が骨粗しょう症の治療薬によって発症することも報告されているので、早期発見による薬剤使用量の抑制は非常に有益です。

一方で、歯科ではあくまで受診勧奨のみになるので、多職種、および地域連携のための積極的な周知が必要です。長崎県歯では医科への紹介用書類テンプレートや患者に対する受診勧奨の説明パンフレットの作成などを検討中のほか、研修会の資料およびトレーニングサイトを長崎県歯のホームページで会員向けに公開をしています。

今後も啓発に向けた取り組みを進めていくつもりです。

和5年度　歯科医療費

医療費(診療内容別)【電算処理分】

カッコ内は対前年度比(%)

	令和5年度 (億円)	構成割合	4年度 (億円)	3年度 (億円)	2年度 (億円)
総　数	31,995 (2.6)	100.0	31,170 (2.9)	30,299 (5.3)	28,780 (-0.3)
初診	2,030 (0.7)	6.3	2,016 (0.1)	2,014 (2.0)	1,974 (-3.3)
再診	1,847 (1.9)	5.8	1,811 (-0.3)	1,818 (8.9)	1,670 (0.8)
医学管理	4,698 (6.6)	14.7	4,409 (7.1)	4,116 (12.6)	3,656 (12.5)
在宅	1,196 (10.2)	3.7	1,085 (3.7)	1,046 (9.4)	956 (-5.6)
投薬	224 (-1.3)	0.7	227 (-2.3)	232 (-0.3)	233 (-0.2)
注射	1 (15.2)	0.0	1 (-3.9)	1 (-3.4)	1 (-8.8)
処置	6,416 (4.5)	20.1	6,138 (-2.2)	6,278 (7.7)	5,830 (-1.4)
手術・麻酔	882 (3.9)	2.8	849 (1.5)	837 (3.2)	811 (-3.7)
検査・病理診断	2,457 (6.0)	7.7	2,317 (20.7)	1,920 (6.4)	1,805 (-5.3)
画像診断	1,377 (5.7)	4.3	1,303 (5.1)	1,240 (4.6)	1,185 (-1.0)
歯冠修復及び欠損補綴	9,656 (-2.3)	30.2	9,887 (1.8)	9,710 (0.9)	9,620 (-0.9)
リハビリテーション	424 (2.9)	1.3	412 (2.7)	401 (5.7)	380 (-8.4)
放射線治療	6 (4.9)	0.0	6 (4.5)	5 (-12.8)	6 (0.8)
歯科矯正	87 (9.3)	0.3	79 (10.9)	71 (22.2)	58 (5.4)
入院料等	302 (18.1)	0.9	255 (7.4)	238 (2.6)	232 (-8.9)
薬剤料	209 (1.5)	0.7	206 (-1.1)	208 (-0.4)	209 (3.0)
特定保険医療材料	90 (15.1)	0.3	78 (5.5)	74 (5.0)	70 (-12.2)
入院時食事療養等	12 (13.6)	0.0	11 (-0.3)	11 (-3.2)	11 (-14.5)
その他	84 (3.9)	0.3	80 (3.9)	77 (7.3)	72 (-6.3)

注. NDB 上、「歯冠修復及び欠損補綴」の診療行為の点数欄には、技術料および材料料を合算した点数が登録されるため、歯科用貴金属等の特定保険医療材料の医療費については歯冠修復及び欠損補綴に計上されている。

医療費と１日当たり医療費(年齢階級別)【電算処理分】

カッコ内は対前年度比(%)

	医療費 令和5年度 (億円)	構成割合	4年度 (億円)	3年度 (億円)	2年度 (億円)	元年度 (億円)	1日当たり医療費 令和5年度 (千円)	4年度 (千円)	3年度 (千円)	2年度 (千円)	元年度 (千円)
総　数	31,995 (2.6)	100.0	31,170 (2.9)	30,299 (5.3)	28,780 (-0.3)	28,867	8.2 (1.3)	8.1 (2.8)	7.9 (2.2)	7.7 (6.6)	7.2
0歳以上５歳未満	398 (-2.1)	1.2	407 (-10.0)	452 (6.3)	425 (-4.2)	443	7.9 (2.1)	7.7 (-3.2)	7.9 (4.3)	7.6 (6.2)	7.2
5歳以上 10歳未満	1,251 (-0.0)	3.9	1,252 (-2.7)	1,287 (4.8)	1,228 (-1.7)	1,249	7.7 (2.6)	7.5 (1.9)	7.4 (2.7)	7.2 (5.4)	6.8
10歳以上 15歳未満	956 (5.3)	3.0	908 (3.0)	881 (10.6)	796 (0.9)	789	8.1 (3.2)	7.9 (3.5)	7.6 (3.1)	7.4 (5.2)	7.0
15歳以上 20歳未満	741 (9.6)	2.3	676 (0.1)	676 (3.1)	655 (3.9)	631	8.9 (3.9)	8.6 (4.4)	8.2 (3.8)	7.9 (3.5)	7.7
20歳以上 25歳未満	905 (3.3)	2.8	876 (-2.8)	901 (0.8)	894 (11.2)	804	8.9 (3.3)	8.6 (4.7)	8.2 (3.6)	7.9 (4.0)	7.6
25歳以上 30歳未満	1,167 (4.3)	3.6	1,119 (-0.8)	1,128 (4.2)	1,082 (8.2)	1,000	8.6 (3.0)	8.4 (4.3)	8.0 (3.2)	7.8 (5.1)	7.4
30歳以上 35歳未満	1,253 (2.8)	3.9	1,219 (-0.6)	1,226 (2.8)	1,192 (2.5)	1,164	8.4 (2.6)	8.2 (3.8)	7.9 (2.6)	7.7 (5.8)	7.3
35歳以上 40歳未満	1,452 (1.1)	4.5	1,436 (-0.5)	1,443 (2.7)	1,405 (1.4)	1,385	8.3 (2.0)	8.2 (3.5)	7.9 (2.7)	7.7 (6.4)	7.2
40歳以上 45歳未満	1,719 (0.7)	5.4	1,708 (-0.8)	1,722 (1.0)	1,704 (-1.0)	1,721	8.2 (1.6)	8.1 (3.3)	7.9 (2.5)	7.7 (6.9)	7.2
45歳以上 50歳未満	2,182 (-0.6)	6.8	2,195 (0.5)	2,185 (3.6)	2,108 (1.9)	2,070	8.2 (1.2)	8.1 (3.1)	7.9 (2.3)	7.7 (7.3)	7.2
50歳以上 55歳未満	2,495 (5.4)	7.8	2,366 (5.9)	2,235 (11.0)	2,014 (1.3)	1,988	8.2 (1.1)	8.1 (3.1)	7.8 (2.2)	7.7 (7.4)	7.1
55歳以上 60歳未満	2,332 (5.3)	7.3	2,215 (6.8)	2,074 (4.3)	1,990 (1.1)	1,967	8.1 (1.0)	8.1 (3.0)	7.8 (2.1)	7.7 (7.5)	7.1
60歳以上 65歳未満	2,308 (3.4)	7.2	2,232 (5.6)	2,114 (5.0)	2,014 (-3.0)	2,076	8.1 (0.9)	8.0 (2.9)	7.8 (2.0)	7.6 (7.6)	7.1
65歳以上 70歳未満	2,410 (0.1)	7.5	2,409 (1.3)	2,379 (0.9)	2,358 (-8.1)	2,565	8.0 (0.9)	8.0 (2.7)	7.7 (1.8)	7.6 (7.4)	7.1
70歳以上 75歳未満	3,076 (-4.4)	9.6	3,216 (1.1)	3,183 (9.4)	2,910 (2.7)	2,833	8.1 (0.7)	8.1 (2.5)	7.9 (1.8)	7.7 (7.5)	7.2
75歳以上 80歳未満	2,859 (6.1)	8.9	2,694 (8.3)	2,488 (0.7)	2,472 (-5.9)	2,626	8.2 (0.3)	8.2 (2.0)	8.0 (1.7)	7.9 (7.4)	7.3
80歳以上 85歳未満	2,278 (4.8)	7.1	2,174 (8.2)	2,009 (10.4)	1,819 (-1.3)	1,844	8.3 (0.2)	8.2 (1.8)	8.1 (1.5)	8.0 (6.4)	7.5
85歳以上 90歳未満	1,381 (4.6)	4.3	1,320 (7.2)	1,232 (10.8)	1,111 (0.2)	1,109	8.4 (0.3)	8.4 (1.5)	8.2 (1.1)	8.1 (5.3)	7.7
90歳以上 95歳未満	629 (10.4)	2.0	570 (9.3)	521 (12.7)	462 (-0.5)	465	8.3 (-0.0)	8.3 (1.3)	8.2 (0.7)	8.2 (3.4)	7.9
95歳以上 100歳未満	177 (13.4)	0.6	156 (9.0)	143 (17.5)	122 (1.3)	120	8.2 (-0.1)	8.2 (0.7)	8.1 (0.1)	8.1 (2.0)	7.9
100歳以上	26 (15.7)	0.1	23 (9.0)	21 (16.6)	18 (3.7)	17	8.1 (0.9)	8.0 (0.1)	8.0 (0.0)	8.0 (1.7)	7.9

入院・入院外別の歯科医療費、受診延日数、件数【電算処理分】

	令和5年度	4年度	3年度	2年度	元年度
入院					
医療費(億円)	679	575	530	504	553
日数(万日)	93	81	81	81	95
件数(万件)	20	18	17	16	19
入院外					
医療費(億円)	31,316	30,596	29,769	28,275	28,314
日数(万日)	38,875	38,383	38,342	37,221	39,806
件数(万件)	24,841	23,983	23,312	21,753	23,253

「修復・補綴」は2・3％減

進む脱金属　金パラ10.5％減

医療費(歯科用貴金属)【電算処理分】

カッコ内は対前年度比(%)

	令和5年度 (億円)	構成割合	4年度 (億円)	3年度 (億円)	2年度 (億円)	元年度 (億円)
総　数	1,964 (-10.4)	100.0	2,192 (11.8)	1,960 (7.9)	1,816 (30.7)	1,390 (0.1)
歯科鋳造用14カラット金合金インレー用（JIS適合品）	0 (-33.3)	0.0	0 (-20.8)	0 (60.6)	0 (-6.2)	0 (38.7)
歯科鋳造用14カラット金合金鉤用（JIS適合品）	0 (-7.3)	0.0	0 (7.4)	0 (3.1)	0 (6.9)	0 (2.4)
歯科用14カラット金合金鉤用線（金58.33%以上）	0 (-5.0)	0.0	0 (-6.5)	0 (-9.9)	0 (-2.2)	0 (-7.8)
歯科鋳造用金銀パラジウム合金（金12%以上JIS適合品）	1,930 (-10.5)	98.3	2,157 (11.9)	1,927 (8.0)	1,784 (31.5)	1,357 (0.1)
歯科鋳造用銀合金 第1種（銀60%以上インジウム5%未満JIS適合品）	24 (1.4)	1.2	24 (-4.6)	25 (3.3)	24 (-15.7)	29 (-5.7)
歯科鋳造用銀合金 第2種（銀60%以上インジウム5%以上JIS適合品）	10 (-8.5)	0.5	11 (32.7)	8 (10.7)	7 (94.1)	4 (53.5)

注１. 歯科用貴金属価格の随時改定の対象となる特定保険医療材料（歯科鋳造用 14 カラット金合金 インレー用(JIS 適合品)、歯科鋳造用金銀パラジウム合金(金 12%以上 JIS 適合品)等)について集計したもの。
注２. 医療費は、集計した算定回数に点数を乗じたもの。

医療費と１日当たり医療費(都道府県別)【電算処理分】

カッコ内は対前年度比(%)

	医療費 令和5年度 (億円)	構成割合	4年度 (億円)	3年度 (億円)	2年度 (億円)	元年度 (億円)	1日当たり医療費 令和5年度 (千円)	4年度 (千円)	3年度 (千円)	2年度 (千円)	元年度 (千円)
総　数	31,995 (2.6)	100.0	31,170 (2.9)	30,299 (5.3)	28,780 (-0.3)	28,867	8.2 (1.3)	8.1 (2.8)	7.9 (2.2)	7.7 (6.6)	7.2
北海道	1,286 (0.7)	4.0	1,278 (2.6)	1,245 (2.1)	1,220 (0.2)	1,218	8.8 (0.7)	8.7 (2.8)	8.5 (2.0)	8.3 (6.8)	7.8
青　森	242 (1.2)	0.8	240 (1.1)	237 (0.2)	236 (0.9)	234	8.3 (1.2)	8.2 (2.9)	8.0 (2.4)	7.8 (6.2)	7.3
岩　手	265 (0.6)	0.8	264 (0.3)	263 (0.5)	261 (2.4)	255	8.4 (0.7)	8.3 (2.2)	8.2 (2.3)	8.0 (6.0)	7.5
宮　城	524 (2.6)	1.6	510 (3.0)	496 (3.4)	479 (1.5)	472	8.0 (1.6)	7.9 (2.9)	7.6 (2.0)	7.5 (7.2)	7.0
秋　田	223 (0.5)	0.7	222 (0.9)	220 (0.9)	218 (0.6)	216	9.0 (1.2)	8.9 (2.4)	8.7 (3.0)	8.4 (6.0)	7.9
山　形	243 (0.5)	0.8	242 (1.6)	238 (4.3)	228 (1.3)	225	8.3 (0.3)	8.2 (3.0)	8.0 (3.4)	7.7 (8.3)	7.1
福　島	392 (1.2)	1.2	387 (1.7)	381 (2.1)	373 (1.5)	367	7.8 (0.7)	7.7 (3.2)	7.5 (1.8)	7.4 (6.6)	6.9
茨　城	618 (2.1)	1.9	606 (1.8)	595 (4.5)	570 (-0.0)	570	7.8 (1.5)	7.7 (2.3)	7.5 (2.5)	7.3 (5.6)	6.9
栃　木	421 (2.4)	1.3	411 (2.5)	401 (4.3)	385 (1.6)	379	7.4 (1.6)	7.3 (2.7)	7.1 (2.5)	6.9 (6.5)	6.5
群　馬	428 (2.5)	1.3	418 (3.2)	405 (3.8)	390 (0.2)	389	7.3 (1.4)	7.2 (3.1)	7.0 (1.9)	6.9 (6.8)	6.4
埼　玉	1,662 (2.5)	5.2	1,621 (2.6)	1,580 (6.6)	1,483 (-1.1)	1,500	7.5 (1.1)	7.4 (2.2)	7.2 (1.7)	7.1 (6.0)	6.7
千　葉	1,526 (2.7)	4.8	1,487 (3.4)	1,438 (7.3)	1,340 (-1.1)	1,354	8.0 (1.5)	7.9 (2.6)	7.7 (2.4)	7.5 (5.9)	7.1
東　京	3,854 (4.1)	12.0	3,700 (3.3)	3,583 (7.9)	3,321 (-3.0)	3,425	8.0 (2.0)	7.8 (2.5)	7.6 (2.1)	7.5 (6.6)	7.0
神奈川	2,361 (3.1)	7.4	2,291 (3.2)	2,220 (7.7)	2,062 (-0.6)	2,075	8.3 (1.2)	8.3 (2.4)	8.1 (2.5)	7.9 (6.5)	7.4
新　潟	510 (1.8)	1.6	501 (1.1)	496 (3.3)	480 (0.2)	479	8.2 (1.2)	8.1 (2.7)	7.9 (2.2)	7.7 (6.6)	7.3
富　山	225 (2.5)	0.7	219 (2.7)	213 (5.9)	202 (-0.7)	203	8.0 (1.3)	7.9 (3.0)	7.6 (2.8)	7.4 (8.3)	6.9
石　川	228 (1.4)	0.7	225 (3.0)	219 (4.7)	209 (-2.3)	214	8.1 (1.6)	8.0 (3.5)	7.7 (1.9)	7.6 (6.5)	7.1
福　井	154 (1.0)	0.5	152 (1.8)	150 (4.6)	143 (-1.5)	145	8.1 (0.9)	8.0 (2.8)	7.8 (2.3)	7.6 (6.1)	7.2
山　梨	191 (1.4)	0.6	188 (2.2)	184 (4.8)	175 (1.7)	172	7.9 (0.4)	7.9 (2.5)	7.7 (2.8)	7.5 (7.1)	7.0
長　野	467 (3.1)	1.5	453 (2.7)	441 (4.4)	422 (2.7)	411	8.2 (1.7)	8.0 (3.1)	7.8 (2.8)	7.6 (8.0)	7.0
岐　阜	532 (1.3)	1.7	526 (2.6)	512 (5.2)	487 (0.3)	485	8.3 (0.8)	8.2 (2.6)	8.0 (2.4)	7.8 (7.3)	7.3
静　岡	806 (2.2)	2.5	788 (2.2)	771 (4.0)	741 (2.2)	725	7.7 (1.5)	7.6 (2.8)	7.4 (2.8)	7.2 (6.7)	6.8
愛　知	2,139 (3.1)	6.7	2,075 (3.6)	2,003 (5.5)	1,898 (0.9)	1,882	8.6 (1.4)	8.5 (2.6)	8.2 (2.3)	8.1 (6.5)	7.6
三　重	415 (2.3)	1.3	406 (2.3)	397 (4.2)	381 (1.0)	377	8.1 (1.4)	8.0 (2.8)	7.8 (1.8)	7.6 (7.3)	7.1
滋　賀	309 (4.6)	1.0	295 (3.2)	286 (5.2)	272 (-1.1)	275	7.9 (2.6)	7.7 (2.6)	7.5 (2.5)	7.3 (5.9)	6.9
京　都	651 (2.9)	2.0	633 (3.5)	612 (5.4)	580 (-1.4)	588	8.6 (1.1)	8.5 (2.9)	8.2 (2.2)	8.1 (6.7)	7.6
大　阪	2,900 (2.6)	9.1	2,828 (3.8)	2,724 (5.5)	2,583 (-1.5)	2,622	8.8 (0.9)	8.7 (2.6)	8.5 (1.9)	8.3 (6.3)	7.9
兵　庫	1,529 (2.8)	4.8	1,488 (3.7)	1,435 (5.4)	1,362 (-0.9)	1,375	8.7 (1.3)	8.6 (2.8)	8.3 (1.9)	8.2 (6.1)	7.7
奈　良	316 (2.1)	1.0	309 (3.0)	300 (5.2)	286 (-0.0)	286	7.9 (0.7)	7.9 (2.7)	7.7 (2.5)	7.5 (6.7)	7.0
和歌山	217 (1.0)	0.7	215 (2.3)	210 (3.2)	203 (-1.1)	205	8.2 (0.3)	8.2 (2.3)	8.0 (2.6)	7.8 (5.6)	7.4
鳥　取	127 (1.6)	0.4	125 (3.1)	122 (2.4)	119 (2.4)	116	8.2 (0.7)	8.2 (3.2)	7.9 (2.8)	7.7 (5.8)	7.3
島　根	148 (1.8)	0.5	145 (0.8)	144 (3.9)	138 (2.9)	135	8.6 (1.5)	8.4 (2.5)	8.2 (2.9)	8.0 (7.6)	7.4
岡　山	521 (3.0)	1.6	506 (3.1)	490 (3.8)	472 (2.2)	462	9.1 (1.5)	9.0 (3.1)	8.7 (2.7)	8.5 (6.9)	7.9
広　島	762 (2.3)	2.4	745 (2.5)	727 (3.7)	701 (-1.0)	707	8.6 (0.7)	8.6 (3.0)	8.3 (1.9)	8.2 (6.1)	7.7
山　口	332 (2.7)	1.0	323 (2.0)	317 (3.6)	305 (2.6)	298	8.1 (1.5)	8.0 (2.9)	7.8 (2.1)	7.6 (8.1)	7.0
徳　島	194 (1.3)	0.6	192 (3.3)	186 (2.0)	182 (1.1)	180	8.4 (0.5)	8.3 (3.4)	8.1 (2.0)	7.9 (6.0)	7.5
香　川	267 (3.0)	0.8	259 (2.3)	253 (4.2)	243 (-0.5)	244	8.8 (1.2)	8.6 (2.6)	8.4 (2.3)	8.2 (6.2)	7.8
愛　媛	313 (1.9)	1.0	307 (1.4)	303 (3.6)	292 (1.7)	287	7.7 (1.1)	7.6 (2.9)	7.4 (2.4)	7.2 (7.5)	6.7
高　知	157 (2.0)	0.5	154 (1.2)	152 (3.0)	148 (-1.9)	151	8.2 (0.9)	8.1 (2.9)	7.9 (2.0)	7.8 (6.1)	7.3
福　岡	1,435 (4.0)	4.5	1,380 (3.3)	1,336 (7.5)	1,243 (-0.5)	1,250	8.1 (1.6)	8.0 (3.4)	7.7 (1.9)	7.6 (8.2)	7.0
佐　賀	199 (1.2)	0.6	196 (0.9)	195 (3.4)	188 (2.4)	184	7.6 (0.8)	7.5 (3.6)	7.3 (2.0)	7.1 (7.2)	6.7
長　崎	337 (1.7)	1.1	332 (0.5)	330 (3.2)	320 (1.4)	315	8.3 (1.6)	8.2 (2.9)	8.0 (2.6)	7.8 (7.6)	7.2
熊　本	436 (4.2)	1.4	419 (2.9)	407 (5.5)	386 (3.5)	372	8.2 (2.4)	8.0 (4.3)	7.7 (3.3)	7.4 (8.8)	6.8
大　分	240 (1.5)	0.7	236 (2.6)	230 (3.0)	223 (-0.4)	224	8.2 (1.7)	8.0 (3.2)	7.8 (2.6)	7.6 (6.8)	7.1
宮　崎	243 (2.2)	0.8	238 (1.5)	234 (2.7)	228 (1.6)	225	8.1 (1.1)	8.0 (3.5)	7.7 (2.9)	7.5 (7.0)	7.0
鹿児島	357 (1.2)	1.1	352 (1.5)	347 (3.2)	336 (3.4)	325	7.4 (1.0)	7.4 (3.7)	7.1 (2.7)	6.9 (7.7)	6.4
沖　縄	293 (3.4)	0.9	284 (4.4)	272 (3.3)	263 (-0.9)	266	8.2 (1.3)	8.1 (4.0)	7.8 (2.1)	7.7 (6.7)	7.2

1面関連

令

「歯肉炎」は4・8%増の2256億円 「歯周炎等」は3・1%増の2兆2544億円

医療費と1日当たり医療費(制度別)【電算処理分】

カッコ内は対前年度比(%)

	医療費 令和5年度 (億円)	構成割合	4年度 (億円)	3年度 (億円)	2年度 (億円)	元年度 (億円)	1日当たり医療費 令和5年度 (千円)	4年度 (千円)	3年度 (千円)	2年度 (千円)	元年度 (千円)
総　数	31,995 (2.6)	100.0	31,170 (2.9)	30,299 (5.3)	28,780 (-0.3)	28,867	8.2 (1.3)	8.1 (2.8)	7.9 (2.2)	7.7 (6.6)	7.2
被用者保険	17,009 (3.8)	53.2	16,380 (2.4)	16,004 (5.4)	15,178 (2.2)	14,856	8.2 (1.9)	8.0 (3.1)	7.8 (2.5)	7.6 (6.6)	7.1
協会一般	8,683 (2.0)	27.1	8,512 (0.9)	8,434 (5.2)	8,020 (2.7)	7,812	8.2 (1.7)	8.0 (3.1)	7.8 (2.5)	7.6 (6.8)	7.1
本人	5,486 (2.9)	17.1	5,329 (1.7)	5,238 (4.9)	4,993 (4.0)	4,801	8.2 (1.4)	8.1 (3.2)	7.9 (2.3)	7.7 (7.0)	7.2
家族(未就学者以外)	2,453 (1.0)	7.7	2,428 (0.1)	2,425 (4.9)	2,313 (-0.5)	2,325	8.1 (2.3)	7.9 (3.6)	7.7 (2.7)	7.5 (6.3)	7.0
家族(未就学者)	292 (-3.2)	0.9	302 (-9.6)	334 (3.5)	323 (-2.1)	330	8.0 (2.2)	7.8 (-1.8)	7.9 (4.2)	7.6 (6.0)	7.2
高齢受給者(現役並み以外)	350 (-1.2)	1.1	354 (3.1)	343 (11.3)	309 (9.8)	281	8.1 (0.4)	8.1 (2.6)	7.9 (1.6)	7.8 (7.6)	7.2
高齢受給者(現役並み)	103 (3.1)	0.3	99 (6.4)	93 (13.4)	82 (8.8)	76	7.9 (1.0)	7.8 (2.9)	7.6 (2.4)	7.4 (7.4)	6.9
共済組合	2,111 (13.0)	6.6	1,868 (10.6)	1,689 (6.2)	1,590 (3.9)	1,530	8.1 (2.0)	8.0 (3.2)	7.7 (2.8)	7.5 (6.4)	7.1
本人	1,293 (16.8)	4.0	1,106 (15.1)	961 (6.6)	902 (6.8)	844	8.1 (1.6)	8.0 (3.4)	7.7 (2.7)	7.5 (6.6)	7.1
家族(未就学者以外)	680 (7.3)	2.1	634 (5.5)	601 (5.4)	571 (0.2)	570	8.1 (2.6)	7.9 (3.7)	7.6 (2.8)	7.4 (6.1)	7.0
家族(未就学者)	106 (1.7)	0.3	104 (-4.8)	110 (7.3)	102 (1.4)	101	7.9 (2.3)	7.8 (-2.2)	7.9 (4.0)	7.6 (5.8)	7.2
高齢受給者(現役並み以外)	27 (44.5)	0.1	19 (44.1)	13 (9.1)	12 (-0.5)	12	8.1 (1.5)	8.0 (1.1)	7.9 (3.5)	7.6 (6.4)	7.2
高齢受給者(現役並み)	5 (18.6)	0.0	4 (10.7)	4 (16.4)	3 (3.9)	3	8.0 (4.8)	7.6 (2.6)	7.4 (2.4)	7.3 (5.2)	6.9
組合健保	6,192 (3.6)	19.4	5,978 (2.1)	5,857 (5.6)	5,545 (1.0)	5,491	8.2 (2.1)	8.0 (3.1)	7.8 (2.6)	7.6 (6.4)	7.2
本人	3,736 (5.0)	11.7	3,557 (3.3)	3,444 (5.7)	3,258 (3.3)	3,153	8.3 (1.7)	8.1 (3.3)	7.9 (2.4)	7.7 (6.5)	7.2
家族(未就学者以外)	2,063 (2.1)	6.4	2,021 (1.4)	1,994 (5.3)	1,895 (-2.4)	1,941	8.1 (2.7)	7.9 (3.4)	7.7 (2.6)	7.5 (6.1)	7.0
家族(未就学者)	268 (-1.4)	0.8	271 (-8.4)	296 (5.2)	282 (-2.9)	290	8.2 (2.4)	8.0 (-2.2)	8.1 (3.9)	7.8 (5.8)	7.4
高齢受給者(現役並み以外)	85 (-3.5)	0.3	88 (3.7)	85 (9.9)	77 (3.0)	75	8.1 (0.9)	8.0 (2.7)	7.8 (1.9)	7.6 (7.4)	7.1
高齢受給者(現役並み)	41 (0.9)	0.1	40 (6.1)	38 (12.1)	34 (4.4)	33	7.8 (1.1)	7.7 (2.7)	7.5 (1.3)	7.4 (8.2)	6.8
国民健康保険	7,071 (-2.9)	22.1	7,285 (-0.3)	7,309 (3.9)	7,037 (-2.9)	7,248	8.1 (1.2)	8.0 (2.8)	7.8 (2.1)	7.7 (7.2)	7.2
市町村国保	6,498 (-3.2)	20.3	6,713 (-0.4)	6,742 (3.8)	6,496 (-3.2)	6,709	8.1 (1.1)	8.0 (2.8)	7.8 (2.1)	7.7 (7.3)	7.1
70歳未満(未就学者以外)	4,182 (-1.8)	13.1	4,260 (-0.8)	4,294 (1.0)	4,251 (-5.5)	4,499	8.2 (1.3)	8.1 (3.0)	7.8 (2.2)	7.7 (7.1)	7.2
未就学者	64 (-7.9)	0.2	70 (-12.7)	80 (-2.6)	82 (-7.2)	89	8.0 (2.0)	7.9 (-1.9)	8.0 (4.1)	7.7 (5.1)	7.3
高齢受給者(現役並み以外)	2,084 (-5.5)	6.5	2,206 (0.5)	2,194 (9.4)	2,006 (2.0)	1,966	8.1 (0.7)	8.0 (2.5)	7.8 (1.8)	7.7 (7.6)	7.1
高齢受給者(現役並み)	167 (-5.9)	0.5	178 (2.0)	174 (10.4)	158 (1.4)	156	7.8 (1.0)	7.8 (2.4)	7.6 (1.9)	7.4 (8.1)	6.9
国保組合	573 (0.2)	1.8	572 (1.0)	567 (4.9)	540 (0.0)	540	8.2 (1.6)	8.1 (2.8)	7.9 (2.5)	7.7 (6.5)	7.2
70歳未満(未就学者以外)	507 (1.0)	1.6	501 (1.5)	494 (4.3)	473 (-0.2)	475	8.3 (1.7)	8.1 (3.0)	7.9 (2.5)	7.7 (6.5)	7.2
未就学者	20 (-3.5)	0.1	21 (-8.9)	23 (6.1)	22 (-2.3)	22	8.0 (1.7)	7.9 (-2.0)	8.1 (4.4)	7.7 (5.7)	7.3
高齢受給者(現役並み以外)	28 (-9.4)	0.1	30 (-2.5)	31 (8.5)	29 (3.0)	28	8.3 (-0.3)	8.3 (3.2)	8.0 (1.9)	7.9 (7.2)	7.3
高齢受給者(現役並み)	19 (-2.0)	0.1	19 (3.8)	19 (13.8)	16 (6.3)	15	8.0 (1.7)	7.8 (2.4)	7.6 (2.1)	7.5 (7.7)	6.9
後期高齢者医療制度	7,184 (5.7)	22.5	6,797 (7.9)	6,301 (6.6)	5,908 (-2.9)	6,085	8.3 (0.2)	8.2 (1.8)	8.1 (1.5)	8.0 (6.4)	7.5
現役並み以外	6,619 (5.5)	20.7	6,276 (7.5)	5,835 (6.6)	5,472 (-2.9)	5,634	8.3 (0.2)	8.3 (1.8)	8.1 (1.5)	8.0 (6.3)	7.5
現役並み	564 (8.4)	1.8	521 (12.0)	465 (6.7)	436 (-3.3)	451	7.8 (0.8)	7.8 (2.5)	7.6 (1.6)	7.4 (7.3)	6.9
公費	731 (3.2)	2.3	708 (3.4)	685 (4.2)	658 (-2.8)	677	9.1 (-0.0)	9.1 (2.1)	8.9 (1.3)	8.8 (5.6)	8.4

医療費と1日当たり医療費(医療機関種類別)【電算処理分】

カッコ内は対前年度比(%)

	医療費 令和5年度 (億円)	構成割合	4年度 (億円)	3年度 (億円)	2年度 (億円)	元年度 (億円)	1日当たり医療費 令和5年度 (千円)	4年度 (千円)	3年度 (千円)	2年度 (千円)	元年度 (千円)
総　数	31,995 (2.6)	100.0	31,170 (2.9)	30,299 (5.3)	28,780 (-0.3)	28,867	8.2 (1.3)	8.1 (2.8)	7.9 (2.2)	7.7 (6.6)	7.2
歯科病院	1,802 (8.4)	5.6	1,662 (3.6)	1,605 (7.1)	1,499 (-6.5)	1,602	11.1 (5.7)	10.5 (4.3)	10.1 (1.7)	9.9 (6.1)	9.4
大学病院	601 (9.9)	1.9	547 (2.8)	532 (9.5)	485 (-10.4)	542	11.8 (8.1)	10.9 (3.0)	10.6 (0.4)	10.5 (8.8)	9.7
公的病院	665 (8.3)	2.1	614 (5.0)	585 (6.6)	549 (-5.4)	580	12.3 (5.3)	11.6 (4.8)	11.1 (1.8)	10.9 (5.2)	10.4
法人病院	533 (6.9)	1.7	499 (2.6)	486 (5.2)	462 (-3.3)	478	9.5 (3.7)	9.2 (4.7)	8.8 (2.4)	8.6 (5.1)	8.1
個人病院	2 (1.7)	0.0	2 (7.2)	2 (-5.8)	2 (-5.0)	2	7.2 (-6.6)	7.7 (10.5)	7.0 (9.2)	6.4 (5.4)	6.1
(再)20床以上50床未満	187 (3.7)	0.6	180 (-0.7)	181 (12.8)	161 (-10.6)	180	9.2 (4.4)	8.9 (0.6)	8.8 (2.1)	8.6 (10.8)	7.8
(再)50床以上100床未満	83 (2.5)	0.3	81 (-7.0)	87 (3.7)	84 (-4.9)	89	8.1 (0.7)	8.0 (3.5)	7.8 (3.6)	7.5 (6.5)	7.0
(再)100床以上200床未満	171 (6.5)	0.5	160 (4.8)	153 (4.4)	147 (-2.2)	150	8.4 (1.4)	8.3 (4.9)	7.9 (2.0)	7.7 (6.1)	7.3
(再)200床以上300床未満	133 (7.4)	0.4	124 (0.6)	123 (2.6)	120 (-1.7)	122	9.4 (5.4)	8.9 (4.3)	8.5 (1.9)	8.4 (7.8)	7.8
(再)300床以上400床未満	250 (8.8)	0.8	230 (5.8)	217 (8.1)	201 (-7.1)	217	11.4 (5.6)	10.8 (4.4)	10.4 (2.3)	10.1 (2.7)	9.9
(再)400床以上500床未満	195 (5.5)	0.6	185 (-0.7)	187 (5.3)	177 (-6.0)	188	11.8 (2.9)	11.5 (2.1)	11.2 (1.3)	11.1 (5.9)	10.5
(再)500床以上	782 (11.5)	2.4	701 (6.8)	656 (7.8)	609 (-7.4)	657	13.4 (8.3)	12.4 (5.1)	11.8 (0.5)	11.8 (5.8)	11.1
(再)200床未満	441 (4.6)	1.4	422 (0.0)	422 (7.7)	392 (-6.4)	418	8.7 (2.4)	8.5 (2.9)	8.2 (2.6)	8.0 (7.8)	7.4
(再)200床以上	1,361 (9.7)	4.3	1,240 (4.8)	1,183 (6.9)	1,107 (-6.5)	1,184	12.3 (6.7)	11.5 (4.6)	11.0 (1.3)	10.9 (5.3)	10.3
歯科診療所	29,859 (2.3)	93.3	29,184 (2.9)	28,373 (5.2)	26,979 (0.1)	26,957	8.1 (1.1)	8.0 (2.7)	7.8 (2.2)	7.6 (6.8)	7.1
公的診療所	42 (-0.9)	0.1	43 (-0.5)	43 (1.4)	42 (-1.3)	43	8.3 (-0.1)	8.3 (1.1)	8.2 (2.7)	8.0 (6.4)	7.5
法人診療所	12,897 (5.9)	40.3	12,173 (6.4)	11,435 (8.3)	10,558 (3.7)	10,185	8.5 (1.2)	8.4 (2.7)	8.2 (2.0)	8.0 (7.1)	7.5
個人診療所	16,920 (-0.3)	52.9	16,968 (0.4)	16,895 (3.2)	16,378 (-2.1)	16,729	7.8 (0.7)	7.8 (2.5)	7.6 (2.2)	7.4 (6.4)	7.0

注.「歯科病院」とは歯科の診療報酬請求を行った病院を、「歯科診療所」とは歯科の診療報酬請求を行った診療所を意味する。

医療費と1日当たり医療費(歯科疾病分類別)【電算処理分】

カッコ内は対前年度比(%)

	医療費 令和5年度 (億円)	構成割合	4年度 (億円)	3年度 (億円)	2年度 (億円)	元年度 (億円)	1日当たり医療費 令和5年度 (千円)	4年度 (千円)	3年度 (千円)	2年度 (千円)	元年度 (千円)
総　数	31,995 (2.6)	100.0	31,170 (2.9)	30,299 (5.3)	28,780 (-0.3)	28,867	8.2 (1.3)	8.1 (2.8)	7.9 (2.2)	7.7 (6.6)	7.2
う蝕	2,189 (-1.3)	6.8	2,217 (5.1)	2,110 (0.3)	2,104 (-2.3)	2,154	8.1 (0.3)	8.1 (3.7)	7.8 (2.4)	7.6 (6.5)	7.1
感染を伴わない歯牙慢性硬組織疾患	88 (-0.9)	0.3	89 (5.5)	84 (0.2)	84 (-1.0)	85	5.1 (0.9)	5.0 (2.6)	4.9 (1.3)	4.8 (4.9)	4.6
歯髄炎等	512 (-2.6)	1.6	526 (6.2)	495 (-3.7)	515 (-0.2)	515	7.3 (-0.9)	7.4 (3.7)	7.1 (2.3)	6.9 (6.9)	6.5
根尖性歯周炎(歯根膜炎)等	855 (-2.6)	2.7	878 (6.4)	825 (-1.8)	841 (-2.6)	864	6.4 (0.4)	6.4 (3.8)	6.2 (2.0)	6.0 (6.1)	5.7
歯肉炎	2,256 (4.8)	7.1	2,153 (-0.2)	2,158 (9.2)	1,975 (1.7)	1,942	8.2 (2.6)	8.0 (2.1)	7.8 (2.5)	7.6 (4.8)	7.3
歯周炎等	22,544 (3.1)	70.5	21,869 (2.3)	21,377 (6.2)	20,125 (0.7)	19,985	8.2 (1.1)	8.1 (2.6)	7.9 (2.0)	7.7 (7.2)	7.2
歯冠周囲炎	124 (4.9)	0.4	118 (1.7)	116 (5.8)	110 (3.6)	106	7.7 (6.0)	7.3 (3.9)	7.0 (4.4)	6.7 (4.6)	6.4
顎、口腔の炎症及び膿瘍	87 (13.1)	0.3	77 (2.9)	75 (5.0)	71 (-3.7)	74	11.0 (7.9)	10.2 (-0.1)	10.2 (-0.8)	10.3 (1.2)	10.2
顎、口腔の先天奇形及び発育障害	505 (12.8)	1.6	447 (9.1)	410 (17.4)	349 (2.7)	340	16.2 (9.4)	14.8 (8.3)	13.6 (6.6)	12.8 (4.3)	12.3
顎機能異常	125 (7.1)	0.4	116 (8.1)	108 (9.3)	98 (1.2)	97	8.4 (4.0)	8.0 (4.6)	7.7 (2.2)	7.5 (4.5)	7.2
顎、口腔の嚢胞	29 (4.8)	0.1	28 (6.1)	26 (11.6)	24 (-8.5)	26	22.6 (4.5)	21.6 (1.8)	21.2 (0.1)	21.2 (1.6)	20.9
顎骨疾患等	8 (15.0)	0.0	7 (12.3)	6 (12.7)	5 (-19.1)	7	11.9 (8.3)	11.0 (5.0)	10.4 (8.2)	9.7 (-4.9)	10.2
口腔粘膜疾患	143 (-4.0)	0.4	149 (0.4)	148 (1.4)	146 (-5.4)	154	5.7 (0.7)	5.6 (1.2)	5.5 (0.7)	5.5 (5.6)	5.2
悪性新生物<腫瘍>等	149 (11.5)	0.5	134 (4.8)	127 (-3.8)	132 (-5.9)	141	31.1 (7.2)	29.0 (5.9)	27.4 (-2.5)	28.1 (3.9)	27.1
良性新生物<腫瘍>等	64 (10.7)	0.2	58 (1.7)	57 (3.1)	55 (-16.0)	65	17.8 (5.9)	16.8 (1.5)	16.5 (1.3)	16.3 (4.7)	15.6
口腔、顔面外傷及び癒合障害等	44 (18.0)	0.1	38 (1.5)	37 (0.2)	37 (-12.1)	42	12.1 (15.1)	10.5 (0.9)	10.4 (0.8)	10.3 (3.6)	10.0
補綴関係(歯の補綴)	1,762 (-1.4)	5.5	1,788 (6.4)	1,681 (0.6)	1,671 (-6.3)	1,783	8.6 (-0.7)	8.6 (2.8)	8.4 (1.7)	8.2 (5.2)	7.8
その他	377 (9.4)	1.2	344 (7.4)	321 (8.8)	295 (-1.8)	300	9.3 (2.8)	9.0 (1.5)	8.9 (0.9)	8.8 (2.9)	8.5
不詳	135 (0.2)	0.4	135 (-1.9)	138 (-4.1)	143 (-23.2)	187	9.4 (5.5)	9.0 (5.5)	8.5 (3.1)	8.2 (5.3)	7.8

東京医科歯科大学 歯科同窓会

創立90周年祝う

現名称で最後のイベント

東京医科歯科大学歯科同窓会（中村勝文会長）の創立90周年記念式典・講演、祝賀会が8月31日、東京・新橋の第一ホテル東京で開かれた。同大学は10月から東京工業大学と統合し東京科学大学になるため、現在の名称では最後のイベントとなった。

中村会長は式辞で、10月から大学の統合を受け「東京科学大学歯科同窓会」に名称変更する予定を伝えた。同窓会については『「母校愛を具現化する同窓会」。大学が好きな人が同窓会活動、役員を続けていただいていると思っている』と関係者らに感謝の意を示した。

そのうえで、同窓会が大学設立6年後の1934年に発足したいきさつや歴史を振り返り、「名称が変わっても、よろしくお付き合い願いたい。大学関係者には、ぜひとも統合する意義を確実に実現していただきたい」と訴えた。

さらに「同窓会は母校愛を具現化し、大学のいろいろな面でも役に立つ活動をしていきたいし、応援している」と強調。歯学部が世界大学ランキングで昨年4位になっていることに触れ、「東京科学大学になって順位が下がることがあってはならない。もちろん世界一の歯学部を目指していただきたい」とエールを送った。

来賓として歯科医師会、各地の大学、同窓会、歯科関連企業関係者など多数が出席したなか、日本歯科医師会の高橋英登会長、東京都歯科医師会の井上惠司会長、東京医科歯科大学の田中雄二郎学長と依田哲也歯学部長が代表してあいさつ。

令和5年度の叙勲・褒章受章者等の表彰では、出席した対象者に中村会長から記念品が授与され、高取眞史氏が代表謝辞を述べた。

第二部では、同大の歯学部長、副学長等を歴任した田上順次歯科同窓会顧問による記念講演「東京医科歯科大学の変遷」が行われた。

第三部として記念祝賀会が開かれ、お茶の水会の浅野正樹会長による開式の辞、日本歯科医師連盟の村上恵一副会長、同大医科同窓会の林洋理事長、蔵前工業会（東京工業大学の同窓会）の井戸清人理事長、櫻井充参院議員による来賓祝辞に続き、西村誠名誉会長による乾杯の発声で祝宴に入った。

㊤多くの関係者が集まり、節目を祝った
㊨式辞を述べる中村会長

医科歯科大の池田教授

「技工分野と相性がいい」

東工大との学術交流で言及

池田教授

東京医科歯科大学歯学部で歯科技工士養成に携わる池田正臣教授は、10月に統合予定の東京工業大学との交流について、技工と工学では機材の研究や教育の相性が良いとの考えを示したうえで、4月に入学した学生のカリキュラム等を両校の教員で検討していることを明かした。1日に東京都文京区の同大病院歯科棟とウェブ上で開かれた「口腔医療工学分野での研究と歯科技工士教育」で話したもの。

◆◇◆

2023年に池田教授が着任した同大歯学部口腔保健学科口腔保健工学専攻は、11年に歯科技工士養成校の4年制大学として、全国で2番目に設置された。学生が歯科技工界を変革するリーダーとなれるよう、CAD／CAMや顎顔面補綴など、さまざまな教育制度が設けられている。

◆◇◆

池田教授は令和6年度の診療報酬改定にて、歯科技工士が歯科医師と連携して口腔内を確認する評価が新設された話題にも触れた。「非常に大きな前進。技工士の新たな価値が生まれ、積極的に技工士もチームに参画できるのでは」とし、口腔内スキャナーの保険収載の拡大、チェアサイドで口腔内を確認する歯科技工士が増えることに期待を寄せていた。

イメージが変わる！

歯科医院のM&A

第2回

水谷 友春
日本歯科医療投資株式会社
代表取締役／歯科医師

「引退」という単語に、読者の皆様は、どんなイメージをお持ちでしょうか。

南の島に移住して悠々自適に過ごしたり、自宅で趣味に没頭したりする生活が、一般的なイメージかもしれません。しかし、そういったイメージはどれも、「仕事を完全に辞めている状態」が前提になっていませんか?

歯科医師にとっての「仕事」は、もちろん一丁目一番地に「臨床」があり、開業して院長・理事長になった先生方は、ここに「経営」が加わることになります。ご存知の通り、現在の歯科医院経営を取り巻く環境は複雑であり、「経営」には「数値管理」「人材教育」「採用」等の要素が含まれます。

臨床に専念するための譲渡もある

歯科医院M&Aの専門家として、多くの先生方とお会いするなかで耳にするのは、「人のマネジメントや数値に追われる日々が大変なので、引退したい」といった言葉です。その一方で、臨床が嫌いという言葉はほとんど聞いたことがありません。

では、採用や教育、数値管理といった経営業務から解放されて、臨床に専念することができたとしたら……?

冒頭の「引退」や「M&A」といった言葉には、完全に仕事を辞めるイメージがついて回りますが、現在の歯科医院のM&Aでは、譲渡先からの前提条件として、「売主には引き継ぎ期間も歯科医師として継続勤務してほしい。そのうえで、診療以外の業務については譲渡先に随時移管する」という提示がされる場合がほとんどです。

私が支援した多くの歯科医師は当時40代中盤から60代前半。週7日を自宅で過ごしたり、南の島に行くのには早いと思える年齢ですが、事実、彼らは、M&A後も経営責任というストレスから解放され、以前よりも余裕をもって診療を続けています。

開業歯科医師の先生方には、そういった最新の歯科医院M&Aの実情を知っていただくとともに、「引退」という漠然とした言葉ではなく、「〇歳で全ての仕事を辞めるのか、週〇日診療だけを行うのか」や、「〇歳で、どれくらいの資産を保有しておくのか」といった具体的な目標を定めていただくことも大切かと考えています。

遺体から骨補填材取得に警鐘

中国で 『Dental Tribune』誌

中国山西省で、歯科用骨補填材の素材とするために4千体以上の遺体を違法に取得した企業が問題になった件について、歯科国際誌『Dental Tribune』が8月23日に記事を配信。「世界の歯科業界がどの程度、関与しているかは、より詳細な調査が必要で、中国の事例を教訓とすべき」との見方を伝えた。

事件は、地元の弁護士が独自に調査によって明らかにしたもの。地元企業(Shanxi Aorui Biomaterials)が歯科関連企業に販売する目的で、火葬場や医療関連施設から大量の死体を違法に取得。2015年1月から23年6月までの間に、少なくとも3億8千万元（約76億円）の収益を得ていたという。

記事では、地元メディアが報じた事件の概要を紹介するとともに、医療機関が非倫理的な方法で入手された歯科材料と知らずに使用してしまうリスクについて言及。このような事例は中国に限ったことではない、と警鐘を鳴らした。

費用対効果の高い医療 高所得ほど受けやすい

高麗大・Park氏らが分析

所得により、ワクチンや健診など費用対効果の高い「高価値医療」を受ける傾向にあるか、抗生物質や痛み止めなど費用対効果の低い「低価値医療」を受ける傾向にあるかが決まる。

韓国・高麗大学校保健科学大学保健政策学分野のPark Sungchul氏らが、アメリカの2010年から19年にかけての非高齢成人（18～64歳）17万3243人、高齢者4万181人の受診動向を所得階層で分析。

対象者の所得階層を三つに分類のうえ、高価値医療（がん検診、血圧測定、コレステロール値測定、HbA1c測定、インフルエンザワクチンなど）、低価値医療（上気道感染症やインフルエンザへの抗生物質、頭痛でのCT／MRI、腰痛でのオピオイド、うつ病へのベンゾジアゼピンなど）の利用率を比較した。

その結果、高所得成人では、ほとんどすべての高価値医療の利用率が低所得成人より多く、高齢者では所得階層による利用率の差が小さかった。これらから、低所得層への高価値医療へのアクセスの平等な保証が重要だとしている。『Health Affairs』43(7)、2024年に論文掲載。

東北大学 AI解析で

全身麻酔後の嘔吐など術中の出血量が関係

全身麻酔後の吐き気や嘔吐（以下PONV）は術後合併症によく見られるもので、全身麻酔を受ける人の約3割が発症する。東北大学のAIによる解析で、術中の出血量が多い・輸血量が不十分な場合に、PONVの発症リスクが高まることがわかった――。同大大学院歯学研究科歯科口腔麻酔学分野の星島宏准教授、水田健太郎教授、工学研究科通信工学専攻通信システム工学講座画像情報通信工学分野の宮崎智准教授、大町真一郎教授の共同研究グループによるもの。

全身麻酔を受けた患者3万3676人を対象として、年齢や体重、そして手術時間や輸液量、出血量、使用した麻酔薬など計27種の因子をAIで解析した。

その結果、PONVの発症には、出血量（2500ミリリットルまで）、性別（女性・輸液量1千ミリリットル以下）、年齢（20～50歳）の順で影響を及ぼすことが明らかとなった。

同大によれば、PONV予防には、外科医や麻酔科医が術中の出血のコントロールや輸液量の適正化を行うことが効果的としている。また、PONVが予測できる場合は制吐薬の投与によって、患者の快適性が向上するとの見解を示した。

同研究成果は、科学誌『PLOS ONE』（8月15日）に掲載された。

日本口腔衛生学会

禁煙支援の方法示す 歯科向け手引書公開

これまで日常的な歯科臨床で使える禁煙支援法を示す手引書がなかった背景から、日本口腔衛生学会（三宅達郎理事長）は8月8日、「日常の歯科臨床における簡易禁煙支援のための手引書」を公開した。今後、手引書の中で問題点があれば、随時修正をしていく予定だ。

手引書の主な内容（一部抜粋）

1．歯科口腔領域への喫煙の影響と禁煙の効果
2．歯科における簡易禁煙支援のエビデンス
3．禁煙の準備状況に応じた対応法
4．歯科診療シーン別の会話例
5．10症例の禁煙支援のポイント集

手引きでは、作成方針として①「ベースはWHO推奨の簡易禁煙支援プログラム」、②「国内の喫煙状況や医療制度を基に日常臨床で実施可能な禁煙支援の方法を示す」、③「予防歯科など臨床全般を対象とした歯科医療従事者に役立つ実践的な内容」を挙げている。

特に禁煙支援を促す際に役立つコミュニケーション例を実践形式で紹介しているのは注目のポイントともいえる。禁煙開始時のフォローアップや再喫煙への対応など経過症例も紹介している。

詳細は口腔衛生学会の公式ホームページまで。

歯周病検査のコメント掲載

また同会は、「歯周病細菌検査の臨床的意義について」のコメントをホームページに掲載し、早めの歯科医院の受診を促している。

回答はP・g菌をはじめとした歯周病原菌の危険性の他、初期段階での細菌検査によって口腔内の歯周病菌の有無を知ることの必要性に言及している。また、重症化予防に必要なこととして、プロフェッショナルケアおよびセルフケアを紹介。さらに、歯周病原菌と全身疾患の関係性について記載している。

同会では、同会の検討事項に対する意見や質問に回答している。

1万7千人の歯科患者情報 群馬県の公立病院が紛失

群馬県の公立富岡総合病院で、歯科口腔外科を受診した約1万7千人の診療情報が入ったUSBメモリーを紛失したことが2日、わかった。これを受け、同病院は「個人情報紛失のお詫びとご報告」で事件の経緯や再発防止策について公表した。

同病院によれば、医療事務を委託した業者が「診療報酬明細書点検」を行うにあたって、歯科口腔外科の患者情報が記録されているUSBメモリーを活用し、オンライン請求端末にレセプトデータの移管作業を行っていた。

しかし、その過程で院内の決まった保管場所にUSBメモリーがないことが発覚し、周囲を捜索したが発見に至らず、同病院に報告した。

USBメモリーには、これまで歯科口腔外科に通院した患者のレセプトデータのコピーが保存されており、氏名や生年月日に加えて、保険者番号、被保険者記号番号、受診日等の診療行為情報が入っていたという。

病院側は業者が作業後に院内で紛失、あるいは不適切な場所の保管によって紛失した可能性が高く、現時点で外部に流失した情報は未確認としている。

病院を運営する富岡地域医療企業団の佐藤尚文企業長は、謝罪の意を示したうえで「今後はより一層個人情報の管理を徹底させ、地域の皆様に信頼される医療機関として地域医療に貢献していく」とコメントした。

投稿 寄稿

「咬合」再考 ①

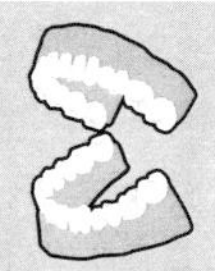

吉田 直人　日本歯科医師会代議員（宮城）

歯科医師の業務独占―国民皆歯科健診に〝咬合病〟は不可欠

保険収載を視野に 診断の制度設計を

「咀嚼機能は硬口蓋、口唇、顎関節、咀嚼筋、歯牙等の各部が総合的に働くことによって成り立つものであり、歯牙はその役割の一部を果たしている。

このように、咀嚼機能は、総合的機能であることから、専門家の意見を踏まえ、耳鼻咽喉科等の医師が担当することとしているが、歯科の一部に関係が深い、唇顎口蓋裂の後遺症による咀嚼機能障害については、歯科医師の意見書を求めることとして、適切を期することとしているところである」

これは厚労省が身体障害者福祉法第15条における咀嚼嚥下障害の診断書は歯科医師ではなく、医師しか書けない理由を示したものである。

私は仙台歯科医師会会長時代から現在に至る36年間、医科歯科格差是正を訴えてきた者としてはなはだ残念に思うが、現行の医療関係の法令ではどうしようもない。

「歯牙」を対象とする歯科診療の主たる目的は、「咬合」である。ちなみに医師は咬合構築に関する医療行為以外の歯科診療は法的に可能とされているが、歯科は医科に比較して診療報酬が低いため、医師が業務にしていないのが実態である。

「咬合」が形態回復のみならず機能回復としての歯科医療の要であるにもかかわらず、歯科診療報酬体系の中では「咬合」を直接診断する検査の項目等は収載されていない。保険診療における「咬合」の治療は、確定診断なしに処置が行われているが、医科では確定診断のない治療は原則として許されない行為である。

そこで、保険収載のためのOcclusal disease、いわゆる咬合病の診断名（例えば咬合病）の必要性について、私なりの考えを以下に示したい。

1．疾患の定義と分類の必要性：歯科医学において、特定の疾患や症状に対する明確な定義と分類は重要である。例えば咬合異常症という傷病名は、異常な咬合状態やその原因、症状の特徴などを包括的に捉えるために役立つ。

2．治療と管理の指針：傷病名が確定的に存在することで、治療計画立案と指導管理の方針を明確に定めることができる。たとえば、機能的な咬合異常に対する治療や審美的な問題に対する対策など、それぞれの診断分類に応じた治療方針が執れるようになる。

3．学術的研究と教育の支援：定義化された傷病名が存在することで、研究や教育の分野での共通の理解と認識が進むことがある。よって咬合異常に関するさまざまな研究が進展し、ガイドライン等が確立され治療方法の改善や予防策の開発につながる可能性がある。

4．診断と歯科診療報酬の裏付け：傷病名が一般的に存在することで、国民・患者が診断の裏付けや治療の必要性を認識しやすくなる。また、いわゆる保険診療や口腔健康の保持・増進など社会保障制度においても、傷病名が明確であることで治療の適用範囲が広がる。

しかし、臨床医としては傷病名が存在することで不適切な診断や傾向的な請求が助長される可能性もあるため、咬合異常症の診断や治療には慎重な制度設計が求められる。臨床的な現場や学術的な議論を通じて、傷病名の定義やその必要性について常に見直しと議論が重要である。

次回（10月8日付）は日本歯科医師会代議員・日歯社会保険委員会の山田真氏の原稿を掲載します。

デンタル小町が通る

（医）千友会理事（千葉県市原市）

村瀬千明 ❻

連載が終わるまでに…

ついに体が悲鳴を上げました。30歳を超えたころから血液検査で中性脂肪が高い値でした。まだ大丈夫だろうと思い込んでいましたが、この状態が10年以上続くと血管にダメージが……。加えて血圧が高くなりました。ですが、体重計にのるたび、壊れているんじゃないかなぁと考えたり、ユニクロのサイズ、最近小さくなったんじゃないの？と思ったり、私の脳は自分にとことん甘いんです。前回の保険加入の健康診断で発覚し、この肥満と運動不足、悪い食生活という事実を受け入れることにしました。

そこで改善すべく歯科医院近くのジムに入会しました。しかし3回行って疎遠となり、半年があっという間にたちました。予防歯科を推奨する以上、体も薬に頼りたくないと思っています。犬と散歩をしましたが、歩くだけじゃ体重は減らないんです。そして今は最終手段としてパーソナルジムに入会しています。

基本は毎回食べたものの記録と体重計での体組成チェック、筋トレです。今まで体重測定は面倒くさがり、筋トレはつらいので避けてきました。しかし、変化のためには事実を受け入れ、筋トレをして、食事を見直すしかないと教わりました。

今年から50歳以上に口腔機能低下症の診査リハビリが保険適用されましたが、フレイルにならないためには、この年代からどうあるかが大切なようです。体を整えないといけない年齢になっちゃったんですね。そして、ここからの頑張りが将来寝たきりにならないために重要。今まで腕立て伏せや腹筋なんてやってきませんでしたが、つらいけれど、やった後すっきりした気分になり、最近は結構はまってきました。

パーソナルジムはつらくてもトレーナーさんが隣で励ましてくれるので私には合っています。もし見られていなかったら、きっとズルをするか辞めてしまっているでしょう。この「デンタル小町が通る」の連載が終わるまでに、10年前の体型に戻すことが目標です。応援よろしくお願いします。

横地 千仭 氏
神奈川歯科大学名誉教授

神奈川歯科大学名誉教授の横地千仭（よこち・ちひろ）氏が8月4日、老衰のため横浜市中区の老人ホームで死去した。105歳。故人の意向で葬儀・告別式は行わない。11月にお別れの会が開かれる。

同氏は1918年10月25日生まれ。日本医科大学卒業後、横浜市立大学医学部助教授などを経て、65年に神奈川歯科大学教授、84年に同大名誉教授。共著に「解剖学カラーアトラス」「カラーアトラス人体」（医学書院）など。

【予告】

MFT学会が学術大会を開催 10月に東京で

日本口腔筋機能療法（MFT）学会は10月16、17の両日に第22回学術大会を東京都千代田区の有楽町朝日ホールで開催する。テーマは「MFTの基本を再考する」。

東京医科歯科大学大学院医歯学総合研究科咬合機能矯正学分野の小野卓史教授による「明日からのMFTに役立つ舌機能に関する基礎知識」、高橋矯正歯科クリニックの高橋未哉子歯科衛生士による「Back to the basics～MFTの効果を再考する」のほか、一般口演、シンポジウム、ポスターセッションなどが行われる。

詳細・問い合わせは大会ホームページを参照。

今月のBookコーナー

著者に聞く

若手歯科医師を応援する 2冊を4月、6月に発行

「自分の歯科医療」実現してほしい

今年4月に『臨床研修医を開業医で一番育てている院長が語る 新・できる歯科医師のミッション55』、6月に『これから院長を目指す若手歯科医師へ送る20の教え』がインターアクションから発行された。いずれも若手歯科医師を応援する思いが込められている。著書(監著)でワタナベ歯科医院院長の渡部譲治氏に執筆に当たっての思いなどを聞いた。

渡部 譲治 氏

──『(略)ミッション55』の内容は、勤務医や研修医を奮起させるために、毎日送っていたメールやLINEのメッセージがベースになっていると聞きました。どのような狙いでメッセージを送っていたのでしょうか。

渡部　医院の新人研修制度が始まる前から行っているのですが、複数の新人を同時に教えるためには、情報の均一化・共有が大切だと思って始めた取り組みです。

例えば、統合失調症の人は視覚が異なるため、メイクが独特な傾向にあります。そのような時には服薬に気を付けて診療に当たります。また、長い間洗濯をせず臭いのする洋服を着ている患者さんは、認知症の可能性もあるので、家族を呼ぶ必要が出てくるかもしれません。そのような日々の診療での、全身疾患を有する患者さんの特徴、患者さんとのトラブルの原因などを皆で共有することで、自分だけでは得られない経験値が増えていきます。

そして、同じ情報を発信しても、受け手によって「わかりました」や「それはどういうことですか」など反応はまちまちで、自分では、思いつかなかったり、聞けなかったりする質問もあると思います。他の人の質問をきっかけに自分も質問が思い浮かぶ時もあるでしょう。

なので、誰かから質問があった場合には、質問を踏まえてプラスαの情報を全員に送るようにしています。当初はメールで一斉送信をしていましたが、今ではグループLINEでやり取りが確認できる環境になっています。

『新できる歯科医師のミッション55』　渡部譲治【監修・著】／澤田卓弥・鈴木篤士・中村一仁・林茂雄・渡部真麻【著】／A5判／160ページ／3300円／インターアクション

『これから院長を目指す若手歯科医師へ送る20の教え』　渡部譲治【著】／A5判／140ページ／6600円／インターアクション

◆　◆

──書籍化のきっかけは。

渡部　この取り組みを知ったインターアクションの編集長から声をかけていただきました。6年前に発行した本書の前身となるものですが、7年分のメールをプリントアウトして、勤務医の先生に自分が感銘を受けたものを選んでもらいました。

そして、選んだメッセージについて、あらためて書籍になるように書き直しました。

日々のトレーニングから、基本手技、歯周治療、根管治療、補綴治療、外科治療、コンサルテーション、心構えとテーマごとに分類してあります。

価値観を無理やり押し付けるつもりはないので、若手歯科医師の先生が自分なりに解釈をして、役立ててもらえたらと思っています。

◆　◆

──『(略)20の教え』はどのような読者を想定して執筆されたのですか。

渡部　タイトルの通り、これから開業を考える人に向けて書きました。

例えば、開業資金は、デジタル化への対応なども含めて1億2千万円以上は必要になるかと思います。借金をするにも金融機関との向き合い方で、いろいろと変わってきます。

私も個人で借金をした後に、法人化したのですが、借金を法人に移行できないことを知らなかったので、苦労した経験があります。書籍ではそこまで赤裸々には記していませんが、私が若いころに実践した数多くの経験を取り上げました。

「院長になる」上での五つ、「人を雇う」上での七つ、「生き残る」上での八つ、計20項目のヒントを紹介しています。

自信を持って「院長業はすばらしい」と言えますが、「良いことと悪いことは半分半分にやってくる」という覚悟は持って臨んでほしいと思います。

そして、「自分がやりたい歯科医療」を実現するために少しでも本書を役立ててほしいと、応援の意味を込めて執筆させていただきました。

新刊・近刊　〈8月〉

歯科医療事務　症例と解説
(有)アイ・デンタルサービス医療保険部【監修】
アイ・デンタルサービス　定価2,750円

歯科矯正学<第7版>
後藤滋巳・齋藤功・西井康・槇宏太郎・森山啓司・山城隆【編】
医歯薬出版　定価15,400円

最新　Q&A歯科のくすりがわかる本
一戸達也【編著者代表】
医歯薬出版　定価8,800円

訪問歯科経営入門 -スタートアップのための考え方と仕組み-
小柳岳大【著】
医歯薬出版　定価4,950円

GPがアライナー矯正を行うときに外せないポイントをやさしく症例に沿って解説した本
安河内康史【著】
医歯薬出版　定価14,300円

THINK SCIENTIFIC TOOTH PREPARATION　頭で削る支台歯形成
錦織淳【監著】　佐氏英介・田村洋平【著】
医歯薬出版　定価11,000円

歯科医師・歯科衛生士　国試対策ブック　パッと見ておぼえられるまとめテーブル2025
-衛生・公衆衛生・口腔衛生・社会福祉・関係法規-
松久保隆【編著】　佐藤涼一・竹之内茜・大谷悦世【著】
一世出版　定価3,300円

診断の精度を上げる!　デンタルエックス線画像撮影㊙テクニック&活用法
高橋啓・柿本直也・藤田剛・滝沢江太郎【著】
インターアクション　定価8,800円

"痛み"の臨床推論 -診断過程を可視化するための教科書-
和嶋浩一【監著】
デンタルダイヤモンド社　定価8,800円

MID-G型歯科クリニックの創り方 -Build the MID-G style clinic-
MID-G【監修】　荒井昌海・和田匡史・栗林研治・白﨑俊・神部賢・栗田隆史【編集委員】
デンタルダイヤモンド社　定価8,800円

Dr.マルオの歯科大学では教えてくれないヒト・モノ・カネ・情報
-若手歯科医師がキャリアに悩んだときに読む本-
丸尾勝一郎【著】
クインテッセンス出版　定価7,700円

イノベーション・オブ・ラミネートベニア -20年の臨床と研究が示す価値-
大河雅之【著】
クインテッセンス出版　定価44,000円

なぜ起きる?どう対応する?非う蝕性歯頸部歯質欠損NCCL
黒江敏史【監著】　青島徹児・井上和・築山鉄平【著】
クインテッセンス出版　定価16,500円

「ザ・クインテッセンス」別冊 **PRD YEARBOOK 2024　GBRの有効性および可能性とその評価**
岩田健男・山﨑長郎・和泉雄一【主席編集】
クインテッセンス出版　定価7,480円

ITI Treatment Guide [Volume 14]
-単独歯および複数歯欠損における抜歯即時インプラント埋入と即時荷重-
S. Barter・D. Wismeijer・N. Donos【編】
勝山英明・船越栄次【監訳】　豊嶋健史【メディカルレビュー】
クインテッセンス出版　定価13,200円

歯科訪問診療・2024年改定対応
前田実男【著】
日本歯科新聞社　定価5,500円

協力：シエン社　TEL03(3816)7818　〈http://www.shien.co.jp〉

歯科雑誌をよむ　9月号

歯界展望　日本歯科評論　Quintessence　DENTAL DIAMOND　アポロニア21

CAD/CAMインレー修復の実践

『日本歯科評論』は、富山県開業の牧野明氏らによる富山劔の会スタッフミーティングの活動報告「質の高い歯周基本治療の確立と継続、そして発展へ」を掲載。

同会は、牧野氏らを中心に2003年に発足。「歯周基本治療は『医院の品格』をあらわす」との考え方のもと、加盟全クリニックの歯科衛生士が参加するスタッフミーティングを開催し、規格性のある歯周基本治療を軸とする臨床技量の向上を図ってきた。

記事は同会の20周年を記念するもので、牧野氏と、石川県勤務の馬場正和氏が執筆。富山劔の会スタッフミーティングの概要と、その中で報告された症例をもとに、長期経過観察などから得られた知見を紹介した。

高齢者の口腔粘膜疼痛の最新研究

『歯界展望』は巻頭Topicで、九州大学大学院歯学研究院口腔病理学分野の清島保氏による「歯原性腫瘍のWHO分類」を掲載。

世界保健機関(WHO)の頭頸部腫瘍分類(第5版)のうち、腫瘍分類シリーズの概要を紹介する内容。それぞれ、これまでの版との異同を解説している。

良性歯原性腫瘍の分類では、良性上皮性歯原性腫瘍、良性上皮間葉混合性歯原性腫瘍、良性間葉性歯原性腫瘍の分類について解説。悪性歯原性腫瘍の分類では、がん性と肉腫の二つに大別していたものが、第4版で、がん肉腫を加えて三つに大別されたと説明。初版と第2版までに掲載されていた顎骨嚢胞の項目についても言及している。

今回の分類は、初めてデジタル形式での利用が可能になり、標準的な組織学的所見の記述に加え、診断上必要な特徴、望ましい特徴が記載されるようになったという。

デジタルガイドの埋入誤差

『ザ・クインテッセンス』は「時代をつかむトピックス」で、東京都開業の久世香澄氏による「食材の切り方の違いで健康への効果が増減する?-」を掲載。

創傷治癒の観点から外科手術後の食事を考える連載で、外科手術中、術者が組織をどのように扱ったかが予後を左右することから、食材の切り方と健康の関係についての海外の研究成果の解説へと導いている。

新鮮な果物と野菜には豊富なフェノール化合物が含まれており、フェノールを創傷治癒に生かす食事はあるか、という趣旨。食材の切り方がフェノール化合物の含有量と、抗酸化活性の増加に関連しているとの研究から、食材の切り方に着目するよう示した。

顎関節症の「第三の経路」を排除できるか

『デンタルダイヤモンド』は巻頭特集で、神奈川歯科大学附属横浜クリニックの児玉利朗氏らによる「いろいろ使えるテルプラグとテルダーミス」を掲載。

コラーゲンを使用した吸収性局所止血材の『テルプラグ』、同じく人工皮膚の『テルダーミス』の特性と、実際の歯科臨床での応用例を解説する内容で、児玉氏による全体説明に続いて、『テルプラグ』による抜歯窩の保護や骨再生の可能性、『テルダーミス』による歯肉再生について、使用上の留意点とともに、臨床での効果を紹介している。

『テルプラグ』は、抜歯などにより歯槽骨が露出した抜歯窩に充填して創面の保護と肉芽形成の促進を図る目的で広く使用されている。『テルダーミス』は、重度の皮膚粘膜欠損に対して真皮欠損用グラフトとして使用され、これらの特性を理解し、正しく使用することが求められる。

「戦略的ワンオペ」のワザ

『アポロニア21』は特集「待ったなしの高齢者対応」の中で、愛知県開業の田中文治氏らによる「小児の発達支援を高齢者のフレイル予防に生かす」を掲載。小児の口腔機能発達支援のメソッドで、機能獲得の順序を重視する考え方を、高齢者の口腔機能低下症への対応に応用しようというもの。

口腔機能アセスメントと問診で低下している機能を評価し、正しい順序に基づいて失われた機能の再獲得を目指すという考え方。理学療法士の横山三純氏が開発したフレイル予防のトレーニングは、QRコードで動画を閲覧できる。

レポートでは、茨城県開業の黒澤俊夫氏による「歯科医師会立の歯科技工士養成校の将来を拓こう!」を掲載。歯科技工士数の不足が深刻化する中、デジタル化や大規模ラボへの集約化といった業態変化に合わせた対応が必要だと訴えた。

書籍

歯科医がなおすガミースマイル

松尾幸一　著/新書版/122ページ/880円/幻冬舎メディアコンサルティング

年間300人以上の患者にガミースマイル治療を行う著者が、「最高のスマイルを作り出す」六つの治療法について、それぞれのメリットやデメリットを実例を交えて解説。また、正しく知られていないガミースマイルの基礎知識から原因、治療法、治療後の効果を長持ちさせる日常生活での工夫、歯科医院にかかる際のポイントなどを紹介している。

人前で思い切り笑えるようになりたいという患者さんの願いを叶える一冊。

(価格は税込)

獣医師向けの動物補綴セミナー開く

コアデンタルラボ横浜

コアデンタルラボ横浜（本社・横浜市、陸誠社長）は、獣医師を対象とした「動物歯科補綴セミナー」を8月23日に同社で開いた。歯科医師と獣医師免許を持ち、犬への補綴治療を日常的に行っている江口淳氏が、犬への支台歯形成や印象、補綴物の装着などの補綴治療についてハンズオンを含めて講演した。

獣医師が行う動物への主な歯科治療は、欠けた歯牙の研磨（角を丸める）や抜髄、レジン充填、抜歯など、全身麻酔下で当日に処置が終了する治療が大多数としている。

数日に分けて行われる補綴治療を動物に行う場合、毎回全身麻酔をする必要があり、また獣医師は歯科補綴を学ぶ機会があまりないことから、動物への補綴修復はほぼ行われていないのが現状という。

セミナーの様子。終了後には動物の歯科補綴に関する1時間ほどのディスカッションも行われた

江口氏は、犬の長期間経過した切歯や臼歯への補綴治療症例を紹介しながら、「動物への補綴治療も歯科治療の選択肢の一つになり得る」「動物の歯科補綴治療においても獣医師と歯科技工士が緊密な連携を行うことが重要」と話した。

同社では、獣医師や飼い主のニーズに合った材料選択や補綴製作における各工程の注意点など示したほか、歯科技工所の見学会も実施した。

同社は今後も獣医師向けの動物の歯科補綴セミナーを定期的に開催することで、補綴治療が動物の歯科治療の選択肢の一つになり得ることを提案していく。

医院向けサイバーセキュリティ研修

SAJ

ソフトウェア協会（＝SAJ、田中邦裕会長）は9～10月開催の「令和6年度医療機関向けサイバーセキュリティ対策研修」の申し込みを開始している。研修種別は表の通り。

受講費は無料。詳細は、専用サイトまで。

○立入検査コース

医療法に基づく立入検査において、「医療機関におけるサイバーセキュリティ対策チェックリスト」に基づいた研修。

○経営者向け研修

セキュリティの重要性の理解を深め、経営者に気づきを与える研修。

○システム・セキュリティ管理者向け研修

技術の深掘りを図り、現在あるIT資産を活用したセキュリティ対策について学習する研修。

○初学者等向け研修

サイバーセキュリティインシデントが身近であることを認識し、日常でも役立ち、自分たちで今すぐできる備え等ついて学習する研修

東北デンタルショー 2年ぶりに開催

「東北デンタルショー2024」が、7、8の両日、仙台国際センターで開かれ、2516人が来場した。昨年は価格高騰の影響や出展業者からの隔年開催の希望を受けて中止となっており、2年ぶりの開催。

最新の歯科器材が多数展示されたほか、患者説明、感染管理、デジタル歯科技工、衛生士の自分育てなどを題材にした講演やセルフケア、口腔内スキャナー、歯周病菌をテーマにしたセミナーも開かれた。

来場者の内訳は歯科医師790人、歯科技工士244人、歯科衛生士608人、学生234人、デンタルスタッフ他同伴者207人、歯科商工業者234人。

さじかげん【番外編】

鰐淵正機（わにぶちまさき）

晴耕雨読と食事

実家の両親は田舎で30年来、晴耕雨読の暮らし。互いに90歳を過ぎても元気。父は94歳で28本とも天然歯。母は上下総義歯だが食事に不自由はない。よい歳の重ね方だと言うと、晴耕雨読はお前には無理と返される。実際、小さな畑でも野菜作りにはそれなりの知識と体力と根気が必要。私には知識はないし、雨の日は読書どころかテレビかインターネットを眺めるだろう。

父は昔から「自分が生まれた土地の周辺四里で採れる物を食べていれば健康だ」と言っていた。古臭い言い分もわからぬでもないが、すでに飽食の時代において、食べ盛りの私はこれが苦手だった。しかし冷静に考えると、両親はこれまで大した病気もせず元気でいる。近所の親戚がつくる田んぼの米を食べ、家の横を流れる川で鮎を釣り、毎日の味噌汁の具は畑になる野菜。ごくたまに飲む酒は地元の蔵。両親の暮らしぶりと食事の関係性を見ると大いに納得するのである。

唇歯輔車（しんしほしゃ）は、持ちつ持たれつ互いが支え合うことの例えだ。2005年に成立した食育基本法には、食事が生きる基本と示されている。リテラシーという言葉は「その分野の知識や能力を活用する力」を表すが、食生活のリテラシーはどうだろうか。自分自身の健康と食事（食材）の関係性を考えることはとても大事だが、意外と見落としがちではないだろうか。日本歯科医師会のHPにあるeat right＝良食。大切な言葉であると思う。

食育を唱える時代の補綴技工は「咀嚼できる補綴物を造る」が使命となろう。歯科医療が健康のために重要と認知された現代では「噛める」を造る意義は高まるばかりだ。「しっかり噛める」を学問するとかなり深くなるが、誰にとっても咀嚼は消化を助けるものであり、健康の源。だからこそ、歯科技工士は咬合の形と咀嚼運動にもっと注目すべきだろう。

（和田精密歯研監査役）

Googleマップへの医院情報の掲載代行

ナルコーム

ナルコーム（本社・長野県佐久市、猪俣吾郎社長）は、「Googleビジネスプロフィール」を作成してGoogle検索や、Googleマップ上で医院情報を表示する「Googleビジネスプロフィール代行サービス」を開始すると8月23日に発表した。

同サービスは、Googleビジネスプロフィールに医院名や所在地、電話番号、診療時間などの基本情報を登録し、住所を精査してGoogleマップ上で医院の正確な位置を表示する。

費用は、登録のみの「かんたん一括登録プラン」が5万5千円。ほかに2つのメンテナンスプランを用意。

ヘッドライン 企業ニュース

■ソル・コーテフ注射用100mg 限定出荷。通常出荷の再開時期は見通しが経ったら改めて案内（ファイザー／7月）

■「リン酸塩系埋没材」各種、2025年3月31日に販売中止。（トクヤマデンタル／7月16日）

■ポーセレン築盛・カービング用ブラシ「レイアートevo」、歯科用研削器材「タイニープラスⅡ」を発売（日本歯科商社／7月22日）

■歯科用鋳造機「エコキャスコム」を自主改修（デンケン・ハイデンタル／7月23日）

■都跡小学校に靴箱を寄贈（大浦貴金属工業／7月25日）

☰ 保険適用 ☰

（8月1日付）

【区分 A2】

▼**インビザライン・ジャパン**＝「iTero Lumina Core 口腔内スキャナー」デジタル印象採得装置

▼**アールエフ**＝「アーム型X線CT診断装置 NAOMI-CT ワイド」歯科CT撮影装置、歯科エックス線撮影デジタル映像化処理装置

▼**RayVision**＝「歯科用デジタルX線センサ EzSensor HD」歯科エックス線撮影デジタル映像化処理装置

〈製品（販売）名・製品コードに変更・追加があったもの〉

▼**ホワイトエッセンス**＝「Runyes 3DS 口腔内スキャナー」デジタル印象採得装置

【区分 B1】

▼**歯愛メディカル**＝「SL セラミックスブラケット」004 ダイレクトボンド用ブラケット

▼**クリエートメディック**＝「クリニー胃カテーテル」014 栄養カテーテル (1) 経鼻用①一般用

〈製品（販売）名・製品コードに変更・追加があったもの〉

▼**テレフレックスメディカルジャパン**＝「RUSCH ラリンゴフレックス」030 気管切開後留置用チューブ (1) 一般型①カフ付き気管切開チューブ イ カフ上部吸引機能なし i 一重管

▼**Ivoclar Vivadent**＝「バリオリンクエステティック」046 歯科用合着・接着材料Ⅰ (1) レジン系①標準型、046 歯科用合着・接着材料Ⅰ (1) レジン系②自動練和型

週間 金・パラ価格動向

税抜価格（1g,円）

	金	パラジウム（参考価格）
9月2日（月）	11,770	4,785
9月3日（火）	11,843	4,850
9月4日（水）	11,705	4,645
9月5日（木）	11,575	4,545
9月6日（金）	11,647	4,560

提供 石福金属興業

日本歯科新聞

2024年（令和6年）
9月17日

＜発行所＞
日本歯科新聞社
厚生労働省記者クラブ加盟社
〒101-0061
東京都千代田区神田三崎町2-15-2
電　話　03（3234）2475
ＦＡＸ　03（3234）2477
www.dentalnews.co.jp
jdn@dentalnews.co.jp

■年間購読料 23,760円（送料込）（本体 21,600円＋税）
■月4回、火曜日発行
■郵便口座番号 00120-5-130369

今週号の主な内容

糖尿病治療で歯周病が改善

歯科的介入なしでPISAが低下

阪大らが機序解明

糖尿病治療が直接的に歯周病を改善することがわかった。大阪大学大学院歯学研究科の井上萌大学院生、久保庭雅恵教授、同大大学院医学研究科の片上直人講師、西澤均准教授、下村伊一郎教授、同大大学院工学研究科の福﨑英一郎教授らの研究グループによるもの。糖尿病と歯周病の相互関係のメカニズムの解明のほか、糖尿病初期からの医科歯科連携の促進が期待される。

研究では歯科的な介入は一切行わずに、29人の2型糖尿病患者に対し、2週間の入院下での糖尿病集中治療を実施。治療前後の全身的な臨床指標や歯科的指標を解析した。

その結果、血糖コントロール指標に加え、歯周病の炎症程度を示すPISAが改善した。さらに、PISAの改善度の大小で被験者を2群に分けて比較解析したところ、大きく改善した群では糖尿病治療前のインスリン分泌能が有意に高値を示し、糖尿病性神経障害および末梢血管消化の指標も有意に良好な値となった。

同研究成果は科学誌『Diabetes, Obesity and Metabolism』（8月15日）にオンライン掲載された。

相互悪化の機序を解明

歯周病とメタボ

歯周病とメタボリックシンドローム（メタボ）が互いに炎症を引き起こし、両者の機能不全を悪化させる新たなメカニズムを、日本歯科大学生命歯学部の肖黎准教授と中原貴教授らの研究チームが明らかにした。

最近の研究では、炎症性分子が脂肪組織の機能不全を引き起こす可能性が示唆されているが、メタボと歯周病がどのように相互に悪影響をおよぼすのか詳細なメカニズムは不明だった。

研究チームは、歯周病とメタボの相互作用を細胞レベルで解明するため、マウス由来の脂肪組織、ヒト由来の脂肪組織を組み合わせたキメラ共細胞モデル※を開発。細菌の内毒素を添加して、実験的に炎症環境を再現して解析した。

その結果、脂肪組織では脂質が蓄積し、血糖調節因子や抗炎症因子のアディポネクチンが減少。さらに歯肉組織では炎症性細胞が蓄積し、炎症酵素や炎症性因子の分泌が増加して炎症状態が悪化した。また、歯肉上皮のバリア機能も低下した。

同研究成果は英国科学誌『Life Sciences』オンライン版（8月26日）に掲載された。

キメラ共細胞モデル　異なる種の細胞を組み合わせたもの。それぞれの種に由来する炎症性因子を明確に区別して解析できる。一種では得られない細胞間の相互作用のメカニズムを詳細に把握するために使用した。

遺伝的な肥満

運動でリスク低減

運動により遺伝的な肥満リスクが低減できることがわかった。岩手医科大学いわて東北メディカル・メガバンク機構生体情報解析部門の須藤洋一特命准教授、同部門長の清水厚志教授らの研究グループによるもの。個人における肥満リスクのコントロールに加え、肥満が引き起こす疾患の予防につながる可能性がある。

研究では同機構が開発していた遺伝的な肥満のなりやすさを表す指標「ポリジェニックスコア（＝obPGS）」を日本人向けに新たに開発し、同機構の調査において収集された約7万人分のobPGSを計算。低い群（下位10％）、高い群（上位10％）、それ以外の中間群の三つに分類した。その結果、高い群は低い群に比べて約4・8倍肥満になるリスクが高いことが明らかになった。

さらに、余暇の運動量が肥満リスクに与える影響を調査したところ、高い群においても、運動量が増えるほど肥満リスクが下がることがわかった。一方で、余暇運動量とobPGSが最も低い群と比較して、余暇運動量とobPGSが最も高い群は肥満リスク約3・2倍となっており、遺伝的要因が排除できないこともわかった。

同研究成果は科学誌『Jounal of Human Genetics』（8月22日）に掲載された。

自民党総裁選

山田議員は高市氏、比嘉議員は加藤氏を推薦

27日に投開票が行われる自民党総裁選の告示が12日に行われ、過去最多の9人が候補者に名乗り出て注目を集めている。推薦人も明らかになっており、日本歯科医師連盟顧問の山田宏参議院議員は高市早苗氏を、比嘉奈津美参議院議員は加藤勝信氏を支持している。

高市氏の推薦人にはそのほか、日本歯科大学生命歯学部特任教授の三ツ林裕巳衆議院議員や国民皆歯科健診実現議員連盟会長の古屋圭司衆議院議員などが名を連ねている。

加藤氏については、医師の自見はなこ参議院議員と羽生田俊参議院議員、看護師の石田昌宏参議院議員、薬剤師の本田顕子参議院議員らが推薦。

なお、厚生労働大臣の武見敬三参議院議員は河野太郎氏を、歯科医師の渡辺孝一衆議院議員は林芳正氏を推薦している。

歯科医院の倒産22件

過去最多ペースに

2024年8月末まで

2024年1月から8月末までに歯科医院の倒産は22件起きている。帝国データバンクが9月9日に公表したもので、病院4件、（医科）診療所20件と合わせて46件と、過去最多ペースで推移しているとのこと。

これまで倒産件数が多かったのは、歯科診療所は18年の23件、診療所は09年の27件。今年の年間件数は70件前後になるとして、「過去最多となることはほぼ確実」と推測している。

◆◇◆

業態別の負債は病院37億3700万円、診療所30億8900万円、歯科医院61億7800万円。8月末時点で負債額が最も大きいのは、7月に破産した千葉県の歯科医院で19億円となっている。そのほか、3月に破産した東京の歯科医院も11億6千万円で4番目に高額だった。

同社は「予防意識や医療機関の選別意識の高まりなどでコロナ禍に減少した患者がアフターコロナでも戻らずに苦戦したり、経営者の高齢化や後継者難で事業継続が困難となったりする診療所と歯科医院はさらに増加していくとみられる」との見解を述べている。

Inter view

台湾企業TSMC熊本進出の影響は

家賃や人件費が上昇、診療ツールを作成

熊本県歯科医師会
会長 伊藤 明彦 氏

半導体の受託生産で世界最大手の台湾企業TSMCが熊本に進出し、「経済波及効果」は10年で4兆3千億円に上るとも言われている。地域が活性化するだけでなく、さらなる物価高騰などを背景に人材確保が困難さを増すなど、問題点も聞こえてくる。熊本県歯科医師会の伊藤明彦会長に、地域の状況や歯科医院への影響、歯科医師会の取り組みなどについて聞いた。

——一つ目の工場が2月に熊本に開所し、今年中にも稼働するとのことですが、地域ではどのような変化が見られますか。

伊藤　TSMCが進出したことにより、従業員の住宅確保などの影響もあって、地価が高騰しています。場所によっては、5倍、10倍に跳ね上がっているところもあります。

私の診療所もTSMCからは8キロほど離れていますが、2倍くらいに値上がっているようです。

——既に建てているところは良いですが、新規開業などは大変そうですね。

伊藤　開業地によっては、費用も大きく変わってくるかもしれません。近くに商業施設があるのですが、テナントで入っていた脳神経科と皮膚科の先生は、テナント料が高くなりすぎたため、閉院を余儀なくされ、勤務医に戻ったという話も聞いています。

家賃もそうですが、物価自体も上がっていると思います。

——住民の消費活動などに変化はあるのでしょうか。

伊藤　物価高騰が顕著な地域は、大企業に勤めている人が多いので、そこまで消費行動に変化があるような感触はありません。ただ、飲食店などの物価は上がっていると思います。

◆◇◆

——人材がTSMCに流れてしまうという話も耳にするのですが。

伊藤　確かにそういう面もあると思います。もともと半導体関係の企業も集まっており、高校にIT関連企業が出前講義をしたり、高校生の見学を積極的に受け入れたりする取り組みも活発化しています。歯科に関係なく、この分野に興味を持つ人は増えていくのだと思います。

人材確保は歯科でも大きな課題です。歯科医師会も会立の歯科衛生士養成校を運営しているので、昔からの高校訪問に加えて、今年は初めて、小学生が歯科を体験できるイベントなども行いました。

若い人に少しでも歯科に興味を持ってもらうことは、今後欠かせない取り組みだと感じています。

——賃金などにも影響はありますか。

伊藤　熊本の最低賃金は時給1千円程度なのですが、TSMC関係は事務系パートでも1800円、2千円超になっているようです。当然、歯科衛生士の賃金も考慮せざるを得ないのが現実です。

◆◇◆

——台湾からの従業員も一定数いるとのことですが、先生のところや会員の先生のところに来院はありますか。

伊藤　台湾の患者さんは私の診療所にも来たことがあるので、歯科のニーズはあると思います。

県からも歯科医師会に対して、台湾の人を受け入れられる診療所の一覧を作ってほしいと依頼があり、対応中です。

また、電話でのアポイントが難しく、通訳や文化交流など支援する台熊（たいゆう）友好会に患者さんが電話をかけて、そこから近くの歯科医院に電話がいくようなケースもあります。アポイントのシステムは今後の課題と考えています。

——診療は問題なく受け入れられそうですか。

伊藤　実際に台湾の患者さんが来院して、歯科治療の文化が日本と少し違うように感じます。

日本では丁寧に歯周治療をしてから補綴をするところを、急いでいるのでCR充填だけで済ませてほしいという要望があるなど、より慎重にインフォームド・コンセントを意識する必要があるかと思います。

そのようなことも踏まえて、歯科医師会では、台湾語と日本語を対比しながら診療できる問診票のようなツールも作成しているところです。

台湾で診療をしており、たまに熊本に帰ってきて診療をする先生がいらっしゃるので、今後はそのような先生に台湾の歯科事情について話してもらう、協力医向けの講演会を予定しています。

概算歯科医療費で日歯

受診控えに懸念

令和5年度の概算歯科医療費の結果を受け、日本歯科医師会副会長で中医協委員の林正純氏は、受診延べ日数が減少傾向にある点に触れ「（もしも）受診控えが原因とすると深刻な問題」との考えを示した。11日の中医協総会で医療費の動向について報告があり、コメントしたもの。

林氏は「概算医療費はコロナ前と比べて回復しているように見えるが、受診延べ日数が未だに減少傾向にある」と、受診控えが原因だとしたら問題があると指摘。

そのうえで、「口腔機能向上や歯科疾患の重症化予防の重要性が国民にしっかりと理解されてきており、ニーズに応えていくべきで、今後の環境整備が重要と考えている」と述べ、歯科医療現場の実態を踏まえた施策の検討を要望した。

能登半島地震

特例措置の期限を設定

能登半島地震に伴う診療報酬上の特例措置について、これまで定められていなかった期限を今年12月末までに設定し、延長するかどうかを調査・検討することが11日の中医協総会で決まった。

特例措置には、全半壊などを理由に、仮設の建物での保険診療を認めるものも含まれている。

中医協では、「当面の間実施する」とされていた特例措置の期限を「12月末」に設定。今後、特例措置を活用している保険医療機関数などをアンケート調査によって把握して、結果をもとに、中医協で延長の有無を判断することになった。

電子処方箋

歯科診療所の運用150施設

歯科診療所で電子処方箋システムを導入して運用を開始したのは1日時点で150施設。12日に開かれた厚労省の第16回健康・医療・介護情報利活用検討会で報告があった。

オンライン資格確認システムを導入している歯科診療所6万483施設に占める電子処方箋運用開始施設数の割合は0・25％。

電子処方箋を運用しているのは医療機関・薬局全体で3万609施設（14・58％）。歯科以外は、薬局が2万6661施設（44・55％）、医科診療所3645施設（4・47％）、病院153施設（1・92％）となっている。

歯科情報学

松尾 通

「Show must go on!」

日本アンチエイジング歯科学会は第18回学術大会を8月31日、9月1日の両日、名古屋市のウインクあいちで開催した。ところが運悪く台風10号が迷走し、九州に上陸後、四国、関西を経て東海地方にも豪雨をもたらすという気象予報もあって新幹線をはじめ交通機関が全面ストップ。リスクを予知して、私は木曜日午後に名古屋入りしたが、多くの参加予定者は動けずキャンセルとなってしまった。このような天災がもたらすリスクのなか、中根敏盛大会長以下、実行委員会の諸君は気象情報や交通情報に一喜一憂しながら粛々と学会運営を行った。

幸い、1千名規模の学会なので、大量の欠席者がいてもそれなりに賑やかだった。参加できないスピーカーの講演はビデオ配信に切り替え、徹夜に近い編集作業を行うという実行委員会の離れ業で予定通り進行できた。数々の学会運営の経験のなかでも、このような交通麻痺による開催リスクは初めてで気象予報により早々に運行中止を決定するJRの最近の傾向もあって、今後、リスクマネジメント対応を考える必要性を感じた。

開催地名古屋は少し雨は降ったが、穏やかな日が続き、来られない人たちのことを考えると台風10号の気まぐれと古いニュースをたれ流すTV局の姿勢を恨めしく思った。

出席者のなかには9時間かけてバスで来た人、北陸経由の迂回ルートで来た人、羽田空港で待ち続け臨時便に飛び乗った人、全滅状態の九州の鉄道を乗り継ぎ、山陽道、東海道と長い時間をかけてようやくたどり着いた人、長野まで来たが、その先が動かずやむなく引き返した人など悲喜こもごものストーリーがあり、学会に出たい、皆に会いたいというエネルギーの大きさに感動した次第である。

出展企業の皆様のご理解、そしてホスト側の実行委員会の皆様の奮闘、努力に敬意と感謝を申し上げたい。

◇

2001年9月11日、テロ組織アルカイダによるアメリカ同時多発テロは世界を震撼とさせた。飛行機が突っ込んだニューヨークの世界貿易センタービルは崩壊し、3千人近い犠牲者を出した。

この年の11月、現場に近いホテルで国際審美歯科学会が開催予定となっていた。テロの直後で死者、行方不明者多数のニューヨークは混乱が続き、入国審査も厳しい状況で、当然、国際学会の開催など不可能と中止の声が相次いだ。こうしたなか、主催するASDAの当時の会長、アーウィン・スマイゲル氏は強い口調で「Show must go on!」と述べた。「いったん決めたことはやらなければならない」。出席者激減のなか、それでも学会はきちんと行われた。犠牲者への黙とう、現場となったスペースゼロでの鎮魂は忘れられない思い出である。

（東京都開業）

2024.9.17

医師偏在への取り組み解説

厚労省　谷口室長

医師の地域偏在、無医地区の発生などの課題に対して、厚生労働省では、外来医療計画や医師確保計画といった施策を講じている。

神奈川県保険医協会は6日、医療問題研究会を開催。長期的な医療提供体制の展望をテーマとし、厚労省健康生活衛生局・女性の健康推進室の谷口倫子室長を講師に迎えた。

◆◇◆

谷口氏は長崎大学医学部卒業後、横浜市立大学病院に入局。腎臓内科医としてのキャリアを積んだ医師で、厚労省に入省後は、難病対策、外来・在宅医療対策などを担当してきた。

◆◇◆

講演では、人口動態の変化を踏まえて医師偏在の問題を概説したうえで、関連施策の現況を説明。谷口氏自身がかかわってきた施策の方向性についても言及した。

外来医師の都市偏在や、専門分化の進展などへの対応では、外来医師の偏在指標によって状況を可視化し、新規開業希望者などに情報提供を進めていることや、「紹介受診重点医療機関」によって地域における患者の流れの円滑化を促すなど、医療資源の適正な配分を図っているとした。

無医地区、準無医地区への対応としては、へき地で働く医師の確保のための主要3事業（巡回診療、医師派遣、代診医派遣）の実績向上を図り、へき地での診療経験が医師のキャリアに反映される施策を推進していると示した。

能登半島地震で医療確保の要望

保団連

全国保険医団体連合会は5日、岸田文雄内閣総理大臣および武見敬三厚労大臣に、「令和6年能登半島地震における被災者医療と医療提供体制確保に関する要望書」を提出した。提出は4回目。

要望書では、9月末までとされている医療費等一部負担金の免除対象期間の延長および免除措置の拡大、必要数の仮設住宅と公営住宅の設置、ライフラインの復旧、被災した医療機関および福祉施設への緊急支援などを求めている。

歯科国試にチャレンジ

4 0 7　2024年（第117回）より

くる病で生じることがあるのはどれか。1つ選べ。

a　過剰歯
b　巨大歯
c　歯牙腫
d　癒合歯
e　萌出遅延

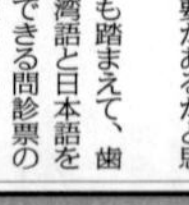

答えは本紙のどこかに！

創立90周年の節目祝う

東京・目黒区歯科医師会

目黒区歯科医師会は7日、創立90周年式典および祝賀会を東京都目黒区のホテル雅叙園東京で開催した。

吉田敏英会長はあいさつで、同会の歴史を振り返り、また現在行っている事業などに言及。「寝たきり患者への口腔ケアや、お口と食の健康体操教室のほか、障害者への歯科治療および会員が自院で行うための研修を実施している。また、90周年記念事業として、原辰徳前読売ジャイアンツ監督による講演会なども行った。今後も地域医療の充実に尽力したい」と語った。

そのほか、終身会員および功労者の表彰式、祝賀会が執り行われた。来賓を代表して、都歯の湯澤伸好副会長、青木英二目黒区長、都歯科医師連盟の岡本徹副会長、都学校歯科医会の澤田章司副会長が祝辞を述べた。

式辞を述べる吉田会長

多くの関係者が出席して節目を祝った

参加者に記者が聞いた

テーマ「令和6年度 診療報酬改定」

A歯科医師「申請があまりに煩雑で、算定を諦めさせようとしているのではないかと邪推してしまうほど。ベースアップ評価料についても算定条件は満たしているが、算定するくらいならその時間を患者の診察にあてたい。厚労省には期待しておらず、自分の医院は自分で守るという意識だ」

B歯科医師「医科との格差が改善され、歯科の重要性が周知されていることはたしかに感じる。ベースアップ評価料やDX関連など、新設項目は積極的に算定しているが、申請業務にたけているスタッフに助けられている面があり、自分一人ではとても対応できなかった」

C歯科医師「項目の新設や点数が上がっても算定のために機器の投資が必要で、プラスになった印象はない。施設基準を伴う項目も小規模な医院は算定できないので、実質的な算定項目は増えていない」

男性歯科衛生士の今 ④

常勤とプロボクサーを両立

プロボクサーで歯科衛生士の関根駿氏(秩父臨床デンタルクリニック・CTインプラントセンター〈埼玉県〉に勤務)に、歯科衛生士になったきっかけや当時の学生生活、男性歯科衛生士の雇用を考える院長へのメッセージなどを聞いた。

――歯科衛生士になった理由を教えてください。

関根　私は今26歳で、プロボクサーとしても活動しています。プロボクサーになりたてだった当時は、選手生命の短さに将来への不安を感じ、ボクシングジムの師匠でもあり今の勤め先の院長・栗原仁先生(※本連載⑤に雇用者の立場で掲載)に相談に乗ってもらっていました。その際に、歯科衛生士という職業を知ったのが直接のきっかけです。院長からの「医院が設けている『歯科衛生士奨学金制度』を利用して歯科衛生士になってみないか」というものでした。

手に職がつく仕事であったことと、院長の医院で歯科助手として働き、JIADSの勉強会に同行させてもらう過程で歯や口の健康に興味が沸き、すでに20歳を超えていましたが、歯科衛生士専門学校への入学を決めました。

――歯科衛生士専門学校での様子は。

関根　私が1年生の時に3年生に男子学生が一人いて、彼が外部施設での臨床実習から戻ってきたときに会話をする時間があるくらいでしたので、通っていた3年間、男子生徒はほぼ私一人だけという環境でした。会話は好きなほうなので、クラスメイトに話しかけたり、逆に話しかけてもらったりして過ごしました。先生方には何かと気にかけてもらう機会も多かったように思います。

困りごとをしいて言うとしたら、1～2年生の時は同じ階に男性用トイレがなかったので、ある階まで移動する必要がありましたし、男性更衣室がなかったので、実習着への着替えはトイレでしなければならなかったことでしょうか。

すでにプロボクサーとして活動していたので、座学や臨床実習への参加、国試の受験勉強以外の時間はすべてボクシングの練習や試合への出場にあてた生活を送っていました。

◆◇◆

――卒後は。

関根　当院に入職し、今年で4年目を迎えます。院長はボクシングに大変理解のある方で、週1日常勤の時期もありましたが、今は常勤の歯科衛生士として働きながら、勤務時間終了後はボクシングジムの運営にたずさわりつつ自身のトレーニングも行っています。

院内は男性の勤務医もいるので、男女別の更衣室やトイレもあり、設備面での不便は感じていません。

職種問わず全員お揃いの診療着を着ているので、勤務医に間違われることがたまにあるのと、「歯科衛生士はイコール女性」というイメージからか、未就園児のお子さんを持つ親御さんの中には女性の歯科衛生士との交代を希望される方もいらっしゃいますが、他の歯科衛生士と同様に、勤務日はユニット1台をあてられているので仕事に集中しやすい環境でもあります。

今は試合への出場に向けた練習を行う時間のほうが長いですが、JIADSの勉強会に参加させてもらい、院長からは登壇者として参加してみないかとの話もあり、発表会への参加も楽しみです。

◆◇◆

――男性歯科衛生士の雇用を考える院長へのメッセージをお願いします。

関根　患者さんの歯や口の健康に寄与するこの仕事は大変やりがいがあるので、男性の歯科衛生士が増えるのは大歓迎です。

ですが現状は、男性も就けるというのがほとんど知られていないがために、歯科衛生士の資格を保有する男性が少なくて雇用に結びつきにくいと思います。将来の進路を決める時期でもある男子高校生に、歯科衛生士という職業を知ってもらい、「資格を取得して手に職をつける道もある」と話す機会が必要ではないかと思います。

関根さん

X線診断で歯内療法考える

都歯　日歯大で卒後研修

県外でも歯科医師なら参加できる東京都歯科医師会主催の令和6年度卒後研修が8日、東京都千代田区の日本歯科大学生命歯学部で開かれた。研修テーマは「エックス線診断に基づく歯内療法」で、講師は同大附属病院総合診療科1の北村和夫教授、歯科放射線学講座の河合泰輔教授。

毎年、大学が夏期休暇中に都内5大学(東京歯科大学、日歯大、日本大学歯学部、東京医科歯科大学、昭和大学歯学部)で、計20講座(実習付き)の卒後研修が行われ、今年で51回目を迎える。

◇◆◇

河合教授は歯内療法をするうえでの画像診断のポイントを紹介。X線の適切な投影角度や二等分法の問題点をあげた後で、歯科では金属利用がまだまだ多い背景から、歯科用CBCTを使用するときにX線が金属部分を通過すると吸収され、透過する線量が低下してしまうデメリットをあげた。

さらに、歯科用CBCTはボクセルサイズが小さいほど良いわけではなく、「3D画像で診断は絶対しない。3D画像は術者のさじ加減で(画像が)変わっていく。イメージとして見せる分にはいい」と注意喚起した。

◇◆◇

北村教授は画像診断を生かした歯内療法の実態を紹介。上顎第一小臼歯は2根管が約8割で、頬側2根の3根管は1%とのことで「100本以上やっていれば、1本は3根管なので、60点のEMRを算定してもいい」と主張した。

また、歯内療法における3種の神器(Ni-Tiロータリファイル、マイクロスコープ、歯科用CBCT)を紹介したうえで、「歯内療法は夜の航海に近い」とし、映画『タイタニック』のたとえ話を披露した。「氷山があったとしてもサーチライトや望遠鏡があれば、いち早く発見して避けられたはず。歯科でいうならば、マイクロスコープが該当する」と述べた。航海で必須の海図やGPSは、歯科用CBCTにたとえられるとしている。

そして、歯科用CBCTから得られる内部情報と、マイクロスコープから得られる表面情報を融合することで、「正確な全体像がつかめる」と語った。

北村教授

河合教授

研修では実習も行われた

DHのモヤっと解決隊 29

患者さんに歯周病と伝えられません

歯科衛生士歴7年です。担当制ではないのですが、SPTなどDH枠で患者さんを診ています。

歯周組織検査を行った際に患者さんに「歯周病です」や「炎症があります」と言いづらく、いつも「前回とほぼ変わりないです」と伝えてしまいます。会話の中で「患者さんご自身はクリーニングのために来院していて、歯周病ではないと思っているだろうな」と感じます。来院の間隔も患者さんが気になった時に予約が入ります。どうすれば患者さんに「歯周病です」と伝え、定期的に来院していただくようにできるでしょうか？

歯科衛生士
Cさん(28歳)

まずは検査結果を伝えるところから

東京歯科医学教育舎 代表
竹内 智美
歯科衛生士　産業カウンセラー
ファイナンシャルプランナー

患者さんにどうすれば「歯周病です」と伝え、定期的に来院いただくことができるのかと悩んでいるのですね。たくさん同じお悩みをいただきます。クリーニングや掃除という感覚で来院される患者さんは、まだまだ多いと思います。

考え方として、まず患者さんへ歯周組織検査を行った際に、「本日の検査結果」を伝えましょう。結果だけ伝えても患者さんはわかりにくいので、先に、「歯肉炎」「軽度歯周炎」「中等度歯周炎」「重度歯周炎」がどのような状態なのかを話します。その次に、患者さんのその日の歯周組織検査の結果はポケット何mmだったか、出血はあったのかを伝えます。炎症がある場合は、鏡でどの部位かも見ていただきます。

「歯周病ですと伝える」というより、「本日の検査結果を伝える」ということを、まず行ってください。そうすると、患者さんも自分の歯周組織検査の結果を聞いた時点で、ご自身が歯周病なのか理解してくださいます。

最近は便利な説明ツールやソフトがあるので、医院にあればぜひ活用していただきたいです。患者さんご自身が歯周病と理解したうえで、次はCさんから「どのくらいの間隔で来院していただいた方が良いか」を伝えるようにしてください。きっと患者さんも病気だと知ると関心を示すと思います。

アンケート特集

オーラルフレイル 地域ぐるみで啓発

サンスター 東大ら解明

サンスター（本社・大阪府高槻市、金田善博社長）と東京大学高齢社会総合研究機構の飯島勝矢機構長らのグループとの共同研究で、産官学民の協働による地域への多面的なオーラルフレイル予防啓発が、オーラルフレイルの認知度向上のほか、口腔状態の改善や予防への取り組みの促進につながることがわかった。

主体的にオーラルフレイル予防・フレイル予防に取り組んでもらうことを目的とした「カムカム教室お口元気プラス」を実施したサンスターら。神奈川県平塚市の40歳以上2346人を対象とし、約半年間の集中啓発期間を設けて、オーラルフレイル認知や健康行動の変化について調査した。

同取り組みは、行政機関や歯科医師会のほか、医師会、薬剤師会、そして地域の店舗などが連携しており、サンスターは啓発物の制作やオーラルケアコンテンツ提供などを行った。

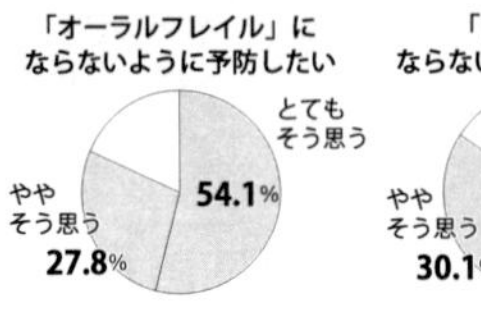

この取り組みでオーラルフレイルの存在を知った人に予防意識に関するアンケートを行った

自発的な予防へつながる

その結果、「オーラルフレイルを知った人」は知らないままの人に比べて、食事面や歯間清掃具の使用など新たな健康行動に至るケースが多かった。

また、口腔衛生を行う頻度を調べると「オーラルフレイルを知っている人」は、歯科定期健診の受診頻度や洗口液、液体ハミガキの使用頻度などが向上し、これらの行動が日常生活で定着する傾向にあったという。

◇◆◇

この結果を受け、東大高齢社会総合研究機構の飯島機構長は「地域ぐるみでの多面的な啓発活動により、オーラルフレイルの認知が効果的に高まり、口腔の健康維持につながる行動変容の結果はオーラルフレイル予防の社会実装に向けて、有益な事例の一つになると期待している」とコメントした。

同調査結果は、日本老年歯科医学会第35回学術大会にて発表された。

オーラルフレイルの高齢者 抑うつ発症リスク高まる

サンスターと東大の飯島機構長らとの共同研究によって、オーラルフレイルを有する地域在住高齢者は、抑うつ傾向の発症リスクが高まることがわかった。

千葉県柏市の自立高齢者1356人を対象とした調査（柏スタディ）で、オーラルフレイルを判定するための五つの問診項目（OF―5＝左表）を活用し、2012～18年まで抑うつ傾向の発症リスクを解析した。

調査開始時のオーラルフレイルの有病率は35%だったが、6年間の追跡期間中に新たに18%が抑うつ傾向を発症した。

また、「固いものが食べにくい」「お茶や汁物でむせる」と回答した人は、抑うつ傾向を発症するリスクが高まるという。

同調査結果は、日本老年歯科医学会第35回学術大会にて発表された。

オーラルフレイル チェックリスト

質問	該当	非該当
自身の歯は，何本ありますか？（さし歯や金属をかぶせた歯は，自分の歯として数えます。インプラントは，自分の歯として数えません）	0～19本	20本以上
半年前と比べて固いものが食べにくくなりましたか？	はい	いいえ
お茶や汁物等でむせることがありますか？	はい	いいえ
口の渇きが気になりますか？	はい	いいえ
普段の会話で，言葉をはっきりと発音できないことがありますか？	はい	いいえ

▲日本老年歯科医学会、日本老年医学会、日本サルコペニア・フレイル学会が作成したチェックリスト

6割「訪問診療」に着手も 介護施設の加算、半分以下

デンタルサポート 歯科医師へ意識調査

訪問診療を行っている歯科医院は63・7%だが、月に1回以上実施している歯科医院に限ると46・8%となる。また、歯科医師・歯科衛生士で訪問する人が5割にも上るが、訪問先の介護施設での加算協力は半分以下（31・8%）にとどまった。

訪問歯科診療をサポートするデンタルサポート（本社・千葉市、草深多計志社長）は5日、歯科専門メディア「1D」に会員登録をしている歯科医師に向けて、訪問歯科診療に対する意識調査アンケートを実施した。回答数は419人。

訪問歯科診療の実施状況について、「実施していない」36・3%、「月に何日か訪問している」19・6%、「週に1回、定期訪問」11・0%、「週2～4日に定期訪問」10・0%、「1年に数日訪問」9・3%、「数カ月に何日か訪問」7・6%、「週5日以上訪問している」6・2%との結果だった。

約3割の実施していないグループは、「新たに訪問診療を始めるつもりはない」（68・4%）と回答しており、前向きに考えているのは31・6%となる。

また、調査結果によれば約8割の歯科医師は「訪問歯科診療はまだ伸びる」と将来性を感じている。

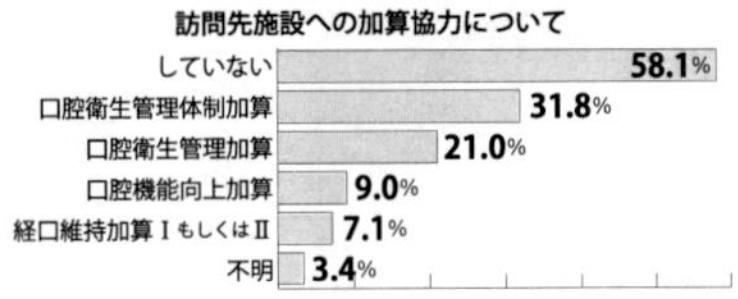

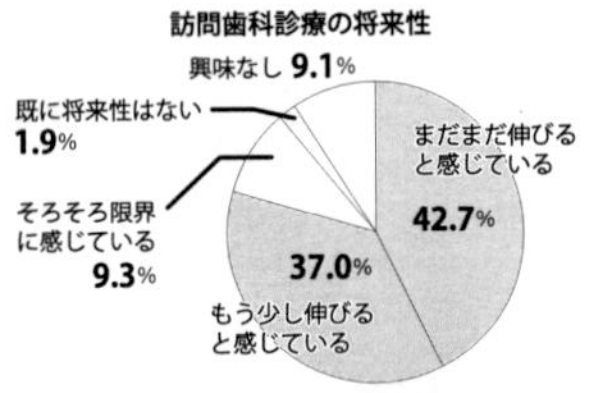

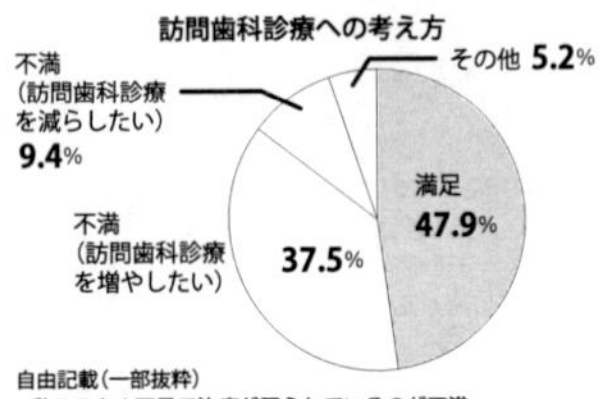

自由記載（一部抜粋）
- 私のスキル不足で治療が限られているのが不満
- 院内での診療を充実させたい
- 必要になる時間が長い
- 産休に入る職員が重なり、訪問歯科診療を減らさざるを得ないが、患者・院長から現状維持を求められて困っている

スマイルモア 親知らず抜歯の目的調査で 女性「健康への影響」を意識

マウスピース矯正のスマイルモア（本社・東京都渋谷区、宮井崇行・堀琢馬社長）が6日、男性・女性それぞれ300人を対象とした「親知らずに関するアンケート調査結果」を発表した。

親知らずを抜く目的として、男性では「歯科医や専門家のアドバイス」38%、「健康への影響」37・7%、「周囲の影響」16%などだった。

女性では「健康への影響」46・3%が最も多く、次いで「歯科医や専門家のアドバイス」39・3%、「周囲の影響」9・3%などが続く。

◇◆◇

親知らずを抜く際の不安や懸念について、男性では「痛みや違和感があること」54・3%、「費用」17・3%、「治療期間が長い」「メンテナンスや通院の手間が気になる」11・7%、「歯科医とのコミュニケーション不足での不安」5%。

女性では、「痛みや違和感があること」68・7%が大多数を占めており、「費用」13%、「治療期間が長い」10%、「メンテナンスや通院の手間が気になる」6・3%、「歯科医とのコミュニケーション不足での不安」2%という結果になった。

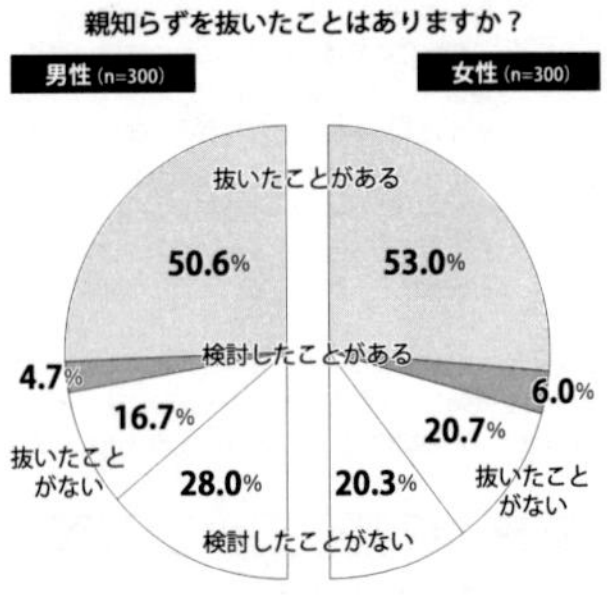

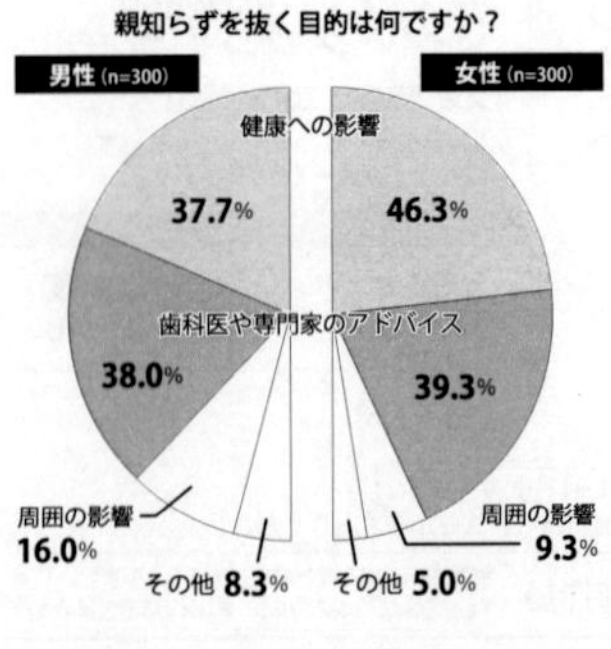

歯みがき後のうがい 1割「していない」

歯磨きに関するアンケート調査 ウミガメ

歯みがき後のうがい回数は「2回」32・3%が最多で、「1回もしない」は9・7%もいた。歯科医院向けのマーケティングDXサービスを提供するウミガメ（本社・東京都世田谷区、松下勇介社長）は4日、10～30代の男女300人を対象とした「歯みがき後のうがいに関するアンケート調査結果」＝表＝を公表した。

歯みがき後のうがい回数について、全体と10～30代それぞれの群に分けて「1回～4回以上」「しない」に回答するアンケートを実施した。

男性は「2回」36・7%が多く、女性は「1回」「4回以上」の割合が多い結果となっている。

また、「うがいをしない」と回答する人は全体でも10%もおり、20代は13%にも上る。

歯磨き後のうがいは何回しているか？

	1回	2回	3回	4回以上	しない
全体	24.3 %	32.3 %	18.0 %	15.7 %	9.7 %
10代	24 %	33 %	20 %	13 %	10 %
20代	29 %	26 %	14 %	18 %	13 %
30代	20 %	38 %	20 %	16 %	6 %

20、30代の母親300人 子どもの習慣 4割「磨けるか心配」

ウミガメは5日、20～30代の女性300人に聞いた「子どもの歯磨きに関するアンケート調査」を公表した。

子どもの歯磨きで困っていることを調査したところ、最も多かったのは「きちんと磨けているか心配」44・3%、次いで「歯みがきを嫌がる」12%、「正しい歯みがきの仕方がわからない」11%、「パートナーが手伝ってくれない」5%、「他の家事や育児との両立が難しい」4・3%だった。

東北大学

生体材料で歯周組織を再生

歯根露出にも対応可能か

生体材料（バイオマテリアル）を使うことで、天然歯根周りの骨と歯周組織の再生ができる―。今後は、同材料を応用した歯周組織の再生治療につながると期待がかかる。

東北大学大学院歯学研究科の山内健介教授、松井桂子助教、同大の鎌倉慎治名誉教授らのグループが解明した研究は、顎骨病変を摘出した際に、隣接する天然歯が骨の支持を失っていても、生体材料を埋め込むことで、歯根周りの硬組織（骨）と軟組織（歯根膜）が回復し、正常な状態で長期保存が可能となるもの。

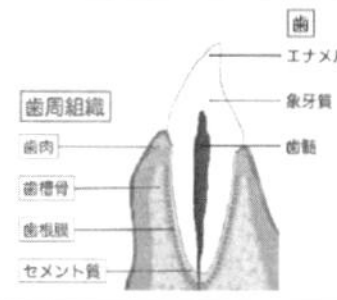

これまで骨が欠損した部分に天然歯が隣在したときに見られる、再生した骨と歯との関係性については未確認だった。

この研究が活用されれば、歯周病の進行によって歯槽骨が吸収され、歯根が露出した場合にも歯周組織の再生治療ができるとしている。

同研究成果は、口腔顎顔面外科学分野の専門誌『Journal of Oral and Maxillofacial Surgery, Medicine, and Pathology』（8月26日）にオンライン掲載された。

北大らが物質発見

セラミック材料の耐久性向上に期待

セラミック材料の耐久性が向上するかもしれない。北海道大学や東京大学、広島大学などの研究グループは、三元系ナトリウム塩化物であるマルテンサイト変態「Na_3YCl_6」の特異的な柔らかい塩化物を発見した。

マルテンサイト変態は、結晶相が別の相へ変化する相転移の一種であり、鉄や部分安定化ジルコニアの機械的特性を向上させることが知られている。

同研究によって発見した性質は、約半世紀前に発見されて現在も実用化されている部分安定化ジルコニアの相変態が機械的特性の変化に類似しているため、高いイオン性を持つ結晶や単斜晶などの複雑な構造を持つ「非酸化物材料」（セラミック）の機械的特性を向上させる新たな指針になるとしている。

同研究成果は、『Journal of the American Chemical Society』（9月1日）に掲載された。

研究グループら一覧

北海道大学大学院工学研究院の三浦章准教授、忠永清治教授、同大大学院総合化学院修士課程（研究当時）の牧紘太郎氏、東京大学の村岡恒輝助教、豊橋技術科学大学の引間和浩助教、東京都立大学の水口佳一准教授、広島大学の森吉千佳子教授、大阪公立大学の中島宏特任准教授、科学技術振興機構の大池広志研究員、ミシガン大学のスンウェンハオ助教

愛知県大「終活」セミナー

高齢外国人の医療介護の課題検討

就業目的で来日した外国人が高齢となり、異文化を背景に持つことによる医療・介護の課題が明らかになってきている。そのような状況を踏まえ、愛知県立大学地域連携センターは7日、「第5回異文化『終活』セミナー」を対面とオンラインで開催した。

自動車産業、電機産業などの大企業が多くの外国人労働者を雇用している愛知県は、外国人の数が全国二位。同センターではこれまで、高齢外国人の生活上の悩みや課題に向き合い、解決の糸口を多職種で考えるための「異文化『終活』セミナー」を開催してきた。

今回は、「異文化『グリーフ』（悲嘆）ケア」をテーマに、外国人への医療、看護、介護にかかわっている専門家がアンケート調査の結果などを踏まえて議論する企画で、同大看護学部助教の伊藤裕子氏が「外国人高齢者および家族を支援する地域包括支援センター職員の困難と対処」、同大客員研究員の大橋充人氏が「異文化『終活』について考える―在日外国人に寄り添った高齢者支援に向けて」、愛恩訪問看護ステーション管理者の冨田かおり氏が「海を越える悲しみを支えあうために―異文化『グリーフケア』を考える」と題して報告。それぞれが実施した調査結果や臨床経験から、課題を提示した。

◆◇◆

伊藤氏は、愛知県内で外国人割合の大きい市町村で働く地域包括職員への調査結果から、介護保険についての外国人向け説明パンフレットが「制度の説明」になっていることから、よりサービス内容、保険料の支払いなど、実際的な内容の説明が必要だと問題提起した。

大橋氏は、中国や南米からの在日外国人65人へのアンケート結果から、埋葬の方法などそれぞれの文化、宗教に配慮した支援が必要とされていることを強調した。

冨田氏は、大切な存在を喪失した人へのグリーフケアが、死を迎えることになる人が感じる喪失感（予期悲嘆）を軽減するためにも必要になると指摘。地域で孤立しがちな在日外国人の予期悲嘆にも心を向ける必要があると強調した。

◇◇◇

近年、歯科訪問診療が終末期までかかわるケースが増加している。同時に、地域によって在日外国人の高齢化が社会課題となり、歯科医療従事者にも、孤立した高齢の在日外国人への配慮が求められるようになっている。

医療訴訟の発生率 第一位は東京都

東邦大学

東邦大学が2005～21年に全国の地方裁判所に提訴された医事関係訴訟の状況を調査したところ、人口100万人あたりの医療訴訟の発生率が高いのは東京都と大阪府だった―。一番低い地域は茨城県で、福島県、岐阜県と続く。

医療関係訴訟の発生率には地域差があり、地域の実情に応じた医療安全・医療訴訟対策を検討していく必要性があるとの結果を示している。東邦大学薬学部の平賀秀明講師らの研究グループは、最高裁判所の協力のもと、医事関係訴訟の発生率を調べた。

全国の人口100万人あたりの医事関係訴訟の発生率（中央値）は6・30件／年。また、全国の医師・歯科医師1千人あたりの発生率（中央値）は1・92件／年としている。

東邦大は地域差が生まれている要因として、「医療機関における医療過誤が少ない」「弁護士不足などによる訴訟へのアクセスの阻害」をあげている。

詳細は右表の通り。

全国の人口100万人あたりの発生率

高い地域		低い地域	
東京都	12.97 件／年	茨城	1.77 件／年
大阪府	10.99 件／年	福島	1.93 件／年
大分	9.57 件／年	岐阜	2.50 件／年
京都	8.62 件／年	秋田	2.65 件／年
岡山	8.57 件／年	三重	2.74 件／年

医師・歯科医師1,000人あたりの発生率

高い地域		低い地域	
大阪府	3.05 件／年	茨城	0.73 件／年
東京都	2.79 件／年	福島	0.76 件／年
大分	2.76 件／年	岐阜	0.83 件／年
石川	2.37 件／年	島根	0.85 件／年
鹿児島	2.29 件／年	徳島	0.92 件／年

デンタル小町が通る

大谷歯科医院院長（愛媛県西条市）

大谷恭子 ❻

歯科医師はお上品!?

筋トレシリーズ第5弾。フィットネス系やボディービルなど、さまざまなジャンルがある大会。初めて会場を訪れた人は独特な掛け声と熱量にきっと度肝を抜かれるだろう。

今回、紹介するのは「FITNESS STAR JAPAN」という大会。「私の応援を皆さまよろしくです」と心の中で願いつつ、ホワイトニングで美白歯の笑顔を振りまきながらいざステージへ。音楽にのって颯爽とポージングを決めていく私。ところがだ……何かがおかしい。数名いるはずの男性歯科医師の声はおろか、女友達の声援もか細い虫の音の如く、会場内はシーンと静まり返っている。悲しいかな、心折れつつ私のステージは終了した。

まさか「きれてるきれてる」とか「バルクすごい！」とか「腹筋板チョコ！」なんて言い慣れない用語でも使おうとしたの？と問う私。「どうして名前でいいから呼んでくれなかったの―？　大谷頑張れでもよかったんよ。つらかったよ―」。

先生方は困惑し、「なんて言ったらいいかわからなかった……」と、お上品なお答え。たとえて良いのか不明だが、歌舞伎鑑賞時によく「いよー！成田屋！」とか聞くけれど、あれは大向うといって常連客が発するものなのよね。確かにね会場の雰囲気にのまれるし、タイミングも難しいよね。

というわけで、これを機に私は先生方を仕込むことにした。「応援の時はまずゼッケンの番号で何番いいよ～！と言ってね。そして私が出る大会はバリバリ筋肉鍛えてます系ではないので、肩がメロンとか発しなくてよいから」と。まあ先生方は時間をさいて私のビキニ姿を見に来てくださったのだから、ありがたしなのだが。

最後に「馬みたいだった」と言われ、それな！　最高の褒め言葉よ！　ありがとうみんな♡

㊤FITNESS STAR JAPAN大会
㊦大会後

緩和ケアカンファで

歯科医師 井上氏

連携の課題など講演

福島市で終末期患者への在宅ケアを実践する多職種によるネットワーク「在宅ホスピスケアネット福島」は10日、第101回緩和ケアカンファレンスを福島市保健福祉センターで開いた＝写真。第一部の話題提供で、歯科医師の井上義郎氏（祥義会理事長）が「口腔の機能について考察する」と題して講演した。

井上氏は、2013年に福島訪問歯科医院を開業。地域連携のもとで歯科訪問診療を展開してきた。講演では、医師や薬剤師など医療職のほか、介護職種にも関連する歯科口腔領域の課題を提示。24年医療介護同時改定で強調された「口腔・栄養・リハ」の三位一体の意義について解説し、舌の重要性、口腔機能とフレイル予防との関連、特養や老健で義務化された口腔ケアでの歯科との連携の課題などについて話した。

◇◇◇

第二部は、さまざまな現場での在宅緩和ケアでの課題やノウハウを共有する情報交換をテーブルごとに行う「ケアカフェふくしま」。ふくしま在宅緩和ケアクリニック院長の橋本孝太郎氏が司会を務め、活発な意見交換が行われた。

◇◇◇

同会の設立目的は、「在宅ホスピス医」を増やして、在宅ホスピスケア提供のネットワークを作り、「安心して死ねる地域づくり」を目指すというもの。

主な活動は、①知識、技術の習得、②在宅緩和ケア提供のネットワークの構築、③情報提供窓口の確立。これまで20年以上におよぶ実績により、福島市では社会に在宅緩和ケアが根付きつつある。

インレーの受注開始

AIが補綴物デザイン

DSデンタルスタジオ

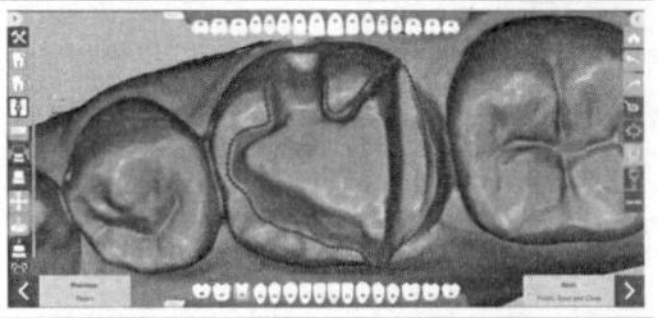

DSデンタルスタジオ(本社・千葉市、草深多計志社長)は、同社が国内で独占販売契約を締結するGlidewell Laboratories(本社・米国、カリフォルニア州)の歯科補綴物AIデザインソフト「Final Touch」のインレー=イメージ写真=の受注を開始したと8月29日に発表した。

同ソフトは、補綴物のデザインやセラミック等での切削加工データをAIが自動で作成し、全国の歯科技工所から印象のデジタルデータをインターネット上で発注できる(模型の郵送も可)。デザインデータでの納品のほか、ミリング後に完成品を納品することも可能。ソフトウェアや設備の購入などの初期投資は不要。ソフトに直接アクセスできる歯科技工所向けのライセンス契約も用意。歯科医院ではソフトは直接利用できず、医院向けに口腔内スキャナーのレンタルを無料で行っている。

価格は、CAD/CAMインレーのデザインのみが1760円～、ミリングのみが4840円～、デザイン+ミリングが6600円～。詳細はホームページまで。

精密機器の開発製造会社を買収

ナルコーム

ナルコーム(本社・長野県佐久市、猪俣吾郎社長)は、ヤマト製作所(本社・東京都大田区)の全発行株式を8月8日付で取得し、100%子会社化したと発表した。買収金額は非公開。

ヤマト製作所は、医療機器や化学機器、理化学機器などの精密機器の開発・製造を行っており、今回、事業範囲の拡大と経営効率の向上、利益剰余金の再投資を目的に買収した。今後は、既存製品のさらなる品質向上と新製品の開発などを進めていく。

週間 金・パラ価格動向　税抜価格(1g、円)

	金	パラジウム(参考価格)
9月9日(月)	11,507	4,435
9月10日(火)	11,596	4,580
9月11日(水)	11,485	4,665
9月12日(木)	11,593	4,905
9月13日(金)	11,675	4,960

提供 石福金属興業

エキテン・ネット予約

歯科医院も一部対象に

デザインワン・ジャパン(本社・東京都新宿区、高畠靖雄社長)は、「Reserve with Google」の機能アップデートに対応し、店舗の口コミ・ランキングサイト「エキテン」のネット予約機能の業種を、歯科などに拡大した。

Reserve with Googleは、Google検索やGoogleマップ上の予約ボタンから予約が行えるもの。今回、「オンラインで予約」をクリックすると、「エキテン ネット予約」の画面になり、必要事項を入力するだけで予約が可能になった。対応業種は歯科のほか、ヘルスケア、病院(救急を除く)、ウェルネス、ビューティ、教育、スクール、ホームサービス、ペット、自動車サービスなど。

なお、保険診療を主とする事業者は、「Google で予約」を利用できない場合があるという。

お守り入れ歯

バス内で義歯の相談

▼ドラッグストアの駐車場に停車する専用バス

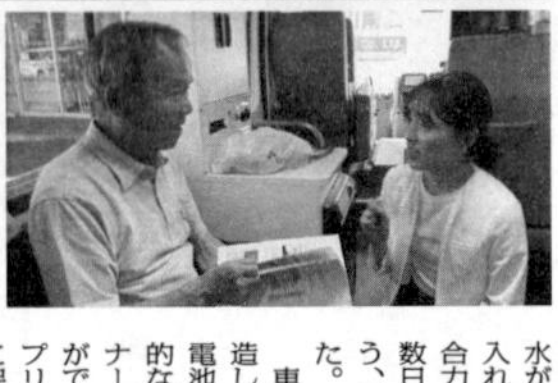

▶車内での義歯に関する相談の様子

歯科技工所を運営するお守り入れ歯(本社・札幌市、池田昭社長)は8日、災害時などに備える義歯の無料相談会を北海道石狩市のツルハドラッグ花川南店で開催した。

駐車場に設置した被災地への支援活動や出張診療ができる移動式診療車両「入れ歯銀行バス」内で、水が使用できない時の義歯のお手入れ方法の解説や義歯の相談、咬合力の測定などを行い、災害時に数日で新しい義歯を使用できるよう、義歯の無料データ保管も行った。

車両は中古のマイクロバスを改造したもので、太陽光パネルと蓄電池を搭載し、発電も可能。簡易的な診療や義歯洗浄、3Dスキャナーでその場で義歯のデータ保管ができるほか、災害発生時は3Dプリンターを搭載し、入れ歯銀行に保管しているデータから新しい義歯をすぐに作製できるという。

Haleonジャパン

「環境表示マーク」を策定

製品パッケージに表示

Haleonジャパン(本社・東京都港区、野上麻理社長)は、消費者が環境に配慮した製品を選びやすくなるよう「環境表示マーク」=写真=を策定し「シュミテクト」の製品パッケージへの表示を開始したと3日に発表した。

マークは「ハミガキから始まるエコ」の想いをデザイン。同社のエコ基準をクリアした製品(2024年9月時点で、化石資源由来プラスチック使用削減に貢献するパッケージ)に表示し、今後「カムテクト」等の製品にも表示する予定。同社は、歯ブラシのパッケージを100%プラスチック不使用や再生プラスチックを使用したものに変更するなど、環境に配慮した製品パッケージの開発を進めている。

口腔内スキャナー管理ソフトと連携

エミウム

エミウム(本社・東京都新宿区、稲田雅彦社長)は、歯科技工関連の業務を効率化するクラウド「エミウムクラウド技工」と、口腔内スキャナーメーカー、Medit(本社・韓国)のデータ管理ソフトウェア「Medit Link」の連携を開始した。

医院は、Meditの口腔内スキャナーで採得した口腔内スキャンデータをエミウムクラウド技工から直接確認でき、電子歯科技工指示書と一緒に3Dファイルを技工所に送信・発注できる。これまで手動で行っていたデータのダウンロードやアップロードは不要となり、電子歯科技工指示書で効率良くデータを管理できるという。連携には、Medit Linkのアカウント登録が必要。問い合わせは、エミウムの問い合わせフォームまで。

口の元気度確認アプリに新機能

サンスター

サンスターグループ(=サンスター)は、口の元気度を数値化してセルフチェックできる無料のスマートフォンアプリ「おくち元気チェック」に、口の筋力トレーニング機能「60回トレーニング」と、過去の結果を確認できる「履歴確認機能」を追加している。

60回トレーニングは「パ」「タ」「カ」「ラ」から選んだ一音を、できるだけ速く60回発声して口の筋力を鍛えるもので、何秒で60回発音できたかの結果を表示する。履歴確認機能では、一音ずつの結果の変化をグラフで確認でき、トレーニングの継続日数も記録できる。アプリはApp storeやGoogle Playからダウンロード可能。

従業員の脱炭素行動を支援

モリタら

モリタ(本社・大阪府吹田市、森田晴夫社長)は、大阪府とスタジオスポビー(本社・東京都中央区、夏目恭行社長)が発足したプロジェクト「脱炭素エキデンン365」に参画すると8月26日に発表した。

同プロジェクトは、さまざまな行動変容でCO_2排出抑制に取り組み、脱炭素活動のスコア(=脱炭素スコア)を見える化して「脱炭素社会」の実現を目指すもの。個人の生活で脱炭素量を計測できるアプリ「SPOBY(スポビー)」を活用して、徒歩や自転車での移動、マイボトルの活用、リモートワーク、階段の上り下りなどで脱炭素量を見える化し、脱炭素スコアが貯まると商品と交換できる。

■ポケモン柄入りのスクラブ第3弾/クラシコ

クラシコは、医療用スクラブ「クラシコ ポケモンコレクション」の第3弾を発売している。色は4種類用意し、色別にピカチュウ、コダック、ミュウ、カントー地方の旅立ちの3匹(フシギダネ・ヒトカゲ・ゼニガメ)を刺繍。トップスとパンツのサイズは、XXS、XS、S、M、L、XL。同社のオンラインストア等で販売。価格はオープン。

☰ 保険適用 ☰　(9月1日付)

【区分A2】

〈製品(販売)名・製品コードに変更・追加があったもの〉

- ▼ **エンビスタジャパン**=「オルソパントモグラフ OP 3D」歯科CT撮影装置、パノラマ断層撮影装置、歯科パノラマ断層撮影デジタル映像化処理装置、歯科部分パノラマ断層撮影装置、歯科部分パノラマ断層撮影デジタル映像化処理装置
- ▼ **ジーシー**=「ジーシーガスレーザー」レーザー手術装置(Ⅰ)

【区分B1】

- ▼ **ユーデント**=「コアーマックスⅢ」052 複合レジン築造用(硬化後フィラー60%以上)
- ▼ **クリエートメディック**=「クリニー抗菌フォーリートレイキット」018 膀胱留置用ディスポーザブルカテーテル(3)2管一般(Ⅲ)②閉鎖式導尿システム
- ▼ **日本ストライカー**=「ユニバーサル AXS マンディブルスクリュー」004 固定用内副子(スクリュー)(1)その他のスクリュー①標準型 ア 小型スクリュー(頭蓋骨・顔面・上下顎骨用)
- ▼ **テレフレックスメディカルジャパン**=「LMA フレキシブルプレカーブド Cuff Pilot」015 気管内チューブ(1)カフあり②カフ上部吸引機能なし
- ▼ **松風**=「ビューティバンドセメント」037 ダイレクトボンド用ボンディング材

〈製品(販売)名・製品コードに変更・追加があったもの〉

- ▼ **バイオデント**=「エンパワー 2 クリア」004 ダイレクトボンド用ブラケット
- ▼ **楽天メディカル**=「BioBlade レーザシステム」036 半導体レーザー用プローブ
- ▼ **松風**=「ビューティリンク SA」046 歯科用合着・接着材料Ⅰ(1)レジン系①標準型「プレシクリスタル」004 ダイレクトボンド用ブラケット
- ▼ **ビー・エス・エーサクライ**=「チャームコア」052 複合レジン築造用(硬化後フィラー60%以上)

製品紹介

(価格は税込)

ミリングマシン用ミリングバー

松風 CAD/CAM ミリングバー BE-B

松風　☎075(778)5482

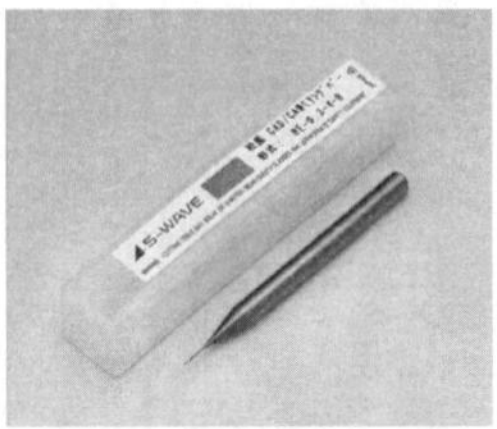

ジルコニア加工の最終仕上げ用に刃先径0.3㎜を追加したミリングバー。小窩裂溝の最終加工に使用できる。従来品より裂溝部を微細に表現でき、これまで焼結前に手彫りで仕上げていた負担を減らせる。

価格=1万3,860円

歯科用ユニット

ノバ シーズンズα DH セレクト モア L-6173 グレージュ

ヨシダ　☎0800-170-5541

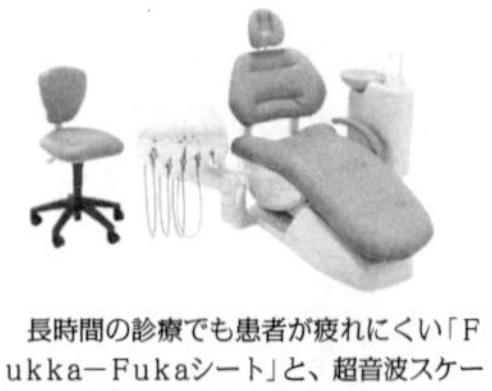

長時間の診療でも患者が疲れにくい「Fukka－Fukaシート」と、超音波スケーラーを標準搭載した歯科用ユニット。シートの色にグレージュを採用した。シンプルなユニットで、容易に操作や手入れができる。

価格=380万9,300円～(カンター1～3型)、400万7,300円(前折れステップ1～3型)、10万5,600円～(モアSr、Nr)

歯科用インプラント

Nobel Biocare N1 System

ノーベル・バイオケア・ジャパン　☎03(6408)4182

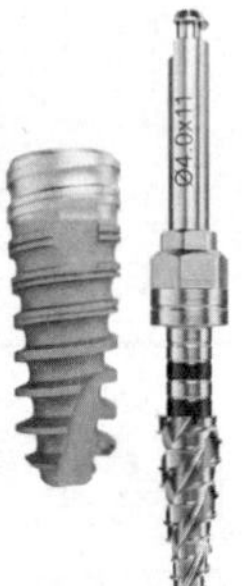

トライオーバル形状(梢円三角形)のインプラント体で無注水下での低速ドリリングによる埋入窩形成が可能な歯科用インプラント。骨へのダメージを最小限に抑え、安定性の高い治療が期待できるという。

価格=5万7,200円(各N1インプラント対応のオッセオシェーパー1を同梱)

ファイバーポスト

i－TFC ルミナスⅡ

サンメディカル　☎077(582)9980

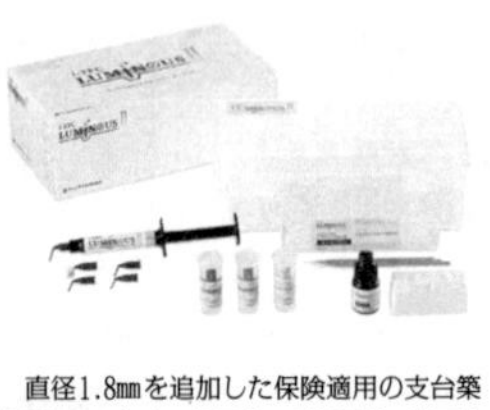

直径1.8㎜を追加した保険適用の支台築造用ファイバーポスト。専用のレジンは新たに「LPSモノマー(低重合収縮モノマー)」と「S-PRGフィラー」を配合。ボンディング材は親水性アミノ酸系重合開始剤を増量し、デュアルキュア性能を強化した。

価格=1万8,700円(スターターセット)

3Dプリンター用樹脂

キーガード

名南歯科貿易　☎052(799)4075

生体適合性のあるスポーツマウスガード用の3Dプリンター用樹脂。3DスキャンとCAD設計、3Dプリントで、一人一人に合わせたマウスガードを作製できる。さまざまな3Dプリンターに積層可能。波長は385㎚と405㎚に対応。色はホワイト、ブラック、パープル、グリーン。

価格=8万5,800円(1kg)

デジタル印象採得装置

G-Oral スキャン2 ワイヤレス

ジーシー オルソリー　☎0120-108-171

ワイヤレスで高速スキャンできるデジタル印象採得装置。有線モデルとしても使用可能。Wi-Fiより約1.4倍速い高速Wi-Fi規格(=Wi-Fi6)を採用し、同じ室内の約5mで通信が可能。バッテリーは3個付属。

価格=269万5千円(別途、設置日から5年間の保守維持費 27万5千円)

ヘッドライン企業ニュース

■歯科医師向け情報サイト「WHITE CROSS」で「スタイルイタリアーノハンズオンキットEspresso」の販売を開始(コルテンジャパン/7月31日)

■世界初！全自動ロボット歯科医が人間を治療する(new atlas/7月31日)

■奨学金返還支援制度を導入(オーディック/7月31日)

■美白高機能歯磨きシリーズ「アパガード」のプレミアムタイプ「アパガードプレミオ」が、女性ファッション誌「美人百花」読者1千人が選ぶ「美人百花アワード2024」“愛用している歯みがき粉部門”において、3年連続第1位に(サンギ/8月)

■ペンシルブラスター用研磨材「ホワイトアルミナ」を9月2日に発売。歯科用カーバイドバー「カーバイドバー」などを9月2日の受注分から価格改定(クエスト/8月)

■医科・歯科クリニックの待合室に設置できるチームラボのモニター作品の導入件数が200件に(GENOVA/8月1日)

■「三角穴フェイスガードII」を発売(竹虎/8月1日)

■ジルコニアディスク「マルチ5m」を発売(エーティーディー・ジャパン/8月1日)

■カタログ掲載品全般、9月1日注文分より、現行価格の+5%程度に価格を改定(プラトンジャパン/8月1日)

■口腔ケア用ジェル「お口を洗うジェルAZ」を8月23日に発売(日本歯科薬品/8月2日)

■「ELインプラントホルダー」を発売(プラトンジャパン/8月4日)

■歯列矯正用咬合誘導装置「ムーシールド・CLⅢ Sサイズ」を8月21日に発売(JM Ortho/8月5日)

■ビスコ社のデュアルキュア型MTA系覆髄材料「セラカルPT」に2gを発売(モリムラ/8月5日)

■3Dプリンター「Form4B」の販売を開始(シバタ/8月8日)

■本社ビルである渋谷ヒカリエ直結の渋谷アクシュ23階に9月2日オフィスを拡張(GENOVA/8月9日)

■GC Corporate Center増築Ⅱ期工事の竣工式を執り行う(ジーシー/8月9日)

■マニー・斉藤社長「世界一の品質、北米に販路拡大」(NIKKEI×日経CNBC/8月15日)

■ニトリルグローブ「セーフタッチ アドバンスド ブラック」の販売を開始(A.R.メディコム・インク・アジア・リミテッド/8月21日)

今週号の主な内容

コラム

FDI委員に鶴田氏と平野氏

日歯が活動報告

FDIに参加した日歯代表団

世界歯科連盟（＝FDI）の教育委員会委員に東京医科歯科大学教授の鶴田潤氏、歯科開業委員会委員に京都府開業の平野裕之氏が選ばれた。14日にトルコのイスタンブールで行われたFDI総会で決定した。

2022年には京都府開業の岩崎万喜子氏が会員連絡・支援委員会委員に、23年には新潟大学教授の小川祐司氏が理事に当選している。日本歯科医師会常務理事の末瀬一彦氏は、19日の記者会見で「FDI常設委員会に3人の議席が確保されたことは非常に大きな成果。日本の立ち位置、存在感をよりアピールしていけるだろう」とコメントした。

◆◇◆

なお、日歯代表団は末瀬氏を団長に9日から関連行事に参加。アメリカ、イギリス、カナダ、オーストラリア、ニュージーランド、韓国との7カ国歯科医師会会議では、各国の課題を共有して意見交換を行い、日歯からは「歯科関連職種に関する調査」を議題にあげたとのこと。さらに別日には、アメリカやドイツの歯科医師会と個別に会談を行うなど、交流を深めた。

関根さんとアンガールズがPR

P＆Gジャパンの新製品発表会にお笑いコンビ・アンガールズとタレントの関根麻里さんが登場。手磨きと比較して電動歯ブラシの有用性などをアピールした。（7面に記事）

5年以内の離職率27・9％

歯技協　会員歯科技工所

日本歯科技工所協会が会員歯科技工所に対して行った2023年度調査で、5年間の入社総数は1467人、5年以内の離職者は410人（離職率27・9％）だった。離職率は4年前の前回調査時27・8％とほぼ同じだったが、入社総数と離職者数は18％増えている。

インターネットなどでは、歯科技工士の入社5年以内の離職率は70％を超えているとの調査結果が報告されており、歯技協は同様の計算式を用いて、会員歯科技工所の実態を調査。19年度から23年度の5年間について、今年6月25日から7月31日まで、メール（調査票）やウェブアンケートで行い、82社中64社（回収率78％）から回答を得た。

なお、離職者は「会社を退職したもの」と定義している。

歯技協は、歯科技工士全体の離職率70％と比べると半分以下で、定着率72・1％との見方もできると分析。

調査担当者で協会総務理事の北井正勝氏は、「実態を把握してこそ、次の対策や検証が可能となる。今後、歯科医院などに勤務している歯科技工士や協会会員以外の歯科技工所での離職率を把握することで、今後求められる歯科技工体制や、歯科技工士不足の歯止め対策につながる」とコメントした。

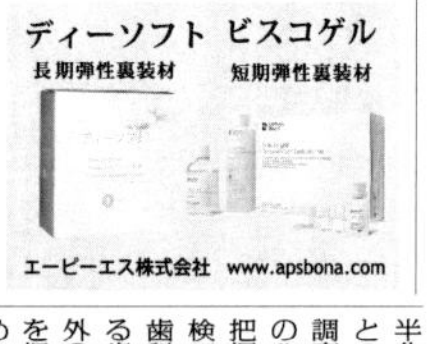
ディーソフト　ビスコゲル
長期弾性裏装材　短期弾性裏装材
エーピーエス株式会社　www.apsbona.com

日歯

商品回収などの経緯を説明

小林製薬の推薦取り消し

日本歯科医師会は8月29日、今年3月の紅麹問題における安全管理や、その後の企業としての一連の対応を受けて、推薦する基準に満たないと判断し、小林製薬の「糸ようじ」など3製品の推薦を取り消した。小林製薬は連絡を受けたのち、9月13日から販売を一時休止し、商品回収を開始した。対象商品のパッケージ変更が決まり次第、販売再開するという。

日歯は19日の記者会見で、国民のために流通を継続したままの対応を求めたものの、小林製薬の判断で販売が休止した経緯を説明した。

◇◆◇

推薦を取り消したのは、糸ようじや「やわらか歯間ブラシ」、マウスピース洗浄剤「ピースクリン」。同製品の安全性などに問題はないものの、紅麹問題での安全管理や対応を受けて企業として推薦するのが難しいとの判断に至った。

日歯は、パッケージからの推薦マークの削除などについては、国民の健康を一番に考えて、流通を止めることなく小林製薬の協力を得ることが一番との思いで協議をし、流通を止めない方策を提案したものの、小林製薬の判断で商品の回収となったと説明。伊藤智加常務理事＝写真＝は「われわれも消費者やユーザーの使用状況を守っていくことを一番に考えていたので、（この対応は）とても残念に思う」とコメントした。

◇◆◇

なお、小林製薬の山根聡社長は日歯会館を直接訪問し、日歯に与えた影響や問題について謝罪していたとのこと。山根社長は再発防止策を実行し、人事評価制度の見直しや品質・安全管理を統括する専門部署の設置など、組織としての信頼回復につとめていく方針を掲げている。

日本歯科新聞

2024年（令和6年）

9月24日

＜発行所＞
日本歯科新聞社
厚生労働省記者クラブ加盟社

〒101-0061
東京都千代田区神田三崎町2-15-2
電　話　03（3234）2475
ＦＡＸ　03（3234）2477
www.dentalnews.co.jp
jdn@dentalnews.co.jp

■ 年間購読料 23,760円（送料込）（本体 21,600円＋税）
■ 月4回、火曜日発行
■ 郵便口座番号 00120-5-130369

RUBY
歯冠修復用コバルト・クロム合金
J CROWN
Jクラウン
株式会社 ルビー

SNSでも 情報発信中！
@shikashinbun
fb.me/dentalnewspress
日本歯科新聞社

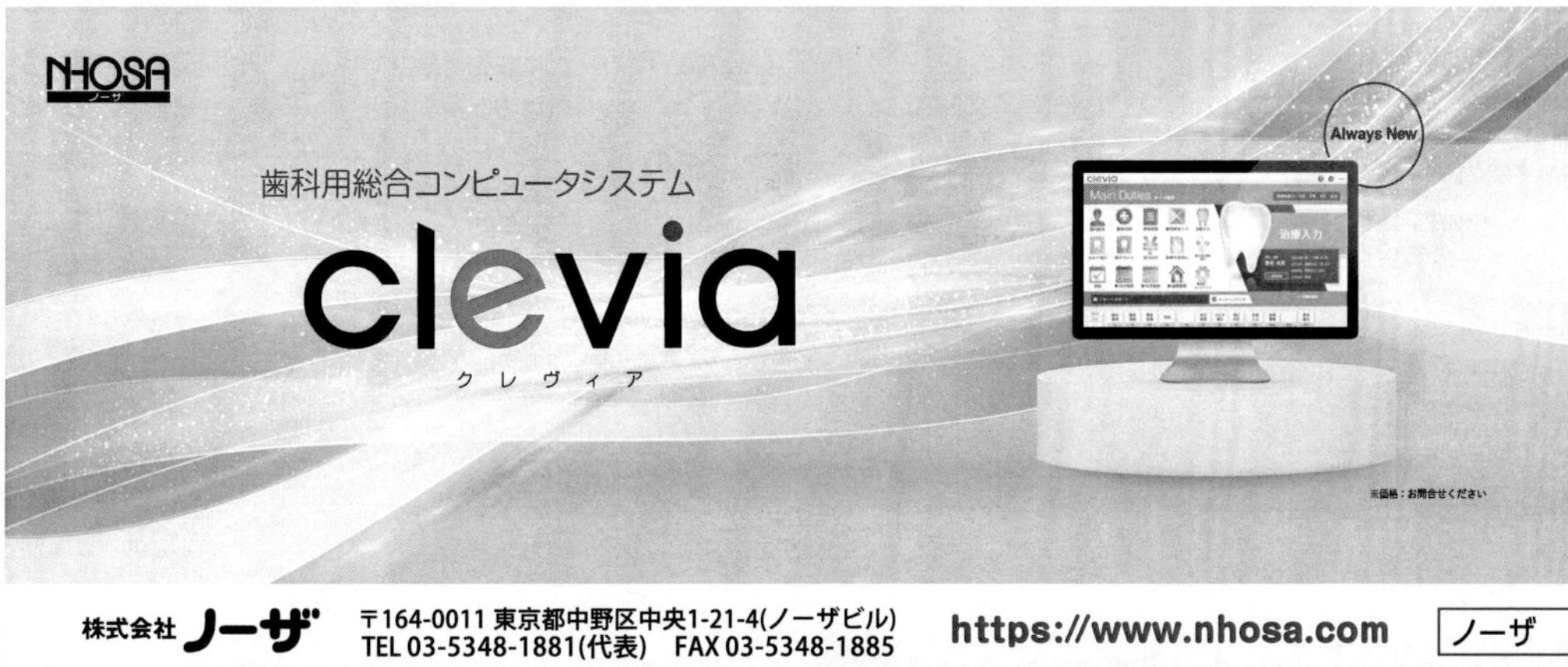

台風10号

会員の診療所・自宅で床上浸水など計57件

8月29日にかけて上陸した台風10号で日本歯科医師会会員の歯科診療所および自宅の一部破損や床上浸水など計57件が発生した。また神奈川では人的被害として軽傷が1件あった。9月19日の日歯の定例記者会見で発表されたもの。
詳細は表の通り。

台風10号による日歯会員 被災状況
(令和6年9月17日17時時点)

		神奈川	静岡	岐阜	大分	宮崎
診療所	一部損壊			2		
	一部破損	1	12	1	11	8
	床上浸水(床上1.8m未満)	1				
	床下浸水	3				
	機械室浸水		2			
自宅	一部損壊	3	3	1	4	3
	床上浸水(床上1.8m以上)	1				
	床上浸水(床上1.8m未満)	1				

神奈川県歯 臨時代議員会

会員種別含む定款改正

大学所属歯科医の一括会員化へ

議案採決の前に執行部から改定する理由などの説明があった

神奈川県歯科医師会の第32回臨時代議員会が19日、横浜市の県歯会館で開かれ、定款施行規則や殊遇規則の一部改正、会費・負担金の改定の全3議案が承認された。来年4月から新たに大学などに所属する歯科医師を一括会員化できる会員種別が設けられ、県内にある神奈川歯科大学と鶴見大学の教員(歯科医師)が所属することになれば、約400人の会員増が見込めるという。

◇◆◇

定款施行規則の一部改正ではそのほか、会員種別をわかりやすくするために表現の見直しや集約などが行われている。さらに殊遇規則では、終身会員の急増を緩やかにするために条件の一つである会員としての所属年数「満30年以上」を「満40年以上」に変更した。

会費・負担金では、会費や医事処理、災害対策、センター会館維持管理費、センター建設協力金、福祉共済などの合計を、2024年時19万8千円から、19年時(21万9千円)の水準となる21万7千円に改定する。

守屋義雄会長ら執行部は、議案前に会の置かれている状況をあらためて説明。「仮に現行の会費・負担金を変えずに次年度の一般会計収支予算を試算すると、約4千万円の赤字となる」と一刻も早く財務状況を改善するために負担金見直しの必要性を訴えた。

代議員からは、「急な提案で地域会員への十分な説明ができないまま議案に計上された」などとして、議論の進め方に疑義を呈する意見も出たが、賛成多数で可決承認された。

◇◆◇

代議員会の報告では、①「JDAT(日本災害歯科支援チーム)の運用」、②「BCP作成」、③「事務局業務のDX推進」の諮問に対する委員会答申書も紹介された。

県歯連盟 鶴岡会長
自民党総裁選の支持者など説明

神奈川県歯科医師連盟の鶴岡裕亮会長は、自民党総裁選の候補者のうち、神奈川の河野太郎氏と小泉進次郎氏の双方を支持することを自民党に書面で送っていると明かした。19日の県歯科医師会臨時代議員会のあいさつのなかで述べたもの。

鶴岡会長

鶴岡会長は、「自民党員の先生には投票用紙が送られている。県歯連盟の立場としては、地域の事情も鑑みて、河野氏と小泉氏の二人を支持することを自民党に書面で送っている」と理解を求めた。

なお、22日投開票の伊勢原市長選挙に臨む歯科医師の萩原鉄也氏、来年の参議院選挙についても言及した。

男性歯科衛生士の今 ⑤

男性歯科衛生士を雇用する秩父臨床デンタルクリニック・CTインプラントセンター(埼玉県開業)院長の栗原仁氏に、男性歯科衛生士を雇用するにあたり準備したこと、男性歯科衛生士の活躍の可能性について聞いた。

——男性歯科衛生士を一人雇用されているとのことですが、雇用にあたり、設備面での準備や院内規則の変更、既存スタッフへの周知事項はありましたか。

栗原　当院は開業した約20年前から男性勤務医がいるので、設備の新設などは特にありません。男女それぞれに更衣室はありますし、約2年前にトイレを男女別に改修済みです。

それから、診療時は男女かかわらず歯科衛生士一人に1台のユニットをあてています。ちなみに当院の奨学金制度を利用して歯科衛生士学校に通っている男性が入職したら当院の男性の歯科衛生士は二人になります。

院内規則の変更や既存スタッフへの周知事項などは特にありません。

◆◇◆

——男性歯科衛生士の活躍の可能性は。

栗原　共働き世帯が増えたとはいえ、女性の歯科衛生士は結婚を機に退職するケースは一定数いますし、「出産後は女性が育児を担う」という古くからの慣習は今も残ったままなので、出産後に仕事に復帰する場合でも、ご家庭の事情などで短時間勤務を選ぶ方が多いのも現状です。

ライフイベントを機に退職や時短勤務となるリスクが少ないのは、男性歯科衛生士を雇ううえでの一つのメリットと言えると思います。

また、「長期的な予後」という観点で一人の患者さんを長い間診続けられるのは、女性よりも男性の歯科衛生士かもしれません。

そのほか、歯科衛生士は単独での医院開業は日本の法律上では認められておらず、口腔ケアサロンなどを起業する人は稀ですので、勤務歯科医師に付き物である「開業に伴う退職」が、歯科衛生士には現状ほぼないのも、男性歯科衛生士を雇ううえでの一つのメリットと言えるのではないでしょうか。

なり手増やすために給与面も考慮

栗原氏

◆◇◆

——男性歯科衛生士を増やすには何が必要だと思いますか。

栗原　「なり手を増やすには」と考えたときに考慮することの一つが給与だと思います。

当院の給与形態は固定給のほかに歩合制を取り入れていて、勤務医だけでなく歯科衛生士も適用しています。歯科衛生士の歩合制は、一人1台のユニットをあててメンテナンスのアポイントを取れるようにしたことで実現しました。

女性は出産後には短時間勤務となるケースが多いものの、男性はライフイベントを挟んでも勤務形態が変わらない方がほとんどです。本人の働きぶりにもよりますが、勤続年数が長くなった際は、男性歯科衛生士の歩合制の利率を上げることも視野に入れています。

そして、世の中全体を見渡すと、学校卒業後に、職場とのミスマッチや労働契約期間の終了などで離職期間が長引いた場合、定職に付きづらい風潮にあると思います。また、長期間のアルバイト暮らしで不安定な生活を送る子供を心配する親御さんも多いと思います。

昨年同様、今年も酷暑でした。歯科医院では暑い夏でも、寒い冬でも冷暖房の効いた室内で仕事ができます。

歯科衛生士の需要は年々増しており、平均年収も少しずつ上がっています。空調の行き届いた快適な環境の中で、収入面を含めて将来への不安を払拭できる職業の一つが歯科衛生士だと思いますし、男性歯科衛生士の存在は、歯科衛生士の人手不足の突破口の一つにもなり得ると考えます。

そのためにはまずは、歯科界が男性歯科衛生士の活躍の可能性に気づくことが大切ではないでしょうか。

男性歯科衛生士のなり手を増やすための勉強会を開きたいと考えており、興味がある方はぜひご連絡いただければと思います。

訪問歯科 超 実践術 ㊻446

前田実男
(日本訪問歯科協会 理事)

在宅歯科医療情報連携加算

在宅歯科医療情報連携加算は、今回の診療報酬改定の新設項目だ。歯科疾患在宅療養管理料、在宅患者訪問口腔リハビリテーション指導管理料、小児在宅患者訪問口腔リハビリテーション指導管理料の加算である。

対象は、在宅療養中で通院が困難な患者。連携するほかの保険医療機関等に所属する、患者の医療・ケアにかかわる医療関係職種および介護関係職種等(以下「医療関係職種等」という)がICT(情報通信技術)を用いて記録した情報を取得・活用し、計画的な医学管理を行った場合に、月1回に限り100点を所定の点数に加算する。

算定には次の要件をいずれも満たす必要がある。

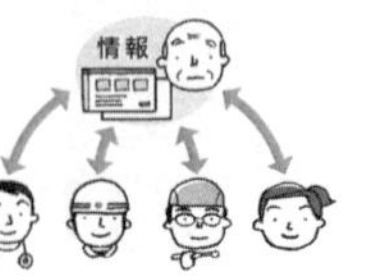

●歯科医師が、医療関係職種等がICTで記録した患者の医療・ケア情報を取得した上で、計画的な医学管理を行う。診療を行った際の診療情報等もICTで記録し、医療関係職種等に共有することについて、患者の同意を得る。

●訪問診療を行った日に、次回の予定日、治療方針の変更の有無についてICTで記録し、医療関係職種等に共有する。治療方針を変更する場合は歯科医師が概要を記録する。

●訪問診療を行った日に、歯科医師が、患者の医療・ケアに関する留意点の医療関係職種等への共有が必要と判断した場合、ICTで記録し、共有する。

●終末期や急変時の治療方針等に関する希望を患者や家族等から取得した場合、同意を得た上で、ICTで記録し、医療関係職種等に共有する。

●訪問診療を行う場合に、過去90日以内に記録された患者の医療・ケアに関する情報(当該保険医療機関および特別の関係にある保険医療機関等が記録した情報を除く)をICTで取得した数が一つ以上であること。その情報は常に確認できる状態にする。

●医療関係職種等から患者の医療・ケアを行うにあたっての助言の求めがあった場合には適切に対応する。

なお、この加算の算定には施設基準の届出が必要である。

日本訪問歯科協会　https://www.houmonshika.org

神奈川・伊勢原市長選挙

歯科医の萩原氏が当選

任期満了に伴う神奈川県伊勢原市市長選挙の投開票が22日に行われ、同市議会議員の経験もある歯科医師の萩原鉄也氏=写真=が当選した。

自民党と立憲民主党から推薦を得ており、1万9505票と、相手候補の7207票を上回った。

同氏は、平成3年3月に神奈川歯科大学卒業、12年に同大大学院を修了。4年に開業。24年に伊勢原市議会議員補欠選挙でトップ当選した。令和2年7月からは神奈川県歯連盟の相談役を務めている。

歯科国試にチャレンジ

●408　2024年(第117回)より

矯正歯科治療の目標とする咬合状態はどれか。1つ選べ。

a　仮想正常咬合
b　機能正常咬合
c　個性正常咬合
d　典型正常咬合
e　暦齢正常咬合

117-A016

答えは本紙のどこかに!

My Way

多職種で「食べる」を支える

猪原［食べる］総合歯科医療クリニック

待合室にあるキッチンで管理栄養士や歯科衛生士、言語聴覚士とともに、患者に合わせた嚥下食の試作のほか、医療・介護職を対象としたトロミに関する実習付きの勉強会が開かれる猪原［食べる］総合歯科医療クリニック（広島県）。「料理の香り につられて、患者さんが寄ってくる」とのことで、憩いの場にもなっているという。歯科技工所や内科室も併設されており、診療室は完全バリアフリーだ。歯科医師で同院訪問診療部部長の猪原光氏に、院内の取り組みや今後の展望などを聞いた。

――医院名にもありますが、やはり「食べる」にフォーカスしているのですか。

猪原　そうですね。当医院では、「人生の最後まで口から食べること」に重きを置き、治療のゴールを考えています。

耳鼻科など医科からの紹介もかなり多くあります。医科では「特に問題が見当たらない」とされたケースにおいても、実際は食べることに困られている患者さんも多くいます。

例えば、病院から「刻み食や柔らかい食べ物にしてください」と言われた高齢者のご夫婦を思い浮かべてください。その方々が柔らかく飲み込みやすい食事を、確実に調理できるでしょうか。

実際に不適切な形態の食事となってしまい、病院に搬送されるケースもあるなど、「いかに料理（嚥下食など）がきちんと毎日再現できるか」まででフォローしないと、患者さんの「食べる」を解決したことにはなりません。

そのような相談を受けたとき、当院では嚥下内視鏡（VE）や、嚥下造影（VF）など専門的な検査を行います。また、原則として全ての患者さんに、う蝕・歯周病の予防プログラムに入ってもらい、その中で食生活など生活習慣の把握を行います。内科も併設しているので、全身をトータルで診るようにしています。

待合室キッチンで患者に寄り添う

㊤夫婦で歯科医院を運営・管理する猪原光氏（左）、猪原健氏
㊦待合室の「キッチン」では、食に関するイベントなどを開催している

また、待合室には一番近い距離で患者さんに寄り添える「キッチン」を作りました。

実際にパンを焼いていると、患者さんがキッチンまで来て「糖質ダイエットしてるんだけど、どうなの？」「〇〇が食べづらいんだよね」など、自然と食事に関する会話になります。この会話をきっかけに栄養指導を受けることもあるので、やはり良い香りパワーは凄まじいと日々感じますね。

◆◇◆

――多職種連携にも重きを置いているのでしょうか。

猪原　患者さんの「おいしく食べる」を支えるために歯科医師、歯科衛生士、内科医師、言語聴覚士、管理栄養士の5職種でチームを組んでいます。

嚥下検査をするとき、言語聴覚士にも立ち会ってもらい、その後リハビリにつなげる。調理に問題があれば、管理栄養士が指導に入る。そして、口の中が汚ければ歯科衛生士が見るという5職種の強みを活かした仕組みが取れています。

むしろ、これぐらいがっちりチームを組まないと、特に言語聴覚士は（成果が）見えづらい仕事なので、歯科では活かしきれないと思います。

そのほか、言語聴覚士は歯科医師とともに訪問診療に行くこともあれば、嚥下や言語の評価も行っています。管理栄養士とも連携しているので、在宅での栄養指導、嚥下食などの調理指導にもかかわっていますね。

また、まるでラブレターのようにこと細かに記載した情報提供書を提出しているため、医科の先生から患者さんを紹介されることもよくあります。

◆◇◆

――訪問特化の専門チームもありますが、なぜ設立したのですか。

2階の歯科技工室は4人が在籍し、義歯や被せ物を作成している

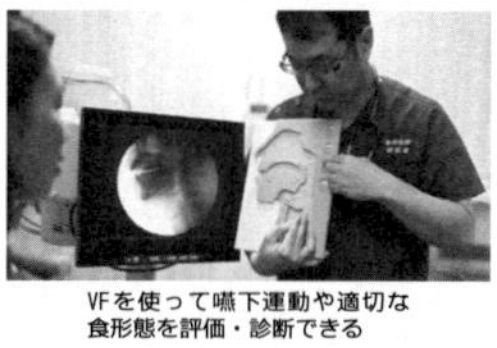

VFを使って嚥下運動や適切な食形態を評価・診断できる

猪原　地域の中で食べることに困っている人を助けたいと思い、2012年に訪問診療部を立ち上げましたが、嚥下障害の患者さんは社会の中に埋もれていて、歯科医療の現場では掘り起こせない問題がありました。

普段、むせていて食べることに困っている高齢者がネットで調べて、私たちまでたどり着けるでしょうか。現実には難しいと思います。歯が痛ければ歯医者に行くけど、むせたからといって歯医者に行く人はほとんどいないと思います。

ですが、耳鼻科に行けば「（解剖学的には）大丈夫」と言われてしまう。では誰が、そのような人を見つけてつなげてくれるかというと、要介護者であればヘルパーやケアマネジャー、病院に通っていれば看護師など、患者さんを取り囲む医療者に正しい知識が備わっていれば、掘り起こされます。

一番大事なことは、医療者や介護者などに教育を届けないと、歯科現場では嚥下障害の患者さんを見つけられないことだったのです。

そこで、待合室にキッチンを作って、患者さんとの何気ない会話から情報を引き出したり、医療介護従事者向けのセミナーを開いて知識を深めたりなど、街に教育を届けることにしました。

セミナーでは、低栄養の問題に対する高カロリー食や見た目のいい嚥下食の勉強会など、月に2回ほど行い、直近の5年間で100件ほど開催しました。

◆◇◆

――今後の展望をお聞かせください。

猪原　これからも住民の方々にはちゃんと歯科にかかってほしいと思っています。特に仕事や子育てが中心の生活で時間に追われ、食事や睡眠リズムが不規則な「働く世代」にアプローチしたいですね。

背中を少し押してあげれば、生涯健康にいられる人たちがたくさんいると思うので、今後は働く世代に対してのかかわり方が築ければと考えています。

口唇・口腔・咽頭がんで8587人が死亡

2023年の原因別の死亡数で、口唇・口腔・咽頭がんは8587人、誤嚥性肺炎は6万190人となっている。厚労省が17日に公表した令和5年人口動態統計（確定数）の資料によるもの。

同年の死亡総数は157万6016人で、前年より6966人増。死因で最も多いのはがん38万2504人。次いで心疾患23万1148人、老衰18万9919人と続く。新型コロナウイルス感染症での死亡は3万8086人。

また、出生数は前年より4万3471人少ない72万7288人で、死亡数との差（自然増減数）はマイナス84万8728人と、過去最高の減少。

なお、婚姻件数は前年より3万189組少ない47万4741組で、離婚件数は前年より4715組多い18万3814組となっている。

百歳高齢者表彰 4万7888人

厚労省発表

今年度中に100歳に到達または到達見込みの「百歳高齢者表彰」の対象者は1日時点で4万7888人となり、前年度と比べて781人多い。厚労省が17日に公表したもの。

同表彰は昭和38年から老人の日（9月15日）の記念行事として行われ、100歳を迎える高齢者に内閣総理大臣からお祝い状と記念品が贈られている。

なお、住民基本台帳に基づく100歳以上の高齢者の総数は9万5119人で、前年比2980人増。100歳以上のうち、女性が8万3958人と全体の88％を占めている。

ベースアップ評価料

負担軽減のため届出様式を改訂

厚労省は11日、令和6年度診療報酬改定で新たに設けた「ベースアップ評価料」の届出様式を、負担軽減のために簡素化したと事務連絡した。改訂された届出様式は厚労省や地方厚生局のサイトからダウンロードできる。

なお、改訂前の様式も引き続き使用できるとのこと。

評価料（Ⅰ）の届出書の記入は①医療機関の名称など、必要な事項を記載、②過去1年の実績（歯科初再診料等の算定回数等）を入力、③加算で得られる1年間の収入を、スタッフの給与をベースアップにどう配分するか計算（賃金改善計画書には1カ月の給与額を記載）の3ステップ。記入した書類はメールで提出すること。

厚労省によると、主な変更点は右記の通り。

届出様式改訂による主な変更点

【全般】
▼記載上の説明を詳しく、わかりやすくした

【賃金改善計画書関連】
▼対象職員の基本給等に係る事項の職種グループ別の記載箇所を削除
▼ベースアップ評価料対象外職種の『給与総額』に関する項目を削除

【参考 賃金引き上げ計画書作成のための計算シート】
▼届出を行う月の選択方法を変更
▼歯科外来・在宅ベースアップ評価料（Ⅱ）を届け出ない場合には「対象職員の給与総額」が記載不要に

東京歯科保険医協

ベア評価料の届出は低調

東京歯科保険医協会は13日、メディア懇談会を開催。診療報酬改定の実施から2カ月が経過して明らかになった課題を取り上げた。

このうち、東京都の歯科医院における7月1日時点の歯科外来・在宅ベースアップ評価料（Ⅰ）算定率は12・57％に留まっており、届出が低調であると示した。

趣旨説明した同会の馬場安彦副会長は、「ベースアップ評価料の届出には地域差がある」と指摘。規模の大きな歯科医院では専任の事務職員を雇用しているため、スタッフの給与の入力を任せることができるが、規模の小さい歯科医院では院長が手続きを行う必要があるため、小規模歯科医院の割合が大きい東京都では、全体の届出率が低調になった可能性を示唆した。

また、新規に導入されたベースアップ評価料の政策目的などが周知されていないため、届出をしていない歯科医院で、「今度の改定で給料が上がるはずなのに、上がらないのは院長が不正をしているからではないか」とスタッフから疑念を抱かれる可能性があることにも言及。「こうしたトラブルは当然、あり得ること。給与の入力はスタッフに任せにくい面もある」と、現場での運用の難しさを訴えた。

改定後の意見を厚労大臣に表明

東京歯科保険医協会は4日付で2024年診療報酬改定施行後の要望、確認事項を武見敬三厚生労働大臣に示した。15日開催のメディア懇談会で、馬場安彦副会長が内容を説明した。

主な意見は、①ベースアップ評価料、②施設基準、③医学管理、④歯冠修復、⑤有病者治療の5項目。

ベースアップ評価料については、歯科衛生士などの対象職員がいる歯科医院のみが対象のため、対象職員の有無にかかわらず基本診療料、技術料の増点が望ましいと要望した。

施設基準については、既存の施設基準が細分化されたり、新たな基準が設けられたりと複雑になったと指摘。それぞれ算定間隔、算定項目に違いを生じて医療現場、患者にも混乱を与えていると批判した。

医学管理については、口腔機能低下症の診断基準と口腔機能管理料の算定基準を同一にすることや、咬合圧検査と咀嚼能力検査の併算定も可能になるようにしてほしいと訴えている。

歯冠修復については、CAD／CAM冠を第三大臼歯にも適応とすることと、適応条件の簡素化などを要望。

有病者治療については、歯周病ハイリスク患者加算の対象を糖尿病以外にも広げるよう求めた。

4項目の要望東京都に提示

東京歯科保険医協会は、東京都に対して、個別指導の改善、歯科衛生士の復職支援、医療費助成制度の拡大、患者によるハラスメント対策の4項目について要望を行っている。13日に同会が開催したメディア懇談会で、馬場安彦副会長が背景と目的を解説したもの。

前回までは、20項目にもおよぶ要望を行ってきたが、より実効性のある回答に結びつくよう、今回は4項目に絞った。このうち、医療費助成の拡大については、現状、23区では子どもの医療費の自己負担が免除されているが、多摩地域では1回最大200円までの自己負担が残っており、歯科受診の妨げになっている可能性があると指摘している。

馬場副会長は小児う蝕が二極化しており、特に外国人世帯の子どもに多数のう蝕が見つかる傾向にあることや、う蝕、歯周病以外の新たな歯科疾患となっている「悪習癖」「口呼吸」「歯並び」などに対応した助成も必要との考えを示した。

また、患者トラブル・ハラスメント対策については、在宅医療関係者の安全を守る目的で都が開設した「専用ハラスメント相談窓口」を高く評価。一方で、外来でも患者によるハラスメントが増加していることから、外来でのハラスメント相談窓口の設置も求めた。

ピックアップニュース

■むし歯治療後”容体急変”2歳女児死亡　民事裁判で両親と歯科医らの和解成立　刑事裁判では有罪判決受けた元院長が上告中（rkb/9月3日）
■薬局や歯科医院に窓ガラス割って忍び込み盗み繰り返したか　三島市生まれの男を逮捕（DaiichiTV/9月3日）
■医療費47兆円、過去最大を更新　23年度概算、2.9％増（KYODO/9月3日）
■20代後半で歯周病になった内科医　初めてやってみた「ディープクリーニング」とは？（AERAdot./9月18日）
■「マイナ保険証」のトラブルについて開業医などでつくる団体が調査　6割以上が「あった」と回答（KSB瀬戸内海放送/9月19日）
■水を使わない「歯磨き」に持ち運べる「温泉」…「宇宙暮らし」のために開発された日用品がスゴかった（現代ビジネス/9月19日）

日本咀嚼学会　口演・ポスター発表

日本咀嚼学会第35回学術大会が19日、千葉県市川市の和洋女子大学で開催された。大会テーマは「健全な咀嚼を育む」。

「未来につなぐ健康投資　生まれる前からのう蝕予防戦略」をテーマに講演した静岡県立大学短期大学部歯科衛生学科の仲井雪絵教授は、出産前の母親に対する予防的介入が子どもに対するう蝕原生細菌の獲得防止、小児う蝕の発症予防に有効だとの事例を紹介した。

妊娠6カ月目からの母親に対して歯磨きや間食指導を行うだけではなく、定期的にキシリトールガムを食べてもらうように指導したところ、介入期間が終わっても、集団としてう蝕のローリスク者が一定数いたという。

海外の論文や自身の研究成果を踏まえ、同氏は①妊娠期から母親に対して口腔ケアを行うと、母から子へのミュータンス菌の伝播・予防ができる、②母親の口の中も良くなる、③3歳時点の子どもの虫歯予防効果が期待できるとの考察を示した。

本紙面では、口演やポスター発表で気になった内容を紹介する。

仲井氏

国立モンゴル医学科学大学の岡崎好秀客員教授による市民公開講座も行われた

大阪大学・ロッテ・大阪市学校歯科医会

14％超が咀嚼能力低い

大阪市内の小学生1万5919人へ調査

咀嚼習慣の問題も確認

大規模調査で好ましくない咀嚼習慣を持つ子どもだけではなく、咀嚼能力が低い児童が一定数いることがわかった―。

大阪大学大学院歯学研究科有床義歯補綴顎・高齢者歯科学講座・小児歯科学講座、ロッテや大阪市学校歯科医会らが連携協定を締結して行われた研究は、歯科に関する特別授業に参加した大阪市内の小学生4年生1万5919人を対象とした咀嚼能力に関する産官学の取り組み。同事業は口腔健康の重要性を啓発する特別授業のほか、子どもの咀嚼機能と身体・運動機能との関連性を解明するべく調査を実施した。

咀嚼能力はキシリトール咀嚼ガムおよび咀嚼チェックアプリ（ロッテ）を用いて、咀嚼能力を計り、「0～1・9」「2・0～3・9」「4・0～5・9」「6・0～7・9」「8・0～10・0」の5段階で評価。6・3以下を低値、6・4以上を非低値とした。咀嚼習慣は質問票を使って「食べるのが早い方である」「口いっぱいに入れて食べる」「よく噛まないと食べられないものは嫌い」とし、「はい」もしくは「いいえ」で回答してもらった＝表。

研究によれば、好ましくない咀嚼習慣を持つ小学生だけではなく、咀嚼能力そのものが低い子どもが一定数いることがわかった。今後も継続した調査をする予定であり、今回得られた知見から行政と連携して効果的な口腔保健指導に役立てるとしている。

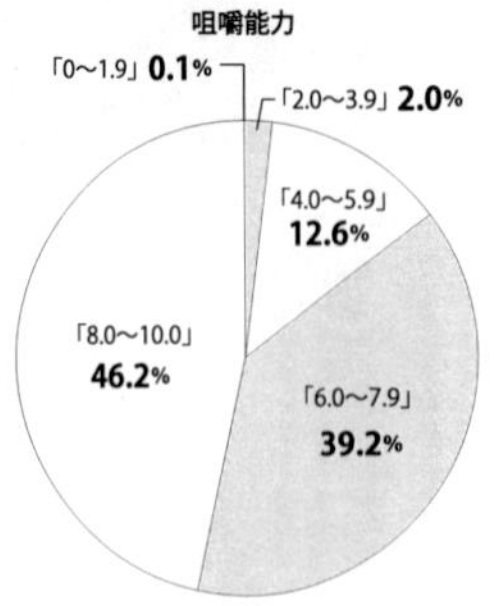

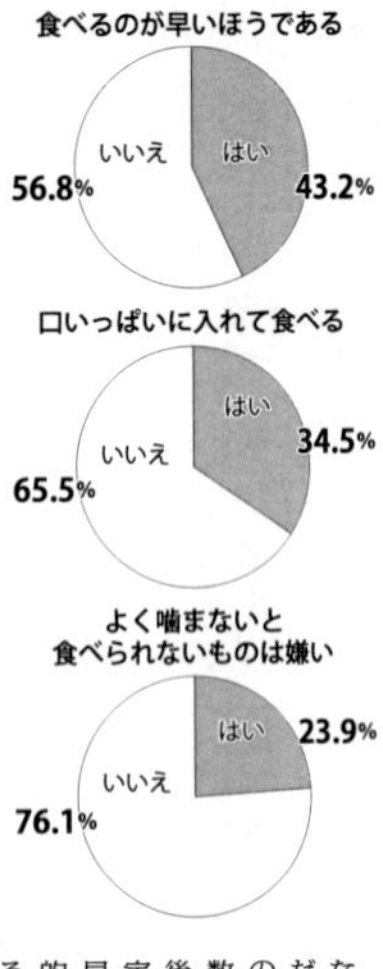

咀嚼機能が低い子ども

肥満になる傾向示す

大阪市内の小学生1413人へ調査

大阪市の小学4年生は「早食い」や「一口量が大きい」という咀嚼習慣に加えて、咀嚼機能が低い子どもは肥満になる傾向がある―。大阪大学やロッテ、大阪市学校歯科医会らは2023年4月～24年3月に大阪市内の小学校で健康診断を受けた4年生1413人を対象に、咀嚼習慣および咀嚼機能が肥満との関連性を示すのか調査した。

子どもには、三つの質問項目に回答してもらい、咀嚼機能についてはキシリトール咀嚼チェックガム、咀嚼チェックアプリ（ロッテ）を使って咀嚼能率を評価した。6・3以下を低値、6・4以上を非低値とした。

肥満なし群と肥満群における咀嚼習慣・機能の分布は、カイ二乗検定を用いて比較したという。

◆◇◆

アンケート結果によれば、「食べるのが早い方である」43・8％、「口いっぱい入れて食べる」34・0％、「よく噛まないと食べられないものは嫌い」22・6％で、咀嚼能率低値と判定された子どもは28・0％にも上る。「食べるのが早い方である」「口いっぱい入れて食べる」と回答した群と咀嚼能率低値と判定された群では、肥満に分類される子どもが多かった。

一方で、「よく噛まないと食べられないものは嫌い」と回答した子どもは、肥満群と肥満なし群との有意性は認められなかった。

食習慣の啓発、大切か

オーラルフレイルのリスク　若年期でも18.6％

医科歯科大・ロッテ中央研究所

東京医科歯科大学大学院医歯学総合研究所高齢者歯科分野の川村淳氏ら、ロッテ中央研究所との共同研究で、若年層においても口腔機能が低い人が一定数いることが明らかとなった。

18歳以上の男女786人を対象に口腔機能を主観的、または客観的に評価し、食習慣の関係を横断的に解析した。18歳から39歳を若年期、40歳から64歳を壮年期、65歳から74歳を前期高齢者、75歳以上を後期高齢者とし、各年代190人以上になるようにした。また、各被験者にはオーラルフレイルのリスク質問票（OFI―8）や食習慣に関する質問票を用いて回答を得た。

その結果、若年期もオーラルフレイルのリスクありの割合が18・6％となった。また、年代層が上がるにつれて増える傾向にあり、後期高齢者は50％を超えることが明らかとなった。

全世代に症状として多い項目は「口の渇きが気になる」「歯科医院への通院頻度」で、年齢層が上がるにつれて義歯やむせが気になる人が多かったという。

同研究成果によって、口腔機能の問題を解決するには、高齢者のみならず若年層にも食習慣に対する啓発が必要との考えが示された。

小児から高齢期の口腔機能　性差や年代差を解明

医科歯科大・ロッテ中央研究所

小児期における「口腔機能発達不全症」、高齢期における「口腔機能低下症」などが注目を集めつつあるが、小児期から高齢期まですべての年代を対象とした口腔機能調査はなかった。東京医科歯科大学大学院医歯学総合研究科高齢者歯科分野、ロッテ中央研究所は、咬合力や舌圧、咀嚼能力について性差・年代差を明らかにした。

男女878人に最大咬合力や最大舌圧、咀嚼能力をチェックし、内訳は小児期（5歳から7歳）92人、若年期（18歳から39歳）194人、壮年期（40歳から64歳）198人、前期高齢者（65歳から74歳）199人、後期高齢者（75歳以上）195人とした。

年代差については、小児期はその他の全世代に対して、各口腔機能が有意に低い結果となった。咬合力や舌圧は後期高齢者がより低値にあり、咀嚼能力は年代間で有意な差はみられなかった。

研究グループは、「加齢とともに咬合力や舌圧は低下する傾向にあるが、咀嚼能力は多因子なため、必ずしも低下しなかった」と考察している。性差については、若年期や壮年期、前期高齢者において、一部例外があるものの、各口腔機能は男性の方が有意に高かった。後期高齢者は男女間で差は見られなかった。

今後は口腔機能管理に応用されると期待がかかっている。

子ども食堂での食育　利用者への効果示す

東京医科歯科大学の松尾浩一郎教授らが開発した口の健康と食への行動変容を促す食育事業「カムカムキッズプログラム」を用いて、子ども食堂の利用者に向けて効果を実証した。都内の子ども食堂の利用者34人（子ども20人、保護者14人）を対象に、月に1回カムカム弁当を配布のほか、咀嚼、栄養・食事をテーマにした講話を10分間視聴するプログラムを6回行った。

さらに、LINEアプリを使った情報発信や動画視聴のほか、咀嚼や口の健康や食・栄養に関する意識調査と食事行動、食べ物の摂取頻度、口腔保健活動などのアンケートを取り、介入前後での意識変容を分析した。

◆◇◆

対象者の年齢（中央値（最小値-最大値））は、子ども8歳（6～12歳）、保護者41・5歳（36～50歳）だった。

栄養バランスを考えていなかった子どもは、介入前では12人（60％）、介入後6人（30％）まで減少した。

また、栄養バランスをよく考える保護者は9人（64％）から、12人（86％）まで増加したという。フッ素の使用頻度は、親子とも介入後に高まる傾向にあり、毎日使用する子どもが11人（55％）から16人（88％）まで増した。

噛む回数を意識する保護者は0人から12人（86％）まで増加している。しかし、歯磨きの回数や定期的な受診頻度は変化が見られなかった。

アプリ用いた予防事業で　オーラルフレイルが改善

医科歯科大・松本歯科大ら

LINEアプリを通じたオンラインでの予防事業のコミュニティ参加は、50歳以上の高齢者においてもオーラルフレイルやフレイルの改善効果が高まることがわかった。

昨今、さまざまなヘルスケアアプリの開発が進む一方で、口腔分野に関するアプリの社会実装は十分とはいえない。そこで、東京医科歯科大学や東京医療保険大学、松本歯科大学らが共同で、医科歯科大学大学院地域・福祉口腔機能管理学分野教授の松尾浩一郎氏らが考案した「カムカム健康プログラム」を積極的に活用することで、オーラルフレイルとフレイルの改善度に影響を与えるのか調査した。

◆◇◆

同プログラムはLINEの公式アカウントを通じて、OFI―8と基本チェックリスト（KCL）の各項目を入力してもらい、50歳以上の県内在住者が入学する「長野県シニア大学」の1年生147人（男性56人・女性91人）を対象に調査した。

受講者には月に1回噛み応えがあり、栄養バランスを備えた「カムカム弁当」を食べてもらうほか、咀嚼や食事などに関する講義を約30分受講するカムカム健康プログラム、そしてアプリによる情報配信や希望者にはチャットコミュニティにも参加してもらった。

同研究成果によって、高齢期におけるオーラルフレイル予防として、SNSを利活用したプログラムの有用性が示唆された。

今後もオーラルフレイル予防のヘルスケアサービスを社会実装できるよう、活動していく予定だ。

大阪歯科大学ら

6～12歳の咀嚼能力　学年ごとに向上しない

歯列交換期における6～12歳（学童期）までの小学生の咀嚼能力は、必ずしも学年ごとに向上するわけではない。個々の歯齢（歯の発達年齢）と口腔機能に合わせた食育アプローチが必要―。京都光華女子大学や新潟大学、大阪歯科大学、やまもと歯科・矯正歯科（兵庫県）が共同で学童期における歯齢と咀嚼能力の変化を調査した。

対象は歯列交換期にあたる4年生162人。初回、初回から1年後、初回から2年後の計3回調査を行い、咬断能力はユーハ味覚糖を30回咀嚼したのち、吐出させた断片の粉砕度を10段階のグミスコアで評価した。また、歯数は永久歯と乳歯の総和とし、咬合発育状態はヘルマンの歯齢＝表＝を活用した。

ⅢA：	第一大臼歯、前歯萌出完了期
ⅢB：	側方歯群交換期
ⅢC：	第二大臼歯萌出開始期
ⅣA：	第二大臼歯萌出完了期

その結果、ⅢBの割合は4年生61・1％、5年生56・8％、6年生24・1％と推移している。歯数の変化は個人差が大きいものの、男女とも年齢が上がるとともに歯数の有意な増加が見られた（男児の4～5年生除く）。グミスコアは男児では学年間で差はみられず、女児は一部の学年期に変化があった。一方で、ガムスコアは男女とも有意な差はみられなかったという。

高齢者の嚥下機能 睡眠の質に影響

広大ら解明

高齢者の嚥下機能が低下すると睡眠の質が下がることがわかった。広島大学大学院医系科学研究科の濵陽子大学院生、内藤真理子教授、津賀一弘教授、名古屋大学大学院医学系研究科の若井建志教授らの研究グループによるもの。睡眠をはじめとした全身の健康を維持する新たなアプローチにつながることが期待される。

睡眠の質は身体的要因と強く関連しており、誤嚥による咳も原因の一つとして報告されている。加齢による嚥下機能の低下は、睡眠の質にかかわる。

同研究では、コホート研究である「静岡研究」「大幸研究」に2012年2月〜15年3月まで参加した60歳以上の男女3058人（男1633人、平均年齢66・5%±4・2歳）に対して自記式アンケートで調査した。その結果、28・0%が嚥下障害リスクを有し、19・1%に睡眠の質の低下が見られた。

◆◇◆

嚥下障害と睡眠の関連を解析したところ、男性では嚥下障害のリスクがあることが、「睡眠の質の低下」「睡眠不満足」「不規則な睡眠」と有意に関連していた。

女性では、「睡眠の質が悪いこと」「睡眠持続時間が6時間未満」と有意に関連していた一方で、「睡眠不満足」、「不規則な睡眠」と有意な関連はなかった。

また、男女とも「睡眠の質」「入眠時間」「睡眠困難」「日中覚醒困難」と有意に関連していた。

同研究成果は学術誌『Heliyon』（5月31日）に掲載された。

北医大ら研究で
子どもの夜更かし ミュータンス菌を増加

むし歯の多い子どもは、夜更かしするほど唾液中のミュータンス菌が増える。2019年の研究で夜型生活の子どもほど、むし歯が多いことを明らかにした北海道医療大学や北海道大学歯学部は、子どもたちが「夜遅くにおやつなどを食べている」と推察し、その原因を追究するに至った。

◆◇◆

同大は夜間のむし歯発生リスクの原因を突き止めるために、子どもの唾液を夕食後1時間おきに採取し、ミュータンス菌（Streptococcus mutans）量を測定。唾液採取は自宅で行ったのち、研究室まで郵送する流れとした。

その結果、重度の虫歯（歯根管治療）を持つ子どもの唾液を解析すると、夜遅くなるほどミュータンス菌の量が増えていたことがわかった。

唾液中のミュータンス菌は夜遅くなるにつれて「増える子」と「増えない子」がおり、増える子どもは重度むし歯に罹患するリスクが大きいとの結果を示した。

同研究成果は、小児歯科専門誌『Journal of Clinical Pediatric Dentistry』（8月26日）に掲載された。

長崎大学病院
診療環境整備など目的に基金設立

長崎大学病院は9月12日、診療環境整備などを目的に「長大病院未来基金」を設立した。

寄附金は患者へのサービス向上、医療機器の購入などの診療環境整備、新たな治療法開発のための臨床研究推進および医療技術開発の支援のほか、将来の長崎と日本の医療を担う医療従事者の教育に使用するという。

申し込みは1千円以上から受け付けている。詳細は基金ホームページまで。

専門医
「矯正」「保存」広告可能に
医療広告ガイドライン改正

医療広告ガイドラインが13日付で改正され、日本歯科専門医機構が認定する専門性資格として「矯正歯科」と「歯科保存」が広告可能となった。同日に厚労省が各所に通知したもの。

医療広告規制では、日本専門医機構か日本歯科専門医機構が認定する専門性について、広告できる事項に追加するとされており、6月20日に機構の理事会で矯正歯科専門医と歯科保存専門医の認定が行われていた。8月22日には、厚労省の第4回医療機能情報提供制度・医療広告等に関する分科会で医療広告ガイドラインの見直し案が了承され、事務手続きが終わり次第、改正するとされていた。

歯科で広告可能なのは、口腔外科、歯周病、歯科麻酔、小児歯科、歯科放射線、補綴歯科と合わせて計八つとなった。

医科歯科大学
災害時の医療連携で 防衛医大と協定締結

東京医科歯科大学と防衛医科大学校は災害等における医療の連携に関する協定を締結し、4日に東京都文京区の東京医科歯科大学キャンパスで締結式を行った。

左から防衛医大の福島功二学校長と医科歯科大の田中雄二郎学長

締結により、災害時などにおける医療従事者の相互派遣・患者の相互受入などの医療体制強化や、両校の医療従事者への災害などに関する相互教育による人材育成のほか、双方のノウハウを融合した医用技術の進展に寄与する各種共同研究の充実などが期待されるという。

日大松戸
食中毒の発生で 食堂の利用中止

日本大学松戸歯学部で8月26日に発生した食中毒について、同大は保健所の指導に基づく対応および設備点検や消毒等の追加措置の実施、食堂の利用中止を発表した。中止期間の対応や食堂利用の再開については、順次学生および教職員に通知するという。

9月6日の千葉県の発表によると、8月26日に同大の飲食施設の利用者16人が下痢、嘔吐などを発症。そのうち13人が医療機関を受診し、8人が入院していた。保健所の調査の結果、同施設を原因とする食中毒と断定された。現在は全員が回復しているとのこと。

デンタル小町が通る

なかい歯科クリニック院長（茨城県境町）
中井 巳智代 ❻

私の住む町

私の住む茨城県境町は、県西南部の利根川流域に広がる人口2万4千人弱の農業中心の長閑な町である。そんなわが町に最近ちょっとしたエポックメイキングが起こっている。2014年に就任した若き町長の打ち出した施策が次々と成果を挙げ、町に変化が起こっているのだ。

町長が真っ先に着手した財政再建では、9年間で地方債残高を約21億円削減、基金残高を約7億円から43億円に増やした。戦略の中心はふるさと納税の強化だ。「売れる返礼品」の開発とマネジメントを徹底し、就任前の13年度に6万5千円だった寄付金額が22年度には60億円弱に達し、今年度は96億円となった。

インタビューで町長は成果の秘訣を聞かれ、「目的は一貫しています。『町民のため』です。町民の皆さんの困りごとをよく理解し、どうすれば解決できるかを考え、行動し続けた結果が今です」と話している。

納められた寄付金は子育て支援、先進的な英語教育や医療費補助など、さまざまな取り組みの財源になり、地場産品の販路拡大や新たな産業の創出にも活用されている。こうして町に雇用を生み、地域に資金を還元していく仕組みは、移住者の増加にもつながる。

㊤自動運転バス
㊨利根川大花火大会
㊦今年の花火大会はスタッフと一緒に

この「境町モデル」は他の自治体からも注目され、日々多くの視察者が訪れる。ひと昔前と違って最近では住民が誇らしげに「境町に住んでいます！」と答える光景もよく目にする。駅のない不便な町を「自動運転バス」が試験走行し、高齢者の生活不安の解消に役立っているほか、9月には30万人もの観客が集まる関東屈指の「利根川大花火大会」も開催され、町が賑わう。地元の人々に笑顔をもたらす施策の根底には「その目的を達成するためにどう動いたか」「常に住民目線で」という町長の想いがあるようだ。

私たち医療者にとっては臨床、医院経営ともに通ずるものが多い。日常に追われ、つい忘れがちになってしまうが「目的をもって、常に患者目線で、患者のために」、そして医院に通う患者も働くスタッフも「笑顔になれる医院づくり」をこの町に住む一人として心がけたい。

【予告】
5-D Japanが第14回総会を開催
25年3月に東京で

5-D Japanは2025年3月9日に、第14回総会を東京都港区の東京ポートシティ竹芝で開催する。同会は「あらゆる症例に対応できる歯科医師を目指す」とするスタディグループ。Arndt Happe歯科医師による特別講演「Current Concepts for Predictable Results with Implant in the Esthetic Zone」や、大阪府開業の奥野幾久院長をはじめとした同会インストラクターらによる症例発表のほか、歯科衛生士向けの講演会が行われる。

申し込みは同会ホームページから。

【予告】
スポーツ歯科医学会が総会・学術大会を開催
10月に大阪で

日本スポーツ歯科医学会は第35回総会・学術大会を10月12、13の両日に大阪府の大阪歯科大学で開催する。テーマは「アスリートの健康な口元を支えるスポーツ歯学」。さいとう歯科医院の齊藤裕太院長、バンブーデンタルアートの小野塚孝之代表、Dアドバイス研究所の西尾美和子代表らによるDT・SDHジョイントセミナー「スポーツマウスガードの制作管理におけるコ・デンタルの連携」や、高麗大学校のDr. Eui Seok Leeによる韓国招待講演「大韓スポーツ医学会の活躍」のほか、認定医研修会、ポスター発表、企業展示などが行われる。

問い合わせは事務局TEL03（3947）8761まで。

日本歯科新聞社・書籍

［2024年］人気書籍ベスト5

～2024年9月5日時点

1位 歯科業界ハンドブック

〔2024年版〕 ＊1、2年ごとに改訂版を発行予定！

Q. 歯科医療者数の変化は？

Q. 広告規制の最新情報は？

Q. 歯科衛生士は麻酔を打てる？

Q. 薬機法は、何のためにある？

Q. 一番会員の多い学会は？

答えは、すべてこの本に！

日本歯科新聞社 編著 / 小畑 真 監修　A5判 /128p

定価 5,500円（税込）

開業前の後輩にも勧めたい！

歯科企業で新人教育に使える！

2位

最新刊

歯科訪問診療

2024年改定対応

前田実男 著　A5判 /302p

定価 5,500円（税込）

診療報酬、介護報酬、両方が分かる！

3位

歯科医院のための

成長評価シートとスタッフ面談術

濵田真理子 著　A4判 /96p

定価 6,600円（税込）

人事評価が実現できた！

4位

歯科医師・歯科技工士のための

総義歯臨床

YouTube 連動版

白石一男 著

B5判 /144p

定価 8,800円（税込）

咬める義歯には理論があると分かった！

5位

歯科医院のための

採用マニュアル・ツール集

〔2022年改訂〕

伊藤祐子 著　A4判 /80p

定価 5,500円（税込）

実践したら、Z世代の応募が本当に増えた！

人気『アポロニア21』ベスト3

クリニック活性化のヒントを得る

毎月1日発行 / B5判 / 通常160ページ

単品購入　2,420円（税込、送料別）

年間購読　29,040円（税込、送料サービス）

〔2月号〕

自費と保険の境界線

山本鐡雄 / 小畑 真 / 岡山県保険医協会 / 編集部

〔8月号〕

「戦略的ワンオペ」のワザ

島村泰行 / 杉島康義 / 須川雄介 / 千賀智人 / 新井翔平

〔4月号〕

人手不足解消、次の一手

熊川貴昭 / 竹之内茜 / 大谷悦世 / 上間京子 / 鷲津秀樹 / 田中明子 / 三隅達也

ご注文は お出入りの歯科商店、シエン社、日本歯科新聞社（オンラインストア）からご注文いただけます。

日本歯科新聞社　東京都千代田区神田三崎町 2-15-2
TEL 03-3234-2475 ／ FAX 03-3234-2477

製品紹介

(価格は税込)

口腔内スキャナー

KAGURA Smart

Deltan ☎050(5474)1999

海外メーカーと共同開発した国内最小クラスの口腔内スキャナー。超高速のウルトラスキャンモードとモーションセンサーを搭載。静音設計で、レンズの曇り防止機能付き。ボタン一つで制御でき、操作性が向上。重量は138g。

価格＝184万8千円

3Dプリンター用樹脂

キースプリント

名南歯科貿易 ☎052(799)4075

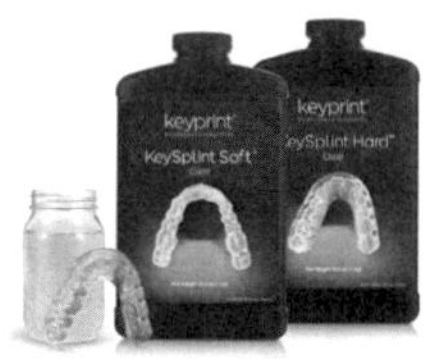

スプリントなどを作製でき、生体適合性のある3Dプリンター用樹脂。柔軟性があるソフトタイプと、耐摩耗性を有するハードタイプの2種類を用意。波長は385nmと405nmに対応し、さまざまな3Dプリンターで積層できる。無色透明。

価格＝10万7,800円(1kg)

歯科用ユニット・給水配管接続用ウルトラファインバブル

UJ-014(ウルトラジョイント)/UC-080(ウルトラCELL)

ヨシダ ☎0800-170-5541

液中の溶存ガスから、キャビテーションで高濃度かつ泡サイズが均一なウルトラファインバブル(＝UFB、直径1μm未満の気泡)を生成するユニット・給水配管用のUFB。ユニット水回路内部を清潔に保つ。

価格＝15万4千円(ユニット用)、14万800円(給水配管用)

歯科用排唾管

スーパーサライバーZ アルティメット

センジョー ☎06(6953)2341

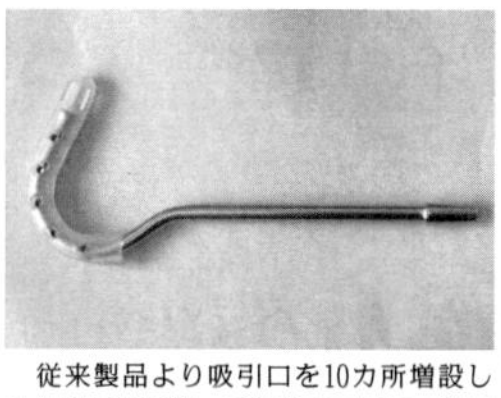

従来製品より吸引口を10カ所増設した歯科用排唾管。舌と頬を同時に圧排でき、補助なしでも下顎の形成がしやすい。「ニューサライバーZ」との併用で、より効率良く診療できる。オートクレーブ滅菌に対応。

価格＝4,950円

坂井宏行氏が監修 フレンチ嚥下食

七日屋

フランス料理の巨匠・坂井宏行氏が監修した冷凍の嚥下食が登場―。嚥下食・介護食・高齢者食の企画開発・販売を行う七日屋は、坂井氏監修の嚥下食「坂井宏行／100歳ごはん／フレンチえんげ食」(全12品)の販売を17日に同社サイトなどで始めた。同日に東京都千代田区のラ・ロシェル山王で開いた新製品発表会で紹介した。ゲストに坂井氏、和食の巨匠・道場六三郎氏が招かれ、トークセッションを行った。

お皿に盛りつけた㊤フレンチえんげ食、㊦やわらか食

坂井氏監修の嚥下食と8月6日に発売済みの道場氏監修のやわらか食「道場六三郎／100歳ごはん／やわらか仕上げ」(全8品)は、両氏考案のメニューの中から、同社の利用者アンケートで人気の高かったものを選び、20年以上介護食の開発に携わってきた同社の専任シェフと共に完成させたもの。高齢者施設の入居者に何回も試食をしてもらい、必要十分な栄養が摂れるよう、また噛むのが困難でも安心して口にできるよう工夫し、食べ飽きない味付けに仕上げている。

坂井氏のフレンチえんげ食は「ハレの日」、道場氏のやわらか仕上げは一般家庭や元気な高齢者家庭が対象。メニュー数は将来、坂井氏のフレンチえんげ食は30品、道場氏のやわらか仕上げは50品を目指す。

◇◆◇

トークセッションで道場氏は「私は自分で調理する際は食材を食べやすい大きさにカットしていて、4カ月後には94歳を迎える。自宅で召し上がっているとは思えないような満足感を得られるよう細部までこだわりつつ、やわらかさや味付けの工夫を重ねた」、坂井氏は「嚥下食を作るのは初めてで、とても難しく、仕上げるのに時間がかかった。試食をしていただいた際に入居者の方が笑顔になられたのがうれしかった」とコメントした。

トークセッションで話す坂井氏(左)と道場氏(中央)

◇◆◇

同社の共同代表の柾谷知輝氏は、介護市場の概況を説明。2028年度予測で約2500億円で、うち嚥下食市場は約1千億円とし、「3年後には個人向けのECサイトなどの事業、高齢者施設向けの行事食事業でそれぞれ年間2億円の売り上げを目指す」と話した。

価格は、坂井氏のフレンチえんげ食が4212円(3品セット)。道場氏のやわらか仕上げが293〜704円(単品)。

週間 金・パラ価格動向　税抜価格(1g、円)

	金	パラジウム(参考価格)
9月17日(火)	11,739	5,060
9月18日(水)	11,780	5,230
9月19日(木)	11,821	4,990
9月20日(金)	11,914	5,090

提供 石福金属興業

歯科病院の栄養相談 患者の言葉を分析

森永乳業クリニコら

森永乳業クリニコと、東京歯科大学千葉歯科医療センター摂食嚥下リハビリテーション科の三浦慶奈氏らは、同大水道橋病院内で管理栄養士が栄養相談を行う「クリニコ認定栄養ケア・ステーション」利用者の歯科治療に関連する栄養相談内容を分析した調査結果を10日に発表した。

栄養相談内容を単語の出現回数と、その結びつきの内容分析を行った結果、治療中に患者が抱える問題は「硬いものが食べられない」「噛むことが難しい」が多く、単語の結びつきは「初めて、心配」「栄養、不足、相談」があげられた。栄養の不安に早期に対応できる場としてさまざまな年齢層が利用しており、同施設が患者のQOL向上につながる可能性が示された。

同研究結果は、8月30日〜31日に開催された第30回日本摂食嚥下リハビリテーション学会学術大会で発表された。

絡まず取り出せるグローブ

中野DS

中野デンタルサプライ(＝中野DS)は、ラテックスグローブ「フィットシールド ニューイエロー」＝写真＝を発売している。

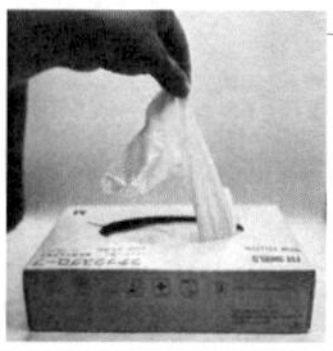

同製品は、パッキング方式「Goodpac」の採用により、グローブを1枚ずつ左右の方向を変えて梱包しており、グローブ同士が絡まない。1枚ずつスムーズに取り出せるため、落下や複数枚同時に飛び出ることでの汚染を防げる。1箱100枚入り。価格はオープン。

初心者モデルの電動歯ブラシ発売

P&Gジャパン

P&Gジャパンは、充電式電動歯ブラシの初心者モデル「オーラルB iO2」を9月下旬に発売する。19日に東京都渋谷区の渋谷ヒカリエで新製品発表会を開いた。ゲストに東京都港区開業の若林健史氏、お笑いコンビ・アンガールズの田中卓志さんと山根良顕さん、タレントの関根麻里さんが招かれた。

P&Gシンガポールオーラルケアアジア・中東・アフリカ事業バイスプレジデントの大川正樹氏は、同社独自の調査結果と新ブランドメッセージを交えて新製品を紹介。「手磨きでは約50%の歯垢の磨き残しがあることを、歯科医師の大多数は知っているが生活者は約半数が知らず、知っていても対策をしていない人を含めると、約8割が歯垢の磨き残しの対策ができてないことがわかった」としたうえで、「今回、『Perfect clean for all 〜全ての人に最高の磨き上がりを』を新ブランドメッセージに、機能、価格、販売店の三つの側面から手に取りやすさを実現したモデル」と説明した。

山根さんは「当てるだけで磨けるのは簡単。自分の歯にも使ってみたい」とコメント

新製品は、オーラルBiOシリーズの「丸型回転」技術、毛1本1本を振動させる「遠心マイクロモーション」、押し付け防止センサーはそのままに、ボタン一つで簡単に操作でき、1万円を切る価格帯で、初めてドラッグストア、ホームセンター、スーパーで取り扱う。

オーラルケアの課題の一つは「歯磨きを完璧にできる人はいないこと」と若林氏が解説しつつ、田中さんと山根さん、関根さんを交えて手磨きとオーラルBiOを使った比較デモを実施。

関根さんは「歯茎を傷めそうなので機械ものは怖いと思っていたが、オーラルBiOは歯茎に優しいと知った」と話した

凸凹の歯の模型に付着した歯垢に見立てた粉末を掻き落とす比較では、オーラルBiOで磨いたほうが手磨きより歯垢残りが少ないという結果に。

ティッシュペーパーを素材にした歯茎に毛先を充てる比較デモでは、オーラルBiOが手磨きよりもダメージが少ないことを確認した。

◇◆◇

自身の歯や歯磨きについてのトークセッションでは、山根さんは「上下の歯が凸凹で米粒が丸ごと挟まっている時があって歯の中心もずれているので、芸能界一歯並びが悪いと思う。僕の歯では磨き残しは50%以上あると思うので、オーラルBiOを使ってきれいな歯になりたい」、田中さんは「クマゼミのモノマネを練習中で、音の響きをよくできるよう、オーラルBiOから始めたい」、関根さんは「歯を磨いた回数・時間ではなく、磨く道具が大切だと初めて知った」と語った。

トークセッションでは、「オーラルB」の文字を頭文字に文章を作るあいうえお作文がお題に出され、田中さん、山根さん、関根さんがオーラルケアについて学んだことをパネルで披露した

ヘッドライン 企業ニュース

■ストラタシス、デジタル歯科技工所向けに設計した歯科用3Dプリンタを発表(MONOist／8月16日)
■「カートリッジディスペンサーⅠ」を発売(ビー・エス・エーサクライ／8月16日)
■双眼ルーペ「ユニバット エルゴ アドバンス」新フレームを発売(サンデンタル／8月19日)
■「myerson(マイヤソン)社製品」を9月20日に取り扱い終了(大榮歯科産業／8月19日)
■練和紙5冊(1冊50枚綴り)を9月24日注文分から価格改定(YAMAKIN／8月20日)
■本社にCAD/CAMショールームを新設(アイキャスト/8月20日)
■ライオン、増収増益(日本経済新聞／8月22日)
■水量計「VITLABジーニアスⅡ」、メスシリンダー「VITLABメスシリンダー」を9月1日に価格変更(キクタニ／8月22日)
■通常品の2.6倍の液体ハミガキ「ガム・デンタルリンス1300mL」を10月16日に全国で発売(サンスター／8月26日)
■3Dプリンター用トレー「アシガ Ultra ビルドトレー UltraGLOSS」、「アシガ MAX ビルドトレー UltraGLOSS」、「アシガ PRO4K ビルドトレー UltraGLOSS」を9月2日に発売(名南歯科貿易／8月26日)

■歯周病・口臭・知覚過敏をケアする歯磨剤／Haleonジャパン

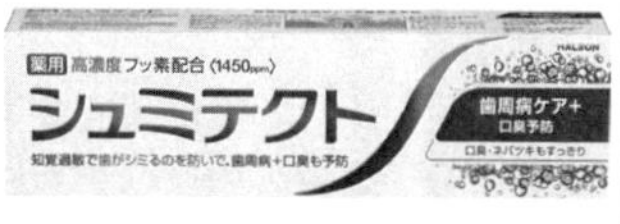

Haleonジャパンは、歯磨剤「シュミテクト」のブランドロゴとパッケージを刷新し、「シュミテクト 歯周病ケア＋口臭予防」を11日から全国で発売した。歯周病と口臭、知覚過敏をケアできる有効成分を配合。フッ素濃度は1450ppm。フレッシュクリアミントの香味。容量は90g。全国のドラッグストア等で販売。価格はオープン。

■フッ素配合のキシリトールガム／ロッテ

ロッテは、「キシリトール」ブランドとして初めてフッ素を配合した「キシリトールガム＋フッ素」を10日に全国で発売した。緑茶抽出物由来のフッ素を配合し、同社のミント配合技術により緑茶抽出物の苦味を感じにくい。香味はペパーミント。容量は、14粒入りとボトルタイプ(125g)を用意。価格はオープン。

第24回 日本訪問歯科医学会

［主催］日本訪問歯科医学会　［学会長］野坂 洋一郎　［実行委員長］守口 憲三

ひろがる笑顔　訪問歯科の未来

2024.11月10日　日曜日 / 10:15～16:30
富士ソフトアキバプラザ　東京都千代田区神田練塀町３

教育講演1

訪問歯科で意識したい背景疾患と薬剤

長谷 剛志 氏
公立能登総合病院 歯科口腔外科　部長

教育講演2

写真：榊智朗

在宅医療における「三位一体」の取り組みの在り方

佐々木　淳 氏
医療法人社団 悠翔会　理事長・診療部長

特別講演

訪問歯科と行動経済学

竹林 正樹 氏
青森大学　客員教授

会員口演発表 ｜ ポスター発表 ｜ ランチョンセミナー ｜ スマイルフォトコンテスト ｜ 医療・介護関係各社による展示

同時開催　専門セミナー全19セッション

症例研究会 これからの摂食嚥下リハビリテーション1､2〔定員40名〕
戸原 玄 氏 ｜ 東京医科歯科大学　大学院医歯学総合研究科　教授

症例研究会 訪問診療での義歯治療〔定員40名〕
飯田良平 氏 ｜ 医療法人社団 為世為人会 ヒューマンデンタルクリニック 院長

実践 ミールラウンド〔定員100名〕
阪口英夫 氏 ｜ 医療法人永寿会 陵北病院 副院長

デモ講座　訪問歯科診療でのVEの有用性1､2〔定員20名〕
大久保正彦 氏 ｜ 医療法人永寿会 陵北病院歯科

検証　診療報酬改定後の歯科訪問診療〔定員100名〕
加地彰人 氏 ｜ 医療法人 あき歯科医院 理事長

理論で解決！離職防止と社員育成の為のメソッド〔定員100名〕
梶山啓介 氏 ｜ 株式会社識学　取締役副社長

成功する歯科衛生士採用の秘訣〔定員100名〕
森　聡 氏 ｜ 株式会社メドレー ジョブメドレー事業部コンサルティングセールス部 部長

訪問診療おもてなし向上「元年」〔定員40名〕
船山高明 氏 ｜ 医療法人顕樹会　本田歯科クリニック 顕樹会訪問統括医長

45分でわかる　連携関連の報酬〔定員45名〕
伊藤友記 氏 ｜ 一般社団法人 日本訪問歯科協会

診療報酬改定 新設項目の再確認〔定員45名〕
髙井惠太 氏 ｜ 一般社団法人 日本訪問歯科協会

訪問歯科 管理料の研究〔定員45名〕
田中貴秀 氏 ｜ 一般社団法人 日本訪問歯科協会

実習講座 摂食嚥下リハの実際〔定員40名〕
舘村 卓 氏 ｜ 一般社団法人TOUCH　代表理事

実習講座 スポンジブラシの選び方と使い方〔定員40名〕
齋藤しのぶ 氏 ｜ 医療法人永寿会 恩方病院 歯科・歯科口腔外科 歯科衛生科長

実習講座 嚥下を促す表情筋マッサージ〔定員40名〕
平松満紀美 氏 ｜ NPO法人健口サポート歯るる　副理事長

実習講座 機能評価をしながらおこなう口腔清拭〔定員40名〕
和田ひとみ 氏 ｜ 口腔ケア支援グループ オーラルサポート 代表

診療情報提供書の書き方・読み方1､2〔定員20名〕
深山治久 氏 ｜ 東京医科歯科大学　名誉教授

アーカイブ公開
医学会にお申込みされた方を対象に、医学会の収録動画を期間限定で公開いたします。
■ **公開期間**：11月20日（水）12:00～12月11日（水）12:00　※視聴ページの情報は、11月19日（火）にメールでご案内いたします

参加費　特別割引 9月30日(月) お申込み分まで

- 歯科医師　~~22,000円(税込)~~ ▶ **17,000円**(税込)
- 歯科医師以外　~~17,000円(税込)~~ ▶ **12,000円**(税込)

お申込みは今すぐWEBで！
cutt.ly/MeWHvWiy
右のQRコードか上記URLより、ご案内ページへアクセスしてください。詳細、注意事項をご確認の上、ページ最後のフォームよりお申し込みください。スタッフの方など複数人でのお申込みも可能です。また、スライド集やレセプションパーティーのお申込みもお選びいただけます。

◉ **講演のスライド集**（事前申込のみ。会場販売はございません）
■ メインプログラム（教育講演、特別講演）：6,600円(税込)
■ 専門セミナー：8,800円(税込)
※著作権の関係上、集録しない演題等もございます。予めご了承ください
※当日、総合受付でお渡しいたします。ご来場できない場合は、後日郵送いたします

◉ **レセプションパーティー**（事前申込のみ）
講師の方が多数参加されますので、交流を深めるためにご参加ください。
■ 11月9日（土）18:00～　■ 参加費：8,000円(税込)
■ 会　場：第一ホテル両国

〔お問合せ先〕一般社団法人 日本訪問歯科協会 事務局　TEL 0120-299-505　東京都千代田区神田西福田町4 ONEST 神田西福田町ビル8F

日本歯科新聞

2024年（令和6年）
10月1日

＜発行所＞
日本歯科新聞社
厚生労働省記者クラブ加盟社
〒101-0061
東京都千代田区神田三崎町2-15-2
電　話　03（3234）2475
ＦＡＸ　03（3234）2477
www.dentalnews.co.jp
jdn@dentalnews.co.jp

無断転載禁止

■年間購読料 23,760円（送料込）（本体 21,600円＋税）
■月4回、火曜日発行
■郵便口座番号 00120-5-130369

今週号の主な内容

歯薬連携のオーラルフレイル予防

最優秀賞を受賞

日薬　学術大会ポスター発表で

日本薬剤師会の第57回学術大会の「ポスター優秀賞」選考結果が9月24日に公表され、演題「栃木県における薬剤師、歯科医師、歯科衛生士の連携による在宅患者のオーラルフレイル予防」が最優秀賞に選ばれた。27日に東京都千代田区の日本教育会館で開かれた厚労省と日歯主催の社会保険指導者研修会の講演で日薬の森昌平副会長＝写真＝が紹介した。

◆◇◆

選考結果によると、栃木県での取り組みは、オーラルフレイルを早期に発見して対処することを目的に、薬剤師が在宅患者に簡易的な口腔機能チェックを行い、歯科衛生士とも連携しながら歯科医師へ受診勧奨を行うというもの。

県薬会員の研究協力薬局で、同意を得られた在宅患者に実施。オーラルフレイルチェックシートで口腔機能を確認した19件のうち、歯科受診勧奨対象となったものは14件だった。実際に紹介状（情報提供書）を活用して受診勧奨した事例は10件だったとのこと。

同連携によって、早い段階でオーラルフレイルに介入し、フレイル予防につながり、健康寿命の延伸が期待できると考察している。

日歯会長予備選挙　高橋英登氏に推薦状

関東地区の会長名で

令和6年度関東地区歯科医師会・歯科医師連盟役員連絡協議会が9月26日、群馬県高崎市のホテルグランビュー高崎で開かれた。全体協議会では、次期日歯会長予備選挙に立候補の意思を表明している現職の高橋英登会長に対して、地区の全歯科医師会会長名で推薦状が送られた。さらに日歯連盟の太田謙司会長には、地区の全連盟会長名で続投要請状が手渡された。

当番県で座長を務めた群馬県歯の村山利之会長は、前回が選挙になった点に触れ、「仲間割れしている場合ではなく、力を集結していくことが大事。内輪の悩みや外からの圧力もあるなか、歯科医師会の確固たる地位を確立していきたい」と高橋会長のもとで一致団結する必要性を強調した。

◇◆◇

協議会は「更なる結束を目指して」をメインテーマに掲げ、二つの分科会、連盟協議会、全体協議会が行われた。

第1分科会では「令和6年度診療報酬改定に伴う諸問題」と「会員の増強・組織率拡大」、第2分科会では「災害歯科支援チームJDAT、今後の在り方」と「歯科健診充実の必要性を啓発するための取り組み」を協議した。

連盟の協議会では、来年の参議院議員選挙に向けて、現職の比嘉奈津美議員を各都県で全面的に応援することを決めた。

◇◆◇

全体協議会では、日歯の高橋会長、日歯連盟の太田会長、日本学校歯科医会の柘植紳平会長、比嘉議員、山田宏参議院議員が来賓あいさつ。

山梨県が次期当番県に決まったほか、分科会および連盟協議会の報告があった。

㊤群馬県歯の村山会長（右）から日歯の高橋会長に推薦状が手渡された
㊦続投要請状を送られた日歯連盟の太田会長

石破内閣　厚労相は福岡氏　文科相は阿部氏

1日に発足する石破内閣の顔ぶれが明らかになってきた。厚生労働大臣には福岡資麿参議院議員、文部科学大臣には阿部俊子衆議院議員が就任する見込み。

福岡議員は、参議院では厚生労働委員会の筆頭理事などに従事。国民歯科医療議員連盟の副幹事長や、歯科技工士に関する制度推進議員連盟の筆頭幹事なども務めている。

阿部議員は、文部科学副大臣。日本看護協会副会長や東京医科歯科大学大学院保健衛生学研究科助教授などの経験もある。国民歯科問題議員連盟にも所属している。

プリズム

石破内閣の歯科への影響

新内閣になると、政府と歯科界との関係がどう変わるのかをよくきかれる。

石破茂氏は具体的な政策には触れていないものの、制度の持続性を重要視する発言から、社会保障費削減を考えているのではないかとも取れる。一方で、マイナ保険証については、12月2日からも現行保険証との併用に理解を示している。

歯科界とは、一昨年3月の日本歯科医師連盟広報誌で、鳥取県歯連盟との対談記事が掲載されるなど、良好といえるだろう。

厚生労働大臣予定者の福岡資麿参議院議員は、厚生労働部会部会長も務めており、経験は豊かだ。

総裁選で歯科組織代表の比嘉奈津美参院議員ら主な医療関係議員の支援を受けた加藤勝信氏は、財務大臣に就任する。診療報酬改定で医療界と激しい駆け引きを繰り広げる立場だが、厚労大臣を4回務めており、医療界の要望が一定程度通るのではと期待する声もある。

鍵を握るのは菅義偉副総裁だろう。石破氏の意志決定には周りの閣僚が大きな影響を与えているように思える。菅氏も首相時代にコロナ禍での歯科医師によるワクチン接種を進めるなど、歯科医療界に理解があり、神奈川県歯・連盟との関係は良好だ。

歯科にかかわる制度面、財政面での大きな変化は起きないのではないか、と思われる。

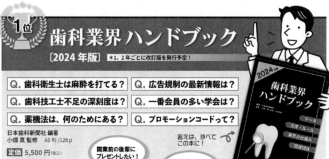

社保指導者研修会

厚労省　日歯

医歯薬連携とDX化に焦点

厚労省と日本歯科医師会が主催する令和6年度社会保険指導者研修会が9月27日、東京都千代田区の日本教育会館で開かれた。研修内容は「医歯薬連携の現状と医療DX時代を見越した連携のあるべき姿とは」。

厚労省保険局の和田康志歯科医療管理官が「令和6年度診療報酬改定後の動きと令和8年度診療報酬改定に向けて」、日歯の大杉和司常務理事が「医歯薬連携を評価した主な診療報酬項目について」をテーマに講演。

和田氏

大杉氏

その後の研修では、日本医師会の茂松茂人副会長、日本薬剤師会の森昌平副会長、日歯の林正純副会長がそれぞれ「医科の視点から見た医歯薬連携の現状」「地域包括ケアシステムにおける医歯薬連携について」「歯科の視点から見た医歯薬連携の現状」と題して話した。

研修の講演後に討議する3氏

茂松副会長は、平成26年改定から令和6年改定まで医科歯科連携に関する診療報酬上の評価を振り返りながら、周術期や糖尿病患者へのアプローチの有用性などを強調。医療界が一丸となって、診療報酬改定を含む諸問題に臨んでいく必要があると訴えた。

森副会長は、薬学教育コア・カリキュラムに口腔ケアが盛り込まれるなど、連携の機運が高まっているとして、歯科医療機関への受診勧奨や、服薬情報の提供などの取り組みを紹介。医療機関内と地域でのチーム医療が求められているとした。

林副会長は、連携の現状と課題などを述べたうえで、特に歯科界がやるべきこととして、「チーム医療に介入していくための積極的な行動力と協調性を持つ」「医療DX等へのリテラシー向上」をあげた。

日医 茂松副会長

「次期改定に影響」

ベア評価料の算定呼びかけ

日本医師会の茂松茂人副会長＝写真＝は、2024年度診療報酬改定で設けられたベースアップ評価料について、「算定する医療機関が少ないと次期診療報酬改定で大幅な削減が行われる」として、積極的な算定を呼びかけた。9月27日に東京都千代田区の日本教育会館で開かれた厚労省と日本歯科医師会主催の社会保険指導者研修会の講演の中で述べたもの。

◆◇◆

茂松副会長は、財務省と日医の意見の対立などベースアップ評価料が新設されるまでの経緯などを説明したうえで、医療機関が同評価料を算定する意義を強調。「次の改定で、はしごを外される（評価がなくなる）のではないか」と歯科関係者の間で心配の声があがっている点については、22年に設けられた看護師の処遇改善の評価が削られていない点を例にあげ、あらためて算定を呼びかけた。

歯科情報学

松尾　通

「ホワイトニングを〝普通化〟する」

「エモい」という若者がよく使う言葉がある。英語の「emotional」が原語だが、古語の「あはれ」と同じような使い方がされて「あはれ」の意味する「かわいい」「いとしい」「尊い」などと共通している。感動して自然と出てくる言葉が「エモい」なら、美しさ、気高さ、品性、愛、自然、神秘性などに対して人が本能的に発しても理にかなっている。

つい最近のことだが、「歯のホワイトニング」に来ていた患者が施術後に友人から「わぁ！エモい！」と言われていたのを聞いて、言い得て妙だと思った。

◇

思いを言葉にするのが言語化なら言語化は表現力だから、相手が身を乗り出して自分の話を聞いてくれるような話し方、説明をどうすれば効率的にできるかが大切な技法であり、コミュニケーションの原点となる。

現代はSNSの影響もあり、言葉が短く、少なく、貧しくなっている。「ヤバい」「ウザい」などはその典型だろう。語彙（ボキャブラリー）の貧困が説明不足、誤解を生んでしまう。「ヤバい」は脳を怠けさせてしまうのだ。

その対策は簡単である。「なぜなら」のひと言を付け加えればよいからだ。「ヤバい！」＋「道が混んでいて遅刻しそうだ」、「ヤバい！」＋「裏側が全然磨けていません」。こうした「ヤバい」＋「なぜなら」を使えばかなりの解決はできる。

◇

大阪でボーテ主催のホワイトニング・サミットという研修会が企画され、特別講演を頼まれて出かけた。テーマは「ホワイトニングの普通化」。古くて新しい「ホワイトニング」は審美歯科の一部門に過ぎないが、一定のファンはいて歯科衛生士諸君には人気のある分野である。

しかし問題は多々ある。話題のわりに患者数は増えない。リピートが少ない。思ったよりも白くならない。値段が高い。いろいろな薬剤、技法があり、どれがいいのかはっきりしない。

今回の講演ではその問題点の解決のためにいくつかの提案を行った。また東京・渋谷の医療法人松尾会で行っている歯科医院併設型ホワイトニングサロンの現状からその長所とこれから行うべき到達点も述べた。

要点のいくつかを記載してみる。①ホワイトニングのハードルが高いのではないか。米国ではそうした位置づけになっているが、審美ではない。美容（コスメティック）であり、もっと気軽で普通のサービスである。②薬剤、術式、ライトを含めて簡略化すべきではないか。③価格・時間効率に問題があり、コストダウンに注力する。④ホワイトニングを中心にパウダークリーニングやガラス・コーティングなどのメニューを入れる。⑤クリニックの一部を専用サロンにする。

講演の反響は大きかった。

（東京都開業）

2024.10.1

日歯と明治安田生命

10月から協働

口腔健康管理のイベント各地で

日本歯科医師会と明治安田生命保険相互会社は9月26日、「口腔健康管理に関する協働取組み」として、10月から各地でセミナーや歯科医師による相談会、口腔内の簡易検査などを実施すると発表した。

発表では、口腔内環境の良し悪しが全身疾患の発症に影響することが広く周知され、歯と口の健康に対する社会的関心が高まり、いつまでも自分の歯でおいしく食べられることが重視されるようになっていると言及。国民歯科医療の確立や公衆衛生・歯科保健の啓発、学術研修事業などを通して国民の健康増進に取り組んでいる日歯と、「ひとに健康を、まちに元気を。」を掲げている明治安田が、ともに歯と口の健康を起点に地域の健康増進に貢献するとしている。

協働の取り組みでは、都道府県歯や郡市区歯がセミナーコンテンツの提供、歯科医師の派遣などを実施。明治安田は、各支社・営業所を通して、健康増進の取り組みの推進、健康測定会の提供、自治体との連携などを行うとしている。

先行事例として、すでに埼玉県歯と明治安田の主催（埼玉県後援）で、「誤えん性肺炎の予防と口腔ケア」と題したセミナー、歯科医師・歯科衛生士による相談会、唾液検査による歯周病チェックなどを行っている＝写真。

いのちまもる集会

保険証廃止の撤回　診療報酬増など要望

医療・介護・福祉関係者らが集まる「医療・介護・福祉に国の予算を増やせ！いのちまもる9・26総行動」が9月26日、東京都千代田区の日比谷野外音楽堂とオンライン上で開かれた。

当日は、政治や社会風刺などユーモア交えた芸風でお馴染みの松元ヒロさんによるトークショーのほか、日本医師会の松本吉郎会長、日本歯科医師会の高橋英登会長のメッセージ紹介、国会議員のあいさつ、各分野における問題提起が行われた。

日歯の高橋会長は、「国民皆保険の堅持とさらなる充実のために総行動のご成功をお祈り申し上げます」というメッセージを送った。

今回掲げているスローガンは「医療・介護・福祉従事者の大幅増員・大幅賃上げを！診療報酬・介護報酬の再改定を」「医療・社会保障費を増やせ！患者・利用者の負担増ストップ！」「保険証のこせ！保健所増やせ！地域の医療・介護まもれ！」「軍事ではなく外交・社会保障重視の政治を」。

最後に参加者たちが厚労省に向かって、診療報酬・介護報酬の引き上げや健康保険証の撤廃反対、賃金アップなどを繰り返し訴えた。

全国から2400人が現地参加

厚労省に向かって各問題を訴えた

ピックアップニュース

■歯科医院からロレックスなど3300万相当盗む　無職男を逮捕、金庫を軽自動車に乗せて逃走か（京都新聞/9月27日）

■虫歯になりにくいキャラメル、阪大歯学部生が開発…ネットで販売開始（読売新聞オンライン/9月27日）

■麻酔薬が不足　「供給を制限」メーカー通達　製造所の移転が原因（テレ朝news/9月27日）

■病気治療と口腔ケアは密接に関係　がん患者の心もサポート　歯科衛生士の外山裕貴さん　プロフェッショナル（産経新聞/9月29日）

■ただの口内炎だと思ってない？長期放置で進行し最悪の場合死亡も「口腔がん」に注意を（NBC長崎放送/9月29日）

歯科国試にチャレンジ

409　2024年（第117回）より

水平位での抜歯時に歯が口腔内に落下した。まず行うのはどれか。1つ選べ。

a　閉口させる。
b　患者を起こす。
c　うがいをさせる。
d　顔を横に向かせる。
e　誰かを呼びに行く。

117-A018

答えは本紙のどこかに！

関東地区歯 協議会での診療報酬改定への意見

令和6年度診療報酬改定について、「何がわからないかもわからない状態」と複雑さを訴える声や、ベースアップ評価料の届出の煩雑さ・低さの報告、電子処方箋の体制整備の助成を求める意見などがあがった。9月26日に群馬県高崎市のホテルグランビュー高崎で開かれた関東地区歯科医師会役員連絡協議会第1分科会で改定の諸問題について協議された。

各県からの意見(抜粋・要約)は以下の通り。

【ベースアップ評価料】

▼保険主体の医院には好評だが、自費中心の医院は不参加が目立つ。

▼報道はされないが、人件費のアップ分が直接患者負担になるもので、以前の妊産婦加算やマイナンバー加算を彷彿とさせるものだ。

▼届出率の低さが、改定の難解さ、届出の煩雑さの象徴だと考える。

▼保険点数に組み込むには無理がある。次期改定で見直しを要望する。

▼活用して賃上げを実施したくても非正規雇用の配偶者控除の壁といった、歯科業界のみでは対応できない制度の問題もある。正規雇用の従業員との間に賃金格差の増大といった問題が生じる可能性がある。

▼増点によって、高得点による個別指導対象医療機関に選定されるといった問題も危惧される。

【医療DX】

▼歯科でのオンライン診療、遠隔医療など一層のデジタル化が推進されるものと思われるが、高齢歯科医師にとって重荷となっている。今改定を機に、廃業に追い込まれることを懸念せざるを得ない。

▼情報通信に関するインフラは整っているが、連携先となる医師・看護師・薬剤師など、多職種との情報連携強化は進んでいない。

▼国が主導の電子カルテの完成前に体制の整備を求め、歯科医師にはあまりメリットのない電子処方箋も有償での整備を求めている。電子処方箋の体制を整えるにあたり、日歯からの助成があって然るべき。

▼現状のような各レセコンベンダーが別個でソフト更新を行うのではなく、共通にて一括でプログラムの更新が行えることが期待される。

▼国の責務で医療機関・受診者双方の負担が皆無になるよう解決策を求める。

【そのほか】

▼外来環が外安全と外感染に改変され、外来環1よりも外感染1の施設基準が緩和されたことにより、届出が8%程度増加した。ただし、一般開業医の場合、人員や設備などの問題もあり、新興感染症への対応能力は、必ずしも高くない点が今後の課題。

▼8年度改定では、光学印象のさらなる適用の向上を望む。

▼施設基準に係る研修会への配慮を求める。

▼次期改定では、項目の変更は少なく、増点につながる分かりやすい改定を多くの会員は求めていると感じている。

施設基準 届出状況

口管強1万4177軒

医療DXは1万3788軒

2024年度診療報酬改定で、かかりつけ歯科医機能強化型歯科診療所(か強診)から名称や施設基準が変更となった口腔管理体制強化加算(口管強)の8月1日時点の届出は1万4177施設で、直近6月時点の歯科診療所数6万6689施設に占める割合は21・3%となっている。9月26日に群馬県高崎市のホテルグランビュー高崎で開かれた関東地区歯科医師会・歯科医師連盟役員連絡協議会のなかで日歯の高橋英登会長が提供した日本歯科総合研究機構の資料によるもの。

◆◇◆

さらに、歯科外来診療環境体制加算(外来環)から分かれた歯科外来診療医療安全対策加算(外安全)1は3万4568施設(51・8%)、歯科外来診療感染対策(外感染)1は3万6123施設(54・2%)、同2は1727施設(2・6%)。また、医療DX推進体制整備加算(医療DX)は1万3788施設(20・7%)、光学印象(光imp)は9100施設(13・6%)となっている。

関東地区歯・連盟役員連絡協議会には各都県から多くの関係者が集まった

届出歯科診療所数　(2024年8月1日分)

＊歯科診療所数＝令和6年6月時点(医療施設調査)

	口管強	外安全1	外感染1	外感染2	医療DX	光印象	歯外在ベI	歯外在ベII 1	歯科診療所数＊
北海道	486	1,307	1,433	27	269	394	311	39	2,711
青森	98	240	259	7	92	82	66	5	472
岩手	121	331	334	0	50	72	177	19	532
宮城	177	539	560	14	173	132	241	22	1,031
秋田	76	216	230	8	153	74	116	14	396
山形	131	272	293	4	34	56	117	23	447
福島	101	350	376	5	95	88	169	24	811
茨城	240	669	696	12	201	171	144	9	1,342
栃木	143	482	496	8	204	120	118	8	938
群馬	141	473	505	32	170	103	175	8	967
埼玉	591	1,848	1,964	59	1,046	472	762	36	3,513
千葉	513	1,497	1,593	40	363	462	548	43	3,190
東京	1,349	3,931	4,139	102	1,121	1,102	1,293	60	10,654
神奈川	1,160	2,689	2,430	463	1,455	770	1,110	67	4,932
新潟	192	644	650	19	292	135	305	15	1,090
富山	114	262	280	10	176	59	116	7	427
石川	107	268	279	4	54	75	130	11	470
福井	72	180	193	5	185	52	83	2	291
山梨	118	284	284	8	56	56	78	4	410
長野	329	649	649	146	309	114	282	16	972
岐阜	287	634	634	47	476	151	449	36	937
静岡	320	873	873	14	479	196	393	36	1,710
愛知	1,065	2,224	2,224	126	775	563	600	58	3,677
三重	197	454	454	30	367	127	224	13	776
滋賀	89	328	328	10	99	87	106	2	558
京都	255	663	663	60	461	193	280	17	1,251
大阪	1,328	2,893	2,893	86	850	833	1,336	158	5,425
兵庫	848	1,687	1,687	68	592	470	496	33	2,899
奈良	117	316	316	11	130	84	77	4	677
和歌山	60	249	249	5	26	55	48	2	504
鳥取	51	132	132	5	85	43	60	3	249
島根	70	173	173	2	99	30	97	7	250
岡山	319	584	584	9	162	134	232	15	990
広島	380	803	803	30	549	212	505	39	1,470
山口	168	332	32	10	209	103	194	21	615
徳島	103	255	255	13	72	59	195	12	408
香川	158	304	304	16	86	96	183	17	465
愛媛	179	382	382	7	40	84	117	8	629
高知	66	196	196	4	113	36	121	8	334
福岡	726	1,590	1,590	119	645	402	598	43	3,025
佐賀	144	255	260	17	106	64	51	2	392
長崎	252	369	384	15	107	93	239	17	680
熊本	302	555	560	19	204	127	211	12	820
大分	110	291	300	14	47	51	88	8	503
宮崎	124	321	326	10	198	65	146	12	473
鹿児島	132	344	365	6	190	98	227	17	770
沖縄	68	230	233	1	23	55	29	1	606
合計	14,177	34,568	36,123	1,727	13,788	9,100	13,643	1,033	66,689

日学歯 柘植会長

内閣総理大臣表彰設置など紹介

日本学校歯科医会の柘植紳平会長は、毎年行っている全日本学校歯科保健優良校表彰に加えて、今年度から学校歯科保健功労内閣総理大臣表彰を設けることを紹介した。9月26日に群馬県高崎市のホテルグランビュー高崎で開かれた関東地区歯科医師会・歯科医師連盟役員連絡協議会の来賓あいさつのなかで述べたもの。

柘植会長

柘植会長はそのほか、今までにないほど日歯、日連盟と連携している点を強調。骨太の方針に初めて「歯科保健教育」の文言が入ったことに触れ、文部科学大臣への要望にも同行したと説明した。

そのうえで、学校での歯科保健教育が充実する重要性を訴え、「これから改訂の議論が始まる学習指導要領の中に位置づけたい」と意気込みを語った。

◇◆◇

なお、内閣総理大臣表彰は、全日本学校歯科保健優良校表彰を受賞後、3年以上経過し、受賞後も学校歯科保健の向上に尽力している学校(園)から選出。10月17日の第88回全国学校歯科保健研究大会で表彰式が行われる。

能登豪雨

歯科診療所の床上浸水など確認

9月21日に能登半島北部を襲った豪雨により、石川県で少なくとも歯科診療所の床上浸水2件、床下浸水1件の被害が確認されている。30日に県歯科医師会に問い合わせてわかった。

県歯によると、会員全員の安否は確認できたとのこと。

能登半島地震で診療ができなくなっている5軒のうち、輪島市で再開を目指していた歯科医院も、今回の床上浸水の被害に含まれている。

◆◇◆

なお、消防庁によると、同大雨によって石川県では11人が死亡、1人が行方不明となっている。

レプリコンワクチン

歯科医院でも接種者の受診制限

次世代型mRNAワクチンとして、世界に先駆けて日本で認可され、10月から定期接種が開始される「レプリコンワクチン」について、接種した患者の受診を制限する動きが、一部の歯科医院にも広がっている。

レプリコンワクチンは、「自己増殖型mRNAワクチン」とも呼ばれ、少量で効果があるとされる一方、接種者から非接種者に感染する懸念が指摘されている。ワクチン開発国である米国を含め、各国で認可に慎重な姿勢を取っている。日本では、2023年11月28日に世界で初めて認可された。

◇◆◇

10月1日から定期接種されるのに伴い、日本看護倫理学会(前田樹海理事長)が8月7日に懸念を表明するなど、安全性の問題提起がなされるようになった。それぞれの医療機関でも対応が見られ、接種者の院内への立ち入り制限(整形外科)や、接種から6カ月あけての診療予約受付(歯科)などの例が出ている。

インタビュー

『"人を幸せにする経営"は業績も上がるはず』。そうした会社を1社でも増やしたいとの思いで表彰する第14回「日本でいちばん大切にしたい会社大賞」＝解説①＝に、兵庫県丹波市のわく歯科医院が選ばれ、厚生労働大臣賞を受賞した。歯科医院の受賞は初という。院長の和久雅彦氏に受賞についての思いや人材育成、組織作りなどを聞いた。

「日本でいちばん大切にしたい会社大賞」厚生労働大臣賞　わく歯科医院

親子で勤務するスタッフが3組に

院長 和久 雅彦氏

――受賞についての思いは。

和久　医院経営のあり方について悩んでいた10年ほど前に、顧客ではなく従業員とその家族を第一とする「5方良し」＝解説②＝を説いた『日本でいちばん大切にしたい会社』（坂本光司著）の考えなども取り入れた「人が辞めない組織作り」を意識して実践してきました。

当院は過疎化の進む兵庫県丹波市に位置します。業績が右肩上がりなのは、10年間退職者を出さなかった良好な人間関係にあると思います。

――「人が辞めない組織作り」にするための取り組みとは。

和久　いろいろありますが一つは、当院の経営理念「良心と愛に基づいた行いを通じて、縁ある人々の健康と幸せを創造します」を実現させるための二つの指針「理念医療」「クレド」を作り、判断に迷ったときなども指針に基づいて行動できるようにしています。

理念医療は、治療内容を計画立案する際の優先順位で、スタッフと共に必ず守ります。クレドは、全員が心がけるべき信条で、当院では毎年更新しています。クレドは冊子にして全員に1冊ずつ配り、朝礼では理念医療と共に読み上げ、感想なども聞きます。

もう一つは、人の基本的な欲求を満たす職場環境作りを心がけ、生まれながらに誰もが持っている「五つの基本的な欲求」＝解説③＝を判断基準に、仕事を割り当てています。「能力による適材適所」ではなく、「欲求を満たす適材適所」は、楽しみながら仕事を続けられると思うからです。

たとえば、「生存」の欲求が高いスタッフは、有給休暇が取りにくい職場や長時間労働が常態化している職場では、「生存」が意味する、食べる、寝る、休むなどの欲求を満たせないので耐えられなくなり転職してしまいますが、「有給促進委員」などを任せると、自分の欲求を満たすために能力が発揮されます。つまり、欲求を満たす仕事を任せると、楽しみながら取り組んでもらえて、結果として医院のためにもなるのです。

人の基本的な欲求を満たす職場環境作りに取り組もうと思ったのは、「魚は水質を選ぶ」という現象に納得したからです。魚は水質が合わないところでは住み続けられず別の場所に移動してしまいますが、水質が改善されると戻ってくることもあります。医院を水質、スタッフを魚に当てはめると、水質の合わない医院ではスタッフは長く勤められずに転職してしまいます。水質を変えられるのは院長です。

魚の現象に納得してからは、「スタッフが辞めてしまうのは個人の理由で、医院や院長の私には関係ない」というそれまでの考え方を捨て去ることができました。試行錯誤の連続ですが、親子で勤務するスタッフが3組に増えているのもうれしいことです。

◇◆◇

――良好な人間関係を作れた理由は何だと思いますか。

和久　二つの指針に記載された内容は、職業観を考える機会となり、欲求を満たす職場作りは、仕事をする自分への自信や職場に対する愛着につながるのだと思います。

例えば、「歯石を取るとは何をしていること?」の質問に、Aさんは「病気になるリスクを減らしている」、Bさんは「診療費を減らしている」、Cさんは「歯糞を取り除いている」と回答したとすると、三人それぞれの職業観に違いがあるのがわかります。

回答に正解はなく、自分なりの考えで良いと思います。ですが、その回答に仕事に対する誇りがあるかは、この先も仕事を続けていけるかにかかわるので、とても重要です。自分の仕事に誇りが持てると、職業観の質が高まり、その仕事をする自分への自信につながります。欲求を満たす職場で働くことは自分が大切にされていると感じられるので職場に愛着がわき、長く勤められるのではないでしょうか。

◇◆◇

――スタッフ採用時の工夫は。

和久　歯科衛生士の多くが「都市部の医院への入職を希望する」という状況は、父から継承した20年ほど前から変わっていません。

そこで継続して採用できるよう「奨学金制度」を8年前から設けています。当院で5年以上勤務するのを前提に、学費の一部として付与するもので、院外の応募者の場合は、奨学金の付与を決める面接の前に当院の見学を必須としています。

当院では保育士や言語聴覚士、管理栄養士なども採用しており、これらの資格取得のために学校に通う場合は80万円を付与します。

それから奨学金制度希望者が高校生の場合は、当院で歯科助手のアルバイトをしてもらい、仕事内容や当院の経営理念なども知ってもらったうえで面接に進みます。

多くの学生に歯科衛生士の魅力を知ってもらうため、スタッフと共に小中高に出向いて出前授業の講師などをしています。約12年前に聞いた子が当院に入職し、今はそのスタッフが学生向けの進路ガイダンスの場で説明することもあります。

当院での取り組みが他院の先生の人材育成や組織作りに少しでもお役に立つなら、ぜひお話ししたいですし、歯科界共通の課題を他院の皆さんとも一緒に考えたいので、ぜひお声がけください。

解説1　日本でいちばん大切にしたい会社大賞の応募資格
（過去５年間にわたり、以下の６項目すべてに該当していること）

①希望退職者の募集やリストラをしていない
②死亡や重傷などの労働災害が発生していない
③一方的なコストダウン等理不尽な取引を強要していない
④障がい者の雇用率が法定雇用率以上
⑤営業黒字で納税している
⑥下請代金支払遅延等防止法等の法令違反がない

解説2　5方良し
会社が幸せを追求するべき対象

(1) 従業員とその家族
(2) 社外従業員とその家族
(3) 現在の顧客と未来の顧客
(4) 地域住民、障がい者等社会的弱者
(5) 株主・支援機関

経営者は (1) から順に考え、取り組むのが大切
（著者の坂本光司氏が提唱）

解説3　五つの基本的欲求

●「生存」…食べる、寝る、休むなどの身体的な欲求を満たしたい。安心、安定、貯蓄、危険を避けるなどの傾向がある。
●「愛・所属」…愛し愛されたい、所属したい、一人よりグループの一員でいたい、友人・仲間が欲しい。
●「力」…自分の意見を通したい、注目を浴びたい、他人に勝ちたい、認められたい、、達成したい、人の役に立ちたい。
●「自由」…自由でいたい、自分で選びたい、人からとやかく言われたくない。規則や時間などに縛られることを好まない傾向がある。
●「楽しみ」…遊びたい、学びたい、好奇心を満たしたい、楽しみたい。冗談や笑い話などを好んだり、新しいものや知識などを積極的に求める傾向がある。

五つの強弱の度合いは人によって異なるが、基本的に一生涯、強弱の度合いは変わらない。基本的欲求が満たされると人は幸せを感じ、満たされない状況では不幸を感じる。

令和6年6月の歯科医療費

社保　件数5・0％増　点数4・5％増

社会保険診療報酬支払基金による令和6年6月診療分の総計確定件数は1億793万7千件、点数1733億8480万2千点で前年同月に比べ件数は0・9％、点数は2・6％それぞれ減少した。

6月の稼働日数は25・0日（うち土曜日5・0日）で、前年同月比で1・5日減少している。

歯科の件数は1482万件、点数は180億6380万8千点で、前年同月に比べ件数は5・0％、点数は4・5％それぞれ増加した。

医療費全体に占める構成割合は前月に比べ、件数は1・1ポイント上がって13・7％、点数は1・0ポイント上がって10・4％だった。

歯科の診療報酬諸率は1件当たり点数1218・9点、1日当たり点数838・0点、1件当たり日数1・45日となり、前年同月に比べ、1件当たり点数は0・5％減少、1日当たり点数は2・5％増加、1件当たり日数は2・9％減少している。

医科の入院と入院外の合計は件数5571万6千件、点数1183億9452万4千点で、件数は前年同月に比べ1・8％、点数は4・1％それぞれ減少している。

入院外は件数5489万6千件、点数710億5769万1千点で、前年同月に比べ件数は1・8％減少し、点数は6・0％減少した。

調剤は件数が3710万件、点数が369億2646万9千点で、前年同月に比べ件数は1・8％、点数は1・1％それぞれ減少している。

国保　市町村の金額 6・7％減少

国保中央会がまとめた令和6年6月診療分の総医療費は市町村国保と国保組合、後期高齢者を合わせて2兆3882億円で、うち後期高齢者分は1兆5550億円だった。

6月の稼働日数は22・5日（平日20・0日、土曜日2・5日）で、前年同月に比べて1・5日減少している。

歯科医療費は市町村が557億円で、対前年同月比で6・7％減少。組合は50億円で2・1％減少。後期高齢者は658億円で1・7％増加した。

件数は市町村が423万件で4・0％減少。組合は40万件で0・4％減少。後期高齢者は463万件で4・9％の増加となっている。

市町村の歯科1人当たり医療費は2414円で2・5％減、1人当たり日数は0・29日で4・1％減、1日当たり医療費は8280円で1・7％増。

組合の歯科1人当たり医療費は1973円で0・5％増加し、1人当たり日数は0・23日で1・7％減少、1日当たり医療費は8409円で2・3％増加した。

後期高齢者の歯科1人当たり医療費は3299円で1・7％減、1人当たり日数は0・39日で3・1％減、1日当たり医療費は8420円で1・5％増加している。

また、市町村国保と国保組合を合わせた医療費の入院は3111億円（対前年同月比4・1％減）、入院外2918億円（8・9％減）、調剤1426億円（7・1％減）で、後期高齢者分は入院7552億円（3・0％増）、入院外4474億円（0・9％減）、調剤2273億円（0・9％減）だった。

〈社保〉診療種別支払確定件数及び点数
（令和6年6月診療分）

診療種別		件数（千件）	対前年同月比 %	構成割合 %	点数（千点）	対前年同月比 %	構成割合 %
総計		107,937	99.1	100.0	173,384,802	97.4	100.0
医科	計	55,716	98.2	51.6	118,394,524	95.9	68.3
	入院	820	94.5	0.8	47,336,833	99.0	27.3
	入院外	54,896	98.2	50.9	71,057,691	94.0	41.0
歯科		14,820	105.0	13.7	18,063,808	104.5	10.4
調剤		37,100	98.2	34.4	36,926,469	98.9	21.3
食事・生活療養費		663	97.5	0.6	－	－	－
訪問看護療養費		300	114.4	0.3	－	－	－

（注）件数の総計は、食事・生活療養費を除く数値。点数の総計は、食事・生活療養費、訪問看護療養費を除く数値。社会保険診療報酬支払基金の統計月報を基に本紙で集計したもの。数値は四捨五入

〈社保〉歯科診療報酬諸率
（令和6年6月診療分）

区分		1件当たり点数（点）	1日当たり点数（点）	1件当たり日数（日）
合計		1,218.9 (99.5)	838.0 (102.5)	1.45 (97.1)
医療保険	計	1,231.3 (99.5)	834.9 (102.4)	1.47 (97.2)
	被保険者（65歳未満）	1,295.7 (99.4)	842.4 (101.9)	1.54 (97.5)
	被扶養者65歳未満（未就学者を除く）	1,129.4 (99.7)	823.4 (103.4)	1.37 (96.4)
	被扶養者（未就学者）	975.0 (103.3)	848.2 (105.1)	1.15 (98.3)
	被保険者65歳以上70歳未満	1,314.0 (97.7)	818.5 (101.4)	1.61 (96.3)
	被扶養者65歳以上70歳未満	1,275.2 (96.6)	808.4 (101.5)	1.58 (95.2)
	高齢者７割	1,283.1 (98.6)	802.9 (102.2)	1.60 (96.5)
	高齢者一般	1,351.4 (96.7)	828.3 (101.0)	1.63 (95.7)

数値は四捨五入。カッコ内は対前年同月比（％）

〈社保〉支部別歯科診療報酬等支払確定状況
（令和6年6月診療分）

支部別	件数（件）	日数（日）	点数（千点）	金額（千円）
令和6年4月	14,106,367	20,819,330	17,247,341	115,807,474
令和6年5月	13,541,614	19,737,809	16,280,149	109,815,782
令和6年6月	14,820,361	21,557,032	18,063,808	121,007,880
北海道	498,465	789,957	684,247	4,676,854
青森	107,249	165,480	136,166	909,927
岩手	97,142	145,446	122,033	869,981
宮城	249,589	355,306	287,370	1,981,739
秋田	88,254	129,084	114,979	764,083
山形	99,957	137,941	114,409	816,722
福島	177,490	263,574	205,212	1,425,059
茨城	310,252	452,206	357,725	2,303,642
栃木	227,635	333,460	245,033	1,610,956
群馬	187,594	282,710	211,250	1,508,005
埼玉	904,123	1,301,948	987,744	6,464,560
千葉	780,875	1,109,413	917,645	5,980,762
東京	2,024,319	2,932,192	2,412,746	16,068,898
神奈川	1,151,986	1,680,143	1,448,072	9,553,826
新潟	233,484	328,776	274,233	1,747,698
富山	122,339	167,349	133,820	862,421
石川	117,898	170,055	138,041	907,886
福井	80,681	113,845	92,227	597,050
山梨	93,713	133,407	103,953	680,625
長野	216,131	299,039	244,958	1,600,102
岐阜	223,438	310,638	259,114	1,846,238
静岡	349,066	503,115	398,544	2,827,037
愛知	930,761	1,302,267	1,156,354	8,265,733
三重	198,744	270,486	222,930	1,509,148
滋賀	175,255	239,480	193,260	1,233,127
京都	246,823	359,407	317,925	2,256,495
大阪	1,245,519	1,860,378	1,704,519	11,285,959
兵庫	686,978	974,651	868,882	5,699,761
奈良	128,041	184,671	148,926	1,027,236
和歌山	98,256	141,896	117,335	759,627
鳥取	61,097	88,344	72,846	474,928
島根	57,071	80,606	68,009	485,016
岡山	246,033	337,471	318,183	2,032,408
広島	327,056	472,343	405,504	2,672,557
山口	125,647	187,003	154,395	1,105,810
徳島	92,127	133,875	114,887	706,084
香川	127,974	180,355	159,876	1,012,188
愛媛	122,263	181,479	141,641	1,018,004
高知	60,630	89,339	73,113	510,390
福岡	657,093	1,024,098	851,545	5,555,262
佐賀	93,417	141,210	108,237	707,228
長崎	137,895	198,770	166,832	1,102,205
熊本	178,246	265,901	219,544	1,503,947
大分	103,485	159,025	127,815	835,745
宮崎	106,813	161,349	130,211	849,971
鹿児島	144,831	227,869	170,257	1,222,122
沖縄	126,626	189,675	161,260	1,172,856

神経幹細胞が骨再生を促進

東北大研究グループが解明

骨代謝を調節している神経系の幹細胞によって、骨再生が促進できることがわかった。東北大学大学院歯学研究科の共同研究グループによるもの。同研究成果により新規骨再生治療の開発や、神経と骨の代謝ネットワーク解明の進展に期待がかかる。

◆◇◆

これまで、神経系は神経ペプチドやホルモンを介して骨代謝を調節していることがわかっていたが、神経系の細胞が骨再生に与える効果や仕組みは不明だった。

研究グループは、iPS細胞由来神経幹細胞をゼラチン多孔体に加えて、マウス頭蓋冠骨欠損部に埋入。同細胞埋入による新生骨の体積をほかと比べると、iPS細胞胚様体を加えたゼラチンを埋入した群よりも約3倍、欠損のみ(コントロール群)よりも約4・4倍に増加した＝図。

◆◇◆

また、遺伝子解析では、iPS細胞由来神経幹細胞がTGF－βやBMPシグナル伝達を介して骨形成を促している可能性が示唆された。

同研究成果は学術誌『Acta Biomaterialia』オンライン版(9月24日)で公開された。

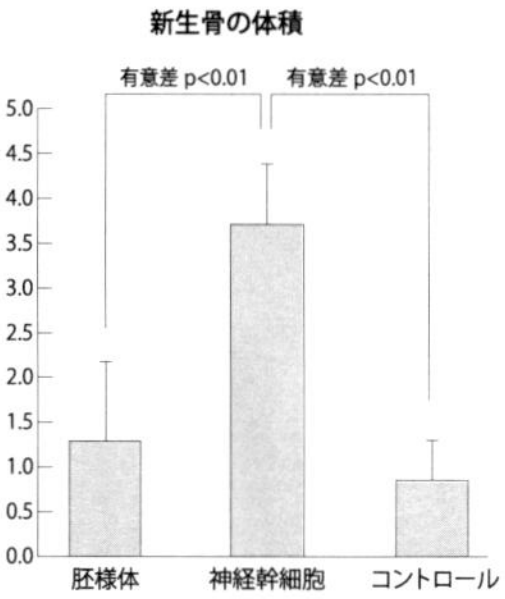

胚様体　多様性幹細胞を浮遊培養することによって形成される三次元の細胞凝集塊

口腔内環境が悪い急性期脳梗塞患者

肺炎リスク高まる

口腔内環境が悪い状態のまま急性期脳梗塞で入院すると、回復が遅くなり、院内肺炎のリスクも高くなる。広島大学大学院医系科学研究科脳神経内科学と同大病院口腔総合診療科および診療支援部歯科部門が明らかにした。

同病院では、急性期脳梗塞患者の入院時に8項目(唇、舌、舌苔、唾液、粘膜、歯肉、口腔衛生、うがい)の口腔アセスメント評価を実施している。同研究では、必要なデータ収集ができた247人の3カ月後の状態との関連を分析した。

その結果、スコアの増加に伴って予後不良リスクも肺炎発症リスクも増加することが明らかになった。

同大は、早期から包括的な口腔アセスメントを行い、ハイリスク患者への口腔ケア介入プログラムにつなげる必要性を指摘している。

同研究成果は『Clinical Oral Investigations』(7月)に掲載された。

デンタル小町が通る

平成歯科クリニック院長(大阪府寝屋川市)
小谷泰子 ❻

テレビの話をしよう

テレビが大好きです。ドラマ、バラエティ番組、クイズ番組(バラエティに含まれる?-)、音楽番組、ニュース、スポーツなどいろいろありますが、すべておもしろいです。

「昔のテレビはおもしろかった」とよく耳にしますが、昔も今もテレビはおもしろいです。スポーツ好きの方から「実際の試合会場は迫力が違う」と言われることもあります。もちろん、甲子園での野球観戦などはとても楽しいものですが、ナイター中継もかなりおもしろいです。

とは言え、仕事後の帰宅は20時前になるため、中継を最初から見ることはできませんし、ほかの番組も気になります。そこで活躍するのが、「全番組自動録画機能付きブルーレイレコーダー」です。これを使えばテレビ番組の内容を掲載したネットニュースを見たり、訪問診療のため移動中の車でテレビ音声を聴いたりした時に、「こんなおもしろそうな番組を見逃したのか……」と落ち込むこともありません。

最近では動画配信サービスがあるじゃないかと思われるかもしれませんが、私は動画配信サービスが、無料、有料にかかわらずあまり好きではなく、わが家のブルーレイレコーダーに録画された番組をテレビで見たいのです(ちなみに、わが家には私専用のブルーレイレコーダーが4台、テレビが3台あり、うち1台のポータブルテレビは実家に出張中であります!)。

なぜ私がこんなにテレビ好きになったのか、先日、その理由の一つが判明しました。父が手術のため入院し、見舞いに行ったところ、手術の翌々日で発熱も疲労感もあるなか、最初に発した言葉は、寺(父は住職です)や母を気遣うものではなく、「テレビカードがあと1枚しかない」でした。これが父の通常運転と安心した私は、財布に入っていた千円札すべてをテレビカードに費やしました。われながら最高の親孝行と自負しています。私のテレビ好きは遺伝&環境因子の賜物です。

テレビの前が両親の定位置。退院後も変わらず。もちろん実家にも全録ブルーレイレコーダー設置済み。2時間ドラマがお気に入りの二人

待合室マーケッター

受講者「人生変わった」

医療物販学LABO

独自の物販戦略を掲げる中原維浩氏が構築した「待合室マーケティング」をもとに体系的に医療物販を学べる中原まさひろの医療物販学LABOは9月22日、東京都新宿区のコモレ四谷タワーコンファレンスで、歯科医院で高度な医療物販の能力を持つ「待合室マーケッター」の第2期生の認定試験・認定式を開催した。

歯科医院でセルフケアグッズに関する説明、使用方法の指導を行う歯科医師や歯科衛生士が対象となる。今回の認定試験では、「症例をもとに、セルフケアグッズを処方して患者さんに貢献＋提案」という課題を設けていた。

イブラボ大交流会(懇親会)では、会員や協賛企業17社を含めた約120人が参加し、活発な意見交換がなされた。

参加者からは「イブラボに入って人生が変わった」「イブラボで得た知識を院内で共有することで、物販を考える機会が増えた。本当に参加してよかった」「フィードバックする環境が整っており、お互い学び合いながらも、臨床に落とし込めるのは唯一無二のコンテンツ」などの感想が寄せられた。

なお、次回は2025年9月14日に開催される予定だ。希望者は「中原まさひろの医療物販学LABO」の公式サイトまで。

受賞者とともに記念撮影する中原氏(右)

懇親会で企業ブースに集まり、商品・サービス説明を聞く参加者ら

東工大

フソバクテリウム

大腸がん患者の腸内で増加示す

遺伝性大腸がんの一種であるリンチ症候群患者の腸内では、フソバクテリウム・ヌクレアタムが増加していた。また、この細菌は患者が大腸がんを発生した後に起こった現象だったことがわかった―。東京工業大学生命理工学院生命理工学系の山田拓司准教授、サリム・フェリックス博士後期課程学生(当時)ら研究グループが解明したのは、リンチ症候群における大腸がん(CRC)の病態形成と腸内細菌変動に関すること。

研究グループは、リンチ症候群の患者の腸内微生物群および代謝物のプロファイルについて、大腸がんの各進行段階で詳細に解析することで、遺伝性大腸がんにおける腸内細菌の役割を解明するに至った。

◆◇◆

71人の日本人リンチ症候群患者を対象に、糞便のメタゲノム解析と代謝物解析を行ったところ、大腸がんグループの患者の腸内からフソバクテリウム・ヌクレアタム(Fusobacterium nucleatum)と、その毒性因子であるfap2が検出されたという。この細菌の増加が大腸がんの発生後に起きていた。

◆◇◆

その結果、大腸がんの進行や転移、疾患予後、治療反応に影響を与える可能性が示唆された。

これを踏まえ、同大は「リンチ症候群患者の大腸がんにおけるフソバクテリウム・ヌクレアタムの役割は、主に大腸がん発生後の免疫調整や治療に対する耐性である」と推察している。

同研究成果は、科学誌『iScience』(6月4日付)に掲載された。

新潟大・小川教授が理事再選

日本国際保健医療学会

日本国際保健医療学会(小林潤理事長)の任期満了に伴う代議員による次期役員選挙の結果、歯科領域からは、新潟大学大学院医歯学総合研究科の小川祐司教授(予防歯科学分野)が再選された。任期は2年。

小川氏は再選に際して、「国際保健に口腔保健をリンケージする動きは、WHOやFDIが積極的に推進している。日本国際保健医療学会においても、口腔保健の位置づけを明確なものにするよう務めていきたい」とコメントした。

【予告】

日本矯正歯科学会学術大会を開催

10月に横浜市で

日本矯正歯科学会は10月29日から31日まで、第83回学術大会を横浜市のパシフィコ横浜で開催する。テーマは、「矯正歯科治療における形態と機能の調和を目指して」。

教育講演では、「ディープテックが拓く歯科医療の未来」と題して、東北大学大学院歯学研究科分子・再生歯科補綴学分野教授、次世代歯科材料工学共同研究講座教授の江草宏氏が登壇する。そのほか、日本学術会議主催の公開シンポジウム「女性理系研究者が拓く未来―歯学から芽生える新たな可能性」、海外特別講演やスタッフ&ドクターセミナーなどが開かれる。

問い合わせは、運営事務局TEL03(5549)6913まで。

能登豪雨に伴う現地情報

各社の取り組み(9月21日～27日)

9月21日に発生した能登半島豪雨の現地情報、現地情報の収集に伴う各社の取り組みをまとめた。なお、年初の能登半島地震で被災し、医院再開に向けた復旧作業を続けていた1軒が、21日の豪雨で再び被災し、医院再開時期が1カ月程度先延ばしになったとの情報が寄せられている。

ジーシー (27日時点)

▼23日、被災地の当社機器納入医院に対して被害状況の確認を始めた。現地では救助隊が活動しており、当社からの訪問対応はすぐにできない状況であったが、地元歯科ディーラーと情報を共有しつつ、状況が変わり次第すぐに必要な援助・支援ができるよう準備を進めた。

▼24日、当社機器納入医院では重大な損害や修理要請がないことを確認した。北陸エリア担当者は、社用車に飲料水・非常用トイレを積載し、要請があればすぐに支援できるよう体制を整えている。

モリタ (25日時点)

▼エリア管轄にある金沢営業所と現場の状況確認を随時行っているが、幸いにも豪雨による特別な対応を要するような大きな影響には至っていない。

ヨシダ (24日時点)

発生直後、災害対策会議を開き、次の対応を行った。

▼21日、金沢営業所所員の安全を確認、22日輪島市、珠洲市のユーザーに対し電話で水害の被災がないことを確認。また歯科ディーラーからも被災状況の情報共有を行い、被災がないことを確認した。

地域によっては断水・停電情報もあるため、日本歯科医師会、歯科ディーラーに対して日本歯科器械工業協同組合発行マニュアル「地震や水害による医療機器の取り扱いに関する確認注意事項」の提供と災害対応資機材の発送準備を行う。

▼24日、金沢営業所は輪島地区のユーザーを直接訪問。市内に向かう道路では一部迂回箇所があるものの、中心部においては冠水、倒木、土砂の被害は少なく、無事に市内に入ることができた。

ユーザーにおいては近隣までの冠水があったものの、歯科医院への影響がなかったことを確認した。いずれのユーザーも、患者が来院し通常診療が問題なく行えており、修理要請などの必要がないことを確認した。

今後も継続して、歯科ディーラーなどと情報を共有しながら、状況に応じた対応を行っていく。

40代からのオーラルフレイル対策

サンスター　記者向けセミナー開く

サンスターグループ(=サンスター)は、「40代から始めるオーラルフレイル予防」をテーマに記者向けセミナーを東京都千代田区の御茶ノ水トライエッジカンファレンスで9月20日に開いた。オーラルフレイルの新定義やオーラルフレイル対処法などを東京都健康長寿医療センター歯科口腔外科部長の平野浩彦氏、オーラルフレイルに関する最新研究などを同社研究開発統括部東京サテライト研究室の永谷美幸氏が解説した。

平野氏

永谷氏

平野氏は、今年4月1日に新たに定義されたオーラルフレイルと歯科医療専門職が不在でも評価できるオーラルフレイルのチェック項目「OF－5(Oral frailty 5-item Checklist)」を概説したほか、40代からオーラルフレイル予防が大切な理由をライフステージと口腔機能、全身の状態が生存率との関連があるとの調査結果などを示して説明した後、口腔体操や多様な食品を食べることなどが対処法につながると話した。

永谷氏は、オーラルフレイルに関する同社の啓発活動や独自の調査結果、オーラルフレイルの三つの最新研究を紹介。オーラルフレイルは将来の「抑うつ傾向の新規発症リスクが1・53倍」、「軽度認知機能低下の新規発症リスクが1・55倍」「重度歯周炎は将来のオーラルフレイル新規発症リスクが1・42倍」に高まると指摘した。

オーラルフレイルを予防するには「歯の喪失予防」「口の機能の維持」が大切とし、「歯の喪失予防」には、B(ブラッシング)＋I(歯間清掃)＋R(洗口)、「口の機能の維持」には、機能追加した口の元気度の数値化とトレーニングができるアプリ「おくち元気チェック」の利用が有効と述べた。

決済端末の修理費補償する保険開始

GMO-FG

GMOフィナンシャルゲート(=GMO－FG)は、あおぞら少額短期保険と代理店契約を締結し、キャッシュレス決済端末が破損・故障した際の修理費用を補償する「端末保険」を10月1日に開始した。

キャッシュレス決済の導入時に、決済端末を無料で提供される場合もあるが、破損や保証期間外の故障の修理費用は加盟店の負担になるという。

同保険は、GMO－FGが提供する決済端末を利用する加盟店を対象に、1台当たり月額500円で、年間最大10万円まで決済端末の外装破損や損壊、水濡れ全損、故障時の修理費用を補償する。保険期間は1年間(自動更新あり)。24時間オンラインで申し込みできる。

安心経営の羅針盤

(株)ディー・ビー・エス　日吉 国宏 (131)

インフォームドコンセント

「治療計画を立てていますか？」と院長先生方に質問すると、全員「はい」という返事です。続いて「では資料を見せてもらえますか？」とお願いすると「見せられる資料はない」という返事が多数を占めます。つまり多くの歯科医院において、治療計画は“院長の頭の中にあるだけ”のようです。それでは治療計画がないのと同じではないでしょうか。

クライアントに「今後の歯科医院経営で目標はありますか？」と質問をしたところ、60代のお二人から「インフォームドコンセントのある診療をしたい」と同じ回答がありました。「なぜ、していないのか？」と続けると、また同じ回答です。開業時は経営に対する不安から、より多くの患者を診ることを目標にしていた。そして、経営が安定してきたころには患者が多くなり過ぎて「治療をさばく」ことに必死になり、気がつけば一本単位の対症療法的な治療が根付いてしまったのだそうです。保険診療が主体の日本には、インフォームドコンセントの重要性を理解しながらも、できていない歯科医院が多いのかもしれません。

二人の院長のために、インフォームドコンセントをしている歯科医院にヒアリングを行いました。そこで気づかされたのは、治療計画の立案ではなく説明に時間が必要なこと。したがって効率化を抜きに導入はできません。なぜならインフォームドコンセント自体は収益を生まないからです。

その効率化の一つが「簡単な資料作り」でした。確実な検査と診断、複数の治療方法についての説明と、メリット・デメリットを口頭だけで伝えていてはタイムパフォーマンスが悪くなるのです。これが、多く歯科医師が“治療計画は頭の中にあるだけ”という状況を作り出しているのだと思います。ですが、実践している医院があるという事実があります。将来、後悔するよりも、いまから分かりやすく簡単な資料を作成してみませんか？

ひとことアドバイス

治療計画より、まずは口腔内全体の状況を理解してもらうことから始めると良いでしょう。コツは、よりシンプルな資料にすることです。

製品紹介

(価格は税込)　(新製品情報をお寄せください)

歯科切削加工用セラミックス

UPCERAジルコニア

Deltan　☎050(5474)1999

日本人に合わせやすい豊富なラインナップで、さまざまな症例に適用できるUPCERA社の歯科切削加工用セラミックス。モノリシック補綴装置を製作できる。色調はA1～A4、B1～B4、C1～C4、D2～D4、BL1、BL2を用意。

価格＝1万7,578円

CAD/CAM用ミリングバー

カーラ AS ミリングバー PEEK

クルツァー ジャパン　☎03(5803)2151

PEEK材専用に開発されたCAD/CAM用ミリングバー。PEEKに適した被膜の薄さと、耐久性を両立したDLCコートを採用。ミリング精度と耐摩耗性が高く、ミリング面はスムースな面に仕上がるという。

価格＝各1万450円(直径0.6mm、1.0mm、2.0mm)

サンギ

創立50周年記念パーティー開く

サンギは、創立50周年を記念するパーティーを東京都千代田区の帝国ホテル東京で9月25日に開いた。販売代理店や歯磨剤製造企業などの担当者約240人、同社社員約100人が出席した。

会長の佐久間周治氏と社長のロズリン・ヘイマン氏がそれぞれあいさつし、同社の歴史を振り返り、50周年について言及。「節目となる年に、宇宙技術に関する優れた開発を表彰するアワード『Space Technology Hall of Fame(宇宙技術の殿堂)』において、『薬用ハイドロキシアパタイト』配合の歯磨剤が選ばれたのは光栄なこと。パートナー企業や歯科医師の先生方に当社は生かされてきた」と感謝の意を述べた。

ステージで歌う佐久間氏(中央)と聞き入るヘイマン氏

そのほか、来賓を代表して日本歯磨工業会会長の濱逸夫氏、日本ゼトック会長兼CEOの牧田裕樹氏が祝意を表した。

会場では、佐久間氏による歌唱、ヘイマン氏制作の同社の歴史を写真で振り返るスライドショーの上映、サプライズで同社社員による佐久間氏とヘイマン氏への花束贈呈に加え、和太鼓やジャズの演奏なども行われた。

週間 金・パラ価格動向　税抜価格(1g,円)

	金	パラジウム(参考価格)
9月24日(火)	12,270	4,930
9月25日(水)	12,289	5,005
9月26日(木)	12,395	5,010
9月27日(金)	12,501	5,075

提供 石福金属興業

医療機関リストデータを無料提供

フロッグウェル

フロッグウェルは、医療機関データベース(全国の医科、歯科、薬局のマスタデータ)を更新したと9月20日に発表した。医療機関や医薬品・医療機器メーカー、医薬品・医療機器販売会社などは、マスタデータを無料で利用できる。

厚生労働省が定期的に公開しているデータを独自のプログラムで使いやすい形に変換したもので、マスタデータを分析することで、マーケティングや商品開発、営業活動などさまざまな分野で活用できるという。

歯科マスタの収録数は、7万6212件(2023年8月時点)。項目は医療機関コード、医療機関名、勤務医数、病床数、診療科一覧など。また、データの活用方法のアドバイスも行っている。

問い合わせは、同社ホームページまで。

投稿／募集

800字以内。郵送またはFAX、メールで。

ヘッドライン企業ニュース

■歯科用キャスティングワックス「KZR-CAD ワックスディスク」の販売を在庫限りで終了(YAMAKIN／8月26日)

■宝飾事業を行う石福ジュエリーパーツとの資本関係を解消(石福金属興業／8月28日)

■ニードル「マルチニードル&マトリックスバンド」を発売(ビー・エス・エーサクライ／8月29日)

■クラレ、増収増益(日本経済新聞／8月30日)

■ペーパーエプロン「プロケア ペーパービブ」の販売を9月2日に開始(A.R.メディコム・インク・アジア・リミテッド／9月1日)

■ダイヤモンド切削材「松風クリエイトダイヤFG」を発売(松風／9月2日)

■福利厚生にGALLEIDOの「電動歯ブラシ本体」＋「毎月の替え歯ブラシ」を配布する「デンタルケア補助制度」を9月1日に導入(日本ナレッジスペース／9月2日)

■口腔内スキャナー「G-Oral スキャン2 ワイヤレス」を8月21日に発売(日本歯科商社／9月2日)

■マウスガード艶出しシート「アテルーノ」を発売(名南歯科貿易／9月2日)

■香南市に歯科技工士の「学校」開設へ、ヤマキンが来春目指し県に申請 県内唯一 デジタル技術を重視(高知新聞PLUS+DEGITAL／9月3日)

■口腔外用サクション「フリーアーム」を対象とした専用除菌装置「フリーアーム・バブリライザー」を9月2日に発売(東京技研／9月3日)

■「正宗石膏硬化材」の生産と販売を終了(内外歯材／9月3日)

■2013年に開設した迪普勒(北京)信息技术は、事業再編のため、2024年8月をもって解散(デジタルプロセス／9月3日)

■若林健史氏監修のグミ／Rem3dy Health

イギリスのスタートアップ企業・Rem3dy Healthは、表参道若林歯科医院院長の若林健史氏が監修したキシリトールやカルシウム、ビタミン類などの栄養素を含むデンタルサプリメントグミ「NOURISH3D DENTAL STACK(ナリッシュ3D デンタルスタック)」を発売している。香味は、ミントシトラス。同医院など都内の歯科医院で販売。価格はオープン。

■医療従事者向け肩掛けペンケースなど／クラシコ

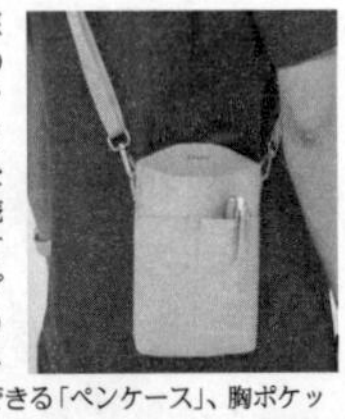

クラシコは、医療従事者向けのバッグなどのアクセサリー「SUEDEシリーズ」を9月17日に発売した。腰に巻いて使用する「ラップバッグ」と、取り外しできるストラップで肩掛けできる「ペンケース」、胸ポケットに入る「スリムペンケース」を用意。生地は手洗い可能。色はブラックとピンク。同社直営店やオンラインストアで販売。価格はオープン。

■キシリトール入りのロイテリ菌ヨーグルト／オハヨー乳業

オハヨー乳業は「ロイテリ乳酸菌ヨーグルト」をリニューアルし、9月24日に全国で発売した。母乳から発見された生きたロイテリ乳酸菌を含み、体内の500兆個以上の細菌バランスを支える「体内菌質ケア」に適している。従来製品より生乳使用量を増量。香料・安定剤・砂糖は不使用。甘味料にキシリトールを使用。容量は110g。価格はオープン。

アンケート特集

オーラルフレイル対策 実施は40代以上で2割

「何をしたらよいかわからない」

サンスター ネット調査

40代以上でオーラルフレイルを予防・対策している人は2割にとどまることがわかった。サンスターが7月26～29日に全国の40～70歳の男女それぞれ400人のオーラルフレイルに関する意識について、インターネットで調査した。

オーラルフレイルについて知っている人は29・0％で、2020年の前回調査の12・1％から増加していた。また、オーラルフレイルの予防や対策について、72・4％が関心を持っていた一方で、実践している人は21・4％にとどまった。

実践していない理由（n＝629）では、「何をしたらよいかわからない」72・0％が最も多く、「必要性を感じない」が23・5％、「手間がかかる」13・5％、「お金がかかる」12・4％などがあった。

自身がオーラルフレイルだと思うかの質問（n＝800）には、81・5％が「思わない」と回答。年代別では70代以上の81・0％が思わないと答えている＝表①。思わない理由（n＝652）では、「症状がない」が55・1％で最多となり、「言われたことがない」26・1％、「口腔ケアをしっかりしている」が25・9％と続いた。年代別で、40代32・1％が「自分にはまだ関係ないと思うから」と回答した＝表②。

オーラルフレイルのチェック項目「OF-5」において（n＝800）、オーラルフレイルと判定される2項目以上当てはまったのが14・1％、予備軍と判定される1項目以上を含めると40・0％となった＝表③。

表①　現在、オーラルフレイルだと思いますか？　(n=800)

	全体	40代	50代	60代	70代以上
とてもそう思う・そう思う	18.5%	17.5%	19.5%	18.0%	19.0%
あまりそう思わない・思わない	81.5%	82.5%	80.5%	82.0%	81.0%

表②　オーラルフレイルだと思わない理由　(n=652)

	全体	40代	50代	60代	70代以上
オーラルフレイルの症状がないから	55.1%	50.3%	53.4%	56.1%	60.5%
高齢者に必要なことで自分にはまだ関係ないと思うから	16.6%	32.1%	15.5%	13.4%	4.9%
オーラルフレイルと診断された／言われたことがないから	26.1%	20.6%	14.9%	30.5%	38.3%
口腔ケアをしっかりしているから	25.9%	17.0%	24.2%	31.1%	31.5%
オーラルフレイルのことがよくわからないから	13.7%	14.6%	14.9%	9.8%	15.4%
健康に自信があるから	9.1%	6.1%	5.6%	10.4%	14.2%
その他	0.3%	0.0%	0.0%	0.6%	0.6%

表③　オーラルフレイル・予備軍

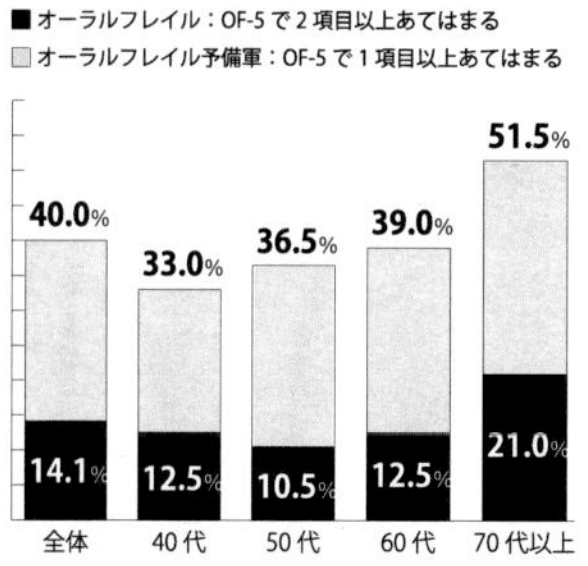

「歯の着色」全年齢で上位 年齢上がると「歯周病」も

P&G 1万人に「歯の悩み」調査

歯の悩みで多いのが「歯の黄ばみ・着色」「歯垢・歯石」「磨き残し」であることがわかった。P&Gが8月9～10日に全国の20～60代の男女1万人（性別および年代ごとにそれぞれ1千人）に対してインターネットで調査したもの。

調査の結果、79・3％が悩みを抱えていると回答した。

年代別では、20～40代で「歯の黄ばみ・着色」がトップとなり、50代以降は「歯垢・歯石」がトップだった。全ての年代で「磨き残し」「歯垢・歯石」「歯の黄ばみ・着色」がトップ5に入っており、「歯垢・歯石」の順位は年代とともに増加している。

また「歯周病」は20代では12・1％だが、年代が上がるにつれて割合が増え、50代では23・8％（4位）、60代で26・4％（3位）に増加していた＝表。

年代別　お口の悩みトップ10

	20代 (n=2,000)		30代 (n=2,000)		40代 (n=2,000)		50代 (n=2,000)		60代 (n=2,000)	
1位	歯の黄ばみ・着色	39.2%	歯の黄ばみ・着色	43.2%	歯の黄ばみ・着色	39.6%	歯垢・歯石	33.6%	歯垢・歯石	31.7%
2位	口臭	31.3%	口臭	33.1%	歯垢・歯石	34.0%	歯の黄ばみ・着色	32.9%	歯の黄ばみ・着色	28.2%
3位	歯垢・歯石	26.1%	歯垢・歯石	30.6%	口臭	29.3%	磨き残し	24.2%	歯周病	26.4%
4位	磨き残し	23.2%	磨き残し	24.1%	磨き残し	25.7%	歯周病	23.8%	磨き残し	20.8%
5位	歯並び	22.7%	歯並び	23.9%	虫歯	21.9%	口臭	23.5%	歯並び	17.8%
6位	虫歯	20.8%	虫歯	22.5%	歯並び	21.3%	歯並び	21.3%	歯肉退縮	17.3%
7位	知覚過敏	14.3%	知覚過敏	16.5%	歯周病	19.3%	虫歯	18.3%	口臭	15.9%
8位	歯周病	12.1%	歯周病	15.9%	知覚過敏	17.5%	知覚過敏	16.2%	知覚過敏	13.9%
9位	歯ぐきの腫れ・出血	11.3%	歯ぐきの腫れ・出血	12.9%	歯ぐきの腫れ・出血	13.7%	歯肉退縮	14.6%	歯の喪失	13.4%
10位	口内炎	11.0%	口内炎	10.9%	歯肉炎	10.4%	歯ぐきの腫れ・出血	12.2%	虫歯	12.6%

ウミガメ 外見に関するアンケート調査

他人の「歯並び」と「口臭」 より気になるのは「口臭」

他人の「歯並び」と「口臭」を比べると、6割の人が「口臭」をより気にすることがわかった。歯科医院向けマーケティングリサーチを行うウミガメのインターネットアンケートによるもの。

調査では恋人にするなら「歯並びが悪い人」と「口臭が気になる人」のどちらを選ぶかというテーマで、今年8月に全国の10～30代の男女300人を対象にインターネットで調査した。その結果、66％が「歯並びが悪い人」を選んだ。

同社は調査結果から、正しい歯磨きとデンタルケア、適切な水分補給、食事内容の意識、定期的な歯科健診を行うことを推奨している。

10～30代男女の「舌苔」ケア 4割が放置

舌の表面に付いた白い汚れ（舌苔）は約4割が気にしているものの、ケアをせずに放置している―。全国の10代～30代の男女300人に舌の表面に付着した白い汚れ（舌苔）が気になったことはあるかと聞いたところ（ウミガメ9月調査）、「気になってケアしている」26・0％、「気にしているがケアしていない」48・3％、「気になっていない」25・7％だった。多くの人が舌苔を気にしているが、具体的なケアまで至っていない結果となった。

30～40代男女300人 外見で自信をつける方法 「歯を変える」が8.2％

外見で自信を付けたいときに最も効果的だと思う方法を調査したところ、運動や筋トレなどで体をトレーニングする人が24・0％と多くを占めているが、その中でも「歯を変える（矯正やホワイトニング）」は8・2％だった。ウミガメが9月19日、同調査結果を発表。全国の20代～40代の男女300人が回答した。

調査によれば、「体をトレーニングする」24・0％、「髪型を変える（カット・カラーなど）」19・1％、「スキンケアやメイクを変える」18・1％、「服装を変える（スタイル改善やコーディネートを学ぶなど）」16・5％、「その他」14・1％という結果になった。

健康な歯肉を守れ！
レッドコンプレックスの口腔大侵略
ポルフィロモナス
ジンジバリス
歯周病&口臭物質の
ダブルアタック！
ピャ
チュ
健康な歯肉を破壊し、
細胞内へ侵入し危害を与える
モンスター級の厄介な
3体の歯周病菌。
通称「レッドコンプレックス」。
彼らから健康な
歯肉を守れるか？
タンネレラ
フォーサイシア
抗菌機能を破壊する
暴れん坊！
トレポネーマ
デンティコラ
血液をエサにする、
通称"吸血鬼"
ズ゛
ガ
必殺「コンクールFでしっかりうがい」で、
レッドコンプレックスの暴走を止めよう！
ガララ〜
ConCool
水で薄めて使う、薬用マウスウォッシュ
コンクールF　医薬部外品
参考価格：1,100円（税込）
※どなた様でもご使用いただけます
イ〜
ウ
ガ
weltec
ウエルテック株式会社　531-0072 大阪市北区豊崎3-19-3　www.weltecnet.co.jp　0120-17-8049

日本歯科新聞

2024年（令和6年）
10月8日

＜発行所＞
日本歯科新聞社
厚生労働省記者クラブ加盟社
〒101-0061
東京都千代田区神田三崎町2-15-2
電　話　03（3234）2475
ＦＡＸ　03（3234）2477
www.dentalnews.co.jp
jdn@dentalnews.co.jp

■年間購読料 23,760円（送料込）（本体 21,600円＋税）
■月4回、火曜日発行
■郵便口座番号 00120-5-130369

今週号の主な内容

おことわり

次週は休刊です。次回は10月22日付で発行いたします。

東京科学大学が誕生

「より良き未来を拓く」大竹理事長
「イノベーションに期待」田中学長

1日の会見後に握手を交わす田中学長（左）と大竹理事長

1日に東京医科歯科大学と東京工業大学は正式に統合し、東京科学大学が誕生した―。同日の記者会見で、大竹尚登理事長は「近年の科学技術（AIやVRなど）の進歩に対応するべく、より良き未来を拓いていくために統合した」、田中雄二郎学長は「一法人一大学として初めて理事長と学長を分ける体制が、一つのイノベーションになるように頑張りたい」と意気込みを語った。

◇◆◇

大竹理事長はあいさつで、科学の力を社会に還元するような未来を担う人材を生み出すとの指針を表明し、すでに42の新たな研究テーマにも取り組んでいると説明。「理工学や医歯学、人文学、社会科学を融合することで、科学の知識を創造する。そして、社会に還元できる人材を生み出したい」と話した。

また、科学大は運営体制を一新している。戦略・教育・研究・国際担当など、専門性を有した理事、病院では医療担当の理事、CMO（最高マーケティング責任者）を配置し、徹底的に内部統制を図っていく構えを見せている。

◇◆◇

田中学長は、社会課題の解決には医歯学と理工学の融合によるイノベーションが不可欠としたうえで、知の循環を促すフラットな三つの組織を構築したとのこと。「従来の研究組織を統括する『総合研究院』、社会技術をつなぐ『新産業創生研究院』、そして『未来社会創生研究院』を設立する」と述べ、実践的な研究や学びの場を作っていくとしている。

◇◆◇

なお、科学大は政府が創設した10兆円規模の大学ファンド運営益で支援する「国際卓越研究大学」の公募にも申請する。現時点では、社会に貢献できる価値を生み出せる医療・医療工学を内包できるのか協議している。

医工連携で歯学も推進
「医療工学研究所」を設置

同日の質疑応答で田中学長は、医工連携の中核組織となる「医療工学研究所」について、医療現場（病院）を活用して社会実装を目指すものと説明。「協働研究所などは各キャンパスにできると思うが、病院のある湯島キャンパスにメインとなるものを設置する」との方針を示した。さらにその中に「口腔科学センター」の設置も決まっていることを明かした。

口腔科学センターは、臨床や研究、教育に注力する病院として、医療技術の開発や医工融合による人材育成を目指す。これに対し、田中学長は「理工学と医歯学の集団が出会うことが第一歩だった。今まさに大規模な集団同士が交わることで、大きな化学反応を起こす時期だと思う」と話した。

◇◆◇

4月より設立された口腔科学センターは、「口腔全身健康部門」と「口腔デバイス・マテリアル部門」を立ち上げている。

口腔全身健康部門は、口腔と全身との関連性を追求する。口腔デバイス・マテリアル部門は、口腔機能評価デバイスの開発、貴金属に頼らない歯科修復材料の実現化を目指していく。

すでに担当の教授は配置されており、詳細な研究内容はホームページ上にも公表している。田中学長は、分野別QS世界大学ランキングの歯学分野で、旧医科歯科大は世界第4位だったため、「世界で通用するにはそれぐらいのランクまで行かないといけない」と主張している。

昨今、歯科用貴金属の高騰が目立つ。金属アレルギー対応など、脱金属を進めるためにも、この研究部門で歯科用ジルコニアとレジンのそれぞれの特性を生かした新たな材料開発につながると期待がかかる。

プリズム
イノベーション

江戸時代の絵師・伊藤若冲と円山応挙が合作した屏風が初めて確認されたという。記事によると、人気絵師の若冲と写実を重視する作風の応挙の直接的なつながりはほとんど知られていないというが、互いが得意な画題を描いているとのこと。絵心がある人が見れば、個々に描くのとは違った何かが生まれているのだろうか。

▼10月に入って、東京医科歯科大学と東京工業大学が正式に統合し、東京科学大学が生まれた。記者会見では、理事長と学長を分けたことで、イノベーションを起こすと意気込みを語っている。

先日の歯学部長へのインタビューでは、元々、歯学の発展のために、医学と工学を取り入れたという医科歯科大のエピソードが印象的だった。そこにさらに強力な工学の力が加わることで、何が生まれるのか期待をしたい。

▼石破茂首相は所信表明で、「イノベーションを促進することなどによる高付加価値創出や生産性の向上、意欲ある高齢者が活躍できる社会を実現する」と述べている。岐阜県では、後期高齢者の歯科健診が全ての市町村で一元化・データ化され、受診率の向上やエビデンス構築につながると期待が高まっている。

超高齢社会の日本で歯科の果たす役割は大きい。そのためにもあらゆる方面との連携が求められているのかもしれない。

2024年度 4～5月

歯科医療費の伸び率 前年同月比で3・6％

厚労省は９月30日、２０２４年度４～５月の歯科医療費の動向を公表した。電算処理分に限った入院・入院外の合計で、対前年同月比はプラス３・６％、受診延日数はプラス２・２％、１日当たり医療費はプラス１・５％となっている。

制度別に伸び率をみると、被用者保険はプラス３・５％、国民健康保険はマイナス０・４％、後期高齢者医療制度はプラス８・１％、公費はプラス３・９％。

医療機関種類別の歯科医療費の伸び率は、歯科病院はプラス11・２％、歯科診療所はプラス３・２％だった。

都道府県別では、熊本県がプラス５・７％で最も伸びており、島根県がプラス０・８％と最小。

年齢階級別（５歳階級）では、伸び率の最大は「１００歳以上」のプラス16・７％、最小は「70歳以上75歳未満」のマイナス３・０％。

◇◆◇

歯科疾病分類別に前年度の医療費割合が高った傷病の歯科医療費の伸びをみると、「歯周炎等」プラス３・９％、「歯肉炎」プラス６・２％、「う蝕」マイナス１・１％、「補綴関係（歯の補綴）」マイナス０・８％、「根尖性歯周炎（歯根膜炎）等」マイナス０・８％。

前年度の医療費割合が高かった診療内容の歯科医療費の伸びでは、「歯冠修復及び欠損補綴」がマイナス１・２％、「処置」がプラス５・７％、「医学管理」がプラス７・０％、「検査・病理診断」がプラス７・２％、「初診」がプラス０・９％。

前年度の医療費割合が高かった歯科用貴金属の歯科医療費の伸びは、「歯科鋳造用金銀パラジウム合金」がマイナス14・０％、「歯科鋳造用銀合金第１種」がプラス１・８％、「歯科鋳造用銀合金第２種」がマイナス９・６％だった。

都道府県別　歯科医療費

単位：億円。カッコ内は対前年同期比（％）

	令和6年度4月～5月	4月	5月
総　数	5,451 (3.6)	2,781 (5.1)	2,670 (2.2)
北海道	221 (3.7)	113 (3.9)	108 (3.5)
青　森	42 (3.5)	21 (3.3)	20 (3.6)
岩　手	45 (2.7)	23 (3.3)	22 (2.0)
宮　城	89 (3.3)	45 (4.2)	43 (2.4)
秋　田	38 (2.6)	19 (3.3)	18 (1.9)
山　形	41 (2.7)	21 (3.7)	20 (1.7)
福　島	66 (2.6)	34 (3.6)	32 (1.6)
茨　城	105 (3.2)	54 (4.9)	51 (1.5)
栃　木	72 (3.9)	36 (4.5)	35 (3.2)
群　馬	73 (3.2)	37 (3.9)	36 (2.6)
埼　玉	283 (3.1)	145 (4.8)	138 (1.3)
千　葉	260 (3.1)	133 (4.7)	127 (1.5)
東　京	660 (4.3)	336 (5.3)	325 (3.4)
神奈川	403 (3.7)	207 (5.7)	196 (1.6)
新　潟	86 (2.6)	44 (3.6)	42 (1.6)
富　山	38 (2.7)	19 (4.2)	19 (1.1)
石　川	39 (3.9)	20 (4.5)	19 (3.2)
福　井	26 (3.7)	13 (5.6)	13 (1.7)
山　梨	33 (3.0)	17 (4.5)	16 (1.5)
長　野	80 (5.2)	41 (6.4)	39 (4.0)
岐　阜	90 (1.8)	46 (4.0)	44 (-0.4)
静　岡	138 (3.5)	70 (5.5)	67 (1.5)
愛　知	362 (3.3)	186 (5.9)	176 (0.8)
三　重	70 (2.8)	36 (6.0)	34 (-0.5)
滋　賀	53 (5.1)	27 (8.2)	26 (1.9)
京　都	111 (4.8)	57 (6.3)	55 (3.3)
大　阪	494 (3.5)	251 (5.0)	242 (1.9)
兵　庫	260 (3.4)	133 (5.5)	127 (1.3)
奈　良	54 (2.3)	28 (5.9)	26 (-1.3)
和歌山	37 (4.0)	19 (7.1)	18 (1.0)
鳥　取	22 (2.6)	11 (5.4)	10 (-0.2)
島　根	24 (0.8)	13 (2.2)	12 (-0.6)
岡　山	88 (3.8)	45 (6.3)	43 (1.3)
広　島	130 (4.5)	66 (5.0)	64 (4.1)
山　口	57 (4.9)	29 (6.4)	28 (3.3)
徳　島	32 (1.4)	17 (3.2)	16 (-0.4)
香　川	45 (2.8)	23 (4.5)	22 (1.1)
愛　媛	53 (3.8)	27 (4.6)	26 (3.0)
高　知	26 (1.7)	13 (3.6)	13 (-0.1)
福　岡	246 (5.0)	125 (5.6)	121 (4.5)
佐　賀	34 (4.6)	17 (5.3)	17 (3.9)
長　崎	58 (4.0)	29 (4.5)	29 (3.5)
熊　本	75 (5.7)	38 (6.7)	37 (4.8)
大　分	41 (3.2)	21 (4.0)	20 (2.4)
宮　崎	42 (4.1)	21 (4.6)	21 (3.6)
鹿児島	60 (3.6)	31 (4.5)	30 (2.6)
沖　縄	50 (4.1)	26 (5.7)	25 (2.5)

福岡資麿厚労大臣

保険証の発行停止「方針堅持したい」

石破茂内閣で新たに就任した福岡資麿厚労大臣＝写真＝は、現行の保険証の新規発行を12月2日に停止する方針について「堅持したい」と述べた。10月2日に厚労省で行われた会見で記者の質問に答えたもの。

福岡厚労大臣は、「マイナ保険証は患者本人の健康医療情報に基づくより良い医療の提供を可能にし、緊急時の活用を含め、適切な医療の提供に大きく貢献する。利用促進を図ることが極めて重要」と述べた。一方で、「マイナ保険証の利用に関して国民から不安の声も聞いている。（現行の保険証からの）移行に不利益を感じることがないように、当面はデジタルとアナログの併用を含めたさまざまな対応を受け入れ、スムーズな移行が図れるよう万全を尽くしたい」と語った。

「人事面での問題はない」

石破内閣発足で日歯連盟

村上副会長

村岡副会長

日本歯科医師連盟は2日に、定例記者会見を東京都千代田区の歯科医師会館で行った。

村上恵一副会長は、1日に発足した石破茂内閣について言及。「日歯連盟としては、総裁室にはすでに訪問しており、明日からは党五役や厚生労働大臣、財務大臣、文部科学大臣のところにも伺う予定」と述べた。

また「福岡厚労大臣をはじめ親交のある議員も多く、人事面で問題は感じていない」と話した。

村岡宜明副会長からは、「石破総理は『防災省』構想を掲げている。能登半島地震の避難民に対して、手厚い医療および歯科の環境構築、平時の巡回診療用の機器の設置など動向に注目している」と語った。

なお、太田謙司会長は来客対応で欠席だった。

訪問歯科 超実践術 (447)

前田実男（日本訪問歯科協会 理事）

歯科訪問診療の患者への管理指導は、介護認定を受けている在宅の患者に対しては介護保険の「歯科医師居宅療養管理指導費」を算定し、それ以外の場合には「歯科疾患在宅療養管理料」（歯在管）を算定するのが基本である。

しかし、それでは「歯在管を算定している患者」が算定対象となっている項目は、居宅療養管理指導費を算定した患者には算定できなくなる。そこで出てくるのが「みなし歯在管」と言われるものである。

「みなし歯在管」とは、歯科医師が行う（介護予防）居宅療養管理指導を算定し、歯科疾患在宅療養管理料に規定する内容を含む管理計画を策定している場合には、歯科疾患在宅療養管理料を算定したものとみなすことができる、というものである。

この場合、継続的な管理に必要な事項等を診療録に記載または管理計画書の写しを診療録に添付するとともに、居宅療養管理指導費を算定した旨と直近の算定日を診療報酬明細書の摘要欄に記載することになっている。

みなし歯在管

「歯在管を算定している患者」が算定対象になっている項目は、歯周病患者画像活用指導料、在宅歯科栄養サポートチーム等連携指導料1・2、口腔細菌定量検査、咀嚼能力検査、咬合圧検査、小児口唇閉鎖力検査、舌圧検査、歯科口腔リハビリテーション料3、歯周病安定期治療、歯周病重症化予防治療、在宅等療養患者専門的口腔衛生処置、機械的歯面清掃処置である。

歯科医師が行う居宅療養管理指導を算定し、歯科疾患在宅療養管理料に規定する内容を含む管理計画を策定すれば、歯在管の加算である「文書提供加算（10点）」「在宅総合医療管理加算（50点）」「在宅歯科医療連携加算（１００点）」「在宅歯科医療情報連携加算（１００点）」を算定できるのか、という質問を受ける。これらの項目は歯科疾患在宅療養管理料に対する加算なので、みなし歯在管では算定できない。

なお、歯科衛生士等居宅療養管理指導費の算定は「みなし歯在管」とは関係がない。

日本訪問歯科協会　https://www.houmonshika.org

宮城県 災害医療

コーディネーター 歯科医師も起用へ

9月26日の宮城県議会の定例会（代表質問）で、県が大規模災害時に医療チームの配置などを調整する「災害医療コーディネーター」に歯科医を確保する方針を示した。

村井嘉浩知事は、「大規模災害時の口腔保健活動に迅速かつ的確に対応できるよう、県歯科医師会などと歯科医の参画に向けた調整を進める」と述べた。

災害医療コーディネーターは、大規模災害時にDMATや災害拠点病院と連携し、医療救護活動の調整を担うもの。県では、救急・災害医療に精通した医師28人（令和2年10月時点）が災害時の医療体制に関する助言や調整を行っている。

保団連

保険証の存続を 石破総理に要望

全国保険医団体連合会は1日、石破茂内閣総理大臣宛に要望書「『保険証併用』発言の通り、健康保険証を残してください」を送付した。

◇◆◇

要望書では、マイナ保険証をめぐって、医療現場でトラブルが多発していると指摘。「マイナンバーカードの取得、管理、利用が難しい高齢者や障害を持つ人の受診が妨げられかねない」などの声があがっているとして、「マイナ保険証のみでは、国民の医療へのアクセスを保障することはできない」と訴えている。

石破氏が総裁選で保険証との併用も選択肢にある旨の発言をしたことに触れ、保険証の存続を求めている。

石破総理就任で日医

「一体となって地域医療守る」

日本医師会の松本吉郎会長は1日、石破茂内閣総理大臣の就任を受けて、「地域医療を守るために一体となって連携したい」とする見解を公表した。

コメントでは、石破総理が「地方こそ成長の主役」として、地方創生の推進を掲げている点に触れ、日医が地方医師会・会員と医療を通じて全国各地を支えていると強調。「医療は人々が安心して地域で暮らしていくうえで重要な社会インフラ」と石破総理と一体となって地域医療を守っていくとしている。

さらに石破総理が重視している災害対策については、「医療界でも重要と認識している」として、組織作りや災害医療研修の実施などの準備体制をさらに進めたいと述べている。

また、「物価に負けない賃上げ」については、ベースアップ評価料の届出・算定をできるだけ多くの医療機関が実施するように取り組んでいるとし、物価高騰を上回る賃上げができるように協力を求めている。

歯科国試にチャレンジ

410　2024年（第117回）より

混合歯列期前期の下顎右側第一大臼歯の早期喪失により生じる可能性があるのはどれか。1つ選べ。

a　前歯部開咬
b　前歯部反対咬合
c　下顎歯列正中線の右方偏位
d　下顎右側第二小臼歯の近心傾斜
e　下顎右側第二大臼歯の遠心傾斜

117-A019

答えは本紙のどこかに！

イメージが変わる！

歯科医院のM&A 第3回

水谷 友春
日本歯科医療投資株式会社
代表取締役/歯科医師

患者やスタッフのための医院存続を

前回のコラムで歯科医師の「引退」を具体的に再定義する必要についてお話をしましたが、働き方や年齢、社会とのかかわり方という観点では、人それぞれの「引退」の定義があると思います。しかし、私が何よりも強く感じるのは、「歯科医師の引退」と「診療所の廃業」が同義語であってはならないということです。

その理由の一つは、患者さまの転院にかかる労力です。

私は今現在も、月に数日、神戸にある実家の「水谷歯科医院」で診療を行っていますが、ここ数年、私の実家の周辺では、歯科医院の廃院が相次ぎ、かかりつけ医院を失った患者さまが、新患として当院を訪れています。私自身、新患が増えるありがたさを感じつつも、「かかりつけ医院がなくなって困った」という話を患者さまから聞くにつれ、歯科医師の都合による廃業で患者さまに転院を強いることは好ましくないと感じています。

そしてもう一つの理由は従業員です。人材不足が顕著化する中、歯科医師が数人集まれば、必ず、従業員の退職や、それに伴う求人の苦労話が出るのではないでしょうか？

そういった定着しない人にまつわるネガティブな話はよく耳にしますが、そんな時代に、定着してくれた従業員にどう報いるかについての話はあまり聞きません。スタッフの人生設計が、歯科医師の引退、それも多くの場合、前もって従業員に知らされていない唐突な引退に左右されることは望ましいことではないはずです。

つまり、患者さまや従業員の話になるにつれ、自身の意思で転院・退職する好ましからざる事象や人には目がいくものの、長年ついてきてくれた患者さま・従業員に対する視点が抜け落ちている場合が多いのではないかということです。日々の診療所運営においてはもちろん、どのような形の歯科医院の出口戦略を取ろうとも、自身を信じてきてくれた人たちが、できるだけ変わらない環境を維持できるよう努めることもまた、開業歯科医師の責任だと私は思います。

そして、M&Aも環境維持のための選択肢の一つになるでしょう。

岐阜県歯

後期高齢者 歯科健診のデータ化で
今後の可能性を討議

講演後のシンポジウム

岐阜県歯科医師会は3日、「後期高齢者歯科健診（ぎふ・さわやか口腔健診）結果のデジタル化を活用した歯科口腔保健推進フォーラム」を岐阜市のホテルグランヴェール岐山およびウェブ上で開いた。テーマは「健康寿命の延伸はオーラルフレイル対策から」。全国に先駆けて後期高齢者歯科健診の県内統一化を実現した岐阜県の取り組み、モデル事業で得られたエビデンスなどが紹介され、今後の歯科口腔保健のあり方を議論。フォーラムの最後には、岐阜県歯から二つの提言「岐阜2024」が掲げられた＝下記。

阿部会長

◇◆◇

岐阜県歯の阿部義和会長は冒頭あいさつで、2015年に後期高齢者歯科健診が始まり、実測評価の導入や口腔機能検査の独自研究を行ってきたと紹介した。県内の42市町村がそれぞれの健診票を使っていることで、住民が他の市町村で歯科健診を受けられない点や、データ化が困難という課題があったと指摘。「今年度から県下統一のさわやか口腔健診および健診のデータ化、そして費用決算様式の国保連合会一元化ができた。これは全国に誇れる方式だと自負している」と語った。

提言「岐阜2024」

○産学官民一体となり多職種連携による歯科保健活動を推進し、県民の生涯にわたる歯・口腔の健康維持と健康寿命の延伸に寄与する。

○ライフコースアプローチに基づく歯科保健からのデータヘルスを推進する。

小嶺課長

◇◆◇

フォーラムでは、厚労省医政局歯科保健課の小嶺祐子課長が「生涯を通じた歯科口腔保健の推進について」、県国民健康保険団体連合会保健師の橋本恵美氏が「成人・高齢者の口腔健診結果を活用したオーラルフレイル対策推進事業の取り組みについて」、朝日大学歯学部の友藤孝明教授が「ぎふ・さわやか口腔健診のデータとKDBとの突合解析の現状と未来」、岐阜県歯の中嶌誠治副会長が「ぎふ・さわやか口腔健診の県内統一化およびデジタル化に向けたこれまでの取り組みについて」をテーマにそれぞれ講演。

その後、阿部会長を座長に、演者3人と日歯の山本秀樹常務理事、県健康福祉部の丸山裕士在宅医療福祉推進監をシンポジストに、歯科口腔保健のあり方について討議した。

シンポジウムのなかで小嶺課長は、「岐阜県の取り組みは素晴らしいと思っている」と、県民の口腔状態、口腔機能とKDBとの突合、口腔の状態と健康状態、要介護度の分析なども行っている点を高く評価。分析を市町村単位で行っていくことが、歯科保健医療施策を考えるうえでも非常に重要として、「データを行政だけでなく歯科医療機関でも把握し、歯科医療と歯科保健が別のものではなく一体と捉え、地域の関係者が連携して地域住民の健康を守る取り組みを進めていきたい」と語った。

令和6年学校保健及び学校安全表彰

歯科医師は50人

文部科学省は2日、50人の学校歯科医を含む令和6年学校保健及び学校安全表彰の被表彰者を公表した。個人、学校、団体を文部科学大臣が表彰することで、同表彰は、学校保健および学校安全の普及と向上に尽力し、多大な成果をあげた学校保健と学校安全の振興に資することを目的としている。

表彰される学校歯科医

（敬称略）

【北海道】柴田信行、練合哲哉、濱中征三、葭本正美
【青森】嶋谷保壽
【岩手】渡邉新悟
【宮城】菊地博生、堀広範
【福島】物江暁
【茨城】堤宏
【栃木】安西未央子
【群馬】今成亮
【埼玉】竹中義和
【千葉】北浦利明
【東京】髙草木章
【神奈川】馬嶋洋一
【新潟】本間哲雄、大竹正人
【富山】山田隆寛、仲井雄一
【石川】中山春比古、白尾秀人
【福井】大下丈敏
【山梨】武井啓一
【長野】谷口威夫
【岐阜】上田信義
【静岡】青島孝之
【愛知】徳丸啓二、藤井義久
【三重】宮田保
【滋賀】有馬健雄
【京都】佐藤雅之
【大阪】吉川伸
【兵庫】臼杵哲男
【奈良】吉野修史
【和歌山】伊東正八
【島根】領家一如
【広島】内田武志
【徳島】折原佳実
【香川】細川雅敬
【高知】山本靜海
【福岡】秋満忠啓
【佐賀】小笠原誠一
【長崎】髙島近英
【熊本】児玉睦雄
【大分】椛田家光、永谷源雄
【宮崎】田口榮一
【鹿児島】平川純教
【沖縄】平良恵信

勤務医 Talk

藤 大補 氏
■ 35歳
■ 福岡歯科大学
2013年3月卒業

病院で歯科の魅力を実感

中学生のころから医療分野に興味があり、歯科医師の父親の影響もあって歯学部に入ったが、本音を言うと医師になりたかった。

歯学部の6年間では、目指すべき歯科医師像は描けなかったが、さまざまな歯学分野のうち、治療の成否がすぐにわかるのが好きで、口腔外科に進むことを選択した。

卒後は、神戸大学の口腔外科に入局。「親知らずの抜歯など簡単な口腔外科ができたら開業時のアドバンテージになるかも」といった気持ちがあったが、多くのがん患者のいる現場に揉まれて、医療人としての意識が変わった。

神戸大学や鳥取の病院、淡路島の医療センターなどたびたび異動はあったものの、10年以上を病院の口腔外科で過ごした。「こんなにも長く携わると思わなかったが、口腔外科というよりも、がんを含む入院中の患者さんとかかわる中で、がん治療とはまた違った価値を口腔ケアに感じている」と病院に居続けた理由を振り返る。

ただ、一生を口腔外科で過ごすには、ベターと言われている大学院修了をしていないこともあり、「そろそろ開業して、自分の歯科医療の仕組みを作るフェーズに移らなくてはならない」と転職に踏み切った。40歳までに開業か、淡路島にある父親のクリニックを継承するつもりでいる。

継承については「今勤務しているところとも違う環境にあるクリニックを継承して、人材の確保も含めてうまくいくかは不安」と語る。

今勤務しているクリニックでは、開業医として必要な多くのことを学んでいるが、訪問診療によって終末期や慢性期病棟などでの口腔健康管理をする緩和ケアの領域に興味を持っている。

「病院で働いていたからこそ、医療全体のなかでの歯科の必要性を実感している」と、病院や多職種と、いかに積極的にかかわっていくかが今後の歯科界を左右するポイントだと強く思っている。

都歯の日 功績者称える

会長表彰５人と終身会員168人

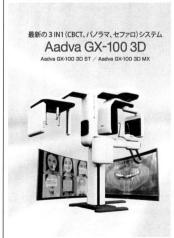

東京都歯科医師会は3日、令和6年度「東京都歯科医師会の日」表彰式を開催した＝写真。会長表彰受賞者5人と終身会員表彰168人が発表された。

会長表彰は85歳以上の会員で、歯科保健事業を50年以上行い、現在も従事している会員に贈られるもの。

来賓から日歯の高橋英登会長が祝辞を述べた。「歯科医療を取り巻く環境は厳しさを増し、歯科界全体のモチベーションが低下してきている。表彰をされた先生のこれまでの尽力と功績を支えに、会員の歯科医師が歯科医療に傾注できる環境の構築と、歯科界の停滞感の打破に向けて邁進していくつもりだ」と語った。

受賞者
（敬称略）
谷光明（中野区）
伊藤隆（品川）
大川昭二（大森）
静谷栄夫（豊島区）
岡本莞爾（調布市）

【予告】

東京デンタルフェスティバル
12月1日に都歯

東京都歯科医師会は12月1日に「東京デンタルフェスティバル2024 口活！腸活！〇活！全身の影響をズバリ！わかりやすく！」を東京都千代田区の歯科医師会館とウェブで開催する。

日本歯科大学東京短期大学の小林隆太郎学長の講演「これからのライフステージのために～口活！『口腔健康管理』のチカラ」、小林メディカルクリニック東京の小林暁子理事長・院長の講演「全身の細胞の質を上げる腸活と口活の大切なポイント！」、シンポジウムが行われる。

問い合わせは事務局TEL03（5215）8020まで。

後期高齢者の歯数が介護給付費に関係

友藤教授

岐阜市の後期高齢者で20歯以上ある人とない人を比較すると、2年間の介護給付費に約28万円の差額が生じた。朝日大学歯学部の友藤孝明教授が、3日に開かれた岐阜県歯科医師会のフォーラムで講演したもの。

◇◆◇

友藤教授は、同県の4市町村で行われた後期高齢者口腔健診のモデル事業で得たデータを活用。介護給付費についての分析では、2020年と21年、2年分の介護給付費を比較して、20歯以上か否かで28万1千円、嚥下機能の要注意か否かで46万8千円の差額が生じていたと説明した。

さらに、介護給付費の上位10％に入る要因について、20歯以上だとリスクは0.6倍に下がる一方で、嚥下機能が要注意だとリスクが1.6倍になると強調。肺炎がある人のリスク1.4倍よりも高いと紹介した。

ピックアップニュース

■歯のインプラント治療が適している人・適していない人の特徴を歯科医が解説（Medical DOC/10月1日）
■診療報酬詐欺容疑で歯科医ら逮捕　留学生の保険証悪用か　警視庁（JIJI.COM/10月2日）
■虫歯治療中に胸押さえ死亡させた疑い　歯科医ら書類送検（日本経済新聞/9月30日）
■奥歯かみ合わせ不良、歯失うリスク　お年寄り9万人、阪大など追跡調査（朝日新聞DIGITAL/10月2日）
■「なんか歯が伸びた？」と思ったら要注意。歯が抜ける病気“歯周病”の恐怖（SPA!/10月2日）
■反復着床不全で子宮内膜症の患者、歯周病菌を子宮内から高頻度に検出　山梨大など（Science Portal/10月2日）
■災害時の歯の健康を守る　医薬品の融通も　医療救護で協定（産経新聞/10月3日）
■46歳の歯科医師の女が「金」約120ｇ盗む　勤務先から…時価約156万円相当（長野放送/10月4日）
■再建中浸水「負けられん」　奥能登豪雨　5日で2週間　72歳歯科医踏ん張る（北國新聞/10月5日）

今月のBookコーナー

歯科雑誌をよむ　10月号

歯界展望　日本歯科評論　Quintessence　DENTAL DIAMOND　アポロニア21

11世紀日本の女性歯科医師？

『デンタルダイヤモンド』は巻頭エッセイで、歴史家で国際日本文化研究センター教授の磯田道史氏による「平安朝の歯のお悩み」を掲載。

現在放送中の大河ドラマにも登場する藤原実資の日記『小右記』にある花山天皇の歯痛の記事などを紹介するもので、磯田氏ならではの筆致に引き込まれる。

歯痛なら抜歯すれば良いではないか、ということにはなかなかならず、夜中に歯の痛みを止める加持祈祷が行われたとのこと。ようやく抜歯となったが、高貴な天皇の歯を抜いたのは、なんと市井のお婆さん。これが「日本の女性歯科医師の草分け」ではないか、という。

非歯原性歯痛の治療・対応

『日本歯科評論』は連載「歯痛診断に必要な痛みの知識」の第4回で、東京歯科大学障害者歯科・口腔顔面研究室の加藤栄助氏らによる「非歯原性歯痛の治療・対応」を掲載。

歯に原因がないのに歯の痛みを訴える非歯原性歯痛の治療について、口腔顔面痛学会のガイドライン改訂版に基づいて解説する内容。痛みの原因（侵害受容性疼痛か、神経障害性疼痛・痛覚変調性疼痛か）によって鎮痛方法は異なり、それぞれに適した鎮痛方法を提示している。

最も頻度が高い筋膜痛による歯痛に対しては、筋肉のマッサージストレッチ指導、超低周波治療器など、鎮痛薬以外にも、さまざまな方法を簡潔にまとめている。

歯科が行う食支援を考える

『歯界展望』は、日本歯科大学口腔リハビリテーション多摩クリニックの菊谷武氏、東京都健康長寿医療センターの平野浩彦氏、永寿会陵北病院の阪口英夫氏らによる座談会「歯科が行う食支援を考える」を掲載。

歯科医師の使命は、歯の治療を通じて「食」を充実したものにすること、という考え方のもと、超高齢社会における歯科による「ミールラウンド」の意義を考える主旨。

この中で菊谷氏は、「食べるための口を作るのであれば、食べているところを見ないといけない」と、歯科医師によるミールラウンドが歯科医療の本質にかかわるものだと強調した。

高齢者への歯科小手術の留意点

『ザ・クインテッセンス』は「Focus」で、北海道大学大学院歯学研究科口腔診断内科学教室の木村拓氏らによる「全身疾患や内服薬を考慮して行う高齢者への歯科小手術」を掲載。

超高齢社会を迎えたわが国において、日常の歯科診療で実施することの多い歯科小手術を高齢者に行う場合、考慮すべき合併症、関連する患者因子について解説する内容。

加齢変化や、服薬が術式の難易度に影響する患者因子となり、高齢者の抜歯の場合、加齢変化に伴う歯根の骨性癒着、歯根肥大などの患者因子に注意が必要だという。記事では、高血圧症患者を中心に、現場での注意点を説明する。

医院の承継、M&Aの最新事情

『アポロニア21』は特集『医院』『人脈』の承継」の中で、愛知県開業の玉木大介氏らによる「明治22年創業・老舗歯科医院の取り組み」を掲載。

歯科にも「100年企業」が出始めるなか、明治から令和まで受け継がれている玉木歯科医院（名古屋市熱田区）の取り組みを紹介。臨床技量や考え方の継承で重視しているのは「一子相伝ではなく、「誰もが同じ治療成績」という再現性の重視だという。

特別企画では、金城瞬氏（大阪府開業）らによる『1・5次歯科診療所』を目指した医院づくり」を掲載。開業時から「1・5次歯科診療所」を目指す場合の規模、装備、院内体制などを解説している。

対談

2024年版　歯科業界ハンドブック

このたび、日本歯科新聞社が発行した『2024年版　歯科業界ハンドブック』は、歯科医療従事者だけでなく、関連企業に勤務する人なども対象にした、初めての「業界を網羅する参考書」として好評を得ている。監修に当たった小畑真氏（歯科医師・弁護士）と発行者の水野純治（日本歯科新聞社社長）で、この本の出版意義について話し合った。

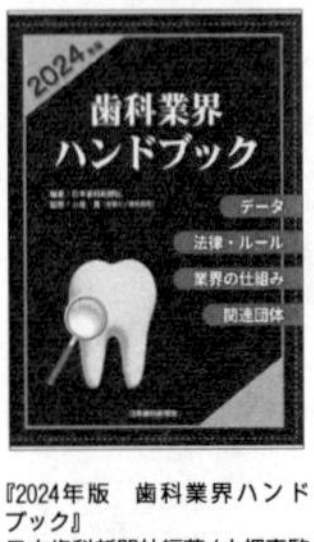

『2024年版　歯科業界ハンドブック』
日本歯科新聞社編著／小畑真監修／A5判／128ページ／5,500円／日本歯科新聞社

水野　このたび小社で発行した『2024年版　歯科業界ハンドブック』は、3年越しの準備を経て世に出すことができました。歯科医療従事者は言うまでもなく、歯科業界の企業や団体で働く関係者のための入門書、という趣旨で企画したものです。

特に、メーカー、歯科ディーラーなど企業の役割まで含めて解説した書籍は初めてだと思います。

小畑　たしかに歯科医師向け、医院スタッフ向けに、それぞれの分野ごとの解説書は発行されていますが、「歯科業界全体を網羅的に理解できる本」というものはありませんでしたね。それだけに、項目の取捨選択をしながらバランスを取るのは難しいと感じました。

◆◇◆

水野　まずは、社内で「歯科医療従事者の業務範囲は？」「歯科医療費の推移は？」「歯科に関わる法律や業界ルールは？」など、項目を決めるところから始めましたが、そうした作業を通じて、関係する社員が歯科の全体像をあらためて理解する機会にもなりました。

もちろん、社内だけでまとめては詰めが甘くなりますし、そもそも、読者にとって、「何を、どこまで記述するのが使いやすいか」という線引きは難しいものです。そこで、歯科の法制度やルールに詳しい小畑先生に監修をお願いした次第です。法律的な解釈などに留まらず、各種統計についても、印刷ギリギリまで最新のデータを調べて指摘いただ➡

参考書

私のおすすめの1冊

歯周病原菌の怖さを解説

阿部　修（東京歯科大学非常勤講師　平和歯科医院院長）

本年9月、東京歯科大学名誉教授である奥田克爾先生の新書『あなたに潜むサイレントキラー』が講談社から出版されました。本書は一般書ですが、われわれ歯科医療従事者にとってもたいへん知識が深まる最新情報が満載の内容となっています。国際性に富んだ研究活動はもちろんのこと、歯科代表として長年にわたり参画された長寿科学研究事業の学際的な研究内容が随所に織り込まれています。権威ある口腔微生物学者として、歯周病原菌を人類史上最大の病魔として取り上げ、いかにそれらが人間の健康破綻をもたらすのかが、わかりやすく載録されています。

◆◇◆

第1章では、口腔や腸管のマイクロバイオームが悪玉菌に占められることによって正常細菌フローラが瓦解し、ディスバイオーシスによって健康破綻が生じてしまうことが多角的に解説されています。口腔ディスバイオーシスをもたらすミュータンス菌、歯周病原性ポルフィロモナス・ジンジバリス菌、トレポネーマ・デンティコラ菌、フゾバクテリウム・ヌクレアタム菌などが取り上げられています。

第2~5章では、唾液と歯肉溝液を主な栄養源として複数菌種がコミュニケーションを取りながら巧みにスクラムを組み、免疫防御機構から回避して頑固に居座るバイオフィルムであるデンタルプラークの生態について、またスクロースがミュータンス菌に毒牙を与えることや、菌体表層にコラーゲン結合性蛋白質を持つ菌は脳出血を起こすというようなトップジャーナル研究が説示されています。

第6章では、口腔慢性感染症と多臓器疾患との関係について、動脈硬化症標本や冠状動脈病変部サンプルに歯周病原菌が検出されるという自らの研究成果に臨床研究のメタ解析を取り上げて、循環障害にかかわることが焙り出されています。また、糖尿病と歯周病の負のスパイラルは歯周病の治療によって改善されること、関節リウマチや掌蹠膿疱症は口腔慢性感染症が引き金になっていることを示し、歯科医療における臨床検査の必要性が力説されています。さらに、ジンジバリス菌やデンティコラ菌が血流から脳に達し、アミロイドβによるプラーク形成からアルツハイマー病を誘発すること、フゾバクテリウム菌がバイオフィルムとなり、胃液や胆汁酸の抗菌作用に抵抗して腸内ディスバイオーシスによる大腸がんを発症させるという国内の医学部で実証された最新情報が示されています。

最終章では、口腔内細菌由来酵素とインフルエンザ感染に関する私の研究内容も取り上げてくださいました。ウェルビーイングを支える歯科医療への声援を英邁な文章で書かれていることに感銘を受けました。

多くの一般の方々、そしてまた多くの歯科医療従事者に読んでいただきたい良書です。

『あなたに潜むサイレントキラー　病魔に打ち勝つライフスタイル』
奥田克爾【著】／四六判／152ページ／1,650円／講談社エディトリアル

新刊・近刊 〈9月〉

義経はやなぎの薬効を知っていた<補訂版>
-付章・神樹柳の呪術性-
福田道男【著】
医学情報社　定価1,870円

根管洗浄
吉岡隆知【編著】　吉岡俊彦・古畑和人【著】
医歯薬出版　定価5,940円

チェアサイドと連携したインプラント技工の実践
-治療計画からメインテナンスまで歯科技工士に求められる役割-
杉山雅和【著】
医歯薬出版　定価9,900円

歯科衛生士のための糖尿病予防指導マニュアル<第2版>
(公社)日本歯科衛生士会【監修】　松山美和【編集主幹】
医歯薬出版　定価4,180円

患者さんの治す力を引き出す歯周基本治療 -トータルから口をみる-
谷口威夫【著】
医歯薬出版　定価11,000円

歯科技工士国家試験問題集<2025年版>
-令和元年度～令和5年度国家試験収載-
全国歯科技工士教育協議会【編】
医歯薬出版　定価7,150円

顎関節の画像診断 -臨床医によるMRI・CT読像の手引き-
金田隆・箕輪和行【編著】　阿部伸一・月岡庸之・鷹木雪乃・大谷昌【著】
医歯薬出版　定価11,000円

“超音波”を攻略せよ　ペリオドンタル・デブライドメント
-プラス1-
大野純一【編著】　光家由紀子・加藤雄大・倉治竜太郎【著】
医歯薬出版　定価11,000円

長期経過症例から学ぶラミネートベニアの治療戦略
貞光謙一郎【著】
医歯薬出版　定価11,000円

嚥下障害診療ガイドライン<2024年版> -WEB動画付-
(一社)日本耳鼻咽喉科頭頸部外科学会【編】
金原出版　定価3,960円

<改訂版>インプラント外科
-動画で理解！　基本手技と自家骨移植のポイント-
堀内克啓【著】
クインテッセンス出版　定価13,200円

**よくあるケースでイチからわかる！
開業医のための歯科訪問診療算定ガイド<2024年改定対応版>** -依頼があっても困らない保険の知識と請求例-
湯島保険診療研究会訪問部会【編】
クインテッセンス出版　定価4,950円

「ザ・クインテッセンス」別冊
マイクロスコープ動画88本で学ぶ！　精密補綴処置 -支台歯形成，圧排，印象採得から，プロビジョナルレストレーションの調整，患者説明まで-
辻本恭久【監修】　小林平・佐久間利喜・菅原佳広・三橋純【著】
クインテッセンス出版　定価7,920円

「QDT」別冊 **いちから始める！　目で見てわかる！下顎吸着総義歯**
山崎史晃【監著】
安達隆帆・飯田雄太・今田裕也・桑名勇至・須藤哲也・永田一樹・林宏暁【著】
クインテッセンス出版　定価6,600円

あなたに潜むサイレントキラー -病魔に打ち勝つライフスタイル-
奥田克爾【著】
講談社エディトリアル　定価1,650円

摂食嚥下障害看護スタンダード
日本摂食嚥下障害看護研究会【編集】
照林社　定価3,960円

機能向上のための口腔レク＆ケア
尾渡順子・石田竜生・菊谷武【監修】
世界文化社　定価2,200円

エンドクラウン -理論と実践を徹底解説-
正木千尋・渡辺崇文・駒形裕也【編著】
デンタルダイヤモンド社　定価7,700円

最強のチームビルディングバイブル -僕たちはどうせうまくいく-
角祥太郎【著】
デンタルダイヤモンド社　定価5,500円

歯科「閉院」作法 -明日、院長やめます-
橋本守【著】
デンタルダイヤモンド社　定価4,400円

「デンタルダイヤモンド」増刊号 **臨床に役立つ画像診断トレーニング**
金田隆・村上秀明・森本泰宏【編集委員】
デンタルダイヤモンド社　定価6,160円

「日本歯科評論」増刊 **かかりつけ歯科医として知っておきたい小児の齲蝕・歯周疾患・歯の形成不全**
土岐志麻・菊入崇【編著】
ヒョーロン・パブリッシャーズ　定価6,600円

協力：シエン社　TEL03(3816)7818　〈http://www.shien.co.jp〉

歯科に関わるあらゆる人の

小畑 真 氏
(小畑法律事務所 代表弁護士)

水野純治
(日本歯科新聞社 代表取締役)

いたのは、本当にありがたかったです。

小畑　データにせよ、法制度にせよ、逐次変更されていくものですから、今後も最新版に更新していく必要があると考えています。そのときには、項目のバランスも、読者のニーズに合わせて最適化させていきたいですね。

歯科業界は、歯科医師、歯科衛生士、歯科技工士だけで成り立っているのではなく、関連企業や学校、団体の職員など多くの人が関わっています。それぞれ「歯科業界」へのとらえ方が違う面もある中、「歯科業界って何？」という問いに的確に回答できる参考書が登場したことは意義深いと思います。

また、これから歯科関連の仕事につこうと思っている人と、そのご家族、進路指導の先生などにも、歯科の全体像を理解できるハンドブックは有用と感じます。歯科全体のイメージアップにもつながりますね。

◆◇◆

水野　編集にあたり、各団体や企業などに内容の確認など、早い段階からご協力をお願いしました。それを通じて、「歯科業界全体で育てていく」という、本書のスタンスが明確になった気がします。同時に、ベテランの歯科医療従事者や、団体の役員などでも、基本的なルールが理解されていないなど、歯科業界のコンセンサスが意外に取れていないことに驚かされる場面も多かったです。

小畑　その意味で、「企業の新入社員向け」「歯科業界に参入したばかりの企業」などに限定されるものではなく、より幅広い読者が想定できると思います。

実際、歯科医師会の役員などから「知らないことも多かった」と言われたりします。法的に微妙なことを慣習的に続けてきた面もある歯科界では、間違った知識を「正しい」と信じている人も少なくありません。

◆◇◆

水野　本書が全て正しい、と主張するわけではありませんが、一つの判断基準ができたとは言えると思います。今後、データ、法律、解釈などの変更に合わせて更新するたび、さまざまな人たちが一緒に育てていく本にしたいですね。

小畑　今後、歯科衛生士、歯科技工士の業務範囲の見直しなどの議論が進むと予想されます。こうした変化もいち早く取り入れて、歯科業界を網羅する参考書として成長できればと思います。

もう一つ、歯科業界に関する客観的なデータが掲載されることによるメリットとして、「平均」が分かるというのは大きいでしょう。どうしても目立ちやすい成功例ばかりが注目されますが、例えば「平均スタッフ数は4人、医業収入は4千万円くらい」と分かると、少しホッとするものではないでしょうか。

それだけでなく、歯科業界に関心のある患者さんも少なくないはずですから、待合室に置くのも面白いかもしれませんね。歯科にかかわるさまざまな職種で、それぞれに本書とのかかわり方も作られていくのではないでしょうか。

水野　本日は、ありがとうございました。

書籍

(価格は税込)

抜粋・新装版

拡張するデンタルクリニック

廣田守男、斎藤 正、中田修司、師田吉郎 責任編集/A4変型判/128ページ/11,000円/アルファ企画

改装、分院展開、増築を行った歯科医院の27事例の写真、平面図や建築データ、施主と設計者のコメントに加え、集患方法や設計・広告費用、月間来院者数やユニット数、ユニットの機器名、スタッフ数なども掲載。「どんな経営環境の医院が、どれだけのお金を掛けたか」という、生きた経営情報を知ることができる。

設計施工の社名も紹介しており、「そろそろ改装を」と考える歯科医師が、すぐに使える参考書となっている。

臨床に活かせるコンポジットレジン修復

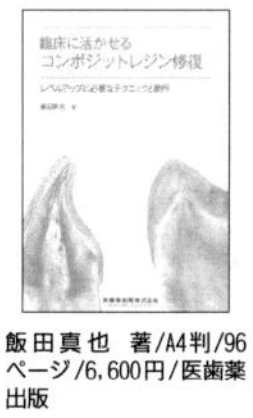
飯田真也 著/A4判/96ページ/6,600円/医歯薬出版

充填手技における知識や、インスツルメントを用いたコンポジットレジンの有効な使い方などを、臨床目線で分かりやすく解説した書。

特別なスキルは必要なく、要点を抑えてトレーニングを積めば、誰もが一定のレベルに到達できるようまとめられている。審美的なコンポジットレジン修復を勉強したい人、または難しいと感じている人に向けた一冊。

口腔トレーニング　フレイルを予防して、美しく、健康に。

後藤真由子 著/A5判/160ページ/1,980円/阿部出版

誤嚥性肺炎やフレイルなどを予防し、顔の引き締め、たるみ解消などにも効果のある「口腔トレーニング」を分かりやすく紹介。

口の動きや筋肉の衰えによる影響の解説のほか、歯科衛生士であり、口腔筋機能療法指導者(マイオファンクショナルセラピスト)の著者が、自らトレーニングを実践しているカラー写真を多数掲載。幼児から高齢者まで楽しく、簡単にトレーニングできる。

はみがきざむらい

きだにやすのり 著/わたなべあや 絵/B5変型判/36ページ/1,430円/マイクロマガジン

日本一の「はみがきざむらい」になるため、毎日修行をしている主人公「もものすけ」と、歯みがき嫌いで、ズボラな動物たちとの愉快なバトル。歯みがきをしない動物たちの言い訳にも思わずうなずいてしまい、大人も楽しめる。

身近な動物のイラストとカラフルな文字で、楽しみながら子供の歯みがき習慣が身に付くようになっている。

人生は投資である

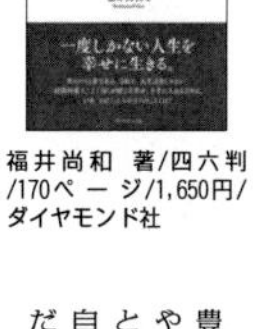
福井尚和 著/四六判/170ページ/1,650円/ダイヤモンド社

多くの経営者に対し、企業価値向上と資産形成をサポートしてきた著者による、一度しかない人生を幸せに生きるための指南書。

資本主義経済・社会システムの上で、豊かに、幸せに生きるためには、「成功」や「経済的自由」ではなく、「経済の成立」と「自らが感じる幸せ」を明確に区別し、自らが望む形で「統合」することが重要だと語る。

歯科医院が関わっていくための　障害児者の診かたと口腔管理

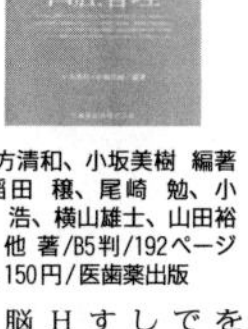
小方清和、小坂美樹 編著/稲田 穣、尾崎 勉、小沢 浩、横山雄士、山田裕之 他 著/B5判/192ページ/7,150円/医歯薬出版

医療的ケア児や発達障害児が増加する中、障害児者をできるだけ地域のクリニックで診ることが求められるようになってきた。

本書は、障害児者が若い段階から口腔を見守り、成長に寄り添うためのヒントを解説するもの。技術的な治療ノウハウではなく、さまざまな障害の特性を理解し、コミュニケーションの取り方を理解するのが趣旨。発達障害(ASD、ADHDなど)、知的能力障害、ダウン症候群、脳性麻痺、視覚障害、聴覚障害などへの対応を解説している。

2024年版
歯科業界ハンドブック
データ
法律・ルール
業界の仕組み
関連団体
日本歯科新聞社

東北大学
口腔関連QOL 食欲の低下に影響

歯数などの口腔状態に加えて、「話しづらい」など口腔関連のQOLの低下が食欲低下に影響することがわかった。東北大学大学院歯学研究科の草間太郎講師の研究によるもの。歯科的介入時において、患者の口腔関連QOLにもアプローチする必要性が示唆された。

同研究では、2022年のJAGES（日本老年学的評価研究）調査に参加した65歳以上の1万9787人を対象に、歯数・入れ歯の使用といった口腔状態および「食事時に問題がある」「会話時に問題がある」「歯を見せて笑いたくない」などの口腔関連QOLの低下と、食欲の低下の有無との関連を調査した。

調査の結果、食欲低下の傾向が見られたのは9・0%だった。歯数が少ない、または入れ歯を使っていない人は歯数が20本以上の人に比べて食欲が低下している人の割合が高かった。また、主観的な口腔に関連した問題を有している人では、そうでない人に比べて食欲低下の割合が高かった。

同研究成果は科学誌『Appetite』（7月1日）に掲載された。

口腔状態・口腔関連QOLと食欲低下との関連

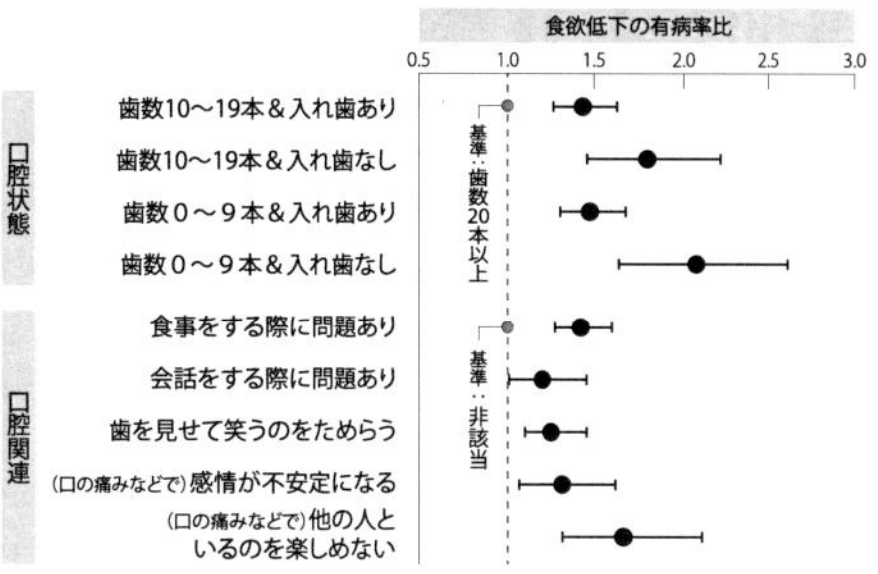

投稿 寄稿
「咬合」再考 ②

吉田 直人　日本歯科医師会代議員（宮城）

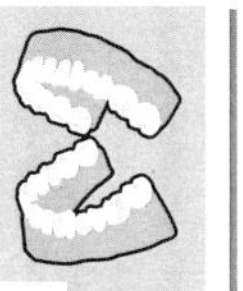

歯科医師の業務独占―国民皆歯科健診に〝咬合病〟は不可欠
咬合と口腔機能低下症に対応できる診療報酬体系を

歯科医療において、特に硬組織への診療行為は歯科医師にのみ認められており、「咬合」は歯冠修復や欠損補綴だけでなく、口腔機能に深くかかわる重要な要素である。

近年、歯科における診療報酬改定では「歯の形態の回復」（治療中心）から「口腔機能の維持・回復」（口腔機能の維持・回復）へシフトが進んでおり、令和6年度診療報酬改定では口腔機能に対してさらに拡充されている。

口腔機能に着目した大きな流れとして、小児口腔機能管理（口腔機能発達不全症）、歯科疾患の重症化予防、口腔機能管理（口腔機能低下症）、口腔機能に関する指導訓練など、ライフステージに応じたシームレスな口腔機能の維持・回復とその管理が求められるようになっている。

本稿では、口腔機能低下に関して、「咬合」とレセプト傷病名「MT」について論じてみたいと思う。口腔機能低下症はオーラルフレイルの第3レベルとも言われており、その診断項目は（1）口腔衛生状態不良（2）口腔乾燥（3）咬合力低下（4）舌口唇運動機能低下（5）低舌圧（6）咀嚼機能低下（7）嚥下機能低下となっている。つまり、咬合力の低下や咀嚼機能の低下は、口腔機能低下症の一部であり、特にオーラルフレイルの進行に関連する。歯科診療報酬における「咬合」に関する検査項目としては、D009顎運動関連検査、D011有床義歯咀嚼機能検査、D011―2咀嚼能力検査、D011―3咬合圧検査などがある。残念ながらこうした検査結果により咬合の異常症等の咬合に直結する確定診断が得られるわけではなく、広義の口腔機能に対する評価・診断は可能だが、いわゆる補綴治療においてはその治療方針・治療効果の参考値となっているにすぎない。

現在、ほとんどの歯科保険医ならおなじみの「MT」病名であるが、これは欠損という【状態】を示しているだけであり、疾病ではないとの批判の原因になっている。現状の診療報酬体系においては、傷病名「MT」のみで診断（補綴時診断）から装着まで行うことが可能である。歯科医師の専権事項である咬合構築にかかわる「咬合」に関する病態が主病名となっているわけではない。

私見だが、「C管理中」が患者のう蝕リスクを示すのと同様に「MT」は単に咬合のリスク歯数・分類を示すだけである。昨今の口腔機能（狭義には咀嚼機能）に着目すれば、「口腔機能低下症の疑い→口腔機能検査（咀嚼能力・咬合力等）→咬合異常に関する確定診断（リスクファクターとしてのMT部位記載？）→歯冠修復及び欠損補綴の実施→口腔機能関連検査（再評価）→口腔機能低下症の改善→口腔機能の維持・管理」といった進行も考えられ、そろそろ「MT」から脱却（卒業）してはいかがだろうか。

例えば「咬合病・Occlusal Disease」等がいわゆる補綴治療の主病名になっても良いのではないかと考える。咬合病が主病名として採用されることで、より具体的な咬合の問題や治療の必要性が反映できる。咬合病の構造的な損傷は治療されなければ進行性であり、咬合構築による口腔機能の維持・改善に果たす役割を再評価し、診療報酬体系の改善に向けた議論が進むことが期待される。新病名提案や定義・治療指針などは学会や大学の先生方にお任せしたいところである。

MCTオイル加工油脂
口腔への使用で嚥下誘発の効果

パーム油やココナッツなどから精製するMCTオイル（中鎖脂肪酸油）を特殊加工し、口腔内で使うことで、嚥下を誘発できる可能性が示唆された。新潟大学大学院医歯学総合研究科摂食嚥下リハビリテーション学分野などの研究グループが日清オイリオグループとの共同研究で明らかにした。

MCTオイルは、油脂として吸収しやすい特性を持ち、栄養状態を改善する手段として幅広く使われている。

研究グループは、特殊加工した結晶性油脂（COF）は、結晶が融解するときに吸熱反応（冷感）を生じて、低温感受性チャネルTRPM8を介して嚥下誘発効果があると仮説を立てた。

実験では、健常若年者を対象にCOFを口腔内に使った場合の冷感の主観的評価を実施。さらにCOFとメントールを組み合わせて摂取した際の随意嚥下誘発効果を比較した。

その結果、COFの使用で、冷感は早期にかつ長く持続。メントールとの併用効果は認められなかったが、COFは液状のMCTオイルよりも随意嚥下の嚥下誘発回数が有意に多かった。

今後は、COFを高齢者や口腔機能・摂食嚥下機能が低下した患者に提供した場合の評価などを行い、嚥下調整食への応用やリハビリテーションでの使用を目指すとしている。

同研究成果は、科学誌『Journal of Functional Foods』オンライン版（9月5日）に掲載された。

経口摂取訓練で
介護者の罪悪感和らぐ可能性

重度嚥下障害の患者に対して、継続的に経口摂取訓練を行うと、介護者の抱く罪悪感を和らげる可能性が示唆された。京都大学大学院医学研究科健康情報学の中山健夫教授と静岡社会健康医学大学院大学の森寛子准教授ら研究グループの調査によるもの。

経管栄養の普及に伴い、毎日の食事ケアをする介護者のなかには、重責感だけでなく、自らの食事に罪悪感を持って、簡便に済ませる人もいるという。

研究グループは、口から食べられるように支援する摂食嚥下リハビリテーションが、介護者にも良い影響があるのではないかと着目。100人の介護者を対象に55人から回答を得た。

その結果、介護者の48%は、患者がもっとも食べられなかったときに罪悪感を持っていたが、摂食リハを始めると罪悪感を持つ介護者の割合は22%に減少した。さらに、全介護が必要な患者が多いなかでも、患者の座位時間を増やすように努めるなど、介護全体へのやる気を高める介護者が80%いた。

一方で、患者の食べ方の回復は、介護のやる気と関連はみられなかった。

同調査は、介護者の自己報告のため、今後前向きな追跡調査をするなど科学的検証が必要としている。

同研究成果は国際学術誌『Journal of Parenteral and Enteral Nutrition』オンライン版（8月22日）に掲載された。

ポリフェノール
苦味刺激により肥満リスク低減

果物や野菜、ナッツなどに含まれるポリフェノールの苦味刺激が、血糖値を正常に保つ耐糖能を改善し、肥満・糖尿病リスクの低減につながる可能性がある。芝浦工業大学システム理工学部生命科学科の越阪部奈緒美教授らの研究チームが明らかにした。

ポリフェノールは、植物性食品に豊富に含まれる生理活性物質で、健康効果があると関心を集めてきたものの、体内に吸収されないため、メカニズムが不明だった。

研究チームは、ポリフェノールが消化管全体に発現する苦味受容体に結合し、脳とコミュニケーションを取るホルモンの分泌を促し、血糖値や満腹感を調整する機序を見出した。同研究成果について、「安全性が高い新たな肥満・糖尿病の予防・治療法の開発が期待できる」とコメントしている。

同研究成果は『Food Bioscience』（7月16日）に掲載された。

神奈川歯科大学
教育グループと連携協定を締結

神奈川歯科大学は9月20日、外国大学日本校や語学教室などさまざまな教育機関を運営する「千代田教育グループ」と連携協定を締結した。それぞれが所有する強みを活かし、交流を活性化するなど、人材の育成や学術研究の向上、地域発展に寄与することを目指す。

■連携協力の内容

①本学歯学部・短期大学部・東京歯科衛生専門学校と協力の促進
②学生や生徒の募集協力
③学生や生徒との交流・授業の連携
④教職員の交流および研修の開催

朝日大・衛生学校
韓国・檀国大と学術交流協定

朝日大学歯学部と同大歯科衛生士専門学校は9月10日、韓国の檀国大学と学術交流協定を締結した。朝日大は昨年、姉妹校である明海大学が採択した学生招へいプログラム「さくらサイエンスプログラム」の一環で檀国大学口腔保健学科から教員1人、学生6人を受け入れ、交流を行っている。

朝日大は今後も国際化を視野に世界の各大学との交流を進めていくとのこと。

訂正 9月24日付（2313号）4面の日本咀嚼学会の記事で、「大阪大学大学院歯学研究科有床義歯補綴顎」とありますが、正しくは「大阪大学大学院歯学研究科有床義歯補綴学」でした。お詫びして訂正します。

インプラント学会学術大会

事前座談会

国民から信頼される口腔インプラント治療

年時代の健康支える

参加者

細川 隆司	理事長
阪本 貴司	大会長
近藤 尚知	学術関連統括常務理事

日本口腔インプラント学会は11月1日から3日間、京都市の国立京都国際会館で第54回学術大会を開催する。メインテーマに「国民から信頼される口腔インプラント治療」、サブテーマに「人生100年時代を見据えた口腔機能の維持回復」を掲げ、会員発表、学術シンポジウム、各種委員会セミナー、ランチョンセミナー、市民公開講座など多彩なプログラムが企画されている。大会を前に、細川隆司理事長、阪本貴司大会長、近藤尚知学術関連統括常務理事に口腔インプラント治療の社会的意義や学会の役割、学術大会の見どころなどを聞いた。

――「国民から信頼される口腔インプラント治療」がメインテーマですが、現在の口腔インプラント治療の社会的イメージや役割を、どのように捉えていますか。

細川　国民の皆さんが歯科医療を受ける時、その選択肢の一つとして安心して口腔インプラント治療を選ぶことのできる環境づくりが多面的に必要だと思っています。

例えば、口腔インプラント治療をしている人が要介護状態になったときの対応が一つの課題とされています。その問題への解釈が拡大して、「若いうちにインプラント治療を受けると、自分が寝たきりになったときに困ったことになる」といったネガティブな話も漏れ聞こえてきます。

私たちとしては、口腔インプラント治療とは、健康寿命を延伸して寝たきりにならないようにする目的で行うものと考えています。

阪本氏

細川氏

近年、咀嚼能力を保つことでオーラルフレイル、サルコペニアの発症リスクを下げる、寝たきりの予防になる、といったエビデンスも揃ってきています。

口腔インプラント治療は、決して高齢者、要介護者の人たちにデメリットのあるものではなく、健康寿命の延伸のために非常に有効な手段であるという認識を、社会のなかで高めていきたいと思っています。

◆◆◆

――どこを受診したら良いかわからないという患者の声も良く聞きますが。

阪本　現在、歯を失った患者さんの20人に1人は口腔インプラント治療を受けているとの報告があります。多くの患者さんが再び噛める喜びを取り戻している治療ですが、現状ではすべての歯科医師が行えるわけではありません。

一方で、患者さんの立場では、どこを受診すればよいのか不安もあると思います。

細川　厚労省もそのような要望に応えて、患者さんが口腔インプラント治療を受ける際の目安になるように専門医の認定を急いでいます。

日本顎顔面インプラント学会と二人三脚で専門医制度を全国に広げるために活動しているところです。

◆◆◆

――サブテーマに掲げている「人生100年時代を見据えた口腔機能の維持回復」に込められた思いは。

阪本　一般的に歯を失う主な原因は歯周病と考えられています。ただし、歯周病が正しく管理されている患者さんにおいては、歯の破折が原因として多いとの調査結果もあります。

破折の理由はさまざまありますが、問題なのは、最初に1本の歯を失ったことで、次から次に歯が抜けていき、欠損が拡大していく懸念があることです。その欠損拡大の原因、どうすればそのような患者さんを減らせるかの検証が必要です。

本大会では、さまざまな原因による口腔機能の低下を防ぎ、患者さんの日常における多種多様な口腔の活動を維持しつつ、失った組織の再回復を進め、人生100年時代の口腔の健康寿命の延伸を目指すための知見を共有したいと思います。

近藤　国民、患者さんたちへのイメージは、日々地域でかかわっている先生たちの取り組みにも関係すると思います。

本学会では、適切な診察、検査、診断、治療方法、メインテナンスなどを記した『インプラント治療指針』を発刊して、会員に具体的に伝達されるよう年に数回の臨床技術向上講習会も実施しています。

そして、その基本的な知識を培ったうえで、さらなる研鑽を積むのが学術大会です。

◆◆◆

――複数の治療があるなかで、患者が口腔インプラント治療を選択するためには、安心とともに有用性を感じる必要があると思いますが。

細川　前提として、口腔インプラント治療が一番よくて他の治療が全然ダメということはありません。ひたすらにインプラントだけを勧めるような先生は、むしろ不適切だと考えています。

阪本　口腔インプラント治療が国内に広まってか

⬉

会場となる国立京都国際会館

第54回 日本口腔

Japanese Society of Oral Implantology since 1972

安心して受診できる環境目指す

人生100

近藤 氏

(前面から)ら、ほぼ半世紀が経ちました。今や成否を論じるレベルの治療ではなく、正しい検査と診断のもとに行えば、確実に失った歯の機能を取り戻せる素晴らしい治療です。

ただ、この治療には外科手術、補綴技術をはじめ、総合的な歯科の知識が求められます。

残念ながら口腔インプラント治療だけに偏ったなかで活動するグループもありますが、生涯にわたる口腔機能のサポートとは、「歯(の機能)を失わないこと」です。総合的な歯科の知識をもって治療にあたることで、結果的にその後の欠損の拡大も予防できるようになるのです。

◆◆◆

――学術大会では、どのような内容の発表が行われますか。

近藤　学術委員会では、11の学術シンポジウムと特別講演をはじめ、会員の知識・技術の向上、情報収集につながるよう、学術コンテンツを企画しました。

内容としては、①専門医だけでなくすべての関係者が、明日からの診療に生かしてほしい診療技術、②今後導入が進むだろう新技術に関する、メリット・デメリットを含めての紹介、③将来実施されるだろう夢の治療法の開発につながる基礎研究、さらに④初学者(若手歯科医師)に対する教育講演(BACK TO THE BASICS)など、多彩な学術プログラムを組みました。

阪本　われわれ歯科医師が日々研鑽する目的は、患者さんにより良い治療を提供するためです。そして、それらの成果を発表する場が学術大会です。

細川　世界に先駆けて超高齢社会を迎え、まさに人生100年時代の日本で、噛む、話す、食べるなど、さまざまな口腔機能が低下しないように、そして、一人でも多くの患者さんが失った機能を再び取り戻せるようにするためにも、多くの歯科関係者の皆さんに学術大会に参加していただき、情報共有ができればと考えています。

主なプログラム

※提出締め切り(7月15日)時点

特別講演

11/3(日)14:00～15:30
歯と歯髄の保存を基本とする歯科治療
座長：小室 暁(大阪口腔インプラント研究会)
講師：月星光博(月星歯科クリニック)

特別シンポジウム1

11/2(土)14:10～15:40
欠損を拡大させないための歯科治療、今わかっていること、これからすべきこと
座長：阪本貴司(大阪口腔インプラント研究会)、大久保力廣(鶴見大学歯学部口腔リハビリテーション補綴学講座)
講師：兒玉直紀(岡山大学病院 歯科(補綴歯科部門))、岩野義弘(日本インプラント臨床研究会)、大久保力廣(鶴見大学歯学部口腔リハビリテーション補綴学講座)

特別シンポジウム2

11/3(日)9:00～10:30
これからの歯科医が目指す口腔インプラント治療、インプラント歯科専門医の現状と未来
座長：簗瀬武史(日本歯科先端技術研究所)、阪本貴司(大阪口腔インプラント研究会)
講師：宮﨑隆(昭和大学国際交流センター)、末瀬一彦(日本歯科医師会 常務理事)、細川隆司(九州歯科大学)

倫理関連セミナー

11/1(金)16:00～16:30
新指針への対応・ハラスメント防止
座長：馬場俊輔(大阪歯科大学歯学部口腔インプラント学講座)
講師：戸田伊紀(大阪歯科大学歯学部解剖学講座)

専門医教育講座

11/1(金)16:30～18:00
超高齢社会のインプラント治療―ライフステージに則した医療従事者としての対応―
座長：栗田浩(信州大学医学部歯科口腔外科学教室)
講師：阪本貴司(大阪口腔インプラント研究会)

10面に続き

第54回日本口腔インプラント学会 学術大会　主なプログラム

9面関連

※提出締め切り（7月15日）時点

シンポジウム1

11/2（土）9:00～10:30

共催：公益社団法人 日本口腔外科学会

インプラント治療における周術期管理と併発症対策

座長：小林恒（弘前大学大学院医学研究科歯科口腔外科学講座）、小松晋一（愛知インプラントインスティチュート）

講師：佐々木研一（関東・甲信越支部）、杉村光隆（鹿児島大学大学院 医歯学総合研究科顎顔面機能再建学講座歯科麻酔全身管理学分野）、小林恒（弘前大学大学院医学研究科歯科口腔外科学講座）

シンポジウム2

11/2（土）10:40～12:10

共催：一般社団法人 日本歯科心身医学会／一般社団法人 日本口腔内科学会

インプラント治療における原因不明の疼痛、違和感、歯科心身疾患を考える

座長：西郷慶悦（歯槽義歯研究所）、草野薫（大阪歯科大学歯学部口腔インプラント学講座）

講師：安彦善裕（北海道医療大学歯学部生体機能・病態学系臨床口腔病理学分野）、宗像源博（昭和大学歯学部インプラント歯科学講座）、豊福明（東京医科歯科大学（TMDU）大学院医歯学総合研究科全人的医療開発学講座歯科心身医学分野）

シンポジウム3

11/2（土）14:10～15:40

低侵襲インプラント治療を実践するための方策と症例選択

座長：荻野洋一郎（九州大学大学院歯学研究院口腔機能修復学講座）、下岸将博（東京医科歯科大学大学院医歯学総合研究科口腔再生再建学分野）

講師：豊嶋健史（中国・四国支部）、倉嶋敏明（新潟再生歯学研究会）、米澤大地（近畿・北陸支部）

シンポジウム4

11/2（土）15:50～17:20

共催：一般社団法人 日本老年歯科医学会／公益社団法人 日本補綴歯科学会

インプラント治療における口腔機能の維持回復

座長：西村正宏（大阪大学歯学部附属病院）、野村智義（日本歯科先端技術研究所）

講師：森永大作（九州インプラント研究会）、大澤淡紅子（昭和大学大学院歯学研究科口腔機能管理学分野）、池邉一典（大阪大学大学院歯学研究科有床義歯補綴学・高齢者歯科学講座）

シンポジウム5

11/2（土）9:00～10:30

共催：一般社団法人 日本骨代謝学会

メカノバイオロジー最前線

座長：黒嶋伸一郎（北海道大学大学院歯学研究院口腔機能学分野冠橋義歯補綴学教室）、依田信裕（東北大学大学院歯学研究科口腔システム補綴学分野）

講師：澤瀬隆（長崎大学生命医科学域口腔インプラント学分野）、江草宏（東北大学大学院歯学研究科分子・再生歯科補綴学分野）、松垣あいら（大阪大学大学院工学研究科マテリアル生産科学専攻）

シンポジウム6

11/2（土）15:50～17:20

共催：一般社団法人 日本デジタル歯科学会

ダイナミックナビゲーションの臨床応用

座長：近藤尚知（愛知学院大学歯学部冠橋義歯・口腔インプラント学講座）、松成淳一（日本インプラント臨床研究会）

講師：五十嵐一（日本大学松戸歯学部口腔学インプラント学講座）、大内田理一（九州大学大学院歯学研究院口腔機能修復学講座）、野尻俊樹（岩手医科大学歯学部歯科補綴学講座冠橋義歯・口腔インプラント学分野）

シンポジウム7

11/3（日）10:40～12:10

共催：一般社団法人 日本デジタル歯科学会

インプラント治療における口腔内スキャナーのさらなる適応拡大と限界を知る

座長：鮎川保則（九州大学大学院歯学研究院インプラント・義歯補綴学分野）、田中譲治（日本インプラント臨床研究会）

講師：柏木宏介（大阪歯科大学有歯補綴咬合学講座）、深澤翔太（岩手医科大学歯学部歯科補綴学講座冠橋義歯・口腔インプラント学分野）、植松厚夫（総合インプラント研究センター）

シンポジウム8

11/3（日）9:00～10:30

共催：歯学系学会合同脱タバコ社会実現委員会／一般社団法人 禁煙推進学術ネットワーク

メディカルスタッフが知っておきたい禁煙支援と加熱式タバコや電子タバコの有害性

座長：塩田真（関東・甲信越支部）、柏井伸子（関東・甲信越支部）

講師：稲葉洋平（国立保健医療科学院生活環境研究部）、谷口千枝（愛知医科大学看護学部）

シンポジウム9

11/3（日）10:40～12:10

共催：公益社団法人 日本口腔外科学会

抜歯前からのインプラント治療の戦略

座長：廣安一彦（日本歯科大学新潟病院口腔インプラント科）、園山亘（岡山大学病院）

講師：飯田吉郎（中部支部）、増田英人（近畿・北陸支部）、小田師巳（近畿・北陸支部）

シンポジウム10

11/3（日）14:00～15:30

共催：特定非営利活動法人 日本歯周病学会

インプラント周囲炎に対する治療戦略

座長：和田義行（北海道形成歯科研究会）、正木千尋（九州歯科大学口腔再建リハビリテーション学分野）

講師：石川知弘（岡山大学病院歯科・口腔インプラント科部門）、今一裕（岩手医科大学歯科補綴学講座 冠橋義歯・口腔インプラント学分野）、大月基弘（近畿・北陸支部）

シンポジウム11

11/3（日）9:00～10:30

共催：一般社団法人 日本解剖学会

インプラント治療に活かすモルフォロジー

座長：松尾雅斗（神奈川歯科大学）、吉岡文（愛知学院大学歯学部有床義歯学講座）

講師：阿部伸一（東京歯科大学解剖学講座）、前田初彦（愛知学院大学歯学部口腔病理学・歯科法医学講座）、窪木拓男（岡山大学学術研究院医歯薬学域インプラント再生補綴学分野）

BACK TO THE BASICS

11/2（土）9:00～12:00

口腔インプラント治療に必要な知識と技術を再考する

座長：渡辺敏夫（埼玉インプラント研究会）、立川敬子（東京医科歯科大学）

講師：古市保志（北海道医療大学歯学部総合教育学系歯学教育開発学分野）、有地榮一郎（愛知学院大学歯学部歯科放射線学講座）、中村社綱（九州支部）、高橋哲（脳神経疾患研究所附属南東北福島病院口腔外科）、春日井昇平（東京医科歯科大学インプラント外来）

国際委員会（国際セッション）

11/2（土）9:30～11:30

インプラント補綴について

座長：萩原芳幸（日本大学歯学部歯科インプラント科）、前川賢治（大阪歯科大学欠損歯列補綴咬合学講座）

講師：Lisa Amir（Department of Oral Biology, Faculty of Dentistry, Universitas Indonesia）、Pimduen Rungsiyakull（Department of Prosthodontics, Chiang Mai University, Thailand）、Bilal Al-Nawas（Chairman of the Clinic for Oral and Maxillofacial Surgery, Plastic Surgery University Medical Center of the J. Gutenberg University, Germany）、Stefan Wolfart（Department of Prosthodontics and Biomaterials, Center for Implantology University Hospital, RWTH-Aachen, Germany）

症例レジストリ管理委員会

11/2（土）10:40～12:10

早期負荷を可能にする歯科インプラント表面性状に着目した評価指標策定

座長：佐々木啓一（宮城大学・東北大学大学院歯学研究科先端フリーラジカル制御学共同研究講座）、馬場俊輔（大阪歯科大学歯学部口腔インプラント学講座）

講師：佐々木啓一（宮城大学・東北大学大学院歯学研究科先端フリーラジカル制御学共同研究講座）、金高弘恭（東北大学大学院歯学研究科歯学イノベーションリエゾンセンター異分野共創部門）、谷城博幸（大阪歯科大学医療イノベーション研究推進機構 事業化研究推進センター 開発支援部門）、馬場一美（昭和大学歯科補綴学講座）、佐藤右智（独立行政法人医薬品医療機器総合機構医療機器審査第二部）

医療安全管理委員会PMDAセミナー

11/2（土）14:10～15:40

これからの歯科医療に係る規制・開発・研究振興・データ利活用

座長：谷城博幸（大阪歯科大学医療イノベーション研究推進機構事業化研究推進センター開発支援部門）

講師：高江慎一（厚生労働省医薬局医療機器審査管理課）、岩田倫明（国立研究開発法人日本医療研究開発機構医療機器・ヘルスケア事業部医療機器研究開発課）、渡辺信彦（経済産業省商務・サービスグループ医療・福祉機器産業室）、石井健介（独立行政法人医薬品医療機器総合機構）

研究推進委員会セミナー

11/3（日）10:40～12:10

口腔インプラント学会診療ガイドラインの進捗報告

座長：窪木拓男（岡山大学学術研究院医歯薬学域 インプラント再生補綴学分野）、水口一（岡山大学病院 歯科・口腔インプラント科部門）

講師：熱田生（九州大学大学院 歯学研究院 口腔機能修復学講座 クラウンブリッジ補綴学分野）、蓮池聡（日本大学歯学部歯周病学講座）、酒井陽（名古屋大学医学部附属病院歯科口腔外科）

専門歯科衛生士教育講座

11/3（日）10:40～12:10

歯科衛生士に必要なインプラント外科の知識について

座長：山田貴子（新大阪歯科衛生士専門学校）

講師：草野薫（大阪歯科大学 歯学部 口腔インプラント学講座）

専門歯科衛生士委員会セミナー

11/3（日）9:00～10:30

最新「薬剤性顎骨壊死（MRONJ）ポジションペーパー2023」の概要

座長：木村英一郎（日本歯科先端技術研究所）

講師：栗田浩（信州大学医学部歯科口腔外科学教室）

専門歯科技工士教育講座

11/3（日）14:00～15:30

長期にわたりインプラント修復を成功に導くための要点

座長：十河厚志（近畿・北陸支部）

講師：小宮山彌太郎（関東・甲信越支部）

専門歯科技工士委員会セミナー

11/3（日）10:40～12:10

前歯部審美領域の粘膜貫通部形態に対する歯科医師からのアプローチ・歯科技工士からのアプローチ

座長：覺本嘉美（インプラント再建歯学研究会）

講師：中野環（大阪大学大学院歯学研究科クラウンブリッジ補綴学・顎口腔機能学講座）、西村好美（近畿・北陸支部）

広島大学

超音波で口腔内病変検査する方法を開発

口腔内の腫瘤性病変がどのようなものか、超音波検査を応用することで痛みや不快症状を伴わずに高い精度で検査・診断できる――。これまで超音波検査によって、口腔がんを可視化し、診断・治療レベルの向上、口腔がんの予後予測に関する研究を行ってきた広島大学病院歯科放射線科の小西勝講師ら研究グループが開発した。

口腔内の粘膜に生じる病変はいくつかあるが、そのほとんどが数ミリメートルから1センチメートル程度で、CTやMRIなどの画像検査でも病変が小さく、ほとんど見えないケースが多かった。

同研究では、口腔内病変（口腔がんを除く）に対して超音波検査を実施した50人の患者を対象とし、それぞれの病変の超音波画像と病理組織画像を対比して、超音波検査で観察される画像の特徴を分析した。

その結果、超音波画像上で各病変（血管腫20人、線維腫11人、粘液嚢胞9人、脂肪腫5人、多形腺腫5人）の特徴が明らかとなった。

今後は、診断精度の向上やその他の口腔内病変の診断へ広げていくとしている。

認知機能が低い高齢者 従来の検査の効果低い

広大調べ

特別養護老人ホームに入所する認知機能が低下した高齢者145人に、口腔機能検査「オーラルディアドコキネシス」を実施した結果、約半数（68人）が検査を十分に行うことができなかった。該当者には、「要介護度（💡）4以上」「認知症高齢者の日常生活自立度（💡）Ⅲ以上」「臼歯の咬合が欠損」という特徴が見られた。

これまで20年以上にわたり、高齢化が進む過疎地域での介護施設の訪問診療を行ってきた広島大学病院歯科放射線科の小西勝講師ら研究グループは、高齢者の口腔機能を評価する「オーラルディアドコキネシス」に焦点をあてて、検査可能な要介護レベル、認知症レベル、口腔内の状態を調査した。

研究グループは、オーラルディアドコキネシスが重要な評価方法の一つであるものの、認知機能が低下してくると次第に検査方法を十分に理解することが難しくなり、「正確な検査を行えないケースが増えてくる」と指摘。同検査が可能な高齢者の認知機能レベルを解明するべく、研究するに至った。

今後は、認知機能が低下した高齢者の舌口唇機能運動を正確に評価できる方法の開発、舌口唇運動機能以外の口腔機能低下症について検査の妥当性を検討する予定だ。

同研究成果は、国際誌『Journal of Oral Rehabilitation』（2月）に公開された。

要介護度　介護サービスの利用に際してどのくらいの介護が必要か判断するための指標

認知症高齢者の日常生活自立度　高齢者の認知症の程度を踏まえた日常生活自立度の程度を表す指標

デンタル小町が通る

（医）千友会理事（千葉県市原市）
村瀬千明 ❼

素晴らしい出会いと気づき

いま私は自分の治療の盲点に気がつき、衝撃を受けている帰り道です。私の専門は矯正歯科です。子どもの治療に関して顔貌をよくする治療だという認識はありましたが、その認識がはるかに甘かったことに気づかされました。

これまでも何度も教わってきた分野ではありますが、賢者の先生方に自分の症例を見てもらい、実際に対面で話をうかがい、自分の過去の治療をさらけ出すことで初めて自分事として頭で理解しました。そして、これまでの知識や常識がブレーキとなって自分で限界を設定していたことにも気づきました。

社会の評価や人の噂、常識、学問、正常値は真実ではないこともある。それを決めるのは自分の脳なんだ、常識に囚われてより良くするチャンスを見ようとしない選択をしていたのか、むしろその束縛で見えなくなっていたんだと思います。

今回の経験が私の臨床医としての再スタートになります。こんなにワクワクする気持ちも久しぶりだし、目標ができたことで楽しみが増えました。過去は変えられないけれど、未来は変えられるはず。

帰りの空港までのバス移動時に、急に高速道路が通行止めになり、迂回渋滞で出発時間より遅れて到着しました。でも、飛行機が遅延していて間に合いました。通行止めが雷から身を守ってくれたのか、雷が飛行機を遅延させ、新しい気づきの時間を与えてくれたのか。決して諦めないことと、事実から目を背けず解釈を選択していくこと、今回のセミナーで出会った素晴らしい先生方が仲間となり協力してくれたこと、それぞれが私の人生や臨床の質を高めるのに必要なことで、情熱を呼び起こしてくれた素晴らしい体験に感謝しています。

96歳になってもまだまだお元気なJohn Mew先生と

塩田雅朗先生とJohn Flutter先生とMew先生。そして塩田先生から筋機能矯正を習う仲間の先生たちと

同業他社を譲受 エンジニア不足を解消

W&D

ウィルアンドデンターフェイス（＝W&D）は、歯科医院向けのソフトウェア開発や保守・運用を行うT.Creatorsの全事業を、M&Aを通じて譲り受けたと9月25日に発表した。

T.Creatorsは、取引先への安定したサービスの提供と、従業員の雇用を継続するため、取引先および従業員が譲渡先に引き継がれることを条件として、W&Dに事業譲渡。

W&Dは、専門的な知識やスキルを持つエンジニアの増員を課題としており、同事業譲渡によりT.Creatorsのエンジニア2人をW&Dの開発担当者として採用。開発スピードや開発担当者間のスキル向上に加え、T.Creatorsの取引先を引き継ぐことで、販路拡大も見込まれるという。

タブレット型で洗口 ISS搭載品を販売

TSUYOMI

国際宇宙ステーション（ISS）での暮らしを改善する日用品として搭載された口腔ケア用品が地上向け製品として販売開始―。

20粒入り（左）と2粒入り（右上）

TSUYOMIが開発したタブレット型のマウスウォッシュ「Chupica（チュピカ）」で、タブレット1粒を約10秒噛み砕き、泡を口内に馴染ませた後、吐き出すか少量の水で口をすすぐと口内を清潔にできる。口臭予防、う蝕・歯周病菌への抗菌効果、湿潤効果などが期待される18種類の食物由来成分を配合。

水が限られた宇宙空間でも気分転換のできる口腔ケア用品として開発され、ISS搭載の生活用品として採用されたタブレット型ハミガキ&マウスウォッシュ「mouthpace（マウスペース）」をリブランディングしたもの。学校や職場の休憩時間、外食した後、コーヒーやタバコを嗜んだ後、勉強や仕事の合間などの使用を想定。

香味はレモンフレーバーとミントフレーバー（後日販売）。容量は20粒入りと2粒入り。価格はオープン。

一般向けは同社専用サイトで販売。小売店等事業者向け販売の問い合わせ先は同社ホームページまで。

（レモンフレーバーを）試食した編集部の感想

- レモン味が美味しい。
- 噛み砕くとシュワシュワと泡立ち口全体に広がるのが面白い。
- 噛み砕いた後、すぐに吐き出さなくてもよい唾液量なので安心。
- 後味が爽やかで気分転換にもなる。
- 起床後に使ったら、口の中がスッキリしそう。

歯科健診の附帯サービスで提携

デンサポら

デンタルサポート（＝デンサポ）とハミエル、Dental Predictionの3社は、国民皆歯科健診制度の導入を見据えて、歯科保健事業の促進を目的とした業務提携契約を締結したと1日に発表した。

デンサポとハミエルは、企業・学校・地方自治体主催の健診会場などで実施する「出張歯科健診」のサポート事業を行う一方、Dental Predictionは、歯科医師に症状を相談して受診先を検索できるアプリ「歯科の健康相談mamoru」を提供している。

今回の提携により、3社の行う事業を組み合わせて個人・法人の両者を対象としたサービスに拡大し、歯科健診の受診率向上を目指すほか、新規サービスの展開も検討する。

AI電話受付に追加 LINEからも予約可

SCOグループ

SCOグループは、歯科医院向けAI電話受付サービス「Pay Light Call」のLINE連携を7日に開始した。

患者がPay Light Callで予約リクエストをすると、携帯番号のSMSにLINEのURLが送られ、LINE上で予約やメッセージの送信等が可能となる。11月にはレセコンと連携して患者データを統合。最新の患者データで予約・会計業務を行える機能を追加し、受付業務をより効率化できる。12月にはLINEとAIを活用して患者ごとにメッセージを自動送信できる機能も搭載する。患者の治療歴や性格、特性に基づいた治療後のフォローや口腔ケア情報をLINEで送信でき、患者の定着や再来院率の向上なども期待できるという。問い合わせはTEL0120―874―728まで。

ドレッシングの添加 食べやすさが向上

キユーピーら

キユーピーと和洋女子大学の教授・柳沢幸江氏らは、高齢者が食べにくさを感じる野菜などにマヨネーズやドレッシングなどの乳化状調味料を加えると、食べやすくなるとの研究結果を発表した。

59～79歳の男女71人を対象に、噛みにくさがある（半年前に比べて固い物が食べにくくなった）10人と、噛みにくさのない61人に官能評価を実施。評価方法は、高齢者が食べにくいとされる四つの食材（じゃがいも・ゆで卵・ツナ・キャベツ）を4項目「つぶしやすさ・噛み切りやすさ」「まとまりやすさ」「飲み込みやすさ」「残留感のなさ」で採点した。調味料は、じゃがいも・ゆで卵・ツナにマヨネーズ、キャベツに乳化状ドレッシングを使用した。

その結果、被験者全体ではどの食材も食べやすさの4項目すべてで、乳化状調味料「あり」が「なし」と比べて有意に高い点数となり、食べやすくなることが分かった。

咀嚼レベル別でみると、乳化状調味料「なし」では噛みにくさがある人とない人で、じゃがいもの食べやすさに有意な差があったが「あり」では、噛みにくさがある人の食べやすさが改善され、両者間の有意差がなくなった。

同研究結果から、乳化状調味料の使用は噛む力が低下している人の方が効果を感じやすく、有効との可能性が示された。

同研究成果は9月14、15日開催の日本咀嚼学会第35回学術大会で発表された。

製品紹介

（価格は税込）　（新製品情報をお寄せください）

LED光照射器

マイティーライト

アドバンスジャパン　☎048(234)8291

最大3000mW/c㎡のハイパワーで重合できるLED光照射器。照射モードは、標準・強光・超強光・矯正・検査・パルス・プログレッシブの7種類を搭載。重さ110gで軽量。

価格＝3万2,780円

歯科用ミリングマシン

DWX−53D

DGSHAPE　☎0120-118-233

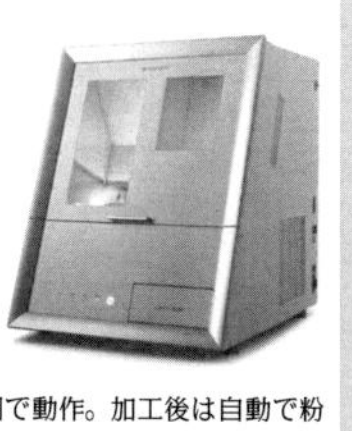

フレーム剛性を強化し、ミリングバーの把持力が向上したドライ5軸制御ミリングマシン。B軸の回転角度は±35度の範囲で動作。加工後は自動で粉塵を除去する。稼動マネジメントクラウドサービス「DGSHAPE Insights」を付属し、内蔵機内カメラでリアルタイムでモニタリングできる。

価格＝440万円

遠隔診断など考察 調査レポート発表会で

フィリップス・ジャパン

フィリップス・ジャパンは、病院経営者などを対象とした意識調査レポート「Future Health Index 2024日本版」の記者発表会を東京都港区の駐日オランダ王国大使館公邸で2日に開いた。

駐日オランダ王国大使のヒルス・ベスホー・プルッフ氏があいさつした後、親会社のロイヤルフィリップスのCEO・ロイ・ヤコブス氏がグローバルでの取り組み、同社社長のジャスパー・ウェステリンク氏がAI搭載の同社の医療機器などを紹介した。

その後、行われたトークセッションには、慶應義塾大学医学部教授の宮田裕章氏、国際医療福祉大学学長の鈴木康裕氏、日本医療政策機構の代表理事の乗竹亮治氏、ヤコブス氏が意識調査レポート結果を交えて、国内でのスタッフ不足解消のための医療従事者向けの遠隔支援、医療データの利活用などの課題と対応策、AIを含む最新技術や産学官などとの連携の観点から考察。

トークセッションでは宮田氏などが医療でのAI活用などを考察した

「遠隔診断を肯定的に捉えている」と回答した、医療従事者および患者の世界平均が72%に対し、日本は医療従事者が16%、患者は15%と低かった結果に、宮田氏は「日本では調子が悪くなったら受診するのを遠隔診断に置き換えて考えた人が多かったので、遠隔診断を肯定的に捉える人の割合が少なかったのではないか」としたうえで、「未病の段階で医療を受けることができるのを、AIなど技術の力で広められるのでは」と話した。

スケーラー注水時に使用できる洗口液

東京歯科産業

東京歯科産業は、超音波スケーラー使用時にも使用できる洗口液「デンタルアーマーリキッド」＝写真＝を販売している。

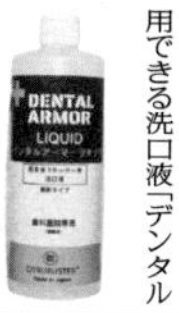

GSE（グレープフルーツ種子エキス）を使用した100%天然由来の抗菌成分で、超音波スケーラーの注水時に使用することでエアロゾルによる交差感染を防止する。持続性のある除菌効果で、温度やpHに左右されない。無色無臭、ノンアルコールで非引火性。

100倍希釈タイプ。洗口液としても入れ歯・マウスピースの洗浄としても使用可能。

価格は5060円で容量は500㍉㍑。問い合わせは同社ホームページまで。

ロッテ 歯づまりに3食材追加でウェブCM

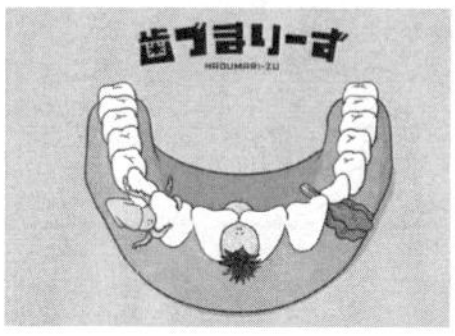

ロッテは「キシリトール オーラテクトガム」のプロジェクトの一環として、「歯づまりしやすい食材」をアニメキャラクター化した「歯づまりーず」の第2弾ウェブCMを9月27日に公開した。

同CMは、歯肉の健康を意識するきっかけとなるよう「歯づまりサイン」プロジェクトとして制作。歯肉ケアのタイミングを楽しく知らせることを目的に、歯づまりしやすい食材をアニメキャラクター化した。

今回の第2弾では、今年7～8月にSNSで開催した投票「#歯づまりーずオーディション」により「いか」「パイナップル」「ほうれんそう」の3体の新メンバーが選ばれ、声優の杉田智和さんが3体の声を一人で担当している。

移転

■ピクオス

同社は東日本支社を移転した。

新住所は〒108―0075東京都港区港南2丁目16―1品川イーストワンタワー13階。メールアドレス・電話番号は変更なし。

人事

（敬称略）

■ヨシダ

▼代表取締役会長　山中一郎▼代表取締役副会長　山中通三▼代表取締役社長　山中一剛▼常務取締役　山口均、植木秀雄、仲哲也▼取締役　山中良晃、宮﨑敦、磯村英男▼監査役　中島健雄▼執行役員　成田公明、池田成利、増田明、小川博史、松田庸、折笠好彦、橋本昌和、柳崇貴、澤海真志、木暮信也

週間 金・パラ価格動向　税抜価格(1g,円)

	金	パラジウム(参考価格)
9月30日(月)	12,195	4,885
10月1日(火)	12,246	4,840
10月2日(水)	12,336	4,850
10月3日(木)	12,586	4,975
10月4日(金)	12,583	4,940

提供 石福金属興業

ヘッドライン企業ニュース

■歯科医院と歯科医療従事者のマッチングプラットフォーム「HANOWA」に登録する歯科医院に対し、プロフィール上に「ハラスメント相談窓口」の設置有無の入力を必須化（HANOWA／9月3日）

■歯科医院向けデジタルノートアプリ「MetaMoJi Dental eNote」を、こはな歯科（三重県開業）に導入（MetaMoJi／9月4日）

■エア・ウォーター東日本メディエスの滅菌済歯科基本セットレンタルサービス「きざいらず」の取り扱いを開始（オール・デンタル・ジャパン／9月4日）

■二次治癒ハイドロゲル創傷被覆・保護材「アロンキュア デンタル」を発売（デンタリード／9月5日）

■環境配慮型のLIMEX Sheet（ライメックス シート）を採用した会社案内冊子／ポケットファイルの導入（Genova／9月10日）

■歯科技工物設計用CADソフトウェア「UPCAD」の販売を9月24日に開始（名南歯科貿易／9月10日）

■創意と工夫をこらしたオフィスを表彰する「第37回日経ニューオフィス賞」の「全国推進症」を受賞（ライオン／9月11日）

■部分入れ歯用洗浄剤／Haleonジャパン

Haleonジャパンは「ポリデント」ブランドから、プレミアムシリーズ「部分入れ歯用 3分スピード 」と「部分入れ歯用 ホワイトニング」を9月25日に全国で発売した。「3分スピード」は素早く水に溶け、3分でにおいの原因菌を除菌。「ホワイトニング」は、義歯の黄ばみの蓄積を約6倍防げるという。96錠入り。薬局等で販売。価格はオープン。

■栄養補助飲料に2種の味／森永乳業クリニコ

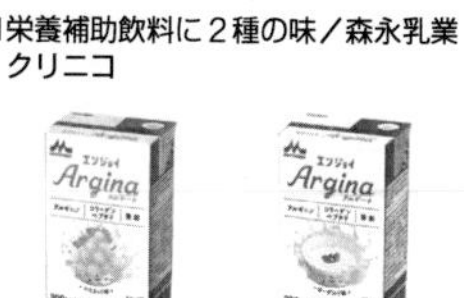

森永乳業クリニコは、栄養補助飲料「エンジョイArgina（アルギーナ）」のマスカットとヨーグルトの香味を9月25日に全国で発売した。従来品より、コラーゲンペプチドの配合量を5.3gに増量。1パック当たり200㌔㌍。容量は125ml。12パックと24パック入りを用意。調剤薬局などで販売。価格はオープン。

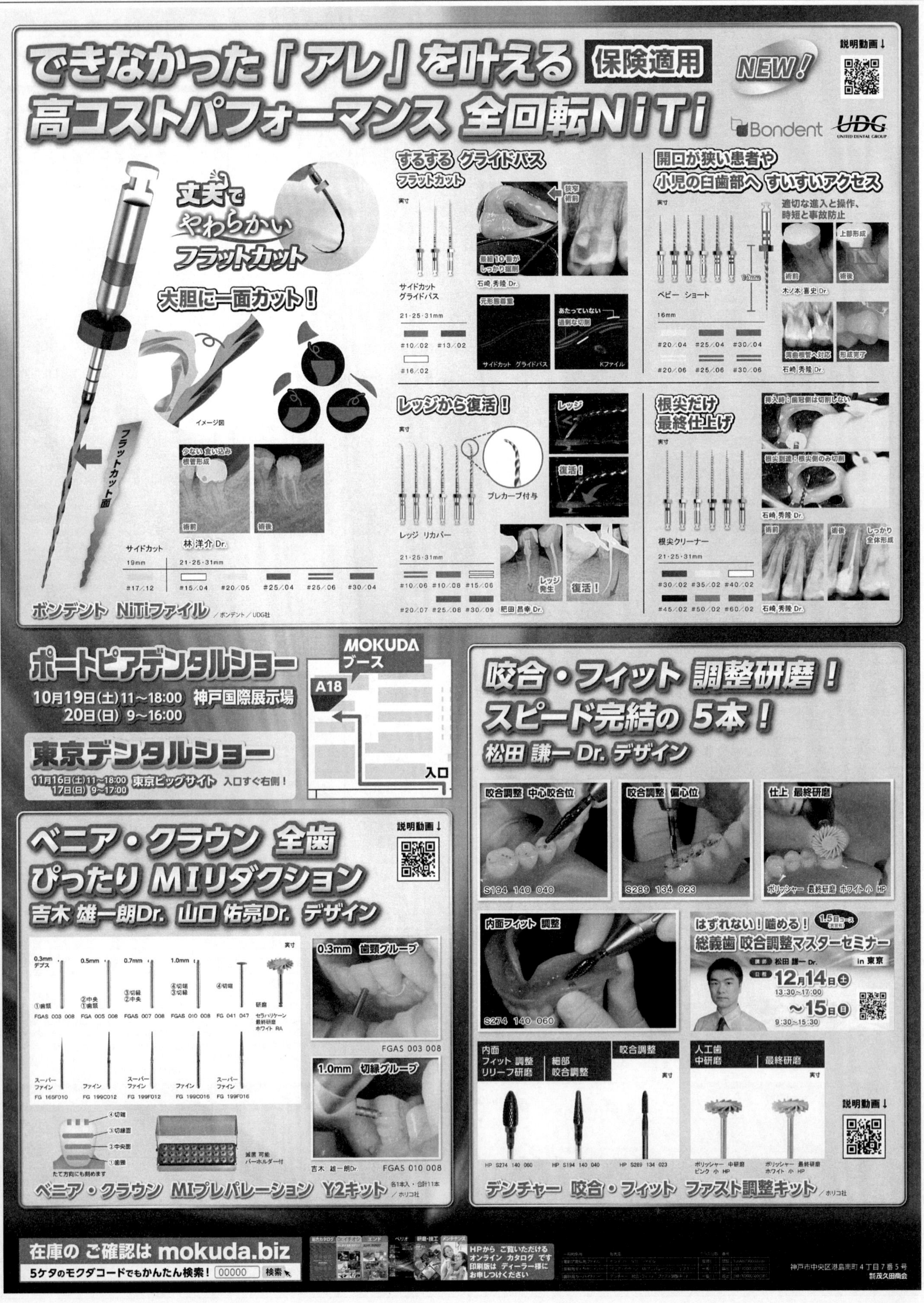

できなかった「アレ」を叶える
保険適用
NEW!
高コストパフォーマンス 全回転NiTi
説明動画↓
Bondent
UDG
丈夫で やわらかい フラットカット
大胆に一面カット!
イメージ図
フラットカット面
するする グライドパス
フラットカット
実寸
サイドカット グライドパス
21・25・31mm
#10／02 #13／02
#16／02
狭窄 術前
根管10番が しっかり開削
石崎 秀隆 Dr.
元形態尊重
あたっていない 過剰な切削
サイドカット グライドパス
Kファイル
開口が狭い患者や
小児の臼歯部へ すいすいアクセス
適切な進入と操作、時短と事故防止
ベビー ショート
16mm
#20／04 #25／04 #30／04
#20／06 #25／06 #30／06
術前 術後
上部形成
木ノ本 喜史 Dr.
湾曲根管へ対応
形成完了
石崎 秀隆 Dr.
少ない 食い込み 根管形成
術前 術後
林 洋介 Dr.
サイドカット
19mm
21・25・31mm
#17／12 #15／04 #20／05 #25／04 #25／06 #30／04
レッジから復活!
レッジ
復活!
プレカーブ付与
レッジ リカバー
21・25・31mm
#10／06 #10／08 #15／06
#20／07 #25／08 #30／09
レッジ 発生
復活!
肥田 昌幸 Dr.
根尖だけ 最終仕上げ
挿入時：歯冠側は切削しない
根尖到達：根尖側のみ切削
石崎 秀隆 Dr.
術前 術後 しっかり 全体形成
根尖クリーナー
21・25・31mm
#30／02 #35／02 #40／02
#45／02 #50／02 #60／02
石崎 秀隆 Dr.
ボンデント NiTiファイル ／ボンデント／UDG社
ポートピアデンタルショー
10月19日(土)11～18:00 神戸国際展示場
20日(日) 9～16:00
東京デンタルショー
11月16日(土)11～18:00
17日(日) 9～17:00 東京ビッグサイト 入口すぐ右側!
MOKUDA ブース
A18
入口
ベニア・クラウン 全歯
ぴったり MIリダクション
吉木 雄一朗Dr. 山口 佑亮Dr. デザイン
説明動画↓
実寸
0.3mm デプス 0.5mm 0.7mm 1.0mm
①歯頸 ②中央 ①歯頸 ③切縁 ②中央 ④切端 ③切縁 ④切端
研磨 セラパリケーン 最終研磨 ホワイト RA
FGAS 003 008　FGA 005 008　FGAS 007 008　FGAS 010 008　FG 041 047
スーパーファイン　ファイン　スーパーファイン　ファイン　スーパーファイン
FG 165F010　FG 199C012　FG 199F012　FG 199C016　FG 199F016
④切端 ③切縁面 ②中央面 ①歯頸
たて方向にも削れます
滅菌 可能 バーホルダー付
0.3mm 歯頸グルーブ
FGAS 003 008
1.0mm 切縁グルーブ
吉木 雄一朗Dr.
FGAS 010 008
ベニア・クラウン MIプレパレーション Y2キット
各1本入・合計11本 ／ホリコ社
咬合・フィット 調整研磨!
スピード完結の 5本!
松田 謙一 Dr. デザイン
咬合調整 中心咬合位
S194 140 040
咬合調整 偏心位
S289 134 023
仕上 最終研磨
ポリッシャー 最終研磨 ホワイト 小 HP
内面フィット 調整
S274 140 060
はずれない!噛める!
総義歯 咬合調整マスターセミナー
1.5日コース
講師 松田 謙一 Dr.
in 東京
日程 12月14日(土) 13:30～17:00
～15日(日) 9:30～15:30
内面 フィット 調整 リリーフ研磨
細部 咬合調整
咬合調整
人工歯 中研磨
最終研磨
実寸
HP S274 140 060　HP S194 140 040　HP S289 134 023
ポリッシャー 中研磨 ピンク 小 HP
ポリッシャー 最終研磨 ホワイト 小 HP
説明動画↓
デンチャー 咬合・フィット ファスト調整キット ／ホリコ社
在庫の ご確認は mokuda.biz
5ケタのモクダコードでもかんたん検索! 00000 検索
総合カタログ Dr.イチオシ エンド ペリオ 研磨・技工 メンテナンス
HPから ご覧いただける オンライン カタログ です 印刷版は ディーラー様に お申しつけください
神戸市中央区港島南町4丁目7番5号
株式会社 茂久田商会

日本歯科新聞

2024年（令和6年）
10月22日

＜発行所＞
日本歯科新聞社
厚生労働省記者クラブ加盟社
〒101-0061
東京都千代田区神田三崎町2-15-2
電話 03（3234）2475
FAX 03（3234）2477
www.dentalnews.co.jp
jdn@dentalnews.co.jp
無断転載禁止
■年間購読料 23,760円（送料込）（本体21,600円＋税）
■月4回、火曜日発行
■郵便口座番号 00120-5-130369

今週号の主な内容

学校歯科健診に 口腔内スキャナー導入を

シンポで未来図を語る

全国学校歯科保健研究大会

学校歯科健診の場で口腔内スキャナー（ＩＯＳ）を活用すれば、健診の正確性の問題だけでなく、より良い疫学調査への活用や、ＡＩ診断の発展にも寄与する可能性がある―。17日に長崎市の出島メッセ長崎とウェブ上で開かれた第88回全国学校歯科保健研究大会で「学校歯科健康診断の未来図～学校歯科健康診断におけるＤＸの可能性」と題したシンポジウムが行われた＝写真。（2面に関連）

同シンポでは、日本学校歯科医会の山田尚副会長が座長を務め、水谷成彦常務理事が基調講演で学校歯科健診の現状と課題を紹介。シンポジストとして、日本デジタル歯科学会理事長で日本歯科医師会の末瀬一彦常務理事、大阪大学歯学部附属病院の野崎一徳口腔医療情報部長、東京科学大学データサイエンス・ＡＩ全学教育機構の木下淳博教授が講演した。

講演では、適切な健診環境（口腔内の明るさ、姿勢など）の確保、判断基準や検査項目の統一、目視では困難なレジン充塡やう蝕の検出が容易になる機器の導入などが課題解決に向けて必要だと論点を整理。

さらに統合型校務支援システム※を使った健診結果の電子化では、学校によっては、現場でコンピューターに直接入力する方法がとられており、健康診断後の家庭への通知が即時に配布できるなどのメリットがあるが、紙に記入し、後日入力する学校が多い現状が課題とされた。そして、健診の場でＩＣＴ・ＤＸ化による直接入力・診断のできる未来が期待されるとした。

※統合型校務支援システム 教務系（成績処理、出欠管理、時数管理等）・保健系（健康診断票、保健室来室管理等）、学籍系（指導要録等）、学校事務系など統合した機能を有しているシステム

一方で、ＤＸの前提として健康診断結果の質を担保する必要性も指摘された。正確な健康診断結果を取得するためには、集積した情報の分析にＩＣＴやＡＩを活用することが効率・効果的な手段になり得るとし、一つの方策としてＩＯＳの導入が提案された。

末瀬常務理事は、「まずは学校歯科健診の場で使ってほしい」と強調。「（ＩＯＳの準備を）学校歯科医が負担するのは酷な話なので、国レベルで補助などが必要だと思っている」と政府や国会議員らに働きかけていく構えを見せた。

野崎部長と木下教授は、ＩＯＳで取得した情報を活用することで、ＡＩによる判別能力が大幅に向上する可能性があると言及。ＩＯＳを各都道府県で5台購入することで学校歯科健診に活用できるのではないかとの提案もあった。

ポートピアデンタルショー

8103人が来場

ポートピアデンタルショー2024が10月19、20の両日に開かれ、8103人が来場した。（13面に記事）

衆院選

歯科医師 7人が立候補

衆議院選挙の告示が15日に行われ、少なくとも歯科医師7人が立候補している。

小選挙区から出馬する歯科医師は、群馬3区の長谷川嘉一氏（立憲民主党）、埼玉2区の松浦玄嗣氏（立憲民主党）、和歌山1区の正司武氏（諸派）。長谷川氏と松浦氏は比例代表の北関東ブロックからも当選を狙う。

そのほかの比例代表で立候補する歯科医師は、東北ブロックの佐原若子氏（れいわ新選組）、東海ブロックの青木崇佳氏（日本保守党）と梅村忠司氏（れいわ新選組）、九州ブロックの島田智哉子氏（自由民主党）。

なお、兵庫1区では歯科技工メーカー社員の山岡智美氏（参政党）、徳島2区および比例代表四国ブロックで元歯科技工士の祝聡氏（維新）も出馬している。

プリズム

「閉院」が注目される時代に

本紙や月刊誌『アポロニア21』（日本歯科新聞社発行）では、同業他社の出版物も積極的に紹介している。そのなかで、掲載したいと販元に連絡したところ、「現在、在庫不足で重版待ち」というううらやましい返答があった本がある。

橋本守著『歯科「閉院」作法 明日、院長やめます』（デンタルダイヤモンド）がそれだ。まだ現物を読めていないが、目次を拝見したところ、院長を引退するまでに必要な準備が具体的に説明されている。著者である橋本氏は、歯科経営に強いベテラン公認会計士・税理士。士業の書いた閉院、引退の参考書というと「スタッフへの退職金も考えないと」など、お金の話をイメージしがちだが、それだけでなく、患者やスタッフの気持ち、そして何より、院長自身のマインドにも注目しているようだ。

こうした書籍が注目される背景には、歯科界には膨大な「閉院予備軍」が控えているという事実が伺える。歯科医師会の会報にも「無歯科医地区の懸念から、近隣医院の管理者になることを余儀なくされた高齢院長」のエッセイ（『高歯会報』801、2024年6月）が載る時代だ。

高齢化だけでなく、深刻な求人難、コンプライアンス重視、ウェブへの対応など、診療以外の業務が膨大となり、院長業が苦しくなってきた現われなのかもしれない。

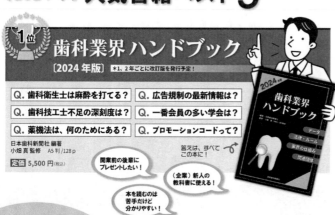

歯科用貴金属告示価格

歯科用貴金属の材料価格

価格（円/g）

	告示価格（円） 2024年4月 随時改定	告示価格（円） 2024年6月 診療報酬改定	告示価格（円） 2024年9月 診療報酬改定	平均値 期間	平均値 平均値（円）	平均値 期間	平均値 平均値（円）	試算価格（円） 2024年12月 随時改定	告示価格（円） 2024年12月 随時改定
歯科鋳造用14カラット金合金 インレー用（JIS適合品）	7,641	9,232	10,300	令和6年7月～令和6年9月	6,937.4	令和6年4月～令和6年6月	6,855.7	10,389.9	10,390
歯科鋳造用14カラット金合金 鉤用（JIS適合品）	7,624	7,923	8,991	令和6年7月～令和6年9月	6,937.4	令和6年4月～令和6年6月	6,855.7	9,080.9	9,081
歯科用14カラット金合金鉤用線（金58.33％以上）	7,774	8,018	9,086	令和6年7月～令和6年9月	6,937.4	令和6年4月～令和6年6月	6,855.7	9,175.9	9,176
歯科用14カラット合金用金ろう（JIS適合品）	7,601	8,007	9,075	令和6年7月～令和6年9月	6,937.4	令和6年4月～令和6年6月	6,855.7	9,164.9	9,165
歯科鋳造用金銀パラジウム合金（金12％以上JIS適合品）	2,909	2,760	3,045	令和6年7月～令和6年9月	2,444.8	令和6年4月～令和6年6月	2,476.4	3,010.2	3,010
歯科用金銀パラジウム合金ろう（金15％以上JIS適合品）	3,740	4,237	4,560	令和6年7月～令和6年9月	2,547.1	令和6年4月～令和6年6月	2,562.5	4,543.1	4,543
歯科鋳造用銀合金 第1種（銀60％以上インジウム5％未満JIS適合品）	159	159	179	令和6年7月～令和6年9月	86.4	令和6年4月～令和6年6月	88.2	177.1	177
歯科鋳造用銀合金 第2種（銀60％以上インジウム5％以上JIS適合品）	192	184	204	令和6年7月～令和6年9月	86.4	令和6年4月～令和6年6月	88.2	202.1	202
歯科用銀ろう（JIS適合品）	274	233	245	令和6年7月～令和6年9月	50.4	令和6年4月～令和6年6月	51.4	243.9	244

金パラ12月から 1グラム3010円

歯科鋳造用金銀パラジウム合金の告示価格が12月から1グラム3010円と、現在より35円引き下げられる。9日の中医協総会で報告されたもので、随時改定により歯科用貴金属9品目のうち、4品目が引き上げ、5品目が引き下げとなっている＝上表。

「歯科鋳造用14カラット金合金インレー用」「同鉤用」「歯科用14カラット金合金鉤用線」「同金ろう」がそれぞれ90円増。

金パラのほか、「歯科用金銀パラジウム合金ろう」が17円減などとなっている。

医療経済実調 工程案を提示

厚労省

来年実施予定の第25回医療経済実態調査のスケジュール案が9日の中医協総会で示された。今月から調査実施小委員会を設置して具体的な内容を検討し、実施案の提示や調査内容を決めていく。

調査は来年6月の実施で、同11月に小委員会および総会で結果が報告される見込み。

日本歯科医師会副会長の林正純委員は、小規模な歯科医療機関が多いことから、調査回答の負担軽減の配慮を要求。また、回答率の向上、診療報酬改定で新たに盛り込まれた項目の影響が分かる工夫などを求めた。

抗微生物薬適正使用の手引き改訂で 「歯科領域編」を提案

厚労省

歯科領域で抗菌薬のガイドラインが厳守されていない状況が推測されるとして、次の「抗微生物薬適正使用の手引き」の改訂で「歯科領域編」を設ける案が厚労省から示された。16日の第9回厚生科学審議会感染症部会薬剤耐性（AMR）に関する小委員会で議論されたもの。

◇◆◇

歯科領域での抗菌薬適正使用はアクションプランに記載がほぼないものの、種々の症例で抗菌薬が使われている。全国抗菌薬使用量調査によると＝表、歯科領域では99％が内服抗菌薬で、ペニシリン以外のβラクタム系抗菌薬が半数を超えており、そのうちの8割を第3世代セファロスポリンが占めている。

アクションプランでは、経口第3世代セファロスポリン系薬の使用量を2027年までに40％減らすことを目標に掲げている。

JAID／JSC感染症治療ガイドや歯周病患者における抗菌薬適正使用のガイドラインに抗菌薬の使用方法が記載されているが、使用量調査をみると、必ずしもガイドラインに準じた処方になっていない状況が推測される。

厚労省は「歯性感染症に対する治療薬や術後感染予防抗菌薬適正使用等の歯科領域の適正使用に向けた包括的な手引きを作成してはどうか」と提案。

「抗微生物薬適正使用の手引き」の第4版で、外来編・入院編の内容の整理・更新を行うとともに、新たに歯科領域編を書き下ろす案を提示した。

全国抗菌薬使用割合

（単位：％、2015～2021年）

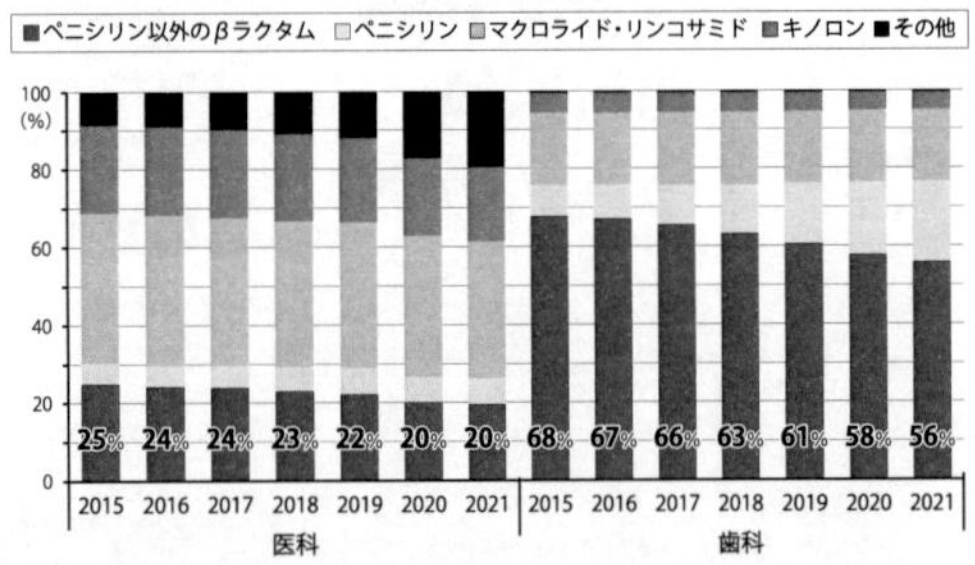

第88回全国学校歯科保健研究大会 初の内閣総理大臣表彰に2校

第88回全国学校歯科保健研究大会が17日、長崎市の出島メッセ長崎とウェブ上で開かれた。「口腔から全身の健康づくりを目指して―『健口』から『健康』へつなげる学校歯科保健の未来図」をテーマに、各種表彰式や特別講演、シンポジウムなどが行われた。今回初めて創設された学校歯科保健功労内閣総理大臣表彰では、岩手県の二戸市立金田一小学校と千葉県立特別支援学校の流山高等学園の2校が表彰を受けた。（1面関連）

柘植会長

渋谷会長

表彰の様子

開会式では主催者側からあべ俊子文部科学大臣（代理・日向信和大臣官房審議官）、日本学校歯科医会の柘植紳平会長、長崎県歯科医師会の渋谷昌史会長、日本学校保健会の松本吉郎会長（代理・弓倉整専務理事）、大石賢吾県知事、鈴木史朗市長がそれぞれあいさつ。

来賓からは、福岡資麿厚生労働大臣（代理・高田淳子歯科保健課歯科口腔保健推進室長）、日歯の高橋英登会長が祝辞を述べた。

表彰式では、内閣総理大臣表彰2校のほか、全日本学校歯科保健優良校表彰で文部科学大臣賞7校、日本学校歯科医会会長賞7校、日本歯科医師会会長賞10校、奨励賞84校の取り組みを称えた。

その後、ジャパネットたかた創業者で「A and Live」社長の高田明氏による特別講演「夢持ち続け日々精進」、シンポジウム「学校歯科健康診断の未来図～学校歯科健康診断におけるDXの可能性」が行われた。

なお、講演プログラムや領域別研究協議会は、11月30日までオンラインでアーカイブ視聴できる。

歯科情報学

松尾　通

「ホストとゲスト」

ISS・国際スマイリスト協会を主宰しているが、設立以来2年が経過した。事業目的はスマイルの普及・推進と「スマイリスト」の育成であり、具体的には市民公開講座の開催と社会貢献活動を行っている個人や団体への表彰である。

札幌、仙台の公開講座は参加した多くの市民に好評で、子ども食堂のファウンダー、新宿や渋谷でパトロールを行っている「ガーディアン・エンジェル」、子宮がんの検診を推進している「にじリボン」の3団体を表彰した。協会の事業はボランティアだが、主催者側に必ず歯科関係者がいることが特徴。来年はさらに神戸、福岡、広島、東京で開催予定である。

◇

スマイルに一番近い職業の一つに歯科がある。いい歯、いい歯並びは、いい笑顔の必須条件なので、われわれが注力するのは自然な成り行きであり、スマイルをデザインするのも仕事の一部であろう。

1990年代、米国の審美系の学会に足しげく通った。そこで出会ったDR．ブルースとの会話のなかから生まれたのが「スマイリスト」である。また米国政府高官からの「日本人の笑顔は遅れているので、もっと良くするように君は努力すべきだ」という指摘が自分の行動変容を促したのだった。

『化粧文化』（ポーラ文化研究所）に発表したスマイルデザインの論文が朝日新聞に紹介され、一気に全国に広まった。TVや新聞、雑誌などの取材が多数あり、スマイルが市民権を得たという手応えを感じた。

あれから30年余、新型コロナウイルスに代表される感染症のまん延や世界のどこかで頻発する戦争、地球規模で起こっているさまざまな天災、経済不況など将来に対する不安は数多く、日本の現状を見ても決して安心できない。しばらく休止していた「笑顔運動」を再開し、熱を入れ始めたのには、こうした背景がある。

◇

「スマイリスト」の商標登録を取得したのを機に法人を設立、商標を貸与し活動している。法人設立に向け、友人、知人に声をかけると、あっという間に100名余の賛同者を得た。それぞれが素晴らしい背景を持つ方たちである。その一人、デュノワイエ・マリコさんは世界企業アストラゼネカ社の会長夫人でパリと東京を行き来し、ヨーロッパの社交界に身を置く超セレブである。気さくな人柄が魅力で、協会の欧州担当理事をお願いしている。

マリコさんがこのほど新居を麻布に移し、お披露目のホームパーティーを開いた。30人ぐらいの会員が集まり盛況だったが、このパーティーの良さはホストとゲストの役割がきちんとしていることだった。歯科医療のホストはわれわれ、ゲストは患者さん、応用は即できると思った。

（東京都開業）

2024.10.22

歯科国試にチャレンジ

●④①①　2024年（第117回）より

褥瘡性潰瘍の特徴はどれか。1つ選べ。

a　紅暈
b　接触痛
c　穿掘性
d　退色性
e　易出血性

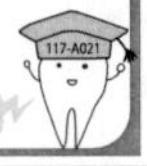

答えは本紙のどこかに！

DHのモヤっと解決隊 30

TBIを毎回1時間は行いたい

歯科衛生士13年目です。1年前に転職し、今の歯科医院は2医院目です。

今の医院ではTBIを「検査」や「スケーリング」や「SRP」や「SPT」時に行います。私は歯周治療にはブラッシングが重要と考え、1回につき1時間はTBIをしたい、ブラッシングが定着するまで毎週患者さんに来ていただきたいと考えていますが、なかなか理解してもらえません。前の歯科医院は1時間できたので、転職も考えた方がいいのかなと思ったりします。

歯科衛生士
Dさん（34歳）

ステップを踏んで行うTBIもあり

東京歯科医学教育舎 代表
竹内 智美
歯科衛生士　産業カウンセラー
ファイナンシャルプランナー

Dさんは TBIを1時間しっかり行いたいのだけれど、今の歯科医院だと難しいので、転職も考えていらっしゃるのですね。

私も、20年前はTBIに1時間かけ、赤く染めて全顎をプラークがなくなるまで一緒に磨いていました。しかし、1時間かけて話をしても、次回来院時には覚えている内容は一部だけだった経験があります。TBIにはいろいろな考え方がありますが、現在は、ステップを踏んで、来院されるたびに「ステップ1」、次は「ステップ2」という形でTBIを進めています。段階を踏むことで確実に患者さんも覚えてくださり、ステップアップを目指して取り組んでくださるようになりました。

患者さんは「仕事の合間」や「家事の合間」「子育ての合間」にお越しいただくことが多いです。私自身も現在、TBIだけのための来院で1時間を捻出するのは結構大変です。Dさんのお伝えしたい内容は本当に1時間、毎週必要なのか、患者さんもそれを望んでいるのか、一度考えてみてください。

転職を考えるのはその後で良いのではと思います。

創立40周年の記念誌を発行

昭和大学歯学部同窓会

昭和大学歯学部同窓会は1日、創立40周年記念誌＝写真＝を発行した。

40周年記念式典・祝賀会を写真で振り返るページから始まり、小原希生会長のあいさつ、関係者からの祝辞、同窓会の沿革などが載っている。

同期会の報告では、41回生分の原稿を掲載。支部と委員会、厚労表彰者も紹介している。

山口県で歯科医師会連合会

日歯と各県歯が情報共有・意見交換

中国・四国地区

令和6年度中国・四国地区歯科医師会連合会が5日、山口市内のかめ福オンプレイスと、山口県歯科医師会館で開催された。役員連絡協議会と、7つに分かれての分科会が同時に行われ、地域の県歯と日歯の担当役員で、情報共有や意見交換などを行った。また連合会終了後には、中国・四国地区歯科医師会会員33人に対する表彰式と懇親会が行われた。

◇◆◇

連合会冒頭の開会行事は、各会場をオンラインでつないでのハイブリッド形式で開催し、山口県歯の小山茂幸会長による開催県代表あいさつ、日歯の高橋英登会長、日本歯科医師連盟の太田謙司会長による来賓あいさつ、比嘉奈津美参議院議員と山田宏参院議員からのビデオメッセージ放映、日歯と日歯連盟報告が行われた。

㊦共通の諸問題などについて取り組みの情報共有が行われた㊨あいさつする小山会長

小山会長は、歯科医師会が国民の健康長寿に寄与するため、歯科健診、啓発などの歯科保健活動を充実させていく一方、歯科医院経営の安定に取り組む必要性があることを強調。「この二つの相反するギャップをどう埋めていくのかがとても大事だと思っている。幸い10年間で口腔健康管理という概念が確立され、セルフケアとプロケアの両立が必要だと言われるようになってきた。今こそ国民に寄り添う歯科医療が大事」と話した。また、歯科医療DXについては、メリットとともに導入コストの問題も同時に検討する必要があるとして、「日歯は横断的に検討して、提言を出していただきたい」との考えを伝えた。

高橋会長は、トリプル改定への対応、タスクチームの設置、能登半島地震への対応など、会長就任から1年4カ月の会務を振り返った。

令和5年の概算歯科医療費が前年616億円（1・9％）プラスの3兆2925億円となったことについては、「まだまだ医療費全体の7％しかない。これから力を発揮しなくてはならない点がある」との感想を述べた。

さらに歯科医師の数について、国家試験合格者の減少、急速なDX化に対応できないベテラン歯科医師の引退・廃業などで減少時代に突入したとの認識を示し、「かつて歯科医師が多いから国試の合格率を下げてほしいと申し入れをしたのは時代の流れとして間違っていたとは思わない。ただ、20年経って時代が変わっていることも事実。これからの大きな検討課題」と話した。

太田会長は、ベースアップ評価料について、「全体の2割ほどの申請で2年経ってしまうと、歯科はベースアップ分を改定しなくても安定経営ができるだけの内部留保があったと判断される」として、申請への理解を求めた。

そして、国民皆歯科健診実現では、労働安全衛生法の改正が必要で、歯科医師や医師会などの理解を得ながら数年以上の時間がかかるとの認識を示した。法律改正への取り組みを続ける一方、モデル地区などをつくり法律で健診できない年齢層に配布するための簡易に検査・判定ができるキットを開発している状況を伝えた。

日歯と日歯連盟の会務報告の後、高知県歯の野村和男会長から、次期日歯会長候補予備選挙での立候補表明を出している高橋会長と、太田会長に、「この場で（推薦状を）渡せるかはわからないが、中国四国地区で一つとなって、応援しようではないか」とする旨の発言が出された。これに対し岡山県歯の西岡宏樹会長が「私も応援している一人。ただこの件は各県の思いもあり、この場で無理にまとめようとしても難しいのではないか」とコメント。また小山会長は、開催県の立場で発言し、「推薦の話は、（当事者のいない場で事前に）われわれだけで決めて、推薦する流れになると思うので、この件はこれで終わりにしたい」と話し、理解を求めた。

◇◆◇

役員連絡協議会では、山口県歯が出した①医療DXの進捗状況②災害医療コーディネーター③日歯への質問・要望、の各議題について、各県の状況説明や意見交換がされたほか、日歯からの見解が出された。また別会場では、広報、学術、社会保険、地域保健、医療管理、福祉厚生、連盟分科会が行われた。

続いての懇親会では、村岡嗣政山口県知事、柳居俊学県議会議長や県選出の国会議員が来賓でかけつけ、あいさつした。

歯科含む医療器材 洗浄不良を報告

那覇市立病院

那覇市立病院は8日、記者会見を開き、3台ある洗浄器のうち1台に洗剤が注入されていなかったことにより、歯科を含む医療器材の一部に洗浄不良があったと説明した。

該当期間は8月26日から29日で、30日に業務委託先から報告を受けた。

洗浄不良の医療器材数は単品852品、207セットの一部で、同医療器材が使われた患者は手術で17人、外来で170人。

洗剤タンクと洗浄器をつなぐチューブが外れていたのが原因として、12項目の対策をあげている。

歯科医療機関と従事者数など ④～⑥

社会保険指導者研修会統計資料より①

歯科医師数（年齢階級・性別、業務別－平均年齢）（令和4年）

		総数	医療施設の従事者	病院の開設者又は法人の代表者	病院（医育機関附属の者を除く。）の勤務者	医育機関附属の病院の勤務者	診療所の開設者又は法人の代表者	診療所の勤務者	介護老人保健施設・介護医療院従事者	医療施設・介護老人保健施設・介護医療院以外の従事者	医育機関の臨床系以外の勤務者又は大学院生	医育機関以外の教育機関又は研究機関の勤務者	行政機関・保健衛生施設の従事者	その他の業務の従事者	無職の者
総数		105,267	101,919	33	3,223	8,406	56,767	33,490	37	1,562	993	201	368	440	1,307
男		77,854	75,644	25	2,234	4,964	51,097	17,324	17	1,058	700	136	222	241	893
女		27,413	26,275	8	989	3,442	5,670	16,166	20	504	293	65	146	199	414
24歳以下	総数	138	138	—	12	100	—	26	—	—	—	—	—	—	—
	男	67	67	—	9	46	—	12	—	—	—	—	—	—	—
	女	71	71	—	3	54	—	14	—	—	—	—	—	—	—
25～29歳	総数	5,942	5,825	1	381	2,854	53	2,536	—	77	72	—	5	9	29
	男	3,054	2,995	—	195	1,397	36	1,367	—	44	41	—	3	5	8
	女	2,888	2,830	1	186	1,457	17	1,169	—	33	31	—	2	4	21
30～34歳	総数	7,907	7,687	1	388	1,998	472	4,828	—	139	97	13	29	27	52
	男	4,752	4,642	1	250	1,122	412	2,857	—	86	61	7	18	13	10
	女	3,155	3,045	—	138	876	60	1,971	—	53	36	6	11	14	42
35～39歳	総数	9,575	9,255	—	422	1,090	2,195	5,548	4	199	137	12	50	63	54
	男	6,137	5,982	—	271	687	1,923	3,101	—	111	74	7	30	28	16
	女	3,438	3,273	—	151	403	272	2,447	4	88	63	5	20	35	38
40～44歳	総数	10,069	9,788	6	403	619	4,137	4,623	—	181	118	18	45	46	49
	男	6,520	6,397	4	246	391	3,642	2,114	—	93	—	8	17	21	9
	女	3,549	3,391	2	157	228	495	2,509	—	88	50	10	28	25	40
45～49歳	総数	10,731	10,429	1	419	467	5,732	3,810	4	204	133	24	47	55	39
	男	7,111	6,946	1	271	285	4,899	1,490	2	128	89	15	24	21	14
	女	3,620	3,483	—	148	182	833	2,320	—	76	44	9	23	34	25
50～54歳	総数	11,409	11,116	7	373	391	7,377	2,968	—	208	134	30	44	47	32
	男	8,416	8,234	5	274	271	6,492	1,192	—	146	—	16	27	21	12
	女	2,993	2,882	2	99	120	885	1,776	—	62	31	14	17	26	20
55～59歳	総数	11,580	11,282	6	284	350	8,415	2,227	2	205	—	27	51	49	42
	男	9,227	9,026	5	245	285	7,590	901	—	157	—	18	34	25	18
	女	2,353	2,256	1	39	65	825	1,326	—	48	—	9	17	24	24
60～64歳	総数	13,129	12,808	7	316	376	10,084	2,025	—	200	109	34	57	38	77
	男	10,927	10,700	6	276	326	9,230	862	—	160	96	27	37	23	40
	女	2,202	2,108	1	40	50	854	1,163	—	40	—	7	20	15	37
65～69歳	総数	11,046	10,758	1	144	131	8,918	1,564	—	71	—	14	16	45	168
	男	9,397	9,186	1	122	126	8,163	774	—	59	—	11	10	30	120
	女	1,649	1,572	—	22	5	755	790	—	12	—	3	6	15	48
70～74歳	総数	7,674	7,348	—	61	17	5,864	1,406	—	54	—	22	16	34	237
	男	6,786	6,514	—	57	15	5,449	993	—	53	—	22	15	28	191
	女	888	834	—	4	2	415	413	—	1	—	—	1	6	46
75～79歳	総数	3,465	3,227	1	16	11	2,281	918	—	17	—	4	8	14	204
	男	3,133	2,927	1	14	11	2,129	772	—	14	—	2	7	13	176
	女	332	300	—	2	—	152	146	—	3	—	2	1	1	28
80～84歳	総数	1,530	1,365	2	3	1	789	570	—	6	—	2	—	7	152
	男	1,393	1,247	1	3	1	731	511	—	6	—	2	—	7	133
	女	137	118	1	—	—	58	59	—	—	—	—	—	—	19
85歳以上	総数	1,072	893	—	1	1	450	441	—	1	—	1	—	6	172
	男	934	781	—	1	1	401	378	—	1	—	1	—	6	146
	女	138	112	—	—	—	49	63	—	—	—	—	—	—	26
平均年齢	総数	53	53	55	46	37	59	47	101	50	81	55	51	53	69
	男	55	55	56	48	39	59	48	109	51	83	58	53	57	74
	女	47	47	53	41	34	57	47	89	46	76	50	49	49	57

資料：医師・歯科医師・薬剤師統計（２年ごと調査）

行政機関等の歯科医は368人

歯科医師数（業務別、年次別－人口10万対）

		平成20年	22年	24年	26年	28年	30年	令和2年	4年
歯科医師数（人）	総数	99,426	101,576	102,551	103,972	104,533	104,908	107,443	105,267
	医療施設の従事者	96,674	98,723	99,659	100,965	101,551	101,777	104,118	101,919
	病院の開設者又は法人の代表者	13	20	26	24	22	20	19	33
	診療所の開設者又は法人の代表者	59,560	60,100	59,740	59,750	59,482	58,653	58,867	56,767
	病院（医育機関附属の者を除く。）の勤務者	2,875	2,894	2,865	3,065	3,055	3,142	3,211	3,223
	診療所の勤務者	25,053	26,185	27,372	29,074	29,684	31,452	32,922	33,490
	医育機関附属の病院の勤務者	9,173	9,524	9,656	9,052	9,308	8,510	9,099	8,406
	介護老人保健施設・介護医療院従事者	16	16	27	29	33	34	34	37
	医療施設・介護老人保健施設・介護医療院以外の従事者	1,373	1,422	1,424	1,540	1,543	1,607	1,646	1,562
	臨床以外の歯科医学の教育機関又は研究機関の勤務者	1,131	1,151	1,130	1,219	1,195	1,234	1,261	1,194
	行政機関・保健衛生施設の従事者	242	271	294	321	348	373	385	368
	その他の者	1,357	1,411	1,440	1,438	1,397	1,477	1,619	1,747
	その他の業務の従事者	222	277	276	333	311	358	399	440
	無職の者	1,135	1,134	1,164	1,105	1,086	1,119	1,220	1,307
構成割合（％）	総数	100.0	100.0	100.0	100.0	100.0	100.0	100.0	100.0
	医療施設の従事者	97.2	97.2	97.2	97.1	97.1	97.0	96.9	96.8
	病院の開設者又は法人の代表者	0.0	0.0	0.0	0.0	0.0	0.0	0.0	0.0
	診療所の開設者又は法人の代表者	59.9	59.2	58.3	57.5	56.9	55.9	54.8	53.9
	病院（医育機関附属の者を除く。）の勤務者	2.9	2.8	2.8	2.9	2.9	3.0	3.0	3.1
	診療所の勤務者	25.2	25.8	26.7	28	28.4	30	30.6	31.8
	医育機関附属の病院の勤務者	9.2	9.4	9.4	8.7	8.9	8.1	8.5	8.0
	介護老人保健施設・介護医療院従事者	0.0	0.0	0.0	0.0	0.0	0.0	0.0	0.0
	医療施設・介護老人保健施設・介護医療院以外の従事者	1.4	1.4	1.4	1.5	1.5	1.5	1.5	1.5
	臨床以外の歯科医学の教育機関又は研究機関の勤務者	1.1	1.1	1.1	1.2	1.1	1.2	1.2	1.1
	行政機関・保健衛生施設の従事者	0.2	0.3	0.3	0.3	0.3	0.4	0.4	0.3
	その他の者	1.4	1.4	1.4	1.4	1.3	1.4	1.5	1.7
	その他の業務の従事者	0.2	0.3	0.3	0.3	0.3	0.3	0.4	0.4
	無職の者	1.1	1.1	1.1	1.1	1.0	1.1	1.1	1.2
人口10万対歯科医師数（人）	総数	77.9	79.3	80.4	81.8	82.4	83	85.2	84.2
	医療施設の従事者	75.7	77.1	78.2	79.4	80	80.5	82.5	81.6
	病院の開設者又は法人の代表者	0.0	0.0	0.0	0.0	0.0	0.0	0.0	0.0
	診療所の開設者又は法人の代表者	46.6	46.9	46.8	47	46.9	46.4	46.7	45.4
	病院（医育機関附属の者を除く。）の勤務者	2.3	2.3	2.2	2.4	2.4	2.5	2.5	2.6
	診療所の勤務者	19.6	20.4	21.5	22.9	23.4	24.9	26.1	26.8
	医育機関附属の病院の勤務者	7.2	7.4	7.6	7.1	7.3	6.7	7.2	6.7
	介護老人保健施設・介護医療院従事者	0.0	0.0	0.0	0.0	0.0	0.0	0.0	0.0
	医療施設・介護老人保健施設・介護医療院以外の従事者	1.1	1.1	1.1	1.2	1.2	1.3	1.3	1.3
	臨床以外の歯科医学の教育機関又は研究機関の勤務者	0.9	0.9	0.9	0.9	0.9	1.0	1.0	1.0
	行政機関・保健衛生施設の従事者	0.2	0.2	0.2	0.3	0.3	0.3	0.3	0.3
	その他の者	1.1	1.1	1.1	1.2	1.1	1.2	1.3	1.4
	その他の業務の従事者	0.2	0.2	0.2	0.3	0.2	0.3	0.3	0.4
	無職の者	0.9	0.9	0.9	0.9	0.9	0.9	1.0	1.0

資料：医師・歯科医師・薬剤師統計（２年ごと調査）注）旧：医師・歯科医師・薬剤師調査（～平成28年）

歯科診療所数（都道府県別、年次別－人口10万対）

	平成29年 実数	平成29年 人口10万対	30年	令和元年	2年	3年	4年 実数	4年 人口10万対	令4/平29×100
全国	68,609	54.1	68,613	68,500	67,874	67,899	67,755	54.2	98.8
北海道	2,934	55.2	2,905	2,884	2,840	2,818	2,784	54.2	94.9
青森	534	41.8	528	520	511	505	493	40.9	92.3
岩手	587	46.8	583	576	566	557	548	46.4	93.4
宮城	1,064	45.8	1,066	1,061	1,052	1,051	1,054	46.2	99.1
秋田	442	44.4	444	436	426	427	424	45.6	95.9
山形	485	44.0	484	483	476	473	468	45.0	96.5
福島	860	45.7	859	853	846	840	834	46.6	97.0
茨城	1,400	48.4	1,400	1,403	1,375	1,378	1,364	48.0	97.4
栃木	986	50.4	983	984	962	957	959	50.2	97.3
群馬	979	49.9	984	984	979	979	976	51.0	99.7
埼玉	3,542	48.5	3,565	3,558	3,542	3,550	3,542	48.3	100.0
千葉	3,255	52.1	3,269	3,273	3,169	3,194	3,241	51.7	99.6
東京	10,632	77.5	10,672	10,670	10,642	10,678	10,696	76.2	100.6
神奈川	4,915	53.7	4,933	4,948	4,959	4,984	4,983	54.0	101.4
新潟	1,162	51.3	1,159	1,152	1,132	1,130	1,117	51.9	96.1
富山	445	42.1	445	443	442	437	439	43.2	98.7
石川	482	42.0	483	484	481	479	479	42.8	99.4
福井	296	38.0	299	300	301	301	300	39.8	101.4
山梨	436	53.0	436	435	432	428	429	53.5	98.4
長野	1,025	49.4	1,017	1,013	1,001	994	991	49.1	96.7
岐阜	965	48.1	962	968	958	959	949	48.8	98.3
静岡	1,766	48.1	1,770	1,761	1,750	1,751	1,743	48.7	98.7
愛知	3,735	49.6	3,737	3,735	3,712	3,718	3,703	49.4	99.1
三重	837	46.5	829	822	816	813	805	46.2	96.2
滋賀	556	39.3	556	565	559	565	564	40.0	101.4
京都	1,308	50.3	1,306	1,299	1,289	1,286	1,281	50.2	97.9
大阪	5,509	62.4	5,518	5,517	5,438	5,442	5,468	62.3	99.3
兵庫	2,981	54.2	2,974	2,986	2,970	2,971	2,960	54.8	99.3
奈良	690	51.2	690	681	679	681	682	52.2	98.8
和歌山	540	57.1	533	527	526	525	520	57.6	96.3
鳥取	261	46.2	260	259	253	254	258	47.4	98.9
島根	271	39.6	269	268	257	254	251	38.1	92.6
岡山	984	51.6	984	988	996	1,001	995	53.4	101.1
広島	1,566	55.4	1,548	1,546	1,527	1,518	1,502	54.4	95.9
山口	668	48.3	661	656	652	651	641	48.8	96.0
徳島	428	57.6	433	431	426	425	422	59.9	98.6
香川	474	49.0	477	475	469	472	473	50.6	99.8
愛媛	685	50.2	672	660	657	658	646	49.5	94.3
高知	366	51.3	369	363	354	350	346	51.2	94.5
福岡	3,094	60.6	3,097	3,081	3,051	3,068	3,074	60.1	99.4
佐賀	416	50.5	412	416	409	408	399	49.8	95.9
長崎	734	54.2	729	729	716	709	703	54.8	95.8
熊本	844	47.8	847	845	838	835	832	48.4	98.6
大分	538	46.7	541	542	535	530	524	47.3	97.4
宮崎	501	46.0	503	506	499	493	488	46.4	97.4
鹿児島	815	50.1	809	801	797	795	795	50.9	97.5
沖縄	616	42.7	613	613	607	607	610	41.6	99.0

資料：医療施設調査（静態調査は３年ごと）
注）1. 10月1日現在である。2. 平成30年、令和元年、3年、4年は動態調査結果を用いた。

ユニットは3台が最多
5台以上は1万1354施設
0台は3974施設

歯科診療所の従事者数（職種別、年次別）

	平成17年	20年	23年	26年	29年	令和2年	令和2年 1施設当たり
総　数	289,301	300,950	313,015	317,158	325,047	344,698	5.1
歯科医師	87,498	92,854	93,007	96,575	97,981	101,007	1.5
常勤	80,224	81,662	81,460	84,625	84,729	85,829	1.3
非常勤	7,274	11,192	11,547	11,950	13,252	15,178	0.2
医師	149	125	127	173	202	163	0
常勤	85	66	65	61	74	47	0
非常勤	64	59	62	112	128	116	0
薬剤師	694	866	638	494	482	480	0
歯科衛生士	71,213	78,907	92,875	100,982	111,263	123,369	1.8
常勤	…	…	7,113	76,287	82,495	90,877	1.3
非常勤	…	…	21,741	24,695	28,768	32,492	0.5
歯科技工士	11,615	10,674	10,832	10,557	9,881	9,238	0.1
常勤	…	…	9,949	9,652	8,968	8,194	0.1
非常勤	…	…	883	905	913	1,044	0
看護師	301	378	565	621	742	768	0
准看護師	180	258	239	201	202	170	0
歯科業務補助者	87,034	83,168	82,799	72,419	70,226	72,422	1.1
事務職員	24,723	26,760	26,145	27,193	26,931	28,930	0.4
その他の職員	5,895	6,960	5,788	7,944	7,138	8,152	0.1
1施設当たり	4.2	4.4	4.6	4.7	4.7	5.1	

資料：医療施設調査（静態調査は3年ごと）
注）1.10月1日現在である。2.「医師」、「歯科医師」、「歯科衛生士」及び「歯科技工士」の「常勤」は実人員である。
3.平成14年以降はすべての職種を常勤換算し、看護師及び准看護師については、実人員も表章している。
4.平成23年は宮城県の石巻医療圏、気仙沼医療圏及び福島県の全域を除いた数値である。

歯科診療所数（診療科名別、歯科診療台数別）

（1）診療科名別（重複計上）

	平成17年	20年	23年	26年	29年	令和2年
総数	66,732	67,779	67,276	68,592	68,609	67,874
歯科	65,522	66,437	65,999	67,207	67,145	66,338
矯正歯科	19,142	21,231	21,026	23,511	24,627	25,455
小児歯科	33,677	38,682	38,582	42,627	43,561	43,909
歯科口腔外科	14,282	19,770	20,371	23,808	25,708	27,235

資料：医療施設調査（静態調査は3年ごと）
注）1.10月1日現在である。
2.平成23年は福島県の全域を除いた数値である。

（2）歯科診療台数別

	総数	0台	1台	2台	3台	4台	5台以上	不詳
平成17年	66,732	4	1,236	12,437	28,147	13,341	7,028	4,539
22年	67,779	0	1,037	12,292	28,205	13,905	7,735	4,605
23年	68,156	22	1,065	12,374	27,237	13,750	8,099	4,636
26年	68,592	47	1,221	12,370	26,813	14,193	8,765	5,183
29年	68,609	548	1,234	11,989	26,087	14,584	10,065	4,102
令和2年	67,874	3,974	1,242	11,794	24,781	14,716	11,354	13

資料：医療施設調査（静態調査は3年ごと）
注）1.10月1日現在である。
2.平成23年は宮城県の石巻医療圏、気仙沼医療圏及び福島県の全域を除いた数値である。

診療従事歯科医師数（都道府県別、診療科名別）

	診療科名（主たる） 令和4年					平成30年				令和2年				令和4年			
	総数	歯科	矯正歯科	小児歯科	歯科口腔外科	歯科	矯正歯科	小児歯科	歯科口腔外科	歯科	矯正歯科	小児歯科	歯科口腔外科	歯科	矯正歯科	小児歯科	歯科口腔外科
全　国	101,919	87,867	4,294	2,017	4,431	92,214	21,064	40,765	29,057	94,022	22,502	42,144	30,756	91,986	22,015	40,249	30,368
北海道	4,147	3,564	135	102	227	3,853	749	1,778	1142	3,827	780	1,746	1,172	3,729	718	1,645	1,165
青　森	673	604	10	10	35	663	157	298	192	654	151	283	199	624	136	260	183
岩　手	907	776	47	29	24	847	197	320	168	845	205	341	184	819	207	310	184
宮　城	1,819	1,556	111	28	72	1,616	376	638	417	1,584	356	605	411	1,617	352	592	418
秋　田	582	519	14	7	26	596	151	300	244	566	157	317	243	546	148	284	231
山　形	678	605	17	8	39	620	97	222	175	612	116	234	185	625	97	211	177
福　島	1,339	1,170	40	21	70	1,199	220	367	277	1,224	243	389	311	1,209	235	373	308
茨　城	1,894	1,713	63	25	70	1,823	365	877	553	1,841	412	943	624	1,773	379	852	593
栃　木	1,354	1,178	53	25	76	1,220	343	615	479	1,259	364	623	511	1,238	315	580	466
群　馬	1,326	1,176	45	16	53	1,296	278	633	444	1,316	291	641	471	1,237	286	619	449
埼　玉	5,290	4,713	182	84	151	4,842	1,197	2,409	1,768	5,013	1,269	2,504	1,863	4,870	1,197	2,349	1,794
千　葉	4,851	4,179	230	88	217	4,514	1,112	2,165	1,806	4,555	1,152	2,148	1,814	4,352	1,127	2,034	1,756
東　京	16,293	13,457	1,010	334	648	14,277	3,271	5,495	4,841	14,651	3,606	5,695	5,086	14,258	3,602	5,420	5,079
神奈川	7,144	6,008	364	151	261	6,436	1,402	2,700	2,067	6,573	1,506	2,794	2,209	6,287	1,439	2,572	2,087
新　潟	1,875	1,555	86	54	107	1,684	314	678	490	1,711	330	705	520	1,656	325	677	505
富　山	605	516	27	10	39	565	102	212	166	556	109	225	177	535	112	220	177
石　川	701	604	29	8	45	622	131	241	185	650	131	247	192	631	140	255	194
福　井	441	387	16	4	28	404	88	172	135	423	93	182	155	403	93	166	146
山　梨	592	531	23	6	24	564	125	252	184	550	130	225	165	547	122	218	155
長　野	1,568	1,333	63	28	76	1,415	274	532	324	1,408	289	560	330	1,401	282	554	342
岐　阜	1,660	1,379	81	44	79	1,446	401	769	355	1,480	441	829	377	1,457	414	792	380
静　岡	2,310	2,074	78	38	102	2,219	448	862	549	2,157	453	874	563	2,134	428	857	565
愛　知	5,895	5,034	222	144	304	4,979	1,395	2,813	1437	5,396	1,549	3,034	1,649	5,272	1,492	2,878	1,651
三　重	1,119	1,005	33	26	44	1,083	232	553	325	1,070	246	566	365	1,033	237	532	359
滋　賀	808	714	19	12	48	706	173	342	207	749	195	358	246	746	197	371	235
京　都	1,915	1,667	76	20	108	1,702	326	641	499	1,749	366	661	557	1,756	355	655	573
大　阪	7,724	6,723	273	103	317	6,998	1,369	2,936	2,060	7,257	1,520	3,130	2,281	7,026	1,522	2,891	2,210
兵　庫	4,054	3,576	155	63	190	3,636	925	1,626	1163	3,749	994	1,694	1,222	3,744	983	1,670	1,254
奈　良	933	805	32	23	52	812	144	361	256	861	172	400	294	859	171	374	271
和歌山	690	620	19	8	32	649	109	248	162	657	130	250	163	647	133	235	165
鳥　取	366	327	11	3	23	307	69	110	112	320	80	124	114	336	79	143	118
島　根	376	318	14	3	37	350	60	109	103	355	62	131	121	335	61	122	125
岡　山	1,708	1,470	83	46	50	1,540	304	567	374	1,584	323	609	413	1,533	327	589	411
広　島	2,449	2,136	103	56	89	2,247	428	890	647	2,265	460	896	646	2,238	467	929	689
山　口	924	839	16	18	39	904	288	444	257	916	280	456	281	868	265	422	254
徳　島	793	669	39	29	34	698	179	390	278	718	192	398	285	705	192	379	279
香　川	685	626	21	8	28	669	182	362	220	676	189	381	240	649	169	347	248
愛　媛	895	810	23	15	36	864	181	401	227	870	184	376	251	838	162	358	233
高　知	446	416	6	5	13	479	86	159	113	462	76	163	102	431	71	155	107
福　岡	5,377	4,567	222	185	221	4,791	1,201	2,171	1,567	4,752	1,222	2,179	1,569	4,804	1,320	2,233	1,685
佐　賀	606	557	15	6	19	552	153	294	190	578	154	289	191	580	135	289	199
長　崎	1,181	1,027	44	33	42	1,034	271	469	275	1,038	256	485	296	1,078	267	462	296
熊　本	1,328	1,181	36	23	62	1,222	316	608	419	1,232	349	657	456	1,236	362	639	475
大　分	720	667	18	4	25	690	122	288	215	688	136	282	209	686	117	263	183
宮　崎	701	627	21	14	31	669	141	349	211	657	142	341	209	652	132	325	194
鹿児島	1,324	1,145	41	41	65	1,132	404	683	469	1,171	407	729	499	1,201	423	738	496
沖　縄	853	744	28	9	53	780	208	416	310	797	234	445	335	785	222	410	304
東京都の区部	12,993	10,577	857	277	559	11,331	2,704	4,174	3,865	11,575	2,984	4,357	4,101	11,213	2,989	4,148	4,052
札幌市	2,033	1,681	93	64	131	1,759	345	790	551	1,782	371	810	594	1,758	365	806	630
仙台市	1,182	955	96	20	61	969	233	365	267	967	224	352	268	1,002	226	345	260
さいたま市	1,037	943	46	13	21	919	247	457	330	964	254	500	346	974	262	470	346
千葉市	885	720	74	15	53	764	212	355	304	743	222	369	309	740	237	350	306
横浜市	3,265	2,634	203	72	151	2,842	590	1,061	869	2,899	669	1,170	971	2,771	649	1,056	919
川崎市	947	849	37	13	25	986	243	488	372	989	249	443	370	883	220	393	333
相模原市	494	443	14	8	10	439	100	207	152	459	107	216	170	455	86	185	134
新潟市	1,003	761	67	41	75	843	162	308	254	894	179	357	294	832	167	331	281
静岡市	519	458	16	16	28	464	89	169	111	442	98	181	134	472	101	200	123
浜松市	522	457	23	5	31	484	122	226	155	478	115	213	140	472	108	201	140
名古屋市	2,521	2,055	130	59	153	1,837	480	895	565	2,163	600	1,068	713	2,166	629	1,098	731
京都市	1,194	1,027	54	10	74	1,068	191	369	306	1,109	221	404	370	1,086	209	387	369
大阪市	2,969	2,558	106	29	103	2,745	514	1,056	799	2,781	561	1,041	828	2,665	567	981	804
堺　市	603	553	18	6	15	531	72	214	145	582	101	256	181	576	107	240	158
神戸市	1,291	1,125	60	14	66	1,113	291	479	366	1,175	325	527	409	1,188	304	496	391
岡山市	878	697	64	35	35	770	164	267	200	782	176	299	226	736	172	283	214
広島市	1,233	1,029	76	34	53	1,084	216	401	309	1,102	260	435	332	1,096	263	450	343
北九州市	1,137	946	57	34	49	1,006	235	416	309	990	257	407	324	1,009	269	422	340
福岡市	2,133	1,691	115	91	124	1,764	443	732	578	1,756	463	729	587	1,785	498	760	643
熊本市	687	577	27	14	49	602	171	313	251	632	207	363	304	614	200	346	287

資料：医師・歯科医師・薬剤師統計（2年ごと調査）　注）歯科医師延数は、2以上の診療科に従事している場合、各々の科に重複計上している。

人口10万対の歯科医師数
最多は東京の116.1人
最少は島根の57.1人

診療従事歯科医師数
（都道府県別、年次別－人口10万対）

	平成28年		令和4年		令4/平28 ×100
	実数	人口10万対	実数	人口10万対	
全　国	101,551	80.0	101,919	81.6	100.4
北海道	4,304	80.4	4,147	80.7	96.4
青　森	734	56.8	673	55.9	91.7
岩　手	977	77.1	907	76.8	92.8
宮　城	1,830	78.5	1,819	79.8	99.4
秋　田	620	61.4	582	62.6	93.9
山　形	670	60.2	678	65.1	101.2
福　島	1,324	69.6	1,339	74.8	101.1
茨　城	1,913	65.9	1,894	66.7	99.0
栃　木	1,360	69.2	1,354	70.9	99.6
群　馬	1,394	70.9	1,326	69.3	95.1
埼　玉	5,202	71.4	5,290	72.1	101.7
千　葉	5,095	81.7	4,851	77.4	95.2
東　京	16,107	118.2	16,293	116.1	101.2
神奈川	7,119	77.8	7,144	77.4	100.4
新　潟	1,967	86.0	1,875	87.1	95.3
富　山	626	59.0	605	59.5	96.6
石　川	674	58.6	701	62.7	104.0
福　井	428	54.7	441	58.6	103.0
山　梨	590	71.1	592	73.8	100.3
長　野	1,566	75.0	1,568	77.6	100.1
岐　阜	1,637	81.0	1,660	85.3	101.4
静　岡	2,318	62.9	2,310	64.5	99.7
愛　知	5,525	73.6	5,895	78.7	106.7
三　重	1,162	64.3	1,119	64.2	96.3
滋　賀	791	56.0	808	57.3	102.1
京　都	1,866	71.6	1,915	75.1	102.6
大　阪	7,630	86.4	7,724	88.0	101.2
兵　庫	3,840	69.6	4,054	75.0	105.6
奈　良	910	67.1	933	71.4	102.5
和歌山	718	75.3	690	76.4	96.1
鳥　取	340	59.6	366	67.3	107.6
島　根	399	57.8	376	57.1	94.2
岡　山	1,704	89.0	1,708	91.7	100.2
広　島	2,452	86.4	2,449	88.7	99.9
山　口	962	69.0	924	70.4	96.0
徳　島	773	103.1	793	112.6	102.6
香　川	714	73.5	685	73.3	95.9
愛　媛	938	68.2	895	68.5	95.4
高　知	501	69.5	446	66.0	89.0
福　岡	5,202	101.9	5,377	105.1	103.4
佐　賀	606	73.2	606	75.7	100.0
長　崎	1,172	85.7	1,181	92.0	100.8
熊　本	1,336	75.3	1,328	77.3	99.4
大　分	737	63.5	720	65.0	97.7
宮　崎	696	63.5	701	66.6	100.7
鹿児島	1,293	79.0	1,324	84.7	102.4
沖　縄	829	57.6	853	58.1	102.9

資料：医師・歯科医師・薬剤師統計（2年ごと調査）
注）旧：医師・歯科医師・薬剤師調査（～平成28年）

就業歯科衛生士は14万5千人

社会保険指導者研修会統計資料より①

4〜6

就業歯科衛生士数（都道府県別、年次別）

	平成28年	30年	令和2年	4年	令4/平28×100
全国	123,831	132,635	142,760	145,183	117.0
北海道	5,837	6,126	6,531	6,501	118.0
青森	870	926	970	916	119.3
岩手	1,030	1,055	1,083	1,104	105.9
宮城	1,841	1,973	2,092	2,286	125.3
秋田	1,008	1,087	1,066	1,067	115.0
山形	1,133	1,163	1,185	1,221	106.3
福島	1,396	1,493	1,571	1,660	118.4
茨城	2,179	2,403	2,546	2,603	124.0
栃木	1,687	1,828	1,998	1,992	122.2
群馬	2,046	2,209	2,265	2,351	116.9
埼玉	5,821	6,286	6,741	4,438	129.7
千葉	4,965	5,364	5,897	5,931	130.6
東京	12,952	13,720	15,045	15,832	129.0
神奈川	7,926	8,642	9,518	9,453	125.0
新潟	2,627	2,635	2,801	2,840	109.6
富山	1,059	1,128	1,195	1,177	118.2
石川	1,028	1,104	1,144	1,154	117.9
福井	698	734	749	734	117.4
山梨	1,000	1,055	1,081	1,089	115.4
長野	2,446	2,576	2,720	2,725	115.6
岐阜	2,595	2,804	2,945	3,139	119.9
静岡	3,358	3,623	3,838	4,326	122.7
愛知	5,675	6,682	7,233	7,794	146.0
三重	1,939	2,030	2,188	2,187	135.0
滋賀	1,290	1,387	1,401	1,519	118.5
京都	2,152	2,426	2,546	2,603	124.6
大阪	8,092	8,500	10,304	10,699	128.0
兵庫	5,354	5,954	6,468	6,841	130.1
奈良	1,421	1,460	1,591	1,675	121.8
和歌山	955	1,050	1,094	1,044	123.6
鳥取	820	833	853	844	109.4
島根	845	853	880	928	108.5
岡山	2,621	2,961	2,939	2,961	118.0
広島	3,496	3,793	3,975	4,051	117.9
山口	1,486	1,539	1,607	1,651	113.5
徳島	1,203	1,235	1,297	1,315	114.3
香川	1,341	1,413	1,494	1,711	118.0
愛媛	1,540	1,601	1,665	1,678	115.1
高知	1,023	1,003	998	1,014	98.3
福岡	6,109	6,371	6,949	7,255	120.7
佐賀	1,146	1,209	1,255	1,300	111.3
長崎	1,630	1,764	2,049	2,284	126.1
熊本	2,314	2,468	2,600	2,677	113.3
大分	1,464	1,503	1,520	1,620	107.7
宮崎	1,445	1,484	1,502	1,529	105.1
鹿児島	1,850	1,885	1,967	2,060	112.1
沖縄	1,118	1,297	1,404	1,404	133.8

資料：衛生行政報告例（隔年報）

就業歯科技工士数（都道府県別、年次別）

	平成28年	30年	令和2年	4年	令4/平28×100
全国	34,640	34,468	34,826	32,942	95.1
北海道	1,931	1,960	1,940	1,787	92.5
青森	564	533	499	447	79.3
岩手	546	533	512	474	86.8
宮城	746	706	702	682	91.4
秋田	430	419	394	369	85.8
山形	453	457	432	417	92.1
福島	752	725	733	659	87.6
茨城	635	624	633	631	99.4
栃木	486	484	485	400	82.3
群馬	667	642	626	569	85.3
埼玉	1,153	1,136	1,186	708	61.4
千葉	1,205	1,163	1,181	946	78.5
東京	3,013	3,130	3,208	3,435	114.0
神奈川	1,686	1,729	1,846	1,830	108.5
新潟	924	922	903	821	88.9
富山	445	417	427	403	90.6
石川	348	346	364	389	111.8
福井	268	270	249	243	90.7
山梨	262	256	249	255	97.3
長野	662	657	671	614	92.7
岐阜	655	630	641	560	85.5
静岡	1,001	976	940	941	94.0
愛知	1,562	1,669	1,625	1,752	112.2
三重	513	515	496	467	91.0
滋賀	374	376	389	370	98.9
京都	531	557	555	525	98.9
大阪	2,337	2,270	2,434	2,364	101.2
兵庫	1,217	1,220	1,251	1,219	100.2
奈良	278	252	272	272	97.8
和歌山	326	297	281	258	79.1
鳥取	251	261	247	241	96.0
島根	264	257	246	240	90.9
岡山	572	576	589	570	99.7
広島	1,000	988	1,005	960	96.0
山口	469	472	493	450	95.9
徳島	461	454	420	396	85.9
香川	572	561	557	549	96.0
愛媛	533	532	519	380	71.3
高知	236	235	231	225	95.3
福岡	1,468	1,466	1,541	1,353	92.2
佐賀	245	246	236	226	92.2
長崎	412	394	369	404	98.1
熊本	529	529	564	560	105.9
大分	598	604	610	604	101.0
宮崎	347	348	352	344	99.1
鹿児島	463	444	468	407	87.9
沖縄	250	230	255	226	90.4

資料：衛生行政報告例（隔年報）

歯科技工所数（都道府県別、年次別）

	平成24年	26年	28年	30年	令和2年	4年	令4/平24×100
全国	19,706	20,166	20,906	21,004	20,879	20,841	105.8
北海道	1,215	1,230	1,210	1,236	1,212	1,214	99.9
青森	237	215	221	204	212	210	88.6
岩手	197	188	214	219	208	202	102.5
宮城	363	377	367	372	372	353	97.2
秋田	157	155	147	160	153	153	97.5
山形	168	167	170	171	163	162	96.4
福島	469	472	462	466	458	446	95.1
茨城	325	289	471	481	479	469	144.3
栃木	416	427	436	444	447	436	104.8
群馬	362	350	371	373	369	371	102.5
埼玉	1,040	1,057	1,082	1088	1108	1096	105.4
千葉	702	753	801	817	824	823	117.2
東京	1,829	1,839	1,846	1,808	1,801	1,838	100.5
神奈川	1,357	1,412	1,432	1,265	1,264	1,319	97.2
新潟	401	399	394	407	405	392	97.8
富山	151	152	154	151	150	153	101.3
石川	98	138	149	155	171	169	172.4
福井	101	113	137	122	113	113	111.9
山梨	190	194	183	183	197	194	102.1
長野	408	411	403	409	415	406	99.5
岐阜	479	470	474	474	475	472	98.5
静岡	725	714	722	720	690	679	93.7
愛知	1,256	1,271	1,313	1,298	1,291	1,268	101.0
三重	228	242	296	285	269	281	123.2
滋賀	214	218	215	229	227	235	109.8
京都	394	410	407	414	425	436	110.7
大阪	1,032	1,062	1,124	1,284	1,265	1,245	120.6
兵庫	907	925	936	916	914	897	98.9
奈良	174	243	251	248	242	243	139.7
和歌山	160	160	189	188	187	181	113.1
鳥取	77	87	83	81	80	75	97.4
島根	76	76	73	78	79	77	101.3
岡山	304	347	340	342	352	358	117.8
広島	497	432	498	501	488	484	97.4
山口	180	173	251	245	240	205	113.9
徳島	100	95	152	145	141	144	144.0
香川	173	182	175	172	174	172	99.4
愛媛	234	246	255	255	254	251	107.3
高知	67	122	124	122	124	125	186.6
福岡	915	965	939	1,021	987	1027	112.2
佐賀	94	132	109	117	114	127	135.1
長崎	232	233	260	250	242	245	105.6
熊本	300	303	300	304	302	305	101.7
大分	124	145	164	180	184	169	136.3
宮崎	135	146	161	167	165	165	122.2
鹿児島	292	276	301	287	294	299	102.4
沖縄	151	153	144	150	153	157	104.0

資料：衛生行政報告例（隔年報）

技工士有志

技工の法的整備を要望

署名6878筆集め陳情

歯科技工士が地域の医療・介護連携の場で活躍できるよう、「前歯でも噛める入れ歯研究会」の歯科技工士、松岡金次氏らが6878筆の署名を集めて、法的整備を求める陳情を衆議院議長宛に行った（署名のうち歯科技工士は1082人）。

陳情書「歯科技工士が保健医療職として地域社会に貢献するための法的整備についての陳情」では、ボランティアで歯科医師と訪れている介護老人保健施設や老人ホームでの義歯調整の重要性を強調。「歯科技工士は、義歯製作・調整の専門職でありながら、高齢者の診療はおろか、口の中の義歯を取り出すこともできない」と法的整備の必要性、診療の補助を業務に加える検討作業への着手を訴えている。

日技「ははは川柳」

特選

丈夫な歯　噛むほど脳が　活性化

日本歯科技工士会は8日、2024年「ははは川柳」の入選作品を発表した。特選には「丈夫な歯　噛むほど脳が　活性化」（長野県／元気じいちゃん）が選ばれた。

毎年10月8日の「入れ歯感謝デー」に向けて、入れ歯や噛みごたえ、治療など、「歯」をテーマにした川柳を募るもので、今回の応募総数は2900句。寸評は全日本川柳協会の新家完司常任幹事が担当した。

そのほかの入選作品は以下の通り。

【秀句】
▼お喋りで　グルメな母は歯がいのち（島根県／島根のぽん太）
▼欲しいのは　宝石よりも綺麗な歯（東京都／チョコちゃんマミー）
▼パリパリと　噛める入れ歯に　金メダル（岐阜県／染川染幸）

【佳作】
▼残したい　老後資金と　自分の歯（東京都／ムーンラビット）
▼株よりも 資産価値ある 永久歯（東京都／紫月）
▼ピッタリと 私と義歯が マッチング（愛知県／佐千子）
▼四世代　みんな歯を見せ　ハイチーズ（大分県／ですたーにゃーん）
▼初入れ歯 新車のように 手入れする（愛知県／フーマー）
▼同窓会　変わらないねは　歯のおかげ（東京都／カズマゲドン☆）
▼歯を治し アップデートを する未来（茨城県／明日香）
▼健康は 食べられる事 噛める事（群馬県／歯にかみ女子）
▼歯をみがき　ずっと食べたい　ぼくの歯で（愛知県／ゆうき）
▼一日の しめは日記と 歯磨きだ（大分県／にゃーちゃん）

ブースには高校生や保護者が興味を持って立ち寄っていた

愛知県技ら

厚労省事業で体験イベント

愛知県歯科技工士会は9月22日、名古屋駅JRゲートタワーで歯科技工の体験イベント「ワークステーションD」を開催した。厚生労働省の「歯科技工士の人材確保対策事業」の一環で、県歯科医師会と県歯科衛生士会との共催。

県技は、CAD設計デモンストレーション、歯科技工物の製作展示説明、歯科技工業の体験イベント（針金屈曲）を実施。体験ブースでは県内の歯科技工士学校の学生と教員が来場者に実技指導を行った。

そのほか、県歯による大規模災害等移動診療車とIOSデモンストレーションコーナーの展示、県衛による歯科衛生士の仕事紹介、お口の健康相談が行われた。

県技はイベントについて「体験者のなかには『歯科技工士の仕事を全く知らなかった』という人も多くいたが、イベントを楽しんでいただけたことで広く興味を持ってもらえたと思う。今後の職業選択の一助になることを期待したい」とコメントした。

「イレバデー」に歯を供養

愛知保険医協歯科部会

愛知県保険医協会歯科部会は、「108（イレバ）デー」の10月8日に「第39回歯の供養祭」を名古屋市の覚王山日泰寺で開いた＝写真。

供養祭には歯科医師や市民約50人が参加。会員の歯科医療機関や老人ホームの利用者などから送付された約600人分の入れ歯などを供養した。供養した入れ歯は金属を精錬・リサイクルし、日本口唇口蓋裂協会や、ホームレスなどを支援する「ささしまサポートセンター」に寄付される。

レバノンとコンゴ加盟申請を承認

FDI

世界歯科連盟（FDI）は9月14日、トルコ・イスタンブールで開催された総会で、新たにレバノン歯科医師会とコンゴ歯科医師会（歯科・口腔科・顎顔面外科協会）からの一般会員への加盟申請を承認した。

その他、各委員の選出（9月24日付で既報）、政策ステートメントの承認を行った。政策ステートメントは①歯科におけるAI、②砂糖消費の制限、③乳児う蝕、④障害者歯科、⑤口腔保健とNCDs、⑥歯科医療倫理、⑦歯科技工士、⑧歯科用レーザーについて提言。詳細は、機関誌『IDJ』で発表の予定。

7月末時点

歯科診療所数6万6432施設

厚労省の施設動態調査による令和6年7月末現在の歯科診療所数は全国で6万6432施設で、前月より58減少した。

大阪の13、東京の8、福島、千葉の5など29都道府県で70減少した。増加は9県で12だった。

開設者別歯科診療所数の個人は前月より81減少して4万8768施設、医療法人は21増加の1万7014施設だった。

開設者別歯科診療所数の個人は減少傾向が続き、2021年3月以降、40カ月連続で減少。医療法人は2018年9月以降62カ月連続で増加していたが、23年12月減少に転じ、翌月以降はまた増加している。

前年同月比の全国の歯科診療所数の動向では、799施設減少した。開設者別歯科診療所数の個人は1198減少、医療法人は368増加となっている。

なお、令和5年医療施設（静態・動態）調査の年報（確定数）の取りまとめにともない令和5年9月以降を再集計したため、令和6年6月分の数値が変更されている。

都道府県別歯科診療所数

令和6年7月

	歯科診療所	前月比増減数
全国	66,432	-58
北海道	2,701	-3
青森	470	-1
岩手	533	1
宮城	1,030	0
秋田	395	-1
山形	447	0
福島	806	-5
茨城	1,338	-1
栃木	935	-2
群馬	960	-1
埼玉	3,503	-2
千葉	3,175	-5
東京	10,624	-8
神奈川	4,897	-1
新潟	1,083	-3
富山	424	-1
石川	467	-2
福井	292	1
山梨	410	0
長野	973	1
岐阜	936	-1
静岡	1,707	-2
愛知	3,676	-1
三重	775	1
滋賀	557	-1
京都	1,245	-1
大阪	5,384	-13
兵庫	2,890	-2
奈良	673	-2
和歌山	500	-2
鳥取	249	0
島根	249	-1
岡山	958	-1
広島	1,470	2
山口	614	0
徳島	403	-4
香川	462	-1
愛媛	627	-1
高知	333	0
福岡	3,024	0
佐賀	391	0
長崎	681	2
熊本	823	2
大分	503	1
宮崎	472	0
鹿児島	768	-1
沖縄	599	1

ベースアップ評価料に病診格差

神奈川県保険医協会が指摘

2024年診療報酬改定で導入されたベースアップ評価料の届出状況を全国的に調べたところ、病院の約8割が届け出ている一方で、診療所は24%、歯科診療所は21%と低調で病診格差が顕著となっている。神奈川県保険医協会(田辺由紀夫理事長)の医療政策研究室が17日に発表した論考で示したもの。

同研究室では、全国の地方厚生局が公開している施設基準届出施設の名簿と保険医療機関名簿をもとに、すべての都道府県の状況の調査を実施。その結果、全国平均で、病院の82・5%が届け出ていたのに対して、診療所(有床)で31・3%、診療所(無床)で23・7%、歯科診療所で21・0%と、病診間の顕著な格差が見られた。

歯科診療所の届出状況を地域別に見ると、徳島県48・2%、岐阜県47・9%、島根県44・8%などが高く、沖縄県5・2%、和歌山県9・7%、茨城県10・2%などが低く、10%台以下が合計17都道県と、医科診療所の倍以上となっている。

総じて規模の大きい医療機関ほど届出が進んだ傾向が見られる。論考では、病院には事務スタッフが多く、各種の施設基準の届出に習熟しているうえ、すでに「看護職員処遇改善評価料」で経験があるため、届出しやすかったが、事務職員の少ない診療所では、届出そのものが容易ではなかったことが、病診格差の原因だと指摘している。

ベースアップ評価料・届出率 (単位:%)

	外来在宅ベースアップ評価料				歯科外来在宅ベースアップ評価料
	診療所			病院	歯科
		無床	有床		
北海道	28.2	27.3	35.2	80.0	11.8
青森	24.5	23.0	31.1	69.3	14.0
岩手	25.8	25.0	31.6	73.0	33.1
宮城	22.9	22.7	24.6	70.1	26.0
秋田	20.4	20.5	19.6	82.8	29.2
山形	22.7	22.6	23.9	78.8	26.1
福島	22.0	21.7	27.0	76.6	21.0
茨城	21.5	21.0	26.5	71.3	10.2
栃木	19.7	19.6	21.6	80.2	12.3
群馬	24.1	23.4	38.1	81.9	17.7
埼玉	23.8	23.7	26.9	78.6	21.2
千葉	22.8	22.7	25.7	77.4	16.6
東京	21.1	21.0	24.0	76.0	12.6
神奈川	23.0	23.0	24.2	81.9	21.6
新潟	25.1	25.2	23.4	70.7	27.6
富山	27.7	27.0	39.4	84.5	30.7
石川	25.2	24.8	34.3	87.6	28.4
福井	50.0	49.4	54.9	89.6	30.0
山梨	18.0	17.7	23.1	76.7	18.3
長野	27.4	27.0	36.8	85.8	28.6
岐阜	26.7	26.7	26.0	78.7	47.9
静岡	27.4	27.2	30.1	82.9	24.3
愛知	26.5	26.3	30.5	83.7	16.9
三重	32.1	32.4	26.3	89.1	29.5
滋賀	19.0	19.3	9.7	91.4	19.4
京都	22.1	22.5	9.7	87.5	23.6
大阪	21.5	21.4	27.6	87.0	26.2
兵庫	19.3	18.9	27.9	90.6	17.6
奈良	19.4	19.6	14.9	90.7	12.6
和歌山	16.1	15.3	25.4	88.0	9.7
鳥取	31.4	31.0	36.7	90.7	28.1
島根	19.7	19.2	27.0	84.8	44.8
岡山	27.5	26.4	37.2	86.7	27.3
広島	28.2	27.4	36.8	86.1	37.7
山口	31.2	30.6	36.7	77.5	35.8
徳島	43.9	26.8	42.1	78.6	48.2
香川	29.7	29.3	32.9	87.2	39.8
愛媛	25.7	24.7	33.1	79.3	19.3
高知	27.0	25.5	33.8	83.9	36.3
福岡	27.0	26.7	29.1	89.3	20.2
佐賀	30.9	27.8	42.3	89.5	13.4
長崎	29.7	27.0	42.8	90.3	35.7
熊本	35.7	34.5	39.2	85.5	25.8
大分	28.8	27.1	33.8	92.0	17.9
宮崎	32.7	30.0	44.4	71.5	31.0
鹿児島	31.0	28.6	38.4	85.6	31.9
沖縄	27.3	26.9	31.0	85.6	5.2
合計	24.4	23.7	31.3	82.5	21.0

1) 各地方厚生局のホームページ掲載(2024.9.16 時点)の届出医療機関名簿及び保険医療機関指定名簿をもとに集計。
2) 届出率は各点数項目の届出医療機関数を各施設別保険医療機関数で除した数値

厚労省

食事摂取基準を公表

低栄養と口腔の関係も記載

厚労省は11日、「日本人の食事摂取基準(2025年版)策定検討会」が取りまとめた報告書を公表した。同基準は、国民の健康の保持・増進、生活習慣病の発症予防を目的として、食事によるエネルギー及び各栄養素の摂取量の目安を定めたもの。

各論は「エネルギー・栄養素」「対象特性」「生活習慣病及び生活機能の維持・向上に係る疾患等とエネルギー・栄養素との関連」で構成。糖類の摂取とう歯の関係や、歯の形成にかかわるマグネシウム、カルシウムの解説、低栄養と口腔内の問題などについても記載されている。

たんぱく質の食事摂取基準

(推定平均必要量、推奨量、目安量:g/日、目標量:%エネルギー)

性別	男性				女性			
年齢等	推定平均必要量	推奨量	目安量	目標量 *1	推定平均必要量	推奨量	目安量	目標量 *1
0〜5(月)	—	—	10	—	—	—	10	—
6〜8(月)	—	—	15	—	—	—	15	—
9〜11(月)	—	—	25	—	—	—	25	—
1〜2(歳)	15	20	—	13〜20	15	20	—	13〜20
3〜5(歳)	20	25	—	13〜20	20	25	—	13〜20
6〜7(歳)	25	30	—	13〜20	25	30	—	13〜20
8〜9(歳)	30	40	—	13〜20	30	40	—	13〜20
10〜11(歳)	40	45	—	13〜20	40	50	—	13〜20
12〜14(歳)	50	60	—	13〜20	45	55	—	13〜20
15〜17(歳)	50	65	—	13〜20	45	55	—	13〜20
18〜29(歳)	50	65	—	13〜20	40	50	—	13〜20
30〜49(歳)	50	65	—	13〜20	40	50	—	13〜20
50〜64(歳)	50	65	—	14〜20	40	50	—	14〜20
65〜74(歳)*2	50	60	—	15〜20	40	50	—	15〜20
75以上(歳)*2	50	60	—	15〜20	40	50	—	15〜20
妊婦(付加量) 初期					+0	+0	—	—*3
妊婦(付加量) 中期					+5	+5	—	—*3
妊婦(付加量) 後期					+20	+25	—	—*4
授乳婦(付加量)					+15	+20	—	—*4

*1 範囲に関しては、おおむねの値を示したものであり、弾力的に運用すること。 *2 65歳以上の高齢者について、フレイル予防を目的とした量を定めることは難しいが、身長・体重が参照体位に比べて小さい者や、特に75歳以上であって加齢に伴い身体活動量が大きく低下した者など、必要エネルギー摂取量が低い者では、下限が推奨量を下回る場合があり得る。この場合でも、下限は推奨量以上とすることが望ましい。 *3 妊婦(初期・中期)の目標量は13〜20%エネルギーとした。 *4 妊婦(後期)及び授乳婦の目標量は15〜20%エネルギーとした。

高齢者の様々な低栄養の要因

1. 社会的要因	独居
	介護力不足・ネグレクト
	孤独感
	貧困
2. 精神的心理的要因	認知機能障害
	うつ
	誤嚥・窒息の恐怖
3. 加齢の関与	嗅覚、味覚障害
	食欲低下
4. 疾病要因	臓器不全
	炎症・悪性腫瘍
	疼痛
	義歯など口腔内の問題
	薬物副作用
	咀嚼・嚥下障害
	日常生活動作障害
	消化管の問題(下痢・便秘)
5. その他	不適切な食形態の問題
	栄養に関する誤認識
	医療者の誤った指導

【予告】日医ら 食育健康サミット 12月4日から配信

「健康寿命延伸に向けたアプローチ〜高齢期をいきいきと過ごすための食事と運動」をテーマとした食育健康サミット2024が12月4日からオンデマンド配信される。主催は日本医師会と米穀安定供給確保支援機構で、10月15日から視聴申し込みが始まった。

東北大学名誉教授の辻一郎氏が「日本食と健康寿命」と題して基調講演。そのほか「高齢期の健康課題と栄養療法の重要性」「フレイル・サルコペニア対策のための運動と食事」「人生100年時代の栄養〜高齢者は何をどう食べればよいのか?」の講演が行われる。

クロージングでは、座長も務める帝京大学臨床研究センター長で寺本内科・歯科クリニック内科院長の寺本民生氏がサミットのまとめを行う。

申し込みは米穀安定供給確保支援機構ウェブサイトから。

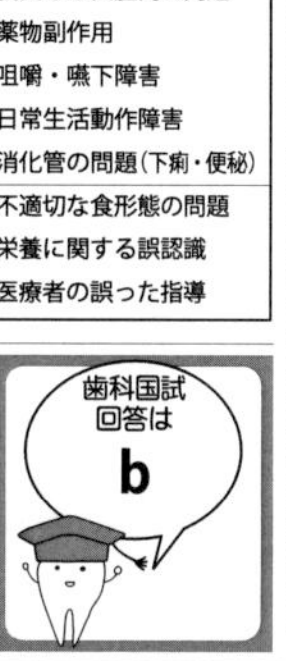

費用対効果測定で格差固定の可能性

『Health Affairs』に論文

医療や保健施策の費用対効果の評価が各国の医療制度に取り入れられるなか、これら費用対効果の測定そのものが健康格差を固定化してしまう可能性に言及した研究が示された。

アメリカ・カリフォルニア州で医療・ケアへのアクセス支援を行う組織「Waymark」のSanjay Basu氏らが、医療、保健の費用対効果を評価する指標を分析。その結果、さまざまな介入の費用対効果が社会的・経済的に恵まれた層に高く出る傾向があり、こうした評価に基づいて政策を実施した場合、既存の健康格差の固定化につながると警告したもの。

一例として、アメリカにおいて砂糖入り清涼飲料への課税の医療・保健への費用対効果を評価する場合、白人の方が民間保険の支出などの効果が高くなる傾向が認められたという。論文は、『Health Affairs』43(8)号に掲載。

なお、日本では2019年4月から費用対効果の評価を保険収載にリンクさせる制度が取り入れられている。

オフィスウェーブ

医院経営の多様化テーマに院長塾

オフィスウェーブ(澤泉仲美子社長)は6日、東京都千代田区のちよだプラットフォームスクエアで、第4回院長塾サミットを開催した=写真。テーマは「歯科医院経営の多様化」。講師は、熊川貴昭氏(東京都・日本橋中央歯科)、山本一博氏(大阪府・フロンティア)、洲脇道弘氏(岡山県・クレオ歯科・矯正歯科)、栗林研治氏(千葉県など・栗林歯科医院)。

趣旨説明で澤泉社長は、歯科医院の経営者には、知識を広める「水平的成長」と並んで、人としての器を高める「垂直的成長」が求められ、それには、目に見えない世界への洞察が必要だと指摘。4人の登壇者のいずれも、人間的な魅力が経営の成功につながっているのは、そうした垂直的な成長の賜物だと紹介した。

熊川氏は、父から承継した医院をワンオペで運営。講演では、歯科衛生士や受付、アシストなど、スタッフを雇用しないワンオペの概要を説明し、器材の外注滅菌を行うサービス(きざいらず)など、外部企業や、近隣の歯科医院との連携がワンオペの必須条件だと強調した。

山本氏は、効果的な人材採用、定着のノウハウを伝授。求人イベントで求職者の注目を集められるプレゼンのコツ、医院の理念を伝えやすいキャッチコピーを、生成AIを活用して作る方法などを具体的に紹介した。

洲脇氏は、院長の発達に関する心理学上の理論を、実際の医院経営に結び付けて解説。大多数の社会人が抱いている「良く思われたい」という他者への依存が、自分自身を疲弊させてしまうとして、「自分はどうしたいのか?」を見つめ直すコーチングの大切さを訴えた。

栗林氏は、現在、千葉・浦安のほか、東京、大分で3医院を運営し、MID−Gの代表理事としても活躍。講演では、組織を安定的に運営する際の留意点について言及した。また、講演内容を身に付けるために「学んだこと」「やりたいと思ったこと」をメモし、いつまでに実践するかを明記すれば学びが目標になるのだと述べ、セミナー参加者の実践を促した。

ウミガメ

フロスの使用

「ほぼ毎日」2割「未経験」3割

フロスをほぼ毎日している人は2割ほどいるものの、一度も使ったことがない人は3割いる―。ウミガメが全国の20代～50代男女300人にアンケート調査を行った。調査は10月、ウェブ上で実施。項目はほぼ毎日使用している、週2・3回使用している、週1回使用している、たまに使用する、以前使用していたが今は使用していない、使用したことがないの6つとなる。

全体割合で「ほぼ毎日使用している」は20・7％いるものの、使用したことがない人は28・3％と一定数フロスを使用しない人がいた。また、フロスを使用したことがない人は50代が最も多く、次いで40代、20代、30代と続いていた。

デンタルフロスの使用 (n=300)

	全体	20代	30代	40代	50代
ほぼ毎日	20.7％	13.2％	29.0％	21.1％	19.7％
週2、3回	6.9％	10.5％	6.6％	5.3％	5.3％
週1回	12.5％	10.5％	21.1％	10.5％	7.9％
たまに	16.8％	9.2％	17.1％	21.1％	19.7％
以前使用していたが今は使用していない	14.8％	26.3％	9.2％	10.5％	13.2％
使用したことがない	28.3％	30.3％	17.1％	31.6％	34.2％

歯科医院選びで

「親切な対応」3割が重視

患者が歯科医院を選ぶときに重要視しているのは、歯科医師やスタッフの対応が親切であるかだった。そのほか、クチコミを見て評価、きれいな院内環境などがあげられた。ウミガメ調査（9月）で、20代～40代の男女300人にアンケート調査をした。

歯科医院を選ぶときに重要視する点はなにかを聞いたところ、「医師やスタッフの対応が親切」34・7％、「クチコミ」23・7％、「院内のきれいさ」12・7％、「診療時間が長い」「ホームページの内容」10％、「先生の略歴」9％という結果になった。

ウミガメは同調査結果をもとに、「これからの歯医者は技術力に加え、患者とのコミュニケーションを大切にし、患者が安心して治療を任せられるような環境作りが求められている」とコメントしている。

歯医者さんを選ぶときに重要視していること

先生の略歴	9.0％
口コミ（クチ）	23.7％
HPの内容	10.0％
院内のきれいさ	12.7％
診療時間が長い	10.0％
医師やスタッフの対応が親切	34.7％

(n=300)

体臭アンケート

指摘されたくないトップは「口臭」

他人から指摘されたくない体臭のトップは「口臭」（全体割合42.7％）だった。ウミガメが全国20代～40代の男女300人に聞いたアンケート調査で、口臭の次に「汗のにおい」や「わきのにおい」「加齢臭」などがあげられた。

また、女性の割合は「口臭」46％と、男性よりも気にする割合が多かった。

この調査結果に対して、ウミガメは「コミュニケーションの中心が会話で、（口臭は）直接的に相手に影響を与えるため、特にデリケートな問題」とコメントしている。

パートナーに指摘されたくない体臭 (n=300)

	口臭	汗の臭い	足の臭い	加齢臭	わきの臭い
全体	42.7％	20.3％	7.3％	12.3％	17.3％
男性	39.3％	20.0％	9.3％	19.3％	12.0％
女性	46.0％	20.7％	5.3％	5.3％	22.7％

40代以上の300人　「歯茎の痩せ」5割超が実感

40代以上の5割を超える人が「歯茎が痩せてきた」と実感している。ウミガメ調査（9月）で、「歯茎が痩せてきたと感じることはあるか」について、40代から60代の男女300人にアンケート調査した。

歯茎が痩せたと感じたことがある人は、男性で54.7％、女性で62.7％という結果が得られた。

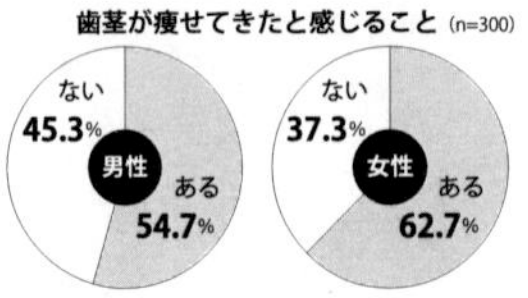

アンケート特集

スマイルモア

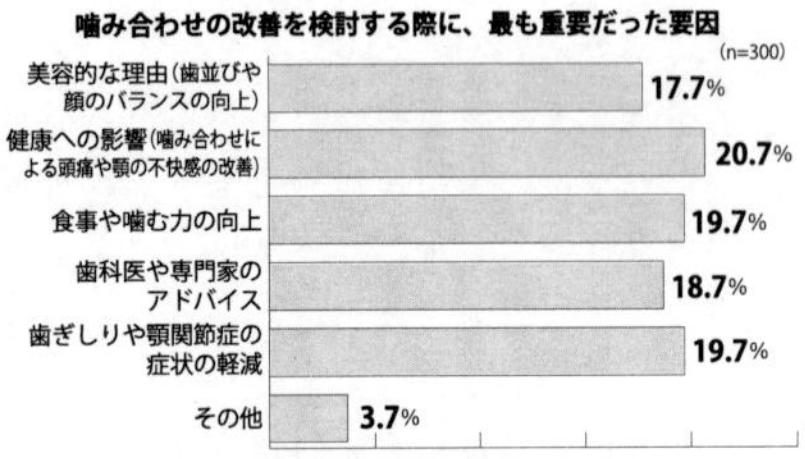

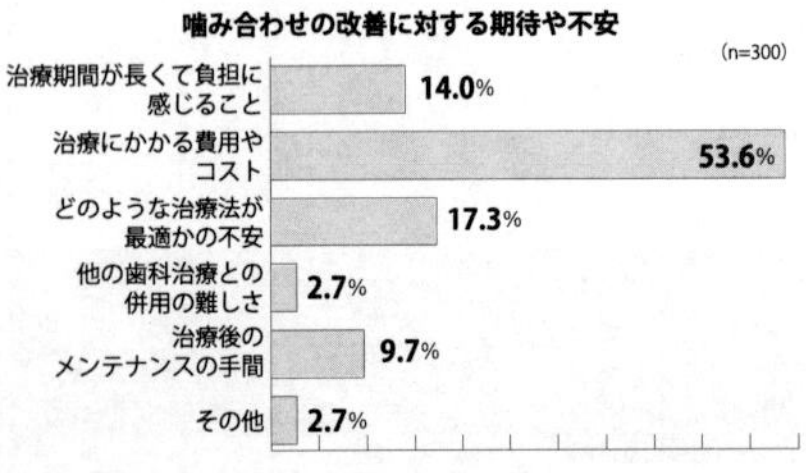

噛み合わせ　4割が「改善したい」

20～60代男女の4割が噛み合わせを改善したいと感じていることがわかった。スマイルモアが2024年1月26日に全国の20～60代男女300人にネットで調査したもの。

噛み合わせを治したいと感じたことがあるかの質問に40・7％があると答えた。

噛み合わせ改善の目的についての質問では、「健康への影響（頭痛や顎の不快感の軽減）」が20・7％で最も多く、「噛む力の向上」が19・7％、「歯ぎしりや顎関節症の軽減」が19・7％と続いた。

治療に対する不安の質問では「費用やコスト」が最多の53・6％で、「どの治療が最適かの不安」17・3％、「治療期間」14・0％が続いた。

治療で不安なのは「費用やコスト」

1日の歯磨き

「2回」が最多

20～60代男女の45％が、1日に2回歯を磨くことがわかった。スマイルモアが2023年12月22日に20～60代男女300人にインターネットで調査した。

一日に何回歯を磨くかの質問に、「2回」が45・7％と最多で、「1回」が23・7％、「3回」が22・3％、「4回以上」が3・7％だった。また、「磨かない日もある」も4・7％いた。

歯を磨く際に使う道具についての質問（複数回答可）では「歯ブラシ」が255人で最も多かった。ほかには、「歯間ブラシ」72人、「デンタルフロス」63人、「電動歯ブラシ」51人などがあった。

歯磨きで意識していることの質問では、「歯茎を傷つけない歯ブラシの選択」が31・7％のほか、「口臭予防になる歯みがきグッズの使用」が15・3％、「歯科医のアドバイスに基づく歯磨き方法」14・3％などの回答があった。

虫歯治療についての質問もあった。虫歯治療の際に期待することや改善点について、最も多かったのは「予約のしやすさや待ち時間の改善」の28・3％で、「虫歯治療に関する新しい技術や方法の提案」が22・0％、「治療の費用やコストに関する明確な情報の提供」が19・3％と続いた。

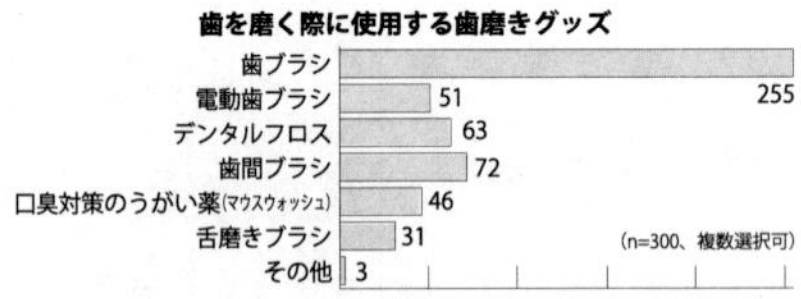

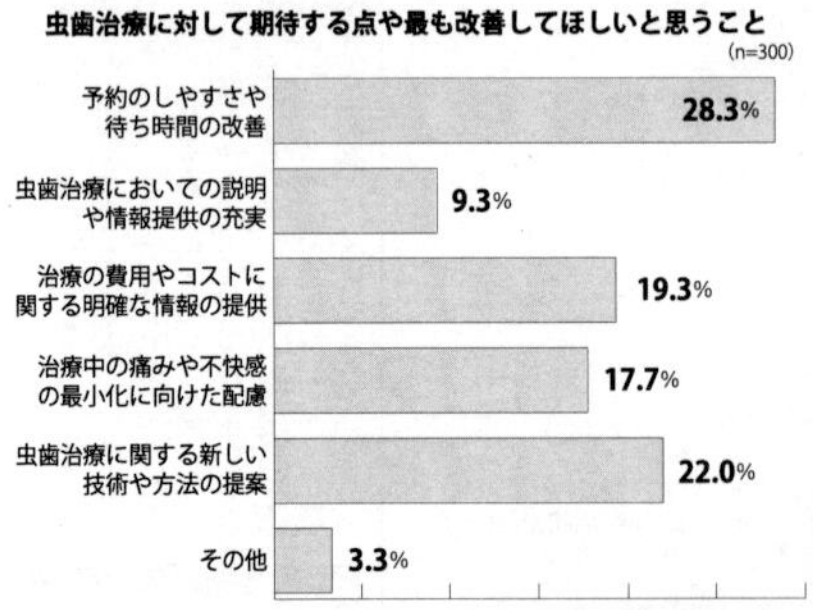

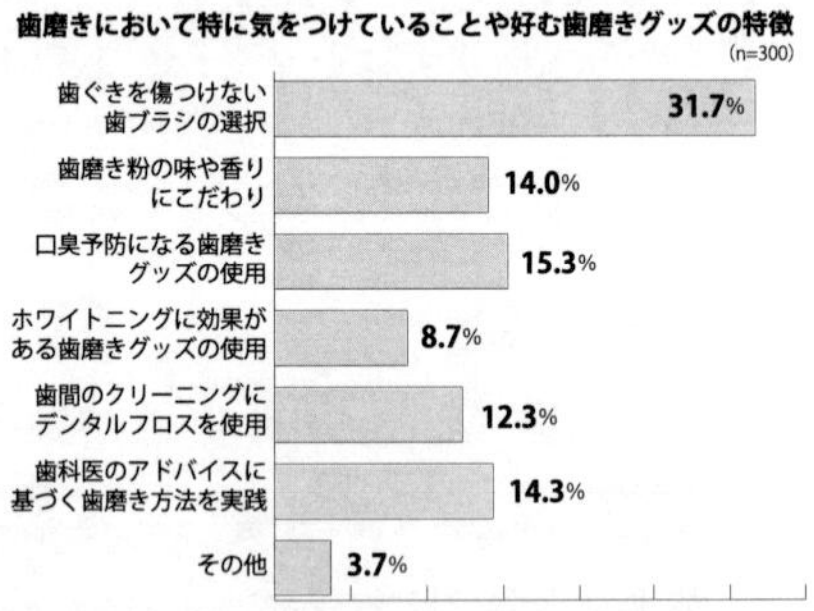

歯科健診

「1年以上受けていない」が3割

20～60代男女の3割が、1年以上歯科健診を受けていないことがわかった。スマイルモアが2023年12月16日に全国の20～60代の男女300人にインターネットで調査した。

歯科健診を受ける頻度に関する質問で、「1年以上受けていない」が31・3％で最も多く、「気がついたら」が22・3％、「4～6カ月」が21・7％で続いた。また、歯科健診時の不満点として「治療に時間がかかる」「予約が取りづらい」「説明・コミュニケーション不足」「治療中の音」などがあった。

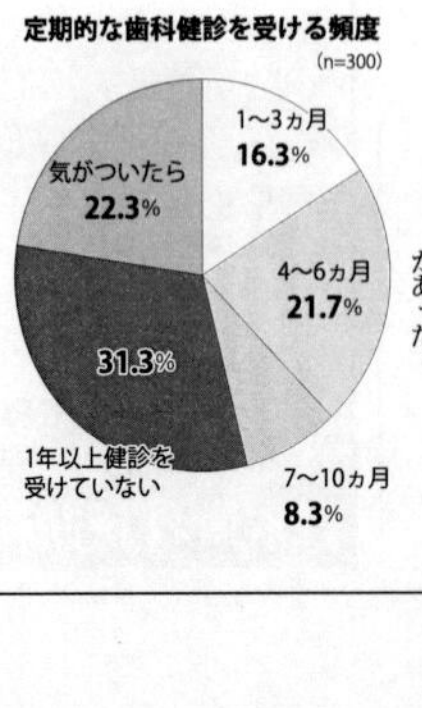

第24回 日本訪問歯科医学会

[主催] 日本訪問歯科医学会　[学会長] 野坂 洋一郎　[実行委員長] 守口 憲三

ひろがる笑顔　訪問歯科の未来

2024.11月10日 日曜日 / 10:15～16:30
富士ソフトアキバプラザ　東京都千代田区神田練塀町3

教育講演1

訪問歯科で意識したい背景疾患と薬剤

長谷 剛志 氏
公立能登総合病院 歯科口腔外科 部長

教育講演2

写真：榊智朗

在宅医療における「三位一体」の取り組みの在り方

佐々木 淳 氏
医療法人社団 悠翔会 理事長・診療部長

特別講演

訪問歯科と行動経済学

竹林 正樹 氏
青森大学 客員教授

会員口演発表 | ポスター発表 | ランチョンセミナー | スマイルフォトコンテスト | 医療・介護関係各社による展示

同時開催　専門セミナー 全19セッション

症例研究会 これからの摂食嚥下リハビリテーション1、2
戸原 玄 氏 | 東京科学大学 大学院医歯学総合研究科 教授

症例研究会 訪問診療での義歯治療
飯田良平 氏 | 医療法人社団 為世為人会 ヒューマンデンタルクリニック 院長

実践 ミールラウンド
阪口英夫 氏 | 医療法人永寿会 陵北病院 副院長

デモ講座 訪問歯科診療でのVEの有用性1、2
大久保正彦 氏 | 医療法人永寿会 陵北病院歯科

検証 診療報酬改定後の歯科訪問診療
加地彰人 氏 | 医療法人 あき歯科医院 理事長

理論で解決! 離職防止と社員育成の為のメソッド
梶山啓介 氏 | 株式会社識学 取締役副社長

成功する歯科衛生士採用の秘訣
森 聡 氏 | 株式会社メドレー ジョブメドレー事業部コンサルティングセールス部 部長

訪問診療おもてなし向上「元年」
船山高明 氏 | 医療法人顕樹会 本田歯科クリニック 顕樹会訪問統括医長

45分でわかる 連携関連の報酬
伊藤友記 氏 | 一般社団法人 日本訪問歯科協会

診療報酬改定 新設項目の再確認
高井惠太 氏 | 一般社団法人 日本訪問歯科協会

訪問歯科 管理料の研究
田中貴秀 氏 | 一般社団法人 日本訪問歯科協会

実習講座 摂食嚥下リハの実際
舘村 卓 氏 | 一般社団法人TOUCH 代表理事

実習講座 スポンジブラシの選び方と使い方
齋藤しのぶ 氏 | 医療法人永寿会 恩方病院 歯科・歯科口腔外科 歯科衛生科長

実習講座 嚥下を促す表情筋マッサージ
平松満紀美 氏 | NPO法人健口サポート歯るる 副理事長

実習講座 機能評価をしながらおこなう口腔清拭
和田ひとみ 氏 | 口腔ケア支援グループ オーラルサポート 代表

診療情報提供書の書き方・読み方1、2
深山治久 氏 | 東京科学大学 名誉教授

アーカイブ公開
医学会にお申込みされた方を対象に、医学会の収録動画を期間限定で公開いたします。
■ 公開期間：11月20日(水)12:00～12月11日(水)12:00 ※視聴ページの情報は、11月19日(火)にメールでご案内いたします

参加費　早期割引 10月31日(木)お申込み分まで
- 歯科医師 ~~22,000円(税込)~~ ▶ 20,000円(税込)
- 歯科医師以外 ~~17,000円(税込)~~ ▶ 14,000円(税込)

お申込みは今すぐWEBで!
cutt.ly/deSY7HdI
右のQRコードか上記URLより、ご案内ページへアクセスしてください。詳細、注意事項をご確認の上、ページ最後のフォームよりお申し込みください。スタッフの方など複数人でのお申込みも可能です。また、スライド集やレセプションパーティーのお申込みもお選びいただけます。

◉ **講演のスライド集**(事前申込のみ。会場販売はございません)
■ メインプログラム(教育講演、特別講演)：6,600円(税込)
■ 専門セミナー：8,800円(税込)
※著作権の関係上、集録しない演題等もございます。予めご了承ください
※当日、総合受付でお渡しいたします。ご来場できない場合は、後日郵送いたします

◉ **レセプションパーティー**(事前申込のみ)
講師の方が多数参加されますので、交流を深めるためにご参加ください。
■ 11月9日(土)18:00～　■ 参加費：8,000円(税込)
■ 会　場：第一ホテル両国

〔お問合せ先〕一般社団法人 日本訪問歯科協会 事務局　TEL 0120-299-505　東京都千代田区神田西福田町4 ONEST 神田西福田町ビル8F

Inter view

児童虐待の早期発見のために歯科ができること

児童虐待防止法では、児童虐待の早期発見に努めなければならない職業に、歯科医師があげられている。一方で、日本歯科医師会が今年行った調査では、児童相談所や子育て世代包括支援センターとの連携システムが構築されているのは3県歯に留まると報告されている(4月16日付に掲載)。日本子ども虐待防止歯科研究会の香西克之会長に、歯科と虐待の関係性や現状などについて聞いた。

日本子ども虐待防止歯科研究会
香西 克之 会長

口腔だけでなく服装、親子関係などを注視

――日本子ども虐待防止歯科研究会の活動内容を教えてください。

香西　学術大会の開催や、講演活動、雑誌への寄稿、学術的調査研究を行っています。歯科と虐待の関連性については歯科医師や行政にまだ十分認知されていないため、双方の連携にも貢献しています。

◆◇◆

――歯科での虐待発見の事例を教えてください。

香西　虐待の定義は「親または親に代わる保護者によって、子どもの心や体に加えられる有害な行為」で、身体的虐待、性的虐待、心理的虐待およびネグレクト(育児放棄、子への無関心)があります。また、広義の意味としてマルトリートメント(不適切な養育)という言葉も使われるようになりました。そのほか医療ネグレクトに含まれるデンタルネグレクトは、保護者が子どもの健康に関心を持たず必要な歯科治療を受けさせないことをいいます。

2010年に関東地方、23年に近畿地方で児童が身体的虐待によって死亡した事件がありました。どちらも発生前に歯科医師による通報がありましたが、保護につながりませんでした。

――歯科で虐待を発見するまでの具体的な流れは。

香西　子どもの口腔状態において、歯の外傷、軟組織外傷、極端に多いむし歯や歯肉炎、多量の歯垢などがあればチェックします。また劣悪な口腔状態が必ずしも虐待を反映するわけではありません。季節外れの服装や、体が不潔であるなども兆候の一つです。

親子関係にも不自然な点がないか確認します。子どもに対して親が冷たい・乱暴な態度をとったり、子どもが絶えず親の顔色を窺ったりすることがあげられます=表。

また、義務化されている乳幼児歯科健診や学校歯科健診に受診しないというのも要注意です。

所見がある場合は、まず現場で共有し、検討します。自院の場合ではスタッフと、学校歯科健診の場合は担任および養護教諭、乳幼児健診では保健師と行います。検討にあたり、日本歯科医師会や日本小児歯科学会が児童虐待に関する歯科専用のアセスメントシートを作成しているので活用してください。

その結果、虐待が疑われる場合、福祉事務所または児童相談所に通告します(直通電話189)。

なお、歯科医師による通告は、患者の守秘義務に抵触しません。同時に、通告を受けた児童相談所に守秘義務は適用されますから、通告した歯科医師名が公表されることもありません。万が一虐待の事実がなかったとしても責任は問われません。

◆◇◆

――日頃から何を意識すればいいのでしょうか。

香西　当研究会や歯科医師会が情報発信をしていますので、日常的に子どもの虐待と歯科医療・口腔保健との関連性を意識してほしいと思います。

また、一時保護所での歯科支援など地域での活動に関心を持っていただきたいです。一時保護所に収容される子どもはマルトリートメントの環境であることが多く、重篤な口腔状態や口腔衛生指導を一度も受けたことがないケースがあり、彼らへの歯科支援は大変な意義があります。

◆◇◆

――今後について。

香西　わが国の歯科医療は、歯みがき、食生活の改善、予防処置など「自助」や「共助」を患者に求めることでむし歯を減らしてきました。これは恵まれた成育環境にある子どもには可能です。しかし、親が無関心だったり、経済的な余裕がなかったり、さまざまな要因で歯科医療を受けられない子どもたちは依然として高いむし歯リスクを抱えています。確かに子どものむし歯は激減しました。それによって、歯科界から子どものむし歯についてはやりきったような雰囲気を感じています。ですがわれわれ歯科医師は、歯科医療を受けられない残りの子どものことを考えていかなければなりません。

広島県では一時保護所における歯科支援が行政からの委託事業として認められるようになりました。長年にわたる県歯の会員による積極的な歯科支援の実施、大学による調査研究などを経て認められたものです。一時保護施設での歯科健診が他の県でも公的事業として認められれば、これを発展させ、将来的にはどのような環境の子どもでも、歯科医療の恩恵を受けられるようになると考えています。

当研究会の学術大会では、虐待の早期発見や対応に関する知見のほか、虐待を防止するための歯科的アプローチに関しての発表も行っています。今年の第9回日本子ども虐待防止歯科研究会学術大会は12月22日に歯科医師会館(東京都千代田区)で開催します。ぜひご参加ください。

歯科医療は口のことだけでなく患者自身の生活に寄り添う医療です。虐待を発見することだけでなく、すべての子どもたちが心身ともに健全な成長発達ができる社会を目指していきます。

歯科診療での児童虐待の気づき

口腔状態	●極端にう蝕が多い ●極端な口腔内の不潔、歯肉炎症、食生活の乱れ ●同部位の打撲や外傷が多い
子どもの不自然さ	●身体に触れることを極端に嫌がる ●ちょっとした注意や指示で緊張する ●季節外れの服装 ●髪の毛、顔、手足、衣服が不潔で臭う
親の不自然さ	●医療の拒否 ●子どもの疾患、程度、治療に無関心 ●母子健康手帳の記載がない ●子どもの口腔状態と親の話が食い違う
親子関係の不自然さ	●おどおどして絶えず親の顔色を窺う ●親の存在で、子どもの態度が大きく変わる ●親から子への声掛けがない ●突き放すような親の冷たい態度や乱暴な態度

進化する画像診断

「リスク管理が必要」

日大松戸 金田教授　訴訟の可能性を示唆

デジタル画像技術の発展により、歯科医師は一層のリスクマネージメントが必要になる――。日本大学松戸歯学部放射線学講座の金田隆教授=写真=が講演「CT、MRIのデジタル画像から新しい歯科医療を造る:画像診断、DX、AI、リスクマネージメント」のなかで述べたもの。

金田教授は、CBCTをはじめとしたデジタル画像技術の発展による診療時のリスクマネージメントについて指摘。「画像診断の精度が上がることで、今まで以上に多くの所見を見つけられるようになった。それに伴い、インシデンタルファインディングス(患者の主訴以外の、偶然発見した疾患)の見落としによる術後の医療訴訟リスクは、歯科においてもますます高まってくる。読影技術の向上およびインフォームドコンセントの徹底は不可欠な要素になる」と語った。

そのほか、患者対応や、個人情報の取り扱いにも言及した。

「X線の照射スイッチを歯科医師以外が押すことは、やってしまいがちな法律違反の1つ。また、DICOM(医療データ通信の国際標準規格)の紛失は個人情報流出につながり、医療訴訟に発展する可能性がある」とし、日々の診療の見直しを勧めた。

同講演は、9月27～29日に開催された第37回日本口腔診断学会/第34回日本口腔内科学会合同学術大会で行われた。

◆◇◆

学術大会の取材中、参加者の歯科医師に呼び止められ、話を聞いた。

A歯科医師

「歯科医院はコンビニより多いと揶揄されて久しいが、それぞれ全く別の業態で、同じ基準で議論できるものではない。この間違ったイメージの払しょくも含めて、歯科医師会にはより広い意味での歯科啓発を行ってほしい」

「能登半島地震で口腔内を清潔にすることの重要性を内科の医師が先立って発信していた。歯科が先を越されていると感じた」

「訪問歯科をやっていて思うのは、(施設を対象とした)訪問歯科医が増えすぎて患者の取り合いになっており、訪問先のスタッフに甘く見られるようになった。歯科の重要性についても伝わっていないと感じる場面もあり、それらの認識を改善するべき」

口腔がん細胞の転移機序を解明

横浜市立大

口腔がん細胞の転移に、タンパク質「CALML6」が関与することがわかった。横浜市立大学医学部循環制御医学の梅村将就准教授、石川聡一郎医師、永迫茜助手らの研究グループによるもので、口腔がんに対する新たな治療開発につながる可能性がある。

同タンパク質はカルシウム結合タンパク質ファミリーに属し、筋肉収縮や神経伝達、細胞分裂の制御にかかわるカルモジュリン様タンパク質の一種。

研究グループは、これまでの研究でプロスタグランディンE2受容体の一つであるEP4が、細胞内カルシウムシグナルを介して口腔がん細胞の移動を制御することを報告している。しかし、カルシウムシグナルがどのようにして細胞遊走を制御しているかの詳細は明らかではなかった。

今回の研究では、EP4を刺激することで、CALML6の発現量が大きく増えることがわかった。CALML6は正常細胞と比べて口腔がん細胞での発現が高く、EP4刺激で促進される細胞遊走能は、CALML6を刺激することにより抑制した。

さらに口腔がん細胞にEP4刺激を加えることによって、ミトコンドリア生合成を調節する機構も判明した。

同研究成果は『Communication Biology』(5月14日)に掲載された。

Giving Campaign 2024

学生活動の予算確保へ 松本歯科大などが参加

松本歯科大学など全国各地の100大学が、次世代の大学経営を実現するスタートアップ企業「Alumnote(アルムノート)」が開いている資金調達イベント「Giving Campaign 2024」に11日～20日まで参画していた。松本歯科大のほか、歯学部がある東北大学や新潟大学、愛知学院大学、北海道大学、広島大学、徳島大学、長崎大学らが参加した。

同イベントは各大学の部活動やサークル、研究室などの活動団体に対して、応援・支援を募るオンライン企画。今年で5回目を迎え、これまで約35万人が参加し、累計2億円以上の寄付金が創出された。

参加方法は各大学の特設サイトから1人1票の応援票を参加団体へ投票。その得票に応じて、同社と協賛企業から支援金が分配される仕組みとなる。応援者が特定の団体に寄付することも可能だ。

学生団体はそれぞれSNSなどを使って取り組みをアピールすることで、応援票が得られる。この交流を通じて、社会とのコミュニケーションの場が設けられ、学外からの支援を受ける機会が増やせる。また、大学側は卒業生との関わりを持つきっかけにもつなげる狙いがある。

実際にイベント期間中に他大学と連絡を取り合ったり、先輩後輩・同輩との交流が深まったりした例もあったという。

【予告】

歯科保存学会が学術大会を開催

11月に兵庫で

日本歯科保存学会は11月21、22の両日に、第161回秋季学術大会を兵庫県姫路市のアクエリひめじで開催する。テーマは「次代につなぐ保存学」。

大阪大学大学院歯学研究科の峯篤史氏、大阪府のNao歯科・矯正歯科の南野卓也氏によるシンポジウム「接着と形成：研究を活用した臨床と人生」、大阪医科薬科大学の植野高章氏、同大の松本佳輔氏による「歯の保存とインプラント」、日本デジタル歯科学会共催のシンポジウム「デジタルデンティストリーが拓く新たな歯科医療」のほか、韓国招待講演、認定研修会が行われる。

問い合わせは大会ホームページまで。

大阪歯科大

顔イラスト用いて患者の不安を評価

大阪歯科大学は歯科治療を受ける患者の不安状態を、顔イラストから評価する質問票を開発した。同大欠損歯列補綴咬合学講座の三野卓哉氏らグループが関わる研究は、成人の有病率が5～22%ほど報告されている歯科恐怖症や、医科においては治療時の不安を評価するツール（STAIなど）が臨床で用いられるものの、歯科現場で活用できるツールがなかったため、歯科治療での不安と恐怖を短時間で評価可能なツールの開発を試みたという。

◆◇◆

同大が開発したツールは歯科特性不安（DTA）、歯科特性恐怖（DTF）、歯科状態不安（DSA）、歯科状態恐怖（DSF）の4項目を評価する質問票。不安と恐怖の強さを表した6種類の顔イラストから、自身の状態に合うものを選ぶ。実際に岡山大学病院補綴歯科で歯石除去を受けた群（47人）、インプラント治療を受ける群（25人）を対象として研究を行った。

いずれの群も臨床的に活用できるとの研究成果が示されていたが、サンプル数が少なかったことなどが課題としてあがっている。

同調査結果を踏まえ、研究グループは「この質問票は、臨床使用において許容できる信頼性と妥当性を示した。歯科治療の提供を容易にし、歯科不安や恐怖に関する研究に役立つのでは」と述べている。

同研究成果は、『The Journal of Advanced Prosthodontics』（8月20日）に掲載された。

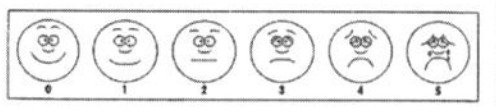

実際に使用される顔イラスト。「歯科治療に対してどれくらい不安・恐怖感があるのか当てはまる気持ちを選べ」などの項目がある

東北大が解明

予防的な歯科受診　介護費用の抑制に関連

過去6カ月以内に予防的な歯科受診を行った人は、未受診者と比べて、その後8年間の累積介護費用が11万円も低いことがわかった。東北大学大学院歯学研究科・竹内研時准教授、同大学際科学フロンティア研究所・木内桜助教ら研究グループが、高齢者8429人を対象に過去6カ月以内の歯科受診の有無と、その後8年間の累積介護費用が関連するか検討・解明したもの＝上表。

研究グループは、「歯科受診を行うことで口腔の健康が保たれ、要介護状態の発生が先送りされた可能性や要介護状態になった場合においても、重症化が抑えられたことで介護費用の増加を抑制できた可能性が考えられる」とコメントしている。

同研究成果は、米国老年学会の国際誌『The Journal of Gerontology: Series A』（8月5日）に掲載された。

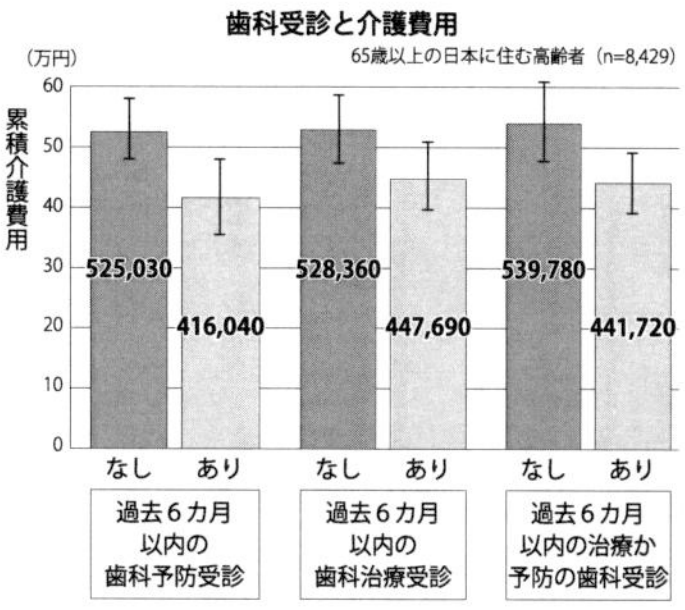

日本臨床歯科CADCAM学会 関東甲信越支部

歯科衛生士部会発足記念で集う

日本臨床歯科CADCAM学会は6日、「関東甲信越支部歯科衛生士部会発足記念パーティー」を東京都港区のAlice aqua gardenで開催した。特別講演では、歯科衛生士と歯科技工士のダブルライセンスを持つハートフル歯科の永田翔太氏が「CADCAM診療を行う上での歯科衛生士の役割」、なかい歯科クリニックの森江朋美氏が「医院の未来を拓くCADCAM衛生士の役割とチームビルディング」をテーマに話した。

◇◆◇

永田氏は当時、歯科技工士として働いていたが、患者に寄り添いながら、希望を聞いてセラミックを作りたいとの思いから25歳で歯科衛生士専門学校に通うことを決めたという。「歯科技工士としての知識も持ちながら口腔内にも触れられたり、補綴物の調整をしたり、歯科衛生士として補綴物の長期管理もできる」とダブルライセンスのメリットを説明した。

また、CADCAMを活用して技工の効率を上げることで、歯科医師の指示のもと、浸潤麻酔や口腔内スキャナーによる印象採得などの診療補助、患者への説明・診療により時間がかけられると話す。そして、歯科衛生士の役割は歯科医師の時間を確保することにあるとして、「先生が患者さんを診る時間が増えるほか、コミュニケーションをする時間も生まれる」と述べた。

◇◆◇

茨城県境町のなかい歯科クリニックで勤務する歯科衛生士の森江氏。地域の自治体と協力し、一般歯科だけではなく、マイナス一歳からの口腔育成と食の大切さを学ぶ「食育カフェ」などを運営する同院の取り組みを紹介した。

多角的な視点で診療や運営環境を整えるには、「チームワーク」ではなく、「チームビルディング」として取り組む必要があると主張。「それぞれの個性を生かし、目標を達成することが大切。当院では目標達成のために、ドクターだけではなく、技工士や衛生士、受付などスタッフ全員で学ぶようにしている。全員が一丸となって診療を行うことが、患者さんやスタッフの幸せの創造につながっていく」と語った。

なお、講演後には懇親会が開かれ、参加者同士で親睦を深めた。

①企業ブースにも多くの人が立ち寄るなど賑わいを見せた
②森江氏
③永田氏
④左から関東甲信越支部歯科衛生士部会の北條泰担当役員、濱田真理子部長、穴沢有沙副部長、菅原舞子副部長

デンタル小町が通る

大谷歯科医院院長（愛媛県西条市）
大谷恭子 ⑦

きっかけ

筋トレシリーズ第6弾。きっかけとは経験から潜在的に自分が求める必然的な出会いの糸口なのかもしれない。出会いのジャンルはさまざまだが、それをきっかけと感じるか否かは本人次第であろう。

ある日のこと診療中に鳴り響く1本の電話。スタッフが息を荒げて私のもとへ。「院長！さすけがさすけが」「まあまあ落ち着いて、さすがにケガがどうしたって?」「すみません院長！違うんです。さすがにケガではなくTBSのSASUKEという番組のプロデューサーさんからの電話で」。

へっ? なんで～? しばし……だ。恐る恐る電話に出るとさまざまな職種の女性にKUNOICHI（女性版SASUKE）への出演を依頼していて歯科医師ジャンルで出てもらえますかとのこと。私を雑誌でみかけたのがきっかけだったらしい。

たしかに日経の『Woman's SHAPE & Sports』に出させていただきましたよ。だけどまさかのご縁なのね。興味あるジャンルは常日頃断らないのが私。間髪いれず「ぜひ出演させてください」。

スタッフや周りの人も大喜びで応援したい～と。そうこうするうち、絵コンテが送られてきた。そこからは、さらに特訓。壁を腕の力だけで横移動するようなのもあったな。よーしっ！自重で懸垂できない私は上腕を鍛えあげる必要があった。だがここでまさかの展開。やりすぎで腕が痛くてぶら下がり健康器（古いけど個人的には必要）すらつかむことができず……。これではさすがに番組出演は断念せざるを得ない。あーあ……、残念。やりすぎ禁物。何事もほどほどに。

だけど雑誌で紹介されたのがきっかけでこのようなお話をいただけるなんて最高の出会いだね。

雑誌『Woman's SHAPE&Sports』に掲載

院長に期待する役割

人間関係やスタッフ育成など

ヘルスケア学会で講演

診療時、歯科医師の院長に期待する役割を、大西歯科の歯科衛生士の野村朱美氏が講演「院長先生の役割―ヘルスケア診療のためのチーム作り」で発表した。

野村氏は診療には歯科医師と歯科衛生士の協力が不可欠とし、院長に期待する役割を「診療のシステム」「スタッフ育成」「人間関係」について語った。

診療のシステムについて、治療の流れや方法、使用器具や使い方、治療結果の確認を含めた診療方針を院長主導で統一することが重要だと指摘。「統一したやり方、考え方で治療にあたれば治療評価や問題点、改善点を共有でき、院内の底上げができる」と話した。また、ミーティングやディスカッションにおいては意見を出させるだけでなく、結論をまとめ、解決策を提示するまで院長が主導して行うべきとした。

スタッフの育成についても言及。書籍などを与える際はやる気や能力を考えたうえで、内容を厳選することが必要とし、「書籍は院長が読み、有用な情報にコメントを入れる。それをスタッフに供覧し、感想や意見を共有することで、治療方針の統一やモチベーション向上につながる」と語った。

新人教育については、他のスタッフに丸投げせず、診療方針などをまず院長から指導することが重要とした。その上で、先輩スタッフに任せる場合には院長が主導、監修し、具体的な役割を与えることが必要とした。さらに、「うまくできたときは、ぜひ言葉に出して評価してほしい。一人一人に合った声掛けは衛生士には伝わるし励みになる」と語った。

人間関係に関して、「立場に関係なく、一人の人間として尊重するということに尽きる」と話した。同氏は悪い例として、「患者や他のスタッフの聞こえる場所で怒る」「名前ではなく、『受付！』など職種で呼ぶ」「『その材料高いから無駄にするな』『何度言ったらわかる?』などきつい言葉を使う」「患者にカリエスが見つかった時に、『歯科衛生士から報告がなかったから知らない』と言う」などをあげた。

講演は、日本ヘルスケア学会が10月13～14日にかけて開催した「ヘルスケアミーティング2024」で発表された。

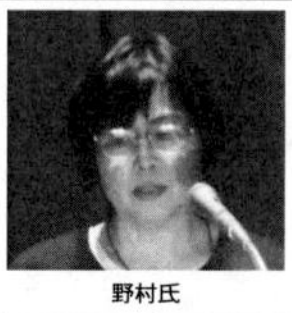
野村氏

筑波大が原因分析

健診時の脂質異常　指摘しても未受診

健診で脂質異常を指摘されても、普段から医療機関を受診していない人や、他の健診異常がない人は、医療機関を受診しない可能性が高い。筑波大学医学医療系ヘルスサービス開発研究センターの岩上将夫教授らが明らかにした。

脂質異常症を放置すると心筋梗塞、脳梗塞、認知症などの危険が高くなるため、医療機関を受診して対処することが重要とされている。しかし、日本企業の健康保険加入者を対象とした報告では、健診で脂質異常を指摘された人のうち、半年以内に医療機関を受診する人は15～20%に留まるという課題があった。

研究では、茨城県の国民健康保険加入者で2018年の特定健診を受けた20万2369人のうち、脂質異常で受診勧奨された3万3503人の追跡データを解析した。

その結果、若年者、男性、飲酒習慣が時々ある者、公共施設で健診を受けた者、自覚症状がない者、健診で他の異常を指摘されなかった者、健診前の医療機関受診が少なかった者、薬の処方がなかった者ほど、健診後に医療機関を受診していなかった。

このことから、普段医療機関との接点があまりない可能性がある人には、居住地の近隣で受診できる医療機関のリストも案内するなど、どのように工夫すれば未受診を減らすことができるか研究を進めていきたいとしている。

同研究成果は『JMA Journal』（10月7日）に掲載された。

栄養学的アプローチ　患者の美容にも貢献

千葉県開業の森永氏が言及

歯科で栄養学的アプローチを取り入れることは患者の美容にも貢献できる―。千葉県開業の森永宏喜氏がシンポジウム「歯科医療と美容内科」で発表したもの。

森永氏は「皮膚は内臓の鏡」とした上で、腸内環境に関連がある口腔を改善することは美容につながり、そのためには栄養学的アプローチが有効だと指摘した。

さらに、口腔環境を保つ栄養素にコラーゲンをあげ、その主な構成要素のたんぱく質、鉄、ビタミンCの重要性に言及した。また、歯と骨にかかわる栄養としてカルシウムやマグネシウム、唾液の産生に亜鉛やコエンザイムQ10、顎関節症予防にビタミンDなどをあげた。これらの栄養素の摂取について、食事を前提としつつも至適量の摂取にはサプリメントが必須とし、「玉石混交の現状で、患者さんが適切に選択することは困難。歯科医師が適切な摂取量、方法を指導することが大切」と語った。

講演は、10月4～6日にかけて開催された自費研フェスティバル2024で行われた。

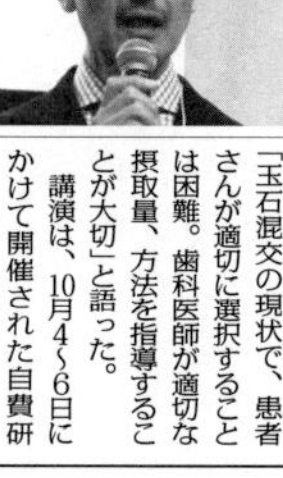
森永氏

ピックアップニュース

■コンビニの口臭グッズはその場しのぎにすぎない…歯科医師「口臭を根本的に解決する朝の歯磨き前の習慣」（PRESIDENT Online/10月18日）

■青森県内初　がん光免疫療法／弘大病院で口腔がん患者に（東奥日報/10月18日）

■「歯が生える薬」の治験開始　歯が生えない「先天性無歯症」に希望（ytv/10月18日）

■「80歳で20本の歯を残そう」8020運動の“意外な落とし穴”。表彰されたのに「食べ物が噛めない」（SPA!/10月19日）

■歯科医院に侵入しバッグを盗み逃走…職員が数百メートル追走「犯人を捕まえている」付近住民との連係プレーで56歳無職の男を逮捕（HBC北海道放送/10月19日）

3Dアカデミー情報交換会

IOSなど現状や症例報告

口腔内スキャナー（IOS）を中心としたデジタル技術を研究し、歯科医療の労働環境改善と国民の口腔健康向上を図る第10回3Dアカデミー情報交換会が6日、東京都ビジョンセンター浜松町で開かれた。歯科医師と歯科技工士、企業スタッフが集い、特に歯科用CAD/CAMと口腔内スキャナーに焦点を当てて、関連機器の現状や症例報告などが行われた。

◆◇◆

会長の千葉豊和氏（札幌市開業）は冒頭あいさつで、「進化するデジタル機器の活用方法を学んでほしい」と述べた。

三好敬太、遠山俊成、藤波淳、松尾祐也、北原信也、山田陽子、山下恒彦の各氏による特別講演のほか、山本涼氏が研究発表、松尾幸一氏がランチョンセミナーで講演。歯科医療のデジタル化のメリットや課題、フェイススキャンやナビゲーションシステム「X-Guide」、「i-Tero」の価値、最新のチェアサイドワーク、希少なデジタルインプラントケースなど、内容は多岐にわたった。

参加者は展示された最新医療機器にも触れ、機器の特徴や臨床での具体的な利点について学んだ。

なお、次期会長には渡邉祐康氏が就任した。

【予告】宇都宮で

小児口腔外科学会　11月に学術大会

日本小児口腔外科学会は11月8、9の両日に第36回学術大会を、宇都宮市の栃木県総合文化センターで開催する。テーマは「こどもたちの食べる・話すを創り支える口腔医療」。

昭和大学歯学部口腔衛生学講座の弘中祥司教授による講演「こどもたちの食べる・話す機能の不全」、日本歯科医学会の住友雅人会長による講演「歯科イノベーションロードマップ・第1期評価に期待する」、シンポジウム「歯科医師が口唇口蓋裂を治療する意義」のほか、一般口演、ポスター発表が行われる。

問い合わせは事務局TEL03（5924）1233まで。

医機連　企業名付きカレンダー 26年以降は配布減に?!

プロモーションコード改定で周知活動

2026年1月1日以降は会社・製品名の付いたカレンダーや手帳を配布する歯科関連企業が減る傾向に？――。

日本医療機器産業連合会（＝医機連）は、「クアラルンプール原則💡」の考え方を追加した、「医療機器業プロモーションコード💡」が、26年1月1日から施行されることに伴い、企業が医療関係者に提供する、会社・製品名の付いた文具類「少額の景品💡」や手土産などの贈り物「文化的（社会的）儀礼💡」の取り扱いについて会員企業への周知活動を始めている。

クアラルンプール原則では、医療関係者への提供物は、「少額景品」と「文化的（社会的）儀礼」を禁止しているものの、「プロモーションコードは業界団体が定める自主規制であり、自主規制が市場における企業間競争を阻害する場合、独占禁止法に抵触する可能性があるので、業界団体として少額景品・文化的（社会的）儀礼を禁止することはできない」（医機連企業倫理委員会委員長の三笘真氏）という。そのため、医機連ではクアラルンプール原則の趣旨・FAQの周知に努め、プロモーションコードが施行される26年1月1日以降も提供し続けるか否かを、会員各企業による自主判断に委ねる。

医機連企業倫理委員会副委員長の東海林肇氏は、「歯科関連団体は医機連に加盟しており、団体所属の歯科関連企業のなかには、26年1月1日よりも前に、少額景品や文化的（社会的）儀礼の提供を辞めるところもあると聞いている」としつつ、プロモーションコードは「デンタルショーで出展企業が配布する来場者向けの記念品にも関連する事項でもあるので、今後説明の場を設ける」と話した。

💡**クアラルンプール原則**　医機連が参加するAPEC（アジア太平洋経済協力会議）の医療従事者との関係に関する倫理的ルール。第5条で「企業は医療関係者に対し、製品のブランドを連想させる少額景品、文化的儀礼、娯楽もしくはレクリエーションを含む贈物の提供を行ってはならない」と記載。2025年までに参加各国での導入を求めており、医機連では同原則を尊重するとしている。

医療機器業プロモーションコード　医療機器業界が自ら制定したもの。適正な事業活動を行い、正常な商慣習を確立するための自主ルール。規約に違反すると、内容・程度などにより指導、注意、警告、厳重警告、違約金賦課、除名処分になる可能性がある。

少額景品　会社・製品名、ロゴなどの付いたペン、付箋紙などの文具、カレンダー、スケジュール帳、ストラップ、コングレスバッグ、モバイル機器類など。

文化的（社会的）儀礼　中元・歳暮、手土産、弔辞の香典、供花など

一部の有人サポート 電話AIに切り替え

オプテック

オプテックはサポート品質の向上のため、歯科用電子カルテ「Opt.one」の保守サポートサービスの初期対応、「電子処方箋スタートキット」の問い合わせを、9月30日からAI対応に切り替えている。サポート番号に電話すると、AIが24時間365日問い合わせに答える。有人サポートのように「電話がつながらない」「つながっても待たされる」といったことがなく、AIとの会話で疑問点などを解決できるほか、解決しない場合は有人オペレーターからの折り返し電話につなげる。

チーフイノベーターの細川仁志氏は「米国では有人サポートをAI対応に切り替えるのが主流」としたうえで、「当社のAIは最新の音声対話機能を搭載したことで、人間並みの滑らかで感情を込めた発話が可能」と解説。AIのメリットとして、「有人サポートのように製品やサービスに関する知識量の差から回答に違いが出るといったことがなく、頻度が増すほど回答精度は高まる」と補足する。また、受付がAIになると、「顧客は冷静になりやすく起きていることを淡々と話せるので、解決までの時間も短くなりやすい」とソリューションセンターの富田舞氏は分析する。

同社によると有人のオペレーターは、独り立ちするまでに数カ月必要で、独り立ちしても合わないと感じると辞めてしまい、増員がしにくい職種という。「オペレーターへの1回の問い合わせ内容はハード、ソフト、保険など多岐に渡り、一人当たりの問い合わせ時間は30分～1時間と長くなりがち」としたうえで、「今後、歯科医院でのサイバーセキュリティ対策が進んだ際にも、これまで同様のサポート体制を維持するための施策の一つとして、AIによるサポート対応を開始した」としている。

渡邉氏（器械組合理事長）が受賞

薬事功労者厚労大臣表彰

厚労省の「令和6年度薬事功労者厚生労働大臣表彰」が7日に発表され、薬剤師会関係など67人が受賞し、歯科では日本歯科器械工業協同組合理事長の渡邉啓介氏が選ばれた。

同表彰は、医薬関係事業の発展向上に貢献し、医薬行政の推進に顕著な功績があった者および団体を薬と健康の週間（10月17～23日）の1週間に併せて表彰するもの。なお、表彰式は東京都港区の三田共用会議所で21日に行われた。

ガシャポンで登場　歯磨剤ミニチュアに

サンスター

サンスターグループ（＝サンスター）の歯ブラシや歯磨剤、液体歯磨きなどをミニチュア化したチャームが登場―。「G・U・M（ガム）」シリーズの歯磨剤や液体歯磨き、「Ora2（オーラツー）」シリーズの歯磨剤などのカプセルトイが7月第4週から全国のカプセルトイ自動販売機で販売されている。ミニチュアチャームは全7種類。1回300円。サンスターとしてバンダイのミニチュアチャームの制作は今回が初めてという。ミニチュアチャームの製品化をした経緯などを、サンスターの担当者に聞いた。

――ミニチュアチャーム化に至った経緯を教えてください。

サンスター　バンダイさんから依頼の連絡をいただき、「面白そう！」と直感的に思い、ガシャポンの製品化を決めました。

――ミニチュアチャーム化で工夫した点、大変だったことは。

サンスター　オーラルケア製品は形状的に単純なので、歯ブラシチャームがあると魅力的になると感じ、「G・U・M」と「Ora2」の主力の歯ブラシをそれぞれに付属したのが工夫した点です。歯ブラシのハンドルにブランドのロゴを刻印するという細部の再現が大変でした。

――ミニチュアチャームに選んだ製品の基準などは。

サンスター　オーラルケアとヘアケアで生活者に馴染みのあるブランド、製品を選定しました。全7種類にしたのはバンダイさんからの提案です。試作から販売開始までは約半年ほどでした。

――出来上がった試作品・完成品についての思いや感想は。

サンスター　表面はもちろん、裏面の説明などに至るまで全体的な精度の高さにびっくりしました。ミニチュアチャームのリアル感は、社員の中でも非常に評判がよく、お互い何をゲットできたのか紹介しあったりしています（笑）。

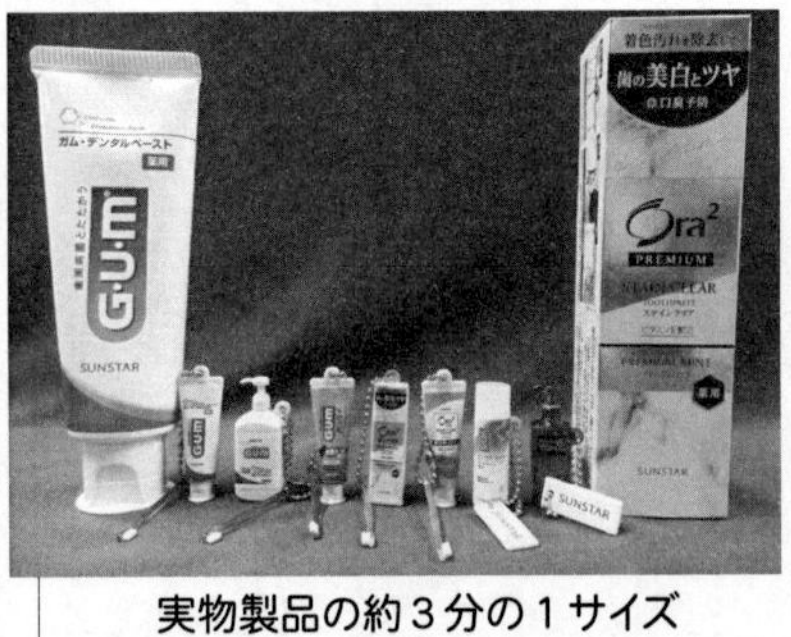

実物製品の約3分の1サイズ

左右（製品の実物）とのサイズ比較。間にはさまれた7つがミニチュアチャーム。

サイズは全幅約0.3～1.7㎜、全高約4.3～5.5㎜。持ち運べるボールチェーン付き。チャームを外して、ミニチュアフィギュアとして飾ることもできる。

デンタルリンスと「サンスタートニック爽快頭皮ケアシャンプー」はポンプが可動、ヘアスプレー「V05」は降るとシャカシャカと音がする。

実物を編集部が観察

- 色や形状も本物そっくりで、商品の使い方、効能や成分の文字が1㎜以下なのに、潰れずに印字されている精巧さにも驚いた。
- 軽いのでバッグやポーチに付けたい。
- 歯ブラシが付属しているのが可愛くて、オシャレ。
- デンタルリンスとシャンプーは押せるポンプを何度も押したくなる。
- シャンプーは容器が半透明なので押せる構造が目で見て分かるのが面白い。
- 家の洗面台に並べたい。
- 歯磨きチューブやスプレーの蓋部分は開かないが、開けるのを試みたくなる。
- 振るとシャカシャカするヘアスプレーは、しばらく振っていたくなる。

医療撮影装置のリースで特許取得

■ 近畿レントゲン工業社 ■

近畿レントゲン工業社は、歯科用CTや口腔内スキャナーなどの頭部医用撮影装置について、撮影した画像枚数と診療報酬等で月額のリース料金を決定する「医用撮影装置リースシステム」に関する特許を9月5日に取得した。

歯科用CTは高額で、歯科医院などでの普及率が低いことから同システムを発明。診療報酬などに基づいてリース料金が変動する従量課金制で、画像1枚あたりの料金を診療報酬点数より安く設定することで、X線装置を導入しやすくするサブスクサービスを同社の関連会社であるクリックスで展開している。また、定額型など、使用状況に応じて医院に合った料金プランも選択できる。

なお、近畿レントゲン工業社の口腔内スキャナー「Aoralscan3」も1日からサブスクサービスでの取り扱いを開始している。また、同特許を用いた新たなビジネスモデルを開拓するためのライセンス契約を結ぶ企業も募集している。

能登豪雨で義援金

成田デンタル

成田デンタルは、令和6年9月能登半島豪雨による被災地支援として、石川県歯科医師会、石川県輪島市にそれぞれ100万円の義援金を9月26日付で寄付した。

歯科医院向け医療ツーリズムを提供

Gsmilez

Gsmilezは、歯科医院向けの医療ツーリズム（医療観光）を始めている。

同社は、医療ツーリズムを行う米Medical Tourism Coporation（＝MTC）社と提携しており、MTC社の医療ツーリズムサイトに契約医院の情報を掲載するとともに、サイトを通じて、歯科の医療ツーリズム参加希望者を募集。参加希望者とは事前に契約し、当日のキャンセルを防ぐとともに、通訳によるサポートも行う。

申し込みから治療までは最短3カ月。通訳は英語に対応。オプションで歯科衛生士への歯科英語レッスンなども行う。

歯科衛生士で海外在住歴のある社長の齋藤秋穂氏は、「オーストラリア、アメリカに在住する富裕層が根管治療、インプラントやオールオン4、審美系の治療を目的に参加すると予想している」という。

同社では将来、歯科英語を話せる歯科衛生士を医院に紹介するサービスの提供なども視野に入れている。

問い合わせはakiho.s@gsmilez.comまで。

1万3千人が来場

ケーオーデンタル「Fair 2024」

ケーオーデンタルは5、6の両日、「K.O. Dental Fair 2024」を東京都千代田区の東京国際フォーラムで開いた＝写真。1万3052人が来場した。

今回は、歯科医療従事者を通じて国民に「噛む喜び、食べる喜び」を伝えることをテーマに開催。57社が出展し、歯ブラシ、歯磨剤、滅菌器材、CT、ユニット、CAD/CAM関連器材、予約受付システムなどを展示。歯周・根管・睡眠歯科治療、光学印象、口腔機能低下症、医科歯科連携、ホワイトニングなどをテーマとする講演会も行われた。

来場者の内訳は、歯科医師6872人、歯科技工士396人、歯科衛生士3855人、パラデンタルスタッフ1929人。

不要ユニフォーム回収してリサイクル

クラシコが開始

クラシコは、医療機関で不要になったユニフォームなどを回収してリサイクルする取り組みを開始したと9月26日に発表した。

医療機関で使用されるユニフォームは、リサイクルできるものの、回収後の処理方法がないなどの理由で回収していない企業が多いことから、同取り組みを開始。BPLabが運営する繊維製品の回収・再生の循環プラットフォーム「BIOLOGIC LOOP」に参加し、不要になったユニフォームなどを回収・資源としてリサイクルすることで、ユニフォームの廃棄量削減に取り組む。

ユニフォーム以外に、生産過程で作製されたサンプル品や販売できなくなり倉庫に保管されていた製品のリサイクルも行っている。

週間 金・パラ価格動向　税抜価格（1g、円）

	金	パラジウム（参考価格）
10月7日（月）	12,708	5,065
10月8日（火）	12,623	5,065
10月9日（水）	12,532	5,035
10月10日（木）	12,546	5,175
10月11日（金）	12,636	5,320
10月15日（火）	12,790	5,110
10月16日（水）	12,808	5,000
10月17日（木）	12,908	5,095
10月18日（金）	13,130	5,170

提供 石福金属興業

■美白歯磨剤に高濃度フッ素配合／ライオン

ライオンは、美白歯磨剤「Lighteeハミガキ」と「LighteeハミガキPREMIUM」のフッ素濃度を10月から1450ppmに変更し、全国で順次発売している。同製品は、歯面の細かい傷に残った汚れを浮かせて落とし、エナメル質の修復を促進。容量は100gと53g。香味はホワイトシトラスミントとホワイトローズミント。価格はオープン。

■歯周ケアと口臭予防を追加／サンギ

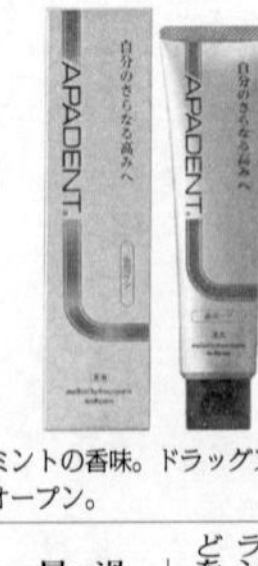

サンギは、歯磨剤「アパデント」の「トータルケア」の容量とパッケージを刷新し、歯周病を予防する薬用成分を配合した「歯周ケア」と、口臭を予防する「ピュアブレス」を追加して全国で発売している。容量は100gと50g。歯周ケアがソルトミント、ピュアブレスがハーモニーミントの香味。ドラッグストアなどで販売。価格はオープン。

新卒歯科衛生士向け就活支援サイト開設

マイナビ

マイナビは、新卒の歯科衛生士向けの就職支援サイト「マイナビ2026歯科衛生士Fresh」を1日に開設した。

同サイトは、全国の歯科衛生士養成校の卒業予定者を対象に、学生向けのイベント情報や業界研究、就活マナー、履歴書の書き方、自己分析、長所短所診断、実習の心得、国家試験対策などの就活準備コンテンツを無料で提供。来年3月1日以降は求人情報も公開する。

採用者側には、ターゲットを絞った求人掲載や、スカウトメールが送信できる機能を提供。歯科専任の担当者が、医院の魅力やPRポイントをヒアリングし、求職者に選ばれるためのブランディングや情報発信などをアドバイスする。

過酸化尿素17％配合 最高濃度で薬事承認

ホワイトエッセンス

ホワイトエッセンスは、過酸化尿素を17％配合したホームホワイトニング用ジェル「ホワイトエッセンスホワイトニングホーム17％」を開発し、薬事承認を取得したと1日に発表した。過酸化尿素17％は、国内の薬事承認品の最も高い濃度。国内で流通しているホワイトニング用の過酸化尿素のうち、高濃度に該当する薬剤は、ほぼ未承認の製品だという。薬剤は濃度によって効果は変わらないが、高濃度の薬剤を使用することで装着時間を短縮できる利点がある。同製品は、来年春から同社加盟院で提供する予定。

AIが補綴物を自動設計
和田精密の全拠点に導入
デジタルプロセスと開発

和田精密歯研は、デジタルプロセスと共同開発した、AIが補綴物を自動設計するシステム「AI－CAD」を全拠点に導入し、本格稼働を8月から始めている。

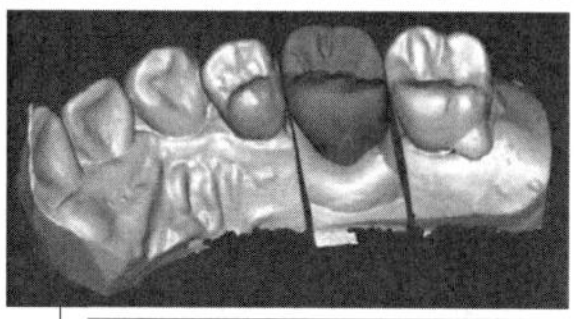
AI－CAD適用例

同システムは、石膏模型を3Dスキャナーで計測すると、AIが歯冠の3次元モデルをパソコン上に自動生成するもの。和田精密歯研が保有する約1千症例の歯冠データを学習しており、石膏模型データから隣在歯や対合歯との関係を分析し、解剖学的形態に基づき日本人に最適な歯冠データを設計する。補綴物症例の約7割を占めるという、「①支台歯のマージン部が不明確」「②支台歯または隣在歯のずれ、傾き、捻転」「③隣在歯の摩耗」「④①～③の複合」にも対応。

歯冠データの自動設計時間は、1歯あたり平均で2分30秒。歯冠データはパソコン上で微修正が可能。

「これまでの熟練技工士による手作業に1症例約10分かかっていた場合、スキャナーでの計測が仮に4分、形態の確認と微修正に3分とすると、1症例当たりの作業時間を約3割削減できる」としたうえで「自動設計時間を半分に短縮できるよう開発中」とデジタルプロセスのデジタルビジネス室シニアコンサルタント・半沢克成氏はいう。自動設計により、設計精度の向上、品質の安定、経験の浅い歯科技工士の生産性の向上、患者への納期の短縮が期待できる。

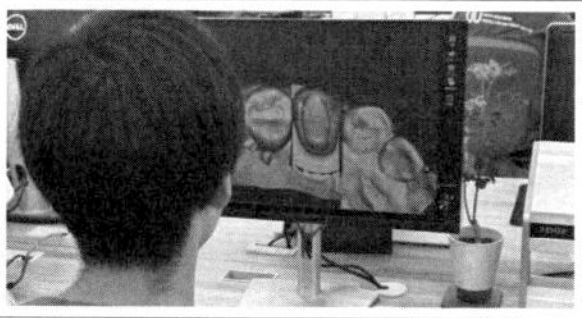
システムを操作している様子

「技工工程の一部が変更となったが、複雑な操作はなく高精度に設計できている」と和田精密歯研のマネージャー・吉次範博氏は語る。

自動設計が可能な歯冠の種類は、現在は臼歯部単冠歯のみで、インレーへの対応に向けシステムを開発中。

同システムと連携する管理画面ソフトからは、各症例の詳細情報、症例ごとのAI－CADの優先順位付け、CADシステムへのデータ出力などが行える。

デジタルプロセスでは、AI－CADシステムのほかの歯科技工所への販売を予定しているほか、ロボットによる石膏模型の自動搬送など、口腔内スキャンデータの計測から加工までを自動化するシステムの開発を2年以内に実現するとしている。

ポートピアデンタルショー
8,103人来場

ポートピアデンタルショー2024が10月19、20の両日、神戸市の神戸国際展示場で開かれた。主催は近畿北陸地区歯科医師会および兵庫県歯で、第76回近畿北陸地区歯科医学大会と併催。歯科医師ら8103人が来場した。

「アバターと未来社会」と題した特別講演では、大阪大学大学院教授の石黒浩氏が、海外にいながら会場に設置した自身とそっくりのアンドロイドと連動して登壇した。

来場者の内訳は、歯科医師1856人、歯科技工士492人、歯科衛生士1271人、助手266人、同伴者725人、商工業者3493人。

なお、来年4月12、13日に近畿デンタルショー2025を開催予定だが、「大阪・関西万博の開催日とぶつかってしまった。宿泊予約は極力早めがお勧め」と関係者は話していた。

口腔内スキャナー新版
専用パソコン不要に
デンツプライシロナ

デンツプライシロナは、DS Coreクラウドプラットフォームを搭載した口腔内スキャナー「Primescan 2」＝写真＝を11日に発表した。

同製品は、タブレットなどインターネットに接続されたさまざまなデバイスで使用でき、専用のパソコンは不要。ワイヤレスで、場所を問わず審査・診断、歯科技工所への発注、治療計画が行える。ソフトウェアは自動で更新。スキャンデータはDS Core上に保存され、歯科技工所や患者と共有できる。また、スキャナー先端のサイズとデザインを刷新し、臼歯部でもスキャンしやすいという。指でタップするだけでスキャンの開始・終了、3D画像から2D画像への切り替えなどができるタッピングセンサーも搭載。

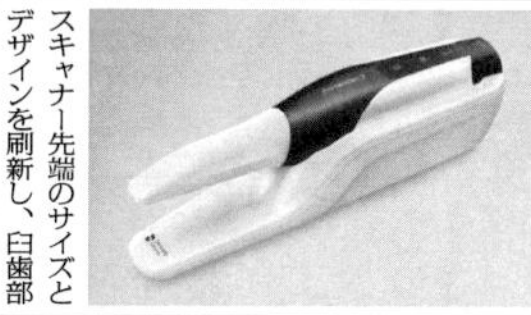

予約から治療までペーパーレス化
MetaMoJi

MetaMoJiは、同社の歯科医院向けデジタルノートアプリ「MetaMoJi Dental eNote」と、GMO医療予約技術研究所の歯科医院向けクラウド型予約システム「Dentry by GMO」の機能を連携し、予約から治療までの業務をペーパーレス化したと17日に発表した。

MetaMoJi Dental eNoteは、治療記録や患者情報をタブレットで一元管理でき、歯科医師やスタッフが同時に使用できるアプリ。両機能の連携により、Dentry by GMOの予約リストからMetaMoJi Dental eNoteへのアクセスが可能となり、歯科医師やスタッフが情報をリアルタイムで共有しながら、予約や治療をペーパーレスで行えるという。

広島国際大学ら
吹き戻し連動型ARゲームに新作
口腔機能訓練の実施に

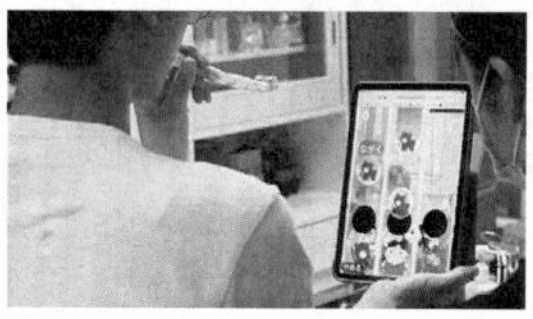

広島国際大学リハビリテーション学科の准教授・福岡達之氏のゼミに所属する学生6人と福祉用具貸与・販売事業などを行うルピナスは、同社が口腔内トレーニング用に改良した「吹き戻し」で口腔機能を訓練するゲーム「ピロピロParty」の新作を共同開発し＝写真、製造・販売資金を4日からクラウドファンディングで募集している。

同ゲームは、ICチップ付きの吹き戻し（＝コントローラー）とAR（拡張現実）ゲームを連動させたもの。コントローラーの二次元コードを読み取るとスマホ等と連動し、吹き戻しをしながら口腔機能の向上と、脳の活性化につながるトレーニングを行える。

ゲームの構成やキャラクターなどは同大学の学生が考案。音楽に合わせて画面上に出る音符を吹き当てる「ピロピロMUSIC」と、気球を飛ばしてさまざまな障害物を吹き飛ばす「ピロピロ気球」の2種類を制作した。今後は、同ゲームによる呼吸や嚥下機能の変化について検証を行う予定。

ヘッドライン 企業ニュース

■歯科鋳造用石こう系埋没材「クリストヒートショックLC」を10月1日に発売。ユニフォーム「スクラブパンツ（男女兼用）」などを10月1日受注分から価格改定。歯科用ゴム製研磨材「ピュア ビックシリコンポリッシャー」など10月21日受注分から価格改定。拡大鏡「ヘッドルーペHD-001」を在庫限りで販売中止（クエスト／9月）

■「マニーグループ人権方針」を策定（マニー／9月11日）

■根管治療用NiTi ロータリーファイル「JIZAI Pre 020」を9月24日に発売（マニー／9月11日）

■ショイデンタル社製PET-G樹脂プレート「デュラン 20枚入（アルミバック）」販売終了（JM Ortho／9月12日）

■「ファインソルダー（200g）」を10月1日注文分より価格改定（アソインターナショナル／9月17日）

製品紹介
（価格は税込）

歯磨剤
Check-Up rootcare α
ライオン歯科材　☎03（6739）9012

フッ素の滞留性を向上させた組成に改良し、名前を新しくしたジェルタイプの歯磨剤。フッ素濃度は1450ppm。露出した象牙質のコラーゲンをコーティングし、フッ素を長時間留める。根面う蝕や知覚過敏、歯肉炎を予防して根面のリスクをケアできる。研磨剤無配合のジェルタイプ。

希望患者価格＝1,045円（90g）

キシリトールキャンディ
キシリストーン
サンデンタル　☎06（6245）0950

口腔内でゆっくり溶けるタブレットタイプのキシリトールキャンディ。フィンランド産のキシリトールを含有（香味により含有量に差がある）。糖類ゼロで、低カロリー。香味はオリジナル、ペパーミント、コーヒーの３種類。容量は25g。

価格＝440円

歯科用ダイヤモンドバー
松風クリエイトダイヤ FG
松風　☎075（778）5482

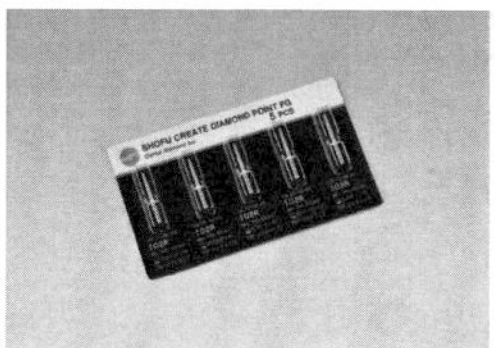

従来品の20形態に、新たに10形態を追加した歯科用ダイヤモンドバー。高密度で電着させた合成ダイヤモンド粒子により効率良く研削でき、繰り返し使用しても研削性が持続する。表面部分のハードコーティングにより滑りが良く、研削屑が付着しにくい。

価格＝3,630円（５本入り）

歯科用自動練和器
ミックススター eMotion
ヨシダ　☎0800-170-5541

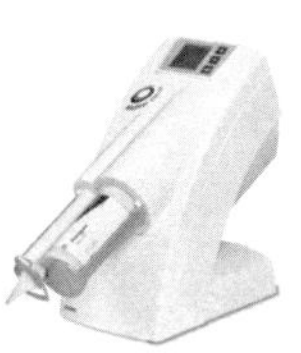

「ハニガムプロ380mL」に使用できる歯科用自動練和器。簡単なボタン操作で自動練和できる。速度レベルは３段階で選択可能。

価格＝33万円

OTC医薬品啓発イベント
正しい知識の普及図る

企業ブースには多くの人が訪れた

処方箋なしで買えるOTC医薬品の普及を啓発するイベント「よく知って、正しく使おうOTC医薬品」が東京都千代田区の神田明神文化交流館EDOCCOとオンライン配信で4、5の両日開かれた。日本一般用医薬品連合会、東京薬事協会、東京生薬協会、東京都医薬品登録販売者協会が主催。

実行委員長の藤井隆太氏はあいさつで、「医療費増加の抑制にもつながるセルフメディケーションにOTC医薬品が一躍を担う」としたうえで、「上手に活用して自ら健康になりましょう」と呼びかけた。その後、東京都医師会会長の尾﨑治夫氏が講演。「セルフメディケーションとそれに果たすOTC医薬品の役割」と題し、健康リテラシー、口腔ケア、OTC医薬品など7つのセルフケアに取り組むことの大切さを述べた。

来賓として元厚生労働大臣の武見敬三氏、東京都知事の小池百合子氏がビデオメッセージで、千代田区長の樋口高顕氏、東京都薬剤師会会長の髙橋正夫氏が祝意を表した。

会場では、龍角散やツムラなど企業による商品プレゼンテーションとブース出展、マスコットキャラクターの参加、調剤体験、認知機能や肌年齢、骨の健康度などの測定と測定結果の説明なども行われた。

水流洗浄器用いた口腔ケアの有用性
くらし社が確認

パナソニックグループのくらしアプライアンス社（＝くらし社）は、歯ブラシでのブラッシングに加えて、水流洗浄器の使用がより簡便な歯間部のプラークコントロールに有用である可能性を確認したと3日に発表した。

大阪大学大学院歯学研究科特任教授の村上伸也氏監修の下、歯ブラシでのブラッシングと、歯間部の清掃にデンタルフロスおよび水流洗浄器（ジェットウォッシャー ナノクレンズEW－NJ80）を1カ月間併用し、プラーク付着量検査を含む臨床検査を実施した結果、歯ブラシでのブラッシングと水流洗浄器を使用することで、容易に歯間部のプラークを除去できることがわかった。

同研究結果は、日本歯科保存学雑誌第67巻第3号に掲載された。

IT事業強化で2社を子会社化
ヘルスメッド

DSヘルスケアグループのヘルスメッドは、ラフトシステムの株式を90％取得して子会社化し、ラフトシステムの子会社・アローズの株式42％を取得して9月30日に連結子会社化したと発表した。

DSヘルスケアグループは、医療のDX化を重要課題として2021年に遠隔画像診断事業に参入、22年には歯科医院の経営サポートシステムを開発・提供している。

今後は、同社のグループ企業が行う訪問歯科診療・歯科健診サポートのデータの活用や、歯科のDX化の推進、歯科・医科・介護の連携にも取り組む。また、システム開発・運用実績のノウハウを持つIT企業を取り込み、IT事業の強化と、事業スピードを加速していく。

投稿／募集
800字以内。郵送またはFAX、メールで。
日本歯科新聞社

LION
独自成分配合で、[*1]
フッ素滞留性が
約3倍！[*2]
2024年
10月21日
改良新発売
DENT.
Check-Up
rootcare α
露出した根面などをケア
PCA
コーティング成分PCA
（ピロリドンカルボン酸）
知覚過敏抑制成分硝酸カリウム配合
フッ素高滞留処方
薬用成分 NaF 1450ppmF
ジェル状 ハミガキ
低発泡・低香味・研磨剤無配合
LION
根面のリスクをトータルでケアする
う蝕予防ハミガキ
根面露出
イメージ図
根面のトータルケア
NaF
KNO3
PCA
CPC
イメージ図
薬用成分
フッ化ナトリウム
1450ppmF配合
う蝕を予防
薬用成分
硝酸カリウム
歯髄神経の興奮を鎮め、
知覚過敏症状の痛みの
伝達を抑制
コーティング剤
ピロリドンカルボン酸
露出した象牙質表面の
コラーゲンをコーティング、
さらに、フッ素を長く留める
薬用成分
塩化セチルピリジニウム
口腔内の浮遊菌を殺菌し、
歯肉炎・口臭を予防
Check-Up rootcare α
医薬部外品 チェックアップ ルートケア アルファ 販売名：チェック・アップRBa 内容量：90g メーカー希望患者様向け価格／個：950円（税抜） *1 塩化カルシウム（安定剤）・無水ピロリン酸ナトリウム（清掃助剤）
*2 旧製品比較 データ：ライオン（株）研究所による牛歯根象牙質切片を用いたフッ素滞留量の定量実験 N=4 ●フッ化物高濃度配合品（1450ppmF）の6才未満への使用は控え、子供の手の届かない場所に保管してください。
ライオン歯科材株式会社
〒111-8644 東京都台東区蔵前 1-3-28 TEL.03（6739）9012
ライオン歯科材
https://www.lion-dent.co.jp/
Check-Up rootcare αの
詳細情報はこちら
株式会社モリタ

日本歯科新聞

2024年（令和6年）
10月29日

＜発行所＞
日本歯科新聞社
厚生労働省記者クラブ加盟社
〒101-0061
東京都千代田区神田三崎町2-15-2
電話 03（3234）2475
FAX 03（3234）2477
www.dentalnews.co.jp
jdn@dentalnews.co.jp

■年間購読料 23,760円（送料込）（本体 21,600円＋税）
■月4回、火曜日発行
■郵便口座番号 00120-5-130369

今週号の主な内容

コラム

サルコペニア　咬筋容積と関連

早期診断や予防に期待

順天堂大

咀嚼に重要な機能を有する筋肉「咬筋容積」が低下することで、サルコペニアになるリスクが高まる可能性が示唆された。同研究は今後、サルコペニア予防や早期診断として活用されると期待がかかっている―。

順天堂大学医学研究科スポートロジーセンターのアブドラザク・アブラディ研究員、スポーツ医学・スポートロジーの筧佐織特任助教、田村好史教授ら研究グループは、東京都文京区在住の高齢者1484人を対象に、MRIを用いて咬筋容積を測定し、サルコペニア発症リスクとの関連性を調査した。

これまでサルコペニアを発症する要因として、体重減少や身体活動量の低下、栄養状態、遺伝的要因などがあげられているものの、咬筋容積とサルコペニアとの関連性について十分な解明がなされていなかった。

研究グループは、認知機能や運動機能が「いつから」「どのような人が」「どのように」低下するかを明らかにするコホート研究「文京ヘルススタディー」に参加した高齢者（男性603人、女性881人）に調査し、男性の咬筋容積の平均は35・3ミリリットル、女性は25・0ミリリットルだった。

また、咬筋容積が最も小さいグループは、最も大きいグループと比較して、サルコペニアのリスクが男性では6・6倍、女性では2・2倍も差があることがわかった。特に咬筋容積は遺伝的要因やホルモンなどの影響を強く受ける一方で、四肢の筋肉量は年齢やBMI（肥満度を表す体格指数）による影響が大きかったという。

今後は、咬筋容積とほかの全身の筋肉量や機能、骨格筋量減少と関連する他の疾患との関連性を調査するなど、サルコペニア予防につながる包括的なリスク評価モデルの開発が期待される。

同研究成果は、『Archive of Medical Research』（10月16日）オンライン版に掲載された。

歯科技工士の未来を模索

シンポ「歯科技工士の未来！再発見！」が27日に東京都千代田区の歯科医師会館で開かれた。（次号に記事）

（次号に記事）

院内処方の歯科医療機関　7割が医薬品の入手困難

日歯調べ

院内処方をしている歯科医療機関の約7割、院外処方をしている約5割が先発医薬品と後発医薬品ともに入手や処方が困難な状況にある。日本歯科医師会の調査によるもので、19日に静岡市のホテルグランヒルズ静岡で開かれた東海信越地区歯科医師会連絡協議会の第1分科会で情報提供があった。

◆◇◆

調査は日歯会員（1都道府県歯につき10人以上に依頼）を対象とし、8月30日から9月13日の間に1394人から回答を得た。回答医療機関の処方区分は、「院内処方のみ」68・1％、「院内・院外両方」25・5％、「院外のみ」7・8％。

院内処方の歯科医療機関では、「後発医薬品が入手困難」14・9％、「先発・後発とも入手困難」69・3％と計84・2％が困っていることがわかった。院外処方で入手困難なのは、「後発医薬品」12・2％、「先発・後発とも」52・6％の計64・8％。

入手困難になっている医薬品は、院内処方も院外処方も「抗菌薬」が最多＝表＝となっている。

なお、同調査では551人から自由記載の意見が寄せられている。自由記載の主な意見は右記の通り。

入手困難になっている医薬品

		院内処方	院外処方
抗菌薬		72.6 %	75.3 %
鎮痛薬		14.8 %	14.0 %
口腔用軟膏		4.7 %	5.4 %
局所止血薬		3.4 %	1.0 %
パスタ		1.1 %	1.3 %
その他		3.4 %	3.0 %
		計 2,087 件	計 388 件
主たる抗菌薬	①サワシリン	315 件	56 件
	②アモキシシリン	180 件	40 件
	③フロモックス	179 件	33 件
	④メイアクト	102 件	
主たる鎮痛薬	①カロナール	157 件	30 件
	②ロキソニン	115 件	17 件

供給不足に対する意見（自由記載）

（回答：551人）

安定供給への対応の要望	20.5 %
国への要望・不満	11.6 %
困惑・不安・憤り	9.6 %
早期解決を要望	9.4 %
医薬品卸・製薬会社への不満	8.7 %
情報提供を希望	8.3 %
薬が入手できない	8.2 %
患者への不利益につながる	5.1 %
薬価に関する意見	5.1 %
歯科医師会への要望・不満	3.4 %
代替薬、適応拡大の希望	2.5 %

自由記載の主な意見

▼お年寄りの患者が多いため、院外処方は考えていないので、なんとか供給不足の解消をお願いしたい

▼10月から先発医薬品の選定療養がはじまるとの事だが後発品も不足しているので安定供給できるようになってから開始してほしい

▼ジェネリック推奨と言いつつジェネリックどころか先発品も無いような状態が続いている。発展途上国にいるような気分

▼早急に解消希望。患者様にも認識してもらいたいため、TVなどで報道してほしい

▼足の悪い高齢者の患者さんが多く、処方箋薬局も近くにない。歯科医院に抗生剤の在庫が無い状態を1日も早く解消して欲しい

▼被害を一番受けるのは患者さんである。麻酔薬で近隣医院から明日の分が無いから少数でも譲っていただけないかと打診されたこともあった。供給不足により他院では治療内容に影響が出ていたことは間違いないと思う

▼歯科医院の納品順位が低い。取扱量が少ないからだと思われるが、都市部のディーラーに発注するとまだ早く入荷する。この差別は如何なものか

▼医薬品に関しては、患者の処置や症状に合わせて必要不可欠なものであるため非常に困っている。製造販売元に確認しても、取引がないと販売できないとも言われた。取引は一般診療所では無理なので、途方に暮れている。以前も消炎鎮痛剤が入手困難であったりと本来必要なところに供給されないというのは、医科・歯科ともにかなり厳しい状況にある。

▼歯科適応の医薬品の種類を多くしていただければ診療所でも他の種類の医薬品に変更する等で対応できると思う

■衆院選■

歯科医師2人が当選

長谷川氏と佐原氏

衆議院選挙の投開票が27日に行われ、少なくとも2人の歯科医師が当選した。当選したのは、群馬3区と比例北関東ブロックから出馬した長谷川嘉一氏（立憲民主党）と比例東北ブロックの佐原若子氏（れいわ新選組）。

長谷川氏は、日本歯科大学新潟歯学部（当時）卒で、太田市議会議員や群馬県議会議員、衆議院議員などの経験を持つ。

佐原氏は、鶴見大学歯学部卒で、青森県保険医協会の理事を務めている。

歯科保健事業功労者

58人と8団体に厚労大臣表彰

厚労省は23日、「令和6年度歯科保健事業功労者厚生労働大臣表彰」に選ばれた個人58人、地域功績団体2団体、職域功績団体6団体を公表した。

歯科保健事業の進展に寄与するために、地域や職域での公衆衛生の向上に著しい貢献のあった個人や法人などを表彰するもの。

表彰式は、11月2日に熊本市で開かれる第45回全国歯科保健大会で行われる。

被表彰者

（敬称略）

■個人（58人）　西隆一（北海道）、仲川弘誓（同）、福士賢治（青森）、前川洋（岩手）、小野貴志夫（宮城）、熊谷克己（秋田）、鈴木基（山形）、野木敏久（福島）、瀬谷公子（茨城）、大野克夫（栃木）、村山利之（群馬）、出浦惠子（埼玉）、岩田昌久（同）、中谷地徹（千葉）、砂川稔（同）、小野沢真一（東京）、大島基嗣（同）、鍵和田宏（神奈川）、鶴見博貴（同）、中林弘（新潟）、三富純子（同）、仲村辰一郎（富山）、小林雅人（石川）、山本有一郎（福井）、田中隆（山梨）、伊藤正明（長野）、中村雅彦（岐阜）、若尾剛（静岡）、大川晃子（同）、渡邉治（愛知）、中村美保（同）、金田成煥（滋賀）、三井博晶（京都）、岩﨑晴彦（大阪）、吉岡愼郎（同）、岡本晴夫（兵庫）、玉岡哲朗（同）、藤井康伯（奈良）、井内洋（和歌山）、野坂和正（鳥取）、郡司位秀（島根）、木村里栄（岡山）、福岡賢二（広島）、小田正秀（同）、下村明生（山口）、松本侯（徳島）、喜田正晶（香川）、宮崎卓爾（愛媛）、野村和男（高知）、堤清之（福岡）、神田晋爾（同）、田中俊夫（佐賀）、西田耕也（長崎）、松本信久（熊本）、中村加代子（同）、脇田晴彦（大分）、佐野裕一（宮崎）、比嘉良喬（沖縄）

■地域功績団体（2団体）　青森県歯科衛生士会三八支部（青森）、いちはら歯っぴい8020応援隊（千葉）

■職域功績団体（6団体）　岩手ヤクルト販売（岩手）、日産自動車健康保険組合（神奈川）、横浜銀行（同）、山口フィナンシャルグループ（山口）、肥後銀行（熊本）、トヨタ車体研究所（鹿児島）

令和6年度

技工委託料11％、20％増

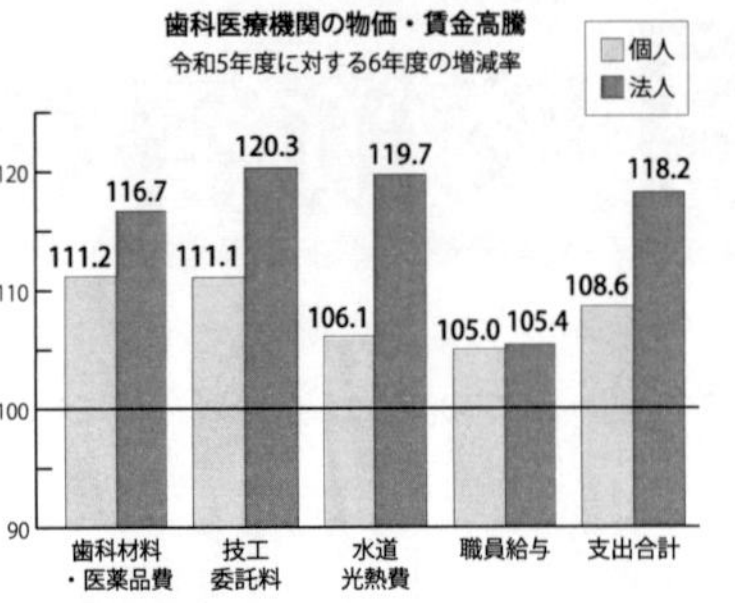

令和6年度（5～7月合算）の支出を前年同期と比べると法人の歯科診療所で18・2％、個人立歯科診療所で8・6％増えている。日本歯科総合研究機構の調査によるもので、24日に東京都千代田区の歯科医師会館で開かれた日本歯科医師会の定例記者会見で公表された。

調査は各都道府県歯の会員診療所を対象に194件の回答を得ており、令和4年、5年、6年の5～7月分の支出などを分析。会見では「歯科材料・医薬品費」「技工委託料」「水道光熱費」「職員給与」「支出合計」についてデータが示された＝表。

5年度と4年度の比較では、水道光熱費は個人4・9％減、法人4・3％減。それ以外は増額しており、支出合計は個人7・4％増、法人11・4％増となっている。

日歯総研は「ベースアップ評価料導入以前から職員給与は年5％以上増額している」「材料・技工委託料および総支出の増加率は給与額増額率を上回っている」とまとめている。

◆◇◆

会見で高橋英登会長＝写真＝は、「現場にいて、諸経費が高騰していることを実感している。それに対して診療報酬はそれほど上がる状況ではない」と経営が厳しい歯科診療所が増えていると説明。「特にベースアップ評価料の算定が軌道に乗っていない部分があるので、それも含めてどうにか対応していかなくてはならないと思っている」との認識を示した。

さらに日歯総研の（別の）調査で歯科医療に占める補綴の割合が下がっていることに触れ、「補綴をしても、われわれの手元に何も残らない状況があるのは間違いない事実」と強調。「1番から8番まで単冠はCAD／CAMで作れるようになったが、クラスプやバーには金パラを使わざるを得ない部分がある」とし、「補綴の点数を急激に上げるわけにはいかないが、いつまでも赤字を垂れ流した状態で補綴を維持するのも非常に難しい状況になっている」と危機感をあらわにした。

訪問歯科超実践術 ㊽448

前田実男（日本訪問歯科協会 理事）

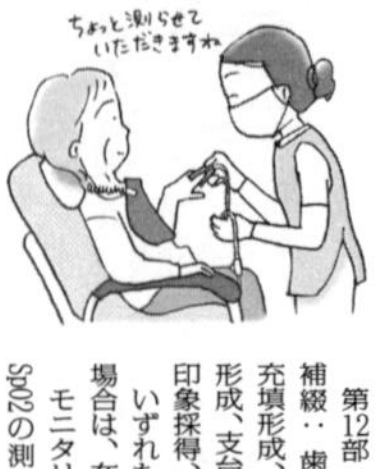

「在歯管」の算定に必要なこと

在宅患者歯科治療時医療管理料（在歯管）は、歯科訪問診療を行う際、患者の全身状態の変化を把握し、必要な医療管理を行った場合に、1日につき45点を算定するものだ。算定には、患者の血圧、脈拍、経皮的動脈血酸素飽和度（SpO2）を経時的に監視し、医療管理を実施することが必要である。また、施設基準の届出が必要だ。

対象は、次の患者に限られる。

●高血圧性疾患、虚血性心疾患、不整脈、心不全、脳血管障害、喘息、慢性気管支炎、糖尿病、甲状腺機能低下症、甲状腺機能亢進症、副腎皮質機能不全、てんかん、慢性腎臓病（腎代替療法を行う患者に限る）の患者
●人工呼吸器を装着している患者
●在宅酸素療法を行っている患者
●初診料の(16)のトもしくは(19)に規定する感染症の患者

対象となる治療は、次に限定されている。

第8部　処置：外科後処置、創傷処置、歯周疾患処置を除く
第9部　手術：すべての手術
第12部　歯冠修復および欠損補綴：歯冠形成、う蝕歯即時充填形成、う蝕歯インレー修復形成、支台築造、支台築造印象、印象採得、咬合印象、光学印象

いずれも全身麻酔下で行った場合は、在歯管の対象外だ。

モニタリングは、血圧、脈拍、SpO2の測定を、診療中の必要なタイミングで行う。処置前後や患者の状態に応じて適宜測定すればよく、診療時間内を通じて継続的に自動測定することは求められていない。

測定結果と患者の状態は、診療録に記載または添付する。なお、経皮的動脈血酸素飽和度測定は別に算定できない。

在宅患者訪問口腔リハビリテーション指導管理料（訪問口腔リハ）を算定している場合、訪問口腔リハの包括範囲に含まれる項目は、別に算定できない。しかし、該当する処置を行った日に在歯管の要件に該当する総合的医療管理を行った場合には、診療報酬明細書の摘要欄に実際に行った処置の項目を記載すれば在歯管を算定できる。

日本訪問歯科協会　https://www.houmonshika.org

医業経営コンサル協

持ち分なし法人移行 要件改善など税制要望

日本医業経営コンサルタント協会は18日、5項目からなる「医療機関等における税制のあり方に関する提言」をまとめ、21日に厚生労働省などに提出した。23日にはメディア向け主旨説明を開き、川原丈会長＝写真＝が説明した。

提言は5つ＝下記。

①では、医師少数区域などで勤務する医師の給与所得について、給与所得控除額の一定率割り増しすることや、医師少数区域で開業する個人開業医や医療法人について、所得計算で社会保険診療報酬などの収入金額に一律72％の概算経費率を適用することなどを要望。

②は、例年、要望しているもので、保険診療や介護保険サービスにかかわる消費税について、診療所では非課税取引のまま診療報酬による補填を継続し、病院では、軽減税率による課税取引にあらためて医療機関の控除対象外消費税問題に現実的な解決を図るよう求めた。

③では、認定医療法人制度で持ち分なし医療法人に移行を希望する歯科医療機関において、自由診療収入が高いため「80％以上が保険診療」という要件を満たすことが難しいという現状の改善を要望。

医科では、産婦人科の分娩や小児科の予防接種が保険外収入となるが、こうした医療行為が多い医療法人が持ち分なしへの移行で不利にならないよう、一定水準を「社会保険診療報酬」として見なす措置が取られている。今回の要望では、歯科の自由診療についても、同様の配慮を求めた。

④では、医療法人などの医療・介護DXの推進、ロボット・デジタル技術、ICT・オンライン診療のための設備投資について、固定資産税（償却資産税）を非課税とする制度の創設を要望。

川原会長によると、医療DXへの税制要望は、日本医師会や病院団体からも出されており、医療現場からの要求が強いという。

⑤では、診療報酬改定で導入された「ベースアップ評価料」に関連して、医療機関・介護施設は人件費率が高いため賃上げに要する金額が大きく、税額控除の対象となる額が控除上限（当期の法人税額等の20％）を超えてしまい、控除しきれないことが想定されると指摘。人件費率が高い業界特性に応じて税額控除上限の引き上げを要望した。

5つの提言

①医師の地域間偏在の是正を図るための税制措置の創設
②社会保険医療の給付に関わる消費税の見直し
③医療法人の承継税制などの整備
④医療・介護サービスの生産性向上に資する機器などの税制優遇措置
⑤医師の勤務環境改善支援のための税制措置創設と賃上げ促進税制の税額控除上限の引き上げ

ピックアップニュース

■歯ブラシやシャワーヘッドには600以上のウイルスが存在！対策する必要はある？専門家が回答（yogaジャーナル/10月23日）
■体に悪いって本当？　低カロリー甘味料「キシリトール」について知っておきたいこと（ELLE/10月23日）
■吉沢亮、歯のケア「割と気を遣っている」が…つい「ゲームしながらビール」（テレ朝news/10月23日）
■AIで高齢者の歩行・口腔機能の向上へ　一人ひとりに合った運動を提案（ABA青森朝日放送/10月24日）
■コンビニより多い歯科医院、動き始めたキャッシュレス（日本経済新聞/10月19日）
■九州・沖縄の医療機関倒産、過去最多11件　1～9月（日本経済新聞/10月18日）
■給食で相次ぐ「子どもの窒息事故」はなぜ起きる？歯科医師が教える「身近な食べ物」を使った「お口のトレーニング」（現代ビジネス/10月25日）
■未経験者の8割以上が「電動歯ブラシ」に高い関心！認知度No.1ブランドも調査（LIMO/10月25日）
■3ヶ月で11.3キロやせた、歯科医師が教える「レモン水うがいダイエット」のやり方（サライ.jp/10月27日）
■若さの源は舌にあり／医学博士照山裕子（日刊スポーツ/10月26日）

歯科国試にチャレンジ

④①② 2024年（第117回）より

集団の代表値に平均値を用いることができるのはどれか。2つ選べ。

a　性別
b　年齢
c　血液型
d　要介護度
e　DMF歯数

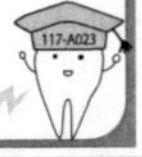

答えは本紙のどこかに！

日歯会長予備選挙で東海信越地区歯
高橋英登氏に推薦状

日本歯科医師会の次期会長予備選挙に立候補の意思を示している現職の高橋英登会長に対して、東海信越地区歯科医師会連絡協議会に参画する全県歯会長名で推薦状が出された。19日に静岡市のホテルグランヒルズ静岡で開かれた「令和6年度東海信越地区歯科医師会役員・同国保組合役員・同連盟役員合同連絡協議会」のなかで手渡された。

推薦を受けた高橋会長は感謝を述べたうえで、「これだけは成しとげようと志をもって手をあげさせていただいた。歯科界を明るくしたい。若い人が入りたい歯科界にするためにもうひと頑張りしたい」と意気込みを語った。

さらに引き続いて同地区歯科医師連盟から日歯連盟の太田謙司会長に続投要請書が送られた。

◇◆◇

連絡協議会で当番県としてあいさつした静岡県歯の平野明弘会長は、県の保健医療計画や健康増進計画、歯科保健計画などあらゆる計画が4月から変わっている点に言及。プライマリーケアに歯科が明記されたことや、災害の部分でＪＤＡＴの文言を盛り込んだこと、がん対策の中に「口腔がん」が明記されたことなどを紹介。さらに県行政の歯科医師を2人から3人に増やしたことも明かし、行政との連携の重要性を強調した。

来賓からは、高橋会長、太田会長、全国歯科医師国民健康保険組合連合会の山口誠一郎会長、日歯連盟顧問の山田宏参議院議員、比嘉奈津美参院議員、日本学校歯科医会の柘植紳平会長があいさつ。

日歯の瀬古口精良専務理事と日歯連盟の浦田健二理事長からそれぞれ会務報告が行われ、協議では、次回は愛知県で開催されることが決まった。

合同協議会後は、7つの分科会と国保組合役員連絡協議会、連盟役員連絡協議会に分かれて、それぞれの諸課題などについて情報共有、意見交換を行った。

㊤東海信越地区を代表して当番県の平野静岡県歯会長から推薦状が手渡された
㊨あいさつする平野会長

東海信越地区歯から日歯へ
指導の改善などで要望書

東海信越地区歯科医師会連絡協議会は19日、参画する6つの県歯会長名で、企業歯科健診の受診促進のための中小企業への支援金制度の設置や、高点数個別指導の改善などを求める要望書を日歯の高橋英登会長に提出した。同協議会の時局問題関係を議論する第1分科会の場で当番県を務めた静岡県歯の平野明弘会長から手渡された。

①「地域保健部門」、②「医療保険（社会保険）部門」、③「医療管理部門」、④「生涯研修部門」、⑤「災害関連部門」の5つの部門について要望している。

要望事項は右記の通り。

東海信越地区　要望事項

【地域保健部門】
企業歯科健診の受診促進のため、中小企業への支援金制度を設置し、口腔健康管理を充実させること。

【医療保険（社会保険）部門】
高点数個別指導の選定基準を全国平均点に基づくものに変更し、地域ごとの診療差異を減らすこと。また、医療本体外の点数を指導基準から除外し、特に歯科訪問診療の支援を強化すること。さらに、提供文書のデジタル化を進め、医療ＤＸを推進すること。

【医療管理部門】
医療事故調査制度に関する研修の機会を広げ、より多くの会員が受講できる体制を整えること。

【生涯研修部門】
歯科医師は、国民の健康を守り、向上させる責任を担う専門職であり、歯科医学の進展に応じた必要な研修を生涯にわたり続けることは、当然の義務であることから「生涯研修総合認定医」取得によるメリットを拡充し、E-systemの活用を促進させ、生涯研修制度をより充実させること。

【災害関連部門】
災害時の会員安否確認システムや診療所開設状況の公開システムを早急に構築すること。

山田議員が報告
自民党の公約に「皆歯科健診」明記

日本歯科医師連盟顧問の山田宏参議院議員＝写真＝は、衆議院選挙に伴う自民党の公約に今回も「国民皆歯科健診」の文言が入っているとして、今後も党として同健診の実現に向けて取り組んでいく構えを見せた。令和6年度東海信越地区歯科医師会役員・同国保組合役員・同連盟役員合同連絡協議会の来賓あいさつのなかで述べたもの。

山田議員は、団塊の世代全員が75歳以上になり、一人当たりの医療費が膨大になるとし、「60歳未満は年間18万円で済むものが、75歳以上では年間93万円かかってくる。社会保障制度を維持するために根本的な問題を解決しなくてはならない」と強調した。

2021年の衆院選、22年の参院選に引き続き、自民党の公約に「国民皆歯科健診」が入ったと報告。「今回も自民党として、国民皆歯科健診は進めていくということなので、引き続き国民皆歯科健診実現プロジェクトチームの事務局長としてしっかり進めていこうと思っている」と意気込みを語った。

そして、「これから女性や高齢者が働きやすい職場を作り、何歳になっても働きたい人が働けるようにするためには、健康を維持しなければならない。医療費のことを考えても健康づくりに力を入れなくてはいけない。では、何をすれば良いかを突き詰めていくと口腔の健康に行きつく」と国民皆歯科健診の意義を訴えた。

近北地区歯が日歯らに
医療ＤＸ対応など要望

近畿北陸地区歯科医師会役員連絡協議会が20日、神戸市の神戸ポートピアホテルで開かれた。8月24日の同協議会で提出が決まった日歯と日本歯科医師連盟への要望書を提出したほか、参画する9府県歯の間で10月1日に「大規模災害発生時の応援に関する協定書」を締結・施行したことが報告された。さらに前協議会で決定した次期日歯会長への推薦状が現職の高橋英登会長に手渡された。

㊨当番県としてあいさつする富山県歯の山崎会長
㊦連絡協議会には各府県歯の役員が集まった

要望書では、前回の協議会の議論を基に、医療ＤＸや診療報酬改定、骨太の方針に記載された各政策、地域包括ケアシステムなどについて対応を求めている。

当番県としてあいさつした富山県歯の山﨑安仁会長は、能登半島について「地震の復旧が少し進んで、これからというところで、大きな水害が発生した。本当に悲痛な思い」と言及。さらに、診療報酬改定については、スタッフなどの待遇改善が避けて通れないなかで、厳しい改定内容になったとの考えを示した。

高橋会長（右）に推薦状が手渡された

また、健康に寄与するためには、経営の安定が不可欠とし、「日歯だけでなく、都道府県が一緒に協力しなければ（厳しい現状は）突破できない」と述べ、あいさつ後に高橋会長に推薦状を手渡した。

高橋会長は来賓あいさつで、「（次期会長として）手をあげた一つの理由は、若い人が歯科を目指さない。そして歯科が疲弊している。こんなにすばらしい職業の社会的評価をあげなくてはならない」と思いを語った。

そして、「地域での悩み、意見を伺ったうえで、しっかりと舵を切っていきたい。もう一期、頑張って良い歯科界を作ろうと思っている。これからもお力添えをお願いしたい」と協力を求めた。

協議では、令和8年度同地区歯科医学大会の開催が京都府となることが確認された。

近北地区歯　要望内容

▼今後の国の医療ＤＸの推進に関し、歯科における具体的な医療ＤＸのビジョンとその進捗状況をリアルタイムで会員に発信し、デジタル格差を解消し現状に応じた負担とストレスの少ないシステムを構築するとともに、小規模歯科医療機関にとって実効性のある、即時償却制度等の税制支援策の創設・拡充を強く国へ要望すること

▼今後の診療報酬改定においては、歯科固有の技術料の適正評価と財源確保について強固な対策を講ずるとともに、診療報酬の地域別単価導入に断固反対の立場を維持すること

▼公的医療保険料に上乗せして徴収される「子ども・子育て支援金制度」の財源が厳密に峻別されていることを厳しく監視するとともに、国民皆保険制度を堅持するための社会保障費財源を確保し、国民に安心安全かつ質の高い歯科医療を提供できる体制を堅持するために尽力すること

▼「骨太の方針」に記載された各政策が具体的に着実かつ早急に実行されるよう、各方面と精力的に交渉すること

▼地域包括ケアシステムでその役割がますます高まっていくと考えられる歯科保健医療の充実のために、資質の高い歯科衛生士および歯科技工士が安定的に確保されるための対策を講じること

日学歯の柘植会長
学校での歯科保健教育 位置づけ確立に意欲

日本学校歯科医会の柘植紳平会長＝写真＝は、骨太の方針2024に初めて「歯科保健教育」の文言が入ったことを踏まえて、学校現場で歯科保健教育がしっかりと位置づけられるように取り組んでいく構えを見せた。19日に静岡市のホテルグランヒルズ静岡で開かれた令和6年度東海信越地区歯科医師会役員・同国保組合役員・同連盟役員合同連絡協議会の来賓あいさつで述べたもの。

柘植会長は、現在の歯科保健教育について、小学校高学年に位置づけられているのみで、低学年や中学校、高等学校で十分な位置づけがないと指摘。

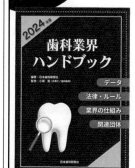

「おそらく来年からそれ（公教育・学習指導要領）について、（文科省の）中央教育審議会の中で検討が始まってくる。ここで位置づけられないと（おおむね10年ごとの改訂のため）また10年延びてしまう」と日歯や日歯連盟と連携して取り組んでいく姿勢を見せた。

九地連
日歯会長予備選で
高橋氏に推薦状

九州8県の歯科医師会会長名で、日歯会長の高橋英登氏に対する次期日歯会長推薦状が12日、熊本県歯会長で日歯常務理事の伊藤明彦氏に手渡された。推薦状は、那覇市のパシフィックホテル沖縄で開かれた第76回九州歯科医学大会の開会前、令和6年度第1回九州地区連合歯科医師会役員会の終了後に交付されたもの。

受療率など

歯科診療所の１診療所、歯科医師１人当たりの患者数

（単位：人）

	昭和62年	平成2	5	8	11	14	17	20	23	26	29	令和2年
１歯科診療所当たり	25.1	23.8	22.5	21.9	18.4	17.6	19.1	19.3	20.3	19.9	19.6	19.6
歯科医師１人当たり	20.1	19.1	17.9	17.4	14.8	14.0	15.9	16.0	16.7	16.1	15.9	15.5

資料：患者調査（３年ごと調査）（調査月は、10月である。）
注）１. 昭和59年からは患者調査、医療施設調査より推計したものであり、「歯科医師１人当たりの患者数」は、患者数を常勤歯科医師数で除したものである。２. 平成23年は宮城県の石巻医療圏、気仙沼医療圏及び福島県の全域を除いた数値である。

施設の種類別にみた平均診療間隔の年次推移

（単位：日）

	昭和62年	平成2	5	8	11	14	17	20	23	26	29	令和2年
病院	9.2	10.2	10.5	11.7	11.6	12.4	11.8	11.7	11.6	11.8	12.4	27.7
一般診療所	6.7	7.1	7.3	8.1	8.4	8.7	9.2	9.8	10.1	11.7	11.8	21.7
歯科診療所	6.2	5.8	6.9	7.4	7.0	7.5	7.8	8.6	8.5	9.5	10.3	17.7

資料：患者調査（３年ごと調査）（調査月は、10月である。）
注）平成23年の数値は、宮城県の石巻医療圏、気仙沼医療圏及び福島県を除いた数値である。

診療行為別１件当たり点数・百分率（診療行為別・年齢階級別）

１件（明細書１枚）当たり点数（点）・構成割合（%）　　（令和4年）

	一般医療										後期医療	
	総数		0〜14歳		15〜39歳		40〜64歳		65〜74歳			
	(点)	(%)	(点)	(%)	(点)	(%)	(点)	(%)	(点)	(%)	(点)	(%)
総数	1,237.8	100.0	918.5	100.0	1,259.9	100.0	1,285.5	100.0	1,331.3	100.0	1,439.1	100.0
初診・再診	165.0	13.3	187.5	20.4	173.9	13.8	159.3	12.4	153.3	11.5	141.4	9.8
医学管理等	189.3	15.3	223.9	24.4	173.4	13.8	184.2	14.3	192.2	14.4	169.1	11.8
在宅医療	7.8	0.6	1.4	0.2	4.5	0.4	7.9	0.6	20.3	1.5	174.1	12.1
検査	99.1	8.0	52.9	5.8	115.1	9.1	108.9	8.5	93.5	7.0	74.7	5.2
画像診断	59.1	4.8	34.4	3.7	89.1	7.1	59.4	4.6	44.9	3.4	36.7	2.6
投薬	12.7	1.0	4.7	0.5	14.5	1.2	13.4	1.0	14.4	1.1	14.4	1.0
注射	1.1	0.1	0.1	0.0	0.7	0.1	1.2	0.1	2.2	0.2	2.4	0.2
リハビリテーション	9.3	0.8	0.7	0.1	0.6	0.1	7.0	0.5	27.9	2.1	48.8	3.4
処置	259.2	20.9	218.9	23.8	265.7	21.1	275.3	21.4	247.2	18.6	214.2	14.9
手術	34.4	2.8	18.5	2.0	56.6	4.5	30.0	2.3	31.4	2.4	30.9	2.1
麻酔	5.7	0.5	5.3	0.6	11.2	0.9	4.5	0.3	2.9	0.2	2.5	0.2
放射線治療	0.2	0.0	0.0	0.0	0.0	0.0	0.2	0.0	0.4	0.0	0.5	0.0
歯冠修復及び欠損補綴	380.7	30.8	161.6	17.6	321.0	25.5	424.9	33.1	491.7	36.9	516.2	35.9
歯科矯正	4.1	0.3	3.6	0.3	15.1	1.2	0.8	0.1	0.0	0.0	0.0	0.0
病理診断	1.0	0.1	0.3	0.0	0.8	0.1	1.1	0.1	1.2	0.1	1.2	0.1
入院及びその他	9.2	0.7	4.8	0.4	17.6	1.4	7.3	0.6	7.7	0.6	12.0	1.0

資料：社会医療診療行為別調査（６月審査分）
注）調査の対象は、協会けんぽ、組合健保、国保及び後期高齢者医療制度である。

受診率（都道府県別、年次別一被保険者100人当たり）

	協会けんぽ								国保						後期高齢者	
	被保険者		被扶養者		高齢受給者（70〜74歳）				一般被保険者＋退職者医療		一般被保険者（70〜74歳）					
					一般		現役並み所得者				一般		現役並み所得者			
	令和2年	3年	令和2年	3年	令和2年	3年	令和2年	3年	令和2年	3年	令和2年	3年	令和2年	3年	令和2年	3年
全国	158.5	168.3	156.8	168.5	228.9	240.7	268.5	282.8	182.9	197.6	237.8	253.4	261.7	281.2	230.3	247.4
北海道	142.8	147.9	139.4	147.9	183.5	190.3	217.3	223.2	161.3	172.3	192.7	204.4	208.0	220.8	173.9	186.3
青森	135.4	138.2	137.9	143.4	157.6	160.1	226.6	228.2	140.2	145.2	162.6	164.6	181.8	185.5	121.7	125.9
岩手	150.3	153.7	146.8	151.4	201.1	205.5	245.5	261.8	175.1	180.9	212.8	216.2	242.8	247.9	168.9	173.1
宮城	154.5	161.2	157.6	166.9	232.1	241.3	271.7	279.1	187.1	198.4	243.9	254.8	278.2	279.1	215.8	228.6
秋田	150.3	153.2	151.2	154.2	190.7	196.4	254.8	261.4	169.7	172.3	197.3	200.0	228.7	237.3	155.5	160.5
山形	166.1	175.2	167.8	178.8	233.2	241.1	299.9	302.6	198.5	210.3	239.4	249.5	276.8	280.5	191.4	201.0
福島	149.9	157.8	150.4	158.0	203.4	209.0	245.5	256.8	171.2	181.2	208.9	215.8	240.9	244.7	171.9	180.1
茨城	157.9	165.8	149.4	158.2	207.9	219.2	250.1	262.1	172.7	185.2	220.0	234.9	231.5	259.6	199.3	215.2
栃木	159.1	167.9	154.3	165.6	223.0	235.2	267.2	283.9	176.9	189.7	222.7	235.6	252.5	263.0	189.1	201.8
群馬	154.9	164.2	159.1	168.7	215.0	223.9	250.8	268.8	172.6	186.3	212.3	226.7	240.6	256.1	192.7	206.1
埼玉	159.0	170.5	155.6	169.3	226.2	243.3	255.2	272.4	182.5	200.4	237.9	258.6	262.2	281.8	248.5	269.4
千葉	158.8	170.6	152.4	166.7	219.4	235.8	256.8	276.2	184.3	203.1	242.7	264.5	264.7	291.7	244.9	267.0
東京	161.8	174.8	159.0	174.1	240.8	259.0	269.3	290.6	181.4	202.6	255.5	281.1	273.8	302.7	282.9	309.8
神奈川	156.4	168.9	152.2	166.0	228.9	245.7	254.6	271.2	183.2	202.2	239.4	261.8	256.4	283.9	264.4	288.1
新潟	156.2	163.6	139.8	149.0	236.9	242.1	280.6	289.8	193.4	204.7	240.1	249.9	263.8	276.0	205.2	215.8
富山	149.5	158.7	158.1	170.9	199.7	206.3	230.6	245.2	174.5	187.5	203.0	216.8	228.2	245.6	162.3	172.9
石川	141.0	150.8	134.4	145.4	189.6	195.6	222.7	229.4	156.2	169.0	179.3	192.8	210.6	226.1	146.8	157.3
福井	138.7	148.0	139.1	149.5	183.4	192.4	221.8	222.9	155.5	169.2	181.6	193.0	206.9	219.1	153.8	163.7
山梨	160.0	168.8	159.1	169.3	214.0	226.3	246.9	271.4	178.4	193.3	218.6	234.9	236.5	267.9	195.3	212.7
長野	158.4	166.9	141.4	152.1	228.1	239.5	262.6	282.6	184.0	197.3	229.9	243.7	250.2	265.1	198.2	209.4
岐阜	172.0	182.6	188.2	202.3	261.9	274.4	305.3	317.0	220.4	237.5	277.1	293.1	298.0	315.4	254.2	272.2
静岡	158.9	167.0	151.6	161.2	231.3	240.9	258.3	275.5	186.7	198.6	233.6	245.2	261.8	273.1	214.1	226.1
愛知	165.8	176.4	185.0	199.1	266.3	280.2	300.6	315.9	212.8	229.8	278.5	297.5	303.0	322.2	276.3	296.0
三重	169.3	179.5	160.7	171.9	244.1	254.8	291.9	294.6	203.8	218.3	252.0	267.1	280.8	291.8	216.4	230.7
滋賀	158.5	166.8	150.8	159.6	228.6	236.9	261.6	278.4	187.2	200.6	231.0	244.3	256.4	267.7	207.7	222.6
京都	160.3	170.8	144.8	156.3	233.3	245.5	272.2	288.1	186.0	201.8	239.2	256.8	263.7	292.3	234.7	252.6
大阪	167.0	178.6	164.4	177.9	253.0	268.9	296.7	316.8	198.7	215.1	265.4	283.9	300.2	320.6	294.4	314.2
兵庫	166.7	177.9	164.0	176.4	239.3	254.3	280.4	294.8	195.7	212.1	246.7	264.2	275.6	301.7	250.7	270.4
奈良	163.5	173.1	150.8	160.6	242.0	255.3	287.9	299.8	200.3	214.8	253.7	270.5	273.2	297.7	249.1	265.6
和歌山	156.2	162.9	158.1	166.8	215.5	224.5	251.7	261.5	177.6	189.1	212.6	224.6	246.2	257.5	183.6	193.9
鳥取	160.9	165.4	148.5	153.8	229.7	241.5	270.4	285.5	188.4	195.9	230.7	238.5	271.8	274.7	188.0	194.9
島根	154.1	159.7	141.9	150.4	220.9	224.2	258.2	266.5	191.5	200.5	226.8	234.5	256.0	277.3	186.8	196.1
岡山	165.1	171.8	176.1	185.9	247.6	257.9	287.7	296.8	205.0	215.5	254.0	264.8	292.8	301.7	232.6	244.2
広島	155.1	163.1	151.3	162.5	244.2	254.7	286.2	294.8	202.0	214.6	260.2	271.6	283.7	305.8	263.2	279.2
山口	164.2	172.9	165.0	177.6	223.5	232.0	272.0	274.8	198.1	210.5	233.4	243.3	263.0	279.3	205.9	218.2
徳島	162.0	168.5	179.4	188.6	239.7	240.2	305.4	299.5	194.4	204.3	238.1	245.9	271.7	273.6	209.7	217.7
香川	157.8	166.9	180.2	193.9	228.7	246.8	269.9	294.6	197.2	211.7	238.1	253.5	271.2	285.6	224.3	241.1
愛媛	156.5	164.3	166.7	178.0	229.8	238.0	280.3	280.8	192.6	203.1	233.4	242.0	265.9	280.0	202.9	214.8
高知	152.0	160.8	146.7	154.1	211.9	221.1	248.5	252.9	173.8	184.3	213.0	222.8	243.8	262.1	179.9	191.2
福岡	158.3	170.0	156.2	171.1	242.2	258.1	286.4	304.0	190.2	209.8	255.3	277.6	280.6	305.4	255.6	280.1
佐賀	170.4	178.3	155.0	163.9	242.8	252.1	291.4	320.1	196.9	209.6	252.5	262.8	254.3	284.8	224.7	235.3
長崎	168.5	175.4	154.8	163.4	250.9	259.2	296.6	307.2	201.9	212.7	268.4	277.2	288.3	302.8	241.8	254.9
熊本	154.0	163.3	147.5	159.7	231.8	245.0	284.6	306.9	182.0	197.0	239.8	255.7	268.2	280.2	208.9	228.3
大分	136.4	142.4	131.3	137.8	180.5	187.0	225.7	233.7	151.7	162.5	184.1	194.1	202.2	216.8	159.0	168.2
宮崎	140.2	146.4	141.3	150.0	196.0	204.4	251.2	252.3	158.7	169.8	196.2	206.6	215.5	235.0	168.7	179.2
鹿児島	157.7	164.4	152.7	158.7	221.6	227.9	282.4	287.2	176.2	186.8	218.6	226.5	251.3	266.1	173.0	185.2
沖縄	138.1	143.8	120.8	125.9	167.4	172.6	229.3	232.5	130.3	139.5	172.1	179.0	203.8	213.2	149.9	158.3

資料：全国健康保険協会管掌健康保険事業年報、国民健康保険事業年報、後期高齢者医療事業状況報告（年報）

100人当たり受診件数、１件当たり点数

	協会（一般）				組合健保				共済組合				国民健康保険			
	100人当たり受診件数		１件当たり点数		100人当たり受診件数		１件当たり点数		100人当たり受診件数		１件当たり点数		100人当たり受診件数		１件当たり点数	
	令和2年度	3年度	2年度	3年度	2年度	3年度	2年度	3年度	2年度	3年度	2年度	3年度	2年度	3年度	2年度	3年度
総数	160.21	170.68	1,283.2	1,257.7	157.68	169.53	1,225.0	1,200.6	159.24	172.87	1,168.3	1,150.4	184.61	197.61	1,357.5	1,335.2
0〜4歳	98.28	105.94	908.8	920.2	102.16	112.58	900.8	913.0	103.23	114.15	859.6	873.0	91.14	99.02	979.5	982.5
5〜9歳	246.19	262.99	964.2	952.2	245.34	263.14	950.1	937.4	249.34	269.25	919.1	912.0	230.42	247.82	1,006.1	989.1
10〜14歳	152.24	167.91	942.2	940.7	162.49	179.36	928.8	928.2	167.90	187.14	902.2	906.1	140.08	155.34	972.7	967.7
15〜19歳	91.46	97.29	1,251.4	1,225.9	94.40	101.15	1,208.2	1,186.8	97.53	105.33	1,212.7	1,191.9	90.02	96.05	1,288.5	1,258.0
20〜24歳	100.27	103.91	1,394.7	1,366.3	103.57	107.69	1,377.3	1,335.4	104.29	110.40	1,373.4	1,341.4	94.23	98.75	1,455.4	1,423.1
25〜29歳	124.23	131.70	1,356.1	1,323.2	128.74	138.49	1,331.7	1,293.7	130.82	143.71	1,285.8	1,250.6	115.24	122.82	1,439.6	1,408.3
30〜34歳	132.41	141.32	1,329.6	1,294.9	135.99	147.39	1,294.3	1,258.2	136.79	150.51	1,243.1	1,216.6	125.84	134.94	1,413.3	1,378.3
35〜39歳	141.73	150.00	1,319.1	1,287.8	143.50	153.94	1,273.1	1,244.0	145.95	157.43	1,218.7	1,193.4	134.16	143.36	1,395.0	1,363.6
40〜44歳	153.19	162.03	1,328.4	1,295.0	154.17	164.94	1,276.8	1,243.9	154.45	168.12	1,219.9	1,194.4	144.45	154.68	1,399.5	1,372.7
45〜49歳	162.01	172.22	1,353.5	1,321.0	161.91	173.58	1,296.4	1,263.6	163.19	175.91	1,234.6	1,212.9	151.40	162.80	1,421.3	1,391.5
50〜54歳	175.90	185.59	1,361.0	1,328.5	176.82	186.68	1,295.9	1,271.8	180.22	192.68	1,239.4	1,220.2	161.16	172.33	1,422.2	1,392.6
55〜59歳	192.21	204.64	1,352.4	1,324.5	194.97	208.72	1,293.3	1,269.1	209.45	225.45	1,248.7	1,229.8	177.33	190.38	1,398.8	1,377.0
60〜64歳	208.95	221.93	1,352.4	1,327.7	215.52	227.71	1,295.0	1,274.1	242.56	256.03	1,258.2	1,245.3	198.85	213.34	1,365.8	1,345.1
65〜69歳	223.23	236.57	1,361.9	1,337.8	236.69	249.08	1,297.3	1,279.7	255.54	276.28	1,278.0	1,271.3	217.94	233.53	1,348.4	1,326.0
70〜74歳	239.23	250.35	1,399.9	1,375.1	248.09	264.23	1,324.6	1,301.3	250.20	269.09	1,329.7	1,346.5	242.75	254.57	1,380.3	1,359.3

資料：医療給付実態調査

受療率（年次別一人口10万対）

年齢	総数		65〜		70〜	
	総数	歯科	総数	歯科	総数	歯科
昭和59年	6,403	916	13,455	1,107	19,936	901
62年	6,600	990	13,820	1,317	20,237	1,022
平成２年	6,769	1,007	13,754	1,271	20,546	1,029
５年	6,735	1,009	13,535	1,404	19,705	1,013
８年	7,000	1,037	18,567	1,388	20,884	1,261
11年	6,566	903	16,733	1,263	18,626	1,157
14年	6,222	890	15,187	1,285	16,908	1,161
17年	6,696	982	15,587	1,412	17,398	1,355
20年	6,467	994	14,204	1,526	15,835	1,472
23年	6,852	1,070	14,550	1,665	16,101	1,610
26年	6,734	1,050	13,477	1,664	14,943	1,636
29年	6,711	1,036	13,102	1,705	14,665	1,763
令和２年	6,618	1,008	12,556	1,566	13,563	1,597

資料：患者調査（３年ごと調査）（調査月は、10月である。）
注）１. 55年から歯科診療所の受療率より算出。ただし、「65〜」及び「70〜」の受療率については、傷病小分類（歯及び歯の支持組織の疾患＋歯の補綴）により算出した。
２. 平成８年以降は、傷病小分類（う蝕＋歯肉炎及び歯周疾患＋その他の歯及び歯の支持組織の障害＋歯の補綴）により算出した。
３. 平成23年は、宮城県の石巻医療圏、気仙沼医療圏及び福島県を除いた数値である。

社会保険指導者研修会統計資料より②

歯科医療機関の受診件数や

「歯周炎等」の1件当たり点数は1293・1点

1件当たり点数「0～4歳」は874・7点 「85～89歳」が1489・5点

診療行為別1件当たり点数・百分率（傷病分類別）（令和4年）

		総数	初・再診	医学管理等	在宅医療	検査	画像診断	投薬	注射	リハビリテーション	処置	手術	麻酔	放射線治療	歯冠修復及び欠損補綴	歯科矯正	病理診断	入院料等
1件(明細書1枚)当たり点数(点)	総数	1,278.3	160.3	185.2	41.3	94.2	54.6	13.0	1.4	17.3	250.2	33.7	5.0	0.2	408.0	3.3	1.0	9.8
	う触	1,159.1	199.1	132.8	9.8	19.3	29.0	6.0	0.2	7.1	98.7	14.0	3.4	0.1	636.8	0.5	0.1	2.1
	感染を伴わない歯牙慢性硬組織疾患	867.8	213.0	82.8	14.2	26.9	39.5	21.2	0.6	10.2	118.1	60.7	5.3	—	260.3	0.2	0.6	14
	歯髄炎等	1,687.1	192.0	113.7	8.8	38.7	53.8	20.0	0.1	6.8	365.8	13.3	5.0	0.1	866.7	0.1	0.1	2
	根尖性歯周炎(歯根膜炎)等	1,388.1	201.5	114.3	16.1	36.7	77.6	39.9	3.5	10.6	219.6	102.1	12.0	0.4	514.3	0.2	5.0	34.1
	歯肉炎	960.3	181.1	236.7	2.2	80.5	34.8	4.0	0.0	0.7	253.5	12.2	2.1	—	151.4	0.8	0.0	0.3
	歯周炎等	1,293.1	148.9	199.1	43.9	114.3	55.6	12.8	0.3	18.3	286.2	26.5	2.3	0.0	383.0	0.2	0.2	1.4
	歯冠周囲炎	1,186.6	232.4	102.1	1.4	51.2	208.5	72.8	4.9	1.0	53.0	259.4	46.6	—	52.8	1.3	4.4	94.7
	顎、口腔の炎症及び膿瘍	1,774.7	184.2	158.9	10.6	118.7	383.1	60.5	54.3	9.9	70.2	185.5	55.3	3.2	22.9	0.4	41.7	415.2
	顎、口腔の先天奇形及び発育障害	1,745.2	183.0	100.3	0.9	70.1	234.0	33.4	6.5	1.5	37.9	426.8	103.7	—	31.3	291.3	6.7	217.7
	顎機能異常	1,121.5	195.6	129.1	4.0	46.6	216.9	24.2	7.6	16.2	219.0	75.8	13.4	1.6	102.3	9.7	6.0	53.5
	顎、口腔の嚢胞	3,050.8	149.9	151.2	0.1	204.8	516.7	32.3	21.8	1.5	27.5	559.2	375.1	—	13.1	0.2	162.6	834.9
	顎骨疾患等	1,819.7	210.0	170.7	5.8	96.7	247.6	34.9	14.0	23.9	53.7	274.8	156.4	—	144.9	0.9	22.0	363.3
	口腔粘膜疾患	1,294.9	163.2	116.5	142.5	47.7	40.6	35.7	35.0	61.7	66.2	146.6	59.9	7.2	163.5	1.0	18.3	189.5
	悪性新生物等	4,991.9	117.4	276.4	1.3	328.9	834.1	62.3	668.4	43.6	32.2	749.4	150.6	187.6	5.0	0.0	118.9	1,415.6
	良性新生物等	1,834.2	184.8	114.8	2.9	107.2	313.0	21.3	20.5	2.8	14.1	409.3	105.2	1.3	17.2	0.2	253.4	266.2
	口腔、顔面外傷及び癒合障害等	1,076.3	281.9	53.4	12.3	18.6	130.3	21.5	2.9	1.0	104.6	279.9	37.4	—	7.8	0.0	0.7	123.8
	補綴関係(歯の補綴)	1,770.2	160.1	74.3	180.5	13.8	6.9	4.3	0.8	70.4	35.2	10.4	0.8	0.2	1,209.5	0.1	0.1	2.6
	その他	1,393.4	169.3	113.0	233.3	43.3	52.8	16.9	25.2	45.7	184.9	115.9	35.6	6.0	164.7	14.2	15.5	157.1
構成割合(%)	総数	100.0	12.5	14.5	3.2	7.4	4.3	1.0	0.1	1.3	19.6	2.6	0.4	0.0	31.9	0.3	0.1	0.8
	う触	100.0	17.2	11.5	0.8	1.7	2.5	0.5	0.0	0.6	8.5	1.2	0.3	0.0	54.9	0.0	0.0	0.2
	感染を伴わない歯牙慢性硬組織疾患	100.0	24.5	9.5	1.6	3.1	4.6	2.4	0.1	1.2	13.6	7.0	0.6	—	30.0	0.0	0.1	1.6
	歯髄炎等	100.0	11.4	6.7	0.5	2.3	3.2	1.2	0.0	0.4	21.7	0.8	0.3	0.0	51.4	0.0	0.0	0.1
	根尖性歯周炎(歯根膜炎)等	100.0	14.5	8.2	1.2	2.6	5.6	2.9	0.3	0.8	15.8	7.4	0.9	0.0	37.1	0.0	0.4	2.5
	歯肉炎	100.0	18.9	24.6	0.2	8.4	3.6	0.4	0.0	0.1	26.4	1.3	0.2	—	15.8	0.1	0.0	0.0
	歯周炎等	100.0	11.5	15.4	3.4	8.8	4.3	1.0	0.0	1.4	22.1	2.0	0.2	0.0	29.6	0.0	0.0	0.1
	歯冠周囲炎	100.0	19.6	8.6	0.1	4.3	17.6	6.1	0.4	0.1	4.5	21.9	3.9	—	4.5	0.1	0.4	8.0
	顎、口腔の炎症及び膿瘍	100.0	10.4	9.0	0.6	6.7	21.6	3.4	3.1	0.6	4.0	10.5	3.1	0.2	1.3	0.0	2.3	23.4
	顎、口腔の先天奇形及び発育障害	100.0	10.5	5.7	0.1	4.0	13.4	1.9	0.4	0.1	2.2	24.5	5.9	—	1.8	16.7	0.4	12.5
	顎機能異常	100.0	17.4	11.5	0.4	4.2	19.3	2.2	0.7	1.4	19.5	6.8	1.2	0.1	9.1	0.9	0.5	4.8
	顎、口腔の嚢胞	100.0	4.9	5.0	0.0	6.7	16.9	1.1	0.7	0.1	0.9	18.3	12.3	—	0.4	0.0	5.3	27.4
	顎骨疾患等	100.0	11.5	9.4	0.3	5.3	13.6	1.9	0.8	1.3	3.0	15.1	8.6	—	8.0	0.1	1.2	20.0
	口腔粘膜疾患	100.0	12.6	9.0	11.0	3.7	3.1	2.8	2.7	4.8	5.1	11.3	4.6	0.6	12.6	0.1	1.4	14.6
	悪性新生物等	100.0	2.4	5.5	0.0	6.6	16.7	1.2	13.4	0.9	0.6	15.0	3.0	3.8	0.1	0.0	2.4	28.4
	良性新生物等	100.0	10.1	6.3	0.2	5.8	17.1	1.2	1.1	0.2	0.8	22.3	5.7	0.1	0.9	0.0	13.8	14.5
	口腔、顔面外傷及び癒合障害等	100.0	26.2	5.0	1.1	1.7	12.1	2.0	0.3	0.1	9.7	26.0	3.5	—	0.7	0.0	0.1	11.5
	補綴関係(歯の補綴)	100.0	9.0	4.2	10.2	0.8	0.4	0.2	0.0	4.0	2.0	0.6	0.0	0.0	68.3	0.0	0.0	0.1
	その他	100.0	12.1	8.1	16.7	3.1	3.8	1.2	1.8	3.3	13.3	8.3	2.6	0.	11.8	1.0	1.1	11.3

資料：社会医療診療行為別統計（6月審査分）　注）対象は、協会けんぽ、組合健保、国保及び後期高齢者医療制度である。

診療行為別1件当たり点数・百分率（年齢階級別）（令和4年）

		総数	初・再診	医学管理等	在宅医療	検査	画像診断	投薬	注射	リハビリテーション	処置	手術	麻酔	放射線治療	歯冠修復及び欠損補綴	歯科矯正	病理診断	入院料等
1件当たり点数(点)	総数	1,278.3	160.3	185.2	41.3	94.2	54.6	13.0	1.4	17.3	250.2	33.7	5.0	0.2	408.0	3.3	1.0	9.8
	一般医療	1,237.8	165.0	189.3	7.8	99.1	59.1	12.7	1.1	9.3	259.2	34.4	5.7	0.2	380.7	4.1	1.0	9.2
	後期医療	1,439.1	141.4	169.1	174.1	74.7	36.7	14.4	2.4	48.8	214.2	30.9	2.5	0.5	516.2	0.0	1.2	12.0
	0～4歳	874.7	229.6	213.7	2.7	33.4	11.0	1.9	0.1	1.3	240.0	11.3	5.4	—	115.7	0.3	0.1	8.2
	5～9歳	931.2	182.0	225.3	1.1	39.6	39.3	5.5	0.1	0.7	216.1	18.9	6.2	—	189.4	2.4	0.2	4.6
	10～14歳	922.5	173.6	227.1	1.2	83.3	39.3	5.1	0.1	0.4	211.9	21.6	4.0	—	143.9	7.2	0.4	3.4
	15～19歳	1,120.4	180.5	174.6	2.8	101.3	75.9	10.7	0.5	0.6	207.0	42.1	9.9	—	256.5	40.6	0.8	16.6
	20～24歳	1,308.0	184.1	163.0	5.2	111.4	113.5	18.6	1.1	0.4	249.1	89.4	16.7	—	297.5	28.9	0.8	28.2
	25～29歳	1,297.2	175.0	171.1	4.5	115.4	99.6	16.5	0.8	0.4	268.8	75.4	14.3	—	315.8	15.1	0.8	23.6
	30～34歳	1,266.3	170.7	175.7	4.5	119.0	85.6	13.9	0.7	0.6	280.2	49.8	9.6	0.1	332.9	7.6	0.8	14.6
	35～39歳	1,255.2	167.4	178.5	5.0	119.1	75.9	12.7	0.6	1.0	283.6	35.7	7.5	0.1	353.4	3.8	0.9	10.2
	40～44歳	1,263.7	164.7	180.2	5.1	116.7	68.5	12.6	0.8	1.6	284.4	29.5	5.9	0.0	382.5	2.0	1.0	8.1
	45～49歳	1,283.2	162.5	181.1	6.4	112.2	63.9	13.1	0.9	3.0	283.4	29.3	5.2	0.1	412.7	1.1	1.0	7.2
	50～54歳	1,291.6	159.5	183.5	7.8	109.2	59.7	13.5	1.0	5.3	278.7	29.9	4.4	0.2	430.3	0.6	1.1	6.8
	55～59歳	1,290.5	156.4	186.6	8.7	106.1	55.7	13.9	1.5	9.2	270.6	30.8	3.9	0.4	437.8	0.3	1.3	7.5
	60～64歳	1,293.9	154.3	189.1	10.9	102.0	50.9	14.0	1.6	14.8	260.8	30.7	3.3	0.3	453.0	0.1	1.0	6.9
	65～69歳	1,309.8	153.5	191.0	15.0	96.6	46.6	14.2	2.0	22.4	250.7	31.0	3.0	0.3	475.1	0.0	1.2	7.3
	70～74歳	1,347.7	153.2	193.1	24.4	91.2	43.6	14.5	2.4	32.1	244.5	31.7	2.8	0.4	504.4	0.0	1.3	8.1
	75～79歳	1,394.0	151.7	191.6	48.4	86.0	41.1	15.2	2.3	40.9	239.2	31.5	2.6	0.4	532.4	0.0	1.2	9.6
	80～84歳	1,442.3	148.8	181.1	109.7	78.0	39.0	15.4	2.8	48.3	223.4	32.6	2.7	0.7	545.4	0.0	1.3	13.0
	85～89歳	1,489.5	134.2	149.1	277.5	63.6	33.4	14.1	1.8	56.6	190.1	31.1	2.4	0.6	517.8	0.0	1.3	15.8
	90歳以上	1,477.7	92.2	85.5	624.0	41.2	19.7	9.4	2.4	67.2	132.4	23.0	1.3	0.1	366.8	0.0	1.0	11.4
構成割合(%)	総数	100.0	12.5	14.5	3.2	7.4	4.3	1.0	0.1	1.3	19.6	2.6	0.4	0.0	31.9	0.3	0.1	0.8
	一般医療	100.0	13.3	15.3	0.6	8.0	4.8	1.0	0.1	0.8	20.9	2.8	0.5	0.0	30.8	0.3	0.1	0.7
	後期医療	100.0	9.8	11.8	12.1	5.2	2.6	1.0	0.2	3.4	14.9	2.1	0.2	0.0	35.9	0.0	0.1	0.8
	0～4歳	100.0	26.2	24.4	0.3	3.8	1.3	0.2	0.0	0.1	27.4	1.3	0.6	—	13.2	0.0	0.0	0.9
	5～9歳	100.0	19.5	24.2	0.1	4.2	4.2	0.6	0.0	0.1	23.2	2.0	0.7	—	20.3	0.3	0.0	0.5
	10～14歳	100.0	18.8	24.6	0.1	9.0	4.3	0.6	0.0	0.0	23.0	2.3	0.4	—	15.6	0.8	0.0	0.4
	15～19歳	100.0	16.1	15.6	0.2	9.0	6.8	1.0	0.0	0.0	18.5	3.8	0.9	—	22.9	3.6	0.1	1.5
	20～24歳	100.0	14.1	12.5	0.4	8.5	8.7	1.4	0.1	0.0	19.0	6.8	1.3	—	22.7	2.2	0.1	2.2
	25～29歳	100.0	13.5	13.2	0.3	8.9	7.7	1.3	0.1	0.0	20.7	5.8	1.1	—	24.3	1.2	0.1	1.8
	30～34歳	100.0	13.5	13.9	0.4	9.4	6.8	1.1	0.1	0.0	22.1	3.9	0.8	0.0	26.3	0.6	0.1	1.1
	35～39歳	100.0	13.3	14.2	0.4	9.5	6.0	1.0	0.0	0.1	22.6	2.8	0.6	0.0	28.2	0.3	0.1	0.8
	40～44歳	100.0	13.0	14.3	0.4	9.2	5.4	1.0	0.1	0.1	22.5	2.3	0.5	0.0	30.3	0.2	0.1	0.6
	45～49歳	100.0	12.7	14.1	0.5	8.7	5.0	1.0	0.1	0.2	22.1	2.3	0.4	0.0	32.2	0.1	0.1	0.6
	50～54歳	100.0	12.3	14.2	0.6	8.5	4.6	1.0	0.1	0.4	21.6	2.3	0.3	0.0	33.3	0.1	0.1	0.5
	55～59歳	100.0	12.1	14.5	0.7	8.2	4.3	1.1	0.1	0.7	21.0	2.4	0.3	0.0	33.9	0.0	0.1	0.6
	60～64歳	100.0	11.9	14.6	0.8	7.9	3.9	1.1	0.1	1.1	20.2	2.4	0.3	0.0	35.0	0.0	0.1	0.5
	65～69歳	100.0	11.7	14.6	1.1	7.4	3.6	1.1	0.1	1.7	19.1	2.4	0.2	0.0	36.3	0.0	0.1	0.6
	70～74歳	100.0	11.4	14.3	1.8	6.8	3.2	1.1	0.2	2.4	18.1	2.3	0.2	0.0	37.4	0.0	0.1	0.6
	75～79歳	100.0	10.9	13.7	3.5	6.2	2.9	1.1	0.2	2.9	17.2	2.3	0.2	0.0	38.2	0.0	0.1	0.7
	80～84歳	100.0	10.3	12.6	7.6	5.4	2.7	1.1	0.2	3.3	15.5	2.3	0.2	0.0	37.8	0.0	0.1	0.9
	85～89歳	100.0	9.0	10.0	18.6	4.3	2.2	0.9	0.1	3.8	12.8	2.1	0.2	0.0	34.8	0.0	0.1	1.1
	90歳以上	100.0	6.2	5.8	42.2	2.8	1.3	0.6	0.2	4.5	9.0	1.6	0.1	0.0	24.8	0.0	0.1	0.8

資料：社会医療診療行為別統計（6月審査分）　注）対象は、協会けんぽ、組合健保、国保及び後期高齢者医療制度である。

（訂正）10月22日付（2316号）5面のデータ面の見出しで、人口10万対の歯科医師数の「最少は島根の57・1人」とありますが、「青森の55・9人」の誤りでした。お詫びして訂正します。

日本臨床歯科CADCAM学会 第10回記念学術大会

事前鼎談

The Next Generation of CAD/CAM ～感動を刻む新たな10年～

日本臨床歯科ＣＡＤＣＡＭ学会の第10回記念学術大会が、12月7日～8日にパシフィコ横浜（横浜市）で開催される。大会テーマは、「The Next Generation of CAD/CAM ～感動を刻む新たな10年～」。10周年の節目を迎える学術大会を記念し、蕭敬意理事長、北道敏行会長、中井巳智代実行委員長に第10回学術大会に込められた思いや見どころ、学会としての展望などを聞いた。

――今回の大会テーマに込められた思いはなんでしょうか。

中井　当時、第1回学術大会を富士ソフトアキバプラザ（東京都千代田区）で開催してから、今回で10回目を迎えますが、あのころからＣＡＤ／ＣＡＭの普及率も含め、歯科におけるデジタル事情がかなり変わりました。最近では、ＣＡＤ／ＣＡＭインレー製作時の口腔内スキャナーによる光学印象１００点が新設されるなど、国もＣＡＤ／ＣＡＭの必要性を認めつつある時代です。

次の日の臨床に活かせるリアルな学びの場を提供できる「臨床歯科」というスタンスが当学会の強みです。特に歯科衛生士、歯科技工士、そして歯科助手や管理栄養士などさまざまな業種の方々で交流やセッションができます。より良い材料を患者さんに提供して、医療の質を高めていくような医院経営をされている方が多いのも一つの魅力だと感じています。

皆でこれからよりチームとしてＣＡＤ／ＣＡＭに取り組んでいき、次の10年に向けた「The Next Generation of CAD/CAM」（次世代のＣＡＤ／ＣＡＭ）を目指していくという意味が込められています。

◆◇◆

――学会として設立されたのは、15年前となりますが、どのような変化がありますか。

蕭　２００８年に当時のセレックユーザーに対して、シロナ社（現デンツプライシロナ社）の企画で、第一回ＣＥＲＥＣフォーラムが開催されました。その後、フォーラムで講演したコアメンバー10人で、09年にスタディグループ（ＪＳＣＡＤ）を立ち上げました。

初代会長の岡村光信先生（福岡県開業）とともに、ＣＣＣ（ＣＥＲＥＣクリニカルコース）を中心に「セレックを教える」スタディーグループとして活動し、会員数が２００人を超えて組織が大きくなり、14年に一般社団法人の日本臨床歯科ＣＡＤＣＡＭ学会となりました。

ここ数年は会員数も増えて、８００人を越える大きな組織となりました。その間に生じたさまざまなことが、とても感慨深いものに感じています。

スタディーグループとしては15年、一般社団法人としては10年の節目になる第10回学術大会は、これからさらに進化するデジタルデンティストリーの未来の一端を共に学び、共に感じ合ういい機会だと思います。

◆◇◆

――この10年で口腔内スキャナーやミリングマシンなどの機能が、劇的に進化していますよね。

北道　そうですね。この10年の変化も劇的ではありましたが、デジタル技術の進化は加速度を増しており、来年の1月にはまったく新しいデジタル技術が生まれているかもしれません。

今の時代、いいか悪いかは別としてもあらゆる業務の基本的なベースの部分は機械が取って代わっていくと思います。

これは歯科業界でも同様で、歯科技工士や歯科衛生士の業務がＣＡＤ／ＣＡＭで義歯が製作できたり、デジタルで簡単にブラッシング指導（ＯＨＩ）できたり、歯科界全体のスタイルが大きくシフトしています。

これからデジタル化が進んでいくなかで、保険診療一つとっても、管理や予防メンテナンスの方法も変わっていきます。節目である今回の学術大会で、先の未来を見据えた歯科医院の運営や、歯科医療をどんどん推進していけるスタンスになれればと思っています。

実行委員長
中井 巳智代氏

会長
北道 敏行氏

理事長
蕭 敬意氏

次の10年見据えた大会へ

◆◇◆

――注目している講演やイベントなどありますか。

中井　今回、市民公開講座にて筑波大学デジタルネイチャー開発研究センター長の落合陽一氏をお呼びしています。デジタル技術が歯科医療に与える影響について、最先端の事例を交えながら解説していただきます。

また、インプラントやアライナー矯正に関するシンポジウム、歯科技工士セッション、そしてＭＩＤ―Ｇや日本小児口腔発達学会（ＮＰＤ）とのコラボ企画があります。この５つは見てほしいですね。

北道　強いてあげるなら、ＩＳＣＤのDr. Bernd Reissによる海外講演ではないでしょうか。日本はデジタル後進国と呼ばれていますが、歯科業界でも例外ではありません。

歯科の未来を見据えるなら、これからデジタルデンチャーの時代はおそらく来ると考えています。５年もすれば、義歯を作る歯科技工士がいなくなる可能性もあります。

ＣＥＲＥＣ開発者でもあるライス先生から、海外のデジタル歯科の実情を学べるいい機会ですので、ぜひ聞いていただきたいと思っています。

蕭　伴清治先生（愛知学院 ➡

CAD／CAMで日本の歯科医療に貢献

大学歯学部歯科理工学講座非常勤講師（教授級）による教育講演は、14年の一般社団法人化以降、毎年企画しており、ジルコニアの最新情報の紹介いただいています。今年はどんな新しいジルコニア情報を見せていただけるのか楽しみですね。

◆◇◆

――学会として、今後の展望をお教えください。

薗　今後の展望としては、昨年度より開始した指導医制度に続き、歯科衛生士、歯科技工士等向けの認定制度を整備し、社会的認知度と技術水準の向上を目指したいと思います。

北道　患者さんの立場に近く、親身に寄り添える歯科衛生士、歯科助手がデジタル技術を知っていれば、より歯科現場のデジタル歯科医療の現場を支えられる貴重な人材になりえると思っています。

実際に当院でも、歯科衛生士が相談をすると患者さんからポロッと本心が出てくることが多く、歯科衛生士やアシスタントがデジタルを知っているのと知っていないとでは、医療の質が全く違います。

また、すでにいくつかの大学でCAD／CAMを触った学生が、歯科医師として輩出されており、歯科技工士や歯科衛生士などへのデジタル化に伴う教育が急務な時代になりつつあるので、今後も寺小屋のように学会に入れば、気軽に勉強ができる機会を設けていきたいです。

◆◇◆

――最後に、来場者に向けて一言メッセージをお願いします。

薗　第10回の記念大会として相応しい2日間で、合計40テーマの膨大なプログラムは、皆さんを飽きさせないすばらしいものです。ぜひ存分にお楽しみいただきたいと思います。

北道　歯科医師や歯科技工士だけではなく、歯科衛生士にも来ていただき、今回の学術大会を通じてCAD／CAMで切り拓く未来の自分たちの仕事を知ってもらいたいです。

中井　特に歯科技工士はどこで勉強したらいいのか分からない人が多くいるかと思いますので、今回の歯科技工士セッション等を通じて、歯科医師や歯科衛生士等との交流や議論を深めてもらえればと思っています。

学術大会の見どころ　（一部抜粋）

演題：「歯科用ジルコニアの革新と普遍性」
日時：7日（土）13:20～14:50
会場：301
演者：伴　清治（愛知学院大学歯学部歯科理工学講座非常勤講師（教授級））

演題：「歯科技工士向け デモンストレーション」
日時：7日（土）13:30～15:00
会場：303
演者：難羽 康博（デンタルCADトレーニングスクールアスパイア代表、新東京歯科技工士学校非常勤講師）

演題：「口腔外科臨床におけるデジタル化の動向」
日時：7日（土）15:10～15:50
会場：301
演者：里見 貴史（日本歯科大学生命歯学部口腔外科学講座主任教授、同大付属病院口腔外科診療科長）

演題：「インプラント手術におけるデジタル技術の活用」
日時：7日（土）16:00～16:40
会場：301
演者：草野　薫（大阪歯科大学口腔インプラント学講座教授、同大附属病院口腔インプラント科科長）

演題：「歯科技工士リレー講演」
日時：8日（日）13:00～15:00
会場：303
演者：吉澤　琢真、高瀬　直、前川泰一（モデレーター）

演題：「アライナー矯正 シンポジウム3」
日時：8日（日）13:00～15:20
会場：302
演者：佐藤　洋司（さとうデンタルクリニック）、白鳥　裕一（白鳥歯科・矯正歯科）、甘利　佳之（アマリ歯科・矯正歯科・口腔外科クリニック）、松岡　伸也（まつおか矯正歯科クリニック）

演題：「デジタルデンチャー シンポジウム2」
日時：8日（日）13:00～15:20
会場：304
演者：松田　謙一、松丸　悠一

演題：「歯科技工士セッション」
日時：8日（日）9:00～12:00
会場：303
演者：藤松　剛、村田　彰宏、前川泰一（モデレーター）

演題：「認定歯科衛生士発足記念公演 歯科衛生士セッション」
日時：8日（日）13:00～
会場：311＋312
演者：河野　充子（きたみち歯科医院）、永田　翔大（ハートフル歯科）、梶原　貴子（ライフタウン歯科）、濱田　真理子（エイチ・エムズコレクション）、片山　慶祐（衛生士部会担当理事）、菅原　舞子（フリーランス歯科衛生士）、松江　亜美（小室歯科）、新沼　里紗（こばやし歯科）

演題：「歯科衛生士認定講座『デジタル技術を活用した歯科衛生士の業務効率化』」（認定ポイントが付与される）
日時：8日（日）9:00～10:30
会場：311＋312
演者：濱田　真理子（エイチ・エムズコレクション、日本臨床歯科CADCAM学会歯科衛生士部会部長）

演題：「歯科衛生士認定講座『IOS臨床における歯科衛生士分野の業務効率化』」（認定ポイントが付与される）
日時：8日（日）9:00～10:30
会場：311＋312
演者：河野　充子（きたみち歯科医院）

My Way

歯を削って体調・滑舌を改善

安藤正之氏（安藤歯科クリニック）

東京都中野区の安藤歯科クリニック院長の安藤正之氏は、咬み合わせに関する研究を通して、舌が口腔および全身に大きな影響を与えていることを見出し、歯を0・4ミリ程度削ることで舌の動きを改善させる治療法を考案した。詳細について安藤氏に聞いた。

不定愁訴は舌のストレスから

──研究の内容を教えてください。

安藤　日本人の骨格は時代につれて変化しています。縄文時代や戦前では固い物中心の食習慣だったので、顎は大きく発達していました。咀嚼回数も現代の2倍以上だったので、咬合歯は削れて丸みを帯びていました。しかし、江戸時代における寿司・蕎麦・天ぷらなどのファストフードの浸透や、戦後の食文化の欧米化、特に最近では「飲める○○」などが増えて、日本人の咀嚼回数は激減しました。それにより、顎が小さくなり、咀嚼による摩耗がなくなったことで歯が鋭利なままで残るようになりました。また、顎が小さくなることで、歯列が乱れ、傾斜して生えるようになりました。その結果、舌のスペースが狭くなりました。

当院に咬み合わせ治療で来院した239人（男98人）の顎の形態を「Ⅰ型」「Ⅱ型」「Ⅲ型」の3種類に分類しました。

Ⅰ型は縄文人と似た広いアーチ状の歯列で、歯が垂直に伸びている形態です。舌のスペースが十分確保されていますので、舌が自由に動かせます。こちらの形態を持っている患者さんは男女ともに7・1%でした。

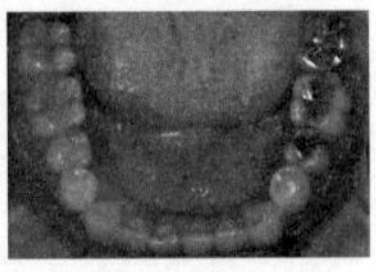

Ⅰ型

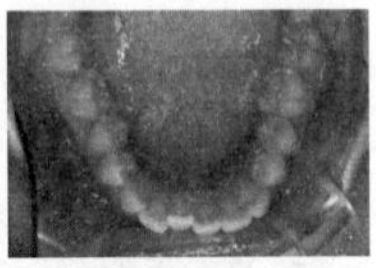

Ⅱ型

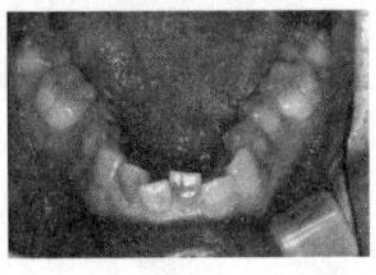

Ⅲ型

Ⅲ型は非常に狭い歯列に、歯が内側に向かって傾斜して生えている状態です。この形態では舌は内側に押し込まれる形になり、少し動くだけで歯に干渉してしまいます。こちらの形態は男性が12・2%で、女性が33・3%でした。

Ⅱ型は2形態の中間で、割合は男性が80・2%で、女性は59・6%でした。

舌のスペースが小さくなると、首のこりなどの体調不良につながります。また、舌は歯を避けながら窮屈に動くことになるので、滑舌が非常に悪くなります。また、舌が鋭利な歯面に接触し続けると、舌がんを引き起こす可能性もあります。

そのほかに、調整が不十分な補綴物も舌にストレスを与えます。補綴物は天然歯を真似て作成しますから、大きくて鋭い補綴物ができます。天然歯ですら舌にとってストレスだったのに、セラミックや金属などの人工物に代わることで、より一層強いストレスになります。

これらを解消するためには、エナメル質を少し削り、舌の動くスペースを確保することが重要です。

現代の歯科医療においては、天然歯はできるだけ残すべきというのが常識となっていますが、顎が縮小し、歯が肥大化したことで、必要に応じて天然歯のサイズを調整しなければなりません。

削る量は、0・4ミリ程度です。削ることで歯が丸みを帯び、舌が自由に動けるようになります。

当院を訪れた患者さんの不定愁訴と効果をまとめました＝表。不定愁訴で多かったのは、首のこり、肩こり、背中のこり、腰痛、手足の冷えなどがありました。こちらの患者さんに歯を削る治療をしたところ、首のこりは多くの方で症状をなくすことができています。肩こりについても多くの患者さんに効果を感じていただけました。これらの結果から、首や肩の不調が舌の問題に起因していたということが分かりました。

また、声優やアナウンサーなど声を使う人には滑舌改善として治療を行っています。

──今後について。

安藤　現在の歯科教育で舌について触れることはほとんどありません。舌は容易に形態を変化し、再現性を確保できないため、学問として取り扱うことができないからです。つまり、今の歯科では、口腔内の問題をカバーする範囲に限界があるということです。舌は口腔内だけなく全身に影響を与えます。この事実を知らないままでいると、不定愁訴に悩んでいる患者さんを救うことができません。

歯科医師が舌に注目した視点を持つことは、歯科のできる治療を大きく広げていくことができると考えています。今後も講演活動などを通して、舌の重要性について発信していくつもりです。

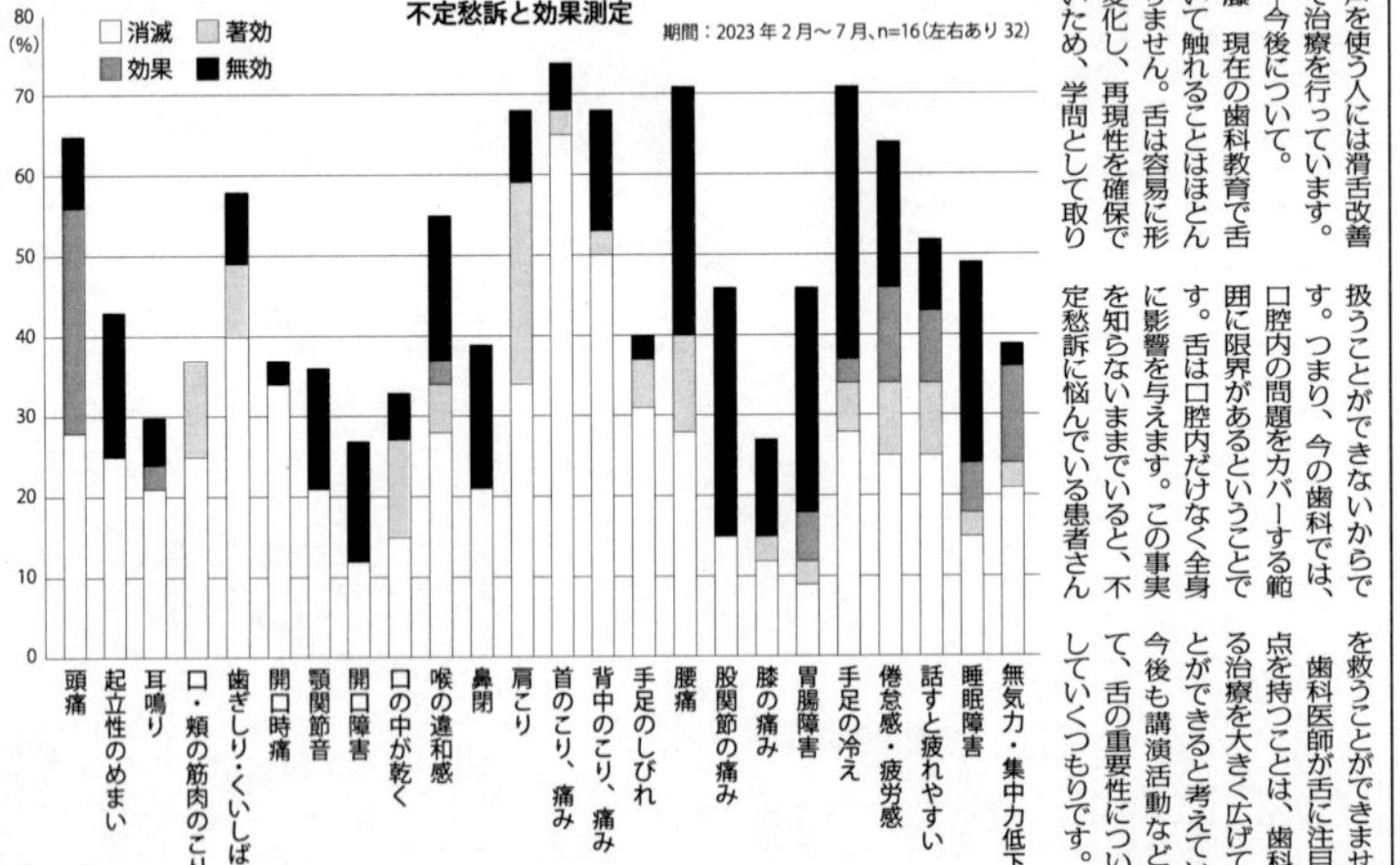

投稿　寄稿

第35回全国国立大学病院歯科技工士協議会に参加して

長崎大学病院医療技術部・歯科技工部門　竹中広登

㊨秋山洋氏（厚生労働省医政局）の講演
㊦功労者表彰・集合写真

広島大学病院で10月11、12の両日、第35回全国国立大学病院歯科技工士協議会が開催された。国立系16大学（医学部付属病院5大学含む）の代表者16人、オブザーバー11人が参加した。また、今回はハイブリッド形式での開催であったため、多くの一般会員（各大学病院の歯科技工士）もウェブから傍聴した。

福井淳一会長は会議冒頭、「職場でもこの協議会でも、急激な世代交代が控えるなかで後進への知識と技術の継承が急務の課題となっており、この解決に向けた取り組みを会としてもサポートしたい」と訴え、会議がスタートした。2024年度中間会務報告の後、いくつかの議題について協議が行われた。

★医科・歯科連携の中で歯科技工士の役割に関すること

近年では臓器立体モデル、骨切り用サージカルガイド、気管挿管時の歯牙破折防止用マウスガード製作など医科と連携した業務が増加している。歯科技工士の価値を高めるために、これからも業務拡大を推し進めるべきであるとの意見が出た一方で、日々多様化する業務に人材の育成や環境整備がより一層困難になっていることが問題視された。業務量の増加に対して人員増加などの対策を行っていくべきとの声が上がった。

問題山積み！歯科技工士の役割とは!?

また、教育・研究も大学所属の歯科技工士の役割であるが、近年では働き方改革の推進により、歯科技工士自身も時間外労働削減の方向である。医師・歯科医師の業務のタスクシフト・シェアに歯科技工士も貢献する動きもあり、さらなる業務圧迫に危惧する声があがった。これについては本協議会内で今後アンケート調査を行っていく方向となった。

★個人情報管理に関すること

今後、個人データの管理の重要性がますます高くなる一方で、各大学間で管理基準が整備されていない現状がある。これについて、本協議会内の情報ネットワーク委員会が策定した「デジタルデータの管理指針」を発表した。

同指針は、情報セキュリティの3要素（機密性、完全性、可用性）に基づき、データの格付けを統一することを目的としていることが確認された。各大学からは、クラウドサービス等を利用したデータ受け渡しは、セキュリティ面での安全が確認されるまで、まだ控えるとの見解で一致した。また、厚生労働省策定の「医療情報システムの安全管理に関するガイドライン」に記載された、政府が求めるセキュリティ評価制度（ISMAP）を満たしたクラウドサービスを利用することが望ましいとの情報提供があった。

◇◆◇

特別講演のなかでは、厚生労働省医政局歯科保健課の秋山洋氏を講師に招き、「歯科技工士を取り巻く状況と業務について」と題し、講演が行われた。

講演後には聴講者から、気管挿管時の歯牙破折防止用マウスガードについて、製作した装置数にかかわらず、一口腔あたり一装置しか適応されない矛盾点についての指摘もあった。ほかにも、令和4年度の報告において病院勤務の歯科技工士数が減少している原因についての質問や、大学病院の歯科技工室が患者にとって必要な特殊な技工を受け持っているにもかかわらず、不採算部門として扱われがちなことに対しての訴えが伝えられた。

次年度は岡山大学での開催となる。

医療経済フォーラムジャパン

災害時の医療あり方を模索

医療経済学に関する調査研究、若手育成を行っている医療経済フォーラムジャパン（中村洋会長）は17日、東京都江東区のホテルイースト21東京で、第22回公開シンポジウムを開催した。テーマは「災害時の医療のあり方」で、主として能登半島で起こった地震、水害に関連して、現地の医療機関や医療従事者、厚生労働省、日本医師会の対応と課題について話し合った。

基調講演は、恵寿総合病院の神野正博氏による「災害でも医療を止めない！―BCM／BCPと残った資源を最大限活用する」。

災害医療の最前線を語った神野氏

恵寿総合病院は一般病床426床、33科を有する能登半島中部の中核的医療機関で、今回の地震以前から、災害対策とともに、医師不足などの課題にDXを活用しつつ取り組んできた。

災害対応として特に重視したのが複数の供給先を確保すること。電源は2カ所の変電所からの電力供給体制としており、地震発生直後から電力がストップすることはなかったという。

能登地震で問題になった長期間の断水については、上水とあわせて井戸水を確保。発災当日の夕方には、病院の機能を維持するための生活用水を井戸水に切り替えるとともに、どうしても上水の使用が欠かせない透析患者用の1日15トンの入手に奔走した。

「どんな状況でも、病院機能を維持する」という目標のもと、被災したスタッフが生活に困らないための保育受け入れ、浴場使用などの対策を次々に実施。併せて、全国にクラウドファンディングを呼びかけて復興資金を確保した。

神野氏は、能登半島地震対応を振り返り、平時から事業継続の体制を整えておくことと、有事には指示命令系統を一本化するなどの対応が重要だと強調した。

また、人口減少が加速する能登半島を「今後の日本」と位置づけ、被災前の状態に戻す「復旧」ではなく、未来を創る「復興」を目指すのが建設的だと指摘。

過疎に悩む被災地を「社会実験特区」として、地域の実情に合ったコンパクトタウン（都市機能を有する街など）を作り、オンライン医療、データヘルス、ライドシェア、自動運転などの実用化を前倒しで行うことを提案した。

指定難病のIgA腎症にう蝕菌のタンパク質が関与

岡大研究で

腎臓の指定難病であるIgA腎症に、う蝕菌の表面に存在するタンパク質がかかわっていることがわかった。岡山大学学術研究院医歯薬学域(歯)小児歯科学の仲野道代教授、仲周平准教授、大阪大学大学院歯学研究科小児歯科学講座の仲野和彦教授、広島大学大学院医系科学研究科小児歯科学の野村良太教授と、兵庫医科大学、聖隷浜松病院らの研究グループによるもの。IgA腎症の根本治療法の開発につながる可能性がある。

IgA腎症は、進行すると透析や腎臓移植などの治療が必要となる指定難病。国内で約3万3千人の患者がいるとされ、根本治療法がない。

研究グループはこれまでの実験で、IgA腎症に罹患している患者は健常者に比べて、「Cnmタンパク」というタンパク質を持つう蝕菌を多く保有することを突き止めた。さらにラットの実験で、人工的に作成したCnmタンパクのみをラットに投与したところ、IgA腎症様の腎炎が発症することがわかった。

研究成果は科学誌『Communications Biology』(9月14日)に掲載された。

新潟大

舌異常の発生機序解明

胎児治療の実現に光

口―顔―指症候群I型(OFD1)における舌異常の発症メカニズムについて、新潟大学大学院医歯学総合研究科口腔解剖学分野の川崎真依子准教授、大峡淳教授ら研究グループが解明した。

中胚葉細胞と神経堤細胞の相互作用が、舌の発生における中胚葉細胞の正しい分化や正確な細胞遊走に必須であること、そして一次線毛の機能によるHhシグナルが中胚葉と神経堤細胞の相互作用に関与するというもの。

先天異常を有する患者の3分の1には顎顔面頭蓋領域に異常があるとされており、顎顔面頭蓋領域を形成するメカニズムは、内外の変化に影響を受けやすいと考えられているものの、詳細は不明だった。

口―顔―指症候群I型は、OFD1という遺伝子の異常で発症し、口―顔―指症候群I型の患者には分葉舌、舌腫瘤、舌小帯異常などの舌の先天異常が特徴として見られる。

しかし、先天異常を出生後に正常な状態に戻す治療は、技術的に困難な場合が多いことに加え、患者や家族への肉体的、精神的、経済的負担が大きくなる。

近年では、子宮内で正常な形成を促すことにより、出生時における先天異常を軽減させることを目的とした出生前診断や胎児治療が求められているという。

今後は、同成果のような研究を通して、「未来の胎児治療の実現につなげていきたい」としている。

同研究成果は、国際学術雑誌『eLife』(10月11日)に掲載された。

MFTの効果可視化で患者モチベにつながる

MFTの効果を可視化することで患者のモチベーションアップにつながる。徳島大学病院の歯科衛生士の日浅早紀氏＝写真＝が講演「徳島大学病院における歯科衛生士によるMFTの実際」で発表した。

日浅氏は、矯正歯科においてMFTを取り入れることは治療と予後に良好な影響を与えるとする一方で、「MFT単体での効果がわかりにくい」「訓練に対する反応の個人差が大きい」「審査項目に主観的な項目が多い」などを指摘。MFTの効果の可視化を目標とした徳島大学病院における取り組みを紹介した。

同院では独自の診査用紙として、口唇、舌などの機能を5段階で点数化し、それらの点数をレーダーチャートで表示する「徳島大学病院モデル」を採用。「それまでの診査用紙では難しかった口唇、舌の動きの定量的評価を試みている。またレーダーチャートを用いることで、MFT介入前後の口腔機能を客観的に可視化できるだけでなく、患者へのわかりやすい説明と、訓練に対するモチベーション向上につなげられている」とした。

そのほか、MFTの介入漏れを防ぐための「矯正歯科の患者全員に対するMFTスクリーニングの実施」、患者への説明および動機づけのための「嚥下・発音や舌の状態などの動画および静止画での保存」などを紹介した。

講演は10月16、17の両日に開催された第22回日本口腔筋機能療法(MFT)学会学術大会で行われた。

昭和大

横浜銀行と包括連携協定

昭和大学は、地域課題の解決などを目的に横浜銀行と包括連携協定を9月26日に締結した。

締結により、横浜銀行が持つ企業ニーズ情報の提供による共同研究・共済イベントの開催など新たな取り組みを進める予定とのこと。

■協定内容
- 地域経済の活性化に向けた取り組み
- 地域経済を金融面・技術面から支える人材育成の取り組み
- 相互に保有する知的資源を活用する取り組み
- 地域社会への貢献に対する取り組み
- その他同協定の目的に資すると認められる事項

(左から)小口勝司昭和大理事長、片岡達也横浜銀行頭取

耳鼻咽喉科漢方研で大歯大の王教授　歯科初の最優秀演題賞

第39回日本耳鼻咽喉科漢方研究会学術集会が12日、東京カンファレンスセンター品川で開催され、大阪歯科大学の王宝禮教授が歯科医師として初めて最優秀演題賞を受賞した。演題は「黄連によるSARS-CoV-2 envelope protein刺激によるCalu-3細胞のIL-6産生抑制機序解明」。

王教授は、これまで口内炎に有効な漢方薬に共通する抗炎症作用を、特に黄連が強く有することを解明。黄連が、新型コロナウイルス感染症により呼吸器系細胞から過剰に発現するサイトカインを抑制する、抗炎症作用の可能性を分子生物学的に検討した。

その結果、ヒト気管支上皮腺がん培養細胞において、黄連はSARS-CoV-2 envelope protein刺激によるTLRを介して炎症性サイトカインIL―6産生とNF―κBの活性化を抑制することを発見した。これは、黄連がTLRシグナル伝達にかかわる因子の働きや活性化を抑制することにより、NF―κBに依存したさまざまな遺伝子の発現を抑制している可能性を示唆している。

同研究は実験系の新規性、さらに病態の再現性が高く、結果、考察にインパクトがあるとして受賞が決まった。

デンタル　小町が通る

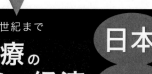

なかい歯科クリニック院長(茨城県境町)
中井 巳智代 ❼

日本女子オープン　ゴルフ選手権観戦記

いっこうにゴルフが上達しない。「当たり前だよ、練習してないんだから」。あきれたようにつぶやく夫にイラっとしながらも反論できない。そう、コースでしかクラブを振らない私が上達しないのは当然のことで、年に何度かラウンドする大学時代の先輩や後輩たちは、会うたびに腕を上げている。聞けば、週に何度か練習場に通い、ライザップゴルフに入会した人までいる。きちんと教わろうかな、と思っていた矢先、すぐ近くのゴルフ場で「日本女子オープンゴルフ選手権」が開催されると知った。「そうだ！ プロのプレーを観ることから始めよう」。思いは通じ、すぐにチケットが手に入った。

選手権が開催される大利根カントリークラブ西コースは、井上誠一氏の設計。豊富な松林に囲まれた各ホールには、バンカーや池などのハザードが要所に配されて正確なショットはもちろんのこと、コースマネジメント力が求められる難コースだ。無論、私がラウンドした時は、ボールは何度も池に吸い込まれ、バンカーショットは打てども打てども脱出できず、這う這うの体で帰って来たのを覚えている。

しかし当たり前だが、プロはすごい！ イメージトレーニングからなどと意気込んでいた私だが、優勝した竹田麗央選手や昨年の覇者、原英莉花選手のダイナミックなドライバーショットは呆気にとられるだけでボールの行く先すら追えない。深いラフにつかまったボールも選手たちはいとも簡単にフワッと上げて、ピンそばに寄せる。すると、観戦していた私たちのすぐ前のバンカーに何と原選手のボールが吸い込まれた。グリーンまでは残り180ヤード。選んだクラブは6番アイアン。驚異的な捻りの効いた回転力のある華麗なスウィングでボールは砂からグリーンにポンッと乗せられた。

湧き上がる拍手に真っ白な歯を覗かせてニコッと笑顔、ギャラリーに手を振る原選手。かっこいい！ それにしても、どの選手も容姿端麗。そして笑顔とともに歯が美しい。気がつけば、彼女たちの口元に見入る私。

イメトレ成功ならず、私のゴルフは上達しないままだけど、初めてのプロ選手権の観戦はアドレナリン大放出の一日なのでした。

①颯爽とコースを歩く原英莉花選手と河本結選手
②優勝が決まるパットを打つ竹田麗央選手
③会場の大利根CCで地元のグルメを味わう私たち

「多職種連携の推進に卒前から連携授業を」

新潟医療福祉大 斎藤氏

多職種連携のためには、卒前教育での連携授業の実施が重要―。新潟医療福祉大学名誉教授の斎藤トシ子氏が講演「低栄養予防における栄養・歯科連携の推進」で発表したもの。

斎藤氏は、高齢社会に向けた栄養・歯科衛生の推進のために、学生時代からの連携授業の実施が重要だと指摘した。斎藤氏によると新潟医療福祉大では、学生は2年生から全15学科をシャッフルした連携ゼミに入室し、連携基礎、保健医療福祉連携学などに加えて、4年制では1週間集中講義の連携相互ゼミなどを学ぶ。これまで、日本歯科大学や新潟大学歯学部短期大学の学生などが参加しているという。学生からは「他職種の専門性が理解できた」「連携の自分の立ち位置がわかった」「お互いの立場の尊重が必要と知った」の感想があった。

斎藤氏は「社会に出てからいきなり連携と言われてもお互いの職種のこともわからずに、形だけの連携になる可能性がある。卒前教育から多職種連携に関するカリキュラムを取り入れていく必要がある」と語った。

そのほか、訪問栄養相談や在宅栄養ケアの相互研修などを行う「栄養ケアステーション」と歯科専門職の連携について言及。栄養ケアステーションは47都道府県すべてに展開され、全国で545拠点ある。「歯科医院と連携することで、患者の待ち時間などに栄養の話をする機会が持て、歯科医師からも好評をいただいている」と話した。

講演は9月21～23日に開催された「日本歯科衛生学会第19回学術大会」で行われ、11月15日までオンデマンド配信されている。

グッドデザイン賞2024

2024年度のグッドデザイン賞の受賞結果が10月16日に発表され、国内の歯科・口腔関連では12点が受賞した（本紙調べ）。今年の審査対象数は5773件（対前年比プラス326件）、受賞数は1579件（対前年比プラス31件）だった。今年度は、一般投票による「みんなの選んだグッドデザイン」を新設。今年度を代表する「グッドデザイン大賞」と合わせて、11月5日に発表される予定。

グッドデザイン賞は1957年に創設された総合的デザインを評価・顕彰するもので、受賞のシンボル「Gマーク」は良いデザインの指標として知られている。

今年度のグッドデザイン賞の都道府県別受賞件数は、1位が東京都（688件）、2位は大阪府（142件）、3位は神奈川県（72件）。海外を含めた地域別受賞件数は1位が日本（1186件）、2位は中国（161件）、3位は台湾（126件）だった。

なお、グッドデザイン賞の受賞作品を紹介する受賞展「GOOD DESIGN EXHIBITION 2024」が11月1～5日まで東京都港区の東京ミッドタウン内各所で開かれ、全受賞作品を展示するほか、グッドデザイン賞の受賞製品を購入できるポップアップショップも出店される。

歯ブラシ「奥歯のウラに届く穴あきハブラシ 極薄スリム」

坂部ブラシ

ヘッド部分のブラシ部を薄く、幅を狭め、口腔内で動かしやすい歯ブラシ。先端部を尖らせ、ブラシ毛を1穴追加したデザインで、大きく開口せずに臼歯部の裏側まで磨ける。従来品より毛丈が約2㎜長く、毛先が臼歯部の裏側や歯間部、歯周ポケットまでしっかり入り込む。

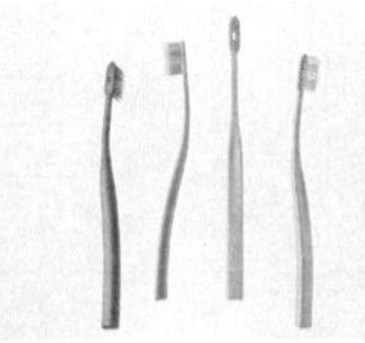

審査員評価：口を大きく開けずに奥歯まで磨ける利便性や、中央の通気孔でブラシを乾燥しやすく洗浄効果を高める設計は、考え抜かれたイノベーションである。

歯ブラシ「クリニカPROハブラシ ラバーヘッド」

ライオン

ブラシ部にラバー素材を採用した歯ブラシ。先端薄型ヘッドと極細ラバー毛により、毛先が歯面に密着して歯垢を除去し、ツルツルに仕上がるという。細身のストレートハンドルを採用し、ペングリップで持ちやすい形状。

審査員評価：既存品と異なる使用感、使用後の歯の表面のツルツル感、ブラシ部の素材の進化は、従来の歯ブラシとは一線を画するデザインとして高く評価した。

電動歯ブラシ「フィリップス ソニッケアー ダイヤモンドクリーン9000 HX9911/99」

フィリップス・ジャパン

ブラシヘッド部分の毛先の角度・形・長さが歯垢・ステイン除去、歯肉のケアに適するようデザインした電動歯ブラシ。口をゆすげるグラス付き充電器は自宅用、USBケーブル付き充電ケースは旅行や外出時の歯磨きに便利。

審査員評価：歯垢・ステイン除去、歯肉のケアが一台ででき、充電機能付きのケースは使い捨ての歯ブラシがなくなる時代に即した優れた機能として評価した。

口腔内スキャナー「iTero Lumina」

インビザライン・ジャパン

従来品よりスキャン範囲が約3倍拡大し、ワンドを小型化、軽量化した口腔内スキャナー。複数アングルから同時撮影できるマルチアングルスキャニングにより、1回のスキャンで歯列を広範にとらえられ、高精細画像を素早くスムーズに撮影できる。

審査員評価：大きさと重量を従来の約半分とし、高速に撮影できる点などは医師と患者の負担を軽減し、より早く矯正治療を行える優れたデザインとして評価した。

歯科診療所「ワラワラデンタルクリニック大津堅田院」

ワラワラデンタルクリニック、晴耕舎 松井建設、b.i.n木村敏建築設計事務所

診療所の敷地内を公園とし、日常的に気軽に行けるような建築した歯科診療所。休診日にはマルシェなどができる場としても開放。建築は近くの山の木を使って小屋のような空間として公園との親和性を高め、山と街をつなぐ木を五感で感じられる。

審査員評価：公園のような歯科診療所として、日常的に訪れやすい場所を提供することは、街の風景と生活が豊かになっていく可能性を示唆している。

ナノバブル生成ノズル「UFB DUAL」

ウォーターデザインワールド

水道管の根元に設置するだけで、ナノレベルの微細な泡「プラチナノバブル」を生成し、水の洗浄力を高めるナノバブル生成ノズル。特許技術により、水圧・水量の減少を5％以内に抑えた。洗剤使用量を削減でき、排水管も洗浄されるため、環境負荷を減らせる。

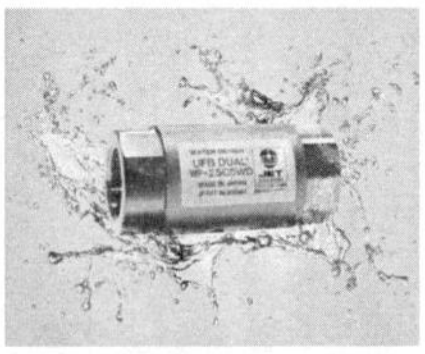

審査員評価：水圧の落ちない構造でナノバブルが発生し、さびや劣化に強い「耐脱亜鉛黄銅」の使用、外気に触れない構造で菌やウイルスが混入せず、衛生的。

歯科・口腔関連は12点が受賞

靴「steppi 多機能ニットシューズ」

オンワード樫山

整形外科医師と開発したニットシューズ。臨床現場やオペ、訪問介護で靴の着脱シーンの多い医療従事者のニーズに合わせたヒールサポートにより、ハンズフリーで着脱できる。スリップオンデザイン。軽量で洗いやすい。

審査員評価：ホールガーメントニットのアッパー部分は伸縮性が心地良く、手を使わずに簡単に着脱できる点はさまざまな用途・シーンへの汎用が期待できる。

戸建て住宅のリノベーション「タンバリンハウス」

TOASt

1階がRC造の歯科医院、2階が木造住宅となる築40年の住宅部をリノベーション。既存の天井を全て剥がして屋根の架構を空間に活かし、その中心を医院スタッフとの団らんの場や、大きなホールを据えるためラワン合板の曲面壁を設置。さまざまな居場所を連続的に一望できる。

審査員評価：特徴的な屋根架構が空間全体に一体感を生み出し、新築かと思うほど、建物が本来持っていた素質を解き放ったデザインに感心させられる。

アップサイクルサービス「Trash to Treasure」

ミヨオーガニック

自社の竹製歯ブラシなどホテルアメニティを回収し、施設内で再度利用できるようヘアクリップなどのアイテムに製品化するアップサイクルサービス。事業廃棄物や素材ごとにアップサイクルに適した工場やデザイナーと連携し、環境面とデザイン面を両立した。

審査員評価：事業廃棄物や素材の種類によって適切な工場やデザイナーと連携するなど、環境性とデザイン性の両立を意識した取り組みが評価された。

包括的がん対策サービス「マイシグナル」

Craif

自宅で尿や唾液を採取・送付するだけでがんリスクを検査できる包括的がん対策サービス。マイクロRNA×AIでがんリスクを高精度に評価する「マイシグナル・スキャン」など4つの検査で自身の体質的なリスクを知り、がんの予防と早期発見の促進を目指す。

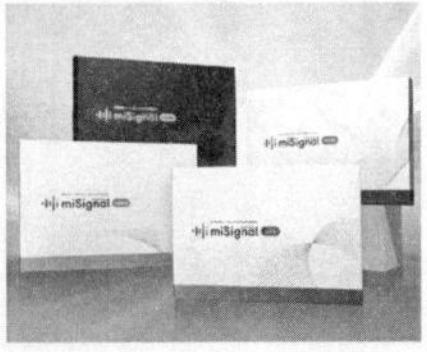

審査員評価：がんに対する予防医療をサポートするシステムと、自宅で手軽に受けられる点を評価した。医療機関との提携なども進んでおり、今後の発展が期待できる。

高齢者向けデザイン付き嚥下食「クックデリのソフト食プレミア」

クックデリ

特許取得の製造方法で、通常の食事に近い見た目で食べる意欲を引き出す嚥下食。噛む力や飲み込む力が弱った人でも舌でつぶせるやわらかさ・食べきれる商品設計で、しっかり栄養摂取できる。1食約90g。鮭・さば・たら・ハンバーグ・豚ステーキ・牛ステーキなどを用意。

審査員評価：食そのもの、食体験のデザインとして従来の印刷技術を応用しつつ、人々の気持ちに寄り添った素晴らしいデザインになっている。

哺乳用具「ロングフィーダー」

ピジョン

口唇裂・口蓋裂などで吸う力が弱い赤ちゃんのための哺乳用具。乳首をくわえる深さとミルク孔の向きが確認しやすくなるよう、目印となるラインを付与。一人ひとりに合わせて流量やタイミングを調節できる。従来品よりパーツの点数を減らし、容易に組み立てや分解が可能。

審査員評価：パーツ構成を減らし、薄いシリコーンでミルクの流量やタイミングを調整しやすくなったことなど、使用者とともにデザインを進化させた点を高く評価した。

事前インタビュー

東京デンタルショー2024

実行委員長 杉山氏に聞く見どころ

大東京歯科用品商協同組合が主催する「東京デンタルショー2024」が11月16日、17日に東京都江東区の東京ビッグサイト(東1・2ホール)で開催される。東京デンタルショー2024実行委員長の杉山勝人氏に、デンタルショーの見どころ、運営の工夫などを語ってもらった。

今回も白衣ファッションショー開催

――東京デンタルショー2024の見どころは。

杉山　「日本一人気のあるデンタルショー」という目標を掲げ、それに相応しい内容の、来場者の方に楽しんでいただける企画も盛りだくさんなところです。とはいえ、ただブースを周るだけですと楽しくないと思いますので、東京デンタルショーでは、その入り口として来場者が楽しんでもらえる企画に力を入れています。

代表的なものは「前回も好評だった、白衣ファッションショー」ですね。モデル役の歯科衛生士の方がランウェイを歩き、定番・新作の白衣を披露するイベントです。前回もたくさんの人が見に集まるほどの賑わいを見せまして、実は急遽私も参加していました。

白衣ファッションショー(前回の様子)

東京都歯科衛生士会様による協力のもと、今年も開催しますので、先生やスタッフと一緒に立ち寄って、東京デンタルショーならではの雰囲気を味わってほしいです。

前回の様子。相談や困りごとは右側手前のロゴ入りジャンパーを着た大東京組合員スタッフまで

また、口腔内スキャナーの製品(10社)を集めたテーマコーナーを設けております。直接手に取って触れていただけるのも、このコーナーの醍醐味だと思います。

そのほか、東京都歯科技工士会協力による「歯科技工士コーナー」があり、パネル展示や関連セミナーが行われます。その周辺には技工士向けのサービスや製品をできる限り配置しているので、初めて参加する歯科技工士にもご覧いただきやすいと思います。

――運営するにあたって工夫された点は。

杉山　来場者が楽しんでもらえる企画づくりのために、実行委員会本部の直下に6つの部会を立ち上げました。「広報部会」「会場部会」「家族向け企画部会」「テーマコーナー部会」「パネル展示部会」「ビューティー部会」とそれぞれ部会を立てて、各部会長が責任を持ってより良い企画を立てるように工夫しました。

10年、20年前の東京デンタルショーと比べて、運営体制が進化しているため、前回以上の盛り上がりを実感していただけるのではないでしょうか。

――来場される方に向けてメッセージをお願いします。

杉山　若い先生方だけではなく、スタッフやご家族も一緒に来場していただきたいです。お子さんと一緒に楽しめるスタンプラリーコーナー、託児や休憩所のスペース、キッズコーナーのほか、スーツケースを預かるクロークなどを併設しているので、全国どこからでも来場しやすい体制が整っています。

「道に迷った」「目当ての商品を探している」などの相談やお困りごとがありましたら、青いジャンバーを着た大東京の組合員に、気軽にお声がけください。すぐにご案内いたします。

10月1日から来場者向けのWEB登録を開始しました。スムーズに入場いただくために、ぜひスマホやパソコンから公式ホームページにアクセスし、二次元コードを発行・印刷またはスマホに保存していただければと思います。

事前登録のご協力、そしてご来場を心からお待ちしております。

歯科向けAIツール学習支援サービス

インマーケら

AI学習eラーニングプラットフォーム「AICA(アイカ)」を提供するインマーケティングラボ(=インマーケ)とToothToothは、歯科業界向けAIツール学習支援サービス「AICA clinic(アイカクリニック)」を共同開発し、17日に発売した。

歯科医院の定期清掃を専門とするケイズクリーンとSABU、エイチ・エムズコレクション監修の下、AI技術を活用した歯科医院経営を進めるために開発。導入サポートを含む学習プラットフォームで、専門知識がなくても院長とスタッフ全員が業務に直結したAIスキルを習得でき、医院全体でAIツールを学べる。

週3回放送される「AICAclinic TV」では、基礎的なAI学習に加え、実際の歯科医院でのAI活用事例を基にした実践的な内容を配信し、その場で質問もできる。

同サービスにより業務の効率化を図り、限られた人材でも質の高い医療や持続可能な医療体制の構築、スタッフの労働環境の改善などを目指す。

2025年 主なデンタルショー(1～3月)

月	日程	名称	会場
1月	6(月)～7日(火)	ICDMDM2025(国際歯科医薬・医療機器会議)	リッツカールトン(天津・中国)
	15(水)～16日(木)	WDC2025(第13回国際歯科会議)	オーキッドサイゴンホテル(ホーチミン・ベトナム)
	22(水)～25日(土)	CIOSP2025(第42回サンパウロ国際歯科会議)	エキスポセンター・ノルテ(サンパウロ・ブラジル)
	24(金)～25日(土)	AAO　Winter Conference 2025(アメリカ矯正学会冬季大会)	JWマリオット・マルコアイランド・ビーチリゾート(マルコアイランド・アメリカ)
2月	4(火)～6日(木)	AEEDC2025(第29回UAE国際歯科会議&アラブデンタルショー)	ドバイ国際展示センター(ドバイ・UAE)
	7(金)～9日(日)	IDC2025(インド歯科医師会総会)	チェンナイ国際展示場(ナカマンダ・インド)
	15(土)～16日(日)	第48回中部日本デンタルショー	名古屋市中小企業振興会館(名古屋市)
	20(木)～22日(土)	第160回シカゴ・ミッドウィンターミーティング	マコーミックプレイス西館(シカゴ・アメリカ)
	20(木)～22日(土)	LMTLab Day Chicago 2025	ハイアットリージェンシー・シカゴ(シカゴ・アメリカ)
3月	3(月)～6日(木)	Dental South China2025(華南国際歯科展示会)	広東会展館(広州・中国)
	6(木)～8日(土)	Pacific Dental Conference 2025	バンクーバー・コンベンションセンター(バンクーバー・カナダ)
	25(火)～29日(土)	IDS2025	ケルンメッセ(ケルン・ドイツ)

新工場が稼働

レジン材料の増産へ

YAMAKIN

YAMAKINは「高知第三山南工場B棟」を8月30日に竣工し、9月中旬に稼働を開始したと11日に発表した。総投資額は14億円。鉄骨2階建て、延べ床面積は約2千平方㍍。

同社は、ハイブリッドレジンブロック「KZR―CAD HRブロックシリーズ」やユニバーサルシェード型コンポジットレジン「ア・ウーノ」などレジン系材料の国内市場の拡大や、海外への輸出を強化しており、国内外での販売量増加に備えるため、昨年9月に同工場の建設に着手。ハイブリッドレジンブロック月産15万個、充填用コンポジットレジン月産10万個の生産が可能になるという。

第三工場B棟(=右側の建屋、左側の建屋はA棟

週間 金・パラ価格動向

税抜価格(1g、円)

	金	パラジウム(参考価格)
10月21日(月)	13,119	5,335
10月22日(火)	13,345	5,295
10月23日(水)	13,530	5,415
10月24日(木)	13,392	5,515
10月25日(金)	13,394	5,820

提供 石福金属興業

不鮮明な口腔内画像 生成AIで鮮明に

アイリス

AI医療機器を開発・販売するアイリスは、不鮮明な口腔内画像を生成AI技術で鮮明で見やすい画像に復元したとの研究結果を22日に発表した。

これまでの生成AI技術は、復元の過程で口腔内に不自然なノイズが発生することがあったが、今回ノイズの発生を抑えるために独自の損失関数を定義し、より自然な画像の復元に成功。AIが不鮮明で見えにくい口腔内画像を、見やすく鮮明かつ自然な口腔内画像に復元することで、診察のサポートも期待できるという。同研究は「Biomedical Signal Processing and Control Volume 100, Part B,February 2025」に掲載。

市販の歯ブラシを音波振動化する機器

主婦のSNS動画でバズる

大作商事

市販の手磨き用歯ブラシを差し込むと電動歯ブラシとして使用できる機器「ソニックオール」が、主婦のSNS投稿動画=写真=でバズり、数千個あった在庫が2日ほどで欠品―。

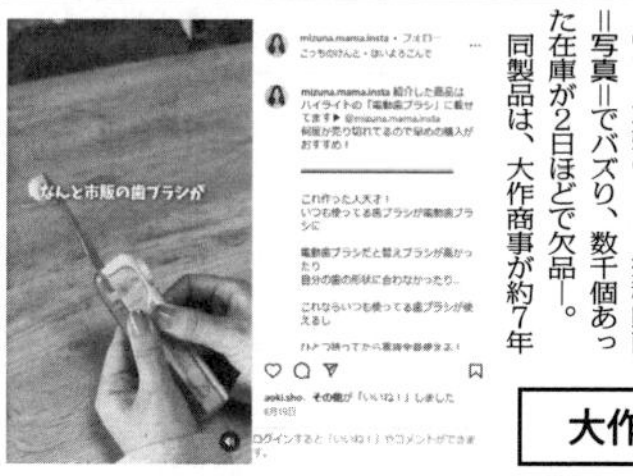

同製品は、大作商事が約7年前から販売しているもので、ハンドル部分の長さや厚み、大人・子供用といったタイプの異なる市販歯ブラシのほか、ハンドル部分の長さによっては舌ブラシ、歯間ブラシなども装着できる。歯ブラシなどを差し込み、ずれて動かないようにダイヤルで固定してスイッチを押すと、手持ち部分の本体がブルブルと振動する。

バズった経緯について同社のコンシューマープロダクト事業部の渡辺英信氏は、「8月20日ごろから当社の直営楽天サイト店からの注文が異常に急増し、TVなどのメディアで取り上げられたのかと調べたところ、ソニックオールユーザーである一般の主婦がInstagramに投稿した商品紹介動画が700万回を超える再生回数になっていたことがわかった」という。

「動画を見た歯科医師などからの問い合わせも多く、注文も止まらず、数千個の在庫が2日程度で欠品となった」としている。

本紙が確認すると、動画は825万7千回の再生(28日時点)で、コメント欄には「どこに売ってるの?」「値段はいくら?」「教えてくれてありがとう」などと書き込みされていた。

同社では予約注文を受け付けており、12月上旬から順次発送予定としている。

「デンタル・口腔ケアフェア」

歯科医向けに初開催

幕張メッセで

歯科医向けの製品や口腔ケアグッズなどが展示される「デンタル・口腔ケアフェア」が9～11の3日間、千葉市の幕張メッセで開かれた=写真。医療・介護・薬局向け「第7回メディカルジャパン東京」の開業医向け「第5回クリニックEXPO東京」内に初めて新設されたもの。

会場では、歯科AIツール、ホームページ用AIチャットシステム、自動精算機、ベビー用口腔ケア製品、オーラルケアが可能なゼリー、吸引歯ブラシ、歯科用インスツルメント、歯茎ケアブラシ、舌クリーナー、うがい受け、歯科医院建築・設計、広告運用などに関する取り組みが紹介されていた。主催はRXJapan。

補綴物の自動生成など AI技術領域で提携

エミウムら

エミウムと富士通グループのデジタルプロセスは、戦略的アライアンスを締結し、エミウムのクラウド歯科CADやAI技術をベースに共同技術開発とサービス化に向けた取り組みを開始すると10日に発表した。

エミウムは、東京科学大学(旧東京医科歯科大学)認定ベンチャーとして大学との共同研究プロジェクトを推進するなかで、歯のセグメンテーション(抽出処理)の自動化や、人工歯排列・歯肉形成を自動化してデジタルデンチャーの設計・製作をサポートする技術などを開発し、歯科医療・歯科技工業務の効率化やDX化をサポートしている。

今回の提携により、たとえばスキャナーで撮影した口腔内データを基に、クラウドCAD上でAIが補綴物のデザインを自動生成するサービスなどの実現を目指し、歯科技工士の作業負担や業務効率を改善していく。

衛生士向けリップ アートメイク講習

NMT Japan

NMT Japanは、歯科衛生士を対象に「リップ(口唇)に特化したアートメイク講習」を開始したと10日に発表した。

歯科衛生士による口唇のアートメイクは「歯科医師の指導下であれば施術可能」との見解が厚労省から示されており、歯科衛生士の新たなキャリア形成と歯科診療領域の拡大に応えるために同講習を開始。医療アートメイクスクール「PGC Schools」によるオンライン動画学習と3日間の対面講習で、医療アートメイク(リップ)の技術・知識を学べる。

また、応用コース(アドバンステクニック)や、ダークリップ(くすみや黒ずみ)の改善、口唇口蓋裂の外科的治療後の傷痕に施す色素形成などのコースも用意。詳細はホームページまで。

人事

(敬称略)

■ジーシーアイコミュニケーションズ

▼代表取締役社長　登石道男

訂正　10月22日付(2316号)13面の製品紹介コーナーのサンデンタルの記事で、「価格=4400円」は誤りで、正しくは「価格=4320円」でした。お詫びして訂正します。

ヘッドライン 企業ニュース

■スキャンソフト「MEDIT Link」のクラウドストレージ機能を価格改定(アイキャスト／9月17日)

■ブランディングボードと連携し、「野立て看板マーケティング」の取り扱いを開始(オール・デンタル・ジャパン／9月18日)

■アルギン酸印象剥離スパチュラ「アルバスパチュラ」を価格改定(東京歯材社／9月19日)

■RMO社のニッケル・チタン合金ワイヤー「サーマロイプラス　ナチュラルアーチ」を販売終了(JM Ortho／9月19日)

■自身のメガネに装着するとフェイスシールドになる「YFCP-800フェイスシールドクリップ」を発売(サンデンタル／9月20日)

■歯科用ミリングマシン「キヤノンMD-500W」を9月24日に発売。(日本歯科商社／9月23日)

■シリンジ「セーブシリンジ」、ミキシングチップ「セイルグローバル　ミキシングチップ」を発売(モリムラ／9月24日)

■モリタデンタルプロダクツ社製歯列矯正用アタッチメント「シングルブラケット chivita」を発売(JM Ortho／9月24日)

■カモミール&アップルフレーバーの歯磨剤／サンギ

サンギは、美白歯磨剤「アパガードプレミオ カモミール&アップル」を数量限定で発売している。食品用香料を作成するフレーバリストと、香水を作成するパフューマーが監修。リラックスさせるハーブのカモミールとジャスミン、ホワイトローズの香りにアップルとミントを加えた香味。全国のドラッグストアなどで販売。容量は105g。価格はオープン。

■ウルトラマンティガをイメージしたスクラブ／クラシコ

クラシコは、「ウルトラマンティガ」をイメージしたスクラブのトップスとパンツを3日に発売した。トップスの胸ポケットと、パンツの左ポケット部分にメタリックプリントのシルエットをプリント。色はネイビー、ベージュ、チャコールを用意。サイズはXXS、XS、S、M、L、XL。同社の直営店やオンラインストアで販売。価格はオープン。

DGSHAPE
Strength, Precision, Intelligence
on the Next Level
加工品質への信頼性、安定かつ快適な生産を追求したDWXシリーズの新世代モデル
新設計の堅牢なフレームと新型のスピンドルが様々な材料に対し効率的で信頼性の高い生産を実現します。
さらに稼働マネジメントクラウドサービス「DGSHAPE Insights」などの支援機能が快適な運用をサポートします。
5-Axis Dry Dental Mill
DWX-53D
新製品 標準価格 4,000,000円(税別)
DGSHAPE株式会社 本社 〒431-2103 静岡県浜松市浜名区新都田1丁目1-2 www.dgshape.com js-contact@dgshape.com
販売名:歯科用CAD/CAM マシン DWX-53D 一般医療機器 歯科技工室設置型コンピュータ支援設計・製造ユニット 医療機器届出番号 22B3X10020000109 製造販売元:DGSHAPE株式会社 静岡県浜松市浜名区新都田1-1-2

日本歯科新聞

2024年（令和6年）
11月5日

＜発行所＞
日本歯科新聞社
厚生労働省記者クラブ加盟社
〒101-0061
東京都千代田区神田三崎町2-15-2
電　話　03（3234）2475
FAX　03（3234）2477
www.dentalnews.co.jp
jdn@dentalnews.co.jp
無断転載禁止
■年間購読料 23,760円（送料込）（本体 21,600円＋税）
■月4回、火曜日発行
■郵便口座番号 00120-5-130369

口腔状態が悪い人
要介護・死亡リスク増
島根県歯ら研究で

口腔内の状態が悪いと早期の要介護認定や死亡につながる―。島根県歯科医師会や島根大学、国立保健医療科学院の共同研究グループが行った島根県在住の高齢者を対象とした研究によるもので、学術誌『The Lancet Healthy Longevity』（10月17日）オンライン版で公開された。

日本国内では、後期高齢者（75歳以上の高齢者）を対象に歯科口腔健康診査が行われているものの、同診断結果からさまざまな口腔指標、介護認定や死亡との関連性を調べる研究は少なかった。

そこで、研究グループは島根県後期高齢者医療広域連合が島根県歯と共同で実施している2016年以降の後期高齢者歯科口腔健康診査の歯科口腔検査データを用いて、要介護認定（要介護度2以上）または死亡リスクとの関係を分析した。

その結果、口腔指標の不健康状態（歯の数の少なさ、主観的および客観的な咀嚼能力の低さ、歯周組織の不良、機能的嚥下障害、舌の可動性の低さ、構音障害、口腔の不衛生、未処置歯、上顎・下顎の義歯不適合）は早期の要介護認定、死亡リスクと関連することが明らかになった。

特にグミを15秒間咀嚼して分割数を調べた客観的な咀嚼能力は、上記の口腔指標のなかでも最も要介護認定や死亡リスクに対する影響が大きかった。

島根県における後期高齢者歯科口腔健康診査が、後期高齢者の健康寿命を予測する有用な手段であり、定期的に歯科口腔健康診査を受けて、口腔の不健康状態を早期に発見・対策、治療する重要性が示唆された。

研究グループは「治療を通じて、客観的によく噛める状態かを確認することも大切」と述べている。

秋の叙勲

堀憲郎 元日歯会長 に旭日重光章
歯科関係者56人が受章

令和6年秋の叙勲の受章者が3日に発表され、少なくとも56人の歯科関係者が受章した。元日本歯科医師会会長の堀憲郎氏が旭日重光章（保健衛生功労）に選ばれている。（2面に受章者）

歯科関係の受章は、厚労省関係で堀氏のほか、元山形県歯会長の富田滋氏、元山梨県歯会長の井出公一氏が旭日小綬章、元福島県歯科技工士会会長の橋本達郎氏、元日本歯科材料工業協同組合理事長の亀水忠茂氏など20人が旭日双光章を受章した。

文科省関係では、東京医科歯科大学（現東京科学大学）名誉教授の天笠光雄氏と岩手医科大学名誉教授の石橋寛二氏、日本歯科大学名誉教授の櫻岡充氏が瑞宝中綬章、鶴見大学名誉教授の新井髙氏、日本大学名誉教授の小澤幸重氏、日歯大名誉教授の又賀泉氏が瑞宝小綬章、学校歯科医ら26人が瑞宝双光章。

また、財務省関係（納税功労）で元全国青色申告会連合副会長の割田一敏氏が旭日小綬章を受章した。

専門医の課題を議論

日本口腔インプラント学会の第54回学術大会が1日から3日間、京都市の国立京都国際会館で開かれた。理事長講演や特別シンポジウムでは、専門医の現状や課題、未来について取り上げられた。（次号に記事）

矯正歯科の専門医

広告時の記載に「機構認定」も必要

矯正歯科分野の専門医は9月13日から広告可能となったが、「氏名」「日本歯科専門医機構認定」「矯正歯科専門医」の3つをセットに記載する必要がある。

10月29日から3日間、横浜市のパシフィコ横浜で開かれた第83回日本矯正歯科学会学術大会のJOSインフォメーション・アップデートのなかで倫理・裁定委員会の富永雪穂委員長が報告した。

◆◇◆

学術大会では、ワークショップ「矯正歯科専門医制度の認定と今後について」や日本歯科専門医機構の今井裕理事長による講演「新たな矯正歯科専門医制度の意義」が行われ、専門医制度の現状や課題などの整理が行われた。（次号に記事）

今週号の主な内容

コラム

プリズム

口腔と全身との関係の認知度

日本歯科医師会が全国の男女1万人に対して行った調査で、歯科も含めて健康意識は高まっているものの、歯・口の健康と全身の健康に関する知識は低下しているとの結果が出ている。

例えば「20本以上自分の歯を保っていればおいしく食べ続けられ、健康長寿につながること」の認知は、2020年時に49・4％だったのが、24年には40・5％と8・9ポイント低下している。

歯科界では、口腔と全身との関係についての研究成果が多く出てきており、本紙でも毎号のように報じているので意外な結果だった。もしかしたら、歯科界では当たり前になりつつあるが故に、かえって発信力の低下につながっているのかもしれない。

患者側から考えると、単純に歯を失いたくなくて定期的にチェックしている人が増えているならば、それはそれで結果的に健康寿命の延伸に寄与できるので、問題ないと言える。

しかし、歯科保健医療の社会的価値を高めるためには、しっかりとメリットを国民に知ってもらう必要があるだろう。

「いい歯の日」（11月8日）前後には、全国各地で啓発イベントが行われる。もちろん一番の目的は、国民のためだが、歯科と全身との関係をあらためてしっかりと伝える機会として、歯科関係者の取り組みに期待したい。

令和6年 秋の叙勲受章者

（1面関連、敬称略）

【旭日重光章】

▼堀憲郎＝元（公社）日本歯科医師会会長、72歳。新潟県長岡市神田町2―1―19

【旭日小綬章】

▼冨田滋＝元（一社）山形県歯科医師会会長、71歳。山形県山形市西見田1

▼井出公一＝元（一社）山梨県歯科医師会会長、73歳。山梨県南都留郡富士河口湖町船津3495―1

▼割田一敏＝元（一社）全国青色申告会総連合副会長、78歳。群馬県沼田市東原新町1845―3

【旭日双光章】

▼金山洋一＝元（一社）北見歯科医師会会長、72歳。北海道北見市寿町3―1―1

▼古田大＝元大館北秋田歯科医師会会長、70歳。秋田県大館市釈迦内字稲荷山下123―1

▼山田耕一郎＝元由利本荘歯科医師会副会長、70歳。秋田県由利本荘市中竪町42

▼円谷秀海＝元（社）福島県歯科医師会白河歯科医師会会長、71歳。福島県白河市北中川原158

▼田口章太＝元（一社）前橋市歯科医師会会長、74歳。群馬県前橋市亀里町383―2

▼福岡央＝元（一社）埼玉県歯科医師会常務理事、72歳。埼玉県川越市仙波町1―8―25

▼阿部有司＝元（社）習志野市歯科医師会会長、74歳。千葉県習志野市秋津4―1―10

▼松村康正＝元（公社）岐阜県歯科医師会副会長、70歳。岐阜県美濃加茂市牧野2570

▼大滝正行＝元（公社）東京都町田市歯科医師会会長、72歳。静岡県熱海市桃山町23―18―403

▼小澤照雄＝元（一社）静岡市静岡歯科医師会会長、74歳。静岡県静岡市葵区西千代田町4―14

▼中村忠＝元（一社）滋賀県歯科医師会常務理事、70歳。滋賀県長浜市神照町34―7

▼加藤隆正＝元（社）豊中市歯科医師会会長、86歳。大阪府豊中市上野東3―17―22

▼南出仁司＝現（一社）和歌山県歯科医師会専務理事、71歳。和歌山県和歌山市十番丁56―905

▼佐々木元＝元（一社）呉市歯科医師会副会長、73歳。広島県呉市広両谷3―2―1

▼吉村和夫＝元（社）長門歯科医師会会長、76歳。山口県長門市三隅下907―1

▼宮﨑德八朗＝元鹿島・藤津地区歯科医師会会長、77歳。佐賀県嬉野市嬉野町大字不動山甲9―1

▼宮坂圭太＝元（一社）熊本県歯科医師会副会長、70歳。熊本県熊本市中央区京町2―13―23

▼髙嶺明彦＝元（社）沖縄県歯科医師会会長、70歳。沖縄県浦添市安波茶1―8―18

▼橋本達郎＝元（一社）福島県歯科技工士会会長、85歳。福島県郡山市堤1―67

▼亀水忠茂＝元日本歯科材料工業協同組合理事長、74歳。兵庫県芦屋市山手町7―24

【瑞宝中綬章】

▼天笠光雄＝東京医科歯科大学名誉教授、78歳。東京都練馬区東大泉7―39―10

▼石橋寛二＝岩手医科大学名誉教授、78歳。岩手県盛岡市東松園2―12―18

▼櫻岡充＝日本歯科大学名誉教授、79歳。栃木県大田原市美原2―3240―4

【瑞宝小綬章】

▼新井高＝鶴見大学名誉教授、81歳。神奈川県横浜市栄区柏陽14―37

▼小澤幸重＝日本大学名誉教授、79歳。東京都世田谷区赤堤1―4―14

▼文賀泉＝日本歯科大学名誉教授、75歳。新潟県新潟市西区寺尾前通1―13―20

【瑞宝双光章】

▼鍵谷幹浩＝現学校歯科医、79歳。北海道函館市松陰町15―2―304

▼村上忠功＝元学校歯科医、80歳。北海道千歳市栄町2―6

▼藤川修成＝現学校歯科医、78歳。青森県青森市橋本2―12―1

▼守口憲三＝元学校歯科医、77歳。岩手県盛岡市西松園3―21―18

▼飯淵雅高＝現学校歯科医、79歳。宮城県柴田郡柴田町槻木上町1―1―20

▼鈴木和人＝元学校歯科医、80歳。栃木県日光市今市773―4

▼鈴木廣＝現学校歯科医、75歳。群馬県富岡市七日市1587―3

▼赤瀬眞五＝現学校歯科医、74歳。東京都日野市多摩平3―5―12

▼井上雄温＝現学校歯科医、71歳。東京都羽村市五ノ神2―12―14

▼土方靖夫＝現学校歯科医、71歳。東京都武蔵村山市神明2―14―1

▼山下敏明＝元学校歯科医、75歳。東京都港区高輪1―23―23―2602

▼小林隆一＝元学校歯科医、76歳。福井県福井市豊島2―7―9

▼塚本秀彦＝現学校歯科医、78歳。愛知県豊田市日之出町2―9―21

▼木村誠＝現学校歯科医、74歳。滋賀県大津市梅林1―11―12

▼瀧野誠一＝元学校歯科医、81歳。京都府京都市伏見区桃山羽柴長吉東町65―2

▼中井幸利＝元学校歯科医、81歳。京都府京都市伏見区瀬戸物町735

▼髙橋仁志＝元学校歯科医、74歳。兵庫県加古川市尾上町口里815―20

▼宮本清＝現学校歯科医、71歳。和歌山県和歌山市北出島46

▼石井順三＝元学校歯科医、86歳。広島県福山市宮前町2―2―32

▼福永學＝現学校歯科医、77歳。山口県下松市東柳1―5―23

▼松下巧＝現学校歯科医、73歳。高知県高知市葛島4―1―41

▼原口晴夫＝元学校歯科医、78歳。長崎県島原市城内1―1206

▼田﨑日出夫＝元学校歯科医、81歳。熊本県天草市五和町御領6487―1

▼市來二彦＝現学校歯科医、85歳。宮崎県日南市南郷町中村乙7101―376

▼義川伸一＝元学校歯科医、75歳。鹿児島県鹿児島市下竜尾町10―24

▼竹尾孝明＝現学校歯科医、72歳。沖縄県豊見城市高嶺393―5

皆歯科健診

6割が費用に不安

日歯が1万人の男女に調査

国民の8割が歯科健診の充実に賛成している一方で、歯科健診が全国民を対象に実施された場合（国民皆歯科健診）には、6割を超える人が費用負担に不安を抱いている。日本歯科医師会が全国の15～79歳の男女1万人を対象に実施した「歯科医療に関する一般生活者調査」によるもの。（4面に調査結果の表）

調査は、歯科医療に対する国民の認知度・理解度向上、歯科医師や診療に対する評価・イメージの向上に向けて生活者の意識を把握するため、2005年からほぼ隔年で実施している。

歯科健診の充実については、「良いと思う」35・0％、「まあ良いと思う」48・8％と8割以上が肯定的な回答だった。歯科健診を充実するメリット（複数回答）では、「むし歯や歯周病等の歯科疾患の早期発見・早期治療」が76・1％で最多。次いで「全身の健康につながる」46・6％、「おいしく食事することができる」45・8％、「口の中の清潔さが保たれる」35・4％、「食べる・話す・笑うといった口の中の機能の維持・向上」35・4％と続く。

全ての国民を対象とした歯科健診が実施された場合の不安（複数回答）を聞くと、「費用はどれぐらい負担することになるのか」が65・2％で最も多かった。

さらに歯科健診の受診意向が高まるポイントを聞くと、「無料であれば」50・5％が最多で、「どこの歯科医療機関でも受診できれば」40・4％、「職場や学校などで受診できれば」26・2％、「近くの行政施設で受診できれば」19・0％、「休日に受診できれば」19・0％などと続く。

調査ではそのほか、定期的なチェックを受けている人や、健康のために歯を残したい人の増加など健康意識の高まりが見られる一方で、歯や口の健康と全身の健康に関する理解度が低下していることも明らかになった。

歯科技工士の議論で日歯

「反対はしていない」

歯科技工士の診療補助を可能にするなどの法改正を求め、一部でシンポジウムや署名活動が行われている点について、日本歯科医師会の寺島多実子常務理事は「歯科技工士の業務内容や就業場所の拡大に関する議論に、日歯として反対しているということは決してない」との見解を示した。10月24日の定例記者会見で記者の質問に回答したもの。

寺島常務理事は「さまざまな立場の人が議論することは大変ありがたく、有意義なことだと感じている。国民に適切な歯科医療を提供し続けるためには、いろいろな知見や科学技術の進歩、社会の変化に対応して歯科界がアップデートしていくことは絶対に必要」と発言した。

会見で日歯のスタンスについて説明する寺島常務理事

そのうえで「しかし、拙速な議論で結論を出すのではなく、慎重に進めなくてはいけない部分はあると思う。消極的になっているということではなく、歯科技工3団体と定期的に協議会を開いている」と説明。「歯科技工士養成校も含めた現場の意見を聞いて、順序立てて整理しながら、厚労省とともに本格的な改革・改善に向けて努力していきたいと考えている」と理解を求めた。

歯科情報学

松尾　通

「顕在化する人手不足」

日本歯科医師会発行の「日歯広報」になるべく目を通すようにしている。かつて広報委員を拝命し、編集作業に従事した経験があり、その使命を自分なりに理解しているからでもある。日歯会員として、会費を払うことや機関紙である日歯広報に目を通すのは最低限の義務だろう。

日歯広報1840号（10月1日発行）に会員モニターの声「願い」が掲載されている。今号はシリーズ掲載の「その5」であり、全般を通して読まないとその全貌は把握できないが、たまたま歯科医療職の「人材不足について」がテーマだったのでモニター諸氏がどういうご意見をお持ちかを興味深く読んだ。

◇

大多数の声として、全国的に人材不足が深刻化するなかで、歯科医療の存続に不安を抱く傾向がよく読み取れた。

歯科技工士の不足は一番顕著だが、これは歯科医師の責任でもあり、思い切った施策を取らない限り解決できない。

歯科衛生士不足は長く言われているが、仕事の内容や責任の範囲が広くなり、どこの医院も人材確保に懸命である。しかし、卒業者数には限りがあり、有効求人倍率が23倍を超えるとあっては採用できる医院は幸運と言わざるを得ない。また歯科衛生士は予防の専門家として自らの地位の確立に動く傾向も顕著になっている。

歯科助手はそのすきまを埋める重要な担い手として、存在価値は高まっているが、募集してもいい人材を取れないのが現状であり、同様のことは受付や事務職にも起こっている。

歯科医師は数の論理ではまだ過剰気味だが、地域による偏在が激しく、都心部では過剰、地方によっては不足と二極化してきた。高齢歯科医師の増加や歯科医院のIT化が引き金となって閉院を選択するケースが増えている現象も見逃せない。

ほかに医院の承継がスムーズにいかなくて閉院するケース、また自らの人生設計で早々に閉院し、第2の人生を歩もうというケースも出てきた。いずれにしても国民の歯科医療を担う責任から、マンパワーをどうするか考慮する時期に来ているのは確かであろう。

◇

もう一つ、経済の問題が残っている。マンパワーの待遇は歯科医療費の枠のなかで考えなければならない。他のさまざまな産業に負けない給与や福利厚生、勤労条件を用意するにはそれなりの財源が必要である。歯科医院の自助努力には限界があり、いまの医療費では十分な手当が難しい現状がある。ベースアップや働き方改革も望むところだが、それができない現実こそ根本的な問題であろう。

◇

では何をどうすればいいか。座して待つほど時間はない。個人も法人も歯科医師会も動くべき時期に来ている。

（東京都開業）

2024.11.5

大阪歯科保健大会

8020達成者など表彰

嚥下の仕組み市民に説明

「健康は歯から～生きる力を支える歯科」をテーマに第29回大阪歯科保健大会が10月26日、大阪市の大阪府歯科医師会館で開かれた＝写真。府歯の小谷泰子理事による市民公開講座「おいしく食べ続けるために～知っておこう嚥下の仕組み」や8020達成者の表彰などが行われた。

市民公開講座では、小谷理事が、機能する歯が残っている意義や、オーラルフレイルの概要、嚥下の仕組み、誤嚥予防の重要性などについてわかりやすく解説した。

深田拓司会長はセレモニーのあいさつで、「口は命の入り口、魂の出口と言われているが、食べる、飲み込む、これは命を紡いでいくこと。しっかりと食べて、語って、笑って、歌う。自分のなかの魂を外に出すこと。そういった部分で、口は人々の喜びの扉ではないかと信じている」と強調。

「人生100年時代の健口を支えて健幸につなげたい」との思いを語った。

大会ではそのほか、「歯の親善大使」の片岡愛之助さんからのビデオレター、ミルクボーイの漫才動画「生きる力を支える歯科」の上映なども実施。

さらに会員対象講習会では、広島大学歯学部の安部倉仁スペシャルプロフェッサーが「PEEKの特性と大臼歯PEEK冠の臨床―特定臨床研究から保険収載へ」と題して講演した。

また、歯科健診・歯の健康相談・口腔内カメラ、府歯科技工士会による補綴物の展示、府歯科衛生士会による歯みがき指導、府歯科医師国民健康保険組合保健事業による骨密度測定・脳年齢測定・血管年齢測定なども併催された。

保険証存続求め 請願署名集める

神奈川保険医協

神奈川県保険医協会は10月20日、「第25回医療・健康フェスティバル」を、横浜市の新都市プラザで開催した。メインテーマは「保険証廃止カウントダウン!?～なくさなくたっていいじゃない」で、県民など約640人が参加した。

当日は医師、歯科医師による県民の健康に関する無料相談に加え、保険証に関する相談を実施した。保険証廃止についてのパネル投票では賛成が12票、反対が217票あり、保険証存続の請願署名が192筆集まった。

その他、医療費アンケートに答えると参加できるくじびきや、子どもが白衣・聴診器を身につけて同会のマスコットキャラ「ゼロくん」と記念撮影ができる「ちびっこ写真館」などが行われた。

歯科国試にチャレンジ

④①③　2024年（第117回）より

Porphyromonas gingivalis の病原因子はどれか。2つ選べ。

a　butyric acid
b　dentilisin
c　gingipain
d　leukotoxin
e　sialidase

117-A026

答えは本紙のどこかに！

〈社保〉診療種別支払確定件数及び点数

（令和6年7月診療分）

診療種別		件数 千件	対前年同月比 %	構成割合 %	点数 千点	対前年同月比 %	構成割合 %
総計		113,081	102.5	100.0	185,373,483	102.0	100.0
医科	計	58,388	102.1	51.6	126,412,245	101.2	68.2
	入院	866	98.7	0.8	50,143,903	103.2	27.1
	入院外	57,522	102.2	50.9	76,268,342	99.9	41.1
歯科		15,188	104.8	13.4	18,890,522	107.3	10.2
調剤		39,201	102.1	34.7	40,070,716	102.1	21.6
食事・生活療養費		699	101.5	0.6	–	–	–
訪問看護療養費		304	114.2	0.3	–	–	–

（注）件数の総計は、食事・生活療養費を除く数値。点数の総計は、食事・生活療養費、訪問看護療養費を除く数値。社会保険診療報酬支払基金の統計月報を基に本紙で集計したもの。数値は四捨五入

〈社保〉支部別歯科診療報酬等支払確定状況

（令和6年7月診療分）

支部別	件数（件）	日数（日）	点数（千点）	金額（千円）
令和6年5月	13,541,614	19,737,809	16,280,149	109,815,782
令和6年6月	14,820,361	21,557,032	18,063,808	121,007,880
令和6年7月	15,187,978	22,394,816	18,890,522	125,989,032
北海道	517,992	841,326	736,359	5,013,548
青森	115,012	179,528	148,456	982,989
岩手	101,755	156,373	131,790	941,188
宮城	255,863	369,417	298,632	2,051,749
秋田	91,105	135,921	120,997	803,505
山形	102,520	144,356	120,266	858,496
福島	186,115	281,507	219,534	1,513,125
茨城	321,220	470,883	374,338	2,392,239
栃木	236,470	350,918	262,209	1,715,070
群馬	190,448	293,966	219,210	1,566,496
埼玉	919,175	1,331,037	1,009,997	6,581,708
千葉	798,554	1,145,839	952,073	6,180,323
東京	2,055,883	3,012,974	2,485,772	16,512,609
神奈川	1,171,524	1,719,799	1,492,803	9,808,652
新潟	242,358	346,779	293,643	1,853,962
富山	124,603	173,787	139,185	891,195
石川	121,753	177,737	145,577	951,992
福井	82,350	118,883	97,884	628,632
山梨	96,305	139,721	108,836	707,169
長野	223,156	313,875	257,405	1,671,518
岐阜	224,596	316,611	266,328	1,901,072
静岡	358,290	525,369	418,347	2,969,842
愛知	943,642	1,338,962	1,198,122	8,560,902
三重	200,097	276,714	229,172	1,549,008
滋賀	184,867	255,466	208,878	1,319,773
京都	252,010	372,901	331,351	2,349,988
大阪	1,273,183	1,934,688	1,797,759	11,824,044
兵庫	717,420	1,029,053	921,301	5,975,914
奈良	132,199	192,667	156,668	1,080,514
和歌山	100,768	147,656	123,040	790,570
鳥取	64,711	94,433	78,662	509,188
島根	59,503	85,466	74,408	531,129
岡山	254,917	353,279	335,189	2,126,677
広島	327,337	482,047	417,181	2,754,306
山口	126,548	192,717	160,145	1,145,210
徳島	93,022	137,026	119,088	727,424
香川	127,979	182,798	163,085	1,030,312
愛媛	126,102	190,183	149,227	1,072,008
高知	61,865	92,751	75,113	521,059
福岡	676,954	1,069,508	896,798	5,792,087
佐賀	95,901	146,997	111,789	724,282
長崎	145,164	212,319	179,605	1,171,336
熊本	185,560	279,953	234,025	1,597,053
大分	110,437	170,655	140,348	905,007
宮崎	110,882	170,659	138,074	896,388
鹿児島	148,866	239,415	179,477	1,283,405
沖縄	130,997	199,897	172,381	1,254,370

〈社保〉歯科診療報酬諸率

（令和6年7月診療分）

区分		1件当たり点数（点）	1日当たり点数（点）	1件当たり日数（日）
合計		1,243.8 (102.4)	843.5 (103.3)	1.47 (99.1)
医療保険	計	1,256.0 (102.3)	838.8 (103.2)	1.50 (99.1)
	被保険者（65歳未満）	1,313.9 (101.3)	842.4 (102.9)	1.56 (98.4)
	被扶養者65歳未満（未就学者を除く）	1,171.4 (103.7)	838.4 (103.8)	1.40 (99.9)
	被扶養者（未就学者）	980.0 (104.5)	846.9 (105.3)	1.16 (99.3)
	被保険者 65歳以上70歳未満	1,346.3 (101.9)	813.5 (102.0)	1.65 (99.9)
	被扶養者 65歳以上70歳未満	1,323.0 (102.4)	805.5 (101.8)	1.64 (100.6)
	高齢者7割	1,324.6 (102.4)	805.2 (102.5)	1.65 (99.9)
	高齢者一般	1,402.6 (103.0)	827.6 (102.8)	1.69 (100.2)

数値は四捨五入。カッコ内は対前年同月比（%）

令和6年7月の歯科医療費

社保

件数4・8%増　点数7・3%増

社会保険診療報酬支払基金による令和6年7月診療分の総計確定件数は1億1308万1千件、点数1853億7348万3千点で前年同月に比べ件数は2・5%、点数は2・0%それぞれ増加した。

7月の稼働日数は26・0日（うち土曜日4・0日）で、前年同月比で1・5日増加している。

歯科の件数は1518万8千件、点数は188億9052万2千点で、前年同月に比べ件数は4・8%増、点数は7・3%増加した。

医療費全体に占める構成割合は前月に比べ、件数は0・3ポイント下がって13・4%、点数は0・2ポイント下がって10・2%だった。

歯科の診療報酬諸率は1件当たり点数1243・8点、1日当たり点数843・5点、1件当たり日数1・47日で、前年同月に比べ、1件当たり点数は2・4%増、1日当たり点数は3・3%増、1件当たり日数は0・9%減少した。

医科の入院と入院外の合計は件数5838万8千件、点数1264億1224万5千点で、件数は前年同月に比べ2・1%、点数は1・2%それぞれ増加。

入院外は件数5752万2千件、点数762億6834万2千点で、前年同月に比べ件数は2・2%増加、点数は0・1%減少した。

調剤は件数が3920万1千件、点数が400億7071万6千点で、前年同月に比べ件数は2・1%、点数は2・1%それぞれ増加している。

国保

市町村の金額4・1%増加

国保中央会がまとめた令和6年7月診療分の総医療費は市町村国保と国保組合、後期高齢者を合わせて2兆5569億円で、うち後期高齢者分は1兆6690億円だった。

7月の稼働日数は24・0日（平日22・0日、土曜日2・0日）で、対前年同月比で1・5日増加している。

歯科医療費は市町村が585億円で対前年同月比4・1%増。組合は53億円で5・6%増。後期高齢者は683億円で12・5%増。

件数は市町村が428万件で0・8%増。組合は41万件で3・1%増。後期高齢者は465万件で9・7%増となっている。

市町村の歯科1人当たり医療費は2552円で8・9%増、1人当たり日数は0・31日で6・1%増、1日当たり医療費は8280円で2・6%増。

組合の歯科1人当たり医療費は2071円で8・3%増、1人当たり日数は0・25日で5・6%増、1日当たり医療費は8404円で2・6%増加した。

後期高齢者の歯科1人当たり医療費は3417円で8・9%増、1人当たり日数は0・41日で6・6%増、1日当たり医療費は8404円で2・2%増。

また市町村国保と国保組合を合わせた医療費の入院は3250億円（対前年同月比1・2%増）、入院外3128億円（0・02%減）、調剤1577億円（2・2%増）、後期高齢者分は入院8031億円（7・8%増）、入院外4784億円（7・9%増）、調剤2563億円（10・1%増）だった。

日歯会長予備選挙

現職の高橋氏を推薦

四国連合歯役員連絡協で決議

令和6年度四国連合歯科医師会役員連絡協議会が10月26、27の両日、JRホテルクレメント高松（高松市）で開催された。26日の全体会では日歯の蓮池芳浩副会長、日本歯科医師連盟の太田謙司会長の来賓あいさつ、比嘉奈津美参議院議員と山田宏参院議員による国政報告、会員数減少対策についての協議などが行われた。また、次期日歯会長予備選挙候補者として、現職会長である高橋英登氏の推薦が決議された。4県歯会長連名の推薦状案も承認され、28日に高橋氏に送付された。

㊤四国の県歯役員と日歯役員らが情報共有を行った　㊨香川県歯の豊嶋会長

開催県代表であいさつした香川県歯の豊嶋健治会長は、歯科の重要性が国の施策に現れている一方で、物価高騰や人材の維持・確保の問題など、歯科医院経営が必ずしも健全とはいえない状況にあると説明。「診療報酬に加え、国の補助金の予算措置などによる補塡が必要。また医療DXを推進するのであれば、導入や補修、更新の費用は国が負担すべき」と述べた。

また、四国に甚大な被害が発生するとされる南海トラフ地震など大災害の防災・減災対策に取り組むとともに、歯科保健医療提供体制の確保が急がれるとした。そして日歯の高橋執行部については、「重要課題を整理し、精力的に取り組んでいる。今までの経験を活かし、歯科界の発展ならびに医院経営の安定化を図るよう期待している」と話した。

来賓あいさつした日歯の蓮池副会長は、日歯のシンクタンクについて説明。政策提言や国民・患者説明用の資料作成や企画立案、データベースの管理運用などを行っているとした。

日歯連盟の太田会長は、27日投開票の衆議院選挙で自民党が苦戦している状況に触れ、「支援団体の責任者としてお詫びを申し上げなくてはならない。まさかわれわれが来年の参院選でその組織代表を野党の代表にするわけにはいかない」と今後の活動の重要性を強調した。

協議では、香川県歯の協議題「会員数減少への対策」について各県の状況報告や意見が共有されたほか、日歯、日歯連盟からコメントが出された。

なお、27日は総務学校、学術、地域保健、保険、広報、医療管理、連盟、監事の分科会が行われ、各県歯と日歯や日歯連盟の担当役員で意見交換や情報共有がなされた。

弁護士で歯科医の堀内氏

医療訴訟の対応説明

「くちを大きく考えるシンポ」で

医療訴訟への対応について議論―。歯科医師で弁護士の堀内美希氏が対談講演「患者さんに訴える！と言われたら」で発表した。

野村氏

堀内氏

対談は、東京都千代田区のTKP神田ビジネスセンターで10月27日に行われた「第5回くちを大きく考えるシンポジウム」で行われた。

対談では医療訴訟に対して歯科医師が気を付ける点などを話し合った。対談相手のイベント発起人で歯科医師の野村洋文氏から、矯正治療において患者に「治らないから返金しろ」と言われた場合の対処法に関しての質問があった。堀内氏は、患者のクレームに対して、感情的にならないことが大切と指摘。「返金を申し出る患者はすでに弁護士に相談し、やりとりを録音している可能性がある。強い口調で反論すると、それ自体がハラスメントと判断される恐れがある」とした。さらに「患者の不満に対しては真摯な気持ちで受け止めてあげる。ただし、要望や状況がわからないまま約束事をするのは非常に危険なので、後日回答する旨を伝えながら、患者の訴えに耳を傾けるべき」と語った。

通院回数が多くなる根管治療について、不信感を持った患者にカルテの照会を要求された場合の対応に関する質問も出た。堀内氏は「カルテ照会は患者の権利なので、開示しなければいけない」とし、「印刷代などは相場の金額（コンビニのコピー料金などを参考）を負担してもらうことが可能」と話した。

同意書など書類に関する話題もあった。堀内氏によると「当該治療の説明およびリスクについて説明を受けた」などとする項目を患者にチェックさせることは、訴訟された場合の歯科医師側の防御手段として不十分という。「治療内容をはじめ、途中経過への対応や、キャンセル料を含めた料金規定などについて、網羅的に書面で残すことが必要」とし、診療時の説明などの見直しを勧めた。

近代以降の歯みがき習慣の定着

民俗学研究家の福田氏が調査

日本人の日常生活に定着している西洋式の歯ブラシと歯磨剤による歯みがき習慣は、いつごろから広まったのか。『アポロニア21』で「toothsome君が行く！-歯と神仏の旅」を連載中の民俗学研究家である福田直子氏が聞き取り調査をし、『伝承文化研究』（21号、國學院大學伝承文化学会、2024年9月）に論文掲載した。

研究は、1923年生まれで、鹿児島市内に在住（調査当時）するO・Tさん（男性）への聞き取りを中心に、鹿児島市内の別の複数人、東京都港区、同渋谷区、埼玉県川口市出身の人たちから聴取した内容と比較しながら、戦後日本の生活文化の変遷の中で、歯みがきが定着していった経緯を明らかにするもの。

その結果、戦前には指に塩を付けて歯のケアをしていた人も多いが、早い人では戦前の1920年代から、遅い人でも60年代には歯ブラシを使用するようになっており、その後、幼児期には知らなかった歯間ブラシやフロスを使うようになったという。

これまで、歯みがき習慣の受容、定着については、歯磨剤などのメーカーや歯科関連学術団体による集団的な研究が多く見られるが、個人ベースでの歯みがき習慣の定着を調べる研究は類例がない。

歯ブラシや歯磨剤の発売時期と歯みがきの定着の関連は一致せず、個人の生活に歯みがきが取り入れられた経緯を知るのは、今後、望ましいヘルスケア習慣の普及を目指すうえで、歯科界でも有益な知見と見られる。

日歯

「歯科医療に関する一般生活者調査」より

2面関連

※少数第2位を四捨五入しているため、合計が100%・合計値にならない場合あり

現在、歯科医療機関で治療や定期的な管理（チェック）を受けているか？

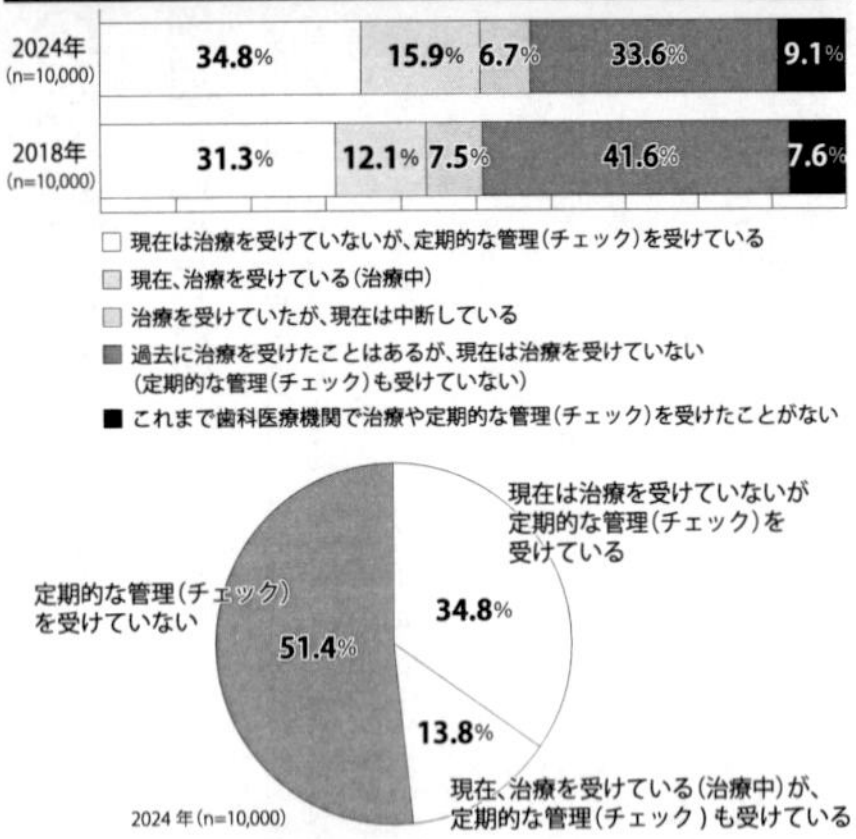

どれくらいの頻度で定期的な管理（チェック）を受けているか？

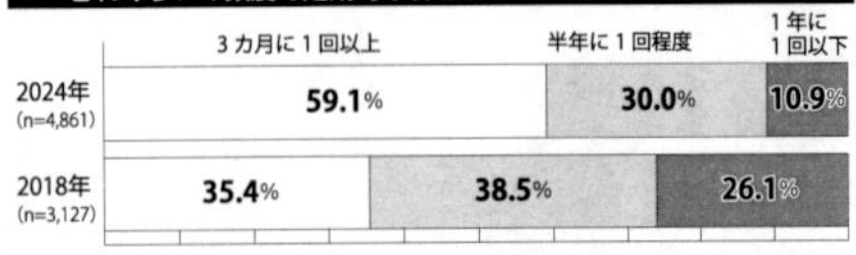

定期的な管理（チェック）を受けている理由は？（複数回答）

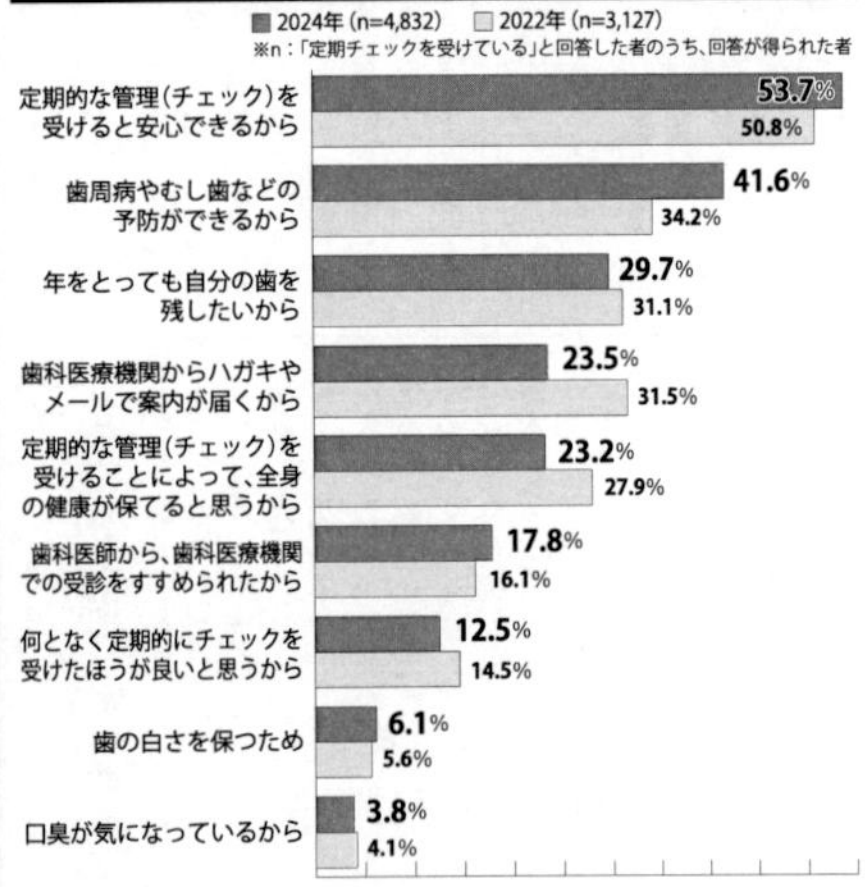

今後、歯科健診が充実することに対して

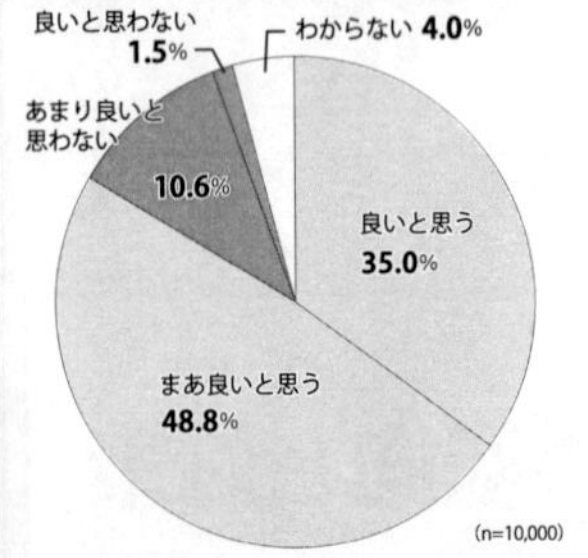

健康のためにできるだけ自分の歯を残したいか？

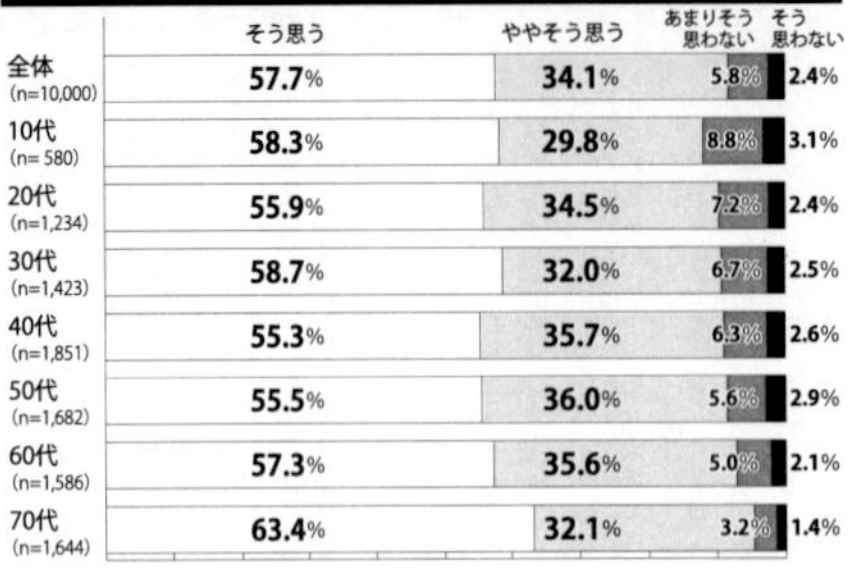

健康を維持する上で、歯や口の健康は欠かせないと思うか？

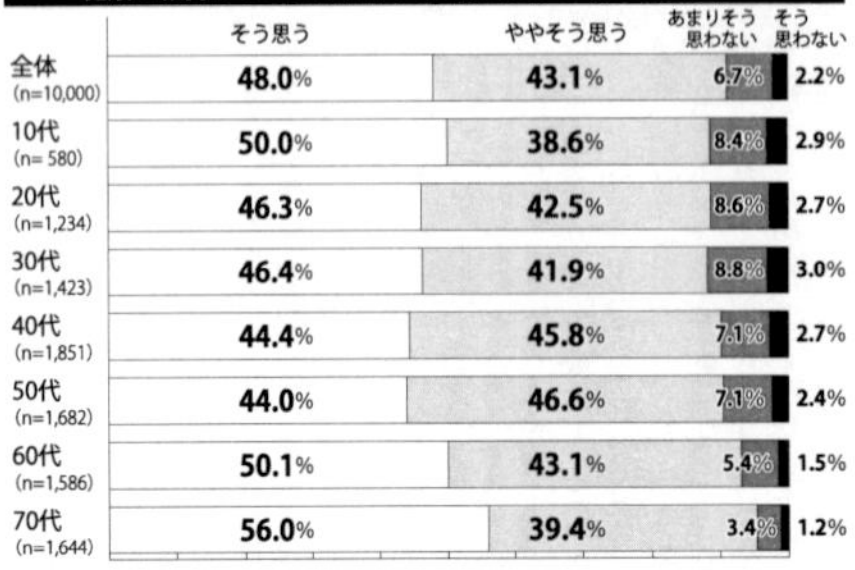

歯を失う（歯がぬける、なくなるなど）ことによって歯以外に失うものは？

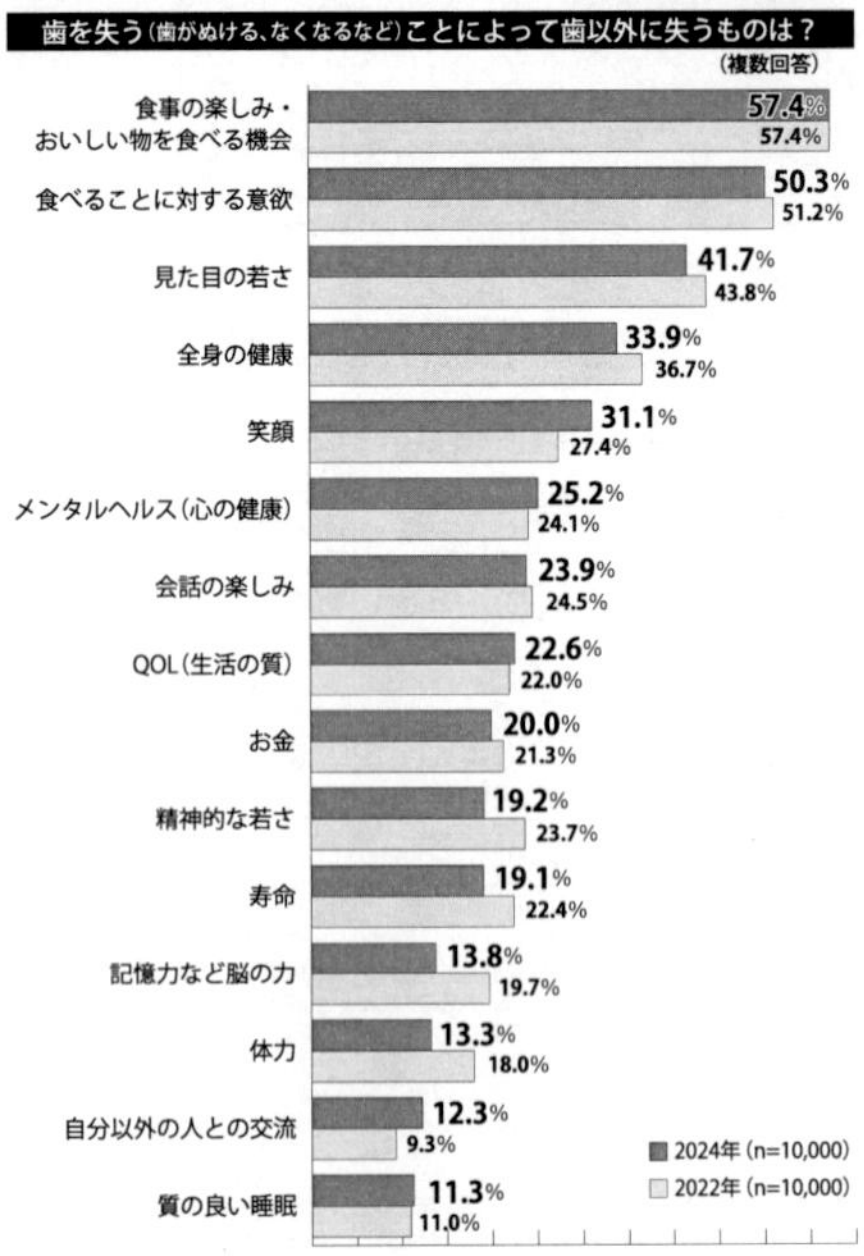

歯・口の健康と全身の健康について、知っていることは？（複数回答）

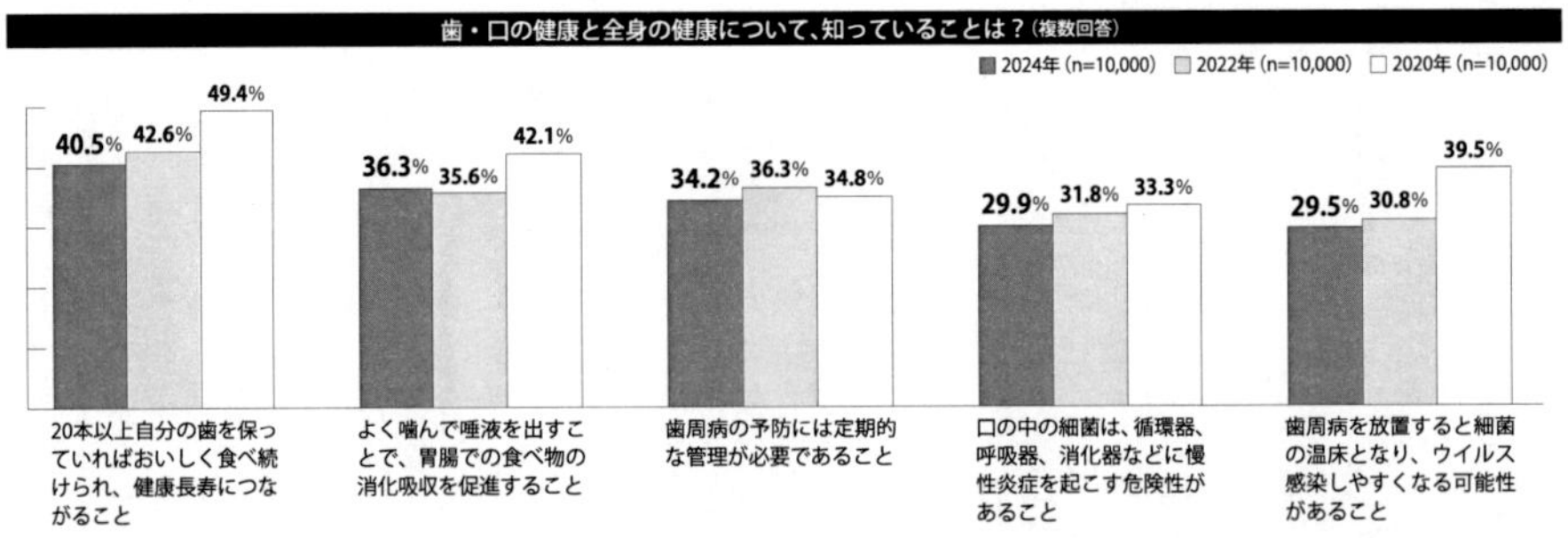

■ 2024年 □ 2022年

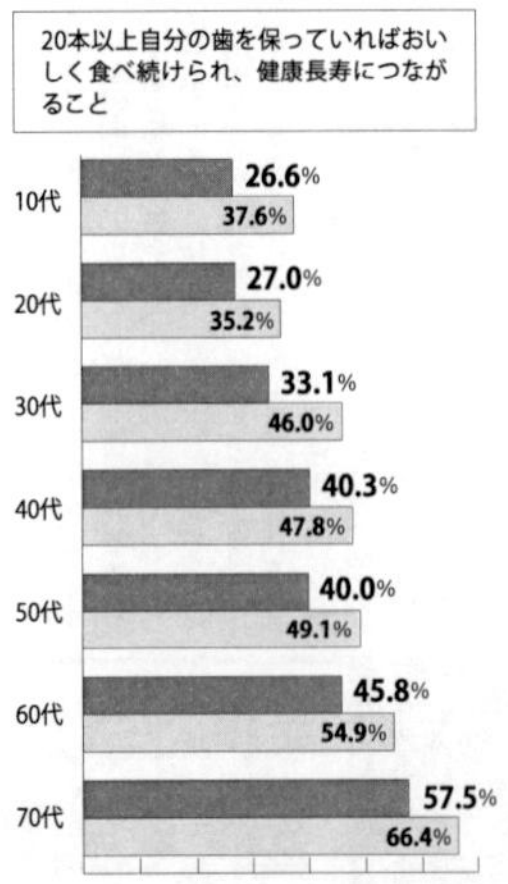

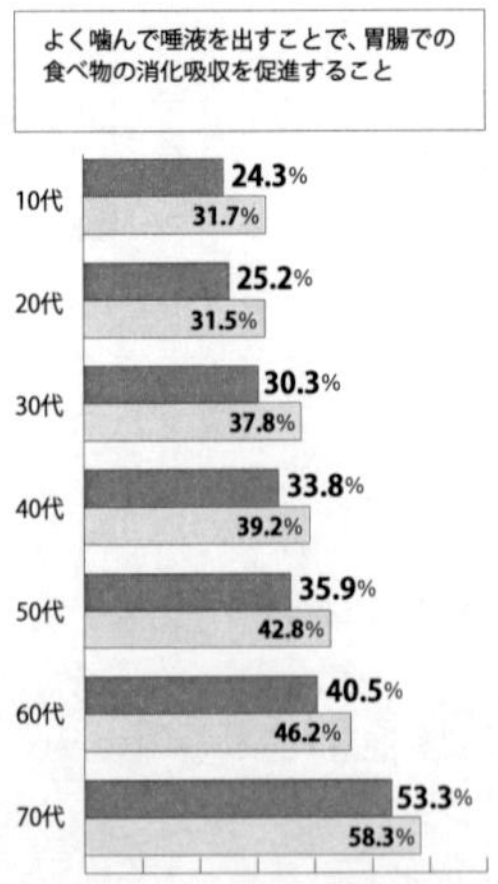

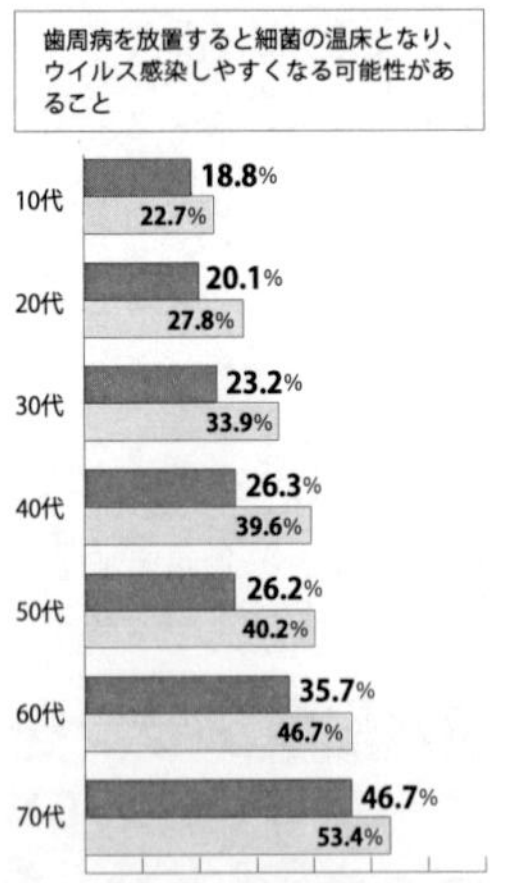

歯科健診が充実することのメリット

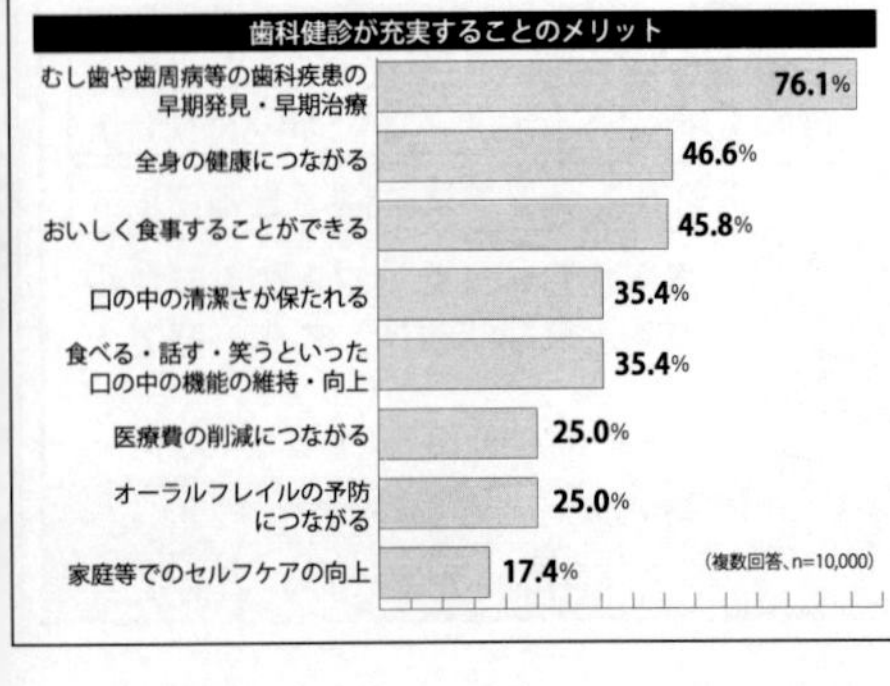

全国民対象の歯科健診が実施された場合の不安点

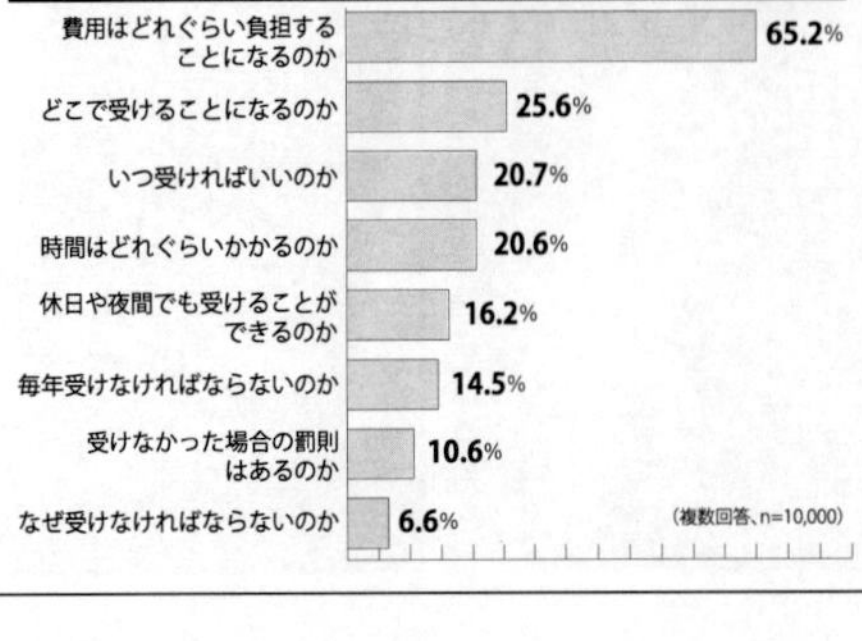

どのようなことが整備・改善されると、歯科健診を受ける意向が高まるか

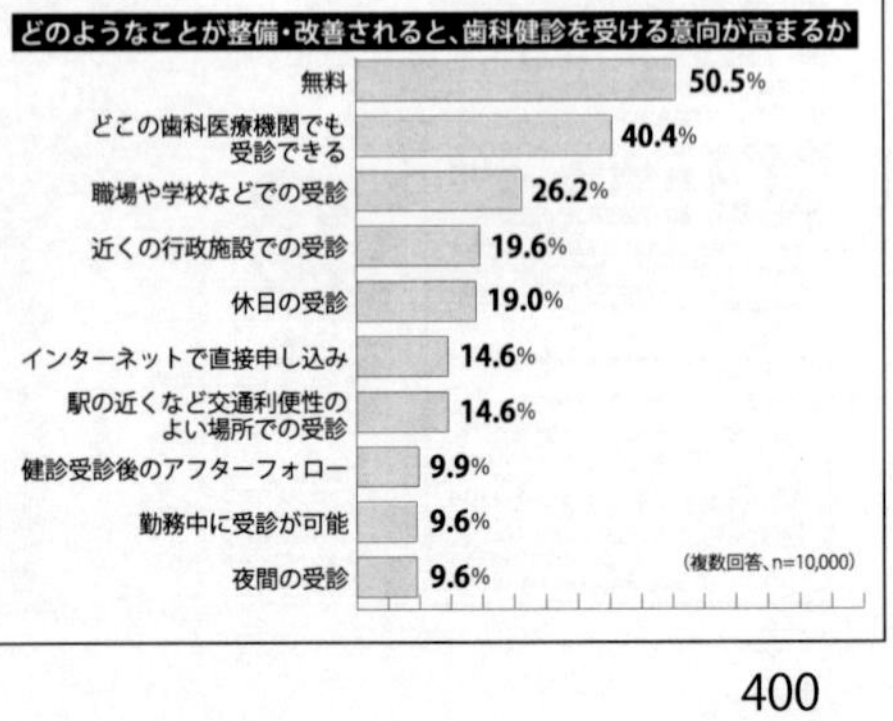

令和6年度厚生労働省補助事業
歯科技工士の人材確保対策事業

「歯科技工士の未来！再発見！」東京シンポジウム

鈴木科学大教授が講演

10月27日に令和6年度厚生労働省補助事業「歯科技工士の人材確保対策事業」東京シンポジウム(千葉県歯科医師会主催、千葉県歯科技工士会共催、都歯・都技後援)が、歯科医師会館(東京都千代田区)で「歯科技工士の未来！再発見！ 新潟宣言を受けて」をテーマに開催された。会場では、あいさつや来賓紹介された後、東京科学大学名誉教授の鈴木哲也氏による基調講演、協議事項を踏まえたシンポジウムが行われた。座長は東京都歯科医師会会長の井上惠司氏。なお、同シンポジウムは、2023年11月5日に開催された「新潟シンポジウム」の新潟宣言を受けて実施された。新潟宣言は、歯科技工士の現状や業務のあり方等の改革をするべく、一致団結して進めることを宣言したもので、日本歯科医師会会長の高橋英登氏、日本歯科技工士会長の森野隆氏などが賛同している。

「技工士法を改正すべき」

現行制度(歯科技工士法第20条)では行えない診療補助について、科学大の鈴木名誉教授は、「規制改革を成し遂げ、歯科の歴史に名を残すべき」と関係団体に法律改正の必要性を訴えた――。

基調講演「今変えずしてどうする、歯科技工士の未来」で鈴木氏は、若手歯科技工士が減少した原因として、「経済問題・職場環境」「仕事のやりがい」「認知度の低さ」を挙げたうえで、技工料金・賃金の値上げと、職域拡大のための法律改正を両輪で行っていくべきと訴えた。「(日歯の)高橋会長は『歯科技工士のために何でもしようじゃないか』と私にも言われたが、何でもするならば、1つだけではなく、2ついっぺんに(施策を推進)してもいいのでは」と日歯の姿勢に疑問を投げかけた。

しかし、歯科に限らずさまざまな業界で人材不足が相次いでいるなかで、歯科技工士の収入をアップするのは難しいと主張。その打開策として、「デジタル化の推進」「病院勤務など医療連携への積極的な参画」が、歯科技工士の収入アップにつながるとの考えを示した。

さらに、「口腔機能管理技士(OE)」という新たな資格を提案した。歯科技工士の特性を生かしつつ、臨床や訪問診療で口腔機能の改善など診療補助の業務参画につなげるもの。規制改革によって直接患者を診られる立場にし、訪問歯科現場に歯科技工士を派遣すれば、活躍の幅が広がるという。

◆◇◆

業務の在り方の改革について、一致団結して進めるとする「新潟宣言」で、厚労省歯科保健課の小椋課長(当時)からは「日歯と日技、全国歯科技工士教育協議会らが同じ方向を向いているならば反対する人はいないと思っている」との前向きな見解があった。

鈴木氏は、「規制改革を成し遂げて、歯科の歴史に名を残すのか。あるいは、抵抗勢力として汚名を背負うのか。賛否両論があれば挑戦しないのか。否、いま挑戦するべきだ」と述べた。

基調講演を受けて、現場記者からひと言

鈴木氏は職域拡大の法律改正と賃金アップを両輪で行うべきと主張しているが、まさしく経営理論「両利きの経営」(オライリー、タッシュマン著書『両利きの経営「二兎を追う」戦略が未来を切り拓く』)に通ずる。

これはイノベーションを起こすには、既存事業を強化する「知の深化」と、新規事業を立ち上げる「知の探索」が必要というもの。

近年、イノベーションの必要性(高付加価値化など)が求められているものの、成果が出にくい知の探索(新規事業・開拓)を置き去りにし、既存の事業である知の深化に頼りがちになってしまう傾向にある。

イノベーションを起こすには、知の探索に重点を置きつつ、中長期な成長を促すことが大事との主張がなされている。

歯科技工士の就業者数が年間約1千人も減少しているなかで、知の深化に着手しながら、鈴木氏が主張する職域拡大の法律改正やデジタル化による効率化、新たな資格など「知の探索」は欠かせない要素だろう。

シンポジウム

(一部抜粋)

東京シンポの協議事項

1. 新潟宣言の報告とそこに至るまでの経緯
2. 厚労省検討会、審議会の進捗状況
3. 志願者の激減・相次ぐ養成校の廃校に特効薬はあるのか
4. 顕著な歯科技工士不足の辿り着く歯科臨床の将来像
5. 歯科技工士の領域が広がると歯科技工所は人手不足に陥るか
6. 教育カリキュラムを増やすことによる養成校の負担増は
7. 約40年間の変わらない経済的議論に終止符は打てるのか
8. 超高齢社会に目指す歯科技工士の将来像とそのロードマップ

シンポジウム登壇者

(敬称略)

▼大坪　真実(厚生労働省医政局歯科保健課課長補佐)
▼小椋　正之(前厚生労働省医政局歯科保健課課長)
▼大島　克郎(全国歯科技工士教育協議会会長)
▼赤川 安正(広島大学名誉教授)
▼大川 周治(明海大学臨床教授)
▼鈴木 哲也(東京科学大学名誉教授)
▼山下 茂子(日本歯科技工士会副会長)
▼秋元 秀俊(医療ジャーナリスト)
▼大河原 伸浩(千葉県歯科医師会会長)
▼砂川　稔(千葉県歯歯科技工士プロジェクトチーム委員長)

3. 志願者の激減・相次ぐ養成校の廃校に特効薬はあるのか

▼大島氏(全技協会長)

3団体(日技・歯技協・全技協)で定期的にミーティングを開いているが、そのなかでも「経済状況の改善」が共通の課題としてあがっている。鈴木氏の基調講演にもあったが、歯科技工士が儲かる職業として重労働ではなく、安定した収入で普通に食べていける職業になれば、必然と学生が集まると思っている。

▼大坪氏(厚労省医政局歯科保健課課長補佐)

歯科技工士の人材確保については、骨太方針の中でも歯科衛生士、歯科技工士の人材確保を踏まえた対応が、ここ数年重要課題として明記されている。

厚労省でも喫緊の課題と認識している。先ほどの鈴木氏の講演も大変興味深く聞かせていただいた。

労働環境の改善や人材確保のための取り組みなど、さまざまな角度から総合的に行っていくことで成果を上げていきたい。

▼山下氏(日技副会長)

学生や職を得ようと思っている方々が、一番求めているものは「収入」と「時間」である。

さまざまな中学校や高等学校にアプローチすると、インターネット経由のネガティブな書き込み等で、保護者から「この職業はNG」と言われることがある。学生は(歯科技工士に)なりたいけれど、親御さんが反対するケースも多々ある。

また、40・50年前は歯科技工士が儲かる仕事ということで、その当時の歯科技工士養成校の倍率は20・30倍になった。

(歯科技工士会としても)できる限り収入アップ、労働環境の改善を目指していきたい。

4. 顕著な歯科技工士不足の辿り着く歯科臨床の将来像

▼赤川氏(広島大名誉教授)

平成29年の厚生労働科学研究の調査のなかで、院内技工所で勤める人と、歯科技工所で勤める人の仕事に対する意識を調べたところ、院内技工所の方がやりがいを持ち、成長できて人生設計ができるほか、給料面の差もあった。

若い人が歯科技工士養成校に入ってもらうには、(歯科技工士も)実際に医療現場にかかわり、医療人としての意識を持つことが非常に大事なのではないか。

▼大川氏(明海大臨床教授)

歯科技工士不足が進むと、数多くの歯科医院で歯科技工物の依頼先がなくなる。

依頼先を失った歯科医院に残された選択肢は、海外製作の歯科技工物を保険診療で使用することは違法行為なので、歯科医師自身が歯科技工物を製作しなければならなくなる。この危機感を持たれている人は非常に少ない気がする。

歯科技工士が進む方向性としては、CAD/CAMが歯科技工物の製作過程のほぼすべてを担えるようにする。デジタル技術のさらなる精度向上や、必要材料の開発が前提となる。

歯科技工士は、これらの開発と並行する形で、診療室のチェアサイドや歯科訪問診療で歯科医療チームの一員として、CAD/CAM技術を駆使しながら、歯科技工物を製作する。

口腔機能の健康管理に従事し、国民の健康寿命の延伸に貢献し得る魅力ある職業を目指すために、何があっても歯科技工士法の改正が必須と考えている。

▼司会：井上氏(都歯会長)

さまざまなアンケート調査結果を見ると、離職理由に「給料面の不安」「やりがいを見出せない」などがある。厚労省の立場、学校教育現場の立場から話を伺いたい。

▼大坪氏(厚労省医政局歯科保健課課長補佐)

仕事を続けていくうえで、賃金はもちろん大事だが、やりがいというのは非常に重要な要素になっていると思う。

(日歯の)高橋会長は去年のシンポジウムのなかで、「(技工物を)セットする際には、技工士を患者さんのところに呼んで、『この方が作成しました』と伝える」と言っていたが、これは厚労省の歯科技工士の人材確保事業のなかでも実施している。

また、歯科技工士や歯科衛生士、歯科医師を含めた専門職のやりがい・魅力について、高校生や歯科技工士等の職種を選ぶ可能性がある人に伝えるための「歯科専門職業普及啓発事業」を今年度秋から始めた。

このような普及啓発の取り組みをするのは今回が初めて。さまざまな方から意見をいただき、成果があるものにできればと思う。

6. 教育カリキュラムを増やすことによる養成校の負担増は

▼大島氏(全技協会長)

負担の部分は少なからず生じるものだと思う。大学・歯学部を持つ大学と、専門学校との負担の差はあるが、特に小規模な専修学校は逆に負担が増大するのではないか。

もし訪問歯科診療の補助を実施可能とした場合、単位や教育制度等を整理する必要があるため、(金銭面など規模感がある)大学と専修学校では負担の差は変わるだろう。

▼赤川氏(広島大名誉教授)

教育カリキュラムを増やすときに、何を増やすかだが、厚生科研で新しい行為をする、プラス患者さんに接する場合に、医療安全やコミュニケーション能力など教育の現状を11専門学校に聞いた。

ほとんどの学校が教育不十分と回答した。解決策として、総合実習や実習室の整備、学外実習の場などが出たがすべては難しいので、到達目標や必要な教育内容、教育資源を具体的に設定する必要があると思う。

7. 約40年間の変わらない経済的議論に終止符は打てるのか

▼山下氏(日技副会長)

歯科医院経営も大変だと思うが、歯科技工所の経営はもっと大変な状態である。高齢化社会を迎えるなか、歯科技工士の半数を占める50歳以上の方々が離職、あるいは廃業している。

今後、ますます高齢化社会を担う国民のための歯科技工ができなくなる。

技術や知識、経済的な側面から歯科技工士、歯科衛生士、歯科医師の3団体で話していければ、いい方向に進むのではないかと思っている。

8. 超高齢社会に目指す歯科技工士の将来像とロードマップ(シンポジストからひと言)

▼大河原氏(千葉県歯会長)

技工士は人工臓器を作る仕事をしているため、医療人としてカウントされるのが本当に難しい。

まずは医療人としての技工職をわれわれの手で実践していかねばならないと思う。

▼小椋氏(前厚労省医政局歯科保健課課長)

地域医療介護総合確保基金のなかで、都道府県が認めていれば、奨学金として使ってもいいことを課長だったころに通知として出した。ただ、(受理されるまでの)ハードルが高いと思われる。

また、今年度の診療報酬改定でベースアップを行ったが、技工士の賃金も含まれているため、「歯科医師は賃金アップしたけれど、技工士は上がっていない」という結果が出ると、国としては厳しいと懸念している。

厚労省では、診療報酬の通知告示など多くの業務に追われているものの、歯科医師4人で行っている。そういった状況のなかで仕事をしていることも(厚労省歯科保健課長ではないが)お伝えしたい。

▼大島氏(全技協会長)

われわれ教育関係者からすると、学生は子どもで親みたいなもの。そんな学生たちが将来社会に出るとき、就業等を含めて安定した労働環境になってほしいという思いがある。

各団体間・内で協議して、今後も進めていくことが重要ではないかと思う。

▼大川氏(明海大臨床教授)

以下のロードマップを考えている。①歯科技工士法の改正、②口腔機能管理技士(仮称)の資格取得における教育改革など、③有床義歯の製作がCAD/CAMで可能になるとともに保険収載を達成、④機能検査の実施(増点等による歯科技工士の雇用形態の確立)、⑤地域医療チームの一員としてチェアサイド業務を歯科訪問先で従事する、⑥歯科技工士が歯科医師・歯科衛生士とともに、健康寿命延伸に貢献し得る魅力ある職業となる。

▼赤川氏(広島大名誉教授)

①国民に向けて歯科技工士の仕事を周知する。ぜひ歯科医師会の方々には、待合室にポスター掲示していただきたい。

②映画『笑顔の向こうに』を作った日歯は技工士の問題を十分に理解していると思うので、コンセプトを取って告示を作ることを決意したい。

③12月から歯科技工士の業務のあり方に関する検討会が再開するが、さまざまなデータや意見を踏まえて議論し、国が策定する方針のまとめを作り出したいと思う。

▼大坪氏(厚労省医政局歯科保健課課長補佐)

大変勉強になった。国民の歯科医療を明確にし、タイムスケジュールを示す必要があるとの指摘もあったが、厚労省でも目指すべき部分に関しては歯科医療提供体制等に関する検討会(歯科技工士会の森野隆会長も出席)で中間とりまとめを公表し、地域における歯科医療のあり方が整備されている。

歯科技工士に関する議論につなげられるよう、今年度に全国の歯科技工士の働き方に関する実態調査をする。そのような結果も踏まえ、人材確保への取り組みや、今後の方針など先生方から意見をいただき、さまざまな角度から対策をとっていきたいと考えている。

▼山下氏(日技副会長)

歯科医師、歯科技工士が連携をしてやっていくことが一番大事。知識や技術、経済問題、そして技工士の声も聞いていただければと思っている。

▼鈴木氏(東京科学大名誉教授)

賛否両論があったら何もしないのか。ぜひ日歯には机上の空論と言わず、私を論破していただきたい。(47都道府県歯科医師会で)無料で講師として使っていただければと思う。

▼秋元氏(医療ジャーナリスト)

だいぶ前にドイツが技工と補綴を分けて、50%の療養負担をしたが、成人の歯科医療の補綴部分を3割負担、あるいは高齢者1割負担の公費によって負担している国はほぼ日本だけ。この事実を歯科医師会や厚労省含め、はっきりと国民に対して伝えるべきである。

厚労省

今秋から歯科専門職　魅力伝える事業を開始

厚労省は高校生や就業者へ歯科専門職の魅力を伝えるために、今年度の秋から「歯科専門職業務普及啓発事業」を開始している。10月27日に令和6年度厚生労働省補助事業「歯科技工士の人材確保対策事業」東京シンポジウムのなかで、厚生労働省医政局歯科保健課の大坪真実課長補佐が紹介したもの。

歯科医師や歯科衛生士、歯科技工士の魅力・やりがいを伝える事業。今後、どのような普及啓発で成果が上がるのか検討したうえで、YouTubeやテレビ広告などのアプローチ方法、対象者を決めて、来年度以降、本格的に普及啓発を行っていく予定だ。

大坪氏によれば、厚労省が歯科専門職の普及啓発の取り組みをするのは今回が初とのこと。同事業に対して、「さまざまな方々から、意見をいただきながら成果があるものにできれば」と述べている。

Inter view

ジルコニア対合歯の摩耗について

歯科用ジルコニアは硬いから、対合歯が摩耗する―。こんな先入観を抱く人が多いのではないだろうか。実はジルコニアの性質を正しく理解して使えば、それは勘違いであると言える。「硬さと対合歯が摩耗することの相関関係は低い。正しく鏡面研磨をすれば、対合歯の摩耗は少ない」と話すのは、愛知学院大学歯学部歯科理工学講座非常勤講師（教授級）の伴清治氏だ。同氏にジルコニアの性質や動向を中心に、臨床現場で誤解を与えている部分、取り扱い時の注意点など、疑問を解消するべく詳細を聞いた。

伴 清治 氏

――「ジルコニアは硬いから対合歯が摩耗する」というのは、間違いであると。

伴　ジルコニアは正しく鏡面研磨（表面を鏡のように滑らかに仕上げる手法）をすれば、CAD／CAMマテリアルの中でも最も対合歯の摩耗が少ないです。さらに、「ジルコニアは硬いから割れない」と言いますが、これも間違っています。確かに割れにくい特性を持っていますが、絶対に割れないわけではありません。

また、ジルコニアは硬く強いため、「研磨に時間がかかる」という声もありますが、形態修正や研磨に適切な器具・材料を順序正しく使用すれば、作業時間をかなり短くできます。

例えば、半焼結ジルコニアをCAD／CAM装置で製作した後、そのまま電気炉に入れるのではなく、ある程度研磨しておくと焼成後の鏡面研磨は短時間で済みます。また、咬合調整のために研削による形態修正後、ゴム結合材のダイヤモンドポイントでコース（粗い）からファイン（細かい）まで順次仕上げ、最後にダイヤモンドペーストで磨けば、鏡面研磨仕上げが短時間で可能となり、対合歯の摩耗と破損リスクを軽減することができます。

正しい順序で使用していれば、ジルコニア本来の良さがでます。一方で、少しでも研磨に手を抜けば、やすりのように作用するので対合歯が摩耗し、事情を知らない患者さんにとっても良くない結果を生むことになります。

正しい知識の確認と情報のアップデートを

◆◇◆

――焼成に時間がかかる印象を持つ人もいるのではないでしょうか。

伴　欧米やヨーロッパに限らず、世界各国ではワンビジットトリートメント（即日修復）、つまり1日行けばすべての治療が終わる流れになりつつあります。

特にアメリカは広いため、州をまたがって患者さんも忙しいなか来るわけですから、「3日後や1週間後に来てくださいね」と言えないわけです。

そこで、ジルコニアを普段通り焼成すると8時間～12時間かかるため、日本でもいかに短くするかの取り組みが行われています。

今では、最短だと20分～30分でジルコニア冠が焼成できます。

◆◇◆

――昔と比べて、ジルコニアもさまざまな種類があるそうですね。

伴　10年前は2種類のみでしたが、今は13種類＝表①＝あります。

例えば、一番透光性のある「UHTZ」、焼いただけで色がグラデーションで付く積層型まで、修復する部位によって選ぶことができます。前歯、あるいは臼歯やインレー・アンレーなど歯科医師や患者さんの好みに合わせて選択する。これが今の時代だからこそ可能で、ぜひ知ってもらいたいです。

◆◇◆

――歯科関係者の中には「白い金属」というイメージを拭いきれない人もいると聞きます。

伴　日本でジルコニア（Cercon）が補綴物として薬事承認を取得した2005年ごろ、ジルコニアは強度が高く、透光性の低いものが主流で、陶材溶着金属冠の金属フレームの代替えとして導入されました。

そのため、当時から「ジルコニア＝ホワイトメタル（白い金属）」と言われ、金属の代わりに使うイメージで、未だにジルコニアを金属だと思っている歯科関係者もいます。

透光性が低く、審美性が良くないため、表面に陶材を盛りましたが、結果として修復物としての強度が下がる問題がありました。

そこでアルミナの量を下げて、イットリアを多く含んだ透光性の高いPSZ系ジルコニア（部分安定化ジルコニア）が普及するようになったのです。そうすると陶材を前装する必要がないため、その厚み分の歯質の削除量も少なくなります。

欧米やヨーロッパではこのフルジルコニア冠が主流となっています。日本では今でも陶材を前装している場合があると聞いています。まだまだ知識がアップデートされていない現状にあると考えています

◆◇◆

――研究によれば、ジルコニアはプラークも付着しにくいとのことですが。

伴　鏡面研磨をした場合に限りますが、データ＝表②＝でも分かるように、ジルコニアは水を弾く特性があり、チタンよりもプラークが付きにくいです。これは実際にジルコニアを4カ所、口腔内に入れている私自身も体験しています。

また、鏡面研磨したジルコニアの表面は歯肉上皮に付きやすい特性もあります。しかし、グレージングをすると、その特性が活かせなくなってしまう点には要注意です。

そこで、私が勧めているのは、表面に色付きのガラスをコーティングするのではなく、内部ステイン法で色を付けるものです。

ちなみに、ヨーロッパでは着色の技術がかなり進んでおり、さまざまな色に着色できるキットが売られ、その着色法が公開されています。

◆◇◆

――最後に、読者に向けて特に伝えたい注意事項はありますか。

伴　先ほどもお伝えした通り、とにかく正しい順序で鏡面研磨をすることです。現在はジルコニアに適する研磨材料や器具の充実に伴い、他の修復物と比較＝表③＝しても、最も対合歯の摩耗が少ないとの研究が多く報告されています。

ただし、中には口腔内で咬合調整のために形態修正・研磨仕上げに必要な時間が金属修復物より長いという理由で、研磨が不十分となり、グレージングで仕上げてしまうケースがあると聞きます。これではせっかくのジルコニアの特性を活かせず、残念に思います。

歯科医師や歯科技工士には、ジルコニア情報を常にアップデートし、ぜひ臨床現場で有効に利用していただきたいです。

表①

単一組成・単色型	従来型 TZR（3Y-HA） Cercon base Lava Frame inCoris ZI KZR-CAD Zr T Aadva ST Ceramill zi DDBioZ Z-CAD HD IPS e.max ZirCAD MO	高透光性 TZP（3Y） Cercon ht Lava Plus inCoris TZI KZR-CAD Zr HT Aadva EI Ceramill zolid DDBioZX^2 松風 ZR-SS カラード IPS e.max ZirCAD LT	高強度 PSZ（4Y） CopraSupreme Ceramill zolid ht$^+$ Ddcube ONE Z-CAD ONE4All Sakura Zr MONO MY Zirconia MTH IPS e.max ZirCAD MT	高透光性 PSZ（5Y） Cercon xt KZR-CAD Zr SHT Aadva NT Prettau Anterior CopraSmile Ceramill zolid fx DDcubeX^2 Z-CAD Smile	高透光性 PSZ（6Y） 松風 ZR ルーセント ウルトラ
単一組成・積層型		高透光性 TZP（M3Y） Copran Monolith Symphony Nacera Peral-Shade Dima Mill ML Z-CAD HTL Multi	高強度 PSZ（M4Y） CopraSupreme Symphony Ceramill zolid gen-x Z-CAD ONE4AllMulti 松風ブロック ZR ルーセント CEREC	高透光性 PSZ（M5Y） Cercon xt ML KZR-CAD Zr GR SHT CopraSmile Symphony DDcubeX^2 Multi Z-CAD Smile Multi カタナ STML 松風 ZR ルーセント FA	高透光性 PSZ（M6Y） Nacera Pearl Q^3 Multi-Shade カタナ UTML
混合組成・積層型		高透光性 TZP-高透光性 PSZ（M3Y-5Y） Tanaka マルチ 5 ジピーノ 松風 ZR ルーセント スプラ IPS e.max ZirCAD Prime	高透光性 TZP-高強度 PSZ（M3Y-4Y） Sakura ディスク	高強度 PSZ-高透光性 TZP（M4Y-5Y） Tanaka マルチ ブライト IPS e.max ZirCAD MT Multi カタナ YML	

イットリア系ジルコニアの12分類と商品例（伴　清治：補綴臨床別冊／ジルコニア修復の常識と鉄則．医歯薬出版，1-160，2022より引用）。単一組成・単色型のなかに、特に高い透光性を示す超高透光性ジルコニア「UHTZ」も加わると、計13種類となる

表②

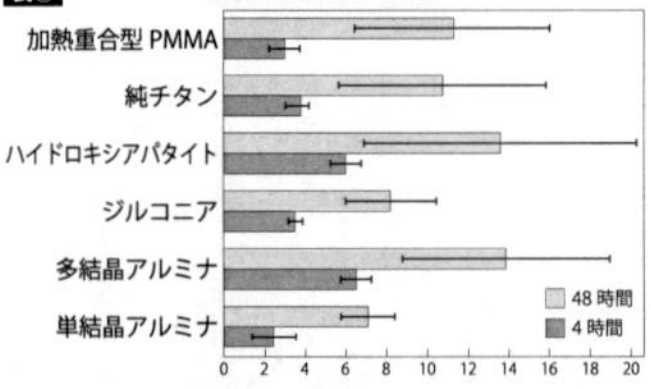

インプラント材料表面に付着したバクテリア細胞数（伴　清治：補綴臨床別冊／ジルコニア修復の常識と鉄則．医歯薬出版，1-160，2022より引用）。ジルコニアは、比較的に低い細胞の蓄積を示している

表③

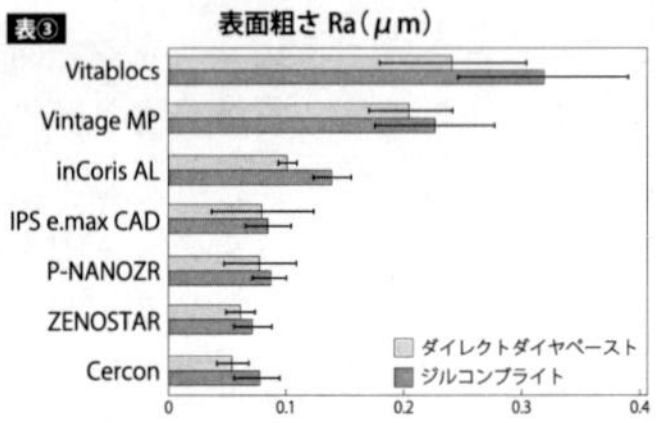

セラミックス系歯科修復材料の鏡面研磨後の表面粗さ（伴　清治：ジルコニア製フルカントゥア歯冠修復物の研磨仕上げと対合歯の摩耗について．QDT，37：26-40，2012より引用・改変）

『ジルコニア修復の常識と鉄則』伴　清治【編著】/A4判変/160ページ/7,150円/医歯薬出版

カマンベールチーズの常食
認知機能を高める可能性

週に1回以上カマンベールチーズを食べている人は、認知機能が高い―。明治や東京都健康長寿医療センター、桜美林大学など共同研究グループが行った65歳以上の高齢女性（1035人）を対象とした疫学調査により明らかとなった。

これまで乳製品と認知機能の関連性を示す論文は国内外で数多く報告されているが、対象者や地域、測定方法が異なっており、一貫した結果が得られなかった。そこで、研究グループはチーズの摂取や種類が認知機能と関連するのか調査した。

◇◆◇

チーズを週に1回以上摂取する人は85・3％（883人）で、そのうちカマンベールチーズを食べている人は12・2％（119人）占めていたという。

チーズを摂取する人は、摂取しない人よりも牛乳を飲む割合が多く、認知機能を評価する指標であるMMSE※スコアが高い値を示していた。

また、チーズを食べない人と比較すると「ふくらはぎの周囲径が大きい」「握力が強い」「通常歩行速度が速い」「食品摂取多様性スコアが高い」のほか、GDS（老年期うつ病の評価尺度）スコアが低いことがわかった。

チーズ全般やカマンベールチーズの摂取との認知機能の関連性については、ロジスティック回帰分析※の手法を用いて調査。その結果、軽度認知機能障害（MCI）と関連する因子として、年齢や通常歩行速度、嚥下機能に加えて、カマンベールチーズの摂取状況が重要であることが示された。

今後は、同研究を通して、健康寿命の延伸に寄与していくとしている。

同研究成果は、国際学術誌『Nutrients』（8月22日）に掲載された。

◇◆◇

なお、研究グループは東京都板橋区在住の65歳以上の高齢女性1035人を対象とし、対面でのアンケートや機能的能力測定を実施。食品摂取や生活習慣、身体状態と認知機能の関係を評価する横断的研究を行った。

さらに、今回の分析にあたって、カマンベールチーズの摂取状況・チーズ全般の摂取状況との検証とともに、年齢や身体機能、体格、既往歴、血液変数、嚥下機能、尿失禁の頻度、うつ症状、牛乳の摂取頻度の影響について統計的に調整した。

MMSE　認知機能障害を簡易にスクリーニングするための検査

ロジスティック回帰分析　いくつかの要因をもとに、ある事象が起こる確率を説明・予測する解析

歯科プレスセミナーで

医療過疎地域の歯科医療を議論

医療過疎地域における歯科医療提供について議論――。函館歯科医師会会長の岩井宏之氏、島根県開業の澄川裕之氏、長崎県歯会長の渋谷昌史氏がパネルトーク「地方の歯科医師が語る歯科医師の偏在と地域歯科医療の将来」で話し合ったもの。パネルトークは10月29日に日本私立歯科大学協会が東京都千代田区のアルカディア市ヶ谷で開催した「第15回歯科プレスセミナー『このままで大丈夫?!我が国の地域歯科医療』」で行われた。

――少子高齢化やう蝕の減少による歯科ニーズの変化について。

岩井　う蝕が減り、小児の治療は減った。高齢者では歯科と全身疾患の関係に関する情報発信の成果か、ここ10年ほどで歯周治療や定期健診が多くなった。

地域の中心産業に農業や漁業がある関係で、外国人労働者が日本の医療保険制度を利用して治療やクリーニングで来院する機会が10数年前から増えている。日本語が使えない外国人の治療説明は大変で、診療時間が日本人の倍以上かかることもある。

澄川　治療のターゲットがう蝕から歯周病に変わり、治療が内科的になっていると感じる。高齢者には内科的疾患を十分考慮した上で治療に取り組む必要がある。80歳以上の患者への局所麻酔はかなり慎重を期す必要があり、麻酔を要する治療にならないような口腔管理が求められている。

左から岩井氏、澄川氏、渋谷氏

渋谷　長崎は歯科衛生士がいない診療所が約半分ある。離島地区などではまだまだ治療がメインであることから、口腔管理という概念が浸透していない。歯科3職種の人材確保は重要だと感じている。

県歯の口腔保健センターで、高齢で引退した歯科医師が通院困難者向けに、県の巡回診療車で医療過疎地区に出向いて診療を行っており、ライフステージに応じた働き方の提案を歯科医師会で模索している。

――訪問歯科診療の普及が進まない理由とその対処法について。

岩井　訪問診療を希望する患者の相談先に、県の委託で在宅歯科医療連携室を運営している。相談員として歯科衛生士を配置し、相談の電話を受けた歯科衛生士による事前訪問の後、必要であれば歯科医師につなぐ流れ。利用者は毎年増加傾向で、平成27年で105件の相談、58件が訪問診療につながっていたのが、令和5年の相談数は159、訪問診療に繋がったのは101件となった。問題点として市内においても歯科医が少ない地域で訪問診療の予約が1カ月待ちになることもあり、医院減少で訪問できない地域も増えている。

澄川　訪問診療は難しいイメージもあり、連携する他職種にとっても口腔の問題点を理解するのは難しい。AIを使って口腔内写真から簡易的に診断するシステムを検討している。実現すれば他職種が歯科医師につなげやすく、訪問診療の普及が進むと考えている。

渋谷　ルールの緩和や点数の増加などで訪問に取り組む歯科医師は増えていると感じる。

長崎デンタルネットという訪問診療の申しこみシステムを長崎県と立ち上げた。簡単な方法（QRコードからネットで必要事項を記入し、歯科医師会が詳細を患者に確認後、担当可能な歯科医師から連絡）で、毎月10数件依頼がある。人材確保として、診療を引退した歯科医師や、勤務医に口腔保健センターに登録してもらい、訪問するシステムを考えている。

山口大

紫外線による細胞死　異なる機序を解明

山口大学大学院医学系研究科基礎検査学講座の西川潤教授は、消化器内科学、臨床検査・腫瘍学、ウシオ電機との共同研究によって、遠紫外線が大腸がん細胞株の細胞膜を傷つけ、細胞死へ誘導するメカニズムを解明した。

研究グループは、波長が260ナノメートル付近の深紫外線はDNAに吸収され、DNA傷害を起こし、細胞の自然死につながることから、波長222ナノメートルの遠紫外線が細胞に与える影響を深紫外線と比較検討した。

まず特異的に照射可能な装置を用いて、ウシオ電機が開発した波長222ナノメートルの遠紫外線で単層培養した大腸がん細胞株DLD1に照射を行った。

その結果、細胞の形態は遠紫外線照射で膨張するのに対して、深紫外線照射ではやや縮小していた。また、紫外線によるDNA傷害のマーカーであるCyclobutane Pyrimidine Dimer（CPD）は遠紫外線照射では、わずかしか検出されず、DNA傷害は軽度との結果が得られた。

研究グループは、「DNA傷害からアポトーシスを起こす深紫外線に対して、遠紫外線は核やDNAへの影響は少なく、細胞膜傷害による細胞死が誘導される」との考えを示している。

今後は、細胞膜の脂質やタンパク質の影響を中心に解析をさらに進めていく予定だ。

同研究成果は、『International J of Molecular Sciences』（6月27日）に掲載された。

デンタル小町が通る

平成歯科クリニック院長（大阪府寝屋川市）

小谷泰子 ❼

続・テレビの話をしよう

「もし、人生を巻き戻せるならいつに戻りますか」と聞かれたら、皆さまはどう答えられますか？

「高校時代に戻って別の学部を受験する」「海外など全く違う土地で生活する」「あの株を買っておく」などいろいろあると思います。ちなみに私は戻りたくない派でした。もちろん、今までの道のりが完璧だったので！ということではなく、戻ってもたぶんそう変わらないし、そこまでやりたいこともないという消極的な理由です（山ほどある小さな後悔は微調整できるのかなぁと思いつつ……）。

そんな私ですが、前回このコラムを書いたのをきっかけに、ふと思いました。人生を巻き戻せるなら、子ども時代に戻り、日曜20時に大河ドラマを毎週必ず見る人生を送りたいと！

30～40年前の日曜20時と言えば、今でも話題になるバラエティ番組がたくさんありました。ましてや当時は、複数の番組を同時録画できる機器もなかったので、第一選択として大河ドラマにチャンネルを合わせるという発想がありませんでした。しかし、ここ数年、連続して大河ドラマを見るようになり、こんなに面白いものなのかと驚き、そういえば、番組を深掘りできる関連本もたくさん出版されているし、ドラマにゆかりのある場所ではイベントも開催されていると知りました。

もし50話近くある大河ドラマを1年間、毎週欠かさず定時にしっかり見る習慣があれば、歴史に興味を持ち、他府県に足を運んで見聞を広め、偉人たちの苦悩や決断に思いを馳せ、人にはそれぞれの事情があることを悟った人間になったことでしょう。何より、いつでも見られるからと録画を溜めに溜めて、最終回近くで深夜までかけて一気に見るという不規則な生活ではなく、規則正しい生活を送るちゃんとした大人になっていたはずです。

私の人格形成には切っても切れないテレビ。今後の人生をさらに豊かにすべく、いろんな番組を見ていきたいと思います。

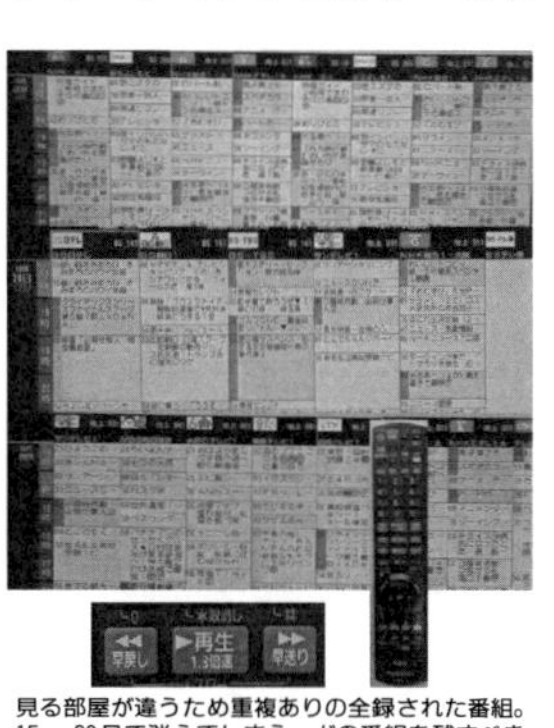

見る部屋が違うため重複ありの全録された番組。15～30日で消えてしまう。どの番組を残すべきか、日々検討するのが至福の時間。「巻き戻し」はビデオテープ世代。最近は「早戻し」

アバターの活用事例を報告

歯科診療へ応用の可能性も

第76回近畿北陸地区歯科医学大会が10月20日、神戸市の神戸国際展示場で開催された。特別講演では世界的に有名なロボット工学者で、大阪大学大学院基礎工学研究科教授の石黒浩氏が「アバターと未来社会」と題して、石黒氏が開発してきた自律型ロボットやアバター（遠隔操作型ロボットやCGキャラクター）の技術を紹介した。

会場では、ドバイにいる石黒氏に代わり石黒氏のアンドロイド「ジェミノイド」が登壇した。少子高齢化が進み労働力不足が懸念されるなか、介護や育児の必要がある人などさまざまな背景や価値観を有する人々が、自らのライフスタイルに応じて多様な活動に参画できるようになることが重要と強調。そのためには人が身体、脳、空間、時間の制約から解放された社会を実現することが必要で、そのような社会を実現するのがアバターだと話した。

そして、保育園、スーパーマーケット、パン屋、保険代理店などでの活用事例を多く紹介。医療では、住民200人、医師が1人の二次離島で、遠隔から専門医がアバターを使い診療・手術補助を行っている例を示し、「町の診療所でも大学病院レベルの医療が提供できる」とした。また、歯科医療でも受付業務などを行うアバターが導入されていると話した。

そして石黒氏は、「日本は高齢化と労働人口減少という大きな問題に直面し、50年で労働人口が半減すると言われるが、アバターを使うと非常に効率的に働くことができ生産性が向上する。高齢者や障害者に働く機会を与えることができる。労働人口の減少を食い止めることができる。こうしたアバターを使って近い将来、人間とアバターが共生する社会が実現できればと考えている」とまとめた。

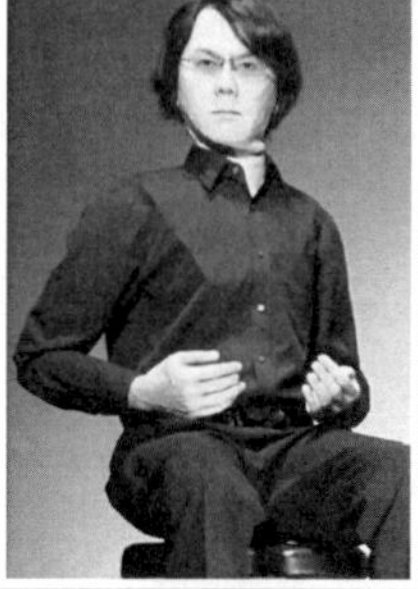

登壇した石黒氏のアバター「Geminoid HI-6」（大阪大学）

大阪万博への出展　住友会長が報告

日歯医学会

日本歯科医学会の住友雅人会長は、「学会の歴史上初めて、大阪万博で発表の機会が得られた」と万博の会場ブースに出展することを明かした。10月20日に神戸市の神戸国際展示場で開かれた第76回近畿北陸地区歯科医学大会のあいさつのなかで報告した。

住友会長は、「学会は当初から共創パートナーとして登録し、今年の予備審査を経て、2018年から取り組んでいる40年に向けての歯科イノベーションロードマップを来年6月26日に発表する」と紹介。

「万博でのプレゼンテーションを起点に、（歯科の重要性が）世界の産業界に響いていく」との認識を示し、限られた予算のなかで準備を進めているとした。

さらに「ロードマップは、来年9月に開催される日本歯科医学会の第25回学術大会の中心テーマにもなっている」と述べたうえで、少なくとも40年まで継続される事業にしていくと意欲を見せた。

障害者に対する歯科治療で声明

歯科2学会

日本障害者歯科学会と日本歯科麻酔学会は10月25日、共同声明「障がいのある方々に安心して歯科治療を受けていただくために」を発表した。

9月17日の『世界患者安全の日』から協議していたもの。

声明では、昨年7月に大阪府堺市で歯科治療の全身麻酔中に発生した医療事故に触れ、障害者の歯科治療時における安全で適切な治療のための全身麻酔の必要性と、医療事故の再発防止に努めることを確認している。

特集

AIが拓く歯科の未来

日本歯科人工知能研究会 勝又 明敏 代表理事に聞く

今年のノーベル物理学賞と化学賞にも人工知能（AI）の研究成果が選ばれるなど、あらゆる業界・分野でAIの開発・応用は、今後も進展していくと見られている。歯科界においても、画像検査・診断をはじめ、CAD／CAM補綴データ作成、インプラントや矯正の診断・治療支援などさまざまな活用が実現されつつある。歯科でのAI活用の現状や今後の可能性について、日本歯科人工知能研究会の勝又明敏代表理事に聞いた。

日本歯科人工知能研究会
勝又 明敏 代表理事

――AIそのものと、歯科医療への応用の変遷を教えてください。

勝又 世界的には、1960年代にアメリカやイギリスで最初のAIブームが起こったと言われています。そして、80年代にはコンピューターに専門知識をインプットする第二次AIブームがありました。

日本での医療の研究領域では、90年代に医科でコンピューターを使った画像診断が始まりました。

2000年ころから第三次AIブームと呼ばれていますが、新たな基盤技術が出てきた05年あるいは12年がAI元年と言われており、10年前後から歯科医院におけるデジタル化が急速に進んできたこともあって、X線画像や口腔内写真の画像を診断するなどの研究が活発になりました。

さらにコロナウイルスが流行した20年ころから実用化が進み、今年はAIを搭載してエックス線画像から骨粗鬆症をスクリーニングできるプログラムが初めて医療機器として認可されました。

●　●　●

――診断が主な活用方法になるのでしょうか。

勝又 診断への実用化が進んでいるのは、最初に出てきたAIが画像を大量に学習させて判別するもので、画像検査・診断との親和性が高かったのだと思います。

歯科では、う蝕や歯周病、粘膜疾患を見つけるだけでなく、矯正歯科の患者さんのセファロを診断したり、インプラントでは他院で埋入してどこのメーカーか分からない場合に識別したりするようなシステムも出ています。

その後、予測するのが得意な生成AIが出てきて、治療やリハビリテーションの計画などもできるようになりつつあります。

また、チャットGPTのような人間と直接文章でコミュニケーションが取れるAIが出てきて、患者さんから歯科医院への簡単な問い合わせに回答するサービスなどに使われています。

●　●　●

――教育でも活用は進んでいるのでしょうか。

勝又 教育現場では、例えば国家試験のような試験問題を作ることも可能です。逆に今のAI（チャットGPT）に国試の問題を解かせると合格点を取ることができるとも聞いています。

そのようなものを学習教育用に取り入れるのはとても効果があると考えています。

AIを使ってレポートを作成することが問題となっているケースもありますが、AIにしっかりとしたものを書かせるための質問を作ること自体にクリエイティブな能力が必要なので、使い方次第では、ITリテラシー向上の訓練になるかもしれません。

リテラシー向上が業界発展の鍵

実は、歯科医師や医師は、さまざまな職業の中でもITのスキルが低いと言われています。なので、ITやDXが進んできて、一番の障害となるものは、歯科医師のリテラシーかもしれません。

そのためにも本研究会では、AIによって、より働きやすい歯科界となるように、AIに関するあらゆる知識を学び、研究していこうとしています。

●　●　●

↖

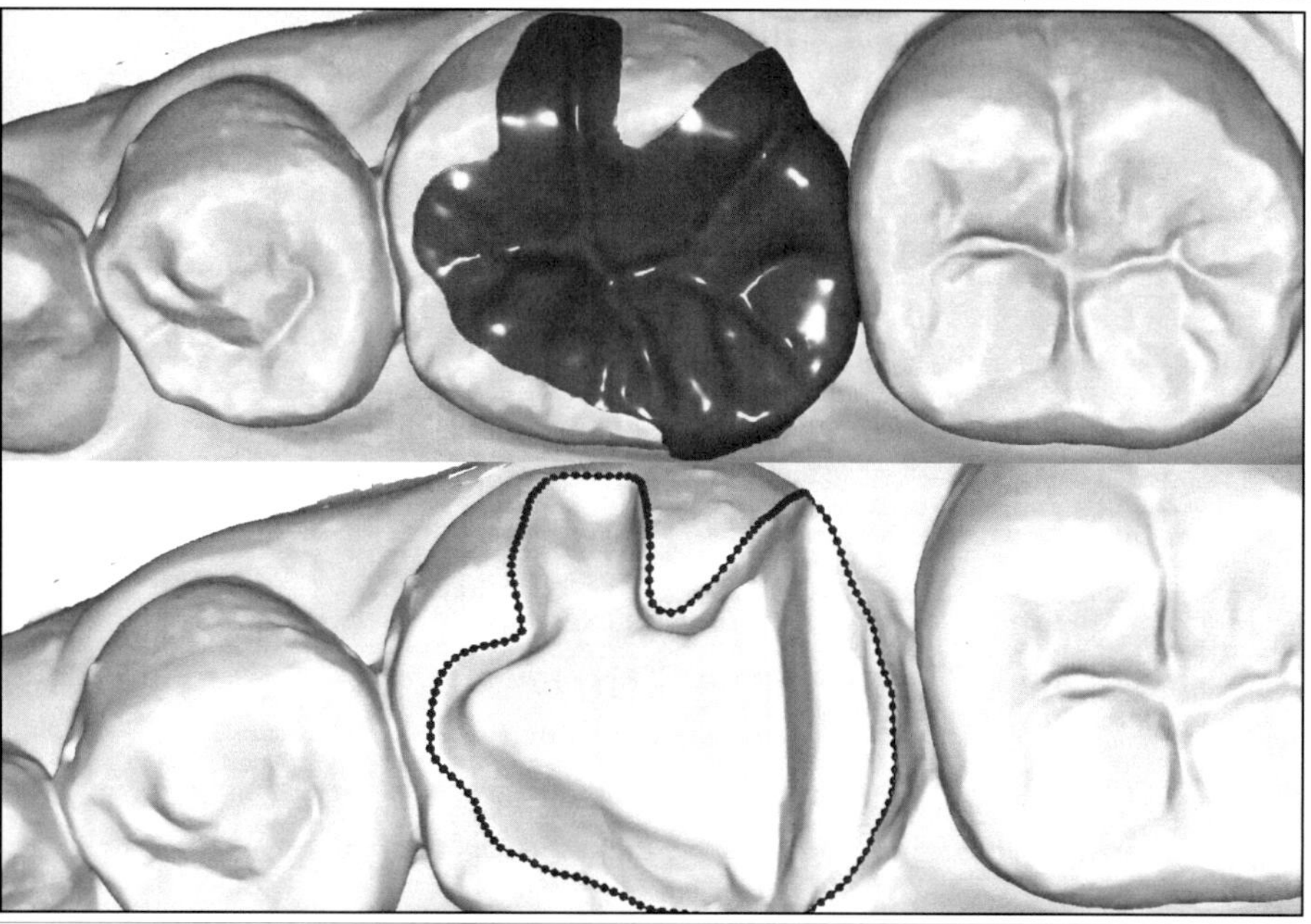

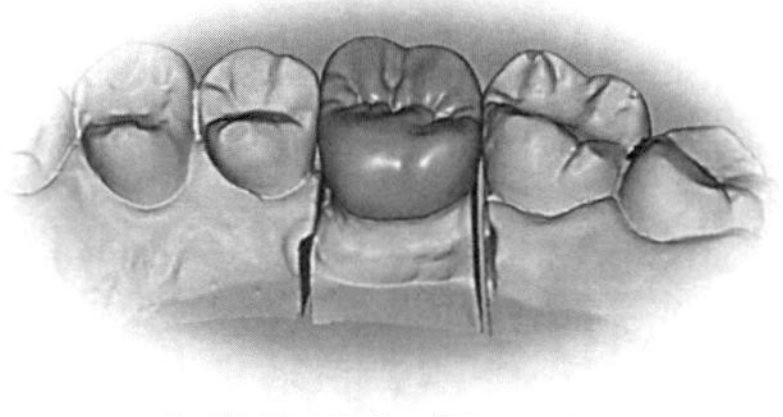

IT

——AIやデジタル化を進めるための課題はありますか。

勝又　例えばパノラマX線画像からさまざまな病気を発見したり、歯式を作ったりするとして、メーカーによってパノラマ画像の規格が統一されていないために、全メーカーを網羅した診断システムの構築が難しくなっています。

口腔内写真も歯科医院ごとに撮る角度が異なるなど、AIをより活用するためには、画像を含む歯科医療データの標準化が必要となっています。

また、歯科医療機関は小規模なケースが多いので、情報のセキュリティーの問題もあるかと思います。個人情報を守った上でAIを正しく使うための知識、コンピューターリテラシーは、しっかりと啓発していく必要があると思います。

——将来的には歯科医療の自動化などもあり得るのでしょうか。

勝又　個人的には自動車の完全自動運転と似たようなフェーズをたどるのではないかと考えています。

「自動運転ができそうだ」とさまざまな実験が始まり、今は「どうやら東京などで走るのは無理そうだ」という幻滅期にあるかと思います。

医療もおそらくそのような道を通るかとは思いますが、AIの研究・社会実装は間違いなく年々増えていくと思います。

——今後の展望を教えてください。

勝又　歯科界では、細分化された分野ごとに学会が存在し、それぞれの分野でAIに関する研究も進められているのが現状です。

本研究会は、各分野で行っている研究や情報を横につなぐ役割を担いたいと考えています。

歯科界が一体となり、英知を集結することで、より良い発展ができると思っています。

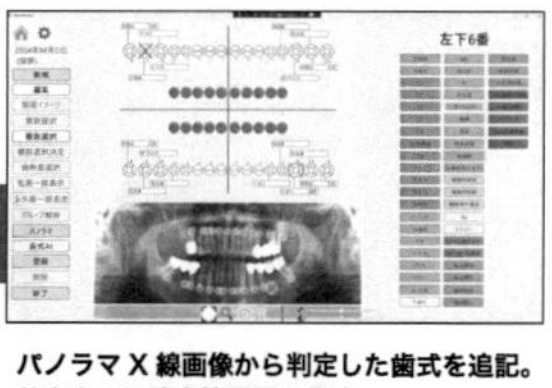

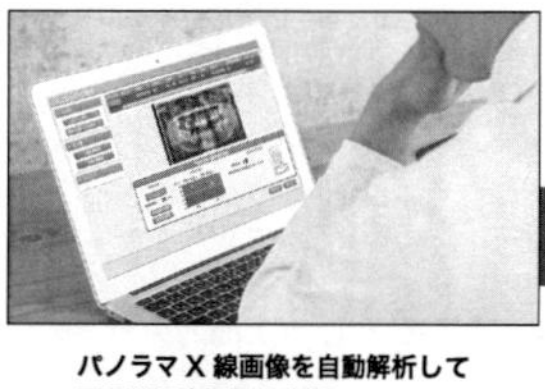

インタビュー

フリーランス保護新法が施行
歯科医院で求められる配慮・対応は

一人親方歯科技工所との取り引きも該当

11月1日施行の「特定受託事業者に係る取引の適正化等に関する法律」(以下、フリーランス保護新法)により、委託技工のほか、歯科医院の業務のさまざまな場面で配慮、対応が求められることになる。歯科医師で弁護士の小畑真氏に、具体的な対応策を聞いた(詳細は、『アポロニア21』2024年12月号)。

小畑法律事務所
小畑 真 氏

――「フリーランス保護新法」は、どのような法律なのでしょうか。

小畑　ウェブデザインやカメラマンなど、「一人親方」で仕事をする人が、取引先企業との間で不利な立場に置かれている実態を改善するため、フリーランスの権利擁護を目的としたルールを定めたものです。

「フリーランス」は、一人親方で受託業務をしている事業者を指し、業種は問いません。また、事業形態は個人事業主か法人かも問いません。

発注事業者には、契約時に速やかに取引条件などをフリーランスとの間で文書ないし電磁的記録で明示することと、あらかじめ定めた期日に報酬を支払う義務が課せられています。

そして、禁止行為として、受領拒否、報酬の減額、返品、買いたたき、購入・利用強制、不当な経済上の利益提供の要請、不当な給付内容の変更が定められています。

具体的には、契約時に委託内容、報酬額や支払期日などを明示することが求められます。そして、「やはり要らなくなったからキャンセルする」などと一方的に言うことは禁止されています。

これらを守らない場合、フリーランス側から中小企業庁、公正取引委員会、厚生労働省などへの報告を受け、立ち入り検査、指導・勧告、措置要求、命令などを経てもなお、改善されない場合には、委託元の企業名を公表したり、罰金・過料を科されたりすることもあります。

◆◇◆

――歯科では、どのようなケースがあり得ますか。

小畑　最も一般的なものとして、歯科技工士が一人で経営している小規模ラボとの取り引きが想定されます。歯科技工所の7割以上を占めるとされる小規模ラボは、取引先の歯科医院との関係で弱い立場に置かれる傾向にあります。「患者から未払いだから、技工料も払えない」「再製料は歯科技工所側が払え」など、これまで歯科技工所側に落ち度がない場合でも、負担を強いられるケースを多く耳にしました。

もちろん、こうしたトラブルは規模の大きな歯科技工所との間でも発生しますが、一人親方では、そうしたトラブルでより弱い立場に置かれると見られています。「フリーランス保護新法」により、一人親方の権利を擁護し、双方の力関係の差によるトラブルが軽減することを目指しているのです。

「フリーランス保護新法」が発注事業者(歯科医院など)に義務として求めている取引条件の明示は、最初の契約時に契約書を交わすことでクリアできると考えられています。そこに、納期や報酬支払に関する決まりや、再製の条件などを盛り込むことで、双方に納得のいく契約を結べるのです。

「納入しようとした物品を受領してくれない」「不当な減額要求をされた」「委託費を払ってくれない」などのトラブルは、多くの場合、口約束で契約を交わしていることで発生していると見られています。そのため、双方の義務と権利を明示した契約書を、契約の最初の段階で交わすことが重要です。

私も参画した歯科技工業の実態調査研究(「厚生科研費研究歯科技工業の多様な業務モデルに関する研究」、赤川安正研究代表者、2019年)のなかで、歯科医院が歯科技工所と委託契約を結ぶ際に必要な事項を盛り込んだ契約書のひな形＝左上＝を掲載したので参考にしてほしいです。

歯科技工以外にも、医院のホームページ制作を受託するウェブデザイナー、個人営業の経営コンサルタントなどが、委託制作や役務提供を請け負うフリーランス事業者としてかかわっています。また、フリーランスの歯科医師や歯科衛生士が診療の一部を担っている歯科医院も多く、これらも「フリーランス保護新法」の対象となります。

◆◇◆

――「フリーランス保護新法」による、業務を発注する側の歯科医院にとってメリットは。

小畑　現状、歯科医院がさまざまな事業者に仕事を発注しているなかで、きちんとした契約書が作成されているケースは少なく、多くは口約束で決まっているため、「言った、聞いていない」のトラブルが発生しやすいのが現状です。

また、一部の悪質業者が、不当に歯科医院側に不利な条件で契約を結ばせている場合もあります。そこで、「フリーランス保護新法」の施行を契機として、フリーランスではない事業者も含め、自院が結んでいる契約を見直し、それぞれに契約書を交わすことにすると良いかもしれません。

その際、契約内容を弁護士など第三者に相談して、不当な内容の見直しや、悪質な業者の排除につなげることもできるのではないでしょうか。

業務委託契約書

○○○○(以下「甲」という。)と XXXXX (以下「乙」という』は、以下のとおり、業務委託契約(以下「本契約」という。)を次のとおり締結する。

第1条(委託内容)
乙は、本契約に定める条件に従い、乙における歯科治療に際して必要な歯科技工物の製作業務(以下「本業務」という。)を甲に委託し、甲はこれを受託する。

第2条(契約期間)
本契約の契約期間は契約締結の日から1年間とする。ただし、契約期間満了の1か月前までに甲または乙から書面による解約の申し出がないときは、本契約と同一条件でさらに1年間継続し、以後も同様とする。

第3条(製作過程)
1　乙は、甲に対して、都度、歯科技工指示書を通じて本業務を委託する。
2　甲は、指定された期日までに指示を受けた歯科技工物を製作し、納品書とともに乙に納品する。
3　甲は、前項の業務を行った際には、歯科技工録を作成し保管する。

第4条(委託料)
1　乙は甲に対し、本業務の対価として、予め甲乙間で定められた歯科技工料(技術料及び材料費用他諸経費を含む。)を支払う。予め甲乙間で定められた歯科技工料の変更を行う場合には、本業務を行う1か月前までに甲乙協議の上決定する。
2　甲は乙に対し、当月1日から当月末日までの本業務についての歯科技工料を翌月●日までに請求する。
3　乙は、前項の歯科技工料を本業務の翌月末日までに、甲の指定する銀行口座に振り込む方法によって支払う。振込手数料は乙の負担とする。

第5条(再委託の制限)
甲は、本業務を第三者に再委託してはならない。但し、乙が甲に対し、書面にて具体的な再委託先を指示したときは、その限りでない。

第6条(秘密保持)
甲は、本業務に関して知り得た秘密を第二者に漏洩してはならず、また本業務の遂行以外の目的に使用してはならない。

第7条(解除)
甲または乙が次の各号のいずれかに該当したときは、その相手方は、催告その他の手続を要する ことなく、直ちに本契約を解除することができる。
(1) 破産、特別清算、民事再生手続もしくは会社更生手続開始の申立を受け、または自らこれらの一を申し立てたとき。
(2) 第三者より差押、仮差押、仮処分、強制執行もしくは競売申立てまたは公租公課滞納処分を受けたとき。
(3) 監督官庁より営業の取消、停止等の処分を受けたとき。
(4) 解散、減資、営業の全部または重要な一部の譲渡等の決議をしたとき。
(5) 自ら振出し、または引き受けた手形、小切手が不渡り処分になる等、支払いが不能な状態になったとき。
(6) 相手方への連絡が1か月以上とることができなくなったとき。
(7) 相手方が本契約の各条項に違反したとき。
(8) 相手方に重大な過失または背信行為があったとき。
(9) その他本契約を継続しがたい里大な事由が発生したとき。

第8条(再製作)
次の各号のいずれかに該当したときは、再製作は新たに歯科技工料が発生する。
(1) 設計・材料変更による再製
(2) シェード基本ベース変更による再製
(3) 補綴物維持管理中または保証期間中の再製
(4) その他甲の落ち度が認められない再製

第9条(協議)
本契約に定めのない事項、または本契約の解釈等に疑義が生じたときは、甲乙は誠意を持って協議し、円満に解決を図るものとする。

本契約締結の証として、本書2通を作成し、甲乙それぞれ各1通を保管する。

年　月　日

甲　住所
　　氏名　　印

乙　住所
　　氏名　　印

▶歯科医院と歯科技工所との業務委託契約のひな形。「再製料の負担」「再委託の条件」なども記載。歯科技工業の多様な業務モデルに関する研究(2019年)より

IDS2025開催へ
来年3月25～29日に実施
ケルンメッセ

2年に1度開かれる世界最大の歯科の見本市「ケルン国際デンタルショー（IDS）」2025開催まで5カ月を切る―。来年3月25～29日の5日間、ドイツ・ケルン市のケルンメッセ会場で行われるIDSの周知を目的に、運営事務局のケルンメッセが記者発表を、東京都中央区のハイアットセントリック銀座東京で10月23日に行った。ドイツ歯科工業会専務理事のマルクス・ハイバッハ氏、ケルンメッセ展示部長のマルクス・オスター氏が同デンタルショーの概要や会場について説明した。

IDSは昨年に創設100周年を迎え、41回目となる「IDS2025」では、たとえばAI活用のX線診断、歯周ポケットの深さを自動で記録する機器、審美性のある充填材、マッサージ機能付きの歯科用ユニットなどさまざまな製品・サービスが一同に集まると予想。

会場の総展示面積は約18万平方㍍。ホール1～5、10、11を使用し、4つの入り口を設けて全体を効率よく回れるようにしている。

◇◆◇

入場券の販売開始日は今月18日。専用の購入サイトのみで販売。入場券は公式の専用アプリで管理でき、印刷も可能。会場への移動に利用できる公共交通機関の乗車券が付いている。また、ケルンメッセのホテル予約ポータルでは、出展者と来場者は同時に最大5室までオンラインから特別料金で予約できる。

◇◆◇

なお、来年3月初旬にはバーチャルプラットフォーム「IDSconnect」を公開し、見本市後もオンラインセミナーや企業や製品のプレゼンテーションなども視聴できる。

ドイツ歯科工業会専務理事のハイバッハ氏（左）、ケルンメッセ展示部長のオスター氏

前回（IDS2023）

来場者数	162カ国から約12万人
出展社数	60カ国から1,788

今回（IDS2025）の予想

出展社数	58カ国から1,300超＋約500企業が各国パビリオンに参加（※10月23日時点） ※うち約70%が海外企業

ドイツ歯科業界の経済状況（2023年）

雇用者数	2万710万人（22年比1.3%増） （※ドイツ国内および海外でドイツの歯科産業に雇用されていた人数）	
総売上高	62億ユーロ（22年比1.1%減）	
内訳	海外	40億1,200万ユーロ（0.5%増）
	国内	21億8,600万ユーロ（3.8%減）

ドイツ歯科工業会会員企業の2024年の動向予想

国内市場	売上増：41% 安定成長を見込む：55%
輸出事業	売上増：57% 売上の安定を見込む：35%

介護・看護事業者向け
口腔評価アプリでアイリスら実証実験

AI医療機器を開発するアイリスとアサヒグループジャパンは、高齢者の口腔状態を評価する訪問介護・訪問看護事業者向けアプリ「クチミル」を開発し、元気村グループ、WyL、善光会、善光総合研究所と連携して実証実験を開始すると10月23日に発表した。

同アプリは、介護職員などが専用アプリで口腔状態に関する観察記録や動画を撮影・アップロードすると、歯科医師や歯科衛生士などに動画を共有でき、歯科医療従事者が遠隔で口腔内を評価することができるもの。

介護職員が口腔内を専門的に評価することは難しく、人によって評価が異なることが課題だったが、同アプリの導入で適切な口腔評価ができるようになるほか、職員などの業務負担の軽減も期待できるとしている。

今後はAI評価機能を実装し、サービス品質や評価スピードの向上を目指す。

小型・簡易自動精算システム販売
ウィル

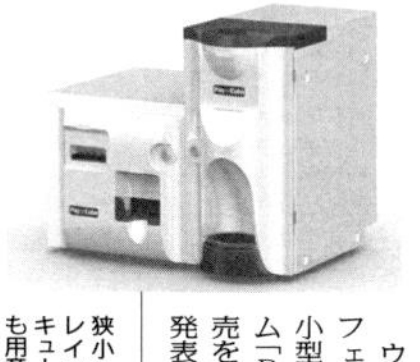
狭小スペースなどの空間レイアウト検討が可能なキュービック。ほかにL型も用意

ウィルアンドデンターフェイス（＝ウィル）は、小型の簡易自動精算システム「PayCube」の販売を開始すると10月25日に発表した。

同製品は、一般的な自動釣銭機の約半分のスペースで設置できるもので、キュービックとL型の2種類のデザインを用意。患者自身が操作・精算する「セルフ」と、医院スタッフが客面表示機に金額を表示して患者が支払いをする「セミセルフ」の2種類で運用できる。

硬貨や紙幣が詰まりにくい非循環式の構造で、釣り銭は硬貨1180枚、紙幣500枚を収納可能。万が一詰まった場合でも、工具不要で解決でき、異物の混入などのトラブルリスクが小さいという。

PayCube本体と部品交換をサポート対象とし、保証期間は5年間。6年目以降の延長保証も可能。

価格は要問い合わせ。連絡は、03（5273）6791まで。

人材育成など3講演
40周年記念シンポで
医機連

日本医療機器産業連合会（＝医機連）は、創立40周年を記念したシンポジウムと祝賀会を東京都千代田区の大手町三井ホールで10月18日に開いた。会長の山本章雄氏はあいさつで「今年6月に発表した産業ビジョン2024をテーマに、今回は『人材育成』『予防医学』『国際関係』に関して3人の演者が講演する」と紹介した。

「医療機器業界で求められる人材像」と題し、サステナヘルス代表理事で日本医療政策機構理事の小野崎耕平氏は「経営の人材育成には時間がかかるもので、中央省庁・自治体・民間企業・大学・研究機関などの枠を超えたキャリアチェンジやダイバーシティの取り込みが必要」と述べた。

「健康に投資する医療への拡張」と題し、ミナケア社長の山本雄士氏は「たとえば『医療機器で何を実現しようとしているか』『医療機器ビジネスの成長に、現行の保険依存モデルは最適だろうか』など継続して掲げるべき問いを持つこと」の大事さを話した。

「医療機器市場の環境変化と日本企業にとっての示唆」と題し、野村総合研究所メドテックコンサルティング部部長の松尾未亜氏は「中国企業の台頭は業界構造に変化をもたらす可能性が高く、国内企業は政策の動きと合わせて自ら変化を仕掛けるとき」と指摘した。

週間 金・パラ価格動向　税抜価格（1g、円）

	金	パラジウム（参考価格）
10月28日（月）	13,521	6,055
10月29日（火）	13,574	6,135
10月30日（水）	13,731	6,095
10月31日（木）	13,784	5,800
11月1日（金）	13,485	5,645

提供 石福金属興業

☰ 保険適用 ☰（10月1日付）

【区分A2】
▼モリタ製作所＝「アクイオス」デジタル印象採得装置
▼GENORAY JAPAN＝「PAPAYAプレミアムシリーズ」歯科エックス線撮影デジタル映像化処理装置、歯科パノラマ断層撮影デジタル映像化処理装置、歯科部分パノラマ断層撮影デジタル映像化処理装置、デンタルX線撮影装置、パノラマ断層撮影装置、歯科部分パノラマ断層撮影装置、歯科CT撮影装置

【区分B1】
▼ヨシダ＝「デントクラフトユーセム」046 歯科用合着・接着材料Ⅰ（1）レジン系②自動練和型
▼クエスト＝「ベガブロック」058 CAD/CAM冠用材料（3）CAD/CAM冠用材料（Ⅲ）
▼ニッシン＝「イーハⅢ」035 硬質レジン歯前歯用、036 硬質レジン歯臼歯用

〈製品（販売）名・製品コードに変更・追加があったもの〉
▼トミー＝「バッカルチューブB」005 チューブ
▼エンビスタジャパン＝「デイモンアルティマ」017 矯正用線（角型）、019 矯正用線（特殊角型）、020 超弾性矯正用線（丸型及び角型）

兵庫県明石市と歯ブラシリサイクル
ライオンが協定結ぶ

ライオンは、兵庫県明石市とプラスチックの資源循環を目的に、使用済み歯ブラシの回収・リサイクルを行う「ハブラシリサイクルに関する協定」を10月24日に締結した。同取り組みは東京都墨田区、板橋区、台東区に続いて4例目。

同社が歯ブラシの約6割を明石市内で生産していることや、同市が今年1月からごみのプラスチック分別を開始したことなどから、同協定を締結。

明石市役所や市民センターをはじめとした公共施設など12カ所に回収ボックスを設置し、使用済み歯ブラシを回収する。その後、指定リサイクル関連企業で再資源化し、明石市民に役立つプラスチック再生品などに還元する。

今後は環境教育の実施や、環境イベントにも出展する予定。

【予告】11月25日
「義歯臨床におけるIOS」テーマに
ウェブ開催

「義歯臨床におけるIOSの可能性を探る」と題したセミナーが、25日にオンラインで開催される。主催は、Deltan。共催は、バイテック・グローバル・ジャパン（＝バイテック）とハイライフデンチャーアカデミー。

口腔内スキャナー（＝IOS）の導入・活用を検討する歯科医師などを対象に、大阪大学臨床准教授でハイライフデンチャーアカデミー学術統括責任者の松田謙一氏が「IOSを活用した義歯臨床～製作までのプロセスと症例」「IOSを義歯臨床に応用する方法」「デジタルデンチャーを実現するチェアサイド・ラボサイドの技術」について解説する。参加費は無料。申し込みは、バイテックのホームページまで。

（株）ディー・ピー・エス
日吉 国宏 ⑬②

インフォームドコンセント②

複数の歯科医師にヒアリングし、インフォームドコンセントを実施するうえでの重要なポイントを5つに整理してみました。

①検査結果および診断を患者に伝える
②治療範囲や、保険診療・自由診療について要望を聞き取る
③メリット・デメリット、治療回数や予算等を説明する
④患者の理解を助けるために診断書や治療計画書、見積書を作成・活用する
⑤理解と同意を得てから治療を開始する

しかし、これらの実施には「時間がかかる」という問題が浮上してきました。特に保険診療では、ある程度の患者数を診る必要があります。そのため出来る限りの簡素化が必要という意見が多数を占めます。また、保険診療はそもそも選択肢が少ないので時間をかける必要がないという意見もありました。

さらにヒアリングを重ねると、自由診療の比率（自費率）が高い歯科医院では5つのポイントを確実に実践していることも分かりました。根管治療を例に挙げると「保険診療では15分の治療を数回に分けて行うため再治療率が高くなる。自由診療では高い精度で1回に済ませるが金額負担が高くなる」といった内容を、患者の疑問がなくなるまで説明しているそうです。そのため、より効率化に努めているとのこと。これらから自費率とインフォームドコンセントには相関関係があるという結論に至りました。

ただし、ここで間違わないでいただきたいのは「インフォームドコンセントが自由診療を増やすのではない」ことです。これもヒアリングの結果ですが、自費率の高さは専門性の高さにありました。より多くの分野で専門的に学び、実践を繰り返すことによって自信が増し、自費率が高くなっているのです。臨床技術の向上に努め、インフォームドコンセントの重要性を理解し、効率化を図ることで「治療技術が高く、自費率の高い歯科医院」が実現できるのではないでしょうか。

ひとことアドバイス
患者を説得、誘導するのではなく、（潜在的要望も含めた）要望を聞き出す「質問力」が大切です。

製品紹介
（価格は税込）

リーフレット
お口の健康と妊産婦&赤ちゃん歯科のお話
松風　☎075（778）5482

歯周病と妊産婦との密接な関わりをわかりやすく伝え、定期健診の重要性を啓発するリーフレット。大きなイラストを用いて、妊娠初期・中期・後期の身体と口の変化、健口アドバイス、赤ちゃんの歯などを解説している。

価格＝2,200円（A5判 16ページ、フルカラー）

歯科用CAD/CAMシステム
WAXY Plus2024
デジタルプロセス　☎045（522）4641

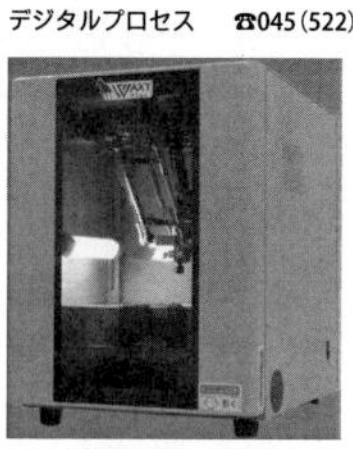

新たに、スピンドルと2024モデルの専用のモーターを組み合わせた歯科用CAD/CAMシステム。スピンドルの出力は従来の2倍、耐久時間は5倍に向上。切削加工時間は、従来より平均30%高速化し、小臼歯クラウンは16分で加工できる。

価格＝286万円

手用ソーラー歯ブラシ
SOLADEY 5
シケン　☎06（6774）0051

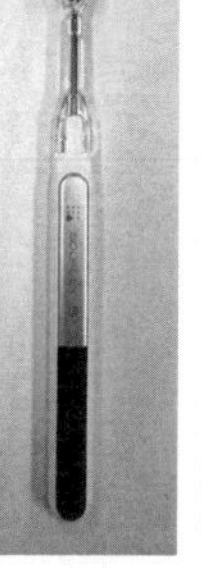

光と水で電子を発生させる手用ソーラー歯ブラシ。柄のソーラーパネル部に光が当たるとマイナス電子が発生。ステンレスプレート部をペングリップで持つとマイナス電子がブラシ部に内包された半導体（酸化チタン）に移動し、ブラッシング時の水や唾液との化学反応で歯垢を除去する。カラーは4色。

患者価格＝2,750円

ポータブル電源
BLUETTI AC180P
ブルーティパワー　☎042（705）9357

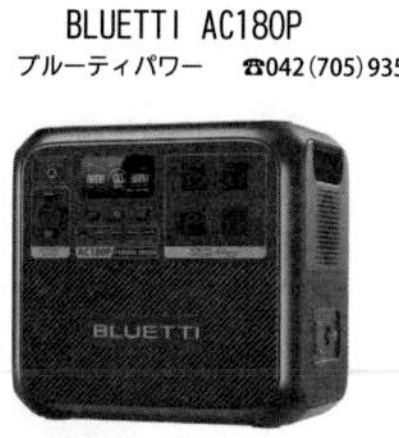

純正弦波インバーターとリン酸鉄リチウムイオン電池を使用したポータル電源。ACで1440W、DCで500Wの充電が可能。急速充電機能を搭載し、いつでも使用できる状態を維持。パワーリフティングモードでさまざまな電化製品に電力を供給できる。保証は5年間。

価格＝19万8千円

■医療従事者向けシューズ／ユナイテッドアローズ

ユナイテッドアローズは、医療従事者向けのメディカルシューズを7日に発売した。脱ぎ履きしやすい、長時間履いても疲れにくい、汚れや匂いがつきにくいといった要望をシューズのデザインや仕様に反映した8種類を用意。サイズは、男性用が25.5～27、28㎝、女性用が22.5～24.5㎝。色は、ホワイトなど。同社のウェブサイトで販売。価格はオープン。

人事
（敬称略）

■日本歯科用品商協同組合連合会
▼会長 後藤忠久▼副会長 上田幸夫、岡村隆明、川野和彦（新任）▼専務理事 杉山勝人▼理事 竹内英樹、石田誠、影山則夫、天海弘泰、岡崎宏紀、髙橋健二、粕谷剛、川嶋実、山崎龍也▼監事 杉本隆史、斎藤文男

なお、副会長の妹尾直樹は辞任した。

■中村デンタル
▼代表取締役社長 中村崇俊

ヘッドライン 企業ニュース

■日進工業社の歯科用開口器「ワイドビューアー」を販売終了（JM Ortho／9月26日）
■「歯科医院専売モンダミンハビットプロ 380mL/1080mLボトル」を12月1日以降の受注分より価格改定（デンタリード／9月26日）
■浮かせて使う小物専用洗浄バスケット「UKI-MAX-25（ウキマックス25）」を10月10日に発売（サンデンタル／9月26日）
■日新製糖・山梨大学 オーラルケアに貢献 CI研究で技術開発賞受賞 24年度日本応用糖質科学会（食品新聞／9月28日）
■ショイデンタル社製PET-G樹脂プレート「デュランプラス 10枚入（アルミバッグ）」を11月21日に発売、「デュランプラス 10枚入」の一部商品の販売を在庫限りで終了（JM Ortho／9月30日）
■レバンガ北海道所属のバスケ選手に口腔健康セミナーと咬合力と左右バランスを測る噛むチカラ測定を9月16日に実施（ロッテ／9月30日）
■歯科技工用重合装置「LED ライトボックスワイド」など10月1日受注分から価格変更（クエスト／10月）
■PMTC&PTC用 歯面研磨材「ポリシングペースト1step N」を11月末に販売終了予定（ビーブランド・メディコーデンタル／10月）
■「ガラスシャーレ」を従来の本体とフタのセット販売に追加してシャーレ大・小、三割シャーレ大・小の部位ごとの販売を開始（堀内製作所／10月）
■歯科用CAD/CAMマシン「DWX-53D」を発売（クラレノリタケデンタル／10月1日）
■日々の買物を通じて、消費者が3Rや資源の大切さを認識・共感し、日頃の商品選択に結びつけることを目的とした環境省主導の消費者キャンペーン「選ぼう！3Rキャンペーン2024」に初めて参画（Haleonジャパン／10月1日）
■歯科用コバルト・クロム系合金ろう「Jコバルトレーザーワイヤー」を9月24日から価格改定（ルビー／10月1日）

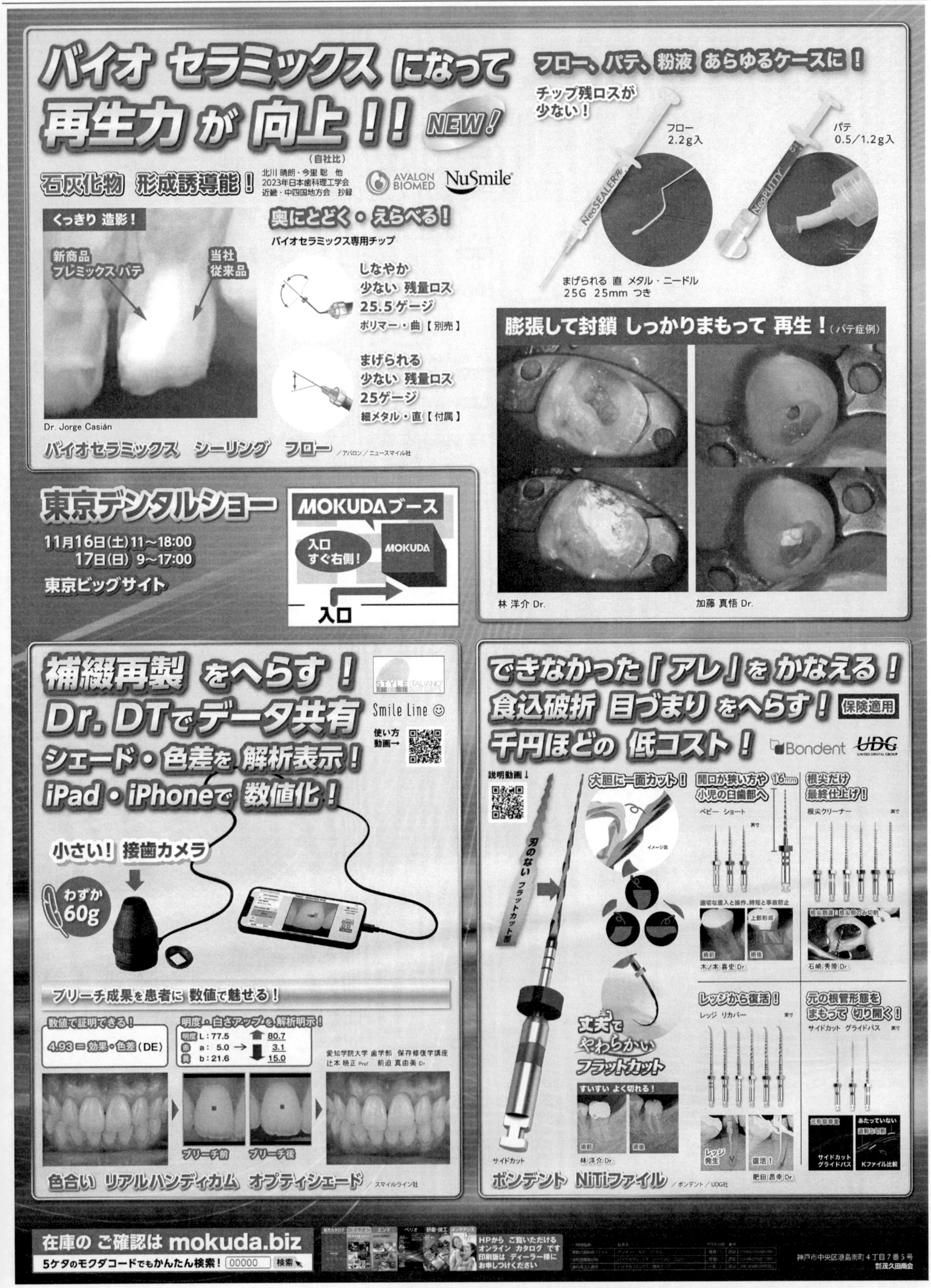

バイオ セラミックス になって
再生力 が 向上！！ NEW!
（自社比）
石灰化物 形成誘導能！
北川 晴朗・今里 聡 他
2023年日本歯科理工学会
近畿・中四国地方会 抄録
AVALON BIOMED
NuSmile
くっきり 造影！
新商品 プレミックス パテ
当社 従来品
Dr. Jorge Casián
奥にとどく・えらべる！
バイオセラミックス専用チップ
しなやか
少ない 残量ロス
25.5ゲージ
ポリマー・曲【別売】
まげられる
少ない 残量ロス
25ゲージ
細メタル・直【付属】
バイオセラミックス シーリング フロー ／アバロン／ニュースマイル社
フロー、パテ、粉液 あらゆるケースに！
チップ残ロスが 少ない！
フロー 2.2g入
パテ 0.5／1.2g入
まげられる 直 メタル・ニードル
25G 25mm つき
膨張して封鎖 しっかりまもって 再生！（パテ症例）
林 洋介 Dr.
加藤 真悟 Dr.
東京デンタルショー
11月16日(土)11～18:00
17日(日) 9～17:00
東京ビッグサイト
MOKUDAブース
入口 すぐ右側！
MOKUDA
入口
補綴再製 をへらす！
Dr. DTでデータ共有
シェード・色差を 解析表示！
iPad・iPhoneで 数値化！
STYLE ITALIANO
Smile Line
使い方 動画→
小さい！ 接歯カメラ
わずか 60g
ブリーチ成果を患者に 数値で魅せる！
数値で証明できる！
4.93＝効果・色差（DE）
明度・白さアップを解析明示！
明度 L：77.5 → 80.7
赤 a：5.0 → 3.1
黄 b：21.6 → 15.0
愛知学院大学 歯学部 保存修復学講座
辻本 暁正 Prof.　前迫 真由美 Dr.
ブリーチ前
ブリーチ後
色合い リアルハンディカム オプティシェード ／スマイルライン社
できなかった「アレ」を かなえる！
食込破折 目づまり をへらす！ 保険適用
千円ほどの 低コスト！
Bondent
UDG UNITED DENTAL GROUP
説明動画↓
刃のない フラットカット面
大胆に一面カット！
イメージ図
丈夫で やわらかい フラットカット
すいすい よく切れる！
術前
術後
林 洋介 Dr.
サイドカット
開口が狭い方や 小児の臼歯部へ 16mm
ベビー ショート
実寸
適切な進入と操作、時短と事故防止
術前
術後
上部形成
木ノ本 喜史 Dr.
根尖だけ 最終仕上げ！
根尖クリーナー
実寸
根尖到達！根尖側のみ切削
石崎 秀隆 Dr.
レッジから復活！
レッジ リカバー
実寸
レッジ 発生
復活！
肥田 昌幸 Dr.
元の根管形態を まもって 切り開く！
サイドカット グライドパス
実寸
あたっていない
サイドカット グライドパス
Kファイル比較
ボンデント NiTiファイル ／ボンデント／UDG社
在庫の ご確認は mokuda.biz
5ケタのモクダコードでもかんたん検索！ 00000 検索
HPから ご覧いただける オンライン カタログ です 印刷版は ディーラー様に お申しつけください
神戸市中央区港島南町4丁目7番5号
茂久田商会

日本歯科新聞

2024年(令和6年) 11月12日

<発行所>
日本歯科新聞社
厚生労働省記者クラブ加盟社
〒101-0061
東京都千代田区神田三崎町2-15-2
電話 03(3234)2475
FAX 03(3234)2477
www.dentalnews.co.jp
jdn@dentalnews.co.jp

■年間購読料 23,760円(送料込)(本体 21,600円+税)
■月4回、火曜日発行
■郵便口座番号 00120-5-130369

今週号の主な内容

啓発プロジェクト 始動

日歯

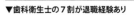

造語で歯の価値伝え、将来の想像促す

将来への「投歯」や、「歯産価値」「口腔負債」という造語＝左記参照＝を前面に、国民により先の健康や生活を見据えてもらおうとする啓発プロジェクトを、日本歯科医師会が7日に打ち出した。「未来の歯産価値を、今からつくる。#投歯」プロジェクトと銘打ち、同日に特設サイトを開設。投稿コンテストや、TikTokでのオリジナルショートドラマ配信なども行う。

◇◆◇

投稿コンテスト「#いい歯のために」は日歯とメディアプラットフォーム「note」とのコラボ企画。「歯と口腔のケアで意識していること」や「医療機関で定期受診をしてよかったこと」「いい歯になってよかったエピソード」など、「いい歯のために」がテーマなら、マンガやエッセイ、イラスト、小説など形式は自由。

応募にはnoteのアカウントが必要で、ハッシュタグ「#いい歯のために」をつけて記事を投稿。締め切りは12月7日で結果は来年2月を予定している。

投稿コンテストの賞

【グランプリ】
1人（ギフトカード 10万円分）
【協賛団体賞】2人（同 各5万円分）
【審査員特別賞】2人（同 各5万円分）
【入賞】5人（同 各2万円分）

賞は上記を参照。

◇◆◇

オリジナルショートドラマは、「投歯」をテーマにしており、投歯をしてこなかった65歳男性が過去の自分に「よく噛んで食べること」「食べたら歯をしっかり磨くこと」「定期的に歯医者さんに行くこと」の3つの約束をするというストーリー。視聴にはTikTokのアカウントが必要となる。

キーワード（日歯造語）

投歯
将来の健康的な生活の実現（利益）を見込んで、日々のセルフケア（歯ブラシやフロス、歯間ブラシなど）と合わせて、定期的に歯科医院でチェック（プロフェッショナルケア）を受け、口腔健康維持に努めること

歯産価値
口腔環境が健康な状態を財産と捉え、その状態がもたらす、良いもの・こと（や性質）を指す。歯産価値を高めることは「食べる、話す、笑う」といった人間の基本的な活動を生涯にわたって維持でき、生活の質向上にもつなげることができる

口腔負債
口腔環境の悪化やそれが原因で、全身の健康に影響を及ぼすことで、将来的な医療費の負担増を招きかねない状態を指す

岡田さん（左）と高杉さん

ベストスマイル・オブ・ザ・イヤー

岡田さんと高杉さん受賞

右から高見沢さん、坂崎さん、桜井さん

今年最も笑顔が輝いている著名人を表彰する「ベストスマイル・オブ・ザ・イヤー2024」に、俳優・タレントの岡田結実さんと俳優の高杉真宙さん、特別賞にデビュー50周年を迎えたロックバンドのTHE ALFEEが選ばれた。

11月8日の「いい歯の日」を記念して、日本歯科医師会と協賛のロッテが毎年開催しているもの。今年で31回目。日歯の「いい歯は毎日を元気にプロジェクト」の中心事業。今年の授与式は、7日に東京都千代田区の丸ビルホールで開かれた。

受賞について、THE ALFEEの桜井賢さんと坂崎幸之助さんはそれぞれ「ベストスマイルとはかけ離れたルックスなので大変光栄」、「生まれた時から笑い顔と言われていた。素敵な賞をいただけてうれしい」とコメント。

普段の口腔ケアについて高杉さんは「歯ブラシのほかに、フロスと口腔洗浄器を使っている」、THE ALFEEの高見沢俊彦さんは「月1回定期健診に通っていて、59年前に良い歯の子で選ばれたことがある。古希を迎えるがすべて自分の歯」と明かした。

5人は「あいうべ体操」に挑戦した後、日歯が作った3つの造語、「投歯（セルフケアとプロケアを受けて口腔の健康維持に努める）」、「歯産価値（口腔環境が健康な状態を財産と捉える）」、「口腔負債（口腔環境の悪化などが将来の医療費の負担増を招く）」を学んだ。岡田さんは「投歯など初めて聞いた。歯科受診の大切さを伝えるための知識を得られてうれしい」と話した。

費用かけてもメンテするところ
「口・歯」は「髪」に及ばず
日歯「投歯に関する意識実態調査」

「体で定期的にお金をかけてメンテナンスしているところ（複数回答）」で、「口・歯」は32・6%と「髪」49・2%に次いで2番目に高かった。しかし、年代別で20代では「口・歯」は男性18・0%、女性25・0%と少し低下し、より人目につくところを優先したいという傾向が見られた。日歯が全国の20～69歳の男女1千人に行った「投歯に関する意識実態調査」によるもの。

「自分は口腔ケアができていると思うか」では、「できている」8・1%、「少しはできている」45・5%と計53・6%ができていると思っていた。

できていないと答えた464人に「口・歯に関する悩み」を聞くと、20～40代は「口臭」が、50、60代は「歯間にものがはさまる」が最多だった。

毎日の口腔ケアをおろそかにすると生じると思う将来的なリスクでは、「食の楽しみが減る」は「そう思う」45・7%、「ややそう思う」37・3%だった。さらに、「生活の質（QOL）が落ちる」は「そう思う」38・0%、「ややそう思う」40・9%などとなっている。

40代以上の回答者に、口腔ケアをおろそかにしたことで現在起きている生活への影響を聞くと、歯数が「0～19本」の人は、「そう思う」「ややそう思う」の合計が、「食の楽しみが減った」58・1%、「生活全般において経済的負担が高まっている」53・5%、「医療費がかさんでいる」51・2%、「生活の質が落ちている」50・0%だった。

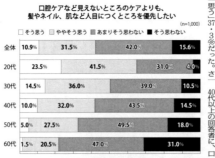

体で定期的にお金をかけてメンテナンスをしているところ

（複数回答　単位：%　n=1,000）

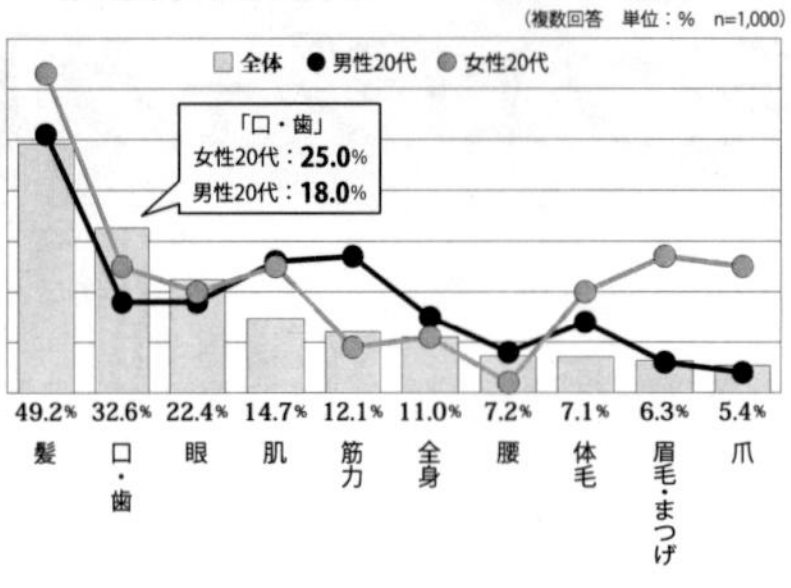

口腔ケアなど見えないところのケアよりも、髪やネイル、肌など人目につくところを優先したい

（n=1,000）

	そう思う	ややそう思う	あまりそう思わない	そう思わない
全体	10.9%	31.5%	42.0%	15.6%
20代	23.5%	41.5%	31.0%	4.0%
30代	14.5%	36.0%	39.0%	10.5%
40代	10.0%	32.0%	43.5%	14.5%
50代	5.0%	27.5%	49.5%	18.0%
60代	1.5%	20.5%	47.0%	31.0%

自分は口腔ケアができていると思う

（n=1,000）

	できている	少しはできている	あまりできていない	できていない
全体	8.1%	45.5%	34.5%	11.9%
20代	7.5%	44.0%	37.0%	11.5%
30代	10.0%	42.0%	39.5%	8.5%
40代	6.5%	47.5%	34.0%	12.0%
50代	5.5%	46.0%	30.5%	18.0%
60代	11.0%	48.0%	31.5%	9.5%

残存歯数と生活への影響

（残存歯数別にみた40代以上で「そう思う」「ややそう思う」と回答した者の割合）

	29～32本（n=187）	20～28本（n=327）	0～19本（n=86）
食の楽しみが減った	22.5%	28.7%	58.1%
生活全般において経済的負担が高まっている	24.6%	33.9%	53.5%
医療費がかさんでいる	26.2%	37.6%	51.2%
生活の質が落ちている	21.4%	23.2%	50.0%

訪問歯科 超実践術 （449）

前田実男（日本訪問歯科協会 理事）

口腔連携強化加算と訪問口腔リハ

口腔連携強化加算は、訪問系サービスと短期入所サービスにおける口腔管理に係る連携の強化として4月の介護報酬改定で新設されたものだ。

算定できるのは、訪問介護、訪問看護、訪問リハビリテーション、短期入所生活介護、短期入所療養介護、定期巡回・随時対応型訪問介護看護である。これらの事業所の従業者が、口腔の健康状態の評価を実施し、利用者の同意を得て、歯科医療機関と介護支援専門員に結果を情報提供した場合に、月に1回に限り50単位を加算する。

口腔連携強化加算の協力には注意が必要だ。対象となる利用者が、歯科医師または歯科衛生士が行う居宅療養管理指導費を算定している場合、介護事業所はこの加算を算定できないことになっているからだ。

在宅で療養中の介護認定を受けている患者の場合、歯科の訪問診療では居宅療養管理指導費を算定するのが一般的だ。介護事業所が口腔の健康状態の評価を行い、歯科が情報提供を受けた場合、訪問診療を必要とすることもあり得るが、そこから継続的な訪問診療を行っていると、紹介した事業所はいつまでたっても口腔連携強化加算を算定できない。

このようなケースでは、介護保険の居宅療養管理指導費を算定するのではなく、在宅患者訪問口腔リハビリテーション指導管理料（訪問口腔リハ）の算定を検討するのも一つの考え方である。

訪問口腔リハで行われる指導管理等の範囲は、療養上必要な計画的かつ継続的な歯科医学的管理に加え、歯周基本治療に対する処置または摂食機能障害に対する訓練指導等を含むものであることから、（介護予防）歯科医師居宅療養管理指導費が算定可能な患者にも、訪問口腔リハを算定することができる。つまり歯科医師居宅療養管理指導費を算定しない月であれば、訪問口腔リハは算定できるからだ。また、歯科医師居宅療養管理指導費を算定せず、訪問口腔リハを算定する方が報酬は全体的に高くなることが多い。

日本訪問歯科協会　https://www.houmonshika.org

日歯連盟 太田会長
「体制立て直し必要」
第50回衆院選の結果受け

自民党が過半数割れとなった第50回衆院選を受けて、日本歯科医師連盟の太田謙司会長は「来年の参院選に向けて、まず与党である自民・公明にはしっかり体制を立て直してほしい」と述べた。6日に歯科医師会館（東京都千代田区）で開催された日歯連盟会見にて明かしたもの。

衆院選で全国の歯科医師連盟が推薦した候補者297人のうち、当選した議員が195人、落選が102人という厳しい結果となったとし、太田会長は「今後の対応は、情勢を見ながら進めていかねばならないと思う」と話した。

太田会長

浦田理事長

また、日歯連盟によれば、比例代表で党派別に投票した票を調べたところ、今回の自民党への投票数は（前回の衆院選と比較して）200万ほど減っており、その原因に「人口減少」「高齢化による投票減」「若者の投票率減」があるとしている。

今後の方針で浦田健二理事長は、「さまざまな場面で（野党の先生方など）協力を得なければならない」とし、共産党から自民党まで幅広い政党をカバーしている医科のような対応も検討する余地があると明かした。

なお、石破茂首相との交流について、太田会長は20数年にわたる交流がある一方で、歯科業界に関しては深く踏み込んだ意見交換はしていないとのこと。「例えば、実現のためには、いくつかの法律を改正しなければならないため、政策的に合意いただけるようないわゆる野党の方々にお願いに上がり、内容についても山田宏先生を通じて、政界の再編に合わせながら、われわれの要望体制も作り上げていかねばならない」と話した。

岐阜県歯
8020達成者など フォーラムで表彰

岐阜県歯科医師会は4日、「歯と健康の県民フォーラム」を、岐阜市のホテルグランヴェール岐山で開催した。阿部義和会長はあいさつで今年度から開始した「ぎふ・さわやか口腔健診」の広域化に言及。「75歳以上の後期高齢者を対象に実施しており、岐阜県内どこの歯科医院でも受診ができるので、かかりつけ歯科医院また近くの歯科医療機関で受診してほしい」と述べた。

8020達成者表彰式では、8020推進財団理事長賞10人、岐阜県歯科医師会会長賞55人が表彰された＝写真。

◆◇◆

そのほか、朝日大学歯学部口腔病態医療学講座摂食嚥下リハビリテーション学分野の谷口裕重教授による県民公開講座「人生100年時代、『食べる』ことをいつまでも楽しむために～『口』や『のど』の衰えと健康寿命の関係」やブース出展などが行われた。

歯科国試にチャレンジ

2024年（第117回）より

クラウンダウン法でリスクが低下するのはどれか。3つ選べ。

a　器具破折
b　歯根破折
c　髄床底穿孔
d　レッジ形成
e　フレアアップ

117-A028

答えは本紙のどこかに！

マイナカード 電子証明書

「簡便な手続き検討を」

日歯副会長の林委員が要望

中医協総会が6日に行われ、マイナ保険証の利用促進の議論のなかで、12月2日以降に医療機関の窓口で資格確認を受ける方法が示された。日本歯科医師会副会長の林正純委員は、「(マイナカードの)有効期限が5年で、市区町村の窓口での再度の手続きが必要なため、今後混乱が予想される」と指摘。12月2日以降、電子証明書の有効期限が過ぎても3カ月は引き続き資格確認できることが示された点に感謝の意を表したうえで、「電子証明書の期間も含めてスムーズで簡便な手続きを検討してほしい」と要望した。

さらに、「全人口の75・2%がマイナカード保有者で、そのうち保険証登録割合は81・2%と、マイナ保険証を持っている人は全人口の6割強とまだ国民の保有率は低いとの印象を受けた」と言及。「日歯も窓口での声かけの徹底などを推進しているが、利用率は低迷している。引き続き取り組んでいきたいが、そのうえで、医療機関受診者におけるマイナカード保有者やマイナ保険証登録者数が推計値になっているので、実数を把握する方法も今後必要ではないかと感じている」と述べた。

また、資格情報のお知らせや資格確認書などの違いについて国民が理解しているか疑問として、丁寧な周知を求めた。

能登半島地震

特例措置の期限を来年3月末まで延長

令和6年度能登半島地震に伴う被災地特例措置の期限を7年3月末まで延長することが中医協総会で承認された。同期限は、9月11日の中医協総会で今年の12月末までに設定されたが、10月25日の閣議で能登半島での大雨災害が激甚災害となったことなどを鑑みての対応。

また、来年1月をめどに当該特例措置を活用している保険医療機関数をアンケートなどにより把握し、その結果をもとに、期限を延長するかどうかを検討していく。

なお、特例措置のなかには、「仮設の建物による保険診療等」が含まれている。

中医協 小委員会

医療経済実調の調査項目など議論

中医協の第59回調査実施小委員会で、来年実施の第25回医療経済実態調査に関する検討が行われ、物価高騰、賃上げ、調査項目の簡素化などを議論した。日本歯科医師会副会長の林正純委員は、物価高騰に係る項目の中で、「歯科技工委託費の把握もお願いしたい」と調査項目の追加を要望した。

林委員はそのほか、ベースアップ評価料の把握について「非常に重要な視点だと思っているが、小規模な歯科診療所等では雇用人数も少なく、中途採用や途中退職によって給与費は大きく影響を受ける」と、調査設計上あまり煩雑にならないような工夫を求めた。

また、簡素化の議論では、有効回答率向上のために重複設問がないよう、簡素化も含めて回答しやすい工夫を要望した。

イメージが変わる！

歯科医院のM&A　第4回

水谷 友春

日本歯科医療投資株式会社 代表取締役/歯科医師

親子継承の確実性と不確実性

医院継承の選択肢として、多くの先生方が真っ先に考えられるのは、親子継承だと思います。メリットとしては、子供にとって、その医院はよく知った土地にあるでしょうし、親子ならではの関係性で、スムーズに引き継げる場合も多いでしょう。まだ見ぬ相手を探す手間や、会ったばかりの人と交渉を重ねる必要もありません。

他方で、親子継承には不確実性も存在すると考えています。

まず、不確実性は子供の意思です。子供が歯科医師にならなかった(なれなかった)という話はよく聞きますし、歯科医師にはなったものの、親の診療スタイルとの違いや親子関係、結婚相手などの事情により実家には帰らないという話もまた、よく耳にします(そもそも子供を持たない選択をした人生もあります)。

対照的に親子継承で確実にいえることは、「医院という価値のあるものを、親がタダで子供に譲る」ということです(まさか「誰も引き継ぎたがらない価値の低い医院の後片付けを子供に押し付ける」という発想はないと信じています)。

私は決して親子継承否定派ではなく、自分自身も、歯学部の同級生の多くも、二代目や三代目でしたので、親子継承の実例も多く見ています。親と子の双方の考えが合致して医院が引き継がれていることは、その家族にとっては非常に意味のある、すばらしい出来事だと考えています。

それと、同時に、そこには親の子を想う気持ち(と自身の老後に対する不安)が強いあまり、従業員さんや患者さんの生活への配慮が劣後しているケースも多いように見受けられます。

医院の継承においては、親子継承であれ、M&Aであれ、医院の将来に対する不確実性を排除することは困難です。そのうえで、親子継承を計画される場合、医院の継承というイベントが患者さんや従業員の生活を左右し得る出来事であることや、数千万から数億円の価値がある医院を無償で譲るということを認識したうえで、親子間のコミュニケーションを密に取りつつ、早めに準備をしていくことが大切だと考えています。

勤務医Talk

佐々木 絢美氏
■ 33歳
■ 昭和大学
2015年3月卒業

美容系の診療に意欲

4人兄弟のうち2人が歯科医師、1人が看護師の道を選んでいる。医師の父親の影響で、子供のころから医療系の仕事を意識していたこともあったが、高校生のときに参加したオープンキャンパスでむし歯付人工歯を削る体験が楽しくて、決め手となった。

歯科大学に入り、細かい作業が得意だったため、最初は修復治療に意識が向きがちだったが、さまざまな科目を知り、「一通りは網羅できる歯科医師になりたい」という気持ちが強くなった。

ただキャリアについては、「開業医が向いているのか、勤務医のほうが合っているのか、まだ思案中」とのこと。

3代目となる父親の病院を直接継ぐことはできないものの、歯科診療所を開設するなど、何らかの形で引き継ぎたいという気持ちもある。

一方で、開業することで、女性としての人生設計にどのような影響が出てくるかも含めて、決めかねる自分もいる。

現在の職場で経営を学び、経営の難しさも感じるからこそ、勤務医として生きる道も選択肢の一つとしてあり得ると考えるようになった。

「歯科医師がキャリアを考えるうえでも、大学や卒後早い段階で、経営を学べる場所があると良いのに」としみじみ思う。

悩みはありつつも、院長の高い技術を手本に、まずは自分の技術力のレベルアップに注力している。

難抜歯やマイクロスコープによる治療などスキルアップをしたい内容の患者も優先して担当させてもらっており、院長の配慮には感謝している。

さらに今のクリニックで初めて美容系の診療にも触れた。休みの日には一人で韓国に行って、美容クリニック巡りをして息抜きするほど、関心のある分野。「今後は、美容点滴なども診療にどんどんと取り入れていきたい」と診療の幅を広げていくことにも意欲的だ。

フォローアップ研修を議論

臨床研修制度改正WG

厚労省は5日、第3回歯科医師臨床研修制度の改正に関するワーキンググループ(WG)を、東京都港区の航空会館ビジネスフォーラムで開催した。

前回の令和3年度改正から、社会環境変化の対応などのために、臨床研修で指導する歯科医師は5年ごとのフォローアップ研修の受講が必須となった。ただ、具体的な方法、要件について定められていなかった。

ワーキンググループでは現在、日本歯科医学教育学会が実施している約3時間のeラーニングによる研修が、内容・量・質、ともに良好な評価を受けていることから、より幅広い受講機会を設けるために、単位制の導入が提案された。初回受講年度の翌年から起算して、5年以内に指導歯科医が必要単位数を適宜受講するというもの。約30分の講習を1単位として6単位以上の受講を必須とすることや、必修単位と選択単位の分類などが示された。

委員からは「令和3年の制度改正から5年以内ということで受講人数が増えていくと考える。リーズナブルに受講できる単位制は良いと思う」「内容によって講習の時間や、単位数を変えてもいいのでは」「ハラスメントや医療安全に関することなど、知識のアップデートが必要な項目は必修にするべき」「5年以内の受講を前提としたカリキュラムにすると、受講の時期によっては古い内容の講習を受けることになる懸念がある」「歯科医療提供体制や労務管理についてなど、社会科学的な内容の講習も作って欲しい」などの意見があった。

そのほかワーキンググループでは、「臨床研修におけるハラスメント等の対策」「D-REISのあり方について」「プログラム責任者講習会のあり方」が議論された。

社保審 医療部会

電子カルテ情報共有サービス議論

厚労省は10月30日、第111回社会保障審議会医療部会を東京都港区の航空会館ビジネスフォーラムで開催した。

部会では医療DXのさらなる推進における電子カルテ情報共有サービスなどを議論した。

厚労省は患者の診断情報などを電子的に保存する電子カルテ情報共有サービスの導入により、災害時の質の高い医療の提供、外来における待ち時間の抑制、電子共有による事務コストの低減などにつながるとしている。電子カルテ情報共有サービスのモデル事業は来年1月以降に開始し、令和7年度中の本格稼働を目指すこととし、電子カルテ情報共有サービスにおける3文書6情報の提供を、法令に基づき患者の同意を不要とすることなどを検討している。また、マイナンバーカードを活用した医療費助成の効率化を2023年度から先行実施しており、順次全国展開することなどが示された。

日本歯科医師会の藤田一雄副会長は「電子カルテ情報共有サービスの3文書6情報について、歯科ではどのような情報が適用となるのか、混乱が生じないよう前広な情報提供を望む」「歯科では電子カルテが普及していないため、(導入による)過度な負担を負うことがないようにお願いしたい」「法律の位置づけについて、歯科情報は災害時の身元確認に有用であることから、それが活用できる仕組みを望む」「医療費助成の効率化が進むことには賛同するが、地域差が出てこないか懸念している」などの意見を出した。

そのほかの意見では「データの保存期間が過ぎればお薬手帳が必要になってしまうのでは。保存期間のさらなる検討を望む」「普及しなければメリットも享受できない。今後の見通しについて具体的な目標を国が定め、着実に推進すべき」などの意見があった。

保団連

保険証の存続要望

歯科全国交流集会で決議

全国保険医団体連合会は10月27日、第18回保団連歯科全国交流集会を開き、保険証の存続や診療報酬再改定などを求める取り組みを進めるとする決議を採択した。

決議では、保険証を廃止してマイナ保険証に一本化する動きにより、患者・国民の医療アクセスが実質的に阻害されていると指摘。さらに、歯科医療費抑制策や新型コロナ感染拡大、オンライン資格確認・オンライン請求義務化、物価高騰などにより閉院・倒産が増加していると訴えている。

診療報酬改定では、ベースアップ評価料の財源確保面での不十分さ、届出の煩雑さなど「賃上げ対応が必要な医療機関すべてが届出できる内容とはなっていない」としている。

さらに院外歯科技工士の賃上げ対応で歯冠修復と欠損補綴の点数が引き上げられた点については、「従来の『7対3』大臣告示の問題と同様に、歯科医療機関と歯科技工所の経営がともに保障される診療報酬や委託技工料の支払いに係るルール作りは放置されたまま」と適正な診療報酬の実現によって、賃金や労働条件の改善がなされるべきと強調している。

8月末時点

歯科診療所数は6万6390施設

厚労省の施設動態調査による令和6年8月末現在の歯科診療所数は全国で6万6390施設で、前月より42減少した。

福島、大分の5、東京、新潟、三重の4など25都道府県で51減少した。増加は千葉、岡山の2など7県で9だった。

開設者別歯科診療所数の個人は前月より48減少して4万8720施設、医療法人は増減なしの1万7014施設だった。

開設者別歯科診療所数の個人は減少傾向が続き、2021年3月以降、41カ月連続で減少している。医療法人は先月まで増加傾向が続いていた。

前年同月比の全国の歯科診療所数の動向では、830施設減少した。開設者別歯科診療所数の個人は1209減少、医療法人は344増加となっている。

都道府県別歯科診療所数　令和6年8月

	歯科診療所	前月比増減数
全国	66,390	-42
北海道	2,699	-2
青森	471	1
岩手	532	-1
宮城	1,031	1
秋田	395	0
山形	447	0
福島	801	-5
茨城	1,337	-1
栃木	935	0
群馬	961	1
埼玉	3,503	0
千葉	3,177	2
東京	10,620	-4
神奈川	4,894	-3
新潟	1,079	-4
富山	424	0
石川	467	0
福井	291	-1
山梨	410	0
長野	972	-1
岐阜	937	1
静岡	1,706	-1
愛知	3,676	0
三重	771	-4
滋賀	557	0
京都	1,244	-1
大阪	5,381	-3
兵庫	2,889	-1
奈良	673	0
和歌山	498	-2
鳥取	249	0
島根	248	-1
岡山	960	2
広島	1,469	-1
山口	612	-2
徳島	402	-1
香川	462	0
愛媛	627	0
高知	332	-1
福岡	3,023	-1
佐賀	390	-1
長崎	679	-2
熊本	823	0
大分	498	-5
宮崎	473	1
鹿児島	766	-2
沖縄	599	0

日技・全技協・歯技協が商工協会に
CAD／CAM装置の営業で申し入れ書

「歯科医師や歯科技工士以外でも歯科用CAD／CAM装置による補綴物製作ができる」と誤解を招く営業活動を一部企業がしているとして、日本歯科技工士会と全国歯科技工士教育協議会、日本歯科技工所協会は10月29日、日本歯科商工協会に「歯科技工士法違法行為防止に関する申し入れ書」を手渡した。

申し入れ書によると、誤解を招く営業活動によって、「歯科医療機関で歯科技工士法に抵触する違法行為が行われているとの情報が寄せられている」という。

歯科技工士法第17条で「歯科医師または歯科技工士でなければ、業として歯科技工を行ってはならない」とされており、2016年に厚労省医政局歯科保健課への疑義照会でコンピューターを使った過程も歯科技工に含まれる旨の回答を得ているという。

そのうえで「歯科メーカーが法令違反を助長する説明を行うことは、専門職の尊厳を損ない、歯科医療の質と安全性に深刻な影響を与える」「無資格者による職域の侵害は、歯科医療や歯科技工に対する軽視を意味し、歯科医師や歯科技工士の重要性を軽んじることにつながる」とし、3項目の周知を求めている。

周知を求める内容

▼歯科技工士法に基づき、歯科医師または歯科技工士以外による「歯科技工」は違法であること

▼コンピューターを利用した歯科補綴物の製作も「歯科技工」に該当すること

▼各種関係法令、診療報酬改定に伴う厚生労働省告示通知などを理解し、適切な営業活動を実施すること

山中一剛商工協会会長（左）に手渡す森野隆日技会長（中央）と木村正歯技協会長

神奈川県歯科技工業協同組合
約40年の活動に幕
解散パーティー

神奈川県歯科技工業協同組合の解散パーティーが10月27日、横浜ベイシェラトンホテル＆タワーズ（横浜市）で開かれた。同組合は、昭和61年1月に設立許可を得て、全国に先駆け県単位による事業組合として設立。県内の歯科技工業を営む組合員の経済的地位の向上を目的に、利益改善、知識拡充、情報共有、教育などの事業に40年近く取り組んできたが、9月29日の臨時総会で解散を決議した。

土田康夫理事長＝写真＝は、これまで40年近くにわたる運営への協力に感謝の意を伝えた。また、思い出深い取り組みとして、平成5年に立ち上げた石膏廃棄物の回収事業をあげ、信頼できる業者の選定、自主認定基準の策定とマークの発行などの苦労を語り、「いまで言うSDGsの考え方で、社会に迷惑をかけたくないとの思いで、日本で初めてスタートさせたのが当組合だった。解散で事業がなくなってしまうのが残念。ぜひ誰かに引き継いでやっていただきたいという思いがある」と無念の思いをにじませた。そして「本日はざっくばらんにくだけた形で、お別れにしたい」と話した。

多くの来賓が出席するなか、日本歯科技工士会の河西武嗣常務理事、日本歯科技工士連盟の奥村英世会長、日本歯科技工所協会の木村正理事長、横浜市歯科医師会の六角譲治顧問、神奈川県技の田島雅夫会長、県歯科用品商協同組合の安達慎吾理事長、県中小企業団体中央会の鎮野政孝事務局次長があいさつ。首都圏歯科技工士会連合会の金井孝行会長による乾杯の発声で祝宴に入った。

最後は青木彰理事の提案により、国会解散になぞらえた、出席者での万歳三唱で締めくくった。

専門医の現状と課題

国民に信頼され、受診先を選択する際の良い指標となることを基本理念とした日本歯科専門医機構（以下機構）が認定する「歯科専門医」。各学会が主導で行ってきた専門医制度との違いから、変更後の対応や機構の認定を目指す過程で苦慮するケースが目立ってきている。10月29日から3日間、パシフィコ横浜（横浜市）で開かれた第83回日本矯正歯科学会学術大会、11月1日から3日間、国立京都国際会館（京都市）で開かれた第54回日本口腔インプラント学会学術大会でも専門医に関する現状や課題が取り上げられた。

矯正歯科
100人弱が申請不可

機構が認定する広告可能な歯科専門医は、9月13日に「歯科保存」と「矯正歯科」の領域が加わり、「口腔外科」「歯科麻酔」「歯周病」「小児歯科」「歯科放射線」「補綴歯科」と合わせて8つとなった。

関連学会が複数存在する矯正歯科分野では、機構が創設される前から専門医制度の統一化に向けて長い年月をかけて議論してきた歴史がある。

学術大会ワークショップ「矯正歯科専門医制度の認定と今後について」＝写真＝のなかで、日本大学名誉教授の清水典佳氏は、2007年から日本矯正歯科協会、日本成人矯正歯科学会と3団体で専門医制度の共通基準を模索してきたと説明。消費者庁で矯正歯科のトラブルが問題視されたことや、日本臨床矯正歯科学会と日本歯科矯正器材協議会を加えた5団体で協議を重ね、統一試験の実施までこぎつけた経緯などを話した。

そして、第1回統一試験を行った後、18年に機構の認定を得る必要が出てきたと紹介。清水氏は、「統一の専門医制度は3団体の専門医だが、機構は機構社員の矯正歯科学会の専門医制度しか認めないということで、また混乱が生じた」と振り返った。

その後、学会と機構は20回を超える意見交換を行い、特例として、統一試験に合格した人は、2年間の暫定期間を設けて、機構認定の基本研修施設で2年の追加研修を受け、修了試験に合格することで専門医を取得できる措置が取られた。

今後は、統一試験ではなく、専門医機構が認める新制度により専門医が誕生していく。

続いて鶴見大学歯学部教授の友成博氏が、専門医制度の概要を解説した。

2023年度の審査を経て、「201人の先生と29の施設が機構認定の専門医研修施設となっている」とし、まず認定医を取得し、専門医研修を行うという専門医取得の流れを説明。

専門医を育成する研修指導医がまだ少ないことから、「認定審査（専門医試験・症例審査）を経て専門医となり、研修指導医となって、専門医の育成に当たっていただきたい」と呼びかけた。

会場からは、従来の専門医試験の受験資格のあった歯科医師から、「大学で常勤5年間の（臨床・基礎）研修履歴がないために、受験資格がないと言われた。これまで矯正歯科分野を支えてきたベテランの先生も大学での研修履歴が足りない人が多いため、何とか試験を受けられる方策を検討してほしい」との要望があった。

清水氏は、「大変申し訳ないと思っている」と詫びたうえで、機構が大学常勤5年の条件緩和を認めないスタンスだと説明。「（同理由で）100人弱の人が申請できない状況になっている」と引き続き機構と交渉していく姿勢を見せた。

インプラント
要件で意見の不一致

細川理事長

口腔インプラント学会理事長の細川隆司氏は、理事長講演で専門医制度が認定されるまでの流れを説明した。現在は機構の「インプラント歯科専門医ワーキンググループ（WG）」で議論をしている段階と紹介。機構理事長のゴーサイン（諮問）が出てから「専門医制度整備委員会」、「専門医申請学会評価認定委員会」それぞれで議論をし、その後、機構理事会で認定されるとのこと。

そして、専門医の認定要件のうち、「常勤として認定研修機関に所属」という箇所で、意見の不一致があると報告。厚労省の「歯科医療の専門性に関する協議・検証事業」報告書では、「勤務場所（歯科診療所、病院、医育機関等）に関わらず取得・更新できるような制度となるよう、令和3年度における本事業の検討結果等も踏まえつつ、改めて現状や課題等を整理し、あり方を検討する」と記載されている。

学会側は、「週3日常勤という条件を厳密に適用すると、厚労省へ提出した（前述の）報告書に書かれている患者代表理事や前評価認定委員会の考えと異なるのではないか」と疑義を呈している。

しかし、機構側は、研修機関で週3日以上研修することを施行細則に明記するよう要求しており、「明記すると認めない限り、整備委員会や評価認定委員会に機構理事長からの諮問は行われない」との姿勢を見せているという。

（専門医制度認定の議論の土俵にもあがれない状況のため）細川氏は、「学会側としては、WGでの議論を記録したうえで、施行細則への明記を認め、委員会での議論に話を進めたい」との考えを示した。そして、患者代表の委員もいる委員会のなかで、あらためて議論する可能性も示唆した。

◇◆◇

口腔インプラント学会では、特別シンポジウム「これからの歯科医が目指す口腔インプラント治療、インプラント歯科専門医の現状と未来」も行われ、細川氏のほか、昭和大学国際交流センターの宮﨑隆氏、日歯常務理事の末瀬一彦氏も講演した。（次号に関連記事）

徳島開業の富永氏講演
女性歯科医師が集まり マイクロスコープ学ぶ

全国の女性歯科医師が集まり、マイクロスコープを使った歯科臨床・歯科医院経営について学び合うハンズオンセミナー「Hikari Dental Salon」が10月31日、ペントロンジャパン研修センター（東京都品川区）にて開催された。講師はひかり歯科クリニック（徳島市）の富永知穂氏。

㊨富永氏 ㊦マイクロスコープの操作を学んだ

マイクロは患部を約4～20倍まで拡大して見られ、診断・治療の正確性が向上し、肉眼よりも精密な治療が可能となる。カメラを搭載すれば、治療の様子を撮影・記録できるため、患者への治療プランの説明や院内の症例報告にも使える。

富永氏は患者として他院でマイクロ治療を受け、「今までの自分の治療は何だったのだろう」と感銘を受けたきっかけで、自身の歯科医院でも導入するに至った。

マイクロは安価なモデルでも数百万円を超えるが、費用面を上回るメリットがあるという。「患者さんから『いま治療しているのはどこの歯なのか』とよく言われる。この突破口として、マイクロを含めたデジタル化が非常に良かった。マイクロで（治療の流れが）可視化されることで、患者さんの理解度も向上し、クリニックとしても生産性が高くなった」と話す。

ルーペとマイクロの一番の違いは「倍率を増減できる」「（治療中の）画像を残せる」ことであり、特に女性歯科医師はコミュニケーション能力が高い傾向にあるため、（マイクロによって）より患者が見たい部位を的確に撮影・記録し、どこを治療するのか明確にすることで、患者の不安や治療ストレスを緩和できる可能性を秘めていると語っている。

都の物価高騰支援金
歯科診療所と技工所も対象

東京都は、歯科診療所や歯科技工所も対象とした「令和6年度東京都医療機関等物価高騰金融対策支援金」を支給するとして、関係各所に1日付で事務連絡した。

支援金は医療機関ごとに算出するが、光熱費の基準単価は歯科診療所で15万円、歯科技工所で7万5千円となっている。

物価高騰に直面する医療機関などの負担軽減を目的としたもので、対象期間は10月1日から来年3月31日まで。申請受付は今年の12月下旬を予定している。

なお、歯科診療所は保険医療機関、歯科技工所は対象期間内に保険診療に係る案件を歯科医師に納品する予定があるところに限られる。

支援金の基準単価

	対象医療機関等	基準単価
食材費	病院、有床診療所、有床助産所	1日1人当たり 51円
光熱費	病院、有床診療所、有床助産所	基準額150,000円に、1床当たり26,000円を加えた額
	無床診療所、歯科診療所、無床助産所	150,000円
	施術所、歯科技工所	75,000円

※休棟中の病床は含まない ※支援金は、都の予算の範囲内において支給する

糖尿病治療薬の不足に言及
植木糖尿病学会理事長

糖尿病治療薬の一部に供給不安が起きている背景に、薬価引き下げによって診療報酬改定の財源に充ててきた構造がある。日本糖尿病学会の植木浩二郎理事長（国際医療研究センター研究所・糖尿病研究センター長）は、1日に同学会と日本糖尿病協会（JADEC）が東京都千代田区の日本プレスセンターで開催した合同メディアセミナー＝写真＝に登壇。糖尿病薬の供給不安の問題に言及した。

植木氏は、近年の薬剤供給不安の原因として、①一部ジェネリックメーカーの製造工程の不備による操業停止の影響、②薬価改定による不採算の薬剤生産からの撤退、③円安などの影響による原材料高騰、④戦争などによるロジスティックスの障害、⑤国内外の需要の高まりに対応できる生産ラインの不備、⑥国内外の薬価格差による国内供給量不足、⑦より利益率の大きい製品へのシフトをあげた。

こうした状況のもとで、糖尿病薬はメーカーにとって不採算になるものが多く、事実上の撤退につながっている可能性があると指摘。薬剤の安定供給のため、薬価引き下げを見直すとともに、必須薬剤の供給体制確保のための法整備、東アジアでの地域連携などの対応が必要だと訴えた。

◇◆◇

日本糖尿病学会やJADECらは、「糖尿病」という病名の見直しを中心とするアドボカシー活動を展開しており、今回のメディアセミナーも、その一環として世論喚起を目的に開催したもの。しかし、急速な円安や生産拠点の海外移転、一部製薬メーカーの撤退など、薬剤供給の不安定化が懸念されている。

「患者の年収区分目にするの辛い」
神奈川県保険医協が談話

神奈川県保険医協会は10月31日、政策部長談話を発表。マイナ保険証での受付では、高額療養費制度の年収区分が受診のたびにわかるため、受付職員がストレスを感じているとして、「マイナ保険証への一本化が思わぬところで現場を疲弊させかねない」と批判した。

◆◇◆

マイナ保険証をカードリーダーにかざすと、高額療養費の適用区分が表示され、患者負担の上限が分かるようになっている。10月7日から、一律に毎回、患者の年収区分表示がなされるため、受付スタッフのなかには「目の前の患者の年収区分を毎回、目にするのは辛い」とストレスを感じるケースもあるという。

談話では、こうした点からも、12月2日に予定されている健康保険証の新規発行廃止とマイナ保険証への一本化は避けるべき、と主張している。

【予告】24日、東京で
補綴物の情報提供推進事業研修会

「令和6年度歯科補てつ物製作過程等の情報提供推進事業」研修会が24日、東京都中央区のアットビジネスセンター東京駅八重洲通りで開かれる。主催は日本歯科技工士会と東京都歯科技工士会で、テーマは「安心・安全な歯科医療を」。

同研修会は、歯科補綴物に関して、委託先や製作者などの製作過程を患者に情報提供するとともに、国民にとって安心・安全な歯科補綴物の普及・推進を図るための厚労省委託事業。

厚労省医政局歯科保健課歯科口腔保健推進室室長補佐の小熊友一氏、日技常務理事の河西武嗣氏、厚労省保険局医療課主査の岡部眞利氏が、事業や診療報酬改定など歯科補綴物製作に関係する内容を話す。

受講料は無料で、歯科医師、歯科衛生士、歯科技工士、歯科助手、医療事務などを研修対象としており、定員100人。

問い合わせは都技TEL03（3576）5611まで。

Interview

日本初、耳が聞こえない歯科医師 大学教育のサポートは

松本歯科大学の杉野凜太郎氏は、日本初の耳が聞こえない歯科医師で、今年から研修医として日々患者と向き合っている。ハンディを抱えながら国家試験に合格するまでの道のりは、本人の努力もさることながら、教育現場でのフォローが不可欠だ。同大歯学部長の宇田川信之氏に大学で行ったサポートの内容などを聞いた。

宇田川 信之 氏　杉野 凜太郎 氏

授業内容をPCに文字出力

――杉野氏の授業にはどのような対応をしたのでしょうか。

宇田川　教養科目などの座学で、聴覚障害者のサポートを行う企業に依頼して、3～4人が授業に同席し、先生の話す内容をリアルタイムで杉野君のパソコン上に出力する形式をとっていました。また、全国展開している別のパソコン通訳の企業にも依頼して、ウェブで授業を聴講してもらい、文字の出力をしてもらう形もとっていました。スタッフが同席する形式はトラブルがあった場合に対応しやすいという面があり、遠隔は医療系を専門にしている方にお願いできるという利点がありました。専門用語が出てくる都合で、それぞれの教科は同じスタッフに継続して担当してもらうようにしました。

実習に関しては、事前にインストラクターが説明プリントを用意したり、筆談による説明や手本を見せたりといった形で指導をしていました。

スタッフの選定は大学が行ったものに加え、障害者のサポートをしている筑波技術大学からの紹介もありました。急な補講や休講などの連絡をはじめとしたスタッフの手配は全面的に大学が行っていました。

また、学生寮の杉野君の部屋の火災および地震の警報装置を、光で知らせるタイプに改修しました。幸い、使用することはありませんでしたが。

――今までも障害を持つ学生はいたのでしょうか。

宇田川　成長障害で低身長の学生がいて、専用のチェアーを作って臨床実習を行うなどのサポートを行いました。その学生は無事に卒業して開業しています。そのほかにも、耳が聞こえづらい難聴の学生もいました。その学生は人工内耳を使って、ほかの生徒と同じように授業に臨んでいたので、大学としては特にサポートをしておりませんでした。ただ、授業時に機器由来の雑音などに悩まされていたようで、残念ながら卒業には至りませんでした。

歯科治療は両手を使うケースが多く、手話の際に治療の手をとめなければならない部分がありますので、今はスマートフォンなどの外国語の翻訳アプリの活用を模索しているところです。

～杉野氏に、学生生活や現在行っている研修、将来目指す歯科医師像について聞いた～

――学生時代、心に残ったことは。

杉野　6年間の学生生活を通して、いろいろな国の留学生たちと交流することができ、一生の友達ができたことです。特に台湾人の留学生とは仲が良く、今も週に1度、食事に行っています。初めて2人きりで飲みに行った時、筆談で「歯学部の勉強は聞こえる人でも大変なのにすごい。杉野はパイオニアだ、尊敬している」と話してくれたことが印象に残っています。その後には手話も覚えてくれました。こういう友達がいなければ、歯学部6年間のさまざまな試練を乗り越えることはできなかっただろうと思います。

――大変だったことは。

杉野　私は小中高がろう学校だったので、大学で初めて耳が聞こえる人の世界に入りました。どうやって友達を作ればいいのか、コミュニケーションを取ればいいのか戸惑いました。

また授業で、先生の声のトーンの変化や教室の雰囲気がつかめず、大事なポイントを把握できなかったことが多くありました。だから、試験のプレッシャーも、ものすごくありました。グループディスカッションでは思うように発言することが難しくて、悔しさと寂しさを感じることもありました。それでも、国家試験合格という目標を強く意識し、今は苦しくても、最後に勝てばよいという気持ちを持ってやっていました。

――研修で患者と対面するようになってどうですか。

杉野　ろう者と話したことのない方が多いので、患者さんが筆談に慣れていなかったり、処置中に（手話で）声かけをしても目を閉じたままで困ったりと、学生の時に気づかなかったことがたくさんあります。技術面と併せて課題は多く感じます。

――将来に向けての意気込みを教えてください。

杉野　世の中にはさまざまな理由でコミュニケーションに苦労している人がいると思います。そういった患者さんに寄り添える歯科医師になりたいと思います。

デンタル 小町が通る

（医）千友会理事
（千葉県市原市）
村瀬千明 ❽

細胞が生まれ変わる期間

身体の細胞は最大4年ですべて新しく生まれ変わります！　40代は少し老化が始まり、遺伝子のミスプリが起こりやすくなるお年頃。最近はなるべく身体の材料であることを意識した食事に変えています。

脳細胞は約1年、胃の粘膜は約3日、肝臓と腎臓は約1年ですべて入れ替わる。筋肉は約200日、皮膚は約1カ月ですべて入れ替わる。血液は100～120日間ですべて入れ替わる。骨は幼児期は約1年半、成長期はおよそ2年未満、成人は約2年半、70歳以上は約3年ですべて入れ替わるそうです。

体質改善するには、肌の細胞は28日、心臓は22日、胃腸は3日～7日、骨は約2年など各部位によって必要となる日数に違いがありますが、血液がすべて入れ替わるのが120日とすると、徹底的に体質改善するには120日つまり4カ月間必要で、その間、頑張ることが求められます。3日坊主では変われないんですね！

子どもの矯正をしていると、やはり3～4カ月しっかり治療を受けてくれると目に見える変化が出ます！　あきらめることなくそこまでやり切るのが成功の秘訣です。40代、ハロウィンもクリスマスもそんなにワクワクしなくなるなか、10年後の自分の体調にはワクワクします。

私は愛犬家です！　犬の寿命と体調管理のために朝ごはんは手作りしています。おいしかった日は犬の目から涙が流れているので分かりやすくやりがいを感じます。元気に長生きしてほしいなぁ。

より正確な被ばく線量評価人体モデルを開発

日本人向けのより正確な被ばく線量評価人体モデルが開発された。日本原子力研究開発機構研究主幹の佐藤薫氏、古田琢哉氏、佐藤大樹氏とグループリーダーの津田修一氏の研究によるもの。歯科・口腔分野において活用することで、患者や術者に対するより詳細な被ばく線量評価につながるという。

被ばく線量は直接人体から測定できないので、コンピューター上で再現した人体モデルを使って評価する。

これまでの人体モデルでは、被ばく線量の最新の評価方法において評価対象として新たに追加された（眼球組織（水晶体）や皮膚などの幹細胞領域のミクロサイズで複雑な構造を正確に再現できなかった。

研究では、アニメーション作成などで使われるポリゴン技術を用いることで、臓器質量を成人日本人の平均と完全に一致させることができた。また、従来の人体モデルは放射線の種類によって正確な被ばく線量を評価できない場合があったが、新モデルでその問題が解消された。

なお、新モデルはソースコード管理プラットフォーム「GitHub web」で無償公開されている。

同研究成果は科学誌「PLOS ONE」（10月24日）にオンライン掲載された。

【予告】

接着歯学会が学術大会を開催

11月30日から鹿児島で

日本接着歯学会は11月30日、12月1日に第43回学術大会を鹿児島県奄美市のアマホームPLAZA（奄美市市民交流センター）で開催する。テーマは「奄美から発信する接着歯学」。東京科学大学口腔医療工学分野の池田正臣教授の講演「歯科技工士教育・研究における接着歯学の導入」や、シンポジウム「奄美接着サミット2024」では「離島歯科医療における接着歯学への期待～歯科衛生士の立場から」などの講演が行われる。そのほか、ポスター発表、企業展示なども実施される。

今月のBookコーナー

著者に聞く

歯科「閉院」作法 明日、院長やめます。

『歯科「閉院」作法』が10月1日に発刊された。同書の出版に至った経緯、本に込めた思いや考え、院長とスタッフに知って欲しいことを著者で橋本会計相談役の橋本守氏に聞いた。

『歯科「閉院」作法　明日、院長やめます。』
橋 本 守【 著 】/B6判/128ページ/4,400円/デンタルダイヤモンド社

ハッピーリタイアの一助に

橋本守氏

――本書の出版に至った経緯を教えてください。

橋本　私は28年前に歯科専門の会計事務所・橋本会計を設立し、後任に承継する形で2年前の65歳で引退しました。当時60歳を過ぎたころに「65歳を目途に引退しよう」と心の中では決めてはいたものの、「引退イコール後ろ向きの出来事」と捉えるが故に、周囲に伝え、具体的な実務に取り掛かり始めたのは、63歳を過ぎてしまったころでした。

「引退」の仕方には、医院の場合、閉院、承継、売却のほかに、理事長として籍だけを置くか否かなどいくつかの方法があります。私の引退経験は、業種は異なりますが、起業しいずれ引退を迎える歯科医院の院長先生にも通じるものがあり、私自身の当時の状況を正直に記載することで、これから迎える引退を具体的に考え、気持ちの整理につなげていただく参考にしてもらいたいとの思いからこの本を書きました。既に閉院を決めた院長先生や周りの方向けの事務手続きに関する解説本ではなく、この先5年から20年後に引退を迎える院長先生に向けた書となります。

◆◇◆

――いずれ引退を迎える院長先生に伝えたいことは。

橋本　自身の引退経験と病気や業績の悪化で医院を閉院せざるを得ない院長先生への引退手続きを担当した時の経験から、これから引退を迎える院長先生には、やむを得ない事情がない時期に、ご自身自らで引退時期を決めて欲しいという思いがあります。

開業の際はこれから始まることに対してのワクワクとした前向きな気持ちからさまざまなことを考え、進めていけたと思いますが、引退イコール閉院、承継、売却などは、「後ろ向きの出来事」と捉えられがちで具体的に考えるのを先延ばしにしてしまう傾向にあると思います。

ですが、引退を考える際は開業時と同様に、気持ち、資金面においてもベストな状態の時期に思いを巡らせ、考えて欲しい。私自身がそうだったのですが、社員や家族を含めた周りの人への思いや、周りからの意見に左右されることなく、ご自身がベストな状態の時に決めていただくことが納得のいく決断につながると思うからです。

それから私自身は、承継や売却をせずに事務所を閉じる、または会長職に留まるなど多様な選択肢に思いを巡らすことができたことでわかったことがあります。承継、売却、社名の変更などで業が続く場合であっても、引き継いだ者にとってはスタッフも含めて新規開業時と同じ気持ちを持つということでした。

私は今、東京の事務所の近くにあった住まいを引き払い、出身地で第二の人生を歩んでいます。引退の仕方はそれぞれですので、すべてが参考になるとは思いませんが、少しでもお役に立ててもらい、ハッピーにリタイアを迎えていただけたらと思います。

書籍

（価格は税込）

〝痛み〟の臨床推論

和嶋浩一　監著/A4判/196ページ/8,800円/デンタルダイヤモンド社

『月刊デンタルダイヤモンド』の連載「症例に学ぶ診断マスターへの道」をもとに、「臨床推論（臨床診断推論）」をまとめた書。

口腔顔面痛の診断は、診断過程を「視える化」して進めるため、臨床推論は欠かせない。経験だけに頼らず、論理的に診断を下すためのノウハウを解説している。臨床推論の学び始めに適した内容となっている。

プレゼン資料のデザイン図鑑

前田鎌利　著/A5判/320ページ/2,310円/ダイヤモンド社

日常診療でも、院長やスタッフのプレゼン能力の高さが、定期受診率や自費率などに直結する時代になってきた。

本書は、プレゼンの良しあしは「話し方」より「資料(スライド)」で決まるとして、さまざまな業種に共通する資料の作り方を実践的に指南。128のビフォー・アフターと400を超える実例スライドから、「最強のスライド」の作り方を伝授。誰でも、分かりやすく説得力のあるプレゼン資料が作れるようになる。

Dr.マルオの歯科大学では教えてくれないヒト・モノ・カネ・情報

丸尾勝一郎　著/B5判/136ページ/7,700円/クインテッセンス出版

筆者が2019年に開催したセミナー「歯科大学では教えてくれない武器を身につけよう」を書籍化。

歯科医師として必要な知識や技術は、卒業後にセミナーなどで学ぶことが多く、開業した後、経営やマネジメントについての悩みを抱える歯科医師も多い。歯科界を生き抜くために必要な情報を簡潔にまとめ、特に将来開業を考えている若手歯科医師のキャリアを導く指南書として役立つ。

MID―G型歯科クリニックの創り方

MID-G 監修/荒井昌海、和田匡史、栗林研治、白﨑 俊、神部 賢、栗田隆史　編集委員/B5判/194ページ/8,800円/デンタルダイヤモンド社

時代に合わせた「歯科医院創り」に必要な「注目の最新器材」「診療を支える院内システム・ツール」「成功に繋がる組織体制」の三つについて、MID―G役員へのアンケート調査を分析しつつ、具体的な製品・組織体制などを解説する。

MID―Gや各メーカーがどのような未来を考え、活動しているのかが分かる、複数の特別座談会も収録。

デンタルエックス線画像撮影㊙テクニック&活用法

高橋　啓、柿本直也、藤田　剛、滝沢江太郎　著/A4判/156ページ/8,800円/インターアクション

日常診療におけるデンタルエックス線画像の撮影ノウハウをまとめた書。「うまく撮れない」悩みを解決する技を、実際の画像を基に分かりやすく伝授する。

日常臨床の工夫と学術的観点の両面で課題解決のヒントを提示。イメージングプレートの挟み方、コーンの位置づけを確実にする手順、データ読み込み時のエラーの原因など、今さら聞けない疑問にも親切に回答している。

上達の早道は、撮影前に「撮りやすそう」か「撮りにくそう」か見極めることだという。なるほどと納得のアドバイスだ。

訪問歯科経営入門

小柳岳大　著/A5判/128ページ/4,950円/医歯薬出版

歯科医院を開業する著者が、新たに訪問歯科診療を始め、築き上げた経営ノウハウを分かりやすく解説。

訪問歯科で利益を出すには、外来とは異なる独自の経営手法を学ぶ必要があるという。筆者がベテラン向けにも伝えたい訪問歯科について、特に経営的な知識をまとめた。訪問歯科を始めることに二の足を踏んでいたり、実際に始めたもののアポイントがないといった問題に直面している人に向けた一冊。

香害と電磁波から子どもを守る

加藤やすこ　著/A5判/66ページ/550円/日本消費者連盟

柔軟剤や合成洗剤などに含まれる合成香料によって身体の不調を訴える「香害」、学校内に張り巡らされたWi―Fiなどに関連する電磁波で子どもが体調不良に……。

本書は、こうした「環境過敏症」についての基礎知識と諸外国の対応を含めた最新情報を、Q&A形式で簡潔にまとめたもの。

歯科医院でも、消毒薬やアロマで体調が悪くなったり、Wi―Fiで頭痛が起きる例がある。院内の環境対策の一つの方向性を示す参考書といえる。

歯科雑誌をよむ　11月号

歯界展望　THE NIPPON DENTAL REVIEW 日本歯科評論　ザ・クインテッセンス Quintessence　DENTAL DIAMOND　アポロニア21

口腔マイクロバイオーム最新事情

『日本歯科評論』は、「臨床に向けた最近の研究動向から」のコーナーで、東北大学大学院口腔生化学分野の高橋信博氏による「食とマイクロバイオーム・口腔と全身との密接な関連」を掲載。

前回、「特定の微生物の存在」(何がいるか?)ではなく、「細菌叢全体の代謝機能」(何をしているか?)が重要とするマイクロバイオームのアプローチを解説したのに引き続き、口腔マイクロバイオームの代謝で降圧作用のある亜硝酸塩や発がん物質であるアセトアルデヒドが産生されるなどの例を解説した。

口腔マイクロバイオームの代謝に関連する食に着目し、栄養学、食品科学と口腔科学を組み合わせた新たな研究の可能性を示唆している。

腸内細菌叢と歯周疾患

『歯界展望』は特集で、東京歯科大学口腔科学研究センターの山口朗氏らによる「口腔内と腸内細菌叢の理解から紐解く歯周疾患2」を掲載。

東京歯科大学学会シンポジウム「口腔からのウェルビーイング社会創生への道しるべ」の内容を紹介する2回目で、大阪大学大学院予防歯科学講座の久保庭雅恵氏による「唾液メタボローム解析による口腔内健康度予測」、ミシガン大学医学部の山崎恭子氏らによる「ペリオドンタルメディスン研究の新たな潮流―口腸連関」などを掲載した。

総括として山口氏が、次世代シークエンサーを用いた細菌叢の解析が進展し、歯周病と腸管の連関メカニズムが分子レベルで明らかになってきたことをあげ、今後も口腔疾患と全身疾患の関連の重要性がさらに高まるとしている。

医院と患者をつなぐ歯ブラシ

『デンタルダイヤモンド』は「臨床に役立つすぐれモノ」で、東京都開業の穴澤順之進氏による「予防歯科医療として医院と患者を繋げるコミュニケーションツール」を掲載。自院でオリジナルの歯ブラシを製作して患者に処方するオーダーメイドシステム『Haburafit』(オプティマルエイド)の紹介で、著者は開発企業の代表でもある。

患者の年齢層や口腔内の状態に合わせて7種類の毛から選択し、最適な歯ブラシを製作できるもので、これまでの「歯ブラシを選ぶ」から「歯ブラシをつくる」へ、予防歯科におけるセルフケアのあり方がシフトしてきたことを強調している。

プチ根面被覆のススメ

『ザ・クインテッセンス』は特集2で、福岡県開業の芳賀剛氏による「プチ根面被覆のススメ　根面被覆術『First Step!』」を掲載。多くの手順をマスターする必要があり、ハードルが高いと感じる歯科医師が多い根面被覆術について、手技の概要、適応判断の基準、治療の流れを、実際の症例写真やイラストでわかりやすく説明するほか、手技のポイントを明確に示す内容にまとめた。動画とも連携し、手技をマスターするのに適している。

根面被覆術は難易度が高い術式とされるが、検査、診断を的確に行い、手順を守って丁寧に処置すれば良好な予後が期待できると示唆する。

スタッフ採用、定着のヒント

『アポロニア21』は特集「DH・DAの採用・定着・活躍」で、歯科医師で弁護士の小畑真氏と、フリーランス歯科衛生士の古屋綾子氏による対談「歯科衛生士業務、どこまでOK?」を掲載。

歯周治療の薬の塗布をスタッフが行って良いのか、歯科衛生士による浸潤麻酔、縁下歯石の除去は可能かなど、最近、話題のテーマを取り上げて、法的な解釈だけでなく、現場での望ましい対応の仕方も伝授している。

特別企画では、神奈川県・勤務の渡部真麻氏による、大型歯科医院の「院内ロジスティックス」改革で、配膳ロボットを各ユニットと消毒滅菌室との間で行き来させ、使用済みインスツルメントの移送を安全、効率的に行えるようになった実例と、今後の課題を紹介。

新刊・近刊 〈10月〉

図説　歯からみた生物の進化
後藤仁敏【著】
朝倉書店　定価6,380円

フツーの歯科医院でもムリなくできるスタートアップ! 口腔機能低下症<第2版>
松島良次・塚本佳子【著】
医歯薬出版　定価6,380円

「歯界展望」別冊
モノリシックジルコニアレストレーション
三浦賞子・新谷明一【編著】
医歯薬出版　定価7,150円

パーシャルデンチャーの基本を押さえたIOD・IARPDの臨床
藤関雅嗣【著】
医歯薬出版　定価26,400円

必修　歯科臨床研修実践ハンドブック
-令和6年度診療報酬改定対応版・Web動画付-
粟野秀慈・米田雅裕【監修】
医歯薬出版　定価16,500円

「デンタルハイジーン」別冊
Tooth Wear -患者背景から探る酸蝕・摩耗・咬耗への対応-
西村耕三【著】
医歯薬出版　定価3,850円

コンポジットレジン積層充填 -成功のレシピ&ディテールテクニック-
陶山新吾【著】
インターアクション　定価9,900円

UP-SRPマスターBOOK -経験2年目でもできる!新SRPテクニック-
藤木省三【監修】　中本知之・西村誠・野村朱美【著】
インターアクション　定価7,480円

Q&Aでわかるインプラント治療ガイド2
-患者さんがわかりやすい治療計画-
勝山英明【監修】
クインテッセンス出版　定価3,630円

シングル・トゥースインプラント
-前歯部および臼歯部抜歯窩に対する低侵襲アプローチ-
Dennis P.Tarnow・Stephen J.Chu【著】鈴木仙一・森本太一朗・脇田雅文【監訳】
クインテッセンス出版　定価24,200円

悩めるエンド難症例　診断のポイントとその対応
-成功する歯内療法-
倉富覚、【著】
クインテッセンス出版　定価14,850円

ノンメタルクラスプデンチャー<増補新版>
-長く使える設計の原則からメインテナンスまで-
谷田部優【著】
クインテッセンス出版　定価13,200円

「ザ・クインテッセンス」別冊 **臨床家のための矯正YEARBOOK 2024 成人の過蓋咬合を考える**
クインテッセンス出版【編】
クインテッセンス出版　定価7,040円

イラスト口腔顔面解剖学
松村讓兒・島田和幸【編著】
中外医学社　定価4,620円

教えて歯医者さん!調べて守る歯の話
1巻　健康な歯の守りかた -一生役立つ知識が身につく!-
網野重人・原田奈名子【監修】
くもん出版　定価3,300円

教えて歯医者さん!調べて守る歯の話
2巻　むし歯や矯正の治療 -歯の治療ってどんなことをするの?-
網野重人・原田奈名子【監修】
くもん出版　定価3,300円

教えて歯医者さん!調べて守る歯の話
3巻　歯科医院探検 -歯医者さんに行くのが楽しくなる!-
網野重人・原田奈名子【監修】
くもん出版　定価3,300円

間違った歯みがきが認知症・肥満・動脈硬化の原因!?
-ワンタフトブラシ付き!　正しい歯みがき習慣をつけよう-
(一社)日本訪問歯科協会【監修】
現代書林　定価1,430円

歯科と睡眠 -睡眠歯科医療はじめましょう!-
藤巻弘太郎・佐々生康宏・夫馬吉啓【著】
デンタルダイヤモンド社　定価9,350円

スタッフ採用これが決め手 Part2 **採用難でもよい人材を確保するヒント**
-25医院の試行錯誤からみえてくる採用課題の解決策-
デンタルダイヤモンド社編集部【編】
デンタルダイヤモンド社　定価5,500円

「できる治療」へ変える歯科麻酔 -局所麻酔から日帰り全身麻酔まで-
志岐晶子【編集・執筆】石倉行男・大野幸・中平賢吾・原野望・堀之内康文【執筆】
永末書店　定価7,150円

ビムラーの装置製作 -タイプA・タイプC-
横井欣弘・佃弘志【著】
安永出版　定価7,700円

協力：シエン社　TEL03(3816)7818　〈http://www.shien.co.jp〉

アンケート特集

花王調べ　20～60代男女1万人に調査

7割が「ながら磨き」

スマホ普及が原因か

花王は11月8日の「いい歯の日」を記念し、47都道府県の20代～60代の男女1万人を対象とした「生活者1万人の歯磨きの本音・実態」と、歯科医師・歯科衛生士100ずつにアンケートした「歯のプロ200人に聞いた歯磨きの実態」に関する調査を行った。

歯磨きに対する意識では、約93％が「肌や髪と同じくらい、お口や歯を健やかに保つことは重要だと思う」と回答しているものの、「本当はもっと長い時間(丁寧に)歯磨きをしたいが、毎日実践するのは難しい」(約74％)とギャップが生まれている。

◆◇◆

週1回以上「ながら磨き」をする人は全体で約7割を占めており、特に20代・30代が多い結果となった。回答者のなかには、30分以上もながら磨きをする人もいたという。

ながら磨きをする理由として、「歯磨きの間は手持ち無沙汰だと思う」(約35％)、「歯磨きだけを行うのは時間がもったいないと思う」(約34％)、「複数のことを同時にすることで時間を有効活用したい」(約32％)をあげている。

テレビ番組やSNS、YouTubeなどの動画を視聴しているケースが多く、花王は「スマホ普及によるメディア視聴の自由度の高まったことが影響している」と考察している。

◆◇◆

なお、歯科医師100人、歯科衛生士100人に歯磨きの実態を聞いたところ、約8割が「歯磨きをちゃんとできている人(患者)があまりいない」と回答。教えた歯磨き実践できる人が少ない一方で、約8割の歯科医師・歯科衛生士が「毎日正しい歯磨きを実践するのは結構大変だと思う」という気持ちをあらわにしている。

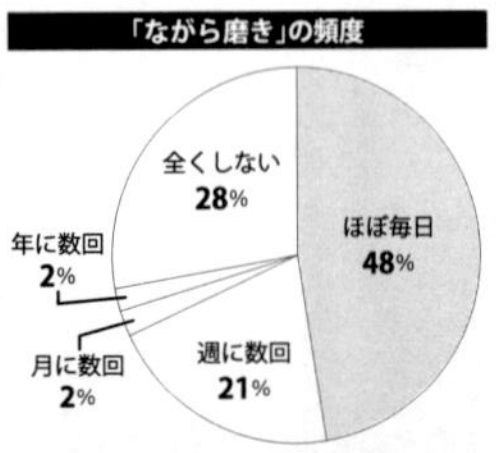

世代別にみた「週1回以上ながら磨きをする」割合

20代	85%
30代	81%
40代	74%
50代	63%
60代	52%

ながら磨きの平均時間

朝 3.8分　夜 5.1分

シンフォニカル調査

ポイントサービス導入で 3割超「歯科医院に行く」

ポイントサービスの有無が歯科医院選択の動機になる人は3割――。

検索・予約サイト「歯科タウン」を運営するシンフォニカルが、5月7日～8月16日にユーザー1209人を対象にインターネットで調査したもの。

歯科医院を選ぶ際にポイントがつく医院を選ぶかの質問に対して、「選ぶ理由にならない」54・8％が最多だった。一方で、「積極的に選ぶ」で12・1％、「どちらかというと選ぶ」で24・2％の回答があった。「選ばない」は8・9％だった。

ホワイトニングや矯正治療などの自費診療にポイントが付く場合、治療を受ける動機になるかの質問では、「特にならない」が41・9％で1番多かったが、「どちらかというとなる」31・5％、「なる」17・0％が続いた。「全くならない」は9・6％だった。

通院中の医院にポイントサービスの導入を期待するかの質問には「できれば導入してもらいたい」35・3％が最も多く、「特に期待しない」が33・7％、「ぜひ導入してもらいたい」が30・9％だった。

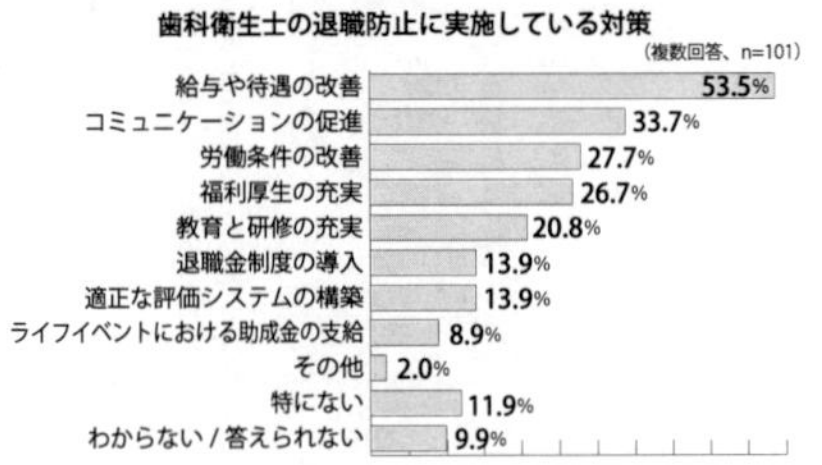

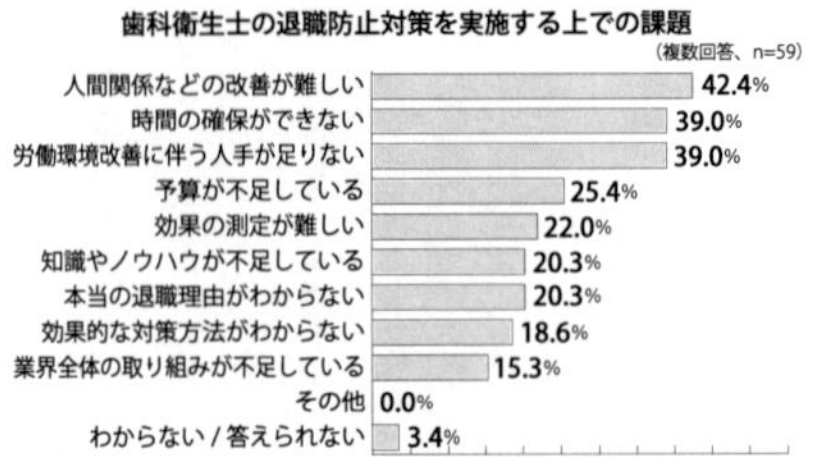

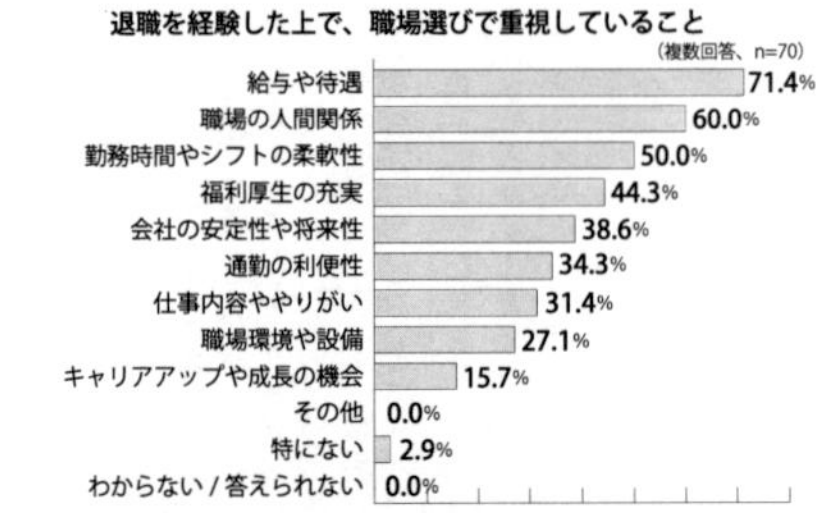

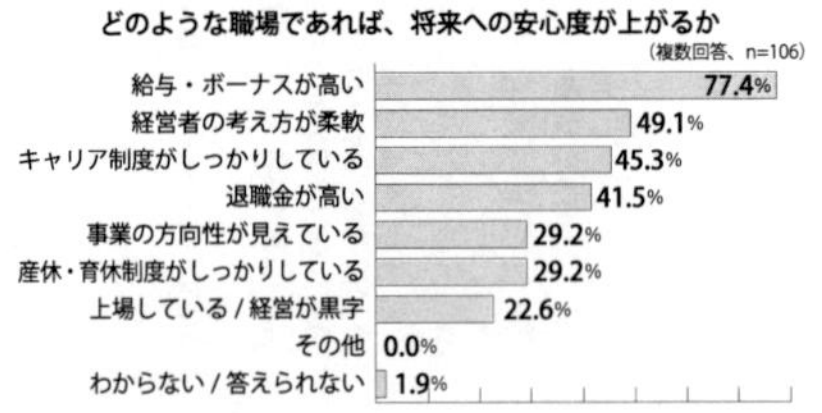

給与や待遇、対話の促進

歯科衛生士　離職率改善に貢献

歯科衛生士の離職率改善に貢献した対策は「給与や待遇の改善」「コミュニケーションの促進」だった。イナバプランニングカンパニーが歯科医院・歯科クリニックの経営者・採用担当者101人を対象とした、歯科衛生士の退職防止対策に関する調査を実施した。調査期間は8月14日～16日まで。

歯科衛生士の退職防止として、「給与や待遇の改善」53・5％、「コミュニケーションの促進」33・7％、「労働条件の改善」27・7％などの対策を実施しているケースが多かった。しかし、人間関係の改善が難しく、時間の確保ができない、労働環境の改善に伴う人手が足りないなどの課題を感じているという。

歯科衛生士の退職防止の対策を実施するうえで、課題と感じている部分(複数回答)では、「人間関係などの改善が難しい」42・4％、「時間の確保ができない」「労働環境改善に伴う人手が足りない」39・0％などが続いていた。

イナバプランニングカンパニー調べ

7割「退職経験あり」

歯科衛生士　給与や待遇への不満で

歯科衛生士の約7割が退職した経験を持っており、「人間関係」(45・7％)や「給与や待遇への不満」(34・3％)、「将来の収入に不安があった」(28・6％)などが原因で辞めている。イナバプランニングカンパニーが病院・クリニックで勤務する歯科衛生士、過去に歯科衛生士として勤務した106人を対象に、歯科衛生士の退職に関する実態調査を行った。調査期間は8月13日～14日まで。

歯科衛生士として入職した職場を退職した人は、「ある」66・0％、「ない」34・0％だった。

歯科衛生士の退職理由(n=70)では、「人間関係が悪かった」(45・7％)「給与や待遇に不満があった」(34・3％)「将来の収入に不安があった」(28・6％)などがあげられた。

また、退職を経験した人が次の職場選びで重要視していることは「給与や待遇」「職場の人間関係」「勤務時間やシフトの柔軟性」などの結果になった。

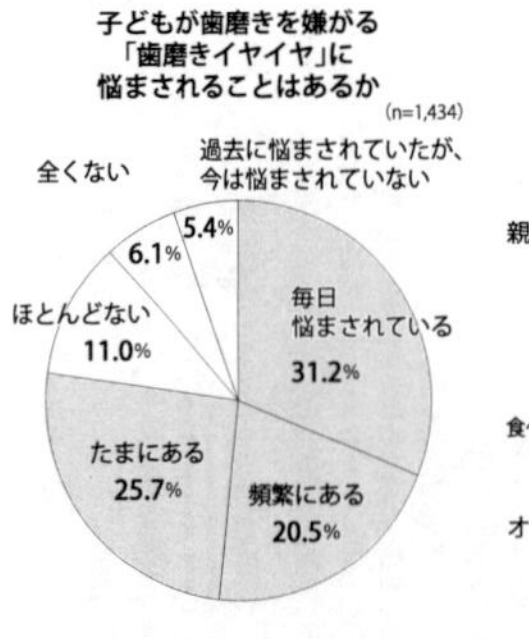

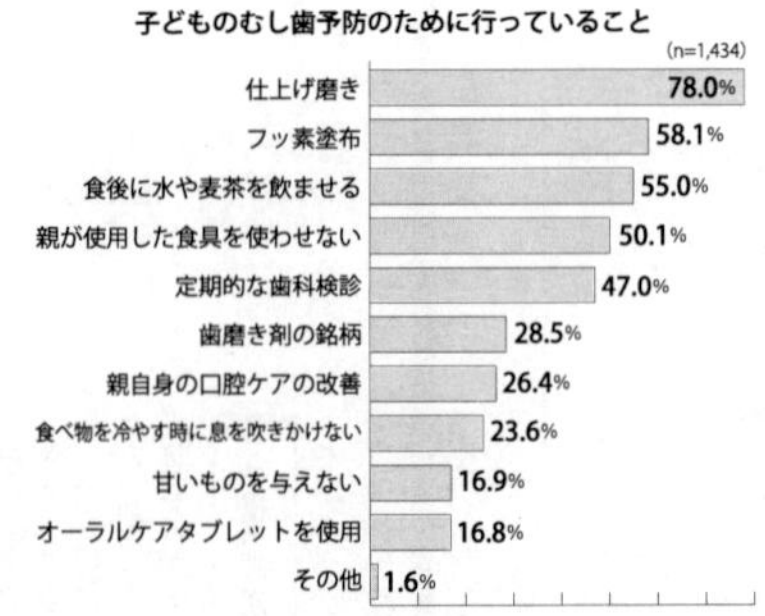

雪印ビーンスターク

0～5歳児を持つ親 1,434人へ調査

1日1回、1分程度が最多

子どもへ歯磨きする頻度

子どもの歯みがきに掛ける時間と頻度は「1分」「1日1回」が最多だった。雪印ビーンスタークが9月19～25日に全国の0～5歳の子どもを持つ、同社のメンバーズクラブ会員1434人に対してインターネットで調査したもの。

子どもの歯みがきの頻度の質問では「1日1回」が44・1％と最多で、「1日2回」が27・6％、「行っていない」が14・5％と続いた。

歯磨きにかける時間については「1分」が26・8％で1番多く、「3分」22・9％、「2分」22・3％と続いた。

◆◇◆

子どものむし歯予防の意識に関する質問では、「非常に気を付けている」27・7％、「ある程度気をつけている」66・2％だった。一方で「あまり気を付けていない」が5・6％、「全く気を付けていない」が0・4％いた。

むし歯予防のために行っていることでは「仕上げ磨き」78・0％、「フッ素塗布」58・1％、「食後に水や麦茶を飲ませる」55・0％などがあった。

◆◇◆

子どもが歯磨きを嫌がる「歯磨きイヤイヤ」についての質問では、「毎日悩まされる」31・2％、「たまに悩まされている」25・7％、「頻繁に悩まされている」20・5％が続いた。

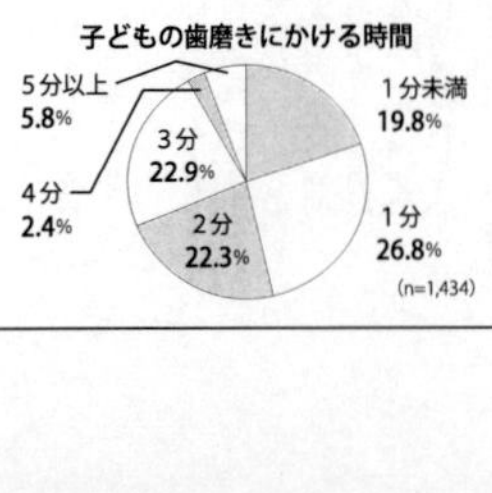

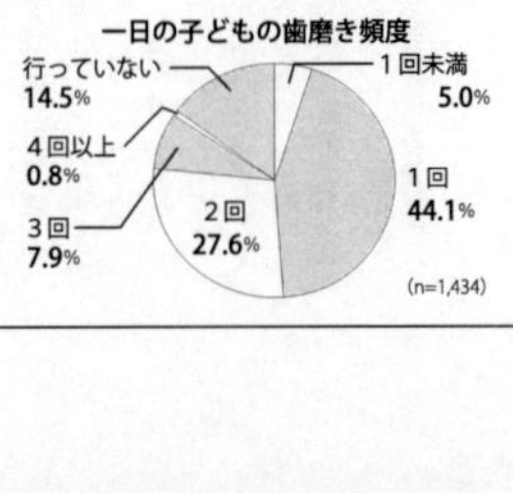

歯科の未来を討論

60周年記念セミナーで

ライオン歯科衛生研究所

ライオン歯科衛生研究所は、財団設立60周年を記念したセミナー「オーラル未来会議」を東京千代田区のJPタワーホール&カンファレンスおよびオンラインで10月27日に開いた。「業界トップランナーと100年時代のお口の未来を考える1日」と題し、歯科の再生研究、老化研究、フレイル予防などに取り組む研究者、栄養士、歯科医師など9人の演者による講演や討論が行われ、特別ゲストにタレントの関根麻里さんが招かれた。

「各領域の最先端研究者が考える、100年時代の口腔と健康の在り方」と題した基調講演では、歯肉からiPS細胞の作製に成功した東北大学大学院歯学研究科教授の江草宏氏と老化研究などを専門とする慶應義塾大学医学部特任講師の早野元詞氏が自身の研究から見えてきたことをそれぞれ紹介した後、関根麻里さん、モデレーターのサルタ・プレス社長の西沢邦浩氏を交えて、20年後の「口腔と全身の健康」「歯科医院と歯科医院で働く人たちの役割」について討論。江草氏は「医科の医療を行う前に口を整えておくことの大切さが知れ渡っているのでは」、早野氏は「歯科医院が歯以外の世間話もできる地域の中核拠点になるのでは」と意見を述べた。

口と全身の健康の大切さなどを学んだ関根さんは「次の歯医者の予約をほかのことより優先しようと思います」とコメントした。

「最新研究に基づくフレイル予防」と題した講演では、早稲田大学スポーツ科学部教授の宮地元彦氏がフレイルは毎日のオーラルケアで防げることなどを話した。

◇◆◇

会場入り口では、口腔衛生の歴史に関する展示や研究成果のポスター発表のほか、ライオンちゃんとの写真撮影スポットなども用意されていた。

関根さん(左から2人目)を交えたディスカッションの様子

副腎皮質ホルモン剤 在庫限りで出荷停止

ファイザー

ファイザーは、今年7月から限定出荷となった副腎皮質ホルモン剤「ソル・コーテフ注射用 100mg」を在庫限りで出荷を停止し、代替として10月に出荷予定だった「ソル・コーテフ静注用」の「250mg」「500mg」は限定出荷になると発表した。

出荷停止は、海外製造所における製造キャパシティの影響で製造が遅延したことや、製造ラインの無菌性に疑義が生じ、是正および再発予防措置を行った影響によるもの。製造再開には相当の時間を要することが見込まれるとしている。

ソル・コーテフ静注用の250mg製剤、500mg製剤は10月に製品の定量試験における含量が承認規格に適合しなかった。現在出荷中の製品は承認規格に適合しており、品質への影響はないため、限定出荷となる。

同社は、メチルプレドニゾロンコハク酸エステルナトリウム製剤「ソル・メドロール静注用40mg、125mg、500mg、1000mg」、メチルプレドニゾロン酢酸エステル製剤「デポ・メドロール水性懸濁注 20mg、40mg」を、代替として検討するよう勧めている。

問い合わせは、TEL 0120―889―108まで。

製品紹介

(価格は税込)

歯科接着用レジンセメント

ビューティリンク SA ハンドミキシング ダブルパック

松風　☎075(778)5482

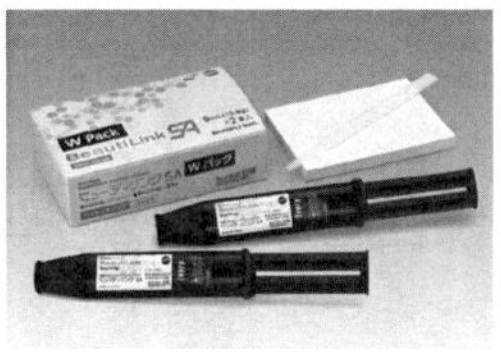

前処理材不要で、さまざまな補綴物に使用できる接着用レジンセメント。色調は、透明度の高いクリアと、歯質に調和するアイボリー、マスキング効果が高く金属や変色歯の遮蔽に使えるオペークを用意。練和しやすく、余剰セメントも除去しやすい。

価格＝2万3,760円(ダブルパック)

リテーナーケース

ハローキティ リテーナーケース

アグサジャパン　☎06(6762)8022

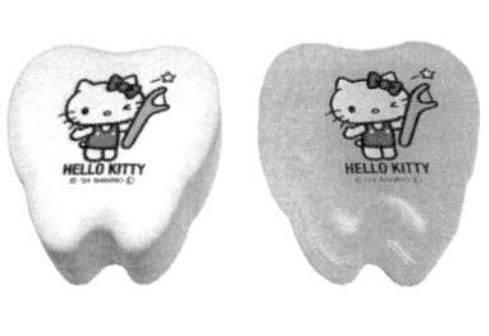

マウスガードや携帯用の薬・点眼薬入れ、プラケットケースとしても使用できるリテーナーケース。色は、白と半透明を用意。5個入り。

価格＝2,750円

フリーアーム用除菌装置

フリーアーム・バブリライザー

東京技研　☎03(3703)5581

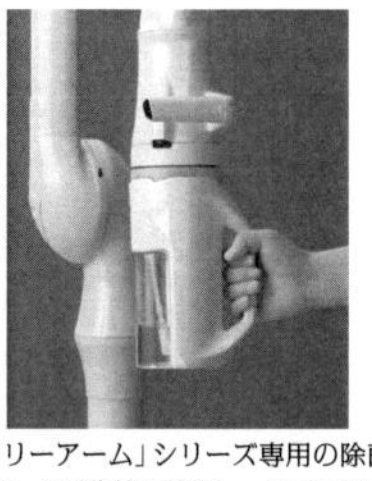

「フリーアーム」シリーズ専用の除菌装置。アームの先端に装着し、スイッチを入れるだけで除菌効果のある成分を含むガスをバブリングで発生させ、アーム先端からシャッタまで除菌する。

価格＝5万5千円

歯科用覆髄材

バイオセラミックス シーリング フロー

茂久田商会　問い合わせフォームまで

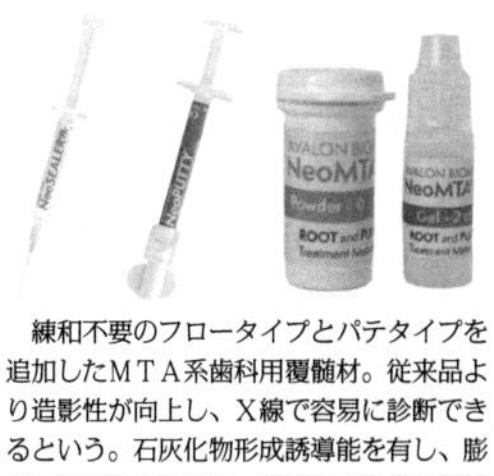

練和不要のフロータイプとパテタイプを追加したMTA系歯科用覆髄材。従来品より造影性が向上し、X線で容易に診断できるという。石灰化物形成誘導能を有し、膨張して硬化するため、隙間なく緊密に封鎖できる。

価格＝1万5,400円～(パテ)、3万800円～(粉液キット)2万1,780円(シリンジ)

さじかげん ①

和田主実(わだおもみ)
和田精密歯研会長

今回より、本欄を執筆させていただくことになりました、和田精密歯研代表取締役会長の和田主実です。日本歯科新聞社様とのお付き合いは、弊社の創業者である父の時代からで、長年大変お世話になっています。

生まれも育ちも大阪の私としては「つまらない文章は書けない」という思いを持ちつつも、自分が「面白い」と思う内容にすると、どうしても「品格に欠ける」傾向があるようで……。そんなジレンマを抱えながらにはなりますが、これからどうぞよろしくお願いします。

さて、弊社の本業である歯科技工業界にはどうやら独特の空気感があるようです。

私が初めて営業でお客様を訪問した際も自己紹介をする前に、「技工所さんってすぐわかるわね」と言われました。入社してすぐのことで、業界に染まるも何もない上に、歯科商店さんと同じスーツ姿だったのですが、何かが違うようです。

過去に、一度だけそれを肌で感じたことがありました。13年ほど前、韓国の大韓歯科技工士協会様を表敬訪問した際のことです。何名かの幹部の方に出迎えていただいた瞬間、「あれ?」。ふっと肩の力が抜けるというか、ホームに帰ったような気分になりました。それは日本の歯科技工士さんの集まりと同じ雰囲気だったからです。

技工所に入れば、エンジンの音や、レジンのモノマーや石膏粉の香りですぐに技工所だと認識できますが、訪問先の技工士会館にはそういうものは一切なく、協会の方に会って初めて「あー、これが歯科技工士さんの空気感なのか」と思いました。それはこの業界に37年(技工士学校を入れると40年)いて、合点がいった瞬間でもありました。

ただ、今でも何が違うのか明確にはわかっていません。わかる方は、ぜひ教えていただきたいと思います。

オキシドールなど 26年3月に販売中止

ヴィア

ヴィアトリス製薬(=ヴィア)は、オキシドール「ホエイ」と、抜歯後疼痛治療剤として使われるトアラセット配合錠「VTRS」の販売を2026年3月末で中止する。安定供給体制の構築と生産効率の改善を図るため、ポートフォリオの大幅な見直しを行い、今回の販売中止を決めた。

代替製品として、オキシドールは日興製薬販売の「ニッコー」、トアラセット配合錠は日本ケミファの「ケミファ」への変更を検討するよう勧めている。

問い合わせは、TEL 0120―419―043まで。

サイネージ付き自動精算機販売

オプテック

オプテックは、サイネージ付き自動精算機「One.Pay Advance」の販売を開始している。

歯科用カルテシステムと連携して動作するもの。カルテシステムから請求情報を受け取り、患者への請求・決済(会計処理)が完了すると、請求書兼領収書と医療明細書を印刷してカルテシステムに入金情報を記録する。受付・呼出機能も搭載し、院内の受付業務や診療・会計、診療後の日計処理まで対応可能。

現金・キャッシュレスモデルの「FGK―120」と、キャッシュレス専用の「FGK―110」の2種類を用意。循環型で、現金の入れ替え作業は原則不要。

価格は、要問い合わせ。

詳細はTEL 050(5810)0744まで。

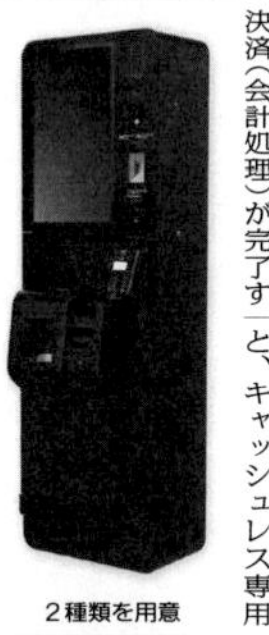

2種類を用意

最優秀賞に北村友莉さん

日本歯磨工業会　イラストコンテストで

日本歯磨工業会は「歯みがきで心と体を健やかに」の第4回コンセプトメッセージキャンペーンで募集したイラストの入選作品を発表し、最優秀賞の「日本歯磨工業会会長賞」に、北村友莉さんの作品＝写真＝が選ばれた。10月18日に東京都中央区の同会事務所で会長賞の表彰式が行われ、北村さんに賞状と賞金10万円が授与された。

イラストは過去最高の271作品の応募があり、優秀賞(3作品)には賞金5万円、佳作(10作品)にはオーラルケアセット5千円分、キッズ優秀賞(3作品)には5千円の図書券が贈られた。

入選した作品は、同会のホームページで公開している。

週間 金・パラ価格動向

税抜価格(1g、円)

	金	パラジウム(参考価格)
11月5日(火)	13,443	5,465
11月6日(水)	13,615	5,405
11月7日(木)	13,250	5,355
11月8日(金)	13,300	5,260

提供 石福金属興業

咀嚼チェックでデンプレと協業

ロッテ

ロッテとDental Prediction(=デンプレ)は、10月4日に協業契約を締結したと10月23日に発表した。

ロッテは「キシリトール咀嚼チェックガム」で測定した咀嚼結果を「咀嚼チェックアプリ」で評価できるサービス、デンプレは、歯科に関することを歯科医師に24時間相談できるアプリ「歯科の健康相談mamoru」を提供している。今回の協業で、歯科の健康相談mamoruにロッテの咀嚼チェック機能を搭載。歯科の健康相談mamoru上で咀嚼チェックガムの結果を評価でき、必要に応じて歯科医師にも相談可能。

今後は協業の拡大や、新たなサービスの提供も検討していく。

☰ 保険適用 ☰

(11月1日付)

【区分 A2】

▼**ユニタック**＝「ラサージ ULS-20」レーザー手術装置(Ⅰ)

▼**デンツプライシロナ**＝「プライムスキャン 2」デジタル印象採得装置

▼**フィード**＝「エコエックス FD」歯科CT撮影装置、歯科パノラマ断層撮影デジタル映像化処理装置、パノラマ断層撮影装置

【区分 B1】

▼**Ivoclar Vivadent**＝「テトリック N-Flow 2」049 歯科充填用材料 Ⅰ (1)複合レジン系、「テトリック N-Ceram 2」049 歯科充填用材料 Ⅰ (1)複合レジン系、「テトリック N-PowerFill 2」049 歯科充填用材料 Ⅰ (1) 複合レジン系、「テトリック N-PowerFlow 2」049 歯科充填用材料 Ⅰ (1)複合レジン系

▼**高研**＝「コーケンネオボイス」030 気管切開後留置用チューブ (1) 一般型 ①カフ付き気管切開チューブ ア カフ上部吸引機能あり i 一重管

〈製品(販売)名・製品コードに変更・追加があったもの〉

▼**モリタデンタルプロダクツ**＝「シンプルリトラクター」011 ヘッドギア リトラクター用、「クリスタブレース」004 ダイレクトボンド用ブラケット

▼**バイオデント**＝「エンパワー 2 クリア」004 ダイレクトボンド用ブラケット

▼**ULTI-Medical**＝「松風ブロック PEEK」058 CAD/CAM 冠用材料(5) CAD/CAM 冠用材料(Ⅴ)

▼**ジョンソン・エンド・ジョンソン**＝「サージセル・アブソーバブル・ヘモスタット MD」035 デンプン由来吸収性局所止血材 (1)標準型

「ソルベンタム」に社名変更で誕生会

スリーエムヘルスケア

スリーエムヘルスケアジャパンは10月1日に、ソルベンタムに社名変更し、バースデイパーティーを東京都品川区の東京マリオットホテルで11月4日に開催した＝写真。

パーティーでは、同社デンタルソリューションズグローバルプレジデントのカリム・マンソワ氏があいさつ。「社名はsolve(解決)とmomentum(勢い)を組み合わせたもの。世界中の臨床医の先生方とつながり、彼らが何をしたいのか、どういった課題があるのかということに耳を傾け、解決していく」と語った。

そのほか、来賓で日本歯科医師会会長の高橋英登氏があいさつするなど、賑わいを見せた。

11月8日を「いい音波でいい歯の日」

フィリップスが制定

フィリップス・ジャパンは、11月8日を「いい音波でいい歯の日」として制定し、日本記念日協会に認定されたと1日に発表した。

同記念日は、同社の電動歯ブラシ「ソニッケアー」の特徴である「音波水流の力で、歯ブラシの毛先が届きにくいところもやさしく磨きケアすること」になぞらえ「いい(11)音波(08)」と「いい(11)歯(8)」の語呂合わせにちなみ、11月8日に制定した。

妊娠・育児イベントで歯の大切さ伝える

SCOグループ

妊娠・出産・育児イベント「たまひよファミリーパーク」が10月20日に横浜市のパシフィコ横浜で開催され、歯科関連ではSCOグループが出展。

同社のブースでは歯科衛生士による歯に関する説明や、歯の大切さを伝える絵本「ぺいたんとまほうのは」の読み聞かせなどを行った。

「赤ちゃん&家族のおくちケアを学ぼう！」では、歯磨きの始める時期や方法、むし歯菌の感染について解説。絵本は、同社社員で元テレビ東京アナウンサーの福田典子氏らが制作。歯を大切にするポジティブな気持ちを育めるストーリーで歯の大切さを伝える内容となっている。

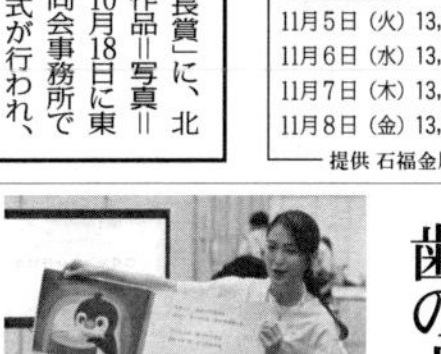

制作した歯に関する絵本を朗読する元テレ東アナウンサーで同社社員の福田氏

ヘッドライン企業ニュース

■Global Hands-On VCをリード投資家とする約3億円の第三者割当増資を実施(フィルダクト／10月2日)

■歯科用ミリングマシーン「DWX-53D」を10月1日に発売(10月2日／デンケン・ハイデンタル)

■「Trabecular Metalデンタルインプラント」を12月末に国内での販売を終了(ジンヴィ・ジャパン／10月2日)

■歯科用ユニットに新シート・パネル色「Inspired by Nature」を10月15日に発売(カボプランメカジャパン／10月2日)

人事

(敬称略)

■田中歯科器械店
▼代表取締役会長 毛利輝生▼代表取締役社長 毛利真希子▼取締役 鈴木光枝、櫻井純二、並木克彦、長澤幸裕(新任)▼監査役 日向昌之

日本歯科新聞

2024年(令和6年)
11月19日

<発行所>
日本歯科新聞社
厚生労働省記者クラブ加盟社
〒101-0061
東京都千代田区神田三崎町2-15-2
電　話　03 (3234) 2475
FAX　03 (3234) 2477
www.dentalnews.co.jp
jdn@dentalnews.co.jp

■年間購読料 23,760円(送料込)(本体 21,600円+税)
■月4回、火曜日発行
■郵便口座番号 00120-5-130369

今週号の主な内容

保険証も最長1年使用可

12月2日以降の"資格確認"

中医協で答申

医療機関・薬局での資格確認とレセプト請求(令和6年12月2日以降の取扱い)

マイナンバーカードをカードリーダーにかざすよう案内

- マイナンバーカードを持っていない方の場合
  - **健康保険証**(～2025.12/1)
  - **資格確認書**(2024.12/2～)
  - 療担第3条第1項第2号
  - 資格確認書　有効期限 XXXX　氏名 山田太郎　負担割合 3割　保険者名 ●●●
- 確認できた → 問題なし
  - **マイナ保険証**
  - ※追加で保険証の提示は不要
  - ※電子証明書の有効期限後3カ月間は資格確認可
  - 告示第3号
- 何らかの事情でオンライン資格確認を行えなかった場合
  - **【患者が提示可能な場合】**
    - マイナポータル画面　告示第2号　※マイナポータルからダウンロードしたPDFファイルも可　＋（マイナンバーカード）
    - 資格情報のお知らせ　告示第1号　＋（マイナンバーカード）
    - ※追加で保険証の提示は不要
  - **【再診の場合】**
    - 過去の受診で請求に必要な資格情報を把握していれば、患者への口頭確認
  - **【初診の場合】**
    - 被保険者資格申立書　＋（マイナンバーカード）（事後に確認）

患者には適切な自己負担分(3割分等)の支払を求める

上記の方法で確認した被保険者番号等を入力して、レセプト請求

※オンライン資格確認等システムから資格情報をダウンロードしておくことで、事後的に被保険者番号等の確認が可能

以下の①→②→③の順に可能な方法を選択してレセプト請求
① 患者からの聞き取りや過去の受診歴等から確認できた「現在」の被保険者番号等を入力する
② オンライン資格確認における「資格(無効)」画面や過去の受診歴等から確認できた「過去」の被保険者番号等を入力する
→資格無効の場合には喪失した「旧資格情報」で請求
③ 被保険者資格申立書に記入された患者の住所・連絡先等を摘要欄に記載の上、被保険者番号等は不詳として「7」を必要な桁数分入力する
→資格情報なしの場合には「不詳レセプト」として請求

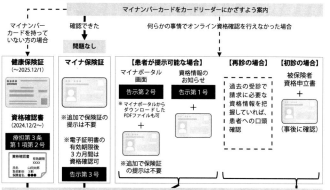

健康保険証の新規発行が終了する12月2日以降、窓口で患者の受給資格確認をする方法変更に伴う所要の見直しが、11月13日の中医協総会で答申した。マイナ保険証か資格確認書または健康保険証で確認する方法のほか、マイナンバーカードで資格確認ができなかった場合の対応も示されている。

基本的に12月2日以降は、①マイナ保険証、②資格確認書または健康保険証のいずれかで資格確認を実施する。

①では、12月2日以降に電子証明書の有効期限が過ぎても3カ月間は引き続き資格確認が可能。

また、マイナンバーカードで資格確認ができなかった場合には、「マイナポータル画面(PDF含む)+マインナンバーカード」もしくは「資格情報のお知らせ+マイナンバーカード」を提示する。

②では、12月1日まで健康保険証、2日以降は資格確認書を提示することになるが、2日以降も有効期限の範囲内なら最長1年間は健康保険証も使用できる。

中医協の小塩隆士会長(左)から厚労省の鹿沼均保険局長に答申書が手渡された

日歯タスクチーム設置
歯科医師の需給と偏在を把握・分析へ

日本歯科医師会は、「歯科医師の需給・偏在に関するタスクチーム」を設置した。10月24日の理事会で決めたもので、11月13日の都道府県歯科医師会専務理事連絡協議会で瀬古口精良専務理事=写真=が報告した。

同チームは、歯科医師の需給・偏在の現状を把握・分析して、必要な対応を検討するためのもの。

チーム委員
- 高橋英登会長
- 蓮池芳浩副会長
- 藤田一雄副会長
- 林正純副会長
- 瀬古口精良専務理事
- 伊藤智加常務理事
- 武田俊彦特別顧問
- 恒石美登里日歯総研主任研究員

第2次石破内閣
厚労と文科も大臣は再任

第2次石破内閣が11日に発足し、厚生労働大臣は福岡資麿氏、文部科学大臣は阿部俊子氏が再任した。19閣僚中、16人が再任しており、財務大臣も再任の加藤勝信氏が務める。

都道府県歯　専務理事連絡協

3面に関連

会員増強に向け　日歯

準会員の会費など見直し協議

日本歯科医師会の都道府県歯科医師会専務理事連絡協議会が13日に歯科医師会館（東京都千代田区）で開かれ、準会員となる第3種会員（大学・病院の勤務医や公務員など）、第6種会員（臨床研修歯科医）の入会金と年会費の変更案が協議事項として執行部から示された。3種の年会費を1万2500円から1万円に、6種の入会金を5千円から無料にするもの。概要を説明した伊藤智加常務理事＝写真＝は、「来年3月の代議員会の議題に上程することを目指している」と参加者からの意見を求めた。

示された案は、3種では年会費を2500円減の1万円にし、これまで銀行振込のみだった支払い方法を、クレジットカード決済やコンビニ払いに対応する。6種はもともと年会費が無料だったことに加え、入会金も無料にする。

さらに、3種、6種ともに入会や異動、退会の手続きがスマートフォン・パソコンなどによるオンラインでできるようにするとのこと。

伊藤常務理事は、会員増強タスクチームの中間報告として、「基本的には第1種、第2種の正会員を増やすのが第一の目的だが、現在の会員数を見ると、3種と6種の準会員が非常に少ない状況」と説明。「これらの先生がいずれ開業する際に正会員になっていただきたい」とあらかじめ準会員になることで、歯科医師会に入るメリットや意義を理解してもらい、最終的に正会員増加につなげたいとの狙いを語った。

参加者からは、6種会員の入会金無料化に賛同する意見や、正会員の第2種（勤務医）を日歯直轄型にする案、3種会員が入会した時のメリットを感じにくいため、学会の認定医や専門医の条件に日歯会員を盛り込むことはできないかなどの声があった。

歯科大・歯学部

国試の改善など要望

日歯への意見を整理

「歯学部の定員減や国試合格基準の引き上げなど歯科医師の養成数削減に取り組むとする、2006年の文科大臣と厚労大臣の確認書を取り消してほしい」。歯科大学・大学歯学部の日本歯科医師会に対する要望・意見が取りまとめられ、13日の都道府県歯専務理事連絡協議会で伊藤智加常務理事が報告した。

同内容は、10月2日に歯科医師会館とウェブ上で開いた意見交換会での主な要望・意見を「歯科医師需給・地域偏在」「医療DX」「歯科技工士」「日歯会員種別・入会促進」「歯科医師国家試験」「診療報酬」「広報」「その他」に整理している。（4面に全文掲載）

◆◇◆

特に国試関係では、文科大臣と厚労大臣の確認書によって合格基準が上がり、合格率が低下している点が、人材確保の観点からも問題とする意見が目立っている。

歯科情報学

松尾　通

「歯科衛生士の業務拡大は必然」

歯科衛生士の仕事に光が当たってきた。米国では人気上位の職業で収入も高いのに、日本では社会的な評価はそれほどでもない。それは仕事内容が広く認識されていないからだ。

週刊新潮11月21日号の巻末の写真コラム「Ｈｅａｌｔｈ」に歯科衛生士の局所麻酔研修会の模様が大きく掲載された。見出しに「歯科衛生士のお仕事拡大中」とある。研修会を主催したのは国際歯科医療協会（ＩＤＭＡ、長谷川悠子理事長）である。この団体は今年6月に設立されたばかりだが、山﨑長郎氏が最高顧問に就任したこともあり、期待されていた。歯科衛生士の局所麻酔については、ここ数年話題に上り、日本歯科医師会も見解を出していた。当コラム2024年8月13日号で筆者も取り上げているが、歯科医療の変革と全身との関連、健康長寿への関与等、歯科衛生士の業務拡大は必然的な流れであり、対策は急がなければならない。

◇

日本アンチエイジング歯科学会（ＪＳＤＡ）では数年前、米国式予防歯科プログラムプロフィラキシス（通称プロフィー）の先進性、合理性に注目し、2人の米国で活躍している日本人歯科衛生士（ＭＩＥ＆ＴＯＭＯＭＩ）の指導のもとに日本の歯科衛生士にプログラムの教育、配信を行ってきた。日・米共通の事項が大半を占めるが、日本の歯科衛生士にないものに口腔がんの一次検診と歯科局所麻酔がある。ここを埋めなければいけないという結論に達していた。2025年に開催する「プロフィー・エキスパート」のプログラムでは、この2つを実施予定である。

◇

ほかにもいくつかの団体がすでに教育研修を行っているほか、これから参入予定のグループもある。実績のある熊本の日本歯科医療振興機構（ＪＤＡ、坂元彦太郎理事長）や日本臨床研究安全評価機構がそれであり、日本スウェーデン歯科学会も準備中である。歯科衛生士の業務拡大は、結局は歯科医師の理解と協力に帰結するため、大学も歯科医師会も覚醒しなければならない。

◇

歯科衛生士は業務拡大により、さらに職業の充実と予防の専門家としての独自の地位を獲得する。では歯科医師の日常のパートナーは誰か。歯科助手がそれを担うことになる。歯科助手もまたイメージアップ、仕事の上での地位や収入の上昇を計らないと人材の確保ができない。そのために名称の変更を提案したい。幸いＣＡ＝「クリニカル・アテンダント」の名称が取得できた。第2期のＣＡ伝達研修会を日本歯科ＴＣ協会の主催で12月1日にオフィス東京で開催する。助手から↓ＣＡへ。その目的はイメージアップのほか、歯科界への人材の流入、そして歯科からの人材の流出を防ぐことにある。（東京都開業）

2024.11.19

JDATの課題を整理

診療車の整備など必要

野村常務理事が報告

日本歯科医師会は、能登半島地震で初出動となったＪＤＡＴ（日本災害歯科支援チーム）について、歯科診療車の整備や、地域の規模に左右されない対応、本部機能を担う人材の育成など主な課題について取りまとめた＝右記。13日の都道府県歯専務理事連絡協議会で野村圭介常務理事＝写真＝が報告した。

今後、課題を踏まえて、災害に備えた対策をしていく方針。

JDATなどの主な課題

▼歯科診療車の整備
▼地域の規模に左右されない対応
▼都道府県における災害体制の整備
▼歯科の本部機能を担う人材の育成
▼研修の拡充
▼施設・避難所等でのアセスメント票や記録・報告書に係る共通認識の醸成
▼ＪＤＡＴ各チームの情報連携・共有システム（プラットフォーム）の構築
▼ＪＤＡＴの内外への周知
▼医療関係チームとの連携
▼行政機関との情報連携の醸成
▼市町村の保健医療福祉調整本部等との連携
▼その他
　▽活動報告書等の整備
　▽ＪＤＡＴ活動に係る簡易マニュアルの作成（時期別のチーム編成、携行する資器材、活動概要等）
　▽都道府県歯科医師会と都道府県行政との災害協定の見直し（県外派遣の規定等）
　▽宿泊先（拠点）の確保
　▽平時からの受援・支援の体制整備（実災害を想定したチーム編成含む）

山本常務

「企業健診に歯科を」

厚労省検討会でのプレゼン報告

日本歯科医師会の山本秀樹常務理事＝写真＝は、厚労省の「第7回労働安全衛生法に基づく一般健康診断の検査項目に関する検討会」で、歯科を盛り込む必要性をプレゼンテーションしてきたと明かした。13日の都道府県歯専務理事連絡協議会で報告したもので、同検討会は9月20日に行われている。

同氏の資料によると、健診に歯科を盛り込むメリットとして、高齢になっても活躍するための健康保持、全身の健康と関係する歯周病の早期発見・重症化予防、健全な口腔環境による転倒防止、ＶＤＴ（情報作業機器）での作業増加に伴う顎関節への影響の把握などに寄与すると説明。「健診は簡易な歯科検査でも良いが、必ず歯や口の状況、生活習慣などに関する項目を含めて質問し、必要に応じて歯科医療機関への受診勧奨を行うことが必須」と歯科の大切さをアピールしている。

日歯　「紙兎ロペ」とコラボ

動画をＨＰに公開

日本歯科医師会は、フジテレビ系列「めざましテレビ」で全国地上波テレビシリーズ化されている「紙兎ロペ」とのスペシャルムービー「ニッシのひみつ」を8日からホームページ上で公開している。

動画は「九九?」編、「よ坊さん現る」編の2本で、日歯の社会的意義、歯科医師会の事業への関心を喚起することなどを目的としている。

公開と同時にＹｏｕＴｕｂｅなどで期間限定の広告配信も行う。

また、動画配信にあわせてランディングページでは、4つのコンテンツ「日本歯科医師会ってなに?」「災害時にたいせつな歯科医療」「日本歯科医療の歴史を知ろう」「〝歯〟にまつわる面白雑学」も公開。キャラクターのロペとアキラ先輩の軽妙なやりとりで説明している。

TOOTH FAIRY

累計寄付金額は24億3,772万円に

使わなくなった歯科用金属や寄付金により社会貢献事業を行う日本歯科医師会のTOOTH FAIRYプロジェクトの参加歯科医院総数は4447施設で、これまでの累計寄付金額は24億3772万132円となる。13日の都道府県歯専務理事連絡協議会で、9月30日時点の状況を伊藤智加常務理事が報告した。

寄付金額の内訳は、金属寄付が24億1367万3095円、現金寄付が2404万7037円。

現在、寄付金を活用して、難病の子どもとその家族を支援する「チャレンジキッズプロジェクト」や、カンボジアでの体育館建設などを行う「カンボジアスクールプロジェクト」を実施している。

歯科国試にチャレンジ

4 1 5　2024年（第117回）より

骨縁下ポケットに適応されるのはどれか。2つ選べ。

a　新付着術
b　歯肉切除術
c　歯肉剥離掻爬術
d　歯周ポケット掻爬術
e　歯肉弁根尖側移動術

117-A029

答えは本紙のどこかに！

都道府県歯 専務理事連絡協

2面に関連

衛生士の浸麻で要望書

日歯らが厚労省へ

歯科衛生士による浸潤麻酔行為の取り扱いについて、日本歯科医師会と日本歯科医学会、日本歯科衛生士会の連名で、必要な体制整備、教育の見直しを求める要望書を厚労省に出していたことがわかった。13日に開かれた日歯の都道府県歯専務理事連絡協議会で寺島多実子常務理事＝写真＝が報告した。

昭和40年7月1日付の厚生省（当時）医務課長回答で「麻酔行為は医行為であるので、医師、歯科医師、看護婦、准看護婦または歯科衛生士でない者が、医師又は歯科医師の指示の下に、業として麻酔行為の全過程に従事することは、医師法、歯科医師法、保健婦助産婦看護婦法又は歯科衛生士法に違反するものと解される」との見解がある。

日歯は今年6月に、「歯科衛生士による浸潤麻酔行為についても含め、その見解は現在も変わらないか」と厚労省に疑義照会し、厚労省からは「貴見のとおり」との回答が出ている。

これを受けて日歯は、法的に妨げられるものではないものの、国民の安全を担保する観点から、何らかの対策が必要と考え、厚労省への要望に至ったとしている。

日歯 高橋会長

改定後の歯科医療費「プラスになっている」

日本歯科医師会の高橋英登会長＝写真＝は、6月の診療報酬改定後の歯科医療費について、「確定値は出ていないが、前年同月比でプラスになっていることは間違いないと思う」との感触を語った。13日の都道府県歯専務理事連絡協議会のあいさつのなかで述べたもの。

そして、複雑な改定になった点に理解を求めたうえで、「施設基準をしっかりと申請してもっと算定できるように（会員に）促してもらえたら」と協力を求めた。

また、ベースアップ評価料の算定状況では、徳島県の49％、岐阜県の48・6％など好事例をあげ、「少なくても半数程度にしていただきたい」と訴えた。

会員管理等システム

検討委員会 設置へ

松尾常務が報告

日本歯科医師会は、新しい会員管理等システムの開発に向けて、近く検討委員会を設置する。13日の都道府県歯専務理事連絡協議会で松尾健常務理事＝写真＝が報告した。

日歯が現在使用している会員管理システムのOSに対応するハード機器の製造販売が停止することから、2028年4月までにシステム改修が必要となっている。これを受け、方向性として、現行と同様なものとする「移行重視」、紙帳票廃止など「可能な範囲で変更」、DX化を推進する「大幅な変更」の3つを検討していくという。

今後、会員管理等システム開発検討委員会（仮称）を設置して、会員および会員管理、福祉共済保険・日歯年金保険の制度運用にかかわる体制・手法や新システムを検討。システム開発の委託業者の選定などを行っていく。

創立者の遺徳称える佐藤会

佐藤賞受賞者が講演

日大歯学部・同窓会

日本大学歯学部同窓会は9日、同大創立者の佐藤運雄氏の遺徳を称える第73回佐藤会を、東京都千代田区の同大本館で開催した。同大歯学部との共催行事。

横江順会長はあいさつで、同会の歴史や、自身の会長職の振り返りを行った。そのほか、名誉会員5人の表彰、秋の叙勲・褒章受章者6人の紹介が行われ、第73回佐藤賞を受賞した松本邦史氏（学部50回卒）の講演「画像診断に基づく顎関節円板障害のリスク因子の探索に関わる研究」、田中章寛氏（学部45回卒）による講演「摂食嚥下障害を有する進行性核上性麻痺の要介護高齢者に対して人生の最終段階まで口腔健康管理を行った一症例」が実施された。

表彰の様子

成田デンタル訴訟

総会決議は有効

最高裁判決

成田デンタルの定時株主総会（令和4年4月26日）において、当時社長の石川典男氏の再任を含まない取締役選任等が決議された事案で、原告が決議の取り消しを求めた訴訟の最高裁判所の判決が11月7日に下された。第一審（千葉地方裁判所佐倉支部）で決議を取り消すと判断されたものの、東京高等裁判所では一審に誤りがあったとして、決議は有効とされ、原告は上告していた。最高裁は上告を棄却し、上告審として受理しないと判断。結果として、当時の決議は有効と見なされた。

なお、判決文では、上告費用と申立費用は上告人兼申立人（石川氏）らの負担となることも決定している。

◇◆◇

石川氏は、代表取締役社長のみが取締役会を招集できるという主旨の規定があると主張し、規定に違反した形で招集した総会の決議の不存在、取り消しを求めていた。

一審では、証拠動画が認められて決議を取り消すことが判断されたが、東京高等裁判所では、証拠動画の撮影状況等に不審（不自然）な点があり、信用し難いとされ、4月の総会の決議は有効なものと認められていた。

「口腔の大切さ社会に発信を」

インフルエンザ流行で日歯

厚労省は8日、インフルエンザの定点当たり報告数が流行開始の目安を上回ったとして、流行シーズンに入ったと公表した。日本歯科医師会の伊藤明彦常務理事は、インフルエンザ予防に口腔健康管理が重要であり、これまでにも日歯から啓発ツールを作成していることから、歯科関係者に有効活用を呼びかけている。

その啓発ツールの一つが、日歯8020テレビの動画「インフルエンザ予防と歯周病菌」。

同動画では、歯周病菌によってウイルスの酵素が活発化し、インフルエンザが重症化することを説明。口腔健康管理の大切さを伝える内容となっている。

検索エンジンで「日歯8020TV インフルエンザ予防」と入力すれば該当ページは見つかる。

オン資義務化撤回求める訴訟

11月28日に判決へ

「一連の施策に影響も」

東京歯科保険医協が説明

オンライン資格確認のための設備を療養担当規則で事実上義務化することの是非を問う裁判の判決が、28日に東京地方裁判所で下される。これを受け、原告側として裁判にかかわっている東京歯科保険医協会の早坂美都副会長が、8日に同会が開催したメディア懇談会で今後の見通しを説明。

仮に原告勝訴となった場合、被告である国は控訴するものと考えられるが、12月2日に予定されている現行の保険証の廃止など、公的医療保険制度のデジタル運用にかかわる一連の施策にも影響が出る可能性を示唆した。

この裁判は、保険医療機関にとって大きな負担となるオン資への対応を、省令に過ぎない療担規則で事実上、強制することの妥当性を問うもので、医師の佐藤一樹氏（東京都保険医協会）らが原告となっている。原告を支援して、全国保険医団体連合会（保団連）ら諸団体がオン資「義務化」の反対を表明。特に、オン資への対応が負担となって保険診療の継続が難しくなった医療機関も出ているとして、行政の対応を批判している。

解説する早坂氏

これに対して、被告側の厚生労働省は、オン資への体制整備を保険医療機関が行うことは、『健康保険法』70条1項に「療養の給付を取り扱わなければならない」としている点から、療担規則でオン資への対応を保険医療機関に要求できると解釈している。診療の継続が難しくなっている医療機関が出ている点については、「個別具体的な状況が不明」として、原告側の主張と対立している。

ピックアップニュース

■THE ALFEE「ベストスマイル」特別賞　70歳高見沢俊彦「古希を迎えておりますが全部自分の歯」（スポニチ/11月7日）

■岡田結実「ベストスマイル」な瞬間に「やらしい話ですみません…」　高杉真宙と登壇（日刊スポーツ/11月7日）

■「日本人が歯を失う原因第1位」毎日3回歯を磨いているのに歯周病になる人の意外な共通点（PRESIDENT Online/11月7日）

■秋季キャンプ中のドラゴンズの選手らが歯科検診　井上監督「歯は大事。休みなのに来てくれてありがたい」（テレビ愛知/11月7日）

■「歯医者」の倒産・廃業、前年超え年間最多　前年比1.8倍ペース　歯科医の高齢化が影響　廃業時の平均年齢は70歳にせまる（帝国データバンク/11月6日）

■11月8日「いい歯の日」　「かむ」大切さ見直しでガム市場回復兆し（毎日新聞/11月8日）

■人気ファイターズガール　歯列矯正で「計8本の抜歯」明かす　終了報告にファン「歯並び美しい」「笑顔が素敵」（デイリー/11月8日）

■10秒吹けたら「誤嚥」減らせるように　笛状の器具で口周りの筋肉強化、歯科医が「口の健康」指導（京都新聞/11月10日）

■【堀ちえみ】歯のインプラント準備で舌がん手術を回想「自分が強くなれたのだと思います」口腔がん防止をアピール（TBS NEWS DIG/11月9日）

■山口県西部地域では初　歯科衛生士を養成　「山口宇部新歯科衛生士養成学校」落成式（tysテレビ山口/11月11日）

■スマホ老け顔にご用心、二重あご・口臭の原因にも（週刊女性PRIME/11月11日）

■AI、ドローンで暮らし豊かに　大阪のUR団地、企業が実証実験（オーヴォ/11月12日）

■歯周病原菌の毒素が糖尿病発症や進行につながるメカニズム（マネーポストWEB/11月12日）

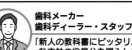

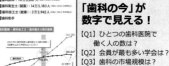

【予告】

日衛が就業相談対応者講習会

来年2月にウェブで

日本歯科衛生士会は来年2月2日、令和6年度歯科衛生士復職支援・離職防止等研修指導者養成研修事業「就業相談対応者講習会」をオンライン上で開く。

講師は社会福祉士の小川美也子氏。雇用に関するトラブルの実例などを含めて、「労務管理の基礎」を学ぶ。

参加費は無料で、定員は50人。申し込みは「Peatix」から。

なお、同年2月10日から3月10日までオンデマンド配信も行う。

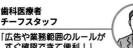

歯科大学・歯学部と日歯との意見交換会　取りまとめられた要望・意見

（2面関連）

歯科医師需給・地域偏在関係

・歯科医師の地域偏在・首都圏集中化、これに伴う地方校の教員不足が深刻化している。

首都圏集中化により、日歯及び関東圏都県歯科医師会の非会員がさらに増加傾向（地方）にあると推察する。

・厚労省（厚生局指導医療官含む）及び地方行政の歯科医師不足について日歯の考えを伺いたい。また各大学から人材を輩出して欲しいとの話もあったが、現状、大学に人がいないため難しい。

・歯科医療（サービス）が大都市に偏在することなく、地方や過疎地域の住民にも十分行きわたるようになってほしい。大学では地域枠といった、卒業後、同地域で就業等を行うことを前提に授業料等を減額するといった工夫をしているところがある。

諸外国では、成績等によって臨床研修を行う場所を、地方と都市に分けているところがあり、過疎地域にも歯科医師がいきわたるような工夫を行っているところもある。地域偏在は、歯科技工士の問題と同様に、歯科医師を増やせば過疎地域にもいきわたるというわけではないことは承知している。3つの要望含め、会員増強を進めて欲しい。

・昨今、歯科医師は過剰ではなく減少傾向にあることは多方面から指摘されており、大学医局にも周辺開業医からの求人が急増している。しかしながら、国家試験合格者を増加させることにより、再び過剰になってしまうのでないかという危惧がある。

・超高齢社会の急激な進展により、訪問診療や口腔リハビリテーションの需要は著しい増大傾向にあり、高齢者に対する歯科診療の需要の拡大を明確に推し進めていく必要がある。

加えて、病院歯科の拡充、歯科診療所の適正配置、検診事業の立ち上げ、保険行政への人材登用等、就業エリアの拡大が望まれる。

・地域偏在等で地方連携病院に人材を派遣していきたいが教室の人材が少ないため難しい問題がある。

医療DX関係

・医療DXの推進について要望したい。歯科領域においてCAD/CAMの保険収載等によって、高解像度のデータが集積されつつある。近年IOSも収載されており、世界ではこういった事例はなく、誇らしい状況でもある。今後はじまる国民皆歯科健診でも同様に、データを集積できると思うので、様々なデータが、自動的に歯科に集積されていく状況を生かし、データベース化及びAI活用を進め、DX化の推進をお願いしたい。

・歯科におけるDXについて、大阪大学歯学部・歯学部附属病院では、口腔内写真やパノラマレントゲン写真から自動的に歯式を出力するAIを開発している。このAIは、口腔診査情報標準コード仕様の出力形式にも対応している。

この技術は、一般的な歯科診療に加え、災害時の身元確認に役立つ基礎データの構築にも貢献できるものと考えている。歯科医師会で活用を検討いただける際には、どうぞご連絡ください。

・各臨床現場での診療行為に基づく情報や歯科検診で収集された口腔内デジタルデータを蓄積し、歯科医療ビッグデータを歯科医師会主導で創出していただきたい。

診療レセプトや国民皆歯科検診からのレジストリ・データベースを構築することにより、歯科疾患や口腔衛生領域のエビデンスを盤石にし、歯科診療の有効性、安全性、妥当性を高次元で評価できるとともに、AI技術を導入、活用することにより、歯科診療の進化、発展に大きく寄与することが予想される。

歯科技工士関係

・歯科医療従事者の一員である歯科技工士の職業的身分の確立と、職業として歯科医師との共存共栄の関係になるよう、協力や助力をお願いしたい。

歯科技工士の養成校の廃校が増え、国家試験を受ける人が1,000人を割っている。昔は収益の80%が金パラによるものだったが、物価高騰の影響によりやればやるほど赤字になっている。歯科医師及び歯科技工士どちらかを増やせば解決する問題とは思っていない。補綴物をつくるのにはやはり歯科技工士は必要な存在であるので、協力してほしい。

・日歯大新潟生命歯学部（短大）が歯科技工士の養成に新たに2025年度より取り組む。

既存の地元養成校（短大）からは理解が得られず大変だった（パイを取られると思われた）。

国の理解を得るのも大変で、募集人員は30人→20人となった。歯科医師の養成校として、歯科衛生士や歯科技工士の養成を諦めることはあってはならないという考えの下、取り組んでいる。

・歯科技工士については、デジタル化の流れもあり、いわゆるオタクの人に適する職種でもあるので、うまいPRが必要である。

日歯会員種別・入会促進関係

・現在、日歯では、臨床研修歯科医に対しては積極的な入会を促しているが、その入会後の動向について報告願いたい。また、第3種会員の入会動向も併せて報告願いたい。日本歯科医学会は、組織上、日歯の中の学会であるにもかかわらず、日歯会員ではない学会会員がほとんどである。現在の第3種会員数及び入会促進の方策等があればお知らせ頂きたい。本来、歯科医学会の分科会の会員（大学関係者）は、日歯の会員であるべきと考えている。

日歯から費用等を助成してもらっていること、その会員でない者が新しい保険点数で動くということは、他人の成果に便乗していることになる。大学の方で教育することも必要だが、会費の減額等、第3種会員が増える方法を考えてほしい。

・すべての歯科医療・歯科医学の関係者が日本歯科医師会の会員（複数の会員種別を含む）となるよう制度改正を図ってほしい。歯科医師の会員の他、他団体（学会）では、賛助会員や歯科衛生士・歯科技工士といった種別にわけて会員増強を進めているところがある。

そのようなところは会員数が伸びている。特に歯科技工士用の会員種別を設けること及び歯科医療に従事するものは歯科関係者という1つの括りとして、入会できるような、そして会員が増えるような方法を検討してほしい。

・学会の会員は全員日歯会員になるべきである。そのための方策を考えるべき。

・大学で卒業式などに日本歯科医師会会長表彰などを行うと、学生にも日歯の存在が認識され、その後日歯への入会促進につながる。

・三層構造の全てに入りやすい仕組みの検討。神奈川県歯科医師会が新たな取り組みを始めたが、日本歯科医師会への入会などがどうなっているのか不安である。

・入会申し込み手続きなどのデジタル化をしてほしい。

・医師会は病院団体などを含めて構成されており、その点は歯科医師会が弱いところである。医師会は卒後5年間の会費を無料にしており、医賠責保険などが安く入れるなどメリットがある。その点は参考にできるのではないか。

・開業時のサポートなどはどの歯科医師会がやってくれるのか知りたい。

・大学の中でただ歯科医師会に入ってくれだけだと反対する人がいるので、大義や明確な理由が必要だと思う。

・行政との交渉の窓口を歯科医師会が担当すれば会員数増にもつながる。

・国民皆歯科健診にも関係するが、国民が自分の口の中の状態をいつでも自分のスマホで見られるように日歯主導で検討してほしい。例えば、歯科医院で光学スキャナーを用いて読み取った情報がスマホに反映されるような日歯が開発したアプリができれば、会員増強に繋がるし、国民も喜ぶのではないか（PHRにも関係）

歯科医師国家試験関係

・平成18年8月31日付の文科大臣、厚労大臣の確認書について、日歯からの申し入れに基づくものであるが、日歯のこれに対する動き等について報告願いたい。

・日歯から厚労省の歯科医師の資質向上等に関する検討会に参画している。名称について日歯はどう考えるか。歯科医師の質が低いから向上させようということか。歯科大学の偏差値は下がっている。共用試験により毎年、2,400人のスチューデントデンティストが誕生している。そのうち国家試験により、1,500人に絞られている。実習の際に、治療を受けた国民に対して失礼に感じる部分もある。これを改善するのはこの2、3年が機である。

・歯科医師国家試験について、歯科医師の過不足もあるが、試験が選抜試験になっている。

そのため、大学では国家試験のための教育になっており、歯科医師過不足の問題から学校の教育問題にもつながってしまう。

厚労省等に意見をしても、過去の歯科医師会からの提言があるため、難しいと言われてしまう状況から、この提言について対応するとともに、国家試験が資格試験になるようお願いしたい。

・国試の合格率が低いため、歯学部の入学を避ける傾向がある。そのため、大学が予備校化してしまっている。毎年1,000人の不合格者が出るが、それが教育現場を歪めている。

ただし、歯科医師もしくは学生の質を保つためにはある程度の難易度も必要だと考えている。

・歯科医師国家試験対策のため、詰め込み教育になっている。合格率の低さは、歯科医師会から国へ提言を行った結果であるので、現状に則した形で改めて提言をお願いしたい。

・歯科医師の数は減少していると、高橋英登会長はよく仰っており、発信力のある会長のお言葉はとてもインパクトがあるものだと確信している。

平成18年の文科・厚労の合同調印による歯科医師国家試験の選抜制だが、共用試験が公的化となった今、見直す時期にあると考える。4年の共用試験が公的化となると、このハードルをクリアした学生が進級をし、順調ならば2年後の国家試験に臨むことになる。そうなると今までとは異なり、4年で一度、選抜された精鋭の現役生が国家試験に挑むことになる。それなのに今まで通りの合格率を踏襲していくのは優秀な受験生達にとっては酷であり、なんとか共用試験の公的化を勘案した合格率を模索していただきたい。

・将来の歯科界を担う歯科医師を育成するための歯学教育は、歯科医師国家試験の不当な合格基準の引き上げにより大きく歪んでいる。歯学部教職員は皆疲弊しており、学生も試験勉強ばかりで精神的に追い詰められ、以前のような躍動感がない。国家試験の重圧が優秀な医療人育成の大きな弊害となっている。

そこで、大臣合意に繋がった日本歯科医師会の前言をすぐに撤回していただき、以前の国家試験合格者数、合格率にぜひ戻していただきたい。現在の歯科界が沈鬱状態にある最大原因は歯科医師国家試験が合格者数を制限して実施されていることであり、合格者数を適正化することで、大学も活気を取り戻し、優れた医療人の輩出につながる。

・文科省は「シームレスな教育」を謳っているが、臨床実習後に国家試験対策で1年間ほとんど座学になり臨床ができず、技術的な問題が卒後に出てくる。また、国試浪人などすれば余計臨床から遠ざかり、歯科技術の再度の習得が困難な状況になるため、CBTや臨床予備試験などに合格すれば、国家試験は資格試験の状況にしてほしい。

・国家試験不合格者への対応について歯科衛生士の受験資格などの検討してほしい。

・歯科医師国家試験等の対応については、前述のような社会からの印象が一気に変化するよう、段階的ではなく、早急な見直しが必要である。

・国家試験が、資格試験ではなくなっているため、教員は学生教育に時間をそがれ、本来の研究ができず予備校化しており疲弊感があるので、国家試験の在り方に一石を投じてほしい。

・スチューデントデンティストの資格等公的化する中で、国家試験の在り方も厚生労働省、文部科学省と論じてほしい。

・合格率が低いので、避けられる職業の一つとなっているため、合格率の増加は絶対してほしい。教育する現場サイドとしては、厚労省の予算を見て、今年も合格者は2,000人だと分かりがっかりする。

・10%（200人）でも増加するだけで活性化につながる

・会長自らこの問題に言及していただいたことは画期的。是非、日歯から過去の要望を見直すように早期に動いてほしい。

・歯科医師国家試験対策では今でも学生組織間で他の歯科大学・大学歯学部と情報交換をしているが、資格試験ではなく、選抜・競争試験の中では十分な連携が図れない。

診療報酬関係

・最近、とみに技工士の在り方が問われている気がするが、魅力を欠く理由の一つが報酬だと思う。いまやデジタル化でいろいろな補綴物も保険収載されているが、国民に質の高い医療を提供していくことは大事だと思う。しかし、歯科医も相応の報酬を獲得できる保険点数の設定にしないと技工士の方々に果たして応分の手取りが行きわたる仕組みになっているのか疑問である。

技工士数の減少に歯止めがかからないのは、やはり生活していける報酬を確保できないことが要因と思うので、歯科医が日々の診療で潤うような制度設計にしないと簡単には解消されないと思う。ぜひデジタル化の推進とともに保険点数の適正化をご検討いただきたい。

・各種職業の人気は得られる収入に大きく依存している。我が国では全くの不当な保険診療システムの下で歯科医師の献身的犠牲により高水準の歯科医療が提供されている。毎年、数パーセントのわずかな診療費の改定で一喜一憂するのではなく、保険診療予算の総枠が決定していて大幅な増額が期待できないのであれば、補綴診療を保険診療から外して自費診療とし、総枠の中で保存診療や外科診療の点数を引き上げてはいかがか。呆れるほどの低額で補綴装置を製作、装着し続けていれば、私たちの大切なパートナーである歯科技工士の収入、環境も改善することはできないと考える。

・総義歯が例であるが歯科の治療費が安すぎる。本当に安いものはそれでよいが、しっかりした評価が必要なものについては、海外の治療費なども示しながら適正な価格にすることも必要である。

広報関係

・大学入学者の定員割れの問題があるため、歯科医師会から国民に対して歯科医師という仕事の魅力や、やりがいを伝えてもらいたい。

・国試対策に重点を置いていることから、臨床教育に重点を置けず、若い教員が疲弊している状況にある。若い歯科医師が育つような環境整備をお願いしたい。歯学教育が衰退していく懸念がある。

・歯科界を明るくできるような国民向けのイベント等を開催していただきたい。また、大学への入学者を増やすためにも、歯科に魅力を感じるような工夫をお願いしたい。

・今、歯科界は閉塞感に包まれ元気がないように感じる。高橋会長の明るい人柄で歯科界に活気を取り戻してほしい。国民に歯科医療の魅力を周知し多くの優秀な人材を呼び込みましょう。

・高校の進路指導においても歯科医師としての選択がないため、選択肢となるよう魅力あるものにしていく必要がある。

・歯科医師という職業に夢を抱けるようにしてほしい。世間では歯科医師の収入が少ないということばかり話題になり、歯科医師を目指す人が減っている。実際に歯科医師として成功して高収入を得ている人がたくさんいるのにそのことが周知されないので、儲からない職業だと思われている。

その他

・世界で活躍する人材を引き続き育てるために、歯科医学会との連携をより深めていくことが課題と考えている。科学を育てる人材が必要で、優秀な人に入ってもらえるよう考えていく必要がある。

・日本歯科専門医機構は、日歯と距離を置くような動きをしており、注視する必要がある。

・マスコミ報道の影響で、学生は歯科がコンビニより多く、ワーキングプアのイメージがついているので払拭しておく必要がある。

・働き場の拡大において、厚労省との人事交流等はあるが、公募等があれば積極的に考えていく。

・出向後に大学に戻ってきた場合の、ポジションの獲得が困難であり、大学として送り出しにくい状況にある。

・大学と地域歯科医師会との連携はあるが、もっと密にすべきと感じている。

・医療情報の共有などについては新潟県でも医療情報ネットワーク（新潟市のSWANネット等）などの取り組みがあり、医科歯科連携ができるのではないか。

・国民へのPRが医科はうまい。肺炎球菌ワクチンなど製薬会社と組んで進めている。国内の薬の開発が進まない。安く叩かれてしまうので、海外で実績を作って国内に持ち込むケースが主となってきている。

※一部編集

岡山県

医療的ケア児のケア手順集公開

岡山県で施設ごとに手順や齟齬が生じないよう、医療的ケア児のケア手順集が作られた。岡山県医療的ケア児支援センターが協力を呼びかけ、県内の基幹病院などが参加してまとめたもので、7日に同センターのホームページ上で公開された。

10の項目＝左記＝からなり、「胃管から栄養の注入方法」では、口腔ケアについても記載。口から食べない状態が続くと、咀嚼や嚥下機能の低下、胃管の汚染などから誤嚥性肺炎にかかるリスクが高まるとし、口腔衛生だけでなく、唾液分泌の促進や口腔周囲筋の刺激などの観点からも口腔ケアの必要性を述べている。

また、注意点として、刺激による嘔吐や嘔吐物の誤嚥を起こさないため、注入直後は避け、空腹時に行うこと、誤嚥を防ぐため、座位の場合は前かがみ、寝ている場合は顔を横向きにするようにアドバイスしている。

支援センターが発行したケア手順集

目次

1 口腔・鼻腔吸引
2 気管吸引
3 バッグバルブマスクの使い方
4 気管カニューレのガーゼ交換・バンド交換
5 気管カニューレ交換（在宅用）
6 胃管の挿入
7 胃管から栄養の注入方法
8 胃瘻注入および胃瘻の管理
9 自己血糖測定
10 インスリン自己注射

「保険義歯の不採算は深刻」

東京歯科保医協 山本鐵雄副会長

東京歯科保険医協会は8日に開催したメディア懇談会で、9月10日から10月18日にかけて同会が実施した全国歯科技工所アンケート（東京都分）の結果を発表。同会の山本鐵雄副会長が概要説明を行い、高齢の「一人親方」の歯科技工士が、主に保険技工を担っている構造で、今後、保険のデンチャーなどが安定供給されなくなる可能性を示唆した。

保険技工の状況を説明する山本氏

◆◇◆

アンケートは、東京都内の歯科技工所1606件を対象に質問票を送付し、138件から回答を得たもの（回収率9・0％）。これによると、年間の可処分所得が400万円以内の歯科技工所が半数で、厳しい経営環境にあるなか、小規模歯科技工所にとってCAD／CAMなどのデジタル投資が難しいことが伺える＝図①。

こうした小規模歯科技工所の多くが保険のデンチャーを再委託で請け負うなどしており、採算性が高くない分野を担っている構造だが、一方で、歯科技工所の85％が後継者不在と回答＝図②。中長期的に「一人親方」の歯科技工所の廃業により、歯科技工の委託先が急速に先細ると予想される。

◆◇◆

一方、現在、厚生労働省が進めているデジタル技術による業務効率化（CAD／CAM、リモートワークなど）の施策が、歯科技工士不足の解消につながるとする回答は19％に留まり、55％がつながらないと否定的。歯科技工士による診療の補助、訪問診療への帯同の効果についても、期待する回答は17％に対して、効果がないとする回答は61％だった＝図③、④。

これを踏まえ、山本副会長は、最近の動向として「歯科技工所側からの値上げで、技工関連の収入配分を歯科技工所7割、歯科医院3割とする『7：3』どころか、『8・5：1・5』というようなケースも珍しくなくなっている」と指摘。保険のデンチャーの不採算により、可撤義歯による補綴を行わない歯科医院がさらに増えるのではないか、との懸念を示した。

図1　可処分所得　(n=138)

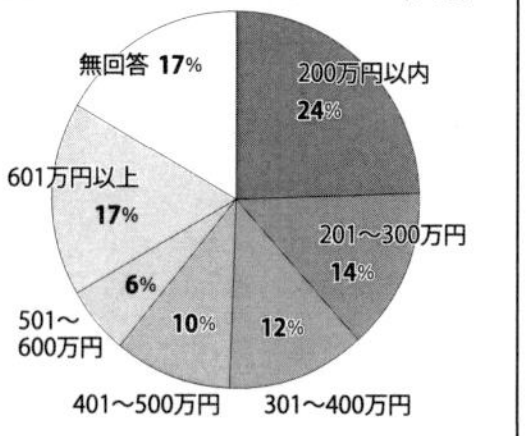

図2　後継者の有無　(n=138)

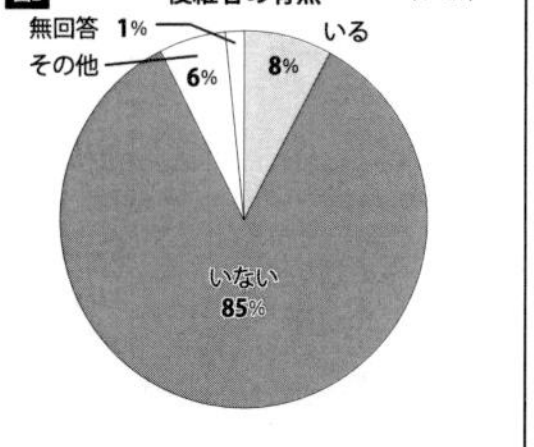

図3　デジタル施策の効果

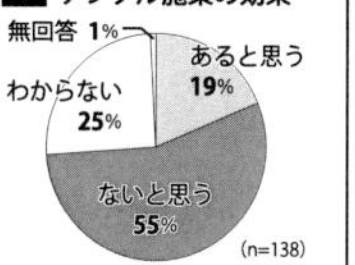

図4　法改正による効果

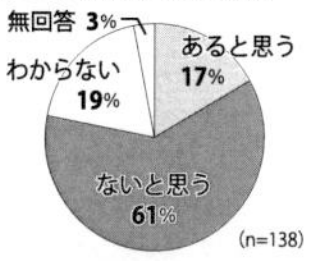

DHのモヤっと解決隊 31

私みたいな立場が面接していい？

歯科衛生士4年目です。

新規開業時に新卒入社して4年が経ち、現在一番古いスタッフになりました。歯科衛生士の増員のため求人を出しているのですが、院長から面接や選考に入ってほしいと言われました。

私より年上の方が面接にいらっしゃることもあります。私みたいな立場の人が面接していいのでしょうか？　応募の方から変に思われないでしょうか？

歯科衛生士
Eさん（25歳）

同じ仲間として働きたいか考える機会に

東京歯科医学教育舎 代表
竹内 智美
歯科衛生士　産業カウンセラー
ファイナンシャルプランナー

Eさんは自分の年齢や経験から「ご自身が面接を行っても良いのかな」と考えていらっしゃるのですね。Eさんは現在歯科医院で一番古いスタッフとのことで、今の歯科医院を築いていった一員です。面接というと上から目線で人を選ぶようなイメージもありますが、「一緒に働きたい人かどうか知るために話をする」と考えてみてはいかがですか。

応募者の方もどんなスタッフがいるか知りたいと思いますし、お互いにとってメリットは大きいです。私は日ごろからクライアント先に「同じ仲間として一緒に働きたいか」、院長先生だけでなく、スタッフの目線で考えることはとても重要とお伝えしています。時には面接でなくても医院案内をスタッフが行い、「一緒に働きたいかどうか」意見をいただくこともあります。

新しい歯科衛生士さんが入られた時に、Eさんが研修をされると思います。きっとご自身が選考して入っていただいた歯科衛生士さんの研修は、より一層責任感も出ると思います。ぜひ、面接や選考に参加していただきたいです。

保団連

保険証の存続求め声明発表

全国保険医団体連合会は11日、声明「衆議院選挙で示された民意に応え、現行の健康保険証の存続を」を発表し、内閣府や国会議員に送付した。

◆◇◆

声明では、選挙戦を通じて、健康保険証廃止の是非が問われ、「保険証を残す」ことを公約に掲げた政党が、公示前の112議席から167議席になったと強調。「これは、現行の健康保険証の存続を求める民意が選挙結果に反映されたものと言える」と主張している。

◆◇◆

そして、「厚労省は12月2日以降、トラブルの際の資格確認手段も含めて、9通りにも及ぶ資格確認の方法を示しているが、健康保険証さえあれば、複雑な対応をしなくても対応可能」と指摘。健康保険証の存続を決断し、国会で早急に必要な措置の検討、具体化を行うように求めている。

NCDs患者のスティグマ、介入の効果を検証

エール大ら

慢性の非感染性疾患（NCDs）とともに生きている成人が抱えるさまざまなスティグマ（烙印）の軽減のための介入が、どれほどの効果を持つのか。アメリカ・エール大学看護学部のSamuel Akyriem氏らがNCDsにかかわるスティグマ軽減を目的としたさまざまな介入の効果を検証した。

2023年7月に医学系論文の6つのデータベースに収載されている健康関連スティグマの軽減のための介入プログラム開発・実証実験の報告を検索。最終的に19論文を抽出したうち、20年以降に発表された17論文をレビューした。

国別ではアメリカ、中国がそれぞれ5本で、日本は2本の論文が発表されていた。スティグマを含む疾患はがんが13、糖尿病が4、脳卒中が2。

介入の仕方は、個人に対して認知訓練、ストレス軽減、自己効力感の促進、コミュニケーション能力の開発、ほかの患者との対話など。構造的な介入としては、マスメディアによるキャンペーンや、医療専門職の訓練など。

介入の結果、NCDsの有無にかかわらず、スティグマのレベルが有意に低下していた。『Social Science & Medicine』356号（2024年9月）に論文掲載。

◆◇◆

特定の疾患、あるいはそれらに悩まされている人が、社会から特定のイメージを持たれて不愉快な思いをしたり、治療をためらって症状の悪化にもつながったりしている。

そのなかでも、糖尿病は、病名に「尿」という排泄物の名前がつくためにネガティブなイメージがあるうえに、「暴飲暴食のせい」「長生きしない」「遺伝する」など、医学的にも誤った認識によるスティグマに多くの患者が苦しんでいるとされる。日本糖尿病協会らは、糖尿病患者のスティグマをなくすためのアドボカシー活動の一環として、「糖尿病」という名称の変更などを提唱している。

同協会理事長の清野裕氏は、11月11日に日本糖尿病学会と開催した合同メディアセミナーで、「昭和40～50年代の『糖尿病』に対する世間の受け止めが、現在まで続くスティグマにつながっている」と指摘。治療と予後が大きく改善した現在、スティグマを払拭する責任が医療従事者にあると訴えた。

◆◇◆

歯科では、むしろ「フロスか、死か（米国歯周病学会のスローガン）」「不正咬合で難病に」など、歯科疾患の危険性を医療従事者側から訴えることで、患者の行動変容を促してきた経緯がある。これは、歯科疾患のなかに「不治の病」「遺伝病」とされるものが見られなかったためと考えられるが、一方で、小児う蝕のように限られた集団に集中的に発生したり、口臭症のように、人々の感情に深刻な影響を与えたりするものもあるため、今後、歯科医療に由来するスティグマの発生が懸念される。

リハ・口腔・栄養の食支援や取り組み紹介

佐々木医師が講演

必要・摂取栄養量のアセスメントは重要

日本訪問歯科医学会

日本訪問歯科協会主催による第24回日本訪問歯科医学会が10日、富士ソフトアキバプラザ（東京都千代田区）で開かれた。テーマは、「ひろがる笑顔　訪問歯科の未来」。

教育講演2では、悠翔会理事長・診療部長の佐々木淳医師が「在宅医療における『三位一体』の取り組みの在り方」をテーマに、リハ・口腔・栄養の三位一体における取り組みや食支援を紹介した。

東京都や千葉県、神奈川県など在宅療養支援診療所を24拠点、24時間対応している佐々木氏の悠翔会では、歯科医師・歯科衛生士や管理栄養士、看護師などが中心となって食の問題解決に取り組む「在宅栄養サポートチーム」を設置している。

在宅高齢者の平均BMI💡は18・1%との調査結果を交えたうえで、肺炎と骨折で入院した患者のほとんどが低栄養の状態になっていると明かした。「どんなに病気を治しても、体重が減れば早死につながる。しっかり栄養を取らせる意味でも、必要栄養量と摂取栄養量のアセスメントは非常に重要」と話す。

医療現場では、さまざまな疾患をスコアで評価するものの、栄養に対する評価が浸透していないことを踏まえ、高齢者に特化した栄養スクリーニングツール「MNA－SF」の活用をすすめている。「一番簡単な指標は体重の変化。バイタルサインとして体温や血圧もいいが、ぜひ体重も毎回チェックしてもらいたい。体重変化が分かれば、（カロリー計算も含めた）食事指導ができる」とのこと。

また、多くの在宅高齢者は専門的口腔ケアが必要な状態である一方で、病院ではまだまだ「口腔ケア＝歯磨き」による口腔清掃が根付いているという。この状態が続けば、やがて口腔不良を起こし、食形態を下げて、低栄養リスクが高くなるという悪循環が生まれる。

佐々木氏は「本当にその人の咀嚼機能をきちんと評価しているのか」と疑義を呈したうえで、ケア現場では、嚥下障害なのに咀嚼配慮食、咀嚼障害なのに嚥下配慮食が出てくるケースもあることから、「この辺りの交通整備は必要だと思う」との考えを示している。

患者の「食」を支えるためには、さまざまな職種が連携しながら支援していくことが重要であり、医療者が思う「普通」を押し付けず、生活のなかに上手く「食」を落とし込む必要があると主張。

最後に「急性期病院の65%が高齢者という時代。私たちが提供する医療の在り方は、健康寿命の延伸だけではなく、残された時間をより良く生きるという視点も重要になってくるのではないか」とし、最善の人生の過ごし方を提供することが大切だと締めくくった。

💡BMI　肥満度の指標。日本肥満学会によれば18・5未満は低体重とのこと。

㊤会場の様子㊨佐々木氏

ナッジ理論に基づく歯科的アプローチ

竹林氏が講演

ポイントは明確な一本の矢印を示す

特別講演では「訪問歯科と行動経済学」と題して、行動経済学・ナッジ理論の専門家である青森大学客員教授の竹林正樹氏が登壇。行動経済学の「ナッジ理論」を用いた歯科的アプローチを紹介した。

厚労省でもがん検診の受診率向上のために、ナッジ理論を使った「受診率向上施策ハンドブック」を制作するなど、近年ではナッジ理論を用いた患者の意思決定や行動変容を解決する取り組みが行われている。

◆◇◆

竹林氏はナッジ理論について、「望ましい行動へと予測可能な形に変える設計」と説明。医療支援の現場で患者が行動変容するには、規則やインセンティブ（報酬）、普及啓発だけではなく、ナッジ理論も含めたアプローチが大切と主張している。「人は『いつかやらなければ』と分かっていても、行動に移せない習性を持つ。これを認知バイアスと呼ぶ」と話す。

同氏は200以上あるとされる認知バイアスのなかで、目の前のことを過大評価する「現在バイアス」を紹介した。これは20年後に糖尿病になると知っていても、すぐ目の前の甘い物に惹かれてしまう現象を指しており、歯科的アプローチでも役立つという。「ポイントは明確な1本の矢印を示すこと。がん検診に例えるなら、ただ『受けてください』と伝えることで、（対象者が）望ましい行動をする。現在バイアスが強い人は、プロセスが長いと（何が正しいのか分からず）戸惑ってしまう」と述べた。

文章が長く、視認性が悪いと直感的に何をしていいのか分からなくなり、「とりあえず今は行かない」という結果になるとのこと。ナッジ理論を取り入れることで、患者の健康促進につながるとしている。

◆◇◆

そのほか、公立能登総合病院歯科口腔外科部長の長谷剛志氏による教育講演1「訪問歯科で意識したい背景疾患と薬剤　治療とケアの判断に迷ったら！」、症例研究会や医院経営など専門セミナーが行われた。

竹林氏

千葉・市川市歯

歯科と落語交えてイビキ対策を提案

市川市歯科医師会は10日、市川グランドホテル（千葉県市川市）で市民公開講座を開催した。テーマは、「イビキで困ったら効く話」。講師は亀田総合病院歯科口腔外科顧問・顎変形症治療センター長の外木守雄氏。落語家の桂福丸氏による落語ショーも行われ、当日は122人が参加した。

講演では『ストップザイビキ』そのイビキ歯科で治るかもしれません　閉鎖性睡眠時無呼吸症に対する歯科の役割」と題して、外木氏が閉塞性睡眠時無呼吸症候群（OSA）を放置するとがんよりも危ない病気と、市民に向けて注意喚起。イビキ対策として、鼻を少し上に向けて、においを嗅ぐような姿勢「スニッフィングポジション」を提案した。「今日からできることは、睡眠姿勢を変えること。少し呼吸が改善するため、ぜひ行っていただきたい」と話した。

また、慢性的な睡眠不足に陥ると、その負債が積み重なって「睡眠負債」を起こし、日中の眠気や注意力の散漫などにつながるとしている。「朝起きたら太陽を浴びて、睡眠のリズムを作っていく。早く寝ることが大事なのではなく、早起きして体内時計のズレを変えていくことが大切」とし、睡眠改善にはマウスピースも一つの方法と述べている。

トークショーでは、桂氏もイビキをかくことで配偶者に注意されることが多々あるというエピソードから始まり、睡眠と歯科の関係性やイビキが睡眠に与える悪影響をあらためて解説した。

桂福丸氏の落語ショーでは、宇宙に行けばイビキはかかなくなるとの提案をしたうえで、睡眠に関する演目がなされた

外木氏

技工士国試

歯科医師養成課程の受験者が増加傾向

第21回千葉県歯科医学大会

歯科技工士国家試験において、歯科医師養成課程の受験者数が増加傾向―。筑波大学附属聴覚特別支援学校高等部専攻科歯科技工科の西俣稔子教諭が講演「歯科技工士教育制度の変遷と国家試験について」で発表したもの。

西俣氏は昨今までの歯科技工士の資格や教育課程、歯科技工士の養成機関所の入学者の減少について触れた。そのうえで、2015年度に歯科技工士国家試験が全国統一してからの受験者数と合格者数に関して、厚労省のデータを基にした推移に言及。

歯科技工士養成課程における2015年の受験者数は1100人を超えていたものが、23年度には801人と減少している一方で、歯科医師養成課程における受験者数が15年の1人から、23年で32人に増加していることに注目。「今後増える可能性もあり、歯科技工養成機関の生徒数の減少に比べると、受験者の減少は比較的緩やかになることも考えられるのでは」とした。

歯科技工士国家試験の問題の傾向について、新しい技術に関する知識に加え、図や写真を使った問題が増えていると指摘。「技工の手順に関する問題など、実践的な力をみるために写真の問題が増えているようだ」と話した。また厚労省では実技試験の撤廃なども検討されているとの話もした。

そのほか、歯科技工士法が01年に一部改正されたことに言及。それまでは目が見えない、耳が聞こえないなどの障害が絶対的な欠格事項として定められていたのが、相対的な欠格に変わったことなどを紹介した。

講演は10日に千葉市の京成ホテルミラマーレで開催された「第21回千葉県歯科医学大会」で行われた。イベントでは企業展示や口腔がん検診、ポスター発表などが実施された。

インプラント学会学術大会で末瀬氏

専門医機構の資格取得で日歯の研修活用も視野に

日本歯科専門医機構認定の専門医を取得するために受講が必要な共通研修に、日本歯科医師会の生涯研修ライブラリを活用するように働きかけている。日本歯科医師会常務理事の末瀬一彦氏が、3日の第54回口腔インプラント学会学術大会の特別シンポジウムのなかで述べたもの。

末瀬氏は、専門医の共通研修項目に「医療倫理」「患者・医療者関係の構築」「医療安全」「院内感染対策」「医療関連法規、医療経済」などがあり、日歯の生涯研修ライブラリのなかに関連する内容も多くあるとして、「ぜひ活用してほしい」と強調した。

◇◆◇

さらに、機構で検討中の総合歯科専門医（仮称）について、「日本障害者歯科学会と日本有病者歯科医療学会、日本老年歯科医学会の3学会が協議しており、多職種連携、訪問歯科診療、摂食嚥下リハビリテーション、ハイリスク患者、障害者歯科など、精神も含めて全身状態に配慮した歯科医療を提供する専門医」と解説。一方で、名称が紛らわしいとして、機構に名称を変えてほしいと要望していると明かした。

また、特定の治療に特化するのではなく、患者のライフサイクルに沿って継続的にかかわる「かかりつけ歯科医療専門医」を提案。かかりつけ歯科医に求められる機能と役割について紹介した。

かかりつけ歯科医に求められる機能および役割

- ▽必要な初期歯科医療および継続的歯科医療・患者相談・保健指導・予防活動
- ▽必要に応じた専門機関への紹介（医科・歯科・病診・診診連携）
- ▽口腔機能管理、障害者・要介護者・高齢者に対する歯科医療・口腔機能管理
- ▽歯科訪問診療・介護サービスへの対応
- ▽他職種とのチーム医療連携
- ▽地域の実情に応じた地域包括ケアへの対応

末瀬氏

インプラント学会学術大会

会員の所属割合を提示

診療所62%、大学20%、病院14%

日本口腔インプラント学会会員の所属は、診療所が62%、大学20%、病院14%となっている。日本歯科医学会連合副理事長の宮崎隆氏が3日、国立京都国際会館で開かれた第54回日本口腔インプラント学会学術大会の特別シンポジウムのなかで紹介したもの。

宮崎氏は、歯科の主要な学会では、診療所に所属する会員は半分よりも少ないのがほとんどと指摘＝左表。インプラント学会は、歯科医療の現状にあったバランスの良い会員構成との考えを示した。

なお、講演で学会への期待について話した宮崎氏は、「インプラント治療は国民の期待の大きい医療なので、学会員は『われわれが日本のインプラント治療を支えている』というプライドを持とう」「国民、立法機関、行政機関に、地域において学会員がインプラント治療を通じて健康回復に貢献していることを強く発信しよう」と呼びかけた。

宮崎氏

講演後には質疑応答も行われた

学会員の所属割合

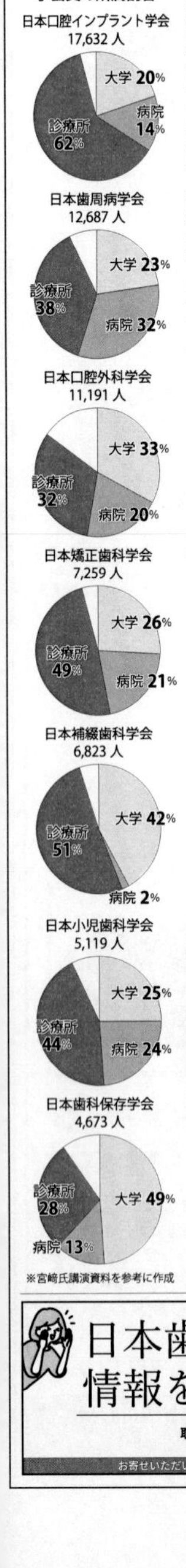

※宮崎氏講演資料を参考に作成

東北大研究で

歯が多いと余命が伸びることを確認

歯が多いと、認知症のない余命期間および全余命期間が伸びることがわかった。東北大学学際科学フロンティア研究所の木内桜助教、東京科学大学の相田潤教授の研究グループによるもの。フッ化物の使用普及や砂糖への対策など、歯の喪失を予防するための個人での対策や公衆衛生施策の重要性が示唆された。

約4万4千人を調査

研究では、日本老年学的評価研究(JAGES)の2010年の調査に回答した65歳以上の自立した男女4万4083人(平均年齢73・7歳、男性46・8%)を対象。調査時とその後10年間の追跡調査データについて歯の本数と、認知症の発症と全死亡の発生との関連を調べた。

研究の結果、モデルから推定された65歳時点での認知症のない平均余命期間は、男性で20本の歯を有する人で18・88年、0本の人で16・43年だった。女性では20本の歯を有する人で17・12年、0本の人で14・40年だった。

65歳時点での認知症の期間も含む全余命期間は、20本以上の歯がある人では、男性で17・84年、女性で22・03年、歯が0本の場合、男性で15・42年、女性で19・79年だった。

研究成果は老年学分野の国際誌『Journal of the American Medical Directors Association』(9月11日)に掲載された。

大阪大ら

BWCFF症候群の口唇口蓋裂の機序解明

脳や顔、骨の発達に影響を与える希少疾患「Baraitser Winter cerebrofrontofacial(BWCFF)症候群」において、細胞のなかにある非常に小さなタンパク質「アクチン分子」が異常な動態を示すことで、口唇口蓋裂を引き起こす可能性がある―。大阪大学大学院歯学研究科の辻本貴行大学院生(博士課程)、黒坂寛准教授、山城隆教授、広島大学両生類研究センターの鈴木誠助教、荻野肇教授、未診断疾患イニシアチブ(IRUD)らが解明した。

これまでBWCFF症候群の病態はアクチン分子の病的バリアント(遺伝子の病気の原因となる変化)が原因と知られていたが、口唇口蓋裂などの全身のさまざまな形態の形成異常が引き起こされるか詳細は不明だった。

今後は、BWCFF症候群のさらなる病態解明や、関連疾患の診断および治療法の開発に貢献するなど、「希少疾患研究のロールモデルになり得る」としている。

同研究成果は、英国科学誌『Human Molecular Genetics』(9月13日)に掲載された。

Top Scholarに山崎氏

歯周病分野で

新潟大学の山崎和久名誉教授=写真=がアメリカのMeta Analytics LLCが運営するScholarGPSの歯周病分野において、世界の研究者の上位0・5%にランクインし、Top Scholarに認定された(世界52位、日本1位)。

ScholarGPSはオンラインの学術活動分析ソースで、2億冊以上の書籍や学会論文、特許など、30億件以上の引用データを分析し、研究者の影響力や論文の価値の数値化によって、研究者のランキングや論文の評価を提供している。

同大によると、山崎教授のこれまでの出版記録や研究のインパクト、学術的貢献の質などが評価され、認定に至ったとのこと。

九大が解明

はちみつに歯周病菌の増殖を阻害する効果

はちみつに歯周病菌や、大腸菌、黄色ブドウ球菌の増殖阻害効果があることがわかった。九州大学大学院農学研究院の清水邦義准教授と、MYM International(=MYM)の共同研究によるもの。

研究では試験群としてMYMが輸入しているはちみつ「Wild JARA Honey」と、コントロール群として滅菌水を使用。黄色ブドウ球菌、大腸菌、歯周病菌について24時間後の菌の増殖を評価した。

その結果、濃度が3・1%の試験群で黄色ブドウ球菌に対する増殖阻害が確認された。また、濃度25%で大腸菌、歯周病菌の増殖阻害効果が認められた。

タンパク質「BMP3b」 骨量の制御との関係解明

九歯大

BMP(骨形成タンパク質)3bと呼ばれるタンパク質が、骨の量を制御している。

骨を作るとされるBMP2や4という因子がある一方で、BMP3bは脳や脂肪、骨格筋などで働くとされているものの、骨における機序は不明だった。これを受け、九州歯科大学分子情報生化学分野の古株彰一郎教授ら研究グループは、BMP3bの機能が喪失したマウスの骨を解析した。

研究グループによれば、BMP3b欠損マウスでは健全なマウスと比べて体格に大きな差はなかったが、BMP3b欠損マウスの骨組織では、骨の量が増加していることがわかった。

加齢に伴って、骨の量が減少する骨粗しょう症患者において、BMP3bの機能を抑える中和抗体(タンパク質の機能を中和する抗体)は、有効な治療薬の候補になる可能性があるとしている。

また、骨を作るBMP2の機能を向上させ、新たな骨再生医療に展開できると期待がかかっている。

同研究成果は、『Bone』(米国時間10月24日)にオンライン掲載された。

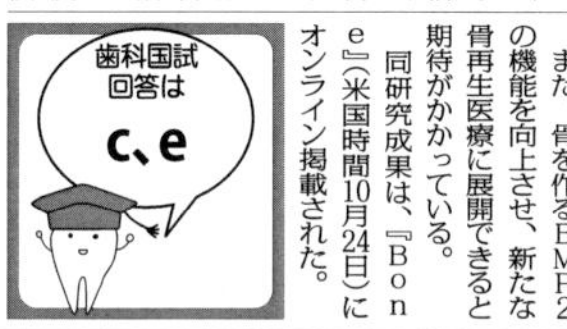

デンタル小町が通る

まさか

大谷歯科医院院長
(愛媛県西条市)
大谷恭子 ⑧

筋トレシリーズ第7弾。

筋トレも生活の一部となり、この体型を維持していると、予期せぬことも起こる。洋服はTシャツでもなんでもきつく窮屈で破けんばかりにタイトになる。まるで子供サイズなの?っていわんばかりのパッツンパッツンさ。そんな私に張り付いている洋服も気の毒だけど、ベストフィットで少しかっこよかったりもする。要は早くサイズアップすればいいだけなのにね。

そんなある日、映画「ハルク」が頭をよぎった。主人公のブルース扮する超人ハルクは変身する際、洋服を破りつつ巨大な緑色のモンスターへと化す。「あ～白衣もきついきつい！ 破りたくなる。ブルースの気持ちわかるわ～」とぼやいていたちょうどその時、落とした物を拾おうとして座った瞬間……。「え?とうとう私もハルクの仲間入り!?」そうなの、やぶけてしまったのね。こともあろうに白衣のパンツが。このまさかの出来事にスタッフ含め大爆笑。訪問診療など出先でなくて救われたわ。内輪の笑い話で済み、後味よしでひとまず安堵。

まさかといえばね、都内での待ち合わせで手を振りながら「お～っ」ってお相手ににこにこしながら走って行ったの。久々の旧友との再会にうれしさあまってね。でも近づくにつれ、似てる！似てるけれど別人ってことに気付いたんだよね。もう後戻りはできないし、いまさら手は引っ込められないしで、ごあいさつさせていただいたの。「知人に似てらっしゃるんですけど、人違いでした。すみません」と。お相手も気さくな方で「いいよいいよ！でもこれも何かのご縁ですね」と笑い話になり、自己紹介しつつ名刺交換いたしましたの。するとなんとその方、「夕刊フジ」の関係者で「大谷恭子はお口の恋人」ってタイトルでコラムを書かせてもらうようになったのね。まさかのような本当の話。

㊨ジムで筋トレ後㊦夕刊フジにコラム掲載

「呑んで漢方」が会合

更年期の歯科漢方診療を確立へ

歯科独自の漢方診療の体系を確立すべく、歯科から難治性疾患を診療する歯科医師らが更年期歯科外来の実現を目指して交流を図っている。「呑んで漢方 更年期女性歯科外来」の集まりが、9日、東京都内のバーで開催され=写真、歯科の特異性に配慮した漢方診療の体系を学ぶとともに、日ごろ接している難しい症例を相談し合った。世話人は仲井太心氏(東京都開業)。

講師は、横浜歯科漢方研究会の渡辺秀司氏(神奈川県開業)、片岡加奈子氏(神奈川県勤務)。少人数でじっくりお酒を飲みながら臨床の疑問点を話し合う集まりで、率直な意見交換が続いた。

◆◇◆

渡辺氏は、20代のころから湿疹に悩み、最近では歯肉の腫れと口臭の自覚に悩む34歳女性を典型的な症例として提示。歯科における漢方診療で重要な点として、患者の訴えをそのまま聞いて、そこから複数の要素を拾い上げるプロセスだと強調した。これにより、主訴や既往歴だけでなく、基礎的な体質や生活習慣が伺えるため、漢方の基本となる「証」の判断に生かせるという。

歯科特有の漢方の考え方として、「気」「血」「水」の状態を判別するのに、「気」は咬合、「血」は歯肉、「水」は唾液を診ることだと指摘。特に、咬合によって短期間に気の状態が変化することから、漢方医学の体系を理解しつつ、歯科の基本として咬合へのアプローチを意識することが重要だと訴えた。

また、歯科における漢方は、対症療法だとして、さまざまな要因によって変化し続ける心身の状態に合わせ、処方を変えていくことが必要だと指摘。右上4番の抜髄後疼痛がひどくて、気力が失われていく症例を紹介し、気鬱→気逆→気虚と体力、神経系、免疫系、内分泌系の変化に応じた処方が必要との考えを示した。

そのうえで、歯科医師が行う漢方臨床は、口腔疾患の変化が急激であることなどから、内科医の漢方臨床より難しい面も多いとして、「歯科でも漢方」ではなく、「歯科での漢方」を確立する必要があると主張した。

◆◇◆

片岡氏は、漢方診療を取り入れている歯科医院が、更年期の女性特有の悩みに応える「更年期歯科外来」を設置するアイデアを提唱。講演では、更年期障害の生物学的背景、社会環境的背景について解説したうえで、更年期に特有の歯科口腔疾患とその対応を説明した。

代表的な疾患として、口腔乾燥症、舌痛症、味覚障害、歯周病、骨粗鬆症、顎関節症をあげ、それぞれに適合する漢方薬を紹介した。むくみを伴う口腔乾燥症には五苓散が用いられるが、更年期には、ホルモンバランスの障害からうつ症状を呈している症例もあるとして、十全大補湯が有効なケースも多いとした。メンタルの不調が背景にある味覚異常にも、十全大補湯が用いられる。

また、更年期に長期化するメンタルの不調に対して、化粧療法を紹介。化粧をすることで、自信をつけて社会性を回復してもらうのも、更年期外来では有効なのではないか、との考えを示した。

口腔疾患に用いられる漢方薬

(渡辺氏資料より改変)

〈一般に保険診療で認められている〉
①立効散(歯痛、抜歯後疼痛)
②半夏瀉心湯(口内炎)
③黄連湯(口内炎)
④茵陳蒿湯(口内炎)
⑤五苓散(口腔乾燥症)
⑥白虎加人参湯(口腔乾燥症)
⑦排膿散及湯(歯周炎)

〈摘要欄記載で認められることもある〉
①小柴胡湯(口内炎、舌痛症)
②麦門冬湯(口腔乾燥症)
③人参養栄湯(口腔乾燥症)
④桔梗湯(歯痛)
⑤加味逍遙散(顎関節症、舌痛症)
⑥柴朴湯(顎関節症、舌痛症)
⑦黄連湯(舌痛症)
⑧附子末(舌痛症)など
＊舌痛症には口腔心身症も含む

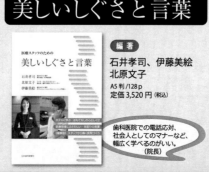

新社長インタビュー　ネオ製薬工業株式会社　木瀬 俊彦 氏

会社のポテンシャルを引き出す

(きせ　としひこ)
1962年生まれ。東京薬科大学薬学部卒。85年ネオ製薬工業入社。開発部長、学術部長、工場長を経て今年6月に現職に。薬剤師のほかに行政書士や情報処理技術者の資格などを保有している。技術士と中小企業診断士の一次試験にも合格。
趣味：楽器演奏、スポーツ、園芸。来年8月に東京薬科大の管弦楽団50周年記念コンサートにオーボエ担当で出演予定。卓球、ゴルフ、野球などをするのも好き。土日は庭作り野菜作りをする。

──経歴を教えてください。

木瀬　大学卒業後に当社に入社しました。長野県の工場・研究所で歯科用医薬品、医療機器の研究開発、本社で製造販売業の責任者、再び長野に戻り工場長などに従事した後、今年6月に現職に就きました。私は4代目で創業家以外が就くのは初めてとなります。

──社長として力を入れたいことは。

木瀬　社員、製品を含めた会社全体にまだまだ伸びしろがあると感じているので、そのポテンシャルを引き出していきたいと考えています。製品開発の面では、昨年2月に発売した覆髄材「D－キャビオスMTA」の販売が好調でした。これに続く新製品の開発が急務です。

国内の市場が縮小傾向にある中で、販売面での伸びしろは、やはり輸出にあると考えます。現在は主力商品の根管充填材「ビタペックス」を主にアメリカや中国に輸出しています。今後は薬事関連の法規制が整ってきた、東南アジア方面への輸出量を増やしていきたいです。

──その他の取り組みは。

木瀬　DX化の流れに注視しています。当社では企業規模の割には先進的にIT化に取り組んできたつもりです。生産・品質管理システムは稼働から10年、請求書など事務系の電子化が昨年に完了し、次の一歩を模索しているところです。

当社はおかげさまで今年創業70周年を迎えることができました。今後もよりよい品質の製品を安定して提供し続けることができるよう、日々努力を重ねていきたいと思います。

カフェのような空間

千葉サービス拠点移転

ジーシー

セミナールームを併設

ジーシーは、千葉サービスセンターを移転し、新たに「千葉デンタルサロン」を1日に開設した。

アフターサービス拠点としての機能に加え、セミナールームを併設。カフェのような空間で、顧客からの意見や最新の臨床情報などを収集できる場として活用していく。同施設のビルの1～3階は歯科医院となっており、開業や改装を検討する歯科医療従事者は、医院の休診日などに実際に使用されている機器を体験できる。

住所は、千葉県千葉市稲毛区稲毛東3－20－8Kビルヂング4階。TEL043(382)0260、FAX043(382)0262。

■■■■ 東京デンタルショー ■■■■

1万4,137人が来場

白衣でランウェイも

白衣ファッションショーの様子

会場の様子

「東京デンタルショー2024」が16、17の両日、東京都江東区の東京ビッグサイト東1～2ホールで開かれ、1万4137人が来場した。

出展企業による歯科関連製品の展示、セミナーのほか、白衣ファッションショー、歯科医療従事者向けのメイク・ヘア・ネイル無料施術なども行われた。

来場者の内訳は、歯科医師3114人、歯科技工士1149人、歯科衛生士2764人、歯科助手498人、歯科学生1181人、商工業者3894人、同伴者1537人。

エキサイトHD

歯科矯正事業強化で同業他社を子会社化

オンライン診療を活用したマウスピース歯科矯正サービス「EMININAL(エミニナル)」などを運営するエキサイトホールディングス(＝エキサイトHD)は、ONE MEDICALの全株式を取得し、連結子会社化したと10月28日に発表した。

両社はともにオンライン診療事業を中心としたサービスを提供しており、ONE MEDICALのオンライン診療支援事業は月商約1億円まで伸長しており、今後も継続的な成長が見込まれるという。エキサイトHDのユーザー基盤を活用することで、ONE MEDICALのオンライン診療支援事業への相互送客が見込まれることから、連結子会社化した。

「持続可能な製品」に歯科では2社

ロッテのガムなど

オルタナとサステナ経営協会が主催する「サステナブル★セレクション」の「三つ星」に、ロッテの「キシリトール咀嚼チェックガム」と「咀嚼チェックアプリ」、「二つ星」にプラスの歯ブラシ「turalist」が選ばれた。

同セレクションは、サステナブル(持続可能)な理念と手法で開発された製品やサービスを一つ星・二つ星・三つ星として選定・推奨するもの。

噛むと色が変化し、咀嚼能力を評価できるキシリトール咀嚼チェックガムと咀嚼チェックアプリは、咀嚼能力を美味しく簡単に確認できるため「噛むことで人々のサステナビリティ(ウェルビーイング)に貢献する新規性」として評価された。

turalistは、プラスチックを使用せず、歯ブラシのハンドル部分に端材のブナの木、ブラシ部分に主に食肉用の馬や豚の毛を採用しており、持続可能な社会づくりに貢献しているとして評価された。

仕事観別の衛生士求人サイトを開設

ホワイトエッセンス

ホワイトエッセンスは、歯科衛生士が自身に合った価値観の歯科医院を探せる求人サイト「メグリー」を開設したと8日に発表した。

同サイトは性格と仕事観でタイプ別診断を行い、診断結果に基づいて価値観に合った医院の求人情報を提示。歯科衛生士は「いいね」「スキップ」をタップするだけで簡単に医院を選択でき、医院側は最大30枚の写真や動画を掲載できる。医院の選び方や人間関係で悩まない働き方もアドバイスし、歯科衛生士の職場環境における満足度や定着率の向上を目指す。

予約受付サービスに会員登録機能を追加

ギミック

総合医療情報サイト「ドクターズ・ファイル」を展開するギミックは、ウェブ予約受付サービス「ドクターズ・ファイル アポ」を刷新したと10月31日に発表した。

会員登録機能を追加し、ユーザーが事前に会員登録をすると予約時の個人情報の入力を省略できる。マイページから予約やキャンセルを確認しやすく、医院側は、ユーザーが予約サイトからキャンセルできるよう設定も可能。UI／UXは、予約内容ごとに色分けできるカレンダー形式に刷新。個人情報の漏えい対策として、データベースの整備によるセキュリティー強化も実施した。今後は、各ユーザーに合った医療情報の提供も進めていく。

ヘッドライン企業ニュース

■「メモリーボックス・2ツー」(100個入り)の販売を終了(アグサジャパン／10月)
■プロ野球選手を目指す小学生を「千葉ロッテマリーンズジュニア」に口腔健康セミナーを9月21日に実施(ロッテ／10月3日)
■ZTデンタル社のラテックスフリー開口器「チークリトラクターLF」、歯科用隣在歯隔離用テープ「ホワイトテフロンテープ」、ラバーダム固定用コード「スタビライザーコード」を10月21日に発売(モリムラ／10月4日)
■矯正用アンカースクリュー「i-station α」の専用ドリル「i-drill α」7・9・12mmの販売を10月18日に終了し、後継品を発売(JM Ortho／10月8日)
■「ヴィンテージ ハロー NCCシェードガイド(N)」、ミリングマシン「DWX-53D」を発売(松風／10月10日)
■紫外線保管庫「アポロンキーパーD3」を10月21日に販売を開始(大榮歯科産業／10月11日)
■CAD/CAM用キャスティングワックスに3色を追加、ミリングバー「HDミリングバー」にセレック・CANON対応のバーを4種類追加(ビー・エス・エーサクライ／10月11日)
■矯正用リテーナー洗浄剤「リテーナーシャイン　顆粒」の販売を在庫限りで終了し、後継品「リテーナーシャイン」を12月23日に発売(JM Ortho／10月16日)
■光硬化性樹脂材料「トレー&ベース(クリア)」「トレー&ベース(ピンク)」を10月21日に発売(山八歯材工業／10月18日)

製品紹介

(価格は税込)

歯科用色調遮蔽材
ア・ウーノ オペーカー
YAMAKIN　☎0120-39-4929

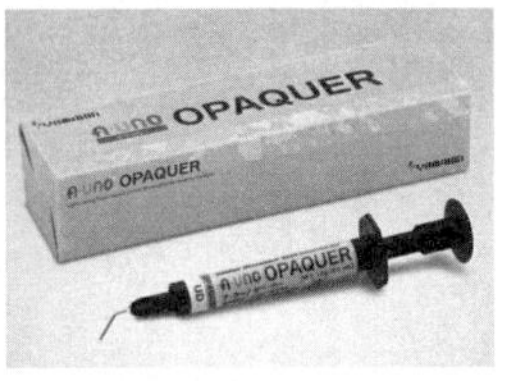

少ない塗布量でも下地色を遮蔽できる歯科用色調遮蔽材。薄く塗布する使用方法を考慮し、1.0gと小容量で無駄なく使用できるよう設計。
価格＝1,540円

歯科用探針
ユニバーサル エキスプローラー RI
バイオデント　☎03(5604)0980

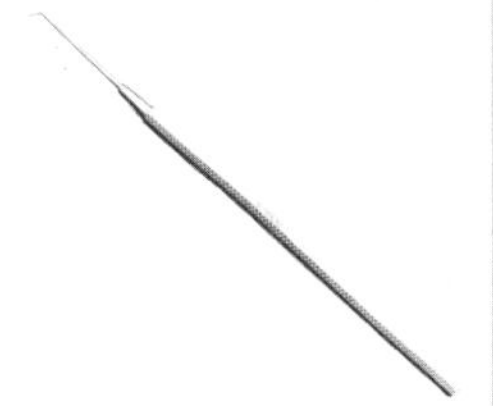

リンガル・ラビアルで口腔内で操作しやすい先端角度の歯科用探針。モジュール・チェーンの着脱やリンガルワイヤーのスロットへの挿入など、細かな作業に便利。全長150mm。
価格＝4,400円

フロス
クラプロックス デンタルフロス846 スペシャルケア用
ヨシダ　☎0800-170-5541

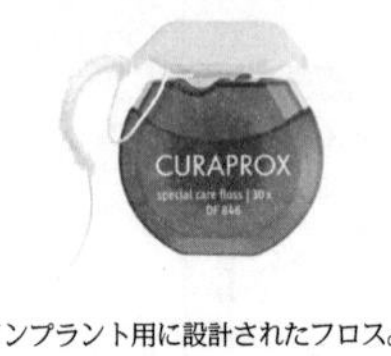

インプラント用に設計されたフロス。伸縮性のあるマイクロファイバーにより、インプラント周囲や歯肉に沿って効率良く清掃できる。矯正治療中の患者のセルフケアにも使用可能。長さは42.5m。
価格＝1万4,850円(6個入り)

歯科切削加工用レジン
デンチャーディスク
山八歯材工業　☎053(357)7121

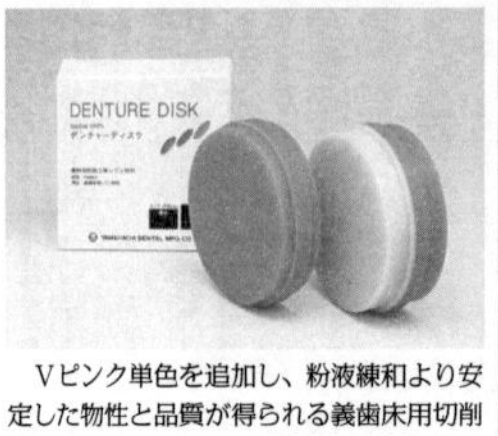

Vピンク単色を追加し、粉液練和より安定した物性と品質が得られる義歯床用切削加工用レジン。デザイン後は加工機によるミリングで工程が自動化され、中間作業を簡略化できる。データを保管すれば同形状ですぐに再製作が可能。
価格＝6,600円(T25、T30)、1万1千円(＋A3)

■ONE PIECEデザインのスクラブ／クラシコ

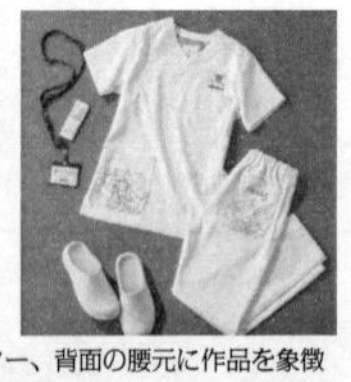

クラシコは、アニメ「ONE PIECE」とコラボしたスクラブのトップスとパンツを14日に発売した。胸・腰ポケットに主人公のモンキー・D・ルフィなどのキャラクター、背面の腰元に作品を象徴する刺繍をあしらっている。ストレッチ性のある生地で吸収速乾機能付き。色は、ホワイトなど3種類。サイズは6展開。男女兼用。同社の直営店などで販売。価格はオープン。

■ながら磨きに着目した歯磨剤など／花王

花王は、歯垢などを緩めて剥がす処方に改良した「薬用ピュオーラ ハミガキ」と「ピュオーラハブラシすき間PRO(プロ)」を全国で発売している。

歯磨剤は、ながら磨きでも根本から歯垢などを除去。歯ブラシはヘッドの8カ所にフロス毛を植毛し、重なりあった歯の隙間に入り込む。歯磨剤の容量は115gと170g。香味は3種類。価格はオープン。

家電や事務用品などレンタルサイト

フィードが開設

フィードは、家電やオフィス事務用品などを取り扱うレンタル専門のサイトを10月31日に開設した。

生活家電やヘルスケア関連機器、カメラ類、オーディオ機器、オフィス事務用品、ホビー用品など5千種類以上のアイテムを用意。これまで同社で取り扱いがなかった院内やスタッフルームなどで使用できる製品をレンタルで試せる。

既に販売している機器類のレンタルも始める予定。

人事

(敬称略)

■オプテック
▼取締役会長　大原茂之
▼代表取締役社長　平出隆

週間 金・パラ価格動向　税抜価格(1g、円)

	金	パラジウム(参考価格)
11月11日(月)	13,255	5,135
11月12日(火)	13,013	5,100
11月13日(水)	13,055	4,950
11月14日(木)	12,928	4,910
11月15日(金)	12,973	4,980

提供 石福金属興業

日本歯科新聞

2024年(令和6年)
11月26日

<発行所>
日本歯科新聞社
厚生労働省記者クラブ加盟社
〒101-0061
東京都千代田区神田三崎町2-15-2
電話 03(3234)2475
FAX 03(3234)2477
www.dentalnews.co.jp
jdn@dentalnews.co.jp

■年間購読料 23,760円(送料込)(本体21,600円+税)
■月4回、火曜日発行
■郵便口座番号 00120-5-130369

今週号の主な内容

認知機能が低下

肥満・歯周病と関係

マウス実験で広大らが解明

認知機能評価試験の結果

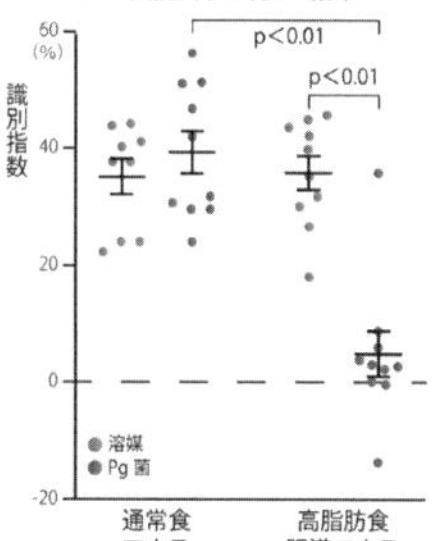

肥満病態下における歯周病が認知機能を低下させることがわかった。広島大学病院歯科麻酔科の大植香菜助教、同大医系科学研究科歯周病態学の應原一久助教、細胞分子薬理学の吾郷由希夫教授、薬効解析科学の森岡徳光教授、第一薬科大学らの研究グループによるもの。認知症の理解と克服に向けた新たな提言につながることが期待される。

研究では健常マウス、肥満マウス、歯周病マウス、肥満・歯周病マウスのそれぞれに認知機能評価試験を行った。その結果、肥満・歯周病マウスのみ認知機能が顕著に低いことがわかった。

さらに、肥満・歯周病マウスにおいて、中枢神経系に分布する免疫細胞「ミクログリア」が有意に増加していることを確認。ミクログリアは死細胞や病原体を捕食するが、活動が過剰になると神経炎症を引き起こすことが報告されている。ミクログリアを枯渇させる物質を与えると、肥満・歯周病マウスの認知機能が改善した。

同研究成果は科学誌『Journal of Oral Microbiology』(11月14日)に掲載された。

適切な財源確保 要望

国民医療を守るための総決起大会

三師会や医療・福祉関係など42団体が加盟する国民医療推進協議会は22日、国民医療を守るための総決起大会を日本医師会館(東京都文京区)で開催した。約1千人が参加し、物価高騰や人材不足に伴う賃金アップ、診療報酬改定に向けた適切な財源確保を求める決議文を採択した。

日本医師会の松本吉郎会長は、光熱費や材料費、急激な人件費の増加によって厳しい経営状況に見舞われているとして、「国民の命と健康を守るために、物価高騰に負けない賃上げを実施できる適切な財源確保をしなければ」と訴えた。

決議文採択後にはがんばろうコールが行われた

決意表明で、日本歯科医師会の高橋英登会長は「一緒に手を組んで頑張ってきた政権与党が危機的状況としたうえで、社会インフラである医療を守るためには、松本会長を軸にした42団体が一致団結し、政権与党を支えることは必要と主張した。

会見で話す高橋会長

また、記者会見で高橋会長は「われわれが大事にしたいスタッフの給与を上げることは、いまの社会の中では非常に難しい」と、医療・介護現場が置かれている悲惨な状況の周知を求めた。

神奈川県歯と吉本興業

「笑える歯」テーマにコラボ動画を作成

YouTubeの県歯公式チャンネルで4つの動画を公開している

神奈川県歯科医師会は、吉本興業とのコラボレーション企画「芸人抜き打ちデンタルオーディション」の動画を作成し、YouTubeの公式チャンネルで公開している。

動画は、「笑える歯をいつまでも」をテーマに、健康できれいな歯について学ぶという趣旨のもの。全4回で、鬼越トマホークやオダウエダ、ヨネダ2000などの芸人が参加。実際に芸人の口腔内レントゲン写真を見ながら歯周病や永久歯の先天性欠如、智歯、口腔がん、誤嚥性肺炎などについて解説している。

YouTube内で「芸人抜き打ちデンタル」と検索すると該当動画が見つかる。

なお、動画中で触れられているが、神奈川県歯の公式キャラクターの名前を、12月25日まで募集している。最優秀賞(1人)にはクオカード5万円分、優秀賞(20人)には歯ブラシセットが贈られる。応募は、県歯ホームページ内の専用フォームから。

プリズム

ネット時代の選挙・広報

先の兵庫県知事選挙では、議会の不信任案決議を受け、出直しとなった斉藤前知事が再度当選するという、驚くべき事態が発生した。県内の歯科医療関係者もさぞかし驚いているに違いない。

振り返れば兵庫県の件で少なくとも自分は、テレビ情報番組の内容をほぼそのまま受け取ってしまっていたことは否定できない。何が事実か、まだわからない状況だ。

再選を果たした斉藤県知事には、真実を明確にしたうえで、県民に寄り添った施策を進めてほしい。

今回の選挙では、都知事選で石丸旋風を巻き起こし、国民民主党の急進に寄与したSNS内のグループが活躍したという。これまでの選挙でも、一時だけ特定の候補者を盲目的に支持するような書き込みがネット上に湧き上がる不思議な現象は起きており、今後も同じようなことが起きるのかもしれない。

SNSなどネットを活用した広報活動、選挙活動は歯科界でも広がっていくことは確かだ。

これまで考えられなかったことが、当たり前に起こる。それを念頭に置いた選挙規定の整備、広報戦略を検討する時期に入っているのかもしれない。

いずれにしても、批判や誹謗中傷によって成り立つ社会、歯科界にだけはなってほしくないものだ。

第71回全歯懇

多様性に関する同窓会対応を共有

「同窓会活動でのダイバーシティ(多様性)への対応」をメインテーマに、第71回全国歯科大学同窓・校友会懇話会が16日、パシフィコ横浜(横浜市)で開かれた。メインテーマと同様の事前アンケート結果報告・意見交換、尺八奏者の辻本好美氏による講演などが行われた。

当番校としてあいさつした神奈川歯科大学同窓会の大舘満会長は、同窓会や歯科医師会の組織率が問題になってきていると言及。「ダイバーシティをテーマに行ったアンケートの回答を紐解いていくと、組織の在るべき姿が掘り起こされてくるような気がする」と活発な意見交換に期待を示した。

大舘会長

来賓では、日本歯科医師会の高橋英登会長(蓮池芳浩副会長代読)、日本歯科医師連盟の太田謙司会長、神奈川県歯の守屋義雄会長、神奈川歯科大学の鹿島勇理事長があいさつした。

アンケート結果では、各同窓・校友会で、女性委員会の活動、研修歯科医や歯学部学生との交流などの取り組みが見られたほか、離職中で復職を考えている女性歯科医師が派遣歯科医師として活躍できる方策を検討しているとの回答などもあった。

協議では、次々回当番校が朝日大学歯学部同窓会に決定した。

次回(72回)は明海大学歯学部同窓会の当番で来年11月8日に開催予定。

懇話会の後は、辻本氏による尺八コンサート、懇親会も行われた。

全国から同窓会役員が集った

● 岐阜県歯 ●

後期高齢者の歯科健診 受診率が前年の2割増

岐阜県内のいずれの歯科医院でも、高齢者向けの歯科健診が受診できるようになったことで、前年度と比べて受診率が約2割も向上した。

医療経済研究・社会保険福祉協会医療経済研究機構研究部の満武巨裕担当部長、東京大学生産技術研究所の合田和生教授ら研究グループが、岐阜県国民健康保険団体連合会と地域における医療・介護・健診に関するビッグデータを活用し、岐阜県歯科医師会が行うオーラルフレイル対策推進事業のために分析支援を実施した。

これまで地域における医療・介護・健診に関する施策は、国民健康保険、後期高齢者医療広域連合、県庁など複数の制度や組織がそれぞれ担っていることから、各自治体における医療・介護・健診を一体的に捉えて分析し、施策の立案に生かす取り組みは十分に行われていなかった。

◆◇◆

岐阜県歯および岐阜県国保連は、県内の歯科医院における歯科口腔健診・受診の有無を検討する際に、国民健康保険および後期高齢者が歯肉・歯周疾患で受診している医療機関を分析したところ、年月を経つごとに大半の患者は県内で受診していることがわかった。

そこで分析結果をもとに、後期高齢者を対象として、歯・歯肉の状態や口腔清掃状態などのチェックを行う「ぎふ・さわやか口腔健診」(令和6年4月から開始)で、県内の歯科医院で受診できるように対応した結果、前年度と比較して受診率が約2割増加したという=上表。

今後は歯科口腔健診と医療・介護レセプトデータを併用することで、医療・介護費用の適正化に貢献でき、岐阜県民の健康寿命の延伸にもつながるとしている。

請求(確定)件数

※岐阜市は9月健診(10月請求)から実施

健診月	請求月	確定件数(8月請求分は未確定) 令和5年度	令和6年度	増減	伸び率
4月	5月	65	20	-45	30.8%
5月	6月	419	477	58	113.8%
6月	7月	3,124	3,498	374	112.0%
7月	8月	2,711	3,462	751	127.7%
8月	9月	1,923	2,203	280	114.6%
9月	10月	3,652	―	―	―
10月	11月	3,430	―	―	―
11月	12月	2,754	―	―	―
12月	1月	1,804	―	―	―
1月	2月	1,477	―	―	―
2月	3月	501	―	―	―
3月	4月	30	―	―	―
合計		21,890	9,660	―	―
健診月(4～8月計)		8,242	9,660	1,418	117.2%

社保審医療部会

地域医療構想や医師偏在など議論

厚労省は15日、第112回社会保障審議会医療部会を東京都千代田区の全国都市会館で開催した。

厚労省では高齢者の増加と現役世代の減少が顕著になるとされる2040年ごろを見据え、新たな地域医療構想を3月から検討しており、内容について年内に取りまとめ、施行に向けたガイドラインの検討・発出を令和7年に行うとしている。

部会では、入院医療、在宅医療、介護との連携、都道府県知事の権限、市町村の役割、医師偏在是正対策などについて議論された。

委員からは、これまで検討されてきた地域ごとの医療機能機関のネーミングについて指摘があった。『高齢者救急等機能』は、高齢者という言葉が付いているせいで、高齢者のみを受け付けて、若い人は使えないと誤解を与える可能性がある。ほかの医療機能機関も含めてよりわかりやすい名称をつけるべき」とのこと。

機能の集約化についての疑義もあった。新たな地域医療構想では、地域の実情に応じて、「治す医療」を担う医療機関と「治し支える医療」を担う医療機関の役割分担を明確化し、医療機関の連携・再編・集約化を進めるとしている。「治療にはがんなどの『待てる治療』と、腹膜炎などの『待てない治療』があると考えている。必要に応じて分散化の考えも取り入れることが国民皆保険制度では必要だ」との声が聞かれた。

そのほか、「人口が多い地域と少ない地域では医療需要も違う。それぞれ分けて考えることが必要」「新たな地域医療構想の前に、そもそも経営の厳しい医療機関がある。それらがしっかりと存続できる体制づくりを求める」「集約しての医療提供には同意するが、山間部の救急などを考え、住民と丁寧にコンセンサスを取る必要がある」「高齢化および生産年齢人口が減少する中、どれくらいのマンパワーが確保できるのか現実的な検討を」などの意見があった。

中高年者縦断調査 健康維持の行動

食後の歯磨き 男性の6・3% 女性の13・4%

厚労省は、同じ集団に対して2005年から行っている第19回「中高年者縦断調査」の結果を20日に公表した。第1回調査から継続して(18年間)健康維持のために心がけていることで、「食後の歯磨き」は男性の6・3%(4番目)、女性の13・4%(2番目)となっている。

第1回調査から継続して健康維持のために心がけていることを、健康状態が「よい」と思っている人、「わるい」と思っている人で比較すると、最も差が大きかったのは、男性は「適度な運動をする」(4・6ポイント差)、女性は「バランスを考えた多様な食品をとる」(5・8ポイント差)。男性は次いで「適正体重を維持」3・9ポイント差、「ストレスをためない」3・7ポイント差、「食後の歯磨き」3・6ポイント差と続く。女性は「適正体重を維持」5・7ポイント差、「適度な運動」5・2ポイント差、「食後の歯磨き」4・5ポイント差となっている。

同調査は、2005年10月末に50～59歳だった全国の中高年者世代の男女を対象に、家族や健康、就業の状況などを継続的に把握し、高齢者対策などの厚生労働行政施策の基礎資料を得ることを目的としている。今回は、第1回から協力が得られた1万5523人を集計客体としている。

訪問歯科 超実践術 (450)

前田実男 (日本訪問歯科協会 理事)

摂食機能療法と訪問口腔リハ

介護事業所へのアンケートで、協力歯科医療機関に求めるが、実際には行われていないことの上位にあげられるのが「摂食嚥下障害の治療」である。

訪問診療で摂食機能障害に対応する場合の主な算定項目は、摂食機能療法と在宅患者訪問口腔リハビリテーション指導管理料(訪問口腔リハ)である。今回はこの2項目を整理する。

【対象患者について】　摂食機能療法は摂食機能障害を有する患者が対象で、外来・訪問いずれでも算定可能。一方、訪問口腔リハは、歯科訪問診療料を算定した患者で、摂食機能障害または口腔機能低下症を有し、継続的な管理が必要な場合に算定される。当然、ほとんどの場合は訪問診療時に行うことになる。

ここで言う、摂食機能障害を有する患者とは、次のいずれかに該当する患者である。

イ　発達遅滞、顎切除および舌切除の手術または脳血管疾患等による後遺症により摂食機能に障害があるもの

ロ　内視鏡下嚥下機能検査または嚥下造影によって他覚的に嚥下機能の低下が確認できるものであって、医学的に摂食機能療法の有効性が期待できるもの

よく「摂食機能療法や訪問口腔リハを算定するには、VEやVFでの検査をしなければならないのか」という質問があるが、イの場合には、必ずしも必要とはされていない。

【術者について】　摂食機能療法は、医師または歯科医師が行う場合のほか、医師または歯科医師の指示の下に歯科衛生士(言語聴覚士、看護師、准看護師も可)が行う嚥下訓練を摂食機能療法として算定できる。ただし、歯科衛生士の単独訪問で実施した場合は算定できないので注意が必要だ。一方、訪問口腔リハは、歯科医師が行う場合にしか算定できない。

【介護保険との算定調整について】　摂食機能療法は、介護保険の居宅療養管理指導費を算定している患者にも算定できるが、訪問口腔リハは、歯科医師居宅療養管理指導費を算定している場合には算定できない。

日本訪問歯科協会　https://www.houmonshika.org

都衛が実施

処遇に関する全国アンケート

東京都歯科衛生士会は、令和6年度診療報酬改定で歯科外来・在宅ベースアップ評価料が導入されたことを踏まえ、全国の歯科衛生士に向けて現状や改善の声を募る「歯科衛生士の処遇に関するアンケート」を実施している。

例年、都衛ではコロナ禍や産休等に関するアンケートなどを行い、歯科衛生士の声として東京都や東京都議会、そして東京都歯科衛生士連盟とともに、自民党東京都連の国会議員へ要望書を提出している。

今回のアンケート調査結果も要望に活用される予定だ。

なお、回答期限は12月22日まで。都衛ウェブサイトより3分程度で回答できる。歯科衛生士として働いている人なら誰でも問題ないとのこと。

歯科国試にチャレンジ

416　2024年(第117回)より

転倒により生じた2歳男児の舌の裂創に対して、全身麻酔下に縫合処置を行うこととした。用いる縫合糸の材質で適切なのはどれか。1つ選べ。

a　シルク
b　ナイロン
c　ポリエステル
d　ポリプロピレン
e　ポリグリコール酸

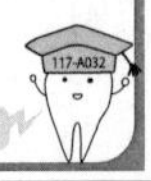

答えは本紙のどこかに！

My Way

言語聴覚士が「話す」も支援

こじまデンタルクリニック(小島好博氏、小島香氏)

こじまデンタルクリニック(名古屋市)では、歯科医師で院長の小島好博氏と、その姉で言語聴覚士(ST)の小島香氏、歯科衛生士(DH)がタッグを組んで、「食べる・ことばのリハビリテーション」を診療に取り入れている。同診療を始めた経緯や概要、今後の展望などを聞いた。

院長の小島好博氏(左)とSTの小島香氏

――「食べる・ことばのリハビリテーション」の概要を教えてください。

小島(好)　病気の後遺症や先天性疾患、加齢による衰えなどで「食べる」「話す」ことの困難さを抱える嚥下障害、構音障害の患者さんに対して、STとDHが口腔の機能回復訓練や指導、リハビリテーションを行い、その人らしい生活を送れるように支援しています。

――歯科診療所で行おうと思った経緯は。

小島(香)　私たちは、両親が医療関係者ではないので、本当にたまたま、歯科医師とSTの道を選びました。私は当初、総合病院で働いており、大学病院の歯科で働くSTは知っていたものの、歯科診療所で働くイメージはまったくありませんでした。

病院では、肺炎を起こして入院する高齢者の数が多く、「入院前に肺炎を予防することはできないだろうか」との思いで病院を辞め、医科診療所や歯科診療所、訪問看護ステーションで働いて、地域医療や在宅医療を学びました。

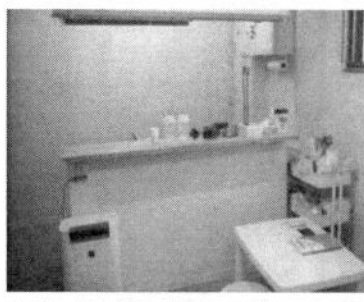

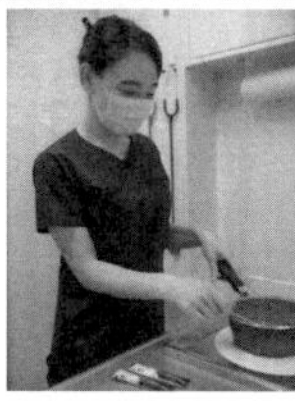
嚥下食などの調理ができるキッチンを設置

そして、地域医療や在宅医療を学ぶうちに、歯科の役割を再認識し、弟と歯科診療所で摂食嚥下リハビリテーション分野に注力するのも良いのではないかという考えに至りました。

――開業する際に、通常とは違う点はありましたか。

小島(好)　歯科医院を多く手掛けていた設計士さんにお願いしましたが、言語訓練に必要なリハビリテーション室(リハ室)を作った経験はないとのことでした。

小島(香)　医科の点数にはなりますが、脳血管疾患等リハビリテーション料の中に「顎・口腔の先天異常に伴う構音障害を有する患者」「舌悪性腫瘍等の手術による構音障害を有する患者」も含まれており、当院でも算定できます。

この施設基準にリハ室の面積などが要件として盛り込まれているので、STの雇用を考えている歯科医院は、リハ室の施設要件はチェックした方が良いかもしれません。

当院では、要件にはなっていませんが、摂食嚥下評価・訓練などで水分のとろみ調整、嚥下調整食の調理も行いたかったので、キッチンを設けました。

――医科のリハビリテーション料の話がありましたが、診療において算定しているものはどのようなものになりますか。

小島(好)　歯科医師の指示のもとでSTが行う摂食機能療法はもともと歯科でも算定できますので、使いやすい点数かと思います。

嚥下に関連するものとしては、舌圧検査や嚥下内視鏡などもあります。

歯科衛生士と連携して口腔機能訓練

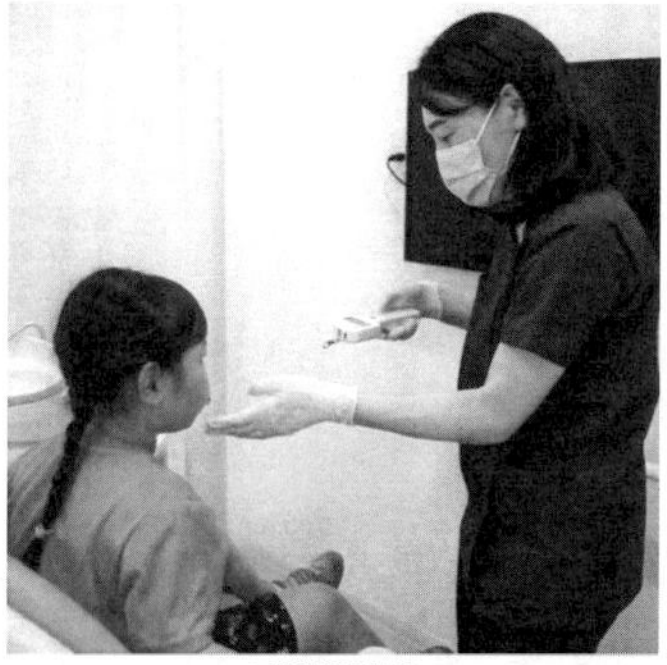
口腔機能の検査

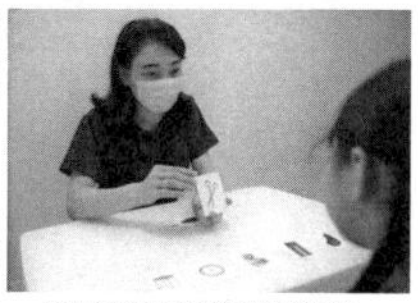
発語の評価や訓練はSTが担当

――どのような流れで、受診する人が多いですか。

小島(香)　大学病院や訪問看護、ケアマネジャー、施設側からの依頼もあります が、保護者間の口コミが多いかもしれません。

午前中は訪問診療で高齢者の患者さんに対して、口腔機能低下症への対応、摂食嚥下障害の訓練・指導、午後は、外来で小児の口腔機能低下症や構音訓練、重症心身障害児、口腔がん術後などの患者さんを診ることが多いです。

――たとえば口腔機能低下症や口腔機能発達不全症の患者への対応で、歯科衛生士との役割の住み分けなどはどうしているのでしょうか。

小島(香)　オーラルディアドコキネシスや舌圧計を使った検査などは、DHが担当することもありますが、実際に話す様子を診る評価については、専門性の高いSTが対応しています。

また、検査後の訓練については、基本的にSTが担当しています。

小島(好)　STがいる強みとしては、同じ摂食嚥下の機能を診るにしても、アプローチの幅が広がるという点です。

食べることを観察していたとして、咀嚼などを意識するDHならではの視点もありますし、正しい姿勢などSTだからこそ意識する視点も出てきます。

――診療をしているなかで課題や改善してほしい制度などはありますか。

小島(好)　医科診療所や訪問看護からSTがリハビリに行く場合は「みなし訪問リハ」を算定できるのですが、平成30年度改定で、歯科医療機関から訪問リハに行けなくなってしまいました。

歯科衛生士には居宅療養管理指導がありますが、STが訪問で算定できるものがない状態です。訪問診療の質は高まるので、STも参画していますが、ほぼボランティアで医院の持ち出しになっているのが現状です。STに対する補助点数があると良いのですが。

小島(香)　外来での検査や訪問診療において、算定できないものが多い点も、歯科界でSTの雇用が根づかない理由になっているかと思います。

――歯科医師がSTを雇用する際に心がけた方が良い点はありますか。

小島(香)　おそらく多くの歯科医院が雇えるとしたらST1人ではないかと思います。院内での教育や職場で孤立しないような環境づくりが大切だと思います。

違う職場でも、歯科で働いているSTと意見や情報を共有できるコミュニティーなどに参加するのも解決策になるかと思います。

厚労省 小嶺氏

歯科技工の現状と取り組みを紹介

小嶺氏

歯科技工の現状と、それに対する厚労省の取り組みを、厚労省医政局歯科保健課長の小嶺祐子氏が講演「歯科技工の現状と課題～これからの歯科技工を考える」で発表した。

小嶺氏は現在の歯科技工業界について「小規模技工所の減少」「技工士の高齢化」「女性技工士の増加」「養成学校の減少」などをあげたうえで、国で進めている取り組みを紹介した。

人材確保対策事業として、歯科技工と歯科の臨床を結びつける教育の補習カリキュラムを令和2年度から全国5カ所で行っているほか、デジタル技工に対応できる人を増やすために、養成機関の指導者を対象としたデジタル技術の追加研修を昨年から実施しているという。また、歯科技工所の働き方の改善を目的に、令和3年から日本歯科技工士会の受託で実施しているモデル事業に言及。「小規模な歯科技工所と大規模な歯科技工所で連携をしてCAD／CAM技工に取り組むという事業や、地域の歯科技工所間で作ったグループで配送業者と契約を結び、(技工物の)集配送の効率化を目指す取り組みの例がある」と話した。

さらに、デジタル技術を活用した歯科技工やチェアサイドでの歯科技工など、歯科技工の業務の在り方や必要な教育などについて議論しているとしたほか、多様な働き方への対応として歯科技工におけるリモートワークの関係法令の整備などを行っていくとした。

今年度から行っている歯科専門職の業務内容の普及啓発事業にも触れた。「むし歯が減ることで歯科医療機関とのかかわりが少なくなり、国民が歯科の仕事内容を知る機会も少なくなった結果、(歯科の)仕事を目指さないという負の循環がある。進路指導の先生も歯科の仕事を知らないということが起きている」とし、効果的な普及啓発を図っていく姿勢を見せた。

講演後の質疑応答で「人材確保について、歯科技工の一部の業務では、歯科技工士でなくてもできるように感じている。資格が必要な業務規則の撤廃などの議論はされているか」との質問があった。小嶺氏は「CAD／CAMの技工が増え始めたときに、一部CADの設計が歯科技工士でなくてもできるのでは、という意見があったことは事実だが、国としてはCAD／CAMは歯科技工だと認識している。一方で、今後歯科技工の技術がさまざまに変遷するなかで、検討事項にはなり得る」と答えた。

講演は日本歯科技工所協会が16日に東京都千代田区のビジョンセンター新橋で開催した「歯科技工『経営』未来創造フォーラム2024」で行われた。

女性歯科衛生士

ランチ会で「稼ぐ力」学ぶ

P's conexion社長で歯科衛生士の田村沙織氏による「稼げるDHランチ会」が14日、中央大学駿河台キャンパス19階(東京都千代田区)で開催された＝写真。歯科衛生士が「稼ぐ力」を磨くためのイベントで、そのサポートとしてsoeasyが参加している。

同ランチ会では、参加者たちがかかわるクリニックの売上をどのように上げているのかという経験を共有したうえで、仕事と育児を両立しながら、女性ならではの視点を活かすためには、「いかに歯科業界に貢献するのか」など活発な意見交流がなされた。

そのほか「スタッフ教育に関する悩み」「育児と仕事が重なった時期における対策」などのテーマに沿った内容もあった。

参加者からは、「これまで歯科衛生士が稼ぐことはタブー視されることもあったが、時代が変わり、自分たちが歯科業界の未来を創っていくという前向きな姿勢が必要だ」との意見が寄せられた。

なお、今後もクリニックの売り上げに貢献したい歯科衛生士を増やすなど、さらに多くの参加者を募り、歯科業界に新たな風を吹き込むと意欲を見せている。

スイスNGO・ムンケ博士が講演

国際プラスチック条約制定に向けた課題示す

各国のプラスチック問題への対応を促すため、スイスの環境NGO「食品容器包装フォーラム」(FPF)のジェーン・ムンケ博士が13日、日本で有害化学物質の問題に取り組むダイオキシン・環境ホルモン対策国民会議(中下裕子代表世話人)らによるセミナーでオンライン講演した。韓国・釜山で25日開催の、国際プラスチック条約の制定に向けた第5回政府間交渉委員会(INC5)に向けて企画されたもので、プラスチックの製造、使用、廃棄にかかわるさまざまな健康、環境リスクと、それらに対して各国で進む対策について解説した。

講演は、国際プラスチック条約の背景となる保健、環境上の課題を整理するとともに、最新のデータから読み解くプラスチックのリスクを説明する内容。

◆◇◆

プラスチックの保健、環境上の問題は、主として食品包装の安全性と、マイクロプラスチックの海洋汚染などが中心となっている。セミナーを主催したダイオキシン・環境ホルモン対策国民会議では、①プラスチックの生産量の削減、②プラスチックに使用される有害化学物質への規制、③保健、環境上のリスクのあるプラスチック製品の禁止などを条約に含めるよう提言している。

◆◇◆

歯科関連では、義歯床、歯冠修復材などに使用されるレジン材料のなかに、環境ホルモンが含まれるとして2000年ごろに当時の厚生省などで議論がなされた。現在は、大きな論点にはなっていないが、接着や充填の機能を高めるため、プラスチックの複雑化が進んでいると見られている。

ムンケ氏は、プラスチックの複雑化が添加物や非意図的添加物(NIAS)として含まれる化学物質の種類の増加につながっていると指摘したが、それが未知の保健、環境上のリスク要因と見なされることから、今後、条約が成立すれば、歯科でも、関連学会、メーカーなどに対応が求められる可能性がある。

平井 泰行 氏

元日歯常務理事

元日本歯科医師会常務理事で元東京都歯科医師会理事の平井泰行(ひらい・やすゆき)氏が9日、死去した。84歳。

同氏は、昭和15年1月21日生まれ。東京歯科大学卒。日歯では、平成9年4月から12年3月まで理事、12年4月から16年4月まで常務理事を歴任。都歯では、昭和60年4月から平成元年3月まで理事を務めていた。

東京科学大学

脳卒中で入院した患者のSDB
重症度と嚥下機能に関連

脳卒中を発症した後、リハビリテーションを目的として回復期病院に入院した患者を対象に、睡眠検査および嚥下機能評価を行ったところ、患者の多くが睡眠中に呼吸が止まったり、浅くなったりする「睡眠関連呼吸障害」(SDB)を発症すること、そしてSDBの重症度が経口摂取度と関連することがわかった。

日本の歯科医師は嚥下障害、SDBに対応しているものの、これまで回復期病院において、睡眠に対する注目はなされていなかった。そこで、東京科学大学大学院医歯学総合研究科摂食嚥下リハビリテーション学分野の戸原玄教授、山口浩平講師、柳田陵介医員らの研究チームがSDBの重症度を無呼吸低呼吸指数「Apnea Hypopnea Index」、食形態の指標を経口摂取の評価方法「Functional Oral Intake Scale」を使ってそれぞれ評価し、これらの関連性について統計解析で分析した。

歯科医師は口腔内を診察するだけではなく、回復期病院での摂食嚥下リハビリテーションにも携わっているため、舌や口蓋扁桃、軟口蓋などSDBの要因となり得る口腔内の特徴に気付き、適切な介入につなげられる可能性がある。

今後は、入院時から退院時までの縦断的な解析や、口腔・嚥下機能管理を行う歯科医師によるSDBスクリーニングの有効性、嚥下障害とSDBを管理することがリハビリテーションに与える影響について、さらに検討を進めていく予定だ。

同研究成果は、『Journal of Prosthetic Dentistry』(11月7日)に掲載された。

舌がん再発の機序を解明
根治療法の開発へ期待

東京科学大学らが舌がんの再発メカニズムを解明した。新たな根治療法の開発につながると期待がかかっている。同大総合研究院難治疾患研究所の樗木俊聡教授、日本医科大学佐藤卓教授(研究当時:東京医科歯科大学難治疾患研究所准教授)、自治医科大学や慶應大学、東京理科大学との共同研究グループが解明したもの。

研究グループは、再発率の高い治療抵抗性の舌がんに対する新たな治療法の開発を試みて、舌がん患者ごとのオルガノイド(試験管のなかで幹細胞から作られるミニ臓器)を樹立し、再発の原因となる微小残存病変における化学療法剤抵抗性メカニズム(MRD形成能)を明らかにした。

従来の化学療法に加えて、MRD形成を抑制する治療法を取り入れることで、舌がんの再発抑制につながると期待がかかる。

同研究成果は、『Developmental Cell』(米国時間11月5日)にオンライン掲載された。

「抑うつ様行動」抑制に寄与
発達期における鼻呼吸

発達期における鼻呼吸が、運動機能の最適化や抑うつ様行動(興味や喜びの喪失などうつ症状に似た行動や症状)の抑制に重要な役割を担う―。東京科学大学大学院医歯学総合研究科認知神経生物学分野の上阪直史教授、同大咬合機能矯正学分野の小野卓史教授ら研究グループが、そのメカニズムとして小脳(運動機能の調整やバランスの維持などを担当)の神経回路形成にかかわっていると、マウスを用いて解析した。

アレルギー性鼻炎や副鼻腔炎など、さまざまな要因によって引き起こされる鼻呼吸障害は現代社会における健康問題の1つであり、睡眠の質の低下や顎顔面の成長に影響する。

しかし、鼻呼吸障害が脳の発達にどのような影響を及ぼすのか、そのメカニズムはほとんど解明されていなかった。

研究グループは、同研究成果によって「アレルギー性鼻炎やアデノイド肥大などの治療の重要性」「適切な時期に治療を行うことの重要性」「新たな治療アプローチの可能性」など鼻呼吸の大切さが社会的に認識されることで、「(国民の)健康的な生活習慣の促進に貢献できる」と意義についてコメント。

今後は、これらの知見がヒトにも適用できるかを確認し、具体的な治療法や予防法の開発につなげていくとしている。

同研究成果は、『Communications Biology』(10月23日)オンライン版に掲載された。

デンタル小町が通る

なかい歯科クリニック院長(茨城県境町)
中井 巳智代 ❽

スタッフ旅行

開業して28年たった。一緒に働く医院スタッフの半数以上が生まれる前からということになる。振り返ればいろいろあったが、コロナ禍の1年を除き、毎年欠かさず、皆で旅行した。北海道から沖縄まで、時には足を延ばして韓国や台湾へグルメツアー、サイパンの海でマリンスポーツを楽しんだこともある。

当初は姉妹くらいの年の差のスタッフが多かったが、今や親子以上が当たり前、人数も増えた。当然、旅先の選定も「皆が楽しめる場所は?」と毎回、幹部スタッフと頭を悩ませる。

日取りは毎年決まっていて、開業記念日に近い11月頭の連休だ。以前は京都や北陸の目の覚めるような真っ赤に燃え立つ紅葉に感嘆したり、阿蘇の大自然が織りなす色彩を満喫したり、〝秋〟を思う存分楽しんだものだ。しかし、温暖化の影響で年々紅葉真っただ中とはならない状況に。昔の写真を見返すと、時代の流れとともに地球の気候変動にも驚かされる。

今年はスタッフ25人と伊豆半島へ。1カ月前から担当スタッフは「旅のしおり」を作り、現地の観光・グルメ情報の入手に余念がない。天気予報を調べ、服装チェックも怠りなく、昼休みは旅行の話題で持ちきりだ。

3日前ぐらいからは、どことなく皆がそわそわし始める。「旅ハラってないのかな?」、前に夫に聞いたことがある。スタッフを旅行に誘うのも無理をさせてはいないか? 昭和世代の院長としては気を揉むところだ。

出発の朝、クリニックの駐車場に停まった大型観光バスには、すでに全員が乗り込み、「院長! 遅い、遅い!」と待っている。運転手さんが「今時珍しいですねえ、若い皆さんが職場の旅行を楽しみにしているなんて!」と驚いていた。「旅ハラじゃなかったかな」と少しホッとしてバスに乗り込む。旅の目的はただ一つ「全力で楽しむ!」こと。お腹が張り裂けそうなほど笑った1泊2日のバス旅行。今年も皆の最高の笑顔が見られた。

今年の旅行、三島スカイウォークにて

沖縄のやんばるの森でシャワークライミング

韓国・ソウルにて

東北大学

塩分取り過ぎで高血圧 矯正治療の速さに関連

塩分の取り過ぎで、高血圧になると矯正治療による歯の動きも速くなることが、東北大学大学院歯学研究科顎口腔矯正学分野のFan Ziqiu大学院生、北浦英樹准教授、溝口到教授らの研究によってわかった。

日本人の約4300万人が高血圧を抱えているとされており、塩分の取り過ぎは、高血圧を誘導すると知られている。歯科においては現在、年齢層が高い矯正歯科患者が増え、それに伴って生活習慣病(高血圧など)を持った患者層も増えているという。

そこで、研究グループは塩分摂取により高血圧が誘導されるマウスモデルを作製し、矯正学的歯の移動が高血圧時に促進されるメカニズムを解析。高血圧時には、破骨細胞の形成が促進されることで、より歯が速く移動することを見出した。

今後、同研究が高血圧患者の矯正歯科治療に役立つと期待が高まっている。

同研究成果は、『Journal of Dental Sciences』(10月24日)オンライン版に掲載された。

ピックアップニュース

■歯科医師(70)をひき逃げ容疑で逮捕「ぶつかったが、人間と判断できなかった」と否認　大阪・吹田市(ytv/11月15日)
■「歯医者に行ったら歯が悪くなった」“年に1回の歯科検診”思わぬ落とし穴(SPA!/11月15日)
■「医師」「歯科医師」「獣医師」の3分野で「給料」に違いはあるのでしょうか?すべて高収入のイメージですが…(ファイナンシャルフィールド/11月16日)
■女性歯科医が管理の空き家から指輪など1300万相当盗んだ疑い…「39点も取ってません」一部否認(読売新聞オンライン/11月16日)
■緑茶は体にいい? 科学的根拠のある効果10(ELLE/11月20日)
■希少がん「口腔がん」発見が遅くなるケースも　2週間以上治らない口内炎や舌のしこりなどに注意(テレビ愛知/11月18日)
■警察官が子育てを学ぶ「育メンズ研修会」長崎県警、歯科も(NBC長崎放送/11月18日)

藤田医科大学

タンパク質不足の高齢者
胃を守る制酸剤で吸収遅くなるか

タンパク質を取る頻度が少ない高齢者ほど、胃液を中和して胃の粘膜を守る「制酸剤」を投与してしまうと、タンパク質の吸収や合成がさらに低下する可能性がある―。

藤田医科大学医学部臨床栄養学の飯塚勝美教授、同大病院国際医療センターの佐々木ひと美センター長(医学部腎泌尿器外科学教授)ら研究グループが解明したもので、国際ジャーナル『Nutrients』(10月30日)オンライン版に掲載された。

65歳以上の10～20%が低栄養リスクを抱えているとされるなか、研究グループは同センターで精密検診を受診した92人を対象とし、物理的消化(嚥下咀嚼)、制酸剤やヘリコバクターピロリ感染のような化学的消化が、栄養マーカーであるプレアルブミン、アルブミン、ビタミンB12といった血中濃度と関連性を示すのか調査するに至った。

その結果、「栄養不良の高齢者は制酸剤の影響を考慮する必要がある」との研究成果が示された。

◆◇◆

特にタンパク質の摂取量が少ない場合、制酸剤によってタンパク質の吸収が遅くなり、血中プレアルブミン濃度に代表されるようなタンパク質合成も低下するなど、最終的にはサルコペニアのリスクにもつながるとしている。

同調査結果を踏まえ、研究グループは「長期間、制酸剤を経口摂取している患者で、タンパク質摂取量とサルコペニアの頻度との関連を引き続き調査したい」とコメントした。

名称不正使用で注意喚起を促す
東京科学大

動画共有サイトYouTubeにおいて、東京医科歯科大学(現東京科学大学)の名前を不正に使用した入れ歯の商品PR動画が確認されているとして、東京科学大学は注意喚起を促している。

動画は約1分30秒程度の長さで、「日本発、東京医科歯科大学病院が最新開発」「一秒で自動的に完璧にフィットし、あらゆる歯の問題を修復」などの文言で、入れ歯製品をアピールしている。東京科学大学は、動画は附属病院を始め同大とは一切関係がなく、現在削除の申し入れを行っているとのこと。

投稿 寄稿

日本サルコペニア・フレイル学会学術大会に参加して

中澤桂一郎　利根歯科診療所所長

オーラルフレイルの概念 歯科界以外にも発信を

第11回日本サルコペニア・フレイル学会学術大会が11月2、3の両日、都市センターホテル(東京都千代田区)で開催された。

サンスターのスポンサードシンポジウムでは東京大学未来ビジョン研究センター・高齢社会総合研究機構教授の飯島勝矢氏と日本老年歯科医学会理事長の平野浩彦氏のもとで今年4月に発表された「オーラルフレイルに関する3学会合同ステートメント」を受けて歯科界以外の専門職、行政、産業界からも普及し、多職種連携、特に医科歯科連携の促進を行い、日本発の考え方を世界に発信することが重要と訴えた。

平塚市での取り組みは産官学協働、実を伴う産学連携の地域実装であり、国民が心身の健康長寿と幸福を感じられる社会へと結びつくと提起した。

「地域における栄養ケア　現状の課題とこれからの視点」として本川佳子氏(東京都長寿医療センター)はリハ、栄養、口腔の三位一体の連携と共通指標が必要であり栄養学会でもOF―5を広めていく必要があると強調した。

「オーラルフレイル対策で歯科医師会が果たす役割―健診からフォローまで」として豊島区歯科医師会の高田靖氏は地域保健医療政策を推進するために公衆衛生と臨床の融合を目指して専門職種団体の安定した運営と組織力が必要であり、歯科医師会からオーラルフレイル対策を発信し行政の協力を得て取り組んでいると報告した。

「オーラルフレイル予防のまちづくり―平塚モデルの次なる戦略」として行政保健師の佐藤麻美氏はフレイルサポーターと住民が織りなす「カムカム教室お口元気プラス」の実践を報告し、今後は若い人への啓発、ドラッグストアでの相談、地域のイベントへの参加の熱い思いを語った。

シンポジウム2「社会的フレイル・社会的孤立への多方面アプローチを考える」では「大規模災害とフレイル」として河瀬聡一朗氏(石巻市雄勝歯科診療所)が登壇。2019年の災害時の避難所への支援時に受けた取材の動画に会場は感動と共感に包まれ、素晴らしいものであった。

「社会的フレイル対策を軸としたフレイル予防のポピュレーションアプローチ」として田中友規氏(東京大学高齢社会総合研究機構)は東京大学と全国105自治体のフレイルサポーターとの全国交流が一つの目標に向けて学び刺激し合うことの良さを語った。

「神奈川県におけるオーラルフレイル健康推進員を通じた社会参加へのアプローチと海老名市の社会実装の報告」として千葉容大氏(神奈川県歯科医師会)が神奈川県の未病宣言を受けてオーラルフレイル健口推進員の養成・育成を行っている。海老名市歯科医師会での取り組みを報告。そして全国初のオーラルフレイル健診が開始したことを紹介した。

毎年参加しているこの学会では専門職だけではなく産官学民との連携で地域でのフレイル・オーラルフレイル予防の取り組みが広がっていることが実感できた。しかも、行政側からのトップダウン型の事業だけではなく、むしろ住民主体のボトムアップ型の取り組みが大きな成果をあげることも明確になってきた。

オーラルフレイルはとかく高齢者の問題ととらえられがちだが、今年2月に報じられた「小学生ウズラの卵で窒息死事故」は、食材の問題、学校の問題ではなく子どもの口の機能の衰えという問題があるのではないのだろうか。今後はオーラルフレイル予防の取り組みを子どもから高齢者までの幅広い活動にしながら、まちづくりを行っていきたいと考える。日本歯科医師会でも8020運動の次のステージとして位置づけているオーラルフレイル予防だが、言葉として徐々に国民に認知されてきているとはいえ、まだ歯科医療関係者自身も広める立場に積極的にはなっていない現実がある。

国民の健康増進のためにも、この学会で得た知識を多くの方に知ってもらいながら運動として進めていきたいと考える。

シンポジストの平野氏(左)と飯島氏

それぞれの演者が日ごろの取り組みを紹介した

ジーシー

本社ショールーム拡張

報道向け内覧会開く

中尾氏

ジーシーは、ショールームを拡張・全面改装などした本社ビル「GC Corporate Center」の報道向け内覧会を20日に行った。

内覧会では、本社ビルの増築に伴い、一昨年にリニューアルした8階の大型機器ショールームのほか、今回新たに拡張・全面改装された6階のショールーム、1階ロビーに新設されたセルフケア製品などを展示した一般の人向けの「歯科情報ギャラリー」、1階と地下1階に展示されたチームラボのアート作品が披露された。

会長兼社長兼CEOの中尾眞氏はあいさつで「ショールームを兼ねた本社ビルには、2011年の竣工以来、約30万人が来館した。21年の100周年の記念事業の一環で始めた増築がこのたび竣工した」と紹介。

チームラボ作品については、副社長兼COOの篠﨑裕氏は、「社是『施無畏（せむい）（相手の立場に立って行動する）』を具象した夢違観音像（ゆめたがいかんのんぞう）に、チームラボのアート作品を新たに加えたので、夢違観音像同様に、社内に設置することにした」と説明。外国人が全従業員の6割近くを占めつつあることから、チームラボ作品を通じて社是の浸透を図る狙いもあるとしている。

なお同社では、富士小山工場の第5工場が来年8月、ヨーロッパの新工場が来年10月に完成予定という。

診療区分別に歯科材料製品を展示した6階のショールーム。講師用の大型モニターを備えた実習コーナーや製品の巨大オブジェと記念撮影ができるフォトスポットコーナーも設置

15坪で運営できる模擬クリニックを展示した8階のショールーム。自動精算機などのデモ体験もできる

社是『施無畏』の新たな象徴となった、チームラボの作品（写真は「メガリス」）。独特の世界観と没入感が、心を無にし、視野を俯瞰できる力があると捉え、施無畏の実践を促進する存在という

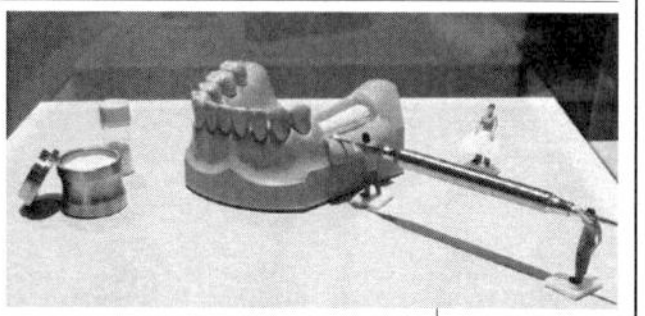

1階の歯科情報ギャラリーに置かれた、骨再生を小人の目線で紹介する展示物。ライフステージの口の変化と対応策を解説したパネルなども展示

1年間のガムトレ　選手のスコア向上

ロッテ

ロッテは、サッカーJ2の鹿児島ユナイテッドFCの選手に1年間ガムを継続的に噛むトレーニングを行い、口腔・運動機能への影響を調査した結果、左右の咬合バランスが改善し、垂直跳び、静的バランス（動かない状態を保ち続けるための能力）の向上が得られたと14日に発表した。

同研究は、スポーツで噛むことの価値を発信する「噛むスポプロジェクト」活動の一環として実施。チームの選手22人に「噛むこと啓発講義」と、1日3回・左右5分ずつのガム咀嚼トレーニングを行い、デンタルプレスケールⅡによる咬合力、静的バランス、垂直跳びをトレーニング前後で比較した。その結果、トレーニング後の左右の咬合バランス差が有意に減少して咬合バランスが改善したほか、垂直跳びと静的バランスも有意に改善した。

同研究成果は『薬理と治療』（2024年52巻10号）に掲載された。

患者からの電話に対話型AIが対応

GENOVA

GENOVAは、対話型AIが患者からの電話に応答するサービス「NOMOCa AI call」の提供を開始すると11日に発表した。

対話型AIが患者からの問い合わせに24時間自動応答するもので、従来の機械音声より聞き取りやすく、抑揚のある自然な音声で案内する。電話対応を自動化することで業務を効率化でき、患者の利便性や満足度の向上にもつながるという。

問い合わせは、同社問い合わせフォームまで。

昼休憩中の電話　SMSで自動応答

ナレッジフロー

ナレッジフローは、双方向SMS送信機能付き自動電話応答サービス「IVR＋（アイブイアールプラス）」の提供を開始している。

「IVR」とは主に、電話対応の負担を減らしたい企業などが使用している音声自動応答システムのことで、IVR＋は「昼休みや混雑時間帯の電話対応に困っている」という声を受けて開発。

休憩中にかかってきた電話に自動でSMSを送信して用件を確認できるほか、SMSで患者とのやり取りを完結させ、折り返しの電話が不要となる。留守番電話を文字起こしして通知することも可能。

また、電話がつながりにくい時は事前にSMSで用件を把握でき、折り返し電話する際の負担軽減にもつながる。

費用は月額3740円＋SMS送信料。問い合わせはTEL03（6908）6934まで。

「ドラキュラの歯」バズる

ヨシダ

ヨシダのX（旧Twitter）に投稿された、「ドラキュラの歯」をイメージしたお菓子の写真（＝左）が「リアル過ぎる」「怖い（笑）」とバズり、23万4千件の表示回数と5550のいいね（25日時点）を獲得―。10月31日のハロウィンに投稿されたもので、ドラキュラの歯はクッキーやグミなどを組み合わせて作られた。投稿に至った経緯などを同社の担当者に聞いた。

――「ドラキュラの歯」の写真を投稿した経緯は。

ヨシダ　Xではさまざまなイベントごとに、企業公式アカウントが企画・投稿をして盛り上がります。当社は「やるからには全力で！」というスタンスなので、今回はお菓子作りに挑戦しました。私は歯科衛生士でもあるので、「歯」にまつわるハロウィンらしいものとして、「ドラキュラ伯爵の歯」作りに決まりました。

――「ドラキュラの歯」は何でできているのですか。

ヨシダ　チョコクッキー・クラッカーを義歯床、イチゴチョコペンを歯肉、ポン菓子を牙、さけるグミを舌に見立てたものです。想像以上にリアルで怖い仕上がりになりました。冷蔵庫で冷やして固めるのですが、扉を開く時は毎回ドキッとしていました（苦笑）。

――こだわりは。

ヨシダ　舌に使ったさけるグミを、舌っぽい形に切った点です。当初は3番の犬歯にも見える昔から好きなポン菓子を牙にしてイチゴチョコペンで歯肉を作るだけの予定でしたが、お菓子売り場で目に留まったさけるグミに「形を整えたら、舌になる」と確信した（笑）ので取り入れました。材料はどこでも売っているもので、約10分で簡単に作れます。

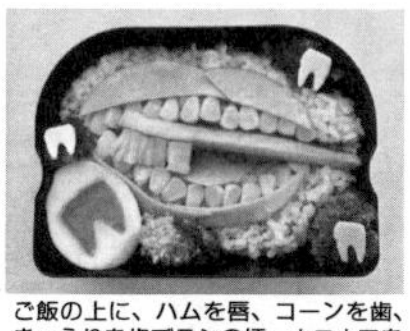

ご飯の上に、ハムを唇、コーンを歯、きゅうりを歯ブラシの柄、カニカマをブラシの先端に見立てた弁当。歯の形に切り取ったチーズ、歯の形にかたどった黄身入りのゆで卵も並んでいる

――SNS運用について。

ヨシダ　多くの方に投稿を楽しんでいただけて社員一同光栄です。11月8日には、「いい歯の日」に合わせて、「歯を磨くお弁当」（＝右上の写真＝）を投稿しました。SNS上でも「歯の大切さ」に気づいてもらえたら歯科衛生士としても本望ですし、日本の健康寿命の一助となるよう今後も続けていきます。

名南歯科貿易

中高生に特別授業　商社の仕事伝える

名南歯科貿易は、歯科の輸入商社の仕事内容を伝える特別授業を、来年1月に、中学・高校などで行う予定。出張授業や企業訪問などをサポートするミューズの企画提案によるもの。

過去には、今年1月23日に名古屋市立扇台中学校の生徒6人、24日には愛知県立日進西高等学校の生徒11人が同社を訪れ、商品名や価格決め、輸入コストの計算などを体験。商品を歯科医院や歯科技工所に届けるまでの準備や、販売する上での注意点などを学んだ。

名古屋市立扇台中学校の生徒が学ぶ様子

2月6日には愛知県東海市立富木島中学校の体育館で特別授業を実施。生徒17人を「富木島貿易株式会社」の社員と仮定し、名南歯科貿易で取り扱っている「歯鏡ミラー」を題材に、商品名と価格を考え、社長の新美洋平氏へのプレゼンテーションを行い、新美氏が最も心に響いたグループに賞与として粗品を渡した。

週間　金・パラ価格動向　税抜価格(1g、円)

	金	パラジウム(参考価格)
11月18日（月）	12,965	5,030
11月19日（火）	13,026	5,245
11月20日（水）	13,183	5,375
11月21日（木）	13,285	5,345
11月22日（金）	13,425	5,375

提供 石福金属興業

ヴァンガードの予約管理システムと連携

MetaMoji

MetaMojiは、歯科医院向けデジタルノートアプリ「MetaMoji Dental eNote」と、ヴァンガードネットワークスの歯科医院向け予約管理システム「Dental Access」の機能を連携したと14日に発表した。

MetaMoji Dental eNoteは、治療記録や患者情報をタブレットで一元管理できるアプリで、歯科医師やスタッフが同時に使用できる。

両製品の機能連携により、Dental Accessの予約リストからMetaMoji Dental eNoteへのアクセスが可能となり、医院のスタッフは情報をリアルタイムで共有しながら予約から治療までの業務をペーパーレス化できる。

ライオンら

リロクラブの入会法人に口腔ケアサービス提供

ライオンと福利厚生サービスを提供するリロクラブは、リロクラブの「福利厚生倶楽部」に入会する全国2万3500社に向けてライオンの法人向け口腔ケアサービス「おくちプラスユー」の提供を10月23日に開始した。

おくちプラスユーでは、歯科衛生士などが口腔ケアに関する情報をリアルタイムで講演する「オーラルケアセミナー」や、約5分のeラーニング動画、アンケートで「おくちの健康スコアチェック」を算出するウェブコンテンツ、唾液を測定して5分で口の状態を可視化する「唾液検査」などを提供している。

今冬には入会企業以外に、健康経営の担当者向けのセミナーを開催し、口腔ケアの啓発活動を強化していく。

地方発明表彰に歯科は3社が受賞

YAMAKINの製品など

発明協会が主催する「令和6年度四国地方発明表彰」で、YAMAKINの歯科充填用コンポジットレジン「ア・ウーノ」に採用された特許技術「1色で歯の色に調和し操作容易な歯科充填材」が「特許庁長官賞」を受賞した。表彰式は27日に高知市の高知会館で行われる。

同表彰は、全国を北海道・東北・関東・中部・近畿・中国・四国・九州の8地方に分け、それぞれの地方の優れた発明・考案・意匠を生み出した技術者や研究開発者を表彰するもので、大正10年から実施。

今回受賞した製品の特許技術は、充填部位に入射した光が周囲の歯に拡散しながら歯の色を反射するため充填部位が周囲の歯の色と馴染んで見え、1色でさまざまな色調に適応するという。同製品は「第36回中小企業優秀新技術・新製品賞」で「奨励賞」も受賞している。

歯科関連ではほかに、ホシザキのとろみ剤をカップに直接放出する「とろみ飲料供給装置」が「中国地方発明表彰」の「島根県知事賞」、マルハニチロの通常の食事と変わらない見た目で介護食を提供できる「軟化食品の製造法」が「北海道地方発明表彰」の「北海道発明協会会長賞」に選ばれた。

加盟店審査不要の医療ローン提供

スマートプラスクレジットら

Finatextグループのスマートプラスクレジットと、自由診療に特化したDXツール「B4A（ビーフォーエー）」の開発・販売を行うB4A Technologiesは、B4Aの導入医院が加盟店審査や契約をせずに、来院前に貸付できる患者向け医療ローン「B4Aスマートローン」の提供を開始すると10月24日に発表した。

医院の予約画面から申込みでき、貸付完了まで患者の来院は不要。SMBCコンシューマーファイナンスを保証会社とした患者とスマートプラスクレジットとのローン貸付契約で、患者は担保・保証人不要で利用可能。ローン利用に伴う医療機関側の負担もない。

詳細は、スマートプラスクレジットのホームページまで。

なりすましメール確認で注意喚起

エンパワー

エンパワーヘルスケア（＝エンパワー）は、同社を装ったなりすましメール（フィッシングサイト）が確認されていると7日に公表した。

同社のメールアドレスやウェブサイトを偽装し、個人情報を不正に取得しようとするもので、送信者のメールアドレスやドメイン、リンクを確認した際、正しいドメインや公式サイトのURLと一致しない場合は、開かずに削除するよう求めている。また、公式サイトをブックマークに登録してアクセスするのも有効としている。不審なメールを受信したり、メール・電話で個人情報やパスワードを求められた場合はサポートセンターに連絡するよう呼びかけている。

口腔ケアの意識向上取り組む事業開始

P&Gジャパン

P&Gジャパンは、電動歯ブラシを通じて口腔ケアの意識向上に取り組むプロジェクト「Perfect clean for all」を全国の小売店と歯科医院と連携して開始すると8日に発表した。

第1弾として、プロジェクトに賛同する19の家電量販店やドラッグストア、105の歯科医院の一部の店舗・医院において、スマートフォンアプリ「歯チェック AI」を限定公開し、歯垢の蓄積や歯肉の退縮している部位を確認できるようにする。

同アプリの詳細は、特設サイトまで。

人事

（敬称略）

■GC Holding

▼CEO Dr. Per Falk

ヘッドライン企業ニュース

■6種類のパーツでさまざまな遊び方ができる組み立てブロック「TEGUMII（テグミー）」を10月21日に発売（クロスフィールド／10月9日）

■歯科用覆髄材「TMR-MTAセメント」の販売を在庫限りで終了（YAMAKIN／10月18日）

■グローバル・ブレイン、FFGベンチャービジネスパートナーズ、鈴与などを引受先とした第三者割当増資による約5億円の資金調達を実施（Deltan／10月21日）

■義歯床用短期弾性裏装材「ティッシュコンディショナー フレクトン」を発売（ニッシン／10月21日）

■2箇所のグリップで受け渡ししやすい「ダブルグリップミラー」を11月21日に発売（ナルコーム／10月21日）

■顆粒タイプ「エラック義歯洗浄剤」を改良して発売（ライオン歯科材／10月21日）

■訪問介護で口腔ケアを行う歯科衛生士含む4人組のYoutubeチャンネルを開設（クロスケアデンタル／10月22日）

■コバルトクロムシリンダー・全18品目の販売を在庫限りで終了（インプラテックス／10月24日）

■歯科技工用机「ラボベンチA1SM（Ver.6）」を11月1日に販売を開始（名南歯科貿易／10月28日）

■歯列矯正用咬合誘導装置「U-Concept Semi-Rigid」・「U-Pilot Semi-Rigid」を発売（JM Ortho／10月28日）

■睡眠時無呼吸症候群の予防などが期待できる夜専用入れ歯型マウスピース「おやすみ入れ歯」の製作数が1年間で2.5倍に（お守り入れ歯／10月31日）

■メンブレン固定用ピン「マスターピンコントロール」を発売（インプラテックス／11月1日）

■グミ「ピュレリング」シリーズを小粒化し、歯につきにくい食感にリニューアル（カンロ／11月5日）

■労務費の適切な転嫁のための価格交渉に関する取り組み方針を公表（OEC／11月5日）

LION
独自成分*1配合で、
フッ素滞留性が
約3倍*2！
2024年
10月21日
改良新発売
DENT.
Check-Up rootcare α
露出した根面などをケア
PCA
コーティング成分PCA
(ピロリドンカルボン酸)
知覚過敏抑制成分硝酸カリウム配合
フッ素高滞留処方
薬用成分 NaF 1450ppmF
ジェル状ハミガキ
低発泡・低香味・研磨剤無配合
LION
根面のリスクをトータルでケアする
う蝕予防ハミガキ
根面露出
イメージ図
根面のトータルケア
薬用成分
フッ化ナトリウム
1450ppmF配合
う蝕を予防
薬用成分
硝酸カリウム
歯髄神経の興奮を鎮め、
知覚過敏症状の痛みの
伝達を抑制
NaF
KNO3
PCA
CPC
コーティング剤
ピロリドンカルボン酸
露出した象牙質表面の
コラーゲンをコーティング、
さらに、フッ素を長く留める
薬用成分
塩化セチルピリジニウム
口腔内の浮遊菌を殺菌し、
歯肉炎・口臭を予防
イメージ図
Check-Up rootcare α
医薬部外品　チェックアップ ルートケア アルファ　販売名：チェック・アップRBa　内容量：90g　メーカー希望患者様向け価格／個：950円(税抜)　*1 塩化カルシウム(安定剤)・無水ピロリン酸ナトリウム(清掃助剤)
*2 旧製品比較　データ：ライオン(株)研究所による牛歯根象牙質切片を用いたフッ素滞留量の定量実験　N=4　●フッ化物高濃度配合品(1450ppmF)の6才未満への使用は控え、子供の手の届かない場所に保管してください。
ライオン歯科材株式会社
〒111-8644 東京都台東区蔵前 1-3-28　TEL.03(6739)9012
ライオン歯科材
https://www.lion-dent.co.jp/
Check-Up rootcare αの
詳細情報はこちら
株式会社モリタ

日本歯科新聞

2024年（令和6年）
12月3日

＜発行所＞
日本歯科新聞社
厚生労働省記者クラブ加盟社

〒101-0061
東京都千代田区神田三崎町2-15-2
電話 03（3234）2475
FAX 03（3234）2477
www.dentalnews.co.jp
jdn@dentalnews.co.jp

■年間購読料 23,760円（送料込）（本体 21,600円＋税）
■月4回、火曜日発行
■郵便口座番号 00120-5-130369

今週号の主な内容

2023年の歯科診療所数

前年より937施設 減

医療施設（静態・動態）調査で

厚労省は11月22日、2023年の医療施設（静態・動態）調査結果を公表した。動態調査は都道府県などからの毎月の報告を集計し、静態調査はより詳細な実態を把握するために3年ごとに行っているもので、歯科診療所数は6万6818施設で前年と比べて937施設の減少。開設・再開が1555施設（開設1454施設）、廃止・休止が2492施設（廃止2037施設）となっている。

歯科診療所を開設者別にみると、医療法人は436増の1万6677施設で、個人立は1374減の4万9522施設。

標榜（重複計上）しているのは、「歯科」が前回（20年時）から1108減の6万5230施設、「矯正歯科」は739増の2万6194施設、「小児歯科」は155減の4万3754施設、「歯科口腔外科」は1003増の2万8238施設となっている。

職種別にみた施設の常勤換算従事者数では、歯科医師は、病院1万818人（常勤8224人）、一般診療所2432人（常勤1467人）、歯科診療所10万1188人（常勤8万4283人）。歯科衛生士は、病院6355人、一般診療所1733人、歯科診療所13万4110人（常勤9万8976人）。歯科技工士は、病院669人、一般診療所185人、歯科診療所8750人（常勤7582人）。歯科業務補助者は歯科診療所で6万5234人。

インプラント治療 実施は35・2％

歯科診療所のうち、9月中にインプラント手術を行っているのは2万3503施設（35・2％）だった。手術の実施件数は3万6118件、1施設当たり件数は1・5件となっている。

開設者別にみた施設数

各年10月1日現在

	施設数		対前年		構成割合（%）	
	令和5年（2023）	4年（2022）	増減数	増減率（%）	5年（2023）	4年（2022）
歯科診療所	66,818	67,755	-937	-1.4	100.0	100.0
国	4	4	—	—	0.0	0.0
公的医療機関	251	259	-8	-3.1	0.4	0.4
社会保険関係団体	5	6	-1	-16.7	0.0	0.0
医療法人	16,677	16,241	436	2.7	25.0	24.0
個　人	49,522	50,896	-1,374	-2.7	74.1	75.1
その他	359	349	10	2.9	0.5	0.5

診療所の診療科目別にみた施設数

各年10月1日現在

	施設数		対前年		令和5年総数に対する割合
	令和5年	令和4年	増減数	増減率	
総　数	66,818	67,874	-1,056	-1.6 %	100.0 %
歯科	65,230	66,338	-1,108	-1.7 %	97.6 %
矯正歯科	26,194	25,455	739	2.9 %	39.2 %
小児歯科	43,754	43,909	-155	-0.4 %	65.5 %
歯科口腔外科	28,238	27,235	1,003	3.7 %	42.3 %

歯科診療所の検査等、手術等、放射線治療の実施状況

令和5（2023）年9月中

	施設数	総数に対する割合（%）	実施件数・患者数	実施1施設当たり実施件数・患者数
歯科診療所　総数	66,818	100.0	—	—
インプラント手術	23,503	35.2	36,118	1.5

厚労省

歯科医師4人ら行政処分を発表

厚労省は11月27日、同日の医道審議会医道分科会の答申を踏まえ、医師14人、歯科医師4人の行政処分を発表した。歯科医師の処分は「住居侵入、窃盗」で歯科医業停止4カ月、「（略）条例違反」で歯科医業停止3カ月が2人、「強制わいせつ」で歯科医業停止3年。

「住居侵入、窃盗」の歯科医師は、女性用下着を窃取する目的で敷地内に侵入し、干してあった洗濯物を窃取したとして、懲役1年（執行猶予3年）の判決を受けている。

「公衆に著しく迷惑をかける暴力的不良行為等の防止に関する条例違反」の歯科医師は、エスカレーターで背後から女子のスカート内を盗撮し、女子に不安を覚えさせるような卑わいな言動をしたとして罰金20万円の処分を受けている。もう1人は、歯科診療所の更衣室に小型カメラを設置して盗撮したとして、罰金40万円の処分が下されている。

「強制わいせつ」の歯科医師は、路上で通行中の女性に背後から抱きつき、わいせつな行為をしたとして、懲役1年6カ月（執行猶予3年）の判決を受けている。

プリズム

「オン資義務化訴訟」の背景

20年ほど前に韓国の歯科医院を取材した際、玄関に大きな賞状が飾られていた。「5年間脱税しなかった」ことを表彰するものだった。その後、オンライン請求が義務化され、こうした賞状も必要なくなったそうだ。レセプト情報が税務署にもリンクされた結果だとか。

同時期、保険者の統廃合を進めていたドイツなどでもレセプトのオンライン請求が定着していた。それらの国に比べて日本が遅れているのは、オンライン化のコスト負担に絡み、「何のためのデジタル化か」が不明確だからのようだ。

11月28日、東京地裁のオンライン資格確認「義務化」の撤回を求める訴訟は、原告の請求棄却という判決になった。原告側は、「オン資導入にかかるコストが医院経営を圧迫し、廃業しているところもある」と主張したが、それが認められなかったことになる。

「国が強制するのに、コスト負担は保険医持ち」ということに納得できない関係者は少なくない。デジタル化が先行する国では、それらの設備を保険者側が提供することが一般的でもある。

オン資義務化だけでなく、デジタル技術の社会実装が遅れているのには相応の背景があり、簡単には解決できない問題なのかもしれない。

日歯 1万人に調査

歯や口のトラブルで パフォーマンス低下 4割超の人が経験

4割を超える人が、この1年間に「歯や口の中のトラブル」で日常生活のパフォーマンスが落ちたことがある。日本歯科医師会が全国の15歳から79歳の男女1万人を対象に行った「歯科医療に関する一般生活者意識調査」によるもので、結果の第2弾として11月22日に公表された。

◆◇◆

同調査では、仕事や家事、学業で普段当たり前にできていることをパフォーマンスと総称し、歯や口のなかの問題が原因でパフォーマンスが低下する状態を「プレゼンティーズム」と定義している。

「歯や口の中のトラブルが影響すること」（複数回答）では、「集中力」が48・4％で最多。次いで「生活全般の質」37・3％、「コミュニケーション・会話」36・9％、「人付き合い」30・5％、「注意力」27・3％、「仕事や勉強、家事などの質」21・5％などと続く。

◆◇◆

歯や口のなかのトラブルでパフォーマンスが低下した経験の有無では、「よくある」5・6％、「たまにある」20・3％、「1回でもある」15・7％と計41・6％が経験。

パフォーマンス低下の要因となる歯や口のなかのトラブル（複数回答）では、「歯の痛み」38・0％、「歯に違和感を覚える」36・2％、「口臭」28・4％の回答が目立つ。

◆◇◆

対処方法（複数回答）をみると、「歯の痛み」や「歯の違和感」については、歯科医療機関を受診するとの回答が最も多かったが、「口臭」は対策グッズを購入する人が多かった。さらに歯並びや歯の色、口内炎、口の中に違和感、かみ合わせ、口の中の渇き・ドライマウス、歯ぎしりは、やりすごす割合が高かった。

この1年間に「歯や口の中のトラブル」で日常生活のパフォーマンスが落ちたと感じるか？

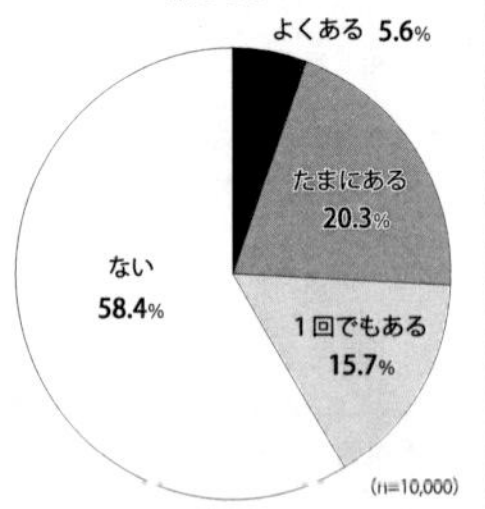

日常生活のパフォーマンスが落ちた要因となる歯や口の中のトラブルとは？
（パフォーマンス低下を実感と回答した4,161人、複数回答）

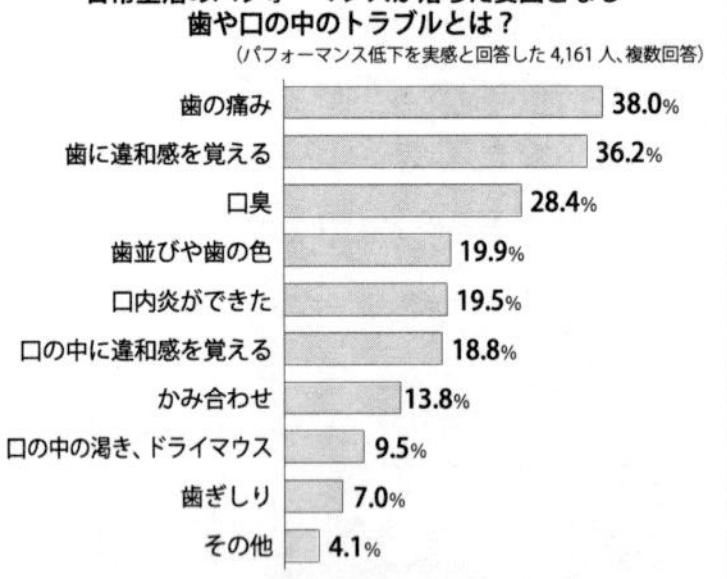

歯や口の中のトラブルは日常生活のなかでどんなことに影響を及ぼすか？
（n=10,000、複数回答）

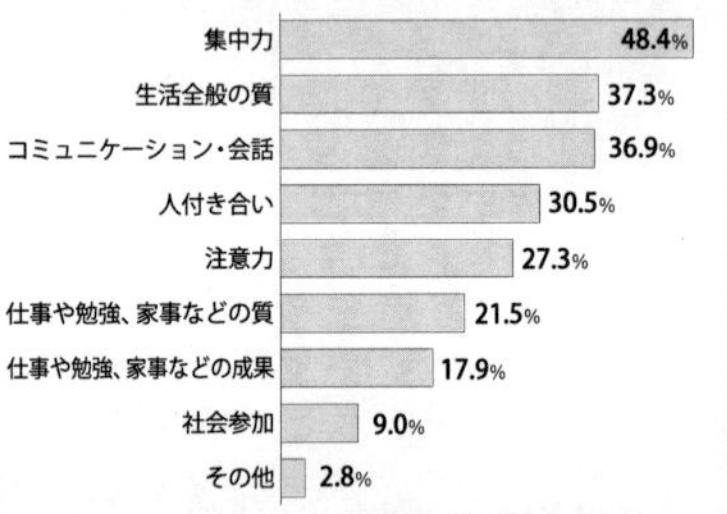

歯や口の中の問題にどのように対処したか？
（単位：%、複数回答）

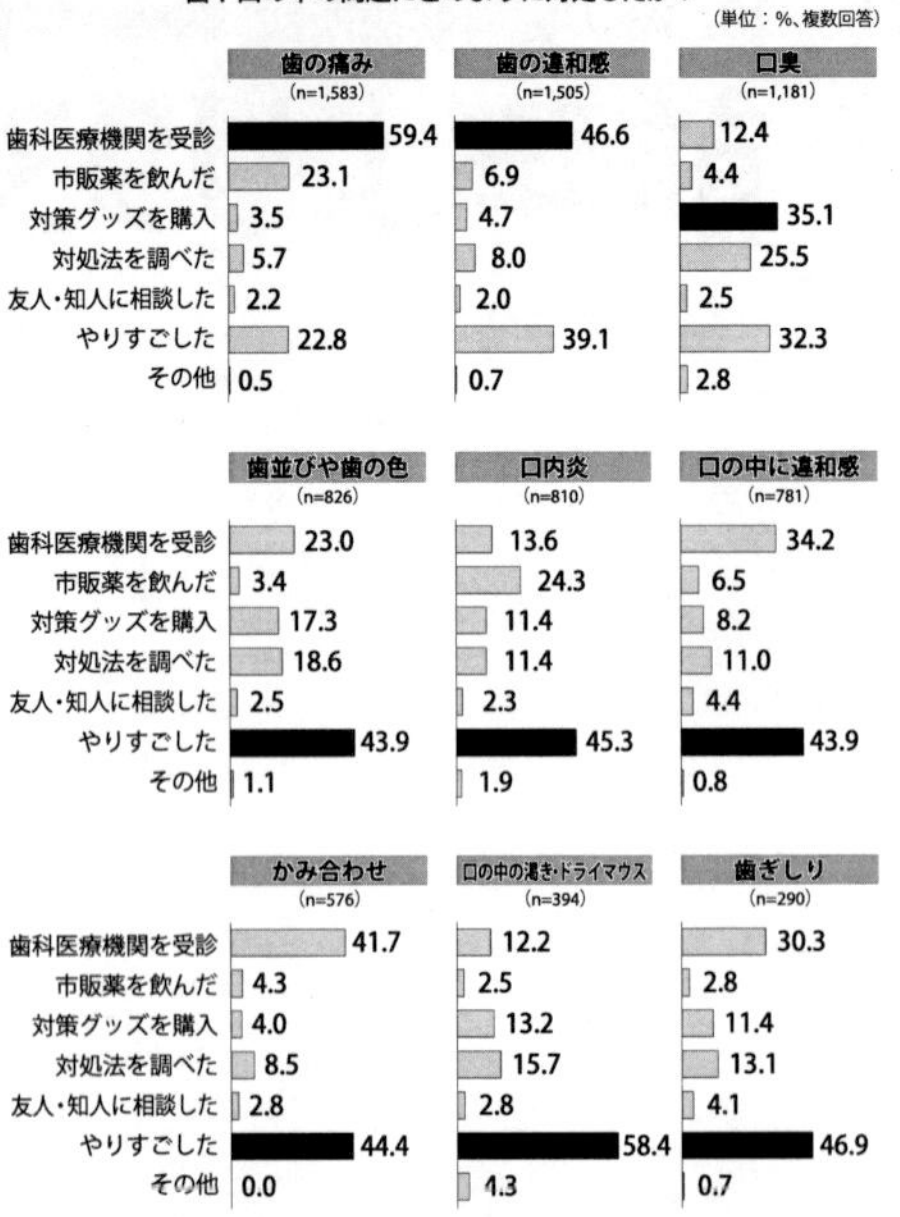

歯科情報学

松尾 通

日本美容内科学会スタート

「この冬、私が輝き出す」

6月の第1回CA・クリニカルアテンダント研修セミナーに続き、12月1日に第2回セミナーを行った。前回ほど参加者は多くなかったが、講師の先生の熱意もあって、中身の濃い資格認定セミナーになった。2025年からは医科開業医や動物クリニックのスタッフ教育にも採用予定とあって、その関係者も来会された。

「CA」という呼称はキャビン・アテンダントと同じだが、JALやANAのCAさんとは仕事の内容はまったく異なる。だが相手の安心・安全に気を配りながらなど共通点も多々ある。歯科のCAはオーラルヘルスのアドバイザーとして、患者さんに生涯寄り添える仕事である。

いま歯科医院で働いているスタッフ諸君のステータスを上げ、給与を含む待遇改善も視野に入れて、自分の仕事に誇りを持ってほしいことが第一の目的である。歯科衛生士は近年、仕事の質と量がはっきりしてきた。歯科助手や受付諸君はどうだろうか？ キャリアアップは積んでいるだろうか。

日本歯科TC協会は、「TC」というテクニカルスキルと人間力向上のためのプログラムを実践しているが、一方の「CA」はCAという新しい職業名称の下に意識改革をしてもらい、歯科医療の質の向上と社会的地位の確立に目的を置いている。

もう一つの目的に他の分野から多く人材を集めるとともに、いまわれわれの職域にいる人財をほかへ流出させたくないという想いもある。前回は歯科衛生士の姿も見られた。衛生士でCAというのもすばらしいことである。息の長い仕事だが、歯科界に貢献できればと願っている。

◇

「日本美容内科学会」という新しい学会ができた。美容医療を外科だけではなく内科的にアプローチするのを目的にしている。理事長は青木晃先生。日本アンチエイジング歯科学会では認定医研修の講師として長い間お世話になっている内科の医師である。縁あって今回、学会発足とともに、顧問の委嘱を受けた。たいへん名誉なことであり、医歯連携の一助にもなると思い、謹んでお引き受けをした。

第1回の日本美容内科学会総会は12月1日、東京ポートシティで開催された。プログラムは青木会頭の「なぜ、今、美容内科学会が必要か？」をはじめ、加齢、女性医学、睡眠、外科や皮膚科との関連、自律神経、腸内環境などたくさんのテーマが登場し、なかなか興味深かった。歯科医師の会員もいて、共通するテーマも多く、今後が楽しみである。

◇

12月8日、東京都中央区のオフィス東京会議室で「唾液と乳がんスクリーニング」の説明会が開催される。歯科と乳腺、遠い距離のように見えるが、実は近いのだ。当日参加受付可能である。

（東京都開業）

2024.12.3

日歯

郡市区の現状調査へ

需給・偏在に関するタスクチーム

日本歯科医師会の「歯科医師の需給・偏在に関するタスクチーム」の取り組みとして、日本歯科総合研究機構が郡市区に対して歯科医療提供体制と今後の働き方に関する調査を行う準備を進めている。11月28日に歯科医師会館（東京都千代田区）で開かれた日歯の定例記者会見で瀬古口精良専務理事＝写真＝が記者の質問に対して回答した。

瀬古口専務理事は、歯科医師数と歯科医療機関数が減少し、担い手が少なくなってきている一方で、都市部に集中するなど地域偏在も問題となっていると説明。

これらの問題を検討していくために、まずは地域の歯科医療提供体制と今後の働き方を地域ごとに把握し、方向性や対応について検討していくとのこと。

「医科では、奨学金を出す条件として、数年間は過疎地に勤務するなどのお願いをしていても、卒業と同時に奨学金をすべて返して、都市部に集まるということが起こっている状況」と言及。

国の歯科医療提供体制に関する検討会でも、初めて需給問題も取り扱われる予定として、これから需給と偏在に関する議論が本格的に行われていくとの認識を示した。

日歯

「美容医療に歯科は含まれてはいない」

厚労省の「美容医療の適切な実施に関する検討会」報告書が11月22日に公表された。諸課題に対応するため、ガイドライン策定の必要性が明記され、作成には関係団体・学会、必要に応じて日本歯科医師会も検討に参画する旨が書かれている。28日の日歯の定例記者会見で同問題について質問すると、寺島多実子常務理事＝写真＝は、「美容医療のなかに歯科医療が含まれるのではなく、美容医療を行う歯科医師・医療機関も対象となるもの」と、矯正歯科やホワイトニングなどは美容医療に含まれないとの認識を示した。

同検討会は、美容医療が増加することに伴って、患者による相談件数や、身体に危害を受けた相談事例も増加していることから、実態調査、関係学会・関係者からのヒアリングなどを実施。実態を踏まえて「医療の質の向上」「違法・違反疑い事例に対する対応」「契約面の不適切事例への対応」の観点から検討を行い、報告書にまとめている。

医療施設（静態・動態）調査

歯科診療所勤務の技工士は8750人

1面関連

職種別にみた施設の常勤換算従事者数

令和5（2023）年10月1日現在

	病院 総数	精神科病院（再掲）	一般病院（再掲）	医育機関（再掲）	一般診療所	歯科診療所
歯科医師	10,817.9	144.7	10,673.2	6,763.0	2,431.5	101,187.9
常勤	8,224	75	8,149	5,165	1,467	84,283
非常勤	2,593.9	69.7	2,524.2	1,598.0	964.5	16,904.9
歯科衛生士	6,355.3	143.3	6,212.0	1,191.9	1,733.2	134,110.3
常勤	—	—	—	—	—	98,976
非常勤	—	—	—	—	—	35,134.3
歯科技工士	668.8	6.9	661.9	288.1	185.4	8,750.4
常勤	—	—	—	—	—	7,582
非常勤	—	—	—	—	—	1,168.4
歯科業務補助者	—	—	—	—	—	65,233.7

施設の種類別にみた動態状況の年次推移

各年　前年10月～9月

		平成26年（2014）	27年（'15）	28年（'16）	29年（'17）	30年（'18）	令和元年（'19）	2年（'20）	3年（'21）	4年（'22）	5年（'23）
病院	開設・再開	112	121	97	94	76	66	80	64	63	59
	開設	109	120	96	89	74	60	74	63	60	55
	再開	3.00	1	1	5	2	6	6	1	3	4
	廃止・休止	159	134	135	124	116	138	142	97	112	93
	廃止	149	129	121	106	106	125	125	92	106	80
	休止	10	5	14	18	10	13	17	5	6	13
一般診療所	開設・再開	7,610	7,588	7,448	8,065	7,574	7,986	8,700	9,775	8,171	5,854
	開設	7,216	7,353	7,206	7,674	7,339	7,768	8,302	9,546	7,847	5,437
	再開	394	235	242	391	235	218	398	229	324	417
	廃止・休止	7,677	7,054	6,914	8,123	6,940	7,475	8,704	8,095	7,281	6,142
	廃止	6,730	6,470	6,361	7,168	6,421	6,982	7,770	7,612	6,697	5,047
	休止	947	584	553	955	519	493	934	483	584	1,095
歯科診療所	開設・再開	2,035	1,660	1,752	1,835	1,541	1,521	1,565	1,422	1,440	1,555
	開設	1,912	1,604	1,702	1,720	1,485	1,451	1,393	1,352	1,333	1,454
	再開	123	56	50	115	56	70	172	70	107	101
	廃止・休止	2,144	1,515	1,549	2,166	1,537	1,634	2,191	1,397	1,584	2,492
	廃止	1,746	1,344	1,411	1,739	1,370	1,478	1,714	1,252	1,410	2,037
	休止	398	171	138	427	167	156	477	145	174	455

保団連

保険証の存続など求める決議を採択

全国保険医団体連合会は11月24日、地域医療活動の課題について検討する「地域医療活動交流集会」を開き、健康保険証の存続や、診療報酬・介護報酬の大幅引き上げなどを求める決議を採択した。決議文は、25日に石破茂内閣総理大臣、加藤勝信財務大臣、福岡資麿厚生労働大臣に送付されているとのこと。

要望は次の通り。

▼12月2日からの健康保険証発行中止を撤回し、現行の健康保険証を存続させること
▼診療報酬、介護報酬、障害福祉等サービス報酬を緊急に大幅に引き上げること
▼医療・介護へのアクセスを妨げる患者負担増、介護利用者負担増に関わる計画・検討を中止するとともに、国庫負担を引き上げて保険料や窓口負担を引き下げること
▼地域状況を勘案しない病院統廃合をやめ、医師を増員して「命を守る病院」を維持すること
▼令和6年能登半島地震及びその後に起きた能登半島豪雨について、国が責任をもって、医療・介護・福祉等サービスの確保・利用を図るとともに、被災者の生活・生業の再建を行うこと
▼新型コロナ感染症対策の基本であるワクチン接種を含めた感染対策、検査、治療については、政府の責任と負担により実施すること。保健所機能を強化すること
▼医薬品の供給不足を国の責任で改善すること

歯科国試にチャレンジ

④①⑦ 2024年（第117回）より

歯の異常と好発部位の組合せで正しいのはどれか。2つ選べ。

a　過剰歯—上顎正中部
b　巨大歯—上顎大臼歯
c　欠如歯—下顎第一小臼歯
d　矮小歯—上顎側切歯
e　タウロドント—上顎第一乳臼歯

答えは本紙のどこかに！

12歳の永久歯

1人当たりのむし歯0.55本

令和5年度学校保健統計

文科省が11月27日に公表した令和5年度学校保健統計の確定値で、12歳児の永久歯の1人当たり平均むし歯（う歯）等数は0・55本だった。

昭和59年に4・75本だったものが、平成7年に3・72本、11年に2・92本、16年に1・91本と減少を続け、27年に0・90本と1本を切った。令和4年度からは0・01本の減少。

また、5年のむし歯の者の割合は、幼稚園で22・55％、小学校34・81％、中学校27・95％、高等学校36・38％となっている。

むし歯（う歯）の推移

（単位：％）

年度	幼稚園	小学校	中学校	高等学校
平成25	39.51	54.14	44.59	55.12
30	35.10	45.30	35.41	45.36
令和元	31.16	44.82	34.00	43.68
2	30.34	40.21	32.16	41.66
3	26.49	39.04	30.38	39.77
4	24.93	37.02	28.24	38.30
5	22.55	34.81	27.95	36.38

12歳の永久歯の一人当たり平均むし歯（う歯）等数

（単位：本）

		平成1年度	平成11	21	令和1	2	3	4	5
計		4.30	2.92	1.40	0.70	0.68	0.63	0.56	0.55
喪失歯数		0.04	0.04	0.03	0.01	0.01	0.01	0.01	0.01
むし歯（う歯）	計	4.26	2.88	1.37	0.69	0.67	0.62	0.55	0.55
	処置歯数	3.05	2.09	0.87	0.45	0.42	0.39	0.35	0.35
	未処置歯数	1.21	0.79	0.49	0.24	0.25	0.23	0.20	0.19

光学印象

届出8983施設

「3診療科以上を標榜」が8割

光学印象の届け出施設には「3診療科以上を標榜」などの傾向がある―。

医療情報データサービスを運営するミーカンパニーが9月〜10月にかけて、地方厚生局や都道府県の公開情報を基に全国の歯科診療所の光学印象の届け出について調査分析した。

調査の結果、8983施設が届出をしており（届出群）、5万7895施設は届け出がなかった（未届出群）。

法人区分について、届出群の47・4％が個人診療所、52・6％が公益法人だった。未届出群では個人診療所が76・9％、公益法人が22・3％だった（両群ともに1％未満の「国・自治体」「非公益法人」を含む）。

標榜診療科について、届出群の80・3％が3診療科以上を標榜していた。未届出群で3診療科以上を標榜している医院は48・9％だった。

営業年数について、届出群の平均営業年数は16・9年だった。対して未届出群の平均営業年数は24・1年だった。

一日の平均外来患者数について、届出群は41・7人だった。未届出群では24・3人だった。

さらに届出群と未届出群の施設基準に関する届出割合の差について調査。差が大きいものに、「歯科外来診療医療安全対策加算」「歯科外来診療感染対策加算」「手術用顕微鏡加算」「歯科技工士連携加算」などがあった。

「光学印象」届出別の営業年数

	届出群		未届出群	
	該当数	割合/平均	該当数	割合/平均
1〜10年	3,224	35.9％	9,605	16.6％
11〜20年	2,958	32.9％	15,030	26.0％
21〜30年	1,477	16.4％	14,612	25.2％
31年以上	1,324	14.7％	18,648	32.2％
計	8,983	16.9年	57,895	24.1年

「光学印象」届出別の外来患者数（1日平均換算）

	届出群		未届出群	
	該当数	割合/平均	該当数	割合/平均
20人未満	579	6.4％	17,140	29.6％
20〜30人	1,926	21.4％	15,819	27.3％
30.1人以上	3,815	42.5％	9,639	16.6％
計	6,320	41.7人	42,598	24.3人

※データなし施設あり

「光学印象」届出別の施設基準

	届出群		未届出群	
	該当数	割合	該当数	割合
う蝕歯無痛的窩洞形成加算	1,708	19.0％	3,760	6.5％
医療DX推進体制整備加算	4,128	46.0％	9,394	16.2％
歯科治療総合医療管理料	6,066	67.5％	18,014	31.1％
口腔粘膜処置	4,282	47.7％	12,885	22.3％
在宅患者歯科治療総合医療管理料	2,770	30.8％	6,868	11.9％
歯科外来診療医療安全対策加算1	8,160	90.8％	26,822	46.3％
歯科外来診療感染対策加算1	7,962	88.6％	28,573	49.4％
歯科外来診療感染対策加算2	716	8.0％	972	1.7％
レーザー機器加算	4,182	46.6％	12,165	21.0％
手術時歯根面レーザー応用加算	1,554	17.3％	2,803	4.8％
手術用顕微鏡加算	4,140	46.1％	4,907	8.5％
歯科技工加算	1,810	20.1％	4,542	7.8％
歯科技工士連携加算1	6,253	69.6％	8,200	14.2％
歯科技工士連携加算2	5,528	61.5％	6,725	11.6％

国民健康栄養調査

1年間で6割が歯科検診受診

2023年国民健康・栄養調査で、過去1年間に歯科検診を受けた20歳以上の割合は58・8％と、16年時の52・9％よりも5・9ポイント増えている。厚労省が11月25日に公表したもの。

検診を受けた割合を年代別にみると、「60〜69歳」が65・9％で最多。次いで「70歳以上」62・9％、「40〜49歳」56・6％、「50〜59歳」55・6％、「30〜39歳」53・7％、「20〜29歳」44・0％となっている。

男女別では、女性62・4％、男性54・8％と女性の方が受診率が高い。女性は「20〜29歳」50・3％、「30〜39歳」57・0％で、40代から60％を超えている。それに対し、男性は特に「20〜29歳」が38・3％と低く、「30〜39歳」50・3％、「40〜49歳」49・9％、「50〜59歳」49・2％はほぼ横ばいで、「60〜69歳」62・8％、「70歳以上」61・7％は高い結果となっている。

過去1年間に歯科検診を受けた者の割合

（20歳以上、男女・年齢階級別）

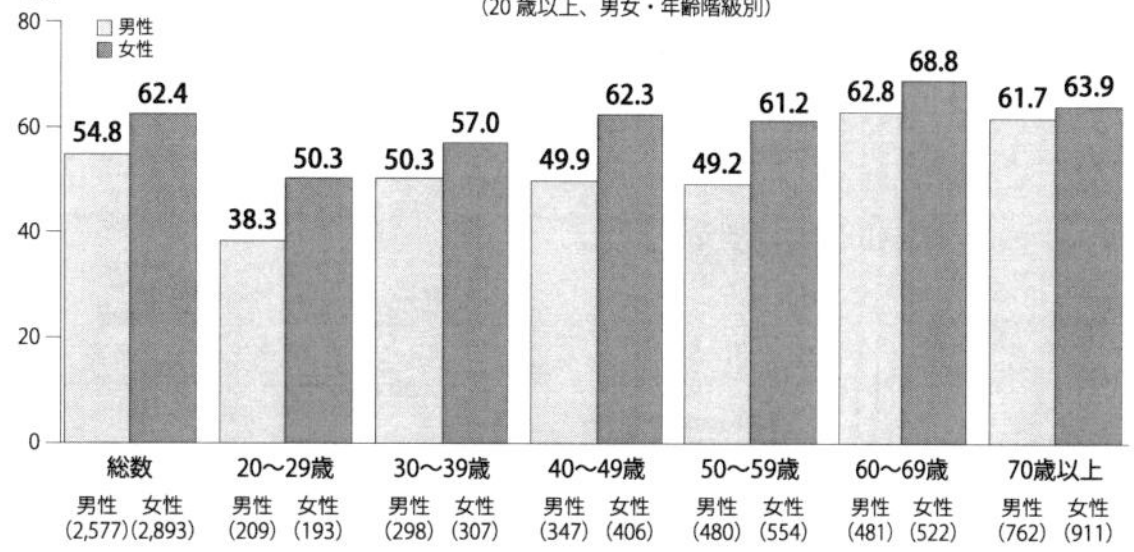

過去1年間に歯科検診を受けた者の割合

（20歳以上、男女計・年齢階級別）

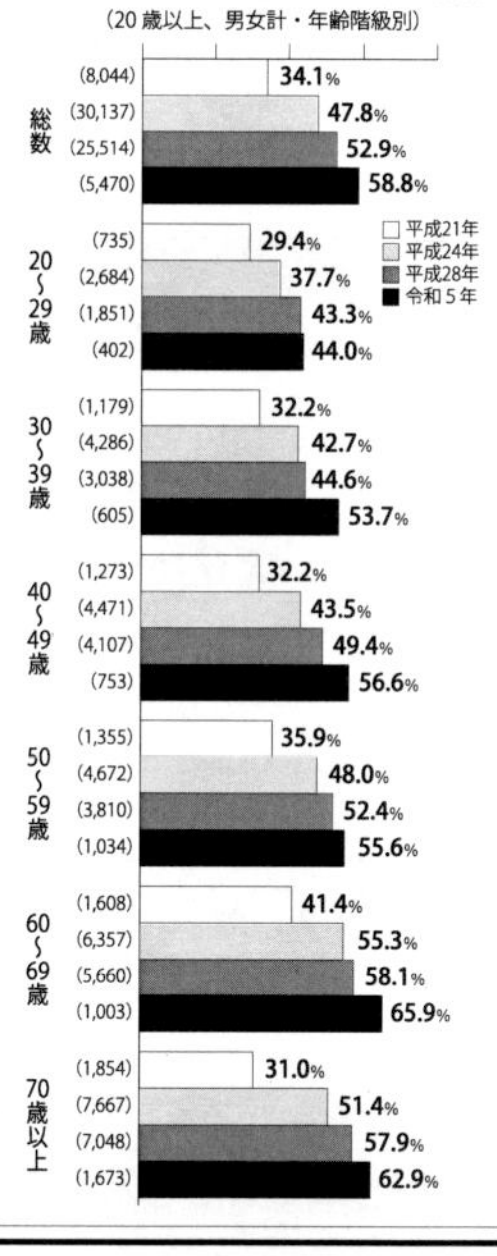

社保審 部会

高額療養費の自己負担など議論

第186回社会保障審議会医療保険部会が11月21日に開かれた。医療保険制度改革の議論では、被保険者の保険料負担の軽減を図る観点から、高額療養費自己負担限度額の引き上げや負担能力に応じた負担に見直す方向性などが示され、委員の意見を求めた。

日本歯科医師会常務理事の大杉和司委員は、「本日はキックオフの資料で、記載されていることに特段の意見はない」と述べ、「国民皆保険制度を維持していく観点から、負担能力に応じた負担を求めていくことは重要と考えている」と発言。そのうえで、「8月30日の医療保険部会で、後期高齢者医療の窓口負担見直しの影響について報告があったが、歯科疾患は制度改正直後に外来利用率の影響を受けているデータが示されており、今回の議論においても患者の受診控えを惹起するようなことがないように制度設計をお願いしたい」と要望した。

◇◆◇

同部会では、被用者保険の適用拡大と「年収の壁」への対応についての議論もあった。

大杉委員は、「個人事業所に係る被用者保険の適用範囲」として、事業規模が5人以上の従業員と提示されたことに触れ、「令和2年の医療施設調査での歯科診療所の平均従業者数は5・1人で、5人での線引きによって、歯科診療所の約半数が該当する」と指摘。「厚生年金9・15％や社会保険料などの事業所の負担、保険者の負担が大きく変わることで、雇用形態の変化や経営などへの影響も少なからず出ると予想される」「各地域での医療提供が維持できるように、より小規模で体力の弱い事業所に必要な配慮や支援策、事業所が予見性を持てるよう時間的配慮も含めて慎重に検討をお願いしたい」とコメントした。

第44回全国アビリンピック

歯科技工分野で土持氏が金賞

㊨左から金賞を受賞した土持氏、日本歯科技工士会の松尾博子常務理事㊦金賞16人による記念撮影

第44回全国アビリンピック（全国障害者技能競技大会）が11月22日～24日、愛知県国際展示場「Aichi Sky Expo」（愛知県常滑市）で開催され、歯科技工分野で東京都代表の土持龍人氏が金賞を受賞した。

同大会はこれまで障害者が培ってきた技能を競い合い、職業能力の向上を図りつつ、企業や社会に対する障害雇用への理解を深めるなど、雇用促進につなげることを目的としている。

当日は歯科技工分野も行われ、23日午前にはCADソフト（MEDIT Link）を用いた6前歯ブリッジのデザイン、午後はCAM（3Dプリンター）を用いてプリントし、課題模型に適合させる競技が行われた。

全国から7人の選手が集まり、技工技術で優劣を競い合った。

入賞者は次の通り。（敬称略）

▼金賞　土持龍人（東京都・ファーストデンタル）
▼銀賞　河野仁志（北海道・和田精密歯研）
▼銅賞　岡田拓海（千葉県・協和デンタル・ラボラトリー新松戸）
▼努力賞　髙梨理来（東京都・鶴見大学歯学部歯科技工研修科）

◆◇◆

なお、協賛は日本歯科技工士会、技能競技実施機器等の協賛として、愛知県歯科技工士会、コアフロント、新東京歯科技工士学校が参画した。

医学教育等関係業務功労者

歯科関係で8人受賞

歯学教育や大学病院など

文科省は11月26日、医学・歯学の教育研究または診療で顕著な功労のあったものを表彰する、令和6年度医学教育等関係業務功労者表彰＝写真＝を文科省で行った。少なくとも、歯科関係で8人が選ばれている。

歯科に関する受賞者は次の通り。（敬称略）

■歯学教育関係
・看護関係業務　明海大学歯学部付属明海大学病院　立川理恵子
・薬剤関係業務　東京歯科大学市川総合病院　小澤秀彦
・臨床（衛生）検査関係業務　東京歯科大学水道橋病院　有手雅恵
・研究補助業務　福岡歯科大学教育研究支援課　森下孝一郎

■大学病院
・歯科技工業務　秋田大学医学部附属病院　成田王彦
・歯科技工業務　山形大学医学部附属病院歯科口腔外科　高木朗
・歯科技工業務　神戸大学医学部附属病院　荒田浩幸
・歯科衛生業務　朝日大学医科歯科医療センター　中嶋恵美子

開業女性歯科医集まり

知恵と経験を共有する

全国の開業女性歯科医師が知恵と経験を共有する「開業歯科女医会」の2回目が11月20日、第一ホテルアンシャンテ（東京都港区）で開催された。メディカルアドバンスの本多隆子会長と徳島で開業する富永知穂氏による呼びかけで集まったイベント。テーマは、「スタッフ教育の悩み」「仕事と育児の両立」「働きやすい職場環境の創出」。

◆◇◆

今回から保育サービスを展開するファモニィの天沼幸子社長が加わり、子育て中でも診療を効率よく行えるスケジューリングや、柔軟な勤務体制のアイデア、経営を安定させながら、スタッフが働きやすい環境を整える具体的な事例などの取り組みや解決策が共有された。

特に、仕事と育児を両立させながら、患者満足度を高めるための創意工夫には多くの共感が寄せられたという。

◆◇◆

また、スタッフが安心して成長できる環境作りを通じて、チーム全体のパフォーマンスを引き上げた事例なども注目を集めていた。

参加者からは、「同じ女性として共感し合えるからこそ、深い学びがある」「この場があることで、モチベーションがさらに高まる」との声があがっていた。

なお、次回開催日も決まっており、この女子会が女性歯科医師の新しい時代を切り拓く鍵となることが期待される。

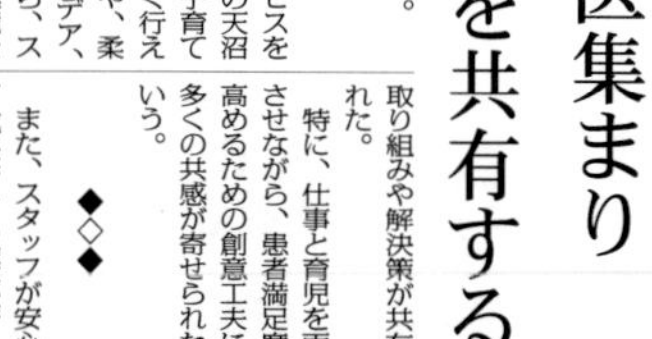

徳島で開業する富永氏など全国の成長意欲あふれる女性歯科医師たちが集まった

比嘉氏を推薦

日本歯科衛生士連盟

比嘉氏（右）に澤千秋会長から手渡された

日本歯科衛生士連盟は11月28日、比嘉奈津美参議院議員に次期参院選の推薦状を手交した。

当日は歯科関連職の人材確保や災害時における歯科の役割などの意見交換がなされた。推薦状を受けて比嘉議員は「デンタルファミリーとして心を一つにして、国民の健康を守るという大義を果たしたい」と意気込みを語った。

〈社保〉診療種別支払確定件数及び点数

（令和6年8月診療分）

診療種別		件数（千件）	対前年同月比（%）	構成割合（%）	点数（千点）	対前年同月比（%）	構成割合（%）
総計		103,648	100.7	100.0	176,265,888	98.2	100.0
医科	計	53,390	99.8	51.5	120,911,074	97.9	68.6
	入院	875	98.2	0.8	50,840,401	102.1	28.8
	入院外	52,516	99.9	50.7	70,070,673	95.1	39.8
歯科		14,474	105.1	14.0	17,384,839	106.2	9.9
調剤		35,474	100.1	34.2	37,969,976	96.0	21.5
食事・生活療養費		710	100.7	0.7	－	－	－
訪問看護療養費		309	115.9	0.3	－	－	－

（注）件数の総計は、食事・生活療養費を除く数値。点数の総計は、食事・生活療養費、訪問看護療養費を除く数値。社会保険診療報酬支払基金の統計月報を基に本紙で集計したもの。数値は四捨五入

〈社保〉歯科診療報酬諸率

（令和6年8月診療分）

区分		1件当たり点数（点）	1日当たり点数（点）	1件当たり日数（日）
合計		1,201.1 (101.1)	851.2 (103.4)	1.41 (97.7)
医療保険	計	1,209.9 (101.2)	846.5 (103.4)	1.43 (97.8)
	被保険者（65歳未満）	1,256.0 (101.3)	843.0 (103.2)	1.49 (98.2)
	被扶養者65歳未満（未就学者を除く）	1,154.6 (100.9)	862.7 (104.0)	1.34 (97.0)
	被扶養者（未就学者）	952.4 (102.5)	840.7 (104.5)	1.13 (98.1)
	被保険者65歳以上70歳未満	1,264.1 (99.6)	816.2 (102.7)	1.55 (97.0)
	被扶養者65歳以上70歳未満	1,224.2 (99.1)	808.6 (103.2)	1.51 (96.0)
	高齢者7割	1,236.4 (100.1)	802.0 (103.1)	1.54 (97.0)
	高齢者一般	1,298.6 (98.6)	828.6 (102.6)	1.57 (96.1)

数値は四捨五入。カッコ内は対前年同月比（%）

〈社保〉支部別歯科診療報酬等支払確定状況

（令和6年8月診療分）

支部別	件数（件）	日数（日）	点数（千点）	金額（千円）
令和6年6月	14,820,361	21,557,032	18,063,808	121,007,880
令和6年7月	15,187,978	22,394,816	18,890,522	125,989,032
令和6年8月	14,473,838	20,423,889	17,384,839	115,298,706
北海道	509,326	782,033	688,882	4,637,100
青森	111,008	163,664	136,106	889,778
岩手	97,042	139,003	117,922	841,259
宮城	244,258	336,667	273,476	1,878,591
秋田	89,929	126,970	112,581	732,671
山形	97,747	130,461	110,728	791,439
福島	176,828	253,944	198,522	1,364,451
茨城	309,610	435,215	349,602	2,209,364
栃木	225,906	319,260	239,281	1,549,362
群馬	181,379	264,495	198,897	1,418,901
埼玉	870,458	1,214,017	925,382	6,004,894
千葉	760,299	1,049,268	881,080	5,676,906
東京	1,936,557	2,731,111	2,274,599	15,058,091
神奈川	1,099,135	1,550,323	1,356,211	8,877,459
新潟	233,169	320,789	274,976	1,720,448
富山	121,124	160,922	130,785	832,820
石川	120,224	167,486	140,726	913,113
福井	81,068	112,549	93,687	596,354
山梨	92,311	128,190	101,905	657,671
長野	209,728	278,989	232,944	1,506,160
岐阜	213,477	288,962	245,920	1,754,281
静岡	337,241	470,805	381,966	2,713,296
愛知	891,495	1,217,561	1,097,494	7,835,168
三重	189,055	250,651	207,846	1,400,713
滋賀	173,397	231,133	193,551	1,212,507
京都	233,460	328,928	295,126	2,091,896
大阪	1,191,060	1,734,213	1,621,302	10,637,226
兵庫	679,112	939,287	850,252	5,488,783
奈良	137,348	189,005	154,074	1,001,154
和歌山	96,167	134,201	112,924	720,102
鳥取	62,697	86,936	73,480	469,775
島根	56,819	77,889	70,060	505,902
岡山	244,975	327,024	311,395	1,962,804
広島	314,527	440,531	382,576	2,505,280
山口	121,585	174,321	145,487	1,038,055
徳島	92,251	129,273	112,709	676,215
香川	126,661	174,030	156,685	978,866
愛媛	121,166	174,897	137,421	986,383
高知	60,901	87,080	71,325	492,663
福岡	656,922	983,788	838,523	5,362,569
佐賀	94,245	136,621	106,167	678,980
長崎	139,102	192,947	165,006	1,066,613
熊本	183,089	262,257	221,711	1,493,518
大分	104,745	151,470	126,259	801,415
宮崎	106,831	154,667	127,777	820,157
鹿児島	142,060	214,677	162,265	1,162,225
沖縄	136,344	205,379	177,244	1,285,330

令和6年8月の歯科医療費

社保

件数5・1％増　点数6・2％増

社会保険診療報酬支払基金による令和6年8月診療分の総計確定件数は1億3364万8千件、点数は1762億6588万8千点で前年同月に比べ件数は0・7％増加、点数は1・8％減少した。

8月の稼働日数は26・0日（うち土曜日5・0日）で、前年同月比で0・5日減少している。

歯科の件数は1447万4千件、点数は173億8483万9千点で、前年同月に比べ件数は5・1％、点数は6・2％それぞれ増加した。

医療費全体に占める構成割合は前月に比べ、件数は0・6ポイント上がって14・0％、点数は0・3ポイント下がって9・9％だった。

歯科の診療報酬諸率は1件当たり点数1201・1点、1日当たり点数851・2点、1件当たり日数1・41日で、前年同月に比べ、1件当たり点数は1・1％増、1日当たり点数は3・4％増、1件当たり日数は2・3％減少した。

医科の入院と入院外の合計は件数5339万件、点数1209億1107万4千点で、件数は前年同月に比べ0・2％、点数は2・1％それぞれ減少。

入院外は件数5251万6千件、点数700億7067万3千点で、前年同月に比べ件数は0・1％減、点数は4・9％減。

調剤は件数が3547万4千件、点数が379億6997万6千点で、前年同月に比べ件数は0・1％増加、点数は4・0％減少。

国保

市町村の金額　4・9％減少

国保中央会がまとめた令和6年8月診療分の総医療費は市町村国保と国保組合、後期高齢者を合わせて2兆4242億円で、うち後期高齢者分は1兆5963億円だった。

8月の稼働日数は23・5日（平日21・0日、土曜日2・5日）で、対前年同月比で0・5日減少している。

歯科医療費は市町村が488億円で、対前年同月比で4・9％減少。組合は47億円で0・5％減少。後期高齢者は572億円で2・8％増加した。

件数は市町村が384万件で4・0％減。組合は38万件で0・4％減。後期高齢者は420万件で4・4％増となっている。

市町村の歯科1人当たり医療費は2139円で0・4％減、1人当たり日数は0・26日で3・4％減、1日当たり医療費は8311円で3・1％増。

組合の歯科1人当たり医療費は1834円で2・0％増、1人当たり日数は0・22日で1・0％減、1日当たり医療費は8490円で3・0％増加した。

後期高齢者の歯科1人当たり医療費は2854円で0・5％減、1人当たり日数は0・34日で2・8％減、1日当たり医療費は8413円で2・4％増加。

また市町村国保と国保組合を合わせた医療費の入院は3135億円（対前年同月比1・8％減）、入院外2858億円（8・7％減）、調剤1472億円（6・8％減）、後期高齢者分は入院7908億円（3・6％増）、入院外4438億円（0・7％減）、調剤2418億円（0・3％増）だった。

米国「ベストオブオマハ」

歯科助手育成校が専門校部門で受賞

宮本氏

米国の名誉ある賞「Best of Omaha 2025」において、米国歯周病学会認定医の宮本貴成氏が米国ネブラスカ州で開校している歯科助手育成スクール「UEDAS」（United Exchange Dental Assisting School）が、「Technology Training/School部門」のアワードを受賞した。海外事業の一環で協業パートナーとして参画する「soeasy buddy」が大きく貢献しているという。

◆◇◆

Best of Omahaはオマハ（ネブラスカ州）のローカルテレビ局とオマハマガジンが年に一度、その年の優秀なビジネスを称えるもので、歯科助手を育てる学校の受賞は今回が初めて。

宮本氏は、日本大学松戸歯学部卒業後、米国ボストン大学で歯周病学を専攻。現在はネブラスカ州で歯周病専門医として活躍する傍ら、教育分野での改革にも注力している。

◆◇◆

受賞を受けて、宮本氏は「史上初の受賞を果たしたのは、未来志向のsoeasy buddyとのコラボレーションが鍵だったと考えている。マイクロラーニングという革新的な手法を教育分野で定着させたことで、学生たちの成果を引き出すだけでなく、学校全体の成長を実現できた。これからも教育環境を整え、全米にその価値を届けたい」とコメントした。

日歯医学会
研究推進の集い

社会実装目指す7演題

オーラルフレイル評価やリスク診断など

日本歯科医学会は11月27日、歯科医師会館(東京都千代田区)で第40回「歯科医学を中心とした総合的な研究を推進する集い」を開いた。歯科医学の発展のために分化した各専門領域の間で情報交換し、交流の輪を広げるのが目的で、今回は7つの演題が発表された。概要は次の通り。

■「超音波診断装置は口腔機能の定量的評価に応用可能か?—口腔機能発達不全症・オーラルフレイルの評価指標への挑戦」芳賀秀郷氏(昭和大学歯学部)

芳賀氏らの研究は、歯列弓や顎顔面形態、不正咬合と密接に関与する口腔周囲筋を非侵襲で簡便に評価できる超音波診断装置に着目したもの。

骨格筋の評価は、CTやMRI、DXAなどがあるが、大がかりな設備が必要で、放射線量などの問題もあった。さらに静止画像での評価には限界があり、機能解析においては動的なリアルタイムの評価が望まれていた。その解決策として、医科や理学療法領域ですでに普及している超音波診断装置を歯科領域に応用し、筋機能評価につなげていくことを目指す。

■「蛍光観察による口腔がんのスクリーニング」森川貴廸氏(みつわ台総合病院歯科口腔外科)

森川氏らの研究は、蛍光観察や細胞診、生体染色を比較して、口腔がんスクリーニングの有用性を検証し、新たな方法の確立を目指すもの。

これまで細胞診や生体染色を同時に比較した報告はなく、蛍光観察も視覚的で主観的な評価のみだった。同研究では、画像解析を行うことで、他覚的で定量的な評価を可能にした。

AIを用いることで、多くの統合解析に進展できると考察。さらに、蛍光に着目した解析を進めることで、新たなバイオマーカーの特定に結び付く可能性も示唆した。

また、口腔がん手術への応用についても触れ、下顎・上顎歯肉がんや口蓋がんでは、生体染色が使用できないことから、蛍光観察により、局所再発を軽減し、生存率の上昇にもつながるとしている。

住友会長はあいさつで、10年続けて会長として集いに参加し、今回が最後となると語った

■「XAI(説明可能AI)技術を活用した次世代口腔リスク診断システム」財津崇氏(東京科学大学大学院)

財津氏らは、息さわやか外来の患者の舌画像から、XAI技術を用いて口臭、歯周病、口腔乾燥などのリスクを把握できる診断システムの開発を目指している。

これまでの研究では、口臭症の患者263人を対象に、舌写真と口臭ガスクロマトグラフィーを使って3つの予測モデルを構築した。

XAIによって、診断結果の透明性と解釈可能性を高められるとしている。

■「漢方薬は『オーラル・フレイル』の予防に貢献できるか」星野照秀氏(東京歯科大学)

星野氏らの研究は、漢方薬の人参養栄湯が咬筋におけるサルコペニアの改善に寄与するかを検証するもの。新たな対策法の開発基盤の構築が目的。

人参養栄湯は、フレイル予防に効果を示すことは報告されており、オーラルフレイルの予防にもつながることが明らかになれば、1剤でフレイルサイクルの回転を阻止することもできる。

ウェルビーイングに貢献し、老年歯科医学領域の発展への波及効果も期待できるとしている。

■「軽度認知症患者の唾液中口腔細菌叢およびタンパクを標的としたスクリーニング法の開発および歯周病治療による認知機能低下予防の検討」出分菜々衣氏(松本歯科大学)

出分氏らは、自立高齢者の認知機能と歯周病、口腔細菌叢との関連について明らかにすることを目指している。

研究では、認知機能が低下している群は、「歯数が少ない」「歯周炎重症度のステージが高い」「口腔機能(特に口唇、舌)の巧緻性、速度の低下」を確認。口腔細菌叢の解析では、マイナーな細菌が均等に存在する確率が高く、歯周病関連細菌の「Tannerella属」が検出された。また、口腔細菌が産生するタンパク質COX11とSoluble cytochrome b562が有意に低下していることも判明した。

自立高齢者のなかでも認知症の前段階にある人をスクリーニングできる機会は医科でも少ない。唾液で危険性が少なく短時間で検査できるスクリーニング法を、歯科医院や健康診断の場で活用できれば、早期介入により介護予防につながると言及。歯周病治療で認知症型口腔細菌叢を変化することで、認知症予防につながるとの考察も述べている。

■「高齢者の口腔感染症の防止と介護者の負担軽減に資するCPC徐放・リチャージ義歯の開発」中西康氏(北海道大学大学院歯学研究院)

中西氏らの研究は、義歯を清潔に保ち、介護負担を軽減するためのリチャージ可能な殺菌性義歯を開発するもの。

塩化セチルピリジニウム(CPC)を数週間徐放でき、かつリチャージ機能を持つ新しい殺菌剤キャリア「CPCモンモリロナイト」を活用する。

義歯無装着者よりも肺炎発症率を減少できれば、歯科材料により肺炎を予防する新しい手法を考案できると有用性を述べている。

■「天然歯と同等の歯周組織構造を有する次世代バイオインプラント」大島正充氏(徳島大学大学院医歯薬学研究部)

大島氏らは、口腔インプラント治療の課題とされてきた天然歯の歯周組織の解剖学的構造と生理機能を補填する次世代型バイオインプラントの開発を目指している。

歯周組織を有するバイオインプラントは、失われた歯の生理機能を回復するとともに、顎骨成長中の若齢者への適用や天然歯との連結もできるという。外科的侵襲の低減、治療期間の短縮も期待できる。

イヌモデルでの実証研究を経て、臨床研究に移行できるレベルにあるとのこと。

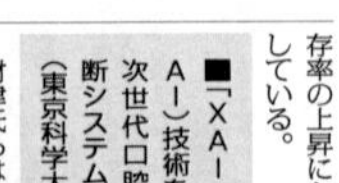

■【解説】寝起き時は口に“便の10倍”の細菌が…就寝中に爆発的増加で「寝起きの1杯」が危険!?(FNNプリムオンライン/11月29日)

■歯の矯正「手軽」「安価」うたうサービスに注意　歯科医ほぼ関与せず、訴訟も(withnews/11月29日)

■避難生活が招く「震災関連死リスク」を減らす「口腔ケア」とは?【歯科医が解説】(DIAMONDonline/11月30日)

■堀ちえみ、がんで舌の6割以上を切除で「『イス』の2文字がうまく言えなかった」 苦悶のリハビリに涙(AERAdot./11月30日)

投稿 寄稿

沼田利根歯の「いい歯の日　お口健康フェスタ」

フレイルを防ぐための「食育」と「足育」を紹介

中澤桂一郎　利根歯科診療所所長

沼田利根歯科医師会は11月9日に「いい歯の日　お口健康フェスタ」を沼田市のホテルベラヴィータで行った。冒頭、鈴木克也会長は「群馬県歯科医師会で8020表彰を行ってきたものの、達成者が過半数を超えると、各地区の表彰の企画は次々となくなった。しかし沼田利根歯科医師会では30年以上にわたり毎年行っており、今年の8020受賞者は226人となり、健康長寿を祝う会として講演と合わせて企画した」と述べた。

8020表彰で鈴木会長(右)と受賞者

ひまわり歯科医院院長の鈴木公子氏は「自分の口で食べること自分の足で歩くことができたらフレイルは防げます—歯科医が提案する食育と足育」と題し、全国各地で食育息育足育の講演を行っている経験を語った。

講師を務めた鈴木氏

父親の介護の経験と自身の人生で3回死の宣告を受けた経験から食育の重要性を感じ、病気になる前に患者さんに伝えなければならないと、健康について講演会を行っている理由を語った。

歯科医師が提案する食育10カ条を提唱し、①ご飯をしっかり食べる②飲み物はノンカロリーのものを③食間をあける④砂糖の入ったものはなるべく避ける⑤味噌汁、漬物を食べる⑥副食は季節のものをその土地でとれたものを食べる⑦油動物性食品の摂り過ぎに注意⑧調味料は良質のものを⑨危険な味3つを極力避ける⑩歯ごたえのあるものをよく噛んで食べる—などを紹介し、現代の食生活の問題点を明らかにした。

第2に足育のフットフレイル予防について語り、実践を行った。日ごろ足腰、膝に問題を抱える人は多く、なぜフットケアアドバイザーが必要なのか、年間に交通事故は5千人なのに比べ転倒死は7千人にもおよび、足がいかに重要であるかを語った。外反母趾、親指の背屈、根指、内反小趾、ウオノメ、タコ、かかとの角質などの原因は足指にあること、人間の206個の骨のうち52個が足にあり、足という基礎が悪ければ倒れてしまうため、しっかりと足指を伸ばすために今井一彰氏の提唱する「ゆびのば体操」をすることが非常に大切であると語った。

濃縮された講演の後に実演があり、杖をついた高齢者のフットケアを行い、ゆびのばソックスをはいたら杖がいらなくなって帰ることができたのは参加者一同驚きの場面であった。足指の大切さは講演会場ですぐに答えが出ることがすばらしい。ゆびのばソックスをはき、足指にきちんと合ったインソール、かかとをしっかり固定し指がひろがり地面をつかむことができる足が重要であるとまとめた。

講演会の休憩時には、歯科衛生士会の体験ブースで多くの参加者が噛む力、舌の力の測定をし、一生懸命「パタカラ」をいう姿が見られた。また歯科医師の何でも相談コーナーでは日ごろの悩みを聞いていた。

今回、8020表彰と同時に食育の講演を企画したことで、表彰者からは内容がすごく良かったと感謝の声が聞かれ、後日談として一般参加者が小学生を連れて一緒に講演を聞かせたことで食生活の乱れからくる口の崩壊写真に驚き、翌日から毎朝ご飯を食べているという感想も聞かれた。

唾液ケア研

唾液学・検査学の創生 テーマに学術集会開く

日本唾液ケア研究会の第3回学術集会が11月23日、神奈川歯科大学横須賀キャンパス（神奈川県横須賀市）で開かれた。テーマは、「唾液学・唾液検査学の創生による国民の健康増進」。

「お口ぽかん」現状を考察

特別講演「唾液から全身を診る：身体の新たなメッセンジャー」では、大阪大学大学院歯学研究科予防歯科学講座特任教授の天野敦雄氏が登壇した。

天野氏は、唾液には殺菌・抗菌作用があるものの、小児歯科では子どもを中心にお口ぽかんが増えている現状を説明。鹿児島大学や新潟大学らの全国大規模疫学調査（2021年）によれば、小児期3399人のお口ぽかんの有病率は30・7％にものぼる。

天野氏

口呼吸の状態が続くと、集中力の低下や味覚障害などの症状が出てくるため、「患者が主治医になっていただくような患者教育が大事」と話す。

さらに、男女で唾液が担う役割が異なるとの知見が示され、ブラジルやインドなど海外で行われた大規模疫学調査をもとに、女性は男性よりもう蝕や歯周病、ドライマウスのリスクが高いとの結果を提示した。

唾液で動脈硬化や口腔がん、乳がん、糖尿病などが判明できる時代になったことで、天野氏は「唾液は全身を映す鏡。すべての病気の入口が歯科（唾液）でわかる時代が来るかもしれない」と期待感をあらわにした。

ドライマウス診療 点数など問題提起

シンポジウム「唾液分泌低下の検査・診断・治療」では、2人のシンポジストによる講演のほか、長崎大学大学院医歯薬学総合研究科口腔診断・情報科学分野の髙木幸則氏が「口腔乾燥症外来における20年間の取り組みとその問題点」をテーマに長崎大学病院でのドライマウス診療に対する取り組みや、同氏が思う現状を説明した。

2004年に長崎大学病院に口腔乾燥症（ドライマウス）外来が新設されてから20年ほど経過し、現在でも新患総数は1千人弱と週2日の診療日にもかかわらず、再来患者数は月に延べ100人にも上るという。

髙木氏は20年以上もドライマウス診療にかかわってきた事例を踏まえ、「その対応は20年前に外来を開設してから、（保険点数や現場の状況は）なにも変わっていない」と主張した。

唾液量や口腔内湿潤度を測定しても、単独では保険請求ができず、患者の治療にも時間がかかるため、現場の受け入れ体制はすでに限界に近い状況にあるという。

髙木氏

また、シェーグレン症候群（SS）の診断が出なければ治療の選択肢はほぼ残されておらず、一定の効果が出る唾液腺洗浄でも、「歯科では保険請求ができない状態にある」と話す。

この現状を踏まえ、髙木氏は「これからは積極的に唾液を増やすアプローチではなく、対処療法を中心とした対応を続けていくことになるだろう。ぜひ、この機会に先生方も一緒に考えていただき、ドライマウス診療に明るい未来をもたらしたい」との思いを語った。

会場からの質疑応答で、「一般の開業医では、ドライマウスに対するアプローチや対処法はどうすればいいのか」に対して、シンポジウム登壇者らは「唾液量をチェアの片隅でも測定する」「まず大規模検査をして、SSであれば内科などで情報提供書を書いて紹介する」「開業医の先生でも、口腔衛生管理措置の診断で改善薬まで出せるはずなので、そこまで行っていただきたい」との回答がなされていた。

親子の食器共有 う蝕との関連を再考

九州大学大学院歯学研究院口腔予防医学分野准教授で、日本口腔衛生学会フッ化物応用委員会のメンバーでもある古田美智子氏が「乳幼児期での親との食器共有とう蝕の関連性を再考する」をテーマに、昨年8月に口腔衛生学会で出された親との食器共有をもとに、それを裏付ける研究内容を解説した。

親との食器共有に関する文書が出された経緯として、古田氏は昨年5月に和歌山県立大学が報告したプレスリリースがきっかけと話す。

古田氏

同調査結果を受け、一部報道メディアで「親の唾液によってむし歯につながるリスクがある」との記載があり、最新の知見を整理して情報をアップデートする必要があるとの思いから、文章作成に至ったという。

しかし、親が入念に食器共有を避けていたとしても、生後4カ月の時点で、母親の口腔内細菌が検出（九州大学の研究）されるなど、「食器共有を避けるだけでは全ての口腔内細菌を防ぐのは難しい」としており、日常の育児や遊具など別の環境要因で、さまざまな細菌が子どものなかに侵入するとのこと。

また、39市町村で3歳児健診を受診した3千人の疫学調査（Wakaguri et al.Caries Res 2011）によれば、さまざまなう蝕の関連要因の影響を考慮しても、「食器共有を避けることでう蝕を予防できる明確な科学的根拠はない」としている。

古田氏は、「う蝕関連細菌が子どもへ伝播しても、フッ化物などの方法でう蝕を予防することは可能。親子のスキンシップが大切な子育てのなかで、必要以上に食器共有を気にしなくてもいい」との考えを示し、口腔衛生学会が出した文章は「食器共有を積極的に推奨するものではない」と注意喚起した。

◇◆◇

なお、学術集会では多くの人に唾液の健康効果を周知した人、唾液に関する優秀な論文を表彰する「唾液の日2024」表彰式も併催され、約200人が参加した。

㊤表彰式では6人が受賞した㊦会場からの質疑応答も行われた

MRONJに関して 休薬の是非など議論

日本口腔外科学会の「MRONJポジションペーパー2023」では、「（抜歯時に）休薬しないことを弱く提案する」とされているが、抜歯以外の手術や、ハイリスク症例での短期間の休薬の是非について検証する必要がある。「MRONJポジションペーパー2023before/after」と題したシンポジウムで、兵庫医科大学医学部歯科口腔外科学講座教授の岸本裕充氏が課題を示した。同シンポジウムは、11月22日から3日間、パシフィコ横浜（横浜市）で開かれた第69回日本口腔外科学会総会・学術大会のなかで行われたもの。

岸本氏は「顎骨壊死検討委員会ポジションペーパー2023における今後の課題」をテーマに講演。

ステージ分類では、ステージごとの特徴的な所見を組み込んだ新しいステージ分類を考案し、治療への有用性を検討する必要があるとした。

同シンポでは、整形外科医の沖本信和氏が「脊椎・大腿骨骨折の減少には医歯薬連携が関与している―広島県呉市における試み」、熊本大学大学院生命科学研究部歯科口腔外科学講座の中山秀樹氏が「当科における薬剤関連顎骨壊死患者に関する臨床的検討―熊本統一指針2020以前と以後」、国際医療福祉大学三田病院歯科口腔外科の矢郷香氏が「予防的・治療的休薬のコンセンサスを得るためにMRONJポジションペーパーに望むこと」を題してそれぞれ話した。

左から矢郷氏、中山氏、沖本氏

岸本氏（右）は座長も務めた

沖本氏は、呉市での「骨粗しょう症重症化予防プロジェクト」について紹介。歯科診療所でパノラマX線写真から骨粗しょう症をスクリーニングするなど、連携することで脊椎大腿骨の骨折が減ってきたとした。

一方で薬剤によっては、休薬すると骨代謝が止まり、骨折が増えるとのデータも説明した。

中山氏は、熊本県で統一指針を出し、132人274歯をBPの休薬なしで抜歯し、顎骨壊死が生じなかったと紹介した。

矢郷氏は、休薬が有効と思われる症例もあったとの経験を話す一方で、抜歯する前にすでに壊死している可能性も否定できないと指摘。「休薬の議論の前に潜在的に発症している画像診断が必要ではないか」と訴えた。

デンタル 小町が通る

平成歯科クリニック院長（大阪府寝屋川市）
小谷泰子 ⑧

食医とは

西暦2000年に歯科医師になり、四半世紀が過ぎようとしています。広島大学を卒業後、嚥下障害と構音障害の診療に携わりたいと思い、大阪大学歯学研究科顎口腔機能治療学教室、通称「顎治（がくち）」に入局しました。大学院生、医員として、計9年間お世話になり、その後、嚥下障害、ドライマウス、睡眠時無呼吸に特化した歯科医院を開業して、15年と半年が経過しました。

ありがたいことに、大阪大学の諸先輩方が「食医」を増やすことを目的に設立されたNPO法人が主催する摂食嚥下に関する研修会の講師を、大学に在籍中から今でも継続させてもらっています。「食医」という言葉を初めて目にされた方もいらっしゃるかと思います。法人のHPによると、昔、中国には薬を用いて治療にあたる「疾医」、メスを用いて治療にあたる「瘍医」、動物を診る「獣医」、そして「食」全般を担う「食医」の4種類の医者がおり、現在では、疾医は内科医に姿を変え消化器内科や神経内科等々に分化し、瘍医は外科医に姿を変え脳外科や整形外科等々に分化し、獣医はそのまま獣医として発展したとのことです。現在の「食医」は、幅広い知識を駆使し、主訴と医療・介護のマンパワーを加味し、「どれだけ安全に食べられるか」を判断できる医療者のことをさす、とあります。

しっかりと精進しなければと、HPを見るたびに身が引き締まります。ちなみに、研修会開始当初は、ほぼ年上だった受講者が、今は年下の方が多くなりました。20年以上も続けば当たり前ですが、年月の流れを感じています。

今思うと、以前は、働きながら、新しい知見修得のために、休日を返上して、研修会に参加することがどれだけ大変かが分かっておらず、歯科医療従事者の先輩方にずいぶん生意気なことを言っていたなぁと、深く反省しかありません。いや、若い人間が謙虚に話しても何も残らないだろうから、嫌われても偉そうにいけ！という作戦でもあり、ごにょごにょ……。

大学院生の後輩が考えてくれた当院のマーク（寝マウス、食べマウス、ドライマウス）

㊤講師陣が着るお揃いの食医Tシャツ&㊦頼りになる医局の講師陣

JDSA

臨床歯周病学会と論文の読み方学ぶ

日本臨床歯周病学会関東支部と日本歯科学生連盟（JDSA）は11月24日、歯学部生を対象としたワークショップ「第5回学生プログラム『文献に触れてみよう！』」を、東京都千代田区の日本歯科大学で行った。講師は日本大学歯学部専任講師の蓮池聡氏。ヨシダが後援。

ワークショップでは患者満足度を向上させるうえで必要な治療を考えるために、文献を読むことの重要性をディスカッション形式で学んだ。

ワークショップ後の発表では参加者を代表して、東京歯科大学4年でJDSA統括代表の太田直希さんが感想を述べた。「大学生活ではちゃんと論文を読む機会がないので、PICO（論文読解の手法）に基づいた読み方などを学べて勉強になった」という。

JDSAは歯学生、歯科衛生学生、歯科技工学生の有志を中心に運営している団体。学会や企業などと連携して、主に学生向けのイベントや勉強会、交流会などを開催している。

ワークショップは1～6年生の歯学部生17人が参加した。参加した学生によると「授業よりも先生との距離が近くて質問しやすい」とのこと

太田さんと参加した学生

歯科医院の管理栄養士 食事指導の方法を紹介

歯はプラークコントロールだけでなく、好ましい食生活で守る―。

認定栄養ケア・ステーション「港南台お口と食のサポートルーム」（みなと歯科内・横浜市）の管理栄養士の鵜池香織氏が講演「管理栄養士が歯科医院で行う多職種連携の実際～口腔内をみながら始める栄養食事指導」で発表したもの＝写真。

鵜池氏は歯科衛生士のブラッシング指導の助けになるような食習慣を患者に指導しているといい、歯科での食事指導のポイントの1つに、「甘いものの摂り方に気を付ける」を挙げた。

「歯科衛生士はブラッシング指導でプラークが落ちづらいと感じることがあると思う。それは甘いものを日常的に摂ることで、プラークの粘性が増しているために起きる。患者の食生活を見直すことでブラッシングの効果を高められる」と話した。

また、患者の食習慣の聞き取りで、申告内容を鵜呑みにしないことも大切だと言及。「患者さんが気づかずに、スポーツドリンクなど甘いものを含む飲食を行っている場合がある」とし、「患者さんの生活の背景まで聞き取ることで、正しい食習慣を指導・形成できる。それにより歯周組織が安定し、病気に後戻りしない口腔を作れる」と語った。

講演は「歯科と栄養二足のワラジーの会」が11月23日に東京都小金井市の日本歯科大学口腔リハビリテーション多摩クリニックで開催した「歯科医院で伝えたい栄養のこと～管理栄養士たちの実践」で行われた。

幻の貨幣「陶貨（とうか）」50万枚　松風の工場跡地で見つかる

太平洋戦争（1941〜45年）末期の金属不足を機に、陶器で作られた代替貨幣「陶貨（とうか）」が50万枚以上、松風の工場跡地で見つかった。造幣局が引き渡しを受けたと10月に発表したもの。陶貨の発見の経緯、時価総額などを松風の担当者に聞いた。

――50万枚以上の陶貨が見つかったのはいつごろですか。

松風　昨年8月に当社工場内の倉庫で見つかりました。ちなみに工場棟は建て替えにより、すでに解体されています。

――陶貨の発見に至った経緯は。

松風　倉庫には、松風工業（1967年に解散）が製造していた陶磁器類などが保管されていたのですが、梱包材は朽ちてボロボロになっており、長年手つかずの状態で放置されていました。2022年、当社は創立100周年を迎え、記念事業の一環として過去の資料を調べる過程で発見されました。

陶貨は、当社の歴史展示コーナーや金庫で数枚が大切に保管されていました。これまでうやうやしく扱っていた陶貨が、木箱に大量に入っていて、しかも木箱はいくつもあったので、その量に大変驚きました。

陶貨が作られていたことは知られており、産地は不明ですが時折、ネットオークションで売買されているのも知っていたので、売ればいくらになるのか想像すると鳥肌が立ちました。

●●●

――造幣局に引き渡すことにした経緯は。

松風　陶貨のほかに、陶貨を包んでいた造幣局銘の入った布袋も一緒に見つかり、戦時中の貴重な史料でもあると判断して、扱いを造幣局に相談することにしました。

当初は半量程度を造幣局に寄贈する予定でしたが、造幣局との協議により、「一旦造幣局にすべてを返還し、その中から100枚を当社に寄贈」「感謝状を贈呈」「記者会見の開催」という条件提示が造幣局からあり、今回の発表に至りました。発見当初や造幣局への相談時は想像していませんでしたが、テレビやネットで報道される事態となってしまいました。

●●●

――発見地の近くや周りを探したら、陶貨はまだ出てきそうですか。

松風　昔からそのような噂があり、建て替えのたびに話題になるのですが、埋まっていたことはありませんでした。今後出てくるかどうかわかりませんが、当社にはまだ古い建物が数棟残っており、「埋蔵金発見」を期待しています（笑）。

●●●

――発見枚数は50万枚以上とのことですが、時価総額はいくらくらいになりそうですか。

松風　テレビ局が取材で鑑定に出したところ、市場価格から逆算した買い取り価格は5千万円とのことでした。

実際の市場価格は、ネットオークションで1枚1〜2千円程度で取引されており、単純に50万枚×1千円とした場合、5億円の価値となります。ただし、実際にこれだけの量が市場に出回った場合、希少価値がなくなり、値は暴落すると思われます。

ちなみに、解体した工場跡地の地中からは、耐火レンガの窯が出土しました。造幣局が保有する貨幣工場の図面とも整合し、この地で陶貨が製造されていたことを再認識しています。当社が100周年という大きな節目を超え、来年終戦80年という節目を迎えるにあたり、陽の目を見ることのなかった幻の陶貨が「世に出して欲しい」と語りかけてきた…そんな気がします。

時価総額5億円、造幣局に寄贈

陶貨　戦時中、約1500万枚製造したものの終戦を迎え、実際に使用されることなく破棄され、「幻の貨幣」と言われている

陶貨が松風工業で製造されることになった経緯

●太平洋戦争末期、戦況の悪化に伴い金属の受給状況がひっ迫していたことから、金属以外の貨幣材料の研究が始まり、1944年に陶貨の製造が決まる。

●翌年、貨幣の図柄・大きさ・重さが決められ、国内において製陶が盛んな3地域（京都、瀬戸、有田）が選定され、京都で陶貨の製造を請け負わせる工場として松風工業が選ばれる。

・松風社内には、当時の松風工業社長・松風憲二氏（※松風陶歯製造〈＝現・松風〉の社長も兼務）が政府に対し陶貨の製造を具申したとの記録が残っている。また、戦時中、国家政策により軍需産業へ転換させられていたこと、高い製陶技術を有し早くから工業化を進めていたこともあり、松風工業に白羽の矢が立てられたのではないかという。

発見された1銭陶貨

朽ちている木箱はあったが、貨幣自体は陶製のため金属のように錆びる・腐食することもなく、非常にきれいな状態で発見された

造幣局の袋に詰められた状態で発見されたため、未使用であるのは明らかという

口腔細菌叢の基盤　3歳までに確立

ライオンが解明

3歳までに口腔細菌叢の基盤が確立される。ライオンが11月14日に発表した研究結果によるもの。

対象者は2015年6月〜17年1月に出生した子ども（男児27人、女児27人）と両親。両親は子どもが1歳半と3歳時の計2回、洗口吐出液として唾液を採取し、子どもは生後1週間、1カ月、3カ月、6カ月、9カ月、1歳、1歳半、2歳、2歳半、3歳、3歳半、4歳、5歳の計13回スワブに浸み込ませた唾液、5歳時は洗口吐出液としても唾液を採取。次世代シークエンサーで口腔細菌叢の経時変化を解析した。

85％以上の大人（両親）から検出された菌種を大人の主要な口腔細菌叢として子どもからの検出率の推移を調査した結果、生後6カ月〜1歳半に細菌の検出率が急激に増加し、1歳半で約8割、3歳で約9割を検出。3〜5歳に大きな変化はなく、3歳までに大人の口腔細菌叢の主要な菌種が口腔内に定着していることがわかった。1歳半までに検出された菌種には、う蝕や歯周病を予防する可能性のある硝酸還元細菌などが含まれていた。

◆◇◆

細菌叢の類似度を評価する距離指標（Weighted UniFrac距離）で大人の口腔細菌叢に近づく時期を調査すると、1歳半までに大人の口腔細菌叢に大きく近づき、3〜5歳に有意な変化はなかった。5歳児と大人が洗口吐出液として採取した唾液の口腔細菌叢の距離は、大人同士の口腔細菌叢の距離（大人間の個人差）より小さく大人の個人差の範囲内だったことから、5歳の口腔細菌叢は大人と同様の口腔細菌叢を形成していることがわかった。

同研究結果は『Journal of Dental Research』（10月12日）に掲載された。

CP協会

新会長に浅野氏

第29回定時総会で

浅野氏

日本歯科コンピュータ協会（＝CP協会）の第29回定時総会が東京都千代田区の「モリタ　デンタルプラザ東京」で11月20日に開催された。2023年度収支会計報告、24年度事業計画及び予算案、会則の一部改定などすべての議案が可決承認され、役員改選では、専務理事の浅野弘治氏が新会長に就任した。

就任あいさつで浅野氏は、「国が掲げる医療DXの流れにしっかり対応し、歯科医療従事者、地域、患者さんに大きな価値を提供し、そしてその価値をさらに高めるための活動を行っていきたい」などと抱負を述べ、会員に理解と協力を求めた。

総会の様子

総会終了後には、勉強会として、日本デジタル歯科学会理事長の末瀬一彦氏による、主に診療面でのDXをテーマとした講演が行われた。

なお、新役員は以下の通り。（敬称略）

▼会長　浅野弘治▼副会長　河内崇、小森一秀（専務理事兼任）▼常務理事　筒井郁雄▼理事　森田晴夫（顧問兼）、山中一剛（顧問兼）、森野國男、大谷純一、水野純治（事務局長兼）▼監事　原良祐、猪俣吾郎▼技術顧問　石井規

週間 金・パラ価格動向

税抜価格（1g、円）

	金	パラジウム（参考価格）
11月25日（月）	13,310	5,300
11月26日（火）	13,056	5,050
11月27日（水）	12,980	5,060
11月28日（木）	12,900	5,005
11月29日（金）	12,859	4,990

――提供 石福金属興業――

医機連

医療機器業への人材獲得に3事業

日本医療機器産業連合会（＝医機連）は、人材育成をテーマとした「第15回医機連メディアセミナー」を11月28日に同社会議室およびオンラインで開いた。

医機連では人材育成に関する取り組みとして、学生向けの就活支援事業、転職者向けのリスキリング事業、医療機器業界の未来を担う若手人材の育成事業の3つを実施していると説明。

25年卒の就職活動を始めた大学3年生、修士1年生を対象に実施した、医療機器業界の基礎知識を伝えるウェブセミナー（昨年7月開催）、会社別のウェブセミナー（昨年11月開催）には、それぞれ800〜1200人程の学生、それぞれ30、20社の企業が参加した」と報告。

参加者に追跡して就職先についてのアンケートを実施したところ、企業名の記入があった42人のうち「医療機器業界に特化した学生向けの情報サイト『医機ナビ』、医療機器業界のトレンドを紹介したガイドブック『MD GUIDE』に掲載、または、ウェブセミナー出展の企業に就職した、と回答した学生は78.6％（33人）にのぼった」と補足した。

今後は、技術・開発者など職種に絞った就活セミナーの開催などを予定しているという。

なお、他業界の取り組みとして、電子情報技術産業協会（＝JEITA）の担当者が、他業界の企業の担当者を講師に招いた人材育成のための勉強会などを行っていると紹介した。

安心経営の羅針盤

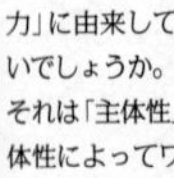
（株）ディー・ビー・エス　日吉国宏　133

満足度の高い医院経営

医療技術が高く、自費率の高い歯科医院の院長には共通の特徴があります。それは、「歯科医師（経営者）としてだけでなく、個人生活においても満足度が高い」ように見えることです。この満足度の高さは、「挑戦したいことを見つける力と行動力」に由来しているのではないでしょうか。言い換えれば、それは「主体性」です。この主体性によってワークライフバランスが保たれ、人生を謳歌しているのでしょう。

A院長は、5年後のあるべき姿を明確に描き、臨床だけでなく、ビジネスリーダーとしての研修会への参加も目標に掲げ、それを着実にクリアしてきました。業績は順調に伸び、資金面でもかなりの余裕が生まれました。これからの目標を伺うと、「臨床をさらに極め、自費率を50％に引き上げ、将来的には後輩を育成するスタディーグループを立ち上げたい」とのこと。今年の目標である「海外の学会参加」と「ついでのマラソン大会」の準備に力を入れています。

B院長はもともと臨床に対する意識が高かったものの、コロナ禍をきっかけに意欲を失ってしまいました。外出機会が減り、鏡を見ると自分が老けて見えたそうです。そこでジョギングを始め、今ではトレイルランニングの大会にも出場しています。体力に自信をつけた院長は主体性を取り戻し、再び臨床セミナーを受講。現在は、組織的にインフォームドコンセントの手法を見直し、自費率が着実に伸びています。

主体性は医院運営にも影響を与え、スタッフ育成やシステム構築の原動力となります。その結果、経済的成果につながります。経済的な余裕があれば、仕事やプライベートで、時間やお金をより有効に投資できるようになります。主体性の高い院長は、仕事とプライベートの境界が曖昧になることもあるでしょう。積極的に挑戦している姿勢は、「満足度が高い院長」として周囲に映るのです。

ひとことアドバイス

満足度の高さは、挑戦し続ける姿勢から生まれます。挑戦する内容は、「主体性」から生まれるのです。主体性と満足度には確かな相関関係があります。

給食後にガムを噛む

豊島区立の小学校で実施

ロッテ

ロッテは、「給食後にもキシリトールを噛もう！プロジェクト」を11月8日の「いい歯の日」に合わせて、11月5日〜8日に東京都豊島区立の全小学校で行った。同社が区立の全小学校にキシリトールガムを導入する取り組みは初めて。

同社は期間中、給食後の歯磨き時にキシリトール入りのガムを提供。豊島区立千早小学校の児童は、ガムを噛んでいる5分間、キシリトールに関する動画などを見て歯の健康について学んだほか、ガムを噛んだ後の正しいゴミの捨て方も実践した＝写真。児童からは「スーっとして甘くておいしい」「家でも続けたい」などの声もあり、キシリトール入りガムを取り入れた習慣の重要性を学ぶ機会となった。

歯愛メディカル

下着販売の白鳩　連結子会社に

歯愛メディカルは、下着の販売などを行う白鳩の株式を追加取得すると11月15日に発表した。株式の取得額は3億1864万円。

昨年12月25日に小田急電鉄から白鳩の株式221万株を取得しており、今回白鳩の連結子会社化を目的として公開買付けで株式を追加取得する。

歯科医院は女性の医療従事者が多いことから、歯愛メディカルは女性向け商品や日用品の取り扱いを拡大しており、今年7月には婦人服などを取り扱うニッセンホールディングスを子会社化。

今後はニッセンのカタログやサイトで白鳩商品の販売を促進し、販売網を拡大していく。

ヘッドライン企業ニュース

■デンタータス社のプロフィンシステム「PDXハンドピース（マイクロ）」「IPRチップ」「PDHハンドインツルメント」を発売（東京歯科産業／11月1日）

■ハンディタイプの電動ミキシングガン「ナイスミキシンググガン」を11月21日に発売（モリムラ／11月5日）

■支台築造用ファイバーポスト「i-TFCルミナスⅡシリーズ」を8月21日に販売を開始（サンメディカル／11月6日）

■「ベクトル40　1入」・「ベクトル500　1入」の販売を在庫限りで終了（JM Ortho／11月7日）

■2025年春に山形市内にオーラルケアクリニックを開業、サッカー選手の定期歯科メンテナンスを実施し選手の中から「オーラルケアアンバサダー」を選出（SCOグループ、モンテディオ山形／11月10日）

■世界を変えるアイデアが福岡で決定。毎日の歯磨きで歯の健康状態を測定できる「MIGAKO」が日本代表に（TOKYO HEADLINE WEB／11月11日）

■「ヤマキン歯科技工士養成所」を2025年4月に高知県香南市に新設（ヤマキン学術文化振興財団／11月19日）

■金属色や変色歯を遮蔽するコンポジットレジン「トクヤマ　マスキングオペーカー」を11月21日に発売（トクヤマデンタル／11月11日）

■本社・工場を解体し、第一期2025年1月、第二期25年11月に新社屋を完成予定（朝日レントゲン工業／11月12日）

日本歯科新聞

2024年(令和6年)
12月10日

<発行所>
日本歯科新聞社
厚生労働省記者クラブ加盟社

〒101-0061
東京都千代田区神田三崎町2-15-2
電　話　03(3234)2475
FAX　03(3234)2477
www.dentalnews.co.jp
jdn@dentalnews.co.jp

■ 年間購読料 23,760円(送料込)(本体 21,600円＋税)
■ 月4回、火曜日発行
■ 郵便口座番号 00120-5-130369

今週号の主な内容

歯科診療所に18万円

賃上げ支援、ベア評価料の算定が条件

令和6年度補正予算案

令和6年度補正予算案で、医療分野の賃上げ支援として、歯科を含む診療所に18万円を補助することや、災害時歯科保健医療提供体制整備事業10億円などが盛り込まれている。11月30日にANAクラウンプラザホテル米子(鳥取県米子市)で開かれた令和6年度「九州」「中国・四国」地区歯科医師会役員連絡協議会の来賓あいさつで、日本歯科医師会の高橋英登会長、比嘉奈津美参議院議員、山田宏参院議員からも補正予算についての発言があった。

高橋会長は特に、医療分野の生産性向上・職場環境改善等によるさらなる賃上げ等の支援「人口減少や医療機関の経営状況の急変に対応する緊急的な支援パッケージ」に言及。

同事業は、ICT機器の導入やタスクシフトなどによる業務の効率化の経費を支援するもので、診療所への交付額は18万円とされている。

ベースアップ評価料の算定を呼びかける高橋会長

高橋会長は診療報酬改定で設けられたベースアップ評価料の算定が2割程度に留まっている点に触れ、「申請ができるのは、ベースアップ評価料を算定している医療機関に限られている。現状では2割しか申請できない状況」と説明した。

◇◆◇

比嘉議員は、「歯科衛生士と歯科技工士の人材確保のための予算は、(令和7年度予算の)概算要求で要望していたが、補正で組むことがおそらくできると思う」と発言。

「今までのように復職支援などに大きな予算を持っていくのではなく、歯科衛生士も歯科技工士も支援センターの在り方やマッチングシステムなどさまざまな形で取り組めると思う」と述べ、12月中旬には補正予算が決定するとして、期待を示した。

比嘉議員

山田議員

◇◆◇

山田議員は、国民皆歯科健診に関連する、簡易スクリーニングキットを使うモデル事業を紹介。地域の郵便局や薬局での待ち時間などを利用することも想定しているとして、「県から国へ申請する形になるので、よろしくお願いしたい」と呼びかけた。そして、「事業所での健診、特定健診の問診票にも歯科の項目があるが、それに加えて簡易キットを活用し、歯科への受診を促していく方法も考えていく必要がある」との考えを示した。

また、事業を通して、どの程度、歯科診療につながり、医療費や歯科疾患、全身疾患にどのような影響を与えたのかというエビデンスを積み重ねていく必要性も語った。

約3年ぶりに議論再開

歯科技工士の業務のあり方等に関する検討会

第3回歯科技工士の業務のあり方等に関する検討会が6日、東京都港区の航空会館ビジネスフォーラムで開かれた。同検討会は2022年に中間報告が取りまとめられていたが、第2回会議の議論からは約3年ぶりの開催となった。(次号に記事)

プリズム

「やせ」と「肥満」と口腔健康管理

「やせ」は寿命が短く、「肥満」は障害生存期間が長いという研究成果を早稲田大学の研究グループが先月に発表した。高齢者全体のフレイル該当割合は40・1%で、普通体重の人に比べて、BMI値による「やせ」も「肥満」も介護認定を受けるリスクが有意に高かったという。

関東甲信越歯科医療管理学会学術大会のシンポジウムのなかでも、東京大学医学部附属病院の飯高世子氏が、「やせ」は骨粗しょう症によって、「肥満」は変形性関節症によって要支援・要介護のリスクとなると述べていた。

ひと昔前、メタボリックシンドロームが社会的に注目を浴び始めた時には、運動の大切さと同時に食事をコントロールする必要性を訴える市民公開講座も多かったように思う。

さらにその後には、フレイルの概念が出てきて、食事を過剰に控えることによる低栄養を避けるため、ある程度の年齢になったら少し小太りの方が長生きするといった話も聞いた記憶がある。

実践はなかなか難しいのだろうが、生活習慣病と低栄養のどちらも予防するためには、バランスの良い体型が好ましいというのは、当たり前の結論なのかもしれない。

食事をしっかりと咀嚼することで満腹中枢を刺激して「肥満」防止をしつつ、栄養もしっかりと吸収する。まさに食事・栄養の視点も含めた口腔健康管理が社会から求められている。

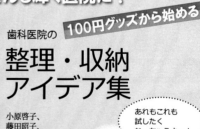

「九州」「中国・四国」地区歯
鳥取県で役員連絡協議会

令和6年度「九州」「中国・四国」地区歯科医師会役員連絡協議会が11月30日、鳥取県米子市のANAクラウンプラザホテル米子で開かれた。鳥取県歯科医師会が当番県を務め、日歯と日本歯科医師連盟からの会務報告、協議では日歯歯科助手資格認定講習の開催形式、休日歯科診療の実施体制、会員死亡時の諸手続きなどの情報交換が行われた。

渡部会長

各県歯の役員が情報交換を行った

鳥取県歯の渡部隆夫会長は、地元選出の石破茂氏が総理大臣になったことや、診療報酬改定の評価、国民皆歯科健診への期待などについて言及。後期高齢者の応能負担の議論が進んでいる点については、受診控えが生じることに危機感を示した。

来賓として、日歯の高橋英登会長、日歯連盟の太田謙司会長、比嘉奈津美参議院議員、山田宏参院議員がそれぞれあいさつ。日歯の瀬古口精良専務理事と日歯連盟の浦田健二理事長がそれぞれ会務報告を行った。

協議会ではそのほか、7年度開催県が鹿児島県に決まり、日歯監事の次期推薦については、高知県から監事を推薦することが決まった。

「中医協委員を2人に」
日歯連盟 太田会長 あらためて見解

日本歯科医師連盟の太田謙司会長は4日の記者会見（歯科医師会館・東京都千代田区）で、1年半の任期を振り返り、あらためて「歯科の中医協委員を2人に戻す」「日本歯科医師会と日歯連盟のトップを1人にする」との意見を述べた。「私の考えとしては変わっていない」として太田会長は、「（中医協の）支払側の委員を戻すこともセットで考えなければ、この話は成り立たない」とし、今後も調整は必要との見解を示した。

太田会長

昨年8月の記者会見で太田会長は、20年ほど前に起きた献金事件から日歯と日歯連盟の会長が別々になり、その影響で1人となった中医協委員を2人の体制に戻したいとの私見を語っていた。

日歯と日歯連盟のトップを1人にする際には、仕事量の負担も鑑みなければいけないため、「まずは社団の会長からの意思がなければ難しい」としている。

また、会見では太田会長から、国民歯科問題議員連盟の会長が代わるとの話があった。これまで関口昌一氏が会長を務めていたが、参議院の議長を担う関係で辞退。次の会長候補者は、元厚生労働大臣の田村憲久氏とのこと。

そのうえで、顧問で名誉会長として「事務局長の比嘉奈津美先生と相談して、麻生太郎先生の名前があがっている」と話した。

なお、来年2月20日から選対本部が行う選挙運動に向けて企画・準備を行う「選挙対策推進本部会」の立ち上げも予定していると浦田健二理事長より報告があった。

訪問歯科 超実践術 ㊿451

前田実男
（日本訪問歯科協会 理事）

摂食機能療法と訪問口腔リハ②

前回に続き、訪問診療で摂食機能障害に対応する摂食機能療法と在宅患者訪問口腔リハビリテーション指導管理料（訪問口腔リハ）について整理する。

【行うこと】　摂食機能療法は、患者の症状に対応した診療計画書に基づき訓練指導を行う。訪問口腔リハは、患者の全身の状態、口腔内、口腔機能の状態などの評価をもとに管理計画を作成し、プラークコントロール、機械的歯面清掃、スケーリングなどを主体とした歯周基本治療、口腔バイオフィルムの除去または口腔機能低下症、摂食機能障害に対する訓練を含む指導管理などを、月に1回以上実施する。

摂食機能障害に対する訓練は、摂食機能評価の結果に基づき、摂食機能療法に準じて実施する。食事形態の指導などを実施した場合は訪問口腔リハを算定する。

【点数について】　摂食機能療法は、点数が2つある。「30分以上の場合」は185点。月に4回限り算定する。ただし、治療開始日から起算して3カ月以内の患者は1日に1回に限り算定できる。

「30分未満の場合」は130点。脳卒中の発症後14日以内の患者に、15分以上行った場合に1日に1回に限り算定できる。

なお、脳卒中の発症後14日以内の患者でも、30分以上行った場合は、「30分以上の場合」の185点を算定できる。

訪問口腔リハは、10歯未満の場合は400点、10歯以上20歯未満の場合は500点、20歯以上の場合は600点。歯科医師が口腔機能評価に基づく管理計画を作成し、20分以上必要な指導管理を行った場合に、月4回まで算定できる。

これらには、施設基準に応じた加算を算定できる。口腔管理体制強化加算（口管強）は75点、在宅療養支援歯科診療所1の加算は145点、在宅療養支援歯科診療所2の加算は80点、在宅療養支援歯科病院は145点。なお、口管強を算定している場合は、在宅療養支援歯科診療所加算1・2、在宅療養支援歯科病院加算は算定できない。

日本訪問歯科協会　https://www.houmonshika.org

カムカムスワローが優良賞
健康寿命アワード・生活習慣病予防分野

健康増進・生活習慣病予防推進に資する優れた取り組みを行っている企業・団体・自治体を表彰する第13回「健康寿命をのばそう！アワード」の最終審査・表彰式が11月29日に開かれた。生活習慣病予防分野の「健康・生活衛生局長優良賞（団体部門）」では、歯科医師の近石壮登氏が代表を務める嚥下食の食べられるカフェ「カムカムスワロー」（岐阜市）が受賞した。

表彰される近石氏（右）

同カフェは、嚥下食が食べられるだけでなく、「地域と医療をつなぐ場」として、介護予防教室や栄養相談ができる場をつくり、障害者（児）のQOL（生活の質）の向上、地域住民の健康寿命を延ばすための取り組みを実践している。

アワード（生活習慣病予防分野）の評価委員長を務めた東北大学の辻一郎名誉教授の講評では、「誰一人取り残されない健康づくり、そして嚥下障害という、これまで取り組みが十分行われてきたとは言えなかったものにチャレンジしており、これからの展開が期待される」と評価された。

高額療養費の議論でモデル試算案を提示
社保審医療保険部会

厚労省が5日に開いた第188回社会保障審議会医療保険部会で、高額療養費の上限を5～15％引き上げるモデル試算の結果を示した。10％引き上げることで、保険料は3500億円削減、加入者1人当たりの保険料負担額（年額）は、後期高齢者では900円減、現役時代では4600円減程度になる。

◆◇◆

日本の医療保険制度は、年齢や収入に応じて1～3割の自己負担で保険診療を受けられるが、高額な医療薬品などが必要になった場合、自己負担額も大きくなる。そのため、毎月の医療費の自己負担を抑える仕組みがある。

高額療養費制度は、病気やケガなどで高額な医療費がかかったとき、家計ごとに医療費の負担額が過重にならないよう、一定の金額を超えた部分が払い戻しされる制度。しかし、昨今の物価高や人件費などの社会的影響により、約10年前（2015年）に見直しを行った時期と比べると、「各世代を中心とした保険料負担の軽減」「所得区分に応じた細かな制度設計」などの必要性が浮かびあがった。

そこで、同医療保険部会では「機械的なモデル試算の結果」を示すことになった＝表。あくまで議論素材のための試算で、具体的に固まった提案ではないとのこと。

これを受け、日本歯科医師会常務理事の大杉和司委員は「できれば全ての世代に公的医療保険のメリット、疾病を持ったときに安心して受診できるセーフティネットの存在をしっかり周知していただき、国民皆保険制度を堅持していくことが重要」との考えを示した。

さらに、自己負担額などの仕組みが変更される影響により、受診控えがないような制度設計、制度変更後の影響を分析してもらうための理解を求めた。

なお、日本医師会常任理事の城守国斗氏は「現役世代の負担軽減は重要ではあるが、一方で後期高齢者の負担の上げ方をどうするかの問題がある」とし、受診控えがないよう「低所得の高齢者にも丁寧な対応をお願いしたい」と述べた。

社保審資料
高額療養費制度の概要
（例）70歳未満・年収約370～770万円の場合（3割負担）

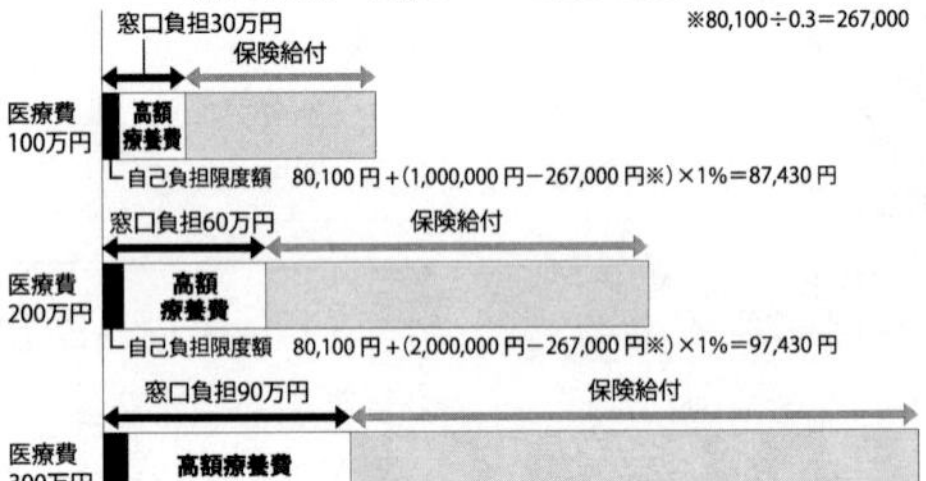

社保審資料
機械的なモデル試算の結果
＜粗い推計＞

一律の率	+5%	+7.5%	+10%	+12.5%	+15%
保険料	-2,600億円	-3,100億円	-3,500億円	-3,900億円	-4,300億円
加入者1人当たり保険料軽減額（年間）	-600円～-3,500円	-800円～-4,100円	-900円～-4,600円	-1,100円～-5,100円	-1,200円～-5,600円
給付費	-3,600億円	-4,300億円	-5,000億円	-5,600億円	-6,200億円
実効給付率の低下幅	-0.43%	-0.51%	-0.59%	-0.67%	-0.74%

※実効給付率は、平成27年度から令和3年度の6年間で+0.62％増加している（84.84％→85.46％）

※1　満年度ベースの推計値
※2　本推計は、一定の仮定において行ったものであり、結果は相当程度の幅をもって見る必要がある。
※3　実効給付率が変化した場合に経験的に得られている医療費の増減効果（いわゆる長瀬効果（+5％：-1,500億円、+7.5％：-1,800億円、+10％：-2,100億円、+12.5％：-2,400億円、+15％：-2,700億円※いずれも給付費））を見込んでいる
※4　加入者一人当たり保険料軽減額（年額）については、制度ごとの加入者一人当たり保険料軽減額について最低値と最高値を示したもの

東京デンタルフェスティバル
口腔の大切さアピール
都歯ら

東京都歯科医師会とHaleonジャパンは1日、一般市民に口腔管理の大切さを伝える東京デンタルフェスティバル2024を歯科医師会館（東京都千代田区）で開催した。テーマは「口活！腸活！○活！全身の影響をズバリ！わかりやすく！」。

シンポジウムの質疑応答の時間には活発な質問が行われ、関心の高さをうかがわせた

日本歯科大学東京短期大学の小林隆太郎学長による講演「これからのライフステージのために～口活！『口腔健康管理』のチカラ」、小林メディカルクリニック東京理事長・院長の小林暁子氏の「全身の細胞の質を上げる　腸活と口活の大切なポイント！」で、参加者に口腔と全身の健康との関連性を解説した。そのほか、登壇者によるシンポジウムが行われ、質疑応答では「歯周病にならないために日ごろ何をすればいいか」「歯科検診でたくさん質問をしたらその分料金は高くなってしまうのか」「歯科受診が必要となる兆候を教えて欲しい」「入れ歯をなめらかにするために、やすりや紙などで削ってもいいのか」などの質問があった。

歯科国試にチャレンジ
4 1 8　2024年（第117回）より

不快指数と感覚温度の要素で共通するのはどれか。2つ選べ。

a　気温
b　気湿
c　気流
d　照度
e　輻射熱

答えは本紙のどこかに！

イメージが変わる！

歯科医院のM&A

第5回

水谷 友春
日本歯科医療投資株式会社
代表取締役/歯科医師

歯科医師間のM＆Aにおける注意点

歯科医院の承継に際して、勤務医や近隣歯科医師への売却を考えたことがある先生もいらっしゃると思います。歯科医師同士であれば、その診療所の特徴を掴むのは早いでしょうし、顔見知りの先生の場合は、信頼関係もあるかもしれません。しかし、歯科医師同士であっても、診療所のM＆A（売買）においては気をつけないといけない点が、大きく2つ存在します。

1つめは、M＆Aに精通した歯科医師はほぼいないという点です。

歯科医院の承継に際しては、いわゆる居抜き（機材と不動産の売買）から、事業譲渡、法人譲渡まで、スキーム次第で、売手の先生の所得税率や手取り金額が大きく変わってきます。また、従業員や患者さんを医院ごと引き継ぐ（事業譲渡や法人譲渡）際には、過去の自由診療の保証や従業員の退職金支払いなどの義務は、引き継いだ先生のものになります。税務調査で過去の経費処理に対して追徴金が発生した場合も同様です。こうした要素は「簿外債務」と言われ、買手側がM＆A前に行う買収監査で項目や金額を算出するものですが、スキームの立案や買収監査の経験・能力がある歯科医師は多くなく、売手の税金が当初予想より高額になったり、売却後の支出を巡ってトラブルになるなどの事例もあるようです。

2つめは、買手側歯科医師の支払い能力です。

勤務医に医院を売却する場合、支払い原資は銀行からの借入が想定されますが、実家がよほどの資産家でない限り、開業前の歯科医師への融資枠は8千万円程度という金融機関が多いようです。開業医や医療法人であれば、より大きな金額も可能でしょうが、一般的にM＆A用の資金調達は、新規開業よりも難しいものとなります。つまり利益が出ている医院を一般企業同様の適正価格で譲渡しようとする場合には、支払い能力のある歯科医師は決して多くないということです。

適正価格での売却と、売却後のトラブルを避けるためにも、歯科医師間の売買では、上記2点を意識して、税理士やM＆Aアドバイザーなど専門家への依頼を検討することも大切といえるでしょう。

Inter view

静岡県で「歯科医療従事者人材バンク運営事業」

背景や狙いを平野県歯会長に聞く

人材を確保し、地域歯科医療守る

少子高齢化が進み、全国どこの地域でも避けて通れない問題に、人材の不足や偏在がある。静岡県では、県内の歯科医療従事者（歯科医師・歯科衛生士）の地域偏在を解消し、在宅歯科診療や要配慮者のニーズに対応できる歯科医療機関を増やすべく、「歯科医療従事者人材バンク運営事業」の準備が進められている。同事業を行う背景や、狙いについて、静岡県歯科医師会の平野明弘会長に聞いた。

――事業の構想を教えてください。

平野　県内で働いてくれる歯科医師・歯科衛生士の「人材登録」「求人・求職情報」サイト運営を県の委託で県歯が行うというものです。最新の勤務歯科医関連情報やキャリア支援情報の提供、病院口腔外科や歯科病院の求人情報の掲載など、サイトを基軸としたネットワークのシステム化を進めており、令和7年4月からの稼働を目指しています。

以前、県内の19郡市区歯会と、公衆衛生事業などで困っていることを話し合うと、障がい者（児）や要配慮者（児）への歯科保健医療、遠隔地への歯科保健医療対策が課題として浮き彫りになりました。この地域歯科保健医療提供体制を確保するためには、居住の有無は問わずに、県内にある程度定着していただける歯科医師・歯科衛生士が必要です。

この人材を確保したいと、県行政と県議会に要望しました。

もともと医療と介護の連携、保健事業と介護予防の連携は行っていたのですが、健康寿命の延伸のために、各ライフステージ・ライフコースにおける支援が必要で、結果的には医療費の削減にもつながる要因になるという趣旨で要望を継続しました。そして、県行政から「歯科医療従事者バンク」を設置していこうと承諾を得ることができました。

◇◆◇

――県行政と連携するうえで、どのようなところが鍵となるのでしょうか。

平野　8020運動の成果や公衆衛生活動などこれまでを振り返ると、行政と連携するときに、歯科はどうしても「保健」として捉えられがちという側面がありました。しかし、今解決しなくてはならない多くの問題は「地域歯科医療」であり、医師・薬剤師・保健・福祉・介護関連の多職種連携する視点が求められているのです。

医科の先生からも歯科の重要性を発信していただけたこともあって、歯科への理解も深まってきていると感じています。

また、行政との関係が大きく変わったポイントとしては、2023年7月から行政内にある「口腔保健支援センター」が「局長付け」から「部長付け」に変わったことです。これを機に、部局横断的な相談・折衝・交渉が進展しました。

◇◆◇

――今後の展望を教えてください。

平野　本県の第9次保健医療計画では、「プライマリケア」に歯科医師のことが明記され、災害にはJDAT、がんに関する項目のなかには医療機関の連携の下、口腔がんに対応する旨も書かれています。そして、「歯科医療従事者確保」が盛り込まれました。

今後は、「歯科医療従事者人材バンク」を周知し、歯科大学・歯学部など協力してくださる求職側と、病院歯科や口腔外科、介護などの施設、会員診療所など求人側とのマッチングを通して、少しでも地域歯科医療提供体制の構築につなげていけたらと考えています。

平野 明弘 会長

大阪府歯

関係役員と地区代表者が合同会議

大阪府歯科医師会関係役員・地区代表者合同会議が3日、大阪・上本町のシェラトン都ホテル大阪で開催された。会議では、府歯、府歯科医師連盟、国民健康保険組合、附属歯科衛生士専門学校、歯科医師青色申告会連合会、歯科医師協同組合の各会が会務中間報告を行い、府歯の林正純副会長からは、日歯副会長の立場での報告があった。

府歯の深田拓司会長はあいさつで、ベースアップ評価料について、わかりやすい説明を会のホームページに掲載していることを強調し、10月1日時点で28％の申請率を35％、40％に引き上げるよう呼びかけた。そして、「仲間への思いやりの姿勢が次の改定に反映される」とし、まだ申請していない会員への声がけを求めた。

府歯連盟の太田謙司会長は、兼任する日歯連盟会長の職務の都合で1年のほぼ半分を東京で過ごしており、本年度補正予算では、全都道府県への災害対策関連と、歯科診療所への補助金を要求している状況を伝えた。補助金では、対象がベースアップ評価料を申請している診療所が対象になる話が一部出ており、どの時点での申請で区切るかについては「年内、あるいは来年半ばで区切るのでは」との見方を示し、申請を急ぐ必要があると強調した。

また、10月の衆院選で、府内すべての選挙区で与党候補が落選したことには「私の責任。先生方へのお願いがいきわたらなかった」と述べ、今後、反省点を洗い出す考えを示した。

深田会長

㊤関係役員が情報交換を行った㊦深田会長（右）に推薦状が手渡された

次期会長選挙で深田氏に出馬要請

合同会議では、関係団体から中間報告に合わせて、来年開催される次期会長選挙の候補者に現職の深田氏を推薦する旨の役員会決議が報告された。また、「地区代表の総意」として堺地区代表の中西時彦氏が深田氏に推薦状を手渡した。

深田氏は「皆様からいただいた気持ちをしっかりと受け止めさせていただき、残りの任期を執行しながら、自分にそぐうものかを考えさせていただきたい」とコメントした。

なお、深田氏は2021年から2期目の会長職を務めている。

兵庫県歯

歯科医療懇談会を開催

齋藤県知事があいさつ

兵庫県歯科医師会は5日、神戸市の神戸ポートピアホテルで歯科医療懇談会を開催した。来賓として齋藤元彦県知事、県医師会の橋本寛副会長があいさつし、県薬剤師会の八田昌樹会長の乾杯の発声で懇談が始まった。

あいさつで県歯の橋本芳紀会長は、能登半島での地震被害と豪雨被害について触れ、一日も早い復旧を願うとともに、災害時の歯科保健医療活動の重要性を強調した。8月には県と災害時の歯科保健医療活動に関する協定書を締結したと報告。来年は阪神・淡路大震災から30年がたつと述べ、平時からの準備と体制整備の必要性を訴えた。

さらに橋本会長は、健康寿命延伸の課題についても言及し、歯の健康が全身の健康に影響を及ぼすと強調。妊産婦を含めた各ライフステージに応じた継続的な管理と重症化予防の重要性を訴え、歯科医療の役割と責務を果たすための努力を続けることを誓った。

齋藤県知事は、2021年の初当選後間もなく、歯科単独の条例である「歯及び口腔の健康づくり推進条例」の制定に動いたことを振り返り、自身が定期的に歯のクリーニングで通院しているエピソードなどを交えて、歯科医療の重要性への理解を表明。そして、災害発生時の歯科医師会との連携が重要との考えを示した。

そして、経済状況や家庭環境によるオーラルケアの意識格差を解消するための行政の役割に触れ、県民一人ひとりが生涯健康で生活できるよう、歯科関係者との連携を続ける意向を示した。

県医師会の橋本副会長は、歯周病対策が糖尿病の重症化予防に役立つとしたうえで、かかりつけ医と歯科医の連携の重要性を訴えた。また、災害時の歯と口腔衛生の重要性についても言及し、誤嚥性肺炎予防における口腔ケアの大切さを強調した。

橋本会長はあいさつで災害対策などについて言及した

齋藤県知事

今月のBookコーナー

著者に聞く

THINK SCIENTIFIC TOOTH PREPARATION 頭で削る支台歯形成

『THINK SCIENTIFIC TOOTH PREPARATION 頭で削る支台歯形成』は歯科臨床において「考える」ことの重要性をテーマにした書籍だ。著者の錦織淳氏（東京都開業）に、コンセプトや活用方法などを聞いた。

錦織 淳 氏

「正解」ではなく「最善」の臨床診断を

――出版までの経緯は。

錦織　日本歯内療法学会で講演をさせていただく機会があり、そのときに来ていた医歯薬出版の担当の方に声をかけていただきました。打ち合わせのなかで、1つの専門分野のなかでトピックを分けてシリーズで刊行するという話になり、私が専門としている補綴について出版することが決まりました。

――出版の目的を教えてください。

錦織　「正解ではなく最善の臨床診断を」をコンセプトに、特に若い先生に読んでもらいたいと考えました。

私自身もそうでしたが、歯科医師は若いころ、学生時代に学んできた「正解」を目指して治療を行おうとする傾向があります。しかし実際の臨床では、患者さんの状態によって口のなかは千差万別ですから、理想という正解が必ずしも正しい決定とは限りません。

歯科医師は長い人生の中で、歯科医療科学になかなか真実という正解は存在せず、患者にとっての最善を目指すべきと気づいていきます。そのためには勉強と技術の鍛錬を繰り返す必要があるのですが、忙しい診療でその時間をとることが難しい現実があります。

書籍を通して、私が25年間の診療で学んだことを、若い歯科医師の先生に少しでも伝えられたら良いと思っています。

――タイトルの「THINK」にはどういった意味がありますか。

錦織　アメリカへの留学で、私は「考える」ことの重要性を知りました。アメリカでは科学的知識、情報、論文などについて、その歴史や背景までを学生が考察するようなカリキュラムが組まれています。そうすることで「THINK＝考える」という力が養われるわけです。それは正解のない歯科診療において非常に重要です。日本は暗記が重視される傾向が少なからずあるので、そういった意味でも考えることの意義をあらためて発信したいと考えています。

――内容について。

錦織　書籍は3章構成になっています。1章では、支台歯形成における総論が書かれています。2章では実際に支台歯形成を行うテクニックについて写真を使って解説しています。3章はこの書籍で一番伝えたいことである、考えることについて実際の症例を交えて検討していく内容です。

――どのように活用して欲しいですか。

錦織　いきなり最初から最後まで読む必要はなく、気になった部分から取りかかっていただければと考えています。特に2章のテクニックに関する症例は写真をふんだんに使って解説していますから、若い先生方もすぐに診療に活かせると思います。総論の1章は国際的な支台歯形成の基礎知識をまとめました。支台歯形成を考えていく上で大事な情報となりますので、しっかりと理解していただきたいと思います。1章、2章を読んでもらった後に、3章を読み込んでもらえれば、私が歯科医師人生で得たものを学んでもらえると考えています。

私自身、補綴の技術的な部分を学習したうえでアメリカに留学しましたから、この書籍は、支台歯形成を扱った本では、知識的および技術的に世界を見てもほかにないくらい良いものであると自負があります。その分、かなり濃厚な内容となっていますので、無理のないペースでゆっくりと読み進めていただければうれしいです。

『THINK SCIENTIFIC TOOTH PREPARATION　頭で削る支台歯形成』
錦織淳【監著】/佐氏英介・田村洋平【著】/A4判/160ページ/11,000円/医歯薬出版

歯科雑誌をよむ　12月号

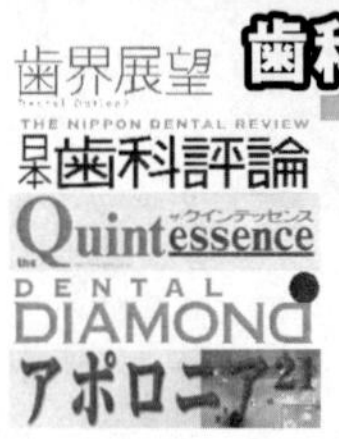

ラジカル殺菌による歯周治療

『デンタルダイヤモンド』はDd非外科的歯周療法セミナーで、東北大学大学院先端フリーラジカル制御学共同研究講座の菅野太郎氏による「歯周病への新たなアプローチ『プルーラジカル　P―01』&『ペリミル』が拓く未来」を掲載。

重度歯周疾患への非外科的かつ低侵襲な治療法として開発された「プルーラジカル　P―01」の概要と、行動変容を促すアプリ「ペリミル」の組み合わせによるアプローチを提案する内容。

過酸化水素に青色レーザー光を照射することで発生するヒドロキシラジカルによりポケット内を強力に殺菌する新技術を、今後の歯周治療にどのように生かしていくかを具体的に示している。

根尖病変のある歯の再治療

『ザ・クインテッセンス』は、東京歯科大学名誉教授の下野正基氏らによる座談会「Post-Endodontic Diseaseを考える」を掲載。組織学・病理学を専門とする下野氏の他、個人歯科医院、大学保存学講座というそれぞれの立場から、根尖病変を有する歯の再治療での反転基準、留意点を話し合った。

提示された7つの症例をもとに治療介入、経過観察を行う際のポイントについて、国際的に妥当性が認められている根拠に基づき、方向性を提示。

経過観察についての組織学・病理学的な判断基準と、臨床実感との異同など、メンバーの特性が生かされた議論が展開されている。

歯科補填材の発展の歴史に学ぶ

『歯界展望』はシリーズ座談会「臨床と基礎の融合」で、UCLA歯学部先端歯科補綴学・工学部生体工学の西村一郎氏らによる「歯科補填材の発展から学ぶ生体材料の科学」を掲載。

考古学的な知見からわかる骨補填の歴史から、骨吸収と義歯、老化細胞研究、骨補填材の発展と将来展望、薬剤性顎骨壊死への対応など、現在の幅広いテーマに話題が広がった。

もともと顎顔面補綴は機能回復よりも形態回復を通じた「人の尊厳」につながる治療だったこと、粘膜と骨の恒常性維持と加齢変化など、「骨補填」から歯科医療全体の可能性につながる話は、専門外の人にも興味深い内容となっている。

小児歯科のマインドと保護者対応

『日本歯科評論』は私の臨床で、愛知県開業の徳倉健氏による「成長期の患児を診る一般歯科医院と小児歯科専門医院に必要なこと―〝最初の窓口〟として備えるべきマインドと保護者対応」を掲載。

近年の「小児歯科ブーム」と、新たに保険導入された「歯科矯正相談料」により、一般の歯科医院でも小児を診る機会が増加してきた。

そこで、小児歯科の方法論を議論する前に、小児歯科、矯正歯科の立ち位置や考え方を明確にする必要があるという趣旨で、特に、保護者にとって最初の相談窓口となる歯科医院が、どのようなマインド、保護者対応を求められるかについて解説。

具体的な症例を元にしているが、技術論ではなく、「成長期の子どもを持つ保護者はどう感じるか」に着目した提言となっている。

銅含有材料とP．ジンジバリス

『アポロニア21』は特集「問題解決！多職種との協力術」で、有害金属の問題に詳しい内科医の大森隆史氏による「排毒学の視点で歯科の金属を考える」を掲載。

『ドックベストセメント』などの名称で保険外診療のう蝕治療に用いられる銅含有修復材について、歯周病原菌のP．ジンジバリスが介在して細胞のミネラル代謝に影響を及ぼす機序を解説した。

銅そのものは、細胞内への鉄取り込みにかかわる必須ミネラルに分類されるが、P．ジンジバリスの働きで細胞内に銅が蓄積され、全身疾患のリスク要因となり得るため、医科歯科連携の対応が必要だという。

福島県開業の井上義郎氏による在宅緩和ケアでの多職種連携に関するレポートでは、在宅看取りが定着している福島市において、歯科訪問診療に求められる役割について、多方面の意見を紹介している。

新刊・近刊　〈11月〉

成功に導く考えかたと着眼点がわかる歯内療法のルール
澤田則宏【著】
インターアクション　定価9,680円

歯科医師手帳<2025> DENTIST DIARY
医歯薬出版【編】
医歯薬出版　定価4,400円

歯医者が家にやってくる！-「訪問歯科医」からの、歯の健康アドバイス-
笠松恵子【著】
かざひの文庫　定価1,760円

ガミースマイル -11の要因　成功に導くトリートメントマップ-
伝法昌広【著】
クインテッセンス出版　定価15,400円

硬・軟組織マネジメント大全
石川知弘【著】
クインテッセンス出版　定価19,800円

「QDT」別冊
ジャパニーズ　エステティック　デンティストリー2025
山﨑長郎【編集委員長】
クインテッセンス出版　定価7,040円

「ザ・クインテッセンス×歯科衛生士」別冊
みるみる理解できる　図解　スタッフ向けIOS入門
星憲幸【監著】井上絵理香・川西範繁・北道敏行・鈴木美南子・藤崎みのり・渡邊真由美【著】
クインテッセンス出版　定価4,950円

患者さんにしっかり説明できる本２
口腔機能“実践”読本　口腔機能低下症＆口腔機能発達不全症
-高齢者および小児の口腔機能を正しく理解し臨床に活かす-
鈴木宏樹・松村香織【監著】
クインテッセンス出版　定価8,800円

クイントDENTAL GUIDE DIARY <2025>
クインテッセンス出版【編】
クインテッセンス出版　定価3,850円

唾液力でボケ知らず！-脳と認知症改善メソッド-
後藤多津子【著】
さくら舎　定価1,760円

ヴァイオリン・ヴィオラ奏者の体のゆがみと顎関節症
小川学【著】
産経新聞出版　定価1,430円

咬合再構成におけるバーティカルディメンジョン
-機能と審美の融合-
Nazzareno Bassetti【著】　佐藤貞雄【監訳】　青木聡・吉田松平【訳統括】
第一歯科出版　定価24,200円

患者に選ばれる歯科医院の開業と経営Q&A70
森川敏行【著】
中央経済社　定価2,530円

めざせ増患！脱・俺様院長！自立型スタッフ育成プロジェクト
森昭【監著】　吉岡沙樹【著】
デンタルダイヤモンド社　定価5,940円

臨床の玉手箱　保存修復編
鷹岡竜一・大谷一紀【監修】　鎌田征之・稲垣伸彦【編集委員】
デンタルダイヤモンド社　定価12,100円

「DH Style」臨時増刊号
な～みんのＳＲＰ“あるある”お悩み解決講座
片山奈美【著】
デンタルダイヤモンド社　定価7,150円

ハッピーボイトレ　顔の体操 -きいてもらえる声になる！-
千代真由美【さく】　児玉季世【え】
みらいパブリッシング　定価1,540円

医歯薬学系博物館事典<増補改訂版>
落合知子【監修】　中島憲一郎・宇都拓洋・永藤欣久・松村紀明・三宅克典【編】
雄山閣　定価9,900円

協力：シエン社　TEL03（3816）7818　〈http://www.shien.co.jp〉

義歯で歩行機能向上

関東甲信越歯科医療管理学会で講演

義歯装着により臼歯部の支持を与えるだけで、歩行時の左右の動揺を抑制し、歩行運動機能が向上する可能性がある。「医科と歯科医療からQOLと自立歩行を考える」と題したシンポジウムのなかで、朝日大学・歯科補綴学講師の渡邊諒氏が講演した。同シンポジウムは、関東甲信越歯科医療管理学会の第30回記念学術大会で行われたもの。

渡邊氏は「義歯装着が高齢者の歩行運動に及ぼす影響」について講演。2次元・3次元ビデオ動作解析システムを使って、高齢者の義歯装着の有無で歩行運動を比較した研究を紹介した。

また、同シンポジウムで東京大学医学部附属病院22世紀医療センターロコモ予防学講座特任助教の飯高世子氏が「下肢における骨・関節・筋疾患の疫学：住民コホート6年の追跡」と題して講演した。飯高氏は要支援・要介護になる要因などを説明。筋量も筋機能も低下するサルコペニアに対して、筋量は正常で筋機能が低下するダイナペニア（DP）について、「大腿四頭筋のDPは、要支援・要介護発生のリスクを約2・7倍高くする」と述べた。

シンポでは、「最後まで食べるを支える補綴治療」「歯科衛生士の働き方調査からーライフワークバランスに着目した支援の必要性」の講演も行われた。

なお、同学術大会は11月17日に茨城県歯科医師会館（水戸市）で行われ、12月20日までオンデマンド配信されている。

9月の歯科診療所数

前月より6減の6万6,384施設

厚労省の施設動態調査による令和6年9月末現在の歯科診療所数は全国で6万6384施設で、前月より6減少した。

東京の13、兵庫、熊本の5、福岡の4など21都道府県で53減少した。増加は岡山の24、埼玉、神奈川、大阪の4など11府県で47だった。

◆◇◆

開設者別歯科診療所数の個人は前月より50減少して4万8670施設、医療法人は41増加の1万7055施設だった。

開設者別歯科診療所数の個人は減少傾向が続き、2021年3月以降、42カ月連続で減少している。

◆◇◆

前年同月比の全国の歯科診療所数の動向では、798施設減少した。開設者別歯科診療所数の個人は1196減少、医療法人は363増加となっている。

都道府県別歯科診療所数　令和6年9月

	歯科診療所	前月比増減数
全国	66,384	-6
北海道	2,698	-1
青森	470	-1
岩手	534	2
宮城	1,031	0
秋田	394	-1
山形	446	-1
福島	801	0
茨城	1,340	3
栃木	933	-2
群馬	961	0
埼玉	3,507	4
千葉	3,178	1
東京	10,607	-13
神奈川	4,898	4
新潟	1,078	-1
富山	424	0
石川	466	-1
福井	291	0
山梨	410	0
長野	972	0
岐阜	934	-3
静岡	1,704	-2
愛知	3,673	-3
三重	771	0
滋賀	558	1
京都	1,242	-2
大阪	5,385	4
兵庫	2,884	-5
奈良	673	0
和歌山	497	-1
鳥取	249	0
島根	248	0
岡山	984	24
広島	1,469	0
山口	609	-3
徳島	401	-1
香川	462	0
愛媛	626	-1
高知	331	-1
福岡	3,019	-4
佐賀	389	-1
長崎	679	0
熊本	818	-5
大分	499	1
宮崎	473	0
鹿児島	768	2
沖縄	600	1

WHO

グローバル口腔保健の「バンコク宣言」採択

世界保健機関（WHO）は11月26～29日、バンコクで、タイ政府との共同開催によるグローバル口腔保健会議を開催した。グレッグ・チャドウィック会長はじめ世界歯科連盟（FDI）も参加。100カ国を超える国の代表、国連機関、市民組織、慈善団体、民間セクターなどが幅広く議論に加わり、口腔保健に関するグローバル戦略の6つの目標を推進する具体的方策を共有した。

◆◇◆

2021年に採択された世界保健総会（WHA）の口腔保健に関する決議内容を実施するためのもので、「口腔の健康なくして健康なし」を謳い、30年までの口腔に関するユニバーサルヘルスカバレッジの実現を目指す「バンコク宣言」を採択した。

この内容は、今後、25年4月に予定される国連の非感染性疾患対策のハイレベル会合の議論に反映される見通し。

口腔保健の6つのグローバル戦略目標

- オーラルヘルスのガバナンス
- 口腔の健康増進と疾病予防
- 医療従事者の育成
- オーラルヘルスケアの推進
- 口腔健康情報システムの構築
- 口腔衛生研究のアジェンダ

「維新は負担増、国民は医療費抑制」

二木立氏　各党政策を批判

10月27日投開票の衆議院議員選挙で、与野党各党が提示した医療政策のうち、日本維新の会は高齢者3割負担と混合診療の解禁を、国民民主党は医療費抑制のための終末期医療の見直しを主張した。

医療経済学者で医師の二木立氏（日本福祉大学名誉教授）は、『文化連情報』2024年12月号に掲載した連載記事で、各党が選挙戦で訴えた医療政策案を検討。自民党、公明党が高齢者の負担増や保険外負担の拡大に触れておらず、事実上、沈黙していたと指摘。

これに対して「維新」は、はるかに先鋭的な公約を掲げており、「医療の質を高めつつ、社会保険料負担を軽減する」という目的のもと、高齢者負担を現行の1割から3割に引き上げて現役世代と同じ負担割合とする、と主張。一方、定期的な検診受診者や健康リスクの低い被保険者などの保険料を割引する制度を提案している。

これについて二木氏は、典型的な健康の自己責任論で、国民皆保険制度の基礎となっている「社会連帯」と相いれないと批判した。

また、「国民」は、「維新」の主張を多少マイルドにしたもので、高齢者の負担を2割、現役並み所得者を3割として、保険外併用療養費制度の弾力化を図ると主張しているが、一方で、医療費抑制のために終末期医療の見直しに踏み込んだ提案をしている。

この主張に対して二木氏は、「終末期医療の見直しで削減できる医療費は限られており、『手取りを増やす』という同党の主張は、社会保障・医療保証の縮小を意味するものだ、と批判した。

砂川　稔　日本歯科医師野球連盟会長

投稿寄稿

能登半島地震の復興支援 Tシャツ販売で義援金

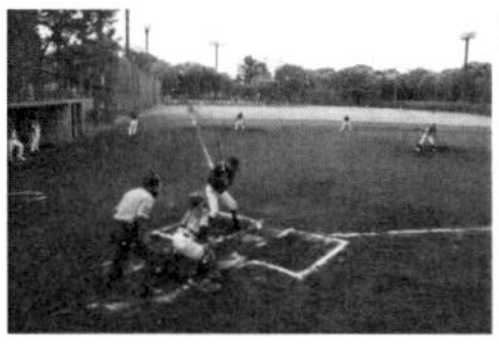

9月に行われた大会では白熱した戦いが繰り広げられた

令和6年9月22、23の両日に東京・品川区の大井ふ頭中央海浜公園野球場において、第13回全国歯科医師会野球大会（主催・日本歯科医師野球連盟、後援・日本歯科医師会）を「We will overcome!! 我々は勝利・克服する！」のメッセージのもと開催しました。

北は北海道、南は沖縄県から全国17チームが集結し、参加選手は350人を超える過去最大の大会となりました。今大会は長野県歯科野球部の2度目の優勝で幕を閉じました。

今年は元日に発生した能登半島地震の復興支援を掲げた大会でした。全国の皆様より2400枚を超す支援Tシャツをご購入いただき231万7千円の浄財を義援金として被災県である石川県歯科医師会、富山県歯科医師会、新潟県歯科医師会にお届けしたことをご報告します。

ご協力いただいた大勢の方々に心より御礼を申し上げるとともに、本大会の開催にあたり多くの団体、企業よりの多大なるご支援とご協力をいただきましたことを重ねて感謝申し上げます。

復興支援Tシャツ

第13回全国歯科医師会野球大会
(We will overcome!! 我々は勝利・克服する！)

ピックアップニュース

■お金を払って歯を"破壊"しているだけ…何度も歯科医院に通っても、「むし歯」がなくならない本当の理由（PRESIDENT Online/12月2日）

■「マイナ保険証を押し付けるな」　一本化に抗議、各地で集会（KYODO/12月2日）

■歯医者が警告、歯磨きで"歯間清掃"しない人は「歯磨きをしていないのと同じ」／歯科医師・野尻真里（SPA!/12月2日）

■歯科用コンピューターでゲームをしたらどうなる！？思ったより高いスペック、あのゲームを遊んでみたら…（Game park/12月3日）

■「マイナ保険証」本格移行　ネットワークシステムに430万円負担も　医療現場は混乱（テレ朝news/12月3日）

■意外と知らない子どもの薬の"砂糖の量"シロップにはどのくらい？虫歯の可能性も（with news/12月4日）

■歯科医院が3年間で約2億円の所得隠し…約5500万円脱税した疑い（KSB瀬戸内海放送/12月4日）

■歯磨き前「歯ブラシは水で濡らす？　濡らさない？」まさかの正解は……!?　歯科医師に聞いてみた！（たまひよONLINE/12月5日）

■足立大分市長の団体　80万円の収入不記載　領収書は団体名義で出すも個人への寄付と扱い誤る（TOSテレビ大分/12月5日）

歯科臨床研修制度WG

専門医研修との連動検討

厚労省は2日、第4回「歯科医師臨床研修制度の改正に関するワーキンググループ」を東京都港区の航空会館ビジネスフォーラムで開催した。これまでの議論では研修内容や、指導体制などについて話し合われていた。

現在、厚労省によると臨床研修終了後の進路先を選んだ理由で「専門性の高い指導を受けられる」という意見が多いといい、さらに専門医制度の整備を求められていることから、日本歯科専門医機構の専門研修の修得すべき事項の一部を満たす場合は、臨床研修の期間を専門研修の期間の一部として組み込むことができることとする提案がされた。

委員からは「これから研修する歯科医師に、自分たちのキャリアパスのなかに専門職があるんだということを意識してもらうのは意義がある」「臨床研修と併せて専門医研修を受けるために大学の医局に入った場合、歯科医師が希望していないのに進路を大学に決められてしまう懸念がある」などの声があった。

そのほか研修制度について、厚労省から歯科医師臨床研修広域連携型プログラムを新設する案が出された。研修歯科医が多い地域の研修医を、研修歯科医の少ない地域の臨床研修施設で一定期間研修を行うというもので、厚労省は意向調査やマッチングを行い、施設間に情報提供を行うという。「研修施設が多い県でも大学から離れると歯科医師がいないと聞く。積極的に地方に行く機会を作れると良い」などの意見があった。

健康保険証の存続を求める

保団連

全国保険医団体連合会は1日、理事会でアピール「捨てないで！健康保険証、これからもずっと、健康保険証を残そう！」を採択した。2日に内閣府、デジタル庁、厚労省、総務省に送付している。

アピール文では、2日に健康保険証の新規発行が停止される点に触れ、マイナ保険証でのトラブル調査で7割にトラブルがあったと回答していると指摘。調査に回答した医療機関の約9割が現行の健康保険証の存続、廃止の延期を求めていると訴えている。

そして、2日以降に健康保険証が使用できないと勘違いする人が少なくないとし、国民に向けて、健康保険証を捨てないように呼びかけている。

新潟大学

BP製剤用いた動物実験 歯周病の治療薬開発へ

ビスフォスフォネート(BP製剤)を用いて、免疫細胞であるマクロファージを抗炎症性に誘導することで歯周病の進行を抑制できる。これまで臨床応用が困難だった歯周病に対する免疫調整薬の開発につながると期待がかかっている。新潟大学大学院医歯学総合研究科歯周診断・再建学分野の中島麻由佳助教、多部田康一教授と、ハーバード大学との国際共同研究による動物モデル実験で解明したもので、同研究成果は『Journal of Controlled Release』(11月23日)オンライン版に掲載された。

歯周病治療は病原細菌の除去がスタンダードではあるが、感染細菌量が少ないものの進行するケース、急速な組織破壊を伴う難治性のケースでは、炎症の適切なコントロールが求められる。しかし、歯周病治療に応用できる免疫調整薬はなかった。

また、マクロファージは歯周病変部の組織では数が少ないものの、近年では抗炎症性マクロファージが炎症の収束や組織修復を促進することが明らかになりつつある。そこで、研究グループは抗炎症性マクロファージを効率的に誘導することで、歯周病における過剰な炎症を制御する新たな治療薬のアプローチを試みたという。

BP(IL-4-BP)を結合させたマクロファージを歯周病モデルマウスの歯肉に投与した結果、歯周病の進行が有意に抑制されることがわかった。

岡山大ら

食道がん手術前後のガム咀嚼で合併症予防に効果

手術前後のガム咀嚼トレーニングが、食道がん術後の口腔機能低下や発熱などの合併症予防に効果的であることがわかった―。岡山大学病院歯科・予防歯科部門の山中玲子助教、同大学術研究院医歯薬学域(歯)予防歯科学の江國大輔教授、消化管外科・野間和広講師、集中治療部・清水一好講師、新医療研究開発センター・三橋利晴助教ら研究グループによるもの。

これまで歯科医師や歯科衛生士が行う専門的な口腔清掃が術後の感染予防などに効果があるとされてきたが、食道がんの手術後は口腔機能が低下して誤嚥などが起こりやすく、安全かつ有効な予防方法の開拓が期待されていた。

研究では、ガムを噛むだけでなく、専門的な口腔衛生処置やガムを使用した舌のストレッチも行っている。

ガム咀嚼トレーニングは、口腔機能を向上させるとともに、術後の合併症が予防できるため、特に誤嚥リスクの高い食道がんの術後患者、オーラルフレイルに悩む人にとって役立つと期待がかかっている。

岡山大の山中助教は、「ICU(集中治療室)の看護師からは、『何も食べることができない術後の絶食期間中に味のあるものを少しでも口にできたことが心理的にもよかったのかも』という話もあった」とコメント。手術に対して不安を抱えていた患者からも、「ガムを噛んでいるときは不安が和らいでよかった」との感想があったという。

同研究成果は、イギリスの総合科学雑誌『Scientific Reports』(10月12日)に掲載された。

札幌医科大学

口腔がん細胞の増殖促すRNA分子を発見

札幌医科大学医学部分子生物学講座の新沼猛講師・鈴木拓教授、同大細胞生理学講座の佐藤達也准教授、口腔外科学講座の宮﨑晃亘教授ら共同研究グループが、口腔がん細胞の増殖を促進するRNA分子(LINC02154)を発見し、その作用機序を明らかにした。

◆◇◆

研究グループは、がんゲノムデータベースを用いて、約8千種類の長い非コードRNA(lncRNA)の発現を解析したことで、口腔がんで発現が上昇、かつ予後不良と相関するlncRNAを抽出した。次に口腔がん細胞株を使った実験で、LINC02154が細胞の増殖や代謝に与える影響を解析した。

また、LINC02154と相互作用するタンパク質やマイクロRNAを質量分析法、次世代シークエンサーを用いて探索したところ、LINC02154が細胞周期やミトコンドリア代謝にかかわる遺伝子の発現を制御し、がんの増殖を促進することがわかった。

さらに、LINC02154は複数のマイクロRNAと相互作用することで、その機能を発揮しているという。

◆◇◆

研究グループは、「LINC02154を標的とするがん治療法に応用できる可能性がある」としており、今回得られた知見は働きがわかっていないlncRNAの機能を研究するために役立つとの期待がかかっている。

同研究成果は、『Cancer Science』(11月23日)オンライン版に掲載された。

デンタル 小町が通る

(医)千友会理事
(千葉県市原市)
村瀬千明 ⑨

卒業後19年目の同窓会

東京歯科大学110期生の卒業後、なんと19年目の同窓会がありました。卒業してすぐのころに開催されたような気もしましたが、それ以来の久々の同窓会で、友達に会えてうれしかったです。

私は今年45歳になりましたが、きっと元気にどこへでも行かれる自由な人生の折り返し地点くらいにいるんだと思います。

20代のころは、彼氏彼女がいるか?、結婚は?、開業は?など友人たちのプライベートや、それ以上に特に仕事について気になっていましたが、歳を重ねた分だけ私もみんなもいろんな人生を歩み、何となく強くなり、肩の力が抜け、それぞれの人生を楽しみ、お互い元気に会えたことを喜べる仲になった気がします。

大学でお世話になった先生方や同級生は、一緒にいるだけで気持ちが昔にタイムスリップできる特別な存在です。お互いの無事を確認し、また元気に再会できることを約束するのが同窓会の良さだと思います。

卒業してから子育て、勉強、仕事とずっと走り続けて、鏡もまじまじと見る暇もなく、ふとした時に髪の毛に犬の毛がついてると思って引っ張ると「痛っ！」、自分の毛であることに驚いたのが少し前の出来事でした。よく鏡を見たらシワ、シミ、たるみ、自分の写真を見ればおじさんかおばさんかも分からず老けて嫌になっておりますが、歳をとれるというのは素晴らしいことなんです。生かされて歳をとらせていただけていることに感謝して、会える友達がいる喜びを感じています。

来年の20周年の同窓会も2025年11月23日にあります。また、たくさんの友人に会いたいです！

昔の仲間に会えばまるでタイムスリップした気分

東京歯科大学110期生の仲間と

■ 阪大歯学研究科ら ■

マウス胚とゼブラフィッシュ胚 口蓋裂つくる遺伝子が類似

体のつくりや遺伝子が人間に似ている部分があるマウスと、ゼブラフィッシュという魚を用いて網羅的な遺伝子発現を解析したところ、どちらも遺伝子「Zfhx4」が顎顔面を形成する過程で発現し、さらに機能阻害をすると口蓋裂が生じる。

大阪大学大学院歯学研究科のXu Lin大学院生(博士課程)、黒坂寛准教授、山城隆教授、東邦大学理学部の鹿島誠講師、花王安全性科学研究所の田崎純一主任研究員、劉舒捷研究員ら研究グループが解明した。

最先端の遺伝学的、情報生物学的手法(用語)を用いてマウス胚とゼブラフィッシュ胚の胎生頭部発生時の異なる発生段階における遺伝子発現解析を実施した。

その結果、マウス口蓋形成に重要な遺伝子を含む遺伝子がマウス胚とゼブラフィッシュ胚で類似した時空間的な遺伝子発現パターンが存在することがわかった。

この結果を受け、研究グループは「ゼブラフィッシュ胚の口蓋裂研究における有用性を証明し、モデル生物の選択肢の幅を広げた」とコメントした。

同研究成果は、米国科学誌『Developmental Dynamics』(9月25日)に掲載された。

用語　情報生物学的手法　コンピューターを利用して生物に関する膨大なデータを整理、既存の知見と比較することで、遺伝子の機能や疾患の原因を探るアプローチ

日臨矯

安易なアライナー矯正に注意喚起

安易なアライナー矯正治療に関して注意喚起―。

日本臨床矯正歯科医会の常盤肇氏(常盤矯正歯科医院院長)が講演「アライナー矯正のリアル～安心安全に行うために知っておいてほしいこと」で発表したもの。

常盤氏はアライナー矯正のメリットについて、患者にとっては「快適で目立たない」「取り外し可能」「歯面へのダメージ、痛みが少ない」、術者にとっては「模型を送るだけで装置が手に入る」「チェアタイムが短く、経営効率が良い」「歯の移動が比較的早い」などを確認したうえで、安易に治療に手を出している歯科医師が増えていることを指摘した。

また、現在、医院に対して「経験がなくても、今日から安全に導入できる矯正システム」などと謳ったコンサル営業や、歯科医師がほとんど関与しない「コンシューマーダイレクト」と呼ばれるマウスピース型矯正が増加しているとしたほか、「タレントを起用した広告やロイヤリティプログラムなどを使って、治療を煽るような集客も横行している」と話した。

常盤氏

さらに、2023年1月に起きた矯正治療に関する集団訴訟や、そのほか詐欺事件などを列挙。「アライナーは矯正装置のひとつであり、決して万能ではない」とし、患者および術者に対して注意を促した。

講演は、日臨矯が11月28日に東京都千代田区の大手町サンケイプラザで開催したプレスセミナー「マウスピース矯正を安心安全に受けるためのkey Point」で行われた。

全身咬合学会

ウェルビーイングテーマにシンポ

日本全身咬合学会の第34回学術大会が11月23、24の両日、郡山市民プラザ(福島県郡山市)で開かれた。

「歯科保健を通じたwell-beingの向上を考える」と題したシンポジウム＝写真＝や、北海道大学教授の山口泰彦氏による特別講演「咬合異常を網羅的に考える―我々はどこまで理解しているのか」、教育講演、一般口演などが行われた。

シンポジウムでは、岩手医科大学教授の小林琢也氏、東北大学准教授の山口哲史氏、同大准教授の竹内研時氏がそれぞれ「口腔機能と認知症予防～歯科医療の新たな役割と可能性」「多角的な視点から見る口腔と全身の関連」「コホート研究から探る健康寿命延伸に向けた口腔の健康の役割」をテーマに話した。

投稿／募集
800字以内。郵送またはFAX、メールで。
日本歯科新聞社

アンケート特集

20代の約半数が「良く噛む」を意識

ロッテ調べ

20代の約半数が良く噛むことを意識していることがわかった。ロッテが10月3～7日にかけて全国の20～60代男女4700人を対象にインターネットで調査した。

食事の際に「よく噛むこと」を意識しているかの質問で、20代男女の15・3%が「いつも意識している」、31・8%が「よく意識している」と回答。33・0%が「あまり意識していない」、19・9%が「まったく意識していない」となった。全体では「いつも意識している」が10・6%、「よく意識している」が27・8%。「あまり意識していない」が46・6%、「まったく意識していない」は14・9%だった。

よく噛む理由の質問（n＝1807）には、「健康のため」が73・5%で最多となり、「ダイエットのため」27・4%、「よく噛むよう教わったから」24・3%などが続いた。

「かたい食べ物」と「やわらかい食べ物」どちらを食べることが多いかの質問で、かたい食べ物と答えた人は20代の44・0%が最多で、30代の36・7%、40代の35・3%と続いた。

夕食時の1口あたりの噛む回数の質問もあった。「30回以上」と答えたのが最も多かったのは20代の7・2%で、最も少ないのは50代の3・2%だった。

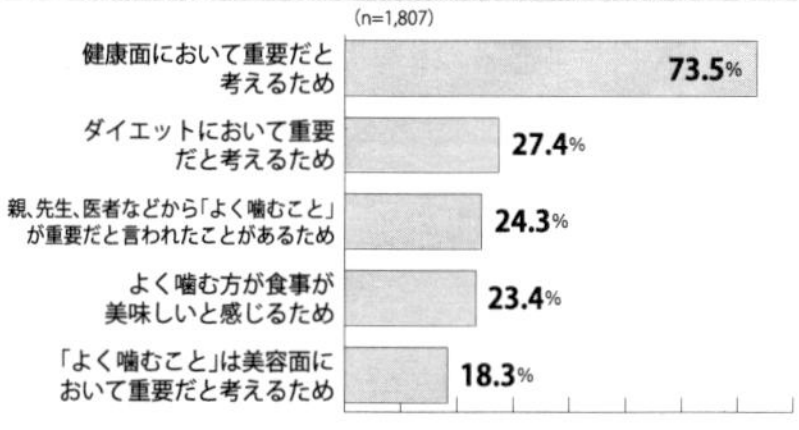

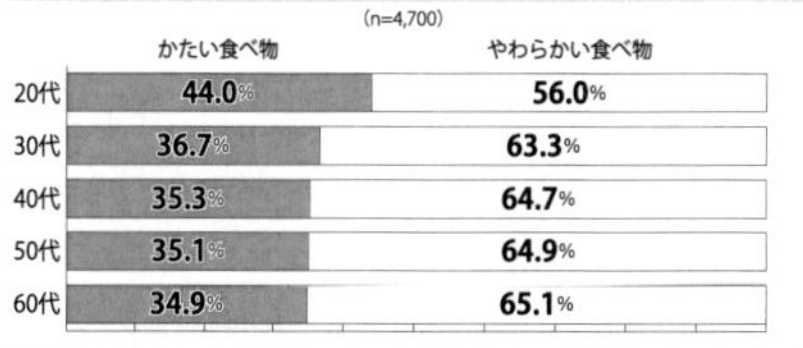

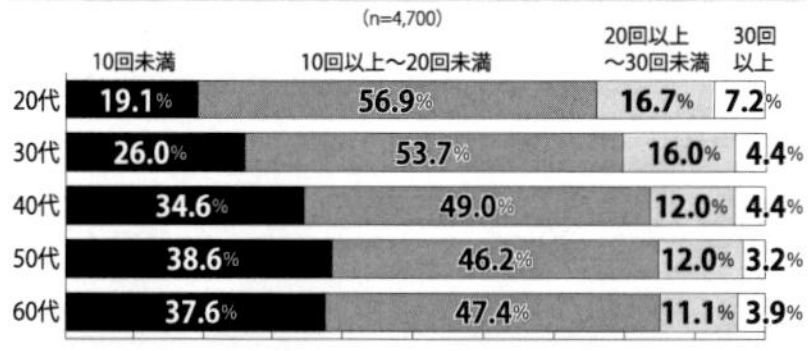

SHIKIEN

30歳以上の女性

オーラルフレイルの認知度は2割満たない

30歳以上の女性で「オーラルフレイル」を知っている人は16・9%だった。舌ブラシなどを販売するSHIKIENが10月に30代女性120人、40代女性122人、50代女性122人、60代女性120人にインターネットで調査したもの。

オーラルフレイルを知っているかの質問では「知っている」が6・8%、「なんとなく知っている」が10・1%だった。

一方で、高齢になっても健康であるために口腔ケアが重要だと思うかとの質問には、「すごくそう思う」63・6%、「なんとなくそう思う」26・2%となり、「あまりそう思わない」「全くそう思わない」「わからない」が10・1%だった。

日頃行っている口腔ケアに関する質問（複数回答可）では、「毎食後の歯みがき」72・9%が最も多く、「歯科医院での定期的なクリーニング」35・3%、「舌磨き」16・7%が続いた。

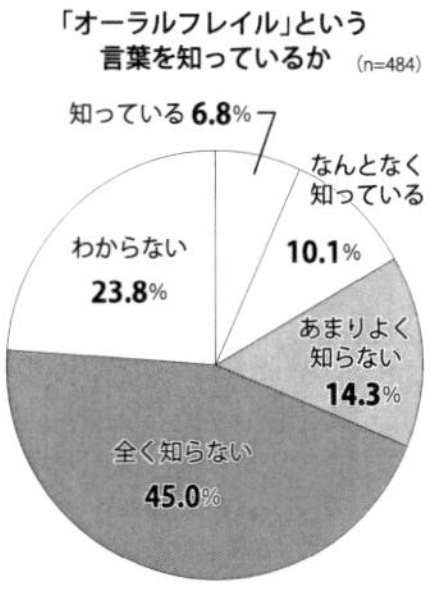

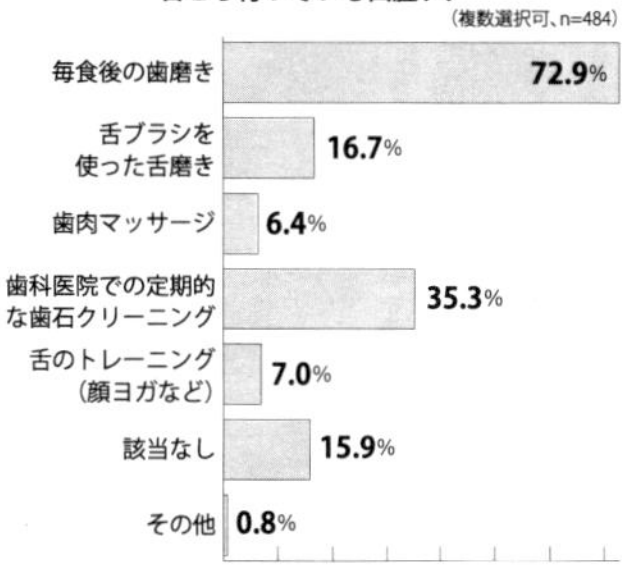

オーラルケア調査

高校生が気に入ったものは「ワンタフトブラシ」

デンタルフロス、ワンタフトブラシ、歯ブラシのなかで、高校生が実際に使って気に入ったのは「ワンタフトブラシ」だった――。予防歯科関連製品を扱う企業「オーラルケア」が11日8日（いい歯の日）を記念し、正則学園高等学校（東京都千代田区）の1年生＝写真＝167人が気に入った口腔ケアグッズを調査した。

同社によれば、普段の歯磨きで使うアイテムは歯ブラシのみという高校生が多く、デンタルフロスや歯間ブラシを日常的に使用している人は2割ほどだったとのこと。

高校生が実際に使って気に入った口腔ケアグッズ（複数回答）を挙げたところ、「ワンタフトブラシ」54%、「デンタルフロス」33%、「歯ブラシ」13%という結果になった。

ワンタフトブラシを選んだ理由として、「汚れがすごく落ちるので衝撃的だった」「効果がすさまじく、印象に残った。隙間を中心にきれいにできるので、とてもよかった」「きれいになって最高！ ツルツル！」との意見が寄せられた。

赤ちゃんの歯固め

保護者の6割強が材質の安全性を重視

b.box調べ

74・8%の保護者が「歯固めが必要」と回答しており、その選び方については、「材質の安全性」66・7%、「持ち運びやすさ・洗いやすさ」21・7%などを重視していた。

ウェスキーが運営するオーストラリア生まれのベビーキッズブランド「b.box」が、11月8日の「いい歯の日」に合わせて、SNSフォロワー（151人）を対象として、歯固めに関するアンケート調査を実施した。期間は10月25～26日。

赤ちゃんの歯について気になることでは、「歯並びや生え方」48・4%、「むし歯予防」33・6%、「生え始めの痛み・かゆさ」15・6%、「特に悩みはない」2・4%と保護者の97・6%が赤ちゃんの歯に悩みを抱えていた。

歯固めを（過去・現在含め）使用したことがある保護者は86・1%と多くを占めており、歯固めのイメージに対する調査では、「歯並びやあごの成長に役立つ」55・9%、「歯が生えるのを助ける」27・6%、「むし歯になる」3・1%、「特にない・わからない」13・4%と、多くの人が歯固めによって赤ちゃんの歯の成長に効果があるというイメージを持っている一方で、そのメリットを知らない保護者は1割弱もいた。

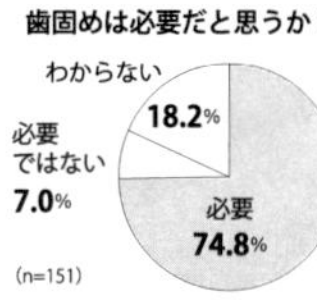

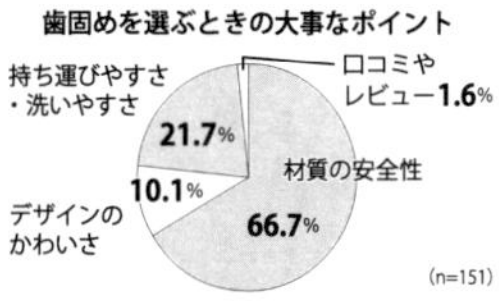

年次カンファレンス アジアで初めて開催

DS

デンツプライシロナ（＝DS）は、年次歯科カンファレンス「デンツプライシロナワールド東京2024」を東京都中央区のベルサール汐留で11月23、24の両日に開いた。年次カンファレンスは世界5カ国で開催しており、アジア地域での開催は今回が初めて。歯科医師ら600人以上が来場した。

セミナー会場の様子

デジタルソリューションに焦点を当てた講演や製品の展示に加え、口腔内スキャナーの新製品「Primescan2」が初めて披露された。

報道向けの説明会では、「歯にひび割れが生じた患者が来院した」という設定のもと、デジタルソリューションを活用した歯牙の診断から歯科技工物の製作、インプラント埋入、歯科矯正までの流れが紹介された。

左からミルツ氏、キャンピオン氏、ロディギエロ氏

◇◆◇

社長兼CEOのサイモン・キャンピオン氏、コネクテッドテクノロジーソリューション担当グループ副社長のマックス・ミルツ氏、日本法人社長のファン・ロディギエロ氏がインタビューに応じた。

――歯科医療従事者向けの臨床トレーニングに関する取り組みは。

DS　多くの方からの声を受けてトレーニングコースを増やした結果、昨年は世界で前年比30％増の9200人が参加した。日本ではインプラントとマウスピース矯正装置「SureSmile」に関するコースを増やした。

――デジタルソリューションについての進捗は。

DS　CTや口腔内スキャナーなどで取得した患者データをクラウド上で一元管理できる「DS Core」の利用者数は四半期ごとに20％増加し、世界では約3万2千人以上が利用している。歯科技工物の製作をDS Coreを通じて依頼することもでき、当社は依頼物の種別をデータ上で把握できるので、より使いやすい製品開発へとつなげたい。

――新製品のPrimescan2について。

DS　初のワイヤレス製品で、先端部を臼歯部でもスキャンしやすいデザインに刷新した。日本の歯科医師の意見も取り入れた製品。これからも日本市場を重視する。

「勇気ある経営大賞」優秀賞を受賞

オカダ医材

東京商工会議所が主催する第21回「勇気ある経営大賞」で、オカダ医材が総合部門の優秀賞を受賞した。

同賞は、過去に拘泥することなく勇気ある挑戦をしている中小企業やグループを表彰するもの。総合部門と、創業10年以内の企業を対象としたスタートアップ部門から成り、総合部門は56件の応募の中から大賞1社、優秀賞2社、特別賞2社、奨励賞12社、会員企業賞1社、スタートアップ部門は44件の応募の中から大賞1社、奨励賞4社が選ばれた。

◇◆◇

オカダ医材は卸売業から製造開発に挑戦し、歯科医師のアイデアを実現するため歯科矯正用器具「i－station α」を開発したとして評価された。同器具は、2～4本のスクリューで歯を3次元的に動かせるもので、これまで外科手術以外に方法がなかった症例も治療できるという。

週間 金・パラ価格動向	金	パラジウム（参考価格）
税抜価格（1g、円）		
12月2日（月）	12,825	4,950
12月3日（火）	12,787	5,000
12月4日（水）	12,782	4,910
12月5日（木）	12,867	4,970
12月6日（金）	12,815	4,915

提供 石福金属興業

☰ 保険適用 ☰

（12月1日付）

【区分 A2】

▼ **ストローマン・ジャパン**＝「ストローマン オーラルスキャナ」デジタル印象採得装置

〈製品（販売）名・製品コードに変更・追加があったもの〉

▼ **デンツプライシロナ**＝「プライムスキャン 2」デジタル印象採得装置

【区分 B1】

▼ **ストローマン・ジャパン**＝「ネオデント GMインプラント（NeoPoros）テーパード」024 インプラント体（2）標準型（Ⅱ）「ネオデント GMインプラント上部構造材」025 暫間装着体（1）暫間装着体（Ⅰ）、025 暫間装着体（3）暫間装着体（Ⅲ）、029 シリンダー「ネオデント GM マルチピースアバットメント（滅菌済）」027 アバットメント（1）アバットメント（Ⅰ）、026 スクリュー「ネオデント GMヒーリングアバットメント（滅菌済）」025 暫間装着体（1）暫間装着体（Ⅰ）、025 暫間装着体（2）暫間装着体（Ⅱ）「ネオデント GM チタンベースアバットメント（滅菌済）」027 アバットメント（4）アバットメント（Ⅳ）

▼ **カム・ネッツ**＝「MD-ブロック H」058 CAD/CAM 冠用材料（3）CAD/CAM 冠用材料（Ⅲ）「MD-ブロック S」058 CAD/CAM 冠用材料（2）CAD/CAM 冠用材料（Ⅱ）

▼ **松風**＝「オーソラインアーチワイヤーⅡ ベータⅢ」018 矯正用線（特殊丸型）、019 矯正用線（特殊角型）

〈製品（販売）名・製品コードに変更・追加があったもの〉

▼ **プラトンジャパン**＝「Eight-Lobe Pro インプラント BiO」024 インプラント体（2）標準型（Ⅱ）「Eight-Lobe Pro インプラント SAG」024 インプラント体（3）標準型（Ⅲ）

▼ **ULTI-Medical**＝「松風ブロック PEEK」058 CAD/CAM 冠用材料（5）CAD/CAM 冠用材料（Ⅴ）

▼ **ビー・エス・エーサクライ**＝「Z1-CAD ブロック」058 CAD/CAM 冠用材料（2）CAD/CAM 冠用材料（Ⅱ）「FEED ハイブリッドレジンブロック」058 CAD/CAM 冠用材料（2）CAD/CAM 冠用材料（Ⅱ）

義歯などの洗浄剤 歯科専売で発売

シャボン玉石けん

シャボン玉石けんは、義歯やマウスピースなどを洗浄できる歯科専売の「シャボン玉 デンタルソープ Dental Soap」を2日に発売した。

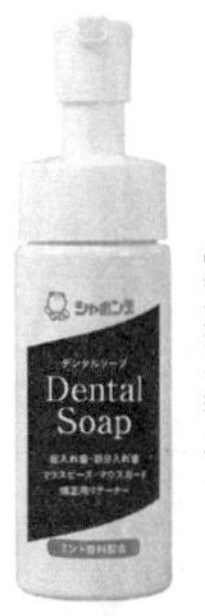

義歯やマウスピースなどを洗浄できる

洗浄剤は着色料・酸化防止剤・合成界面活性剤等不使用の無添加石けん。つけ置き不要で、義歯やマウスピース、矯正用リテーナー、スポーツ用マウスガードの汚れを泡とブラシのこすり洗いで落とせる。ワンプッシュタイプ。

香料は、天然由来のミント。石けん成分は短期間で生分解されるという。容量は150ミリリットル。価格は1210円。

中国で歯科用器具を自主回収

マニー

マニーは、中国で販売している歯科用ダイヤモンドバー「マニーダイヤバー」を中国の規制要求に従い自主回収すると10月31日に発表した。市中品の抜取検査における不合格通知を中国国家薬品監督管理局から受けたもので、詳細を確認中としている。対象製品のロット番号はD24949140０、D249183400。

抜取検査で不合格となった項目は中国の製品登録における独自の記載事項で、中国以外で製造販売する製品への影響はないという。

仕掛品棚卸 の さじかげん ②

和田主実（わだおもみ）
和田精密歯研会長

製造業とサービス業という分け方があります。弊社のような歯科技工所は、総務省の日本標準産業分類では、「医療に附帯するサービス業」になりますが、税務署より「仕掛品棚卸」を求められ、毎年膨大な労力を割いています。

「棚卸」は、会社の所有する材料や在庫をお金と同等に見立て、資産として税金を課すものです。例えば、歯科技工所であればレジンや石膏の未開封の袋はすべて数えて計上しなければなりません。完成した技工製品や、仕入れて販売する前のインプラント部品も同様に計上します。

一方「仕掛品棚卸」では、1万円の義歯が工程の半分まで完成している場合は5千円として計上します。歯科技工所は数日の短い納期で製作し納品するため、本来、在庫はほとんどありません。にもかかわらず、製作日数が4日の技工製品で2日目まで進んでいるものは売価の4分の1、3日目のものは半分の資産として計上しなければならないのです。これは、材料や仕入れ品を数えるのと違い、膨大な労力がかかります。

納める税金が毎年大幅に増えるのであればまだ納得がいきますが、翌年は前年分を差し引きます。そのため、ただ膨大な作業が発生するだけで、増減する税金の額は大して変わりません。

当初、「サービス業なのにどうして仕掛品棚卸があるのか。税務署のさじかげんでは？」と不満をぶちまけていました。しかし、サービス業にも仕掛品棚卸は存在するようです。「歯科技工製品は途中まで作ったところで他の人に売れないから、資産にならない」と思っていましたが、仮に途中で患者さんが来なくなったとしても、歯科医院への請求はしますし、何らかの理由で途中で他の技工所に代わる場合も、排列済みのケースを販売し、完成～納品までをしてもらうでしょう。悔しいですが、サービス業にも仕掛品の資産計上をする必要性の理屈はあるようです。

製品紹介

（価格は税込）

歯科矯正用プライヤー

ディティーリングパンチ

バイオデント　☎03（5604）0980

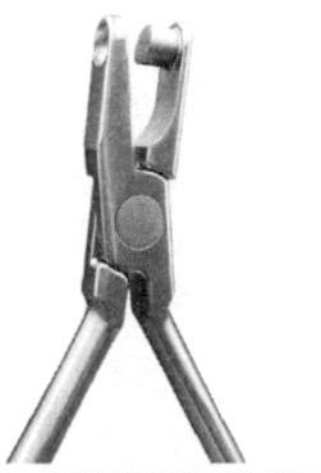

アライナーの臼歯部の咬合面をパンチで切り抜き、咬合を微調整できる歯科矯正用プライヤー。臼歯部離開や治療の最終咬合調整時などに使用できる。

価格＝2万7,500円

デンタル用デジタル現像システム

コンピュレイスキャン Be NEO

ヨシダ　☎0800-170-1180

実効解像度が従来の17LP/㎜から最大19LP/㎜に向上したデンタル用デジタル現像システム。幅広いダイナミックレンジにより、照射線量にかかわらず診断可能な画像を現像できる。イメージングプレートのサイズは０～２の３種類。ＵＳＢ接続のほか、ＬＡＮ接続も可能。

価格＝162万８千円

歯科用ミリングマシン

DWX-53D

松風　☎075（778）5482

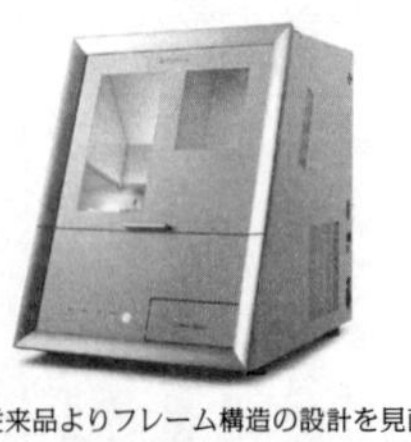

従来品よりフレーム構造の設計を見直し、高い加工精度を実現した歯科用ミリングマシン。新型スピンドルによってミリングバーの把持力が向上。ジルコニア・ＰＥＥＫ・ハイブリッドレジンなどさまざまな素材を加工できる。

価格＝440万円

歯科用ミラー

スリムネック両面ミラー

名南歯科貿易　☎052（799）4075

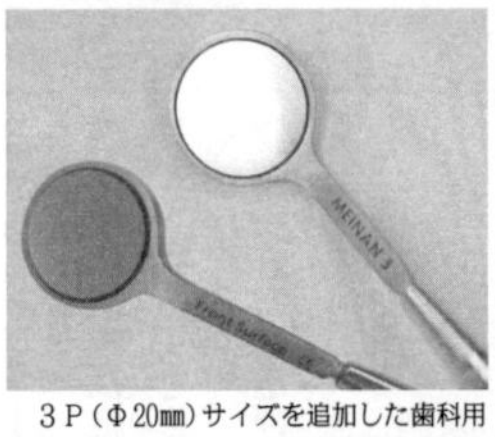

３Ｐ（Φ20㎜）サイズを追加した歯科用両面ミラー。サーフェス仕様で二次残像を防止。両面タイプで舌側でも少ない角度移動で鏡視でき、大きく開口できない人や狭窄歯列弓の患者にも使用しやすい。

価格＝6,908円（６個入り）

■くすみ色の乳歯ブラシ／赤ちゃん本舗

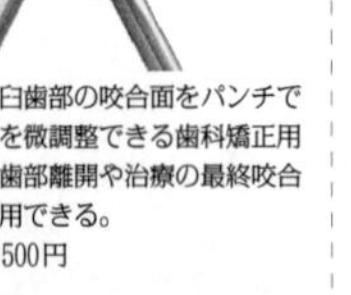

赤ちゃん本舗は「乳歯ブラシ」シリーズをくすみカラーに刷新し、全国で発売している。リング状グリップ（６カ月頃～）と、太いグリップ（８カ月頃～）、仕上げ磨きにも使える直線グリップ（10カ月頃～）の３種類を用意。のど突きを防ぐガード付き。毛は、先丸加工のソフト毛を採用。同社の店舗やオンラインショップで販売。価格はオープン。

■接遇から着想得たスクラブ／クラシコ

クラシコは、身だしなみのマナーや印象を重視したスクラブのトップスとパンツ「ダブルクロス」シリーズを11月21日に発売した。体のラインが出にくく、程良い厚みでシワになりにくい素材を採用。レディースとメンズの２種類を用意。色は、ブラックとアイボリー。サイズはＳ～ＸＸＬ。同社のオンラインストアと直営店で販売。価格はオープン。

日本歯科新聞

2024年（令和6年）
12月17日

＜発行所＞
日本歯科新聞社
厚生労働省記者クラブ加盟社
〒101-0061
東京都千代田区神田三崎町2-15-2
電　話　03（3234）2475
FAX　03（3234）2477
www.dentalnews.co.jp
jdn@dentalnews.co.jp

■ 年間購読料 23,760円（送料込）（本体 21,600円＋税）
■ 月4回、火曜日発行
■ 郵便口座番号 00120-5-130369

今週号の主な内容

おことわり

12月24日は休刊です。
次回は12月31日と1月7日の合併号を1月1日付で発行いたします。

身体機能が低下

咀嚼機能・習慣の悪い高齢者

広島大学研究で

▼咀嚼能力と身体機能の関連について調べた

広島大学が65～84歳の地域在住高齢者を対象としたコホート研究で、主観的な咀嚼能力・習慣が不良な人は、身体機能の低下にもつながることを明らかにした。

研究グループは、高齢者の身体機能の低下には、咀嚼能力だけではなく咀嚼習慣も関係しているとの仮説を立て、検証するに至った。

身体機能の評価は厚労省作成による「基本チェックリスト」のうち身体機能を示す5つの質問を用いて、愛知県東浦町在住の65～84歳146人（男性77人・女性69人）の咀嚼能力・習慣を調査した。

咀嚼能力は機器または歯科医療従事者によって測定された客観データ（客観的咀嚼機能、客観的咬合力、現在歯数）、自記式アンケート※によって得られた主観データ（主観的咀嚼機能、主観的咬合状態）により評価。咀嚼習慣は、自記式アンケートから得られた回答によって評価した。

その結果、主観的に咬合状態が不良である人、咀嚼習慣が不良である人は1年後の身体機能の低下にも影響を及ぼしていることがわかった。

研究グループは、「長期にわたる追跡と対象者数を増やした調査を実施することと、さらに質問票の信頼性の検証を行うことが必要」との考えを示している。

同研究成果は、『BMC Oral Health』オンライン版（10月24日）に掲載された。

なお、同研究は同大大学院医系科学研究科の竹下萌乃博士課程前期修了生、内藤真理子教授、愛知県歯科医師会の内堀典保会長ら研究グループが、愛知県の「歯科検診と事後フォロー による高齢者の自立支援と重症化予防への検証及び口腔機能の維持と栄養・運動を含めた総合プログラム検証事業」で収集されたデータを使って分析した。

※自記式アンケート「半年前に比べて固いものが食べにくくなりましたか」に対してはい・いいえで回答。基本チェックリストNo.13の質問を活用した

歯科は初再診料の2問

診療報酬改定の疑義解釈（その16）

厚労省は6日、診療報酬改定に関する疑義解釈（その16）を公表した。歯科は、「初診料」「再診料」の計2つ。自他覚的症状がなく健康診断で疾患が発見され、健診を受けた医療機関で治療を開始した場合の初診料については、算定できないと回答している。

◆◇◆

【初診料】

問　自他覚的症状がなく健康診断を目的とする受診により疾患が発見された患者について、当該保険医が、特に治療の必要性を認め治療を開始した場合は、「A000」初診料を算定できるか。

答　不可。ただし、健康診断で疾患が発見された患者が、疾患を発見した保険医以外の保険医（当該疾患を発見した保険医の属する保険医療機関の保険医を除く。）において治療を開始した場合には、初診料を算定できる。

（参考）「診療報酬の算定方法の一部改正に伴う実施上の留意事項について」（令和6年3月5日保医発0305第4号）（抜粋）

第1節 初診料

A000 初診料

（中略）

（5） 自他覚的症状がなく健康診断を目的とする受診により疾患が発見された患者について、当該保険医が特に治療の必要性を認め治療を開始した場合は、初診料は算定できない。ただし、当該治療（初診を除く。）は、医療保険給付対象として診療報酬を算定する。

（6） （5）にかかわらず、健康診断で疾患が発見された患者について、疾患を発見した保険医以外の保険医（当該疾患を発見した保険医の属する保険医療機関の保険医を除く。）において治療を開始した場合は、初診料を算定する。

【再診料】

問　保険医療機関が実施する健康診断を受診する患者について、健康診断の同一日に当該保険医療機関において、1回の受診で保険診療を行う場合は、再診料を算定することは可能か。

答　保険診療として治療中の疾病又は負傷に対する医療行為を、健康診断として実施する場合は、再診料を算定できない。

プリズム

人手不足への対応は奏功するか？

2024年の歯科界を振り返ると「人手不足」がキーワードになるようだ。6月実施の診療報酬改定で導入されたベースアップ評価料は、歯科医療従事者の給与改善を目的としたものだが、地域性や医院規模によって届出に差がある。

特に、届出に関連した事務負担が大きいため、より人手不足に悩む小規模医院の方が届出しにくい傾向がある点は重要だろう。評価料導入により、かえって歯科医院経営の二極化を後押しした格好になっている面は否めない。

そもそも、以前から人材獲得競争の激化の結果、歯科診療所でも人件費は急激に上がってきている。ベースアップ評価料の社会的意義は大きいと考えられるものの、やや一歩遅れた感がある。

▼歯科技工でも、新規参入の歯科技工士を増やす目的で、対面行為を認めるなどの業務拡大が検討されているが、実際にラボ関係者に聞くと「ただでさえ人手不足なのに、業務拡大でそれが加速する」という懸念を示す人が多い。

大所高所から長期的視点に立てば、業務拡大が人手不足の解決策になるのかもしれないが、切迫した状況にある現場では、短期的には真逆の効果となりかねないということだ。年明け、さまざまな人手不足対策の効果検証が進み、本当に効果的な対策に絞られることを期待したい。

歯科情報学

「2024・歯科医療の光と影」

松尾　通

2024年もあと2週間で終わろうとしている。読者諸兄にはどのような1年だっただろうか。「世界はいよよ事繁し」の言葉通り、戦争や地球環境の悪化など猶予ならない状況が続いている。日本もまた政治、経済、外交などどれを取っても内憂外患が顕著に表面化し、国民は安心安全な毎日を願っているのに決してそのような状況には置かれていない。

国力の低下も気になるところだが、インバウンドの観光客は増加しており、日本の良さもまた世界的に知られていて、まだ捨てたものではない。

◇

歯科に視点を移すが、残念ながら決していい状況ではない。特に保険診療に携わる身にとってDX化の名の下に種々の複雑な届出義務はとても大変で、特に高齢の歯科医師にとっては対応が難しい。ここ数年、顕在化している医院の廃業の原因にもなっている。もうやめたい、ストレスから解放されたい、残念だがついていけない、機材にお金がかかりすぎる、承継する人間がいない、周辺で頻繁に耳にする言葉である。

医療は本来、病む人と治す人の2人しかいない。それに制度やルールが加わって第三者が介在するようになった。予算が付くたび、条件もまた増えていく。今年の点数改正を見ても、届出が複雑なため条件整備をあきらめる歯科医師が多数いる。結果的に点数は上がらないし、個人の所得は決して伸びていないので、自由診療で補おうとしてもそれは簡単な話ではない。

◇

ここ数年の傾向だが、開業を希望する歯科医師は減少する一方で、廃業、医院の転売など歯科医療から撤退し、第2の人生を歩みたい、余生を楽しみたいなどと考えている歯科医師が増えている。人生観が変わったとの指摘もあるが、アメリカ型の開業医にシフトしているような気がしている。若くて元気なうちに働いて、医院が勢いのあるうちに売却し、それを退職金代わりにして残りの人生を過ごしたい。いわば開業歯科医師の人生プランの実践だが、このパターンをはっきりと表明する歯科医師も散見する。開業は苦労が多く嫌だ。自分は勤務医でいいという人たちもまた少なからずいる。

設備投資に費用がかかりすぎる、利益が出ない、人手不足が深刻、廃院にも少なからずお金がかかる、歯科医院の売却は難しいなどネガティブな実態もまた明らかになった。いま歯科医のモデルプランの作成が望まれる理由である。

◇

明るい話もある。歯科医療の変革はダイナミックに進んでいる。医歯連携、ボーダーレスな歯科医療も当たり前になってきた。国民の意識に歯科の重要性もかなり浸透してきた。2025年にチャンスは無限にある。期待したい。（東京都開業）

2024.12.17

厚労省

歯科技工士の業務のあり方等検討会で

スケジュール案 示す

厚労省は6日に開いた第3回「歯科技工士の業務のあり方等に関する検討会」＝写真＝で、歯科技工業務に関する現状や課題、今後の検討内容とともにスケジュール案を示した。約3年ぶりの開催となる。

歯科医師臨床研修の到達目標にも「歯科技工士の役割を理解し、連携を図る」との内容が明記されるなど、昨今、歯科技工士を含む多職種連携の大切さが叫ばれている。

また、診療行為別のレセプト1件あたりの平均点数を見ると、「歯冠修復及び欠損補綴」が減少しているものの、各年齢階級とも医学管理等や処置、デジタル技術を活用したCAD／CAM冠やCAD／CAMインレーの算定回数が増加傾向にある。

しかし、就業歯科技工士は令和4年時点で3万2942人と微減傾向で、そのうち50歳以上が54・1％を占める（出典：衛生行政報告例、歯科医療振興財団調べ）。

これまで2回の検討会を通じて、歯科技工におけるICTを活用したリモートワーク、歯科技工所間の連携について議論がなされ、そのなかで関係法令の整備などを行ってきた。

これを踏まえ、厚労省は喫緊の課題として、「歯科技工士の新規養成や離職防止に向けた業務形態の改善等の対策」「歯科技工を行う場所やチェアサイド業務を含む整理・教育の検討」「歯科技工または歯科技工所の情報提供のあり方」をあげている。

検討会の委員である日本歯科技工士会の森野隆会長は、「60歳以上が非常に多い状況で、本当に時間がないのが現状。そう遠くない先でかなりの歯科技工士が減る」と問題視した。

なお、歯科技工士の業務のあり方に関するスケジュールはあくまで案であり、変更される可能性もある。

今後の検討内容

【歯科技工の業又は歯科技工所の広告及び情報提供のあり方】
- 歯科技工士法第26条（広告の制限）に係る広告および現状を踏まえた運用の考え方

【歯科技工を行う場所】
- 在宅歯科医療における有床義歯の修理等、歯科医師に帯同し歯科医療機関・歯科技工所以外の場所で歯科技工を行う場合の考え方

【歯科技工士の業務】
- より良い歯科補綴物等を作成し、歯科医療の質の向上につなげるために必要な歯科技工士の業務について（現行法令において歯科技工士が実施可能な業務内容の明確化を含む）

【教育内容等】
- 歯科技工士の業務内容に応じた教育内容・修業年限等について

【歯科技工士の需給、人材確保対策、歯科技工の業務のありかた】
- 歯科医療や歯科技工技術等の変化を踏まえた歯科技工士の需給について
- 歯科技工士の確保策（新規養成、離職防止、復職支援等）について
- 歯科技工の業務形態等の改善について

今後の歯科技工士の業務のあり方等に関する検討スケジュール（案）

2024（R6）	2025（R7）	2026（R8）	2027（R9）
歯科技工士の業務のあり方等に関する検討会			
○情報提供のあり方（広告の運用見直し） ○歯科技工を行う場所 ○歯科技工士の業務 ○教育内容 等	→		
	○歯科技工士の需給 ○人材確保対策 ○歯科技工の業務のあり方 等	→	

広告に該当しないものであっても掲載すべきでない事項（案）

＜事例１＞　＜事例２＞　＜事例３＞

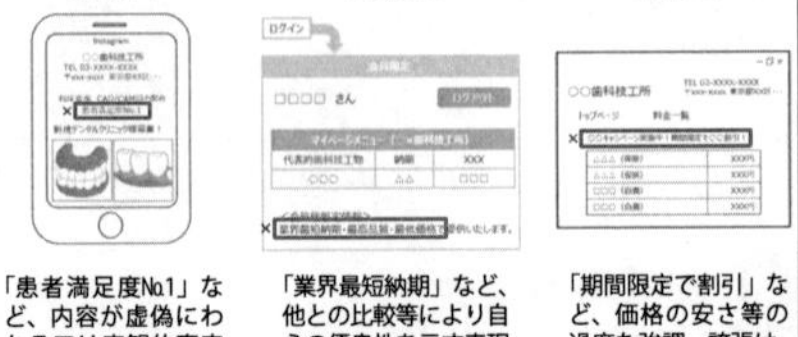

＜事例１＞「患者満足度№1」など、内容が虚偽にわたる又は客観的事実であることを証明することができないものは、歯科医師等を不当に誘引するおそれがある。

＜事例２＞「業界最短納期」など、他との比較等により自らの優良性を示す表現は仮に事実であったとしても、優良性について誤認させ、歯科医師等を不当に誘引するおそれがある。

＜事例３＞「期間限定で割引」など、価格の安さ等の過度な強調・誇張は、歯科医師等を不当に誘引するおそれがある。

歯科技工士の広告

運用見直しを議論

同検討会では、歯科技工士法第26条（広告の制限）に係る運用の見直しについて議論が行われた。

平成23年に厚労省より通知が出た第26条に規定されている広告の解釈は、各保健所によって対応が異なり、現場で混乱が発生しているという。厚労省でもSNSの広告や会員限定情報の広告に関する照会が届いており、これらも規制の対象外であるものの、問い合わせが増加傾向にある。

東京都多摩立川保健所の柳澤智仁歯科保健担当課長によれば、保健所では一般の人からの苦情も非常に多いとのことで、例えば技工所がマウスピース型の矯正歯科診療を謳うホームページを出すなど、医療機関と誤認してしまうケースもあるという。

歯科医療機関の場合は医療法第6条の8に基づき、保健所から広告の是正命令を出せるが、技工所に関しては指導権限がなく、仮に違法とみられる広告があっても対応できない状態にある。

そこで厚労省は、歯科技工所のホームページなどの取り扱い、そして広告の妥当性を判断する定義（広告規制の範囲）について提案を行った。

歯科技工所のウェブサイト等は、当該歯科技工所等の情報を得ようとする人がURLを入力、または検索サイトを通じて閲覧するため、引き続き「原則として広告の規制対象としない」とする。

その一方で、広告に該当しないもの（ウェブサイトのほか、あらかじめ同意の得られている者に対して送付されるダイレクトメールなど）の取り扱いについては、ガイドラインなどを作成し、関係団体に向けて自主的な取り組みを促すとの案が示された。

日本歯科技工士会の森野隆会長は、「この問題は以前から改善が必要であると取り組んできた」と話す。個人ラボにも影響がおよぶものであり、なかにはQRコードを載せて特定のサイトへ誘導するような広告もあるため、ネット普及に伴う内容の整理が必要との見解を示している。

シンガポール

部分床義歯作成のデジタル化を推進

シンガポール国立歯科センター（NDCS）は、部分床義歯の作製に独自のデジタルワークフローを採用。可撤式補綴処置のデジタル化を推進している。

『Dental Asia』（2024年11、12月号）によると、NDCSが高機能コンピューティング研究所（IHPC）の「A＊STAR」との連携で、歯列の3Dモデルから部分床義歯を作成するシステムを開発したもの。

従来、印象からセットまで5つの工程を経ていたが、デジタル化によってスキャンからセットまで3段階に簡略化された。

シンガポールでは、2020年の1年間における部分床義歯の需要は4万症例と推計されており、今後、65歳以上高齢者の人口が全体の24％まで増加する2030年にかけて、さらに需要が拡大すると見られるため、デジタル化が急務という。

歯科国試にチャレンジ

④①⑨　2024年（第117回）より

トータルヘルスプロモーションプラン〈THP〉の令和２年改正において重要とされているのはどれか。2つ選べ。

a　定期予防接種の勧奨
b　業務上疾病の早期発見
c　個人から集団への視点の強化
d　PDCAサイクルに沿った実施
e　労働者の災害を補償する制度の充実

117-A043

答えは本紙のどこかに！

都産技研がセミナー

歯科の医工連携 方向性を提示

東京都立産業技術研究センターは11月26日、東京都千代田区の一橋講堂で「歯科分野の先端技術と医工連携」をテーマにセミナーを開催した。同センターは、2017年度より東京都からの委託で、臨床・研究機関や製販企業のニーズと中小製造業のシーズのマッチングを図るとともに、技術的なサポートを行っており、今回のセミナーもその1つ。

全身のさまざまな疾患と歯科疾患の関連性が実証されてきている現在、歯科における予防、治療の新たな意義が生まれており、同時に、各種の新規技術の研究開発が進んできた。講演では、歯科医療、歯科医学の最新事情を紹介するとともに、中小メーカーが医療分野に参入する際に必要な各種規制について解説するのが目的。

左から天野氏、藤井氏、山中氏

◇◆◇

基調講演は、日本歯科大学東京短期大学学長で、日本歯科医学会連合・将来構想推進委員長の小林隆太郎氏が「命を守る『口腔健康管理』の大切さ」と題して講演。続いて、大阪大学名誉教授・特任教授の天野敦雄氏が「近未来の挑戦：2040年の歯科イノベーションロードマップ」、日本歯科大学学長の藤井一維氏が「歯科の常識、世間の非常識？世間の常識、歯科の非常識？」、ヨシダ社長で日本歯科商工協会会長の山中一剛氏が「歯科産業界における医工連携」と題して、それぞれ講演した。

小林氏は、健康寿命延伸のため、「口腔健康管理」によって糖尿病、誤嚥性肺炎、認知症などを抑制することが重要だと訴えた。

藤井氏は、医療現場で生まれたアイデアを製品化する際、薬機法などのルールを知らないで開発を進めた結果、社会実装につながらなかった例や、中国の通販で薬事承認を受けていない製品を個人輸入して診療に使用してしまう例を取り上げ、薬機法や健保法などのルールの重要性を強調した。

そのうえで、今後の課題として、歯科器材のリサイクルを挙げ、持続可能性のある歯科医療のための技術開発の意義を示した。

山中氏は、明治初期に歯科器材の輸入業を始めた清水卯三郎につながる歯科産業界の歴史から説き起こし、歯科業界の流通の仕組みを解説した。今後の期待として、DX、検査機器の開発を通じた自動化・標準化、医科歯科介護の連携、食事や睡眠も含めた生活習慣病予防への関与、リサイクル、廃棄物の取り扱いなどのSDGsなどをあげた。

なお、冒頭あいさつで日本歯科医学会連合理事長の住友雅人氏は、「歯科医学会の各分科会が行っている研究開発によって、歯科界、産業界、患者のいずれも利益となる『三方よし』になることを願う」と期待を示した。

投稿 寄稿

第24回日本訪問歯科医学会に参加して

中澤桂一郎　利根歯科診療所所長

背景疾患と薬剤や栄養・リハとの連携学ぶ

第24回日本訪問歯科医学会が東京・富士ソフトアキハバラプラザで11月10日に行われた。今年は講演のほかにも専門セミナーが多数企画され、著名な講師陣で魅力的な学会となった。

教育講演1は能登半島地震の被災後も各地で講演されている長谷剛志氏（公立能登総合病院歯科口腔外科病院）が「訪問歯科で意識したい背景疾患と薬剤―治療とケアの判断に迷ったら」と題し、超高齢・超少子の中で口腔外科だけではなく地域に根ざした医療を地元の歯科医師会と一緒に展開している状況を報告した。多病併存ADL低下の高齢患者が多い訪問歯科診療を必要とする患者のすべてが有病者であり、薬剤に関する注意点を短い時間の中で事例を通して教示された。

長谷剛志氏

教育講演2は在宅診療のスペシャリストの佐々木淳氏（悠翔会理事長）が「在宅医療における三位一体の取り組みの在り方」と題し、現在の日本の医療の問題、在宅医療の重要性について熱く語った。2006年に在宅訪問診療を開始し、2年後には訪問歯科診療をスタート、5年後には管理栄養士を配置し口から食べる支援を行い、その人の人生に寄り添う姿は感動ものである。高齢者は入院依存度が高く、安心のために家族も入院をさせることが多いが、入院そのものがリスクであり、入院関連機能障害―10日間の入院で7年老化するという事実を押さえないといけない。入院リスクを最小化にできるよう予防的な医学管理を行うこと、できるだけ入院期間を短く入院中のストレスを減らすことが重要であると説いた。

佐々木淳氏

在宅高齢者の肺炎のほぼ100％が低栄養になっており、きちんとアセスメントしておいしく食べることが重要である。NSTの活動はこれまでは病院中心であったが、地域でのNSTが必要であり、多くの職種が協働し在宅栄養サポートチームとしてリハ＋口腔＋栄養の三位一体の取り組みをしていくことが必要であるとまとめた。

竹林正樹氏

教育講演3はナッジの竹林正樹氏（青森大学客員教授）が「訪問歯科と行動経済学」と題して、行動経済学を用いて「頭ではわかっていても、健康行動できない人を動かすには？」をテーマにした研究を紹介。笑いと納得のなかで参加者の心をわしづかみにした。

直感と方向性を合わせて行動しやすくするのがナッジ、世界では人を自発的に動かす手法の研究が進められている。その一つがナッジであり、認知バイアスにそって そっと後押しするような行動促進方法である。

具体的に、説教という場面では17分を超える説教はだめ、指導は2分以内にすべきものというものである。ポイント、理由、例、ポイントの順で30秒ずつ伝えると2分になる、思いついたことを思いついたまましゃべるから長くなり嫌われる、指導される側は緊張の糸は2分以内、7分を超えるとメモをとりはじめる―それはパワハラを訴えるための資料である。これは診療現場で指導する立場の には心しておきたいことであった。

毎年この日本訪問歯科医学会で学ぶことは多く、今回は特に専門セミナーも多く企画され、幅広く学ぶ学会となった。

パソコンやタブレット操作が苦手です

3カ月前に中途で入職しました。前の歯科医院はアナログだったのですが、今の医院は新しい器械が多く、アポイント帳、歯周検査表もiPadでの入力になりました。オーラルスキャナーもあり、パソコンも触ります。アナログではないことで便利なのはなんとなくわかるのですが、私はパソコンやタブレット操作が苦手で、壊したら嫌だし、触りたくないので避けてしまいます。

歯科衛生士
Fさん（52歳）

まず各機能のメリットを知るところから

東京歯科医学教育舎 代表
竹内 智美
歯科衛生士　産業カウンセラー
ファイナンシャルプランナー

Fさんはパソコンやタブレット操作が苦手で避けていて、どうしたら良いか考えていらっしゃるのですね。「便利なのはなんとなくわかる」とのことですが、まずアポイント帳や歯周検査表などを紙で管理しないメリットを知ることから始めてください。メリットを知ることで、各機能を覚えることができると思います。

これからは歯周病やう蝕、口腔機能などを管理をすることで点数を算定できる時代です。アナログのままで情報を管理するのは難しいでしょう。

アポイント帳ですと、予約の前日に自動的に患者さんに連絡するシステムや、キャンセルがあったときに「この患者さんは今までに何回キャンセルしているか」知ることができます。歯周検査表ではBOP率等が自動で出て、計算時間が短縮されます。患者さんに説明するときには、結果を大きく見せながら説明できます。モチベーションを上げる、患者さんの管理を限られたアポイントの時間のなかで効率よくできる、など便利なツールです。

最初は時間がかかるかもしれませんが、まずは毎日、積極的に触ってください。覚えて慣れれば時間短縮にもなります。

スタッフ教育、コンサルティングのことなら　東京歯科医学教育舎　検索

「美容医療の増加は営利性の問題」　神奈川県保険医協

神奈川県保険医協会の医療政策研究室は10日、「医療の営利性問題へ厚労省の対応が肝要な時代」とする論考を発表した。11月22日に発表された医療施設調査で、美容医療を標ぼうする医療機関が増加したと報告されたのを受けたもの。保険外診療で提供される美容医療は、契約内容や費用面のトラブルや、健康被害の事例も多いとされている。

論考は、美容医療の問題を踏まえて、一般社団法人の医療機関開設、ビジネス的なオンライン診療や訪問診療などを例に、医療の非営利性を原則としてきた日本の制度が揺らいでいることについて警鐘を鳴らすもの。

一般社団法人は非営利目的の法人の一形態だが、定款認証と登記だけで設立できるため、営利法人（企業）が社員として経営に参画し、理事長の資格要件もない。

そのため、医療法によって営利目的での医療機関の開設が認められていないなかにあって、営利性を排除しにくい一般社団法人が開設する医療機関が増えると、非営利性の原則が守られないという懸念があるとのこと。

同研究室が全国の地方厚生局のホームページから開設者が一般社団法人となっている保険医療機関を抽出したところ、647施設が該当した。このうち、医師会立の休日急患診療所223施設を除いた民間施設は、診療所385、病院29の計414施設に上ったという。一般社団法人立の民間施設で保険診療と並んで美容医療を標ぼうしているのは全国で52施設。うち36施設は東京に集中していた。

これらの実態を踏まえて、論考は、厚労省が非営利性を軸に医療全体を統御し、必要な医療提供の法整備、体制整備を行うことを求めている。

■"セラピー犬"が見守る歯医者さん「治療ができない子にちゃんと寄り添ってくれる」（FNNプライムオンライン/12月6日）

■災害時の死体身元確認訓練、6年ぶり　東京・港区の6警察署と地元歯科医師会などが参加（産経新聞/12月7日）

■10月に誕生した「東京科学大」と統合に挫折した「静岡大学」と「浜松医科大学」の明と暗（日刊ゲンダイDIGITAL/12月6日）

■「保健師＋歯科医師＋看護師チーム」在宅避難者の健康支える　藤枝市訓練　災害時に人材そろう？　見えた課題（静岡新聞DIGITAL/12月9日）

■歯科医の傍ら、幼い頃からの夢だったバレエで全国3位　福井県（福井新聞ONLINE/12月10日）

■地震と豪雨　70代歯科医が3度の被災から再起　後押ししたのは（毎日新聞/12月10日）

■歯周病治療、3Dプリンターで欠損部再生　広島大病院のグループ（中國新聞デジタル/12月10日）

2024

元日に発生した能登半島地震に日本中が驚き、多くの人が物価高騰に苦しんだ2024年。郵便料金の30年ぶりの値上げ、新紙幣の発行、政治資金パーティー問題、日本原水爆被害者団体協議会のノーベル平和賞受賞など多くの出来事があった。本紙面では、歯科界における2024年の注目ニュースを振り返る。

能登半島地震

元日から日本中に衝撃　初めてJDATが活動

▲輪島市へ向かう途中も道路の陥没が見られた

▲火災で一面が焼けた輪島市の朝市

石川県能登地方で1月1日夕方に最大震度7、マグニチュード7・6の地震が発生した。同県では、少なくとも歯科診療所の全壊2軒、大規模半壊1軒、半壊7軒、一部損壊62軒、会員自宅の全壊5軒、大規模半壊4軒、半壊7軒、一部損壊55軒の被害を確認（2月2日時点）。

支援活動では、初めて日本災害歯科支援チーム（Japan Dental Alliance Team：JDAT）が、全国から出動し、発災から4月27日まで活動した。

9月21日には豪雨被害が追い打ちをかけたが、地元の歯科医師らは地域歯科医療のために診療に従事。さらに診療再開を目指す歯科医師の姿もあった。

▲▼岡村歯科医院（珠洲市）の辺りでは多くの家が倒壊していた

診療報酬改定

初めての6月施行　賃上げ対応で困惑

▲中医協の答申時

初の6月施行となった診療報酬改定は、初診料が3点増の267点、再診料が2点増の58点、総義歯が236点増の2420点になったほか、大臼歯CAD／CAM冠が第二大臼歯の一部に適応拡大され、CAD／CAMインレーを製作する場合の光学印象100点と歯科技工士と連携した場合の「光学印象歯科技工士連携加算」50点も新設された。

賃上げ対応で新設された「歯科外来・在宅ベースアップ評価料Ⅰ」では、要件を満たせば初診時10点、再診時2点、歯科訪問診療時（10点、41点）が算定可能で、さらに十分な賃上げができない場合に対応する「同Ⅱ」も設けられた。しかし、ベースアップ評価料の算定率は2割程度と低調となっている。

フリーランス保護新法

11月に施行、1人技工所も対象

「特定受託事業者に係る取引の適正化等に関する法律」（以下、フリーランス保護新法）が11月1日に施行され、委託技工のほか、歯科医院の業務のさまざまな場面で配慮、対応が求められることになった。

歯科技工士が1人で経営している小規模ラボとの取り引きが想定され、禁止行為として、受領拒否、報酬の減額、返品、買いたたき、購入・利用強制、不当な経済上の利益提供の要請、不当な給付内容の変更などがあげられる。

日技総会

日歯会長が初めて来賓あいさつ

日本歯科技工士会の社員総会に、初めて日本歯科医師会の会長が来賓あいさつに訪れた。出席した日歯の高橋英登会長は、「息子を歯科技工士にしようと思える業界でなくてはならない」とし、「良くなってきたと言われる施策を打とうと思っている」と日技と連携していく構えを見せた。

▲あいさつする高橋会長（右）

衆院選

歯科医師2人が当選

衆議院選挙の投開票が10月27日に行われ、少なくとも歯科医師2人が当選した。群馬3区と比例北関東ブロックから出馬した長谷川嘉一氏（立憲民主党）と比例東北ブロックの佐原若子氏（れいわ新選組）。

オーラルフレイル

3学会が新たな診断チェックリスト発表

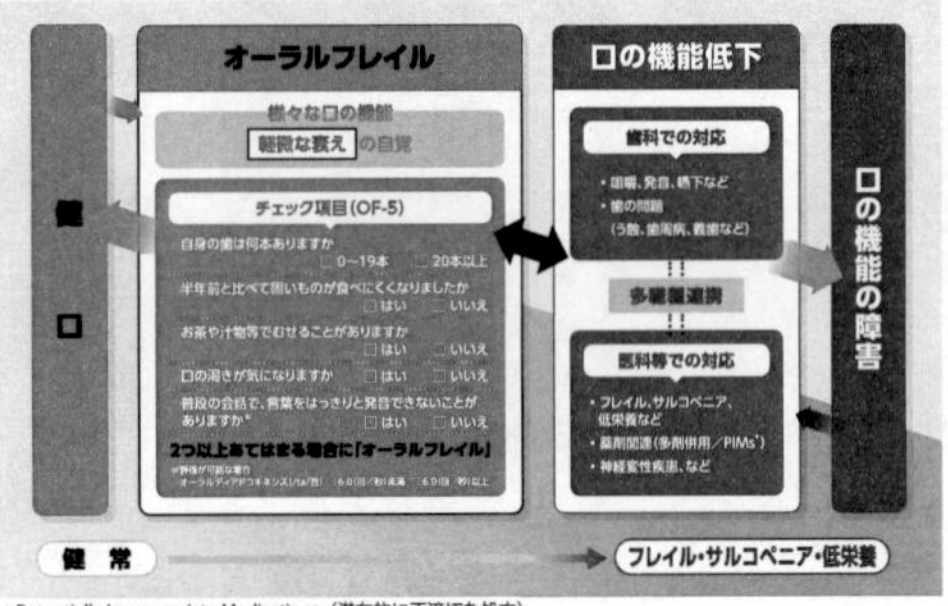

＊Potentially Inappropriate Medications（潜在的に不適切な処方）
◀歯科関係者向けの概念図

国民や歯科以外の医療専門職でもオーラルフレイルが診断できるチェックリスト「Oral frailty 5-item Checklist（OF―5）」が開発され、日本老年医学会、日本老年歯科医学会、日本サルコペニア・フレイル学会が合同ステートメントを発表した。

成人肺炎診療ガイドライン

7年ぶりの改訂で　予防の項目に「口腔ケア」明記

日本呼吸器学会の「成人肺炎診療ガイドライン2024」が7年ぶりに改訂され、肺炎予防の項目に口腔ケアが明記された。

改訂されたガイドラインでは、誤嚥性肺炎を独立した項目として新設。さらに肺炎予防の項に、肺炎球菌ワクチンに加えて口腔ケアが明記され、口腔細菌の関与と口腔ケアの推奨が盛り込まれている。

有名人も歯科の大切さをアピール

▲ベストスマイル・オブ・ザ・イヤーに選ばれた岡田結実さん（左）と高杉真宙さん

▲ベストスマイル・オブ・ザ・イヤー特別賞を受賞したTHE ALFEE

◀日本成人矯正学会のE－ライン・ビューティフル大賞に選ばれた俳優の玉田志織さん

◀「サンギ歯が命アワード」を受賞したタレントのウエンツ瑛士さん

◀セミナーで「口元習慣」について話す美容家の君島十和子さん

医薬品　入手困難に

院内処方をしている歯科医療機関の約7割、院外処方をしている約5割が先発医薬品と後発医薬品ともに入手や処方が困難な状況にあることが、日本歯科医師会の調査（8月30日から9月13日に実施）でわかった。

院内処方の歯科医療機関では、「後発医薬品が入手困難」14.9％、「先発・後発とも入手困難」69.3％。院外処方で入手困難なのは、「後発医薬品」12.2％、「先発・後発とも」52.6％。

歯科医師数

40年ぶりに減少　歯科診療所も減少

2022年「医師・歯科医師・薬剤師統計」が公表され、少なくとも1982年以降で初めて歯科医師数が減少に転じた。前回（2020年）調査と比べて2176人の減少。

また、11月22日に公表された2023年医療施設調査では、歯科診療所数は前年と比べて937施設減少の6万6818施設となっている。

歯科医師数の年次推移

		増減率	人口10万対
昭和57年（1982）	58,362人	…	49.2人
59（'84）	63,145人	8.2％	52.5人
61（'86）	66,797人	5.8％	54.9人
63（'88）	70,572人	5.7％	57.5人
平成2年（'90）	74,028人	4.9％	59.9人
4（'92）	77,416人	4.6％	62.2人
6（'94）	81,055人	4.7％	64.8人
8（'96）	85,518人	5.5％	67.9人
10（'98）	88,061人	3.0％	69.6人
12（2000）	90,857人	3.2％	71.6人
14（'02）	92,874人	2.2％	72.9人
16（'04）	95,197人	2.5％	74.6人
18（'06）	97,198人	2.1％	76.1人
20（'08）	99,426人	2.3％	77.9人
22（'10）	101,576人	2.2％	79.3人
24（'12）	102,551人	1.0％	80.4人
26（'14）	103,972人	1.4％	81.8人
28（'16）	104,533人	0.5％	82.4人
30（'18）	104,908人	0.4％	83.0人
令和2年（'20）	107,443人	2.4％	85.2人
4（'22）	105,267人	-2.0％	84.2人

国家試験

歯科医師の合格率は66・1％

第117回歯科医師国家試験は、出願者3568人、受験者3117人、合格者2060人で合格率は66・1％だった。

また、歯科技工士国家試験は合格者799人、合格率95・7％、歯科衛生士国家試験は7346人が合格し、合格率92・4％だった。

注目ニュース

東京科学大学

◀会見後に握手を交わす田中学長（左）と大竹理事長

東京医科歯科大と東工大が統合して誕生

東京医科歯科大学と東京工業大学が10月1日に統合し、東京科学大学が誕生した。同日に開いた記者会見では、大竹尚登理事長は「近年の科学技術（AIやVRなど）の進歩に対応するべく、より良き未来を拓いていくために統合した」、田中雄二郎学長は「一法人一大学として初めて理事長と学長を分ける体制が、1つのイノベーションになるように頑張りたい」と意気込みを語った。

AI

医療機器として認可　診断補助や患者対応に期待

AIを応用した歯科医療機器や技術が目立った。エックス線画像から骨粗しょう症をスクリーニングできるAI搭載プログラムが医療機器として認可されたほか、口腔がんや歯科疾患、歯肉の状態などを確認したり、患者の問い合わせに対応したりするシステムなども登場している。

マイナ保険証

保険証の新規発行停止　国はDX推進に注力

健康保険証の新規発行が12月2日に停止され、国はマイナ保険証への一本化を推進している。

診療報酬改定で盛り込まれた医療DX推進体制整備加算では、10月からマイナ保険証の利用実績に応じた加算に見直された。レセプト件数に占めるマイナ保険証利用率が15％以上（来年以降は30％以上）だと「同加算1」9点、10％以上（同20％以上）だと「同加算2」8点、5％以上（同10％以上）だと「同加算3」6点となった。

健康長寿に最適な体格を解明

早稲田大・東北大ら

高齢者の健康寿命の延伸で最適な体格を調査したところ、フレイルおよびフレイルではない人のいずれも、体格の指標であるBMI（💡）が22・5～23・5kg／㎡（普通体重）で介護認定を受けるリスクが最も低かった。やせている人は寿命が短く、肥満は障害生存期間が長いことがわかった。

早稲田大学スポーツ科学学術院の渡邉大輝助教、医薬基盤・健康・栄養研究所の吉田司研究員、びわこ成蹊スポーツ大学の渡邉裕也准教授、東北大学の山田陽介教授、京都先端科学大学の木村みさか客員研究員らの共同研究グループが解明した内容は、『International Journal of Obesity』（11月15日）オンライン版に掲載された。

高齢者は40～50代ごろの中年者よりもBMI（健康的な体重の目安）が高いことで死亡リスクが低くなると考えられている。しかし、フレイルの有無と高齢者のBMIが全生存率、介護認定を考慮した障害生存期間との関連性については不明だった。

研究グループは2011年から京都府亀岡市で行われている介護予防の推進・検証を目的とした前向きコホート研究に参加した1万2232人のデータを使って、質問票の回答による身長と体重からBMIを算出し、全体、フレイル、非フレイルの群をそれぞれ5グループ＝表＝に分けた。

同研究に参加している高齢者全体のフレイルの該当割合は40・1％で、5年3カ月の追跡調査の期間中に2348人が新たに介護認定を受けて、1084人が亡くなった。

普通体重の人と比較して、「やせ」「肥満」と判別された人は、介護認定を受けるリスクが有意に高いこと、そしてBMIが22・5～23・5kg／㎡のグループは最も介護認定を受けるリスクが低かった。フレイルの有無にかかわらず、高齢者の最適なBMIは「やせ」「肥満」でもない普通の体格であるとの結果が示された。

また、同研究では「やせ」の人は介護認定を受ける前に死亡に至る可能性が高く、BMIが27・5kg／㎡以上（肥満）の人は障害生存期間が長いことがわかった。

今後は、フレイルの状態やBMIを一時点でのみ評価するだけではなく、同一個人の繰り返し測定によるBMIやフレイル状態の軌跡、死亡・介護認定を受けるリスクとの関連も検討するとしている。

これを踏まえ、研究にかかわった渡邉氏は「フレイルの有無によるBMIと予後の関係は、よりきめ細かい食事・栄養指導や健康政策の立案に役立つエビデンスだと思う。臨床および公衆衛生の現場において、フレイルの早期発見と生活習慣改善等の介入が必要」とコメントした。

BMI　BMIが18・5kg／㎡未満は「やせ」、18・5～24・9kg／㎡は「普通体重」、25・0kg／㎡以上は「肥満」と判別される

フレイルの有無と生存期間の関係

	BMI群		全生存期間	無障害生存期間	障害生存期間
全体	18.5以下	(n=933)	-17.3 カ月	-7.1 カ月	-10.2 カ月
	18.5～21.4	(n=2,882)	-7.6 カ月	0.4 カ月	-8.0 カ月
	21.5～24.9	(n=4,370)	基準値		
	25.0～27.4	(n=1,413)	4.1 カ月	2.8 カ月	1.3 カ月
	27.5以上	(n=634)	3.5 カ月	-9.0 カ月	12.5 カ月
フレイル	18.5以下	(n=575)	-32.9 カ月	-33.4 カ月	0.5 カ月
	18.5～21.4	(n=1,170)	-25.0 カ月	-28.7 カ月	3.7 カ月
	21.5～24.9	(n=1,516)	-13.9 カ月	-28.0 カ月	14.1 カ月
	25.0～27.4	(n=521)	-9.8 カ月	-25.4 カ月	15.6 カ月
	27.5以上	(n=323)	-7.3 カ月	-34.5 カ月	27.2 カ月
非フレイル	18.5以下	(n=358)	-9.9 カ月	-11.1 カ月	1.2 カ月
	18.5～21.4	(n=1,712)	-7.9 カ月	-3.8 カ月	-4.1 カ月
	21.5～24.9	(n=2,854)	基準値		
	25.0～27.4	(n=892)	-0.4 カ月	3.4 カ月	-3.8 カ月
	27.5以上	(n=311)	-3.0 カ月	-9.2 カ月	6.2 カ月

生成AIとロボットを融合　より柔軟な適応が可能に

東洋大・寺田名誉教授が講演

生成AIとロボットの技術融合が進展し、手術や診断支援の高度化、医療関連産業のSDGs対応につながっていく。人の心を読んで反応する共生ロボット（シンビオティックSRロボット）、トイレでの転倒検出、ベッドへの移乗機能付き車椅子などの開発で、医用ロボット開発の先駆者とされる東洋大学常務理事の寺田信幸名誉教授が10日、医療関連サービス振興会の月例セミナーで講演。これまでの技術開発の経緯と、今後の展望を語った。

◆◇◆

寺田氏は東邦大学理学部卒後、臨床検査技師として病院勤務を経て、山梨医科大学で医学博士の学位を取得。2005年から東洋大学工学部教授として医用生体工学の研究、教育に携わってきた。

高齢者ヘルスサポート技術の一環として開発された生体モニターは、医用ロボットにとって不可欠の技術。寺田氏らは、外耳道内圧の変化から右心機能を非侵襲に評価して脱水を検出したり、ネックバンド型体振動センサーで嚥下・呼吸・心拍を微小な振動から検出したりする生体モニターを開発してきた。

これらの技術の蓄積を踏まえて、医用ロボットの可能性を劇的に高めているのが生成AIで、状況の変化を予想して複雑なタスクにも自律的に判断して対応できる医用ロボットが開発されつつあるという。手術や診断・治療計画の支援、健康管理などに応用が始まっている。

課題としては、データの精度・信頼性の向上、プロンプトとして入力されるデータのプライバシー管理、フェイクコンテンツ対応など法的・倫理面での環境整備があげられる。

寺田氏は「生成AIの特徴は、推論して展開する能力。未知のタスクを自律的に学習していく能力が高いため、新たな環境に柔軟に適応する医用ロボットが可能になっている」と、今後の技術開発に期待を示した。

深井保健科学研究所

口腔保健の現状や課題など「政策科学」テーマに議論

深井保健科学研究所は8日、東京国際フォーラム（東京都千代田区）で第23回コロキウムを開催した。テーマは「歯科口腔保健における健康政策の展開：政策科学の観点から」。エビデンスに基づく医療の実践だけでは健康格差の縮小には十分でなく、エビデンスを踏まえた健康政策が重要だとして、アカデミアの立場から口腔疾患予防のエビデンスを提示するとともに、政策立案者、実践者の立場から現状と課題を話し合う趣旨。

5つのテーマで初めて「政策科学」を議論した

◇◆◇

政策科学をテーマにしたコロキウムは今回が初めてで、前厚生労働省歯科保健課長の小椋正之氏（日本大学松戸歯学部）が歯科医療政策の実際について話題提供したほか、地方行政の立場から、静岡市口腔保健支援センターの小畑充彦氏が企画立案、実践とエビデンスとの関連性について発言。「行政機関に勤務する歯科専門職は、科学的根拠と地域歯科医師会などとの橋渡しが役割」との立場を示した。

趣旨説明で、同研究所代表の深井穫博氏は、労働安全衛生の一般健診に歯科関連項目を含めるかどうかについての約10年にわたる検証と議論の末、11月に「今、歯科を含めるのは困難」とされた経緯を政策実施に向けたハードルの例として提示。アカデミアの研究が臨床、政策に生かされるのに必要なお金、人材を確保するための政策科学の重要性を強調した。その一方で、政策科学の研究が、「政治力を使う」などの話だと誤解されたり、研究成果への学界の評価が高くなかったりする傾向があるなどの課題を指摘した。

◇◆◇

小椋氏は歯科医療政策や保険点数などが、どのような過程で決められているのかを説明。これまでの政策決定過程で、学術的に厳格な基準に則ったエビデンスから政策の検討がなされた例はあまりなく、都道府県比較のようなデータが政策に生かされてきたと示した。

◇◆◇

新潟大学大学院WHO協力センターの小川祐司氏は、11月にタイ・バンコクで開催されたWHOのグローバル・オーラルヘルス・ミーティングの内容を中心に、各国の口腔保健政策の課題を紹介。「口腔保健をUHCに」という方向性を示すことは良いが、多くの国で達成度の評価、目標設定の基準があいまいで、政策実現のための資金、人的リソースが足りないため、理想と現実が乖離していると指摘した。

東京科学大学の相田潤氏は、「日本はむし歯が減っている」という言説が定着した結果、現場の保健施策も影響を受けかねない事態となっている事実を問題提起。小児う蝕の数が減っても歯科疾患の患者数は決して少なくなく、う蝕による歯科受診は、風邪による内科受診と同様に多いのが現実だと指摘した。

デンタル 小町が通る

大谷歯科医院院長（愛媛県西条市）
大谷恭子 ⑨

自主トレ＆動画撮影

タオルを使ったトレーニング

海辺で健康セミナー撮影

筋トレシリーズ第8弾。筋トレの大会にいろいろ出ていたけれど、時代は大きく変わりコロナ禍に入ったころ、ジム通いをやめ、自宅トレーニングに切り替えた。

階段、椅子、鉄アレイ、ゴムチューブ、身の回りにあるものはくまなく利用した。

有酸素運動は縄跳びで代用。だが何十年ぶりかの縄跳びはなかなかどうしてきつく、ボクサーみたいに早く的確なリズムで飛びたい気持ちだけが空回りし、数回でひっかかってはまた飛ぶの繰り返し。時々二重跳びに脱線しつつも、常に自分の心の持ち方にフォーカスを置いてぶれないようにした。そして日々ほかのアイテム使いでの筋トレ模索もお楽しみの1つとなり、自主トレに励んだ。

そんなころ、県歯科医師会から依頼があった。健康セミナーの動画を会員向けに作ってくれないだろうかと。もちろんYES！ そしてこの日を境に「腰痛や肩こりに効果的なストレッチ」や「身近なものでできる体操」「大きい筋肉に効かせて代謝アップを図るメニュー」などを構成した。

トレーナーさんとも電話で話し合い、方向性も決まってきた。そうなると後は撮影なのだが、どうするか？ 初めは一人で撮影を試みた。が、画面からはみ出し、途中から私がいなくなっているではないか。ということで一人撮影には反復運動がいいということが判明。

もう1つのシーンは海辺で遠くからスタッフに撮影してもらった。海辺の輝く太陽を浴び、心地よい海風と潮の香に癒され波音をバックミュージックにジムウエアーでポーズをとった。チキンバーをほおばって自然とお戯れ。スタッフもバーベキューやキャンプができる海の発見に大喜び。まさにWin-Win!!

そして音入れをし、テロップを重ねてついに完成。でき上がった作品にはさまざまなご意見をいただき、今後の参考にした。第2弾も作る機会があれば良いなーと余韻に浸った。

趣味を活かせたうえに、こんな貴重な経験、楽しい任務を任せてくれてありがとうだね。

東北大ら

細菌を物理破壊する　チタンナノ表面開発

細菌を物理的に破壊するチタンナノ表面形態デザインが開発された。東北大学大学院歯学研究科分子・再生歯科補綴学分野の山田将博准教授と江草宏教授、東京歯科大学大学院歯学研究科微生物学講座の石原和幸教授との研究グループによるもの。抗菌剤なしで抗菌性を持つチタンインプラント材料の開発につながるとともに、さまざまな材質での応用が期待される。

◇◆◇

チタン材料は細菌感染の防止のために薬剤や化学物質を用いるが、細菌が薬剤耐性を持つ可能性があり、物理的に細菌を破壊する技術が研究されている。

研究では、チタンナノ突起を異方的（たとえば木材など、物理的性質が方向によって変わること）に配列することで、チタンナノ表面が本来有する電気的反応性を著しく高め、むし歯や歯周病の原因となる細菌の付着抑制および殺菌効果をもたらすことを確認した。

同研究成果は科学誌『Material Today Bio』（11月22日）にオンライン掲載された。

●●●●●● 石福金属に聞く ●●●●●●

金の相場動向

今年は、一昨年から続くあらゆる物価の高騰に慣れてしまった1年でもあった。貴金属価格も情勢の影響を受けていることから、「金の価格の相場動向と今後の価格変動の見通し」を、貴金属総合メーカーの石福金属興業に聞いた。

情勢に左右されながら上伸

金、パラジウムの価格推移

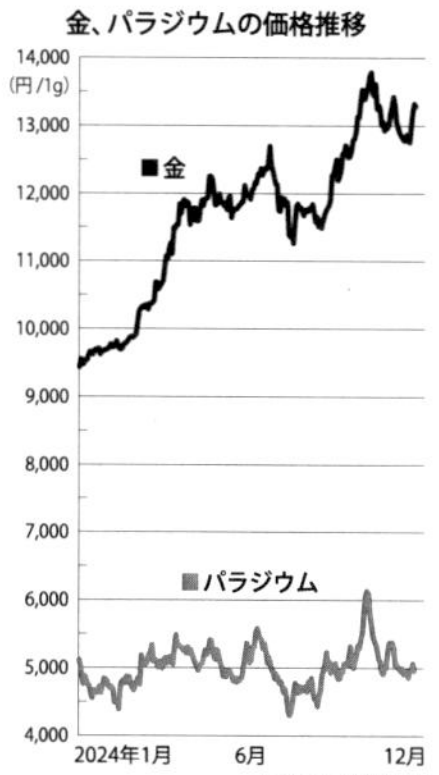

（石福金属興業提供）

——金の2024年後半（6～11月）の動向は。

石福　2カ月ぶりの市場最高値を更新した後は上昇を続けながら、微減、上伸した後、現在の値を推移しています。

——主な市場の動きは。

■6月

石福　6月に入ると、相次いで発表された米経済指標が弱い内容であったことから、金価格は2370ドル台まで上昇するも、米労働省が7日に発表した5月の雇用統計では、非農業部門の就業者数が市場予想を大幅に上回る結果となったことで米長期金利が上昇。加えて中国人民銀行（中国の中央銀行）が1年半継続していた金保有量の買い増しを5月で停止したことが判明し、金価格は2300ドル台まで下落。6月末にかけてはおおむね2300～2350ドル台での推移が続き、複数のFRB（＝米連邦準備制度理事会：米国の中央銀行）高官らの早期利下げの慎重な姿勢を見せていることが報道されると一時2300ドルを割り込む場面も見られました。

■7～8月

買戻しの動きなどから2300ドル台を回復すると、7月上旬に発表された6月の米雇用統計が米労働市場の軟化を示す内容であったことや米CPI（消費者物価指数）が前年同月比ベースで3カ月連続して鈍化し、市場予想を下回ったことを受けて2400ドル台を突破。

その後のFRB高官らの発言から、9月のFOMC（連邦公開市場委員会：米国の金融政策を決定する会合）での利下げや12月のFOMCでの追加利下げ観測が拡大するなかで16日には2460ドル台を突破し、約2カ月ぶりの市場最高値を更新する展開となりました。

19日に発生した米IT企業のソフトウェア更新が引き金で発生した世界各地でのシステム障害や、7月下旬の米大手IT企業の冴えない決算発表による世界的な株価の大幅安により2400ドル台を割り込む場面も見られましたが、7月末にイスラム組織ハマスの最高指導者イスマイル・ハニヤ氏が殺害されるなど、中東情勢が緊迫化するなかで金価格は堅調に推移。低調な米経済指標の発表による米長期金利の低下を眺めながら、金価格は8月中旬には2500ドルを突破しました。

■9月～10月

9月上旬まで2500ドルを挟んだ値動きが続き、9月に発表された8月の米PPI（生産者物価指数）がインフレの鈍化を示す内容であったことを受けて上昇に転じ、9月17、18の両日で行われたFOMCにおいて、政策金利の0.5％引き下げの決定と年内の残りの2会合で各0・25％利下げを行う予想が示されたことで、20日には2600ドルを突破する展開となりました。

以降もイスラエルとイスラム教シーア派組織ヒズボラとの戦闘激化による中東情勢のさらなる緊迫化による安全資産選好や、9月下旬に発表された中国政府が景気刺激策の一環として複数の大手銀行に最大1兆元の資金注入を検討しているとの報道が追い風となり、金価格は上昇を継続。

10月中旬にはパレスチナのイスラム組織ハマスの最高指導者ヤヒヤ・シンワル氏がイスラエル軍によって殺害されたことを受けて、一段の地政学リスクの高まりから金が買われ、18日には2700ドルを突破。

その後も11月上旬の米大統領選が迫り、民主党のカマラ・デヴィ・ハリス副大統領、共和党のドナルド・トランプ前大統領が大接戦を繰り広げるなかでの政局の先行き不透明感から、投資家のリスク回避姿勢が強まり、10月末にかけて2780ドル台まで上伸しました。

■11月

利益確定売りなどで2750ドル台を割り込んだ金価格は、11月5日投開票の米大統領選でトランプ氏が勝利を収めたことで下落に転じました。トランプ氏が公約に掲げる輸入品への関税引き上げが米国の物価高や高金利環境の継続を招くとの観測から米長期金利やドル指数が急上昇し、7日に2700ドル台を割り込むと、トランプ氏の再選に伴う景気刺激策への期待からリスク資産への資金流入が続き、11月中旬には2560ドル台まで急落しました。

11月末にかけては、ロシアに派遣された北朝鮮部隊が参戦したことで、米国がウクライナに供与した長距離ミサイルをロシア領内への攻撃を容認したことやロシアが核兵器の使用条件を示した核ドクトリンを改定するなど、ロシア・ウクライナ情勢が一段と緊迫化するなかで金は一転上昇に転じ、22日には2700ドル台を回復したものの、トランプ氏による中国、カナダ、メキシコへの関税引き上げ方針が示されたことで再び金は売られる展開となり、29日には2650ドル台をつけてこの月の取引を終了しました。

◆◇◆

——今後の見通しは。

石福　トランプ氏の再選が決まり、足元方向感のない値動きが続いていますが、トランプ氏の主張する減税策、関税引き上げによるインフレ懸念や、中東やロシア・ウクライナ情勢による地政学リスクが意識されるなかでは引き続き堅調に推移すると予想します。

AIが音声認識し 歯周病の診断支援

アイキャット提供

アイキャットは、歯周病診断支援アプリ「PerioDx」の提供を11日に開始した。

同アプリは米国の歯周病専門医・辻翔太氏が監修。独自のAI言語モデルで専用マイクを使わずに歯周検査入力ができる機能を搭載し、スタッフ1人で効率良く歯周検査ができるほか、歯周病診断支援機能により「歯周病の新分類への対応」に基づく診断も行える。新分類を使った診断は複雑かつ煩雑で時間がかかるが、同機能は口腔内の状態や歯周検査結果、複数の問診内容を入力するだけでステージ・グレードなどの結果とコメントを自動で表示。歯科医師が承認すると約8分で診断できるという。

診断結果はデータ出力でき、患者とのコミュニケーションツールとしても利用可能。

また、インプラント周囲炎の事前リスク診断支援機能も搭載。インプラントメーカー5社の協力のもと、インプラントのタイプごとに適正・迅速なリスク判定ができるという。

同製品は、iPadにインストールして利用可能。初期導入費は無料。費用は月額3万3千円。今後は多言語に翻訳し、海外での展開も目指す。

AIが再来院 促す文を作成

SCOGが新システム

SCOGグループ（＝SCOG）は、歯科健診を促す新システムの発表会をオンラインで11日に開いた。

同日から提供を開始したPayLight cxは、患者の口腔内状況、通院履歴、コミュニケーション頻度、デンタルIQなどを独自に定量評価して、患者ごとの個別のメッセージをAIが自動作成し、送信後のやり取り、再来院の予約の取り付け、予約システムへの反映を行うもの。価格は月額5万5千円。

同社執行役員の藤本公浩氏は国民の歯科健診受診率の割合や口腔内への関心の低さなどを説明した後、歯科医院への再来院率に関する同社独自の調査結果を紹介。「再来院率が50％未満」と回答した歯科医院は約70％で、再来院を促す連絡手段はハガキ（45％）が最も多かったものの、「患者に希望する連絡手段を尋ねた質問では、メール、LINE、ハガキなどの郵送物の順で多かった」と解説。同製品を試験的に導入した医院では、「予約が途絶えていた患者のうち、73％が再来院の予約につながった」という。

キヤノンMJらが開発

口腔内の汚れを 可視化する技術

キヤノンマーケティングジャパン（＝キヤノンMJ）とシステム・ケイ、東京科学大学、WSPTジャパンの4者は、自宅で口腔内の汚れを確認できる「口腔ケアサポート技術」を共同開発したと6日に発表した。

同技術は、歯垢染色液を使用せずに口腔内を専用カメラで撮影し、撮影した画像を画像認識AIサーバーに送信すると、AIが汚れの付着している部位を着色し、スマートフォンで汚れを確認できるもの。キヤノンMJの社員が挑戦したいテーマに取り組む新規事業創出活動「BoXプロジェクト」から生まれたアイデアという。

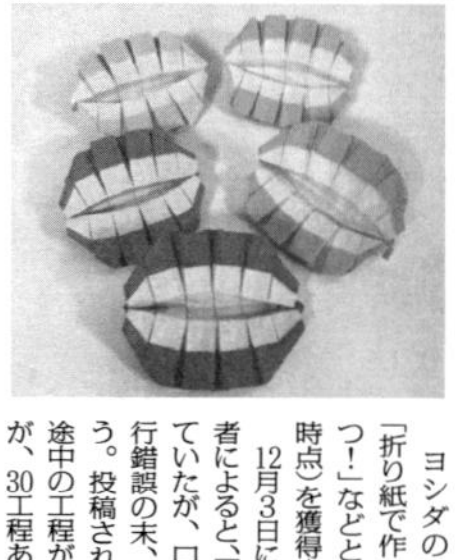

折り紙の「歯」バズる

ヨシダ

ヨシダのX（旧Twitter）に投稿された、「折り紙で作った歯」の写真が「三度見するやつ！」などとバズり、13万件のいいね（16日時点）を獲得―。

12月3日に投稿されたもので、同社の担当者によると、「歯の折り方は本やネットに載っていたが、口全体の折り方は見当たらず、試行錯誤の末、丸1日かけて折りあげた」という。投稿された折り方を参考に記者も挑戦。途中の工程が難解でほかの編集部員を呼んだが、30工程あるうちの15工程目で…完（涙）。

製品紹介

（価格は税込）

歯科印象採得用トレー

ぷれバイト

フェニックスデント　☎028（325）8755

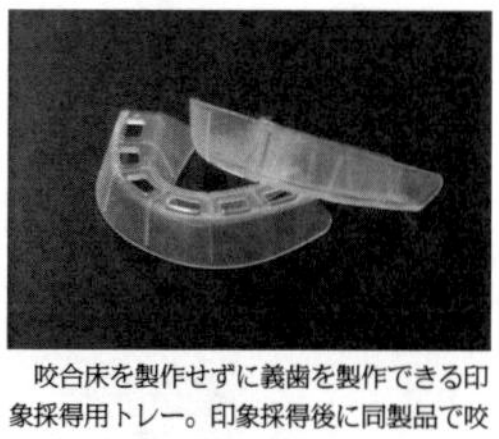

咬合床を製作せずに義歯を製作できる印象採得用トレー。印象採得後に同製品で咬合採得が可能。患者の来院回数やチェアタイム、技工作業費を減らせるほか、義歯の完成後もバイトを残せる。ハサミで容易にカットでき、全部床義歯や部分床義歯などさまざまな症例に対応可能。

価格＝4,950円（上下3セット入り）

歯科技工用机

ラボベンチ　A1SM

名南歯科貿易　☎052（799）4075

国産のエアーノズルと自動巻き取りリールを搭載した歯科技工用机。サクションマウスやアームレストは脱着できる。引出しパネルの色はホワイト、イエロー、シルバーグレー。別売りでバキュームモーターとセントラルバキュームキットを用意。

価格＝39万6千円

歯科用インプラント手術器具

シラトリ サイナスリフトインスツルメント

インプラテックス　☎03（5850）8555

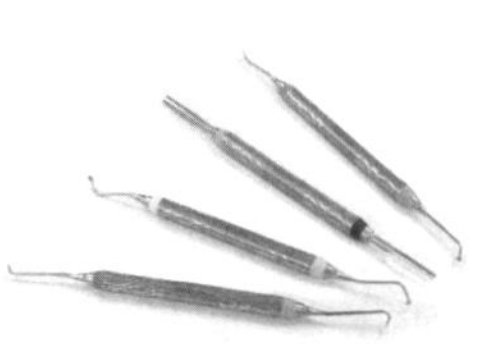

歯科医師の白鳥清人氏が開発した歯科用インプラント手術器具。低侵襲でのラテラルアプローチサイナスリフトを実現。小さいウインドウからでもアプローチしやすいα・βと、ウインドウの大きさや補填材の量で使い分けできるγ・δを用意。

価格＝7万3,700円（フルセット）

歯科切削加工用レジン

松風ブロック　PEEK

松風　☎075（778）5482

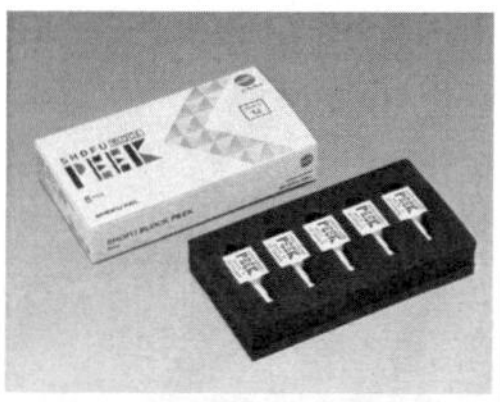

ホワイトの色調を追加した歯科切削加工用レジン。高い靭性を有し、高い咬合圧にも耐えられるという。補綴装置を薄く設計できるため、支台歯の切削量を減らせる。

価格＝3万800円（5個入り）

郡山市民に口腔 ケア製品を寄贈

OSSTEM JAPAN

OSSTEM JAPANは、同社の歯ブラシや歯間ブラシ、デンタルフロスなどの口腔ケア製品を寄贈する「オステムジャパン・口腔ケア製品寄贈式」を10月8日に行い、郡山市歯科医師会に900セットを寄贈したと12月4日に発表した。寄贈品は、10月27日に福島県郡山市で開かれた「郡山市制施行100周年記念 ファミリーフェスタ2024」の参加者に配布された。

◆◇◆

同社は地域貢献プロジェクトの一環として、地域の歯科医師会と提携して口腔ケア製品を寄贈しており、来年は地域貢献活動を今年より5倍以上増やす予定という。

民事再生手続き 東京地裁に申し立て

ADI．G

ADI．Gは16日、東京地方裁判所に民事再生手続き開始の申し立てを行い受理されたと発表した。

同社によると、取引先の金融機関に、不適切な会計処理に基づく決算報告書を開示していたとし、税理士を会計参与（役員）に迎え、コンプライアンス遵守を前提に事業・財務面の客観的な実態調査および是正のための指導を社外の専門家に依頼したが、一部の金融機関から同意を得られず、やむを得ず民事再生手続きの申し立てを行ったという。

今後は、長年の会計処理の膿を出し切り、従業員の雇用と事業を継続していく考え。また、事業の再生を確実にするため、協力企業やスポンサー探しを行う予定。現時点では十分な収益を上げており、民事再生手続中も事業を継続していくことには何ら支障がないとしている。

なお、今回の件についての債権者説明会を東京（20日）と金沢（23日）で開催する。

週間 金・パラ価格動向　税抜価格（1g、円）

	金	パラジウム（参考価格）
12月9日（月）	12,757	4,860
12月10日（火）	12,996	4,965
12月11日（水）	13,210	4,965
12月12日（木）	13,325	5,070
12月13日（金）	13,285	4,960

提供 石福金属興業

人事

（敬称略）

■JMOrtho

▼代表取締役会長兼社長　森田晴夫▼常務取締役　中本達夫▼取締役　佐藤雅彦、山下卓己（新任）、岡本智浩（非常勤）

「ペアレンティングアワード」

子育てトレンドで受賞

サンギ

子ども用歯磨剤

育児関連の雑誌媒体などが子育てにまつわるトレンド（ヒト・モノ・コト）を表彰する「第17回 ペアレンティングアワード」で、サンギの子ども用歯磨剤「アパガード アパキッズ」が「モノ・サービス部門」を受賞した。

同製品はう蝕を予防し、歯を再石灰化する「薬用ハイドロキシアパタイト」を配合。低発泡と無発泡の2種類を用意し、仕上げ磨きがしやすいこと、同製品の売上の一部が補助犬の育成や障害者の社会参加を支援する活動に役立てられている点などが評価されたと同社では推察している。

「人手不足」を乗り切るためのおススメ書籍

(送料別)

■ 本気で「採用」「定着」に取り組むなら…

歯科医院のための
採用マニュアル・ツール集〔2022年改訂〕

日本歯科新聞社 2022年販売数 1位

伊藤祐子 著 /A4 判 /80p
定価 5,500 円(税込)

- ▶魅力的な求人広告がすぐ完成！
- ▶「今どき求人」のポイントが分かる！
- ▶面談・見学の対策もばっちり！

歯科医院のための
成長評価シートとスタッフ面談術

日本歯科新聞社 2023年上半期 販売数 1位

濵田真理子 著 /A4 判 /96p
定価 6,600 円(税込)

- ▶本人が成長する力を応援する！
- ▶スキルも勤務態度も改善する
- ▶A4 コピーですぐ使える！

歯科医院の　100円グッズから始める
整理・収納アイデア集

小原啓子、藤田昭子、石田眞南 編著
B5 変形判 /80 p
定価 7,700 円(税込)

- ▶モノの置き場がすぐ分かる！
- ▶オペレーションが覚えやすくなる！
- ▶働く場所が快適に！

「歯科プロサポーター」24 人に聞いた
よくある経営の悩みと解決法

著者：24 人 / 小畑 真 監修 /B5 判 /144p
定価 5,500 円(税込)

- ▶「採用」「定着」へのアドバイスも充実！
- ▶複数の専門家がアドバイス！
- ▶相性の合うサポーターも探せる！

■「若手スタッフ」の気持ちを知るには…

『アポロニア 21』2024 年 4 月号
【特集】
人手不足解消、次の一手

B5/160p
定価 2,420 円(税込)

【座談会】
新人 DH 本音トーク
「理想と現実のギャップ」他

『アポロニア 21』2024 年 11 月号
【特集】
DH・DA の採用・定着・活躍

B5/160p
定価 2,420 円(税込)

歯科衛生士 189 人のアンケート結果から
「採用・定着のカギ」 他

■ 最少スタッフでの運営を模索するなら…

『アポロニア 21』2024 年 4 月号
【特集】
人手不足解消、次の一手

B5/160p
定価 2,420 円(税込)

「今だからこそ！
ワンオペ診療のススメ」
「新人スタッフもスムーズに働ける空間づくり」他

『アポロニア 21』2024 年 5 月号
【特集】
歯科 DX の実力

B5/160p
定価 2,420 円(税込)

「リアルタイム・情報共有」
「音声入力で歯周検査」
「即効・注目のデジタルツール」他

『アポロニア 21』2024 年 8 月号
【特集】
「戦略的ワンオペ」のワザ

B5/160p
定価 2,420 円(税込)

売れてます！

「気付きが生み出すワンオペの極意」
「DX による受付レスの試み」
「助っ人 DH スポット採用の活用」他

ご注文は　お出入りの歯科商店、シエン社、日本歯科新聞社(オンラインストア)からご注文いただけます。

日本歯科新聞社
東京都千代田区神田三崎町 2-15-2
TEL 03-3234-2475 ／ FAX 03-3234-2477

◆附録◆

目　　　次

1. 歯科診療所数（都道府県別、年次別一人口10万対）

県別＼年	平成29年 実数	平成29年 人口10万対	平成30年	令和元年	令和2年	令和3年	令和4年 実数	令和4年 人口10万対	令4/平29 ×100
全国	68,609	54.1	68,613	68,500	67,874	67,899	67,755	54.2	98.8
北海道	2,934	55.2	2,905	2,884	2,840	2,818	2,784	54.2	94.9
青森	534	41.8	528	520	511	505	493	40.9	92.3
岩手	587	46.8	583	576	566	557	548	46.4	93.4
宮城	1,064	45.8	1,066	1,061	1,052	1,051	1,054	46.2	99.1
秋田	442	44.4	444	436	426	427	424	45.6	95.9
山形	485	44	484	483	476	473	468	45.0	96.5
福島	860	45.7	859	853	846	840	834	46.6	97.0
茨城	1,400	48.4	1,400	1,403	1,375	1,378	1,364	48.0	97.4
栃木	986	50.4	983	984	962	957	959	50.2	97.3
群馬	979	49.9	984	984	979	979	976	51.0	99.7
埼玉	3,542	48.5	3,565	3,558	3,542	3,550	3,542	48.3	100.0
千葉	3,255	52.1	3,269	3,273	3,169	3,194	3,241	51.7	99.6
東京	10,632	77.5	10,672	10,670	10,642	10,678	10,696	76.2	100.6
神奈川	4,915	53.7	4,933	4,948	4,959	4,984	4,983	54.0	101.4
新潟	1,162	51.3	1,159	1,152	1,132	1,130	1,117	51.9	96.1
富山	445	42.1	445	443	442	437	439	43.2	98.7
石川	482	42	483	484	481	479	479	42.8	99.4
福井	296	38	299	300	301	301	300	39.8	101.4
山梨	436	53	436	435	432	428	429	53.5	98.4
長野	1025	49.4	1,017	1,013	1,001	994	991	49.1	96.7
岐阜	965	48.1	962	968	958	959	949	48.8	98.3
静岡	1,766	48.1	1,770	1,761	1,750	1,751	1,743	48.7	98.7
愛知	3,735	49.6	3,737	3,735	3,712	3,718	3,703	49.4	99.1
三重	837	46.5	829	822	816	813	805	46.2	96.2
滋賀	556	39.3	556	565	559	565	564	40.0	101.4
京都	1,308	50.3	1,306	1,299	1,289	1,286	1,281	50.2	97.9
大阪	5,509	62.4	5,518	5,517	5,438	5,442	5,468	62.3	99.3
兵庫	2,981	54.2	2,974	2,986	2,970	2,971	2,960	54.8	99.3
奈良	690	51.2	690	681	679	681	682	52.2	98.8
和歌山	540	57.1	533	527	526	525	520	57.6	96.3
鳥取	261	46.2	260	259	253	254	258	47.4	98.9
島根	271	39.6	269	268	257	254	251	38.1	92.6
岡山	984	51.6	984	988	996	1,001	995	53.4	101.1
広島	1,566	55.4	1,548	1,546	1,527	1,518	1,502	54.4	95.9
山口	668	48.3	661	656	652	651	641	48.8	96.0
徳島	428	57.6	433	431	426	425	422	59.9	98.6
香川	474	49	477	475	469	472	473	50.6	99.8
愛媛	685	50.2	672	660	657	658	646	49.5	94.3
高知	366	51.3	369	363	354	350	346	51.2	94.5
福岡	3,094	60.6	3,097	3,081	3,051	3,068	3,074	60.1	99.4
佐賀	416	50.5	412	416	409	408	399	49.8	95.9
長崎	734	54.2	729	729	716	709	703	54.8	95.8
熊本	844	47.8	847	845	838	835	832	48.4	98.6
大分	538	46.7	541	542	535	530	524	47.3	97.4
宮崎	501	46	503	506	499	493	488	46.4	97.4
鹿児島	815	50.1	809	801	797	795	795	50.9	97.5
沖縄	616	42.7	613	613	607	607	610	41.6	99.0

資料：医療施設調査（静態調査は３年ごと）
注）１．１０月１日現在である。
　　２．平成３０年、令和元年、３年、４年は動態調査結果を用いた。

2. 診療従事歯科医師数（都道府県別、年次別－人口10万対）

年 / 県別	平成28年		平成30年	令和2年	令和4年		令4/平28 ×100
	実　数	人口10万対			実　数	人口10万対	
全国	101,551	80.0	101,777	104,118	101,919	81.6	100.4
北海道	4,304	80.4	4,262	4,250	4,147	80.7	96.4
青森	734	56.8	702	699	673	55.9	91.7
岩手	977	77.1	950	953	907	76.8	92.8
宮城	1,830	78.5	1,808	1,784	1,819	79.8	99.4
秋田	620	61.4	626	601	582	62.6	93.9
山形	670	60.2	667	662	678	65.1	101.2
福島	1,324	69.6	1,329	1,351	1,339	74.8	101.1
茨城	1,913	65.9	1,928	1,954	1,894	66.7	99.0
栃木	1,360	69.2	1,332	1,368	1,354	70.9	99.6
群馬	1,394	70.9	1,391	1,405	1,326	69.3	95.1
埼玉	5,202	71.4	5,271	5,468	5,290	72.1	101.7
千葉	5,095	81.7	5,071	5,120	4,851	77.4	95.2
東京	16,107	118.2	16,023	16,636	16,293	116.1	101.2
神奈川	7,119	77.8	7,170	7,397	7,144	77.4	100.4
新潟	1,967	86	1,940	1,948	1,875	87.1	95.3
富山	626	59	629	627	605	59.5	96.6
石川	674	58.6	681	707	701	62.7	104.0
福井	428	54.7	441	461	441	58.6	103.0
山梨	590	71.1	601	584	592	73.8	100.3
長野	1,566	75	1,590	1,583	1,568	77.6	100.1
岐阜	1,637	81	1,658	1,678	1,660	85.3	101.4
静岡	2,318	62.9	2,400	2,340	2,310	64.5	99.7
愛知	5,525	73.6	5,585	5,999	5,895	78.7	106.7
三重	1,162	64.3	1,159	1,161	1,119	64.2	96.3
滋賀	791	56	775	823	808	57.3	102.1
京都	1,866	71.6	1,889	1,935	1,915	75.1	102.6
大阪	7,630	86.4	7,645	7,934	7,724	88	101.2
兵庫	3,840	69.6	3,929	4,052	4,054	75	105.6
奈良	910	67.1	892	939	933	71.4	102.5
和歌山	718	75.3	703	713	690	76.4	96.1
鳥取	340	59.6	341	348	366	67.3	107.6
島根	399	57.8	382	390	376	57.1	94.2
岡山	1,704	89	1,725	1,764	1,708	91.7	100.2
広島	2,452	86.4	2,525	2,544	2,449	88.7	99.9
山口	962	69	960	969	924	70.4	96.0
徳島	773	103.1	792	810	793	112.6	102.6
香川	714	73.5	707	721	685	73.3	95.9
愛媛	938	68.2	911	922	895	68.5	95.4
高知	501	69.5	508	486	446	66	89.0
福岡	5,202	101.9	5,288	5,345	5,377	105.1	103.4
佐賀	606	73.2	578	604	606	75.7	100.0
長崎	1,172	85.7	1,144	1,151	1,181	92	100.8
熊本	1,336	75.3	1,308	1,331	1,328	77.3	99.4
大分	737	63.5	738	721	720	65	97.7
宮崎	696	63.5	710	709	701	66.6	100.7
鹿児島	1,293	79	1,273	1,306	1,324	84.7	102.4
沖縄	829	57.6	840	865	853	58.1	102.9

資料：医師・歯科医師・薬剤師統計（２年ごと調査）
注）旧：医師・歯科医師・薬剤師調査（～平成２８年）

3. 診療従事歯科医師数（都道府県別、診療科名別）

診療科名・従業地による都道府県－指定都市・特別区（再掲）別

	診療科名（主たる）																
	令和4年					平成30年				令和2年				令和4年			
	総数	歯科	矯正歯科	小児歯科	歯科口腔外科	歯科	矯正歯科	小児歯科	歯科口腔外科	歯科	矯正歯科	小児歯科	歯科口腔外科	歯科	矯正歯科	小児歯科	歯科口腔外科
全国	101,919	87,867	4,294	2,017	4,431	92,214	21,064	40,765	29,057	94,022	22,502	42,144	30,756	91,986	22,015	40,249	30,368
北海道	4,147	3,564	135	102	227	3,853	749	1,778	1142	3,827	780	1,746	1,172	3,729	718	1,645	1,165
青森	673	604	10	10	35	663	157	298	192	654	151	283	199	624	136	260	183
岩手	907	776	47	29	24	847	197	320	168	845	205	341	184	819	207	310	184
宮城	1,819	1,556	111	28	72	1,616	376	638	417	1,584	356	605	411	1,617	352	592	418
秋田	582	519	14	7	26	596	151	300	244	566	157	317	243	546	148	284	231
山形	678	605	17	8	39	620	97	222	175	612	116	234	185	625	97	211	177
福島	1,339	1,170	40	21	70	1,199	220	367	277	1,224	243	389	311	1,209	235	373	308
茨城	1,894	1,713	63	25	70	1,823	365	877	553	1,841	412	943	624	1,773	379	852	593
栃木	1,354	1,178	53	25	76	1,220	343	615	479	1,259	364	623	511	1,238	315	580	466
群馬	1,326	1,176	45	16	53	1,296	278	633	444	1,316	291	641	471	1,237	286	619	449
埼玉	5,290	4,713	182	84	151	4,842	1,197	2,409	1,768	5,013	1,269	2,504	1,863	4,870	1,197	2,349	1,794
千葉	4,851	4,179	230	88	217	4,514	1,112	2,165	1,806	4,555	1,152	2,148	1,814	4,352	1,127	2,034	1,756
東京	16,293	13,457	1,010	334	648	14,277	3,271	5,495	4,841	14,651	3,606	5,695	5,086	14,258	3,602	5,420	5,079
神奈川	7,144	6,008	364	151	261	6,436	1,402	2,700	2,067	6,573	1,506	2,794	2,209	6,287	1,439	2,572	2,087
新潟	1,875	1,555	86	54	107	1,684	314	678	490	1,711	330	705	520	1,656	325	677	505
富山	605	516	27	10	39	565	102	212	166	556	109	225	177	535	112	220	177
石川	701	604	29	8	45	622	131	241	185	650	131	247	192	631	140	255	194
福井	441	387	16	4	28	404	88	172	135	423	93	182	155	403	93	166	146
山梨	592	531	23	6	24	564	125	252	184	550	130	225	165	547	122	218	155
長野	1,568	1,333	63	28	76	1,415	274	532	324	1,408	289	560	330	1,401	282	554	342
岐阜	1,660	1,379	81	44	79	1,446	401	769	355	1,480	441	829	377	1,457	414	792	380
静岡	2,310	2,074	78	38	102	2,219	448	862	549	2,157	453	874	563	2,134	428	857	565
愛知	5,895	5,034	222	144	304	4,979	1,395	2,813	1437	5,396	1,549	3,034	1,649	5,272	1,492	2,878	1,651
三重	1,119	1,005	33	26	44	1,083	232	553	325	1,070	246	566	365	1,033	237	532	359
滋賀	808	714	19	12	48	706	173	342	207	749	195	358	246	746	197	371	235
京都	1,915	1,667	76	20	108	1,702	326	641	499	1,749	366	661	557	1,756	355	655	573
大阪	7,724	6,723	273	103	317	6,998	1,369	2,936	2,060	7,257	1,520	3,130	2,281	7,026	1,522	2,891	2,210
兵庫	4,054	3,576	155	63	190	3,636	925	1,626	1163	3,749	994	1,694	1,222	3,744	983	1,670	1,254
奈良	933	805	32	23	52	812	144	361	256	861	172	400	294	859	171	374	271
和歌山	690	620	19	8	32	649	109	248	162	657	130	250	163	647	133	235	165
鳥取	366	327	11	3	23	307	69	110	112	320	80	124	114	336	79	143	118
島根	376	318	14	3	37	350	60	109	103	355	62	131	121	335	61	122	125
岡山	1,708	1,470	83	46	50	1,540	304	567	374	1,584	323	609	413	1,533	327	589	411
広島	2,449	2,136	103	56	89	2,247	428	890	647	2,265	460	896	646	2,238	467	929	689
山口	924	839	16	18	39	904	288	444	257	916	280	456	281	868	265	422	254
徳島	793	669	39	29	34	698	179	390	278	718	192	398	285	705	192	379	279
香川	685	626	21	8	28	669	182	362	220	676	189	381	240	649	169	347	248
愛媛	895	810	23	15	36	864	181	401	227	870	184	376	251	838	162	358	233
高知	446	416	6	5	13	479	86	159	113	462	76	163	102	431	71	155	107
福岡	5,377	4,567	222	185	221	4,791	1,201	2,171	1,567	4,752	1,222	2,179	1,569	4,804	1,320	2,233	1,685
佐賀	606	557	15	6	19	552	153	294	190	578	154	289	191	580	135	289	199
長崎	1,181	1,027	44	33	42	1,034	271	469	275	1,038	256	485	296	1,078	267	462	296
熊本	1,328	1,181	36	23	62	1,222	316	608	419	1,232	349	657	456	1,236	362	639	475
大分	720	667	18	4	25	690	122	288	215	688	136	282	209	686	117	263	183
宮崎	701	627	21	14	31	669	141	349	211	657	142	341	209	652	132	325	194
鹿児島	1,324	1,145	41	41	65	1,132	404	683	469	1,171	407	729	499	1,201	423	738	496
沖縄	853	744	28	9	53	780	208	416	310	797	234	445	335	785	222	410	304
東京都の区部	12,993	10,577	857	277	559	11,331	2,704	4,174	3,865	11,575	2,984	4,357	4,101	11,213	2,989	4,148	4,052
札幌市	2,033	1,681	93	64	131	1,759	345	790	551	1,782	371	810	594	1,758	365	806	630
仙台市	1,182	955	96	20	61	969	233	365	267	967	224	352	268	1,002	226	345	260
さいたま市	1,037	943	46	13	21	919	247	457	330	964	254	500	346	974	262	470	346
千葉市	885	720	74	15	53	764	212	355	304	743	222	369	309	740	237	350	306
横浜市	3,265	2,634	203	72	151	2,842	590	1,061	869	2,899	669	1,170	971	2,771	649	1,056	919
川崎市	947	849	37	13	25	986	243	488	372	989	249	443	370	883	220	393	333
相模原市	494	443	14	8	10	439	100	207	152	459	107	216	170	455	86	185	134
新潟市	1,003	761	67	41	75	843	162	308	254	894	179	357	294	832	167	331	281
静岡市	519	458	16	16	28	464	89	169	111	442	98	181	134	472	101	200	123
浜松市	522	457	23	5	31	484	122	226	155	478	115	213	140	472	108	201	140
名古屋市	2,521	2,055	130	59	153	1,837	480	895	565	2,163	600	1,068	713	2,166	629	1,098	731
京都市	1,194	1,027	54	10	74	1,068	191	369	306	1,109	221	404	370	1,086	209	387	369
大阪市	2,969	2,558	106	29	103	2,745	514	1,056	799	2,781	561	1,041	828	2,665	567	981	804
堺市	603	553	18	6	15	531	72	214	145	582	101	256	181	576	107	240	158
神戸市	1,291	1,125	60	14	66	1,113	291	479	366	1,175	325	527	409	1,188	304	496	391
岡山市	878	697	64	35	35	770	164	267	200	782	176	299	226	736	172	283	214
広島市	1,233	1,029	76	34	53	1084	216	401	309	1,102	260	435	332	1,096	263	450	343
北九州市	1,137	946	57	34	49	1006	235	416	309	990	257	407	324	1,009	269	422	340
福岡市	2,133	1,691	115	91	124	1,764	443	732	578	1,756	463	729	587	1,785	498	760	643
熊本市	687	577	27	14	49	602	171	313	251	632	207	363	304	614	200	346	287

資料：医師・歯科医師・薬剤師統計（２年ごと調査）
注）歯科医師延数は、２以上の診療科に従事している場合、各々の科に重複計上している。

4. 歯科医師数（年齢階級・性別、業務別－平均年齢）

（令和4年）

		総数	医療施設の従事者						介護老人保健施設・介護医療院従事者	医療施設・介護老人保健施設・介護医療院以外の従事者				その他の業務の従事者	無職の者
				病院の開設者又は法人の代表者	病院（医育機関附属の者を除く。）の勤務者	医育機関附属の病院の勤務者	診療所の開設者又は法人の代表者	診療所の勤務者			医育機関の臨床系以外の勤務者又は大学院生	医育機関以外の教育機関又は研究機関の勤務者	行政機関・保健衛生施設の従事者		
総数		105,267	101,919	33	3,223	8,406	56,767	33,490	37	1,562	993	201	368	440	1,307
	男	77,854	75,644	25	2,234	4,964	51,097	17,324	17	1,058	700	136	222	241	893
	女	27,413	26,275	8	989	3,442	5,670	16,166	20	504	293	65	146	199	414
24歳以下	総数	138	138	－	12	100	－	26	－	－	－	－	－	－	－
	男	67	67	－	9	46	－	12	－	－	－	－	－	－	－
	女	71	71	－	3	54	－	14	－	－	－	－	－	－	－
25～29	総数	5,942	5,825	1	381	2,854	53	2,536	－	77	72	－	5	9	29
	男	3,054	2,995	－	195	1,397	36	1,367	－	44	41	－	3	5	8
	女	2,888	2,830	1	186	1,457	17	1,169	－	33	31	－	2	4	21
30～34	総数	7,907	7,687	1	388	1,998	472	4,828	－	139	97	13	29	27	52
	男	4,752	4,642	1	250	1,122	412	2,857	－	86	61	7	18	13	10
	女	3,155	3,045	－	138	876	60	1,971	－	53	36	6	11	14	42
35～39	総数	9,575	9,255	－	422	1,090	2,195	5,548	4	199	137	12	50	63	54
	男	6,137	5,982	－	271	687	1,923	3,101	－	111	74	7	30	28	16
	女	3,438	3,273	－	151	403	272	2,447	4	88	63	5	20	35	38
40～44	総数	10,069	9,788	6	403	619	4,137	4,623	－	181	118	18	45	46	49
	男	6,520	6,397	4	246	391	3,642	2,114	－	93	－	8	17	21	9
	女	3,549	3,391	2	157	228	495	2,509	－	88	50	10	28	25	40
45～49	総数	10,731	10,429	1	419	467	5,732	3,810	4	204	133	24	47	55	39
	男	7,111	6,946	1	271	285	4,899	1,490	2	128	89	15	24	21	14
	女	3,620	3,483	－	148	182	833	2,320	－	76	44	9	23	34	25
50～54	総数	11,409	11,116	7	373	391	7,377	2,968	－	208	134	30	44	47	32
	男	8,416	8,234	5	274	271	6,492	1,192	－	146	－	16	27	21	12
	女	2,993	2,882	2	99	120	885	1,776	－	62	31	14	17	26	20
55～59	総数	11,580	11,282	6	284	350	8,415	2,227	2	205	－	27	51	49	42
	男	9,227	9,026	5	245	285	7,590	901	－	157	－	18	34	25	18
	女	2,353	2,256	1	39	65	825	1,326	－	48	－	9	17	24	24
60～64	総数	13,129	12,808	7	316	376	10,084	2,025	－	200	109	34	57	38	77
	男	10,927	10,700	6	276	326	9,230	862	－	160	96	27	37	23	40
	女	2,202	2,108	1	40	50	854	1,163	－	40	－	7	20	15	37
65～69	総数	11,046	10,758	1	144	131	8,918	1,564	－	71	－	14	16	45	168
	男	9,397	9,186	1	122	126	8,163	774	－	59	－	11	10	30	120
	女	1,649	1,572	－	22	5	755	790	－	12	－	3	6	15	48
70～74	総数	7,674	7,348	－	61	17	5,864	1,406	－	54	－	22	16	34	237
	男	6,786	6,514	－	57	15	5,449	993	－	53	－	22	15	28	191
	女	888	834	－	4	2	415	413	－	1	－	－	1	6	46
75～79	総数	3,465	3,227	1	16	11	2,281	918	－	17	－	4	8	14	204
	男	3,133	2,927	1	14	11	2,129	772	－	14	－	2	7	13	176
	女	332	300	－	2	－	152	146	－	3	－	2	1	1	28
80～84	総数	1,530	1,365	2	3	1	789	570	－	6	－	2	－	7	152
	男	1,393	1,247	1	3	1	731	511	－	6	－	2	－	7	133
	女	137	118	1	－	－	58	59	－	－	－	－	－	－	19
85歳以上	総数	1,072	893	－	1	1	450	441	－	1	－	1	－	6	172
	男	934	781	－	1	1	401	378	－	1	－	1	－	6	146
	女	138	112	－	－	－	49	63	－	－	－	－	－	－	26
平均年齢	総数	53	53	55	46	37	59	47	101	50	81	55	51	53	69
	男	55	55	56	48	39	59	48	109	51	83	58	53	57	74
	女	47	47	53	41	34	57	47	89	46	76	50	49	49	57

資料：医師・歯科医師・薬剤師統計（２年ごと調査）

5. 歯科医師数(業務別、年次別－人口10万対)

	平成20年	平成22年	平成24年	平成26年	平成28年	平成30年	令和2年	令和4年
	歯科医師数(人)							
総　数	**99,426**	**101,576**	**102,551**	**103,972**	**104,533**	**104,908**	**107,443**	**105,267**
医療施設の従事者	96,674	98,723	99,659	100,965	101,551	101,777	104,118	101,919
病院の開設者又は法人の代表者	13	20	26	24	22	20	19	33
診療所の開設者又は法人の代表者	59,560	60,100	59,740	59,750	59,482	58,653	58,867	56,767
病院(医育機関附属の者を除く。)の勤務者	2,875	2,894	2,865	3,065	3,055	3,142	3,211	3,223
診療所の勤務者	25,053	26,185	27,372	29,074	29,684	31,452	32,922	33,490
医育機関附属の病院の勤務者	9,173	9,524	9,656	9,052	9,308	8,510	9,099	8,406
介護老人保健施設・介護医療院従事者	16	16	27	29	33	34	34	37
医療施設・介護老人保健施設・介護医療院以外の従事者	1,373	1,422	1,424	1,540	1,543	1,607	1,646	1,562
臨床以外の歯科医学の教育機関又は研究機関の勤務者	1,131	1,151	1,130	1,219	1,195	1,234	1,261	1,194
行政機関・保健衛生施設の従事者	242	271	294	321	348	373	385	368
その他の者	1,357	1,411	1,440	1,438	1,397	1,477	1,619	1,747
その他の業務の従事者	222	277	276	333	311	358	399	440
無職の者	1,135	1,134	1,164	1,105	1,086	1,119	1,220	1,307
	構成割合(%)							
総　数	**100.0**	**100.0**	**100.0**	**100.0**	**100.0**	**100.0**	**100.0**	**100.0**
医療施設の従事者	97.2	97.2	97.2	97.1	97.1	97.0	96.9	96.8
病院の開設者又は法人の代表者	0.0	0.0	0.0	0.0	0.0	0.0	0.0	0.0
診療所の開設者又は法人の代表者	59.9	59.2	58.3	57.5	56.9	55.9	54.8	53.9
病院(医育機関附属の者を除く。)の勤務者	2.9	2.8	2.8	2.9	2.9	3.0	3.0	3.1
診療所の勤務者	25.2	25.8	26.7	28.0	28.4	30.0	30.6	31.8
医育機関附属の病院の勤務者	9.2	9.4	9.4	8.7	8.9	8.1	8.5	8.0
介護老人保健施設・介護医療院従事者	0.0	0.0	0.0	0.0	0.0	0.0	0.0	0.0
医療施設・介護老人保健施設・介護医療院以外の従事者	1.4	1.4	1.4	1.5	1.5	1.5	1.5	1.5
臨床以外の歯科医学の教育機関又は研究機関の勤務者	1.1	1.1	1.1	1.2	1.1	1.2	1.2	1.1
行政機関・保健衛生施設の従事者	0.2	0.3	0.3	0.3	0.3	0.4	0.4	0.3
その他の者	1.4	1.4	1.4	1.4	1.3	1.4	1.5	1.7
その他の業務の従事者	0.2	0.3	0.3	0.3	0.3	0.3	0.4	0.4
無職の者	1.1	1.1	1.1	1.1	1.0	1.1	1.1	1.2
	人口10万対歯科医師数(人)							
総　数	**77.9**	**79.3**	**80.4**	**81.8**	**82.4**	**83.0**	**85.2**	**84.2**
医療施設の従事者	75.7	77.1	78.2	79.4	80.0	80.5	82.5	81.6
病院の開設者又は法人の代表者	0.0	0.0	0.0	0.0	0.0	0.0	0.0	0.0
診療所の開設者又は法人の代表者	46.6	46.9	46.8	47.0	46.9	46.4	46.7	45.4
病院(医育機関附属の者を除く。)の勤務者	2.3	2.3	2.2	2.4	2.4	2.5	2.5	2.6
診療所の勤務者	19.6	20.4	21.5	22.9	23.4	24.9	26.1	26.8
医育機関附属の病院の勤務者	7.2	7.4	7.6	7.1	7.3	6.7	7.2	6.7
介護老人保健施設・介護医療院従事者	0.0	0.0	0.0	0.0	0.0	0.0	0.0	0.0
医療施設・介護老人保健施設・介護医療院以外の従事者	1.1	1.1	1.1	1.2	1.2	1.3	1.3	1.3
臨床以外の歯科医学の教育機関又は研究機関の勤務者	0.9	0.9	0.9	0.9	0.9	1.0	1.0	1.0
行政機関・保健衛生施設の従事者	0.2	0.2	0.2	0.3	0.3	0.3	0.3	0.3
その他の者	1.1	1.1	1.1	1.2	1.1	1.2	1.3	1.4
その他の業務の従事者	0.2	0.2	0.2	0.3	0.2	0.3	0.3	0.4
無職の者	0.9	0.9	0.9	0.9	0.9	0.9	1.0	1.0

資料：医師・歯科医師・薬剤師統計（２年ごと調査）
注）旧：医師・歯科医師・薬剤師調査（～平成２８年）

6. 歯科診療所の従事者数(職種別、年次別)

	平成17年	20年	23年	26年	29年	令和2年	令和2年 1施設当り
総数	289,301	300,950	313,015	317,158	325,047	344,698	5.1
歯科医師	87,498	92,854	93,007	96,575	97,981	101,007	1.5
常勤	80,224	81,662	81,460	84,625	84,729	85,829	1.3
非常勤	7,274	11,192	11,547	11,950	13,252	15,178	0.2
医師	149	125	127	173	202	163	0.0
常勤	85	66	65	61	74	47	0.0
非常勤	64	59	62	112	128	116	0.0
薬剤師	694	866	638	494	482	480	0.0
歯科衛生士	71,213	78,907	92,875	100,982	111,263	123,369	1.8
常勤	…	…	7,113	76,287	82,495	90,877	1.3
非常勤	…	…	21,741	24,695	28,768	32,492	0.5
歯科技工士	11,615	10,674	10,832	10,557	9,881	9,238	0.1
常勤	…	…	9,949	9,652	8,968	8,194	0.1
非常勤	…	…	883	905	913	1,044	0.0
看護師	301	378	565	621	742	768	0.0
准看護師	180	258	239	201	202	170	0.0
歯科業務補助者	87,034	83,168	82,799	72,419	70,226	72,422	1.1
事務職員	24,723	26,760	26,145	27,193	26,931	28,930	0.4
その他の職員	5,895	6,960	5,788	7,944	7,138	8,152	0.1
1施設当り	4.2	4.4	4.6	4.7	4.7	5.1	

資料：医療施設調査（静態調査は３年ごと）
注）１．１０月１日現在である。
２．「医師」、「歯科医師」、「歯科衛生士」及び「歯科技工士」の「常勤」は実人員である。
３．平成１４年以降はすべての職種を常勤換算し、看護師及び准看護師については、実人員も表章している。
４．平成２３年は宮城県の石巻医療圏、気仙沼医療圏及び福島県の全域を除いた数値である。

7. 歯科診療所数(診療科名別、歯科診療台数別)

(1) 診療科名別(重複計上)

	平成17年	20年	23年	26年	29年	令和2年
総　　数	66,732	67,779	67,276	68,592	68,609	67,874
歯　　科	65,522	66,437	65,999	67,207	67,145	66,338
矯正歯科	19,142	21,231	21,026	23,511	24,627	25,455
小児歯科	33,677	38,682	38,582	42,627	43,561	43,909
歯科口腔外科	14,282	19,770	20,371	23,808	25,708	27,235

資料：医療施設調査（静態調査は３年ごと）
注）１．１０月１日現在である。
２．平成２３年は福島県の全域を除いた数値である。

(2) 歯科診療台数別

	総数	0台	1台	2台	3台	4台	5台以上	不詳
平成17年	66,732	4	1,236	12,437	28,147	13,341	7,028	4,539
20年	67,779	0	1,037	12,292	28,205	13,905	7,735	4,605
23年	68,156	22	1,065	12,374	27,237	13,750	8,099	4,636
26年	68,592	47	1,221	12,370	26,813	14,193	8,765	5,183
29年	68,609	548	1,234	11,989	26,087	14,584	10,065	4,102
令和2年	67,874	3,974	1,242	11,794	24,781	14,716	11,354	13

資料：医療施設調査（静態調査は３年ごと）
注）１．１０月１日現在である。
２．平成２３年は宮城県の石巻医療圏、気仙沼医療圏及び福島県の全域を除いた数値である。

8. 就業歯科技工士数（都道府県別、年次別）

県別＼年	平成28年	平成30年	令和2年	令和4年	令4/平28 ×100
全国	**34,640**	**34,468**	**34,826**	**32,942**	**95.1**
北海道	1,931	1,960	1,940	1,787	92.5
青森	564	533	499	447	79.3
岩手	546	533	512	474	86.8
宮城	746	706	702	682	91.4
秋田	430	419	394	369	85.8
山形	453	457	432	417	92.1
福島	752	725	733	659	87.6
茨城	635	624	633	631	99.4
栃木	486	484	485	400	82.3
群馬	667	642	626	569	85.3
埼玉	1,153	1,136	1,186	708	61.4
千葉	1,205	1,163	1,181	946	78.5
東京	3,013	3,130	3,208	3,435	114.0
神奈川	1,686	1,729	1,846	1,830	108.5
新潟	924	922	903	821	88.9
富山	445	417	427	403	90.6
石川	348	346	364	389	111.8
福井	268	270	249	243	90.7
山梨	262	256	249	255	97.3
長野	662	657	671	614	92.7
岐阜	655	630	641	560	85.5
静岡	1,001	976	940	941	94.0
愛知	1,562	1,669	1,625	1,752	112.2
三重	513	515	496	467	91.0
滋賀	374	376	389	370	98.9
京都	531	557	555	525	98.9
大阪	2,337	2,270	2,434	2,364	101.2
兵庫	1,217	1,220	1,251	1,219	100.2
奈良	278	252	272	272	97.8
和歌山	326	297	281	258	79.1
鳥取	251	261	247	241	96.0
島根	264	257	246	240	90.9
岡山	572	576	589	570	99.7
広島	1,000	988	1,005	960	96.0
山口	469	472	493	450	95.9
徳島	461	454	420	396	85.9
香川	572	561	557	549	96.0
愛媛	533	532	519	380	71.3
高知	236	235	231	225	95.3
福岡	1,468	1,466	1,541	1,353	92.2
佐賀	245	246	236	226	92.2
長崎	412	394	369	404	98.1
熊本	529	529	564	560	105.9
大分	598	604	610	604	101.0
宮崎	347	348	352	344	99.1
鹿児島	463	444	468	407	87.9
沖縄	250	230	255	226	90.4

資料：衛生行政報告例（隔年報）

9．歯科技工所数（都道府県別、年次別）

県別＼年	平成24年	平成26年	平成28年	平成30年	令和2年	令和4年	令4/平24 ×100
全国	19,706	20,166	20,906	21,004	20,879	20,841	105.8
北海道	1,215	1,230	1,210	1,236	1,212	1,214	99.9
青森	237	215	221	204	212	210	88.6
岩手	197	188	214	219	208	202	102.5
宮城	363	377	367	372	372	353	97.2
秋田	157	155	147	160	153	153	97.5
山形	168	167	170	171	163	162	96.4
福島	469	472	462	466	458	446	95.1
茨城	325	289	471	481	479	469	144.3
栃木	416	427	436	444	447	436	104.8
群馬	362	350	371	373	369	371	102.5
埼玉	1040	1057	1082	1088	1108	1096	105.4
千葉	702	753	801	817	824	823	117.2
東京	1,829	1,839	1,846	1,808	1,801	1,838	100.5
神奈川	1,357	1,412	1,432	1,265	1,264	1,319	97.2
新潟	401	399	394	407	405	392	97.8
富山	151	152	154	151	150	153	101.3
石川	98	138	149	155	171	169	172.4
福井	101	113	137	122	113	113	111.9
山梨	190	194	183	183	197	194	102.1
長野	408	411	403	409	415	406	99.5
岐阜	479	470	474	474	475	472	98.5
静岡	725	714	722	720	690	679	93.7
愛知	1,256	1,271	1,313	1,298	1,291	1,268	101.0
三重	228	242	296	285	269	281	123.2
滋賀	214	218	215	229	227	235	109.8
京都	394	410	407	414	425	436	110.7
大阪	1,032	1,062	1,124	1,284	1,265	1,245	120.6
兵庫	907	925	936	916	914	897	98.9
奈良	174	243	251	248	242	243	139.7
和歌山	160	160	189	188	187	181	113.1
鳥取	77	87	83	81	80	75	97.4
島根	76	76	73	78	79	77	101.3
岡山	304	347	340	342	352	358	117.8
広島	497	432	498	501	488	484	97.4
山口	180	173	251	245	240	205	113.9
徳島	100	95	152	145	141	144	144.0
香川	173	182	175	172	174	172	99.4
愛媛	234	246	255	255	254	251	107.3
高知	67	122	124	122	124	125	186.6
福岡	915	965	939	1021	987	1027	112.2
佐賀	94	132	109	117	114	127	135.1
長崎	232	233	260	250	242	245	105.6
熊本	300	303	300	304	302	305	101.7
大分	124	145	164	180	184	169	136.3
宮崎	135	146	161	167	165	165	122.2
鹿児島	292	276	301	287	294	299	102.4
沖縄	151	153	144	150	153	157	104.0

資料：衛生行政報告例（隔年報）

10. 就業歯科衛生士数（都道府県別、年次別）

県別＼年	平成28年	平成30年	令和2年	令和4年	令4/平28 ×100
全国	**123,831**	**132,635**	**142,760**	**145,183**	**117.2**
北海道	5,837	6,126	6,531	6,501	118.2
青森	870	926	970	916	119.3
岩手	1,030	1,055	1,083	1,104	105.9
宮城	1,841	1,973	2,092	2,286	125.3
秋田	1,008	1,087	1,066	1,067	115.0
山形	1,133	1,163	1,185	1,221	106.3
福島	1,396	1,493	1,571	1,660	118.4
茨城	2,179	2,403	2,546	2,603	124.0
栃木	1,687	1,828	1,998	1,992	122.2
群馬	2,046	2,209	2,265	2,351	116.9
埼玉	5,821	6,286	6,741	4,438	129.7
千葉	4,965	5,364	5,897	5,931	130.6
東京	12,952	13,720	15,045	15,832	128.9
神奈川	7,926	8,642	9,518	9,453	124.9
新潟	2,627	2,635	2,801	2,840	109.6
富山	1,059	1,128	1,195	1,177	118.2
石川	1,028	1,104	1,144	1,154	117.9
福井	698	734	749	734	117.4
山梨	1,000	1,055	1,081	1,089	115.4
長野	2,446	2,576	2,720	2,725	115.6
岐阜	2,595	2,804	2,945	3,139	119.9
静岡	3,358	3,623	3,838	4,326	122.7
愛知	5,675	6,682	7,233	7,794	145.6
三重	1,939	2,030	2,188	2,187	135.0
滋賀	1,290	1,387	1,401	1,519	118.5
京都	2,152	2,426	2,546	2,603	124.6
大阪	8,092	8,500	10,304	10,699	127.7
兵庫	5,354	5,954	6,468	6,841	130.1
奈良	1,421	1,460	1,591	1,675	121.8
和歌山	955	1,050	1,094	1,044	123.6
鳥取	820	833	853	844	109.4
島根	845	853	880	928	108.5
岡山	2,621	2,961	2,939	2,961	118.0
広島	3,496	3,793	3,975	4,051	117.9
山口	1,486	1,539	1,607	1,651	113.5
徳島	1,203	1,235	1,297	1,315	114.3
香川	1,341	1,413	1,494	1,711	118.0
愛媛	1,540	1,601	1,665	1,678	115.1
高知	1,023	1,003	998	1,014	98.3
福岡	6,109	6,371	6,949	7,255	120.7
佐賀	1,146	1,209	1,255	1,300	111.3
長崎	1,630	1,764	2,049	2,284	126.1
熊本	2,314	2,468	2,600	2,677	113.3
大分	1,464	1,503	1,520	1,620	107.7
宮崎	1,445	1,484	1,502	1,529	105.1
鹿児島	1,850	1,885	1,967	2,060	112.1
沖縄	1,118	1,297	1,404	1,404	133.8

資料：衛生行政報告例（隔年報）

11. 受療率（年次別一人口10万対）

年齢	総数		65～		70～	
	総数	歯科	総数	歯科	総数	歯科
昭和 59年	6,403	916	13,455	1,107	19,936	901
62年	6,600	990	13,820	1,317	20,237	1,022
平成 2年	6,769	1,007	13,754	1,271	20,546	1,029
5年	6,735	1,009	13,535	1,404	19,705	1,013
8年	7,000	1,037	18,567	1,388	20,884	1,261
11年	6,566	903	16,733	1,263	18,626	1,157
14年	6,222	890	15,187	1,285	16,908	1,161
17年	6,696	982	15,587	1,412	17,398	1,355
20年	6,467	994	14,204	1,526	15,835	1,472
23年	6,852	1,070	14,550	1,665	16,101	1,610
26年	6,734	1,050	13,477	1,664	14,943	1,636
29年	6,711	1,036	13,102	1,705	14,665	1,763
令和 2年	6,618	1,008	12,556	1,566	13,563	1,597

資料：患者調査（３年ごと調査）（調査月は、１０月である。）
注）１．５５年から歯科診療所の受療率より算出。ただし、「６５～」及び「７０～」の受療率については、傷病小分類（歯及び歯の支持組織の疾患＋歯の補綴）により算出した。
２．平成８年以降は、傷病小分類（う蝕＋歯肉炎及び歯周疾患＋その他の歯及び歯の支持組織の障害＋歯の補綴）により算出した。
３．平成２３年は、宮城県の石巻医療圏、気仙沼医療圏及び福島県を除いた数値である。

12. 歯科診療所の1診療所、歯科医師1人当たりの患者数

（単位：人）

	昭62	平2	5	8	11	14	17	20	23	26	29	令2
1歯科診療所当たり	25.1	23.8	22.5	21.9	18.4	17.6	19.1	19.3	20.3	19.9	19.6	19.6
歯科医師1人当たり	20.1	19.1	17.9	17.4	14.8	14.0	15.9	16.0	16.7	16.1	15.9	15.5

資料：患者調査（３年ごと調査）（調査月は、１０月である。）
注）１．昭和５９年からは患者調査、医療施設調査より推計したものであり、「歯科医師１人当たりの患者数」は、患者数を常勤歯科医師数で除したものである。
２．平成２３年は宮城県の石巻医療圏、気仙沼医療圏及び福島県の全域を除いた数値である。

13. 施設の種類別にみた平均診療間隔の年次推移

（単位：日）

	昭62	平2	5	8	11	14	17	20	23	26	29	令2
病院	9.2	10.2	10.5	11.7	11.6	12.1	11.8	11.7	11.6	11.8	12.4	27.7
一般診療所	6.7	7.1	7.3	8.1	8.4	8.7	9.2	9.8	10.1	11.7	11.8	21.7
歯科診療所	6.2	5.8	6.9	7.4	7.0	7.5	7.8	8.6	8.5	9.5	10.3	17.7

資料：患者調査（３年ごと調査）（調査月は、１０月である。）
注）平成２３年の数値は、宮城県の石巻医療圏、気仙沼医療圏及び福島県を除いた数値である。

14. 受診率（都道府県別、年次別ー被保険者100人当たり）

	協会けんぽ								国保						後期高齢者	
	被保険者		被扶養者		高齢受給者（70～74歳）				一般被保険者＋退職者医療		一般被保険者（70～74歳）					
					一　般		現役並み所得者				一　般		現役並み所得者			
県別	令和2年	令和3年	令和2年	令和3年	令和2年	令和3年	令和2年	令和3年	令和2年	令和3年	令和2年	令和3年	令和2年	令和3年	令和2年	令和3年
全国	158.5	168.3	156.8	168.5	228.9	240.7	268.5	282.8	182.9	197.6	237.8	253.4	261.7	281.2	230.3	247.4
北海道	142.8	147.9	139.4	147.9	183.5	190.3	217.3	223.2	161.3	172.3	192.7	204.4	208.0	220.8	173.9	186.3
青森	135.4	138.2	137.9	143.4	157.6	160.1	226.6	228.2	140.2	145.2	162.6	164.6	181.8	185.5	121.7	125.9
岩手	150.3	153.7	146.8	151.4	201.1	205.5	245.5	261.8	175.1	180.9	212.8	216.2	242.8	247.9	168.9	173.1
宮城	154.5	161.2	157.6	166.9	232.1	241.3	271.7	279.1	187.1	198.4	243.9	254.8	278.2	279.1	215.8	228.6
秋田	150.3	153.2	151.2	154.2	190.7	196.4	254.8	261.4	169.7	172.3	197.3	200.0	228.7	237.3	155.5	160.5
山形	166.1	175.2	167.8	178.8	233.2	241.1	299.9	302.6	198.5	210.3	239.4	249.5	276.8	280.5	191.4	201.0
福島	149.9	157.8	150.4	158.0	203.4	209.0	245.5	256.8	171.2	181.2	208.9	215.8	240.9	244.7	171.9	180.1
茨城	157.9	165.8	149.4	158.2	207.9	219.2	250.1	262.1	172.7	185.2	220.0	234.9	231.5	259.6	199.3	215.2
栃木	159.1	167.9	154.3	165.6	223.0	235.2	267.2	283.9	176.9	189.7	222.7	235.6	252.5	263.0	189.1	201.8
群馬	154.9	164.2	159.1	168.7	215.0	223.9	250.8	268.8	172.6	186.3	212.3	226.7	240.6	256.1	192.7	206.1
埼玉	159.0	170.5	155.6	169.3	226.2	243.3	255.2	272.4	182.5	200.4	237.9	258.6	262.2	281.8	248.5	269.4
千葉	158.8	170.6	152.4	166.7	219.4	235.8	256.8	276.2	184.3	203.1	242.7	264.5	264.7	291.7	244.9	267.0
東京	161.8	174.8	159.0	174.1	240.8	259.0	269.3	290.6	181.4	202.6	255.5	281.1	273.8	302.7	282.9	309.8
神奈川	156.4	168.9	152.2	166.0	228.9	245.7	254.6	271.2	183.2	202.2	239.4	261.8	256.4	283.9	264.4	288.1
新潟	156.2	163.6	139.8	149.0	236.9	242.1	280.6	289.8	193.4	204.7	240.1	249.9	263.8	276.0	205.2	215.8
富山	149.5	158.7	158.1	170.9	199.7	206.3	230.6	245.2	174.5	187.5	203.0	216.8	228.2	245.6	162.3	172.9
石川	141.0	150.8	134.4	145.4	189.6	195.6	222.7	229.4	156.2	169.0	179.3	192.8	210.6	226.1	146.8	157.3
福井	138.7	148.0	139.1	149.5	183.4	192.4	221.8	222.9	155.5	169.2	181.6	193.0	206.9	219.1	153.8	163.7
山梨	160.0	168.8	159.1	169.3	214.0	226.3	246.9	271.4	178.4	193.3	218.6	234.9	236.5	267.9	195.3	212.7
長野	158.4	166.9	141.4	152.1	228.1	239.5	262.6	282.6	184.0	197.3	229.9	243.7	250.2	265.1	198.2	209.4
岐阜	172.0	182.6	188.2	202.3	261.9	274.4	305.3	317.0	220.4	237.5	277.1	293.1	298.0	315.4	254.2	272.2
静岡	158.9	167.0	151.6	161.2	231.3	240.9	258.3	275.5	186.7	198.6	233.6	245.2	261.8	273.1	214.1	226.1
愛知	165.8	176.4	185.0	199.1	266.3	280.2	300.6	315.9	212.8	229.8	278.5	297.5	303.0	322.2	276.3	296.0
三重	169.3	179.5	160.7	171.9	244.1	254.8	291.9	294.6	203.8	218.3	252.0	267.1	280.8	291.8	216.4	230.7
滋賀	158.5	166.8	150.8	159.6	228.6	236.9	261.6	278.4	187.2	200.6	231.0	244.3	256.4	267.7	207.7	222.6
京都	160.3	170.8	144.8	156.3	233.3	245.5	272.2	288.1	186.0	201.8	239.2	256.8	263.7	292.3	234.7	252.6
大阪	167.0	178.6	164.4	177.9	253.0	268.9	296.7	316.8	198.7	215.1	265.4	283.9	300.2	320.6	294.4	314.2
兵庫	166.7	177.9	164.0	176.4	239.3	254.3	280.4	294.8	195.7	212.1	246.7	264.2	275.6	301.7	250.7	270.4
奈良	163.5	173.1	150.8	160.6	242.0	255.3	287.9	299.8	200.3	214.8	253.7	270.5	273.2	297.7	249.1	265.6
和歌山	156.2	162.9	158.1	166.8	215.5	224.5	251.7	261.5	177.6	189.1	212.6	224.6	246.2	257.5	183.6	193.9
鳥取	160.9	165.4	148.5	153.8	229.7	241.5	270.4	285.5	188.4	195.9	230.7	238.5	271.8	274.7	188.0	194.9
島根	154.1	159.7	141.9	150.4	220.9	224.2	258.2	266.5	191.5	200.5	226.8	234.5	256.0	277.3	186.8	196.1
岡山	165.1	171.8	176.1	185.9	247.6	257.9	287.7	296.8	205.0	215.5	254.0	264.8	292.8	301.7	232.6	244.2
広島	155.1	163.1	151.3	162.5	244.2	254.7	286.2	294.8	202.0	214.6	260.2	271.6	283.7	305.8	263.2	279.2
山口	164.2	172.9	165.0	177.6	223.5	232.0	272.0	274.8	198.1	210.5	233.4	243.3	263.0	279.3	205.9	218.2
徳島	162.0	168.5	179.4	188.6	239.7	240.2	305.4	299.5	194.4	204.3	238.1	245.9	271.7	273.6	209.7	217.7
香川	157.8	166.9	180.2	193.9	228.7	246.8	269.9	294.6	197.2	211.7	238.1	253.5	271.2	285.6	224.3	241.1
愛媛	156.5	164.3	166.7	178.0	229.8	238.0	280.3	280.8	192.6	203.1	233.4	242.0	265.9	280.0	202.9	214.8
高知	152.0	160.8	146.7	154.1	211.9	221.1	248.5	252.9	173.8	184.3	213.0	222.8	243.8	262.1	179.9	191.2
福岡	158.3	170.0	156.2	171.1	242.2	258.1	286.4	304.0	190.2	209.8	255.3	277.6	280.6	305.4	255.6	280.1
佐賀	170.4	178.3	155.0	163.9	242.8	252.1	291.4	320.1	196.9	209.6	252.5	262.8	254.3	284.8	224.7	235.3
長崎	168.5	175.4	154.8	163.4	250.9	259.2	296.6	307.2	201.9	212.7	268.4	277.2	288.3	302.8	241.8	254.9
熊本	154.0	163.3	147.5	159.7	231.8	245.0	284.6	306.9	182.0	197.0	239.8	255.7	268.2	280.2	208.9	228.3
大分	136.4	142.4	131.3	137.8	180.5	187.0	225.7	233.7	151.7	162.5	184.1	194.1	202.2	216.8	159.0	168.2
宮崎	140.2	146.4	141.3	150.0	196.0	204.4	251.2	252.3	158.7	169.8	196.2	206.6	215.5	235.0	168.7	179.2
鹿児島	157.7	164.4	152.7	158.7	221.6	227.9	282.4	287.2	176.2	186.8	218.6	226.5	251.3	266.1	173.0	185.2
沖縄	138.1	143.8	120.8	125.9	167.4	172.6	229.3	232.5	130.3	139.5	172.1	179.0	203.8	213.2	149.9	158.3

資料：全国健康保険協会管掌健康保険事業年報、国民健康保険事業年報、後期高齢者医療事業状況報告（年報）

15. 100人当たり受診件数、1件当たり点数

年齢	協会（一般）				組合健保				共済組合				国民健康保険			
	100人当たり受診件数		1件当たり点数		100人当たり受診件数		1件当たり点数		100人当たり受診件数		1件当たり点数		100人当たり受診件数		1件当たり点数	
	令和2年度	令和3年度	令和2年度	令和3年度	令和2年度	令和3年度	令和2年度	令和3年度	令和2年度	令和3年度	令和2年度	令和3年度	令和2年度	令和3年度	令和2年度	令和3年度
総　数	**160.21**	**170.68**	**1,283.2**	**1,257.7**	**157.68**	**169.53**	**1,225.0**	**1,200.6**	**159.24**	**172.87**	**1,168.3**	**1,150.4**	**184.61**	**197.61**	**1,357.5**	**1,335.2**
0歳～ 4歳	98.28	105.94	908.8	920.2	102.16	112.58	900.8	913.0	103.23	114.15	859.6	873.0	91.14	99.02	979.5	982.5
5～ 9	246.19	262.99	964.2	952.2	245.34	263.14	950.1	937.4	249.34	269.25	919.1	912.0	230.42	247.82	1,006.1	989.1
10～14	152.24	167.91	942.2	940.7	162.49	179.36	928.8	928.2	167.90	187.14	902.2	906.1	140.08	155.34	972.7	967.7
15～19	91.46	97.29	1,251.4	1,225.9	94.40	101.15	1,208.2	1,186.8	97.53	105.33	1,212.7	1,191.9	90.02	96.05	1,288.5	1,258.0
20～24	100.27	103.91	1,394.7	1,366.3	103.57	107.69	1,377.3	1,335.4	104.29	110.40	1,373.4	1,341.4	94.23	98.75	1,455.4	1,423.1
25～29	124.23	131.70	1,356.1	1,323.2	128.74	138.49	1,331.7	1,293.7	130.82	143.71	1,285.8	1,250.6	115.24	122.82	1,439.6	1,408.3
30～34	132.41	141.32	1,329.6	1,294.9	135.99	147.39	1,294.3	1,258.2	136.79	150.51	1,243.1	1,216.6	125.84	134.94	1,413.3	1,378.3
35～39	141.73	150.00	1,319.1	1,287.8	143.50	153.94	1,273.1	1,244.0	145.95	157.43	1,218.7	1,193.4	134.16	143.36	1,395.0	1,363.6
40～44	153.19	162.03	1,328.4	1,295.0	154.17	164.94	1,276.8	1,243.9	154.45	168.12	1,219.9	1,194.4	144.45	154.68	1,399.5	1,372.7
45～49	162.01	172.22	1,353.5	1,321.0	161.91	173.58	1,296.4	1,263.6	163.19	175.91	1,234.6	1,212.9	151.40	162.80	1,421.3	1,391.5
50～54	175.90	185.59	1,361.0	1,328.5	176.82	186.68	1,295.9	1,271.8	180.22	192.68	1,239.4	1,220.2	161.16	172.33	1,422.2	1,392.6
55～59	192.21	204.64	1,352.4	1,324.5	194.97	208.72	1,293.3	1,269.1	209.45	225.45	1,248.7	1,229.8	177.33	190.38	1,398.8	1,377.0
60～64	208.95	221.93	1,352.4	1,327.7	215.52	227.71	1,295.0	1,274.1	242.56	256.03	1,258.2	1,245.3	198.85	213.34	1,365.8	1,345.1
65～69	223.23	236.57	1,361.9	1,337.8	236.69	249.08	1,297.3	1,279.7	255.54	276.28	1,278.0	1,271.3	217.94	233.53	1,348.4	1,326.0
70～74	239.23	250.35	1,399.9	1,375.1	248.09	264.23	1,324.6	1,301.3	250.20	269.09	1,329.7	1,346.5	242.75	254.57	1,380.3	1,359.3

資料：医療給付実態調査

16. 1件当たり日数・点数、1窓口当たり件数・点数（月別）

	1件当たり日数			1件当たり点数			1窓口当たり件数		1窓口当たり点数			
	医　保		国保	医　保		国保	医　保		医保計	対前年同月比	老人医療（医保分）	
	被保険者	被扶養者		被保険者	被扶養者		被保険者	被扶養者				
平30年 4月	1.8	1.6	1.8	1,252.2	1,086.8	1,292.7	81.7	64.2	172,108.5	106.2	–	医療費
5月	1.8	1.5	1.9	1,237.6	1,051.6	1,297.7	82.7	63.7	171,965.9	111.2	–	改定
6月	1.8	1.6	1.9	1,276.0	1,091.8	1,306.4	88.2	71.3	190,390.1	109.9	–	歯科+0.69%
7月	1.8	1.6	1.9	1,264.5	1,098.5	1,308.3	85.4	70.3	185,168.9	107.8	–	
8月	1.7	1.5	1.8	1,210.2	1,090.6	1,249.3	82.8	69.9	176,454.8	109.6	−0.5	
9月	1.7	1.5	1.8	1,234.3	1,070.0	1,251.2	83.7	62.8	170,561.8	111.8	–	
10月	1.8	1.6	1.9	1,282.4	1,119.5	1,330.8	87.2	68.0	187,956.1	110.7	–	
11月	1.7	1.6	1.8	1,236.0	1,094.1	1,292.1	84.3	65.5	175,956.5	112.5	–	
12月	1.7	1.5	1.9	1,230.5	1,065.2	1,256.7	89.2	70.7	185,112.3	111.0	–	
平31年 1月	1.7	1.5	1.8	1,188.0	1,049.8	1,216.3	83.1	62.8	164,593.2	108.7	–	
2月	1.7	1.5	1.7	1,222.5	1,087.5	1,266.2	86.4	65.6	176,947.1	105.9	–	
3月	1.8	1.6	1.8	1,256.3	1,109.5	1,286.5	92.4	77.3	201,854.0	113.5	–	
4月	1.7	1.6	1.8	1,239.2	1,083.2	1,283.3	87.5	67.9	181,974.2	109.1	–	
令元年 5月	1.7	1.5	1.8	1,186.9	1,060.8	1,241.8	85.6	65.0	170,580.9	107.1	–	
6月	1.7	1.5	1.8	1,241.8	1,068.4	1,262.3	93.1	72.9	193,490.2	110.1	–	
7月	1.8	1.6	1.9	1,260.5	1,102.6	1,307.0	92.7	75.8	200,439.0	114.0	–	
8月	1.7	1.5	1.7	1,195.9	1,064.7	1,204.5	88.6	71.8	182,460.7	109.1	−0.4	
9月	1.7	1.5	1.8	1,212.4	1,071.9	1,249.1	87.7	66.6	177,702.6	109.2	–	
10月	1.7	1.6	1.8	1,247.7	1,098.3	1,295.6	88.2	67.2	183,812.6	108.8	–	医療費
11月	1.7	1.5	1.8	1,248.6	1,088.4	1,284.4	90.3	68.5	187,319.9	112.7	–	改定※
12月	1.7	1.5	1.7	1,229.3	1,077.1	1,266.3	92.9	72.8	192,547.0	112.6	–	歯科+0.57%
令2年 1月	1.7	1.5	1.7	1,187.5	1,061.5	1,224.3	87.3	65.8	173,515.2	110.6	–	
2月	1.7	1.5	1.7	1,237.5	1,086.4	1,260.9	91.4	67.0	185,852.7	113.1	–	
3月	1.8	1.6	1.8	1,284.1	1,153.1	1,324.5	90.2	74.7	201,978.0	108.2	–	
4月	1.8	1.6	1.9	1,384.3	1,197.7	1,419.4	72.7	49.9	160,487.8	95.3	–	医療費
5月	1.8	1.6	1.8	1,374.5	1,160.7	1,354.1	71.8	49.1	155,646.1	92.2	–	改定
6月	1.8	1.6	1.9	1,379.8	1,182.5	1,407.6	87.3	64.4	196,512.0	107.4	–	歯科+0.59%
7月	1.8	1.6	1.8	1,364.1	1,176.8	1,407.6	88.2	65.3	197,176.8	107.7	–	
8月	1.7	1.5	1.7	1,302.4	1,135.2	1,320.4	86.7	66.7	188,651.5	110.1	0.0	
9月	1.7	0.5	1.8	1,319.0	1,148.0	1,358.4	88.9	66.8	193,966.4	112.1	–	
10月	1.8	1.5	1.8	1,353.8	1,152.8	1,383.8	94.3	73.0	211,869.2	120.9	–	
11月	1.7	1.5	1.7	1,283.4	1,116.0	1,323.7	88.7	68.6	190,367.8	111.9	–	
12月	1.7	1.5	1.7	1,293.2	1,121.5	1,332.6	94.4	74.4	205,477.5	115.1	–	
令和3年1月	1.7	1.5	1.7	1,258.4	1,099.8	1,272.0	86.7	64.3	179,762.5	111.4	–	
2月	1.7	1.5	1.7	1,283.0	1,134.8	1,323.9	89.0	66.2	189,346.2	112.9	–	
3月	1.7	1.5	1.8	1,320.0	1,181.7	1,386.3	95.1	80.3	220,395.3	113.4	–	
4月	1.7	1.5	1.8	1,325.8	1,150.7	1,376.0	92.8	68.9	202,419.4	117.6	–	
5月	1.7	1.5	1.7	1,292.3	1,114.2	1,314.9	90.9	65.1	190,033.5	110.5	–	
6月	1.7	1.5	1.8	1,329.5	1,149.0	1,372.9	95.6	73.1	211,054.3	110.9	–	
7月	1.7	1.5	1.7	1,318.4	1,132.2	1,338.6	95.0	73.9	208,871.4	112.8	–	
8月	1.6	1.4	1.7	1,259.6	1,133.1	1,302.4	89.2	72.4	194,406.5	110.2	–	
9月	1.6	1.5	1.7	1,291.6	1,134.7	1,333.7	92.8	67.9	196,921.9	115.5	–	
10月	1.7	1.5	1.7	1,335.1	1,141.4	1,364.8	97.5	71.1	211,356.9	112.5	–	
11月	1.6	1.5	1.7	1,292.9	1,132.1	1,351.7	94.0	69.5	200,237.0	113.8	–	
12月	1.6	1.4	1.7	1,279.0	1,116.0	1,324.6	98.9	75.8	211,081.2	114.0	–	
令和4年1月	1.6	1.4	1.7	1,233.9	1,091.0	1,263.6	91.1	65.3	183,611.5	111.6	–	
2月	1.6	1.4	1.7	1,265.3	1,125.9	1,311.1	89.9	63.6	185,360.1	104.8	–	
3月	1.6	1.5	1.7	1,300.1	1,165.0	1,357.3	97.5	78.6	218,370.5	108.2	–	
4月	1.6	1.5	1.8	1,313.9	1,132.8	1,376.0	95.7	69.2	204,111.0	112.2	–	医療費
5月	1.6	1.4	1.7	1,279.7	1,116.9	1,314.9	93.1	65.6	192,455.7	112.8	–	改定
6月	1.6	1.5	1.8	1,309.2	1,137.2	1,372.9	100.0	74.1	215,087.2	111.2	–	歯科+0.29%
7月	1.6	1.4	1.7	1,314.0	1,129.4	1,338.6	98.8	73.7	213,017.3	106.3	–	
8月	1.6	1.4	1.7	1,268.8	1,137.4	1,302.4	92.3	72.3	199,385.4	109.3	–	
9月	1.6	1.4	1.7	1,288.9	1,133.4	1,333.7	95.2	67.7	199,425.6	112.2	–	
10月	1.6	1.4	1.7	1,311.9	1,132.4	1,364.8	100.4	70.4	211,370.6	115.0	–	
11月	1.6	1.4	1.7	1,295.4	1,136.0	1,351.7	97.0	68.4	203,352.4	108.6	–	
12月	1.6	1.4	1.7	1,326.7	1,118.5	1,324.6	97.3	73.3	211,033.4	109.6	–	
令和5年1月	1.6	1.4	1.7	1,245.7	1,102.4	1,263.6	95.2	66.0	191,310.1	110.3	–	
2月	1.5	1.4	1.7	1,273.3	1,142.5	1,311.1	96.1	67.1	199,012.4	107.1	–	
3月	1.6	1.4	1.7	1,311.5	1,176.6	1,357.3	104.5	80.9	232,186.2	115.0	–	

資料：基金統計月報、国保事業月報（国保事業年報）
注）１．国保は１件当たり費用額÷１０である。
　　２．１窓口当たり件数及び点数は医保のみであり、請求窓口数は基金統計月報を用いた。
　　３．国保データについては、国保事業年報を用いた。
　　４．※消費税率引き上げに伴う診療報酬改定

17．1窓口当たり稼働点数（医療保険と国民健康保険の合計）

（単位：百点）

年 県別	平成23年	平成24年	平成25年	平成26年	平成27年	平成28年	平成29年	平成30年	令和元年	令和2年	令和3年	令3/平23 ×100
全国	**39,036**	**39,714**	**40,071**	**41,178**	**41,991**	**42,789**	**43,687**	**44,821**	**46,376**	**46,670**	**48,244**	**123.6**
北海道	38,111	38,393	38,682	39,460	40,044	40,437	41,376	43,242	45,080	45,707	46,491	122.0
青森	40,353	40,493	41,221	41,882	42,864	43,615	44,791	46,116	47,334	48,221	49,872	123.6
岩手	41,284	42,332	40,948	42,006	42,375	41,982	42,392	42,414	43,279	43,720	45,390	109.9
宮城	41,801	43,605	40,956	42,138	42,929	42,663	43,355	43,669	44,506	44,713	46,514	111.3
秋田	46,092	46,441	47,765	48,557	48,714	48,572	49,342	49,615	51,909	52,371	53,431	115.9
山形	42,519	42,917	42,778	43,727	44,318	44,451	44,410	44,378	45,406	45,953	48,689	114.5
福島	41,107	42,347	41,482	41,906	42,298	41,526	42,319	43,051	44,120	44,070	45,554	110.8
茨城	38,754	40,046	40,348	41,411	42,359	43,015	43,859	44,597	45,965	46,192	47,356	122.2
栃木	37,200	37,328	37,553	38,347	39,280	40,122	41,139	41,924	43,413	43,682	45,499	122.3
群馬	35,642	36,256	35,987	37,841	38,355	38,771	38,897	39,155	40,155	39,954	41,102	115.3
埼玉	39,423	40,596	41,816	43,262	44,062	45,034	45,516	46,218	47,512	47,365	48,492	123.0
千葉	37,513	39,705	40,653	42,281	42,835	43,352	44,466	45,731	46,808	47,508	49,086	130.9
東京	30,721	31,338	31,643	32,629	33,447	34,001	34,920	35,673	36,662	36,611	37,566	122.3
神奈川	36,593	37,347	37,809	39,180	40,201	42,839	43,896	45,264	46,863	47,179	49,076	134.1
新潟	39,328	39,672	40,183	40,947	41,530	41,955	42,050	43,000	44,374	44,599	46,210	117.5
富山	38,152	38,798	39,116	40,665	41,507	41,633	42,927	45,134	49,490	49,600	50,986	133.6
石川	38,589	39,284	38,908	40,117	42,878	45,145	45,359	46,474	47,575	47,769	49,240	127.6
福井	42,910	43,333	43,244	43,845	44,051	44,310	44,115	49,210	49,415	49,727	51,484	120.0
山梨	39,420	39,989	39,644	39,790	40,014	41,049	41,792	42,747	43,895	44,199	46,332	117.5
長野	34,837	34,628	34,757	35,824	36,761	36,769	37,446	40,705	42,659	42,989	46,061	132.2
岐阜	42,565	43,365	43,996	44,372	45,822	46,682	47,850	48,379	49,988	50,293	52,308	122.9
静岡	36,685	37,447	37,223	38,143	38,943	39,638	40,141	40,916	42,339	42,556	44,547	121.4
愛知	42,161	43,070	43,958	45,384	46,348	47,172	48,043	49,545	51,003	51,330	53,549	127.0
三重	38,184	38,644	38,944	40,518	41,425	42,287	43,102	44,890	46,751	47,435	49,622	130.0
滋賀	42,087	42,451	43,053	43,716	45,394	46,134	46,973	47,712	48,611	49,036	54,346	129.1
京都	37,797	38,250	38,735	40,013	40,867	41,277	41,851	43,445	44,866	45,521	46,871	124.0
大阪	43,862	44,395	45,278	46,329	47,488	48,534	49,886	50,911	52,917	53,357	54,380	124.0
兵庫	39,745	40,340	40,624	41,775	42,719	43,166	44,352	45,818	50,692	51,171	52,335	131.7
奈良	38,823	38,796	38,933	39,559	40,322	41,267	41,802	42,116	44,077	44,271	45,192	116.4
和歌山	37,578	37,598	37,965	39,154	39,344	40,633	41,598	42,296	44,040	44,206	44,865	119.4
鳥取	45,208	45,353	46,475	47,424	47,025	47,393	47,392	48,250	48,980	49,915	51,222	113.3
島根	42,667	42,984	43,931	44,700	45,303	46,036	47,020	47,720	49,534	50,804	53,580	125.6
岡山	41,919	42,944	43,951	45,281	46,259	48,188	49,350	50,176	51,553	51,503	53,603	127.9
広島	42,054	42,203	42,689	43,923	44,405	44,778	46,026	46,670	48,317	48,934	49,349	117.3
山口	40,054	40,552	40,519	41,175	41,430	42,674	43,253	44,316	44,935	44,612	47,572	118.8
徳島	40,617	42,122	42,403	42,854	43,216	43,776	44,027	45,079	45,962	46,695	47,913	118.0
香川	44,715	44,609	45,307	47,922	49,690	50,997	52,376	53,705	55,824	56,052	57,723	129.1
愛媛	36,679	37,138	37,272	38,656	39,070	39,355	40,258	41,175	42,300	42,861	44,723	121.9
高知	38,714	39,224	38,890	39,550	40,259	40,305	40,629	41,013	42,015	43,554	43,904	113.4
福岡	38,372	39,256	39,325	39,887	40,333	41,456	42,397	44,695	46,111	46,274	48,292	125.9
佐賀	38,148	39,408	39,222	40,491	41,087	41,872	44,645	45,241	46,365	46,365	49,518	129.8
長崎	38,351	38,423	38,321	39,368	40,061	40,899	42,054	43,501	44,368	44,724	46,488	121.2
熊本	38,347	38,024	38,487	39,459	40,332	41,566	43,039	43,929	45,012	45,375	48,914	127.6
大分	38,361	38,240	39,288	39,910	40,790	41,195	41,580	43,383	44,564	45,486	45,941	119.8
宮崎	39,754	40,120	42,029	42,299	43,410	44,127	45,112	45,433	47,055	47,805	51,341	129.1
鹿児島	35,168	35,421	35,233	36,062	36,382	37,048	37,498	38,523	39,238	39,947	42,011	119.5
沖縄	35,736	36,056	36,341	38,391	39,187	40,125	40,968	42,173	43,048	43,664	44,007	123.1

資料：基金月報、国民健康保険事業年報 、後期高齢者医療事業報告

注）１．都道府県別は国民健康保険のうち国保組合分を除く。

２．１窓口当たり点数は基金年報の請求窓口数を用いた。

３．医療保険・国民健康保険とも老人保険医療給付対象者分を含む。

４．平成２０年４月より後期高齢者医療制度が発足。

18. 診療行為別1件当たり点数・百分率(年次別)

(1)診療行為別(明細書1枚)当たり点数の年次推移(歯科診療分)

	平成30年	令和元年	令和2年	令和3年	令和4年
総数	**1248.7**	**1199.6**	**1327.7**	**1272.3**	**1278.3**
初診・再診	157.4	155.0	170.3	166.9	160.3
医学管理等	139.3	141.6	169.8	178.3	185.2
在宅医療	38.2	39.2	38.6	39.0	41.3
検査	82.2	81.1	79.8	79.4	94.2
画像診断	53.0	52.3	56.4	52.3	54.6
投薬	15.0	14.3	16.6	13.6	13.0
注射	1.4	1.3	1.6	1.4	1.4
リハビリテーション	17.9	18.0	18.0	16.8	17.3
処置	249.2	246.8	264.6	261.1	250.2
手術	34.5	33.7	34.3	33.0	33.7
麻酔	4.1	4.1	3.8	4.8	5.0
放射線治療	0.2	0.3	0.3	0.2	0.2
歯冠修復及び欠損補綴	443.3	399.0	462.5	412.6	408.0
歯科矯正	2.3	2.2	2.5	3.0	3.3
病理診断	1.0	1.3	0.8	0.9	1.0
入院及びその他	9.6	9.5	7.6	8.9	9.8

資料：社会医療診療行為別統計（各年６月審査分）
注）対象は、協会けんぽ、組合健保、国保及び後期高齢者医療制度である。　(点)

(2)診療行為別点数百分率の年次推移(歯科診療分)

	平成30年	令和元年	令和2年	令和3年	令和4年
総数	**100.0**	**100.0**	**100.0**	**100.0**	**100.0**
初診・再診	12.6	12.9	12.8	13.1	12.5
医学管理等	11.2	11.8	12.8	14.0	14.5
在宅医療	3.1	3.3	2.9	3.1	3.2
検査	6.6	6.8	6.0	6.2	7.4
画像診断	4.2	4.4	4.2	4.1	4.3
投薬	1.2	1.2	1.3	1.1	1.0
注射	0.1	0.1	0.1	0.1	0.1
リハビリテーション	1.4	1.5	1.4	1.3	1.3
処置	20.0	20.6	19.9	20.5	19.6
手術	2.8	2.8	2.6	2.6	2.6
麻酔	0.3	0.3	0.3	0.4	0.4
放射線治療	0.0	0.0	0.0	0.0	0.0
歯冠修復及び欠損補綴	35.5	33.3	34.8	32.4	31.9
歯科矯正	0.2	0.2	0.2	0.2	0.3
病理診断	0.1	0.1	0.1	0.1	0.1
入院及びその他	0.8	0.8	0.6	0.7	0.8

(%)

資料：社会医療診療行為別統計（各年６月審査分）
注）対象は、協会けんぽ、組合健保、国保及び後期高齢者医療制度である。

１９．診療行為別１件当たり点数・百分率（診療行為別・年齢階級別）

(1)診療行為・年齢階級別1件（明細書1枚）当たり点数

令和4年

	一般医療					後期医療
	総数	0～14歳	15～39歳	40～64歳	65～74歳	
総数	**1,237.8**	**918.5**	**1,259.9**	**1,285.5**	**1,331.3**	**1,439.1**
初診・再診	165.0	187.5	173.9	159.3	153.3	141.4
医学管理等	189.3	223.9	173.4	184.2	192.2	169.1
在宅医療	7.8	1.4	4.5	7.9	20.3	174.1
検査	99.1	52.9	115.1	108.9	93.5	74.7
画像診断	59.1	34.4	89.1	59.4	44.9	36.7
投薬	12.7	4.7	14.5	13.4	14.4	14.4
注射	1.1	0.1	0.7	1.2	2.2	2.4
リハビリテーション	9.3	0.7	0.6	7.0	27.9	48.8
処置	259.2	218.9	265.7	275.3	247.2	214.2
手術	34.4	18.5	56.6	30.0	31.4	30.9
麻酔	5.7	5.3	11.2	4.5	2.9	2.5
放射線治療	0.2	0.0	0.0	0.2	0.4	0.5
歯冠修復及び欠損補綴	380.7	161.6	321.0	424.9	491.7	516.2
歯科矯正	4.1	3.6	15.1	0.8	0.0	0.0
病理診断	1.0	0.3	0.8	1.1	1.2	1.2
入院及びその他	9.2	4.8	17.6	7.3	7.7	12.0

（点）

資料：社会医療診療行為別調査（６月審査分）
注）調査の対象は、協会けんぽ、組合健保、国保及び後期高齢者医療制度である。

(2)診療行為・年齢階級別1件（明細書1枚）当たり点数の構成割合

令和4年

	一般医療					後期医療
	総数	0～14歳	15～39歳	40～64歳	65～74歳	
総数	**100.0**	**100.0**	**100.0**	**100.0**	**100.0**	**100.0**
初診・再診	13.3	20.4	13.8	12.4	11.5	9.8
医学管理等	15.3	24.4	13.8	14.3	14.4	11.8
在宅医療	0.6	0.2	0.4	0.6	1.5	12.1
検査	8.0	5.8	9.1	8.5	7.0	5.2
画像診断	4.8	3.7	7.1	4.6	3.4	2.6
投薬	1.0	0.5	1.2	1.0	1.1	1.0
注射	0.1	0.0	0.1	0.1	0.2	0.2
リハビリテーション	0.8	0.1	0.1	0.5	2.1	3.4
処置	20.9	23.8	21.1	21.4	18.6	14.9
手術	2.8	2.0	4.5	2.3	2.4	2.1
麻酔	0.5	0.6	0.9	0.3	0.2	0.2
放射線治療	0.0	0.0	0.0	0.0	0.0	0.0
歯冠修復及び欠損補綴	30.8	17.6	25.5	33.1	36.9	35.9
歯科矯正	0.3	0.3	1.2	0.1	0.0	0.0
病理診断	0.1	0.0	0.1	0.1	0.1	0.1
入院及びその他	0.7	0.4	1.4	0.6	0.6	1.0

（%）

資料：社会医療診療行為別調査（６月審査分）
注）調査の対象は、協会けんぽ、組合健保、国保及び後期高齢者医療制度である。

20. 診療行為別1件当たり点数・百分率(傷病分類別)

(1)診療行為・傷病分類別1件(明細書1枚)当たり点数

令和4年

	総数	初・再診	医学管理等	在宅医療	検査	画像診断	投薬	注射	リハビリテーション	処置	手術	麻酔	放射線治療	歯冠修復及び欠損補綴	歯科矯正	病理診断	入院料等
総数	1278.3	160.3	185.2	41.3	94.2	54.6	13.0	1.4	17.3	250.2	33.7	5.0	0.2	408.0	3.3	1.0	9.8
う触	1159.1	199.1	132.8	9.8	19.3	29.0	6.0	0.2	7.1	98.7	14.0	3.4	0.1	636.8	0.5	0.1	2.1
感染を伴わない歯牙慢性硬組織疾患	867.8	213.0	82.8	14.2	26.9	39.5	21.2	0.6	10.2	118.1	60.7	5.3	–	260.3	0.2	0.6	14.0
歯髄炎等	1687.1	192.0	113.7	8.8	38.7	53.8	20.0	0.1	6.8	365.8	13.3	5.0	0.1	866.7	0.1	0.1	2.0
根尖性歯周炎(歯根膜炎)等	1388.1	201.5	114.3	16.1	36.7	77.6	39.9	3.5	10.6	219.6	102.1	12.0	0.4	514.3	0.2	5.0	34.1
歯肉炎	960.3	181.1	236.7	2.2	80.5	34.8	4.0	0.0	0.7	253.5	12.2	2.1	–	151.4	0.8	0.0	0.3
歯周炎等	1293.1	148.9	199.1	43.9	114.3	55.6	12.8	0.3	18.3	286.2	26.5	2.3	0.0	383.0	0.2	0.2	1.4
歯冠周囲炎	1186.6	232.4	102.1	1.4	51.2	208.5	72.8	4.9	1.0	53.0	259.4	46.6	–	52.8	1.3	4.4	94.7
顎、口腔の炎症及び膿瘍	1774.7	184.2	158.9	10.6	118.7	383.1	60.5	54.3	9.9	70.2	185.5	55.3	3.2	22.9	0.4	41.7	415.2
顎、口腔の先天奇形及び発育障害	1745.2	183.0	100.3	0.9	70.1	234.0	33.4	6.5	1.5	37.9	426.8	103.7	–	31.3	291.3	6.7	217.7
顎機能異常	1121.5	195.6	129.1	4.0	46.6	216.9	24.2	7.6	16.2	219.0	75.8	13.4	1.6	102.3	9.7	6.0	53.5
顎、口腔の嚢胞	3050.8	149.9	151.2	0.1	204.8	516.7	32.3	21.8	1.5	27.5	559.2	375.1	–	13.1	0.2	162.6	834.9
顎骨疾患等	1819.7	210.0	170.7	5.8	96.7	247.6	34.9	14.0	23.9	53.7	274.8	156.4	–	144.9	0.9	22.0	363.3
口腔粘膜疾患	1294.9	163.2	116.5	142.5	47.7	40.6	35.7	35.0	61.7	66.2	146.6	59.9	7.2	163.5	1.0	18.3	189.5
悪性新生物等	4991.9	117.4	276.4	1.3	328.9	834.1	62.3	668.4	43.6	32.2	749.4	150.6	187.6	5.0	0.0	118.9	1415.6
良性新生物等	1834.2	184.8	114.8	2.9	107.2	313.0	21.3	20.5	2.8	14.1	409.3	105.2	1.3	17.2	0.2	253.4	266.2
口腔、顔面外傷及び癒合障害等	1076.3	281.9	53.4	12.3	18.6	130.3	21.5	2.9	1.0	104.6	279.9	37.4	–	7.8	0.0	0.7	123.8
補綴関係(歯の補綴)	1770.2	160.1	74.3	180.5	13.8	6.9	4.3	0.8	70.4	35.2	10.4	0.8	0.2	1209.5	0.1	0.1	2.6
その他	1393.4	169.3	113.0	233.3	43.3	52.8	16.9	25.2	45.7	184.9	115.9	35.6	6.0	164.7	14.2	15.5	157.1

資料：社会医療診療行為別統計（各年６月審査分）
注）対象は、協会けんぽ、組合健保、国保及び後期高齢者医療制度である。

(2)診療行為・傷病分類別1件(明細書1枚)当たり点数の構成割合

令和4年

	総数	初・再診	医学管理等	在宅医療	検査	画像診断	投薬	注射	リハビリテーション	処置	手術	麻酔	放射線治療	歯冠修復及び欠損補綴	歯科矯正	病理診断	入院料等
総数	100.0	12.5	14.5	3.2	7.4	4.3	1.0	0.1	1.3	19.6	2.6	0.4	0.0	31.9	0.3	0.1	0.8
う触	100.0	17.2	11.5	0.8	1.7	2.5	0.5	0.0	0.6	8.5	1.2	0.3	0.0	54.9	0.0	0.0	0.2
感染を伴わない歯牙慢性硬組織疾患	100.0	24.5	9.5	1.6	3.1	4.6	2.4	0.1	1.2	13.6	7.0	0.6	−	30.0	0.0	0.1	1.6
歯髄炎等	100.0	11.4	6.7	0.5	2.3	3.2	1.2	0.0	0.4	21.7	0.8	0.3	0.0	51.4	0.0	0.0	0.1
根尖性歯周炎(歯根膜炎)等	100.0	14.5	8.2	1.2	2.6	5.6	2.9	0.3	0.8	15.8	7.4	0.9	0.0	37.1	0.0	0.4	2.5
歯肉炎	100.0	18.9	24.6	0.2	8.4	3.6	0.4	0.0	0.1	26.4	1.3	0.2	−	15.8	0.1	0.0	0.0
歯周炎等	100.0	11.5	15.4	3.4	8.8	4.3	1.0	0.0	1.4	22.1	2.0	0.2	0.0	29.6	0.0	0.0	0.1
歯冠周囲炎	100.0	19.6	8.6	0.1	4.3	17.6	6.1	0.4	0.1	4.5	21.9	3.9	−	4.5	0.1	0.4	8.0
顎、口腔の炎症及び膿瘍	100.0	10.4	9.0	0.6	6.7	21.6	3.4	3.1	0.6	4.0	10.5	3.1	0.2	1.3	0.0	2.3	23.4
顎、口腔の先天奇形及び発育障害	100.0	10.5	5.7	0.1	4.0	13.4	1.9	0.4	0.1	2.2	24.5	5.9	−	1.8	16.7	0.4	12.5
顎機能異常	100.0	17.4	11.5	0.4	4.2	19.3	2.2	0.7	1.4	19.5	6.8	1.2	0.1	9.1	0.9	0.5	4.8
顎、口腔の嚢胞	100.0	4.9	5.0	0.0	6.7	16.9	1.1	0.7	0.1	0.9	18.3	12.3	−	0.4	0.0	5.3	27.4
顎骨疾患等	100.0	11.5	9.4	0.3	5.3	13.6	1.9	0.8	1.3	3.0	15.1	8.6	−	8.0	0.1	1.2	20.0
口腔粘膜疾患	100.0	12.6	9.0	11.0	3.7	3.1	2.8	2.7	4.8	5.1	11.3	4.6	0.6	12.6	0.1	1.4	14.6
悪性新生物等	100.0	2.4	5.5	0.0	6.6	16.7	1.2	13.4	0.9	0.6	15.0	3.0	3.8	0.1	0.0	2.4	28.4
良性新生物等	100.0	10.1	6.3	0.2	5.8	17.1	1.2	1.1	0.2	0.8	22.3	5.7	0.1	0.9	0.0	13.8	14.5
口腔、顔面外傷及び癒合障害等	100.0	26.2	5.0	1.1	1.7	12.1	2.0	0.3	0.1	9.7	26.0	3.5	−	0.7	0.0	0.1	11.5
補綴関係(歯の補綴)	100.0	9.0	4.2	10.2	0.8	0.4	0.2	0.0	4.0	2.0	0.6	0.0	0.0	68.3	0.0	0.0	0.1
その他	100.0	12.1	8.1	16.7	3.1	3.8	1.2	1.8	3.3	13.3	8.3	2.6	0.4	11.8	1.0	1.1	11.3

(%)

資料：社会医療診療行為別統計（各年６月審査分）
注）対象は、協会けんぽ、組合健保、国保及び後期高齢者医療制度である。

21. 診療行為別1件当たり点数・百分率（年齢階級別）

（1）歯科診療行為別1件当たり点数

令和4年

	総数	初・再診	医学管理等	在宅医療	検査	画像診断	投薬	注射	リハビリテーション	処置	手術	麻酔	放射線治療	歯冠修復及び欠損補綴	歯科矯正	病理診断	入院料等
総数	1278.3	160.3	185.2	41.3	94.2	54.6	13.0	1.4	17.3	250.2	33.7	5.0	0.2	408.0	3.3	1.0	9.8
一般医療	1237.8	165.0	189.3	7.8	99.1	59.1	12.7	1.1	9.3	259.2	34.4	5.7	0.2	380.7	4.1	1.0	9.2
後期医療	1439.1	141.4	169.1	174.1	74.7	36.7	14.4	2.4	48.8	214.2	30.9	2.5	0.5	516.2	0.0	1.2	12.0
0- 4歳	874.7	229.6	213.7	2.7	33.4	11.0	1.9	0.1	1.3	240.0	11.3	5.4	–	115.7	0.3	0.1	8.2
5- 9歳	931.2	182.0	225.3	1.1	39.6	39.3	5.5	0.1	0.7	216.1	18.9	6.2	–	189.4	2.4	0.2	4.6
10–14歳	922.5	173.6	227.1	1.2	83.3	39.3	5.1	0.1	0.4	211.9	21.6	4.0	–	143.9	7.2	0.4	3.4
15–19歳	1120.4	180.5	174.6	2.8	101.3	75.9	10.7	0.5	0.6	207.0	42.1	9.9	–	256.5	40.6	0.8	16.6
20–24歳	1308.0	184.1	163.0	5.2	111.4	113.5	18.6	1.1	0.4	249.1	89.4	16.7	–	297.5	28.9	0.8	28.2
25–29歳	1297.2	175.0	171.1	4.5	115.4	99.6	16.5	0.8	0.4	268.8	75.4	14.3	–	315.8	15.1	0.8	23.6
30–34歳	1266.3	170.7	175.7	4.5	119.0	85.6	13.9	0.7	0.6	280.2	49.8	9.6	0.1	332.9	7.6	0.8	14.6
35–39歳	1255.2	167.4	178.5	5.0	119.1	75.9	12.7	0.6	1.0	283.6	35.7	7.5	0.1	353.4	3.8	0.9	10.2
40–44歳	1263.7	164.7	180.2	5.1	116.7	68.5	12.6	0.8	1.6	284.4	29.5	5.9	0.0	382.5	2.0	1.0	8.1
45–49歳	1283.2	162.5	181.1	6.4	112.2	63.9	13.1	0.9	3.0	283.4	29.3	5.2	0.1	412.7	1.1	1.0	7.2
50–54歳	1291.6	159.5	183.5	7.8	109.2	59.7	13.5	1.0	5.3	278.7	29.9	4.4	0.2	430.3	0.6	1.1	6.8
55–59歳	1290.5	156.4	186.6	8.7	106.1	55.7	13.9	1.5	9.2	270.6	30.8	3.9	0.4	437.8	0.3	1.3	7.5
60–64歳	1293.9	154.3	189.1	10.9	102.0	50.9	14.0	1.6	14.8	260.8	30.7	3.3	0.3	453.0	0.1	1.0	6.9
65–69歳	1309.8	153.5	191.0	15.0	96.6	46.6	14.2	2.0	22.4	250.7	31.0	3.0	0.3	475.1	0.0	1.2	7.3
70–74歳	1347.7	153.2	193.1	24.4	91.2	43.6	14.5	2.4	32.1	244.5	31.7	2.8	0.4	504.4	0.0	1.3	8.1
75–79歳	1394.0	151.7	191.6	48.4	86.0	41.1	15.2	2.3	40.9	239.2	31.5	2.6	0.4	532.4	0.0	1.2	9.6
80–84歳	1442.3	148.8	181.1	109.7	78.0	39.0	15.4	2.8	48.3	223.4	32.6	2.7	0.7	545.4	0.0	1.3	13.0
85–89歳	1489.5	134.2	149.1	277.5	63.6	33.4	14.1	1.8	56.6	190.1	31.1	2.4	0.6	517.8	0.0	1.3	15.8
90歳以上	1477.7	92.2	85.5	624.0	41.2	19.7	9.4	2.4	67.2	132.4	23.0	1.3	0.1	366.8	0.0	1.0	11.4

資料：社会医療診療行為別統計（各年６月審査分）
注）対象は、協会けんぽ、組合健保、国保及び後期高齢者医療制度である。

（2）歯科診療行為別総点数百分率

令和4年

	総数	初・再診	医学管理等	在宅医療	検査	画像診断	投薬	注射	リハビリテーション	処置	手術	麻酔	放射線治療	歯冠修復及び欠損補綴	歯科矯正	病理診断	入院料等
総数	100.0	12.5	14.5	3.2	7.4	4.3	1.0	0.1	1.3	19.6	2.6	0.4	0.0	31.9	0.3	0.1	0.8
一般医療	100.0	13.3	15.3	0.6	8.0	4.8	1.0	0.1	0.8	20.9	2.8	0.5	0.0	30.8	0.3	0.1	0.7
後期医療	100.0	9.8	11.8	12.1	5.2	2.6	1.0	0.2	3.4	14.9	2.1	0.2	0.0	35.9	0.0	0.1	0.8
0- 4歳	100.0	26.2	24.4	0.3	3.8	1.3	0.2	0.0	0.1	27.4	1.3	0.6	−	13.2	0.0	0.0	0.9
5- 9歳	100.0	19.5	24.2	0.1	4.2	4.2	0.6	0.0	0.1	23.2	2.0	0.7	−	20.3	0.3	0.0	0.5
10-14歳	100.0	18.8	24.6	0.1	9.0	4.3	0.6	0.0	0.0	23.0	2.3	0.4	−	15.6	0.8	0.0	0.4
15-19歳	100.0	16.1	15.6	0.2	9.0	6.8	1.0	0.0	0.0	18.5	3.8	0.9	−	22.9	3.6	0.1	1.5
20-24歳	100.0	14.1	12.5	0.4	8.5	8.7	1.4	0.1	0.0	19.0	6.8	1.3	−	22.7	2.2	0.1	2.2
25-29歳	100.0	13.5	13.2	0.3	8.9	7.7	1.3	0.1	0.0	20.7	5.8	1.1	−	24.3	1.2	0.1	1.8
30-34歳	100.0	13.5	13.9	0.4	9.4	6.8	1.1	0.1	0.0	22.1	3.9	0.8	0.0	26.3	0.6	0.1	1.1
35-39歳	100.0	13.3	14.2	0.4	9.5	6.0	1.0	0.0	0.1	22.6	2.8	0.6	0.0	28.2	0.3	0.1	0.8
40-44歳	100.0	13.0	14.3	0.4	9.2	5.4	1.0	0.1	0.1	22.5	2.3	0.5	0.0	30.3	0.2	0.1	0.6
45-49歳	100.0	12.7	14.1	0.5	8.7	5.0	1.0	0.1	0.2	22.1	2.3	0.4	0.0	32.2	0.1	0.1	0.6
50-54歳	100.0	12.3	14.2	0.6	8.5	4.6	1.0	0.1	0.4	21.6	2.3	0.3	0.0	33.3	0.1	0.1	0.5
55-59歳	100.0	12.1	14.5	0.7	8.2	4.3	1.1	0.1	0.7	21.0	2.4	0.3	0.0	33.9	0.0	0.1	0.6
60-64歳	100.0	11.9	14.6	0.8	7.9	3.9	1.1	0.1	1.1	20.2	2.4	0.3	0.0	35.0	0.0	0.1	0.5
65-69歳	100.0	11.7	14.6	1.1	7.4	3.6	1.1	0.1	1.7	19.1	2.4	0.2	0.0	36.3	0.0	0.1	0.6
70-74歳	100.0	11.4	14.3	1.8	6.8	3.2	1.1	0.2	2.4	18.1	2.3	0.2	0.0	37.4	0.0	0.1	0.6
75-79歳	100.0	10.9	13.7	3.5	6.2	2.9	1.1	0.2	2.9	17.2	2.3	0.2	0.0	38.2	0.0	0.1	0.7
80-84歳	100.0	10.3	12.6	7.6	5.4	2.7	1.1	0.2	3.3	15.5	2.3	0.2	0.0	37.8	0.0	0.1	0.9
85-89歳	100.0	9.0	10.0	18.6	4.3	2.2	0.9	0.1	3.8	12.8	2.1	0.2	0.0	34.8	0.0	0.1	1.1
90歳以上	100.0	6.2	5.8	42.2	2.8	1.3	0.6	0.2	4.5	9.0	1.6	0.1	0.0	24.8	0.0	0.1	0.8

（%）

資料：社会医療診療行為別統計（各年６月審査分）
注）対象は、協会けんぽ、組合健保、国保及び後期高齢者医療制度である。

22. その他

○ 先進医療について

・先進医療については、平成１６年１２月の厚生労働大臣と内閣府特命担当大臣（規制改革、産業再生機構）、行政改革担当、構造改革特区・地域再生担当との「基本的合意」に基づき、国民の安全性を確保し、患者負担の増大を防止するといった観点も踏まえつつ、国民の選択肢を拡げ、利便性を向上するという観点から、保険診療との併用を認めることとしたもの。

・また、先進医療は、健康保険法等の一部を改正する法律（平成１８年法律第８３号）において、「厚生労働大臣が定める高度の医療技術を用いた療養その他の療養であって、保険給付の対象とすべきものであるか否かについて、適正な医療の効率的な提供を図る観点から評価を行うことが必要な療養」として、厚生労働大臣が定める「評価療養」の１つとなっている。

・具体的には、有効性及び安全性を確保する観点から、医療技術ごとに一定の施設基準を設定し、施設基準に該当する保険医療機関は届出により保険診療との併用ができることとしたもの。なお、将来的な保険導入のための評価を行うものとして、未だ保険診療の対象に至らない先進的な医療技術等と保険診療との併用を認めたものであり、実施している保険医療機関から定期的に報告を求めることとしている。

歯科分野における先進医療実施医療機関の一覧

○先進医療 B（歯科）　1種類　　令和６年９月１日現在

先進医療技術名	適応症	都道府県	実施している医療機関の名称	適用年月日
脂肪組織由来の多系統前駆細胞を用いた歯周組織再生療法	重度歯周炎（従来の歯周組織再生療法ではその治療に係る効果が認められないものに限る。）	大阪府	大阪大学歯学部附属病院	R6.6.1

○ 歯科メディアスの公開について

厚生労働省では、電算処理分のレセプトを集計した「医科医療費（電算処理分）の動向」および「調剤医療費（電算処理分）の動向」を毎月公表していますが、令和４年度分より「歯科医療費（電算処理分）の動向」についても公表することとなりました。

本調査は、歯科レセプトデータを集約することで、歯科医療費の動向等を迅速に明らかにし、医療保険行政のための基礎資料を得ることを目的としたものです。

資料は下記アドレスよりご確認いただけます。

URL：https://www.mhlw.go.jp/bunya/iryouhoken/database/zenpan/cyouzai_doukou_itiran.html